Zusätzliche digitale Inhalte für Sie!

Dieses Buch bietet Ihnen mehr als nur eine gedruckte Version! Nutzen Sie die folgenden Möglichkeiten, die Ihnen für dieses Produkt in der NWB Datenbank zur Verfügung stehen.

Online-Version

Sie haben das gedruckte Exemplar Ihres Buches nicht zur Hand oder möchten etwas schnell recherchieren? Dann nutzen Sie die Online-Version Ihres Buches. Diese steht Ihnen nach Eingabe des folgenden Freischaltcodes direkt zur Verfügung.

Aktualisierungen im Internet

Bei rechtlichen Änderungen werden entsprechende Aktualisierungen direkt in die Online-Version eingearbeitet, so dass Sie immer auf dem neuesten Stand sind.

Schalten Sie sich das Buch inklusive Mehrwert direkt frei.

Scannen Sie den QR-Code **oder** rufen Sie die Seite www.nwb.de auf.
Geben Sie den Freischaltcode ein und folgen Sie dem Anmeldedialog. Fertig!

Ihr Freischaltcode

BJNK-WNFJ-YXMQ-XIIP-DFYD-FB

Grootens u. a.

Grundsteuergesetz, Bewertungsgesetz Kommentar

www.nwb.de

Grundsteuergesetz, Bewertungsgesetz

Kommentar

Inklusive Kommentierungen der Landesgrundsteuergesetze

Herausgegeben von

Mathias Grootens, Dipl.-Finanzwirt (FH), Regierungsrat, Werne

Unter Mitarbeit
von

Torsten Bock, Oberregierungsrat, Berlin
Gaco Kurt, Dipl.-Finanzwirtin (FH), Bielefeld
Stephan Lange, Dipl.-Kfm., WP/StB, Duisburg
Wolfgang Lapp, Dipl.-Finanzwirt (FH), Amtsrat, Berlin
Ronald Lehmann, Dipl.-Finanzwirt (FH), StB, Berlin
Klaus Müller, Dipl.-Ing., Regierungsrat, Warendorf
Fritz Schmidt, Dipl.-Volkswirt, StB, Heidelberg
Arabella Steffen, Dipl.-Finanzwirtin (FH), Steuerinspektorin, Düsseldorf

3. Auflage

nwb

Es haben bearbeitet:

Torsten Bock: §§ 13–24 GrStG; §§ 243–251 BewG; §§ 1–17 HGrStG; §§ 1–15 NGrStG; §§ 1–4 NWGrStHsG; §§ 1–3 GrStHsG LSA; §§ 1–3 SHGrStHsG

Mathias Grootens: §§ 25–31 GrStG; §§ 252–266 BewG; § 1–2 BlnGrStMG; § 1 BremGrStMG; § 1 GrStG-Saar; § 1 SächsGrStMG

Gaco Kurt: §§ 218–231 BewG

Stephan Lange: §§ 1, 2, 6, 7, 8 GrStG

Wolfgang Lapp: §§ 1–17 HGrStG; §§ 1–15 NGrStG; §§ 1–4 NWGrStHsG; §§ 1–3 GrStHsG LSA; §§ 1–3 SHGrStHsG

Ronald Lehmann: §§ 32–38 GrStG; §§ 1–11 BayGrStG; §§ 1–13 HmbGrStG

Klaus Müller: §§ 232–242 BewG

Fritz Schmidt: §§ 9–12 GrStG; §§ 1–62 LGrStG BW

Arabella Steffen: §§ 3–5 GrStG

Zitiervorschlag:

Bearbeiter in Grootens, GrStG §...Rz. ...
Bearbeiter in Grootens, BewG §...Rz. ...

ISBN 978-3-482-67803-5 – 3. Auflage 2025

NWB Verlag GmbH & Co. KG
Eschstr. 22
44629 Herne
service@nwb.de

Satz: PMGi Agentur für intelligente Medien GmbH, Hamm
Druck: L.E.G.O., Italien

Um eine gute Lesbarkeit zu gewährleisten, verwenden wir in Fachtexten in der Regel geschlechtsspezifische Personenbezeichnungen. Selbstverständlich sind damit alle Menschen gleichermaßen gemeint.

VORWORT

Die Grundsteuer ist mit einem bundesweiten Aufkommen von mehr als 15 Mrd. Euro pro Jahr ein wichtiger Baustein der kommunalen Finanzausstattung. Anders als die Gewerbesteuer ist die Grundsteuer keinen konjunkturellen Schwankungen unterworfen und sorgt somit für Planungssicherheit bei den Kommunen. Auch wenn in den Jahren vor der Grundsteuerreform Einzeläußerungen im Schrifttum die Abschaffung der Grundsteuer gefordert und dies mit den verfassungsrechtlichen Problemen bei der Wertermittlung und dem damit einhergehenden hohen Verwaltungsaufwand begründet hatten, stand die Grundsteuer als solche nicht zur Disposition. Gleichzeitig war der Reformbedarf bei der Grundsteuer seit Jahrzehnten unbestritten gewesen. Die Reformbedürftigkeit ergab sich nicht zuletzt auch daraus, dass in den jungen Bundesländern weiterhin die Wertverhältnisse vom 1.1.1935 maßgeblich waren, während in den alten Bundesländern die Einheitswerte der Hauptfeststellung auf den 1.1.1964 der Grundsteuer zu Grunde gelegt wurden.

Erste Beschlüsse der Finanzministerkonferenz zur Reform des Grundsteuerrechts gingen bereits auf das Jahr 1995 zurück und hatten eine Vielzahl von Reforminitiativen ausgelöst, die letztendlich aber allesamt keine politische Mehrheit gefunden haben. Zu nennen sind hier insbesondere der sog. „Nomenklaturvorschlag" der Länder Bayern und Rheinland-Pfalz aus dem Jahr 2004, die in den Jahren 2010–2013 diskutieren Modelle einzelner Länderarbeitsgruppen („Verkehrswertmodell", „Wertunabhängiges Modell", „Gebäudewertunabhängiges Kombinationsmodell"), sowie die der Diskontinuität anheimgefallene Bundesratsinitiative aus dem Jahr 2016 („Kostenwertmodell", BR-Drucks. 515/16).

Nach der Entscheidung des Bundesverfassungsgerichts v. 10.4.2018 (1 BvL 11/14, BGBl I 2018 S. 531) stand der Gesetzgeber unter Druck. Das Bundesverfassungsgericht hatte die Verfassungswidrigkeit der Einheitsbewertung ab dem 1.1.2002 wegen eines Verstoßes gegen Art. 3 Abs. 1 GG festgestellt. Im Rahmen einer zweistufigen Übergangsfrist war der Gesetzgeber gefordert, bis zum 31.12.2019 eine Neuregelung der Bewertungsvorschriften zu verabschieden. Nach Verkündung einer Neuregelung durften die beanstandeten Regelungen für weitere fünf Jahre ab der Verkündung, längstens aber bis zum 31.12.2024, angewandt werden. Diese nach Dauer und Struktur ungewöhnliche Fortgeltungsanordnung war nach Auffassung des Bundesverfassungsgerichts durch die besonderen Sachgesetzlichkeiten der Grundsteuer geboten und von daher ausnahmsweise gerechtfertigt, da ansonsten die ernsthafte Gefahr bestanden hätte, dass viele Gemeinden ohne die Einnahmen aus der Grundsteuer in gravierende Haushaltsprobleme gerieten.

Der Gesetzgeber hat mit der Verabschiedung des Grundsteuer-Reformgesetzes (GrStRefG) vom 26.11.2019 fristgerecht neue Bewertungsregelungen geschaffen, die neben dem vom Bundesverfassungsgericht beanstandeten Bereich des Grundvermögens auch neue Bewertungsvorschriften für das land- und forstwirtschaftliche Vermögen umfassen. Der Gesetzgeber hatte zudem angeordnet, eine Hauptfeststellung für die Grundsteuerwerte auf den 1.1.2022 durchzuführen. Dieses zeitliche Vorziehen der Neubewertung war notwendig, um rechtzeitig bis Ende 2024 eine flächendeckende neue Bemessungsgrundlage für die Grundsteuer sicherstellen zu können. Flankiert wurde das GrStRefG zum einen durch ein Gesetz zur Änderung des Grundgesetzes v. 15.11.2019, mit dem die konkurrierende Gesetzgebungskompetenz des Bundes für die Grundsteuer aufgrund daran zweifelnder Stimmen in der Literatur abgesichert wurde. Zum anderen wurde durch das Gesetz zur Änderung des Grundsteuergesetzes zur Mobilisierung baureifer Grundstücke für die Bebauung v. 30.11.2019 den Gemeinden das Recht zugesprochen, für bestimmte unbebaute Grundstücke aus städtebaulichen Gründen einen höheren Grundsteuerhebesatz festzusetzen („Grundsteuer C"). Zwischenzeitlich sind mit dem JStG 2020 v. 21.12.2020, dem Fondsstandortgesetz v. 3.6.2021, dem Grundsteuerreform-Umsetzungsgesetz (GrStRefUG) v. 16.7.2021, dem JStG 2022 v. 16.12.2022, dem Vierten Bürokratieentlastungsgesetz (BEG IV) v. 23.10.2024 und dem JStG 2024 v. 2.12.2024 bereits vor Inkrafttreten der Neuregelungen zahlreiche Klarstellungen und Ergänzungen am Gesetzestext i. d. F. des GrStRefG vorgenommen worden. Darüber hinaus sind klarstellende Anwendungserlasse zum Grundvermögen und zum land- und forstwirtschaftlichen Vermögen (AEBewGrSt v. 9.11.2021) sowie zum Grundsteuergesetz (AEGrStG v. 22.6.2022) ergangen, in denen die Verwaltungsauffassung in zahlreichen Zweifelsfragen dargelegt wird. Die enge zeitliche Abfolge der Änderungsgesetze verdeutlicht nochmals den auf dem Gesetzgeber lastenden großen Druck, die Reform zur Sicherung des Grundsteueraufkommens erfolgreich umzusetzen.

Besondere Bedeutung kommt den Beschlüssen des Bundesfinanzhofs v. 27.5.2024 (II B 78/23 (AdV) und II B 79/23 (AdV)) zu, mit denen der Bundesfinanzhof die Möglichkeit des Nachweises eines gegenüber dem Grundsteuerwert niedrigeren gemeinen Werts gefordert hatte. Die Verwaltung hat die Beschlüsse zunächst mit koordinierten Erlassen der obersten Finanzbehörden der Länder v. 24.6.2024 über den Einzelfall hinaus für anwendbar erklärt und erste Hinweise zum Nachweis gegeben. Mit dem JStG 2024 v. 2.12.2024 wurde eine die Beschlüsse des Bundesfinanzhofs umsetzende Regelung in § 220 Abs. 2 BewG eingefügt, die in dieser dritten Auflage erstmals kommentiert wird.

Losgelöst von der bundesgesetzlichen Neuregelung besteht für die Länder aufgrund der mit der Änderung des Grundgesetzes ebenfalls neu eingeführten Länderöffnungsklausel in Art. 72 Abs. 3 Satz 1 Nr. 7 GG die Möglichkeit, im Bereich der Grundsteuer abweichendes Landesrecht aufgrund eigener Gesetzgebungskompetenz zur Anwendung kommen zu lassen. Die Öffnungsklausel umfasst nicht nur die Möglichkeit der Schaffung individueller Regelungen zur Bemessungsgrundlage, sondern auch zur Schaffung abweichender Regelungen im Grundsteuergesetz, z. B. im Bereich der Steuermesszahlen oder der Steuerbefreiungen. Von der Möglichkeit der Schaffung individueller Regelungen zur Bemessungsgrundlage haben für den Bereich des Grundvermögens die Bundesländer Baden-Württemberg, Bayern, Hamburg, Hessen und Niedersachsen Gebrauch gemacht. Die Bundesländer Berlin, Bremen, das Saarland und Sachsen folgen dem Bundesmodell auf der Bewertungsebene, haben aber von § 15 GrStG abweichende Messzahlen gesetzlich geregelt. Die Bundesländer Nordrhein-Westfalen, Sachsen-Anhalt und Schleswig-Holstein haben anstelle einer Messzahlenanpassung den Kommunen das Recht eingeräumt, unterschiedliche Hebesätze für die Gruppen der Wohngrundstücke und der Nichtwohngrundstücke festzulegen. Das Bundesland Rheinland-Pfalz will diesen Weg ebenfalls beschreiten und hat zu diesem Zweck den Entwurf eines Grundsteuerhebesatzgesetzes Rheinland-Pfalz (RPGrStHsG) vorgelegt, das Anfang 2025 verabschiedet werden soll. Die Kommentierung des Gesetzes wird zeitnah nach dessen Verabschiedung in der Online-Version dieses Kommentars aufgenommen werden. Die Verfassungsmäßigkeit der jeweiligen Länderregelungen wird in der Literatur teilweise kritisch betrachtet. Letztlich werden die Länder die Verfassungsmäßigkeit der gewählten Modelle selbst verantworten müssen.

Der neue nunmehr bereits in der dritten Auflage erschienene GrStG/BewG Kommentar unterstützt den steuerlichen Berater bei der Anwendung der neuen Bewertungsvorschriften im Rahmen der Hauptfeststellung auf den 1.1.2022 und der Neufestsetzung der Grundsteuer ab dem 1.1.2025 durch eine praxisnahe Kommentierung des neuen Bewertungsrechts (§§ 218–266 BewG) und des Grundsteuergesetzes. In dieser Auflage sind auch die umfassenden und ausführlichen Kommentierungen aller zum Zeitpunkt des Redaktionsschlusses bereits beschlossenen Landesgesetze enthalten, mit denen vom Bundesrecht abweichende Regelungen geschaffen wurden. Gleichzeitig bleibt der Kommentar durch Newseinschuss und (Online-)Aktualisierungen immer aktuell.

Ganz besonders bedanke ich mich bei den Autorinnen und Autoren, die die Erstellung dieses Kommentars neben der Tätigkeit in der Verwaltung und in den Kanzleien geschultert haben und mit den laufenden Aktualisierungen der Online-Version das Werk stets auf einem aktuellen Stand halten. Für Anregungen und Hinweise zum Inhalt sind Herausgeber und Autorinnen und Autoren stets dankbar.

Werne, im März 2025

Mathias Grootens
Dipl-Finanzwirt (FH)

Ganz besonders bedanke ich mich bei den Autorinnen und Autoren, die die Erstellung dieses Kommentars neben der Tätigkeit in der Verwaltung und in den Kanzleien geschultert haben und mit den laufenden Aktualisierungen der Onlineversion das Werk stets auf einem aktuellen Stand halten. Für Anregungen und Hinweise zum Inhalt sind Herausgeber und Autorinnen und Autoren stets dankbar.

Weimar, im März 2024

Mathias Grootens
Dipl.-Finanzwirt (FH)

KURZÜBERSICHT

INHALTSÜBERSICHT

Seite

ZUSATZINHALTE ZUM GRSTG-KOMMENTAR

Liebe Nutzerinnen und Nutzer,

zusätzlich zu den aktuellen Kommentierungen des Grundsteuergesetzes möchten wir Ihnen in unserem Online-Kommentar ab sofort weitere ausgesuchte Inhalte unserer Datenbank – Verwaltungsanweisungen, Vordrucke, Arbeitshilfen – zur Verfügung stellen. Anhand der unten stehenden Tabelle können Sie sehen, welche Inhalte dies sind und direkt auf diese zugreifen.

Verwaltungsanweisungen
Koordinierte Erlasse der obersten Finanzbehörden der Länder v. 9.11.2021 – Anwendung des Siebenten Abschnitts des Zweiten Teils des Bewertungsgesetzes zur Bewertung des Grundbesitzes (allgemeiner Teil und Grundvermögen) für die Grundsteuer ab 1.1.2022 (AEBewGrSt), BStBl 2021 I S. 2334, online abrufbar unter JAAAI-01156
Koordinierte Erlasse der obersten Finanzbehörden der Länder v. 9.11.2021 – Anwendung des Siebenten Abschnitts des Zweiten Teils des Bewertungsgesetzes zur Bewertung des Grundbesitzes (land- und forstwirtschaftliches Vermögen) für die Grundsteuer ab 1.1.2022 (AEBewGrSt), BStBl 2021 I S. 2369, online abrufbar unter TAAAI-01157
Koordinierte Erlasse der obersten Finanzbehörden der Länder v. 22.6.2022 – Anwendung des Grundsteuergesetzes ab 1. Januar 2025 (AEGrStG), BStBl 2022 I S. 1171, online abrufbar unter WAAAJ-20574
Koordinierte Erlasse der obersten Finanzbehörden der Länder v. 15.2.2023 – Bewertung der Betriebsgrundstücke der öffentlichen Verkehrsunternehmen nach dem Siebenten Abschnitt des Zweiten Teils des Bewertungsgesetzes für Zwecke der Grundsteuer (BewEÖVU), BStBl 2023 I S. 358, online abrufbar unter WAAAJ-38615
Koordinierte Erlasse der obersten Finanzbehörden der Länder v. 28.2.2024 – Verlängerung der Frist zur Abgabe von Grundsteuer-Änderungsanzeigen nach § 228 Abs. 2 Bewertungsgesetz (BewG), BStBl 2024 I S. 236, online abrufbar unter EAAAJ-64593
Öffentliche Bekanntmachungen des Bundesministeriums der Finanzen vom 30.3.2022 und 4.11.2022 – Aufforderung zur Abgabe der Erklärung zur Feststellung des Grundsteuerwerts für den Hauptfeststellungszeitpunkt 1. Januar 2022, BStBl 2022 I S. 205 und BStBl 2022 I S. 1448, online abrufbar unter NWB MAAAI-59204 und NWB SAAAJ-25989
Koordinierte Erlasse der obersten Finanzbehörden der Länder v. 24.6.2024 – Ansatz eines niedrigeren gemeinen Werts bei der Bewertung des Grundvermögens für Zwecke der Grundsteuer ab 1.1.2025 Aussetzung der Vollziehung (§ 361 AO) von Bescheiden über die Feststellung des Grundsteuerwerts, BStBl 2024 I S. 1073, online abrufbar unter DAAAJ-71211
Hessisches Ministerium der Finanzen v. 28.3.2022 – G 1030 A -061-II6a/6 – Übertragung der Befugnis zur Aufforderung zur Abgabe der Erklärung zur Festsetzung des Grundsteuermessbetrags, online abrufbar unter ZAAAJ-22128

Hessisches Ministerium der Finanzen v. 28.3.2022 – G 1030 A-001-St 71, StAnz. 13/2022 S. 419 – Aufforderung zur Abgabe der Erklärung zur Festsetzung des Grundsteuermessbetrags (Grundvermögen) und der Erklärung zur Feststellung des Grundsteuerwerts (Betriebe der Land- und Forstwirtschaft), online abrufbar unter KAAAJ-81202

Hessisches Ministerium der Finanzen, Anwendungserlass zum Hessischen Grundsteuergesetz (AE HGrStG) v. 30.5.2022 – G1030 A-061-II6a/10 – Staatsanzeiger für das Land Hessen v. 13.6.2022 S. 642, online abrufbar unter DAAAJ-26807

Hessisches Ministeriums der Finanzen v. 25.3.2024 – G1192-A-00007-0357-St7; S 3243 A –001 –II6, StAnz. 13/2024 S. 348 – Fristverlängerung für die Abgabe von Anzeigen nach § 228 Absatz 2 des Bewertungsgesetzes und § 19 des Grundsteuergesetzes betreffend die Grundsteuer für Grundvermögen und land- und forstwirtschaftliches Vermögen, online abrufbar unter ZAAAJ-80828

Hessisches Ministerium der Finanzen v. 31.10.2022 – G 1030 A-001-St 71 G 1030 A-061-II6/6, StAnz. 44/2022 S. 1227 – Fristverlängerung betreffend die Abgabe der Erklärung zur Festsetzung des Grundsteuermessbetrags (Grundvermögen) und der Erklärung zur Feststellung des Grundsteuerwerts (Betriebe der Land- und Forstwirtschaft), online abrufbar unter NWB KAAAJ-81202

OFD Frankfurt/M. v. 29.6.2022 – G 1194 A - 001 - St 71 – Vereinfachung der Flächenermittlung durch Schätzung in Fällen von (offensichtlich) steuerbefreitem Grundbesitz, online abrufbar unter HAAAJ-20887

OFD Frankfurt/M. v. 10.2.2023 – S 3190 A-001-St 72 – Gebäudeeigenschaft von Mobilheimen Einheitsbewertung und Grundsteuerreform, online abrufbar unter EAAAJ-40772

Niedersächsisches Finanzministerium, Anwendung des Niedersächsischen Grundsteuergesetzes (NGrStG) zur Bewertung des Grundvermögens für die Grundsteuer ab 1.1.2022 (AENGrStG), Erlass v. 22.2.2022 - G 1002-6 - 62100, online abrufbar unter UAAAI-60590

Landesamt für Steuern Niedersachsen v. 17.10.2022 - G 1002-6 - Nds. MBl. Nr. 43/2022 S. 1405, Aufforderung zur Abgabe der Erklärung zur Feststellung des Grundsteuerwerts (land- und forstwirtschaftliches Vermögen) und Feststellung der Äquivalenzbeträge (Grundvermögen) für den Hauptfeststellungszeitpunkt 1. Januar 2022, Fristverlängerung bis zum 31. Januar 2023, Öffentliche Bekanntmachungen, online abrufbar unter KAAAI-61386 sowie KAAAJ-77509

Landesamt für Steuern Niedersachsen v. 28.8.2024 - S 324-St 284-246/2023-3602/2023/S 0622-St 141-573/2023 – Allgemeinverfügung betreffend Einsprüche gegen Bescheide über die Grundsteueräquivalenzbeträge – Hauptfeststellung auf den 1. Januar 2022 (Grundlagenbescheid) und damit verbundene Einsprüche gegen Bescheide über den Grundsteuermessbetrag – Hauptveranlagung auf den 1. Januar 2025 (Folgebescheid); Anordnungsruhe nach § 363 Absatz 2 Satz 3 der Abgabenordnung (AO), online abrufbar unter UAAAJ-76175

Vordrucke zur Feststellungserklärung

Vordrucke und Ausfüllanleitungen für die Erklärung zur Feststellung des Grundsteuerwerts auf den 1.1.2022 (Bundesmodell), BStBl 2021 I S. 2391, online abrufbar unter UAAAI-01349

Vordrucke für die Erklärung zur Feststellung des Grundsteuerwerts auf den 1.1.2022; Korrektur der Anlage Feststellungsbeteiligte (Vordruck GW-1A), BStBl 2022 I S. 138, online abrufbar unter BAAAI-05155

Vordrucke für die Erklärung zur Feststellung des Grundsteuerwerts auf den 1.1.2022; Korrektur des Einlageblatts zur Anlage Grundstück (Vordruck GW-2A), BStBl 2022 I S. 1443, online abrufbar unter YAAAJ-26719

Erklärungsvordruck und Ausfüllanleitung für Grundsteuer-Änderungsanzeigen nach § 228 Abs. 2 BewG, § 19 GrStG, BStBl 2023 I S. 1536, online abrufbar unter YAAAJ-48998

Arbeitshilfen

Grundsteuer: Grundbesitzbewertung ab 2022/2025 (Sach- und Ertragswertverfahren) – Checkliste mit Excel-Tool für Berechnungen von Erik Wredenhagen, online abrufbar unter NAAAH-93792

Umsetzung der Grundsteuerreform – Muster und Checkliste von Ronald Lehmann, online abrufbar unter NAAAI-06081

Verlag und Herausgeber im März 2025

ABKÜRZUNGSVERZEICHNIS

a. A.	anderer Auffassung
a. a. O.	vollständiges Zitat am vorher aufgeführten Ort
Abs.	Absatz
AG	Aktiengesellschaft
AO	Abgabenordnung
Art.	Artikel
BAnz	Bundesanzeiger
BauGB	Baugesetzbuch
BB	Der Betriebsberater (Zs.)
BetrKV	Betriebskostenverordnung
BewG	Bewertungsgesetz
BFH	Bundesfinanzhof
BFH/NV	Sammlung amtlich nicht veröffentlichter Entscheidungen des BFH
BGB	Bürgerliches Gesetzbuch
BGBl	Bundesgesetzblatt
BGF	Bruttogrundfläche
BGH	Bundesgerichtshof
BMF	Bundesministerium der Finanzen
BR-Drucks.	Bundesratsdrucksache
BStBl	Bundessteuerblatt
bspw.	beispielsweise
BT-Drucks.	Bundestagsdrucksache
Buchst.	Buchstabe
BVerfG	Bundesverfassungsgericht
BVerfGE	Bundesverfassungsgericht - Sammlung der Entscheidungen
bzw.	beziehungsweise
DB	Der Betrieb (Zs.)
d. h.	das heißt
DStR	Deutsches Steuerrecht (Zs.)
DStRE	DStR-Entscheidungsdienst (Zs.)
DStZ	Deutsche Steuer-Zeitung (Zs.)
DV/DVO	Durchführungsverordnung
DVBl	Deutsches Verwaltungsblatt
DVP	Deutsche Verwaltungspraxis (Zs.)
EFG	Entscheidungen der Finanzgerichte (Zs.)
EGAO	Einführungsgesetz zur Abgabenordnung
EMZ	Ertragsmesszahl
ErbSt/SchenkSt	Erbschaft-/Schenkungsteuer
Erl.	Erläuterung
EStDV	Einkommensteuer-Durchführungsverordnung
EStG	Einkommensteuergesetz

EStH	Einkommensteuer-Handbuch
EStR	Einkommensteuer-Richtlinien
EW	Einheitswert
FA	Finanzamt
f.	folgende
ff.	fortfolgende
FG	Finanzgericht
FGO	Finanzgerichtsordnung
FinMin	Finanzministerium
FinSen	Senator für Finanzen
FMK	Finanzministerkonferenz
FR	Finanzrundschau (Zs.)
FWW	Die Freie Wohnungswirtschaft (Zs.)
GBO	Grundbuchordnung
GbR	Gesellschaft bürgerlichen Rechts
gem.	gemäß
GG	Grundgesetz
GrESt	Grunderwerbsteuer
GrEStG	Grunderwerbsteuergesetz
GrStDV	Grundsteuer-Durchführungsverordnung
GrStG	Grundsteuergesetz
GrStR	Grundsteuer-Richtlinien
GrStRefG	Grundsteuer-Reformgesetz
GStB	Gestaltende Steuerberatung (Zs.)
GuG	Grundstücksmarkt und Grundstückswert
H	Hinweis
HFR	Höchstrichterliche Finanzrechtsprechung (Zs.)
HöfeO	Höfeordnung
ImmoWertV	Immobilienwertermittlungsverordnung
INF	Die Information über Steuer und Wirtschaft (Zs.)
i. H. v.	in Höhe von
i. S. d.	im Sinne des
i.V. m.	in Verbindung mit
JStG	Jahressteuergesetz
KFR	Kommentierte Finanzrechtsprechung (Zs.)
KÖSDI	Kölner Steuerdialog (Zs.)
KStZ	Kommunale Steuer Zeitschrift (Zs.)
LfSt	Landesamt für Steuern
m. E.	meines Erachtens
Mio.	Millionen
Mrd.	Milliarden
MüKo	Münchener Kommentar zum Bürgerlichen Gesetzbuch
n. F.	neue Fassung
NJW	Neue Juristische Wochenschrift (Zs.)
Nr.	Nummer

NVwZ	Neue Zeitschrift für Verwaltungsrecht (Zs.)
NWB	Neue Wirtschafts-Briefe (Zs.)
NWB-EV	Neue Wirtschafts-Briefe Erben und Vermögen (Zs.)
OFD	Oberfinanzdirektion
o. g.	oben genannte
OHG	Offene Handelsgesellschaft
R	Richtlinienabschnitt
Rev.	Revision (eingelegt)
Rz.	Randziffer
S.	Seite
s.	siehe
sog.	so genannte (r, s)
StÄndG	Steueränderungsgesetz
StB	Der Steuerberater (Zs.)
Stbg	Die Steuerberatung (Zs.)
st. Rspr.	ständige Rechtsprechung
StuB	Steuern und Bilanzen
StuW	Steuer und Wirtschaft (Zs.)
StW	Die Steuer-Warte (Zs.)
Tz.	Textziffer
u. a.	und andere
u. a.	unter anderem
u. ä.	und ähnliche
u. U.	unter Umständen
v. T.	von Tausend
VV	Vervielfältiger
WPg	Die Wirtschaftsprüfung (Zs.)
z. B.	zum Beispiel
ZErb	Zeitschrift für die Steuer- und Erbschaftspraxis (Zs.)
ZEV	Zeitschrift für Erbrecht und Vermögensnachfolge (Zs.)
ZKF	Zeitschrift für Kommunalfinanzen (Zs.)
ZNotP	Zeitschrift für die Notarpraxis (Zs.)
Zs.	Zeitschrift

LITERATURVERZEICHNIS

In diesem Literaturverzeichnis sind Kommentare, Lehrbücher und Monografien, die im Kommentar mehrfach zitiert werden, aufgeführt. Spezialliteratur ist vor den einzelnen Kommentierungen angegeben.

D

Dürig/Herzog/Scholz, Grundgesetz, Loseblatt

E

Eisele/Wiegand, Grundsteuerreform 2022/2025, 2020

Ermann, BGB-Kommentar, 17. Aufl. 2023

F

Fock/Peters/Mannek, Praxis der Kommunalverwaltung, Loseblatt

G

Glier, Grundsteuer, online, Kommentar

Gosch, AO/FGO, Loseblatt

H

Halaczinsky, Grundsteuer-Kommentar, 2. Aufl. 1995

Hau/Poseck, BeckOK, BGB

Hübschmann/Hepp/Spitaler, AO/FGO, Loseblatt

K

Kleiber, Verkehrswertermittlung von Grundstücken, 10. Aufl. 2023

König, Abgabenordnung, 5. Aufl. 2024

Kral, BeckOK, WEG

Kreutzinger/Schaffner/Stephany, BewG, 6. Aufl. 2024

Krumm/Paeßens, Grundsteuergesetz, 1. Aufl. 2022

L

Leopold/Madle/Rader, AO, Praktikerkommentar, Loseblatt

Lippross/Seibel, Basiskommentar Steuerrecht, Loseblatt

M

Mannek, Die große Grundsteuerreform, 1. Aufl. 2020

Martin/Krautzberg, Denkmalschutz und Denkmalpflege, 5. Aufl. 2022

Münchener Kommentar, BGB, 9. Aufl. 2023

R

Roscher, 360° GrSt eKommentar

Rössler/Troll, BewG, Kommentar, Loseblatt

S

Schnitter, 360° GrStG eKommentar

Stenger/Loose, Bewertungsrecht, BewG ErbStG, Loseblatt

T

Tipke/Kruse, AO/FGO, Loseblatt

Tipke/Lang, Steuerrecht, 25. Aufl. 2024

Troll/Eisele, Grundsteuergesetz, Kommentar, 12. Aufl. 2021

V

Viskorf/Schuck/Wälzholz, Erbschaftsteuer und Schenkungsteuergesetz, Bewertungsgesetz, Kommentar, 7. Aufl. 2023

von Oertzen/Loose, Erbschaftsteuer- und Schenkungsteuergesetz, 3. Aufl. 2024

A. Kommentierung des Grundsteuergesetzes

Abschnitt I: Steuerpflicht

§ 1 GrStG Heberecht

(1) Die Gemeinde bestimmt, ob von dem in ihrem Gebiet liegenden Grundbesitz Grundsteuer zu erheben ist.

(2) Bestehen in einem Land keine Gemeinden, so stehen das Recht des Absatzes 1 und die in diesem Gesetz bestimmten weiteren Rechte dem Land zu.

(3) Für den in gemeindefreien Gebieten liegenden Grundbesitz bestimmt die Landesregierung durch Rechtsverordnung, wer die nach diesem Gesetz den Gemeinden zustehenden Befugnisse ausübt.

Inhaltsübersicht **Rz.**

LITERATUR:

Eisele/Wiegand, Grundsteuerreform 2022/2025, 1. Aufl. 2020, NWB CAAAH-44415; *Schnitter*, 360° GrStG eKommentar, Bonn; *Troll/Eisele*, Grundsteuergesetz, 12. Aufl. 2021; Grundsteuer-Richtlinien (GrStR 1978 v. 9.12.1978, BStBl 1978 I S. 553).

A. Allgemeine Erläuterungen zu § 1 GrStG

I. Normzweck und wirtschaftliche Bedeutung der Vorschrift

Die Grundsteuer ist, abgesehen von der Sonderregelung in den Stadtstaaten Berlin und Hamburg, eine **Gemeindesteuer**. Nach Art. 106 Abs. 6 GG steht das Aufkommen der Realsteuern den Gemeinden zu. In den **Stadtstaaten** Berlin und Hamburg fällt das Aufkommen an das jeweilige Bundesland. Eine **Umlage** an Bund und Länder wie bei der Gewerbesteuer sieht Art. 106 Abs. 6 GG nicht vor. 1

Die Grundsteuer ist eine **Realsteuer** (§ 3 Abs. 2 AO). Für sie gelten weitgehend die Vorschriften der Abgabenordnung (§ 1 Abs. 2 AO). Sie orientiert sich an der Existenz und dem **Wert des** 2

Grundbesitzes, unabhängig davon, wem der Grundbesitz zuzurechnen ist, wem die Erträge zufließen und ob die Grundsteuer eine angemessene Belastung darstellt.

3 Die Grundsteuer hat eine erhebliche **Bedeutung** für die Finanzen der Gemeinden. Die Einnahmen betragen aktuell etwa 14 Mrd. €.[1] Das Aufkommen der Grundsteuer ist weitgehend konjunkturunempfindlich und damit eine verlässliche Größe im kommunalen Haushalt.

4–5 *(Einstweilen frei)*

II. Entstehung und Entwicklung der Vorschrift

6 Die Vorschrift stammt aus der Einführung der Grundsteuer durch das Grundsteuergesetz 1936. Sie ist in den verschiedenen Novellierungen des Grundsteuergesetzes weitgehend unverändert geblieben.

7 Die Neufassung des Grundsteuergesetzes durch das **GrStRefG** v. 26.11.2019 (BGBl 2019 I S. 1875) und spätere Änderungen haben § 1 GrStG nicht tangiert.

8–9 *(Einstweilen frei)*

III. Geltungsbereich

10 Die Vorschrift regelt, wem das Heberecht der Grundsteuer zusteht. Es betrifft **inländischen Grundbesitz** i. S. des § 2 GrStG.[2]

11–12 *(Einstweilen frei)*

IV. Verhältnis zu anderen Vorschriften

13 § 1 wiederholt inhaltlich die Regelungen aus **Art. 106 Abs. 6 GG**. Dort ist bereits festgelegt, dass das Aufkommen aus der Grundsteuer den Gemeinden zusteht (Art. 106 Abs. 6 Satz 1 GG), die Gemeinden die **Hebesätze** im Rahmen der Gesetze festzusetzen haben (Art. 106 Abs. 6 Satz 2 GG, vgl. Grootens in Grootens, GrStG § 25 Rz. 31 ff.) und beim Fehlen von Gemeinden die Berechtigung dem jeweiligen **Bundesland** zufällt (Art. 106 Abs. 6 Satz 3 GG). Art. 106 Abs. 6 Satz 4 GG bestimmt zudem im Umkehrschluss, dass Bund und Länder nicht durch eine Umlage am Grundsteueraufkommen beteiligt werden dürfen.

14–15 *(Einstweilen frei)*

B. Systematische Kommentierung

I. Heberecht der Gemeinde

1. Berechtigung zur Erhebung der Grundsteuer

16 Es steht der Gemeinde nach dem Gesetz frei, eine **Grundsteuer** zu **erheben**. Sie darf, wie andere Steuern auch, nur erhoben werden, wenn die sonstigen Finanzmittel und Steuern der Gemeinde nicht ausreichen (z. B. § 77 Abs. 2 GO NRW). Dabei hat sie auf die wirtschaftlichen Kräfte der Abgabepflichtigen Rücksicht zu nehmen (z. B. § 77 Abs. 3 GO NRW).[3]

1 Eisele/Wiegand, Grundsteuerreform 2022/2025, 1. Aufl. 2020, Vorwort, NWB CAAAH-44415.

2 Vgl. Lange in Grootens, GrStG § 2 Rz. 16.

3 Zu Einzelheiten siehe Schnitter in 360° GrStG eKommentar, § 1 Rz. 11 f.

Die Gemeinde kann auch auf die Erhebung der Grundsteuer **verzichten**. Infolge des Anteils an den Einnahmen und der Stetigkeit der Steuer macht hiervon, soweit bekannt, keine Gemeinde Gebrauch. Im Rahmen des **kommunalen Finanzausgleichs** dürfte es sich ohnehin verbieten, auf die Erhebung von Grundsteuer zu verzichten, wenn anderseits Zuwendungen eingefordert werden. 17

(Einstweilen frei) 18–20

2. Sachlicher Umfang des Heberechts

Das Heberecht der Gemeinde bezüglich der Grundsteuer gilt nur für **Grundbesitz nach dem Bewertungsgesetz.**[1] Für anderes Vermögen, z. B. Betriebsvermögen, steht den Gemeinden kein Heberecht bei der Grundsteuer zu. 21

(Einstweilen frei) 22–23

3. Örtlicher Umfang des Heberechts

Das Heberecht der Gemeinde bezieht sich nur auf den in ihrem **Gemeindegebiet** liegenden Grundbesitz. Dazu gehören auch außerhalb des Hoheitsgebiets liegende **Exklaven** (z. B. Büsingen am Hochrhein),[2] aber nicht die zu einem fremden Hoheitsgebiet gehörenden **Enklaven**. Das Grundsteuergesetz gilt auch auf der Insel Helgoland.[3] 24

Liegen Grundstücke auf dem Gebiet **mehrerer Gemeinden**, ist die Grundsteuer auf die beteiligten Gemeinden zu verteilen. Hierzu sind die Steuermessbeträge auf die beteiligten Gemeinden zu zerlegen.[4] 25

Liegen Grundstücke nur teilweise im Inland, kann nur für den **inländischen Anteil** Grundsteuer erhoben werden, da der auf das Ausland entfallende Teil nicht zum Gemeindegebiet gehören kann. 26

Durch eine **Änderung des Zuschnitts** der Gemeinden geht das Heberecht mit dem Wirksamwerden der Änderung von der einen auf die andere Gemeinde über. 27

(Einstweilen frei) 28–29

4. Durchführung der Besteuerung

Die **Verwaltung** der Grundsteuer obliegt den Finanzbehörden der Länder und den Gemeinden (zu den Stadtstaaten Berlin und Hamburg s. u. → Rz. 39). 30

Dabei werden die Bemessungsgrundlagen durch Festsetzung (§ 19 BewG) und Zerlegung der Einheitswerte durch die **Finanzämter** ermittelt (R 2 Satz 3 GrStR). Zuständig ist das Finanzamt, in dessen Bezirk das Grundstück i. S. von § 2 GrStG liegt. Bei Überschneidungen mehrerer Finanzämter bestimmt sich die Zuständigkeit nach dem wertvolleren Teil (R 3 Satz 3 GrStR). 31

Die **Gemeinden** legen die **Hebesätze** fest. Sie sind zudem für die **Erhebung**, die **Stundung**, die **Niederschlagung** und den **Erlass** der Grundsteuer zuständig (R 2 Satz 4 GrStR). Siehe auch §§ 25–34 GrStG. 32

---

1 Zu Einzelheiten vgl. Lange in Grootens, GrStG § 2 Rz. 15.
2 Schnitter in 360° GrStG eKommentar, § 1 Rz. 15.
3 BFH, Urteil v. 21.7.1961 - III 54/59, BStBl 1962 III S. 11.
4 Vgl. Bock in Grootens, GrStG § 22 Rz. 38 ff.

33–35 *(Einstweilen frei)*

II. Heberecht der Länder

1. Geltungsbereich

36 Die Vorschrift ist nur für die beiden Stadtstaaten **Berlin** und **Hamburg** relevant, da in diesen Bundesländern keine Gemeinden bestehen. Das Bundesland Freie Hansestadt **Bremen** besteht hingegen aus den beiden selbständigen Gemeinden Bremen und Bremerhaven. Dort gelten die allgemeinen Regeln.

37–38 *(Einstweilen frei)*

2. Durchführung der Besteuerung

39 In **Berlin und Hamburg** wird die Grundsteuer ausschließlich von den **Finanzbehörden** verwaltet (R 2 Satz 2 GrStR).

40–41 *(Einstweilen frei)*

III. Grundbesitz in gemeindefreien Gebieten

1. Sachlicher Anwendungsbereich

42 Grundstücke, deren Benutzung ein Gemeindeleben ausschließt oder deren Verwaltung im Rahmen einer Gemeinde nicht gewährleistet ist, können ausnahmsweise zu **gemeindefreien Gebieten** erklärt werden, wenn dieses dem öffentlichen Interesse dient und sie im Eigentum des Bundes oder der Länder stehen.[1] Hierzu gehören vor allem Waldgebiete, Truppenübungsplätze der Alliierten und Teile der bayerischen Alpen, aber auch zwei bewohnte Gemeinden in Niedersachsen.[2]

43–44 *(Einstweilen frei)*

2. Heberecht

45 Für die in den gemeindefreien Gebieten liegenden Grundstücke bestimmt jeweils die Landesregierung die Erhebung der Grundsteuer. **In der Regel** wird dort **keine Grundsteuer** erhoben.[3] Vielmehr erfüllt der jeweilige Eigentümer, der Bund oder das Land, als „öffentlich-rechtlich Verpflichteter[4] die öffentlichen Aufgaben. Er trägt sämtliche Kosten und erhält alle Einnahmen, die sonst der Gemeinde zufließen würden.[5]

46 Sollte der Eigentümer auf seinem gemeindefreien Grundbesitz eine Grundsteuer erheben, ist er an die Vorschriften des Grundsteuergesetzes gebunden.[6]

1 Eisele in Troll/Eisele, GrStG § 1 Rz. 4. Danach gab es zum 1.3.2020 insgesamt 207 gemeindefreie Gebiete.

2 Schnitter in 360° GrStG eKommentar, § 1 Rz. 17.

3 Eisele in Troll/Eisele, GrStG § 2 Rz. 4.

4 Schnitter in 360° GrStG eKommentar, § 1 Rz. 17.

5 Eisele in Troll/Eisele, GrStG § 2 Rz. 4.

6 BVerwG, Urteil v. 13.11.1964 - VII C 15.62, DGStZ 1965 S. 121 zitiert bei Schnitter in 360° GrStG eKommentar, § 1 Rz. 17.

§ 2 GrStG Steuergegenstand

Steuergegenstand ist der inländische Grundbesitz im Sinne des Bewertungsgesetzes:

1. **die Betriebe der Land- und Forstwirtschaft (§§ 232 bis 234, § 240 des Bewertungsgesetzes); diesen stehen die in § 218 Satz 2 des Bewertungsgesetzes bezeichneten Betriebsgrundstücke gleich;**
2. **die Grundstücke (§§ 243, 244 des Bewertungsgesetzes); diesen stehen die in § 218 Satz 3 des Bewertungsgesetzes bezeichneten Betriebsgrundstücke gleich.**

Inhaltsübersicht **Rz.**

LITERATUR:

Eisele, Reform der Grundsteuer – Gesetzentwurf liegt vor! Teil II, NWB 29/2019 S. 2127, NWB AAAAH-22096; *Schnitter*, 360° GrStG eKommentar, Bonn; *Troll/Eisele*, Grundsteuergesetz, 12. Aufl. 2021.

A. Allgemeine Erläuterungen zu § 2 GrStG

I. Normzweck und wirtschaftliche Bedeutung der Vorschrift

Die Vorschrift bestimmt den inländischen Grundbesitz i. S. des Bewertungsgesetzes als **Gegenstand der Besteuerung**. 1

Sie definiert dabei, was unter dem **inländischen Grundbesitz** i. S. des Bewertungsgesetzes zu verstehen ist. Darunter fallen die **Betriebe der Land- und Forstwirtschaft** (§§ 232–234 und 240 BewG) einschließlich der land- und forstwirtschaftlichen Betriebsgrundstücke (§ 218 Satz 2 2

BewG), die **Grundstücke** (§§ 243 und 244 BewG) sowie die diesen gleichgestellten Betriebsgrundstücke gem. § 218 Satz 3 BewG. Zugleich dient die Vorschrift als **Klammer** zwischen dem Grundsteuergesetz und dem Bewertungsgesetz, indem rechtssystematisch sauber auf die Vorschriften im Bewertungsgesetz verwiesen wird.

3–4 *(Einstweilen frei)*

II. Entstehung und Entwicklung der Vorschrift

5 Die Vorschrift ist seit der Zusammenfassung der §§ 2 und 3 GrStG im Jahre 1951 weitgehend unverändert.

6 Die **Neufassung des Grundsteuergesetzes** durch das **GrStRefG** v. 26.11.2019 (BGBl 2019 I S. 1875) führte einerseits zu einer Anpassung der in Klammern aufgeführten Vorschriften des ebenfalls geänderten Bewertungsgesetzes. Durch das JStG 2020 wurde eine redaktionelle Änderung des § 2 Nr. 1 vorgenommen,[1] da der Verweis auf die neuen Vorschriften des Bewertungsgesetzes in der ursprünglichen Fassung fehlerhaft war. Zudem wurde der Text durch Einfügen des Worts „inländische" dahingehend präzisiert, dass nur der **inländische Grundbesitz** Gegenstand der Grundsteuer ist.

7–8 *(Einstweilen frei)*

III. Geltungsbereich

9 Die Vorschrift bestimmt den Steuergegenstand. Sie ist auf **inländische Grundstücke** anzuwenden.

10–11 *(Einstweilen frei)*

IV. Verhältnis zu anderen Vorschriften

12 § 2 **verweist**, genauso wie § 13 GrStG auf die Vorschriften des Bewertungsgesetzes. Zudem **definiert** sie den inländischen Grundbesitz als Betriebe der Land- und Forstwirtschaft (§ 2 Nr. 1 GrStG) und als Grundstück (§ 2 Abs. 2 GrStG).

13–14 *(Einstweilen frei)*

B. Systematische Kommentierung

I. Grundbesitz als Steuergegenstand (§ 2 GrStG)

15 § 2 bestimmt als **Steuergegenstand** den inländischen Grundbesitz nach den Vorschriften des Bewertungsgesetzes unter Verweis auf den im Rahmen der Grundsteuerreform neu eingefügten siebten Abschnitt „Bewertung des Grundbesitzes für die Grundsteuer ab 1.1.2022".[2]

16 Der Begriff **„Grundbesitz"** ist dabei nicht gleichzusetzen mit dem Begriff **„Grundvermögen"** aus §§ 68 ff. BewG. Er ist weiter gefasst, da Grundbesitz i. S. des § 2 GrStG die Betriebe der Land- und Forstwirtschaft (§ 2 Nr. 1 GrStG) und die Grundstücke (§ 2 Nr. 2 GrStG) umfasst.

1 JStG 2020 Art. 31 Abs. 1, BGBl 2020 S. 3096, 3129.
2 §§ 218–262 BewG.

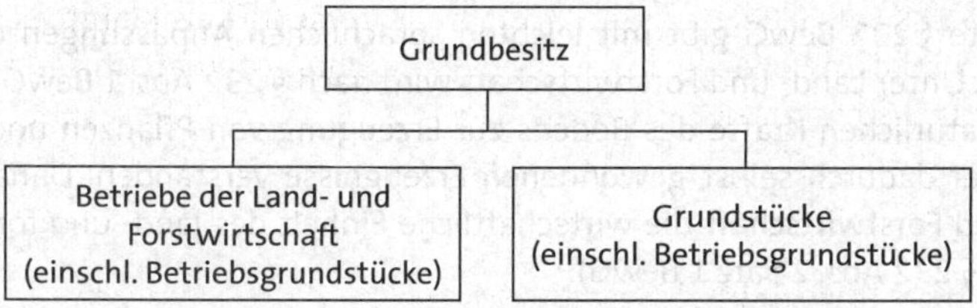

Der Begriff **„Grundvermögen"** in § 243 BewG betrifft nur Grundstücke,[1] die nicht zum land- und forstwirtschaftlichen Vermögen (§ 232 BewG) und zum Betriebsvermögen gehören (§ 99 BewG). 17

Der Begriff **„Grundbesitz"** i. S. des Bewertungsgesetzes ist auch nicht mit dem bürgerlich-rechtlichen Begriff des Grundbesitzes deckungsgleich. Zum einen gelten nicht alle bürgerlich-rechtlichen Bestandteile des Grundbesitzes zum Grundbesitz im bewertungsrechtlichen Sinne. Darunter fallen **Betriebsvorrichtungen** (s. u. → Rz. 63) und **Zubehör** (s. u. → Rz. 62). Andererseits geht der bewertungsrechtliche Begriff des Grundbesitzes über den Inhalt des bürgerlich-rechtlichen Begriffes hinaus. Er umfasst beispielsweise im Bereich der Land- und Forstwirtschaft **stehende und umlaufende Betriebsmittel** (s. u. → Rz. 28) sowie grundstücksgleiche Rechte wie **Erbbaurechte** und **Wohneigentum** (s. u. → Rz. 62) 18

(Einstweilen frei) 19–20

II. Begrenzung auf den inländischen Grundbesitz

Die Präzisierung auf den **inländischen Grundbesitz** wurde durch die Grundsteuerreform 2022/2025 in das Gesetz eingefügt. Sie soll klarstellen, dass die Grundsteuer nur auf den Grundbesitz erhoben wird, der sich im Inland befindet. 21

Dieser Klarstellung hätte es nicht bedurft, da § 1 GrStG eindeutig das Heberecht nur den Gemeinden, den Stadtstaaten Berlin und Hamburg, in den es keine Gemeinden gibt und bei gemeindefreien Gebieten den aufgrund einer landesrechtlichen Verordnung bestimmen Berechtigten zuteilt. Das Heberecht für die Grundsteuer ist demnach auf nicht im Inland belegenen Grundbesitz gar nicht anwendbar.[2]

(Einstweilen frei) 22–23

III. Betriebe der Land- und Forstwirtschaft und gleichgestellte Grundstücke (§ 2 Nr. 1 GrStG)

Die **Betriebe der Land- und Forstwirtschaft** und diesen gleichgestellte Betriebsgrundstücke werden durch den Verweis auf die im Zuge der Grundsteuerreform 2022/2025 im Einzelnen neu in das Bewertungsgesetz eingefügten Vorschriften beschrieben: 24

(Einstweilen frei) 25–26

1 § 243 Abs. 1 BewG.

2 Vgl. Lange in Grootens, GrStG § 1 Rz. 10 und 26.

1. Begriff des land- und forstwirtschaftlichen Vermögens (§ 232 BewG)

27 Der neu eingefügte § 232 BewG gibt mit leichten sprachlichen Anpassungen den Inhalt des § 33 BewG wieder. Unter Land- und Forstwirtschaft wird nach § 232 Abs. 1 BewG die planmäßige Nutzung der natürlichen Kräfte des Bodens zur Erzeugung von Pflanzen und Tieren sowie die Verwertung der dadurch selbst gewonnenen Erzeugnisse verstanden. Danach ist der **Betrieb der Land- und Forstwirtschaft** die wirtschaftliche Einheit des land- und forstwirtschaftlichen Vermögens (§ 232 Abs. 2 Satz 1 BewG).

28 Zu den Wirtschaftsgütern, die dem Betrieb der Land- und Forstwirtschaft dauernd zu dienen bestimmt sind, gehören nach § 232 Abs. 3 BewG insbesondere:

a) Der **Grund und Boden**. Das betrifft vor allem die land- und forstwirtschaftlich genutzten Flächen wie Äcker, Weiden, Wälder oder Weinberge. Die Flächen gehören aber nur insoweit zum land- und forstwirtschaftlichen Vermögen, wie sie nicht als Grundvermögen zu bewerten sind (s. u. → Rz. 30 und → Rz. 61).

b) Die **Wirtschaftsgebäude**. Hierunter fallen die für den Betrieb notwendigen Gebäude wie Ställe, Scheunen, Hallen, Lagerräume, Produktionsräume und Garagen für die Betriebsfahrzeuge. Bisher gehörte in den alten Bundesländern auch der Wohnteil zum land- und forstwirtschaftlichen Vermögen, während er in den neuen Ländern dem Grundvermögen zugerechnet wurde. Der Wohnteil einschließlich der Nebenflächen wie Stellplätze (m. E. nur für Privatfahrzeuge) und Gärten gehört nun bundeseinheitlich nicht mehr zum land- und forstwirtschaftlichen Vermögen.[1]

c) Die **stehenden Betriebsmittel**. Diese umfassen technische Einrichtungen (z. B. Melkanlagen), Betriebs- und Geschäftsausstattung und lebendes Inventar wie Zucht- und Milchvieh.

d) Der normale Bestand an **umlaufenden Betriebsmitteln**. Darunter versteht man die zum Verbrauch (Saatgut, Futter etc.) und zum Verkauf (landwirtschaftliche Erzeugnisse) bestimmten Vermögensgegenstände. Nach § 232 Abs. 3 Satz 2 gilt analog § 33 Abs. 2 BewG als normaler Bestand ein Umfang, der zur gesicherten Fortführung des Betriebs erforderlich ist.

e) Die **immateriellen Wirtschaftsgüter** stellen eine Ergänzung gegenüber dem Wortlaut des § 33 Abs. 2 BewG dar. Hier reagiert der Gesetzgeber auf die zunehmende Bedeutung immaterieller Vermögensgegenstände in der Wirtschaft. Darunter fällt vor allem die Software zum Betrieb von Produktionsanlagen, aber auch Namensrechte (Weinbau), Belieferungsrechte oder Fertigungsverfahren.

29 Analog zu § 33 Abs. 3 BewG wird bestimmt, dass die folgenden Vermögensgegenstände nicht zum land- und forstwirtschaftlichen Vermögen gehören:

30 a) Grund und Boden sowie dazugehörige Gebäude und Gebäudeteile, die **Wohnzwecken** oder anderen nicht land- und forstwirtschaftlichen Zwecken dienen. Diese führt (vgl. → Rz. 28) zu einer Änderung der Zurechnung in den alten Bundesländern. Der Gesetzgeber setzt hier systematisch die ertragsteuerrechtlichen Regelungen (§ 13 Abs. 4 EStG) um.

b) **Tierbestände** und damit zusammenhängende Wirtschaftsgüter, wenn die Tiere weder zur land- und forstwirtschaftlichen Nutzung nach § 241 BewG noch zu den sonstigen

1 Eisele, Reform der Grundsteuer – Gesetzentwurf liegt vor! Teil II, NWB 29/2019 S. 2127, NWB AAAAH-22096.

land- und forstwirtschaftlichen Nutzungen nach § 242 Abs. 2 BewG (z. B. Binnenfischerei, Imkerei oder Wanderschäferei) gehören.

c) **Zahlungsmittel**, Geldforderungen, Geschäftsguthaben, Wertpapiere und Beteiligungen. Der Begriff der Beteiligungen stellt eine Ergänzung gegenüber § 33 Abs. 3 Nr. 1 BewG dar. Auch hier passt der Gesetzgeber den Text an die aktuellen Verhältnisse an. Der Gesetzgeber hätte besser daran getan, statt einer abschließenden, aber dem Einzelfall nicht immer gerecht werdenden Aufzählung einen Verweis auf die einschlägigen Regelungen des Handelsgesetzbuches (§ 266 HGB) zu machen. Das birgt die Gefahr, dass künftige Entwicklungen auch im Grundsteuergesetz nachverfolgt werden müssen und ggf. ein Unterlassen zu einer ungewollten Abweichung führt.

d) **Geldschulden** und Pensionsverpflichtungen. Die Pensionsverpflichtungen wurden gegenüber dem Wortlaut des § 33 Abs. 3 BewG ergänzt. Auch hier hätte der Verweis auf die handelsrechtlichen Regelungen (z. B. die Posten Rückstellungen und Verbindlichkeiten aus § 266 HGB) zu einer eindeutigen Abgrenzung geführt. Es ist beispielsweise nicht nachvollziehbar, warum Sachleistungsverpflichtungen nicht abgezogen werden.

Die erwähnten Vermögensgegenstände werden beim **sonstigen Vermögen** erfasst und unterliegen damit mit Ausnahme der zu Wohnzwecken dienenden Grundstücke und Gebäude nicht der Grundsteuer. Vereinfacht kann man sagen, dass zum land- und forstwirtschaftlichen Vermögen das immaterielle Vermögen, das Sachanlagevermögen und der Normalbestand der Vorräte gehören. 31

(Einstweilen frei) 32–33

2. Abgrenzung zum Gewerbebetrieb

Die bewertungsrechtliche **Abgrenzung des Betriebs der Land- und Forstwirtschaft** von einem gewerblichen Betrieb ist keine Frage der Größe, sondern der Art der Nutzung. Sie erstreckt sich auf alle Wirtschaftsgüter, nicht nur auf den Grund und Boden. **Land- und Forstwirtschaft** ist die planmäßige Nutzung der natürlichen Kräfte des Bodens zur Erzeugung von Pflanzen und Tieren sowie die Verwertung der dadurch selbstgewonnenen Erzeugnisse.[1] Dabei ist die Unterscheidung nach dem Gesamtbild der Verhältnisse vorzunehmen. Wenn eine Trennung nach der Verkehrsauffassung möglich ist, sind land- und forstwirtschaftliche und gewerbliche Tätigkeiten zu trennen. 34

Sonderregelungen gelten z. B. beim Strukturwandel, für Nebenbetriebe, bei der unmittelbaren Verwertung organischer Abfälle und bei den verschiedenen Möglichkeiten des Absatzes eigener Erzeugnisse und Dienstleistungen.[2] 35

(Einstweilen frei) 36–37

3. Sonderregelung Windenergieanlagen (§ 233 Abs. 1 BewG)

Eine **Windenergieanlage** stellt einen gewerblichen Betrieb dar. Sofern eine Windenergieanlage auf einem ansonsten land- und forstwirtschaftlich genutzten Grundstück steht, sind die 38

1 Gleich lautende Erlasse der obersten Finanzbehörden der Länder v. 15.12.2011, BStBl 2011 I S. 1213 (alte Bundesländer) und S. 1217 (neue Bundesländer).

2 Hierzu eingehend die gleich lautenden Erlasse der obersten Finanzbehörden der Länder v. 15.12.2011, BStBl 2011 I S. 2013 und 1217.

Standortflächen für die Windenergieanlage und der dazugehörigen Betriebsvorrichtungen dem land- und forstwirtschaftlichen Vermögen zuzurechnen.

Die Vorschrift hat vor allem praktische Bedeutung, um eine gesonderte Bewertung der Flächen für die Windenergieanlagen zu vermeiden.[1]

39–40 *(Einstweilen frei)*

4. Sonderregelung Konversionsflächen (§ 233 Abs. 2 BewG)

41 In Abweichung von § 232 Abs. 3 Nr. 1 sind land- und forstwirtschaftlich genutzte Flächen dem Grundvermögen zuzurechnen, wenn anzunehmen ist, dass sie innerhalb eines Zeitraums von sieben Jahren anderen als land- und forstwirtschaftlichen Zwecken dienen werden (**Konversionsflächen**). Die Annahme muss dabei die Lage, die am Feststellungszeitpunkt bestehenden Verwertungsmöglichkeiten und sonstige Umstände berücksichtigen.

Die Sonderregelung berücksichtigt die näher am Zeitwert orientierte Bewertung des Grundvermögens.[2]

42–43 *(Einstweilen frei)*

5. Sonderregelung Bauland (§ 233 Abs. 3 BewG)

44 Sofern Flächen in einem Bebauungsplan als **Bauland** ausgewiesen werden, ihre sofortige Bebauung möglich ist und die Bebauung innerhalb des Plangebiets schon begonnen hat oder abgeschlossen ist, gehören sie zum Grundvermögen.

Auch hier wird dem Umstand Rechnung getragen, diese deutlich höherwertigen Grundstücke mit zeitnahen Werten zu erfassen. Dabei kommt es auf die tatsächliche Nutzung des Grundstücks nicht an.[3]

45–46 *(Einstweilen frei)*

6. Sonderregelung Kleingartenland und Dauerkleingartenland (§ 240 BewG)

47 Als Betrieb der Land- und Forstwirtschaft gilt auch das **Kleingartenland** und **Dauerkleingartenland** (§ 240 Abs. 1 BewG). Dabei gelten Sonderregelungen (§ 240 Abs. 2 und 3 BewG) für die Ermittlung des Ertragswerts und für die Größe von Gartenlauben als Wirtschaftsgebäude.[4] Der Grundsteuerwert dieses besonderen Betriebs stellt dann die kapitalisierten Reinerträge dar. Dabei wird, analog zu § 16 BewG, als Kapitalisierungsfaktor der Wert von 18,6 verwendet, der dem im Bewertungsgesetz verwendeten Zinssatz von 5,5 % (§ 15 Abs. 1 BewG) entspricht.

48–49 *(Einstweilen frei)*

7. Sonderregelung Tierbestände (§ 241 BewG)

50 Für **Tierbestände** gibt es bewertungsrechtlich eine Sonderregelung, die inhaltlich § 51 Abs. 2 BewG entspricht.

1 Zu weiteren Einzelheiten siehe Müller in Grootens, BewG § 233 Rz. 10.
2 Zu Einzelheiten siehe Müller in Grootens, BewG § 233 Rz. 22.
3 Zu Einzelheiten siehe Müller in Grootens, BewG § 233 Rz. 26.
4 Zu Einzelheiten siehe Müller in Grootens, BewG § 240 Rz. 15 ff.

Sinn der Vorschrift ist es, die besonderen Bewertungen für land- und forstwirtschaftliche Betriebe nur in solchen Betrieben anzuwenden, die unter die Idealvorstellungen der Land- und Forstwirtschaft fallen. Sofern die tatsächlichen Tierbestände die Werte in § 241 BewG übersteigen, handelt es sich nicht mehr um einen Betrieb der Land- und Forstwirtschaft, sondern um einen gewerblichen Betrieb. Die genutzten Gebäude fallen dann nicht mehr unter das land- und forstwirtschaftliche Vermögen, sondern sind als Grundvermögen zu bewerten.

(Einstweilen frei) 51–52

8. Betriebsgrundstücke nach § 218 Satz 2 BewG

Die Vorschrift betrifft **Betriebsgrundstücke** i. S. des § 99 Abs. 1 Nr. 2 BewG. Darunter versteht man den zu einem Gewerbebetrieb gehörenden Grundbesitz, der losgelöst von seiner Zugehörigkeit zum Gewerbebetrieb einen Betrieb der Land- und Forstwirtschaft bilden würde. Er ist relevant für Grundstücke eines Gewerbebetriebs, der aufgrund seiner Tätigkeit nicht als land- und forstwirtschaftlicher Betrieb gilt.[1] 53

Diese Betriebsgrundstücke sind wie land- und forstwirtschaftliches Vermögen zu bewerten. § 218 Satz 2 BewG wiederholt den Inhalt des § 99 Abs. 3 BewG. Zum einen stellt der Gesetzgeber damit klar, dass dieser Grundbesitz nicht in den Wert des gewerblichen Betriebs einbezogen wird und damit ggf. Steuergegenstand für die Grundsteuer ist. Zum anderen wird klargestellt, dass die Bewertung in diesen Fällen nach den Vorschriften für land- und forstwirtschaftliches Vermögen zu erfolgen hat. Die besondere Erwähnung in § 218 Satz 2 BewG hat vor allem technische Gründe, da § 99 Abs. 1 BewG für die Grundsteuer keine Bedeutung entfaltet.[2] 54

(Einstweilen frei) 55–56

IV. Grundstücke und denen gleichgestellte Betriebsgrundstücke (§ 2 Nr. 2 GrStG)

Auch die Vorschriften bezüglich des **Grundvermögens** wurden bei der Neufassung des Bewertungsgesetzes infolge der Grundsteuerreform neu gefasst. Sie umfassen die §§ 243 ff. BewG. 57

(Einstweilen frei) 58–59

1. Begriff des Grundvermögens (§ 243 BewG)

Die **Abgrenzung des Grundvermögens** in § 243 BewG ist fast wortgleich aus § 68 BewG entnommen. Auch wird enumerativ aufgeführt, welche Vermögensgegenstände zum Grundvermögen gehören und welche nicht in das Grundvermögen einzubeziehen sind. 60

Danach gehören zum Grundvermögen die nachfolgenden Gegenstände zu a)–d): 61

a) Grund und Boden, Gebäude, sonstige Bestandteile, Zubehör.

- Der **Grund und Boden** ist eine räumlich abgegrenzte Fläche der Erdoberfläche. Dabei kommt es nicht darauf an, ob der Grund und Boden bebaut oder unbebaut ist.
- Ein **Gebäude** ist ein Bauwerk, das Menschen oder Sachen durch räumliche Umschließung Schutz gegen Witterungseinflüsse gewährt, den Aufenthalt von Men-

1 S. o. → Rz. 51.

2 Dötsch in Gürsching/Stenger, BewG § 99 Rz. 34.

schen gestattet, fest mit dem Grund und Boden verbunden, von einiger Beständigkeit und ausreichend standfest ist.[1]

- Der Begriff **Bestandteil** stammt aus den §§ 93–96 BGB. Es gibt wesentliche und unwesentliche Bestandteile von Grundstücken und Gebäuden. Zu den wesentlichen Bestandteilen gehören beispielsweise mit dem Boden zusammenhängende Erzeugnisse und Außenanlagen.[2]

- **Zubehör** sind bewegliche Sachen, die, ohne Bestandteile der Hauptsache zu sein, dem wirtschaftlichen Zweck der Hauptsache zu dienen bestimmt sind und ihr in einem dieser Bestimmung entsprechenden räumlichen Verhältnis stehen (§ 97 Abs. 1 Satz 1 BGB). Dazu gehören z. B. Mülltonnen oder den Mietern zur Nutzung überlassene Waschmaschinen.[34]

b) Erbbaurecht.

Unter einem **Erbbaurecht** versteht man das veräußerliche und vererbliche Recht, auf oder unter der Oberfläche eines Grundstücks ein Bauwerk zu haben (§ 1 Abs. 1 Erbbaurechtsgesetz). Dieses Bauwerk gehört nicht als wesentlicher Bestandteil zum Gebäude.[5]

c) Wohnungseigentum und Teileigentum.

Wohnungseigentum ist das Sondereigentum an einer Wohnung i.V. mit dem Miteigentumsanteil an dem gemeinschaftlichen Eigentum, zu dem es gehört (§ 1 Abs. 2 Wohnungseigentumsgesetz). Unter **Teileigentum** versteht man das Sondereigentum an nicht zu Wohnzwecken dienenden Räumen eines Gebäudes i.V. mit dem Miteigentumsanteil an dem gemeinschaftlichen Eigentum, zu dem es gehört (§ 1 Abs. 3 Wohneigentumsgesetz).[6]

d) Wohnungserbbaurecht und Teilerbbaurecht nach § 30 Abs. 1 des Wohnungsteileigentumsgesetzes.

Es handelt sich beim **Wohnungserbbaurecht** und beim **Teilerbbaurecht** um Sonderfälle des Erbbaurechts, bei dem das Erbbaurecht mehreren gemeinschaftlich nach Bruchteilen zusteht und dann jedem Mitberechtigten das Sondereigentum an einer bestimmten Wohnung oder an nicht zu Wohnzwecken dienenden Räumen eingeräumt wird (§ 30 Abs. 1 Wohnungseigentumsgesetz).[7]

62 Ausdrücklich nicht zum Grundvermögen gehören die Gegenstände zu e)–g):

e) Bodenschätze

Bodenschätze gehören nicht zum Grundvermögen und unterliegen demnach nicht der Grundsteuer, da auch eine Einbeziehung in das land- und forstwirtschaftliche Vermögen nicht in Betracht kommt.

Bodenschätze sind mit Ausnahme von Wasser alle mineralischen Rohstoffe in festem oder flüssigen Zustand und Gase, die in natürlichen Ablagerungen oder Ansammlungen (Lager-

1 BFH, Urteil v. 28.5.2003 - II R 41/01, BStBl 2003 II S. 693.
2 R 1 Abs. 3 BewR Gr.
3 R 1 Abs. 4 Satz 3 BewR Gr.
4 Zu Details siehe Bock in Grootens, BewG § 243 Rz. 68.
5 Zu Details siehe Bock in Grootens, BewG § 243 Rz. 71.
6 Zu Details siehe Bock in Grootens, BewG § 243 Rz. 77 ff.
7 Zu Details siehe Bock in Grootens, BewG § 243 Rz. 81.

stätten) in oder auf der Erde, auf dem Meeresgrund, im Meeresuntergrund oder im Meerwasser vorkommen (§ 3 Abs. 1 Bundesberggesetz).[1]

f) Maschinen und Betriebsvorrichtungen

Maschinen und Betriebsvorrichtungen gehören ebenfalls nicht zum Grundvermögen. Sie können Bestandteil des Betriebsvermögens oder des land- und forstwirtschaftlichen Vermögens sein.

Maschinen sind i. d. R. bewegliche technische Einrichtungen mit bewegten Teilen.

Unter **Betriebsvorrichtungen** versteht man Maschinen und sonstige Vorrichtungen aller Art, die zu einer Betriebsanlage gehören und mit denen das Gewerbe unmittelbar betrieben wird. Zur Abgrenzung wird auf den Erlass betr. Abgrenzung des Grundvermögens von den Betriebsvorrichtungen v. 5.6.2013 (BStBl 2013 I S. 734) verwiesen. Beispiele für Betriebsvorrichtungen[2] sind Lastenaufzüge in Gebäuden in Abgrenzung zu Personenaufzügen oder Klima- und Entstaubungsanlagen in der Fabrikation in Abgrenzung zu Klimaanlagen, die ein angenehmes Raumklima erzeugen sollen.[3]

g) Verstärkungen von Decken etc.

Zum Grundvermögen gehören nach § 234 Abs. 2 Satz 2 BewG hingegen **Verstärkungen von Decken** und die nicht ausschließlich zu einer Betriebsanlage gehörenden **Stützen und sonstige Bestandteile** wie Mauervorlagen und Verstrebungen. Sofern Sie zu einer Betriebsanlage gehören, liegen hingegen Betriebsvorrichtungen vor.[4]

(Einstweilen frei) 63–65

2. Begriff des Grundstücks (§ 244 BewG)

a) Definition (§ 244 Abs. 1 BewG)

Nach § 244 Abs. 1 BewG bildet jede wirtschaftliche Einheit des Grundvermögens ein **Grundstück** i. S. des Gesetzes. Dabei bestimmt die Verkehrsanschauung unter Berücksichtigung der örtlichen Gewohnheit, der tatsächlichen Übung, der Zweckbestimmung und der wirtschaftlichen Zusammengehörigkeit der einzelnen Wirtschaftsgüter, was als wirtschaftliche Einheit zu gelten hat (§ 2 Abs. 1 Satz 3 und 4 BewG).[5] 66

(Einstweilen frei) 67–68

b) Anteile an anderem Grundvermögen (§ 244 Abs. 2 BewG)

Gemäß § 244 Abs. 2 BewG wird die wirtschaftliche Einheit durch die Einbeziehung von **Anteilen an anderem Grundvermögen** erweitert, wenn diese Anteile zusammen mit dem Grundstück genutzt werden. Das Gesetz gibt gemeinschaftliche Hofflächen oder Garagen als Beispiel an. Die Erweiterung gilt aber nicht, wenn das gemeinschaftliche Grundvermögen nach der Verkehrsanschauung (§ 2 Abs. 1 Satz 3 und 4 BewG) als selbständige wirtschaftliche Einheit anzusehen ist.[6] 69

(Einstweilen frei) 70–71

---

1 Zu Details siehe Bock in Grootens, BewG § 243 Rz. 85.

2 Gleich lautende Ländererlasse der obersten Finanzbehörden der Länder v. 5.6.2013, BStBl 2013 I S. 734, Tz. 3.5 und 3.6.

3 Zu Details siehe Bock in Grootens, BewG § 243 Rz. 91 ff.

4 Zu Details siehe Bock in Grootens, BewG § 243 Rz. 104.

5 Zu Details siehe Bock in Grootens, BewG § 244 Rz. 23.

6 Zu Details siehe Bock in Grootens, BewG § 244 Rz. 40.

c) Erweiterung des Grundstücksbegriffs (§ 244 Abs. 3 BewG)

72 § 244 Abs. 3 BewG legt fest, dass in Erweiterung des Grundstücksbegriffs auch die im Gesetz aufgeführten Zusammenfassungen als Grundstück für die Grundsteuer gelten. Dabei geht das Gesetz von dem Grundsatz des einheitlichen Eigentums ab und fasst wirtschaftliche zusammengehörige Rechte, wie z. B. das Eigentum am Grundstück und das Erbbaurecht, zu einer wirtschaftlichen Einheit zusammen.

73 Die **Erweiterung des Grundstücksbegriffs** erfasst folgende Fälle:[1]

aa) Erbbaurecht mit dem Erbbaugrundstück (§ 244 Abs. 3 Nr. 1 BewG).

bb) Gebäude auf fremden Grund und Boden mit dem dazugehörigen Grund und Boden (§ 244 Abs. 3 Nr. 2 BewG).

cc) Wohneigentum und Teileigentum (§ 244 Abs. 3 Nr. 3 BewG).

dd) Wohnungserbbaurecht und Teilerbbaurecht mit dem belasteten Grund und Boden.

74–75 *(Einstweilen frei)*

3. Betriebsgrundstücke nach § 218 Satz 3 BewG

76 Die Vorschrift betrifft **Betriebsgrundstücke** i. S. des § 99 Abs. 1 Nr. 1 BewG. Darunter versteht man den zu einem Gewerbebetrieb gehörenden Grundbesitz, der losgelöst von seiner Zugehörigkeit zum Betrieb zum Grundvermögen gehören würde.

77 Diese Betriebsgrundstücke sind wie Grundvermögen zu bewerten. § 218 Satz 2 BewG wiederholt den Inhalt des § 99 Abs. 3 BewG. Die besondere Erwähnung in § 218 Satz 2 BewG hat vor allem technische Gründe, da § 99 Abs. 1 für die Grundsteuer keine Bedeutung entfaltet.[2]

78 Diese Betriebsgrundstücke gehen in den Wert des Gewerbebetriebs ein. Um eine Doppelbesteuerung mit Gewerbesteuer und Grundsteuer zu vermeiden, wird bei der Gewerbesteuer eine **Kürzung des Gewerbeertrags** um 1,2 % des Einheitswerts vorgenommen (§ 9 Nr. 1 GewStG), wenn der Steuerpflichtige nicht von der besonderen Kürzung nach § 9 Nr. 1 Satz 2 GewStG für Grundstücksgesellschaften Gebrauch macht.

§ 3 GrStG Steuerbefreiung für Grundbesitz bestimmter Rechtsträger

(1) [1]Von der Grundsteuer sind befreit

1. Grundbesitz, der von einer inländischen juristischen Person des öffentlichen Rechts für einen öffentlichen Dienst oder Gebrauch benutzt wird. [2]Ausgenommen ist der Grundbesitz, der von Berufsvertretungen und Berufsverbänden sowie von Kassenärztlichen Vereinigungen und Kassenärztlichen Bundesvereinigungen benutzt wird;

1a. (weggefallen)

2. Grundbesitz, der vom Bundeseisenbahnvermögen für Verwaltungszwecke benutzt wird;

3. Grundbesitz, der von

a) einer inländischen juristischen Person des öffentlichen Rechts,

1 Zu Details siehe Bock in Grootens, BewG § 244 Rz. 47 ff.

2 Dötsch in Gürsching/Stenger, BewG § 99 Rz. 33.

b) einer inländischen Körperschaft, Personenvereinigung oder Vermögensmasse, die nach der Satzung, dem Stiftungsgeschäft oder der sonstigen Verfassung und nach ihrer tatsächlichen Geschäftsführung ausschließlich und unmittelbar gemeinnützigen oder mildtätigen Zwecken dient,

für gemeinnützige oder mildtätige Zwecke benutzt wird;

4. Grundbesitz, der von einer Religionsgesellschaft, die Körperschaft des öffentlichen Rechts ist, einem ihrer Orden, einer ihrer religiösen Genossenschaften oder einem ihrer Verbände für Zwecke der religiösen Unterweisung, der Wissenschaft, des Unterrichts, der Erziehung oder für Zwecke der eigenen Verwaltung benutzt wird. [2]Den Religionsgesellschaften stehen die jüdischen Kultusgemeinden gleich, die nicht Körperschaften des öffentlichen Rechts sind;

5. Dienstwohnungen der Geistlichen und Kirchendiener der Religionsgesellschaften, die Körperschaften des öffentlichen Rechts sind, und der jüdischen Kultusgemeinden. [2]§ 5 ist insoweit nicht anzuwenden;

6. Grundbesitz der Religionsgesellschaften, die Körperschaften des öffentlichen Rechts sind, und der jüdischen Kultusgemeinden, der am 1. Januar 1987 und im Veranlagungszeitpunkt zu einem nach Kirchenrecht gesonderten Vermögen, insbesondere einem Stellenfonds gehört, dessen Erträge ausschließlich für die Besoldung und Versorgung der Geistlichen und Kirchendiener sowie ihrer Hinterbliebenen bestimmt sind. [2]Ist in dem in Artikel 3 des Einigungsvertrages genannten Gebiet die Zugehörigkeit des Grundbesitzes zu einem gesonderten Vermögen im Sinne des Satzes 1 am 1. Januar 1987 nicht gegeben, reicht es insoweit aus, dass der Grundbesitz zu einem Zeitpunkt vor dem 1. Januar 1987 zu einem gesonderten Vermögen im Sinne des Satzes 1 gehörte. [3]Die §§ 5 und 6 sind insoweit nicht anzuwenden.

[2]Der Grundbesitz muss ausschließlich demjenigen, der ihn für die begünstigten Zwecke benutzt, oder einem anderen nach den Nummern 1 bis 6 begünstigten Rechtsträger zuzurechnen sein. [3]Satz 2 gilt nicht, wenn der Grundbesitz von einem nicht begünstigten Rechtsträger im Rahmen einer Öffentlich Privaten Partnerschaft einer juristischen Person des öffentlichen Rechts für einen öffentlichen Dienst oder Gebrauch überlassen wird und die Übertragung auf den Nutzer am Ende des Vertragszeitraums vereinbart ist.

(2) [1]Öffentlicher Dienst oder Gebrauch im Sinne dieses Gesetzes ist die hoheitliche Tätigkeit oder der bestimmungsgemäße Gebrauch durch die Allgemeinheit. [2]Ein Entgelt für den Gebrauch durch die Allgemeinheit darf nicht in der Absicht, Gewinn zu erzielen, gefordert werden.

(3) Öffentlicher Dienst oder Gebrauch im Sinne dieses Gesetzes ist nicht anzunehmen bei Betrieben gewerblicher Art von juristischen Personen des öffentlichen Rechts im Sinne des Körperschaftsteuergesetzes.

Inhaltsübersicht

HINWEIS:

FinMin NRW v. 31.8.1979 koordinierter Ländererlass, S 3199 – 19 – V A 4; G 1102 – 10 – V A 4, Erlass betr. Einheitsbewertung und grundsteuerliche Behandlung von Klöstern, Schülerheimen, Noviziaten usw.

Gleich lautende Erlasse der obersten Finanzbehörden der Länder v. 22.6.2022, BStBl 2022 I S. 1171 NWB WAAAJ-20574

A. Allgemeine Erläuterungen zu § 3 GrStG

I. Normzweck und wirtschaftliche Bedeutung der Vorschrift

1 Am Beginn des GrStG sind die **dauerhaften und umfassenden Steuerbefreiungen** geregelt. Diese sind abzugrenzen von den **Steuervergünstigungen, welche erst auf Ebene der Messzahlen ansetzen sowie den zeitlich begrenzten Erlassen (§§ 32–34 GrStG).** Bei den dauerhaften Steuerbefreiungen handelt es sich sowohl um **sachliche** als auch **persönliche Befreiungen**. Grundsätzlich geht es, wie bei den meisten Steuerbefreiungen, um die Unterstützung von durch den Gesetzgeber als positiv beurteilte Tätigkeiten für das **Gemeinwohl**. Aufgrund der Vielfalt und dem Wortlaut recht eindeutig entnehmbaren Zielsetzungen, können diese den folgenden Abschnitten entnommen werden. Einige Steuerbefreiungen haben darüber hinaus historische Gründe (z. B. Stellenfonds, Nr. 6).

2 Mit Blick auf die **wirtschaftliche Bedeutung** ist zunächst festzustellen, dass die befreiten wirtschaftlichen Einheiten bzw. der befreite Grundbesitz gemessen an der Gesamtzahl von wirtschaftlichen Einheiten eine untergeordnete Rolle einnehmen. Dieses entspricht auch den allgemeinen Grundsätzen des Besteuerungssystems. Dem steht auch nicht entgegen, dass insbesondere mit den Begünstigungen des Verkehrs (§ 4 GrStG) und der öffentlichen Verwaltung auch Flächen intensiver Nutzungen und Aufmerksamkeit betroffen sind. Der geringe Anteil liegt auch in der umfangreichen Ausnahme von Wohnungen aus der Steuerbefreiung begründet. Für die wirtschaftliche Bedeutung der Steuerbefreiungen sorgt auch die im Regelfall bisher geringe Höhe der Grundsteuer. Dieser steht aber die große Bedeutung der Befreiungen von einzelnen Eigentümern mit umfangreichen Grundbesitz entgegen. Hier sind beispielhaft die Kirchen, die öffentliche Verwaltung sowie Verkehrsbetriebe zu nennen.

3–5 *(Einstweilen frei)*

II. Entstehung und Entwicklung der Vorschrift

6 Die Vorschriften der Steuerbefreiungen sind sehr alt und seit langem im Wesentlichen unverändert. Auch durch die sog. **Reform der Grundsteuer** durch das GrStRefG[1] ergeben sich keine direkten Änderungen für die Vorschriften der Steuerbefreiungen. Lediglich durch die veränderten Deklarationspflichten mag es neue Pflichten, aber auch Überschneidungen (mit Blick auf die Anzeigen) geben. Außerdem wirken die geänderten Zurechnungsvorschriften teilweise durch.

1 BGBl 2019 I S. 1794.

Als letzte große Aktualisierungen des § 3 GrStG sind insbesondere die folgenden beiden Punkte zu nennen: 7

- Durch das ÖPP-Beschleunigungsgesetz v. 7.9.2005 erfolgte eine Erweiterung bei öffentlich privaten Partnerschaften.
- Mit dem Steuerbereinigungsgesetz v. 22.12.1999 erfolgte mit Blick auf den Begriff „juristische Personen bzw. Körperschaften" eine redaktionelle Anpassung an den Wortlaut des KStG.

Von größerer aktueller Bedeutung für die Praxis dürften hingegen die Folgen aus der umfassenden **Neuveranlagung** im Rahmen der Reform der Grundsteuer werden, obwohl die Vorschriften der Steuerbefreiungen von der Reform nicht direkt betroffen sind. Hier sind eine gewisse Bereinigungswirkung und Sachverhaltsaufklärung z. B. mit Blick auf die aktuelle Nutzung von Flächen (objektive Voraussetzung) zu erwarten. Gleichzeitig wird dies wohl das Ende von beidseitig eingespielten Mechanismen und Vereinfachungen bedeuten. Wie weit dann noch Raum für individuelle Absprachen und Klärungen des Sachverhaltes bleibt, ist abzuwarten, erscheint aber unwahrscheinlicher. Im Zusammenhang mit der Reform und den neu erlassenen Verwaltungsanweisungen (v. 22.6.2022) wurden auch die Abschnitte zu § 3 GrStG etc. neu gefasst. Inhaltlich sind diese aber sehr deckungsgleich. 8

(Einstweilen frei) 9–12

III. Geltungsbereich

Grundsätzlich umfassen die Steuerbefreiungen im GrStG alle steuerbaren wirtschaftlichen Einheiten in Deutschland. Diese gelten mit § 6 GrStG eindeutig auch für den Land- und forstwirtschaftlich genutzten Grundbesitz. Auch durch die Reform der Grundsteuer und die damit eingeführte **Öffnungsklausel der Länder**, welche auch das GrStG umfasst, hat sich der Geltungsbereich bisher nicht weiter einegschränkt.[1] Sofern die hier genannten Vorschriften nahezu wortgleich in Ländergesetzte übernommen worden, siehe Folgen daraus an der entsprechenden Stelle. Das gleiche gilt, soweit es geringe Abweichungen gibt. 13

(Einstweilen frei) 14–16

IV. Vereinbarkeit der Vorschrift mit höherrangigem Recht

Anders als die Einheitsbewertung wird das System der Steuerbefreiungen mit Blick auf das **Grundgesetz** kaum als kritisch betrachtet.[2] Aus Sicht des europäischen Rechts wäre eine entsprechende Kritik mit Blick auf die subjektive Voraussetzung denkbar. Dieses gilt insbesondere aufgrund der z. B. fehlenden Erfassung von ausländischen öffentlichen Körperschaften. Praktisch scheint diese durch die weitreichenden Begünstigungen solcher ausländischen Gebilde (z. B. im Rahmen der Streitkräfte) nicht relevant zu sein.[3] Daher scheinen letztendlich Bedenken auch nicht notwendig.[4] 17

1 Vgl. zur Öffnungsklausel zugunsten der Länder Grootens in Grootens, Einführung zu den abweichenden Länderregelungen, Rz. 1 ff.

2 Vgl. BFH, Beschluss v. 1.7.2020 - II B 89/19 NV, NWB JAAAH-60309.

3 Vgl. Kühnold in Lippross/Seibel, Basiskommentar Steuerrecht, Vor §§ 3–8 GrStG Rz. 8.

4 Vgl. Schnitter in 360° GrStG eKommentar, § 4 Rz. 7.

18 Verfassungsgemäß ist auch die Abgrenzung bei den Religionsgemeinschaften mit Blick auf besonderer Hervorhebung **jüdischer Kultusgemeinden.**[1]

19–21 *(Einstweilen frei)*

V. Verhältnis zu anderen Vorschriften

22 Die **Entscheidung über die Anwendung der Befreiung** ist m. E. im Rahmen des Grundsteuerwertfeststellungsbescheid zu treffen. Die Finanzverwaltung hingegen vertritt die Auffassung, dass über das Bestehen und den Umfang der Steuerpflicht sowohl im Rahmen der Grundsteuerwertfeststellung als auch im Rahmen der Grundsteuermessbetragsfestsetzung entschieden werden kann.[2] Sie verweist in diesem Zusammenhang auf § 184 Abs. 1 AO. Dieser regelt zwar, dass mit der Festsetzung des Steuermessbetrags auch über die persönliche und sachliche Steuerpflicht zu entscheiden ist. Dem steht m. E. jedoch die Regelung im § 219 Abs. 3 BewG als lex specialis klar entgegen. Denn nach dieser Vorschrift hat eine Feststellung gar nicht erst zu erfolgen, wenn diese für die Besteuerung nicht von Bedeutung ist.[3] Dieser grundlegenden Entscheidung ist m. E. somit auch im Rahmen der Festsetzung des Grundsteuermessbetrages zu folgen.

23 *(Einstweilen frei)*

24 Bei einer **Änderung der für die Steuerbefreiung maßgeblichen Verhältnisse** ist dies der Finanzbehörde bis zum 31. März des Jahres mitzuteilen, das auf das Kalenderjahr der Änderung folgt (§ 19 GrStG). Dies gilt sowohl für den (teilweisen) Wegfall als auch für das Eintreten der Voraussetzung. Dies kann das Finanzamt selbstständig schon wegen der beschränkten Informationslage nicht vornehmen. Das gilt auch für alle sog. Ländermodelle. Bei Anzeige der Änderung der Steuerbefreiung und gleichzeitiger Betrachtung der neuen Anzeige nach § 228 Abs. 2 BewG kommt es zu einer doppelten Anzeigepflicht (ähnlich auch in einzelnen Ländermodellen).[4]

25 Durch die Reform ist die **Abgabe von Erklärungen** zur Feststellung der Grundsteuerwerte gem. § 228 Abs. 1 BewG nur vorzunehmen, wenn die Finanzbehörde entsprechend dazu aufgefordert hat. Für Zwecke der ersten Hauptfeststellung auf den 1.1.2022 hat das BMF am 30.3.2022, im Einvernehmen mit den Ländern, die das Bundesmodell anwenden, alle Grundstückseigentümerinnen und -eigentümer durch öffentliche Bekanntmachung zur Erklärungsabgabe aufgefordert.[5] Dabei war unerheblich, ob ein (teilweise) steuerbefreiter Grundbesitz vorliegt oder nicht. Ausnahmen zu dieser Aufforderung gibt es nur auf Landesebene durch die individuelle Entscheidung der einzelnen Länder. Die Landesfinanzverwaltungen haben hierzu unterschiedliche Regelungen getroffen.[6] Für den teilbefreiten Grundbesitz scheint eine vollständige Erfas-

---

1 BFH, Urteil v. 30.6.2010 - II R 12/09, BStBl 2011 II S. 48.

2 A 219 Abs. 1 Satz 3 AEBewGrSt.

3 Vgl. Kurt in Grootens, BewG, § 219 Rz. 271 ff.

4 Vgl. Kurt in Grootens, BewG, § 228 Rz. 115.

5 BStBl 2022 I S. 205 f.

6 Vgl. z. B. Information zur Grundsteuerreform-Steuerbefreite Grundstücke des Ministeriums der Finanzen des Landes NRW. Nach diesem Schreiben muss für vollständig in NRW belegene Grundstücke, die in vollem Umfang steuerbefreit sind, keine Grundsteuererklärung abgegeben werden. Die Grundstücke sollen lediglich mit Verweis auf den Steuerbefreiungsgrund aufgelistet werden. In Sachsen hingegen ist z. B. auch für steuerbefreite Grundbesitze eine Feststellungserklärung abzugeben. Die Feststellungserklärungsfrist für vollständig steuerbefreiten Grundbesitz einer Gebietskörperschaft wurde jedoch bis zum 31.3.2024 verlängert und konnte daher 14 Monate später abgegeben werden, siehe www.grundsteuer.sachsen.de/Kommunen.

sung und Deklaration des Grundbesitzes ohnehin unvermeidbar. Die vom Bundesmodell abweichenden Länder haben ebenfalls vergleichbare Aufforderungen veröffentlicht.

Je nachdem, ob eine Steuerbefreiung ganz oder teilweise wegfällt oder entsteht, wird dies unter Umständen zu einer Neufeststellung, dem Wegfall einer Feststellung oder einer Wertfortschreibung führen. 26

Dazu hat die Vorschrift insbesondere im Bereich der Gemeinnützigkeit direkte Verknüpfungen zu den Vorschriften der Abgabenordnung. 27

(Einstweilen frei) 28–30

B. Systematische Kommentierung

I. Systematik der Steuerbefreiungen in § 3 GrStG

Insgesamt enthält § 3 Abs. 1 Satz 1 GrStG **sechs aktuell besetzte Unterpunkte** mit jeweils eigenständigen Steuerbefreiungen. § 3 Abs. 1 Satz 2 GrStG ergänzt dieses mit einer weiteren Voraussetzung für alle sechs Steuerbefreiungen, wobei Satz 3 diese wiederum einschränkt. § 3 Abs. 1 Satz 3 GrStG sowie § 3 Abs. 2 und 3 GrStG erläutern insbesondere § 3 Abs. 1 Nr. 1 GrStG. 31

Alle sechs Steuerbefreiungen haben gemein, dass sie jeweils **eine subjektive und eine objektive Voraussetzung** erfordern. Die subjektive Voraussetzung bezieht sich auf denjenigen, dem der betreffende Grundbesitz bei der Grundsteuerbewertung zuzurechnen ist. In der Regel ist dies der Eigentümer. Es gibt nur eine eingeschränkte Auswahl an **begünstigten Rechtsträgern**. Die objektive Voraussetzung stellt zusätzlich auf die **tatsächliche Nutzung** des Grundbesitzes ab. 32

Es muss **keine zwingende Rechtsträgeridentität** zwischen dem Eigentümer des Grundbesitzes und dem tatsächlichen Nutzer bestehen. Somit kann ein begünstigter Rechtsträger, dem der Grundbesitz zugerechnet worden ist, diesem einem anderen begünstigten Rechtsträger zur Nutzung überlassen. Dabei ist unerheblich, ob die Überlassung entgeltlich oder unentgeltlich erfolgt. Entscheidend ist nur, dass der nutzende Rechtsträger den Grundbesitz für begünstigte Zwecke verwendet und selbst nach § 3 GrStG begünstigt ist.[1] 33

Diese parallelen Voraussetzungen müssen nach dem **Stichtagsprinzip** (§ 9 Abs. 1 GrStG) zum Beginn des Kalenderjahres vorliegen. Voraussichtlich ist das Prinzip abgesehen von Eigentümerwechseln eher für die objektive Voraussetzung von Bedeutung. Grundsätzlich sind diese Voraussetzungen aber zeitlich unbegrenzt. 34

(Einstweilen frei) 35–38

II. Öffentliche Nutzung (§ 3 Abs. 1 Satz 1 Nr. 1, Satz 3 Abs. 2 und Abs. 3 GrStG)

1. Subjektive Voraussetzung

Begünstigt sind **inländische juristische Personen des öffentlichen Rechts. Ausgenommen** sind Berufsvertretungen und Berufsverbände sowie kassenärztliche Vereinigungen und kassenärztliche Bundesvereinigungen. Davon abzugrenzen sind **Körperschaften des privaten Rechts**. Im 39

1 A 3.1 Abs. 3 AEGrStG.

Zweifel hat das Finanzamt die Verwaltungsbehörde, welche für die Aufsicht zuständig ist, anzurufen.[1]

40 Der Begriff der **juristischen Person des öffentlichen Rechts** umfasst alle Gebilde und Institutionen, die aufgrund öffentlichen Rechts mit eigener Rechtsfähigkeit und Hoheitsbefugnissen ausgestattet sind. Die Entstehung und Beendigung einer juristischen Person des öffentlichen Rechts wird dabei durch einen staatlichen Hoheitsakt (u. a. Gesetz, Anerkennung oder Verleihung) begründet. Liegt ein solcher Hoheitsakt nicht vor, kann sich die öffentlich-rechtliche Eigenschaft in Ausnahmen auch aus der geschichtlichen Entwicklung, der Verwaltungsübung oder aus allgemeinen Rechtsgrundsätzen (z. B. öffentlich-rechtliche Religionsgemeinschaften) sowie Gewohnheitsrecht ergeben.[2] Die juristischen Personen des öffentlichen Rechts werden in Körperschaften des öffentlichen Rechts, Anstalten des öffentlichen Rechts sowie Stiftungen des öffentlichen Rechts unterschieden. Da alle dieser Vereinigungen begünstigt sind, ist die teilweise recht komplizierte Abgrenzung der einzelnen Gebilde für die Grundsteuer von untergeordneter Bedeutung.

41 **Körperschaften des öffentlichen Rechts** sind teilweise mitgliedschaftlich orientiert und haben unter Umständen eine verbandsmäßige Struktur. Hauptarten dieser Körperschaften des öffentlichen Rechts sind die Gebiets-, Personal-, Verbands- und Realkörperschaften. Der Hoheitsbereich einer **Gebietskörperschaft** wird durch einen räumlich abgegrenzten Teil des Staatsgebietes bestimmt. Alle in diesem Gebiet wohnenden Bürger und ansässigen Unternehmen sind Pflichtmitglieder der Gebietskörperschaft, sobald sie ihren Wohnsitz bzw. Rechtssitz dorthin verlegen. Zu den Gebietskörperschaften gehören Bund, Länder, Gemeinden und Gemeindeverbände. Im Regelfall aber nicht die Gemeindezweckverbände.

42 Bei **Personalkörperschaften** ergibt sich die Mitgliedschaft durch die Zugehörigkeit zu einer bestimmten Gruppe, insbesondere zu einem bestimmten Beruf, oder anderer auf die Person bezogener Merkmale. Zu den Personalkörperschaften gehören insbesondere Handels-, Handwerks-, Landwirtschafts- und Ärztekammern. Bei **Verbandskörperschaften** sind Mitglieder juristische Personen, die sich zum Erreichen eines öffentlichen Zweckes zusammengeschlossen haben, wie z. B. kommunale Zweckverbände. Bei **Realkörperschaften** basiert die Mitgliedschaft auf dem Eigentum an einem bestimmten Grundstück bzw. auf einer daraus resultierenden Berechtigung, wie beispielsweise bei Deichverbänden sowie Wasser- und Bodenverbänden.

43 **Anstalten des öffentlichen Rechts** sowie Stiftungen des öffentlichen Rechts haben hingegen keinen eigenen Mitgliedsbestand. Anstalten des öffentlichen Rechts sind öffentlich-rechtliche Verwaltungseinrichtungen, die einem besonderen öffentlichen Zweck zu dienen bestimmt sind. Zur Aufgabenerfüllung bündelt die Anstalt Sachmittel (Gebäude, Einrichtung, Fahrzeuge usw.) und Personal in einer Organisationseinheit. Juristische Personen des öffentlichen Rechts sind nur die vollrechtsfähigen Anstalten, die als eigene Rechtspersönlichkeit rechtlich aus der allgemeinen (unmittelbaren) Staatsverwaltung ausgegliedert sind und eigene Selbstverwaltungsrechte haben. Hierzu gehören beispielsweise die Bundesagentur für Arbeit (ehemals Bundesanstalt für Arbeit) sowie die meisten Landesrundfunkanstalten der ARD und des ZDF.

44 Eine **Stiftung des öffentlichen Rechts** ist ein öffentlich-rechtlicher, mit eigener Rechtspersönlichkeit ausgestatteter Vermögensbestand, der einen vom Stifter bestimmten Stiftungszweck verfolgt. Die Errichtung und die Rechtsverhältnisse einer Stiftung öffentlichen Rechts richten

1 BFH, Urteil v. 1.3.1951 - I 52/50 U, BStBl 1951 III S. 120.

2 A 3.2 Abs. 2 Satz 1 ff. AEGrStG.

sich nach Landesrecht. Zu beachten ist, dass sich der Staat unter Umständen auch Stiftungen des privaten Rechts bedient, welche hier nicht erfasst werden.

Ausdrücklich ausgenommen sind nach § 3 Abs. 1 Satz 1 Nr. 1 Satz 2 GrStG aber in jeder der o. g. Formen errichteten Berufsvertretungen und Berufsverbände sowie von Kassenärztlichen Vereinigungen und Bundesvereinigungen auch wenn diese teilweise hoheitliche Aufgaben durchführen. Diese werden quasi durch den übergeordneten Status als z. B. Berufsverband infiziert. 45

Berufsvertretungen und -verbände zeichnen sich dabei durch die Vertretung der Interessen eines Berufsstandes oder eines/verschiedener Wirtschaftszweige aus.[1] Es kann sich hier sowohl um ideelle als auch um wirtschaftliche Vertretungen handeln, soweit diese nicht nur einzelnen Mitgliedern dienen. Hilfreich sind an dieser Stelle auch die Körperschaftsteuerrichtlinien zu § 5 KStG. Hintergrund der Ausnahme ist wohl das Ziel der einheitlichen Behandlung unabhängig von der gewählten Rechtsform und der fehlenden politischen Anerkennung. 46

Die Vereinigungen der Kassenärzte zeichnen sich durch Vertretung des Berufes gegenüber den Krankenkassen aus und werden durch Gesetz dazu errichtet. Dadurch dürfte die Abgrenzung dieser in der Praxis relativ einfach sein. 47

Bei **Öffentlichen Privaten Partnerschaften** kann das Eigentum und die Begünstigung ausnahmsweise auseinanderfallen. Insoweit wird die objektive Voraussetzung hier im Rahmen einer Rückausnahme aufgeweicht. Der Begriff ÖPP ist gesetzlich nicht definiert. ÖPP heißt nach der Begründung des Entwurfs des ÖPPBeschlG Kooperation von öffentlicher Hand und privater Wirtschaft beim Entwerfen, bei der Planung, Erstellung, Finanzierung, dem Management, dem Betreiben und dem Verwerten von bislang in staatlicher Verantwortung erbrachten öffentlichen Leistungen.[2] Erhalten bleibt die objektive Voraussetzung der Nutzung, welche auch weiterhin unmittelbar durch eine juristische Person des öffentlichen Rechts erfolgen muss (§ 7 GrStG). Die zwischengeschaltete Überlassung kann diese natürlich nicht unterbrechen. Dazu kommt, dass die Immobilie am Ende der Partnerschaft auf den Nutzer übertragen werden muss. Dieses muss m. E. nach nicht nur tatsächlich erfolgen, sondern auch fest vertraglich vereinbart sein. Ein Optionsrecht reicht nicht aus.[3] Außerdem müssen auch **Erbbaurechte** zurückübertragen werden.[4] Bei Erbbaurechten ist insgesamt ab 2025 aber die geänderte Zurechnung zu beachten. 48

(Einstweilen frei) 49–52

2. Objektive Voraussetzungen

Begünstigt ist die Nutzung für einen **öffentlichen Dienst oder Gebrauch, die dazu unmittelbar erfolgen soll.** Dieses ist nach § 3 Abs. 2 GrStG die hoheitliche Tätigkeit oder der bestimmungsgemäße Gebrauch durch die Allgemeinheit. Die Unterscheidung kann im Einzelfall schwierig sein, ist aber aus diesem Grund auch nicht notwendig. Vielmehr kann es sogar als einheitlicher Begriff gesehen werden. Der Gebrauch durch die Allgemeinheit kann gegen Entgelt erfolgen, sofern keine Gewinnerzielungsabsicht vorliegt. Dieses überschneidet sich mit Ausschluss von § 3 Abs. 3 GrStG mit Blick auf **Betriebe gewerblicher Art.** 53

1 BFH, Urteil v. 12.7.1955 - I 104/53 U, BStBl 1955 III S. 271.
2 BT-Drucks. 15/5668 S. 10.
3 BFH, Urteil v. 27.9.2017 - II R 13/15, BStBl 2018 II S. 768.
4 BFH, Urteil v. 6.12.2017 - II R 26/15, NWB JAAAG-72041.

54 Die **Feststellung einer hoheitlichen Tätigkeit** wird im Regelfall bereits bei der Körperschaft- oder Gewerbesteuer gefällt.[1] Dieses hat die Verwaltung nach A 3.3 Abs. 4 Satz 2 GrStE im Rahmen der Grundsteuer zu übernehmen, welche nach m. E. auch nicht bedenklich ist. Insoweit gilt auch die gleiche inhaltliche Ausgestaltung dieser Begriffe wie im Körperschaft- und Gewerbesteuerrecht. Wobei Freigrenzen/Vereinfachungsregelungen nicht übernommen werden. Im Regelfall wird sich die Nutzung bereits aus einem Gesetz, Verwaltungsakt, Satzung oder ähnliches ergeben, dieses ist aber keine Voraussetzung, da auf die Nutzung abgestellt wird. Für Beispiele wird deshalb auch auf die o. g. Vorschriften verwiesen.

55 Der bestimmungsgemäße **Gebrauch durch die Allgemeinheit** wird sich hingegen nicht unbedingt aus anderen Gesetzen ableiten lassen. Überschneidungen mit etwaigen bestehenden Befreiungsvorschriften können Indizien für eine fehlende Steuerpflicht sein. Als Grundsatz steht fest, dass der Zugang zu den Flächen durch die Öffentlichkeit möglich und nicht auf Personenkreise begrenzt ist.[2] Auch hier wird es im Regelfall Gesetz, Verwaltungsakt, Satzung oder ähnliches geben.[3] Dieses ist mit Blick auf die Abgrenzung und Nachweis der Fläche auch zu empfehlen. Eine Beschränkung ist nur aus Gründen der Ordnung im Interesse aller Nutzer möglich.

56 Bei **unterstützenden Tätigkeiten**, wie z. B. Kantinen, ist auf die Enge der Beziehung sowie der Unentbehrlichkeit für die Nutzung abzustellen.[4] Eine Zwischenschaltung eines Betreibers mit entsprechender Verpachtung solcher Flächen kann unschädlich sein. Die Anforderungen an eine solche enge Verbindung sind allerdings hoch (denkbar sind z. B. gemeinsame Richtlinien, keine Gewinnerzielungsabsicht aus dem Pachtverhältnis, keine Nutzung und Vertrieb am Markt) und müssen nachgewiesen werden. Als Gegenbeispiel ist hingegen die Überlassung eines Erbbaurechts nicht begünstigt, u. a. da die einfache Vermietung nicht unmittelbar ist.[5]

57 Auch **Hilfstätigkeiten/-flächen** wie z. B. ein Lager nach A 3.3 Abs. 2 Satz 2 AEGrStG können begünstigt sein. Die Begünstigung von Parkplätzen bedarf dabei besonderer Aufmerksamkeit. Diese können u. a. der befreiten Tätigkeit zugeordnet oder ein Betrieb gewerblicher Art sein. Darüber hinaus können die Befreiungen nach § 4 Nr. 3a GrStG[6] infrage kommen.

58 Nicht begünstigt ist insbesondere der Grundbesitz, der zur **Vermögensverwaltung** verwendet wird. Auch die nicht begünstigten gewerblichen Betriebe werden im Regelfall bereits im Rahmen der Körperschaft- und Gewerbesteuer festgestellt. Wie oben bereits dargestellt spricht grds. nichts dagegen, diese Feststellung zu übernehmen (vgl. → Rz. 54). Dieses gilt mit Blick auf die bei der Körperschaftsteuer ggf. geltenden Freigrenzen bzw. geringe Gewichtungsregelungen nicht, so auch A 3.3 Abs. 4 Satz 4 AEGrStG. Solche Regelungen würden nicht der Natur der Grundsteuer entsprechen, bei der diese Gewichtung mit § 7 GrStG erfolgt.

59–62 *(Einstweilen frei)*

---

1 R 4.1 KStR 2015.

2 Vgl. Kühnold in Lippross/Seibel Basiskommentar Steuerrecht, § 3 GrStG Rz. 11.

3 A 3.5 Abs. 1 Satz 3 AEGrStG.

4 BFH, Urteil v. 29.3.1968 - III 213/64, BStBl 1968 II S. 499.

5 BFH, Urteil v. 16.12.2009 - II R 29/08, BStBl 2010 II S. 829.

6 Vgl. Steffen in Grootens, GrStG, § 4 Rz. 48.

III. Bundeseisenbahnvermögen (§ 3 Abs. 1 Nr. 2 GrStG)

1. Subjektive Voraussetzung

Begünstigt wird das Bundeseisenbahnvermögen. Dieses ist ein nicht **rechtsfähiges Sondervermögen der Bundesrepublik Deutschland** und damit auch von der Deutschen Bahn AG[1] abzugrenzen, für dieses sind die Befreiungen in § 4 Nr. 3 GrStG einschlägig. Aufgrund der umfangreichen Veräußerungen und der Trennung von für den Bahnbetrieb erforderlichen Grundbesitz scheint der Umfang des erfassten Grundbesitzes begrenzt. 63

(Einstweilen frei) 64–66

2. Objektive Voraussetzungen

Der Grundbesitz muss für Verwaltungszwecke genutzt werden. Davon abzugrenzen ist die Nutzung für Betriebszwecke. Dieses erfasst voraussichtlich nur noch die Dienststellen des Sondervermögens. Der Begriff Verwaltungszwecke ist dabei an den Aufgaben des Sondervermögens zu messen. Die reine Vermögensverwaltung, ggf. auch als Ergebnis der Verwaltung, dürfte davon nicht erfasst sein. Die Benutzung des Grundbesitzes für Betriebszwecke sowie für alle weiteren Zwecke ist voll steuerpflichtig.[2] 67

(Einstweilen frei) 68–70

IV. Gemeinnützige oder mildtätige Zwecke (§ 3 Abs. 1 Nr. 3 GrStG)

1. Subjektive Voraussetzung

Aufgrund der subjektiven Voraussetzung sind zum einen **inländische juristische Personen des öffentlichen Rechts** begünstigt. Dieses ist soweit deckungsgleich mit dem oben unter → Rz. 39 ff. dargestellten Begriff. Trotzdem wird der Anwendungsbereich durch die objektive Voraussetzung im Vergleich zur obigen Darstellung deutlich erweitert. 71

Ergänzend werden **inländische Körperschaften, Personenvereinigungen oder Vermögensmassen**, die nach der Satzung, dem Stiftungsgeschäft oder der sonstigen Verfassung und nach ihrer **tatsächlichen Geschäftsführung** ausschließlich und unmittelbar gemeinnützigen oder mildtätigen Zwecken dienen, erfasst. Die entsprechenden Definitionen und Voraussetzungen ergeben sich dabei aus der Abgabenordnung (§§ 51 ff. AO). 72

Im Regelfall kann die Bestimmung der subjektiven Voraussetzungen bei inländisch erfassten Gesellschaften der **Ertragsbesteuerung** bzw. dem zuständigen Finanzamt entnommen werden. Das Lagefinanzamt wird i. S. von Abschnitt 3.2 Abs. 2 Satz 4 AEGrStG diese Entscheidung übernehmen. Ausländische Gesellschaften sind i. d. R. nicht begünstigt.[3] Die reine Feststellung der Gemeinnützigkeit/Satzung nach § 60a AO dürfte nicht ausreichen, da auch die tatsächliche **Geschäftsführung** nachgewiesen werden muss. Da dieses im Regelfall aber erst nachgelagert erfolgt, wird die Feststellung nach § 60a AO im Rahmen der ersten Veranlagung wohl auch verwendet werden können.[4] Dies ist insbesondere relevant in Gründungsfällen. Es gilt der Grundsatz der Ausschließbarkeit. 73

1 Vgl. Bott in Bott/Walter, KStG, § 5 Rz. 31.
2 A 3.6 Satz 2 f. AEGrStG.
3 A 3.2 Abs. 3 Satz 1 AEGrSt.
4 Vgl. Troll/Eisele, GrStG, § 3 Rz. 25.

74–76 *(Einstweilen frei)*

2. Objektive Voraussetzungen

77 Der Grundbesitz muss daneben objektiv für **gemeinnützige oder mildtätige Zwecke** genutzt werden. Die Ausprägung dieses Zweckes folgt dabei den Grundsätzen der Abgabenordnung. Im Zweifel unterliegt die Klärung hier dem Lagefinanzamt, da der Grundbesitz den verschiedenen Bereichen/Sphären einer gemeinnützigen Einrichtung zugeordnet werden muss. Außerdem müssen gemischte Nutzungen erfasst werden (§ 7 und 8 GrStG). Die grds. steuerbefreiten Tätigkeiten und damit auch Nutzungen des Steuerpflichtigen sollten sich aber auch aus der Körperschaftsteuer ergeben (§ 5 f. KStG).[1]

78 So ist die Nutzung für **Wohnzwecke** (§ 5 GrStG) oder **Vermögensverwaltung** zwar ggf. subjektiv begünstigt, aber nicht objektiv.

79 Eindeutig ist, dass die Nutzung unmittelbar zu den begünstigen Zwecken erfolgen muss. Eine Vermietung oder Überlassung eines **Erbbaurechtes** wird dieses regelmäßig nicht erfüllen. Die Nutzung kann abweichend hiervon jedoch aber bei Überlassung an einen anderen subjektiv und objektiv begünstigten Nutzer begünstigt sein (siehe hierzu auch → Rz. 33). Die Vorbehalte der §§ 5 und 6 GrStG sind zu beachten.

80 Der Grundbesitz, der im Rahmen von **wirtschaftlichen Geschäftsbetrieben** genutzt wird, ist im Regelfall demnach nicht begünstigt. Die Abgrenzung ergibt sich bereits im Rahmen der Körperschaftsteuer. Zu beachten ist aber, dass die Wesentlichkeitsgrenze und Steuerfreigrenze für Zwecke der Grundsteuer keine Bedeutung haben. Die Nutzung im Rahmen eines sog. Zweckbetriebes ist steuerfrei.[2]

81 Ähnlich der Grundsätze bei der öffentlichen Nutzung (vgl. → Rz. 57) sind **Hilfstätigkeiten/-flächen** und auch Verwaltungsräume, Kantinen etc. bei entsprechend enger und eindeutiger Verknüpfung befreit. Bei den sportlichen Zwecken gibt A 3.8 Abs. 4 GrStE einen Katalog der Hilfstätigkeiten.

82–85 *(Einstweilen frei)*

V. Religionsgesellschaften (§ 3 Abs. 1 Nr. 4, 5 und 6 GrStG)

1. Einleitung

86 Die Struktur der Religionsgesellschaften bzw. **Kirchen** im weiteren Sinn ist äußerst kompliziert und für Laien nicht ersichtlich. Dieses wird im Rahmen der Steuerbefreiungen für Zwecke der Grundsteuer durch die verschiedenen sich teilweise überlagernden Vorschriften noch verstärkt. Daher werden diese an dieser Stelle zusammen erfasst, wobei natürlich auch eine Befreiung nach den Grundsätzen des § 3 Abs. 1 Nr. 3b GrStG möglich ist.

87–90 *(Einstweilen frei)*

1 A 3.7 Abs. 3 Satz 3 AEGrStG.
2 Vgl. Troll/Eisele, GrStG, § 3 Rz. 44.

2. Subjektive Voraussetzung

Nach § 3 Abs. 1 Nr. 4 GrStG werden subjektiv die Religionsgesellschaften, die Körperschaft des öffentlichen Rechts sind, einer ihrer Orden, einer ihrer religiösen Genossenschaften oder einem ihrer Verbände begünstigt. Dem stehen die jüdischen Kultusgemeinden gleich, auch wenn sie keine Körperschaften des öffentlichen Rechts sind. 91

Auch § 3 Abs. 1 Nr. 5 GrStG ist so zu lesen, dass die Wohnungen nicht den **Geistlichen und Kirchendienern** gehören sollen, sondern grds. die gleichen subjektiven Voraussetzungen wie bei Nr. 4 gelten. Zu beachten ist, dass die Orden etc. hier ausdrücklich nicht benannt werden und daher insoweit weiterhin § 5 GrStG unterliegen. 92

Die **Anerkennung** als Körperschaften des öffentlichen Rechts kann durch Bundes- oder Landesrecht erfolgen. Grundsätzlich gelten die gleichen Voraussetzungen wie oben. Diese Begrenzung und insbesondere die Erweiterung nur um die jüdischen Kultusgemeinden sind verfassungsgemäß.[1] Für Religionsgemeinschaften, die nicht als Körperschaften des öffentlichen Rechtsanerkannt sind, besteht die Möglichkeit aufgrund der Gemeinnützigkeit nach § 3 Abs. 1 Satz 1 Nr. 3b (vgl. → Rz. 72) von der Grundsteuer befreit zu werden.[2] Bei geborenen Körperschaften ergibt sich dieses durch die entsprechenden Grundlagen. 93

Die **Orden** und anderen Formen sind hingegen sehr schwer und nur individuell abgrenzbar. Die Einordnung kann sich jedoch einfach vornehmen lassen, wenn bezüglich der Rechtsform keine Abgrenzung von den begünstigten Religionsgesellschaften vorliegt. Aufgrund der Natur der Orden und neuer Entwicklungen ist diese aber bei weitem nicht immer gegeben. In diesen Fällen ist wohl vorrangig die Anerkennung nach Landesrecht zu Grunde zu legen. 94

§ 3 Abs. 1 Nr. 6 GrStG setzt subjektiv voraus, dass der Grundbesitz den unter Nr. 5 genannten Institutionen gehört (wirtschaftlich) und gleichzeitig einem nach Kirchenrecht gesonderten Vermögen, insbesondere einem Stellenfonds, zugeordnet ist. Dieses **Vermögen/Stellenfonds** muss ausschließlich für die Besoldung und Versorgung der Geistlichen und Kirchendiener sowie der Hinterbliebenen dienen. 95

M. E. ist dabei aktuell aber unklar, wer zivilrechtlich Eigentümer des Grundstücks sein kann bzw. darf. Dieses hat über den Steuerpflichtigen erhebliche Auswirkungen auf die Steuerbefreiung. So ist nicht klar, ob ein **Stellenfonds** eine eigene Rechtspersönlichkeit hat oder haben muss. So stehen diese teilweise im Grundbuch. Dem Wortlaut nach würde dieses dann ggf. nicht den Tatbestand Grundbesitz der Religionsgesellschaften unmittelbar erfüllen. Ggf. müsste man hier ein indirektes Eigentum bemühen. Zu beachten ist dabei aber auch die historische bzw. zeitliche Komponente der Zuordnung nach der Vorschrift. 96

(Einstweilen frei) 97–100

3. Objektive Voraussetzungen

Nr. 4 erfordert objektiv die Nutzung für Zwecke der religiösen Unterweisung, der Wissenschaft, des Unterrichts, der Erziehung oder für Zwecke der eigenen Verwaltung. Zur Bestimmung dieser kann auf § 54 AO zurückgegriffen werden. Zu beachten ist aber auch der entsprechende 101

1 BFH, Urteil v. 30.6.2010 - II R 12/09, BStBl 2011 II S. 48.

2 Vgl. Kühnold in Lippross/Seibel, Basiskommentar Steuerrecht, § 3 GrStG Rz. 28.

Ländererlass,[1] welcher wohl auch nach der Reform der Grundsteuer durch das GrStRefG[2] übernommen werden kann (soweit bisher keine gegenteilige Bekundung).

102 Nr. 5 erfordert hingegen allein die Nutzung als **Dienstwohnung eines Geistlichen oder Kirchendieners.** Wichtig ist hier, dass dadurch der § 5 GrStG ausgehebelt wird.

103 **Dienstwohnungen** sind dem Nutzer zuzuweisen und müssen zur ordnungsgemäßen Ausübung der dienstlichen Obliegenheiten erforderlich sein.[3] Nach der Rechtsprechung ist eine gesonderte Zuweisung einer bestimmten Wohnung bei Anrechnung auf seine Bezüge nicht mehr notwendig.[4]

104 Für die Bestimmung **als Geistlicher oder Kirchendiener** kommt es dabei nicht darauf an, wie das (öffentlich-rechtliche oder privatrechtliche) Verhältnis bzw. die Tätigkeit zu Stande kommt. Es wird aber entweder als Geistliche wirken oder die sakralen Tätigkeiten der Kirche eng unterstützen.[5] Eine anteilige Aufteilung ist nicht denkbar, vielmehr muss das zu Grunde liegende Rechtsverhältnis eindeutig eingeordnet werden.

105 Mit Blick auf die Befreiung nach Nr. 6 gibt es keine weiteren objektiven Einschränkungen, wobei sich die objektive Ausschließbarkeit der Nutzung bereits in der Definition der subjektiven Voraussetzung versteckt. Trotzdem ist die Befreiung damit im Vergleich zu den übrigen Vorschriften sehr umfangreich.

§ 4 GrStG Sonstige Steuerbefreiungen

Soweit sich nicht bereits eine Befreiung nach § 3 ergibt, sind von der Grundsteuer befreit

1. Grundbesitz, der dem Gottesdienst einer Religionsgesellschaft, die Körperschaft des öffentlichen Rechts ist, oder einer jüdischen Kultusgemeinde gewidmet ist;

2. Bestattungsplätze;

3. a) die dem öffentlichen Verkehr dienenden Straßen, Wege, Plätze, Wasserstraßen, Häfen und Schienenwege sowie die Grundflächen mit den diesem Verkehr unmittelbar dienenden Bauwerken und Einrichtungen, zum Beispiel Brücken, Schleuseneinrichtungen, Signalstationen, Stellwerke, Blockstellen;

b) auf Verkehrsflughäfen und Verkehrslandeplätzen alle Flächen, die unmittelbar zur Gewährleistung eines ordnungsgemäßen Flugbetriebes notwendig sind und von Hochbauten und sonstigen Luftfahrthindernissen freigehalten werden müssen, die Grundflächen mit den Bauwerken und Einrichtungen, die unmittelbar diesem Betrieb dienen, sowie die Grundflächen ortsfester Flugsicherungsanlagen einschließlich der Flächen, die für einen einwandfreien Betrieb dieser Anlagen erforderlich sind;

c) die fließenden Gewässer und die ihren Abfluss regelnden Sammelbecken, soweit sie nicht unter Buchstabe a fallen;

4. die Grundflächen mit den im Interesse der Ordnung und Verbesserung der Wasser- und Bodenverhältnisse unterhaltenen Einrichtungen der öffentlich-rechtlichen Wasser- und Bodenverbände und die im öffentlichen Interesse staatlich unter Schau gestellten Privatdeiche;

1 FinMin Rheinland-Pfalz, Erlass v. 6.9.1979, S 3199 A-446.
2 BGBl 2019 I S. 1794.
3 A 3.10 Abs. 2 Satz 1 AEGrStG.
4 BFH, Urteil v. 16.2.1979 - III R 45/76, BStBl 1979 II S. 286.
5 A 3.10 Abs. 3 und 4 AEGrStG.

5. **Grundbesitz, der für Zwecke der Wissenschaft, des Unterrichts oder der Erziehung benutzt wird, wenn durch die Landesregierung oder die von ihr beauftragte Stelle anerkannt ist, dass der Benutzungszweck im Rahmen der öffentlichen Aufgaben liegt. [2]Der Grundbesitz muss ausschließlich demjenigen, der ihn benutzt, oder einer juristischen Person des öffentlichen Rechts zuzurechnen sein;**
6. **Grundbesitz, der für die Zwecke eines Krankenhauses benutzt wird, wenn das Krankenhaus in dem Kalenderjahr, das dem Veranlagungszeitpunkt (§ 13 Abs. 1) vorangeht, die Voraussetzungen des § 67 Abs. 1 oder 2 der Abgabenordnung erfüllt hat. [2]Der Grundbesitz muss ausschließlich demjenigen, der ihn benutzt, oder einer juristischen Person des öffentlichen Rechts zuzurechnen sein.**

Inhaltsübersicht **Rz.**

HINWEIS:

Gleich lautende Erlasse der obersten Finanzbehörden der Länder vom 15.1.2002, BStBl 2002 I S. 152; Grundsteuerliche Behandlung von Straßen, Wegen und Plätzen.

BW FinMin v. 11.12.2000, G 1108/3, Der Betrieb 2000 S. 2560; Grundsteuerbefreiung für Flughafengrundstücke gem. § 4 Nr. 3b GrStG.

Richtlinien für die Bewertung der Betriebsgrundstücke der Öffentlichen Verkehrsunternehmen (BewRÖ-VU) v. 10.8.1995 (OFD Frankfurt S 3015 A – 10 – St I 31).

Gleich lautende Erlasse der obersten Finanzbehörden der Länder v. 22.6.2022, BStBl 2022 I S. 1171 NWB WAAAJ-20574.

LITERATUR:

Die grundsteuerliche Behandlung von Straßen, Wegen und Plätzen, NWB 45/2002 S. 3775, NWB BAAAA-74506.

A. Allgemeine Erläuterungen zu § 4 GrStG

I. Normzweck und wirtschaftliche Bedeutung der Vorschrift

Neben § 3 GrStG schließt § 4 GrStG die dauerhaften Steuerbefreiungen ab. Vom Wortlaut her 1
sind die **Steuerbefreiungen** im § 4 GrStG den vorherigen nachgeordnet, aufgrund der gleichen Wirkung hat dieses praktisch aber keine Bedeutung. Vielmehr werden dadurch noch weitere

Steuerbefreiungen, welche sich auch überschneiden können, ergänzt. Praktisch mag es auch von der Komplexität der jeweiligen **Nachweisbarkeit** abhängen, auf welche Vorschrift sich der Eigentümer beruft.

2 Mit Blick auf die **wirtschaftliche Bedeutung** gelten grundsätzlich die Ausführungen an entsprechender Stelle zu § 3 GrStG.[1] Aufgrund der bereits umfangreichen Begünstigungen von Religionsgesellschaften in § 3 Abs. 1 Nr. 4–6 GrStG füllt § 4 Nr. 1 GrStG hier nur eine Lücke. § 4 Nr. 6 GrStG findet nur bei Krankenhäusern Anwendung, wird für diese aber von entsprechender Bedeutung sein. Von wirklich großer Bedeutung ist nur die Regelung in § 4 Nr. 3 GrStG, welche Verkehrsflächen begünstigt. Die Anzahl von Eigentümern solcher Flächen dürfte jedoch ebenfalls begrenzt sein.

3–5 *(Einstweilen frei)*

II. Entstehung und Entwicklung der Vorschrift

6 Bezüglich der Folgen aus der sog. **Reform der Grundsteuer** durch das GrStRefG[2] siehe auch hier die entsprechende Kommentierung zu § 3 GrStG.[3]

7 Die Vorschrift in ihrer **Struktur** ist schon längere Zeit **unverändert**. So erfolgte die letzte Änderung mit dem Steuerbereinigungsgesetz v. 22.12.1999. Dabei beinhaltete diese Änderung lediglich eine Klarstellung in der Definition der Verkehrsflughäfen und Verkehrslandeplätzen.

8–10 *(Einstweilen frei)*

III. Geltungsbereich

11 Grundsätzlich umfassen die Steuerbefreiungen im GrStG alle steuerbaren wirtschaftlichen Einheiten in Deutschland. Diese gelten mit § 6 GrStG eindeutig auch für den Land- und forstwirtschaftlich genutzten Grundbesitz. Bis zur sog. Reform der Grundsteuer war der Geltungsbereich damit kaum eingeschränkt. Durch die Reform und die **Öffnungsklausel der Länder**, welche auch das GrStG umfassen, kann sich der Bereich der Befreiungen abhängig vom Bundesland unterscheiden. Bisher hat kein Bundesland den Geltungsbereich der Befreiungen durch die Nutzung der Länderöffnungsklausel weiter eingeschränkt.[4]

12 *(Einstweilen frei)*

IV. Vereinbarkeit der Vorschrift mit höherrangigem Recht

13 Auch hier gelten die grundsätzlichen Anmerkungen an gleicher Stelle zu § 3 GrStG.[5] Als neue Rechtsprechung bestätigt der BFH in einem Beschluss erneut die Verfassungsmäßigkeit von § 4 und insbesondere die von Gesetzgeber vorgesehenen pragmatischen Einschränkung bei Eigentümern.[6]

14 *(Einstweilen frei)*

1 Vgl. Steffen in Grootens, GrStG, § 3 Rz. 2.
2 BGBl 2019 I S. 1794.
3 Vgl. Steffen in Grootens, GrStG, § 3 Rz. 6 ff.
4 Vgl. zur Öffnungsklausel zugunsten der Länder Grootens in Grootens, BewG, § 266 Rz. 244 f.
5 Vgl. Steffen in Grootens, GrStG, § 3 Rz. 17.
6 Vgl. BFH, Beschluss v. 1.7.2020 - II B 89/19 NV, NWB JAAAH-60309.

V. Verhältnis zu anderen Vorschriften

Obwohl wörtlich nachrangig zu **§ 3 GrStG** wird die Anwendung in der Praxis wohl eher parallel erfolgen. Ansonsten gelten auch hier die Einschränkungen der **§§ 5 und 6 GrStG** sowie Zuordnung nach den **§§ 7 und 8 GrStG**. 15

(Einstweilen frei) 16–17

B. Systematische Kommentierung

I. Systematik der Steuerbefreiungen in § 4 GrStG

Die Vorschrift hat **sechs Nummern** mit einzelnen Regelungen. Die Nr. 3 unterteilt sich dabei noch einmal in **drei** recht unterschiedlich zu behandelnde **Buchstaben**. Vereint werden diese drei Buchstaben durch die gemeinsame zu Grunde liegende Begünstigung von **Verkehrsflächen**. 18

Auf den ersten Blick wirken die in § 4 GrStG als Ergänzung zu § 3 GrStG vorgesehenen Regelungen, als würden sie **ohne subjektive Voraussetzung** auskommen. D. h., dass diese Regelungen nur auf die Nutzung des entsprechenden Grundbesitzes abstellen, unabhängig von demjenigen, dem der Grundbesitz zugerechnet ist. Das trifft uneingeschränkt aber nur für § 4 Nr. 1–4 GrStG zu. 19

Mit Blick auf § 4 Nr. 4 GrStG ist klarzustellen, dass nur **Einrichtungen der öffentlich-rechtlichen Wasser- und Bodenverbände** von der begünstigen Nutzung erfasst sind. Die Person des Eigentümers des Grundbesitzes ist irrelevant. In der Wirkung ähnelt dieses in zweiter Stufe einer subjektiven Voraussetzung. 20

§ 4 Nr. 5 und 6 GrStG hingegen setzen explizit voraus, dass die begünstigte **Nutzung durch den Eigentümer** direkt erfolgt oder der Grundbesitz einer juristischen Person des öffentlichen Rechts zuzurechnen ist. Damit liegt hier eine subjektive Voraussetzung wie bei § 3 GrStG vor. 21

(Einstweilen frei) 22–25

II. Dem Gottesdienst gewidmeter Grundbesitz (§ 4 Nr. 1 GrStG)

Die Regelung in § 4 Nr. 1 GrStG ergänzt die bereits sehr umfangreichen Befreiungen **von kirchlich genutztem Grundbesitz** insofern, dass nun die Zurechnung des Grundbesitzes unerheblich ist. Es kommt nur auf die finale Nutzung an. Somit kann der Grundbesitz auch durch einen privaten Eigentümer an eine **Religionsgesellschaft** des öffentlichen Rechts **vermietet** werden. 26

A.4.2 Abs. 2 Satz 4 AEGrStG stellt in diesem Zusammenhang darauf ab, dass der Grundbesitz überlassen wird. Ob die Verwaltung deshalb eine **rechtliche Vereinbarung zur Überlassung** voraussetzt ist m. E. unklar. Meines Erachtens kann dieses aber keine formelle Voraussetzung sein, vielmehr geht es um den Nachweis der Widmung bzw. Nutzung selbst. 27

Die Voraussetzung der Nutzung wird dabei an die **Widmung für Gottesdienste** gebunden. Dabei sind nur Gottesdienste der **Religionsgesellschaften**, die **Körperschaften des öffentlichen Rechts** sind, sowie der **jüdischen Kultusgemeinden** begünstigt. Für die Ausgestaltung dieser beiden Institutionen siehe Steffen in Grootens, GrStG, § 3 Rz. 91 ff. 28

Grundsätzlich stellt sich die Frage, ob **widmen** nur ein anderes Wort für nutzen ist. Die Verwaltung vertritt zumindest diese Auffassung, da für diese „nutzen“ auch „bereithalten“ umfasst. 29

Demnach macht die Verwaltung den Begriff auch dem § 7 GrStG zugänglich. Meines Erachtens ist dann aber unklar, ob der Gesetzgeber nur aufgrund des kirchlichen Bezuges einen anderen Begriff gewählt hat. In der Praxis wird es hier aber kaum Differenzen oder zeitliche Verschiebungen geben und die Erfassung unter § 7 GrStG ist zwangsläufig, sodass die Diskussion nicht vertieft werden muss.

30 Ein **Gottesdienst** zeichnet sich dadurch aus, dass in feierlichen Formen Gemeinschaftsbekenntnisse zu Gott abgelegt werden.[1] Die Abgrenzung ist aber nicht eindeutig und wird von Einzelfall abhängen. Argumente für einen Gottesdienst sind m. E. Publikum, frontales Format ohne Diskussionen, Einmaligkeit in der Abgrenzung zur Übung sowie gemeinsame Gebete.

31 Wie bei den anderen Steuerbefreiungen sind auch **Hilfsflächen** der direkten Nutzung, wie z. B. Parkplätze und direkt angeschlossene und notwendige Lagerflächen, erfasst. Auch eine Zuordnung von Flächen, z. B. im Rahmen der Verwaltung von Gottesdiensten, erscheint denkbar.

32 Unschädlich ist, wenn das Grundstück gelegentlich zu anderen Zwecken genutzt wird. Die Nutzung für den Gottesdienst muss jedoch überwiegen.[2]

33–35 *(Einstweilen frei)*

III. Bestattungsplätze (§ 4 Nr. 2 GrStG)

36 Befreit sind Bestattungsplätze in jeder Form und Eigentumsverhältnis. Im Regelfall wird sich dieses aber mit den Befreiungen als **öffentliche Nutzung** in § 4 GrStG überschneiden. Daher verbleiben für die Befreiung nach dieser Vorschrift noch **private Familiengräber** im Rahmen der engen Grenzen der Bestattungsgesetze oder neuerdings auch bei privaten Trägern in Rahmen von Lockerungen der Gesetze.[3] Nicht befreit sind alleinstehende, der Bestattung vorhergehende oder diese vorbereitende Tätigkeiten, sondern nur die Durchführung.[4]

37 Ein **Bestattungsplatz bzw. Friedhof** zeichnet sich dadurch aus, dass eine **Grabstätte** vorhanden ist bzw. aufrechterhalten wird und der Grundbesitz zur Ehrung, Andacht und Erinnerung dieser verwendet wird. Eine Fläche zur einmaligen Ausstreuung von Asche wird diesem nach m. E. voraussichtlich nicht gerecht, bzw. dafür bedürfte es einer eindeutigen und längerfristigen Einrichtung. Die Kennzeichnung mit entsprechenden Gedenksteinen etc. wird dafür ein Indiz sein. Soweit es sich bei den Flächen um sog. Friedwälder handelt, kann aufgrund von § 6 Nr. 3 GrStG dahingestellt bleiben, ob die Flächen auch noch forstwirtschaftlich genutzt werden z. B. zur Ordnung der Wälder.

38 Als **Hilfsflächen** bzw. Nebenflächen kommen hier insbesondere auch Grünflächen in Frage. Hier könnten sich ggf. Abgrenzungsfragen ergeben. Im Zweifel sind aber die Rahmen der entsprechenden öffentlichen Genehmigung erfassten Flächen zu berücksichtigen.

39–42 *(Einstweilen frei)*

1 Vgl. Troll/Eisele, GrStG, § 4 Rz. 2.
2 A 4.2 Abs. 2 Satz 1 AEGrStG.
3 Vgl. Troll/Eisele, GrStG, § 4 Rz. 3.
4 FG Hessen, Urteil v. 10.6.2015 - 3 K 3027/10.

IV. Dem Verkehr dienender Grundbesitz und fließende Gewässer (§ 4 Nr. 3a, b, c GrStG)

1. Öffentlicher Verkehr (§ 4 Nr. 3a GrStG)

Begünstigt sind in Nr. 3a zuerst die dem **öffentlichen Verkehr** dienenden Straßen, Wege, Plätze Wasserstraßen, Häfen und Schienenwege. 43

Daneben sind auch die Grundflächen von **Bauwerken und Einrichtungen**, z. B. Brücken, Schleuseneinrichtungen, Signalstationen, Stellenwerke sowie Blockstellen, die dem öffentlichen Verkehr dienen begünstigt. 44

Öffentlicher Verkehr setzte nach den alten GrStR voraus, dass die Nutzung der Öffentlichkeit zur Verfügung steht und von dieser auch genutzt wird. Nach dem neuen Anwendungserlass zum Grundsteuergesetz genügt es, dass das Grundstück der Öffentlichkeit zugänglich ist.[1] Es bleibt damit offen, ob die tatsächliche Nutzung durch die Öffentlichkeit weiterhin erforderlich ist. Eine **Beschränkung** auf einzelne Gruppen, wie z. B. Arbeitskräfte, ist in jedem Fall schädlich.[2] Diese kann natürlich für zeitweilige Beschränkungen wie Bauarbeiten gelten. Verkehr ist wohl weiterhin auch dergestalt zu verstehen, dass die Flächen dazu dienen, um von A nach B zu kommen oder Waren entsprechend zu transportieren. Dieses kann u. a. die Nutzung durch Fahrzeuge, Boote oder Fußgänger erfassen. Der Aufenthalt auf diesen Flächen darf nach m. E. nicht einem **Selbstzweck**, wie z. B. bei Rennstrecken oder Grünanlagen, dienen. Erfasst vom dem Begriff Verkehr ist neben dem fließenden Verkehr auch grundsätzlich das damit verbundene Parken, da ohne solche eine Fortbewegung von A nach B nicht denkbar ist. D. h. mit anderen Worten, dass auch der ruhende Verkehr erfasst sein kann. 45

Privatstraßen oder Mautstraßen können folglich dem öffentlichen Verkehr dienen und ebenso wird auch für durch Lasten eingeschränkten Grundbesitz die Steuerbefreiung greifen. Ohne Bedeutung ist auch der Betreiber des Verkehrs oder Schieneninfrastruktur. 46

Nur für Grundstücke, die neben dem öffentlichen Zweck einem verkehrsfremden Zweck dienen, ist eine **Widmung** und damit ein Verwaltungsakt notwendig.[3] Diese Widmung liegt im Straßen- und Wegerecht begründet. Bei anderen Grundstücken reichen die o.g. Voraussetzungen aus. 47

Zu den begünstigten Flächen gehören auch notwendige Flächen wie **Seitenstreifen und Böschungen, sowie Schutzstreifen**, soweit diese nicht Waldungen längs der Bundesstraße sind.[4] **Parkplätze** können steuerbefreit sein, zum einen nach der Definition von Hilfsflächen im Sinne anderer Vorschriften oder auch im Rahmen des § 4 Nr. 3a) GrStG. Dafür braucht es aber die o.g. genannte Widmung sofern andere Interessen wie etwa Gebühren bestehen. Dann können aber auch gebührenpflichtige Parkplätze befreit und Hilfsflächen für den Verkehr sein.[5] 48

Neben den Wegeflächen selbst können auch **Bauwerke** darauf begünstigt sein. Dieses umfasst nicht nur die im Gesetz ausdrücklich genannten direkten Verkehrsgebäude wie Brücken, son- 49

1 A 4.4 Abs. 2 AEGrStG.

2 BFH, Urteil v. 14.11.1980 - III R 23/78, BStBl 1981 II S. 355.

3 BFH, Urteil v. 25.4.2001 - II R 19/98, BStBl 2002 II S. 54.

4 A 4.4 Abs. 4 AEGrStG.

5 Kühnhold in Lippross/Seibel Basiskommentar Steuerrecht, § 4 GrStG Rz. 7.

dern auch **Hilfsgebäude** wie Straßenmeistereien. Voraussetzung ist, dass diese den Verkehr ermöglichen und nicht diesem nachfolgen, wie z. B. Diensträume der Bundespolizei.[1]

50 **Wasserstraßen und Häfen** müssen dem öffentlichen Verkehr dienen und damit grundsätzlich jedermann zugänglich sein. Diese Vorgabe gilt nicht für Schutzflächen. Nicht begünstigt sind aber Werks- und auch die meisten Yachthäfen.[2] Die reine öffentliche Anerkennung als Hafen reicht nicht aus.[3]

51 Die Befreiung von **Schienenwegen** wird diese Verkehrswege voraussichtlich sehr umfassend begünstigen, da nur wenige Nutzungen denkbar sind, die nicht dem öffentlichen Verkehr dienen. Nicht begünstigt sind z. B. Werksbahnen oder ggf. touristische Bahnen sowie stillgelegte Flächen. Auch hier werden **Neben- und Hilfsflächen** begünstigt. Dieses kann auch zumindest anteilig Verwaltungsflächen umfassen. Sollte bei **Seilbahnen** die Nutzung der Flächen unter dieser eingeschränkt sein, so sind auch diese befreit.[4]

52–54 *(Einstweilen frei)*

2. Flughäfen / Flugbetrieb (§ 4 Nr. 3b GrStG)

55 Befreit sind auf **Verkehrsflughäfen und Verkehrslandeplätzen** alle Flächen, die unmittelbar zur Gewährleistung eines **ordnungsgemäßen Flugbetriebes** notwendig sind. Dabei implizieren diese Begrifflichkeiten auch eine Nutzung für den öffentlichen Verkehr, Abschnitt 4.5 Abs. 1 Satz 2 AEGrStG (vgl. → Rz. 45). Dieser Befreiung liegt die Klassifizierung nach öffentlichem Recht zugrunde. Daraus ergibt sich auch die Anerkennung als solche. Voraussetzung ist, dass die Flächen auf anerkannten Bereichen dieser Institutionen liegen.

56 Für den **ordnungsgemäßen Flugbetrieb** sind dabei zumindest alle Sicherheits- und freigehaltenen Flächen notwendig. Aber auch die für die Abwicklung des Personenverkehrs notwendigen Flächen sind begünstigt. Nicht erfasst sind kommerzielle Nutzungen zum Beispiel durch Läden und Gastronomie.

57 Daneben sind die Grundflächen ortsfester **Flugsicherungsanlagen** einschließlich der Flächen, die für einen einwandfreien Betrieb dieser Anlagen erforderlich sind, begünstigt. Davon wird voraussichtlich hauptsächlich die Deutsche Flugsicherung erfasst. Damit sind aber auch Flächen außerhalb der o. g. Verkehrsflughäfen begünstigt.

58–60 *(Einstweilen frei)*

3. Fließende Gewässer (§ 4 Nr. 3c GrStG)

61 Unabhängig von der Nutzung und den Eigentumsverhältnissen sind **fließende Gewässer** wie Flüsse, Ströme und Kanäle begünstigt. Damit sind auch Werkskanäle erfasst. Nicht begünstigt sind aber Gebäude über solchen Gewässern sowie Seen und Teiche.[5] So kommt für private **Badeseen** regelmäßig keine Befreiung in Betracht.

62 Dazu umfasst der Begriff der **Sammelbecken** auch eine Auswahl von zumindest teilweise stehenden Gewässern. Diese müssen aber dem Abfluss dienen, wie. z. B. Stauanlagen, oder diesen

1 Vgl. Troll/Eisele, GrStG, § 4 Rz. 4.
2 A 4.4 Abs. 7 Satz 2 AEGrStG.
3 FG Düsseldorf v. 20.10.1977, EFG 1978 S. 284.
4 A 4.4 Abs. 8 Satz 5 und 6 AEGrStG.
5 Vgl. Troll/Eisele, GrStG, § 4 Rz. 8.

zum Zwecke der Hochwasserkontrolle regulieren. Nach Ansicht der Verwaltung in Abschnitt 4.6 Abs. 2 Satz 3 AEGrStG wird dieses bei **kommerziellen Interessen** aber überlagert bzw. verdrängt (Fischereibetriebe, Energiegewinnung). Damit scheint die Befreiung von Sammelbecken von nicht öffentlichen Eigentümern und Nutzern beschränkt. Aber auch nicht kommerzielle Interessen wie Trinkwassergewinnung dürften nicht dem Abfluss dienen und diesen grundsätzlich verdrängen. In diesen Fällen kommt ggf. die Befreiungsvorschrift des § 4 Nr. 4 GrStG in Betracht.

(Einstweilen frei) 63–65

V. Grundflächen der Wasser- und Bodenverbände (§ 4 Nr. 4 GrStG)

Die Vorschrift § 4 Nr. 4 GrStG hat zwei getrennte Befreiungen. Zum einen werden Grundflä- 66
chen mit den im **Interesse der Ordnung und Verbesserung der Wasser- und Bodenverhältnisse** unterhaltenden **Einrichtungen der öffentlich-rechtlichen Wasser- und Bodenverbände** begünstigt. Es genügt nach Abschnitt 4.7 Abs. 1 Satz 2 AEGrStG nicht, dass die Flächen oder Einrichtungen nur einer entsprechenden Ordnung und Verbesserung dienen. Es bedarf **subjektiv** einer öffentlichen Einrichtung. Dazu sind nach Abschnitt 4.7 Abs. 1 Satz 1 AEGrStG nur Ordnung und Verbesserung der Wasserverhältnisse und Bodenverhältnisse begünstigt.

Unter **Einrichtungen** sind in erster Linie menschlich geschaffene Werke wie z. B. Deiche und 67
Talsperren zu verstehen. Doch auch bewusst nicht genutzte und damit der Natur überlassene Flächen wie Deichvorland sind erfasst.[1] Hier ist § 6 GrStG zu beachten, da die Flächen trotz **land- und forstwirtschaftlicher Nutzung** begünstigt bleiben können.[2] Nicht begünstigt ist hingegen die gewerbliche Nutzung.

Durch diesen großen Umfang von Einrichtungen mag auch der Begriff **Grundfläche** hervor- 68
gerufen worden sein. Dieser ist m. E. aber wie der Begriff Flächen bei den anderen Befreiungen zu verstehen und soll keine Beschränkung oder Eingrenzung implizieren.

Zum anderen werden staatlich unter Schau gestellte **Privatdeiche** befreit. Diese erfolgt im In- 69
teresse der Öffentlichkeit. Außerdem sieht die Verwaltung auch hier Deichvorland mit begünstigt. Dabei wird sich in der Praxis die Frage nach der Hauptnutzung stellen.

(Einstweilen frei) 70–72

VI. Für Zwecke der Wissenschaft, Unterricht und Erziehung genutzter Grundbesitz (§ 4 Nr. 5 GrStG)

§ 4 Nr. 5 GrStG befreit Grundbesitz, der für Zwecke der Wissenschaft, des Unterrichts oder der 73
Erziehung benutzt wird. **Subjektiv** muss der Grundbesitz dem Nutzer bzw. dem Träger der Einrichtung selbst oder einer juristischen Person des öffentlichen Rechts zuzurechnen sien. Das heißt, Eigentum einer dritten Partei, auch von Ehepartnern, ist immer ausgeschlossen.[3] Personengesellschaften können begünstigt sein, sofern Nutzer und Eigentümer deckungsgleich sind. Auf gleiche Anteile scheint es nicht anzukommen. Eine Durchbrechung bei Kapitalgesell-

1 A 4.7 Abs. 2 Satz 1 AEGrStG.

2 Vgl. Lange in Grootens, GrStG, § 6 Rz. 55.

3 BFH, Urteil v. 9.10.1970 - III R 2/69, BStBl 1971 II S. 63 u. vgl. BFH, Beschluss v. 1.7.2020 - II B 89/19 NV, NWB JAAAH-60309.

schaften ist nicht möglich.[1] Damit sind zumindest mehrere Benutzer begünstigt, was der Wortlaut nicht eindeutig widerspiegelt.

74 **Objektiv** muss eine Nutzung für Zwecke der **Wissenschaft, des Unterrichts oder der Erziehung** vorliegen. Außerdem muss von öffentlicher Seite anerkannt werden, dass dieser Zweck im Rahmen **der öffentlichen Aufgaben** liegt. Durch die umfangreichen Befreiungen hat die Vorschrift insbesondere Bedeutung für Privatschulen, so wie es auch in Abschnitt 4.8 Abs. 1 Satz 2 AEGrStG erkannt wird, sowie für private Forschungsinstitute.

75 **Wissenschaftlich** tätig ist, wer schöpferische oder forschende Arbeit leistet oder wer das aus der Forschung hervorgegangene Wissen und Erkennen auf konkrete Vorgänge anwendet. Von wissenschaftlichem Arbeiten kann nur gesprochen werden, wenn grundsätzliche Fragen oder konkrete Vorgänge methodisch in ihren Ursachen erforscht, begründet und in einen Sinnzusammenhang gebracht werden. Die Förderung von Wissenschaft und Forschung ist nur dann gemeinnützig, wenn sie der Allgemeinheit dient.[2] Soweit dieses durch Industrieunternehmen erfolgt, ist nach Abschnitt 4.8 Abs. 2 Satz 2 AEGrStG auch bei Zusammenarbeiten mit öffentlichen Stellen zu hinterfragen, ob die Voraussetzungen für eine Begünstigung vorliegen. Dies wird im Zweifel im Rahmen des Anerkennungsverfahren zu klären sein.

76 **Unterricht** umfasst nicht nur allgemeinbildende, sondern auch weiterführende und berufsnahe Ausbildungen, muss aber immer im Rahmen der öffentlichen Aufgaben liegen. Private Kurse wie auch Sport sind grundsätzlich nicht zu erfassen. Aufgrund der Übereinstimmung kann hierbei auch auf die Umsatzsteuer (§ 4 Nr. 21a UStG) zurückgegriffen werden.[3]

77 **Erziehung** im Rahmen der öffentlichen Aufgaben wird in Waisenhäusern, Kindergärten und Kinderhorten erfüllt, wobei die Bedeutung des Aufenthalts hinter dem Zweck der Erziehung zurückstehen muss.[4] Zu beachten sind dabei auch die haftungsrechtlich geregelten Grenzen von Erziehung und Aufsicht. Auf die Methodik der Erziehung wird es im Regelfall nicht ankommen.

78 Die **Anerkennung** erfolgt durch die Landesregierung oder einer von dieser anerkannten Stelle. Eine Anerkennung bedeutet aber nicht zugleich, dass auch die o. g. Zwecke vorliegen.[5] In der **Praxis** wird dieses bzw. die Darlegung und Begründung aber deckungsgleich sein. Die Anerkennung erfolgt allein für die Zwecke der Grundsteuer. Einige Länder sehen pauschale Anerkennungen vor. Obwohl die Finanzverwaltung im Regelfall in den Prozess der Anerkennung einbezogen wird, muss diese die Anerkennung im Rahmen der Veranlagung der Grundsteuer uneingeschränkt akzeptieren.[6]

79–82 *(Einstweilen frei)*

VII. Für Zwecke eines Krankenhauses genutzter Grundbesitz (§ 4 Nr. 6 GrStG)

83 § 4 Nr. 6 GrStG befreit Grundbesitz, der für die Zwecke eines Krankenhauses benutzt wird. **Subjektiv** gelten hier die gleichen Grundsätze wie bei § 4 Nr. 5 GrStG, vgl. → Rz. 73.

1 Vgl. A 4.9 Abs. 3 Satz 4 AEGrStG.
2 BFH, Urteil v. 7.3.2007 - I R 90/04, BStBl 2007 II S. 628.
3 Vgl. Troll/Eisele, GrStG, § 4 Rz. 11.
4 A 4.8 Abs. 4 Satz 2 AEGrStG.
5 A 4.9 Abs. 5 Satz 3 AEGrStG.
6 Vgl. Troll/Eisele, GrStG, § 4 Rz. 15.

Objektiv muss die Nutzung für Zwecke eines **begünstigten Krankenhauses** erfolgen. Die Begünstigung ergibt sich dabei durch **§ 67 Abs. 1 oder 2 AO** und muss im Kalenderjahr vor dem Veranlagungszeitraum vorgelegen haben. Eine entsprechende Einordnung für andere Steuern ist für Zwecke der Grundsteuer zu übernehmen.[1] Auch hier wird der Hauptanwendungsbereich im privaten Sektor liegen. 84

Erfasst werden nach Abschnitt 4.9 Abs. 5 AEGrStG auch **Verwaltungsräume** sowie ein zur Erholung dienender **Garten**. Auch **Parkplätze** können erfasst sein, sofern diese **Hilfsflächen** sind. Die Befreiung wird bei einer Gebührenpflicht von der Verwaltung aber verneint.[2] Meines Erachtens ist dieses aber fraglich, sofern die Gebühren nicht zur Gewinnerzielung, sondern zur Ordnung und Unterstützung des Krankenhausbetriebes dienen, z. B. zur Abhaltung von Dauerparkern. Hier wird sich aber im Zweifel die Frage nach anderen Mitteln wie zeitlichen Begrenzungen stellen. 85

§ 5 GrStG Zu Wohnzwecken benutzter Grundbesitz

(1) Dient Grundbesitz, der für steuerbegünstigte Zwecke (§§ 3 und 4) benutzt wird, zugleich Wohnzwecken, gilt die Befreiung nur für

1. Gemeinschaftsunterkünfte der Bundeswehr, der ausländischen Streitkräfte, der internationalen militärischen Hauptquartiere, der Bundespolizei, der Polizei und des sonstigen Schutzdienstes des Bundes und der Gebietskörperschaften sowie ihrer Zusammenschlüsse;

2. Wohnräume in Schülerheimen, Ausbildungs- und Erziehungsheimen sowie Prediger- und Priesterseminaren, wenn die Unterbringung in ihnen für die Zwecke des Unterrichts, der Ausbildung oder der Erziehung erforderlich ist. [2]Wird das Heim oder Seminar nicht von einem der nach § 3 Abs. 1 Nr. 1, 3 oder 4 begünstigten Rechtsträger unterhalten, so bedarf es einer Anerkennung der Landesregierung oder der von ihr beauftragten Stelle, dass die Unterhaltung des Heims oder Seminars im Rahmen der öffentlichen Aufgaben liegt;

3. Wohnräume, wenn der steuerbegünstigte Zweck im Sinne des § 3 Abs. 1 Nr. 1, 3 oder 4 nur durch ihre Überlassung erreicht werden kann;

4. Räume, in denen sich Personen für die Erfüllung der steuerbegünstigten Zwecke ständig bereithalten müssen (Bereitschaftsräume), wenn sie nicht zugleich die Wohnung des Inhabers darstellen.

(2) Wohnungen sind stets steuerpflichtig, auch wenn die Voraussetzungen des Absatzes 1 vorliegen.

Inhaltsübersicht **Rz.**

1 A 4.9 Abs. 1 Satz 4 AEGrStG.

2 Vgl. Schnitter in 360° GrStG eKommentar, § 4 Rz. 16.

HINWEIS:

OFD Karlsruhe, Vfg. v. 26.4.2012 - G 1102/11-St 344, Wohnungsbegriff nach § 5 Abs. 2 GrStG i.V. mit Antrag auf Befreiung nach § 3 Abs. 1 Nr. 3a GrStG.

Gleich lautende Erlasse der obersten Finanzbehörden der Länder v. 22.6.2022, BStBl 2022 I S. 1171 NWB WAAAJ-20574.

LITERATUR:

Grootens, Anmerkung zu einer Entscheidung des BFH, Urteil v. 4.12.2014 - II R 20/14 – Mindestwohnfläche für Wohnungsbegriff i. S. des § 5 Abs. 2 GrStG, NWB OAAAE-87221.

A. Allgemeine Erläuterungen zu § 5 GrStG

I. Normzweck und wirtschaftliche Bedeutung der Vorschrift

1 Im Anschluss an die §§ 3 und 4 GrStG schränkt § 5 GrStG die Grundsteuerbefreiungen für den Bereich der **Nutzung zu Wohnzwecken** erheblich ein. Hintergrund scheint hier zu sein, dass der Gesetzgeber nicht auch noch über diesen Weg Einfluss auf den Wohnungsmarkt nehmen möchte. Dieses behält er anderen Wegen und Mitteln vor.[1] Dadurch ist ein erheblicher Bereich ausgenommen und schränkt die Befreiungen wirtschaftlich, aber auch in der öffentlichen Wahrnehmung, ein. Unbebaute Grundstücke dürften im Regelfall aufgrund der fehlenden Nutzung zu Wohnzwecken nicht vom Ausschluss des § 5 GrStG erfasst sein.

2–4 *(Einstweilen frei)*

II. Entstehung und Entwicklung der Vorschrift

5 Wie auch die §§ 3 und 4 GrStG wurde auch § 5 GrStG wenig und lange nicht mehr verändert. Die letzten Änderungen waren dazu kosmetischer Natur, so wurde z. B. „des Bundesgrenzschutzes" durch „der Bundespolizei" ersetzt, da eine Umbenennung erfolgte.[2] Bezüglich der Auswirkungen der Reform der Grundsteuer durch das GrStRefG vgl. Steffen in Grootens, GrStG, § 3 Rz. 6 ff.

6–8 *(Einstweilen frei)*

III. Geltungsbereich

9 Die Steuerbefreiungen im GrStG umfassen alle steuerbaren wirtschaftlichen Einheiten in Deutschland. Bisher hat auch kein Bundesland durch Nutzung der mit dem GrStRefG[3] eingeführten **Länderöffnungsklausel** den Geltungsbereich der Befreiungen weiter eingeschränkt.[4]

10–12 *(Einstweilen frei)*

1 BT-Drucks. 6/3418 S. 81.

2 BGBl 2019 I S. 1794.

3 BGBl 2019 I S. 1794.

4 Vgl. zur Öffnungsklausel zugunsten der Länder Grootens in Grootens, Einführung zu den abweichenden Länderregelungen, Rz. 1 ff.

IV. Vereinbarkeit der Vorschrift mit höherrangigem Recht

Trotz der erheblichen Einschränkung gibt es auch aufgrund eindeutiger Rechtsprechung keine Bedenken gegen **die Verfassungsmäßigkeit** von § 5 GrStG.[1] 13

(Einstweilen frei) 14–16

V. Verhältnis zu anderen Vorschriften

§ 5 GrStG baut als **Einschränkung** auf die **§§ 3 und 4 GrStG** auf. Ohne die Anknüpfung ist die Vorschrift nicht denkbar. Erwähnenswert ist aber auch die Regelung in § 3 Abs. 1 Nr. 5 Satz 2 GrStG, welche die Rückausnahme für **Dienstwohnungen** der Geistlichen und Kirchendiener ausschließt.[2] Im Umkehrschluss öffnen sich dadurch wieder Anwendungsbereich für viele Steuervergünstigungen. 17

Außerdem hebelt § 5 GrStG die grundsätzlich vorgesehene **Gewichtung von Nutzungen** nach § 8 Abs. 2 GrStG aus.[3] So führt bereits eine geringe Mitnutzung für Wohnzwecke grundsätzlich zu einer **vollständigen Versagung der Steuerbefreiungen**. Diese Rechtsfolge ist aber der räumlichen Aufteilung des § 8 Abs. 1 GrStG nachgelagert. 18

(Einstweilen frei) 19–21

B. Systematische Kommentierung

I. Systematik der Einschränkungen in § 5 GrStG

§ 5 Abs. 1 GrStG schränkt die Steuerbefreiungen aus den §§ 3 und 4 GrStG dahingehend ein, dass eine gleichzeitige Nutzung zu Wohnzwecken die Steuerbefreiung grundsätzlich **vollständig ausschließt**. Zugleich werden aber auch **vier Rückausnahmen** genannt, welche die Steuerbefreiungen wiederum ermöglichen. Diese betreffen dabei verschiedene Befreiungen aus den §§ 3 und 4 GrStG. 22

Abschließend werden diese **Rückausnahmen** durch die Einschränkung in § 5 Abs. 2 GrStG für den Bereich der **Wohnungen** wieder ausgenommen. Da Wohnzwecke im Regelfall Wohnungen betreffen, ist die Einordnung und Abgrenzung der Räumlichkeiten von erheblicher Bedeutung und wird daher vor die einzelnen und sehr speziellen Rückausnahmen (§ 5 Abs. 1 Nr. 1–4 GrStG) gezogen. 23

(Einstweilen frei) 24–26

II. Wohnzwecke, Wohnräume und Wohnungen (§ 5 Abs. 1 und Abs. 2 GrStG)

Grundsätzlich findet § 5 GrStG nur bei der Nutzung für **Wohnzwecke** Anwendung. Die Prüfung auf Wohnzwecke wird dabei regelmäßig auch bei der Bestimmung des Bewertungsverfahrens und damit der Grundstücksarten nach § 249 BewG erfolgen. Dabei erfüllen Wohnzwecke Wohnbedürfnisse.[4] 27

---

1 BVerfG, Dreierausschussbeschluss v. 4.4.1984 - 1 BvR 1139/82.

2 Vgl. Steffen in Grootens, GrStG, § 3 Rz. 102.

3 Vgl. Lange in Grootens, GrStG, § 8 Rz. 15 und A. 5.8 Abs. 4 Satz 1 AEGrStG.

4 Vgl. Bock in Grootens, BewG, § 249 Rz. 24.

28 Sobald feststeht, dass die Flächen Wohnzwecken dienen, ist zu prüfen, ob es sich um **Wohnräume**, welche die Rückausnahmen eröffnen, oder um **Wohnungen** handelt. Die Unterscheidung ist dabei traditionell streitanfällig und findet u. a. im EStG als auch im BewG Anwendung. Außerdem wurde **mit § 249 Abs. 10 BewG** im Rahmen der Reform der Grundsteuer durch das GrStRefG[1] eine aktuelle Definition der Wohnung eingeführt. Diese gilt nach ihrer systematischen Stellung im BewG für die Grundsteuerwertbewertung und damit auch für die Steuerbefreiungen ab dem 1.1.2025.[2] Vergleiche zur Definition der Wohnung ausführlich Bock in Grootens, BewG § 249 Rz. 76 ff.

29 Dadurch unterscheiden sich die Definitionen der Wohnung im Rahmen der alten Einheitsbewertung, Grundbesitzbewertung sowie Grundsteuerwertbewertung. Daher ist im Rahmen der Veranlagungen eine Prüfung empfehlenswert, inwieweit der Begriff der Wohnung, insbesondere in Grenzfällen, noch oder nicht mehr erfüllt ist.

30–35 *(Einstweilen frei)*

III. Gemeinschaftsunterkünfte (§ 5 Abs. 1 Nr. 1 GrStG)

36 Sofern keine Wohnungen vorliegen, sind **Gemeinschaftsunterkünfte** der folgenden Institutionen begünstigt:

- der Bundeswehr
- der ausländischen Streitkräfte
- der internationalen militärischen Hauptquartiere
- der Bundespolizei
- der Polizei
- der sonstigen Schutzdienste des Bundes und der Gebietskörperschaften sowie ihrer Zusammenschlüsse

37 Dabei umfasst der Begriff Gemeinschaftsunterkünfte trotz des Namens auch Räume, die für eine **Einzelnutzung** vorgesehen sind. Voraussetzung ist u. a. nach Abschnitt 5.2 Abs. 1 Satz 3 AEGrStG, dass die Räume erforderlich sind, um einen **Dienstbetrieb** aufrecht zu erhalten. Insofern liegt auch eine Überschneidung mit § 5 Abs. 1 Nr. 4 GrStG nahe. Die Räume können auch außerhalb von z. B. Kasernengeländen liegen.[3]

38 Dabei werden auch **Hilfsflächen** zur Aufrechterhaltung des Dienstbetriebs erfasst und in die Gemeinschaftsflächen miteinbezogen bzw. gehören zu diesen. Das umfasst exemplarisch nach Abschnitt 5.2 Abs. 2 Satz 1 AEGrStG auch Kantinen und Wirtschaftsräume, aber nach Abschnitt 5.2 Abs. 3 Satz 2 AEGrStG keine Ladengeschäfte oder Friseursalons.

39–41 *(Einstweilen frei)*

IV. Wohnräume von Heimen und Seminaren (§ 5 Abs. 1 Nr. 2 GrStG)

42 Begünstigt sind Wohnräume in Schülerheimen, Ausbildungs- und Erziehungsheimen sowie Prediger- und Priesterseminaren, wenn die Unterbringung in ihnen für die **Zwecke des Unterrichts, der Ausbildung oder der Erziehung** erforderlich ist. Dabei handelt es sich um eine ab-

1 BGBl 2019 I S. 1794.
2 Vgl. Schnitter in 360° GrStG eKommentar, § 5 Rz. 8.
3 BFH, Beschluss v. 10.5.1968 - III B 55/67, BStBl 1968 II S. 610.

schließende Aufzählung, Abschnitt 5.3 Abs. 1 Satz 2 AEGrStG. Durch die Systematik der Befreiungen ergibt sich, dass gleichzeitig die Voraussetzungen nach § 3 oder 4 GrStG objektiv und subjektiv erfüllt sein müssen.[1]

Dazu muss das Heim oder Seminar von einem der nach § 3 Abs. 1 Nr. 1, 3 oder 4 GrStG begünstigten **Rechtsträger** unterhalten werden. Dieses ergänzt ggf. die subjektiven Voraussetzungen aus § 3 GrStG. Ansonsten bedarf es einer **Anerkennung** der Landesregierung oder der von ihr beauftragten Stelle, dass die Unterhaltung des Heims oder Seminars im Rahmen der öffentlichen Aufgaben liegt. Das Verfahren erfolgt dabei durch die Landesregierung.[2] Diese Anerkennung einer öffentlichen Aufgabe ist gleichzeitig aber auch von der Anerkennung nach § 4 Nr. 5 GrStG zu trennen, da verschiedenen Bereiche erfasst werden.[3] 43

(Einstweilen frei) 44–46

V. Wohnräume für steuerbegünstigte Zwecke (§ 5 Abs. 1 Nr. 3 GrStG)

Können steuerbegünstige Zwecke nach § 3 Abs. 1 Nr. 1, 3 oder 4 GrStG nur durch die **Überlassung** von Wohnräumen erfüllt werden, ist dieses als Ausnahme auch begünstigt. Das gilt aber nicht für die Überlassung von Wohnungen. Der Verweis bedeutet auch, dass die **subjektiven** Voraussetzungen erfüllt sein müssen, Abschnitt 5.4 Abs. 1 Satz 2 AEGrStG. Wahrscheinlich war es dabei ein Versehen, dass § 4 Nr. 6 GrStG nicht erwähnt wird.[4] 47

BEISPIEL: Überlassungen, deren steuerbefreite Zwecke nur durch diese entsprechend erfüllt werden können, sind nach Abschnitt 5.5 Abs. 2 AEGrStG: 48

- Die Unterbringung von Straf- und Untersuchungsgefangenen in einer Justizvollzugsanstalt (Zellen)
- Die Unterbringung für die Fürsorge für Kranke (Unterbringung in Krankenhäusern)
- Die Unterbringung für Jugendliche (Unterbringung in Jugendherbergen, Jugendheimen, Kinderheimen)
- Die Unterbringung für erholungsbedürftige Personen (Unterbringung in Erholungsheimen)
- Die Unterbringung für pflegebedürftige und ältere Menschen (Unterbringung in Pflegeheimen, Altenheimen).

(Einstweilen frei) 49–51

VI. Bereitschaftsräume (§ 5 Abs. 1 Nr. 4 GrStG)

Begünstigt sind auch **Bereitschaftsräume**. Diese werden dabei definiert als Räume, in denen sich Personen für die Erfüllung der steuerbegünstigten Zwecke **ständig** bereithalten müssen. Nach Abschnitt 5.5 Abs. 1 Satz 2 und 3 AEGrStG bedeutet ständig dabei, dass das Personal jederzeit zur Verfügung stehen muss. Dazu braucht es nach Ansicht der Verwaltung eine Nähe, die keiner Motorisierung bedarf (Umkehrschluss Abschnitt 5.5 Abs. 3 Satz 2 AEGrStG). 52

Durch die erneute Erwähnung bzw. Abgrenzung der Wohnung soll klar gemacht werden, dass es sich bei den Bereitschaftsräumen nicht um den **Hauptwohnsitz** handeln darf, unabhängig davon, ob es sich dabei um eine Wohnung i. S. des Gesetzes handelt.[5] Dabei ist auch das Mel- 53

1 Vgl. Schnitter in 360° GrStG eKommentar, § 5 Rz. 10.
2 Vgl. Steffen in Grootens, GrStG, § 4 Rz. 78.
3 Vgl. Troll/Eisele, GrStG, § 5 Rz. 6.
4 Vgl. Troll/Eisele, GrStG, § 5 Rz. 6.
5 BFH, Urteil v. 23.2.1979 - III R 38/77, BStBl 1979 II S. 524–526.

derecht zu beachten.[1] Dieses entspricht auch dem Hinweis nach Abschnitt 5.5 Abs. 4 AEGrStG, dass die Wohnzwecke nicht überwiegen dürfen, da es sonst eine Wohnung des **Inhabers** darstellt.

§ 6 GrStG Land- und forstwirtschaftlich genutzter Grundbesitz

Wird Grundbesitz, der für steuerbegünstigte Zwecke (§§ 3 und 4) benutzt wird, zugleich land- und forstwirtschaftlich genutzt, so gilt die Befreiung nur für

1. Grundbesitz, der Lehr- oder Versuchszwecken dient;

2. Grundbesitz, der von der Bundeswehr, den ausländischen Streitkräften, den internationalen militärischen Hauptquartieren oder den in § 5 Abs. 1 Nr. 1 bezeichneten Schutzdiensten als Übungsplatz oder Flugplatz benutzt wird;

3. Grundbesitz, der unter § 4 Nr. 1 bis 4 fällt.

Inhaltsübersicht **Rz.**

LITERATUR:

Schnitter, 360° GrStG eKommentar, Bonn; *Troll/Eisele*, Grundsteuergesetz, 12. Aufl. 2021.

A. Allgemeine Erläuterungen zu § 6 GrStG

I. Normzweck und wirtschaftliche Bedeutung der Vorschrift

1 § 6 führt zu einer **Einschränkung der Grundsteuerbefreiung** beim Zusammenfallen von steuerbegünstigter und **land- und forstwirtschaftlicher Nutzung** gegenüber den §§ 3 und 4 GrStG ein.

1 Vgl. Troll/Eisele, GrStG § 5 Rz. 10.

Nach der **Gesetzesbegründung**[1] dient die Vorschrift vor allem der Sicherung des Grundsteueraufkommens kleinerer ländlicher Gemeinden, bei denen ein Zusammenfallen von land- und forstwirtschaftlicher sowie steuerbegünstigter Nutzung einen bestimmten Umfang einnimmt.

(Einstweilen frei) 2–3

II. Entstehung und Entwicklung der Vorschrift

Die Vorschrift stammt aus dem Grundsteuergesetz 1936. Die Neufassung des Grundsteuergesetzes durch das **GrStRefG** v. 26.11.2019 (BGBl 2019 I S. 1875) und spätere Änderungen führten zu keiner Änderung der Vorschrift. 4

(Einstweilen frei) 5–6

III. Geltungsbereich

Die Vorschrift gilt für die Erhebung der Grundsteuer beim **Zusammenfallen von** einer steuerbegünstigten **Nutzung nach §§ 3 und 4 GrStG und** der **Nutzung zu land- und forstwirtschaftlichen Zwecken.** Sie schränkt die Steuerbefreiung auf die in § 6 Nr. 1–3 genannten Fälle ein. 7

(Einstweilen frei) 8–9

IV. Verhältnis zu anderen Vorschriften

§ 6 GrStG schränkt die Steuerbefreiung nach den §§ 3 und 4 GrStG ein. Zudem geht er der Regelung in § 8 GrStG als **lex specialis** vor. Die Steuerbefreiung des ganzen Grundstücks bei **überwiegender Nutzung** zu steuerbegünstigten Zwecken entfällt zumindest anteilig, wenn das zu steuerbegünstigten Zwecken genutzte Grundstück zugleich land- und forstwirtschaftlich genutzt wird. Eine Rückausnahme von diesem Grundsatz gilt nach § 3 Abs. 1 Nr. 6 Satz 3 GrStG für den Grundbesitz von Religionsgemeinschaften.[2] 10

(Einstweilen frei) 11–12

B. Systematische Kommentierung

I. Konkurrenz zwischen land- und forstwirtschaftlicher und steuerbegünstigter Nutzung

1. Grundsatz

§ 6 schränkt die in den §§ 3 und 4 GrStG vorgesehene Grundsteuerbefreiung bei einer steuerbegünstigten Nutzung ein, wenn das Grundstück zugleich **land- und forstwirtschaftlich** genutzt wird. Das gilt sogar dann, wenn die land- und forstwirtschaftliche Nutzung der unmittelbaren Verwirklichung begünstigter Zwecke dient. So ist beispielsweise die **Gärtnerei eines Sozialversicherungsträgers** auch dann nicht von der Grundsteuer befreit, wenn in ihr ausschließlich Blumen und Pflanzen für die eigenen Heilstätten des Versicherungsträgers erzeugt wer- 13

1 Zitiert über Eisele in Troll/Eisele, GrStG § 6 Rz. 1.

2 Siehe hierzu Steffen in Grootens, GrStG § 3 Rz. 71 ff.

den.[1] Gleiches gilt für **Gewässer eines gemeinnützigen Sportfischervereins**, der von den Mitgliedern zum Fischen genutzt wird.[2]

14 Es kommt also, anders als bei § 8 Abs. 2 GrStG[3], nicht darauf an, ob eine steuerbegünstigte Nutzung des Grundstücks überwiegt oder nur in einem geringen Teil des Grundstücks verwirklicht wird. Die land- und forstwirtschaftliche Nutzung allein schließt die Steuerbefreiung bei der Benutzung für steuerbegünstigte Zwecke aus. **Ausnahmen** von diesem Grundsatz sind allein die in § 6 Nr. 1–3 dargestellten Sondertatbestände.

15–16 *(Einstweilen frei)*

2. Land- und forstwirtschaftliche Nutzung

17 Nach dem Wortlaut betrifft die Regelung **für steuerbegünstigte Zwecke genutzten Grundbesitz**. Der Grundbesitz i. S. des Grundsteuergesetzes umfasst nach § 2 GrStG Betriebe der Land- und Forstwirtschaft (§ 2 Nr. 1 GrStG) und Grundstücke (§ 2 Nr. 2 GrStG).[4]

18 Auf die **bewertungsrechtliche Zuordnung** des Grundstücks kommt es dabei nicht an. Voraussetzung für die Anwendung des § 6 ist nur, dass der Grundbesitz land- und forstwirtschaftlich genutzt wird.[5] Darunter fällt auch eine nur extensive Nutzung wie die Schafhütung oder die Jagd.[6]

19 **Land- und Forstwirtschaft** ist die planmäßige Nutzung der natürlichen Kräfte des Bodens zur Erzeugung von Pflanzen und Tieren sowie die Verwertung der dadurch selbstgewonnenen Erzeugnisse.[7] Es liegt daher keine planmäßige Nutzung vor, wenn der Grundbesitz nicht im obigen Sinne genutzt wird oder seine Nutzung in diesem Sinne sogar verboten ist. Darunter fallen **Biotope** oder **Naturschutzgebiete**. Eine Anwendung des § 6 GrStG auf solche Grundstücke müsste bei systematischer Betrachtung ausgeschlossen sein. Diese Grundstücke werden aber, ungeachtet ihrer tatsächlichen Nutzung, bewertungsrechtlich als land- und forstwirtschaftliches Vermögen behandelt.[8] Aus diesem Grunde ist die Steuerbefreiung für ein Naturschutzgebiet, meines Erachtens unsystematisch, ausgeschlossen. Aufgrund der tatsächlichen Bewertung[9] fällt die Grundsteuerbelastung aber kaum ins Gewicht. Zudem kann ein Erlass der Grundsteuer nach § 32 Abs. 1 Nr. 1 GrStG[10] in Frage kommen.

20 **Forstwirtschaftliche Betriebe** unterscheiden sich von landwirtschaftlichen Betrieben dadurch, dass zwischen der Aufforstung einer Waldfläche und der Nutzung durch Holzernte viele Jahre vergehen. Es gibt daher in der Regel kleine Betriebe, die nicht jährlich Holz ernten. Solche **aussetzende Forstbetriebe**[11] nutzen den Grundbesitz trotzdem zu forstwirtschaftlichen Zwecken.

---

1 BFH, Urteil v. 7.2.1958 - III 290/57 U, BStBl 1958 III S. 185.
2 BFH, Urteil v. 31.7.1985 - II R 236/81, BStBl 1985 II S. 632.
3 Siehe Lange in Grootens, GrStG § 8 Rz. 16 und 28.
4 Siehe Lange in Grootens, GrStG § 2 Rz. 16.
5 Eisele in Troll/Eisele, GrStG § 6 Rz. 2.
6 OFD Magdeburg, Vfg. v. 20.6.2012 - G 1105-1-St 272, zitiert bei Schnitter in 360° GrStG - eKommentar, GrStG § 6 Rz. 7.
7 Gleich lautende Erlasse der obersten Finanzbehörden der Länder v. 15.12.2011, BStBl 2011 I S. 1213 und 1217.
8 Eisele in Troll/Eisele, GrStG § 6 Rz. 2 mit weiteren Nachweisen.
9 Siehe Müller in Grootens, BewG § 237 Rz. 43.
10 Siehe Lehmann in Grootens, GrStG § 32 Rz. 16.
11 Details bei Eisele in Troll/Eisele, GrStG § 6 Rz. 2.

Das gilt aber nicht mehr, wenn objektiv feststeht, dass die Ernte des zu diesem Stichtag vorhandenen Forstbestandes künftig nicht mehr erfolgen wird.[1]

(Einstweilen frei) 21–22

3. Ausnahmen (§ 6 Nr. 1–3 GrStG)

Von dem obigen Grundsatz der Einschränkung der Grundsteuerbefreiung beim Zusammenfallen von land- und forstwirtschaftlicher sowie steuerbegünstigter Nutzung gibt es die drei in § 6 Nr. 1–3 aufgezählten **Ausnahmen**. 23

(Einstweilen frei) 24–25

II. Grundbesitz, der Lehr- und Versuchszwecken dient (§ 6 Nr. 1 GrStG)

Land- und forstwirtschaftlicher genutzter Grundbesitz, der **Lehr-oder Versuchszwecken** dient, ist steuerfrei, wenn die Nutzung zudem zu steuerbegünstigten Zwecken gem. §§ 3 und 4 GrStG erfolgt. Es müssen danach die folgenden **Voraussetzungen** kumulativ gegeben sein: 26

1. Land- und Forstwirtschaftliche Nutzung

Der Grundbesitz muss **land- und forstwirtschaftlich genutzt** werden. Zum Umfang der land- und forstwirtschaftlichen Nutzung siehe → Rz. 18 und → 19. 27

(Einstweilen frei) 28–29

2. Nutzung zu steuerbegünstigten Zwecken gemäß §§ 3 und 4 GrStG

Es reicht für die Steuerbefreiung nicht aus, dass Grundstücke zu Lehr- oder Versuchszwecken genutzt werden oder zusätzlich auch eine Nutzung zu steuerbegünstigten Zwecken erfolgt. Notwendig ist, dass es sich um den **Grundbesitz bestimmter begünstigter Rechtsträger** nach § 3 GrStG handelt oder eine **sonstige Steuerbefreiung** nach § 4 GrStG vorliegt. 30

Zu dem begünstigten Grundbesitz nach § 3 GrStG gehört beispielsweise der Grundbesitz der inländischen juristischen Personen des öffentlichen Rechts mit einigen Ausnahmen (§ 3 Abs. 1 Nr. 1 GrStG) oder der Grundbesitz steuerbegünstigter Körperschaften, die gemeinnützige oder mildtätige Zwecke verfolgen (§ 3 Abs. 1 Nr. 3b GrStG).[2] 31

Sonstige steuerbefreite Grundstücke nach § 4 GrStG sind beispielsweise Bestattungsplätze (§ 4 Nr. 2 GrStG) oder die unmittelbar zur Gewährleistung eines ordnungsgemäßen Flugbetriebs notwendige Flächen auf Verkehrsflughäfen (§ 4 Nr. 3b GrStG).[3] 32

(Einstweilen frei) 33–34

3. Nutzung zu Lehr- oder Versuchszwecken

Unter den obigen Voraussetzungen muss der Grundbesitz zudem **zu Lehr- oder Versuchszwecken genutzt** werden. 35

(Einstweilen frei) 36

1 BFH, Urteil v. 18.11.2009 - II R 30/08, NWB RAAAD-35175.
2 Zu Einzelheiten siehe Steffen in Grootens, GrStG § 3 Rz. 71 ff.
3 Zu Einzelheiten siehe Steffen in Grootens, GrStG § 4 Rz. 36 ff.

a) Lehrzwecke

37 Unter **Lehrzweck** versteht man die Ausbildung für einen Beruf. Der Grundbesitz muss diesem Zweck dienen, also bei der Berufsausbildung Verwendung finden. In Frage kommen z. B. botanische Gärten oder Wildgehege,[1] m. E. auch dazugehörige Gebäude.

38 Die Regelung fordert nicht, dass der Grundbesitz für die Ausbildung zwingend erforderlich ist oder bestimmte Ansprüche an die Qualität der Ausbildung gestellt werden. Auch gibt es keine Regelung zu Größe und Beschaffenheit. Aus der Stellung der Vorschrift in Abgrenzung zu § 8 Abs. 2 GrStG geht hervor, dass der Grundbesitz **ausschließlich diesem Zweck** diesen muss. Eine Mischnutzung scheidet somit aus. Eine gemeinsame Nutzung zu Lehr- und Versuchszwecken (z. B. Versuchslabor mit Lehreinrichtung) ist nicht schädlich.

39–40 *(Einstweilen frei)*

b) Versuchszwecke

41 **Versuchszwecke** stehen im Zusammenhang mit der Forschung und umfassen die Ermittlung und Erprobung von land- und forstwirtschaftlichen Erkenntnissen durch öffentliche Forschungsstationen, Universitäten und ähnliche Einrichtungen Der dieser **Forschung** dienende Grundbesitz ist steuerfrei. Darunter fallen auch Laborgebäude, Unterrichtsräume und Lagerräume.[2] Auch hier ist nicht vorgeschrieben, dass der Grundbesitz für die Versuchszwecke zwingend erforderlich ist, eine maximale Größe haben darf oder eine bestimmte Beschaffenheit aufweisen muss. Der Grundbesitz muss **m. E. ausschließlich zu Versuchszwecken** genutzt werden. Zur gemeinsamen Nutzung zu Lehr- und Versuchszwecken siehe → Rz. 38.

42–43 *(Einstweilen frei)*

c) Mittelbar zu Lehr- oder Versuchszwecken dienende Wohngebäude

44 Für **Wohngebäude**, die (mittelbar) zu Lehr- oder Versuchszwecken dienen, gilt die Steuerbefreiung nicht. Das ist in § 5 Abs. 2 GrStG als lex specialis eindeutig geregelt.[3]

45 Hofstellen werden nach § 237 Abs. 8 GrStG durch eigene Bewertungsfaktoren erfasst. Ggf. gibt es Zuschläge für bestimmte Gebäude.[4]

46–47 *(Einstweilen frei)*

d) Pflanzenzuchtanstalten

48 Für land- und forstwirtschaftliche Versuchsflächen müssen wegen der Fruchtfolge und Besonderheiten beim Anbau weitere Flächen freigehalten werden, die für eine Durchführung der Versuche zwingend erforderlich sind (sog. **Rotationsflächen**). Daher kann bei allgemeinen Flächen die begünstigte Fläche bis zum Dreifachen der durchschnittlich unmittelbar benötigten Fläche ausmachen. Beim Weinbau ist dieses auf die einfache Fläche beschränkt. In der Tierzucht werden die Flächen zum Anbau des Futters von einem Hektar je Vieheinheit zusätzlich begünstigt.[5]

1 Eisele in Troll/Eisele, GrStG § 6 Rz. 3.
2 Schnitter in 360° GrStG eKommentar, § 6 Rz. 14.
3 Vgl. Steffen in Grootens, GrStG § 5 Rz. 42.
4 Vgl. Müller in Grootens, BewG § 237 Rz. 77.
5 Eisele in Troll/Eisele, GrStG § 6 Rz. 3.

(Einstweilen frei) 49–50

III. Grundbesitz mit militärischer Nutzung (§ 6 Nr. 2 GrStG)

Militärisch für Flughäfen oder Übungsplätze **genutzter Grundbesitz**, der zugleich land- und forstwirtschaftlich genutzt wird, ist nach § 6 Nr. 2 GrStG von der Grundsteuer befreit. Der eigentliche Flugplatz oder Übungsplatz fällt unter die Befreiung nach § 3 Abs. 1 Nr. 1 GrStG.[1] 51

Bei den in § 6 Nr. 2 angesprochenen Flächen handelt es sich um Schutz- oder Sicherheitszonen (Nebenflächen), die land- und forstwirtschaftlich genutzt werden können.[2] Dabei spielt der Umfang der militärischen Nutzung auf der einen und der Umfang der land- und forstwirtschaftlichen Nutzung auf der anderen Seite keine Rolle. Es muss aber eine **tatsächliche land- und forstwirtschaftliche Nutzung** erfolgen (siehe hierzu → Rz. 18), notfalls durch Verpachtung.[3] Eine lediglich mögliche Nutzung reicht m. E. nicht aus. Begünstigt sind nach dem Wortlaut der Vorschrift nur solche Flächen, die zu den **militärisch genutzten Flächen** gehören. Flächen außerhalb der Flugplätze oder der Übungsplätze gehören nicht dazu.[4] 52

(Einstweilen frei) 53–54

IV. Grundbesitz in den Fällen des § 4 Nr. 1–4 GrStG (§ 6 Nr. 3 GrStG)

Hierunter fallen 55

1. Zum **Gottesdienst** einer anerkannten Religionsgemeinschaft genutzte Grundstücke (§ 4 Nr. 1 GrStG).
2. **Bestattungsplätze** (§ 4 Nr. 2 GrStG).
3. a) Dem öffentlichen Verkehr dienende **Straßen**, Wege, Plätze Wasserstraßen etc. (§ 4 Nr. 3a GrStG).

   b) Zur Gewährleistung des Flugverkehrs notwendige Flächen auf Verkehrsflughäfen (§ 4 Nr. 3b GrStG)

   c) fließende Gewässer und Sammelbecken, die nicht unter 3a) fallen (§ 4 Nr. 3c GrStG).
4. Grundflächen der öffentlich-rechtlichen **Wasser- und Bodenverbände und Deiche** (§ 4 Nr. 4 GrStG).

Die Vorschrift hat nur **geringe Bedeutung**, da sich die beschriebene Tätigkeit und eine land- und forstwirtschaftliche Nutzung weitgehend ausschließen. Das betrifft vor allem die Nutzung für Gottesdienste und Bestattungen (§ 4 Nr. 1 und 2 GrStG). Sie kommt aber durchaus im Zusammenhang mit der Befreiung nach § 4 Nr. 3 und 4 GrStG für Randflächen wie Böschungen und Schutzstreifen bei Straßen, Wasserstraßen und Talsperren etc. in Betracht.[5] 56

---

1 Vgl. Steffen in Grootens, GrStG § 5 Rz. 42.

2 BFH, Urteil v. 27.8.2008 - II 27/06, NWB RAAAC-94769.

3 BFH, Urteil v. 15.3.1957 - III 17/57 S, BStBl 1957 III S. 183.

4 Eisele in Troll/Eisele, GrStG § 6 Rz. 4.

5 Eisele in Troll/Eisele, GrStG § 6 Rz. 5.

§ 7 GrStG Unmittelbare Benutzung für einen steuerbegünstigten Zweck

[1]Die Befreiung nach den §§ 3 und 4 tritt nur ein, wenn der Steuergegenstand für den steuerbegünstigten Zweck unmittelbar benutzt wird. [2]Unmittelbare Benutzung liegt vor, sobald der Steuergegenstand für den steuerbegünstigten Zweck hergerichtet wird.

Inhaltsübersicht **Rz.**

LITERATUR:

Schnitter, 360° GrStG eKommentar, Bonn; *Troll/Eisele*, Grundsteuergesetz, 12. Aufl. 2021.

A. Allgemeine Erläuterungen zu § 7 GrStG

I. Normzweck und wirtschaftliche Bedeutung der Vorschrift

1 § 7 schränkt die **Steuerbefreiung** nach den § 3 und 4 GrStG weiter ein und definiert, ab wann eine **unmittelbare Benutzung** für einen **steuerbegünstigten Zweck** anzunehmen ist.

2–3 *(Einstweilen frei)*

II. Entstehung und Entwicklung der Vorschrift

4 Die Vorschrift stammt aus dem Grundsteuergesetz in der Fassung von 1973. In der Fassung von 1973 wurde die in Satz 2 beschriebene Rechtslage neu gefasst.[1] Bis dahin galt, dass die Benutzung nicht mit dem **Beginn der Herrichtung**, sondern erst mit der **Zuführung zum begünstigten Zweck** angenommen wurde.

5 Die Neufassung des Grundsteuergesetzes durch das GrStRefG v. 26.11.2019 (BGBl 2019 I S. 1875) und weitere Änderungen führten zu keiner Änderung der Vorschrift.

6–7 *(Einstweilen frei)*

III. Geltungsbereich

8 Die Vorschrift gilt für die Erhebung der Grundsteuer bei einer **steuerbegünstigten Benutzung** i. S. der §§ 3 und 4 GrStG. Sie ist auf **inländische Grundstücke** anzuwenden (§ 1 GrStG).

1 BT-Drucks. 6/3418 S. 81.

(Einstweilen frei) 9–10

IV. Verhältnis zu anderen Vorschriften

§ 7 GrStG reduziert nach dem Wortlaut die Anwendung der **§§ 3 und 4 GrStG**, da sie nur bei unmittelbarer Benutzung des Grundbesitzes für den begünstigten Zweck gelten soll. Dieses kann aber bereits aus dem Wortlaut der §§ 3 und 4 geschlossen werden. § 7 wird daher vor allem **klarstellende Wirkung** zugeschrieben.[1] 11

(Einstweilen frei) 12–13

B. Systematische Kommentierung

I. Reduzierung der Steuerbefreiung auf unmittelbare Benutzung (§ 7 Satz 1 GrStG)

Die Steuerbefreiungen nach §§ 3 und 4 GrStG werden nur gewährt, wenn der Steuergegenstand **unmittelbar** für die steuerbegünstigten Zwecke benutzt wird. Hierbei ist zwischen der Eigen- und Fremdnutzung durch den Eigentümer zu unterscheiden. Steuergegenstand ist nach § 2 GrStG der Grundbesitz i. S. des Bewertungsgesetzes.[2] 14

(Einstweilen frei) 15–16

1. Unmittelbare Benutzung durch den Eigentümer

Die **unmittelbare Benutzung durch den Eigentümer** setzt voraus, dass dieser auf einem eigenen Grundbesitz eine nach §§ 3 und 4 GrStG begünstigte Tätigkeit selbst ausführt. Zur mittelbaren Benutzung siehe → Rz. 22 ff. 17

Dabei reicht es aus, wenn auf dem Grundstück für den begünstigten Zweck **unentbehrliche Hilfstätigkeiten** ausgeführt werden.[3] Das gilt z. B. für **Verwaltungsräume** in einem zur Erfüllung des Zwecks begünstigten Ausmaßes[4] oder für eine **Garage**, in der ein den begünstigten Zwecken einer Religionsgemeinschaft dienendes Fahrzeug untergestellt wird.[5] Die Befreiung nach § 7 GrStG geht von einer ausschließlich steuerbegünstigten Tätigkeit aus. Zu nur teilweiser Ausübung einer begünstigten Tätigkeit vgl. Lange in Grootens, GrStG § 8 Rz. 15 ff. 18

(Einstweilen frei) 19–21

2. Mittelbare Benutzung durch den Eigentümer

Auch wenn § 7 Satz 1 GrStG wörtlich die „unmittelbare Nutzung" des Steuergegenstandes für einen begünstigten Zweck verlangt, kann daraus nicht geschlossen werden, dass die steuerbegünstigte Nutzung in jedem Fall durch den Eigentümer zu erfolgen hat. Denn die Vorschrift stellt auf **die Nutzung des Steuergegenstands** und nicht auf den Eigentümer des Steuergegenstands ab.[6] 22

---

1 BFH, Urteil v. 30.6.1967 - III 173/64, BStBl 1967 III S. 659.

2 Vgl. Lange in Grootens, GrStG § 2 Rz. 16.

3 Abschnitt 31 Abs. 1 Satz 2 GrStR.

4 BFH, Urteil v. 10.12.1954 - II R 29/08, BStBl 1955 III S. 63 und R 31 Abs. 1 Satz 3 GrStR.

5 BFH, Urteil v. 16.7.1965 - III 125/03 U, BStBl 1965 III S. 568.

6 BFH, Urteil v. 29.3.1986 - III 213/64, BStBl 1968 II S. 499.

23 Die Überlassung eines Grundstücks durch Einräumung eines **Erbbaurechts,**[1] m. E. aber auch durch einen **Miet– oder Pachtvertrag**, sagt alleine nichts über die unmittelbare Nutzung zu steuerbegünstigten Zwecken aus.[2] Denn es ist weiterhin möglich, dass die unmittelbare Beziehung zwischen dem Eigentümer des Grundstücks und dem steuerbegünstigten Zweck fortbesteht. Das gilt z. B. für die **Verpachtung von Kantinenräumen für einen öffentlichen Zweck**.[3] In der Regel wird man davon ausgehen, dass der vermietete oder verpachtete Grundbesitz vom Mieter oder Pächter und nicht vom Eigentümer für eigene steuerbegünstigte Zwecke benutzt wird.[4]

24–26 *(Einstweilen frei)*

II. Beginn der unmittelbaren Benutzung (§ 7 Satz 2 GrStG)

27 Nach § 7 Satz 2 GrStG liegt eine unmittelbare Benutzung vor, sobald der Steuergegenstand für den steuerbegünstigten Zweck **hergerichtet** wird. Herrichten bedeutet die Veränderung des bisherigen Zustands und damit die Eignung für den steuerbegünstigten Zweck.[5]

28 Dieses Herrichten beginnt bei der Errichtung eines Gebäudes zu dem Zeitpunkt, in dem das Grundstück dem **ausführenden Bauunternehmer zur Durchführung der Bauarbeiten überlassen wird.**[6] Nach der hiervon ggf. abweichenden Auffassung von Roscher beginnt unter Hinweis auf das BFH-Urteil v. 13.11.1985[7] das Herrichten erst mit dem **tatsächlichen Beginn der Baumaßnahme** (z. B. eine Baustelle einrichten), da erst dann das Grundstück für die Baumaßnahme benutzt wird.[8] Die bloße **Absicht**, ein Gebäude für eine steuerbegünstigte Tätigkeit zu errichten, reicht für die unmittelbare Benutzung nicht aus,[9] selbst wenn bereits ein Bauschild aufgestellt ist.[10]

29 Muss für den begünstigten Zweck erst ein auf dem Grundstück vorhandenes Gebäude oder Gebäudeteil abgebrochen werden, beginnt die begünstigte Benutzung bereits mit dem **Beginn des Abbruchs**, sofern der Abbruch in einem unmittelbaren zeitlichen Zusammenhang mit dem Baubeginn steht und eine nicht begünstigte Zwischennutzung ausgeschlossen ist.[11]

30 Die **vorübergehende Unterbrechung** einer bislang im vollen Umfang **begünstigten Nutzung**, z. B. durch einen Gebäudeabbruch und Neubau oder einen Umbau ändert nichts an der Begünstigung. Wird jedoch nach der Maßnahme das Grundstück in einem **anderen Umfang** begünstigt benutzt, gilt diese geänderte Benutzung bereits ab dem **Beginn der Baumaßnahme.**[12]

31 Die Begünstigung bleibt so lange erhalten, wie die steuerbegünstigte Benutzung fortbesteht. Sie endet mit ihrer **Einstellung**. Ist eine spätere Wiederaufnahme der steuerbegünstigten Be-

1 BFH, Urteil v. 16.12.2009 - II R 29/08, BStBl 2010 II S. 829.
2 Zu weiteren Nachweisen siehe BFH, Urteil v. 16.12.2009 - II R 29/08, BStBl 2010 II S. 829 und S. 830.
3 BFH, Urteil v. 29.3.1968 - III 213/64, BStBl 1968 II S. 499.
4 Eisele in Troll/Eisele, GrStG § 7 Rz. 2.
5 BFH, Urteil v. 13.11.1986 - II R 237/82, BStBl 1986 II S. 191.
6 BFH, Urteil v. 17.1.1969 - III 74/65, BStBl 1969 II S. 346. So auch R 31 Abs. 2 Satz 2 GrStR.
7 BFH, Urteil v. 13.11.1985 - II R 237/82, BStBl 1986 II S. 191.
8 Vgl. Schnitter in 360° GrStG eKommentar, § 7 Rz. 13.
9 BFH, Urteil v. 30.6.1967 - III 173/64, BStBl 1967 III S. 659.
10 FinMin Bayern, Erlass v. 12.8.1986 – 34–S 3106–86/2–36 579, zitiert bei Roscher in 360° GrStG eKommentar, § 7 Rz. 9.
11 FinMin Bayern, Erlass v. 15.10.1975 – 34–G 1102–4/11–60 645, zitiert bei Roscher in 360° GrStG eKommentar, § 7 Rz. 9.
12 R 31 Abs. 2 Satz 3 und 4 GrStR.

nutzung geplant, liegt in der Zwischenzeit keine Begünstigung vor. Insoweit ist der Wortlaut des § 7 Satz 1 GrStG eindeutig.[1]

HINWEIS 32

Praktisch kann eine vorübergehende Einstellung der Nutzung keine grundsteuerlichen Folgen auslösen, wenn diese innerhalb eines Kalenderjahres erfolgt, da es immer auf die Verhältnisse zu Beginn des Kalenderjahres ankommt.[2]

§ 8 GrStG Teilweise Benutzung für einen steuerbegünstigten Zweck

(1) Wird ein räumlich abgegrenzter Teil des Steuergegenstandes für steuerbegünstigte Zwecke (§§ 3 und 4) benutzt, so ist nur dieser Teil des Steuergegenstandes steuerfrei.

(2) Dient der Steuergegenstand oder ein Teil des Steuergegenstandes (Absatz 1) sowohl steuerbegünstigten Zwecken (§§ 3 und 4) als auch anderen Zwecken, ohne dass eine räumliche Abgrenzung für die verschiedenen Zwecke möglich ist, so ist der Steuergegenstand oder der Teil des Steuergegenstandes nur befreit, wenn die steuerbegünstigten Zwecke überwiegen.

Inhaltsübersicht **Rz.**

LITERATUR:

Schnitter, 360° GrStG eKommentar, Bonn; *Troll/Eisele*, Grundsteuergesetz, 12. Aufl. 2021.

A. Allgemeine Erläuterungen zu § 8 GrStG

I. Normzweck und wirtschaftliche Bedeutung der Vorschrift

§ 8 regelt den Umfang der **Steuerbefreiung** nach den §§ 3 und 4 GrStG, wenn der Steuergegen- 1
stand gem. § 2 GrStG nur **teilweise für einen steuerbegünstigten Zweck** genutzt wird. Dabei erfolgt die Abgrenzung räumlich (§ 8 Abs. 1 GrStG) oder, falls das nicht möglich ist, nach seiner überwiegenden Benutzung (§ 8 Abs. 2 GrStG).

(Einstweilen frei) 2–3

1 Gleiche Ansicht Schnitter in 360° GrStG eKommentar, § 7 Rz. 9.

2 Eisele in Troll/Eisele, GrStG § 7 Rz. 4.

II. Entstehung und Entwicklung der Vorschrift

4 Die Vorschrift stammt aus dem Grundsteuergesetz 1936 und ist seit der Fassung des Grundsteuergesetzes 1973[1] unverändert.

5 Die Neufassung des Grundsteuergesetzes durch das GrStRefG v. 26.11.2019 (BGBl 2019 I S. 1875) und spätere Änderungen führten zu keiner Änderung der Vorschrift.

6–7 *(Einstweilen frei)*

III. Geltungsbereich

8 Die Vorschrift gilt für die Erhebung der Grundsteuer bei einer **steuerbegünstigten Benutzung** i. S. der §§ 3 und 4 GrStG. Sie ist auf **inländische Grundstücke** anzuwenden (§ 1 GrStG).

9–10 *(Einstweilen frei)*

IV. Verhältnis zu anderen Vorschriften

11 § 8 ist eine Sondervorschrift zu den **§§ 3 und 4 GrStG** beim Zusammentreffen von steuerbegünstigter und nicht steuerbegünstigter Benutzung des Steuergegenstands.

12 Sofern der Steuergegenstand auch **Wohnzwecken** dient, ist die Vorschrift subsidiär zu den Sonderregelungen in § 5 GrStG.[2] Gleiches gilt hinsichtlich der Sondervorschriften bei **land- und forstwirtschaftlicher Nutzung** in § 6 GrStG.[3][4]

13–14 *(Einstweilen frei)*

B. Systematische Kommentierung

I. Steuerbefreiung räumlich abgegrenzter Teile (§ 8 Abs. 1 Satz 1 GrStG)

1. Inhalt der Vorschrift

15 Ein Steuergegenstand kann sowohl steuerbegünstigt als auch nicht steuerbegünstigt i. S. der §§ 3 und 4 GrStG genutzt werden, sog. **Mischnutzung**. Lässt sich in diesen Fällen die steuerbegünstigte Nutzung räumlich von der nicht begünstigten Benutzung trennen, ist nur der Teil des Steuergegenstandes steuerbefreit, der auf die begünstigte Benutzung entfällt (§ 8 Abs. 1 GrStG).

16 § 8 Abs. 1 GrStG gilt nur, soweit eine räumliche Trennung möglich ist. Andernfalls kommt § 8 Abs. 2 GrStG zur Anwendung.

17–19 *(Einstweilen frei)*

2. Aufteilungsmaßstab

20 Weder das Grundsteuergesetz noch die Grundsteuerrichtlinien sehen einen **Aufteilungsmaßstab** vor. Die Aufteilung muss daher nur **sachgerecht** sein. Denkbar wäre eine Aufteilung nach

1 BGBl 1973 I S. 965.
2 Vgl. Steffen in Grootens, GrStG § 5 Rz. 27 ff.
3 Siehe hierzu Lange in Grootens, GrStG § 6 Rz. 10.
4 Zur Subsidiarität des § 6 siehe auch FG Niedersachsen, Urteil v. 8.2.1994 - I 342/90.

den jeweiligen Wohn- und Nutzflächen, nach dem Verhältnis des umbauten Raumes[1] oder bei Anwendung des Ertragswertverfahrens nach dem Verhältnis der auf die jeweiligen Teile entfallenden Mieten.[2]

(Einstweilen frei) 21–23

3. Aufteilungstechnik

Der Wortlaut des § 8 GrStG lässt vermuten, dass die Aufteilung des Steuergegenstandes bei der Festsetzung des Steuermessbetrags nach § 13 GrStG erfolgt. Tatsächlich erfolgt die räumliche Aufteilung des Steuergegenstandes bereits bei der **Einheitsbewertung des Grundbesitzes** (R 32.1 GrStR). Das gilt auch für Erbbaurechte.[3] 24

(Einstweilen frei) 25–27

II. Steuerbefreiung bei gemischter Nutzung (§ 8 Abs. 2 GrStG)

1. Inhalt der Vorschrift

Kommt bei einer Mischnutzung eine räumliche Aufteilung nicht in Betracht, ist der Steuergegenstand oder der Teil eines Steuergegenstands nur befreit, wenn die **steuerbegünstigten Zwecke überwiegen** (§ 8 Abs. 2 GrStG). Der Wortlaut ist etwas unglücklich gewählt, da es nicht auf das Überwiegen der steuerbegünstigten Zwecke, sondern auf die überwiegende Benutzung zu steuerbegünstigten Zwecken ankommt. Eine Befreiung liegt daher vor, wenn die Benutzung zu steuerbegünstigten Zwecken überwiegt. 28

Anders als in § 8 Abs. 1 kommt es bei § 8 Abs. 2 **nicht zu einer nur anteiligen Befreiung des Steuergegenstands**. Der Steuergegenstand wir bei einer Mischnutzung in diesen Fällen entweder vollständig oder gar nicht von der Steuer befreit. 29

HINWEIS: 30

Die Vorschrift bietet einen Gestaltungsspielraum, da bereits bei einer nur geringfügig überwiegenden Benutzung zu steuerbegünstigten Zwecken der gesamte Steuergegenstand von der Grundsteuer befreit wird, wenn keine räumliche Aufteilung vorgenommen werden kann.

(Einstweilen frei) 31–33

2. Aufteilungsmaßstab

Auch hier sehen das Grundsteuergesetz und die Grundsteuerrichtlinien keinen **Aufteilungsmaßstab** vor. Nach allgemeinem Sprachgebrauch ist eine Benutzung überwiegend, wenn sie zu mehr als der Hälfte erfolgt.[4] Dabei ist es unerheblich, ob die unterschiedliche Benutzung gleichzeitig oder zeitlich getrennt vorliegt. Liegt die **unterschiedliche Nutzung hintereinander**, kommt es auf das Überwiegen der einen Nutzung innerhalb des Kalenderjahrs an, dass dem nächsten Stichtag für die Festsetzung der Grundsteuer vorangeht.[5] 34

1 FinMin Bayern, Erlass v. 31.8.1967 - S 3199-5/7-42 896 und S 3203-4-42 896, zitiert bei Schnitter in 360° GrStG eKommentar, § 8 a. F. Rz. 8.

2 Schnitter in 360° GrStG eKommentar, § 8 a. F. Rz. 8.

3 Vgl. Schmidt in Grootens, GrStG § 10 Rz. 60.

4 So auch Eisele in Troll/Eisele, GrStG § 8 Rz. 4.

5 Schnitter in 360° GrStG eKommentar, § 8 Rz. 12 und Eisele in Troll/Eisele, GrStG § 8 Rz. 4.

35 Die Grundsteuerrichtlinien geben in R 32 Abs. 2 Satz 3 GrStR ein Beispiel einer **Stadthalle**, die sowohl für öffentliche Versammlungen (begünstigt) und für private Konzerte (nicht begünstigt) verwendet wird. Die Aufteilung erfolgt dann nach der tatsächlichen Nutzung, wobei die Zeiten des Leerstands bei der Berechnung ausscheiden.[1]

36 Neben der zeitlichen Nutzung kann auch eine Abgrenzung nach den erzielten **Einnahmen** erfolgen.[2] Ebenfalls denkbar ist eine Abgrenzung aufgrund des **Zwecks der Herrichtung** oder der **Bauart** und **Einrichtung.**[3]

37 Fallen **räumliche Mischnutzung und Mischnutzung in übrigen Fällen** zusammen, z. B. weil einzelne Gebäudeteile abgrenzbar zu unterschiedlichen Zwecken genutzt werden, während bei anderen Teilen des Gebäudes eine solche Trennung nicht vorgenommen werden kann, sind diese Umstände gemeinsam zu würdigen.[4] Es kommt dann z. B. sowohl eine räumliche wie zeitliche Abgrenzung in Betracht.

38–40 *(Einstweilen frei)*

§ 9 GrStG Stichtag für die Festsetzung der Grundsteuer; Entstehung der Steuer

(1) Die Grundsteuer wird nach den Verhältnissen zu Beginn des Kalenderjahres festgesetzt.

(2) Die Steuer entsteht mit dem Beginn des Kalenderjahres, für das die Steuer festzusetzen ist.

Inhaltsübersicht **Rz.**

LITERATUR:

Eisele, Die Grundsteuer, NWB 39/2003 S. 3037, NWB LAAAA-74507.

A. Allgemeine Erläuterungen zu § 9 GrStG

I. Normzweck und wirtschaftliche Bedeutung der Vorschrift

1 Wesentlich für die Grundsteuer ist das **Stichtagsprinzip**. Die Höhe der Grundsteuer richtet sich ausschließlich nach den **Verhältnissen zu Beginn des Kalenderjahres. Änderungen** im Laufe eines Kalenderjahres wirken sich auf die Grundsteuer **erst im folgenden Kalenderjahr** aus. Durch

1 Eindeutig BFH, Urteil v. 27.11.1991 - II R 100/87, BStBl 1992 II S. 563. A. A. Eisele in Troll/Eisele, GrStG § 8 Rz. 4, der den Leerstand der begünstigten Nutzung zurechnen will und auf eine im Kalenderjahr überwiegende Benutzung zu begünstigten Zwecken abstellt.

2 Eisele in Troll/Eisele, GrStG § 8 Rz. 4.

3 BFH, Urteil v. 7.10.1966 - III 283/63, BStBl 1967 III S. 30.

4 BFH, Urteil v. 27.11.1991 - II R 100/87, BStBl 1992 II S. 563.

das Stichtagsprinzip entfallen ggf. komplexe Abgrenzungsfragen, ab wann innerhalb eines Jahres sich die Verhältnisse geändert haben. Außerdem würden sich Änderungen der Verhältnisse relativ spät im Kalenderjahr ggf. nur minimal auswirken, so dass der damit ggf. zusammenhängende Verwaltungsaufwand in keinem angemessenen Verhältnis zur Veränderung der Grundsteuer stehen würde.

Ein weiterer Aspekt des Stichtagsprinzips ist, dass die **Steuerschuld am Beginn des Kalenderjahres** entsteht. Auch hier sind Änderungen im Laufe des Kalenderjahres unmaßgeblich und wirken sich erst im folgenden Kalenderjahr aus, was zur Verwaltungsvereinfachung führt. Von Bedeutung ist dies insbesondere bei Eigentumsänderungen im Laufe des Kalenderjahres, weil der Verkäufer die gesamte Steuerschuld des Kalenderjahres zu entrichten hat, auch wenn er nicht mehr Eigentümer der Immobilie ist. 2

(Einstweilen frei) 3–5

II. Entstehung und Entwicklung der Vorschrift

Das in § 9 verankerte **Stichtagsprinzip** ist seit Jahrzehnten **fester Bestandteil des GrStG**. Bei der Novellierung des GrStG am 26.11.2019 wurde § 9 GrStG nicht geändert. 6

(Einstweilen frei) 7–8

III. Geltungsbereich

Die Vorschrift ist bei der **Erhebung der Grundsteuer** auf inländischen Grundbesitz durch die **Gemeinden** anzuwenden. 9

(Einstweilen frei) 10

IV. Verhältnis zu anderen Vorschriften

Maßgeblich für die Steuerentstehung ist der **festgestellte Grundsteuerwert** (§§ 218–231 BewG) und der daraufhin erlassene **Grundsteuermessbescheid** (§§ 13–24 GrStG). 11

Während bei vielen Steuergesetzen geregelt ist, dass die Steuer mit Ablauf des Geschäftsjahres entsteht (z. B. § 36 Abs. 1 EStG oder § 18 GewStG) entsteht die Grundsteuer bereits mit dem **Beginn des Kalenderjahres**, für das sie festzusetzen ist. 12

(Einstweilen frei) 13

B. Systematische Kommentierung

I. Stichtagsprinzip

Als Ausfluss des Stichtagsprinzips ist für die Festsetzung der Grundsteuer nur auf die **Verhältnisse zu Beginn des Kalenderjahres** abzuheben (1. Januar, 0:00 Uhr). **Veränderungen innerhalb eines Kalenderjahres** bleiben für dieses Kalenderjahr noch **unberücksichtigt**. Die Änderungen wirken sich erst über die Haupt- (§ 16 GrStG), Neu- (§ 17 GrStG) oder Nachveranlagung (§ 18 GrStG) auf den Beginn des folgenden Kalenderjahres aus. 14

15 Änderungen der Verhältnisse, die sich dann zu Beginn des folgenden Kalenderjahres auswirken sind:

a) die Eigentumsverhältnisse

BEISPIEL: A überträgt sein Grundstück zum 2.1.02 im Wege der Schenkung auf seinen Sohn S. Das Grundstück wird A noch für das gesamte Jahr 02 zugerechnet, weil es ihm zu Beginn des Kalenderjahres zuzurechnen war. Erfolgt stattdessen die Übertragung zum 31.12.01, endet die Zurechnung bei A mit Ablauf des Jahres 01, am 1.1.02 ist sein Sohn Eigentümer und das Grundstück wird ihm zugerechnet.

b) die Nutzung des Grundstücks zu steuerfreien Zwecken (§ 3 GrStG)

BEISPIEL: Nachdem bei einer Kirchengemeinde die Pfarrstelle auf Dauer unbesetzt bleiben wird, vermietet sie das Pfarrhaus ab dem 1.12.01 als Wohnhaus an Fremde Dritte. Durch die Vermietung des Pfarrhauses für fremde Wohnzwecke zum 1.12.01 besteht zum 1.1.02 keine Verwendung mehr für steuerfreie Zwecke und das Grundstück ist zur Grundsteuer zu veranlagen. Im Jahr 01 bleibt es bei der Steuerbefreiung.

c) die Art des Grundstücks

BEISPIEL: Ein Grundstück wird bebaut, Baufertigstellung ist der 2.1.01. Das Grundstück wird erst bei der Veranlagung im Jahr 02 als bebautes Grundstück erfasst.

16 Diese Änderungen sind dann in den Bescheiden über die Feststellung des Grundsteuerwertes auf den Beginn des folgenden Kalenderjahres zu berücksichtigen. Änderungen, auch wenn sie bereits kurz nach dem 1. Januar eintreten, wirken sich für dieses Kalenderjahr nicht mehr aus.

17 Auch für die Anwendung der Befreiungsvorschriften sind die Verhältnisse zu Beginn des jeweiligen Kalenderjahres maßgeblich. Für die Gewichtung nach § 8 Absatz 2 GrStG, ob die steuerbegünstigte Nutzung überwiegt, sind die Verhältnisse in dem Kalenderjahr maßgebend, das dem Kalenderjahr vorangeht, auf dessen Beginn der Grundsteuermessbetrag festgesetzt wird. Beschränkt sich die tatsächliche Nutzung des Grundstücks für steuerbegünstigte Zwecke nur auf bestimmte wiederkehrende Zeitabschnitte eines Kalenderjahres, während in der übrigen Zeit das Grundstück nicht genutzt wird, so ist zu unterstellen, dass die Nutzung für steuerbegünstigte Zwecke in der Zwischenzeit fortbesteht.

18–20 *(Einstweilen frei)*

II. Entstehung der Steuerschuld

21 Nach § 38 AO entstehen die Ansprüche aus dem Steuerschuldverhältnis, sobald der Tatbestand verwirklicht ist, an den das Gesetz die Leistungspflicht knüpft. Tatbestand für die Steuerentstehung bei der Grundsteuer ist das Vorhandensein von steuerpflichtigem Grundbesitz am Stichtag. Während bei vielen Steuergesetzen geregelt ist, dass die Steuer mit Ablauf des Geschäftsjahres entsteht (z. B. § 36 Abs. 1 EStG oder § 18 GewStG) **entsteht die Grundsteuer bereits mit dem Beginn des Kalenderjahres**, für das sie festzusetzen ist. Vom Zeitpunkt des Entstehens ist aber der Zeitpunkt der Fälligkeit zu unterscheiden, der in § 28 GrStG geregelt ist.[1]

22 Der Zeitpunkt der Entstehung der Ansprüche aus dem Steuerschuldverhältnis ist u. a. wichtig für

a) die Festsetzung durch einen Steuerbescheid (§ 27 GrStG)

1 Zur Fälligkeit vgl. Grootens in Grootens, GrStG § 28 Rz. 36 ff.

b) die Fälligkeit (§ 28 GrStG)

c) den Beginn der Festsetzungsverjährung

d) der Umfang der Haftung.

Weitere Ausführungen in diesem Zusammenhang, insbesondere bei Eigentumswechseln innerhalb eines Kalenderjahres vgl. Schmidt in Grootens, GrStG § 10 Rz. 21 ff. 23

Auch wenn die Steuerschuld mit Beginn des Kalenderjahres entsteht, ist sie zu diesem Zeitpunkt nicht fällig. Die Fälligkeit ergibt sich aus § 28 GrStG.[1] 24

(Einstweilen frei) 25–29

§ 10 GrStG Steuerschuldner

(1) Schuldner der Grundsteuer ist derjenige, dem der Steuergegenstand bei der Feststellung des Grundsteuerwerts zugerechnet ist.

(2) Ist der Steuergegenstand mehreren Personen zugerechnet, so sind sie Gesamtschuldner.

Inhaltsübersicht Rz.

1 Vgl. Grootens in Grootens, GrStG § 28 Rz. 39 f.

LITERATUR:

Eisele, Die Grundsteuer, NWB 39/2003 S. 3037, NWB LAAAA-74507; *Eisele*, Reform der Grundsteuer – Gesetzentwurf liegt vor! Teil I: Kernaussagen/Verfahrensfragen/Bewertung des Grundvermögens für Zwecke der Grundsteuer B, NWB 28/2019 S. 2043, NWB ZAAAH-21376; *Gehrmann*, Gesellschaft bürgerlichen Rechts, infoCenter, NWB IAAAA-88434; *Leopold/Madle/Rader*, AO, § 44, NWB AAAAC-32690; *Rössler/Troll*, BewG, 2019; OFD Magdeburg, Vfg. v. 19.2.2003 - S 3106-14-St 275 V, NWB HAAAA-82267.

A. Allgemeine Erläuterungen zu § 10 GrStG

I. Normzweck und wirtschaftliche Bedeutung der Vorschrift

1 Zweck der Vorschrift ist die **Bestimmung des Steuerschuldners**. Als Ausfluss des Stichtagsprinzips ist ein Steuerschuldner derjenige, dem das **Grundstück bei Feststellung** des Grundsteuerwertes **zugerechnet** wird. Unterjährige Änderungen der Eigentumsverhältnisse führen erst zu Beginn des folgenden Kalenderjahres zu einer Änderung der Steuerschuldnerschaft.

2 Abs. 2 regelt, dass bei **Zurechnung des Grundstücks auf mehrere Personen** diese **Gesamtschuldner** für die Grundsteuer sind.

3–5 *(Einstweilen frei)*

II. Entstehung und Entwicklung der Vorschrift

6 Die Regelungen zur Steuerschuldnerschaft sind **seit Jahrzehnten fester Bestandteil des GrStG** und blieben auch bei der Reform 2019 weitgehend unverändert. Mit dem GrStG v. 26.11.2019 wurde lediglich der **bisherige § 10 Abs. 2 GrStG aufgehoben** und der bisherige Abs. 3 zu Abs. 2. Die Gesetzesbegründung dazu lautet: „Die neue Fassung der Vorschrift trägt durch Wegfall des bisherigen Absatzes 2 den **bewertungsrechtlichen Änderungen bei Erbbaurechtsgrundstücken** Rechnung. Der bisherige Absatz 3 wird entsprechend Absatz 2."

7 Nach altem Recht wurden für das mit **einem Erbbaurecht belastete Grundstück zwei Einheitswerte festgestellt**, einer für das Erbbaurecht, der dem Erbbauberechtigten zugerechnet wurde, und einer für das belastete Grundstück, der dem Grundstückseigentümer zugerechnet wurde. Durch die gesetzliche Regelung in § 10 Abs. 2 GrStG-alt war der Erbbauberechtigte auch Schuldner der Grundsteuer für das belastete Grundstück, obwohl es ihm bei der Einheitsbewertung nicht zugerechnet worden war. Nach der **Neuregelung** wird das **Erbbaurecht** mit dem belasteten Grund und Boden zu **einer wirtschaftlichen Einheit zusammengefasst** (§ 244 Abs. 3 Nr. 1 BewG). Nach § 261 BewG wird nun für das mit einem **Erbbaurecht belastete Grundstück, einschließlich** dem ggf. darauf vorhandenen Gebäude ein Gesamtwert ermittelt, der dem **Erbbauberechtigten zugerechnet** wird.[1]

1 Vgl. Grootens in Grootens, BewG § 261 Rz. 41 f.

Durch die Regelung in **Abs. 2** wird für die Fälle von **Grundstücksgemeinschaften eine Gesamtschuldnerschaft der Eigentümer** normiert. Auch in den Fällen, in denen aufgrund von zivil- oder gesellschaftsrechtlichen Vorschriften eine Gesamtschuldnerschaft besteht, kann die Gemeinde von jedem Gesamtschuldner die gesamte festgesetzte Grundsteuer verlangen. Die Regelung zur Gesamtschuldnerschaft dient der **Sicherung des Steueraufkommens** und erleichtert die Durchsetzung der Ansprüche der Gemeinde. Sofern ein Gesamtschuldner von der Gemeinde in Anspruch genommen wird, gehen dann die Ansprüche der Gemeinde gegen die anderen Gesamtschuldner zivilrechtlich auf ihn über. 8

(Einstweilen frei) 9–10

III. Geltungsbereich

Die Vorschrift betrifft die **Erhebung der Grundsteuer** auf inländischen Grundbesitz durch die **Gemeinden** von den **Eigentümern bzw. die Gesamtschuldnerische Haftung** für die Grundsteuer bei mehreren Eigentümern. 11

(Einstweilen frei) 12–13

IV. Verhältnis zu anderen Vorschriften

Die Entscheidung über die **Zurechnung eines Grundstücks auf einen Steuerpflichtigen** erfolgt **nach § 219 BewG** bei der Feststellung des Grundsteuerwertes. Einwendungen gegen die Zurechnung sind im Rechtsbehelfsverfahren gegen den Feststellungsbescheid vorzubringen. Grundsätzlich erfolgt die Zurechnung auf den zivilrechtlichen Eigentümer (§ 39 Abs. 1 AO). Damit ist **Steuerschuldner derjenige, der im Grundbuch als Eigentümer eingetragen** ist. Eine **Gesellschaft oder Grundstücksgemeinschaft** kann nur in das **Grundbuch eingetragen** werden, wenn sie rechtsfähig ist und dementsprechend **grundbuchfähig** ist. **Rechtsgrundlage** hierfür sind die spezifischen **Regelungen des Zivil- und Gesellschaftsrechts**. Sofern **wirtschaftliches Eigentum** (§ 39 Abs. 2 AO) vorliegt, ist dieses **maßgeblich** für die Zurechnung.[1] 14

Wird ein **Steuergegenstand mehreren Personen zugerechnet,** haften diese gesamtschuldnerisch für die Grundsteuer. Damit sind vorrangig **Grundstücksgemeinschaften** (Bruchteilseigentum) betroffen. Gemäß BGB besteht für die Gesellschaft bürgerlichen Rechts (§§ 705 ff. BGB), die **eheliche Gütergemeinschaft** (§ 1419 BGB), die **Erbengemeinschaft** (§ 2032 BGB) und den **nicht rechtsfähigen Verein** (§ 54 Satz 1 BGB) eine **gesamthänderische Vermögensbindung** (vgl. §§ 721, 1416, 1419, 2033 Abs. 2 BGB). Aufgrund **gesellschaftsrechtlicher Vorschriften** besteht bei der **OHG** (§§ 105 ff. HGB), bei der **KG** (§§ 161 ff. HGB) – wobei die Haftung des Kommanditisten durch die §§ 171, 172 HGB begrenzt bzw. ausgeschlossen ist – und bei der Partnerschaftsgesellschaft (§ 8 Abs. 1 PartGG) eine **gesamtschuldnerische Haftung** der Gesellschafter. 15

Die Folgen der gesamtschuldnerischen Haftung ergeben sich aus § 44 AO. Hat ein Gesamtschuldner die Gemeinde befriedigt, geht im **Innenverhältnis** der Gesamtschuldner untereinander nach § 426 Abs. 2 BGB die **Forderung der Gemeinde aus der Grundsteuer gegen die übrigen Schuldner auf ihn über.** 16

(Einstweilen frei) 17–19

1 Vgl. BFH, Urteil v. 23.2.2021 - II R 44/17, NWB SAAAH-82452.

B. Systematische Kommentierung

I. Steuerschuldner

20 **Steuerschuldner** ist derjenige, dem der Steuergegenstand, also das Grundstück bei der **Feststellung des Grundsteuerwertes** (§ 219 BewG) **zugerechnet** worden ist.

1. Zivilrechtlicher Eigentümer

21 Im Regelfall ist nach § 39 Abs. 1 AO der **bürgerlich-rechtliche Eigentümer** eines Grundstücks Steuerschuldner, also derjenige, der im **Grundbuch als Eigentümer eingetragen** ist. Der Eigentümer ist Steuerschuldner, unabhängig davon, ob es sich um natürliche oder juristische Personen, um In- oder Ausländer handelt.

22 Damit hängt die Frage der Steuerschuldnerschaft wesentlich davon ab, wer im Grundbuch als Eigentümer einer Immobilie eingetragen ist.

a) Personenhandelsgesellschaften und Partnerschaften nach dem Partnerschaftsgesellschaftsgesetz

23 Die **Offene Handelsgesellschaft (OHG)** kann nach § 124 Abs. 1 HGB in das Grundbuch eingetragen werden, ebenso die **Kommanditgesellschaft (KG)** nach § 161 HGB i.V. mit § 124 Abs. 1 HGB. Auch **Partnerschaften nach dem Partnerschaftsgesellschaftsgesetz (PartGG)** sind nach § 7 Abs. 2 PartGG i.V. mit § 124 HGB grundbuchfähig. Schuldner der Grundsteuer ist die Gesellschaft.

24 *(Einstweilen frei)*

b) Gesellschaft bürgerlichen Rechts und Grundstücksgemeinschaften

25 **Rechtslage bis zum 31.12.2023:** Die **GbR** (§ 705 ff. BGB)[1] konnte nach § 899a BGB **ins Grundbuch eingetragen** werden, dabei waren nach § 47 Abs. 2 Grundbuchordnung (GBO) a. F. auch deren Gesellschafter ins Grundbuch einzutragen. Auch wenn neben der GbR die Gesellschafter ins Grundbuch eingetragen wurden, war die in das **Grundbuch eingetragene GbR Steuerschuldner.** Die **GbR ist grundbuchfähig**, wenn sie und ihre Gesellschafter in der **notariellen Auflassungsverhandlung** benannt sind und die für die Gesellschaft handelnden Personen erklären, dass sie deren alleinige Gesellschafter sind. Gemäß § 15 Abs. 1 Grundbuchverfügung (GBV) sind **die Gesellschafter mit Namen, Geburtsdatum, ggf. Beruf und Wohnort bzw. Namen der Firma, Sitz** (juristische Person) zu bezeichnen, darüberhinausgehende Angaben sind nicht erforderlich.[2]

26 Zum 1.1.2024 ist das Gesetz zur Modernisierung des Personengesellschaftsrechts (MoPeG) in Kraft getreten. § 899 a BGB wurde gestrichen. Nach § 47 Abs. 2 GBO n. F. kann die GbR nur dann als Grundstückseigentümer im Grundbuch eingetragen werden, wenn sie auch in das Gesellschaftsregister eingetragen ist (Voreintragungsgebot). Die im Gesellschaftsregister eingetragene GbR führt den Zusatz eGbR (eingetragene Gesellschaft bürgerlichen Rechts). Ins Grundbuch werden der Name der Gesellschaft, ihr Sitz, ihre Registernummer und das zuständige Amtsgericht eingetragen. Die Namen der Gesellschafter werden nicht mehr ins Grund-

1 Gehrmann, Gesellschaft bürgerlichen Rechts, infoCenter, NWB IAAAA-88434.
2 BGH, Beschluss v. 28.4.2011 - V ZB 194/10, NWB IAAAD-83983.

buch eingetragen, diese stehen nun nur noch im Gesellschaftsregister. Aus dem Gesellschaftsregister ist auch ersichtlich, wie die Gesellschaft nach außen vertreten wird (z. B. durch alle Gesellschafter oder nur durch einzelne Gesellschafter). Aufgrund der Neuregelung ist für bestehende GbRs mit Grundbesitz das Grundbuch zu berichtigen. Hierfür wird die notarielle Beglaubigung der Unterschriften aller bisher im Grundbuch eingetragenen Gesellschafter benötigt. Durch die Novellierung ergibt sich keine Änderung in Bezug auf die Steuerschuldnerschaft. Steuerschuldner ist wie bisher die eingetragene GbR.

(Einstweilen frei) 27

c) Vereine

Ein **eingetragener Verein** ist **rechtsfähig** und kann ins **Grundbuch eingetragen** werden, während ein **nichtrechtsfähiger Verein** nicht ins Grundbuch eingetragen werden kann, **einzutragen sind dessen Mitglieder.**[1] 28

(Einstweilen frei) 29

d) Kapitalgesellschaften und Genossenschaften

Kapitalgesellschaften (AG, KGaA und GmbH) und **Genossenschaften** sind **grundbuchfähig,** auch die **Vor-GmbH** kann ins Grundbuch eingetragen werden[2] und wird damit Schuldner der Grundsteuer. 30

(Einstweilen frei) 31

e) Wohnungseigentümergemeinschaft

Erwirbt eine **Wohnungseigentümergemeinschaft selbst Wohnungs- oder Teileigentum,** ist sie als Eigentümerin **in das Grundbuch einzutragen.**[3] **Steuerschuldner** ist in diesem Fall dann die **Wohnungseigentümergemeinschaft als Verband.** 32

Der **Wohnungseigentümer** wird für das von ihm erworbene Wohnungs- bzw. Teileigentum in das **Grundbuch eingetragen.** 33

(Einstweilen frei) 34

f) Erbfälle

In Erbfällen ist der **Erblasser** noch für das Jahr, in dem er verstorben ist, Steuerschuldner. Ab dem Jahr, das auf den Erbfall folgt, ist der **Erbe** bzw. die **Erbengemeinschaft** Steuerschuldner. Sind die **Erben (noch) unbekannt**, so ist der Steuerbescheid einem zu bestellenden **Nachlasspfleger** als gesetzlichem Vertreter bekannt zu geben. Der Nachlasspfleger wird von Amts wegen oder auf Antrag eines Nachlassgläubigers vom Nachlassgericht bestellt (AEAO, § 122 Abschnitte 2.13.1.3, 2.13.2). Nach § 1 GrStG sind die Gemeinden Berechtigte für die Erhebung der Grundsteuer und der gerichtlich geltend zumachende Anspruch i. S. des § 1961 BGB ist die fest- 35

1 BGH, Beschluss v. 21.1.2016 - V ZB 19/15 (KG), NZM 2016 S. 908.

2 BGH, Urteil v. 2.5.1966 - II ZR 219/63, BGHZ 45 S. 338–350.

3 OLG Hamm, Beschluss v. 20.10.2009 - I-15 Wx 81/09, ZMR 2010 S. 216; OLG Celle, Beschluss v. 26.2.2008 - 4 W 213/07; NJW 2008 S. 1537–1539.

gesetzte Grundsteuer. Daher haben die Gemeinden aufgrund eines berechtigten Interesses die Möglichkeit, die Bestellung eines Nachlasspflegers beim Nachlassgericht zu beantragen.[1]

36 *(Einstweilen frei)*

g) Einzelkaufleute und eingetragene Kaufleute

37 **Einzelkaufleute oder eingetragene Kaufleute** können **nicht mit ihrer Firma** in das Grundbuch **eingetragen** werden. **Einzutragen ist die natürliche Person**, die das Gewerbe betreibt und damit Steuerschuldner ist.

38 *(Einstweilen frei)*

h) Umlage der Grundsteuer als Betriebskosten und Dingliche Belastungen

39 Bei Wohnraummietverträgen kann die Grundsteuer nach § 2 Nr. 1 **Betriebskostenverordnung** (BetrKV) und bei Gewerbemietverträgen aufgrund vertraglicher Vereinbarungen auf die **Mieter umgelegt** werden. Trotz der Umlage der Grundsteuer als Betriebskosten **bleibt der Eigentümer Schuldner der Grundsteuer**.

40 Dingliche Belastungen des Grundstücks sind für die Steuerschuldnerschaft **unbeachtlich**, sofern nicht durch diese Belastungen das wirtschaftliche Eigentum am Grundstück auf einen anderen übergeht.

41–45 *(Einstweilen frei)*

2. Wirtschaftlicher Eigentümer

46 Das **wirtschaftliche Eigentum** ergibt sich aus **vertraglichen Vereinbarungen** zwischen zwei Parteien, die dann dazu führen, dass die Partei, die **zivilrechtlicher Eigentümer ist, dauerhaft von der Einwirkung auf ihr Eigentum ausgeschlossen** ist und die andere Partei wirtschaftlicher Eigentümer wird (§ 39 Abs. 2 AO). Zum wirtschaftlichen Eigentum bei Dauernutzungsrechten vgl. Schmidt in Grootens, GrStG § 11 Rz. 34.

47 *(Einstweilen frei)*

a) Wirtschaftliches Eigentum beim Eigentumswechsel von Immobilien

48 Ein Hauptanwendungsfall des wirtschaftlichen Eigentums bei der Grundsteuer ergibt sich bei **Grundstücksverkäufen**. Hier erlangt der **Erwerber** erst mit **Eintragung ins Grundbuch zivilrechtliches Eigentum** am Grundstück (§ 873 Abs. 1 BGB). Da der Zeitpunkt der Eintragung der Eigentumsänderung im Grundbuch von den Vertragsparteien nicht beeinflusst werden kann, vereinbaren die Vertragsparteien regelmäßig einen Zeitpunkt für den **Übergang von Nutzen und Lasten**, da die wirtschaftlichen Folgen des Grundstückskaufvertrages nicht davon abhängig gemacht werden sollen, dass der Eigentumsübergang im Grundbuch eingetragen wird. Nach ständiger Rechtsprechung des BFH[2] erfolgt bei **Grundstücken mit dem Übergang von Nutzen und Lasten der wirtschaftliche Eigentumsübergang**.

49 Die Kaufvertragsparteien sind **zivilrechtlich frei zu bestimmen**, zu welchem Zeitpunkt der **Übergang von Nutzen und Lasten** (Übergabe) des Grundstücks erfolgen soll. Je nach dem zu

1 OFD Magdeburg, Vfg. v. 26.11.2010 - G 1100-5-St 272; GrSt-Kartei ST § 1 GrStG Karte 1.

2 Z. B. BFH, Urteil v. 7.11.1991 - IV R 43/90, BStBl 1992 II S. 398, NWB CAAAA-94057.

welchem Zeitpunkt die Übergabe vereinbart ist, können sich rechtliche Nachteile für Erwerber oder Verkäufer ergeben. Der **Besitzübergang**, kann **sofort** erfolgen oder zu einem **bestimmten in der Zukunft liegenden Zeitpunkt** oder zu einem **Zeitpunkt, der vom Eintritt bestimmter Bedingungen abhängig** ist. Regelmäßig wird die Besitzübergabe erst nach **vollständiger Kaufpreiszahlung** vereinbart. Durch diese Regelung wird der Verkäufer dagegen abgesichert, dass z. B. der Käufer in eine Wohnimmobilie einzieht, aber dann nicht bezahlt. Auch bei einer vermieteten Immobilie kann eine Übergabe vor Zahlung des Kaufpreises für den Verkäufer nachteilig sein, weil nach § 446 Satz 1 BGB der Käufer schon Anspruch auf die Mieteinnahmen hätte, obwohl er selbst den Kaufpreis noch nicht geleistet hat.

BEISPIELE FÜR DEN ÜBERGANG DES WIRTSCHAFTLICHEN EIGENTUMS: Ein Grundstückskaufvertrag wird im Oktober 01 abgeschlossen; vereinbart ist der Nutzen und Lastenübergang mit vollständiger Kaufpreiszahlung.

a) Der Käufer bezahlt am 30.12.01. Der Erwerber ist am 1.1.02 wirtschaftlicher Eigentümer der Immobilie und er ist Schuldner der Grundsteuer.

b) Der Käufer bezahlt am 3.1.02. Der Verkäufer ist am 1.1.02 noch Eigentümer der Immobilie und damit Steuerschuldner für das gesamte Jahr 02. Die von ihm bezahlte Grundsteuer für den Zeitraum 3.1.02–31.12.02 kann er auf Grundlage des § 446 BGB vom Erwerber fordern.

Nach § 446 Satz 2 BGB trägt mit **der Übergabe** der verkauften Sache der Käufer die **Lasten der Sache**. Zu den **Lasten** gehören nach § 103 BGB auch die **regelmäßig wiederkehrenden Lasten**, also auch die **Grundsteuer**. Aufgrund des **Stichtagsprinzips** in § 9 GrStG bleibt aber der **Verkäufer Schuldner der Grundsteuer während des gesamten Kalenderjahres**, weil unterjährige Änderungen im Eigentum des Grundstücks keine Auswirkungen auf die Grundsteuer haben. Die **zivilrechtlichen Vereinbarungen zum wirtschaftlichen Eigentum** an der Immobilie haben keine Auswirkungen auf die Grundsteuerschuld im **Jahresverlauf**. Wegen des Stichtagsprinzips bleibt der Verkäufer Steuerschuldner bis zum Stichtag der Zurechnungsfortschreibung. 50

Nach § 446 Satz 2 BGB hat der **Verkäufer** einen zivilrechtlichen **Anspruch auf Ausgleich** der von ihm **bis zur Fortschreibung** des Grundsteuerwertes **zu bezahlenden Grundsteuer**. In der Praxis erfolgt die Belastung in der Weise, dass der Verkäufer dem Erwerber eine **Belastungsanzeige** schickt, in der die Grundsteuer für den Zeitraum ab Übergabe angefordert wird. 51

Als **alternatives Vorgehen** wäre denkbar, dass die Vertragsparteien vereinbaren, dass der **Käufer ab dem Zeitpunkt des Nutzungsübergangs unmittelbar an die Gemeinde bezahlt**. Dazu müsste der Verkäufer dem Käufer die Höhe der Grundsteuerraten und das Buchungszeichen der Gemeinde mitteilen. Sollte der Käufer der Zahlungspflicht nicht nachkommen, wird die Gemeinde den Verkäufer als Schuldner der Grundsteuer in Anspruch nehmen und er hätte dann auch noch Mahngebühren zu bezahlen, weshalb diese **Vorgehensweise selten** gewählt wird. 52

Beim Abschluss von Grundstückskaufverträgen hat die Kommune ein Vorkaufsrecht; sie hat damit das Recht, ein Grundstück zu den in einem Kaufvertrag zwischen Verkäufer und Käufer definierten Konditionen selbst zu erwerben. Die Rechtsgrundlagen hierfür finden sich in den §§ 24–28 BauGB sowie im Naturschutz-, Denkmalschutz-, Reichssiedlungs- oder Eisenbahngesetz. Mit Ausübung des Vorkaufsrechts geht das wirtschaftliche Eigentum nicht automatisch auf den Vorkaufsberechtigten über, wenn nach den Bedingungen im Kaufvertrag das wirtschaftliche Eigentum auf den Vorkaufsberechtigten übergegangen wäre. Vereinbaren Grundstückseigentümer und Vorkaufsberechtigter, dass für das Kaufverhältnis zwischen ihnen andere Bestimmungen als für das ursprünglich mit dem Dritten geschlossene Geschäft gelten sol- 53 len, sind diese Bedingungen für die Beurteilung, ob wirtschaftliches Eigentum vorliegt, maßgebend.[1]

54–55 *(Einstweilen frei)*

3. Sonderfälle

a) Herrenlose Grundstücke

56 Der Eigentümer kann nach § 928 Abs. 1 BGB das Eigentum an einem Grundstück dadurch aufgeben, dass er gegenüber dem Grundbuch den **Eigentumsverzicht erklärt** und der Verzicht im **Grundbuch eingetragen** wird. Dem **Fiskus des Bundeslandes** in dem das Grundstück liegt, steht das **Recht zur Aneignung** des **aufgegebenen Grundstücks** zu (§ 928 Abs. 2 BGB). Lässt sich der Fiskus als Eigentümer in das Grundbuch eintragen, wird er Eigentümer, verzichtet er auf das Aneignungsrecht, bleibt das Grundstück „herrenlos".

57 In solchen Fällen hat nach der Verfügung der OFD Magdeburg v. 19.2.2003[2] eine Zurechnung beim bisherigen Eigentümer nicht mehr zu erfolgen. Dem bisherigen Eigentümer soll mitgeteilt werden, dass auf den 1.1. des dem Verzicht folgenden Kalenderjahres das Grundstück ihm nicht mehr zuzurechnen ist und die Steuerpflicht endet. Es ist eine Zurechnungsfortschreibung und die Neuveranlagung des Grundsteuermessbetrages vorzunehmen, wobei als Eigentümer: „Ohne Eigentümer (Eigentumsverzicht nach § 928 BGB)" einzutragen ist. Die Zurechnungsfortschreibung ist dem bisherigen Eigentümer bekannt zu geben und der zuständigen Gemeinde sind die Gemeindeausfertigungen der Grundsteuermessbetragsveranlagung zu übersenden.

58 *(Einstweilen frei)*

b) Erbbaugrundstücke

59 Das **Erbbaurecht** ist das **veräußerliche und vererbliche dingliche Recht**, auf oder unter der Oberfläche eines Grundstücks eines Dritten ein bestehendes oder noch zu errichtendes **Bauwerk zu haben** (§ 1 ErbbauRG).[3]

60 Erbbaugrundstücke werden nach § 261 Satz 2 BewG dem Erbbauberechtigten zugerechnet.[4] Damit ist der **Erbbauberechtigte Steuerschuldner der GrSt.**

61 Es bleibt den Vertragsparteien nach § 2 Nr. 3 ErbbauRG unbenommen, **auf zivilrechtlicher Grundlage eine abweichende Regelung zur Tragung der Grundsteuer** zu treffen. Diese **vertragliche Abrede** hat aber **keinen Einfluss auf die Steuerschuldnerschaft**, diese bleibt beim Erbbauberechtigten, auch wenn er aufgrund privatrechtlicher Vereinbarung die Grundsteuer wirtschaftlich nicht zu tragen hat.

62 *(Einstweilen frei)*

1 BFH, Urteil v. 23.2.2021 - II R 44/17, NWB SAAAH-82452.

2 OFD Magdeburg, Vfg. v. 19.2.2003 - S 3106 - 14 - St 275 V, NWB HAAAA-82267.

3 Schmidt, NWB 6/2017 S. 444, NWB UAAAG-35943.

4 Vgl. Grootens in Grootens, BewG § 261 Rz. 41 f.

c) Land- und forstwirtschaftliche Betriebe

aa) Aktive land- und forstwirtschaftliche Betriebe

Nach § 232 Abs. 1 Satz 2 BewG gehören zum **land- und forstwirtschaftlichen Vermögen alle Wirtschaftsgüter, die einem Betrieb der Land- und Forstwirtschaft dauernd zu dienen** bestimmt sind. Die wirtschaftliche Einheit des land- und forstwirtschaftlichen Vermögens ist der Betrieb der Land- und Forstwirtschaft. **Steuerschuldner** ist damit der **Eigentümer** (§ 232 Abs. 2 Satz 1 BewG). 63

(Einstweilen frei) 64

bb) Verpachtete land- und forstwirtschaftliche Betriebe (Stückländereien)

Auch wenn über den **ganzen Betrieb der Land- und Forstwirtschaft** oder auch nur **für einzelne Grundstücke (Stückländereien)** ein **Pachtverhältnis** mit einem aktiven land- und forstwirtschaftlichen Betrieb abgeschlossen ist, so gilt dies als Fortsetzung der land- und forstwirtschaftlichen Tätigkeit des verpachtenden Eigentümers. **Steuerschuldner** ist in diesen Fällen der **Eigentümer der verpachteten land- und forstwirtschaftlichen Grundstücke** (§ 232 Abs. 2 Satz 2 BewG). 65

Auf die **Unterscheidung** zwischen **aktiv wirtschaftenden und verpachteten Betrieben** wird wegen der damit verbundenen Abgrenzungsschwierigkeiten vom Gesetzgeber **verzichtet.**[1] 66

Zur Bewertung von Stückländereien vgl. Müller in Grootens, BewG § 232 Rz. 43. 67

(Einstweilen frei) 68

cc) Wohnteil/Betriebswohnungen des landwirtschaftlichen Betriebs

Nach § 232 Abs. 4 BewG gehören der Grund und Boden sowie **Gebäude und Gebäudeteile, die Wohnzwecken oder anderen nicht land- und forstwirtschaftlichen Zwecken dienen, nicht** zum **land- und forstwirtschaftlichen Vermögen,** sondern zum **Grundvermögen.** Für die **Wohngebäude** gelten damit die **allgemeinen Grundsätze**, dass der Eigentümer Schuldner der Grundsteuer ist.[2] Einzelheiten hierzu siehe Müller in Grootens, BewG § 232 Rz. 67. 69

(Einstweilen frei) 70

d) Nießbrauch

Der Nießbrauch ist die **Belastung einer Sache** (hier also des Grundstücks) **mit** einer **persönlichen Dienstbarkeit**, die den Inhaber der Dienstbarkeit berechtigt, die **Nutzungen** eines Gegenstandes kraft eigenen Rechts zu ziehen, ohne selbst dessen Eigentümer zu sein (§ 1030 BGB, § 1037 BGB). Der Nießbrauch umfasst den Sachbesitz und das Recht zur Vermietung und Verpachtung hinsichtlich dieses Gegenstandes (§ 1036 BGB). Als höchstpersönliches Recht ist es unvererblich (§ 1061 BGB) und grundsätzlich unübertragbar (§§ 1059, 1059a BGB).[3] Es besteht allerdings eine dingliche Mithaftung des Nießbrauchers vgl. Schmidt in Grootens, GrStG § 11 Rz. 26. 71

1 Vgl. BR-Drucks. 354/19 S. 106.
2 Vgl. BR-Drucks. 354/19 S. 106.
3 Schmalbach, Grundvermögen, infoCenter, NWB AAAAB-03406.

72 Das Bestehen eines **Nießbrauchs** führt regelmäßig **nicht zum Übergang des wirtschaftlichen Eigentums** auf den Nießbraucher,[1] damit bleibt der **Eigentümer** des mit dem Nießbrauch belasteten Grundstücks **Steuerschuldner.**

73 *(Einstweilen frei)*

e) Erwerb im Zwangsversteigerungsverfahren

74 Beim Erwerb eines Grundstücks bleibt – entsprechend den allgemeinen Grundsätzen – in dem **Jahr, in dem der Zuschlag im Zwangsversteigerungsverfahren** erfolgt, Steuerschuldner der bisherige **Eigentümer**. Der bisherige Eigentümer hat einen zivilrechtlichen Ausgleichsanspruch nach § 56 Satz 2 ZVG gegen den Erwerber. Erst im **Folgejahr** wird der **Erwerber** Steuerschuldner.[2]

75 *(Einstweilen frei)*

f) Bauten auf fremden Grundstücken

76 Ein Gebäude auf fremdem Grund und Boden liegt vor, wenn ein anderer als der Eigentümer des Grund und Bodens (z. B. der Mieter oder Pächter) darauf ein Gebäude errichtet hat und ihm das Gebäude bewertungsrechtlich zuzurechnen ist.

77 Nach § 262 BewG werden das Gebäude auf fremdem Grund und Boden und das damit belastete Grundstück als eine **wirtschaftliche Einheit** bewertet und ein Gesamtwert festgestellt, der dem zivilrechtlichen **Eigentümer des Grund und Bodens** zugerechnet wird, der damit **Schuldner der Grundsteuer** wird. In der Regel bestehen zwischen Eigentümer und dem Mieter/Pächter **zivilrechtliche Vereinbarungen**, in denen der Eigentümer die Grundsteuer auf den Mieter/Pächter **abwälzt**, so dass dieser wirtschaftlich Belasteter ist.[3]

78 *(Einstweilen frei)*

II. Gesamtschuldnerische Haftung (§ 10 Abs. 2 GrStG)

1. Gesamtschuldnerische Haftung nach dem GrStG

79 Der Gesetzestext nennt als Tatbestandsvoraussetzung für die gesamtschuldnerische Haftung, dass ein Steuergegenstand **mehreren Personen zugerechnet** wird. Dies könnte die Auslegung nahelegen, dass die gesamtschuldnerische Haftung nur dann zum Tragen kommen soll, wo eine Zurechnung des Grundstücks nach § 3 BewG auf mehrere Beteiligte erfolgt ist.[4] Nach § 39 Abs. 2 Nr. 2 AO hat eine getrennte Zurechnung allerdings nur zu erfolgen, soweit diese für die Besteuerung erforderlich ist. Nach dem BFH-Urteil v. 22.2.2001[5] ist **keine Aufteilung** des Einheitswerts (jetzt **Grundsteuerwertes**) eines Grundstücks im Gesamthandseigentum **auf die Gesamthänder** vorzunehmen, wenn der **Wert nur noch für die Grundsteuer von Bedeutung** ist. Die **Aufteilung ist für Grundsteuerzwecke nicht erforderlich**, weil § 10 Abs. 1 und 2 GrStG für beide denkbaren Möglichkeiten der Zurechnung (Gesamthandsgemeinschaft oder Bruchteilseigentum) eine Regelung über den Steuerschuldner enthält. Das GrStG richtet sich vielmehr in der Frage der Steuerschuldnerschaft bei Grundstücken im Gesamthandsvermögen danach, wem das Grundstück zugerechnet worden ist,

1 BFH, Urteil v. 26.11.1998 - IV R 39/98, BStBl 1999 II S. 263, NWB GAAAA-23505.
2 VGH München, Beschluss v. 6.12.2010 - 4 ZB 10.1848.
3 Vgl. BR-Drucks. 354/19 S. 129.
4 Halaczinsky in Rössler/Troll, GrStG § 10 Rz. 12.
5 BFH, Urteil v. 22.2.2001 - II B 39/00 BStBl 2001 II S. 476, NWB ZAAAA-88946.

indem es in § 10 Abs. 1 GrStG vorschreibt, Steuerschuldner sei derjenige, dem der Steuergegenstand bei der Feststellung des Grundsteuerwertes zugerechnet ist, und für den Fall, dass der Grundsteuerwert mehreren Personen zugerechnet ist, in § 10 Abs. 2 GrStG klarstellt, dass diese dann Gesamtschuldner sind. Danach kommt die **Gesamtschuldnerschaft für alle Grundstücksgemeinschaften in Betracht, unabhängig davon, ob es sich um eine Gesamthandsgemeinschaft oder eine Bruchteilsgemeinschaft** handelt.[1]

2. Gesamtschuldnerische Haftung aus Zivil- oder Gesellschaftsrecht

80 Bei folgenden Gemeinschaften/Gesellschaften sind die einzelnen Eigentümer ggf. nicht im Grundbuch eingetragen, dennoch besteht aufgrund von zivil- bzw. gesellschaftsrechtlichen Regelungen eine Gesamtschuldnerschaft für die Beteiligten bzw. Gesellschafter: **Gesellschaft bürgerlichen Rechts** (§§ 705 ff. BGB) unabhängig davon, ob die Gesellschafter als Eigentümer im Grundbuch eingetragen sind, oder die GbR eingetragen ist, bei der **Gütergemeinschaft** (§ 1415 BGB) und der **fortgesetzten Gütergemeinschaft** (§§ 1483 ff. BGB), bei der **OHG** (§§ 1415 ff. BGB), bei der **KG** (§§ 161 ff. HGB), wobei die **Haftung des Kommanditisten** durch die §§ 171, 172 HGB begrenzt bzw. ausgeschlossen ist, oder bei der **Partnerschaftsgesellschaft** (§ 8 Abs. 1 PartGG).

81 Bei der **Wohnungseigentümergemeinschaft** kann eine Haftung bestehen, soweit sie als **Verband selbst Sondereigentum erworben** hat (vgl. → Rz. 32) allerdings haften die einzelnen Miteigentümer nur nach dem Verhältnis ihres Miteigentumsanteils (§ 10 Abs. 8 WEG); eine gesamtschuldnerische Haftung besteht nicht. Hat nicht die Gemeinschaft als Verband, sondern die **Wohnungseigentümer als Gemeinschaft** außerhalb des Verbands (Eintragung aller Wohnungseigentümer im Grundbuch) das Wohnungs- bzw. Teileigentum erworben, liegt eine Grundstücksgemeinschaft vor und es gelten die in → Rz. 78 und → Rz. 79 beschriebenen Haftungsregelungen, unabhängig von der Vermögensbindung (Bruchteil oder Gesamthandseigentum). Für das **Wohnungs- bzw. Teileigentum des einzelnen Eigentümers** besteht keine gesamtschuldnerische Haftung der übrigen Eigentümer.

82 Die **Beteiligten an einer Erbengemeinschaft** haften gesamtschuldnerisch (§§ 2032 ff. BGB). Der **Erblasser** ist noch **für das Jahr, in dem er verstorben ist**, Steuerschuldner. Die Grundsteuer ist insofern Nachlassverbindlichkeit. In Bezug auf die Nachlassverbindlichkeiten steht dem Erben gem. § 1990 Abs. 1 Satz 1 BGB die Dürftigkeitseinrede dann zu, wenn die Anordnung der Nachlassverwaltung oder die Eröffnung des Nachlassinsolvenzverfahrens wegen Mangels einer den Kosten entsprechenden Masse nicht tunlich ist oder aus diesem Grunde die Nachlassverwaltung aufgehoben oder das Insolvenzverfahren eingestellt wird. Ab dem Jahr, das auf den Erbfall folgt, ist die Erbengemeinschaft Steuerschuldner. Diese Steuerschuld fällt in die Erbmasse, so dass die „Dürftigkeitseinrede“ hier nicht relevant ist.[2]

83–85 *(Einstweilen frei)*

3. Folgen der Gesamtschuldnerischen Haftung

86 Liegt eine Gesamtschuldnerschaft vor, schuldet nach § 44 Abs. 1 Satz 2 AO jeder Gesamtschuldner die **gesamte Leistung**. Nach § 44 Abs. 2 Satz 1 AO wirkt die **Erfüllung der Schuld** durch einen der Gesamtschuldner auch **für die übrigen Schuldner**. Die gilt auch wenn die

1 Eisele, Die Grundsteuer, NWB 39/2003 S. 3037, NWB LAAAA-74507.
2 VGH München, Beschluss v. 12.7.2018 - 4 C 18.1135, BeckRS 2018 S. 17235.

Schuld durch Aufrechnung oder eine Sicherheitsleistung erfüllt wird. Der Gemeinde steht es im Rahmen ihres **pflichtgemäßen Ermessens** frei, an welchen Gesamtschuldner sie sich halten will. Die geschuldete Leistung kann von jedem Gesamtschuldner ganz oder zu einem Teil gefordert werden. Zur Inanspruchnahme eines Gesamtschuldners genügt es, dass die Gemeinde zu der Annahme gelangt, dass die Vollstreckung in das bewegliche Vermögen des anderen aussichtslos sein werde.[1] Die Ermessensentscheidung ist nach § 121 Abs. 1 AO zu begründen, soweit dies zu ihrem Verständnis erforderlich ist und eine Begründung nicht nach § 121 Abs. 2 AO entbehrlich ist.[2]

87 Soweit einem **Gesamtschuldner Stundung** (§ 222 AO), **Zahlungsaufschub** (§ 223 AO), Erlass (§ 227 AO), **Vollstreckungsaufschub** (§ 258 AO), **Niederschlagung** (§ 261 AO) oder **Aussetzung der Vollziehung** (§ 361 AO) gewährt wird, wirkt dies nur für diesen Gesamtschuldner, **nicht** aber **zugunsten der anderen Gesamtschuldner** (§ 44 Abs. 2 Satz 3 AO).

88 Hat ein Gesamtschuldner die Gemeinde befriedigt, geht im **Innenverhältnis** der Gesamtschuldner untereinander nach § 426 Abs. 2 BGB die **Forderung** der Gemeinde aus der Grundsteuer gegen die übrigen Schuldner **auf ihn über**. Von den übrigen Gesamtschuldnern kann er dann den Ausgleich, der auf ihn übergegangenen Forderung verlangen. Für das Steuerschuldverhältnis sind die Verhältnisse der Haftungsschuldner untereinander ohne Bedeutung.[3]

89 Zur **Geltendmachung der Haftungsschuld** gegenüber einem Gesamtschuldner durch die Gemeinde vgl. Schmidt in Grootens, GrStG § 11 Rz. 73 ff.

90 **BEISPIEL:** A und B gehören im Bruchteilseigentum jeweils die Hälfte eines Grundstücks. Es wurden zwei Grundsteuerbescheide an A und B über jeweils 500 € erlassen. B kann die Steuer nicht bezahlen. Die Gemeinde erlässt einen Haftungsbescheid gegen A i. H. der von B zu bezahlenden Grundsteuer von 500 €. Nach Zahlung der Grundsteuer durch A geht die Forderung der Gemeinde gegen B i. H. von 500 € auf ihn über.

§ 11 GrStG Persönliche Haftung

(1) Neben dem Steuerschuldner haften der Nießbraucher des Steuergegenstandes und derjenige, dem ein dem Nießbrauch ähnliches Recht zusteht.

(2) [1]Wird ein Steuergegenstand ganz oder zu einem Teil einer anderen Person übereignet, so haftet der Erwerber neben dem früheren Eigentümer für die auf den Steuergegenstand oder Teil des Steuergegenstandes entfallende Grundsteuer, die für die Zeit seit dem Beginn des letzten vor der Übereignung liegenden Kalenderjahres zu entrichten ist. [2]Das gilt nicht für Erwerbe aus einer Insolvenzmasse und für Erwerbe im Vollstreckungsverfahren.

Inhaltsübersicht **Rz.**

1 BFH, Urteil v. 30.8.2017 - II R 48/15, BStBl 2018 II S. 24, NWB HAAAG-61393.

2 Madle in Leopold/Madle/Rader, AO, § 44, NWB AAAAC-32690.

3 Madle in Leopold/Madle/Rader, AO, § 44, NWB AAAAC-32690, Abschnitt 4.

LITERATUR:

Eisele, Die Grundsteuer, NWB 39/2003 S. 3037, NWB LAAAA-74507; *Gerlach*, Zahlungsverjährung, infoCenter, NWB HAAAA-41731; *Halaczinsky*, Grundsteuer-Kommentar, 2. Aufl., § 11 Rz.4; *Troll/Eisele*, GrStG, 2006; *Haack*, Firmenfortführung bei Erwerb und Übertragung, infoCenter, NWB QAAAD-98190; *Leopold/Madle/Rader*, AO, 2018.

A. Allgemeine Erläuterungen zu § 11 GrStG

I. Normzweck und wirtschaftliche Bedeutung der Vorschrift

Nach § 11 GrStG wird der **persönlich Haftende** für eine **fremde Schuld** in **Anspruch** genommen. Die Regelung **erweitert** insofern die **Zahl der Haftenden** über die in § 10 Abs. 2 GrStG genannten Personen hinaus auf die **Erwerber** bei Übertragung eines Grundstücks und die **Nießbraucher** und **Inhaber ähnlicher Rechte.** Die Regelung dient der **Sicherung des Steueraufkommens,** weil dem staatlichen Gläubiger eine **effektive Steuerbeitreibung** durch einen **zusätzlichen Schuldner** gesichert wird.[1] Die persönliche Haftung ist der **Höhe nach unbeschränkt** und erstreckt sich auf das **gesamte Vermögen des Haftenden,** doch bestehen **Haftungsbegrenzungen,** z. B. bei Erwerben, bei denen nur für das **Jahr der Übertragung** und **das diesem Jahr vorangegangene Jahr gehaftet** wird. Der **Haftende** stellt dabei **keinen Ersatzschuldner** zum Steuerschuldner dar, sondern steht von Gesetzes wegen als **Gesamtschuldner neben diesem auf derselben Stufe.** 1

Die persönliche Haftung des Erwerbers besteht nach § 11 Abs. 2 Satz 2 GrStG ausdrücklich nicht, wenn der **Erwerb aus einer Insolvenzmasse** oder **im Vollstreckungsverfahren** erfolgt. Grund der Regelung ist, dass die **Abwicklung dieser Verfahren erleichtert** werden soll. Die **Haftung des Grundstücks** nach § 12 GrStG **bleibt davon aber unberührt.** 2

1 VG Gießen, Urteil v. 14.6.2012 - 8 K 2454/10, NJW 2012 S. 3804.

3 Die **Haftung des Nießbrauchers** ist darin begründet, dass ihm die Einnahmen aus dem Steuergegenstand zustehen und er nach **§ 1047 BGB ohnehin zur Tragung der dauernden Lasten** des Grundstücks **verpflichtet** ist.

4–5 *(Einstweilen frei)*

II. Entstehung und Entwicklung der Vorschrift

6 Die Vorschrift ist seit Jahrzehnten **fester Bestandteil des GrStG**. Bei der Novellierung des GrStG am 26.11.2019 wurde § 11 GrStG nicht geändert.

7–8 *(Einstweilen frei)*

III. Geltungsbereich

9 Die Vorschrift ist bei der **Erhebung der Grundsteuer** auf inländischen Grundbesitz durch die **Gemeinden** anzuwenden.

10 *(Einstweilen frei)*

IV. Verhältnis zu anderen Vorschriften

11 In **§ 11 GrStG** ist die **persönliche Haftung einer Person** für die Grundsteuer einer anderen Person geregelt, während **§ 12 GrStG die Sachhaftung des Grundstücks** für die auf ihm lastende GrSt zum Gegenstand hat.

12 Die **Haftung des Erwerbers** betrifft grundsätzlich **alle Übereignungen**, z. B. aufgrund **Kaufvertrag, Schenkung** (§ 516 BGB), **Vermögensübernahme** (§ 311b BGB), **Zuschlag im Zwangsversteigerungsverfahren** oder bei einer **Erbauseinandersetzung**.

13 Neben den in § 11 GrStG genannten **Haftungstatbeständen** (Erwerber, Nießbraucher) bestehen aus **Abgabenordnung** (relevant für die GrSt: § 69 AO **(Haftung der Vertreter)** und § 75 AO **(Haftung des Betriebsübernehmers)** und **Zivil- bzw. Gesellschaftsrecht (Fälle der gesamtschuldnerischen Haftung**, vgl. Schmidt in Grootens, GrStG § 10 Rz. 15 und § 25 HGB **(Haftung des Firmenübernehmers)** weitere Haftungstatbestände.

14 Die Inanspruchnahme des Haftungsschuldners erfolgt durch den **Erlass eines Haftungsbescheids**, dabei sind die einschlägigen **Vorschriften der AO** zu beachten, insbesondere die §§ 191 und 219 AO.

15 Gegen den von der Gemeinde erlassenen Haftungsbescheid kann in den Flächenstaaten **Widerspruch (§ 40 VwGO)** eingelegt werden, während in den **Stadtstaaten** (Berlin, Hamburg, Bremen) **Einspruch** (§ 347 ff. AO) einzulegen ist. Teilweise bestehen **landesrechtliche Regelungen** (z. B. in Niedersachsen) wonach sofort Klage zu erheben ist. Gegen eine ablehnende außergerichtliche Rechtsbehelfsentscheidung ist in den **Flächenstaaten** vor dem **Verwaltungsgericht** zu klagen, während in den **Stadtstaaten** das **Finanzgericht** zuständig ist.

16–20 *(Einstweilen frei)*

B. Systematische Kommentierung

I. Haftung

21 Haftung bedeutet, **eine Person** muss für die **Steuerschuld eines anderen einstehen**. Dabei **haftet diese Person** mit ihrem **ganzen Vermögen**. Neben den im **GrStG** genannten Haftungstatbeständen ergeben sich auch solche aus der **AO** und dem **Gesellschafts- und Zivilrecht.**

22 *(Einstweilen frei)*

1. Haftungstatbestände aus dem GrStG

23 **Haftungstatbestände des GrStG** sind die Haftung des **Nießbrauchers** bzw. des **Inhabers eines dem Nießbrauch ähnlichen Rechts** und des **Erwerbers** einer Immobilie.

24 *(Einstweilen frei)*

a) Haftung des Nießbrauchers (§ 11 Abs. 1 GrStG)

25 Zum Inhalt und den **zivilrechtlichen Grundlagen eines Nießbrauchs** (§ 1030 ff. BGB) vgl. Schmidt in Grootens, GrStG § 10 Rz. 70.

26 Der **Nießbraucher haftet neben dem Eigentümer** für die GrSt des mit dem Nießbrauch **belasteten Grundstücks**. Nach **§ 1047 BGB** ist der **Nießbraucher gegenüber dem Eigentümer** ohnehin verpflichtet, für die Dauer des Nießbrauchs die **auf dem Grundstück ruhenden privaten und öffentlichen Lasten zu tragen**. Besteht der Nießbrauch nur **an einem Teil des Grundstücks** (z. B. an einer Wohnung in einem Mehrfamilienhaus, oder an bestimmten Räumen in einem Einfamilienhaus), beschränkt sich die **Haftung des Nießbrauchers nur auf den Teil** der GrSt, die auf diesen Teil des Grundstücks entfällt.

27 Die **Haftung** des Nießbrauchers **beginnt mit Eintragung des Nießbrauchs** im Grundbuch, insofern besteht auch hier eine Haftungsbegrenzung, da für Grundsteuern vor Bestellung des Nießbrauchs nicht gehaftet wird.

28–30 *(Einstweilen frei)*

b) Haftung bei den Nießbrauch ähnlichen Rechten (§ 11 Abs. 1 GrStG)

31 Als ein dem Nießbrauch ähnliches Recht wird in der Literatur[1] bei **landwirtschaftlichen Betrieben** das **Recht des überlebenden Ehegatten** zur **Verwaltung und Nutznießung am Hof** bis zur **Vollendung des 25. Lebensjahres des Hoferben** genannt. Eine gesetzliche Regelung hierzu ist die **Höfeordnung** die in Hamburg, Niedersachsen, Nordrhein-Westfalen und Schleswig-Holstein anzuwenden ist. **Landesgesetzliche Hoferbenregelungen** bestehen in Baden-Württemberg, Brandenburg, Bremen, Hessen und Rheinland-Pfalz. Ob in diesen **landesrechtlichen Regelungen** ähnliche **Nutznießungsregelungen** wie in der Höfeordnung enthalten sind, ist **im Einzelfall zu prüfen**. Soweit keine landesrechtlichen Regelungen bestehen, sind die **§§ 2049 und 2312 BGB** einschlägig. Darin ist **keine Nutzungsregelung** entsprechend der Höfeordnung enthalten und es besteht in diesen Bundesländern **keine Haftung** aus einem dem Nießbrauch ähnlichen Recht.

1 Halaczinsky, Grundsteuer-Kommentar, 2. Aufl., § 11 Rz. 4.

32 **Eigentümer eines Gebäudes auf fremden Grund und Boden** sowie **Mieter und Pächter** verfügen über **kein dem Nießbrauch ähnliches Recht**, da die **Nutzung nicht** aus einem **dinglichen Recht**, sondern aus einem **Schuldverhältnis** heraus erfolgt; sie sind damit nicht in die Haftung des § 11 Abs. 1 GrStG einzubeziehen.

33 Nach § 1093 BGB ist ein **dingliches Wohnrecht** eine **beschränkte persönliche Dienstbarkeit**, die dem Wohnungsrechtsinhaber das **Recht** verschafft, ein **Gebäude** oder **einen Teil eines Gebäudes unter Ausschluss des Eigentümers als Wohnung zu benutzen**. Auf dieses Recht finden die für den Nießbrauch geltenden Vorschriften der §§ 1031, 1034, 1036, des § 1037 Abs. 1 und der §§ 1041, 1042, 1044, 1049, 1050, 1057, 1062 BGB entsprechende Anwendung. Im Kommentar von Troll/Eisele[1] wird problematisiert, dass ein dingliches Wohnrecht seinem wirtschaftlichen Gehalt nach ein dem Nießbrauch ähnliches Recht darstellen müsste, allerdings soll **nach der Gesetzesbegründung** das dingliche Wohnrecht für den Berechtigten **keine Haftung nach § 11 Abs. 1 GrStG auslösen**. Halaczinsky[2] stellt lapidar fest, dass der Inhaber eines dinglichen Wohnrechts nicht als Nutznießer oder Nießbraucher anzusehen ist und deshalb § 11 Abs. 1 GrStG nicht einschlägig ist. Rechtsprechung zu dieser Frage liegt nicht vor, obwohl die Vorschrift schon Jahrzehnte existiert, was ein Indiz dafür ist, dass diese Vorschrift in der **Praxis** von **geringer Relevanz** ist.

34 Es ist davon auszugehen, dass **§ 11 Abs. 1 GrStG** in Bezug auf den Nießbraucher **Ausfluss von § 1047 BGB** ist, wonach der **Nießbraucher** gegenüber dem Eigentümer die **auf dem Grundstück ruhenden Lasten zu tragen** hat. Damit wird der Gemeinde lediglich ein unmittelbarer Zugriff auf den Nießbraucher ermöglicht, wenn der Eigentümer seiner Zahlungspflicht gegenüber der Gemeinde nicht nachkommt. Der **Nießbraucher** wird durch die Haftungsregelung **wirtschaftlich nicht schlechter gestellt**, da er mit der Zahlung an die Gemeinde zugleich seine Verpflichtung gegenüber dem Eigentümer erfüllt hat. Bezüglich des **dinglichen Wohnrechts** wird in § 1093 BGB nur auf **einzelne Regelungen zum Nießbrauch** verwiesen, aber gerade **nicht auf § 1047 BGB**. Hintergrund dafür ist wohl, dass dem Inhaber des Wohnrechts nicht durch ein Gesetz die Tragung der Lasten auferlegt werden soll, sondern es dem Besteller des dinglichen Wohnrechts überlassen wird, ob er eine Regelung zur Tragung der Lasten mit dem Inhaber des Wohnrechts treffen will. Ist der **Inhaber nach dem Inhalt des Wohnrechts** analog § 1047 BGB verpflichtet, sich an den **öffentlichen und privaten Lasten der Immobilie zu beteiligen**, ist davon auszugehen, dass ein dem **Nießbrauch ähnliches Recht** und damit die Haftung des dinglichen Wohnrechtsinhabers nach § 11 Abs. 1 GrStG besteht.

35 Nach dem Urteil des BayOLG[3] soll es aber nicht möglich sein, eine solche Regelung zu treffen, da die Pflicht zur Tragung der öffentlichen und privatrechtlichen Lasten aufgrund der fehlenden Verweisung auf § 1047 in § 1093 Abs. 1 Satz 2 beim Eigentümer verbleiben soll, hiervon könne mit dinglicher Wirkung nicht abgewichen werden. Diese Rechtsauffassung wird damit begründet, dass abweichende Vereinbarungen über den Inhalt eines dinglichen Rechts nur dann mit dinglicher Wirkung möglich seien, wenn entweder das Gesetz selbst die Abänderbarkeit vorsieht oder zulässt, oder wenn bei der Änderung des Inhalts eines Rechts nicht gegen tragende und zwingende Grundprinzipien verstoßen wird, die das Recht prägen. Ein solcher Verstoß liege aber vor, wenn der Wohnungsberechtigte zur Lastentragung verpflichtet sei, da diese Bestimmung sich ihrem Wesen nach als Vereinbarung eines Entgelts darstelle. In der Li-

1 Troll/Eisele, GrStG, 2006, § 11 Rz. 3.

2 Halaczinsky, Grundsteuer-Kommentar, 2. Aufl., § 11 Rz. 4.

3 BayOLG, Urteil v. 29.7.1988 - BReg 2 Z 76/88, NJW-RR 1989 S. 14.

teratur ist die Auffassung des BayOLG umstritten.[1] Unter Anlegung einer wirtschaftlichen Betrachtungsweise erscheint die Argumentation des BayOLG für die hier relevante Rechtsfrage nicht anwendbar.

Nach **§ 31 WEG** kann an einem Grundstück ein **Dauerwohnrecht** in der Weise begründet werden, dass der **Wohnrechtsinhaber berechtigt** ist, unter **Ausschluss des Eigentümers** eine **bestimmte Wohnung** in einem Gebäude zu **bewohnen** oder in anderer Weise zu **nutzen**. Sofern sich dieses Recht **nicht auf Wohnungen** erstreckt, spricht man von einem **Dauernutzungsrecht** (§ 31 Abs. 1 WEG). Ein solches Recht soll nur bestellt werden, wenn die **Wohnung in sich abgeschlossen** ist. Insofern **unterscheidet** sich das **Dauerwohnrecht vom dinglichen Wohnrecht,** bei dem **keine abgeschlossene Wohnung** erforderlich ist; außerdem ist das Dauerwohnrecht im Gegensatz zum dinglichen Wohnrecht **vererblich**. Das Dauerwohnrecht ist im **Grundbuch einzutragen**, der Berechtigte wird aber **nicht zivilrechtlicher Eigentümer.** Als Inhalt des Dauerwohnrechts können **Vereinbarungen zur Instandhaltung** der dem Dauerwohnrecht unterliegenden Gebäudeteilen und zur **Tragung öffentlicher oder privatrechtlicher Lasten** des Grundstücks durch den Berechtigten getroffen werden. 36

Abhängig von der konkreten Ausgestaltung kann das Dauerwohnrecht eine ähnliche Lastentragung wie § 1047 BGB vorsehen, so dass es ein dem **Nießbrauch ähnliches Recht** darstellen kann. Eine Haftung des Berechtigten ergibt sich nur dann, wenn er nicht ohnehin schon Steuerschuldner ist, weil er wirtschaftlicher Eigentümer der Wohnung ist. Nach dem BMF-Schreiben v. 10.2.1998[2] wird der **Berechtigte wirtschaftlicher Eigentümer**, wenn seine **Rechte und Pflichten** bei **wirtschaftlicher Betrachtungsweise** den Rechten und Pflichten eines **Eigentümers** der Wohnung **entsprechen** und wenn er aufgrund des Dauerwohnrechtsvertrags bei **Beendigung** des Dauerwohnrechts eine **angemessene Entschädigung** erhält. Dies ist nach den Verhältnissen des Einzelfalls zu beurteilen.[3] Entspricht der Dauerwohnrechtsvertrag dem **Mustervertrag** über die **Bestellung eines eigentumsähnlichen Dauerwohnrechts,**[4] so kann ohne weitere Prüfung anerkannt werden, dass der Dauerwohnberechtigte **wirtschaftlicher Eigentümer der Wohnung** ist. 37

Auch der **Inhaber einer Grunddienstbarkeit** (§ 1018 BGB) **könnte** eine dem **Nießbraucher ähnliche Rechtsstellung** haben und entsprechend § 11 Abs. 1 GrStG für die GrSt haften. So ist es möglich, einem Stellplatznutzer in einer gemeinschaftlichen Tiefgarage eine Grunddienstbarkeit an einem bestimmten Stellplatz einzuräumen. Bei der Bestellung der Dienstbarkeit wird dann festgelegt, dass der Inhaber der Dienstbarkeit sich an den **Kosten der Tiefgarage** (Betriebskosten, Instandhaltung, Wiederherstellung) zu beteiligen hat. Darin dürfte ein einem Nießbrauch ähnliches Recht zu sehen sein, weil der Inhaber der Dienstbarkeit rechtlich (uneingeschränkte Nutzungsmöglichkeit) und wirtschaftlich (Tragung der Kosten, Nutzungsmöglichkeit) **dem Nießbraucher angenähert** ist. Im **Einzelfall** ist deshalb der **Inhalt der Grunddienstbarkeit zu prüfen**, um festzustellen, ob eine Haftung bestehen kann. 38

1 Kazele, BGB, § 1093 Rz. 210.
2 BMF, Schreiben v. 10.2.1998 - IV B 3 - EZ 1010 - 11/98, BStBl 1998 I S. 190, NWB TAAAA-83034.
3 BFH, Urteil v. 22.10.1985 - IX R 48/82, BStBl 1986 II S. 258, NWB SAAAA-97640.
4 Bundesbaublatt 1956 S. 615.

c) Haftung des Erwerbers (§ 11 Abs. 2 GrStG)

39 Wird ein Grundstück **übereignet**, haftet der Erwerber neben dem Eigentümer für die Grundsteuer. Die Regelung ist grundsätzlich auch anzuwenden, wenn **Miteigentumsanteile** an einem Grundstück übereignet werden, die Haftung nach § 11 Abs. 2 GrStG beschränkt sich dann zwar auf die anteilige Grundsteuer, doch besteht in diesen Fällen auch eine **gesamtschuldnerische Haftung nach § 10 Abs. 2 GrStG für die gesamte Grundsteuer**. In der Regel wird die Gemeinde deshalb ihren Haftungsanspruch auf § 10 Abs. 2 GrStG stützen. Zu Einzelheiten der gesamtschuldnerischen Haftung vgl. Schmidt in Grootens, GrStG § 10 Rz. 78 und 86 ff.

40 Zwar ist die **persönliche Haftung** des Erwerbers der Höhe nach **unbegrenzt**, doch haftet er nur für die **Zeit seit dem Beginn des letzten vor der Übereignung liegenden Kalenderjahres.**

41 Der Gesetzgeber verweist mit dem abstrakten Begriff der Übereignung auf das **Zivilrecht** (§ 873, §§ 925 ff. BGB). Die **Gründe**, die zur Übereignung geführt haben,[1] oder ob die Übereignung **entgeltlich oder unentgeltlich** erfolgt ist, **sind unbeachtlich**. In erster Linie werden Übereignungen aufgrund eines **Kaufvertrags** von Bedeutung sein. Betroffen sind aber auch **Schenkungen** (§ 516 BGB), **Vermögensübernahmen** (§ 311b BGB) und **Erbauseinandersetzungen.**

42 Während zivilrechtlich die Eintragung ins Grundbuch für den Eigentumsübergang maßgeblich ist, ist steuerrechtlich auf den **Übergang des wirtschaftlichen Eigentums** abzuheben,[2] zum wirtschaftlichen Eigentum vgl. Schmidt in Grootens, GrStG § 10 Rz. 48 ff. Würde man auf den **zivilrechtlichen Eigentumserwerb** abheben, würde die **Vorschrift ggf. ins Leere gehen**, da der **wirtschaftliche Eigentumserwerb bei Grundstücken vor** bzw. **spätestens mit dem zivilrechtlichen** Eigentumsübergang erfolgt, aber nie danach.

BEISPIEL: Ein Grundstück wird veräußert. Nutzen- und Lastenübergang und damit der wirtschaftliche Eigentumserwerb ist am 2.12.01. Die Eintragung ins Grundbuch und damit der zivilrechtliche Eigentumserwerb erfolgt am 5.2.03.

Das Grundstück wird ab dem 1.1.02 dem Erwerber zugerechnet, der dann ab dem Jahr 02 Schuldner der Grundsteuer ist. Würde man den zivilrechtlichen Eigentumsübergang als Zeitpunkt der Übereignung bestimmen, würde eine Haftung für die Grundsteuer der Jahre 02 und 03 bestehen. Steuerrechtlich ist der Erwerber aber bereits ab dem Jahr 02 Steuerschuldner. Die Haftungsregelung des § 11 Abs. 2 GrStG ginge damit ins Leere, wenn die Haftung mit dem zivilrechtlichen Eigentumsübergang beginnen würde.

43 Nach dem VG Gießen[3] soll haftungsbegründend allein die **bürgerlich-rechtliche Übereignung des Grundstücks** sein, nicht der wirtschaftliche Eigentumsübergang. Das VG stützt seine Rechtsauffassung auf das Urteil des BFH v. 17.12.1970.[4] Sachverhalt des BFH-Verfahrens war eine Haftung aufgrund einer Vermögenübertragung nach § 419 BGB (jetzt § 311b BGB). Die rechtliche Beurteilung dieses Sachverhalts kann aber **nicht** ohne Weiteres **auf Erwerbe von Immobilien durch einen Kaufvertrag übertragen werden**, insbesondere weil dann in diesen Fällen – wie im Beispiel gezeigt – die Haftung ins Leere gehen könnte. Durch die neuere Rechtsprechung des BFH ist die auffassung des VG Gießen zwischenzeitlich überholt.[5]

44–46 *(Einstweilen frei)*

1 RFH, Urteil v. 7.11.1934, RStBl 1934 S. 1571.
2 Bestätigend VG Düsseldorf, Urteil v. 8.2.1988 - 11 K 1107/87, ZKF 1988 S. 254.
3 VG Gießen, Urteil v. 14.6.2012 - 8 K 2454/10.GI, NJW 2012 S. 3804.
4 BFH, Urteil v. 17.12.1970 - IV R 133/70, BStBl 1971 II S. 553, NWB CAAAA-98853.
5 BFH, Urteil v. 23.2.2021 - II R 44/17, NWB SAAAH-82452.

2. Keine Haftung bei Erwerben aus einer Insolvenzmasse und im Vollstreckungsverfahren (§ 11 Abs. 2 Satz 2 GrStG)

Die **persönliche Haftung** des Erwerbers besteht nach § 11 Abs. 2 Satz 2 GrStG **ausdrücklich nicht,** wenn der Erwerb aus einer **Insolvenzmasse oder im Vollstreckungsverfahren** erfolgt. 47

Das Insolvenzverfahren dient dazu, die **Gläubiger eines Schuldners gemeinschaftlich zu befriedigen**, indem das **Vermögen des Schuldners verwertet** und der **Erlös verteilt** oder in einem **Insolvenzplan** eine abweichende Regelung insbesondere zum Erhalt des Unternehmens getroffen wird (§ 1 InsO). 48

Im Rahmen des **Vollstreckungsverfahrens** kann die **Zwangsversteigerung** (§§ 15 ff. ZVG) der Immobilie erfolgen, um durch die Verwertung des Grundstückes die Gläubiger zu befriedigen. Es kann aber auch die **Zwangsverwaltung** (§ 146 ff. ZVG) angeordnet werden, bei der dem Schuldner die Verwaltung des Grundstücks entzogen und auf einen Zwangsverwalter übertragen wird. Die Gläubiger werden dann aus den Nutzungen des Grundstücks befriedigt. Damit der **Zwangsverwaltung keine Übereignung** des Grundstücks verbunden ist, erfüllt sie nicht den Tatbestand des § 11 GrStG. Auch der **Erwerb eines unter Zwangsverwaltung stehenden Grundstücks** führt **nicht** zum **Haftungsausschluss**, da **kein Erwerb im Vollstreckungsverfahren** erfolgt. 49

Ist zum Zeitpunkt des Erwerbs die **Zwangsversteigerung** des Grundstücks **angeordnet**, aber **nicht durch Zuschlagsbeschluss im Zwangsversteigerungsverfahren erworben, greift der Haftungsausschluss nicht**. Eine **analoge Anwendung scheidet** ebenfalls **aus**, da jedenfalls keine Anhaltspunkte für das Vorliegen einer planwidrigen Gesetzeslücke gegeben sind.[1] 50

Auch wenn in diesen Fällen die persönliche Haftung des Erwerbers nicht besteht, kann sich die Gemeinde aus der **dinglichen Haftung des Grundstücks befriedigen,** zu Einzelheiten vgl. Schmidt in Grootens, GrStG § 12 Rz. 33 ff. 51

(Einstweilen frei) 52–54

3. Haftung nach der Abgabenordnung

Nach § 1 Abs. 2 AO kommen insbesondere § 69 AO (**Haftung der Vertreter**) und § 75 AO (**Haftung des Betriebsübernehmers**) in Betracht. 55

(Einstweilen frei) 56

a) Haftung der Vertreter (§ 69 AO)

Der **gesetzliche Vertreter** haftet, soweit durch seine **Pflichtverletzung (grob fahrlässig oder vorsätzlich)** die Grundsteuer nicht rechtzeitig gezahlt wird. Die Haftung umfasst auch zu zahlende **Säumniszuschläge.** Gesetzliche Vertreter in diesem Zusammenhang sind die **Geschäftsführer/Vorstände für die Kapitalgesellschaften und Genossenschaften**, die **Eltern** für ihre Kinder, aber auch der **Zwangsverwalter** sowie der **Konkursverwalter** und der **gesetzliche Betreuer.** 57

BEISPIEL: Ein Unternehmen ist in finanziellen Schwierigkeiten. Um einen Auftrag fertigstellen zu können, stellt der Geschäftsführer sämtliche Steuerzahlungen, also auch die Zahlung der Grundsteuer ein, um mit der damit eingesparten Liquidität wichtige Lieferanten bezahlen zu können. Da die Gemeinde gegenüber Lieferanten benachteiligt wurde, haftet der Geschäftsführer persönlich für die Grundsteuer.

1 VG Gelsenkirchen, Urteil v. 25.8.2016 - 5 K 5407/15, BeckRS 2016 S. 51411.

58 Der **Zwangsverwalter eines Grundstücks** muss wissen, dass typischerweise hierfür Grundsteuer zu bezahlen ist, selbst wenn ihm der Grundsteuerbescheid nicht vorliegt. Nach dem Urteil des VG Köln[1] hat er sich notfalls **bei der Kommune zu erkundigen**, ob ein Grundsteuerbescheid ergangen ist. Der Zwangsverwalter hat die **Grundsteuern für das Grundstück vollständig abzuführen, bevor** er **Zahlungen an die** Zwangsverwaltung betreibenden **Gläubiger** leisten darf, weil Grundsteuern in § 10 Abs. 1 ZVG ausdrücklich (Nr. 3) vor den Forderungen der Gläubiger (Nr. 5) genannt sind. Nur wenn die Ausgaben der Verwaltung und die Kosten des Zwangsverwaltungsverfahrens nicht gedeckt sind, sind Grundsteuern vom Zwangsverwalter nicht zu begleichen. Diese Pflichten bestehen auch für den **Konkursverwalter,** sofern sich Grundstücke in der Konkursmasse befinden.

59 Kann ein **Volljähriger** aufgrund einer **psychischen Krankheit** oder einer **körperlichen, geistigen oder seelischen Behinderung** seine **Angelegenheiten** ganz oder teilweise **nicht besorgen**, so bestellt das Betreuungsgericht auf seinen Antrag oder von Amts wegen für ihn einen **Betreuer** (§ 1896 BGB). Der Betreuer vertritt den Betreuten gerichtlich und außergerichtlich (§ 1902 BGB). Ein **Betreuer** hat als gesetzlicher Vertreter des Betreuten nach § 34 AO dafür zu sorgen, dass die **Grundsteuer bezahlt wird**, soweit eine Grundsteuerfestsetzung gegenüber dem Betreuten wirksam erfolgt ist. Soweit Rückstände bei der Grundsteuer aufgelaufen sind, hat er diese ebenfalls zu begleichen. Ein **Haftungsschaden** i. S. von § 69 Satz 1 AO liegt vor, wenn Ansprüche aus dem Steuerschuldverhältnis aufgrund **grob fahrlässigen Verhaltens des Betreuers** nicht erfüllt worden sind.[2]

60–64 *(Einstweilen frei)*

b) Haftung bei Betriebsübernahme (§ 75 AO)

65 Nach § 75 AO haftet derjenige, der einen **Betrieb** oder **selbständigen Teilbetrieb** entgeltlich oder unentgeltlich **übernimmt**, für die **Steuern des Betriebes**, die **seit dem Beginn des letzten, vor der Übereignung liegenden Kalenderjahres entstanden sind** und **bis zum Ablauf von einem Jahr nach Anmeldung des Betriebs durch den Erwerber festgesetzt oder angemeldet werden.** Die Haftung ist **beschränkt** auf den Bestand des **übernommenen Vermögens.** Voraussetzung ist, dass der Betrieb/Teilbetrieb im Ganzen übergeht, so dass der Erwerber in der Lage ist, den Betrieb ohne große organisatorische und finanzielle Änderungen weiterzuführen. Es muss sich ferner um einen „lebenden" Betrieb handeln, bei dem nicht von vornherein feststeht, dass er unmittelbar nach der Übertragung liquidiert wird. Nach § 75 Abs. 2 AO besteht **keine Haftung für Erwerbe aus einer Insolvenzmasse und für Erwerbe im Vollstreckungsverfahren.**

66 Erfolgt mit der **Betriebsübernahme** auch die **Übereignung der Betriebsgrundstücke**, besteht ohnehin eine **Haftung nach § 11 Abs. 2 GrStG.** Von daher könnte § 75 AO nur für die Fälle von Bedeutung sein, bei denen die **Betriebsgrundstücke nicht übergehen, sondern lediglich an den Übernehmer verpachtet** werden, ob dann überhaupt ein Betriebsübergang vorliegt, ist im Einzelfall zu prüfen. Da nach § 75 AO nur für die Steuerschulden gehaftet wird, die seit dem Beginn des letzten, vor der Übereignung liegenden Kalenderjahres entstanden sind, ist der **Umfang der Haftung derjenigen des § 11 Abs. 2 GrStG** angenähert.

1 VG Köln, Urteil v. 26.11.2008 - 23 K 31/07, BeckRS 2009 S. 30656.

2 VG Köln, Urteil v. 26.11.2008 - 23 K 31/07, BeckRS 2009 S. 30656.

4. Haftungstatbestände nach dem Zivil- und Gesellschaftsrecht

Ergibt sich die **Haftung aus** dem **Zivil- oder Gesellschaftsrecht**, kann ein Haftungsbescheid ergehen, solange die **Haftungsansprüche nach dem für sie maßgebenden Recht noch nicht verjährt** sind (§ 191 Abs. 4 AO). Sind die Ansprüche nach dem Zivil- bzw. Gesellschaftsrecht verjährt, können Sie nicht mehr geltend gemacht werden, auch wenn steuerrechtlich noch keine Festsetzungs- oder Zahlungsverjährung eingetreten ist. 67

(Einstweilen frei) 68

a) Gesamtschuldnerische Haftung

Zur Haftung bei der **Grundstücksgemeinschaft**, der **ehelichen Gütergemeinschaft**, der **Erbengemeinschaft**, den **nicht rechtsfähigen Verein** und der Gesellschafter von **OHG** (§§ 105 ff. HGB), **KG** (§§ 161 ff. HGB) und der **Partnerschaftsgesellschaft** siehe Schmidt in Grootens, GrStG § 10 Rz. 15 ff. 69

(Einstweilen frei) 70

b) Haftung des Firmenfortführers

Wird im Rahmen einer Betriebsübernahme die **Firma fortgeführt**, **haftet der Firmenübernehmer nach § 25 HGB** für **alle Schulden der Firma**, die **vor der Übernahme** entstanden sind, also auch für die Steuerschulden. Eine Haftung besteht nicht, wenn die Haftung wirksam ausgeschlossen wurde. Erfolgt keine Fortführung der Firma, besteht grundsätzlich keine Haftung. Sofern ein **wirksamer Haftungsausschluss** vereinbart wird, umfasst dieser auch die ggf. bestehenden Schulden aus der Grundsteuer. Sollten im Rahmen der Übernahme Grundstücke auf den Übernehmer übertragen werden, besteht die Haftung nach § 11 Abs. 2 GrStG und kann nicht begrenzt bzw. ausgeschlossen werden. Die **Haftung umfasst das gesamte Vermögen des Firmenfortführers**, nicht nur das des von ihm erworbenen Handelsgeschäfts.[1] 71

(Einstweilen frei) 72

II. Inanspruchnahme des Haftenden und Rechtsbehelfe dagegen

1. Haftungsbescheide

Besteht ein Haftungsanspruch nach Steuer- oder Zivilrecht, kann die Gemeinde einen **Haftungsbescheid** gegen den Haftenden erlassen (§ 191 AO). Nach § 191 Abs. 3 AO ist es hierzu **nicht erforderlich**, dass die **Erstschuld gegenüber dem Steuerschuldner bereits festgesetzt** wurde.[2] Es ist auch **nicht erforderlich**, dass die Gemeinde **vor Erlass** des Haftungsbescheids **alle in Betracht kommenden Vollstreckungsmöglichkeiten** gegenüber dem **Steuerschuldner ausgeschöpft** hat.[3] Der Steueranspruch muss aber bereits entstanden sein und es darf in Bezug auf den Primäranspruch im Zeitpunkt des Erlasses des Haftungsbescheids **keine Zahlungs- oder Festsetzungsverjährung** eingetreten sein (§ 191 Abs. 5 AO). 73

Die Inanspruchnahme des Haftungsschuldners steht im **Ermessen** der Gemeinde („kann", § 191 Abs. 1 Satz 1 AO). Im Rahmen der pflichtgemäßen Ermessensausübung (§ 5 AO) hat sie 74

---

1 Haack, Firmenfortführung bei Erwerb und Übertragung, infoCenter, NWB QAAAD-98190.
2 BVerwG, Urteil v. 16.9.1997 - 8 B 143.97, BStBl 1997 II S. 782, NWB KAAAA-96033.
3 VG Gießen, Urteil v. 14.6.2012 - 8 K 2454/10.GI, NJW 2012 S. 3804.

zu entscheiden, **ob und in welcher Höhe ein Haftungsschuldner in Anspruch genommen werden soll.** Ausreichend ist dabei, dass die Gemeinde zu der **Annahme** gelangt ist, eine **Vollstreckung beim Erstschuldner** werde **ohne Erfolg** sein, weil bei diesem Vermögenslosigkeit eingetreten ist.[1] Bei **mehreren Haftungsschuldnern** steht es im **Auswahlermessen der Gemeinde**, ob sie sich nur an **einen oder an mehrere** halten will. Das **Auswahlermessen** ist zu begründen.[2]

75 Nach § 219 AO darf der Haftungsschuldner nur auf Zahlung in Anspruch genommen werden, soweit die **Vollstreckung in das bewegliche Vermögen des Steuerschuldners ohne Erfolg** geblieben ist oder **anzunehmen** ist, dass die **Vollstreckung aussichtslos** ist. Eine an **Gewissheit grenzende Wahrscheinlichkeit der Erfolglosigkeit** von Vollstreckungsversuchen braucht **nicht vorzuliegen. Ebenso** wenig bedarf es des Nachweises der Aussichtslosigkeit der Vollstreckung, evtl. durch **erfolglose Vollstreckungsversuche.**[3] Ein Haftungsbescheid wird sinnvollerweise deshalb erst dann erlassen, wenn auch die Voraussetzungen für die Inanspruchnahme des Haftungsschuldners gegeben sind. Auch wenn die Voraussetzungen des § 219 noch nicht vorliegen, kann es dennoch sinnvoll sein, einen **Haftungsbescheid** zu erlassen, allerdings **ohne Leistungsgebot**. Dieser Weg wird dann beschritten, wenn der **Ablauf der Festsetzungsfrist** droht (§ 191 Abs. 3 AO).[4] Ist ein **Haftungsbescheid ohne Zahlungsaufforderung** ergangen, **beginnt** die **Zahlungsverjährung mit Ablauf des Kalenderjahrs,** in dem der **Haftungsbescheid wirksam geworden ist** (§ 229 Abs. 2 AO).

76–80 *(Einstweilen frei)*

2. Rechtsbehelfe

a) Rechtsbehelfe gegen einen Haftungsbescheid

81 Außer in den Stadtstaaten (Berlin, Hamburg, Bremen) werden die Grundsteuerbescheide und damit auch die Haftungsbescheide von den Gemeinden erlassen. Damit ist in diesen Ländern das Rechtsmittel gegen den Haftungsbescheid der **Widerspruch** (§ 40 VwGO), während in den **Stadtstaaten Einspruch** (§ 347 ff. AO) einzulegen ist. Teilweise bestehen **landesrechtliche Regelungen** (z. B. in Niedersachsen) wonach **kein Widerspruch**, sondern **sofort Klage** zu erheben ist. **Außerhalb der Stadtstaaten** ist **Klage vor dem Verwaltungsgericht** zu erheben, während in den **Stadtstaaten** beim **Finanzgericht** zu klagen ist.

82 *(Einstweilen frei)*

b) Rechtsbehelfe gegen die Primärbescheide

83 Grundsätzlich kann der Haftungsschuldner auch **Einwendungen gegen die Erstschuld** geltend machen, für die er als Haftender in Anspruch genommen wird, **selbst wenn die Steuerfestsetzung unanfechtbar** ist.[5] Dem steht auch nicht § 166 AO entgegen, wonach der Gesamtrechtsnachfolger bzw. der Vertreter oder Bevollmächtigte die Steuerfestsetzung gegen sich gelten lassen muss, wenn er in der Lage gewesen wäre, den Erstbescheid anzufechten, weil die Regelung des § 166 AO nicht für Haftungsbescheide gilt.[6] Eine **Anwendung des § 166 AO auf Haf-**

1 VG Gelsenkirchen, Urteil v. 25.8.2016 - 5 K 5407/15, BeckRS 2016 S. 51411.
2 BFH, Urteil v. 9.8.2002 - VI R 41/96, BStBl 2003 II S. 160, NWB JAAAA-89436.
3 BFH, Beschluss v. 24.4.2008 - VII B 262/07, NWB YAAAC-84516.
4 Lindwurm in Leopold/Madle/Rader, AO, § 219 Rz. 4.
5 BVerfG, Urteil v. 29.11.1996 - 2 BvR 1157/93, BStBl 1997 II S. 415, NWB EAAAA-95867.
6 BFH, Urteil v. 16.11.1995 - VI R 82/95, NWB UAAAB-37646.

tungsbescheide ist weder in § 191 AO noch an anderer Stelle angeordnet. Wird also ein GmbH-Geschäftsführer seinerseits als Haftender für die Grundsteuerschulden der GmbH in Anspruch genommen, bleiben ihm sämtliche Einwendungen gegen Grund und Höhe des Primäranspruchs erhalten, auch wenn der gegen die Gesellschaft gerichtete Haftungsbescheid bestandskräftig ist. Zu Einzelheiten vgl. OFD Hannover, Vfg. v. 29.9.2004.[1]

Auch wenn der Haftungsschuldner den **Bescheid über die Feststellung des Grundsteuerwerts** 84
anfechten kann, ist dies in einem **gesonderten Einspruchsverfahren bei Finanzamt** bzw. einem **Finanzgerichtsverfahren** zu führen, **nicht im Widerspruchsverfahren oder der Klage vor dem Verwaltungsgericht** gegen den Haftungsbescheid. Die Gemeinde ist nach § 182 Abs. 1, § 184 Abs. 1 AO an die Feststellungen in den Grundlagenbescheiden gebunden, weil diese Bescheide gem. §§ 122, 124 AO auch gegenüber der Gemeinde Bindungswirkung entfalten – auch wenn diese Grundlagenbescheide für den Kläger noch anfechtbar sind. Dies ergibt sich auch aus § 182 Abs. 1 Satz 1 AO, wonach solche Feststellungsbescheide, auch wenn sie noch nicht unanfechtbar sind, u. a. für andere Feststellungsbescheide und für Steuerbescheide bindend sind, soweit die in den Feststellungsbescheiden getroffenen Feststellungen für diese Folgebescheide von Bedeutung sind.[2] Die **Gemeinde und auch das Verwaltungsgericht** sind **nicht befugt**, die insoweit verbindlichen Festsetzungen zu missachten oder mögliche **Einwendungen gegen die Festsetzung des Grundsteuerwertes im laufenden Verfahren zu berücksichtigen.**[3]

(Einstweilen frei) 85–86

3. Mögliche Einwendungen gegen einen Haftungsbescheid

Ansatzpunkte gegen einen Haftungsbescheid können sein: 87

1. Besteht eine **Rechtsgrundlage nach GrStG, AO oder Zivil-/Gesellschaftsrecht** für die Haftung?
2. Kann gegen die dem Haftungsbescheid **zugrunde liegende Feststellung des Grundsteuerwertes bzw. den Grundsteuermessbescheid mit Aussicht auf Erfolg vorgegangen werden?**
3. Ist für die Steuer, für die gehaftet werden soll, **vor Erlass des Haftungsbescheids Feststellungs- oder Zahlungsverjährung eingetreten?**
4. Sofern sich die Haftung auf **zivilrechtliche Anspruchsgrundlagen** stützt: ist nach den **zivilrechtlichen Regelungen bereits Verjährung** eingetreten?
5. Sofern **mehrere Haftungsschuldner** bestehen, ist das Ermessen für die Auswahl des oder der Haftungsschuldner begründet worden und ist es **ermessensfehlerfrei** ausgeübt?
6. Ist **nachgewiesen**, dass die **Vollstreckung in das bewegliche Vermögen des Steuerschuldners ohne Erfolg** geblieben oder **anzunehmen** ist, dass die **Vollstreckung aussichtslos sein wird?**

1 OFD Hannover, Vfg. v. 29.9.2004 - S 0338 - 43 - StH 464S 0338 - 24 - StO 321, NWB OAAAB-36193.
2 OVG Bautzen, Beschluss v. 25.9.2015 - 3 A 371/15, BeckRS 2016 S. 42214.
3 BVerwG, Urteil v. 12.3.1993 - 8 C 20/90, KStZ 1993 S. 194.

§ 12 GrStG Dingliche Haftung

Die Grundsteuer ruht auf dem Steuergegenstand als öffentliche Last.

Inhaltsübersicht **Rz.**

LITERATUR

Eisele, Die Grundsteuer, NWB 39/2003 S. 3037, NWB LAAAA-74507; *Troll/Eisele*, GrStG, 2006.

A. Allgemeine Erläuterungen zu § 12 GrStG

I. Normzweck und wirtschaftliche Bedeutung der Vorschrift

1 Durch die öffentliche Last werden **dingliche Verwertungsrechte am Grundstück** begründet, **soweit Grundsteuerschulden** bestehen. Die Gemeinde kann damit ihre **Grundsteuerforderungen unmittelbar aus dem haftenden Gegenstand, also dem Grundstück, befriedigen**. Der **Eigentümer** muss die **Zwangsvollstreckung in das Grundstück dulden**, auch wenn er nicht der Erstschuldner ist, weil er z. B. das Grundstück zwischenzeitlich erworben hat. Damit **wirkt die öffentliche Last wie ein Grundpfandrecht**, ohne dass diese öffentliche Last in das Grundbuch eingetragen ist.

2 Die Inanspruchnahme des dinglich Haftenden ist eine **subsidiäre Maßnahme**, sie kommt erst in Betracht, wenn erkennbar ist, dass der **ursprüngliche Steuerschuldner** nach § 10 GrStG oder ein **Haftungsschuldner nach § 11 GrStG** zur Erfüllung seiner Schuld **nicht willens oder nicht in der Lage** ist. Damit dient die Vorschrift der **Sicherung des Steueraufkommens**. Durch die dingliche Haftung ist der Eingang der Grundsteuer auch dann gewährleistet, wenn die Forderung bei dem **persönlichen Schuldner uneinbringlich** ist und eine **persönliche Haftung Dritter nicht greift**.[1] Die Vorschrift führt aber auch zur **Verwaltungsvereinfachung**, weil bei einer **Stundung oder Aussetzung der Vollziehung** die Behörde nicht prüfen muss, ob der Anspruch gefährdet ist. Wären Grundsteuerforderungen nicht durch die öffentliche Last gesichert, müsste die Gemeinde in solchen Fällen die **Bestellung von Sicherheiten** verlangen.

1 VG Schleswig, Urteil v. 25.9.2019 - 4 A 605/1725, ZfIR 2019 S. 776.

Für den **Eigentümer**, der die Grundsteuer schuldet, stellt die Vollstreckung in das Grundstück aus der öffentlichen Last – von den damit verbundenen Kosten abgesehen – **keine Verschlechterung seiner wirtschaftlichen Situation** dar. Er schuldet die Grundsteuer und wird sie letztlich, wenn er keine anderen Mittel zur Begleichung seiner Schuld hat, durch den Verkauf des Grundstücks aufbringen müssen. 3

Für einen **Grundstückserwerber**, der beim Erwerb des Grundstücks keine Kenntnis von den bestehenden Grundsteuerschulden hatte, kann es eine **erhebliche wirtschaftliche Belastung** bedeuten, wenn die Gemeinde in das Grundstück vollstrecken will, insbesondere wenn die Grundsteuer für mehrere Jahre gefordert wird und eine Zahlungsverjährung dieser Forderungen nicht eingetreten ist. Der Erwerber kann dann zwar **zivilrechtlich gegen den früheren Eigentümer vorgehen**, was aber bei diesen Konstellationen mangels Vermögens des früheren Eigentümers häufig nicht von Erfolg gekrönt sein wird. 4

In der Regel kommt es nicht zur Zwangsvollstreckung in das Grundstück, da der Eigentümer, um sein Grundstück nicht zu verlieren und um sich die Kosten zu ersparen, die die Zwangsvollstreckung mit sich bringt, die Steuerschuld bezahlen wird. Insofern ist § 12 GrStG ein **starkes Druckmittel**, um die Steueransprüche durchzusetzen. 5

(Einstweilen frei) 6–8

II. Entstehung und Entwicklung der Vorschrift

Die Vorschrift ist seit Jahrzehnten **fester Bestandteil des GrStG**. Bei der Novellierung des GrStG am 26.11.2019 wurde § 12 GrStG nicht geändert. 9

(Einstweilen frei) 10

III. Geltungsbereich

Die Vorschrift ist bei der **Erhebung der Grundsteuer** auf inländischen Grundbesitz durch die **Gemeinden** anzuwenden. 11

(Einstweilen frei) 12

IV. Verhältnis zu anderen Vorschriften

Die dingliche Haftung des Grundstücks ist nur **akzessorisch**, weil sie von dem **Bestehen einer Abgabenschuld abhängt**. Der Steuerschuldner nach § 10 GrStG und der persönlich Haftende nach § 11 GrStG werden durch das Bestehen der dinglichen Haftung nicht von ihrer persönlichen Haftung befreit. Die **persönliche Haftung geht der dinglichen Haftung vor**, weil es sich bei § 12 GrStG nur um eine **zusätzliche Sachhaftung** handelt. Dies ergibt sich auch daraus, dass zur Rechtmäßigkeit eines Duldungsbescheides die **vorherige Steuerfestsetzung erforderlich** ist, während ein Haftungsbescheid ergehen kann, ohne dass zuvor ein Steuerbescheid gegenüber dem persönlichen Schuldner erlassen worden ist.[1] 13

Die Haftungstatbestände der §§ 11 und 12 GrStG bestehen nebeneinander. Auch wenn es beim **Erwerb im Zwangsversteigerungs- oder Insolvenzverfahren** zu **keiner persönlichen Haftung** des Erwerbers kommt, **kann die Gemeinde** nach § 12 GrStG **in das Grundstück vollstrecken.** 14

1 BFH, Urteil v. 28.2.1973 - II R 57/71, BStBl 1973 II S. 573, NWB SAAAA-99623.

15 Für die Inanspruchnahme des Grundstücks aus der öffentlichen Last sind die **Vorschriften der AO** maßgeblich, allerdings sind die **Regelungen der AO zur Vollstreckung nicht anzuwenden,** weil § 3 Abs. 2 i. V. mit § 1 Abs. 2 AO nicht auf die Vorschriften des Sechsten Teils der AO verweist, in dem die Vollstreckung geregelt ist. Damit ist die **Vollstreckung** in das Grundstück nach den **landesrechtlichen Vorschriften** durchzuführen, wobei die Verwaltungsvollstreckungsgesetze der Länder teilweise wieder auf Regelungen des sechsten Teils der AO verweisen.

16 Die **dingliche Haftung** des Grundstücks wird nicht **durch** einen Haftungsbescheid, sondern einen **Duldungsbescheid** herbeigeführt. Zwar haben Haftungs- und Duldungsbescheid ihre Rechtsgrundlage in § 191 AO, dennoch bestehen gravierende Unterschiede. So sind für Duldungsbescheide die **Regelungen zur Festsetzungsverjährung** in § 169 AO **nicht einschlägig**, da die Steuer festgesetzt sein muss. Damit sind für Duldungsbescheide die Regelungen zur **Zahlungsverjährung** anzuwenden.

17 Der **Haftungsschuldner aufgrund des Duldungsbescheids** ist von **Einwendungen** gegen den seiner Inanspruchnahme zugrunde liegenden **bestandskräftigen** Steuerbescheid **ausgeschlossen,** während der Haftungsschuldner nach § 11 GrStG auch noch einen bestandskräftigen Primärbescheid anfechten kann. Sofern die Erstbescheide noch nicht bestandskräftig sind, können diese vom Duldungsschuldner angefochten werden.

18 Die **dingliche Haftung** nach § 12 GrStG ist auf die Haftung des Grundstücks, **vom zeitlichen Umfang** her aber **nicht begrenzt**. Dagegen umfasst die persönliche Haftung nach § 11 GrStG das gesamte Vermögen des Haftungsschuldners, wobei hier die Haftung aber auf zwei Grundsteuerjahre begrenzt ist.

19 Durch die bestehende öffentliche Last kann die Gemeinde in das Grundstück vollstrecken, durch Verweise in den **Verwaltungsvollstreckungsgesetzen** der Länder sind hierfür die Vorschriften des **Zwangsvollstreckungsgesetzes** (ZVG) und der **Insolvenzordnung** (InsO) einschlägig.

20–22 *(Einstweilen frei)*

B. Systematische Kommentierung

I. Grundlage, Begriffsbestimmungen

23 Nach § 12 GrStG sind Grundsteuerforderungen öffentliche Lasten, die **auf dem Grundstück lasten**. Der Begriff der öffentlichen Last ist gesetzlich nicht definiert. Es besteht aber Einigkeit darüber, dass eine öffentliche Last eine **Abgabenverpflichtung** ist, die auf **öffentlichem Recht** beruht, durch **wiederkehrende oder einmalige Geldleistung** zu erfüllen ist und nicht nur die persönliche Haftung des Schuldners, sondern auch die **dingliche Haftung des Grundstücks** voraussetzt. Die Grundsteuer ist die einzige Steuer, die eine solche öffentliche Last begründet. Diese öffentlichen Lasten beruhen zwar auf öffentlichem Recht, sind aber **dingliche Verwertungsrechte**, da der **Eigentümer** nach § 77 AO die **Zwangsvollstreckung in das Grundstück dulden muss.** Sie **wirken** damit **wie ein Grundpfandrecht, ohne** dass diese öffentliche Last aber in das **Grundbuch eingetragen** ist (§ 54 GBO). Wie eine Hypothek ist die öffentliche Last aus § 12 GrStG **akzessorisch**, weil sie **von dem Bestehen einer Abgabenschuld abhängt**. Da die öffentliche Last am Grundstück haftet, bleibt sie auch bestehen, wenn das Grundstück veräußert wird, sofern die damit zusammenhängende **Grundsteuerforderung** der Gemeinde **fällig und**

vollstreckbar ist. Nach § 77 AO muss der neue Eigentümer die Vollstreckung in das Grundstück dulden. Die öffentliche Last begründet also neben der persönlichen Haftung des Erwerbers nach § 11 GrStG eine **zusätzliche Sachhaftung.**

Aufgrund der öffentlichen Last kann die Gemeinde **in das Grundstück vollstrecken**, also die Zwangsversteigerung betreiben, eine **Zwangshypothek eintragen lassen** oder bei vermieteten Grundstücken eine **Zwangsverwaltung** beantragen. Der Grundstückseigentümer kann **durch Zahlung der Steuerschuld die Vollstreckung** abwenden. **Anspruchsgegner** ist derjenige, der **im Grundbuch als Eigentümer eingetragen ist, nicht der wirtschaftliche Eigentümer.** 24

(Einstweilen frei) 25–27

Steuergegenstand ist grundsätzlich das **im Grundbuch eingetragene Grundstück.** 28

Die **wirtschaftliche Einheit des Betriebs der Land- und Forstwirtschaft** setzt sich aus **mehreren Einzelgrundstücken** zusammen. Nach Troll[1] besteht eine **dingliche Gesamthaftung an sämtlichen zum Betrieb gehörenden Grundstücken**, soweit sie in den Einheitswert des Betriebs einbezogen sind. Gleichwohl wäre dann **in ein oder mehrere Grundstücke, die in das Grundbuch eingetragen sind, zu vollstrecken. Keine Gesamthaftung** besteht für **unbebaute Grundstücke** oder den **Wohnteil/die Betriebswohnung** des landwirtschaftlichen Betriebs, die einen eigenen Steuergegenstand bilden. 29

Zivilrechtlicher Eigentümer des mit dem **Erbbaurecht** belasteten Grundstücks ist der **Erbbaurechtsgeber. Schuldner der Grundsteuer** ist der **Erbbauberechtigte.** Das mit dem Erbbaurecht belastete Grundstück haftet für die Grundsteuer, der **Duldungsbescheid** ist damit gegenüber dem **zivilrechtlichen Eigentümer des Grundstücks,** also gegenüber dem **Erbbaurechtsgeber** zu erlassen. 30

(Einstweilen frei) 31–32

II. Geltendmachung der dinglichen Haftung

Zur **Durchführung der Vollstreckung** erlässt die Gemeinde einen **Duldungsbescheid** (§ 77 Abs. 2 Satz 1 AO i.V. mit § 191 Abs. 1 Satz 1 AO) gegen denjenigen, der die Vollstreckung dulden muss; also den **zivilrechtlichen Eigentümer** des Grundstücks. Nach der Fiktion des § 77 Abs. 2 Satz 2 AO **gilt als Eigentümer**, wer als solcher **im Grundbuch eingetragen** ist, auch wenn zwischenzeitlich ein anderer wirtschaftlicher Eigentümer geworden sein sollte. 33

Der Duldungsbescheid darf erst erlassen werden, wenn der **zugrundeliegende Steueranspruch festgesetzt** ist (§ 218 Abs. 1 AO),[2] **fällig und vollstreckbar** ist. Darüber hinaus darf bei Erlass des Duldungsbescheids der **Steueranspruch nicht erloschen** sein (z. B. durch Erlass oder Verjährung). Schließlich darf die Inanspruchnahme des Grundstücks auch **nicht ermessensfehlerhaft** sein. 34

Die **Vollstreckbarkeit** von Grundsteuerbescheiden richtet sich nicht nach der AO, sondern nach **Landesrecht**, weil § 3 Abs. 2 i.V. mit § 1 Abs. 2 AO nicht auf die Vorschriften des Sechsten Teils der AO verweist, in dem die Vollstreckung geregelt ist. Dies ergibt sich daraus, dass die Grundsteuer eine Realsteuer ist, die von den Gemeinden festgesetzt und verwaltet wird. Damit können die Gemeinden die Vollstreckung nach den ihnen bekannten landesrechtlichen Vorschrif- 35

1 Troll/Eisele, GrStG, § 12 Rz. 2.
2 BVerwG, Urteil v. 13.2.1987 - 8 C 25.85, BStBl 1987 II S. 475.

ten durchführen. Eine Vollstreckung ist deshalb nur zulässig, wenn diese nach den landesrechtlichen Bestimmungen möglich ist.[1]

36 Häufig darf nach den **Verwaltungsvollstreckungsgesetzen der Länder** die Vollstreckung erst dann beginnen, nachdem der Erstschuldner **mit einer Zahlungsfrist von einer Woche angemahnt worden ist**. Diese Mahnung an den Erstschuldner ist erst nach Ablauf einer Woche nach Fälligkeit der Leistung zulässig. Wird über das **Vermögen des Erstschuldners das Insolvenzverfahren eröffnet bevor er angemahnt wurde,** ist die **Mahnung unzulässig**, weil nach § 89 InsO Zwangsvollstreckungsmaßnahmen für einzelne Insolvenzgläubiger während der Dauer des Insolvenzverfahrens unzulässig sind. Hierunter fällt auch die Mahnung, da sie dem Vollstreckungsverfahren zuzurechnen ist, wenngleich sie diesem als Tatbestandsmerkmal für den Beginn der Vollstreckung vorgelagert ist. Sofern nach dem Verwaltungsvollstreckungsgesetz eine Mahnung nicht entbehrlich ist, ist dann mangels Mahnung an den Erstschuldner die Voraussetzung der Vollstreckbarkeit gegenüber dem Erstschuldner nicht erfüllt. Der Duldungsbescheid gegen den Haftungsschuldner ist dann rechtswidrig.[2]

37 Beim Erlass des Duldungsbescheids hat die Gemeinde ihr **Auswahlermessen auszuüben**, dabei sind **alle Möglichkeiten** einer Befriedigung der offenen Abgabenforderung zumindest **gegeneinander abzuwägen**. Soweit **keine oder eine fehlerhafte Ermessensausübung** vorliegt, ist der **Duldungsbescheid rechtswidrig.**[3] In die Ermessensausübung ist auch einzubeziehen, ob weitere Haftungsschuldner (z. B. aus den §§ 10, 11 GrStG oder aus Einzelgesetzen) bestehen, die vorrangig in Anspruch zu nehmen wären, bevor in das Grundstück vollstreckt wird.

38 Der die Festsetzungsverjährung regelnde § 169 AO ist nicht einschlägig für § 12 GrStG, weil er ausschließlich für die Steuerfestsetzung gilt. Bei der öffentlichen Last des § 12 GrStG geht es aber um die Durchsetzung des bereits **festgesetzten Steueranspruchs**. Überdies unterliegt, wie sich aus § 191 Abs. 3 Satz 1 AO ergibt, nur eine aus Steuergesetzen folgende Haftungsschuld, nicht dagegen eine Duldungsschuld der Festsetzungsverjährung. Da der Steueranspruch nicht erloschen sein darf, könnte der **Erlass eines Duldungsbescheids dann unzulässig** sein, wenn **Zahlungsverjährung eingetreten** ist. Nach § 228 AO i.V. mit Art. 13 Abs. 1 Nr. 5a KAG beträgt die **Frist für die Zahlungsverjährung fünf Jahre**. Sie beginnt mit Ablauf des Kalenderjahres, in dem der Anspruch erstmals fällig geworden ist (§ 229 Abs. 1 Satz 1 AO). Fällig wird die Grundsteuer zu je einem Viertel ihres Jahresbetrages am 15. Februar, 15. Mai, 15. August und 15. November.

39 In den Fällen des § 231 Abs. 1 AO (z. B. Stundung, Durchführung einer Vollstreckungsmaßnahme, Anmeldung zur Insolvenztabelle, Sicherheitsleistung) wird die **Verjährung unterbrochen (§ 231 Abs. 1 AO)** und eine neue Verjährungsfrist in Lauf gesetzt (§ 231 Abs. 3 AO). Jede an den Steuerpflichtigen gerichtete Maßnahme i. S. des § 231 AO, aus der deutlich wird, dass die Behörde ihren Zahlungsanspruch nicht aufgibt, unterbricht als Realakt die Zahlungsverjährung. Auf den ausdrücklichen Regelungsgehalt des Verwaltungsaktes kommt es nicht an. Auch wenn die Stundungsverfügung mit einer aufschiebenden oder auflösenden Bedingung verbunden ist, ergibt sich aus dem Stundungsakt unmissverständlich, dass die Steuerforderung auch in Zukunft weiterverfolgt werden soll.[4]

40 *(Einstweilen frei)*

1 BVerwG, Urteil v. 13.2.1987 - 8 C 25.85, BStBl 1987 II S. 475.

2 VG Schleswig, Urteil v. 25.9.2019 - 4 A 605/1725, ZfIR 2019 S. 776.

3 VG Köln, Urteil v. 26.11.2008 - 23 K 31/07, BeckRS 2009 S. 30656.

4 VG Würzburg, Urteil v. 6.11.2017 - 8 K 16.457, BeckRS 2017 S. 139819.

III. Rechtsbehelfe

1. Rechtsbehelfe gegen den Duldungsbescheid

Vgl. Schmidt in Grootens, GrStG § 11 Rz. 80. 41

(Einstweilen frei) 42–43

2. Rechtsbehelfe gegen die zugrundeliegenden Primärbescheide

Der **Haftungsschuldner aufgrund des Duldungsbescheids** ist von **Einwendungen** gegen den seiner Inanspruchnahme zugrundeliegenden **bestandskräftigen Steuerbescheid ausgeschlossen.**[1] Noch nicht **bestandskräftige Erstbescheide** können von ihm allerdings **angefochten** werden. 44

(Einstweilen frei) 45–47

IV. Mögliche Einwendungen gegen einen Duldungsbescheid

Ansatzpunkte gegen einen Duldungsbescheid können sein: 48

1. Sind die dem Duldungsbescheid zugrundeliegenden **Bescheide über die Feststellung des Grundsteuerwertes bzw. des Grundsteuermessbetrags** noch **nicht bestandskräftig** und kann mit **Aussicht auf Erfolg dagegen vorgegangen werden**?
2. Ist für die Steuer, für die gehaftet werden soll, vor Erlass des Duldungsbescheids **Zahlungsverjährung eingetreten**?
3. Sofern auch Haftungsschuldner aus § 11 GrStG bestehen, ist das Ermessen für die Auswahl des Grundstücks als Haftungsschuldner begründet worden und ist das **ausgeübte Ermessen fehlerfrei**?
4. Ist nach den **landesrechtlichen Vorschriften** die **Vollstreckung überhaupt möglich**?

(Einstweilen frei) 49–51

V. Die Behandlung der öffentlichen Last im Zwangsversteigerungsverfahren

Im **Zwangsversteigerungsverfahren sichert** nach § 10 Abs. 1 Nr. 3 ZVG **die dingliche Last die Grundsteuerrückstände der letzten vier Jahre, privilegiert** sind aber nur die **laufenden Rückstände und die Grundsteuerforderungen aus den letzten zwei Jahren**. Nach § 13 ZVG gehören zu den laufenden Rückständen der letzte vor der Beschlagnahme fällige Betrag und die später fällig werdenden Beträge. Die **privilegierten Forderungen** haben bei der **Erlösverteilung Vorrang gegenüber** den „Rechten aus dem Grundstück", zu denen insbesondere die **Grundpfandrechte** zählen. Ältere Rückstände haben diese Privilegierung nicht und nehmen wie andere nicht privilegierte Forderungen an der Verteilung des Veräußerungserlöses teil.[2] 52

Soweit die Gemeinde zum Versteigerungstermin eine **Grundsteuerforderung nicht angemeldet** hat, **haftet das Grundstück nicht dinglich für diese Forderung**. Es spielt dabei keine Rolle, dass die Gemeinde den Anspruch möglicherweise gar nicht anmelden konnte, weil das Finanzamt bis zu diesem Zeitpunkt noch keinen Grundsteuermessbescheid erlassen hatte oder der 53

1 BFH, Urteil v. 1.3.1988 - VII R 109/86, BStBl 1988 II S. 408, NWB PAAAA-92544.
2 BGH, Vorlagebeschluss v. 12.3.2015 - V ZB 41/14, NWB MAAAE-90456.

erlassene Grundsteuermessbescheid zu niedrig war.[1] Sofern es im Rahmen der Grundsteuerreform zu **Verzögerungen bei der Festsetzung der Grundsteuermessbeträge** durch die Finanzämter kommen sollte, könnte die Gemeinde die **vorläufige Festsetzung eines Steuermessbetrags beim Finanzamt beantragen,** um ihre Ansprüche im Zwangsversteigerungsverfahren geltend machen zu können.

54 Steuerschuldner für die nach dem Zuschlag im Zwangsversteigerungsverfahren fälligen **Grundsteuern des laufenden Jahres** ist zwar weiterhin der **frühere Eigentümer,** doch hat er nach § 56 Satz 2 ZVG einen **Ersatzanspruch gegen den Ersteher.** Der Ersteher haftet mit dem Grundstück auch dinglich für die Grundsteuer, die auf die Zeit vom Zuschlag bis zum Ende des Kalenderjahres entfällt.[2]

55–58 *(Einstweilen frei)*

VI. Die Öffentliche Last im Insolvenzverfahren

59 Im Insolvenzverfahren steht der Gemeinde aus der öffentlichen Last ein Recht auf **abgesonderte Befriedigung** zu (§ 49 InsO). Auch hierzu ist die **Anmeldung der Forderung** erforderlich.

60–61 *(Einstweilen frei)*

VII. Absicherung des Erwerbers

62 Da die **öffentliche Last nicht** in das **Grundbuch eingetragen** wird, kann es für einen **Grundstückserwerber** zu einer **erheblichen wirtschaftlichen Belastung** führen, wenn die **Gemeinde in das Grundstück vollstrecken will,** insbesondere wenn die Grundsteuer für mehrere Jahre gefordert wird. In **Grundstückskaufverträgen** wird regelmäßig **von den Verkäufern zugesichert, dass keine Grundsteuerrückstände bestehen.** Zwar kann der Erwerber **zivilrechtlich gegen den Verkäufer vorgehen,** wenn die im **Kaufvertrag gemachte Zusicherung nicht zutrifft.** Hat der **Verkäufer,** was bei diesen Konstellationen die Regel sein dürfte, mangels Vermögens **keine finanziellen Mittel** zur Begleichung seiner Schuld, werden die **Ansprüche des Käufers** dennoch **nicht befriedigt** werden.

63 Eine **Absicherung des Erwerbers** erscheint nur möglich, wenn er von der **Gemeinde** darüber **informiert** wird, ob **Grundsteuerrückstände bestehen.** Die Gemeinde trifft **keine Verpflichtung,** den potenziellen **Erwerber über die Möglichkeit der Inanspruchnahme** nach § 12 GrStG **zu unterrichten.** Es gibt auch keine Vorschrift des Bundesrechts, die den Steuergläubiger dazu verpflichtet, den dinglich Haftenden ohne dessen Ersuchen über die Sachlage zu unterrichten.[3] Damit ist Grundstückserwerbern zu empfehlen, **sich bei der Gemeinde zu erkundigen,** ob für das Grundstück Rückstände bei der Grundsteuer bestehen. Aufgrund der Regelungen zum Steuergeheimnis wird der **Veräußerer** regelmäßig **den Erwerber bevollmächtigen** müssen, eine solche **Auskunft einzuholen.**

64 **Besondere Vorsicht** ist in Fällen angebracht, wo der **wirtschaftliche Eigentümer bei der Veräußerung eines Grundstücks mitwirkt,** weil er mangels vollständiger Kaufpreiszahlung nie zivilrechtlicher Eigentümer wurde. Weitere Indizien für Rückstände können sein, wenn der Grundstückserwerb **im Rahmen einer Zwangsversteigerung oder zur Vermeidung einer sol-**

1 BVerwG, Urteil v. 7.9.1984 - 8 C 30.82, BStBl 1985 II S. 25.
2 BVerwG, Urteil v. 14.8.1992 - 8 C 15.90, NVwZ 1993 S. 486.
3 BVerwG, Urteil v. 13.2.1987 - 8 C 25.85, BStBl 1987 II S. 475.

chen erfolgt, eine **Zwangsverwaltung** besteht oder bestand oder eine **Sicherungshypothek** eingetragen ist. In solchen Fällen besteht dann der begründete Verdacht, dass auch die Grundsteuer nicht bezahlt wurde.

Abschnitt II: Bemessung der Grundsteuer

§ 13 GrStG Steuermesszahl und Steuermessbetrag

[1]Bei der Berechnung der Grundsteuer ist von einem Steuermessbetrag auszugehen. [2]Dieser ist durch Anwendung eines Promillesatzes (Steuermesszahl) auf den Grundsteuerwert oder seinen steuerpflichtigen Teil zu ermitteln, der nach dem Bewertungsgesetz im Veranlagungszeitpunkt (§ 16 Absatz 1, § 17 Absatz 3, § 18 Absatz 3) für den Steuergegenstand maßgebend ist.

Inhaltsübersicht **Rz.**

LITERATUR:

Weiß/Klein, Die neuen Grundsteuervergünstigungen – Zweifelsfragen bei der Ermäßigung der Steuermesszahl, DStR 2024 S. 272.

ARBEITSHILFEN UND GRUNDLAGEN ONLINE:

Berechnung der Grundsteuer nach der Gesetzesreform, Berechnungstool „Grundsteuer" nach dem Entwurf v. 21.6.2019, NWB NAAAH-30144.

VERWALTUNGSANWEISUNGEN:

Koordinierte Erlasse der obersten Finanzbehörden der Länder v. 22.6.2022 – Anwendung des Grundsteuergesetzes ab 1.1.2025 (AEGrStG), BStBl 2022 I S. 1171.

A. Allgemeine Erläuterungen zu § 13 GrStG

I. Normzweck und wirtschaftliche Bedeutung der Vorschrift

1 Mit § 13 GrStG beginnt der II. Abschnitt des Grundsteuergesetzes zur **Bemessung der Grundsteuer**. § 13 GrStG enthält die Grundaussage, dass dem Grundsteuerverfahren ein Messbetragsverfahren zwischengeschaltet ist.[1] § 13 Satz 1 GrStG bestimmt als Eingangsnorm, dass bei der Berechnung der Grundsteuer von dem **Steuermessbetrag** auszugehen ist. Nach § 13 Satz 2 GrStG ergibt sich der Steuermessbetrag durch Anwendung eines Promillesatzes (**Steuermesszahl**) auf den festgestellten Grundsteuerwert oder seinem steuerpflichtigen Teil. Wie bisher wird damit die Grundsteuer in einem **dreistufigen Verfahren** bestehend aus der Ermittlung und Feststellung des Grundsteuerwerts nach § 219 BewG, dem Steuermessbetragsverfahren nach §§ 13 ff. GrStG und sich diesem anschließenden Grundsteuerfestsetzungsverfahren nach §§ 25 ff. GrStG ermittelt.

2 Mit der Zwischenschaltung des **Steuermessbetragsverfahrens** kann der Bundesgesetzgeber und nunmehr durch die **Öffnungsklausel** nach Art. 72 Abs. 3 Nr. 7 GG auch der Landesgesetzgeber durch Festlegung bestimmter Steuermesszahlen Einfluss auf die Belastungsverteilung zwischen den einzelnen Vermögensarten, Grundstücksarten oder einzelner Eigentümergruppen nehmen.[2] Unter der Prämisse einer aufkommensneutralen Grundsteuerreform ermöglichen unterschiedliche länderspezifische Steuermesszahlen eine **Aufkommensneutralität** für die einzelnen Vermögensarten und Grundstücksarten auf Landesebene.

3–5 *(Einstweilen frei)*

II. Entstehung und Entwicklung der Vorschrift

6 Die Norm wurde in ihrer heutigen Fassung durch das Grundsteuerreformgesetz v. 7.8.1973[3] eingeführt. Durch das **GrStRefG** v. 26.11.2019[4] wurde § 13 GrStG lediglich an die aktuelle Rechtschreibung sowie begrifflich angepasst.

7–8 *(Einstweilen frei)*

III. Geltungsbereich

9 § 13 GrStG gilt nach § 2 GrStG, soweit die Länder in Bezug auf § 13 GrStG nicht von ihrer Abweichungskompetenz nach Art. 72 Abs. 3 Satz 1 Nr. 7 GG Gebrauch gemacht haben, für **inländischen Grundbesitz**, mithin für die Betriebe der Land- und Forstwirtschaft sowie diesen gleichgestellte Betriebsgrundstücke (wirtschaftliche Einheiten des **land- und forstwirtschaftlichen Vermögens**) und die Grundstücke sowie diesen gleichgestellte Betriebsgrundstücke (wirtschaftliche Einheiten des **Grundvermögens**).[5] Erfasst werden durch die Anknüpfung an den

1 Krumm/Paeßens, GrStG, § 13 Rz. 1.
2 Vgl. BT-Drucks. 6/3418 S. 82 zum Zweiten Steuerreformgesetz (ursprünglicher Gesetzentwurf zum Grundsteuerreformgesetz v. 7.8.1973).
3 BGBl 1973 I S. 965.
4 GrStRefG v. 26.11.2019, BGBl 2019 I S. 1794.
5 Schnitter, 360° GrStG eKommentar, § 13 Rz. 6; Marx in Stenger/Loose, GrStG § 13 Rz. 12.

Grundsteuerwert auch die inländischen Teile einer wirtschaftlichen Einheit, die sich sowohl auf das Inland als auch auf das Ausland erstrecken.

§ 13 GrStG i. d. F. des GrStRefG v. 26.11.2019[1] ist gem. Art. 18 Abs. 1 GrStRefG am 3.12.2019 in Kraft getreten und findet gem. § 37 Abs. 1 GrStG für die Grundsteuer **ab dem Kalenderjahr 2025** Anwendung. § 13 GrStG i. d. F. des Grundsteuerreformgesetzes v. 7.8.1973 mit der letzten Änderung durch Art. 38 des Gesetzes v. 19.12.2008 (BGBl I S. 2794) findet nach § 37 Abs. 2 GrStG für die Grundsteuer **bis einschließlich des Kalenderjahres 2024** Anwendung. 10

(Einstweilen frei) 11–13

IV. Verhältnis zu anderen Vorschriften

Der Steuermessbetrag ergibt sich durch Anwendung der Steuermesszahl nach § 13 Satz 2 GrStG auf den nach **§ 219 Abs. 1 BewG** festgestellten Grundsteuerwert. **§ 17 Abs. 1 BewG** verweist in der ab dem 1.1.2025 geltenden Fassung[2] für die Anwendung des Bewertungsgesetzes ausschließlich auf die Einzelsteuergesetze. Das GrStG verweist in § 13 GrStG, indem der Grundsteuerwert in Bezug genommen wird, wie er nach dem Bewertungsgesetz im Veranlagungszeitpunkt für den Steuergegenstand maßgeblich ist, auf den **Siebenten Abschnitt des Bewertungsgesetzes.**[3]. 14

§§ 14, 15 GrStG enthalten auf die Grundaussagen in § 13 GrStG aufbauend überwiegend die materiell-rechtlichen Regelungen zu den Steuermesszahlen und deren Ermäßigung.[4] Die auf die jeweiligen Grundstücke anzuwendende Steuermesszahl ergibt sich für die wirtschaftlichen Einheiten des land- und forstwirtschaftlichen Vermögens aus **§ 14 GrStG** und für die wirtschaftlichen Einheiten des Grundvermögens aus **§ 15 GrStG**. Das Steuermessbetragsverfahren ist allgemein in **§ 184 AO** und ergänzend für die Grundsteuer in den **§§ 16–24 GrStG** geregelt. Nach **§ 16 Abs. 1 Satz 1 GrStG** werden die Steuermessbeträge bei der Hauptveranlagung allgemein festgesetzt. **§ 17 GrStG** regelt u. a. die Neuveranlagung des Steuermessbetrags bei einer Fortschreibung des Grundsteuerwerts nach **§ 222 BewG** und **§ 18 GrStG** u. a. die Nachveranlagung des Steuermessbetrags bei einer Nachfeststellung des Grundsteuerwerts nach **§ 223 BewG**. **§ 20 GrStG** regelt die Aufhebung, **§ 21 GrStG** die Änderung des Grundsteuermessbescheids bei Neu- und Nachveranlagungen vor dem jeweiligen Veranlagungszeitpunkt und die **§§ 22 ff. GrStG** regeln das Zerlegungsverfahren der sich nach § 13 Satz 1 GrStG ergebenden Steuermessbeträge. Nach **§ 36 Abs. 1 GrStG** findet die erste Hauptveranlagung der Grundsteuermessbeträge i. S. des § 13 Satz 1 GrStG nach neuem Recht abweichend von § 16 Abs. 1 GrStG nicht auf den 1.1.2022, sondern auf den 1.1.2025 statt. 15

Der Grundsteuermessbescheid ist nach § 184 Abs. 1 Satz 4 i. V. mit **§ 182 Abs. 1 AO** Folgebescheid des Grundsteuerwertbescheids i. S. des **§ 219 BewG** und nach § 184 Abs. 1 Satz 4 i. V. mit **§ 171 Abs. 10 AO** Grundlagenbescheid des Grundsteuerbescheids i. S. des **§ 27 GrStG**. 16

(Einstweilen frei) 17–19

1 Gesetz zur Reform des Grundsteuer- und Bewertungsrechts (Grundsteuer-Reformgesetz – GrStRefG) v. 26.11.2019, BGBl 2019 I S. 1794.

2 Vgl. Art. 2 Nr. 2 und Art. 18 Abs. 3 des GrStRefG v. 26.11.2019, BGBl 2019 I S. 1794.

3 Vgl. auch Kreutziger in Kreutziger/Schaffner/Stephany, BewG § 17 Rz. 4.

4 Krumm/Paeßens, GrStG, § 13 Rz. 1.

B. Systematische Kommentierung

I. Steuermessbetrag (§ 13 Satz 1 GrStG)

20 Nach § 13 Satz 1 GrStG ist bei der Berechnung der Grundsteuer von einem **Steuermessbetrag** auszugehen. Die Höhe der Grundsteuer im Einzelfall wird folglich nicht unmittelbar durch Anwendung des Hebesatzes der jeweiligen Gemeinden auf den Grundsteuerwert ermittelt.[1] Die Ermittlung der konkreten Grundsteuer für die jeweilige wirtschaftliche Einheit erfolgt vielmehr durch Anwendung des jeweiligen Hebesatzes der Gemeinde auf den Steuermessbetrag.

21 Die Grundsteuerermittlung erfolgt damit in einem **dreistufigen Verfahren.**[2] Zunächst erfolgt eine Wertermittlung des Grundbesitzes mit dem Grundsteuerwert nach §§ 232 ff. BewG. Der jeweilige Grundsteuerwert wird nach §§ 219 ff. BewG im **Grundsteuerwertverfahren** förmlich festgestellt. Diesem Verfahren schließt sich das **Steuermessbetragsverfahren** an, in dem der Steuermessbetrag festgesetzt wird. Anschließend erfolgt die **Festsetzung der Grundsteuer** durch die Gemeinden. Die drei Verfahren müssen nicht zwingend getrennt durchgeführt werden, sondern können auch in einem Bescheid zusammengefasst sein, wenn jeweils dieselbe Behörde zuständig ist (beispielsweise in den Stadtstaaten; siehe auch → Rz. 41).

22–24 *(Einstweilen frei)*

II. Ermittlung des Steuermessbetrags (§ 13 Satz 2 GrStG)

25 Der Steuermessbetrag ergibt sich nach § 13 Satz 2 GrStG durch Anwendung eines **Promillesatzes auf den Grundsteuerwert** oder seinen steuerpflichtigen Teil. Das Finanzamt setzt in der zweiten Stufe im Grundsteuermessbescheid den Steuermessbetrag durch Multiplikation der Steuermesszahl mit dem Grundsteuerwert fest (siehe vertiefend zum Steuermessbetragsverfahren → Rz. 33 ff.).[3] Über die Festlegung unterschiedlicher Steuermesszahlen (siehe § 14 GrStG und § 15 GrStG) kann der Gesetzgeber auf die Belastungsverteilung zwischen den Vermögenarten, einzelnen Grundstücksarten und Eigentümergruppen Einfluss nehmen (siehe bereits → Rz. 2).

26 BEISPIEL: Für ein Einfamilienhaus wurde ein Grundsteuerwert i. H. von 290.000 € ermittelt und im Grundsteuerwertverfahren festgestellt. Es soll der Grundsteuermessbetrag festgesetzt werden.

LÖSUNG: Der Steuermessbetrag ermittelt sich nach §§ 13 und 15 GrStG wie folgt:
290.000 € x 0,00031 = **89,90 €**

27 Der Steuermessbetrag wird lediglich auf den **steuerpflichtigen Teil** festgesetzt, wenn der Grundbesitz teilweise steuerbefreit nach §§ 3 ff. GrStG ist. Besteht mithin eine Steuerbefreiung, erfolgt keine Festsetzung eines Steuermessbetrags für den steuerbefreiten Teil.[4] Ist der Grundbesitz insgesamt steuerbefreit, erfolgt auch keine Festsetzung eines Steuermessbetrags.

28 Die Nichtfestsetzung ist jedoch nur insoweit von **Bedeutung**, als die Steuerbefreiung noch nicht bei der Grundsteuerwertfeststellung berücksichtigt wurde. Nach § 219 Abs. 3 BewG wird der Grundsteuerwert nur insoweit festgestellt, als er für die Grundsteuer von Bedeutung ist.

---

1 Vgl. auch BT-Drucks. 19/11085 S. 87.
2 Schnitter, 360° GrStG eKommentar § 13 Rz. 9.
3 FG Berlin-Brandenburg, Urteil v. 22.11.2017 - 3 K 3051/15, EFG 2018 S. 1325.
4 Schnitter, 360° GrStG eKommentar § 13 Rz. 11.

Das Finanzamt trifft daher spätestens mit dem Steuermessbescheid auch eine Entscheidung über die persönliche und sachliche Steuerpflicht (vgl. § 184 Abs. 1 Satz 2 AO, siehe auch → Rz. 40).

29 Da sowohl auf Ebene der Grundsteuerwertfeststellung als auch auf Ebene des Grundsteuermessbetrags über die persönliche und sachliche Steuerpflicht entschieden werden soll und der Gesetzgeber diesen Widerspruch bisher nicht aufgelöst hat, kann der Steuerpflichtige gegen beide Bescheide im **Rechtsbehelfs- und Klageverfahren** vorbringen, dass eine Steuerpflicht in sachlicher oder persönlicher Hinsicht nicht besteht (siehe auch → Rz. 82).[1] Der Steuerpflichtige kann trotz (ggf. teilweiser) Steuerbefreiung ein außersteuerliches Interesse an der vollständigen Feststellung des Grundsteuerwerts haben (bspw. im Rahmen der Höfeordnung; vgl. § 12 Abs. 2 HöfeO).

30 Der Grundsteuermessbetrag wird auf den jeweils maßgeblichen **Veranlagungszeitpunkt** festgesetzt. Dies ist bei der Hauptveranlagung nach § 16 Abs. 1 GrStG[2] der Hauptfeststellungszeitpunkt, bei einer Neuveranlagung der Neuveranlagungszeitpunkt nach § 17 Abs. 3 GrStG[3] und bei einer Nachveranlagung der Nachveranlagungszeitpunkt nach § 18 Abs. 3 GrStG.[4]

31–32 *(Einstweilen frei)*

III. Steuermessbetragsverfahren (§ 184 AO)

1. Zuständigkeit

33 Für das Steuermessbetragsverfahren ist nach § 22 Abs. 1 Satz 1 AO das **Lagefinanzamt** nach § 18 Abs. 1 Nr. 1 AO zuständig. Dies ist bei Betrieben der Land- und Forstwirtschaft, bei Grundstücken und diesen jeweils gleichgestellten Betriebsgrundstücken das Finanzamt, in dessen Bezirk der Betrieb, das Grundstück oder das diesen gleichgestellte Betriebsgrundstück sich erstreckt. Erstreckt sich der Betrieb, das Grundstück oder das diesen gleichgestellte Betriebsgrundstück auf die Bezirke mehrerer Finanzämter, ist dasjenige Finanzamt zuständig, in dessen Bezirk der wertvollste Teil liegt.

34–36 *(Einstweilen frei)*

2. Allgemeine Verfahrensvorschriften, Regelungsinhalt und Mitteilung an die Gemeinden

37 Nach § 184 Abs. 1 Satz 1 AO wird der Grundsteuermessbetrag durch Steuermessbescheid festgesetzt. Der Steuermessbescheid ist eine besondere Form des **Steuerverwaltungsaktes** nach § 118 AO. Damit finden die allgemeinen Vorschriften, insbesondere die allgemeinen Verfahrensvorschriften der AO Anwendung.

38 Der Grundsteuermessbescheid ist **kein Steuerbescheid**, da mit ihm lediglich Besteuerungsgrundlagen und noch kein konkreter Steuerbetrag festgesetzt werden.[5] Auf ihn finden aber die **Regelungen zur Durchführung der Besteuerung** (4. Teil der AO, §§ 134–217 AO) nach § 184

1 Vgl. BFH, Urteil v. 10.7.2002 - II R 22/00, NWB MAAAA-68190; BFH, Urteil v. 24.7.1985 - II R 227/82, BStBl 1986 II S. 128; BFH, Urteil v. 16.4.1986 - II R 207/84, NWB ZAAAB-28662; Boeker in Hübschmann/Hepp/Spitaler, AO/FGO, AO § 184 Rz. 96 m. w. N; Schnitter, 360° GrStG eKommentar § 13 Rz. 11.

2 Siehe vertiefend Bock in Grootens, GrStG § 16 Rz. 33 ff.

3 Siehe vertiefend Bock in Grootens, GrStG § 17 Rz. 41 ff.

4 Siehe vertiefend Bock in Grootens, GrStG § 18 Rz. 32 ff.

5 Schnitter, 360° GrStG eKommentar § 13 Rz. 13.

Abs. 1 Satz 3 AO sinngemäße Anwendung. Ob dies auch für die Regelungen der §§ 179–183 AO gilt, ist wegen der gesonderten Regelungen in § 184 Abs. 1 Satz 4 AO umstritten.[1] Für § 181 Abs. 5 Satz 1 AO hat der BFH die Anwendung für die Grundsteuer bejaht, so dass ein Grundsteuerwertbescheid und ein Grundsteuermessbescheid solange noch erlassen werden können, wie die Festsetzungsfrist für die Grundsteuer noch nicht abgelaufen ist.[2]

39 Regelungsinhalt des Steuermessbescheids ist zunächst allein die **Höhe des Steuermessbetrags**. Der Steuermessbescheid enthält keine Regelung über die Höhe des Grundsteuerwerts (siehe zur Folge beim Rechtsbehelfs- und Klageverfahren →Rz. 85). Die Höhe des Grundsteuerwerts wird allein im Grundsteuerwertbescheid geregelt, der Grundlagenbescheid für den Grundsteuermessbescheid ist. Eine erneute Entscheidung über die Höhe des Grundsteuerwerts im Grundsteuermessbescheid erfolgt daher nicht.

40 Im Steuermessbescheid wird darüber hinaus nach § 184 Abs. 1 Satz 2 AO über die **persönliche und sachliche Steuerpflicht** entschieden, soweit dies nicht bereits im Rahmen des Grundsteuerwertbescheids erfolgt ist (siehe bereits →Rz. 27 ff.). Eine Feststellung des Grundsteuerwerts erfolgt nach § 219 Abs. 3 BewG nur insoweit, als der Grundsteuerwert für die Grundsteuer von Bedeutung ist. Steuerbefreiter Grundbesitz wird daher i. d. R. nicht bewertet und der Wert nicht förmlich festgestellt (siehe aber auch →Rz. 29). § 184 Abs. 1 Satz 2 AO geht insoweit häufig ins Leere. Das Finanzamt kann allerdings auch ausdrücklich die Entscheidung über die persönliche und sachliche Steuerpflicht dem Grundsteuermessbetragsverfahren vorbehalten.

41 Da sowohl für die gesonderte **Feststellung des Grundsteuerwerts** als auch für die **Festsetzung des Grundsteuermessbetrags** das Lagefinanzamt nach § 18 Abs. 1 Nr. 1 AO zuständig ist, erfolgt häufig eine **Verbindung beider Bescheide** innerhalb eines Schriftstücks. In den Stadtstaaten ist auch eine Verbindung mit der **Grundsteuerfestsetzung** möglich, wenn für diese auch das Lagefinanzamt zuständig ist (siehe bereits →Rz. 21).

42 Der Inhalt des Steuermessbescheids wird nach § 184 Abs. 3 Satz 1 AO von den Finanzbehörden den **Gemeinden mitgeteilt**, denen die Grundsteuerfestsetzung, mithin der Erlass des Grundsteuerbescheids obliegt. Nach § 184 Abs. 3 Satz 2 AO, der durch das Jahressteuergesetz 2020[3] angefügt wurde, erfolgt die Mitteilung an die Gemeinden durch Bereitstellung zum Datenabruf; § 87a Abs. 8 und § 87b Abs. 1 gelten dabei entsprechend. Nach Art. 97 § 35 Satz 1 EGAO findet § 184 Abs. 3 Satz 2 AO erstmals für die Steuermessbeträge Anwendung, die für Realsteuern des Jahres 2025 maßgeblich sind. Da für die Festsetzung der Grundsteuer nur die Höhe des Grundsteuermessbetrag erforderlich ist, wird den Gemeinden in aller Regel nicht der gesamte Inhalt des Grundsteuerwertbescheid, also die Ermittlungsgrundlage und der zugrundeliegende Sachverhalt, mitgeteilt.

43–45 *(Einstweilen frei)*

3. Inhaltsadressat und Bekanntgabe

46 Der Grundsteuermessbescheid muss an den richtigen Inhaltsadressaten gerichtet sein. Inhaltsadressat ist der **Schuldner der Grundsteuer.**[4] Ergibt sich aus dem Grundsteuermessbetrag der

1 Vgl. vertiefend Kunz in Gosch, AO/FGO, AO § 184 Rz. 11; Boeker in Hübschmann/Hepp/Spitaler, AO/FGO, AO § 184 Rz. 50a.

2 BFH, Urteil v. 11.11.2009 - II R 14/08, BStBl 2010 II S. 723.

3 Jahressteuergesetz 2020 (JStG 2020) v. 21.12.2020, BGBl 2020 I S. 3096.

4 Siehe hierzu vertiefend Schmidt in Grootens, GrStG § 10 Rz. 1 ff.

Inhaltsadressat nicht eindeutig, so dass eine Verwechslung nicht ausgeschlossen werden kann, ist der Grundsteuermessbescheid unwirksam.[1] Der Grundsteuermessbescheid ist auch unwirksam, wenn der Inhaltsadressat nicht oder unzutreffend bezeichnet wird und sich der richtige Inhaltsadressat auch nicht durch Auslegung des angefochtenen Bescheids oder der Einspruchsentscheidung ergibt.[2]

Der Grundsteuermessbescheid ist nach § 122 AO an den **Inhaltsadressat** bekannt zu geben. 47
Erst mit der **Bekanntgabe** wird er nach § 124 Abs. 1 AO wirksam. Miteigentümern eines Grundstücks, die nach § 10 Abs. 2 GrStG Gesamtschuldner der Grundsteuer sind,[3] kann gem. § 184 Abs. 1 Satz 3 AO i.V. mit § 155 Abs. 3 Satz 1 AO ein zusammengefasster Grundsteuermessbescheid unter Beachtung von § 122 Abs. 6 AO bekannt gegeben werden. Eine Bekanntgabe an einen Empfangsbevollmächtigten nach § 184 Abs. 1 Satz 4 AO i.V. mit § 183 AO und an einen Bevollmächtigten nach § 80 AO ist möglich.

Die Länder haben teilweise die **Durchführung der Bekanntgabe** der Grundsteuermessbeschei- 48
de an die **Gemeinden** übertragen (beispielsweise § 9 Abs. 2 Satz 2 KAG – Baden-Württemberg, § 7 Abs. 4 SächsKAG, § 3 Abs. 3 Satz 2 KAG-LSA) oder eine Inanspruchnahme der Hilfe der Gemeinden bei der Bekanntgabe geregelt (beispielsweise § 1 Abs. 2 Real StüG – Brandenburg). Handelt die Gemeinde bei der Bekanntgabe ohne entsprechende gesetzliche Ermächtigung sowie ohne Wissen und Willen der zuständigen Landesbehörde, dürfte es i. d. R. an einer wirksamen Bekanntgabe fehlen und der Bescheid damit unwirksam sein. Übernimmt die unzuständige Gemeinde lediglich die maschinelle Abwicklung und Übermittlung des Bescheids als Botin, führt dies nicht zur Nichtigkeit, sondern nur zur Rechtswidrigkeit des Bescheids.[4] Eine fehlerhafte Bekanntgabe kann im Einspruchsverfahren geheilt werden.[5]

(Einstweilen frei) 49–51

4. Bindungswirkung des Grundsteuermessbescheids

Der **Grundsteuermessbescheid** ist **Grundlagenbescheid** i. S. des § 171 Abs. 10 AO für den von 52
der Gemeinde zu erlassenden Grundsteuerbescheid und einen ggf. erforderlichen Zerlegungsbescheid, die nach § 184 Abs. 1 Satz 4 AO i.V. mit § 182 Abs. 1 AO jeweils **Folgebescheide** des Grundsteuermessbescheids sind.[6] Die Bindungswirkung tritt gem. § 184 Abs. 1 Satz 4 AO i.V. mit § 182 Abs. 1 AO bereits ein, auch wenn der Grundsteuermessbescheid noch nicht bestandskräftig ist. Die Gemeinde ist daher an einen wirksamen (nicht zwingend rechtmäßigen) Grundsteuermessbescheid gebunden (siehe zur grundsätzlich fehlenden Klagebefugnis der Gemeinde → Rz. 86 ff.).[7] Der Grundsteuermessbescheid ist zudem Folgebescheid zum Grundsteuerwertbescheid, der wiederum Grundlagenbescheid für den Grundsteuermessbescheid ist. Auf die gesetzlich vorgesehene Bindungswirkung des Grundsteuerwertbescheids für den Steuermessbescheid kann nicht rechtswirksam verzichtet werden.[8]

1 BFH, Urteil v. 13.12.2007 - IV R 91/05, NWB KAAAC-81424; Brandis in Tipke/Kruse, AO/FGO, AO § 184 Rz. 14.
2 Vgl. BFH, Urteil v. 13.12.2007 - IV R 91/05, NWB KAAAC-81424 zum Gewerbesteuermessbescheid.
3 Vgl. Schmidt in Grootens, GrStG § 10 Rz. 79 ff.
4 BFH, Urteil v. 31.7.1990 - I R 28/88, BStBl 1991 II S. 244 sowie BFH, Beschluss v. 12.11.1992 - XI 69/92, BStBl 1993 II S. 263 m. w. N.; Krumm/Paeßens, GrStG, § 16 Rz. 5.
5 BFH, Beschluss v. 12.11.1992 - XI B 69/92, BStBl 1993 II S. 263.
6 Krumm/Paeßens, GrStG, § 16 Rz. 7; Schnitter, 360° GrStG eKommentar § 13 Rz. 14.
7 VG Gelsenkirchen, Gerichtsbescheid v. 29.7.2014 - 5 K 756/14, juris.
8 BFH, Urteil v. 16.2.1962 - III 31/60 U, BStBl 1962 III S. 241; Troll/Eisele, GrStG § 16 Rz. 2.

53 Nach § 184 Abs. 1 Satz 3 AO i. V. mit § 155 Abs. 2 AO kann ein Grundsteuermessbescheid bereits erlassen werden, auch wenn der Grundlagenbescheid (Grundsteuerwertbescheid) noch nicht erlassen wurde.[1] Der Grundsteuerwert wird in diesen Fällen geschätzt.

54 Nach § 184 Abs. 1 Satz 4 AO findet § 182 Abs. 2 AO sinngemäße Anwendung. Der Grundsteuermessbescheid wirkt nach § 182 Abs. 2 Satz 1 AO auch gegenüber dem **Rechtsnachfolger**, auf den der Gegenstand der Feststellung (die wirtschaftliche Einheit des Grundbesitzes) nach dem Feststellungszeitpunkt mit steuerlicher Wirkung übergeht (dingliche Wirkung des Grundsteuermessbescheids).[2] Rechtsnachfolger ist nicht nur der Gesamtrechtsnachfolger, sondern auch der Einzelrechtsnachfolger.[3] Tritt die Rechtsnachfolge ein, bevor der Feststellungsbescheid ergangen ist (vor Bekanntgabe an den Rechtsvorgänger), so wirkt er gem. § 182 Abs. 2 Satz 2 AO gegen den Rechtsnachfolger nur dann, wenn er ihm bekannt gegeben wird.[4] Die dingliche Wirkung gegenüber dem Rechtsnachfolger wird durch § 353 AO flankiert. Danach ist der Rechtsnachfolger befugt innerhalb der für den Rechtsvorgänger geltenden Einspruchsfrist Einspruch einzulegen (siehe auch → Rz. 82).

55 Im Übrigen ist der **Umfang** der dinglichen Wirkung **umstritten**. Nach Auffassung von Teilen der Rechtsprechung, Teilen der Literatur und der Finanzverwaltung[5] beträfe die dingliche Wirkung des Grundsteuermessbescheids auch den Wert und die Art der wirtschaftlichen Einheit. Im Rahmen einer Neuveranlagung nach § 17 Abs. 1 GrStG sei daher nicht über die Höhe des Grundsteuermessbetrags, sondern nur über die Zurechnung des unverändert zu übernehmenden Grundsteuermessbetrags zu entscheiden. Nach anderer Auffassung in der Rechtsprechung[6] erlaubt § 17 Abs. 1 GrStG bei einer Zurechnungsfortschreibung des Grundsteuerwerts eine neue Festsetzung des Grundsteuermessbetrags und nicht nur eine bloße Zurechnungsfortschreibung des Grundsteuermessbetrags. Die dingliche Wirkung nach § 182 Abs. 2 Satz 1 AO habe für die Grundsteuer damit kaum (allemal über die dingliche Haftung nach § 12 GrStG[7]) praktische Bedeutung. Der Grundsteuermessbescheid enthielte keine Aussage über die Zurechnung der wirtschaftlichen Einheit, sodass hierüber bei einer Neuveranlagung keine Feststellungen getroffen würden.

56 Der letzten Ansicht ist zu folgen. Die erste Ansicht überzeugt im neuen Grundsteuerrecht schon deshalb nicht, weil ein **Eigentümerwechsel** zu einer **ermäßigten Steuermesszahl** nach § 15 Abs. 2 bis 5 GrStG führen oder eine gewährte Ermäßigung wegfallen kann.[8] In diesen Fällen müsste jedenfalls eine Neuveranlagung nach § 17 Abs. 2 Nr. 1 GrStG erfolgen, da der Finanzverwaltung Gründe bekannt geworden sind, die beim Grundsteuerwert keine Rolle spie-

---

1 Krumm/Paeßens, GrStG, § 16 Rz. 7; a. A. Krause in Stenger/Loose, BewG/ErbStG/GrStG, § 16 GrStG Rz. 21; einschränkend BFH, Urteil v. 8.10.1986 - I R 155/84 NWB XAAAB-28722 = BFH/NV 1987 S. 564 zur Gewerbesteuer.

2 Sächsisches OVG, Beschluss v. 25.9.2015 - 3 A 371/15, juris; Boeker in Hübschmann/Hepp/Spitaler, AO/FGO, AO § 184 Rz. 77; Kunz in Gosch, AO/FGO, AO § 184 Rz. 16.

3 Schnitter, 360° GrStG eKommentar § 13 Rz. 13.

4 BFH, Beschluss v. 2.7.2001 - II B 135/00 NWB FAAAA-66769 = BFH/NV 2002 S. 30.

5 BFH, Urteil v. 12.2.2020 - II R 10/17, NWB HAAAH-52402; Sächsische OVG, Beschluss v. 6.4.2009 - 5 B 107/07, KStZ 2010 S. 138; A 17 Abs. 1 Satz 5 AEGrStG (mit Einschränkung); Troll/Eisele, GrStG § 17 Rz. 2; Roscher, eKommentar GrStG § 17 Rz. 8 m. w. N.; zust. Krause in Stenger/Loose, GrStG § 17 Rz. 44 ff.; Schnitter, GrStG 360° – eKommentar § 16 Rz. 12; vgl. auch Anm. von Lemaire, AO-StB 2020 S. 246; Günther, ErbStB 2020 S. 216; Kugelmüller-Pugh, HFR 2020 S. 833.

6 FG Berlin-Brandenburg, Urteil v. 18.01.2017 - 3 K 3179/16, NWB KAAAG-40471, nrkr., aufgehoben durch BFH, Urteil v. 12.2.2020 - II R 10/17, NWB HAAAH-52402.

7 Siehe dazu vertiefend Schmidt in Grootens, GrStG § 12 Rz. 1 ff.

8 Insoweit schränkt die Finanzverwaltung ihre Auffassung ein und will dies bei einer Zurechnungsfortschreibung berücksichtigen, A 17 Abs. 1 Satz 6 AEGrStG.

len, aber zu einer anderen Festsetzung des Grundsteuermessbetrags führen.[1] Dies wäre mit einer dinglichen Wirkung, wie sie die h. M. vorsieht, nicht zu vereinbaren. Zudem kann sich die dingliche Wirkung nicht auf etwas, wie die Berechnungsgrundlagen, beziehen, was nicht Inhalt des Bescheides ist. In Bestandskraft erwächst durch den Grundsteuermessbescheid allein der Grundsteuermessbetrag und nicht die Berechnungsgrundlagen. Der Grundsteuermessbescheid würde die Richtigkeit der h. M. unterstellt den Rechtsnachfolger weiter binden, als er es gegenüber dem Rechtsvorgänger täte. Die dingliche Wirkung des Grundsteuermessbescheids (also des Grundsteuermessbetrags) nach § 182 Abs. 2 Satz 1 AO wird von § 17 Abs. 1 GrStG durchbrochen. Danach ist eine (betragsmäßig korrekte) Neufestsetzung des Grundsteuermessbetrags durchzuführen, wenn und nicht insoweit eine Wertfortschreibung, Artfortschreibung oder Zurechnungsfortschreibung des Grundsteuerwerts durchgeführt wurde.[*] Für eine erneut betragsmäßig fehlerhafte Festsetzung obwohl der Gesetzgeber bereits einen Anlass für die Durchbrechung der Bestandskraft gesehen und eine entsprechende Änderungsnorm geschaffen hat, sind tragfähige Gründe nicht ersichtlich. Ein anderer Wille des Gesetzgebers findet sich auch nicht im Wortlaut des § 17 Abs. 1 GrStG wieder.

(Einstweilen frei) 57

5. Festsetzungsfrist

Es gelten die allgemeinen Vorschriften zur **Festsetzungsverjährung** nach §§ 169 ff. AO (vgl. 58
auch § 16 Abs. 3 GrStG). Es gilt nach § 169 Abs. 2 Nr. 2 AO die allgemeine Festsetzungsfrist von vier Jahren.[2] Die Frist beginnt für den Grundsteuermessbescheid nach § 170 Abs. 1 AO mit Ablauf des Kalenderjahres, in dem die Grundsteuer entstanden ist.[3] Nach § 184 Abs. 1 Satz 3 i.V. mit § 181 Abs. 5 Satz 1 AO kann ein Grundsteuermessbescheid solange noch erlassen werden, wie die Festsetzungsfrist für die Grundsteuer noch nicht abgelaufen ist.[4]

Bei einer bestehenden **Anzeigepflicht** in Bezug auf den Grundsteuermessbescheid nach § 19 59
GrStG beginnt die Festsetzungsfrist für den aufgrund der Änderungen zu erlassenden Grundsteuermessbescheid gem. § 170 Abs. 2 Satz 1 Nr. 1, Abs. 4 AO i.V. mit § 184 Abs. 1 Satz 3 AO mit Ablauf des Kalenderjahres, in dem die Anzeige beim Finanzamt eingeht, spätestens jedoch mit Ablauf des dritten Kalenderjahres, das auf das Kalenderjahr folgt, in dem die Grundsteuer entstanden ist.[5]

(Einstweilen frei) 60–62

6. Änderungsmöglichkeiten

Es gelten zunächst die **allgemeinen Änderungsvorschriften** der AO, insbesondere die §§ 172 ff. 63
AO.[6] Diese ermöglichen eine Änderung des Steuermessbescheids von Beginn an.[7] Die Ände-

---

* Ähnlich FG Berlin-Brandenburg, Urteil v. 18.1.2017 - 3 K 3179/16, NWB KAAAG-40471.

1 Siehe dazu Bock in Grootens, GrStG § 17 Rz. 31.

2 Sächsisches FG, Urteil v. 30.1.2008 - 1 K 1250/05, NWB VAAAC-76229.

3 Sächsisches FG, Urteil v. 30.1.2008 - 1 K 1250/05, NWB VAAAC-76229; Boeker in Hübschmann/Hepp/Spitaler, AO/FGO, AO § 184 Rz. 48.

4 BFH, Urteil v. 11.11.2009 - II R 14/08, BStBl 2010 II S. 723.

5 Siehe vertiefend Bock in Grootens, GrStG § 19 Rz. 48 und § 16 Rz. 40 ff.; Boeker in Hübschmann/Hepp/Spitaler, AO/FGO, AO § 184 Rz. 48; Mannek/Sklareck in Stenger/Loose, GrStG § 27 Rz. 49; Kirschstein in Stenger/Loose, § 19 Rz. 23; zweifelnd, aber i. E. ebenso Krumm/Paeßens, GrStG § 19 Rz. 11, § 16 Rz. 13.

6 Boeker in Hübschmann/Hepp/Spitaler, AO/FGO, AO § 184 Rz. 51; vgl. auch Krumm/Paeßens, GrStG, § 17 Rz. 21.

7 Vgl. auch Krumm/Paeßens, GrStG, § 17 Rz. 21.

rungsmöglichkeiten des Grundsteuermessbescheids nach den §§ 17 ff. GrStG sind nicht abschließend.[1] Als Dauerverwaltungsakt würde nach Ablauf der Festsetzungsfrist eine Änderung auch für die Zukunft nicht möglich sein. Zudem gibt es Sachverhalte, die eine Änderung des Grundsteuermessbescheids nicht von Beginn an, sondern von einem anderen Zeitpunkt an, erforderlich machen (bspw. bei einer Wertfortschreibung). Die Korrekturvorschriften der AO sehen für sich genommen die Rechtsfolge, einen Bescheid mit Wirkung für einen späteren Zeitpunkt zu ändern, nicht vor.[2] Die allgemeinen Änderungsvorschriften der AO werden daher durch ergänzende Regelungen in den **§§ 16 ff. GrStG** für Änderungen ab dem jeweiligen dort genannten Veranlagungszeitpunkt ergänzt. Der Grundsteuermessbescheid kann bei **offensichtlichen Fehlern**, wie Rechenfehlern, nach § 129 AO geändert werden.[3]

64 Wird ein Grundsteuerwertbescheid **erlassen, geändert oder aufgehoben**, ist der Grundsteuermessbescheid nach § 175 Abs. 1 Satz 1 Nr. 1 AO entsprechend zu erlassen, aufzuheben oder zu ändern.[4] Ist die Festsetzungsfrist für eine Änderung des Steuermessbescheids von Beginn an bereits abgelaufen oder muss eine Änderung zu einem späteren Veranlagungszeitpunkt erfolgen, bleibt zu prüfen, ob ein Fall der Neuveranlagung nach § 17 GrStG, der Nachveranlagung nach § 18 GrStG oder der Aufhebung nach § 20 GrStG gegeben ist.[5] Bei einer Fortschreibung (Wert-, Zurechnungs- oder Artfortschreibung) wird der ursprüngliche Grundsteuerwertbescheid nicht geändert, sondern für die Zukunft durch einen neuen Bescheid ersetzt (Fall des Ersterlass eines Bescheides).[6]

65–67 *(Einstweilen frei)*

7. Billigkeitsmaßnahmen

68 Nach § 184 Abs. 2 Satz 1 AO schließt die Befugnis, Grundsteuermessbeträge festzusetzen, auch die Befugnis zu Maßnahmen nach § 163 Abs. 1 Satz 1 AO ein, soweit für solche Maßnahmen in einer allgemeinen Verwaltungsvorschrift der Bundesregierung, der obersten Bundesfinanzbehörde oder einer obersten Landesfinanzbehörde Richtlinien aufgestellt worden sind.[7] Für **Billigkeitsmaßnahmen nach § 163 AO** sind grundsätzlich die Gemeinden zuständig. Unter den Voraussetzungen des § 184 Abs. 2 Satz 1 AO kann das jeweilige Finanzamt Grundsteuermessbeträge niedriger festsetzen und einzelne Besteuerungsgrundlagen, die den Grundsteuermessbetrag erhöhen, bei der Festsetzung des Grundsteuermessbetrags unberücksichtigt lassen, wenn die Festsetzung des Grundsteuermessbetrags nach Lage des einzelnen Falls unbillig wäre.

69 Die Entscheidung über die Billigkeitsmaßnahme ist ein **eigenständiger Steuerverwaltungsakt**, der Grundlagenbescheid für den Steuermessbescheid ist (zur Folge im Hinblick auf das Rechtsbehelfs- und Klageverfahren → siehe Rz. 84).[8] Eine Verbindung mit dem Steuermessbescheid ist gem. § 184 Abs. 1 Satz 3 AO i.V. mit § 163 Abs. 2 AO zulässig.

70–72 *(Einstweilen frei)*

1 Krumm/Paeßens, GrStG, § 17 Rz. 21.
2 BFH, Urteil v. 11.11.2009 - II R 14/08, BStBl 2010 II S. 723.
3 Boeker in Hübschmann/Hepp/Spitaler, AO/FGO, AO § 184 Rz. 46.
4 Boeker in Hübschmann/Hepp/Spitaler, AO/FGO, AO § 184 Rz. 52.
5 Vgl. auch Troll/Eisele, GrStG § 21 Rz. 3; Krumm/Paeßens, GrStG, § 17 Rz. 22, die den Anwendungsbereich für gering halten.
6 Zutreffend Krumm/Paeßens, GrStG, § 222 BewG Rz. 37; von Wedelstädt in Gosch, AO/FGO, § 175 AO Rz. 10.
7 Vgl. Abschnitt 43 GrStR.
8 Boeker in Hübschmann/Hepp/Spitaler, AO/FGO, AO § 184 Rz. 83.

8. Rechtsbehelfs- und Klageverfahren gegen den Grundsteuermessbescheid

a) Allgemeines

Gegen den Grundsteuermessbescheid ist der **Finanzrechtsweg** nach § 33 Abs. 1 Nr. 1 FGO eröffnet. Vor Klageerhebung ist nach § 44 Abs. 1 FGO i. d. R. das **Einspruchsverfahren** nach §§ 347 ff. AO als Rechtsbehelfsverfahren durchzuführen. Der Einspruch gegen den Grundsteuermessbescheid ist nach § 357 Abs. 2 AO bei der erlassenden Finanzbehörde, die zugleich Einspruchsbehörde ist (kein Devolutiveffekt, es existiert allerdings i. d. R. eine Rechtsbehelfsstelle) und Klage nach erfolglosem Einspruchsverfahren gem. § 35 FGO beim Finanzgericht einzureichen. Hinsichtlich örtlicher **Zuständigkeit** (§ 36 FGO), **Form** (insbesondere § 357 Abs. 1 AO/§ 64 Abs. 1 FGO) und **Frist** (§ 355 AO/§ 47 FGO) von Einspruch und Klage, **Rechtsbehelfsbelehrung** (§ 356 AO/§ 55 FGO), **Beteiligten-** (§ 78 AO), **Handlungs-** (§ 79 AO/§ 58 FGO) und **Postulationsfähigkeit** (§ 62 FGO) sowie **Rechtschutzbedürfnis**[1] gelten die allgemeinen Regelungen der AO und FGO. 73

(Einstweilen frei) 74–76

b) Klagearten

Es gelten die allgemeinen Klagearten nach § 40 FGO. In den meisten Fällen wird die **Anfechtungsklage** statthaft sein, da eine Aufhebung oder Änderung des Grundsteuermessbescheids begehrt wird. Wird der Erlass eines bisher unterlassenen Grundsteuermessbescheids begehrt, wäre hingegen die **Verpflichtungsklage** statthaft, wobei es hier regelmäßig an der Beschwer fehlen dürfte. Die Verpflichtungsklage kommt vor allem bei der Festsetzung von Erstattungen, bei einer begehrten Aufhebung des Steuermessbetrags nach § 20 GrStG[2] sowie bei Billigkeitsmaßnahmen nach § 184 Abs. 2 i.V. mit § 163 Abs. 1 AO in Betracht. 77

Wird die Feststellung des Nichtbestehens der Grundsteuerpflicht begehrt und hat der Kläger ein berechtigtes Interesse an einer baldigen Feststellung, ist die **allgemeine Feststellungsklage** statthaft. Hat sich das ursprüngliche Begehr gegen den Grundsteuermessbescheid erledigt und hat der Steuerpflichtige beispielsweise wegen einer zu befürchtenden Wiederholungsgefahr ein Interesse an der Feststellung der Rechtswidrigkeit des sich erledigten Grundsteuermessbescheids, wäre die **Fortsetzungsfeststellungklage** statthaft. 78

(Einstweilen frei) 79–81

c) Rechtsbehelfs- und Klagebefugnis sowie Beschwer

Die Rechtsbehelfs- und Klagebefugnis steht grundsätzlich nur dem **Inhaltsadressaten** als demjenigen zu, der unmittelbar von dem Grundsteuermessbescheid beschwert ist. Rechtsbehelfs- und Klagebefugnis steht insbesondere nicht dem Mieter zu, auf dem die Grundsteuer umgelegt wurde/werden soll.[3] Wegen der dinglichen Wirkungen des Grundsteuermessbescheids nach § 184 Abs. 1 Satz 4 AO i.V. mit § 182 Abs. 2 AO ist auch der **Rechtsnachfolger** gem. § 353 AO befugt, Einspruch einzulegen. Er kann allerdings nach § 353 AO nur innerhalb der für den Rechtsvorgänger maßgebenden Einspruchsfrist Einspruch einlegen. Wurde bereits vom Rechtsvorgänger Einspruch oder Klage erhoben, kommt für den Rechtsnachfolger gem. § 360 Abs. 1 82

---

1 Vgl. BFH, Beschluss v. 4.10.1996 - I B 54/96, BStBl 1997 II S. 136 zum fehlenden Rechtschutzbedürfnis einer Gemeinde bei einem Antrag auf Aussetzung der Vollziehung des Grundsteuermessbescheids.

2 Vgl. etwa BFH, Beschluss v. 12.1.2012 - II B 49/11, NWB JAAAE-04389.

3 Krumm/Paeßens, GrStG, § 16 Rz. 15.

AO bzw. § 60 Abs. 1 FGO eine einfache Beiladung in Betracht.[1] Unterschiedliche für dieselben Zeiträume wirkende Entscheidungen sind nicht zu erwarten, sodass eine einheitliche Entscheidung, die für eine notwendige Beiladung erforderlich ist, nicht abgesichert werden muss. Bei Tod des Steuerpflichtigen gelten für den Rechtsnachfolger die §§ 155 FGO i.V. m. §§ 239, 246 ZPO.[2]

83 Eine Beschwer kann nur hinsichtlich des **Regelungsinhalts** des Grundsteuermessbescheids vorliegen (siehe dazu → Rz. 39 f.). Eine Beschwer kann daher insbesondere im Hinblick auf

- die mit dem Grundsteuermessbescheid nach § 184 Abs. 1 Satz 2 AO zu erfolgende Entscheidung über die **persönliche und sachliche Steuerpflicht**, insbesondere den Umfang oder die Gewährung von Steuerbefreiungen, soweit hierüber nicht bereits im Rahmen des Grundsteuerwertbescheids nach § 219 Abs. 3 BewG entschieden wurde (Feststellung nur soweit für die Grundsteuer erforderlich; siehe vertiefend → Rz. 29),[3]
- die richtige Anwendung der zutreffenden **Steuermesszahl** sowie
- die eigentliche Berechnung des Steuermessbetrags vorliegen.[4]

Die **Aufhebung** eines Grundsteuermessbescheids kann i. d. R. nicht allein deshalb begehrt werden, weil der Grundsteuermessbescheid durch ein örtlich unzuständiges Finanzamt erlassen wurde.[5]

84 Besteht Streit über den **zutreffenden Grundsteuerberechtigten** kann dies nicht im Rahmen des Rechtsbehelfs- oder Klageverfahrens gegen Grundsteuermessbescheid geltend gemacht werden. Der Einwand, den auch der Steuerpflichtige erheben kann, ist mittels eines **Zuteilungsverfahrens** nach § 190 AO[6] geltend zu machen und ggf. der Rechtsweg gegen den Zuteilungsbescheid zu bestreiten.[7]

85 Gegen eine **abgelehnte Billigkeitsmaßnahme** nach § 184 Abs. 2 AO i.V. mit § 163 Abs. 1 AO (siehe dazu → Rz. 68 f.) kann der Steuerpflichtige nicht im Rahmen eines Verfahrens gegen den Grundsteuermessbescheid vorgehen. Es ist ggf. der Rechtsweg gegen den selbstständigen Verwaltungsakt zu bestreiten, in dem über die Billigkeitsmaßnahme entschieden wird.[8]

86 Wird eine **Änderung des Grundsteuerwerts** begehrt, muss diese gegen den Grundsteuerwertbescheid geltend gemacht werden. In einem Klageverfahren gegen den Grundsteuermessbescheid als Folgebescheid des Grundsteuerwertbescheids kann das Begehr zur Änderung oder Aufhebung des Grundsteuerwerts gem. § 351 Abs. 2 AO ggf. i.V. m. § 42 FGO nicht durchgesetzt werden. Eine Klage gegen den Grundsteuermessbescheid aus Gründen, die sich nur ge-

---

1 BFH, Urteil v. 18.12.2002 - II R 20/01 NWB NAAAA-89452 zur Einheitsbewertung; wohl für möglich haltend BFH, Beschluss v. 2.7.2001 - II B 135/00 NWB FAAAA-66769; a. A. Krumm/Paeßens, GrStG, § 16 Rz. 15; Leipold in Hübschmann/Hepp/Spitaler, AO/FGO, § 60 FGO Rz. 97 zur Einheitsbewertung m. w. N.; Hartman in Gosch, AO/FGO, § 60 FGO Rz. 89 zur Einheitsbewertung.

2 Krumm/Paeßens, GrStG, § 16 Rz. 15.

3 Vgl. BFH, Urteil v. 10.7.2002 - II R 22/00, NWB MAAAA-68190; BFH, Urteil v. 24.7.1985 - II R 227/82, BStBl 1986 II S. 128; BFH, Urteil v. 16.4.1986 - II R 207/84, NWB ZAAAB-28662; Boeker in Hübschmann/Hepp/Spitaler, AO/FGO, AO § 184 Rz. 96 m. w. N.

4 Boeker in Hübschmann/Hepp/Spitaler, AO/FGO, AO § 184 Rz. 88.

5 BFH, Urteil v. 19.11.2003 - I R 88/02, BStBl 2004 II S. 751.

6 Siehe dazu vertiefend Bock in Grootens, GrStG § 22 Rz. 113 ff.

7 Boeker in Hübschmann/Hepp/Spitaler, AO/FGO, AO § 184 Rz. 92.

8 Vgl. BFH, Urteil v. 11.10.1988 - VIII R 419/83, BStBl 1989 II S. 284 zum Gewerbesteuermessbescheid; Batis in Tipke/Kruse, AO/FGO, AO § 184 Rz. 19; Boeker in Hübschmann/Hepp/Spitaler, AO/FGO, AO § 184 Rz. 94.

gen den zugrundeliegenden Grundsteuerwertbescheid wenden, wäre daher mangels Beschwer durch den Grundsteuermessbescheid unzulässig.[1]

Den **Gemeinden** steht grundsätzlich **keine Rechtsbehelfs- und Klagebefugnis** gegen den Grundsteuermessbescheid zu.[2] Insbesondere im Grundsteuermessbescheid berücksichtigte Steuerbefreiungen mindern das Steueraufkommen der Gemeinden, so dass die Gemeinden ein Interesse haben, gegen den Grundsteuermessbescheid vorzugehen, wenn dieser beispielsweise rechtswidrig eine Grundsteuerbefreiung gewährt. Als Grundlagenbescheid ist die Gemeinde an den Grundsteuermessbescheid gebunden, so dass er ihr gegenüber unmittelbar Rechtswirkungen entfaltet. 87

§ 40 Abs. 3 FGO, der im Einspruchsverfahren entsprechend gilt,[3] schränkt die Klagebefugnis der Gemeinde ein. Nach § 40 Abs. 3 FGO können die Gemeinden nur in den Fällen Klage erheben, in denen das Land die Grundsteuer oder einen Teil der Grundsteuer unmittelbar oder mittelbar schulden würde. Eine unmittelbare Schuld der Grundsteuer liegt vor, wenn das Land selbst Steuerschuldner, also insbesondere Eigentümer von steuerpflichtigem Grundbesitz ist. Mittelbar i. S. des § 40 Abs. 3 FGO schuldet ein Land eine Abgabe nur dann, wenn es öffentlich-rechtlich verpflichtet ist, die Abgabenschuld eines Dritten zu erfüllen.[4] Eine mittelbare Schuld der Grundsteuer im Sinne einer Haftungsschuld ist nicht gegeben, wenn das Land einen rechtswidrigen Grundsteuermessbescheid erlassen hat. Die Klagebefugnis nach § 40 Abs. 3 FGO beschränkt sich daher auf Fälle einer Interessenkollision.[5] Diese Einschränkung verstößt als solche nicht gegen Art. 19 Abs. 4 GG (siehe aber auch → Rz. 89).[6] Eine generelle Klagebefugnis der Gemeinden könnte das Vertrauen der Steuerpflichtigen in die Bestandskraft der Grundsteuermessbescheide und damit die Akzeptanz der Grundsteuer nachhaltig erschüttern.[7] Die Gemeinde hat keinen Anspruch auf **Schadensersatz** aus § 280 BGB analog[8] oder aus **Amtshaftung** nach § 839 BGB i.V. m. Art. 34 GG[9] und ihr steht auch kein **Folgenbeseitigungsanspruch** zu.[10] 88

Eine **Klage- und Einspruchsbefugnis** gegen den Grundsteuermessbescheid aus der verfassungsrechtlich garantierten **Ertragshoheit der Gemeinden** nach Art. 106 Abs. 6 GG kann ebenfalls nicht hergeleitet werden, da Art. 106 Abs. 6 GG nicht den Erlass bestimmter Grundsteuermessbescheide, sondern lediglich die Zuweisung des tatsächlich angefallenen Ertrages garan- 89

1 BFH, Urteil v. 11.5.1983 - III R 20/80, juris; Finanzgericht Brandenburg, Urteil v. 21.11.2001 - 2 K 2309/99, NWB JAAAB-06945.

2 St. Rspr. BFH, Urteil v. 30.1.1976 - III R 60/74, BStBl 1976 II S. 426 m. w. N; Schnitter, 360° GrStG eKommentar § 13 Rz. 16; a. A. Fischer, StuW 1970 S. 63.

3 BFH, Beschluss v. 17.10.2001 - I B 6/01, BStBl 2002 II S. 91; FG Köln, Urteil v. 12.10.2012 - 13 V 2802/12, NWB CAAAE-25243.

4 BFH, Beschluss v. 21.6.2017 - IV B 8/16, NWB NAAAG-53333; BFH, Beschluss v. 17.10.2001 - I B 6/01, BStBl 2002 II S. 91 jeweils zur Gewerbesteuer.

5 FG Köln, Urteil v. 12.10.2012 - 13 V 2802/12, NWB CAAAE-25243.

6 BFH, Urteil v. 30.1.1976 - III R 60/74, BStBl 1976 II S. 426.

7 BFH, Urteil v. 30.1.1976 - III R 60/74, BStBl 1976 II S. 426; Krumm/Paeßens, GrStG, § 16 Rz. 18.

8 BVerwG, Urteil v. 15.6.2011 - 9 C 4/10 NWB HAAAD-93498 = BFH/NV 2011 S. 2223 zur Gewerbesteuer; Krumm/Paeßens, GrStG, § 16 Rz. 19.

9 OLG Köln, Urteil v. 6.7.2017 - 7 U 185/16, juris; siehe zur Gewerbesteuer auch BGH, Beschluss v. 25.9.2003 - III ZR 362/02 NWB YAAAB-98714 = BFH/NV 2004, Beilage 2 S. 177; Krumm/Paeßens, GrStG, § 16 Rz. 19.

10 BVerwG Urteil v. 15.6.2011 - 9 C 4/10 NWB HAAAD-93498 = BFH/NV 2011 S. 2223 zur Gewerbesteuer; Krumm/Paeßens, GrStG, § 16 Rz. 19.

tiert.[1] Eine Klagebefugnis der Gemeinde aus der kommunalen Finanzhoheit nach Art. 28 Abs. 2 Satz 3 GG kann nur ausnahmsweise angenommen werden, wenn eine nachhaltige, von der Gemeinde nicht mehr zu bewältigende und hinzunehmende Einengung ihrer Finanzspielräume vorliegt.[2]

90 Eine **Klage- und Einspruchsbefugnis** der Gemeinde kann sich zudem ausnahmsweise aus Art. 19 Abs. 4 Satz 1 GG ergeben. Die Gemeinde befindet sich zwar nicht in einem von Art. 19 Abs. 4 Satz 1 GG i. d. R. vorausgesetzten Über- und Unterordnungsverhältnis zum Finanzamt. **Entscheidet** das Finanzamt beim Erlass des Grundsteuermessbescheids aber **willkürlich**, d. h. ohne Begründung, aus offenbar falschen oder unsachlichen Gründen, soll sich die Gemeinde in einem faktischen Über- und Unterordnungsverhältnis befinden, so dass die Rechtsprechung ihr ein Klagerecht in diesen Fällen zugesteht.[3]

91–92 *(Einstweilen frei)*

d) Streitwert

93 Der **Streitwert** richtet sich wie bei Verfahren gegen die Grundsteuerwertfestsetzung gem. § 52 Abs. 1 GKG nach der **Bedeutung der Sache** für den Kläger. Danach richtet sich der Streitwert in einem Verfahren gegen den Grundsteuermessbescheid i. d. R. nach der durch die Aufhebung oder Änderung vom Steuerpflichtigen begehrten Grundsteuerersparnis für den Hauptveranlagungszeitraum von sieben Jahren.[4]

§ 14 GrStG Steuermesszahl für Betriebe der Land- und Forstwirtschaft

Für Betriebe der Land- und Forstwirtschaft beträgt die Steuermesszahl 0,55 Promille.

Inhaltsübersicht **Rz.**

1 BFH, Urteil v. 30.1.1976 - III R 60/74, BStBl 1976 II S. 426 zur Grundsteuer; BFH, Beschluss v. 21.6.2017 - IV B 8/16, NWB NAAAG-53333; BVerwG, Urteil v. 15.6.2011 - 9 C 4/10, NWB HAAAD-93498 jeweils zur Grunderwerbsteuer.

2 BVerwG, Urteil v. 15.6.2011 - 9 C 4/10, NWB HAAAD-93498 zur Grunderwerbsteuer.

3 BFH, Urteil v. 10.11.1961 - III 279/58 S, BStBl 1962 III S. 145; FG Köln, Urteil v. 12.10.2012 - 13 V 2802/12, NWB CAAAE-25243.

4 Vgl. BFH, Urteil v. 16.10.1996 - II R 17/96, BStBl 1997 II S. 228; FG Berlin-Brandenburg, Beschluss v. 8.6.2017 - 3 K 3033/17, NWB DAAAG-50205.

LITERATUR:

Back/Bahrs, Grundzüge und exemplarische Auswirkungen der neuen Grundsteuer für die Landwirtschaft, AgrB 2023 S. 197.

A. Allgemeine Erläuterungen zu § 14 GrStG

I. Normzweck und wirtschaftliche Bedeutung der Vorschrift

§ 14 GrStG bestimmt zunächst bundeseinheitlich die **Steuermesszahl** für die wirtschaftlichen Einheiten des **land- und forstwirtschaftlichen Vermögens**. Die Steuermesszahl beträgt für die Betriebe der Land- und Forstwirtschaft **0,55 Promille**. Die geringere Steuermesszahl im Vergleich zum alten Recht hat ihren gesetzgeberischen Grund in den erwarteten höheren Grundsteuerwerten im Vergleich zu den bisherigen Einheitswerten.[1] Die Auswirkung der geringeren Steuermesszahl auf die endgültige Steuerbelastung wird allerdings erst durch den von der Gemeinde festzulegenden Hebesatz bestimmt.[2] Die Steuermesszahl wird auf den festgestellten Grundsteuerwert für den jeweiligen land- und forstwirtschaftlichen Betrieb angewendet und ergibt den Grundsteuermessbetrag der jeweiligen wirtschaftlichen Einheit des land- und forstwirtschaftlichen Vermögens. Auf den Steuermessbetrag findet der jeweilige Hebesatz der Gemeinde für das land- und forstwirtschaftliche Vermögen Anwendung und ergibt die Grundsteuer für den jeweiligen Betrieb der Land- und Forstwirtschaft (sog. **Grundsteuer A**). 1

Nach Art. 72 Abs. 3 Nr. 7 GG können die **Länder** von der bundesgesetzlich geregelten Grundsteuer **abweichende Regelungen** treffen. Dies gilt auch für die Steuermesszahlen. Die Länder können daher auch nur abweichende Steuermesszahlen festlegen und im Übrigen das Bundesmodell anwenden. Auf diese Weise können die Länder ein aufkommensneutrales Steuermessbetragsvolumen auf Landesebene beispielsweise in Bezug auf das land- und forstwirtschaftliche Vermögen herstellen. Von dieser Möglichkeit hat in Bezug auf die Höhe der Steuermesszahl für land- und forstwirtschaftliches Vermögen noch kein Land Gebrauch gemacht, das im Übrigen das Bundesmodell anwendet. Dies dürfte daran liegen, dass die Gemeinden für das land- und forstwirtschaftliche Vermögen nach § 25 Abs. 4 Nr. 1 GrStG[3] eigene Hebesätze bestimmen können und auf diese Weise eine Aufkommensneutralität auf Gemeindeebene herstellen können. Lediglich Baden-Württemberg hat in § 40 Abs. 1 LGrStG BW[4] ebenfalls eine Grundsteuermesszahl für Betriebe der Land- und Forstwirtschaft in Höhe von 0,55 Promille festgelegt, die der Grundsteuermesszahl nach § 14 GrStG vorgeht. 2

(Einstweilen frei) 3–5

II. Entstehung und Entwicklung der Vorschrift

§ 14 GrStG wurde durch das Grundsteuerreformgesetz v. 7.8.1973[5] eingeführt. Durch das **GrStRefG** v. 26.11.2019[6] wurde die Steuermesszahl für die land- und forstwirtschaftlichen Betriebe von ursprünglich sechs vom Tausend auf 0,55 Promille angepasst, um für das land- und 6

1 BT-Drs. 19/11085 S. 123.
2 Krumm/Paeßens, GrStG, § 14 Rz. 1; Bruschke in Stenger/Loose, BewG/ErbStG/GrStG, § 14 GrStG Rz. 3.
3 Siehe vertiefend Grootens in Grootens, GrStG, § 25 Rz. 101 ff.
4 Siehe hierzu auch Schmidt in Grootens, LGrStG BW § 40 Rz. 27 f.
5 Grundsteuerreformgesetz v. 7.8.1973, BGBl 1973 I S. 965.
6 GrStRefG v. 26.11.2019, BGBl 2019 I S. 1794.

forstwirtschaftliche Vermögen ein aufkommensneutrales Steuermessbetragsvolumen auf Bundesebene zu schaffen.[1]

7–8 *(Einstweilen frei)*

III. Geltungsbereich

9 § 14 GrStG gilt für die **Betriebe der Land- und Forstwirtschaft** sowie diesen gleichgestellte Betriebsgrundstücke (wirtschaftliche Einheiten des land- und forstwirtschaftlichen Vermögens), soweit die Länder in Bezug auf § 14 GrStG nicht von ihrer Abweichungskompetenz nach Art. 72 Abs. 3 Satz 1 Nr. 7 GG Gebrauch gemacht haben (siehe dazu → Rz. 24 f.). § 14 findet **keine Anwendung** auf die wirtschaftlichen Einheiten des **Grundvermögens**. Die Steuermesszahlen für das Grundvermögen sind in § 15 GrStG geregelt. Erfasst werden durch die Anknüpfung an den Grundsteuerwert auch die inländischen Teile einer wirtschaftlichen Einheit, die sich sowohl auf das Inland als auch auf das Ausland erstrecken.

10 § 14 GrStG i. d. F. des GrStRefG v. 26.11.2019[2] ist gem. Art. 18 Abs. 1 GrStRefG am 3.12.2019 in Kraft getreten und findet gem. § 37 Abs. 1 GrStG für die Grundsteuer **ab dem Kalenderjahr 2025** Anwendung.[3] § 14 GrStG i. d. F. des Grundsteuerreformgesetzes v. 7.8.1973 mit der letzten Änderung durch Art. 38 des Gesetzes v. 19.12.2008 (BGBl I S. 2794) findet nach § 37 Abs. 2 GrStG für die Grundsteuer **bis einschließlich des Kalenderjahres 2024** Anwendung.

11–13 *(Einstweilen frei)*

IV. Verhältnis zu anderen Vorschriften

14 Die Steuermesszahl für Betriebe der Land- und Forstwirtschaft ergibt nach **§ 13 Satz 2 GrStG** den Steuermessbetrag und ist auf den nach **§ 219 Abs. 1 BewG** festgestellten Grundsteuerwert des jeweiligen land- und forstwirtschaftlichen Betriebs anzuwenden. Der Grundsteuerwert eines land- und forstwirtschaftlichen Betriebs bestimmt sich nach den **§§ 232 ff. BewG.**[4] **§ 40 Abs. 1 LGrStG BW,**[5] der ebenfalls eine Grundsteuermesszahl für land- und forstwirtschaftliche Betriebe i. H. von 0,55 Promille bestimmt, geht der bundesgesetzlichen Regelung in § 14 GrStG für in Baden-Württemberg gelegene land- und forstwirtschaftliche Betriebe vor.

15–17 *(Einstweilen frei)*

B. Systematische Kommentierung

I. Bundesgesetzliche Steuermesszahl für die land- und forstwirtschaftlichen Betriebe (§ 14 GrStG)

18 Die bundesgesetzlich geregelte **Steuermesszahl** für Betriebe der Land- und Forstwirtschaft beträgt nach § 14 GrStG einheitlich **0,55 Promille**. Mit ihr ist zur Ermittlung des Steuermessbetrags der festgestellte Grundsteuerwert des jeweiligen Betriebs der Land- und Forstwirt-

1 Vgl. BT-Drucks. 19/11085 S. 87.

2 Gesetz zur Reform des Grundsteuer- und Bewertungsrechts (Grundsteuer-Reformgesetz – GrStRefG) v. 26.11.2019, BGBl 2019 I S. 1794.

3 Schnitter, GrStG – eKommentar § 14 Rz. 4.

4 Siehe dazu vertiefend Müller in Grootens, BewG §§ 232 ff.

5 Siehe hierzu auch Schmidt in Grootens, LGrStG BW § 40 Rz. 27 f.

schaft zu multiplizieren. Wann ein Betrieb der Land- und Forstwirtschaft vorliegt und was dieser alles umfasst, richtet sich nach §§ 232 ff. BewG.[1]

BEISPIEL: Der Grundsteuerwert eines land- und forstwirtschaftlichen Betriebs wurde mit 150.000 € ermittelt und im Grundsteuerwertverfahren festgestellt. Es soll der Grundsteuermessbetrag festgesetzt werden. 19

LÖSUNG: Der Steuermessbetrag für den Betrieb der Land- und Forstwirtschaft beträgt nach §§ 13 und 14 GrStG:

150.000 € x 0,00055 = **82,50 €**

Anders als im bisherigen Recht werden Gebäude, die Wohnzwecken dienen, nach § 232 Abs. 4 BewG nicht dem land- und forstwirtschaftlichen Vermögen zugerechnet.[2] Die Steuermesszahl nach § 14 GrStG findet daher keine Anwendung mehr auf den **Wohnteil** und die **Betriebswohnungen** (vgl. noch § 33 Abs. 2 BewG). Damit erfolgt eine Gleichbehandlung mit anderen Wohngebäuden sowohl im Hinblick auf die Bewertung als auch im Hinblick auf die anzuwendende Steuermesszahl. 20

(Einstweilen frei) 21–23

II. Abweichende landesrechtliche Steuermesszahlen für die land- und forstwirtschaftlichen Betriebe

Mit dem Gesetz zur Änderung des Grundgesetzes (Art. 71, 105 und 125b) v. 15.11.2019 wurde den Ländern das Recht eingeräumt, vom Bundesrecht abweichende Regelungen bei der Grundsteuer zu treffen. Die Abweichungsbefugnis ist umfassend und kann sich auch nur auf einzelne Regelungen beziehen. Die Länder haben daher das Recht beispielsweise nur **abweichende Steuermesszahlen** zu bestimmen und im Übrigen das Bundesrecht anzuwenden. Sinn und Zweck von abweichenden Steuermesszahlen kann insbesondere sein, auf Landesebene ein aufkommensneutrales Steuermessbetragsvolumen in Bezug auf die einzelnen Vermögensarten und Grundstücksarten zu erreichen. 24

Von dem Recht der Höhe nach eine abweichende Steuermesszahl bei den Betrieben der Land- und Forstwirtschaft zu bestimmen, hat bisher noch **kein Land Gebrauch gemacht**. Dies dürfte daran liegen, dass die Gemeinden für das land- und forstwirtschaftliche Vermögen nach § 25 Abs. 4 Nr. 1 GrStG[3] eigene Hebesätze bestimmen und auf diese Weise eine Aufkommensneutralität auf Gemeindeebene herstellen können. **Baden-Württemberg** hat mit dem Gesetz zur Regelung einer Landesgrundsteuer (Landesgrundsteuergesetz – LGrStG)[4] in § 40 Abs. 1 LGrStG BW[5] ebenfalls eine Grundsteuermesszahl für Betriebe der Land- und Forstwirtschaft von 0,55 Promille festgelegt die der Grundsteuermesszahl nach § 14 GrStG vorgeht. 25

1 Siehe dazu vertiefend Müller in Grootens, BewG §§ 232 ff.

2 Siehe vertiefend Müller in Grootens, BewG § 232 Rz. 72 f. sowie BT-Drucks. 19/11085 S. 100.

3 Siehe vertiefend Grootens in Grootens, GrStG, § 25 Rz. 101 ff.

4 Gesetz zur Regelung einer Landesgrundsteuer (Landesgrundsteuergesetz – LGrStG) v. 4.11.2020, GBl 2020 S. 974.

5 Siehe hierzu auch Schmidt in Grootens, LGrStG BW § 40 Rz. 27 f.

§ 15 Steuermesszahl für Grundstücke[1]

(1) Die Steuermesszahl beträgt

1. für unbebaute Grundstücke im Sinne des § 246 des Bewertungsgesetzes 0,34 Promille,
2. für bebaute Grundstücke
   a) im Sinne des § 249 Absatz 1 Nummer 1 bis 4 des Bewertungsgesetzes 0,31 Promille,
   b) im Sinne des § 249 Absatz 1 Nummer 5 bis 8 des Bewertungsgesetzes 0,34 Promille.

(2) [1]Die Steuermesszahl nach Absatz 1 Nummer 2 Buchstabe a wird um 25 Prozent ermäßigt, wenn

1. für das Grundstück nach § 13 Absatz 3 des Wohnraumförderungsgesetzes vom 13. September 2001 (BGBl I S. 2376), das zuletzt durch Artikel 3 des Gesetzes vom 2. Oktober 2015 (BGBl I S. 1610) geändert worden ist, eine Förderzusage erteilt wurde und
2. die sich aus der Förderzusage im Sinne des § 13 Absatz 2 des Wohnraumförderungsgesetzes ergebenden Bindungen im Hauptveranlagungszeitraum bestehen.

[2]Liegen die Voraussetzungen des Satzes 1 für einen Teil der Gebäude oder für Teile eines Gebäudes vor, so ist die Ermäßigung der Steuermesszahl entsprechend anteilig zu gewähren.

(3) Absatz 2 gilt entsprechend für Grundstücke, für die nach dem Ersten Wohnungsbaugesetz vom 24. April 1950 (BGBl S. 83) in der bis zum 31. Dezember 1987 geltenden Fassung, nach dem Zweiten Wohnungsbaugesetz vom 27. Juni 1956 (BGBl I S. 523) in der bis zum 31. Dezember 2001 geltenden Fassung oder nach den Wohnraumförderungsgesetzen der Länder eine Förderzusage erteilt wurde.

(4) Liegen für ein Grundstück weder die Voraussetzungen des Absatzes 2 noch des Absatzes 3 vor, wird die Steuermesszahl nach Absatz 1 Nummer 2 Buchstabe a um 25 Prozent ermäßigt, wenn das jeweilige Grundstück

1. einer Wohnungsbaugesellschaft zugerechnet wird, deren Anteile mehrheitlich von einer oder mehreren Gebietskörperschaften gehalten werden und zwischen der Wohnungsbaugesellschaft und der Gebietskörperschaft oder den Gebietskörperschaften ein Gewinnabführungsvertrag besteht,
2. einer Wohnungsbaugesellschaft zugerechnet wird, die als gemeinnützig im Sinne des § 52 der Abgabenordnung anerkannt ist, oder
3. einer Genossenschaft oder einem Verein zugerechnet wird, für deren oder dessen Tätigkeit eine Steuerbefreiung nach § 5 Absatz 1 Nummer 10 des Körperschaftsteuergesetzes besteht und soweit der Grundbesitz der begünstigten Tätigkeit zuzuordnen ist.

(5) [1]Die Steuermesszahl nach Absatz 1 Nummer 2 wird für bebaute Grundstücke um 10 Prozent ermäßigt, wenn sich auf dem Grundstück Gebäude befinden, die Baudenkmäler im Sinne des jeweiligen Landesdenkmalschutzgesetzes sind. [2]Stehen auf einem Grundstück nur ein Teil der Gebäude oder nur Teile eines Gebäudes im Sinne des jeweiligen Landesdenkmalschutzgesetzes unter Denkmalschutz, so ist die Ermäßigung der Steuermesszahl entsprechend anteilig zu gewähren.

(6) [1]Der Abschlag auf die Steuermesszahl nach den Absätzen 2 bis 5 wird auf Antrag zunächst für jeden Erhebungszeitraum innerhalb des Hauptveranlagungszeitraums gewährt, wenn nachgewiesen wird, dass die jeweiligen Voraussetzungen zum Hauptveranlagungszeitpunkt vorliegen. [2]Treten die Voraussetzungen der Absätze 2 bis 5 erst im Laufe des Hauptveranlagungszeitraums ein und liegen sie zu Beginn des Erhebungszeitraums vor, wird der Steuermessbetrag auf Antrag nach § 17 Absatz 2 Nummer 1 neu veranlagt. [3]Entfallen die Voraussetzungen der Absätze 2 bis 5, ist dies nach § 19 Absatz 2 anzuzeigen und ist der Steuermessbetrag nach § 17 Absatz 2 Nummer 1 neu zu veranlagen oder nach § 21 zu ändern. [4]Der

1 **Anm. d. Red.:** § 15 Abs. 1 bis 3 i. d. F. des Gesetzes v. 16.7.2021 (BGBl I S. 2931) mit Wirkung v. 23.7.2021; Abs. 2, 4 i. d. F. des Gesetzes und Abs. 6 angefügt durch Gesetz v. 16.12.2022 (BGBl I S. 2294) mit Wirkung v. 21.12.2022; Abs. 5 i. d. F. des Gesetzes v. 26.11.2019 (BGBl I S. 1794) mit Wirkung v. 3.12.2019.

Antrag auf eine Ermäßigung der Steuermesszahl nach den Absätzen 2 bis 5 kann durch eine entsprechende Angabe in einer Erklärung nach § 228 Absatz 1 des Bewertungsgesetzes erfolgen.

Inhaltsübersicht Rz.

LITERATUR:

Eisele, Reform der Grundsteuer – Gesetzentwurf liegt vor! Teil II: Bewertung des land- und forstwirtschaftlichen Vermögens für Zwecke der Grundsteuer A/Änderungen des Grundsteuergesetzes, NWB 29/2019 S. 2127, NWB AAAAH-22096; *Eisele*, Update Reform der Grundsteuer (II), NWB 2019 S. 3291, NWB SAAAH-33427; *Eisele/Wiegand*, Grundsteuerreform 2022/2025, Stand: Januar 2020 (1. Auflage), NWB CAAAH-44415; *Schmidt*, Reform der Grundsteuer - Eine erste Analyse der Wertermittlung nach dem Ertragswertverfahren, NWB 50/2019 S. 3719, NWB BAAAH-36269; *Bräutigam/Weber*, Grundsteuerreform auf der Zielgeraden: Summarischer Überblick und anstehende Herausforderungen im Jahr 2022, DStR 2022 S. 337; *Scharfenberg/Dorn*, Zu den Rechtsformvorteilen von Genossenschaften im Bereich der Wohnungswirtschaft, DB 2022 S. 9; *Weiß/Klein*, Die neuen Grundsteuervergünstigungen – Zweifelsfragen bei der Ermäßigung der Steuermesszahl, DStR 2024 S. 272.

ARBEITSHILFEN UND GRUNDLAGEN ONLINE:

Berechnung der Grundsteuer nach der Gesetzesreform, Berechnungstool „Grundsteuer" nach dem Entwurf v. 21.6.2019, NWB NAAAH-30144.

VERWALTUNGSANWEISUNGEN:

Koordinierte Erlasse der obersten Finanzbehörden der Länder v. 22.6.2022 – Anwendung des Grundsteuergesetzes ab 1.1.2025 (AEGrStG), BStBl 2022 I S. 1171.

A. Allgemeine Erläuterungen zu § 15 GrStG

I. Normzweck und wirtschaftliche Bedeutung der Vorschrift

1 § 15 GrStG bestimmt die **Steuermesszahlen** für die Grundstücksarten **des Grundvermögens**. Dabei differenziert § 15 Abs. 1 GrStG dem Grunde nach zwischen den unbebauten Grundstücken und den Grundstücksarten der Wohngrundstücke und der Nichtwohngrundstücke einschließlich der gemischt genutzten Grundstücke. Der Höhe nach beträgt die Steuermesszahl für die Wohngrundstücke **0,31 Promille** und für die übrigen Grundstücke einheitlich **0,34 Promille**. Die Steuermesszahl wird auf den festgestellten Grundsteuerwert für das jeweilige Grundstück angewendet und ergibt den Grundsteuermessbetrag der jeweiligen wirtschaftlichen Einheit des Grundvermögens. Auf den Steuermessbetrag findet der jeweilige Hebesatz der Gemeinde für das Grundvermögen Anwendung und ergibt die Grundsteuer für das jeweilige Grundstück (sog. **Grundsteuer B**). § 25 Abs. 5 GrStG i. d. F. des Gesetzes zur Mobilisierung baureifer Grundstücke für die Bebauung sieht ab dem 1.1.2025 zudem die Möglichkeit für die Gemeinden vor, für baureife unbebaute Grundstücke einen erhöhten Hebesatz festzulegen (sog. **Grundsteuer C**).[1]

2 § 15 Abs. 2–4 GrStG enthält Ermäßigungen der Steuermesszahlen für nach dem **Wohnungsbauförderungsgesetz** des Bundes und der Länder geförderte Grundstücke sowie für Grundstücke bestimmter Eigentümer, deren Vermögen öffentlich-rechtlich oder privatrechtlich zweckgebunden zu verwenden ist. § 15 Abs. 5 GrStG enthält eine ermäßigte Steuermesszahl für **denkmalgeschützte Gebäude**. § 15 Abs. 6 GrStG enthält verfahrensrechtliche Regelungen zur Gewährung der ermäßigten Steuermesszahl. Die Vergünstigungstatbestände nach § 15 Abs. 2–5 GrStG haben erhebliche praktische Bedeutung; von ihnen sollen über eine Million wirtschaftliche Einheiten erfasst werden.[2] Allein der Gesamtbestand an Mietwohnungen mit

1 Siehe hierzu vertiefend Grootens in Grootens, GrStG § 25 Rz. 121 ff.

2 Weiß/Klein, DStR 2024 S. 272.

Miet- und Belegungsbindungen betrug im Jahr 2022 ca. eine Million[1] und die Gesamtzahl an Baudenkmälern in Deutschland im Jahr 2018 ca. 650.000.[2]

Nach Art. 72 Abs. 3 Nr. 7 GG können die **Länder** von der bundesgesetzlich geregelten Grundsteuer **abweichende Regelungen** treffen. Dies gilt auch für die Steuermesszahlen. Die Länder können daher auch nur abweichende Steuermesszahlen festlegen und im Übrigen das Bundesmodell anwenden (siehe dazu → Rz. 35 ff.). Auf diese Weise können die Länder ein aufkommensneutrales Steuermessbetragsvolumen beispielsweise in Bezug auf das Grundvermögen auf Landesebene herstellen. 3

(Einstweilen frei) 4–5

II. Entstehung und Entwicklung der Vorschrift

§ 15 GrStG wurde durch das Grundsteuerreformgesetz v. 7.8.1973[3] eingeführt und durch das **GrStRefG** v. 26.11.2019[4] erheblich angepasst. Neben der Anpassung der Steuermesszahlen des Grundvermögens erfolgte die Aufnahme von Ermäßigungen bei der Steuermesszahl in bestimmten Sachverhaltskonstellationen. 6

§ 15 Abs. 5 GrStG wurde erst im Laufe des Gesetzgebungsverfahren in das Gesetz aufgenommen.[5] Der Regierungsentwurf und der Entwurf der Fraktionen der CDU/CSU und der SPD zur Reform des Grundsteuer- und Bewertungsrechts sahen eine Ermäßigung auf die Steuermesszahl bei **denkmalgeschützten Gebäuden** nicht vor. 7

In der Stellungnahme des Bundesrats wurde gefordert, den § 15 Abs. 2 Nr. 1 dahingehend zu ergänzen, dass neben der Förderzusage durch Verwaltungsakt die **Förderzusage durch öffentlich-rechtlichen Vertrag** ergänzt wird.[6] Die Ergänzung wurde zunächst nicht aufgenommen und die Forderung vom Bundesrat im weiteren Gesetzgebungsverfahren nicht aufrechterhalten. Das Regelungsbegehren wurde anschließend im Gesetzgebungsverfahren zum **GrStRefUG**[7] durch Streichung der Einschränkung auf einen Verwaltungsakt aufgenommen.[8] 8

Über die in → Rz. 8 dargestellte Änderung hinaus wurde § 15 GrStG im GrStRefUG an mehreren Stellen angepasst. Die **Steuermesszahl** für **Wohngebäude** in § 15 Abs. 1 Nr. 2 Buchst. a GrStG wurde von 0,34 auf 0,31 Promille abgesenkt. Die Anpassung wurde zur Wiederherstellung der Aufkommensneutralität in Bezug auf das Messbetragsvolumen auf Bundesebene erforderlich, da mit dem GrStRefUG auch die Nettokaltmieten an den Mikrozensus 2018 angepasst wurden.[9] In § 15 Abs. 2 GrStG wurde klargestellt, dass die **Förderzusage i. S. des § 13 Abs. 2 des Wohnraumförderungsgesetzes** und nicht die Bestimmungen i. S. des § 13 Abs. 2 des Wohnraumförderungsgesetzes gemeint sind.[10] In § 15 Abs. 2 GrStG wurde zudem eine Regelung **für teilweise nach dem Wohnraum-** 9

---

1 BT-Drucks. 20/1824 Anlage 4.

2 Baudenkmäler nach Bundesländern 2018, Statista Research Department, https://de.statista.com/statistik/daten/studie/1074253/umfrage/baudenkmaeler-nach-bundeslaendern/, zuletzt abgerufen 29.05.2024.

3 BGBl 1973 I S. 965.

4 Gesetz zur Reform des Grundsteuer- und Bewertungsrechts (Grundsteuer-Reformgesetz – GrStRefG) v. 26.11.2019, BGBl 2019 I S. 1794.

5 Vgl. Beschlussempfehlung des Finanzausschusses, BT-Drucks. 19/14138 S. 52.

6 Vgl. BT-Drucks. 19/13453 S. 23.

7 Gesetz zur erleichterten Umsetzung der Reform zur Grundsteuer und zur Änderung weiterer steuerrechtlicher Vorschriften (GrStRefUG) v. 16.7.2021, BGBl I 2021 S. 2931.

8 Vgl. BT-Drucks. 19/30489 S. 24.

9 Vgl. BT-Drucks. 19/28902 S. 25.

10 Vgl. BT-Drucks. 19/30489 S. 24.

förderungsgesetz geförderte wirtschaftliche Einheiten aufgenommen.[1] In § 15 Abs. 3 GrStG wurde klargestellt, dass auch eine Förderung nach dem **Vorgängergesetz** des Wohnraumförderungsgesetz für die Gewährung einer ermäßigten Steuermesszahl genügt.[2]

10 Mit dem **Jahressteuergesetz 2022**[3] wurde § 15 GrStG an mehreren Stellen angepasst.[4] In § 15 Abs. 2 Satz 1 Nr. 2 GrStG wurde klargestellt, dass die Voraussetzungen für die Gewährung der ermäßigten Steuermesszahl im Hauptveranlagungszeitraum vorliegen müssen und nicht in jedem Erhebungszeitraum innerhalb des Hauptveranlagungszeitraums (siehe vertiefend → Rz. 65).[5] In § 15 Abs. 4 Satz 1 Nr. 3 GrStG wurde klargestellt, dass die Steuerermäßigung für Grundbesitz einer Genossenschaft oder eines Vereins, für deren oder dessen Tätigkeit eine Steuerbefreiung nach § 5 Abs. 1 Nr. 10 KStG besteht, insoweit gewährt wird, wie der Grundbesitz der begünstigten Tätigkeit zuzuordnen ist. Nach dem bisherigen Wortlaut der Norm war nicht sicher, ob eine Steuerermäßigung auch dann gewährt wird, wenn die Tätigkeit nicht vollständig der Steuerbefreiung nach § 5 Abs. 1 Nr. 10 KStG unterliegt (siehe → Rz. 96).[6] Im neuen § 15 Abs. 6 GrStG wird das Verfahren zur Gewährung der Steuerermäßigungen nach § 15 Abs. 2–5 GrStG gebündelt und insbesondere für den Fall geregelt, dass die Voraussetzungen nur zeitanteilig im Hauptveranlagungszeitraum vorliegen (siehe → Rz. 141 ff.)[7] § 15 Abs. 4 Satz 2 und 3 GrStG wurden entsprechend gestrichen. Die Änderungen klären bis dahin bestehende Zweifelsfragen und sind daher zu begrüßen.

11 Im Gesetzgebungsverfahren zum **Jahressteuergesetz 2024**[8] hat der Bundesrat[9] die Einfügung eines § 15 Abs. 7 GrStG angeregt, der letztlich keinen Eingang im Gesetz gefunden hat. Die empfohlene Regelung ist im Zusammenhang mit der Einführung der Möglichkeit zum Nachweis eines niedrigeren gemeinen Werts nach § 220 Abs. 2 BewG[10] als Reaktion auf die Rechtsprechung des BFH[11] zu sehen. § 15 Abs. 7 GrStG-E sollte in diesem Zusammenhang regeln, dass eine ermäßigte Steuermesszahl nach den § 15 Abs. 2 bis 5 GrStG dann nicht in Anspruch genommen werden kann, wenn die Wohnraumförderung oder die Denkmaleigenschaft sich beim Nachweis des niedrigeren gemeinen Werts bereits wertmindernd ausgewirkt haben. Damit sollte eine vermeintliche Doppelbegünstigung ausgeschlossen werden.[12] Die Bundesregierung hat in ihrer Gegenäußerung eine Prüfung dieser Regelung zugesagt. Sie sieht insbesondere keine Notwendigkeit, die Ermäßigung der Steuermesszahl für den sozialen Wohnungsbau als Folgeänderung einzuschränken, da die vorgeschlagenen Änderungen des Bewertungsgesetzes und § 15 Abs. 2 und 3 GrStG unterschiedliche Zielrichtungen hätten. Die Minderung der Steuermesszahl für den sozialen Wohnungsbau solle nicht den geringeren Wert des Grundstücks ausgleichen. Es handele sich vielmehr um eine zielgenaue Verschonungsregelung, mit der die Schaffung und Verfügbarmachung von ausreichendem

1 Vgl. BT-Drucks. 19/30489 S. 24.
2 Vgl. BT-Drucks. 19/30489 S. 24.
3 Jahressteuergesetz 2022 (JStG 2022) v. 16.12.2022, BGBl 2022 I S. 2294.
4 Vgl. BT-Drucks. 20/3879 S. 35.
5 Vgl. BT-Drucks. 20/3879 S. 131.
6 Vgl. BT-Drucks. 20/3879 S. 132.
7 Vgl. BT-Drucks. 20/3879 S. 132.
8 Jahressteuergesetz 2024 (JStG 2024) v. 2.12.2024, BGBl I 2024 Nr. 387.
9 BR-Drucks. 369/24 S. 115.
10 Siehe hierzu Kurt in Grootens, GrStG, § 220 BewG Rz. 91 ff.
11 BFH, Beschlüsse v. 27.5.2024 - II B 78/23 (AdV) und II B 79/23 (AdV), BStBl 2024 II S. 543 und S. 546 m. Anm. Bock, HFR 2024 S. 826.
12 Vgl. BR-Drucks. 369/24 S. 116.

Wohnraum begünstig werden soll.[1] Ähnliches gilt auch für die Ermäßigung der Steuermesszahl bei denkmalgeschützten Gebäuden, die unabhängig davon gewährt wird, ob sich die Denkmaleigenschaft werterhöhend oder wertmindernd auswirkt.

III. Geltungsbereich

§ 15 GrStG gilt für die Grundstücke und diesen gleichgestellten Betriebsgrundstücken (wirtschaftliche Einheiten des **Grundvermögens**), soweit die Länder in Bezug auf § 15 GrStG nicht von ihrer Abweichungskompetenz nach Art. 72 Abs. 3 Satz 1 Nr. 7 GG Gebrauch gemacht haben (siehe dazu → Rz. 35 ff.). § 15 GrStG gilt hingegen **nicht für das land- und forstwirtschaftliche Vermögen**. Die Steuermesszahl für das land- und forstwirtschaftliche Vermögen ist in § 14 GrStG geregelt. Da die Wohngebäude eines land- und forstwirtschaftlichen Betriebs nunmehr dem Grundvermögen zugeordnet werden, findet § 15 GrStG auf diese uneingeschränkte Anwendung.[2] Erfasst werden durch die Anknüpfung an den Grundsteuerwert auch die inländischen Teile einer wirtschaftlichen Einheit, die sich sowohl auf das Inland als auch auf das Ausland erstrecken.[3] 12

§ 15 GrStG i. d. F. des GrStRefG v. 26.11.2019[4] ist gem. Art. 18 Abs. 1 GrStRefG am 3.12.2019 in Kraft getreten. § 15 Abs. 1 Nr. 2 Buchst. a, § 15 Abs. 2 und Abs. 3 GrStG i. d. F. des GrStRefUG v. 16.7.2021[5] sind gem. Art. 7 GrStRefUG am 23.7.2021 in Kraft getreten. § 15 Abs. 2 Satz 1 Nr. 2, Abs. 4 und Abs. 6 GrStG i. d. F. des JStG 2022[6] sind gem. Art. 43 Abs. 1 JStG 2022 am 21.12.2022 in Kraft getreten. § 15 GrStG in der aktuell gültigen Fassung findet unabhängig von den jeweiligen Zeitpunkten des Inkrafttretens gem. § 37 Abs. 1 GrStG erst für die Grundsteuer **ab dem Kalenderjahr 2025** Anwendung.[7] § 15 GrStG i. d. F. des Grundsteuerreformgesetzes v. 7.8.1973 mit der letzten Änderung durch Art. 38 des Gesetzes v. 19.12.2008 (BGBl I S. 2794) findet nach § 37 Abs. 2 GrStG für die Grundsteuer **bis einschließlich des Kalenderjahres 2024** Anwendung. 13

(Einstweilen frei) 14–16

IV. Verhältnis zu anderen Vorschriften

Die Steuermesszahl für das Grundvermögen ist auf den nach **§ 219 Abs. 1 BewG** festgestellten Grundsteuerwert der jeweiligen wirtschaftlichen Einheit des Grundvermögens anzuwenden. Dies ergibt nach § 13 Satz 2 GrStG den Steuermessbetrag. Die Ermittlung des Grundsteuerwerts des jeweiligen Grundstücks richtet sich nach **§§ 243 ff. BewG**. § 15 Abs. 1 GrStG differenziert zwischen den unbebauten Grundstücken nach **§ 246 BewG** und innerhalb der bebauten Grundstücke zwischen den Wohngrundstücken nach **§ 249 Abs. 1 Nr. 1–4 BewG** und den Nichtwohngrundstücken einschließlich der gemischt genutzten Grundstücke nach **§ 249 Abs. 1 Nr. 5–8 BewG**. Die Einordnung in eine der Grundstücksarten ergibt sich aus **§ 249 Abs. 2–10 BewG.** 17

1 BT-Drucks. 20/13157 S. 111.

2 Schnitter, 360° GrStG eKommentar § 15 Rz. 7.

3 Schnitter, 360° GrStG eKommentar § 15 Rz. 7.

4 Gesetz zur Reform des Grundsteuer- und Bewertungsrechts (Grundsteuer-Reformgesetz – GrStRefG) v. 26.11.2019, BGBl 2019 I S. 1794.

5 Gesetz zur erleichterten Umsetzung der Reform zur Grundsteuer und zur Änderung weiterer steuerrechtlicher Vorschriften (GrStRefUG) v. 16.7.2021, BGBl 2021 I S. 2931.

6 Jahressteuergesetz (JStG 2022) v. 16.12.2022, BGBl 2022 I S. 2294.

7 Schnitter, GrStG – eKommentar § 15 Rz. 5.

18 Fallen die Voraussetzungen für eine Ermäßigung der Steuermesszahl weg, ist dies nach **§ 19 Abs. 2 GrStG**[1] dem zuständigen Finanzamt anzuzeigen.[2] **§ 25 Abs. 5 GrStG** i. d. F. des Gesetzes zur Mobilisierung baureifer Grundstücke für die Bebauung sieht ab dem 1.1.2025 zudem die Möglichkeit für die Gemeinden vor, für baureife unbebaute Grundstücke i. S. von § 15 Abs. 1 Nr. 1 GrStG einen erhöhten Hebesatz festzulegen (sog. **Grundsteuer C**).[3]

19–21 *(Einstweilen frei)*

B. Systematische Kommentierung

I. Steuermesszahl für Grundstücke (§ 15 Abs. 1 GrStG)

1. Steuermesszahl für unbebaute Grundstücke (§ 15 Abs. 1 Nr. 1 GrStG)

22 Die bundesgesetzlich geregelte **Steuermesszahl** für unbebaute Grundstücke beträgt nach § 15 Abs. 1 Nr. 1 GrStG einheitlich **0,34 Promille**. Wann ein unbebautes Grundstück vorliegt, richtet sich nach § 246 BewG.[4] Mit ihr ist zur Ermittlung des Steuermessbetrags der festgestellte Grundsteuerwert des jeweiligen unbebauten Grundstücks zu multiplizieren.

23 BEISPIEL: Der Grundsteuerwert eines unbebauten Grundstücks wurde mit 200.000 € ermittelt und im Grundsteuerwertverfahren festgestellt. Es soll der Grundsteuermessbetrag festgesetzt werden.

LÖSUNG: Der Steuermessbetrag für das unbebaute Grundstück beträgt nach §§ 13 und 15 Abs. 1 Nr. 1 GrStG:

200.000 € x 0,00034 = **68,00 €**

24–26 *(Einstweilen frei)*

2. Steuermesszahl für bebaute Grundstücke (§ 15 Abs. 1 Nr. 2 GrStG)

a) Steuermesszahl für die Wohngrundstücke (§ 15 Abs. 1 Nr. 2 Buchst. a GrStG)

27 Die bundesgesetzlich geregelte **Steuermesszahl** für die Wohngrundstücke i. S. des § 249 Abs. 1 Nr. 1–4 BewG beträgt nach § 15 Abs. 1 Nr. 1 GrStG einheitlich **0,31 Promille** (siehe auch → Rz. 9). Wohngrundstücke i. S. des § 249 Abs. 1 Nr. 1–4 BewG sind Ein- und Zweifamilienhäuser, Mietwohngrundstücke und das Wohnungseigentum. Die Einordnung in eine dieser Grundstücksarten richtet sich nach § 249 Abs. 2–5 und 10 BewG.[5] Mit der Steuermesszahl ist zur Ermittlung des Steuermessbetrags der festgestellte Grundsteuerwert des jeweiligen bebauten Grundstücks i. S. des § 249 Abs. 1 Nr. 1–4 BewG zu multiplizieren (siehe Beispiel → Rz. 23).

28–30 *(Einstweilen frei)*

1 Siehe hierzu vertiefend Bock in Grootens, GrStG § 19 Rz. 27 ff.
2 A 15.1 Abs. 2 Satz 1.
3 Siehe hierzu vertiefend Grootens in Grootens, GrStG § 25 Rz. 121 ff.
4 Siehe dazu vertiefend Bock in Grootens, BewG § 246.
5 Siehe dazu vertiefend Bock in Grootens, BewG § 249 Rz. 19 ff.

b) Steuermesszahl für die Nichtwohngrundstücke und gemischt genutzten Grundstücke (§ 15 Abs. 1 Nr. 2 Buchst. b GrStG)

Die bundesgesetzlich geregelte **Steuermesszahl** für die Nichtwohngrundstücke und gemischt genutzten bebauten Grundstücke i. S. des § 249 Abs. 1 Nr. 5–8 BewG beträgt nach § 15 Abs. 1 Nr. 1 GrStG einheitlich **0,34 Promille**. Nichtwohngrundstücke i. S. des § 249 Abs. 1 Nr. 5, Nr. 6 und Nr. 8 BewG sind Teileigentum, die Geschäftsgrundstücke und sonstige bebaute Grundstücke. Die Einordnung in eine dieser Grundstücksarten richtet sich nach § 249 Abs. 6–9 BewG.[1] Mit der Steuermesszahl ist zur Ermittlung des Steuermessbetrags der festgestellte Grundsteuerwert des jeweiligen bebauten Grundstücks i. S. des § 249 Abs. 1 Nr. 5–8 BewG zu multiplizieren (siehe Beispiel → Rz. 23). 31

(Einstweilen frei) 32–34

3. Abweichende landesrechtliche Steuermesszahlen

Mit dem Gesetz zur Änderung des Grundgesetzes (Art. 71, 105 und 125b) v. 15.11.2019 wurde den Ländern das Recht eingeräumt, vom Bundesrecht abweichende Regelungen bei der Grundsteuer zu treffen. Die Abweichungsbefugnis ist umfassend und kann sich auch nur auf einzelne Regelungen beziehen. Die Länder haben daher das Recht beispielsweise nur **abweichende Steuermesszahlen** zu bestimmen und im Übrigen das Bundesrecht anzuwenden.[2] Sinn und Zweck von abweichenden Steuermesszahlen kann insbesondere sein, auf Landeebene ein aufkommensneutrales Steuermessbetragsvolumen in Bezug auf die Vermögensarten und einzelnen Grundstücksarten zu erreichen. Mit unterschiedlichen Steuermesszahlen können aber auch Förderzwecke verfolgt werden. Eine Differenzierung der Steuermesszahlen muss sich insbesondere an Art. 3 Abs. 1 GG messen lassen.[3] 35

Einige Länder **(Baden-Württemberg,[4] Bayern,[5] Hessen,[6] Niedersachsen[7] und Hamburg[8])** haben eigene Grundsteuermodelle verabschiedet und in diesem Zusammenhang eigene Steuermesszahlen auf das Grundvermögen verabschiedet, die aufgrund einer anders ermittelten Bemessungsgrundlage nicht mit den bundesgesetzlichen Grundsteuermesszahlen vergleichbar sind. Von dem Recht, ausschließlich abweichende Steuermesszahlen bei den Grundstücken zu be- 36

1 Siehe dazu vertiefend Bock in Grootens, BewG § 249 Rz. 64 ff.

2 Siehe auch die Übersicht bei Bräutigam/Weber, DStR 2022 S. 337.

3 Siehe hierzu vertiefend Desens in Stenger/Loose, BewG/ErbStG/GrStG, Landesgrundsteuergesetz Sachsen, Rz. 21 ff.; Krumm/Paeßens, GrStG, Grundlagen Rz. 115.

4 Vgl. § 40 des Gesetzes zur Regelung einer Landesgrundsteuer (Landesgrundsteuergesetz – LGrStG) v. 4.11.2020, GBl f. BW 2020 S. 974; siehe auch Schmidt in Grootens, LGrStG BW § 40 Rz. 27 ff.

5 Vgl. Art. 4 des Bayerischen Grundsteuergesetzes (BayGrStG) v. 10.12.2021, GVBl 2021 S. 638; siehe auch Lehmann in Grootens, BayGrStG Art. 4 Rz. 1 ff.

6 Vgl. § 6 des Hessischen Grundsteuergesetzes (HGrStG) v. 15.12.2021, GBl f. HE 2020 S. 906; siehe auch Bock/Lapp in Grootens, HGrStG § 6 Rz. 1 ff.

7 Vgl. § 6 des Niedersächsischen Grundsteuergesetzes v. 7.7.2021, Nds. GVBl Nr. 27/2021 S. 502 ff.; siehe auch Bock/Lapp in Grootens, NGrStG § 6 Rz. 26 ff.

8 Vgl. § 4 des Hamburgischen Grundsteuergesetzes (HmbGrStG) v. 24.8.2021, HmbGVBl 2020, S 600 ff.

stimmen, haben **Sachsen**[1], **Saarland**[2], **Berlin**[3] und **Bremen**[4] Gebrauch gemacht. In den übrigen Ländern gelten die bundesgesetzlichen Steuermesszahlen. Einige Länder (**Nordrhein-Westfalen**[5], **Schleswig-Holstein**[6] und **Sachsen-Anhalt**[7]) haben sich allerdings dafür entschieden anstelle einer landesspezifischen Steuermesszahl das Hebesatzrecht der Gemeinden zu öffnen und diesen eine weitere **Differenzierung der Hebesätze** bei der Gruppe der Nichtwohngrundstücke und unbebauten Grundstücke einerseits und der Wohngrundstücke andererseits zu ermöglichen, um auf diese Weise grundstücksgruppenspezifische Aufkommensneutralität auf Kommunalebene herstellen zu können.

37 Für das Land **Sachsen** ergeben sich nach §1 SächsGrStMG für die wirtschaftlichen Einheiten des Grundvermögens folgende Grundsteuermesszahlen:

Grundstücksart	**Grundsteuermesszahl**	**Norm**
Unbebaute Grundstücke	0,36 Promille	§ 1 Nr. 1 SächsGrStMG[8]
Wohngrundstücke	0,36 Promille	§ 1 Nr. 2 SächsGrStMG[9]
Nichtwohngrundstücke einschl. gemischt genutzte Grundstücke	0,72 Promille	§ 1 Nr. 3 SächsGrStMG[10]

38 Für das **Saarland** ergeben sich nach §1 GrStG Saar für die wirtschaftlichen Einheiten beim Grundvermögen folgende Grundsteuermesszahlen:

Grundstücksart	**Grundsteuermesszahl**	**Norm**
Unbebaute Grundstücke	0,64 Promille	§ 1 Abs. 1 Nr. 1 GrStG Saar[11]
Wohngrundstücke	0,34 Promille	§ 1 Abs. 1 Nr. 2 GrStG Saar[12]
Nichtwohngrundstücke einschl. gemischt genutzte Grundstücke	0,64 Promille	§ 1 Abs. 1 Nr. 3 GrStG Saar[13]

1 Vgl. § 1 des Sächsischen Gesetzes zur Umsetzung der Grundsteuerreform v. 3.2.2021, SächsGVBl 2021 S. 242; siehe auch Grootens in Grootens, SächsGrStMG § 1 Rz. 22 ff.

2 Vgl. § 1 des Gesetzes zur Einführung einer Landesgrundsteuer (Saarländisches Grundsteuergesetz, GrStG-Saar), Amtsblatt des Saarlandes I 2021 S. 2372; siehe auch Grootens in Grootens, GrStG-Saar § 1 Rz. 22 ff.

3 Vgl. § 1 des Gesetzes über die Festsetzung der Steuermesszahlen bei der Grundsteuer Berlin (Berliner Grundsteuermesszahlengesetz – BlnGrStMG v. 27.6.2024, BlnGVBl 2024 S. 422; siehe auch Grootens, BlnGrStMG § 1 Rz. 22 ff.

4 Vgl. § 1 des Bremischen Gesetzes über die Festsetzung der Steuermesszahlen bei der Grundsteuer (Bremisches Grundsteuermesszahlengesetz – BremGrStMG v. 18.9.2024), Brem. GBl 2024, S. 736; siehe auch Grootens in Grootens, BremGrStMG, § 1 Rz. 22 ff.

5 Nordrhein-westfälischen Grundsteuerhebesatzgesetzes v. 5.7.2024, GVBl. NW 2024 S. 485; siehe vertiefend Bock/Lapp in Grootens, NWGrStHsG, Vorwort Rz. 1 ff.

6 Schleswig-Holsteinischen Grundsteuerhebesatzgesetzes v. 15.10.2024, GVBl. SH 2024 S. 748, siehe vertiefend Bock/Lapp in Grootens, SHGrStHsG, Vorwort Rz. 1 ff.

7 Grundsteuerhebesatzgesetzes Sachsen-Anhalt v. 1.11.2024, GVBl. LSA 2024 S. 312; siehe vertiefend Bock/Lapp in Grootens, GrStHsG LSA, Vorwort Rz. 1 ff.

8 Siehe vertiefend Grootens in Grootens, SächsGrStMG § 1 Rz. 22 ff.

9 Siehe vertiefend Grootens in Grootens, SächsGrStMG § 1 Rz. 27 f.

10 Siehe vertiefend Grootens in Grootens, SächsGrStMG § 1 Rz. 31 f.

11 Siehe vertiefend Grootens in Grootens, GrStG Saar § 1 Rz. 22 ff.

12 Siehe vertiefend Grootens in Grootens, GrStG Saar § 1 Rz. 27 f.

13 Siehe vertiefend Grootens in Grootens, GrStG Saar § 1 Rz. 31 f.

Für **Berlin** ergeben sich nach § 1 BlnGrStMG für die wirtschaftlichen Einheiten beim Grundvermögen folgende Grundsteuermesszahlen: 39

Grundstücksart	Grundsteuermesszahl	Norm
Unbebaute Grundstücke	0,45 Promille	§ 1 Abs. 1 Nr. 1 BlnGrStMG[1]
Wohngrundstücke	0,31 Promille	§ 1 Abs. 1 Nr. 2 GrStG BlnGrStMG[2]
Nichtwohngrundstücke einschl. gemischt genutzte Grundstücke	0,45 Promille	§ 1 Abs. 1 Nr. 3 GrStG BlnGrStMG[3]

Für **Bremen und Bremerhaven** ergeben sich nach § 1 BremGrStMG für die wirtschaftlichen Einheiten beim Grundvermögen folgende Grundsteuermesszahlen: 40

Grundstücksart	Grundsteuermesszahl	Norm
Unbebaute Grundstücke	0,75 Promille	§ 1 Abs. 1 Nr. 1 BremGrStMG[4]
Wohngrundstücke	0,31 Promille	§ 1 Abs. 1 Nr. 2 BremGrStMG[5]
Nichtwohngrundstücke einschl. gemischt genutzte Grundstücke	0,75 Promille	§ 1 Abs. 1 Nr. 3 GrStG BremGrStMG[6]

Folgende Grundsteuermesszahlen für die wirtschaftlichen Einheiten des Grundvermögens in den Ländern mit eigenem Grundsteuermodell: 41

	BY § 4 BayGrStG	BW § 40 LGrStG BW	HE § 6 HGrStG	HH § 4 HmbGrStG	NI § 5 NGrStG
Grundstücke	100 %	1,3 %	100 %	100 %	100 %
Wohnzwecke	70 %	-30 %	70 %	70 %	70 %

Folgende prozentuale Ermäßigungen auf die Grundsteuermesszahlen (siehe dazu vertiefend → Rz. 57 ff.) ergeben sich für das gesamte Bundesgebiet: 42

Ermäßigungstatbestände	Bund § 15 GrStG	BY § 4 BayGrStG	BW § 40 LGrStG BW	HE § 6 HGrStG	HH § 4 HmbGrStG	NI § 5 NGrStG
Wohnraumförderung*	-25 %	-25 %	-25 %	-25 %	-25 %	-25 %
Wohnungsbaugesellschaften*	-25 %	-25 %	-25 %	-25 %	-	-25 %
Denkmalschutz	-10 %	-25 %	-10 %	-25 %	-25 %	-25 %
Wohnteil LuF	-	-	-	-25 %	-	-25 %
Wohnlage normal	-	-	-	-25 %	-25 %	-

*Liegen die Voraussetzungen beider Ermäßigungstatbestände für Wohnraumförderung und Wohnungsbaugesellschaften vor, wird nur eine Ermäßigung gewährt.

(Einstweilen frei) 43–56

1 Siehe vertiefend Grootens in Grootens, BlnGrStMG § 1 Rz. 22 ff.

2 Siehe vertiefend Grootens in Grootens, BlnGrStMG § 1 Rz. 27 f.

3 Siehe vertiefend Grootens in Grootens, BlnGrStMG § 1 Rz. 31 f.

4 Siehe vertiefend Grootens in Grootens, BremGrStMG § 1 Rz. 22 ff.

5 Siehe vertiefend Grootens in Grootens, BremGrStMG § 1 Rz. 27 f.

6 Siehe vertiefend Grootens in Grootens, BremGrStMG § 1 Rz. 31 f.

II. Ermäßigung der Steuermesszahl für Zwecke der Wohnraumförderung (§ 15 Abs. 2–4 GrStG)

1. Allgemeines

57 § 15 Abs. 2–4 GrStG enthält eine **Ermäßigung der Grundsteuermesszahl** i. H. von 25 % für bestimmte Grundstücke und Eigentümer, die der Wohnraumförderung dient.[1] Nach § 15 Abs. 2 und 3 GrStG wird für Grundstücke eine ermäßigte Steuermesszahl gewährt, die nach dem Wohnraumförderungsgesetz des Bundes oder der Länder gefördert wurden. Nach § 15 Abs. 4 GrStG wird für Grundstücke von bestimmten Gesellschaften, denen gemein ist, dass der Hauptzweck die Schaffung von bezahlbarem Wohnraum ist, eine ermäßigte Steuermesszahl gewährt.[2] § 15 Abs. 2–4 GrStG nimmt die Steuermesszahl der Grundstücke nach § 15 Abs. 1 Nr. 2 Buchst. a GrStG in Bezug. Dies sind die sog. Wohngrundstücke (Ein- und Zweifamilienhäuser, Mietwohngrundstücke und Wohnungseigentum). Nicht von den Ermäßigungstatbeständen des § 15 Abs. 2–4 werden mithin die Nichtwohngrundstücke einschließlich der gemischt genutzten Grundstücke erfasst.[3] Die um 25 % ermäßigte Grundsteuermesszahl für Wohngrundstücke beträgt **0,2325 Promille.**

58 Die Ermäßigung der Steuermesszahl nach § 15 Abs. 2–4 GrStG begegnet **keinen verfassungsrechtlichen Bedenken**. Nach der Rechtsprechung des Bundesverfassungsgerichts kann der Gesetzgeber bei den weiteren sich an die Bewertung anschließenden Schritten auf den im Hinblick auf das Bewertungsziel zutreffend ermittelten Wert aufbauen und Lenkungszwecke, etwa in Form steuerlicher Ermäßigungen bei der Steuermesszahl, zielgenau und normenklar ausgestalten.[4] Wohnen ist ein elementares Grundbedürfnis und die Schaffung und Verfügbarmachung von ausreichendem Wohnraum ein für das Gemeinwohl originärer Faktor von ganz erheblichem Gewicht.[5] Etwas anderes ergibt sich auch nicht daraus, dass die Förderzusage und deren Bedingungen nach den Wohnraumfördergesetzen im Ermessen der Behörde steht und ggf. von vorhandenen Haushaltsmitteln abhängt.[6] Die Ermäßigung der Steuermesszahl steht bei Vorliegen der Tatbestandsvoraussetzungen nicht im Ermessen des Finanzamts. Es handelt sich um eine gebundene Entscheidung. Die Ermäßigung wird darüber hinaus für den Fall gewährt, dass tatsächlich eine Förderzusage und damit entsprechende Bindungen bestehen. Zweck der Begünstigung ist es nicht potenziell förderwillige und -würdige Vermieter zu begünstigen. Ohne entsprechende Förderzusage unterliegt der jeweilige Vermieter keinen Bindungen nach dem Wohnraumfördergesetzen insbesondere im Hinblick auf die Miethöhe. Er ist daher den privaten Vermietern gleichzustellen.

59 Die **Nichtförderung von privaten Vermietern**, die unterhalb der üblichen Miete aus altruistischen Gründen vermieten, begegnet keinen durchgreifenden verfassungsrechtlichen Bedenken.[7] Die freiwillige Vermietung von Wohnraum unterhalb der üblichen Miete hat nicht dieselbe Bindung, wie bei den nach § 15 Abs. 2–4 GrStG geförderten Grundstücken und Eigentümern. Die freiwillige Vermietung unterhalb der üblichen Miete kann bei Vorliegen der gesetzlichen Voraussetzungen für eine Mieterhöhung grundsätzlich jederzeit aufgegeben werden. Zu-

1 Vgl. A 15.1 Abs. 1 Satz 1 AEGrStG.
2 BT-Drucks. 19/11085 S. 124.
3 Vgl. A 15.1 Abs. 1 Satz 2 AEGrStG.
4 BVerfG, Urteil v. 7.11.2006 - 1 BvL 10/02, BStBl 2007 II S. 192, Rz. 106; vgl. auch BT-Drucks. 19/11085 S. 124.
5 BT-Drucks. 19/11085 S. 123.
6 A. A. Krumm/Paeßens, GrStG, § 15 Rz. 6.
7 So auch Krumm/Paeßens, GrStG, § 15 Rz. 6.

dem kann die tatsächliche Motivation des Vermieters und die tatsächliche Vermietung unterhalb der ortsüblichen Miete in einem Massenverfahren nicht laufend überprüft werden. Besteht eine vergleichbare Bindung, wird auch bei privaten Vermietern unter den Voraussetzungen von § 15 Abs. 4 Satz 1 Nr. 2 und 3 GrStG eine ermäßigte Steuermesszahl gewährt.

Aufgrund der Ermäßigung der Steuermesszahl ist nicht auszuschließen, dass die Gemeinden, um ein **konstantes Grundsteuervolumen** zu erreichen, ihre Hebesätze entsprechend höher festsetzen, insbesondere wenn ein größerer Teil der in der Gemeinde liegenden Grundstücke die Voraussetzung für eine ermäßigte Grundsteuermesszahl erfüllen. Die Ermäßigung der Steuermesszahl wird daher i. d. R. nicht im gleichen Maße zu einer Ermäßigung der Grundsteuerbelastung führen. Die übrigen Grundstückseigentümer dürften entsprechend mit einer höheren Grundsteuer belastet werden. 60

BEISPIEL: In einer Gemeinde befinden sich zwei Grundstücke, für die jeweils ein Steuermessbetrag von 100 € festzusetzen wäre. Die Gemeinde will ein Grundsteuervolumen von 200 € erreichen. Der Hebesatz wäre mithin 100 %. Eines der Grundstücke erhält jedoch eine ermäßigte Steuermesszahl nach § 15 Abs. 2 GrStG i. H. von 25 %. Es wird ein Steuermessbetrag von 75 € festgesetzt. Die Gemeinde muss den Hebesatz auf ca. 114 % anheben, um ein Grundsteuervolumen von 200 € zu erreichen. Die Grundsteuerbelastung für das Grundstück mit der ermäßigten Steuermesszahl verringert sich um ca. 14 €, während sich die Grundsteuerbelastung des Grundstücks ohne ermäßigte Steuermesszahl um ca. 14 € erhöht. 61

(Einstweilen frei) 62–64

2. Förderung nach dem Wohnraumförderungsgesetz des Bundes (§ 15 Abs. 2 Satz 1 GrStG)

§ 15 Abs. 2 Satz 1 GrStG enthält eine **Ermäßigung der Steuermesszahl** i. H. von 25 % für Grundstücke, denen nach § 13 Abs. 3 des **Wohnraumförderungsgesetzes** (WoFG)[1] eine Förderzusage erteilt wurde. Voraussetzung ist nach § 15 Abs. 2 Nr. 2 GrStG darüber hinaus, dass die sich aus der Förderzusage i. S. des § 13 Abs. 2 WoFG ergebenden Bindungen im Hauptveranlagungszeitraum bestehen.[2] Wie sich aus mit dem Jahressteuergesetz 2022[3] eingefügten § 15 Abs. 6 GrStG ergibt (siehe bereits → Rz. 10 und vertiefend → Rz. 141 ff.), ist § 15 Abs. 2 Satz 1 Nr. 2 GrStG nicht so zu verstehen, dass eine Ermäßigung der Steuermesszahl nur dann erfolgt, wenn über den gesamten Hauptveranlagungszeitraum eine Wohnförderung nach dem WoFG vorliegt.[4] Die Ermäßigung wird nach § 15 Abs. 6 Satz 1 GrStG zunächst für jeden Erhebungszeitraum des Hauptveranlagungszeitraums gewährt, wenn nachgewiesen wird, dass die Voraussetzungen im Hauptveranlagungszeitpunkt vorliegen (siehe vertiefend → Rz. 136).[5] Fallen die Voraussetzungen von § 15 Abs. 4 GrStG im Laufe des Hauptveranlagungszeitraums weg, hat der Steuerpflichtige dies gem. § 15 Abs. 6 Satz 3 GrStG (siehe vertiefend → Rz. 143) nach § 19 Abs. 2 GrStG **anzuzeigen** und der Grundsteuermessbetrag wird neuveranlagt **(zeitanteilige Erfüllung der Tatbestandsvoraussetzungen)**.[6] Die Anzeigepflicht besteht auch bei einem Wegfall nur für einen Teil des Grundbesitzes.[7] 65

1 WoFG v. 13.9.2001, BGBl 2001 I S. 2376.

2 A 15.2 Abs. 3 Satz 1 AEGrStG bezieht sich noch auf die Rechtslage vor dem Jahressteuergesetz.

3 Jahressteuergesetz (JStG 2022) v. 16.12.2022, BGBl 2022 I S. 2294.

4 BT-Drucks. 20/3879 S. 128; bereits zur alten Rechtslage zust. Schnitter, 360° GrStG – eKommentar § 15 Rz. 15; Krause in Stenger/Loose, GrStG § 15 Rz. 44.

5 So auch die Finanzverwaltung in A 15.6 AEGrStG.

6 A 15.1 Abs. 2 Satz 1 AEGrStG; siehe dazu vertiefend Bock in Grootens, GrStG § 19 Rz. 27 ff.

7 A 15.1 Abs. 2 Satz 2 AEGrStG.

66 Mit der **sozialen Wohnraumförderung** soll der Wohnungsbau und andere Maßnahmen zur Unterstützung von Haushalten bei der Versorgung mit Mietwohnraum, einschließlich genossenschaftlich genutzten Wohnraums, und bei der Bildung von selbst genutztem Wohneigentum gefördert werden (§ 1 Abs. 1 WoFG). Zielgruppe der sozialen Wohnraumförderung sind nach § 1 Abs. 2 Satz 1 WoFG Haushalte, die sich am Markt nicht angemessen mit Wohnraum versorgen können und auf Unterstützung angewiesen sind.

67 **Fördergegenstände** sind nach § 2 Abs. 1 WoFG der Wohnungsbau, einschließlich des erstmaligen Erwerbs des Wohnraums innerhalb von zwei Jahren nach Fertigstellung (Ersterwerb), Modernisierung von Wohnraum, Erwerb von Belegungsrechten an bestehendem Wohnraum und unter weiteren Voraussetzungen der Erwerb bestehenden Wohnraums. Die **Förderung erfolgt** nach § 2 Abs. 2 WoFG durch Gewährung von Fördermitteln, als Darlehen zu Vorzugsbedingungen, als Zuschüsse, durch Übernahme von Bürgschaften, Garantien und sonstigen Gewährleistungen sowie durch Bereitstellung von verbilligtem Bauland. Die geförderten Wohnungen werden an Personen mit Wohnberechtigungsschein vermietet.

68 Die **Förderzusage** (z. B. Förderbescheid, Fördervertrag, öffentlich-rechtlicher Vertrag, Bewilligungsbescheid) ist nach Streichung der Wörter „durch Verwaltungsakt" mit dem GrStRefUG[1] **kein Grundlagenbescheid** i. S. von § 171 Abs. 10 AO, sondern bloße **Tatbestandsvoraussetzung**.[2] Dies ergibt sich bereits daraus, dass die Förderzusage, wie nunmehr klargestellt ist, auch in einem öffentlich-rechtlichen Vertrag erteilt werden kann,[3] der kein Grundlagenbescheid sein kann. Die Steuerermäßigung ist erst dann zu gewähren, wenn die Förderzusage erteilt wurde[4] und die sich aus der Förderzusage ergebende Bindung im Hauptfeststellungszeitraum besteht. Die Förderzusage muss an den Eigentümer erteilt worden sein.[5] Ein Begünstigungstransfer bei Veräußerung des Grundstücks dürfte möglich sein.[6] Die Bindungswirkungen beginnen i. d. R. erst mit der Bezugsfertigkeit der geförderten Wohnung und enden mit Ablauf der in der Förderzusage bestimmten Frist.[7] Eine Prüfung der Rechtmäßigkeit und Angemessenheit der Förderung durch die Finanzbehörden erfolgt nicht.[8] Der Gesetzgeber geht zudem typisierend davon aus, dass Fehlförderungen, d. h. Fälle, in denen Wohnkostenentlastungen im Hinblick auf den Förderzweck, die Zielgruppe sowie die Förderintensität unangemessen sind, nach § 7 WoFG zu vermeiden oder auszugleichen sind und eine detaillierte Prüfung einzelner Wohnungen unterbleiben könne.[9]

69–70 *(Einstweilen frei)*

1 Gesetz zur erleichterten Umsetzung der Reform zur Grundsteuer und zur Änderung weiterer steuerrechtlicher Vorschriften (GrStRefUG) v. 16.7.2021, BGBl 2021 I S. 2931.

2 Zutreffend Krumm/Paeßens, GrStG, § 15 Rz. 8; a. A. Weiß/Klein, DStR 2024 S. 272; unter Bezugnahme auf die hier nicht mehr vertretene Auffassung in den Vorauflagen Schnitter, GrStG – eKommentar § 15 Rz. 15.

3 Vgl. BT-Drucks. 19/13453 S. 23.

4 A 15.2 Abs. 1 Satz 1 AEGrStG.

5 Krumm/Paeßens, GrStG, § 15 Rz. 9.

6 Krumm/Paeßens, GrStG, § 15 Rz. 9.

7 Weiß/Klein, DStR 2024 S. 272 (273).

8 A 15.2 Abs. 1 Satz 3 AEGrStG.

9 BT-Drucks. 19/11085 S. 124; vgl. auch A 15.2 Abs. 1 Satz 3 AEGrStG.

3. Teilweise nach dem Wohnraumförderungsgesetz geförderte wirtschaftliche Einheiten (§ 15 Abs. 2 Satz 2 GrStG)

§ 15 Abs. 2 Satz 2 GrStG, der durch das GrStRefUG eingefügt wurde (siehe dazu vertiefend → Rz. 9), bestimmt für den Fall, dass die Voraussetzungen des § 15 Abs. 2 Satz 1 GrStG **für einen Teil der Gebäude** oder für **Teile eines Gebäudes** vorliegen, die Ermäßigung der Steuermesszahl entsprechend nur anteilig zu gewähren ist.[1] Die Aufteilung kann nach dem Verhältnis der geförderten Wohnfläche zur gesamten Wohn- und Nutzfläche des Gebäudes erfolgen.[2] Für steuervergünstigte Stellplätze lässt die Finanzverwaltung aus Vereinfachungsgründen einen Ansatz von 15 m² zu.[3] 71

BEISPIEL: Ein Grundstück besteht aus einem Gebäude mit vier gleich großen Wohnungen. Der Bau hat 1 Mio. € gekostet. Für den Bau wurde ein vergünstigtes Darlehen i. H. von 500.000 € nach dem Wohnraumförderungsgesetz unter der Bedingung gewährt, dass zwei Wohnungen anschließend der Mietpreisbindung unterliegen und unterhalb der ortsüblichen Vergleichsmiete angeboten werden. 72

LÖSUNG: Die Förderzusage nach § 13 Abs. 2 WoFG bezieht sich auf zwei der vier Wohnungen. Die Steuerermäßigung nach § 15 Abs. 1 Satz 1 GrStG i. H. von 25 % ist daher nur zur Hälfte i. H. von 12,5 % zu gewähren.

(Einstweilen frei) 73

4. Ermäßigung für nach dem Wohnungsbaugesetz und nach landesrechtlichen Wohnraumförderungsgesetzen geförderte Wohngrundstücke (§ 15 Abs. 3 GrStG)

Nach § 15 Abs. 3 GrStG gilt die Ermäßigung nach § 15 Abs. 2 GrStG auch für Wohnungen, die nach dem **Ersten Wohnungsbaugesetz** (WoBauG)[4] und dem **Zweiten Wohnungsbaugesetz** (II. WoBauG)[5] gefördert wurden.[6] Voraussetzung ist, dass die Bindungswirkungen trotz Aufhebung des WoBauG und des II. WoBauG weiterhin für die jeweilige wirtschaftliche Einheit besteht. Die Ausführungen unter → Rz. 65 ff. gelten insoweit entsprechend. 74

Das Wohnraumförderungsgesetz wird von den Ländern umgesetzt. Nach § 5 WoFG treffen soweit erforderlich die Länder auf der Grundlage des WoFG Bestimmungen, insbesondere über Voraussetzungen der Förderung und deren Durchführung. Zudem können die Länder eigenständige Fördertatbestände regeln. Für nach **Wohnraumförderungsgesetzen der Länder** geförderte Grundstücke gilt § 15 Abs. 2 GrStG nach § 15 Abs. 3 GrStG und damit die Ausführungen unter → Rz. 65 ff. entsprechend.[7] 75

(Einstweilen frei) 76–77

1 Vgl. auch A 15.5 Satz 1 AEGrStG.

2 A 15.5 Satz 2 AEGrStG; Krause in Stenger/Loose, GrStG § 15 Rz. 40d, der allerdings auch die Bruttogrundfläche beim Sachwertverfahren in Bezug nimmt, die bei Wohngrundstücken nicht in Betracht kommt.

3 A 15.5 Satz 2 AEGrStG.

4 Erstes Wohnungsbaugesetz v. 24.4.1950, BGBl 1950 S. 83, aufgehoben durch § 8 Abs. 2 Nr. 10 des Gesetzes v. 14.7.1987, BGBl I 1987 S. 1625 m. W. v. 1.1.1988.

5 Zweites Wohnungsbaugesetz (Wohnungsbau- und Familienheimgesetz - II. WoBauG) in der Fassung der Bekanntmachung v. 19.8.1994, BGBl I 1994 S. 2137, zuletzt geändert (aufgehoben m. W. v. 1.1.2002) durch Art. 2 Gesetz zur Reform des Wohnungsbaurechts v. 13.9.2001, BGBl I 2001 S. 2376.

6 A 15.2 Abs. 2 Satz 1 und 2 AEGrStG.

7 A 15.2 Abs. 2 Satz 1 und 2 AEGrStG.

5. Ermäßigung für bestimmte Eigentümer (§ 15 Abs. 4 GrStG)

a) Allgemeines

78 § 15 Abs. 4 GrStG gewährt eine Ermäßigung der Steuermesszahl i. H. von 25 % für Grundstücke bestimmter Gesellschaften. Den Gesellschaften ist gemein, dass deren Hauptzweck die **Schaffung bezahlbaren Wohnraums** ist.[1] Voraussetzung ist, dass keine ermäßigte Steuermesszahl nach § 15 Abs. 2 und 3 GrStG zu gewähren ist. Damit wird eine doppelte Begünstigung durch die kumulative Gewährung einer ermäßigten Steuermesszahl nach § 15 Abs. 2 oder 3 GrStG und nach§ 15 Abs. 4 GrStG sachgerecht ausgeschlossen. Ist das jeweilige Grundstück der jeweiligen Gesellschaft nur anteilig zuzurechnen, erfolgt auch nur eine anteilige Gewährung der Steuermesszahl.[2] Für sämtliche Grundstücke der begünstigten Eigentümer ist die ermäßigte Steuermesszahl zu gewähren.[3] Auf die jeweilige Nutzung, etwa zu Wohnzwecken kommt es nicht an.

79–82 *(Einstweilen frei)*

b) Ermäßigung für Wohnungsbaugesellschaften von Gebietskörperschaften (§ 15 Abs. 4 Satz 1 Nr. 1 GrStG)

83 Nach § 15 Abs. 4 Satz 1 Nr. 1 GrStG wird die Ermäßigung der Steuermesszahl für Grundstücke gewährt, die **Wohnungsbaugesellschaften** zugerechnet werden, deren Anteile mehrheitlich von einer oder mehreren Gebietskörperschaften gehalten werden.[4] **Gebietskörperschaften** sind der Bund, die Länder und die Kommunen. Hauptanwendungsbereich der Norm dürften die kommunalen Wohnungsbaugesellschaften sowie die Wohnungsbaugesellschaften der Länder sein. Keine Gebietskörperschaft ist die Kirche. Für Grundstücke von kirchlichen Wohnungsbaugesellschaften wird daher keine ermäßigte Steuermesszahl nach § 15 Abs. 4 Satz 1 Nr. 1 GrStG, sondern unter den dort genannten Voraussetzungen nach § 15 Abs. 4 Satz 1 Nr. 3 GrStG gewährt. Die Rechtsform der Wohnungsbaugesellschaft ist hingegen unerheblich.

84 Bei Wohnungsbaugesellschaften von Gebietskörperschaften steht die Versorgung der Bevölkerung mit **bezahlbarem Wohnraum** und nicht die Gewinnerzielung im Vordergrund. Die Wohnungen werden teilweise zu vergünstigten Mieten vermietet. Wohnungen die zu ortsüblichen Mieten vermietet werden, finanzieren die vergünstigten Wohnungen mit. Dadurch wird auch eine urbane Durchmischung unterschiedlichster sozialer Schichten sichergestellt und der Bildung von Armenvierteln entgegengewirkt. Die Anknüpfung an die Wohnungsbaugesellschaft und nicht an die einzelne Wohnung ist daher sachlich gerechtfertigt (siehe zu verfassungsrechtlichen Aspekten auch schon → Rz. 58 f.)[5]. Bei den Wohnungsbaugesellschaften der Gebietskörperschaften dürften häufig bereits die Voraussetzungen von § 15 Abs. 2 oder 3 GrStG vorliegen und eine Anwendung von § 15 Abs. 4 GrStG daher nur in Bezug auf Grundstücke in Betracht kommen, die nicht nach dem WoFG, WoBauG, II. WoBauG oder den Wohnungsförderungsgesetzen der Länder gefördert wurden.

85 Weitere Voraussetzung ist, dass zwischen der Wohnungsbaugesellschaft und der Gebietskörperschaft oder den Gebietskörperschaften ein **Gewinnabführungsvertrag** besteht. Damit soll

---

1 BT-Drucks. 19/11085 S. 124.

2 Vgl. auch A 15.5 Satz 1 AEGrStG.

3 Krumm/Paeßens, GrStG, § 15 Rz. 14.

4 A 15.3 Abs. 1 Satz 1 AEGrStG.

5 So auch Krumm/Paeßens, GrStG, § 15 Rz. 14.

sichergestellt werden, dass der Gewinn aus der Wohnungsbaugesellschaft der kommunalen Daseinsfürsorge zugutekommt und nicht privaten Renditeinteressen.[1] Ob Gewinnabführungsverträge in der Realität in dieser Konstellation häufig vorkommen, wird bezweifelt.[2] Von der Norm wird kein Gewinnabführungsvertrag i. S. von § 291 Abs. 1 AktG verlangt. Der Begriff ist daher nach Sinn und Zweck der Norm auszulegen. Ein Gewinnabführungsvertrag in diesem Sinne ist gegeben, wenn die verbleibenden Gewinne nur an Gebietskörperschaften also nicht an andere Rechtssubjekte ausgeschüttet werden dürfen, es sei denn diese werden ihrerseits von Gebietskörperschaften beherrscht. **Thesaurierungsbestimmungen**, um den Gewinn in neue Wohnungsbauprojekte zu investieren, sind mit Sinn und Zweck der Norm vereinbar und daher unschädlich sein.[3] Unschädlich sind auch mittelbare Beteiligungsverhältnisse, wenn sichergestellt ist, dass die Mittel nicht begünstigungsschädlich verwendet werden können.[4] Der Nachweis für das Vorliegen der Voraussetzungen ist durch Vorlage des Gesellschaftsvertrags und des Gewinnabführungsvertrags zu führen.[5]

(Einstweilen frei) 86–88

c) Ermäßigung für gemeinnützige Wohnungsbaugesellschaften (§ 15 Abs. 4 Satz 1 Nr. 2 GrStG)

Nach § 15 Abs. 4 Satz 1 Nr. 2 GrStG wird für Grundstücke, die einer als **gemeinnützig** i. S. des § 52 AO anerkannten **Wohnungsbaugesellschaft** zugerechnet wird, eine Ermäßigung der Steuermesszahl i. H. von 25 % gewährt.[6] Der Anwendungsbereich dürfte nach Aufhebung des Wohnungsgemeinnützigkeitsgesetzes zum 31.12.1989 gering sein.[7] Nicht auszuschließen ist eine Gemeinnützigkeit einer Wohnungsbaugesellschaft über die Öffnungsklausel des § 52 Abs. 2 AO, wenn sie der Gemeinwohlförderung in vergleichbarer Weise dient.[8] Eher anzutreffen dürften Wohnungsbaugesellschaften sein, die mildtätige Zwecke i. S. des § 53 AO verfolgen.[9] § 53 AO ist jedoch nicht in Bezug genommen. Eine Subsumtion unter die Altenhilfe, Jugendhilfe oder Wohlfahrtspflege käme in Betracht.[10] Die Bedeutung der Vorschrift dürfte daher derzeit gering sein. § 15 Abs. 4 Satz 1 Nr. 2 GrStG könnte in Zukunft jedoch an Bedeutung gewinnen, sollten die politischen Bestrebungen, eine Wohngemeinnützigkeit wieder einzuführen, umgesetzt werden.[11] 89

Die Gemeinnützigkeit muss gem. § 15 Abs. 6 Satz 1 GrStG im **Hauptveranlagungszeitpunkt** vorliegen (siehe vertiefend → Rz. 136). Da auf die Anerkennung abgestellt wird, dürfte genügen, dass die Gemeinnützigkeit noch nicht aberkannt wurde. Wird sie aberkannt, hat nach 90

1 BT-Drucks. 19/11085 S. 124 A 15.3 Abs. 1 Satz 1 AEGrStG.

2 Siehe vertiefend Schmidt, NWB 50/2019 S. 3719, 3721, NWB BAAAH-36269; Krause in Stenger/Loose, GrStG § 15 Rz. 60; Weiß/Klein, DStR 2024 S. 272, 274; siehe aber auch wohl ohne diese allgemeinen Zweifel Krumm/Paeßens, GrStG, § 15 Rz. 16.

3 So auch A 15.3 Abs. 1 Satz 2 AEGrStG.

4 Zweifelnd Krumm/Paeßens, GrStG, § 15 Rz. 16.

5 A 15.3 Abs. 2 Nr. 1 AEGrStG.

6 A 15.3 Abs. 1 Satz 3 AEGrStG.

7 Zu weitgehend Schmidt, NWB 50/2019 S. 3719, 3721, NWB BAAAH-36269; Weiß/Klein, DStR 2024 S. 272 (275), die von gar keinem Anwendungsbereich ausgehen.

8 Vgl. auch BT-Drucks. 19/11085 S. 124.

9 BFH, Urteil v. 24.7.1996 - I R 35/94, BStBl 1996 II S. 583.

10 König in König, AO § 52 Rz. 68 unter Stichwort Wohnungsvermietung.

11 Vgl. RegE BT-Drucks. 20/12780 und BT-Drucks. 19/17307; KoaV BReg 20. WP, S. 69; Ausschussdrucksache 20(24)143-neu; so auch Weiß/Klein, DStR 2024 S. 272 (275).

§ 15 Abs. 6 Satz 3 GrStG eine Anzeige nach § 19 Abs. 2 GrStG und eine Neuveranlagung des Grundsteuermessbetrags zu erfolgen (siehe vertiefend → Rz. 141 ff.). Der Nachweis für das Vorliegen der Voraussetzungen ist durch Vorlage einer Anerkennung des für die Körperschaft örtlich zuständigen Finanzamts (z. B. Freistellungsbescheid) zu führen.[1] Der Freistellungsbescheid ist Grundlagenbescheid.[2] Eine Prüfung der materiell-rechtlichen Gemeinnützigkeit im Grundsteuermessbetragsverfahren durch das zuständige Finanzamt dürfte nicht erforderlich sein. Dem dürfte der Wortlaut der Norm anders als bei § 3 Abs. 1 Nr. 3 GrStG, der eine vollständige Steuerbefreiung gewährt, entgegenstehen.[3] Ob dies zu Mitnahmeeffekten führt, bleibt abzuwarten.

91–93 *(Einstweilen frei)*

d) Ermäßigung für körperschaftsteuerbefreite Genossenschaften und Vereine (§ 15 Abs. 4 Satz 1 Nr. 3 GrStG)

94 Nach § 15 Abs. 4 Satz 1 Nr. 3 GrStG wird für Grundbesitz, der einer Genossenschaft oder einem Verein zugerechnet wird, eine **Ermäßigung der Steuermesszahl** i. H. von 25 % gewährt. Voraussetzung ist, dass für die Tätigkeit der Genossenschaft oder des Vereins eine Steuerbefreiung nach § 5 Abs. 1 Nr. 10 KStG besteht.[4] Von der Norm werden insbesondere private Wohnungsbaugenossenschaften erfasst. Die bundesweite Anzahl an Genossenschaften und Vereinen im Sinne der Norm soll bei etwa 1.000 liegen,[5] so dass die Bedeutung der Norm als eher gering einzuschätzen ist.

95 Nach § 5 Abs. 1 Nr. 10 KStG sind sog. **Vermietungsgenossenschaften und -vereine** von der Körperschaftsteuer befreit. Voraussetzung ist nach § 5 Abs. 1 Nr. 10 Buchst. a KStG, dass die Genossenschaft oder der Verein Wohnungen herstellt oder erwirbt und sie den Mitgliedern aufgrund eines Mietvertrags oder aufgrund eines genossenschaftlichen Nutzungsvertrags zum Gebrauch überlässt. Den Wohnungen stehen Räume in Wohnheimen i. S. des § 15 II. WoBauG gleich. Darüber hinaus sind die Genossenschaften und Vereine nach § 5 Abs. 1 Nr. 10 Buchst. b KStG von der Körperschaftsteuer befreit, soweit sie im Zusammenhang mit einer Tätigkeit i. S. des § 5 Abs. 1 Nr. 10 Buchst. a KStG Gemeinschaftsanlagen oder Folgeeinrichtungen herstellen oder erwerben und sie betreiben, wenn sie überwiegend für Mitglieder bestimmt sind und der Betrieb durch die Genossenschaft oder den Verein notwendig ist.

96 Die Steuerbefreiung ist ausgeschlossen, wenn neben Einnahmen aus der Tätigkeit i. S. des § 5 Abs. 1 Nr. 10 Buchst. a und b KStG **weitere Einnahmen** aus anderen Tätigkeiten erzielt werden und diese Tätigkeiten die Erheblichkeitsschwelle von grundsätzlich **10 % der gesamten Einnahmen** übersteigen (Ausnahme 20%-Grenze bei Einnahmen aus Lieferung von Strom unter den Voraussetzungen des § 21 Abs. 3 EEG). Mit dem Jahressteuergesetz 2022[6] wurde § 15 Abs. 4 Satz 1 Nr. 3 GrStG dahingehend klarer gefasst, dass die ermäßigte Steuermesszahl nicht nur dann gewährt wird, wenn sich die Tätigkeit der Genossenschaft oder des Vereins ausschließlich auf die in § 5 Abs. 1 Nr. 10 Buchst. a und b KStG beschriebenen Tätigkeiten beschränkt.[7]

1 A 15.3 Abs. 2 Nr. 2 AEGrStG.
2 Krumm/Paeßens, GrStG, § 15 Rz. 17.
3 A. A. Krumm/Paeßens, GrStG, § 15 Rz. 17.
4 A 15.3 Abs. 1 Satz 3 AEGrStG.
5 So Weiß/Klein, DStR 2024 S. 272 (275).
6 Jahressteuergesetz (JStG 2022) v. 16.12.2022, BGBl 2022 I S. 2294.
7 Vgl. BT-Drucks. 20/3879 S. 128.

Die ursprüngliche Fassung der Norm konnte so verstanden werden, dass jegliche weitere Tätigkeit auch innerhalb der Unerheblichkeitsgrenze die Gewährung der ermäßigten Steuermesszahl nach § 15 Abs. 4 Satz 1 Nr. 3 GrStG oder die Vermietung an Nichtmitglieder ausschließt.[1] Die **ermäßigte Steuermesszahl** wird in diesem Fall **anteilig** auf denjenigen Grundbesitz gewährt, der dieser originär begünstigten Tätigkeit zuzuordnen ist.[2]

Die Anknüpfung an die Körperschaftsteuerbefreiung ist sachlich gerechtfertigt.[3] Aufgrund der fehlenden Bindung bei freien Genossenschaften ist eine Ermäßigung der Steuermesszahl nicht gerechtfertigt. Der Nachweis für das Vorliegen der Voraussetzungen kann durch Vorlage einer Anerkennung des für die Körperschaft örtlich zuständigen Finanzamts (z. B. Freistellungsbescheid, Anlage zum Körperschaftsteuerbescheid oder Nichtveranlagungsbescheinigung) geführt werden.[4] Bei der jeweiligen Entscheidung des Körperschaftsteuerfinanzamts handelt es sich nicht um Grundlagenbescheide.[5] Anknüpfend an diese Nachweise hat das für die Grundsteuermessbetragsfestsetzung zuständige Finanzamt die Tatbestandsvoraussetzungen des § 5 Abs. 1 Nr. 10 KStG, insbesondere bei Zweifeln an deren Vorliegen, eigenständig zu prüfen.[6] 97

(Einstweilen frei) 98–99

III. Ermäßigung für denkmalgeschützte Gebäude und Gebäudeteile (§ 15 Abs. 5 GrStG)

1. Allgemeines

Nach § 15 Abs. 5 GrStG wird für nach dem jeweiligen Landesrecht denkmalgeschützte Gebäude oder Gebäudeteile eine ggf. anteilige **Ermäßigung der Steuermesszahl i. H. von 10 %** gewährt (zur Bedeutung siehe → Rz. 2). Die Ermäßigung der Steuermesszahl in Höhe von 10 % wird unabhängig von der Grundstücksart gewährt.[7] Die um 10 % ermäßigte Grundsteuermesszahl beträgt für Wohngebäude 0,279 % und für Nichtwohngebäude 0,306 %. Der Grundsteuerwert ist zunächst in voller Höhe festzustellen. Die Steuerermäßigung wirkt sich erst auf Messbetragsebene aus. Die Voraussetzungen müssen zum jeweiligen Veranlagungszeitpunkt vorliegen.[8] Fallen die Voraussetzungen von § 15 Abs. 4 GrStG (ggf. auch nur für einen Teil des Grundbesitzes) im Laufe des Hauptveranlagungszeitraums weg, hat der **Steuerpflichtige** dies gem. § 15 Abs. 6 Satz 3 GrStG nach § 19 Abs. 2 GrStG **anzuzeigen.**[9] Unterstellt, dass in den jeweiligen Gemeinden, insbesondere in Gemeinden mit vielen denkmalgeschützten Gebäuden, die Hebesätze zur Erreichung eines konstanten Steuervolumens höher festgelegt werden, dürfte die durch die ermäßigte Steuermesszahl eintretende Minderung der Steuerbelastung im Ergebnis geringer als 10 % ausfallen. Umgekehrt dürfte die Steuerbelastung für die übrigen nicht denkmalgeschützten Grundstücke mittelbar erhöht werden (siehe Beispiel in → Rz. 61). 100

1 So etwa Scharfenberg/Dorn, DB 2022 S. 9; a. A. bereits zur alten Fassung die Finanzverwaltung in A 15.3 Abs. 1 Satz 4 AEGrStG; zust. Schnitter, 360° GrStG eKommentar § 15 Rz. 22.

2 A 15.3 Abs. 1 Satz 3 AEGrStG.

3 A. A. Schmidt, NWB 50/2019 S. 3719, 3721, NWB BAAAH-36269.

4 A 15.3 Abs. 2 Nr. 3 AEGrStG.

5 Krumm/Paeßens, GrStG, § 15 Rz. 20.

6 So auch Krumm/Paeßens, GrStG, § 15 Rz. 20.

7 Vgl. A 15.1 Abs. 1 Satz 3 AEGrStG.

8 Vgl. auch A 15.6 AEGrStG.

9 Siehe dazu vertiefend Bock in Grootens, GrStG § 19 Rz. 27 ff.; A 15.1 Abs. 2 Satz 1 und 2 AEGrStG.

101 Im Einheitswertverfahren wurde die Denkmaleigenschaft eines Gebäudes bereits auf Bewertungsebene bei der Schätzung der üblichen Miete beim Ertragswertverfahren oder durch eine Ermäßigung im Sachwertverfahren (vgl. § 88 BewG) berücksichtigt. Im Wege der Verwaltungsanweisung[1] erfolgte ein vereinfachter pauschaler Abschlag von 5 % und bei entsprechenden Nachweisen von bis zu 10 % vom Einheitswert. Eine generelle Wertminderung durch Denkmalschutz kann jedoch nicht festgestellt werden.[2] Die Denkmaleigenschaft, insbesondere in begehrten Lagen, kann sich auch werterhöhend auswirken, so dass ein pauschaler Abschlag auf Bewertungsebene mit verfassungsrechtlichen Zweifeln verbunden ist.[3] Die individuelle Berücksichtigung der Denkmaleigenschaft auf Bewertungsebene wäre zudem komplex und verwaltungsaufwendig gewesen.

102 Der Gesetzgeber hat aus diesen Gründen zurecht die Berücksichtigung der Denkmaleigenschaft von der Bewertungsebene auf die **Messbetragsebene** verlegt und als Ermäßigung der Steuermesszahl ausgestaltet. Damit trägt er der Rechtsprechung des Bundesverfassungsgerichts Rechnung, die Belastungsgrundentscheidung folgerichtig durch eine einheitliche Bewertung orientiert am Bewertungsziel umzusetzen. Erst bei den weiteren sich an die Bewertung anschließenden Schritten kann der Gesetzgeber auf den auf diese Weise zutreffend ermittelten Wert aufbauen und Lenkungszwecke, etwa in Form steuerlicher Ermäßigungen bei der Steuermesszahl, zielgenau und normenklar ausgestalten.[4]

103 Bei der Wahl der **Lenkungszwecke**, die der Gesetzgeber verfolgen will, ist er weitgehend frei. Denkmalgeschützte Gebäude gehen häufig mit erhöhten Unterhaltungskosten, Kosten bei der Sanierung oder Nutzungseinschränkungen einher. Die **Erhaltung** von Baudenkmälern als **kulturelles Erbe** liegt im besonderen öffentlichen Interesse und ist daher zuvorderst eine Aufgabe der öffentlichen Hand.[5] Diese im öffentlichen Interesse liegende Aufgabe wird jedoch in den meisten Fällen durch private Eigentümer der Immobilien wahrgenommen, die die mit der Immobilien verbundenen Einschränkungen und Nachteile im Interesse der Allgemeinheit hinzunehmen haben.[6] Zur Förderung und Erhalt des Denkmalsschutzes wird daher für denkmalgeschützte Gebäude die Grundsteuerbelastung durch eine Ermäßigung der Steuermesszahl i. H. von 10 % verringert.[7] Die Ermäßigung der Steuermesszahl für denkmalgeschützte Gebäude begegnet keinen durchgreifenden verfassungsrechtlichen Bedenken.[8]

104–106 *(Einstweilen frei)*

2. Ermäßigte Steuermesszahl bei denkmalgeschützten Gebäuden (§ 15 Abs. 5 Satz 1 GrStG)

107 § 15 Abs. 5 Satz 1 GrStG gewährt eine zehnprozentige Ermäßigung auf die jeweilige Steuermesszahl für bebaute Grundstücke nach § 15 Abs. 1 Nr. 2 GrStG, wenn sich auf dem Grundstück Gebäude befinden, die **Baudenkmäler** i. S. des jeweiligen Landesdenkmalschutzgesetzes sind.[9] Der Wortlaut ist etwas missverständlich. Es genügt für die volle Ermäßigung nicht, wie

1 Gleichlautender Erlass der obersten Finanzbehörden der Länder v. 21.10.1985 - S3201, BStBl 1985 I S. 648.
2 BT-Drucks. 19/14158 S. 17.
3 BT-Drucks. 19/14158 S. 17.
4 BVerfG, Beschluss v. 7.11.2006 - 1 BvL 10/02, BStBl 2007 II S. 192, Rz. 106.
5 BT-Drucks. 19/14158 S. 17.
6 BT-Drucks. 19/14158 S. 17.
7 BT-Drucks. 19/14158 S. 17.
8 So auch Krumm/Paeßens, GrStG, § 15 Rz. 25.
9 A 15.4 Satz 1 AEGrStG.

sich aus § 15 Abs. 5 Satz 2 GrStG ergibt (siehe → Rz. 118 ff.), wenn sich überhaupt denkmalgeschützte Gebäude auf dem Grundstück befinden. Für die volle Gewährung der Ermäßigung ist erforderlich, dass sich **ausschließlich** denkmalgeschützte Gebäude auf dem Grundstück befinden (bei Gebäuden von untergeordneter Bedeutung siehe → Rz. 124).

Für den Denkmalschutz sind grundsätzlich nach Art. 70 GG die Länder ausschließlich zuständig.[1] Die Frage nach der Denkmaleigenschaft eines Gebäudes richtet sich mithin nach dem jeweiligen Landesrecht. Der Denkmalschutz wird in den jeweiligen Ländern durch zwei verschiedene Formen des Schutzes erreicht.[2] Nach dem deklaratorischen System sind Denkmäler kraft Gesetzes (ipso jure) geschützt. Die Aufnahme in die jeweilige Denkmalliste hat nur nachrichtlichen Charakter. Sie ist deklaratorisch.[3] Bei dem konstitutiven System bedarf es der rechtsförmlichen Eintragung in die Denkmalliste.[4] Erst mit der Eintragung erhält ein Gebäude die Denkmaleigenschaft. Die Eintragung wirkt konstitutiv. Die Eintragung in die Denkmalliste, die ggf. als Allgemeinverfügung anzusehen ist, stellt – wie auch der ggf. vorgesehene gesonderte Verwaltungsakt über die Eintragung – einen Grundlagenbescheid dar.[5] Teilweise existieren auch Mischsysteme.[6] Bei der Prüfung der Denkmaleigenschaft eines Gebäudes wird die Finanzverwaltung auf die **Denkmallisten** und **Denkmalbücher** der jeweils zuständigen Denkmalschutzbehörde des jeweiligen Landes zurückgreifen.[7] Bei Denkmälern im deklaratorischen System, die nicht in der Denkmalliste aufgeführt sind, dürften Rechtstreitigkeiten über die Denkmaleigenschaft auf die Finanzgerichtsbarkeit zukommen.[8] Der allgemeine Schutz des Ortsbildes nach dem BauGB und den Bauordnungen der Länder genügt hingegen für die Gewährung der ermäßigten Steuermesszahl nicht. 108

Von § 15 Abs. 5 Satz 1 GrStG werden die sog. **Baudenkmäler** erfasst. Baudenkmäler sind bauliche Anlagen oder Teile davon aus vergangener Zeit, deren Erhaltung wegen ihrer geschichtlichen, künstlerischen, städtebaulichen, wissenschaftlichen oder volkskundlichen Bedeutung im Interesse der Allgemeinheit liegt.[9] **Bewegliche Denkmäler** werden mangels Gebäudeeigenschaft nicht erfasst, auch wenn sie in die Denkmalliste eingetragen sind. 109

Für **Ensembledenkmäler** (auch sog. Denkmalbereiche oder Denkmalzonen) ist ebenfalls eine Ermäßigung der Steuermesszahl vorzunehmen. Bei Ensembledenkmälern besteht der Denkmalschutz nicht isoliert für das einzelne Gebäude, sondern nur im Zusammenhang mit weiteren Gebäuden. Die einzelnen Gebäude dürfen dennoch nicht beliebig geändert werden, sondern nur insoweit als das Gesamtbild des Ensembles erhalten bleibt. Bauliche Veränderungen sind bspw. in NRW gem. § 10 Abs. 2 i.V. mit § 9 Abs. 1 DSchG-NRW wie bei Baudenkmälern erlaubnispflichtig. Sinn und Zweck der Gewährung der ermäßigten Steuermesszahl trifft daher auch auf diese Denkmäler zu.[10] 110

1 Vgl. Uhle in Maunz/Dürig, GG Art. 70 Rz. 92.
2 Vgl. Davydov in Martin/Krautzberg, Denkmalschutz und Denkmalpflege, C.III.1. Rz. 75.
3 Verfassungsrechtlich zulässig vgl. BVerwG, Beschluss v. 26.4.1996 - 4 B 19/96, juris.
4 Davydov in Martin/Krautzberg, Denkmalschutz und Denkmalpflege, C.III.1. Rz. 75.
5 So zu der Rechtslage in NRW auch Weiß/Klein, DStR 2024 S. 272 (275).
6 Vgl. vertiefend Davydov in Martin/Krautzberg, Denkmalschutz und Denkmalpflege, C.III.1. Rz. 75.
7 BT-Drucks. 19/14158 S. 17; A 15.4 Satz 3 AEGrStG.
8 Krit. Krumm/Paeßens, GrStG, § 15 Rz. 29.
9 Vgl. etwa Art. 1 Abs. 2 BayDSchG.
10 A. A. Weiß/Klein, DStR 2024 S. 272 (276).

111 Denkmalgeschützte **Außenanlagen** führen nicht zu einer Ermäßigung der Steuermesszahl, da die Außenanlagen mit dem Grundsteuerwert abgegolten sind und keine Gebäude oder Gebäudeteile darstellen.

112 Denkmalgeschützte **Wirtschaftsgebäude** von **land- und forstwirtschaftlichen Betrieben** erhalten keine ermäßigte Steuermesszahl. Dies ist überwiegend sachgerecht, da die Wirtschaftsgebäude i. d. R. nicht gesondert bewertet werden. Lediglich bei den übrigen land- und forstwirtschaftlichen Nutzungen (siehe § 237 Abs. 6 BewG) sowie bei der Hofstelle der weinbaulichen Nutzung (siehe § 237 Abs. 8 BewG i. V. mit § 238 Abs. 1 Nr. 3 BewG) erfolgt eine gesonderte Bewertung der Wirtschaftsgebäude.[1] Dass für diese keine ermäßigte Steuermesszahl gewährt wird, wirft gleichheitsrechtliche Fragen auf.

113 Da die Norm lediglich Gebäude in Bezug nimmt, die Baudenkmäler i. S. der jeweiligen landesrechtlichen Regelungen sind, erhalten **Bodendenkmäler** keine Steuerermäßigung nach § 15 Abs. 5 GrStG[2]. Bodendenkmäler sind mit dem Boden verbundene oder im Boden verborgene Sachen, Sachgesamtheiten und Spuren von Sachen, die von Menschen geschaffen oder bearbeitet wurden oder Aufschluss über menschliches Leben in vergangener Zeit geben und aus geschichtlichen, künstlerischen, wissenschaftlichen oder städtebaulichen Gründen erhaltenswert sind.[3] Ebenfalls nicht erfasst werden mangels Gebäudeeigenschaft **Naturdenkmäler**. Die unbebauten Grundstücke sind von § 15 Abs. 5 GrStG nicht in Bezug genommen.[4] Dass für Bodendenkmäler und Naturdenkmäler keine Ermäßigung gewährt wird, könnte gleichheitsrechtlich bedenklich sein, wenn sich die Denkmaleigenschaft nicht auf den Bodenwert ausgewirkt hat. Andererseits wird in vielen Fällen der Erlass der Grundsteuer nach § 32 GrStG in Betracht kommen.[5]

114 Die Ermäßigung der Steuermesszahl wird ebenfalls nicht für nach dem Kulturgüterschutzgesetz[6] geschützte **Kulturgüter** bewahrende Einrichtungen gewährt. Kulturgüter nach dem Kulturgüterschutzgesetz sind gem. § 2 Abs. 1 Nr. 10 KGSG jede bewegliche Sache oder Sachgesamtheit von künstlerischem, geschichtlichem oder archäologischem Wert oder aus anderen Bereichen des kulturellen Erbes, insbesondere von paläontologischem, ethnographischem, numismatischem oder wissenschaftlichem Wert. Für Gebäude, die etwa nach dem Kulturgüterschutzgesetz geschützte Bibliotheken, Archive oder Gemälde enthalten, wird die ermäßigte Steuermesszahl nicht gewährt, wenn sie nicht selbst nach dem Denkmalschutzgesetz des jeweiligen Landes ein Baudenkmal sind. Für diese kommt allerdings ein Erlass nach § 32 Abs. 2 GrStG in Betracht.[7] Ebenfalls von § 15 Abs. 5 GrStG nicht erfasst werden nach internationalen Vereinbarungen geschützte Bauwerke, wie Bauwerke mit dem **UNESCO-Weltkulturerbe**-Status. Diese dürften allerdings i. d. R. auch nach den jeweiligen Landesdenkmalschutzgesetzen geschützt sein.

115–117 *(Einstweilen frei)*

---

1 Siehe Müller in Grootens, BewG § 238 Rz. 79.

2 A 15.4 Satz 2 AEGrStG; Eisele, NWB 2019 S. 3291, NWB SAAAH-33427.

3 Vgl. § 3 Abs. 4 NiedsDSchG.

4 Krumm/Paeßens, GrStG, § 15 Rz. 26.

5 Siehe dazu Lehmann in Grootens, GrStG § 32 Rz. 16.

6 KGSG v. 31.7.2016, BGBl 2016 I S. 1914.

7 Siehe dazu Lehmann in Grootens, GrStG § 32 Rz. 65 ff.

3. Aufteilung bei teilweise denkmalgeschützten Gebäuden und Gebäudeteilen (§ 15 Abs. 5 Satz 2 GrStG)

Nach § 15 Abs. 3 Satz 2 GrStG ist die Ermäßigung der **Steuermesszahl** nur **anteilig** zu gewähren, wenn auf dem Grundstück nur ein **Teil der Gebäude** oder nur **Teile eines Gebäudes** i. S. des jeweiligen Landesdenkmalschutzgesetzes unter Denkmalschutz stehen.[1] Die vollständige Gewährung der Ermäßigung der Steuermesszahl ist in diesen Fällen aus Gründen der Gleichmäßigkeit der Besteuerung nicht gerechtfertigt. 118

Das Gesetz bestimmt nicht, nach welcher Bezugsgröße der Anteil der Ermäßigung der Steuermesszahl zu berechnen ist. Naheliegend ist eine Aufteilung im Verhältnis der jeweiligen **Wohn- und Nutzfläche** des denkmalgeschützten Gebäudes oder Gebäudeteils zur gesamten Wohn- und Nutzfläche des Grundstücks bei Wohngrundstücken i. S. des § 249 Abs. 1 Nr. 1–4 BewG[2] und bei Nichtwohngrundstücken i. S. des § 249 Abs. 1 Nr. 5–8 BewG[3] im Verhältnis der Bruttogrundfläche des denkmalgeschützten Gebäudes oder Gebäudeteils zur gesamten **Bruttogrundfläche** aller Gebäude der wirtschaftlichen Einheit.[4] 119

BEISPIEL: Auf dem Grundstück steht ein denkmalgeschütztes altes Fachwerkhaus mit einer Wohn- und Nutzfläche von 160 m² sowie ein weiteres kleines nicht denkmalgeschütztes Wohnhaus mit einer Wohn- und Nutzfläche von 80 m². Der festgestellte Grundsteuerwert beträgt 480.000 €. Der Steuermessbetrag soll festgesetzt werden 120

LÖSUNG: Der Steuermessbetrag ergibt sich unter Berücksichtigung der nach der Wohn- und Nutzfläche anteiligen ermäßigten Steuermesszahl nach § 15 Abs. 4 GrStG wie folgt:

160 m²/240 m² x 480.000 € = 320.000 € x 0,000306 (0,00034 – 10 %)	= 97,92 €
80 m²/240 m² x 480.000 € = 160.000 € x 0,00034	= 54,40 €
Gesamter Steuermessbetrag:	152,32 €

Der Aufteilungsmaßstab nach der Wohn- und Nutzfläche der jeweiligen Gebäude und Gebäudeteile hat zur Folge, dass der im Grundsteuerwert enthaltene **Anteil für den Grund und Boden** ebenfalls entsprechend dem Verhältnis der Wohn- und Nutzfläche des denkmalgeschützten Gebäudes oder Gebäudeteils zur gesamten Wohn- und Nutzfläche unabhängig von der jeweiligen Aufstellfläche der Gebäude aufgeteilt und dem denkmalgeschützten Gebäude oder Gebäudeteil entsprechend zugerechnet wird. 121

Der denkmalgeschützte **Teil eines Gebäudes** muss eine gewisse **Selbstständigkeit** haben und räumlich abgrenzbar sein,[5] um sinnvoll eine anteilige Ermäßigung der Steuermesszahl vornehmen zu können. Dies ist etwa der Fall, wenn ein denkmalgeschütztes Gebäude einen nicht denkmalgeschützten Anbau hat, der aus Bestandsschutzgründen nicht abgerissen werden muss. Ist der Gebäudeteil nicht sinnvoll vom übrigen Gebäude zu trennen, ist im Zweifel die vollständige Ermäßigung der Steuermesszahl zu gewähren; dies jedenfalls dann, wenn der 122

1 A 15.4 Satz 4 AEGrStG; vgl. auch A 15.5 Satz 1 AEGrStG.

2 Siehe dazu Bock in Grootens, BewG § 249 Rz. 29 ff.

3 Siehe dazu vertiefend Bock in Grootens, BewG § 249 Rz. 60 ff.

4 So auch A 15.4 Satz 5 und A 15.5 Satz 2 und 3 AEGrStG; BT-Drucks. 19/14158 S. 17; zust. Schnitter, GrStG – eKommentar § 15 Rz. 25..

5 Vgl. auch Weiß/Klein, DStR 2024 S. 272 (276).

nicht denkmalgeschützte Teil das Gebäude in seiner Gesamtheit nicht prägt (bspw. ist lediglich die Eingangstür denkmalgeschützt).[1]

123 **BEISPIEL:** Denkmalgeschützt ist lediglich das äußere Erscheinungsbild eines Gebäudes (Außenfassade). Die Innengestaltung ist hingegen nicht denkmalgeschützt.

LÖSUNG: Die Ermäßigung der Steuermesszahl i. H. von 10 % ist auf den gesamten Grundsteuerwert zu gewähren, auch wenn der Großteil der Wohn- und Nutzfläche selbst nicht dem Denkmalschutz unterliegt, da dem äußeren Erscheinungsbild (Außenfassade) bzw. dem geschützten Ensemble die erforderliche Selbstständigkeit fehlt, um eine Aufteilung der Ermäßigung vornehmen zu können.[2]

124 Fraglich ist, ob die Ermäßigung der Steuermesszahl ebenfalls nur anteilig zu gewähren ist, wenn neben dem denkmalgeschützten Gebäude ausschließlich **Gebäude von untergeordneter Bedeutung**, insbesondere Nebengebäude wie etwa ein Geräteschuppen, eine Garage o. ä. stehen. Überschreiten diese Gebäude nicht die Erheblichkeitsschwelle, dürfte es zulässig sein, die Ermäßigung der Steuermesszahl insgesamt zu gewähren. Davon dürfte auszugehen sein, wenn die Nutzfläche der Nebengebäude 10 % der Wohn- und Nutzfläche des denkmalgeschützten Hauptgebäudes nicht überschreitet.

125–130 *(Einstweilen frei)*

IV. Kumulierte Ermäßigung nach § 15 Abs. 2, 3 oder 4 GrStG und § 15 Abs. 5 GrStG

131 Erfüllt ein Grundstück sowohl die Voraussetzungen für eine ermäßigte Grundsteuermesszahl nach § 15 Abs. 2, 3 oder 4 GrStG (Wohnraumförderung; siehe hierzu → Rz. 57 ff.) als auch nach § 15 Abs. 5 GrStG (Denkmalschutz; siehe dazu → Rz. 100 ff.), sind die Prozentsätze der Ermäßigungen zu summieren und eine Ermäßigung i. H. von 35 % zu gewähren (entspricht einer **Grundsteuermesszahl von 0,2015** für **Wohngebäude** und **0,221 Promille** für **unbebaute Grundstücke** sowie **Nichtwohngebäude i. S. von § 15 Abs. 1 GrStG**).[3] Die Steuermesszahl ist nicht zu runden.[4] Die Ermäßigungstatbestände nehmen jeweils die Grundsteuermesszahlen nach § 15 Abs. 1 Nr. 2 GrStG in Bezug. Auf diese wird jeweils eine prozentuale Ermäßigung gewährt. Ein stufenweises Vorgehen widerspräche zudem der Gleichmäßigkeit der Besteuerung.

132–135 *(Einstweilen frei)*

1 So zutreffend Weiß/Klein, DStR 2024 S. 272 (276); a. A. Krause in Stenger/Loose, GrStG, § 15 Rz. 100 f. Schätzung auf Grundlage des Wägungsanteils nach Anlage 24 III BewG.

2 Vgl. aber auch die andere Behandlung beim Erlass nach § 32 GrStG bei Lehmann in Grootens, GrStG § 32 Rz. 55.

3 A 15.7 Satz 1 und 2 AEGrStG; Krumm/Paeßens, GrStG, § 15 Rz. 31; Krause in Stenger/Loose, GrStG § 15 Rz. 86; Krumm in Leingärtner, Besteuerung der Landwirte, Kap. 100 Rz. 266.

4 A 15.7 Satz 3 AEGrStG.

V. Antragsform und Verfahren zur Gewährung der ermäßigten Steuermesszahl (§ 15 Abs. 6 GrStG)

1. Antragserfordernis; Gewährung für den Hauptveranlagungszeitraum (§ 15 Abs. 6 Satz 1 GrStG)

§ 15 Abs. 6 Satz 1 GrStG bestimmt für die Ermäßigungen der Steuermesszahl nach § 15 Abs. 2–5 GrStG, dass der Abschlag auf die Steuermesszahl jeweils auf **Antrag** (zur Form und Frist des Antrags siehe → Rz. 151 f.) zunächst für **jeden Erhebungszeitraum innerhalb des Hauptveranlagungszeitraums** gewährt wird.[1] Voraussetzung ist, dass der Steuerpflichtige nachweist, dass die jeweiligen Voraussetzungen für die Ermäßigung der Steuermesszahl zum **Hauptveranlagungszeitpunkt** vorliegen. Die Maßgeblichkeit des Hauptveranlagungszeitpunkts dürfte vorbehaltlich der Maßgeblichkeit anderer Veranlagungszeitpunkte (bspw. § 17 Abs. 3 GrStG[2] oder § 18 Abs. 3 GrStG[3]) gelten, wie sich für § 17 Abs. 3 GrStG auch aus § 15 Abs. 6 Satz 2 und 3 GrEStG ergibt. Da innerhalb der Erklärung nach § 228 Abs. 1 BewG[4] keine Belege oder Unterlagen eingereicht werden sollen, dürfte es einer gesonderten Bearbeitung der Fälle mit ermäßigter Steuermesszahl und Anforderung zur Übersendung der Belege durch das zuständige Finanzamt bedürfen. 136

(Einstweilen frei) 137–140

2. Zeitanteilige Erfüllung innerhalb des Hauptveranlagungszeitraums und Wegfall der Voraussetzungen vor dem Hauptveranlagungszeitpunkt (§ 15 Abs. 6 Satz 2 und 3 GrStG)

§ 15 Abs. 6 Satz 2 und 3 regeln die Gewährung der ermäßigten Steuermesszahlen nach § 15 Abs. 2–5 GrStG in Fällen, in denen die Voraussetzungen nur zeitanteilig während des Hauptveranlagungszeitraums vorliegen oder die Voraussetzungen für die ermäßigte Steuermesszahl vor dem Hauptveranlagungszeitpunkt wieder wegfallen. Die Ermäßigungstatbestände der Steuermesszahl können folglich jahresweise für jeden vollen Erhebungszeitraum erfüllt werden (**zeitanteilige Erfüllung der Tatbestandsvoraussetzungen**).[5] 141

§ 15 Abs. 6 Satz 2 regelt den Fall, dass die Voraussetzungen für eine ermäßigte Steuermesszahl nach den § 15 Abs. 2–5 GrStG erst **im Laufe des Hauptveranlagungszeitraums** eintreten (bspw. erfüllt der neue Eigentümer bei einem Eigentumswechsel die Voraussetzungen nach § 15 Abs. 4 Nr. 1 GrStG). Liegen die Voraussetzungen für eine ermäßigte Steuermesszahl in diesen Fällen zu Beginn eines nach dem ersten Erhebungszeitraum liegenden Erhebungszeitraums (jeweiliges Kalenderjahr innerhalb des Hauptveranlagungszeitraums) vor, wird der **Grundsteuermessbetrag** nach § 17 Abs. 2 Nr. 1 GrStG[6] **neu veranlagt**.[7] Der Grundsteuermessbetrag wird gem. § 17 Abs. 3 Satz 2 Nr. 2 GrStG[8] **zu Beginn desjenigen Kalenderjahres** neu veranlagt, auf dessen Beginn die Voraussetzungen erstmalig vorliegen.[9] Der neuveranlagte Grundsteuermessbetrag gilt dann für den verbleibenden Zeitraum innerhalb des Hauptveranlagungszeit- 142

1 BT-Drucks. 20/3879 S. 129.
2 Siehe dazu Bock in Grootens, GrStG § 17 Rz. 45 ff.
3 Siehe dazu Bock in Grootens, GrStG § 18 Rz. 32 ff.
4 Siehe dazu Kurt in Grootens, BewG § 228 Rz. 61 ff.
5 So bereits die Finanzverwaltung zur F. des § 15 GrStG vor dem JStG 2022 in A 15.6 AEGrStG.
6 Siehe dazu Bock in Grootens, GrStG § 17 Rz. 31 f.
7 BT-Drucks. 20/3879 S. 129.
8 Siehe dazu Bock in Grootens, GrStG § 17 Rz. 49.
9 BT-Drucks. 20/3879 S. 129.

raums, solange die Voraussetzungen weiterhin vorliegen. Für die Neuveranlagung des Grundsteuermessbetrags nach § 15 Abs. 6 Satz 2 GrStG ist ebenfalls ein Antrag erforderlich (zur Form und Frist siehe → Rz. 151 f.).

143 § 15 Abs. 6 Satz 3 Alt. 1 GrStG regelt den Fall, dass die **Voraussetzungen** für eine gewährte Ermäßigung einer Steuermesszahl **während des Hauptveranlagungszeitraums wegfallen**. Die Regelung ist erforderlich, da die ermäßigte Steuermesszahl nach § 15 Abs. 6 Satz 1 GrStG zunächst für den gesamten Hauptveranlagungszeitraum gewährt wird, wenn der Steuerpflichtige die Voraussetzungen zum Hauptveranlagungszeitpunkt nachweist. Fallen die Voraussetzungen für eine ermäßigte Steuermesszahl weg, hat der **Steuerpflichtige** dies nach § 15 Abs. 6 Satz 3 Alt. 1 GrStG i.V. mit § 19 Abs. 2 GrStG **anzuzeigen**.[1] Es erfolgt dann eine **Neuveranlagung** ohne Gewährung der entsprechenden Ermäßigung der Steuermesszahl nach § 15 Abs. 3 Satz 3 GrStG i.V. mit § 17 Abs. 2 Nr. 1 GrStG.[2] Die Neuveranlagung erfolgt gem. § 17 Abs. 3 Satz 2 Nr. 2 GrStG[3] zum **Beginn des auf den Wegfall der Voraussetzungen folgenden Kalenderjahres**. Fällt eine Begünstigung mit Wirkung für die Vergangenheit weg (beispielsweise wird eine Förderzusage zurückgenommen), kann eine Änderung nach § 175 Abs. 1 Satz 1 Nr. 2 AO (rückwirkendes Ereignis) in Betracht kommen.[4]

144 Da die Festsetzung des Grundsteuermessbetrags auf den Hauptveranlagungszeitpunkt, insbesondere bei der ersten Hauptveranlagung auf den 1.1.2025 (vgl. § 36 Abs. 3 GrStG[5]), und damit die **Entscheidung über die Gewährung einer ermäßigten Steuermesszahl** i. d. R. bereits vor diesem Zeitpunkt erfolgt, ist eine Ermäßigung der Steuermesszahl zu gewähren, wenn absehbar ist, dass die Voraussetzungen hierfür auch nach dem Hauptveranlagungszeitpunkt vorliegen werden. Bei der ermäßigten Steuermesszahl nach § 15 Abs. 2 GrStG ist dies bspw. der Fall, wenn die Förderzusage bereits vorliegt und über den Hauptveranlagungszeitpunkt hinaus Wirkung entfaltet.[6] Sind keine Anhaltspunkte ersichtlich, dass die Voraussetzungen für die ermäßigte Steuermesszahl vor dem Hauptveranlagungszeitpunkt wegfallen werden, ist die Steuermesszahl zu ermäßigen. **Fallen** die **Voraussetzungen** für eine ermäßigte Steuermesszahl dann **vor dem Hauptveranlagungszeitpunkt weg**, hat der **Steuerpflichtige** dies nach § 15 Abs. 6 Satz 3 Alt. 2 GrStG i.V. mit § 19 Abs. 2 GrStG[7] **anzuzeigen** und der Grundsteuermessbescheid ist nach § 21 Satz 2 GrStG i.V. mit § 36 Abs. 3 Satz 2 GrStG oder nach § 175 Abs. 1 Satz 1 Nr. 1 AO (die Folgerungen aus dem Grundlagenbescheid sind entsprechend zu ziehen), ggf. auch nach § 173 Abs. 1 Nr. 2 AO (bei Nichtangabe in der Steuererklärung)[8] zum Hauptveranlagungszeitpunkt entsprechend zu ändern.

145 Steht bereits im **Zeitpunkt der Festsetzung des Grundsteuermessbetrags** fest, dass die Voraussetzungen für die ermäßigte Steuermesszahl vor dem Hauptveranlagungszeitpunkt wegfallen werden, bspw. weil die Förderzusage aufgrund einer Befristung vor dem Hauptveranlagungs-

1 BT-Drucks. 20/3879 S. 129; siehe dazu vertiefend Bock in Grootens, GrStG § 19 Rz. 27 ff.

2 BT-Drucks. 20/3879 S. 129; vgl. schon BT-Drucks. 19/11085 S. 125; Eisele, NWB 29/2019 S. 2127, 2139, NWB AAAAH-22096; Eisele/Wiegand, Grundsteuerreform 2022/2025 S. 79, NWB CAAAH-44415; siehe zur Neuveranlagung vertiefend Bock in Grootens, GrStG § 17 Rz. 31 ff.

3 Siehe dazu Bock in Grootens, GrStG § 17 Rz. 49.

4 Siehe auch Krumm/Paeßens, GrStG, § 6 NGrStG Rz. 18.

5 Siehe dazu Lehmann in Grootens, GrStG § 36 Rz. 29 f.

6 A 15.2 Abs. 3 Satz 2, 15.3 Abs. 3 AEGrStG.

7 Siehe dazu Bock in Grootens, GrStG § 19 Rz. 27 ff.

8 Siehe dazu Bock in Grootens, GrStG § 21 Rz. 23 f.; teilweise für den ersten Hauptveranlagungszeitpunkt a. A. Weiß/Klein, DStR 2024 S. 272 (277).

zeitpunkt ausläuft, wird die Steuermesszahl nicht nach § 15 Abs. 2 Satz 1 GrStG ermäßigt.[1] Steht fest, dass die Voraussetzungen während des Hauptveranlagungszeitpunkts wegfallen werden, ist dennoch die Ermäßigung zunächst zu gewähren und erst zum tatsächlichen Wegfall der Voraussetzungen zum Neuveranlagungszeitpunkt der Grundsteuermessbetrag neu zu veranlagen (siehe hierzu → Rz. 141 ff.).

146 **BEISPIEL:**[2] Die Wobau GmbH hat im Zusammenhang mit der Errichtung eines Mehrfamilienhauses im Jahr 2017 eine Förderzusage für ein verbilligtes langfristiges Darlehen (Laufzeit 10 Jahre; Laufzeitende: 20.10.2027; Bindungsfrist für verbilligte Wohnraumüberlassung endet am 1.12.2027) bekommen.

LÖSUNG: Da die Voraussetzungen für die Steuerermäßigung zum 1.1.2028 nicht mehr vorliegen, kommt sie nur für die Jahre 2025 bis 2027 in Betracht. Auf den 1.1.2028 ist eine Neuveranlagung des Grundsteuermessbetrags nach § 17 Abs. 2 Nr. 1 GrStG durchzuführen.

(Einstweilen frei) 147–150

3. Form des Antrags (§ 15 Abs. 6 Satz 4 GrStG)

151 Die Gewährung der ermäßigten Steuermesszahl erfolgt nach § 15 Abs. 6 Satz 1 GrStG nur auf **Antrag.**[3] Eine **Form** ist für den Antrag **nicht vorgegeben**. Er kann daher schriftlich, elektronisch oder auf andere Weise gestellt werden. § 15 Abs. 6 Satz 4 GrStG stellt klar, dass der Antrag auch im Rahmen der Erklärung nach § 228 Abs. 1 BewG[4] gestellt werden kann.[5] Dies erfolgt durch entsprechendes Ausfüllen des Formulars „Anlage Grundsteuerbefreiung/-vergünstigung (GW-4)".[6]

152 Eine zeitliche Begrenzung oder **Frist** ist für den Antrag **nicht geregelt**. Der Antrag kann sich allerdings nur bis zum Eintritt der Festsetzungsverjährung auswirken.[7]

(Einstweilen frei) 153–155

§ 16 GrStG Hauptveranlagung

(1) ¹Die Steuermessbeträge werden auf den Hauptfeststellungszeitpunkt (§ 221 Absatz 2 des Bewertungsgesetzes) allgemein festgesetzt (Hauptveranlagung). ²Dieser Zeitpunkt ist der Hauptveranlagungszeitpunkt.

(2) ¹Der bei der Hauptveranlagung festgesetzte Steuermessbetrag gilt vorbehaltlich der §§ 17 und 20 von dem Kalenderjahr an, das zwei Jahre nach dem Hauptveranlagungszeitpunkt beginnt. ²Dieser Steuermessbetrag bleibt unbeschadet der §§ 17 und 20 bis zu dem Zeitpunkt maßgebend, von dem an die Steuermessbeträge der nächsten Hauptveranlagung wirksam werden. ³Der sich nach den Sätzen 1 und 2 ergebende Zeitraum ist der Hauptveranlagungszeitraum.

(3) Ist die Festsetzungsfrist (§ 169 der Abgabenordnung) bereits abgelaufen, so kann die Hauptveranlagung unter Zugrundelegung der Verhältnisse vom Hauptveranlagungszeitpunkt mit Wirkung für einen späteren Veranlagungszeitpunkt vorgenommen werden, für den diese Frist noch nicht abgelaufen ist.

1 A 15.2 Abs. 3 Satz 3 AEGrStG.
2 Beispiel in A 15.6 AEGrStG.
3 A 15.3 Abs. 1 Satz 5 AEGrStG.
4 Siehe dazu Kurt in Grootens, BewG § 228 Rz. 61 ff.
5 BT-Drucks. 20/3879 S. 129; siehe auch A 15.3 Abs. 1 Satz 6 AEGrStG.
6 Siehe vertiefend Lapp in Grootens, Anlage Grundsteuerbefreiung/-vergünstigung (GW-4).
7 Vgl. auch A 15.3 Abs. 1 Satz 7 und 8 AEGrStG.

Inhaltsübersicht **Rz.**

ARBEITSHILFEN UND GRUNDLAGEN ONLINE:

Berechnung der Grundsteuer nach der Gesetzesreform, Berechnungstool „Grundsteuer" nach dem Entwurf v. 21.6.2019, NWB NAAAH-30144.

VERWALTUNGSANWEISUNGEN:

Koordinierte Erlasse der obersten Finanzbehörden der Länder v. 22.6.2022 – Anwendung des Grundsteuergesetzes ab 1.1.2025 (AEGrStG), BStBl 2022 I S. 1171.

A. Allgemeine Erläuterungen zu § 16 GrStG

I. Normzweck und wirtschaftliche Bedeutung der Vorschrift

1 § 16 GrStG regelt die **Hauptveranlagung** der Steuermessbeträge für Zwecke der Grundsteuer. Die Steuermessbeträge werden anknüpfend an die Hauptfeststellung sämtlicher wirtschaftlicher Einheiten in der Hauptveranlagung nach § 16 Abs. 1 Satz 1 GrStG auf den Hauptfeststellungszeitpunkt allgemein festgesetzt. Der Zeitpunkt auf den die Steuermessbeträge festgesetzt werden, ist nach § 16 Abs. 1 Satz 2 GrStG der **Hauptveranlagungszeitpunkt**.

2 § 16 Abs. 2 GrStG bestimmt die **Geltungsdauer** der in der Hauptveranlagung festgesetzten **Steuermessbeträge**. Die bei der Hauptveranlagung festgesetzten Steuermessbeträge gelten nach § 16 Abs. 2 Satz 1 GrStG von dem Kalenderjahr an, das zwei Jahre nach dem Hauptveranlagungszeitpunkt beginnt und bleiben nach § 16 Abs. 2 Satz 2 GrStG bis zu dem Zeitpunkt maßgebend, von dem an die Steuermessbeträge der nächsten Hauptveranlagung wirksam werden. Dieser Zeitraum der Geltungsdauer wird nach § 16 Abs. 2 Satz 3 GrStG **Hauptveranlagungszeitraum** genannt. Die Geltungsdauer eines Steuermessbetrags über den Hauptveranlagungszeitraum gilt vorbehaltlich einer Neuveranlagung des jeweiligen Steuermessbetrags nach § 17 GrStG und einer Aufhebung des jeweiligen Steuermessbetrags nach § 20 GrStG.

3 § 16 Abs. 3 GrStG bestimmt, dass bei **abgelaufener Festsetzungsfrist** eine Hauptveranlagung auf einen Zeitpunkt erfolgen kann, für den die Festsetzungsfrist noch nicht abgelaufen ist.

4–5 *(Einstweilen frei)*

II. Entstehung und Entwicklung der Vorschrift

Die Norm wurde in ihrer heutigen Fassung durch das Grundsteuerreformgesetz v. 7.8.1973[1] eingeführt. Durch das **GrStRefG** v. 26.11.2019[2] wurde § 16 GrStG an den Wegfall der Einheitsbewertung in Bezug auf einen Verweis ins Bewertungsgesetz angepasst.[3] 6

(Einstweilen frei) 7–8

III. Geltungsbereich

§ 16 GrStG gilt, soweit die Länder in Bezug auf § 16 GrStG nicht von ihrer Abweichungskompetenz nach Art. 72 Abs. 3 Satz 1 Nr. 7 GG Gebrauch gemacht haben, nach § 2 GrStG für **inländischen Grundbesitz**, mithin für die Betriebe der Land- und Forstwirtschaft sowie diesen gleichgestellte Betriebsgrundstücke (wirtschaftliche Einheiten des **land- und forstwirtschaftlichen Vermögens**) und die Grundstücke sowie diesen gleichgestellte Betriebsgrundstücke (wirtschaftliche Einheiten des **Grundvermögens**). Erfasst werden durch die Anknüpfung an den Grundsteuerwert auch die inländischen Teile einer wirtschaftlichen Einheit, die sich sowohl auf das Inland als auch auf das Ausland erstrecken. 9

§ 16 GrStG i. d. F. des GrStRefG v. 26.11.2019[4]ist gem. Art. 18 Abs. 1 GrStRefG am 3.12.2019 in Kraft getreten und findet gem. § 37 Abs. 1 GrStG für die Grundsteuer **ab dem Kalenderjahr 2025** Anwendung.[5] Allerdings wird für die erste Hauptfeststellung § 16 Abs. 1 und Abs. 2 Satz 1 GrStG durch die **Sonderregelungen des § 36 GrStG** verdrängt,[6] so dass § 16 Abs. 1 und Abs. 2 Satz 1 GrStG erst für die zweite Hauptveranlagung zum 1.1.2029 von Relevanz ist.[7] § 16 GrStG i. d. F. des Grundsteuerreformgesetzes v. 7.8.1973 mit der letzten Änderung durch Art. 38 des Gesetzes v. 19.12.2008 (BGBl I S. 2794) findet nach § 37 Abs. 2 GrStG für die Grundsteuer **bis einschließlich des Kalenderjahres 2024** Anwendung.[8] 10

(Einstweilen frei) 11–13

IV. Verhältnis zu anderen Vorschriften

Die Steuermessbeträge ergeben sich nach **§ 13 GrStG** durch Anwendung der Steuermesszahl auf die nach **§ 219 Abs. 1 BewG** in der Hauptfeststellung nach **§ 221 BewG** festgestellten Grundsteuerwerte. Die Steuermesszahl für die land- und forstwirtschaftlichen Betriebe ergibt sich aus **§ 14 GrStG** und für die Grundstücke aus **§ 15 GrStG**. Die in der Hauptveranlagung festgesetzten Steuermessbeträge gelten vorbehaltlich einer Neuveranlagung nach **§ 17 GrStG** und einer Aufhebung nach **§ 20 GrStG** für den Hauptveranlagungszeitraum. Entsteht eine neue wirtschaftliche Einheit oder wird eine bestehende wirtschaftliche Einheit erstmals zur Grundsteuer herangezogen, weshalb eine Hauptveranlagung des Steuermessbetrags zum Hauptfeststellungszeitpunkt nicht erfolgen konnte bzw. erfolgte, wird eine Nachveranlagung nach **§ 18** 14

1 BGBl 1973 I S. 965.
2 GrStRefG v. 26.11.2019, BGBl 2019 I S. 1794.
3 BT-Drucks. 19/11085 S. 124.
4 Gesetz zur Reform des Grundsteuer- und Bewertungsrechts (Grundsteuer-Reformgesetz – GrStRefG) v. 26.11.2019, BGBl 2019 I S. 1794.
5 Schnitter, 360° GrStG eKommentar § 16 Rz. 6.
6 Vgl. auch A 16 Satz 3 AEGrStG.
7 Etwas zu weit A 16 Satz 4 AEGrStG.
8 Schnitter, 360° GrStG eKommentar § 16 Rz. 6.

GrStG durchgeführt. Das Steuermessbetragsverfahren wird allgemein in **§ 184 AO** geregelt.[1]

15 Die erste Hauptveranlagung wird nach **§ 36 Abs. 1 GrStG** abweichend von § 16 Abs. 1 GrStG nicht auf den 1.1.2022 als erster Hauptfeststellungszeitpunkt, sondern auf den 1.1.2025 durchgeführt. Die Grundsteuermessbeträge gelten gem. **§ 36 Abs. 2 BewG** abweichend zu § 16 Abs. 2 Satz 2 GrStG bereits ab dem 1.1.2025. Dies ist der erste Hauptveranlagungszeitpunkt.

16–18 *(Einstweilen frei)*

B. Systematische Kommentierung

I. Hauptveranlagung und Hauptveranlagungszeitpunkt (§ 16 Abs. 1 GrStG)

1. Hauptveranlagung (§ 16 Abs. 1 Satz 1 GrStG)

19 Wie die Grundsteuerwerte aller ca. 38 Millionen wirtschaftlichen Einheiten **alle sieben Jahre** nach § 221 BewG festgestellt werden, werden die Steuermessbeträge daran anknüpfend in der Hauptveranlagung nach § 16 Abs. 1 Satz 1 GrStG auf den Hauptveranlagungszeitpunkt allgemein festgesetzt.[2]

20 Die Feststellung des Grundsteuerwerts und die Festsetzung der Steuermessbeträge können in einem Bescheid erfolgen.[3]

21–23 *(Einstweilen frei)*

2. Hauptveranlagungszeitpunkt (§ 16 Abs. 1 Satz 2 GrStG)

24 Der Zeitpunkt, auf den die Steuermessbeträge allgemein festgesetzt werden, ist der Hauptveranlagungszeitpunkt.[4] Der **Hauptveranlagungszeitpunkt** ist nach § 16 Abs. 1 Satz 1 und 2 GrStG grundsätzlich derselbe wie der **Hauptfeststellungszeitpunkt** (siehe aber auch → Rz. 25). Für die Festsetzung der Steuermessbeträge sind die tatsächlichen Verhältnisse im Hauptveranlagungszeitpunkt maßgeblich.[5] So sind beispielsweise für das Vorliegen der Ermäßigungstatbestände des § 15 Abs. 2–5 GrStG die Verhältnisse im Hauptveranlagungszeitpunkt zugrunde zu legen. Der Hauptveranlagungszeitpunkt hat zudem Einfluss auf den Zeitpunkt, ab dem der Steuermessbetrag gilt (siehe → Rz. 33).

25 Bei der ersten Hauptveranlagung gilt nach § 36 Abs. 1 GrStG als erster Hauptveranlagungszeitpunkt der **1.1.2025**. Auf den 1.1.2025 werden erstmals die Steuermessbeträge beruhend auf den neuen Grundsteuerwerten allgemein festgesetzt. Dies soll dem Urteil des BVerfG v. 10.4.2018 Rechnung tragen.[6] Ab diesem Zeitpunkt an darf die Grundsteuer nicht mehr auf Basis der Einheitswerte erhoben werden.

26 Die Notwendigkeit einer Verschiebung des ersten Hauptveranlagungszeitpunkts wird nicht hinreichend deutlich. Der Gesetzgeber geht davon aus, dass die Steuermessbeträge gemeinsam mit den Grundsteuerwerten festgesetzt werden können.[7] Aufgrund der Verschiebung des

1 Siehe dazu vertiefend Bock in Grootens, GrStG § 13 Rz. 33 ff.
2 A 16 Satz 1 AEGrStG.
3 A 16 Satz 5 AEGrStG; Troll/Eisele, GrStG § 16 Rz. 7.
4 A 16 Satz 2 AEGrStG.
5 A 16 Satz 6 AEGrStG.
6 BT-Drucks. 19/11085 S. 126.
7 BT-Drucks. 19/11085 S. 126.

Hauptveranlagungszeitpunkts müssen jedoch die **tatsächlichen Verhältnisse unterschiedlicher Zeitpunkte** bei der **Feststellung der Grundsteuerwerte** einerseits und der **Festsetzung der Steuermessbeträge** andererseits zu Grunde gelegt werden. Es hätte genügt den Wirksamkeitszeitpunkt der Steuermessbeträge der Hauptveranlagung um ein Jahr nach hinten zu verschieben.

(Einstweilen frei) 27–32

II. Hauptveranlagungszeitraum (§ 16 Abs. 2 GrStG)

33 Die Steuermessbescheide gelten nach § 16 Abs. 2 Satz 1 GrStG vorbehaltlich einer Neuveranlagung nach § 17 GrStG oder einer Aufhebung nach § 20 GrStG des jeweiligen Steuermessbetrags von dem Kalenderjahr an, das zwei Jahre nach dem Hauptveranlagungszeitpunkt beginnt. Dies ist i.V. mit § 16 Abs. 2 Satz 3 GrStG der **Beginn des Hauptveranlagungszeitraums**. Der Finanzverwaltung soll damit genügend Zeit eingeräumt werden, für sämtliche wirtschaftlichen Einheiten die Steuermessbeträge festzusetzen, ehe diese Wirkung für die Grundsteuer entfalten.[1] Das Volumen der Steuermessbeträge soll des Weiteren so frühzeitig wie möglich bekannt sein, dass die Gemeinden ihre Hebesätze entsprechend festsetzen können.[2]

34 Ohne die Festlegung eines bestimmten Zeitpunkts, ab dem der Steuermessbetrag Wirkung entfaltet, würde der Steuermessbetrag mit der Bekanntgabe wirksam werden. Damit wäre der von Zufälligkeiten abhängige Bearbeitungszeitpunkt bei der jeweiligen wirtschaftlichen Einheit für das Wirksamwerden der Steuermessbeträge maßgeblich. Um die Gleichmäßigkeit der Besteuerung zu gewährleisten, wird daher für alle wirtschaftlichen Einheiten ein **einheitlicher, fester Zeitpunkt** für das **Wirksamwerden** der **Steuermessbeträge** bestimmt.

35 Die erste Hauptveranlagung zum 1.1.2025 mit zeitgleicher Wirkung für die Grundsteuer ist nur dann administrierbar, wenn die Steuermessbescheide bereits **vor dem Hauptveranlagungszeitpunkt** erlassen werden können. Die Zulässigkeit des vorzeitigen Erlasses der Steuermessbescheide ist nach der Rechtsprechung des BFH[3] ohne eine entsprechende Ermächtigungsgrundlage jedoch fraglich, da den Steuermessbescheiden die Verhältnisse zum 1.1.2025 zugrunde zu legen sind und diese erst mit Ablauf des 31.12.2024 vorliegen. Eine solche Möglichkeit des vorzeitigen Erlasses der Steuermessbescheide sieht der mit dem Jahressteuergesetz 2020[4] eingeführte § 36 Abs. 3 Satz 1 GrStG daher vor.[5] Steuermessbescheide, die vor dem Hauptveranlagungszeitpunkt erlassen werden, entfalten Ihre Wirkung jedenfalls erst zum Beginn des Hauptveranlagungszeitraums an. Bei zwischen Erlass und Hauptfeststellungszeitpunkt eintretenden Änderungen, die zu einem anderen Steuermessbetrag führen würden, muss eine Änderung des Steuermessbetrags erfolgen. Eine solche Änderungsmöglichkeit ist nach § 36 Abs. 3 Satz 2 GrStG i.V. mit § 21 Satz 2 GrStG vorgesehen.

36 Die Steuermessbeträge bleiben nach § 16 Abs. 2 Satz 2 GrStG vorbehaltlich einer Neuveranlagung nach § 17 GrStG oder einer Aufhebung nach § 20 GrStG des jeweiligen Steuermessbetrags bis zum Wirksamwerden der Steuermessbeträge der nächsten Hauptveranlagung wirksam. Mit dem Wirksamwerden der nächsten Hauptveranlagung **endet** i.V. mit § 16 Abs. 2

1 Troll/Eisele, GrStG § 16 Rz. 7.

2 Siehe dazu Grootens in Grootens, GrStG § 25 Rz. 64 ff.; Krumm/Paeßens, GrStG, § 16 Rz. 10; Begründung zum Grundsteuergesetz v. 1.12.1936, RStBl 1937 S. 717, S. 722.

3 BFH, Urteil v. 15.9.1961 - III 102/59 U, BStBl 1961 III S. 4; vgl. auch BT-Drucks 6/1888 S. 5 zu § 24a BewG.

4 Jahressteuergesetz 2020 v. 21.12.2020, BGBl 2020 I S. 3096.

5 Siehe vertiefend Lehmann in Grootens, GrStG § 36 Rz. 5 f.

Satz 3 GrStG der **Hauptveranlagungszeitraum.** Damit lösen die neuen Steuermessbeträge die alten Steuermessbeträge ab und es entsteht kein grundsteuerfreier Zeitraum. Der Grundsteuermessbescheid ist damit dem Grunde nach ein Dauerverwaltungsakt.[1] Der erste Hauptveranlagungszeitraum beträgt nicht sieben sondern sechs Jahre[2]:

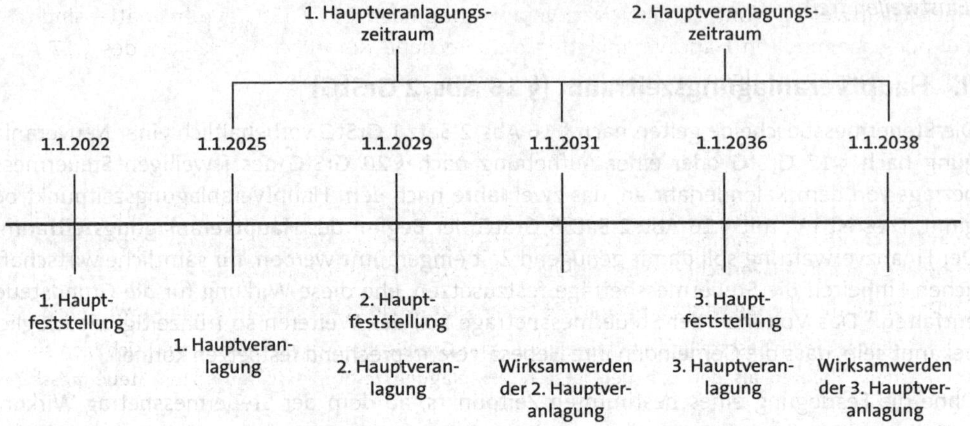

37–39 *(Einstweilen frei)*

III. Nachholung der Hauptveranlagung bei abgelaufener Festsetzungsfrist (§ 16 Abs. 3 GrStG)

40 Ist die Festsetzung des Steuermessbetrags bei der Hauptveranlagung unterblieben und die Festsetzungsfrist bereits abgelaufen, gestattet § 16 Abs. 3 GrStG **eine Festsetzung des Steuermessbetrags** auf einen Zeitpunkt, für den die **Festsetzungsfrist noch nicht abgelaufen** ist (sog. Nachholung der Hauptveranlagung). Zu einer Nichtfestsetzung des Steuermessbetrags kann es aus unterschiedlichen Gründen, beispielsweise bei einer fälschlichen Annahme einer Steuerbefreiung, kommen.

41 Bei der Bestimmung des **nächstmöglichen, noch nicht festsetzungsverjährten Zeitpunktes** für die Nachholung einer Hauptveranlagung ist für den Beginn der Festsetzungsfrist die Anlaufhemmung des § 170 Abs. 2 Satz 1 Nr. 1, Abs. 4 AO, § 184 Abs. 1 Satz 3 AO[3] wegen der bestehenden Anzeigepflicht nach § 19 GrStG[4] zu beachten.

42 BEISPIEL: Für eine wirtschaftliche Einheit wurde kein Grundsteuerwert auf den 1.1.2022 festgestellt und auch kein Steuermessbescheid erlassen, da die Finanzverwaltung fälschlicher Weise eine Steuerbefreiung angenommen hat. Der Fehler fällt im Jahr 2030 auf.

LÖSUNG: Der Steuermessbescheid auf den 1.1.2025 mit Wirkung ab dem 1.1.2025 und der Grundsteuerbescheid ab dem Jahr 2025 kann im Jahr 2030 nicht mehr erlassen werden, da insoweit die vierjährige Festsetzungsfrist abgelaufen ist. Es kann allerdings nach § 16 Abs. 3 GrStG die Hauptveranlagung auf den 1.1.2025 mit Wirkung vom 1.1.2026 nachgeholt werden, da hierfür die Festsetzungsfrist noch nicht abgelaufen ist. Der Grundsteuerwert kann ebenfalls mit dieser Wirkung festgestellt werden, da

1 Krumm/Paeßens, GrStG, § 16 Rz. 12.
2 So auch Krumm/Paeßens, GrStG, § 16 Rz. 11.
3 Siehe dazu Bock in Grootens, GrStG § 13 Rz. 58 f.
4 Siehe dazu Bock in Grootens, GrStG § 19 Rz. 48.

die Feststellungsfrist nach § 181 Abs. 5 AO solange nicht abläuft, wie die Grundsteuer noch nicht festsetzungsverjährt ist.[1]

Sind zwischen Hauptveranlagungszeitpunkt und dem ersten nicht verjährten Zeitpunkt, auf dem die nachgeholte Hauptveranlagung wirkt, Änderungen eingetreten, die bei einer rechtzeitigen Hauptveranlagung zu einer Nachveranlagung nach § 17 GrStG geführt hätte, sind diese bei der nachgeholten Hauptveranlagung entsprechend dem Rechtsgedanken des § 17 Abs. 4 GrStG zu berücksichtigen.[2] 43

§ 17 GrStG Neuveranlagung

(1) Wird eine Wertfortschreibung § 222 Absatz 1 des Bewertungsgesetzes) oder eine Artfortschreibung oder Zurechnungsfortschreibung (§ 222 Absatz 2 des Bewertungsgesetzes) durchgeführt, so wird der Steuermessbetrag auf den Fortschreibungszeitpunkt neu festgesetzt (Neuveranlagung).

(2) Der Steuermessbetrag wird auch dann neu festgesetzt, wenn dem Finanzamt bekannt wird, dass

1. **Gründe, die im Feststellungsverfahren über den Grundsteuerwert nicht zu berücksichtigen sind, zu einem anderen als dem für den letzten Veranlagungszeitpunkt festgesetzten Steuermessbetrag führen oder**
2. **die letzte Veranlagung fehlerhaft ist; § 176 der Abgabenordnung ist hierbei entsprechend anzuwenden; das gilt jedoch nur für Veranlagungszeitpunkte, die vor der Verkündung der maßgeblichen Entscheidung eines obersten Gerichts des Bundes liegen.**

(3) [1]Der Neuveranlagung werden die Verhältnisse im Neuveranlagungszeitpunkt zugrunde gelegt. [2]Neuveranlagungszeitpunkt ist

1. **in den Fällen des Absatzes 1 der Beginn des Kalenderjahres, auf den die Fortschreibung durchgeführt wird;**
2. **in den Fällen des Absatzes 2 Nr. 1 der Beginn des Kalenderjahres, auf den sich erstmals ein abweichender Steuermessbetrag ergibt. [2]§ 16 Abs. 3 ist entsprechend anzuwenden;**
3. **in den Fällen des Absatzes 2 Nr. 2 der Beginn des Kalenderjahres, in dem der Fehler dem Finanzamt bekannt wird, bei einer Erhöhung des Steuermessbetrags jedoch frühestens der Beginn des Kalenderjahres, in dem der Steuermessbescheid erteilt wird.**

(4) Treten die Voraussetzungen für eine Neuveranlagung während des Zeitraums zwischen dem Hauptveranlagungszeitpunkt und dem Zeitpunkt des Wirksamwerdens der Steuermessbeträge (§ 16 Abs. 2) ein, so wird die Neuveranlagung auf den Zeitpunkt des Wirksamwerdens der Steuermessbeträge vorgenommen.

Inhaltsübersicht **Rz.**

1 BFH, Urteil v. 11.11.2009 - II R 14/08, BStBl 2010 II S. 723.

2 Siehe auch Bock in Grootens, § 17 Rz. 54; Krumm/Paeßens, GrStG, § 16 Rz. 14; Krause in Stenger/Loose, BewG/ErbStG/GrStG, § 16 GrStG Rz. 82.

LITERATUR:

Weiß/Klein, Die neuen Grundsteuervergünstigungen – Zweifelsfragen bei der Ermäßigung der Steuermesszahl, DStR 2024 S. 272.

A. Allgemeine Erläuterungen zu § 17 GrStG

I. Normzweck und wirtschaftliche Bedeutung der Vorschrift

1 § 17 GrStG regelt die **Neuveranlagung des Steuermessbetrags**. Zu einer Neuveranlagung kommt es nach § 17 Abs. 1 GrStG, wenn eine **Wertfortschreibung** nach § 222 Abs. 1 BewG oder eine **Art**- oder **Zurechnungsfortschreibung** nach § 222 Abs. 2 BewG durchgeführt wurde. In diesem Fall muss der Steuermessbetrag an den neuen Grundsteuerwert angepasst werden oder ggf. an einen neuen Inhaltsadressaten bekannt gegeben werden.

2 § 17 Abs. 2 GrStG bestimmt, dass eine Neuveranlagung des Steuermessbetrags auch zu erfolgen hat, wenn der Finanzbehörde Gründe bekannt werden, die im Feststellungsverfahren über den Grundsteuerwert nicht zu berücksichtigen sind, aber zu einem anderen als dem für den letzten Veranlagungszeitpunkt festgesetzten Steuermessbetrag führen oder wenn die **letzte Veranlagung fehlerhaft** ist.

3 § 17 Abs. 3 GrStG regelt die **Neuveranlagungszeitpunkte** auf denen die Neuveranlagung zu erfolgen hat. § 17 Abs. 4 GrStG regelt den Neuveranlagungszeitpunkt in dem Sonderfall, dass zwischen Hauptveranlagungszeitpunkt und Wirksamwerden der Steuermessbeträge die Tatbestandsvoraussetzungen einer Neuveranlagung eintreten.

4 § 17 GrStG ist damit im Wesentlichen eine **Abänderungsnorm**, um eine Neubescheidung der Steuermessbescheide aufgrund geänderte Grundsteuerwertbescheide vornehmen zu können. § 17 Abs. 1 GrStG korrespondiert mit den Abänderungsvorschriften des BewG zum Grundsteuerwert[1] (§ 222 BewG). Mit einer Neuveranlagung wird der ursprüngliche Grundsteuermessbescheid als Dauerverwaltungsakt im eigentlichen Sinne nicht geändert, sondern mit Wirkung zum Neuveranlagungszeitpunkt ersetzt (Fall der Erstbescheidung).[2] Der materiell-rechtliche Regelungsgehalt des ursprünglichen Grundsteuermessbescheids bleibt unberührt, dessen Wirkung endet lediglich zum Neuveranlagungszeitpunkt.

5–7 *(Einstweilen frei)*

1 Vgl. BT-Drucks. 6/3418 S. 89 zum Zweiten Steuerreformgesetz (ursprünglicher Gesetzentwurf zum Grundsteuerreformgesetz v. 7.8.1973).

2 Zutreffend Krumm/Paeßens, GrStG, § 17 Rz. 1 und Rz. 23, anders allerdings wohl in Rz. 7; siehe auch von Wedelstädt in Gosch, AO/FGO, § 175 AO Rz. 10.

II. Entstehung und Entwicklung der Vorschrift

Die Norm wurde in ihrer heutigen Fassung durch das Grundsteuerreformgesetz v. 7.8.1973[1] eingeführt. Durch das **GrStRefG** v. 26.11.2019[2] wurde § 17 GrStG an den Wegfall der Einheitsbewertung hinsichtlich der Verweise ins BewG angepasst.[3] Der in § 17 Abs. 2 Nr. 1 GrStG i. d. F. des GrStRefG v. 26.11.2019 noch verwendete Begriff des Einheitswerts wurde mit dem Jahressteuergesetz 2020 durch den zutreffenden Begriff des Grundsteuerwerts ersetzt.[4] 8

(Einstweilen frei) 9–11

III. Geltungsbereich

§ 17 GrStG gilt, soweit die Länder in Bezug auf § 17 GrStG nicht von ihrer Abweichungskompetenz nach Art. 72 Abs. 3 Satz 1 Nr. 7 GG Gebrauch gemacht haben, nach § 2 GrStG für **inländischen Grundbesitz**, mithin für die Betriebe der Land- und Forstwirtschaft sowie diesen gleichgestellte Betriebsgrundstücke (wirtschaftliche Einheiten des **land- und forstwirtschaftlichen Vermögens**) und die Grundstücke sowie diesen gleichgestellte Betriebsgrundstücke (wirtschaftliche Einheiten des **Grundvermögens**). Erfasst werden durch die Anknüpfung an den Grundsteuerwert auch die inländischen Teile einer wirtschaftlichen Einheit, die sich sowohl auf das Inland als auch auf das Ausland erstrecken. 12

§ 17 GrStG i. d. F. des GrStRefG v. 26.11.2019 findet gem. § 37 Abs. 1 GrStG für die Grundsteuer **ab dem Kalenderjahr 2025** Anwendung.[5] § 17 GrStG i. d. F. des Grundsteuerreformgesetzes v. 7.8.1973 mit der letzten Änderung durch Art. 38 des Gesetzes v. 19.12.2008 (BGBl I S. 2794) findet nach § 37 Abs. 2 GrStG für die Grundsteuer **bis einschließlich des Kalenderjahres 2024** Anwendung.[6] 13

(Einstweilen frei) 14–16

IV. Verhältnis zu anderen Vorschriften

Eine Neuveranlagung des Steuermessbetrags nach § 17 Abs. 1 GrStG hat nach einer Wertfortschreibung nach **§ 222 Abs. 1 BewG** und einer Art- oder Zurechnungsfortschreibung nach **§ 222 Abs. 2 BewG** zu erfolgen. Die Berechnung des Steuermessbetrags richtet sich auch bei der Neuveranlagung nach **§§ 13 ff. GrStG**. Aufgrund des um zwei Jahre verzögerten Wirksamwerdens der Steuermessbeträge der Hauptveranlagung nach **§ 16 Abs. 2 GrStG** bedarf es der Sonderregelung in Bezug auf den Neuveranlagungszeitpunkt in § 17 Abs. 4 GrStG. Bei einer Neuveranlagung nach § 17 Abs. 2 Nr. 2 GrStG findet **§ 16 Abs. 3 GrStG** ausdrücklich entsprechende Anwendung. Ob darüber hinaus der Rechtsgedanke des § 16 Abs. 3 GrStG insbesondere auch bei einer Neuveranlagung zur Fehlerbeseitigung nach § 17 Abs. 2 Nr. 1 GrStG Anwendung findet siehe → Rz. 47. 17

Die Abänderungsmöglichkeiten des Steuermessbescheids nach § 17 GrStG bestehen neben den allgemeinen Änderungsvorschriften nach der AO (**§§ 172 ff. AO**)[7]. Bei einer Änderung des 18

1 BGBl 1973 I S. 965.
2 GrStRefG v. 26.11.2019, BGBl 2019 I S. 1794.
3 BT-Drucks. 19/11085 S. 124.
4 Jahressteuergesetz 2020 v. 21.12.2020, BGBl 2020 I S. 3096.
5 Schnitter, 360° GrStG eKommentar § 17 Rz. 7.
6 Schnitter, 360° GrStG eKommentar § 17 Rz. 7.
7 Siehe dazu Bock in Grootens, GrStG § 13 Rz. 63 f.

Grundsteuerwertbescheids als Grundlagenbescheid kann auch eine Änderung des Grundsteuermessbescheids nach **§ 175 Abs. 1 Nr. 1 AO** in Betracht kommen. § 17 Abs. 2 Nr. 2 GrStG hat insbesondere Bedeutung bei abgelaufener Festsetzungsfrist nach **§§ 169 ff. AO** für eine Änderung des Grundsteuermessbescheids von Beginn an. Die Vertrauensschutzvorschrift des **§ 176 AO** findet auf eine fehlerbeseitigende Neuveranlagung nach § 17 Abs. 2 Nr. 2 GrStG entsprechende Anwendung. Die Beschränkungen bei der Anfechtung von Folgebescheiden nach **§ 351 Abs. 1 AO** gilt bei einer Neuveranlagung nicht, da es sich um einen Fall der Erstbescheidung handelt (siehe bereits → Rz. 4).[1]

19–21 *(Einstweilen frei)*

B. Systematische Kommentierung

I. Neuveranlagung bei Fortschreibung des Grundsteuerwerts (§ 17 Abs. 1 GrStG)

22 Nach § 17 Abs. 1 GrStG erfolgt eine Neuveranlagung des Grundsteuermessbetrags, wenn eine **Wert-, Art oder Zurechnungsfortschreibung** des Grundsteuerwerts nach § 222 BewG erfolgt ist. Die Neuveranlagung setzt begrifflich einen bereits festgesetzten Grundsteuermessbetrag voraus.[2] Die Neuveranlagung erfolgt von Amts wegen. Es handelt sich um eine gebundene und keine Ermessensentscheidung.[3] Ein Antrag des Steuerpflichtigen ist nicht erforderlich.

23 Zu einer **Wertfortschreibung** nach § 222 Abs. 1 BewG kommt es, wenn aufgrund einer Änderung der tatsächlichen Umstände, beispielsweise Abriss eines Gebäudes oder Neubau eines Gebäudes, ein anderer Grundsteuerwert festzustellen ist.[4] Der durch eine Wertfortschreibung geänderte Grundsteuerwert würde entsprechend zu einem anderen Steuermessbetrag führen, so dass dieser nach § 17 Abs. 1 GrStG neu zu veranlagen ist. Die wertmäßigen Veränderungen müssen nach § 222 Abs. 1 BewG bestimmte Größenordnungen erreichen. Werden diese nicht erreicht, erfolgt keine Wertfortschreibung und damit auch keine Neuveranlagung des Grundsteuermessbetrags.[5]

24 BEISPIEL: Der Grundsteuerwert eines unbebauten Grundstücks wurde in der 2. Hauptfeststellung auf den 1.1.2029 mit 150.000 € festgestellt und ein Grundsteuermessbetrag i. H. von 51 € festgesetzt. Zum 1.1.2033 wird der Bau eines Einfamilienhauses fertiggestellt. Es ergibt sich dadurch ein Grundsteuerwert i. H. von 300.000 €.

LÖSUNG: Die Voraussetzungen einer Wertfortschreibung nach § 222 Abs. 1 BewG liegen vor und der Grundsteuerwert ist auf den 1.1.2033 i. H. von 300.000 € festzustellen. Aufgrund der Wertfortschreibung erfolgt eine Neuveranlagung des Grundsteuermessbetrags auf den 1.1.2033 i. H. von 102 €.

25 Zu einer **Artfortschreibung** nach § 222 Abs. 2 BewG kommt es, wenn sich die Grundstücksart ändert.[6] Diese ist regelmäßig mit einer Wertfortschreibung verbunden.[7] Aufgrund der Artfort-

1 Krumm/Paeßens, GrStG, § 17 Rz. 23.
2 BFH, Urteil v. 13.6.1984 - III R 131/80, BStBl 1984 II S. 816 in Bezug auf die Fortschreibung des Einheitswerts; Roscher, 360° GrStG eKommentar, § 17 Rz. 8 (a. F.); Troll/Eisele, GrStG § 17 Rz. 3.
3 Krumm/Paeßens, GrStG, § 17 Rz. 24.
4 Siehe hierzu vertiefend Kurt in Grootens, GrStG § 222 Rz. 71 ff.
5 Roscher, 360° GrStG eKommentar, § 17 Rz. 8 (a. F.).
6 Siehe hierzu vertiefend Kurt in Grootens, GrStG § 222 Rz. 91 ff.
7 Roscher, 360° GrStG eKommentar, § 17 Rz. 8 (a. F.).

schreibung ist der Grundsteuermessbetrag nach § 17 GrStG neu zu veranlagen, wenn sich ein geänderter Grundsteuermessbetrag ergibt.

Eine **Zurechnungsfortschreibung** erfolgt, wenn sich die Eigentumsverhältnisse und damit die Zurechnung der wirtschaftlichen Einheit ändern.[1] Damit ist auch der Inhaltsadressat des Grundsteuerwertbescheids ein anderer. In diesem Fall muss auch der Grundsteuermessbescheid an den neuen Eigentümer bekannt gegeben werden. Dies erfolgt über eine Neuveranlagung nach § 17 GrStG. Über das Ende der Steuerpflicht ist der alte Eigentümer zu bescheiden, da er ein besonderes Interesse an der Feststellung des Endes seines Steuerschuldverhältnisses (sog. **Negativbescheid**) haben kann.[2] Seine Pflicht zu Vorauszahlungen würde nach § 29 GrStG anderenfalls erst mit Bekanntgabe eines neuen Grundsteuerbescheids enden.[3] 26

Umstritten ist, ob bei einer Neuveranlagung aufgrund Zurechnungsfortschreibung des Grundsteuerwerts auch über die Höhe des Grundsteuermessbescheids neu entschieden wird. Dies ist zu bejahen, da ein Eigentümerwechsel zum **Wegfall oder zur Begründung einer ermäßigten Steuermesszahl** nach § 15 Abs. 2–5 GrStG führen kann und jedenfalls eine Neuveranlagung nach § 17 Abs. 2 Nr. 1 GrStG zu erfolgen hätte.[4] 27

(Einstweilen frei) 28–30

II. Neuveranlagung ohne Fortschreibung des Grundsteuerwerts (§ 17 Abs. 2 GrStG)

1. Neuveranlagung ohne Abänderung des Grundsteuerwertbescheids (§ 17 Abs. 2 Nr. 1 GrStG)

§ 17 Abs. 2 Nr. 1 GrStG ermöglicht eine Abänderung des Steuermessbescheids für Zwecke der Grundsteuer in Fällen, in denen der **Grundsteuerwert** unverändert bleibt, aber Änderungen eingetreten sind, die zu einem anderen Grundsteuermessbetrag führen.[5] 31

Die Norm betrifft insbesondere Fälle, bei denen die Voraussetzungen für die **Ermäßigung der Steuermesszahl** nach § 15 Abs. 2–5 GrStG wegfallen.[6] Erfasst werden auch Fälle anderer **Steuerbefreiungen**, wenn im Rahmen der Feststellung des Grundsteuerwerts nicht über die sachliche Steuerpflicht entschieden wurde.[7] Bei einer Steuerbefreiung der gesamten wirtschaftlichen Einheit hat allerdings eine Aufhebung nach § 20 Abs. 1 Nr. 2 Buchst. a GrStG zu erfolgen.[8] Bei Wegfall einer Steuerbefreiung der gesamten wirtschaftlichen Einheit hat eine Nachver- 32

1 Siehe hierzu vertiefend Kurt in Grootens, GrStG § 222 Rz. 101 ff.

2 Zu weitgehend Troll/Eisele, GrStG § 17 Rz. 2, die eine Bekanntgabe des neuen Grundsteuermessbescheids an den alten Eigentümer für zweckmäßig halten. Dies dürfte wegen des Steuergeheimnisses unzulässig sein. Lediglich die reine Zurechnungsfortschreibung ist gegenüber dem neuen und dem alten Zurechnungsempfänger einheitlich festzustellen; wohl auch Krumm/Paeßens, GrStG, § 17 Rz. 5; vgl. BFH, Urteil v. 8.6.1988 - II R 219/84, BStBl 1984 II S. 760; BFH, Urteil v. 27.4.1956 - III 41/56 S, BStBl 1956 III S. 203.

3 Siehe dazu vertiefend Grootens in Grootens, GrStG § 29 Rz. 36.

4 Vgl. vertiefend zur damit zusammenhängenden Frage der dinglichen Wirkung des Grundsteuermessbescheids m. w. N. Bock in Grootens, GrStG § 13 Rz. 55 f.; a. A. Krumm/Paeßens, GrStG, § 17 Rz. 4 und Rz. 22.

5 Vgl. BT-Drucks. 6/3418 S. 82 zum Zweiten Steuerreformgesetz (ursprünglicher Gesetzentwurf zum Grundsteuerreformgesetz v. 7.8.1973).

6 Vgl. zur Ermäßigung nach § 58 GrStDV 1937 in den neuen Bundesländern FG Thüringen, Urteil v. 17.1.1996 - I 109/95, EFG 1996 S. 668.

7 Vgl. vertiefend hierzu Bock in Grootens, GrStG § 13 Rz. 27 ff.

8 Siehe dazu vertiefend Bock in Grootens, GrStG § 20 Rz. 20 ff.

anlagung nach § 18 Abs. 2 GrStG zu erfolgen.[1] Eine Neuveranlagung nach § 17 Abs. 2 Nr. 1 GrStG wird nicht dadurch ausgeschlossen, dass ein Aspekt sowohl beim Grundsteuerwert als auch beim Grundsteuermessbetrag eine eigenständige Rolle spielt (beispielsweise der Wegfall der öffentlich Wohnungsförderung bei der ermäßigten Steuermesszahl und beim Nachweis des niedrigeren gemeinen Werts nach § 220 Abs. 2 BewG).[2]

33–35 *(Einstweilen frei)*

2. Fehlerbeseitigende Neuveranlagung (§ 17 Abs. 2 Nr. 2 GrStG)

36 Eine Neuveranlagung ist nach § 17 Abs. 2 Nr. 2 GrStG auch zur **Fehlerbeseitigung** durchzuführen.[3] § 17 Abs. 2 Nr. 2 GrStG ist insbesondere einschlägig, wenn sich der Fehler nicht auf den Grundsteuerwert, sondern nur auf den Grundsteuermessbetrag ausgewirkt hat und es daher nicht zu einer fehlerbeseitigenden Fortschreibung nach § 222 Abs. 3 Satz 1 BewG und damit Neuveranlagung nach § 17 Abs. 1 GrStG kommt.[4] Mit der Norm soll verhindert werden, dass der fehlerhafte Grundsteuermessbetrag für zukünftige Erhebungszeiträume festgeschrieben wird.

37 Ein Fehler ist jede **objektive Unrichtigkeit**.[5] Anknüpfungspunkte können sämtliche tatsächlichen und rechtlichen Umstände sein, die nicht für die Höhe des Grundsteuerwerts, aber für die Höhe des Grundsteuermessbetrags von Bedeutung sind oder sein können (beispielsweise zutreffende Steuermesszahl, Berechnung des Steuermessbetrags, sachliche und persönliche Steuerpflicht usw.).[6]

38 Unerheblich ist, ob sich der Fehler **zugunsten oder zuungunsten des Steuerpflichtigen** auswirkt.[7] Ein Verschulden bei der fehlerhaften Festsetzung hat keinen Einfluss auf die Zulässigkeit einer Neuveranlagung. Die Anzahl der korrigierten Fälle ist ebenfalls unerheblich.[8] Das Nichterreichen der Wertgrenzen nach § 222 Abs. 1 BewG genügt allerdings nicht für eine Neuveranlagung nach § 17 Abs. 2 Nr. 1 GrStG. Der Grundsteuerwertbescheid als Grundlagenbescheid ist insoweit für den Grundsteuermessbescheid bindend.[9]

39 § 176 AO ist bei der fehlerbeseitigenden Neuveranlagung entsprechend anzuwenden, d. h. der Steuerpflichtige genießt insbesondere **Vertrauensschutz** bei einer Änderung der höchstrichterlichen Rechtsprechung in Bezug auf die Veranlagungszeiträume vor dem jeweiligen Urteil oder wenn eine allgemeine Verwaltungsvorschrift einer obersten Landesbehörde vom BFH als nicht mit dem geltenden Recht in Einklang stehend bezeichnet worden ist.

---

1 Siehe dazu vertiefend Bock in Grootens, GrStG § 18 Rz. 20 ff.

2 Vgl. FG Berlin-Brandenburg, Urteil v. 11.6.2014 - 3 K 3312/10 NWB RAAAE-71217; Krumm/Paeßens, GrStG, § 17 Rz. 8.

3 Siehe bereits BFH, Urteil v. 30.4.1964 - III 53/61 U, BStBl 1964 III S. 412.

4 Schnitter, 360° GrStG eKommentar § 17 Rz. 14.

5 Vgl. BFH, Urteil v. 29.11.1989 - II R 53/87, BStBl 1990 II S. 149 zu § 22 Abs. 3 BewG.

6 BFH, Urteil v. 29.11.1989 - II R 53/87, BStBl 1990 II S. 149; FG Thüringen, Urteil v. 17.1.1996 - I 109/95, EFG 1996 S. 668; siehe auch Roscher, 360° GrStG eKommentar, § 17 Rz. 9 (a. F.); Krumm/Paeßens, GrStG, § 17 Rz. 10.

7 Troll/Eisele, GrStG § 17 Rz. 4; Roscher, 360° GrStG eKommentar, § 17 Rz. 9 (a. F.).

8 Vgl. BFH, Urteil v. 5.5.1993 - II R 17/90, BStBl 1993 II S. 745 zur Kollektivfortschreibung beim Einheitswert.

9 Troll/Eisele, GrStG § 17 Rz. 3; Roscher, 360° GrStG eKommentar, § 17 Rz. 9 (a. F.); Krumm/Paeßens, GrStG, § 17 Rz. 8.

Die Neuveranlagung nach § 17 Abs. 2 GrStG ist **von Amts wegen** durchzuführen. Es handelt sich um eine gebundene und keine Ermessensentscheidung.[1] Ein Antrag des Steuerpflichtigen ist nicht erforderlich. Wiedereinsetzung in den vorherigen Stand ist daher nicht möglich.[2] 40

Eine Neuveranlagung nach § 17 Abs. 2 Nr. 1 GrStG kann auch mit einer fehlerbeseitigenden Neuveranlagung nach § 17 Abs. 2 Nr. 2 GrStG verbunden werden. Die **Neuveranlagungen** stehen dennoch **selbstständig nebeneinander** und sind ggf. auf unterschiedliche Neuveranlagungszeitpunkte i. S. des § 17 Abs. 3 GrStG durchzuführen (siehe dazu → Rz. 45 ff.).[3] 41

(Einstweilen frei) 42–44

III. Neuveranlagungszeitpunkt (§ 17 Abs. 3 GrStG)

§ 17 Abs. 3 GrStG regelt die **Veranlagungszeitpunkte** bei einer Neuveranlagung. Der Neuveranlagung sind nach § 17 Abs. 3 Satz 1 GrStG die Verhältnisse im Neuveranlagungszeitpunkt zugrunde zu legen.[4] Dies ist i. d. R. der Beginn eines bestimmten Kalenderjahres (siehe → Rz. 47 ff.). Änderungen während eines Kalenderjahres können daher erst zu Beginn des nächsten Kalenderjahres berücksichtigt werden.[5] Nach § 21 GrStG können die Neuveranlagungsbescheide allerdings auch schon vor dem Neuveranlagungszeitpunkt erlassen werden.[6] 45

Eine Neuveranlagung ist solange möglich wie die **Festsetzungsfrist** für den Neuveranlagungszeitpunkt noch nicht abgelaufen ist. Dies ist nach § 169 Abs. 2 Nr. 2 AO der Fall, wenn die Festsetzungsfrist für die Grundsteuer des betreffenden Jahres noch nicht abgelaufen ist.[7] Eine Neuveranlagung kann daher auch auf einen zurückliegenden Zeitpunkt erfolgen.[8] 46

Der **Neuveranlagungszeitpunkt** ist nach § 17 Abs. 3 Satz 2 Nr. 1 GrStG in den Fällen der **Neuveranlagung nach § 17 Abs. 1 GrStG** aufgrund einer **Fortschreibung des Grundsteuerwerts** der Beginn des Kalenderjahres, auf den die Fortschreibung durchgeführt wird. Der Fortschreibungszeitpunkt nach § 222 Abs. 4 Nr. 1 BewG ist daher identisch mit dem Neuveranlagungszeitpunkt.[9] Es greift die Anlaufhemmung nach § 171 Abs. 10 AO. Ist die Festsetzungsfrist abgelaufen, ist zweifelhaft, ob eine Neuveranlagung zur Wertfortschreibung nach § 17 Abs. 1 GrStG zum nächsten nicht verjährten Neuveranlagungszeitpunkt noch erfolgen kann. Anders als bei einer Neuveranlagung nach § 17 Abs. 2 Nr. 1 GrStG (→ Rz. 48) ist § 16 Abs. 3 GrStG nicht in Bezug genommen. Daraus kann geschlussfolgert werden, dass der Gesetzgeber eine entsprechende Anwendung von § 16 Abs. 3 GrStG gerade ausschließen wollte (argumentum e contrario). Eine analoge Anwendung von § 16 Abs. 3 GrStG käme mangels einer planwidrigen Regelungslücke dann nicht in Betracht.[10] Andererseits sind keine vernünftigen Gründe ersichtlich, 47

1 Krumm/Paeßens, GrStG, § 17 Rz. 24.

2 BFH, Urteil v. 23.6.1978 - III R 112/76, BStBl 1978 II S. 642.

3 BFH, Urteil v. 15.10.1981 - II R 96/80, BStBl 1982 II S. 15; Troll/Eisele, GrStG § 17 Rz. 5.

4 BFH, Urteil v. 18.10.1963 - III 152/61 U, BStBl 1964 III S. 2; BFH, Urteil v. 9.9.1992 - II R 109/89, BStBl 1993 II S. 653 zur Nachfeststellung des Einheitswerts; BFH, Urteil v. 30.6.2010 - II R 13/09, NWB CAAAD-52031 zum Fortschreibungszeitpunkt des Einheitswerts; Roscher, 360° GrStG eKommentar, § 17 Rz. 10(a. F.); Troll/Eisele, GrStG § 17 Rz. 5

5 BFH, Urteil v. 18.10.1963 - III 152/61 U, BStBl 1964 III S. 2; Troll/Eisele, GrStG § 17 Rz. 5; Roscher, 360° GrStG eKommentar, § 17 Rz. 8 (a. F.).

6 Siehe vertiefend Bock in Grootens, GrStG § 21 Rz. 1 ff.

7 Siehe vertiefend Bock in Grootens, GrStG § 13 Rz. 58 f.

8 Troll/Eisele, GrStG § 17 Rz. 5.

9 Troll/Eisele, GrStG § 17 Rz. 5.

10 Für eine entsprechende Anwendung Krumm/Paeßens, GrStG, § 17 Rz. 14.

dass die Erwägungen aus der Rechtsprechung zu § 25 BewG nicht auch hier greifen sollten.[1] Das spricht dafür, dass dem Gesetzgeber vergleichbare Sachverhaltskonstellationen bei § 17 Abs. 2 Nr. 1 GrStG nicht gewahr waren.

48 In den Fällen der **Neuveranlagung nach § 17 Abs. 2 Nr. 1 GrStG** aufgrund von Gründen, die im Feststellungsverfahren über den Grundsteuerwert nicht zu berücksichtigen sind und zu einem anderen als dem für den letzten Veranlagungszeitpunkt festgesetzten Steuermessbetrag führen, ist der **Neuveranlagungszeitpunkt** nach § 17 Abs. 3 Satz 2 Nr. 2 GrStG der Beginn des Kalenderjahres, auf den sich erstmals ein abweichender Steuermessbetrag ergibt. § 16 Abs. 3 GrStG ist dabei nach § 17 Abs. 3 Satz 3 GrStG entsprechend anzuwenden. Ist mithin die Festsetzungsfrist für die Neuveranlagung bereits abgelaufen, so kann diese unter Zugrundelegung der Verhältnisse vom Neuveranlagungszeitpunkt mit Wirkung für einen späteren Veranlagungszeitpunkt vorgenommen werden, für den diese Frist noch nicht abgelaufen ist.[2]

49 Der **Neuveranlagungszeitpunkt** ist nach § 17 Abs. 3 Satz 2 Nr. 3 GrStG in den Fällen einer **fehlerbeseitigenden Neuveranlagung nach § 17 Abs. 2 Nr. 2 GrStG** der Beginn des Kalenderjahres, in dem der Fehler dem Finanzamt bekannt wird, bei einer Erhöhung des Steuermessbetrags jedoch frühestens der Beginn des Kalenderjahres, in dem der Steuermessbescheid erteilt wird. Der Neuveranlagungszeitpunkt bei einer fehlerbeseitigenden Neuveranlagung differenziert folglich danach, ob der Steuermessbetrag zu Gunsten oder zu Ungunsten des Steuerpflichtigen zu korrigieren ist. Ist die Neuveranlagung zu Gunsten des Steuerpflichtigen ist Neuveranlagungszeitpunkt der Beginn des Jahres, in dem das Finanzamt von dem Fehler Kenntnis erlangt. Wirkt sich die Neuveranlagung zu Ungunsten des Steuerpflichtigen aus, ist der Neuveranlagungszeitpunkt der Beginn des Jahres, in dem der Steuermessbescheid dem Steuerpflichtigen bekannt gegeben wird.

50–52 *(Einstweilen frei)*

IV. Neuveranlagungszeitpunkt bei einer Neuveranlagung zwischen Hauptveranlagungszeitpunkt und Wirksamwerden der Steuermessbeträge (§ 17 Abs. 4 GrStG)

53 § 17 Abs. 4 GrStG enthält eine **Sonderreglung** für den **Neuveranlagungszeitpunkt** bei Eintreten der Voraussetzungen für eine Neuveranlagung zwischen Hauptveranlagungszeitpunkt und Wirksamwerden der Steuermessbeträge.[3] Treten die Voraussetzungen für eine Neuveranlagung während des Zeitraums zwischen dem Hauptveranlagungszeitpunkt und dem Zeitpunkt des Wirksamwerdens der Steuermessbeträge (zwei Jahre nach dem Hauptveranlagungszeitraum, vgl. § 16 Abs. 2 GrStG)[4] ein, wird die Neuveranlagung auf den Zeitpunkt des Wirksamwerdens der Steuermessbeträge und nicht auf die Neuveranlagungszeitpunkte nach § 17 Abs. 3 GrStG vorgenommen. Damit wird verhindert, dass die Neuveranlagung auf einen Zeitpunkt vorgenommen wird, der vor dem Wirksamwerden der Steuermessbeträge der Hauptveranlagung liegt. Eine Neuveranlagung auf den Hauptveranlagungszeitpunkt ist wegen des späteren Wirksamwerdens der neuen Grundsteuermessbeträge hingegen möglich, wenn die Än-

1 BFH, Urteil v. 11.11.2009 - II R 14/08, BStBl 2010 II S. 723 NWB OAAAD-38572.
2 Siehe vertiefend Bock in Grootens, GrStG § 16 Rz. 40 f.
3 Roscher, 360° GrStG eKommentar, § 17 Rz. 11.
4 Siehe Bock in Grootens, GrStG § 16 Rz. 33 ff.

derungen bereits vor dem Hauptveranlagungszeitpunkt eingetreten sind.[1] Mehrere zu einer Neuveranlagung führende Sachverhalte werden saldiert berücksichtigt.[2]

Der Rechtsgedanke von § 17 Abs. 4 GrStG findet auch Anwendung, wenn wegen eingetretener Festsetzungsverjährung die Hauptveranlagung nach § 16 Abs. 3 GrStG auf den ersten noch nicht verjährten Zeitpunkt nachgeholt wird und zwischen dem Hauptveranlagungszeitpunkt und dem Wirksamkeitszeitpunkt der nachgeholten Hauptveranlagung Änderungen eintreten, die zu einer Nachveranlagung geführt hätten. Diese Änderungen sind dann bei der nachgeholten Hauptveranlagung zu berücksichtigen.[3] 54

Für die **erste Hauptveranlagung** geht die Regelung des § 17 Abs. 4 GrStG allerdings ins Leere, da der Hauptveranlagungszeitpunkt und das Wirksamwerden der Steuermessbeträge nach § 36 Abs. 2 GrStG auf denselben Zeitpunkt fällt.[4] Es existiert damit kein Zeitraum zwischen Hauptveranlagungszeitpunkt und Wirksamwerden der Steuermessbeträge. Werden vor dem ersten Hauptveranlagungszeitpunkt Grundsteuermessbescheide erlassen (vgl. § 36 Abs. 3 Satz 1 GrStG) und treten Änderungen, die zu einer anderen Festsetzung führen, ist der Grundsteuermessbescheid nach § 36 Abs. 3 Satz 2 GrStG i.V. mit § 21 Satz 2 GrStG zu ändern oder aufzuheben. Entsprechendes gilt nach § 36 Abs. 3 Satz 3 GrStG für eine Fehlerbeseitigung.[5] 55

§ 18 GrStG Nachveranlagung

(1) Wird eine Nachfeststellung (§ 223 Absatz 1 des Bewertungsgesetzes) durchgeführt, so wird der Steuermessbetrag auf den Nachfeststellungszeitpunkt nachträglich festgesetzt (Nachveranlagung).

(2) Der Steuermessbetrag wird auch dann nachträglich festgesetzt, wenn der Grund für die Befreiung des Steuergegenstandes von der Grundsteuer wegfällt, der für die Berechnung der Grundsteuer maßgebende Grundsteuerwert (§ 13 Abs. 1) aber bereits festgestellt ist.

(3) [1]Der Nachveranlagung werden die Verhältnisse im Nachveranlagungszeitpunkt zugrunde gelegt. [2]Nachveranlagungszeitpunkt ist

1. in den Fällen des Absatzes 1 der Beginn des Kalenderjahres, auf den der Grundsteuerwert nachträglich festgestellt wird;

2. in den Fällen des Absatzes 2 der Beginn des Kalenderjahres, der auf den Wegfall des Befreiungsgrundes folgt. [2]§ 16 Abs. 3 ist entsprechend anzuwenden.

(4) Treten die Voraussetzungen für eine Nachveranlagung während des Zeitraums zwischen dem Hauptveranlagungszeitpunkt und dem Zeitpunkt des Wirksamwerdens der Steuermessbeträge (§ 16 Abs. 2) ein, so wird die Nachveranlagung auf den Zeitpunkt des Wirksamwerdens der Steuermessbeträge vorgenommen.

Inhaltsübersicht **Rz.**

1 Zutreffend Krumm/Paeßens, GrStG, § 17 Rz. 9.

2 Krumm/Paeßens, GrStG, § 17 Rz. 19; Krause in Stenger/Loose, BewG/ErbStG/GrStG, § 17 GrStG Rz. 76; Troll/Eisele, GrStG, § 17 Rz. 6.

3 Siehe auch Bock in Grootens, § 16 Rz. 43; Krumm/Paeßens, GrStG, § 16 Rz. 14 m. w. N.; Krause in Stenger/Loose, BewG/ErbStG/GrStG, § 16 GrStG Rz. 82.

4 Siehe dazu vertiefend Lehmann in Grootens, GrStG, § 36 Rz. 13 ff.

5 Siehe dazu Lehmann in Grootens, GrStG, § 36 Rz. 29 ff.

A. Allgemeine Erläuterungen zu § 18 GrStG

I. Normzweck und wirtschaftliche Bedeutung der Vorschrift

1 § 18 GrStG regelt die **Nachveranlagung von Steuermessbeträgen**. Die Norm korrespondiert dabei mit der Nachfeststellung der Grundsteuerwerte nach § 223 Abs. 1 BewG. Wird eine Nachfeststellung eines Grundsteuerwerts durchgeführt, hat nach **§ 18 Abs. 1 GrStG** auch eine Nachveranlagung des Steuermessbetrags zu erfolgen.

2 **§ 18 Abs. 2 GrStG** bestimmt, dass eine **Nachveranlagung** des Grundsteuermessbetrags auch zu erfolgen hat, wenn die Voraussetzungen für eine **Steuerbefreiung** des gesamten Steuergegenstandes wegfallen und der Grundsteuerwert bereits festgestellt wurde. Damit sind Fälle erfasst, in denen über die sachliche Steuerpflicht erst im Rahmen des Steuermessbescheids entschieden wurde. Die Bedeutung von § 18 Abs. 2 GrStG dürfte jedenfalls nach der Grundsteuerreform gering sein, da für einen steuerbefreiten Steuergegenstand nach § 219 Abs. 3 BewG keine Feststellung des Grundsteuerwerts erfolgen soll. Bei Wegfall einer teilweisen Steuerbefreiung ist hingegen eine Neuveranlagung nach § 17 GrStG durchzuführen.[1] Es dürften damit nur Fälle verbleiben, in denen der Steuerpflichtige ein Interesse daran haben kann, dass der Grundsteuerwert weiterhin in voller Höhe insbesondere für außersteuerliche Zwecke (etwa für die Höfeordnung, §§ 1, 12 HöfeO) festgestellt werden soll.

3 § 18 Abs. 3 GrStG regelt den **Nachveranlagungszeitpunkt** als den Zeitpunkt auf den die Nachveranlagung durchzuführen ist. § 18 Abs. 4 GrStG enthält eine Sonderregelung für den Nachveranlagungszeitpunkt in den Fällen, in denen die Voraussetzungen für eine Nachveranlagung zwischen dem Hauptveranlagungszeitpunkt und dem Wirksamwerden der Steuermessbeträge eintreten.

4–6 *(Einstweilen frei)*

II. Entstehung und Entwicklung der Vorschrift

7 Die Norm wurde in ihrer heutigen Fassung durch das Grundsteuerreformgesetz v. 7.8.1973[2] eingeführt. Durch das **GrStRefG** v. 26.11.2019[3] wurde § 18 GrStG an den Wegfall der Einheitsbewertung hinsichtlich der Verweise ins BewG angepasst.[4] Mit dem Jahressteuergesetz 2020 wurden in § 18 Abs. 2 GrStG und § 18 Abs. 3 Satz 2 Nr. 1 GrStG i. d. F. des GrStRefG v. 26.11.2019

1 Siehe vertiefend Bock in Grootens, GrStG, § 17 Rz. 31 f.
2 BGBl 1973 I S. 965.
3 GrStRefG v. 26.11.2019, BGBl 2019 I S. 1794.
4 BT-Drucks. 19/11085 S. 124.

der noch verwendete Begriff des Einheitswerts durch den zutreffenden Begriff des Grundsteuerwerts ersetzt.[1]

(Einstweilen frei) 8–10

III. Geltungsbereich

§ 18 GrStG gilt, soweit die Länder in Bezug auf § 18 GrStG nicht von ihrer Abweichungskompetenz nach Art. 72 Abs. 3 Satz 1 Nr. 7 GG Gebrauch gemacht haben, nach § 2 GrStG für **inländischen Grundbesitz**, mithin für die Betriebe der Land- und Forstwirtschaft sowie diesen gleichgestellte Betriebsgrundstücke (wirtschaftliche Einheiten des **land- und forstwirtschaftlichen Vermögens**) und die Grundstücke sowie diesen gleichgestellte Betriebsgrundstücke (wirtschaftliche Einheiten des **Grundvermögens**). Erfasst werden durch die Anknüpfung an den Grundsteuerwert auch die inländischen Teile einer wirtschaftlichen Einheit, die sich sowohl auf das Inland als auch auf das Ausland erstrecken. 11

§ 18 GrStG i. d. F. des GrStRefG v. 26.11.2019[2] ist gem. Art. 18 Abs. 1 GrStRefG am 3.12.2019 in Kraft getreten. § 18 Abs. 2 und § 18 Abs. 3 Satz 2 Nr. 1 GrStG i. d. F. des JStG 2020[3] ist gem. Art. 50 Abs. 1 JStG 2020 am 29.12.2020 in Kraft getreten. § 18 GrStG in der aktuellen Fassung findet unabhängig von den jeweiligen Zeitpunkten des Inkrafttretens gem. § 37 Abs. 1 GrStG erst für die Grundsteuer **ab dem Kalenderjahr 2025** Anwendung.[4] § 18 GrStG i. d. F. des Grundsteuerreformgesetzes v. 7.8.1973 mit der letzten Änderung durch Art. 38 des Gesetzes v. 19.12.2008 (BGBl I S. 2794) findet nach § 37 Abs. 2 GrStG für die Grundsteuer **bis einschließlich des Kalenderjahres 2024** Anwendung.[5] 12

(Einstweilen frei) 13–15

IV. Verhältnis zu anderen Vorschriften

Eine Nachveranlagung des Steuermessbetrags nach § 18 Abs. 1 GrStG setzt eine Nachfeststellung des Grundsteuerwerts nach **§ 223 Abs. 1 BewG** voraus. Die Berechnung des Steuermessbetrags auch bei der Nachveranlagung richtet sich nach **§§ 13 ff. GrStG**. Aufgrund des um zwei Jahre verzögerten Wirksamwerdens der Steuermessbeträge der Hauptveranlagung nach **§ 16 Abs. 2 GrStG** bedarf es der Sonderregelung in Bezug auf den Nachveranlagungszeitpunkt in § 18 Abs. 4 GrStG. Bei Wegfall einer teilweisen Steuerbefreiung greift § 18 GrStG nicht; es ist vielmehr eine Neuveranlagung nach **§ 17 GrStG** durchzuführen.[6] Bei Wegfall des Grunds für die Befreiung des Steuergegenstandes von der Grundsteuer und bereits festgestellten Grundsteuerwert existiert eine Anzeigepflicht nach **§ 19 Abs. 1 GrStG**. In diesem Fall kann es zur Anlaufhemmung nach **§ 170 Abs. 2 Nr. 1 AO** kommen. 16

(Einstweilen frei) 17–19

1 Jahressteuergesetz 2020 v. 21.12.2020, BGBl I 2020 S. 3096.

2 Gesetz zur Reform des Grundsteuer- und Bewertungsrechts (Grundsteuer-Reformgesetz – GrStRefG) v. 26.11.2019, BGBl 2019 I S. 1794.

3 Jahressteuergesetz 2020 v. 21.12.2020, BGBl 2020 I S. 3096.

4 Schnitter, 360° GrStG eKommentar § 18 Rz. 7.

5 Schnitter, 360° GrStG eKommentar § 18 Rz. 7.

6 Siehe vertiefend Bock in Grootens, GrStG, § 17 Rz. 31 f.

B. Systematische Kommentierung

I. Nachveranlagung bei Nachfeststellung des Grundsteuerwerts (§ 18 Abs. 1 GrStG)

20 Nach § 18 Abs. 1 GrStG erfolgt eine Nachveranlagung, wenn eine Nachfeststellung des Grundsteuerwerts nach § 223 Abs. 1 BewG erfolgt ist. Zu einer Nachfeststellung des Grundsteuerwerts und damit zu einer Nachveranlagung des Grundsteuermessbetrags kommt es, wenn eine **wirtschaftliche Einheit** zwischen zwei Hauptfeststellungszeitpunkten **neu entsteht oder erstmals zur Grundsteuer** herangezogen werden soll.[1] Die Nachveranlagung setzt daher voraus, dass bisher kein Steuermessbescheid für den Steuergegenstand vorliegt.

21 Eine neue wirtschaftliche Einheit kann beispielsweise durch Teilung eines Grundstücks, Begründung von Wohneigentum oder Eröffnung eines land- und forstwirtschaftlichen Betriebs entstehen. Eine wirtschaftliche Einheit wird erstmals zur Grundsteuer herangezogen, wenn die Voraussetzungen einer **Steuerbefreiung** wegfallen und deshalb bisher kein Grundsteuerwert festgestellt wurde.[2]

22 BEISPIEL: Ein unbebautes Grundstück für das zum 1.1.2029 ein Grundsteuerwert i. H. von 300.000 € festgestellt und ein Steuermessbetrag i. H. von 102 € festgesetzt wurde, wird zum 1.1.2030 in zwei gleich große Grundstücke geteilt, so dass zwei wirtschaftliche Einheiten entstehen.

LÖSUNG: Der Grundsteuerwert ist aufgrund des Wegfalls der wirtschaftlichen Einheit aufzuheben und für die zwei neuen wirtschaftlichen Einheiten jeweils ein Grundsteuerwert i. H. von 150.000 € im Wege der Nachfeststellung nach § 223 Abs. 1 BewG festzustellen und jeweils ein Grundsteuermessbetrag i. H. von 51 € im Wege der Nachveranlagung nach § 18 Abs. 1 GrStG festzusetzen. In der Praxis dürfte aus verwaltungsökonomischen Gründen in diesen Fällen häufig eine Wertfortschreibung des Grundsteuerwerts hinsichtlich der einen wirtschaftlichen Einheit auf 150.000 € nach § 222 Abs. 1 BewG und eine Neuveranlagung des Steuermessbetrags i. H. von 51 € nach § 17 Abs. 1 GrStG sowie nur für die zweite wirtschaftliche Einheit eine Nachfeststellung nach § 223 Abs. 1 BewG des Grundsteuerwerts i. H. von 150.000 € und eine Nachveranlagung des Steuermessbetrags nach § 18 Abs. 1 GrStG i. H. von 51 € vorgenommen werden.

23 Die Nachveranlagung erfolgt **von Amts wegen**. Ein Antrag des Steuerpflichtigen ist nicht erforderlich.[3] Eine Nachveranlagung kann nicht in eine nachgeholte Hauptveranlagung umgedeutet werden.[4]

24–26 *(Einstweilen frei)*

II. Nachveranlagung bei Wegfall einer Steuerbefreiung (§ 18 Abs. 2 GrStG)

27 § 18 Abs. 2 GrStG bestimmt, dass eine Nachveranlagung des Steuermessbetrags auch dann erfolgt, wenn der Grund für die Befreiung des Steuergegenstandes von der Grundsteuer wegfällt und der für die Berechnung der Grundsteuer maßgebende **Grundsteuerwert** i. S. des § 13 Abs. 1 GrStG aber bereits festgestellt ist.[5]

---

1 Siehe vertiefend Kurt in Grootens, BewG § 223 Rz. 61 ff.
2 Vgl. zur Folge der Entscheidung über die sachliche und persönliche Steuerpflicht sowohl auf Ebene der Grundsteuerwertfeststellung als auch auf Ebene der Grundsteuermessbetragsfestsetzung Bock in Grootens, GrStG § 13 Rz. 27 ff.
3 Troll/Eisele, GrStG § 18 Rz. 2.
4 Vgl. BFH, Urteil v. 27.2.1970 - III R 83/68, BStBl 1970 II S. 301 zur Nachfeststellung.
5 So auch Krumm/Paeßens, GrStG, § 18 Rz. 5.

Ein Grundsteuerwert wird i. d. R. nach § 219 Abs. 3 BewG nur festgestellt, wenn er **für die Grundsteuer von Bedeutung** ist. Ist der Steuergegenstand steuerbefreit, hat er insoweit keine Bedeutung für die Grundsteuer und es erfolgt keine Grundsteuerwertfeststellung. Die Bedeutung von § 18 Abs. 2 GrStG dürfte daher gering sein.[1] Es dürften damit nur Fälle verbleiben, in denen der Steuerpflichtige ein Interesse daran haben kann, dass der Grundsteuerwert weiterhin in voller Höhe insbesondere für außersteuerliche Zwecke (etwa für die Höfeordnung, §§ 1, 12 HöfeO) festgestellt werden soll (siehe bereits → Rz. 2). Erfolgt trotz Steuerbefreiung dennoch eine Feststellung des Grundsteuerwerts, wird spätestens auf Steuermessbetragsebene nach § 184 Abs. 2 Satz 2 AO über die sachliche und persönliche Steuerpflicht entschieden. Ist der Steuergegenstand steuerbefreit, erfolgt dann jedenfalls keine Festsetzung eines Steuermessbetrags. Fällt nun die Steuerbefreiung für den Steuergegenstand weg, erfolgt eine Nachveranlagung des Steuermessbetrags nach § 18 Abs. 2 GrStG und mangels Nachfeststellung nicht nach § 18 Abs. 1 GrStG. 28

(Einstweilen frei) 29–31

III. Nachveranlagungszeitpunkt (§ 18 Abs. 3 GrStG)

§ 18 Abs. 3 GrStG bestimmt den **Nachveranlagungszeitpunkt**. Nach § 18 Abs. 3 Satz 1 GrStG sind die Verhältnisse im Nachveranlagungszeitpunkt für die Nachveranlagung maßgeblich. Der Nachveranlagungszeitraum ist der Beginn eines bestimmten Kalenderjahres. Änderungen innerhalb eines Jahres, die zu einer Nachveranlagung führen, können daher erst zu Beginn des folgenden Jahres berücksichtigt werden. Nach § 21 GrStG können die Nachveranlagungsbescheide allerdings auch schon vor dem Nachveranlagungszeitpunkt erlassen werden.[2] 32

Der Nachveranlagungszeitpunkt ist nach § 18 Abs. 3 Satz 2 Nr. 1 GrStG in den Fällen der **Nachveranlagung des § 18 Abs. 1 GrStG** aufgrund einer Nachfeststellung des Grundsteuerwerts der Beginn des Kalenderjahres, auf den der Grundsteuerwert nachträglich festgestellt wird. Der Nachveranlagungszeitpunkt ist folglich mit dem Nachfeststellungszeitpunkt identisch. 33

In den Fällen der **Nachveranlagung** aufgrund Wegfalls einer Steuerbefreiung des Steuergegenstandes **nach § 18 Abs. 2 GrStG** ist der Nachveranlagungszeitpunkt nach § 18 Abs. 3 Satz 2 Nr. 2 GrStG der Beginn des Kalenderjahres, der auf den Wegfall des Befreiungsgrundes folgt. Die Steuerbefreiung wirkt damit noch bis zum Ende des jeweiligen Jahres. § 16 Abs. 3 GrStG[3] ist dabei nach § 18 Abs. 3 Satz 3 GrStG entsprechend anzuwenden. Ist mithin die Festsetzungsfrist für die Neuveranlagung bereits abgelaufen, so kann diese unter Zugrundelegung der Verhältnisse vom Neuveranlagungszeitpunkt mit Wirkung für einen späteren Veranlagungszeitpunkt vorgenommen werden, für den diese Frist noch nicht abgelaufen ist.[4] 34

Wie bei der Neuveranlagung kann insbesondere unter sinngemäßer Anwendung von § 176 Abs. 1 Nr. 3 AO (für die Fälle des § 176 Abs. 1 Nr. 1 und 2 AO dürfte nichts anderes gelten) eine Nachveranlagung aufgrund **geänderter höchstrichterlicher Rechtsprechung** zu Ungunsten des Steuerpflichtigen nur zu Beginn des auf das Urteil folgenden Jahres erfolgen.[5] Entsprechendes 35

1 So auch Schnitter, 360° GrStG eKommentar § 18 Rz. 13.

2 Siehe vertiefend Bock in Grootens, GrStG § 21 Rz. 1 ff.

3 Siehe dazu Bock in Grootens, GrStG § 16 Rz. 40 f.

4 Siehe auch Krumm/Paeßens, GrStG, § 18 Rz. 7.

5 RFH, Urteil v. 3.9.1941 - III 115/41, RStBl 1941 S. 770 zur Nachfeststellung; Troll/Eisele, GrStG § 18 Rz. 3; vgl. auch Bock in Grootens, GrStG § 17 Rz. 35.

dürfte auch gelten, wenn der BFH i. S. von § 176 Abs. 2 AO eine allgemeine Verwaltungsvorschrift einer obersten Landesbehörde als nicht mit dem geltenden Recht in Einklang stehend bezeichnet hat.

36–38 *(Einstweilen frei)*

IV. Nachveranlagungszeitpunkt bei einer Nachveranlagung zwischen Hauptveranlagungszeitpunkt und Wirksamwerden der Steuermessbeträge (§ 18 Abs. 4 GrStG)

39 § 18 Abs. 4 GrStG enthält eine **Sonderreglung** für den **Nachveranlagungszeitpunkt** bei Eintreten der Voraussetzungen für eine Nachveranlagung zwischen Hauptveranlagungszeitpunkt und Wirksamwerden der Steuermessbeträge.[1] Treten die Voraussetzungen für eine Nachveranlagung während des Zeitraums zwischen dem Hauptveranlagungszeitpunkt und dem Zeitpunkt des Wirksamwerdens der Steuermessbeträge (zwei Jahre nach dem Hauptveranlagungszeitraum, vgl. § 16 Abs. 2 GrStG) ein, wird die Nachveranlagung auf den Zeitpunkt des Wirksamwerdens der Steuermessbeträge und nicht auf die Nachveranlagungszeitpunkte nach § 18 Abs. 3 GrStG vorgenommen. Damit wird verhindert, dass die Nachveranlagung auf einen Zeitpunkt vorgenommen wird, der vor dem Wirksamwerden der Steuermessbeträge der Hauptveranlagung liegt. Eine Nachveranlagung auf den Hauptveranlagungszeitpunkt ist wegen des späteren Wirksamwerdens der neuen Grundsteuermessbeträge hingegen möglich, wenn die Änderungen bereits vor dem Hauptveranlagungszeitpunkt eingetreten sind.

40 Für die **erste Hauptveranlagung** geht die Regelung allerdings ins Leere, da Hauptveranlagungszeitpunkt und Wirksamwerden der Steuermessbeträge nach § 36 Abs. 2 GrStG auf denselben Zeitpunkt fallen.[2] Es existiert damit kein Zeitraum zwischen Hauptveranlagungszeitpunkt und Wirksamwerden der Steuermessbeträge.

§ 19 GrStG Anzeigepflicht

(1) Jede Änderung in der Nutzung oder in den Eigentumsverhältnissen eines ganz oder teilweise von der Grundsteuer befreiten Steuergegenstandes, die zu einer Änderung oder zum Wegfall der Steuerbefreiung führen kann, hat derjenige anzuzeigen, der nach § 10 als Steuerschuldner in Betracht kommt.

(2) Den Wegfall der Voraussetzungen für die ermäßigte Steuermesszahl nach § 15 Absatz 2 bis 5 hat derjenige anzuzeigen, der nach § 10 als Steuerschuldner in Betracht kommt.

(3) [1]Die Anzeigen nach den Absätzen 1 und 2 sind Steuererklärungen im Sinne der Abgabenordnung, die den Finanzbehörden nach amtlich vorgeschriebenem Datensatz über die amtlich bestimmte Schnittstelle elektronisch zu übermitteln sind. [2]Die Anzeigen sind bei dem für die Festsetzung des Steuermessbetrags zuständigen Finanzamt bis zum 31. März des Jahres zu erstatten, das auf das Kalenderjahr der Änderung nach Absatz 1 oder das Kalenderjahr des Wegfalls der Voraussetzungen nach Absatz 2 folgt. [3]Auf Antrag kann die zuständige Finanzbehörde zur Vermeidung unbilliger Härten auf eine elektronische Übermittlung verzichten; in diesem Fall ist die Anzeige nach amtlich vorgeschriebenem Vordruck abzugeben und eigenhändig zu unterschreiben. [4]Für die Entscheidung über den Antrag gilt § 150 Absatz 8 der Abgabenordnung.

1 Roscher, 360° GrStG eKommentar, § 18 Rz. 11 (a. F.).

2 Siehe dazu vertiefend Lehmann in Grootens, GrStG § 36 Rz. 13 ff.

Inhaltsübersicht **Rz.**

LITERATUR:

Wehrheim/Hohensträter, Problembereiche der Anzeigepflicht nach § 19 GrStG bei Eigentümerwechsel, BB 2005 S. 2665; *Findeis,* Die neue Grundsteuer – Neue Pflichten am Jahresanfang, BB 2022 S. 2200; v. Cölln, Anzeigepflichten für Immobilieneigentümer nach Abgabe der Grundsteuererklärung, NWB 17/2023 S. 1243 NWB BAAAJ-38100.

VERWALTUNGSANWEISUNGEN:

Koordinierte Erlasse der obersten Finanzbehörden der Länder v. 22.6.2022 – Anwendung des Grundsteuergesetzes ab 1.1.2025 (AEGrStG), BStBl 2022 I S. 1171.

A. Allgemeine Erläuterungen zu § 19 GrStG

I. Normzweck und wirtschaftliche Bedeutung der Vorschrift

§ 19 GrStG normiert **Anzeigepflichten** des Steuerpflichtigen in Bezug auf die Steuermessbeträge. Eine Steuererklärung ist im GrStG nicht vorgesehen, da die Festsetzung der Grundsteuer und der Grundsteuermessbeträge i. d. R. auf Grundlage der Steuererklärung zum Grundsteuerwert nach § 228 Abs. 1 BewG[1] erfolgen kann.[2] In bestimmten Fällen ist allerdings erforderlich, dass das Finanzamt Kenntnis bei Änderung der tatsächlichen Verhältnisse erhält, um ggf. den Grundsteuermessbetrag durch eine Neu- oder Nachveranlagung anpassen zu können.[3] Dies sollen die Anzeigepflichten nach § 19 GrStG sicherstellen. Die Anzeigepflichten sind daher verfassungsrechtlich geboten, um dem Gesetz im Vollzug eine gleichheitsgerechte Wirkung zu verleihen.[4] Die Anzeige – auch eine unterlassene – hat Einfluss auf den Beginn der Festsetzungsfrist nach § 170 Abs. 2 Nr. 1 AO, § 181 Abs. 3 Satz 1 und 2 AO i.V. mit § 184 Abs. 1 Satz 3 AO (siehe vertiefend → Rz. 48). 1

Nach § 19 Abs. 1 GrStG hat derjenige, der als Steuerschuldner in Betracht kommt, sämtliche **Änderungen der Nutzung oder der Eigentumsverhältnisse** eines ganz oder teilweise von der Grundsteuer befreiten Steuergegenstandes, die zu einer Änderung oder zum Wegfall der Steuerbefreiung führen kann, anzuzeigen. Die Bedeutung der Norm dürfte im Hinblick auf die Eigentumsverhältnisse gering sein, da diese dem Finanzamt bereits über § 229 Abs. 4 Nr. 1 2

1 Kurt in Grootens, BewG § 228 Rz. 61 ff.

2 Marx in Stenger/Loose, BewG/ErbStG/GrStG, § 19 GrStG Rz. 2

3 Marx in Stenger/Loose, BewG/ErbStG/GrStG, § 19 GrStG Rz. 4.

4 Zutreffend Krumm/Paeßens, GrStG, § 19 Rz. 1.

BewG vom Grundbuchamt mitgeteilt werden.[1] Zudem dürften die anzeigepflichtigen Vorgänge i. d. R. bereits auf Ebene des Grundsteuerwerts nach § 228 Abs. 2 BewG anzeigepflichtig sein. Die Norm soll sicherstellen, dass Änderungen in Bezug auf eine gewährte Steuerbefreiung, die auf Ebene der Feststellung des Grundsteuerwerts noch nicht berücksichtigt wurde, dem Finanzamt zur Kenntnis gelangen, um daraus die entsprechenden Folgerungen auf Ebene des Steuermessbetrags zu ziehen.

3 Nach § 19 Abs. 2 GrStG hat derjenige, der als Steuerschuldner in Betracht kommt, den Wegfall der Voraussetzungen für die **ermäßigte Grundsteuermesszahl** nach § 15 Abs. 2–5 GrStG anzuzeigen. Die Vorschrift soll sicherstellen, dass die zuständige Finanzbehörde vom Wegfall der Voraussetzungen für die ermäßigte Steuermesszahl nach § 15 Abs. 2–5 GrStG Kenntnis erlangt und dies im Wege einer Neuveranlagung berücksichtigen kann.[2]

4 Nach § 19 Abs. 3 Satz 1 Halbsatz 1 GrStG sind die Anzeigen nach § 19 Abs. 1 und 2 GrStG **Steuererklärungen** i. S. der AO. Damit kommt insbesondere die Festsetzung eines Verspätungszuschlags bei einer unterlassenen oder verspäteten Anzeige in Betracht (siehe aber auch → Rz. 46). Die Anzeigen nach § 19 Abs. 1 und 2 GrStG sind gem. § 19 Abs. 3 Satz 1 Halbsatz 2 GrStG den Finanzbehörden nach **amtlich vorgeschriebenen Datensatz** über die amtlich bestimmte Schnittstelle elektronisch zu übermitteln. § 19 Abs. 3 Satz 2 GrStG enthält die **Anzeigefrist** für die Anzeigen nach § 19 Abs. 1 und 2 GrStG und § 19 Abs. 3 Sätze 3 und 4 GrStG enthalten eine **Härtefallklausel** zur ausnahmsweisen Übermittlung nach amtlich vorgeschriebenem Vordruck.

5 *(Einstweilen frei)*

II. Entstehung und Entwicklung der Vorschrift

6 Die Norm wurde in ihrer heutigen Fassung durch das Grundsteuerreformgesetz v. 7.8.1973[3] eingeführt. Durch das **GrStRefG** v. 26.11.2019[4] wurde § 19 GrStG um eine weitere Anzeigepflicht nach Abs. 2 in Bezug auf die ermäßigte Steuermesszahl nach § 15 Abs. 4 GrStG erweitert.[5]

7 Mit dem **Grundsteuerreform-Umsetzungsgesetz**[6] wurde die Anzeigepflicht nach § 19 Abs. 2 GrStG auf sämtliche Fälle der ermäßigten Grundsteuermesszahl nach § 15 Abs. 2–5 GrStG erweitert. Bis zur Änderung bezog sich die Anzeigepflicht nur auf den Fall des § 15 Abs. 4 GrStG. Mit der Ergänzung soll strukturell sichergestellt, dass die zuständige Finanzbehörde auch von dem Wegfall der Voraussetzungen für die ermäßigte Grundsteuermesszahl nach § 15 Abs. 2, 3 und 5 GrStG Kenntnis erlangt und dies im Wege einer Neuveranlagung berücksichtigen kann.[7]

8 Mit dem **Jahressteuergesetz 2022**[8] wurde § 19 GrStG punktuell angepasst. In § 19 Abs. 1 Satz 1 GrStG wurde klargestellt, dass die Anzeigepflicht nur besteht, wenn die Änderung in der Nutzung oder der Eigentumsverhältnisse zu einer Änderung oder zum Wegfall der Steuerbefrei-

1 Vgl. zur ursprünglichen Intention des Gesetzgebers BT-Drucks. 6/3418 S. 89.

2 BT-Drucks. 19/11085 S. 125; BT-Drucks. 19/30489 S. 24.

3 BGBl 1973 I S. 965.

4 GrStRefG v. 26.11.2019, BGBl 2019 I S. 1794.

5 BT-Drucks. 19/11085 S. 125.

6 Gesetz zur erleichterten Umsetzung der Reform der Grundsteuer und Änderung weiterer steuerrechtlicher Vorschriften (Grundsteuerreform-Umsetzungsgesetz - GrStRefUG) v. 16.7.2021, BGBl 2021 I S. 2931.

7 BT-Drucks. 19/30489 S. 24.

8 Jahressteuergesetz (JStG 2022) v. 16.12.2022, BGBl 2022 I S. 2294.

ung führen kann. Der bisherige Wortlaut der Norm i. d. F. vor dem Jahressteuergesetz 2022 hätte dahingehend missverstanden werden können, dass die Anzeigepflicht auch dann besteht, wenn es aufgrund der Änderung in der Nutzung oder der Eigentumsverhältnisse zu keiner Änderung oder Wegfall der Steuerbefreiung kommen konnte.[1] Die Rechtsprechung[2] hat daher die Norm bisher schon im Wege der Auslegung entsprechend teleologisch reduziert. Zudem wurde in § 19 GrStG ein neuer Absatz 3 aufgenommen, wonach die Anzeigen nach § 19 Abs. 1 und 2 GrStG Steuererklärungen i. S. der AO sind, die eigenhändig zu unterschreiben sind. Dies hat vor allem Auswirkungen auf die Festsetzung eines Verspätungszuschlags bei unterlassener oder verspäteter Abgabe einer Anzeige (siehe → Rz. 46). Eine unterlassene oder verspätete Anzeige eröffnete bis zum Jahressteuergesetz 2022 nicht den Tatbestand zur Festsetzung eines Verspätungszuschlags nach § 152 AO, da dieser nur für Steuererklärungen gilt. Anders als bei den Erklärungen und Anzeigen nach § 228 Abs. 1 und 2 BewG[3] (vgl. § 228 Abs. 5 BewG[4]) waren die Anzeigen nach § 19 GrStG keine Steuererklärung i. S. der AO.[5] Ein Grund für diese Differenzierung durch den Gesetzgeber zwischen den Anzeigepflichten nach § 228 Abs. 2 BewG und den Anzeigepflichten nach § 19 GrStG war nicht ersichtlich, so dass die Ergänzung in § 19 Abs. 3 GrStG nachvollziehbar ist. Versäumt wurde allerdings die entsprechende Anpassung und Erweiterung des § 152 Abs. 6, 9, 11 und 12 AO auf die Grundsteuermessbescheide.

Mit dem **Vierten Bürokratieentlastungsgesetz**[6] wurde für die Änderungsanzeigen nach § 19 Abs. 1 und 2 GrStG die elektronische Übermittlungspflicht über die dafür vorgesehene Schnittstelle eingeführt. Die Abgabefrist wurde einheitlich in § 19 Abs. 3 Satz 2 GrStG geregelt und auf den 31.3. des auf die Änderung folgenden Jahres bzw. das Kalenderjahr des Wegfalls der Voraussetzungen für die Steuerbefreiung verlängert.[7] Die Verlängerung der Frist von ehemals drei Monaten nach Eintritt der Änderung bzw. Wegfall der Voraussetzungen ist begrüßenswert. 9

(Einstweilen frei) 10

III. Geltungsbereich

Die Anzeigepflicht nach § 19 Abs. 1 GrStG gilt nach § 2 GrStG, soweit die Länder in Bezug auf § 19 GrStG nicht von ihrer Abweichungskompetenz nach Art. 72 Abs. 3 Satz 1 Nr. 7 GG Gebrauch gemacht haben, für **inländischen Grundbesitz**, mithin für die Betriebe der Land- und Forstwirtschaft sowie diesen gleichgestellte Betriebsgrundstücke (wirtschaftliche Einheiten des **land- und forstwirtschaftlichen Vermögens**) und die Grundstücke sowie diesen gleichgestellte Betriebsgrundstücke (wirtschaftliche Einheiten des **Grundvermögens**).[8] Erfasst werden durch die Anknüpfung an den Grundsteuerwert auch die inländischen Teile einer wirtschaftlichen Einheit, die sich sowohl auf das Inland als auch auf das Ausland erstrecken. Die Anzeigepflicht nach § 19 Abs. 2 GrStG betrifft nur Eigentümer von Grundstücken i. S. des § 15 Abs. 2–5 GrStG.[9] 11

---

1 BT-Drucks. 20/3879 S. 129.

2 BFH, Beschluss v. 12.12.1990 - II B 128/90 NWB VAAAA-97798.

3 Siehe hierzu Kurt in Grootens, BewG § 228 Rz. 61 ff.

4 Siehe hierzu Kurt in Grootens, BewG § 228 Rz. 181 ff.

5 Siehe BT-Drucks. 20/3879 S. 129.

6 Viertes Gesetz zur Entlastung der Bürgerinnen und Bürger, der Wirtschaft sowie der Verwaltung von Bürokratie (Viertes Bürokratieentlastungsgesetz) v. 32.10.2024, BGBl I 2024 S. 1.

7 Vgl. BT-Drucks. 20/13015 S. 116 f.

8 Schnitter, 360° GrStG eKommentar § 19 Rz. 7.

9 Bock in Grootens, GrStG § 15 Rz. 78 ff.

12 § 19 GrStG i. d. F. des GrStRefG v. 26.11.2019[1] ist gem. Art. 18 Abs. 1 GrStRefG am 3.12.2019 in Kraft getreten. § 19 Abs. 2 GrStG i. d. F. des GrStRefUG v. 16.7.2021[2] ist gem. Art. 7 GrStRefUG am 23.7.2021 in Kraft getreten. § 19 Abs. 1 Satz 1 und § 19 Abs. 3 GrStG i. d. F. des JStG 2022[3] sind gem. Art. 43 Abs. 1 JStG 2022 am 21.12.2022 in Kraft getreten. § 15 GrStG in der aktuell gültigen Fassung findet unabhängig von den jeweiligen Zeitpunkten des Inkrafttretens gem. § 37 Abs. 1 GrStG erst für die Grundsteuer **ab dem Kalenderjahr 2025** Anwendung.[4] § 19 GrStG i. d. F. des Grundsteuerreformgesetzes v. 7.8.1973 mit der letzten Änderung durch Art. 38 des Gesetzes v. 19.12.2008 (BGBl I S. 2794) findet nach § 37 Abs. 2 GrStG für die Grundsteuer **bis einschließlich des Kalenderjahres 2024** Anwendung.[5]

13 *(Einstweilen frei)*

IV. Verhältnis zu anderen Vorschriften

14 Die Anzeigepflicht nach § 19 Abs. 1 GrStG gilt uneingeschränkt für sämtliche Steuerbefreiungen nach **§§ 3 ff. GrStG**. Ohne Gewährung einer Steuerbefreiung besteht auch keine Anzeigepflicht nach § 19 Abs. 1 GrStG. Die Anzeigepflicht nach § 19 Abs. 2 GrStG betrifft ausschließlich wirtschaftliche Einheiten, für die eine ermäßigte Steuermesszahl nach **§ 15 Abs. 2 bis 5 GrStG** gewährt wurde.

15 Die Anzeigepflichten nach § 19 GrStG bestehen neben den Steuererklärungs- und Anzeigepflichten nach **§ 228 BewG** sowie den allgemeinen **Anzeigepflichten der AO.**[6] Die Anzeige – auch eine unterlassene – hat Einfluss auf den Beginn der Festsetzungsfrist nach **§ 170 Abs. 2 Satz 1 Nr. 1 AO.**[7]

16–18 *(Einstweilen frei)*

B. Systematische Kommentierung

I. Anzeigepflicht aufgrund gewährter Grundsteuerbefreiung (§ 19 Abs. 1 GrStG)

19 Nach § 19 Abs. 1 GrStG hat derjenige, der als Steuerschuldner nach § 10 GrStG[8] in Betracht kommt, sämtliche **Änderungen bei der Nutzung sowie bei den Eigentumsverhältnissen** eines vollständig oder teilweise steuerbefreiten Steuergegenstandes anzuzeigen, die zu einer Änderung oder zum Wegfall der Steuerbefreiung führen kann. Die Anzeigepflicht bestehend unabhängig von den betragsmäßigen Auswirkungen auf den Grundsteuermessbetrag. Eine Wertgrenze existiert für die Anzeigepflicht insoweit nicht.

---

1 Gesetz zur Reform des Grundsteuer- und Bewertungsrechts (Grundsteuer-Reformgesetz – GrStRefG) v. 26.11.2019, BGBl 2019 I S. 1794.

2 Gesetz zur erleichterten Umsetzung der Reform zur Grundsteuer und zur Änderung weiterer steuerrechtlicher Vorschriften (GrStRefUG) v. 16.7.2021, BGBl 2021 I S. 2931.

3 Jahressteuergesetz (JStG 2022) v. 16.12.2022, BGBl 2022 I S. 2294.

4 Schnitter, 360° GrStG eKommentar § 19 Rz. 5.

5 Schnitter, 360° GrStG eKommentar § 19 Rz. 5.

6 So auch Schnitter, 360° GrStG eKommentar § 19 Rz. 8.

7 Schnitter, 360° GrStG eKommentar § 19 Rz. 8.

8 Siehe dazu vertiefend Schmidt in Grootens, § 10 Rz. 1 ff.

Es kommen **sämtliche Steuerbefreiungstatbestände** der §§ 3 ff. GrStG in Betracht.[1] Die Anzeigefrist richtet sich nach § 19 Abs. 3 Satz 2 GrStG (→ Rz. 39). 20

Steuerschuldner nach § 10 GrStG ist derjenige dem der Steuergegenstand bei der Feststellung des Grundsteuerwerts zugerechnet wurde.[2] Dies ist i. d. R. der (ggf. wirtschaftliche) Eigentümer der wirtschaftlichen Einheit. Ist der Steuergegenstand mehreren Personen zugerechnet worden, trifft jeden unabhängig voneinander die Anzeigepflicht nach § 19 Abs. 1 GrStG. Die Anzeige hat bei Unmündigen oder Körperschaften der gesetzliche Vertreter vorzunehmen.[3] Die Anzeigepflicht trifft keine Dritten, insbesondere keine Behörden, die Kenntnis über tatsächliche Änderungen in Bezug auf den Grundsteuermessbetrag haben.[4] Mitteilungspflichten für Behörden enthält § 229 Abs. 3 bis 6 BewG.[5] 21

Die Anzeigepflicht besteht nur bei solchen **Nutzungsänderungen** und Änderungen der **Eigentumsverhältnisse**, die Einfluss auf die gewährte Steuerbefreiung haben.[6] Die von der Rechtsprechung nach der ursprünglichen Fassung der Norm vorgenommene teleologische Reduktion spiegelt sich nunmehr auch im Wortlaut wider („die zu einer Änderung oder zum Wegfall der Steuerbefreiung führen kann"; siehe bereits → Rz. 8). Bei den Eigentumsverhältnissen ist entscheidend, ob die Änderungen zu einer veränderten Zurechnung der wirtschaftlichen Einheit führen können (insbesondere auch Änderung des wirtschaftlichen Eigentums).[7] In diesem Fall ist nur der Rechtsvorgänger zur Anzeige verpflichtet, da der Rechtsnachfolger, erst mit dem abgeschlossenen Zurechnungswechsel als Steuerschuldner in Betracht kommt und sich danach die Eigentumsverhältnisse (nämliches gilt für die Nutzung) bei ihm nicht geändert haben. Da dem Finanzamt der Eigentumswechsel bekannt wird, wird es von Amts wegen auch eine Nutzungsänderung beim Rechtsnachfolger prüfen.[8] Einer gesonderten Anzeigepflicht für den alten wie für den neuen Rechtsinhaber in Bezug auf eine ggf. erfolgte Nutzungsänderung bei Zurechnungswechsel bedarf es daher nicht.[9] Besteht durch eine Änderung der Nutzung bei gleichbleibender Nutzungsart im Sinne der jeweiligen Befreiungsnorm die konkrete Steuerbefreiung eindeutig weiter, besteht auch keine Anzeigepflicht (bspw. Einzug einer anderen Behörde bei gleichbleibenden Eigentumsverhältnissen bei § 3 Abs. 1 Satz 1 Nr. 1 GrStG, Änderung der angebauten landwirtschaftlichen Erzeugnisse bei § 6 GrStG usw.).[10] Bei Wechsel der steuerbegünstigten Nutzungsart hin zu einer anderen steuerbegünstigten Nutzungsart besteht hingegen eine Anzeigepflicht, da die ursprüngliche Steuerbefreiung wegfällt und eine neue begründet wird (bspw. Wechsel von § 3 Abs. 1 Satz 1 Nr. 1 GrStG zu § 4 Nr. 6 GrStG).[11] Unter ‚Änderung der Nutzung' fallen auch Änderungen der persönlichen Eigenschaften des Nutzenden 22

1 Marx in Stenger/Loose, BewG/ErbStG/GrStG, § 19 GrStG Rz. 22.

2 Siehe hierzu vertiefend Schmidt in Grootens, GrStG § 10 Rz. 1 ff.

3 Roscher, 360° GrStG eKommentar, § 19 Rz. 8 (a. F.); Schnitter, 360° GrStG eKommentar § 19 Rz. 10.

4 Krumm/Paeßens, GrStG, § 19 Rz. 2; v. Cölln, NWB 17/2023 S. 1251 NWB BAAAJ-38100.

5 Kurt in Grootens, BewG, § 229 Rz. 81 ff.

6 BFH, Beschluss v. 12.12.1990 - II B 128/90, NWB VAAAA-97798; Eisele/Troll, GrStG § 19 Rz. 2; Marx in Stenger/Loose, BewG/ErbStG/GrStG, § 19 GrStG Rz. 22; strenger Krumm/Paeßens, GrStG, § 19 Rz. 5 zur alten Fassung.

7 Zutreffend Krumm/Paeßens, GrStG, § 19 Rz. 4; v. Cölln, NWB 17/2023 S. 1251 NWB BAAAJ-38100.

8 Marx in Stenger/Loose, BewG/ErbStG/GrStG, § 19 GrStG Rz. 48.38

9 Marx in Stenger/Loose, BewG/ErbStG/GrStG, § 19 GrStG Rz. 48; ähnlich wohl Wehrheim/Hohensträter, BB 2005 S. 2665, 2666 f., die eine Anzeigepflicht allemal beim Veräußerer erblicken; a. A. v. Cölln, NWB 17/2023 S. 1251 NWB BAAAJ-38100; Krumm/Paeßens, GrStG, § 19 Rz. 6: beide sind zur Anzeige verpflichtet.

10 Eisele/Troll, GrStG § 19 Rz. 2 m. w. N.; strenger Krumm/Paeßens, GrStG, § 19 Rz. 5 zur alten Fassung; a. A. v. Cölln, NWB 17/2023 S. 1251 NWB BAAAJ-38100.

11 A. A. v. Cölln, NWB 17/2023 S. 1251 NWB BAAAJ-38100.

(bspw. der Wegfall der Gemeinnützigkeit, in diesem Fall keine Nutzung mehr für steuerbegünstigte Zwecke).[1]

23 Da die anzeigepflichtigen Vorgänge nach § 19 Abs. 1 GrStG i. d. R. bereits auf Ebene des Grundsteuerwerts nach § 228 Abs. 2 BewG anzeigepflichtig sind und Änderungen bei den Eigentumsverhältnissen bereits nach § 229 Abs. 4 Nr. 1 BewG von den Grundbuchämtern mitgeteilt werden (ausgenommen Eigentumsverhältnisse bei Gebäuden auf fremdem Grund und Boden, dann Anzeigepflicht nach § 228 Abs. 2 Satz 2 BewG), ist die **Bedeutung** von § 19 Abs. 1 GrStG **gering** (siehe bereits → Rz. 2).[2]

24–26 *(Einstweilen frei)*

II. Anzeigepflicht aufgrund gewährter ermäßigter Steuermesszahl nach § 15 Abs. 2–5 GrStG (§ 19 Abs. 2 GrStG)

27 Nach § 19 Abs. 2 GrStG hat derjenige, der nach § 10 GrStG als Steuerschuldner in Betracht kommt, den Wegfall der Voraussetzungen für die **ermäßigte Steuermesszahl nach § 15 Abs. 2–5 GrStG** anzuzeigen. Die Anzeigepflicht bestehend unabhängig von den betragsmäßigen Auswirkungen auf den Grundsteuermessbetrag. Eine Wertgrenze existiert für die Anzeigepflicht insoweit nicht. Die Anzeigepflicht betrifft insbesondere

- den **Wegfall der Wohnraumförderung** i. S. des § 15 Abs. 2 und 3 GrStG,[3]
- den **Eigentumswechsel** (siehe aber auch → Rz. 2 und → Rz. 23),
- **Änderungen der Gesellschafterstruktur** (Wegfall der Mehrheitsgesellschaftereigenschaft) bei Eigentümern i. S. des § 15 Abs. 4 Nr. 1 GrStG,[4]
- die **Auflösung des Gewinnabführungsvertrags** bei Eigentümern i. S. des § 15 Abs. 4 Nr. 1 GrStG,[5]
- den **Wegfall der Gemeinnützigkeit** bei Eigentümern i. S. des § 15 Abs. 4 Nr. 2 GrStG[6]
- den **Wegfall der Voraussetzungen für die Körperschaftsteuerbefreiung** nach § 5 Abs. 1 Nr. 10 KStG bei Eigentümern i. S. des § 15 Abs. 4 Nr. 3 GrStG[7] und
- den **Wegfall der Denkmaleigenschaft** i. S. des § 15 Abs. 5 GrStG.[8]

28 **Steuerschuldner** nach § 10 GrStG ist derjenige dem der Steuergegenstand bei der Feststellung des Grundsteuerwerts zugerechnet wurde.[9] Dies ist i. d. R. der (ggf. wirtschaftliche) Eigentümer der wirtschaftlichen Einheit. Ist der Steuergegenstand mehreren Personen zugerechnet worden, trifft jeden unabhängig voneinander die Anzeigepflicht nach § 19 Abs. 2 GrStG. Die Anzeige hat bei Körperschaften der gesetzliche Vertreter vorzunehmen.

29–35 *(Einstweilen frei)*

---

1 Zutreffend Krumm/Paeßens, GrStG, § 19 Rz. 4; v. Cölln, NWB 17/2023 S. 1251 NWB BAAAJ-38100.
2 So auch Schnitter, 360° GrStG eKommentar § 19 Rz. 10; Marx in Stenger/Loose, BewG/ErbStG/GrStG, § 19 GrStG Rz. 27; Wehrheim/Hohensträter, BB 2005 S. 2665.
3 Bock in Grootens, GrStG § 15 Rz. 65 ff.
4 Bock in Grootens, GrStG § 15 Rz. 83.
5 Bock in Grootens, GrStG § 15 Rz. 85.
6 Bock in Grootens, GrStG § 15 Rz. 89 f.
7 Bock in Grootens, GrStG § 15 Rz. 94 ff.
8 Bock in Grootens, GrStG § 15 Rz. 100 ff.
9 Siehe hierzu vertiefend Schmidt in Grootens, GrStG § 10 Rz. 1 ff.

III. Steuererklärungsfiktion, Form und Frist der Anzeige (§ 19 Abs. 3 AO)

Nach § 19 Abs. 3 Satz 1 Halbsatz 1 GrStG sind die Anzeigen nach § 19 Abs. 1 und 2 GrStG **Steuererklärungen** i. S. der AO. Es finden damit alle verfahrensrechtlichen Vorschriften für Steuererklärungen Anwendungen.[1] Dies hat insbesondere Auswirkungen für die Festsetzung eines Verspätungszuschlags nach § 152 AO (siehe vertiefend → Rz. 8 und 46). 36

§ 19 Abs. 3 Satz 1 Halbsatz 2 GrStG bestimmt darüber hinaus, dass die Anzeige den Finanzbehörden nach **amtlich vorgeschriebenem Datensatz** über die **amtlich bestimmte Schnittstelle** elektronisch zu übermitteln sind. Die noch amtlich zu bestimmende Schnittstelle dürfte wie üblich die **ELSTER**-Schnittstelle insbesondere für Einzelabgaben oder die **ERiC**-Schnittstelle für Massenabgaben sein. Es gelten die allgemeinen Vorschriften der AO, insbesondere §§ 87a ff. AO. Die Anzeige konnte bisher auch durch Abgabe einer Erklärung nach § 228 Abs. 1 BewG zur Feststellung des Grundsteuerwerts erfolgen.[2] Diese Möglichkeit besteht bis zur Implementierung des entsprechenden elektronischen Verfahrens weiterhin. Alternativ kann über ELSTER eine „Sonstige Nachricht an das Finanzamt" übermittelt werden. 37

§ 19 Abs. 3 Satz 3 und 4 enthalten eine **Härtefallregelung**. Auf Antrag kann die zuständige Finanzbehörde zur Vermeidung unbilliger Härten auf eine elektronische Übermittlung verzichten und eine Anzeige nach amtlich vorgeschriebenem Vordruck akzeptieren (§ 19 Abs. 3 Satz 3 GrStG). Die Anzeige ist in diesem Fall eigenhändig zu unterschreiben. Das Erfordernis einer eigenhändigen Unterschrift ist nicht mehr zeitgemäß und führt zu nicht sachgemäßen Einschränkungen bspw. bei der Unterzeichnung durch einen **Bevollmächtigten**. Eine Unterzeichnung durch einen Bevollmächtigten ist nach § 150 Abs. 3 Satz 2 AO nur zulässig, wenn der Steuerpflichtige infolge seines körperlichen oder geistigen Zustands oder durch längere Abwesenheit an der Unterschrift gehindert ist. § 150 Abs. 8 AO findet Anwendung (§ 19 Abs. 3 Satz 4 GrStG), d. h. dem Antrag ist zu entsprechen, wenn die elektronische Abgabe nach den wirtschaftlichen oder persönlichen Verhältnissen des Steuerpflichtigen unzumutbar ist (bspw. Anschaffung eines Computers erforderlich oder fehlende Computerkenntnisse). Ein amtliches Formular für die Anzeige ist von der Finanzverwaltung mittlerweile veröffentlicht worden.[3] 38

Nach § 19 Abs. 3 Satz 2 GrStG ist die Anzeige bei dem für die Festsetzung des Steuermessbetrags zuständigen Finanzamt (**Lagefinanzamt**[4]) bis zum **31.3. des Jahres** zu erstatten, das auf das Kalenderjahr der Änderung nach § 19 Abs. 1 GrStG oder das Kalenderjahr des Wegfalls der Voraussetzungen nach § 19 Abs. 2 GrStG folgt. Reine Änderungsabsichten oder Vorbereitungshandlungen genügen für den Fristbeginn nicht.[5] 39

(Einstweilen frei) 40–45

IV. Folgen einer unterbliebenen, unvollständigen oder unrichtigen Anzeige

Eine unterlassene Anzeige eröffnet dem Grunde nach den Tatbestand zur Festsetzung eines Verspätungszuschlags nach § 152 Abs. 1 und 2 AO. § 152 Abs. 1 AO erlaubt eine Festsetzung eines Verspätungszuschlags im Ermessen der Finanzbehörde, wenn der Steuerpflichtige die 46

1 Siehe zu weiteren Auswirkungen Kurt in Grootens, BewG § 228 Rz. 181 ff.

2 A 19 Abs. 1 Satz 2 AEGrStG.

3 Siehe BMF-Schreiben v. 24.7.2023 - IV D 4 – S 3243/22/10002:002, 2023/0689090, BStBl 2023 I S. 1536 und vertiefend Lapp in Grootens, Die Erklärungsvordrucke für das Bundesmodell, Rz. 151 ff.

4 Siehe dazu vertiefend Bock in Grootens, GrStG § 13 Rz. 33.

5 v. Cölln, NWB 17/2023 S. 1251 NWB BAAAJ-38100.

Anzeige nicht fristgerecht abgibt. Der Steuerpflichtige kann sich exkulpieren, wenn ihn an der Versäumnis kein Verschulden trifft. Nach § 152 Abs. 2 AO ist zwingend ein Verspätungszuschlag festzusetzen, wenn die Anzeige nicht binnen von 14 Monaten nach dem Besteuerungszeitpunkt eingeht. Besteuerungszeitpunkt ist der Neu- oder Nachveranlagungszeitpunkt. Es fehlt allerdings eine Regelung der Höhe nach, da der Gesetzgeber eine Anpassung und Erweiterung der § 152 Abs. 6, 9, 11 und 12 AO auf Grundsteuermessbescheide wohl versehentlich versäumt hat. Der allgemeine Tatbestand des § 152 Abs. 5 AO kann nicht sinnvoll auf die Grundsteuermessbeträge angewendet werden, da mit diesen keine Steuer festgesetzt wird.

47 Eine **unrichtige oder unvollständige Anzeige** führt zur **Berichtigungspflicht** nach § 153 Abs. 1 Satz 1 AO, wenn dies der Steuerpflichtige nachträglich, aber vor Ablauf der Festsetzungsfrist, erkennt. Diese Pflicht obliegt gem. § 153 Abs. 1 Satz 2 AO auch dem Gesamtrechtsnachfolger, insbesondere Erben und übernehmende Rechtsträger bei Umwandlungsvorgängen.

48 Eine **unterlassene Anzeige** nach § 19 GrStG führt zur **Anlaufhemmung** der Festsetzungsfrist für den Grundsteuermessbescheid (Neu- bzw. Nachveranlagung) nach § 170 Abs. 1 Nr. 1, Abs. 4 AO, § 183 Abs. 3 Satz 1 und 2 AO i.V. mit § 184 Abs. 1 Satz 3 AO.[1] Dem steht auch nicht die Rechtsprechung des BFH zur allgemeinen Berichtigungspflicht nach § 153 Abs. 2 AO und zur Mitteilungspflicht nach § 68 Abs. 1 EStG entgegen.[2] Anders als bei den die Anzeige- bzw. Mitteilungspflicht auslösenden Sachverhalten nach § 153 Abs. 2 AO und nach § 68 Abs. 1 EStG beginnt mit den Änderungen der tatsächlichen Verhältnisse für die erforderliche Neu- bzw. Nachveranlagung eine eigene Festsetzungsfrist, deren Beginn durch eine fehlende Anzeige gehemmt werden kann. Insbesondere im Fall einer Neuveranlagung wird der ursprüngliche Grundsteuermessbescheid als Dauerverwaltungsakt mit Wirkung zum Neuveranlagungszeitpunkt nicht geändert, sondern ersetzt (Fall der Erstbescheidung).[3] Bei den der Anzeigepflicht nach § 153 Abs. 2 AO und der Mitteilungspflicht nach § 68 Abs. 1 AO zugrundeliegenden Sachverhalten existieren bereits Bescheide, deren Festsetzungsfrist bereits begonnen hat. Eine unterlassene Anzeige bzw. Mitteilung kann daher nicht zur Anlaufhemmung dieser bereits begonnenen Festsetzungsfrist führen.[4]

49 Eine pflichtwidrig unterlassene, unvollständige oder unrichtige Anzeige kann zu einer **Steuerhinterziehung** nach § 370 AO oder zu einer **leichtfertigen Steuerverkürzung** nach § 378 AO führen und ist damit unter weiteren Voraussetzungen straf- bzw. bußgeldbewährt.[5] Die Hinterziehung der Steuer ist zu dem Zeitpunkt beendet, zu dem die Veranlagung des Steuermessbetrags spätestens stattgefunden hätte (voraussichtliche früheste Bekanntgabe an den Steuerpflichtigen), wenn der Steuerpflichtige seiner Anzeigepflicht gem. § 19 GrStG rechtzeitig nachgekommen wäre.[6] Der BGH nimmt hierfür einen Zeitraum von 1 Monat an.[7] Unter Zugrundelegung der Anzeigefrist nach § 19 Abs. 1 Satz 2 und Abs. 2 Satz 2 GrStG tritt Beendigung

1 Siehe bereits Bock in Grootens, GrStG § 13 Rz. 59; Boeker in Hübschmann/Hepp/Spitaler, AO /FGO, AO § 184 Rz. 48; Schnitter, 360° GrStG eKommentar § 19 Rz. 8; Mannek/Sklareck in Stenger/Loose, GrStG § 27 Rz. 49; Marx in Stenger/Loose, BewG/ErbStG/GrStG, § 19 GrStG Rz. 57; zweifelnd, aber i. E. ebenso Krumm/Paeßens, GrStG § 19 Rz. 11.

2 Siehe BFH v. 18.5.2006 - III R 80/04, BStBl 2008 IIS. 371 NWB AAAAC-17287.

3 Siehe Bock in Grootens, GrStG, § 17 Rz. 4; Krumm/Paeßens, GrStG, § 17 Rz. 1 und Rz. 23; siehe auch von Wedelstädt in Gosch, AO/FGO, § 175 AO Rz. 10.

4 Vgl. BFH, Urteil v. 18.5.2006 - III R 80/04, BStBl 2008 II S. 371 NWB AAAAC-17287.

5 Siehe vertiefend Findeis, BB 2022 S. 2200.

6 Vgl. zur Anzeigepflicht nach § 30 Abs. 1 ErbStG BGH, Beschluss v. 25.7.2011 - 1 StR 631/10, BFH/NV 2011 S. 2221 NWB MAAAD-91363.

7 BGH, Beschluss v. 25.7.2011 - 1 StR 631/10, BFH/NV 2011 S. 2221 NWB MAAAD-91363.

damit 4 Monate nach Eintritt der Änderungen i. S. des § 19 Abs. 1 GrStG bzw. Wegfall der Steuerermäßigung i. S. des § 19 Abs. 2 GrStG ein.[1]

§ 20 GrStG Aufhebung des Steuermessbetrags

(1) Der Steuermessbetrag wird aufgehoben,

1. wenn der Grundsteuerwert aufgehoben wird oder

2. wenn dem Finanzamt bekannt wird, dass

a) für den ganzen Steuergegenstand ein Befreiungsgrund eingetreten ist oder

b) der Steuermessbetrag fehlerhaft festgesetzt worden ist.

(2) Der Steuermessbetrag wird aufgehoben

1. in den Fällen des Absatzes 1 Nr. 1 mit Wirkung vom Aufhebungszeitpunkt (§ 224 Absatz 2 des Bewertungsgesetzes) an;

2. in den Fällen des Absatzes 1 Nr. 2 Buchstabe a mit Wirkung vom Beginn des Kalenderjahres an, der auf den Eintritt des Befreiungsgrundes folgt. [2]§ 16 Abs. 3 ist entsprechend anzuwenden;

3. in den Fällen des Absatzes 1 Nr. 2 Buchstabe b mit Wirkung vom Beginn des Kalenderjahres an, in dem der Fehler dem Finanzamt bekannt wird.

(3) Treten die Voraussetzungen für eine Aufhebung während des Zeitraums zwischen dem Hauptveranlagungszeitpunkt und dem Zeitpunkt des Wirksamwerdens der Steuermessbeträge (§ 16 Abs. 2) ein, so wird die Aufhebung auf den Zeitpunkt des Wirksamwerdens der Steuermessbeträge vorgenommen.

Inhaltsübersicht **Rz.**

A. Allgemeine Erläuterungen zu § 20 GrStG

I. Normzweck und wirtschaftliche Bedeutung der Vorschrift

§ 20 GrStG regelt Fälle, in denen der Steuermessbetrag aufzuheben ist. Nach § 20 Abs. 1 Nr. 1 GrStG erfolgt eine **Aufhebung des Grundsteuermessbetrags**[2], wenn der zugrundeliegende Grundsteuerwert nach § 224 Abs. 1 BewG aufgehoben wurde. In diesem Fall kann auch der Steuermessbetrag nicht fortbestehen und ist daher aufzuheben. 1

1 Vgl. auch Krumm/Paeßens, GrStG § 19 Rz. 9.

2 Wortlaut ist etwas ungenau. Aufgehoben wird der Grundsteuerbescheid jedoch erst mit Wirkung ab dem Aufhebungszeitpunkt; zutreffend Krumm/Paeßens, GrStG, § 20 Rz. 1.

2 Nach § 20 Abs. 1 Nr. 2 Buchst. a GrStG wird der Grundsteuermessbescheid ohne vorherige Aufhebung des Grundsteuerwerts aufgehoben, wenn für den gesamten **Steuergegenstand** eine **Steuerbefreiung** eingetreten ist. Nach § 20 Abs. 1 Nr. 2 Buchst. b GrStG wird ein Grundsteuermessbetrag aufgehoben, wenn der **Steuermessbetrag fehlerhaft** ergangen ist. § 20 Abs. 1 Nr. 2 Buchst. a und b GrStG dürfte für die Grundsteuer geringe Bedeutung haben, da in den betreffenden Fällen der Grundsteuerwert i. d. R. nach § 224 Abs. 1 BewG aufzuheben ist und daher eine Aufhebung des Steuermessbetrags nach § 20 Abs. 1 Nr. 1 GrStG erfolgt.

3 § 20 Abs. 2 GrStG bestimmt den **Zeitpunkt**, ab dem eine Aufhebung seine **Wirkung** entfaltet. § 20 Abs. 3 GrStG enthält eine **Sonderregelung** für den Zeitpunkt, ab dem die Aufhebung seine Wirkung entfaltet, wenn die Voraussetzungen für eine Aufhebung zwischen dem Hauptveranlagungszeitpunkt und dem Wirksamwerden der Steuermessbeträge eintreten.

4–6 *(Einstweilen frei)*

II. Entstehung und Entwicklung der Vorschrift

7 Die Norm wurde in ihrer heutigen Fassung durch das Grundsteuerreformgesetz v. 7.8.1973[1] eingeführt. Durch das **GrStRefG** v. 26.11.2019[2] wurde § 20 GrStG an den Wegfall der Einheitsbewertung hinsichtlich der Verweise ins BewG angepasst.[3]

8–10 *(Einstweilen frei)*

III. Geltungsbereich

11 § 20 GrStG gilt nach § 2 GrStG, soweit die Länder in Bezug auf § 20 GrStG nicht von ihrer Abweichungskompetenz nach Art. 72 Abs. 3 Satz 1 Nr. 7 GG Gebrauch gemacht haben, für **inländischen Grundbesitz**, mithin für die Betriebe der Land- und Forstwirtschaft sowie diesen gleichgestellte Betriebsgrundstücke (wirtschaftliche Einheiten des **land- und forstwirtschaftlichen Vermögens**) und die Grundstücke sowie diesen gleichgestellte Betriebsgrundstücke (wirtschaftliche Einheiten des **Grundvermögens**).[4] Erfasst werden durch die Anknüpfung an den Grundsteuerwert auch die inländischen Teile einer wirtschaftlichen Einheit, die sich sowohl auf das Inland als auch auf das Ausland erstrecken.

12 § 20 GrStG i. d. F. des GrStRefG v. 26.11.2019 findet gem. § 37 Abs. 1 GrStG für die Grundsteuer **ab dem Kalenderjahr 2025** Anwendung.[5] § 20 GrStG i. d. F. des Grundsteuerreformgesetzes v. 7.8.1973 mit der letzten Änderung durch Art. 38 des Gesetzes v. 19.12.2008 (BGBl I S. 2794) findet nach § 37 Abs. 2 GrStG für die Grundsteuer **bis einschließlich des Kalenderjahres 2024** Anwendung.[6]

13–15 *(Einstweilen frei)*

1 BGBl 1973 I S. 965.
2 GrStRefG v. 26.11.2019, BGBl 2019 I S. 1794.
3 BT-Drucks. 19/11085 S. 124.
4 Schnitter, 360° GrStG eKommentar § 20 Rz. 8.
5 Schnitter, 360° GrStG eKommentar § 20 Rz. 6.
6 Schnitter, 360° GrStG eKommentar § 20 Rz. 6.

IV. Verhältnis zu anderen Vorschriften

Die Aufhebung nach § 20 Abs. 1 Nr. 1 GrStG setzt eine Aufhebung des Grundsteuerwerts nach **§ 224 Abs. 1 BewG** voraus. Aufgrund des um zwei Jahre verzögerten Wirksamwerdens der Steuermessbeträge der Hauptveranlagung nach **§ 16 Abs. 2 GrStG** bedarf es der Sonderregelung in Bezug auf den Aufhebungszeitpunkt in § 20 Abs. 4 GrStG. § 20 Abs. 1 GrStG besteht neben der Änderungsvorschrift des **§ 175 Abs. 1 Nr. 1 AO** für eine Aufhebung des Grundsteuermessbescheids von Beginn an.[1] 16

(Einstweilen frei) 17–19

B. Systematische Kommentierung

I. Aufhebung des Grundsteuermessbetrags (§ 20 Abs. 1 GrStG)

Die Aufhebung des Grundsteuermessbetrags nach § 20 Abs. 1 GrStG erfolgt von Amts wegen. 20
Ein Antrag des Steuerpflichtigen ist nicht erforderlich. Es handelt sich um eine gebundene und keine Ermessensentscheidung.[2] Nach **§ 20 Abs. 1 Nr. 1 GrStG** wird der Grundsteuermessbetrag aufgehoben, wenn der **Grundsteuerwert** insbesondere nach § 224 Abs. 1 GrStG **aufgehoben** wird. Dies ist insbesondere der Fall, wenn dem Finanzamt bekannt wird, dass die wirtschaftliche Einheit wegfällt oder der Grundsteuerwert der wirtschaftlichen Einheit infolge von Befreiungsgründen der Besteuerung nicht mehr zugrunde gelegt wird.[3] Eine wirtschaftliche Einheit fällt beispielsweise weg, wenn zwei wirtschaftliche Einheiten zu einer neuen wirtschaftlichen Einheit zusammengelegt werden oder wenn ein Betrieb der Land- und Forstwirtschaft stillgelegt wird. Von § 20 Abs. 1 Nr. 1 GrStG wird unabhängig von § 224 Abs. 1 GrStG auch der Fall erfasst, dass ein Gericht den Grundsteuerwertbescheid gleich aus welchem Grund aufhebt.[4]

Nach § 20 Abs. 1 Nr. 2 Buchst. a GrStG erfolgt eine Aufhebung des Grundsteuermessbetrags, 21
wenn dem Finanzamt bekannt wird, dass für den ganzen **Steuergegenstand** ein **Befreiungsgrund** eingetreten ist. Der Aufhebungsgrund dürfte nach der Grundsteuerreform nur geringe Bedeutung haben, da in diesen Fällen i. d. R. eine Aufhebung des Grundsteuerwerts nach § 224 Abs. 1 Nr. 2 BewG erfolgt und eine Aufhebung des Grundsteuermessbetrags nach § 20 Abs. 1 Nr. 1 GrStG vorzunehmen ist.[5] Der Steuerpflichtige hat in diesen Fällen einen Anspruch auf Aufhebung beider Bescheide. Ein Wahlrecht der Finanzverwaltung besteht nicht.[6] Der Steuerpflichtige kann jedoch ein Interesse daran haben, dass der Grundsteuerwert weiterhin in voller Höhe insbesondere für außersteuerliche Zwecke (etwa für die Höfeordnung, §§ 1, 12 HöfeO) festgestellt wird.

Nach § 20 Abs 1 Nr. 2 Buchst. b GrStG wird der Grundsteuermessbetrag aufgehoben, wenn der 22
Steuermessbetrag fehlerhaft festgesetzt worden ist. Gedacht ist insbesondere an den Fall, dass ohne Aufhebung des Grundsteuerwerts der Erlass eines Steuermessbetrags dem Grunde nach schon nicht hätte erfolgen dürfen, weil beispielsweise eine vorhandene Grundsteuerbe-

1 Vgl. vertiefend Bock in Grootens, GrStG § 13 Rz. 63 f.
2 Krumm/Paeßens, GrStG, § 20 Rz. 14.
3 Siehe dazu vertiefend Kurt in Grootens, BewG § 224 Rz. 61 ff.
4 Zutreffend Krumm/Paeßens, GrStG, § 20 Rz. 3.
5 So auch Schnitter, 360° GrStG eKommentar § 20 Rz. 11.
6 A. A. Krumm/Paeßens, GrStG, § 20 Rz. 4.

freiung für den gesamten Steuergegenstand nicht beachtet wurde.[1] § 20 Abs. 1 Nr. 2 Buchst. b GrStG findet daher Anwendung, wenn eine Steuerbefreiung bereits bei Erlass des Grundsteuermessbescheids übersehen wurde, während § 20 Abs. 1 Nr. 2 Buchst. a GrStG Anwendung findet, wenn nachträglich eine Steuerbefreiung eintritt.[2] Bei einem fehlerhaft festgesetzten Steuermessbetrag der Höhe nach erfolgt zweckmäßigerweise eine Neuveranlagung nach § 17 GrStG. Die Norm dürfte für die Grundsteuer nur geringe Bedeutung haben, da beispielsweise bei einer übersehenen Steuerbefreiung für den gesamten Steuergegenstand auch der Grundsteuerwert aufzuheben wäre und eine Aufhebung des Steuermessbetrags dann nach § 20 Abs. 1 Nr. 1 GrStG vorzunehmen ist (siehe aber auch → Rz. 21).[3]

23–25 *(Einstweilen frei)*

II. Zeitpunkt der Wirkung der Aufhebung (§ 20 Abs. 2 GrStG)

26 § 20 Abs. 2 GrStG regelt den Zeitpunkt, ab dem eine Aufhebung seine Wirkung entfaltet. Nach § 20 Abs. 2 Nr. 1 GrStG erfolgt die **Aufhebung des Steuermessbetrags in den Fällen des § 20 Abs. 1 Nr. 1 GrStG** bei einer Aufhebung des Grundsteuerwerts nach § 224 Abs. 1 BewG mit Wirkung vom Aufhebungszeitpunkt i. S. des § 224 Abs. 2 BewG an. Der Aufhebungszeitpunkt nach § 224 Abs. 2 BewG ist in den Fällen des Wegfalls der wirtschaftlichen Einheit der Beginn des Kalenderjahres, das auf den Wegfall der wirtschaftlichen Einheit folgt. In den Fällen, in denen der Grundsteuerwert wegen eines Befreiungsgrundes nicht mehr der Besteuerung zugrunde gelegt werden soll, ist der Aufhebungszeitpunkt der Beginn des Kalenderjahres, in dem der Grundsteuerwert erstmals der Besteuerung nicht mehr zugrunde gelegt wird.

27 Nach § 20 Abs. 2 Nr. 2 Satz 1 GrStG erfolgt die **Aufhebung des Steuermessbetrags in den Fällen des § 20 Abs. 1 Nr. 2 Buchst. a GrStG** bei Eintritt von Befreiungsgründen für den gesamten Steuergegenstand mit Wirkung vom Beginn des Kalenderjahres an, der auf den Eintritt des Befreiungsgrundes folgt. § 16 Abs. 3 GrStG ist dabei nach § 20 Abs. 2 Nr. 2 Satz 2 GrStG entsprechend anzuwenden. Ist mithin die **Festsetzungsfrist** bereits **abgelaufen**, so dass eine Aufhebung des Steuermessbetrags mit Wirkung für diesen Zeitpunkt an nicht mehr erfolgen kann, kann die Aufhebung mit Wirkung für einen späteren Veranlagungszeitpunkt vorgenommen werden, für den diese Frist noch nicht abgelaufen ist.[4]

28 Nach § 20 Abs. 2 Nr. 3 GrStG erfolgt die **Aufhebung des Steuermessbetrags in den Fällen des § 20 Abs. 1 Nr. 2 Buchst. b GrStG** bei einer fehlerhaften Festsetzung des Grundsteuermessbetrags mit Wirkung vom Beginn des Kalenderjahres an, in dem der Fehler dem Finanzamt bekannt wird.

29–31 *(Einstweilen frei)*

1 Vgl. den Fall beim BFH, Urteil v. 31.7.1985 - II R 242/82, BStBl 1985 II S. 681; FG Düsseldorf, Urteil v. 23.11.1999 - 11 K 2087/98 Gr, EFG 2000 S. 187; FG Hessen, Urteil v. 20.11.1996 - 3 K 479/93, EFG 1997 S. 558.

2 Krumm/Paeßens, GrStG, § 20 Rz. 6; a. A. Troll/Eisele, GrStG, § 20 Rz. 4: Vorrang von § 20 Abs. 1 Nr. 2 Buchst. b GrStG i.V. m. § 20 Abs. 2 Nr. 3 GrStG.

3 So auch Schnitter, 360° GrStG eKommentar § 20 Rz. 11.

4 Siehe vertiefend Bock in Grootens, GrStG § 16 Rz. 40 f.

III. Zeitpunkt der Wirkung bei Aufhebung zwischen Hauptveranlagungszeitpunkt und Wirksamwerden der Steuermessbeträge (§ 20 Abs. 3 GrStG)

§ 20 Abs. 3 GrStG enthält eine **Sonderreglung** für den **Zeitpunkt**, ab dem die Aufhebung ihre Wirkung entfaltet, wenn die Voraussetzungen für eine Aufhebung zwischen dem Hauptveranlagungszeitpunkt und dem Wirksamwerden der Steuermessbeträge eintreten.[1] Treten die Voraussetzungen für eine Aufhebung während des Zeitraums zwischen dem Hauptveranlagungszeitpunkt und dem Zeitpunkt des Wirksamwerdens der Steuermessbeträge (zwei Jahre nach dem Hauptveranlagungszeitraum, vgl. § 16 Abs. 2 GrStG) ein, wird die Aufhebung auf den Zeitpunkt des Wirksamwerdens der Steuermessbeträge und nicht auf die Aufhebungszeitpunkte nach § 20 Abs. 2 GrStG vorgenommen. Damit wird verhindert, dass die Aufhebung auf einen Zeitpunkt vorgenommen wird, der vor dem Wirksamwerden der Steuermessbeträge der Hauptveranlagung liegt. 32

Für die **erste Hauptveranlagung** geht die Regelung allerdings ins Leere,[2] da Hauptveranlagungszeitpunkt und Wirksamwerden der Steuermessbeträge nach § 36 Abs. 2 GrStG auf denselben Zeitpunkt fallen.[3] Es existiert damit kein Zeitraum zwischen Hauptveranlagungszeitpunkt und Wirksamwerden der Steuermessbeträge. 33

§ 21 GrStG Änderung von Steuermessbescheiden

[1]Bescheide über die Neuveranlagung oder die Nachveranlagung von Steuermessbeträgen können schon vor dem maßgebenden Veranlagungszeitpunkt erteilt werden. [2]Sie sind zu ändern oder aufzuheben, wenn sich bis zu diesem Zeitpunkt Änderungen ergeben, die zu einer abweichenden Festsetzung führen.

Inhaltsübersicht **Rz.**

VERWALTUNGSANWEISUNGEN:

Koordinierte Erlasse der obersten Finanzbehörden der Länder v. 22.6.2022 – Anwendung des Grundsteuergesetzes ab 1.1.2025 (AEGrStG), BStBl 2022 I S. 1171.

1 Roscher, 360° GrStG eKommentar, § 18 Rz. 11 (a. F.).
2 Ähnlich Schnitter, 360° GrStG eKommentar § 20 Rz. 15; zust. Marx in Stenger/Loose, GrStG § 20 Rz. 31.
3 Siehe dazu vertiefend Lehmann in Grootens, GrStG § 36 Rz. 13 ff.

A. Allgemeine Erläuterungen zu § 21 GrStG

I. Normzweck und wirtschaftliche Bedeutung der Vorschrift

1 § 21 Satz 1 GrStG regelt, dass Bescheide über die **Neuveranlagung** oder die **Nachveranlagung** von Steuermessbeträgen schon **vor** dem maßgebenden **Veranlagungszeitpunkt** erteilt werden können (Auseinanderfallen von innerer und äußerer Wirksamkeit des Bescheids[1]). Nach § 21 Satz 2 GrStG sind sie zu ändern oder aufzuheben, wenn sich bis zu diesem Zeitpunkt Änderungen ergeben, die zu einer abweichenden Festsetzung führen. Der Anwendungsbereich von § 21 Satz 2 GrStG dürfte sehr gering sein, da eine Änderung nach § 21 Satz 2 GrStG nur erfolgt, wenn eine Änderung des Grundsteuerwerts nicht nach § 225 Satz 2 BewG erfolgt (dann Änderung des Grundsteuermessbetragsbescheids nach § 175 Abs. 1 Nr. 1 AO).[2]

2 Der vorzeitige Erlass soll sowohl im **Interesse der Gemeinde** als auch des **Steuerpflichtigen** liegen, um so früh wie möglich geänderte Grundsteuerbescheide zu erlassen und Klarheit über die zukünftige Grundsteuerzahlungen zu haben.[3]

3–5 *(Einstweilen frei)*

II. Entstehung und Entwicklung der Vorschrift

6 Die Norm wurde in ihrer heutigen Fassung durch das Grundsteuerreformgesetz v. 7.8.1973[4] eingeführt. Durch das **GrStRefG** v. 26.11.2019[5] wurde § 21 GrStG nicht geändert.

7–8 *(Einstweilen frei)*

III. Geltungsbereich

9 § 21 GrStG gilt nach § 2 GrStG, soweit die Länder in Bezug auf § 21 GrStG nicht von ihrer Abweichungskompetenz nach Art. 72 Abs. 3 Satz 1 Nr. 7 GG Gebrauch gemacht haben, für **inländischen Grundbesitz**, mithin für die Betriebe der Land- und Forstwirtschaft sowie diesen gleichgestellte Betriebsgrundstücke (wirtschaftliche Einheiten des **land- und forstwirtschaftlichen Vermögens**) und die Grundstücke sowie diesen gleichgestellte Betriebsgrundstücke (wirtschaftliche Einheiten des **Grundvermögens**).[6] Erfasst werden durch die Anknüpfung an den Grundsteuerwert auch die inländischen Teile einer wirtschaftlichen Einheit, die sich sowohl auf das Inland als auch auf das Ausland erstrecken.

10 § 21 GrStG i. d. F. des GrStRefG v. 26.11.2019[7] ist gem. Art. 18 Abs. 1 GrStRefG am 3.12.2019 in Kraft getreten und findet gem. § 37 Abs. 1 GrStG für die Grundsteuer **ab dem Kalenderjahr 2025** Anwendung.[8] § 21 GrStG i. d. F. des Grundsteuerreformgesetzes v. 7.8.1973 mit der letz-

---

1 Siehe Krumm/Paeßens, GrStG, § 21 Rz. 1.

2 So auch Schnitter, 360° GrStG eKommentar § 21 Rz. 10; Marx in Stenger/Loose, GrStG § 21 Rz. 3.

3 Vgl. Troll/Eisele, GrStG § 21 Rz. 2.

4 BGBl 1973 I S. 965.

5 GrStRefG v. 26.11.2019, BGBl 2019 I S. 1794.

6 Schnitter, 360° GrStG eKommentar § 21 Rz. 6.

7 Gesetz zur Reform des Grundsteuer- und Bewertungsrechts (Grundsteuer-Reformgesetz – GrStRefG) v. 26.11.2019, BGBl 2019 I S. 1794.

8 Schnitter, 360° GrStG eKommentar § 21 Rz. 4.

ten Änderung durch Art. 38 des Gesetzes v. 19.12.2008 (BGBl I S. 2794) findet nach § 37 Abs. 2 GrStG für die Grundsteuer **bis einschließlich des Kalenderjahres 2024** Anwendung.[1]

(Einstweilen frei) 11–13

IV. Verhältnis zu anderen Vorschriften

Die Vorschrift entspricht der Möglichkeit eine Fortschreibung oder Nachfeststellung des Grundsteuerwerts nach **§ 225 BewG** bereits vor dem maßgeblichen Fortschreibungs- bzw. Nachfeststellungszeitpunkts vorzunehmen. In diesen Fällen ist auch eine Neuveranlagung bzw. Nachveranlagung des Steuermessbetrags vorzunehmen. 14

(Einstweilen frei) 15–17

B. Systematische Kommentierung

I. Vorzeitiger Erlass von Bescheiden zur Neuveranlagung und Nachveranlagung (§ 21 Satz 1 GrStG)

§ 21 Satz 1 GrStG erlaubt den Erlass von Bescheiden über die **Neuveranlagung** oder die **Nachveranlagung** von Steuermessbeträgen schon **vor dem maßgebenden Veranlagungszeitpunkt**.[2] Da der Neuveranlagung und der Nachveranlagung die Verhältnisse im jeweiligen Veranlagungszeitpunkt zugrunde gelegt werden müssen und diese erst zum Veranlagungszeitpunkt vorhanden sind, wäre ein Erlass der Bescheide ohne die Norm untunlich.[3] Es besteht jedoch ein praktisches Interesse für einen frühzeitigen Erlass der Bescheide zur Neu- und Nachveranlagung. Ein naher zeitlicher Zusammenhang zum Neu- bzw. Nachveranlagungszeitpunkt ist nicht erforderlich und die Zeitspanne zwischen Erlass und Neu- bzw. Nachveranlagungszeitpunkt kann beträchtlich sein (beispielsweise im Zeitpunkt des Förderbeginns bereits bekannter Termin zum Auslaufen der Wohnraumförderung).[4] Für Aufhebungsbescheide gilt § 21 GrStG nicht.[5] 18

Der vorzeitige Erlass des Neuveranlagungsbescheids oder des Nachveranlagungsbescheids steht im **Ermessen** der Finanzbehörde.[6] Diese hat ihr Ermessen rechtfehlerfrei auszuüben. Da der vorzeitige Erlass eher aus Zweckmäßigkeit erfolgt, dürften Ermessensfehler selten sein. 19

(Einstweilen frei) 20–22

II. Änderung der vorzeitigen Neuveranlagungs- und Nachveranlagungsbescheide (§ 21 Satz 2 GrStG)

Da zwischen dem Zeitpunkt des Erlasses der Neuveranlagungs- und Nachveranlagungsbescheide[7] bis zum Veranlagungszeitpunkt sich noch **Änderungen** ergeben können, die zu ei- 23

1 Schnitter, 360° GrStG eKommentar § 21 Rz. 4.
2 A 21 Satz 1 AEGrStG.
3 BFH, Urteil v. 15.9.1961 - III 102/59 U, BStBl 1962 III S. 4; ähnlich Krumm/Paeßens, GrStG, § 21 Rz. 3.
4 Krumm/Paeßens, GrStG, § 21 Rz. 4; Troll/Eisele, GrStG § 21 Rz. 2.
5 Troll/Eisele, GrStG § 21 Rz. 2; Krumm/Paeßens, GrStG, § 21 Rz. 3.
6 Roscher, 360° GrStG eKommentar, § 21 Rz. 8; Krumm/Paeßens, GrStG, § 21 Rz. 5.
7 Genauer: Entlassen des Bescheides aus dem Machtbereich der zuständigen Dienstperson nach finaler Entscheidung; auf den Bekanntgabezeitpunkt kommt es hingegen nicht an; vgl. BFH, Urteil v. 30.06.1971 - I R 91/69, BStBl 1972 II S. 82 NWB UAAAA-98993; Halaczinsky in Rössler/Troll, BewG, § 24a Rz. 12; Krumm/Paeßens, GrStG, § 21 Rz. 7.

ner abweichenden Festsetzung im Veranlagungszeitpunkt führen, sind die Bescheide nach § 21 Satz 2 GrStG in diesen Fällen zu ändern oder aufzuheben.[1] Der Anwendungsbereich von § 21 Satz 2 GrStG dürfte sehr gering sein, da eine Änderung nach § 21 Satz 2 GrStG nur erfolgt, wenn eine Änderung des Grundsteuerwerts nicht nach § 225 Satz 2 BewG erfolgt (dann Änderung des Grundsteuermessbetragsbescheids nach § 175 Abs. 1 Nr. 1 AO[2]).

24 Eine Änderung nach § 21 Satz 2 GrStG hat **von Amts wegen** und unabhängig davon zu erfolgen, ob sie zugunsten oder zuungunsten des Steuerpflichtigen erfolgt oder ob bestimmte Wertgrenzen überschritten werden.[3] Es muss sich allerdings um eine **Änderung von tatsächlichen Umständen** handeln.[4] Umstände, die schon bei Erteilung des Bescheids vorlagen, aber nicht bekannt waren, erlauben ebenso wenig eine Änderung nach § 21 Satz 2 GrStG wie Fehler bei der Anwendung des Gesetzes.[5] In diesen Fällen kommt nur eine fehlerbeseitigende Neuveranlagung oder eine Änderungen nach den Vorschriften der AO in Betracht.[6] Die Änderungsmöglichkeit nach § 21 Satz 2 GrStG besteht neben den Änderungsmöglichkeiten der AO.[7] Die Änderung nach § 21 Satz 2 GrStG erfolgt ohne eine vorherige Änderung des Grundsteuerwerts.[8] Liegen die Voraussetzungen für eine Änderung nach der AO nicht vor, hat eine Änderung des Grundsteuermessbescheids nach § 21 GrStG zu erfolgen.

25 BEISPIEL:[9] Das Finanzamt erteilt einen Grundsteuerwertbescheid und einen Grundsteuermessbescheid auf den 1.1.2027 und gibt diese Bescheide am 24.5.2026 bekannt. Im Oktober 2026 erfüllt das Grundstück erstmals die Voraussetzungen für ein Baudenkmal nach dem maßgeblichen Landesdenkmalschutzgesetz. Der Eigentümer teilt dem Finanzamt dies im Januar 2027 mit und beantragt die Ermäßigung der Steuermesszahl.

LÖSUNG: Da die Baudenkmaleigenschaft des Grundstücks (Änderung der Verhältnisse) erst nach Bekanntgabe des Grundsteuermessbescheids, aber vor dem maßgebenden Veranlagungszeitpunkt, eingetreten ist, ist der Grundsteuermessbescheid auf den 1.1.2027 nach § 21 Satz 2 GrStG zu ändern.

§ 22 GrStG Zerlegung des Steuermessbetrags

(1) Erstreckt sich der Steuergegenstand über mehrere Gemeinden, so ist der Steuermessbetrag vorbehaltlich des § 24 anteilig in die auf die einzelnen Gemeinden entfallenden Anteile zu zerlegen (Zerlegungsanteile).

(2) Zerlegungsmaßstab ist bei Betrieben der Land- und Forstwirtschaft der nach § 239 Absatz 2 des Bewertungsgesetzes ermittelte Gemeindeanteil am Grundsteuerwert des Betriebs der Land- und Forstwirtschaft.

(3) [1]Zerlegungsmaßstab ist bei Grundstücken das Verhältnis, in dem die auf die einzelnen Gemeinden entfallenden Flächengrößen zueinander stehen. [2]Führt die Zerlegung nach Flächengrößen zu einem offenbar unbilligen Ergebnis, sind die Zerlegungsanteile maßgebend, auf die sich die Gemeinden mit dem Steuerschuldner einigen.

1 A 21 Satz 2 und 3 AEGrStG.
2 Krumm/Paeßens, GrStG, § 21 Rz. 9
3 Troll/Eisele, GrStG § 21 Rz. 2; Marx in Stenger/Loose, GrStG § 21 Rz. 20; Krumm/Paeßens, GrStG, § 21 Rz. 6.
4 Troll/Eisele, GrStG § 21 Rz. 2.
5 Troll/Eisele, GrStG § 21 Rz. 2; Krumm/Paeßens, GrStG, § 21 Rz. 8.
6 Krumm/Paeßens, GrStG, § 21 Rz. 8.
7 Vgl. auch A 21 Satz 7 AEGrStG; siehe vertiefend Bock in Grootens, GrStG § 13 Rz. 63 f.
8 Vgl. A 21 Satz 4–6 AEGrStG; Troll/Eisele, GrStG § 21 Rz. 2; Roscher, 360° GrStG eKommentar, § 21 Rz. 8 (a. F.).
9 Beispiel in A 21 AEGrStG.

(4) Entfällt auf eine Gemeinde ein Zerlegungsanteil von weniger als 25 Euro, so ist dieser Anteil der Gemeinde zuzuweisen, der nach Absatz 2 oder 3 der größte Zerlegungsanteil zusteht.

Inhaltsübersicht **Rz.**

LITERATUR:

App, Die Frist für den Erlass eines Grundsteuer-Zerlegungsbescheid des Finanzamts, ZMR 2012 S. 852; *Meng/Ritter/Humolli*, Berücksichtigung von steuerbefreiten Flächen bei der Grundsteuerzerlegung, DStR 2014 S. 1752.

VERWALTUNGSANWEISUNGEN:

Koordinierte Erlasse der obersten Finanzbehörden der Länder v. 22.6.2022 – Anwendung des Grundsteuergesetzes ab 1.1.2025 (AEGrStG), BStBl 2022 I S. 1171.

A. Allgemeine Erläuterungen zu § 22 GrStG

I. Normzweck und wirtschaftliche Bedeutung der Vorschrift

§ 22 GrStG regelt in materieller Hinsicht das sog. **Zerlegungsverfahren** zwischen mehreren Gemeinden als Teil des Steuermessbetragsverfahrens.[1] Das Zerlegungsverfahren in formeller Hinsicht wird in § 185 ff. AO geregelt. 1

1 Vgl. auch Brandis in Tipke/Kruse, AO/FGO, § 185 AO Rz. 1; Boeker in Hübschmann/Hepp/Spitaler, AO/FGO, § 185 AO Rz. 6.

2 Eine **Zerlegung des Steuermessbetrags** erfolgt, wenn eine wirtschaftliche Einheit sich über das Gebiet mehrerer Gemeinden erstreckt. Die Steuerhoheit der einzelnen Gemeinde bei der Grundsteuer endet an der jeweiligen Gemeindegrenze,[1] während die Bestimmung der wirtschaftlichen Einheit und darauf beruhend des Grundsteuerwerts sowie des Grundsteuermessbetrags nicht gemeindescharf erfolgt.[2] Mit der Zerlegung wird der Anteil der jeweiligen Gemeinde am Grundsteuermessbetrag der sich über mehrere Gemeindegebiete hinweg erstreckende wirtschaftliche Einheit ermittelt, auf den die jeweilige Gemeinde mit ihrem Hebesatz Grundsteuer erheben darf.[3]

3 Der **Steuerpflichtige** als Schuldner der Grundsteuer sieht sich durch die Zerlegung **mehreren Grundsteuergläubigern** (sog. Steuerberechtigten) gegenüber, denen er die Grundsteuer zu zahlen hat. Die Zerlegung kann durch **unterschiedliche Hebesätze** in den Gemeinden Einfluss auf die Höhe der Grundsteuer haben.

4 § 22 Abs. 1 GrStG gibt vor, unter welchen **Voraussetzungen** ein Zerlegungsverfahren durchzuführen ist. § 22 Abs. 2 GrStG regelt den **Zerlegungsmaßstab** für die Betriebe der Land- und Forstwirtschaft und § 22 Abs. 3 GrStG für die Grundstücke. § 22 Abs. 4 GrStG normiert einen **Mindestzerlegungsanteil.**

5–6 *(Einstweilen frei)*

II. Entstehung und Entwicklung der Vorschrift

7 Die Norm wurde in ihrer heutigen Fassung durch das Grundsteuerreformgesetz v. 7.8.1973[4] eingeführt. Durch das **GrStRefG** v. 26.11.2019[5] wurde das Zerlegungsverfahren nach § 22 GrStG an die Ermittlung der Grundsteuerwerte angepasst und erheblich vereinfacht.

8 Als Zerlegungsmaßstab bei der Ermittlung der Zerlegungsanteile für Betriebe der Land- und Forstwirtschaft können nunmehr die Reinertragsverhältnisse zugrunde gelegt werden, die gem. § 239 Abs. 2 BewG für jede Gemeinde im Rahmen der Bewertung eines Betriebs der Land- und Forstwirtschaft zu ermitteln und auszuweisen sind.[6] Nach **bisherigem Recht** wurde noch ein nach **Wohnungswert** und **Wirtschaftswert** differenzierender Zerlegungsmaßstab normiert. Nachdem der Wohnteil nunmehr dem Grundvermögen zugeordnet wird, bedarf es dieser Differenzierung nicht mehr.

9 Im Hinblick auf die Zerlegung des Steuermessbetrags bei den Grundstücken erfolgte ebenfalls eine erhebliche Vereinfachung. Das **bisherige Recht** sah noch ein aufeinander **abgestimmtes mehrstufiges Verfahren** zur Ermittlung des Zerlegungsanteils der jeweiligen Gemeinde vor. Nunmehr erfolgt die Zerlegung nach den Flächenanteilen, wenn sich die Beteiligten nicht auf einen anderen Maßstab einigen.

10–12 *(Einstweilen frei)*

1 Siehe dazu vertiefend Lange in Grootens, GrStG § 1 Rz. 24 ff.
2 BT-Drucks. 6/3418 S. 90; Boeker in Hübschmann/Hepp/Spitaler, AO/FGO, § 185 AO Rz. 7.
3 Vgl. auch Krumm/Paeßens, GrStG, § 22 Rz. 1.
4 BGBl 1973 I S. 965.
5 GrStRefG v. 26.11.2019, BGBl 2019 I S. 1794.
6 BT-Drucks. 19/11085 S. 125.

III. Geltungsbereich

§ 22 GrStG gilt, soweit die Länder in Bezug auf § 22 GrStG nicht von ihrer Abweichungskompetenz nach Art. 72 Abs. 3 Satz 1 Nr. 7 GG Gebrauch gemacht haben, für die Zerlegung von Steuermessbeträgen von **inländischem Grundbesitz**, mithin bei Betrieben der Land- und Forstwirtschaft sowie diesen gleichgestellte Betriebsgrundstücke (wirtschaftliche Einheiten des **land- und forstwirtschaftlichen Vermögens**) und bei den Grundstücken sowie diesen gleichgestellte Betriebsgrundstücke (wirtschaftliche Einheiten des **Grundvermögens**).[1] Erfasst werden durch die Anknüpfung an den Grundsteuerwert beim Grundsteuermessbetrag auch die inländischen Teile einer wirtschaftlichen Einheit, die sich sowohl auf das Inland als auch auf das Ausland erstrecken. 13

§ 22 GrStG i. d. F. des GrStRefG v. 26.11.2019[2] ist gem. Art. 18 Abs. 1 GrStRefG am 3.12.2019 in Kraft getreten und findet gem. § 37 Abs. 1 GrStG für die Grundsteuer **ab dem Kalenderjahr 2025** Anwendung.[3] § 22 GrStG i. d. F. des Grundsteuerreformgesetzes v. 7.8.1973 mit der letzten Änderung durch Art. 38 des Gesetzes v. 19.12.2008 (BGBl I S. 2794) findet nach § 37 Abs. 2 GrStG für die Grundsteuer **bis einschließlich des Kalenderjahres 2024** Anwendung.[4] 14

(Einstweilen frei) 15–17

IV. Verhältnis zu anderen Vorschriften

§ 23 GrStG regelt den Zerlegungsstichtag. Die Verhältnisse am Zerlegungsstichtag sind der Zerlegung nach § 22 GrStG zugrunde zu legen. **§ 24 GrStG** ermöglicht den Ländern durch Rechtsverordnung anstelle der Zerlegung bei Betrieben der Land- und Forstwirtschaft einen Steuerausgleich zwischen den Gemeinden zu regeln. Der nach § 24 GrStG landesrechtlich geregelte Steuerausgleich geht mithin der Zerlegung nach § 22 GrStG vor. Von der Ermächtigung nach § 24 GrStG hat bisher allerdings kein Land Gebrauch gemacht. 18

Der Zerlegung ist der nach **§§ 13 ff. GrStG** festgesetzte Steuermessbetrag zugrunde zu legen. Der Zerlegungsbescheid ist Folgebescheid des Grundsteuermessbescheids, der wiederum Grundlagenbescheid für den Zerlegungsbescheid ist.[5] Der Zerlegungsbescheid ist Grundlagenbescheid für den Grundsteuerbescheid.[6] Der nach **§ 219 Abs. 1 BewG** festzustellende und nach **§§ 232 ff. BewG** zu ermittelnde Grundsteuerwert unterliegt nicht der Zerlegung. 19

Das formelle Zerlegungsverfahren ist in **§§ 185 ff. AO** geregelt (siehe dazu → Rz. 59 ff.).[7] § 22 GrStG regelt hingegen die materiellen Voraussetzungen des Zerlegungsverfahrens.[8] Ist ein Steuermessbetrag in voller Höhe einem Steuerberechtigten zuzuteilen, besteht aber Streit darüber, welchem Steuerberechtigten der Steuermessbetrag zusteht, ist nicht das Zerlegungsverfahren, sondern das Zuteilungsverfahren nach **§ 190 AO** durchzuführen (siehe dazu → Rz. 122 ff.). Die Zerlegungsgrundlagen sind nach **§ 162 Abs. 1 AO** zu schätzen, wenn sie nicht 20

1 Schnitter, 360° GrStG eKommentar § 22 Rz. 9.

2 Gesetz zur Reform des Grundsteuer- und Bewertungsrechts (Grundsteuer-Reformgesetz – GrStRefG) v. 26.11.2019, BGBl 2019 I S. 1794.

3 Schnitter, 360° GrStG eKommentar § 22 Rz. 7; Marx in Stenger/Loose, GrStG § 22 Rz. 8.

4 Schnitter, 360° GrStG eKommentar § 22 Rz. 7; Marx in Stenger/Loose, GrStG § 22 Rz. 8.

5 Boeker in Hübschmann/Hepp/Spitaler, AO/FGO, § 185 AO Rz. 8.

6 Boeker in Hübschmann/Hepp/Spitaler, AO/FGO, § 185 AO Rz. 8.

7 A 22 Abs. 1 Satz 2 AEGrStG.

8 A 22 Abs. 1 Satz 1 AEGrStG.

sicher festgestellt werden können (siehe dazu →60).[1] Da der Grundsteuermessbescheid Grundlagenbescheid für den Zerlegungsbescheid ist, ist der Zerlegungsbescheid nach **§ 175 Abs. 1 Nr. 1 AO** zu ändern, wenn der Grundsteuermessbescheid geändert wird (siehe dazu → Rz. 97).[2]

21–23 *(Einstweilen frei)*

B. Systematische Kommentierung

I. Begriff und Voraussetzung der Zerlegung (§ 22 Abs. 1 GrStG)

24 Als Zerlegung bezeichnet man die **Aufteilung des Steuermessbetrags** auf mehrere Steuerberechtigte (hier: Gemeinden) nach einem bestimmten Aufteilungsmaßstab.[3] § 22 Abs. 1 GrStG enthält die materiellen Voraussetzungen, wann eine solche Aufteilung (sog. **Zerlegungsverfahren**) durchzuführen ist.[4]

25 Ein Grundsteuermessbetrag ist zu zerlegen, wenn sich der Steuergegenstand, also die wirtschaftliche Einheit des Grundbesitzes, **über mehrere Gemeinden erstreckt**. Hierzu kann es kommen, da der Grundsteuerwert für die wirtschaftliche Einheit unabhängig davon festgestellt wird, ob der land- und forstwirtschaftliche Betrieb beispielsweise mehrere Felder in verschiedenen Gemeinden bewirtschaftet oder eine wirtschaftliche Einheit des Grundvermögens über eine Gemeindegrenze verläuft. Der Steuermessbetrag für den Steuergegenstand ist dann in die auf die einzelnen Gemeinden entfallenden Anteile zu zerlegen (sog. **Zerlegungsanteile**).

26 Die Zerlegung nach § 22 GrStG gilt zwar nur vorbehaltlich, dass kein **Ersatz** der Zerlegung durch **Steuerausgleich** landesrechtlich gem. § 24 GrStG[5] geregelt ist, davon wurde allerdings bisher kein Gebrauch gemacht.[6] An dem Zerlegungsverfahren können auch mehr als zwei Gemeinden beteiligt sein.

27 Die Messbetragszerlegung ist vom Gesetzgeber bewusst aus **verwaltungsökonomischen** Gründen im Hinblick auf den Massencharakter des Grundsteuerverfahrens einfach gewählt worden.[7] Eine die jeweiligen Besonderheiten des Einzelfalls voll gerecht werdende Zerlegung, beispielsweise nach Wertanteilen beim Grundvermögen, würde zu erheblichem Verwaltungsmehraufwand führen.[8] Es ist daher von Verfassungs wegen nicht zu beanstanden, dass der Gesetzgeber beim Grundvermögen grundsätzlich den Aufteilungsmaßstab nach Flächengrößen vorgesehen hat.[9] Er durfte sich insoweit von **Praktikabilitätserwägungen** leiten lassen.[10]

1 Marx in Stenger/Loose, GrStG, § 22 Rz. 29.
2 Marx in Stenger/Loose, GrStG § 22 Rz. 28.
3 Vgl. auch Boeker in Hübschmann/Hepp/Spitaler, AO/FGO, § 185 AO Rz. 5.
4 A 22 Abs. 1 Satz 1 AEGrStG.
5 Siehe dazu Bock in Grootens, GrStG § 24 Rz. 1 ff.
6 Troll/Eisele, GrStG § 22 Rz. 2; Schnitter, 360GrStG eKommentar, § 24 Rz. 5; Marx in Stenger/Loose, GrStG, § 24 Rz. 2; Kühnhold in Lippross/Seidel, GrStG § 24 Rz. 1; Krumm/Paeßens, GrStG, § 24 Rz 1.
7 BT-Drucks. 6/3418 S. 90; BFH, Beschluss v. 4.12.1991 - II B 35/91, NWB BAAAB-32149.
8 BT-Drucks. 6/3418 S. 90; Troll/Eisele, GrStG § 22 Rz. 4.
9 BFH, Beschluss v. 4.12.1991 - II B 35/91, NWB BAAAB-32149; Troll/Eisele, GrStG § 22 Rz. 4; Roscher, 360° GrStG eKommentar,§ 22 Rz. 7 (a. F.); Marx in Stenger/Loose, GrStG § 22 Rz. 5.
10 BFH, Beschluss v. 4.12.1991 - II B 35/91, NWB BAAAB-32149.

Eine Zerlegung nach § 22 GrStG ist hingegen nicht durchzuführen, wenn sich der **Steuergegenstand über mehrere Gemeindeteile** derselben Gemeinde erstreckt, für die verschiedene Hebesätze gelten (z. B. Fälle des § 25 Abs. 4 Satz 2 GrStG).[1] Nach Ansicht der Finanzverwaltung ist in diesen Fällen die Gemeinde für eine Aufteilung des Grundsteuermessbetrags zuständig, wobei das jeweilige Finanzamt Amtshilfe leisten und im Einzelfall mit der betroffenen Gemeinde ein geeignetes Verfahren vereinbaren kann.[2] 28

(Einstweilen frei) 29–30

II. Zerlegungsmaßstab bei den Betrieben der Land- und Forstwirtschaft (§ 22 Abs. 2 GrStG)

§ 22 Abs. 2 GrStG regelt den **Zerlegungsmaßstab bei land- und forstwirtschaftlichen Betrieben**. 31
Der Zerlegungsmaßstab ist bei Betrieben der Land- und Forstwirtschaft der nach § 239 Abs. 2 BewG ermittelte Gemeindeanteil am Grundsteuerwert des Betriebs der Land- und Forstwirtschaft (vgl. zur fehlenden Bindungswirkung → Rz. 81).

Nach § 239 Abs. 2 Satz 1 BewG ist **die Summe der Reinerträge** einschließlich der Zuschläge (§§ 237, 238 BewG) eines Betriebs der Land- und Forstwirtschaft für jede Gemeinde gesondert zu ermitteln, wenn sich die wirtschaftliche Einheit über mehrere Gemeinden erstreckt. Der auf eine Gemeinde entfallende Anteil am Grundsteuerwert berechnet sich nach § 239 Abs. 2 Satz 2 BewG aus der jeweils für eine Gemeinde gesondert ermittelten Summe der Reinerträge im Verhältnis zur Gesamtsumme der Reinerträge des Betriebs der Land- und Forstwirtschaft. 32

An dieser nach den Gemeinden getrennt ermittelten Summe der Reinerträge knüpft § 22 Abs. 2 GrStG an. Die jeweilige Gemeinde erhält entsprechend des Verhältnisses der ihnen zugeordneten Summe der Reinerträge zur Gesamtsumme der Reinerträge einen Anteil am Grundsteuermessbetrag des Betriebs der Land- und Forstwirtschaft. Anders als noch im früheren Recht ist eine **Zerlegung durch Einigung** der beteiligten Gemeinden und des Steuerpflichtigen **nicht mehr vorgesehen** und auch wegen der gemeindescharf ermittelten Summe der Reinerträge nicht mehr erforderlich. 33

BEISPIEL: Ein Betrieb der Land- und Forstwirtschaft hat einen Grundsteuerwert i. H. von 200.000 € und einen sich daraus ergebenden Grundsteuermessbetrag i. H. von 110 € (200.000 € x 0,00055). Für die Gemeinde A wurde eine Summe der Reinerträge i. H. von 120.000 € und für die Gemeinde B i. H. von 80.000 € ermittelt. 34

LÖSUNG: Der Zerlegungsanteil der Gemeinde A am Grundsteuermessbetrag beträgt 3/5 (120.000 €/200.000 €) und der Gemeinde B 2/5 (80.000 €/200.000 €). Der Gemeinde A wird mithin ein Steuermessbetrag i. H. von 66 € und der Gemeinde B i. H. von 44 € zugeordnet.

(Einstweilen frei) 35–37

III. Zerlegungsmaßstab bei den Grundstücken (§ 22 Abs. 3 GrStG)

1. Zerlegung nach Flächenanteilen (§ 22 Abs. 3 Satz 1 GrStG)

§ 22 Abs. 3 GrStG regelt den **Zerlegungsmaßstab bei Grundstücken**. Dabei sieht das Gesetz ein stufenweises Vorgehen nach zwei aufeinander abgestimmte Stufen vor. Grundsätzlich ist 38

1 A 22 Abs. 2 Satz 1 AEGrStG.
2 A 22 Abs. 2 Satz 2 und 3 AEGrStG.

nach § 22 Abs. 3 Satz 1 GrStG der Zerlegungsmaßstab bei Grundstücken das Verhältnis, in dem die auf die einzelnen Gemeinden entfallenden Flächengrößen zueinanderstehen. Unerheblich ist, wie sich die wirtschaftliche Einheit wertmäßig auf die Gebiete der betroffenen Gemeinden verteilt. Dem Finanzamt steht kein Ermessen zu, einen anderen Verteilmaßstab anzusetzen.[1] Flächen sind die katastermäßig vermessenen und bezeichneten Teile der Erdoberfläche.[2] Nach dem Wortlaut der Norm sind auch steuerbefreite Flächen in den Verteilmaßstab einzubeziehen.[3] Dies dürfte allerdings zu einem unbilligen Ergebnis führen (siehe in diesem Fall → Rz. 44 ff.).

39 Der Gesetzgeber hat das **Zerlegungsverfahren** bei den Grundstücken **weiter vereinfacht**. Nunmehr kommt der Zerlegungsmaßstab nach den Flächenanteilen grundsätzlich zum Ansatz. Nur ausnahmsweise kann dieser durch einen von den Beteiligten vereinbarten Aufteilungsmaßstab ersetzt werden, wenn der Aufteilungsmaßstab nach den Flächenanteilen zu einem offenbar unbilligen Ergebnis führt (siehe → Rz. 44 ff.).

40 **BEISPIEL:** Für ein Grundstück mit Einfamilienhaus wird ein Grundsteuerwert i. H. von 300.000 € festgestellt und ein Grundsteuermessbetrag von 93 € festgesetzt (300.000 € x 0,00031). Das Grundstück mit einer Größe von 600 m² liegt mit 400 m² auf dem Gebiet der Gemeinde A und mit 200 m² auf dem Gebiet der Gemeinde B. Auf dem Gebiet der Gemeinde A befindet sich das Einfamilienhaus.

LÖSUNG: Da sich der Steuergegenstand über das Gebiet mehrerer Gemeinden erstreckt, ist der Grundsteuermessbetrag nach § 22 GrStG zu zerlegen. Nach § 22 Abs. 3 Satz 1 GrStG erfolgt die Zerlegung nach dem Verhältnis, in dem die auf die einzelnen Gemeinden entfallenden Flächengrößen zueinanderstehen. Der Gemeinde A ist daher ein Zerlegungsanteil von 62 € (400 m²/600 m² x 93 €) und der Gemeinde B von 31 € (200 m²/600 m² x 93 €) zuzuordnen. Dass sich auf dem Gebiet der Gemeinde A das Einfamilienhaus befindet, spielt keine Rolle.

41–43 *(Einstweilen frei)*

2. Zerlegung nach Einigung der Beteiligten (§ 22 Abs. 3 Satz 2 GrStG)

44 Da die größte Gewähr für **Rechtsfrieden** i. d. R. eine einvernehmliche Einigung zwischen den Beteiligten bietet, hat der Gesetzgeber nach § 22 Abs. 3 Satz 2 GrStG zu Recht die Möglichkeit vorgesehen, eine unbillige Zerlegung durch eine gemeinsame Vereinbarung der Beteiligten zu ersetzen.[4] Aus Gründen der Gleichmäßigkeit der Zerlegung eröffnet der Gesetzgeber anders als nach bisherigem Recht die Möglichkeit zur Einigung allerdings nur, wenn das Ergebnis des gesetzlichen Zerlegungsmaßstabs offensichtlich unbillig ist.[5] Die Zerlegung soll nicht völlig im Belieben der Beteiligten stehen.[6] Die Unbilligkeit ist offensichtlich, wenn diese für einen billig und gerecht denkenden Menschen auf der Hand liegt, also ein erhebliches Gewicht hat, eindeutig und augenfällig ist.[7]

1 Krumm/Paeßens, GrStG, § 22 Rz. 13.
2 Marx in Stenger/Loose, BewG/ErbStG/GrStG, § 22 GrStG Rz. 52; Meng/Ritter/Humolli, DStR 2014 S. 1754.
3 Krumm/Paeßens, GrStG, § 22 Rz. 12; Marx in Stenger/Loose, BewG/ErbStG/GrStG, § 22 GrStG Rz. 52; Meng/Ritter/Humolli, DStR 2014 S. 1754.
4 Ähnlich Troll/Eisele, GrStG § 22 Rz. 5.
5 A 22 Abs. 3 Satz 1 AEGrStG.
6 So auch Krumm/Paeßens, GrStG, § 22 Rz. 14.
7 Marx in Stenger/Loose, BewG/ErbStG/GrStG, § 22 GrStG Rz. 53 zu § 22 GrStG a. F.; Meng/Ritter/Humolli, DStR 2014 S. 1754; vgl. auch zur Gewerbesteuer BFH Urteil v. 17.02.1993 - I R 19/92, BStBl 1993 II S. 679 NWB WAAAA-94594.

Führt die Zerlegung nach Flächengrößen zu einem **offenbar unbilligen Ergebnis**, sind nach § 22 Abs. 3 Satz 2 GrStG die Zerlegungsanteile maßgebend, auf die sich die Gemeinden mit dem Steuerschuldner einigen. Zu einem offenbar unbilligen Ergebnis kann es insbesondere kommen, wenn der maßgebliche wertbildende Faktor eines Grundstücks (beispielsweise die Gebäude bei geringwertigem Grund und Boden; siehe dazu → Rz. 46) auf dem Gebiet der einen Gemeinde liegt und die Aufteilung nach der Fläche dies nicht hinreichend widerspiegelt.[1] Zu offenbar unbilligen Ergebnissen kann auch der Einbezug von steuerbefreiten Flächen führen (siehe bereits → Rz. 38), wenn sich diese nicht auf die gesamte wirtschaftliche Einheit, sondern nur auf Flächen der einen Gemeinde beziehen. 45

Die Tatsache, dass das **Gebäude** auf dem Gebiet der einen Gemeinde liegt, **genügt** für sich allein genommen **nicht** für die Annahme eines offenbar unbilligen Ergebnisses, da dies in der weit überwiegenden Zahl der Fälle so sein wird. Auch wenn der Grundsteuerwert sich aus einzelnen Komponenten ermittelt, ist die wirtschaftliche Einheit und der dafür ermittelte Grundsteuerwert als Ganzes zu sehen. Dieser Wert erstreckt sich gleichmäßig auf die gesamte wirtschaftliche Einheit, so dass die Aufteilung nach der Fläche in aller Regel sachgerecht ist.[2] Unbilligkeit kann allerdings dann anzunehmen sein, wenn die Fläche in der einen Gemeinde qualitativ nicht gleichwertig mit der Fläche der anderen Gemeinde ist (bspw. größere unbebaubare Streuobstwiese hinter dem Gebäude auf dem Gebiet der einen Gemeinde und das Bauland mit dem Gebäude auf dem Gebiet der anderen Gemeinde). 46

Sollten sich die Beteiligten am Zerlegungsverfahren bei einem offenbar unbilligen Ergebnis der Zerlegung nach Flächenanteilen nicht einigen, nimmt der Gesetzgeber das offenbar unbillige Ergebnis nach den Flächenanteilen hin. Auch nach bisherigem Recht war ohne Einigung zwischen den beteiligten Gemeinden und dem Steuerpflichtigen eine Aufteilung nach den Flächenanteilen selbst dann vorzunehmen, wenn diese zu einem unbilligen Ergebnis führte.[3] 47

Die Zerlegung durch Einigung setzt nach Ansicht der Finanzverwaltung und Teilen der Literatur einen **gemeinsamen Antrag** der betroffenen Gemeinden und des Steuerpflichtigen voraus.[4] Einen solchen Antrag sieht das Gesetz allerdings nicht vor. Die Zerlegung hat auch nach einem vereinbarten Aufteilungsmaßstab von Amts wegen zu erfolgen (siehe auch → Rz. 64), sobald die zuständige Finanzbehörde von der Einigung Kenntnis erlangt.[5] Wodurch sie Kenntnis erlangt, spielt keine Rolle. Ein Antrag auf Zerlegung nach einem vereinbarten Aufteilungsmaßstab ist andererseits aber auch nicht unzulässig.[6] Ist bereits ein Zerlegungsbescheid ergangen, kommt ein Antrag auf Änderung des Zerlegungsbescheids in Betracht. Begehrt nur einer der Beteiligten eine andere Aufteilung oder erkennt das Finanzamt die offenbare Unbilligkeit der Zerlegung nach den Flächenanteilen, ist die Finanzbehörde nicht verpflichtet, eine Einigung anzuregen oder herbeizuführen.[7] 48

1 Zust. Krumm/Paeßens, GrStG, § 22 Rz. 14.

2 So auch Schnitter, 360° GrStG eKommentar § 22 Rz. 16; Marx in Stenger/Loose, GrStG § 22 Rz. 51.

3 Vgl. zu den Betrieben der Land- und Forstwirtschaft Niedersächsisches FG, Urteil v. 8.12.1992 - I 798/87, EFG 1993 S. 398; Troll/Eisele, GrStG § 22 Rz. 3; Roscher, 360° GrStG eKommentar,§ 22 Rz. 9 (a. F.).

4 Niedersächsisches Finanzministerium, Verfügung v. 27.4.1976 - G 1140-4-34, juris; Troll/Eisele, GrStG § 22 Rz. 3; Roscher, 360° GrStG eKommentar, § 22 Rz. 11 (a. F.).

5 Schnitter, 360° GrStG eKommentar § 22 Rz. 16.

6 Brandis in Tipke/Kruse, AO/FGO, § 185 AO Rz. 3.

7 Vgl. bereits zum bisherigen Recht Niedersächsisches FG, Urteil v. 10.11.1980 - VI 38/78, EFG 1981 S. 353; Troll/Eisele, GrStG § 22 Rz. 5; Schnitter, 360° GrStG eKommentar § 22 Rz. 16; Marx in Stenger/Loose, GrStG § 22 Rz. 65.

49 Die Einigung als solche ist ein **öffentlich-rechtlicher Vertrag**, der der Schriftform nach § 57 VwVfG bedarf.[1] Fehlt es an dem offenbaren unbilligen Ergebnis, geht die Einigung ins Leere, da das Finanzamt in diesem Fall mangels Vorliegen der Voraussetzungen keinen Zerlegungsbescheid nach § 22 Abs. 2 Satz 2 GrStG erlassen darf. § 22 Abs. 2 Satz 2 GrStG verbietet in diesem Fall nicht die Einigung als solche, sondern nur den Erlass eines vom Verteilungsmaßstab nach § 22 Abs. 3 Satz 1 GrStG abweichenden Zerlegungsbescheids. § 22 Abs. 3 Satz 2 GrStG stellt daher keine qualifizierte Verbotsnorm i. S. d. § 59 Abs. 1 VwVfG i. V. m. § 134 BGB in Bezug auf die Einigung dar.[2]

50 Der Vereinbarung muss sich ein **Aufteilungsschlüssel** entnehmen lassen. Das Gesetz gibt keinen bestimmten Aufteilungsschlüssel vor. Die Aufteilung kann daher beispielsweise nach Bruchteilen, nach Prozentsätzen, betragsmäßig oder nach einem anderen beliebigen Aufteilungsschlüssel erfolgen.[3] Eine betragsmäßige Aufteilung ist bei der anschließenden Umsetzung durch die Finanzbehörde am wenigsten fehleranfällig und daher vorzugswürdig. Im Übrigen sind die Beteiligten im Hinblick auf die Höhe der Aufteilung frei.[4] Der Aufteilungsschlüssel muss nicht der Billigkeit entsprechen. Gesetzlich ist es also zulässig, das unbillige Ergebnis der Zerlegung nach dem gesetzlichen Zerlegungsmaßstab durch eine andere unbillige, jedoch einvernehmliche Zerlegung zu ersetzen.

51 Die Einigung gilt im Zweifel lediglich für einen **Hauptveranlagungszeitraum**.[5] Nach einer erneuten Hauptveranlagung ergeht ein neuer Zerlegungsbescheid und es bedarf dann einer erneuten Einigung der Beteiligten, soll nicht der gesetzliche Aufteilungsmaßstab zum Tragen kommen. Eine erneute Einigung wird schon deshalb erforderlich sein, da ggf. der von den Beteiligten vorgenommene bspw. betragsmäßige Aufteilungsmaßstab nicht auf den neu festgesetzten Grundsteuermessbetrag übertragbar ist. Eine erfolgte Einigung kann jedenfalls bei Änderung der tatsächlichen Verhältnisse oder bei Fehlen eines offenbar unbilligen Ergebnisses der gesetzlich vorgesehenen Zerlegung durch **Kündigung**[6] von jedem Beteiligten gegenüber den anderen Beteiligten oder durch gemeinsame Erklärung aufgehoben werden.[7] Eine Änderung der Vereinbarung bedarf ebenfalls einer Einigung aller Beteiligten.[8] Das Finanzamt ist zu unterrichten, damit die entsprechenden Folgen für die Zerlegung gezogen werden können.

52 Mit der **Aufhebung der Einigung** oder ihrer **Änderung** ändert sich die Grundlage für die Zerlegung, ohne dass der Grundsteuerwert fortgeschrieben oder nachträglich festgestellt wird, so dass nach § 23 Abs. 2 GrStG die Zerlegungsanteile nach dem Stand vom 1.1. des folgenden Jahres neu zu ermitteln sind. Die Zerlegung erfolgt nach dem gesetzlichen Aufteilungsmaßstab oder nach dem vereinbarten Aufteilungsmaßstab, falls sich die Beteiligten erneut einigen. Auf die Mindestgrenze für eine Änderung nach § 23 Abs. 2 GrStG dürfte es bei einer Aufteilung

1 Str., für öffentlich-rechtlichen Vertrag, FG Nürnberg, Urteil v. 8.2.1995 - V 312/92, rkr., NZB unbegründet, allerdings offen gelassen durch BFH, Beschluss v. 21.3.1996 - VIII B 52/95 NWB KAAAB-38374 = BFH/NV 1996, 707; Krumm/Paeßens, GrStG, § 22 Rz. 15, zu Vertrag sui generis oder tatsächliche Verständigung, vgl. BFH, Urteil v. 20.4.1999 - VIII R 13/97 BStBl 1999 II S. 542 NWB FAAAA-96561, m. w. N.

2 A. A. Krumm/Paeßens, GrStG, § 22 Rz. 15.

3 Niedersächsisches Finanzministerium, Verfügung v. 27.4.1976 - G 1140-4-34, juris.

4 A 22 Abs. 3 Satz 2 AEGrStG.

5 BFH, Urteil v. 20.4.1999 - VIII R 13/97, BStBl 1999 II S. 542 betr. GewSt; Troll/Eisele, GrStG § 22 Rz. 5; a. A. die Finanzverwaltung (bis zur Einigung auf einen anderen Zerlegungsteil), A 22 Abs. 3 Satz 3 AEGrStG; Krumm/Paeßens, GrStG, § 22 Rz. 16.

6 FG Köln, Urteil v. 29.9.1982 - I (XII) 1/77 G, EFG 1983 S. 362.

7 Troll/Eisele, GrStG § 22 Rz. 5.

8 Troll/Eisele, GrStG § 22 Rz. 5.

nach dem gesetzlichen Aufteilungsmaßstab anders als bei einem geänderten vereinbarten Aufteilungsmaßstab insoweit i. d. R. nicht ankommen, als bei einer derart geringen Abweichung von vornherein keine offenbare Unbilligkeit vorliegt und es nicht zu einer Aufteilung nach § 22 Abs. 3 Satz 2 GrStG hätte kommen dürfen.

(Einstweilen frei) 53–54

IV. Mindestzerlegungsanteil (§ 22 Abs. 4 GrStG)

§ 22 Abs. 4 GrStG regelt einen **Mindestzerlegungsanteil**, der sich nach den § 22 Abs. 2 oder 3 GrStG ergeben muss, um einen Anteil am Steuermessbetrag als Gemeinde zugewiesen zu bekommen. Entfällt auf eine Gemeinde ein Zerlegungsanteil nach § 22 Abs. 2 oder 3 GrStG von weniger als 25 €, so ist dieser Anteil derjenigen Gemeinde zuzuweisen, der der größte Zerlegungsanteil nach § 22 Abs. 2 oder 3 GrStG zusteht. 55

(Einstweilen frei) 56–58

V. Zerlegungsverfahren (§§ 185 ff. AO)

1. Allgemeine Verfahrensvorschriften, insbesondere Zuständigkeit (§ 185 AO)

§ 185 AO bestimmt, dass die **Vorschriften** für das **Steuermessbetragsverfahren**[1] auf das Zerlegungsverfahren entsprechend anzuwenden sind, soweit sich aus den §§ 185 ff. AO nichts anderes ergibt. Nach § 185 AO i. V. mit § 184 Abs. 1 Satz 3 AO finden daher die Regelungen über die Durchführung der Besteuerung entsprechende Anwendung. Der Zerlegungsbescheid ist ein **Steuerverwaltungsakt** i. S. des § 118 AO. Damit finden die allgemeinen Vorschriften, insbesondere die allgemeinen Verfahrensvorschriften der AO Anwendung.[2] 59

Es sind insbesondere die **§§ 151 ff. AO** anzuwenden.[3] Es gelten daher **§ 164 AO** für den Vorbehalt der Nachprüfung,[4] **§ 165 AO** für einen vorläufigen Erlass,[5] die **§§ 169 ff. AO** in Bezug auf die Festsetzungsfrist (siehe vertiefend → Rz. 87 ff.) und die **§§ 172 ff. AO** in Bezug auf die Änderungsmöglichkeiten (siehe vertiefend → Rz. 95 ff.).[6] Können die Zerlegungsgrundlagen, insbesondere die Flächenanteile der einzelnen Gemeinden, nicht ermittelt werden, kommt eine **Schätzung** nach **§ 162 AO Abs. 1** in Betracht.[7] 60

Sachlich **zuständig** für das Zerlegungsverfahren sind nach § 17 Abs. 2 FVG die Finanzämter und örtlich zuständig nach § 22 Abs. 1 Satz 1 AO das **Lagefinanzamt** nach § 18 Abs. 1 Nr. 1 AO.[8] Dies ist bei Betrieben der Land- und Forstwirtschaft, bei Grundstücken und diesen jeweils gleichgestellten Betriebsgrundstücken das Finanzamt, in dessen Bezirk der Betrieb, das Grundstück oder das diesen gleichgestellte Betriebsgrundstück sich erstreckt. 61

1 Siehe dazu vertiefend Bock in Grootens, § 13 Rz. 33 ff.

2 Boeker in Hübschmann/Hepp/Spitaler, AO/FGO, § 185 AO Rz. 10.

3 Brandis in Tipke/Kruse, AO/FGO, § 185 AO Rz. 2.

4 BFH, Urteil v. 27.3.1996 - I R 83/94, BStBl 1996 II S. 509; Boeker in Hübschmann/Hepp/Spitaler, AO/FGO, § 185 AO Rz. 11; Brandis in Tipke/Kruse, AO/FGO, § 185 AO Rz. 2; Schmieszek in Gosch, AO/FGO, § 188 AO Rz. 8.

5 Boeker in Hübschmann/Hepp/Spitaler, AO/FGO, § 185 AO Rz. 11; Schmieszek in Gosch, AO/FGO, § 188 AO Rz. 8.

6 Brandis in Tipke/Kruse, AO/FGO, § 185 AO Rz. 2; vgl. zu § 175 AO BFH, Urteil v. 20.4.1999 - VIII R 13/97, BStBl 1999 II S. 542 betr. GewSt.

7 Boeker in Hübschmann/Hepp/Spitaler, AO/FGO, § 185 AO Rz. 11; Brandis in Tipke/Kruse, AO/FGO, § 185 AO Rz. 3; Troll/Eisele, GrStG § 22 Rz. 7; Marx in Stenger/Loose, GrStG § 22 Rz. 29.

8 Boeker in Hübschmann/Hepp/Spitaler, AO/FGO, § 185 AO Rz. 8.

62 Da bei der Zerlegung Voraussetzung ist, dass der Steuergegenstand sich über die Gebiete mehrerer Gemeinden erstreckt, ist es auch möglich, dass sich der Gegenstand über die **Zuständigkeitsgebiete mehrerer Finanzämter** erstreckt. In diesem Fall ist dasjenige Finanzamt nach § 22 Abs. 1 Satz 1 AO i. V. mit § 18 Abs. 1 Nr. 1 AO örtlich zuständig, in dem der wertvollere Teil des Steuergegenstandes liegt.

63 Diese Zuständigkeitsregelung erscheint widersprüchlich, wenn der Gesetzgeber einerseits wegen der damit verbundenen Schwierigkeiten einen **wertabhängigen Zerlegungsmaßstab** ablehnt, andererseits für die **Zuständigkeitsverteilung** dem Zerlegungsverfahren vorgelagert einen solchen vorsieht. Anders als bei der Zerlegung wird für die Zuständigkeitsermittlung jedoch eine überschlägige Wertermittlung genügen müssen. Im Streitfall entscheidet nach § 28 Abs. 1 AO die fachlich zuständige Aufsichtsbehörde (i. d. R. die oberste Finanzbehörde des Landes). § 25 AO findet keine Anwendung, da sich nach § 18 Abs. 1 Nr. 1 AO eine eindeutige Zuständigkeit einer Finanzbehörde ergibt.[1] Dass tatsächlich eine genaue Wertermittlung zur Bestimmung der Zuständigkeit erforderlich sein sollte, dürfte sich auf wenige Ausnahmefälle beschränken, bei denen die Schwierigkeit der wertmäßigen Aufteilung dann hinzunehmen sind.

64 Die Durchführung des Verfahrens setzt **keinen Antrag** voraus.[2] Die Zerlegung hat **von Amts wegen** zu erfolgen.[3] Dies gilt auch für eine Zerlegung nach einem vereinbarten Zerlegungsmaßstab nach § 22 Abs. 3 Satz 2 GrStG (str.; siehe → Rz. 48). Ein Antrag auf Zerlegung ist andererseits nicht unzulässig.[4] Die Zerlegung soll im unmittelbaren Anschluss an die Festsetzung des Grundsteuermessbetrags vorgenommen werden.[5]

65–67 *(Einstweilen frei)*

2. Beteiligte (§ 186 AO)

68 Nach § 186 Nr. 2 Satz 1 AO sind **Beteiligte** am Zerlegungsverfahren grundsätzlich die steuerberechtigten **Gemeinden**, denen ein Steuermessbetrag zugeteilt wurde oder die einen Anteil am Steuermessbetrag beanspruchen. Obliegt den steuerberechtigten Gemeinden nicht die Festsetzung der Steuer ist Beteiligte die dafür zuständige Behörde. Dies betrifft insbesondere die Stadtstaaten, bei denen die Grundsteuer von den Landesfinanzbehörden verwaltet werden.

69 Bei der Zerlegung geht es zwar vorrangig um die Zuweisung von Steuersubstrat an die jeweils betroffenen Gemeinden. Der **Steuerpflichtige** ist aber als letztendlich mit der Grundsteuer Belasteter durch ggf. unterschiedliche Hebesätze und mehreren Zahlungsempfängern in seinen Interessen betroffen und daher nach § 186 Nr. 1 AO ebenfalls Beteiligter im Zerlegungsverfahren.[6] Ob tatsächlich unterschiedliche Hebesätze vorhanden sind und damit die Grundsteuerbelastung von der Zerlegung abhängt, spielt für die Beteiligteneigenschaft keine Rolle (vgl. aber den Einfluss auf die Rechtsbehelfs- und Klagebefugnis des Steuerpflichtigen → Rz. 112).[7]

70-72 *(Einstweilen frei)*

1 Vgl. Schmieszek in Gosch, AO/FGO, § 25 AO Rz. 5.
2 Brandis in Tipke/Kruse, AO/FGO, § 185 AO Rz. 3; Troll/Eisele, GrStG § 22 Rz. 7.
3 Boeker in Hübschmann/Hepp/Spitaler, AO/FGO, § 185 AO Rz. 11; Brandis in Tipke/Kruse, AO/FGO, § 185 AO Rz. 3; vgl. auch Orientierungssatz BFH, Urteil v. 8.11.2000 - I R 1/00, BStBl 2001 II S. 769.
4 Boeker in Hübschmann/Hepp/Spitaler, AO/FGO, § 185 AO Rz. 11; Brandis in Tipke/Kruse, AO/FGO, § 185 AO Rz. 3.
5 A 22 Abs. 1 Satz 3 AEGrStG.
6 Boeker in Hübschmann/Hepp/Spitaler, AO/FGO, § 186 AO Rz. 3; Brandis in Tipke/Kruse, AO/FGO, § 185 AO Rz. 1; Troll/Eisele, GrStG § 22 Rz. 7.
7 Boeker in Hübschmann/Hepp/Spitaler, AO/FGO, § 186 AO Rz. 3.

3. Akteneinsicht (§ 187 AO)

§ 187 AO normiert ein **Auskunfts- und Akteneinsichtsrecht** der steuerberechtigten Gemeinden von bzw. bei der zuständigen Finanzbehörde. Sie können insbesondere Auskunft über die Zerlegungsgrundlagen verlangen. Hierzu gehören auch die Besteuerungsgrundlagen.[1] Ein Verstoß gegen das Steuergeheimnis liegt jedenfalls nach § 30 Abs. 4 Nr. 2 AO nicht vor. Einsichtsberechtigt sind nur die Amtsträger, nicht hingegen Bevollmächtigte.[2] 73

Den steuerberechtigten Gemeinden wird i. d. R. nur der Steuermessbescheid nach § 184 Abs. 3 AO mitgeteilt.[3] Im Zerlegungsverfahren sind die steuerberechtigten Gemeinden Beteiligte i. S. des § 186 AO, so dass sie ein besonderes Interesse an dem Inhalt der Zerlegungsunterlagen bei der zuständigen Finanzbehörde haben, um ihre Rechte effektiv durchsetzen zu können. Parallel zu § 187 AO ist in § 21 Abs. 3 FVG ein allgemeines Akteneinsichts-, Auskunfts- und Teilhaberecht der Gemeinden bei den Realsteuern geregelt. Dem **Steuerpflichtigen** steht das Akteneinsichts- und Auskunftsrecht nach § 189 AO nicht zu.[4] 74

Gegen die Ablehnung einer Akteneinsicht kann **Einspruch** und **Klage** erhoben werden.[5] Das Rechtsschutzbedürfnis fehlt allerdings bei einem festgesetzten oder festzusetzenden Steuermessbetrag von 0 € (beispielsweise wegen einer vorhandenen Steuerbefreiung).[6] 75

(Einstweilen frei) 76–78

4. Zerlegungsbescheid (§ 188 AO)

Das Zerlegungsverfahren ist ein **selbständiger Verfahrensabschnitt** innerhalb des Steuermessbetragsverfahrens, der nach § 188 Abs. 1 AO mit einem einheitlichen rechtsbehelfsfähigen (siehe → Rz. 103 ff.) **schriftlichen Verwaltungsakt** abgeschlossen wird.[7] Der Zerlegungsbescheid ist eine alle Beteiligten bindende Entscheidung, die gegenüber allen Verfahrensbeteiligten, soweit sie von ihm betroffen sind, nach § 188 Abs. 1 Satz 1 AO bekannt zu geben ist.[8] Die **Bekanntgabe** an die Gemeinden erfolgt nach § 188 Abs. 1 Satz 2 AO, der durch das Jahressteuergesetz 2022[9] angefügt wurde, durch Bereitstellung zum Datenabruf nach § 122a AO. Eine Einwilligung der Gemeinde ist hierfür nicht erforderlich. Nach Art. 97 § 35 Satz 2 EGAO findet § 188 Abs. 1 Satz 2 für Zwecke der Grundsteuer erst Anwendung, wenn die technischen und organisatorischen Voraussetzungen für den elektronischen Abruf erfüllt sind, spätestens aber ab dem 1.1.2025. Der Zerlegungsbescheid kann mit dem Grundsteuermessbescheid verbunden werden.[10] 79

1 Boeker in Hübschmann/Hepp/Spitaler, AO/FGO, § 187 AO Rz. 6.

2 FG Düsseldorf, Urteil v. 11.9.1998 - 18 K 3888/96, EFG 1998 S. 1555; in der nachfolgenden Revision offen gelassen mangels vorhandenen Rechtschutzbedürfnisses BFH, Urteil v. 21.7.1999 - I R 111/98, NWB CAAAA-63027; vertiefend Boeker in Hübschmann/Hepp/Spitaler, AO/FGO, § 187 AO Rz. 7.

3 Bock in Grootens, GrStG § 13 Rz. 42.

4 Boeker in Hübschmann/Hepp/Spitaler, AO/FGO, § 187 AO Rz. 3; Troll/Eisele, GrStG § 22 Rz. 7.

5 BFH, Urteil v. 21.7.1999 - I R 111/98, NWB CAAAA-63027.

6 BFH, Urteil v. 21.7.1999 - I R 111/98, NWB CAAAA-63027; Boeker in Hübschmann/Hepp/Spitaler, AO/FGO, § 187 AO Rz. 8.

7 BFH, Urteil v. 24.3.1992 - VIII R 33/90, BStBl 1992 II S. 869; BFH, Urteil v. 12.10.1977 - I R 227/75, BStBl 1978 II S. 160 (keine Trennung in zwei Bescheiden); Schmieszek in Gosch, AO/FGO, § 188 AO Rz. 6; Brandis in Tipke/Kruse, AO/FGO, § 185 AO Rz. 1; Troll/Eisele, GrStG § 22 Rz. 8.

8 Brandis in Tipke/Kruse, AO/FGO, § 185 AO Rz. 1; Troll/Eisele, GrStG § 22 Rz. 8; Krumm/Paeßens, GrStG, § 22 Rz. 4.

9 Jahressteuergesetz 2022 (JStG 2022) v. 16.12.2022, BGBl 2022 I S. 2294.

10 Troll/Eisele, GrStG § 22 Rz. 8.

80 Da der **Steuerpflichtige** von dem Steuermessbescheid insgesamt betroffen ist, wird er ihm vollständig bekannt gegeben. Den Gemeinden wird er hingegen nur verkürzt, soweit sie von ihm betroffen sind, bekannt gegeben.[1] Dies schließt es nicht aus, dass im Einzelfall der Gemeinde der gesamte Zerlegungsbescheid bekannt zu geben ist, bspw. wenn ihrem Begehren nicht vollumfänglich entsprochen wird.[2]

81 Der Zerlegungsbescheid ist zwischen dem Grundsteuermessbescheid und dem Grundsteuerbescheid geschoben. Der Zerlegungsbescheid ist **Folgebescheid** des Grundsteuermessbescheids, der wiederum **Grundlagenbescheid** für den Zerlegungsbescheid ist.[3] Der Grundsteuermessbetrag ist daher unverändert in den Zerlegungsbescheid zu übernehmen.[4] Der Zerlegungsbescheid ist Grundlagenbescheid für den Grundsteuerbescheid und in Bezug auf den Zerlegungsanteil bindend.[5] Mangels gesonderter Feststellung der nach § 239 Abs. 2 BewG ermittelten Gemeindeanteile fehlt es insoweit an einer Bindungswirkung des Grundsteuerwertbescheids in Bezug auf den Zerlegungsbescheid.[6]

82 Inhaltlich muss der Zerlegungsbescheid nach § 188 Abs. 2 AO die Höhe des zu zerlegenden Steuermessbetrags sowie die **Zerlegungsgrundlagen** angeben und bestimmen, welche Anteile den beteiligten Steuerberechtigten zugeteilt werden.[7] Fehlen diese nachholbaren Angaben führt dies grundsätzlich nicht zur Nichtigkeit des Zerlegungsbescheids.[8]

83 Wenn die Zerlegungsanteile nicht angegeben werden, ist der **Zerlegungsbescheid** mangels hinreichender inhaltlicher Bestimmtheit nach § 125 Abs. 1 AO und wegen dieses schwerwiegenden offenkundigen Fehlers **nichtig**.[9] Ist der Grundsteuermessbescheid nichtig, führt dies allein nicht zur Nichtigkeit, sondern lediglich zur Rechtswidrigkeit des Zerlegungsbescheids.[10] Die Zuteilung eines Zerlegungsanteils an eine nicht hebeberechtigte Gemeinde führt ebenfalls nicht zur Nichtigkeit, sondern zur Rechtswidrigkeit des Zerlegungsbescheids.[11]

84–86 *(Einstweilen frei)*

5. Festsetzungsfrist

87 Die Regelungen der §§ 169 ff. AO zur **Festsetzungsverjährung** gelten entsprechend. Nach Ablauf der Festsetzung für die Grundsteuer von vier Jahren nach § 169 Abs. 2 Nr. 2 AO darf ein

1 Boeker in Hübschmann/Hepp/Spitaler, AO/FGO, § 188 AO Rz. 3; Schmieszek in Gosch, AO/FGO, § 188 AO Rz. 11; vgl. auch BFH, Urteil v. 27.3.1996 - I R 83/94, BStBl 1996 II S. 509, Tz. 14 (II. 2. b).

2 Krumm/Paeßens, GrStG, § 22 Rz. 4; Brandis in Tipke/Kruse AO/FGO, § 188 AO Rz. 2; Schmieszek in Gosch AO/FGO, § 188 AO Rz. 11.

3 BFH, Urteil v. 28.6.2000 - I R 84/98, BStBl 2001 II S. 3; Boeker in Hübschmann/Hepp/Spitaler, AO/FGO, § 185 AO Rz. 8; Schmieszek in Gosch, AO/FGO, § 188 AO Rz. 6 m. w. N.; Troll/Eisele, GrStG § 22 Rz. 8; Krumm/Paeßens, GrStG, § 22 Rz. 5.

4 Krumm/Paeßens, GrStG, § 22 Rz. 5.

5 Boeker in Hübschmann/Hepp/Spitaler, AO /FGO, § 185 AO Rz. 8.

6 Zutreffend Krumm/Paeßens, GrStG, § 22 Rz. 5; Marx in Stenger/Loose, BewG/ErbStG/GrStG, § 22 GrStG Rz. 28 m. w. N.

7 Boeker in Hübschmann/Hepp/Spitaler, AO/FGO, § 188 AO Rz. 4; Troll/Eisele, GrStG § 22 Rz. 8; Krumm/Paeßens, GrStG, § 22 Rz. 3.

8 Boeker in Hübschmann/Hepp/Spitaler, AO/FGO, § 188 AO Rz. 4; Brandis in Tipke/Kruse, AO/FGO, § 188 AO Rz. 3; Schmieszek in Gosch, AO/FGO, § 188 AO Rz. 15.

9 Boeker in Hübschmann/Hepp/Spitaler, AO/FGO, § 188 AO Rz. 4 m. w. N.; Brandis in Tipke/Kruse, AO/FGO, § 188 AO Rz. 3; Krumm/Paeßens, GrStG, § 22 Rz. 3.

10 Boeker in Hübschmann/Hepp/Spitaler, AO/FGO, § 188 AO Rz. 4.

11 FG Brandenburg, Urteil v. 19.2.2002 - 3 K 722/00, EFG 2002 S. 655, NWB IAAAB-06993; Boeker in Hübschmann/Hepp/Spitaler, AO/FGO, § 188 AO Rz. 4; Brandis in Tipke/Kruse, AO/FGO, § 188 AO Rz. 3; Krumm/Paeßens, GrStG, § 22 Rz. 3.

Zerlegungsbescheid nicht mehr ergehen, geändert oder aufgehoben werden.[1] Für Beginn und Ablauf der Festsetzungsfrist gelten dieselben Regeln wie für den Steuermessbescheid.[2]

Im Fall einer **Änderung oder Nachholung** der Zerlegung nach § 189 Satz 1 AO (siehe dazu → Rz. 93 f.) gilt eine besondere Ausschlussfrist (sog. Zerlegungssperre).[3] Nach § 189 Satz 3 AO unterbleibt eine Änderung oder Nachholung der Zerlegung, wenn ein Jahr vergangen ist, seitdem der Steuermessbescheid unanfechtbar geworden ist, es sei denn, dass der übergangene Steuerberechtigte die Änderung oder Nachholung der Zerlegung vor Ablauf des Jahres beantragt hatte. Sinn und Zweck der Zerlegungssperre liegt darin, innerhalb eines Jahres nach Bestandskraft des Steuermessbescheids Klarheit darüber zu erlangen, ob noch weitere Steuerberechtigte einen Zerlegungsanteil beanspruchen.[4] Dies verhindert auch Ausgleichszahlungen zwischen den einzelnen Gemeinden. 88

Der Steuerpflichtige ist nicht antragsbefugt, auch nicht im Namen der steuerberechtigten Gemeinde.[5] Der Eintritt der Festsetzungsverjährung schließt eine Änderung nach **§ 189 Satz 1 AO** nicht aus.[6] Die Jahresfrist beginnt jeweils erneut zu laufen, sobald ein Grundsteuermessbescheid geändert, ein den Steuermessbetrag betreffender Vorbehalt der Nachprüfung aufgehoben oder die vorläufige Festsetzung eines Steuermessbetrags für endgültig erklärt und der Bescheid unanfechtbar wird.[7] **Wiedereinsetzung in den vorherigen Stand** ist möglich.[8] Ein fristgerecht gestellter Antrag wirkt nur für den beantragenden Steuerberechtigten.[9] 89

(Einstweilen frei) 90–92

6. Änderungsmöglichkeiten (§ 189 AO)

Die **spezielle Änderungsvorschrift** des § 189 AO ergänzt die allgemeinen Änderungsmöglichkeiten der AO (siehe dazu → Rz. 95 ff.).[10] Eine weitere besondere Änderungsvorschrift für den Zerlegungsbescheid enthält § 23 Abs. 2 GrStG.[11] In dem Sonderfall, dass eine steuerberechtigte Gemeinde bei der Zerlegung aus welchem Grund auch immer weder berücksichtigt noch zurückgewiesen wurde, ist nach § 189 Satz 1 AO eine Zerlegung von Amts wegen oder auf Antrag zu ändern oder nachzuholen. Eine Änderung oder Nachholung der Zerlegung kann nach § 189 Satz 3 AO nur innerhalb eines Jahres, seitdem der Steuermessbescheid unanfechtbar geworden ist, erfolgen, es sei denn, dass der übergangene Steuerberechtigte die Änderung oder Nachholung der Zerlegung vor Ablauf des Jahres beantragt hatte (siehe vertiefend bereits → Rz. 88 f.). 93

Nach § 189 Satz 2 AO dürfen bei der Änderung der Zerlegung nur solche Änderungen vorgenommen werden, die sich aus der nachträglichen Berücksichtigung des bisher übergange- 94

1 Boeker in Hübschmann/Hepp/Spitaler, AO/FGO, § 185 AO Rz. 26.

2 Siehe daher vertiefend dazu Bock in Grootens, GrStG, § 13 Rz. 58 f.

3 BFH, Urteil v. 12.5.1992 - VIII R 45/90 NWB UAAAB-33320; Brandis in Tipke/Kruse, AO/FGO, § 189 AO Rz. 4; Krumm/Paeßens, GrStG, § 22 Rz. 8.

4 BFH, Urteil v. 28.6.2000 - I R 84/98, BStBl 2001 II S. 3 m. w. N.

5 Brandis in Tipke/Kruse, AO/FGO, § 189 AO Rz. 1.

6 BFH, Urteil v. 28.6.2000 - I R 84/98, BStBl 2001 II S. 3.

7 BFH, Urteil v. 28.6.2000 - I R 84/98, BStBl 2001 II S. 3 m. w. N.

8 BFH, Urteil v. 28.6.2000 - I R 84/98, BStBl 2001 II S. 3; Brandis in Tipke/Kruse, AO/FGO, § 189 AO Rz. 4 m. w. N.

9 BFH, Urteil v. 17.2.1993 - I R 19/92, BStBl 1993 II S. 679, NWB WAAAA-94594; BFH, Urteil v. 8.11.2000 - I R 1/00, BStBl 2001 II S. 769 NWB ZAAAA-89059; Krumm/Paeßens, GrStG, § 22 Rz. 8.

10 BFH, Urteil v. 28.6.2000 - I R 84/98, BStBl 2001 II S. 3; Krumm/Paeßens, GrStG, § 22 Rz. 7.

11 Siehe dazu vertiefend Bock in Grootens, GrStG § 23 Rz. 22 ff.

nen Steuerberechtigten ergeben, wenn der bisherige Zerlegungsbescheid gegenüber denjenigen Steuerberechtigten, die an dem Zerlegungsverfahren bereits beteiligt waren, unanfechtbar geworden ist. Es sind daher nur solche **Änderungen des Zerlegungsbescheids** möglich, die für die nachträgliche Berücksichtigung des Anspruchs der bisher unberücksichtigten Gemeinde erforderlich sind.[1] § 189 AO findet keine Anwendung, wenn eine Gemeinde mit einem Anteil der Höhe nach fehlerhaft berücksichtigt wurde.[2]

95 Es gelten darüber hinaus nach § 185 AO i.V. mit § 184 Abs. 1 Satz 3 AO die allgemeinen Änderungsmöglichkeiten der AO. **Offenbare Unrichtigkeiten**, wie Rechenfehler, können nach § 129 AO berichtigt werden.[3]

96 Darüber hinaus kann der Zerlegungsbescheid unter den dort genannten Voraussetzungen nach § 173 AO wegen **nachträglich bekanntgewordener Tatsachen**, etwa eines anderen tatsächlichen Grundstücksverlaufs, geändert werden.[4] § 173 AO findet für die Gemeinde sinngemäße Anwendung, auch wenn diese kein Steuerpflichtiger im eigentlichen Sinne der Norm ist. Auf eine Unterscheidung zwischen einer Änderung zugunsten oder zuungunsten des Steuerpflichtigen bzw. der Gemeinde kommt es nicht an.[5] Da eine höhere Grundsteuerberechtigung bei der einen Gemeinde zwangsläufig zu einer niedrigeren Grundsteuerberechtigung bei der anderen Gemeinde führt (Einheitlichkeit der Zerlegungsentscheidung[6]), kann es konsequenterweise für keinen der Beteiligten nach § 173 Abs. 1 Nr. 2 Satz 2 AO auf ein Verschulden ankommen.[7]

97 Des Weiteren ist der Zerlegungsbescheid nach § 175 Abs. 1 Satz 1 Nr. 1 AO zu ändern oder aufzuheben, wenn der **Grundsteuermessbescheid als Grundlagenbescheid** i. S. des § 170 Abs. 10 AO aufgehoben oder geändert wird.[8] Eine Änderung ist allerdings nur insoweit möglich, als die Änderung des Grundsteuermessbetrags reicht (kein vollständiges Aufrollen der bestandskräftigen Zerlegung).[9] § 177 AO findet allerdings Anwendung.[10] § 175 Abs. 1 Satz 1 Nr. 1 AO ermöglicht nur eine Änderung der Zerlegung von Beginn an. Wird der Grundsteuermessbescheid mit Wirkung für einen späteren Zeitpunkt geändert (bspw. bei einer Neuveranlagung nach § 17 Abs. 1 GrStG wegen einer Wertfortschreibung des Grundsteuerwerts), dürfte eine gänzlich neue Zerlegung des geänderten Grundsteuermessbetrags durchzuführen und die alte Zerlegung mit Wirkung für die Zukunft aufzuheben sein.[11] Erfolgte die zu ändernde Zerlegung aufgrund einer Einigung der Beteiligten nach § 22 Abs. 3 Satz 2 GrStG hat das Finanzamt die Beteiligten zu unterrichten, damit diese sich ggf. wieder auf eine Zerlegung einigen können.[12]

1 Brandis in Tipke/Kruse, AO/FGO, § 189 AO Rz. 3; Krumm/Paeßens, GrStG, § 22 Rz. 7.
2 Krumm/Paeßens, GrStG, § 22 Rz. 8.
3 Boeker in Hübschmann/Hepp/Spitaler, AO/FGO, § 185 AO Rz. 11; Schmieszek in Gosch, AO/FGO, § 188 AO Rz. 19.
4 Boeker in Hübschmann/Hepp/Spitaler, AO/FGO, § 185 AO Rz. 17 ff.
5 BFH, Urteil v. 24.3.1992 - VIII R 33/90, BStBl 1992 II S. 869; BFH, Urteil v. 7.9.2005 - VIII R 42/02, NWB JAAAB-76223; Boeker in Hübschmann/Hepp/Spitaler, AO/FGO, § 185 AO Rz. 18.
6 Krumm/Paeßens, GrStG, § 22 Rz. 10.
7 Boeker in Hübschmann/Hepp/Spitaler, AO/FGO, § 185 AO Rz. 19; Schmieszek in Gosch, AO/FGO, § 188 AO Rz. 19; Krumm/Paeßens, GrStG, § 22 Rz. 9.
8 Marx in Stenger/Loose, GrStG § 22 Rz. 29; Krumm/Paeßens, GrStG, § 22 Rz. 5; siehe auch A 23 Abs. 3 Satz 2 AEGrStG.
9 BFH, Urteil v. 20.4.1999 - VIII R 13/97, BStBl 1999 II S. 542; Boeker in Hübschmann/Hepp/Spitaler, AO/FGO, § 185 AO Rz. 20; Schmieszek in Gosch, AO/FGO, § 188 AO Rz. 18; a. A. wohl Troll/Eisele, GrStG § 22 Rz. 8 (wie bei einer erstmaligen Zerlegung zu verfahren).
10 BFH, Urteil v. 20.4.1999 - VIII R 13/97, BStBl 1999 II S. 542; Boeker in Hübschmann/Hepp/Spitaler, AO/FGO, § 185 AO Rz. 22; Schmieszek in Gosch, AO/FGO, § 188 AO Rz. 19.
11 Vgl. BFH, Urteil v. 11.11.2009 - II R 14/08, BStBl 2010 II S. 723 und A 23 Abs. 3 Satz 3 AEGrStG.
12 Niedersächsisches Finanzministerium, Verfügung v. 27.4.1976 - G 1140-4-34, juris.

Werden Gemeindegebiete zusammengefasst und führt dies dazu, dass eine wirtschaftliche Einheit sich nicht mehr über mehrere Gemeindegebiete erstreckt, ist der Zerlegungsbescheid mit **Wirkung für die Zukunft** aufzuheben.[1] Nach Ansicht der Finanzverwaltung soll in Fällen ohne Neufestsetzung des Grundsteuermessbescheids ein neuer Zerlegungsbescheid ergehen, der den bisher Beteiligten bekannt gegeben wird und aus dem sich die Zuweisung des gesamten Steuermessbetrags an eine Gemeinde ergibt.[2] Im Fall einer Neuveranlagung soll der nicht mehr beteiligten Gemeinde eine nicht rechtsbehelfsfähige Mitteilung gemacht werden.[3] 98

Eine Aufhebung des Zerlegungsbescheids erfolgt in den Fällen der **Zusammenfassung von Gemeindegebieten** selbst dann, wenn nach § 25 Abs. 4 Satz 2 GrStG[4] die betroffenen Gebietsteile für einen Übergangszeitraum unterschiedliche Hebesätze haben.[5] Nach Ansicht der Finanzverwaltung bleibt es den Gemeinden überlassen eine geeignete Aufteilung vorzunehmen. Im Wege der Amtshilfe kann das Finanzamt ersucht werden, der Gemeinde den jeweiligen Teil am Steuermessbetrag, der auf die unterschiedlichen Gemeindeteile entfällt, nach Zerlegungsgrundsätzen oder einem anderen geeigneten Verfahren mitzuteilen.[6] Da es sich bei dieser Mitteilung nicht um einen Verwaltungsakt handelt, hat der Steuerpflichtige keine gesonderte Rechtsbehelfsmöglichkeit gegen die Aufteilung.[7] Rechtsbehelfsfähig ist erst der Grundsteuerbescheid. 99

(Einstweilen frei) 100–102

7. Rechtsbehelfs- und Klageverfahren

a) Allgemeines

Für das Zerlegungsverfahren gelten wie auch beim Steuermessbetragsverfahren[8] die allgemeinen Rechtsbehelfs- und Klagevoraussetzungen. Gegen den Zerlegungsbescheid ist insbesondere der **Finanzrechtsweg** nach § 33 Abs. 1 Nr. 1 FGO eröffnet. Vor Klageerhebung ist nach § 44 Abs. 1 FGO i. d. R. das **Einspruchsverfahren** nach §§ 347 ff. AO als Rechtsbehelfsverfahren durchzuführen. Die am Zerlegungsverfahren Beteiligten sind notwendig beizuladen (siehe aber auch → Rz. 112).[9] 103

Der Zerlegungsbescheid kann im Fall der **Zerlegung nach Einigung** gem. § 22 Abs. 3 Satz 2 GrStG (siehe dazu vertiefend → Rz. 44 ff.) wegen sonst mangelnden **Rechtschutzbedürfnisses** nur hinsichtlich einer fehlerhaften Umsetzung der Vereinbarung durch das Finanzamt oder bei sonstigen Abweichungen von der Vereinbarung der Beteiligten mit einem Rechtsbehelf angegriffen werden.[10] 104

(Einstweilen frei) 105–107

---

1 Troll/Eisele, GrStG § 22 Rz. 2.

2 Niedersächsisches Finanzministerium, Verfügung v. 27.4.1976 - G 1140-4-34, juris.

3 Niedersächsisches Finanzministerium, Verfügung v. 27.4.1976 - G 1140-4-34, juris.

4 Siehe dazu vertiefend Grootens in Grootens, GrStG § 25 Rz. 111 ff.

5 Troll/Eisele, GrStG § 22 Rz. 2: Roscher, 360° GrStG eKommentar, § 22 Rz. 8 (a. F.).

6 Niedersächsisches Finanzministerium, Verfügung v. 25.1.1974 - G 1140-1-34, juris.

7 Troll/Eisele, GrStG § 22 Rz. 2.

8 Siehe dazu ergänzend Bock in Grootens, GrStG § 13 Rz. 73 ff.

9 BFH, Urteil v. 24.6.1971 - IV R 219/68, BStBl 1971 II S. 714; Troll/Eisele, GrStG § 22 Rz. 9; Krumm/Paeßens, GrStG, § 22 Rz. 19.

10 BFH, Urteil v. 25.9.1968 - I B 118/65, BStBl 1968 II S. 827; Troll/Eisele, GrStG § 22 Rz. 5.

b) Klagearten

108 Neben der **Anfechtungsklage** kommt insbesondere die **Verpflichtungsklage** in Betracht, wenn die Finanzbehörde ablehnt, einen Zerlegungsbescheid überhaupt zu erlassen.[1] Die **Untätigkeitsklage** nach § 46 Abs. 1 FGO kommt in Betracht, wenn die zuständige Finanzbehörde nicht innerhalb einer angemessenen Zeit über die Zerlegung entschieden hat. **Nichtigkeitsfeststellungklage** kann erhoben werden, wenn an der Feststellung der Nichtigkeit des Zerlegungsbescheids (siehe → Rz. 81 ff.) ein Interesse besteht (möglich ist auch eine Anfechtungsklage).

109–111 *(Einstweilen frei)*

c) Rechtsbehelfs- und Klagebefugnis sowie Beschwer

112 Eine Rechtsbehelfs- und Klagebefugnis ist nur gegeben, wenn der jeweilige Beteiligte geltend macht, durch die angegriffene Entscheidung **beschwert**, also in seinen Rechten verletzt zu sein. Eine Rechtsbehelfs- und Klagebefugnis der hebeberechtigten Gemeinde ist insbesondere dann gegeben, wenn ihr Zerlegungsanteil hinter ihrem begehrten Zerlegungsanteil zurückbleibt.[2] Eine Beschwer des Steuerpflichtigen ist nicht gegeben, wenn die Hebesätze der betreffenden Gemeinden gleich hoch sind und die Grundsteuerhöhe damit vom Zerlegungsverfahren unabhängig ist.[3] Eine Beiladung im Rechtstreit zwischen den Gemeinden soll dann nicht erforderlich sein (siehe aber auch → Rz. 103).[4]

113 Im Verfahren gegen den Zerlegungsbescheid können nur **Einwendungen** gegen diesen Bescheid, jedoch nicht Einwendungen gegen den **Grundsteuermessbescheid** oder den **Grundsteuerwertbescheid** geltend gemacht werden.[5]

114–116 *(Einstweilen frei)*

d) Streitwert und Kosten

117 Der **Streitwert** dürfte sich wie beim Steuermessbetragsverfahren gem. § 52 Abs. 1 GKG nach der **Bedeutung der Sache** für den Kläger richten. Danach richtet sich der Streitwert in einem Verfahren gegen den Zerlegungsbescheid i. d. R. nach der durch die Aufhebung oder Änderung vom Steuerpflichtigen durch die Zerlegung begehrten Grundsteuerersparnis für den Hauptveranlagungszeitraum von sieben Jahren. Bei einer Klage durch die Gemeinde richtet sich der Streitwert nach der begehrten Zuweisung von Zerlegungsanteilen und den dadurch begehrten Grundsteuermehreinnahmen durch die Änderung des Zerlegungsbescheids.[6]

---

1 Troll/Eisele, GrStG § 22 Rz. 9.

2 BFH, Urteil v. 20.4.1999 - VIII R 13/97, BStBl 1999 II S. 542 NWB FAAAA-96561; Krumm/Paeßens, GrStG, § 22 Rz. 19 f.

3 BFH, Urteil v. 16.8.1961 - I B 148/60, HFR 1963 S. 110; BFH, Urteil v. 24.3.1992 - VIII R 33/90 BStBl 1992 II S. 869 NWB XAAAA-94264; Troll/Eisele, GrStG § 22 Rz. 9; Krumm/Paeßens, GrStG, § 22 Rz. 19.

4 BFH, Urteil v. 20.4.1999 - VIII R 13/97, BStBl 1999 II S. 542 NWB FAAAA-96561; BFH, Urteil v. 22.7.1988 - III R 286/84, NWB RAAAB-29479 = BFH/NV 1990 S. 56 betr. jeweils GewSt; vgl. auch vertiefend zur Beiladung der Gemeinde Boeker in Hübschmann/Hepp/Spitaler, AO/FGO, § 186 AO Rz. 9 ff.; Schmieszek in Gosch, AO/FGO, § 188 AO Rz. 24; Troll/Eisele, GrStG § 22 Rz. 9; Krumm/Paeßens, GrStG, § 22 Rz. 19.

5 Boeker in Hübschmann/Hepp/Spitaler, AO/FGO, § 188 AO Rz. 9; Schmieszek in Gosch, AO/FGO, § 188 AO Rz. 21; Troll/Eisele, GrStG § 22 Rz. 9.

6 BFH, Urteil v. 17.3.1982 - I R 189/79, BStBl 1982 II S. 624.

Die beteiligten **Gemeinden** sind im Zerlegungsverfahren **keine Finanzbehörden** i. S. des § 139 Abs. 2 FGO. Dies ist das jeweilige Lagefinanzamt. Die Gemeinden haben daher im Fall des Obsiegens einen Kostenerstattungsanspruch für die notwendigen Auslagen.[1] 118

(Einstweilen frei) 119–121

VI. Zuteilungsverfahren (§ 190 AO)

§ 190 Satz 1 AO regelt das sog. **Zuteilungsverfahren**. Besteht Streit darüber, welcher steuerberechtigten Gemeinde ein Steuergegenstand zusteht, ist nicht ein Zerlegungsverfahren, sondern ein Zuteilungsverfahren nach § 190 AO durchzuführen. Das Zerlegungsverfahren setzt eine Zuordnung des Steuergegenstandes dem Grunde nach an die steuerberechtigten Gemeinden voraus. Im Zerlegungsverfahren wird der Steuergegenstand der Höhe nach auf die Steuerberechtigten zerlegt, während im Zuteilungsverfahren der Steuergegenstand dem Grunde nach den Steuerberechtigten zugeteilt wird. Für das Zuteilungsverfahren gelten nach § 190 Satz 2 AO die Vorschriften zum Zerlegungsverfahren entsprechend. 122

Die Durchführung eines Zuteilungsverfahren setzt einen **Antrag** voraus.[2] Es sind nicht nur die Gemeinden, sondern auch der Steuerpflichtige antragsberechtigt, wenn die Zuteilung zum richtigen Steuerberechtigten wegen unterschiedlicher Hebesätze Auswirkungen auf die Höhe der Grundsteuer haben kann.[3] 123

Möglich ist auch die Durchführung zunächst eines Zuteilungsverfahrens nach § 190 AO und anschließend eines Zerlegungsverfahrens nach § 185 ff. AO i. V. mit § 22 GrStG. Die Verfahren können auch verbunden werden. 124

BEISPIEL: ▸ Ein Grundstück liegt an den zusammentreffenden Grenzen der drei Gemeinden A, B und C. Alle Gemeinden beanspruchen den Steuergegenstand für sich. Tatsächlich erstreckt sich das Grundstück über die Gemeindegebiete der Gemeinden A und B. 125

LÖSUNG: ▸ Der Steuergegenstand ist zunächst den Gemeinden A und B nach § 190 AO zuzuteilen und anschließend der Grundsteuermessbetrag nach § 22 GrStG auf diese zu zerlegen. Dies kann auch innerhalb eines Bescheides erfolgen, der nur soweit an die Beteiligten bekannt gegeben wird, als sie von ihm betroffen sind (siehe → Rz. 79 f.).

§ 23 GrStG Zerlegungsstichtag

(1) Der Zerlegung des Steuermessbetrags werden die Verhältnisse in dem Feststellungszeitpunkt zugrunde gelegt, auf den der für die Festsetzung des Steuermessbetrags maßgebende Grundsteuerwert festgestellt worden ist.

(2) Ändern sich die Grundlagen für die Zerlegung, ohne dass der Grundsteuerwert fortgeschrieben oder nachträglich festgestellt wird, so sind die Zerlegungsanteile nach dem Stand vom 1. Januar des folgenden Jahres neu zu ermitteln, wenn wenigstens bei einer Gemeinde der neue Anteil um mehr als ein Zehntel, mindestens aber um zehn Euro von ihrem bisherigen Anteil abweicht.

---

1 BFH, Urteil v. 31.7.1974 - I B 32/74, BStBl 1974 II S. 747; Boeker in Hübschmann/Hepp/Spitaler, AO/FGO, § 188 AO Rz. 13; a. A. Troll/Eisele, GrStG § 22 Rz. 9 unter Berufung auf BFH, Beschluss v. 6.2.1962 - I B 31/59 U, NWB SAAAB-51064 zur alten Rechtslage.

2 Brandis in Tipke/Kruse, AO/FGO, § 190 AO Rz. 1

3 BFH, Beschluss v. 12.11.1959 - IV B 130/58, HFR 1963 S. 70.

Inhaltsübersicht **Rz.**

VERWALTUNGSANWEISUNGEN:

Koordinierte Erlasse der obersten Finanzbehörden der Länder v. 22.6.2022 – Anwendung des Grundsteuergesetzes ab 1.1.2025 (AEGrStG), BStBl 2022 I S. 1171.

A. Allgemeine Erläuterungen zu § 23 GrStG

I. Normzweck und wirtschaftliche Bedeutung der Vorschrift

1 § 23 GrStG soll nach seiner Überschrift den Zerlegungsstichtag für die Zerlegung nach § 22 GrStG regeln. Tatsächlich wird der **Zerlegungsstichtag** in § 23 GrStG nicht im engeren Sinne legal definiert. Nach § 23 Abs. 1 GrStG sind bei der Zerlegung des Grundsteuermessbetrags die Verhältnisse in dem Feststellungszeitpunkt zugrunde zu legen, auf den der für die Festsetzung des Steuermessbetrags maßgebende Grundsteuerwert festgestellt worden ist, womit der Zerlegungsstichtag definiert werden soll.[1]

2 § 23 Abs. 2 GrStG enthält eine **besondere Änderungsvorschrift**. Nach § 23 Abs. 2 GrStG sind die Zerlegungsanteile nach dem Stand vom 1.1. des folgenden Jahres neu zu ermitteln, wenn sich die Grundlagen für die Zerlegung, ohne dass der Grundsteuerwert fortgeschrieben oder nachträglich festgestellt wird, ändern und wenigstens bei einer Gemeinde der neue Anteil um mehr als ein Zehntel, mindestens aber um zehn Euro von ihrem bisherigen Anteil abweicht.

3–5 *(Einstweilen frei)*

II. Entstehung und Entwicklung der Vorschrift

6 Die Norm wurde in ihrer heutigen Fassung durch das Grundsteuerreformgesetz v. 7.8.1973[2] eingeführt. Durch das **GrStRefG** v. 26.11.2019[3] wurde in § 23 GrStG lediglich der Begriff Einheitswert durch den Begriff Grundsteuerwert ersetzt.

7–8 *(Einstweilen frei)*

III. Geltungsbereich

9 § 23 GrStG gilt, soweit die Länder in Bezug auf § 23 GrStG nicht von ihrer Abweichungskompetenz nach Art. 72 Abs. 3 Satz 1 Nr. 7 GG Gebrauch gemacht haben, für die Zerlegung von Steuermessbeträgen von **inländischem Grundbesitz**, mithin bei Betrieben der Land- und Forst-

1 A 23 Abs. 1 Satz 2 AEGrStG.

2 BGBl 1973 I S. 965.

3 GrStRefG v. 26.11.2019, BGBl 2019 I S. 1794.

wirtschaft sowie diesen gleichgestellte Betriebsgrundstücke (wirtschaftliche Einheiten des **land- und forstwirtschaftlichen Vermögens**) und bei den Grundstücken sowie diesen gleichgestellte Betriebsgrundstücke (wirtschaftliche Einheiten des **Grundvermögens**).[1] Erfasst werden durch die Anknüpfung an den Grundsteuerwert beim Grundsteuermessbetrag auch die inländischen Teile einer wirtschaftlichen Einheit, die sich sowohl auf das Inland als auch auf das Ausland erstrecken.

§ 23 GrStG i. d. F. des GrStRefG v. 26.11.2019[2] ist gem. Art. 18 Abs. 1 GrStRefG am 3.12.2019 in Kraft getreten und findet gem. § 37 Abs. 1 GrStG für die Grundsteuer **ab dem Kalenderjahr 2025** Anwendung.[3] § 23 GrStG i. d. F. des Grundsteuerreformgesetzes v. 7.8.1973 mit der letzten Änderung durch Art. 38 des Gesetzes v. 19.12.2008 (BGBl I S. 2794) findet nach § 37 Abs. 2 GrStG für die Grundsteuer **bis einschließlich des Kalenderjahres 2024** Anwendung.[4] 10

(Einstweilen frei) 11–13

IV. Verhältnis zu anderen Vorschriften

§ 23 Abs. 1 GrStG bestimmt den Zerlegungszeitpunkt und damit die Verhältnisse, auf die es bei der Zerlegung nach **§ 22 GrStG** ankommt. Maßgeblich sind die Verhältnisse des jeweiligen Feststellungszeitpunkts des Grundsteuerwerts nach **§ 221 Abs. 2 BewG** (Hauptfeststellungszeitpunkt), **§ 222 Abs. 4 BewG** (Fortschreibungszeitpunkt) und **§ 223 Abs. 2 BewG** (Nachfeststellungszeitpunkt). § 23 Abs. 2 GrStG ermöglicht eine Änderung der Zerlegung nach § 22 GrStG, ohne dass der Grundsteuerwert nach **§ 222 Abs. 1 BewG** fortgeschrieben oder nach **§ 223 Abs. 1 BewG** nachträglich festgestellt wird. 14

(Einstweilen frei) 15–17

B. Systematische Kommentierung

I. Zerlegungsstichtag (§ 23 Abs. 1 GrStG)

Nach § 23 Abs. 1 GrStG werden der Zerlegung des Steuermessbetrags die Verhältnisse in dem Feststellungszeitpunkt zugrunde gelegt, auf den der für die Festsetzung des Steuermessbetrags maßgebende Grundsteuerwert festgestellt worden ist.[5] Da der nach § 22 GrStG zu zerlegende Grundsteuermessbetrag auf der Feststellung des Grundsteuerwerts beruht, stellt § 23 Abs. 1 GrStG hinsichtlich des **Zerlegungsstichtags** auf den Feststellungszeitpunkt ab, auf den der für die Festsetzung des Steuermessbetrags maßgebende Grundsteuerwert festgestellt worden ist. 18

Der Zerlegungsstichtag ist danach 19

- bei einer Hauptfeststellung des Grundsteuerwerts der **Hauptfeststellungszeitpunkt** nach § 221 Abs. 2 BewG,[6]

1 Schnitter, 360° GrStG eKommentar § 23 Rz. 7.

2 Gesetz zur Reform des Grundsteuer- und Bewertungsrechts (Grundsteuer-Reformgesetz – GrStRefG) v. 26.11.2019, BGBl 2019 I S. 1794.

3 Schnitter, 360° GrStG eKommentar § 23 Rz. 5; Marx in Stenger/Loose, GrStG § 23 Rz. 5.

4 Schnitter, 360° GrStG eKommentar § 23 Rz. 5; Marx in Stenger/Loose, GrStG § 23 Rz. 4.

5 A 23 Abs. 1 Satz 2 AEGrStG.

6 Siehe dazu Kurt in Grootens, BewG § 221 Rz. 71 ff.

- bei einer Fortschreibung des Grundsteuerwerts der **Fortschreibungszeitpunkt** nach § 222 Abs. 4 BewG[1] und
- bei einer Nachfeststellung der **Nachfeststellungszeitpunkt** nach § 223 Abs. 2 BewG.[2]

20–21 *(Einstweilen frei)*

II. Änderung bei fehlender Änderung des Grundsteuerwertbescheids (§ 23 Abs. 2 GrStG)

22 § 23 Abs. 2 GrStG enthält eine neben den allgemeinen Änderungsvorschriften[3] bestehende **besondere Änderungsvorschrift** für den Zerlegungsbescheid, wenn sich die Zerlegungsgrundlagen ändern, ohne dass es zu einer Anpassung des Grundsteuerwerts kommt.[4] In diesen Fällen sind die Zerlegungsanteile nach dem Stand vom 1.1. des folgenden Jahres neu zu ermitteln.[5] Es handelt sich daher nicht um eine Änderung des ursprünglichen Zerlegungsbescheids im eigentlichen Sinne, sondern um den Erlass eines neuen Zerlegungsbescheids, der den alten ab dem Zerlegungsstichtag ablöst (Fall der Erstbescheidung); der alte Zerlegungsbescheid bleibt bis zum Zerlegungsstichtag mit seinem ursprünglichen Regelungsgehalt weiterhin wirksam.[6] Voraussetzung für eine Anpassung nach § 23 Abs. 2 GrStG ist, dass wenigstens bei einer Gemeinde der neue Anteil um mehr als ein Zehntel, mindestens aber um zehn Euro von ihrem bisherigen Anteil abweicht.[7]

23 Die Grundlagen der Zerlegung ändern sich, ohne dass es einer Anpassung des Grundsteuerwerts bedarf, wenn beispielsweise **Gemeindegrenzen verändert** werden und sich deshalb der Flächenanteil der jeweiligen Gemeinde am Grundsteuermessbetrag ändert.[8] In diesen Fällen bleibt der Grundsteuerwert unverändert.

24 Eine Änderung nach § 23 Abs. 2 GrStG findet auch statt, wenn sich die Zerlegungsgrundlage dadurch ändert, dass die **Einigung zwischen den Beteiligten**, aufgrund derer die Zerlegung erfolgte, gekündigt, geändert oder auf andere Weise aufgehoben wird.[9] Eine fehlerbeseitigende Neuzerlegung – beispielsweise wenn eine Einigung der Beteiligten zu einem abweichenden Zerlegungsmaßstab dem Zerlegungsbescheid zugrunde gelegt wird, obwohl ein offenbar unbilliges Ergebnis nach dem gesetzlich vorgesehenen Zerlegungsmaßstab nicht vorliegt[10] – existiert hingegen nicht. Eine analoge Anwendung von § 22 Abs. 2 GrStG kommt in diesen Fällen nicht in Betracht und ist auch nicht erforderlich.[11] Die Beteiligten können sich durch Kündigung oder einvernehmlich von der Einigung lösen[12] und auf diesem Wege eine Änderung der Zerlegung bewirken. Wollen sich die Beteiligten hingegen von der Einigung nicht lösen, bleibt

1 Siehe dazu Kurt in Grootens, BewG § 222 Rz. 151 ff.
2 Siehe dazu Kurt in Grootens, BewG § 223 Rz. 91 ff.
3 Siehe vertiefend Bock in Grootens, GrStG § 22 Rz. 93 ff.
4 A 23 Abs. 2 Satz 1 AEGrStG.
5 A 23 Abs. 2 Satz 1 AEGrStG.
6 Krumm/Paeßens, GrStG, § 23 Rz. 7.
7 A 23 Abs. 2 Satz 2 AEGrStG.
8 A 23 Abs. 2 Satz 1 AEGrStG; Troll/Eisele, GrStG § 23 Rz. 3; Krumm/Paeßens, GrStG, § 23 Rz. 5; Marx in Stenger/Loose, GrStG § 23 Rz. 20.
9 Siehe Bock in Grootens, GrStG § 22 Rz. 51; zust. Krumm/Paeßens, GrStG, § 23 Rz. 5; a. A. Troll/Eisele, GrStG § 23 Rz. 3 und § 22 Rz. 5.
10 Vgl. zur Wirksamkeit einer solchen Einigung Bock in Grootens, GrStG, § 22 Rz. 49.
11 So aber Krumm/Paeßens, GrStG, § 23 Rz. 9.
12 Vgl. Bock in Grootens, GrStG, § 22 Rz. 51 f.

es aus Gründen des Rechtsfriedens bei der einvernehmlich gefunden Zerlegung, auch wenn diese aufgrund eines Rechtsanwendungsfehlers des Finanzamts rechtswidrig ist.

§ 23 Abs. 2 GrStG findet seinem Wortlaut nach auch Anwendung, wenn sich beispielsweise aufgrund des **Wegfalls** der Voraussetzungen einer **Ermäßigung der Steuermesszahl** der Grundsteuermessbetrag im Wege der Neuveranlagung nach § 17 Abs. 2 Nr. 1 GrStG, aber nicht der Grundsteuerwert ändert.[1] 25

Eine Änderung der Zerlegung findet nicht statt, wenn zwar die Mindeständerungsgrenzen des § 23 Abs. 2 GrStG überschritten werden, aber auch nach der gedachten Anpassung nicht der **Mindestzerlegungsanteil** nach § 22 Abs. 4 GrStG[2] erreicht wird.[3] Führen erst die geänderten Zerlegungsgrundlagen zum Unterschreiten des Mindestzerlegungsanteils und ist deshalb der Grundsteuermessbetrag insgesamt einer Gemeinde zuzuteilen, ist der Zerlegungsbescheid aufzuheben. 26

Die Änderung der Zerlegung hat **von Amts wegen** zu erfolgen; es besteht kein Ermessen.[4] Ein **Antrag** auf Änderung ist aber zulässig. 27

§ 24 GrStG Ersatz der Zerlegung durch Steuerausgleich

[1]Die Landesregierung kann durch Rechtsverordnung bestimmen, dass bei Betrieben der Land- und Forstwirtschaft, die sich über mehrere Gemeinden erstrecken, aus Vereinfachungsgründen an Stelle der Zerlegung ein Steuerausgleich stattfindet. [2]Beim Steuerausgleich wird der gesamte Steuermessbetrag der Gemeinde zugeteilt, in der der wertvollste Teil des Steuergegenstandes liegt (Sitzgemeinde); an dem Steueraufkommen der Sitzgemeinde werden die übrigen Gemeinden beteiligt. [3]Die Beteiligung soll annähernd zu dem Ergebnis führen, das bei einer Zerlegung einträte.

Inhaltsübersicht **Rz.**

A. Allgemeine Erläuterungen zu § 24 GrStG

I. Normzweck und wirtschaftliche Bedeutung der Vorschrift

§ 24 GrStG ermächtigt die **Länderregierungen**, durch **Rechtsverordnung** zu bestimmen, dass bei Betrieben der Land- und Forstwirtschaft, die sich über mehrere Gemeinden erstrecken, aus Vereinfachungsgründen an Stelle der Zerlegung nach § 22 Abs. 1 und 2 GrStG einen **Steuerausgleich** zu regeln. 1

---

1 Troll/Eisele, GrStG § 23 Rz. 3; Krumm/Paeßens, GrStG, § 23 Rz. 5.

2 Bock in Grootens, GrStG § 22 Rz. 55.

3 Troll/Eisele, GrStG § 23 Rz. 3; Krumm/Paeßens, GrStG, § 23 Rz. 6.

4 Troll/Eisele, GrStG § 23 Rz. 3; Krumm/Paeßens, GrStG, § 23 Rz. 7.

2 Von der Ermächtigung einen Steuerausgleich zu regeln, hat bisher kein Land Gebrauch gemacht. Die Norm hat daher **keine praktische Bedeutung.**[1] Das Bayerische Staatsministerium hat mit Verfügung v. 21.3.1975 von einem Steuerausgleich durch Rechtsverordnung ausdrücklich abgesehen.[2]

3–5 *(Einstweilen frei)*

II. Entstehung und Entwicklung der Vorschrift

6 Die Norm wurde in ihrer heutigen Fassung durch das Grundsteuerreformgesetz v. 7.8.1973[3] eingeführt. Durch das **GrStRefG** v. 26.11.2019[4] wurde § 24 GrStG nicht geändert.

7–8 *(Einstweilen frei)*

III. Geltungsbereich

9 Der Steuerausgleich nach § 24 GrStG ist nur anstelle der Zerlegung für die **Betriebe der Land- und Forstwirtschaft** nach § 22 Abs. 1 und 2 GrStG möglich. Die Norm gilt, soweit die Länder in Bezug auf § 24 GrStG nicht von ihrer Abweichungskompetenz nach Art. 72 Abs. 3 Satz 1 Nr. 7 GG Gebrauch gemacht haben (siehe auch → Rz. 20).

10–12 *(Einstweilen frei)*

IV. Verhältnis zu anderen Vorschriften

13 Ein Steuerausgleich nach § 24 GrStG ist anstelle der Zerlegung der Steuermessbeträge von land- und forstwirtschaftlichen Betrieben nach **§ 22 Abs. 1 und 2 GrStG** zulässig. Die Abweichungsbefugnis nach § 24 GrStG besteht neben der generellen Abweichungsbefugnis bei der Grundsteuer nach **Art. 72 Abs. 3 Nr. 7 GG.**

14–17 *(Einstweilen frei)*

B. Systematische Kommentierung

18 § 24 Satz 1 GrStG ermächtigt die Landesregierung **anstelle der Zerlegung** nach § 22 Abs. 1 und 2 GrStG aus Vereinfachungsgründen einen Steuerausgleich zwischen den betroffenen Gemeinden vorzusehen. Der landesrechtlich geregelte Steuerausgleich ist ausschließlich bei **Betrieben der Land- und Forstwirtschaft** möglich, die sich über mehrere Gemeinden erstrecken. Der Steuerausgleich ist durch Rechtsverordnung zu regeln.

19 Der gesamte Steuermessbetrag des Betriebs, der sich über mehrere Gemeinden erstreckt, ist nach § 24 Satz 2 GrStG zunächst derjenigen Gemeinde zuzuteilen, in der der **wertvollste Teil des Steuergegenstandes** liegt (sog. Sitzgemeinde). Die dadurch am Steuermessbetrag nicht berücksichtigten Gemeinden, auf deren Gebiet sich ein Teil des Betriebs der Land- und Forstwirtschaft erstreckt, werden anschließend an dem **Steueraufkommen** der **Sitzgemeinde** beteiligt.

1 Allgemeine Auffassung Troll/Eisele, GrStG, § 22 Rz. 2 und § 24 Rz. 2; Schnitter, 360° GrStG eKommentar § 24 Rz. 5; Marx in Stenger/Loose, GrStG § 24 Rz. 2; Kühnhold in Lippross/Seidel, GrStG § 24 Rz. 1; Krumm/Paeßens, GrStG, § 24 Rz 1.

2 Bayerisches Staatsministerium, Vfg. v. 21.3.1975 - 34-G 1030-7/25-17 966, juris.

3 BGBl 1973 I S. 965.

4 GrStRefG v. 26.11.2019, BGBl 2019 I S. 1794.

Die Beteiligung soll nach § 24 Satz 3 GrStG annähernd zu dem Ergebnis führen, das bei einer Zerlegung einträte.

Aufgrund der mittlerweile vorgesehenen Möglichkeit von der bundesgesetzlich geregelten Grundsteuer nach Art. 72 Abs. 3 Nr. 7 GG **abweichende Regelungen** zu treffen, hätte es der Abweichungsbefugnis nach § 24 GrStG nicht mehr unbedingt bedurft. Freilich genügt nach § 24 GrStG eine Rechtsverordnung der Landesregierung, während eine Abweichung nach Art. 72 Abs. 3 Nr. 7 GrStG die Durchführung des vorgesehenen Gesetzgebungsverfahren erfordert. 20

Abschnitt III: Festsetzung und Entrichtung der Grundsteuer

§ 25 GrStG Festsetzung des Hebesatzes

(1) Die Gemeinde bestimmt, mit welchem Hundertsatz des Steuermessbetrags oder des Zerlegungsanteils die Grundsteuer zu erheben ist (Hebesatz).

(2) Der Hebesatz ist für ein oder mehrere Kalenderjahre, höchstens jedoch für den Hauptveranlagungszeitraum der Steuermessbeträge festzusetzen.

(3) [1]Der Beschluss über die Festsetzung oder Änderung des Hebesatzes ist bis zum 30. Juni eines Kalenderjahres mit Wirkung vom Beginn dieses Kalenderjahres zu fassen. [2]Nach diesem Zeitpunkt kann der Beschluss über die Festsetzung des Hebesatzes gefasst werden, wenn der Hebesatz die Höhe der letzten Festsetzung nicht überschreitet.

(4) [1]Der Hebesatz muss vorbehaltlich des Absatzes 5 jeweils einheitlich sein

1. für die in einer Gemeinde liegenden Betriebe der Land- und Forstwirtschaft und

2. für die in einer Gemeinde liegenden Grundstücke.

[2]Werden Gemeindegebiete geändert, so kann die Landesregierung oder die von ihr bestimmte Stelle für die von der Änderung betroffenen Gebietsteile für eine bestimmte Zeit verschiedene Hebesätze zulassen.

(5) [1]Die Gemeinde kann aus städtebaulichen Gründen baureife Grundstücke als besondere Grundstücksgruppe innerhalb der unbebauten Grundstücke im Sinne des § 246 des Bewertungsgesetzes bestimmen und abweichend von Absatz 4 Satz 1 Nummer 2 für die Grundstücksgruppe der baureifen Grundstücke einen gesonderten Hebesatz festsetzen. [2]Baureife Grundstücke sind unbebaute Grundstücke im Sinne des § 246 des Bewertungsgesetzes, die nach Lage, Form und Größe und ihrem sonstigen tatsächlichen Zustand sowie nach öffentlich-rechtlichen Vorschriften sofort bebaut werden könnten. [3]Eine erforderliche, aber noch nicht erteilte Baugenehmigung sowie zivilrechtliche Gründe, die einer sofortigen Bebauung entgegenstehen, sind unbeachtlich. [4]Als städtebauliche Gründe kommen insbesondere die Deckung eines erhöhten Bedarfs an Wohn- und Arbeitsstätten sowie Gemeinbedarfs- und Folgeeinrichtungen, die Nachverdichtung bestehender Siedlungsstrukturen oder die Stärkung der Innenentwicklung in Betracht. [5]Die Gemeinde hat den gesonderten Hebesatz auf einen bestimmten Gemeindeteil zu beschränken, wenn nur für diesen Gemeindeteil die städtebaulichen Gründe vorliegen. [6]Der Gemeindeteil muss mindestens 10 Prozent des gesamten Gemeindegebiets umfassen und in dem Gemeindeteil müssen mehrere baureife Grundstücke belegen sein. [7]Die genaue Bezeichnung der baureifen Grundstücke, deren Lage sowie das Gemeindegebiet, auf das sich der gesonderte Hebesatz bezieht, sind jeweils nach den Verhältnissen zu Beginn eines Kalenderjahres von der Gemeinde zu bestimmen, in einer Karte nachzuweisen und im Wege einer Allgemeinverfügung öffentlich bekannt zu geben. [8]In der Allgemeinverfügung sind die städtebaulichen Erwägungen nachvollziehbar darzulegen und die Wahl des Gemeindegebiets, auf das sich der gesonderte Hebesatz beziehen soll, zu begründen. [9]Hat eine Gemeinde die Grundstücksgruppe baureifer Grundstücke bestimmt und für die Grundstücksgruppe der baureifen Grundstücke einen gesonderten Hebesatz

festgesetzt, muss dieser Hebesatz für alle in der Gemeinde oder dem Gemeindeteil liegenden baureifen Grundstücke einheitlich und höher als der einheitliche Hebesatz für die übrigen in der Gemeinde liegenden Grundstücke sein.

Inhaltsübersicht **Rz.**

LITERATUR:

Eisele, Reform der Grundsteuer – Gesetzentwurf liegt vor! Teil III – Baulandmobilisierung durch Einführung einer optionalen Grundsteuer C, NWB 30/2019 S. 2204, NWB PAAAH-22603; *Eisele/Wiegand*, Grundsteuerreform 2022/2025, Stand: Januar 2020 (1. Aufl.), NWB CAAAH-44415; *Feldner/Schätzlein*, Die (wieder-)eingeführte Grundsteuer C und ihre Umsetzung in den Ländern und Gemeinden, DStR 2021 S. 512; *Löhr*, Wenn schon, denn schon: Konzept für eine Erweiterung der Grundsteuer C, BB 25/2019 S. 1431; *Löhr*, Grundsteuer C – Überlegungen zur Mindesthöhe des Hebesatzes, ZKF 2023 S. 169; *Meyer*, Grundsteuer C – Ist eine Sondersteuer auf baureife Grundstücke verfassungswidrig? DStR 2024 S. 978; *Ockenfels/Meyer/Bosch*, Die neue Grundsteuer C – ein Booster für den Wohnungsmarkt? ZKF 2023 S. 221; *Rauber*, Gibt es rechtliche Grenzen für die Hebesätze der Grundsteuer B?, KStZ 7/2015 S. 122; *Ronnecker*, Zur aktuellen Debatte um die Grundsteuer C, ZKF 9/2019 S. 193; *Vogelpoth*, Die neue Grundsteuer C auf baureife Grundstücke, DStR 20/2020 S. 1026.

A. Allgemeine Erläuterungen zu § 25 GrStG

I. Normzweck und wirtschaftliche Bedeutung der Vorschrift

Die Ermittlung und Festsetzung der Grundsteuer erfolgt in **drei Stufen**. Die **Feststellung des Grundsteuerwerts** (vgl. § 219 BewG) auf der ersten Stufe und die **Festsetzung des Grundsteuermessbetrags** (vgl. § 13 GrStG und § 22 GrStG) auf der zweiten Stufe erfolgen durch das Finanzamt. § 25 GrStG bildet den Beginn der dritten Stufe: Die **Festsetzung des Hebesatzes** durch die Gemeinde zur Anwendung auf den Grundsteuermessbetrag. Die Festsetzung des Hebesatzes ist notwendige Voraussetzung für die Festsetzung der Grundsteuer (vgl. § 27 GrStG). 1

§ 25 Abs. 1 GrStG regelt die Umsetzung der **verfassungsrechtlich garantierten Hebesatzautonomie** der Gemeinden.[1] Der **Hebesatz** kann gem. § 25 Abs. 2 GrStG **für ein oder mehrere Kalenderjahre** festgesetzt werden. § 25 Abs. 3 GrStG regelt, **bis wann** der **Beschluss über die Höhe** des Hebesatzes zu fassen ist. 2

Der Grundsatz der **Hebesatzeinheitlichkeit** ist in § 25 Abs. 4 GrStG geregelt. Der Hebesatz muss vorbehaltlich des § 25 Abs. 5 GrStG **jeweils** für die in einer Gemeinde liegenden **Betriebe der Land- und Forstwirtschaft** (Grundsteuer A) und für die in einer Gemeinde liegenden **Grundstücke des Grundvermögens** (Grundsteuer B) **einheitlich** sein. 3

§ 25 Abs. 5 spricht der Gemeinde das Recht zu, für bestimmte **baureife Grundstücke** aus städtebaulichen Gründen einen gegenüber dem übrigen Grundvermögen **höheren Hebesatz** festzusetzen. Ziel der mit dem Gesetz zur Änderung des Grundsteuergesetzes zur **Mobilisierung von baureifen Grundstücken** für die Bebauung[2] eingeführten Regelung ist es, **Grundstücksspekulationen** zu verhindern und **Baulücken in Innenstadtlagen** zu schließen.[3] Die Neuregelung ist gem. § 37 Abs. 3 GrStG ab dem 1.1.2025 anzuwenden.[4] 4

(Einstweilen frei) 5–10

II. Entstehung und Entwicklung der Vorschrift

Nach der Neufassung des Grundsteuergesetzes[5] v. 7.8.1973 wurde § 25 GrStG lange Zeit nicht geändert. Durch das Gesetz zur Änderung des Grundsteuergesetzes zur **Mobilisierung von baureifen Grundstücken** für die Bebauung[6] wurde § 25 Abs. 5 GrStG hinzugefügt, der gem. § 37 Abs. 3 GrStG ab dem 1.1.2025 anwendbar ist.[7] 11

Der Entwurf eines Gesetzes zur Änderung des Grundsteuergesetzes zur Mobilisierung von baureifen Grundstücken für die Bebauung wurde zwar zeitgleich mit dem Gesetzentwurf zum GrStRefG[8] platziert, er ist jedoch **nicht als gesetzgeberische Maßnahme infolge der Feststel-** 12

1 Vgl. für das Heberecht § 1 GrStG sowie für die Hebesatzautonomie Art. 28 Abs. 2 GG und Art. 106 Abs. 6 Satz 2 GG.

2 Gesetz zur Änderung des Grundsteuergesetzes zur Mobilisierung von baureifen Grundstücken für die Bebauung v. 30.11.2019, BGBl 2019 I S. 1875.

3 Vgl. BT-Drucks. 19/11086 S. 1.

4 Vgl. Lehmann in Grootens, GrStG § 37 Rz. 33.

5 Grundsteuergesetz v. 7.8.1973, BGBl 1973 I S. 965.

6 Gesetz zur Änderung des Grundsteuergesetzes zur Mobilisierung von baureifen Grundstücken für die Bebauung v. 30.11.2019, BGBl 2019 I S. 1875.

7 Vgl. Lehmann in Grootens, GrStG § 37 Rz. 33.

8 GrStRefG v. 26.11.2019, BGBl 2019 I S. 1794.

lung der Verfassungswidrigkeit der Einheitsbewertung durch das BVerfG[1] zu interpretieren.[2] Vielmehr geht das Regelungsanliegen einer Baulandmobilisierung auf die **Koalitionsvereinbarung der Regierungsparteien** v. 12.3.2018 (Titel: „Ein neuer Aufbruch für Europa – Eine neue Dynamik für Deutschland – Ein neuer Zusammenhalt für unser Land") zurück.

13–15 *(Einstweilen frei)*

III. Geltungsbereich

16 Die Vorschrift ist bei der Festsetzung der **Grundsteuer** auf **inländischen Grundbesitz** durch die Gemeinden anzuwenden, soweit die Länder nicht von ihrer Abweichungskompetenz nach Art. 72 Abs. 3 Satz 1 Nr. 7 GG Gebrauch gemacht haben.

17–20 *(Einstweilen frei)*

IV. Verhältnis zu anderen Vorschriften

21 Die Grundlage für die Ermittlung der Grundsteuer bildet die **Feststellung der Grundsteuerwerte** gem. **§ 219 BewG**. Auf Grundlage der Grundsteuerwerte erfolgt die **Festsetzung des Grundsteuermessbetrags** (vgl. **§ 13 GrStG**), der bei Erstreckung der wirtschaftlichen Einheit über mehrere Gemeinden zu **zerlegen** ist (vgl. **§ 22 GrStG**). Die eigentliche **Festsetzung der Grundsteuer** ist in **§ 27 GrStG** geregelt.

22 Das **Heberecht der Gemeinde** für die Erhebung der Grundsteuer ergibt sich aus **§ 1 GrStG** und fußt auf der verfassungsrechtlich garantieren **Hebesatzautonomie** (vgl. **Art. 28 Abs. 2 GG** und **Art. 106 Abs. 6 Satz 2 GG**). Durch § 25 GrStG wird der Regelungsauftrag des **Art. 106 Abs. 6 Satz 2 GG** erfüllt.

23 **§ 26 GrStG** ermächtigt die Bundesländer, **Koppelungsvorschriften** für die Hebesätze zu erlassen und **Höchsthebesätze** zu bestimmen.

24–30 *(Einstweilen frei)*

B. Systematische Kommentierung

I. Bestimmung des Hebesatzes durch die Gemeinde (§ 25 Abs. 1 GrStG)

1. Rechtliche Grundlagen der Hebesatzautonomie – Einschränkungsmöglichkeiten durch bundes- und landesgesetzliche Regelungen

31 Die Gemeinde bestimmt, mit welchem **Hundertsatz des Steuermessbetrags** (vgl. § 13 GrStG) oder des **Zerlegungsanteils** (vgl. § 22 GrStG) die Grundsteuer zu erheben ist (**Hebesatz**). Grundlage dieses Rechts ist das sich aus § 1 GrStG ergebende **Heberecht der Gemeinden**. Das Heberecht fußt auf der verfassungsrechtlich garantieren **Hebesatzautonomie**.[3] Die Gemeinden haben die Hebesätze gem. Art. 106 Abs. 6 Satz 2 GG **im Rahmen der Gesetze** festzusetzen (Gesetzesvorbehalt).

---

1 BVerfG, Urteil v. 10.4.2018 - 1 BvL 11/14, 1 BvL 12/14, 1 BvL 1/15, 1 BvR 639/11, 1 BvR 889/12, NWB MAAAG-80435.

2 Vgl. ausführlich Eisele, NWB 30/2019 S. 2204, NWB PAAAH-22603.

3 Vgl. Art. 28 Abs. 2 GG und Art. 106 Abs. 6 Satz 2 GG.

32 Das Hebesatzrecht dient der Sicherung einer **angemessenen Finanzausstattung der Gemeinden**. Es ermöglicht ihnen, ihre Einnahmen durch Anhebung der Grundsteuer (und/oder der ebenfalls ihrem Hebesatzrecht unterliegenden Gewerbesteuer) an den Finanzbedarf anzupassen und damit angesichts wachsender Haushaltslasten handlungsfähig zu bleiben.[1] Angesichts der Vielzahl von Gemeinden mit erheblichen **Haushaltsdefiziten** ist die Grundsteuer zu einer Art Hoffnungsträger geworden.[2]

33 Der Gesetzesvorbehalt des Art. 106 Abs. 6 Satz 2 GG kann jedoch mit Blick auf die bundesverfassungsrechtliche **Verteilung der Gesetzgebungskompetenz** nicht dahin verstanden werden, dass den Ländern der landesrechtliche Zugriff auf die bundesrechtlich geregelte Grundsteuer – namentlich deren Hebesatz – erlaubt wäre. Im „Rahmen der Gesetze" bedeutet nach Auffassung des BVerwG[3] vielmehr nach Maßgabe der bestehenden Gesetzgebungsbefugnisse. Soweit der Bund von seiner **Gesetzgebungsbefugnis** Gebrauch gemacht habe, sei für damit nicht in Einklang stehendes Landesrecht kein Raum mehr (Art. 31 GG). Das den Gemeinden unter Inanspruchnahme der konkurrierenden Gesetzgebungskompetenz **bundesrechtlich eingeräumte Hebesatzrecht** könne mithin nur durch den **Bundesgesetzgeber** selbst oder **mit seiner Ermächtigung landesrechtlich** eingeschränkt werden. Wegen der Ermächtigung zur Einschränkung durch Landesrecht in Form von **Koppelungsvorschriften** und **Höchsthebesätzen** vgl. die Ermächtigungsregelung in § 26 GrStG.

34 Durch das Gesetz zur Änderung des Grundgesetzes[4] v. 15.11.2019 wurde dem Bundesgesetzgeber die **konkurrierende Gesetzgebungskompetenz** für die Grundsteuer eingeräumt (Art. 105 Abs. 2 GG). Gleichzeitig wurde den Ländern in Art. 72 Abs. 3 Nr. 7 GG das Recht eingeräumt, **abweichende landesspezifische Regelungen** zur Grundsteuer in Kraft zu setzen. Somit sind die Länder – im Rahmen der verfassungsmäßigen Grenzen – frei in der Gestaltung abweichender Vorschriften zur Erhebung der Grundsteuer. Die vorgenannten Grundsätze der eingeschränkten Regelungskompetenz haben somit nur noch für die Länder Bedeutung, die von der **Öffnungsklausel** des Art. 72 GG nicht Gebrauch gemacht haben und in deren Hoheitsbereich somit die **bundesgesetzliche Regelung** (BewG, GrStG) zum Tragen kommt.

35 Steuersätze müssen sich hinsichtlich ihrer Höhe nicht daran messen lassen, wie die **kommunale Willensbildung** abgelaufen ist. Auf die Erwägungen und Beweggründe, also die **Motivation des Satzungsgebers**, kommt es bei der Beurteilung der Rechtmäßigkeit nicht an.[5] Die als Bestandteil der **allgemeinen Selbstverwaltungsgarantie** (Art. 28 Abs. 2 GG) gewährleistete **kommunale Finanzhoheit** schließt allerdings nicht aus, im Wege der **staatlichen Kommunalaufsicht** eine **Senkung der Realsteuerhebesätze zu beanstanden**, wenn die betreffende Gemeinde sich in einer anhaltenden Haushaltsnotlage befindet und das von ihr vorgelegte **Haushaltssicherungskonzept** nicht erkennen lässt, wie der Einnahmeverlust ausgeglichen werden soll.[6] In einer solchen Situation dürfe die betroffene Gemeinde die Hebesätze nicht auf ein deutlich niedrigeres Niveau festsetzen, wenn ein Ausgleich des Einnahmeausfalls weder konkret in der Haushaltsplanung vorgesehen noch hinreichend konkret absehbar sei.

1 VG Köln, Urteil v. 2.2.2016 - 17 K 868/15.
2 Vgl. Rauber, KStZ 7/2015 S. 121.
3 Vgl. zur Gewerbesteuer BVerwG, Urteil v. 11.6.1993 - 8 C 32/90.
4 Gesetz zur Änderung des Grundgesetzes (Art. 72, 105 und 125b) v. 15.11.2019, BGBl 2019 I S. 1546.
5 OVG Nordrhein-Westfalen, Beschluss v. 16.7.2013 - 14 A 2761/12.
6 BVerwG, Urteil v. 27.10.2010 - 8 C 43/09, NWB MAAAD-60239 sowie BVerwG, Beschluss v. 26.10.2016 - 9 B 28/16, NWB TAAAF-87290.

36 Bei der Beschaffung der zum Haushaltsausgleich erforderlichen Einnahmen binden die Gemeindeordnungen der Länder die Gemeinden haushaltsrechtlich zwar insofern, als auf Steuerquellen nur zurückgegriffen werden darf, soweit die sonstigen Einnahmen nicht zur Deckung des Haushalts ausreichen (**Subsidiaritätsprinzip**). Daraus lässt sich indessen nach Auffassung des BVerwG[1] kein einklagbarer Anspruch der Steuerzahler auf Senkung der Hebesätze herleiten. Denn die **Gemeinden** seien haushaltsrechtlich **nicht verpflichtet**, einen durch Erhöhung der Leistungsentgelte etwa gewonnenen **finanziellen Spielraum gerade zu einer Senkung des Hebesatzes zu nutzen**. In welchem Ausmaß sie zur Deckung ihres Finanzbedarfs aus den ihr zur Verfügung stehenden Steuerquellen schöpfen, bleibe vielmehr ihrem Ermessen überlassen. Stöckel geht davon aus, dass bei allen Gemeinden die Deckung des Haushalts durch sonstige Einnahmen nicht möglich ist und dem Subsidiaritätsprinzip damit in jedem Falle Rechnung getragen wird.[2]

37–45 *(Einstweilen frei)*

2. Ermessensspielraum der Gemeinde bei der Festsetzung der Hebesätze

46 Die **Rechtsform** und das **Verfahren** bei der **Festsetzung des Hebesatzes** sind bundesrechtlich nicht vorgegeben, sondern richten sich nach **Landesrecht**.[3] Die Entscheidung zur Erhebung von Grundsteuer und die Festsetzung des Hebesatzes liegen grds. im **Ermessen der Gemeinde**. Die Festsetzung des Hebesatzes kann in der **Haushaltssatzung** oder in einer **gesonderten Satzung** erfolgen.[4] Letzteres wird regelmäßig der Fall sein, wenn der Hebesatz für mehrere Jahre festgesetzt wird (vgl. → Rz. 61). Die Festsetzung des Hebesatzes für die Grundsteuer in einer **gesonderten Satzung** ist nach Auffassung des Bayerischen Verwaltungsgerichtshof[5] rechtlich unbedenklich. Spätere Änderungen des Hebesatzes bedürfen entweder einer **Nachtragshaushaltssatzung** oder einer Änderung der gesonderten Satzung.[6]

47 Der Ermessensspielraum der Gemeinde bei der Festsetzung des Hebesatzes leitet sich aus der ihr gem. Art. 106 Abs. 6 Satz 2 GG eingeräumten Steuerhoheit ab.[7] Den Gemeinden steht bei der Ausübung des Hebesatzrechts – als Bestandteil ihres verfassungsrechtlich geschützten Selbstverwaltungsrechts (Art. 28 Abs. 2 GG) – ein weiter (kommunalpolitischer) Entscheidungsspielraum zu.[8] Die **verwaltungsgerichtliche Kontrolle** beschränkt sich darauf, ob die gesetzlichen Grenzen des Normsetzungsermessens überschritten sind oder die Normsetzung als solche willkürlich, d. h. ihre Unsachlichkeit evident ist.[9] Eine **willkürliche Hebesatzfestsetzung** kann zu bejahen sein, wenn ein wirtschaftlich in keinem Fall mehr vertretbarer und deshalb nicht im Rahmen einer ordnungsgemäßer Verwaltung liegender Verbrauch öffentlicher Mittel festzustellen ist.[10] Es liegt dabei im Ermessen der Gemeinde, in welchem Ausmaß sie zur Deckung ihres Finanzbedarfs ihre Steuerquellen heranziehen will. In der Praxis wird eine solche Feststellung nur schwerlich zu treffen sein.

---

1 BVerwG, Urteil v. 11 6.1993 - 8 C 32/90.
2 Stöckel in Stöckel/Vollquardsen, GrStG § 25 Rz. 4.
3 VGH München, Beschluss v. 21.2.2006 - 4 ZB 05.1169.
4 VG Halle (Saale), Urteil v. 1.2.2010 - 4 A 304/09.
5 VGH München, Beschluss v. 21.2.2006 - 4 ZB 05.1169.
6 Vgl. Stöckel in Stöckel/Vollquardsen, GrStG § 25 Rz. 3.
7 FG Berlin, Urteil v. 6.10.2004 - 2 K 2386/02, NWB LAAAB-40425.
8 VG Kassel, Urteil v. 10.4.2024 - 7 K 1707/22.KS.
9 VGH München, Beschluss v. 21.2.2006 - 4 ZB 05.1169.
10 VGH München, Beschluss v. 15.10.2008 - 4 ZB 07.2854.

Eine Überschreitung der Ermessensgrenzen liegt nach Auffassung des VG Halle (Saale)[1] vor, wenn die **Steuerpflichtigen unter normalen Umständen die Steuer nicht aufbringen** können. Diese ist jedoch erst dann gegeben, wenn nicht nur ein einzelner Grundsteuerpflichtiger, sondern die **Gesamtheit der Grundsteuerpflichtigen** die sie jeweils treffende Grundsteuer unter normalen Umständen nicht mehr aufbringen kann.[2] Daneben erweist sich eine Steuer als erdrosselnd, wenn durch sie das besteuerte Verhalten faktisch nicht mehr ausgeübt werden kann[3] bzw. die Privatnützigkeit des besteuerten Eigentums gefährdet oder gar aufgehoben wird.[4] Die Gemeinde darf nach Auffassung des BVerwG[5] – sofern keine landesgesetzlich bestimmte Höchstgrenze bestimmt ist (vgl. § 26 GrStG) – den Hebesatz für die Grundsteuer **bis zur Grenze der erdrosselnden Wirkung** erhöhen, sofern sie nicht willkürlich handelt. Im Einzelfall kommen **Billigkeitsmaßnahmen** nach § 227 AO in Betracht. Wegen der **Grenzen für die Hebesätze der Grundsteuer B** vgl. auch ausführlich Rauber, KStZ 7/2015 S. 122. 48

Das **Sozialstaatsprinzip** im Steuerrecht beschränkt sich auf die Befugnis und ggf. das Gebot zur Berücksichtigung sozialer Gesichtspunkte und das Gebot, Einkommen insoweit steuerfrei zu belassen, als es zur Schaffung der **Mindestvoraussetzungen für ein menschenwürdiges Dasein** benötigt wird.[6] Eine Begrenzung der absoluten Höhe der Steuerbelastung ergibt sich nicht aus dem Sozialstaatsgebot, sondern aus dem **rechtsstaatlichen Übermaßverbot**.[7] Der Hebesatz für die Grundsteuer B in Berlin i. H. von 810 % hat nach Auffassung des FG Berlin-Brandenburg keine erdrosselnde Wirkung.[8] Eine erdrosselnde Wirkung einer Hebesatzanhebung hinsichtlich der Grundsteuer und damit ein Verstoß gegen Art. 14 GG entsteht nach Auffassung des VG Köln selbst bei einer **Anhebung des Hebesatzes auf 800 % und mehr** nicht.[9] 49

PRAXISHINWEIS: 50

Der von der Gemeinde festgesetzte Hebesatz kann nicht unmittelbar mit einem Rechtsbehelf angefochten werden. Der Steuerschuldner hat jedoch die Möglichkeit, im Rahmen eines Rechtsbehelfsverfahrens gegen den Grundsteuerbescheid den angewendeten Hebesatz überprüfen zu lassen. Darüber hinaus hat er die Möglichkeit bei der zuständigen Gemeindeaufsichtsbehörde eine entsprechende Nachprüfung anzuregen.[10] Aufgrund der dargestellten eindeutigen Rechtsprechung ist eine Anfechtung des Grundsteuerbescheids wegen der Höhe des Hebesatzes regelmäßig nicht erfolgreich, solange die Hebesatzfestsetzung die formalen Voraussetzungen der Hebesatzfestsetzung erfüllt hat.

Die Gemeinde ist nicht verpflichtet, ihre Hebesätze den **Hebesätzen der umliegenden Gemeinden anzupassen**. Es wäre mit der den Gemeinden in Art. 28 Abs. 2 GG garantierten **Selbstverwaltung** nicht vereinbar, wenn eine Gemeinde sich bei Wahrnehmung der ihr zustehenden Rechtsetzungsbefugnisse den Regelungen anderer Gemeinden anzupassen hätte.[11] Das statistische Bundesamt (DESTATIS) veröffentlicht regelmäßig **Übersichten zum Grundsteueraufkommen** und zum gewogenen Durchschnittshebesatz.[12] Für 2020 ergeben sich im Bundesgebiet 51

1 VG Halle (Saale), Urteil v. 1.2.2010 - 4 A 304/09.
2 VG Köln, Urteil v. 29.9.2015 - 17 K 704/15; gl. A. VG Kassel, Urteil v. 10.4.2024 - 7 K 1707/22.KS.
3 BVerwG, Urteil v. 15.10.2015 - 9 C 8/13.
4 VG Darmstadt, Urteil v. 18.8.2021 - 4 K 2115/19.DA.
5 BVerwG, Beschluss v. 26.10.2016 - 9 B 28/16, NWB TAAAF-87290.
6 Vgl. BVerfG, Beschluss v. 10.11.1998 - 2 BvL 42/93, BStBl 1999 II S. 174.
7 OVG Nordrhein-Westfalen, Beschluss v. 16.7.2013 - 14 A 2761/12.
8 FG Berlin-Brandenburg, Urteil v. 11.5.2011 - 3 K 3107/07.
9 VG Köln, Urteil v. 29.9.2015 - 17 K 704/15.
10 Vgl. Roscher, 360° GrStG eKommentar, § 25 Rz. 8.
11 Vgl. zur Lohnsummensteuer BVerfG, Beschluss v. 21.12.1966 - 1 BvR 33/64, NWB CAAAG-54634.
12 http://go.nwb.de/u7trc.

für die Grundsteuer A ein Durchschnittssatz von 345 % und für die Grundsteuer B ein Durchschnittssatz von 478 %. Dabei ist eine **hohe Streuung der Hebesätze** zu verzeichnen. Vergleiche zur **Bedeutung der Grundsteuer für die Gemeinden** auch Lehmann in Grootens, GrStG § 37 Rz. 20 ff.

52–60 *(Einstweilen frei)*

II. Festsetzung des Hebesatzes für ein Jahr oder mehrere Jahre (§ 25 Abs. 2 GrStG)

61 Nach § 25 Abs. 2 GrStG hat die Gemeinde die **Möglichkeit**, den **Hebesatz für ein oder mehrere Kalenderjahre festzusetzen**. Landesrechtliche Maßgaben zur Festlegung von bestimmten Intervallen für die Hebesatzfestsetzung sind dabei zu beachten. Mit diesem **Wahlrecht** wurde eine **Verwaltungsvereinfachung** bezweckt.[1] Die Hebesatzfestsetzung ist Voraussetzung für die Festsetzung der Grundsteuer durch Steuerbescheid (vgl. § 27 GrStG). Eine mehrjährige Festsetzung des Hebesatzes ermöglicht somit eine Festsetzung der Grundsteuer für mehrere Jahre.

62 Soll der Zeitraum der Hebesatzfestsetzung die Geltungsdauer des Haushaltsplans der Gemeinde übersteigen, ist eine Festsetzung des Hebesatzes in einer **gesonderten Satzung** notwendig (zur gesonderten Satzung vgl. auch → Rz. 46). Die Gemeinde muss dabei **kein genaues Enddatum** der Gültigkeit benennen. Die Festsetzung von Hebesätzen **„bis auf Weiteres"** führt nicht zur Unwirksamkeit einer Satzung.[2] In diesem Fall wird die Festsetzung des Hebesatzes wegen der eindeutigen gesetzlichen Begrenzung der zeitlichen Gültigkeit der Hebesatzfestsetzung in § 25 Abs. 2 GrStG **bis zum Ende des Hauptveranlagungszeitraums** gelten.

63 Eine Festsetzung des Hebesatzes für mehrere Jahre hindert die Gemeinde nicht, für **spätere Jahre** unter Beachtung der Fristen des § 25 Abs. 3 GrStG (vgl. → Rz. 76 ff.) einen **abweichenden Hebesatz festzusetzen.**

64 Die Festsetzung kann gem. § 25 Abs. 2 GrStG **höchstens** für den **Hauptveranlagungszeitraum** der Steuermessbeträge (vgl. § 16 GrStG) erfolgen. Der Hauptveranlagungszeitraum für die Grundsteuermessbeträge ist abhängig vom **Hauptfeststellungszeitraum** der Grundsteuerwerte (§ 16 Abs. 1 und Abs. 2 GrStG, vgl. Bock in Grootens, GrStG § 16 Rz. 33 ff.). Die Hauptfeststellungen der Grundsteuerwerte sind gem. § 221 Abs. 1 BewG in **Zeitabständen von sieben Jahren** durchzuführen. Eine Hauptfeststellung hat eine **Veränderung des Steuermessbetragsvolumens** einer Gemeinde zufolge, die einer **Anpassung der Hebesätze** bedarf. Die zeitliche Begrenzung des § 25 Abs. 2 GrStG hatte bei der Einheitsbewertung faktisch keine Bedeutung, da eine zweite Hauptfeststellung nie durchgeführt wurde und es somit nicht zum Ende des Hauptveranlagungszeitraums kam.

65 Die **erste Hauptfeststellung** für die Grundsteuerwerte des siebten Abschnitts des zweiten Teils des BewG ist gem. § 266 Abs. 1 BewG **auf den 1.1.2022** durchzuführen, die **zweite Hauptfeststellung** somit gem. § 221 Abs. 1 BewG **auf den 1.1.2029**. Die **erste Hauptveranlagung** auf Basis der neuen Grundsteuerwerte ist gem. § 266 Abs. 1 GrStG **auf den 1.1.2025** durchzuführen. Die im Rahmen der Hauptveranlagung auf den 1.1.2025 **festgesetzten Steuermessbeträge gelten** gem. § 36 Abs. 2 Satz 1 GrStG abweichend von § 16 Abs. 2 Satz 1 GrStG **mit Wirkung ab dem 1.1.2025**.

1 Vgl. Roscher, 360° GrStG eKommentar, § 25 Rz. 9.
2 OVG NRW, Beschluss v. 16.7.2013 - 14 A 464/13.

Nach § 16 Abs. 2 Satz 3 GrStG **endet der erste Hauptveranlagungszeitraum** wegen des in § 16 Abs. 2 Satz 1 GrStG angeordneten zweijährigen „Nachlaufs" der Grundsteuerfestsetzung **am 31.12.2030**. Die auf den 1.1.2022 festgestellten Grundsteuerwerte werden also im Ergebnis für insgesamt **sechs Jahre** der Grundsteuerfestsetzung zu Grunde gelegt. Auf diesen Zeitraum könnte eine Gemeinde folglich eine Hebesatzfestsetzung erstrecken. 66

Erst im nachfolgenden **zweiten Hauptfeststellungszeitraum** (1.1.2029–31.12.2035) beträgt die **Gültigkeit der Steuermessbeträge sieben Jahre** (1.1.2031–31.12.2037). Die Verkürzung der Gültigkeit der Steuermessbeträge im ersten Hauptfeststellungszeitraum ergibt sich aus der **Notwendigkeit des längeren Vorlaufs** zwischen erster Hauptfeststellung und erster Hauptfestsetzung.[1] 67

(Einstweilen frei) 68–75

III. Fristen für die Festsetzung des Hebesatzes (§ 25 Abs. 3 GrStG)

1. Rückwirkende Festsetzung des Hebesatzes

§ 25 Abs. 3 setzt der Gemeinde **Fristen** für die Festsetzung des Hebesatzes. Der Beschluss über die **Festsetzung oder Änderung des Hebesatzes** ist gem. § 25 Abs. 3 Satz 1 GrStG **bis zum 30.6. eines Kalenderjahres** mit Wirkung vom Beginn dieses Kalenderjahres zu fassen. **Nach diesem Zeitpunkt** kann der Beschluss über die Festsetzung des Hebesatzes gem. § 25 Abs. 3 Satz 2 GrStG für dieses Kalenderjahr **nur noch** gefasst werden, **wenn** der **Hebesatz die Höhe der letzten Festsetzung nicht überschreitet.** Diese Fristen gelten ausdrücklich auch für die **Änderung** einer bereits bestehenden **Festsetzung** unabhängig davon, ob diese für **ein oder mehrere Jahre** durchgeführt wurde (vgl. → Rz. 61). 76

Die Fristen erlauben den Gemeinden eine **rückwirkende Festsetzung oder Änderung** für das bereits laufende (oder abgelaufene) Kalenderjahr. Entschließt sich eine Gemeinde, ihren Hebesatz jeweils für das laufende Haushaltsjahr neu festzusetzen, entsteht mit Abschluss eines Haushaltsjahres bis zum Beschluss der das Folgejahr betreffenden Haushaltssatzung ein für den betroffenen Grundstückseigentümer **erkennbarer Schwebezustand.** Dieser erkennbare Zustand schließt aus, dass der Steuerschuldner berechtigterweise darauf vertrauen darf, die Grundsteuer werde sich im laufenden Jahr nicht erhöhen.[2] 77

Die durch § 25 Abs. 3 GrStG eröffnete (befristete) **Möglichkeit einer rückwirkenden Erhöhung** des Grundsteuerhebesatzes ist nach Auffassung des FG Berlin-Brandenburg[3] **verfassungsrechtlich unbedenklich und verstößt** insbesondere **nicht gegen das Rückwirkungsverbot**. Letztlich könne offenbleiben, ob § 25 Abs. 3 GrStG eine „echte Rückwirkung" oder „unechte Rückwirkung" begründet. Denn auch bei Vorliegen einer „echten Rückwirkung" sei § 25 Abs. 3 GrStG in seiner konkreten Ausgestaltung als rechtsstaatlich unbedenklich anzusehen. Nach der Rechtsprechung des BVerfG gelte das **Vertrauensschutzprinzip** auch bei rückwirkend belastenden Gesetzen **nicht ausnahmslos.** Derartige Gesetze seien dann nicht rechtsstaatswidrig, wenn das **öffentliche Interesse** zwingend dem **Vertrauensinteresse vorgeht oder** wenn der **Vertrauenstatbestand nicht bestand.** 78

1 Vgl. Grootens in Grootens, BewG § 266 Rz. 36 ff.

2 VG Düsseldorf, Urteil v. 17.11.1988 - 11 K 5427/87.

3 FG Berlin-Brandenburg, Urteil v. 14.1.2009 - 3 K 2287/04 B, NWB UAAAD-15306.

79 Aufgrund des Interesses des Steuerpflichtigen an der Kalkulierbarkeit der Grundsteuerbelastung (insbesondere für gewerbliche Betriebe) hat der Gesetzgeber die **Frist für eine nachträgliche Erhöhung des Hebesatzes** nach Auffassung des FG Berlin-Brandenburg[1] **äußerst kurz gehalten**. Aus Gründen des Erfordernisses einer **geordneten öffentlichen Finanzwirtschaft** hätte er andererseits nicht generell auf eine rückwirkende Änderungsmöglichkeit der Hebesätze verzichten können. Trotz des **Gebotes einer vorausschauenden Finanzplanung** müsse es den Kommunen unter zeitlich engen Voraussetzungen möglich sein, eine **rückwirkende Hebesatzerhöhung** zu beschließen. Andernfalls würde ihnen die Möglichkeit genommen, während des laufenden Haushaltsjahres auf nicht vorhersehbare Entwicklungen und Belastungen für den kommunalen Haushalt durch (moderate) Erhöhungen des Grundsteueraufkommens adäquat zu reagieren. Würde man den Kommunen hingegen ein solches Recht zur rückwirkenden Erhöhung des Hebesatzes (aus rechtsstaatlichen Erwägungen) generell absprechen, wären die Kommunen letztlich darauf beschränkt, **unvorhergesehene Finanzierungslücken** im Haushalt mit Hilfe neuer **Schuldaufnahmen** auf den allgemeinen Finanzmärkten zu schließen.

80 Für die **Einhaltung der Fristen** ist nach h. M. sowohl bei erstmaligen Festsetzungen als auch bei Änderungen auf den **Beschluss des Gemeinderats** abzustellen.[2] Die **Bekanntgabe** der jeweiligen **Haushalts- oder ggf. Abgabensatzung** kann ebenso wie die in einzelnen Ländern erforderliche **Genehmigung** des **Hebesatzbeschlusses** durch die **Gemeindeaufsichtsbehörde auch nach dem 30.6.** erfolgen. Der Gemeinderat beschließt über die **Haushaltssatzung** samt ihren Anlagen in **öffentlicher Sitzung**,[3] so dass dem Kalkulationsinteresse des Steuerpflichtigen regelmäßig durch eine Veröffentlichung der beschlossenen Hebesätze in der Presse genüge getan wird.

81 Eine **Herabsetzung oder eine Bestätigung** der zuletzt geltenden Hebesätze kann **auch nach dem 30.6.** des laufenden Kalenderjahres noch wirksam beschlossen werden.[4] Selbst **nach Ablauf des Kalenderjahres** wäre dies noch möglich. Ein **Vertrauensschutzinteresse** des Steuerpflichtigen besteht insoweit nicht, da er die bisherige Höhe des Hebesatzes durch die für die Vergangenheit ergangenen Grundsteuerfestsetzungen kennt und der nachträglich festgesetzte Hebesatz die zu erwartende Steuer nur bestätigt oder herabsetzt.

82–90 *(Einstweilen frei)*

2. Besonderheiten für das Kalenderjahr 2025 – Umstieg auf die Grundsteuerwerte als Bemessungsgrundlage

91 Die Fristsetzung des § 25 Abs. 3 GrStG hat besondere Bedeutung für die **Festsetzung der Hebesätze für das Kalenderjahr 2025**. Da zu diesem **Hauptveranlagungszeitpunkt** erstmals die neuen Grundsteuerwerte der Grundsteuermessbetragsfestsetzung zugrunde zu legen sind, muss zur Wahrung der angestrebten **Aufkommensneutralität** der Grundsteuerreform eine **Anpassung des Hebesatzes** einer jeden Gemeinde erfolgen.

92 Die **Festsetzung der Hebesätze für das Jahr 2025** hat m. E. **zwingend bis zum 30.6.2025** zu erfolgen. Eine nachträgliche Festsetzung des Hebesatzes gem. § 25 Abs. 3 Satz 2 GrStG unter Bei-

1 FG Berlin-Brandenburg, Urteil v. 14.1.2009 -3 K 2287/04 B, NWB UAAAD-15306.

2 BVerwG, Beschluss v. 13.7.1979 – 7 B 143/79; vgl. Roscher, 360° GrStG eKommentar, § 25 Rz. 10, Troll/Eisele, GrStG § 25 Rz. 7, Mannek/Sklareck in Stenger/Loose, GrStG 25 Rz. 35 sowie Halaczinsky, GrStG § 25 Rz. 5.

3 Vgl. exemplarisch Art. 65 Abs. 1 der Gemeindeordnung für den Freistaat Bayern.

4 VG Lüneburg, Urteil v. 16.5.2013 - 2 A 97/12.

behaltung oder Absenkung des auf Basis der Einheitsbewertung festgesetzten Hebesatzes ist m. E. ausgeschlossen, da auch bei einer Beibehaltung des bisherigen Hebesatzes wegen der **gravierenden Veränderung der Bemessungsgrundlage** eine deutlich höhere Grundsteuer für den einzelnen Steuerpflichtigen möglich ist. Insofern würde der **Schwebezustand der Rechtsunsicherheit** über die tatsächliche Grundsteuerlast über den vom Gesetzgeber als zumutbar erachteten Zeitpunkt hinaus verlängert. Unproblematisch ist hingegen nach Ansicht des Sächsischen FG, dass der Hebesatz für die Zeit ab 1.1.2025 zum Zeitpunkt der Bekanntgabe des Grundsteuerwertbescheides auf den 1.1.2022 und des Grundsteuermessbetragsbescheides auf den 1.1.2025 noch nicht festgelegt ist.[1] Dies entspräche der bisherigen Lage.

Die Problematik der anzupassenden Hebesätze tritt zu Beginn eines **jeden neuen Hauptveranlagungszeitraums** – wenn auch nicht im gleichen gravierenden Umfang – erneut auf (vgl. zu den zeitlichen Abläufen für die ersten beiden Hauptveranlagungszeiträume → Rz. 65 ff.). Eine **Beibehaltung des Hebesatzes** nach einem Hauptfeststellungszeitpunkt wird regelmäßig mit einer **versteckten Grundsteuererhöhung** einher gehen. Durch die Anknüpfung der Grundsteuerwerte an die **Bodenrichtwerte**, die **landesüblichen Mieten** und den **Baupreisindex** ist trotz des fortgeschrittenen Alters des Gebäudes eine Erhöhung der Grundsteuerwerte für viele wirtschaftliche Einheiten denkbar und auch wahrscheinlich. M. E. ist daher auch für die folgende Hauptveranlagungszeiträume eine **Festsetzung des Hebesatzes für das erste Jahr des Hauptveranlagungszeitraums stets bis zum 30.6. dieses Jahres** durchzuführen. 93

(Einstweilen frei) 94–100

IV. Hebesatzeinheitlichkeit - Grundsteuer A und B (§ 25 Abs. 4 GrStG)

1. Grundsatz der Hebesatzeinheitlichkeit innerhalb des Gemeindegebietes

Die Gemeinden haben die Möglichkeit, die absolute Höhe des Grundsteueraufkommens im Gemeindegebiet zu bestimmen. Die Verteilung der Steuerlast auf die einzelnen Steuerpflichtigen kann die Gemeinde aufgrund der in § 25 Abs. 4 Satz 1 GrStG festgelegten **Hebesatzeinheitlichkeit** jedoch nicht beeinflussen. Der Hebesatz muss vorbehaltlich des § 25 Abs. 5 GrStG **jeweils** 101

- für die in einer Gemeinde liegenden **Betriebe der Land- und Forstwirtschaft** und
- für die in einer Gemeinde liegenden **Grundstücke des Grundvermögens**

einheitlich sein.

Dem Gesetzgeber schien diese **Differenzierung der Hebesätze** gerechtfertigt, weil die **Grundsteuer A** in erster Linie die Produktionsmittel der Land- und Forstwirtschaft (Boden, Wirtschaftsgebäude, stehende und umlaufende Betriebsmittel) belastet und damit einen wesentlich anderen Charakter hat als die für das Grundvermögen geltende **Grundsteuer B**.[2] Die Belastung des land- und forstwirtschaftlichen Betriebs mit der Grundsteuer A wird auch als Begründung für die **Gewerbesteuerfreiheit der Land- und Forstwirtschaft** herangezogen.[3] 102

Die **Hebesatzeinheitlichkeit** steht unter dem **Vorbehalt des § 25 Abs. 5 GrStG** und wird für das Grundvermögen bei Ausübung des Wahlrechtes der Gemeinde, für **baureife Grundstücke** aus 103

1 Sächsisches Finanzgericht, Urteil v. 24.10.2023 - 2 K 574/23.
2 Vgl. Roscher, 360° GrStG eKommentar, § 25 Rz. 11.
3 BVerfG, Beschluss v. 15.1.2008 - 1 BvL 2/04, NWB CAAAC-80313.

städtebaulichen Erwägungen einen besonderen (höheren) Hebesatz festzulegen, durchbrochen (vgl. im Einzelnen → Rz. 121 ff.). Die sog. **Grundsteuer C** kann erstmals ab dem **Kalenderjahr 2025** erhoben werden (vgl. § 37 Abs. 3 GrStG).

104–110 *(Einstweilen frei)*

2. Durchbrechung der Hebesatzeinheitlichkeit bei Änderungen der Gemeindegebiete

111 Werden **Gemeindegebiete geändert**, so kann die **Landesregierung** oder die von ihr bestimmte Stelle gem. § 25 Abs. 4 Satz 2 GrStG für die von der Änderung betroffenen Gebietsteile **für eine bestimmte Zeit verschiedene Hebesätze zulassen**. Andernfalls müssten die aufnehmende und die abgebende Gemeinde vor der Gebietsänderung ihren Hebesatz vereinheitlichen, um den Vorgaben des § 25 Abs. 4 Satz 1 GrStG zu genügen. Die Regelung dient somit der **Verwaltungsvereinfachung**. Nach Auffassung von Troll/Eisele und Halaczinsky ist die bestimmte Zeit, in der unterschiedliche Hebesätze nebeneinander gelten dürfen, auf **fünf Jahre** begrenzt.[1]

112 Übersteigt im Zeitpunkt der kommunalen Neugliederung der Hebesatz der aufnehmenden Gemeinde die Hebesätze der eingegliederten Gemeinden, schließt dies eine **Erhöhung des Hebesatzes der aufnehmenden Gemeinde für ihr bisheriges Gemeindegebiet** während der bestimmten Übergangszeit nicht aus.[2]

113 Insbesondere bei land- und forstwirtschaftlichen Betrieben kann es vorkommen, dass sich die **wirtschaftliche Einheit auf zwei Gemeindegebiete erstreckt.** Im Falle einer Änderung der Gemeindegebiete kann der abweichende Hebesatz nur für die neu zum Gemeindegebiet hinzugekommenen Teile der wirtschaftlichen Einheit angewendet werden. Da seitens des Finanzamtes aufgrund der Zugehörigkeit der wirtschaftlichen Einheit zu derselben Gemeinde **keine Zerlegung des Grundsteuermessbetrags gem. § 22 GrStG** mehr vorzunehmen ist, muss die Gemeinde selbst eine fiktive Zerlegung durchführen.[3] Dabei wird die Gemeinde regelmäßig auf die **Unterstützung des Finanzamtes** angewiesen sein, da der Gemeinde die für die Zerlegung notwendigen Daten nicht bekannt sind.

114–120 *(Einstweilen frei)*

V. Besonderer Hebesatz für baureife Grundstücke – Grundsteuer C (§ 25 Abs. 5 GrStG)

1. Lenkungszweck der Grundsteuer C

121 Bisher konnten die Gemeinden bei der Grundsteuer zwei verschiedene Hebesätze festlegen, die einheitlich für die in der Gemeinde befindlichen **Betriebe der Land- und Forstwirtschaft** (Grundsteuer A) einerseits und für die **Grundstücke** (Grundsteuer B) andererseits angewendet werden mussten (Hebesatzeinheitlichkeit, vgl. § 25 Abs. 4 GrStG). Die Neuregelung in § 25 Abs. 5 GrStG spricht der Gemeinde das Recht zu, für bestimmte **baureife Grundstücke** aus **städtebaulichen Gründen** unter Durchbrechung des Grundsatzes der Hebesatzeinheitlichkeit einen gegenüber dem übrigen Grundvermögen **höheren Hebesatz** festzusetzen. Das **Wahlrecht** wurde mit dem Gesetz zur Änderung des Grundsteuergesetzes zur **Mobilisierung von**

1 Vgl. Troll/Eisele, GrStG § 25 Rz. 8 und Halaczinsky, GrStG § 25 Rz. 11.
2 Vgl. zur Gewerbesteuer BVerwG, Beschluss v. 15.9.1981 - 8 B 210/81.
3 Vgl. die Verfügung des Niedersächsischen Finanzministeriums v. 25.1.1974, G 1140-1-34, GrSt-Kartei ND § 22 GrStG Karte 1.

baureifen Grundstücken für die Bebauung[1] eingeführt. Die Neuregelung ist gem. § 37 Abs. 3 GrStG **ab dem 1.1.2025** anzuwenden.[2] Aus dem Wahlrecht erwächst gleichwohl nicht die Pflicht der Gemeinde, ab diesem oder einem späteren Zeitpunkt eine Grundsteuer C einzuführen.

Insbesondere in **Ballungsgebieten** besteht nach Feststellung des Gesetzgebers[3] ein **erheblicher Wohnungsmangel**. Die damit verbundene Wertentwicklung von Grundstücken würde vermehrt dazu genutzt, **baureife Grundstücke als Spekulationsobjekt** zu halten. Diese Grundstücke würden nur aufgekauft, um eine Wertsteigerung abzuwarten und die Grundstücke anschließend gewinnbringend wieder zu veräußern. Einer sachgerechten und sinnvollen Nutzung würden diese Grundstücke nicht zugeführt. Trotz des damit vorhandenen Baulands werde der erforderliche Wohnungsbau ausgebremst. Ziel des Gesetzes sei es, den Kommunen zu ermöglichen, **steuerliche Anreize bei der Grundsteuer zu setzen** und damit **baureife Grundstücke für eine Bebauung zu mobilisieren**. 122

Um die baureifen Grundstücke für die Bebauung zu mobilisieren, wird den Gemeinden in § 25 Abs. 5 GrStG die Möglichkeit eingeräumt, einen **erhöhten Hebesatz auf baureife Grundstücke** festzusetzen. Die zusätzliche grundsteuerliche Belastung von baureifen aber brachliegenden Baulandgrundstücken ist im Rahmen der Einschätzungsprärogative des Gesetzgebers ein wichtiges Instrument, um einerseits **Spekulationen** zu begegnen und andererseits **Bauland für die Bebauung zu mobilisieren**.[4] Zugleich könnten wichtige **Impulse für die Innenentwicklung** der Städte und Gemeinden gegeben werden. Die bundesgesetzlich geregelte Optionsmöglichkeit zur Einführung eines eigenständigen Hebesatzrechtes für baureife Grundstücke (sog. **Grundsteuer C**) berücksichtige zugleich die **regional und örtlich unterschiedlichen Grundstücksmärkte** sowie das jeweilige Angebot und die jeweilige Nachfrage von Bauland. Damit könne die Grundsteuer C zielgerichtet in den Gemeinden eingesetzt werden. 123

Nach überzeugendem Einwand von Ronnecker ist die **Grundsteuer C als Instrument zur Bekämpfung von Bodenpreisspekulationen** eher **ungeeignet**.[5] Hierfür wäre stets ein **Hebesatzniveau** notwendig, mit dem im Zusammenspiel mit den weiteren Kostenfaktoren für das Halten von Grundstücken die potentiell hohen **Gewinne aus der Spekulation mit Baugrund** auch tatsächlich **größtenteils abgeschöpft** werden können. Die Hebesätze müssten hierzu den Marktpreisentwicklungen stets zeitlich sehr eng folgen. Hauptziel der Einführung der Grundsteuer C sei aus Sicht der Gemeinden vielmehr die Schaffung von Anreizen zur Mobilisierung von **Vorrats- und Anlagegrundstücken**, die zur späteren Bebauung für die Familie vorgehalten oder als sicheres nichtmonetäres Anlageobjekt betrachtet werden würden. Nach Ansicht von Mannek/Sklarek erscheint zweifelhaft, dass ein Grundstückseigentümer, der baureife Grundstücke in Spekulationsabsicht hält, allein wegen einer höheren Grundsteuer zu einem früheren Zeitpunkt Baumaßnahmen ergreift.[6] Die absolute Höhe der Grundsteuer dürfte in vielen Fällen nicht dazu geeignet sein, die in besten Lagen zu erwartenden Wertsteigerungen zu beeinträchti- 124

1 Gesetz zur Änderung des Grundsteuergesetzes zur Mobilisierung von baureifen Grundstücken für die Bebauung v. 30.11.2019, BGBl 2019 I S. 1875.

2 Vgl. Lehmann in Grootens, GrStG § 37 Rz. 32 f.

3 Vgl. BT-Drucks. 19/11086 S. 1.

4 Vgl. BT-Drucks. 19/11086 S. 5.

5 Vgl. Ronnecker, ZKF 9/2019 S. 193.

6 Vgl. Mannek/Sklareck in Stenger/Loose, Bewertungsrecht - BewG/ErbStG/GrStG, § 25 GrStG Rz. 50.

gen. Wegen einer ersten Annäherung an die Höhe eines effektiven Steuersatzes vgl. den zu dieser Frage ausführlichen Beitrag von Löhr.[1]

125 Um eine baldige bauliche Nutzung derjenigen Grundstücke zu erreichen, die nach den rechtlichen Voraussetzungen und den tatsächlichen Gegebenheiten sofort bebaut werden können, ist die Erhebung der Grundsteuer mittels eines besonderen Hebesatzes beschränkt auf die **besondere Grundstücksgruppe der sog. „baureifen Grundstücke“**. Als solche gelten nur **unbebaute Grundstücke**, die der Grundsteuerpflicht unterliegen und innerhalb oder außerhalb eines Plangebiets **trotz ihrer Baureife nicht baulich genutzt werden**. Dabei bleiben **Hinderungsgründe zivilrechtlicher Art**, die einer möglichen sofortigen Bebauung entgegenstehen, bei der Beurteilung der Baureife eines Grundstücks **außer Betracht**.

126 Die jeweils örtlich zuständige Gemeinde entscheidet nach pflichtgemäßem Ermessen darüber, ob eine **besondere Nachfrage nach Bauland** besteht und welche steuerliche Belastung im Rahmen der verfassungsmäßigen Vorgaben den betroffenen Grundstückseigentümern auferlegt werden soll. Da die Grundsteuerhebesätze regelmäßig von den Gemeinden jährlich überprüft werden und der besondere Hebesatz für „baureife Grundstücke“ nach den vorgesehenen Regelungen vom allgemeinen Hebesatz für Grundstücke abweichen darf, kann die Besteuerung nach Auffassung des Gesetzgebers flexibel an die jeweilige Marktlage und die örtlichen Verhältnisse angepasst werden.[2] Gleichzeitig setze die zusätzliche Besteuerung der Grundstücksgruppe „baureife Grundstücke“ nicht das Verhältnis von Angebot und Nachfrage außer Kraft, so dass dessen volkswirtschaftliche Funktion erhalten bleibt.

127 Positiv zu bewerten ist nach Ansicht von Ronnecker, dass die Grundsteuer C auch über die steuerliche Anreizwirkung hinaus die **Transparenz auf dem Immobilienmarkt** erhöhen kann.[3] Die Grundsteuer C werde im Zusammenhang mit der erforderlichen **Kartendarstellung** (vgl. → Rz. 182) der baureifen Grundstücke Impulse für mehr Transparenz über das **verfügbare Baulandpotential** in den Städten und Gemeinden liefern.

128 Bereits Anfang der 1960er Jahre war die **Baulandsteuer** als Bestandteil eines bodenbezogenen steuerlichen Anreizinstrumentariums in den Fokus des Steuergesetzgebers gelangt. Der damalige Gesetzgeber hatte mit dieser Baulandsteuer, die mit Rechtswirkung zum 1.1.1961 eingeführt wurde und keine eigenständige Steuer war, vielmehr als Sonderform der Grundsteuer debütierte und infolgedessen auch Grundsteuer C genannt wurde, den Lenkungszweck verbunden, unbebautes, aber baureifes Bauland zu mobilisieren. Das **Horten von Bauland** sollte mit der Grundsteuer C derart **stark belastet** werden, dass Baugrundstücke zügiger einer planadäquaten Bebauung und Nutzung zugeführt werden konnten. Desgleichen sollte das spekulative Zurückhalten von Grundstücken tendenziell zurückgefahren werden. Die Baulandsteuer wurde aufgrund **anhaltender Diskussionen**[4] rückwirkend zum 1.1.1963 durch das Gesetz zur Änderung grundsteuerlicher Vorschriften[5] v. 10.6.1964 aufgehoben. Mithin waren dieser Steuer lediglich **zwei Jahre Gültigkeit** (1961 und 1962) beschieden. Vergleiche zur **Baulandsteuer als steuerhistorisches Vorbild** ausführlich Eisele, NWB 30/2019 S. 2204, NWB PAAAH-22603, sowie Ronnecker, ZKF 9/2019 S. 193.

1 Löhr, ZKF 2023 S. 169.
2 Vgl. BT-Drucks. 19/11086 S. 5.
3 Vgl. Ronnecker, ZKF 9/2019 S. 193.
4 Vgl. BT-Drucks. 19/15636.
5 Gesetz zur Änderung grundsteuerlicher Vorschriften v. 10.6.1964, BGBl 1964 I S. 347.

(Einstweilen frei) 129–135

2. Recht zur Festlegung eines gesonderten Hebesatzes für baureife Grundstücke (§ 25 Abs. 5 Satz 1 GrStG)

§ 25 Abs. 5 Satz 1 schafft für den Steuergegenstand Grundstücke (vgl. § 2 Nr. 2 GrStG) abweichend von § 25 Abs. 4 Satz 1 Nr. 2 **aus städtebaulichen Gründen** die rechtliche **Möglichkeit** zur **Festsetzung eines gesonderten Hebesatzes** (Grundsteuer C) für die besondere **Grundstücksgruppe baureifer Grundstücke** (vgl. für die Definition der baureifen Grundstücke → Rz. 151 ff.). Es ist keineswegs zwingend, dass die Gemeinden neben den Hebesätzen für die Grundsteuer A und die Grundsteuer B einen gesonderten Hebesatz für die Grundsteuer C festlegen.[1] Was in die **Kategorie der städtebaulichen Gründe** fällt, ist aus der beispielhaften Aufzählung in § 25 Abs. 5 Satz 4 GrStG ersichtlich (vgl. → Rz. 161 ff.). Der von der Gemeinde gesondert festgesetzte **Hebesatz** ist im jeweiligen Einzelfall unmittelbar auf den vom örtlich zuständigen Finanzamt mitgeteilten **Steuermessbetrag** anzuwenden. 136

Die jeweils örtlich zuständige **Gemeinde** entscheidet nach **pflichtgemäßem Ermessen** darüber, ob eine **besondere Nachfrage nach Bauland** besteht und **welche steuerliche Belastung** im Rahmen der verfassungsmäßigen Vorgaben den betroffenen Grundstückseigentümern auferlegt werden soll. Ob und in welchem Umfang die Gemeinden von dieser Möglichkeit Gebrauch machen werden, kann derzeit noch nicht abgeschätzt werden.[2] Daher sind gegenwärtig weder die finanziellen Auswirkungen auf das **Steueraufkommen** noch die Auswirkungen auf den **Erfüllungsaufwand der Verwaltung** ermittelbar. 137

Hat sich die Gemeinde für einen gesonderten Hebesatz für baureife Grundstücke (Grundsteuer C) entschieden, sind **gesetzliche Vorgaben** zu beachten. Zum einen sind die **genaue Bezeichnung der baureifen Grundstücke**, deren **Lage** sowie das **Gemeindegebiet**, auf das sich der **gesonderte Hebesatz bezieht**, jeweils nach den **Verhältnissen zu Beginn eines Kalenderjahres** (= Entstehungszeitpunkt der Grundsteuer, § 9 Abs. 2 GrStG) von der Gemeinde **zu bestimmen**, in einer **Karte nachzuweisen** und im Wege einer **Allgemeinverfügung öffentlich bekannt** zu geben (§ 25 Abs. 5 Satz 7 GrStG, vgl. → Rz. 181 ff.). Zum anderen hat die Gemeinde in der **Allgemeinverfügung** die **städtebaulichen Erwägungen nachvollziehbar darzulegen** und die **Wahl des Gemeindegebiets**, auf das sich der gesonderte Hebesatz beziehen soll, zu begründen. 138

Was die Festsetzung des Hebesatzes für die Grundsteuer C anbelangt, muss dieser **Hebesatz für alle** in der Gemeinde oder dem Gemeindeteil liegenden **baureifen Grundstücke einheitlich und höher** als der einheitliche Hebesatz für die übrigen in der Gemeinde liegenden Grundstücke (Grundsteuer B) sein (§ 25 Abs. 5 Satz 9 GrStG, vgl. → Rz. 191 ff.). Mit diesem „Abstandsgebot" der Grundsteuer C zur „normalen" Grundsteuer B soll der **Lenkungszweck** der Norm, nämlich die **Baulandmobilisierung**, unterstrichen werden. 139

(Einstweilen frei) 140–150

3. Definition der baureifen Grundstücke (§ 25 Abs. 5 Satz 2 und 3 GrStG)

§ 25 Abs. 5 Satz 2 BewG definiert die **Grundstücksgruppe „baureife Grundstücke"** und grenzt diese von der bewertungsrechtlichen Grundstücksart „unbebaute Grundstücke" ab. Als baurei- 151

1 Gl.A. Mannek/Sklareck in Stenger/Loose, Bewertungsrecht - BewG/ErbStG/GrStG, § 25 GrStG Rz. 48.
2 Vgl. BT-Drucks. 19/15636 S. 2.

fe Grundstücke kommen ausschließlich **unbebaute Grundstücke** i. S. des § 246 BewG in Betracht (vgl. zur Abgrenzung von den bebauten Grundstücken Bock in Grootens, BewG § 246 Rz. 17). Auch eine „Alibi-Bebauung" in Form eines Gebäudes von untergeordneter Bebauung führt zur Annahme eines bebauten Grundstücks und versperrt daher die Anwendung der Grundsteuer C für diese wirtschaftliche Einheit.[1] Befinden sich auf einem Grundstück lediglich Außenanlagen und/oder Betriebsvorrichtungen, liegt hingegen ein unbebautes Grundstück vor.[2] Während der Bauzeit eines Gebäudes ist ein zuvor unbebautes Grundstück bis zur Bezugsfertigkeit ebenso weiterhin als unbebaut einzustufen. Dies führt nach zutreffendem Hinweis von Feldner/Schätzlein zu einer Erhöhung der Baukosten und wirkt dem Lenkungszweck der Grundsteuer C entgegen, da es gerade für weniger finanzstarke Bauwillige die Baukosten in diesem Gebiet nochmals in die Höhe treibt.[3] Vor diesem Hintergrund schlagen Ockenfels/Meyer/Bosch eine Erlassregelung für Fälle vor, in denen der Grundstückseigentümer Verzögerungen bei der Bebauung und Fertigstellung nicht zu vertreten hat.[4]

152 Die unbebautenGrundstücke müssen nach dem Wortlaut des Gesetzes

- **Lage,**
- **Form,**
- **Größe** und
- ihrem **sonstigen tatsächlichen Zustand sowie**
- nach **öffentlich-rechtlichen Vorschriften**

sofort bebaut werden können.

153 PRAXISHINWEIS:

Eine erforderliche, aber noch nicht erteilte Baugenehmigung sowie zivilrechtliche Gründe, die einer sofortigen Bebauung entgegenstehen, sind gem. § 25 Abs. 5 Satz 3 GrStG unbeachtlich. Dies ist im Hinblick darauf, dass eine Baugenehmigung keine umgehende Bauverpflichtung nach sich zieht, nachvollziehbar.[5] Ebenso sind wirtschaftliche Gründe für eine bisher nicht erfolgte Bebauung nicht zu berücksichtigen.[6] So könnte eine Bebauung wegen Lärmquellen besonders unattraktiv sein, das Grundstück sehr ungünstig geschnitten sein oder sich Altlasten auf dem Grundstück befinden, die nur mit sehr hohem finanziellen Aufwand zu beseitigen sind. In diesen Fällen ist der Grundstückseigentümer gehalten, gegen die Einstufung seines Grundstücks durch die Allgemeinverfügung vorzugehen und die Gemeinde durch Vortragen der Gründe für die fehlende Bebauung dazu zu bewegen, das fragliche Grundstück im Rahmen des pflichtgemäßen Ermessens von der Einstufung als baureifes Grundstück auszunehmen.

154 Die **Einordnung** eines unbebauten Grundstücks **als baureifes Grundstück** wird **nicht im Grundsteuerwertbescheid als Grundlagenbescheid** getroffen, sondern ist von der Gemeinde im Rahmen der gesetzlich vorgesehenen öffentlichen Bekanntmachung der Festlegung der baureifen Grundstücke vorzunehmen (vgl. → Rz. 181). Daraus ergibt sich, dass Einwände gegen diese Einstufung durch **Anfechtung der Allgemeinverfügung** vorzubringen sind (wegen der verfahrens-

1 Vgl. Bock in Grootens, BewG § 248 Rz. 20.

2 Vgl. Bock in Grootens, BewG § 246 Rz. 17.

3 Vgl. Feldner/Schätzlein, DStR 2021 S. 512.

4 Vgl. Ockenfels/Meyer/Bosch, ZKF 2023 S. 221.

5 Vgl. dazu kritisch Feldner/Schätzlein, DStR 2021 S. 512, die ab dem Zeitpunkt der Bauantragsstellung eine Bauwilligkeit des Grundstückseigentümers attestieren wollen. Sie regen eine Gesetzesänderung an, um die ab dem Zeitpunkt der Bauantragstellung als Grundsteuer C zusätzlich anfallende Grundsteuer nach erfolgter Bebauung erstatten zu können.

6 Vgl. dazu kritisch Ronnecker, ZKF 9/2019 S. 193.

rechtlichen Rahmenbedingungen zur Anfechtung vgl. Grootens in Grootens, GrStG § 27 Rz. 91 ff.).

Im Hinblick auf die in der Gesetzesbegründung[1] genannten **Sanierungsgebiete** als möglichen Anwendungsbereich der Erhebung der Grundsteuer C ist festzustellen, dass die **Grundsteuer C für bebaute Grundstücke nicht erhoben** werden kann. Solange das Grundstück gem. § 248 BewG als bebautes Grundstück einzustufen ist, kann für dieses Grundstück **nur der Hebesatz der Grundsteuer B** zur Anwendung kommen. Löhr weist zutreffend darauf hin, dass die **Lenkungsziele des Gesetzes** gleichwohl auch zahlreiche als bebaut geltende Grundstücke betreffen und spricht sich daher für eine **Erweiterung des Anwendungsbereichs der Grundsteuer C** aus.[2] Dies gelte insbesondere für „Schrottimmobilien" und mindergenutzte Grundstücke. 155

(Einstweilen frei) 156–160

4. Definition der städtebaulichen Gründe (§ 25 Abs. 5 Satz 4 GrStG)

Was in die Kategorie der **städtebaulichen Gründe** fällt, ist aus der **beispielhaften Aufzählung** in § 25 Abs. 5 Satz 4 GrStG ersichtlich. Als städtebauliche Gründe kommen demnach **insbesondere** 161

- die Deckung eines **erhöhten Bedarfs an Wohn- und Arbeitsstätten** sowie **Gemeinbedarfs- und Folgeeinrichtungen,**
- die **Nachverdichtung** bestehender **Siedlungsstrukturen** oder
- die **Stärkung** der **Innenentwicklung** in Betracht.

Als Gemeinbedarfseinrichtungen kommen z. B. übergeordnete Gemeinbedarfseinrichtungen wie 162

- Krankenhäuser,
- Hochschulen oder Forschungseinrichtungen

sowie **Einrichtungen des wohnungsbezogenen Gemeinbedarfs** wie z. B.

- Kindertagesstätten,
- Jugendfreizeitstätten oder
- Grundschulen

in Betracht.[3]

Im Städtebau wird mit dem Begriff der Nachverdichtung die Nutzung freier Flächen im Kontext bereits bestehender Bebauung bezeichnet. Eine Nachverdichtung kann so z. B. durch **Aufstockungen, Hinterlandbebauung** oder das „Andocken" von Flächen erfolgen. Mit einer Nachverdichtung, bisweilen auch Innenverdichtung genannt, wird u. a. also die Erhöhung der Kubatur angestrebt, was die **Bebauungsdichte** (mithin den Wohnraum je verbauter Fläche) erhöht. Im Ergebnis wird mit einer Nachverdichtung einer **Zersiedelung entgegengewirkt.**[4] 163

Im ursprünglichen Gesetzesentwurf[5] war die Formulierung „...kann in **Gebieten mit besonderem Wohnraumbedarf**..." vorgesehen. Diese Formulierung wurde im Gesetzgebungsverfahren 164

1 Vgl. BT-Drucks. 19/14159 S. 11.
2 Vgl. Löhr, BB 25/2019 S. 1431.
3 Vgl. Eisele/Wiegand, Grundsteuerreform 2022/2025 S. 92.
4 Vgl. Eisele/Wiegand, Grundsteuerreform 2022/2025 S. 92.
5 Vgl. BT-Drucks. 19/11086 S. 3.

in „...kann **aus städtebaulichen Gründen**..." geändert.[1] Mit der Änderung wird der **Anwendungsbereich** der Grundsteuer C **erweitert**. Aus Gründen der Verhältnismäßigkeit und Bestimmtheit erfolgte eine tatbestandliche Beschränkung auf bestimmte städtebauliche Gründe. Unverändert kann ein dringender **Wohnbedarf der Bevölkerung** einschließlich der Gemeinbedarfs- und Folgeeinrichtungen im Rahmen städtebaulicher Gründe berücksichtigt werden. Meyer kritisiert, dass die Ausweitung des Anwendungsbereichs auf städtebauliche Gründe und die Abwälzung der Festlegung des Lenkungszwecks im Detail auf die jeweilige Gemeinde verfassungswidrig sei, da die wesentlichen Entscheidungen über den Lenkungszweck durch den Gesetzgeber selbst getroffen werden müssten.[2] Dem ist entgegenzuhalten, dass der Gesetzgeber ausweislich der Gesetzesmaterialien die Grundsteuer C durchaus als Werkzeug zur Erreichung mehrerer Lenkungsziele angesehen hat und diese Lenkungsziele auch umschrieben hat. Lediglich die Auswahl des jeweiligen Lenkungsziels aus dem vom Gesetzgeber vorgelegten Anwendungsbereich obliegt der Kommune, so dass das Gesetz hinreichend konkret gefasst worden ist.

165 Eine weitere maßgebliche Richtschnur ist die in § 1a Abs. 2 Satz 1 BauGB enthaltene **„Bodenschutzklausel"**, wonach mit Grund und Boden sparsam und schonend umzugehen ist.[3] Zur Verringerung der zusätzlichen Inanspruchnahme von Flächen für bauliche Nutzungen seien die Möglichkeiten der Entwicklung der Gemeinde insbesondere durch **Wiedernutzbarmachung von Flächen, Nachverdichtungen der Siedlungsstrukturen** und andere **Maßnahmen zur Innenentwicklung** zu nutzen.

166–170 *(Einstweilen frei)*

5. Beschränkung des gesonderten Hebesatzes auf Teile des Gemeindegebiets (§ 25 Abs. 5 Satz 5 und 6 GrStG)

171 Abweichend vom Regierungsentwurf[4] hat die Gemeinde den **gesonderten Hebesatz auf einen bestimmten Gemeindeteil zu beschränken**, wenn nur für diesen Gemeindeteil die **städtebaulichen Gründe vorliegen** (§ 25 Abs. 5 Satz 5 GrStG). Was die Größe und den steuergegenständlichen Umfang eines solchen Gemeindeteils anbetrifft, muss dieser **mindestens 10 % des gesamten Gemeindegebiets** umfassen (§ 25 Abs. 5 Satz 6 GrStG). Zudem müssen in dem Gemeindeteil **mehrere baureife Grundstücke** belegen sein. Als Grundstück i. S. der Vorschrift gilt die **wirtschaftliche Einheit** i. S. des § 244 Abs. 1 BewG. Die Mindestvoraussetzungen des Satzes 6 sollen offenbar eine **missbräuchliche Anwendung** der Grundsteuer C durch die Gemeinden als **„Strafsteuer"** für einen einzelnen Steuerpflichtigen verhindern.

172 Die **Beschränkung des gesonderten Hebesatzrechts** nur auf einen **Gemeindeteil** (§ 25 Abs. 5 Satz 5 GrStG) soll den Städten und Gemeinden ausweislich der Gesetzesbegründung[5] ermöglichen, die **Erhebung des gesonderten Hebesatzes zielgenau** vornehmen zu können. Dies kann beispielsweise nur auf den **Ortskern**, das **Sanierungsgebiet** oder das **neue Baugebiet** zutreffen.

173 PRAXISHINWEIS:

Die Vorgaben zur Mindestgröße von 10 % des Gemeindegebiets und zur Mindestanzahl der unbebauten Grundstücke innerhalb des abgegrenzten Teils des Gemeindegebiets sind in der Praxis leicht zu erfüllen,

1 Vgl. die Beschlussempfehlung des Finanzausschusses, BT-Drucks. 19/14139 S. 5.
2 Vgl. Meyer, DStR 2024 S. 978.
3 Vgl. die Beschlussempfehlung des Finanzausschusses, BT-Drucks. 19/14139 S. 5.
4 Vgl. BT-Drucks. 19/11086 S. 8.
5 Vgl. BT-Drucks. 19/14159 S. 11.

indem benachbarte Bereiche der Gemeinde mit ausschließlich bebauten Grundstücken zu zwei unbebauten Grundstücken hinzugezogen werden. Das Gesetz kann nicht so ausgelegt werden, dass die Gemeinteile nur aus unbebauten Grundstücken bestehen müssen. Andernfalls wäre die in der Gesetzesbegründung genannte Beschränkung auf den Ortskern nicht möglich. Ein direktes Angrenzen der Grundstücksflächen ist im Gesetz für die Bestimmung des Teils einer Gemeinde nicht gefordert und wäre wegen der die einzelnen Grundstücke trennenden Verkehrsflächen auch nicht erreichbar. Zweifelsohne wird angesichts der Beispiele in der Gesetzesbegründung[1] gleichwohl ein räumlicher Zusammenhang vorliegen müssen, um von einem „Teil eines Gemeindegebietes" sprechen zu können.

Insbesondere in **Großstädten** wie etwa Berlin wird es **mehrere Gemeindeteile** geben, in denen (verschiedene) **städtebauliche Gründe** für eine Mobilisierung baureifer Grundstücke zum Tragen kommen. Gerade in diesen Großstädten ist z. B. die **Nachfrage nach Wohnimmobilien** besonders hoch. Auch wenn das Gesetz zahlenmäßig nur von **einem Gemeindeteil** ausgeht, auf den sich die städtebaulichen Gründe beschränken, müssen nach dem Sinn und Zweck des Gesetzes auch **mehrere Gemeindegebiete mit unterschiedlichen oder deckungsgleichen städtebaulichen Gründen** gebildet werden können.[2] Andernfalls wäre die in der Gesetzesbegründung[3] als Begründung für die Einfügung des Satzes 5 angeführte **zielgenaue Abgrenzung** der städtebaulichen Entwicklungsgebiete nicht umsetzbar. Umgekehrt ist es nicht sachgerecht, das gesamte Stadtgebiet einer Großstadt und damit **alle unbebauten Grundstücke** – auch die ohne Notwendigkeit einer Mobilisierung – in **eine einzige Zone einzuordnen**, um alle Bereiche der Gemeinde mit städtebaulichem Entwicklungsbedarf zu erfassen. Unabhängig davon kann der **Hebesatz der Grundsteuer C** für alle Gemeindeteile und alle denkbaren städtebaulichen Gründe **nur einheitlich festgesetzt** werden (vgl. → Rz. 191). 174

(Einstweilen frei) 175–180

6. Bekanntgabe der baureifen Grundstücke in einer Allgemeinverfügung (§ 25 Abs. 5 Satz 7 und 8 GrStG)

§ 25 Abs. 5 Satz 7 GrStG regelt in Übereinstimmung mit dem **bewertungsrechtlichen Stichtag** (vgl. § 221 Abs. 2 BewG) und dem **Zeitpunkt der Grundsteuerentstehung**, dass 181

- ► die genaue **Bezeichnung der baureifen Grundstücke,**
- ► deren **Lage** sowie
- ► das **Gemeindegebiet**, auf das sich der gesonderte Hebesatz bezieht,

jeweils nach den **Verhältnissen zu Beginn eines Kalenderjahres** von der Gemeinde zu bestimmen sind. Die Nennung des Eigentümers des baureifen Grundstücks ist keine gesetzliche Tatbestandsvoraussetzung.[4]

Die Feststellungen sind in einer **Karte** nachzuweisen und im Wege einer **Allgemeinverfügung** öffentlich bekannt zu geben. In der Allgemeinverfügung sind gem. § 25 Abs. 5 Satz 8 GrStG die **städtebaulichen Erwägungen** nachvollziehbar darzulegen und die **Wahl des Gemeindegebiets**, auf das sich der gesonderte Hebesatz beziehen soll, **zu begründen**. Eine Allgemeinverfügung ist ein **Verwaltungsakt**, der sich an einen nach allgemeinen Merkmalen bestimmten oder bestimmbaren Personenkreis richtet oder die öffentlich-rechtliche Eigenschaft einer Sache oder 182

1 Vgl. BT-Drucks. 19/14159 S. 11.
2 Gl.A. Schnitter in GrStG - eKommentar, § 25 GrStG Rz. 25.
3 Vgl. BT-Drucks. 19/14159 S. 11.
4 Vgl. BT-Drucks. 19/15636 S. 8.

ihre Benutzung durch die Allgemeinheit betrifft (vgl. § 118 AO). Als **kommunaler Verwaltungsakt** kann die Allgemeinverfügung nach den allgemeinen Grundsätzen angefochten werden.[1]

183 Damit wird nach Auffassung des Gesetzgebers[2] bereits dem Grunde nach die **rechtliche Überprüfung** zur Heranziehung eines baureifen Grundstücks **gewährleistet**. Eine **nochmalige Erläuterung im Grundsteuerbescheid** bei Anwendung der Grundsteuer C auf ein in der Allgemeinverfügung bezeichnetes baureifes Grundstück ist wegen der öffentlichen Bekanntmachung damit **rechtlich entbehrlich**. Gleichwohl ist es i. S. der **Bürgerorientierung** sinnvoll, betroffene Steuerpflichtigen auch im Grundsteuerbescheid noch einmal auf die Besonderheit der Hebesatzfestlegung hinzuweisen und die in der Allgemeinverfügung benannten Gründe nochmals aufzuführen. Ungeachtet dessen läuft der Grundstückseigentümer Gefahr, nicht ausreichend vor **Ablauf der Rechtsbehelfsfrist** der Allgemeinverfügung Kenntnis von der Verfügung zu erhalten, da sie ihm persönlich gar nicht zugeht bzw. der Zugang vom Zufall abhängt. Da es der Gemeinde ohne weiteres möglich wäre, die Grundstückseigentümer als Inhaltsadressaten der Einstufung für eine Bekanntgabe per individuellem Bescheid zu bestimmen, beschränkt die Festlegung im Wege einer Allgemeinverfügung erheblich die Rechtschutzmöglichkeiten.[3]

184 Die **Festsetzung eines gesonderten Hebesatzes für baureife Grundstücke** (Grundsteuer C) durch die Gemeinde erfolgt entweder im Rahmen der **Haushaltssatzung** oder in einer **gesonderten Satzung** (vgl. zu den Möglichkeiten der Festsetzung des Hebesatzes ausführlich → Rz. 46). Für den Steuerpflichtigen ergibt sich eine Möglichkeit zur **Anfechtung der Höhe des Hebesatzes für baureife Grundstücke** m. E. erst bei **Erhalt des Grundsteuerbescheids**.[4]

185–190 *(Einstweilen frei)*

7. Hebesatzeinheitlichkeit und Höhe des gesonderten Hebesatzes (§ 25 Abs. 5 Satz 9 GrStG)

191 § 25 Abs. 5 Satz 9 GrStG regelt ergänzend, dass im Falle der gesonderten Festsetzung eines Hebesatzes für die besondere Grundstücksgruppe baureifer Grundstücke dieser **Hebesatz innerhalb des Gemeindegebiets nur einheitlich** zur Anwendung kommen darf und der **Hebesatz** dem Gesetzeszweck entsprechend **höher als für die übrigen Grundstücke** des Grundvermögens (Grundsteuer B) sein muss. Eine unterschiedliche Festsetzung von gesonderten Hebesätzen für innerhalb eines Gemeindegebiets unterschiedlich belegene baureife Grundstücke ist damit ausgeschlossen. Die Grundstückseigentümer in einem Gebiet, in dem die Gemeinde die Vorraussetzungen als gerade noch gegeben ansieht und eine Mobilisierung von Bauland eher für wünschenswert als für unbedingt erforderlich hält, werden nach zutreffendem Hinweis von Vogelpoth hinsichtlich des Steuersatzes (relativ) also in gleichem Maße belastet, wie der aus Sicht der Gemeinde unbedingt zu verdrängende „Großspekulant" in einem anderen Bereich der Gemeinde.[5] Zur **maximalen Höhe des Hebesatzes** für die Grundsteuer C trifft § 25 GrStG keine Aussage. Neben **landesrechtlichen Höchstgrenzen** (vgl. § 26 GrStG) sind somit insbesondere die verfassungsrechtlichen **Grenzen der Erdrosselungsbesteuerung** zu beachten, denen sich auch die Hebesätze der Grundsteuer A und B unterwerfen müssen (vgl. → Rz. 48). Wegen

1 Vgl. zur Anfechtung Grootens in Grootens, GrStG § 27 Rz. 71.
2 Vgl. BT-Drucks. 19/11086 S. 8.
3 Gl. A. Vogelpoth, DStR 20/2020 S. 1026 und und mit ausführlicher Begründung Meyer, DStR 2024 S. 978.
4 Vgl. zu den Anfechtungsmöglichkeiten Grootens in Grootens, GrStG § 27 Rz. 91 ff.
5 Vgl. Vogelpoth, DStR 20/2020 S. 1026.

einer ersten Annäherung an die Höhe eines effektiven Steuersatzes vgl. den zu dieser Frage ausführlichen Beitrag von Löhr.[1]

Insbesondere in **Großstädten** hätte es aus Sicht der Gemeinden sicher eine interessante **Gestaltungsmöglichkeit** dargestellt, wenn die Festsetzung **unterschiedlicher Hebesätze für verschiedene städtebauliche Entwicklungsgründe** für zulässig erklärt worden wäre. Eine solche Vorgehensweise hätte zu einer Vielzahl unterschiedlicher Hebesätze innerhalb einer Gemeinde führen können. Der Grundsatz der **Hebesatzeinheitlichkeit** (§ 25 Abs. 4 Satz 1 GrStG, vgl. → Rz. 101) wäre mit einer derartigen Erweiterung aber gänzlich ausgehöhlt worden. Insofern ist nachvollziehbar, dass der Gesetzgeber die Hebesatzmöglichkeiten der Gemeinde auf nunmehr **drei denkbare Hebesätze** beschränkt. Dies stellt insbesondere **Großstädte** mit baureifen Grundstücken in mehreren Gebieten mit unterschiedlichen städtebaulichen Gründen bei der Festlegung des Hebesatzes für die Grundsteuer C vor das große Problem, die **unterschiedlichen Lenkungszwecke unter einen Hut** zu bringen. 192

§ 26 GrStG Koppelungsvorschriften und Höchsthebesätze

In welchem Verhältnis die Hebesätze für die Grundsteuer der Betriebe der Land- und Forstwirtschaft, für die Grundsteuer der Grundstücke und für die Gewerbesteuer zueinander stehen müssen, welche Höchstsätze nicht überschritten werden dürfen und inwieweit mit Genehmigung der Gemeindeaufsichtsbehörde Ausnahmen zugelassen werden können, bleibt einer landesrechtlichen Regelung vorbehalten.

Inhaltsübersicht **Rz.**

LITERATUR:

Rauber, Gibt es rechtliche Grenzen für die Grundsteuer B?, KStZ 7/2015 S. 121.

A. Allgemeine Erläuterungen zu § 26 GrStG

I. Normzweck und wirtschaftliche Bedeutung der Vorschrift

Die Festlegung der Hebesätze für die Grundsteuer und die Gewerbesteuer unterliegt grundsätzlich der **kommunalen Hebesatzautonomie** (Art. 28 Abs. 2 Satz 3 GG, vgl. § 25 GrStG). § 26 GrStG schafft eine **Beschränkungsmöglichkeit**, indem es den Ländern die Möglichkeit einer **landesrechtlichen Regelung** einräumt. Die Regelungsmöglichkeit umfasst das **Verhältnis der Hebesätze** zueinander, **Höchsthebesätze** und **Ausnahmeregelungen** von diesen Festlegungen. Von dieser Ermächtigung macht aktuell kein Bundesland Gebrauch.[2] 1

1 Löhr, ZKF 2023 S. 169.

2 Vgl. Rauber, KStZ 7/2015 S. 121.

2 Durch das Gesetz zur Änderung des Grundgesetzes[1] vom 15.11.2019 wurde dem Bundesgesetzgeber die **konkurrierende Gesetzgebungskompetenz** für die Grundsteuer eingeräumt (Art. 105 Abs. 2 GG). Gleichzeitig wurde den Ländern in Art. 72 Abs. 3 Nr. 7 GG das Recht eingeräumt, **abweichende landesspezifische Regelungen** zur Grundsteuer in Kraft zu setzen. Somit sind die Länder – im Rahmen der verfassungsmäßigen Grenzen – frei in der Gestaltung abweichender Vorschriften zur Erhebung der Grundsteuer. Dies schließt die Festlegung von Hebesatzgrenzen oder auch den Verzicht darauf ein. § 26 GrStG hat somit nur noch für die Länder Bedeutung, die von der **Öffnungsklausel** des Art. 72 GG ausdrücklich nicht Gebrauch gemacht haben und in deren Hoheitsbereich somit die bundesgesetzliche Regelung zum Tragen kommt.

3–8 *(Einstweilen frei)*

II. Entstehung und Entwicklung der Vorschrift

9 § 26 GrStG[2] übernimmt den Regelungsinhalt aus § 21 Abs. 2 GrStG[3] vom 10.8.1951. Seitdem wurde § 26 GrStG nur im Rahmen des Gesetzes zur Fortsetzung der Unternehmenssteuerreform[4] geändert. Der Gesetzestext wurde hierbei einerseits durch Streichung des Hinweises auf die weggefallene Lohnsummensteuer und anderseits durch Beschränkung auf die Gewerbesteuer nach dem Wegfall der Gewerbekapitalsteuer gekürzt.

10–15 *(Einstweilen frei)*

III. Geltungsbereich

16 Die Vorschrift ist bei der Festsetzung und Entrichtung der **Grundsteuer** auf **inländischen Grundbesitz** durch die Gemeinden anzuwenden, soweit die Länder nicht von ihrer Abweichungskompetenz nach Art. 72 Abs. 3 Satz 1 Nr. 7 GG Gebrauch gemacht haben.

17–25 *(Einstweilen frei)*

IV. Verhältnis zu anderen Vorschriften

26 Die Möglichkeit zur **Festlegung von Hebesätzen** für die Grundsteuer durch die jeweilige Gemeinde ist in **§ 25 GrStG** geregelt. Diese Hebesätze sind auf die **Steuermessbeträge** i. S. des **§ 13 GrStG** oder anteilig zerlegte Steuermessbeträge i. S. des **§ 22 GrStG** anzuwenden.

27–35 *(Einstweilen frei)*

B. Systematische Kommentierung

I. Landesregelung zur Festlegung der Hebesätze

36 Nach § 26 GrStG sind landesrechtliche Regelungen zulässig über

- das **Verhältnis der Hebesätze** (Grundsteuer A, Grundsteuer B, Grundsteuer C, Gewerbesteuer) zueinander,
- die **Höchstsätze** für die einzelnen Hebesätze und

1 Gesetz zur Änderung des Grundgesetzes (Art. 72, 105 und 125b) v. 15.11.2019, BGBl 2019 I S. 1546.
2 Neufassung des Grundsteuergesetzes v. 7.8.1973, BGBl 1973 I S. 965.
3 BGBl 1951 I S. 519.
4 UntStRFoG v. 29.10.1997, BGBl 1997 I S. 2590.

- inwieweit mit Genehmigung der Gemeindeaufsichtsbehörde **Ausnahmen** zugelassen werden können.

Von dieser Ermächtigung macht aktuell kein Bundesland Gebrauch.[1] Unter Anwendung der Öffnungsklausel des Art. 72 GG hat **NRW** mit dem NWGrStHSG gleichwohl ohne Bezug auf § 26 GrStG im Zusammenhang mit der Option des Hebesatzsplittings im Bereich der Grundsteuer B eine **landesrechtliche Koppelungsregelung** geschaffen.[2] Die Länder Sachsen-Anhalt und Schleswig-Holstein sind dem Modell von NRW gefolgt und haben vergleichbare Regelungen geschaffen. Über die vorgenannten Regelungen hinausgehende **Einschränkungen** des Hebesatzrechts der Gemeinden durch den Landesgesetzgeber sind **unzulässig**.[3] Das verfassungsrechtlich geschützte kommunale Selbstverwaltungsrecht kann allerdings vom Gesetzgeber auch unabhängig von Festlegungen eines Hebesatz-Höchstbetrags beschränkt werden. Unter den in Art. 28 Abs. 2 Satz 1 und Art. 106 Abs. 6 Satz 2 GG normierten Gesetzesvorbehalt fallen etwa landesgesetzliche Regelungen zur kommunalen Haushaltswirtschaft oder zur staatlichen Kommunalaufsicht. Danach kann je nach Landesrecht etwa eine **kommunalaufsichtliche Maßnahme gegen die Absenkung der Hebesätze** für die Grundsteuer in einer hochverschuldeten Gemeinde gerechtfertigt sein.[4]

37 Das grundgesetzlich eingeräumte **Hebesatzrecht** (Art. 28 Abs. 2 Satz 3 GG, vgl. § 25 GrStG) dient der Sicherung einer angemessenen **Finanzausstattung** der Gemeinden. Die Gemeinden sollen die Möglichkeit haben, ihre Einnahmen durch Anhebung der Grundsteuer an den Finanzbedarf anzupassen und damit angesichts wachsender Haushaltslasten handlungsfähig zu bleiben.[5] Die Festsetzung des Hebesatzes liegt im weiten, pflichtgemäßen Ermessen der Gemeinde, das von Gerichten nur eingeschränkt daraufhin überprüft werden kann, ob die Grenzen für die Normsetzung überschritten wurden oder die Steuererhebung willkürlich ist.[6] Dabei unterliegt die Gemeinde bei der Festsetzung des Hebesatzes grundsätzlich keiner gesetzlichen **Höchstgrenze**, es sei denn, der Landesgesetzgeber hat im Rahmen der durch § 26 GrStG eröffneten Möglichkeiten eine solche festgelegt.

38 Nach § 26 GrStG bleibt es einer landesrechtlichen Regelung vorbehalten, die **Höchstsätze für Hebesätze** festzulegen, die bei der Grundsteuer nicht überschritten werden dürfen. Nach dem klaren Wortlaut der Bestimmung handelt es sich um eine **Ermächtigung** der Länder, nicht aber um eine **Rechtspflicht** der Länder, eine entsprechende Regelung zu erlassen.[7]

39 Dieses aus dem Wortlaut der Bestimmung abzuleitende Ergebnis wird durch die **Gesetzesbegründung** bestätigt. Hierin ist ausgeführt: „Der Bund könnte damit auch den Ermessensspielraum der Gemeinden eingrenzen. Es erscheint jedoch zweckmäßig, dass der Bund von seinem Gesetzgebungsrecht insoweit keinen Gebrauch macht, sondern es den Ländern überlässt, inwieweit entsprechende Gesetze zu erlassen sind“.[8] Dieser Begründung lässt sich zweifelsfrei entnehmen, dass es allein der freien Entscheidung der Länder überlassen bleibt, ob sie von dieser Ermächtigung Gebrauch machen. Der **Verzicht auf eine solche gesetzliche Regelung**

1 Vgl. Rauber, KStZ 7/2015 S. 121.
2 Vgl. NWGrStHsG v. 5.7.2024, GV. NRW 2024 S. 490 sowie ausführlich Bock/Lapp in Grootens, GrStG, § 1 NRWGrStG Rz. 46.
3 BVerwG, Urteil v. 11.6.1993 - 8 C 32/90.
4 BVerwG, Urteil v. 27.10.2010 - 8 C 43/09.
5 Vgl. Grootens in Grootens, GrStG § 25 Rz. 36.
6 VG Wiesbaden, Urteil v. 27.1.2017 - 1 K 684/15.WI.
7 BVerwG, Beschluss v. 21.1.1991 - 8 NB 1/90.
8 Zitiert nach Troll/Eisele, GrStG § 26 Rz. 1.

schlägt damit nicht auf die Rechtmäßigkeit von Steuerbescheiden, die auf einem für das Veranlagungsjahr erhöhten Hebesatz beruhen, durch.[1]

40 Hat der Landesgesetzgeber von § 26 GrStG keinen Gebrauch gemacht, ergibt sich ein Höchsthebesatz auch nicht aus anderen gesetzlichen Regelungen. Insbesondere stellt das **haushaltsrechtliche Subsidiaritätsgebot** (z. B. § 93 Abs. 2 Hessische Gemeindeordnung), d. h. der Vorrang von Leistungsentgelten (Gebühren und Beiträgen) vor Steuern bei der kommunalen Einnahmeerzielung, keine derartige Höchstsatzbestimmung i. S. des § 26 GrStG dar.[2] Das grundsätzlich weite Ermessen, das den Gemeinden im Rahmen ihrer Finanzhoheit zusteht, werde lediglich dadurch begrenzt, dass Steuern **nicht willkürlich erhöht** werden und keine „erdrosselnde" Wirkung haben dürfen.[3] Ob dies der Fall sei, könne aber regelmäßig nur im jeweiligen Einzelfall bewertet werden.

41 Unter einer landesrechtlichen Regelung kann nach Auffassung von Troll/Eisele sowohl ein **Gesetz** des Landesparlaments als auch eine **Rechtsverordnung** der Landesregierung zu verstehen sein.[4] Nach Art. 80 Abs. 1 Satz 2 GG können die Bundesregierung, ein Bundesminister oder die Landesregierungen durch ein Gesetz ermächtigt werden, Rechtsverordnungen zu erlassen. Dabei müssen nach Art. 80 Abs. 1 Satz 2 GG Inhalt, Zweck und Ausmaß der erteilten Ermächtigung im Gesetz bestimmt werden. Es ist m. E. äußerst zweifelhaft, dass die Ermächtigung zum Erlass einer „landesrechtlichen Regelung", wie sie § 26 GrStG vorsieht, diesen Vorgaben genügt. Nach Art. 72 Abs. 3 Nr. 7 GG können die Länder bei der Grundsteuer durch Gesetz **vom Bundesrecht abweichende Regelungen** treffen.[5] Deshalb kann auf eine Prüfung, ob die Ermächtigung alle Anforderungen des Art. 80 Abs. 1 GG erfüllt, im Ergebnis verzichtet werden.

§ 27 GrStG Festsetzung der Grundsteuer

(1) [1]Die Grundsteuer wird für das Kalenderjahr festgesetzt. [2]Ist der Hebesatz für mehr als ein Kalenderjahr festgesetzt, kann auch die jährlich zu erhebende Grundsteuer für die einzelnen Kalenderjahre dieses Zeitraums festgesetzt werden.

(2) Wird der Hebesatz geändert (§ 25 Abs. 3), so ist die Festsetzung nach Absatz 1 zu ändern.

(3) [1]Für diejenigen Steuerschuldner, die für das Kalenderjahr die gleiche Grundsteuer wie im Vorjahr zu entrichten haben, kann die Grundsteuer durch öffentliche Bekanntmachung festgesetzt werden. [2]Für die Steuerschuldner treten mit dem Tage der öffentlichen Bekanntmachung die gleichen Rechtswirkungen ein, wie wenn ihnen an diesem Tage ein schriftlicher Steuerbescheid zugegangen wäre.

Inhaltsübersicht **Rz.**

1 Niedersächsisches Finanzgericht, Urteil v. 18.9.1975 - VII 103/72.

2 BVerwG, Beschluss v. 26.10.2016 - 9 B 28/16, NWB TAAAF-87290.

3 Vgl. etwa BVerwG, Urteil v. 3.6.1969 - 7 C 8.68 zur Verdoppelung der Schankerlaubnissteuer und Urteil v. 15.10.2014 - 9 C 8.13, NWB GAAAE-82854 zur erdrosselnden Wirkung einer Kampfhundesteuer.

4 Vgl. Troll/Eisele, GrStG § 26 Rz. 3, a. A. Halaczinsky, GrStG § 26 Rz. 3 mit Bezug auf Glier, GrStG § 26 Rz. 3.

5 Recht zur Festlegung abweichenden Landesrechts im Bereich der Grundsteuer, eingefügt durch das Gesetz zur Änderung des Grundgesetzes v. 15.11.2019, BGBl 2019 I S. 1546.

A. Allgemeine Erläuterungen zu § 27 GrStG

I. Normzweck und wirtschaftliche Bedeutung der Vorschrift

§ 27 GrStG regelt das **Festsetzungsverfahren** für die Grundsteuer. Die Vorschrift bestimmt, dass die Grundsteuer als **Jahressteuer** festgesetzt wird. Die Festsetzung ist gem. § 27 Abs. 2 GrStG zu ändern, wenn der **Hebesatz** (vgl. § 25 Abs. 3 GrStG) geändert wird. Darüber hinaus regelt § 27 Abs. 3 die Möglichkeit der **öffentlichen Bekanntmachung** der Festsetzung der Grundsteuer bei gleichbleibender Grundsteuer und die Konsequenzen für die Steuerschuldner bei einer solchen öffentlichen Bekanntmachung. 1

Die Festsetzung der Grundsteuer ist den **Landesfinanzbehörden** übertragen worden (Art. 108 Abs. 2 GG), die sie aber auf die **Gemeinden** übertragen dürfen (Art. 108 Abs. 4 Satz 2 GG). Hiervon haben alle Länder Gebrauch gemacht und in den Kommunalabgabengesetzen[1] die **Festsetzung und Erhebung** der Grundsteuer den Gemeinden übertragen. 2

(Einstweilen frei) 3–8

II. Entstehung und Entwicklung der Vorschrift

Die Vorschrift ist seit Jahrzehnten **fester Bestandteil des GrStG.**[2] Bei der Novellierung des GrStG durch das **GrStRefG**[3] v. 26.11.2019 wurde § 27 GrStG nicht geändert. 9

(Einstweilen frei) 10–15

III. Geltungsbereich

Die Vorschrift ist bei der Festsetzung und Entrichtung der **Grundsteuer** auf **inländischen Grundbesitz** durch die Gemeinden anzuwenden, soweit die Länder nicht von ihrer Abweichungskompetenz nach Art. 72 Abs. 3 Satz 1 Nr. 7 GG Gebrauch gemacht haben. 16

(Einstweilen frei) 17–25

1 Vgl. die Auflistung der KAG der einzelnen Länder in Troll/Eisele, GrStG § 25 Rz. 2.
2 Vgl. die Neufassung des Grundsteuergesetzes v. 7.8.1973, BGBl 1973 I S. 965.
3 GrStRefG v. 26.11.2019, BGBl 2019 I S. 1794.

IV. Verhältnis zu anderen Vorschriften

26 Für die Festsetzung und Erhebung der Grundsteuer gelten grundsätzlich die **Vorschriften der AO**. Ausgenommen von diesem Prinzip sind die Vorschriften zum Rechtsbehelf und zur Vollstreckung in den Flächenstaaten. Die Rechtsbehelfe regeln sich dort nach der **Verwaltungsgerichtsordnung** (außergerichtliches Verfahren - vgl. **§ 40 Abs. 1 VwGO**). Für Klagen ist der **Verwaltungsgerichtsweg** zu beschreiten - vom Verwaltungsgericht über die Oberverwaltungsgerichte (oder Verwaltungsgerichtshöfe) bis zum Bundesverwaltungsgericht.[1] Die **Vollstreckung** richtet sich nach den Verwaltungsvollstreckungsgesetzen der Länder.

27 Für die **Stadtstaaten** Berlin und Hamburg sowie die Stadt Bremen (nicht Bremerhaven) sind die **Finanzämter** sowohl für die Festsetzung als auch die Erhebung der Grundsteuer zuständig. Die AO gilt daher vollumfänglich, so dass die Rechtsbehelfe im **Finanzrechtsweg** über die Finanzgerichte bis zum Bundesfinanzhof verfolgt werden.

28 Die **Fälligkeit** der Grundsteuer ergibt sich aus **§ 28 GrStG**, die **Vorauszahlungen** ergeben sich aus **§ 29 GrStG**.

29–35 *(Einstweilen frei)*

B. Systematische Kommentierung

I. Festsetzung der Grundsteuer als Jahressteuer (§ 27 Abs. 1 GrStG)

1. Festsetzung der Grundsteuer für ein Kalenderjahr (§ 27 Abs. 1 Satz 1 GrStG)

36 In § 27 Abs. 1 Satz 1 GrStG wird der Grundsatz normiert, dass die Grundsteuer als **Jahressteuer** für ein **Kalenderjahr** festzusetzen ist. Somit ist die Grundsteuer durch Steuerbescheid für den Zeitraum vom 1.1.–31.12. eines Jahres festzusetzen. **Inhaltsadressat** des **Steuerbescheids** ist der **Steuerschuldner** gem. § 10 GrStG. Der Steuerschuldner schuldet die Grundsteuer für das gesamte Jahr, auch wenn er den Grundbesitz im Laufe des Jahres veräußert.[2]

37 Der Steuerfestsetzung sind gem. § 9 GrStG die Verhältnisse am 1.1. des Jahres zu Grunde zu legen (Stichtagsprinzip). Dies ist gleichzeitig der **Steuerentstehungszeitpunkt** für die Grundsteuer des jeweiligen Kalenderjahres.[3]

38 Die Festsetzung (vgl. § 155 AO) erfolgt durch **schriftlichen Steuerbescheid** (vgl. § 157 AO), allerdings kann unter bestimmten Voraussetzungen auch eine Festsetzung durch **öffentliche Bekanntmachung** erfolgen (vgl. Rz. → 71). Der Steuerschuldner hat bis zur Bekanntgabe eines neuen Steuerbescheids zu den bisherigen Fälligkeitstagen **Vorauszahlungen** unter Zugrundelegung der zuletzt festgesetzten Jahressteuer zu entrichten (vgl. § 29 GrStG).

39 PRAXISHINWEIS:

Die Gemeinden gehen in der Praxis unterschiedlich vor, zum Teil werden jährlich Grundsteuerbescheide mit anderen Grundbesitzabgaben (Straßenreinigung, Müllentsorgung, Wasser) verbunden, zum Teil wird auch von der mehrjährigen Festsetzung oder der öffentlichen Bekanntmachung Gebrauch gemacht.[4]

1 Vgl. Kühnhold in Lippross/Seibel, GrStG § 27 Rz. 2.
2 Vgl. Schmidt in Grootens, GrStG § 10 Rz. 50.
3 Vgl. Schmidt in Grootens, GrStG § 9 Rz. 21.
4 Vgl. Kühnhold in Lippross/Seibel, GrStG § 27 Rz. 5.

Der festzusetzende Jahresbetrag der Grundsteuer wird durch Anwendung des von den der Gemeinde festgelegten **Hebesatzes** (vgl. § 25 GrStG) auf den vom FA festgesetzten **Steuermessbetrag** (vgl. § 13 GrStG) oder auf den auf die Gemeinde entfallenden **Zerlegungsanteil** am **Grundsteuermessbetrag** (vgl. § 22 GrStG) ermittelt. Bei der Festsetzung der Grundsteuer und dem Erlass der Grundsteuerbescheide sind die Gemeinden an die Steuermessbescheide des Finanzamtes gebunden. Das gilt nicht nur für die festgesetzten Steuermessbeträge, sondern für alle anderen Entscheidungen, die in dem Steuermessbescheid enthalten sind, z. B. die sachliche und persönliche Steuerpflicht oder die hebeberechtigte Gemeinde.[1] 40

BEISPIEL: Der Grundsteuermessbetrag für ein Einfamilienhaus beträgt 100 €, der Hebesatz (Grundsteuer B) der Gemeinde beträgt 650 %. Die Grundsteuer beträgt 100 € x 650 % = 650 €. 41

Ein **Mindestbetrag** für die Grundsteuerfestsetzung ist gesetzlich nicht geregelt. Eine Rechtsverordnung i. S. des § 156 Abs. 1 AO[2] (Absehen von der Steuerfestsetzung) existiert für die Grundsteuer ebenso nicht. Insbesondere findet die **Kleinbetragsverordnung**[3] keine Anwendung (vgl. die abschließende Aufzählung in § 1 KBV, in der die Grundsteuer nicht aufgeführt ist), die aber ohnehin nur die Berichtigung oder Änderung von Steuerfestsetzungen betrifft. 42

Auch zur Festsetzung des **Grundsteuermessbetrags** enthält die KBV keine Regelung: nach § 2 KBV wird lediglich die Festsetzung eines **Gewerbesteuermessbetrages** nach § 2 KBV nur geändert oder berichtigt, wenn die Abweichung von der bisherigen Festsetzung bei einer Änderung oder Berichtigung zugunsten des Steuerpflichtigen mindestens 2 € und bei einer Änderung oder Berichtigung zuungunsten des Steuerpflichtigen mindestens 5 € beträgt. 43

Ein **Mindestbetrag für die Grundsteuer** ergibt sich somit nur mittelbar aus der **Abrundung** der ermittelten **Grundsteuerwerte** auf **volle 100 €** (vgl. § 230 BewG). Die Gemeinden können allerdings bestimmen, dass **Kleinbeträge** abweichend von der regulären **Fälligkeit** zu entrichten sind.[4] 44

Eine **Rundungsvorschrift** für die Grundsteuerfestsetzung existiert nicht. Vielmehr hat der Gesetzgeber eine bestehende Abrundungsregelung in der seinerzeit geltenden Kleinbetragsverordnung mit dem Steuerbereinigungsgesetz 1985[5] ausdrücklich aufgehoben und diese Aufhebung wie folgt[6] begründet: „Für [die Grundsteuer] *werden auf volle Markbeträge abgerundete Jahressteuerbeträge festgesetzt. Erhoben werden aber in der Regel vierteljährliche Teilzahlungsbeträge, die nach dem Wortlaut der Regelung nicht abzurunden sind; bei der Aufteilung des Jahresbetrages auf vier Teilbeträge entstehen deshalb wiederum Pfennigbeträge. In der Praxis hat sich außerdem gezeigt, daß die vorgeschriebene Abrundung von Grundsteuerjahresbeträgen auch deshalb nicht zu einer Vereinfachung führt, weil die Grundsteuer außer in Vierteljahresbeträgen oft auch zusammen mit anderen Abgaben (z. B. Abwassergebühr, Straßenreinigungsgebühr usw.) in Sammel-Abgabenbescheiden angefordert wird. In diesen kombinierten Bescheiden entstehen bei der Erhebung der Grundsteuer in Vierteljahresbeträgen und durch die Zusammenfassung mit nicht abgerundet festgesetzten sonstigen Abgaben in der Regel wieder ungerundete Grundsteuer- und Abgabenbeträge. Die ursprüngliche Vereinfachung bei der Festsetzung* 45

1 VG Würzburg, Urteil v. 15.11.2021 - W 8 K 21.758.
2 Vgl. Forchhammer in Leopold/Madle/Rader, AO § 156 Rz. 2.
3 Kleinbetragsverordnung (KBV) v. 20.3.2022, BGBl 2000 I S. 1790.
4 Vgl. Grootens in Grootens, GrStG § 28 Rz. 56 ff.
5 Steuerbereinigungsgesetz 1985 (StBerG 1985) v. 14.12.1984, BGBl 1984 I S. 1493.
6 BT-Drucks. 10/1636 S. 53.

der Jahresgrundsteuer wird dadurch wieder aufgehoben. Die bisherige Regelung führt somit durch die Abrundung nur zu Haushaltsausfällen, ohne daß ein Vereinfachungseffekt erzielt wird. Daher soll künftig bei der Festsetzung der Jahresbeträge der Grundsteuer eine Rundung nicht mehr vorgeschrieben werden.“

46–50 *(Einstweilen frei)*

2. Festsetzung der Grundsteuer für mehrere Kalenderjahre (§ 27 Abs. 1 Satz 2 GrStG)

51 Nach § 27 Abs. 1 Satz 2 GrStG kann die Grundsteuer auch für **mehrere Jahre im Voraus** festgesetzt werden. Um diese Möglichkeit nutzen zu können, muss die Gemeinde die **Hebesätze** für diese Jahre bereits festgesetzt haben. Eine Änderung der Hebesätze führt zu einer **Neufestsetzung** der Steuer (§ 27 Abs. 2 GrStG, vgl. → Rz. 61). Es handelt sich bei der Möglichkeit der Festsetzung für mehrere Jahre um ein **Wahlrecht** zugunsten der Gemeinde.[1] Es handelt sich auch bei der mehrjährigen Festsetzung um die Festsetzung eines Jahresbetrags der Grundsteuer für ein Kalenderjahr, lediglich die **jährliche Bekanntgabe** durch separate Steuerbescheide **entfällt**.

52 Die Festsetzung für mehrere Jahre kann nur **innerhalb der Hauptveranlagungszeitraums** erfolgen, nicht über einen Hauptveranlagungszeitpunkt hinaus. Eine mehrjährige Festsetzung der Grundsteuer basierend auf den neuen Grundsteuerwerten wäre somit für die **Jahre 2025 bis einschließlich 2030** (= sechs Jahre) möglich, da zum 1.1.2029 eine neue **Hauptfeststellung** durchgeführt wird (vgl. § 221 BewG und § 266 BewG) und dies eine neue **Hauptveranlagung** der Grundsteuermessbeträge gem. § 16 GrStG zur Folge hat. Die bei der Hauptveranlagung festgesetzten Steuermessbeträge gelten grundsätzlich erst **zwei Jahre nach der Hauptfeststellung** (vgl. § 16 Abs. 2 GrStG).

53 **Wechselt** innerhalb der mehrjährigen Festsetzung der **Eigentümer**, wirkt der **Grundsteuerwertbescheid** gem. § 182 Abs. 2 Satz 1 AO auch gegenüber dem **Rechtsnachfolger**, auf den der Gegenstand der Feststellung nach dem Feststellungszeitpunkt mit steuerlicher Wirkung übergeht. Unabhängig davon ist dem Voreigentümer von Seiten der Gemeindein einem **formellen Bescheid** das Entfallen der GrSt bekannt zu geben und dem neuen Eigentümer für das Folgejahr des Eigentumswechsels ein neuer Grundsteuerbescheid zu erteilen.[2]

54 Ein Grundsteuerwertbescheid ist in diesen Fällen nur dann dem **Rechtsnachfolger** bekannt zu geben, wenn die Rechtsnachfolge eintritt, bevor der Bescheid dem Rechtsvorgänger bekannt gegeben worden ist (§ 182 Abs. 2 Satz 2 AO). Maßgebend ist der Zeitpunkt, in dem **zivilrechtlich** der **Eigentumsübergang** eintritt, nicht der Zeitpunkt, in dem das FA davon Kenntnis erlangt. **Wiedereinsetzung** in den vorigen Stand (§ 110 AO) kommt allein im Hinblick auf die Rechtsnachfolge **nicht in Betracht**.[3] § 182 Abs. 2 AO ist auch für **Grundsteuermessbescheide** anwendbar (vgl. § 184 Abs. 1 Satz 4 AO).

55–60 *(Einstweilen frei)*

---

1 Gl.A. Schnitter in GrStG - eKommentar, § 27 GrStG Rz. 13 sowie Mannek/Sklareck in Stenger/Loose, Bewertungsrecht - BewG/ErbStG/GrStG, § 27 GrStG Rz. 17.

2 Vgl. Halaczinsky, GrStG § 27 Rz. 5.

3 Vgl. Leopold/Madle/Rader, AO § 182 Rz. 18.

II. Änderung der Grundsteuerfestsetzung bei Hebesatzänderungen (§ 27 Abs. 2 GrStG)

Wird der Hebesatz geändert, so ist die **Festsetzung** der **Grundsteuer** zwingend zu **ändern** (§ 27 Abs. 2 GrStG). Die Gemeinde kann für jedes Jahr den Hebesatz ändern, auch wenn er in einem früheren Jahr bereits für das Festsetzungsjahr beschlossen war. Der Beschluss über die **Festsetzung oder Änderung des Hebesatzes** ist bis zum **30.6.** eines Kalenderjahres mit Wirkung vom Beginn dieses Kalenderjahres zu fassen (vgl. § 25 Abs. 3 Satz 1 GrStG). Nach diesem Zeitpunkt kann der Beschluss über die Festsetzung des Hebesatzes gefasst werden, wenn der Hebesatz die **Höhe der letzten Festsetzung nicht überschreitet** (vgl. § 25 Abs. 3 Satz 2 GrStG). Der Bescheid über die Neufestsetzung der Grundsteuer aufgrund eines nach oben hin geänderten Hebesatzes kann m. E. auch nach dem 30.6. des jeweiligen Jahres ergehen, sofern die Erhöhung des Hebesatzes i. S. des § 25 Abs. 3 GrStG fristgerecht erfolgte.[1] Ein Rechtsschutzbedürfnis besteht insoweit nicht, da sich der Steuerpflichtige aufgrund des Ratsbeschlusses bereits auf die Erhöhung der Grundsteuer einstellen konnte (vgl. zur Öffentlichkeit des Beschlusses Grootens in Grootens, GrStG § 25 Rz. 80). Dem steht auch das Urteil des VG Minden[2] v. 10.11.2004 nicht entgegen, dass bei der notwendigen Neufestsetzung bis zum 30.6. eines Jahres auf den Hebesatz und nicht auf die Grundsteuerfestsetzung abstellt. 61

BEISPIEL: Die Gemeinde hat den Hebesatz für die Grundsteuer B in einer Hebesatzsatzung für die Jahre 2025–2028 auf 450 % festgelegt. Die Grundsteuerfestsetzung für das Jahr 2027 (450 €) erfolgte im Jahr 2025 in einem Bescheid, der die Grundsteuer der Jahre 2025–2028 jeweils auf 450 € festsetzte. Im April 2027 beschließt der Stadtrat, den Hebesatz zur Grundsteuer B ab dem Jahr 2027 auf 600 % zu erhöhen. Die Grundsteuer für das Jahr 2027 und 2028 wird mit einem Änderungsbescheid im September 2027 auf 600 € festgesetzt (§ 27 Abs. 2 GrStG). 62

(Einstweilen frei) 63–70

III. Öffentliche Bekanntmachung der Grundsteuerfestsetzung (§ 27 Abs. 3 GrStG)

Für diejenigen Steuerschuldner, die für das Kalenderjahr die gleiche Grundsteuer wie im Vorjahr zu entrichten haben, kann die Grundsteuer durch **öffentliche Bekanntmachung** festgesetzt werden (vgl. § 27 Abs. 3 Satz 1 GrStG). Für die Steuerschuldner treten mit dem Tage der öffentlichen Bekanntmachung die **gleichen Rechtswirkungen** ein, wie wenn ihnen an diesem Tage ein **schriftlicher Steuerbescheid** zugegangen wäre (§ 27 Abs. 3 Satz 2 GrStG). Der Begriff „zugegangen" ist m. E. mit dem Begriff der **wirksamen Bekanntgabe** eines Verwaltungsaktes (vgl. § 122 AO) gleichzusetzen.[3] Die Vorschrift erleichtert für ihren Anwendungsbereich aus Gründen der **Verwaltungspraktikabilität** nicht erst die Bekanntgabe, sondern bereits die Festsetzung der Steuer. 71

Eine öffentlich bekannt gemachte Festsetzung setzt voraus, dass 72

- **keine Änderung des Hebesatzes** durch die Gemeinde für das Festsetzungsjahr erfolgt ist und

1 A. A. Mannek/Sklareck in Stenger/Loose, GrStG § 27 Rz. 22, die auch eine Neufestsetzung der Grundsteuer i. S. des § 27 Abs. 2 GrStG bis zum 30.6. des jeweiligen Jahres für notwendig erachten.

2 Vgl. VG Minden, Urteil v. 10.11.2004 – 11 K 6733/03.

3 Gl. A. Halaczinsky, GrStG § 27 Rz. 8.

- der **Grundsteuermessbetrag** des Vorjahres für das Grundstück **unverändert** bleibt, d. h. keine Neu- oder Nachveranlagung erfolgt ist (vgl. § 17 GrStG und § 18 GrStG). Dies wäre beispielsweise bei **baulichen Veränderungen** des Gebäudes der Fall (Wertfortschreibung, vgl. § 222 Abs. 1 BewG).

73 Die öffentliche Bekanntgabe kommt nur dann in Frage, wenn diese Form der Bekanntgabe – wie in § 27 Abs. 3 GrStG geschehen – ausdrücklich durch eine Rechtsvorschrift vorgesehen ist (§ 122 Abs. 3 Satz 1 AO). Das **Verfahren der öffentlichen Bekanntgabe** ist in § 122 Abs. 4 AO geregelt. Die öffentliche Bekanntmachung wird i. S. des § 122 Abs. 4 Satz 1 AO dadurch bewirkt, dass der verfügende Teil des Grundsteuerbescheides ortsüblich, z. B. in Aushängen, Veröffentlichungen in Zeitungen oder Amtsblättern, bekannt gemacht wird.

74 Die öffentliche Bekanntgabe muss ein **Leistungsgebot** enthalten.[1] Hierzu gehören **keine Angaben zu den Besteuerungsgrundlagen**, wie der Grundsteuerwert und der Grundsteuermessbetrag oder die persönliche und sachliche Steuerpflicht.[2] Wegen eines exemplarischen **Beispiels** vgl. die öffentliche Bekanntmachung[3] der Finanzbehörde der Freien und Hansestadt Hamburg vom 28.10.2008 für die Jahre 2007 und 2008 sowie für ein Muster Stöckel in Stöckel/Vollquardsen, GrStG § 27 Rz. 4.

75 Bei der Festsetzung der Grundsteuer durch öffentliche Bekanntmachung i. S. des § 27 Abs. 3 GrStG braucht allerdings nicht angegeben zu werden, „wo der **Verwaltungsakt** und seine **Begründung eingesehen** werden können" (§ 122 Abs. 4 Satz 2 AO). Diese Regelung genügt nach Auffassung des BVerwG[4] den Anforderungen der verfassungsrechtlichen Gewährleistung eines **effektiven Rechtsschutzes**. Die in § 122 Abs. 4 Satz 2 AO getroffene Regelung ergänze § 122 Abs. 3 Satz 1 AO. Diese setze voraus, dass ein individuell existierender Verwaltungsakt lediglich in vereinfachter Weise bekanntgegeben wird. Darüber gehe § 27 Abs. 3 Satz 1 GrStG hinaus. In seinem Geltungsbereich bedürfe es nicht einmal der **individuellen Festsetzung**. Infolgedessen sei auch für eine Heranziehung des § 122 Abs. 4 Satz 2 AO kein Raum. Da die individuelle Festsetzung entfalle, fehle „der gleichsam zusätzliche Verwaltungsakt", der als solcher irgendwo „eingesehen werden" könnte. § 27 Abs. 3 Satz 1 GrStG regele dementsprechend abschließend, in welcher Weise bei der von ihm zugelassenen **erleichterten Steuerfestsetzung** zu verfahren sei; einer zusätzlichen Angabe bedürfe es nicht.

76 § 27 Abs. 3 Satz 1 GrStG genüge mit diesem Inhalt den Anforderungen des durch Art. 19 Abs. 4 GG gewährleisteten **effektiven Rechtsschutzes**. Die Festsetzung der Grundsteuer durch öffentliche Bekanntmachung treffe auf **vorinformierte Bürger**. Die betroffenen Grundeigentümer wüssten infolge der letzten ihnen individuell bekanntgegebenen schriftlichen Steuerbescheide, dass sie von der Gemeinde zur Grundsteuer veranlagt werden. Aufgrund der ihnen individuell bekanntgegebenen Bescheide des Finanzamts (Einheitswertbescheid, Grundsteuermessbescheid) sei ihnen die für sie als maßgebend **festgesetzten Besteuerungsgrundlagen bekannt** (persönliche und sachliche Steuerpflicht, Grundsteuermessbetrag; § 184 Abs. 1 Satz 1 und 2 AO). Die daran anknüpfenden **Grundsteuerbescheide** der Gemeinde hätten nur einen **geringen Regelungsinhalt**.

1 Vgl. Halaczinsky, GrStG § 27 Rz. 7.
2 Vgl. Roscher, 360° GrStG eKommentar, § 27 Rz. 10.
3 Finanzbehörde der Freien und Hansestadt Hamburg, öffentliche Bekanntmachung v. 28.10.2008, 53-G 1150-003/06.
4 BVerwG, Urteil v. 21.11.1986 - 8 C 127/84, BStBl 1987 II S. 472.

Mit ihnen würden lediglich der in der Haushaltssatzung bestimmte, öffentlich bekanntgemachte **Hebesatz auf den** im Grundsteuermessbescheid festgesetzten **Grundsteuermessbetrag angewendet** (§ 25 Abs. 1 GrStG). Diesen Vorgang könnten die betroffenen Grundeigentümer im Fall der Grundsteuerfestsetzung durch öffentliche Bekanntmachung anhand des ihnen zuletzt individuell bekanntgegebenen Steuerbescheids feststellen. Ist dieser Bescheid abhandengekommen, so sei es den Betroffenen zuzumuten, von der Gemeinde eine entsprechende **Auskunft** einzuholen, auf deren Erteilung ein **Rechtsanspruch** bestehe (§ 89 AO). 77

Bestünde für einen betroffenen Grundeigentümer ausnahmsweise, z. B. infolge **Wohnsitzes oder dauerhaften Aufenthalts in einer anderen Gemeinde**, nicht die Möglichkeit, in zumutbarer Weise von der Grundsteuerfestsetzung durch **öffentliche Bekanntmachung Kenntnis** zu nehmen, könne im Fall der Versäumung der **Widerspruchsfrist** der **Rechtsschutz** durch **Wiedereinsetzung in den vorigen Stand** gewährleistet werden (§§ 70 Abs. 2, 60 VwGO). Stöckel fordert gleichwohl, nicht ortsansässigen Grundstückseigentümern zusätzlich zu der öffentlichen Bekanntmachung mindestens noch eine besondere **Zahlungsaufforderung** zuzuschicken.[1] Tatsächlich geschehe dies bereits, in dem die Gemeinde sämtliche an sie abzuführende Abgaben und Gebühren in einem Bescheid ausweise. Insofern sei der in einer gewissen **Arbeitsersparnis** liegende Vorteil der öffentlichen Bekanntmachung weitestgehend gegenstandslos geworden. 78

Ebenso ist es nach Auffassung von Troll/Eisele kaum sinnvoll, z. B. einen Grundstückseigentümer, der nicht ortsansässig ist, bei nicht rechtzeitiger Zahlung der Grundsteuer lediglich mit dem Hinweis auf die öffentliche Bekanntmachung mit **Mahngebühren** und **Säumniszuschlägen** zu belasten. Er spricht sich daher ebenfalls für die Übersendung einer **Zahlungsaufforderung** aus.[2] 79

M. E. kann im Hinblick auf das Urteil des BVerwG[3] zu § 27 Abs. 3 GrStG auf eine solche Serviceleistung verzichtet werden. Die **Grundsteuerfestsetzung** kommt für den Steuerpflichtigen **nicht überraschend**. Da sie zudem in gleicher Höhe wie bisher erfolgt – was Voraussetzung für die öffentliche Bekanntmachung ist – kann eine fristgerechte Zahlung auch von nicht ortsansässigen Grundstückseigentümern ohne Weiteres verlangt werden. Dies gilt umso mehr, als § 29 GrStG vom Steuerschuldner bis zur Bekanntgabe eines neuen Steuerbescheids zu den bisherigen Fälligkeitstagen die Entrichtung von **Vorauszahlungen** unter Zugrundelegung der zuletzt festgesetzten Jahressteuer (die der öffentlich bekannt gegebenen Grundsteuer entspricht) verlangt. 80

(Einstweilen frei) 81–90

IV. Verfahrensrechtliche Grundsätze der Steuerfestsetzung

Für die Festsetzung und Erhebung der Grundsteuer gelten grundsätzlich die **Vorschriften der AO**. Ausgenommen von diesem Prinzip sind die Vorschriften zum **Rechtsbehelf** und zur **Vollstreckung** in den Flächenstaaten. Die Rechtsbehelfe regeln sich nach der **Verwaltungsgerichtsordnung** (außergerichtliches Verfahren - vgl. § 40 Abs. 1 VwGO). Für Klagen ist der **Verwaltungsgerichtsweg** zu beschreiten - vom Verwaltungsgericht über die Oberverwaltungsgerichte (oder Verwaltungsgerichtshöfe) bis zum Bundesverwaltungsgericht.[4] 91

1 Stöckel in Stöckel/Vollquardsen, GrStG § 27 Rz. 4.
2 Troll/Eisele, GrStG § 27 Rz. 4.
3 BVerwG, Urteil v. 21.11.1986 - 8 C 127/84, BStBl 1987 II S. 472.
4 Vgl. Kühnhold in Lippross/Seibel, GrStG § 27 Rz. 2.

92 Die **Vollstreckung** richtet sich nach den Verwaltungsvollstreckungsgesetzen der Länder. Für eine **Aussetzung der Vollziehung** des Grundsteuermessbescheids als **Grundlagenbescheid** für den Grundsteuerbescheid kommt § 361 AO in Betracht. Die Gemeinde kann den angefochtenen **Grundsteuerbescheid** auf der Grundlage des § 80 VwGO aussetzen.

93 Im Einzelnen gelten folgende **Regelungen der AO**:

- die Grundsteuer wird von den Gemeinden auf der Grundlage des Grundsteuermessbescheides als **Grundlagenbescheid** (§ 171 Abs. 10 AO) von Amts wegen festgesetzt,
- die Grundsteuer wird durch **förmlichen Steuerbescheid** festgesetzt (§ 155 AO, § 157 Abs. 1 AO),
- der Steuerbescheid stellt die Grundlage für die Verwirklichung des **Steueranspruchs** dar (§ 218 Abs. 1 AO),
- der Steuerbescheid muss dem Steuerschuldner **wirksam bekanntgegeben** werden (§ 157 AO, § 155 AO, § 122 AO, § 124 AO),
- die Bekanntgabe kann in bestimmten Fällen auch durch **öffentliche Bekanntmachung** erfolgen (vgl. → Rz. 71),
- eine Steuerfestsetzung ist nicht mehr zulässig, wenn **Festsetzungsverjährung** eingetreten ist,
- die Festsetzungsfrist für die Grundsteuer beträgt nach § 169 Abs. 2 AO grundsätzlich **vier Jahre**,
- für die **Änderung** und **Berichtigung** des Grundsteuerbescheides sind die **abgabenrechtlichen Korrekturvorschriften** (§ 129 AO, §§ 172 ff. AO) heranzuziehen.

94 Für die **Stadtstaaten** Berlin und Hamburg sowie die Stadt Bremen (nicht Bremerhaven) sind die **Finanzämter** sowohl für die Festsetzung als auch die Erhebung der Grundsteuer zuständig. Die **AO** gilt daher **vollumfänglich**, so dass die Rechtsbehelfe im **Finanzrechtsweg** über die Finanzgerichte bis zum Bundesfinanzhof verfolgt werden.

§ 28 GrStG Fälligkeit

(1) Die Grundsteuer wird zu je einem Viertel ihres Jahresbetrags am 15. Februar, 15. Mai, 15. August und 15. November fällig.

(2) Die Gemeinden können bestimmen, dass Kleinbeträge wie folgt fällig werden:

1. am 15. August mit ihrem Jahresbetrag, wenn dieser fünfzehn Euro nicht übersteigt;

2. am 15. Februar und 15. August zu je einer Hälfte ihres Jahresbetrags, wenn dieser dreißig Euro nicht übersteigt.

(3) [1]Auf Antrag des Steuerschuldners kann die Grundsteuer abweichend vom Absatz 1 oder Absatz 2 Nr. 2 am 1. Juli in einem Jahresbetrag entrichtet werden. [2]Der Antrag muss spätestens bis zum 30. September des vorangehenden Kalenderjahres gestellt werden. [3]Die beantragte Zahlungsweise bleibt so lange maßgebend, bis ihre Änderung beantragt wird; die Änderung muss spätestens bis zum 30. September des vorangehenden Jahres beantragt werden.

Inhaltsübersicht — **Rz.**

A. Allgemeine Erläuterungen zu § 28 GrStG

I. Normzweck und wirtschaftliche Bedeutung der Vorschrift

§ 28 GrStG regelt die **Fälligkeit** der nach § 27 GrStG festgesetzten Grundsteuer in **quartalsweise** zu zahlenden Teilbeträgen. Die Gemeinden können bestimmen, dass **Kleinbeträge** in Jahres- oder Halbjahresbeträgen zu zahlen sind. Der Steuerpflichtige kann unter Beachtung einer Frist den **Antrag** stellen, die Grundsteuer als **Jahressteuer** am 1. Juli eines Jahres zu entrichten. 1

(Einstweilen frei) 2–8

II. Entstehung und Entwicklung der Vorschrift

§ 28 GrStG ist seit Jahrzehnten **fester Bestandteil des GrStG** und wurde durch das Gesetz zur Umrechnung und Glättung steuerlicher Euro-Beträge[1] v.19.12.2000 lediglich hinsichtlich der **Umstellung der DM-Beträge auf Euro** geändert. 9

(Einstweilen frei) 10–15

III. Geltungsbereich

Die Vorschrift ist bei der **Entrichtung** der **Grundsteuer auf inländischen Grundbesitz** durch die Gemeinden anzuwenden. Die geregelten Fälligkeiten gelten für das land- und forstwirtschaftliche Vermögen (**Grundsteuer A**), das Grundvermögen (**Grundsteuer B**) und die baureifen Grundstücke (**Grundsteuer C**), vgl. § 25 GrStG, soweit die Länder nicht von ihrer Abweichungskompetenz nach Art. 72 Abs. 3 Satz 1 Nr. 7 GG Gebrauch gemacht haben. 16

(Einstweilen frei) 17–25

IV. Verhältnis zu anderen Vorschriften

Die **Ansprüche aus dem Steuerschuldverhältnis** entstehen gem. **§ 38 AO**, sobald der Tatbestand verwirklicht ist, an den das Gesetz die Leistungspflicht knüpft. Die **Grundsteuer entsteht** gem. **§ 9 Abs. 2 GrStG** mit dem **Beginn des Kalenderjahres**, für das die Steuer festzusetzen ist.[2] Die Fälligkeit setzt eine mit **Steuerbescheid** festgesetzte Steuer voraus (vgl. zur Festsetzung der Grundsteuer **§ 27 GrStG**). 26

Die Zahlung der mit Steuerbescheid festgesetzten jährlichen Grundsteuer **in Teilbeträgen** nach § 28 GrStG ist von den **Vorauszahlungen** nach **§ 29 GrStG** zu unterscheiden. Diese Vorauszahlungen hat der Steuerschuldner **nach Ablauf des Festsetzungszeitraums des letzten** 27

1 Gesetz zur Umrechnung und Glättung steuerlicher Euro-Beträge (StEuglG) v. 19.12.2000, BGBl 2000 I S. 1790.
2 Vgl. Schmidt in Grootens, GrStG § 9 Rz. 21.

Grundsteuerbescheids für die folgenden Jahre bis zur Bekanntgabe eines neuen Steuerbescheides zu den bisherigen Fälligkeitsterminen unter Zugrundelegung der zuletzt festgesetzten Jahressteuer zu entrichten. Die Fälligkeit in Fällen der **Nachentrichtung** der Grundsteuer ist in **§ 31 GrStG** geregelt.

28 Die Fälligkeit hat darüber hinaus Bedeutung für

- die **Stundung** von Steueransprüchen (**§ 222 AO**),
- die **Zahlungsverjährung** (**§ 228 AO, § 229 AO**),
- die **Vollstreckung** und
- die Entstehung von **Säumniszuschlägen** (**§ 240 AO**).

29–35 *(Einstweilen frei)*

B. Systematische Kommentierung

I. Entrichtung der Grundsteuer in Vierteljahresbeträgen (§ 28 Abs. 1 BewG)

36 Die Grundsteuer wird nach § 28 Abs. 1 GrStG grundsätzlich zu je einem **Viertel ihres Jahresbetrags** am 15. Februar, 15. Mai, 15. August und 15. November fällig. Fällt der Fälligkeitstag auf **Sonntag**, einen staatlich anerkannten allgemeinen **Feiertag** oder einen **Sonnabend**, tritt die Fälligkeit erst am nächsten **Werktag** ein (vgl. § 108 Abs. 1 AO i. V. mit § 193 BGB). Die genannten Zahlungstermine wurden deshalb gewählt, um **Überschneidungen** mit den großen **Steuerterminen** (10. März, 10. Juni, 10. September und 10. Dezember) zu vermeiden.[1]

37 Die geregelten Fälligkeiten gelten

- für das land- und forstwirtschaftliche Vermögen (**Grundsteuer A**),
- das Grundvermögen (**Grundsteuer B**) und
- die baureifen Grundstücke (**Grundsteuer C**).

Wegen der unterschiedlichen Hebesätze und der Abgrenzung vgl. § 25 GrStG.

38 Abweichend von den Fälligkeitsgrundsätzen des § 28 Abs. 1 GrStG kann die Gemeinde für Kleinbeträge die **Jahres- oder Halbjahreszahlung** anordnen (§ 28 Abs. 2 GrStG, vgl. → Rz. 56) und der Steuerpflichtige die **Jahreszahlung** der Grundsteuer **beantragen** (§ 28 Abs. 3 GrStG, vgl. → Rz. 66). Über die Regelungen des § 28 Abs. 2 GrStG hinaus ist die **Gemeinde nicht berechtigt, abweichende Fälligkeitstermine** zu bestimmen.

39 Die **Ansprüche aus dem Steuerschuldverhältnis** entstehen gem. § 38 AO, sobald der Tatbestand verwirklicht ist, an den das jeweilige Gesetz die Leistungspflicht knüpft. Die **Grundsteuer entsteht** gem. § 9 Abs. 2 GrStG mit dem **Beginn des Kalenderjahres**, für das die Steuer festzusetzen ist.[2]

40 Die **Fälligkeit von Ansprüchen aus dem Steuerschuldverhältnis** richtet sich nach den Vorschriften der jeweiligen Steuergesetze (vgl. § 220 Abs. 1 AO). Die Fälligkeit der Grundsteuer setzt eine **Festsetzung** mit **Steuerbescheid** oder durch **öffentliche Bekanntmachung** voraus (vgl. § 220 Abs. 2 Satz 2 AO; vgl. zur Festsetzung der Grundsteuer § 27 GrStG). Daher regelt die Fälligkeitsvorschrift des § 28 Abs. 1 GrStG nicht etwa die quartalsweise Fälligkeit der **abstrakt ent-**

1 Vgl. Roscher in 360° GrStG eKommentar, § 28 Rz. 3.
2 Vgl. Schmidt in Grootens, GrStG § 9 Rz. 21.

standenen Grundsteuerforderung mit der Folge automatischen Anfalls von Säumniszuschlägen (§ 240 AO) auch ohne Steuerfestsetzung durch Steuerbescheid, sondern die **Fälligkeit der gem. § 27 GrStG festgesetzten Grundsteuer.**[1]

Zum jeweiligen Fälligkeitszeitpunkt können die Gemeinden als Steuergläubiger die **Zahlung** vom Steuerschuldner (vgl. § 10 GrStG) verlangen. Der Steuerschuldner hat gleichwohl die Möglichkeit, die Grundsteuer bereits **vor den Fälligkeitszeitpunkten** zu entrichten. Gleichzeitig besteht für die Gemeinde die Möglichkeit, die **Steuer** zu **stunden** (vgl. § 222 AO). 41

BEISPIEL: ▶ Im Rahmen der Abfederung der Auswirkungen der SARS-CoV-2-Pandemie haben zahlreiche Gemeinden die Möglichkeit zur Stundung der Grundsteuer eingeräumt. So weist z. B. die Stadt Köln[2] darauf hin, dass die Möglichkeit besteht, einen Antrag auf Stundung von Grundsteuerzahlungen zu stellen. Wenn die Stundung der Vermeidung von Liquiditätsengpässen infolge der Corona-Pandemie diene, könnten dabei auch die Stundungszinsen erlassen werden. 42

Ansprüche aus dem Steuerschuldverhältnis erlöschen gem. § 47 AO insbesondere 43

- durch **Zahlung** (§§ 224, 224a, 225 AO),
- **Aufrechnung** (§ 226 AO),
- **Erlass** (§§ 163, 227 AO) und
- **Verjährung** (Festsetzungsverjährung gem. §§ 169–171 AO und Zahlungsverjährung gem. §§ 228–232 AO).

Wegen der Einzelheiten der **Zahlungsmöglichkeiten** vgl. Lindwurm in Leopold/Madle/Rader, AO § 224 Rz. 1 ff. Wegen **Teilzahlungen** vgl. § 225 AO.

Die **Fälligkeit** der Grundsteuer hat über die reine Terminierung der Zahlungsverpflichtung hinaus **Bedeutung** für 44

- die **Stundung** von Steueransprüchen (§ 222 AO),
- die **Zahlungsverjährung** (§§ 228, 229 AO),
- die Entstehung von **Säumniszuschlägen** (§ 240 AO) und
- die **Vollstreckung**.

Die Fälligkeit der Grundsteuer in Vierteljahresbeträgen ist zu unterscheiden von der **Vorauszahlung der Grundsteuer** gem. § 29 GrStG bei fehlender Grundsteuerfestsetzung für das jeweilige Kalenderjahr. Ist am Fälligkeitstermin die Grundsteuer für das Jahr des Fälligkeitstermins noch nicht festgesetzt, hat der Steuerschuldner gem. § 29 GrStG **bis zur Bekanntgabe eines neuen Steuerbescheids** zu den bisherigen Fälligkeitstagen Vorauszahlungen unter Zugrundelegung der **zuletzt festgesetzten Jahressteuer** zu entrichten. 45

Hatte der Steuerschuldner bis zur **Bekanntgabe der Jahressteuerfestsetzung** keine Vorauszahlungen nach § 29 zu entrichten, so hat er die Steuer, die sich nach dem bekanntgegebenen Steuerbescheid für die vorangegangenen Fälligkeitstage gem. § 28 GrStG ergibt, **innerhalb eines Monats nach Bekanntgabe des Steuerbescheids** zu entrichten (**Nachentrichtung**, vgl. § 31 GrStG). 46

BEISPIEL: ▶ In einem Neubaugebiet wird eine größere ehemals landwirtschaftlich genutzte Fläche im November 2025 parzelliert und im Dezember 2025 an verschiedene Eigentümer veräußert. Die Finanzbe- 47

1 OVG NRW, Urteil v. 9.8.2012 - 14 A 2640/09.

2 Pressemitteilung der Stadt Köln v. 17.3.2020, http://go.nwb.de/elpv6, zuletzt abgerufen am 18.1.2022.

hörde erlässt im März 2027 Nachfeststellungsbescheide für die neu entstandenen wirtschaftlichen Einheiten. Die Gemeinde setzt daraufhin im Juni 2027 die Grundsteuer für die Jahre 2026 und 2027 mit Grundsteuerbescheid (vgl. § 27 GrStG) gegenüber den Eigentümern der Baugrundstücke fest. Für das Jahr 2028 hatte die Gemeinde die Grundsteuerfestsetzung erst im Juli 2028 durchgeführt.

Da die wirtschaftlichen Einheiten neu entstanden sind und bisher keine Grundsteuerfestsetzungen für diese wirtschaftlichen Einheiten erfolgt sind, waren von den Steuerpflichtigen keine Vorauszahlungen gem. § 29 GrStG zu entrichten. Ebenso war die Grundsteuer für die Jahre 2026 (alle Quartale) und 2027 (I. und II. Quartal) noch nicht festgesetzt, so dass keine Fälligkeit der Jahressteuer nach § 28 GrStG eingetreten ist. Die Steuerschuldner haben daher gem. § 31 GrStG die Steuer für die sechs Quartale innerhalb eines Monats nach Bekanntgabe des Grundsteuerbescheid im Juni 2027 zu entrichten.

Für das Jahr 2028 sind gem. § 29 GrStG am 15.2. und am 15.5. Vorauszahlungen in Höhe eines Viertels des bisher festgesetzten Jahresbetrags zu entrichten (wegen der Fälligkeitstermine der Vorauszahlungen vgl. § 28 Abs. 1 GrStG). Aufgrund der Steuerfestsetzung für 2028 mit Steuerbescheid von Juli 2028 sind das dritte und vierte Viertel der Jahressteuer gem. § 28 GrStG am 15.8. und am 15.11. zu entrichten. Die Vorauszahlungen für das erste und zweite Quartal 2028 werden gem. § 30 GrStG auf die für 2028 festgesetzte Jahressteuer angerechnet. Zu einer Nachentrichtung i. S. des § 31 GrStG kommt es in diesen Fällen nicht, da für das Jahr 2028 Vorauszahlungen zu entrichten waren.

48–55 *(Einstweilen frei)*

II. Abweichende Fälligkeit für Kleinbeträge (§ 28 Abs. 2 BewG)

56 Die Gemeinden können bestimmen, dass **Kleinbeträge** abweichend von den allgemeinen vierteljährlichen Fälligkeitsterminen des § 28 Abs. 1 wie folgt fällig werden:

1. am 15. August mit ihrem **Jahresbetrag**, wenn dieser **15 €** nicht übersteigt;
2. am 15. Februar und 15. August zu je einer **Hälfte ihres Jahresbetrags**, wenn dieser **30 €** nicht übersteigt.

57 Es handelt sich hierbei um ein **Wahlrecht** der Gemeinde, welches die Gemeinde für alle Steuerpflichtigen einheitlich im Rahmen einer **gesonderten Satzung** ausüben muss.[1] Die Möglichkeit einer **Stundung** mit **abweichender Zahlungsvereinbarung** im Einzelfall (vgl. § 222 AO) bleibt davon unberührt.

58 Über die Regelungen des § 28 Abs. 2 GrStG hinaus können die Gemeinden von EStG 20 den Fälligkeitsterminen des § 28 Abs. 1 GrStGnicht abweichen. Die abweichenden Regelungen zur Fälligkeit von Kleinbeträgen in den **ostdeutschen Bundesländern** (vgl. § 45 GrStG a. F.) wurden im Zuge der Grundsteuerreform 2019[2] aufgehoben. Für den Steuerpflichtigen hingegen eröffnet § 28 Abs. 3 GrStG ein **Wahlrecht**, von der vierteljährlichen Zahlung abweichen zu dürfen.

59–65 *(Einstweilen frei)*

III. Antragsrecht des Steuerschuldners auf jährliche Entrichtung der Grundsteuer (§ 28 Abs. 3 BewG)

66 Auf **Antrag des Steuerschuldners** kann die Grundsteuer gem. § 28 Abs. Abs. 3 Satz 1 GrStG abweichend von den Regelungen des § 28 Abs. 1 GrStG (vierteljährliche Fälligkeit) oder § 28 Abs. 2 Nr. 2 GrStG (halbjährliche Fälligkeit) am **1. Juli** in einem **Jahresbetrag** entrichtet werden. Die

1 Vgl. Roscher, 360° GrStG eKommentar, § 28 Rz. 9, Halaczinsky, GrStG § 28 Rz. 3, Stöckel in Stöckel/Volquardsen, GrStG § 28 Rz. 2 sowie Troll/Eisele, GrStG § 28 Rz. 3.

2 GrStRefG v. 26.11.2019, BGBl 2019 I S. 1794.

Gemeinde hat dem Antrag aufgrund des **Rechtsanspruchs des Antragsstellers** zu entsprechen.[1] Es ist ratsam, den Antrag **schriftlich** oder **zur Niederschrift** zu stellen.[2] Ist über einen Antrag auf jährliche Zahlung gem. § 28 Abs. 3 Satz 1 GrStG seitens der Behörde noch nicht entschieden, muss der Grundsteuerschuldner sein Begehren notfalls mit einer Verpflichtungsklage durchsetzen.[3]

67 Für Kleinbeträge bis 15 € besteht dieses Antragsrecht aufgrund der eindeutigen einschränkenden Formulierung des § 28 Abs. 3 Satz 1 GrStG nur, wenn die Gemeinde **nicht** von Ihrem **Wahlrecht zur Bestimmung von abweichenden Fälligkeiten** für Kleinbeträge nach § 28 Abs. 2 GrStG Gebrauch gemacht hat und somit für derartige Kleinbeträge grundsätzlich die **allgemeine quartalsweise Fälligkeit** gem. § 28 Abs. 1 GrStG vorsieht. Hat die Gemeinde von Ihrem Wahlrecht Gebrauch gemacht, ist die Steuer für **Beträge bis 15 €** gem. § 28 Abs. 2 Nr. 1 GrStG am **15. August** in einem **Jahresbetrag** fällig.

68 Ein **Telefonanruf** bei der zuständigen Stelle der Gemeinde mit dem schlichten Hinweis, dass der Steuerpflichtige die Grundsteuer jährlich zahlen werde, ist nach Auffassung des Sächsischen OVG **kein Antrag** i. S. des § 28 Abs. 3 Satz 1 GrStG.[4] Ein Antrag auf eine Entscheidung sei hierin nicht zu sehen, sondern der schlichte Hinweis darauf, abweichend von den gesetzlich festgelegten Fälligkeitsterminen zahlen zu wollen. Die eigenmächtige, von den gesetzlichen Fälligkeitsterminen **abweichende Zahlung der Grundsteuer** enthalte weder einen entsprechenden Antrag, noch könne ein Steuerpflichtiger davon ausgehen, dass ein solcher „Antrag" stillschweigend von der Behörde positiv verbeschieden worden war.

69 Der **Antrag** muss gem. § 28 Abs. 3 Satz 2 GrStG **spätestens bis zum 30. September** des **vorangehenden Kalenderjahres** gestellt werden. Ist über einen Antrag auf jährliche Zahlung gem. § 28 Abs. 3 Satz 1 GrStG seitens der Behörde noch nicht entschieden, muss der Grundsteuerschuldner sein Begehren notfalls mit einer **Verpflichtungsklage** durchsetzen. Ein Recht, ohne einen entsprechenden Bescheid die Grundsteuerzahlung abweichend vom gesetzlichen Regelfall vorzunehmen, entspringt hieraus nicht.[5]

70 Nach Auffassung von Troll/Eisele ist bei einem **verspäteten Antrag** ein Entgegenkommen der Gemeinde möglich. Zeigt die Gemeinde kein Entgegenkommen, würde der Antrag erst für das Folgejahr gelten.[6] Da die **Antragsfrist** in § 28 Abs. 3 Satz 2 GrStG **gesetzlich** eindeutig **festgelegt** ist und die Gemeinde über § 28 Abs. 2 GrStG hinaus nicht befugt ist, **abweichende Fälligkeitstermine** festzulegen, ist diese Auffassung m. E. abzulehnen. Es bleibt bei einem verspäteten Antrag bei den gesetzlichen Fälligkeitsfristen des § 28 Abs. 1 oder Abs. 2 GrStG. Allerdings steht der Gemeinde das Instrument der **Stundung** gem. § 222 AO für die an den beiden ersten Fälligkeitsterminen des Jahres fällige Grundsteuer **bis zum 1. Juli** zur Verfügung, womit dem verspäteten Antrag des Steuerpflichtigen auf Umwegen entsprochen werden kann.

1 Vgl. Troll/Eisele, GrStG § 28 Rz. 4.
2 Gl. A. Schnitter in GrStG - eKommentar, § 28 GrStG, Rz. 14.
3 Vgl. Götz in Stenger/Loose, GrStG § 28 Rz. 24.
4 Sächsisches OVG, Beschluss v. 21.6.2018 - 3 A 459/18.
5 Sächsisches OVG, Beschluss v. 21.6.2018 - 3 A 459/18.
6 Vgl. Troll/Eisele, GrStG § 28 Rz. 4.

71 Die beantragte **Zahlungsweise** bleibt gem. § 28 Abs. 3 Satz 3 GrStG so lange **maßgebend**, bis ihre **Änderung beantragt** wird. Die Änderung muss spätestens bis zum **30. September** des vorangehenden Jahres beantragt werden. Dies gilt nach Auffassung von Troll/Eisele auch im Falle des **Eigentümerwechsels** für das vom Antrag auf Jahreszahlung betroffene Grundstück.[1]

72 Bei der Zahlungsweise nach § 28 Abs. 3 GrStG wird ein Teil der Vierteljahresraten zu spät, ein Teil der Vierteljahresraten aber entsprechend früher entrichtet. Zinsvorteile und Zinsnachteile gleichen sich somit aus. Es besteht deshalb in diesen Fällen auch kein Anlass für die Gewährung eines besonderen Bonus.[2]

§ 29 GrStG Vorauszahlungen

Der Steuerschuldner hat bis zur Bekanntgabe eines neuen Steuerbescheids zu den bisherigen Fälligkeitstagen Vorauszahlungen unter Zugrundelegung der zuletzt festgesetzten Jahressteuer zu entrichten.

Inhaltsübersicht **Rz.**

A. Allgemeine Erläuterungen zu § 29 GrStG

I. Normzweck und wirtschaftliche Bedeutung der Vorschrift

1 Ist für ein Kalenderjahr noch **keine Grundsteuerfestsetzung** gem. § 27 GrStG ergangen, hat der Steuerpflichtige gem. § 29 GrStG zu den bisherigen **Fälligkeitsterminen** (vgl. § 28 GrStG) **Vorauszahlungen** zu leisten, die jeweils anteilig der zuletzt festgesetzten jährlichen Grundsteuer entsprechen. Die Vorschrift soll den Gemeinden das **laufende Grundsteueraufkommen** sichern.

2 Die Pflicht zur Leistung von Vorauszahlungen besteht nicht, soweit für die Vorjahre bisher **keine Grundsteuer festgesetzt** worden ist, z. B. weil die wirtschaftliche Einheit bisher noch nicht existiert hat. In diesen Fällen kommt statt den Vorauszahlungen eine **Nachentrichtung** gem. § 31 GrStG in Betracht.

3–8 *(Einstweilen frei)*

1 Vgl. Troll/Eisele, GrStG § 28 Rz. 4; a. A. Götz in Stenger/Loose, GrStG § 28 Rz. 26, da ein Wahlrecht des Rechtsvorgängers ohne eine entsprechende gesetzliche Regelung, die den Eintritt in ein Wahlrecht des Rechtsvorgängers regelt, nicht denkbar sei.

2 Vgl. Götz in Stenger/Loose, GrStG § 28 Rz. 22.

II. Entstehung und Entwicklung der Vorschrift

Die Vorschrift ist seit Jahrzehnten **fester Bestandteil des GrStG.**[1] Bei der Novellierung des GrStG durch das **GrStRefG**[2] v. 26.11.2019 wurde § 29 GrStG nicht geändert. 9

(Einstweilen frei) 10–15

III. Geltungsbereich

Die Vorschrift ist bei der Entrichtung der **Grundsteuer** auf **inländischen Grundbesitz** durch die Gemeinden anzuwenden, soweit die Länder nicht von ihrer Abweichungskompetenz nach Art. 72 Abs. 3 Satz 1 Nr. 7 GG Gebrauch gemacht haben. 16

(Einstweilen frei) 17–25

IV. Verhältnis zu anderen Vorschriften

Die Pflicht für den Steuerschuldner (vgl. **§ 10 GrStG**) zur Entrichtung von Vorauszahlungen setzt voraus, dass für ein Jahr, in dem die Grundsteuerpflicht besteht, noch keine **Festsetzung der Grundsteuer** i. S. des **§ 27 GrStG** durchgeführt wurde. Die **Fälligkeit der Vorauszahlungen** richtet sich nach den Fälligkeitsterminen des **§ 28 GrStG**. Die **Abrechnung der Vorauszahlungen** bei einer später erfolgenden Festsetzung der Grundsteuer für das Jahr der geleisteten Vorauszahlungen ist in **§ 30 GrStG** geregelt. Sind für eine grundsteuerpflichtige wirtschaftliche Einheit keine Vorauszahlungen zu leisten, ist die **Grundsteuer** bei verspäteter Festsetzung gem. **§ 31 GrStG nachzuentrichten.** 26

(Einstweilen frei) 27–35

B. Systematische Kommentierung

I. Pflicht zur Entrichtung von Vorauszahlungen (§ 29 GrStG)

Der Steuerschuldner hat **bis zur Bekanntgabe eines neuen Steuerbescheids** zu den **bisherigen Fälligkeitstagen** des § 28 GrStG Vorauszahlungen unter Zugrundelegung der zuletzt festgesetzten **Jahressteuer** zu entrichten. Die Pflicht zur Entrichtung von Vorauszahlungen setzt voraus, dass für ein Jahr, in dem die Grundsteuerpflicht besteht, egal aus welchem Grund **noch keine Festsetzung** der Grundsteuer i. S. des § 27 GrStG durchgeführt wurde. Gleichzeitig muss für ein **Vorjahr** eine Festsetzung durchgeführt worden sein, da es ansonsten an der bisherigen **Jahressteuer als Bemessungsgrundlage** für die Vorauszahlungen mangelt. Liegen die Voraussetzungen an einem Fälligkeitszeitpunkt des § 28 GrStG vor, besteht für den **Steuerschuldner** (vgl. § 10 GrStG) die **Pflicht** zur Entrichtung von Vorauszahlungen. 36

Der Steuerschuldner ist gem. § 29 GrStG **kraft Gesetzes** bis zur Bekanntgabe eines neuen Steuerbescheides verpflichtet, zu den bisherigen Fälligkeitstagen **Vorauszahlungen** unter Zugrundelegung der zuletzt festgesetzten Jahressteuer zu entrichten. Eine **besondere Verfügung** der Gemeinde ist **nicht erforderlich.**[3] Gleichwohl wird im Allgemeinen im Grundsteuerbescheid 37

1 Vgl. die Neufassung des Grundsteuergesetzes v. 7.8.1973, BGBl 1973 I S. 965.
2 GrStRefG v. 26.11.2019, BGBl 2019 I S. 1794.
3 VG München, Urteil v. 3.3.2011 - M 10 K 10.2293.

auf die **Verpflichtung zur Zahlung** von Grundsteuervorauszahlungen und Angabe der Beträge und Fälligkeiten **hingewiesen.**[1]

38 Grundsteuer-Vorauszahlungen sind zu den **geltenden Fälligkeitsterminen** des § 28 GrStG in der jeweils **anteiligen Höhe** zu entrichten (Jahresbetrag, Halbjahresbetrag, Quartalsbetrag). Die Gemeinde ist nicht berechtigt, selbst **Vorauszahlungen** in **abweichender Höhe** oder zu **anderen Stichtagen** festzusetzen. Davon unberührt bleibt das **Recht der Gemeinde**, eine fällige **Vorauszahlung** gem. § 222 AO ganz oder teilweise zu **stunden.**

39 Ebenso kann die Gemeinde die Grundsteuer für ein Kalenderjahr auch **ohne** vorliegenden **Grundsteuermessbescheid** als **Grundlagenbescheid** in gegenüber der bisherigen Festsetzung für die Vorjahre **abweichender Höhe** gem. § 155 Abs. 2 AO i.V. mit § 162 Abs. 1 AO festsetzen. In diesem Fall **entfällt** die **Vorauszahlungspflicht** des § 29 GrStG und die Grundsteuer wird nach Maßgabe des § 28 GrStG in der abweichend festgesetzten Höhe fällig. Geht die Gemeinde nach § 155 Abs. 2 AO vor, so muss für den Steuerpflichtigen aus dem Bescheid selbst oder zumindest aus den Umständen eindeutig zu erkennen sein, dass die endgültige Festlegung der Besteuerungsgrundlagen in einem Grundlagenbescheid erfolgen wird.[2]

40 Wird die Grundsteuer für ein Jahr, für das Vorauszahlungen geleistet wurden, zu einem späteren Zeitpunkt mach Maßgabe des § 27 GrStG festgesetzt, sind die **geleisteten Vorauszahlungen** nach Maßgabe des § 30 GrStG **abzurechnen**. Die Pflicht zur Leistung von Vorauszahlungen besteht nicht, soweit für die **Vorjahre bisher keine Grundsteuer festgesetzt** worden ist, z. B. weil die wirtschaftliche Einheit bisher noch nicht existiert hat. In diesen Fällen kommt statt den Vorauszahlungen eine **Nachentrichtung** gem. § 31 GrStG in Betracht.

41 BEISPIEL: In einem Neubaugebiet wird eine größere ehemals landwirtschaftlich genutzte Fläche im November 2025 parzelliert und im Dezember 2025 an verschiedene Eigentümer veräußert. Die Finanzbehörde erlässt im März 2027 Nachfeststellungsbescheide für die neu entstandenen wirtschaftlichen Einheiten. Die Gemeinde setzt daraufhin im Juni 2027 die Grundsteuer für die Jahre 2026 und 2027 mit Grundsteuerbescheid (vgl. § 27 GrStG) gegenüber den Eigentümern der Baugrundstücke fest. Für das Jahr 2028 hatte die Gemeinde die Grundsteuerfestsetzung erst im Juli 2028 durchgeführt.

Da die wirtschaftlichen Einheiten neu entstanden sind und bisher keine Grundsteuerfestsetzung für diese wirtschaftlichen Einheiten erfolgt ist, waren von den Steuerpflichtigen keine Vorauszahlungen gem. § 29 GrStG zu entrichten. Ebenso war die Grundsteuer für die Jahre 2026 (alle Quartale) und 2027 (I. und II. Quartal) noch nicht festgesetzt, so dass keine Fälligkeit der Jahressteuer nach § 28 GrStG eingetreten ist. Die Steuerschuldner haben daher gem. § 31 GrStG die Steuer für die sechs Quartale innerhalb eines Monats nach Bekanntgabe des Grundsteuerbescheid im Juni 2027 zu entrichten.

Für das Jahr 2028 sind gem. § 29 GrStG am 15.2. und am 15.5. Vorauszahlungen in Höhe eines Viertels des bisher festgesetzten Jahresbetrags zu entrichten (wegen der Fälligkeitstermine der Vorauszahlungen vgl. § 28 Abs. 1 GrStG). Aufgrund der Steuerfestsetzung für 2028 mit Steuerbescheid von Juli 2028 sind das dritte und vierte Viertel der Jahressteuer gem. § 28 GrStG am 15.8. und am 15.11. zu entrichten. Die Vorauszahlungen für das erste und zweite Quartal 2028 werden gem. § 30 GrStG auf die für 2028 festgesetzte Jahressteuer angerechnet. Zu einer Nachentrichtung i. S. des § 31 GrStG kommt es in diesen Fällen nicht, da für das Jahr 2028 Vorauszahlungen zu entrichten waren.

42 Grundsteuer-Vorauszahlungen sind **Steuerschulden** i. S. des § 240 Abs. 1 Satz 1 AO. Die Nichtentrichtung zum Fälligkeitstermin löst daher **Säumniszuschläge** aus. § 240 Abs. 1 Satz 3 AO (Pflicht zur vorherigen Festsetzung der Steuer) greift bei den Grundsteuervorauszahlungen

1 Vgl. Halaczinsky, GrStG § 29 Rz. 2.
2 Vgl. Götz in Stenger/Loose, Bewertungsrecht - BewG/ErbStG/GrStG, § 29 GrStG Rz. 8.

nicht, da sie keiner Festsetzung durch Bescheid bedürfen, sondern bereits **kraft Gesetzes** entstehen (vgl. → Rz. 37).

Rückständige Grundsteuervorauszahlungen lasten als **dingliche Last** auf dem Grundstück.[1] Darüber hinaus **haftet der Erwerber** eines Grundstücks für noch nicht geleistete Grundsteuervorauszahlungen.[2] 43

§ 30 GrStG Abrechnung über die Vorauszahlungen

(1) ¹Ist die Summe der Vorauszahlungen, die bis zur Bekanntgabe des neuen Steuerbescheids zu entrichten waren (§ 29), kleiner als die Steuer, die sich nach dem bekannt gegebenen Steuerbescheid für die vorausgegangenen Fälligkeitstage ergibt (§ 28), so ist der Unterschiedsbetrag innerhalb eines Monats nach Bekanntgabe des Steuerbescheids zu entrichten. ²Die Verpflichtung, rückständige Vorauszahlungen schon früher zu entrichten, bleibt unberührt.

(2) Ist die Summe der Vorauszahlungen, die bis zur Bekanntgabe des neuen Steuerbescheids entrichtet worden sind, größer als die Steuer, die sich nach dem bekannt gegebenen Steuerbescheid für die vorangegangenen Fälligkeitstage ergibt, so wird der Unterschiedsbetrag nach Bekanntgabe des Steuerbescheids durch Aufrechnung oder Zurückzahlung ausgeglichen.

(3) Die Absätze 1 und 2 gelten entsprechend, wenn der Steuerbescheid aufgehoben oder geändert wird.

Inhaltsübersicht **Rz.**

A. Allgemeine Erläuterungen zu § 30 GrStG

I. Normzweck und wirtschaftliche Bedeutung der Vorschrift

§ 30 GrStG regelt die **Abrechnung der** nach § 29 GrStG zu leistenden **Vorauszahlungen** bei späterer **Festsetzung** der Grundsteuer gem. § 27 GrStG. Dies betrifft insbesondere die Fälle **der Über- oder Unterzahlung** durch den Steuerschuldner. Die Regelungen gelten auch für die die **Änderung oder Aufhebung von Grundsteuerbescheiden.** 1

(Einstweilen frei) 2–8

1 Vgl. Schmidt in Grootens, GrStG § 12 Rz. 23.
2 Vgl. Schmidt in Grootens, GrStG § 11 Rz. 39.

II. Entstehung und Entwicklung der Vorschrift

9 Die Vorschrift ist seit Jahrzehnten **fester Bestandteil des GrStG.**[1] Bei der Novellierung des GrStG durch das **GrStRefG**[2] v. 26.11.2019 wurde § 29 GrStG nicht geändert.

10–15 *(Einstweilen frei)*

III. Geltungsbereich

16 Die Vorschrift ist bei der Entrichtung der **Grundsteuer** auf **inländischen Grundbesitz** durch die Gemeinden anzuwenden, soweit die Länder nicht von ihrer Abweichungskompetenz nach Art. 72 Abs. 3 Satz 1 Nr. 7 GG Gebrauch gemacht haben.

17–25 *(Einstweilen frei)*

IV. Verhältnis zu anderen Vorschriften

26 § 30 GrStG regelt die Abrechnung der gem. **§ 29 GrStG geleisteten Vorauszahlungen** bei einer **Grundsteuerfestsetzung** gem. **§ 27 GrStG**. Waren keine Vorauszahlungen zu leisten, richtet sich die **Nachentrichtung** der Steuer für die Vergangenheit nach **§ 31 GrStG**. Die **Fälligkeitstermine** für die Vorauszahlungen ergeben sich aus **§ 28 GrStG**. Streitigkeiten über Erstattungen sind im **Verwaltungsgerichtsweg** zu klären. Eine Ausnahme bilden die Stadtstaaten, in denen der **Finanzgerichtsweg** eingeschlagen werden muss.[3]

27–35 *(Einstweilen frei)*

B. Systematische Kommentierung

I. Nachzahlung bei zu niedriger Vorauszahlung (§ 30 Abs. 1 GrStG)

36 Ist für ein Kalenderjahr noch **keine Grundsteuerfestsetzung** gem. § 27 GrStG ergangen, hat der Steuerpflichtige gem. § 29 GrStG zu den bisherigen **Fälligkeitsterminen** (vgl. § 28 GrStG) Vorauszahlungen zu leisten, die jeweils anteilig der zuletzt festgesetzten jährlichen Grundsteuer entsprechen. Wird die Jahressteuerschuld für das laufende Kalenderjahr festgesetzt, erfolgt eine **Abrechnung** der bisher entrichteten Vorauszahlungen. Bleibt die **Jahressteuer** gegenüber der den Vorauszahlungen zu Grunde gelegten Jahressteuer **unverändert**, führt dies für die Abrechnung über das **anteilige Erlöschen des Steueranspruchs** hinaus zu **keiner Rechtsfolge**.

37 Ist die **Summe der Vorauszahlungen**, die bis zur Bekanntgabe des neuen Steuerbescheids zu entrichten waren (§ 29 GrStG i.V. mit § 28 GrStG), **kleiner als die Steuer**, die sich nach dem bekanntgegebenen Steuerbescheid für die vorausgegangenen Fälligkeitstage ergibt, so ist der **Unterschiedsbetrag** gem. § 30 Abs. 1 Satz 1 GrStG **innerhalb eines Monats nach Bekanntgabe** des Steuerbescheids zu entrichten. Das Gleiche gilt, wenn bisher **keine Vorauszahlungen** geleistet worden sind (vgl. § 31 GrStG). Die Gemeinde hat die Möglichkeit, den **Unterschiedsbetrag** gem. § 222 AO zu **stunden**.

38 § 30 Abs. 1 Satz 1 GrStG stellt auf die Vorauszahlungen ab, die **zu entrichten** waren. Die Verpflichtung, **rückständige Vorauszahlungen** nach Maßgabe des § 29 GrStG schon früher zu ent-

1 Vgl. die Neufassung des Grundsteuergesetzes v. 7.8.1973, BGBl 1973 I S. 965.

2 GrStRefG v. 26.11.2019, BGBl 2019 I S. 1794.

3 Vgl. zum Rechtsweg Grootens in Grootens, GrStG § 27 Rz. 91.

richten, bleibt gem. § 30 Abs. 1 Satz 2 GrStG unberührt. Für diese Vorauszahlungen wird durch die Festsetzung der Jahressteuerschuld gem. § 27 GrStG auch **keine neue Fälligkeit** begründet. Lediglich für den **Erhöhungsbetrag** als Differenz zwischen den **Vorauszahlungen** gem. § 29 GrStG und der auf diese Vorauszahlungszeitpunkte entfallenden **festgesetzten Jahressteuer** beträgt die **Zahlungsfrist einen Monat** nach Bekanntgabe des Steuerbescheids. Für die **Vorauszahlungen** entstehen bei nicht fristgerechter Zahlung ungeachtet der späteren Festsetzung der Jahressteuer **Säumniszuschläge** nach Maßgabe des § 240 AO.

Die Einziehung der aus Anlass baulicher Änderungen nachgeforderten Grundsteuer ist nicht 39 deshalb sachlich unbillig, weil der Grundstückseigentümer den **Nachforderungsbescheid** im Gegensatz zu anderen Steuerpflichtigen so spät erhalten hat, dass er die **Grundsteuer** nach den **mietrechtlichen Vorschriften** nicht mehr als **Betriebskosten auf den Mieter abwälzen** kann.[1]

(Einstweilen frei) 40–50

II. Erstattung oder Aufrechnung bei zu hoher Vorauszahlung (§ 30 Abs. 2 GrStG)

Ist die **Summe der Vorauszahlungen**, die bis zur Bekanntgabe des neuen Steuerbescheids ent- 51 richtet worden sind (§ 29 GrStG i.V. mit § 28 GrStG), **größer als die Steuer**, die sich nach dem bekanntgegebenen Steuerbescheid für die vorangegangenen Fälligkeitstage ergibt, so wird der **Unterschiedsbetrag** gem. § 30 Abs. 2 GrStG nach **Bekanntgabe des Steuerbescheids** durch **Aufrechnung** oder **Zurückzahlung** ausgeglichen.

Die Regelung in § 30 Abs. 2 GrStG stellt nicht auf die zu entrichtenden, sondern auf die **tat-** 52 **sächlich entrichteten Vorauszahlungen** ab. **Säumniszuschläge** für **verspätet geleistete Vorauszahlungen** sind **auch dann** zu entrichten, wenn später die Steuerschuld durch endgültigen Veranlagungsbescheid auf einen niedrigeren Betrag als die Summe der einjährigen Vorauszahlungen festgesetzt wird und daher der **Unterschiedsbetrag** dem Steuerschuldner **zu erstatten** ist.[2] Eine (rückwirkende) **Herabsetzung der Vorauszahlungen** für die bisherigen Vorauszahlungszeitpunkte erfolgt bei einer niedrigeren Jahressteuerfestsetzung nicht, da die **Vorauszahlungen kraft Gesetzes** in anteiliger Höhe der Jahressteuer des Vorjahres **entstehen** (vgl. § 29 GrStG).[3]

Der **Unterschiedsbetrag** ist mit Bekanntgabe des Steuerbescheids sofort **fällig**, d. h. die Ge- 53 meinde muss die **Rückzahlung** unverzüglich veranlassen.[4] Der **Anspruch des Steuerschuldners** auf Rückzahlung kann gem. § 46 Abs. 1 AO **abgetreten, verpfändet** und **gepfändet** werden. Der Erstattungsanspruch verjährt wie der Steueranspruch selbst, die Verjährungsfrist beträgt also fünf Jahre, § 228 AO. Die **Verjährung** beginnt mit Ablauf des Kalenderjahrs, in dem der Anspruch erstmals fällig geworden ist, § 229 Abs. 1 AO. Das ist im Anwendungsbereich des § 30 Abs. 3 GrStG der Ablauf des Kalenderjahres, in dem der geänderte Bescheid erlassen wurde.[5]

Eine **Aufrechnung** kommt grundsätzlich nur mit anderen **fälligen Grundsteuerschulden** oder 54 sonstigen **Gemeindeforderungen** gegenüber dem Steuerschuldner in Betracht. Eine Verrech-

1 BVerwG, Urteil v. 4.6.1982 - 8 C 126/81.
2 BVerwG, Urteil v. 26.10.1973 - VII C 25.72, BStBl 1974 II S. 279.
3 Vgl. Troll/Eisele, GrStG § 30 Rz. 4.
4 Gl. A. Götz in Stenger/Loose, GrStG § 30 Rz. 12.
5 Vgl. Götz in Stenger/Loose, GrStG § 30 Rz. 16.

nung mit noch **nicht fälligen Forderungen**, etwa beispielsweise mit **künftigen Vierteljahresraten** nach § 28 Abs. 1 GrStG, ist **nicht möglich**, es sei denn, der Steuerschuldner erklärt insoweit sein **Einverständnis**.[1] Eine **Aufrechnung** mit Ansprüchen aus dem Steuerschuldverhältnis ist **unzulässig**, wenn sie durch **Verjährung** oder Ablauf einer Ausschlussfrist **erloschen** sind (§ 226 Abs. 2 AO).

55 Die **Verjährung des Grundsteueranspruchs** löst einen **Anspruch auf Erstattung** geleisteter Vorauszahlungen nach § 37 Abs. 2 Satz 2 AO aus.[2] Ein **Vorauszahlungsbescheid** bildet insoweit keinen Rechtsgrund für das Behaltendürfen. § 164 Abs. 1 Satz 2 AO und § 164 Abs. 4 Satz 1 AO ändern daran nichts.

56–60 *(Einstweilen frei)*

III. Aufhebung oder Änderung von Steuerfestsetzung (§ 30 Abs. 3 GrStG)

61 Wir die **Steuerfestsetzung** für die Jahressteuer **aufgehoben** oder **geändert**, können sich ebenfalls **Nachzahlungs**- oder **Erstattungsbeträge** ergeben. Nach § 30 Abs. 3 GrStG gelten die Regelungen des § 30 Abs. 1 und Abs. 2 GrStG entsprechend. Ein **Erstattungsanspruch** zu viel gezahlter Beträge entsteht auch bei eindeutiger Sachlage erst durch abweichende Festsetzung mit **Steuerbescheid** (vgl. § 27 GrStG). Für den Erstattungsanspruch gelten die gleichen **Verjährungsregelungen** wie für den Steueranspruch selbst (vgl. § 228 AO).

62 Für eine Änderung i. S. von Abs. 3 kommt jedoch nur die rückwirkende Änderung oder Aufhebung einer Jahressteuerschuld in Betracht, nicht dagegen die rückwirkende Änderung von Vorauszahlungen, da eine solche im System der Grundsteuer nicht vorgesehen ist.

§ 31 GrStG Nachentrichtung der Steuer

Hatte der Steuerschuldner bis zur Bekanntgabe der Jahressteuer keine Vorauszahlungen nach § 29 zu entrichten, so hat er die Steuer, die sich nach dem bekannt gegebenen Steuerbescheid für die vorangegangenen Fälligkeitstage ergibt (§ 28), innerhalb eines Monats nach Bekanntgabe des Steuerbescheids zu entrichten.

Inhaltsübersicht **Rz.**

1 Vgl. Roscher in 360° GrStG eKommentar, § 30 Rz. 9., a. A. ohne Begründung Halaczinsky, GrStG § 30 Rz. 4.
2 Sächsisches OVG, Beschluss v. 1.4.2003 - 5 B 115/01.

A. Allgemeine Erläuterungen zu § 31 GrStG

I. Normzweck und wirtschaftliche Bedeutung der Vorschrift

Ist für eine wirtschaftliche Einheit in der Vergangenheit noch keine Grundsteuer festgesetzt worden, entsteht für den Steuerpflichtigen gem. § 29 GrStG **keine Pflicht zur Entrichtung von Vorauszahlungen**. Erlässt die Gemeinde zu einem späteren Zeitpunkt einen Grundsteuerbescheid, so hat der Steuerschuldner (vgl. § 10 GrStG) die **Steuer**, die sich nach dem bekanntgegebenen Steuerbescheid für die **vorangegangenen Fälligkeitstage** ergibt (vgl. § 28 GrStG), **innerhalb eines Monats nach Bekanntgabe des Steuerbescheids** zu entrichten (**Nachentrichtung**). 1

Der Fall der Nachentrichtung ist zu unterscheiden von den Fällen, in den **Vorauszahlungen** in gegenüber der Jahressteuer **abweichender Höhe** geleistet wurden und es daher zur **Abrechnung** der Vorauszahlung gem. § 30 GrStG und zur **Nachzahlung** des übersteigenden Betrages kommt. 2

(Einstweilen frei) 3–8

II. Entstehung und Entwicklung der Vorschrift

Die Vorschrift ist seit Jahrzehnten **fester Bestandteil des GrStG**.[1] Bei der Novellierung des GrStG durch das **GrStRefG**[2] v. 26.11.2019 wurde § 29 GrStG nicht geändert. 9

(Einstweilen frei) 10–15

III. Geltungsbereich

Die Vorschrift ist bei der Entrichtung der **Grundsteuer** auf **inländischen Grundbesitz** durch die Gemeinden anzuwenden, soweit die Länder nicht von ihrer Abweichungskompetenz nach Art. 72 Abs. 3 Satz 1 Nr. 7 GG Gebrauch gemacht haben. 16

(Einstweilen frei) 17–25

IV. Verhältnis zu anderen Vorschriften

§ 30 GrStG regelt die **Abrechnung** der gem. **§ 29 GrStG geleisteten Vorauszahlungen** bei einer **Steuerfestsetzung** gem. **§ 27 GrStG**. Nur wenn **keine Vorauszahlungen** zu leisten waren, richtet sich die **Nachentrichtung** der Steuer für die Vergangenheit nach § 31 GrStG. Die Nachentrichtung ist für bereits **vorangegangene Fälligkeitstage** vorzunehmen. Die **Fälligkeitstermine** ergeben sich aus **§ 28 GrStG**. 26

(Einstweilen frei) 27–35

1 Vgl. die Neufassung des Grundsteuergesetzes v. 7.8.1973, BGBl 1973 I S. 965.
2 GrStRefG v. 26.11.2019, BGBl 2019 I S. 1794.

B. Systematische Kommentierung

I. Nachentrichtung der Grundsteuer (§ 31 GrStG)

36 Wird die Grundsteuer für ein Jahr, für das Vorauszahlungen geleistet wurden, zu einem späteren Zeitpunkt mach Maßgabe des § 27 GrStG festgesetzt, sind die **geleisteten Vorauszahlungen** nach Maßgabe des § 30 GrStG **abzurechnen**. Die Pflicht zur Leistung von Vorauszahlungen besteht nicht, soweit für die **Vorjahre bisher keine Grundsteuer festgesetzt** worden ist, z. B. weil die wirtschaftliche Einheit bisher noch nicht existiert hat oder für die wirtschaftliche Einheit eine Grundsteuerbefreiung zum Tragen kam. In diesen Fällen kommt statt den Vorauszahlungen eine **Nachentrichtung** gem. § 31 GrStG in Betracht.

37 Erlässt die Gemeinde zu einem späteren Zeitpunkt einen Grundsteuerbescheid, so hat der Steuerschuldner (vgl. § 10 GrStG) die **Steuer**, die sich nach dem bekanntgegebenen Steuerbescheid für die **vorangegangenen Fälligkeitstage** ergibt (vgl. § 28 GrStG), **innerhalb eines Monats nach Bekanntgabe des Steuerbescheids** zu entrichten (**Nachentrichtung**). Dies umfasst auch die im laufenden Jahr bereits fälligen **Vorauszahlungsbeträge**.[1] § 31 GrStG setzt somit einen **gesonderten gesetzlichen Fälligkeitstermin** in Übereinstimmung mit der Regelung zu Nachzahlungsfällen in § 30 Abs. 1 GrStG.[2] Die Gemeinde kann den fälligen Betrag gem. § 222 AO **stunden** und mit dem Steuerschuldner **Ratenzahlung** vereinbaren.

38 Bei dem nachzuentrichtenden Betrag kann es sich um die gesamte **Jahressteuer eines abgelaufenen Kalenderjahres** und/oder um die anteilige Jahressteuer für **einzelne Fälligkeitszeitpunkte des laufenden Kalenderjahres** handeln. Für alle Fälligkeitszeitpunkte des laufenden Kalenderjahres **nach der Bekanntgabe** des Grundsteuerbescheids gelten die allgemeinen Fälligkeitsregelungen des § 28 GrStG.

39 BEISPIEL: In einem Neubaugebiet wird eine größere ehemals landwirtschaftlich genutzte Fläche im November 2025 parzelliert und im Dezember 2025 an verschiedene Eigentümer veräußert. Die Finanzbehörde erlässt im März 2027 Nachfeststellungsbescheide für die neu entstandenen wirtschaftlichen Einheiten. Die Gemeinde setzt daraufhin im Juni 2027 die Grundsteuer für die Jahre 2026 und 2027 mit Grundsteuerbescheid (vgl. § 27 GrStG) gegenüber den Eigentümern der Baugrundstücke fest. Für das Jahr 2028 hatte die Gemeinde die Grundsteuerfestsetzung erst im Juli 2028 durchgeführt.

Da die wirtschaftlichen Einheiten neu entstanden sind und bisher keine Grundsteuerfestsetzung für diese wirtschaftlichen Einheiten erfolgt ist, waren von den Steuerpflichtigen keine Vorauszahlungen gem. § 29 GrStG zu entrichten. Ebenso war die Grundsteuer für die Jahre 2026 (alle Quartale) und 2027 (I. und II. Quartal) noch nicht festgesetzt, so dass keine Fälligkeit der Teilzahlungen der Jahressteuer nach § 28 GrStG eingetreten ist. Die Steuerschuldner haben daher gem. § 31 GrStG die Steuer für die sechs Quartale innerhalb eines Monats nach Bekanntgabe des Grundsteuerbescheids für 2026 und 2027 im Juni 2027 zu entrichten.

Für das Jahr 2028 sind gem. § 29 GrStG am 15.2. und am 15.5. Vorauszahlungen in Höhe eines Viertels des bisher festgesetzten Jahresbetrags zu entrichten (wegen der Fälligkeitstermine der Vorauszahlungen vgl. § 28 Abs. 1 GrStG). Aufgrund der Steuerfestsetzung für 2028 mit Steuerbescheid von Juli 2028 sind das dritte und vierte Viertel der Jahressteuer gem. § 28 GrStG am 15.8. und am 15.11. zu entrichten. Die Vorauszahlungen für das erste und zweite Quartal 2028 werden gem. § 30 GrStG auf die für 2028 festgesetzte Jahressteuer angerechnet. Zu einer Nachentrichtung i. S. des § 31 GrStG kommt es in diesen Fällen nicht, da für das Jahr 2028 Vorauszahlungen zu entrichten waren.

1 Vgl. Troll/Eisele, GrStG § 31 Rz. 2.
2 Vgl. Roscher in 360° GrStG eKommentar, § 31 Rz. 9.

Abschnitt IV: Erlass der Grundsteuer

§ 32 GrStG Erlass für Kulturgut und Grünanlagen

(1) Die Grundsteuer ist zu erlassen

1. für Grundbesitz oder Teile von Grundbesitz, dessen Erhaltung wegen seiner Bedeutung für Kunst, Geschichte, Wissenschaft oder Naturschutz im öffentlichen Interesse liegt, wenn die erzielten Einnahmen und die sonstigen Vorteile (Rohertrag) in der Regel unter den jährlichen Kosten liegen. [2]Bei Park- und Gartenanlagen von geschichtlichem Wert ist der Erlass von der weiteren Voraussetzung abhängig, dass sie in dem billigerweise zu fordernden Umfang der Öffentlichkeit zugänglich gemacht sind;

2. für öffentliche Grünanlagen, Spiel- und Sportplätze, wenn die jährlichen Kosten in der Regel den Rohertrag übersteigen.

(2) [1]Ist der Rohertrag für Grundbesitz, in dessen Gebäuden Gegenstände von wissenschaftlicher, künstlerischer oder geschichtlicher Bedeutung, insbesondere Sammlungen oder Bibliotheken, dem Zweck der Forschung oder Volksbildung nutzbar gemacht sind, durch die Benutzung zu den genannten Zwecken nachhaltig gemindert, so ist von der Grundsteuer der Hundertsatz zu erlassen, um den der Rohertrag gemindert ist. [2]Das gilt nur, wenn die wissenschaftliche, künstlerische oder geschichtliche Bedeutung der untergebrachten Gegenstände durch die Landesregierung oder die von ihr beauftragte Stelle anerkannt ist.

Inhaltsübersicht **Rz.**

LITERATUR:

Hubert, Zur Anwendung des Grundsteuergesetzes ab 1.1.2025 – Die koordinierten Ländererlasse v. 22.6.2022, StuB 18/2022 S. 681, NWB XAAAJ-21832; *Eisele*, Grundsteuerreform. Anwendung des Grundsteuergesetzes ab 1.1.2025 – Koordinierte Ländererlasse v. 22.6.2022, NWB 31/2022 S. 2191, NWB UAAAJ-18535; *Eisele*, Update Reform der Grundsteuer (II) – Gesetzesbeschluss des Bundestages zum Gesetzespaket der Koalitionsfraktionen, NWB 45/2019 S. 3291, NWB SAAAH-33427; *Feldner*, Die Befreiung von der Grundsteuer nach § 32 Abs. 1 Nr. 1 GrStG, DStR 33-34/2018 S. 1749; *Eisele*, Die Grundsteuer, NWB 39/2003 S. 3037, NWB LAAAA-74507; *Ostendorf*, Die Grundsteuer, NWB 46/1992 S. 3769, NWB HAAAA-74504.

VERWALTUNGSANWEISUNGEN

Koordinierte Ländererlasse v. 22.6.2022 zur Anwendung des Grundsteuergesetzes ab 1.1.2025 (AEGrStG), NWB VAAAJ-18526.

A. Allgemeine Erläuterungen zu § 32 GrStG

I. Normzweck und wirtschaftliche Bedeutung der Vorschrift

1 § 32 GrStG enthält spezielle Erlassvorschriften für **Grundbesitz oder Teile vom Grundbesitz**, soweit bestimmte Voraussetzungen erfüllt werden. Liegen die Voraussetzungen des § 32 GrStG vor, so ist die Grundsteuer zu erlassen. Es besteht ein **Rechtsanspruch auf Erlass** der Grundsteuer. Der § 32 GrStG durchbricht mithin den **Objektcharakter** der Grundsteuer.

2–3 *(Einstweilen frei)*

II. Entstehung und Entwicklung der Vorschrift

4 § 32 GrStG wurde im Rahmen des GrStRefG v. 26.11.2019[1] unverändert mit Wirkung ab 1.1.2025 in das GrStG übernommen und entspricht der bisherigen Gesetzesfassung v. 7.8.1973 (BStBl 1973 I S. 965), die zuletzt durch Art. 38 des Gesetzes v. 19.12.2008 (BGBl 2008 I S. 2794) geändert worden ist (vgl. § 37 GrStG).

5–7 *(Einstweilen frei)*

III. Geltungsbereich

8 Die Vorschriften gelten für **inländischen Grundbesitz** i. S. des Bewertungsgesetzes. Dazu zählen die **Betriebe der Land- und Fortwirtschaft** (§§ 233, 240 BewG) und **Grundstücke** (§243 BewG) sowie jeweils diesen in § 218 Satz 2 und Satz 3 BewG bezeichneten gleichgestellten **Betriebsgrundstücke** (vgl. § 2 GrStG).

9–10 *(Einstweilen frei)*

IV. Verhältnis zu anderen Vorschriften

11 § 32 GrStG stellt eine **Spezialvorschrift** zu den allgemeinen Billigkeitsmaßnahmen i. S. der Abgabenordnung dar. In Fällen, in den die Voraussetzungen des § 32 GrStG nicht erfüllt sind, kann dennoch ein Erlass nach §§ 163, 227 AO in Betracht kommen.[2]

12 Weiterhin ist § 32 GrStG nur bei bestehen einer **materiellen Grundsteuerpflicht** anzuwenden. In Fällen, in denen bereits eine **Befreiung von der Grundsteuer** z. B. nach § 3 GrStG vorliegt, kommt § 32 GrStG nicht mehr zur Anwendung.

13–14 *(Einstweilen frei)*

1 GrStRefG v. 26.11.2019, BGBl 2019 I S. 1794.
2 A 35 Abs. 5 AEGrStG.

B. Systematische Kommentierung

I. Erlass für Grundbesitz oder Teile von Grundbesitz im öffentlichen Interesse (§ 32 Abs. 1 Nr. 1 GrStG)

1. Öffentliches Interesse zur Erhaltung des Grundbesitzes

Nach § 32 Abs. 1 Nr. 1 GrStG ist die Grundsteuer für Grundbesitz oder Teile von Grundbesitz zu erlassen, wenn seine Erhaltung aufgrund der **Bedeutung für Kunst, Geschichte, Wissenschaft oder Naturschutz** im **öffentlichen Interesse** liegt und wenn der **Rohertrag** i. d. R. die jährlichen Kosten übersteigt, d. h. dass der Grundbesitz oder Teile von Grundbesitz also **unrentabel** sind. 15

Ein öffentliches Interesse zur Erhaltung des Grundbesitzes liegt dabei i. d. R. vor, soweit die Erhaltung des Grundbesitzes im **besonderen öffentlichen Interesse** der Allgemeinheit liegt. Dies gilt insbesondere für Grundstücke, welche die **Denkmaleigenschaft** nach den jeweiligen Denkmalschutzgesetzen, wie z. B. **Baudenkmale, Gartendenkmale und Bodendenkmale**, erfüllen.[1] Bei Grundbesitz, der dem **Naturschutz** dient, muss es sich um ein **Naturdenkmal** nach dem BNatSchG oder den landesrechtlichen Naturschutzgesetzen handeln.[2] 16

Aufgrund der hohen Anforderung an das öffentliche Interesse, sollte dem Antrag auf Grundsteuererlass bereits eine **Bescheinigung über die Denkmaleigenschaft** bzw. ein Auszug aus der **Denkmalliste** beigefügt werden. Im Zweifel hat der Antragsteller das öffentliche Interesse am Grundbesitz durch eine Bescheinigung der zuständigen Landesbehörde nachzuweisen.[3] 17

Der Grundsteuererlass kommt dabei nur in Betracht, soweit der Grundbesitz nicht bereits von der Grundsteuer befreit ist. Eine **Befreiung für Grundbesitz, der dem Naturschutz dient**, kann hiernach unter bestimmten Voraussetzungen z. B. bereits nach § 3 Abs. 1 Satz 1 Nr. 3 GrStG in Betracht kommen.[4][5][6] 18

(Einstweilen frei) 19–22

2. Ermittlung der Unrentabilität des Grundbesitzes

Neben dem öffentlichen Interesse, ist weitere Voraussetzung für den Grundsteuererlass, dass die erzielten **Einnahmen und die sonstigen Vorteile (Rohertrag)** die jährlichen Kosten i. d. R. nicht übersteigen. Die Bewirtschaftung des Grundbesitzes muss für den Eigentümer folglich unrentabel sein. 23

Der Rohertrag ermittelt sich aus sämtlichen Einnahmen und **sonstigen Vorteilen**, welche der Grundbesitz bietet.[7] Für den Begriff der „Einnahmen“ kann hierbei auf das Einkommensteuergesetz zurückgegriffen werde. Danach sind Einnahmen gem. § 8 Abs. 1 EStG alle Güter, die in Geld oder Geldeswert bestehen und im unmittelbaren Zusammenhang mit der Verwaltung 24

1 SenFin Berlin, Erlass v. 4.5.2015 - III D - G 1163 - 1/2014 - 1, Tz. 1.2.2., NWB QAAAE-90232.
2 SenFin Berlin, Erlass v. 4.5.2015 - III D - G 1163 - 1/2014 - 1, Tz. 1.3., NWB QAAAE-90232.
3 A 32.1 Abs. 3 Satz 3 AEGrStG.
4 Vgl. Steffen in Grootens, GrStG § 3 Rz. 71 ff.
5 OFD Magdeburg, Vfg. v. 2.12.1997 - G 1105 - 1 - St 336 V, NWB IAAAA-85586.
6 Gl. A. Eisele, NWB 45/2019 S. 3291, NWB SAAAH-33427.
7 A 32.1 Abs. 5 Satz 1 AEGrStG.

und Bewirtschaftung des Grundbesitzes stehen. Dazu zählen die **Miet- und Pachteinnahmen** sowie die **Einnahmen aus Besichtigungen und Führungen.**[1]

25 Bei den Miet- und Pachteinnahmen handelt es sich dabei um die **Kaltmieten** ohne die vereinnahmten **umlagefähigen Betriebskosten**. Die vereinnahmte **Umsatzsteuer** gehört dagegen zu den Einnahmen.[2]

26 Die Einnahmen sind nur zu berücksichtigen, soweit sie dem Grundstückseigentümer auch zugeflossen sind, d. h. in dessen **Verfügungsmacht** gelangt sind. Bei Vermietung des Grundbesitzes ist daher auf die tatsächlich **zugeflossene Miete** abzustellen. Eine bei zu niedriger Vermietung tatsächliche höhere ortsübliche Miete ist nicht zu berücksichtigen.[3] Beruht die zu geringe Miete jedoch auf persönliche Gründe des Steuerschuldners, so kann dies den notwendigen Kausalzusammenhang zwischen Denkmaleigenschaft und Unrentabilität widerlegen (vgl. → Rz. 43).

27 Zum Rohertrag zählen weiterhin die erzielten sonstigen Vorteile. Diese beinhalten insbesondere den **Nutzungswert**, den der Grundstückseigentümer aus der Eigennutzung des Grundbesitzes hat. Die Höhe des Nutzungswert ist aus den ortüblichen Miet- und Pachtzinsen zu ermitteln.[4]

28 PRAXISHINWEIS:

Die ortsüblichen Miet- und Pachtzinsen können regelmäßig den Mietspiegeln der Städte und Gemeinden oder den Marktberichten von Gutachterausschüssen sowie von Unternehmen aus der Bewertungsbranche entnommen werden. Auch die Industrie- und Handelskammern veröffentlichen in aller Regel jährlich Mietpreisspiegel. Diese sind oftmals frei verfügbar oder können bei den zuständigen Gutachterausschüssen erworben werden.

29 Nach Auffassung der Senatsverwaltung Berlin bestehen grundsätzlich keine Bedenken, wenn für die Ermittlung des Rohertrags auf die bei der Ermittlung der Einkünfte i. S. des EStG zugrunde gelegten Einnahmen zurückgegriffen werden. Der Nutzungswert einer eventuellen Eigennutzung sei dann ggf. noch hinzuzurechnen.[5] Dies erleichtert den Antrag, da ggf. nicht nochmal eine ausführliche Berechnung eingereicht werden muss.

30 Vom ermittelten Rohertrag sind die **jährlich anfallenden Kosten** abzuziehen. Die Kosten umfassen alle **Verwaltungs- und Betriebsausgaben**, welche notwendigerweise mit der Verwaltung und Bewirtschaftung des Grundbesitzes anfallen und welche keine umlagefähigen Betriebskosten sind.[6]Nicht zu den Kosten gehören somit die nutzungsabhängigen Kosten wie Wasser- und Abwassergebühr, Heizkosten, Reinigung, Gartenunterhalt und Einfriedung – es sei denn, für die Erhaltung des Gartens und der Einfriedung besteht ebenfalls ein öffentliches Interesse.[7]

1 A 32.1 Abs. 5 Satz 2 AEGrStG.
2 Vgl. Feldner, DStR 33-34/2018 S. 1749.
3 BVerwG, Urteil v. 8.7.1998 - 8 C 23.97, BStBl 1998 II S. 590.
4 A 32.1 Abs. 5 Sätze 3 und 4 AEGrStG.
5 SenFin Berlin, Erlass v. 4.5.2015 - III D - G 1163 - 1/2014 - 1, Tz. 2.1.1., NWB QAAAE-90232.
6 VGH München, Urteil v. 31.3.1993 - 4 B 91.968, BeckRS 993, 11005.
7 A 32.1 Abs. 6 Satz 2 AEGrStG.

31 Daneben gehören zu den Kosten auch:

- die „normalen“ **Abschreibungen für Absetzungen**, soweit es sich nicht um erhöhte oder um **Sonderabschreibungen** handelt,[1]
- Absetzungen nach § 82i EStDV,[2]
- **Rückstellungen** aufgrund größerer Reparaturen für mehrere Jahre unter angemessener Aufteilung, soweit die Rückstellungen auch tatsächlich gebildet wurden,[3]
- die erhobene Grundsteuer und grundstücksbezogene **Versicherungsbeiträge**,[4]
- Aufwendungen die sich aus Besichtigungen und Führungen ergeben,[5]
- die an das Finanzamt gezahlte Umsatzsteuer.[6]

32 Nicht als Kosten zu berücksichtigen sind **Schuldzinsen** und die **Verzinsung des Eigenkapitals**. Eine Differenzierung, ob der Grundbesitz unter Verzicht auf Zinseinnahmen mit Eigenkapital oder mit Fremdkapital finanziert wurde, entspricht nicht der Ausgestaltung der Grundsteuer als Objektsteuer.[7]Auch Tilgungsleistungen gehören nicht zu den Verwaltungs- und Betriebskosten.[8]

33 Der Erlass der Grundsteuer kommt nur in Betracht, soweit der Grundbesitz **„in der Regel“** unrentabel ist. Es reicht also nicht aus, dass lediglich in einem Jahr die Kosten den Rohertrag übersteigen während in den anderen Jahren der Rohertrag höher als die Kosten ist. Vielmehr muss eine voraussichtlich **dauerhafte Unrentabilität** vorliegen. Dabei ist auch die zukünftige Erwartung mit zu berücksichtigen und es bedarf der Prognose, dass es auch in Zukunft – jedenfalls i. d. R. – bei dem Zustand der Unrentierlichkeit bleiben wird.[9] Sinn und Zweck des Erlasses ist es nämlich nicht, Verluste zu reduzieren, sondern vielmehr den Grundstückseigentümer bei dauerhafter Unrentabilität des Grundbesitzes aufgrund der besonderen öffentlichen Auflagen z. B. beim Denkmalschutz zu entlasten.

34 Für den Grundsteuerlass ist daher ein **Dreijahreszeitraum** zu betrachten. Soweit in diesem Zeitraum bei zwei Jahren der Rohertrag unter den jährlichen Kosten liegt, ist die Grundsteuer für den gesamten Dreijahreszeitraum zu erlassen.[10] Ein ausnahmsweise in einem Jahr erzielter geringer Überschuss ist unschädlich.[11] Zu beachten ist dabei jedoch, dass eine Saldierung von Einnahmen und Ausgaben für den Dreijahreszeitraum nicht in Betracht kommt.[12] Da erst nach Ablauf des Dreijahreszeitraums endgültig festgestellt werden kann, ob der Grundbesitz „in der Regel“ unrentabel ist, sollen die Gemeinden in der Praxis die Grundsteuer daher für den zu betrachtenden Dreijahreszeitraum zuerst einmal stunden.[13]

---

1 BVerwG, Urteil v. 15.2.1991 - 8 C 3.89, BStBl 1992 II S. 577.
2 Vgl. Eisele in Troll/Eisele, GrStG § 32 Rz. 5.
3 Vgl. Feldner, DStR 33-34/2018 S. 1749.
4 BVerwG, Urteil v. 8.7.1998 - 8 C 23.97, BStBl 1998 II S. 590.
5 A 32.1 Abs. 6 Satz 7 AEGrStG.
6 Vgl. Feldner, DStR 33-34/2018 S. 1749.
7 BVerwG, Urteil v. 15.2.1991 - 8 C 3.89, BStBl 1992 II S. 577.
8 A 32.1. Abs. 6 Satz 5 AEGrStG.
9 VG Gelsenkirchen, Urteil v. 16.12.2021 – 5 K 1767, BeckRS 2021, 44656.
10 A 32.1 Abs. 7 Satz 6 AEGrStG.
11 A 32.1 Abs. 7 Satz 2 AEGrStG.
12 VG Neustadt a. d. Weinstraße, Urteil v. 13.7.2020 - 3 K 209/20.NW, BeckRS 2020, 16613.
13 A 32.1 Abs. 7 Satz 3 AEGrStG.

35 **BEISPIEL 1:** A ist Eigentümer eines marktüblich vermieteten, unter Denkmalschutz stehenden Mietwohngrundstückes. Aufgrund der gestaffelten Mietverträge ergeben sich für der A für die Jahre 01–03 die folgenden Mieteinnahmen: 01: 60.000 €, 02: 65.000 €, 03: 70.000 €. Die Anschaffungskosten des Grundstücks betrugen 1.400.000 €. Das Grundstück wird steuerlich mit 2 % gem. § 7 Abs. 4 Satz 1 Nr. 2 Buchst. a EStG abgeschrieben. Die notwendigerweise mit der Verwaltung und Bewirtschaftung des Grundstücks anfallenden Kosten betragen voraussichtlich jährlich 35.000 €. Die jährliche Grundsteuer beträgt 1.000 €. A möchte für die Jahre ab 01 ein Antrag auf Grundsteuererlass einreichen.

LÖSUNG: Für die Überprüfung des Grundsteuererlasses muss der Rohertrag „in der Regel" unter den jährlichen Kosten liegen. Dafür ist ein Dreijahreszeitraum zu betrachten. Dazu sind der Rohertrag und die Kosten in einer Rentabilitätsberechnung gegenüberzustellen:

Einnahmen/Kosten	**Jahr 01**	**Jahr 02**	**Jahr 03**
Mieteinnahmen	60.000 €	65.000 €	70.000 €
Betriebs- und Verwaltungskosten	-35.000 €	-35.000€	-35.000 €
Absetzung für Abnutzung	-28.000 €	-28.000 €	-28.000 €
Grundsteuer	-1.000 €	-1.000 €	-1.000 €
Überschuss/Verlust	**-4.000 €**	**1.000 €**	**6.000 €**

Da in diesem Fall nur für das Jahr 01 die Einnahmen geringer als die jährlichen Kosten sind, ist der Grundbesitz nicht dauerhaft unrentabel. Somit kommt für A kein Grundsteuererlass, auch nicht für das Jahr 01, in Betracht.

36 **BEISPIEL 2:** Wie Beispiel 1, nur das der A eine Etage mit einer Wohnfläche von 100 m² des Mietwohngrundstücks selbst bewohnt. Die Mieteinnahmen aus den vermieteten Wohnungen betragen in 01: 45.000 €, in 02: 48.000 € und in 03: 51.000 €. Die ortübliche Vergleichsmiete für die Jahre 01–03 beträgt lt. Mietpreisspiegel 10 €/m².

LÖSUNG: Für die eigengenutzte Wohnung ist der Nutzungswert anhand der ortüblichen Vergleichsmiete zu ermitteln. Der Nutzungswert beträgt danach: 100 m² x 10 €/m² x 12 Monate = 12.000 € pro Jahr. Dieser erhöht als sonstiger Vorteil den Rohertrag des Grundstücks.
Aus den Angaben ergibt sich folgende Rentabilitätsberechnung:

Einnahmen/Kosten	**Jahr 01**	**Jahr 02**	**Jahr 03**
Mieteinnahmen	45.000 €	48.000 €	51.000 €
Sonstige Vorteile (Nutzungswert)	12.000 €	12.000 €	12.000 €
Betriebs- und Verwaltungskosten	-35.000 €	-35.000€	-35.000 €
Absetzung für Abnutzung	-28.000 €	-28.000 €	-28.000 €
Grundsteuer	-1.000 €	-1.000 €	-1.000 €
Überschuss/Verlust	**-7.000 €**	**-4.000 €**	**-1.000 €**

In den Jahren 01–03 unterliegt der Rohertrag jeweils den jährlichen Kosten. Der Grundbesitz ist daher „in der Regel" unrentabel. Die Grundsteuer ist für die Jahre 01–03 zu erlassen. In der Praxis wird die zuständige Gemeinde bei Antrag des A im Jahr 01 die Grundsteuer für die Jahre 01–03 stunden. Nach Ablauf des Jahres 03 hat A die o. g. Rentabilitätsberechnung bei der Gemeinde einzureichen und die Grundsteuer wird von der Gemeinde endgültig erlassen.

37–39 *(Einstweilen frei)*

3. Kausalität zwischen der Unrentabilität und dem öffentlichen Interesse

Als ungeschriebenes **Tatbestandsmerkmal** verlangt der Grundsteuererlass nach § 32 Abs. 1 Nr. 1 GrStG einen **Kausalzusammenhang** zwischen dem öffentlichen Erhaltungsinteresse und der Unrentabilität des Grundbesitzes. Dies ist inzwischen nach allgemeiner Rechtsprechung und in der Literatur anerkannt.[1] 40

Bei der Ausgestaltung der Grundsteuer als Objektsteuer kommt es nämlich nicht darauf an, ob der Grundbesitz wirtschaftlich rentabel ist oder nicht. Für eine Durchbrechung dieses Grundsatzes durch § 32 Abs. 1 Nr. 1 GrStG sind daher besonders strenge Anforderungen zu stellen. Diese liegen nur vor, wenn die **Unrentabilität des Grundbesitzes** gerade auf Kultureigenschaft und die dadurch bedingten Einschränkungen zurückzuführen sind.[2] 41

Ein Grundsteuererlass kommt daher nicht in Betracht, wenn die Unrentabilität nicht durch die Kultureigenschaft verursacht wird. Dies soll **Gestaltungsmissbräuche** verhindern. 42

BEISPIEL: Bei einer Entbehrlichkeit des Kausalzusammenhanges könnte der Eigentümer eines denkmalgeschützten Grundstücks durch nicht notwendige Kosten oder Verringerung der Einnahmen, die nicht auf die Denkmaleigenschaft beruhen, die Grundsteuer umgehen. Ein Grundstückseigentümer unter den gleichen Voraussetzungen, nur ohne Denkmalschutz, hätte währenddessen keinen Rechtsanspruch auf den Erlass der Grundsteuer. Dies würde zu einer Ungleichbehandlung führen, obwohl die Denkmaleigenschaft auf die Rentabilität in diesem Fall keine Auswirkung hat. 43

Ein Kausalzusammenhang ist danach auch nicht gegeben, wenn ein **im Vorhinein unrentables, denkmalgeschütztes Grundstück** erworben wird und die **im öffentlichen Interesse liegenden Belastungen** die vorhandene Unrentabilität nur verschärfen.[3] Grund dafür ist, dass der Grundstückseigentümer bei Erwerb eines unrentablen Grundstücks, ohne Beabsichtigung Erträge daraus zu erzielen, keine zusätzliche Last trägt.[4] 44

BEISPIEL: Der Steuerschuldner erwirbt ein von vorhinein unrentables Grundstück unter Denkmalschutz aus „Liebhaberei". In diesem Fall ist keine Kausalität zwischen der Unrentabilität und dem öffentlichen Erhaltungsinteresse, da das Objekt nicht aufgrund des Denkmalschutzes unrentabel wird.[5] 45

Den Kausalzusammenhang hat der Grundstückseigentümer im Rahmen des Erlassantrages nachzuweisen. Dabei bietet es sich an, sämtliche durch den Denkmalschutz vorgegebene Auflagen aufzuführen und einen **Kostenvergleich oder eine Vergleichsrechnung** beizufügen.[6] Kann eine Rentabilitätsberechnung für den Grundbesitz, aus der sich unter Gegenüberstellung der Einnahmen und Kosten eine jährliche Unterdeckung ergibt, nicht vorgelegt werden, scheidet ein Grundsteuererlass grds. aus. In diesen Fall könne nicht hinreichend dargelegt werden, dass die Nutzung des Grundbesitzes unwirtschaftlich ist.[7] 46

BEISPIEL: A ist Eigentümer eines unter Denkmalschutz stehenden Fachwerkhauses. Der A wurde von Landesdenkmalamt dazu aufgefordert, die Fassade und die Fensterrahmen nach den denkmalschutzspezifischen Anforderungen zu restaurieren. Die Restaurierung ist mit erheblichen Kosten verbunden, da nur bestimmte Farben für die Fassade und ein spezielles, von Hand gearbeitetes Holz verwendet 47

1 BVerwG, Urteil v. 5.5.2015 - 9 C 6.14, NWB PAAAE-94580.
2 BVerwG, Urteil v. 8.7.1998 - 8 C 23.97, BStBl 1998 II S. 590.
3 A 32.1 Abs. 1 Satz 4 AEGrStG.
4 VG Koblenz, Urteil v. 21.1.2020 - 5 K 760/19.KO.
5 VG Koblenz, Urteil v. 21.1.2020 - 5 K 760/19.KO.
6 Vgl. Feldner, DStR 33-34/2018 S. 1749.
7 VG Wiesbaden, Urteil v. 20.3.2023 - 1 K 1117/20.WI.

werden darf. Ohne Denkmalschutz hätte A lediglich die Fassade und die Fensterrahmen mit günstiger Farbe neu gestrichen. Im Rahmen eines Antrages auf Erlass der Grundsteuer sollte der A einen Kostenvergleich zwischen den Kosten für die auflagenbedingte Restaurierung und den Kosten für das „einfache“ streichen beifügen, um den Kausalzusammenhang nachzuweisen.

48–50 *(Einstweilen frei)*

4. Rechtsfolgen

51 Liegen die Voraussetzungen für den Grundsteuerlass vor, ist die Grundsteuer zu erlassen. Der Grundstückseigentümer hat einen **Rechtsanspruch auf Erlass** der Grundsteuer. Bei einem bebauten Grundstück umfasst der Erlass die Grundsteuer für das gesamte Grundstück, also die Grundsteuer für den Grund und Boden und die Gebäude.[1] Dabei kommt es bei § 32 Abs. 1 Nr. 1 Satz. 1 GrStG grundsätzlich nicht darauf an, ob der Grundbesitz der Öffentlichkeit zugänglich ist.[2]

52 Dies gilt nicht für einen Erlass bei **Park- und Gartenanlagen von geschichtlichem Wert**. Nach § 32 Abs. 1 Nr. 1 Satz 2 GrStG ist bei diesen weiterhin Voraussetzung, dass diese in dem billigerweise zu forderndem Umfang der Öffentlichkeit zugänglich gemacht werden. Es genügt dabei, dass sie mindestens den interessierten Kreisen ohne weiteres zugänglich sind und dies auch allgemein erkennbar ist.[3]

53 Der Grundsteuererlass ist weiterhin möglich, soweit nur die Erhaltung eines **Teils des Grundbesitzes** im öffentlichen Interesse liegt. Die Ermittlung des Rohertrags und der Kosten ist dann nur für den Teil des Grundstücks vorzunehmen und die Grundsteuer in der Höhe zu erlassen, welche dem Teil des Grundbesitzes im Verhältnis zum gesamten Steuergegenstand entspricht.[4] Für eine Aufteilung ist es jedoch erforderlich, dass es sich um **separat bewertbare Grundstücksteile** handelt, bei denen eine gesonderte Ermittlung des Rohertrags möglich ist.[5]

54 BEISPIEL 1: A Ist Eigentümer eines Grundstücks, welches mit einem vermieteten Wohnhaus und einer separaten Garage bebaut ist. Das Wohnhaus steht unter Denkmalschutz. Bei dem Wohnhaus und der Garage handelt es sich jeweils um selbständig nutzbare und eigenständig bewertbare Grundstückteile, bei denen eine separate Ermittlung des Rohertrags und der Kosten möglich ist. Insofern kommt ein Erlass für den Teil der Grundsteuer, welcher auf das Wohnhaus entfällt, in Betracht.

55 BEISPIEL 2: B ist Eigentümer eines vermieteten Wohnhauses mit einer denkmalgeschützten Fassade. Ein Erlass für einen Teil des Grundbesitzes ist in diesem Fall nicht möglich, da die Fassade ein unselbständiger Gebäudeteil ist. Eine gesonderte Ermittlung eines Rohertrags für die Fassade und für das restliche Gebäude ist nicht möglich. Ein Erlass der Grundsteuer kann in diesem Fall insgesamt nicht gewährt werden.[6]

56–58 *(Einstweilen frei)*

1 A 32.1 Abs. 3 Satz 4 AEGrStG.
2 A 32.1 Abs. 4 Satz 1 AEGrStG.
3 A 32.1 Abs. 4 Sätze 2 und 3 AEGrStG.
4 A 32.1 Abs. 42 AEGrStG.
5 SenFin Berlin, Erlass v. 4.5.2015 - III D - G 1163 - 1/2014 - 1, Tz. 3., NWB QAAAE-90232.
6 Bayer. VGH, Urteil v. 19.4.1989 - 4 B 87.03744, ZKF S. 205.

II. Erlass für öffentliche Grünanlagen, Spiel- und Sportplätze (§ 32 Abs. 1 Nr. 2 GrStG)

Nach § 32 Abs. 1 Nr. 2 GrStG ist die Grundsteuer auch für **öffentliche Grünanlagen, Spiel- und Sportplätze** zu erlassen, wenn die jährlichen Kosten i. d. R. den Rohertrag übersteigen. Der Grundbesitz muss also wie in den Fällen des § 32 Abs. 1 Nr. 1 GrStG i. d. R. unrentabel sein (vgl. → Rz. 23). 59

Grünlagen, Spiel- und Sportplätze liegen dabei nicht vor, wenn der Grundbesitz lediglich zu diesen Zwecken der Öffentlichkeit zugänglich gemacht wird.[1] Vielmehr bedarf es der Erlangung des Status öffentlicher Grünanlagen, Spiel- und Sportplätze durch **Widmung.**[2] **Sportplätze** sind Anlagen, die zu sportlichen Zwecken der Öffentlichkeit benutzt werden dürfen.[3] **Spielplätze** sind Anlagen, die von Kindern und Jugendlichen ungehindert für ihre Spiele benutzt werden dürfen.[4] 60

Zu beachten ist, dass bei Grünanlagen, Sport- und Spielplätzen, die sich im Eigentum von **inländischen juristischen Personen des öffentlichen Rechts** befinden, auch eine Grundsteuerbefreiung nach § 3 Abs. 1 Nr. 1 GrStG oder § 3 Abs. 1 Nr. 3 GrStG in Betracht kommen kann.[5] § 32 Abs. 1 Nr. 2 GrStG ist also nur anwendbar bei Vorliegen einer materiellen Grundsteuerpflicht Die Vorschrift wird daher vorranging für Grundbesitz von **privaten Eigentümern** Anwendung finden. 61

(Einstweilen frei) 62–64

III. Erlass bei Gegenständen von wissenschaftlicher, künstlerischer oder geschichtlicher Bedeutung (§ 32 Abs. 2 GrStG)

1. Voraussetzungen für den Erlass (§ 32 Abs. 2 Satz 1 GrStG)

Nach § 32 Abs. 2 Satz 1 GrStG ist die Grundsteuer für Grundbesitz zu erlassen, soweit sich in den Gebäuden **Gegenstände von wissenschaftlicher, künstlerischer oder geschichtlicher Bedeutung** befinden. Als Gegenstände werden insbesondere **Sammlungen und Bibliotheken** genannt. Auch Inneneinrichtungen eines Gebäudes kommen in Frage. 65

Maßgebend ist nur die **Beurteilung der Gegenstände**, welche auf dem Grundbesitz untergebracht sind. Die Frage, um welche Art des Grundbesitzes oder des Gebäudes es sich handelt oder wie dieses genutzt wird, ist unbeachtlich. 66

Die **begünstigten Gegenstände** müssen in einem den Verhältnissen entsprechenden Umfang der Öffentlichkeit, mindestens aber den interessierten Kreisen, ohne weiteres zugänglich sein. Zudem muss dieses auch allgemein erkennbar sein.[6] 67

Der **Rohertrag des Grundbesitzes** muss durch die Aufbewahrung der Gegenstände nachhaltig gemindert sein. Der Rohertrag entspricht dem Begriff i. S. des § 32 Abs. 1 Nr. 1 GrStG. Dabei ist 68

1 A 32.2 Abs. 2 Satz 2 AEGrStG.
2 A 32.2 Abs. 2 Satz 1 AEGrStG.
3 A 32.2 Abs. 4 Satz 1 AEGrStG.
4 A 32.2 Abs. 3 AEGrStG.
5 Vgl. Steffen in Grootens, GrStG § 3 Rz. 39 ff. und 71 ff.
6 A 32.3 Abs. 2 Sätze 2 und 3 AEGrStG.

es unerheblich, ob der Gegenstand nur in einem Teil des Grundbesitzes untergebracht ist. Es ist vielmehr der Rohertrag des gesamten Steuergenstandes zu betrachten.[1]

69 Ist der Rohertrag durch die Aufbewahrung der begünstigten Gegenstände nachhaltig gemindert, so ist im Gegensatz zu § 32 Abs. 1 GrStG, bei dem die volle Grundsteuer zu erlassen ist, hier grundsätzlich nur ein **Teil der Grundsteuer** zu erlassen. Die zu erlassene Grundsteuer ermittelt sich dabei aus dem Hundertsatz, um den der normalerweise erzielbare Rohertrag durch die **Aufbewahrung der begünstigten Gegenstände** gemindert ist.

70 Zum Nachweis der Rohertragsminderung sollte der Grundstückseigentümer daher der Gemeinde eine **Vergleichsrechnung** beifügen, aus der hervorgeht, wie hoch der Rohertrag ohne die Bereitstellung der begünstigten Gegenstände tatsächlich wäre. Dabei kann auch hier zu Ermittlung des üblicherweise erzielbaren Rohertrags die marktübliche Miete herangezogen werden. Eventuell anfallende Einnahmen aus der Besichtigung der begünstigten Gegenstände gehören jedoch nicht zum Rohertrag.[2]

71 In Fällen, bei denen die Ermittlung des Rohertrags schwierig oder nicht möglich ist, z. B. bei **vollständig eigengenutzten Grundbesitz** und/oder fehlenden üblichen Mieten für bestimmte Gebäudearten oder Lagen, ist eine abweichende Ermittlung der zu erlassenen Grundsteuer möglich. Ist danach ein Rohertrag nicht ermittelbar und verbleibt für die Teile des Grundbesitzes, in denen die begünstigen Gegenstände untergebracht sind, kein Rohertrag, so ist die Grundsteuer in der Höhe zu erlassen, in der dieser Grundstücksteil im gesamten Grundsteuerwert des Grundstücks enthalten ist.[3] Dafür muss folglich ein fiktiver Grundsteuerwert des Grundstücksteils, in dem die begünstigten Gegenstände untergebracht sind, errechnet werden. Hierfür ist grundsätzlich die Mitwirkung des für die Grundsteuerwerte zuständigen Finanzamtes notwendig, da die Gemeinden regelmäßig nur die Steuermessbescheide und nicht die Bescheide über die Feststellung des Grundsteuerwertes erhalten.

72–74 *(Einstweilen frei)*

2. Anerkennung durch Landesbehörde (§ 32 Abs. 2 Satz 2 GrStG)

75 Der Erlass kommt nur in Betracht, soweit die wissenschaftliche, künstlerische oder geschichtliche Bedeutung der Gegenstände von der Landesregierung oder die von ihr beauftrage Stelle anerkannt wurde. Die Anerkennung richtet sich dabei nach den landesrechtlichen Vorgaben. In der **Bescheinigung** hat die anerkennende Stelle ebenfalls Angaben zu machen, ob die Gegenstände dem Zwecke der **Forschung oder der Volksbildung** nutzbar gemacht werden.[4]

76 Liegt eine vollständige **Anerkennung** vor, so ist diese für die Gemeinde **verbindlich**.[5] Die Gemeinde hat also i. d. R. über die Voraussetzung, ob die Gegenstände von wissenschaftlicher, künstlerischer oder gerichtlicher Bedeutung sind und dem Zwecke der Forschung oder der Volksbildung nutzbar gemacht werden, nicht mehr zu entscheiden. Vielmehr hat die Gemeinde lediglich die **nachhaltige Minderung des Rohertrags** durch die Benutzung zu den begünstigten Zwecken sowie den **Umfang des Grundsteuererlasses** zu überprüfen.

1 A 32.3 Abs. 3 Satz 3 AEGrStG.
2 Vgl. Eisele, NWB 39/2003 S. 3037, NWB LAAAA-74507.
3 A 32.3 Abs. 4 AEGrStG.
4 A 32.3 Abs. 2 Satz 1 AEGrStG.
5 A 32.3 Abs. 1 Satz 4 AEGrStG.

§ 33 GrStG Erlass wegen wesentlicher Reinertragsminderung bei Betrieben der Land- und Forstwirtschaft

(1) [1]Die Grundsteuer wird in Höhe von 25 Prozent erlassen, wenn bei Betrieben der Land- und Forstwirtschaft der tatsächliche Reinertrag des Steuergegenstandes um mehr als 50 Prozent gemindert ist und der Steuerschuldner die Minderung des tatsächlichen Reinertrags nicht zu vertreten hat. [2]Beträgt die vom Steuerschuldner nicht zu vertretende Minderung des tatsächlichen Reinertrags 100 Prozent, ist die Grundsteuer abweichend von Satz 1 in Höhe von 50 Prozent zu erlassen. [3]Der tatsächliche Reinertrag eines Betriebs der Land- und Forstwirtschaft ermittelt sich nach den Grundsätzen des § 236 Absatz 3 Satz 1 und 2 des Bewertungsgesetzes für ein Wirtschaftsjahr. [4]Er gilt als in dem Erlasszeitraum bezogen, in dem das für den Betrieb der Land- und Forstwirtschaft maßgebliche Wirtschaftsjahr endet.

(2) [1]Der Erlass nach Absatz 1 wird nur gewährt, wenn die Einziehung der Grundsteuer nach den wirtschaftlichen Verhältnissen des Betriebs unbillig wäre. [2]Ein Erlass nach Absatz 1 ist insbesondere ausgeschlossen, wenn für den Betrieb der Land- und Forstwirtschaft nach § 4 Absatz 1, § 4 Absatz 3 oder § 13a des Einkommensteuergesetzes für dasjenige Wirtschaftsjahr ein Gewinn ermittelt wurde, das im Erlasszeitraum bei der Ermittlung des tatsächlichen Reinertrags nach Absatz 1 zugrunde zu legen ist.

(3) Eine Ertragsminderung ist kein Erlassgrund, wenn sie für den Erlasszeitraum durch Fortschreibung des Grundsteuerwerts berücksichtigt werden kann oder bei rechtzeitiger Stellung des Antrags auf Fortschreibung hätte berücksichtigt werden können.

Inhaltsübersicht **Rz.**

LITERATUR:

Hubert, Zur Anwendung des Grundsteuergesetzes ab 1.1.2025 – Die koordinierten Ländererlasse v. 22.6.2022, STUB 18/2022 S. 681, NWB XAAAJ-21832; *Eisele*, Grundsteuerreform. Anwendung des Grundsteuergesetzes ab 1.1.2025 – Koordinierte Ländererlasse v. 22.6.2022, NWB 31/2022 S. 2191, NWB UAAAJ-18535; *Eisele/Wiegand*, Grundsteuerreform 2022/2025 – Stand: Januar 2020 (1. Auflage), NWB TAAAH-44405; *Eisele*, Update Reform der Grundsteuer (I) – Bundesrat äußert sich zum Gesetzespaket der Bundesregierung, NWB 42/2019, NWB LAAAH-31831; *Eisele*, Reform der Grundsteuer – Gesetzesentwurf liegt vor! – Teil II – Bewertung des land- und forstwirtschaftlichen Vermögens für Zwecke der Grundsteuer A/Änderungen des Grundsteuergesetzes, NWB 29/2019 S. 2127, NWB AAAAH-22096.

VERWALTUNGSANWEISUNGEN

Koordinierte Ländererlasse v. 22.6.2022 zur Anwendung des Grundsteuergesetzes ab 1.1.2025 (AEGRSTG), NWB VAAAJ-18526.

A. Allgemeine Erläuterungen zu § 33 GrStG

I. Normzweck und wirtschaftliche Bedeutung der Vorschrift

1 § 33 GrStG regelt die **Erlassvorschriften der Grundsteuer für Betriebe der Land- und Forstwirtschaft** bei wesentlicher Ertragsminderung. Dies betrifft die Voraussetzungen, wann eine wesentliche Ertragsminderung vorliegt und in welcher Höhe die Grundsteuer zu erlassen ist.

2 Die Vorschrift zum Erlass der Grundsteuer bei Betrieben der Land- und Forstwirtschaft begründet bei Vorliegen der Voraussetzungen einen **Rechtsanspruch** auf zumindest teilweisen **Erlass der Grundsteuer** und entlastet den Grundstückseigentümer insbesondere in Zeiten, in denen dieser ohnehin bereits wirtschaftlich belastet ist und deutlich niedrigere Erträge als üblich aus seinem land- und forstwirtschaftlichen Betrieb erzielt.

3 Ferner stellt § 33 GrStG klar, dass der **tatsächliche Reinertrag** eines Betriebs der Land- und Forstwirtschaft nach den Grundsätzen des § 236 Abs. 3 Satz 1 und 2 des BewG zu ermitteln ist.

4–6 *(Einstweilen frei)*

II. Entstehung und Entwicklung der Vorschrift

7 § 33 GrStG wurde mit dem **GrStRefG** v. 26.11.2019[1] in das GrStG eingefügt und ist erstmals für die Grundsteuer des Kalenderjahres 2025 anzuwenden (vgl. § 37 GrStG).

8 Die Vorschrift entspricht dabei teilweise der Regelung des § 33 GrStG in der bisher gültigen Fassung des Gesetzes v. 7.8.1973 (BStBl 1973 I S. 965), das zuletzt durch Art. 38 des Gesetzes v. 19.12.2008 (BGBl 2008 I S. 2794) geändert worden ist. Die folgenden Regelungen entsprechen inhaltlich den bisherigen Regelungen:

- § 33 Abs. 2 Satz 1 GrStG entspricht inhaltlich dem bisherigen § 33 Abs. 1 Satz 3
- § 33 Abs. 3 GrStG entspricht inhaltlich dem bisherigen § 33 Abs. 5 GrStG

9 Mit der Neuregelung des § 33 GrStG wurden auch Klarstellungen und Konkretisierungen eingefügt. So wurde in § 33 Abs. 1 Satz 3 GrStG der Begriff des **Reinertrags** unter Bezugnahme auf die bewertungsrechtliche Definition nach § 236 Abs. 3 Satz 1 und 2 BewG konkretisiert.[2] Ferner wurde durch die Neuregelung der neue bewertungsrechtliche **Begriff des Grundsteuerwerts** berücksichtigt.[3]

10–12 *(Einstweilen frei)*

III. Geltungsbereich

13 Die Vorschriften gelten für **inländischen Grundbesitz** i. S. des Bewertungsgesetzes (vgl. § 2 GrStG). Es muss sich um **Betriebe der Land- und Forstwirtschaft** nach den Vorschriften des §§ 232 ff. des Bewertungsgesetzes handeln.

1 GrStRefG v. 26.11.2019, BGBl 2019 I S. 1794.
2 Vgl. BT-Drucks. 18/11085, Begründung, B. Besonderer Teil, Teil C (Grundvermögen).
3 Vgl. BT-Drucks. 18/11085, Begründung, B. Besonderer Teil, Teil C (Grundvermögen).

(Einstweilen frei) 14–15

IV. Verhältnis zu anderen Vorschriften

§ 33 GrStG stellt eine **Spezialvorschrift** zu den allgemeinen Billigkeitsmaßnahmen i. S. der Abgabenordnung dar. In Fällen, in denen die Voraussetzungen des § 33 GrStG nicht erfüllt sind, kann dennoch ein Erlass nach §§ 163, 227 AO in Betracht kommen.[1] 16

Weiterhin ist § 33 GrStG nur bei Bestehen einer **materiellen Grundsteuerpflicht** anzuwenden. In Fällen, in denen bereits eine **Befreiung von der Grundsteuer** z. B. nach §§ 3 oder 4 GrStG vorliegt, kommt ein Erlass nach § 33 GrStG nicht mehr zur Anwendung. 17

(Einstweilen frei) 18–20

B. Systematische Kommentierung

I. Grundvoraussetzungen für den Erlass bei Betrieben der Land- und Forstwirtschaft (§ 33 Abs. 1 GrStG)

1. Anwendungsbereich

Nach § 33 Abs. 1 GrStG hat der Steuerschuldner einen **Rechtsanspruch** auf teilweisen Erlass der Grundsteuer, wenn bei einem Betrieb der Land- und Forstwirtschaft der tatsächliche Reinertrag des Steuergegenstandes um **mehr als 50 % gemindert** ist und die Minderung vom Steuerschuldner nicht zu vertreten ist. 21

Bei dem zu betrachtenden Steuergegenstand muss es sich um einen **Betrieb der Land- und Forstwirtschaft** handeln. Wann es sich um land- und forstwirtschaftliches Vermögen handelt, definieren die Regelungen des Bewertungsgesetzes (vgl. §§ 232 ff. BewG). Danach umfasst der Betrieb der Land- und Forstwirtschaft: 22

- land- und forstwirtschaftliche **Nutzungen** wie
  - die landwirtschaftliche Nutzung,
  - die forstwirtschaftliche Nutzung,
  - die weinbauliche Nutzung,
  - die gärtnerische Nutzung,
  - die übrigen land- und forstwirtschaftliche Nutzungen wie z. B. Hopfenanbau, Spargelanbau und sonstige land- und forstwirtschaftliche Nutzungen (vgl. dazu § 242 BewG),
- Nutzungsarten wie
  - Abbauland,
  - Geringstland,
  - Unland,
  - Hofstellen,
  - Nebenbetriebe.

1 A 35 Abs. 5 AEGrStG.

Für detaillierte Erläuterungen zum land- und forstwirtschaftlichen Vermögen siehe die Erläuterungen zu § 234 BewG.

23 Weiterhin gehören zum Betrieb der Land- und Forstwirtschaft auch **Kleingartenland** und **Dauerkleingartenland** i. S. des Bundeskleingartengesetzes (vgl. § 240 BewG). Durch die neue Regelung des § 240 BewG werden diese als Betriebe der Land- und Forstwirtschaft fingiert.[1]

24 Nach den neuen Regelungen nicht mehr zum Betrieb der Land- und Forstwirtschaft gehören die zu Wohnzwecken genutzten Gebäude oder Gebäudeteile (**Wohngebäude**) und die dazugehörigen Flächen des Grund und Bodens.[2] Die Wohngebäude gehören nunmehr zum bewertungsrechtlichen Grundvermögen. Die Prüfung eines Grundsteuererlasses hat folglich nach den Regelungen des § 34 GrStG zu erfolgen.

25 Ferner nicht zum Betrieb der Land- und Forstwirtschaft gehören die weiteren in § 232 Abs. 4 BewG aufgeführten Vermögensteile.

26–30 *(Einstweilen frei)*

2. Minderung des tatsächlichen Reinertrags

31 Für den Erlass der Grundsteuer muss der **tatsächliche Reinertrag** des Betriebs der Land- und Forstwirtschaft **um mehr als 50 % gemindert** sein. Da die Vorschrift den Grundsteuererlass an das Erreichen bestimmter Prozentgrenzen knüpft, ist auch die **Minderung des Reinertrags** in einem Prozentsatz zu ermitteln. Für die Ermittlung der Minderung des tatsächlichen Reinertrags kann wie folgt vorgegangen werden:

1. Ermittlung des tatsächlichen Reinertrags, der sich ohne die Minderung für den Erlasszeitraums ergeben würde
2. Ermittlung des tatsächlichen Reinertrags im Erlasszeitraum
3. Ermittlung des Unterschiedsbetrags
4. Ermittlung des Prozentsatzes der Minderung des tatsächlichen Reinertrags

32 Der **tatsächliche Reinertrag** ist dabei nach den Grundsätzen des § 236 Abs. 3 Satz 1 und 2 BewG zu ermitteln. Nach § 236 Abs. 3 Satz 1 und 2 BewG ermittelt sich der Reinertrag des Betriebs der Land- und Forstwirtschaft getrennt für jede **Klassifizierung** gesondert nach § 2 des Landwirtschaftsgesetztes oder aus Erhebungen der Finanzverwaltung. Für jede der Klassifizierungen ist dabei vom **Durchschnittswert** der zehn Jahre vor dem Hauptfeststellungszeitpunkt geendeten Wirtschaftsjahre auszugehen.

33 Es handelt sich bei dem tatsächlichen Reinertrag damit folglich um einen standardisierten Reinertrag des Grund und Bodens, welches insbesondere der **Verfahrenserleichterung** dient.[3] Zur ausführlichen Beschreibung der Ermittlung des Reinertrags nach den bewertungsrechtlichen Regelungen.[4]Im Einzelfall lässt sich eine betriebsindividuelle wesentliche Reinertragsminderung eines land- und forstwirtschaftlichen Betriebs wegen der zum Ansatz kommenden

---

1 Eisele, Reform der Grundsteuer – Gesetzesentwurf liegt vor! – Teil II – Bewertung des land- und forstwirtschaftlichen Vermögens für Zwecke der Grundsteuer A/Änderungen des Grundsteuergesetzes, NWB 29/2019 S. 2127, NWB AAAAH-22096.

2 Vgl. Müller in Grootens, BewG § 232 Rz. 58.

3 Vgl. Eisele, Reform der Grundsteuer – Gesetzesentwurf liegt vor! – Teil II – Bewertung des land- und forstwirtschaftlichen Vermögens für Zwecke der Grundsteuer A/Änderungen des Grundsteuergesetzes, NWB 29/2019 S. 2127, NWB AAAAH-22096.

4 Vgl. Müller in Grootens, BewG § 236 Rz. 33 ff.

standardisierten Bewertungsparameter der Anlagen 25–37 BewG bei der Bewertung durch die Finanzverwaltung nicht selbst feststellen. Die Nachweispflicht einer Reinertragsminderung bei der Gemeinde obliegt dem Grundstückseigentümer.[1]

BEISPIEL: Der tatsächliche Reinertrag für den Erlasszeitraum des Betriebs der Land- und Forstwirtschaft beträgt nach den Vorschriften des § 236 Abs. 3 Satz 1 und 2 BewG insgesamt 50.000 €. Aufgrund einer sehr langen Dürre beträgt der Reinertrag tatsächlich aber nur 10.000 €. 34

tatsächlicher Reinertrag nach §236 Abs. 3 Satz 1 und 2 BewG:		= 50.000 €
tatsächlicher Reinertrag für den Erlasszeitraum:		= 10.000 €
Minderung:	50.000 € ./. 10.000 €	= 40.000 €
Minderung in Prozent:	$\frac{40.000\,€ \times 100}{50.000\,€}$	80 %

Besteht der Betrieb der Land- und Forstwirtschaft aus **unterschiedlichen Nutzungen** (z. B. landwirtschaftlichen und forstwirtschaftlichen Teil), so ist die Minderung des tatsächlichen Reinertrags für den gesamten Betrieb zu berechnen, auch wenn nur bei einem Teil des Betriebs der Reinertrag tatsächlich gemindert ist. 35

§ 33 Abs. 1 Satz 4 GrStG stellt nunmehr auch klar, für welchem **Erlasszeitraum** der tatsächliche Reinertrag als bezogen gilt. Der tatsächliche Reinertrag gilt in dem Erlasszeitraum als bezogen, in dem das für den Betrieb der Land- und Forstwirtschaft maßgebliche Wirtschaftsjahr endet. Grund dafür ist, dass Betriebe der Land- und Forstwirtschaft i. d. R. ein vom Kalenderjahr abweichendes Wirtschaftsjahr haben (vgl. zu den Wirtschaftsjahren der Land- und Forstwirtschaft ausführlich Müller in Grootens, BewG § 235 Rz. 13 ff.). 36

BEISPIEL: A betreibt einen landwirtschaftlichen Betrieb mit einem vom Kalenderjahr abweichenden Wirtschaftsjahr. Das Wirtschaftsjahr beginnt am 1. Juli und endet am 30. Juni. Für den Erlasszeitraum 01 wäre somit der tatsächliche Reinertrag des Wirtschaftsjahres 1.7.2000–30.6.2001 maßgebend. 37

(Einstweilen frei) 38–42

3. Vertreten müssen der Minderung des normalen Rohertrags

Das Tatbestandsmerkmal des **Vertretenmüssens** ist hier inhaltsgleich mit dem in der Regelung des § 34 Abs. 1 Satz 1 GrStG.[2] Des Weiteren sollten zur Prüfung des **Vertretenmüssens** auch die bisherigen Grundsätze der Regelungen des § 33 GrStG in der bisher gültigen Fassung v. 7.8.1973 (BStBl 1973 I S. 965), das zuletzt durch Art. 38 des Gesetzes v. 19.12.2008 (BGBl 2008 I S. 2794) geändert worden ist, weiter gelten. 43

Die **Gründe** für die Minderung des tatsächlichen Reinertrags für Betriebe der Land- und Forstwirtschaft sind in der Praxis **nicht so vielfältig** wie bei den bebauten vermieteten/verpachteten oder den eigengewerblich genutzten bebauten Grundstücken. 44

Da die Vorschriften des § 33 GrStG auf den tatsächlichen Reinertrag des Betriebs der Land- und Forstwirtschaft abstellen, müssen die Ereignisse oder Geschehnisse Auswirkung auf den tatsächlichen Reinertrag haben und diesen mindern. So wird die Minderung des Reinertrags bei Betrieben der Land- und Forstwirtschaft, welche durch den Steuerschuldner nicht zu vertre- 45

1 A 33 Sätze 1 und 2 AEGrStG.

2 Bzgl. der ausführlichen Erläuterungen vgl. Lehmann in Grootens, GrStG § 34 Rz. 74 ff.

ten ist, in der Praxis am häufigsten die Folge von **Naturkatastrophen** oder extremen **Wettererscheinungen und Witterungsbedingen** sein.

46 BEISPIELE KÖNNTEN SEIN:

- **Landwirtschaftliche Nutzung:**

  A baut auf seinem Grundstück Getreide an. Aufgrund einer extremen Dürre ist der Reinertrag um mehr als 50 % gemindert.
- **Forstwirtschaftliche Nutzung:**

  Aufgrund eines Waldbrandes brennt der Wald des A komplett nieder.
- **Weinbauliche Nutzung:**

  Kurz vor der Traubenernte zerstört ein Hagelschauer 90 % der Trauben des Grundstückseigentümers.
- **Gärtnerische Nutzung:**

  Der Gemüseanbau des Grundstückseigentumes wird aufgrund einer Schneckenplage vollständig vernichtet.
- **Übrige land- und forstwirtschaftliche Nutzung:**

  Durch einen Biberdamm wird das Spargelfeld des Steuerschuldners vollständig überflutet. Er verliert die gesamte Spargelernte.

  Durch eine überdurchschnittliche Kormoran- und Fischotterpopulation sinken die Fischerträge des Steuerschuldners im Erlasszeitraum um mehr als 50 %.

47 Zu vertreten hat der Steuerschuldner hingegen Ertragsminderungen, soweit er sie bewusst in Kauf genommen hat. Dazu gehört z. B., wenn der Steuerschuldner den Betrieb der Land- und Forstwirtschaft oder Teile davon nicht, nicht ordnungsgemäß oder **nicht nachhaltig bewirtschaftet.**

48 BEISPIEL: A lässt Teile seines bewirtschafteten Feldes im Jahr 01 brach liegen, da er in diesem Jahr den Ausbau seines Wohnhauses plant und daher nicht so viel Zeit in die Bewirtschaftung investieren möchte. A hat die Minderung des Reinertrags zu vertreten, da er Teile seines Betriebs bewusst nicht bewirtschaftet.

49 Ein besonderer Fall liegt vor, wenn der Steuerschuldner eine landwirtschaftliche Fläche nicht bestellen kann, da der Boden aufgrund der jahrelangen landwirtschaftlichen Nutzung und dem damit einhergehenden **Nährstoffmangel** eine gewisse Zeit nicht mehr nutzbar ist. Auch wenn der Steuerschuldner deshalb keinen Reinertrag erwirtschaften kann, ist ein Grundsteuererlass grundsätzlich nicht möglich. Dies liegt daran, dass für den nicht mehr bewirtschafteten Fläche auch kein tatsächlicher oder normaler Rohertrag mehr erzielbar ist, welcher gemindert sein könnte.[1]

50–52 *(Einstweilen frei)*

4. Höhe des Grundsteuererlasses

53 Die Höhe des Grundsteuererlasses richtet sich nach der **Minderung des tatsächlichen Reinertrags des Betriebs der Land- und Forstwirtschaft**. Danach ist die Grundsteuer i. H. von 25 % zu erlassen, wenn die Minderung des tatsächlichen Reinertrags mehr als 50 % beträgt. Bei ei-

1 Vgl. Eisele in Troll/Eisele, GrStG § 33 Rz. 10.

ner Minderung des tatsächlichen Reinertrags i. H. von 100 %, ist die Grundsteuer i. H. von 50 % zu erlassen.[1]

Die Höhe des Grundsteuererlasses ist folglich identisch mit der des § 34 GrStG. Auch hier ist im Gegensatz zu § 32 GrStG, bei dem die gesamte Grundsteuer zu erlassen ist, nur ein teilweiser Grundsteuererlass bis höchstens 50 % möglich. 54

(Einstweilen frei) 55–57

II. Weiteren Voraussetzungen

1. Unbilligkeit der Einziehung der Grundsteuer (§ 33 Abs. 2 GrStG)

Der Erlass der Grundsteuer ist nur unter der Voraussetzung möglich, soweit die Einziehung der Grundsteuer nach den wirtschaftlichen Verhältnissen des Betriebs **unbillig** wäre (§ 33 Abs. 2 Satz 1 GrStG). Dies entspricht der Regelung nach § 34 Abs. 2 Satz 2 GrStG für eigengewerbliche genutzte bebaute Grundstücke mit wesentlicher Ertragsminderung.[2] 58

Für die Prüfung der Unbilligkeit kommt es nur auf die **wirtschaftlichen Verhältnisse** des Betriebs der Land- und Forstwirtschaft an. Persönliche oder andere Verhältnisse sind nicht zu prüfen. 59

Die Einziehung der Grundsteuer ist jedenfalls dann nicht unbillig, wenn sich für den Betrieb der Land- und Forstwirtschaft nach den Vorschriften des § 4 Abs. 1, Abs. 3 oder § 13a EStG ein **Gewinn** für das Wirtschaftsjahr, das im Erlasszeitraum zugrunde zu legen ist, ergibt (§ 33 Abs. 2 Satz 1 GrStG). Ein Grundsteuererlass ist in diesen Fällen ausgeschlossen. 60

Durch die Negativabgrenzung des § 33 Abs. 2 Satz 1 GrStG kann gefolgert werden, dass für die Prüfung der Unbilligkeit regelmäßig auf das ermittelte **Betriebsergebnis** nach den steuerlichen Vorschriften zurückgegriffen werden kann. Es benötigt keiner eigenständigen Ermittlung für Zwecke des Grundsteuererlasses durch den Steuerschuldner oder der Gemeinde. Dies trägt insbesondere der Verfahrenserleichterung und -beschleunigung Rechnung. 61

Dennoch sollte auch hier die Gemeinde nicht an die **steuerliche Gewinnermittlung** gebunden sein, wenn beispielsweise ein Verlust nur durch steuerliche **Sondereffekte** entsteht. In diesen Fällen kann die Gemeinde vielmehr diese Sondereffekte neutralisieren und den Grundsteuererlass ggf. zurückweisen.[3] 62

Neben dem Merkmal des Betriebsergebnisses sind auch hier die Merkmale **zur finanziellen Lage** des Gesamtunternehmens sowie die **Gewichtung der Grundsteuer** in Bezug auf die Gesamtaufwendungen zur Prüfung der Unbilligkeit zu berücksichtigen. Nur wenn der Betrieb der Land- und Forstwirtschaft durch die Zahlung der Grundsteuer in **Liquiditätsschwierigkeiten** geraten würde und die Grundsteuer von nicht nur geringem Gewicht ist, kommt eine Unbilligkeit der Einziehung der Grundsteuer überhaupt in Frage.[4] 63

(Einstweilen frei) 64–65

---

1 Vgl. Lehmann in Grootens, GrStG § 34 Rz. 161.
2 Vgl. Lehmann in Grootens, GrStG § 34 Rz. 214 ff.
3 Vgl. Lehmann in Grootens, GrStG § 34 Rz. 219.
4 Vgl. Lehmann in Grootens, GrStG § 34 Rz. 220 und 221.

2. Kein Erlassgrund bei Wertfortschreibung (§ 33 Abs. 3 GrStG)

66 Der Grundsteuererlass aufgrund der Minderung des tatsächlichen Reinertrags bei Betrieben der Land- und Forstwirtschaft ist ausgeschlossen, wenn im Erlasszeitraum die wesentliche Ertragsminderung durch eine **Wertfortschreibung** des Grundsteuerwerts hätte berücksichtigt werden können. Gleiches gilt, wenn eine Wertfortschreibung möglich gewesen wäre, der Steuerschuldner den Antrag auf Werfortschreibung aber versäumt hat.

67 Eine Wertfortschreibung des Grundsteuerwerts kann durch die **Änderung der tatsächlichen Verhältnisse** erfolgen. Bei Betrieben der Land- und Forstwirtschaft ist dies beispielsweise durch Abgänge der bewirtschafteten Flächen gegeben.

68 Die Vorschrift ist somit identisch mit der Regelung des § 34 Abs. 4 GrStG. Es wird daher auch auf die Erläuterungen in § 34 GrStG verwiesen.[1] Auch hier ist in der Praxis darauf zu achten, dass in Fällen der Wertfortschreibung oft dennoch ein Grundsteuerlass in Betracht kommen kann, da die Wertfortschreibung des Grundsteuerwerts aufgrund der Änderung der tatsächlichen Verhältnisse erst auf den Beginn des Kalenderjahres erfolgt, welches dem Jahr der Änderung folgt.

§ 34 GrStG Erlass wegen wesentlicher Ertragsminderung bei bebauten Grundstücken

(1) [1]Die Grundsteuer wird in Höhe von 25 Prozent erlassen, wenn bei bebauten Grundstücken der normale Rohertrag des Steuergegenstandes um mehr als 50 Prozent gemindert ist und der Steuerschuldner die Minderung des normalen Rohertrags nicht zu vertreten hat. [2]Beträgt die vom Steuerschuldner nicht zu vertretene Minderung des normalen Rohertrags 100 Prozent, ist die Grundsteuer abweichend von Satz 1 in Höhe von 50 Prozent zu erlassen. [3]Normaler Rohertrag ist bei bebauten Grundstücken die nach den Verhältnissen zu Beginn des Erlasszeitraums geschätzte übliche Jahresmiete. [4]Die übliche Jahresmiete ist in Anlehnung an die Miete zu ermitteln, die für Räume gleicher oder ähnlicher Art, Lage und Ausstattung regelmäßig gezahlt wird. [5]Betriebskosten sind nicht einzubeziehen.

(2) [1]Bei eigengewerblich genutzten bebauten Grundstücken gilt als Minderung des normalen Rohertrags die Minderung der Ausnutzung des Grundstücks. [2]In diesen Fällen wird der Erlass nach Absatz 1 nur gewährt, wenn die Einziehung der Grundsteuer nach den wirtschaftlichen Verhältnissen des Betriebs unbillig wäre.

(3) [1]Wird nur ein Teil des Grundstücks eigengewerblich genutzt, so ist die Ertragsminderung für diesen Teil nach Absatz 2, für den übrigen Teil nach Absatz 1, zu bestimmen. [2]In diesen Fällen ist für den ganzen Steuergegenstand ein einheitlicher Prozentsatz der Ertragsminderung nach dem Anteil der einzelnen Teile am Grundsteuerwert des Grundstücks zu ermitteln.

(4) Eine Ertragsminderung ist kein Erlassgrund, wenn sie für den Erlasszeitraum durch Fortschreibung des Grundsteuerwerts berücksichtigt werden kann oder bei rechtzeitiger Stellung des Antrags auf Fortschreibung hätte berücksichtigt werden können.

Inhaltsübersicht **Rz.**

1 Vgl. Lehmann in Grootens, GrStG § 34 Rz. 235 ff.

LITERATUR:

Hubert, Zur Anwendung des Grundsteuergesetzes ab 1.1.2025 – Die koordinierten Ländererlasse v. 22.6.2022, StuB 18/2022 S. 681, NWB XAAAJ-21832; *Eisele,* Grundsteuerreform. Anwendung des Grundsteuergesetzes ab 1.1.2025 – Koordinierte Ländererlasse v. 22.6.2022, NWB 31/2022 S. 2191, NWB UAAAJ-18535; *Eisele/Wiegand,* Grundsteuerreform 2022/2025 – Stand: Januar 2020 (1. Aufl.), NWB TAAAH-44405; *Waschkies/Günther/Rotter,* Aktuelles zur Grundsteuer – Benutzbarkeit bzw. Bezugsfertigkeit von Gebäuden und Erlasstatbestände, NWB 23/2014 S. 1716, NWB BAAAE-65393; *Ritzer,* Erlass von Grundsteuer für Opfer von Unwettern – Wesentliche Ertragsminderung als Rechtsgrund, NWB 51/2013 S. 4047, NWB RAAAE-50883; *Puhl,* Grundsteuererlass bei wesentlicher Ertragsminderung (§ 33 GrStG), KStZ 2010 S. 88; *Eisele,* Die Grundsteuer, NWB 39/2003 S. 3037, NWB LAAAA-74507; *Ostendorf,* Die Grundsteuer, NWB 46/1992 S. 3769, NWB HAAAA-74504.

VERWALTUNGSANWEISUNGEN

Koordinierte Ländererlasse v. 22.6.2022 zur Anwendung des Grundsteuergesetzes ab 1.1.2025 (AEGrStG), NWB VAAAJ-18526.

A. Allgemeine Erläuterungen zu § 34 GrStG

I. Normzweck und wirtschaftliche Bedeutung der Vorschrift

§ 34 GrStG regelt den Erlass der Grundsteuer für **bebaute Grundstücke bei wesentlicher Ertragsminderung**. Für den Erlass der Grundsteuer unterscheidet § 34 GrStG in gegen Entgelt überlassene (z. B. Vermietung, Verpachtung) und in **eigengewerblich genutzte bebaute Grund-** 1

stücke. Ebenfalls wird der Erlass bei nur teilweise eigengewerblich genutzten bebauten Grundstücken geregelt.

2 Die Vorschrift zum Erlass der Grundsteuer bei bebauten Grundstücken begründet bei Vorliegen der Voraussetzungen einen **Rechtsanspruch** des Grundstückseigentümers auf zumindest teilweisen **Erlass der Grundsteuer** und entlastet ihn insbesondere in Zeiten, in denen er ohnehin bereits wirtschaftlich aufgrund deutlich niedrigerer Erträge, die er aus seinem Grundbesitz bezieht, belastet ist.

3 Des Weiteren definiert § 34 GrStG den **normalen Rohertrag** bei bebauten Grundstücken sowie die Ermittlung der **üblichen Jahresmiete**.

4–6 *(Einstweilen frei)*

II. Entstehung und Entwicklung der Vorschrift

7 § 34 GrStG wurde mit dem GrStRefG v. 26.11.2019[1] in das GrStG eingefügt und ist erstmals für die **Grundsteuer des Kalenderjahres 2025** anzuwenden (vgl. § 37 GrStG).

8 Die Vorschrift entspricht dabei **teilweise der Regelung des § 33 GrStG** in der bisher gültigen Fassung v. 7.8.1973 (BStBl 1973 I S. 965), das zuletzt durch Art. 38 des Gesetzes v. 19.12.2008 (BGBl 2008 I S. 2794) geändert worden ist. Die folgenden Regelungen entsprechen inhaltlich den bisherigen Regelungen[2]:

- § 34 Abs. 2 GrStG entspricht dem bisherigen § 33 Abs. 1 Satz 3 und Abs. 2 GrStG
- § 34 Abs. 3 GrStG entspricht inhaltlich dem bisherigen § 33 Abs. 4 GrStG
- § 34 Abs. 4 GrStG entspricht inhaltlich dem bisherigen § 33 Abs. 5 GrStG

9 Mit der Neuregelung der § 34 GrStG wurden auch **Klarstellungen und Konkretisierungen** eingefügt, welche im bisherigen § 33 GrStG nicht vorhanden waren und in der Praxis zu häufigen rechtlichen Streitigkeiten mit den Gemeinden geführt hatten. Die vom Gesetzgeber vorgenommenen Klarstellungen und Konkretisierungen sind zu begrüßen, da so die **Umsetzung in der Praxis vereinfacht** wird. Ferner wurde im Rahmen der Neuregelung der neue bewertungsrechtliche Begriff des Grundsteuerwerts redaktionell eingefügt.[3]

10–12 *(Einstweilen frei)*

III. Geltungsbereich

13 Die Vorschriften gelten für **inländischen, bebauten Grundbesitz** i. S. des Bewertungsgesetzes (vgl. § 2 GrStG). Die Regelungen betreffen nur das Grundvermögen gem. § 243 BewG. Es muss sich ferner um ein bebautes Grundstück handeln (vgl. § 248 BewG). Dazu zählen die folgenden Grundstücke:

- vermietete Grundstücke,
- eigengewerblich genutzte Grundstücke,
- teilweise eigengewerblich und teilweise vermietete Grundstücke.

1 GrStRefG v. 26.11.2019, BGBl 2019 I S. 1794.
2 Vgl. BT-Drucks. 18/11085, Begründung, B. Besonderer Teil, Teil C (Grundvermögen).
3 Vgl. BT-Drucks. 18/11085, Begründung, B. Besonderer Teil, Teil C (Grundvermögen).

Die Regelungen des § 34 GrStG sind nicht für land- und forstwirtschaftliches Vermögen anzuwenden. Für den Grundsteuererlass bei land- und forstwirtschaftlichen Vermögen vgl. § 33 GrStG.

(Einstweilen frei) 14–15

IV. Verhältnis zu anderen Vorschriften

§ 34 GrStG stellt eine **Spezialvorschrift** zu den **allgemeinen Billigkeitsmaßnahmen** i. S. der Abgabenordnung dar. In Fällen, in denen die Voraussetzungen des § 34 GrStG nicht erfüllt sind, kann dennoch ein Erlass nach §§ 163, 227 AO in Betracht kommen.[1] 16

Weiterhin ist § 34 GrStG nur bei Bestehen einer **materiellen Grundsteuerpflicht** anzuwenden. In Fällen, in denen bereits eine **Befreiung von der Grundsteuer** z. B. nach §§ 3 oder 4 GrStG vorliegt, kommt ein Erlass nach § 34 GrStG nicht zur Anwendung. Dies entspricht den Regelungen, welche auch für das land- und forstwirtschaftliche Vermögen gelten.[2] 17

Bei dem Erlass der Grundsteuer nach § 34 GrStG handelt es sich um eine dem Erlass nach § 227 AO vergleichbare Entscheidung, die nicht im **Steuerfestsetzungsverfahren**, sondern im **Steuererhebungsverfahren** getroffen wird. Daher besteht bei Erlass der Grundsteuer durch eine rechtskräftige gerichtliche Entscheidung kein Anspruch auf **Prozesszinsen** nach § 236 Abs. 1 AO.[3] 18

(Einstweilen frei) 19–20

B. Systematische Kommentierung

I. Erlass bei bebauten Grundstücken (§ 34 Abs. 1 GrStG)

1. Anwendungsbereich

Nach § 34 Abs. 1 GrStG besteht ein **Rechtsanspruch auf Grundsteuererlass**, wenn bei einem bebauten Grundstück der normale **Rohertrag** des Steuergegenstands **um mehr als 50 % gemindert** ist und die Minderung vom Grundstückseigentümer nicht zu vertreten ist. 21

Bei dem zu betrachtenden Steuergegenstand muss es ich um ein **bebautes Grundstück** handeln. Für **unbebaute Grundstücke** scheidet ein Erlass folglich aus. Die Abgrenzung, ob es sich um ein bebautes oder um ein unbebautes Grundstück handelt, richtet sich nach den §§ 246, 248 BewG. 22

Da die **Begriffsbestimmung der unbebauten Grundstücke** und die **Abgrenzung zu den bebauten Grundstücken** nach § 246 BewG im Wesentlichen der bisherigen Regelung des § 72 BewG folgt sowie die Definition der bebauten Grundstücke nach § 248 BewG dem bisherigen § 74 BewG entspricht, gelten die diesbezüglich anerkannten und festgestellten Grundsätze und Regelungen fort.[4] Ein Grundstück gilt danach als unbebaut, wenn sich auf dem Grundstück keine benutzbaren Gebäude befinden. Die Benutzbarkeit beginnt mit dem Zeitpunkt der **Bezugsfertigkeit** der Gebäude. Dabei ist für die Entscheidung, ob das Gebäude bezugsfertig ist, auf das 23

1 A 35 Abs. 5 AEGrStG.

2 Vgl. Lehmann in Grootens, GrStG § 33 Rz. 16 und 17.

3 BFH, Urteil v. 20.4.2020 - II B 22/19, NWB KAAAH-53143.

4 Vgl. BT-Drucks. 18/11085, Begründung, B. Besonderer Teil, Teil C (Grundvermögen).

gesamte Gebäude abzustellen und nicht nur auf einzelne Wohnungen oder Räume.[1] Dies gilt nicht, wenn das Gebäude in einzelnen **Bauabschnitten** errichtet wird. In diesem Fall gilt jeder fertiggestellte Bauabschnitt als bezugsfertiges Gebäude.[2]

24 BEISPIEL: A hat auf seinem Grundstück in Jahr 01 mit dem Bau eines viergeschossigen Wohnhauses begonnen. Bis zum 31.12.01 ist das Erdgeschoss und das 1. Obergeschoss bereits bezugsfertig. Das 2. und 3. Obergeschoss werden im Jahr 02 bezugsfertig.

Für die Bezugsfertigkeit ist auf das gesamte Gebäude abzustellen. Das Gebäude ist daher erst im Jahr 02 bezugsfertig geworden. Das Grundstück ist mithin erst auf den nächsten Feststellungszeitpunkt ab dem Jahr 03 als bebautes Grundstück zu qualifizieren (Feststellungszeitpunkt ist bei einer Änderung der Verhältnisse der Beginn des Kalenderjahres, das auf die Änderung folgt, vgl. § 222 BewG). Ein Grundsteuererlass nach § 34 GrStG kommt daher erst ab dem Jahr 03 in Betracht.

25 Ferner gelten Grundstücke als unbebaut in z. B. den folgenden Fällen:

- Auf dem Grundstück befinden sich zwar Gebäude, diese beinhalten aber keine auf Dauer **benutzbaren Räume** mehr, da diese dem **Verfall** preisgegeben oder zerstört sind.[3]
- Das Gebäude beinhaltet infolge einer **Entkernung** keine der bestimmungsgemäßen Nutzung zuführbaren Räume mehr. Dies gilt auch, wenn dieser Zustand aufgrund einer Wiederherstellung eines benutzbaren Gebäudes lediglich ein Zwischenstadium darstellt.[4]
- Grundstücke, auf denen sich nur Außenanlagen oder Betriebsvorrichtungen befinden.[5]

26 PRAXISHINWEIS:

Im Feststellungsbescheid über den Grundsteuerwert ist ebenfalls die Grundstücksart festzustellen (vgl. § 219 BewG). Dort ist somit bereits festgestellt, ob es sich um ein bebautes oder unbebautes Grundstück handelt. In der Praxis lässt sich mit Blick auf den Grundsteuerwertbescheid somit schnell erkennen, um welche Art von Grundstück es sich handelt.

27 Zur ausführlichen Definition und der Abgrenzung zwischen **bebauten und unbebauten Grundstücken** vgl. Bock in Grootens, BewG § 246 Rz. 21 ff. und Bock in Grootens, BewG § 248 Rz. 19 ff.

28–32 *(Einstweilen frei)*

2. Ermittlung des „normalen Rohertrags" und der „üblichen Jahresmiete"

33 Nach § 34 Abs. 1 GrStG muss für den Grundsteuererlass der **normale Rohertrag** gemindert sein. Der normale Rohertrag ist bei bebauten Grundstücken die nach den Verhältnissen zu Beginn des Erlasszeitraums geschätzte **übliche Jahresmiete**.

34 Mit der Neufassung des § 34 Abs. 1 GrStG durch dem GrStRefG v. 26.11.2019,[6] wurde abweichend zu den bisherigen Regelungen auch der **Begriff der üblichen Jahresmiete** für Zwecke des Grundsteuererlasses definiert. Danach ist die übliche Jahresmiete in Anlehnung an die Miete zu ermitteln, die für Räume gleicher oder ähnlicher Ausstattung regelmäßig gezahlt wird. Die **Betriebskosten** sind in die Ermittlung der üblichen Jahresmiete nicht einzubeziehen.

1 BewR Gr 6. Abs. 2 Satz 1, NWB PAAAA-72206.
2 BewR Gr 6. Abs. 2 Satz 4, NWB PAAAA-72206.
3 BewR Gr 12. Abs. 1 Satz 1, NWB PAAAA-72206.
4 BFH, Urteil v. 24.10.1990 - II R 9/88 BStBl 1991 II S. 60, NWB OAAAA-93726.
5 Vgl. Eisele in Troll/Eisele, GrStG § 33 Rz. 11.
6 GrStRefG v. 26.11.2019 BGBl 2019 I S. 1794.

35 Die **Definition der üblichen Jahresmiete** im § 34 GrStG ist zu begrüßen und soll in der Praxis zur Vereinfachung der Anwendung der Rechtsnorm führen. In den bisherigen Regelungen zum Grundsteuererlass für bebaute Grundstücke mit wesentlicher Ertragsminderung war diesbezüglich keine eindeutige Regelung vorhanden. Vielmehr zog man bei den bisherigen Regelungen den Begriff der üblichen Miete des § 79 Abs. 2 BewG heran.

36 Zur Bestimmung der üblichen Jahresmiete ist die Miete heranzuziehen, welche für Räume gleicher oder ähnlicher Ausstattung gezahlt wird. Der Grundstückseigentümer hat somit eine **marktübliche Vergleichsmiete** zu ermitteln.

37 Zur Ermittlung der marktüblichen Vergleichsmiete gibt es in der Praxis verschiedene Möglichkeiten. Wichtig ist dabei, dass die Vergleichsmiete soweit wie möglich mit den **spezifischen Gebäudeeigenschaften** des Steuergegenstandes übereinstimmt. Denn umso mehr Merkmale zwischen dem Steuergegenstand und den **Vergleichsobjekten** übereinstimmen, umso eher würde ein fremder Dritter den Steuergegenstand auch zu diesen Konditionen mieten.

38 Für die **Ermittlung der üblichen Miete** sind beispielsweise **folgende Merkmale** heranzuziehen:

- Lage des Steuergegenstandes
- Grundstücksart (z. B. EFH, ZFH, Mietwohngrundstück, Geschäftsgrundstück)
- Nutzung des Grundstücks (z. B. Wohnzwecke, Lager, Produktion, Hotel)
- Ausstattung des Gebäudes oder der Räume
- Baujahr des Gebäudes
- Größe der Wohn- oder Nutzflächen

39 Die Möglichkeiten zur Ermittlung einer Vergleichsmiete sind vielfältig. Für die bisherige Einheitsbewertung hatte der BFH dazu entschieden, dass zuerst zu prüfen ist, ob eine übliche Miete durch den unmittelbaren Vergleich aus tatsächlich gezahlten **Mieten für Vergleichsobjekte** abgeleitet werden kann.[1] Diese Vorgehensweise ist m. E. auch für die Ermittlung der übliche Jahresmiete gem. § 34 Abs. 1 Satz 3 GrStG anzuwenden, da die Miete aus tatsächlichen gezahlten Mieten für Vergleichsobjekte regelmäßig den Merkmalen und Gegebenheiten des Steuergegenstandes am nächsten kommen wird. Dies wir auch durch den neuen AEGrStG bestätigt.[2]

40 Liegt eine tatsächlich gezahlte Miete für Vergleichsobjekte nicht vor, was in der Praxis häufiger der Fall sein wird, so kann die Ermittlung der üblichen Jahresmiete anhand von **Mietpreisspiegeln** erfolgen.[3] Insbesondere bei zu Wohnzwecken genutzten Gebäuden liegen i. d. R. für die meisten Städte und Gemeinden Mietpreisspiegel vor, welche herangezogen werden können, da diese oft auch die verschiedenen **Merkmale wie Lage, Baujahr, Größe und Ausstattung** berücksichtigen. Da in den Mietspiegeln jedoch oft **Mietspannen** für bestimmte Wohnungskategorien angegeben sind, empfiehlt es sich, hier grundsätzlich den **Mittelwert der Mietspanne** anzusetzen. Sollte die Ober- oder Untergrenze der Mietspanne angesetzt werden, empfiehlt sich, dies ausführlich zu begründen, um Rückfragen der Gemeinden zu verhindern.[4] Gerade in Fällen, in denen sich die Minderung des normalen Rohertrags nah an der 50 %-Grenze bewegt,

1 BFH, Urteil v. 10.8.1984 - III R 18/76 BStBl 1985 II S. 200, NWB AAAAA-92014.

2 A 34.2 Abs. 3 Satz 1 AEGrStG.

3 BFH, Urteil v. 10.8.1984 - III R 18/76 BStBl 1985 II S. 200, NWB AAAAA-92014 sowie A 34.2 Abs. 3 Satz 1 AEGrStG.

4 Gl. A. Eisele in Troll/Eisele, GrStG § 33 Rz. 14.

kann durch leichte Anpassung der üblichen Jahresmiete innerhalb der Mietpreisspanne die 50 %-Grenze über- oder unterschritten werden.

41 **BEISPIEL:** In einem Wohnhaus mit dem Baujahr 1995 befinden sich zwei Wohnungen von jeweils 65 m². Im Jahr 2018 wurde das Dachgeschoss zu einer Wohnung mit einer Wohnfläche von 50 m² ausgebaut.

Der Auszug aus dem vorliegenden Mietspiegel sieht wie folgt aus:

Baujahr	Größe der Wohnung	Miete (min.) in €/m²	Miete (max.) in €/m²
vor 1950	< 40 m²	4,50	6,00
	40 m²–60 m²	4,30	5,80
	> 60 m²	4,15	5,50
von 1951–1990	< 40 m²	6,00	8,00
	40 m²–60 m²	5,90	7,70
	> 60 m²	5,60	7,30
von 1991–2010	< 40 m²	8,00	9,50
	40 m²–60 m²	7,75	9,15
	> 60 m²	7,40	8,80
ab 2011	< 40 m²	10,00	12,50
	40 m²–60 m²	9,50	12,00
	> 60 m²	9,10	11,70

Die übliche Jahresmiete kann anhand des Mietspiegels geschätzt werden. Sofern keine besonderen Gründe zum Ansatz der Unter- oder Obergrenze vorliegen, empfiehlt es sich jeweils dem Mittelwert anzusetzen. Die übliche Miete für die Wohnungen beträgt:

Wohnung 1: (7,40 €/m² + 8,80 €/m²)/2 = 8,10 €/m²
Wohnung 2: (7,40 €/m² + 8,80 €/m²)/2 = 8,10 €/m²
Wohnung 3 (Dachgeschoss): (9,50 €/m² + 12,00 €/m²)/2 = 10,75 €/m²

42 Bei nicht zu Wohnzwecken genutzten Gebäuden kann es vorkommen, dass kein Mietspiegel vorliegt. Zwar gibt es ebenfalls **Gewerbemietspiegel**, jedoch liegen diese oft nur für die größeren Ballungsgebiete innerhalb Deutschlands vor, sind zum Teil schwierig zu beschaffen und gelten regelmäßig auch nur für bestimmte gewerbliche Flächen, z. B. Büroflächen, Lagerflächen, Verkaufsflächen. Wenn keine Mietspiegel vorliegen, kann die übliche Miete anhand anderer Quellen geschätzt werden.

43 Andere Quellen zur Schätzung der üblichen Miete sind zum Beispiel **Immobilienmarktberichte**. Viele große Bewertungs- und Maklerfirmen, aber auch Versicherungen und Banken veröffentlichen in regelmäßigen Abständen (oft jährlich, teilweise auch quartalsweise) Immobilienmarktberichte für verschiedene Nutzungsarten wie **Wohn-, Büro-, Einzelhandels-, Produktions- und Logistikimmobilien**. Die Immobilienmarktberichte dienen i. d. R. dazu, Investoren einen kurzen Überblick über die Entwicklung und das Preisniveau für die jeweilige Immobilienart zu geben. Dabei werden oft ebenfalls Mieten für den betrachteten Zeitraum nach Lage und ggf. Ausstattung bekanntgegeben, welche zur Schätzung der üblichen Miete herangezogen werden können.

44 PRAXISHINWEIS:

Bei der Nutzung von Immobilienmarktberichten zur Ermittlung der üblichen Miete sollte nicht nur auf einen Marktbericht zurückgegriffen werden. Es ist zu empfehlen, zwei oder drei Marktberichte verschiedener Herausgeber zugrunde zu legen und die Mieten zu vergleichen. Ggf. kann dann aus den Mieten der einzelnen Marktberichte ein Mittelwert gebildet werden. Die Marktberichte sollten dem Antrag auf Grundsteuererlass beigefügt werden, um der Gemeinde die Berechnungen und Annahmen offenzulegen sowie zu zeigen, dass man sich über die Ermittlung der üblichen Jahresmiete ausreichend Gedanken gemacht hat.

Weiterhin kommen auch **Anzeigen in Zeitungen** oder auf einschlägigen **Internetportalen** zur Schätzung der üblichen Miete in Fragen. Sollten weder Mietpreisspiegel noch Marktberichte oder Anzeigen vorliegen, kann die übliche Miete auch in Höhe der tatsächlichen Miete geschätzt werden.[1] Dies sollte jedoch nur in Ausnahmefällen, wenn eine Schätzung anhand anderer Quellen nicht möglich ist, geschehen. 45

BEISPIEL: A ist Eigentümer eines bebauten Grundstücks in einer kleinen Gemeinde, welches er zu Produktionszwecken vermietet. Der Mietvertrag läuft im April 01 aus. Trotz umfangreicher Vermietungsbemühungen gelingt es A erst im Jahr 02 wieder einen neuen Mieter für das Grundstück zu finden. Aufgrund der abgelegenen Lage existieren weder Vergleichsgrundstücke noch sind Mietspiegel oder Marktberichte verfügbar, aus denen sich eine übliche Miete ableiten lässt. Für den Grundsteuererlass des Jahres 01 kann daher im Ausnahmefall die bis zum April 01 tatsächlich vereinbarte Miete als übliche Miete angesetzt werden. 46

Bei der **Ermittlung der üblichen Jahresmiete** ist auf die Verhältnisse zu **Beginn des Erlasszeitraums** abzustellen. Maßgebend ist somit immer der 1.1. eines jeden Jahres. Da die Miete regelmäßig auf den Monat als Zahlungszeitraum abstellt, ist somit für die Ermittlung der üblichen Jahresmiete der Monat Januar maßgebend. Die **übliche Miete für den Monat Januar** ist mit zwölf zu multiplizieren und ergibt so die übliche Jahresmiete. 47

PRAXISHINWEIS: 48

Auch die herangezogenen Nachweise für die übliche Miete sollten möglichst jeweils den Beginn des Erlasszeitraums betreffen. Denn umso mehr der betrachtete Zeitraum der Referenz vom Beginn des Erlasszeitraums abweicht, umso leichter kann es der Gemeinde fallen, die ermittelte übliche Jahresmiete zu widerlegen und den Erlassantrag ggf. abzulehnen.

Werden Räume im Laufe des Erlasszeitraums verändert (z. B. durch **Modernisierung** oder **Nutzungsänderung**), so hat dies i. d. R. auch Einfluss auf die übliche erzielbare Miete. Entsprechend ist für die Ermittlung der üblichen Jahresmiete ab dem Zeitpunkt der Veränderung die geänderte übliche Miete zu berücksichtigen. 49

BEISPIEL: In einem zweigeschossigen Objekt befinden sich zwei Wohnungen mit jeweils 75 m². Die Wohnung im EG wird zum 1.7. in einen Laden umgebaut. Lt. dem Mietpreisspiegel betragen die Vergleichsmieten 7 €/m² für Wohnungen und 25 €/m² für Einzelhandelsflächen. 50

Ermittlung der üblichen Jahresmiete:

Erdgeschoss:		
Wohnung (6 Monate)	75 m² x 7 €/m² x 6 Monate	= 3.150 €
Laden (6 Monate)	75 m² x 25 €/m² x 6 Monate	= 11.250 €
Obergeschoss:		
Wohnung (12 Monate)	75 m² x 7 €/m² x 12 Monate	= 6.300 €
übliche Jahresmiete	**= 20.700 €**	

1 Gl. A. Eisele in Troll/Eisele, GrStG § 33 Rz. 14.

51 Die übliche Jahresmiete ist gem. § 34 Abs. 1 GrStG in jedem Fall zu ermitteln. Es kommt für die Ermittlung der üblichen Jahresmiete nicht auf die **tatsächlichen Vermietungsverhältnisse** an oder ob die übliche Miete von der tatsächlichen vereinbarten Miete abweicht.

52–55 *(Einstweilen frei)*

3. Berechnung der Minderung des Rohertrags

56 Der ermittelte **normale Rohertrag** des bebauten Grundstücks muss für den Erlasszeitraum um mehr als 50 % oder um 100 % gemindert sein. Für die Ermittlung der **Rohertragsminderung** ist der tatsächliche Rohertrag des bebauten Grundstücks für den Erlasszeitraum mit dem ermittelten normalen Rohertrag des Erlasszeitraums zu vergleichen.[1] Die Differenz zwischen dem tatsächlichen Rohertrag und dem normalen Rohertrag ergibt die Rohertragsminderung für den Erlasszeitraum. Die Rohertragsminderung ist in einem Prozentsatz anzugeben.[2]

57 Formel zur Ermittlung der Rohertragsminderung

normaler Rohertrag ./. tatsächlicher Rohertrag = Rohertragsminderung

$$\frac{\text{Rohertagsminderung x 100}}{\text{normaler Rohertrag}} = \text{Rohertragsminderung in Prozent}$$

58 BEISPIEL: Der tatsächliche Rohertrag beträgt für das Jahr 01 insgesamt 10.000 € und der normale Rohertrag 25.000 €.

Die Rohertragsminderung ermittelt sich wie folgt:

Rohertragsminderung:	25.000 € ./. 10.000 €	= 15.000 €
Rohertragsminderung in Prozent:	$\frac{15.000 € \times 100}{25.000 €}$	= 60 %

59 Der tatsächliche Rohertrag ist anhand der für den Erlasszeitraum tatsächlichen **gezahlten Entgelte** zu ermitteln. Danach gehören zur Jahresrohmiete alle Entgelte, die der Mieter (Pächter) für die Benutzung des Grundstücks oder Grundstücksteils zu entrichten hat.[3] Es handelt sich dabei jeweils um die **Bruttomieteinahmen.**[4]

60 Dies schließt auch die Entgelte mit ein, welche für die Benutzung von **Nebengebäude** wie z. B. Garagen, Schuppen, Ställe, Gartenhäuser oder **Grundstücksflächen** wie z. B. Stellplätze oder Hausgarten gezahlt werden.[5] Ebenfalls zum tatsächlichen Rohertrag gehören **Baukostenzuschüsse** oder **Mietvorauszahlungen**, soweit diese auf die Miete angerechnet werden.[6]

61 Bei **gewerblichen Grundstücken** werden oft enthaltene Betriebsvorrichtungen mit vermietet oder verpachtet. Da **Betriebsvorrichtungen** nicht zum Grundvermögen gehören, ist auch der Teil des Entgelts, welcher auf die Betriebsvorrichtungen entfällt, nicht bei der Ermittlung des tatsächlichen Rohertrags zu berücksichtigen.[7] Wird für ein gewerbliches Grundstück mit enthaltenen Betriebsvorrichtungen nur eine Gesamtmiete vereinbart, so ist diese anteilig auf das vermietete Grundvermögen und die Betriebsvorrichtungen aufzuteilen. Dies wird in der Praxis

1 A 34.3 Abs. 1 Satz 1 AEGrStG.
2 A 34.3 Abs. 1 Satz 2 AEGrStG.
3 BewR Gr 21. Abs. 1 S. 1, NWB PAAAA-72206.
4 Vgl. Eisele in Troll/Eisele, GrStG § 33 Rz. 13.
5 BewR Gr 21. Abs. 1 Satz 2, NWB PAAAA-72206.
6 BewR Gr 21. Abs. 3 Satz 2, NWB PAAAA-72206.
7 BewR Gr 21. Abs. 2 Satz 2, NWB PAAAA-72206.

regelmäßig zu Problemen führen und kaum möglich sein. Notfalls muss die anteilige Miete auf die Betriebsvorrichtungen dann geschätzt werden.[1]

BEISPIEL: Ein Produktionshalle mit einer automatischen Krananlage wird für insgesamt 10 €/m² vermietet. Von der Miete entfallen 2 € auf die Krananlage. 62

Die Krananlage ist als Betriebsvorrichtung nicht Teil des Grundvermögens.[2] Die anteilige Miete ist bei der Ermittlung des tatsächlichen Rohertrags auszuscheiden. Für die Berechnung des tatsächlichen Rohertrags ist eine Miete von 8 €/m² anzusetzen.

Maßgebend für die Ermittlung des tatsächlichen Rohertrags ist die **vertraglich vereinbarte Miete**. Es kommt grundsätzlich nicht auf die Zahlung der Miete an. 63

BEISPIEL 1: Die Dezembermiete ist am 1.12.01 fällig, wird jedoch erst am 10.2.02 gezahlt. 64

Für die Ermittlung des tatsächlichen Rohertrags ist die im Jahr 01 fällige Dezembermiete zu berücksichtigen.

Die vereinbarte Miete ist ausnahmsweise nicht bei der Ermittlung des tatsächlichen Rohertrags anzusetzen, soweit bereits mit hinreichender Sicherheit feststeht, dass die Miete z. B. aufgrund einer **Zahlungsunfähigkeit** des Mieters ausfällt.[3] 65

BEISPIEL 2 (ABWANDLUNG): Wie Beispiel 1, jedoch ist mit der Bezahlung der Dezembermiete nicht mehr zu rechnen, da der Mieter ab Dezember 01 zahlungsunfähig ist. 66

Für die Ermittlung des tatsächlichen Rohertrags ist die Dezembermiete nicht mehr zu berücksichtigen. Der tatsächliche Rohertrag ergibt sich aus der vereinbarten Miete von Januar–November 01.

Wird einem Mieter aufgrund des Zahlungsverzugs gekündigt oder kündigt dieser von selber und wird aufgrund des Mietvertrags eine **Vertragsstrafe** gezahlt, so ist diese bei der Ermittlung des tatsächlichen Rohertrags ebenfalls zu berücksichtigen. Gleiches gilt, wenn sich der Vermieter aus einer gestellten **Mietsicherheit** aufgrund einer vorzeitigen Kündigung befriedigt. In diesem Fall ist die Befriedigung aus der Mietsicherheit Teil des tatsächlichen Rohertrags. 67

BEISPIEL: Grundstückseigentümer A vermietet ein Hotelgrundstück. Der Mietvertrag wird ab dem 1.1.01 für die feste Dauer von 25 Jahren abgeschlossen. Dem Mieter wird aufgrund des Zahlungsverzugs für die Monate April–September mit Monatsende September 01 gekündigt. Mit den Mietzahlungen für April–September 01 ist aufgrund der Zahlungsunfähigkeit des Mieters nicht mehr zu rechnen. Der abgeschlossene Mietvertrag enthält unter anderem folgende Regelungen: 68

„Der Mieter ist zur Stellung einer Mietsicherheit, die sechs Bruttomonatsmieten beträgt, verpflichtet. Aus der Mietsicherheit kann sich der Vermieter wegen seiner fälligen Ansprüche befriedigen. Die Mietsicherheit wird erst zurückgegeben, wenn das Objekt ordnungsgemäß zurückgegeben wurde, die Nebenkosten abgerechnet wurden und sämtliche Verbindlichkeiten oder Verpflichtungen aus dem Mietverhältnis erfüllt sind."

Aufgrund der Zahlungsunfähigkeit des Mieters ist die vereinbarte Miete für die Monate April–September 01 grundsätzlich bei der Ermittlung des tatsächlichen Rohertrags nicht mehr zu berücksichtigen. Jedoch kann sich der Vermieter hier aus der Mietsicherheit befriedigen. Da noch Mietzahlungen für sechs Monate ausstehen, kann der Vermieter die volle Mietsicherheit einbehalten. Diese ist dem tatsächlichen Rohertrag des Jahres 01 hinzuzurechnen.

(Einstweilen frei) 69–73

1 Vgl. Halaczinsky in Rössler/Troll, BewG § 79 Rz. 7.
2 § 68 Abs. 2 Nr. 2 BewG.
3 A 34.2 Abs. 2 Satz 5 AEGrStG.

4. Vertreten müssen der Minderung des normalen Rohertrags

a) Allgemeines

74 Der Grundsteuererlass kommt nur in Betracht, soweit der Steuerschuldner die Minderung des normalen Rohertrags **nicht zu vertreten** hat. Dem Tatbestandsmerkmal des **„Vertreten müssen"** kommt dabei eine besondere Bedeutung zu. In der Praxis scheitert ein Grundsteuererlass in den meisten Fällen daran, dass der Steuerschuldner die Minderung des normalen Rohertrags zu vertreten hat.

75 Auch hat sich die Rechtsprechung bereits in zahlreichen Fällen damit beschäftigt. Dies zeigt, dass die Frage des vertreten müssen in der Praxis oft Streitpunkt zwischen dem Grundstückseigentümer und der Gemeinde ist und folglich von der Gemeinde ausführlich und sehr genau geprüft wird. Der Erlass der Grundsteuer soll nur eine Ausnahme in besonderen Fällen darstellen. Anderenfalls ergäben sich für den Steuerschuldner vielfältige Gestaltungsmöglichkeiten, um die Grundsteuer zu umgehen. Dies entspricht jedoch nicht dem **Objektcharakter** der Grundsteuer, bei dem es gerade nicht auf die tatsächlichen Verhältnisse des Steuerschuldners, sondern lediglich auf den Besitz des Grundstücks ankommen soll.

76 Der Steuerschuldner hat die Minderung des normalen Rohertrags nicht zu vertreten, wenn die Umstände, welche zu einer Minderung des Rohertrags führen, zwingend von außen in die **Ertragslage** des bebauten Grundstücks eingegriffen haben und der Steuerschuldner auf den Eintritt oder Nichteintritt keinen Einfluss hatte, sich dieser also nicht erwehren konnte.[1] Weiterhin darf die Minderung des Rohertrags nicht auf einer **Willensentscheidung** des Steuerschuldners, sei es durch Tun oder Unterlassen, welche die Rohertragsminderung herbeigeführt oder zumindest nicht verhindert haben, beruhen.

77 Wenn eine wirtschaftliche Einheit aus mehreren unterschiedlich ausgestatteten oder zu unterschiedlichen Zwecken genutzten und **getrennt vermieteten Räumlichkeiten** besteht und sich dadurch für die einzelnen Räumlichkeiten verschieden hohe marktgerechte Mieten ergeben, ist für jede leerstehende Räumlichkeit gesondert zu prüfen, ob der Steuerschuldner die Minderung des Rohertrags zu vertreten hat.[2]

78 **BEISPIEL:** ► In einem Gebäude stehen die folgenden Räume leer:

- ► Wohnung in guter Ausstattung, Leerstand aufgrund von Zahlungsunfähigkeit des Mieters
- ► Wohnung in schlechter Ausstattung, Leerstand aufgrund von Modernisierung
- ► Ladengeschäft, Leerstand aufgrund überhöhter Mietforderung

Für die Räumlichkeiten ist jeweils getrennt zu prüfen, ob der Steuerschuldner die Rohertragsminderung zu vertreten hat, da diese unterschiedlich ausgestattet oder genutzt und getrennt vermietet werden. Für die Wohnung, welche aufgrund der Zahlungsunfähigkeit des Mieters leer steht, hat der Steuerschuldner die Rohertragsminderung nicht zu vertreten. Für die anderen beiden Räumlichkeiten muss sich der Steuerschuldner die Rohertragsminderung zurechnen lassen.

79–83 *(Einstweilen frei)*

1 A 34.2 Abs. 1 AEGrStG.

2 BFH, Urteil v. 27.9.2012 - II R 8/12, BStBl 2014 II S. 117.

b) Leerstand aufgrund fehlender Mietnachfrage

Bei bebauten Grundstücken hat der Steuerpflichtige die Minderung des normalen Rohertrags i. d. R. nicht zu vertreten, wenn die Räume aufgrund von **fehlender Mietnachfrage** ganz oder teilweise leer stehen. 84

Bei Mietwohngrundstücken oder Geschäftsräumen kann die fehlende Mietnachfrage durch ein **Überangebot** am Markt begründet werden. Dies ist vor allem im ländlichen Bereich denkbar. In den Ballungsgebieten wird ein Überangebot bei der derzeitigen Immobiliennachfrage eher unwahrscheinlich sein. Dies ist jedoch immer nur eine Momentaufnahme, welche sich von Zeit zu Zeit auch schnell wandeln kann (vgl. zur strukturellen Ertragsminderung auch → Rz. 140 und → Rz. 141). 85

Bei Produktionsgrundstücken (z. B. Fabrikhallen) oder Logistikimmobilien (z. B. große Lagerhallen) kann der Leerstand auch durch strukturpolitische oder konjunkturelle Situationen entstehen,[1] wenn z. B. aufgrund **Konjunkturschwäche** die Nachfrage sinkt oder der Markt nach einem Bauboom gesättigt ist. 86

BEISPIEL: Der Steuerpflichtige A Besitz eine Produktionshalle. Der aktuelle Mieter geht aufgrund einer anhaltenden Rezession insolvent. Es lässt sich aufgrund der schwachen Konjunktur vorerst kein neuer Mieter finden. 87

(Einstweilen frei) 88–90

c) Zahlungsunfähigkeit der Mieter

Der Steuerschuldner hat die Minderung des Rohertrags nicht zu vertreten, wenn er den Steuergegenstand marktgerecht vermietet, die Miete jedoch nicht erhalten konnte und dies außerhalb seines Machtbereichs lag, wie z. B. bei **Zahlungsunfähigkeit** des Mieters.[2] 91

Der Vermieter muss jedoch alles ihm Zumutbare unternommen haben, die **versäumten Mietzahlungen einzutreiben** und/oder die **Räumung** des Mietobjekts herbeiführen.[3] So ist i. d. R. der Vermieter bei Versäumnis anzumahnen. Es ist jedoch nicht notwendig, dass er die Gerichtsverfahren durch alle Instanzen zur Beitreibung der Miete führt.[4] Schließlich muss auch die **wirtschaftliche Zumutbarkeit der Betreibungsversuche** im Auge behalten werden. Es kann nicht Voraussetzung sein, dass der Mieter ggf. deutlich mehr Kosten zur Betreibung der Miete aufwenden muss, als die Einnahmen durch die Miete betragen würden. Die geeigneten Maßnahmen müssen in der Praxis im Rahmen des Einzelfalls geprüft werden. 92

Voraussetzung bei Mietausfall ist nicht, dass der Vermieter bei der **Auswahl des Mieters** im Vorhinein besonders vorsichtig war. Stimmt der Vermieter später einem Vergleich zu, so hat er den Mietausfall grundsätzlich nicht zu vertreten.[5] Sollte jedoch andererseits bei Abschluss des Mietvertrages bereits mit hoher Wahrscheinlichkeit feststehen, dass der Mieter die Miete voraussichtlich nicht zahlen kann, hat dies m. E. der Mieter auch zu vertreten. 93

(Einstweilen frei) 94–96

1 Vgl. Eisele in Troll/Eisele, GrStG § 33 Rz. 15.
2 A 34.2 Abs. 2 Satz 5 AEGrStG.
3 OVG Saarlouis, Urteil v. 28.9.2001 - 1 Q 26/01, NVwZ-RR 2002 S. 885.
4 Vgl. Ostendorf, Die Grundsteuer, NWB 46/1992 S. 3769, NWB HAAAA-74504.
5 Vgl. Ostendorf, Die Grundsteuer, NWB 46/1992 S. 3769, NWB HAAAA-74504.

d) Sanierung oder Renovierung

97 Stehen Räumlichkeiten leer, weil diese **modernisiert** oder **renoviert** werden müssen, so hat der Steuerschuldner die Minderung des Rohertrags i. d. R. zu vertreten. Dies gilt ebenso für **leerstehende Mietshäuser**, welche zum **Zweck der Sanierung** erworben werden und dadurch während der Sanierung nicht vermietet werden können.

98 Auch in Fällen, in denen ein Gebäude aufgrund der **Sanierungsbedürftigkeit** nicht mehr am Markt angeboten werden kann oder keine Mieter mehr gefunden werden, hat der Steuerschuldner die Rohertragsminderung zu vertreten, da der Vermieter es versäumt hat Sanierungen oder Renovierungen vorzunehmen.[1]

99 Alle Gebäude unterliegen grundsätzlich der Abnutzung und sind von Zeit zu Zeit in Stand zu setzten. Dem Steuerschuldner muss bei Anschaffung und Vermietung seines bebauten Grundstücks klar sein, dass er die **vermieteten Räumlichkeiten regelmäßig sanieren und/oder renovieren** muss. Wenn er diese Maßnahmen nicht vornimmt, um z. B. Kosten zu sparen oder die Vermietung so lange wie möglich beizubehalten, so trifft er diese Entscheidung bewusst und muss damit rechnen, dass ab einen bestimmten Zeitpunkt eine Vermietung ggf. nicht mehr möglich ist. Entsprechend muss er sich die unterlassene Sanierung/Renovierung zurechnen lassen und den Leerstand vertreten. Auch in diesen Fällen wird das vertreten müssen sehr streng ausgelegt. So hat der Steuerpflichtige auch den Fall zu vertreten, wenn bei Erwerb des Objektes bereits bekannt war, dass eine Vermietung mit Blick auf **baurechtliche Vorgaben** nur zu Gewerbezwecken (Büroräume) in Betracht kommt, der Steuerpflichtige jedoch keine geeigneten Maßnahmen ergriffen hat, die Ursachen für die Ertragsminderung zu verhindern. Die Ursachen der Ertragsminderung beruhten in besagten Fall gerade darauf, dass der Steuerpflichtige es unterlassen hat, das Objekt in einen Zustand zu versetzen, der sich für eine baurechtsgemäße Nutzung eignet. Statt dessen wurde das als Mehrfamilienhaus errichtete Gebäude, das baurechtlich allerdings nur als Bürogebäude vermietet werden durfte, im ursprünglichen Zustand belassen. Dies steht einer Vermietung als Gewerbeobjekt jedoch entgegen und der Steuerpflichtige hat die Ertragsminderung zu vertreten.[2]

100 Ist eine Vermietung aufgrund von Sanierungsbedürftigkeit nicht mehr möglich und entschließt sich der Steuerpflichtige zum **Abriss** des Gebäudes, so hat er den Mietausfall zu vertreten. Dies gilt auch, wenn aus strukturpolitischen Erwägungen die Kommune, in der das Gebäude stand, den Abriss planerisch begleitet und der Bund und das Land diesen durch **Zuwendungen** gefördert haben. Zwar mag der Abriss im Interesse einer wirtschaftlich effektiven Nutzung sinnvoll sein. Dies ändert aber nichts daran, dass die Nichtvermietung und der Abriss auf eine selbständige Entscheidung des Grundstückseigentümers beruhen. Durch die planerische Unterstützung der Stadt sowie die Zuwendungen von Bund und Land werden lediglich die Handlungsmöglichkeiten erweitert, nicht aber eingeschränkt.[3]

101 Liegt das bebaute Grundstück jedoch in einem städtebaulichen **Sanierungsgebiet** und steht dieses sanierungsbedingt leer, so hat der Steuerschuldner die Rohertragsminderung i. d. R. nicht zu vertreten. Denn in diesen Fällen kann sich der Steuerschuldner einer zügigen Durchführung der zur Erfüllung des Sanierungszwecks erforderlichen **Baumaßnahmen nicht entzie-**

---

1 VG Gelsenkirchen, Urteil v. 31.5.2012 - 5 K 2548/11, NVwZ-RR 2012.

2 VG Koblenz, Urteil v. 16.11.2021 - 5 K 256/21.KO, BeckRS 2021, 37081.

3 VG Dresden, Urteil v. 20.7.2010 - 2 K 34/08, juris.

hen. Er hat den Leerstand auch dann nicht zu vertreten, wenn er die Entscheidung über den Zeitpunkt der Sanierung selbst getroffen hat.[1]

(Einstweilen frei) 102–104

e) Verfall oder Abriss

Ebenfalls zu vertreten hat der Steuerschuldner den Leerstand, wenn er das Gebäude verfallen und dann abreißen lässt oder er den **Verfall** nicht entgegenwirkt und somit die Nichtvermietbarkeit in Kauf nimmt.[2] 105

BEISPIEL: A kauft ein bebautes Grundstück. Das Gebäude ist in einem schlechten baulichen Zustand. Nach Auszug der letzten Mieter unterlässt es A das Gebäude zu sanieren, wodurch das Objekt nicht mehr vermietbar ist. A plant das Gebäude verfallen zu lassen, es abzureißen und danach einen hochwertigen Neubau zu errichten, da er so eine deutlich höhere Rendite erzielen kann. 106

Ein Grundsteuererlass ist für A nicht möglich, da er den Verfall und die damit einhergehende Nichtvermietbarkeit des Grundstücks in Kauf nimmt und folglich den Leerstand zu vertreten hat. Er nimmt die Nichtvermietbarkeit bewusst in Kauf.

Den Leerstand nicht zu vertreten hat der Steuerschuldner, wenn das bebaute Grundstück aufgrund einer **baurechtlichen Anordnung** nicht mehr bewohnbar ist oder abgerissen werden muss.[3] Gleiches gilt, wenn der Vermieter gezwungen wird, einen Umbau vorzunehmen.[4] 107

BEISPIEL: Bei einem vermieteten Gebäude wurde im Rahmen der routinemäßigen Untersuchung der Bauaufsichtsbehörde durch den sachverständigen Gutachter festgestellt, dass das Gebäude aufgrund einer zu geringen Feuerwiderstandsklasse die Brandschutzbestimmungen nicht mehr erfüllt und somit nicht länger vermietet werden darf. Um den Umbau auf die geforderte Feuerschutzklasse durchzuführen, wurden die vermieteten Flächen entmietet. Das Gebäude steht während der Umbaumaßnahmen leer. 108

Der Steuerschuldner hat den Leerstand nicht zu vertreten, da er von der Bauaufsichtsbehörde zum Umbau gezwungen wurde und der Leerstand so kurzfristig durch externe Umstände eingetreten ist. Der Steuerschuldner konnte sich der Ertragsminderung nicht mehr entziehen.

(Einstweilen frei) 109–111

f) Verkaufsverhandlungen

Plant der Grundstückseigentümer das bebaute Grundstück nach Leerstand zu **verkaufen** und unternimmt er daher keine Vermietungsbemühungen mehr, so hat er den Leerstand zu vertreten, mit der Folge, dass ein Grundsteuererlass nicht in Betracht kommt. 112

BEISPIEL: Der Steuerschuldner erwirbt ausschließlich zum Verkauf bestimmte Eigentumswohnungen, welche jedoch mangels Kaufinteressenten lange Zeit nicht verkauft werden können und daher leer stehen. Ein Grundsteuererlass kommt nicht in Betracht, da der Steuerschuldner den Leerstand zu vertreten hat.[5] 113

---

1 BFH, Urteil v. 17.12.2014 - II R 41/12, BStBl 2015 II S. 663.
2 VG Meiningen, Urteil v. 4.3.2004 - 8 K 582/00.Me, juris.
3 Vgl. Eisele in Troll/Eisele, GrStG § 33 Rz. 16.
4 OVG Nordrhein-Westfalen, Urteil v. 18.3.1959 - III A 1370/56, BB 1959 S. 884, DStZ/B 1959 S. 375.
5 VG Freiburg, Urteil v. 5.3.1982 - VS VII 127/79, KStZ 1982 S. 177.

114 **Verkaufsverhandlungen** für ein bebautes Grundstück sind jedoch nicht automatisch schädlich für einen Grundsteuererlass. Liegen intensive und nachhaltige Vermietungsbemühungen des Steuerschuldners vor und zieht dieser daneben auch eine Veräußerung des Steuergegenstandes in Betracht, so schließt dies den Grundsteuererlass nicht aus, da es nicht Ziel des Grundsteuererlasses ist, dem Steuerschuldner an einem wirtschaftlich sinnvollen Verhalten zu hindern.[1]

115 Die **Verkaufsabsicht** steht Vermietungsbemühungen daher nicht von vornherein entgegen.[2] Es ist vielmehr regelmäßig die Prüfung des Einzelfalls notwendig, wenn der Grundstückseigentümer neben den Vermietungsbemühungen diese alternativ auch zum Verkauf stellt. Zwar ist es denkbar, dass die Verkaufsabsicht die Vermietungsbemühungen verdrängen kann und die **Vermietungsbemühungen nur noch zum Schein** ausgeführt werden. Dies muss aber anhand der jeweiligen Umstände von der Gemeinde nachgewiesen werden und kann nicht bei Vorliegen gleichzeitiger Verkaufsbemühungen automatisch unterstellt werden.[3]

116 Der Grundstückseigentümer hat vielmehr in diesen Fällen nachzuweisen, dass er sich abgesehen von den Verkaufsverhandlungen ebenso um eine marktgerechte Vermietung intensiv und nachhaltig bemüht hat. Er sollte dieselbe Anstrengung für eine Vermietung unternehmen, wie wenn er keine gleichzeitigen Verkaufsverhandlungen führt. Als **Nachweis für ernsthafte Vermietungsbemühungen** reicht es nicht aus, lediglich ein Schild am Gebäude anzubringen oder das Einstellen im Internet.[4] Es sollten weitreichende und nachhaltige Vermietungsbemühen durch Anzeigen und Angebote über verschiedene Medien nachgewiesen werden.

117–119 *(Einstweilen frei)*

g) Naturkatastrophen

120 Der Grundstückseigentümer hat den Leerstand des bebauten Grundstücks nicht zu vertreten, wenn der Leerstand aus der Folge von **Naturkatastrophen** resultiert. Die Ertragsminderungen liegen dabei außerhalb der Einflussmöglichkeit des Grundstückseigentümers.[5]

121 Dazu zählen z. B. die folgenden **Naturereignisse**:

- Hochwasser und Überschwemmungen
- Brand
- Erdbeben
- Erdrutsch
- Stürme
- Hagel
- Blitzeinschlag
- Pandemie

122 **BEISPIEL:** Aufgrund eines Hochwassers und den daraus entstandenen Schäden konnte das Erdgeschoss eines bebauten Grundstücks nicht vermietet werden.

1 Vgl. Puhl, Grundsteuererlass bei wesentlicher Ertragsminderung (§ 33 GrStG), KStZ 05/2010 S. 88.

2 VG Augsburg, Urteil v. 19.5.2010 - Au 6 K 09.1893, BeckRS 2010.

3 VGH München, Urteil v. 11.5.2011 - 4 ZB 10.1673, BeckRS 2011.

4 VG München, Urteil v. 23.7.2009 - 10 K 08.3415, BeckRS 2010.

5 Ritzer, Erlass von Grundsteuer für Opfer von Unwettern – Wesentliche Ertragsminderung als Rechtsgrund, NWB 51/2013 S. 4047, NWB RAAAE-50883.

Der Grundstückseigentümer hat den Leerstand nicht zu vertreten, da er auf das Hochwasser keinen Einfluss hatte.

(Einstweilen frei) 123–124

h) Epidemien

Auch in Fällen von **Pandemien** oder **Gesundheitskatastrophen**, wie z. B. der SARS-CoV-2-Pandemie im Jahre 2020, ist ein Grundsteuererlass denkbar, da auch hier der Grundstückseigentümer auf einen evtl. bedingten Leerstand des Objekts bzw. verminderte Mieteinnahmen keinen Einfluss hatte. 125

Dies sollte insbesondere auch für Fälle bei eigengenutzten bebauten Grundstücken gelten, wenn der Grundstückseigentümer aufgrund einer Pandemie z. B. verpflichtet wird, sein Geschäft oder seinen Betrieb zu schließen. Zum Grundsteuererlass für eigengewerblich genutzte bebaute Grundstück siehe → Rz. 173 ff. 126

(Einstweilen frei) 127–128

i) Ferienwohnungen

Hält der Grundstückseigentümer Wohnungen aufgrund der angestrebten Nutzung als **Ferienwohnung** frei, so hat er den Leerstand der Wohnungen in der nicht vermieteten Zeit zu vertreten. Etwas anderes gilt, wenn er für eine typische Ferienwohnung innerhalb der Ferienzeit keine Mieter findet, sich um eine Vermietung jedoch intensiv bemüht hat.[1] 129

(Einstweilen frei) 130–131

j) Mietfreie Zeiten

Gewährt der Steuerschuldner einem Mieter zu Beginn einer Vermietung eine **mietfreie Zeit**, so hat er die Minderung des Rohertrags zu vertreten. Mit der Gewährung der mietfreien Zeit verzichtet der Steuerschuldner bewusst auf die Zahlung der Miete. 132

Es handelt sich um einen **Willensentschluss** des Vermieters, der die Annahme, er habe die Ertragsminderung nicht zu vertreten ausschließt.[2] 133

PRAXISHINWEIS: 134

In der Praxis ist die Gewährung von mietfreien Zeiten insbesondere bei nicht zu Wohnzwecken genutzten Gebäuden und Immobilieninvestoren üblich. Oft handelt es sich dabei um Mietverträge mit langen Grundmietzeiten (z. B. fünf oder zehn Jahre, teilweise noch länger). Die mietfreie Zeit dient dabei als Entgegenkommen des Vermieters für den Abschluss eines langfristigen Mietvertrages. Der Verzicht auf eine Miete für einige Monat zu Beginn des Mietvertrages rentiert sich dabei i. d. R. über die lange Laufzeit des Mietvertrages. So spart der Grundstückeigentümer z. B. Kosten für Makler, wenn er immer wieder nach einigen Jahren neue Mieter suchen müsste oder das Grundstück bei häufigen Mieterwechseln immer wieder einige Zeit leer stehen würde.

(Einstweilen frei) 135

1 Vgl. Eisele in Troll/Eisele, GrStG § 33 Rz. 16.

2 OVG Nordrhein-Westfalen, Urteil v. 26.7.2013 - 14 A 1471/13, juris.

5. Ortsübliche Vermietung

136 Der Steuerschuldner hat den Leerstand bei Wohnungen und anderen Räumen nicht zu vertreten, wenn er sich um eine **ortsübliche Vermietung** bemüht hat.[1] Die Bemühung um eine ortsübliche Vermietung bedeutet, dass die Räume zu einer **marktüblichen Miete am Markt** angeboten werden müssen.

137 Dabei ist die marktübliche Miete im Rahmen des **Fremdvergleichsgrundsatzes** zu ermitteln. Es darf keine höhere als die marktübliche Miete verlangt werden. In Fällen, in denen der Grundstückseigentümer die Räumlichkeiten zu einem überhöhten oder unrealistischen Entgelt anbietet, hat dieser den Leerstand und die Rohertragsminderung zu vertreten, da er bewusst in Kauf nimmt, aufgrund seiner überhöhten Mietforderung keinen Mieter zu finden.[2]

138 Der Steuerschuldner muss die Wohnung folglich mit einer Miete am Markt anbieten, die sich innerhalb der Spanne der üblichen Miete bewegt. Dabei kann nach neuerer Auffassung des FG Berlin vom Steuerschuldner aber auch bei einem **Überangebot** nicht verlangt werden, dass er die Wohnungen oder Räume stets am unteren Rand der Mietpreisspanne anzubieten hat.[3] In einer früheren Entscheidung vertrat der Hessische Verwaltungsgerichtshof mit Urteil v. 7.3.2005[4] die Auffassung, dass bei einem Überangebot vom Steuerschuldner verlangt werden kann, auch an den unteren Rand der Mietpreisspanne zu gehen, damit die Nichtvermietung nicht auf eigenes Verhalten zurückzuführen ist.

139 Diese Sichtweise wurde jedoch nicht sehr lange vertreten. So wurde die o. g. neuere Auffassung des FG Berlin durch das Bundesverwaltungsgericht mit Urteil v. 25.6.2008[5] bestätigt.

140 Diese Auffassung hat sich jedoch durch die Rechtsprechung des BFH mit Urteil v. 24.10.2007[6] geändert. Danach ist es für den Grundsteuerlass nunmehr unbeachtlich, ob die Ertragsminderung **typisch, atypisch, strukturell** oder nicht strukturell bedingt, **vorübergehend** oder nicht vorübergehend ist. Bestätigt wurde dies auch vom BVerwG mit Urteil v. 25.6.2008.[7] Danach kommt auch bei strukturellem Leerstand ein Grundsteuererlass in Betracht, wenn die Ertragsminderung weder atypisch noch vorübergehend ist. Auch muss der Steuerpflichtige den Steuergegenstand nicht am unteren Rand oder unter der Mietpreisspanne anbieten, denn die Maßnahmen, die die Ertragsminderung reduzieren oder auffangen können, müssen dem Steuerschuldner wirtschaftlich zumutbar sein.

141 Durch die Änderung der Rechtsauffassung konnten die Regelungen zum Grundsteuererlass deutlich entschärft werden. So ist es nunmehr grundsätzlich nicht mehr von Bedeutung, ob die Rohertragsminderung strukturell bedingt ist oder wie lange diese anhält. Auch ist nunmehr unbeachtlich, ob bei Neubauten mit **Anlaufschwierigkeiten** bzgl. der erstmaligen Tätigkeit zu rechnen ist.[8]

---

1 A 34.2 Abs. 2 Satz 1 AEGrStG.

2 FG Berlin, Urteil v. 17.1.2001 - 2 K 2268/98, NWB BAAAB-06806.

3 BFH, Urteil v. 24.10.2007 - II R 6/05, NWB QAAAC-70393.

4 VGH Hessen, Urteil v. 7.3.2005 - 5 UE 3009/02, NWB EAAAB-53847.

5 BVerwG, Urteil v. 25.6.2008 - 9 C 8.07, NWB FAAAC-90045.

6 BFH, Urteil v. 24.10.2007 - II R 6/05, NWB QAAAC-70393.

7 BVerwG, Urteil v. 25.6.2008 - 9 C 8.07, NWB FAAAC-90045.

8 Vgl. Eisele in Troll/Eisele, GrStG § 33 Rz. 15.

Auf diese Änderung der Rechtsaufassung reagierte der Gesetzgeber mit der Verschärfung des ehemaligen § 33 GrStG durch das Jahressteuergesetz 2009[1] v. 19.12.2008 mit Wirkung zum 1.1.2008. Bis dahin kam ein Grundsteuererlass bei Betrieben der Land- und Forstwirtschaft und bei bebauten Grundstücken bereits in Betracht, soweit der normale Rohertrag um mehr als 20 % gemindert war. Da durch die höchstrichterliche Rechtsprechung nun aber ein Erlass auch bei strukturellem Leerstand möglich war, sahen die Gemeinden die für sie so wichtigen Grundsteuereinnahmen gefährdet. Der Prozentsatz der Minderung des normalen Rohertrags wurde daraufhin auf über 50 % erhöht und es wurden die zwei Billigkeitsstufen (Ertragsminderung über 50 % und 100 %) eingeführt. Die Eintrittsschwelle für den Grundsteuererlass wurde folglich angehoben.[2] 142

(Einstweilen frei) 143

6. Art und Nachweis der Vermietungsbemühungen

Die Vermietungsbemühungen des Steuerschuldners müssen **intensiv und nachhaltig** sein.[3] Es reicht nicht aus, dass lediglich sog. „Alibi-Vermietungsbemühungen" vorliegen, bei denen der Steuergegenstand nur sehr kurz oder z. B. nur mittels einer Anzeige in einer regionalen Tageszeitung am Markt angeboten wird, um den Vermietungsbemühungen für den Grundsteuererlass zu genügen. 144

Vielmehr muss sich über die gesamte Zeit des Leerstands intensiv und immer wieder um eine **marktgerechte Vermietung** gekümmert werden. Dies bedeutet auch, dass bei einem längeren Leerstand über mehrere Jahre nicht irgendwann mit der Inserierung von Angeboten aufgehört werden darf, nur weil in den vorherigen Jahren dies nicht zum Erfolg geführt hat. Der Mietmarkt unterliegt vielmehr ständigen Veränderungen, was den Kreis der potenziellen Mietinteressenten laufend ändert.[4] Auch kann sich die **allgemeine Nachfragesituation am Markt** über Jahre hinweg immer wieder ändern. 145

Das **Offerieren der Räumlichkeiten am Markt** hat danach auch in Abhängigkeit der Nutzung (z. B. Wohnung oder Gewerbe) oder der Größe der Räumlichkeiten zu erfolgen. Der Steuerschuldner muss sicherstellen, dass er mit dem Mietangeboten einen **möglichst großen und unterschiedlichen Kundenkreis** anspricht.[5] Lediglich in Ausnahmefällen kann dem Grundstückseigentümer nicht zur Last gelegt werden, dass er keine konkreten Vermietungsbemühungen (sei es in Form von Online-Annoncen oder Einschaltung eines Maklers) nachgewiesen hat. Gemäß dem VG München[6] ist dies z. B. der Fall, wenn überzeugend davon ausgegangen werden kann, dass im maßgeblichen Zeitraum das Ergreifen von Werbemaßnahmen Kosten verursacht hätte, die in keinem vernünftigen Verhältnis zu Vermietungschancen gestanden und auch keinen signifikanten Ertrag an weiterer Markterreichung gebracht hätten. 146

Für das Anbieten der Räumlichkeiten am Markt kommen regelmäßig das Schalten von **Anzeigen** in regionalen und überregionalen Zeitungen, **Annoncen** auf einschlägigen Internetportalen und bei größeren Objekten auch die Beauftragung von **Maklern** in Betracht. 147

1 Jahressteuergesetz 2009 v. 19.12.2008, BGBl 2008 I S. 2794, BStBl 2009 I S. 74.
2 Vgl. Roscher in 360° GrStG eKommentar, § 33 Rz. 2 und 3.
3 Vgl. Eisele in Troll/Eisele, GrStG § 33 Rz. 17.
4 VGH München, Urteil v. 18.1.2010 - 4 ZB 09.1962, BeckRS 2010.
5 A 34.2 Abs. 2 Satz 2 AEGrStG.
6 VG München, Urteil v. 20.7.2023 - M 10 K 17.4931, BeckRS 2023 S. 25352.

148 In der Rechtsprechung wurde dabei immer wieder über das Schalten von **Zeitungsinseraten** entschieden. Dabei ging es hauptsächlich um die Frage, ob das Schalten von Inseraten in regionalen und überregionalen Zeitungen zwingend Bestandteil der Vermietungsbemühungen sein muss oder ob es ausreichend ist, Angebote über einschlägige **Internetportale** oder Makler zu offerieren.

149 Lange Zeit vertrat die Rechtsprechung die Meinung, dass Zeitungsinserate in jedem Fall vorliegen müssen. So beispielsweise das VG Oldenburg mit Urteil v. 16.12.2010,[1] wonach ein Grundsteuererlass nur möglich ist, wenn der Steuergegenstand nicht nur im Internet angeboten wird, sondern auch in regionalen und überregionalen Zeitungen, um zu gewährleisten, dass das Angebot einen möglichst breiten **Interessenkreis** bekannt wird.

150 Gleicher Ansicht war das VG Dresden mit Urteil v. 25.1.2011.[2] Danach ist für den Steuerschuldner auch in Zeiten der zunehmenden Bedeutung des Internets für den Mietwohnungsmarkt zumutbar, die leerstehenden Wohnungen auch in regionalen und überregionalen **Zeitungen und Anzeigeblättern** anzubieten. Durch die Nutzung beider Medienformen wird ein größerer, voneinander abweichender Interessenkreis erschlossen. Bei Unterlassen von gleichzeitigen Anzeigen in Zeitungen hat der Steuerschuldner die Rohertragsminderung zu vertreten.

151 Das Internet hat jedoch in den letzten Jahren enorm an Bedeutung gewonnen, während die Tageszeitungen/Printmedien einen immer kleineren Kundenkreis bedienen. **Mietangebote über Internetportale** sind m. E. mittlerweile zum **Standard** geworden und sowohl für den Mietwohnmarkt als auch den Gewerbemietmarkt nicht mehr wegzudenken. M. E. ist es in der jetzigen Zeit zumindest für bestimmte Mietobjekte wie z. B. Gewerbeobjekte fraglich, ob mit Anzeigen in Zeitungen noch ein größerer, vom Internet abweichender Interessenkreis erschlossen werden kann. Eine pauschale Annahme ist hier m. E. nicht mehr gerechtfertigt. Vielmehr muss auf die **besonderen Umstände des Einzelfalls** abgestellt werden, so auch das VG München mit Urteil v. 20.5.2021.[3]

152 Auch in der Rechtsprechung setzt sich nach und nach die Meinung durch, dass Zeitungsinserate zumindest in bestimmten Fällen nicht mehr zwingend erforderlich sind. Vor allem für **Gewerbeobjekte** müssen Mietangebote durch Zeitungsinserate nicht ausnahmslos vorliegen. Es kann nach Auffassung des VG Stuttgart darauf verzichtet werden, wenn die Veröffentlichung in Zeitungen für den Steuerschuldner unzumutbar gewesen ist. Dem Steuerschuldner sei die Veröffentlichung in Zeitungen unzumutbar, wenn von der Maßnahme vernünftigerweise kein Erfolg zu erwarten ist, der auch nur in einem annähernden Verhältnis zu den damit verbunden Aufwendungen und Kosten steht.[4]

153 Bei einer Suche nach Gewerbemietobjekten wird nach Ansicht des OVG Berlin-Brandenburg kaum ein Interessent das Internet auslassen, da hier gezielt nach bestimmten Auswahlkriterien gesucht werden kann. Bei Grundstücken mit einer besonderen Marktstruktur und Beschaffenheit des Grundstücks könne so z. B. davon ausgegangen werden, dass Zeitungsinserate mit wirtschaftlich verhältnismäßigem Aufwand nicht einen **zusätzlichen Interessenkreis** öffnen können. Auch die Aufgabe von zwei Zeitungsinseraten könne dem Steuerschuldner in diesem Fall nicht zugemutet werden, wenn auch die damit verbunden Kosten unzumutbar ge-

1 VG Oldenburg, Urteil v. 16.12.2010 - 2 A 1149/10, BeckRS 2011.

2 VG Dresden, Urteil v. 25.1.2011 - 2 K 1890/09, juris.

3 VG München, Urteil v. 20.5.2021 - M 10 K 19.425, BeckRS 2021, 26825.

4 VG Stuttgart, Urteil v. 18.3.2011 - 1 K 1200/09.

wesen sind, weil der Markterreichungsgrad mit nur zwei Zeitungsinseraten erst recht nicht nennenswert gesteigert worden wäre und es sich somit nur um sog. **„Alibi-Maßnahmen“** gehandelt hätte.[1]

Auch wenn z. B. eine Werbung in der Zeitung wenig erfolgsversprechend ist und folglich nur Angebote auf Internetportalen inseriert werden, so ist dies auch im Hinblick auf die immer mehr zunehmende Nutzung von **gewerblichen Internetportalen** nach Auffassung des VG Düsseldorf als ausreichend zu betrachten.[2] Bei größeren Gewerbeobjekten, für eine Vielzahl von Nutzungsmöglichkeiten in Betracht kommt, gehört es nach Auffassung des VGH München sogar dazu, ein überregionales Angebot über das Internet zu schalten.[3] In den Anzeigen ist das Vermietungsobjekt so zu beschreiben, dass sich ein Mietinteressent aufgrund der konkreten Beschreibung angesprochen fühlt.[4] 154

In jedem Fall hat der Steuerschuldner die getätigten **Vermietungsbemühungen** nachzuweisen, da das Bestehen der **Vermietungsabsicht** nur anhand erkennbarer äußerer Merkmale zweifelsfrei festgestellt werden kann.[5] Aus den Nachweisen der Vermietungsbemühungen sollten stets die **Angebotskonditionen** hervorgehen, da die Gemeinde nur so feststellen kann, ob der Steuergegenstand zu einer marktgerechten Miete angeboten wurde. So auch bestätigt vom VG München mit Urteil v. 20.5.2021,[6] wonach keine nachhaltigen Vermietungsbemühungen zu einem marktüblichen Mietzinszins vorliegen, wenn nicht dargelegt und bewiesen werden kann, zu welchem Mietzins das Objekt angeboten wird und ob die Angebotskonditionen einem marktüblichen Mietzins entsprechen. 155

Bei einem unterjährigen Verkauf eines Objektes können die Vermietungsbemühungen des neuen Eigentümers dem Steuerpflichtigen zugerechnet werden, so dass dieser die Minderung des Rohertrages nicht zu vertreten hat.[7] Für solch eine **Zurechnung der Vermietungsbemühungen** spricht der Sinn und Zweck der Erlassvorschrift. Dieser besteht in der Subventionierung von Ertragseinbußen.[8] Der Ausschluss einer Zurechnung von Vermietungsbemühungen des neuen Eigentümers würde sonst dazu führen, dass trotz gegebener Ertragseinbußen eine Subventionierung nicht erfolgen würde, was vom Gesetzgeber nicht gewollt sein kann. Hinzu kommt, dass sowohl Verkäufer als auch Käufer keinerlei Einflussmöglichkeiten darauf haben, wann die Steuerpflicht für den neuen Eigentümer entsteht. 155/1

Bei einem seit mehreren Jahren leerstehenden Steuergegenstand reicht es zum **Nachweis der Vermietungsbemühungen** nicht aus, wenn ein- bis zweimal im Jahr Zettel an Bäumen etc. aufgehängt werden. Vielmehr ist es erforderlich die Vermietungsbemühungen zu steigern oder auf andere Angebotskanäle umzusteigen, wenn sich herausstellt, dass die bisherigen Bemühungen zu keinem Erfolg führen.[9] 156

1 OVG Berlin-Brandenburg, Urteil v. 27.6.2011 - OVG 9 B 16.10, BeckRS 2011.
2 VG Düsseldorf, Urteil v. 11.5.2009 - 5 K 3933/08, BeckRS 2009.
3 VGH München, Urteil v. 8.12.2016 - 4 ZB 16.1583, BeckRS 2016.
4 VG Dresden, Urteil v. 16.5.2017 - 2 K 2383/16, juris.
5 FG Hamburg, Urteil v. 24.8.2007 - 2 K 8/06, NWB GAAAC-63640.
6 VG München, Urteil v. 20.5.2021 - M 10 K 19.425, BeckRS 2021, 26825.
7 VG Schleswig, Urteil v. 17.1.2024 - 4A 278/21, BeckRS 2024 S. 2257.
8 BVerwG, Urteil v. 25.6.2008 - 9 C 8.07 NWB FAAAC-90045, Rz. 20; Krumm/Paeßens, GrStG, 2022, § 34 Rz. 1.
9 FG Hamburg, Urteil v. 24.8.2007 - 2 K 8/06, NWB GAAAC-63640.

157 PRAXISHINWEIS:

Da an den Vermietungsbemühungen und deren Nachweis regelmäßig sehr hohe Anforderungen seitens der Gemeinde geknüpft sind, sollte der Steuerschuldner sich von Beginn an in verschiedenen Medien (Zeitung, Internet, Makler) um eine Vermietung bemühen.

Weiterhin sollten alle Anfragen und Verhandlungen mit Mietinteressenten schriftlich dokumentiert werden, um die ernsthaften und intensiven Vermietungsbemühungen nachzuweisen. Hierzu können z. B. Auszüge aus der E-Mail-Korrespondenz mit potenziellen Mietern oder die Verhandlungsnachweise der beauftragten Makler vorgelegt werden.

158–160 *(Einstweilen frei)*

7. Höhe des Grundsteuererlasses

161 Die Höhe des Grundsteuererlasses ist von der Minderung des Rohertrags abhängig. § 34 Abs. 1 GrStG unterscheidet dabei die folgenden Fälle:

Minderung des Rohertrags	
bis 50 %	kein Grundsteuererlass
51 %–99 %	Grundsteuererlass i. H. von 25 %
100 %	Grundsteuererlass i. H. von 50 %

162 Bei den Prozentsätzen des § 34 Abs. 1 GrStG handelt es sich um **feste Grenzen**. Der Wortlaut des Gesetzes ist dahingehend eindeutig. Ein Grundsteuererlass kommt erst in Betracht, soweit der Rohertrag um **mehr als 50 % gemindert** ist. Beträgt die Minderung des Rohertrags für den Erlasszeitraum nicht mehr als 50 %, ist kein Grundsteuerlass möglich. Im Extremfall bedeutet dies, dass bei einer Minderung des Rohertrags von 50 % kein Grundsteuerlass möglich ist.

163 Beträgt die Minderung des Rohertrags mehr als 50 %, so ist die Grundsteuer zu 25 % zu erlassen (§ 34 Abs. 1 Satz 1 GrStG). Bei einer **Minderung von 100 %** ist die Grundsteuer i. H. von 50 % zu erlassen (§ 34 Abs. 1 Satz 2 GrStG). Maßgebend ist die für den Erlasszeitraum festgesetzte Grundsteuer.

164 Damit ist im Gegensatz zu § 32 GrStG, bei dem die gesamte Grundsteuer zu erlassen ist, den Fällen des § 34 GrStG nur ein **Teilerlass** der Grundsteuer möglich. Insofern sollten stets zunächst die Möglichkeiten des § 32 GrStG geprüft werden.

165 Aufgrund der strengen Grenzen ist insbesondere bei Ermittlung der üblichen Jahresmiete besondere Sorgfalt gefragt, da bereits eine minimale Änderung der üblichen Miete das über- oder unterschreiten der **50 %-Grenze** nach sich ziehen kann. Sofern die 50 %-Grenze nur knapp überschritten wird, sollte daher die Ermittlung der üblichen Miete besonders gründlich geprüft und ausführlich begründet werden, um der Gemeinde eine entgegenstehende Auffassung zu erschweren.

166 BEISPIEL 1: Ein vermietetes Gebäude mit einer Gesamtfläche von 2.500 m² wird im Jahr 01 wie folgt genutzt:

Gewerbe vermietet:	500 m²
Wohnungen vermietet:	500 m²
Wohnungen Leerstand:	1.500 m²

Die übliche Miete für die Gewerbefläche in gleicher Lage und mit einer vergleichbaren Ausstattung beträgt 15 €/m². Der Mietpreisspiegel für die Wohnflächen weist eine Mietspanne von 8 €/m²–12 €/m² aus.

Der Mietpreis für die Gewerbeeinheit beträgt 15 €/m² und für die Wohnungen 10 €/m². Die leerstehenden Wohnungen haben eine durchschnittliche Ausstattung:

Die Minderung des Rohertrags für das Jahr 01 berechnet sich wie folgt:

1. Ermittlung der üblichen Jahresmiete:

Ansatz der üblichen Miete für Gewerbe mit 15 €/m² und für die Wohnflächen mit dem Mittelwert von 10 €/m².

Gewerbe:	500 m² x 15 €/m² x 12 Monate	= 90.000 €
Wohnungen:	2000 m² x 10 €/m² x 12 Monate	= 240.000 €
		330.000 €

2. Ermittlung des normalen (tatsächlichen) Rohertrags:

Gewerbe:	500 m² x 15 €/m² x 12 Monate	= 90.000 €
Wohnungen:	500 m² x 10 €/m² x 12 Monate	= 60.000 €
		150.000 €

3. Ermittlung der Rohertragsminderung:

Differenz:	330.000 € ./. 150.000 €	= 180.000 €
Rohertragsminderung:	$\frac{180.000\,€ \times 100}{330.000\,€}$	= 54,5 %

Die Rohertragsminderung beträgt mehr als 50 %. Die Grundsteuer für das Jahr 01 ist i. H. von 25 % zu erlassen.

BEISPIEL 2 (ABWANDLUNG): Wie Beispiel 1, jedoch haben die leerstehenden Wohnungen eine sehr einfache Ausstattung. Für diese ist daher nur die Untergrenze der Mietspanne i. H. von 8 €/m² anzusetzen. 167

Die Minderung des Rohertrags für das Jahr 01 berechnet sich wie folgt:

1. Ermittlung der üblichen Jahresmiete:

Gewerbe:	500 m² x 15 €/m² x 12 Monate	= 90.000 €
Wohnungen vermietet:	500 m² x 10 €/m² x 12 Monate	= 60.000 €
Wohnungen Leerstand:	1.500 m² x 8 €/m² x 12 Monate	= 144.000 €
		294.000 €

2. Ermittlung des normalen Rohertrags:

Gewerbe:	500 m² x 15 €/m² x 12 Monate	= 90.000 €
Wohnungen:	500 m² x 10 €/m² x 12 Monate	= 60.000 €
		150.000 €

Ermittlung der Rohertragsminderung:

Differenz:	294.000 € ./. 150.000 €	= 144.000 €
Rohertragsminderung:	$\frac{144.000\,€ \times 100}{294.000\,€}$	= 49 %

Die Rohertragsminderung beträgt nicht mehr als 50 %. Die Grundsteuer für das Jahr 01 ist nicht zu erlassen.

(Einstweilen frei) 168–170

8. Zusammenfassendes Beispiel

171 **BEISPIEL:** Das Unternehmen A ist Eigentümer eines großen Geschäftsgrundstücks mit Einzelhandels-, Büro- und Lagerflächen, welche in verschiedene Mieteinheiten getrennt sind und an unterschiedliche Mieter vermietet sind. Zum Steuergegenstand gehören weiterhin eine Tiefgarage mit 962 Stellplätzen sowie eine vermietete Mobilfunkantenne auf dem Dach des Gebäudes. Für das Jahr 01 hat das Unternehmen A für das bebaute Grundstück 500.000 € Grundsteuer gezahlt.

Im Jahr 01 standen mehrere Mietflächen aufgrund fehlender Mietnachfrage leer. Das Unternehmen A hat sich jedoch im gesamten Jahr 01 intensiv und nachhaltig um eine Vermietung bemüht. Es hat mehrere Immobilienmakler beauftragt, Zeitungsanzeigen geschaltet und auch auf einschlägigen Internetportalen Vermietungsanzeigen veröffentlicht.

Die üblichen Monatsmieten für das Jahr 01 betragen für die jeweiligen Nutzungen wie folgt:

Büroflächen:	16,00 €/m²
Einzelhandelsflächen:	20,00 €/m²
Lagerflächen:	4,50 €/m²
Tiefgaragenstellplatz:	110,00 € je Stellplatz

Das Unternehmen A möchte nach Ablauf des Jahres 01 prüfen, ob ein Grundsteuererlass nach § 34 Abs. 1 GrStG in Betracht kommt und falls ja, wie hoch dieser ist.

Zur Prüfung des Grundsteuererlasses nach § 34 Abs. 1 GrStG kann wie folgt vorgegangen werden:[1]

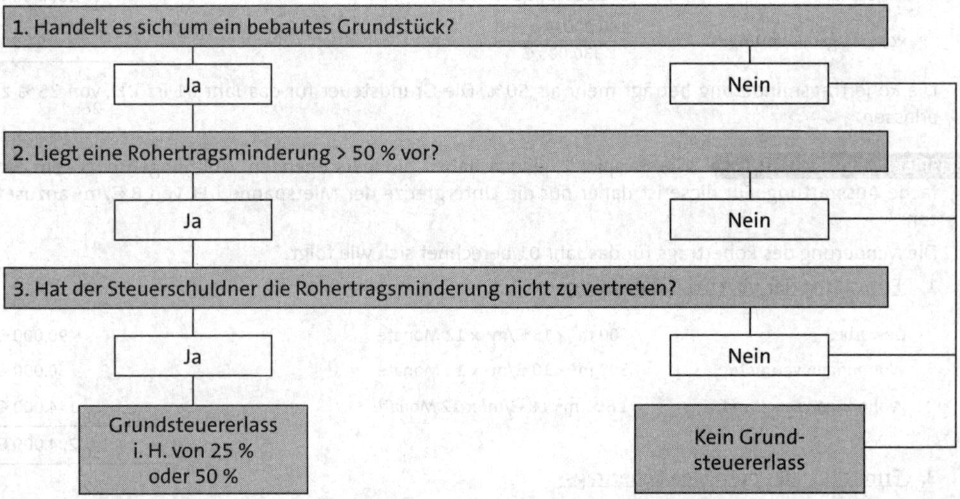

Zu 1.: Bei dem Grundstück des A handelt es sich um ein bebautes Grundstück.

Zu 2.: A hat die Rohertragsminderung für das Jahr 01 zu ermitteln. Diese ergibt sich aus dem Unterschiedsbetrag zwischen dem normalen Rohertrag und dem tatsächlichen Rohertrag im Jahr 01. Der Rohertrag muss um mehr als 50 % gemindert sein. Die Ermittlung kann A beispielsweise mittels folgender Berechnungsanlage darstellen:

1 Vgl. für ein umfassendes Prüfschema auch Waschkies/Günther/Rotter, Aktuelles zur Grundsteuer – Benutzbarkeit bzw. Bezugsfertigkeit von Gebäuden und Erlasstatbestände, NWB 23/2014 S. 1716, NWB BAAAE-65393.

Nutzung	Mieter	Fläche [m²]/Anzahl	Vermietung	Leerstand	tatsächlicher Jahresrohertrag [€]	übliche Miete [€/m²]	normaler Rohertrag [€]
Handel	Mieter 1	169	1.1.–31.12.		37.359	20,00	40.560
Lager	Leer	46	1.1.–31.12.			4,50	2.484
Handel	Mieter 2	546	1.1.–31.12.		150.782	20,00	131.040
Handel	Mieter 3	245	1.1.–31.12.		51.293	20,00	58.800
Handel	Mieter 4	92	1.1.–31.12.		22.080	20,00	22.080
Büro	Mieter 5	1.895	1.1.–31.12.		433.698	16,00	363.840
Büro	Mieter 6	2.491	1.1.–31.12.		570.206	16,00	478.272
Lager	Mieter 6	131	1.1.–31.12.		7.096	4,50	7.074
Büro	Mieter 8	3.187	1.1.–30.09.		545.056	16,00	458.928
Büro	Mieter 8	2.759	1.10.–31.12.		159.060	16,00	132.432
Büro	Leer	429		1.10.–31.12.		16,00	20.592
Lager	Mieter 8	540	1.1.–31.12.		31.718	4,50	29.160
Handel	Mieter 9	118	1.1.–31.3.	1.4.–31.12.	7.397	20,00	28.320
Büro	Mieter 10	257	1.1.–31.12.		58.876	16,00	49.344
Lager	Mieter 11	512	1.1.–31.12.		119.704	4,50	27.648
Büro	Mieter 11	605	1.1.–31.12.		141.461	16,00	116.160
Lager	Mieter 11	129	1.1.–31.12.		30.076	4,50	6.966
Handel	Mieter 12	87	1.1.–30.4.	1.5.–31.12.	6.296	20,00	20.880
Lager	Mieter 13	4.872	1.1.–31.12.		192.000	18,00	263.088
Handel	Mieter 14	44	1.1.–31.12.		10.748	20,00	10.560
Büro	Mieter 15	959	1.1.–31.12.		115.275	16,00	184.128
Büro	Mieter 16	814	1.1.–31.12.		170.820	16,00	156.288
Büro	Mieter 16	2.162	1.1.–31.12.		541.871	16,00	415.104
Büro	Mieter 16	1.950	1.1.–31.12.		409.095	16,00	374.400
Lager	Mieter 16	578	1.1.–31.12.		55.532	4,50	31.212
Büro	Leer	20		1.1.–31.12.		16,00	3.840
Lager	Leer	16		1.1.–31.12.		4,50	864
Büro	Leer	22.296		1.1.–31.12.		16,00	4.280.832
Lager	Leer	10.483		1.1.–31.12.		4,50	566.082
Stellpl.	Mieter 17	399	1.1.–31.12.		356.094	110,00	526.680
Stellpl.	Mieter 5	5	1.1.–31.12.		6.024	110,00	6.600
Stellpl.	Mieter 8	50	1.1.–31.12.		60.225	110,00	66.000
Stellpl.	Mieter 15	5	1.1.–31.12.		8.416	110,00	6.600
Stellpl.	Mieter 16	50	1.1.–31.12.		60.095	110,00	66.000
Stellpl.	Leer	453		1.1.-31.12.		110,00	597.960
				Summe	4.358.354		9.550.818
				in %	45,63 %		100,00 %
				Minderung Rohertrag	54,37 %		
				Grundsteuer für das Jahr 01	500.000 €		
				davon zu erlassen	25 %		
				Erlass Grundsteuer 01	125.000 €		

Da die Rohertragsminderung für das Jahr 01 mehr als 50 % beträgt, kommt ein Grundsteuererlass i. H. von 25 % in Betracht.

Zu 3.: A hat den Leerstand auch nicht zu vertreten, da er sich intensiv und nachhaltig im gesamten Jahr 01 um eine Vermietung bemüht hat. Zum Nachweis hat A neben der obigen Berechnung der Rohertragsminderung für sämtliche Vermietungsbemühung die Verträge mit den Immobilienmaklern, Kopien von den Internetannoncen und den Zeitungsinseraten sowie die Korrespondenz mit Mietinteressenten bei der zuständigen Gemeinde einzureichen.

172 *(Einstweilen frei)*

II. Erlass bei eigengewerblich genutzten Grundstücken (§ 34 Abs. 2 GrStG)

1. Begriff der eigengewerblichen Nutzung

173 Ein Grundsteuererlass ist auch für **eigengewerblich** genutzte bebaute Grundstücke möglich. Dem Begriff der eigengewerblichen Nutzung kommt dabei entscheidende Bedeutung zu.

174 Ein bebautes Grundstück wird i. S. dieser Vorschrift eigengewerblich genutzt, wenn es durch den Steuerschuldner, dem das Grundstück bei der Festsetzung des Grundsteuerwerts zugerechnet wird, für **eigengewerbliche Zwecke** tatsächlich genutzt wird. Es muss sich um eine eigengewerbliche Tätigkeit des Steuerschuldners handeln (§ 15 EStG oder § 18 EStG). Dies bedeutet, dass der Grundstückseigentümer seine Tätigkeit auf dem Grundstück selbst ausüben muss. Wird das Grundstück zu gewerblichen Zwecken vermietet oder verpachtet oder wird an dem Steuergegenstand ein Nießbrauch oder anderes Nutzungerecht eingeräumt, dann erfolgt die Betrachtung des Erlasses nach den Grundsätzen des § 34 Abs. 1 GrStG.

175 Es kommt weiterhin nicht darauf an, wie das Grundstück bewertungsrechtlich behandelt worden ist. Es ist allein die tatsächliche gewerbliche Nutzung maßgebend.[1] Das bebaute Grundstück wird nicht durch eine **natürliche Person** eigengewerblich genutzt, die das Grundstück an eine GmbH & Co. KG vermietet hat, an der die natürliche Person mittelbar und unmittelbar beteiligt ist.[2]

176 Befinden sich bebaute Grundstücke im Eigentum von **Wohnungsgesellschaften**, so dienen diese i. d. R., auch wenn es sich um Wohnungen handelt, allein der Erfüllung des gesellschaftsrechtlichen Vermietungszwecks. Aus der Sicht der Wohnungsgesellschaft liegt daher eine **eigengewerbliche Nutzung** der bebauten Grundstücke vor.[3]

177 Da es für den Grundsteuererlass nach § 34 Abs. 2 auf die tatsächliche gewerbliche Nutzung des Steuerschuldners ankommt, gelten ab dem Zeitpunkt, in dem die **eigengewerbliche Nutzung eingestellt** wird, nicht mehr die besonderen Voraussetzungen des § 34 Abs. 2 GrStG, sondern der Erlass richtet sich dann nach Regelungen des § 34 Abs. 1 GrStG.[4]

178 Für die Frage der Dauer der gewerblichen Nutzung kann dabei auch nicht auf § 2 Abs. 2 Satz 1 GewStG abgestellt werden, denn die **Gewerbesteuerpflicht** knüpft darin nicht an die faktische Ausübung eines Gewerbes an, sondern qualifiziert die Kapitalgesellschaft aufgrund ihrer Organisationsform als Gewerbebetrieb.[5]

1 Vgl. Fock/Peters/Mannek, Praxis der Kommunalverwaltung E 4 d 2, Bund, GrStG § 33.
2 VGH Baden-Württemberg, Urteil v. 31.1.1978 - II 2503/76, KStZ 1978 S. 151.
3 OFD Berlin, Rundverfügung v. 10.4.2003 St 162 - G 1163 a - 1/97, NWB WAAAA-82330.
4 Vgl. Fock/Peters/Mannek, Praxis der Kommunalverwaltung E 4 d 2, Bund, GrStG § 33.
5 OVG Lüneburg, Urteil v. 16.1.1991 - 13 A 94/88.

(Einstweilen frei) 179–184

2. Minderung der Ausnutzung des Grundstücks

185 Voraussetzung für den Erlass bei eigengewerblich genutzten bebauten Grundstücken ist, dass eine **Minderung der Ausnutzung** des Grundstücks von mehr als 50 % vorliegt. Die Minderung der Ausnutzung des Grundstücks berechnet sich wie folgt:

normale Ausnutzung ./. tatsächliche Ausnutzung = Minderung der Ausnutzung

$$\frac{\text{Minderung der Ausnutzung x 100}}{\text{normale Ausnutzung}} = \text{Minderung der Ausnutzung in Prozent}$$

186 Für die Minderung der Ausnutzung kann auf verschiedene Merkmale abgestellt werden. In der Regel liegt eine Minderausnutzung vor, wenn das Grundstück **zeitlich, räumlich oder wirtschaftlich** weniger genutzt wird, als es üblicherweise der Fall ist. Unerheblich ist es jedoch, ob eine Minderung der normalerweise erzielbaren Erträge vorliegt.

187 Bei einem **vollständigen Leerstand** des Gebäudes beträgt die Minderausnutzung 100 %. Steht das Gebäude nur teilweise leer, bestimmt sich die Minderausnutzung anhand des Prozentsatzes der **leerstehenden Fläche zur Gesamtfläche** des Gebäudes.[1] Auch wenn ein Gebäude nicht leer steht, kann z. B. aufgrund von **Kurzarbeit** dennoch eine Minderung der Ausnutzung vorliegen.

188 In den wenigsten Fällen wird sich jedoch die Minderung der Ausnutzung so leicht anhand des **zeitlichen oder flächenmäßigen Leerstandes** feststellen lassen. Vielmehr wird in der Praxis die Schwierigkeit bestehen, das richtige Merkmal zu Bestimmung der Minderung der Ausnutzung zu finden.

189 Die Bestimmung der Merkmale richtet sich nach den **wirtschaftlichen Gesichtspunkten** sowie den besonderen Verhältnissen des Betriebes. So kommen beispielsweise folgende Merkmale in Betracht:[2]

- für **Fabrikations-, Handwerks- und Handelsbetriebe** z. B. Arbeitsstunden, der Produktionsmitteleinsatz, der Produktionsausstoß, die Produktionsstunden, der Umsatz oder ähnliche Merkmale,[3]
- bei **Hotels, Sanatorien** und **Kurheimen** die Bettenbelegung,[4]
- bei **Kinos** und **Theatern** die Zahl der belegten Sitzplätze.[5]

190 In den meisten Fällen wird jedoch der **Umsatz** als Merkmal zur Bestimmung der Minderausnutzung gewählt, da dieser häufig am einfachsten zu ermitteln und zu vergleichen ist. Es ist aber auch eine Kombination mehrerer Merkmale denkbar, wenn z. B. ein eigengewerblich genutztes Grundstück aus verschieden genutzten Teilen besteht. In diesem Fall kann die **Minderung der Ausnutzung** entsprechend nach § 34 Abs. 3 GrStG zuerst für jeden Teil getrennt ermittelt werden. Die Gesamtminderung ergibt sich dann aus den Wertanteilen der selbständigen Teile am Grundsteuerwert.

1 A 34.3 Abs. 2 Satz 4 und 5 AEGrStG.
2 A 34.3 Abs. 2 Satz 7–9 AEGrStG.
3 BVerwG, Urteil v. 26.5.1989 - 8 C 20.87, BStBl 1989 II S. 1042.
4 BVerwG, Urteil v. 3.7.1979 - 7 B 44/78, KStZ 1980 S. 11.
5 OVG Münster, Urteil v. 25.6.1976 - II B 267/76, KStZ 1976 S. 212.

191 **BEISPIEL:** A betreibt auf seinem Grundstück ein Kino inkl. einem kleinen Restaurant. Im Jahr 01 betrug die Anzahl der Kinogäste 9.000, während sie in den drei vorangehenden Jahren durchschnittlich 20.000 betrug. Der Umsatz des Restaurants betrug im Jahr 01 insgesamt 30.000 €, der durchschnittliche Umsatz für die letzten drei Kalenderjahre 40.000 €. Der Anteil des Kinos am Grundsteuerwert beträgt 90 % und der Anteil des Restaurants 10 %.

1. Ermittlung der Minderung der Ausnutzung der einzelnen Nutzungen:

   a) Minderung der Ausnutzung für das Kino:

   Als Merkmal zur Bestimmung der tatsächlichen und normalen Ausnutzung kann für das Kino auf die Anzahl der Kinogäste (belegte Kinoplätze) abgestellt werden.

normaler Ausnutzung:		= 20.000
tatsächliche Ausnutzung:		= 9.000
Minderung:	20.000 ./. 9.000	= 11.000
Minderung in Prozent:	$\frac{11.000 \times 100}{20.000}$	= 55 %

   b) Minderung der Ausnutzung für das Restaurant:

   Als Merkmal zur Bestimmung der tatsächlichen und normalen Ausnutzung kann für das Restaurant auf den Umsatz abgestellt werden.

normale Ausnutzung:		40.000 €
tatsächliche Ausnutzung:		30.000 €
Minderung:	40.000 € ./. 30.000 €	= 10.000 €
Minderung in Prozent:	$\frac{10.000 € \times 100}{40.000 €}$	=25 %

2. Ermittlung der Minderung der Ausnutzung für das gesamte Grundstück:

   Ermittlung der Anteile am Grundsteuerwert:

Kino:	$\frac{55\,\% \times 90\,\%}{100}$	= 49,5 %
Gewerbe:	$\frac{25\,\% \times 10\,\%}{100}$	= 2,5 %

   Die Minderung für das Gesamtgrundstück beträgt 52 %

192 Ist ein geeignetes Merkmal identifiziert worden, ist die Minderung der Ausnutzung im Erlasszeitraum zu ermitteln. Dazu ist der Unterschiedsbetrag zwischen der tatsächlichen Ausnutzung und der normalen Ausnutzung zu ermitteln. Für die **normale Ausnutzung** ist dabei auf die nachhaltig und gewöhnlich erzielbare Ausnutzung, welche sich bei einer ordnungsgemäßen Bewirtschaftung für den Erlasszeitraum ergebe, abzustellen.

193 Die normale Ausnutzung ist dabei grundsätzlich aus dem Durchschnitt der drei dem Erlassantrag vorangehenden Kalenderjahre abzuleiten.[1] Dies ist aber nur möglich, soweit die **drei vorangehenden Kalenderjahre** auch üblich gewesen sind. War die Ausnutzung bereits in einem der drei vorangehenden Jahre erheblich gemindert, so ist die normale Ausnutzung aus dem Durchschnitt der letzten drei Kalenderjahre abzuleiten, in denen eine ungeminderte Ausnutzung vorlag.[2]

---

1 BVerwG, Urteil v. 3.7.1979 - 7 B 44/78, KStZ 1980 S. 11.

2 BVerwG, Urteil v. 26.5.1989 - 8 C 20.87, BStBl 1989 II S. 1042.

Auch in Fällen, in denen in den vorangehenden Kalenderjahren **besondere Ereignisse** stattgefunden haben, die einen nicht unerheblichen Einfluss auf die normale Ausnutzung hatten, sind diese Kalenderjahre **nicht in die Durchschnittsberechnung** einzubeziehen. Besondere Ereignisse können z. B. die Stilllegung oder Eröffnung einer neuen Betriebsstätte sowie Kapazitätserweiterungen sein. 194

Wird der Umsatz zur Bestimmung der Ausnutzungsminderung herangezogen, so müssen bei Ermittlung des Durchschnittsumsatzes der letzten drei Kalenderjahre ggf. **die allgemeinen Preisniveauveränderungen** berücksichtigt werden. Dazu können neben dem Verbraucherpreisindex oder den regelmäßig veröffentlichten Inflationsraten auch anderen Maßstäbe, wie z. B. speziell für die einzelnen Branchen ermittelte Indexzahlen, genutzt werden.[1] 195

(Einstweilen frei) 196–200

3. Vertretenmüssen der Minderausnutzung

Auch bei eigengewerblich genutzten Grundstücken ist der Grundsteuerlass nur zulässig, soweit der Steuerschuldner die Minderung der Ausnutzung des bebauten Grundstücks nicht zu vertreten hat. Dabei kommen die grundsätzlich gleichen Maßstäbe zur Anwendung wie bei der Prüfung des **„Vertretenmüssen"** bei den vermieteten bebauten Grundstücken (vgl. → Rz. 74 ff.). 201

In der Praxis wird die Prüfung des „Vertretenmüssen" in den meisten Fällen jedoch ungleich schwieriger sein. Viele eigengewerblich genutzten Grundstücke sind speziell an die Bedürfnisse des Betriebes angepasst, so dass es schwer werden kann, dieses überhaupt anderweitig zu nutzen. Ferner geht der Grundstückseigentümer i. d. R. auch selbst davon aus, dass die Minderung nur vorrübergehender Natur ist und er das Grundstück bald wieder voll nutzen kann.[2] 202

Der Grundstückseigentümer hat die Minderung der Ausnutzung danach nicht zu vertreten, wenn für ihn keine Möglichkeit bestand, die Minderung zu beseitigen und auf die Ursachen der Minderung in zumutbarer Weise Einfluss zu nehmen.[3] So können auch **strukturelle** oder **konjunkturelle** Entwicklungen zu einer Minderung der Ausnutzung des Grundstücks führen, welche der Steuerschuldner nicht zu vertreten hat, wenn er dadurch seinen Betrieb stilllegen oder einschränken muss.[4] 203

Hat der Grundstückseigentümer die Minderung der Ausnutzung durch eine eigene **Willensentscheidung** herbeigeführt, diese bewusst in Kauf genommen oder keine geeigneten und zumutbaren Maßnahmen dagegen unternommen, so muss er die Minderung i. d. R. vertreten.[5] 204

Auch in Fällen, in denen ein Betrieb neu gegründet oder die Kapazität ausgeweitet wird, hat der Steuerschuldner die Minderung regelmäßig zu vertreten, da diese auf das allgemeine **Unternehmerrisiko** zurückzuführen ist.[6] Der Steuerschuldner kann nicht davon ausgehen, dass bei **Neugründungen** oder **Kapazitätserweiterungen** von Anfang an eine Vollauslastung vorliegen wird. 205

1 Vgl. Eisele in Troll/Eisele, GrStG § 33 Rz. 23.
2 Vgl. Eisele in Troll/Eisele, GrStG § 33 Rz. 23a.
3 A 34.3 Abs. 1 Satz 1 AEGrStG.
4 A 34.3 Abs. 1 Satz 2 AEGrStG.
5 BVerwG, Urteil v. 15.4.1983 - 8 C 146/81.
6 VG Düsseldorf, Urteil v. 13.5.1985 - 11 K 2760/81, juris.

206 Bei der Neugründung kann daher mit **Anlaufschwierigkeiten** für die ersten drei Jahre gerechnet werden, welche bei Minderung vom Steuerschuldner zu vertreten sind.[1] Die gilt nicht, wenn die Minderung in den Anlaufjahren durch **Fehlentscheidungen** begründet wurden, welche im normalen Geschäftsbetrieb nicht mehr ausgeglichen werden können.[2]

207 Nicht zu vertreten hat der Steuerschuldner die Minderung der Ausnutzung aufgrund von **Naturkatastrophen**.

208 **BEISPIEL:** A betreibt ein Ski und Snowboard Fachgeschäft. Aufgrund einer Lawine wurden die Verkaufsräume stark beschädigt, so dass A erhebliche Umsatzeinbußen in Kauf nehmen muss. A hat die Minderung der Ausnutzung seines eigengewerblich genutzten Grundstücks nicht zu vertreten.

209 Auch **Pandemien** wie z. B. aufgrund SARS-CoV-2 und die daraus resultierende Minderung der Ausnutzung hat der Steuerschuldner nicht zu vertreten.

210 **BEISPIEL:** A betreibt eine Diskothek mit Bar. Aufgrund einer Pandemie hat A diese nach Anordnung des Bundes und der Länder bis auf weiteres zu schließen. A hat die Minderung nicht zu vertreten.

211–213 *(Einstweilen frei)*

4. Unbilligkeit der Einziehung der Grundsteuer

214 Abweichend vom Erlass bei vermieteten Grundstücken nach § 34 Abs. 1 GrStG kommt ein Erlass für eigengewerblich genutzte bebaute Grundstücke nach § 34 Abs. 2 GrStG nur unter der besonderen Voraussetzung in Betracht, dass die **Einziehung der Grundsteuer nach den wirtschaftlichen Verhältnissen** des Betriebs **unbillig** wäre (§ 34 Abs. 2 Satz 2 GrStG).

215 Damit ähnelt diese Regelung einem Erlass nach den allgemeinen Billigkeitsmaßnahmen i. S. der Abgabenordnung. Jedoch kommt es nach dem Wortlaut des § 34 Abs. 2 Satz 2 GrStG für die Prüfung der **Unbilligkeit** nur auf die **wirtschaftlichen Verhältnisse** des Betriebs an, während es bei den Billigkeitsmaßnahmen i. S. der §§ 163, 227 AO nicht nur auf die wirtschaftlichen Verhältnisse, sondern auch auf die persönlichen und sachlichen Verhältnisse des Steuerschuldners[3] ankommt.

216 Für die Prüfung der wirtschaftlichen Verhältnisse des Betriebs kommt es auf das **Gesamtunternehmen** und nicht nur auf die isolierte Betrachtung des Steuergegenstands „bebautes Grundstück" an.[4] Gehören zu einem Betrieb mehrere Betriebsstätten, so kommt es auf die wirtschaftlichen Verhältnisse des gesamten Betriebs an.

217 Im Fall einer **Organschaft** ist für die Betrachtung der Unbilligkeit auf die wirtschaftlichen Verhältnisse der **Organtochter und der Muttergesellschaft** abzustellen.[5] Ist eine GmbH im Rahmen einer gewerbesteuerlichen Organschaft als Organgesellschaft in eine AG als Organträger eingegliedert, so kommt es auch hier für die Frage der Unbilligkeit auf die wirtschaftlichen

1 Vgl. Roscher in 360° GrStG eKommentar, § 33 Rz. 19.
2 BFH, Urteil v. 6.8.1971 - III R 88/68, BStBl 1972 II S. 109.
3 Vgl. Leopold/Madle/Rader, AO § 163, NWB ZAAAC-32822 und Lindwurm in Leopold/Madle/Rader, AO § 227, NWB PAAAC-32902.
4 OFD Berlin, Rundvfg. v. 10.4.2003 - St 162 - G 1163 a - 1/97, NWB WAAAA-82330.
5 BFH, Urteil v. 19.4.1989 - II R 16/89, BStBl 1989 II S. 804.

Verhältnisse des **Organkreises** an. Dies gilt auch dann, wenn zwischen der Organgesellschaft und dem Organträger kein Ergebnisabführungsvertrag abgeschlossen wird.[1]

Die Prüfung der wirtschaftlichen Verhältnisse des Gesamtunternehmens erfolgt i. d. R. anhand des **Betriebsergebnisses**.[2] Dabei kann von dem ermittelten Gewinn oder Verlust ausgegangen werden, welcher für Zwecke der Einkommensteuer oder Körperschaftsteuer ermittelt wurde. 218

Die zuständige Gemeinde braucht so keine eigene Gewinnermittlug mehr vorzunehmen. Jedoch ist der für die Einkommensteuer und Körperschaftsteuer maßgebende Gewinn nicht bindend für die Gemeinde. Diese kann z. B. eine **Sonderabschreibung** oder **erhöhte Abschreibungen** abziehen und wenn nur dadurch ein Verlust entsteht, den Grundsteuererlassantrag ablehnen.[3] 219

Unbillig ist die Einziehung der Grundsteuer nur, wenn das **Betriebsergebnis** des Gesamtunternehmens negativ ist und die Entrichtung der Grundsteuer aus dem Vermögen oder durch Kreditaufnahme für den Steuerschuldner nicht zumutbar ist.[4] Es ist folglich neben dem Betriebsergebnis auch die finanzielle Lage des Gesamtunternehmens zu betrachten. Danach gilt es zu prüfen, ob das Unternehmen durch die Zahlung der Grundsteuer in **Liquiditätsschwierigkeiten** geraten würde. 220

Die Grundsteuer darf weiterhin innerhalb des Aufwands des Gesamtunternehmens von nicht nur **geringfügigem** Gewicht sein.[5] Auch dies ist jeweils im Rahmen des Einzelfalls für jeden Betrieb gesondert zu prüfen, da je nach Betriebsgröße auch die Höhe der Grundsteuer einen unterschiedlich hohen Anteil an den Betriebsausgaben des Betriebs haben wird. 221

Maßgebend für die Frage der wirtschaftlichen Verhältnisse ist das **Kalenderjahr**, für das der Erlass beantragt wird. Damit wird klargestellt, dass sich die über den Antrag entschiedene Gemeinde bei der Prüfung auch nur auf den Erlasszeitraum beschränkt und nicht die Änderung von wirtschaftlichen Verhältnissen in der Vergangenheit oder der Zukunft mit berücksichtigt. 222

(Einstweilen frei) 223–225

III. Erlass bei unterschiedlich genutztem Grundbesitz (§ 34 Abs. 3 GrStG)

In den Fällen, in denen ein bebautes Grundstück sowohl eigengewerblich i. S. des § 34 Abs. 2 GrStG als auch i. S. des § 34 Abs. 1 GrStG (z. B. Vermietung zu Wohnzwecken oder fremdgewerbliche Vermietung) genutzt wird, sind die unterschiedlich genutzten Teile für die Prüfung der Ertragsminderung wie **selbständige Grundstücksteile** zu behandeln. 226

Im ersten Schritt ist für den jeweiligen Grundstücksteil die **Minderung nach den für den Grundstücksteil maßgeblichen Vorschriften** zu ermitteln. Für den eigengewerblich genutzten Teil ist die Minderung der Ausnutzung nach § 34 Abs. 2 GrStG und für den übrigen Teil die Minderung des normalen Rohertrags nach § 34 Abs. 1 GrStG zu ermitteln. 227

Im zweiten Schritt erfolgt die Prüfung, ob die Minderung insgesamt mehr als 50 % beträgt. Dabei ist dann nicht mehr auf die selbständigen Grundstücke abzustellen. Vielmehr ist für den **gesamten Steuergegenstand** ein Prozentsatz der Minderung zu ermitteln. 228

1 BFH, Urteil v. 17.1.1990 - II R 97/85, BStBl 1990 II S. 448.
2 A 34.3 Abs. 5 Satz 4 AEGrStG.
3 Vgl. Ostendorf, NWB 46/1992 S. 3769, NWB HAAAA-74504.
4 A 34.3 Abs. 5 Satz 5 AEGrStG.
5 BVerwG, Urteil v. 26.5.1989 - 8 C 20.87, BStBl 1989 II S. 1042.

229 Der Prozentsatz ermittelt sich nach den **Anteilen der selbständigen Grundstücksteile am Grundsteuerwert** des Grundstücks.

230 PRAXISHINWEIS:

Die Ermittlung der Anteile der Grundstücksteile am Grundsteuerwert des gesamten Grundstücks, kann in der Praxis kompliziert sein. Es bietet sich daher an, die Ermittlung von Anfang an mit dem Finanzamt abzustimmen. Vor allem wird die Gemeinde die Aufteilung dann ggf. nicht mehr in Frage stellen, wenn diese vom zuständigen Finanzamt bereits bestätigt oder sogar vorgenommen wurde.

231 BEISPIEL: A ist Eigentümer eines bebauten Grundstücks. Im Erdgeschoss des Gebäudes betreibt A einen Gewerbebetrieb. Das Obergeschoss vermietet er zu Wohnzwecken. Aufgrund eines Hochwassers Anfang April 01 muss A das Erdgeschoss renovieren. Erst Anfang Januar 02 kann er sein Gewerbe wieder betreiben und daraus Umsätze erzielen. Aus den letzten drei Jahren ergibt sich, dass der Umsatz gleichmäßig auf alle Monate verteilt anfiel.

Der Mieter des Obergeschosses zieht im September 01 aus. Trotz intensiven und marktgerechten Vermietungsbemühungen findet A erst im Jahr 02 wieder einen Mieter. Die tatsächliche Miete betrug während der Vermietung 1.000 € pro Monat. Dies entspricht auch der marktüblichen Miete Anfang 01.

Der Anteil der gewerblichen Räume am Grundsteuerwert beträgt 60 % und der Anteil der Wohnungen 40 %.

1. Ermittlung der Rohertragsminderung der einzelnen Grundstücksteile:
   Rohertragsminderung der Wohnung:

normaler Rohertrag:	1.000 € x 12	=12.000 €
tatsächlicher Rohertrag:	1.000 € x 9	= 9.000 €
Minderung:	12.000 € ./. 9.000 €	= 3.000 €
Minderung in Prozent:	$\frac{3.000 € \times 100}{12.000 €}$	= 25 %

   Minderung der Ausnutzung der gewerblich genutzten Räume:

normale Ausnutzung:		12 Monate
tatsächliche Ausnutzung:		3 Monate
Minderung:	12 Monate ./. 3 Monate	= 9 Monate
Minderung in Prozent:	$\frac{9 \text{ Monate} \times 100}{12 \text{ Monate}}$	= 75 %

2. Ermittlung der Ertragsminderung für das gesamte Grundstück:
   Ermittlung der Anteile am Grundsteuerwert:

Wohnung:	$\frac{25\,\% \times 40\,\%}{100}$	= 10 %
Gewerbe:	$\frac{75\,\% \times 60\,\%}{100}$	= 45 %
Summe der Ertragsminderung:	10 % + 45 %	**= 55 %**

   Die Minderung für das Gesamtgrundstück beträgt mehr als 50 %. A hat Rechtsanspruch auf einen Grundsteuererlass.

232–234 *(Einstweilen frei)*

IV. Kein Erlassgrund bei möglicher Wertfortschreibung (§ 34 Abs. 4 GrStG)

235 Der Grundsteuererlass aufgrund wesentlicher Ertragsminderung bei bebauten Grundstücken ist ausgeschlossen, wenn im Erlasszeitraum die wesentliche Ertragsminderung durch eine **Wertfortschreibung** des Grundsteuerwerts hätte berücksichtigt werden können.

Dies gilt auch, wenn eine Wertfortschreibung möglich gewesen wäre, der Steuerschuldner den **Antrag auf Wertfortschreibung** aber versäumt hat. Damit soll verhindert werden, dass der Steuerschuldner sein Versäumen noch durch ein Grundsteuererlass ausgleichen kann. 236

Eine Wertfortschreibung des Einheitswerts ist vorzunehmen, wenn sich die **tatsächlichen Verhältnisse** des Grundstücks geändert haben sowie die **Wertgrenzen** für eine Wertfortschreibung erfüllt sind.[1] 237

Bei einer Ertragsminderung aufgrund von **Leerstand** oder **Mietausfall** kommt jedoch keine Wertfortschreibung des Grundsteuerwerts in Betracht. Denn die Berechnung des Grundsteuerwerts basiert im **Ertragswertverfahren auf dem pauschalierten Rohertrag** des Grundstücks (vgl. § 254 BewG) und im **Sachwertverfahren auf den Normalherstellungskosten** (vgl. § 259 BewG). In beiden Fällen spielt jedoch weder der normale Rohertrag noch der tatsächliche Rohertrag des bebauten Grundstücks eine Rolle. 238

Vielmehr kommt die Vorschrift des § 34 Abs. 4 GrStG in Fällen zur Anwendung, in denen die Ertragsminderung auf tatsächliche Veränderungen am Grundstück zurückzuführen ist, z. B. durch **Verfall oder Zerstörung**.[2] Die Zerstörung eines Gebäudes kann z. B. aufgrund einer Naturkatastrophe verursacht worden sein. Ebenso kommt ein **Abriss** des Gebäudes durch den Grundstückseigentümer als Änderung der tatsächlichen Verhältnisse in Betracht. 239

Auch bei tatsächlichen Veränderungen am Grundstück kann dennoch ein Erlass der Grundsteuer in Betracht kommen. Dies liegt daran, dass die Fortschreibung des Grundsteuerwerts bei einer Änderung der tatsächlichen Verhältnisse erst auf den Beginn eines Kalenderjahres durchgeführt wird, welches auf die Änderung folgt. 240

BEISPIEL: Das bebaute Grundstück des A brennt aufgrund eines Blitzeinschlags im März 01 aus. Die vermieteten Wohnungen sind ab diesen Zeitpunkt nicht mehr nutzbar. Das Gebäude wird noch im Jahr 01 vollständig entkernt und erst im Dezember 02 wieder bezugsfertig. 241

Durch die vollständige Entkernung des Grundstücks handelt es sich um ein unbebautes Grundstück, da keine benutzbaren Räume mehr vorhanden sind. Der Grundsteuerwert ist danach fortzuschreiben. Die Fortschreibung erfolgt jedoch erst auf den 1.1.02.

Im Jahr 01 handelt es sich noch um ein bebautes Grundstück. Weiterhin liegt aufgrund des Brandes und der Entkernung eine wesentliche Ertragsminderung des normalen Rohertrags vor, welche A nicht zu vertreten hat. Für das Jahr 01 hat A daher einen Rechtsanspruch auf Grundsteuerlass.

§ 35 GrStG Verfahren

(1) ¹Der Erlass wird jeweils nach Ablauf eines Kalenderjahres für die Grundsteuer ausgesprochen, die für das Kalenderjahr festgesetzt worden ist (Erlasszeitraum). ²Maßgebend für die Entscheidung über den Erlass sind die Verhältnisse des Erlasszeitraums.

(2) ¹Der Erlass wird nur auf Antrag gewährt. ²Der Antrag ist bis zu dem auf den Erlasszeitraum folgenden 31. März zu stellen.

(3) ¹In den Fällen des § 32 bedarf es keiner jährlichen Wiederholung des Antrags. ²Der Steuerschuldner ist verpflichtet, eine Änderung der maßgeblichen Verhältnisse der Gemeinde binnen drei Monaten nach Eintritt der Änderung anzuzeigen.

1 Vgl. Kurt in Grootens, BewG § 222 Rz. 71 ff.
2 Vgl. Eisele in Troll/Eisele, GrStG § 33 Rz. 28.

Inhaltsübersicht Rz.

LITERATUR:

Hubert, Zur Anwendung des Grundsteuergesetzes ab 1.1.2025 – Die koordinierten Ländererlasse v. 22.6.2022, StuB 18/2022 S. 681, NWB XAAAJ-21832; *Eisele*, Grundsteuerreform. Anwendung des Grundsteuergesetzes ab 1.1.2025 – Koordinierte Ländererlasse v. 22.6.2022, NWB 31/2022 S. 2191, NWB UAAAJ-18535; *Feldner*, Die Befreiung von der Grundsteuer nach § 32 Abs. 1 Nr. 1 GrStG, DStR 33–34/2018; *Ostendorf*, Die Grundsteuer, NWB 46/1992 S. 3769, NWB HAAAA-74504.

VERWALTUNGSANWEISUNGEN

Koordinierte Ländererlasse v. 22.6.2022 zur Anwendung des Grundsteuergesetzes ab 1.1.2025 (AEGrStG), NWB VAAAJ-18526.

A. Allgemeine Erläuterungen zu § 35 GrStG

I. Normzweck und wirtschaftliche Bedeutung der Vorschrift

1 § 35 GrStG enthält die **Definition des Erlasszeitraums** sowie die Beschreibung des **Verfahrens zum Erlass der Grundsteuer**. Dies Vorschrift regelt wann, für welchen Zeitraum und wie der Antrag zu stellen ist. Die Definition des Erlasszeitraums und die Festlegung des Verfahrens ist dabei von entscheidender Bedeutung, um einen festgelegten Verfahrensablauf sowohl für die Behörden als auch für den Antragssteller festzulegen und Rechtssicherheit herzustellen.

2 Für Grundsteuererlassanträge für **Kulturgüter und Grünanlagen** nach § 32 GrStG ordnet § 35 GrStG ein abweichendes Verfahren für den Antrag auf Erlass der Grundsteuer an und legt dem Antragssteller besondere Pflichten auf.

3–5 *(Einstweilen frei)*

II. Entstehung und Entwicklung der Vorschrift

6 § 35 GrStG wurde mit dem GrStRefG v. 26.11.2019[1] in das GrStG eingefügt und ist erstmals für die Grundsteuer des Kalenderjahres 2025 anzuwenden (vgl. § 37 GrStG).

7 Die Vorschrift entspricht der Regelung des § 34 GrStG in der bisher gültigen Fassung v. 7.8.1973 (BStBl 1973 I S. 965), die zuletzt durch Art. 38 des Gesetzes v. 19.12.2008 (BGBl 2008 I S. 2794) geändert worden ist. Entsprechend sollten die Grundsätze und Regelungen des bisherigen § 34 GrStG fortgelten.

1 GrStRefG v. 26.11.2019, BGBl 2019 I S. 1794.

(Einstweilen frei) 8–10

III. Geltungsbereich

Das in § 35 GrStG geregelte Verfahren zum Antrag auf Grundsteuererlass ist für den Erlass der Grundsteuer nach den §§ 32, 33 und 34 GrStG anzuwenden. 11

(Einstweilen frei) 12–14

B. Systematische Kommentierung

I. Definition des Erlasszeitraums (§ 35 Abs. 1 GrStG)

§ 35 Abs. 1 Satz 1 GrStG definiert den Erlasszeitraum. Danach ist **Erlasszeitraum für die Grundsteuer** das Kalenderjahr, für welches die Grundsteuer festgesetzt wird. 15

Die endgültige Entscheidung über den Grundsteuererlass erfolgt mithin erst **nach Ablauf eines Erhebungszeitraums**. Es erfolgt somit eine rückwirkende Betrachtung für die Vergangenheit, da erst nach Ablauf des Erlasszeitraums geprüft werden kann, ob die Voraussetzungen für den Erlass vorgelegen haben. 16

BEISPIEL: Die Grundsteuer des Jahres 01 wird für das Kalenderjahr 01, folglich vom 1.1.01 bis 31.12.01 festgesetzt. Nach Ablauf des Kalenderjahres am 31.12.01 kann für den Erlasszeitraum 01 ein Grundsteuererlass beantragt und ausgesprochen werden. 17

Ist ein Erlass der Grundsteuer aller Voraussicht nach zu erwarten, so kann die Gemeinde die Grundsteuer bereits für den laufenden Erlasszeitraum **stunden** (vgl. § 222 AO). Dies dient der Verfahrenserleichterung, da so vermieden wird, dass die Grundsteuer zunächst entrichtet werden muss und nach Ablauf des Erlasszeitraums wieder erstattet wird.[1] 18

In den Fällen des § 32 GrStG ist Grundsteuer ebenfalls von der Gemeinde zunächst zu stunden, da erst nach Ablauf des **Dreijahreszeitraums** eine abschließende Prüfung über den Erlass erfolgen kann.[2] 19

Für die Entscheidung über den Grundsteuererlass sind immer nur die **Verhältnisse** des jeweiligen Erlasszeitraums maßgebend (§ 35 Abs. 1 Satz 2 GrStG). Es erfolgt somit eine **eigenständige Betrachtung** und die Gemeinde hat die Voraussetzungen für den Erlass für jeden Erlasszeitraum erneut vollumfänglich zu prüfen. 20

(Einstweilen frei) 21–23

II. Form und Frist für den Erlass der Grundsteuer (§ 35 Abs. 2 GrStG)

1. Form (§ 35 Abs. 2 Satz 1 GrStG)

Der Erlass der Grundsteuer ist nur **auf Antrag** möglich. Es erfordert somit ein aktives Handeln des Grundstückseigentümers. Eine Prüfung von Amts wegen erfolgt nicht. 24

§ 35 Abs. 2 Satz 1 GrStG nennt für den Antrag auf Grundsteuererlass **keine vorgeschriebene Form**. Somit ist ein Antrag grundsätzlich formlos möglich. Es ist jedoch ausdrücklich zu emp- 25

1 Vgl. Ostendorf, NWB 46/1992 S. 3769, NWB HAAAA-74504.
2 Vgl. Lehmann in Grootens, GrStG § 32 Rz. 34.

fehlen, den Antrag **schriftlich** bei der zuständigen Gemeinde zu stellen, um eine **rechtsichere Dokumentation** zu gewährleisten.[1]

26 Aufgrund der eigenständigen Betrachtung für jeden Erlasszeitraum (vgl. → Rz. 19) ist daher grundsätzlich auch **für jeden Erlasszeitraum ein neuer Erlassantrag** notwendig (Ausnahmen vgl. → Rz. 41).

27–29 *(Einstweilen frei)*

2. Frist (§ 35 Abs. 2 Satz 2 GrStG)

30 Der Antrag auf Erlass der Grundsteuer ist bis zu dem **auf den Erlasszeitraum folgenden 31.3.** eines jeden Jahres zu stellen. Die Frist ist mithin knapp bemessen und muss von Antragstellern stets im Auge behalten werden.

31 BEISPIEL: Für die Grundsteuer 01 endet der Erlasszeitraum mit Ablauf des 31.12.01. Der Antrag auf Erlass ist folglich bis zum 31.3.02 bei der Gemeinde zu stellen.

32 Bei der Antragsfrist handelt es sich um eine gesetzliche **Ausschlussfrist**. Eine Verlängerung der Frist ist nicht möglich.[2] Ist der Antragssteller jedoch ohne Verschulden daran gehindert die Frist einzuhalten, so ist **Wiedereinsetzung in den Vorherigen Stand** nach § 110 AO möglich.[3]

33 In Fällen, in denen der Grundsteuerbescheid (vgl. § 27 GrStG) dem Grundsteuerschuldner nicht rechtzeitig zugeht, kommt es auf die Frist zum 31.3. nicht an. Der Antrag auf Erlass ist dann noch bis zum **Ablauf der Rechtsbehelfsfrist** für den Grundsteuerbescheid möglich.[4]

34 Geht dem Grundstückseigentümer nach Ablauf der gesetzlichen Frist ein **Änderungsbescheid** zu, mit dem die Grundsteuer erhöht wird, so ist ein Antrag auf Erlass der für die bisherige Steuerschuld **übersteigenden Grundsteuerbeträge** innerhalb von 3 Monaten nach Bekanntgabe des Änderungsbescheids möglich.[5]

35 BEISPIEL: A hat für das Jahr 01 einen geänderten Grundsteuerbescheid erhalten. Danach hat sich die Grundsteuer 01 um 500 € erhöht. Der Bescheid ist dem A am 30.6.02 wirksam bekannt geworden. Soweit die Voraussetzungen für einen Erlass der Grundsteuer nach den §§ 32–34 GrStG vorliegen, kann A einen Erlassantrag innerhalb von 3 Monaten nach wirksamer Bekanntgabe des Änderungsbescheides – hier also bis zum 30.9.02 – für die Erhöhung der Grundsteuer von 500 € bei der Gemeinde stellen.

36 Für die Einhaltung der Antragsfrist ist nicht notwendig, dass innerhalb der Frist ein **vollständig begründeter Antrag** gestellt wird.[6] Es ist vielmehr ausreichend, wenn ein **Antrag zur Fristwahrung** ohne Begründung eingereicht wird. Eine entsprechende Begründung des Antrags kann dann auch noch nach Ablauf der Frist nachgeholt werden. Auch kann der Antrag zurückgenommen werden.

1 Gl. A. Eisele in Troll/Eisele, § 34 GrStG, Rz. 3.
2 A 35 Abs. 2 Satz 2 AEGrStG.
3 A 35 Abs. 2 Satz 3 AEGrStG.
4 A 35 Abs. 1 Satz 3 AEGrStG.
5 BFH, Urteil v. 23.8.1995 - II R 97/92, NWB UAAAB-37205.
6 VGH Baden-Württemberg, Urteil v. 14.11.2005 - 2 S 1884/03.

PRAXISHINWEIS: 37

Ist nicht sicher, ob die Voraussetzungen für einen Grundsteuererlass vorliegen oder ist eine Prüfung vor Fristablauf zeitlich nicht mehr möglich, kann ohne großen Aufwand ein fristwahrender Antrag nach folgendem Muster gestellt werden

Stadt/Gemeinde
Titel Vorname Name
Position/Abteilung
Straße Nr.
PLZ Ort

XX.XX.XXXX

Kassenzeichen/Aktenzeichen: XXX
Objekt: XXX;
Gesellschaft: XXX
Antrag auf Erlass der Grundsteuer für 20XX gem. § 32/33/34 GrStG

Sehr geehrte Damen und Herren,

namens und im Auftrag unserer Mandantin beantragen wir gem. § 32/33/34 GrStG den Erlass der Grundsteuer für das Jahr 20XX.

Nach endgültiger Zusammenstellung und Prüfung der erforderlichen Unterlagen und Informationen werden wir den Antrag begründen oder gegebenenfalls zurücknehmen.

Für Rückfragen stehen wir gern zur Verfügung.

Mit freundlichen Grüßen

XXX

(Einstweilen frei) 38–40

III. Besonderes Verfahren für den Erlass der Grundsteuer für Grünanlagen und Kulturgüter nach § 32 GrStG (§ 35 Abs. 3 GrStG)

Für den Antrag auf Erlass der Grundsteuer nach § 32 GrStG ist gem. § 35 Abs. 3 Satz 1 GrStG abweichend von den o. g. Regelungen nicht für jeden einzelnen Erlasszeitraum ein **gesonderter Antrag** notwendig. Ein gestellter Erlassantrag gilt vielmehr solange als gestellt, bis er **vom Antragssteller widerrufen** wird. 41

Wenn sich die maßgebenden Verhältnisse für den Grundsteuererlass ändern, hat der Steuerschuldner der Gemeinde gem. § 35 Abs. 3 Satz 2 GrStG innerhalb von drei Monaten nach **Änderung der Verhältnisse** diese Änderung anzuzeigen.[1] 42

Zeigt der Steuerschuldner den **Wegfall der Erlassvoraussetzungen** an, so ist der Erlass der Grundsteuer für den Zeitraum an zu widerrufen, in dem die Erlassvoraussetzungen nicht mehr gegeben sind. Maßgebend für die Betrachtung ist dabei immer der Erlasszeitraum, welcher das Kalenderjahr betrifft. Bei unterjährigem Wegfall der Voraussetzungen kommt ein Grund- 43

1 A 35 Abs. 3 Satz 2 AEGrStG.

steuerlass daher für den entsprechend Erlasszeitraum nicht mehr in Betracht. Liegen in einem nachfolgenden Jahr die Erlassvoraussetzungen wieder vor, ist ein erneuter Antrag notwendig.

44 Der neue AEGrStG v. 22.6.2022[1] stellt fest, dass die §§ 33 Abs. 1 GrStG und 34 Abs. 1 GrStG das ungeschriebene Tatbestandsmerkmal enthalten, dass zum Kreis der Erlassberechtigten nur diejenigen gehören, denen der Erlass im Erlasszeitraum wirtschaftlich noch zugutekommen kann. Das setzt voraus, dass deren wirtschaftliche Existenz im Erlasszeitraum noch nicht vernichtet ist.[2]

Abschnitt V: Übergangs- und Schlussvorschriften

§ 36 GrStG Sondervorschriften für die Hauptveranlagung 2025

(1) Auf den 1. Januar 2025 findet eine Hauptveranlagung der Grundsteuermessbeträge statt (Hauptveranlagung 2025).

(2) [1]Die in der Hauptveranlagung 2025 festgesetzten Steuermessbeträge gelten abweichend von § 16 Absatz 2 vorbehaltlich der §§ 17 bis 20 mit Wirkung von dem am 1. Januar 2025 beginnenden Kalenderjahr an. [2]Der Beginn dieses Kalenderjahres ist der Hauptveranlagungszeitpunkt.

(3) [1]Bescheide über die Hauptveranlagung können schon vor dem Hauptveranlagungszeitpunkt erteilt werden. [2]§ 21 Satz 2 ist entsprechend anzuwenden.[3]Eine Aufhebung oder Änderung des Bescheids über die Hauptveranlagung findet auch zur Beseitigung eines Fehlers statt, wenn der Fehler der Finanzbehörde bis zum Ablauf des Kalenderjahres der Hauptveranlagung bekannt wird.

Inhaltsübersicht **Rz.**

A. Allgemeine Erläuterungen zu § 36 GrStG

I. Normzweck und wirtschaftliche Bedeutung der Vorschrift

1 § 36 GrStG legt den ersten **Hauptveranlagungszeitpunkt** der Grundsteuermessbeträge und den zeitlichen Anwendungsbereich der in der **Hauptveranlagung** festgesetzten **Steuermessbeträge** fest.

2–4 *(Einstweilen frei)*

1 Koordinierte Ländererlasse v. 22.6.2022 zur Anwendung des Grundsteuergesetzes ab 1.1.2025 (AEGrStG), NWB VAAAJ-18526.

2 BVerwG, Urteil v. 15.4.1983 - 8 C 52.81, NVwZ 1984 S. 311 sowie A 35 Abs. 4 AEGrStG.

II. Entstehung und Entwicklung der Vorschrift

§ 36 GrStG wurde mit dem GrStRefG v. 26.11.2019[1] in das GrStG eingefügt und ist erstmals für die **Grundsteuer des Kalenderjahres 2025** anzuwenden[2] 5

Durch das Jahressteuergesetz 2020 v. 21.12.2020[3] wurde in § 36 GrStG i. d. F. des Gesetzes v. 26.11.2019 (BGBl S. 1794) mit Wirkung v. 3.12.2019 der Abs. 3 eingefügt. 6

Mit dem Jahressteuergesetz 2024 v. 5.12.2024[4] wurde § 36 Abs. 3 der Satz 3 angefügt. 7

(Einstweilen frei) 8

III. Geltungsbereich

Die in § 36 GrStG festgelegten Regelungen bezüglich der Steuermessbeträge sind für die **Hauptveranlagung 2025** anzuwenden. 9

(Einstweilen frei) 10–12

B. Systematische Kommentierung

I. Hauptveranlagung der Grundsteuermessbeträge (§ 36 Abs. 1 GrStG)

§ 36 Abs. 1 GrStG definiert die **erste Hauptveranlagung der Steuermessbeträge.** Danach ordnet § 36 Abs. 1 GrStG die erste Hauptveranlagung der Steuermessbeträge auf den **1.1.2025** an. 13

Hierbei ist die Besonderheit zu beachten, dass die eigentlich Hauptfeststellung der **Grundsteuerwerte**, welche Grundlage für die Berechnung der Steuermessbeträge sind, bereits auf den **Hauptfeststellungszeitpunkt 1.1.2022** erfolgt.[5] 14

Dies führt zu einem **zeitlichen Auseinanderfallen** der **Feststellung der Grundsteuerwerte** für Zwecke der Grundsteuer **und** der **Festsetzung der Steuermessbeträge**. Ursache dafür sind vor allem administrative Gründe. 15

Es bedarf bereits der Hauptfeststellung der Grundsteuerwerte auf den 1.1.2022, da für **sämtliche wirtschaftliche Einheiten** in der Bundesrepublik Deutschland ein neuer Grundsteuerwert festgestellt werden muss. Schätzungsweise ist für ca. 36 „Mio." wirtschaftliche Einheiten ein Grundsteuerwert zu ermitteln und festzustellen.[6] Durch die Hauptfeststellung der Grundsteuerwerte auf den 1.1.2022 bleibt den Finanzämtern zumindest etwas Zeit, dieses Mengenproblem bis zur Hauptveranlagung zu bewältigen. Vgl. zum Erfordernis einer neuen Hauptfeststellung und den damit verbundenen Umsetzungsproblemen auch Grootens in Grootens, BewG § 266 Rz. 36 ff. 16

In den Fällen, in denen der Grundsteuerwert bereits vor der Hauptveranlagung auf den 1.1.2025 festgestellt wird, wird die Feststellung der Steuermessbeträge dann zeitlich bei der Hauptveranlagung auf den 1.1.2025 nachgeholt. Eine **zeitgleiche Feststellung des Steuermessbetrags** mit Wirkung zum 1.1.2025 mit der Feststellung des Grundsteuerwerts ist gem. 17

---

1 GrStRefG v. 26.11.2019, BGBl 2019 I S. 1794.
2 Vgl. § 37 GrStG.
3 JStG 2020 v. 21.12.2020, BGBl 2020 I S. 3096.
4 JStG 2024 v. 5.12.2024, BGBl 2024 I Nr. 387.
5 Vgl. § 266 Abs. 1 BewG.
6 Vgl. BT-Drucks. 19/11085, Begründung, A. Allgemeiner Teil.

§ 21 GrStG ebenfalls möglich und wird aufgrund der einheitlichen Zuständigkeit des Finanzamts der Regelfall sein.[1]

18 **BEISPIEL:** A ist Eigentümer eines unbebauten Grundstücks, für das er bisher 100 € Grundsteuer im Jahr bezahlt. Das Finanzamt stellt den Grundsteuerwert für die wirtschaftliche Einheit des A im Jahr 2023 auf den Hauptfeststellungszeitpunkt 1.1.2022 neu fest. Dies hat auf die bisherige Grundsteuer des A jedoch noch keine Auswirkung. Bis zum 31.12.2024 bleibt weiterhin der bisherige festgestellte Einheitswert und damit auch die festgesetzte Grundsteuer für die wirtschaftliche Einheit gültig. Die jährliche Grundsteuer i. H. von 100 € hat A bis einschließlich des Jahres 2024 weiterhin zu zahlen. Im Jahr 2025 erfolgt die Feststellung des Steuermessbetrages auf den 1.1.2025 auf Basis des bereits im Jahr 2023 auf den 1.1.2022 festgestellten Grundsteuerwerts. Die zuständige Gemeinde erlässt dann einen neuen Grundsteuerbescheid für A mit Wirkung ab 2025.

19–21 *(Einstweilen frei)*

II. Zeitlicher Anwendungsbereich der Steuermessbeträge (§ 36 Abs. 2 GrStG)

22 Die im Rahmen der Hauptveranlagung neu festgestellten Steuermessbeträge gelten mit Wirkung **ab dem am 1.1.2025 beginnenden Kalenderjahr**. Es handelt sich dabei um den materiellrechtlichen Hauptveranlagungszeitpunkt der Steuermessbeträge, auf denen die Gemeinden die Grundsteuerveranlagung erstmals durchführen.[2]

23 Für die **erste Hauptveranlagung der Steuermessbeträge** auf den 1.1.2025 ist dabei die Abweichung zu der Regelung in § 16 Abs. 2 GrStG zu beachten. Nach § 16 Abs. 2 GrStG sollen die Steuermessbeträge grundsätzlich von dem Kalenderjahr an gelten, das zwei Jahre nach dem Hauptveranlagungszeitpunkt beginnt. Damit soll erreicht werden, dass genügend Zeit zur Feststellung der Grundsteuerwerte und Steuermessbeträge verbleibt, bevor die Steuermessbeträge anzuwenden sind. Die erste Hauptfeststellung der Grundsteuerwerte erfolgt auf den 1.1.2022 (vgl. § 266 Abs. 1 BewG). Ohne die Sonderregelung des § 36 GrStG für den ersten Hauptfeststellungszeitpunkt, wären nach § 16 Abs. 2 GrStG die Steuermessbeträge somit grundsätzlich nach Ablauf von zwei Jahren, folglich auf den 1.1.2024 anzuwenden. Dieser Zeitraum schien dem Gesetzgeber jedoch bei der ersten Hauptveranlagung nicht ausreichend, so dass durch § 36 Abs. 2 GrStG der erste Hauptveranlagungszeitpunkt auf den 1.1.2025 „verschoben" wurde, die Steuermessbeträge mithin erst nach dem Ablauf von drei Jahren anzuwenden sind.

24 Diese Sonderregelung für den ersten Hauptveranlagungszeitpunkt ist zu begrüßen, da **ein Zeitraum von zwei Jahren zwischen dem Hauptfeststellungszeitpunkt und dem Beginn des Hauptveranlagungszeitpunkts** bei ca. 36 „Mio." zu bewertenden wirtschaftlichen Einheiten deutlich zu kurz erscheint. Selbst der nunmehr geltende Zeitraum von drei Jahren erscheint aufgrund der schlichtweg großen Anzahl der wirtschaftlichen Einheiten und der ebenso mit der Reform des Grundsteuer- und Bewertungsgesetzes verbundenen vollständigen Umstellung und Neuentwicklung der technischen Systeme und Prozesse sowie der Erstellung neuer Formulare zumindest sehr ambitioniert.

25 Da es sich bei der Regelung des § 36 GrStG um **eine Sonderregelug nur für die erste Hauptveranlagung auf den 1.1.2025** handelt, gilt für den nächsten Hauptveranlagungszeitpunkt wieder der Grundsatz des § 16 Abs. 2 GrStG, wonach die Steuermessbeträge dann vorbehaltlich der

1 Vgl. BT-Drucks. 19/11085, Begründung, B. Besonderer Teil.
2 Vgl. BT-Drucks. 19/11085, Begründung, B. Besonderer Teil.

§§ 17–20 GrStG von dem Kalenderjahr an gelten, das zwei Jahre nach dem Hauptveranlagungszeitpunkt beginnt. Die bei dem **nächsten Hauptfeststellungszeitpunkt auf den 1.1.2029** (vgl. § 221 Abs. 1 BewG) festgesetzten Steuermessbeträge gelten dann grundsätzlich nach § 16 Abs. 2 GrStG ab dem 1.1.2031.

(Einstweilen frei) 26–28

III. Änderungen vor dem Hauptveranlagungszeitpunkt (§ 36 Abs. 3 GrStG)

Durch die Einführung des § 36 Abs. 3 Satz 1 GrStG im Rahmen des Jahressteuergesetzes 2020[1] wird klargestellt, dass die Bescheide für die Hauptveranlagung bereits vor dem **Hauptveranlagungszeitpunkt** erlassen werden können.[2] Die Bescheide über den Grundsteuermessbetrag auf den 1.1.2025 können mithin bereits davor, z. B. im Jahr 2024 erlassen werden. Da die erste Feststellung der Grundsteuerwerte auf den 1.1.2022 und mithin bereits drei Jahre vor der ersten Hauptveranlagung der Grundsteuermessbeträge erfolgt, ist die Reglung von hoher Praxisrelevanz. Die Bescheide über die Grundsteuermessbeträge können somit durch die Finanzämter schon im Zuge der Feststellungsbescheide über die Grundsteuerwerte mit erlassen werden. 29

Durch § 36 Abs. 3 Satz 2 GrStG und die dadurch entsprechende Anwendung des § 21 Abs. 2 GrStG wird außerdem sichergestellt, dass die Hauptveranlagungsbescheide, welche ggf. nach § 36 Abs. 3 Satz 1 GrStG vor dem Hauptveranlagungszeitpunkt erlassen wurden, bei zu einer abweichenden Festsetzung führenden Änderungen bis zum Hauptveranlagungszeitpunkt auch wieder geändert oder aufgehoben werden können.[3] 30

Mit dem Jahressteuergesetz 2024 wurde Satz 3 dem § 36 Abs. 3 GrStG hinzugefügt. Dieser wurde nach der Gesetzesbegründung eingeführt da: „Nach § 36 Absatz 3 Satz 1 GrStG können Bescheide über die Hauptveranlagung des Grundsteuermessbetrags auf den 1. Januar 2025 schon vor dem Hauptveranlagungszeitpunkt erteilt werden. Fehlerhafte Grundsteuermessbescheide, die vor dem Hauptveranlagungszeitpunkt ergangen sind, können nach § 36 Absatz 3 Satz 2 GrStG i.V. mit § 21 Satz 2 GrStG geändert oder aufgehoben werden, wenn sich Änderungen ergeben, die zu einer abweichenden Festsetzung führen. Liegen keine Änderungen im Sinne dieser Vorschrift vor und ist der Grundsteuermessbescheid nach den Vorschriften der Abgabenordnung nicht mehr änderbar, kommt eine Änderung des Grundsteuermessbescheids auf den 1. Januar 2025 derzeit nur unter analoger Anwendung des Gesetzes in Betracht. Mit der Ergänzung wird daher normiert, dass Bescheide über die Hauptveranlagung des Grundsteuermessbetrags auf den Hauptveranlagungszeitpunkt 1. Januar 2025 zur Beseitigung einer fehlerhaften Festsetzung aufgehoben oder geändert werden können, wenn der Fehler der Finanzbehörde bis zum Ablauf des Kalenderjahres der Hauptveranlagung bekannt wird. Die Vorschrift ermöglicht eine Korrektur auf den Hauptveranlagungszeitpunkt in Fällen, in denen nach § 36 Abs. 3 Satz 1 GrStG fehlerhafte Bescheide über die Hauptveranlagung schon vor dem Hauptveranlagungszeitpunkt erteilt wurden und die Voraussetzungen für eine Änderung oder Aufhebung nach § 36 Abs. 3 Satz 2 i.V. mit § 21 Satz 2 GrStG nicht vorliegen. Bei der Aufhebung oder Änderung eines Grundsteuermessbescheids darf nicht zuungunsten 31

---

1 JStG 2020 v. 21.12.2020, BGBl 2020 I S. 3096.

2 Gesetzesentwurf der Bundesregierung – Entwurf eines Jahressteuergesetzes 2020, Begründung, B. Besonderer Teil, Zu Art. 25 (Änderung des Grundsteuergesetzes [TnV]).

3 Gesetzesentwurf der Bundesregierung – Entwurf eines Jahressteuergesetzes 2020, Begründung, B. Besonderer Teil, Zu Art. 25 (Änderung des Grundsteuergesetzes [TnV]).

des Steuerpflichtigen berücksichtigt werden, dass sich die Rechtsprechung eines obersten Gerichtshofes des Bundes geändert hat, die bei der bisherigen Festsetzung des Grundsteuermessbescheids von der Finanzbehörde angewandt worden ist (§ 176 Abs. 1 Satz 1 Nr. 3 AO), oder dass eine allgemeine Verwaltungsvorschrift der Bundesregierung, einer obersten Bundes- oder Landesbehörde von einem obersten Gerichtshof des Bundes als nicht mit dem geltenden Recht in Einklang stehend bezeichnet worden ist (§ 176 Abs. 2 AO)".[1]

§ 37 GrStG Anwendung des Gesetzes

(1) Diese Fassung des Gesetzes gilt erstmals für die Grundsteuer des Kalenderjahres 2025.

(2) Für die Grundsteuer bis einschließlich zum Kalenderjahr 2024 findet das Grundsteuergesetz in der Fassung vom 7. August 1973 (BGBl I S. 965), das zuletzt durch Artikel 38 des Gesetzes vom 19. Dezember 2008 (BGBl I S. 2794) geändert worden ist, weiter Anwendung.

(3) § 25 Absatz 4 und 5 in der am 1. Januar 2025 geltenden Fassung ist erstmals bei der Hauptveranlagung auf den 1. Januar 2025 anzuwenden.

Inhaltsübersicht **Rz.**

A. Allgemeine Erläuterungen zu § 37 GrStG

I. Normzweck und wirtschaftliche Bedeutung der Vorschrift

1 § 37 GrStG regelt die **zeitliche Anwendung des Grundsteuergesetzes** in der Fassung des GrStRefG[2] sowie die Anwendbarkeit der bisherigen Fassung. Die Festlegung der zeitlichen Anwendung des Gesetzes ist von entscheidender Bedeutung, da ab diesem Zeitpunkt die bisherigen gesetzlichen Regeln nicht mehr gelten und damit spätestens auch auf bereits bestandskräftige Grundsteuerbescheide, die auf nach dem vom BVerfG mit Urteil v. 10.4.2018[3] als verfassungswidrig festgestellten Vorschriften zur Einheitsbewertung beruhen, keine Belastungen mehr gestützt werden dürfen.

2–4 *(Einstweilen frei)*

1 Gesetzesentwurf der Bundesregierung – Entwurf eines Jahressteuergesetzes 2024, Begründung, B. Besonderer Teil, Zu Art. 27 (Änderung des Grundsteuergesetzes).

2 GrStRefG v. 26.11.2019, BGBl 2019 I S. 1794.

3 BVerfG, Urteil v. 10.4.2018 - 1 BvL 11/14, 1 BvL 12/14, 1 BvL 1/15, 1 BvR 639/11, 1 BvR 889/12, NWB MAAAG-80435.

II. Entstehung und Entwicklung der Vorschrift

§ 37 GrStG wurde mit dem **GrStRefG** v. 26.11.2019[1] in das GrStG eingefügt und ist erstmals für die **Grundsteuer des Kalenderjahres 2025** anzuwenden. 5

(Einstweilen frei) 6–8

B. Systematische Kommentierung

I. Hintergrund der Neuregelung

1. Verfassungswidrigkeit der Einheitsbewertung als Bemessungsgrundlage für die Grundsteuer

Das **BVerfG** hat mit Urteil v. 10.4.2018[2] die **Einheitsbewertung**, welche als Bemessungsgrundlage für die Grundsteuer gilt, für **verfassungswidrig** erklärt. Danach sind die Regelungen zur Einheitsbewertung jedenfalls seit Beginn des Jahres 2002 nicht mehr mit Art. 3 Abs. 1 GG vereinbar.[3] Grund dafür sind die nicht mehr hinnehmbaren Wertverzerrungen, welche sich durch die Einheitsbewertung auf den Hauptfeststellungszeitpunkt 1.1.1964 in den alten Bundesländern und der Aussetzung neuer Hauptfeststellungen ergeben.[4] 9

Die Regelungen der Einheitsbewertung wurden jedoch **nicht rückwirkend** für nichtig erklärt. Vielmehr stellte das Bundesverfassungsgericht lediglich die Unvereinbarkeit mit dem Gleichheitsgrundsatz fest, da dem Gesetzgeber hier verschiedene Möglichkeiten zur Schaffung einer verfassungsgemäßen Regelung zur Verfügung stehen.[5] 10

(Einstweilen frei) 11–13

2. Zeitlicher Rahmen

Dem Gesetzgeber wurde durch das Bundesverfassungsgericht die Möglichkeit eingeräumt, bis zum 31.12.2019 eine **Neuregelung** zu schaffen.[6] Die bisherigen, für verfassungswidrig festgestellten Regelungen sind noch mindestens bis zum 31.12.2019 anwendbar.[7] 14

Bei einer gesetzlichen Neuregelung bis zum 31.12.2019, sieht es das Bundesverfassungsgericht als gerechtfertigt an, die bisherigen Regelungen für **weitere fünf Jahre**, längstens aber bis zum **31.12.2024** anzuwenden.[8] 15

1 GrStRefG v. 26.11.2019, BGBl 2019 I S. 1794.

2 BVerfG, Urteil v. 10.4.2018 - 1 BvL 11/14, 1 BvL 12/14, 1 BvL 1/15, 1 BvR 639/11, 1 BvR 889/12, NWB MAAAG-80435.

3 BVerfG, Urteil v. 10.4.2018 - 1 BvL 11/14, 1 BvL 12/14, 1 BvL 1/15, 1 BvR 639/11, 1 BvR 889/12, Rz. 160 -161, NWB MAAAG-80435.

4 BVerfG, Urteil v. 10.4.2018 - 1 BvL 11/14, 1 BvL 12/14, 1 BvL 1/15, 1 BvR 639/11, 1 BvR 889/12, Rz. 163, NWB MAAAG-80435.

5 BVerfG, Urteil v. 10.4.2018 - 1 BvL 11/14, 1 BvL 12/14, 1 BvL 1/15, 1 BvR 639/11, 1 BvR 889/12, Rz. 164-166, NWB MAAAG-80435.

6 BVerfG, Urteil v. 10.4.2018 - 1 BvL 11/14, 1 BvL 12/14, 1 BvL 1/15, 1 BvR 639/11, 1 BvR 889/12, Rz. 167, NWB MAAAG-80435.

7 BVerfG, Urteil v. 10.4.2018 - 1 BvL 11/14, 1 BvL 12/14, 1 BvL 1/15, 1 BvR 639/11, 1 BvR 889/12, Rz. 172, NWB MAAAG-80435.

8 BVerfG, Urteil v. 10.4.2018 - 1 BvL 11/14, 1 BvL 12/14, 1 BvL 1/15, 1 BvR 639/11, 1 BvR 889/12, Rz. 177, NWB MAAAG-80435.

16 Durch das **GrStRefG** v. 26.11.2019[1] wurde folglich gerade noch rechtzeitig eine **Neuregelung beschlossen**. Hätte der Gesetzgeber bis zum 31.12.2019 keine Neuregelung verkündet, so hätte ab dem 1.1.2020 keine Grundsteuer mehr auf Basis der verfassungswidrigen Normen erhoben werden dürfen.

17–19 *(Einstweilen frei)*

3. Bedeutung der Grundsteuer

20 Grund für den langen Zeitraum, in den die alten Regelungen noch anwendbar sind, ist die **besondere Bedeutung der Grundsteuer**. Die Grundsteuer steht den Gemeinden zu und ist für diese von erheblicher finanzieller Bedeutung. Das liegt zum einen an den jährlich steigenden Grundsteuereinnahmen der Gemeinden und zum anderen daran, dass die Grundsteuer als Objektsteuer **nicht konjunkturabhängig** ist. Auch bei ansonsten sinkenden Steuereinnahmen, z. B. aufgrund einer wirtschaftlichen Rezession, bleiben die Einnahmen aus der Grundsteuer für die Gemeinde konstant, da nur das Eigentum am Grundstück maßgebend ist.

21 In den letzten Jahren entwickelte sich das **Grundsteueraufkommen** in Deutschland wie folgt:

Entwicklung des Grundsteueraufkommens in Deutschland in „Mio. €"

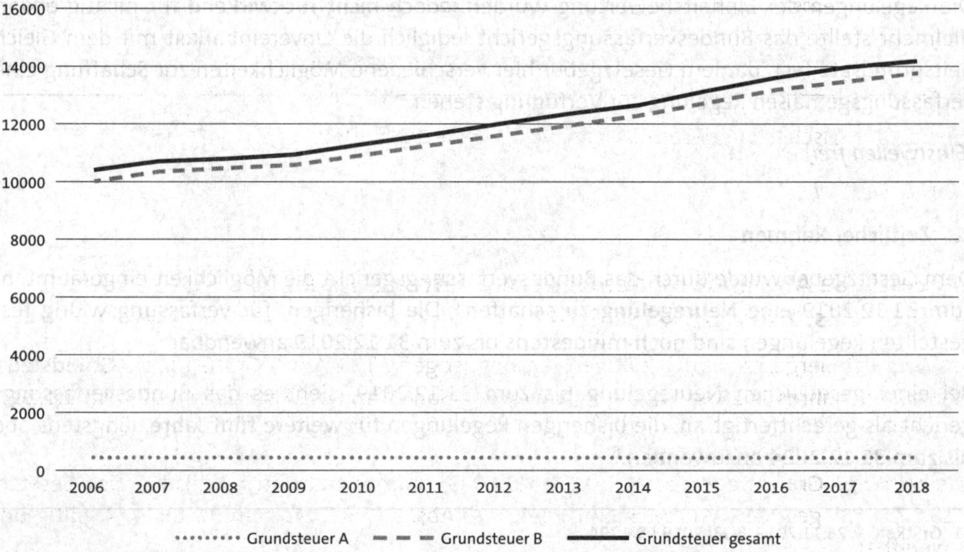

Quelle: Statistisches Bundesamt, Fachserie 14 Reihe 10.1, 2018.

22 Ohne die Einnahmen aus der Grundsteuer bestünde die Gefahr, dass viele Gemeinden in ernsthafte finanzielle Schwierigkeiten gerieten.[2] Weiterhin können die Gemeinden durch die **Anpassung der Hebesätze** direkten Einfluss auf die Höhe der Grundsteuer und damit auch auf ihre

1 GrStRefG v. 26.11.2019, BGBl 2019 I S. 1794.

2 BVerfG, Urteil v. 10.4.2018 - 1 BvL 11/14, 1 BvL 12/14, 1 BvL 1/15, 1 BvR 639/11, 1 BvR 889/12, Rz. 173, NWB MAAAG-80435.

Einnahmen nehmen. Die durchschnittlichen Hebesätze stiegen dabei seit 2006 kontinuierlich an:

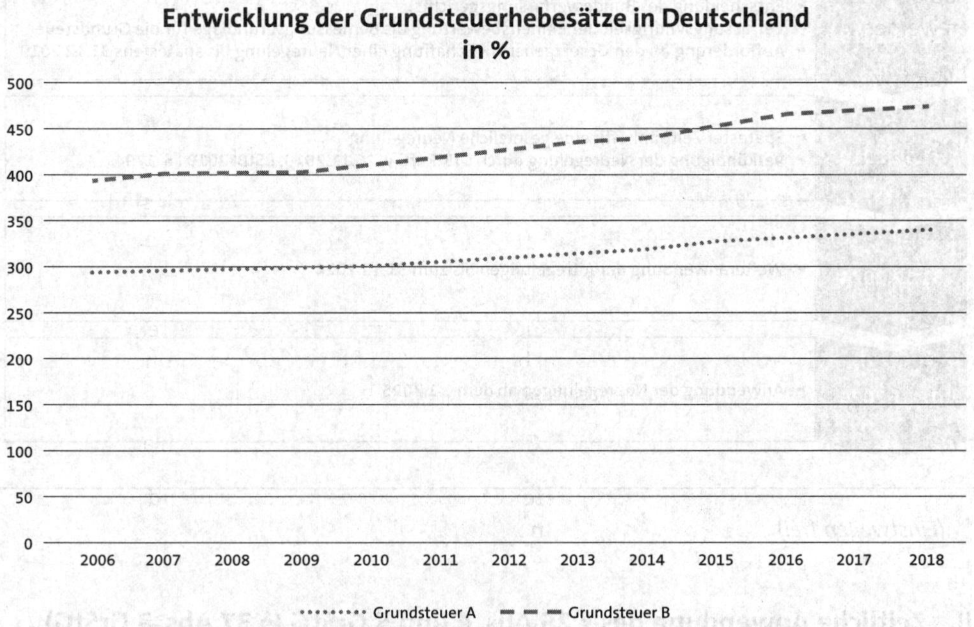

Quelle: Statistisches Bundesamt, Fachserie 14 Reihe 10.1, 2018.

(Einstweilen frei) 23–25

II. Zeitliche Anwendung der Neu- und Altregelungen (§ 37 Abs. 1 und Abs. 2 GrStG)

Das Grundsteuergesetz in der gültigen Fassung ist gem. § 37 Abs. 1 GrStG für die **Grundsteuer des Kalenderjahres 2025** erstmalig anzuwenden. Somit sind die Regelungen ab dem 1.1.2025 anwendbar. 26

Das **bisherige Grundsteuergesetz** i. d. F. v. 7.8.1973[1], das zuletzt durch Artikel 38 des Gesetzes v. 19.12.2008[2] geändert wurde, bleibt gem. § 37 Abs. 2 GrStG **bis zum 31.12.2024 gültig und anwendbar.** 27

1 BStBl 1973 I S. 965.
2 BGBl 2008 I S. 2794.

28 Danach ergibt sich zusammenfassend folgender **zeitlicher Ablauf:**

10.04.2018	► Entscheidung des Bundesverfassungsgerichts: Verfassungswidrigkeit der Einheitsbewertung als Bemessungsgrundlage für die Grundsteuer ► Aufforderung an den Gesetzgeber zur Schaffung einer Neuregelung bis spätestens 31.12.2019
31.12.2019	► Spätester Zeitpunkt für eine gesetzliche Neuregelung ► Verkündigung der Neuregelung durch GrStRefG v. 26.11.2019, BStBl 2019 I S. 1794
31.12.2024	► Weiteranwendung der Altregelungen bis zum 31.12.2024
01.01.2025	► Anwendung der Neuregelungen ab dem 1.1.2025

29–31 *(Einstweilen frei)*

III. Zeitliche Anwendung des § 25 Abs. 4 und 5 GrStG (§ 37 Abs. 3 GrStG)

32 Im Zuge der Neuregelung des Grundsteuergesetzes wurde mit § 25 Abs. 5 GrStG den Gemeinden durch das **Gesetz zur Mobilisierung baureifer Grundstücke**[1] die Möglichkeit eingeräumt, besondere Hebesätze auf **unbebaute baureife Grundstücke** festzulegen (sog. **Grundsteuer C**), um auf kommunalpolitischer Ebene einen Anreiz für die Bebauung zu schaffen und Bodenwertspekulationen zu verhindern. Zu den detaillierten Voraussetzungen vgl. die Erläuterungen zu § 25 GrStG.[2]

33 Die Regelungen sind dabei gem. § 37 Abs. 3 GrStG erstmalig für die Hauptveranlagung der Grundsteuer auf den 1.1.2025 anzuwenden. Vorher ist die Festlegung abweichender Hebesätze für baureife Grundstücke nach Ansicht der Bundesregierung nicht möglich. Zwar wurde bereits über ein Inkrafttreten der Grundsteuer C ab dem 1.1.2020 diskutiert, der Gesetzgeber hielt dies jedoch aus verfassungsrechtlichen Bedenken für nicht durchführbar. Die Grundsteuer C würde sich bei einer früheren Einführung als dem 1.1.2025 an die vom Bundesverfassungsgericht mit Urteil v. 10.4.2018 für verfassungswidrig erklärten Regelungen orientieren. Lt. dem Urteil des BVerfG betrifft die Fortgeltungsdauer der bisherigen Regelungen bis zum 31.12.2024 jedoch nur das geltende Recht.[3]

1 Vgl. BT-Drucks. 19/11086.

2 Vgl. Grootens in Grootens, GrStG § 25 Rz. 121 ff. Vgl. zur Änderung des § 25 GrStG und des damit verfolgten Ziels ausführlich Eisele, NWB 30/2019 S. 2204.

3 Vgl. BT-Drucks. 19/16698.

§ 38 GrStG Bekanntmachung

Das Bundesministerium der Finanzen wird ermächtigt, den Wortlaut dieses Gesetzes in der jeweils geltenden Fassung bekannt zu machen.

Inhaltsübersicht **Rz.**

A. Allgemeine Erläuterungen zu § 38 GrStG

I. Normzweck und wirtschaftliche Bedeutung der Vorschrift

Der § 38 GrStG ermächtigt das Bundesministerium der Finanzen das **Grundsteuergesetz** in der jeweils gültigen Fassung **neu bekannt zu machen.** 1

II. Entstehung und Entwicklung der Vorschrift

§ 38 GrStG wurde mit dem **GrStRefG** v. 26.11.2019[1] in das GrStG eingefügt und ist erstmals für die **Grundsteuer des Kalenderjahres 2025** anzuwenden (vgl. § 37 GrStG). 2

1 GrStRefG v. 26.11.2019, BGBl 2019 I S. 1794.

B. Kommentierung des Bewertungsgesetzes (Auszug)

Zweiter Teil: Besondere Bewertungsvorschriften

Siebenter Abschnitt: Bewertung des Grundbesitzes für die Grundsteuer ab 1. Januar 2022

A. Allgemeines

§ 218 BewG Vermögensarten

[1]Für Vermögen, das nach diesem Abschnitt zu bewerten ist, erfolgt abweichend von § 18 eine Unterscheidung in folgende Vermögensarten:

1. Land- und forstwirtschaftliches Vermögen (§ 232),

2. Grundvermögen (§ 243).

[2]Betriebsgrundstücke im Sinne des § 99 Absatz 1 Nummer 2 werden dem land- und forstwirtschaftlichen Vermögen zugeordnet und sind wie land- und forstwirtschaftliches Vermögen zu bewerten. [3]Betriebsgrundstücke im Sinne des § 99 Absatz 1 Nummer 1 werden dem Grundvermögen zugeordnet und sind wie Grundvermögen zu bewerten.

Inhaltsübersicht **Rz.**

LITERATUR:

Höreth/Stelzer, Grundsteuerreform – der Druck auf den Gesetzgeber steigt, DStZ 2019 S. 607; *Marfels*, Die Neubewertung von Grundvermögen nach dem Entwurf für ein Grundsteuerreformgesetz (GrStRefG), ErbStB 2019 S. 266; *Marx*, Ökonomische Analyse des Grundsteuer-Reformgesetzentwurfs, DStZ 2019 S. 372; *Neufang*, Das Grundsteuerreformgesetz – ein gesetzgeberisches Chaos?, BB 2019 S. 3035; *Eichholz*, Novellierung der Grundsteuer, DStZ 2020 S. 1158; *Eisele/Wiegand*, Grundsteuerreform 2022/2025, 1. Aufl. 2020, S. 9, NWB CAAAH-44415; *Heine*, Reform des Bewertungs- und Grundsteuerrechts. Werden die Reformziele erreicht?, KStZ 2020 S. 2; *Heine*, Hauptfeststellung und Nachfeststellung sowie Fortschreibung und Aufhebung von Einheits- und Grundsteuerwerten nach altem und neuem Recht als Grundlage für die Veranlagung der Grundsteuer, KStZ 2020 S. 21; *Wünnemann/Koller*, Die Grundsteuerreform – ein Resümee aus Sicht der Industrie, BB 2020 S. 215.

VERWALTUNGSANWEISUNGEN:

Koordinierte Erlasse der obersten Finanzbehörden der Länder v. 9.11.2021 –Anwendung des Siebenten Abschnitts des Zweiten Teils des Bewertungsgesetzes zur Bewertung des Grundbesitzes (allgemeiner Teil und Grundvermögen) für die Grundsteuer ab 1.1.2022 (AEBewGrSt), BStBl 2021 I S. 2334.

A. Allgemeine Erläuterungen

I. Hinweise auf Verwaltungsanweisungen

Verwaltungsvorschriften wurden durch A 218 AEBewGrSt[1] erlassen, beschränken sich aber weitgehend auf die Wiedergabe des Gesetzestextes des § 218 BewG. Hinsichtlich der materiellrechtlichen **Unterscheidung** zwischen **land- und forstwirtschaftlichem Vermögen und Grundvermögen** und in diesem Zusammenhang ergangene Verwaltungsanweisungen wird auf die Ausführungen zu §§ 232 ff. BewG[2] und §§ 243 ff. BewG[3] verwiesen. 1

(Einstweilen frei) 2–10

II. Normzweck und wirtschaftliche Bedeutung der Vorschrift

Zweck der Norm ist, eine **grundsätzliche Kategorisierung** der zu bewertenden Vermögensgegenstände – hier der Grundstücke – vorzunehmen. Die Bewertungsverfahren für land- und forstwirtschaftliches Vermögen und für Grundvermögen unterscheiden sich in grundsätzlicher Natur. Die wirtschaftliche Einheit i. S. des § 2 BewG muss einer der beiden **Vermögensarten** zugeordnet werden, um die auf der Vermögensart aufbauenden Bewertungsverfahren zuzuordnen. 11

Ferner ist bereits hier der **Umfang der wirtschaftlichen Einheit** abzugrenzen, welche Grundstücksbestandteile dem jeweiligen Vermögen zugeordnet werden, sollten beispielsweise zwei wirtschaftliche Einheiten aneinandergrenzen und derselben Person zuzurechnen sein. 12

HINWEIS:

Mit dem FoStoG vom 3.6.2021 wurde Abs. 5 in den § 266 BewG eingefügt. Demnach **können** bestehende wirtschaftliche Einheiten, die für Zwecke der Einheitsbewertung unter Anwendung der §§ 26 oder 34 Abs. 4–6 BewG a. F. gebildet wurden, weiterhin für Zwecke der Feststellung von Grundsteuerwerten nach den Regelungen des Siebenten Abschnitts zugrunde gelegt werden, auch wenn Grundstücksbestandteilen verschiedenen Personen zuzurechnen sind.[4]

(Einstweilen frei) 13–20

III. Entstehung und Entwicklung der Vorschrift

Die **Unterscheidung von Vermögensarten** war bereits in den ursprünglichen Bewertungsgesetzen vorgesehen (§ 2 RBewG 1925, § 21 RBewG 1931, § 19 RBewG 1934 sowie § 18 BewG 1964). 21

1 Koordinierte Erlasse der obersten Finanzbehörden der Länder v. 9.11.2021, BStBl 2021 I S. 2334 ff. AEBewGrSt.

2 Müller in Grootens, BewG, § 232 Rz. 15 ff.

3 Bock in Grootens, BewG, § 243 Rz. 19 ff.

4 Grootens in Grootens, BewG, § 266 Rz. 12; siehe auch Grootens in Grootens, BewG, § 266 Rz. 111 ff.

22 § 218 BewG war bereits Bestandteil der Einheitsbewertung (§ 18 BewG). § 18 BewG sah neben dem **land- und forstwirtschaftlichen Vermögen** und dem **Grundvermögen** auch **Betriebsvermögen** (Nr. 3) sowie **sonstiges Vermögen** (Nr. 4) als Vermögensarten vor. Das sonstige Vermögen hatte für die **Vermögensteuer** (Nichterhebung seit 1997) Bedeutung und wurde nach der Nichterhebung der Vermögensteuer für Veranlagungsstichtage nach dem 31.12.1996 abgeschafft.[1]

23 Mit Umstellung von der Einheitsbewertung auf die Grundbesitzbewertung für Grundsteuerzwecke zum Hauptfeststellungszeitpunkt 1.1.2022 entfiel die Kategorie der **Betriebsgrundstücke** (ehemals Nr. 3). Betriebsgrundstücke sind nun einer der beiden Vermögensarten der Land- und Forstwirtschaft oder des Grundvermögens zuzuordnen (§ 218 Satz 2, 3 BewG).

24 Im Rahmen des Siebenten Abschnitts des Zweiten Teils des BewG ist insbesondere innerhalb des **Grundvermögens** nicht mehr unterschieden, ob oder inwieweit eine wirtschaftliche Einheit dem Betriebsvermögen zuzurechnen ist.

25–30 *(Einstweilen frei)*

IV. Geltungsbereich

31 Die Vermögensarten gelten nur für die **Bewertung für Zwecke der Grundsteuer** im Rahmen der §§ 218–263 BewG des Siebenten Abschnitts des Zweiten Teils des Bewertungsgesetzes.[2] Andere Bewertungsverfahren (Einheitsbewertung § 18 BewG, Bedarfsbewertung § 157 Abs. 1, 2 BewG) unterscheiden die Vermögensarten nach eigenen Vorschriften.

32 Nicht davon betroffen sind **ertragsteuerliche Zuordnungen** bei der Unterscheidung des Betriebs- und Privatvermögens oder den Einkunftsarten nach §§ 13, 15, 21 EStG. Diese Zuordnung sind nach den Maßstäben der Einzelsteuergesetze und losgelöst vom Bewertungsgesetz (entgegen der allgemeinen Regelung des § 1 Abs. 1 BewG) vorzunehmen.

33 Die §§ 218 ff. BewG werden zeitlich erstmals auf den **Hauptfeststellungszeitpunkt** auf den **1.1.2022** und für die grundsteuerliche **Hauptveranlagung** auf den **1.1.2025** angewendet, vgl. § 266 Abs. 1 BewG. Bis einschließlich 31.12.2024 blieben die bisherigen Bewertungs- und Vermögensarten nach §§ 18 ff. BewG im Rahmen der Einheitsbewertung anwendbar, vgl. § 266 Abs. 4 BewG.

34 Das **Landesrecht** kann von § 218 BewG abweichende Vorschriften vorsehen, Art. 72 Abs. 3 Nr. 7 GG. Dies wurde durch folgende Länder umgesetzt:

- Baden-Württemberg (§ 3 LGrStG BW);
- Hessen (§ 1 i.V. mit § 2 Abs. 3 Nr. 1 HGrStG).

35 Die Landesgesetze der Länder Bayern, Hamburg und Niedersachsen sehen keine Abweichung vor und übernehmen durch deren Anwendungsvorschriften das Bundesrecht des § 218 BewG (Art. 10 Abs. 1 Satz 1 BayGrStG, § 11 Abs. 1 Satz 1 HmbGrStG, § 1 Satz 1, 2 NGrStG).

36 Im Übrigen wird auf die Kommentierung der jeweiligen Landesgesetze im Teil C dieses Kommentars hingewiesen.

37–40 *(Einstweilen frei)*

1 Art. 1 Nr. 4 JStG 1997, BGBl 1996 I S. 2049, 2050.

2 A 218 Satz 1 AEBewGrSt. Siehe auch Bezeichnung des Siebenten Abschnitts: „Bewertung des Grundbesitzes für die Grundsteuer ab 1.1.2022".

V. Vereinbarkeit der Vorschrift

Durch den § 218 BewG hat der **Bundesgesetzgeber** von seiner **konkurrierenden Gesetzgebung** nach Art. 105 Abs. 2 Satz 1 GG Gebrauch gemacht. Ungeachtet dessen kann das Landesrecht aber abweichende Vorschriften vorsehen, die Vorrang von der bundesgesetzlichen Regelung haben, Art. 72 Abs. 3 Nr. 7 GG. 41

Die Unterscheidung zwischen land- und forstwirtschaftlichem Vermögen sowie Grundvermögen begegnet keinen Bedenken zur **Vereinbarkeit mit Verfassungs- oder Europarecht**. Insbesondere hatte das Bundesverfassungsgericht diese Unterscheidung in seinem Urteil[1] über die Verfassungsmäßigkeit der Einheitsbewertung nicht beanstandet. 42

(Einstweilen frei) 43–50

VI. Verhältnis zu anderen Vorschriften

Durch §§ 218 ff. BewG werden abweichend vom Ersten Teil des BewG besondere – das heißt: vorrangige – Bewertungsvorschriften aufgenommen, vgl. **§ 1 Abs. 2 BewG.**[2] Damit sind die Bewertungsmaßstäbe und -methoden des Ersten Teils des BewG nicht anwendbar. Insbesondere scheidet damit ein Ansatz nach gemeinem Wert (**§ 9 BewG**) oder Teilwert (**§ 10 BewG**) aus. 51

Nach allgemeinen Grundsätzen kann eine wirtschaftliche Einheit i. S. des **§ 2 BewG** nur einer Vermögensart (hier i. S. des § 218 BewG) zugeordnet werden. Daraus folgt die Beachtung der §§ 218, 232, 243 BewG bei der Bestimmung des Umfangs der wirtschaftlichen Einheit. Dies ergibt sich bereits aus § 233 Abs. 2 Satz 1 BewG für land- und forstwirtschaftliches Vermögen sowie § 244 Abs. 1 BewG für das Grundvermögen. 52

Parallel bleibt die Vorgängervorschrift **§ 18 BewG** bestehen. Diese ist eine Eingangsvorschrift des Zweiten Teils des BewG und ist in Folge im Wesentlichen für Zwecke der Bewertung nach dem Sechsten Abschnitt (§§ 157 ff. BewG) für Zwecke der Erbschaft- und Schenkungsteuer sowie für die Grunderwerbsteuer für Stichtage ab dem 1.1.2009 von Bedeutung. Durch spezialgesetzliche Regelung ist für Zwecke der Grundsteuerwertermittlung des Siebenten Abschnitts der §§ 218 BewG maßgeblich. 53

Die Einordnung in land- und fortwirtschaftliches Vermögen sowie Grundvermögen ergibt sich aus den materiellrechtlichen Regelungen der **§§ 232 ff. BewG** sowie **§§ 243 ff. BewG.** 54

(Einstweilen frei) 55–60

B. Systematische Kommentierung

I. Vermögensarten für die grundsteuerliche Grundbesitzbewertung (§ 218 Satz 1 BewG)

1. Abweichen vom Grundsatz nach § 18 BewG

§ 218 Satz 1 BewG regelt die **Vermögensarten**, in die das Bewertungsobjekt der **wirtschaftlichen Einheit** (§ 2 BewG) einzuordnen ist. Diese wirtschaftliche Einheit muss entweder dem 61

1 BVerfG, Urteil v. 10.4.2018 - 1 BvL 11/14 (u. a.) NWB MAAAG-80435.

2 Grundlegend BFH, Urteil v. 12.12.1975 - III R 51/74, BStBl 1976 II S. 281.

land- und fortwirtschaftlichen Vermögen i. S. der §§ 232 ff. BewG oder dem Grundvermögen i. S. der §§ 243 ff. BewG zugeordnet werden.

62 Damit wird im Siebenten Abschnitt von der Vermögensarteneinteilung i. S. des § 18 BewG abgewichen und **spezialgesetzlich** eine eigene Regelung geschaffen. Diese hat für Zwecke der Grundsteuerwertermittlung des Siebenten Abschnitts Vorrang.

63 § 18 BewG bleibt auch nach Inkrafttreten des neuen Bewertungsrechts ab dem 1.1.2025 in geänderter Fassung wirksam. Die Regelung führt auf, dass im Bewertungsrecht zwischen

- land- und forstwirtschaftlichen Vermögen (§ 18 Nr. 1 BewG),
- Grundvermögen (§ 18 Nr. 2 BewG) und
- Betriebsvermögen (§ 18 Nr. 3 BewG)

unterschieden wird. **Spezialgesetzlich** schließt § 218 Satz 1 BewG nun die Vermögensart **Betriebsvermögen** aus, die durch § 218 Satz 2 und 3 BewG den Vermögensarten des land- und forstwirtschaftlichen Vermögens und des Grundvermögens zugeordnet wird (vgl. Rz. 111 ff.).

64 Eine „gemischte" wirtschaftliche Einheit kann damit nicht vorliegen und ist notwendigenfalls in beide Vermögensarten aufzutrennen. Die **Abgrenzung** erfolgt nach den Regelungen der §§ 232 ff. BewG und §§ 243 ff. BewG, auf deren Kommentierung verwiesen wird.[1] Im Folgenden sollen daher nur die Grundzüge der Zuordnung dargestellt werden.

65 Dabei ist zu beachten, dass eine grundsätzliche **Privilegierung des land- und forstwirtschaftlichen Vermögens** vorliegt: Alles, was nicht land- und forstwirtschaftliches Vermögen i. S. der §§ 232 ff. BewG ist, wird damit dem Grundvermögen zugeordnet, vgl. § 243 Abs. 1 Satz 1 BewG. Daher müssen stets Voraussetzung eines land- und forstwirtschaftlichen Betriebs vorliegen, damit die wirtschaftliche Einheit dem land- und fortwirtschaftlichen Vermögen zugeordnet werden kann, vgl. § 232 Abs. 2 Satz 2 BewG und bei Kleingärten § 240 Abs. 1 BewG. Was alles zum land- und forstwirtschaftlichen Betrieb gehört, ist positiv durch § 234 BewG abgegrenzt. Der **Umfang der wirtschaftlichen Einheit des land- und forstwirtschaftlichen Vermögens** ist dahingehend in § 233 BewG gegenüber dem Grundvermögen abgegrenzt.

66 Liegen die Voraussetzungen des land- und forstwirtschaftlichen Vermögens nicht vor, ist die wirtschaftliche Einheit dem **Grundvermögen** zuzuordnen, vgl. § 243 Abs. 1 Satz 1 BewG. Durch die strikte Trennung kann eindeutig bestimmt werden, ob die gesonderte Steuermesszahl für die Betriebe der Land- und Forstwirtschaft (§ 14 GrStG) anzuwenden ist. Wenn die Anwendung der Steuermesszahl für Betriebe der Land- und Forstwirtschaft nicht in Frage kommt, so ist die Steuermesszahl nach § 15 GrStG zu bestimmen. Die Höhe der Steuermesszahlen unterscheidet sich:

Betriebe der Land- und Forstwirtschaft: 0,55 Promille (§ 14 GrStG)

Maximale Steuermesszahl für Grundstücke:

- unbebaute Grundstücke im Sinne des § 246 BewG	0,34 Promille (§ 15 Abs 1 Nr. 1 GrStG)
- bebaute Grundstücke im Sinne des § 249 Abs. 1 Nr. 1 bis 4 BewG	0,31 Promille (§ 15 Abs 1 Nr. 2 a GrStG)
- bebaute Grundstücke im Sinne des § 249 Abs. 1 Nr. 5 bis 8 BewG	0,34 Promille (§ 15 Abs 1 Nr. 2 b GrStG)

1 Vgl. Müller in Grootens, BewG, § 232 Rz. 15 ff. und Bock in Grootens, BewG, § 243 Rz. 19.

Die Gemeinde ist vorbehaltlich § 25 Abs. 5 GrStG verpflichtet, die Hebesätze für die Betriebe der Land- und Forstwirtschaft sowie für die Grundstücke im Grundvermögen gesondert festzusetzen, vgl. § 25 Abs. 4 Satz 1 BewG.

(Einstweilen frei) 67–80

2. Abgrenzung der Vermögensarten

Nachfolgend werden die Vermögensarten kurz voneinander abgegrenzt. Für die Details der Abgrenzung wird auf die Kommentierung der §§ 232 ff. und §§ 243 ff. BewG verwiesen.[1] 81

a) Nr. 1: Land- und Forstwirtschaftliches Vermögen

Der **Begriff des land- und forstwirtschaftlichen Vermögens** wird in §§ 232–234 und 240 BewG abgegrenzt. Dabei ist der Umfang des Vermögens anhand eines bestehenden **land- und forstwirtschaftlichen Betriebs** zu bestimmen, § 232 Abs. 2 Satz 1 BewG. Welche **Nutzungen** unter einen solchen Betrieb fallen, wird in § 234 Abs. 1 BewG aufgezählt. 82

Aus dem land- und forstwirtschaftlichen Vermögen sind einzelne **Wirtschaftsgüter** verpflichtend **auszuscheiden**, vgl. § 244 BewG. Dazu gehören insbesondere Grund und Boden sowie Gebäude für außerhalb des land- und forstwirtschaftlichen Bereichs liegenden Zwecken (insbesondere **Wohnzwecke**), § 232 Abs. 4 Nr. 1 BewG, sowie **Tierbestände oder Zweige des Tierbestandes aus einer gewerblichen Tierhaltung** (§ 232 Abs. 4 Nr. 2 BewG), **Zahlungsmittel** und **Forderungen** (§ 232 Abs. 4 Nr. 3 BewG) und **Verbindlichkeiten** (§ 232 Abs. 4 Nr. 4 BewG). Diese Wirtschaftsgüter sind entweder dem Grundvermögen als separate wirtschaftliche Einheit zuzuordnen (wie im Falle des Grund und Bodens und Gebäudes für Wohnzwecke oder andere Zwecke außerhalb des land- und forstwirtschaftlichen Betriebs, § 232 Abs. 4 Nr. 1 BewG) oder **nicht in die Grundsteuerwertermittlung einzubeziehen** (betreffend der § 232 Abs. 4 Nr. 2–4 BewG). Bei der Beurteilung der Zugehörigkeit eines Wirtschaftsguts zum land- und forstwirtschaftlichen Vermögen ist zu beachten, dass Abweichungen zum alten Recht bestehen.[2] Durch die neue grundsteuerliche Grundbesitzbewertung kann es zu einem Wechsel der Vermögensart kommen. 83

BEISPIEL: Nach altem Recht ist die Fläche, die für den gewerblichem Abbau von Bodenschätzen (z. B. Kies) verpachtet wurde, dem land- und forstwirtschaftlichen Vermögen zuzuordnen.[3] Die Zuordnung dieser Fläche in das land- und forstwirtschaftliche Vermögen ist nach der neuen grundsteuerlichen Grundbesitzbewertung (§ 232 Abs. 4 Nr. 1 BewG) ausgeschlossen.[4]

HINWEIS: 84

Wird ein land- und forstwirtschaftlicher Betrieb durch die Betriebsinhaber zu eigenen Wohnzwecken genutzt oder für Zwecke, die dem land- und forstwirtschaftlichen Betrieb fremd sind, vermietet, liegen zwingend zwei separate wirtschaftliche Einheiten vor: Eine wirtschaftliche Einheit des land- und forstwirtschaftlichen Vermögens und eine (oder mehrere) wirtschaftliche Einheit(en) des Grundvermögens.[5]

(Einstweilen frei) 85–90

1 Vgl. Müller in Grootens, BewG, § 232 Rz. 15 ff. und Bock in Grootens, BewG, § 243 Rz. 19.

2 Vgl. z. B. Wortlaut § 33 Abs. 3 BewG und § 232 Abs. 4 BewG.

3 Näheres siehe BFH, Urteil v. 22.7.2020 - II R 28/18, BStBl 2021 II S. 515 NWB LAAAH-64925.

4 A 232.3 Abs. 2 Satz 2 AEBewGrSt.

5 Siehe Müller in Grootens, BewG, § 232 Rz. 70 ff.

b) Nr. 2: Grundvermögen

91 Der **Begriff des Grundvermögens** wird in § 243–245 BewG definiert. Demnach gehören zum Grundvermögen insbesondere **Grund und Boden und Gebäude** (§ 243 Abs. 1 Nr. 1 BewG), **Erbbaurechte** (§ 243 Abs. 1 Nr. 2 BewG), **Wohnungs- und Teileigentum** (§ 243 Abs. 1 Nr. 3 BewG) sowie **Wohnungs- und Teilerbbaurechte** (§ 243 Abs. 1 Nr. 4 BewG). Sind diese Wirtschaftsgüter nicht dem land- und forstwirtschaftlichen Vermögen zuzuordnen, liegt Grundvermögen vor (§ 243 Abs. 1 BewG).

92 Aufbauten auf dem Grund und Boden sind nach § 243 Abs. 2 Nr. 2 BewG und § 245 BewG gesondert abzugrenzen. Handelt es sich um **Betriebsvorrichtungen**, die keine Gebäude oder Außenanlagen darstellen, sind diese nicht in die Bewertung miteinzubeziehen. Hintergrund ist, dass Betriebsvorrichtungen nicht zu den Gebäudebestandteilen zählen.[1] Die mit Betriebsvorrichtungen vergleichbaren zivilrechtlichen Gebäudebestandteile, die ertragsteuerrechtlich verselbständigt werden – wie **Mietereinbauten, Schaufensteranlagen und Scheinbestandteile**[2] – sind mangels Eigenschaft einer Betriebsvorrichtung als Gebäudebestandteil in die Grundsteuerwertermittlung miteinzubeziehen.

93 Bei der Abgrenzung der Betriebsvorrichtung von Außenanlagen oder Gebäudebestandteilen sind die allgemeinen Grundsätze zur **Abgrenzung der Betriebsvorrichtung von Gebäuden** (und deren Bestandteilen) oder Außenanlagen anzuwenden.[3] Inwieweit Gebäudebestandteile (im ertragsteuerlichen Sinne) selbständig oder unselbständig sind, hat zunächst keine Bedeutung. Eine verselbständigte Bewertung ist durch **die Abgeltungswirkung des Ertrags- und Sachwertverfahrens** ausgeschlossen.[4]

94–100 *(Einstweilen frei)*

II. Zuordnung von Grundstücken des Betriebsvermögens (§ 218 Satz 2 und 3 BewG)

1. Begriff des bewertungsrechtlichen Betriebsvermögens

101 Das **Betriebsvermögen** ist – abweichend vom Grundsatz nach § 18 Nr. 3 BewG – **keine eigene Vermögensart** für Zwecke der Grundsteuerwertermittlung i. S. des Siebenten Abschnitts des BewG. Durch § 218 Satz 2 und 3 BewG werden Grundstücke des Betriebsvermögens den verbleibenden Vermögensarten des land- und forstwirtschaftlichen Vermögens und Grundvermögens zugeordnet und diesen gleichgestellt.[5] Im Ergebnis wird damit für Zwecke der Bewertung des Siebenten Abschnitts **nicht zwischen ertragsteuerlichem Privat- und Betriebsvermögen unterschieden.**

102 Der **Umfang des Betriebsvermögens** wird in §§ 95–97 BewG geregelt. Demnach sind die ertragsteuerlichen Grundsätze des EStG[6] anzuwenden. Dementsprechend verweisen die einschlägigen Vorschriften des Bewertungsrechts auf die **einkommensteuerlichen Vorschriften**:

1 Vgl. R 4.2 Abs. 3 Satz 3 und 4 EStR 2012; R 7.1 Abs. 2–4 EStR 2012; Gleich lautende Erlasse der obersten Finanzbehörden der Länder v. 5.6.2013, BStBl 2013 I S. 734.

2 Vgl. Aufzählung nach R 4.2 Abs. 3 Satz 3 Nr. 2–4 EStR 2012.

3 Gleich lautende Erlasse der obersten Finanzbehörden der Länder v. 5.6.2013, BStBl 2013 I S. 734. Siehe auch Bock in Grootens, BewG, § 243 Rz. 94 ff.

4 Vgl. Grootens in Grootens, BewG, § 252 Rz. 76 ff. und Grootens in Grootens, BewG, § 258 Rz. 106 ff.

5 A 218 Satz 2 AEBewGrSt.

6 R 4.2 Abs. 1 EStR 2012.

1. § 95 Abs. 1 BewG für den Gewerbebetrieb nach § 15 Abs. 1 Nr. 1 EStG,
2. § 96 BewG für selbständige Tätigkeit nach § 18 Abs. 1 Nr. 1 EStG,
3. § 97 Abs. 1 Nr. 5 BewG für gewerbliche Mitunternehmerschaften (§ 15 Abs. 1 Nr. 2 EStG) und selbständig tätige Mitunternehmerschaften (§ 18 Abs. 4 Satz 2 EStG);
4. § 97 Abs. 1 Satz 1–4 und Abs. 4 BewG für Körperschaften, die nach dem KStG ertragsteuerpflichtig sind.

Zum Betriebsvermögen gehören demnach alle Wirtschaftsgüter, die ausschließlich oder unmittelbar für eigenbetriebliche Zwecke genutzt werden oder dazu bestimmt sind (**notwendiges Betriebsvermögen**).[1] Grundvermögen zählt regelmäßig zum notwendigen Betriebsvermögen, wenn es für eigene betriebliche Zwecke verwendet wird.[2] Gewillkürtes Betriebsvermögen liegt bei Grundstücken vor, die fremdbetrieblich oder zu fremden Wohnzwecken gegen Entgelt genutzt werden (also vermietet oder verpachtet werden) und vom Ertragsteuerpflichtigen bewusst dem Betriebsvermögen zugeordnet werden.[3] 103

Ertragsteuerliches Betriebsvermögen eines **land- und forstwirtschaftlichen Betriebs** i. S. der §§ 13 ff. EStG ist kein Betriebsvermögen i. S. der §§ 95 ff. BewG, § 95 Abs. 2 BewG.[4] 104

(Einstweilen frei) 105–110

2. Zuordnung von Betriebsgrundstücken zu den grundsteuerlichen Vermögensarten

Da die Bewertungsvorschriften der §§ 232 ff. BewG für land- und forstwirtschaftliches Vermögen und §§ 243 ff. BewG für das Grundvermögen keine Unterscheidung hinsichtlich des in §§ 95 ff. BewG geregelten Betriebsvermögens treffen, ist die **Vermögensart des Betriebsvermögens** (§ 18 Nr. 3 BewG) nicht für die Grundsteuerwertermittlung anzuwenden. 111

Durch den Wegfall des Betriebsvermögens als eigene Vermögensart sind die Grundstücke, die einem Betriebsvermögen zugeordnet wurden, den Vermögensarten i. S. des § 218 Satz 1 BewG zuzuordnen. § 218 Satz 2 und 3 BewG übernimmt nun die Regelungen des § 99 Abs. 1 Nr. 1 und 2 BewG in die Grundsteuerwertermittlung i. S. der §§ 218 ff. BewG.[5] 112

Demnach ist ein Grundstück der Vermögensart zuzuordnen, als ob es nicht zum Betriebsvermögen gehören würde, vgl. § 99 Abs. 1 BewG.[6] Der Zuordnung zum – notwendigen oder gewillkürten – Betriebsvermögen kommt damit keine Bedeutung im Rahmen der Grundsteuerwertermittlung zu. Die Zuordnung zur Vermögensart erfolgt anhand der spezialgesetzlichen Kriterien der §§ 232 ff. BewG und §§ 243 ff. BewG. 113

Letztlich wiederholt der Gesetzgeber klarstellend, dass eine Zuordnung der Betriebsgrundstücke zu den Vermögensarten i. S. des § 218 Satz 1 BewG zu erfolgen hat.[7] 114

1 R 4.2 Abs. 1 Satz 1 EStR 2012.

2 R 4.2 Abs. 7 Satz 1 EStR 2012.

3 R 4.2 Abs. 9 Satz 1 EStR 2012.

4 Zur Abgrenzung des land- und forstwirtschaftlichen Betriebs vom Betriebsvermögen i. S. der § 95 ff. BewG; siehe gleich lautende Erlasse der obersten Finanzbehörden der Länder v. 15.12.2011, BStBl 2011 I S. 1213.

5 A 218 Satz 3 AEBewGrSt.

6 A 218 Satz 4 AEBewGrSt.

7 BT-Drucks. 19/11085 S. 93 zu § 218 BewG. Siehe auch Eisele/Wiegand, Grundsteuerreform 2022/2025, S. 9 NWB CAAAH-44415.

§ 219 BewG Feststellung von Grundsteuerwerten

(1) Grundsteuerwerte werden für inländischen Grundbesitz, und zwar für Betriebe der Land- und Forstwirtschaft (§§ 232 bis 234, 240) und für Grundstücke (§§ 243 und 244) gesondert festgestellt (§ 180 Absatz 1 Satz 1 Nummer 1 der Abgabenordnung).

(2) In dem Feststellungsbescheid (§ 179 der Abgabenordnung) sind auch Feststellungen zu treffen über:

1. die Vermögensart und beim Grundvermögen auch über die Grundstücksart (§ 249) sowie

2. die Zurechnung der wirtschaftlichen Einheit und bei mehreren Beteiligten über die Höhe ihrer Anteile.

(3) Die Feststellungen nach den Absätzen 1 und 2 erfolgen nur, soweit sie für die Besteuerung von Bedeutung sind.

Inhaltsübersicht **Rz.**

LITERATUR:

Höreth/Stelzer, Grundsteuerreform – der Druck auf den Gesetzgeber steigt, DStZ 2019 S. 607; *Marfels*, Die Neubewertung von Grundvermögen nach dem Entwurf für ein Grundsteuerreformgesetz (GrStRefG), ErbStB 2019 S. 266; *Marx*, Ökonomische Analyse des Grundsteuer-Reformgesetzentwurfs, DStZ 2019

S. 372; *Neufang*, Das Grundsteuerreformgesetz – ein gesetzgeberisches Chaos?, BB 2019 S. 3035; *Eichholz*, Novellierung der Grundsteuer, DStZ 2020 S. 1158; *Eisele/Wiegand*, Grundsteuerreform 2022/2025, 1. Aufl. 2020, S. 9, NWB CAAAH-44415; *Heine*, Reform des Bewertungs- und Grundsteuerrechts. Werden die Reformziele erreicht?, KStZ 2020 S. 2; *Heine*, Hauptfeststellung und Nachfeststellung sowie Fortschreibung und Aufhebung von Einheits- und Grundsteuerwerten nach altem und neuem Recht als Grundlage für die Veranlagung der Grundsteuer, KStZ 2020 S. 21; *Wünnemann/Koller*, Die Grundsteuerreform – ein Resümee aus Sicht der Industrie, BB 2020 S. 215; *Melchior*, Die Feststellung von Besteuerungsgrundlagen, SteuerStud 8/2007 NWB EAAAC-50435.

ARBEITSHILFEN UND GRUNDLAGEN ONLINE:

Abruf der Zuständigkeiten insbesondere für die grundsteuerlichen Grundbesitzbewertung der Finanzämter in Deutschland auf der Internetseite des Bundeszentralamts für Steuern: http://go.nwb.de/pqkur

VERWALTUNGSANWEISUNGEN:

Koordinierte Erlasse der obersten Finanzbehörden der Länder v. 9.11.2021 – Anwendung des Siebenten Abschnitts des Zweiten Teils des Bewertungsgesetzes zur Bewertung des Grundbesitzes (allgemeiner Teil und Grundvermögen) für die Grundsteuer ab 1.1.2022 (AEBewGrSt), BStBl 2021 I S. 2334.

A. Allgemeine Erläuterungen

I. Hinweise auf Verwaltungsanweisungen

Verwaltungsanweisungen zu § 219 BewG liegen mit A 219 AEBewGrSt vor.[1] Für das Feststellungsverfahren bestehen allgemeine verfahrensrechtliche Verwaltungsanweisungen im **Anwendungserlass der AO**, siehe §§ 179 ff. AO. 1

(Einstweilen frei) 2–10

II. Normzweck und wirtschaftliche Bedeutung der Vorschrift

Die Vorschrift ist die grundlegende Norm für den ersten Schritt des **dreistufigen Grundsteuerbesteuerungsverfahrens**. Die Feststellung der Grundsteuerwerte ist die Grundlage für die nachfolgende Festsetzung des **Grundsteuermessbetrags** (§§ 13 ff. GrStG). Aufbauend auf dem Messbetrag, der eventuell **zerlegt** wird (§§ 22 ff. BewG), erfolgt die eigentliche **Grundsteuerfestsetzung** (§§ 25 ff. GrStG) durch die jeweilige Gebietskörperschaft mit dem **Grundsteuerheberecht** nach § 1 Abs. 1 oder 2 GrStG. 11

1 Koordinierte Erlasse der obersten Finanzbehörden der Länder v. 9.11.2021, BStBl 2021 I S. 2334 (AEBewGrSt).

Schaubild:

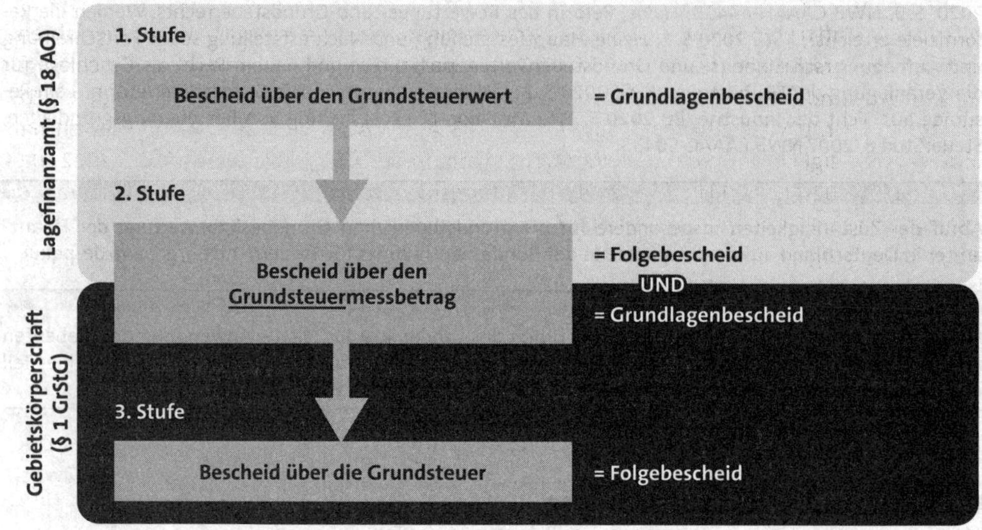

12 Durch § 219 BewG wird die besondere **Feststellung der Grundsteuerwerte** außerhalb der eigentlichen Steuerfestsetzung i. S. des § 179 Abs. 1 AO angeordnet. Die an § 219 BewG anknüpfende Vorschrift zum Verfahrensrecht ist § 180 Abs. 1 Satz 1 Nr. 1 AO, wonach Einheitswerte bis zum Feststellungsstichtag 1.1.2024 verpflichtend gesondert festgestellt werden müssen. Parallel wurden zum Feststellungsstichtag 1.1.2022 bis zum Feststellungsstichtag 1.1.2024 auch Grundsteuerwerte festgestellt.

13 Unmittelbare wirtschaftliche Bedeutung hat die Vorschrift nicht, da es sich um eine **verfahrensrechtliche Vorschrift** für das Feststellungsverfahren handelt.

14–20 *(Einstweilen frei)*

III. Entstehung und Entwicklung der Vorschrift

21 **Vorgänger** des § 219 BewG in der Einheitsbewertung war § 19 BewG mit im Wesentlichen identischen Regelungsinhalt, welcher mit Wirkung zum 1.1.2025 aufgehoben wurde.

22 **Redaktionelle Änderungen** bezogen sich auf die **gesetzlichen Verweise** sowie das Entfernen des bereits in der Einheitsbewertung weggefallenen Abs. 2 des § 19 BewG.

23 Mit der Neufassung der **Vorschriften zur Grundsteuerwertermittlung ab 1.1.2022** entfiel die Notwendigkeit, die bisher in der Einheitsbewertung noch fortgeltenden Bewertungsvorschriften auf den **Hauptfeststellungszeitpunkt 1.1.1935** zu übernehmen (vgl. § 19 Abs. 3 Nr. 1 BewG a. F.). Diese Vorschriften übernahmen die Bewertungsvorschriften aus dem Reichsbewertungsgesetz sowie der Durchführungsverordnung zum Reichsbewertungsgesetz für die bundesdeutsche Einheitsbewertung in Ostdeutschland (ohne West-Berlin), da es für diese Grundstücke an einer **Hauptfeststellung zum 1.1.1964** mangelte. Die damit zusammenhängenden **Übergangs-**

vorschriften des Dritten Abschnitts (§§ 125–133 BewG) wurden dementsprechend mit dem GrStRefG mit Wirkung zum 1.1.2025 **aufgehoben**.[1]

Mit dem Inkrafttreten des § 219 BewG wurde gleichermaßen der **Wortlaut der verfahrensrechtlichen Vorschriften** nach §§ 179 ff. AO **angepasst**. Die für Einheitswerte einschlägigen Vorschriften sind damit ebenso für die Grundsteuerwerte anzuwenden, insbesondere § 180 Abs. 1 Satz 1 Nr. 1 AO, § 182 Abs. 2 Satz 1 AO, § 183 Abs. 3 AO, § 183a Abs. 4 AO. Insoweit handelt es sich lediglich um **redaktionelle Änderungen**. In der **Übergangszeit** vom 1.1.2022 (0:00 Uhr) – 31.12.2024 (24:00 Uhr) sehen die verfahrensrechtlichen Vorschriften damit sowohl die Feststellung von Einheits- als auch von Grundsteuerwerten vor.[2] Ab dem 1.1.2025 sind dann folgerichtig lediglich Grundsteuerwerte festzustellen, die Verweise auf Einheitswerte wurden insoweit gestrichen (Art. 97 § 10 Abs. 2 Satz 3 EGAO, Art. 97 § 10b Satz 3 EGAO).[3] 24

(Einstweilen frei) 25–30

IV. Geltungsbereich

Die Vorschrift gilt lediglich für die Bewertungsvorschriften des Siebenten Abschnitts des Zweiten Teils des Bewertungsgesetzes, also für die **Feststellung von Grundsteuerwerten** für Zwecke der Festsetzung des Grundsteuermessbetrags sowie der GrSt nach dem GrStG. 31

Das **Landesrecht** kann von § 219 BewG abweichende Vorschriften vorsehen, Art. 72 Abs. 3 Nr. 7 GG. Dies wurde durch folgende Länder umgesetzt: 32

- Baden-Württemberg (§ 13 LGrStG BW),
- Hamburg (§ 6 Abs. 1 und 2 HmbGrStG),
- Niedersachsen (§ 8 Abs. 1 NGrStG).

Das Land Bayern trifft in seinem Landesgesetz keine vom Bundesrecht abweichenden Regelung und übernimmt durch Anwendungsvorschriften den Regelungsinhalt des § 219 BewG (Art. 10 Abs. 1 Satz 1 BayGrStG). 33

Das Land Hessen hat in dessen Landesgrundsteuergesetz weder eine ausdrückliche Anwendung des § 219 BewG noch eine eigene Landesregelung als Ersatz des § 219 BewG vorgesehen (fehlende Nennung in § 2 Abs. 2–4 HGrStG). Mangels abweichender landeseigener Regelung ist davon auszugehen, dass eine eigene Landesregelung der verfahrensrechtlichen Bestimmungen des § 219 BewG nach Art. 72 Abs. 3 Nr. 7 GG insoweit nicht vorliegt. Im Ergebnis ist daher das Bundesrecht entsprechend im Rahmen des Landesrechts des HGrStG anzuwenden. 34

Im Übrigen wird auf die Kommentierung der jeweiligen Landesgesetze im Teil C dieses Kommentars hingewiesen. 35

(Einstweilen frei) 36–40

V. Vereinbarkeit der Vorschrift

Aufgrund der rein verfahrensrechtlichen Natur der Vorschrift sowie der Entsprechung zum Recht der Einheitsbewertung begegnet die Vorschrift **keinen Bedenken** bezüglich der **Vereinbarkeit mit höherrangigem Recht.** 41

1 Art. 2 Nr. 9 GrStRefG.

2 Art. 4 Nr. 1, 3 und 4 GrStRefG, BT-Drucks. 19/11085 S. 127 zu Art. 4 „Allgemein".

3 Art. 5 Nr. 2, 4 und 5 GrStRefG, BT-Drucks. 19/11085 S. 128 zu Art. 5 „Allgemein".

42 Durch den § 219 BewG hat der **Bundesgesetzgeber** von seiner **konkurrierenden Gesetzgebung** nach Art. 105 Abs. 2 Satz 1 GG Gebrauch gemacht. Ungeachtet dessen kann das Landesrecht aber abweichende Vorschriften vorsehen, die Vorrang von der bundesgesetzlichen Regelung haben, Art. 72 Abs. 3 Nr. 7 GG.

43–50 *(Einstweilen frei)*

VI. Verhältnis zu anderen Vorschriften

51 § 219 BewG ist die korrespondierende Vorschrift zu § 180 Abs. 1 Satz 1 Nr. 1 AO. Durch § 219 BewG wird die **Feststellungspflicht** sowie der **Umfang der festzustellenden Besteuerungsgrundlagen** festgelegt. Dementsprechend sind bei der Feststellung nach § 219 BewG die **verfahrensrechtlichen Vorschriften der §§ 180–183a AO** zu beachten und wirken für die Grundsteuerwertfeststellung entsprechend.

52 § 219 BewG bildet die **Rahmenvorschrift** für die Feststellung der Grundsteuerwerte. Diese Feststellung kann im Rahmen

- einer **Hauptfeststellung** nach § 221 BewG,
- einer **Fortschreibung** nach § 222 BewG oder
- einer **Nachfeststellung** nach § 223 BewG erfolgen.
- Als negative Feststellung ist auch die **Aufhebung eines Grundsteuerwerts** nach § 224 BewG von den Vorschriften über die Feststellung i. S. des § 219 BewG betroffen.

53 Die **Abgrenzung des inländischen Grundbesitzes** im Feststellungsverfahren erfolgt nach § 231 BewG. Demnach unterliegt nur der inländische Teil einer (grenzüberschreitenden) wirtschaftlichen Einheit (§ 2 Abs. 1 BewG) der grundsteuerlichen Grundbesitzbewertung. Der ausländische Teil ist hierfür nicht erheblich, § 231 Abs. 2 BewG.

54 Die **festzustellenden Werte** und andere Besteuerungsgrundlagen ergeben sich aus dem weiteren Verfahrensrecht der §§ 218 ff. BewG sowie dem **materiellen Bewertungsrecht** der §§ 232 ff. BewG.

55–60 *(Einstweilen frei)*

B. Systematische Kommentierung

I. Feststellung von Grundsteuerwerten (§ 219 Abs. 1 BewG)

1. Inländischer Grundbesitz

61 Der Feststellung der Grundsteuerwerte erfolgt nach § 219 Abs. 1 BewG nur für **„inländischen Grundbesitz"**. Das Bewertungsgesetz beinhaltet keine eigene Begriffsbestimmung des Inlands bzw. dessen Umfangs. Auch andere Gesetze, die auf die Grundsteuerwertermittlung anzuwenden sind – insbesondere AO und GrStG – enthalten **keine eigene Inlandsdefinition**. Somit muss auf die grundgesetzliche Beschreibung des Anwendungsbereichs des Gesetzes zurückgegriffen werden. Demnach umfasst das **Inland** das **Gebiet aller 16 Bundesländer**, Satz 2 der Präambel des GG. Damit ist das gesamte deutsche Staatsgebiet, also auch **Exklaven** (i. e. Büsingen) sowie die Hoheitsgewässer einschließlich aller Inseln Deutschlands, von der Grundsteuerwertfeststellung grundsätzlich erfasst.

Weist eine wirtschaftliche Einheit **keinen Inlandsbezug** aus, scheidet eine grundsteuerliche Grundbesitzbewertung damit von vornherein aus. Eine Feststellung ist nach § 219 Abs. 1 BewG nur für inländischen Grundbesitz durchzuführen. 62

Wirtschaftliche Einheiten sind nach § 2 Abs. 1 Satz 2 BewG stets einheitlich zu bewerten. Gleichzeitig ist der **Umfang einer wirtschaftlichen Einheit** anhand der **Verkehrsanschauung** (§ 2 Abs. 1 Satz 3 und 4 BewG) und des **zivilrechtlichen Eigentums** (§ 2 Abs. 2 BewG) zu bestimmen.[1] Damit kann eine wirtschaftliche Einheit **grenzüberschreitend** bestehen, also sowohl im Inland als auch im Ausland liegen. 63

Dieser – weite – Umfang der wirtschaftlichen Einheit steht im Konflikt mit dem Begriff des inländischen Grundbesitzes nach § 219 Abs. 1 BewG. Die Feststellung stellt jedoch auf den **inländischen Grundbesitz**, nicht auf die inländische wirtschaftliche Einheit ab. Daraus folgt bereits, dass die Feststellung sich auf den inländischen Teil der grenzüberschreitenden wirtschaftlichen Einheit beschränken muss. Dementsprechend schreibt § 231 Abs. 1 BewG vor, dass die wirtschaftliche Einheit in diesem grenzüberschreitenden Fall nur im Umfang des inländischen Teils als wirtschaftliche „Untereinheit" festzustellen ist.[2] 64

Daraus folgt, dass eine **Feststellung nur im Umfang des inländischen Teils** einer wirtschaftlichen Einheit zu erfolgen hat, § 231 BewG. Mangels offizieller Regelungen bleibt es abzuwarten, wie die Feststellungen vorzunehmen sind, wenn das Grundstück sich über mehrere Länder erstreckt, die abweichende Bewertungsverfahren anwenden. Soweit ausländische Teile vorliegen, sind diese für die Grundsteuerwertfeststellung nicht erheblich und bleiben außer Ansatz. Folglich sind diese nach § 219 Abs. 3 BewG nicht zu bewerten. 65

Durch gesetzlichen Verweis sind die Bewertungsvorschriften der §§ 232 ff. BewG für das land- und forstwirtschaftliche Vermögen und die Bewertungsvorschriften der §§ 243 ff. BewG für das Grundvermögen für die Grundsteuerwertermittlung anzuwenden. 66

(Einstweilen frei) 67–70

2. Vermögensart des inländischen Grundbesitzes

Die Feststellung eines Grundsteuerwerts erfolgt für die in § 219 Abs. 1 BewG genannten Vermögensarten. Die **Vermögensarten** entsprechen der Zuordnung bzw. Abgrenzung nach § 218 BewG. Feststellungen sind daher für Grundbesitz des **land- und forstwirtschaftlichen Vermögens** (§ 218 Satz 1 Nr. 1 BewG) sowie des **Grundvermögens** (§ 218 Satz 1 Nr. 2 BewG) vorzunehmen.[3] 71

Die **Betriebsgrundstücke** unterliegen – ebenfalls entsprechend § 218 Satz 2 und 3 BewG – nicht der gesonderten Feststellung i. S. des § 219 Abs. 1 BewG. Diese werden innerhalb der in § 218 Satz 1 Nr. 1 und 2 BewG genannten Vermögensarten bewertet. Eine gesonderte Erfassung von Betriebsgrundstücken findet daher nicht statt. 72

BEISPIEL: Ein Landwirt besitzt zwei Flurstücke (Flurstücksnummer 2 und Flurstücksnummer 3). Auf dem Flurstück 2 betreibt der Landwirt Spargelanbau. Auf dem Flurstück 3 befinden sich die Hofstelle und das Wohnhaus. Die Flächen vom Flurstück 2 und die anteilige Fläche der Hofstelle auf dem Flurstück 3

1 Vgl. Bock in Grootens, BewG, § 244 Rz. 23 ff.
2 Vgl. Kurt in Grootens, BewG, § 231 Rz. 71 ff.
3 A 219 Satz 1 AEBewGrSt.

gehören zum land- und forstwirtschaftlichen Vermögen des Landwirts. Die Anteilige Fläche des Wohnhauses auf dem Flurstück 3 sind dem Grundvermögen des Landwirts zuzuordnen.

73–80 *(Einstweilen frei)*

3. Rechtsfolge: Feststellung von Grundsteuerwerten

a) Inhalt der gesonderten Feststellung von Grundsteuerwerten

81 Der gesonderten Feststellung unterliegt der **Grundsteuerwert**, § 219 Abs. 1 BewG. Der Wert ermittelt sich nach den gesetzlich verwiesenen Bewertungsvorschriften.

82 Für das **land- und forstwirtschaftliche Vermögen** umfasst dies die Grundsteuerwerte für

1. Land- und forstwirtschaftliche Betriebe, die die wirtschaftliche Einheit nach §§ 232–233 BewG bilden;
2. Kleingarten- und Dauerkleingartenland nach § 240 BewG, die einem eigenständigen land- und forstwirtschaftlichen Betrieb gleichgestellt werden.

83 Für das **Grundvermögen** sind Grundsteuerwerte für

1. Grund und Boden, Gebäude und deren zivilrechtliche Bestandteile und Zubehör nach § 243 Abs. 1 Nr. 1 BewG, jedoch nur soweit es sich nicht um Betriebsvorrichtungen[1] handelt, § 243 Abs. 2 Nr. 2 BewG,
2. Erbbaurechte nach § 243 Abs. 1 Nr. 2 BewG,
3. Wohnungseigentum bzw. Teileigentum, § 243 Abs. 1 Satz 1 Nr. 3 BewG,
4. Erbbaurechte auf Wohnungs- und Teileigentum, § 243 Abs. 1 Satz 1 Nr. 4 BewG sowie
5. Gebäude auf fremden Grund- und Boden, § 244 Abs. 3 Nr. 2 BewG

festzustellen.

84 Die Ermittlung der jeweiligen Werte erfolgt nach den **materiellen Bewertungsvorschriften** der §§ 232 ff. BewG und §§ 243 ff. BewG.

85–90 *(Einstweilen frei)*

b) Verfahren zur Feststellung der Grundsteuerwerte

aa) Verpflichtung zur gesonderten Feststellung

91 Durch § 219 Abs. 1 BewG in Verbindung mit § 180 Abs. 1 Satz 1 AO ist verpflichtend das **Feststellungsverfahren** gesondert von der Grundsteuermessbetrags- oder Grundsteuerermittlung durchzuführen. Dadurch ist nach § 179 Abs. 1 AO ein selbständiger Feststellungsbescheid zu erlassen, der unabhängig vom (nachfolgenden) Grundsteuermessbescheid oder Grundsteuerbescheid ist.

92 Ein **Ermessen** (§ 5 AO) zum Verzicht auf das Feststellungsverfahren (z. B. in Fällen von geringer Bedeutung) ist **gesetzlich nicht vorgesehen** und scheidet damit regelmäßig aus.

1 Siehe Gleich lautende Erlasse der obersten Finanzbehörden der Länder zur Abgrenzung des Grundvermögens von den Betriebsvorrichtungen v. 5.6.2013, BStBl 2013 I S. 734 NWB DAAAE-40449.

Das in § 180 Abs. 2 Satz 2 Nr. 1 AO i. V. mit § 4 Satz 2 der Verordnung zu § 180 Abs. 2 AO vorgesehene **Absehen von einer gesonderten Feststellung** ist für die Grundsteuerwertfeststellung nach § 180 Abs. 1 Satz 1 Nr. 1 AO **nicht anwendbar.**[1] 93

Auch eine **Abweichung aus Billigkeitsgründen** i. S. des § 163 Abs. 1 AO **scheidet aus,** da nach § 220 Satz 2 BewG eine Anwendung der Billigkeitsgrundsätze für die Grundsteuerwertermittlung ausgeschlossen ist. 94

(Einstweilen frei) 95–100

bb) Sachliche und örtliche Zuständigkeit zur Feststellung

Sachlich zuständig sind nach § 16 AO i. V. mit § 17 Abs. 2 Satz 1 FVG die **Finanzämter** als Finanzbehörden i. S. des § 6 Abs. 2 Nr. 4a AO. 101

Grundsätzlich **örtlich zuständig** ist das **Lagefinanzamt,** in dessen Bezirk die wirtschaftliche Einheit des Grundbesitzes belegen ist, § 18 Abs. 1 Nr. 1 AO. 102

Liegt eine zu bewertende **wirtschaftliche Einheit in mehreren Finanzamtsbezirken,** ist das Finanzamt örtlich zuständig, in dessen Bezirk der wertvollste Teil der wirtschaftlichen Einheit liegt.[2] 103

Die **örtliche Zuständigkeit** kann ferner durch die oberste Finanzbehörde der Länder abweichend von Finanzamtsbezirk **zugewiesen** werden, § 17 Abs. 2 Satz 3 Nr. 1 und 2 FVG. Die dazu notwendigen Verordnungen werden durch die Landesregierung bzw. die oberste Landesfinanzbehörde erlassen.[3] 104

HINWEIS: 105

Die örtlichen Zuständigkeiten werden in dem Fachverfahren „GemFA" der Finanzverwaltung gespeichert und durch das Bundeszentralamt für Steuern (BZSt) online zugänglich gemacht: http://go.nwb.de/pqkur. Dort kann unter Eingabe der Finanzamtsbezeichnung, der Postleitzahl oder der Bundesfinanzamtsnummer die übernommenen oder abgegebenen Zuständigkeiten abgerufen werden.

(Einstweilen frei) 106–110

cc) Beteiligte im Feststellungsverfahren

Beteiligte im Feststellungsverfahren sind jene **Personen, an die sich der Feststellungsbescheid richtet,** § 78 Abs. 1 Nr. 2 AO. Dies ist zunächst der **Grundsteuerpflichtige** nach § 33 Abs. 1 AO i. V. mit § 10 Abs. 1 GrStG, dem die zu bewertende wirtschaftliche Einheit zuzuordnen ist. 111

Der Beteiligte und Steuerpflichtige kann sich nach § 80 AO von einem **Bevollmächtigten** vertreten lassen. 112

Ist die wirtschaftliche Einheit einer **Personengesellschaft** oder einer **juristischen Person** (privaten oder öffentlichen Rechts) zuzurechnen, ist der **gesetzliche Vertreter** (§ 34 Abs. 1 AO), **Vermögensverwalter** (§ 34 Abs. 3 AO) oder der **Verfügungsberechtigte** (§ 35 AO) der Beteiligte als **Bekanntgabeadressat. Inhaltsadressat** des Feststellungsbescheids bleibt dabei die vertretene Personengesellschaft oder juristische Person. 113

1 AEAO zu § 180 AO, Tz. 3.
2 A 1.3 Satz 3 AEGrStG.
3 Vgl. beispielsweise die Finanzamtszuständigkeitsverordnung des Landes Berlin.

114 Wird die wirtschaftliche Einheit **Ehegatten** (§ 1353 Abs. 1 Satz 1 BGB) oder **Lebenspartnern** (§ 1 Satz 2 Nr. 1 LPartG) zugeordnet, sind beide Ehegatten/Lebenspartner Feststellungsbeteiligte.

115 Liegen **mehrere Feststellungsverfahrensbeteiligte** vor – beispielsweise durch eine Mehrheit von Vertretern nach § 34 AO oder bei Ehegatten/Lebenspartnern – können sich die Beteiligten durch ein **gemeinsamen Vertreter** nach § 183a Abs. 1 AO vertreten lassen. Dies kann entweder einer der Beteiligten sein oder ein Bevollmächtigter nach § 80 AO, § 183a Abs. 1 AO. Im Falle von Ehegatten/Lebenspartnern kann ein Ehegatte/Lebenspartner den anderen kraft Gesetzes vertreten, § 183a Abs. 4 AO i.V. mit § 122 Abs. 7 AO.

116 Ist die wirtschaftliche Einheit einem – nach §§ 104 ff. BGB geschäftsunfähigen – **Kind** zuzurechnen, vertreten grds. die **Eltern** das Kind, § 1629 BGB. Das Kind ist damit zwar Feststellungsbeteiligter (Inhaltsadressat), kann aber nur durch den gesetzlichen Vertreter, i. d. R. die Eltern als gesetzliche Vertreter nach § 34 Abs. 1 AO (Bekanntgabeadressat) handeln. Die Eltern sind gleichzeitig **Empfangsbevollmächtigte** des Kindes, § 183a Abs. 4 Nr. 2 AO i.V. mit § 122 Abs. 7 Nr. 2 AO, wenn sie sich nicht durch einen Bevollmächtigten i. S. des § 80 AO vertreten lassen.

117 Liegen **mehrere Feststellungsbeteiligte** vor, denen die wirtschaftliche Einheit anteilig zuzurechnen ist, ist die gesonderte **Grundsteuerwertfeststellung einheitlich** vorzunehmen, § 179 Abs. 2 Satz 2 AO und § 3 BewG.

118–120 *(Einstweilen frei)*

dd) Feststellungsfrist

121 Die Vorschriften des **Steuerfestsetzungsverfahrens** nach §§ 155 ff. AO sind auf das **Feststellungsverfahren** und damit auch für das Grundsteuerwertfeststellungsverfahren **anzuwenden**, § 181 Abs. 1 Satz 1 AO. Damit richtet sich die **Feststellungsfrist** nach §§ 169–171 AO. Diese Vorschriften gelten aber nicht, soweit für das Feststellungsverfahren im Allgemeinen und für die Grundsteuerwertfeststellung im Besonderen **eigene Fristregelungen**, insbesondere durch § 181 Abs. 3–5 AO, bestehen. Für die mathematische Fristberechnung finden die allgemeinen Vorschriften nach § 108 Abs. 1 und 3 AO i.V. mit §§ 187 und 188 BGB Anwendung.

122–130 *(Einstweilen frei)*

(1) Beginn der Feststellungsfrist

131 Der Beginn der Feststellungsfrist für Grundsteuerwerte richtet sich nach § 181 Abs. 3 Satz 1 AO in der Fassung des GrStRefG.[1] Demnach beginnt die Feststellungsfrist **mit Ablauf des Jahres, auf dessen Beginn die Feststellung vorzunehmen** ist. Die Feststellungen für Grundsteuerzwecke nach §§ 221 ff. BewG sind jeweils auf den Beginn eines Kalenderjahres (§ 221 Abs. 2 BewG, § 222 Abs. 4 Satz 3 BewG, § 223 Abs. 2 Nr. 1 oder 2 BewG, § 224 Abs. 2 Nr. 1 oder 2 BewG) vorzunehmen. Die Feststellungsfrist beginnt damit grundsätzlich mit Ablauf des dort bezeichneten Kalenderjahres.

132 Der **Beginn verschiebt sich** jedoch, wenn eine **Abgabepflicht** zur **Grundsteuerwertfeststellungserklärung** besteht, § 181 Abs. 3 Satz 2 AO. Diese Pflicht kann sich sowohl gesetzlich oder aus behördlicher Anordnung ergeben. Für Zwecke der Grundsteuerwertfeststellung regelt § 228 Abs. 1 AO die **Erklärungspflicht**, die demnach **nur auf Aufforderung** – also behördlich –

1 Art. 4 Nr. 2 Buchst. a und Art. 5 Nr. 4 Buchst. a GrStRefG, vgl. BT-Drucks. 19/11085.

besteht. Eine gesetzliche Erklärungspflicht wie im Ertrags-[1] oder Umsatzsteuerrecht[2] besteht damit nicht.

133 Fordert das Finanzamt zur Abgabe einer **Grundsteuerwertfeststellungserklärung** nach § 228 Abs. 1 AO auf, **beginnt die Feststellungsfrist** damit nach § 181 Abs. 3 Satz 2 Alternative 1 AO mit Ablauf des Jahres **der Abgabe der Feststellungserklärung**. Diese „Anlaufhemmung" endet **spätestens mit Ablauf des dritten auf den Feststellungszeitpunkt folgenden Jahres**, § 181 Abs. 3 Satz 2 Alternative 2 AO. Datum der Aufforderung oder Frist zur Aufforderung bleiben dabei ohne Bedeutung. Die Feststellungsfrist wird lediglich durch den gesetzlichen Feststellungszeitpunkt sowie die Abgabe der Feststellungserklärung beeinflusst.

134 BEISPIEL: Es soll eine Hauptfeststellung auf den 1.1.2022 durchgeführt werden. Das zuständige Finanzamt fordert den Steuerpflichtigen mit Schreiben v. 4.8.2024 auf, die Grundsteuerwertfeststellungserklärung bis zum 8.9.2025 abzugeben. Die tatsächliche, wirksame Abgabe erfolgt jedoch erst am 2.1.2026.

Die Feststellungsfrist beginnt nach § 181 Abs. 3 Satz 1 grundsätzlich mit Ablauf des Kalenderjahres des Feststellungszeitpunkts (hier: Hauptfeststellungszeitpunkt), also mit Ablauf des Kalenderjahres 2022. Durch die Aufforderung zur Abgabe einer Feststellungserklärung greift jedoch die Anlaufhemmung nach § 181 Abs. 3 Satz 2 AO ein. Danach beginnt die Feststellungsfrist mit Ablauf des Kalenderjahres der Erklärungsabgabe (2026), spätestens aber mit Ablauf des dritten Folgejahres des Kalenderjahres des Feststellungszeitpunkts (Ablauf 2022 + drei Jahre = Ablauf 2025). Die Anlaufhemmung führt damit dazu, dass die Feststellungsfrist damit mit Ablauf der Dreijahresfrist mit Ablauf des Kalenderjahres 2025 beginnt.

135 Eine **Anzeige** i. S. des § 153 Abs. 1 Nr. 1 AO führt regelmäßig nicht zu einer Anwendung der **Anlaufhemmung**, da es sich im Regelfall nicht um eine Steuererklärung i. S. des § 149 AO handelt.[3] Jedoch ist die in § 228 Abs. 2 BewG verankerte Anzeige einer Steuererklärung gesetzlich gleichgestellt (§ 228 Abs. 5 BewG). Damit ist auch die Anzeige über die Änderung der tatsächlichen Verhältnisse i. S. des § 228 Abs. 2 BewG für die Feststellungsfrist nach § 181 Abs. 3 AO als eine Steuererklärung anzusehen.

136 Fehlt es an einer wirksamen Feststellungserklärung, beginnt die Feststellungsfrist nach § 181 Abs. 3 Satz 2 Alternative 2 AO **mit Ablauf des dritten Folgejahres des Feststellungszeitpunkts**. So wäre z. B. eine nicht unterschriebene Feststellungserklärung nichtig, da die Unterschrift gesetzlich vorgeschrieben ist (§ 228 Abs. 5 BewG).[4] Auch andere **Nichtigkeitsgründe** (z. B. fehlende Geschäftsfähigkeit des Erklärenden, § 105 Abs. 1 BGB) führen zur Nichtigkeit der Feststellungserklärung und damit zur Unwirksamkeit der Feststellungserklärung.

137 Findet die Anlaufhemmung nach § 181 Abs. 3 Satz 2 AO Anwendung, wird der **Feststellungsfristbeginn der nachfolgenden Feststellungszeitpunkte**, die nach dem gleichen Hauptfeststellungszeitpunkt folgen, **hinausgeschoben**. Damit verlängern sich die Feststellungsfristen der Fortschreibungs-, Neufeststellungs- und Aufhebungszeitpunkte innerhalb der siebenjährigen Hauptfeststellungsperiode entsprechend um mindestens den gleichen Zeitraum der Anlaufhemmung nach § 181 Abs. 3 Satz 2 AO. Insoweit ist eine **weitere Anlaufhemmung aus nachfol-**

1 Vgl. § 25 Abs. 3 EStG i. V. mit § 56 EStDV, § 31 Abs. 1 Satz 1 KStG, § 14a Abs. 1 Satz 1 GewStG.

2 Vgl. § 18 Abs. 1–4 UStG.

3 AEAO zu § 170 AO, Tz. 3 Abs. 1 mit Verweis auf BFH, Urteil v. 22.1.1997 - II B 40/96, BStBl 1997 II S. 266.

4 Siehe auch Drüen in Tipke/Kruse, AO/FGO, § 170 AO Rz. 12.

genden Erklärungen nicht zu prüfen.[1] Diese automatische Anlaufhemmung entfällt für Feststellungen zu oder nach einem folgenden Hauptfeststellungszeitpunkt (§ 221 Abs. 1 BewG).

138 Eine weitere **Anlaufhemmung** nach § 181 Abs. 4 AO führt dazu, dass der Beginn frühestens mit Ablauf des Kalenderjahres eintritt, in dem die **Feststellung erstmalig der Besteuerung zu Grunde gelegt** wird. Die Grundsteuerwertfeststellung ist für die Grundsteuerhaupt-, -neu- oder -nachveranlagung (§§ 16–18 GrStG) erforderlich. Für den Hauptfeststellungszeitpunkt zum 1.1.2022 (§ 266 Abs. 1 BewG) wurden die Grundsteuerwerte erstmalig der Hauptveranlagung zum 1.1.2025 zu Grunde gelegt. Somit beginnt die **Feststellungsfrist der ersten Hauptfeststellung nicht vor Ablauf des Kalenderjahres 2025** (§ 181 Abs. 4 AO).

139 Ist ein anderer **Feststellungsbeteiligter** bereits der **Verpflichtung zur Abgabe nachgekommen**, sind **andere Beteiligte** insoweit von der Verpflichtung **befreit** (§ 182 Abs. 2 Satz 3 AO). Insoweit ist nur noch eine nicht anlaufhemmende freiwillige Abgabe durch andere Beteiligte möglich.

140 *(Einstweilen frei)*

(2) Dauer der Feststellungsfrist

141 Die **Feststellungsfrist** beträgt nach § 181 Abs. 1 Satz 1 AO i.V. mit § 169 Abs. 2 Satz 1 Nr. 2 AO grundsätzlich **vier Jahre**. Liegen **Steuerstraftaten** oder **Steuerordnungswidrigkeiten** im Zusammenhang mit der Grundsteuerwertfeststellung nach § 369 ff. AO vor, verlängert sich die Feststellungsfrist nach § 169 Abs. 2 Satz 2 AO auf **fünf** bzw. **zehn Jahre**.

142–150 *(Einstweilen frei)*

(3) Ende der Feststellungsfrist

151 Die Feststellungsfrist endet grundsätzlich nach dem mathematischen Ablauf der Dauer nach dem Fristbeginn i. S. des § 181 Abs. 3 und 4 AO unter Anwendung der allgemeinen Grundsätze nach § 108 Abs. 1 AO i.V. mit §§ 187 Abs. 1 und 188 Abs. 2 BGB. Dabei können **allgemeine Ablaufhemmungen** nach § 181 Abs. 1 Satz 1 AO i.V. mit § 171 AO anzuwenden sein. Insbesondere hemmen laufende **Änderungsanträge** (§ 171 Abs. 3 AO) sowie **Einspruchsverfahren** (§ 171 Abs. 3a AO) den Ablauf der Feststellungsfrist.

152 Für die Feststellungsfrist ist daneben eine grundsätzliche **Ablaufhemmung nach § 181 Abs. 5 AO** zu beachten. Demnach endet die Feststellungsfrist nicht, soweit auf Basis der Feststellung **Folge-Steuerbescheide** ergehen können, für die die **Festsetzungsfrist noch nicht abgelaufen** ist. Für die Grundsteuerwertfeststellung ist dies der Grundsteuermessbescheid i. S. des § 184 AO i.V. mit §§ 16 ff. GrStG.

153 Damit ist eine Grundsteuerwertfeststellung solange möglich, wie die Festsetzungsverjährung des Grundsteuermessbetrags nach § 16 ff. GrStG nicht abgelaufen ist. Da der Grundsteuermessbescheid selbst nur Grundlagenbescheid des (kommunalen) Grundsteuerbescheids ist, ist somit eine Feststellung so lange möglich, bis die Grundsteuerfestsetzungsfrist abgelaufen ist. § 181 Abs. 5 Satz 1 AO findet insoweit sowohl auf die Grundsteuerwertfeststellung als auch auf die Grundsteuermessbetragsfestsetzung Anwendung. Dies hat der BFH bereits für das dreistufige Verfahren der Einheitsbewertung entschieden[2] und unterliegt insoweit durch das neue Recht keiner Änderung.

1 AEAO zu § 181 AO, Tz. 2.
2 BFH, Urteil v. 11.11.2009 - II R 14/08, BStBl 2010 II S. 723.

(Einstweilen frei) 154–160

ee) Bekanntgabe des Feststellungsbescheids

Die Bekanntgabe des Grundsteuerwertfeststellungsbescheids erfolgt gegenüber demjenigen, dem der **Feststellungsgegenstand** – die wirtschaftliche Einheit des Grundbesitzes – **zugerechnet** wird. **Inhaltsadressat** i. S. des § 122 Abs. 1 AO ist damit der **(wirtschaftliche) Eigentümer**, der auch die Steuer schuldet. 161

Im Falle von **Alleineigentum** ist dies die jeweilige **natürliche oder juristische Person**. Steht der Grundbesitz im (wirtschaftlichen) Alleineigentum einer **Personengesellschaft**, ist Steuerschuldner die Personengesellschaft selbst (§ 10 Abs. 1 GrStG). Die Bekanntgabe erfolgt daher gegen einen oder mehreren ihrer Vertreter (§ 34 Abs. 1 AO). Bei der Mehrheit von Vertretern reicht die Bekanntgabe gegen einen **Empfangsbevollmächtigten** nach § 183a Abs. 1 AO aus. 162

Sind **Ehegatten/Lebenspartner** gemeinsame Eigentümer des Grundbesitzes, sind die einzelnen Personen im Umfang ihres Bruchteils nach § 39 Abs. 2 Nr. 2 AO Inhaltsadressaten.[1] 163

Ist die wirtschaftliche Einheit einem – nach §§ 104 ff. BGB geschäftsunfähigen – **Kind** zuzurechnen, ist das Kind zwar Inhaltsadressat, die Bekanntgabe muss aber gegenüber dem **gesetzlichen Vertreter** (§ 34 Abs. 1 AO, § 1629 BGB) als Bekanntgabeadressat erfolgen. Empfangsbevollmächtigte sind dabei regelmäßig die Eltern nach § 122 Abs. 7 AO i.V. mit § 183a Abs. 4 AO, wenn sie sich nicht durch einen Bevollmächtigten i. S. des § 80 AO vertreten lassen. 164

(Einstweilen frei) 165–170

ff) Wirkung des Feststellungsbescheids

Der **Feststellungsbescheid steht** einem **Steuerbescheid gleich**, § 181 Abs. 1 Satz 1 AO. Folge ist, dass ein Grundsteuerwertfeststellungsbescheid wie ein Steuerbescheid zu behandeln ist. Somit muss der Feststellungsbescheid einerseits die Formanforderungen des § 155 Abs. 1 AO und § 157 Abs. 1 AO erfüllen. Andererseits ist der Feststellungsbescheid damit durch §§ 129, 164, 165 und 172 ff. AO änderbar. 171

Tenor des Bescheids ist der **Grundsteuerwert**, § 119 Abs. 1 AO. Fehlt der Grundsteuerwert ist er nicht hinreichend inhaltlich bestimmt und damit nichtig (§ 125 Abs. 1 AO) und damit unwirksam, § 124 Abs. 3 AO. 172

Der Feststellungsbescheid muss den **Grundbesitz** (i. e. die wirtschaftliche Einheit) im Umfang und in der Bezeichnung **hinreichend benennen**. Dies wird i. d. R. über die postalische Adresse genügen, welche unter Umständen durch Flur, Flurstück, Grundbuchbezeichnungen und andere Lagebezeichnungen ergänzt werden kann. Die Lagebezeichnung muss eine Verwechslungsgefahr ausschließen und eine eindeutige Zuordnung des Bescheids zum Grundstück ermöglichen. Fehlt die hinreichend eindeutige Bezeichnung ist der Feststellungsbescheid nicht hinreichend nach § 119 Abs. 1 AO bestimmt und damit nichtig (§ 125 Abs. 1 AO) und unwirksam, § 124 Abs. 3 AO. 173

Der Feststellungsbescheid wirkt gleichzeitig als **Grundlagenbescheid** für seine Folgebescheide, § 182 Abs. 1 Satz 1 AO. Dies ist der **Grundsteuermessbescheid** i. S. des § 184 Abs. 1 AO. Folge ist, dass der Grundsteuerwertfeststellungsbescheid nach § 171 Abs. 10 AO die Festsetzungsfrist 174

1 AEAO zu § 122 AO, Tz. 2.5.4.

des Grundsteuermessbescheids im Ablauf hemmt und eine Änderung des Folgebescheids (Grundsteuermessbescheid) nach § 175 Abs. 1 Nr. 1 AO ermöglicht.

175–180 *(Einstweilen frei)*

gg) Steuerliche Nebenleistungen im Feststellungsverfahren

(1) Verspätungszuschläge

181 Wird eine Grundsteuerwertfeststellungserklärung verspätet abgegeben, entsteht kraft Gesetzes grds. ein **Verspätungszuschlag** nach § 152 Abs. 2 AO. Die maßgebliche Frist ist jene behördliche Frist, die das Finanzamt gegenüber dem Steuerpflichtigen in der Aufforderung zur Abgabe der Feststellungserklärung nennt, § 228 Abs. 1 Satz 1 BewG. Diese Frist darf aber **nicht weniger als 14 Monate nach dem Besteuerungszeitpunkt** (hier: Feststellungszeitpunkt nach §§ 221 ff. BewG) enden, § 152 Abs. 2 Nr. 1 AO. Eine **Verlängerung der Frist** nach § 109 Abs. 1 AO schließt insoweit auch einen Verspätungszuschlag aus, § 152 Abs. 3 Nr. 1 AO.

182 Der Verspätungszuschlag beträgt **25 € je angefangenen Monat der Verspätung**, § 152 Abs. 6 Satz 2 AO. Die Verspätung ist taggenau nach § 108 Abs. 1 AO zu berechnen.

183 Für Feststellungserklärungen zum **Hauptfeststellungszeitpunkt** 1.1.2022 ist ein automatischer **Verspätungszuschlag nach § 152 Abs. 2 AO ausgeschlossen**, Art. 97 § 8 Abs. 5 EGAO. Diese Übergangsregelung ist ab dem 1.1.2022 wirksam (Art. 6 GrStRefG) und gilt für die Abgabe der Feststellungserklärungen zum Grundsteuerwert **einmalig** auf den 1.1.2022.

184 Von der Ausnahmeregelung sind jedoch **nicht die ermessensgerecht festgesetzten Verspätungszuschläge** nach § 152 Abs. 1 AO – nach eindeutigem Wortlaut des Art. 97 § 8 Abs. 5 EGAO – betroffen, da lediglich die Anwendung des § 152 Abs. 2 AO ausgeschlossen wird.[1]

185 Die Ausnahmeregelung gilt dabei – nach eindeutigem Wortlaut des Art. 97 § 8 Abs. 5 EGAO – sowohl für Steuererklärungen nach § 228 Abs. 1 BewG **als auch für Anzeigen** über die Änderung der tatsächlichen Verhältnisse nach § 228 Abs. 2 BewG. Diese Anzeigen gelten nach § 228 Abs. 5 BewG für Zwecke der AO – und damit insbesondere für § 152 AO und Art. 97 § 8 Abs. 5 EGAO als Steuererklärungen. Jedoch ist fraglich, inwieweit dies dem Sinn und Zweck der Regelung entspricht. Der Gesetzgeber nimmt hier keine Einschränkung auf die eigentlichen Erklärungen nach § 228 Abs. 1 AO vor.[2]

186 Nach der hier vertretenen Auffassung ist dies auch **nach Sinn und Zweck zutreffend**, die Anzeigen nicht mit einem automatischen Verspätungszuschlag nach § 152 Abs. 2 AO zu sanktionieren. Denn die Ausnahmeregelung nach Art. 97 § 8 Abs. 5 EGAO ist erforderlich, um die Sanktionierung der Steuerpflichten durch eine neue Steuerrechtslage mit neuen Erklärungs- und Anzeigepflichten zu vermeiden. Dies gilt sowohl für die erstmalige Erklärung zur Hauptfeststellung als auch für nachträglich einzureichende Anzeigen über Änderungen der tatsächlichen Verhältnisse oder Anzeigen, die zu Fortschreibungen nach § 222 BewG oder Neufeststellungen nach § 223 BewG führen.

187 Nach Sinn und Zweck sollte nach der hier vertretenen Auffassung die Ausnahmeregelung vom automatischen Verspätungszuschlag nach § 152 Abs. 2 AO damit **zumindest für die erstmaligen Anzeigen** i. S. des § 228 Abs. 2 AO anwendbar sein. Wird eine zweite Anzeige nach § 228

1 Siehe auch BT-Drucks. 19/11085 S. 128/129, zu Art. 6.

2 Siehe auch BT-Drucks. 19/11085 S. 128/129, zu Art. 6.

Abs. 2 BewG notwendig, besteht kein Grund, von einer Sanktionierung abzusehen, da die Berichtspflichten mit der ersten eingereichten Anzeige als bekannt unterstellt werden kann.

(Einstweilen frei) 188–190

(2) Zwangsmittel

Im Feststellungsverfahren sind auch weiterhin die Zwangsmittel nach §§ 328 ff. AO anwendbar. Wird die Grundsteuerwertfeststellungserklärung oder die Anzeige nach § 228 Abs. 2 BewG nicht abgegeben, kann die Finanzbehörde dies bis zur Vornahme der entsprechenden Handlung durch **Androhung** (§ 332 AO) und anschließender **Festsetzung** (§ 333 AO) **eines Zwangsgeldes** von bis zu 25.000 € (§ 329 AO) erzwingen. Bleibt auch die Festsetzung und Erhebung eines oder mehrerer Zwangsgelder ohne Erfolg (Erzwingen der Handlung der Erklärungs- oder Anzeigenabgabe), ist als letztes verhältnismäßiges Mittel **Ersatzzwangshaft** (§ 334 AO) möglich. 191

Das Zwangsmittel darf nicht durchgesetzt werden, wenn die Handlung nachgeholt wurde (§ 335 AO). Wird die Handlung durchgeführt, nachdem bereits ein rechtmäßig festgesetztes Zwangsgeld gezahlt/aufgerechnet wurde, kann das **Zwangsgeld nicht zurückgefordert** werden.[1] 192

(Einstweilen frei) 193–200

hh) Überprüfung der Feststellung durch Außenprüfung

Eine Außenprüfung zur **Überprüfung der Angaben einer Grundsteuerwertfeststellungserklärung** bzw. der festgestellten Besteuerungsgrundlagen ist jederzeit nach **pflichtgemäßem Ermessen** für die Finanzbehörde nach § 193 Abs. 2 Nr. 2 AO eröffnet. Gerade bei umfangreichem Grundbesitz oder schwierig zu ermittelnden Besteuerungsgrundlagen ist diese Möglichkeit eröffnet. 201

Ferner ist die Möglichkeit bei Steuerpflichten bereits nach § 193 Abs. 1 AO eröffnet, wenn der **Grundbesitz einer Gewinneinkunftsart dient**. Insbesondere bei der Nutzung durch einen gewerbesteuerbaren Gewerbebetrieb nach § 2 GewStG besteht insbesondere eine Veranlassung für die Überprüfung der einfachen **gewerbesteuerlichen Grundbesitzkürzung** nach § 9 Nr. 1 Satz 1 GewStG i.V. mit § 20 GewStDV. 202

HINWEIS:

Gemäß Art. 18 Abs. 3 GrStRefG traten die Änderungen des GewStG[2] und der GewStDV[3] erst zum 1.1.2025 in Kraft. Das heißt die Kürzung des Gewinns bemaß sich bis zum Veranlagungszeitraum 2024 am **Einheitswert** des Grundbesitzes.

(Einstweilen frei) 203–210

1 BFH, Beschluss v. 11.1.2007 - VII B 262/06, NWB ZAAAC-41518, FG Baden-Württemberg, Urteil v. 9.3.1995 - 6 K 197/94 NWB XAAAC-60649.

2 Art. 10 GrStRefG.

3 Art. 11 GrStRefG.

II. Weitere Feststellungen (§ 219 Abs. 2 BewG)

1. „Auch" festzustellende Besteuerungsgrundlagen

211 Neben dem Grundsteuerwert ist nach § 219 Abs. 2 BewG verpflichtend vorgeschrieben, weitere Besteuerungsgrundlagen nach § 179 Abs. 1 Satz 1, § 180 Abs. 1 Satz 1 Nr. 1 AO festzustellen. Diese Besteuerungsgrundlagen sind damit ebenfalls **selbständige Besteuerungsgrundlagen**, die dem Feststellungs- (§ 179 ff. AO) und damit nicht dem Festsetzungsverfahren unterliegen.

212 Die weiteren Besteuerungsgrundlagen – hier **Art und Zurechnung der wirtschaftlichen Einheit** – sind **keine notwendigen Bestandteile** des Feststellungsbescheids i. S. des § 219 Abs. 1 BewG, die zu einer nicht hinreichenden inhaltlichen Bestimmung nach § 119 Abs. 1 AO führen würden, wenn sie fehlen.

213 Fehlen die Art- und Zurechnungsfeststellungen, können die Feststellungen durch **Ergänzungsbescheid** (§ 179 Abs. 3 AO) nachgeholt werden. Eine Nachholung ist dabei nur möglich, wenn der Feststellungsbescheid bisher keine – weder positiv noch negativ – Feststellung, auf die sich der Ergänzungsbescheid bezieht, enthält.[1] Da die **Feststellungspflicht** weiterhin besteht, steht ein Ergänzungsbescheid nicht im Ermessen der Finanzverwaltung und ist daher zwingend zu erlassen.[2]

214 Sofern diese zusätzlichen Besteuerungsgrundlagen fehlen, können die Besteuerungsgrundlagen bereits vor Feststellung im Wege der **Schätzung** (§ 184 Abs. 1 Satz 3 AO i.V. mit § 162 Abs. 5 AO) bei der Grundsteuermessbetragsfestsetzung berücksichtigt werden. Der Grundsteuermessbescheid ist nach Ergehen des Ergänzungsbescheids ggf. zu ändern, § 175 Abs. 1 Nr. 1 AO.

215–220 *(Einstweilen frei)*

2. Inhalt der weiteren Feststellungen

a) Nr. 1: Vermögens- und Grundstücksart

aa) Vermögensart

221 Die **Artfeststellung** umfasst zunächst die **Vermögensart**. Durch gesetzlichen Verweis wird bereits klargestellt, dass es sich um die Vermögensart i. S. des § 218 Satz 1 BewG handelt. Die Entscheidung über die Vermögensartzuordnung ist nach den materiellen Bewertungsvorschriften nach §§ 232 ff. BewG und §§ 243 ff. BewG zu treffen.[3]

222 Die Feststellung der Vermögensart wird für die Auswahl der zutreffenden **Messzahl** benötigt. Für **land- und forstwirtschaftliches Vermögen** ist die Messzahl nach **§ 14 GrStG** auszuwählen. Ferner kann die hebeberechtigte Kommune einen eigenen **Hebesatz für land- und forstwirtschaftliches Vermögen** festsetzen, § 25 Abs. 4 Nr. 1 GrStG (auch „Grundsteuer A" genannt[4]).

223 Für das **Grundvermögen** ist die Feststellung ebenfalls für die Ermittlung der Steuermesszahl nach **§ 15 GrStG** notwendig. Auch für das Grundvermögen kann ein eigener Hebesatz fest-

1 AEAO zu § 179 AO, Tz. 2 Abs. 3.
2 AEAO zu § 179 AO, Tz. 3 Abs. 4.
3 A 219 Abs. 1 Satz 4 AEBewGrSt.
4 Vgl. Grootens in Grootens, GrStG, § 25 Rz. 101 ff.

gelegt werden, § 25 Abs. 4 Nr. 2 GrStG (auch „Grundsteuer B" genannt[1]). Als Untergruppe im Grundvermögen ist es der hebeberechtigten Kommune gestattet, einen eigenen Hebesatz für baureife Grundstücke festzulegen, § 25 Abs. 5 GrStG (auch „Grundsteuer C" genannt[2]). Im Übrigen wird insbesondere zur Option, unterschiedliche Hebesätze festsetzen zu können (auch genannt „differenzierte Hebesätze" bzw. „gesplittete Hebesätze") auf die Kommentierung der jeweiligen Landesgesetze im Teil C dieses Kommentars hingewiesen.

(Einstweilen frei) 224–230

bb) Grundstücksart bei Grundvermögen

Im Bereich des Grundvermögens wird ferner die **Grundstücksart** festgestellt. Durch gesetzlichen Verweis wird klargestellt, dass die Feststellung die Grundstückart i. S. des **§ 249 BewG** betrifft. 231

§ 249 BewG ordnet bebaute Grundstücke diversen Grundstücksarten zu. Diese Feststellung wird für die Auswahl der richtigen **Messzahl** zur Festsetzung des Grundsteuermessbetrags nach § 15 GrStG benötigt.[3] Die Zuordnung zu der jeweiligen Grundstücksart wird nach den Maßstäben des § 249 Abs. 2–10 BewG getroffen. 232

Ist ein **Grundstück unbebaut**, gehört es zu keiner Grundstücksart i. S. des § 249 BewG, da diese Unterteilung nur bebaute Grundstücke betrifft, § 249 Abs. 1 Satz 1 BewG. Dies ist eine Abkehr vom bisherigen Feststellungsumfang, wonach bei der Einheitsbewertung auch der Bebauungszustand nach § 72 BewG miteinzubeziehen war, § 19 Abs. 3 Nr. 1 BewG. Jedoch wird weiterhin der Bebauungszustand für die Festsetzung des Grundsteuermessbetrags benötigt, da für unbebaute Grundstücke eine eigene Messzahl vorliegt, § 15 Abs. 1 Nr. 1 GrStG.[4] Auch die Gesetzesmaterialen[5] sehen dazu keine Regelung vor. 233

Es ist daher davon auszugehen, dass die zuständigen Finanzbehörden weiterhin auch den **Bebauungszustand** nach § 246 BewG **gesondert feststellen** werden, auch wenn dies nicht gesetzlicher Umfang der Feststellung nach § 180 Abs. 1 Satz 1 Nr. 1 AO ist. Diese Mitteilung kann im Rahmen der **allgemeinen Amtshilfe nachrichtlich im Feststellungsbescheid** erfolgen. In diesem Fall wäre der Bebauungszustand im Rahmen des Feststellungsverfahren nicht selbständig anfechtbar, da sie Bestandteil der unselbständigen Feststellungsgrundlagen der Wertfeststellung nach § 219 Abs. 1 BewG ist. 234

(Einstweilen frei) 235–240

b) Nr. 2: Zurechnung und Anteile

aa) Zurechnung der wirtschaftlichen Einheit

Zur Feststellung des **Steuerschuldners** (§ 10 Abs. 1 GrStG) sowie des **Inhaltsadressaten** der Grundsteuerfestsetzung ist die **Zurechnung der wirtschaftlichen Einheit** festzustellen.[6] 241

1 Vgl. Grootens in Grootens, GrStG, § 25 Rz. 101 ff.
2 Vgl. Grootens in Grootens, GrStG, § 25 Rz. 121 ff.
3 Vgl. Bock in Grootens, GrStG, § 15 Rz. 22 ff.
4 Vgl. Bock in Grootens, GrStG, § 15 Rz. 22 f.
5 BT-Drucks. 19/11085 S. 93, zu § 219 BewG.
6 A 219 Abs. 1 Satz 4 AEBewGrSt.

242 Die Zurechnung erfolgt nach allgemeinen Grundsätzen des § 39 AO. Demnach wird **grundsätzlich** auf das **zivilrechtliche Eigentum** abgestellt, § 39 Abs. 1 AO. Demnach ist derjenige Eigentümer, der im Grundbuch als Eigentümer eingetragen ist, § 873 Abs. 1 BGB.[1]

243 **Abweichend** davon ist steuerrechtlich das sogenannte **wirtschaftliche Eigentum** i. S. des § 39 Abs. 2 Nr. 1 Satz 1 AO vorrangig.[2] Demnach ist die wirtschaftliche Einheit demjenigen zuzurechnen, der wie ein (zivilrechtlicher) Eigentümer aus einer **rechtlich gesicherten Stellung** heraus über die wirtschaftliche Einheit verfügen kann. Dies ist der Fall, wenn der wirtschaftliche Eigentümer den zivilrechtlichen Eigentümer in der Weise ausschließen kann, dass der zivilrechtliche Eigentümer nicht mehr wirtschaftlich über die wirtschaftliche Einheit verfügen kann.

244 Dem wirtschaftlichen Eigentümer müssen **alle wesentlichen Rechte aus der wirtschaftlichen Einheit** zustehen. Insbesondere muss er **Nutzen und Lasten** der wirtschaftlichen Einheiten tragen (wirtschaftliches Risiko und wirtschaftliche Chancen), die Nutzung bestimmen können, sowie eine Einwirkung von Dritten in der Weise ausschließen können, dass der zivilrechtliche **Eigentümer letztlich keine Verfügungsmacht** über die wirtschaftliche Einheit gegen den Willen des wirtschaftlichen Eigentümers hat. Die Abgrenzung von wirtschaftlichem und zivilrechtlichem Eigentum ist Gegenstand ständiger Rechtsprechung und muss auf den Einzelfall abstellen.[3]

245 Die Unterscheidung beruht auf den handels- und ertragsteuerrechtlichen Zuordnungen hinsichtlich der **Aktivierungspflicht von Wirtschaftsgütern**. Daher kann auf entsprechende Verwaltungsanweisungen des Ertragsteuerrechts zurückgegriffen werden. Insbesondere sind die „Leasing-Erlasse" bezüglich der Voll- oder Teilamortisation von Grundstücken hilfreich.[4]

246 Im Regelfall kann bei Grundbesitz darauf abgestellt werden, wer **Nutzen und Lasten** des Grundbesitzes trägt bzw. erhält. Demnach ist zu bestimmen, wer die Früchte aus dem Grundbesitz erhält (Mieterträge, landwirtschaftliche Nutzung) und wer Aufwendungen aus dem Grundbesitz trägt (öffentliche Beiträge etc.).

247 Jedoch muss auch hier darauf geachtet werden, wer die Aufwendungen wirtschaftlich trägt. Wie bereits aus der beispielhaften Aufzählung nach § 39 Abs. 2 Nr. 1 Satz 2 AO hervorgeht, ist bei **Treuhandverhältnissen** das wirtschaftliche Eigentum dem Treugeber (also dem „Hintermann") zuzuordnen – nicht demjenigen, der nominell die Erträge vereinnahmt und Aufwendungen verausgabt. Treuhandverhältnisse sind davon gekennzeichnet, dass der Treuhänder („Mittelsmann") stets einen vollumfänglichen Ausgleichsanspruch von Aufwendungen sowie eine **Herausgabepflicht der Erträge** gegenüber dem Treugeber hat.

248 Wirtschaftliches Eigentum liegt ferner vor, wenn eine **wirtschaftliche Einheit** (beispielsweise ein Gebäude auf fremden Grund und Boden) durch den Nutzungsberechtigten innerhalb der (ausschließlichen) Nutzungsdauer **vollumfänglich oder nahezu vollumfänglich verbraucht** wird.[5]

---

1 Für weitere Fälle des zivilrechtlichen Eigentums vgl. Schmidt in Grootens, GrStG, § 10 Rz. 21 ff.

2 Vgl. auch Schmidt in Grootens, GrStG, § 10 Rz. 46 ff.

3 Beispielsweise grundlegend BFH, Urteil v. 13.10.1972 - IX ZR 273/88, BStBl 1973 II S. 209. Jüngst BFH, Urteil v. 5.7.2018 - VI R 67/15, BStBl 2018 II S. 798.

4 BMF, Schreiben v. 21.3.1972 - F/IV B 2-S 2170-11/72, BStBl 1972 I S. 188 zum Finanzierungsleasing, BMF, Schreiben v. 23.12.1991 - IV B 2-S 2170-115/91, BStBl 1992 I S. 13.

5 Vgl. BMF, Schreiben v. 21.3.1972 - F/IV B 2-S 2170-11/72, BStBl 1972 I S. 188.

HINWEIS:

Aufgrund der Tatsache, dass die Feststellungsstichtage 1.1.2022, 1.1.2023, 1.1.2024 und 1.1.2025 als Hauptveranlagungsstichtag den 1.1.2025 haben, sind verfahrensrechtliche Besonderheiten zu beachten. Insbesondere der Zeitpunkt des Eigentumswechsels und der Zeitpunkt der Bekanntgabe des Bescheids über die Feststellung des Grundsteuerwerts bestimmen, ob die Feststellung des Grundsteuerwerts und die Festsetzung des Grundsteuermessbetrags für und gegen die neuen steuerpflichtigen Personen gelten.[1]

(Einstweilen frei) 249–260

bb) Feststellung der Anteile mehrerer Beteiligter

Die Feststellung soll ferner umfassen, wem **Anteile im Falle von Miteigentum** zuzuordnen sind, § 219 Abs. 2 Nr. 2 BewG. Da auf die Mehrzahl von Anteilen abgestellt wird, ist auf das wirtschaftliche Miteigentum mehrerer selbständiger Steuerschuldner i. S. des § 10 Abs. 2 GrStG abzustellen. 261

Eine **Feststellung der Anteile** erfolgt daher nur, wenn **zwei oder mehr (natürliche oder juristische) Personen**, Personengesellschaften oder Vermögensmassen wirtschaftliches Eigentum am Grundbesitz haben.[2] 262

Eine Aufteilung bei **Gesamthandsgemeinschaften** (wie in § 39 Abs. 2 Nr. 2 AO grundsätzlich vorgeschrieben) ist für Zwecke der Grundsteuer jedoch nicht vorzunehmen.[3] Gerade für **Personengesellschaften** entfällt daher eine Feststellung von Anteilen. 263

Damit ist die Anteilsfeststellung lediglich beim ideellen **Bruchteilseigentum**, wie beispielsweise bei **Ehegatten und Lebenspartnern** notwendig. In diesen Fällen bilden die Ehegatten/Lebenspartner keine Gesamthandsgemeinschaft. Sie werden vielmehr – unabhängig von ihrem Güterstand – als fremde Dritte im Steuerrecht betrachtet.[4] Gleiches gilt nach § 39 Abs. 2 Nr. 2 AO für **Erbengemeinschaften**, die zwar zivilrechtlich eine Gesamthandschaft bildet, jedoch steuerrechtlich wie ideelles Bruchteilseigentum behandelt wird, wenn sie Alleineigentümerin ist. Wenn die Erbengemeinschaft selbst eine Beteiligte an einer Bruchteilsgemeinschaft ist (z. B. zusammen mit dem hinterbliebenen Ehegatten), dann sind im Erklärungsvordruck keine (zusätzlichen) Angaben zu den Beteiligten an der Erbengemeinschaft zu machen. 264

(Einstweilen frei) 265–270

III. Voraussetzung zur Feststellung (§ 219 Abs. 3 BewG)

1. Wesentlichkeit für das Besteuerungsverfahren

Eine Feststellung der Grundsteuerwerte erfolgt nur, wenn und insoweit sie für die **Besteuerung von Bedeutung** sind, § 219 Abs. 3 BewG.[5] Dieser bewertungsrechtliche Kerngrundsatz zielt auf die **Steuerpflicht der wirtschaftlichen Einheit** ab.[6] Da die Grundsteuerwerte lediglich 271

1 Näheres siehe Melchior, Die Feststellung von Besteuerungsgrundlagen, SteuerStud 8/2007 Seite 381 ff. NWB EAAAC-50435.

2 A 219 Abs. 1 Satz 4 AEBewGrSt.

3 Vgl. BFH, Beschluss v. 22.2.2001 - II B 39/00, BStBl 2001 II S. 476.

4 Vgl. BFH, Urteil v. 25.11.1987 - II R 36/86 NWB LAAAB-29575, vgl. auch AEAO zu § 122 AO, Tz 2.5.1.

5 A 219 Abs. 1 Satz 1 AEBewGrSt.

6 A 219 Abs. 1 Satz 2 AEBewGrSt.

für grundsteuerliche Zwecke benötigt werden, ist daher die Steuerfreiheit bereits hier zu prüfen.

272 Die **Steuerbefreiungen** sind nach §§ 3–8 GrStG abschließend geregelt und vor Bestimmung des Feststellungsumfangs zu prüfen. Liegt demnach eine vollumfängliche Grundsteuerbefreiung auf den Hauptfeststellungszeitpunkt vor, ist nach § 219 Abs. 3 BewG keine Feststellung vorzunehmen und ein **Negativbescheid** zu erteilen.[1] Innerhalb einer Hauptfeststellungsperiode ist dagegen eine Aufhebung i. S. des § 224 BewG vorzunehmen.

273 Eine **Wesentlichkeit für die Besteuerung** ist stets anhand der **grundsteuerlichen Steuerpflicht** zu prüfen. Die gewerbesteuerliche Kürzung nach § 9 Nr. 1 Satz 1 GewStG erfolgt nur, wenn es sich um grundsteuerpflichtigen Grundbesitz handelt. Ohne Grundsteuerpflicht liegt damit auch **keine Wesentlichkeit für die Gewerbesteuer** vor. Damit ist letztlich stets auf die Grundsteuerpflicht abzustellen.

274 Die Finanzverwaltung ist der Auffassung, dass das Vorliegen einer vollständigen oder teilweisen Steuerbefreiung **sowohl bei Grundsteuerwertfeststellung als auch bei der Grundsteuermessbetragsfestsetzung** geprüft werden kann.[2] Sie verweist dazu auf die Regelung des § 184 Abs. 1 Satz 2 AO, wonach die Entscheidung über die persönliche und sachliche Steuerpflicht mit Festsetzung des Messbetrags getroffen wird. Liegt eine vollständige oder teilweise Steuerbefreiung vor, ist damit die Feststellung des Grundsteuerwerts einer wirtschaftlichen Einheit auf den grundsteuerpflichtigen Teil der wirtschaftlichen Einheit zu beschränken.

275 Wäre dies nicht der Fall, müssten sämtliche Grundstücke einer vollständigen Wertermittlung unterzogen werden, darunter insbesondere der öffentlich-rechtliche Grundbesitz wie beispielsweise Verkehrsflächen, Amts- und Dienstgebäude, und Kulturbesitz, für die in aller Regel keine Bodenrichtwerte vorliegen und die als Gebäude teilweise nicht mit den Gebäudearten der Anlagen 38 und 42 BewG ein Einklang gebracht werden können. Um solche **Ermittlungsschwierigkeiten** zu vermeiden, wurde gerade die Vorschrift des § 219 Abs. 3 BewG (und seiner Vorgängervorschrift, § 19 Abs. 3 BewG a. F.) geschaffen.

276 Mit Blick auf das gesamte Besteuerungsverfahren ergibt sich auch keine Notwendigkeit, die Grundsteuerfreiheit erst auf Ebene des Grundsteuermessbetrags zu prüfen. Durch **Anzeigepflichten** nach § 19 Abs. 1 GrStG ist sichergestellt, dass Nutzungsänderungen – und damit die Erweiterung des steuerpflichtigen Teils der wirtschaftlichen Einheit – kurzfristig einer neuen Besteuerung bzw. Wertfortschreibung/Neufeststellung zugeführt werden können. Eine Besteuerung des steuerpflichtigen Grundbesitzes ist damit sichergestellt.

277 Ferner droht eine solche Ausweitung des Feststellungsverfahrens auf sämtliche Grundsteuerwerte zu Verfälschungen der Bewertungsergebnisse zu führen. Nach bisheriger Verwaltungspraxis im Rahmen der Einheitsbewertung wurden als **steuerfrei eingestufte Flächenteile des Grund und Bodens sowie der Gebäude aus der steuerpflichtigen wirtschaftlichen Einheit ausgeschieden** und der „verbleibende" Grundbesitz den Bewertungsvorschriften unterworfen (Bestimmung der Grundstücksart, Auswahl des Bewertungsverfahrens, Wertermittlung insoweit der steuerpflichtige Teil reicht). Wird dieser Grundsatz nun durchbrochen, drohen Umklassifizierungen und Mehrbelastungen von Grundstücken allein durch das Vorliegen steuerbefreiter Zwecke.

1 A 219 Abs. 1 Satz 5 und 6 AEBewGrSt.
2 A 219 Abs. 1 Satz 3 AEBewGrSt.

Im Ergebnis ist nach der hier vertretenen Auffassung eine Umsetzung der **Steuerfreiheit ausschließlich bei der Grundsteuerwertfeststellung möglich und durchzuführen**. Eine Anwendung auf Ebene des Grundsteuermessbetrags scheidet aufgrund des **klaren gesetzlichen Auftrags**, wie er im Wortlaut des § 219 Abs. 3 BewG zum Ausdruck kommt, aus. Näheres siehe Kommentierung des GrStG zu den Steuerbefreiungen. 278

(Einstweilen frei) 279–280

2. Rechtsfolge bei teilweiser Steuerbefreiung

Grundsteuerbefreiungen nach §§ 3 und 4 GrStG sind nur **insoweit** zu gewähren, als die wirtschaftliche Einheit den **steuerbegünstigten Zwecken dient**, § 8 Abs. 1 GrStG. In diesen Fällen ist die wirtschaftliche Einheit vollumfänglich dem Feststellungsverfahren zu unterwerfen, jedoch wird nur für den steuerpflichtigen Teil ein Grundsteuerwert festgestellt. 281

Ist die **wirtschaftliche Einheit nur teilweise befreit**, ist die Grundsteuerwertermittlung nur isoliert für diesen Teil der wirtschaftlichen Einheit durchzuführen, § 219 Abs. 3 BewG. Der so festzustellende Umfang der wirtschaftlichen Einheit geht damit in die Feststellung nach § 219 Abs. 1 BewG ein und ist nach dem **materiellen Bewertungsrecht** zu bestimmen. 282

BEISPIEL: In einem Gebäude des Finanzamtes befindet sich auch die Wohnung des Hausmeisters.

Näheres siehe Kommentierung des GrStG zu den Steuerbefreiungen. 283

§ 220 BewG Ermittlung der Grundsteuerwerte

(1) ¹Die Grundsteuerwerte werden nach den Vorschriften dieses Abschnitts ermittelt. ²Bei der Ermittlung der Grundsteuerwerte ist § 163 der Abgabenordnung nicht anzuwenden; hiervon unberührt bleiben Übergangsregelungen, die die oberste Finanzbehörde eines Landes im Einvernehmen mit den obersten Finanzbehörden der übrigen Länder trifft.

(2) ¹Der niedrigere gemeine Wert ist als Grundsteuerwert anzusetzen, wenn der Steuerpflichtige nachweist, dass der nach den Vorschriften dieses Abschnitts ermittelte Grundsteuerwert erheblich von dem gemeinen Wert der wirtschaftlichen Einheit im Feststellungszeitpunkt abweicht. ²Davon ist auszugehen, wenn der Grundsteuerwert den nachgewiesenen gemeinen Wert um mindestens 40 Prozent übersteigt. ³§ 198 Absatz 1 Satz 2 und Absatz 2 gilt entsprechend. ⁴Als Nachweis des niedrigeren gemeinen Werts kann auch ein im gewöhnlichen Geschäftsverkehr innerhalb eines Jahres vor oder nach dem Hauptfeststellungszeitpunkt zustande gekommener Kaufpreis über die zu bewertende wirtschaftliche Einheit dienen, wenn die maßgeblichen Verhältnisse hierfür gegenüber den Verhältnissen am Hauptfeststellungszeitpunkt unverändert sind. ⁵Nutzungsrechte und weitere grundstücksbezogene Rechte und Belastungen sind bei der Ermittlung des niedrigeren gemeinen Werts nur zu berücksichtigen, soweit sie nach Inhalt und Entstehung mit der Beschaffenheit der wirtschaftlichen Einheit zusammenhängen. ⁶Die §§ 227, 261 und 262 bleiben unberührt.

Inhaltsübersicht **Rz.**

LITERATUR:

Höreth/Stelzer, Grundsteuerreform – der Druck auf den Gesetzgeber steigt, DStZ 2019 S. 607; *Marfels*, Die Neubewertung von Grundvermögen nach dem Entwurf für ein Grundsteuerreformgesetz (GrStRefG), ErbStB 2019 S. 266; *Marx*, Ökonomische Analyse des Grundsteuer-Reformgesetzentwurfs, DStZ 2019 S. 372; *Neufang*, Das Grundsteuerreformgesetz – ein gesetzgeberisches Chaos?, BB 2019 S. 3035; *Eisele/Wiegand*, Grundsteuerreform 2022/2025, 1. Aufl. 2020, S. 9 NWB CAAAH-44415; *Heine*, Reform des Bewertungs- und Grundsteuerrechts. Werden die Reformziele erreicht?, KStZ 2020 S. 2; *Heine*, Hauptfeststellung und Nachfeststellung sowie Fortschreibung und Aufhebung von Einheits- und Grundsteuerwerten nach altem und neuem Recht als Grundlage für die Veranlagung der Grundsteuer, KStZ 2020 S. 21; *Wünnemann/Koller*, Die Grundsteuerreform – ein Resümee aus Sicht der Industrie, BB 2020 S. 215; *Jung/Szalai*, Übertragen und Vererben von Grundbesitz nach der Grundsteuerreform – Verbreitete Irrtümer in der steuerlichen und notariellen Beratungspraxis, Grundbegriffe und Strukturen, NWB 31/2023 S. 2172 NWB HAAAJ-45077; *Eisele*, Reform der Grundsteuer: Aktuelle Landesgrundsteuergesetze in Berlin und Nordrhein-Westfalen, NWB 39/2024 S. 2696–2708 NWB FAAAJ-75532; *Stöckel*, Nachweis des niedrigeren gemeinen Werts bei der Hauptfeststellung der Grundsteuerwerte auf den 1.1.2025?!, NWB 34/2024 S. 2310–2316 NWB YAAAJ-73200.

VERWALTUNGSANWEISUNGEN:

Koordinierte Erlasse der obersten Finanzbehörden der Länder v. 9.11.2021 – Anwendung des Siebenten Abschnitts des Zweiten Teils des Bewertungsgesetzes zur Bewertung des Grundbesitzes (allgemeiner Teil und Grundvermögen) für die Grundsteuer ab 1.1.2022 (AEBewGrSt), BStBl 2021 I S. 2334.

Koordinierte Erlasse der obersten Finanzbehörden der Länder v. 15.2.2023 – Bewertung der Betriebsgrundstücke der öffentlichen Verkehrsunternehmen nach dem Siebenten Abschnitt des Zweiten Teils des Bewertungsgesetzes für Zwecke der Grundsteuer (BewEÖVU), BStBl 2023 I S. 358.

Koordinierte Erlasse der obersten Finanzbehörden der Länder v. 24.6.2024 – Ansatz eines niedrigeren gemeinen Werts bei der Bewertung des Grundvermögens für Zwecke der Grundsteuer ab 1.1.2025 Aussetzung der Vollziehung (§ 361 AO) von Bescheiden über die Feststellung des Grundsteuerwerts, BStBl 2024 I S. 1073.

A. Allgemeine Erläuterungen

I. Hinweise auf Verwaltungsanweisungen

Verwaltungsvorschriften wurden mit dem A 220 AEBewGrSt erlassen.[1] Darin wird sich jedoch auf die Wiedergabe des Gesetzeswortlauts beschränkt. 1

(Einstweilen frei) 2–10

II. Normzweck und wirtschaftliche Bedeutung der Vorschrift

§ 220 BewG legt den **Grundsatz** fest, wie die **Grundsteuerwerte** zu ermitteln sind, die nach § 219 Abs. 1 BewG der gesonderten Feststellung unterliegen. Die Vorschrift hat damit grundlegende verfahrensrechtliche Bedeutung. 11

Gleichzeitig ordnet die Vorschrift an, dass allgemeine **Grundsätze der Billigkeit** nach § 163 AO für vom materiellen Bewertungsrecht (§§ 232 ff. BewG) abweichende Wertfeststellungen grundsätzlich **nicht zulässig** sind. 12

(Einstweilen frei) 13–20

III. Entstehung und Entwicklung der Vorschrift

Die Vorschrift entspricht bis auf redaktionelle Änderungen der **bisherigen Rechtslage** der Vorschrift des § 20 BewG aus der Einheitsbewertung, die in Form des bisherigen Satzes 2 des § 20 BewG weiter fort gilt (Verbot der Billigkeitsmaßnahmen). § 20 BewG hat dabei nur allgemeine Bedeutung für den Fünften und Sechsten Abschnitt des Zweiten Teils des BewG. Eine Anwendung im Rahmen der Grundsteuerwertermittlung scheidet aufgrund der vorrangigen spezialgesetzlichen Vorschrift des § 220 BewG aus. 21

Als Reaktion auf die BFH Beschlüsse vom 27.5.2024 - II B 78/23[2] und II B 79/23[3] haben die Länder, die das typisierte Ermittlungsverfahren (§§ 232 bis 262 BewG) nach dem Bundesgesetz anwenden, sehr zeitnah einen ergänzenden koordinierten Erlass zur Feststellung des Grundsteuerwerts erarbeitet. Der koordinierte Erlass v. 24.6.2024 wurde im BStBl 2024 I S. 1073 veröffentlicht und wurde zudem **vor** der Gesetzesänderung veröffentlicht. Die Länder haben den entsprechenden Antrag auf Aufnahme der Ergänzung in § 220 BewG in die Regelung des Jahressteuergesetzes 2024 gestellt.[4] 22

(Einstweilen frei) 23–30

IV. Geltungsbereich

Die Vorschrift gilt lediglich für die **Feststellung der Grundsteuerwerte** im Rahmen des Siebenten Abschnitts des Zweiten Teils des BewG. 31

Das **Landesrecht** kann von § 220 BewG abweichende Vorschriften vorsehen, Art. 72 Abs. 3 Nr. 7 GG. Dies wurde von folgenden Ländern umgesetzt: 32

- ► Baden-Württemberg (§ 14 LGrStG BW),

1 Koordinierte Erlasse der obersten Finanzbehörden der Länder v. 9.11.2021, BStBl 2021 I S. 2334 (AEBewGrSt).
2 Siehe BStBl 2024 II S. 543.
3 Siehe BStBl 2024 II S. 546.
4 Vgl. BR-Drucks. 369/1/24.

- Bayern (Art. 6 Abs. 1 Satz 3 BayGrStG sowie Art. 10 Abs. 1 Satz 1 BayGrStG),
- Hamburg (§§ 6 Abs. 1 Satz 3, 11 Abs. 1 Satz 1 HmbGrStG),
- Hessen (§ 2 Abs. 2–4 HGrStG),
- Niedersachsen (§§ 8 Abs. 2 Satz 4, 12 Abs. 1 NGrStG).

33 Im Übrigen wird auf die Kommentierung der jeweiligen Landesgesetze im Teil C dieses Kommentars verwiesen.

34–40 *(Einstweilen frei)*

V. Vereinbarkeit der Vorschrift

41 Die Vorschrift begegnet keinen verfassungs- oder europarechtlichen Bedenken, da das Übermaßverbot nicht verletzt wird.[1] Eine Annahme, dass das Übermaßverbot verletzt wird, kann insbesondere dann vertreten werden, wenn der festgestellte Wert nach dem typisierten Ermittlungsverfahren (§§ 232 bis 262 BewG) als erheblich über das normale Maß hinausgeht.[2]

42 Durch den § 220 BewG hat der **Bundesgesetzgeber** von seiner **konkurrierenden Gesetzgebung** nach Art. 105 Abs. 2 Satz 1 GG Gebrauch gemacht. Ungeachtet dessen kann das Landesrecht aber abweichende Vorschriften vorsehen, die Vorrang vor der bundesgesetzlichen Regelung haben, Art. 72 Abs. 3 Nr. 7 GG.

43 Auch **das Verbot von Billigkeitsfestsetzungsmaßnahmen** nach § 163 AO ist ebenfalls nicht verfassungswidrig. Das Bundesverfassungsgericht hatte in dem maßgebenden Urteil zur Verfassungswidrigkeit der Einheitsbewertung geurteilt, dass die Bewertungsverhältnisse realitätsnah abgebildet werden müssen. Dies setzt voraus, dass die **Bewertung des Grundbesitzes vergleichbar** erfolgt und Wertrelationen realitätsnah abgebildet werden.[3]

44 Der verfassungsrechtliche Gleichheitssatz nach Art. 3 Abs. 1 GG erfordert, dass Gleiches gleich und Ungleiches ungleich bewertet wird. Dies wird gerade durch die einheitlichen Bewertungsvorschriften sichergestellt. Die **Billigkeitsregelung nach § 163 AO** soll dementgegen sicherstellen, dass der verfassungsrechtliche Gleichheitssatz sichergestellt bleibt, wenn das materielle Steuerrecht dies nicht leisten kann. In diesem Fall ist zur Sicherstellung der Gleichmäßigkeit der Besteuerung (§ 85 AO) eine Billigkeitsmaßnahme zur Abweichung vom materiellen Recht zulässig.

45 Das Bundesverfassungsgericht hatte die Verfassungswidrigkeit des § 20 BewG lediglich aufgrund des Gesamtzusammenhangs mit der Einheitsbewertung bestätigt, nicht wegen des konkreten Regelungsinhalts. Billigkeitsmaßnahmen könnten, auch wenn sie zulässig wären, keine verfassungswidrige Bewertung nach den materiellen Bewertungsvorschriften „heilen".

46 Dementsprechend lässt der Gesetzgeber auch **Billigkeitsmaßnahmen als Übergangsregelungen** zu, wenn sie landesweit einheitlich getroffen werden, um den Gleichheitssatz zu wahren.

47 Die **Pauschalisierungseffekte** nimmt der Gesetzgeber dabei in den typisierten Wertermittlungsverfahren (§§ 232 bis 262 BewG) bewusst in Kauf. Als Indiz kann dazu bereits § 9 Abs. 2 Satz 3 und Abs. 3 BewG dienen, wonach subjektive Merkmale nicht zu berücksichtigen sind. Betriebsindividuelle wesentliche **Reinertragsminderungen** eines land- und forstwirtschaftli-

1 Vgl. BR-Drucks. 369/1/24 S. 39.

2 Vgl. BR-Drucks. 369/1/24 S. 39.

3 BVerfG, Urteil v. 10.4.2018 - 1 BvL 11/14, NWB MAAAG-80435.

chen Betriebs sowie wesentliche **Ertragsminderungen** bei bebauten Grundstücken werden weder bei der Ermittlung des Grundsteuerwerts festgestellt noch bei der Festsetzung des Grundsteuermessbetrags von der Finanzverwaltung berücksichtigt.[1] Der Gestaltungsspielraum wird jedoch dadurch beschränkt, dass der typisiert ermittelte Grundsteuerwert die Relation der Wirtschaftsgüter zueinander realitäts- und gleichheitsgerecht abbilden muss.[2]

Mit Beschluss v. 27.5.2024 - II B 78/23[3] und II B 79/23[4] hat der BFH dargelegt, dass dem Steuerpflichtigen bei verfassungskonformer Auslegung der Bewertungsvorschriften die Möglichkeit eingeräumt werden müsse, bei einer Verletzung des Übermaßverbots einen niedrigeren gemeinen Wert nachzuweisen.[5] Als Reaktion auf die BFH Beschlüsse v. 27.5.2024 - II B 78/23[6] und II B 79/23[7] haben die Länder, die das typisierte Ermittlungsverfahren (§§ 232 bis 262 BewG) anwenden, einen koordinierten Erlass erarbeitet. Der koordinierte Erlass v. 24.6.2024 wurde im BStBl 2024 I S. 1073 veröffentlicht. 48

(Einstweilen frei) 49–50

VI. Verhältnis zu anderen Vorschriften

§ 220 BewG bildet den Rahmen und die Ausgangsvorschrift für die materiellen Bewertungsvorschriften nach **§§ 232 ff. BewG und §§ 243 ff. BewG**. Durch gesetzliches Verbot wird gleichzeitig die Anwendung des **§ 163 AO** ausgeschlossen. Gleichzeitig werden andere Bewertungsmaßstäbe und -verfahren, wie das Bedarfswertverfahren nach **§§ 157 ff. BewG** oder Teilwert (**§ 10 BewG**), ausgeschlossen. Die nach den unterschiedlichen Bewertungsmaßstäben festgestellten Werte und Bewertungsverfahren können erheblich voneinander abweichen.[8] 51

Ferner verankert § 220 Abs. 1 Satz 2 Halbsatz 2 BewG, dass einzelne Länder eigene Übergangs- und Vereinfachungsregelungen treffen können, sofern dies im Einvernehmen mit den obersten Finanzbehörden der übrigen Länder geschieht. 52

Von § 220 BewG nicht beschränkt ist die Vorschrift des ermessensgerechten Erlasses der Grundsteuer (als gedankliche Fortführung des § 163 AO im Erhebungsverfahren). Einerseits kann im bewertungsrechtlichen Feststellungsverfahren keine Steuer (§ 3 Abs. 1 AO) nach § 227 AO erlassen werden, andererseits wird die Steuer auf Ebene der hebeberechtigten Gebietskörperschaft erhoben, wodurch ihr auch die Entscheidung über den Erlass der Grundsteuer zukommt. Dieses Entscheidungsrecht wird durch § 220 BewG nicht beschränkt. Ferner ist ein solcher Erlass nach § 32 ff. GrStG möglich. 53

Im Rahmen des Gesetzgebungsverfahren des JStG 2024 wurde auch eine Folgeanpassung des § 15 GrStG diskutiert. Nach § 15 Abs. 7 GrStG-E sollte eine Steuermesszahlermäßigungen i. S. des § 15 GrStG ausgeschlossen werden, wenn § 220 Abs. 2 BewG zur Anwendung kommt. 54

1 A 33 Satz 1 AEGrStG; siehe auch ausführliche Erläuterungen für land- und forstwirtschaftliches Vermögen Lehmann in Grootens, GrStG, § 33 und für Grundvermögen Lehmann in Grootens, GrStG, § 34.

2 Vgl. BR-Drucks. 369/1/24 S. 39.

3 Siehe BStBl 2024 II S. 543.

4 Siehe BStBl 2024 II S. 546.

5 Vgl. BR-Drucks. 369/1/24 S. 38.

6 Siehe BStBl 2024 II S. 543.

7 Siehe BStBl 2024 II S. 546.

8 Siehe auch Jung/Szalai, Übertragen und Vererben von Grundbesitz nach der Grundsteuerreform – Verbreitete Irrtümer in der steuerlichen und notariellen Beratungspraxis, Grundbegriffe und Strukturen, NWB 31/2023 S. 2172 NWB HAAAJ-45077.

Aufgrund des mehrstufigen Verfahrens sollte diese Einschränkung eine Doppelbegünstigung auf der Ebene der Bewertung und des Grundsteuermessbetrags vermeiden. Die Regelung wurde letztlich nicht umgesetzt.[1]

55–60 *(Einstweilen frei)*

B. Systematische Kommentierung

I. Typisierte Bewertungsvorschriften (§ 220 Abs. 1 Satz 1 BewG)

61 Durch § 220 BewG wird festgeschrieben, dass die **typisierte Bewertung** ausschließlich nach dem Siebenten Abschnitt, d. h. nach §§ 232 ff. BewG und §§ 243 ff. BewG erfolgt.[2] Nach Ansicht der hier vertretenen Auffassung sind andere Bewertungsverfahren aus den übrigen Teilen des Bewertungsgesetzes nach dem Wortlaut des Grundsteuergesetzes nicht anwendbar.[3]

62 PRAXISTIPP:

In der Praxis wurden bereits Bescheide über die Feststellung des Grundsteuerwerts und Festsetzung des Grundsteuermessbetrags erlassen. Einige Bundesländer bieten Erläuterungen zu den erlassenen Bescheiden für die Grundstücke im Grundvermögen an.[4]

63–70 *(Einstweilen frei)*

II. Billigkeitsmaßnahmen (§ 220 Abs. 1 Satz 2 BewG)

1. Verbot von Billigkeitsmaßnahmen im Einzelfall (§ 220 Satz 2 Halbsatz 1 BewG)

71 **§ 163 AO** als Teil der AO ist grundsätzlich auf alle Steuerarten und Steuerfestsetzungen und über § 181 Abs. 1 Satz 1 AO auch auf **Feststellungen** anwendbar. Jedoch ist durch § 220 Satz 2 Halbsatz 1 BewG diese **Anwendung** nun **untersagt**.[5]

72 Durch den Ausschluss solcher **Billigkeitsmaßnahmen** bleibt die grundsätzlich geforderte Gleichbehandlung bei der Bewertung erhalten, da nicht auf subjektive Einzelumstände abgestellt werden darf. Grundsätzlich ist es notwendig, die **Bewertungsrelationen** zwischen den einzelnen Bewertungsobjekten zu wahren.

73 Durch § 220 Satz 2 BewG werden ferner keine **Billigkeitsmaßnahmen außerhalb des Feststellungsverfahrens** ausgeschlossen. Insbesondere kann die letztlich festgesetzte Grundsteuer durch die hebeberechtigte **Gebietskörperschaft** (i. d. R. Kommune) weiterhin nach **§ 222 AO gestundet** und nach **§ 227 AO erlassen** werden. Eine ermessensbasierte Entlastung von einer unbillig hohen Grundsteuerbelastung ist damit weiterhin sichergestellt. Ebenso kommt bei Vorliegen der Voraussetzungen ein Erlass der Grundsteuer nach §§ 32–35 GrStG in Betracht.[6]

74–80 *(Einstweilen frei)*

1 Vgl. BR-Drucks. 369/1/24 S. 117; nähere Informationen siehe Bock in Grootens, GrStG, § 15.

2 A 220 Abs. 1 AEBewGrSt.

3 Vgl. § 16 Abs. 1 GrStG und § 17 Abs. 1 GrStG.

4 Über die gemeinsame offizielle Seite der Länder gelangt man über die Länderauswahl zu den offiziellen Internetseiten der Länder zur Grundsteuer, abrufbar unter: www.grundsteuerreform.de.

5 A 220 Abs. 2 Satz 1 AEBewGrSt.

6 Vgl. für land- und forstwirtschaftliches Vermögen Lehmann in Grootens, GrStG § 33 Rz. 21 ff. und für Grundvermögen Lehmann in Grootens, GrStG § 34 Rz. 21 ff.

2. Zulässigkeit von Erleichterungen nach Landesrecht (§ 220 Abs. 1 Satz 2 Halbsatz 2 BewG)

Zum Übergang in das neue Besteuerungsverfahren, lässt § 220 Satz 2 Halbsatz 2 BewG zu, dass die obersten Landesfinanzbehörden in Abstimmung untereinander gleich lautende Erleichterungen zugestehen.[1] 81

Bisher sind keine solchen Übergangsregelungen bekanntgegeben worden. 82

(Einstweilen frei) 83–90

III. Ansatz niedrigerer gemeiner Wert (§ 220 Abs. 2 BewG)

1. Verstoß gegen das Übermaßverbot (§ 220 Abs. 2 Satz 1 und Satz 2 BewG)

Der BFH hat mit Beschluss 27.5.2024 - II B 78/23[2] und II B 79/23[3] entschieden[4], dass es gesetzlich möglich sein muss, dass im Einzelfall ein gesonderter Wert (sog. **niedrigerer gemeiner Wert**) für die **gesamte wirtschaftliche Einheit** als Grundsteuerwert festzustellen ist, wenn nach dem typisierten Ermittlungsverfahren (§§ 232 bis 262 BewG) eine **Überwertung** vorliegt. Nach § 220 Abs. 1 Satz 2 BewG liegt eine den Nachweis eröffnende Überbewertung vor, wenn der typisierte ermittelte Grundsteuerwert den niedrigeren gemeinen Wert um 40 % oder mehr übersteigt.[5] Anhand der Formulierung ist nach der hier vertretenen Auffassung eindeutig, dass der Ausgangsmaßstab der niedrigere gemeine Wert ist.[6] Dies führt dazu, dass der niedrigere gemeine Wert ermittelt vorliegen muss, um feststellen zu können, ob eine derartige Überwertung vorliegt. 91

BERECHNUNGSBEISPIEL: Der gemeine Wert für die vollständige wirtschaftliche Einheit liegt bei 444.400 €. Ein Verstoß gegen das Überbewertungsverbot liegt demnach bei einen typisiert ermittelten Grundsteuerwert i. H. von 622.200 € vor, denn 444.400 x 1,4 ergibt 622.160 € und nach § 230 BewG sind die ermittelten Grundsteuerwerte auf volle 100 € nach unten abzurunden.

Beachte:

40 Prozent vom niedrigeren gemeinen Wert stimmen grundsätzlich nicht mit den 40 Prozent (= 4/10) vom typisiert ermittelten Grundsteuerwert überein:

4/10 von 444.400 € sind 177.760 € → 444.400 € zzgl. 177.760 € ergibt 622.160 €

4/10 von 622.160 € sind 248.864 € → 622.160 € abzgl. 248.864 € ergibt 373.296 €

2/7 von 622.160 € sind 177.760 € → 622.160 € abzgl. 177.760 € ergibt 444.400 €

Die Vorschrift gilt für jede Vermögensart i. S. des § 218 BewG. Ein Widerspruch zum allgemeinen Bewertungsmaßstab des § 9 Abs. 1 BewG liegt nicht vor.[7] 92

(Einstweilen frei) 93–100

---

1 A 220 Abs. 2 Satz 2 AEBewGrSt.

2 Siehe BStBl 2024 II S. 543.

3 Siehe BStBl 2024 II S. 546.

4 Siehe BStBl 2024 II S. 543 und BStBl 2024 II S. 546.

5 Vgl. auch koordinierte Erlasse der obersten Finanzbehörden der Länder v. 24.6.2024 – Ansatz eines niedrigeren gemeinen Werts bei der Bewertung des Grundvermögens für Zwecke der Grundsteuer ab 1.1.2025 Aussetzung der Vollziehung (§ 361 AO) von Bescheiden über die Feststellung des Grundsteuerwerts, BStBl 2024 I S. 1073; siehe auch Grootens in Grootens, BewG, § 252 Rz. 108.

6 Zustimmend: Eisele, NWB 39/2024 S. 2696–2708 NWB FAAAJ-75532; ablehnend: Stöckel, NWB 34/2024 S. 2310–2316 NWB YAAAJ-73200.

7 Vgl. BR-Drucks. 369/1/24 S. 118.

2. Verkehrswertgutachten als Nachweis (§ 220 Abs. 2 Satz 3 BewG)

101 Ein Bewertungsverfahren durch **Sachverständigengutachten**, beispielsweise auf Basis der **Immobilienwertermittlungsverordnung** (ImmoWertV), ist nach Auffassung des BFH (BStBl 2024 II S. 543) geeignet, den niedrigeren gemeinen Wert festzustellen. Der Gesetzgeber vertritt nach der hier vertretenen Auffassung zu Recht die Auffassung, dass als Nachweis des niedrigeren gemeinen Werts in entsprechender Anwendung des § 198 Abs. 1 Satz 2 BewG grundsätzlich die aufgrund des § 199 Abs. 1 des Baugesetzbuchs erlassenen Vorschriften gelten.[1]

102 Als Nachweis des niedrigeren gemeinen Werts kann in entsprechender Anwendung des § 198 Abs. 2 BewG regelmäßig ein Gutachten des **zuständigen Gutachterausschusses** i. S. der §§ 192 ff. des Baugesetzbuchs oder von Personen, die von einer **staatlichen, staatlich anerkannten** oder **nach DIN EN ISO/IEC 17024 akkreditierten Stelle als Sachverständige** oder **Gutachter** für die Wertermittlung von Grundstücken bestellt oder zertifiziert worden sind, dienen.[2]

103–110 *(Einstweilen frei)*

3. Kaufpreis als Nachweis (§ 220 Abs. 2 Satz 4 BewG)

111 Nach § 220 Abs. 2 Satz 4 BewG kann als Nachweis des niedrigeren gemeinen Werts darüber hinaus ein im gewöhnlichen Geschäftsverkehr innerhalb eines Jahres vor oder nach dem Hauptfeststellungszeitpunkt (1.1.2021 0:00 Uhr bis zum 31.12.2022 24:00 Uhr) zustande gekommener **Kaufpreis** über den vollständig zu bewertenden Grundbesitz dienen, wenn die maßgeblichen Verhältnisse der wirtschaftlichen Einheit gegenüber den **Verhältnissen am Hauptfeststellungszeitpunkt** unverändert sind.[3]

112 PRAXISTIPP:

Die Steuernummer für die Festsetzung der Grunderwerbsteuer eignet sich dafür, dem Finanzamt mitzuteilen, unter welcher Steuernummer der bereits durch den Notar eingereichte Kaufvertrag im Amt abgelegt wurde. Die Steuernummer ist grundsätzlich im Bescheid über die Festsetzung der Grunderwerbsteuer oder als Verwendungszweck im damaligen Überweisungsauftrag zu finden.

113–120 *(Einstweilen frei)*

4. Grundstücksbezogene Rechte und Belastungen (§ 220 Abs. 2 Satz 5 BewG)

121 Nach § 220 Abs. 2 Satz 5 BewG sind Nutzungsrechte und weitere grundstücksbezogene Rechte und Belastungen bei der Ermittlung des niedrigeren gemeinen Werts nur zu berücksichtigen, soweit sie nach Inhalt und Entstehung **mit der Beschaffenheit der wirtschaftlichen Einheit zusammenhängen**. Durch diese Vorschrift wird sichergestellt, dass im Rahmen des Nachweises eines niedrigeren gemeinen Werts grundstücksbezogene Rechte und Belastungen (z. B. Nieß-

1 Koordinierte Erlasse der obersten Finanzbehörden der Länder v. 24.6.2024 – Ansatz eines niedrigeren gemeinen Werts bei der Bewertung des Grundvermögens für Zwecke der Grundsteuer ab 1.1.2025 Aussetzung der Vollziehung (§ 361 AO) von Bescheiden über die Feststellung des Grundsteuerwerts, BStBl 2024 I S. 1073.

2 Vgl. BR-Drucks. 369/1/24 S. 119.

3 Koordinierte Erlasse der obersten Finanzbehörden der Länder v. 24.6.2024 – Ansatz eines niedrigeren gemeinen Werts bei der Bewertung des Grundvermögens für Zwecke der Grundsteuer ab 1.1.2025 Aussetzung der Vollziehung (§ 361 AO) von Bescheiden über die Feststellung des Grundsteuerwerts, BStBl 2024 I S. 1073 und vgl. BR-Drucks. 369/1/24 S. 119.

brauchs- und Wohnungsrechte) wie auch im typisierten Ermittlungsverfahren (§§ 232 bis 262 BewG) wertmäßig nicht angesetzt bzw. berücksichtigt werden können.[1]

(Einstweilen frei) 122–130

5. Nachweispflicht und Kostenübernahme

Die Nachweispflicht liegt gemäß dem Gesetzeswortlaut „[…] wenn der Steuerpflichtige nachweist […]" ausschließlich bei der steuerpflichtigen Person.[2] Die Finanzämter haben somit nicht von Amtswegen den niedrigeren gemeinen Wert zu ermitteln. Die Kosten sind daher auch von der steuerpflichtigen Person zu tragen. 131

(Einstweilen frei) 132–140

6. Umfang des Nachweises des niedrigeren gemeinen Werts

Der Nachweis muss zwingend die vollständige wirtschaftliche Einheit umfassen, die mit dem Umfang der wirtschaftlichen Einheit nach dem typisierten Ermittlungsverfahren (§§ 232 bis 262 BewG) übereinstimmt. Nach der hier vertretenen Auffassung ist die Übereinstimmung zwingend erforderlich, um eine Vergleichbarkeit der ermittelten Werte zu gewährleisten. Der Nachweis einzelner Bewertungsgrundlagen (z. B. einer geringeren Miethöhe mittels Mietwertgutachten oder eines niedrigeren Bodenrichtwerts) ist nach dem Gesetzeswortlaut ausgeschlossen.[3] 141

Durch den Verweis in § 220 Abs. 2 BewG auf §§ 261, 262 BewG wird die bestehende Zusammenfassung von Grund und Boden für das typisierte Ermittlungsverfahren (§§ 232 bis 262 BewG) gesetzlich auch für den niedrigeren gemeinen Wert normiert.[4] In **Erbbaurechtsfällen** ist demnach für das Erbbaurecht und das Erbbaugrundstück ein Gesamtwert ohne Berücksichtigung des Erbbaurechts zu ermitteln und dem Erbbaurechtsnehmer zuzurechnen. In Fällen mit **Gebäuden auf fremdem Grund und Boden** ist ein Gesamtwert wie im typisierten Ermittlungsverfahren nach § 220 Abs. 1 BewG für den Grund und Boden sowie für das Gebäude als Grundsteuerwert zu ermitteln und dem Eigentümer des Grund und Bodens zuzurechnen. 142

(Einstweilen frei) 143–150

7. Wertverhältnisse (§ 220 Abs. 2 Satz 6 BewG)

Durch den Verweis auf § 227 BewG wird gesetzlich geregelt, dass bei dem Nachweis eines niedrigeren gemeinen Werts die Wertverhältnisse im Hauptfeststellungszeitpunkt maßgebend sind. Abweichende Stichtage kommen somit – wie im typisierten Ermittlungsverfahren (§§ 232 bis 262 BewG) – beim Ansatz des niedrigeren gemeinen Werts als Grundsteuerwert **nicht** in Betracht. 151

1 Vgl. BR-Drucks. 369/1/24 S. 119.
2 Vgl. § 220 Abs. 2 Satz 1 BewG.
3 Vgl. BR-Drucks. 369/1/24 S. 118.
4 Vgl. BR-Drucks. 369/1/24 S. 119.

§ 221 BewG Hauptfeststellung

(1) Die Grundsteuerwerte werden in Zeitabständen von je sieben Jahren allgemein festgestellt (Hauptfeststellung).

(2) Der Hauptfeststellung werden die Verhältnisse zu Beginn des Kalenderjahres (Hauptfeststellungszeitpunkt) zugrunde gelegt.

Inhaltsübersicht **Rz.**

LITERATUR:

Höreth/Stelzer, Grundsteuerreform – der Druck auf den Gesetzgeber steigt, DStZ 2019 S. 607; *Marfels*, Die Neubewertung von Grundvermögen nach dem Entwurf für ein Grundsteuerreformgesetz (GrStRefG), ErbStB 2019 S. 266; *Marx*, Ökonomische Analyse des Grundsteuer-Reformgesetzentwurfs, DStZ 2019 S. 372; *Neufang*, Das Grundsteuerreformgesetz – ein gesetzgeberisches Chaos?, BB 2019 S. 3035; *Eichholz*, Novellierung der Grundsteuer, DStZ 2020 S. 1158; *Eisele/Wiegand*, Grundsteuerreform 2022/2025, 1. Aufl. 2020, S. 9 NWB CAAAH-44415; *Heine*, Reform des Bewertungs- und Grundsteuerrechts. Werden die Reformziele erreicht?, KStZ 2020 S. 2; *Heine*, Hauptfeststellung und Nachfeststellung sowie Fortschreibung und Aufhebung von Einheits- und Grundsteuerwerten nach altem und neuem Recht als Grundlage für die Veranlagung der Grundsteuer, KStZ 2020 S. 21; *Ramb*, Neubewertung der Grundstücke im Grundvermögen, 18/2020 S. 1356 NWB JAAAH-47116; *Wünnemann/Koller*, Die Grundsteuerreform – ein Resümee aus Sicht der Industrie, BB 2020 S. 215; *Hubert*, Zur Grundbesitzbewertung für Zwecke der Grundsteuer ab 1.1.2022, StuB 12/2022 S. 455 NWB PAAAI-63175.

VERWALTUNGSANWEISUNGEN:

Koordinierte Erlasse der obersten Finanzbehörden der Länder v. 9.11.2021 – Anwendung des Siebenten Abschnitts des Zweiten Teils des Bewertungsgesetzes zur Bewertung des Grundbesitzes (allgemeiner Teil und Grundvermögen) für die Grundsteuer ab 1.1.2022 (AEBewGrSt), BStBl 2021 I S. 2334.

A. Allgemeine Erläuterungen

I. Hinweise auf Verwaltungsanweisungen

1 Verwaltungsanweisungen bezüglich des § 221 BewG sind mit A 221 AEBewGrSt[1] erlassen worden, der sich auf die Wiedergabe des gesetzlichen Wortlauts beschränkt. Ferner wird klargestellt, dass § 235 Abs. 2 BewG hinsichtlich der Ermittlung der maßgeblichen Wertverhältnisse uneingeschränkt fort gilt und nicht durch § 221 Abs. 2 BewG verdrängt wird.[2]

2–10 *(Einstweilen frei)*

1 Koordinierte Erlasse der obersten Finanzbehörden der Länder v. 9.11.2021, BStBl 2021 I S. 2334 (AEBewGrSt).

2 A 221 Satz 4 AEBewGrSt.

II. Normzweck und wirtschaftliche Bedeutung der Vorschrift

§ 221 BewG verankert die **Hauptfeststellung** als zentralen Zeitpunkt und Verfahrensschritt des Grundsteuerwertfeststellungsverfahrens. Die Hauptfeststellung ist der zentrale verfahrensrechtliche Ausgangspunkt für die verschiedenen Grundsteuerwertfeststellungsverfahren. 11

Mit der Hauptfeststellung wird auch der **Wertfeststellungsstichtag** festgelegt. Die Bewertung erfolgt jeweils auf den Hauptfeststellungsstichtag, was sich in den materiellen Bewertungsvorschriften und den entsprechenden Anlagen widerspiegelt. 12

Letztlich regelt § 221 BewG eine **periodische Erneuerung der Hauptfeststellung**, um dem verfassungsrechtlichen Gebot der vergleichbaren Wertverhältnisse nachzukommen. 13

Eine **wirtschaftliche Bedeutung** kommt dem § 221 BewG aufgrund seines verfahrensrechtlichen Charakters nicht unmittelbar zu. Es ist lediglich ein wirtschaftliches Risiko vorhanden, sollten sich die Wertverhältnisse innerhalb einer Hauptfeststellungsperiode (sieben Jahre, § 221 Abs. 1 BewG) stark ändern, welche dann erstmalig zum nächsten Hauptfeststellungszeitpunkt in voller Höhe zu berücksichtigen sind. **Wertfortschreibungen** (§ 222 Abs. 1 BewG) sind weiterhin auf die Wertverhältnisse des letzten (also maximal sechs Jahre vom Feststellungsstichtag zurückliegenden) Hauptfeststellungszeitpunkts vorzunehmen, § 227 BewG. Insbesondere während der Hauptfeststellungsperiode eingetretene Wertveränderungen unterhalb der Wertgrenze von +/- 15.000 € (§ 222 Abs. 1 BewG; nach der Abrundung i. S. des § 230 BewG), werden damit regelmäßig zu einer Veränderung der bisher festgesetzen Grundsteuer führen. Es kann zum Stichtag einer neuen Hauptfeststellungsperiode zu erheblichen Wertveränderungen kommen, wenn die Bewertungsfaktoren im Vergleich zur vorangegangenen Hauptfeststellung gravierend abweichen. Aufgrund einer nicht automatisch erfolgenden Anpassung der – kommunal geregelten – Hebesätze kann damit proportional auch eine **Grundsteuererhöhung** oder **-minderung** gegeben sein. 14

(Einstweilen frei) 15–20

III. Entstehung und Entwicklung der Vorschrift

Die Vorschrift des § 221 BewG ist **Nachfolger des § 21 BewG** im Rahmen der Einheitsbewertung mit nahezu identischem Regelungsinhalt. § 21 BewG entfiel zusammen mit dem Einheitswert als Grundsteuerbemessungsgrundlage mit Wirkung zum 1.1.2025. 21

Neben der redaktionellen Änderung auf Grundsteuerwerte wurde der Zeitabstand von zwei Hauptfeststellungen von sechs auf sieben Jahre verlängert (**Hauptfeststellungszeitraum**). 22

Ferner wurde der § 21 Abs. 2 Satz 2 BewG nicht mehr übernommen. Demnach waren für Zwecke der Einheitsbewertung von land- und forstwirtschaftlichen Vermögen teilweise ein abweichender Zeitpunkt zu berücksichtigen (vgl. § 35 Abs. 2 BewG a. F. für umlaufende Betriebsmittel und §§ 54–60 BewG a. F. für forstwirtschaftliche, weinbauliche und gärtnerische Nutzungen). Jedoch sind in den neuen Bewertungsvorschriften weiterhin **abweichende Bewertungsstichtage** vorgeschrieben. Daher ist abweichend von § 221 BewG ein spezialgesetzlicher Bewertungszeitpunkt weiterhin möglich. Insofern gehen die materiellrechtlichen Bewertungsvorschriften dem allgemeinen Hauptfeststellungsstichtag vor (vgl. → Rz. 73). 23

(Einstweilen frei) 24–30

IV. Geltungsbereich

31 § 221 BewG verankert für die Grundsteuerwertermittlung nach dem Siebenten Abschnitt des BewG den Zeitpunkt der **zentralen Wertverhältnisse** und die **periodische Wiederholung der Hauptfeststellung**. Auf andere Bewertungsverfahren ist er damit nicht anwendbar.

32 Ferner findet § 221 BewG nur Anwendung für die Grundsteuerwertermittlung. Die darauf aufbauenden grundsteuerlichen Hauptveranlagungszeitpunkte sind separat geregelt (§ 16 Abs. 1 Satz 2 GrStG).

33 Das **Landesrecht** kann von § 221 BewG abweichende Vorschriften vorsehen, Art. 72 Abs. 3 Nr. 7 GG. Dies wurde von folgenden Ländern umgesetzt:

- Baden-Württemberg (§ 15 LGrStG BW),
- Bayern (Art. 6 Abs. 1 Satz 1 und 2 BayGrStG),
- Hamburg (§§ 6 Abs. 1 Satz 1 und 2 HmbGrStG),
- Hessen (§ 2 Abs. 2–4 HGrStG),
- Niedersachsen (§ 8 Abs. 2 Satz 1–3 NGrStG).

34 Im Übrigen wird auf die Kommentierung der jeweiligen Landesgesetze im Teil C dieses Kommentars verwiesen.

35–40 *(Einstweilen frei)*

V. Vereinbarkeit der Vorschrift

41 Die Vorschrift begegnet keinen verfassungsrechtlichen oder europarechtlichen Bedenken.

42 Durch den § 221 BewG hat der **Bundesgesetzgeber** von seiner **konkurrierenden Gesetzgebung** nach Art. 105 Abs. 2 Satz 1 GG Gebrauch gemacht. Ungeachtet dessen kann das Landesrecht aber abweichende Vorschriften vorsehen, die Vorrang von der bundesgesetzlichen Regelung haben, Art. 72 Abs. 3 Nr. 7 GG.

43 Ein zentraler Kritikpunkt der als verfassungswidrig anerkannten Einheitsbewertung waren die zu großen Zeitabstände zwischen dem Besteuerungszeitpunkt nach § 9 Abs. 1 GrStG und der letztmaligen Hauptfeststellung. Das Bundesverfassungsgericht hatte in dem entscheidenden Verfahren festgestellt, dass jedenfalls seit 2002 eine Verletzung des Gleichheitsgrundsatzes des Art. 3 Abs. 1 GG vorlag.[1] Das Urteil des Bundesverfassungsgerichts betraf lediglich westdeutsche Grundstücke, für die auf den 1.1.1964 letztmalig eine Hauptfeststellung durchgeführt wurde. Unstrittig ist dabei aber, dass das Urteil dementsprechend auch die Verfassungswidrigkeit der Einheitswerte der ostdeutschen Grundstücke feststellte, bei denen der letzte Hauptfeststellungszeitpunkt auf dem 1.1.1935 lag, da die zeitlichen Abstände zwischen Wertfeststellung und Besteuerungszeitpunkt noch größer sind.

44 Somit sieht das Bundesverfassungsgericht eine Zeitspanne von jedenfalls 38 Jahren zwischen Hauptfeststellung und Veranlagungszeitraum der Grundsteuer als zu groß an. Eine Periode von sieben Jahren nach § 221 BewG würde demnach zunächst verfassungsgemäß sein. Das Bundesverfassungsgericht führte aus, dass **Wertverzerrungen** „schon relativ bald nach Über-

1 BVerfG, Urteil v. 10.4.2018 - 1 BvL 11/14 (u. a.) NWB MAAAG-80435, Leitsatz 3 und Rz. 147.

schreiten des ursprünglichen Sechs-Jahres-Zyklus begonnen haben".[1] Daher darf die **Hauptfeststellungsperiode nicht uneingeschränkt ausgedehnt** werden.

Nach der hier vertretenen Auffassung ist zumindest die **Verlängerung von sechs auf sieben Jahre** verfassungsrechtlich nicht bedenklich.[2] Jedoch sollte eine etwaige **Aussetzung der nächsten Hauptfeststellung** (turnusmäßig zum 1.1.2029) – wie sie auch bei der Einheitsbewertung zum 1.1.1970 ausgesetzt wurde[3] – in jedem Fall zur Verfassungswidrigkeit führen, da in diesem Fall die vom Bundesverfassungsgericht festgestellten Wertverzerrungen angesichts eines 14-Jahres-Zeitraums zu groß werden würden. Eine solche Aussetzung ist jedoch derzeit nicht abzusehen. Hinsichtlich etwaiger vom Hauptfeststellungszeitpunkt abweichender Wertverhältnisse nach § 263 Abs. 1 Satz 1 BewG, siehe Rz. 74 ff. 45

(Einstweilen frei) 46–50

VI. Verhältnis zu anderen Vorschriften

§ 221 BewG präzisiert als zentrale **Feststellungsart** die in **§ 219 BewG** vorgeschriebenen Feststellungen. Demnach sind die Feststellungen der Grundsteuerwerte nach **§ 180 Abs. 1 Satz 1 Nr. 1 AO** allgemein als **Hauptfeststellungen** vorzunehmen. In Fällen vollständig steuerbefreiten Grundbesitzes kann ein **negativer Feststellungsbescheid** des Grundsteuerwertes nach § 219 Abs. 3 BewG erlassen werden.[4] 51

Die anderen Feststellungsarten 52

- **Fortschreibungen (§ 222 BewG),**
- **Neufeststellung (§ 223 BewG)** oder
- die **Aufhebung (§ 224 BewG)** als negative Feststellungsart

beziehen sich jeweils auf die Hauptfeststellung als grundlegende Feststellungsart. Den weiteren Feststellungsarten sind weiterhin die **Wertverhältnisse zur Hauptfeststellungsstichtag** zuzuordnen (§ 222 Abs. 4 Satz 2 BewG i.V. mit § 227 BewG). Sie sind nur auf einen anderen Stichtag innerhalb des Hauptfeststellungszeitraums (§ 221 Abs. 1 BewG) vorzunehmen.

(Einstweilen frei) 53–60

B. Systematische Kommentierung

I. Festlegung der Hauptfeststellungsperiode (§ 221 Abs. 1 BewG)

Die Hauptfeststellung als die grundlegende **Feststellungsart** ist regelmäßig zu wiederholen. Dies ergibt sich aus § 221 Abs. 1 BewG. Die Zeitdauer zwischen zwei Hauptfeststellungen beträgt **sieben Jahre.**[5] Diese Frist unterliegt keiner verfahrensrechtlichen Fristberechnung (beispielsweise nach § 108 Abs. 1 und 3 AO), da die Dauer lediglich **Zeitpunkte** regelt, auf denen **Wertfeststellungen** vorzunehmen sind. 61

1 BVerfG, Urteil v. 10.4.2018 - 1 BvL 11/14 (u. a.) NWB MAAAG-80435, Rz. 150.

2 Gleicher Ansicht Schnitter in GrStG – eKommentar, § 221 BewG Rz. 9 und wohl zustimmend Bruschke in Stenger/Loose, Bewertungsrecht – BewG/ErbStG/GrStG (170. Erg.-Lfg. 2024, D. Hauptfeststellungszeitraum, Rz. 52.

3 Art. 2 Abs. 1 BewÄndG 1965, Art. 2 Gesetz zu Änderung und Ergänzung bewertungsrechtlicher Vorschriften und des Einkommensteuergesetzes v. 22.7.1970, BGBl 1970 I S. 1118.

4 A 219 Abs. 1 Satz 5 AEBewGrSt.

5 A 221 Satz 1 AEBewGrSt.

62 Spezialgesetzlich können Ausnahmen von dem siebenjährigen Wiederholungszeitraum geregelt werden. Dies wurde aufgrund der unerwartet **langwierigen Wertfeststellungen** im Zuge der Einheitsbewertung zum 1.1.1964 bereits durchgeführt. Letztlich fanden damals Einheitswerte erstmals auf den 1.1.1974 Anwendung. Die in Folge vorgeschriebenen Hauptfeststellungen bedurften einer spezialgesetzlichen Regelung, die aber nicht mehr erfolgte.

63 **Erstmaliger Hauptfeststellungszeitpunkt** i. S. des § 221 Abs. 2 BewG ist der 1.1.2022 (§ 266 Abs. 1 BewG). Nach § 221 Abs. 1 BewG ist damit der nächste Hauptfeststellungszeitpunkt der 1.1.2029.

64 Treten innerhalb der Hauptfeststellungsperiode **Änderungen der tatsächlichen Verhältnisse** ein – also des Werts, der Art oder der Zurechnung der wirtschaftlichen Einheit – ist keine erneute Hauptfeststellung durchzuführen oder die Hauptfeststellung zu ändern, sondern eine **Fortschreibung** nach § 222 BewG vorzunehmen. Die Hauptfeststellung ist insoweit die einzige Feststellung im Rahmen der Grundsteuerwertermittlung, die innerhalb einer Hauptfeststellungsperiode nicht durch Ereignisse nach dem Hauptfeststellungszeitpunkt zu ändern ist.

65 Mit der Hauptfeststellung sind regelmäßig **Erklärungspflichten** des Feststellungsbeteiligten vorgesehen, § 228 Abs. 1 Satz 1 BewG. Jedoch besteht keine gesetzliche Erklärungspflicht. Nur nach **behördlicher Aufforderung** zur Abgabe einer Grundsteuerwertfeststellungserklärung muss auf den Hauptfeststellungszeitpunkt eine Erklärung nach § 228 Abs. 1 Satz 1 BewG abgegeben werden.[1]

66–70 *(Einstweilen frei)*

II. Hauptfeststellungszeitpunkt als Bewertungsstichtag (§ 221 Abs. 2 BewG)

71 Durch § 221 Abs. 2 BewG wird der erstmalige Hauptfeststellungszeitpunkt nach § 266 Abs. 1 BewG und die weiteren alle sieben Jahre folgenden Hauptfeststellungszeitpunkte als **Wertermittlungs- und Bewertungsstichtag** festgelegt.

72 § 221 Abs. 2 BewG bringt damit den **Stichtagscharakter** der Grundsteuerwertermittlung zum Ausdruck. Es sind damit grundsätzlich die Werte und tatsächlichen und rechtlichen Verhältnisse auf diesen Stichtag zu berücksichtigten.[2]

72a Bezüglich den **Veränderungen am Bewertungsstichtag** selbst ist – gemäß dem Gesetzeswortlaut – auf den Beginn des Kalenderjahres und damit auf den Tagesbeginn abzustellen.[3] Veränderungen an Art, Wert oder Zurechnung der wirtschaftlichen Einheit, die im Laufe des 1.1. eines Jahres eintreten, können daher erst zum darauffolgenden Bewertungsstichtag im Rahmen einer (weiteren) Feststellung (§§ 222–224 BewG) berücksichtigt werden. Ferner ist auf die Anzeigepflichten nach § 19 Abs. 1 GrStG zu achten.

73 Dieses **Stichtagsprinzip** wird im Einzelnen durch materielle Vorschriften und Ermächtigungsvorschriften **durchbrochen**. Diese Ausnahmen sind durch spezialgesetzliche Regelungen auch ohne direkten gesetzlichen Verweis zu beachten, auch wenn der Gesetzgeber den ehemals ähnlichen Verweis nach § 21 Abs. 2 Satz 2 BewG a. F. nicht übernommen hat. Es handelt sich um spezialgesetzliche Regelungen, die der allgemeinen Vorschrift des § 221 Abs. 2 BewG vor-

1 Näheres siehe Kurt in Grootens, BewG, § 228.

2 A 221 Satz 2 AEBewGrSt.

3 A 221 Satz 3 AEBewGrSt.

gehen. Dies ist im Rahmen des Siebenten Abschnitts im Rahmen der Grundsteuerwertermittlung in folgenden Fällen zu beachten:

1. Bei **land- und forstwirtschaftlichen Vermögen** sind **stehende und umlaufende Betriebsmittel** auf den letzten Abschlussstichtag des Wirtschaftsjahres nach §§ 4a Abs. 1 Satz 1 Nr. 1, 4a Abs. 2 Nr. 1 EStG oder § 8c EStDV zu bewerten, § 235 Abs. 2 BewG.[1]
2. Der **Reinertrag eines land- und forstwirtschaftlichen Betriebs** ist auf Basis des arithmetischen Mittels der letzten zehn abgeschlossenen Wirtschaftsjahre i. S. des § 4a EStG und § 8c EStDV zu berücksichtigen, § 236 Abs. 3 Satz 2 BewG.[2]
3. Beim **Reinertrag der forstwirtschaftlichen Nutzung** sind die Bewertungsfaktoren auf Basis der zuletzt durchgeführten Bundeswaldinventur bestimmt, § 237 Abs. 3 Satz 3 BewG.[3]
4. Das Bundesministerium der Finanzen kann – mit Zustimmung des Bundesrats – die **Bewertungsfaktoren der Anlagen 27–43 BewG**[4] aktualisieren, § 263 Abs. 1 Satz 1 BewG. Die Anlagen wurden bereits in der Vergangenheit aktualisiert und berichtigt.[5]

Die in § 263 Abs. 1 Satz 1 BewG bestimmten Bewertungsfaktoren könnten – so zumindest der Wortlaut – bereits zum nächsten Feststellungszeitpunkt einer Grundsteuerwertermittlung zu Grunde gelegt werden, § 263 Abs. 1 Satz 2 BewG. Dies würde zur Folge haben, dass bereits vor einem zukünftigen Hauptfeststellungszeitpunkt andere Wertverhältnisse als zum Hauptfeststellungszeitpunkt zu berücksichtigen wären. Damit ergibt sich ein offensichtlicher Widerspruch gegenüber § 221 Abs. 2 BewG sowie § 227 BewG, wonach allein auf die Wertverhältnisse in dem letzten Hauptfeststellungszeitpunkt (Stichtagsprinzip) abzustellen ist. Insoweit ist die vorzeitige Anwendung der geänderten Bewertungsfaktoren vor einer Hauptfeststellung strittig. 74

Eine vorzeitige Anwendung wird aus dem **Sinn und Zweck der Hauptfeststellung** und der damit verbundenen Durchbrechung der Wertverhältnisse auf den letzten Hauptfeststellungsstichtag gänzlich abgelehnt.[6] Dies ergebe sich bereits aus der erforderlichen Vergleichbarkeit der Wertverhältnisse auf einen für alle wirtschaftlichen Einheiten geltenden (Hauptfeststellungs-)Zeitpunkt. Wäre eine vorzeitige Anwendung der Bewertungsfaktoren vorzunehmen, müssten letztlich damit alle wirtschaftlichen Einheiten neu bewertet und ggf. durch Wertfortschreibung (§ 222 Abs. 1 BewG) neu festgestellt werden. Dies gebiete der Gleichheitssatz der Bewertung (Art. 3 Abs. 1 GG), was letztlich nur durch identische Bewertungszeitpunkte erreicht werden kann. Somit seien die geänderten Bewertungsfaktoren erst bei **der nächsten tatsächlich durchgeführten Hauptfeststellung** zu berücksichtigen. 75

Eine andere Rechtsauffassung[7] vertritt, dass bei einer erneuten Verschiebung oder Aussetzung einer Hauptfeststellung – wie auch damals in der Einheitsbewertung – zum rechnerisch nächsten Hauptfeststellungszeitpunkt nach § 221 Abs. 1 BewG die geänderten Bewertungsfaktoren nach § 263 Abs. 1 Satz 2 BewG **ab dem rechnerischen Hauptfeststellungszeitpunkt** zu Grunde zu legen sind. Diese würden folglich auch die Wertverhältnisse nach § 227 BewG für Fortschreibungen und Nachfeststellungen bilden. 76

1 A 221 Satz 4 AEBewGrSt; siehe auch Müller in Grootens, BewG, § 235 Rz. 12 ff.
2 Müller in Grootens, BewG, § 236 Rz. 34.
3 Müller in Grootens, BewG, § 237 Rz. 41.
4 Siehe z. B. BewG Anlage 27 (zu § 237 Abs. 2) NWB KAAAA-73784.
5 Neufassung der Anlagen 27–33 BGBl 2021 I S. 2290; Berichtigung der Anlagen 27–33 BGBl 2021 I S. 4831.
6 Grootens in Grootens, BewG, § 263 Rz. 22 ff.
7 Eisele/Wiegand, Grundsteuerreform 2022/2025, S. 49 NWB CAAAH-44415.

77 Eine Auslegung des **Wortlauts**, wonach die nach § 263 Abs. 1 Satz 2 geänderten Bewertungsfaktoren dem **nachfolgenden Feststellungszeitpunkt** zugrunde zu legen sind, schließt nach der hier vertretenen Auffassung nicht aus, dass lediglich der **nächste Hauptfeststellungszeitpunkt** gemeint ist. Eine eindeutige Legaldefinition des Begriffs „Feststellungszeitpunkt" existiert im Siebenten Abschnitts des Zweiten Teils des Bewertungsgesetzes nicht. **Feststellungszeitpunkt** kann neben dem Hauptfeststellungszeitpunkt i. S. des § 221 Abs. 1 BewG auch jeder Jahresbeginn sein.

78 Diesem Verständnis würde auch der im § 263 Abs. 1 Satz 2 BewG genannten Zweck entsprechen: Es würde dem Typisierungsgedanken eines Systems von Hauptfeststellungszeitpunkten mit gleichbleibenden Wertverhältnissen innerhalb des Hauptfeststellungszeitraums widersprechen, wenn auch innerhalb eines Hauptfeststellungszeitraums Veränderungen an den Bewertungsgrundlagen vorgenommen werden könnten. Insofern ist der Begriff „Feststellungszeitpunkt" teleologisch auf den **Hauptfeststellungszeitpunkt** zu reduzieren.[1]

79 Folge wäre, dass allein durch eine Änderung der Anlagen 27–43 zum BewG[2] keine Wertfortschreibung vorzunehmen ist (§ 222 BewG) bzw. diese Änderungen nur mit Wirkung auf einen Hauptfeststellungszeitpunkt wirksam werden können.

BEISPIEL: In 2028 wird die Anlage 40 zum Bewertungsgesetz zum 1.1.2029 neu gefasst. Die pauschalierten Bewirtschaftungskosten für Mietwohngrundstücke bei einer Restnutzungsdauer ≥ 60 Jahre steigen von 21 % auf 23 %. Für die Wertfortschreibung auf den 1.1.2028 sind nur die pauschalierten Bewirtschaftungskosten auf den Hauptfeststellungszeitpunkt 1.1.2022 maßgeblich (d. h. 21 %).

§ 222 BewG Fortschreibungen

(1) Der Grundsteuerwert wird neu festgestellt (Wertfortschreibung), wenn der in Euro ermittelte und auf volle 100 Euro abgerundete Wert, der sich für den Beginn eines Kalenderjahres ergibt, von dem entsprechenden Wert des letzten Feststellungszeitpunkts nach oben oder unten um mehr als 15 000 Euro abweicht.

(2) Über die Art oder Zurechnung der wirtschaftlichen Einheit (§ 219 Absatz 2) wird eine neue Feststellung getroffen (Artfortschreibung oder Zurechnungsfortschreibung), wenn sie von der zuletzt getroffenen Feststellung abweicht und es für die Besteuerung von Bedeutung ist.

(3) [1]Eine Fortschreibung nach Absatz 1 oder 2 findet auch zur Beseitigung eines Fehlers der letzten Feststellung statt. [2]§ 176 der Abgabenordnung über den Vertrauensschutz bei der Aufhebung und Änderung von Steuerbescheiden ist hierbei entsprechend anzuwenden. [3]Satz 2 gilt nur für die Feststellungszeitpunkte, die vor der Verkündung der maßgeblichen Entscheidung eines der in § 176 der Abgabenordnung genannten Gerichte liegen.

(4) [1]Eine Fortschreibung ist vorzunehmen, wenn dem Finanzamt bekannt wird, dass die Voraussetzungen für sie vorliegen. [2]Der Fortschreibung werden vorbehaltlich des § 227 die Verhältnisse im Fortschreibungszeitpunkt zugrunde gelegt. [3]Fortschreibungszeitpunkt ist:

1. bei einer Änderung der tatsächlichen Verhältnisse der Beginn des Kalenderjahres, das auf die Änderung folgt, und

1 Grootens in Grootens, BewG, § 263 Rz. 24.

2 Siehe z. B. BewG Anlage 27 (zu § 237 Abs. 2) NWB KAAAA-73784.

2. **in den Fällen des Absatzes 3 der Beginn des Kalenderjahres, in dem der Fehler dem Finanzamt bekannt wird, bei einer Erhöhung des Grundsteuerwerts jedoch frühestens der Beginn des Kalenderjahres, in dem der Feststellungsbescheid erteilt wird.**

Inhaltsübersicht **Rz.**

LITERATUR:

Höreth/Stelzer, Grundsteuerreform – der Druck auf den Gesetzgeber steigt, DStZ 2019 S. 607–612; *Marfels*, Die Neubewertung von Grundvermögen nach dem Entwurf für ein Grundsteuerreformgesetz (GrStRefG), ErbStB 2019 S. 266–275; *Marx*, Ökonomische Analyse des Grundsteuer-Reformgesetzentwurfs, DStZ 2019 S. 372–379; *Neufang*, Das Grundsteuerreformgesetz – ein gesetzgeberisches Chaos?, BB 2019 S. 3035–3038; *Eichholz*, Novellierung der Grundsteuer, DStZ 2020 S. 1158–1167; *Eisele/Wiegand*, Grundsteuerreform 2022/2025, 1. Aufl. 2020, S. 9, NWB CAAAH-44415; *Heine*, Reform des Bewertungs- und Grundsteuerrechts. Werden die Reformziele erreicht?, KStZ 2020 S. 2–6; *Heine*, Hauptfeststellung und Nachfeststellung sowie Fortschreibung und Aufhebung von Einheits- und Grundsteuerwerten nach altem und neuem Recht als Grundlage für die Veranlagung der Grundsteuer, KStZ 2020 S. 21–30; *Wünnemann/Koller*, Die Grundsteuerreform – ein Resümee aus Sicht der Industrie, BB 2020 S. 215–219.

VERWALTUNGSANWEISUNGEN:

Koordinierte Erlasse der obersten Finanzbehörden der Länder v. 9.11.2021 – Anwendung des Siebenten Abschnitts des Zweiten Teils des Bewertungsgesetzes zur Bewertung des Grundbesitzes (allgemeiner Teil und Grundvermögen) für die Grundsteuer ab 1.1.2022 (AEBewGrSt), BStBl 2021 I S. 2334.

A. Allgemeine Erläuterungen

I. Hinweise auf Verwaltungsanweisungen

1 Verwaltungsanweisungen bezüglich der Fortschreibung i. S. des § 222 BewG sind mit dem A 222 AEBewGrSt ergangen.[1] Darin werden umfangreiche Klarstellungen vorgenommen.

2–10 *(Einstweilen frei)*

II. Normzweck und wirtschaftliche Bedeutung der Vorschrift

11 § 222 BewG ist ein **wesentliches Element** im Rahmen der Grundsteuerwertermittlung außerhalb von Hauptfeststellungen. Durch Fortschreibungen wird ermöglicht, die **Hauptfeststellung an geänderte tatsächliche Verhältnisse** der wirtschaftlichen Einheit **anzupassen**. Auf diese Weise wird sichergestellt, dass die Grundsteuerlast den tatsächlichen Verhältnissen der wirtschaftlichen Einheit unter Beachtung effizienten Verwaltungshandelns entspricht.[2]

Übersicht: Wertmäßige Auswirkung der Wertgrenze i. H. von 15.000 € auf den Grundsteuermessbetrag

Steuermesszahl	Auswirkung in €
Betrieb der Land- und Forstwirtschaft 0,55 Promille	8,25
Unbebautes Grundstück 0,34 Promille	5,10
Wohngrundstücke[3] 0,31 Promille	4,65
Nichtwohngrundstücke[4] 0,34 Promille	5,10

Im Entwurf eines Gesetzes zur Reform des Grundsteuer- und Bewertungsrechts wird bei einer Wertgrenze von 15.000 € eine durchschnittliche steuerliche Auswirkung auf die Grundsteuer i. H. von 20 € angenommen.[5]

12 Eine **Änderung der Verhältnisse** liegt insbesondere bei

- wesentlichen **Veränderungen des Werts** i. S. des § 222 Abs. 1 BewG,
- einer **Änderung der Vermögensart oder der Grundstücksart** im Bereich des Grundvermögens nach § 219 Abs. 2 Nr. 1 BewG i.V. mit § 222 Abs. 2 BewG und
- einer **Änderung der Zurechnung** der wirtschaftlichen Einheit nach § 219 Abs. 2 Nr. 2 i.V. mit § 222 Abs. 2 BewG

1 Koordinierte Erlasse der obersten Finanzbehörden der Länder v. 9.11.2021, BStBl 2021 I S. 2334 (AEBewGrSt).

2 Entwurf eines Gesetzes zur Reform des Grundsteuer- und Bewertungsrechts (Grundsteuer-Reformgesetz – GrStRefG), BT 19/11085 S. 94.

3 Im Sinne des § 249 Abs. 1 Nr. 1 bis 4 BewG.

4 Im Sinne des § 249 Abs. 1 Nr. 5 bis 8 BewG.

5 Entwurf eines Gesetzes zur Reform des Grundsteuer- und Bewertungsrechts (Grundsteuer-Reformgesetz – GrStRefG), BT 19/11085 S. 94.

vor. Durch eine Fortschreibung nach § 222 Abs. 1 oder 2 BewG ist die nach dem Hauptfeststellungszeitpunkt (§ 221 Abs. 2 BewG) eingetretene Änderung der tatsächlichen Verhältnisse bei der Grundsteuerwertfeststellung zu berücksichtigen. Die Auswertung der Änderung wirkt sich jedoch nicht zwangsläufig im festzustellenden Grundsteuerwert aus.

Ferner ermöglicht § 222 Abs. 3 BewG, eine **berichtigende Fortschreibung** vorzunehmen, wodurch Fehler bei einer Wertfortschreibung früherer Feststellungszeitpunkte nachträglich mit Wirkung für nachfolgende Feststellungszeitpunkte beseitigt werden können. 13

(Einstweilen frei) 14–20

III. Entstehung und Entwicklung der Vorschrift

§ 222 BewG geht auf die gleichlautende Vorschrift im Rahmen der **Einheitsbewertung** (§ 22 BewG a. F.) zurück. Dementsprechend ist der Regelungsinhalt im Wesentlichen gleichgeblieben. 21

Eine wesentliche Änderung hat sich bei den **Wertgrenzen der Wertfortschreibung** i. S. des § 222 Abs. 1 BewG ergeben. Diese wurden deutlich vereinfacht. Nach § 22 Abs. 1 BewG waren unterschiedliche Wertgrenzen bei Wertfortschreibung nach oben oder unten zu prüfen. Daneben war je Fortschreibung sowohl eine kombinierte relativ-absolute Wertgrenze neben einer rein absoluten Wertgrenze zu prüfen. Dies wurde nun durch eine rein absolute **Wertgrenze i. H. von 15.000 €** ersetzt, die sowohl bei werterhöhenden und -senkenden Wertfortschreibungen anzuwenden ist. 22

Ferner ist die Nennung der **Wertermittlungszeitpunkte**, die vom Hauptfeststellungszeitpunkt abweichen (§ 22 Abs. 4 Satz 4 BewG a. F.), wie schon im Rahmen der Haupt- und Nachfeststellung gestrichen worden. 23

Die weiteren Änderungen gegenüber § 22 BewG a. F. beschränken sich im Übrigen auf **Aktualisierungen des Wortlauts** („Grundsteuerwert" statt „Einheitswert", „Euro" statt „Deutsche Mark"). Die gesetzlichen Verweise auf § 176 AO im § 222 Abs. 3 Satz 2 und 3 BewG wurden mit ausdrücklicher Nennung des Zwecks des § 176 AO deklaratorisch ergänzt. 24

(Einstweilen frei) 25–30

IV. Geltungsbereich

§ 222 BewG regelt die **Fortschreibung** als **besondere Form der Feststellung** i. S. des § 219 BewG. Diese Vorschrift ist auf die Anwendung des Siebenten Abschnitts des BewG beschränkt. 31

Ferner sind die Wertgrenzen nicht bei Haupt- oder Nachfeststellung anzuwenden. Die **Haupt- und Nachfeststellungen** werden stets im vollen Umfang vorgenommen, da die Feststellungsvorschriften nach § 221 BewG beziehungsweise § 223 BewG **keine Wertgrenzen** beinhalten. 32

Jedoch ist eine **Fortschreibung** nach § 222 Abs. 1–3 BewG für Haupt- und Nachfeststellungen früherer Feststellungszeitpunkte vorzunehmen. Dies ist letztlich der Sinn und Zweck der Vorschrift: eine „Aktualisierung" der nach § 219 BewG vorgenommenen früheren Feststellungen. 33

Das **Landesrecht** kann von § 222 BewG abweichende Vorschriften vorsehen, Art. 72 Abs. 3 Nr. 7 GG. Dies wurde von folgenden Ländern umgesetzt: 34

- Baden-Württemberg (§ 16 LGrStG BW),
- Bayern (Art. 6 Abs. 3 und 4 BayGrStG),

- Hamburg (§ 6 Abs. 3 und 4 HmbGrStG),
- Hessen (§ 2 Abs. 2–4 HGrStG),
- Niedersachsen (§ 8 Abs. 3 und 4 NGrStG).

35 Im Übrigen wird auf die Kommentierung der landesrechtlichen Regelungen in Teil C dieses Kommentars verwiesen.

36–40 *(Einstweilen frei)*

V. Vereinbarkeit der Vorschrift

41 Die Vorschrift begegnet **keinen verfassungsrechtlichen oder europarechtlichen Bedenken.**

42 Durch den § 222 BewG hat der **Bundesgesetzgeber** von seiner **konkurrierenden Gesetzgebung** nach Art. 105 Abs. 2 Satz 1 GG Gebrauch gemacht. Ungeachtet dessen kann das Landesrecht aber abweichende Vorschriften vorsehen, die Vorrang von der bundesgesetzlichen Regelung haben, Art. 72 Abs. 3 Nr. 7 GG.

43 Vielmehr ist die Vorschrift zur Fortschreibung nach § 222 BewG ein **zentraler Bestandteil einer verfassungsmäßigen Grundsteuerwertermittlung**, insbesondere der vom Bundesverfassungsgericht geforderten realitätsnahen Bewertung.[1] Das gilt nicht nur für die konkrete Wertermittlung, sondern auch für die tatsächlichen Verhältnisse der Zurechnung, der Vermögens- oder Grundstücksart sowie der vorhandenen Bebauung und Nutzung der wirtschaftlichen Einheit. Verändern sich diese Umstände, sind sie zum **Erhalt der relativen und realitätsnahen Bewertung** in eine Feststellung miteinzubeziehen.

44 Dabei sind nach § 222 Abs. 4 Satz 2 BewG die **Verhältnisse im Feststellungsstichtag** zu Grunde zu legen. Lediglich die **Wertverhältnisse** sind zum Erhalt der Vergleichbarkeit der Bestandsbewertungen auf den letzten **Hauptfeststellungszeitpunkt** heranzuziehen, § 227 BewG.

45–50 *(Einstweilen frei)*

VI. Verhältnis zu anderen Vorschriften

51 § 222 BewG steht im engen Zusammenhang mit der **grundlegenden Feststellungsvorschrift** nach **§ 219 BewG**, die den Rahmen der Feststellung sowie die notwendigen verfahrensrechtlichen Vorschriften beinhaltet. Die drei Fortschreibungsarten des § 222 Abs. 1 und 2 BewG spiegeln auch die **festzustellenden Besteuerungsgrundlagen** nach **§ 219 Abs. 1 und 2 BewG** wider.

52 Voraussetzung zur Anwendung einer Fortschreibung ist, dass eine **Haupt- (§ 221 BewG)** oder **Nachfeststellung (§ 223 BewG)** erfolgt und der aktuelle festgestellte Grundsteuerwert **nicht nach § 224 BewG aufzuheben** ist.

53 Auslöser einer Wertfortschreibung wird regelmäßig eine **Anzeige** i. S. des **§ 228 Abs. 2 BewG** sein, in der der Steuerpflichtige eine Änderung der tatsächlichen Verhältnisse mitteilt. Möglich ist aber auch eine Fortschreibung von Amts wegen, die durch **Auskünfte, Erhebungen oder Mitteilungen von dritter Seite** nach **§ 229 BewG** ausgelöst wird.

54–60 *(Einstweilen frei)*

1 BVerfG, Urteil v. 10.4.2018 - 1 BvL 11/14, NWB MAAAG-80435, Rz. 105.

B. Systematische Kommentierung

I. Systematische Einordnung der bewertungsrechtlichen Fortschreibung

Die Fortschreibung ist im deutschen Besteuerungssystem inzwischen als Ermittlungsvorschrift einmalig, da sie aufgrund des **Stichtagsprinzips** der Grundsteuer von besonderer Bedeutung ist, um die richtigen Besteuerungsgrundlagen weiter der Grundsteuer zu Grunde zu legen. Für Zwecke der Grundsteuer müssen die Besteuerungsgrundlagen (tatsächliche Verhältnisse i. S. des § 222 BewG) regelmäßig überprüft und gegebenenfalls angepasst werden, damit der Grundsteuer entsprechend dem § 9 Abs. 1 GrStG die zutreffenden Verhältnisse zu Grunde gelegt werden können. 61

Die Fortschreibung ist daher ein verfahrensrechtliches Instrument zur **Ermittlung der Besteuerungsgrundlagen** für den Feststellungszeitpunkt nach § 222 Abs. 4 Satz 3 BewG. Sie ist damit eng an die materiellrechtlichen Bewertungsvorschriften sowie an die Zuordnung der wirtschaftlichen Einheit nach § 39 AO gebunden. Die Fortschreibung wird durch diese Normen inhaltlich festgelegt. 62

Nach abgeschlossener Bewertung und der Bestimmung der Art und Zurechnung im Rahmen einer früheren Feststellung nach § 219 BewG bestimmt § 222 BewG, ob und inwieweit eine Anpassung der bisherigen Feststellung vorzunehmen ist. § 222 BewG begründet damit ein **neues Feststellungsverfahren i. S. des § 219 BewG** und wird losgelöst von früheren oder zukünftigen Feststellungsverfahren nach § 219 BewG durchgeführt. Im Rahmen der Fortschreibung können damit alle Verhältnisse neu überprüft werden und nach § 222 Abs. 4 Satz 2 AO berücksichtigt werden. Eine Bindung an vorherige Feststellungsverfahren besteht nicht.[1] 63

Die Vorschrift des § 222 BewG muss dabei von anderen, ähnlich wirkenden Vorschriften abgegrenzt werden. Insbesondere ist die **Fortschreibung keine Änderungsvorschrift**. Sie ist nicht mit §§ 129 ff., §§ 164, 165 oder §§ 172 ff. AO vergleichbar. In diesen Vorschriften wird ein ursprünglicher Feststellungsbescheid berichtigt, korrigiert oder anderweitig geändert. Das heißt in den Fällen der Änderungsvorschriften wird ein materiell bereits abgeschlossenes Feststellungsverfahren punktuell oder vollständig aufgehoben oder geändert, wodurch die materielle Bestandskraft (§ 124 Abs. 2 AO) des bisherigen Feststellungsbescheids durchbrochen wird. Hingegen stellt eine Fortschreibung ein gänzlich neues Feststellungsverfahren dar, § 219 BewG. Die erlassenen Bescheide können anschließend nach den allgemeinen Korrekturvorschriften berichtigt werden. 64

Somit sind sämtliche Feststellungsbescheide, die im Rahmen einer Fortschreibung ergehen, **selbständige Feststellungsbescheide**. Folgen mehrere Bescheide aufeinander, besteht zwischen Ihnen keine Beziehung wie zwischen Grundlagen- und Folgebescheiden. Jedes Feststellungsverfahren über Grundsteuerwerte ist selbständig und kann grundsätzlich alle tatsächlichen Verhältnisse vollumfänglich berücksichtigen und sie der Feststellung zu Grunde legen. § 222 Abs. 3 und 4 BewG schränken diesbezüglich lediglich den **Zeitpunkt** ein, ab wann die tatsächlichen Verhältnisse einzubeziehen sind. 65

Dies kommt insbesondere durch § 222 Abs. 3 BewG zum Ausdruck, der insbesondere eine **„fehlerbeseitigende" Fortschreibung** ermöglicht. Denn hier lag bereits eine Änderung der Verhältnisse vor, die zwar einer früheren Feststellung (in fehlerhafter Weise) zu Grunde gelegt wurde, 66

1 Vgl. auch A 222 Abs. 5 Satz 6 AEBewGrSt.

nun aber erstmals in zutreffender Weise in einem Feststellungsverfahren berücksichtigt wird. § 222 Abs. 3 BewG ist dabei keine Änderungsvorschrift, da die ursprüngliche Feststellung nicht geändert wird. Durch § 222 Abs. 3 BewG wird ein neues selbständiges Feststellungsverfahren auf einen folgenden Feststellungsstichtag ausgelöst, nicht hingegen die Änderung des bisherigen Bescheids auf den ursprünglichen Feststellungszeitpunkt i. S. der §§ 172 ff. AO.

67 Im Ergebnis sind **Änderungsvorschriften der AO** oder auch des § 225 Satz 2 BewG losgelöst von einer Fortschreibung zu betrachten. Beide Verfahrensarten (fehlerbeseitigendes Feststellungsverfahren und Änderungsverfahren) sind nebeneinander anwendbar und genau voneinander zu trennen.

68–70 *(Einstweilen frei)*

II. Durchführung einer Wertfortschreibung (§ 222 Abs. 1 BewG)

1. Gründe für eine Wertfortschreibung

71 § 222 Abs. 1 BewG schreibt verpflichtend vor, dass eine Wertfortschreibung vorzunehmen ist, wenn sich die **tatsächlichen Verhältnisse** derart geändert haben, dass der **Grundsteuerwert** i. S. des § 219 Abs. 1 BewG erstmals zum Feststellungszeitpunkt nach § 222 Abs. 4 Satz 3 Nr. 1 BewG **anzupassen** ist.[1]

72 Inwieweit sich der festzustellende Grundsteuerwert ändert, bestimmt sich allein nach **den materiellen Bewertungsvorschriften** nach §§ 232–262 BewG (§ 231 Abs. 1 Satz 1 BewG). Dabei sind sämtliche Wertänderungen, die eine Änderung der Verhältnisse bewirken in die neue Wertermittlung einzubeziehen und zusammenzufassen.[2] Der gesamte Grundsteuerwert muss im Rahmen der Überprüfung vollständig neu ermittelt werden, da sich durch Vervielfältiger und Wertzahlen die Verhältnisse auch für den Altbestand zum vorangegangenen Bewertungsstichtag ändern können.

73 Eine **Änderung der tatsächlichen Verhältnisse**, die sich auf den Grundsteuerwert auswirkt, ist insbesondere in folgenden Fallkonstellationen denkbar (nicht abschließend):

1. Die Fläche des **Grund und Bodens** der wirtschaftlichen Einheit verändert sich (z. B. durch An- oder Verkauf);[3]
2. Der Entwicklungszustand des **Grund und Bodens** (insbesondere bei unbebauten Grundstücken) ändert sich;[4]
3. Der **Zustand der Bebauung** i. S. des § 246 BewG ändert sich, wodurch beispielsweise ein bisher unbebautes Grundstück nicht mehr nach § 247 BewG, sondern nach § 250 BewG zu bewerten ist;[5]
4. Die **Bebauung** eines Grundstücks **wird erweitert** oder ein **Gebäude wird abgerissen/zerstört.** Durch die Erhöhung bzw. Verringerung der Wohn- und Nutzflächen erweitert/verringert sich die Substanz der wirtschaftlichen Einheit;[6]

---

1 A 222 Abs. 1 Satz 1 AEBewGrSt.
2 A 222 Abs. 1 Satz 2 AEBewGrSt.
3 A 227 Abs. 3 Satz 3 Nr. 1 AEBewGrSt.
4 A 227 Abs. 3 Satz 3 Nr. 2 AEBewGrSt.
5 A 227 Abs. 3 Satz 3 Nr. 3 AEBewGrSt.
6 A 227 Abs. 3 Satz 3 Nr. 1, 3, 5 AEBewGrSt.

5. Eine **Nutzungsänderung** führt zu einem **Wechsel der Grundstücksart** und in der Folge des Bewertungsverfahrens (§ 250 Abs. 2 oder 3 BewG);[1]

6. Der Nutzungsanteil einer **persönlichen oder sachlichen Grundsteuerbefreiung** ändert sich derart, dass vor und nach Änderung zumindest eine teilweise steuerpflichtige Nutzung vorlag. In der Folge ist nach § 219 Abs. 3 BewG die **Bedeutung der wirtschaftlichen Einheit für die Besteuerung** wieder teilweise eingetreten oder weggefallen.

7. Das Gebäude wird kernsaniert, wodurch ein fiktives Baujahr der Bewertung zu Grunde zu legen ist. Die Finanzverwaltung sieht in der jährlich eintretenden Änderung des Gebäudealters allein keinen Wertfortschreibungsgrund, weil das Gebäudealter im Zeitpunkt des Hauptfeststellungszeitpunkts zu Grunde zu legen ist (§ 227 BewG).[2] Bei Fortschreibungen ist stets das Gebäudealter im Hauptfeststellungszeitpunkt maßgebend.[3]

BEISPIEL WERTFORTSCHREIBUNG:

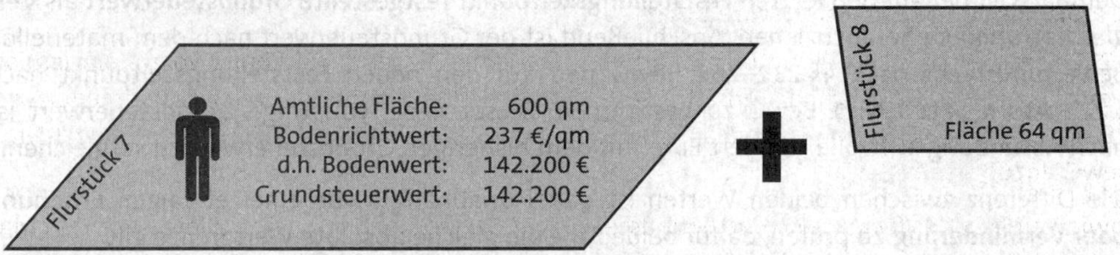

Der Zukauf am 21.9.2023 (Flurstück 8, Fläche 64 qm) hat eine Erhöhung des Bodenwerts um 15.168 € (= 64 qm x 237 €/qm; > 15.000 €) zur Folge. Daher ist auf den 1.1.2024 eine Wertfortschreibung vorzunehmen. Der neue Bodenwert beträgt 157.368 €, d. h. der neue Grundsteuerwert beträgt nach der gesetzlichen Abrundung (§ 230 BewG) 157.300 €.

Eine **Artfortschreibung** (§ 222 Abs. 2 BewG) kann in gewissen Fällen gleichzeitig eine Wertfortschreibung auslösen. Dies ist bei der **Änderung** der **Grundstücksart im Grundvermögen** stets der Fall. 74

BEISPIEL: Auf einem unbebauten Grundstück wird im Jahr 2024 ein Einfamilienhaus errichtet. Auf den Feststellungsstichtag 1.1.2025 ist eine Artfortschreibung (hier Wechsel vom unbebauten Grundstück i. S. des § 246 BewG zum Einfamilienhaus i. S. des § 248 BewG) und eine Wertfortschreibung (hier: Wechsel vom Bodenwertverfahren i. S. des § 247 BewG zum Ertragswertverfahren [§§ 252–257 BewG]) durchzuführen.

Auch eine Artfortschreibung durch **Veränderung** der **Grundstücksart** (§ 249 BewG) kann durch die Auswahl eines anderen **Bewertungsverfahrens** (§ 250 Abs. 2 oder 3 BewG) zu einer Wertveränderung führen. Eine solche Veränderung kann sowohl durch physische Erweiterung der Bebauung (Anbau, Ausbau, Umbau) oder durch eine reine Veränderung der Nutzung durch andere Personen entstehen. Letztlich hängt auch die Wahl der **Bewertungsparameter** innerhalb der einzelnen Bewertungsverfahren von der Grundstücksart ab.[4] 75

1 A 227 Abs. 3 Satz 3 Nr. 4 AEBewGrSt.
2 A 222 Abs. 1 Satz 4 und 5 AEBewGrSt.
3 A 222 Abs. 1 Satz 6 AEBewGrSt.
4 Vgl. für die Liegenschaftszinssätze exemplarisch Grootens in Grootens, BewG § 256 Rz. 26.

76 Letztlich kann aber auch die reine **Erweiterung der Bebauung** zu einer Wertfortschreibung führen, wenn sich die Wohn- und Nutzfläche beispielsweise durch **Neu-, Aus- oder Umbau** erhöht oder durch **Abriss** verringert.

77 Die **Wertverhältnisse** – also die Bewertungsfaktoren, mit denen die tatsächlichen Verhältnisse anzusetzen sind – sind dabei stets auf den **letzten Hauptfeststellungszeitpunkt** zurück zu beziehen, § 227 BewG. Jedoch wird dieser Rückbeziehungsgrundsatz punktuell durch materielle Bewertungsvorschriften durchbrochen.[1]

78–80 *(Einstweilen frei)*

2. Wertgrenze für Wertfortschreibungen

81 Eine Wertfortschreibung ist nur vorzunehmen, wenn die Wertgrenze von **15.000 € nach „unten" oder „oben"** überschritten wird.

82 Demnach ist der **auf den letzten Feststellungszeitpunkt festgestellte Grundsteuerwert** als **Vergleichsgrundlage** heranzuziehen. Anschließend ist der Grundsteuerwert nach dem materiellen Bewertungsrecht nach §§ 232–262 BewG neu auf den neuen Feststellungszeitpunkt nach § 222 Abs. 4 Satz 3 Nr. 1 BewG zu bestimmen. Dieser neue, vorläufige Grundsteuerwert ist nach Abrundung auf volle Hundert Euro mit dem bisherigen Grundsteuerwert zu vergleichen.

83 Die Differenz zwischen beiden Werten ist dabei unabhängig von einer etwaigen **Erhöhung oder Verminderung** zu prüfen, da für beide Fälle die gleiche absolute Wertgrenze gilt.

84 Beträgt die **Differenz mehr als 15.000 €** – also aufgrund der Rundung mindestens 15.100 € – ist eine **Wertfortschreibung verpflichtend** vorzunehmen. In diesem Fall ist der neu ermittelte Grundsteuerwert einem Feststellungsverfahren nach § 219 Abs. 1 BewG zu Grunde zu legen und nach § 180 Abs. 1 Satz 1 Nr. 1 AO gesondert festzustellen.

85 Die Wertfortschreibung kann mit Art- und Zurechnungsfortschreibungen i. S. des § 222 Abs. 2 BewG verbunden werden und dem Feststellungsbeteiligten in einem „Papierbescheid" zusammengefasst bekanntgegeben werden. Dies ändert jedoch nichts daran, dass **Wert-, Art- und Zurechnungsfortschreibung jeweils selbständige Verwaltungsakte** bleiben, die damit auch selbständig anfechtbar sind.[2]

86 Beträgt die **Differenz vor der Abrundung i. S. des § 230 BewG 15.099 € oder weniger**, ist keine Wertfortschreibung vorzunehmen. Dies gilt selbst dann, wenn der Wert der wirtschaftlichen Einheit auf 0 € sinken würde, da die Wertdifferenz zur vorangegangenen Wertermittlung faktisch unter 15.000 € liegt.[3] Dies führt jedoch nicht dazu, dass die Wertveränderung als Fortschreibungsgrund untergeht. Vielmehr wird bei einer zukünftigen Änderung der Verhältnisse abermals zu überprüfen sein, ob sich der Grundsteuerwert in erheblicher Weise geändert hat. Die Änderung der Verhältnisse als auslösendes Ereignis wird dadurch nicht verbraucht, wenn keine Wertfortschreibung erfolgt. Sie hat zu erfolgen, sobald die Wertgrenze überschritten ist.

HINWEIS:

Bei einer **Aufhebung des Grundsteuerwerts** ist § 224 BewG[4] anzuwenden.

1 Vgl. Kurt in Grootens, BewG § 227 Rz. 61 ff.; hinsichtlich neuer Bewertungsfaktoren durch Rechtsverordnung vgl. Grootens in Grootens, BewG § 263 Rz. 22 ff.

2 Zur Einheitsbewertung bereits BFH, Urteil v. 13.11.1981 - III R 116/78, BStBl 1983 II S. 88.

3 A 222 Abs. 1 Satz 3 AEBewGrSt.

4 Näheres siehe Kurt in Grootens, BewG § 224.

Bleibt die Wertdifferenz stets unter der Wertgrenze, wirkt sie sich endgültig bei der nächsten **Hauptfeststellung** (§ 221 Abs. 2 BewG) aus, da hier keine Wertgrenze besteht. Somit wird eine erneute Hauptfeststellung zur vollen Berücksichtigung jeder Wertdifferenz führen. Gleichzeitig sind aber auch die **Wertverhältnisse des (neuen) Hauptfeststellungszeitpunkts** zu Grunde zu legen, § 221 Abs. 2 BewG. 87

(Einstweilen frei) 88–90

III. Durchführung einer Art- oder Zurechnungsfortschreibung (§ 222 Abs. 2 BewG

1. Artfortschreibung

Die Artfortschreibung nach § 222 Abs. 2 AO ist in zwei Facetten möglich. Zunächst kann sich die **Vermögensart** der wirtschaftlichen Einheit i. S. des § 218 Satz 1 BewG ändern. Dies ist nur bei einem **Wechsel zwischen land- und forstwirtschaftlichen Vermögen oder Grundvermögen** möglich. Dies ergibt sich aus dem Feststellungsbestandteil der Vermögensart nach § 219 Abs. 2 Nr. 1 BewG. 91

Eine Einbeziehung in ein **gewerbliches (§ 15 EStG) oder selbständiges (§ 18 EStG) Betriebsvermögen** i. S. des § 95 ff. BewG bleibt dabei ohne Folgen, da das Betriebsvermögen nach § 218 Satz 2 und 3 BewG dem land- und forstwirtschaftlichen Vermögen oder dem Grundvermögen zwingend zuzuordnen ist. Das Betriebsvermögen stellt keine eigene Vermögensart mehr dar.[1] 92

Wird **ein Teil der wirtschaftlichen Einheit** zukünftig **verselbständigt** und durch eine andere Vermögensart charakterisiert, ist eine **Nachfeststellung** für die neu entstandene wirtschaftliche Einheit und eine **Wertfortschreibung** für die alte wirtschaftliche Einheit vorzunehmen.[2] 92a

BEISPIEL: Errichtung eines Einfamilienhauses auf ursprünglich land- und forstwirtschaftlichem Vermögen unter Fortbestand des land- und forstwirtschaftlichen Betriebs. Es ist eine Nachfeststellung für das Einfamilienhaus im Grundvermögen und eine Wertfortschreibung für den weiterhin bestehenden land- und forstwirtschaftlichen Betrieb nach unten unter Beibehaltung der Artfeststellung durchzuführen. 92b

Nach Auffassung der Finanzverwaltung ist in den Fällen des Wechsels der Vermögensart für die gesamte wirtschaftliche Einheit jedoch keine Artfortschreibung vorzunehmen.[3] Für die die Vermögensart wechselnden Flächen sei eine **Nachfeststellung** durchzuführen (§ 223 BewG), für die ursprüngliche wirtschaftliche Einheit sei hingegen eine **Wertfortschreibung** des Grundsteuerwerts vorzunehmen. Die Finanzverwaltung schränkt hier den Anwendungsbereich der Artfortschreibung faktisch auf die Änderung der Grundstücksart nach § 248 BewG und § 249 BewG ein. 92c

Nach der hier vertretenen Auffassung ist die Auffassung der Finanzverwaltung rechtlich begründet. Wesentliches Merkmal der Neufeststellung ist, dass eine wirtschaftliche Einheit neu entsteht oder sie erstmals zur Grundsteuer herangezogen wird.[4] Bei dem **Übergang einer voll-** 92d

1 Im Übrigen siehe Kurt in Grootens, BewG § 218 Rz. 111 ff.

2 A 227 Abs. 3 Satz 6 AEBewGrSt.

3 A 227 Abs. 3 Satz 4 bis 6 AEBewGrSt.

4 Vgl. Kurt in Grootens, § 223 BewG Rz. 61 ff.; gleicher Ansicht Bruschke in Stenger/Loose, Bewertungsrecht – BewG/ErbStG/GrStG (170. Erg.-Lfg. 2024), III. Artfortschreibung, Rz. 82.

ständigen wirtschaftlichen Einheit von einer Vermögensart in eine andere Vermögensart** entsteht eine neue wirtschaftliche Einheit i. S. des § 2 BewG.

92e Der Vordruck für die Grundsteuer-Änderungsanzeige i. S. des § 228 Abs. 2 BewG liegt vor.[1]. Aus dem Vordruck geht hervor, wie die Anzeigen durch die erklärungspflichtige Person zu erfolgen hat und welche Anzeigen **nicht** vorzunehmen sind.[2]

93 Eine Artfortschreibung ist ferner vorzunehmen, wenn sich die **Grundstücksart** i. S. des § 249 BewG verändert (vgl. § 219 Abs. 2 Nr. 1 BewG).[3] Dies kann sowohl durch eine veränderte Nutzung oder durch eine Erweiterung der Flächen eintreten, durch die sich die Anteile der Nutzung für Wohnzwecke und Betriebszwecke verschiebt. Die Feststellung erfolgt hierbei stets **ohne Rücksicht auf eine Wertänderung**. Die Wertgrenzen i. S. des § 222 Abs. 1 BewG sind bei Artfortschreibungen unbeachtlich.[4] Hintergrund hierfür ist, dass es für Wohngrundstücke und Nichtwohngrundstücke unterschiedliche Steuermesszahlen anzuwenden sind.[5] Inwieweit eine Wertfortschreibung mit der Artfortschreibung zu verbinden ist, beurteilt sich selbständig nach den Vorschriften des § 222 Abs. 1 BewG. Eine Feststellung hat damit insbesondere auch dann zu erfolgen, wenn das Bewertungsverfahren nach § 250 Abs. 2 und 3 BewG unverändert bleibt, denn die Grundstücksart beeinflusst auch einzelne Bewertungsparameter wie Bewirtschaftungskosten (§ 255 BewG) oder Liegenschaftszinssatz (§ 256 BewG).

93a Die Artfortschreibung ist durchzuführen, wenn die tatsächlichen Verhältnisse von der letzten Feststellung abweichen. Damit ist eine Artfortschreibung davon abhängig, ob die Nutzung der wirtschaftlichen Einheit der Nutzung entspricht, wie sie der letzten Feststellung des Grundsteuerwerts zu Grunde lag. Bei einer Divergenz ist eine Artfortschreibung durchzuführen.[6] Inwieweit sich aus der Artfortschreibung grundsteuerliche Folgen ergeben, ist für die Fortschreibung unbeachtlich. Nach Auffassung der Finanzverwaltung ist die Artfortschreibung stets durchzuführen.[7]

94 Gesetzlich auch erfasst ist die Veränderung der Grundstücksart, wenn sich der Bebauungszustand verändert. Wechselt ein Grundstück zwischen **unbebautem Zustand** nach § 246 BewG und **bebautem Zustand** (§ 248 BewG), ist dies nach dem Gesetzwortlaut des § 222 Abs. 2 i. V. mit § 219 Abs. 2 Nr. 1 BewG festzustellen.

95 Ist eine Artfortschreibung durchzuführen, kann sie mit der Wertfortschreibung nach § 222 Abs. 1 BewG oder der Zurechnungsfortschreibung nach § 222 Abs. 2 BewG verbunden werden und in einem „Papierbescheid" bekanntgegeben werden.[8] Dies ändert jedoch nichts daran, **dass Wert-, Art- und Zurechnungsfortschreibung jeweils selbständige Verwaltungsakte** bleiben, die damit auch selbständig anfechtbar sind.[9] Ist eine Fortschreibung anderer Art (Wertfortschreibung, Zurechnungsfortschreibung) bereits vorgenommen worden, ist eine Artfort-

1 Vgl. Kurt in Grootens, § 228 BewG.

2 Vgl. Ausfüllanleitung zur Grundsteuer-Änderungsanzeige (Vordruck GW-5), BMF, Schreiben v. 24.7.2023, BStBl 2023 I S. 1536 ff. NWB YAAAJ-48998.

3 A 222 Abs. 2 Satz 3 AEBewGrSt.

4 A 222 Abs. 2 Satz 2 AEBewGrSt.

5 Vgl. § 15 Abs. 1 Nr. 2 GrStG.

6 A 222 Abs. 2 Satz 1 AEBewGrSt.

7 A 222 Abs. 6 AEBewGrSt.

8 A 222 Abs. 3 Satz 2 und 3 AEBewGrSt.

9 A 222 Abs. 3 Satz 1 AEBewGrSt; Zur Einheitsbewertung bereits BFH, Urteil v. 13.11.1981 - III R 116/78, BStBl 1983 II S. 88.

schreibung weiterhin auf den gleichen Feststellungszeitpunkt möglich.[1] Ist bereits eine Artfortschreibung zu einem Feststellungszeitpunkt vorgenommen worden, kann auf diesen Feststellungszeitpunkt keine weitere Artfortschreibung durchgeführt werden. In diesem Fall wären die Änderungsvorschriften der AO oder des BewG sowie die fehlerbeseitigende Artfortschreibung auf einen folgenden Feststellungszeitpunkt zu prüfen.[2]

(Einstweilen frei) 96–100

2. Zurechnungsfortschreibung

a) Änderung der Zurechnung

Eine Zurechnungsfortschreibung ist vorzunehmen, wenn sich die **Zurechnung i. S. des § 219 Abs. 2 Nr. 2 BewG** ändert. Dies ist der Fall, wenn das **zivilrechtliche** oder das vorrangige **wirtschaftliche Eigentum** (§ 39 Abs. 1 oder Abs. 2 AO) auf eine andere Person übergeht. Regelmäßig bedarf es dazu einem **Rechtsträgerwechsel** (z. B. Erbschaft, Schenkung, Kauf, Änderung der Miteigentumsanteile).[3] Eine reine Umfirmierung des Rechtsträgers führt nicht zu einer Zurechnungsfortschreibung, da kein Rechtsträgerwechsel stattfand.[4] 101

Dies ist typischerweise durch **Kaufvertrag** im Zeitpunkt des **Übergangs von Nutzen und Lasten** des Grundstücks der Fall, § 39 Abs. 2 Nr. 1 Satz 1 AO. Auch andere Vermögensübergänge führen dazu, beispielsweise bei **Gesamtrechtsnachfolge** durch **Erbschaft** (§ 1922 BGB) oder **umwandlungsrechtlichen Vorgängen** (§ 1 UmwG). Bei Umwandlungen i. S. des UmwG ist dabei auf den Zeitpunkt der Wirksamkeit des Rechtsgeschäfts, also regelmäßig **mit Eintragung im Handelsregister** (z. B. für Verschmelzung nach § 20 Abs. 1 Nr. 1 UmwG), abzustellen.[5] 102

BEISPIEL FÜR EINE ZURECHNUNG:

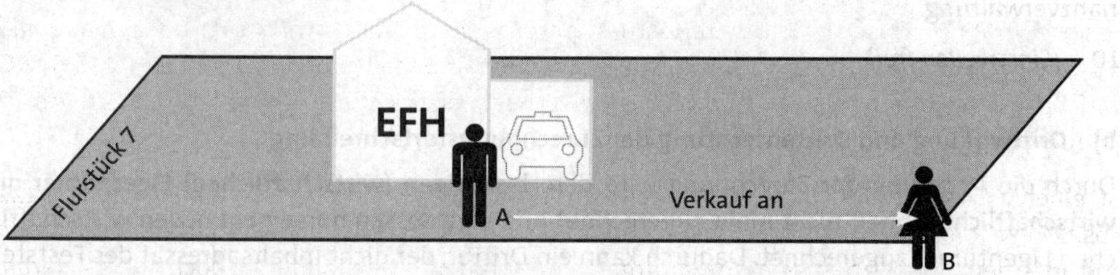

Datum Kaufvertrag: 30.10.2026
Übergang von Nutzen und Lasten: 31.12.2026 (24:00 Uhr)

Stichtag für die Zurechnungsfortschreibung: 1.1.2027

Eine Zurechnungsfortschreibung ist auch durchzuführen, wenn sich **Anteile am Grundbesitz** i. S. des § 219 Abs. 2 Nr. 2 BewG ändern. Gerade bei der Auseinandersetzung von **Erbengemein-** 103

1 A 222 Abs. 3 Satz 4 AEBewGrSt mit Verweis auf BFH, Urteil v. 9.1.1959 -III 288/57 U, BStBl 1959 III S. 110.
2 A 222 Abs. 3 Satz 5 und 6 AEBewGrSt.
3 A 222 Abs. 2 Satz 5 und 6 AEBewGrSt.
4 A 222 Abs. 2 Satz 7 AEBewGrSt.
5 Zu der weiteren Bestimmung des wirtschaftlichen Eigentums vgl. Kurt in Grootens, BewG § 219 Rz. 241 ff.

schaften ist dies von Bedeutung. Setzt sich die Erbengemeinschaft auseinander, erlangt typischerweise einer der Miteigentümer das Alleineigentum. Damit ist die wirtschaftliche Einheit nach § 219 Abs. 2 Nr. 2 BewG und § 39 Abs. 1 BewG nun dem Übernehmer allein zuzurechnen. Eine Feststellung der Anteile würde demnach zukünftig entfallen.

104 Ist eine Zurechnungsfortschreibung durchzuführen, kann sie mit der Wertfortschreibung nach § 222 Abs. 1 BewG oder der Artfortschreibung nach § 222 Abs. 2 BewG verbunden werden und in einem „Papierbescheid" zusammengefasst bekanntgegeben werden.[1] Dies ändert jedoch nichts daran, dass **Wert-, Art- und Zurechnungsfortschreibung jeweils selbständige Verwaltungsakte** bleiben, die damit auch selbständig anfechtbar sind.[2] Ist eine Fortschreibung anderer Art bereits vorgenommen worden, ist eine Artfortschreibung weiterhin auf den gleichen Feststellungszeitpunkt möglich.[3] Ist bereits eine Zurechnungsfortschreibung zu einem Feststellungszeitpunkt vorgenommen worden, kann keine weitere Zurechnungsfortschreibung auf diesen Stichtag durchgeführt werden. In diesem Fall wären die Änderungsvorschriften der AO oder des BewG sowie die fehlerbeseitigende Zurechnungsfortschreibung auf einen folgenden Feststellungszeitpunkt zu prüfen.[4]

105 Ist eine Zurechnungsfortschreibung auf einen Feststellungszeitpunkt erfolgt, wird eine weitere Zurechnungsfortschreibung auf einen vorherigen Feststellungszeitpunkt nach höchstrichterlicher Rechtsprechung versperrt.[5] Diesbezüglich ist die Finanzverwaltung der Auffassung, dass diese Sperrwirkung aber nur gegenüber dem Inhaltsadressaten der Zurechnungsfortschreibung – und damit regelmäßig dem neuen (wirtschaftlichen) Eigentümer – eintritt.[6] Daher sei es möglich, eine Zurechnungsfortschreibung auch auf frühere Zeitpunkte als der ursprünglichen Zurechnungsfortschreibung durchzuführen. Die Sperrwirkung, wie sie in der Rechtsprechung vertreten wird, träte nicht ein, da der Inhaltsadressat ein anderer sei und dadurch eine Bestandskraft gegenüber dem bisher nicht durch Zurechnungsfortschreibung berücksichtigten Dritten nicht vorliegt. Nach der hier vertretenen Auffassung überzeugt die Auffassung der Finanzverwaltung.

106–110 *(Einstweilen frei)*

b) Drittwirkung und Drittanfechtung der Zurechnungsfortschreibung

111 Durch die Änderung der Zurechnung wird dem **bisherigen (wirtschaftlichen) Eigentümer die wirtschaftliche Einheit nicht mehr zugerechnet** und stattdessen nun einem neuen wirtschaftlichen Eigentümer zugerechnet. Dadurch kann ein Dritter, der nicht Inhaltsadressat des Feststellungsbescheids der Zurechnung nach § 219 Abs. 2 Nr. 1 BewG ist, in seinen Rechten verletzt werden. Insbesondere ist dies für die **Gewerbesteuerkürzung** nach § 9 Nr. 1 Satz 1 GewStG relevant, da hier auf die bewertungsrechtliche Zurechnung auf den Jahresbeginn abgestellt wird, § 20 Abs. 2 GewStDV.

112 In diesen Fällen entfaltet die Feststellung nach § 181 Abs. 1 Satz 1 AO i.V. mit § 166 AO eine **Drittwirkung** gegen denjenigen, dem die wirtschaftliche Einheit nicht (mehr) zugerechnet

1 A 222 Abs. 3 Satz 2 und 3 AEBewGrSt.
2 A 222 Abs. 3 Satz 1 AEBewGrSt; Zur Einheitsbewertung bereits BFH, Urteil v. 13.11.1981 - III R 116/78, BStBl 1983 II S. 88.
3 A 222 Abs. 3 Satz 4 AEBewGrSt mit Verweis auf BFH, Urteil v. 9.1.1959 - III 288/57 U, BStBl 1959 III S. 110.
4 A 222 Abs. 3 Satz 5 und 6 AEBewGrSt.
5 A 222 Abs. 4 Satz 1 AEBewGrSt, BFH, Urteil v. 23.9.1955 - III 1/55 U, BStBl 1955 III S. 316.
6 A 222 Abs. 4 Satz 3–5 AEBewGrSt.

wird. Der Dritte muss daher Anspruch auf eine Drittanfechtung haben. Diese ist regelmäßig nach § 347 Abs. 1 Nr. 1, Abs. 2 AO auch statthaft eröffnet, da eine **Bekanntgabe dem Dritten gegenüber nicht erforderlich** ist. Es ist lediglich von Bedeutung, dass der Dritte in seinen Rechten – hier dem Recht aus dem Grundstück im Rahmen der Zurechnung - beschwert ist und er dies geltend macht, § 350 AO. Dies ist regelmäßig der Fall, denn er hat durch die Zurechnungsfortschreibung keinen Anspruch mehr auf die Zurechnung des Grundstücks zu seinen Gunsten. Entsprechend würde die gewerbesteuerliche Kürzung nach § 9 Nr. 1 Satz 1 GewStG entfallen.

Das Drittanfechtungsrecht kann jedoch nicht in Anspruch genommen werden, wenn bereits durch § 166 AO eine **unanfechtbare Drittwirkung** eingetreten ist. 113

(Einstweilen frei) 114-120

IV. Fortschreibung zur Fehlerbeseitigung (§ 222 Abs. 3 BewG)

1. Durchführung einer fehlerbeseitigenden Fortschreibung (§ 222 Abs. 3 Satz 1 BewG)

Neben einer Fortschreibung aufgrund einer Änderung der Verhältnisse der wirtschaftlichen Einheit ermöglicht § 222 Abs. 3 Satz 1 BewG auch eine **Änderung zur Beseitigung eines Fehlers,** der bei **einer früheren Feststellung** i. S. des § 219 BewG unterlaufen war. 121

Dabei handelt es sich jedoch **nicht** um eine **Änderungsvorschrift**. Der frühere fehlerhafte Feststellungsbescheid bleibt weiterhin uneingeschränkt bestehen. Der Fehler wird durch § 222 Abs. 3 Satz 1 BewG in einem **gesonderten Feststellungsverfahren** beseitigt. Der frühere Feststellungsbescheid bleibt davon aber unberührt und behält damit seine Wirksamkeit (§ 124 Abs. 2 AO). 122

Eine fehlerbeseitigende Fortschreibung ist möglich, wenn in dem vorangehenden **Feststellungsbescheid** eine **falsche Feststellung** getroffen wurde. Wurde keine Feststellung getroffen (beispielsweise Fehlen der Art (§ 219 Abs. 2 Nr. 1 BewG) oder der Zurechnung (§ 219 Abs. 2 Nr. 2 BewG), ist eine erstmalige Feststellung vorzunehmen. Dies kann regelmäßig im Wege des **Ergänzungsbescheids** (§ 179 Abs. 3 AO) erfolgen. 123

Fehler sind jede objektive Unrichtigkeit[1] und **materiell unrichtig festgestellte Besteuerungsgrundlagen** (§ 177 Abs. 3 AO). Dies kann sich sowohl auf die unzutreffende Höhe des Grundsteuerwerts, der Vermögens- oder Grundstücksart sowie auf die Zurechnung beziehen. Somit können nach § 222 Abs. 3 Satz 1 BewG insbesondere **falsche rechtliche Würdigungen** beseitigt werden. Insbesondere bei der Abgrenzung von Gebäude(-bestandteilen) und Betriebsvorrichtungen ist dies möglich. Im Falle einer fehlerbeseitigenden Wertfortschreibung muss gleichzeitig die Wertgrenze nach § 222 Abs. 1 BewG überschritten werden.[2] 124

Dieser **Fehler** muss ferner **zum Feststellungszeitpunkt** nach § 222 Abs. 4 Satz 3 Nr. 2 BewG **weiter fortbestehen.** Entfällt er vorher, kann er nicht nachträglich berücksichtigt werden, weil stets die tatsächlichen Verhältnisse am Feststellungszeitpunkt zu Grunde zu legen sind, § 222 Abs. 4 Satz 2 BewG. 125

Bei einer fehlerbeseitigenden Fortschreibung ist die Änderung nicht auf den Fehler beschränkt. Nach eindeutigem Wortlaut („findet auch zur Beseitigung eines Fehlers [...] statt", § 222 Abs. 3 126

1 A 222 Abs. 5 Satz 2 AEBewGrSt.
2 A 222 Abs. 5 Satz 4 AEBewGrSt.

Satz 1 BewG) ist **neben der Fehlerbeseitigung die originäre Fortschreibung** nach § 222 Abs. 1 oder 2 BewG) möglich, sollten sich die Verhältnisse entsprechend geändert haben.

127 Ungeachtet des § 222 Abs. 3 Satz 1 BewG ist weiterhin eine verfahrensrechtliche Änderung der vorangegangenen **letzten** Feststellung nach den **allgemeinen Änderungsvorschriften der AO** und des BewG (§ 225 Satz 2 BewG) möglich. Deren Anwendungsbereich wird durch § 222 Abs. 3 Satz 1 BewG nicht eingeschränkt.

128–130 *(Einstweilen frei)*

2. Keine Fehlerbeseitigung bei Vertrauensschutz nach § 176 AO (§ 222 Abs. 3 Satz 2 BewG)

131 Da § 222 Abs. 3 Satz 1 BewG insbesondere die Beseitigung von **Rechtsanwendungsfehlern** zulässt, kann der Feststellungsbeteiligte insoweit keinen Rechtsschutz geltend machen, wenn bei bereits verwirklichen Handlungen (z. B. Baumaßnahmen, Nutzungen etc.) eine unabsehbare Rechtsfolge eintritt. Dieser Unsicherheit und **Mangel an Rechtsschutz** begegnet der Gesetzgeber mit der **Vertrauensschutzregelung** nach § 222 Abs. 3 Satz 2 BewG.[1]

132 Dem Feststellungsbeteiligten wird damit zuerkannt, dass bei einer **Änderung der Rechtsprechung** i. S. des § 176 AO für **zurückliegende Feststellungszeitpunkte keine Verschlechterung** der Rechtslage eintritt. Voraussetzung ist, dass die Rechtsprechung von einem **höchstrichterlichen Gericht** nach § 176 Abs. 1 Nr. 1–3 AO ergangen ist.

133 Die Rechtsprechung des Bundesverfassungsgerichts oder eines obersten Bundesgerichts (Bundesgerichtshof, Bundesfinanzhof, Bundesarbeitsgericht, Bundessozialgericht, Bundesverwaltungsgericht) muss dazu führen, dass sich die **Rechtslage zu Ungunsten des Feststellungsbeteiligten ändert**. Die bisher günstigere Rechtslage muss der Besteuerung zu Grunde gelegt worden sein, damit der Vertrauensschutz greift. Der **Europäische Gerichtshof** ist kein Gericht i. S. des § 176 AO.

134 Im Ergebnis wird durch § 176 AO sichergestellt, dass die Feststellung so erfolgt, als ob die **günstigere Rechtslage für den Feststellungsbeteiligten weiter gilt**. Dadurch erhält der Feststellungsbeteiligte auch beim Bestehen eines Vorbehalts der Nachprüfung vollen Rechtsschutz.[2]

135 § 176 AO greift jedoch nur ein, wenn für das Finanzamt entweder die Anwendung der günstigeren Rechtslage aus der Feststellungserklärung hervorging oder stillschweigend zu Grunde gelegt wurde und die **Finanzverwaltung** diese **günstigere Rechtslage allgemein akzeptiert** hatte.[3]

136 Im Ergebnis kann eine **fehlerbeseitigende Fortschreibung** damit **nicht durchgeführt** werden, wenn für bereits eingetretene Änderungen der Verhältnisse dem Feststellungsbeteiligten **steuerliche Nachteile allein aus einer Änderung der Rechtsprechung** entstehen.

137–140 *(Einstweilen frei)*

3. Zeitliche Beschränkung des Vertrauensschutzes (§ 222 Abs. 3 Satz 3 BewG)

141 Der in § 222 Abs. 3 Satz 2 BewG gewährte **Vertrauensschutz** greift dabei **nur für bereits verstrichene Feststellungszeitpunkte.** Nur insoweit kann der Feststellungsbeteiligte auf die Recht-

1 A 222 Abs. 5 Satz 5 AEBewGrSt.
2 AEAO zu § 176 AO, Tz. 2.
3 AEAO zu § 176 AO, Tz. 3.

sprechung vertrauen. Für **zukünftige Feststellungszeitpunkte** kann nach § 222 Abs. 3 Satz 3 BewG damit folgerichtig **kein Vertrauensschutz** bestehen.

Aufgrund der **Periodizität der Grundsteuerwertermittlung** sind auf einen Feststellungszeitpunkt stets die **aktuellen tatsächlichen Verhältnisse** heranzuziehen (§ 222 Abs. 4 Satz 2 BewG). Dem kann eine inzwischen aufgegebene günstigere Rechtsprechung nach § 176 AO nicht entgegenstehen. 142

§ 222 Abs. 3 Satz 3 BewG entfaltet seine Wirkung mit **Verkündung** – nicht mit Veröffentlichung – der Entscheidung des Gerichts. Damit können unter Umständen auch bei Veröffentlichung schon verstrichene Feststellungszeitpunkte vom Vertrauensschutz ausgeschlossen sein, wenn die Verkündung noch vor diesem Stichtag erfolgte. 143

(Einstweilen frei) 144–150

V. Feststellungs- und Ermittlungszeitpunkt (§ 222 Abs. 4 BewG)

1. Durchführung bei Bekanntwerden der Änderung der Verhältnisse (§ 222 Abs. 4 Satz 1 BewG)

Nach § 222 Abs. 4 Satz 1 BewG besteht die bereits in § 222 Abs. 1–3 BewG zum Ausdruck gebrachte Fortschreibungspflicht ab dem **Bekanntwerden des Vorliegens der Voraussetzungen** einer Fortschreibung. Somit wird nochmals betont, dass es sich **nicht** um eine **Ermessensentscheidung** handelt. 151

Nach allgemeinen Besteuerungsgrundsätzen der **gleichmäßigen und gesetzmäßigen Besteuerung** (§ 85 AO) sowie nach dem **Untersuchungsgrundsatz** (§ 88 Abs. 1 Satz 1 AO) hat das Finanzamt damit auch wertmindernde Umstände bei Bekanntwerden zu prüfen und beim Vorliegen der Voraussetzungen eine entsprechende Wertfortschreibung nach § 222 Abs. 1 BewG vorzunehmen. 152

Das Bekanntwerden der Voraussetzungen wird i. d. R. über die **Anzeige** über geänderte tatsächliche Verhältnisse nach § 228 Abs. 2 BewG oder über andere **behördliche Auskünfte, Mitteilung und Erhebungen** nach § 229 BewG erfolgen. 153

(Einstweilen frei) 154–160

2. Ermittlungszeitpunkt der Verhältnisse (§ 222 Abs. 4 Satz 2 BewG)

Die für die Fortschreibungen nach § 222 Abs. 1–3 BewG heranzuziehenden **tatsächlichen Verhältnisse** werden auf den **Feststellungszeitpunkt** nach § 222 Abs. 4 Satz 3 BewG bestimmt. 161

Diese Verhältnisse umfassen alle **tatsächlichen und rechtlichen bedeutsamen Lebenssachverhalte**, die für die Grundsteuerwertermittlung von Bedeutung sind (§ 219 Abs. 3 BewG). Dies umfasst insbesondere Nutzung, Zurechnung und Bebauung von Grundstücken sowie die Flächengrößen. Davon ausgenommen sind lediglich die **Wertverhältnisse**, die nach § 227 BewG auf den letzten zurückliegenden **Hauptfeststellungszeitpunkt** zurückzubeziehen sind.[1] 162

Diese Regelung ist notwendig, um dem **verfassungsrechtlichen Gebot der realitätsnahen und relational zutreffenden Bewertung** nachzukommen. Ferner ist gerade die Zurechnungsfort- 163

---

1 Bezüglich der Ausnahmen der Wertverhältnisse vgl. Kurt in Grootens, BewG § 227 Rz. 62; hinsichtlich neuer Bewertungsfaktoren durch Rechtsverordnung vgl. Grootens in Grootens, BewG § 263 Rz. 21 ff.

schreibung nur möglich, wenn auf die zum Feststellungszeitpunkt richtige Zuordnung abzustellen ist. Dies entspricht auch § 9 Abs. 1 GrStG, wonach sich die Grundsteuer nach den Verhältnissen des Kalenderjahresbeginns bemisst. Im Ergebnis entspricht die Regelung damit § 223 Abs. 2 Satz 1 BewG.

Stichtage und Wertverhältnisse

Zeitstrahl	Mögliche Art der Feststellung des Grundsteuerwerts	Stichtag Feststellung des Grundsteuerwerts	Stichtag der Wertverhältnisse	Stichtag Festsetzung des GrSt-Messbetrags
1. Januar 2022	Hauptfeststellung	1. Januar 2022	1. Januar 2022	1. Januar 2025
1. Januar 2023	Zurechnungsfortschreibung	1. Januar 2023	1. Januar 2022	1. Januar 2025
1. Januar 2024	Artfortschreibung	1. Januar 2024	1. Januar 2022	1. Januar 2025
1. Januar 2025	Wertfortschreibung	1. Januar 2025	1. Januar 2022	1. Januar 2025
1. Januar 2026	Nachfeststellung	1. Januar 2026	1. Januar 2022	1. Januar 2026
1. Januar 2027		1. Januar 2027	1. Januar 2022	1. Januar 2027
1. Januar 2028	Aufhebung	1. Januar 2028	1. Januar 2022	1. Januar 2028
				Wirksamkeit GrSt-Messbetrag
1. Januar 2029	Hauptfeststellung	1. Januar 2029	1. Januar 2029	1. Januar 2031

164–170 *(Einstweilen frei)*

3. Feststellungszeitpunkt (§ 222 Abs. 4 Satz 3 BewG)

a) Zeitpunkt bei Änderung tatsächlicher Verhältnisse (§ 222 Abs. 4 Satz 3 Nr. 1 BewG)

171 Ändern sich die tatsächlichen Verhältnisse, sind sie erst **zum nächsten Kalenderjahresbeginn** als Feststellungszeitpunkt zu berücksichtigen, § 222 Abs. 4 Satz 3 Nr. 1 BewG. Dies ist nur folgerichtig, denn die Grundsteuer entsteht und bemisst sich nach den Verhältnissen zum Kalenderjahresbeginn, § 9 Abs. 1 GrStG.

172 Eine Berücksichtigung von **unterjährig eingetretenen Veränderungen** der tatsächlichen Verhältnisse würde damit unzutreffender Weise die Grundbesteuerung für die Zeiträume ändern, für die die Verhältnisse sich nicht geändert hatten. Damit ist konsequenterweise nach § 222 Abs. 4 Satz 3 Nr. 1 BewG die Besteuerungsfolge erst zum nächsten Kalenderjahresbeginn zu ziehen.[1]

173–180 *(Einstweilen frei)*

b) Zeitpunkt bei Berichtigungsfortschreibung (§ 222 Abs. 4 Satz 3 Nr. 2 BewG)

181 Liegt hingegen ein Fehler vor, der nach § 222 Abs. 3 BewG im Rahmen einer fehlerbeseitigenden Fortschreibung beseitigt werden kann, ist dieser auf den Beginn des Kalenderjahres zurück zu beziehen, in dem der **Fehler dem Finanzamt bekannt** wird. Bei einer Erhöhung des Grundsteuerwerts ist der Zeitpunkt jedoch frühestens der **Beginn des Kalenderjahres**, in dem der **Feststellungsbescheid erteilt** wird. Damit ist sichergestellt, dass der Steuerpflichtige nicht

1 A 222 Abs. 6 Satz 2 AEBewGrSt.

durch eine lange Bearbeitungszeit des Finanzamtes von einer rückwirkenden Änderung für mehrere Grundsteuererhebungszeiträume überrascht wird.

Ein solches Zurückbeziehen ist hier zutreffend, denn auf den zurückliegenden Kalenderjahresbeginn lagen bereits andere tatsächliche Verhältnisse vor. Nach diesen wurde der Grundsteuerwert bisher nicht festgestellt, dennoch muss sich die Grundsteuer nach § 9 Abs. 1 BewG nach diesen Verhältnissen bemessen. Damit dieser Fehler nun berichtigt werden kann und die Divergenz zwischen Grundsteuerwert und Grundsteuer beseitigt werden kann, wird der Grundsteuerwert **rückwirkend auf den Kalenderjahresbeginn des Fehlerentdeckungsjahres** nach § 222 Abs. 3 BewG fortgeschrieben.[1] 182

§ 223 BewG Nachfeststellung

(1) Für wirtschaftliche Einheiten, für die ein Grundsteuerwert festzustellen ist, wird der Grundsteuerwert nachträglich festgestellt (Nachfeststellung), wenn nach dem Hauptfeststellungszeitpunkt:

1. die wirtschaftliche Einheit neu entsteht oder

2. eine bereits bestehende wirtschaftliche Einheit erstmals zur Grundsteuer herangezogen werden soll.

(2) [1]Der Nachfeststellung werden vorbehaltlich des § 227 die Verhältnisse im Nachfeststellungszeitpunkt zugrunde gelegt. [2]Nachfeststellungszeitpunkt ist:

1. in den Fällen des Absatzes 1 Nummer 1 der Beginn des Kalenderjahres, das auf die Entstehung der wirtschaftlichen Einheit folgt, und

2. in den Fällen des Absatzes 1 Nummer 2 der Beginn des Kalenderjahres, in dem der Grundsteuerwert erstmals der Besteuerung zugrunde gelegt wird.

Inhaltsübersicht **Rz.**

1 A 222 Abs. 6 Satz 6 AEBewGrSt.

LITERATUR:

Höreth/Stelzer, Grundsteuerreform – der Druck auf den Gesetzgeber steigt, DStZ 2019 S. 607–612; *Marfels*, Die Neubewertung von Grundvermögen nach dem Entwurf für ein Grundsteuerreformgesetz (GrStRefG), ErbStB 2019 S. 266–275; *Marx*, Ökonomische Analyse des Grundsteuer-Reformgesetzentwurfs, DStZ 2019 S. 372–379; *Neufang*, Das Grundsteuerreformgesetz – ein gesetzgeberisches Chaos?, BB 2019 S. 3035–3038; *Eichholz*, Novellierung der Grundsteuer, DStZ 2020 S. 1158–1167; *Eisele/Wiegand*, Grundsteuerreform 2022/2025, 1. Aufl. 2020, S. 9, NWB CAAAH-44415; *Heine*, Reform des Bewertungs- und Grundsteuerrechts. Werden die Reformziele erreicht?, KStZ 2020 S. 2–6; *Heine*, Hauptfeststellung und Nachfeststellung sowie Fortschreibung und Aufhebung von Einheits- und Grundsteuerwerten nach altem und neuem Recht als Grundlage für die Veranlagung der Grundsteuer, KStZ 2020 S. 21–30; *Wünnemann/Koller*, Die Grundsteuerreform – ein Resümee aus Sicht der Industrie, BB 2020 S. 215–219.

VERWALTUNGSANWEISUNGEN:

Koordinierte Erlasse der obersten Finanzbehörden der Länder v. 9.11.2021 – Anwendung des Siebenten Abschnitts des Zweiten Teils des Bewertungsgesetzes zur Bewertung des Grundbesitzes (allgemeiner Teil und Grundvermögen) für die Grundsteuer ab 1.1.2022 (AEBewGrSt), BStBl 2021 I S. 2334.

A. Allgemeine Erläuterungen

I. Hinweise auf Verwaltungsanweisungen

1 Zur Nachfeststellung i. S. des § 223 BewG sind Verwaltungsanweisungen mit A 223 AEBewGrSt ergangen.[1] Darin werden zum gesetzlichen Regelungsinhalt weitere Klarstellungen getroffen.

2–10 *(Einstweilen frei)*

II. Normzweck und wirtschaftliche Bedeutung der Vorschrift

11 Durch § 223 BewG wird festgelegt, wie mit wirtschaftlichen Einheiten umzugehen ist, wenn keine Hauptfeststellung erfolgte, **nach dem Hauptfeststellungszeitpunkt** jedoch eine Bedeutung der wirtschaftlichen Einheit für Grundsteuerzwecke (§ 219 Abs. 3 BewG) nach dem Hauptfeststellungszeitpunkt eingetreten ist.

12 Eine wirtschaftliche Bedeutung kommt der Vorschrift aufgrund des **verfahrensrechtlichen Charakters** nicht zu.

13–20 *(Einstweilen frei)*

III. Entstehung und Entwicklung der Vorschrift

21 § 223 BewG geht auf die Vorgängervorschrift der Einheitsbewertung des § 23 BewG a. F. zurück. Dessen Wortlaut wurde zunächst redaktionell geändert sowie nun von **Grundsteuerwerten** statt Einheitswerten gesprochen. Die **Zeitpunktregelung** des § 23 Abs. 2 Satz 3 BewG entfiel ersatzlos.[2]

22–30 *(Einstweilen frei)*

1 Koordinierte Erlasse der obersten Finanzbehörden der Länder v. 9.11.2021, BStBl 2021 I S. 2334 (AEBewGrSt).

2 Siehe dazu Kurt in Grootens, BewG § 221 Rz. 23.

IV. Geltungsbereich

Die Nachfeststellung nach § 223 BewG ist eine der **Feststellungsarten** i. S. des § 219 Abs. 1 BewG und als solche nur bei der Grundsteuerwertermittlung und der nachfolgenden Feststellung nach dem Siebenten Abschnitt des BewG anzuwenden. 31

Das **Landesrecht** kann von § 223 BewG abweichende Vorschriften vorsehen, Art. 72 Abs. 3 Nr. 7 GG. Dies wurde von folgenden Ländern umgesetzt: 32

- Baden-Württemberg (§ 17 LGrStG BW),
- Bayern (Art. 6 Abs. 4 BayGrStG),
- Hamburg (§ 6 Abs. 4 HmbGrStG),
- Hessen (§ 2 Abs. 2–4 HGrStG),
- Niedersachsen (§ 8 Abs. 4 NGrStG).

Im Übrigen wird auf die Kommentierung der landesrechtlichen Regelungen in Teil C dieses Kommentars verwiesen. 33

(Einstweilen frei) 34–40

V. Vereinbarkeit der Vorschrift

Die Vorschrift begegnet keinen verfassungsrechtlichen oder europarechtlichen Bedenken, da sie rein **verfahrensrechtlicher Natur** ist. 41

Durch den § 223 BewG hat der **Bundesgesetzgeber** von seiner **konkurrierenden Gesetzgebung** nach Art. 105 Abs. 2 Satz 1 GG Gebrauch gemacht. Ungeachtet dessen kann das Landesrecht aber abweichende Vorschriften vorsehen, die Vorrang von der bundesgesetzlichen Regelung haben, Art. 72 Abs. 3 Nr. 7 GG. 42

(Einstweilen frei) 43–50

VI. Verhältnis zu anderen Vorschriften

§ 223 BewG ist eng mit **§ 221 BewG** verbunden, da eine Nachfeststellung nur in Frage kommt, wenn für die nach dem Hauptfeststellungszeitpunkt neu entstandene wirtschaftliche Einheit **keine Hauptfeststellung** durchgeführt wurde. In welchen Fällen dies der Fall ist, wird durch § 223 Abs. 1 BewG festgelegt. 51

Ist eine Nachfeststellung durchzuführen, sind die **Wertverhältnisse** des (letzten zurückliegenden) Hauptfeststellungszeitpunkts zu Grunde zu legen, **§ 227 BewG**. Dabei sind jedoch die Ausnahmen des Wertermittlungszeitpunkts zu beachten, die vom Hauptfeststellungszeitpunkt abweichen.[1] 52

(Einstweilen frei) 53–60

1 Siehe dazu Kurt in Grootens, BewG § 221 Rz. 73 ff.

B. Systematische Kommentierung

I. Fälle der Neufeststellung (§ 223 Abs. 1 BewG)

61 Eine Nachfeststellung nach § 223 Abs. 1 BewG setzt zunächst voraus, dass bisher **keine Hauptfeststellung** erfolgt ist. Das gilt entsprechend, wenn zwischenzeitlich die Hauptfeststellung nach § 224 BewG aufgehoben worden war oder ein negativer Feststellungsbescheid erlassen wurde. Eine Hauptfeststellung wird stets durchgeführt, wenn zum Hauptfeststellungsstichtag die **wirtschaftliche Einheit nach § 2 BewG besteht** und sie für § 219 Abs. 3 BewG für die **Grundsteuer von Bedeutung** ist.[1]

62 Die Nachfeststellung ist damit ein **notwendiger Ersatz**, um weiterhin alle wirtschaftlichen Einheiten für die Grundbesteuerung erfassen zu können.

63 Ist eine Nachfeststellung durchzuführen, finden die in § 219 BewG genannten **Feststellungsverfahrensvorschriften** Anwendung. Ebenso richtet sich der Feststellungsumfang nach § 219 BewG.

64–70 *(Einstweilen frei)*

1. Neuentstehen einer wirtschaftlichen Einheit (§ 223 Abs. 1 Nr. 1 BewG)

71 Nach § 223 Abs. 1 Nr. 1 BewG ist eine Nachfeststellung beim **Neuentstehen** einer wirtschaftlichen Einheit **nach dem Hauptfeststellungszeitpunkt** durchzuführen.

72 Eine wirtschaftliche Einheit kann in mehreren Fällen neu entstehen. In der Regel wird im Gegenzug eine andere (bisherige) wirtschaftliche Einheit im Umfang verringert oder ganz entfallen. Mögliche Fälle eines Neuentstehens sind beispielsweise (nicht abschließend):

1. Eine bisherige **wirtschaftliche Einheit** wird sachenrechtlich **geteilt**. Dies ist regelmäßig bei der Aufteilung eines Mitwohngrundstücks in Wohn-, Teil- oder Sondereigentum (§§ 3 und 8 WEG) oder der Parzellierung von Bauland der Fall.[2]
2. Eine bisherige wirtschaftliche Einheit wird teilweise veräußert. Beispielsweise sind hier die **Teilung und der Verkauf einer Teilfläche des Flurstücks** möglich.[3]
3. Denkbar ist auch die Veräußerung von einem **Garagenstellplatz** oder **Sondernutzungsflächen** (Keller etc.) einer Wohnung im Rahmen eines Ein- oder Zweifamilienhauses oder von Wohnungseigentum. Solche Garagenstellplätze sind regelmäßig der wirtschaftlichen Einheit der Wohnung zuzurechnen (vgl. Verkehrsanschauungsgrundsatz nach § 2 Abs. 1 Satz 2 und 3 BewG).
4. Nach Auffassung der Finanzverwaltung bildet auch der **Übergang einer wirtschaftlichen Einheit als Ganzes in eine andere Vermögensart** nach § 218 Satz 1 BewG einen Anwendungsfall für die Nachfeststellung.[4] Diese Auffassung ist folgerichtig. Mit dem Übergang einer wirtschaftlichen Einheit im Ganzen geht die bisherige wirtschaftliche Einheit vollständig unter und eine neue wirtschaftliche Einheit entsteht.[5]
5. **Umlage** von Grundstücken.

---

1 A 223 Abs. 1 AEBewGrSt.
2 A 223 Abs. 2 Satz 1 Nr. 1 AEBewGrSt.
3 A 223 Abs. 2 Satz 1 Nr. 2 AEBewGrSt.
4 A 223 Abs. 2 Satz 1 Nr. 3 AEBewGrSt.
5 Im Übrigen siehe Kurt in Grootens, BewG § 222 Rz. 92a ff.

6. **Parzellierung von Bauland.** Die neuen Parzellen bilden eigene, neue wirtschaftliche Einheiten, die zum Feststellungsobjekt werden.[1]

Liegt ein solches Neuentstehen vor, ist eine Nachfeststellung nur durchzuführen, wenn das Neuentstehen **nach dem Hauptfeststellungszeitpunkt, jedoch innerhalb des Hauptfeststellungszeitraums** erfolgte. 73

BEISPIEL: Der Eigentümer errichtet auf einem bisher unbebauten Teil der Hofstelle eines Betriebs der Land- und Forstwirtschaft ein Zweifamilienhaus. Der Fertigstellungszeitpunkt liegt im Februar 2024. Für das Zweifamilienhaus ist auf den Feststellungsstichtag 1.1.2025 eine Nachfeststellung vorzunehmen. Bei dem Betrieb der Land- und Forstwirtschaft ist zu prüfen, ob eine Wertfortschreibung i. S. des § 222 BewG vorzunehmen ist.

Am 21.1.2028 wird das Zweifamilienhaus in zwei Wohnungseigentumseinheiten geteilt (§ 3 WEG). Auf den Feststellungsstichtag 1.1.2029 sind die Grundsteuerwerte allgemein festzustellen (vgl. § 221 Abs. 1 BewG), Für die im Jahr 2028 neu entstandenen wirtschaftlichen Einheiten (hier: zwei Wohnungseigentumseinheiten) sind daher keine Nachfeststellungen, sondern nur die Hauptfeststellungen vorzunehmen. Die wirtschaftliche Einheit des ehemaligen Zweifamilienhauses ist zum Hauptfeststellungsstichtag nicht zu erklären, da diese wirtschaftliche Einheit innerhalb des Hauptfeststellungszeitraums wegfällt, vgl. Kommentierung zu § 224 BewG Rz. 61 ff.

Kein Neuentstehen liegt dagegen vor, wenn eine **wirtschaftliche Einheit erweitert** wird, beispielsweise durch Ankauf oder Anbau. Hier besteht bereits eine wirtschaftliche Einheit zum Hauptfeststellungszeitpunkt, für die eine Feststellung durchgeführt wurde. Die Änderung der tatsächlichen Verhältnisse durch An- oder Verkauf oder durch Anbau oder Abriss würde zu einer **Fortschreibung** nach § 222 BewG führen. Der Ankauf könnte unter Umständen eine Aufhebung i. S. des § 224 BewG zur Folge haben, wenn eine wirtschaftliche Einheit als Ganzes angekauft wird und daher als selbständige Einheit nicht mehr existiert. 74

(Einstweilen frei) 75–80

2. Erstmaliges Heranziehen zur Grundsteuer (§ 223 Abs. 1 Nr. 2 BewG)

Eine wirtschaftliche Einheit unterliegt keiner Grundsteuerwertfeststellung, wenn sie für die **Besteuerung nicht von Bedeutung** ist, § 219 Abs. 3 BewG. Dies ist der Fall, wenn die sachlichen oder persönlichen Grundsteuerbefreiungen nach §§ 3–8 GrStG greifen und die wirtschaftliche Einheit vollständig von der Grundsteuer befreien. Voraussetzung ist somit, dass die **wirtschaftliche Einheit bereits** zum Hauptfeststellungszeitpunkt (§ 221 Abs. 2 BewG) **bestanden hat,** § 2 BewG. 81

Eine Nachfeststellung ist damit durchzuführen, wenn erstmalig nach der Hauptfeststellung eine Grundsteuerbedeutung zumindest teilweise besteht. Dies ist der Fall, wenn für einen Teil der wirtschaftlichen Einheit eine **Grundsteuerbefreiung wegfällt.**[2] 82

Hierbei ist zu beachten, dass es mangels **Wertgrenze** ausreicht, wenn nur in geringstem Maße eine grundsteuerpflichtige Nutzung der wirtschaftlichen Einheit vorliegt, um eine auf diesen Teil beschränkte (§ 219 Abs. 3 BewG) Bewertung und Nachfeststellung auszulösen. 83

Liegt hingegen eine teilweise grundsteuerbefreite und teilweise grundsteuerpflichtige Nutzung der wirtschaftlichen Einheit vor, unterliegt die wirtschaftliche Einheit bereits (auf den grundsteuerpflichtigen Teil beschränkt) der (Haupt-)Feststellung nach § 219 Abs. 3 BewG. Eine 84

1 A 223 Abs. 2 Satz 6 und 7 AEBewGrSt.

2 A 223 Abs. 3 AEBewGrSt.

Nachfeststellung scheidet damit insoweit **aus**. Damit ist insbesondere bei einer Erhöhung der grundsteuerpflichtigen Nutzungsanteile einer wirtschaftlichen Einheit keine Nachfeststellung, sondern – aufgrund der Änderung der tatsächlichen Verhältnisse – eine **Fortschreibung** nach § 222 BewG vorzunehmen.

85–90 *(Einstweilen frei)*

II. Nachfeststellungszeitpunkt (§ 223 Abs. 2 BewG)

1. Maßgebliche Wertverhältnisse des Nachfeststellungszeitpunkts (§ 223 Abs. 2 Satz 1 BewG)

91 Bei einer Nachfeststellung muss zunächst geklärt werden, welche Wertverhältnisse der Nachfeststellung bei der Grundsteuerwertermittlung zu Grunde zu legen sind. Dies regelt § 223 Abs. 2 Satz 1 BewG. Demnach ist grundsätzlich auf die **Wertverhältnisse zum Hauptfeststellungszeitpunkt** abzustellen.

92 Dies entspricht dem gesetzlichen Vorbehalt des § 227 BewG, wonach bei Nachfeststellungen auf den Hauptfeststellungszeitpunkt abzustellen ist. Dies gilt nach § 227 BewG jedoch nur für die Wertverhältnisse. Hierbei ist jedoch zu beachten, dass das **Stichtagsprinzip** der Hauptfeststellung punktuell durch materielles Recht **durchbrochen** wird.[1] Dadurch können abweichend von § 223 Abs. 2 Satz 1 BewG i.V. mit § 227 BewG punktuell Wertverhältnisse zum Nachfeststellungszeitpunkt zu berücksichtigen sein. Inwieweit dies aber möglich ist, insbesondere in den Fällen des § 263 Abs. 1 Satz 2 BewG, ist umstritten.[2]

93 Ohne eine solche Rückbeziehung der Wertverhältnisse auf den letzten Hauptfeststellungszeitpunkt (§ 221 Abs. 2 BewG) würden für wirtschaftliche Einheiten die **gleichmäßige Wertermittlung** im Vergleich mit hauptfestgestellten Einheiten nicht eingehalten werden. Die Wertfeststellungen wären dann in verfassungswidriger Weise nicht entsprechend Art. 3 Abs. 1 GG erfolgt.

94 Andere Verhältnisse, wie z. B. **tatsächlicher Umfang und Substanz** der wirtschaftlichen Einheit, deren **Art** und **Zurechnung** ist nach § 223 Abs. 2 Satz 1 BewG mangels anderer zeitlicher Vorschrift stets auf den **Nachfeststellungszeitpunkt** zu ermitteln und der Grundsteuerwertermittlung zu Grunde zu legen.

95 Hintergrund ist, dass ohne dieses Abstellen auf den späteren Nachfeststellungszeitpunkt die Nachfeststellung sofort geändert werden müsste, wenn Umfang, Art und Zurechnung der wirtschaftlichen Einheit sich zwischen Haupt- und Nachfeststellungszeitpunkt geändert hätten. Um dieses „doppelte" Feststellungsverfahren zu vermeidet, entschied sind der Gesetzgeber (entsprechend der alten Rechtslage) **die Berücksichtigung dieser tatsächlichen Verhältnisse** bei der Nachfeststellung beizubehalten.

96–100 *(Einstweilen frei)*

---

1 Siehe dazu Kurt in Grootens, BewG § 221 Rz. 73.

2 Siehe dazu Kurt in Grootens, BewG § 221 Rz. 74 ff.

2. Festlegung des Nachfeststellungszeitpunkts (§ 223 Abs. 2 Satz 2 BewG)

a) Nachfeststellungszeitpunkt bei Neuentstehen (§ 223 Abs. 2 Satz 2 Nr. 1 BewG)

Entsteht die wirtschaftliche Einheit nach dem Hauptfeststellungsstichtag, jedoch innerhalb des Hauptfeststellungszeitraums, ist die Nachfeststellung auf den nächsten **Kalenderjahresbeginn** durchzuführen, § 223 Abs. 2 Satz 2 Nr. 1 BewG. 101

Diese nachträgliche Feststellung ist notwendig, um die zutreffende Festsetzung der Grundsteuer sicherzustellen. Diese entsteht nach **§ 9 Abs. 2 GrStG** zu Beginn eines Kalenderjahres für dieses Kalenderjahr.[1] Inwieweit die Grundsteuer entsteht, richtet sich nach den tatsächlichen Verhältnissen i. S. des § 9 Abs. 1 GrStG am Kalenderjahresbeginn. 102

Ohne das Abstellen auf den nächsten Kalenderjahresbeginn würde eine Grundsteuerwertfeststellung erfolgen, ohne dass dieser Grundsteuerwert einer **Grundsteuerveranlagung** zu Grunde gelegt werden könnte. Um diesen Widerspruch mit § 219 Abs. 3 BewG zu vermeiden, ordnet § 223 Abs. 2 Satz 2 Nr. 1 BewG dementsprechend zutreffend an, dass erst auf den nächsten Kalenderjahresbeginn die (Nach-)Feststellung zu erfolgen hat. 103

(Einstweilen frei) 104–110

b) Nachfeststellungszeitpunkt bei erstmaligem Heranziehen zur Grundsteuer (§ 223 Abs. 2 Satz 2 Nr. 2 BewG)

Ist eine wirtschaftliche Einheit erstmalig innerhalb der Hauptfeststellungsperiode der Grundsteuer zu Grunde zulegen, ist die Nachfeststellung auf den nächsten **Kalenderjahresbeginn** durchzuführen, § 223 Abs. 2 Satz 2 Nr. 2 BewG.[2] 111

Diese nachträgliche Feststellung ist unter Rücksichtnahme auf § 219 Abs. 3 BewG und § 9 Abs. 1 GrStG erst zeitverschoben nachträglich auf den nächsten Kalenderjahresbeginn durchzuführen. Nach § 9 Abs. 1 GrStG sind jeweils die Verhältnisse zum Kalenderjahresbeginn maßgeblich. Im Jahr des Eintritts der Grundsteuerpflicht und der damit verbundenen **Bedeutung für die Grundsteuer** (§ 219 Abs. 3 BewG) ist weiterhin auf den Beginn des Kalenderjahres abzustellen, wodurch die Änderung der tatsächlichen Verhältnisse keine sofortige Folge für das Feststellungsverfahren hat. Der Wegfall der Steuerbefreiung bleibt weiterhin ohne Bedeutung für die Grundsteuer im Jahr des Wegfalls. 112

Erst mit dem nächsten Kalenderjahresbeginn haben sich die Verhältnisse entsprechend § 9 Abs. 1 GrStG steuerwirksam geändert, wodurch dann die **Nachfeststellung** durch die Bedeutung für die Besteuerung durchzuführen ist. 113

§ 224 BewG Aufhebung des Grundsteuerwerts

(1) Der Grundsteuerwert wird aufgehoben, wenn dem Finanzamt bekannt wird, dass:

1. **die wirtschaftliche Einheit wegfällt oder**
2. **der Grundsteuerwert der wirtschaftlichen Einheit infolge von Befreiungsgründen der Besteuerung nicht mehr zugrunde gelegt wird.**

---

1 A 223 Abs. 4 Satz 1 AEBewGrSt.

2 A 223 Abs. 4 Satz 1 AEBewGrSt.

(2) Aufhebungszeitpunkt ist:

1. **in den Fällen des Absatzes 1 Nummer 1 der Beginn des Kalenderjahres, das auf den Wegfall der wirtschaftlichen Einheit folgt, und**
2. **in den Fällen des Absatzes 1 Nummer 2 der Beginn des Kalenderjahres, in dem der Grundsteuerwert erstmals der Besteuerung nicht mehr zugrunde gelegt wird.**

Inhaltsübersicht **Rz.**

LITERATUR:

Höreth/Stelzer, Grundsteuerreform – der Druck auf den Gesetzgeber steigt, DStZ 2019 S. 607–612; *Marfels*, Die Neubewertung von Grundvermögen nach dem Entwurf für ein Grundsteuerreformgesetz (GrStRefG), ErbStB 2019 S. 266–275; *Marx*, Ökonomische Analyse des Grundsteuer-Reformgesetzentwurfs, DStZ 2019 S. 372–379; *Neufang*, Das Grundsteuerreformgesetz – ein gesetzgeberisches Chaos?, BB 2019 S. 3035–3038; *Eichholz*, Novellierung der Grundsteuer, DStZ 2020 S. 1158–1167; *Eisele/Wiegand*, Grundsteuerreform 2022/2025, 1. Aufl. 2020, S. 9, NWB CAAAH-44415; *Heine*, Reform des Bewertungs- und Grundsteuerrechts. Werden die Reformziele erreicht?, KStZ 2020 S. 2–6; *Heine*, Hauptfeststellung und Nachfeststellung sowie Fortschreibung und Aufhebung von Einheits- und Grundsteuerwerten nach altem und neuem Recht als Grundlage für die Veranlagung der Grundsteuer, KStZ 202 S. 21–30; *Wünnemann/Koller*, Die Grundsteuerreform – ein Resümee aus Sicht der Industrie, BB 2020 S. 215–219.

VERWALTUNGSANWEISUNGEN:

Koordinierte Erlasse der obersten Finanzbehörden der Länder v. 9.11.2021 – Anwendung des Siebenten Abschnitts des Zweiten Teils des Bewertungsgesetzes zur Bewertung des Grundbesitzes (allgemeiner Teil und Grundvermögen) für die Grundsteuer ab 1.1.2022 (AEBewGrSt), BStBl 2021 I S. 2334.

A. Allgemeine Erläuterungen

I. Hinweise auf Verwaltungsanweisungen

1 Verwaltungsvorschriften bezüglich der Aufhebung von Grundsteuerwerten sind mit A 224 AEBewGrSt ergangen.[1] Darin werden vorwiegend klarstellende Ausführungen gemacht.

2–10 *(Einstweilen frei)*

1 Koordinierte Erlasse der obersten Finanzbehörden der Länder v. 9.11.2021, BStBl 2021 I S. 2334 (AEBewGrSt).

II. Normzweck und wirtschaftliche Bedeutung der Vorschrift

§ 224 BewG regelt den Fall, dass eine **wirtschaftliche Einheit** vollständig **aus der Grundsteuerbesteuerung ausscheidet**. Endet die Grundbesteuerung für die wirtschaftliche Einheit, muss das auslösende Ereignis und der Zeitpunkt geregelt werden. 11

Aufgrund der rein **verfahrensrechtlichen Bedeutung** kommt dem § 224 BewG nur eine mittelbare wirtschaftliche Bedeutung zu. Wird der Grundsteuerwert nach § 224 BewG aufgehoben, entfällt damit auch die darauf aufbauende Grundsteuer. Damit wird im Rahmen der Aufhebung des Grundsteuerwerts regelmäßig auch über eine **Grundsteuerpflicht** entschieden (§ 219 Abs. 3 BewG). 12

BEISPIEL: Eine Justizvollzugsanstalt erwirbt im Oktober 2026 von einer Privatperson einen Betrieb der Land- und Forstwirtschaft. Dieser land- und forstwirtschaftlich genutzte Grundbesitz wird als Gärtnerei (gemäß § 3 Abs. 1 Nr. 1 GrStG i.V. mit § 6 Nr. 1 GrStG vollständig von der Grundsteuer befreit) genutzt.[1] Der Grundsteuerwert ist auf den Stichtag 1.1.2027 aufzuheben, da der Grundsteuerwert der wirtschaftlichen Einheit infolge von Befreiungsgründen der Besteuerung nicht mehr zugrunde gelegt wird (§ 224 Abs. 1 Nr. 2 BewG).

(Einstweilen frei) 13–20

III. Entstehung und Entwicklung der Vorschrift

Der § 224 BewG basiert auf § 24 BewG der **Einheitsbewertung**, der zum 1.1.2025 aufgehoben wurde.[2] Der Wortlaut ist dabei abseits orthografischer und redaktioneller Änderung übernommen worden, wobei nun von der Aufhebung von **Grundsteuerwerten** und nicht mehr von Einheitswerten gesprochen wird. 21

(Einstweilen frei) 22–30

IV. Geltungsbereich

§ 224 BewG findet auf die Grundsteuerwertermittlung des Siebenten Abschnitts des Bewertungsgesetzes Anwendung. Er findet außerhalb dieser **Grundsteuerwertermittlung** damit keine Anwendung. 31

Das **Landesrecht** kann von § 224 BewG abweichende Vorschriften vorsehen, Art. 72 Abs. 3 Nr. 7 GG. Dies wurde von folgenden Ländern umgesetzt: 32

- Baden-Württemberg (§ 18 LGrStG BW),
- Bayern (Art. 6 Abs. 4 BayGrStG),
- Hamburg (§ 6 Abs. 4 HmbGrStG),
- Hessen (§ 2 Abs. 2–4 HGrStG),
- Niedersachsen (§ 8 Abs. 4 NGrStG).

Im Übrigen wird auf die Kommentierung der landesrechtlichen Regelungen in Teil C dieses Kommentars verwiesen. 33

(Einstweilen frei) 34–40

1 Vgl. A 6 Abs. 4 Satz 3 AEGrStG.
2 Art. 2 Nr. 6, Art. 18 Abs. 3 GrStRefG.

V. Vereinbarkeit der Vorschrift

41 Die Vorschrift begegnet keinen verfassungsrechtlichen oder europarechtlichen Bedenken.

42 Durch den § 224 BewG hat der **Bundesgesetzgeber** von seiner **konkurrierenden Gesetzgebung** nach Art. 105 Abs. 2 Satz 1 GG Gebrauch gemacht. Ungeachtet dessen kann das Landesrecht aber abweichende Vorschriften vorsehen, die Vorrang von der bundesgesetzlichen Regelung haben, Art. 72 Abs. 3 Nr. 7 GG.

43–50 *(Einstweilen frei)*

VI. Verhältnis zu anderen Vorschriften

51 § 224 BewG vollzieht im **Feststellungsverfahren** die Rechtsfolge des **§ 219 Abs. 3 BewG** nach, wenn eine wirtschaftliche Einheit aus der Grundsteuerbesteuerung ausscheidet. Bei Wegfall der wirtschaftlichen Einheit selbst oder beim Beginn einer persönlichen oder sachlichen vollständigen Grundsteuerbefreiung ist § 224 BewG anzuwenden.

52 Ferner stellt § 224 BewG ein **systematisches Spiegelbild** gegenüber **§§ 221, 223 BewG** dar. In den Fällen des § 224 BewG ist der Grundsteuerwert einer wirtschaftlichen Einheit nach dem Haupt- oder Nachfeststellungszeitpunkt aufzuheben, wenn eine wirtschaftliche Einheit zum Haupt- oder Nachfeststellungszeitpunkt **(§§ 221 Abs. 2, 223 Abs. 3 BewG)** vorlag, nun aber entfällt oder nicht mehr für die Grundsteuer von Bedeutung ist.

53 Eine **Anzeige** über die Änderung der tatsächlichen Verhältnisse nach **§ 228 Abs. 2 BewG** kann ein Auslöser der Aufhebung des Grundsteuerwerts sein.

54–60 *(Einstweilen frei)*

B. Systematische Kommentierung

I. Fälle der Aufhebung des Grundsteuerwerts (§ 224 Abs. 1 BewG)

61 Damit es überhaupt zu einer Aufhebung kommt, muss zeitlich vorher eine Feststellung in Gestalt der **Haupt- oder Nachfeststellung** vorgenommen worden sein. Ohne eine solche Feststellung läuft eine etwaige Aufhebung des Grundsteuerwerts ins Leere, da bereits zuvor keine Grundsteuerwertfeststellung durchgeführt wurde und damit kein Grundsteuerwert aufzuheben ist. Das Gleiche gilt auch für einen negativen Feststellungsbescheid.

62 Nach § 224 Abs. 1 BewG ist eine Aufhebung des Grundsteuerwerts erst durchzuführen, wenn der **Aufhebungsgrund** dem Finanzamt bekannt wird. Damit ist das Bekanntwerden, beispielsweise durch Anzeige nach § 228 BewG, ein zentrales **auslösendes Ereignis** innerhalb des Feststellungsverfahren einer Hauptfeststellungsperiode.

63 Mit „Finanzamt" ist hier das **örtlich zuständige Finanzamt** i. S. des § 18 Abs. 1 Nr. 1 AO i.V. mit § 6 Abs. 2 Nr. 4a AO gemeint.[1]

64–70 *(Einstweilen frei)*

1 Bezüglich der Zuständigkeit vgl. Kurt in Grootens, BewG § 219 Rz. 101 ff.

1. Wegfallen einer wirtschaftlichen Einheit (§ 224 Abs. 1 Nr. 1 BewG)

Eine wirtschaftliche Einheit kann entfallen, wenn sie vollständig untergeht. In der Regel wird eine wirtschaftliche Einheit **in neue wirtschaftliche Einheiten vollständig aufgeteilt** werden, so dass die ursprüngliche wirtschaftliche Einheit vollständig erlischt. Möglich ist auch, dass die wirtschaftliche Einheit aufgrund **geänderter Verkehrsanschauung** (§ 2 Abs. 1 Satz 2 und 3 BewG) erlischt und in der Folge ebenfalls aufgeteilt wird.[1] 71

Ein dauerhafter **Wegfall der Wirtschaftsgüter,** für die zusammen mit anderen Wirtschaftsgütern, beispielsweise bei einem Erbbaurechtsgrundstück, ein Gesamtwert nach den §§ 243–260 BewG ermittelt wurde, reicht für ein Aufhebung i. S. des § 224 Abs. 1 BewG nach der hier vertretenen Auffassung **nicht** aus. § 261 BewG bestimmt nicht, dass das Erbbaurecht ein eigenständige wirtschaftliche Einheit bildet. § 261 BewG regelt lediglich, dass ein **Gesamtwert** für das Erbbaurecht und das Erbbaurechtsgrundstück festzustellen ist. Bei einem Wegfall des Erbbaurechts bleibt es weiterhin bei der wirtschaftlichen Einheit i. S. des § 244 BewG. 72

Letztlich ist auch der **Einbezug** einer bisherigen wirtschaftlichen Einheit **in eine andere wirtschaftliche** Einheit denkbar.[2] Beispielsweise ist ein Garagenstellplatz regelmäßig einer korrespondierenden Wohneinheit (Ein-/Zweifamilienhaus oder Wohneigentum) zuzuordnen. Standen Garage und Wohneinheit bisher in unterschiedlichem Eigentum, bestanden zwei getrennte wirtschaftliche Einheiten, § 2 Abs. 2 BewG. Vereinigt ein Eigentümer nun sowohl das Eigentum an der Wohneinheit als auch an dem Garagenstellplatz, liegt nach der Verkehrsanschauung (§ 2 Abs. 1 Satz 2 und 3 BewG) nur noch eine („zusammengefasste") wirtschaftliche Einheit vor. Die vorher wie nachher vorliegende wirtschaftliche Einheit unterliegt gleichzeitig regelmäßig einer Wertfortschreibung i. S. des § 222 Abs. 1 BewG.[3] Etwaige Wertfortschreibungen und Aufhebungen nach § 224 BewG sind dabei separate Feststellungsverfahren und bedingen sich nicht gegenseitig (beachte aber § 174 AO bei widerstreitender Feststellung und die Wertgrenzen in § 222 Abs. 1 BewG).[4] 73

Hingegen fällt eine wirtschaftliche Einheit nicht weg, wenn sie nur im Umfang beschränkt wird, jedoch im Wesen fortbesteht. Eine solche **Umfangsreduzierung** unterliegt als Änderung der tatsächlichen Verhältnisse der **Fortschreibung** nach § 222 BewG. 74

Liegen die Voraussetzungen der Aufhebung vor, ist auf den Aufhebungszeitpunkt (§ 224 Abs. 2 BewG) eine **negative Grundsteuerwertfeststellung** vorzunehmen, in der die Aufhebung als Feststellung in einem Grundlagenbescheid (§ 182 Abs. 1 Satz 1 AO) verankert wird. Als Folge sind **Grundsteuermessbescheid** und **Grundsteuerbescheid** als **Folgebescheide aufzuheben.** Ein **negativer Feststellungsbescheid** i. S. des A 219 Abs. 1 Satz 5 AEBewGrSt kommt nach dem Wortlaut nicht in Frage, da nur ein **festgestellter** Grundsteuerwert aufzuheben ist. Ein negativer Feststellungsbescheid weist jedoch aus, dass kein Grundsteuerwert **zum Hauptfeststellungszeitpunkt** festzustellen ist. 75

HINWEIS: 75a

In der Praxis kann es vorkommen, dass bis zum 31.12.2024 kein Grundsteuerbescheid auf den 1.1.2025 erlassen wurde. In diesen Fällen sind nur die Bescheide über die Feststellung des Grundsteuerwerts und über die Festsetzung des Grundsteuermessbetrags aufzuheben. Eine Aufhebung des Grundsteuerbescheids erfolgt nicht.

1 A 224 Abs. 1 Satz 1 AEBewGrSt.
2 A 224 Abs. 1 Satz 2, 5, 6 AEBewGrSt.
3 A 224 Abs. 1 Satz 3 AEBewGrSt.
4 A 224 Abs. 1 Satz 4 AEBewGrSt.

76 Ist eine Haupt- oder Nachfeststellung fehlerhaft vorgenommen worden (beispielsweise für eine nicht-existente wirtschaftliche Einheit), lässt die Finanzverwaltung eine sog. **„fehlerbeseitigende Aufhebung"** zu. In Anlehnung an die fehlerbeseitigende Fortschreibung (§ 222 Abs. 3 BewG) ist die Fehlerbeseitigung im Jahr des Bekanntwerdens des Fehlers durch die Finanzbehörde auf den Beginn dieses Kalenderjahrs (Aufhebungszeitpunkt) vorzunehmen.[1]

77–80 *(Einstweilen frei)*

2. Wegfall der Bedeutung der wirtschaftlichen Einheit für die Besteuerung (§ 224 Abs. 1 Nr. 2 BewG)

81 Ein Wegfall der Bedeutung für die Besteuerung der wirtschaftlichen Einheit ergibt sich aus § 219 Abs. 3 BewG. Durch das Ereignis des Wegfalls der Bedeutung für die Grundbesteuerung wäre ab diesem Zeitpunkt nach § 219 Abs. 3 BewG keine Feststellung vorzunehmen. Diese Änderung wird nun durch § 224 Abs. 1 Nr. 2 BewG umgesetzt, indem aufgrund des **Wegfalls der Besteuerungsbedeutung** der Grundsteuerwert aufgehoben wird.[2]

82 Die Bedeutung der Besteuerung nach § 219 Abs. 3 BewG entfällt, wenn eine persönliche oder sachliche **vollständige Grundsteuerbefreiung** erstmalig eintritt, §§ 3–8 GrStG. Erstreckt sich die Grundsteuerbefreiung nur auf einen Teil der wirtschaftlichen Einheit, ist der Grundsteuerwert nicht aufzuheben, sondern im Wege einer **Fortschreibung** nach § 222 BewG i.V. mit § 219 Abs. 3 BewG anzupassen.

83–90 *(Einstweilen frei)*

II. Aufhebungszeitpunkt (§ 224 Abs. 2 BewG)

1. Zeitpunkt bei Wegfall der wirtschaftlichen Einheit (§ 224 Abs. 2 Nr. 1 BewG)

91 Ist eine wirtschaftliche Einheit nach § 224 Abs. 1 Nr. 1 BewG weggefallen, ist erst zeitversetzt die Aufhebung des Grundsteuerwerts nach § 224 Abs. 2 Nr. 1 BewG durchzuführen. Demnach ist erst auf den nächsten **Kalenderjahresbeginn** nach dem Wegfall der wirtschaftlichen Einheit der Grundsteuerwert aufzuheben.[3]

92 Dies ist folgerichtig entsprechend des § 9 Abs. 1 GrStG. Die Grundsteuer entsteht stets zum Jahresbeginn. Ein **Wegfall** der wirtschaftlichen Einheit **wirkt** jedoch **nicht** auf den Kalenderjahresbeginn **zurück**, denn die Grundsteuerpflicht richtet sich nach § 9 Abs. 1 GrStG allein nach den Verhältnissen am Stichtag zum Kalenderjahresbeginn.

93 Folgerichtig sieht § 224 Abs. 2 Nr. 1 BewG die Aufhebung des Grundsteuerwerts erst zum nächsten **Stichtag der Grundsteuer** am folgenden Kalenderjahresbeginn vor, § 9 Abs. 1 GrStG. Es ist jedoch nur zulässig, eine Aufhebung des Grundsteuerwerts **nach dem Hauptfeststellungszeitpunkt, jedoch innerhalb des Hauptfeststellungszeitraums** durchzuführen.

94–100 *(Einstweilen frei)*

---

1 A 224 Abs. 3 Satz 1, 2 AEBewGrSt mit Verweis auf BFH, Urteil v. 16.10.1991 - II R 23/89, BStBl 1992 II S. 454.

2 A 224 Abs. 1 Satz 1, 7, 8 AEBewGrSt.

3 A 224 Abs. 2 Satz 1 AEBewGrSt.

2. Zeitpunkt bei Wegfall der Bedeutung für die Besteuerung (§ 224 Abs. 2 Nr. 2 BewG)

Fällt die Bedeutung für die Besteuerung weg, ist nach § 224 Abs. 1 Nr. 2 BewG der Grundsteuerwert aufzuheben, nach § 224 Abs. 2 Nr. 2 BewG erst zum folgenden **Kalenderjahresbeginn**, der auf den Eintritt der vollständigen Grundsteuerbefreiung folgt.[1] 101

Dies ist folgerichtig, denn nach § 9 Abs. 1 GrStG beurteilt sich die **festzusetzende Grundsteuer** nach den **Verhältnissen zum Kalenderjahresbeginn**. Im Jahr, in dem die Bedeutung für die Besteuerung entfällt, bleiben diese Verhältnisse damit uneingeschränkt erhalten. Folgerichtig ist daher die Aufhebung des Grundsteuerwerts erst auf den nächsten Kalenderjahresbeginn vorzunehmen, § 224 Abs. 2 Nr. 2 BewG. Es ist jedoch nur zulässig, eine Aufhebung des Grundsteuerwerts **nach dem Hauptfeststellungszeitpunkt, jedoch innerhalb des Hauptfeststellungszeitraums** durchzuführen. 102

§ 225 BewG Änderung von Feststellungsbescheiden

[1]Bescheide über Fortschreibungen oder über Nachfeststellungen von Grundsteuerwerten können schon vor dem maßgeblichen Feststellungszeitpunkt erteilt werden. [2]Sie sind zu ändern oder aufzuheben, wenn sich bis zu diesem Zeitpunkt Änderungen ergeben, die zu einer abweichenden Feststellung führen.

Inhaltsübersicht **Rz.**

LITERATUR:

Höreth/Stelzer, Grundsteuerreform – der Druck auf den Gesetzgeber steigt, DStZ 2019 S. 607–612; *Marfels*, Die Neubewertung von Grundvermögen nach dem Entwurf für ein Grundsteuerreformgesetz (GrStRefG), ErbStB 2019 S. 266–275; *Marx*, Ökonomische Analyse des Grundsteuer-Reformgesetzentwurfs, DStZ 2019 S. 372–379; *Neufang*, Das Grundsteuerreformgesetz – ein gesetzgeberisches Chaos?, BB 2019 S. 3035–3038; *Eichholz*, Novellierung der Grundsteuer, DStZ 2020 S. 1158–1167; *Eisele/Wiegand*, Grundsteuerreform 2022/2025, 1. Aufl. 2020, S. 9–22, NWB CAAAH-44415; *Heine*, Reform des Bewertungs- und Grundsteuerrechts. Werden die Reformziele erreicht?, KStZ 2020 S. 2–6; *Heine*, Hauptfeststellung und Nachfeststellung sowie Fortschreibung und Aufhebung von Einheits- und Grundsteuerwerten nach altem und neuem Recht als Grundlage für die Veranlagung der Grundsteuer, KStZ 2020 S. 21–30; *Wünnemann/Koller*, Die Grundsteuerreform – ein Resümee aus Sicht der Industrie, BB 2020 S. 215–219.

VERWALTUNGSANWEISUNGEN:

Koordinierte Erlasse der obersten Finanzbehörden der Länder v. 9.11.2021 – Anwendung des Siebenten Abschnitts des Zweiten Teils des Bewertungsgesetzes zur Bewertung des Grundbesitzes (allgemeiner Teil und Grundvermögen) für die Grundsteuer ab 1.1.2022 (AEBewGrSt), BStBl 2021 I S. 2334.

1 A 224 Abs. 2 Satz 2 AEBewGrSt.

A. Allgemeine Erläuterungen

I. Hinweise auf Verwaltungsanweisungen

1 Verwaltungsanweisungen bezüglich der Änderung der Feststellung i. S. des § 225 BewG sind mit dem A 225 AEBewGrSt ergangen.[1] Darin werden wenige ergänzende Klarstellungen vorgenommen.

2–10 *(Einstweilen frei)*

II. Normzweck und wirtschaftliche Bedeutung der Vorschrift

11 Durch § 225 Satz 1 BewG wird der Finanzverwaltung eingeräumt, **Bescheide auch vor dem verfahrensrechtlichen Feststellungszeitpunkt zu erlassen**. Dies dient der finanzamtsinternen **Verfahrenserleichterung** und entspricht sowohl den Bedürfnissen der Steuerpflichtigen auf frühestmögliche Rechtssicherheit und Überprüfbarkeit der Bewertungsgrundlagen sowie der Arbeitserleichterung und besseren Verteilung der Arbeiten der Feststellung auf den jeweiligen Feststellungszeitpunkt.

12 Der Gesetzgeber weicht hier von der Stichtagsbewertung, die die tatsächlichen und rechtlichen Verhältnisse auf den Feststellungszeitpunkt zu berücksichtigen hat, ab und lässt eine Feststellung – und damit verbundene Bewertung – bereits bis dahin zu. Um diesen **Durchbruch des Stichtagsprinzips** abzuhelfen, sieht § 225 Satz 2 BewG eine entsprechende **Änderungspflicht** vor, sollten die tatsächlichen Verhältnisse des Feststellungszeitpunkts nicht den zuvor festgestellten Besteuerungsgrundlagen entsprechen.

13 Eine wirtschaftliche Bedeutung kommt dem § 225 BewG aufgrund der rein **verfahrensrechtlichen Bedeutung** damit nicht zu.

14–20 *(Einstweilen frei)*

III. Entstehung und Entwicklung der Vorschrift

21 § 225 BewG geht auf § 24a BewG a. F. zurück, der bis auf redaktionelle Änderungen und dem Verweis auf **Grundsteuerwerte** dem jetzigen § 225 BewG entspricht. § 24a BewG wurde zum 1.1.2025 aufgehoben.[2]

22 Im Rahmen der Einheitsbewertung und der Hauptfeststellung auf den 1.1.1964 hatte sich die Bewertung bis Ende der 1960er Jahre hingestreckt. Dadurch bestand bei der Finanzverwaltung das Erfordernis, die zwischen Hauptfeststellungszeitpunkt und nachfolgendem Feststellungszeitpunkt eingetretenen **Änderungen der tatsächlichen und rechtlichen Verhältnisse** (Umfang, Art und Zurechnung der wirtschaftlichen Einheit) bereits in den Feststellungsbescheiden zu berücksichtigen. Letztlich wurden die Feststellungen erstmals für Grundsteuerzwecke auf den 1.1.1974 angewendet.

23 Jedoch verneinte der BFH in seiner Rechtsprechung ein entsprechendes Berücksichtigen vor dem maßgeblichen Feststellungsstichtag.[3] Er erkannte, dass eine **stichtagsbezogene Bewertung**, die die tatsächlichen Verhältnisse zu berücksichtigen hat, **nicht vor diesem Stichtag** er-

1 Koordinierte Erlasse der obersten Finanzbehörden der Länder v. 9.11.2021, BStBl 2021 I S. 2334 (AEBewGrSt).

2 Art. 2 Nr. 6, Art. 18 Abs. 3 GrStRefG.

3 BFH, Urteil v. 15.9.1961 - III 102/59 U, BStBl 1962 III S. 4.

folgen kann. Aufgrund der möglichen Änderung der Verhältnisse sei dies auch nicht zweckmäßig.

Als Reaktion auf die Rechtsprechung des BFH hat der Gesetzgeber § 24a BewG a. F. eingeführt, um auch **vor den Feststellungszeitpunkten bereits Feststellungen durchführen** zu können, die erst zu späteren Zeitpunkten der Besteuerung zu Grunde gelegt wurden. Dies war notwendig, um die rechtzeitige Festsetzung der Grundsteuer sicherzustellen.[1] 24

Da sich auch im Rahmen der Grundsteuerwertermittlung eine **vergleichbare Problemstellung** zwischen Auseinanderfallen des Hauptfeststellungszeitpunkts (beispielsweise 1.1.2022) und dem Hauptveranlagungszeitpunkt (beispielsweise 1.1.2025, § 266 Abs. 1 BewG) ergibt, ist es nur folgerichtig, diese Regelung auch in das neue Bewertungsrecht zu übernehmen. 25

(Einstweilen frei) 26–30

IV. Geltungsbereich

§ 225 BewG findet lediglich im Rahmen der Grundsteuerwertermittlung nach dem Siebenten Abschnitt des BewG Anwendung. 31

Das **Landesrecht** kann von § 225 BewG abweichende Vorschriften vorsehen, Art. 72 Abs. 3 Nr. 7 GG. Dies wurde von folgenden Ländern umgesetzt: 32

- Baden-Württemberg (§ 19 LGrStG BW),
- Bayern (Art. 6 Abs. 4 BayGrStG),
- Hamburg (§ 6 Abs. 4 HmbGrStG),
- Hessen (§ 2 Abs. 2–4 HGrStG),
- Niedersachsen (§ 8 Abs. 4 Satz 1 NGrStG).

Im Übrigen wird auf die Kommentierung der landesrechtlichen Regelungen in Teil C dieses Kommentars verwiesen. 32a

Ferner ist § 225 BewG nur anzuwenden, sofern ein **Feststellungsbescheid für einen in der Zukunft liegenden Feststellungszeitpunkt** erteilt wird. Bei einer Feststellung auf einen vergangenen Feststellungszeitpunkt ist § 225 Satz 1 BewG aufgrund eindeutigen Wortlauts nicht anwendbar. Damit ist auch die Anwendung der Änderungsvorschrift nach § 225 Satz 2 BewG ausgeschlossen. 33

(Einstweilen frei) 34–40

V. Vereinbarkeit der Vorschrift

Die Vorschrift begegnet keinen verfassungsrechtlichen oder europarechtlichen Bedenken. 41

Durch den § 225 BewG hat der **Bundesgesetzgeber** von seiner **konkurrierenden Gesetzgebung** nach Art. 105 Abs. 2 Satz 1 GG Gebrauch gemacht. Ungeachtet dessen kann das Landesrecht aber abweichende Vorschriften vorsehen, die Vorrang von der bundesgesetzlichen Regelung haben, Art. 72 Abs. 3 Nr. 7 GG. 42

(Einstweilen frei) 43–50

1 BT-Drucks. VI/1888 S. 5 zu Art. 3 Nr. 3.

VI. Verhältnis zu anderen Vorschriften

51 § 225 BewG regelt eine **„vorzeitige" Feststellung** vor den maßgeblichen Feststellungszeitpunkten nach **§ 222 und § 223 BewG.**

52 Während § 225 BewG das **Feststellungsverfahren der Grundsteuerwerte** betrifft, hat das GrStG spiegelbildlich mit **§ 21 GrStG** eine entsprechende Vorschrift für die vorzeitige **Festsetzung** des **Grundsteuermessbetrags.**

53–60 *(Einstweilen frei)*

B. Systematische Kommentierung

I. Durchführung der Feststellung vor dem Feststellungszeitpunkt (§ 225 Satz 1 BewG)

61 Voraussetzung ist zunächst, dass eine **Feststellung** nach § 219 Abs. 3 BewG **für die Grundsteuer von Bedeutung** ist. Ohne eine solche Bedeutung wäre eine Feststellung des Grundsteuerwerts von vornherein nicht durchzuführen.

62 Ferner muss das Finanzamt vor dem betroffenen Feststellungszeitpunkt eine Feststellung durchführen wollen.[1] Dabei sind nur **Nachfeststellungen** i. S. des § 223 BewG oder **Fortschreibungen** nach § 222 BewG betroffen. Eine vorzeitige **Hauptfeststellung** (§ 221 BewG) ist damit **ausgeschlossen.**

63 Anstoß einer Fortschreibung oder Nachfeststellung wird regelmäßig eine **Anzeige** nach § 228 Abs. 2 BewG sein, worin der Feststellungsbeteiligte dem örtlich zuständigen Finanzamt mitteilt, dass sich die **tatsächlichen oder rechtlichen Verhältnisse geändert** haben. Aber auch Auskünfte, Erhebungen und Mitteilungen anderer Behörden können eine Fortschreibung auslösen.[2]

64 In diesem Fall steht es im **pflichtgemäßen Ermessen** (§ 5 AO) des Finanzamts, eine vorzeitige Fortschreibung oder Nachfeststellung vorzunehmen. In aller Regel sollte die pflichtgemäße Ermessensausübung dazu führen, eine sofortige (vorzeitige) Fortschreibung oder Nachfeststellung durchzuführen. Insbesondere dürfte es nicht ermessensgerecht sein, wenn das Finanzamt trotz einer frühzeitigen Anzeige nach § 228 Abs. 2 BewG eine Feststellung hinauszögert und damit die rechtzeitige Grundsteuerfestsetzung zum Kalenderjahresbeginn verhindert.

65 Hier kann sich für den Steuerpflichtigen als Folge eine Zusammenballung von Grundsteuervorauszahlungen ergeben, wobei die erste Vorauszahlung am 15. Februar des Kalenderjahres bereits fällig wird (§ 28 Abs. 1 GrStG). Damit kann es im Folgejahr im Rahmen einer Wertfortschreibung zu einer Zahllast im Rahmen der Verrechnung mit bisherigen Vorauszahlungen i. S. des § 30 GrStG kommen. Liegt eine Nachfeststellung nach § 223 BewG vor, wurden mangels Grundsteuerwertfeststellung bisher keine Vorauszahlungen nach § 29 GrStG gezahlt, wodurch die bisher unterbliebenen Vorauszahlungsbeträge i. S. des § 31 GrStG nachzuentrichten sind.

66 **BEISPIEL:** Der Steuerpflichtige errichtet auf einem bisher unbebauten Grundstück (Hauptfeststellung zum 1.1.2022 bereits zutreffend erfolgt) ein Mietwohnhaus mit drei gleich großen Wohneinheiten. Er

---

1 A 225 Satz 1 AEBewGrSt.

2 § 229 Abs. 3 BewG.

plant, eine Wohnung für eigene Wohnzwecke zu verwenden und die verbleibenden zwei Wohneinheiten fremd zu vermieten. Dies zeigt er dem Finanzamt mit Herstellungsbeginn am 23.2.2023 an, in dem er als planmäßigen Fertigstellungstag den 31.8.2023 angibt. Der Steuerpflichtige bittet um schnellstmögliche Feststellung des neuen Grundsteuerwerts, damit er seine Mietkostenkalkulation rechtzeitig zum Vermietungsbeginn am 1.9.2023 fertigstellen kann.

Das Finanzamt hat aufgrund objektiv nachvollziehbarer Änderung der Verhältnisse auf den 1.1.2024 eine Wert- und Artfortschreibung durchzuführen. Danach ist eine Artfeststellung (§ 222 Abs. 2 BewG) als Mietwohngrundstück nach § 249 Abs. 1 Nr. 3 BewG, § 249 Abs. 4 BewG und eine Wertfortschreibung (§ 222 Abs. 1 BewG) aufgrund der Bewertung im Ertragswertverfahren (§ 250 Abs. 2 Nr. 3 BewG) festzustellen. Nach pflichtgemäßer Ermessensausübung ist damit eine vorzeitige Art- und Wertfortschreibung i. S. des § 225 Satz 1 BewG auf den 1.1.2024 (§ 222 Abs. 4 Satz 3 Nr. 1 BewG) vorzunehmen. Der Bescheid über die Festsetzung des Grundsteuermessbetrags erfolgt auf den 1.1.2025.

Dementsprechend ist es jedoch ermessensgerecht zunächst von einer Feststellung abzusehen, 67
wenn für das Finanzamt absehbar ist, dass sich die **tatsächlichen oder rechtlichen Verhältnisse** im verbleibenden Zeitraum bis zum Feststellungszeitpunkt nochmals **ändern werden**. Beispielsweise kann dies bei

- einer bekannten Veräußerungsabsicht,
- bei einer absehbaren oder erwartbaren Nutzungsänderung oder
- bei im Bau befindlichen Gebäude(-teile-)n

der Fall sein.

Bis zum Feststellungszeitpunkt hätte eine vorzeitige Feststellung **keine materiellen Rechtsfolgen** für den Steuerpflichtigen, da die Feststellung der Grundsteuer stets erst zum nächsten Kalenderjahresbeginn zu Grunde gelegt werden kann (§ 222 Abs. 4 Satz 3 Nr. 1 BewG, § 223 Abs. 2 BewG). Entsprechend bemisst sich die **Grundsteuer** eines Jahres nach den **Verhältnissen zu Beginn des Kalenderjahres** (§ 9 Abs. 1 GrStG). 68

(Einstweilen frei) 69–70

II. Änderungspflicht bei Änderung der tatsächlichen Verhältnisse bis zum Feststellungszeitpunkt (§ 225 Satz 2 BewG)

Feststellungsbescheide im Rahmen der Nachfeststellung und Fortschreibung haben die **tatsächlichen Verhältnisse des Feststellungszeitpunkts** zu berücksichtigen (§ 222 Abs. 2 BewG, § 223 Abs. 2 Satz 1 BewG). Daraus folgt, dass bei einer Divergenz zwischen vorzeitiger Feststellung nach § 225 Satz 1 BewG und den tatsächlichen Verhältnissen am Feststellungsstichtag eine Korrektur notwendig ist.[1] 71

Eine solche Änderung wird durch die besondere, spezialgesetzliche **Änderungsvorschrift** des § 225 Satz 2 BewG ermöglicht. Es handelt sich dabei um eine Änderungsvorschrift nach sonstigen Gesetzen i. S. des § 172 Abs. 1 Satz 1 Nr. 2 Buchst. d Halbsatz 1 AO i. V. mit § 181 Abs. 1 Satz 1 AO. 72

Voraussetzung dafür ist, dass die Feststellung nach § 222 und § 223 BewG vor dem zu Grunde gelegten Feststellungszeitpunkt erfolgte. Nach dem Wortlaut muss der Feststellungsbescheid vor dem Feststellungszeitpunkt „erteilt" worden sein, § 225 Satz 1 BewG. Die „Erteilung" ist als Bekanntgabe i. S. des § 122 Abs. 1 AO i. V. mit § 124 Abs. 2 AO zu verstehen. Damit muss für die 73

1 A 225 Satz 2 AEBewGrSt.

Anwendung des § 225 Satz 2 BewG die **Bekanntgabe noch vor dem Feststellungszeitpunkt** erfolgt sein.

74 Rechtsfolge ist, dass spezialgesetzlich der Feststellungsbescheid unter punktueller **Durchbrechung der materiellen und formellen Bestandskraft** (§ 124 Abs. 1 AO und § 351 Abs. 1 AO) geändert werden kann. Die Änderung hat abermals durch Feststellungsbescheid i. S. des § 219 Abs. 1 und 2 BewG i.V. mit §§ 179 ff. AO zu erfolgen.

74a Da es sich um eine **Änderungsvorschrift** gegenüber einer bereits erfolgten Fortschreibung oder Nachfeststellung handelt, sind etwaige Wertgrenzen (wie in § 222 Abs. 1 BewG für die Wertfortschreibung) im Vergleich zum schon auf denselben Feststellungszeitpunkt erlassenen Feststellungsbescheid nicht zu prüfen.[1] Durch § 225 Satz 2 BewG soll sichergestellt werden, dass der tatsächliche Bestand der wirtschaftlichen Einheit der Grundsteuer unterworfen wird und insbesondere die nach der vorläufigen Feststellung nach § 225 Satz 1 BewG eingetretenen Änderungen berücksichtigt werden. Hingegen dienen die Wertgrenzen nach § 222 Abs. 1 BewG als Grenzen, ob überhaupt eine Wertfortschreibung durchzuführen ist. Diese Prüfung des Fortschreibungsanlasses ist aber nicht Teil der Änderung nach § 225 Satz 2 BewG, wodurch unbeachtlich etwaiger Wertgrenzen zu ändern ist. Ist hingegen bei einer Feststellung nach § 225 Satz 1 BewG aufgrund von zwischenzeitlich eingetretenen Änderungen der tatsächlichen Verhältnisse ein im Verhältnis zur auf diesen Stichtag durchgeführten Feststellung gegenläufige Wertänderung eingetreten und sind dadurch die Wertgrenzen des § 221 Abs. 1 BewG gegenüber dem letzten **vorherigen Feststellungszeitpunkt** nicht mehr erfüllt, ist der für die Zukunft erlassene Feststellungsbescheid nach § 225 Satz 2 BewG **aufzuheben.** Die Pflicht zur Aufhebung des frühzeitig erlassenen Feststellungsbescheids gilt auch bei einer Zurechnungsfortschreibung, wenn zwischenzeitlich das Grundstück vom neuen Erwerber weiter veräußert wurde.

75 BEISPIEL: Sachverhalt wie Beispiel oben (→ Rz. 66). Entgegen seiner Absicht nutzt der Steuerpflichtige die Wohneinheit im Erdgeschoss nun als Ort der Geschäftsleitung und Büroräume für seinen Gewerbebetrieb i. S. des § 15 Abs. 1 Nr. 1 EStG. Dies teilt der Steuerpflichtige dem zuständigen Finanzamt nach § 228 Abs. 2 BewG am 15.9.2023 mit.

Das Finanzamt hat aufgrund der eingetretenen Divergenz zum ursprünglichen Feststellungsbescheid eine Änderung nach § 225 Satz 2 BewG vorzunehmen. Durch die geänderte – tatsächliche – Nutzung liegt nun eine andere Grundstücksart (gemischt genutztes Grundstück, § 249 Abs. 1 Nr. 7, Abs. 8 BewG) mit der Folge eines anderen Bewertungsverfahrens vor (§ 250 Abs. 3 Nr. 2 BewG). Entsprechend ist eine (geänderte) Art- und Wertfortschreibung nach § 225 Satz 1 und 2 i.V. mit § 222 Abs. 1 und 2 BewG auf den 1.1.2024 (§ 222 Abs. 4 Satz 3 Nr. 1 BewG) vorzunehmen.

76 Sollte § 225 Satz 2 BewG ausnahmsweise nicht anwendbar sein, wären andere Änderungsvorschriften zu prüfen. Ein Fehler eines Grundsteuerwertfeststellungsbescheids kann regelmäßig durch eine **fehlerbeseitigende Fortschreibung** nach § 222 Abs. 3, Abs. 4 Satz 3 Nr. 2 BewG berichtigt werden. Ist der vorzeitig erteilte Feststellungsbescheid selbst fehlerhaft, kann dieser nur nach den **allgemeinen Änderungsvorschriften der AO** geändert oder berichtigt werden. Dies sind nach § 181 Abs. 1 Satz 1 AO die Berichtigung nach § 129 AO, Änderung aufgrund der Nebenbestimmungen nach §§ 164 und 165 AO sowie der punktuellen Korrekturvorschriften nach § 172 ff. AO.

1 A 225 Satz 3 AEBewGrSt.

Im Übrigen ist insbesondere § 173 Abs. 1 Nr. 1 oder 2 AO regelmäßig nicht anwendbar, da die **Tatsache** i. S. des § 173 Abs. 1 AO **erst nach letztmaliger Willensbildung** im Rahmen der Feststellung verwirklicht wurde. Eine solche Tatsache ist nicht für eine Änderung nach § 173 Abs. 1 AO tauglich.[1] 77

§ 226 BewG Nachholung einer Feststellung

(1) ¹Ist die Feststellungsfrist (§ 181 der Abgabenordnung) abgelaufen, kann eine Fortschreibung (§ 222) oder Nachfeststellung (§ 223) unter Zugrundelegung der Verhältnisse vom Fortschreibungs- oder Nachfeststellungszeitpunkt mit Wirkung für einen späteren Feststellungszeitpunkt vorgenommen werden, für den diese Frist noch nicht abgelaufen ist. ²§ 181 Absatz 5 der Abgabenordnung bleibt hiervon unberührt.

(2) Absatz 1 ist bei der Aufhebung des Grundsteuerwerts (§ 224) entsprechend anzuwenden.

Inhaltsübersicht **Rz.**

LITERATUR:

Höreth/Stelzer, Grundsteuerreform – der Druck auf den Gesetzgeber steigt, DStZ 2019 S. 607; *Marfels*, Die Neubewertung von Grundvermögen nach dem Entwurf für ein Grundsteuerreformgesetz (GrStRefG), ErbStB 2019 S. 266; *Marx*, Ökonomische Analyse des Grundsteuer-Reformgesetzentwurfs, DStZ 2019 S. 372; *Neufang*, Das Grundsteuerreformgesetz – ein gesetzgeberisches Chaos?, BB 2019 S. 3035; *Eichholz*, Novellierung der Grundsteuer, DStZ 2020 S. 1158; *Eisele/Wiegand*, Grundsteuerreform 2022/2025, 1. Aufl. 2020, S. 9 NWB CAAAH-44415; *Heine*, Reform des Bewertungs- und Grundsteuerrechts. Werden die Reformziele erreicht?, KStZ 2020 S. 2; *Heine*, Hauptfeststellung und Nachfeststellung sowie Fortschreibung und Aufhebung von Einheits- und Grundsteuerwerten nach altem und neuem Recht als Grundlage für die Veranlagung der Grundsteuer, KStZ 2020 S. 21; *Wünnemann/Koller*, Die Grundsteuerreform – ein Resümee aus Sicht der Industrie, BB 2020 S. 215.

VERWALTUNGSANWEISUNGEN:

Koordinierte Erlasse der obersten Finanzbehörden der Länder v. 9.11.2021 – Anwendung des Siebenten Abschnitts des Zweiten Teils des Bewertungsgesetzes zur Bewertung des Grundbesitzes (allgemeiner Teil und Grundvermögen) für die Grundsteuer ab 1.1.2022 (AEBewGrSt), BStBl 2021 I S. 2334.

1 AEAO zu § 173 AO, Tz. 1.3.

A. Allgemeine Erläuterungen

I. Hinweise auf Verwaltungsanweisungen

1 Verwaltungsanweisungen bezüglich der Nachholung der Feststellung i. S. des § 226 BewG sind mit dem A 226 AEBewGrSt ergangen.[1] Darin werden Klarstellungen zur Anwendung des § 226 BewG vorgenommen.

2–10 *(Einstweilen frei)*

II. Normzweck und wirtschaftliche Bedeutung der Vorschrift

11 § 226 BewG ermöglicht die **frühestmögliche Nachholung** einer Feststellung aufgrund von Änderungen der tatsächlichen und rechtlichen Verhältnisse, wenn sie bisher aufgrund einer bereits eingetretenen **Feststellungsverjährung** nach § 181 Abs. 3–5 AO nicht berücksichtigt werden konnte.

12 § 226 BewG ist dabei **keine Ablaufhemmung** der Feststellungsfrist. § 226 BewG schützt vielmehr die Möglichkeit, eine vergleichbare und zutreffende Bewertung des Grundbesitzes für Zwecke der Grundsteuerfestsetzung sicherzustellen und setzt damit den **Grundsatz der gleichmäßigen Besteuerung** um, § 85 AO.

13 Damit kommt § 226 BewG eine **zentrale wirtschaftliche Bedeutung** zu. Da durch § 226 BewG alle Änderungen der tatsächlichen Verhältnisse in der Feststellung stets, wenn auch zu einem späteren Zeitpunkt, berücksichtigt werden können, bilden die nicht berücksichtigten Änderungen der Verhältnisse stille Lasten bzw. stille Reserven eines Grundstücks. Die Finanzverwaltung hat damit stets die Möglichkeit die Grundsteuer soweit wie möglich zu erheben, wie es die Feststellungs- und Festsetzungsfrist zu lässt.

14 Insbesondere bei einer Änderung der **Zurechnung der wirtschaftlichen Einheit** hat dies wesentliche Bedeutung, da der Rechtsnachfolger alle **Lasten aus dem Grundstück** übernimmt – nicht nur die bereits festgesetzten aber noch nicht entrichteten (über die Duldung der Vollstreckung der Grundsteuer als dingliche Last, § 12 GrStG i.V. mit § 77 Abs. 2 Satz 1 AO), sondern auch die noch nicht festgestellten Änderungen des Grundsteuerwerts und die darauf entfallende Grundsteuer über § 226 BewG.

15 Ferner ist § 226 BewG **keine eigene Änderungsvorschrift**. Aufgrund von § 226 BewG kann, ähnlich dem § 177 AO, ein materieller Fehler, der auf bereits feststellungsverjährte Zeiträume entfällt, noch einer späteren Feststellung zu Grunde gelegt werden, wenn dies materiellrechtlich und verfahrensrechtlich anderweitig zugelassen wird.

16–20 *(Einstweilen frei)*

III. Entstehung und Entwicklung der Vorschrift

21 § 226 BewG entspricht der Vorgängervorschrift des § 25 BewG a. F. der Einheitsbewertung. Dieser wurde lediglich im Wortlaut und den gesetzlichen Verweisen redaktionell angepasst und wurde damit inhaltsgleich übernommen. Daneben werden nun die **Grundsteuerwerte** anstatt der Einheitswerte genannt.

1 Koordinierte Erlasse der obersten Finanzbehörden der Länder v. 9.11.2021, BStBl 2021 I S. 2334 (AEBewGrSt).

(Einstweilen frei) 22–30

IV. Geltungsbereich

§ 226 BewG gilt für Feststellungen im Rahmen 31

- einer **Fortschreibung** (§ 222 BewG),
- einer **Nachfeststellung** (§ 223 BewG) sowie
- durch § 226 Abs. 2 BewG ebenfalls für die **Aufhebung** nach § 224 BewG.

Nicht genannt ist hingegen die **Hauptfeststellung** (§ 221 BewG).

Somit kann nach § 226 Satz 1 BewG eine **Hauptfeststellung nicht nachgeholt** werden. Wurde eine Hauptfeststellung trotz Bedeutung für die Besteuerung und Bestehen der wirtschaftlichen Einheit nicht nach § 221 BewG vorgenommen, scheidet eine Nachholung i. S. des § 226 BewG aus. 32

Hatte ursprünglich zum Hauptfeststellungszeitpunkt aufgrund fehlender Bedeutung für die Besteuerung oder dem Nichtbestehen der wirtschaftlichen Einheit keine Hauptfeststellung zu erfolgen, ist § 226 BewG jedoch weiterhin anwendbar, da in diesen Fällen eine **Nachfeststellung (§ 223 BewG)** nachgeholt werden kann. 33

Das **Landesrecht** kann von § 226 BewG abweichende Vorschriften vorsehen, Art. 72 Abs. 3 Nr. 7 GG. Dies wurde von folgenden Ländern umgesetzt: 34

- Baden-Württemberg (§ 20 LGrStG BW),
- Bayern (Art. 6 Abs. 4 BayGrStG),
- Hamburg (§ 6 Abs. 4 HmbGrStG),
- Hessen (§ 2 Abs. 2–4 HGrStG),
- Niedersachsen (§ 8 Abs. 4 Satz 1 NGrStG).

Im Übrigen wird auf die Kommentierung der landesrechtlichen Regelungen in Teil C dieses Kommentars verwiesen. 35

(Einstweilen frei) 36–40

V. Vereinbarkeit der Vorschrift

§ 226 BewG begegnet keinen verfassungsrechtlichen oder europarechtlichen Bedenken. 41

Durch den § 226 BewG hat der **Bundesgesetzgeber** von seiner **konkurrierenden Gesetzgebung** nach Art. 105 Abs. 2 Satz 1 GG Gebrauch gemacht. Ungeachtet dessen kann das Landesrecht aber abweichende Vorschriften vorsehen, die Vorrang von der bundesgesetzlichen Regelung haben, Art. 72 Abs. 3 Nr. 7 GG. 42

Zwar weitet § 226 BewG den **Grundsatz der gleichmäßigen und gesetzmäßigen Steuer** deutlich zu Ungunsten des Steuerpflichtigen aus, worin sein Anspruch auf Rechtssicherheit der einmal festgestellten und festgesetzten Steuern eingeschränkt wird. Dies ist gerade im Vergleich zu anderen Steuern beispiellos, da beispielsweise im Ertragsteuer- oder Umsatzsteuerrecht einmal verjährte Besteuerungsgrundlagen nicht mehr einer Besteuerung unterliegen. Jedoch ist die Grundsteuer als öffentliche Last des Grundbesitzes und als Realsteuer im deutsche Besteuerungssystem auch nicht mit anderen Steuern vergleichbar. 43

44 Die Vorgehensweise des § 226 BewG ähnelt am ehesten der Bilanzberichtigung nach § 4 Abs. 2 Satz 1 EStG im ersten nach der AO noch änderbaren Veranlagungszeitraum.[1] Auch hier ist das Ziel der Korrektur, Fehler aus bestandskräftigen Festsetzungen für die Zukunft zu korrigieren.

45 Dies ergibt damit ein **nicht zu beanstandendes Vorgehen des Gesetzgebers**, die Grundsteuern, soweit sie materiellrechtlich tatsächlich entstanden sind, auch festzusetzen und zu erheben.

46–50 *(Einstweilen frei)*

VI. Verhältnis zu anderen Vorschriften

51 § 226 BewG steht aufgrund des **Bezugs zur abgelaufenen Feststellungsfrist** in einem engen Zusammenhang zu den allgemein-verfahrensrechtlichen Grundsätzen nach **§ 181 Abs. 1 Satz 1 i. V. mit §§ 169 ff. AO und § 181 Abs. 3–5 AO**. Ausdrücklich wird die Anwendbarkeit des **§ 181 Abs. 5 AO** nicht durch § 226 Satz 2 BewG eingeschränkt. Die Feststellungsfrist ist damit nach allgemeinen Grundsätzen zu bestimmen.[2]

52 § 226 BewG begründet, dass die auf verjährte Feststellungszeiträume entfallenden Änderungen der tatsächlichen Verhältnisse bei einer Fortschreibung (**§ 222 BewG**), einer Nachfeststellung (**§ 223 BewG**) oder einer Aufhebung des Grundsteuerwerts (**§ 224 BewG i. V. mit § 226 Abs. 2 BewG**) zu Grunde gelegt werden können. Regelmäßig sind diese Vorschriften daher für die Berücksichtigung der Änderung der tatsächlichen Verhältnisse heranzuziehen.

53–60 *(Einstweilen frei)*

B. Systematische Kommentierung

I. Erhalt von Besteuerungsgrundlagen trotz Verjährung (§ 226 Abs. 1 BewG)

1. Einbeziehung von Besteuerungsgrundlagen in noch nicht verjährte Feststellungen (§ 226 Abs. 1 Satz 1 BewG)

61 Durch § 226 BewG werden **Änderungen der tatsächlichen oder rechtlichen Verhältnisse** stets für Zwecke einer Fortschreibung oder Nachfeststellung erhalten. Nach § 226 Abs. 1 Satz 1 BewG wird damit eine Änderung der Verhältnisse, die nach §§ 222 und 223 BewG einer Feststellung auf einen Feststellungszeitpunkt, für den die **Feststellungsfrist** nach allgemeinen Vorschriften **bereits abgelaufen** war, für spätere Feststellungen erhalten.[3]

62 Demnach findet § 226 Abs. 1 Satz 1 BewG nur Anwendung, wenn

1. eine **Änderung der tatsächlichen oder rechtlichen Verhältnisse** vorliegt,
2. diese Änderung der Verhältnisse an einem bereits **verjährten Feststellungszeitpunkt** i. S. des § 222 Abs. 4 Satz 3 oder § 223 Abs. 2 Satz 2 BewG bestand und
3. diese **Änderung** der Verhältnisse an einem Feststellungszeitpunkt nach § 222 Abs. 4 Satz 3 BewG oder § 223 Abs. 2 Satz 2 BewG **noch fortbesteht;**

---

1 R 4.4 Abs. 1 Satz 9 EStR 2012, H 4.4 „Berichtigung einer Bilanz, die einer bestandskräftigen Veranlagung zu Grunde liegt" EStH 2019.

2 Kurt in Grootens, BewG, § 219 Rz. 121 ff.

3 A 226 Abs. 1 AEBewGrSt.

4. eine **Berichtigung, Änderung oder Aufhebung nach Vorschriften der AO oder des BewG** der jeweiligen Feststellungsbescheide nach §§ 222 und 223 BewG durchgeführt wird.[1]

Ist die **Änderung** der tatsächlichen Verhältnisse für die **Besteuerung ohne Bedeutung** (§ 219 Abs. 3 BewG), wirkt sie sich folgerichtig auch nach § 226 Abs. 1 Satz 1 BewG nicht aus. 63

Eine **fehlerbeseitigende Fortschreibung** nach § 222 Abs. 3 BewG wird lediglich auf den Kalenderjahresbeginn der Fehlerentdeckung durchgeführt (§ 222 Abs. 4 Satz 3 Nr. 2 BewG). Auch Korrekturvorschriften der AO führen regelmäßig in den Fällen des § 226 BewG nicht zu einer Änderung, da sie keine Möglichkeit vorsehen, einen Bescheid mit späterer Wirkung zu erlassen.[2] 64

(Einstweilen frei) 65

Der BFH bezieht sich in seinem Urteil vom 11.11.2009[3] dabei auf eine „entsprechende" Anwendung des § 25 BewG a. F. (jetzt § 226 BewG). Eine Nachfeststellung nach § 223 BewG kann dabei nur vorgenommen werden, wenn eine **Nachfeststellung bisher gänzlich nicht durchgeführt** wurde. Wurde sie jedoch (wie im BFH-Urteil) bereits durchgeführt, tritt Wirksamkeit und Bestandskraft des Nachfeststellungsbescheids ein. Diese wird entweder durch Änderungsvorschriften der AO oder des Bewertungsverfahrensrechts durchbrochen. 66

Eine Durchbrechung erfolgt aber insbesondere nicht nach § 222 Abs. 3 Satz 1 BewG oder § 226 BewG, da es sich hier um keine Änderungsvorschriften, sondern um erstmalige Wertermittlungs- und Feststellungsvorschriften handelt. Der **Fehler der Nachfeststellung** kann damit auf einen späteren Feststellungszeitpunkt **nur nach § 222 Abs. 3 BewG beseitigt** werden, der nach eindeutiger Regelung nach § 222 Abs. 4 Satz 3 Nr. 2 BewG aber erst mit Wirkung zum Kalenderjahresbeginn der Fehlerentdeckung berücksichtigt werden kann. Eine Nachfeststellung erneut durchzuführen, wie vom BFH entschieden, müsste demnach ausscheiden. 67

Die vom BFH angewendeten Grundsätze ermöglichen damit eine **„berichtigende" Nachfeststellung** und – bei analoger Anwendung – auch eine **„berichtigende" Fortschreibung** außerhalb des § 222 Abs. 3 BewG. Insbesondere ist es nach Auffassung des BFH nicht erforderlich, dass bisher keine Nachfeststellung oder Fortschreibung durchgeführt wurde. Der BFH erlaubt die Anwendung des § 226 BewG auch bei einer bereits durchgeführten Nachfeststellung oder Fortschreibung, die aber sachlich unrichtig erfolgte und ermöglicht eine zweite (im Ergebnis berichtigende) Nachfeststellung oder Fortschreibung, die aufgrund der eingetretenen Feststellungsfrist lediglich später wirkt (§ 226 Abs. 1 Satz 2 BewG). 68

(Einstweilen frei) 69

Nach der hier vertretenen Auffassung ist das Vorgehen des BFH zutreffend und lässt die Vorschrift zum Vorgehen bei Fehlerbeseitigungen nach § 222 Abs. 3 Satz 1 BewG nicht außer Acht. Ist damit eine Fortschreibung oder Nachfeststellung in der Vergangenheit ergangen, ist eine **Anwendung des § 226 BewG** möglich, wenn **bereits zum einem verjährten Feststellungszeitpunkt der Fehler entdeckt war** (vgl. § 222 Abs. 4 Satz 3 Nr. 2 BewG), jedoch mit Wirkung zu einem späteren Zeitpunkt. War bisher kein Feststellungsbescheid ergangen, kann die notwendi- 70

1 A 226 Abs. 3 AEBewGrSt.
2 BFH, Urteil v. 11.11.2009 - II R 14/08, BStBl 2010 II S. 723 NWB OAAAD-38572.
3 BFH, Urteil v. 11.11.2009 - II R 14/08, BStBl 2010 II S. 723 NWB OAAAD-38572.

ge Nachfeststellung oder Fortschreibung originär nach § 223 Abs. 1 BewG bzw. § 222 Abs. 1 und 2 BewG vorgenommen werden.[1]

71 **Zweifelsfrei** ist hingegen die Anwendung des § 226 BewG ohne Beachtung des § 222 Abs. 3 BewG weiterhin möglich, wenn auf den bereits verjährten Feststellungszeitpunkt eine **Änderungsvorschrift i. S. der AO oder nach § 225 BewG anwendbar** ist. Denn hierdurch würde bereits die materielle Bestandskraft i. S. des § 124 Abs. 1 Satz 2, Abs. 2 AO durchbrochen werden und ein Rechtsschutzbedürfnis nicht bestehen.[2]

72 **Unter Berufung auf die BFH-Rechtsprechung** kann somit nur über § 226 Abs. 1 Satz 1 BewG die tatsächlichen und rechtlichen zutreffenden Verhältnisse auf den **frühestmöglichen, noch nicht verjährten Feststellungszeitpunkt** berücksichtigt werden.

73 In einem **Feststellungsbescheid** nach § 226 Abs. 1 Satz 1 BewG muss auf die rückgreifende und erst **später wirkende Feststellung hingewiesen** werden (entsprechend § 181 Abs. 5 Satz 2 AO).[3]

74 Fällt die **Änderung der Verhältnisse vor dem ersten noch nicht verjährten Feststellungszeitpunkt weg**, kann die Änderung nicht berücksichtigt werden, denn zum ersten nicht verjährten Feststellungszeitpunkt sind stets die tatsächlichen Verhältnisse des jeweiligen Feststellungszeitpunkts zu Grunde zulegen (§ 222 Abs. 4 Satz 2 und § 223 Abs. 2 Satz 1 BewG). Dies ist nur folgerichtig, denn die Grundsteuer bemisst sich ebenfalls auf diesen Zeitpunkt (Kalenderjahresbeginn nach § 9 Abs. 1 GrStG).

75 **BEISPIEL:** Im Jahr 2022 erwarb der Steuerpflichtige ein unbebautes Grundstück, welches zutreffend als unbebautes Grundstück nach § 246 BewG auf den Stichtag 1.1.2022 festgestellt wurde. Der Steuerpflichtige errichtet ohne Baugenehmigung ein Gebäude noch in 2022, muss es aber aufgrund der fehlenden behördlichen Genehmigung in 2023 sofort abreißen, wodurch das Grundstück zum 1.1.2025 zutreffend als unbebaut nach § 246 BewG gilt. Dieser Vorgang wird dem Finanzamt aufgrund von Übermittlungsfehlern erst im Jahr 2030 bekannt.

Für den Feststellungszeitpunkt 1.1.2023 ist wegen der erstmaligen Anwendung des Grundsteuerwerts zum 1.1.2025 mit Ablauf des 31.12.2029 Feststellungsverjährung eingetreten (§ 181 Abs. 4 AO). Im Jahr 2030 ist jedoch keine Fortschreibung nach § 226 Abs. 1 Satz 1 BewG auf den 1.1.2023 mit Wirkung ab dem 1.1.2026 (erster nicht verjährter Stichtag) vorzunehmen, da die Änderungen der Verhältnisse (hier Bebauung) nicht den tatsächlichen Verhältnisse auf den 1.1.2022 entspricht.

76–80 *(Einstweilen frei)*

2. Keine Einschränkung der Ablaufhemmung nach § 181 Abs. 5 AO (§ 226 Abs. 1 Satz 2 BewG)

81 Durch § 226 Abs. 1 Satz 2 AO wird festgelegt, dass die **Feststellungsfristberechnung** uneingeschränkt nach den allgemeinen Grundsätzen nach § 181 Abs. 3 bis 5 AO erfolgt. Auch die **Ausdehnung der Feststellungsfrist nach § 185 Abs. 5 Satz 1 AO**, soweit sie für die Festsetzung von Steuern noch von Bedeutung ist, gilt hier uneingeschränkt durch eindeutigen Wortlaut.[4]

82 § 181 Abs. 5 Satz 1 AO entfaltet auch im **Verhältnis zwischen Grundsteuerwert und Grundsteuermessbetrag** (Messbetrag i. S. des § 184 Abs. 1 AO) seine Wirkung. Dies ergibt sich bereits da-

1 Ablehnend Bruschke in Stenger/Loose, BewG, § 25 Rz. 32. Wohl dem BFH zustimmend Halaczinsky in Rössler/Troll, BewG, § 25 Rz. 5.

2 Zustimmend Grootens in Lippross/Seibel, BewG, § 25 Rz. 10.

3 Vgl. A 226 Abs. 2 Satz 2 AEBewGrSt.

4 Vgl. auch Kurt in Grootens, BewG, § 219 Rz. 133 f.

durch, dass auf (Grundsteuer-)Messbeträge nach § 184 Abs. 1 Satz 2 AO die Bestimmungen über die Festsetzung von Steuern entsprechend Anwendung finden.[1]

Ist die **Feststellungsverjährung,** insbesondere durch § 181 Abs. 5 Satz 1 AO, noch nicht eingetreten, besteht keine Notwendigkeit zur Anwendung des § 226 BewG. In diesem Fall kann auf den jeweilig maßgeblichen Feststellungszeitpunkt die Feststellung nach § 222 oder § 223 BewG nach allgemeinen Grundsätzen durchgeführt werden.[2] 83

(Einstweilen frei) 84–90

II. Nachholung der Aufhebung des Grundsteuerwerts (§ 226 Abs. 2 BewG)

Die **Grundsätze** des § 226 Abs. 1 BewG sind nach § 226 Abs. 2 BewG **entsprechend** auf die Aufhebung von Grundbesitzwerten i. S. des § 224 BewG **anwendbar**. Dies ist nur folgerichtig, da durch § 226 Abs. 1 Satz 1 BewG die Nachfeststellung nach § 223 BewG – als **spiegelbildliche Vorschrift** zu § 224 BewG – bereits einbezogen wird. Somit muss auch der Fall zu Gunsten des Steuerpflichtigen der Aufhebung der Grundsteuerwerte mit der Vorschrift des § 226 Abs. 1 Satz 1 BewG erfasst werden. 91

§ 227 BewG Wertverhältnisse bei Fortschreibungen und Nachfeststellungen

Bei Fortschreibungen und bei Nachfeststellungen der Grundsteuerwerte sind die Wertverhältnisse im Hauptfeststellungszeitpunkt zugrunde zu legen.

Inhaltsübersicht **Rz.**

LITERATUR:

Höreth/Stelzer, Grundsteuerreform – der Druck auf den Gesetzgeber steigt, DStZ 2019 S. 607; *Marfels*, Die Neubewertung von Grundvermögen nach dem Entwurf für ein Grundsteuerreformgesetz (GrStRefG), ErbStB 2019 S. 266; *Marx*, Ökonomische Analyse des Grundsteuer-Reformgesetzentwurfs, DStZ 2019 S. 372; *Neufang*, Das Grundsteuerreformgesetz – ein gesetzgeberisches Chaos?, BB 2019 S. 3035; *Eichholz*, Novellierung der Grundsteuer, DStZ 2020 S. 1158; *Eisele/Wiegand*, Grundsteuerreform 2022/2025, 1. Aufl. 2020, S. 9 NWB CAAAH-44415; *Heine*, Reform des Bewertungs- und Grundsteuerrechts. Werden die Reformziele erreicht?, KStZ 2020 S. 2; *Heine*, Hauptfeststellung und Nachfeststellung sowie Fortschreibung und Aufhebung von Einheits- und Grundsteuerwerten nach altem und neuem Recht als Grundlage für

1 Siehe auch BFH, Urteil v. 11.11.2009 - II R 14/08, BStBl 2010 II S. 773, Rz. 17 und Kurt in Grootens, BewG, § 219 Rz. 133 und 134 f.

2 A 226 Abs. 2 Satz 1 AEBewGrSt.

die Veranlagung der Grundsteuer, KStZ 2020 S. 21; *Wünnemann/Koller*, Die Grundsteuerreform – ein Resümee aus Sicht der Industrie, BB 2020 S. 215; *Eisele*, Grundsteuerliches Bewertungsrecht nach der Reform 2022/2025, 8/2022 S. 498 NWB OAAAI-04397; *Wiegand*, Bewertung des land- und forstwirtschaftlichen Vermögens für Zwecke der reformierten Grundsteuer, NWB 8/2022 S. 517NWB IAAAI-04399.

VERWALTUNGSANWEISUNGEN:

Koordinierte Erlasse der obersten Finanzbehörden der Länder v. 9.11.2021 – Anwendung des Siebenten Abschnitts des Zweiten Teils des Bewertungsgesetzes zur Bewertung des Grundbesitzes (allgemeiner Teil und Grundvermögen) für die Grundsteuer ab 1.1.2022 (AEBewGrSt), BStBl 2021 I S. 2334.

A. Allgemeine Erläuterungen

I. Hinweise auf Verwaltungsanweisungen

1 Verwaltungsanweisungen bezüglich der Nachholung der Feststellung i. S. des § 225 BewG sind mit dem A 227 AEBewGrSt ergangen.[1] Darin werden Klarstellungen zur Anwendung des § 227 BewG vorgenommen sowie aufgezählt, welche Wertverhältnisse nach Ansicht der Finanzverwaltung zum Hauptfeststellungszeitpunkt festgeschrieben und welche Verhältnisse veränderlich bleiben.

2–10 *(Einstweilen frei)*

II. Normzweck und wirtschaftliche Bedeutung der Vorschrift

11 Durch § 227 BewG wird festgelegt, welche **Wertverhältnisse** bei einer **nach der Hauptfeststellung** zu erfolgenden **Nachfeststellung** (§ 223 BewG) oder einer **(Wert-)Fortschreibung** (§ 222 Abs. 1 BewG) zu Grunde zu legen sind. Dies ist notwendig, da grundsätzlich die Verhältnisse des Feststellungszeitpunktes nach § 222 Abs. 4 Satz 2 BewG bzw. § 223 Abs. 2 Satz 1 BewG zu Grunde zu legen sind.

12 Durch den gesetzlichen Vorbehalt nach § 227 BewG wird geregelt, dass abweichend davon weiter die **Wertverhältnisse zum letzten Hauptfeststellungszeitpunkt** zu Grunde zu legen sind.

13 Der Vorschrift kommt durch die Regelung der Wertverhältnisse damit eine **erhebliche wirtschaftliche Bedeutung** zu. Durch das Abstellen auf die höchstens sechs Jahre zurückliegenden Wertverhältnisse des vorangegangenen Hauptfeststellungszeitpunkts können sich die **Wertveränderungen** in den Bewertungsfaktoren damit zum nächsten Hauptfeststellungszeitpunkt schlagartig auswirken, wenn die Bewertungsfaktoren im Vergleich zur vorangegangenen Hauptfeststellung gravierend abweichen.

14 Gleichzeitig wird durch § 227 BewG aber eine **schleichende Grundsteuererhöhung** durch eine jährliche Wertsteigerung der Bewertungsfaktoren **innerhalb einer Hauptfeststellungsperiode vermieden.**

15–20 *(Einstweilen frei)*

1 Koordinierte Erlasse der obersten Finanzbehörden der Länder v. 9.11.2021, BStBl 2021 I S. 2334 (AEBewGrSt).

III. Entstehung und Entwicklung der Vorschrift

§ 227 BewG geht auf § 27 BewG a. F. im Rahmen der Einheitsbewertung zurück, der zum 1.1.2025 außer Kraft trat.[1] Diese Vorschrift wurde lediglich redaktionell angepasst, indem nun der Bezug zu den **Grundsteuerwerten** hergestellt wurde. 21

(Einstweilen frei) 22–30

IV. Geltungsbereich

§ 227 BewG findet lediglich im Rahmen der **Grundsteuerwertermittlung** nach dem Siebenten Abschnitt des Bewertungsgesetzes Anwendung. 31

Das **Landesrecht** kann von § 227 BewG abweichende Vorschriften vorsehen, Art. 72 Abs. 3 Nr. 7 GG. Dies wurde von folgenden Ländern umgesetzt: 32

- Baden-Württemberg (§ 21 LGrStG BW),
- Hessen (§ 2 Abs. 2–4 HGrStG),
- Niedersachsen (§ 8 Abs. 2 Satz 3 NGrStG).

Hingegen weisen folgende Länder keine dem Bundesrecht entsprechende Vorschrift auf, weil keine periodische Hauptfeststellung vorgenommen wird, wodurch auch ein Festschreiben der Wertverhältnisse i. S. des § 227 BewG nicht vorzunehmen ist: 32a

- Bayern (Art. 6 Abs. 1 Satz 2 BayGrStG),
- Hamburg (§ 6 Abs. 1 Satz 2 HmbGrStG).

Im Übrigen wird auf die Kommentierung der landesrechtlichen Regelungen in Teil C dieses Kommentars verwiesen. 32b

Nach eindeutigem Wortlaut schreibt § 227 BewG lediglich die **Wertverhältnisse** vor, nicht jedoch die zeitliche Bestimmung der tatsächlichen und rechtlichen Verhältnisse, welche sich stets nach § 222 Abs. 4 Satz 2 BewG bzw. § 223 Abs. 2 Satz 1 BewG bestimmen. 33

(Einstweilen frei) 34–40

V. Vereinbarkeit der Vorschrift

Die Vorschrift begegnet keinen verfassungsrechtlichen oder europarechtlichen Bedenken. 41

Durch den § 227 BewG hat der **Bundesgesetzgeber** von seiner **konkurrierenden Gesetzgebung** nach Art. 105 Abs. 2 Satz 1 GG Gebrauch gemacht. Ungeachtet dessen kann das Landesrecht aber abweichende Vorschriften vorsehen, die Vorrang von der bundesgesetzlichen Regelung haben, Art. 72 Abs. 3 Nr. 7 GG. 42

Die **Festschreibung der Wertverhältnisse** auf einen Zeitpunkt im Rahmen der Grundsteuerwertermittlung stellt zwar hinsichtlich der verfassungsrechtlich nach Art. 3 Abs. 1 GG gebotenen **relationalen und realitätsgerechten Bewertung** eine **Einschränkung** dar, ist aber dem Grunde nach nicht vom Bundesverfassungsgericht beanstandet worden.[2] Zwar entschied das Bundesverfassungsgericht, dass auch § 27 BewG a. F. verfassungswidrig sei, dies bezog sich 43

1 Art. 2 Nr. 6, Art. 18 Abs. 3 GrStRefG.

2 BVerfG, Urteil v. 10.4.2018 - 1 BvL 11/14 (u. a.) NWB MAAAG-80435.

aber auf einen allgemeinen systematischen Zusammenhang zur Einheitsbewertung und nicht auf den materiellen Regelungsinhalt der Vorschrift.

44 Das Bundesverfassungsgericht wies lediglich darauf hin, dass die Wertverhältnisse des 1.1.1964 im Entscheidungszeitraum ab 2002 „mittlerweile keine hinreichend objektivierbare Schätzungsgrundlage" darstellten.[1] Innerhalb einer **Hauptfeststellungsperiode** sollten derartige **Wertverzerrungen** jedoch nicht zu erwarten bzw. bezüglich ihres Umfangs tolerierbar sein.

45–50 *(Einstweilen frei)*

VI. Verhältnis zu anderen Vorschriften

51 § 227 BewG bildet die **Wertermittlungsgrundlage** im Rahmen einer **(Wert-)Fortschreibung nach § 222 BewG** sowie einer **Nachfeststellung (§ 223 BewG).** Hingegen hat § 227 BewG keinen Regelungswirkung bei einer Hauptfeststellung, da hier kein Konflikt bei der Bestimmung der Wertverhältnisse besteht, und der **Aufhebung des Grundsteuerwerts (§ 224 BewG)**, da hier kein Wert ermittelt, sondern aufgehoben wird.

52 § 227 BewG verweist für die Bewertung nach den materiellrechtlichen Bewertungsvorschriften der **§§ 232 ff. BewG** sowie **§§ 243 ff. BewG** auf die **Anlagen 27–43 zum BewG**, die die entscheidenden **Bewertungsfaktoren** enthalten.

53 Der **Hauptfeststellungszeitpunkt**, der der Wertermittlung zu Grunde zu legen ist, ergibt sich aus **§ 221 Abs. 2 BewG.**

54–60 *(Einstweilen frei)*

B. Systematische Kommentierung

I. Festschreibung der Wertverhältnisse auf den Hauptfeststellungszeitpunkt

61 § 227 regelt die Fälle, in denen **Feststellungszeitpunkt** (und damit Wertermittlungszeitpunkt) **und Hauptfeststellungszeitpunkt auseinanderfallen**. Dies ist, wie der Wortlaut des § 227 BewG bereits zeigt, nur bei der **(Wert-)Fortschreibung** nach § 222 Abs. 1 BewG sowie der Nachfeststellung nach § 223 BewG der Fall.

62 Abweichend von den dort verankerten **Ermittlungszeitpunkten** der wesentlichen der Besteuerung zu Grunde zu legenden Verhältnisse (§ 222 Abs. 4 Satz 2 BewG, § 223 Abs. 2 Satz 1 BewG), schreibt § 227 BewG vor, dass verpflichtend und stets die Wertermittlung nach den **Verhältnissen des letzten Hauptfeststellungszeitpunkts** i. S. des § 221 Abs. 2 BewG vorzunehmen ist.[2]

63 Nicht vom Rückgriff auf den Hauptfeststellungszeitpunkt umfasst sind die **tatsächlichen und rechtlichen Verhältnisse** der wirtschaftlichen Einheit. Dies geht bereits aus den Vorschriften der Fortschreibung (§ 222 Abs. 4 Satz 2 BewG) und Nachfeststellung (§ 223 Abs. 2 Satz 1 BewG) hervor. Ferner würde eine solche Rückbeziehung dem Sinn der Fortschreibung oder Nachfeststellung an sich widersprechen, da in der Folge einer solchen vollumfänglichen Rückbeziehung während der gesamten Hautfeststellungsperiode keine Berücksichtigung der Änderung der Verhältnisse möglich wäre und es einer Fortschreibung oder Nachfeststellung nicht bedürfte.

---

1 BVerfG, Urteil v. 10.4.2018 - 1 BvL 11/14 (u. a.) NWB MAAAG-80435.

2 A 227 Abs. 1 AEBewGrSt.

Im Rahmen der materiellen Bewertungsvorschriften sind jedoch **punktuelle Durchbrechungen** des Grundsatzes vorgesehen, wonach nicht auf die Wertverhältnisse des letzten Hauptfeststellungszeitpunkts abzustellen ist.[1] 64

PRAXISHINWEIS: 65

Im Ergebnis ist die von § 227 BewG geforderte Festschreibung der Wertverhältnisse unter der hypothetischen Frage:

„Wie wäre die Hauptfeststellung durchzuführen, wenn der jetzige (nach dem Hauptfeststellungszeitpunkt eingetretene) tatsächliche Zustand der wirtschaftlichen Einheit bereits zum Hauptfeststellungszeitpunkt vorlag?"

zu verstehen.

(Einstweilen frei) 66–70

II. Wertverhältnisse des land- und forstwirtschaftlichen Vermögens

Nach **Auffassung der Finanzverwaltung** sind folgende Wertverhältnisse auf den Hauptfeststellungszeitpunkt (§ 221 Abs. 2 BewG) festzuschreiben und für den gesamten Hauptfeststellungszeitraum unveränderlich: 71

- ► Reinerträge je Flächeneinheit oder sonstiger Einheit, wie sie – nach Nutzungsart gestaffelt – in den Anlagen 27–31 BewG[2] aufgeführt werden.[3]
- ► Zuschläge i. S. des § 238 BewG i. V. mit der Anlage 33 des BewG.[4]

HINWEIS:

Obwohl die Anlage 32 zum BewG im Anwendungserlass ausdrücklich nicht erwähnt wird, sind nach der hier vertretenen Auffassung auch für die Bewertungsfaktoren der Nutzungsart Hofstelle die Wertverhältnisse auf den Hauptfeststellungszeitpunkt festzuschreiben. Das ergibt sich aus dem Wortlaut des Gesetzes.

Auf die Frage, inwieweit sich durch die Rechtsverordnung **geänderte Anlagen zum BewG** (§ 263 Abs. 1 Nr. 1 BewG) innerhalb eines Hauptfeststellungszeitraums auswirken, siehe Grootens in Grootens, BewG, § 263 Rz. 23 f. 72

Andere Verhältnisse sind nach Auffassung der Finanzverwaltung unter Umständen jährlich veränderbar und können Grund für eine (Wert-)Fortschreibung sein: 73

- ► Veränderung der Flächengrößen des Grund und Bodens, sowohl in Bezug auf die Veränderung der Gesamtfläche des land- und forstwirtschaftlichen Betriebs,[5] als auch Teilflächennutzungen nach Nutzungsart[6] oder Anbau- oder Ausbauformen;[7]
- ► Veränderung der Bruttogrundflächen der Wirtschaftsgebäude;[8]
- ► Veränderungen in Art und Anzahl des Tierbestands.[9]

1 Siehe dazu Kurt in Grootens, BewG, § 221 Rz. 72 ff. sowie Grootens in Grootens, BewG, § 263 Rz. 23 und 24.
2 Siehe z. B. BewG Anlage 27 (zu § 237 Abs. 2) NWB KAAAA-73784.
3 A 227 Abs. 2 Satz 2 Nr. 1 AEBewGrSt.
4 A 227 Abs. 2 Satz 2 Nr. 2 AEBewGrSt.
5 A 227 Abs. 2 Satz 3 Nr. 1 AEBewGrSt.
6 A 227 Abs. 2 Satz 3 Nr. 2 AEBewGrSt.
7 A 227 Abs. 2 Satz 3 Nr. 5 AEBewGrSt.
8 A 227 Abs. 2 Satz 3 Nr. 3 AEBewGrSt.
9 A 227 Abs. 2 Satz 3 Nr. 4 AEBewGrSt.

74 Im Ergebnis müssen die genannten wertbildenden Faktoren damit jährliche überprüft und gegebenenfalls vorsorglich Veränderungen nach § 228 Abs. 2 BewG angezeigt werden.[1] Inwieweit Wertgrenzen nach § 222 Abs. 1 BewG überschritten sind, ist hierfür unerheblich.[2]

75–80 *(Einstweilen frei)*

III. Wertverhältnisse des Grundvermögens

81 Nach **Auffassung der Finanzverwaltung** sind folgende wertbildende Verhältnisse auf den Hauptfeststellungszeitpunkt – und damit für die Hauptfeststellungsperiode unveränderlich – festgeschrieben:

- Bodenrichtwerte des Grund und Bodens,[3] nicht aber dessen Entwicklungszustand;[4]
- Wertparameter im Ertragswertverfahren in Bezug auf Rohmieten, Kapitalisierungsfaktoren, Bewirtschaftungskosten, Liegenschaftszinssätze und Abzinsungsfaktoren;[5]
- Wertparameter im Sachwertverfahren in Bezug auf Normalherstellungskosten, Baupreisindex und Gebäudealter.[6]

BEISPIEL: Auf den Hauptfeststellungszeitpunkt 1.1.2022 wurde in einer Bodenrichtwertzone ein Bodenrichtwert für ein-/zweigeschossige Gebäude in Höhe von 300 €/qm festgestellt. Auf den Feststellungsstichtag 1.1.2025 liegt in der identischen Bodenrichtwertzone der Bodenrichtwert bei 350 €/qm. Da das Wohngebäude im Jahr 2024 kernsaniert wurde, ist eine Wertfortschreibung auf den 1.1.2025 erforderlich. Für die Wertfortschreibung auf den 1.1.2025 ist der Bodenrichtwert auf den Hauptfeststellungszeitpunkt 1.1.2022[7] maßgeblich (d. h. 300 €/qm).

82 Die Festschreibung dieser Wertverhältnisse gilt jedoch nur in Bezug auf die eigentlichen Werte vor Anwendung und (Neu-)Berechnung des Grundsteuerwerts. So sind die oben genannten Faktoren unter folgenden Umständen veränderlich und eventuell im Rahmen einer Wertfortschreibung zu berücksichtigen:

- **Rohmietertrag:** lediglich die pauschalierten monatlichen Nettokaltmieten nach Anlage 39 des BewG sind festgeschrieben. Der Rohmietertrag selbst – nach Multiplikation mit der jeweiligen Fläche – verändert sich durch eine Veränderung der Gebäudefläche. Daneben kann sich die monatliche Nettokaltmiete selbst durch Veränderung der Gebäudeart (weitere Wohnung i. S. des § 249 Abs. 10 BewG im Gebäude oder Nutzungsänderung der bestehenden Einheiten) oder des Baujahrs (über Kernsanierungen[8]) ebenfalls ändern.
- **Kapitalisierungsfaktor:** der Faktor bestimmt sich mathematisch aus der Restnutzungsdauer und dem jeweiligen Liegenschaftszinssatz (§ 253 Abs. 2 Satz 2 BewG), wie an der unter Anlage 37 des BewG wiedergegebene Berechnungsformel erkennbar ist. Der zum Hauptfeststellungszeitpunkt festzuschreibende Wert ist die Restnutzungsdauer in Abhängigkeit der Gebäudeart (Anlage 38 des BewG) und des anzusetzenden Baujahrs. Beide

1 Kurt in Grootens, BewG, § 228 Rz. 111 ff.
2 Kurt in Grootens, BewG, § 228 Rz. 114.
3 A 227 Abs. 3 Satz 2 Nr. 1 AEBewGrSt.
4 A 227 Abs. 3 Satz 3 Nr. 2 AEBewGrSt.
5 A 227 Abs. 3 Satz 2 Nr. 2 AEBewGrSt mit dortigen Unternummern.
6 A 227 Abs. 3 Satz 2 Nr. 3 AEBewGrSt mit dortigen Unternummern.
7 Einige Bodenrichtwertinformationssysteme der Länder weisen ab dem Stichtag 1.1.2023 den „Bodenrichtwert zum Hauptfeststellungszeitpunkt“ gesondert in den beschreibenden Merkmalen aus.
8 A 254 Abs. 4 Satz 2 AEBewGrSt.

Merkmale können sich jedoch unter umfangreichen Baumaßnahmen erheblich ändern, beispielsweise durch Neuerrichtung eines Gebäudes oder Kernsanierung.[1]

- **Bewirtschaftungskosten:** der Prozentsatz bestimmt sich nach Anlage 40 des BewG aus der Grundstücksart (i. S. des § 249 BewG) und der Restnutzungsdauer. Auch hier gilt, dass durch umfangreiche Baumaßnahmen nach dem Hauptfeststellungszeitpunkt sich beide Merkmale ändern können, beispielsweise durch Neuerrichtung eines Gebäudes oder Kernsanierung eines bestehenden Gebäudes.[2]
- **Liegenschaftszinssatz und Abzinsungsfaktor:** der anzusetzende Liegenschaftszinssatz ergibt sich abhängig von der Grundstücksart nach § 256 Abs. 1 Satz 2 BewG, der Anzahl der Wohnungen nach § 249 Abs. 10 BewG und ggf. der notwendigen Anpassung aufgrund besonders hochwertiger Lage des Grundstücks. Darauf aufbauend bestimmt sich der Abzinsungsfaktor des Bodenwerts anhand des Liegenschaftszinssatzes und der Restnutzungsdauer des Gebäudes. Sowohl die Anzahl der Wohnungen (und damit die Grundstücksart) als auch die Restnutzungsdauer können sich durch umfangreiche Baumaßnahmen nach dem Hauptfeststellungszeitpunkt ändern, beispielsweise durch Neuerrichtung eines Gebäudes oder Kernsanierung.[3]
- **Umrechnungsfaktor:** der Vollständigkeit halber sei der Umrechnungsfaktor nach Anlage 36 BewG bei Ein- und Zweifamilienhäusern genannt. Dieser ermittelt sich sowohl aus der Grundstücksart (und damit der Anzahl der Wohnungen), als auch aus der Fläche des Grund und Bodens. Wird die Fläche des Grund und Bodens oder die Anzahl der Wohnungen verändert, ergibt sich daraus eine Veränderung des Umrechnungsfaktors.
- **Gebäudealter:** Das Gebäudealter – wie die spiegelbildlich zu betrachtende Restnutzungsdauer – ist laut Auffassung der Finanzverwaltung unveränderlich. Jedoch ist im AEBewGrSt die Vorgehensweise bei Kernsanierungen geregelt, die das Gebäudealter und somit auch die Restnutzungsdauer erheblich beeinflussen → Rz. 84.[4]

Die Finanzverwaltung sieht zudem folgende Parameter als veränderlich an: 83

- Flächenänderungen des Grund und Bodens;
- Veränderung des Entwicklungszustands (Flächen der Land- und Forstwirtschaft ↔ Rohbauland ↔ Bauerwartungsland ↔ baureifes Land);[5]
- Flächenänderung des Gebäudebestands,[6] beispielsweise durch Abriss/Zerstörung,[7] Neubau/Fertigstellung[8] oder Aus- und Anbau des Gebäudebestands;
- Veränderung der Nutzungsart[9] (insbesondere Abgrenzung von Wohn- und Nichtwohnzwecke (vgl. § 249 Abs. 2–9 BewG), der Vermögensart[10] sowie der steuerfreien Nutzungszwecke (§§ 3–8 GrStG).

---

1 A 253.1 Abs. 3 Satz 11 AEBewGrSt.
2 A 253.1 Abs. 3 Satz 11 AEBewGrSt.
3 A 253.1 Abs. 3 Satz 11 AEBewGrSt.
4 Siehe auch A 253.1 Abs. 3 AEBewGrSt und A 259.5 Abs. 4 AEBewGrSt.
5 A 227 Abs. 3 Satz 3 Nr. 2 AEBewGrSt.
6 A 227 Abs. 3 Satz 3 Nr. 1 AEBewGrSt.
7 A 227 Abs. 3 Satz 3 Nr. 5 AEBewGrSt.
8 A 227 Abs. 3 Satz 3 Nr. 3 AEBewGrSt.
9 A 227 Abs. 3 Satz 3 Nr. 4 AEBewGrSt.
10 Näheres zum Wechsel der Vermögensart siehe auch Kurt in Grootens, BewG, § 222 Rz. 92a ff.

84 Hinsichtlich der im Ertragswertverfahren anzusetzenden Restnutzungsdauer (§ 253 Abs. 2 Satz 2–6 BewG) und der im Sachwertverfahren anzusetzenden Alterswertminderung (§ 259 Abs. 4 BewG) ist das Alter des Gebäudes im Hauptfeststellungszeitpunkt zu ermitteln. Abbruchverpflichtungen haben auf das Gebäudealter (in der vorzunehmenden retrospektiven Ermittlung) keine Auswirkungen.[1]

85 Bei nach dem Hauptfeststellungszeitpunkt **neu errichteten Gebäuden** wird keine Alterswertminderung angesetzt, da diese Gebäude – unabhängig vom späteren Baujahr – zu den Wertverhältnissen des Hauptfeststellungszeitpunkts berücksichtigt werden.[2]

86 Durch Anknüpfen an das Baujahr bei der Gebäudeermittlung ist bei einer durchgeführten Kernsanierung auf das **Jahr der Kernsanierung** abzustellen, welches um 10 % der wirtschaftlichen Gesamtnutzungsdauer zu mindern ist.[3] Bei kernsanierten Gebäuden mit geringer wirtschaftlicher Gesamtnutzungsdauer kann es dazu kommen, dass sich nach einer Kernsanierung keine Alterswertminderung ergibt.

87 **BEISPIEL:**

Gebäudeart	Sporthalle
Baujahr:	1990
Wirtschaftliche Gesamtnutzungsdauer laut Anlage 38 BewG:	40 Jahre
Jahr des Hauptfeststellungszeitpunkts:	2022
Jahr der Kernsanierung:	2027
Ermittlung fiktives Baujahr:	
Wirtschaftliche Gesamtnutzungsdauer laut Anlage 38 BewG:	40 Jahre
Pauschaler Abschlag i. H. von 10 %[4]	10 % von 40 Jahre = 4 Jahre
Jahr der Kernsanierung	2027
D. h. fiktives Baujahr ist somit:	2023 (= 2027 - 4 Jahre)
Ermittlung Gebäudealter nach Kernsanierung	2022 - 2023 = -1 Jahr

Da für die Berechnung der Alterswertminderung stets das Alter des Gebäudes im Hauptfeststellungszeitpunkt zugrunde zu legen ist,[5] ist bei der wegen der Kernsanierung durchzuführenden Fortschreibung innerhalb der laufenden Hauptfeststellungsperiode damit keine Alterswertminderung (mehr) vorzunehmen.

88 Bei der **Aufteilung einer wirtschaftlichen Einheit in Wohn- und Teileigentum** wird stets auf das eigentliche Gebäudealter – nicht auf den Aufteilungsstichtag – abgestellt. Dies ist nur folgerichtig, da das Baujahr und nicht der Aufteilungsstichtag das wertbildende Merkmal ist. Für ein zum Hauptfeststellungszeitpunkt bereits bestehendes, aber erst danach in Wohn-/Teileigentum aufgeteiltes Gebäude ist damit das ursprüngliche Baujahr bei der erforderlichen Nachfeststellung anzusetzen.[6]

1 A 227 Abs. 4 Satz 2 AEBewGrSt.
2 A 227 Abs. 4 Satz 5, 7 AEBewGrSt.
3 A 253.1 Abs. 3 Satz 11 AEBewGrSt.
4 A 259.5 Abs 4 Satz 4 AEBewGrSt.
5 A 227 Abs. 4 Satz 1 AEBewGrSt.
6 A 227 Abs. 4 Satz 4 AEBewGrSt.

§ 228 BewG Erklärungs- und Anzeigepflicht

(1) [1]Die Steuerpflichtigen haben Erklärungen zur Feststellung der Grundsteuerwerte für den Hauptfeststellungszeitpunkt oder einen anderen Feststellungszeitpunkt abzugeben, wenn sie hierzu durch die Finanzbehörde aufgefordert werden (§ 149 Absatz 1 Satz 2 der Abgabenordnung). [2]Fordert die Finanzbehörde zur Abgabe einer Erklärung auf, hat sie eine Frist zur Abgabe der Erklärung zu bestimmen, die mindestens einen Monat betragen soll. [3]Die Aufforderung zur Abgabe einer Erklärung kann vom Bundesministerium der Finanzen im Einvernehmen mit den obersten Finanzbehörden der Länder durch öffentliche Bekanntmachung erfolgen.

(2) [1]Änderungen der tatsächlichen Verhältnisse, die sich auf die Höhe des Grundsteuerwerts, die Vermögensart oder die Grundstücksart auswirken oder zu einer erstmaligen Feststellung führen können, sind auf den Beginn des folgenden Kalenderjahres zusammengefasst anzuzeigen. [2]Gleiches gilt, wenn das Eigentum oder das wirtschaftliche Eigentum an einem auf fremdem Grund und Boden errichteten Gebäude übergegangen ist. [3]Die Frist für die Abgabe dieser Anzeige beträgt drei Monate und beginnt mit Ablauf des Kalenderjahres, in dem sich die tatsächlichen Verhältnisse geändert haben oder das Eigentum oder das wirtschaftliche Eigentum an einem auf fremdem Grund und Boden errichteten Gebäude übergegangen ist.

(3) Die Erklärung nach Absatz 1 und die Anzeige nach Absatz 2 sind abzugeben

1. **von dem Steuerpflichtigen, dem die wirtschaftliche Einheit zuzurechnen ist,**
2. **bei einem Grundstück, das mit einem Erbbaurecht belastet ist, vom Erbbauberechtigten unter Mitwirkung des Erbbauverpflichteten oder**
3. **bei einem Gebäude auf fremdem Grund und Boden vom Eigentümer des Grund und Bodens unter Mitwirkung des Eigentümers oder des wirtschaftlichen Eigentümers des Gebäudes.**

(4) Die Erklärungen nach Absatz 1 und die Anzeigen nach Absatz 2 sind bei dem für die gesonderte Feststellung zuständigen Finanzamt abzugeben.

(5) Die Erklärungen nach Absatz 1 und die Anzeigen nach Absatz 2 sind Steuererklärungen im Sinne der Abgabenordnung, die eigenhändig zu unterschreiben sind.

(6) [1]Die Erklärungen nach Absatz 1 und die Anzeigen nach Absatz 2 sind nach amtlich vorgeschriebenem Datensatz durch Datenfernübertragung zu übermitteln. [2]Auf Antrag kann die Finanzbehörde zur Vermeidung unbilliger Härten auf eine Übermittlung durch Datenfernübertragung verzichten. [3]Für die Entscheidung über den Antrag gilt § 150 Absatz 8 der Abgabenordnung.

Inhaltsübersicht **Rz.**

LITERATUR:

Höreth/Stelzer, Grundsteuerreform – der Druck auf den Gesetzgeber steigt, DStZ 2019 S. 607; *Marfels*, Die Neubewertung von Grundvermögen nach dem Entwurf für ein Grundsteuerreformgesetz (GrStRefG), ErbStB 2019 S. 266; *Marx*, Ökonomische Analyse des Grundsteuer-Reformgesetzentwurfs, DStZ 2019 S. 372; *Neufang*, Das Grundsteuerreformgesetz – ein gesetzgeberisches Chaos?, BB 2019 S. 3035; *Eichholz*, Novellierung der Grundsteuer, DStZ 2020 S. 1158; *Eisele/Wiegand*, Grundsteuerreform 2022/2025, 1. Aufl. 2020, S. 9 NWB CAAAH-44415; *Heine*, Reform des Bewertungs- und Grundsteuerrechts. Werden die Reformziele erreicht?, KStZ 2020 S. 2; *Heine*, Hauptfeststellung und Nachfeststellung sowie Fortschreibung und Aufhebung von Einheits- und Grundsteuerwerten nach altem und neuem Recht als Grundlage für die Veranlagung der Grundsteuer, KStZ 2020 S. 21; *Wünnemann/Koller*, Die Grundsteuerreform – ein Resümee aus Sicht der Industrie, BB 2020 S. 215; *Bräutigam/Kuttig*, Grundsteuerreform 2022: Anmerkungen zu den Ausfüllformularen der Finanzverwaltung, NWB 31/2022 S. 2221 NWB PAAAJ-18541; *Duscha*, Grundsteuerreform 2022: Grundsätzliches zur Erstellung der Feststellungserklärung, NWB 25/2022 S. 7 NWB EAAAJ-15743; *Eisele*, Grundsteuerliches Bewertungsrecht nach der Reform 2022/2025, NWB 8/2022 S. 498 NWB OAAAI-04397; *Hubert*, Zur Grundbesitzbewertung für Zwecke der Grundsteuer ab 1.1.2022, StuB 12/2022 S. 455 NWB PAAAI-63175; *Riepolt*, Die Reform der Grundsteuer – Herausforderung durch länderspezifischen Flickenteppich, BBK 11/2022 S. 507 NWB LAAAI-62281.

VERWALTUNGSANWEISUNGEN:

Koordinierte Erlasse der obersten Finanzbehörden der Länder v. 9.11.2021 – Anwendung des Siebenten Abschnitts des Zweiten Teils des Bewertungsgesetzes zur Bewertung des Grundbesitzes (allgemeiner Teil und Grundvermögen) für die Grundsteuer ab 1.1.2022 (AEBewGrSt), BStBl 2021 I S. 2334.

Koordinierte Erlasse der obersten Finanzbehörden der Länder v. 28.2.2024 – Verlängerung der Frist zur Abgabe von Grundsteuer-Änderungsanzeigen nach § 228 Abs. 2 Bewertungsgesetz (BewG), BStBl 2024 I S. 236.

A. Allgemeine Erläuterungen

I. Hinweise auf Verwaltungsanweisungen

1 Der **Anwendungserlass** zum Siebenten Teil des Bewertungsgesetzes[1] (AEBewGrSt) weist unter A 228 AEBewGrSt die betreffenden Verwaltungsanweisungen aus.

2 Die **Erklärungsvordrucke** bzw. die **Datensatzbeschreibung** für die einzureichenden Erklärungen nach § 228 Abs. 1 BewG und Anzeigen i. S. des § 228 Abs. 2 BewG liegen vor. Die Vordrucke für die Hauptfeststellung mit der dazugehörigen Ausfüllanleitung wurden am 24.12.2021 ver-

1 Koordinierter Ländererlass v. 9.11.2021, BStBl I 2021 S. 2334 ff.

öffentlicht.[1] Es wurden von den insgesamt fünf Anlagen eine Anlage[2] und das Einlageblatt zur Anlage Grundstücke[3] zwischenzeitlich korrigiert. Der Vordruck für die Grundsteuer-Änderungsanzeige wurde am 24.7.2023 veröffentlicht.[4]

Zu Einzelheiten vgl. die Kommentierung der Vordrucke im Teil D dieses Kommentars.[5] 3

(Einstweilen frei) 4–10

II. Normzweck und wirtschaftliche Bedeutung der Vorschrift

Durch § 228 BewG werden die **Mitwirkungspflichten** und der Kreis der **Feststellungsbeteiligten** präzisiert. In Ergänzung zu §§ 90 ff. AO verankert § 228 BewG die **spezialgesetzlichen Regelungen** zur Feststellung des Grundsteuerwerts. 11

Zusätzlich legt § 228 BewG auch fest, in welcher **Form** die Erklärungen und Anzeigen eingereicht bzw. übermittelt werden müssen. 12

(Einstweilen frei) 13–20

III. Entstehung und Entwicklung der Vorschrift

§ 228 BewG hat sein historisches Vorbild in § 28 BewG a. F., der aus der Einheitsbewertung stammt und zum 1.1.2025 außer Kraft trat.[6] 21

Der Wortlaut des § 28 BewG a. F. wurde dabei nur in geringem Maße übernommen. § 28 BewG a. F. sah insbesondere vor, dass eine generelle – gesetzliche – **Erklärungspflicht zum Hauptfeststellungszeitpunkt** bestand (§ 28 Abs. 1 Satz 1 BewG a. F.). Diese Regelung wurde durch eine – behördliche – **Erklärungspflicht nach Aufforderung durch die zuständige Behörde** ersetzt (§ 228 Abs. 1 Satz 1 BewG). Aber auch § 28 Abs. 2 Satz 3 BewG a. F. sah eine behördliche Aufforderung zur Abgabe einer Erklärung vor, die eine Mindestfrist von einem Monat auszuweisen hatte. Dies entspricht der neuen Rechtslage des § 228 Abs. 1 Satz 2 BewG. 22

§ 28 Abs. 2 Satz 1 und 2 BewG a. F. sah daneben die **Mitteilung der Erklärungsfrist** durch Veröffentlichung im Bundesanzeiger vor. In Entsprechung dazu sieht § 228 Abs. 1 Satz 3 BewG vor, dass die Aufforderung der Abgabe der Grundsteuerwertfeststellungserklärung durch **öffentliche Bekanntmachung** erfolgen kann. 23

Der **Personenkreis der Erklärungspflichtigen** nach § 28 Abs. 3 BewG a. F., wonach die Erklärung von demjenigen abzugeben war, dem der Grundbesitz zuzurechnen ist, wurde durch § 228 Abs. 3 BewG ersetzt und präziser ausgeführt. Der Grundsatz, dass derjenige eine Erklärung abzugeben hat, dem die **wirtschaftliche Einheit zuzurechnen** ist, bleibt weiter bestehen (§ 228 Abs. 3 Nr. 1 BewG). Bei Betrieben der Land- und Forstwirtschaft ist es nicht zwingend erforderlich, dass der Erklärungspflichtige die Flächen selbst land- und forstwirtschaftlich nutzt. Darüber hinausgehend sind jetzt aber auch **Erbbauberechtigte** sowie **(wirtschaftliche) Eigentümer** von **Grundstücken mit fremden Gebäuden** ausdrücklich genannt. 24

1 BMF, Schreiben v. 1.12.2021, BStBl 2021 I S. 2391.

2 BMF, Schreiben v. 1.2.2022, BStBl 2022 I S. 138 NWB BAAAI-05155.

3 BMF, Schreiben v. 19.10.2022, BStBl 2022 I S. 1443 NWB YAAAJ-26719.

4 BMF, Schreiben v. 24.7.2023, BStBl 2023 I S. 1536 ff. NWB YAAAJ-48998.

5 Siehe Lapp in Grootens, GrStG, D. Grundsteuer: Kommentierung der Vordrucke, Grundsteuer: Die Erklärungsvordrucke für das Bundesmodell NWB CAAAJ-26278.

6 Art. 2 Nr. 6 GrStRefG, Art. 18 Abs. 3 GrStRefG.

25 Vollständig neu ist die Pflicht der Feststellungsbeteiligten, **Anzeigen** über die **Veränderung der tatsächlichen Verhältnisse** auch zwischen zwei Hauptfeststellungszeitpunkten einzureichen (§ 228 Abs. 2 BewG). Eine solche **Anzeigepflicht** bestand bisher nur mittelbar durch die Anzeigepflicht nach § 153 Abs. 1 Nr. 1 AO sowie spezialgesetzlich nach § 19 Abs. 1 GrStG n. F. Durch diese Anzeigepflicht soll dem bisherigen **Vollzugsdefizit** der Grundsteuer bei Änderungen insbesondere im Bereich der Veränderungen des Bebauungszustands sowie der persönlichen und sachlichen Grundsteuerbefreiungen entgegengewirkt werden. Mit dem Vierten Bürokratieentlastungsgesetz vom 23.10.2024 (BGBl 2024 I Nr. 323) wurde die Abgabefrist von einem Monat auf drei Monate verlängert.

26–30 *(Einstweilen frei)*

IV. Geltungsbereich

31 Die Erklärungs- und Anzeigepflichten nach § 228 Abs. 1 BewG gelten nur für die **Grundsteuerwertermittlung** im Rahmen des Siebenten Abschnitts des Zweiten Teils des BewG.

32 Das **Landesrecht** kann von § 228 BewG abweichende Vorschriften vorsehen, Art. 72 Abs. 3 Nr. 7 GG. Dies wurde von folgenden Ländern umgesetzt:

- Baden-Württemberg (§ 22 LGrStG BW),
- Bayern (Art. 6 Abs. 5, 6 BayGrStG),
- Hessen (§ 2 Abs. 4 HGrStG),
- Niedersachsen (§ 8 Abs. 5, 6 NGrStG),
- Hamburg (§ 6 Abs. 5, 6 HmbGrStG).

Wegen der Einzelheiten vgl. die Kommentierung der jeweiligen Landesgesetze im Teil C dieses Kommentars.

33 Die Erklärungen und Anzeigen fragen auch die **Besteuerungsgrundlagen** ab, die erst für die **Festsetzung von Grundsteuermessbetrag und Grundsteuer** erforderlich sind. Das GrStG an sich kennt keine Erklärung für Grundsteuerzwecke.

34–40 *(Einstweilen frei)*

V. Vereinbarkeit der Vorschrift

41 Die Vorschrift des § 228 BewG begegnet keinen verfassungsrechtlichen oder europarechtlichen Bedenken.

42 Durch den § 228 BewG hat der **Bundesgesetzgeber** von seiner **konkurrierenden Gesetzgebung** nach Art. 105 Abs. 2 Satz 1 GG Gebrauch gemacht. Ungeachtet dessen kann das Landesrecht aber abweichende Vorschriften vorsehen, die Vorrang von der bundesgesetzlichen Regelung haben, Art. 72 Abs. 3 Nr. 7 GG.

43–50 *(Einstweilen frei)*

VI. Verhältnis zu anderen Vorschriften

51 Durch § 228 BewG wird die Finanzbehörde regelmäßig die zentralen **Besteuerungsgrundlagen zur Durchführung der Feststellung** i. S. des § 219 BewG und der Anwendung des materiellen Bewertungsrechts nach §§ 232–262 BewG erhalten.

Nach § 228 Abs. 5 BewG sind die **Erklärungen und Anzeigen** i. S. des § 228 BewG als **Steuererklärungen** nach §§ 149–152 AO anzusehen und werden diesen gleichgestellt. Damit sind insbesondere die Vorschriften über **Verspätungszuschlag** (§ 152 AO) und **Zwangsmittel** (§§ 328 ff. AO) insoweit anwendbar.[1] 52

Mit § 228 BewG werden die **allgemein-verfahrensrechtlichen Vorschriften** nach §§ 90 Abs. 1 und 2, 92, 94–99 AO der Feststellungsbeteiligten **präzisiert und ergänzt**. Insbesondere die **Berichtigungspflicht** nach § 153 Abs. 1 Nr. 1 AO spiegelt sich in der **Anzeigepflicht** nach § 228 Abs. 2 BewG wider. 53

(Einstweilen frei) 54–60

B. Systematische Kommentierung

I. Feststellungserklärungspflicht (§ 228 Abs. 1 BewG)

1. Pflicht bei Aufforderung (§ 228 Abs. 1 Satz 1 und 3 BewG)

Eine Verpflichtung zur Abgabe einer Erklärung besteht erst, wenn eine Aufforderung der zuständigen Finanzbehörde vorliegt. Die **Aufforderung zur Abgabe einer Steuererklärung** ist nach § 149 Abs. 1 Satz 2 AO ein **selbständiger Verwaltungsakt**, der dementsprechend anfechtbar ist, § 347 Abs. 1 Nr. 1 und Abs. 2 AO. 61

Die Finanzverwaltung sieht vor, dass eine Feststellungserklärung zu Hauptfeststellungszeitpunkten verpflichtend anzufordern ist.[2] Diese Aufforderung kann auch durch öffentliche Bekanntmachung erfolgen.[3] 61a

Demgegenüber ist es bei einer Änderung der tatsächlichen Verhältnisse[4] außerhalb der Hauptfeststellung dem Ermessen der Finanzbehörde überlassen, ob eine Erklärung angefordert wird.[5] Es ist daher möglich, – und im Hinblick auf die angestrebte Automatisierung des Besteuerungsverfahrens im Rahmen der Grundsteuer wahrscheinlich – dass Nachfeststellungen oder (Wert-)Fortschreibungen von Amts wegen ohne vorherige Erklärungsanforderung durchgeführt werden.[6] Die Finanzverwaltung sieht dies insbesondere im Fall anwendbar, wenn keine Erklärung/Anzeige i. S. des § 228 BewG eingereicht/übermittelt wird und dem Finanzamt alle steuererheblichen Tatsachen bereits bekannt sind.[7] Bei der Einheitswertfeststellung wird in der Praxis diese Vorgehensweise überwiegend bereits umgesetzt und ist meines Erachtens im Sinne aller Beteiligten. Eine solche Feststellung wird durch die Finanzverwaltung ohne zeitliche Beschränkung zugelassen, was verfahrensrechtlich nur durch das Ablaufen der Festsetzungsfrist bei der Grundsteuer beschränkt wird.[8] 61b

Im Umkehrschluss bedeutet dies, dass **ohne** wirksame (§ 124 Abs. 2 AO) **Aufforderung** auch **keine Erklärungspflicht** besteht. Dies ist nicht nur für die Festsetzung etwaiger **Verspätungszuschläge** 62

1 Im Übrigen vgl. Kurt in Grootens, BewG, § 219 Rz. 161 ff.
2 A 228 Abs. 1 Satz 1 AEBewGrSt.
3 A 228 Abs. 1 Satz 2 AEBewGrSt.
4 A 227 Abs. 2–4 AEBewGrSt, vgl. Kurt in Grootens, BewG, § 222 Rz. 71 ff.
5 A 228 Abs. 1 Satz 4 AEBewGrSt.
6 A 228 Abs. 6 Satz 1 AEBewGrSt.
7 A 228 Abs. 6 Satz 2 AEBewGrSt.
8 A 228 Abs. 6 Satz 3, 4 AEBewGrSt.

nach § 152 Abs. 1 und 2 AO relevant, sondern auch für den Beginn (bzw. die Anlaufhemmung) der **Feststellungsfrist** nach § 181 Abs. 3 Satz 1 und 2 AO von entscheidender Bedeutung.

63 **Fehlt es damit an einer Aufforderung** zur Abgabe einer Steuererklärung i. S. des § 149 Abs. 1 Satz 2 AO, scheiden Erklärungspflichten sowie Sanktionen aus. Dies wäre insbesondere der Fall, falls die Aufforderung keinen Verwaltungsakt nach § 118 Satz 1 AO oder keine Allgemeinverfügung i. S. des § 118 Satz 2 AO darstellt.

63a HINWEIS:

Mit einer öffentlichen Bekanntmachung des BMF am 30.3.2022 wurden die Erklärungspflichtigen, die Grundbesitz in den Ländern haben, die das Bundesmodell anwenden, zur Abgabe der Erklärung zur Feststellung des Grundsteuerwerts für den Hauptfeststellungszeitpunkt 1.1.2022 aufgefordert. Die übrigen Länder haben analog dazu ebenfalls zur Erklärungsabgabe aufgefordert (vgl. Kommentierung der landesrechtlichen Regelung im Teil C des Kommentars).[1] Die Frist zur Abgabe der Erklärung zur Feststellung des Grundsteuerwerts für den Hauptfeststellungszeitpunkt 1.1.2022[2] begann am 31.7.2022 und sollte am 31.10.2022 enden. Die Abgabefrist wurde jedoch nach einer einmaligen bundeseinheitlichen Fristverlängerung bis zum 31.1.2023 verlängert.[3] Die Finanzverwaltung des Freistaates Bayern hat mit öffentlicher Bekanntmachung des Bayerischen Landesamts für Steuern als einziges Bundesland diese Abgabefrist bis zum 31.4.2023 verlängert. Da das Ende dieser Frist auf einen Sonntag fiel, endete die Frist mit dem Ablauf des nächstfolgenden Werktags, das heißt mit Ablauf des 2.5.2023.[4]

64 Nach § 118 Satz 1 AO liegt ein **Verwaltungsakt** vor, wenn

1. eine Behörde

   (hier: Finanzbehörde nach § 6 Abs. 2 Nr. 4a AO, das Finanzamt)

2. eine Maßnahme

   (hier: Aufforderung zur Abgabe einer Erklärung nach § 228 Abs. 1 Satz 1 BewG)

3. auf dem Gebiet des öffentlichen Rechts

   (hier: betreffend der öffentlich-rechtlichen Grundsteuerwertfeststellung)

4. eine Einzelfallregelung

   (hier: unmittelbar gegenüber dem Feststellungsbeteiligten beziehungsweise seinem Bevollmächtigten)

5. mit unmittelbarer Außenwirkung

   (hier: gegenüber einem Dritten, dem Feststellungsbeteiligten außerhalb des verwaltungsinternen Verfahrens)

erlässt. Inwieweit diese Merkmale im Einzelfall vorliegen, muss **im Wege der Auslegung** (§§ 133 und 157 BGB) ermittelt werden. In aller Regel sollte bei einer Maßnahme gegenüber nur einem Feststellungsbeteiligten stets ein solcher Verwaltungsakt vorliegen. Davon zu unterscheiden sind die von der Finanzverwaltung versendeten zum Teil individuellen **Informationsschreiben**. Die Schreiben beinhalten nach der hier vertretenen Auffassung nur eine reine Informationsweitergabe.

1 Über die gemeinsame offizielle Seite der Länder www.grundsteuerreform.de gelangt man über die Länderauswahl zu den offiziellen Internetseiten der Länder zur Grundsteuer. Über diesen Internetseiten ist die öffentliche Bekanntmachung zur Abgabe der Erklärung zu finden, soweit die Länder diese veröffentlicht haben.

2 Öffentliche Bekanntmachung des Bundesministeriums der Finanzen vom 30.3.2022, BStBl 2022 I S. 205.

3 Öffentliche Bekanntmachung des Bundesministeriums der Finanzen vom 4.11.2022, BStBl 2022 I S. 1448.

4 Öffentliche Bekanntmachung des Bayerischen Landesamts für Steuern vom 1.2.2023 NWB VAAAJ-32208.

Liegt ein Verwaltungsakt vor, entfaltet er erst mit **ordnungsgemäßer Bekanntgabe** seine Wirkung (§§ 122 Abs. 1 Satz 1, 124 Abs. 1 AO). Dabei kann die Bekanntgabe auch fernmündlich (telefonisch) erfolgen, da sonstige Verwaltungsakte **formlos** ergehen können, § 119 Abs. 2 Satz 1 AO. 65

Ein Verwaltungsakt kann aber auch als **Allgemeinverfügung** ergehen. Eine Allgemeinverfügung nach § 118 Satz 2 AO liegt dabei vor, wenn sich die Finanzbehörde statt an einen einzelnen Feststellungsbeteiligten (Einzelfallregelung) an einen nach allgemeinen Merkmalen bestimmbaren größeren Personenkreis richtet. 66

Für diese Zwecke wurde gesetzlich die **öffentliche Bekanntmachung** (§ 122 Abs. 4 AO) einer Aufforderung zur Abgabe der Erklärung i. S. des § 228 Abs. 1 BewG vorbehalten. Der Gesetzgeber erhofft sich dadurch eine Verwaltungserleichterung.[1] Diese öffentliche Bekanntmachung muss aber, damit sie den selbständigen Verwaltungsakt nach § 149 Abs. 1 Satz 2 und 3 AO ergibt, als **Allgemeinverfügung** entsprechend ausgestaltet sein. Die öffentliche Bekanntgabe ist lediglich eine Form der Bekanntgabe nach §§ 122 und 122a AO und muss für einen Verwaltungsakt i. S. des § 118 Satz 1 oder 2 AO erfolgen. Deswegen sind auch **reine Erinnerungen oder Hinweise**, die öffentlich bekanntgemacht werden, verfahrensrechtlich keine Verwaltungsakte (mangels abschließender Regelung des Einzelfalls). 67

Fehlt es an einer Bekanntgabe des Verwaltungsakts oder der Allgemeinverfügung, liegt ein sog. „Scheinverwaltungsakt" vor. Mangels Bekanntgabe ist er nicht wirksam geworden, § 124 Abs. 1 Satz 1 AO, und damit gegenstandslos. 68

(Einstweilen frei) 69–70

2. Erklärungsinhalte der Feststellungserklärung (§ 228 Abs. 1 Satz 1 BewG)

Aufgrund der Veröffentlichung des **Datensatzes** oder von **Erklärungsvordrucken** steht der **Umfang der Besteuerungsgrundlagen**, die im Rahmen der Erklärung angegeben werden müssen.[2] 71

Der Gesetzgeber beabsichtigt, die **Feststellung** und darauf aufbauende Messbetrags- und Steuerfestsetzung so weit wie möglich **automationsgestützt** durchzuführen.[3] Dies ist sowohl als Erleichterung für die Steuerpflichtigen, die Bürger und die Wirtschaft, gedacht, nicht zuletzt aber gerade für die Finanzverwaltung notwendig. Der Gesetzgeber geht im Rahmen der gesamten Grundsteuerreform von einem erheblichen **Personalaufbau** im Rahmen der Bewertungsstellen sowie der informationstechnischen Entwicklung aus.[4] 72

Entsprechend erwägt der Gesetzgeber – auch unter Berücksichtigung der umfangreichen **Mitteilungspflichten außersteuerlicher Behörden** nach § 229 BewG – eine **vorausgefüllte Steuererklärung** zu erstellen.[5] Der Steuerpflichtige würde hierdurch in erheblichem Maße von einer eigenständigen Ermittlung entlastet. 73

Jedoch sollte er in diesem Fall die Besteuerungsgrundlagen dennoch gründlich überprüfen, zu Gunsten wie zu Ungunsten, denn die Erklärung wird nach Übermittlung beziehungsweise Unterschrift als seine **Willenserklärung** ausgelegt und kann damit insbesondere bei unterlasse- 74

1 BT-Drucks. 19/11085 S. 96 zu § 228 Abs. 1 BewG.
2 Wegen der Einzelheiten siehe Lapp in Grootens, GrStG, D. Grundsteuer: Kommentierung der Vordrucke, Grundsteuer: Die Erklärungsvordrucke für das Bundesmodell Rz. 22 ff. NWB CAAAJ-26278.
3 BT-Drucks. 19/1105 S. 82, Abschnitt 3 und S. 91, 92 Abschnitt 5.
4 BT-Drucks. 19/1105 S. 91, 92 Abschnitt 5.
5 BT-Drucks. 19/11085 S. 96 zu § 228 Abs. 1 BewG.

nen steuererhöhenden Korrekturen zu einer **Steuerverkürzung** i. S. des § 370 Abs. 4 Satz 1 AO führen. Somit besteht für den Steuerpflichtigen bei einer nachlässigen Überprüfung einer vorausgefüllten Steuererklärung ein nicht geringes Risiko einer **leichtfertigen Steuerverkürzung** (§ 378 AO) oder – bei aktivem oder bedingtem Vorsatz – sogar eine **Steuerhinterziehung** i. S. des § 370 Abs. 1 Satz 1 Nr. 1 oder 2 AO.

75 Eine **Grundsteuerwertfeststellungserklärung** muss in jedem Fall – neben den verfahrenstechnischen persönlich-individuellen Angaben des Feststellungsbeteiligten – die für die Anwendung der **materiellen Bewertungsvorschriften** nach § 232–262 BewG **notwendigen Besteuerungsgrundlagen** enthalten. Daneben sind auch Angaben über die **Zurechnung** und **Miteigentumsanteile** i. S. des § 219 Abs. 2 Nr. 2 BewG notwendig.

76 Ferner sollte davon ausgegangen werden, dass im Rahmen der Grundsteuerwertfeststellungserklärung auch **Antragsrechte** auszuüben und **Besteuerungsgrundlagen** zu erfassen sind, welche lediglich für die **Grundsteuermessbetrags**- und **Grundsteuerfestsetzung** von Bedeutung sind. Das Grundsteuergesetz sieht dafür keine eigenen Erklärungen vor. Dies bezieht sich insbesondere auf die Auswahl einer niedrigeren Grundsteuermesszahl bzw. die **Ermäßigung des Grundsteuermessbetrags** für begünstigtes Grundvermögen nach § 15 Abs. 2–5 GrStG. Ferner sind auch Daten für eine etwaige **Zerlegung** des Steuermessbetrags bereits innerhalb der Grundsteuerwertfeststellungserklärung anzugeben, wenn sich der Steuergegenstand sich über mehrere Gemeinden erstreckt.[1]

77 Nach derzeitigem Stand liegenden folgende Formblätter für die Grundsteuerwertfeststellungserklärung vor:

- Erklärung zur Feststellung des Grundsteuerwerts (GW-1, Hauptvordruck)
- Anlage Feststellungsbeteiligte (GW-1A)
- Anlage Grundstück (GW-2)
- Einlageblatt zur Anlage Grundstück (GW-2A)
- Anlage Land- und Forstwirtschaft (GW-3)
- Anlage Tierbestand (GW-3A)
- Anlage Grundsteuerbefreiung/-vergünstigung (GW-4)

Die Auswahl der **Vordrucke in Papierform** bestimmt sich nach dem Grundbesitz:

Vordruck	Grundvermögen	Betrieb der Land- und Forstwirtschaft
Erklärung zur Feststellung des Grundsteuerwerts (GW-1)	erforderlich	erforderlich
Anlage Feststellungsbeteiligte (GW-1A)	bei Bedarf	bei Bedarf
Anlage Grundstück (GW-2)	erforderlich	–
Einlageblatt zur Anlage Grundstück (GW-2A)	bei Bedarf	–
Anlage Land- und Forstwirtschaft (GW-3)	–	erforderlich
Anlage Tierbestand (GW-3A)	–	bei Bedarf
Anlage Grundsteuerbefreiung/ -vergünstigung (GW-4)	bei Bedarf	bei Bedarf

Die Auswahl der Vordrucke in elektronischer Form über das ELSTER-Portal ist abweichend von der Auswahl der Vordrucke in Papierform. Hintergrund ist, dass die Vordrucke „Anlage Feststel-

1 Vgl. § 22 GrStG.

lungsbeteiligte (GW-1A)", „Einlageblatt zur Anlage Grundstück (GW-2A)" und „Anlage Grundsteuerbefreiung/-vergünstigung (GW-4)" in den übrigen Vordrucken integriert wurden:

Vordruck	Grundvermögen	Betrieb der Land- und Forstwirtschaft
Erklärung zur Feststellung des Grundsteuerwerts (GW-1)	erforderlich	erforderlich
Anlage Grundstück (GW-2)	erforderlich	–
Anlage Land- und Forstwirtschaft (GW-3)	–	erforderlich
Anlage Tierbestand (GW-3A)	–	bei Bedarf

Nach den im Bundessteuerblatt veröffentlichten Vordrucken[1] werden die **Besteuerungsgrundlagen für die Grundsteuerwertfeststellung** vollständig abgefragt. 78

Wegen der Einzelheiten vgl. die Kommentierung der Vordrucke in Teil D dieses Kommentars. 79

(Einstweilen frei) 80

3. Mindestfrist zur Erklärungsabgabe (§ 228 Abs. 1 Satz 2 BewG)

a) Gesetzliche Fristenregelungen

Das BewG wie auch das GrStG sieht **keine Frist** für die Einreichung von Steuererklärungen vor. Auch § 228 Abs. 1 Satz 2 BewG regelt insoweit auch nur eine **Mindestfrist** von einem Monat nach der behördlichen Aufforderung nach § 228 Abs. 1 Satz 1 BewG und legt damit auch keine allgemeingültige Fristenregelung fest. 81

HINWEIS: 81a

Die Frist zur Abgabe der Erklärung zur Feststellung des Grundsteuerwerts für den Hauptfeststellungszeitpunkt 1.1.2022 bei dem zuständigen Finanzamt begann am 31.7.2022[2] und endete nach einer einmaligen bundeseinheitlichen Fristverlängerung am 31.1.2023.[3] Die Finanzverwaltung des Freistaates Bayern hat mit öffentlicher Bekanntmachung des Bayerischen Landesamts für Steuern als einziges Bundesland diese Abgabefrist bis zum 31.4.2023 verlängert. Da das Ende dieser Frist auf einen Sonntag fiel, endete die Frist mit dem Ablauf des nächstfolgenden Werktags, das heißt mit Ablauf des 2.5.2023.[4]

Einige Länder haben beschlossen, für bestimmten Grundbesitz (z. B. vollständig befreitem Grundbesitz) eine längere Abgabefrist einzuräumen.

Mangels besonderer Fristenregelung gilt damit im Grundsatz § 149 Abs. 2 Satz 1 AO. Demnach ist die Steuererklärung – hier die Grundsteuerwertfeststellungserklärung i. S. des § 228 Abs. 1 Satz 1 BewG – **innerhalb von sieben Monaten nach Ablauf des gesetzlich bestimmten Zeitpunkts** spätestens abzugeben. Der gesetzlich bestimmte Zeitpunkt i. S. des § 149 Abs. 2 Satz 1 AO ist der Feststellungszeitpunkt nach § 221–224 BewG. 82

Die **Mindestfrist** nach § 149 Abs. 2 Satz 1 AO verlängert sich für **Land- und Forstwirte** nach § 149 Abs. 2 Satz 2 AO nicht, da diese Norm lediglich auf Besteuerungszeiträume abstellt. Für Grundsteuerwertermittlungszwecke muss aber auf einen Zeitpunkt abgestellt werden. Daher greift hier die Verlängerung der Frist nach § 149 Abs. 2 Satz 2 AO nicht durch und es bleibt auch für Land- und Forstwirte bei der **stichtagsbezogenen Siebenmonatsfrist**. 83

1 BMF, Schreiben v. 1.12.2021, BStBl 2021 I S. 2391.

2 Öffentliche Bekanntmachung des Bundesministeriums der Finanzen vom 30.3.2022, BStBl 2022 I S. 205.

3 Öffentliche Bekanntmachung des Bundesministeriums der Finanzen vom 4.11.2022, BStBl 2022 I S. 1448.

4 Öffentliche Bekanntmachung des Bayerischen Landesamts für Steuern vom 1.2.2023 NWB VAAAJ-32208.

84 Die Siebenmonatsfrist nach § 149 Abs. 2 Satz 1 AO wird dabei nicht nach § 149 Abs. 3 AO automatisch durch eine **steuerliche Vertretung** (§ 80 AO) verlängert. Mangels Nennung der Grundsteuerwertfeststellung i. S. des § 180 Abs. 1 Satz 1 Nr. 1 AO in der abschließenden Aufzählung nach § 149 Abs. 3 AO greift diese Regelung nicht durch, auch wenn der Feststellungsbeteiligte steuerlich vertreten wird.

85–90 *(Einstweilen frei)*

b) Behördliche Fristsetzung innerhalb der Erklärungsabgabeaufforderung

91 Parallel muss die Finanzbehörde **zur Abgabe der Erklärung auffordern.** Zu einem solchen Aufforderungsbescheid nach § 149 Abs. 1 Satz 2 AO ist zur hinreichenden inhaltlichen Bestimmung auch die **Nennung der Frist** notwendig (§ 119 Abs. 1 AO). Das Finanzamt muss die Frist mindestens auf **einen Monat nach Bekanntgabe der Aufforderung** bemessen (§ 228 Abs. 1 Satz 2 BewG).

92 Dabei darf die behördlich gesetzte Frist jedoch den **Siebenmonatszeitraum** nach § 149 Abs. 2 Satz 1 AO nicht verkürzen. Der Siebenmonatszeitraum ist gesetzlich als Mindestfrist vorgesehen und wird nicht durch die behördliche Frist verdrängt.[1]

93 Das Finanzamt hat dementsprechend in **pflichtgemäßer Ermessensausübung** (§ 5 AO) eine rechtmäßige Frist nach § 149 Abs. 2 Satz 1 AO i. V. mit § 228 Abs. 1 Satz 2 BewG festzulegen. Diese – behördliche – Frist kann im Rahmen des **selbständigen Verwaltungsakts** der Erklärungsabgabeaufforderung durch **Einspruch** nach § 347 Abs. 1 Nr. 1, Abs. 2 AO angefochten werden oder nach den **Vorschriften des §§ 129 ff. AO geändert** werden.

94 Die **behördliche Frist** soll dabei **i. d. R. einen Monat** betragen.[2] In besonderen Fällen, beispielsweise bei drohendem Verstreichen der Feststellungsfrist und einer zumutbaren kürzeren Frist kann auch eine kürzere Frist als die Monatsfrist gesetzt werden.[3] Dies sollte sich auf seltene Ausnahmefälle beschränken, da sich einerseits die Feststellungsfrist für den Grundlagenbescheid im Zweifel verfahrensrechtlich verlängert (§ 181 Abs. 5 AO)[4] und andererseits eine Zumutbarkeit angesichts der umfangreich einzureichenden Feststellungsgrundlagen in aller Regel nicht bei einer kürzeren Frist vorliegen sollte.

95–100 *(Einstweilen frei)*

c) Fristverlängerung bei Erklärungspflichten

101 Da es sich um eine behördliche Fristsetzung handelt, kann die Erklärungsfrist laut Aufforderungsbescheid nach § 109 Abs. 1 Satz 1 AO durch **behördliche Fristverlängerung** verlängert werden. Diese ist **auf Antrag** zu gewähren und unterliegt einer **Ermessensausübung** des Finanzamts nach § 5 AO. Sie ist auch **rückwirkend verlängerbar**, sollte bei der Entscheidung über den Antrag die Frist bereits abgelaufen sein, § 109 Abs. 1 Satz 2 AO.

102 Eine Ablehnung einer Fristverlängerung ist als **Ablehnungsbescheid** selbständig anfechtbar.

103 Die Fristverlängerung kann mit **Nebenbestimmungen** i. S. des § 120 AO – insbesondere des **Vorbehalts des Widerrufs**, § 120 Abs. 2 Nr. 3 AO – versehen werden.

---

1 Schindler in Gosch, Abgabenordnung/Finanzgerichtsordnung, 154. Erg.-Lfg. § 149 AO Rz. 22 mit weiteren Nennungen.

2 A 228 Abs. 1 Satz 5 AEBewGrSt.

3 A 228 Abs. 1 Satz 6 AEBewGrSt.

4 Vgl. →Rz. 132 ff.

Werden **Fristverlängerungsanträge** innerhalb der Finanzverwaltung **automationsgestützt** verarbeitet, ist grundsätzlich nur eine **automationsgestützte Fristverlängerung** zulässig, § 109 Abs. 4 AO. Nur in begründeten Einzelfällen, die durch das automationsgestützte Verfahren nicht abgebildet werden können, ist eine **Ermessensausübung des einzelnen Finanzbeamten** eröffnet, § 109 Abs. 4 AO. 104

(Einstweilen frei) 105–110

II. Anzeigepflicht bei Änderung der tatsächlichen Verhältnisse (§ 228 Abs. 2 BewG)

1. Umfang der Anzeigepflicht (§ 228 Abs. 2 Satz 1 und 2 BewG)

Ändern sich die tatsächlichen Verhältnisse, die einer Feststellung zu Grunde gelegt wurden (vgl. A 227 Abs. 2 und Abs. 3 AEBewGrSt), ist der Feststellungsbeteiligte verpflichtet, insoweit eine **Anzeige über die Änderung** abzugeben. Diese Vorschrift konkretisiert die **Mitwirkungs- und Berichtigungspflicht** nach § 153 Abs. 1 Nr. 1 AO, sofern die tatsächlichen Verhältnisse einer früheren Erklärung nach § 228 Abs. 1 BewG oder einer früheren Anzeige nach § 228 Abs. 2 BewG nicht mehr den Verhältnissen eines späteren Feststellungsstichtags entspricht. 111

Dabei führt aber nicht jede **Änderung der tatsächlichen Verhältnisse** zu einer Anzeigepflicht nach § 228 Abs. 2 Satz 1 BewG. Wie bereits aus § 219 Abs. 3 BewG hervorgeht, muss eine **Änderung grundsteuerlich von Bedeutung** sein, wie auch die Finanzverwaltung aufzeigt.[1] Eine solche Bedeutung liegt nach § 228 Abs. 2 Satz 1 und 2 BewG in folgenden Fällen vor: 112

1. Der **Grundsteuerwert erhöht oder vermindert sich.**
2. Die **Vermögensart** (§ 218 Satz 1 BewG) **ändert sich.**
3. Die **Grundstücksart** innerhalb des Grundvermögens nach § 249 BewG **ändert sich.**
4. Eine erstmalige Feststellung im Rahmen einer **Nachfeststellung** nach § 223 BewG ist **durchzuführen.**
5. **Ein Gebäude auf fremdem Grund und Boden** wird übertragen. Dies umfasst sowohl die Übertragung auf den (wirtschaftlichen) Eigentümer des Grund und Bodens („Heimfall") als auch auf einen dritten Übernehmer, der in den Vertrag, durch den das wirtschaftliche Eigentum des Veräußerers am Gebäude begründet wurde, eintritt.[2]

Änderungen, die eine reine **Zurechnungsfortschreibung** zur Folge haben, sind von der Anzeigepflicht **ausgenommen.**[3] Hintergrund ist, dass diese Änderungen bereits auf anderem Wege dem Finanzamt gemeldet werden, z. B. durch die Veräußerungsanzeigen der Notare oder den Mitteilungspflichten der Grundbuchämter.[4] Demzufolge ist ein auch der **Heimfall eines Erbbaurechts** nicht anzuzeigen. 112a

Darüber hinausgehend sollte nach dem Sinn und Zweck der Vorschrift auch eine Anzeigepflicht bestehen, wenn sich der **Bebauungszustand** einer wirtschaftlichen Einheit eines Grundvermögens ändert, da sich dadurch die Wertermittlung ändert und sich Folgen für das weitere 113

1 A 228 Abs. 2 Satz 1 AEBewGrSt.
2 A 228 Abs. 2 Satz 3 AEBewGrSt.
3 A 228 Abs. 2 Satz 2 AEBewGrSt.
4 Vgl. Kurt in Grootens, BewG, § 229 Rz. 101 ff.

Besteuerungsverfahren – insbesondere der Auswahl der zutreffenden Grundsteuermesszahl nach § 15 Abs. 1 Satz 1 Nr. 1 oder 2 GrStG – ergeben.[1]

114 Die Anzeigepflicht besteht uneingeschränkt, auch wenn die **Wertgrenze** nach § 222 Abs. 1 BewG im Rahmen der Wertfortschreibung nicht überschritten wird. Die Anzeige ist dennoch notwendig, weil spätestens zum nächsten **Hauptfeststellungszeitpunkt** (§ 221 Abs. 2 BewG) diese Werterhöhungen miteinzubeziehen sind. Ferner können **weitere Werterhöhungen** innerhalb der gleichen Hauptfeststellungsperiode (§ 221 Abs. 1 BewG) zu einem **Überschreiten der Wertgrenze** führen.

115 Hinsichtlich der Anzeige aufgrund der Veränderungen der tatsächlichen Verhältnisse besteht eine gewisse **Konkurrenz** hinsichtlich der allgemeinen **Anzeigepflicht für Grundsteuerzwecke** nach § 19 Abs. 1 Satz 1 GrStG. Die Finanzverwaltung stellt klar, dass eine Anzeigepflicht nach § 228 Abs. 2 BewG unabhängig von der Anzeigepflicht nach § 19 GrStG besteht.[2] Der Inhalt der Anzeigen nach § 228 Abs. 2 Satz 1 und 2 BewG und § 19 Abs. 1 Satz 1 GrStG sollte regelmäßig übereinstimmen.

HINWEIS:

Die Fristen zur Abgabe der Grundsteuer-Änderungsanzeige i. S. des § 228 Abs. 2 BewG für den Feststellungszeitpunkt 1.1.2023 und 1.1.2024 wurden bis zum 31.12.2024 verlängert. Bis zum 31.12.2024 betrug die gesetzliche Frist einen Monat nach dem nachfolgenden Feststellungszeitpunkt.[3]

Zeitpunkt der Änderung	Feststellungszeitpunkt/-stichtag	Fristablauf ursprünglich	
1.1.2022 (0:00 Uhr) – 31.12.2022 (24:00 Uhr)	1.1.2023	31.1.2023	Fristverlängerung bis zum 31.12.2024
1.1.2023 (0:00 Uhr) – 31.12.2023 (24:00 Uhr)	1.1.2024	31.1.2024	Fristverlängerung bis zum 31.12.2024

Es ist zu beachten, dass es bei einer späten Abgabe im Jahr 2024 aufgrund der hohen Zahl an durchzuführenden Fortschreibungen zu einer Verzögerung der Durchführung der Fortschreibungen kommen kann und der Grundsteuerbescheid für das Jahr 2025 zunächst auf Basis des überholten Grundsteuermessbetrags festgesetzt wird. Sobald der hebeberechtigten Kommune der neue Grundsteuermessbetrag vorliegt, wird von Amts wegen ein geänderter Grundsteuerbescheid erlassen. Voraussetzung für einen geänderten Grundsteuerwertbescheid ist eine Abweichung vom entsprechenden Wert des letzten Feststellungszeitpunkts nach oben oder unten um mehr als 15.000 €.[4] Bei einer Aufhebung (§ 224 BewG) oder Nachfeststellung (§ 223 BewG) sind keine Wertgrenzen zu beachten.

116 Eine Anzeigepflicht besteht hingegen nicht, wenn Besteuerungsgrundlagen nach § 219 Abs. 3 BewG außer Betracht bleiben oder weil sie auf **ausländische Teile einer wirtschaftlichen Einheit** entfallen (§ 231 Abs. 2 BewG). Eine Anzeige braucht ebenfalls nicht zu erfolgen, wenn die Finanzbehörde bereits durch **Mitteilungen anderer Behörden** – insbesondere des Grundbuchamts – Kenntnis von der Änderung einer Zurechnung einer wirtschaftlichen Einheit erhält.[5]

116a Mangels offizieller Regelungen bleibt es abzuwarten, wie die Anzeigen zu erfolgen haben, wenn das Grundstück sich über mehrere Länder erstreckt, die abweichende Bewertungsverfah-

1 Vgl. Kurt in Grootens, BewG, § 219 Rz. 222 f.

2 A 228 Abs. 2 Satz 5 AEBewGrSt.

3 Koordinierte Erlasse der obersten Finanzbehörden der Länder v. 28.2.2024 – Verlängerung der Frist zur Abgabe von Grundsteuer-Änderungsanzeigen nach § 228 Abs. 2 BewG, BStBl 2024 I S. 236.

4 § 222 BewG; Näheres siehe Kurt in Grootens, BewG, § 222.

5 Ausdrücklich so der Gesetzgeber, BT-Drucks. 19/11085 S. 96 zu § 228 Abs. 2 BewG und die Finanzverwaltung in A 228 Abs. 2 Satz 1 AEBewGrSt.

ren anwenden. Wegen der Einzelheiten vgl. auch die Kommentierung der jeweiligen Landesgesetze im Teil C dieses Kommentars.

Ferner besteht keine Anzeigepflicht nach § 228 Abs. 2 BewG bei Änderungen der Verhältnisse, die lediglich die **Auswahl der Grundsteuermesszahl nach § 15 GrStG** beeinflussen. Diese sind nach eigener Vorschrift im Rahmen der Anzeige des § 19 Abs. 2 GrStG anzuzeigen.[1] 117

HINWEIS:

Für die Anzeige nach § 228 Abs. 2 BewG und nach § 19 Abs. 2 GrStG liegt **ein** einheitlicher Vordruck „Grundsteuer-Änderungsanzeige" (GW-5) vor.[2]

(Einstweilen frei) 118–120

2. Erklärungsinhalt der Anzeige über geänderte tatsächliche Verhältnisse (§ 228 Abs. 2 Satz 1 BewG)

Dem Wortlaut von A 228 Abs. 1 Satz 5 AEBewGrSt kann man entnehmen, dass die Anzeige nach § 228 Abs. 2 BewG keine (vollumfassende) Erklärung i. S. des § 228 Abs. 1 BewG ist. Infolgedessen kann von der anzeigenpflichtigen Person keine vollständig ausgefüllte Erklärung zur Erfüllung der Anzeigepflicht verlangt werden. 121

Der Gesetzgeber hat den amtlichen Vordruck als eine **vereinfachte Steuererklärung** ausgestaltet. Der Vordruck „Grundsteuer-Änderungsanzeige" mit der dazugehörigen Ausfüllanleitung wurde zwischenzeitlich im BStBl veröffentlicht.[3] 122

Im Vordruck sind neben den persönlichen verfahrenstechnisch benötigten Merkmalen des Anzeigepflichtigen auch die anzeigepflichtigen Änderungen anzukreuzen und in einem Freitextfeld detailliert zu beschreiben. 123

(Einstweilen frei) 124–130

3. Frist zur Anzeige (§ 228 Abs. 2 Satz 3 BewG)

a) Gesetzliche Fristregelung (§ 228 Abs. 2 Satz 3 BewG)

Nach § 228 Abs. 2 Satz 3 BewG wird eine spezialgesetzliche und damit gegenüber § 149 Abs. 2 AO vorrangige **Fristregelung für die Anzeige** nach § 228 Abs. 2 Satz 1 und 2 BewG festgelegt. Diese Anzeige ist einer **Steuererklärung** i. S. der §§ 149 ff. AO gleichgestellt (§ 228 Abs. 5 BewG). Damit bestimmt § 228 Abs. 2 BewG eine gesetzliche Pflicht zur Abgabe einer Steuererklärung i. S. des § 149 Abs. 1 Satz 1 AO. 131

Die **Frist** für die Anzeige **beginnt** demnach **mit Ablauf des Kalenderjahres**, in dem die Änderung der Verhältnisse erfolgte, § 228 Abs. 2 Satz 3 BewG. So wird sichergestellt, dass die Anzeige nach § 228 Abs. 2 Satz 1 und 2 BewG auch die tatsächlichen Verhältnisse zum maßgeblichen Beurteilungsstichtag – den Fortschreibungs- oder Nachfeststellungszeitpunkt i. S. des § 222 Abs. 4 Satz 3 Nr. 1 BewG oder § 223 Abs. 2 Satz 2 BewG berücksichtigt. Damit wird eine Ausnahme des sonst allgemein geltenden Unverzüglichkeitsgrundsatzes nach § 153 Abs. 1 Nr. 1 AO zugelassen. 132

1 A 228 Abs. 2 Satz 5 AEBewGrSt.
2 BMF, Schreiben v. 24.7.2023, BStBl 2023 I S. 1536 ff. NWB YAAAJ-48998.
3 BMF, Schreiben v. 24.7.2023, BStBl 2023 I S. 1536 ff. NWB YAAAJ-48998.

133 HINWEIS:

Angesichts dieser Fristregelung erscheint es damit vertretbar, mehrere Änderungen der Verhältnisse innerhalb eines Jahres in einer Anzeige für Zwecke der Grundsteuerwertfeststellung zusammenzufassen. Letztlich wirken die so angezeigten Änderungen der Verhältnisse sich erst auf den nächsten Kalenderjahresbeginn aus, wodurch eine mehrfache unterjährige Anzeige innerhalb des Feststellungsverfahrens ohne Folge bliebe, da stets die letzte Anzeige mit den Verhältnissen des Feststellungszeitpunkts (nächster Kalenderjahresbeginn) zu Grunde zu legen ist.

Dies gilt jedoch nicht für Anzeigen i. S. des § 19 Abs. 1 GrStG, da hier nach jeder einzelnen Änderung der Verhältnisse eine eigene selbständige Anzeige zu erteilen ist.

134 Die Frist stellt durch den Beginn mit Ablauf eines Tages eine **Ereignisfrist** i. S. des § 108 Abs. 1 AO i. V. mit § 187 Abs. 1 BGB dar. Die Frist dauert nach § 228 Abs. 2 Satz 3 BewG drei Monate (bis zum 31.12.2024: einen Monat),[1] wodurch sie nach § 108 Abs. 1 AO i. V. mit § 188 Abs. 2 BGB regelmäßig mit Ablauf des Januars des nachfolgenden Jahres endet (**Ablauf des 31. März des Folgejahres**). Fällt der 31. März auf einen Samstag, Sonntag oder gesetzlichen Feiertag, verschiebt sich das **Fristende** auf den **nächsten Werktag** (§ 108 Abs. 3 AO).

135–140 *(Einstweilen frei)*

b) Fristverlängerung bei Anzeigepflichten

141 Die Anzeige i. S. des § 228 Abs. 2 wird einer **Steuererklärung** i. S. der §§ 149 ff. AO **gleichgestellt** (§ 228 Abs. 5 BewG). Folge ist, dass die gesetzliche Anzeigefrist als Steuererklärungsfrist i. S. des § 149 Abs. 1 Satz 1 AO gilt.

142 Damit findet auch bei den Anzeigen nach § 228 Abs. 2 BewG die **Fristverlängerungsvorschrift** nach § 109 Abs. 1 AO Anwendung. Siehe dazu oben → Rz. 101 ff.

143–150 *(Einstweilen frei)*

III. Erklärungs- und Anzeigepflichtige Personen (§ 228 Abs. 3 BewG)

151 Durch § 228 Abs. 3 BewG wird der Kreis der beteiligten Personen (vgl. § 78 AO) am Feststellungsverfahren bestimmt. Im engeren Sinne legt § 228 Abs. 3 BewG fest, wer die **Erklärungspflichten** nach § 228 Abs. 1 BewG und die **Anzeigepflichten** nach § 228 Abs. 2 BewG zu erfüllen hat.

152 **Feststellungsbeteiligte** sind demnach folgende Personen:

1. der **Steuerpflichtige nach § 33 Abs. 1 AO** für Zwecke der Grundsteuer. Das ist derjenige, dem die wirtschaftliche Einheit (§ 2 BewG), welche der Feststellung nach § 219 BewG unterliegt, zuzurechnen ist, § 228 Abs. 3 Nr. 1 BewG. Dies ist der wirtschaftliche Eigentümer i. S. des § 219 Abs. 2 Nr. 2 BewG i. V. mit § 39 Abs. 2 AO;[2]
2. der **Erbbauberechtigte**, § 228 Abs. 3 Nr. 2 BewG.[3] Dem Erbbauverpflichteten kommt nach Auffassung der Finanzverwaltung jedoch eine Mitwirkungspflicht zu, da bestimmte Informationen womöglich nur ihm vorlägen.[4] In der Praxis sollten die erforderlichen Infor-

1 A 228 Abs. 2 Satz 4 AEBewGrSt.
2 Vgl. Kurt in Grootens, BewG, § 219 Rz. 241 ff.
3 A 228 Abs. 3 Satz 2 AEBewGrSt.
4 A 228 Abs. 3 Satz 3 AEBewGrSt.

mationen (wie das Flurstückskennzeichen, Größe des Flurstücks) aufgrund von kostenlosen zugänglichen Geodaten i. d. R. auch ohne dessen Mitwirkung feststellbar sein;[1]

3. der **Eigentümer** oder **wirtschaftliche Eigentümer** des Grund und Bodens, auf dem ein Gebäude auf fremdem Grund und Boden steht, § 228 Abs. 3 Nr. 3 BewG.[2] Dem (wirtschaftlichen) Eigentümer des Gebäudes auf fremden Grund und Boden kommt dabei nur eine dem Eigentümer des Grund und Bodens unterstützende Mitwirkungspflicht zu.[3]

Der **(wirtschaftliche) Eigentümer des Grundstücks i. S. des § 244 BewG** ist in aller Regel der einzig vorhandene Feststellungsbeteiligte. Liegt hingegen ein Fall der Feststellung der **Zurechnungsanteile** nach § 219 Abs. 2 Nr. 2 BewG i.V. mit § 39 Abs. 2 Nr. 2 AO (z. B. bei Erbengemeinschaften) vor, bei denen der Grundsteuerwert **gesondert** und aufgrund der Mehrzahl der Beteiligten auch **einheitlich festzustellen** ist (§ 179 Abs. 2 Satz 2 AO), sind nach § 228 Abs. 3 Nr. 1 BewG **mehrere Personen** verpflichtet, § 181 Abs. 2 Satz 1 AO. Sobald ein Beteiligter dieses Personenkreises aber der Erklärungs- oder Anzeigenpflicht nachkommt, sind die anderen Feststellungsbeteiligten insoweit von der Pflicht befreit, § 181 Abs. 2 Satz 3 AO. 153

In den besonderen Fällen von **Erbbaurechten** und **Gebäuden auf fremdem Grund und Boden** folgt die Notwendigkeit zur abweichenden Regelung aus den Sondervorschriften im Rahmen der Bewertung, §§ 261 und 262 BewG. Abweichend von allgemeinen Grundsätzen wird hier nicht die wirtschaftliche Einheit Bewertungsobjekt, sondern ein darüber hinaus **erweiterter Grundstücksbegriff** i. S. des § 244 Abs. 3 BewG. Demnach sind Erbbaurecht und damit verbundene Gebäude sowie das mit dem Erbbaurecht belastete Grundstück (Grund und Boden) als ein Grundstück zusammenzufassen (§ 244 Abs. 3 Nr. 1, 3 und 4 BewG). Gleiches gilt bei Gebäuden auf fremdem Grund und Boden, bei dem das Gebäude dem wirtschaftlichen Eigentümer des Grund und Bodens zugeordnet wird (§ 244 Abs. 3 Nr. 2 BewG). 154

Diese erweiterten Bewertungsobjekte unterliegen in der Folge nur einer Bewertung auf Ebene des Erbbauberechtigten (§ 261 BewG) bzw. des (wirtschaftlichen) Eigentümers des Grund und Bodens (§ 262 BewG). Das gilt auch in Bezug auf die Gebäude, die diesen Personen zwar nicht nach allgemeinen Grundsätzen des § 39 AO aber nach den spezialgesetzlichen Regelungen nach §§ 261, 262 BewG zuzuordnen sind. Durch diese vereinfachte Bewertung erfolgt nun durch § 228 Abs. 3 Nr. 2 und 3 BewG die folgerichtige **Übertragung der Erklärungs- und Anzeigepflicht**. 155

Somit sind **Erbbauverpflichteter** sowie der **(wirtschaftliche) Eigentümer des Gebäudes** auf fremdem Grund und Boden **nicht von einer Erklärungs- und Anzeigepflicht erfasst**. Diese Personen sind aber weiterhin zur Mitwirkung gegenüber dem Erklärungs- und Anzeigepflichtigen verpflichtet.[4] Dies ergibt sich bereits aus den allgemeinen Mitwirkungspflichten (§§ 90 ff. AO) also auch durch die ausdrückliche Betonung in § 228 Abs. 3 Nr. 2 und 3 BewG. Sie haben dem Erklärungs- und Anzeigepflichtigen daher **alle notwendigen Daten und Unterlagen bereitzustellen**, damit die Erklärungs- und Anzeigepflichten zutreffend erfüllt werden können. Im Feststellungsverfahren verpflichtete Person bleibt aber weiterhin der Erbbauberechtigte bzw. der Eigentümer des Grund und Bodens. 156

1 Vgl. Lapp in Grootens, GrStG, D. Grundsteuer: Kommentierung der Vordrucke, Grundsteuer: Die Erklärungsvordrucke für das Bundesmodell Rz. 15 ff. NWB CAAAJ-26278.

2 A 228 Abs. 3 Satz 4 AEBewGrSt.

3 A 228 Abs. 3 Satz 5 AEBewGrSt.

4 A 228 Abs. 3 Satz 3 und 5 AEBewGrSt.

157 Insbesondere bei der **Erklärungs- und Anzeigepflicht des (wirtschaftlichen) Eigentümers des Grund und Bodens** nach § 228 Abs. 3 Nr. 3 BewG ist dies von besonderer Bedeutung. Wie das Gebäude auf fremdem Grund und Boden genutzt wird und inwieweit Grundstücke damit grundsteuerfrei sind, ist für den wirtschaftlichen Eigentümer des Grund und Bodens regelmäßig nicht erkennbar. Der **Eigentümer des Gebäudes auf fremdem Grund und Boden** muss in diesem Fall daher die einzelnen **grundsteuerfreien und -pflichtigen Nutzungen mitteilen**. Der wirtschaftliche Eigentümer des Gebäudes auf fremdem Grund und Boden kann das Gebäude sowohl durch eigene als auch fremde Nutzung grundsteuerfrei verwenden.

158 HINWEIS:

Im Rahmen von Miet-, Pacht- und Leasingverträgen, die einen Übergang des wirtschaftlichen Eigentums an einem Eigentum begründen, sollte der Vermieter/Verpächter oder Leasinggeber solche Berichtspflichten als vertragliche Nebenpflichten fest verankern. Aufgrund der Frist für die Anzeigepflicht nach § 19 Abs. 1 GrStG sollten diese Berichte spätestens alle zwei bis zweieinhalb Monate zu erfolgen haben, damit dem Erklärungs- und Anzeigenpflichtigen genügend Zeit für die Erklärung/Anzeige gegenüber der Finanzbehörde bleibt.

159 **Unterbleibt eine derartige Mitwirkung**, muss der Erklärungs- und Anzeigenpflichtige dies dem Finanzamt unverzüglich offenlegen. Dem Finanzamt stehen in der Folge weitere Mittel zur Verfügung. Insbesondere kann es im Wege der **Drittauskunft** direkt an den wirtschaftlichen Eigentümer des Gebäudes (§ 262 BewG) bzw. den Eigentümer des Grund und Bodens (§ 261 BewG) herantreten, § 93 Abs. 1 Satz 3 AO. Der Eigentümer ist im Bezug auf den Erklärungs- und Anzeigenpflichtigen eine außerhalb des Feststellungsverfahrens stehende Person.

160 In den Fällen des § 228 Abs. 3 Nr. 2 und 3 BewG wird die **originäre Erklärungs- und Anzeigepflicht des Erbbauverpflichteten** bzw. **(wirtschaftlichen) Eigentümers** des Gebäudes auf fremdem Grund und Boden nach § 228 Abs. 3 Nr. 1 AO ausgeschlossen und beschränkt sich auf eine Mitwirkungspflicht.

161 Der Eigentümer des Erbbaugrundstücks hat somit auch die geänderten Verhältnisse dem Finanzamt nicht anzuzeigen, es sei denn er wird zum Erklärungs- bzw. Anzeigepflichtigen (im Juni 2023 erfolgt z. B. ein Heimfall des Gebäudes auf ihn und im Oktober 2023 lässt er das Haus abreißen). Entsprechendes gilt für den Eigentümer eines Gebäudes auf fremdem Grund und Boden.

162–170 *(Einstweilen frei)*

IV. Erklärungs- und Anzeigenempfänger (§ 228 Abs. 4 BewG)

171 Zuständig und damit jene Finanzbehörde, an die die Erklärungen und Anzeigen zu richten sind, ist nach § 6 Abs. 2 Nr. 4a AO das Finanzamt, in dessen Bezirk die wirtschaftliche Einheit belegen ist, § 18 Abs. 1 Nr. 1 Alternative 1 AO.[1] Dies ist regelmäßig das **Lagefinanzamt** des Grundstücks.

172 Überschreitet die wirtschaftliche Einheit **zwei Finanzamtsbezirke** richtet sich die Zuständigkeit nach dem Finanzamtsbezirk, in dem der **wertvollste Teil der wirtschaftlichen Einheit** liegt, § 18 Abs. 1 Nr. 1 Alternative 2 AO. Eine Besonderheit ist bei dem Grundbesitz zu beachten, der sich über mehrere Länder erstreckt, die unterschiedliche Bewertungsverfahren anwenden. Wegen

1 A 228 Abs. 4 Satz 2 AEBewGrSt.

der Einzelheiten vgl. die Kommentierung der jeweiligen Landesgesetze im Teil C dieses Kommentars.

Dabei sind aber **abweichende Finanzamtszuständigkeiten** zu beachten, wie sie eventuell durch oberste Landesfinanzbehörden festgelegt wurden.[1] Die örtliche Zuständigkeit der Finanzämter kann – insbesondere für die gesonderte Grundsteuerwertermittlung – im Internet auf der Seite des BZSt für Steuern ermittelt werden.[2] 173

(Einstweilen frei) 174–180

V. Unterschrift und Gleichstellung zur Steuererklärung (§ 228 Abs. 5 BewG)

Nach § 228 Abs. 5 BewG werden die lediglich als **Erklärungen** (§ 228 Abs. 1 BewG) und **Anzeigen** (§ 228 Abs. 2 BewG) bezeichneten Willenserklärungen des Feststellungsbeteiligten i. S. des § 228 Abs. 3 BewG einer verfahrensrechtlichen **Steuererklärung** i. S. des § 149 Abs. 1 AO **gleichgestellt**.[3] 181

Als Folge sind sämtliche **verfahrensrechtlichen Vorschriften für Steuererklärungen** auch für die Erklärungen und Anzeigen i. S. des § 228 Abs. 1 und 2 BewG anzuwenden. Dies betrifft insbesondere nicht abschließend 182

1. die **Fristregelung** nach § 149 Abs. 2 Satz 1 AO für Erklärungen nach § 228 Abs. 1 BewG. Für Anzeigen sieht § 228 Abs. 2 Satz 3 BewG eine vorrangige Fristenregelung vor.
2. **Form und Inhalt** der Steuererklärungen nach § 150 AO,
3. **Aufnahme** der Steuererklärung **an Amtsstelle**, § 151 AO,
4. Festsetzung von **Verspätungszuschlägen**, § 152 AO,[4]
5. **Berichtigungspflichten** nach § 153 AO,
6. **Anlaufhemmung** der Feststellungsfrist nach § 181 Abs. 3 Satz 2 AO,
7. Vorschriften zur **Verlängerung von Abgabefristen** nach § 109 AO,
8. Vermutung des **groben Verschuldens**[5] bezüglich **nachträglich bekannt gewordener Tatsachen** bei Änderungen nach § 173 Abs. 1 Nr. 2 AO.
9. **Erzwingbarkeit der Erklärungs-/Anzeigenhandlung** im Wege der Zwangsmittel (Zwangsgeldandrohung und -festsetzung, Zwangshaft) nach §§ 328 ff. AO.[6]

Ferner wird durch § 228 Abs. 5 BewG festgelegt, dass der Erklärungs- und Anzeigepflichtige i. S. des § 228 Abs. 3 BewG die Steuererklärung **eigenhändig zu unterschreiben** hat. Erst dadurch liegt eine wirksame (und damit anlaufhemmende[7]) Willensäußerung vor, die der Besteuerung zu Grunde gelegt werden darf. Fehlt die Unterschrift, kann das Finanzamt die Steuererklärung als solche nicht verwerten. Eine Schätzung i. S. des § 162 Abs. 5 AO ist aber auf Basis der mitgeteilten Besteuerungsgrundlagen stets möglich. Eine Unterzeichnung durch **Bevollmächtigte** ist dabei nur in Ausnahmefällen möglich, § 150 Abs. 3 Satz 2 AO. 183

1 Im Übrigen siehe Kurt in Grootens, BewG § 219 Rz. 104 f.
2 http://go.nwb.de/pqkur.
3 A 228 Abs. 5 Satz 1 AEBewGrSt.
4 A 228 Abs. 5 Satz 2 AEBewGrSt. Beachte aber zur Anwendbarkeit des § 152 Abs. 2 AO auf den ersten Hauptfeststellungszeitpunkt am 1.1.2022, Kurt in Grootens, BewG, § 219 Rz. 181 ff.
5 AEAO zu § 173 AO, Tz. 5.1.2 und 5.1.3.
6 Siehe auch Kurt in Grootens, BewG, § 219 Rz. 191 f.
7 Siehe Kurt in Grootens, BewG, § 219 Rz. 136.

184 Werden die Grundsteuerwerterklärungen nach § 228 Abs. 6 BewG i.V. mit § 87a Abs. 1 AO in elektronischer Form an das Finanzamt übermittelt, ist eine eigenhändige Unterschrift insoweit nicht notwendig. Die elektronische **Übermittlung im authentifizierten Verfahren** ersetzt insoweit sowohl eine gesetzlich vorgeschriebene Schriftform (§ 87a Abs. 3 Satz 1 AO) also auch die vorgeschriebene Unterschrift (§ 87a Abs. 6 Satz 1 AO).[1] Eine solche elektronisch authentifizierte Übermittlung ist auch durch den Bevollmächtigten möglich, soweit der Bevollmächtigte im Auftrag des Steuererklärungspflichtigen handelt.

185 HINWEIS:

Um eine solche Auftragsübermittlung sicherzustellen kann im Wege der Freigabe der entworfenen Steuererklärung durch den Steuererklärungspflichtigen im Nachgang folgender Freigabesatz verwendet und dem zuständigen Finanzamt übermittelt werden:

„Ich, [Vorname] [Nachname], bestätige, dass die Steuererklärung zur Grundsteuerwertfeststellung mit der Telenummer ___ richtig und vollständig ist und beauftrage [Name des Bevollmächtigten] mit der Übermittlung der Grundsteuerwertfeststellungserklärung auf den 1. Januar [Jahr der Feststellung] an die Finanzverwaltung auf elektronischem Wege."

Wird die freigebende Person als ein Vertreter oder Vermögensverwalter i. S. der §§ 34 und 35 AO tätig, sollte dies präzisierend aufgenommen werden:

„Ich, [Vorname] [Nachname], als [Vertreterrolle] der [Gesellschaft oder andere Rechtsperson], bestätige, dass die Steuererklärung zur Grundsteuerwertfeststellung mit der Telenummer ___ richtig und vollständig ist und beauftrage [Name des Bevollmächtigten] mit der Übermittlung der Grundsteuerwertfeststellungserklärung auf den 1. Januar [Jahr der Feststellung] an die Finanzverwaltung auf elektronischem Wege."

186–190 *(Einstweilen frei)*

VI. Form der Erklärungen und Anzeigen (§ 228 Abs. 6 BewG)

191 Durch § 228 Abs. 6 BewG wird zur Ermöglichung eines **digitalisierten und automationsgestützten Verfahrens** vorgeschrieben, dass die Erklärungen und Anzeigen nach § 228 Abs. 1 und 2 BewG **elektronisch** nach § 87a Abs. 1 AO an das zuständige Finanzamt (§ 228 Abs. 4 BewG) zu übermitteln sind.

192 Eine elektronische Übermittlung setzt die Eröffnung eines entsprechenden Zugangs im Rahmen des **ELSTER-Verfahrens** voraus, § 87a Abs. 1 Satz 2 BewG. Dadurch wird ein sicheres Verfahren garantiert, bei dem der Datenübermittler (hier die erklärungs- und anzeigepflichtige Person nach § 228 Abs. 3 BewG) sich **authentifiziert** hat, § 87a Abs. 6 Satz 1 AO. Diesbezüglich genügt insbesondere ein Tele- oder Computerfax nicht der elektronischen Datenübermittlung i. S. des § 87a Abs. 1 BewG.[2]

193 In **Härtefällen persönlicher oder sachlicher Art** ist davon abweichend ausnahmsweise eine **Abgabe in Schriftform** möglich (§ 228 Abs. 6 Satz 2, und 3 BewG). In diesen Fällen wird auf Antrag nach § 150 Abs. 8 AO auf eine elektronische Übermittlung zu verzichtet.[3] Durch die nicht-elektronische Übermittlung ist damit in aller Regel eine eigenhändige Unterschrift des Feststellungsbeteiligten erforderlich.[4] Unter Umständen kann der Bevollmächtigte für den Feststellungsbeteiligten die Unterschrift leisten (vgl. § 150 Abs. 3 AO), beispielsweise bei Verhinderung

1 AEAO zu § 87a AO, Tz. 3.2.1.

2 AEAO zu § 87a AO, Tz. 4.

3 AEAO zu § 150 AO, Tz. 4.

4 A 228 Abs. 4 Satz 1 AEBewGrSt.

aufgrund des geistigen oder körperlichen Zustands des Feststellungsbeteiligten oder durch längere Abwesenheit.[1]

Dem Antrag ist zuzustimmen, wenn durch die elektronische Übermittlung eine **unzumutbare persönliche oder wirtschaftliche Belastung** eintreten würde, § 150 Abs. 8 Satz 1 AO.[2] Bei steuerlich nach § 80 AO vertretenen erklärungs- und Anzeigepflichtigen wird dies in aller Regel nicht der Fall sein, da der **Bevollmächtigte** eine Auftragsübermittlung vornehmen kann (→ Rz. 184 f.). 194

Ein Verzicht auf Datenübermittlung ist insbesondere bei einem **hohen finanziellen Aufwand** zur Durchführung einer Datenübermittlung gegeben oder wenn aufgrund **fehlender persönlich-individueller Kenntnisse und Fähigkeiten** eine solche Datenübermittlung nicht zumutbar ist. Sofern dem Erklärungs- und Anzeigepflichtigen jedoch die **Beauftragung eines Angehörigen der steuerberatenden Berufe (§ 80 Abs. 1 AO) wirtschaftlich zumutbar ist**, ist auf eine Datenübermittlung nicht zu verzichten. 195

§ 229 BewG Auskünfte, Erhebungen und Mitteilungen

(1) [1]Die Eigentümer von Grundbesitz haben der Finanzbehörde auf Anforderung alle Angaben zu machen, die sie für die Sammlung der Kauf-, Miet- und Pachtpreise braucht. [2]Dabei haben sie zu versichern, dass sie die Angaben nach bestem Wissen und Gewissen gemacht haben.

(2) [1]Die Finanzbehörden können zur Vorbereitung einer Hauptfeststellung und zur Durchführung von Feststellungen der Grundsteuerwerte örtliche Erhebungen über die Bewertungsgrundlagen anstellen. [2]Das Grundrecht der Unverletzlichkeit der Wohnung (Artikel 13 des Grundgesetzes) wird insoweit eingeschränkt.

(3) Die nach Bundes- oder Landesrecht zuständigen Behörden haben den Finanzbehörden die rechtlichen und tatsächlichen Umstände mitzuteilen, die ihnen im Rahmen ihrer Aufgabenerfüllung bekannt geworden sind und die für die Feststellung von Grundsteuerwerten oder für die Grundsteuer von Bedeutung sein können.

(4) [1]Die Grundbuchämter haben den für die Feststellung des Grundsteuerwerts zuständigen Finanzbehörden mitzuteilen:

1. **die Eintragung eines neuen Eigentümers oder Erbbauberechtigten sowie bei einem anderen als einem rechtsgeschäftlichen Erwerb zusätzlich die Anschrift des neuen Eigentümers oder Erbbauberechtigten; dies gilt nicht für die Fälle des Erwerbs nach den Vorschriften des Zuordnungsrechts,**
2. **die Eintragung der Begründung von Wohnungseigentum oder Teileigentum,**
3. **die Eintragung der Begründung eines Erbbaurechts, Wohnungserbbaurechts oder Teilerbbaurechts.**

[2]In den Fällen des Satzes 1 Nummer 2 und 3 ist gleichzeitig der Tag des Eingangs des Eintragungsantrags beim Grundbuchamt mitzuteilen. [3]Bei einer Eintragung aufgrund Erbfolge ist das Jahr anzugeben, in dem der Erblasser verstorben ist. [4]Die Mitteilungen sollen der Finanzbehörde über die für die Führung des Liegenschaftskatasters zuständige Behörde oder über eine sonstige Behörde, die das amtliche Verzeichnis der Grundstücke (§ 2 Absatz 2 der Grundbuchordnung) führt, zugeleitet werden.

(5) [1]Die nach den Absätzen 3 oder 4 mitteilungspflichtige Stelle hat die betroffenen Personen vom Inhalt der Mitteilung zu unterrichten. [2]Eine Unterrichtung kann unterbleiben, soweit den Finanzbehörden Umstände aus dem Grundbuch, den Grundakten oder aus dem Liegenschaftskataster mitgeteilt werden.

---

1 Vgl. auch AEAO zu § 149 AO, Tz. 3.

2 Vgl. auch zu möglichen Gründen AEAO zu § 150 AO, Tz. 4.1.1. und 4.1.2.

(6) [1]Die nach den Absätzen 3 oder 4 mitteilungspflichtigen Stellen übermitteln die Mitteilungen den Finanzbehörden nach amtlich vorgeschriebenem Datensatz über die amtlich bestimmte Schnittstelle. [2]Die Grundbuchämter und die für die Führung des Liegenschaftskatasters zuständigen Behörden übermitteln die bei ihnen geführten Daten laufend, mindestens alle drei Monate. [3]Das Bundesministerium der Finanzen legt im Einvernehmen mit den obersten Finanzbehörden der Länder und den obersten Vermessungs- und Katasterbehörden der Länder die Einzelheiten der elektronischen Übermittlung und deren Beginn in einem Schreiben fest. [4]Dieses Schreiben ist im Bundesanzeiger und im Bundessteuerblatt zu veröffentlichen.

Inhaltsübersicht **Rz.**

LITERATUR:

Höreth/Stelzer, Grundsteuerreform – der Druck auf den Gesetzgeber steigt, DStZ 2019 S. 607; *Marfels*, Die Neubewertung von Grundvermögen nach dem Entwurf für ein Grundsteuerreformgesetz (GrStRefG), ErbStB 2019 S. 266; *Marx*, Ökonomische Analyse des Grundsteuer-Reformgesetzentwurfs, DStZ 2019 S. 372; *Neufang*, Das Grundsteuerreformgesetz – ein gesetzgeberisches Chaos?, BB 2019 S. 3035; *Eichholz*, Novellierung der Grundsteuer, DStZ 2020 S. 1158; *Eisele/Wiegand*, Grundsteuerreform 2022/2025, 1. Aufl. 2020, S. 9 NWB CAAAH-44415; *Heine*, Reform des Bewertungs- und Grundsteuerrechts. Werden die Reformziele erreicht?, KStZ 2020 S. 2; *Heine*, Hauptfeststellung und Nachfeststellung sowie Fortschreibung und Aufhebung von Einheits- und Grundsteuerwerten nach altem und neuem Recht als Grundlage für die Veranlagung der Grundsteuer, KStZ 2020 S. 21; *Wünnemann/Koller*, Die Grundsteuerreform – ein Resümee aus Sicht der Industrie, BB 2020 S. 215.

VERWALTUNGSANWEISUNGEN:

Koordinierte Erlasse der obersten Finanzbehörden der Länder v. 9.11.2021 – Anwendung des Siebenten Abschnitts des Zweiten Teils des Bewertungsgesetzes zur Bewertung des Grundbesitzes (allgemeiner Teil und Grundvermögen) für die Grundsteuer ab 1.1.2022 (AEBewGrSt), BStBl 2021 I S. 2334.

A. Allgemeine Erläuterungen

I. Hinweise auf Verwaltungsanweisungen

Verwaltungsanweisungen bezüglich der Auskünfte, Erhebungen und Mitteilungen i. S. des § 229 BewG liegen derzeit nicht vor. A 229 AEBewGrSt[1] blieb unbesetzt. 1

(Einstweilen frei) 2–10

II. Normzweck und wirtschaftliche Bedeutung der Vorschrift

Durch § 229 BewG werden Dritte verpflichtet, der Finanzverwaltung **ergänzende Informationen** zur Verfügung zu stellen, welche die Finanzverwaltung einerseits in der Bewertung des Einzelfalls sowie andererseits für die **Abbildung aktueller Wertverhältnisse** innerhalb der gesetzlichen Bewertungsfaktoren benötigt. Der Gesetzgeber verfolgt damit das Ziel, der Finanzverwaltung möglichst die Informationen zur Durchführung eines **automationsgestützten Bewertungsverfahrens** zur Verfügung zu stellen. Neben den **Erklärungs- und Anzeigepflichten** nach § 228 Abs. 1 und 2 BewG bilden die **Auskunfts- und Mitteilungspflichten** nach § 229 BewG hier ein wichtiges Element. 11

§ 229 Abs. 1 und 2 BewG verpflichtet Grundstückseigentümer Zurverfügungstellung von Informationen, auf deren Basis eine **Aktualisierung der Bewertungsfaktoren** i. S. der Anlagen 27–43[2] des BewG durchgeführt werden kann. Dies korrespondiert mit der bereits gesetzlich verankerten Ermächtigungsvorschrift nach § 263 BewG, wonach das BMF die entsprechenden Anlagen mit neuen Werten bekanntgeben kann. § 229 BewG schafft die Informationsgrundlage für die Durchführung der Aktualisierung der Anlagen nach § 263 BewG.[3] Solche Daten können im Wege von **Miet-, Pacht- und Kaufpreissammlungen** (§ 229 Abs. 1 BewG) oder durch **örtliche Besichtigung** der Besteuerungsobjekte erhoben werden (§ 229 Abs. 2 BewG). 12

Daneben sind nach § 229 Abs. 3 und 4 BewG **Bundes- und Landesbehörden** – insbesondere Grundbuchämter – verpflichtet, Änderungen der ihnen bekannten Verhältnisse des jeweiligen Einzelfalls der Finanzverwaltung mitzuteilen, soweit sie für die Besteuerung von Bedeutung sind. Durch diese **Mitteilungspflichten** soll sichergestellt werden, dass die Finanzverwaltung möglichst die rechtlich grundlegenden Verhältnisse erfährt, die für die Besteuerung des Grundbesitzes von Bedeutung sind. Dies erstreckt sich insbesondere auf **Eigentümerwechsel**, die im Grundbuch eingetragen werden, auf die **Bestellung von Erbbaurechten** sowie auf die wohnrechtliche **Teilung von Grundstücken** in mehrere Teilgrundstücke. 13

Letztlich regelt § 229 Abs. 5 BewG die Pflicht der Behörden zur **Unterrichtung der betroffenen Person** und wann diese Unterrichtung unterbleiben kann (vgl. Art. 13 Abs. 4 DSGVO). Durch § 229 Abs. 6 BewG wird festgelegt, dass die Landes- und Bundesbehörden i. S. der § 229 Abs. 3 und 4 BewG ihren Mitteilungspflichten durch ein **elektronisches Datenübertragungsverfahren** nachzukommen haben. Dies sieht der Gesetzgeber als eine wesentliche Grundvoraussetzung für eine automationsgestützte Neubewertung des gesamten Grundbesitzes an.[4] 14

1 Koordinierte Erlasse der obersten Finanzbehörden der Länder v. 9.11.2021, BStBl 2021 I S. 2334 (AEBewGrSt).

2 Siehe NWB KAAAA-73784.

3 Hinsichtlich der Anwendbarkeit aktualisierter Bewertungsfaktoren siehe Grootens in Grootens, BewG, § 263 Rz. 22 ff. und Kurt in Grootens, BewG, § 221 Rz. 74 ff.

4 BT-Drucks. 19/11085 S. 98.

15 Der Vorschrift kommt aufgrund des vorwiegend verwaltungsinternen Charakters **keine unmittelbare wirtschaftliche Bedeutung** zu. Wirtschaftliche Belastungen des nach § 229 Abs. 1 und 2 BewG Verpflichteten können jedoch durch die **Mitwirkungspflichten** bei Erhebungen von Miet-, Pacht- und Kaufpreissammlungen sowie der Inaugenscheinnahme von Grundbesitz eintreten.

16–20 *(Einstweilen frei)*

III. Entstehung und Entwicklung der Vorschrift

21 § 229 BewG geht auf die weitgehend **inhaltsgleiche Vorschrift** des § 29 BewG im Rahmen der Einheitsbewertung zurück, die zum 1.1.2025 außer Kraft trat.[1]

22 § 29 Abs. 1 Satz 2 BewG a. F. sah vor, dass die Angaben für **Miet-, Pacht- und Kaufpreissammlungen** durch eine Erklärung vorzunehmen sind. Um Verwechslungsgefahr mit dem verfahrensrechtlichen Begriff der **Steuererklärung** nach § 149 ff. AO auszuschließen, wurde diese Bezeichnung gestrichen.

23 Ferner hat der Gesetzgeber **Mitteilungspflichten** der Behörden i. S. des § 229 Abs. 3 BewG auf die Informationen eingeschränkt, die **für die Grundsteuer und den Grundsteuerwert von Bedeutung** sind. Nach § 29 Abs. 3 Satz 1 BewG a. F. war auch eine Verpflichtung zur Mitteilung der relevanten Informationen vorgeschrieben, die lediglich bei **Grunderwerbsteuer** und **Erbschaftsteuer** von Bedeutung sind. Da diese Gesetze inzwischen aber eigene umfangreiche **Anzeige- und Mitteilungspflichten** von Behörden vorsehen (§ 34 ErbStG, §§ 4–11 ErbStDV, § 18 GrEStG), ist diese Mitteilungspflicht insoweit nicht mehr erforderlich.

24 Eine besonders genannte **Mitteilungspflicht der Wohnungsämter** hinsichtlich der besonderen Zweckbestimmung im Bereich des sozialen Wohnungsbaus nach § 29 Abs. 3 Satz 2 BewG a. F. ist ebenfalls entfallen. Diese ist insoweit nicht mehr erforderlich, als dass diese Behörden vom Behördenbegriff nach § 229 BewG bereits erfasst sind und damit bereits der grundsätzlichen Mitteilungspflicht unterliegen.

25 Die Änderungen sind im Übrigen redaktioneller Natur, wobei sich die gesetzlichen Bestimmungen nun auf **Grundsteuerwerte** (statt bisher auf Einheitswerte) beziehen. Daneben wurden Anpassungen an den zeitgemäßen gesetzlichen Sprachgebrauch vorgenommen.

26–30 *(Einstweilen frei)*

IV. Geltungsbereich

31 Die Erhebungen, Auskunfts- und Mitteilungspflichten nach § 229 BewG bestehen lediglich für **Grundsteuerwertermittlungszwecke** i. S. des Siebenten Abschnitts des BewG. Andere Steuergesetze, insbesondere ErbStG und GrEStG, sehen eigene Mitwirkungspflichten vor.

32 Das **Landesrecht** kann von § 229 BewG abweichende Vorschriften vorsehen, Art. 72 Abs. 3 Nr. 7 GG. Dies wurde von folgenden Ländern umgesetzt:

- Baden-Württemberg (§ 23 LGrStG BW),
- Bayern (Art. 10 Abs. 1 BayGrStG),
- Hamburg (§ 11 Abs. 1 Satz 1 HmbGrStG),

1 Art. 2 Nr. 6, Art. 18 Abs. 3 GrStRefG.

- Hessen (§ 2 Abs. 4 HGrStG),
- Niedersachsen (§ 1 Satz 2 NGrStG).

Im Übrigen wird auf die Kommentierung der landesrechtlichen Regelungen in Teil C dieses Kommentars verwiesen. 33

(Einstweilen frei) 34–40

V. Vereinbarkeit der Vorschrift

Die Vorschrift nach § 229 BewG begegnet keinen verfassungsrechtlichen oder europarechtlichen Bedenken. 41

Durch den § 229 BewG hat der **Bundesgesetzgeber** von seiner **konkurrierenden Gesetzgebung** nach Art. 105 Abs. 2 Satz 1 GG Gebrauch gemacht. Ungeachtet dessen kann das Landesrecht aber abweichende Vorschriften vorsehen, die Vorrang von der bundesgesetzlichen Regelung haben, Art. 72 Abs. 3 Nr. 7 GG. 42

Insbesondere europarechtlich sind die zwischenbehördlichen **Auskunfts- und Erhebungspflichten durch Art. 13 Abs. 4 und Art. 23 Abs. 1 Buchst. e DSGVO gedeckt**, die insoweit Vorrang vor den Steuergesetzen hat, § 2a Abs. 3 AO.[1] Im Übrigen kam die Finanzverwaltung bereits ihren datenschutzrechtlichen Informationspflichten nach.[2] 43

(Einstweilen frei) 44–50

VI. Verhältnis zu anderen Vorschriften

§ 229 BewG ergänzt die Informationsbeschaffung des Finanzamts über **Erklärungen und Anzeigen** nach **§ 228 Abs. 1 und 2 BewG**. So ist eine Anzeige beispielsweise nach **§ 228 Abs. 2 Satz 1 BewG** nicht notwendig, wenn sich die Zurechnung einer wirtschaftlichen Einheit ändert und die Finanzbehörde bereits durch **behördliche Mitteilung** i. S. des § 229 Abs. 4 Satz 1 Nr. 1 BewG unterrichtet wird. Dementsprechend sieht **§ 228 Abs. 2 Satz 1 BewG** in diesem Fällen **keine Anzeigepflicht** des **Feststellungsbeteiligten** vor.[3] 51

Die nach § 229 Abs. 6 BewG vorgeschriebene **Datenübermittlung** erfolgt im Rahmen der allgemein-verfahrensrechtlichen Bestimmungen nach **§ 87b AO**.[4] 52

Durch Datenerhebungen i. S. des § 229 Abs. 2 Satz 1 BewG hat die Finanzbehörde insbesondere das Recht der **Inaugenscheinnahme des Grundbesitzes** sowie **Betreten des Grundstücks und insbesondere der Wohnung (§§ 98, 99 AO)**. Damit wird in den grundgesetzlich besonders **geschützten Bereich der Wohnung (Art. 13 Abs. 1 und 2 GG)** eingegriffen. Grundgesetzlich ist in diesen Fällen des Grundrechtseingriffs ein ausdrücklicher gesetzlicher Hinweis vorgeschrieben, **Art. 19 Abs. 1 Satz 2 GG**. Diesem **Verfassungsgebot** kommt der Gesetzgeber durch § 229 Abs. 2 Satz 2 BewG nach. 53

(Einstweilen frei) 54–60

1 BT-Drucks. 19/11085b S. 97 zu § 229 Abs. 4 BewG.

2 Vgl. BMF, Schreiben v. 25.5.2018, BStBl 2018 I S. 607.

3 Bereits so BT-Drucks. 19/11085 S. 96 zu § 228 Abs. 2 BewG.

4 BT-Drucks. 19/11085 S. 98, Abs. 1.

B. Systematische Kommentierung

I. Erhebungen zur Anlage von Kauf-, Miet- und Pachtpreissammlungen (§ 229 Abs. 1 BewG)

61 Die **Finanzbehörden** – also nicht nur das Finanzamt – i. S. des § 6 Abs. 2 AO können Erhebungen vornehmen und Auskünfte anfordern, die zu einer Anlage von **Sammlungen von Daten** erforderlich sind, die für die **Beurteilung des Verkehrswerts** von Grundbesitz geeignet sind. Was dies für Daten sind, führt § 229 Abs. 1 BewG abschließend aus.

62 Demnach sind die Angaben für Zwecke der Sammlung der

- **Kaufpreise** (gemeint sind die Gegenleistungen im Rahmen von notariell beurkundeten Kaufverträgen i. S. des § 311b BGB i. V. mit § 433 Abs. 2 BGB),
- **Mietpreise** (gemeint sind die vereinbarten Gegenleistungen nach § 535 Abs. 2 BGB im Rahmen von Mietverträgen, §§ 535 ff. BGB) und
- **Pachtpreise** (gemeint sind die vereinbarten Gegenleistungen nach § 581 Abs. 1 Satz 2 BGB im Rahmen von Pachtverträgen nach § 581 ff. BGB)

zu machen.

63 Dabei ist zu beachten, dass die Datenübermittlung **nicht für den konkreten Bewertungsfall** i. S. des § 219 BewG vorzunehmen ist. Einschränkungen auf bestimmte Punkte liegen daher nicht vor.

64 Zur effektiven Datenerhebung und Auswertung wird es nicht zu beanstanden sein, wenn auch weitere Daten wie **Identifikationsmerkmale** (Grundsteuernummer oder Aktenzeichen für die Feststellung der Grundsteuerwerte, § 5 Satz 1 Nr. 2 StStatG), **Lagemerkmale** (Adresse, Flur, Flurstück) und **Nutzungsdaten** (z. B. betriebliche, öffentlich-rechtliche Zwecke, private Wohnzwecke) erhoben werden.

65 Diese Datensammlung wird im Wesentlichen zur Überprüfung der **Bewertungsfaktoren** (nach den materiellen Bewertungsvorschriften der §§ 232–262 BewG und den dafür bestehenden Anlagen 27–43[1] zum BewG) benötigt. Innerhalb der ersten **Hauptfeststellungsperiode** (§ 221 Abs. 1 BewG) beabsichtigt der Gesetzgeber, die Bewertungsvorschriften insoweit zu evaluieren.[2]

66 Letztlich ist aber wohl davon auszugehen, dass – um eine einheitliche Datenerhebung zu gewährleisten – eine gesetzliche Regelung (§ 4 AO) oder zumindest eine Verwaltungsanweisung zur **Durchführung der Datenerhebung** erlassen werden wird, in der Verfahren und Inhalt der Erhebungen und Auskünfte präzisiert werden.

67 Dahingehend ist auch fraglich, inwieweit die Finanzbehörden vom **Erhebungsrecht** Gebrauch machen werden. Schließlich werden für andere steuerliche Zwecke bereits ähnliche Datensammlungen angelegt. Beispielsweise werden **Kaufpreissammlungen** bereits durch die baurechtlichen Gutachterausschüsse i. S. der § 192 ff. BauGB angelegt. Vielerorts liegen auch **Mietspiegel** vor, die eine Sammlung der örtlich vertraglich vereinbarten Mieten wiedergeben.

68 Ungeachtet dessen, inwieweit eine Erhebung nach § 229 Abs. 1 BewG „sinnvoll" wäre, unterliegt der **Eigentümer** des Grundbesitzes der **Mitwirkungspflicht** i. S. des § 229 BewG. Verpflich-

1 Siehe NWB KAAAA-73784.

2 BT-Drucks. 11/1085 S. 92, Abschnitt IX Abs. 2.

tet ist daher derjenige, dem das Grundstück nach § 39 AO zuzurechnen ist. Fordert die Finanzbehörde beispielsweise über ein **Auskunftsersuchen** (§ 93 Abs. 1 und 2 AO) die Daten an, ist dies durch Verwaltungsakt jederzeit möglich und unterliegt dem pflichtgemäßen Ermessen nach § 5 AO. Der Eigentümer i. S. des § 39 AO hat die Daten nach bestem Wissen und Gewissen mitzuteilen, § 229 Abs. 1 Satz 1 BewG.

(Einstweilen frei) 69–70

II. Örtliche Erhebungen zur Vorbereitung von Feststellungen (§ 229 Abs. 2 BewG)

Neben allgemeinen Preissammlungen im Sinne des § 229 Abs. 1 BewG ermächtigt § 229 Abs. 2 BewG zur Erhebung von darüberhinausgehenden **örtlichen Besteuerungsmerkmalen**, die entweder für die Vorbereitung einer zukünftigen **Hauptfeststellung** (§ 221 BewG) oder für eine **andere Feststellung** (§§ 222–224 BewG) geeignet sind. 71

Ebenso wie in § 229 Abs. 1 BewG ist hier **kein konkretes Feststellungserfordernis** notwendig, um Erhebungen durchführen zu können. Wäre eine Feststellung nach § 219 BewG durchzuführen, bestünden bereits konkret auf den Einzelfall bezogen **Erklärungs- und Anzeigepflichten** i. S. des § 228 Abs. 1 und 2 BewG. Daher kommt dem § 229 Abs. 2 BewG auch eher eine **datenerhebende Funktion** zu, die insbesondere bei der **Evaluierung der Bewertungsverfahren und -faktoren**[1] sowie der Überprüfung und ggf. Anpassung der Anlagen 27–43 des Bewertungsgesetzes[2] nach § 263 BewG zur Anwendung kommt. 72

Mit § 229 Abs. 2 Satz 2 BewG kommt der Gesetzgeber dem verfassungsrechtlichen Erfordernis des **Hinweises auf Grundrechtseinschränkungen** durch Gesetze nach (Art. 19 Abs. 1 Satz 2 GG). Implizit wird dadurch deutlich, dass die Finanzbehörde im Zuge der Erhebungen nach § 229 Abs. 2 Satz 1 BewG berechtigt ist, den **Grundbesitz vor Ort** nach § 98 AO **in Augenschein zu nehmen** und nach § 99 AO **Grundstücke und Räume zu betreten.** 73

Eine Erhebung nach § 229 Abs. 2 Satz 1 BewG setzt einen **Verwaltungsakt** voraus, wobei insbesondere das **Auskunftsersuchen**, § 93 AO, in Frage kommt. 74

Da eine örtliche Datenerhebung insbesondere für die **Vorbereitung von Hauptfeststellungen** möglich ist, ist insbesondere damit zu rechnen, dass für diese Zwecke eine Regelung der **Datenerhebungen** durch Gesetz (§ 4 AO) oder Verwaltungsanweisung erfolgen wird, sollte von dem Erhebungsrecht Gebrauch gemacht werden. Nur so kann eine einheitliche und gleichmäßige Datenerhebung sichergestellt werden. 75

Der **Personenkreis** der zur Auskunft verpflichteten Personen wird durch § 229 Abs. 2 BewG nicht eingeschränkt. Vom Sinn und Zweck – der Datenerhebung – ausgehend kommen aber nur jene Personen in Betracht, die über die **Kenntnisse der örtlichen Verhältnisse** und Besteuerungsgrundlagen verfügen. Dies wird in aller Regel der nach § 39 AO zu bestimmende **(wirtschaftliche) Eigentümer** der wirtschaftlichen Einheit sein. Es ist jedoch auch denkbar, beispielsweise im Wege einer **Drittauskunft** (§ 93 Abs. 1 Satz 3 AO), auf Dritte (z. B. Mieter und Pächter) zurückzugreifen und deren Informationen ebenfalls zu erheben. 76

(Einstweilen frei) 77–80

---

1 BT-Drucks. 11/1085 S. 92, Abschnitt IX Abs. 2.

2 Siehe z. B. BewG Anlage 27 (zu § 237 Abs. 2) NWB KAAAA-73784.

III. Mitteilungspflichten von Bundes- und Landesbehörden (§ 229 Abs. 3–6 BewG)

81 Der Gesetzgeber ist bestrebt, die **Grundsteuerwertermittlung weitgehend automationsgestützt** und elektronisch zu ermöglichen.[1] Zentrales Element sind dabei **elektronische Mitteilungen** der anderen **außersteuerlichen Behörden**, um einerseits einen möglichst aktuellen Stand der Feststellungsgrundlagen sicherzustellen und andererseits zügig auf Veränderungen innerhalb der Feststellungsgrundlagen wie Zurechnung, Verkehrsanschauung, Bebauung und Nutzung reagieren zu können.

82 Daher beabsichtigte der Gesetzgeber, den Finanzbehörden bereits alle **Feststellungsgrundlagen**, die aus außersteuerlichen Gründen bei anderen Behörden erhoben wurden, für die Besteuerungszwecke nach § 219 BewG zur Verfügung zu stellen. Letztlich könnte auf Basis dieser Daten auch eine **vorausgefüllte Grundsteuerwertfeststellungserklärung** für den Erklärungs- oder Anzeigepflichtigen erstellt werden.[2]

83 Werden der Finanzbehörde Daten nach § 229 Abs. 3–6 BewG mitgeteilt und diese vom zuständigen Finanzamt der Feststellung nach § 219 BewG zu Grunde gelegt, finden die allgemeinen **Änderungsvorschriften** nach § 173a AO und § 175b AO Anwendung. Somit kann innerhalb der Feststellungsfrist ein **Datenübermittlungsfehler** korrigiert werden. Ist die Feststellungsfrist bereits abgelaufen, können die zutreffenden Besteuerungsgrundlagen im ersten noch nicht verjährten Feststellungszeitpunkt nach § 226 BewG zu Grunde gelegt werden.

84 Inwieweit der Feststellungsbeteiligte **Vertrauensschutz** hinsichtlich seiner gesetzlichen Anzeigepflicht nach § 228 Abs. 2 BewG genießt, ist derzeit nicht geklärt. Es stellt sich die Frage, inwieweit der gutgläubige Feststellungsbeteiligte (§ 228 Abs. 3 BewG) von einer Anzeige nach § 228 Abs. 2 BewG absehen könnte, wenn eine Behörde i. S. des § 229 Abs. 3–6 BewG die vom ihm anzuzeigenden Verhältnisse dem zuständigen Finanzamt hätte mitteilen müssen. Nach dem Wortlaut des Gesetzes wird die **Anzeigepflicht** nach § 228 Abs. 2 BewG **nicht** von einer Mitteilungspflicht einer Behörde nach § 229 Abs. 3–6 BewG **beseitigt**.

85 Der Gesetzgeber sieht eine solche **Befreiung von der Anzeigenpflicht** als gegeben an, wenn sich lediglich die Zurechnung des Grundstücks i. S. des § 219 Abs. 2 Nr. 2 BewG ändert.[3] In diesem Fall wird das Grundbuchamt dem Finanzamt den Eigentümerwechsel nach § 229 Abs. 4 Nr. 1 BewG mitteilen. Jedoch teilt das Grundbuchamt nur den **zivilrechtlichen Eigentumswechsel** mit, nicht jedoch den Zeitpunkt des Übergangs des **wirtschaftlichen Eigentums** (§ 39 Abs. 2 AO), welcher der Zurechnungsfeststellung nach § 219 Abs. 2 Nr. 2 BewG aber zu Grunde zu legen ist.

86 HINWEIS:

Zu Vorbeugung einer möglichen Verletzung der Mitwirkungs-, Erklärungs- und Anzeigepflichten sollte stets eine Anzeige nach § 228 Abs. 2 AO über die Änderung der Verhältnisse in Betracht gezogen werden. Andernfalls kann eine Steuerverkürzung nach § 370 Abs. 4 Satz 1 AO nicht ausgeschlossen werden (Nichtfestsetzung oder nicht rechtzeitige Steuerfestsetzung).

87–90 *(Einstweilen frei)*

1 BT-Drucks. 19/11085 S. 82, Abschnitt 3.

2 BT-Drucks. 19/11085 S. 96 zu § 228 Abs. 1 BewG.

3 BT-Drucks. 19/11085 S. 96 zu § 228 Abs. 2 BewG.

1. Allgemeine Mitteilungspflichten nach § 229 Abs. 3 BewG

Durch § 229 Abs. 3 BewG werden alle Bundes- und Landesbehörden verpflichtet, erhebliche **Besteuerungs- und Feststellungsgrundlagen**, die im Rahmen eines Feststellungsverfahrens nach § 219 BewG benötigt werden, der Finanzverwaltung mitzuteilen. 91

Diese globale Verpflichtung für alle Verwaltungszweige und alle Verwaltungsebenen (außer kommunaler Behörden wie Einwohnermeldeämter oder Wohnungsämter) wird voraussichtlich **verwaltungsintern** und damit **ohne Außenwirkung** für den Feststellungsbeteiligten konkretisiert und genauer geregelt werden. 92

Betroffen sind hiervon insbesondere **Bauaufsichtsbehörden** („Bauämter"), soweit es sich dabei um Landes- oder Bundesbehörden handelt. Die auf dem Gebiet des Bauaufsichtsrechts zuständigen Behörden werden insbesondere in den landesrechtlich unterschiedlichen **Landesbauordnungen** geregelt (vgl. beispielsweise § 57 BauO des Landes Berlin). Diesen Behörden liegen in wesentlichem Umfang detaillierte Daten vor, aus denen sich die Bewertungsmaßstäbe für die Bewertung des Grundvermögens ableiten lassen. Dies sind insbesondere Baujahr, Wohn- und Nutzflächen sowie die Bruttogrundfläche. 93

Welche Einrichtung als **Behörde** gilt, richtet sich nach dem allgemeinen oder besonderen Verwaltungsrecht auf Bundes- oder Landesebene. Davon umfasst sind in jedem Fall die Finanzbehörden i. S. des § 6 AO sowie die in § 1 Abs. 1 und 4 VwVfG genannten Behörden (vorbehaltlich eigener landesrechtlicher Regelungen, § 1 Abs. 3 VwVfG). 94

(Einstweilen frei) 95–100

2. Mitteilungspflichten der Grundbuchämter (§ 229 Abs. 4–5 BewG)

a) Umfang der mitzuteilenden Daten (§ 229 Abs. 4 BewG)

Aufgrund besonderer gesetzlicher Regelung sind **Grundbuchämter** besonders zur Mitteilung von Daten nach § 229 Abs. 4 BewG verpflichtet. Sie haben demnach verpflichtend der Finanzbehörde die in § 229 Abs. 4 BewG genannten Daten mitzuteilen. 101

Die mitzuteilenden Daten umfassen die Mitteilung über 102

1. die Eintragung eines neuen (zivilrechtlichen) **Eigentümers** oder **Erbbauberechtigten** im Grundbuch (§ 229 Abs. 4 Nr. 1 BewG). Eine Mitteilung unterbleibt hingegen in den Fällen des **Zuordnungsrechts** (§ 229 Abs. 4 Nr. 1 Halbsatz 2 BewG);
2. die **Anschrift** des neuen (zivilrechtlichen) Eigentümers oder Erbbauberechtigten (§ 229 Abs. 4 Nr. 1 BewG);
3. die erstmalige **Begründung eines Rechts** des **Wohnungs- oder Teileigentums** (§ 229 Abs. 4 Nr. 2 BewG). Das ist regelmäßig bei der wohnrechtlichen Teilung eines Mietwohngrundstücks in mehrere selbständige Eigentumswohnungen (§ 8 WEG) oder durch Einräumung von Sondereigentum (§ 3 WEG) der Fall;
4. die erstmalige **Begründung eines Erbbaurechts**, § 1 ErbbauRG, Wohnungs- oder Teilerbbaurechts, § 30 WEG (§ 229 Abs. 4 Nr. 3 BewG);
5. den **Tag der Eintragung** im Falle von der **erstmaligen Begründung** von Erbbaurechten oder Wohnungs- oder Teileigentum (§ 229 Abs. 4 Satz 2 BewG).

Im Falle einer **Gesamtrechtsnachfolge** durch Erbschaft (§ 1922 BGB) ist auch das Jahr anzuzeigen, in dem die Gesamtrechtsnachfolge eingetreten ist, § 229 Abs. 4 Satz 3 BewG. Dies ist das 103

Jahr des Erbfalls (Todestag des Erblassers), da sofort mit Erbfall die Gesamtrechtsnachfolge eintritt, § 1922 Abs. 1 BGB. Zu diesem Zeitpunkt geht damit auch die **Zurechnung des Grundbesitzes** nach § 39 AO i.V. mit § 219 Abs. 2 Nr. 2 BewG auf die Erben über, auf eine Testamentseröffnung oder Erbauseinandersetzung kommt es insoweit zunächst nicht an.

104 Die Mitteilung nach § 229 Abs. 4 Satz 1–3 BewG soll über das **Katasteramt erfolgen,** welches das betreffende Liegenschaftskataster des Grundbesitzes führt, § 229 Abs. 4 Satz 4 BewG.

105 Die Grundbuchämter sind nicht mitteilungspflichtig bei Eintragung eines neuen Eigentümers u. Ä. nach dem **Zuordnungsrecht** im Zusammenhang mit der Verwertung des ehemals volkseigenen Vermögens der DDR (vgl. VZOG), weil insoweit die Mitteilungspflicht der Zuordnungsbehörde besteht (§ 229 Abs. 4 Satz 1 Nr. 1 Halbsatz 2 BewG).[1] Angesichts der im größten Teil abgeschlossenen Zuordnungen sollte diese Ausnahme zur Übermittlungspflicht in den meisten Fällen nicht vorliegen.

106–110 *(Einstweilen frei)*

b) Unterrichtungspflicht des Feststellungsbeteiligten bei erfolgter Mitteilung (§ 229 Abs. 5 BewG)

111 Die mitteilungspflichtige Stelle – also die Behörde, welche die Mitteilung nach § 229 Abs. 3 oder 4 BewG erteilte – ist verpflichtet, gleichzeitig den **Feststellungsbeteiligten** über die erfolgte **Mitteilung zu unterrichten,** § 229 Abs. 5 BewG. Zunächst werden damit **datenschutzrechtliche Grundsätze** eingehalten (vgl. Art. 13 Abs. 3 DSGVO), wie bereits der Gesetzgeber ausführte.[2] Zudem erhält der Feststellungsbeteiligte die Gelegenheit, gegenüber der empfangenen Finanzbehörde rechtliches Gehör nach § 91 AO in Anspruch zu nehmen, um beispielsweise eine etwaige fehlerhafte Mitteilung richtigzustellen.

112 Eine solche **Unterrichtung** braucht hingegen **nicht erfolgen,** wenn der Feststellungsbeteiligte bereits über diese Informationen verfügte (Art. 13 Abs. 4 DSGVO). Dies ist nach § 229 Abs. 5 Satz 2 BewG bei **Unterlagen des Grundbuchamts** (Grundbuchauszüge, Grundbuchakten, Liegenschaftskatasterunterlagen) bereits der Fall. Denn diese **Unterlagen** sind bei einem berechtigten Interesse **öffentlich einsehbar** (vgl. § 12 GBO). Beauftragte einer inländischen öffentlichen Behörde (wie die Finanzbehörde nach § 6 Abs. 2 AO) können diese Einsicht sogar **ohne ein berechtigtes Interesse** verlangen, § 43 Abs. 1 GBV. Dementsprechend sind die Daten, die sich aus den Grundbuchunterlagen ergeben, nicht besonders nach § 229 Abs. 5 Satz 2 BewG schützenswert.

113–120 *(Einstweilen frei)*

3. Form der Mitteilung durch Bundes- oder Landesbehörden (§ 229 Abs. 6 BewG)

121 Die **Erfüllung der Mitteilungspflichten** hat nach § 229 Abs. 6 Satz 1 BewG im Wege eines **amtlich festgeschriebenen Datensatzes** zu erfolgen. Vor dem Hintergrund einer weitgehenden **Automatisierung des Bewertungsverfahrens** wird voraussichtlich ein **elektronisches Übermittlungsverfahren nach § 87b AO** eingerichtet werden.

1 Vgl. Haas in Stenger/Loose, Bewertungsrecht, BewG, § 29 Rz. 48.
2 BT-Drucks. 19/11085 S. 97 zu § 229 Abs. 4 BewG.

Die **Übermittlung** hat dabei **„laufend"**, also regelmäßig, zu erfolgen, § 229 Abs. 6 Satz 2 BewG. Die Mitteilung muss **zumindest alle drei Monate** erfolgen. Das Mitteilungsverfahren kann dabei aber auch einen kürzeren Mitteilungsrhythmus vorsehen. 122

Die Details des Mitteilungsverfahrens sind noch in einem **Schreiben des Bundesministeriums für Finanzen** festzulegen, welches im Einvernehmen mit den (das Verfahren umsetzenden) obersten Landesfinanzbehörden bekanntzumachen ist, § 229 Abs. 6 Satz 3 BewG. Dieses ist auch zwingend öffentlich durch **Veröffentlichung im Bundessteuerblatt** bekanntzumachen, § 229 Abs. 6 Satz 4 BewG. 123

HINWEIS:

Zum Zeitpunkt des Redaktionsschlusses war noch keine Veröffentlichung im Bundessteuerblatt erfolgt.

§ 230 BewG Abrundung

Die ermittelten Grundsteuerwerte werden auf volle 100 Euro nach unten abgerundet.

Inhaltsübersicht **Rz.**

LITERATUR:

Höreth/Stelzer, Grundsteuerreform – der Druck auf den Gesetzgeber steigt, DStZ 2019 S. 607; *Marfels*, Die Neubewertung von Grundvermögen nach dem Entwurf für ein Grundsteuerreformgesetz (GrStRefG), ErbStB 2019 S. 266; *Marx*, Ökonomische Analyse des Grundsteuer-Reformgesetzentwurfs, DStZ 2019 S. 372; *Neufang*, Das Grundsteuerreformgesetz – ein gesetzgeberisches Chaos?, BB 2019 S. 3035; *Eichholz*, Novellierung der Grundsteuer, DStZ 2020 S. 1158; *Eisele/Wiegand*, Grundsteuerreform 2022/2025, 1. Aufl. 2020, S. 9 NWB CAAAH-44415; *Heine*, Reform des Bewertungs- und Grundsteuerrechts. Werden die Reformziele erreicht?, KStZ 2020 S. 2; *Heine*, Hauptfeststellung und Nachfeststellung sowie Fortschreibung und Aufhebung von Einheits- und Grundsteuerwerten nach altem und neuem Recht als Grundlage für die Veranlagung der Grundsteuer, KStZ 2020 S. 21; *Wünnemann/Koller*, Die Grundsteuerreform – ein Resümee aus Sicht der Industrie, BB 2020 S. 215; *Hubert*, Zur Grundbesitzbewertung für Zwecke der Grundsteuer ab 1.1.2022, StuB 12/2022 S. 455 NWB PAAAI-63175.

VERWALTUNGSANWEISUNGEN:

Koordinierte Erlasse der obersten Finanzbehörden der Länder v. 9.11.2021 – Anwendung des Siebenten Abschnitts des Zweiten Teils des Bewertungsgesetzes zur Bewertung des Grundbesitzes (allgemeiner Teil und Grundvermögen) für die Grundsteuer ab 1.1.2022 (AEBewGrSt), BStBl 2021 I S. 2334.

A. Allgemeine Erläuterungen

I. Hinweise auf Verwaltungsanweisungen

1 Verwaltungsanweisungen bezüglich der Abrundung des Grundsteuerwerts sind mit dem A 230 AEBewGrSt ergangen.[1] Darin wird die gesetzliche Rundungsvorschrift durch eine kaufmännische Rundung der Zwischenergebnisse der Bewertung ergänzt.

2–10 *(Einstweilen frei)*

II. Normzweck und wirtschaftliche Bedeutung der Vorschrift

11 Durch § 230 BewG soll das **Besteuerungsverfahren** bei der Durchführung **erleichtert** werden. Durch die gerundeten Grundsteuerwerte wird die Berechnung des Grundsteuermessbetrags und der darauf aufbauenden Grundsteuer vereinfacht.

12 Eine **wirtschaftliche Bedeutung** kommt § 230 BewG nur in geringem Maße zu. Durch die Abrundung verringert sich der maßgebliche Grundsteuerwert um maximal 99 €, wodurch sich letztlich eine geringere Grundsteuer ergibt.

13–20 *(Einstweilen frei)*

III. Entstehung und Entwicklung der Vorschrift

21 § 230 BewG geht auf § 30 BewG a. F. im Rahmen der Einheitsbewertung zurück. Demgegenüber wurde lediglich redaktionell der Bezug zum nun maßgeblichen **Grundsteuerwert** aufgenommen. Ebenso entfiel die im Rahmen der Einheitsbewertung notwendige Umrechnung der in Deutscher Mark berechneten Einheitswerte in Euro.

22 Der in § 30 BewG a. F. noch enthaltene Satz 2, wonach auf ganze Euro abzurunden war, ist mit dem neuen Bewertungsrecht des Siebenten Abschnitts des BewG **gegenstandslos** geworden. Die Bewertungsvorschriften ergeben bereits einen Betrag in Euro, wodurch es **keiner Umrechnung** mehr bedarf.

23–30 *(Einstweilen frei)*

IV. Geltungsbereich

31 § 230 BewG schreibt eine Abrundung lediglich im Rahmen der **Grundsteuerwertermittlung** vor. Eine Anwendung auf andere Bewertungsverfahren ist ausgeschlossen.

31a Das **Landesrecht** kann von § 230 BewG abweichende Vorschriften vorsehen, Art. 72 Abs. 3 Nr. 7 GG. Dies wurde von folgenden Ländern umgesetzt:

- Baden-Württemberg (§ 24 Abs. 4 LGrStG BW),
- Bayern (Art. 1 Abs. 1 Satz 3 BayGrStG, Abs. 2 Satz 2, Art 1 Abs. 3 Satz 1 BayGrStG, Art. 2 Abs. 5 BayGrStG),
- Hamburg (§§ 1 Abs. 1 Satz 3, Abs. 2 Satz 2, Abs. 3 Satz 1, 2 Abs. 5 HmbGrStG),
- Hessen (§ 2 Abs. 2–4 HGrStG),
- Niedersachsen (§§ 2 Abs. 1 Satz 3, Abs. 2 Satz 2, Abs. 3 Satz 3, 3 Abs. 5 NGrStG).

1 Koordinierte Erlasse der obersten Finanzbehörden der Länder v. 9.11.2021, BStBl 2021 I S. 2334 (AEBewGrSt).

Im Übrigen wird auf die Kommentierung der landesrechtlichen Regelungen in Teil C dieses Kommentars verwiesen. 31b

Ferner greift die Abrundungspflicht nicht auf die nachfolgenden Schritte der **Grundsteuermessbetrags- und Grundsteuerfestsetzung** durch. Dort bestehen keine Rundungsregeln.[1] 32

(Einstweilen frei) 33–40

V. Vereinbarkeit der Vorschrift

Die Vorschrift begegnet keinen verfassungsrechtlichen oder europarechtlichen Bedenken. 41

Das **Landesrecht** kann von § 230 BewG abweichende Vorschriften vorsehen, Art. 72 Abs. 3 Nr. 7 GG. 42

(Einstweilen frei) 43–50

VI. Verhältnis zu anderen Vorschriften

§ 230 BewG legt im Feststellungsverfahren des **§ 219 BewG** den letzten Schritt fest, bevor der Wert nach § 219 Abs. 1 BewG gesondert festgestellt wird. 51

Durch den § 230 BewG hat der **Bundesgesetzgeber** von seiner **konkurrierenden Gesetzgebung** nach Art. 105 Abs. 2 Satz 1 GG Gebrauch gemacht. Ungeachtet dessen kann das Landesrecht aber abweichende Vorschriften vorsehen, die Vorrang von der bundesgesetzlichen Regelung haben, Art. 72 Abs. 3 Nr. 7 GG. 52

Einer Abrundung muss die Wertermittlung nach den materiellen Bewertungsvorschriften nach **§§ 232 ff. BewG** und **§§ 243 ff. BewG** vorausgegangen sein. 53

(Einstweilen frei) 54–60

B. Systematische Kommentierung

Die Abrundung ist grundsätzlich **bei jeder Wertfeststellung** – also einer Haupt- oder Nachfeststellung oder einer Wertfortschreibung – vorzunehmen. 61

Eine Abrundung ist auf volle hundert Euro vorzunehmen. Das bedeutet, dass auf das **nächstkleinere Vielfache von 100 € abgerundet** werden muss. Dabei ist mangels entgegenstehender Vorschrift auch eine Abrundung auf 0 € möglich und durchzuführen. Ein auf 0 € abgerundeter Grundsteuerwert ist nicht gleichzustellen mit einer vollständig gewährten Steuerbefreiung. 62

Im Rahmen des AEBewGrSt weist die Finanzverwaltung auf eine kaufmännische Rundung der Zwischenwerte im Bewertungsverfahren hin.[2] Damit impliziert ist unter anderem auch eine Aufrundung, die unter Umständen zu Ungunsten des Grundsteuerpflichtigen ausfallen kann. Aufgrund der Rundung auf zwei Nachkommastellen (und damit letztlich auf Centbeträge) sollte sich die wirtschaftlich nachteilige Auswirkung jedoch auf ein Minimalmaß beschränken. 62a

1 Vgl. für die Grundsteuer Grootens in Grootens, GrStG, § 27 Rz. 45.
2 A 230 AEBewGrSt.

Nach der hier vertretenen Auffassung sind in § 230 BewG und im Anwendungserlass zu § 230 BewG **nicht** die Rundungen bei der **Bestimmung der Parameter** für die Erklärung zur Feststellung des Grundsteuerwerts geregelt.[1]

BEISPIEL: Der durchschnittliche Zukauf von Ferkeln (über etwa 12 bis etwa 20 kg) in den letzten drei Wirtschaftsjahren lag bei 50,25 Tieren. Dieser ermittelte Durchschnittsbestand ist nicht zwingend kaufmännisch gerundet in der Erklärung anzugeben (d. h. 50 Tiere). Eine Rundung zugunsten der erklärungspflichtigen Person auf 51 zugekaufte Tiere ist ebenfalls möglich.

63 Eine **Abrundung** ist bei der gesonderten Wertfeststellung, die aufgrund der Mehrheit von Anteilen i. S. des § 219 Abs. 2 Nr. 2 BewG ergeht, **nur einmalig** auf den gesamten einheitlichen Grundsteuerwert vorzunehmen. Feststellungsgegenstand sind hier neben dem Grundsteuerwert separat die **Anteile am Grundsteuerwert**. Der Grundsteuerwert ist nach § 219 Abs. 2 Nr. 2 BewG nicht auf die Anteilsinhaber aufzuteilen, stattdessen sind die Anteile Bestandteil der Zurechnungsfeststellung i. S. des § 219 Abs. 2 Nr. 2 BewG.

§ 231 BewG Abgrenzung von in- und ausländischem Vermögen

(1) [1]Für die Bewertung des inländischen nach diesem Abschnitt zu bewertenden Vermögens gelten die §§ 232 bis 262. [2]Nach diesen Vorschriften sind auch die inländischen Teile einer wirtschaftlichen Einheit zu bewerten, die sich sowohl auf das Inland als auch auf das Ausland erstrecken.

(2) Die ausländischen Teile einer wirtschaftlichen Einheit unterliegen nicht der gesonderten Feststellung nach § 219.

Inhaltsübersicht **Rz.**

LITERATUR:

Höreth/Stelzer, Grundsteuerreform – der Druck auf den Gesetzgeber steigt, DStZ 2019 S. 607; *Marfels*, Die Neubewertung von Grundvermögen nach dem Entwurf für ein Grundsteuerreformgesetz (GrStRefG), ErbStB 2019 S. 266; *Marx*, Ökonomische Analyse des Grundsteuer-Reformgesetzentwurfs, DStZ 2019 S. 372; *Neufang*, Das Grundsteuerreformgesetz – ein gesetzgeberisches Chaos?, BB 2019 S. 3035; *Eichholz*, Novellierung der Grundsteuer, DStZ 2020 S. 1158; *Eisele/Wiegand*, Grundsteuerreform 2022/2025, 1. Aufl.

1 Zustimmend Schnitter in GrStG – eKommentar, § 230 BewG Rz. 7 und Baldauf in Lippross/Seibel, Basiskommentar Steuerrecht (144. Erg.-Lfg. 2024), § 230 BewG Rz. 4.

Januar 2020, S. 9 NWB CAAAH-44415; *Heine*, Reform des Bewertungs- und Grundsteuerrechts. Werden die Reformziele erreicht?, KStZ 2020 S. 2; *Heine*, Hauptfeststellung und Nachfeststellung sowie Fortschreibung und Aufhebung von Einheits- und Grundsteuerwerten nach altem und neuem Recht als Grundlage für die Veranlagung der Grundsteuer, KStZ 2020 S. 21; *Wünnemann/Koller*, Die Grundsteuerreform – ein Resümee aus Sicht der Industrie, BB 2020 S. 215; *Wiegand*, Bewertung des land- und forstwirtschaftlichen Vermögens für Zwecke der reformierten Grundsteuer, NWB 8/2022 S. 517 NWB IAAAI-04399.

VERWALTUNGSANWEISUNGEN:

Koordinierte Erlasse der obersten Finanzbehörden der Länder v. 9.11.2021 – Anwendung des Siebenten Abschnitts des Zweiten Teils des Bewertungsgesetzes zur Bewertung des Grundbesitzes (allgemeiner Teil und Grundvermögen) für die Grundsteuer ab 1.1.2022 (AEBewGrSt), BStBl 2021 I S. 2334.

A. Allgemeine Erläuterungen

I. Hinweise auf Verwaltungsanweisungen

Verwaltungsanweisungen bezüglich der Abrundung des Grundsteuerwerts sind mit dem A 231 AEBewGrSt ergangen.[1] Darin wird im Wesentlichen der gesetzliche Wortlaut wiedergegeben. 1

(Einstweilen frei) 2–10

II. Normzweck und wirtschaftliche Bedeutung der Vorschrift

§ 231 BewG wiederholt zunächst, welche **Bewertungsvorschriften für den inländischen Grundbesitz** anzuwenden sind, was sich bereits aus § 219 Abs. 1 BewG ergibt. Zusätzlich legt § 231 Abs. 1 Satz 2 BewG fest, dass nur der **inländische Teil der wirtschaftlichen Einheit** insoweit der Bewertung unterliegt. 11

Durch § 231 Abs. 2 BewG wird übereinstimmend mit § 219 Abs. 1 BewG festgelegt, dass nur **inländischer Grundbesitz** bei der Grundsteuerwertermittlung **miteinzubeziehen** ist. Dementsprechend untersagt § 231 Abs. 2 BewG eine Grundsteuerwertermittlung für ausländisches Vermögen in Übereinstimmung nach § 219 Abs. 3 BewG. 12

(Einstweilen frei) 13–20

III. Entstehung und Entwicklung der Vorschrift

§ 231 BewG geht auf die ähnliche Vorschrift des § 31 BewG zurück, in der die Bewertung von **ausländischem Sachvermögen** geregelt ist. Diese Vorschrift behält auch nach dem 31.12.2024 weiterhin Gültigkeit, ist zukünftig aber nur für erbschaftsteuerliche Zwecke relevant (§ 12 Abs. 7 ErbStG). 21

Sachvermögen (abseits des Grundbesitzes) ist für die **Grundsteuerwertermittlung** jedoch außer Betracht zu lassen. Daher wird § 231 BewG letztlich vollständig neu gefasst. § 31 BewG sah ursprünglich vor, dass ausländisches Vermögen nach dem Ersten Teil des BewG zu bewerten ist. Dies gilt sowohl für vollständig ausländisches als auch für nur teilweise im Ausland liegendes Vermögen. 22

1 Koordinierte Erlasse der obersten Finanzbehörden der Länder v. 9.11.2021, BStBl 2021 I S. 2334 (AEBewGrSt).

23 Zusätzlich übernimmt § 231 BewG Regelungsinhalte des § 32 BewG a. F., wonach bereits im Rahmen der Einheitsbewertung eine **Bewertung des im Inland liegenden Teils** nach den inländischen Bewertungsvorschriften zu erfolgen hatte.

24–30 *(Einstweilen frei)*

IV. Geltungsbereich

31 § 231 BewG legt den **Umfang der Bewertung einer wirtschaftlichen Einheit** für die Grundsteuerwertermittlung fest. § 219 Abs. 1 Satz 1 BewG schreibt vor, dass nur inländischer Grundbesitz zu bewerten ist. Durch § 231 BewG wird dies nun konkretisiert und allein auf den inländischen Teil des Grundbesitzes (i. e. der wirtschaftlichen Einheit) eingegrenzt.

32 Das **Landesrecht** kann von § 231 BewG abweichende Vorschriften vorsehen, Art. 72 Abs. 3 Nr. 7 GG. Dies wurde durch Landesgesetzgeber inzwischen mit folgenden Regelungen vorgenommen:

- Baden-Württemberg (§ 25 LGrStG BW),
- Bayern (Art. 10 Abs. 1 Satz 1 BayGrStG),
- Hamburg (§ 11 Abs. 1 Satz 1 HmbGrStG),
- Hessen (§ 2 Abs. 2–4 HGrStG),
- Niedersachsen (§ 1 Abs. 1 Satz 2 NGrStG).

33 Mangels offizieller Regelungen bleibt es abzuwarten, wie die Erklärungen sowie die Anzeigen zu erfolgen haben, wenn das Grundstück sich über mehrere Länder erstreckt, die abweichende Bewertungsverfahren anwenden. Wegen der Einzelheiten wird auf die Kommentierung der landesrechtlichen Regelungen in Teil C dieses Kommentars verwiesen.

34–40 *(Einstweilen frei)*

V. Vereinbarkeit der Vorschrift

41 Die Vorschrift begegnet keinen verfassungsrechtlichen oder europarechtlichen Bedenken.

42 Durch den § 231 BewG hat der **Bundesgesetzgeber** von seiner **konkurrierenden Gesetzgebung** nach Art. 105 Abs. 2 Satz 1 GG Gebrauch gemacht. Ungeachtet dessen kann das Landesrecht aber abweichende Vorschriften vorsehen, die Vorrang von der bundesgesetzlichen Regelung haben, Art. 72 Abs. 3 Nr. 7 GG.

43–50 *(Einstweilen frei)*

VI. Verhältnis zu anderen Vorschriften

51 § 231 BewG steht im engen Zusammenhang **mit § 219 Abs. 1 Satz 1 BewG** und dem dort genannten Feststellungsgegenstand: dem **inländischen Grundbesitz**. Durch § 231 BewG wird dieser Objektbegriff nun in Bezug auf ausländische Teile genau abgegrenzt. Spiegelbildlich wird entsprechend des **§ 219 Abs. 3 BewG** festgelegt, dass ausländische Teile einer wirtschaftlichen Einheit (**mangels Bedeutung für die inländische Grundbesteuerung**) nicht der Bewertung unterliegen.

52 Ferner verweist § 231 BewG auf die **materiellrechtlichen Bewertungsvorschriften** der **§§ 232–262 BewG**, die für den inländischen Grundbesitz anzuwenden sind.

(Einstweilen frei) 53–60

B. Systematische Kommentierung

I. Anzuwendende Bewertungsvorschriften für inländischen Grundbesitz (§ 231 Abs. 1 BewG)

1. Anwendung der Bewertungsvorschriften zur Grundsteuerwertermittlung (§ 231 Abs. 1 Satz 1 BewG)

Durch § 231 Abs. 1 Satz 1 BewG wird der bereits im § 219 Abs. 1 Satz 1 BewG ausgeführte **Bezug zu den materiellen Bewertungsvorschriften** wiederholt und konkretisiert. Durch ausdrücklichen gesetzlichen Verweis werden die für die Grundsteuerwertermittlung im Rahmen des Siebenten Abschnitts des BewG die Vorschriften der §§ 232–262 BewG als anzuwendende Bewertungsvorschriften genannt. 61

Deren Anwendung wird durch **Ermächtigungs- und Anwendungsvorschriften** begleitet (§§ 263, 266 BewG). 62

(Einstweilen frei) 63–70

2. Beschränkung der Bewertung auf das Inland (§ 231 Abs. 1 Satz 2 BewG)

Wie der Gesetzgeber bereits ausführte,[1] ist die Anwendung der in § 231 Abs. 1 Satz 1 BewG genannten Bewertungsvorschriften klarstellend nun auf den nur im **Inland**[2] liegenden Teil der **wirtschaftlichen Einheit** anzuwenden.[3] 71

Die wirtschaftliche Einheit – auch wenn sie nach § 2 BewG grenzüberschreitend vorliegt – reduziert sich damit auf den inländischen Teil des Grundbesitzes. Folge ist, dass **Besteuerungsmerkmale**, die sich aus dem im Ausland liegenden Grundbesitzteil ergeben, bei der Anwendung der Bewertungsvorschriften außer Ansatz bleiben.[4] 72

Insbesondere sind damit die **Vermögensart** i. S. des § 218 Satz 1 BewG sowie im Falle des Grundvermögens auch die **Grundstücksart** nach § 249 BewG nur nach den **Merkmalen des inländischen Teils** des Grundbesitzes zu beurteilen. 73

Gleiches gilt für die **wertmäßigen Bewertungsfaktoren**, wie sie in den materiellen Bewertungsvorschriften und den diesbezüglichen Anlagen zum BewG genannt sind. 74

Die Finanzverwaltung sieht insbesondere einen Anwendungsfall bei grenzüberschreitend betriebenen land- und forstwirtschaftlichen Betrieben.[5] 75

BEISPIEL: LAND- UND FORSTWIRTSCHAFTLICHES VERMÖGEN Ein niederländischer Landwirt betreibt seinen Betrieb vornehmlich mit Sitz in den Niederlanden. Teile seiner Ackerflächen und Weiden liegen mit einer Scheune im deutschen Geltungsbereich des BewG und GrStG (Land Nordrhein-Westfalen) und dienen vollständig seinem Betrieb. Nach der Verkehrsanschauung liegt eine wirtschaftliche Einheit vor. 76

1 BT-Drucks. 19/11085 S. 98, zu § 231 BewG.
2 Zum Inlandsbegriff vgl. Kurt in Grootens, BewG, § 219 Rz. 61.
3 A 231 Satz 1 AEBewGrSt.
4 A 231 Satz 4 AEBewGrSt.
5 A 231 Satz 3 AEBewGrSt.

Der Wertermittlung und Feststellung unterliegt nach § 219 Abs. 3 BewG mit § 231 Abs. 2 BewG jedoch nur der inländische Teil des land- und forstwirtschaftlichen Betriebs. Folglich sind nur die Flächen zu erklären, die in der Bundesrepublik Deutschland liegen.

BEISPIEL: GRUNDVERMÖGEN ▸ Der Erholungsgarten eines Einfamilienhauses liegt vollständig in Belgien. Das Wohngebäude liegt jedoch vollständig im deutschen Geltungsbereich des BewG und GrStG (Land Nordrhein-Westfalen). Der Grundsteuerwert ist ohne die Fläche im Ausland, d. h. nur für den inländischen Grundstücksteil, festzustellen.

77–80 *(Einstweilen frei)*

II. Verbot der Bewertung ausländischen Grundbesitzes (§ 231 Abs. 2 BewG)

81 Durch § 231 Abs. 2 BewG wird nochmals klargestellt, dass – entsprechend der Rechtsfolge des § 219 Abs. 3 BewG – eine Bewertung ausländischen Grundbesitzes nicht erfolgt. Hintergrund ist, dass eine **Bedeutung für die Grundsteuer** nur bei inländischem Grundbesitz vorliegt, (§ 219 Abs. 1 Satz 1 BewG).

82 Durch § 231 Abs. 2 BewG wird damit klarstellend jegliche **Bewertung ausländischen Vermögens** für grundsteuerliche Zwecke **ausgeschlossen.**[1]

B. Land- und forstwirtschaftliches Vermögen

I. Allgemeines

§ 232 BewG Begriff des land- und forstwirtschaftlichen Vermögens

(1) [1]Land- und Forstwirtschaft ist die planmäßige Nutzung der natürlichen Kräfte des Bodens zur Erzeugung von Pflanzen und Tieren sowie die Verwertung der dadurch selbst gewonnenen Erzeugnisse. [2]Zum land- und forstwirtschaftlichen Vermögen gehören alle Wirtschaftsgüter, die einem Betrieb der Land- und Forstwirtschaft dauernd zu dienen bestimmt sind.

(2) [1]Die wirtschaftliche Einheit des land- und forstwirtschaftlichen Vermögens ist der Betrieb der Land- und Forstwirtschaft. [2]Wird der Betrieb der Land- und Forstwirtschaft oder werden Teile davon einem anderen Berechtigten zur Erzeugung von Pflanzen und Tieren sowie zur Verwertung der dadurch selbst gewonnenen Erzeugnisse überlassen, so gilt dies als Fortsetzung der land- und forstwirtschaftlichen Tätigkeit des Überlassenden.

(3) [1]Zu den Wirtschaftsgütern, die dem Betrieb der Land- und Forstwirtschaft dauernd zu dienen bestimmt sind, gehören insbesondere:

1. der Grund und Boden,

2. die Wirtschaftsgebäude,

3. die stehenden Betriebsmittel,

4. der normale Bestand an umlaufenden Betriebsmitteln,

5. die immateriellen Wirtschaftsgüter.

1 A 231 Satz 5 AEBewGrSt.

[2]Als normaler Bestand an umlaufenden Betriebsmitteln gilt ein Bestand, der zur gesicherten Fortführung des Betriebs erforderlich ist.

(4) Nicht zum land- und forstwirtschaftlichen Vermögen gehören:

1. **Grund und Boden sowie Gebäude und Gebäudeteile, die Wohnzwecken oder anderen nicht land- und forstwirtschaftlichen Zwecken dienen,**
2. **Tierbestände oder Zweige des Tierbestands und die hiermit zusammenhängenden Wirtschaftsgüter (zum Beispiel Gebäude und abgrenzbare Gebäudeteile mit den dazugehörenden Flächen, stehende und umlaufende Betriebsmittel), wenn die Tiere weder nach § 241 zur landwirtschaftlichen Nutzung noch nach § 242 Absatz 2 zu den sonstigen land- und forstwirtschaftlichen Nutzungen gehören; die Zugehörigkeit der landwirtschaftlich genutzten Flächen zum land- und forstwirtschaftlichen Vermögen wird hierdurch nicht berührt,**
3. **Zahlungsmittel, Geldforderungen, Geschäftsguthaben, Wertpapiere und Beteiligungen sowie**
4. **Geldschulden und Pensionsverpflichtungen.**

Inhaltsübersicht

LITERATUR:

Eisele/Wiegand, Grundsteuerreform 2022/2025, Stand: Januar 2020 (1. Aufl.), NWB CAAAH-44415; *Eisele*, Reform der Grundsteuer – Gesetzentwurf liegt vor! Teil II: Bewertung des land- und forstwirtschaftlichen Vermögens für Zwecke der Grundsteuer A/Änderungen des Grundsteuergesetzes, NWB 29/2019 S. 2127, NWB AAAAH-22096; *Marx*, Ökonomische Analyse des Grundsteuer-Reformgesetzentwurfs, DStZ 2019 S. 372; *Wiegand* Bewertung des land- und forstwirtschaftlichen Vermögens für Zwecke der reformierten Grundsteuer, NWB 2022 S 517–541; *Bruschke*, Der neue Grundsteuerwert für die Land- und Forstwirtschaft, ErbStB 2022, 78–81.

VERWALTUNGSANWEISUNGEN:

Koordinierte Erlasse der obersten Finanzbehörden der Länder v. 9.11.2021 – Anwendung des Siebenten Abschnitts des Zweiten Teils des Bewertungsgesetzes zur Bewertung des Grundbesitzes (land- und forstwirtschaftliches Vermögen) für die Grundsteuer ab 1.1.2022 (AEBewGrSt), BStBl I 2021 S. 2369.

A. Allgemeine Erläuterungen zu § 232 BewG

I. Normzweck und wirtschaftliche Bedeutung der Vorschrift

1 Die Regelung definiert den **tätigkeitsbezogenen Begriff der Land- und Forstwirtschaft**. Der Sammelbegriff umfasst neben der Landwirtschaft und der Forstwirtschaft auch den Weinbau, den Gartenbau und die sonstigen Betriebszweige.[1]

2 Zugleich regelt § 232 Abs. 1 Satz 2 BewG den **Umfang des land- und forstwirtschaftlichen Vermögens**. Dienen Wirtschaftsgüter nach ihrer Zweckbestimmung einer land- und forstwirtschaftlichen Tätigkeit **dauerhaft zur planmäßigen und ständigen Bewirtschaftung**, werden sie unter objektiven Gesichtspunkten dieser Vermögensart zugerechnet.[2]

3–5 *(Einstweilen frei)*

II. Entstehung und Entwicklung der Vorschrift

6 § 232 BewG wurde mit dem GrStRefG v. 26.11.2019[3] in das BewG eingefügt. Die Regelung entspricht wortgleich dem § 158 BewG und ist dort mit dem ErbStRG 2009 vom 24.12.2008 (BGBl 2008 I S. 3018) neu geschaffen worden. Sie greift jedoch in Satz 2 im Wesentlichen auf die bestehenden Vorschriften zur Einheitsbewertung (§ 33 BewG) zurück. Erstmals ist § 232 BewG für den **Hauptfeststellungszeitpunkt 1.1.2022** anzuwenden (vgl. § 266 BewG).

7–9 *(Einstweilen frei)*

III. Geltungsbereich

10 Die in § 232 BewG festgelegten Grundsätze sind bei der **Bewertung des land- und forstwirtschaftlichen Vermögens** anzuwenden. Bewertungsgegenstand ist der Betrieb der Land- und Forstwirtschaft i. S. des § 234 Abs. 1 BewG. Die Vorschriften der §§ 232 und 233 BewG gehen

1 BT-Drucks. 19/11085 S. 99.
2 BT-Drucks. 19/11085 S. 99.
3 GrStRefG v. 26.11.2019, BGBl 2019 I S. 1794.

§ 243 BewG vor. Liegt land- und forstwirtschaftliches Vermögen nach § 232 BewG vor, kann grundsätzlich kein **Grundvermögen** vorliegen. Etwas anderes gilt für land- und forstwirtschaftlich genutzte Flächen, die nach § 233 Abs. 2 und 3 BewG dem Grundvermögen zugeordnet werden (insbes. **Bauerwartungs- und Rohbauland**).[1]

Die Vorschriften gelten gem. § 231 BewG nur für die Bewertung des **inländischen** zu bewertenden Vermögens. Dabei sind auch die inländischen Teile einer wirtschaftlichen Einheit zu bewerten, die sich sowohl auf das Inland als auch auf das Ausland erstrecken. 11

(Einstweilen frei) 12–14

B. Systematische Kommentierung

I. Abgrenzungsgrundsätze

1. Definition der Land- und Forstwirtschaft (§ 232 Abs. 1 Satz 1 BewG)

§ 232 Abs. 1 Satz 1 BewG definiert den Begriff **Land- und Forstwirtschaft**. Er stellt auf eine aktive Bewirtschaftung des Betriebs ab und beschreibt das, was man seit jeher allgemein unter Landwirtschaft versteht.[2] Der Begriff steht für mehrere Nutzungen, denn er umfasst neben der Land- und Forstwirtschaft auch den Weinbau, den Gartenbau und die sonstigen Betriebszweige. Stephany[3] hält den Ansatz des Gesetzgebers in diesem Punkt für nicht nachvollziehbar und im Grunde genommen für falsch. Er argumentiert, dass für eine **Substanzsteuer** wie der Grundsteuer, es nicht auf die Tätigkeit ankomme, sondern auf den Bewertungsgegenstand. Insoweit spiele es auch keine Rolle, ob der Bewertungsgegenstand des land- und forstwirtschaftlichen Betriebs aktiv bewirtschaftet oder verpachtet wird, sondern ob der Bewertungsgegenstand für land- und forstwirtschaftliche Zwecke – von wem auch immer – genutzt wird. 15

Grundsätzlich wird eine Produktion von **pflanzlichen und tierischen Erzeugnissen** unterstellt. In Übereinstimmung mit dem Einkommensteuergesetz sind als Boden auch Substrate und Wasser anzusehen. Während die Erzeugnisse des Grund und Bodens eine land- und forstwirtschaftliche Urproduktion darstellen, muss es sich bei den tierischen Erzeugnissen um Produkte handeln, die der Ernährung oder Bekleidung dienen.[4] 16

Forstwirtschaft ist die planmäßige Nutzung der natürlichen Kräfte des Waldbodens zur Gewinnung von Walderzeugnissen und insbesondere Rohholz. Als **Rohholz** wird in der Forstwirtschaft das geerntete und für den Verkauf angebotene Holz bezeichnet. Dies sind gefällte, entastete und entwipfelte Bäume, die keine weitere Bearbeitung erfahren haben. Hierzu gehört auch die unmittelbare Veräußerung oder Verwertung des Holzes. Die bisherigen Regelungen, dass **Saat- und Pflanzkämpe**, aber auch **Samenplantagen,** zur Forstwirtschaft gehören, wenn sie zu mehr als zwei Drittel der Erzeugung von Pflanzen für den eigenen Betrieb dienen, werden aufgegeben. Sie sind nunmehr der gärtnerischen Nutzung und dort dem Nutzungsteil **Baumschulen** zugeordnet.[5] Die innerhalb eines Waldes gelegenen **Wildwiesen** und **Wildäcker** 17

1 Vgl. Bock in Grootens, BewG § 243 Rz. 10.

2 BFH, Urteil v. 31.3.1955 - IV 134/54 U, BStBl 1995 III S. 150; BFH, Urteil v. 23.1.1992 - IV R 19/90, BStBl 1992 II S. 651.

3 Vgl. Stephany, AgrB 6 - 2019 S. 337.

4 Vgl. Wiegand in Viskorf/Schuck/Wälzholz, BewG § 158 Rz. 2.

5 Vgl. A 237.9 Abs. 3 S. 1 AEBewGrSt.

gehören ebenfalls zur forstwirtschaftlichen Nutzung, wenn sie nicht bodengeschätzt sind und landwirtschaftlich genutzt werden.[1]

18 Weinbau ist die (landwirtschaftliche) Kultivierung von Weinreben zur Gewinnung und anschließenden Kelterung von Trauben sowie der **Ausbau** (Ausbau bezeichnet alle kellerwirtschaftlichen Arbeiten in der Zeitspanne zwischen dem Ende der **Gärung** und der **Abfüllung** eines Weins) des Weins. Unter Gartenbau fasst man den Anbau von Blumen, Gemüse, Obst und Baumschulerzeugnissen im Rahmen intensiver Kulturverfahren zusammen.

19 Als **sonstige land- und forstwirtschaftliche Nutzungen** (vgl. § 242 Abs. 2 BewG) kommen die Binnenfischerei, die Teichwirtschaft, die Fischzucht für Binnenfischerei und Teichwirtschaft, die Imkerei, die Wanderschäferei, die Saatzucht, der Pilzanbau, die Produktion von Nützlingen Weihnachtbaumkulturen und die Kurzumtriebsplantagen in Betracht.

20–24 *(Einstweilen frei)*

2. Begriff des land- und forstwirtschaftlichen Vermögens (§ 232 Abs. 1 Satz 2 BewG)

25 Bewertungsgegenstand für Zwecke der Grundsteuer ist innerhalb des land- und forstwirtschaftlichen Vermögens die **wirtschaftliche Einheit** des Betriebs der Land- und Forstwirtschaft. Die wirtschaftliche Einheit bestimmt sich nach den **wirtschaftlichen Eigentumsverhältnissen** beim Grund und Boden am Feststellungszeitpunkt und umfasst die damit in engem sachlichem Zusammenhang stehenden Wirtschaftsgüter, die in Abs. 3 konkretisiert werden.[2] Entscheidend dafür, ob das Wirtschaftsgut dem Betrieb der Land- und Forstwirtschaft dauernd zu dienen bestimmt ist, ist der dem Wirtschaftsgut zukommende Zweck **(Zweckbestimmung)** am Feststellungszeitpunkt (§ 235 BewG).[3]

26 Eine Zuordnung zum land- und forstwirtschaftlichen Vermögen erfolgt nach § 232 Abs. 1 Satz 2 immer dann, wenn Wirtschaftsgüter dauerhaft einem Betrieb der Land- und Forstwirtschaft zu dienen bestimmt sind. Das setzt eine gewisse planmäßige und ständige Bewirtschaftung voraus.[4] Ein Grundstück ist dem land- und forstwirtschaftlichen Vermögen zuzuordnen, wenn es hinsichtlich Arbeitseinsatz, Investitionen zur Erhaltung oder Steigerung der Ertragsfähigkeit sowie erzielbarem Ertrag einem Vergleich mit einem durchschnittlichen Haupterwerbsbetrieb der gleichen Nutzungsart standhalten kann. In Anlehnung an § 237 Abs. 1 Satz 1 wäre hier die Formulierung Nutzung, Nutzungsteil und Nutzungsart gesetzeskonform. Eine Erzeugung des Erwerbs wegen gehört nicht zu den Abgrenzungskriterien.[5] Grund und Boden sowie Gebäude, die einem Betrieb der Land- und Forstwirtschaft dauernd zu dienen bestimmt sind, gehören auch dann zum land- und forstwirtschaftlichen Vermögen, wenn der Betrieb ganz oder in Teilen auf bestimmte oder unbestimmte Zeit **nicht bewirtschaftet** wird. Dies ist dann der Fall, wenn sie keine andere Zweckbestimmung erhalten haben, die zu einer zwingenden Zuordnung zum Grund- oder Betriebsvermögen führen.[6] Eine vorübergehende Einstellung der Bewirtschaftung ist dann unschädlich, wenn die Wirtschaftsgüter nicht einem anderen Zweck zu dienen bestimmt sind. Ein Wirtschaftsgut (z. B. Maschinenhalle) ist auch dann

1 BFH, Beschluss v. 15.3.2001 - IV B 72/00, NWB SAAAA-67044 sowie A 237.1 Abs. 1 S. 4 AEBewGrSt.
2 BT-Drucks. 19/11085 S. 100.
3 Vgl. A 232.1 Abs. 2 S. 3 AEBewGrSt.
4 RFH, Urteil v. 27.2.1941 - III 167/39, RStBl 1941 S. 746.
5 BFH, Urteil v. 4.3.1987 - II R 8/86, BStBl 1987 II S. 370 und BFH, Beschluss v. 10.10.1990 - II B 70/90.
6 Vgl. A232.1 Abs. 2 S. 4 AEBewGrSt; BFH, Urteil v. 28.3.2012 - III R 37/10.

einem Betrieb der Land- und Forstwirtschaft dauernd zu dienen bestimmt, wenn es vorübergehend in einem dem Inhaber des Betriebs der Land- und Forstwirtschaft gehörenden Gewerbebetrieb, z. B. einem Lohnunternehmen verwendet wird, aber die Verwendung im eigenen landwirtschaftlichen Betrieb nicht von untergeordneter Bedeutung ist.[1]

Das Grundsteuerreformgesetz[2] selbst trifft keine besonderen Regelungen zur **Abgrenzung des land- und forstwirtschaftlichen Vermögens vom gewerblichen Betriebsvermögen.** Gleichwohl gilt es, wie bisher, Lebenssachverhalte zu beurteilen, die diese Abgrenzungsfragen aufwerfen. Insoweit ist auf das bisherige Bewertungsrecht und das Ertrag- und Forststeuerrecht zurückzugreifen, die in diesem Zusammenhang insbesondere die Abgrenzung des landwirtschaftlichen Vermögens und des gewerblichen Betriebsvermögens deckungsgleich regeln.[3] Soweit jedoch zur Frage der Zuordnung von Wirtschaftsgütern keine eigenständigen Regelungen vorhanden sind, muss auf die ertragsteuerlichen Regelungen in R 15.5 EStR 2012 nicht nur im Rahmen der Grundbesitzbewertung (§ 158 BewG) sondern m. E. auch bei der Ermittlung der Grundsteuerwerte zurückgegriffen werden. A 232.3 Abs. 1 Satz 3 AEBewGrSt bestätigt die Auffassung und bestimmt, dass eine Abgrenzung vorrangig u. a. nach R 15.5 Abs. 1–12 EStR vorzunehmen ist. 27

Schließlich (er-)fordert § 232 Abs. 1 BewG im Gegensatz zu § 13 Abs. 1 EStG **keine Gewinnerzielungsabsicht** nach § 15 Abs. 2 EStG, weshalb auch sog. **Liebhabereibetriebe** land- und forstwirtschaftliche Betriebe i. S. des BewG sind. Somit kommt es für die bewertungsrechtliche Einordnung der Wirtschaftsgüter als land- und forstwirtschaftliches Vermögen grundsätzlich nicht auf die ertragssteuerliche Einordnung an. Dies bedeutet, dass zum land- und forstwirtschaftlichen Vermögen auch Wirtschaftsgüter gehören können, die ertragssteuerrechtlich als **Privatvermögen** zu behandeln sind (z. B. aufgegebene Betriebe, im Privatvermögen verbliebene Flächen nach dem Einigungsvertrag).[4] 28

3. Exkurs: Bewertung von land- und forstwirtschaftlichen Körperschaften, Personenvereinigungen und Vermögensmassen

Nach § 95 Abs. 2 BewG gilt die Land- und Forstwirtschaft nicht als Gewerbe, wenn sie den **Hauptzweck des Betriebs** bildet. Dagegen stellt kraft gesetzlicher Fiktion eine land- und forstwirtschaftliche Betätigung der in § 97 Abs. 1 BewG genannten Körperschaften, Personenvereinigungen und Vermögensmassen einen Gewerbebetrieb dar. In der Praxis dürfte dies am häufigsten auf **Kapitalgesellschaften** und **Genossenschaften** zutreffen. Der Umfang der wirtschaftlichen Einheit erstreckt sich in diesen Fällen auf alle Wirtschaftsgüter des Betriebsvermögens, unabhängig davon, ob sie dem eigentlichen Gewerbebetrieb dienen oder tatsächlich gar kein Gewerbe betrieben wird. 29

Grundbesitz der – losgelöst von einem Gewerbebetrieb – einen Betrieb der Land- und Forstwirtschaft bilden würde, ist nach dem Recht der Einheitsbewertung gem. § 99 Abs. 1 Nr. 2 i.V. mit Abs. 3 BewG wie land- und forstwirtschaftliches Vermögen zu bewerten. Da es für Zwecke der Grundsteuer **keine Vermögensart Betriebsvermögen** gibt, ordnet § 218 Satz 1 BewG klarstellend an, dass diese Grundsätze auch für die Grundsteuer gelten. Hieraus ergibt 30

1 Vgl. Rössler/Troll/Wiegand, BewG, § 232 Rz. 12–14.
2 GrStRefG v. 26.11.2019, BGBl 2019 I S. 1794.
3 Vgl. gleich lautende Erlasse der obersten Finanzbehörden der Länder v. 15.12.2011, BStBl 2011 I S. 1213 und 1217.
4 Vgl. Wiegand in Viskorf/Schuck/Wälzholz, BewG § 158 Rz. 8

sich – wie im bisherigen Recht –, dass alle Wirtschaftsgüter i. S. des § 232 Abs. 3 BewG hiervon erfasst werden. Nicht davon erfasst werden die nach § 232 Abs. 4 BewG auszuscheidenden Wirtschaftsgüter, da diese nicht der Grundsteuer unterliegen.[1]

31 Die Verwaltungsanweisungen eröffnen im ersten Hauptfeststellungszeitraum für **bestehende wirtschaftliche Einheiten,** die im Eigentum einer in § 97 Abs. 1 Satz 1 bezeichneten Körperschaft, Personenvereinigung oder Vermögensmasse stehen, folgende **Vereinfachung:** Soweit für Zwecke der Einheitsbewertung die wirtschaftlichen Einheiten dieser Bewertungsobjekte unter Anwendung von § 34 Abs. 4–6 BewG gebildet wurden, können diese Verhältnisse weiterhin für Zwecke der Feststellung von Grundsteuerwerten zugrunde gelegt werden.[2] Insoweit kann das land- und forstwirtschaftliche Vermögen bei **Personengesellschaften** und bei **Personengemeinschaften** im **ersten Hauptfeststellungszeitraum** wie bisher jeweils bei der Einheitsbewertung einheitlich ermittelt werden, auch wenn die Wirtschaftsgüter nur einem Beteiligten gehören.[3]

32 Landwirt A und Landwirt B gründeten eine GbR mit dem Ziel, die landwirtschaftlich genutzten Flächen gemeinsam zu bewirtschaften und Tiere (Mastweine) zu halten. A und B brachten jeweils 75 ha landwirtschaftliche Nutzfläche in den Betrieb ein, insgesamt wurden 4.000 Mastschweine aus schweren Ferkeln (= 480 VE) erzeugt.

Die Bewertung der Flächen sowie der verstärkten Tierhaltung erfolgte bisher bei der Einheitsbewertung gem. § 34 Abs. 6 i.V. mit § 51 BewG. Daher ist auch bei der Feststellung des Grundsteuerwerts von einem einheitlichen Betrieb unter Berücksichtigung der in den §§ 237–239 BewG getroffenen Regelungen auszugehen.

II. Betrieb der Land- und Forstwirtschaft als wirtschaftliche Einheit (§ 232 Abs. 2 BewG)

1. Betrieb der Land- und Forstwirtschaft (§ 232 Abs. 2 Satz 1 BewG)

33 Die wirtschaftliche Einheit des land- und forstwirtschaftlichen Vermögens ist der Betrieb der Land- und Forstwirtschaft. Er besteht grundsätzlich aus der **Gesamtheit der Wirtschaftsgüter,** die ihm nicht nur vorübergehend, sondern objektiv dauernd zu dienen bestimmt sind und im Eigentum des Betriebsinhabers stehen. Im Hinblick auf die jeweiligen **Eigentumsverhältnisse** konkretisieren die Verwaltungsanweisungen Folgendes: Befinden sich Flächen am Bewertungsstichtag **noch nicht im zivilrechtlichen Eigentum des Steuerpflichtigen,** genügt für eine Zurechnung an den Steuerpflichtigen das wirtschaftliche Eigentum (§ 39 Abs. 2 Nr. 1 Satz 1 AO) an diesen Flächen. Wirtschaftliches Eigentum liegt insbesondere vor, wenn **Besitz, Nutzen, Lasten und Gefahren** auf den Steuerpflichtigen übergegangen sind. So ist z. B. bei Flächen in Flurbereinigungsverfahren nach dem Flurbereinigungsgesetz (FlurbG) grundsätzlich auf den Zeitpunkt des Übergangs des wirtschaftlichen Eigentums im Rahmen der vorläufigen Besitzeinweisung nach § 65 FlurbG abzustellen. Der Übergang des wirtschaftlichen Eigentums kann ausnahmsweise in einem früheren Stadium vor einer Besitzeinweisung i. S. des § 65 FlurbG in Betracht kommen, wenn der Fall der §§ 52, 53 FlurbG gegeben ist; hier ist der Zeitpunkt der

1 Vgl. Wiegand in Eisele/Wiegand, Grundsteuerreform 2022/2025, Stand: Januar 2020 (1. Aufl.), NWB CAAAAH-44415, S. 53.

2 Wegen der gesetzlichen Grundlage für die Vereinfachung in § 266 Abs. 5 BewG vgl. Grootens in Grootens, BewG § 266 Abs. 5 Rz. 111 ff.

3 Vgl. A 232.2 Abs. 5 AEBewGrSt.

Unwiderruflichkeit der Zustimmung zum Landabfindungsverzicht (Zugang der Erklärung bei der zuständigen Flurbereinigungsbehörde) maßgebend.[1]

Ferner wurde für den ersten Hauptfeststellungszeitraum durch die Einfügung des § 266 Abs. 5 BewG in das BewG die Möglichkeit geschaffen, dass für bestehende wirtschaftliche Einheiten, bei denen für Zwecke der Einheitsbewertung die Wirtschaftsgüter von Eheleuten oder Lebenspartnern und Lebenspartnerinnen nach § 26 BewG zusammengefasst wurden, diese Verhältnisse weiterhin für Zwecke der Feststellung der jeweiligen Grundsteuerwerte zugrunde gelegt werden können.[2] Diese Regelung ist aus verwaltungsökonomischen Gründen eingeführt worden und spart der Finanzverwaltung die Bereitstellung zusätzlicher Aktenzeichen. Wegen der gesetzlichen Grundlage für die Vereinfachung in § 266 Abs. 5 BewG vgl. Grootens in Grootens, BewG § 266 Rz. 111 ff. 34

Niedersachsen wendet bei der Bewertung der Betriebe der Land- und Forstwirtschaft grundsätzlich die bundesgesetzlichen Regelungen der §§ 232–242 BewG an. Insbesondere bei der Bildung der wirtschaftlichen Einheit des Betriebs der Land- und Forstwirtschaft wird es künftig zu Abweichungen im Vergleich zu den Ländern kommen, welche die bundesgesetzlichen Regelungen anwenden.[3] Die Abweichungen werden durch § 11 Abs. 2–4 NGrStG normiert und regeln die Bildung von wirtschaftlichen Einheiten unter Durchbrechung des strengen Eigentümerprinzips nach § 2 Abs. 2 BewG bei land- und forstwirtschaftlichem Vermögen. Die Norm greift die Regelung zu §§ 26 und 34 Abs. 4–6 BewG aus der Einheitsbewertung auf und führt diese im Gegensatz zu den bundesgesetzlichen Regelungen über den ersten Hauptfeststellungszeitraum fort. Im Wesentlichen werden dabei Wirtschaftsgüter, die Eheleuten/Lebenspartnern oder Gesellschaften/Gemeinschaften des bürgerlichen Rechts gehören, auch bei abweichenden Eigentumsverhältnissen, weiterhin in einer wirtschaftlichen Einheit zusammengefasst. In diesen Fällen wird auf die Bildung zusätzlicher wirtschaftlicher Einheiten verzichtet. In den Ländern, die die bundesgesetzliche Regelung des § 266 Abs. 5 BewG anwenden, werden vor Ablauf des ersten Hauptfeststellungszeitraums die bisher zusammengefassten wirtschaftlichen Einheiten (m. E. mit erheblichem Aufwand) aus dem Gesamtdatenbestand zu identifizieren haben, um diese dann entsprechend der Eigentumsverhältnisse zu bewerten. Ob die Regelungen des § 266 Abs. 5 BewG vor diesem Hintergrund beibehalten werden, bleibt sicherlich weiteren Beratungen auf Bund-Länder-Ebene vorbehalten.[4] 34/1

Ein Betrieb setzt insoweit weder eine **Mindestgröße** noch einen **vollen land- und forstwirtschaftlichen Besatz** mit Wirtschaftsgebäuden, Betriebsmitteln usw. voraus.[5] Wesentlich sind aber immer die tatsächliche nachhaltige Nutzung und deren **Zweckbestimmung** durch den Eigentümer.[6] Deshalb ist auch ein einzelnes land- und forstwirtschaftlich genutztes Grundstück, das nach § 233 Abs. 2 und 3 BewG nicht zum Grundvermögen zu rechnen ist, ein Betrieb der Land- und Forstwirtschaft i. S. des BewG. 35

1 Vgl. A 232.2 Abs. 1 Satz 2–5 AEBewGrSt.

2 Vgl. A 232.2 Abs. 3 AEBewGrSt.

3 Bock/Lapp in Grootens, Abweichende Regelungen § 11 NGrStG Rz. 1.

4 Weiterführend vgl. Bock/Lapp in Grootens, Abweichende Regelungen § 11 NGrStG Rz. 2 ff.

5 BFH, Urteil v. 31.3.1955 - IV 134/54 U, BStBl 1955 III S. 150, BFH, Urteil v. 21.12.1965 - III 291/62 U, BStBl 1966 III S. 138 und BFH, Urteil v. 18.3.1999 - IV R 65/98, BStBl 1999 II S. 398.

6 BFH, Urteil v. 5.12.1980 - III R 56/77, BStBl 1981 II S. 498.

Demzufolge verlieren **leerstehende**, früher land- und forstwirtschaftlich genutzte Wirtschaftsgebäude mit der Einstellung der aktiven Bewirtschaftung des Betriebs[1] und der nicht langfristigen Verpachtung der Ländereien nicht regelmäßig ihre land- und forstwirtschaftliche Zweckbestimmung i. S. des § 232 Abs. 1 Satz 2 BewG.[2] Dies auch deshalb, weil der Normgeber an den Grundstrukturen des bisherigen Rechts festhält.[3]

36 Was als **wirtschaftliche Einheit** zu gelten hat, ist nach der **Verkehrsanschauung** zu entscheiden. Dabei sind die örtliche Gewohnheit, die tatsächliche Übung, die Zweckbestimmung und die wirtschaftliche Zusammengehörigkeit der einzelnen Wirtschaftsgüter zu berücksichtigen.[4] Beim land- und forstwirtschaftlichen Vermögen tritt die Zweckbestimmung in den Vordergrund, so dass ein räumlicher Zusammenhang für die Zusammenfassung von Grundstücke nicht erforderlich ist.[5] **Mehrere Flächen desselben Eigentümers** bilden grundsätzlich dann eine wirtschaftliche Einheit, wenn diese zusammen bewirtschaftet werden und zwischen ihnen ein innerwirtschaftlicher Zusammenhang besteht. Das ist zu verneinen, wenn die Bewirtschaftung abgelegener Flächen von der Hofstelle oder einem sonstigen Sitz der Betriebsleitung aus als nicht gegendüblich anzusehen ist oder der Betriebsinhaber keine unmittelbare Einwirkungsmöglichkeit und eigene Aufsicht über die sachdienliche Nutzung dieser Flächen hat.[6] In den vorgenannten Fällen kommt die Bildung mehrerer wirtschaftlichen Einheiten in Betracht. Bei der Abgrenzung der wirtschaftlichen Einheiten sind die Besonderheiten der jeweiligen wirtschaftlichen Einheit zu berücksichtigen.

37 Die Zusammenfassung zu einer wirtschaftlichen Einheit erfolgt dann, wenn die Flächen von einer Hofstelle aus bewirtschaftet werden. Es muss jedoch ein gewisser **räumlicher Zusammenhang** bestehen. Eine feste Grenze definiert das Gesetz nicht. Eine räumliche Entfernung von ca. 10 km zwischen zwei Betrieben kann bereits gegen eine Zusammenfassung der Flächen sprechen.[7] Dabei spielt es keine Rolle, wenn landwirtschaftlich genutzte Parzellen durch Landes-, Bezirks- oder Gemeindegrenzen von der Hofstelle getrennt sind.[8]

38 Ob mehrere **räumlich** voneinander **getrennte Betriebsstätten** einen einheitlichen Betrieb bilden, ist aufgrund einer Gesamtbetrachtung der betrieblichen Verhältnisse zu entscheiden. Auch größere Entfernungen können im Einzelfall die Annahme eines einheitlichen Betriebs der Land- und Forstwirtschaft (weiterhin) rechtfertigen. So hat der BFH[9] eine Höchstgrenze von 40 km in Bezug auf die Norm des § 51a Abs. 1 Nr. 3 BewG abgelehnt und ausgeführt, dass es „eine höchstzulässige Entfernung" nicht gibt.

39 Bei der forstwirtschaftlichen Nutzung ist für die Beantwortung der Frage, ob eine oder mehrere wirtschaftliche Einheiten vorliegen, nicht die verwaltungsmäßige Zusammenfassung, sondern die betriebswirtschaftliche, entscheidend.[10] Deshalb bildet bei mehreren Forsten desselben Eigentümers, die jeweils nach einem **selbständigen Betriebswerk** bewirtschaftet werden, jeder Forst grundsätzlich eine selbständige wirtschaftliche Einheit.

1 Vgl. Müller in Grootens, BewG § 232 Rz. 26.
2 BFH, Urteil v. 28.3.2012 - II R 37/10, NWB LAAAE-14522.
3 BT-Drucks. 19/11085 S. 100 sowie A 232.1 Abs. 4 AEBewGrSt.
4 Vgl. A 232. Abs. 2 S. 5 AEBewGrSt.
5 RFH, Urteil v. 3.7.1930 - III A 452/29, RStBl 1930 S. 576.
6 Vgl. Abschnitt 1.05 Abs. 2 BewR L.
7 Vgl. Wiegand in Viskorf/Schuck/Wälzholz, BewG § 158 Rz. 10.
8 RFH, Urteil v. 4.5.1932 - III A 633/31, RStBl 1932 S. 763.
9 BFH, Urteil v. 10.4.1997 - IV R 48/96, NWB OAAAB-39028.
10 RFH, Urteil v. 15.3.1934 - III A 70/34, RStBl 1934 S. 696.

(Einstweilen frei) 51

3. Rechte am Grund und Boden (§ 232 Abs. 3 Satz 1 Nr. 1 BewG)

Zu den Wirtschaftsgütern, die dem Grunde nach einem Betrieb der Land- und Forstwirtschaft dauernd dienen, gehören auch **Grunddienstbarkeiten** und wiederkehrende Nutzungen und Leistungen, wie **Weiderechte, Streunutzungsrechte, Wegerechte, Fischereirechte, Fährgerechtigkeiten**, das Rechts auf **Viehtrift** und **Viehtränke**, u. a. Hiervon abzugrenzen sind Anteile am Grundbesitz einer Hauberg-, Wald-, Forst- oder Laubgenossenschaft oder einer ähnlichen Realgemeinde mit eigener Rechtspersönlichkeit sowie Forstnutzungsrechte und Berechtigungen aus Reallasten.[1] 52

(Einstweilen frei) 53–54

4. Wirtschaftsgebäude (§ 232 Abs. 3 Satz 1 Nr. 2 BewG)

Wirtschaftsgebäude i. S. des § 232 Abs. 3 Nr. 2 BewG sind Gebäude oder Gebäudeteile, die ausschließlich der unmittelbaren Bewirtschaftung des Betriebs und nicht Wohnzwecken dienen.[2] Hierzu zählen Stallgebäude, Scheunen, Lager- und Maschinenhallen, Schuppen, Wagenremisen, Werkstätten, Hopfendarren, Kesselräume, Arbeitsräume, Kelleranlangen u. dgl. Büros, in denen die Betriebsorganisation und Betriebsführung koordiniert werden, gehören ebenfalls zu den Wirtschaftsgebäuden. 55

Wirtschaftsgebäude gehören immer zum land- und forstwirtschaftlichen Vermögen. Dies gilt selbst dann, wenn sie **vorübergehend oder dauernd leer** stehen. So ist beispielsweise der leerstehende Rindviehstall eines Betriebs, dessen Inhaber wegen Wirtschaftsumstellung das Rindvieh abgeschafft hat, weiterhin dem land- und forstwirtschaftlichen Vermögen zuzurechnen.[3] Entscheidend ist jedoch, dass die Gebäude **keine andere Zweckbestimmung** erhalten. Das setzt voraus, dass grundsätzlich eine Bewirtschaftung des zu bewertenden Betriebs stattfindet und die Gebäude diesem auch weiterhin auf Dauer dienen können. 56

PRAXISHINWEIS: 57

Der Leerstand von Wirtschaftsgebäude ist ähnlich wie die Brache als vorübergehende Einstellung der Bewirtschaftung auszulegen und für die Annahme von land- und forstwirtschaftlichem Vermögen unschädlich. Dagegen führt eine Nutzungsänderung von Wirtschaftsgebäuden, z. B. durch das Unterstellen von Wohnwagen, Booten oder die Überlassung an Gewerbetreibende zu Lagerzwecken o. Ä. immer dazu, dass diese Gebäude oder Gebäudeteile einschließlich des dazugehörigen Grund und Bodens als Grundvermögen zu bewerten sind.

Werden Wirtschaftsgebäude eines aktiven oder auch ehemaligen Hofes zu **Wohnzwecken** umgebaut, verlieren sie dadurch ihre land- und forstwirtschaftliche Zweckbestimmung. Die so erstellten Wohnungen werden zu eigenen wirtschaftlichen Einheiten des **Grundvermögens**. Der mit den Wohnungen im Zusammenhang stehende Grund und Boden und die Gebäude sind nach § 232 Abs. 4 Nr. 1 BewG nicht beim land- und forstwirtschaftlichen Vermögen zu erfassen; sie sind dem Grundvermögen zuzuordnen. 58

(Einstweilen frei) 59–60

1 Vgl. Abschnitt 1.01 Abs. 2 BewR L.
2 BT-Drucks. 19/11085 S. 100.
3 Vgl. Abschnitt 1.01 Abs. 3 Nr. 3 BewR L.

5. Stehende und umlaufende Betriebsmittel (§ 232 Abs. 3 Satz 1 Nr. 3 und Nr. 4, Satz 2 BewG)

61 § 232 Abs. 3 BewG unterscheidet **stehende Betriebsmittel** (Nr. 3) und **umlaufende Betriebsmittel** (Nr. 4). Ob Betriebsmittel den stehenden oder umlaufenden zuzuordnen sind, ist nach seiner Zweckbestimmung zu entscheiden.[1] Der Begriff „Betriebsmittel" kann als lebendes und totes Inventar umschrieben werden.

62 **Stehende Betriebsmittel** i. S. des § 232 Abs. 3 Nr. 3 BewG sind die Wirtschaftsgüter die im Betrieb verbleiben und dauernd dazu bestimmt sind, dem Betriebszweck, d. h. der Erzeugung von pflanzlichen und tierischen Produkten zu dienen. Dazu gehören z. B. Maschinen, Last- und Personenkraftwagen, Ackergeräte sowie das Zug- und Zuchtvieh, Milchkühe und Legehennen.[2] Aus stehenden Betriebsmitteln werden nicht deshalb umlaufende Betriebsmittel, weil sie wegen Abnutzung oder Alters (z. B. Milchkühe) zum Verkauf stehen.[3]

63 Zu den **umlaufenden Betriebsmitteln** i. S. des § 232 Abs. 3 Nr. 4 BewG sind Wirtschaftsgüter zu zählen, die entweder bei der Bewirtschaftung des Betriebs verbraucht (z. B. Saatgut, Dünge- u. Pflanzenschutzmittel, Futtermittel) oder als Erzeugnisse des Betriebs verkauft werden (z. B. Getreide, Zuckerrüben, eingeschlagenes Holz, Gemüse und Zierpflanzen).[4] Werden Tiere zum Verkauf gezüchtet bzw. gehalten, sind sie umlaufende Betriebsmittel. Werden Tiere durch Nutzung ihrer Erträge oder Leistungen gehalten, liegen stehende Betriebsmittel vor.[5] Zum land- und forstwirtschaftlichen Vermögen rechnen die umlaufenden Betriebsmittel nur dann, wenn ein normaler Bestand vorhanden ist.

64 § 232 Abs. 3 Satz 2 bestimmt, dass als **normaler Bestand an umlaufenden Betriebsmitteln** ein Bestand gilt, der zu **gesicherten Fortführung des Betriebs** erforderlich ist. Das bedeutet, dass hierdurch eine Bewirtschaftung des Betriebs nach guter fachlicher Praxis (ordnungsgemäß) bis zur nächsten Ernte möglich ist. Für die stehenden und umlaufenden Betriebsmittel ist nach § 235 Abs. 2 BewG der Stand am Ende des Wirtschaftsjahres maßgebend, das dem Feststellungszeitpunkt vorangegangen ist. Ob und inwieweit ein normaler Bestand vorliegt, muss nach den Besonderheiten der einzelnen Nutzungen beurteilt werden. So gehört z. B. bei der forstwirtschaftlichen Nutzung das eingeschlagene Holz zum Normalbestand, soweit es den jährlichen Nutzungssatz nicht übersteigt. Gleiches gilt für das Schlachtvieh, das noch nicht verkaufsreif ist.[6] Die in Baumschulbetrieben angezogenen Gewächse sind in vollem Umfang als Normalbestand anzusehen.

65 § 232 Abs. 4 BewG regelt im Gegensatz zu § 33 Abs. 2 Nr. 3 bzw. § 158 Abs. 4 BewG **nicht,** wie ein **Überbestand an umlaufenden Betriebsmitteln** bewertungsrechtlich zu berücksichtigen ist. Insoweit hat ein Überbestand an umlaufenden Betriebsmitteln **faktisch keine Bedeutung** für die Grundsteuer, da der nicht abgegoltene Überbestand wertmäßig, im Gegensatz zur Erbschaftsteuer, wo er neben dem Grundbesitzwert zusätzlich angesetzt wird, nicht erfasst wird.

66 *(Einstweilen frei)*

1 BFH, Urteil v. 8.5.1964 - III 337/60 U, BStBl 1964 III S. 447; BFH, Urteil v. 15.11.1984 - IV R 131/83, BStBl 1985 II S. 156.
2 Vgl. Wiegand in Viskorf/Schuck/Wälzholz, BewG § 158 Rz. 27.
3 BFH, Urteil v. 17.9.1987 - IV R 122/85, BStBl 1988 II S. 16.
4 RFH, Urteil v. 21.6.1934 - III A 114/34, RStBl 1934 S. 919.
5 BFH, Urteil v. 15.11.1984 - IV R 181/83, BStBl 1985 II S. 156.
6 RFH, Urteil v. 6.5.1943 - III 108/43, RStBl 1943 S. 783.

6. Immaterielle Wirtschaftsgüter (§ 232 Abs. 3 Satz 1 Nr. 5 BewG)

Immaterielle Wirtschaftsgüter i. S. des § 232 Abs. 3 Nr. 5 BewG gehörten schon bisher zum land- und forstwirtschaftlichen Vermögen.[1] Sie werden erstmals in § 140 Abs. 1 Satz 2 BewG konkret als solche benannt und werden in der weiteren Gesetzesentwicklung Bestandteil des § 158 Abs. 3 Nr. 5 BewG. Im Gegensatz zu den materiellen Wirtschaftsgütern sind immaterielle Wirtschaftsgüter körperlich nicht fassbar, stellen einen wirtschaftlichen Wert dar und müssen selbständig bewertbar sein. 67

Zu den immateriellen Wirtschaftsgütern gehören allgemein **Rechte** (z. B. Markenrechten dienenden Patente, Gebrauchsmuster, Urheberrechte, Lizenzen, und Leistungsrechte), **rechtsähnliche Werte** (z. B. Konzessionen, Wettbewerbsrechte, Vertriebsrechte und Vorkaufsrechte) und **sonstige Vorteile** (Geheimrezepte, Fertigungsverfahren). In der Land- und Forstwirtschaft sind häufig Brennrechte, Milchlieferrechte, Zuckerrübenlieferrechte, Jagdrechte, Weiderechte, Pflanzrechte im Weinbau und Saatgutlizenzen anzutreffen. Ferner gehören hierzu auch Zahlungsansprüche nach der GAP-Reform. Sie gehören zum land- und forstwirtschaftlichen Vermögen, wenn sie einem Betrieb der Land- und Forstwirtschaft auf Dauer zu dienen bestimmt sind.[2] Zahlungsansprüche nach den jeweils gültigen EU-Verordnungen sind zwar grundsätzlich immaterielle Wirtschaftsgüter, jedoch bei der Bewertung der land- und forstwirtschaftlichen Nutzung nicht besonders zu erfassen, weil sie bei der Feststellung der Reinerträge nach § 236 Abs. 3 BewG bereits berücksichtigt worden sind. 68

(Einstweilen frei) 69

IV. Besonderheiten des land- und forstwirtschaftlichen Vermögens (§ 232 Abs. 4 BewG)

1. Abgrenzungsgrundsätze

Die Abgrenzung des land- und forstwirtschaftlichen Vermögens vom Grundvermögen ergibt sich aus §218 BewG. Sie richtet sich grundsätzlich nach den §§ 232 und 233 BewG. Dabei konkretisiert § 234 BewG den Betrieb der Land- und Forstwirtschaft mit den jeweiligen Nutzungen, Nutzungsteilen und Nutzungsarten. § 240 BewG regelt die Zuordnung von Kleingartenland und Dauerkleingartenland einschließlich der Berücksichtigung von Gartenlauben. 70

Die Vorschrift entspricht in Teilen § 33 Abs. 3 BewG. Neu ist jedoch, dass insbesondere Grund und Boden sowie die zu **Wohnzwecken**, aber auch die zu **gewerblichen** und/oder **öffentlichen Zwecken** dienenden Gebäude und Gebäudeteile, stets dem **Grundvermögen** zuzurechnen sind. Sind zu diesen Gebäuden und Gebäudeteilen Hausgärten und Stellplätze vorhanden, gehören diese nicht zum land- und forstwirtschaftlichen Vermögen, sondern sind dem Grundvermögen zuzurechnen.[3] Ziergärten oder auch Parkanlagen, die nicht z. B. der gärtnerischen Nutzung zugeordnet werden können, sind ebenfalls im Grundvermögen zu erfassen.[4] An der bisherigen Regelung, dass der Grund und Boden und die einer gewerblichen Tierhaltung dienenden Gebäude und Gebäudeteile dem Grundvermögen zuzuordnen sind, wird festgehalten (§ 233 Abs. 4 Nr. 2 BewG). 71

1 Vgl. Abschnitt 1.01 Abs. 2 BewR L.
2 Vgl. Wiegand in Viskorf/Schuck/Wälzholz, BewG § 158 Rz. 30.
3 Vgl. A 232.3 Abs. 2 AEBewGrSt.
4 Gl. A. Rössler/Troll/Wiegand, BewG, § 232 Rz. 32.

2. Grund und Boden, der Wohnzwecken dient (§ 232 Abs. 4 Nr. 1 BewG)

72 Eine Zuordnung des Grund und Bodens und dessen Fläche zu den jeweiligen Vermögensarten land- und forstwirtschaftliches Vermögen und Grundvermögen ist bei (aktiven/passiven) Betrieben der Land- und Forstwirtschaft in der Praxis nicht unproblematisch. In einer Vielzahl von Fällen wurde, (deutlich) abweichend von den tatsächlichen Verhältnissen, unzutreffend die Vereinfachungsregelung des A 237.24 Abs. 7 Satz 4 AEBewGrSt angewendet. In den Fällen, in denen Grund und Boden früherer **Nebenerwerbsstellen** – die heute überwiegend dem Wohnen/Leben dienen – zu bewerten ist, stellt sich vermehrt die Frage, wie die Flächen sachgerecht der entsprechenden Vermögensart zugeordnet werden. Die gleiche Fragestellung ergibt sich auch bei der Bewertung sogenannter „übergroßer" Grundstücke (> 1.500 m²) auf denen i. d. R. Ein- oder auch Zweifamilienhäuser stehen. Diese befinden sich oft im planungsrechtlichen Außenbereich oder in Ortrandlagen. Dass diese Wohngebäude im Grundvermögen bewertet werden, ist unstreitig. Oftmals ist die Bewertung des Grund- und Bodens streitbefangen, weil im Grundvermögen u. a. ein Bodenrichtwert für die Bewertung dieser Grundstücke erforderlich ist. Um dieser „Überbewertung" „zu entgehen", werden dem Wohnhaus bspw. 500 m² Gund und Boden zugeordnet und die Restfläche als z. B. landwirtschaftliche oder auch gärtnerische Nutzung, Nutzungsteil Obstbau erklärt. In der Folge wären zwei wirtschaftliche Einheiten – eine im Grundvermögen und eine im land- und forstwirtschaftlichen Vermögen – zu bewerten. Die Annahme in derartigen Fallgestaltungen den Grund und Boden in zwei voneinander getrennten wirtschaftlichen Einheiten erfassen zu können, trägt nicht. Zumindest für die vermeintlich landwirtschaftlich genutzten Flächen ist zu beachten, dass nach allgemeiner Verkehrsauffassung in Anlehnung an ertragssteuerliche und bewertungsrechtliche Abgrenzungskriterien kein Betrieb der Land- und Forstwirtschaft vorliegt, wenn wegen einer sehr geringen Nutzfläche nur solche Erträge erzielt werden können, wie sie ein privater Gartenbesitzer i. d. R. für Eigenbedarfszwecke erzielt.[1] Die Umsetzung der vom BFH entwickelten Abgrenzungskriterien führt in einer Vielzahl von Fällen dazu, dass die Verwaltung i. d. R. von **einer wirtschaftlichen Einheit** ausgeht, die **insgesamt im Grundvermögen** zu bewerten ist.

73 Für die Einheitsbewertung waren für die Zuordnung von Wohngebäuden Abgrenzungskriterien geschaffen worden. Nach Abschn. 1.02 Abs. 7 BewRL diente die Wohnung des Inhabers eines Kleinbetriebs dauernd dem Betrieb, wenn er oder einer der zu seinem Haushalt gehörenden Familienangehörigen durch einen mehr als nur gelegentliche Tätigkeit an den Betrieb gebunden ist. Das war bei Kleinbetrieben mit ausschließlich landwirtschaftlicher Nutzung immer dann der Fall, wenn eine bestimmte Anzahl von Tieren (1 VE, bei Geflügel 2 VE) gehalten werden oder eine Zugkraft vorhanden ist, die dem Betrieb dient. Für die **Grundbesitzbewertung** wird die Zuordnung der Wohngebäude zum land- und forstwirtschaftlichen Vermögen konkretisiert. Die Wohngebäude von Inhabern so genannter landwirtschaftlicher Nebenerwerbsstellen, die im Allgemeinen eine **Landzulage** von nicht mehr als 3.000 m² haben, sind – auch bei ausreichendem Viehbesatz – i. d. R. als Grundvermögen zu bewerten, weil es Hauptzweck des Wohngebäudes ist, dem Wohnbedürfnis des Eigentümers der Nebenerwerbsstelle und seiner Familie zu dienen (R B 160. 22 Abs. 3 ErbStR 2019). Beide Verwaltungsanweisungen geben Hinweise darauf, unter welchen Voraussetzungen Wohngebäude dem land- und forstwirtschaftlichen Vermögen zugerechnet werden können. Nach § 232 Abs. 4 BewG wird die Zuordnung der Gebäude und Gebäudeteile einschließlich des dazugehörenden Grund und Bodens, die Wohnzwecken dienen, klar geregelt; sie sind im Grundvermögen zu erfassen. Gleichwohl können die

1 BFH, Urteil v. 5.5.2011 - IV R 48/08, BStBl 2011 II S. 792, m. w. N.

Regelungen des Abschn. 1.02 Abs. 7 BewRL und R B 160.22 Abs. 3 ErbStR 2019 in Bezug auf den Grund und Boden Hinweise für dessen Bewertung geben.

Grundsätzlich setzt ein Betrieb der Land- und Forstwirtschaft keine Mindestgröße und auch keinen vollen land- und forstwirtschaftlichen Besatz mit Wirtschaftsgebäuden, Betriebsmitteln usw. voraus (vgl. Müller in Grootens, BewG, 232 Rz. 35). Bei der Beurteilung o. g. Fallgestaltungen ist allerdings zu berücksichtigen, dass die tatsächliche nachhaltige Nutzung und deren Zweckbestimmung durch den Eigentümer einen wesentlichen Einfluss auf die zutreffende Vermögensart hat. Auch ein einzelnes land- und forstwirtschaftlich genutztes Grundstück, das nach § 233 Abs. 2 und 3 BewG nicht zum Grundvermögen zu rechnen ist, kann ein Betrieb der Land- und Forstwirtschaft i. S. des BewG sein, aber eine größere Grünfläche, auch wenn auf ihr bspw. einige wenige Obstbäume stehen, reicht m. E. für die Annahme eines Betriebs der Land- und Forstwirtschaft nicht aus. 73/1

Dies deshalb, weil der BFH in seinem Urteil[1] vom 4.3.1987 festgestellt hat, dass ein in einem Naherholungsgebiet belegenes tatsächlich gärtnerisch genutztes Grundstück, nur dann dem land- und forstwirtschaftlichen Vermögen zuzuordnen ist, wenn es hinsichtlich Arbeitseinsatz, Investitionen zur Erhaltung oder Steigerung der Ertragsfähigkeit sowie erzielbarem Ertrag einem Vergleich mit einem durchschnittlichen landwirtschaftlichen Haupterwerbsbetrieb der gleichen Nutzung standhalten kann. Eine Erzeugung des Erwerbs gehört nicht zu den Abgrenzungskriterien. Insoweit führt auch das Halten einiger, weniger Tiere (z. B. Geflügel, Schafe, Ziegen) auf diesen „Kleinflächen" nicht zur Annahme einer landwirtschaftlichen Nutzung, weil diese mit der Intensität der Tierhaltung eines Haupterwerbsbetriebs nicht im Ansatz vergleichbar ist. Ferner liegt nach allgemeiner Verkehrsauffassung in Anlehnung an ertragssteuerliche und bewertungsrechtliche Abgrenzungskriterien kein Betrieb der Land- und Forstwirtschaft vor, wenn wegen einer sehr geringen Nutzfläche nur solche Erträge erzielt werden können, wie sie ein privater Gartenbesitzer i. d. R. für Eigenbedarfszwecke erzielt.[2] Die Umsetzung der vom BFH entwickelten Abgrenzungskriterien führt in einer Vielzahl von Fällen dazu, dass die Verwaltung i. d. R. von **einer wirtschaftlichen Einheit** ausgeht, die **insgesamt im Grundvermögen** zu bewerten ist. 73/2

PRAXISHINWEIS: 73/3

Ein Indiz für eine landwirtschaftliche Nutzung einer Fläche oder Teilfläche kann deren Darstellung als Teil eines Feldblocks in Geoinformationssystemen (z. B. für NRW das Geodatenportal) sein. Damit wird zum Ausdruck gebracht, dass der Bewirtschafter eines solchen „Feldblocks" für Flächen ggf. unterschiedlicher Eigentümer EU-Fördermittel bekommt. Gehört die fragliche (übergroße) Fläche zu so einem Feldblock, der benachbarte landwirtschaftlich genutzte Flächen auf weiteren Flurstücken miterfasst, handelt es voraussichtlich um Landwirtschaft.

3. Grund und Boden, der anderen nicht land- und forstwirtschaftlichen Zwecken dient (§ 232 Abs. 4 Nr. 1 BewG)

Grund und Boden, der zur Gewinnung von Bodenschätzen wie Kies, Sand, Kalkstein genutzt wird und bei dem es sich nicht um Abbauland i. S des § 237 Abs. 3 BewG handelt, gehört nicht zum land- und forstwirtschaftlichen Vermögen, sondern ist zum Grundvermögen zu rechnen.[3] Die Finanzverwaltung wendet das zur Einheitsbewertung einer Kiesgrube ergangene Urteil 73/4

1 BFH, Urteil v. 4.3.1987 - II R 8/86, BStBl 1987 II S. 370.

2 BFH, Urteil v. 5.5.2011 - IV R 48/08, BStBl 2011 II S. 792 m. w. N.

3 A 232.3 Abs. 2 Satz 2 AEBewGrSt.

des BFH[1] v. 22.7.2020 im Rahmen der Grundsteuerwertermittlung nicht an, weil sich § 232 Abs. 4 BewG in seiner Formulierung wesentlich vom § 33 Abs. 3 BewG unterscheidet. Dieser Auffassung ist m. E. uneingeschränkt zuzustimmen. Denn nach A 232.1 Abs. 2 Satz 3 AE-BewGrSt ist der dem Wirtschaftsgut zukommende Zweck (Zweckbestimmung) dafür entscheidend, ob das Wirtschaftsgut dem Betrieb der Land- und Forstwirtschaft auf Dauer zu dienen bestimmt ist. Dieser Umstand kann nicht dadurch „umgangen werden", dass die Fiktion, die Einnahmen aus einer derartigen Nutzung – über bspw. entsprechende (Pacht-)Einnahmen – dem Betrieb zugutekommen.

73/5 Ebenso ist die Nutzung des Grund und Bodens für eine **Fotovoltaik-Freiflächenanlage** nicht dem land- und forstwirtschaftlichen Vermögen zuzuordnen. Der gleich lautende Erlass der obersten Finanzbehörden der Länder[2] v. 16.7.2022 behandelt sowohl **Agri-Fotovoltaik-Anlagen** als auch **Fotovoltaik-Anlagen**. Danach sind Flächen, auf denen Fotovoltaik-Anlagen stehen, die nach DIN SPEC 91434 **Agri-Fotovoltaikanlagen der Kategorie I oder II** sind, dem land- und forstwirtschaftlichen Vermögen zuzurechnen. Die Bewertung dieser Flächen richtet sich nach der jeweils prägenden Nutzung der zu Grunde liegenden (Kategorie I) bzw. im Umgriff befindlichen (Kategorie II) land- und forstwirtschaftlichen Flächen. Demgegenüber sind Flächen, auf denen Fotovoltaik-Anlagen stehen, die nach DIN SPEC 91434 **keine Agri-Fotovoltaik-Anlagen** der Kategorie I und II sind (insbesondere Freiflächen-Fotovoltaik-Anlagen), dem Grundvermögen zuzurechnen. Für deren Umfang ist die gesamte Fläche maßgeblich, die dem Betrieb der Fotovoltaik-Anlage dient (insbesondere Aufstellfläche und überdeckte Fläche der Fotovoltaik-Anlage sowie Aufstellflächen der dazugehörenden Betriebsvorrichtungen wie Stromeinspeiseanlagen). Bei der Bewertung der Flächen, sind vorbehaltlich abweichenden Länderrechts bei der Grundsteuer, grundsätzlich die Bodenrichtwerte heranzuziehen, die von den Gutachterausschüssen ermittelt worden sind. Bruschke[3] geht davon aus, dass wenn unter den entsprechenden Modulen ausnahmsweise noch eine nennenswerte land- und forstwirtschaftliche Nutzung, die über die reine Pflege der Flächen hinausgeht, möglich ist, die Fläche weiterhin der Land- und Forstwirtschaft zugerechnet werden dürfte. Das kann nach hiesiger Auffassung nur dann der Fall sein, wenn auf den Flächen Fotovoltaik-Anlagen stehen, die nach DIN SPEC 91434 **Agri-Fotovoltaikanlagen der Kategorie I oder II** sind. Ferner erscheint eine landwirtschaftliche Nutzung auch durch (extensive) Beweidung z. B. mit Schafen nicht ganz realitätsgerecht, da die Verkabelung derartiger Anlagen (Freiflächen-Fotovoltaik-Anlagen) diesen Ansprüchen i. d. R. nur begrenzt genügt.

4. Gebäude und Gebäudeteile, die Wohnzwecken dienen (§ 232 Abs. 4 Nr. 1 BewG)

73/6 Im Gegensatz zur bisherigen Rechtslage (vgl. § 47 BewG) umfasst der Betrieb der Land- und Forstwirtschaft künftig nicht mehr die **Wohngebäude** (z. B. Wohnteil einschließlich **Altenteilerwohnung, Wohnungen der Arbeitnehmer**) und den dazugehörenden Grund und Boden. Folglich wird einerseits nicht mehr an der grundsätzlichen Bewertung der Wohngebäude im Ertragswertverfahren als Mietwohngrundstücke festgehalten und andererseits entfällt der **Abschlag i. H. von 15 %** gem. § 47 Satz 3 BewG, der die Nachteile, die das Leben auf einer Hofstelle mit sich bringt (z. B. Lage im Außenbereich, Gerüche, Fliegen) ausgleicht und eine „Doppelbe-

1 BFH, Urteil v. 22.7.2020 - II R 28/18, BFHE nn.

2 Finanzministerium des Landes Nordrhein-Westfalen, 15.7.2022 - S 3250-1000-V A 6, FMNR 202201759, BStBl I 2022 S. 1226.

3 Bruschke in Stenger/Loose, Bewertungsrecht (171. Erg.-Lfg. 2024) E, I Allgemeines Rz. 143.

wertung" des Grund und Bodens, der bereits mit dem Wirtschaftswert des Betriebs erfasst ist, vermeidet. Insoweit ist eine Abgrenzung zwischen dem land- und forstwirtschaftlichen Vermögen und dem Grundvermögen geboten. Zum Grund und Boden der Wohngebäude zählen neben der bebauten Fläche auch die Nebenflächen wie z. B. Stellplätze und Gärten.

5. Flächen und Gebäude, die eigenen gewerblichen Zwecken dienen (§ 232 Abs 4. Nr. 1 BewG)

73/7 Für die Abgrenzung des land- und forstwirtschaftlichen Vermögens vom Grundvermögen ist grundsätzlich die Zweckbestimmung der vorhandenen und eingesetzten Wirtschaftsgüter nach § 232 Abs. 1 BewG entscheidend. Land- und Forstwirtschaft wird hier tätigkeitsbezogen definiert und entspricht dem ertragssteuerlichen Begriff. Die Zweckbestimmung richtet sich grundsätzlich nach den Tätigkeiten (z. B. Lohnbetrieb, Fremdvermietung von Scheunen u. ä.), die im Zusammenhang insbesondere mit Grund und Boden, Wirtschaftsgebäuden, Betriebsmitteln oder immateriellen Wirtschaftsgütern ausgeübt werden. Deshalb ist diese Abgrenzung vorrangig nach R 15.5 Abs. 1 bis 12 EStR 2012 sowie der gleich lautenden Erlasse der Obersten Finanzbehörden der Länder[1] hinsichtlich der Zuordnung von Flächen und Gebäuden vorzunehmen. Hierzu übernimmt die FinVerw die allgemeinen Abgrenzungskriterien zur Trennbarkeit der vorhandenen Tätigkeiten und bezieht sie auf die jeweils zu beurteilende Tätigkeit. Deshalb ist zunächst jede einzelne Tätigkeit danach zu beurteilen, ob sie dem Grunde nach land- und forstwirtschaftlicher oder gewerblicher Natur ist. Liegen in einem Betrieb sowohl verschiedene land- und forstwirtschaftliche als auch gewerbliche Tätigkeiten vor, sind sie grundsätzlich getrennt voneinander zu beurteilen. Bei den trennbaren Tätigkeiten ist eine relative Umsatzgrenze von einem Drittel des Gesamtumsatzes (netto) und eine absolute Umsatzgrenze von 51.500 € (netto) zu beachten. Dazu sind die Abgrenzungskriterien des Strukturwandels nach R 15.5 Abs. 2 EStR 2012 maßgebend.

73/8 Werden die o. g. Umsatzgrenzen nach R 15.5 Abs. 12 EStR 2012 nachhaltig überschritten, kann neben einem Betrieb der Land- und Forstwirtschaft auch ein selbstständiger Gewerbebetrieb vorhanden sein. Dienen dann Grundstücke oder Gebäude bzw. Gebäudeteile sowohl einem Betrieb der Land- und Forstwirtschaft als auch einem Gewerbebetrieb, bleibt es so lange bei der Zuordnung dieser Wirtschaftsgüter zum land- und forstwirtschaftlichen Vermögen, soweit der Einsatz der Fläche für eigene land- und forstwirtschaftliche Zwecke einen Umfang von 10 % nicht unterschreitet. Werden Grundstücke, Gebäude oder Gebäudeteile von Beginn an originär gewerblich genutzt, dienen sie einem Gewerbebetrieb. Sie sind über § 218 Satz 3 BewG unter Anwendung des § 99 Abs. 1 Nr. 1 BewG dem Grundvermögen zuzurechnen und wie Grundvermögen zu bewerten.

73/9 In der landwirtschaftlichen Praxis sind insbesondere Grundstücke, auf denen (größere) **Biogasanlagen** betrieben werden, i. d. R. als Gewerbebetriebe dem Grundvermögen zuzuordnen. Ohne weitere Gebäude oder Gebäudeteile werden sie als unbebaute Grundstücke mit einem entsprechenden Bodenrichtwert zu bewerten sein. Mit Gebäuden sind sie in der Grundstücksart „Geschäftsgrundstück" zu erfassen. Die Anlagen selbst setzten sich aus Flächen für Fahrsilos und Verkehrsflächen, auf denen i. d. R. die Container mit den Motoren stehen sowie diversen Fermentern und Behältern, die zur Nachgärung genutzt werden, zusammen. Bei der Erzeugung von Biogas ist allerdings zu beachten, dass dies auch im Rahmen eines **Nebenbetriebs**

1 Vgl. gleich lautende Erlasse der Obersten Finanzbehörden der Länder v. 15.12.2011 - BStBl 2011 I S. 1213, 1217.

der Land- und Forstwirtschaft erfolgen kann.[1] Die Bewertung der zur Biomasseproduktion eingesetzten Flächen erfolgt weiterhin grundsätzlich im land- und forstwirtschaftlichen Vermögen, als landwirtschaftliche Nutzung. Weitere Formen einer gewerblichen Nutzung können die **Vermietung von (nicht mehr genutzten) Scheunen oder Hallen** zum Unterstellen von **Wohnwagen, Booten, Landmaschinen** von Lohnunternehmen oder zur Nutzung durch **Gewerbetreibende** sein. Sie dienen dann nicht mehr einem Betrieb der Land- und Forstwirtschaft und sind dementsprechend im Grundvermögen zu bewerten.[2]

74 PRAXISHINWEIS:

Bei Betrieben in den alten Ländern, die vor dem 31.12.1998 bereits bestanden haben, ist eine Abgrenzung der Wohngebäude einschließlich des Grund und Bodens nach § 13 Abs. 4 und 5 EStG erfolgt, die grundsätzlich zu übernehmen ist. Bei Betrieben in den neuen Ländern sind die Wohngebäude stets abgegrenzt und als Grundvermögen erfasst. Insoweit ist eine Abgrenzung nur in künftig neu entstehenden wirtschaftlichen Einheiten vorzunehmen.

75 Im Übrigen wird die **traditionelle Verkehrsanschauung** in § 232 Abs. 4 Nr. 2–4 BewG im Bereich der Land- und Forstwirtschaft fortgeführt, wonach der Betriebsinhaber im Falle einer Veräußerung seines Betriebs die abschließend aufgeführten Wirtschaftsgüter nicht zwangsläufig mitveräußert oder dem Erwerber besonders in Rechnung stellt. Eine Änderung dieser Rechtslage hätte zur Folge, dass auch für diese Wirtschaftsgüter Grundsteuer zu entrichten wäre.[3]

76-77 *(Einstweilen frei)*

6. Tierbestände (§ 232 Abs. 4 Nr. 2 BewG)

78 Soweit die Voraussetzungen der § 241 BewG oder § 242 Abs. 2 BewG vorliegen, gehören **Tierbestände** oder Zweige des Tierbestands zum land- und forstwirtschaftlichen Vermögen. Dabei ist das Verhältnis der in **Vieheinheiten (VE)** umgerechneten Tierbestände zu den selbstbewirtschafteten landwirtschaftlich genutzten Flächen maßgeblich. Stehen also für die landwirtschaftlichen Tierbestände ausreichende (selbstbewirtschaftete) landwirtschaftliche Nutzfläche als Futtergrundlage zur Verfügung, handelt es sich um eine Tierhaltung, die dem land- und forstwirtschaftlichen Vermögen zuzurechnen ist. Werden auf Grund einer intensiven Viehhaltung die Grenzen des § 241 BewG überschritten, sind diese Tierbestände oder Zweige von Tierbeständen einschließlich der hiermit im Zusammenhang stehenden Wirtschaftsgüter (z. B. Gebäude und abgrenzbare Gebäudeteile mit den dazugehörigen Flächen) nicht mehr dem land- und forstwirtschaftlichen Vermögen, sondern dem **Grundvermögen** zuzuordnen. Nach § 232 Abs. 4 Satz 1 Halbsatz 2 BewG wird hierdurch die Zugehörigkeit der landwirtschaftlich genutzten Flächen (Ackerflächen, Futterflächen) zum land- und forstwirtschaftlichen Vermögen nicht berührt.

79–80 *(Einstweilen frei)*

7. Zahlungsmittel, Geldforderungen, Geschäftsguthaben, Wertpapiere und Beteiligungen sowie Geldschulden und Pensionsverpflichtungen (§ 232 Abs. 4 Nr. 3 und 4 BewG)

81 Der Gesetzgeber greift auf die bewährten Regelungen der §§ 33 Abs. 3 Nr. 1 und 2 sowie 158 Abs. 4 BewG zurück und führt diese Norm in § 232 Abs. 4 Nr. 3 und 4 BewG fort. Die dort ge-

1 Vgl. BMF, Schreiben v. 11.4.2022, BStBl 2022 I S. 633.

2 Gl. A. Rössler/Troll/Wiegand, BewG, § 232 Rz. 34–37.

3 BT-Drucks. 19/11085 S. 100.

nannten Wirtschaftsgüter würden auch zum land- und forstwirtschaftlichen Vermögen gehören. Jedoch müsste eine Trennung zwischen den Beständen, die zum **Betriebsvermögen** gehören und denen die zum **Privatvermögen** erfolgen. Da diese Abgrenzung nicht durchführbar ist, ordnet § 158 Abs. 4 Nr. 3 und 6 BewG diese Wirtschaftsgüter nicht dem land- und forstwirtschaftlichen Vermögen zu.[1]

§ 233 BewG Abgrenzung land- und forstwirtschaftlichen Vermögens vom Grundvermögen in Sonderfällen

(1) Dienen im Umgriff einer Windenergieanlage Flächen einem Betrieb der Land- und Forstwirtschaft, sind abweichend von § 232 Absatz 4 Nummer 1 die Standortflächen der Windenergieanlage und der dazu gehörenden Betriebsvorrichtungen (abgegrenzte Standortfläche der Windenergieanlage) dem land- und forstwirtschaftlichen Vermögen zuzurechnen.

(2) Land- und forstwirtschaftlich genutzte Flächen sind dem Grundvermögen zuzurechnen, wenn nach ihrer Lage, den am Feststellungszeitpunkt bestehenden Verwertungsmöglichkeiten oder den sonstigen Umständen anzunehmen ist, dass sie innerhalb eines Zeitraums von sieben Jahren anderen als land- und forstwirtschaftlichen Zwecken, insbesondere als Bau-, Gewerbe- oder Industrieland oder als Land für Verkehrszwecke, dienen werden.

(3) [1]Flächen sind stets dem Grundvermögen zuzurechnen, wenn sie in einem Bebauungsplan als Bauland festgesetzt sind, ihre sofortige Bebauung möglich ist und die Bebauung innerhalb des Plangebiets in benachbarten Bereichen begonnen hat oder schon durchgeführt ist. [2]Satz 1 gilt nicht für die Hofstelle.

Inhaltsübersicht

LITERATUR:

Eisele/Wiegand, Grundsteuerreform 2022/2025 Stand: Januar 2020 (1. Aufl.), NWB CAAAH-44415; *Eisele*, Reform der Grundsteuer – Gesetzentwurf liegt vor! Teil II: Bewertung des land- und forstwirtschaftlichen Vermögens für Zwecke der Grundsteuer A/Änderungen des Grundsteuergesetzes, NWB 29/2019 S. 2127, NWB AAAAH-22096.

1 Vgl. Wiegand in Viskorf/Schuck/Wälzholz, BewG § 158 Rz. 30.

VERWALTUNGSANWEISUNGEN:

Koordinierte Erlasse der obersten Finanzbehörden der Länder v. 9.11.2021 – Anwendung des Siebenten Abschnitts des Zweiten Teils des Bewertungsgesetzes zur Bewertung des Grundbesitzes (land- und forstwirtschaftliches Vermögen) für die Grundsteuer ab 1.1.2022 (AEBewGrSt), BStBl I 2021 S. 2369.

A. Allgemeine Erläuterungen zu § 233 BewG

I. Normzweck und wirtschaftliche Bedeutung der Vorschrift

1 Die Norm grenzt das **land- und forstwirtschaftliche Vermögen** vom **Grundvermögen** in Sonderfällen ab. Zu diesen Sonderfällen gehören einerseits die Fälle, in denen Flächen als Standorte für **Windenergieanlagen** genutzt und andererseits die Fallgestaltungen, in denen Flächen zukünftig **anderen als land- und forstwirtschaftlichen Zwecken** dienen werden.

2–3 *(Einstweilen frei)*

II. Entstehung und Entwicklung der Vorschrift

4 § 233 BewG wurde mit dem GrStRefG v. 26.11.2019[1] in das BewG eingefügt. Dabei bestimmt § 233 Abs. 1 BewG erstmalig, wie bewertungsrechtlich mit Standorten für **Windenergieanlagen** zu verfahren ist. Die Norm greift in Abs. 2 und 3 BewG jedoch hinsichtlich der Flächen, die zukünftig eine außerlandwirtschaftliche Verwertungsmöglichkeit haben (können) im Wesentlichen auf die bestehenden Vorschriften zur Einheitsbewertung (§ 69 BewG) zurück. Daher haben Literatur und Rechtsprechung zu § 69 BewG ihre Bedeutung nicht verloren. Erstmals ist § 233 BewG für den **Hauptfeststellungszeitpunkt 1.1.2022** anzuwenden (vgl. § 266 BewG).

5–6 *(Einstweilen frei)*

III. Geltungsbereich

7 Die in § 233 BewG festgelegten Grundsätze sind bei der **Abgrenzung des land- und forstwirtschaftlichen Vermögens** in Verbindung mit Standorten für **Windenergieanlagen** und Flächen mit anderen als land- und forstwirtschaftlichen **Verwertungsmöglichkeiten** anzuwenden. Bewertungsgegenstand sind ausschließlich Flächen (Grund und Boden) des Betriebs der Land- und Forstwirtschaft i. S. des § 232 Abs. 3 Nr. 1 BewG. Die Vorschriften gelten gem. § 231 BewG nur für die Bewertung des **inländischen** zu bewertenden Vermögens. Dabei sind auch die inländischen Teile einer wirtschaftlichen Einheit zu bewerten, die sich sowohl auf das Inland als auch auf das Ausland erstrecken.

8–9 *(Einstweilen frei)*

B. Systematische Kommentierung

I. Standortflächen für Windenergieanlagen (§ 233 Abs. 1 BewG)

10 Nach der bisherigen Rechtslage sind die **Standortflächen** von **Windenergieanlagen** auf land- und forstwirtschaftlich genutzten Flächen dem Grundvermögen zuzurechnen. Nach der neue-

1 GrStRefG v. 26.11.2019, BGBl 2019 I S. 1794.

ren Rechtsprechung des Bundesfinanzhofs[1] hierzu, sind bei bestellten Grunddienstbarkeiten und einer weiteren land- und forstwirtschaftlichen Nutzung der Flächen (einschließlich einer Unternutzung der **Umgriffsfläche**), nur die eigentlichen Standortflächen aus dem land- und forstwirtschaftlichen Vermögen auszuscheiden. Infolgedessen muss jeweils für kleinste wirtschaftliche Einheiten des Grundvermögens eine Wertermittlung erfolgen, ohne dass in der Regel die eigentliche Betriebsvorrichtung Windkraftanlage der Grundsteuer unterliegt.[2]

(Einstweilen frei) 11–12

Neben den Schwierigkeiten bei der Abgrenzung der Standortflächen ergeben sich solche auch bei der Bewertung dieser Flächen, da den Gutachterausschüssen hierfür keine ausreichende Zahl von Kauffällen zur Ermittlung entsprechender Bodenrichtwerte zur Verfügung stehen. Aus diesen Gründen regelt § 233 Abs. 1 BewG, dass land- und forstwirtschaftlich genutzte Flächen in **Sondergebieten für Windenergieanlagen** aus Vereinfachungsgründen stets und in vollem Umfang (einschließlich der Standortfläche) dem land- und forstwirtschaftlichen Vermögen zugerechnet werden. Alle übrigen **Energieerzeugungsflächen** werden weiterhin über § 232 Abs. 4 Nr. 1 BewG dem Grundvermögen zugerechnet, vgl. Müller in Grootens, BewG, § 232 Rz. 73/5 und 73/7.[3] 13

Die Vorschrift hat somit zum Ziel, einerseits die Zuordnung der abgrenzbaren Standortfläche der Windenenergieanlagen und von Flächen, die im Umgriff einer Windenergieanlage liegen zu vereinfachen, weil beide Flächenkategorien nunmehr **einheitlich zum land- und forstwirtschaftlichen Vermögen** gehören. Die Bewertung als eigenständige wirtschaftlichen Einheit (des Grundvermögens) wird aufgegeben. Gleichwohl sind andererseits im Rahmen der Bewertung noch zielgenaue Abgrenzungen im Hinblick auf die abgegrenzte Standortfläche und die Umgriffsfläche vorzunehmen. Dies deshalb, weil der Wert der **abgrenzbaren Standortfläche** gem. § 238 Abs. 2 BewG als **Zuschlag** zu erfassen ist. Dieser Zuschlag ist gem. § 238 Abs. 1 an dem Reinertrag der jeweiligen Nutzung der „Umgriffsfläche" vorzunehmen. Im Falle z. B. der landwirtschaftlichen Nutzung ist zuerst der Reinertrag gem. § 237 Abs. 2 BewG auf der Basis der Flächenwerte (Flächenwert = Produkt aus gesetzlich klassifizierter Eigentumsfläche und den Bewertungsfaktoren der Anlage 27) gesondert zu berechnen. Dieser Reinertrag ist dann gem. § 238 Abs. 2 BewG um einen Zuschlag zu erhöhen. 14

BEISPIEL 15

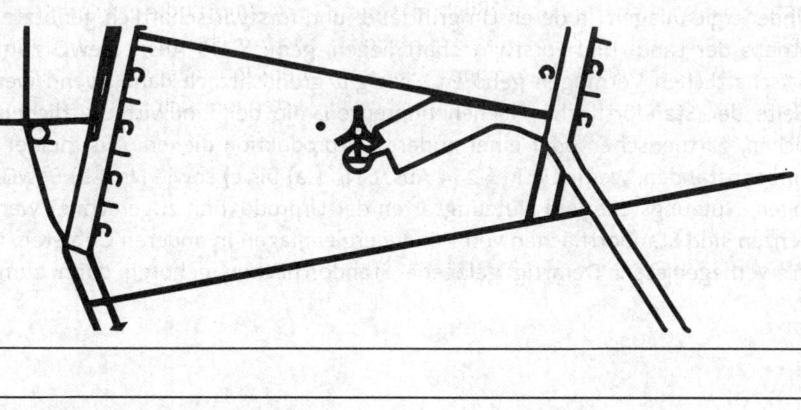

1 BFH, Urteil v. 25.1.2012 - II R 25/10, BStBl 2012 II S. 403.

2 BR-Drucks. 354/19 S. 106.

3 BR-Drucks. 351/19 S. 107.

Dem Auszug aus dem Liegenschaftskataster sind folgende Angaben zu entnehmen:

	Nutzungsart	Fläche in m²
Amtliche Fläche (m²)		12.490
Tatsächliche Nutzung	Landwirtschaft/Ackerland	11.481
	Industrie- und Gewerbefläche/ Betriebsfläche Versorgungsanlage, Elektrizität	1.009

16 In diesem Fallbeispiel beziehen sich die ausgewiesenen 1.009 m² (Industrie- und Gewerbefläche/Betriebsfläche Versorgungsanlage, Elektrizität) auf die **gesamte versiegelte Fläche**. Dabei dienen rd. 900 m² als Zuwegungs-/Aufbaufläche. Die durch die Betriebsvorrichtung – Windenergieanlage – tatsächlich in Anspruch genommene Fläche hat eine Größe von rd. 109 m². Eine derartige detailliertere Aufteilung findet seitens **der Vermessungs- und Katasterverwaltung** derzeit nicht statt. Sie kann jedoch für die Bewertung nach § 233 Abs. 1 i.V. mit § 238 Abs. 2 BewG aus meiner Sicht grundsätzlich erforderlich sein. Die 1.009 m² sind gem. § 233 Abs. 1 BewG insgesamt dem land- und forstwirtschaftlichen Vermögen zuzuordnen. Dennoch wäre die Frage zu klären, ob der Zuschlag nach § 238 Abs. 2 BewG für die gesamte Fläche (1009 m²) oder für die (abgrenzbare) Standortfläche der Betriebsvorrichtung (109 m²) zu ermitteln ist.

17 Unstreitig ist, dass die 900 m² versiegelte Fläche zunächst für den **Aufbau der Windenergieanlage** angelegt worden ist bzw. bereitzustellen war. Auch nach dem Aufbau der Windenergieanlage dient diese Flächen weiterhin – im stand by – der Durchführung möglicher **Reparatur- oder Wartungsarbeiten**.[1] Diese Nutzung tritt unmittelbar nach dem Aufbau einer Anlage eindeutig in den Hintergrund; vielmehr werden derartige Flächen überwiegend für die Bewirtschaftung z. B. als Zuwegung der landwirtschaftlichen Nutzung in Anspruch genommen. Unter Berücksichtigung dieses Sachverhalts ist nach meiner Auffassung für diese Form der Nutzung kein Zuschlag nach § 238 Abs. 2 BewG gerechtfertigt. Infolgedessen war zunächst offen, ob diese Flächen durch diese Inanspruchnahme als Wegefläche den Hofstellen zuzuordnen sind, oder insgesamt von einer abgrenzbaren Standortfläche auszugehen ist. Eine abschließende Klärung wird ggf. durch den Einführungserlass zum GrStRefG[2] erfolgen.

18 Die zwischenzeitlich ergangenen Verwaltungsanweisungen[3] bestätigen, dass **Standortflächen von** Windenergieanlagen, in deren Umgriff land- und forstwirtschaftlich genutzte Flächen eines Betriebs der Land- und Forstwirtschaft liegen, gem. § 233 Abs. 1 BewG zum land- und forstwirtschaftlichen Vermögen gehören. Dies gilt grundsätzlich dann, wenn wenigstens an einer Seite der Standortfläche Flächen angrenzen, die der landwirtschaftlichen, forstwirtschaftlichen, gärtnerischen oder einer anderen Urproduktion dienen. Aus meiner Sicht ist es nicht zu beanstanden, wenn die in § 234 Abs. 1 Nr. 1 a) bis e) sowie Nr. 2 b) BewG genannten Nutzungen, Nutzungsteile und Nutzungsarten der Urproduktion zugerechnet werden. Davon abzugrenzen sind Standortflächen von Windenergieanlagen in anderen Gebieten, insbesondere in Gewerbegebieten. Derartig gelegene Standortflächen gehören dann zum Grundvermögen.

1 Vgl. Grootens, ErbStB 2012 S. 137–138.

2 GrStRefG v. 26.11.2019, BGBl 2019 I S. 1794.

3 Vgl. A 233 Abs. 1 AEBewGrSt.

PRAXISHINWEIS: 18/1

Ist die Windenergieanlage aufgrund ihrer Lage eindeutig dem Grundvermögen zuzuordnen, erfolgt die Bewertung nach § 243 ff BewG. Dabei ist die Anlage selbst als Betriebsvorrichtung einzustufen. Soweit sich auf der Fläche neben dem Turm keine weiteren Gebäude befinden, ist hier die Bewertung als unbebautes Grundstück nach Maßgabe des § 247 BewG einschlägig. Der Grundsteuerwert unbebauter Grundstücke ergibt sich regelmäßig aus dem Produkt der Grundstücksfläche und dem jeweiligen Bodenrichtwert (§ 196 BauGB). Der Wert unbebauter Grundstücke umfasst den Wert des Grund und Bodens, mit dem die Außenanlagen abgegolten sind. Bei der Wertermittlung ist der Bodenrichtwert anzusetzen, der vom Gutachterausschuss auf den jeweiligen Hauptfeststellungszeitpunkt ermittelt wurde. Dieser gilt dann für den gesamten Hauptfeststellungszeitraum, A 247.1 Abs. 1 AEBewGrSt.[1]

Darüber hinaus definiert A 233 Abs. 2 AEBewGrSt die **abzugrenzende Standortfläche.** Sie besteht aus der Standfläche des Turms einschließlich der **Betriebsvorrichtungen** (Transformatorhaus) mit Umgriff, soweit dort tatsächlich keine landwirtschaftliche Nutzung mehr erfolgt. Ferner zählen die befestigten **Betriebsflächen einschließlich Umgriff** wie Böschungen und der befestigten Zuwegung, soweit diese vorrangig dem Betrieb der Windenergieanlage dienen, dazu. Zur Betriebsfläche gehören insbesondere die **befestigten Flächen, die für Aufbau und Wartung der Anlagen** durch den Betreiber vorzuhalten sind. Flächen für die Zuwegung sind die Grundstücksteile, die ausschließlich der Erschließung der Windenergieanlage dienen und von denen aus keine land- und forstwirtschaftlichen Flächen bewirtschaftet werden.[2] In dem unter → Rz. 15 genannten Beispiel ist die abgrenzbare Standortfläche unter Anwendung der dargestellten Regelungen 1.009 m² groß und die Bewertung richtet sich nach den Regelungen in A 237.2 Abs. 4 und A 238 Abs. 4 AEBewGrSt. 19

Nach A 238 Abs. 4, Satz 1 AEBewGrSt ist der Reinertrag einer land- und forstwirtschaftlichen Nutzung oder Nutzungsart gemäß § 238 Abs. 2 Satz 1 BewG zu erhöhen, wenn die Eigentumsfläche des land- und forstwirtschaftlichen Betriebs zugleich der Stromerzeugung aus Windenergie dient. Hierzu ist die Standortfläche der Windenergieanlage abzugrenzen und der daraus gem. § 238 Abs. 2 Satz 2 BewG i.V. mit Anlage 33 zum BewG ermittelte Zuschlag am maßgeblichen Flächenwert vorzunehmen. Zur Bestimmung der Standortfläche wird auf A 233.1 Abs. 2 verwiesen. Bis hierhin ist anzunehmen, dass ein Zuschlag an jeder land- und forstwirtschaftlichen Nutzung an jedem Nutzungsteil oder auch an jeder Nutzungsart vorzunehmen ist. A 237.2 Abs. 4 AEBewGrSt begrenzt die Bewertung **ausschließlich auf die landwirtschaftliche Nutzung** mit dem Grundbetrag der Anlage 27 zum BewG sowie dem Zuschlag nach § 238 Abs. 2 BewG (vgl. A238 AEBewGrSt). 19/1

PRAXISHINWEIS: 19/2

Steht eine Windkraftanlage z. B. innerhalb einer forstwirtschaftlichen Nutzung (niedriger Flächenwert) oder aber in einer gärtnerischen Nutzung z. B. Nutzungsteil Gemüsebau (hoher Flächenwert), hat das auf die Höhe der Bewertung keinen Einfluss, weil als Bemessungsgrundlage ausschließlich der Grundbetrag der landwirtschaftlichen Nutzung anzusetzen ist.

II. Zurechnung zum Grundvermögen bei einer Zweckänderung in einem Zeitraum von sieben Jahren (§ 233 Abs. 2 BewG)

Die Vorschrift entspricht inhaltlich § 69 Abs. 1 BewG. Sie ersetzt jedoch das nach bisherigem Recht gültige Tatbestandsmerkmal **„auf absehbare Zeit"**, das durch die hierzu ergangene 20

1 Gl.A Bruschke, ErbStB 2022 S. 347–349.

2 Vgl. A 233 Abs. 2 AEBewGrSt.

höchstrichterliche Rechtsprechung mit sechs Jahren konkretisiert wurde, in Übereinstimmung mit dem **Hauptfeststellungszeitraum** durch **sieben Jahre**.[1] Insoweit haben Literatur und Rechtsprechung zu § 69 BewG m. E. auch ihre Bedeutung für die Anwendung von § 233 Abs. 2 und 3 BewG behalten.

21 Die allgemeinen **Grundsätze für die Abgrenzung zwischen dem land- und forstwirtschaftlichen Vermögen und dem Grundvermögen** ergeben sich nach bisherigem Recht aus §§ 33 und 68 BewG und werden mit § 232 und § 243 BewG fortgeführt. Dabei ist nun zu unterstellen, dass die Vorschriften des § 232 BewG den Vorschriften des § 243 vorgehen. In § 243 Abs. 1 BewG wird der Begriff des Grundvermögens zum Begriff des land- und forstwirtschaftlichen Vermögens (§§ 232–242) negativ abgegrenzt, während § 232 BewG positiv bestimmt, welcher Grundbesitz als land- und forstwirtschaftliches Vermögen anzusehen ist.[2]

22 § 233 Abs. 2 BewG bestimmt allgemein, unter welchen Voraussetzungen noch land- und forstwirtschaftlich genutzte Flächen im Hinblick auf eine schon am Feststellungszeitpunkt (§ 235 BewG), innerhalb eines Zeitraums von **sieben Jahren** anzunehmende Nutzungsänderung, dem Grundvermögen zuzurechnen sind. Nach dieser Vorschrift gehören noch land- und forstwirtschaftlich genutzte Flächen dann zum Grundvermögen, wenn nach ihrer **Lage**, den am Feststellungszeitpunkt bestehenden **Verwertungsmöglichkeiten** oder den **sonstigen Umständen** anzunehmen ist, dass sie innerhalb eines Zeitraums von sieben Jahren, anderen als land- und forstwirtschaftlichen Zwecken, insbesondere als **Bau-, Gewerbe- oder Industrieland** oder als Land für **Verkehrszwecke** dienen werden. Die Verwaltungsanweisungen ergänzen diese Aufzählung zutreffend um die Flächen, die zum Abbau von (gewerblichen) Bodenschätzen verwendet werden.[3] Diese Aufzählung ist nicht abschließend („insbesondere"). Es können deshalb auch in weiteren Fällen **land- und forstwirtschaftlich genutzte Flächen** dem **Grundvermögen** zugerechnet werden. Bei einer zu erwartenden Verwendung von Flächen für andere als für land- und forstwirtschaftliche Zwecke sind insbesondere Fallgestaltungen[4] zu prüfen, bei denen mindestens eines der folgenden Merkmale zutrifft:

1. Fehlen eines **Bebauungsplanes**;
2. Einstufung im Bebauungsplan nicht als Bauland, aber z. B. als **Grünfläche** oder als **Verkehrsfläche**;
3. fehlende **Möglichkeit der sofortigen Bebauung**;
4. noch keine im **benachbarten Bereich** begonnene oder durchgeführte Bebauung;
5. **Hofstelle**.

Ist Ergebnis dieser Prüfung, das mindestens eines der vorgenannten Merkmale zutrifft, ist eine Zurechnung zum Grundvermögen bereits dann vorzunehmen, wenn zum Feststellungszeitpunkt anzunehmen ist, dass die land- und forstwirtschaftlichen Flächen aufgrund ihrer Lage, den am maßgeblichen Bewertungsstichtag bestehende Verwertungsmöglichkeiten oder sonstigen Umständen **innerhalb eines Zeitraums von sieben Jahren** anderen als land- und forstwirtschaftlichen Zwecken dienen werden.

23 **BEISPIEL** ▸ So kann z. B. eine in einer Dorflage gelegene Fläche, die tatsächlich noch als Schafweide genutzt wird, unter den genannten Voraussetzungen dem Grundvermögen zuzuordnen sein. Die Entscheidung,

1 BT-Drucks. 19/11085 S. 101.
2 BFH, Urteil v. 5.12.1980 - III R 56/77, BStBl 1981 II S. 498.
3 Vgl. A 233 Abs. 5 AEBewGrSt.
4 Vgl. A 233 Abs. 4 AEBewGrSt.

ob Grundstücke zum land- und forstwirtschaftlichen Vermögen oder zum Grundvermögen zu rechnen sind, hängt im Wesentlichen von deren **Zweckbestimmung**[1] ab.

Die Erwartung einer künftigen Verwendung der Flächen für andere als land- und forstwirtschaftliche Zwecke kann sich auf folgende Umstände[2] gründen: 24

1. auf die Möglichkeit einer **künftigen Verwendung als Bauland** oder auf einen Erwerb zu Baulandpreisen, wenn die Fläche nicht als Ersatzland (z. B. bei Enteignungen) oder zur Abrundung eines Betriebs der Land- und Forstwirtschaft dienen soll;
2. auf den **Erwerb durch einen Nichtlandwirt,** z. B. durch eine Grundstücksgesellschaft, ein Wohnungsunternehmen, ein Abbau- oder auch ein Industrieunternehmen, das die Fläche vorläufig noch in der land- und forstwirtschaftlichen Nutzung des Veräußerers belässt;
3. auf die **Bestellung von Grunddienstbarkeiten** für Zwecke der Energieerzeugung;
4. auf Landverkäufe, die z. B. eine **beginnende Parzellierung** erkennen lassen, z. B. weil die Fläche für eine Brückenauffahrt benötigt wird oder für einen in Richtung auf die Fläche fortschreitenden Straßenbau;
5. auf den Abschluss von **Pacht- und/oder Ausbeuteverträgen** oder
6. auf eine **Nutzungsüberlassung** unter **Einräumung des Rechts Bodenschätze aufzusuchen** und zu gewinnen.

Sind diese Voraussetzungen erfüllt, kommt es weder auf den **Willen des Eigentümers,** die Fläche weiterhin oder gleichzeitig land- und forstwirtschaftlich zu nutzen, noch auf eine spätere **objektiv mögliche land- und forstwirtschaftliche Nutzung** an. Liegen die Voraussetzungen des § 233 Abs. 2 BewG zu einem späteren Feststellungszeitpunkt nicht mehr vor und ist der Grundbesitz wieder zur land- und forstwirtschaftlichen Nutzung dauernd zu dienen bestimmt, ist dieser wieder dem land- und forstwirtschaftlichen Vermögen zuzurechnen.

Die Vorschrift ist als Ausnahmevorschrift zu § 232 BewG nur in den Fällen anzuwenden, in denen **unbebaute Flächen** im Feststellungszeitpunkt zwar noch tatsächlich land- und forstwirtschaftlich genutzt werden aber auf Grund weiterer Voraussetzungen schon dem Grundvermögen zuzurechnen sind. Sind die Voraussetzungen des § 233 Abs. 2 und 3 BewG nicht erfüllt, kommt es darauf an, inwieweit die Flächen noch dauernd einem Betrieb der Land- und Forstwirtschaft zu dienen bestimmt sind. Zu dieser Frage hat der BFH mehrere Entscheidungen getroffen: In seinem Urteil v. 5.12.1980[3] kam er bei einer gärtnerisch genutzten nicht erschlossenen Fläche in einem Naherholungsgebiet, die in einem Flächennutzungsplan als Wohngebiet ausgewiesen war, zu dem Schluss, dass eine Abgrenzung für ein derartig genutztes Grundstück nur in einem **vergleichenden Verfahren** zwischen den Nutzungen eines solchen Grundstücks und denen eines durchschnittlichen Haupterwerbsbetriebs gleicher Nutzungsart unter Würdigung aller Umstände des Einzelfalls durchzuführen ist. Mit Urteil[4] v. 4.3.1987 greift der BFH das vergleichende Verfahren nochmals auf. Danach ist ein in einem Naherholungsgebiet belegenes tatsächlich gärtnerisch genutztes Grundstück, nur dann dem land- und forstwirtschaftlichen Vermögen zuzuordnen, wenn es hinsichtlich **Arbeitseinsatz, Investitionen zur Erhaltung oder Steigerung der Ertragsfähigkeit** sowie **erzielbarem Ertrag** einem Vergleich mit ei- 25

1 Vgl. Müller, in Grootens, BewG § 232 Rz. 2.

2 Vgl. A 233 Abs. 5 AEBewGrSt.

3 BFH, Urteil v. 5.12.1980 - III R 56/77, BStBl 1981 II S. 498.

4 BFH, Urteil v. 4.3.1987 - II R 8/86, BStBl 1987 II S. 370.

nem durchschnittlichen landwirtschaftlichen Haupterwerbsbetrieb der gleichen Nutzung standhalten kann. Führt der Vergleich einer solchen Fläche mit einem durchschnittlichen landwirtschaftlichen Haupterwerbsbetrieb der gleichen Nutzung zu dem Ergebnis, dass Arbeitseinsatz, Investitionen sowie erzielbarer Ertrag des Haupterwerbsbetriebs (deutlich) über denen der zu vergleichende Fläche liegt, wird die Fläche -trotz anderweitiger tatsächlicher Nutzung- im Grundvermögen zu bewerten sein.

III. Zurechnung zum Grundvermögen bei baureifen Grundstücken (§ 233 Abs. 3 BewG)

1. Grundsätze für die Annahme baureifer Grundstücke (§ 233 Abs. 3 Satz 1 BewG)

26 Nach § 233 Abs. 3 sind land- und forstwirtschaftlich genutzte Flächen **stets** dem **Grundvermögen** zuzurechnen, wenn die folgenden drei Voraussetzungen gem. § 233 Abs. 3 Satz 1 BewG insgesamt erfüllt sind:

1. Die Flächen müssen in einem (rechtsverbindlichen) **Bebauungsplan als Bauland** ausgewiesen sein.
2. Die **sofortige Bebauung** muss in rechtlicher und tatsächlicher Hinsicht möglich sein.
3. Die Bebauung muss innerhalb des Plangebiets in benachbarten Bereichen begonnen haben oder schon durchgeführt sein.

Unter diesen drei Voraussetzungen, also bei baureifen Grundstücken, ist der für die allgemeine Abgrenzung zwischen land- und forstwirtschaftlichem Vermögen und Grundvermögen maßgebende **Wille des Eigentümers**, die Flächen weiterhin landwirtschaftlich zu nutzen, **unerheblich.**[1]

27 Werden Flächen **nur teilweise** als **Bauland** im Bebauungsplan festgesetzt, müssen diese für die Zurechnung zum Grundvermögen abgegrenzt werden. Außerdem bleibt zu prüfen, ob trotz landwirtschaftlicher Nutzung die Zurechnung zum Grundvermögen nach § 233 Abs. 2 BewG in Betracht kommt.[2]

28 Das Merkmal der **möglichen sofortigen Bebauung** erfordert, dass eine Bebauung weder tatsächlich, etwa durch die Größe, den Zuschnitt der Fläche oder die Bodenbeschaffenheit, noch rechtlich, etwa durch Vorschriften des BauGB, der Landesbauordnung oder Naturschutzbeschränkungen, ausgeschlossen ist. Dies gilt z. B., wenn die Grundstücksfläche für die vorgeschriebene **offene Bebauung** zu klein ist. Für eine ausreichende Erschließung genügt, dass die Erschließungsanlagen bis zur Fertigstellung der zu erschließenden baulichen Anlagen benutzbar sind.[3]

29 Für das Erfordernis, dass die **Bebauung innerhalb des Plangebiets** in benachbarten Bereichen bereits begonnen hat oder schon durchgeführt ist, kommt es allein auf das jeweilige Plangebiet an. Die Bebauung von Flächen außerhalb des Plangebiets kommt selbst dann, wenn diese Flächen unmittelbar an das Plangebiet anschließen, nicht als Bebauung in einem benachbarten Bereich in Betracht. Andererseits ist hierfür nicht zu fordern, dass die Bebauung in unmittelbarer Nachbarschaft des zu bewertenden Grundstücks begonnen hat. Die Beurteilung

1 Vgl. Wiegand in Viskorf/Schuck/Wälzholz, BewG § 159 Rz. 17.
2 BFH, Urteil v. 21.5.1982 III - R 127/80, BStBl 1982 II S. 582.
3 BFH, Urteil v. 2.5.1980 - III R 15/78, BStBl 1980 II S. 490.

des benachbarten Bereichs richtet sich nach den **örtlichen Verhältnissen**, wobei Baulücken innerhalb geschlossener Ortslagen stets die geforderten Voraussetzungen erfüllen.[1]

Bei der Zuordnung von land- und forstwirtschaftlich genutzten Flächen zum Grundvermögen ist zu beachten, dass die Voraussetzungen nach § 233 Abs. 2 BewG und nach § 233 Abs. 3 BewG nebeneinander vorliegen können. Die Zuordnung zu einer Vermögensart nach § 233 Abs. 2 BewG kann daher insbesondere dann in Betracht kommen, wenn das in einem Bebauungsplan ausgewiesene Gelände mit Sicherheit schon in Kürze **in unbebautem Zustand für gewerbliche Zwecke genutzt** werden wird, auf der anderen Seite aber die Möglichkeit einer sofortigen Bebauung zweifelhaft erscheint oder zumindest schwer festzustellen ist. 30

PRAXISHINWEIS 30/1

Für die Bearbeitung von Fällen, die sowohl nach §§ 233 Abs. 2 BewG als auch nach § 233 Abs. 3 BewG vom land- und forstwirtschaftlichen Vermögen abzugrenzen sind, bietet es sich an, zunächst die Abgrenzungskriterien des Abs. 3 zu prüfen. Sind diese s. Rz. 26 erfüllt, handelt es sich eindeutig um Flächen, die dem Grundvermögen zuzurechnen sind. Eine weitergehende Prüfung ist dann entbehrlich.

2. Ausnahme Hofstelle (§ 233 Abs. 3 Satz 2 BewG)

Hofstellen werden nach dem Wortlaut der Vorschrift **nicht dem Grundvermögen zugerechnet**, selbst wenn nach § 233 Abs. 3 Satz 1 BewG die Voraussetzungen hierfür vorliegen. Anders als in § 69 Abs. 3 Satz 2 BewG verzichtet der Gesetzgeber auf eine über die Hofstelle hinausgehende Fläche von einem Hektar. Insoweit ist hier die katastermäßig als Hofstelle ausgewiesene Nutzung maßgeblich. 31

Über den Wortlaut des Gesetzes hinaus handelt es sich um eine **allgemeine Begünstigungsvorschrift**,[2], die auch für die Anwendung des § 233 Abs. 2 gilt. Die Hofstelle bleibt unter den Voraussetzungen des § 232 BewG stets land- und forstwirtschaftliches Vermögen. Eine Zurechnung zum Grundvermögen kommt für die vorgenannten Flächen insoweit erst dann in Betracht, wenn der Betrieb der Land- und Forstwirtschaft nicht nur vorübergehend eingestellt wird.[3] 32

Zur Hofstelle gehören nach § 234 Abs. 6 BewG alle **Hof- oder Wirtschaftsgebäudeflächen**, einschließlich der **Nebenflächen**, wenn von dort aus land- und forstwirtschaftliche Flächen nachhaltig bewirtschaftet werden. 33

§ 234 BewG Betrieb der Land- und Forstwirtschaft

(1) Ein Betrieb der Land- und Forstwirtschaft umfasst:

1. die land- und forstwirtschaftlichen Nutzungen:

- **a) die landwirtschaftliche Nutzung,**
- **b) die forstwirtschaftliche Nutzung,**
- **c) die weinbauliche Nutzung,**

1 A 233 Abs. 6 Nr. 3 AEBewGrSt.

2 FG München, Urteil v. 17.7.1980 - IV 390/77 EFG 1981 S. 72.

3 Bew-Kartei OFD NRW, § 69 BewG Zurechnung land- und forstwirtschaftlich genutzter Flächen zum Grundvermögen, Karte 6.

d) die gärtnerische Nutzung,

aa) Nutzungsteil Gemüsebau,

bb) Nutzungsteil Blumen- und Zierpflanzenbau,

cc) Nutzungsteil Obstbau,

dd) Nutzungsteil Baumschulen,

e) die übrigen land- und forstwirtschaftlichen Nutzungen,

2. die Nutzungsarten:

a) Abbauland,

b) Geringstland,

c) Unland,

d) Hofstelle,

3. die Nebenbetriebe.

(2) Die land- und forstwirtschaftlichen Betriebsflächen sind einer Nutzung, innerhalb der gärtnerischen Nutzung einem Nutzungsteil, oder einer Nutzungsart zuzuordnen (gesetzliche Klassifizierung).

(3) Zum Abbauland gehören die Betriebsflächen, die durch Abbau der Bodensubstanz überwiegend für den Betrieb der Land- und Forstwirtschaft nutzbar gemacht werden, zum Beispiel Steinbrüche, Torfstiche, Sand-, Kies- und Lehmgruben.

(4) Zum Geringstland gehören die Betriebsflächen geringster Ertragsfähigkeit, für die nach dem Bodenschätzungsgesetz keine Wertzahlen festzustellen sind.

(5) Zum Unland gehören die Betriebsflächen, die auch bei geordneter Wirtschaftsweise keinen Ertrag abwerfen können.

(6) Zur Hofstelle gehören alle Hof- und Wirtschaftsgebäudeflächen einschließlich der Nebenflächen, wenn von dort land- und forstwirtschaftliche Flächen nachhaltig bewirtschaftet werden.

(7) Als Nebenbetrieb gilt ein Betrieb, der dem Hauptbetrieb zu dienen bestimmt ist und nicht einen selbständigen gewerblichen Betrieb darstellt.

Inhaltsübersicht **Rz.**

LITERATUR:

Eisele/Wiegand, Grundsteuerreform 2022/2025, Stand: Januar 2020 (1. Aufl.), NWB CAAAH-44415; *Eisele*, Reform der Grundsteuer – Gesetzentwurf liegt vor! Teil II: Bewertung des land- und forstwirtschaftlichen Vermögens für Zwecke der Grundsteuer A/Änderungen des Grundsteuergesetzes, NWB 29/2019 S. 2127, NWB AAAAH-22096.

VERWALTUNGSANWEISUNGEN:

Koordinierte Erlasse der obersten Finanzbehörden der Länder v. 9.11.2021 – Anwendung des Siebenten Abschnitts des Zweiten Teils des Bewertungsgesetzes zur Bewertung des Grundbesitzes (land- und forstwirtschaftliches Vermögen) für die Grundsteuer ab 1.1.2022 (AEBewGrSt), BStBl I 2021 S. 2369.

A. Allgemeine Erläuterungen zu § 234 BewG

I. Normzweck und wirtschaftliche Bedeutung der Vorschrift

§ 234 BewG beschreibt den Betrieb der Land- und Forstwirtschaft und gliedert ihn in seine einzelnen **Nutzungen, Nutzungsteile** und **Nutzungsarten**. Der Begriff der Nutzung ist hier nicht im wörtlichen Sinne auszulegen, denn er umfasst grundsätzlich die **Gesamtheit** aller jeweils zu einer Nutzung, einem Nutzungsteil sowie einer Nutzungsart gehörenden Wirtschaftsgüter, die einem Betriebszweig oder mehreren Betriebszweigen der Urproduktion dienen. Dies hat den Vorteil, dass mehreren Nutzungen dienende Wirtschaftsgüter nicht im Einzelnen quotal aufgeteilt werden müssen. Die Definitionen des **Abbaulands, Geringstlands** und **Unlands** entsprechen § 34 Abs. 2 Nr. 2 BewG werden jedoch aus automationstechnischen Gründen künftig als **Nutzungsart** bezeichnet.[1] Abweichend von den bisherigen Regelungen werden **Hofstellen** der gleichnamigen Nutzungsart zugeordnet und gesondert bewertet. Hierzu gehören alle Hof- und Wirtschaftsgebäudeflächen einschließlich der Nebenflächen, wenn von dort aus land- und forstwirtschaftliche Flächen nachhaltig bewirtschaftet werden (§ 234 Abs. 6 BewG). Zu den Nebenbetrieben siehe → Rz. 51 ff. 1

Gebäude oder **Gebäudeteile**, die innerhalb land- und forstwirtschaftlich genutzter Hofstellen **Wohnzwecken** oder **anderen** als land- und forstwirtschaftlichen Zwecken dienen, werden dem **Grundvermögen** zugerechnet. Im Bereich der Wohngebäude des Betriebsinhabers wird damit die Rechtslage der neuen Länder bundeseinheitlich eingeführt und es erfolgt eine bundesweite Gleichbehandlung aller Land- und Forstwirte.[2] 2

(Einstweilen frei) 3–4

II. Entstehung und Entwicklung der Vorschrift

§ 234 BewG wurde mit dem GrStRefG v. 26.11.2019[3] in das BewG eingefügt. Die Vorschrift greift auf die bewährten Regelungen des § 34 Abs. 1 und 2 BewG zurück. Sie enthält eine Beschreibung des Betriebs der Land- und Forstwirtschaft und gliedert diesen für Zwecke der Wertermittlung auf. Erstmals ist § 234 BewG für den **Hauptfeststellungszeitpunkt 1.1.2022** anzuwenden (vgl. § 266 BewG). 5

1 BT-Drucks. 19/11085 S. 101.

2 BT-Drucks. 19/11085 S. 101.

3 GrStRefG v. 26.11.2019, BGBl 2019 I S. 1794.

6–7 *(Einstweilen frei)*

III. Geltungsbereich

8 Die in § 234 BewG festgelegte Gliederung ist für die **zutreffende Bewertung eines Betriebs der Land- und Forstwirtschaft** beim Vorhandensein der jeweiligen Nutzungen, Nutzungsteile und Nutzungsarten maßgeblich.

9 Die Vorschriften gelten gem. § 231 BewG nur für die Bewertung des **inländischen zu bewertenden Vermögens**. Dabei sind auch die inländischen Teile einer wirtschaftlichen Einheit zu bewerten, die sich sowohl auf das Inland als auch auf das Ausland erstrecken.

10–11 *(Einstweilen frei)*

B. Systematische Kommentierung

I. Gliederung des Betriebs der Land- und Forstwirtschaft (§ 234 Abs. 1 BewG)

12 Ein Betrieb der Land- und Forstwirtschaft besteht nur noch aus dem **Wirtschaftsteil**, weil der **Wohnteil**, d. h. die Wohnung des Betriebsinhabers und das Altenteil sowie die **Wohnungen für die Arbeitnehmer** dem Grundvermögen zugeordnet werden.[1] Insoweit beschreibt § 234 Abs. 1 BewG das Bewertungsobjekt „Betrieb der Land- und Forstwirtschaft" in Anlehnung an §§ 34 Abs. 2 und § 160 Abs. 2 BewG. Die Fortführung der wirtschaftlichen Einheit Stückländerei nach § 34 Abs. 7 BewG wurde aufgegeben, so dass die zur Nutzung überlassenen Einzelflächen nunmehr als Betrieb der Land- und Forstwirtschaft bezeichnet werden (müssen).

13–14 *(Einstweilen frei)*

II. Umfang des Betriebs der Land- und Forstwirtschaft (§ 234 Abs. 1–7 BewG)

15 Nach der Gesetzesbegründung[2] greift die Vorschrift auf die bewährten Regelungen des § 34 Abs. 1 und 2 BewG zurück und hält an dem Begriff der **„Nutzungen"** als Gesamtheit der jeweils hierzu gehörenden Wirtschaftsgüter fest. Die gärtnerische Nutzung (§ 234 Abs. 1 Nr. 1 Buchst. d BewG) wird entsprechend der jeweiligen Produktionsrichtung in die **Nutzungsteile** Gemüsebau, Blumen- und Zierpflanzenbau, Obstbau und Baumschulen aufgeteilt. Neu ist für das Abbauland, Geringstland, Unland und die Hofstelle die Bezeichnung **Nutzungsart**. **Nebenbetriebe** werden wie bisher dem Betrieb der Land- und Forstwirtschaft zugeordnet soweit sie keine eigenständigen Gewerbetriebe sind, gesondert erfasst. Für die Abgrenzung des Nebenbetriebs zum Gewerbebetrieb gelten die bisherigen Grundsätze, vgl. R 15.5 Abs. 3 EStR 2012.

16 Der Betrieb der Land- und Forstwirtschaft setzt sich demnach aus den jeweiligen Flächen der landwirtschaftlichen Nutzung, der forstwirtschaftlichen Nutzung, der weinbaulichen Nutzung, der gärtnerischen Nutzung und als Auffangtatbestand den übrigen land- und forstwirtschaftlichen Nutzungen zusammen. Zu den jeweiligen Flächen der genannten Nutzungen gehören bisher nach § 40 Abs. 3 BewG auch Wirtschaftswege, Hecken, Gräben, Grenzraine und derglei-

---

1 Vgl. Müller in Grootens, BewG § 232 Rz. 72.

2 BT-Drucks. 19/11085 S. 107.

chen, soweit sie zu ihnen zugeordnet und nicht gesondert im Liegenschaftskataster ausgewiesen sind. Ein aktueller Hinweis bzw. ein Rückgriff auf § 40 BewG fehlt im Gesetz, er ist aber in die Verwaltungsanweisungen aufgenommen worden.[1] Insoweit gelten diese Regelungen fort. Dies gilt auch für Wasserflächen, soweit sie nicht Unland sind oder zur sonstigen land- und forstwirtschaftlichen Nutzung (§ 242 Abs. 2 BewG) gehören.

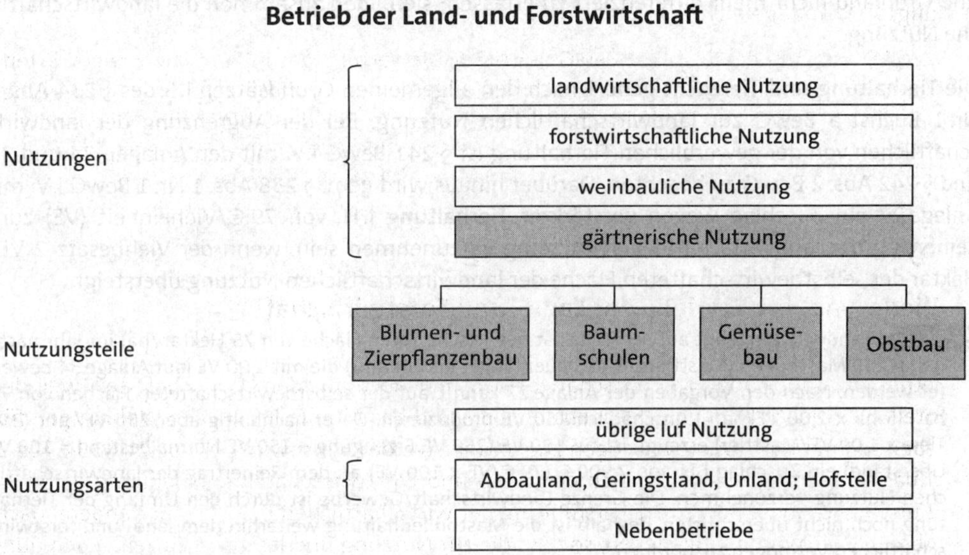

17 Grundsätzlich sind nach Auffassung der Finanzverwaltung die bei der Vermessungs- und Katasterverwaltung geführten amtlichen Flächengrößen der Flurstücke heranzuziehen. Die Zuordnung der Flächen zu den Nutzungen, Nutzungsteilen und Nutzungsarten bildet die **gesetzliche Klassifizierung.** In der **Steuerklärung sind die jeweiligen Flächengrößen und die gesetzliche Klassifizierung** entsprechend **der tatsächlichen Verhältnisse am Bewertungsstichtag** anzugeben. Wird bei der Vermessungs- und Katasterverwaltung im Amtlichen Liegenschaftskatasterinformationssystem (ALKIS®) unter der Objektart AX_Bewertung eine **gesetzliche Klassifizierung geführt,** ist grundsätzlich **diese Klassifizierung für die Bewertung maßgebend.** Bei **zwischenzeitlich eingetretenen Veränderungen** hinsichtlich der Nutzung sind die Angaben an die tatsächlichen Verhältnisse **anzupassen.** Die im ALKIS® geführte tatsächliche Nutzung kann Hinweise auf die jeweilige Nutzung gem. § 234 Abs. 1 BewG geben und ein Indiz für die gesetzliche Klassifizierung gem. § 234 Abs. 2 BewG sein. Maßgebend für die gesetzliche Klassifizierung sind die Regelungen in A 237.2 bis A 237.24 AEBewGrSt. Die für Zwecke der Bewertung jeweils maßgebende gesetzliche Klassifizierung zum Bewertungsstichtag ist der Vermessungs- und Katasterverwaltung zur Einhaltung ihrer gesetzlichen Mitteilungspflicht i. S. des § 229 Abs. 3 BewG für den nächsten Feststellungszeitpunkt zu übermitteln.[2]

18 *(Einstweilen frei)*

1 Vgl. A 237 Abs. 4 Satz 3 AEBewGrSt.
2 Vgl. A 234 Abs. 3 AEBewGrSt.

1. Landwirtschaftliche Nutzung (§ 234 Abs. 1 Nr. 1 Buchst. a BewG)

19 Zur landwirtschaftlichen Nutzung gehören alle Wirtschaftsgüter, die der **Pflanzen- und Tierproduktion** im Rahmen landwirtschaftlicher Produktionsverfahren dienen. Hierzu zählen dem Grunde nach das **Ackerland** und **Grünland**, soweit diese Nutzungen im Rahmen der **gesetzlichen Klassifizierung** als solche im Kataster ausgewiesen sind. In der Erklärung sind Ackerland und Grünland nicht mehr differenziert zu erfassen; sie bilden zusammen die landwirtschaftliche Nutzung.

20 Die **Tierhaltung und Tierzucht** gehört nach den allgemeinen Grundsätzen i. S. des § 234 Abs. 1 Nr. 1 Buchst. a BewG zur landwirtschaftlichen Nutzung. Bei der Abgrenzung der landwirtschaftlichen von der gewerblichen Tierhaltung ist § 241 BewG i.V. mit den Anlagen 34 und 35 und § 242 Abs. 2 BewG zu beachten. Darüber hinaus wird gem. § 238 Abs. 1 Nr. 1 BewG i.V. mit Anlage 27 ein Zuschlag wegen **verstärkter Tierhaltung** i. H. von 79 €/Vieheinheit (VE) zum Reinertrag der landwirtschaftlichen Nutzung vorzunehmen sein, wenn der Viehbesatz 2 VE/Hektar der selbstbewirtschafteten Fläche der landwirtschaftlichen Nutzung übersteigt.

21 BEISPIEL: Landwirt L erzeugt auf seiner selbst bewirtschafteten Fläche von 75 Hektar (ha) im Jahr nachhaltig 250 Mastbullen (Masttiere, Mastdauer länger als ein Jahr) die mit 1,00 VE laut Anlage 34 bewertet werden. Nach den Vorgaben der Anlage 27 kann L auf der selbstbewirtschafteten Flächen von 75 ha (75 ha x 2,00 VE/ha =) unschädlich 150 VE produzieren. Da er nachhaltig aber 250 VE/Jahr (250 Tiere x 1,00 VE/Masttier) erzeugt, ist für 100 VE (250 VE Erzeugung – 150 VE Normalbestand = 100 VE Überstand) ein Zuschlag i. H. von 7.900 € (79 €/VE x 100 VE) an dem Reinertrag der landwirtschaftlichen Nutzung vorzunehmen. Die Grenze Landwirtschaft/Gewerbe ist durch den Umfang der Tierhaltung noch nicht überschritten, deshalb ist die Mastbullenhaltung weiterhin dem land- und forstwirtschaftlichen Vermögen zuzuordnen.[1]

22 Das Ackerland umfasst die **bodengeschätzten Flächen**, die zum Anbau von Getreide, Hülsen- und Ölfrüchten, Hackfrüchten, Futterpflanzen und weiteren landwirtschaftlichen Kulturpflanzen genutzt werden. Zum Ackerland gehören auch die Flächen, auf denen Feldgemüse wie **Kopfkohl** (Weiß-, Rot- und Wirsingkohl); **Pflückerbsen** und **Pflückbohnen** nach landwirtschaftlicher Anbaumethode im Rahmen der **landwirtschaftlichen Fruchtfolge als Hauptkultur** angebaut werden. **Hopfen** und **Spargel** gehören als Sonderkulturen nunmehr gem. § 242 Abs. Nr. 1 BewG zu den übrigen land- und forstwirtschaftlichen Nutzungen. Gemäß § 2 Abs. 3 Nr. 2 BodSchätzG[2] umfasst das **Grünland** die Dauergrasflächen, die i. d. R. gemäht und geweidet werden. Zum Grünland rechnen auch die Streuobstwiesen, Hutungen und Almen. Streuobstwiesen sind Flächen, auf denen zwar verstreut hochstämmige Obstbäume meist unterschiedlichen Alters und unterschiedlicher Arten und Sorten stehen, die Flächen an sich aber als Grünland im weitesten Sinne genutzt werden können.

23 In die Fläche der landwirtschaftlichen Nutzung sind auch die zu ihr gehörenden (unbefestigten) **Wirtschaftswege**, **Hecken**, **Gräben**, **Grenzraine** und dergleichen einzubeziehen.[3]

24–25 *(Einstweilen frei)*

1 Vgl. Müller in Grootens, BewG § 241 Rz. 14.

2 Vgl. BodSchätzG v. 20.12.2007, BGBl 2007 I S. 3150.

3 Vgl. A 237.24 Abs. 1 Satz 3 AEBewGrSt.

2. Forstwirtschaftliche Nutzung (§ 234 Abs. 1 Nr. 1 Buchst. b BewG)

Zur forstwirtschaftlichen Nutzung gehören alle Wirtschaftsgüter, die der **Erzeugung und Gewinnung von Rohholz** dienen. Baumgruppen und Baumreihen auf Flächen anderer land- und forstwirtschaftlicher Nutzungen, z. B. auf Wiesen und Weiden, an Wegrändern und Hofzufahrten rechnen nicht zur forstwirtschaftlichen Nutzung.[1] Im ALKIS wird oftmals als tatsächliche Nutzung das „Gehölz" geführt. Nach eigenen Recherchen kann es sich hierbei in nicht unerheblichen Umfang um Flächen handeln, auf denen forstwirtschaftliche „Junganpflanzungen" – also keine Naturverjüngung – stehen, die dann der forstwirtschaftlichen Nutzung und nicht den angrenzenden Nutzungen zuzuordnen ist. 26

Der Grund und Boden der forstwirtschaftlichen Nutzung umfasst alle Flächen, die dauernd der Erzeugung von Rohholz gewidmet sind. Dabei sind zu unterscheiden: 27

a) die **Holzbodenflächen**. Zur Holzbodenfläche gehören neben den bestockten Flächen auch Schneisen und Schutzstreifen, wenn ihre Breite einschließlich der Gäben 5 m nicht übersteigt, sowie die Blößen (vorübergehend nicht bestockte Flächen),

b) die dem Transport und der Lagerung des Holzes dienenden Flächen **(Nichtholzbodenfläche),**

c) die **Wildwiesen und Wildäcker**, soweit sie nicht der landwirtschaftlichen Nutzung (bodengeschätzte Flächen) oder zum Geringstland gehören,

d) **Hof- und Gebäudeflächen, wenn sie in die forstwirtschaftliche Nutzung einzubeziehen sind,**

e) die Wirtschaftsgebäude

BEISPIEL: F ist in W (NRW) Eigentümer nur eines im Kataster als Wald/Holz ausgewiesen Flurstücks mit einer amtlichen Fläche von 5.000 Ar. Aus dem Forstbetriebswerk bzw. einem Betriebsgutachten können folgende Informationen entnommen werden: 4.800 Ar forstwirtschaftlichen Nutzung (FN) (Wuchsgebiet 16 = Westfälische Bucht, Bewertungsfaktor 70,03 €/ha lt. Anlage 28), 75 Ar werden als Wildwiese/Wildackergenutzt, 15 Ar dienen dem Transport und der Holzlagerung und 10 Ar sind Hof- und Gebäudefläche, die ausschließlich für den Forstbetrieb genutzt wird. Im Hinblick darauf, dass die Wertermittlung für die FN auf der Grundlage der gesetzlichen Klassifizierung durchzuführen ist, ergeben sich für die Bewertung folgende Flächengrößen: 4.990 Ar FN (Bewertung mit dem Flächenwert x Bewertungsfaktor der Anlage 28); 10 Ar Hof- und Gebäudefläche (Bewertung als Hofstelle mit dem Flächenwert x dem dreifachen Bewertungsfaktor der Anlage 32. Dies deshalb, weil die gesetzliche Klassifizierung nicht die unter Rz. 25 a–g aufgeführten Unterscheidungen übernimmt. 28

Nebennutzungen, wie z. B. die Gewinnung von **Schmuckreisig, Weihnachtsbäumen** (auf Holzbodenflächen), **Beeren** und **Pilzen** sowie die Ausübung der **Jagd** rechnen ebenfalls grds. zur forstwirtschaftlichen Nutzung. Dagegen sind **Weihnachtsbaumkulturen**, die i. d. R. auf landwirtschaftlich genutzten Flächen angebaut werden, der sonstigen Nutzung (§ 242 Abs. 2 BewG) zuzuordnen. **Parkanlagen** mit Baumbeständen zählen grundsätzlich nicht zur forstwirtschaftlichen Nutzung, es sei denn, sie dienen der nachhaltigen Erzeugung von Rohholz.[2] 29

(Einstweilen frei) 30–31

---

1 Vgl. Abschnitt 1.09 Abs. 1 BewR L.

2 Vgl. Wiegand in Viskorf/Schuck/Wälzholz, BewG § 160 Rz. 11.

3. Weinbauliche Nutzung (§ 234 Abs. 1 Nr. 1 Buchst. c BewG)

32 Zur **weinbaulichen Nutzung** gehören alle Wirtschaftsgüter, die der Erzeugung von Trauben und der Gewinnung von Wein und Süßmost aus diesen Trauben dienen. Dazu gehören die Flächen

- ► mit im Ertrag stehenden Rebanlagen,
- ► die vorübergehend nicht bestockten Flächen, sogenannte Brachflächen, sowie
- ► die noch nicht ertragsfähigen Jungfelder.

Neu ist, dass der Anbau von **Reben** zur Gewinnung von Unterlagsholz (sog. **Rebmuttergärten**) und die Anzucht von Pflanzreben (sog. **Rebschulen**) losgelöst davon, ob sie zu mehr als zwei Drittel dem Eigenbedarf des Betriebs dienen, nicht mehr zur weinbaulichen Nutzung gehört.[1] Nunmehr sind diese Produktionsformen der gärtnerischen Nutzung und dort dem Nutzungsteil Baumschulen zuzuordnen. In die Weinlage eingesprengte Flächen anderer Nutzungen sind der weinbaulichen Nutzung zuzurechnen, wenn sie nur vorübergehend nicht weinbaulich genutzt werden.[2]

33 Zur weinbaulichen Nutzung gehören die Gebäude und Gebäudeteile, die der Gewinnung, dem **Ausbau** und der **Lagerung** des Weins dienen. Diese Wirtschaftsgüter sind gem. § 238 Abs. 1 Nr. 3 BewG auf der Basis der **Bruttogrundfläche** der Wirtschaftsgebäude gesondert mit einem Zuschlag an der Hoffläche zu erfassen. Entsprechend sind auch die Hof- und Gebäudeflächen, soweit sie der weinbaulichen Nutzung dienen, in diese Nutzung einzubeziehen.

34–35 *(Einstweilen frei)*

4. Gärtnerische Nutzung (§ 234 Abs. 1 Nr. 1 Buchst. d BewG)

36 Die gärtnerische Nutzung gliedert sich in die Nutzungsteile:

aa) Gemüsebau,
bb) Blumen- und Zierpflanzenbau,
cc) Obstbau,
dd) Baumschulen.

Zu dieser Nutzung gehören alle Wirtschaftsgüter, die dazu bestimmt sind, unter Anwendung gärtnerischer Kulturverfahren, Produkte des Gartenbaus durch z. B. intensive Produktionsverfahren zu erzeugen. Dies sind zum einen die gärtnerisch genutzten Anbauflächen, aber auch die Wirtschaftsgebäude (Kulturräume), Maschinen, maschinellen Anlagen (Topfanlagen) und sonstigen Betriebsmittel. Die **Zurechnung der Flächen zu den einzelnen Nutzungsteilen** erfolgt unter Anwendung von § 235 BewG. Ist eine Zuordnung der jeweiligen Nutzungsteile am Bewertungsstichtag nicht möglich, weil z. B. Teilflächen „abgeräumt" sind und bis zum Anbau der nächsten Kultur „brach" liegen, sind die Verhältnisse nach der vorgesehenen Nutzung der Fläche zugrunde zu legen, vertiefend Müller in Grootens, BewG, § 235 Rz. 11 f.

37 Abweichend von den bisherigen Regelungen[3] sind die Flächen aller Nutzungsteile (§ 234 Abs. 1 Nr. 1 d aa–dd BewG) für die Bewertung unter Berücksichtigung der Anlage 30 (zu § 237 Abs. 5 BewG) aufzugliedern in Flächen, die als **Freilandflächen** und in **Flächen die unter Glas und**

1 A 237.9 Abs. 3 Satz 1 AEBewGrSt.
2 A 237.4 Abs. 2 Satz 3 AEBewGrSt.
3 Vgl. R B 160.6 Abs. 1 ErbStR 2019.

Kunststoffen bewirtschaftet werden. Zur Fläche des jeweiligen Nutzungsteils gehören auch Flächenanteile, die den Pflanzenbeständen nicht unmittelbar als Standraum dienen, wie **Zwischenflächen**, **Vorgewende** und für die Bearbeitung notwendigen Wege.[1]

Zu den **Flächen unter Glas und Kunststoffen** gehören insbesondere mit Gewächshäusern (z. B. Breitschiff-, Venlo- und Folienhäuser), Folientunneln und anderen Kulturräumen (z. B. Treibräume) überbaute Flächen. Zu den Flächen unter Glas und Kunststoffen gehören begehbare Folientunnel nur dann, wenn deren Bogenkonstruktion fest mit dem Erdboden verankert ist.[2] Die Größe der Flächen unter Glas und Kunststoffen bemisst sich nach der **Größe der überdachten Fläche einschließlich der Umfassungswände**, d. h. von Außenkante zu Außenkante des aufsteigenden Mauerwerks bzw. der Stehwände gemessen.[3] 38

PRAXISHINWEIS: 39

Die vom Gesetz geforderte Aufteilung und auf den Quadratmeter genaue Feststellung der „bebauten“ Flächen der gärtnerischen Nutzung mit ihren Nutzungsteilen kann nur dann zufriedenstellend umgesetzt werden, wenn die Angaben zu den gesetzlich zu klassifizierenden Flächen im Amtlichen Liegenschaftskatasterinformationssystem (ALKIS) bundeseinheitlich auf der Rechtsgrundlage des § 229 Abs. 3 i. V. mit Abs. 6 der Finanzverwaltung zur Verfügung gestellt werden. Dies setzt aber die genaue Kenntnis der mitteilungspflichtigen Behörde über den tatsächlichen Gebäudebestand voraus. Ob die Abbildung aller zu klassifizierenden Flächen im ALKIS bis zum Hauptfeststellungszeitpunkt 1.1.2022 gelingt, bleibt abzuwarten.

Beim **Gemüsebau** wird auf die bisherige Ermittlung und Bestimmung der Intensitätsstufen 1–4[4] des Nutzungsteils verzichtet. Es wird ausschließlich das **Freiland** von den **Anbauflächen unter Glas und Kunststoffen** abgegrenzt. § 237 Abs. 5 BewG bestimmt darüber hinaus, dass der Nutzungsteil Gemüsebau – hier der Feldgemüsebau – wie eine landwirtschaftliche Nutzung bewertet wird, wenn im Wechsel landwirtschaftliche und gärtnerische Erzeugnisse gewonnen werden und keine **Bewässerungsmöglichkeiten** bestehen.[5] Typisch für den Feldgemüsebau ist die meist nur einmalige Nutzung der Anbaufläche pro Jahr und regelmäßiger Fruchtwechsel mit anderen landwirtschaftlichen Kulturen. Nach der Bodenvorbereitung, die als Resultat eine lockere, unkrautfreie, vorgedüngte, pflanz- bzw. saatfertige Ackerkrume hat, wird das anzubauende Gemüse entweder unmittelbar ausgesät oder als vorkultivierte Jungpflanze gepflanzt. 40

Zum Gemüsebau gehört nach der bisherigen Rechtslage auch der Anbau von **Tee, Gewürz- und Heilkräutern**. Flächen, die der Gemüsesamenvermehrung dienen, sind entsprechend den Anweisungen für die Bewertung des Gemüsebaus zu bewerten.[6] Flächen, die der Vermehrung von Blumensamen, Blumenzwiebeln und dergleichen dienen, sind nach den Anweisungen für die Bewertung des Blumen- und Zierpflanzenbaus zu bewerten.[7] 41

Flächen zur Gewinnung von **Schmuckreisig** und **Bindegrün** (auch wenn es von forstwirtschaftlichen genutzten Flächen als Vornutzung gewonnen wird), die überwiegend zum Verkauf be- 42

1 Vgl. A 237.5 Abs. 2 Satz 4 AEBewGrSt.
2 Vgl. A 237. 5 Abs. 3 Satz 2 AEBewGrSt.
3 A 237.5 Abs. 3 Satz 3 AEBewGrSt.
4 Vgl. Abschnitt 6.07 Abs. 1 BewR L.
5 Vgl. A 237.6 Abs. 2 AEBewGrSt.
6 Vgl. A 237.6 Abs. 2 Satz 2 AEBewGrSt.
7 A 237.7 Abs. 1 Satz 3 AEBewGrSt.

stimmt sind, und Flächen zur Produktion von **Rollrasen** oder **Vegetationsmatten** sind nach wie vor dem Blumen- und Zierpflanzenbau zuzurechnen.[1]

43 Zum Nutzungsteil **Obstbau** gehören die obstbaulich genutzten Flächen, insbesondere des Baumobstes, des Strauchbeerenobstes und der Erdbeeren, einschließlich derjenigen Flächenanteile, die den Pflanzenbeständen nicht unmittelbar als Standraum dienen, wie Zwischenflächen und Vorgewende.

44 Zum Nutzungsteil **Baumschulen** gehören die Flächen, die dem Anbau von Baumschulerzeugnissen dienen. Dazu rechnen insbesondere die Anzucht von Nadel- und Laubgehölzen, **Rhododendren**, **Azaleen** sowie Obstgehölzen einschließlich **Beerenobststräuchern**. Die Anzucht von Rosen und Stauden rechnet nur dann zum Nutzungsteil Baumschulen, wenn ihre Nutzung als Dauerkultur nicht überwiegt. Andernfalls sind sie dem Nutzungsteil Blumen- und Zierpflanzenbau zuzuordnen.[2]

45 **Forstliche Saat- und Pflanzkämpe** gehören grundsätzlich zum Nutzungsteil Baumschulen. Die in der Einheitsbewertung angewandte Abgrenzung über die Produktionsmenge, „wenn sie nicht zu mehr als zwei Drittel der Erzeugung von Pflanzen für den Eigenbedarf der in demselben Betrieb der Land- und Forstwirtschaft vorhandenen forstwirtschaftlichen Nutzung dienen", wurde im Rahmen der Grundsteuerwertfeststellung aufgegeben.[3] Eine Erfassung als Nebenbetrieb scheidet aus.

46–47 *(Einstweilen frei)*

5. Übrige land- und forstwirtschaftliche Nutzungen (§ 234 Abs. 1 Nr. 1 Buchst. e BewG)

48 Der Betriff der **übrigen land- und forstwirtschaftlichen Nutzungen** fasst alle die land- und forstwirtschaftlichen Nutzungen zusammen, die nicht zu den in § 234 Abs. 1 Nr. 1 Buchst. a–d genannten gehören. § 242 Abs. 1 BewG grenzt in der Folge die **Sonderkulturen** (Nr. 1) von den **sonstigen** land- und forstwirtschaftlichen Nutzungen (Nr. 2) ab.

49–50 *(Einstweilen frei)*

6. Definition des Nebenbetriebs (§ 234 Abs. 7 BewG)

a) Abgrenzung des Nebenbetriebs vom Gewerbebetrieb

51 Nebenbetriebe gehören gem. § 234 Abs. 7 BewG zum land- und forstwirtschaftlichen Vermögen. Das setzt voraus, dass sie **nicht einen selbständigen gewerblichen Betrieb darstellen**. Von einem Nebenbetrieb ist aber nur dann auszugehen, wenn er durch den **Hauptbetrieb** geprägt ist und diesen **fördert und ergänzt**. In funktionaler Hinsicht muss der Nebenbetrieb vom Hauptbetrieb abhängig sein. Die Verbindung darf nicht nur zufällig oder vorübergehend und nicht ohne Nachteil für diesen lösbar sein. Die **Verpachtung** eines landwirtschaftlichen Nebenbetriebs hätte dann rechtslogisch die Folge, dass der Nebenbetrieb seinen funktionalen Zusammenhang mit dem Hauptbetrieb verliert. Es entsteht daher ein selbständiger Gewerbebetrieb.[4]

1 A 237.7 Abs. 1 AEBewGrSt.
2 A 237.9 Abs. 1–3 AEBewGrSt.
3 Vgl. A 237.9 Abs. 3 Satz 1. AEBewGrSt.
4 RFH, Urteil v. 27.7.1932 - III A 9/32, RStBl 1932 S. 985.

Ein **Nebenbetrieb** liegt u. a. dann vor, wenn: 52

a) überwiegend im Hauptbetrieb erzeugte **Rohstoffe be- oder verarbeitet** werden und die dabei gewonnenen Erzeugnisse **überwiegend für den Verkauf** bestimmt sind oder

b) ein Land- und Forstwirt Umsätze aus der **Übernahme von Rohstoffen** (z. B. organische Abfälle) erzielt, diese be- oder verarbeitet und die dabei **gewonnenen Erzeugnisse nahezu ausschließlich im Hauptbetrieb verwendet** und die Erzeugnisse im Rahmen einer ersten Be- oder Verarbeitung, die noch dem land- und forstwirtschaftlichen Bereich zuzuordnen ist, hergestellt werden.

Zu den weiteren Voraussetzungen ab dem 1.1.2012 ist Tz. II Abs. 3 der gleich lautenden Erlasse v. 15.12.2011 maßgeblich.[1]

(Einstweilen frei) 53–54

b) Be- und Verarbeitungsbetriebe

Be- und Verarbeitungsbetriebe sind die einem Hauptbetrieb der Land- und Forstwirtschaft angeschlossenen Einrichtungen zur Verarbeitung und zur Verwertung der im **Hauptbetrieb gewonnenen Erzeugnisse** (funktionale Verbindung). Ein solcher Betrieb ist als landwirtschaftlicher Nebenbetrieb anzusehen, wenn er gegenüber dem Hauptbetrieb von untergeordneter Bedeutung ist. Die eingesetzte **Rohstoffmenge** in Fällen der Vermengung muss deshalb **überwiegend** im eigenen land- und forstwirtschaftlichen Hauptbetrieb erzeugt werden und das be- und verarbeitete Produkt überwiegend für den Verkauf bestimmt sein. Die im Werklohn für fremde Unternehmer be- oder verarbeiteten land- und forstwirtschaftlichen Erzeugnisse sind wie zugekaufte Erzeugnisse zu behandeln. Bei dem durch Be- oder Verarbeitung gewonnenen Erzeugnis muss es sich um ein **Produkt der Land- und Forstwirtschaft** handeln. Beispiele hierfür sind: 55

- das einem Forstbetrieb angeschlossene **Sägewerk**, das aus Rundholz Bretter, Balken und Latten herstellt,
- die zu einem landwirtschaftlichen Betrieb gehörende (Korn-) **Brennerei,** in der Roh- und Feinsprit[2] gewonnen wird, und
- **Fischräuchereien,** die im Rahmen der Teichwirtschaft Räucherforellenfilets produzieren.
- Die Erzeugung von Biogas im Rahmen der ersten Bearbeitungsstufe stellt einen Nebenbetrieb dar.[3]
- Die Erzeugung von **Kompost aus Bio-Abfällen** ist ein Nebenbetrieb, wenn die organische Substanz überwiegend aus dem eigenen Betrieb herrührt und das Erzeugnis an Dritte abgegeben wird (vgl. Verwendung im eigenen Betrieb).[4]

Die **Abnahme** von biologischen Abfällen und die daran anschließende Be- und Verarbeitung dieser Abfälle zur **Erzeugung von Humus** ist ein landwirtschaftlicher Nebenbetrieb, wenn die dabei gewonnenen Erzeugnisse nahezu ausschließlich im eigenen Betrieb verwendet werden. Unter **nahezu ausschließlich** ist mehr als 90 % zu verstehen. Der Annahme eines Nebenbetriebs steht nicht entgegen, dass der Betriebsinhaber Zahlungen für diese Tätigkeit z. B. von der Kreis- 56

1 Vgl. BStBl 2011 I S. 1213, 1217.

2 BFH, Urteil v. 16.10.1970 - III R 25/69, BStBl 1971 II S. 287.

3 BMF, Schreiben v. 6.3.2006, BStBl 2006 I S. 248.

4 Vgl. → Rz. 56.

verwaltung erhält. Einen Nebenbetrieb bilden auch das Einsammeln und das Aufbereiten von **Küchenabfällen** zur Verfütterung im eigenen Betrieb.

57 Die Be- oder Verarbeitung land- und forstwirtschaftlicher Erzeugnisse ist ein **integrierter Bestandteil** – also kein Nebenbetrieb – einer land- und forstwirtschaftlichen Nutzung, eines Nutzungsteils oder einer der sonstigen land- und forstwirtschaftlichen Nutzungen, wenn das be- oder verarbeitete Produkt **überwiegend im eigenen Betrieb** der Land- und Forstwirtschaft verwendet wird. Auf den Anteil der zugekauften Rohstoffe kommt es dabei nicht an. Auch ist der Absatz von Eigenerzeugnissen über einen eigenen Einzel- oder Großhandelsbetrieb sowie die Ausführung von Dienstleistungen nicht als Nebenbetrieb anzusehen. Dagegen ist eine **Brüterei**, in der im eigenen landwirtschaftlichen Betrieb erzeugte Bruteier ausgebrütet werden, als landwirtschaftlicher Nebenbetrieb zu bewerten und nicht als Teil des landwirtschaftlichen Hauptbetriebs anzusehen, wenn die Küken verkauft und nicht in der eigenen Landwirtschaft aufgezogen werden.[1]

58–60 *(Einstweilen frei)*

c) Substanzbetriebe

61 Substanzbetriebe sind Betriebe, in denen die **Substanz des Bodens** gewonnen und verwertet wird, z. B. Ziegeleien, Tongruben, Kreidebrüche usw. Bei diesen Betrieben besteht regelmäßig keine betriebsmäßige Beziehung zum Betrieb der Land- und Forstwirtschaft; sie werden daher i. d. R. selbständige Gewerbebetriebe darstellen.[2] Ein Substanzbetrieb ist nur dann ein Nebenbetrieb der Land- und Forstwirtschaft, wenn die gewonnene Substanz **überwiegend im eigenen land- und forstwirtschaftlichen Betrieb** verwendet wird. Hierbei ist jedoch zu beachten, dass ausschließlich Betriebsflächen, die durch Abbau der Bodensubstanz nutzbar gemacht werden, nach § 234 Abs. 2 Nr. 2 Buchst. a BewG als Abbauland zu bewerten sind. Deshalb wird nur noch in Ausnahmefällen ein Substanzbetrieb als Nebenbetrieb der Land- und Forstwirtschaft in Frage kommen.

62–64 *(Einstweilen frei)*

7. Abbauland (§ 234 Abs. 3 BewG)

65 Beim Abbauland wird die **Bodensubstanz**, z. B. Torf, Sand, Kies, Steine, durch **Abbau** genutzt. Die gewonnene Bodensubstanz muss aber **überwiegend im eigenen Betrieb** verwendet werden, damit das Abbauland noch zum land- und forstwirtschaftlichen Vermögen gehört. Das dürfte im Allgemeinen nur bei kleineren Abbauflächen der Fall sein. Größere Sand- und Kiesgruben sowie Steinbrüche, bei denen mehr als die Hälfte der Substanz veräußert wird, sind gewerbliche Betriebe[3]. **Stillgelegtes Abbauland**, z. B. Kiesgruben und Steinbrüche eines Betriebs der Land- und Forstwirtschaft, das weder kulturfähig ist noch bei geordneter Wirtschaftsweise (z. B. Fischerei) einen Ertrag abwerfen kann, ist im Sinne der Vorschrift Unland (vgl. § 234 Abs. 1 Nr. 2 Buchst. c BewG).

66 Zu der Frage inwieweit die **Überlassung von Ackerflächen an Dritte zum Abbau von Bodenschätzen** zu einem Wechsel der Vermögensart führt hat der BFH im Revisionsverfahren mit

1 BFH, Urteil v. 27.5.1998 - II R 38/96, NWB HAAAC-83995.
2 Vgl. StEK BewG 1965 § 42 Nr. 18.
3 Vgl. Wiegand in Viskorf/Schuck/Wälzholz, BewG § 160 Rz. 33.

Urteil v. 22.7.2020, das zur Einheitsbewertung ergangen ist, zwischenzeitlich entschieden, dass eine zum Abbau eines Bodenschatzes verpachtete Fläche ihre Zuordnung zum Betrieb der Land- und Forstwirtschaft nicht verliert, wenn die Rekultivierung und die Wiederaufnahme der land- und forstwirtschaftlichen Nutzung wieder vorgesehen sind.[1]

Das Urteil ist im Grundsatz zu § 33 BewG ergangen und bezieht sich auf die Einheitsbewertung 1964. § 33 Abs. 3 BewG weicht im Wortlaut deutlich von § 232 Abs. 4 BewG ab. § 232 Abs. 4 BewG normiert eindeutig die Wirtschaftsgüter, die nicht zum land- und forstwirtschaftlichen Vermögen gehören. Nach Verwaltungsauffassung gehören demzufolge Flächen auf denen für **gewerbliche Zwecke** Bodensubstanz abgebaut wird, nicht dem land- und forstwirtschaftlichen Vermögen.[2] Die Reaktion der Praxis bliebt im Hinblick auf die Beurteilung derartiger Fälle abzuwarten. 67

(Einstweilen frei) 68–70

8. Geringstland (§ 234 Abs. 4 BewG)

Zur Definition des Geringstlandes greift § 234 Abs. 4 BewG auf das **Bodenschätzungsgesetz** zurück.[3] Betriebsflächen **geringster Ertragsfähigkeit** (Geringstland) sind unkultivierte, jedoch kulturfähige Flächen, deren Ertragsfähigkeit so gering ist, dass sie in ihrem derzeitigen Zustand land- und forstwirtschaftlich nicht regelmäßig genutzt werden können. Dazu gehören insbesondere **unkultivierte Moor- und Heideflächen**, die gelegentlich als Schafhutung oder zur Gewinnung von Streu genutzt werden.[4] Ebenso zählen auch die ehemals bodengeschätzten Flächen und die **ehemaligen Weinbauflächen** dazu, deren Nutzungsart sich durch den **Verlust des Kulturzustands** verändert hat. 71

Der **Verlust des Kulturzustands** ist dann als gegeben anzusehen, wenn der kalkulierte Aufwand zur Wiederherstellung des Kulturzustands in einem Missverhältnis zu der Ertragsfähigkeit steht, die nach der Rekultivierung zu erwarten ist. Dies ist regelmäßig dann der Fall, wenn der Aufwand den einer **Neukultivierung** übersteigen würde. Bei bodengeschätzten Flächen kann der nachhaltige Verlust des Kulturzustands insbesondere erst nach folgenden Ereignissen eintreten: 72

1. **Ansiedlung von Gehölzen** infolge Nichtnutzung bei Hutungen und Hackrainen,
2. **Versteinerung oder Vernässung** infolge Nichtnutzung, z. B. bei Hochalmen,
3. **Ansiedlung von Gehölzen** und Verschlechterung der **Wasserverhältnisse** infolge Nichtnutzung, z. B. bei Streuwiesen,
4. Nachhaltige Verschlechterung des Pflanzenbestandes und der Wasserverhältnisse infolge zunehmender Überflutungsdauer und steigender Wasserverschmutzung bei Überschwemmungsgrünland oder Staunässe in Bodensenkungsgebieten,
5. **Vergiftung** und **Vernichtung** des Pflanzenbestandes infolge schädlicher **Industrieimmissionen.**

Bei **Weinbauflächen**, insbesondere in Steilhanglagen, kann der Verlust des Kulturzustands durch Ansiedlung von Gehölzen, Bodenabtrag sowie Einsturz von Mauern und Treppen infolge

---

1 BFH, Urteil v. 22.7.2020 - II R 28/18, BStBl II 2021 S. 515.
2 Vgl. A 232.3 Abs. 2 Satz 2 AEBewGrSt.
3 Vgl. Gesetz zur Schätzung des landwirtschaftlichen Kulturbodens v. 20.12.2007, BGBl 2007 I S. 3150.
4 A 237.22 Abs. 1 AEBewGrSt.

Nichtnutzung eintreten.[1] Für derartige Flächen werden bei der Bodenschätzung keine Wertzahlen festgestellt.

73 PRAXISHINWEIS:

Flächen bzw. Teilflächen des Geringstlands können im Liegenschaftskataster eindeutig über die gesetzliche Klassifizierung mit der Bezeichnung GER identifiziert und entsprechend erklärt werden.

74 Das Geringstland ist einerseits abzugrenzen von den Flächen, für die nach dem Bodenschätzungsgesetz keine Wertzahlen festzustellen sind und von den Flächen des Holzbodens; andererseits vom Unland.[2] Zum Geringstland gehören auch die klassifizierten Eigentumsflächen der forstwirtschaftlichen Nutzung mit **katastermäßig nachgewiesenen Bewirtschaftungsbeschränkungen**, wenn infolge der Bewirtschaftungsbeschränkungen eine nachhaltige forstwirtschaftliche Nutzung unterbleibt (§ 237 Abs. 3 Satz 4 BewG).

75–78 *(Einstweilen frei)*

9. Unland (§ 234 Abs. 5 BewG)

79 Zum Unland gehören nach § 234 Abs. 5 BewG die Flächen, die auch **bei geordneter Wirtschaftsweise keinen Ertrag** abwerfen können. Derartige Betriebsflächen sind dem Grunde nach und auch tatsächlich **nicht kulturfähig**. Die Einordnung einer Betriebsfläche als Unland ist zwingend an Hand der natürlichen Ertragsfähigkeit des Bodens auf der Grundlage objektiver Kriterien vorzunehmen. Für die Ertragslosigkeit ist nicht auf die erzielten oder erzielbaren Erlöse durch die Bewirtschaftung von Flächen abzustellen.[3] Solange die Nutzungsart Unland keiner anderen Verwendung zugeführt wird, werden diese Betriebsflächen eines Betriebs der Land- und Forstwirtschaft nur flächenmäßig erfasst.[4]

80 Die **nachhaltige natürliche Ertragsfähigkeit eines Bodens**, d. h. ist er tatsächlich – losgelöst von seinem derzeitigen Zustand – landwirtschaftlich nutzbar, gewinnt deshalb entscheidende Bedeutung für die Einordnung als Unland. **Brachflächen** (Stilllegungsflächen), die landwirtschaftliche Kulturflächen betreffen, sind im Regelfall nicht als Unland zu qualifizieren. Es sei denn, dass z. B. durch die Ansiedlung von Gehölzen die natürliche Ertragsfähigkeit derart eingeschränkt ist und der Rekultivierungsaufwand den Aufwand für eine Neukultivierung übersteigen würde. Dann käme eine **Änderung der Nutzungsart nach dem Bodenschätzungsgesetz** in Betracht.

81–82 *(Einstweilen frei)*

10. Besonderheiten der Hofstelle (§ 234 Abs. 6 BewG)

83 Unter Hofstelle ist traditionell eine mit Wohn- und Wirtschaftsgebäuden bebaute Fläche zu verstehen. Von hier aus erfolgt die Bewirtschaftung der wirtschaftlichen Einheit und bildet deshalb den Mittelpunkt eines Betriebs.[5]

---

1 Vgl. R B 160.20 ErbStR 2019 sowie A 237.4 Abs. 2 Satz 4 AEBewGrSt.

2 Vgl. A 237.23 Abs. 1 und Abs. 2 AEBewGrSt.

3 BFH, Urteil v. 24.1.2018 - II R 59/18, BStBl 2018 II S. 619.

4 Vgl. Rössler/Troll/Wiegand, BewG, § 234 Rz. 13.

5 BFH, Urteil v. 9.10.1985 - II R 247/81, BStBl 1986 II S. 13.

Abweichend hiervon bestimmt § 234 Abs. 6 BewG, dass zur Hofstelle nur noch **Hof- und Wirtschaftsgebäudeflächen** einschließlich der **Nebenflächen** gehören, wenn von dort aus land- und forstwirtschaftliche Flächen nachhaltig bewirtschaftet werden. 83/1

Die Vorschrift definiert die vom Grundvermögen abgegrenzten Hofstellen, die zur **Vereinfachung der Bewertung** gesondert zu erfassen sind. Sie umfassen den Grund und Boden, die Gebäude und Gebäudenebenflächen einschließlich der darin ausgeübten sonstigen land- und forstwirtschaftlichen Nutzungen (z. B. Imkerei, Produktion von Nützlingen) und Nebenbetriebe. Ferner sind nicht zu den Wohngebäuden gehörende Gartenflächen der Nutzungsart Hofstelle zuzurechnen. Wirtschaftswege, Hecken, Gräben, Grenzraine und dergleichen sind in die Hof- und Wirtschaftsgebäudefläche einzubeziehen, wenn sie nicht vorrangig einer anderen Nutzung zuzuordnen sind. Gleiches gilt für Bewässerungs- und Feuerlöschteiche, Dämme, Uferstreifen u. ä., wenn sie nicht als Unland zu qualifizieren sind (A 237.24 Abs. 1 Sätze 1–4 AEBewGrSt). 84

Umfang und Ausstattung der jeweiligen Hofstelle richten sich grundsätzlich nach den Erfordernissen und der Größe der von dieser Stelle aus bewirtschafteten Flächen. Die Hofflächen werden unabhängig davon, ob sie bebaut oder unbebaut sind, dem Betrieb der Land- und Forstwirtschaft zugerechnet, wenn sie zumindest teilweise der Bewirtschaftung der übrigen land- und forstwirtschaftlichen Flächen dienen. Die sich auf den Hofflächen befindlichen Wirtschaftsgebäude werden grundsätzlich mit dem Flächenwert der Hofstelle erfasst. In bestimmten Fallgestaltungen (Fass- und Flaschenweinerzeugung, Imkerei, Wanderschäferei, Pilzanbau, Produktion von Nützlingen und Nebenbetriebe) wird der höhere Ertragswert, der sich über die Verwendung entsprechender Wirtschaftsgebäude ergibt, dieser Nutzungen über die jeweiligen **Brutto-Grundflächen** der diesen Nutzungen dienenden Wirtschaftsgebäude erfasst und ebenfalls der Hofstelle zugerechnet.[1] Eine Bewertung der genannten Nutzungen mit unmittelbaren Vergleichswerten oder auch Einzelertragswerten, unter Berücksichtigung der Erzeugung der jeweiligen Produkte, kommt nicht mehr in Betracht und führt dem Grunde nach zu einer Vereinfachung der automationsgestützten Bewertungsverfahren. 84/1

Bei aktiv wirtschaftenden Betrieben ist diese Betrachtung unproblematisch. Davon ausgehend, dass rd. 60 % aller landwirt- und forstwirtschaftlichen Flächen im Rahmen von Pachtverhältnissen bewirtschaftet werden,[2] stellt sich die Frage, wie sog. **„Resthofstellen"** bewertet werden. Dies sind i. d. R. die Fallgestaltungen, in denen der überwiegende Anteil der landwirtschaftlichen Nutzfläche Dritten zur Nutzung überlassen wird und nur noch die Hofstelle dem Verpächter verbleibt. Sofern der Verpächter von hier aus Restflächen bewirtschaftet, ist die Bewertung der Hofstelle nach Maßgabe des § 237 Abs. 8 BewG zutreffend. Aber auch in den Fällen, in denen der **Verpächter ausschließlich das Wohnhaus nutzt** und die Hofstelle einschließlich der Wirtschaftsgebäude keine andere Nutzung erfährt, wäre aus meiner Sicht die Bewertung dieser Wirtschaftsgüter im Grundvermögen unzutreffend.[3] 85

Die Nutzungsüberlassung von Flächen an Dritte ändert grundsätzlich nicht die Widmung des Betriebs, sondern gilt nach § 232 Abs. 2 Satz 2 BewG vielmehr als Fortsetzung der bisherigen land- und forstwirtschaftlichen Tätigkeit durch den Überlassenden. Sofern die Wirtschaftsgebäude und die dazugehörige Hof- und Gebäudeflächen nicht anders genutzt werden, d. h. 86

1 BT-Drucks. 19/11085 S. 108.

2 Vgl. Statistisches Bundesamt, Statistisches Jahrbuch 2019 S. 495.

3 Vgl. Müller in Grootens, BewG § 232 Rz. 55.

keine andere Zweckbestimmung erfahren, – dazu gehört auch der Leerstand von Gebäuden[1] – sind folgerichtig diese Wirtschaftsgüter weiterhin dem land- und forstwirtschaftlichen Vermögen zuzuordnen.

§ 235 BewG Feststellungszeitpunkt

(1) Für die Größe des Betriebs sowie für den Umfang und den Zustand der Gebäude sind die Verhältnisse im Feststellungszeitpunkt maßgebend.

(2) Für die stehenden und umlaufenden Betriebsmittel ist der Stand am Ende des Wirtschaftsjahres maßgebend, das dem Feststellungszeitpunkt vorangegangen ist.

Inhaltsübersicht **Rz.**

LITERATUR:

Eisele/Wiegand, Grundsteuerreform 2022/2025, Stand: Januar 2020 (1. Aufl.), NWB CAAAH-44415; *Eisele*, Reform der Grundsteuer – Gesetzentwurf liegt vor! Teil II: Bewertung des land- und forstwirtschaftlichen Vermögens für Zwecke der Grundsteuer A/Änderungen des Grundsteuergesetzes, NWB 29/2019 S. 2127, NWB AAAAH-22096.

VERWALTUNGSANWEISUNGEN:

Koordinierte Erlasse der obersten Finanzbehörden der Länder v. 9.11.2021 – Anwendung des Siebenten Abschnitts des Zweiten Teils des Bewertungsgesetzes zur Bewertung des Grundbesitzes (land- und forstwirtschaftliches Vermögen) für die Grundsteuer ab 1.1.2022 (AEBewGrSt), BStBl I 2021 S. 2369.

A. Allgemeine Erläuterungen zu § 235 BewG

I. Normzweck und wirtschaftliche Bedeutung der Vorschrift

1 Die Vorschrift regelt, dass für die Feststellung des Grundsteuerwerts allgemein die **Verhältnisse zum Feststellungszeitpunkt** (d. h. zum Stichtag 1.1. eines Jahres) maßgebend sind, auch wenn in der Land- und Forstwirtschaft regelmäßig **abweichende Wirtschaftsjahre** bestehen.[2]

2 Die Überschrift „Bewertungsstichtag wurde durch Art. 19 Nr. 16 des Jahressteuergesetzes 2022 mit Wirkung v. 21.12.2022 in „Feststellungszeitpunkt" umbenannt. Die Gesetzesbegründung führt zu § 235 BewG aus: „Der § 235 BewG regelt den Zeitpunkt, zu dem die Verhältnisse eines Betriebs der Land- und Forstwirtschaft maßgebend sind. Im alten Recht wurde der Zeitpunkt als Bewertungsstichtag betitelt. Mit dem Gesetz zur Reform der Grundsteuer- und Bewertungsrechts wurde der Zeitpunkt als Feststellungszeitpunkt definiert. In § 235 Abs. 1 uns 2

1 Vgl. Müller in Grootens, BewG § 232 Rz. 55.

2 A 235 AEBewGrSt.

BewG wird der Feststellungszeitpunkt definiert. Eine Anpassung der Überschrift ist daher erforderlich".[1]

(Einstweilen frei) 3

II. Entstehung und Entwicklung der Vorschrift

§ 235 BewG wurde mit dem **GrStRefG** v. 26.11.2019[2] in das BewG eingefügt. Die Vorschrift greift auf die bewährten Regelungen des § 35 Abs. 1 und 2 BewG zurück. Sie legt fest, dass für die Größe des Betriebs sowie für den Umfang und den Zustand der Gebäude die **Verhältnisse im Feststellungszeitpunkt** maßgeblich sind. Für stehende und umlaufende Betriebsmittel ist eine hiervon abweichende Regelung getroffen worden. Erstmals ist § 235 BewG für den **Hauptfeststellungszeitpunkt 1.1.2022** anzuwenden (vgl. § 266 BewG). 4

Der Gesetzesinhalt der §§ 54 und 59 BewG, der für bestimmte Nutzungen von § 35 Abs. 1 BewG abweichende Regelungen vorsahen, ist nicht in die §§ 232 ff BewG übernommen worden. 5

(Einstweilen frei) 6

III. Geltungsbereich

Die in § 235 BewG gesetzte Norm ist für die zutreffende Erfassung der **Größe des Betriebs** (Grund und Boden) sowie für den **Umfang und den Zustand der Gebäude** (Wirtschaftsgebäude) eines Betriebs der Land- und Forstwirtschaft maßgebend. 7

Die Vorschriften gelten gem. § 231 BewG nur für die Bewertung des **inländischen** zu bewertenden Vermögens. Dabei sind auch die inländischen Teile einer wirtschaftlichen Einheit zu bewerten, die sich sowohl auf das Inland als auch auf das Ausland erstrecken. 8

(Einstweilen frei) 9

B. Systematische Kommentierung

I. Maßgebender Zeitpunkt für die Betriebsverhältnisse (§ 235 Abs. 1 BewG)

Zum **Bewertungsstichtag** (d. h. zum Stichtag 1.1. eines Jahres) sind die Verhältnisse des Betriebs der Land- und Forstwirtschaft festzustellen. Dazu ist die **Größe** der **land- und forstwirtschaftlichen Nutzungen** sowie der **Umfang und Zustand der Gebäude** zu ermitteln. Es sind die Flächen der einzelnen in § 234 Abs. 1 Nr. 1 und Nr. 2 BewG definierten Nutzungen, Nutzungsteile und Nutzungsarten zu erfassen. Umfang und Zustand der Wirtschaftsgebäude sind nur in besonderen Fällen festzustellen. Hierunter subsumiert der Gesetzgeber die veränderbaren **tatsächlichen Verhältnisse**, die sich deutlich von den unveränderbaren **Wertverhältnissen** während des Hauptfeststellungszeitraums unterscheiden. Erstere beschreiben die Ausgestaltung des Betriebs an sich. Weil sich die tatsächlichen Verhältnisse aber durchaus ändern können, z. B. durch Aufgabe der Tierhaltung, Einstellung des Sonderkulturanbaus, ist es für die Bewertung erforderlich, auf diese Veränderungen, im Wege einer „neuen" Erklärung (Änderungsanzeige), reagieren zu können. Dagegen sind die Wertverhältnissen z. B. die Bewertungsfak- 10

1 Vgl. für weiterführende kritische, aber m. E. nachvollziehbare Anmerkungen Rössler/Troll/Wiegand, BewG, § 235 Rz. 1, 2.

2 GrStRefG v. 26.11.2019, BGBl 2019 I S. 1794.

toren der Anlagen 27 ff. zum BewG **für die Dauer des Hauptfeststellungszeitraum festgeschrieben.**

11 Abweichend vom bisherigen Recht der Einheitsbewertung werden für die forstwirtschaftliche Nutzung und die gärtnerische Nutzung keine abweichenden Bewertungsstichtage für den Waldzustand und die Anbauflächen normiert, da die Bewertung über den Ansatz standardisierter Reinerträge erfolgt. Insoweit stimmen künftig auch in diesen Fällen Bewertungsstichtag und Feststellungszeitpunkt überein (so Wiegand[1], vgl. A 235 Satz 1 AEBewGrSt). Dennoch wirft diese zunächst klar erscheinende Regelung erhebliche Fragen auf. Insbesondere bei der Bewertung von gärtnerischen Nutzungen stellt sich die Frage, wie Flächen zu bewerten sind, auf denen auf Grund produktionstechnischer Gründe zum Bewertungsstichtag keine Kulturen stehen. Das gleiche gilt für die Erfassung von Foliengewächshäusern, die zum Bewertungsstichtag nicht aufgebaut sind oder die Folie aus Witterungsgründen entfernt wurde, aber dennoch für die Produktion in der Saison intensiv genutzt werden.

11/1 Abhilfe würde hier m. E. die Weiterführung der in Abschn. 6.06 Abs. 2 BewRL getroffenen Regelungen schaffen. Danach wären, abweichend von § 235 Abs. 1 BewG, die durch den Anbau von Gemüse, Blumen und Zierpflanzen genutzte Betriebsfläche nach den Verhältnissen am 30. Juni des Jahres bestimmt. Das gilt auch für die Verteilung der Flächen auf den Gemüsebau einerseits und den Zierpflanzenbau andererseits. Sind zwischen dem 30. Juni und 1. Januar des Folgejahres Flächen hinzugekommen, so sind sie für die Feststellung des (Einheitswerts) Grundsteuerwerts auf den 1. Januar zu berücksichtigen. Ihre **Zurechnung** zu den Sparten des Gemüse-, Blumen- und Zierpflanzenbaus **richtet sich nach der vorgesehenen Nutzung.**

II. Abweichender Zeitpunkt für stehende und umlaufende Betriebsmittel (§ 235 Abs. 2 BewG)

12 Abweichend von der Regelung des § 235 Abs. 1 BewG und damit abweichend von § 221 Abs. 2 BewG, § 222 Abs. 4 Satz 2 BewG sowie § 223 Abs. 2 Satz 1 BewG wird aus **Zweckmäßigkeitsgründen** auf die **Bestände zum Schluss des vorangegangenen Wirtschaftsjahres** abgestellt. Grundsätzlich erleichtert dies die Ermittlung der **umlaufenden Betriebsmittel** und die Abgrenzung der **Überbestände**. Bedeutung erlangt die Vorschrift bei der Ermittlung der **Tierbestände** für die Abgrenzung der landwirtschaftlichen von der gewerblichen Tierhaltung.[2]

13 Mithin sind für die Feststellung des **Umfangs der umlaufenden Betriebsmittel** grundsätzlich die Verhältnisse am Ende eines Wirtschaftsjahres, das dem Bewertungsstichtag vorangeht maßgeblich. Der **Begriff des Wirtschaftsjahres** wird im Bewertungsrecht und Einkommensteuerrecht synonym angewendet.[3] In der Land- und Forstwirtschaft **endet das Wirtschaftsjahr** regelmäßig **am 30.6.** (§ 4a Abs. 1 Satz 2 Nr. 1 EStG).

14 Von dieser Regelung **abweichend** können Betriebsinhaber auch folgende **Zeitpunkte** für den Jahresabschluss **wählen**:

a) Betrieb mit einem **Futterbauanteil** von 80 % und mehr der Fläche, der landwirtschaftlichen Nutzung: **30.4.** (§ 8c Abs. 1 Satz 1 Nr. 1 EStDV),

b) Betriebe mit **reiner Forstwirtschaft**: **30.9.** (§ 8c Abs. 1 Satz 1 Nr. 2 EStDV),

---

1 Vgl. Rössler/Troll/Wiegand, BewG, § 235 Rz. 4.

2 BR-Drucks. 354/19 S. 108.

3 RFH, Urteil v. 19.12.1928 - VI A 398/27, RStBl 1929 S. 31.

c) **Reine Weinbaubetriebe: 31.8.** (§ 8c Abs. 1 Satz 1 Nr. 3 EStDV),

d) **Gartenbau, Obstbau-, Baumschul-** und reine **Forstbetriebe** können auch das **Kalenderjahr** als Wirtschaftsjahr bestimmen (§ 8c Abs. 2 EStDV).

Bei **Pachtbetrieben** ist das vom Pächter gewählte Wirtschaftsjahr maßgeblich und anzunehmen.

(Einstweilen frei) 15

III. Neugründung des Betriebs

Wird ein Betrieb der Land- und Forstwirtschaft neu gegründet, wird anstatt auf das Ende des letzten Wirtschaftsjahres, auf den **Beginn des neuen – ersten – Wirtschaftsjahres**, abgestellt. 16

§ 236 BewG Bewertungsgrundsätze

(1) Der Bewertung eines Betriebs der Land- und Forstwirtschaft ist der Ertragswert zugrunde zu legen.

(2) [1]Bei der Ermittlung des Ertragswerts ist von der Ertragsfähigkeit auszugehen. [2]Ertragsfähigkeit ist der bei ordnungsmäßiger Bewirtschaftung gemeinhin und nachhaltig erzielbare Reinertrag eines pacht- und schuldenfreien Betriebs mit entlohnten fremden Arbeitskräften (Reinertrag). [3]Er ermittelt sich aus dem Betriebseinkommen abzüglich des Lohnaufwands für die entlohnten Arbeitskräfte und des angemessenen Anteils für die Arbeitsleistung des Betriebsleiters sowie der nicht entlohnten Arbeitskräfte. [4]Hierbei sind alle Umstände zu berücksichtigen, die bei einer Selbstbewirtschaftung des Betriebs den Wirtschaftserfolg beeinflussen.

(3) [1]Der Reinertrag wird aus den Erhebungen nach § 2 des Landwirtschaftsgesetzes oder aus Erhebungen der Finanzverwaltung für jede gesetzliche Klassifizierung gesondert ermittelt. [2]Bei der Ermittlung des jeweiligen Reinertrags ist zur Berücksichtigung der nachhaltigen Ertragsfähigkeit ein Durchschnitt aus den letzten zehn vorliegenden Wirtschaftsjahren zu bilden, die vor dem Hauptfeststellungszeitpunkt geendet haben.

(4) Der Ertragswert ist das 18,6fache der Summe der Reinerträge des Betriebs.

Inhaltsübersicht **Rz.**

LITERATUR:

Eisele/Wiegand, Grundsteuerreform 2022/2025, Stand: Januar 2020 (1. Aufl.), NWB CAAAH-44415; *Eisele*, Reform der Grundsteuer – Gesetzentwurf liegt vor! Teil II: Bewertung des land- und forstwirtschaftlichen Vermögens für Zwecke der Grundsteuer A/Änderungen des Grundsteuergesetzes, NWB 29/2019 S. 2127, NWB AAAAH-22096.

ARBEITSHILFEN UND GRUNDLAGEN ONLINE:

Berechnung der Grundsteuer nach der Gesetzesreform, Berechnungstool „Grundsteuer" nach dem Entwurf v. 21.6.2019, NWB NAAAH-30144.

VERWALTUNGSANWEISUNGEN:

Koordinierte Erlasse der obersten Finanzbehörden der Länder v. 9.11.2021 – Anwendung des Siebenten Abschnitts des Zweiten Teils des Bewertungsgesetzes zur Bewertung des Grundbesitzes (land- und forstwirtschaftliches Vermögen) für die Grundsteuer ab 1.1.2022 (AEBewGrSt), BStBl I 2021 S. 2369.

A. Allgemeine Erläuterungen zu § 236 BewG

I. Normzweck und wirtschaftliche Bedeutung der Vorschrift

1 Die Vorschrift normiert im Allgemeinen als **Bewertungsmaßstab** für den Betrieb der Land- und Forstwirtschaft den **Ertragswert**. Bei der Ermittlung des Ertragswerts wird davon ausgegangen, dass der **Eigentümer** den zu bewertenden **Betrieb** der Land- und Forstwirtschaft **behält, fortlaufend nutzt und hieraus Erträge erzielt.**[1]

2 Als Bewertungsgrundsatz gilt nach § 9 BewG, dass bei der Bewertung, soweit nichts anderes vorgeschrieben ist, der gemeine Wert zu Grunde zu legen ist. Beim land- und forstwirtschaftlichen Vermögen kann der gemeine Wert eines Betriebs regelmäßig nicht aus Verkäufen abgeleitet werden, weil ganze Betriebe als Generationenbetriebe nur in wenigen Fällen im Ganzen veräußert werden. Darüber hinaus ist nach Auffassung des Gesetzgebers der land- und forstwirtschaftliche Grundstücksmarkt so stark eingeschränkt, dass von einem funktionierenden Markt kaum gesprochen werden kann. Diese Umstände berücksichtigen auch die erbrechtlichen Sondervorschriften im Zivilrecht (§§ 1376, 1515, 2049,2312 BGB). Sie zielen darauf ab, die Betriebsfortführung der land- und forstwirtschaftlichen Betriebe nicht durch Ausgleichszahlungen zu gefährden. Sinn und Zweck der zivilrechtlichen Vorschriften ist ein Interessenausgleich zwischen dem übergeordneten stattlichen Interesse leistungsfähiger landwirtschaftlicher Betriebe und den Anspruchsberechtigten durch die Anwendung eines Ertragswerts.[2]

3–4 *(Einstweilen frei)*

II. Entstehung und Entwicklung der Vorschrift

5 Mit dem **GrStRefG** v. 26.11.2019[3] wurde § 236 BewG in das Gesetz eingefügt. Die Vorschrift greift auf die wesentlichen Inhalte der Regelungen des § 36 Abs. 1 und 2 BewG zurück. Sie legt den **Ertragswert als Bewertungsmaßstab** für den Betrieb der Land- und Forstwirtschaft fest. Sie definiert den Begriff **Ertragsfähigkeit** und bestimmt, wie der hierauf basierende **Reinertrag** zu ermitteln ist. Erstmals ist § 236 BewG für den **Hauptfeststellungszeitpunkt 1.1.2022** anzuwenden (vgl. § 266 BewG).

6–7 *(Einstweilen frei)*

1 BT-Drucks. 19/11085 S. 102.
2 Vgl. Rössler/Troll/Wiegand, BewG, § 236 Rz. 2.
3 GrStRefG v. 26.11.2019, BGBl 2019 I S. 1794.

III. Geltungsbereich

Die in § 236 Abs. 1 BewG gesetzte Norm legt fest, dass für die **Bewertung** des **Betriebs der Land- und Forstwirtschaft** der **Ertragswert** zugrunde zu legen ist. Gem. § 236 Abs. 2 BewG ist bei der Ermittlung des Ertragswerts von der **Ertragsfähigkeit** auszugehen ist. Die Ertragsfähigkeit stellt für die Bewertung nicht auf den tatsächlich erzielten Reinertrag des jeweiligen Betriebes ab. Die Ertragsfähigkeit bestimmt sich vielmehr nach dem bei ordnungsgemäßer Bewirtschaftung gemeinhin und nachhaltig erzielbaren Reinertrag eines pacht- und schuldenfreien Betriebs mit entlohnten fremden Arbeitskräften.[1] Die Ertragsfähigkeit wird durch den **nachhaltig erzielbaren Reinertrag** bestimmt. 8

Die Vorschriften gelten gem. § 231 BewG nur für die Bewertung des **inländischen** zu bewertenden Vermögens. Dabei sind auch die inländischen Teile einer wirtschaftlichen Einheit zu bewerten, die sich sowohl auf das Inland als auch auf das Ausland erstrecken. 9

(Einstweilen frei) 10–12

B. Systematische Kommentierung

I. Bewertungsgrundsätze (§ 236 BewG)

Die Besteuerung der land- und forstwirtschaftlichen Betriebe erfolgt künftig durch eine **standardisierte Bewertung der Flächen und der Hofstellen** mittels einer weitgehenden **Automation des Bewertungs- und Besteuerungsverfahrens**. Dies muss zugleich zu einer erheblichen **Vereinfachung der Bewertungssystematik** führen, da auf einzelbetriebliche Differenzierungen und Abgrenzungen des Grund und Bodens, wie nach der bisherigen Verfahrensweise, dann weitgehend verzichtet werden kann. Die Bewertung der einzelnen land- und forstwirtschaftlichen Nutzungen (Sollertrag des Grund und Bodens sowie der stehenden und umlaufenden Betriebsmittel) und der Hofstelle einer wirtschaftlichen Einheit erfolgt dabei auf Basis eines **typisierenden durchschnittlichen Ertragswertverfahrens**. Den unterschiedlichen land- und forstwirtschaftlichen Nutzungsformen (landwirtschaftlich, forstwirtschaftlich, weinbaulich, gärtnerisch) werden **Bewertungsfaktoren** zugeordnet, die grundsätzlich den durchschnittlichen **bundeseinheitlichen Ertrag** je Flächeneinheit widerspiegeln. Die jeweilige Grundstücksfläche der jeweiligen Nutzung wird mit dem Bewertungsfaktor multipliziert, so dass sich der **Reinertrag** der individuell genutzten land- und forstwirtschaftlichen Fläche ergibt.[2] 13

Die Bewertung des land- und forstwirtschaftlichen Vermögens mittels eines durchschnittlichen Ertragswertverfahrens trägt der **Belastungsentscheidung durch Anknüpfung an den Sollertrag des Grundbesitzes** Rechnung. Das auf diese Weise objektivierte Ertragswertverfahren steht zu dem allgemeinen Bewertungsmaßstab des § 9 Abs. 1 BewG nicht in Widerspruch, sondern konkretisiert unter Berücksichtigung des speziellen Bewertungsvorbehalts und der Ausgestaltung der Grundsteuer als Sollertragsteuer das **Bewertungsziel** eines **objektiviert-realen Ertragswerts** eines **selbstbewirtschafteten, pacht- und schuldenfreien Betriebs**. 14

Dies wird durch die **Differenzierung der einzelnen Nutzungen sowie Nutzungsarten**, die Berücksichtigung der dafür jeweils maßgebenden **Bewertungsfaktoren** und den hierfür jeweils gesondert ermittelten **Reinertrag** erreicht. Damit wird eine **relationsgerechte Abbildung aller** 15

1 Vgl. A 236 Abs. 1 Satz 2 und 3 AEBewGrSt.
2 BT-Drucks. 19/11085 S. 85.

Wirtschaftsgüter innerhalb des land- und forstwirtschaftlichen Vermögens gewährleistet. Das Bewertungsverfahren typisiert die regelmäßig vorliegende Selbstbewirtschaftung der Flächen oder des Betriebs im Wege einer **Betriebsfortführung**. Unter ökonomischen Gesichtspunkten wird mit dem Ertragswert eine **relationsgerechte Abbildung der Vermögensart** land- und forstwirtschaftliches Vermögen für Zwecke der Grundsteuer sichergestellt.[1]

16–18 *(Einstweilen frei)*

II. Ertragswert als Bewertungsmaßstab (§ 236 Abs. 1 BewG)

19 Der Ertragswert wird als Bewertungsmaßstab zur Ermittlung des Grundsteuerwertes für den Betrieb der Land- und Forstwirtschaft in § 236 Abs. 1 BewG normiert. Bei der Ermittlung des Ertragswerts wird davon ausgegangen, dass der Eigentümer den zu bewertenden Betrieb der Land- und Forstwirtschaft behält, fortlaufend nutzt und hieraus Erträge erzielt. Sinn und Zweck des Ertragswerts ist es somit, außerlandwirtschaftliche Faktoren auszuscheiden, die zwar den Veräußerungspreis (gemeinen Wert) eines Betriebs beeinflussen, jedoch in keinem ökonomischen Zusammenhang mit der objektiven Ertragsfähigkeit einer land- und forstwirtschaftlichen Urproduktion stehen.[2] Zur Ermittlung des Ertragswerts ist einerseits ein Reinertrag und andererseits ein auf den jeweiligen Zweck abgestellter Kapitalisierungsfaktor (§ 236 Abs. 4 BewG) erforderlich. Der Reinertrag ist vereinfachend die Differenz aus betrieblichem Rohertrag und den Kosten der Bewirtschaftung. Der Kapitalisierungsfaktor wird aus der Verzinsung immerwährender Nutzungen und Leistungen nach § 13 Abs. 2 BewG ermittelt. Damit wird unterstellt, dass der Betrieb der Land- und Forstwirtschaft fortlaufend genutzt wird und dauerhaft Erträge erzielt werden.

20–22 *(Einstweilen frei)*

III. Begriff der Ertragsfähigkeit (§ 236 Abs. 2 Satz 1 und 2 BewG)

23 Ausgangspunkt für die Ermittlung der jeweiligen Ertragswerte ist nach § 236 Abs. 2 Satz 2 BewG die Bestimmung der **nachhaltigen Ertragsfähigkeit land- und forstwirtschaftlicher Betriebe**. Dabei ist **nicht** auf das **individuell** durch den Land- und Forstwirt erwirtschaftete Ergebnis abzustellen, sondern auf den **gemeinhin und nachhaltig erzielbaren Reinertrag** eines pacht- und schuldenfreien Betriebs (**Sollertrag**). Es ist also zu unterstellen, dass der Betrieb unter Anwendung der „guten, fachlichen Praxis" bewirtschaftet wird und die Bewirtschaftung des Betriebs nicht nur kurzfristig, sondern auf Dauer angelegt ist. Das setzt eine gewisse planmäßige und ständige Bewirtschaftung des Betriebs voraus.[3] Eine ordnungsgemäße Selbstbewirtschaftung liegt dann vor, wenn für die Bewirtschaftung nur der **betriebsnotwendige Arbeitskräfte- und Inventarbesatz** vorhanden ist.

24 Bei der Beurteilung dieser Grundsätze ist nicht auf Muster- oder Spitzenbetriebe, sondern auf **durchschnittliche Betriebsergebnisse** abzustellen, die anhand der gesetzlich normierten Gliederung eines Betriebs üblicherweise erzielt werden. Dabei sind alle wesentlichen Umstände, die auf den **Wirtschaftserfolg** Einfluss nehmen oder von denen die Verwertung der gewonnenen Erzeugnisse abhängig ist, zu berücksichtigen. Außerdem ist zu unterstellen, dass der Be-

1 BT-Drucks. 19/11085 S. 85.
2 BT-Drucks. 19/11085 S. 102.
3 Vgl. Müller in Grootens, BewG § 232 Rz. 26.

trieb **schuldenfrei** und mit einem für die ordnungsgemäße, gemeinhin übliche Bewirtschaftung **notwendigen Bestand an Wirtschaftsgebäuden und Betriebsmitteln** ausgestattet ist.[1]

(Einstweilen frei) 25–27

IV. Änderungen gegenüber der bisherigen Rechtslage (§ 236 Abs. 2 BewG)

Nach der bisherigen Rechtslage (vgl. § 40 BewG) gehen die land- und forstwirtschaftlichen Flächen, die Hofflächen, die Wirtschaftsgebäude und die Betriebsmittel allgemein im Ertragswert eines Betriebs der Land- und Forstwirtschaft auf und beeinflussen über das jeweilige Ertrags- und Aufwandsgefüge den entsprechenden **Hektarwert** der einzelnen Nutzungen oder den unmittelbaren **Vergleichswert**. Deshalb ist bisher geregelt, dass bei aktiv wirtschaftenden Betrieben die gegendüblichen Abweichungen gegenüber den unterstellten Ertragsverhältnissen durch Zu- oder Abrechnungen und die betriebsindividuellen Abweichungen insbesondere für Wirtschaftsgebäude und Vieh als Betriebsmittel durch Zu- oder Abschläge erfolgen (vgl. § 38 BewG). Dagegen sind in den Fällen einer **Stückländerei** beim Eigentümer des Grund und Bodens keine Abschläge wegen fehlender Betriebsmittel und dementsprechend keine Zuschläge für den Überbestand an Betriebsmitteln bei deren Eigentümer zulässig. Aufgrund der Notwendigkeit einer weitgehend vollautomatisierten Bewertung der land- und forstwirtschaftlichen Flächen wird auf **eine vergleichende Bewertung** und deren umfangreiche Ermittlungen **verzichtet.**[2] 28

Nach dem neuen Recht wird unmittelbar **für jede Nutzung, jeden Nutzungsteil und jede Nutzungsart ein Reinertrag** ermittelt. Die neue Rechtslage unterstellt, dass der Reinertrag der gesondert zu bewertenden Nutzungen das jeweilige **Ertragswertpotential** des bewirtschafteten Grund und Bodens abbildet und mit dessen Ansatz die hierfür unmittelbar erforderlichen Betriebsmittel ideell abgegolten werden. Dabei kommt es entsprechend dem Charakter einer objektiven Flächenbewertung zunächst nicht darauf an, ob der Eigentümer oder der Pächter den Grund und Boden selbst bewirtschaftet. 29

Auf die **Unterscheidung zwischen aktiv wirtschaftenden Betrieben** einschließlich etwaiger Ertragswertsteigerungen durch Zupachtflächen einerseits **und Stückländereien sowie verpachteten Betrieben** einschließlich etwaiger Ertragswertminderungen andererseits sowie den damit verbundenen Abgrenzungsschwierigkeiten und Korrekturrechnungen bei besonders intensiven Nutzungen **wird** deshalb **verzichtet**. Dennoch wird den im bisherigen Recht berücksichtigten Umständen dem Grunde nach auf vereinfachte Weise dadurch Rechnung getragen, dass die typischerweise von aktiv wirtschaftenden Betrieben unterhaltenen **Hofstellen** eigenständig bewertet werden. Durch die gesonderte Erfassung von **Viehzuschlägen** oder die Bewertung von **Wirtschaftsgebäuden** ganz bestimmter Nutzungen werden weitere ertragswertsteigernde Umstände ersatzweise pauschal erfasst, die wesentlich und fachlich unbestritten sind.[3] 30

(Einstweilen frei) 31–32

1 BT-Drucks. 19/11085 S. 99.
2 BT-Drucks. 19/11085 S. 99.
3 BT-Drucks. 19/11085 S. 99.

V. Der Reinertrag als maßgeblicher Ertragswert (§ 236 Abs. 2 Satz 3 BewG)

33 Der **nachhaltig erzielbare Reinertrag** wird grundsätzlich als die **Ertragsfähigkeit** eines Betriebs der land- und Forstwirtschaft verstanden, die sich durch seine Bewirtschaftung typischerweise einstellt. Dazu werden folgende **Eingangsvoraussetzungen** unterstellt:

- eine Bewirtschaftung mit entlohnten fremden Arbeitskräften,
- ausschließliche Selbstbewirtschaftung von Eigentumsflächen (pachtfrei) und
- keine Fremdfinanzierung (schuldenfrei) des Betriebs.

Mithin kommt es bei der Ermittlung des Reinertrags nicht auf die individuelle Leistungsfähigkeit des Betriebs an. Der unter den o. g. Grundsätzen berechnete Reinertrag eines Betriebs ist deshalb als „objektiver" Wert zu verstehen, den subjektive Einflüsse – insbesondere die Kompetenzen des Betriebsleiters – nicht beeinflussen. Anders als bei der Bedarfsbewertung wird hier auf eine weitergehende **Regionalisierung und Typisierung nach Betriebsform- und größe** des Betriebs der Land- und Forstwirtschaft gem. § 163 Abs. 3 BewG verzichtet und auf **bundeseinheitlich** festgestellte Werte abgestellt.

34 Die Ableitung der Reinerträge erfolgt zur Umsetzung der gesetzlichen Vorgaben (vgl. § 236 Abs. 3 Satz 2 BewG) aus den Erhebungen nach § 2 des Landwirtschaftsgesetzes[1] oder aus Erhebungen der Finanzverwaltung und damit soweit als möglich aus den **durchschnittlichen Ertragsverhältnissen** der **Testbetriebe** beim Bundesministerium für Ernährung und Landwirtschaft für das gesamte Bundesgebiet. Zur realitätsgerechten Abbildung der nachhaltigen Ertragsfähigkeit wurden die notwendigen Kennzahlen für **jede Nutzung** gesondert **als Durchschnittswerte aus zehn Wirtschaftsjahren** ermittelt.

35 Damit wird die starke Differenzierung (**Typisierung und Regionalisierung**) der Betriebe, die mit § 163 BewG im Rahmen der Grundbesitzbewertung eingeführt wurde, **nicht fortgeführt.** Vielmehr wird unterstellt, dass über **bundeseinheitliche Standardwerte** die Ertragsfähigkeit des land- und forstwirtschaftlichen Vermögens realitätsgerecht abgebildet werden kann. Dieser Ansatz ist sicherlich der Forderung an ein **automationsgestütztes Verfahren** geschuldet. Durch die Berücksichtigung der **Ertragsmesszahlen** im Rahmen der Ermittlung der Reinerträge bei bestimmten Nutzungen, wird dieses „Manko" ein Stück weit ausgeglichen.[2] Aus eigenen Ermittlungen kann grundsätzlich bestätigt werden, dass eine **positive Korrelation zwischen Ertragsmesszahl** (EMZ) **und Ertragswert** (Kaufpreise für Flächen der landwirtschaftlichen Nutzung) nachgewiesen werden kann. In den Regionen, in denen aber z. B. eine **verstärkte Tierhaltung** oder **Intensivgemüsebau** stattfindet, wird die Aussagekraft der EMZ durch diese Besonderheiten deutlich überlagert.

36 Ausgangspunkt ist das **durchschnittliche Betriebseinkommen** der Betriebe. Es ergibt sich aus dem Gewinn/Jahresüberschuss zuzüglich Pachtaufwand, Zinsaufwand und Personalaufwand und repräsentiert die gemeinhin erzielbare Entlohnung der Produktionsfaktoren Boden, (Besatz-) Kapital und Arbeit; sie entspricht der Nettorentabilität. Der **Reinertrag** ergibt sich aus dem Betriebseinkommen abzüglich des Lohnaufwands für fremde Arbeitskräfte und dem angemessenen Anteil für die Entlohnung des Betriebsleiters sowie der nicht entlohnten Arbeitskräfte (n. AK).[3]

37–38 *(Einstweilen frei)*

1 Vgl. Lw G v. 31.8.2015, BGBl I S. 1474.
2 Vgl. Müller in Grootens, BewG § 237 Rz. 33.
3 BT-Drucks. 19/11085 S. 102.

VI. Ermittlung des Reinertrags (§ 236 Abs. 3 BewG)

Zur Vereinfachung des Bewertungsverfahrens wird der Reinertrag für jede gesetzliche Klassifizierung gesondert ermittelt. Neben den Abzügen nach § 236 Abs. 2 BewG ist darüber hinaus **als technische Korrektur ein Abzug für die Wirtschaftsgebäude als Betriebsmittel** auf der Basis einer Verzinsung von 5,5 % vorzunehmen, da eine Unterscheidung zwischen aktiv wirtschaften Betrieben und Verpachtungsbetrieben nicht erfolgt und Wirtschaftsgebäude ideell bei der Nutzungsart Hofstelle – mithin bei aktiv wirtschaftenden Betrieben – erfasst werden. Das Ergebnis ist der standardisierte Reinertrag für den Grund und Boden. Er bildet das **Ertragswertpotential** des Grund und Bodens und der zur Bewirtschaftung erforderlichen Betriebsmittel ab. 39

Daraus ergibt sich für den **standardisierten Reinertrag** des Grund und Bodens das folgende **Schema**: 40

	Durchschnittliches Betriebseinkommen der Betriebe
	geteilt durch die durchschnittlich bewirtschaftete Landwirtschaftsfläche (LF) in Hektar
=	Betriebseinkommen / ha LF
	abzüglich Lohnaufwand für fremde Arbeitskräfte / ha LF
	abzüglich angemessener Lohnansatz für Betriebsleiter und nicht entlohnte AK / ha LF
	abzüglich anteiliger Reinertrag für die Wirtschaftsgebäude / ha LF
=	anteiliger Reinertrag des Grund und Bodens einschließlich der Betriebsmittel zur LuF Erzeugung / ha LF

Grundlage für die **Ermittlung des angemessenen Lohnansatzes** der nicht entlohnten Arbeitskräfte einschließlich des Betriebsleiters sind die **Richtsätze des BMEL**. Dies deshalb, weil auch hier nicht der individuelle Lohnansatz für den Betriebsleiter und die Arbeitskräfte maßgeblich sein kann, sondern innerhalb eines standardisierten Verfahrens pauschale Kenngrößen gefordert sind. Sie unterscheiden zunächst zwischen **Landwirtschaft** (einschließlich Weinbau) und dem **Gartenbau**. Gleichzeitig wird das **unterschiedliche Lohnniveau** zwischen Betriebsleiter und nicht entlohnten Arbeitskräften abgebildet. 41

BEISPIEL: Der Lohnansatz wird für die nicht entlohnten Arbeitskräfte in Anlehnung an die für fremde Arbeitskräfte gezahlten Löhne (Monatslöhne) einschließlich Arbeitgeberanteil zur Sozialversicherung ermittelt. Für den Betriebsleiter wird ein Zuschlag für die leitende Tätigkeit vorgenommen. Für das Kalenderjahr 2017 bzw. das Wirtschaftsjahr 2017/18 wurden folgende Werte eingesetzt: 42

nicht entlohnte Arbeitskräfte	Landwirtschaft und Weinbau	Gartenbau
	je nicht entlohnter AK	
Grundlohn Betriebsleiter	33.461 €	43.115 €
Betriebsleiterzuschlag (BLZ)	+ 3,17 € * ha LF + 0,93 € * Tsd. € Bilanzvermögen + 2,21 € * Tsd. € Umsatzerlöse 227 € * Arbeitskräfte	130 € Je 5.000 € Umsatz
Sonstige nicht entlohnte AK	26.179 €	31.702 €

Nach der Ermittlung der absoluten Zahlen für den Betriebsleiter und die nicht entlohnten AK wurde für die weitere Berechnung wie folgt vorgegangen: In Wirtschaftsjahren, in denen die **Nettorentabilität des Betriebs 100 %** erreichte und somit eine volle Entlohnung aller Produktionsfaktoren möglich war, wird der Lohnansatz der nicht entlohnten Arbeitskräfte in vollem Umfang abgezogen. In Wirtschaftsjahren, in denen die **Nettorentabilität unter 100 %** lag, wird nur der Anteil des Lohnansatzes abgezogen der dem Prozentsatz der ermittelten Nettorentabi- 43 lität entspricht.[1] Zur Vertiefung der am Beispiel des Wirtschaftsjahres 2017/18 dargestellten Werte wird auf das Testbetriebsnetz des BMEL verwiesen.[2]

VII. Der Ertragswert (§ 236 Abs. 4 BewG)

44 Der Ertragswert ermittelt sich gem. § 236 Abs. 4 BewG aus dem **18,6-fachen des Reinertrages**, den ein Betrieb der Land- und Forstwirtschaft aufgrund seiner wirtschaftlichen Ausrichtung im Durchschnitt der Jahre nachhaltig erbringen kann. Hierzu ist die **Summe der Reinerträge** der jeweiligen Nutzungen, Nutzungsteile, Nutzungsarten und der Nebenbetriebe zu ermitteln und zu kapitalisieren. Der Kapitalisierungsfaktor unterstellt dabei eine **immerwährende Verzinsung** der Reinerträge auf der Basis eines **Zinssatzes von 5,5 %**.[3]

§ 237 BewG Bewertung des Betriebs der Land- und Forstwirtschaft

(1) [1]Bei der Ermittlung des Ertragswerts für einen Betrieb der Land- und Forstwirtschaft sind die land- und forstwirtschaftlichen Nutzungen, Nutzungsarten und die Nebenbetriebe (§ 234 Absatz 1) mit ihrem jeweiligen Reinertrag nach den Absätzen 2 bis 8 zu bewerten. [2]Mit dem Ansatz des jeweiligen Reinertrags sind auch dem Eigentümer des Grund und Bodens nicht gehörende stehende und umlaufende Betriebsmittel, die der Bewirtschaftung des Betriebs dienen, abgegolten.

(2) [1]Der Reinertrag der landwirtschaftlichen Nutzung ermittelt sich aus der Summe der Flächenwerte. [2]Der jeweilige Flächenwert ist das Produkt aus der Größe der gesetzlich klassifizierten Eigentumsfläche des Betriebs und den Bewertungsfaktoren der Anlage 27. [3]Die Bewertungsfaktoren Grundbetrag und Ertragsmesszahl nach § 9 des Bodenschätzungsgesetzes sind für jede Eigentumsfläche gesondert zu ermitteln.

(3) [1]Der Reinertrag der forstwirtschaftlichen Nutzung ermittelt sich aus der Summe der Flächenwerte. [2]Der jeweilige Flächenwert ist das Produkt aus der Größe der gesetzlich klassifizierten Eigentumsfläche des Betriebs und dem jeweiligen gegendüblichen Bewertungsfaktor gem. Anlage 28. [3]Die gegendüblichen Bewertungsfaktoren bestimmen sich nach den forstwirtschaftlichen Wuchsgebieten und deren Baumartenanteilen nach der zuletzt vor dem Hauptfeststellungszeitpunkt durchgeführten Bundeswaldinventur (§ 41a des Bundeswaldgesetzes). [4]Abweichend hiervon werden klassifizierte Eigentumsflächen mit katastermäßig nachgewiesenen Bewirtschaftungsbeschränkungen als Geringstland bewertet, wenn infolge der Bewirtschaftungsbeschränkungen eine nachhaltige forstwirtschaftliche Nutzung unterbleibt.

(4) [1]Der Reinertrag der weinbaulichen Nutzung ermittelt sich aus der Summe der Flächenwerte. [2]Der jeweilige Flächenwert ist das Produkt aus der Größe der gesetzlich klassifizierten Eigentumsfläche des Betriebs und dem Bewertungsfaktor für die Verwertungsform Traubenerzeugung gem. Anlage 29.

(5) [1]Der Reinertrag der gärtnerischen Nutzung ist gegliedert nach den Nutzungsteilen zu ermitteln. [2]Der Reinertrag eines Nutzungsteils ermittelt sich aus der Summe der Flächenwerte. [3]Der jeweilige Flächenwert ist das Produkt aus der gesetzlich klassifizierten Eigentumsfläche des Betriebs und dem jeweiligen Bewertungsfaktor gem. Anlage 30. [4]Abweichend hiervon wird der Nutzungsteil Gemüsebau wie eine landwirtschaftliche Nutzung bewertet, wenn im Wechsel landwirtschaftliche und gärtnerische Erzeugnisse gewonnen werden und keine Bewässerungsmöglichkeiten bestehen.

(6) [1]Der Reinertrag für die übrigen land- und forstwirtschaftlichen Nutzungen ist für jede Nutzung nach § 242 gesondert zu ermitteln. [2]Der Reinertrag einer übrigen land- und forstwirtschaftlichen Nutzung ermittelt sich aus der Summe der Flächenwerte. [3]Der jeweilige Flächenwert ist das Produkt aus der Größe

1 BT-Drucks. 19/11085 S. 103.
2 Vgl. http://go.nwb.de/f7tb2.
3 BT-Drucks. 19/11085 S. 103.

der gesetzlich klassifizierten Eigentumsfläche des Betriebs und dem jeweiligen Bewertungsfaktor einschließlich des Zuschlags gem. Anlage 31. [4]Für die sonstigen land- und forstwirtschaftlichen Nutzungen, für die kein Bewertungsfaktor festgelegt wurde, ist der Reinertrag der jeweiligen Nutzung durch Multiplikation der Bruttogrundflächen der nachhaltig genutzten Wirtschaftsgebäude mit dem Zwölffachen des Werts gem. Anlage 31 und für den dazu gehörenden Grund und Boden nach Absatz 8 zu ermitteln; dies gilt unabhängig von einer gesetzlichen Klassifizierung als Hofstelle.

(7) [1]Der Reinertrag für die Nutzungsarten Abbauland, Geringstland und Unland ermittelt sich aus der Summe der Flächenwerte der jeweiligen Nutzungsart. [2]Der jeweilige Flächenwert ist das Produkt aus der Größe der gesetzlich klassifizierten Eigentumsfläche des Betriebs und dem jeweiligen Bewertungsfaktor gem. Anlage 31.

(8) [1]Der Reinertrag für die Hofflächen und die Nebenbetriebe ermittelt sich aus der Summe der Flächenwerte. [2]Der Flächenwert ist das Produkt aus der jeweils als Hofstelle gesetzlich klassifizierten Eigentumsfläche des Betriebs und dem dreifachen Bewertungsfaktor gem. Anlage 32.

Inhaltsübersicht **Rz.**

LITERATUR:

Eisele/Wiegand, Grundsteuerreform 2022/202, Stand: Januar 2020 (1. Aufl.), NWB CAAAH-44415; *Eisele*, Reform der Grundsteuer – Gesetzentwurf liegt vor! Teil II: Bewertung des land- und forstwirtschaftlichen Vermögens für Zwecke der Grundsteuer A/Änderungen des Grundsteuergesetzes, NWB 29/2019 S. 2127, NWB AAAAH-22096.

VERWALTUNGSANWEISUNGEN:

Koordinierte Erlasse der obersten Finanzbehörden der Länder v. 9.11.2021 – Anwendung des Siebenten Abschnitts des Zweiten Teils des Bewertungsgesetzes zur Bewertung des Grundbesitzes (land- und forstwirtschaftliches Vermögen) für die Grundsteuer ab 1.1.2022 (AEBewGrSt), BStBl I 2021 S. 2369.

A. Allgemeine Erläuterungen zu § 237 BewG

Die Norm stellt innerhalb des Bewertungsverfahrens für das land- und forstwirtschaftliche Vermögen die größte Neuerung dar und hat im Hinblick auf die zukünftige Bewertung der Betriebe der Land- und Forstwirtschaft eine besondere Bedeutung. Die Vorschrift regelt, dass die 1

Gesamtbewertung eines Betriebs der Land- und Forstwirtschaft zur Vereinfachung des Bewertungsverfahrens **nach dessen Gliederung** erfolgt. Hierzu sind für jede der land- und forstwirtschaftlichen **Nutzungen**, **Nutzungsteile** sowie für die **Nutzungsarten** die entsprechenden **Eigentumsflächen** des Betriebs der Land- und Forstwirtschaft gesetzlich zu klassifizieren und mit dem nach § 236 BewG ermittelten **standardisierten Reinertrag** zu **multiplizieren**. Der standardisierte Reinertrag ergibt sich aus den jeweiligen **Bewertungsfaktoren**, die in den **Anlagen 27–33 zum BewG** festgelegt sind.[1]

2–3 *(Einstweilen frei)*

I. Normzweck und wirtschaftliche Bedeutung der Vorschrift

4 Die Bewertung der wirtschaftlichen Einheit Betrieb der Land- und Forstwirtschaft erfolgt über die dem **Eigentümer zuzurechnenden Flächen**, unabhängig davon, ob er diese im Rahmen seines **aktiv wirtschaftenden Betriebs selbst bewirtschaftet oder** ob diese einem anderen aktiv wirtschaftenden Betrieb dienen oder **zur Nutzung überlassen** sind. Gleiches gilt wegen des nachhaltig erzielbaren Reinertrags für den Fall, dass die Flächen am Bewertungsstichtag nur vorübergehend nicht bewirtschaftet werden (sog. **Brachflächen**) oder einer entsprechenden **Stilllegungsverpflichtung** unterliegen (Ansatz des **Sollertrags**).

5 Aus diesen Gründen müssen im Rahmen eines Ertragswerts diejenigen Wirtschaftsgüter, die dem Eigentümer des Grund und Bodens **nicht gehören**, jedoch den Ertrag eines Betriebs beeinflussen, der wirtschaftlichen Einheit zugerechnet werden. Dieses Prinzip entspricht im Wesentlichen § 34 Abs. 4 BewG, wonach die **Wirtschaftsgüter ideell zugerechnet und bewertet** werden. Neu ist, dass die einem **Eigentümer nicht gehörenden Betriebsmittel** sich ausdrücklich auf die jeweiligen land- und forstwirtschaftlichen Eigentumsflächen erstrecken und damit **fiktiv abgegolten** werden. Folglich kommt es nicht darauf an, ob der Eigentümer die Flächen tatsächlich selbst bewirtschaftet oder diese zur Nutzung überlässt.

6 PRAXISHINWEIS:

Eine Unterscheidung zwischen aktiv wirtschaftenden Betrieben, verpachteten Betrieben und Stückländereien kann deshalb im Rahmen des Massenverfahrens entfallen. Dies dient der grundlegenden Vereinfachung und ermöglicht zugleich eine weitgehende und rechtssichere Bewertung der Flächen im vollautomatisierten Verfahren. Dabei ist zu beachten, dass die genannten Bewirtschaftungsformen einschließlich der Bewertung von Einzelflächen" als **Betrieb der Land- und Forstwirtschaft** bezeichnet werden. Der Begriff „Stückländerei" wird im Grundsteuerwertverfahren nicht mehr angewendet.

7–9 *(Einstweilen frei)*

II. Entstehung und Entwicklung der Vorschrift

10 Mit dem **GrStRefG** v. 26.11.2019[2] wurde § 237 BewG in das Gesetz eingefügt. Die Vorschrift weicht in wesentlichen Inhalten von den Regelungen des § 37 Abs. 1 und 2 BewG ab. Ansatzweise vergleichbar ist, dass beide Normen auf die **Gliederung des Betriebs** abstellen und die gesonderte Bewertung der **Nutzungen, Nutzungsteile, Nutzungsarten** und **Nebenbetriebe** anordnet. Weggefallen ist einerseits das vergleichende Verfahren, mit dem Unterschiede der Ertragsfähigkeit innerhalb der einzelnen Nutzungen und Nutzungsteile berücksichtigt wurden und andererseits ist auch **kein Einzelertragswertverfahren** mehr für bestimmte Fallgestaltun-

1 BT-Drucks. 19/11085 S. 103.

2 GrStRefG v. 26.11.2019, BGBl 2019 I S. 1794.

gen vorgesehen. Erstmals ist § 237 BewG für den **Hauptfeststellungszeitpunkt 1.1.2022** anzuwenden (vgl. § 266 BewG).

(Einstweilen frei) 11–13

III. Geltungsbereich

Die Vorschrift § 237 Abs. 1 BewG regelt, dass für die Ermittlung des Ertragswerts der **Betrieb der Land- und Forstwirtschaft** zunächst in seine jeweiligen **Nutzungen, Nutzungsteile** und **Nutzungsarten** und **Nebenbetriebe** (§ 234 Abs. 1 BewG) zu gliedern ist. Sodann wird entsprechend der vorgenommenen Gliederung jede „Gliederungsebene" mit dem Reinertrag nach § 237 Abs. 2–8 BewG bewertet. 14

Die Norm gilt gem. § 237 BewG nur für die Bewertung des **inländischen** zu bewertenden Vermögens. Dabei sind auch die inländischen Teile einer wirtschaftlichen Einheit zu bewerten, die sich sowohl auf das Inland als auch auf das Ausland erstrecken. 15

(Einstweilen frei) 16–18

IV. Verhältnis zu anderen Vorschriften

Für die Anwendung der Vorschrift ist zunächst die **Gliederung des Betriebs** der Land- und Forstwirtschaft i. S. des § 234 Abs. 1 BewG zwingend erforderlich. Das weitere Bewertungsverfahren sieht vor, dass für jede der land- und forstwirtschaftlichen Nutzungen, Nutzungsteile sowie für die Nutzungsarten die entsprechenden Eigentumsflächen des Betriebs der Land- und Forstwirtschaft zum Bewertungsstichtag bzw. Feststellungszeitpunkt (d. h. die **tatsächlichen Verhältnisse** am 1. Januar des Kalenderjahres)mit dem nach § 236 BewG ermittelten **standardisierten Reinertrag** (d. h. den Wertverhältnissen im Hauptfeststellungszeitraum) zu multiplizieren sind. Der standardisierte Reinertrag ergibt sich aus den in den **Anlagen 27–33 zum BewG** festgelegen **Bewertungsfaktoren**. Wegen der Aktualisierung der Bewertungsfaktoren in den Anlagen vgl. Grootens in Grootens, BewG § 263 Rz. 29 ff. 19

(Einstweilen frei) 20–22

B. Systematische Kommentierung

I. Ermittlung des Ertragswerts für einen Betriebs der Land- und Forstwirtschaft (§ 237 Abs. 1 Satz 1 BewG)

Die **Gesamtbewertung** eines Betriebs der Land- und Forstwirtschaft erfolgt nach dieser Vorschrift nach dessen Gliederung und dient zur **Vereinfachung des Bewertungsverfahrens.** Hierzu sind für jede der land- und forstwirtschaftlichen Nutzungen, Nutzungsteile sowie für die Nutzungsarten die entsprechenden **Eigentumsflächen** des Betriebs der Land- und Forstwirtschaft mit dem nach § 236 BewG ermittelten **standardisierten Reinertrag zu multiplizieren.** Der standardisierte Reinertrag ergibt sich aus den jeweiligen **Bewertungsfaktoren,** die in den Anlagen **27–33 zum BewG** festgelegt sind.[1] 23

(Einstweilen frei) 24–26

1 Gl. A. vgl. Rössler/Troll/Wiegand, BewG, § 237 Rz. 6, 7.

II. Ermittlung des Ertragswerts in Fällen der Nutzungsüberlassung (§ 237 Abs. 1 Satz 2 BewG)

27 Die Bewertung der wirtschaftlichen Einheit Betrieb der Land- und Forstwirtschaft erfolgt über die dem Eigentümer zuzurechnenden Flächen, unabhängig davon, ob er diese im Rahmen seines aktiv wirtschaftenden Betriebs bewirtschaftet oder ob diese einem anderen aktiv wirtschaftenden Betrieb dienen oder zur **Nutzung überlassen** sind. Gleiches gilt wegen des nachhaltig erzielbaren Reinertrags für den Fall, dass die Flächen am Bewertungsstichtag nur vorübergehend nicht bewirtschaftet werden (**Brachflächen**) oder einer entsprechenden **Stilllegungsverpflichtung** unterliegen (Ansatz des **Sollertrags**). Aus diesen Gründen müssen im Rahmen eines Ertragswerts diejenigen Wirtschaftsgüter, die dem Eigentümer des Grund und Bodens nicht gehören, jedoch den Ertrag eines Betriebs beeinflussen, der wirtschaftlichen Einheit zugerechnet werden. Dieses Prinzip entspricht im Wesentlichen § 34 Abs. 4 und 5 BewG, wonach die Wirtschaftsgüter ideell dem Betrieb des Eigentümers zugerechnet und bewertet werden.

28 Neu ist, dass die einem **Eigentümer nicht gehörenden Betriebsmittel** sich ausdrücklich auf die jeweiligen land- und forstwirtschaftlichen Eigentumsflächen erstrecken und damit **fiktiv abgegolten** werden. Folglich kommt es nicht darauf an, ob der Eigentümer die Flächen tatsächlich selbst bewirtschaftet oder diese zur Nutzung überlässt. Eine Unterscheidung zwischen **aktiv wirtschaftenden Betrieben**, **verpachteten Betrieben** und **Stückländereien** kann deshalb im Rahmen des Massenverfahrens entfallen. Dies dient der grundlegenden Vereinfachung und ermöglicht zugleich eine weitgehende und rechtssichere Bewertung der Flächen im **vollautomatisierten Verfahren.**[1]

29–30 *(Einstweilen frei)*

III. Bewertung der Betriebszweige (Nutzungen, Nutzungsarten) (§ 237 Abs. 2–7 BewG)

1. Landwirtschaftliche Nutzung (§ 237 Abs. 2 BewG)

31 Die Vorschrift konkretisiert die Ermittlung des standardisierten Reinertrags für die Nutzung von **Ackerland und Grünland** sowie einer damit verbundenen **Tierhaltung** nach Maßgabe des § 241 BewG. Die Einstufung in Acker- oder Grünland erfolgt nach dem **Bodenschätzungsgesetz**. Die tatsächliche Nutzung der bodengeschätzten Flächen ist im amtlichen **Liegenschaftskataster** zur Berechnung der Ertragsmesszahlen nachzuweisen. Die **Ertragsmesszahl** ist das Produkt einer Fläche in Ar und der Acker- oder Grünlandzahl (Wertzahlen).[2] Von Bedeutung ist diese Regelung für die Bewertung der landwirtschaftlichen Nutzung, für die Saatzucht und die Kurzumtriebsplantagen, weil für deren Bewertung neben der Flächengröße mit den entsprechenden Bewertungsfaktoren der Anlagen 27 und 31 zum BewG auch die Ertragsmesszahl maßgeblich ist. Flächen, die dem Anbau von Tabak dienen, sind nunmehr der landwirtschaftlichen Nutzung zuzurechnen.[3] In allen Fällen, in denen im Liegenschaftskataster **keine Ertragsmesszahlen** nachgewiesen werden, **kann zur Vereinfachung die durchschnittliche Ertragsmesszahl der Gemarkung** angesetzt werden.[4]

1 BT-Drucks. 19/11085 S. 103.
2 BT-Drucks. 19/11085 S. 104.
3 Vgl. A 237.2 Abs. 1 Satz 3 AEBewGrSt.
4 Vgl. A 237.2 Abs. 3 Satz 3 AEBewGrSt.

PRAXISHINWEIS: 32

Ackerland und Grünland werden zukünftig als Landwirtschaftliche Nutzung zusammengefasst. Damit entfällt eine „nutzungsspezifische", getrennte Angabe und Berechnung der jeweiligen Flächengrößen sowie der Ertragsmesszahlen [EMZ] für das Acker- und Grünland.

Die Bewertung der landwirtschaftlichen Nutzung über die **Bewertungsfaktoren Grundbetrag** 33
und **Ertragsmesszahl** ist deshalb von der im Kataster ausgewiesenen amtlichen Flächengröße abhängig und muss folgerichtig für jede Fläche gesondert ermittelt werden. Die summierten Ergebnisse aus der Vervielfältigung der jeweiligen Eigentumsflächen des Betriebs mit deren individuell ermitteltem Reinertrag ergeben den zu kapitalisierenden **Reinertrag der landwirtschaftlichen Nutzung**. Wirtschaftsgebäude und weitere den Ertragswert steigernde Betriebsmittel werden nach § 237 Abs. 8 und 9 BewG erfasst.[1]

Auszug aus Anlage 27 (zu § 237 Abs. 2 BewG)

Bewertungsfaktoren	**Bezugseinheit**	**in €**
Grundbetrag	pro Ar	2,52
Ertragsmesszahl	pro Ertragsmesszahl (Produkt aus Acker-/Grünlandzahl und Ar)	0,041

Der **Reinertrag der landwirtschaftlichen Nutzung** ergibt sich gem. § 237 Abs. 2 Satz 1 BewG 34
aus der **Summe der Flächenwerte**. Der jeweilige Flächenwert ist das **Produkt** aus der **Größe** der gesetzlich klassifizierten **Eigentumsfläche** des Betriebs und den **Bewertungsfaktoren** der Anlage 27 zum BewG. Die Bewertungsfaktoren **Grundbetrag** und **Ertragsmesszahl** nach § 9 des Bodenschätzungsgesetzes sind für jede Eigentumsfläche **gesondert zu ermitteln**.

BEISPIEL: FLÄCHENNACHWEIS BEWERTUNG; LANDWIRTSCHAFT ▶ Dem „Flächennachweis Bewertung" aus 35
dem Liegenschaftskataster (Layout des Beispiels in Anlehnung an die Mitteilungen der Vermessungs- und Katasterverwaltung in Nordrhein-Westfalen) sind folgende Angaben zu entnehmen:

Gemarkung 055xxx A-Dorf		**Flur 25**			**Flurstück 53**
		Nutzungsart			Fläche in m²
Amtliche Fläche (m²)					11.481
Tatsächliche Nutzung		Landwirtschaft/Grünland			11.481
Bodenschätzung	G.K.	Klasse	Wertzahl	Fläche [m²]	EMZ
	GrA	T II a 3	46 / 46	11.481	5.281

Gemarkung 055xxx A-Dorf		**Flur 28**			**Flurstück 2**
		Nutzungsart			Fläche in m²
Amtliche Fläche (m²)					14.227
Tatsächliche Nutzung		Landwirtschaft/Ackerland Landwirtschaft/Grünland			13.265 962
Bodenschätzung	G.K.	Klasse	Wertzahl	Fläche [m²]	EMZ
	AGr	T 5 DV	45 / 41	13.265	5.439
	Gr	T III a 3	41 / 41	962	394
				14.227	5.833

1 BT-Drucks. 19/11085 S. 104.

Landwirt L ist in NRW Eigentümer zweier Grundstücke, die der landwirtschaftlichen Nutzung zuzuordnen sind. Die Grundstücksinformationen Gemarkungs-Nr., Gemarkung, Flur und Flurstück ergeben sich aus dem oben dargestellten „Flächennachweis Bewertung". Ferner sind hier die „Tatsächliche Nutzung" der Flurstücke, die Größe sowie die gesetzliche Klassifizierung (=G.K.) und die Merkmale der Bodenschätzung dargestellt.

Bewertungsfaktoren Flur 25, Flurstück 53		
Grundbetrag	114,81 Ar x 2,52	= 289,32 €
Ertragsmesszahl [EMZ]	5.281 x 0,041	= 216,52 €
Flächenwert der landwirtschaftlichen Nutzung		= 505,84 €
Bewertungsfaktoren Flur 28, Flurstück 2		
Grundbetrag	142,27 Ar x 2,52	= 358,52 €
Ertragsmesszahl [EMZ]	5.833 x 0,041	= 239,15 €
Flächenwert der landwirtschaftlichen Nutzung		= 597,67 €
Reinertrag des Betriebs		
Summe der Flächenwerte = Reinertrag der landwirtschaftlichen Nutzung		**= 1.103,51 €**

Soweit in einem Betrieb der Land- und Forstwirtschaft **ertragswertsteigernde Verhältnisse** wegen einer **übernormalen Tierhaltung** vorliegen, sind diese gem. § 238 Abs. 1 Nr. 1 BewG zusätzlich bei der landwirtschaftlichen Nutzung als **Zuschlag** wegen **verstärkter Tierhaltung** zu erfassen.

36 Nicht zur originären landwirtschaftlichen Nutzung gehören -wie bisher bei der Einheitsbewertung nach § 52 BewG- der Anbau von **Spargel und Hopfen**, der den Sonderkulturen i. S. des § 242 Abs. 1 Nr1 BewG zugeordnet wird. Zur Berücksichtigung von Hopfen und Spargel bei der Ermittlung der maßgeblichen Fläche zur Abgrenzung der landwirtschaftlichen von der gewerblichen Tierhaltung, vgl. A 241 Abs. 3 AEBewGrSt. Der Anbau von **Feldgemüse** wird auf Grund der Sonderregelung des § 237 Abs. 5 Satz 4 BewG dem Grunde nach im Bereich der gärtnerischen Nutzung als Nutzungsteil Gemüsebau erfasst, auch wenn die Bewertung der Höhe nach wie eine landwirtschaftliche Nutzung erfolgt.

37 PRAXISHINWEIS:

Diese Regelung lässt sich weder analog über die Erklärungsvordrucke noch über die vorhandenen Programmleistungen zufriedenstellend umsetzen, weil eine entsprechende Kennziffer bei der Beschreibung der Nutzungen im Einzelnen fehlt.[1] Wird der **Feldgemüsebau** der gärtnerischen Nutzung und dort dem Nutzungsteil Gemüsebau zugeordnet, ist dieser Eingabe automationsgestützt der Bewertungsfaktor für den Gemüsebau zuzuweisen. Um eine Bewertung des Feldgemüsebaus der Höhe nach wie eine landwirtschaftliche Nutzung zu erreichen, ist es – zumindest programmtechnisch – erforderlich, diese Fläche als landwirtschaftliche Nutzung zu erfassen.

38 Flächen, die dem **Erwerbsobstbau** zu dienen bestimmt sind, werden stets dem Nutzungsteil Obstbau der gärtnerischen Nutzung zugerechnet. Dagegen sind Acker- und Grünlandflächen, auf denen verstreut Obstbäume angepflanzt sind (sog. **Streuobstäcker und -wiesen**), weiter der landwirtschaftlichen Nutzung zuzuordnen.[2] Ferner gehören **Weihnachtsbaumkulturen** nicht zur landwirtschaftlichen Nutzung, auch wenn sie überwiegend auf landwirtschaftlichen

1 Vgl. Amtliches Handbuch Bewertung/Grundsteuer 2022/2025, Anhang 3 S. 282.
2 vgl. A 237.8 Abs. 1 S. 3 AEBewGrSt.

Flächen angebaut werden; sie sind den sonstigen land- und forstwirtschaftlichen Nutzungen zugeordnet, vgl. § 242 Abs. 2 Nr. 9 BewG. Werden dagegen Flächen nicht bewirtschaftet und sind als **Brach- oder Gründüngungsflächen** zu behandeln, die einer landwirtschaftlichen Nutzung dauernd zu dienen bestimmt sind, sind sie der landwirtschaftlichen Nutzung zuzurechnen.[1]

Bagatellflächen anderer Nutzungen, Nutzungsteile oder Nutzungsarten, die bisher nach den Regelungen des Abschn. 1.13 BewRL behandelt wurden, werden infolge einer automationsgestützten Bewertung nicht mehr in die landwirtschaftliche Nutzung einbezogen, sondern der Nutzung, dem Nutzungsteil oder der Nutzungsart zu der sie gehören, zugeordnet. Dagegen werden **Wirtschaftswege, Hecken, Gräben, Grenzraine** und dergleichen, die dem Eigentümer gehören, nach den Daten der Vermessungs- und Katasterverwaltung klassifiziert und soweit sie ihr dienen in die landwirtschaftliche Nutzung einbezogen (vgl. auch A 237. 24 Abs. 1 Satz 3 AEBewGrSt). 38/1

2. Forstwirtschaftliche Nutzung (§ 237 Abs. 3 BewG)

Zur forstwirtschaftlichen Nutzung gehören grundsätzlich alle Flächen (Holzboden und Nichtholzboden), die der **nachhaltigen Produktion von Rohholz** dienen.[2] Die **Summe aller Flächenwerte** bildet den Reinertrag der forstwirtschaftlichen Nutzung. Der jeweilige Flächenwert ergibt sich nach § 237 Abs. 3 Satz 2 BewG aus der **Multiplikation** der gesetzlich klassifizierten **Eigentumsfläche** des Betriebs mit dem jeweiligen gegendüblichen **Bewertungsfaktor** gem. Anlage 28 zum BewG. 39

PRAXISHINWEIS: 40

Die gesetzliche Klassifizierung entspricht i. d. R. der durch die Vermessungsverwaltung festgestellten „Tatsächliche Nutzung" und bildet die Flächen ausschließlich nach den Tatbestandmerkmalen Wald/Laubholz, Wald/Nadelholz, Wald/Laub- und Nadelholz ab. Eine Zuordnung der Forstflächen zu den maßgeblichen Wuchsgebieten erfolgt seitens der Vermessungs- und Katasterverwaltung derzeit nicht. Nach aktuellem Stand werden von der Finanzverwaltung die erforderlichen Informationen im Wege der Berechnung des Grundsteuerwerts zur Verfügung gestellt; die Wuchsgebiete und auch die dazugehörigen Bewertungsfaktoren sind nicht gesondert zu erklären.

Auszug aus Anlage 28 (zu § 237 Abs. 3 BewG)

Bewertungsfaktor für Wuchsgebiet		in €/ha
15	Mittelwestniedersächsisches Tiefland	67,41
16	Westfälische Bucht	70,03
17	Weserbergland	101,93
18	Nordwestdeutsche Berglandschwelle	73,10

Die gegendüblichen Bewertungsfaktoren werden aus den forstwirtschaftlichen Wuchsgebieten und deren Baumartenanteilen nach der zuletzt vor dem Hauptfeststellungszeitpunkt durchgeführten **Bundeswaldinventur** (§ 41a des Bundeswaldgesetzes) abgeleitet. Die letzte Inventur fand 2012 statt, im **April 2021** startet die **vierte Bundeswaldinventur**. Bis Ende Dezember 2022 sind alle Daten einzusammeln. Dabei werden folgende Grunddaten erhoben: Baumarten, Baumdurchmesser, Baumhöhe an ausgewählten Probebäumen, Totholz, Landnutzung 41

1 Vgl. FG München v. 17.5.2006 - 4 K 4098/05 NWB MAAAB-89685.

2 Vgl. Müller in Grootens, BewG § 234 Rz. 24.

vor oder nach Wald und andere. Daraus werden der **aktuelle Zustand des Waldes** und seine Veränderung seit der letzten Bundeswaldinventur im Jahre 2012 abgeleitet werden. Fragen zur **Waldbewirtschaftung**, der Veränderung der Baumartenanteile und der Holznutzung, aber auch zum Totholz und zu weiteren ökologischen Fragestellungen werden dann beantwortet werden können.[1]

42 BEISPIEL: FORSTEN ▸ Forstwirt F ist in NRW Eigentümer von zwei Grundstücken, die der forstwirtschaftlichen Nutzung zuzuordnen sind. Grundstück 1 führt die Bezeichnung Flur 7 Flurstück 116, hat eine amtliche Größe von 600.000 m² und liegt im Wuchsgebiet 18 „Nordwestdeutsche Berglandschwelle". Grundstück 2, Flur 1, Flurstück 42 ist 33.700 m² groß und liegt im Wuchsgebiet 17 „Weserbergland".

Bewertungsfaktoren Flur 1, Flurstück 7		
Wuchsgebiet Nordwestdeutsche Berglandschwelle	60,00 ha x 73,10 €/ha	= 4.386,00 €
Flächenwert der forstwirtschaftlichen Nutzung		= 4.386,00 €
Bewertungsfaktoren Flur 1, Flurstück 42		
Wuchsgebiet Weserbergland	3,37 ha x 101,93 €/ha	= 343,50 €
Flächenwert der forstwirtschaftlichen Nutzung		= 343,50 €
Reinertrag des Betriebs		
Summe der Flächenwerte = Reinertrag der forstwirtschaftlichen Nutzung		**= 4.729,50 €**

43 Eine Ausnahme von den bisher dargestellten Regelungen betreffen die Eigentumsflächen, auf denen **katastermäßig nachgewiesene Bewirtschaftungsbeschränkungen** festgestellt und klassifiziert sind. Das bedeutet, im Kataster müssen diese Bewirtschaftungsbeschränkung explizit aus-/nachgewiesen sein und diese Beschränkung muss behördlich festgestellt worden sein. Diese i. d. R. in **Naturschutzgebieten** liegenden forstwirtschaftlichen Flächen mit weitgehenden Bewirtschaftungsbeschränkungen sind dann als **Geringstland** zu bewerten. Dabei ist zu beachten, dass nicht jede in einem Naturschutzgebiet gelegene Fläche auch von der forstwirtschaftlichen Nutzung (Rohholzgewinnung) ausgeschlossen ist.

44–46 *(Einstweilen frei)*

3. Weinbauliche Nutzung (§ 237 Abs. 4 BewG)

47 Die Vorschrift konkretisiert die Ermittlung des standardisierten Reinertrags für die Nutzung von **Weinbauflächen** einschließlich der **vorübergehend nicht bestockten Flächen**, noch nicht ertragsfähigen **Jungfeldern** und **im Ertrag stehenden Rebanlagen**.[2]

48 Im Rahmen der Grundbesitzbewertung hat der Gesetzgeber zur Beurteilung der Ertragsfähigkeit der weinbaulichen Nutzung bisher die Nutzungsart (**Verwertungsform**) der gesamten Trauben berücksichtigt und dabei die **Traubenerzeugung** von der **Fassweinerzeugung** sowie **Flaschenweinerzeugung** unterschieden (vgl. § 163 Abs. 5 BewG i. V. mit R B 163 Abs. 5 ErbStR 2019). Diese Differenzierung wird im Rahmen der Gesetzesentwicklung zur Grundsteuerreform aufgegeben. Vielmehr wird zur grundlegenden Vereinfachung des Bewertungsverfahrens

1 BMEL, https://www.bundeswaldinventur.de.
2 Vgl. Müller in Grootens, BewG § 234 Rz. 32.

gegenüber der bisherigen Rechtslage der Reinertrag ausschließlich für die **Verwertungsform Traubenerzeugung** gesetzlich normiert.[1]

Auszug aus Anlage 29 (zu § 237 Abs. 4 BewG)

Bewertungsfaktor für	Flächeneinheit	in €
Traubenerzeugung	pro Ar	11,70

Die summierten Ergebnisse aus der Vervielfältigung der jeweiligen **Eigentumsflächen des Betriebs** mit dem ermittelten **Reinertrag** für die Verwertungsform Traubenerzeugung ergeben den zu kapitalisierenden Reinertrag der weinbaulichen Nutzung.[2] Mit dem Reinertrag sind die der Traubenerzeugung dienenden **stehenden und umlaufenden Betriebsmittel** fiktiv erfasst und abgegoltenen. Dagegen sind die **Wirtschaftsgebäude**, die dem Ausbau des Weins (Fass- und Flaschenweinerzeugung) dienen, **nicht** in der Bewertung des gesetzlich klassifizierten Grund und Bodens der weinbaulichen Nutzung **enthalten**. Folgerichtig werden diese nach § 237 Abs. 8 BewG als **Hofstelle** zusätzlich und die **Wirtschaftsgebäude**, die der Verwertungsform **Fass- und Flaschenweinerzeugung** dienen, durch **Zuschläge** über den Ansatz der Bruttogrundfläche der entsprechenden Gebäude nach § 238 Abs. 1 Nr. 3 BewG erfasst. 49

BEISPIEL[3] ▶ Eine der weinbaulichen Nutzung zuzurechnende weinbauwürdige Fläche mit der Flurstücknummer 6713/2 ist 0,75 ha groß. 50

Bewertungsfaktoren Flurstück 6713/2		
Traubenerzeugung	75 Ar x 11,70 €/Ar	= 877,50 €
Flächenwert und zugleich Reinertrag der weinbaulichen Nutzung		**= 877,50 €**

(Einstweilen frei) 51–53

4. Gärtnerische Nutzung (§ 237 Abs. 5 BewG)

Der **Reinertrag der gärtnerischen Nutzung** ist gem. § 237 Abs. 5 Satz 1 BewG gegliedert nach den **Nutzungsteilen** zur ermitteln. Die Differenzierung der jeweiligen **Nutzungsteile** ergibt sich aus § 234 Abs. 1 Nr. 1 Buchst. d Doppelbuchst. aa–bb BewG[4]. In der Folge sind die Flächen für den **Gemüsebau**, den **Blumen- und Zierpflanzenbau**, den **Obstbau** und die **Baumschulen** gesondert zu ermitteln. Dabei ist die weitere Aufteilung der Flächen in **Freiland** und **Flächen unter Glas und Kunststoffen** zu beachten. 54

Der **Reinertrag eines Nutzungsteils** ermittelt sich nach § 237 Abs. 5 Satz 2 BewG aus der **Summe** der **Flächenwerte**. Den jeweiligen Flächenwert definiert § 237 Abs. 5 Satz 3 BewG als das **Produkt** aus der gesetzlich klassifizierten **Eigentumsfläche** des Betriebs und dem jeweiligen **Bewertungsfaktor** für den Nutzungsteil gem. **Anlage 30 zum BewG.** 55

1 BT-Drucks. 19/11085 S. 104.
2 BT-Drucks. 19/11085 S. 104.
3 Vgl. Wiegand in Eisele/Wiegand, Grundsteuerreform 2022/2025 S. 41.
4 Vgl. Müller in Grootens, BewG § 234 Rz. 36.

Auszug Anlage 30 (zu § 237 Abs. 5 BewG)

Nutzungsteil Blumen-/Zierpflanzenbau		
Bewertungsfaktor für	Flächeneinheit	in €
Flächen	pro Ar	27,60
im Freiland		
Nutzungsteil Baumschulen		
Bewertungsfaktor für	Flächeneinheit	in €
Flächen	pro Ar	22,29
im Freiland		

55/1 Dem Nutzungsteil **Gemüsebau** sind der Anbau und die Erzeugung von Kulturpflanzen zuzurechnen, die ganz oder in Teilen der menschlichen Ernährung dienen, sofern es sich nicht um den Anbau von Erzeugnissen der landwirtschaftlichen Nutzung, um Obstbau oder um Sondernutzungen handelt. Der Anbau kann **grundsätzlich im Freiland oder unter Glas und Kunststoffen** erfolgen, vgl. A 237. 6 Abs. 1 AEBewGrSt. Ebenso sind Flächen zum Anbau von **Tee** sowie von **Gewürz- und Heilkräutern** dem Gemüsebau zuzurechnen.

55/2 Zur grundlegenden Vereinfachung des Bewertungsverfahrens gegenüber der bisherigen Rechtslage bestimmt § 237 Abs. 5 Satz 4 BewG, dass der **Gemüsebau im Wechsel mit landwirtschaftlichen Kulturen** wie eine landwirtschaftliche Nutzung bewertet wird. Dies aber nur dann, wenn keine **Bewässerungsmöglichkeiten** bestehen vgl. § 237 Abs. 5 Satz 4 Halbsatz 2 BewG, da nicht mehr einzelne Zwischenfrüchte wie Kopfkohl und Pflückerbesen ausgenommen sind, sondern generell **wechselnde Fruchtfolgen.**[1] Dieser Ansatz wirft dennoch Fragen auf. M. E. ist noch zu klären, ob insbesondere die genannte Voraussetzung, dass die Flächen **keine** Bewässerungsmöglichkeiten haben dürfen, vorliegen muss. Dies deshalb, weil es Regionen gibt, in denen auch landwirtschaftliche Kulturen bewässert werden. Steht dann Gemüse mit in der Fruchtfolge, das ebenfalls beregnet wird (werden muss), kann man nach obiger Abgrenzung durchaus zu dem Ergebnis kommen, dass in diesen Fällen die Flächen als Nutzungsteil Gemüsebau zu bewerten sind. Nach meiner Auffassung sollte auf die überwiegende Nutzung abgestellt werden, d. h., es ist danach abzugrenzen, welche Kultur (landwirtschaftliche oder gärtnerische Pflanzen) in dem Zeitraum eines Jahres länger auf der Fläche steht; auf eine Bewässerungsmöglichkeit sollte es in diesen Fällen nicht ankommen.

55/3 Wiegand[2] vertritt hierzu, m. E. durchaus nachvollziehbar, folgende Auffassung: Der Gesetzgeber möchte mit dem Tatbestandsmerkmal einer fehlenden Bewässerung typisierend sicherstellen, dass regelmäßig nur der **feldmäßige Anbau von Gemüsesorten** mit dem Reinertrag der landwirtschaftlichen Nutzung bewertet wird. Zugleich wird durch die Regelungssystematik sichergestellt, dass die Bewässerung rein landwirtschaftlicher Kulturen bzw. von Flächen der landwirtschaftlichen Nutzung zum Ausgleich wetterbedingter Engpässe nicht mit einem höheren Wertansatz erfasst werden müssen.

55/4 Dagegen geht der Gesetzgeber in den Fällen der Bewässerungsmöglichkeit davon aus, dass ein **spezialisierter (dauerhafter) Anbau von Gemüse (auf der gleichen Fläche) im Freiland** erfolgt, der ausschließlich dem Nutzungsteil Gemüsebau zuzuordnen ist. Das kann in Gemüseanbau-

1 BT-Drucks. 19/11085 S. 104 sowie A 237.6 Abs. 2 Satz 3 AEBewGrSt.
2 Vgl. Rössler/Troll/Wiegand, BewG, § 237 Rz. 38, 39.

regionen eine große Rolle spielen, weil dort ein spezialisierter Gemüseanbau erfolgt, der eine kontinuierliche Aussaat bzw. Pflanzung möglich macht und damit über die ganze Saison die Märkte sicher beliefern kann. Das schließt einen Anbau von Feldgemüse im Rahmen der landwirtschaftlichen Fruchtfolge grundsätzlich aus. Eine Bewässerungsmöglichkeit nach § 237 Abs. 5 Satz 4 BewG liegt danach bei vorhanden technischen Bewässerungsanlagen und der tatsächlichen Verfügbarkeit von Wasser vor. Wie bei Nutzungsüberlassungen im Allgemeinen ist auch hier unbeachtlich, ob der Eigentümer einer Fläche oder der Bewirtschafter über die **wasserrechtliche Genehmigung** der jeweiligen Fläche verfügt. Denn nur eine kontinuierliche Bewässerungsmöglichkeit rechtfertigt gegenüber der landwirtschaftlichen Nutzung einen Ansatz des höheren Reinertrags für den Nutzungsteil Gemüsebau der gärtnerischen Nutzung im Rahmen der Eigentümerbesteuerung. Soweit allerdings Bewässerungsmöglichkeiten (analog zu den Nutzungsbeschränkungen beim Forst) nicht im Kataster nachgewiesen werden, könnten für ein automatisiertes Bewertungsverfahren praktische Schwierigkeiten entstehen, denen nur durch Mitteilungen der oberen oder unteren Wasserbehörde, der Wasser- und Bodenverbände oder Beregnungsverbände gem. § 229 Abs. 3 BewG begegnet werden kann.

PRAXISHINWEIS: 55/5

Ist Wintergetreide die Hauptfrucht in der Fruchtfolge, benötigt dieses von der Saat bis zur Ernte eine Kulturdauer von 9–10 Monaten; die Ernte erfolgt im Juli/August. Danach kann z. B. noch Spinat angebaut und geerntet werden. Eine so bewirtschaftete Fläche wäre wie eine landwirtschaftliche Nutzung zu erfassen.

BEISPIEL: GÄRTNERISCHE NUTZUNG UND LANDWIRTSCHAFT ▶ Landwirt L ist Eigentümer folgender Grundstücke: Eine grundsätzlich der gärtnerischen Nutzung dienende Ackerfläche mit der Katasterbezeichnung Flur 8 Flurstück 15 ist 200 Ar groß und die Summe der Ertragsmesszahlen [EMZ] beträgt 10.000 EMZ. Auf der Fläche werden im Wechsel Kopfkohl und Getreide (Weizen, Gerste, Hafer, Triticale) angebaut; es besteht keine Bewässerungsmöglichkeit. Auf dem Flurstück 14 mit einer Größe von 100 Ar stehen Blumen zum Selbstpflücken. Die Fläche Flurstück 10 hat eine Größe 300 Ar und dient dem Erdbeeranbau. 56

Bewertungsfaktoren Flur 8, Flurstück 15		
Grundbetrag	200,00 Ar x 2,52	= 504,00 €
Ertragsmesszahl [EMZ]	10.000 x 0,041	= 410,00 €
Flächenwert der landwirtschaftlichen Nutzung		**= 914,00 €**
Bewertungsfaktoren Flur 8, Flurstück 14		
Nutzungsteil Blumen- und Zierpflanzenbau	100 Ar x 27,60	= 2.760,00 €
Flächenwert des Nutzungsteils Blumen- und Zierpflanzenbau		**= 2.760,00 €**
Bewertungsfaktoren Flur 8, Flurstück 10		
Nutzungsteil Obstbau	300 Ar x 9,53	= 2.859,00 €
Flächenwert des Nutzungsteils Obstbau		**= 2.859,00 €**
Ermittlung der Reinerträge des Betriebs		
Summe der Flächenwerte = Reinertrag der landwirtschaftlichen Nutzung		**= 914,00 €**
Summe der Flächenwerte = Reinertrag der gärtnerischen Nutzung		**= 6.533,00 €**

57 Die summierten Ergebnisse aus der Vervielfältigung der jeweiligen Eigentumsflächen des Betriebs mit dem hierzu ermittelten **Reinertrag eines Nutzungsteils** einschließlich einer etwaigen **Ertragssteigerung** bei der **Erzeugung unter Glas und Kunststoffen** ergibt den zu kapitalisierenden Reinertrag des gärtnerischen Nutzungsteils. **Wirtschaftsgebäude** (z. B. Verkaufsräume) und weitere den **Ertragswert steigernde Umstände** werden nach § 237 Abs. 8 BewG und durch **Zuschläge** nach § 238 Abs. 1 Nr. 2 und Abs. 2 BewG erfasst.[1]

58–60 *(Einstweilen frei)*

5. Übrige land- und forstwirtschaftliche Nutzungen (§ 237 Abs. 6 BewG)

61 Der Begriff der übrigen land- und forstwirtschaftlichen Nutzungen ist eine **Sammelbegriff** für alle land- und forstwirtschaftlichen Nutzungen, die nicht zu den in § 234 Abs. Nr. 1 Buchst. a–d genannten Nutzungen oder Nutzungsteilen gehören. Es werden gem. § 242 Abs. 1 Nr. 1 BewG insbesondere **Hopfen, Spargel und andere Sonderkulturen** und die **sonstigen land- und forstwirtschaftlichen Nutzungen**[2] unterschieden.[3] Diese entsprechen im Wesentlichen der Aufzählung in § 62 BewG, die aufgrund der Formulierung „insbesondere" nicht abschließend ist. Dies bietet zukünftig die Möglichkeit, weitere noch nicht vorhersehbare Entwicklungen in der Land- und Forstwirtschaft abbilden zu können.

62 Die Vorschrift konkretisiert die Ermittlung des standardisierten Reinertrags für die in § 242 BewG beispielhaft aufgeführten übrigen land- und forstwirtschaftlichen Nutzungen. Die bisherigen **Sonderkulturen** Hopfen und Spargel werden wegen des von der landwirtschaftlichen Nutzung abweichenden Ertrags- und Aufwandsgefüges als **Sondernutzungen** erfasst.[4] Zur Auslegung der Begriffe **Sonderkulturen und Sondernutzungen** vgl. Müller in Grootens, BewG § 242 Rz. 16. Die Definition der Sonderkulturen in Abgrenzung zur landwirtschaftlichen Nutzung soll der zielgenaueren Ermittlung des Reinertrags dienen.

63 § 237 Abs. 6 Satz 1 BewG ordnet an, dass der Reinertrag für jede in § 242 BewG genannte übrige land- und forstwirtschaftliche Nutzung gesondert zu ermitteln ist. Für die sonstigen land- und forstwirtschaftlichen Nutzungen werden für die **flächengebundenen Nutzungen** wie bisher Reinerträge ausgewiesen. Bei den flächengebundenen Nutzungen ermittelt sich der Reinertrag gem. § 237 Abs. Satz 2 BewG aus der **Summe der Flächenwerte**. Der Flächenwert selbst ergibt sich nach § 237 Abs. 6 Satz 3 BewG aus der **Multiplikation** der Größe der gesetzlich klassifizierten **Eigentumsfläche** des Betriebs mit dem jeweiligen **Bewertungsfaktor** einschließlich des **Zuschlags** gem. **Anlage 31 zum BewG**. Die summierten Ergebnisse aus der Vervielfältigung der jeweiligen Eigentumsflächen des Betriebs mit dem hierzu ermittelten Bewertungsfaktor ergeben den **Reinertrag** der übrigen land- und forstwirtschaftlichen Nutzungen.

Auszug aus Anlage 31 (zu § 237 Abs. 6 und 7 BewG)

Sondernutzungen		
Bewertungsfaktor für	**Flächeneinheit**	**in €**
Hopfen	pro Ar	13,75
Spargel	pro Ar	12,69

1 BT-Drucks. 19/11085 S. 104.
2 Vgl. § 242 Abs. 1 Nr. 2 BewG.
3 A 237.10 Abs. 1 AEBewGrSt.
4 BT-Drucks. 19/11085 S. 104 f.

Sonstige land- und forstwirtschaftliche Nutzungen		
Bewertungsfaktor für	**Bezugseinheit**	**in €**
Wasserflächen	pro Ar	1,00
Zuschläge für stehende Gewässer		
Wasserflächen für Binnenfischerei, Teichwirtschaft und Fischzucht für Binnenfischerei und Teichwirtschaft	ab 1,00 kg bis 4,00 kg Fischertrag/Ar pro Ar	2,00
Wasserflächen für Binnenfischerei, Teichwirtschaft und Fischzucht für Binnenfischerei und Teichwirtschaft	über 4,00 kg Fischertrag/Ar pro Ar	2,50
Zuschläge für fließende Gewässer		
Binnenfischerei, Teichwirtschaft und Fischzucht für Binnenfischerei und Teichwirtschaft	bis 500 Liter/Sekunde Durchfluss pro Liter/Sekunde	12,50
Binnenfischerei, Teichwirtschaft und Fischzucht für Binnenfischerei und Teichwirtschaft	über 500 Liter/Sekunde Durchfluss pro Liter/Sekunde	15,00
Saatzucht	pro Ar	Anlage 27
Weihnachtsbaumkulturen	pro Ar	19,40
Kurzumtriebsplantagen	pro Ar	Anlage 27

Nach § 237 Abs. 6 Satz 4 BewG ist der Reinertrag für die jeweilige **sonstige land- und forstwirtschaftlichen Nutzung, für die kein Bewertungsfaktor festgelegt wurde**, durch Multiplikation der **Bruttogrundfläche** der nachhaltig genutzten **Wirtschaftsgebäude** mit dem **Zwölffachen** des **Wertes** gem. Anlage 31 zum BewG und für den dazu gehörenden Grund und Boden nach § 237 Abs. 8 BewG zu ermitteln. Dies gilt unabhängig von einer gesetzlichen Klassifizierung als Hofstelle. Diese Vorgehensweise unterscheidet sich grundsätzlich von der bisherigen Ermittlung der Einheitswerte und ist der folgerichtigen Umsetzung des Grundsatzes der **flächenbezogenen Reinertragsermittlung** unter Abgeltung aller Betriebsmittel geschuldet.[1] 64

Auszug aus Anlage 31 (zu § 237 Abs. 6 und 7 BewG)

Sonstige land- und forstwirtschaftliche Nutzungen, für die kein Bewertungsfaktor festgelegt wurde		
Wirtschaftsgebäude	pro Quadratmeter Bruttogrundfläche und Monat	1,23

Für die Bewertung des zu den Wirtschaftsgebäuden gehörenden **Grund und Bodens** gilt, dass dieser bei den nicht flächengebundenen Nutzungen (z. B. der Imkerei, der Wanderschäferei und der Pilzzucht) – unabhängig von einer gesetzlichen Klassifizierung als Hofstelle – nach § 237 Abs. 8 BewG jedoch bei der jeweiligen Nutzung zu erfassen ist.

BEISPIEL: WANDERSCHÄFEREI ▸ Wanderschäfer W ist Eigentümer eines Grundstückes mit der Katasterbezeichnung Flur 17 Flurstück 4, das der sonstigen land- und forstwirtschaftlichen Nutzung „Wanderschäferei" zuzuordnen ist. Das Grundstück ist 20 Ar groß. Auf der Fläche befindet sich eine massive Feldscheune mit einer Bruttogrundfläche von 500 m². 65

1 Vgl. Rössler/Troll/Wiegand, BewG, § 237 Rz. 44.

Bewertungsfaktoren Flur 17, Flurstück 4		
Wirtschaftsgebäude	500 m^2 x 1,23 €/m^2 x 12	= 7.380,00 €
Wert der sonstigen land- und forstwirtschaftlichen Nutzung		**= 7.380,00 €**
Bewertungsfaktoren Flur 17, Flurstück 4 (Grund und Boden)		
Grund und Boden (Hofstelle)	20 Ar x 6,62 € x 3	= 397,20 €
Flächenwert für den Grund und Boden der sonstigen land- und forstwirtschaftlichen Nutzung		**= 397,20 €**
Ermittlung des Reinertrags für die sonstige land- und forstwirtschaftliche Nutzung „Wanderschäferei“		
Summe der Werte = Reinertrag der sonstigen land- und forstwirtschaftlichen Nutzung		**= 7.380,00 €**
Summe der Flächenwerte = Reinertrag für den Grund und Boden der sonstigen land- und forstwirtschaftlichen Nutzung		**= 397,20 €**
Summe der Reinerträge des Betriebs		**= 7.777,20 €**

66–67 *(Einstweilen frei)*

6. Nutzungsarten Abbauland, Geringstland und Unland (§ 237 Abs. 7 BewG)

68 Die Vorschrift bestimmt, dass die **gesetzlich klassifizierten Flächen** Abbauland, Geringstland und Unland[1] mit einem **standardisierten Reinertrag** gem. **Anlage 31 zum BewG** zu erfassen sind. Auch wenn den Flächen regelmäßig keine größere Bedeutung zukommt, muss die Bewertung von Abbauland, Geringstland und Unland entsprechend dem Gebot der vollständigen **Erfassung** der Flächen des Betriebs für Zwecke einer relationsgerechten Besteuerung und **aus automationstechnischen Gründen** erfolgen.[2]

Auszug aus Anlage 31 (zu § 237 Abs. 6 und 7 BewG)

Nutzungsarten Abbauland, Geringstland und Unland		
Bewertungsfaktor für	**Flächeneinheit**	**in €**
Abbauland	pro Ar	1,00
Geringstland	pro Ar	0,38
Unland	pro Ar	0,00

69 Der **Reinertrag** für das Abbauland, Geringstland und Unland ermittelt sich nach § 237 Abs. 7 Satz 1 BewG aus der **Summe der Flächenwerte der jeweiligen Nutzungsart**. Der Flächenwert ist wie bei den übrigen Nutzungen gem. § 237 Abs. 7 Satz 2 BewG das **Produkt** aus der gesetzlich klassifizierten **Eigentumsfläche** des Betriebs und dem jeweiligen **Bewertungsfaktor**, der sich aus der **Anlage 31 zum BewG** ergibt.

70 Zum **Abbauland** gehören gem. § 234 Abs 3 BewG Torfstiche, Sandgruben, Kiesgruben, Steinbrüche und dergleichen, wenn sie durch Abbau der Bodensubstanz überwiegend für den Betrieb der Land- und Forstwirtschaft nutzbar gemacht werden. Neu ist, dass dem **Abbauland**

1 Vgl. Müller in Grootens, BewG § 234 Rz. 65, 71 und 79.

2 BT-Drucks. 19/11085 S. 105.

ein Bewertungsfaktor zugewiesen wird. Im Gegensatz hierzu bestimmt § 43 Abs. 2 BewG, dass bei der Einheitsbewertung das Abbauland mit dem **Einzelertragswert** zu bewerten ist. Auch bei der Grundbesitzbewertung kommt nach § 163 Abs. 8 BewG für die Bestimmung eines Reingewinns entweder ein **Einzelertragswert** oder ein **pauschalierter Reingewinn** zur Anwendung, soweit für die jeweilige Region auf einen durch statistische Erhebungen ermittelten pauschalierten Reingewinn zurückgegriffen werden kann.

Die Ermittlung der entsprechenden Werte durch ein **Einzelertragswertverfahren** war immer 71
problematisch. Dies deshalb, weil in der überwiegenden Anzahl der Fälle, die für die Ermittlung des Einzelertragswertes erforderlichen Daten nicht unmittelbar aus den Aufzeichnungen der Betriebe hergeleitet werden konnten. Für die Einheitsbewertung war darüber hinaus noch zwingend eine **Objektivierung der Daten und eine Rückführung der Ergebnisse auf die Verhältnisse zum 1.1.1964** erforderlich. Insoweit ist es verständlich und letztendlich auch zu begrüßen, dass sich der Gesetzgeber dazu entschlossen hat, von einer Ermittlung bestimmter Reinerträge über ein Einzelertragswertverfahren abzusehen.

Nach dem Gesetz zur Schätzung des landwirtschaftlichen Kulturbodens (BodSchätzG)[1] sind für 72
Betriebsflächen geringster Ertragsfähigkeit keine Wertzahlen festzustellen. Diese Flächen gehören nach § 234 Abs. 4 BewG zum sog. **Geringstland**. Für das Geringstland war bei der Einheitsbewertung ein fester Ertragswert von 50 DM/ha (vgl. § 44 Abs. 2 BewG) vorgesehen. Im Rahmen der Grundbesitzbewertung wird ein pauschaler Reingewinn von 5,40 €/ha (vgl. § 163 Abs. 9 BewG) unterstellt. Aus **Anlage 31 zum BewG** ergibt sich für das **Geringstland** ein Wert von **33,00 €/ha**. Dabei ist zu beachten, dass **Reingewinn** und **Reinertrag** aufgrund unterschiedlicher Ermittlungsmethoden nicht identisch und damit nicht unmittelbar vergleichbar sind.

Das **Unland** wird, da es auch bei geordneter Wirtschaftsweise keinen Ertrag abwirft, in allen 73
Bewertungsbereichen durchgängig zutreffend mit 0 DM bzw. **0 €** bewertet. Dabei ist auf den **objektiven Charakter** einer Fläche, die dem Betrieb der Land- und Forstwirtschaft zu dienen bestimmt ist, abzustellen.

(Einstweilen frei) 74–75

7. Hofstelle und Nebenbetriebe (§ 237 Abs. 8 BewG)

Die Vorschrift regelt die Bewertung der Hofstelle und konkretisiert die **Ermittlung des standar-** 76
disierten Reinertrags. Zur Hofstelle gehören gem. § 234 Abs. 6 BewG alle **Hof- und Wirtschaftsgebäudeflächen** einschließlich der **Nebenflächen**, wenn von dort aus land- und forstwirtschaftliche Flächen nachhaltig bewirtschaftet werden.[2]

Nach der bisherigen Rechtslage (vgl. § 40 Abs. 3 Satz 2 BewG) wurden **Hausgärten** bis zu 10 Ar 77
zur Hof- und Gebäudefläche gerechnet. Ferner wird die gesamte Hof- und Gebäudefläche für Zwecke der Bewertung in eine Nutzung oder bei Vorliegen mehrerer Nutzungen in diese anteilig einbezogen, soweit sie ihr dienen. Zur grundlegenden **Vereinfachung des Bewertungsverfahrens** gegenüber der bisherigen Rechtslage werden nunmehr die Hof- und Wirtschaftsgebäudeflächen gesondert bewertet. Hier muss beachtet werden, dass § 40 Abs. 3 Satz 2 BewG nicht mehr anzuwenden ist, da nach § 232 Abs. 4 Nr. 1 BewG Gebäude und Gebäudeteile, die Wohnzwecken dienen, nicht mehr dem land- und forstwirtschaftlichen Vermögen zuzurech-

1 Vgl. BodSchätzG v. 20.12.2007, BGBl I S. 3150.

2 Vgl. Müller in Grootens, BewG § 234 Rz. 83.

nen sind. Da **Hausgärten**, überwiegend den Wohnteilen dienen, teilen sie m. E. das „Schicksal" der Wohngebäude und werden folgerichtig wie diese ebenfalls **im Grundvermögen bewertet**.

78 Gebäude oder Gebäudeteile, die Wohnzwecken oder anderen nicht land- und forstwirtschaftlichen Zwecken dienen, bilden jeweils mit dem anteiligen Grund und Boden eine **eigene wirtschaftliche Einheit des Grundvermögens** (§ 232 Abs. 4 Nr. 1 BewG). Für die anteilige Zuordnung des Grund und Bodens ist grundsätzlich die Verkehrsauffassung maßgeblich (§ 2 Abs. 2 BewG). Im Rahmen der Zuordnung des anteiligen Grund und Bodens zu den jeweiligen wirtschaftlichen Einheiten des Grundvermögens oder zu den Flächen der Hofstelle sind neben den bebauten Flächen auch die übrigen Flächen, wie **Garten- und Stellplatzflächen,** einzubeziehen.[1]

79 Eine grundsätzlich im land- und forstwirtschaftlichen Vermögen verbleibende Fläche, die nach der Verkehrsauffassung nicht eindeutig einer Vermögensart zugeordnet werden kann, ist hilfsweise nach dem **Verhältnis der jeweiligen bebauten Fläche des Gebäudes zur bebauten Fläche aller Gebäude** zu ermitteln. Ist die bebaute Fläche eines zu bewertenden Gebäudes nur anteilig dem Grundvermögen zuzuordnen, ist der maßgebliche Anteil durch Aufteilung der bebauten Fläche nach dem **Verhältnis der Wohn- und Nutzfläche** festzulegen.[2]

80 Es bestehen nach Verwaltungsauffassung aus Vereinfachungsgründen keine Bedenken, die **ertragssteuerrechtlich getroffene Entscheidung** zugrunde zu legen. An dieser Stelle weicht die Verwaltung – wohl aus verwaltungsökonomischen Gründen – von der Gesetzesbegründung ab, die letztendlich die einkommensteuerrechtlich getroffenen Feststellungen im Hinblick auf den zur Wohnung gehörenden Grund und Boden präferiert.[3] In Fällen mit einer hohen Anzahl von zu berücksichtigenden Gebäuden und/oder Gebäudeteilen, bei Gebäuden mit mehreren Geschossen sowie bei fehlender Datengrundlage kann der dem Grundvermögen zugehörige Grund und Boden hilfsweise mit dem **Dreifachen der Wohn- und Nutzfläche** der jeweils zu bewertenden Gebäude und/oder Gebäudeteile angesetzt werden. Damit werden alle dem Grundvermögen zuzuordnenden Flächen erfasst.

80/1 In der Praxis zeigt sich, dass in einer nicht unbedeutenden Anzahl von Fällen die **„Hilfslösung" als Regel** angewendet wurde. Dabei wurde billigend in Kauf genommen, dass die Zuordnung des Grund und Bodens, der dem „Wohnen" dient, nicht den tatsächlichen Verhältnisse am Feststellungsstichtag entsprach. Inwieweit die Finanzverwaltung derartige Fallgestaltung nochmals zum Gegenstand weiterer Überprüfungen macht, bleibt abzuwarten.

81 **BEISPIEL : ABGRENZUNG DER HOFSTELLE**[4] Die Hofstelle (1.820 m²) eines Landwirts umfasst die Wohnung des Landwirts (1: bebaute Fläche 120 m²), einen Garten (300 m²) und zwei Stellplätze (40 m²), die jeweils der Wohnung zugeordnet werden können, sowie ein Bürogebäude (2: bebaute Fläche 60 m²), ein Wirtschaftsgebäude (3: bebaute Fläche 300 m²) und eine Restfläche von 1.000 m². Insgesamt ergibt sich daraus eine bebaute Fläche von 480 m² (siehe Abbildung 2).

1 Vgl. A 237.24 Abs. 5 und 6 AEBewGrSt.
2 Vgl. A 237.24 Abs. 7 AEBewGrSt.
3 Vgl. BT-Drucks. 19/11085 S. 100.
4 Vgl. A 237.24 Beispiel 1 AEBewGrSt.

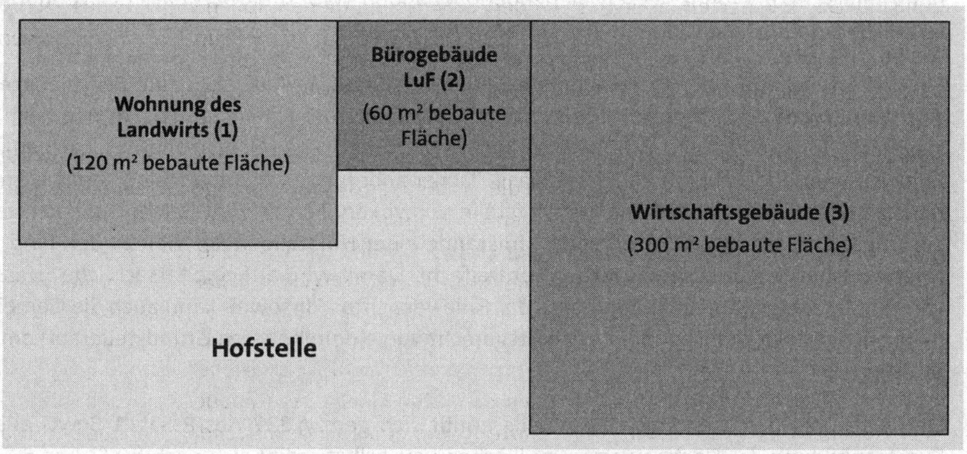

Die Gebäude (2) und (3) gehören als Wirtschaftsgebäude zum Betrieb der Land- und Forstwirtschaft. Der Wert der Gebäude ist über den Ansatz als Hofstelle sowie dem Zuschlag nach § 238 BewG ertragsmäßig abgegolten. Die Fläche der Hofstelle umfasst dabei nicht die dem Grundvermögen zuzurechnenden Flächenanteile. Das Gebäude (1) ist als eigenständige wirtschaftliche Einheit des Grundvermögens in Abhängigkeit von der Grundstücksart i. S. des § 249 BewG zu bewerten.

Dem Gebäude (1) können darüber hinaus die zur Wohnung des Landwirts zugehörige bebaute Fläche (120 m²), ein Garten (300 m²) sowie zwei Stellplätze (40 m²) zugeordnet werden. Die restliche Fläche (1.000 m²) kann den einzelnen Gebäuden unter Berücksichtigung der Verkehrsauffassung nicht konkret zugeordnet werden. Da eine Abgrenzung nach ertragsteuerlichen Grundsätzen nicht erfolgt ist, kann der nicht den land- und forstwirtschaftlichen Zwecken zuzuordnende Grund und Boden (1.000 m²) wie in Tabelle dargestellt, aufgeteilt werden.

Tabelle: Aufteilung des Grund und Bodens zum Beispiel „Abgrenzung der Hofstelle" (A 237.24 AEBewGrSt)

Nr.	Gebäude/-teil	überbaute Fläche	gesamte bebaute Fläche	zugeordnete Fläche
1	Wohnung Landwirt	120 m²	480 m²	rd. 250 m²
2	Bürogebäude LuF	60 m²	480 m²	rd. 125 m²
3	Wirtschaftsgebäude	300 m²	480 m²	rd. 625 m²
Summe		**480 m²**		**1.000 m²**

Als anteilige Fläche des Grund und Bodens sind dem Grundvermögen die überbaute Fläche der Wohnung des Landwirts (1) mit 120 m², die anteilig zugeordnete unbebaute Fläche von 250 m², der private Garten mit 300 m² sowie die Stellplätze mit 40 m² zuzurechnen. Hieraus ergibt sich eine dem Grundvermögen zuzurechnende Gesamtfläche von 710 m².

Der Grund und Boden der Hofstelle wird anhand der zuvor gegenüber dem Grundvermögen abgegrenzten Hoffläche **typisierend** mit dem **höchsten Reinertrag der landwirtschaftlichen Nutzung** bewertet (Annahme einer **Acker-/Grünlandzahl von 100**). Dabei ist zu beachten, dass die o. g. **Hausgärten** i. d. R. folgerichtig dem Grundvermögen zugerechnet werden und dem Grunde nach nicht mehr als Hofstelle zur erfassen sind, da sie in unmittelbarem Zusammen- 82 hang mit den zu Wohnzwecken dienenden Gebäuden (Wohnteil/Betriebsleiterwohnung, Altenteilerwohnung und Wohnung für Arbeitskräfte) stehen.[1]

83 Für die Hofflächen ist der entsprechende Bewertungsfaktor in Anlage 32 zum BewG ausgewiesen. Damit wird die bisher mittelbar erfolgte Bewertung der Hofstelle dem Grunde nach praxisgerecht fortgeführt und für Zwecke einer vollautomatischen Bewertung nutzbar gemacht. Zugleich wird dadurch gewährleistet, dass Flächenänderungen bei den Nutzungen sich folgerichtig nicht auf die Bewertung der Hofstelle auswirken. Ferner wird der höchste Reinertrag **zur Abgeltung ertragswerterhöhender Umstände einer Hofstelle in Relation zu den land- und forstwirtschaftlich nutzbaren Flächen verdreifacht**. Damit wird auf eine tatsächliche Erfassung von Wirtschaftsgebäuden in der Masse der Fälle verzichtet.[2] Insoweit kann auch die Gemeinde, in der sich die Hofstelle befindet, realitätsgerecht von einem höheren Grundsteueraufkommen profitieren.[3]

84 Der Reinertrag der Nutzungsart Hofstelle ergibt sich gem. § 237 Abs. 8 Satz 1 BewG aus der Summenbildung der Flächenwerte. Der Flächenwert selbst ergibt sich nach § 237 Abs. 8 Satz 2 BewG aus der **Multiplikation** der jeweils als Hofstelle gesetzlich klassifizierten **Eigentumsfläche** des Betriebs und dem **dreifachen Bewertungsfaktor** gem. Anlage 32.

Auszug aus Anlage 32 (zu § 237 Abs. 8 BewG)

Bewertungsfaktor für	**Flächeneinheit**	**in €**
Hofflächen	pro Ar	6,62
Zuschläge für	**Flächeneinheit**	**in €**
Wirtschaftsgebäude der weinbaulichen Nutzung bei Fass- und Flaschenweinerzeugung	pro Quadratmeter Bruttogrundfläche und Monat	1,23

85 Im Gesetzentwurf des Bundesrates zum Entwurf eines Gesetzes zur Änderung des Bewertungsgesetzes[4] ist der Bundesrat noch davon ausgegangen, die **Bewertung von Hofstellen** im Hinblick auf die auf einer Hofstelle für unterschiedliche Zwecke vorhanden Wirtschaftsgebäude durch eine sehr differenzierte Bewertung des Grund und Bodens und zusätzlich der Wirtschaftsgebäude umzusetzen. Im Rahmen des Gesetzgebungsverfahrens wurde auf die **gesonderte Bewertung der Wirtschaftsgebäude verzichtet.** Mit dem jetzigen Ansatz des höchsten dreifachen Reinertrags der landwirtschaftlichen Nutzung (unterstellt werden hierbei 100 EMZ/Ar) sind die Wirtschaftsgebäude überwiegend typisierend abgegolten. Für die Wirtschaftsgebäude der **weinbaulichen** Nutzung und der **Nebenbetriebe** ist es aufgrund einer i. d. R. fehlenden automationsgestützten Bestimmung der gesetzlichen Klassifizierung erforderlich, den Ertragswertanteil dieser Wirtschaftsgüter „manuell" über einen **Zuschlag** zu erfassen.

86 **BEISPIEL: LANDWIRTSCHAFTLICHE NUTZUNG, TIERHALTUNG, HOFSTELLE ▸** Landwirt L ist Eigentümer von mehreren Grundstücken, die der landwirtschaftlichen Nutzung zuzuordnen sind. Folgende Grundstücksinformationen sind zu berücksichtigen: Gemarkung A-Dorf, Flur 25,

1 Vgl. § 232 Abs. 4 Nr. 1 BewG.
2 BT-Drucks. 19/11085 S. 105.
3 Vgl. Wiegand in Eisele/Wiegand, Grundsteuerreform 2022/2025 S. 46 f.
4 BR-Drucks. 515/16 S. 61. Der Bundesrat hat in seiner 950. Sitzung am 4.11.2016 beschlossen, den als Anlage 1 beigefügten Gesetzentwurf gem. Art. 76 Abs. 1 GG beim Deutschen Bundestag einzubringen und die aus Anlage 2 ersichtliche Entschließung zu fassen.

Flurstück 57, Größe: 5.000 Ar, tats. Nutzung A, EMZ 175.000
Flurstück 60, Größe: 2.500 Ar, tats. Nutzung Gr, EMZ 100.000,
Flurstück 61, Größe; 125 Ar, tats. Nutzung Hofstelle.

Ferner werden Milchkühe mit Nachzucht, die umgerechnet in Vieheinheiten 125 VE ergeben, gehalten.

Bewertungsfaktoren Flur 25, Flurstück 57		
Grundbetrag	5.000,00 Ar x 2,52	= 12.600,00 €
Ertragsmesszahl [EMZ]	175.000 x 0,041	= 7.175,00 €
Flächenwert der landwirtschaftlichen Nutzung		= 19.775,00 €
Bewertungsfaktoren Flur 25, Flurstück 60		
Grundbetrag	2.500,00 Ar x 2,52	= 6.300,00 €
Ertragsmesszahl [EMZ]	100.000 x 0,041	= 4.100,00 €
Flächenwert der landwirtschaftlichen Nutzung		= 10.400,00 €
Bewertungsfaktoren Flur 25, Flurstück 61		
Hofstelle	125 Ar x 6,62 x 3	= 2.482,50 €
Flächenwert der Nutzungsart Hofstelle		= 2.482,50 €
Ermittlung der Reinerträge des Betriebs		
Summe der Flächenwert = Reinertrag der landwirtschaftlichen Nutzung		= 30.175,00 €
Summe der Flächenwert = Reinertrag der Nutzungsart Hofstelle		= 2.482,50 €
Summe der Reinerträge des Betriebs		= 32.657,50 €

Im Ergebnis werden die jeweiligen Flächenwerte der landwirtschaftlichen Nutzung und der Flächenwert der Nutzungsart Hofstelle addiert und ergeben insgesamt den Reinertrag des Betriebs in der Gemeinde A-Dorf. Die Wirtschaftsgebäude für die Milchkühe und deren Nachzucht sind ebenfalls eindeutig der landwirtschaftlichen Nutzung zuzurechnen. Die Grenze Landwirtschaft/Gewerbe gem. § 241 Abs. 1 BewG ist nicht überschritten, da hiernach auf 75 ha landwirtschaftliche Nutzfläche insgesamt 465,00 VE unschädlich gehalten werden können.[1] Ein Zuschlag wegen verstärkter Tierhaltung ist ebenfalls nicht einschlägig, weil der tatsächliche Tierbestand (125 VE) die in Anlage 27 genannte Grenze von 2 VE/ha (d. h. 75 ha x 2 VE/ha= insgesamt 150 VE) nicht überschreitet. Gleichwohl sind mit dem Reinertrag der Nutzungsart Hofstelle alle vorhandenen Wirtschaftsgebäude, soweit sie der landwirtschaftlichen Nutzung dienen, in Art und Umfang abgegolten.

§ 238 BewG Zuschläge zum Reinertrag

(1) Ein Zuschlag zum Reinertrag einer Nutzung oder Nutzungsart ist vorzunehmen,

1. bei der landwirtschaftlichen Nutzung gem. Anlage 27, wenn der tatsächliche Tierbestand am maßgeblichen Bewertungsstichtag (§ 235) die in Anlage 27 genannte Grenze nachhaltig überschreitet,

1 Vgl. Müller in Grootens, BewG § 241 Rz. 14.

2. **bei der gärtnerischen Nutzung gem. Anlage 30, wenn in einem Nutzungsteil Flächen unter Glas und Kunststoffen dem Betrieb zu dienen bestimmt sind. ²Zu den Flächen unter Glas und Kunststoffen gehören insbesondere mit Gewächshäusern, begehbaren Folientunneln, Foliengewächshäusern und anderen Kulturräumen überbaute Bruttogrundflächen. ³Unerheblich ist, ob die Flächen unter Glas und Kunststoffen neben der Erzeugung auch zur Lagerung oder zum Vertrieb der Erzeugnisse zu dienen bestimmt sind,**
3. **bei der Nutzungsart Hofstelle gem. Anlage 32 für die weinbauliche Nutzung und für Nebenbetriebe. ²Der Zuschlag ermittelt sich durch Multiplikation der Bruttogrundflächen der nachhaltig genutzten Wirtschaftsgebäude mit dem Zwölffachen des jeweiligen Bewertungsfaktors. ³Unerheblich ist, ob die Wirtschaftsgebäude neben der Erzeugung auch zur Lagerung oder zum Vertrieb der Erzeugnisse zu dienen bestimmt sind.**

(2) ¹Der Reinertrag einer Nutzung oder Nutzungsart ist um einen Zuschlag zu erhöhen, wenn die Eigentumsflächen des Betriebs zugleich der Stromerzeugung aus Windenergie dienen. ²Der Zuschlag ermittelt sich aus dem Produkt der abgegrenzten Standortfläche der Windenergieanlage und dem Bewertungsfaktor gem. Anlage 33.

Inhaltsübersicht **Rz.**

LITERATUR:

Eisele/Wiegand, Grundsteuerreform 2022/2025, Stand: Januar 2020 (1. Aufl.), NWB CAAAH-44415; *Eisele*, Reform der Grundsteuer – Gesetzentwurf liegt vor! Teil II: Bewertung des land- und forstwirtschaftlichen Vermögens für Zwecke der Grundsteuer A/Änderungen des Grundsteuergesetzes, NWB 29/2019 S. 2127, NWB AAAAH-22096.

VERWALTUNGSANWEISUNGEN:

Koordinierte Erlasse der obersten Finanzbehörden der Länder v. 9.11.2021 – Anwendung des Siebenten Abschnitts des Zweiten Teils des Bewertungsgesetzes zur Bewertung des Grundbesitzes (land- und forstwirtschaftliches Vermögen) für die Grundsteuer ab 1.1.2022 (AEBewGrSt), BStBl I 2021 S. 2369.

A. Allgemeine Erläuterungen zu § 238 BewG

I. Normzweck und wirtschaftliche Bedeutung der Vorschrift

1 Die Vorschrift regelt die **Ermittlung von Zuschlägen**, die jeweils am Reinertrag einer Nutzung eines Nutzungsteils oder einer Nutzungsart anzubringen sind. Nach der bisherigen Rechtslage der Einheitsbewertung waren Zuschläge nach § 41 BewG am Vergleichswert zu machen, so-

weit die tatsächlichen Verhältnisse bei einer Nutzung oder einem Nutzungsteil von den bei der Bewertung unterstellten regelmäßigen Verhältnissen der Gegend (§ 38 Abs. 2 Nr. 2 BewG) um mehr als 20 % abwichen und wenn bestimmte Wertgrenzen überschritten wurden. Aufgrund der Notwendigkeit einer weitgehend **vollautomatisierten Bewertung der land- und forstwirtschaftlichen Flächen** wird auf eine vergleichende Bewertung und deren umfangreiche Ermittlungen verzichtet. Insoweit sind die bisherigen Ermittlungsgrundsätze für eine Zuschlagsberechnung diesen Erfordernissen anzupassen und ggf. neu zu gestalten.

(Einstweilen frei) 2–4

II. Entstehung und Entwicklung der Vorschrift

Mit dem **GrStRefG** v. 26.11.2019[1] wurde § 238 BewG in das Gesetz eingefügt. Die Vorschrift führt die maßgeblichen Inhalte der Regelungen des § 41 Abs. 1–3 BewG nicht fort. Ansatzweise vergleichbar ist, dass beide Normen in bestimmten Fällen sog. Normalverhältnisse unterstellen und immer dann die **Ermittlung von Zuschlägen** anordnet, wenn über die Bewertung des Grund und Bodens keine hinreichende Erfassung der **Ertragsfähigkeit** einer Nutzung oder Nutzungsteils sichergestellt ist. Erstmals ist § 238 BewG für den **Hauptfeststellungszeitpunkt 1.1.2022** anzuwenden (vgl. § 266 BewG). 5

(Einstweilen frei) 6–7

III. Geltungsbereich

Die Norm gilt gem. § 231 BewG nur für die Bewertung des **inländischen** zu bewertenden Vermögens. Dabei sind auch die inländischen Teile einer wirtschaftlichen Einheit zu bewerten, die sich sowohl auf das Inland als auch auf das Ausland erstrecken. 8

(Einstweilen frei) 9–10

IV. Verhältnis zu anderen Vorschriften

Für die Anwendung der Vorschrift ist zunächst gesondert festzustellen, ob bei bestimmten **Nutzungen, Nutzungsteilen oder auch Nutzungsarten** Voraussetzungen vorliegen, die einen **Zuschlag** an der jeweiligen Nutzung oder Nutzungsteil rechtfertigen. Derartige Voraussetzungen können ausschließlich bei der **landwirtschaftlichen Nutzung** (§ 234 Abs. 1 Nr. 1 Buchst. a BewG i.V. mit der Anlage 27 zum BewG, bei der **gärtnerischen Nutzung** i. S. des § 234 Abs. 1 Nr. 1 Buchst. d BewG im Zusammenhang mit der Anlage 30 zum BewG und bei der **Nutzungsart Hofstelle** (§ 234 Abs. 1 Nr. 2 Buchst. d) und der Anlage 32 zum BewG vorliegen. Ferner ordnet § 238 Abs. 2 BewG an, den Reinertrag einer Nutzung oder Nutzungsart um einen **Zuschlag** zu erhöhen, wenn die Eigentumsflächen des Betriebs zugleich der **Stromerzeugung aus Windenergie** dienen. 11

(Einstweilen frei) 12–13

1 GrStRefG v. 26.11.2019, BGBl 2019 I S. 1794.

B. Systematische Kommentierung

I. Eingangsvoraussetzungen für einen Zuschlag zum Reinertrag (§ 238 Abs. 1 BewG)

1. Landwirtschaftliche Nutzung – Verstärkte Tierhaltung (§ 238 Abs. 1 Nr. 1 BewG)

14 Zur **Abgeltung ertragswerterhöhender Umstände** werden bei Betrieben der Land- und Forstwirtschaft mit verstärkter Tierhaltung **Viehzuschläge** auf der Grundlage der **selbst bewirtschafteten Flächen** der landwirtschaftlichen Nutzung erfasst. Mit den Viehzuschlägen werden der **erhöhte Tierbestand und** die dazu notwendigen **Wirtschaftsgebäude abgegolten.**[1]

15 Eine verstärkte Tierhaltung liegt nach § 238 Abs. 1 Nr. 1 BewG immer dann vor, wenn der **tatsächliche Tierbestand** am maßgeblichen Bewertungsstichtag (§ 235 BewG) die **Grenze von zwei Vieheinheiten [VE] je Hektar selbstbewirtschafteter Fläche** der landwirtschaftlichen Nutzung nachhaltig überschreitet. Die **Höhe des Zuschlags** ist insoweit von zwei Kenngrößen, nämlich dem gehaltenen, in Vieheinheiten umgerechneten **Tierbestand** und der **selbstbewirtschafteten Fläche** abhängig.[2]

Anlage 27 (zu § 237 Abs. 2 BewG)[3]

Bewertungsfaktoren	Bezugseinheit	in €
Verstärkte Tierhaltung	je Vieheinheit über einem Besatz von 2,0 Vieheinheiten je Hektar selbst bewirtschafteter Fläche der landwirtschaftlichen Nutzung	79,00

16 Die Erklärung der **gehaltenen bzw. erzeugten Tiere** zum Bewertungsstichtag unter Anwendung der Anlage 34 erscheint unproblematisch, da diese Angaben in den letzten Jahrzehnten gängige Praxis sind und die Anlage **„Umrechnungsschlüssel für Tierbestände in Vieheinheiten"** seitdem nur geringe Veränderungen erfahren hat (Anlage 34 zum BewG ist die unveränderte Fassung der Anlage 19 zu § 169 BewG).[4] Die **selbstbewirtschaftete Fläche** der landwirtschaftlichen Nutzung ist die **Summe** aus **Eigentumsfläche** der landwirtschaftlichen Nutzung **plus zugepachteter Flächen** der landwirtschaftlichen Nutzung **minus verpachteter Flächen** der landwirtschaftlichen Nutzung.

16/1 PRAXISHINWEIS:

Die Prüfung abgegebener Anlagen Tierbestand (GW-3A) zeigt, dass die Angabe der zu erklärenden Tierbestände „problematischer" war als zunächst angenommen. Die wesentlichen Unsicherheiten bestanden darin, sowohl bei den gehaltenen als auch bei den erzeugten Tierarten die zutreffenden Zahlen zu ermitteln. Die Anlage Tierbestand ist inhaltsgleich mit der bei der Einheitsbewertung benutzten „Erklärung über die Tierhaltung". Der einzige Unterschied besteht darin, dass in der Anlage Tierbestand (GW-3A) die Tiere nicht mehr für den Zeitraum von drei Wirtschaftsjahren eingegeben werden können. Vielmehr ist jetzt der **Durchschnitt an Tieren in den drei aufeinander folgenden Wirtschaftsjahren** vorab zu ermitteln und das Ergebnis an der entsprechenden Stelle in den GW-3A einzutragen. Der einzige Hinweis zu dieser Vorgehensweise findet sich in der Ausfüllanleitung zur Anlage Tierbestand.

16/2 Mit dem Ansatz der **selbstbewirtschafteten Fläche** der landwirtschaftlichen Nutzung wird bei der Berechnung des **Zuschlags wegen verstärkter Tierhaltung** der **Grundsatz der Eigentümerbesteuerung durchbrochen**, um die verstärkte Tierhaltung beim Tierhalter zu erfassen. Diese

1 BT-Drucks. 19/11085 S. 105.
2 Vgl. Müller in Grootens, BewG § 234 Rz. 21.
3 Vgl. Anlage 27 i. d. F. der VO v. 29.6.2021 (BGBl I S. 2290) mit Wirkung v. 9.7.2021.
4 BGBl 2011 I S. 2592.

Vorgehensweise ist m. E. realitätsgerecht, weil die gehaltenen bzw. erzeugten Tiere bei der Prüfung einer verstärkten Tierhaltung und bei der Abgrenzung Landwirtschaft/Gewerbe immer im Zusammenhang mit der **Futtererzeugungsmöglichkeit** – und das ist nun einmal die insgesamt von dem Betrieb bewirtschaftete Fläche – gesehen werden muss.

Maßgebend für die Berechnung des Zuschlags wegen übernormaler Tierhaltung sind die nach § 241 Abs. 1 bis 5 BewG ermittelten Tierbestände der landwirtschaftlichen Nutzung. Damit scheiden **Tierbestände der sonstigen land- und forstwirtschaftlichen Nutzung** (z. B. die Tiere einer Wanderschäferei) als auch **gewerbliche Tierbestände** von der **Anwendung eines Viehzuschlags** aus (a. A. Bruschke in Stenger/Loose, BewG, § 238 Rz. 13 unter Missdeutung des § 232 Abs. 4 Nr. 1 und 2 BewG für die Ställe und den dazugehörenden Grund und Boden). Zusätzlich ist das Tatbestandsmerkmal der Nachhaltigkeit zu berücksichtigen; d. h. die Verhältnisse unterliegen den Grundsätzen des Strukturwandels in Anlehnung an den gleichlautenden Ländererlass v. 15.12.2011.[1] Als nachhaltig wird ein Zeitraum von drei aufeinander folgenden Wirtschaftsjahren angesehen.[2] 16/3

Ferner ist noch folgende Besonderheit zu beachten.: Soweit in einem Betrieb der Land- und Forstwirtschaft mit landwirtschaftlicher Tierhaltung i. S. des § 241 BewG **keine Eigentumsflächen der landwirtschaftlichen Nutzung** vorliegen, ergibt sich nach § 237 Abs. 2 BewG ein Reinertrag von 0 Euro, an dem der Zuschlag für verstärkte Tierhaltung vorzunehmen ist. Mit dem Zuschlag werden alle mit der verstärkten Tierhaltung in Zusammenhang stehenden Wirtschaftsgebäude, Betriebsmittel und immateriellen Wirtschaftsgüter abgegolten.[3] 16/4

BEISPIEL: Landwirt L hat seinen land- und forstwirtschaftlichen Betrieb (Alleineigentum) im Ganzen zum 1.7. vor drei Jahren an seine Tochter T verpachtet. Der Betrieb hat folgende Ausstattung: 79 ha landwirtschaftliche Nutzfläche, 1,00 ha Hofstelle, Schweinemaststall mit 1.200 Mastplätzen. T bewirtschaftet die Flächen ihres Vaters und hat darüber hinaus noch weitere 21 ha von fremden Dritten gepachtet. Mit der Schweinemast beginnt sie am 1.7. direkt nach Pachtbeginn und erzeugt je Wirtschaftsjahr durchschnittlich 3.300 Mastschweine aus zugekauften schweren Ferkeln. 16/5

PRAXISHINWEIS: 16/6

Die im Alleineigentum des L stehende landwirtschaftliche Nutzung mit 79 ha und der Hofstelle zur Größe von 1 ha werden unter dem Aktenzeichen der bereits vorhanden wirtschaftlichen Einheit des L bewertet. Für die Tochter T ist eine neue wirtschaftliche Einheit unter einem gesonderten Aktenzeichen „anzulegen". Neben der Anlage Tierhaltung (GW-3A) ist zusätzlich eine Erklärung zur Feststellung des Grundsteuerwertes (GW-1) und eine Anlage Land- und Forstwirtschaft (GW-3) auszufüllen. In der Anlage GW-3A sind unter „Landwirtschaftlicher Nutzung" ausschließlich 100 ha unter Zeile 5, Kz. 13 „zugepachtete Flächen" einzutragen. Da im Durchschnitt der drei Wirtschaftsjahre 3.300 Mastschweine erzeugt wurden, erfolgt hier die Eintragung unter Zeile 46, Kz. 78. Zusätzlich sind die zugekauften schweren Ferkel unter Zeile 50, Kz. 83 zu erklären.

Die bisherige Rechtslage zur Einheitsbewertung berücksichtigt hier bei der Ermittlung der maßgeblichen Flächen für die Tierhaltung neben der landwirtschaftlichen Nutzung auch die **Hopfen- und Spargelanbauflächen**. Dies ist rechtsfolgerichtig, da § 52 BewG bestimmt, dass Hopfen, Spargel und andere Sonderkulturen als landwirtschaftliche Nutzungsteile (§ 37 Abs. 1 BewG) zu bewerten sind. Diese Vorgehensweise wird ebenso in Abschnitt 2.20 Abs. 2 Nr. 1a BewR L normiert, da der gegendübliche Tierbestand in VE je 100 ha des Bewertungsstützpunk- 17

1 Vgl. Gleich lautender Ländererlass v. 15.12.2011, BStBl I 2011 S. 1213
2 Gl. A. Rössler/Troll/Wiegand, BewG, § 238 Rz.4.
3 Vgl. A 238 Abs. 1 Satz 4 und 5 AEBewGrSt.

tes auf die maßgebliche Fläche – das ist die regelmäßig landwirtschaftlich genutzte Fläche (§ 51 Abs. 1 BewG) aller Eigentums- und Zupachtflächen – umzurechnen ist. Die **maßgebliche Fläche** umfasst hiernach die Fläche der landwirtschaftlichen Nutzung **einschließlich der Fläche der Sonderkulturen**, jedoch ohne die Hof- und Gebäudeflächen usw. Daneben werden auch Flächenanteile von Streuwiesen, Hutungen und Obstbauflächen mit regelmäßiger landwirtschaftlicher Unternutzung angerechnet.[1]

18 Weder § 238 Abs. 1 Nr. 1 BewG i. V. mit Anlage 27 zum BewG noch die Gesetzesbegründung geben eine eindeutige Antwort darauf, **welche Nutzungen als maßgebliche Fläche zu berücksichtigen sind**. Beide Normen stellen auf die Fläche der landwirtschaftlichen Nutzung ab. Hier ist durch die Verwaltungsanweisung in A 238 Abs. 1 Satz 3 AEBewGrSt mit Verweis auf A 241 Abs. 3 AEBewGrSt eine klarstellende Regelung getroffen, dass nunmehr auch **Hopfen- und Spargelanbauflächen** bei der Ermittlung der maßgeblichen Fläche zur Feststellung einer verstärkten Tierhaltung zu berücksichtigen sind. Insoweit ist die bisherige Rechtsanwendung bestätigt worden. Dies dürfte für einen Teil der Betriebe im Hinblick auf eine verstärkte Tierhaltung eine eindeutige Entlastung bedeuten.

19–21 *(Einstweilen frei)*

2. Gärtnerische Nutzung – Flächen unter Glas und Kunststoffen (§ 238 Abs. 1 Nr. 2 BewG)

22 Bei den gärtnerischen Nutzungsteilen werden zur Abgeltung ertragswerterhöhender Umstände Zuschläge gem. Anlage 30 zum BewG für die Ertragssteigerung bei **Flächen unter Glas und Kunststoffen** erfasst. Voraussetzung hierfür ist, dass die Flächen nach § 238 Abs. Nr. 2 Satz 1 BewG dem Betrieb dauernd zu dienen bestimmt sind. Zu den Flächen unter Glas und Kunststoffen gehören gem. § 238 Abs. 1 Nr. 2 Satz 2 BewG insbesondere mit **Gewächshäusern, begehbaren Folientunneln, Foliengewächshäusern** und **anderen Kulturräumen** überbaute **Bruttogrundflächen**. Dabei ist unerheblich, ob die Flächen unter Glas und Kunststoffen neben der **Erzeugung** auch zur **Lagerung** und dem **Verbleib** der **Erzeugnisse** zu dienen bestimmt sind.[2]

23 Damit führt der Gesetzgeber im Hinblick auf die **Glasanlagen** die bekannten und bewährten Bewertungsansätze der Einheitsbewertung i. S. des Abschnitts 6.14 Abs. 1 BewR L und im Übrigen die zur Grundbesitzbewertung aufgestellten Grundsätze nach R B 160.6 Abs. 2 ErbStR 2019 dem Grunde nach fort. Zur Beibehaltung des Vereinfachungseffekts, der sich aus der **Automationsunterstützung** ergibt, wird dabei nicht mehr zwischen Gebäuden (z. B. **Glasanlagen**) und Betriebsvorrichtungen (z. B. **Folientunnel**) sowie zwischen **beheizbaren** und **nicht beheizbaren Flächen** unterschieden. **Niederglasanlagen** werden ebenfalls nicht mehr gesondert berücksichtigt und dürften dem Freiland zugerechnet werden. Als Niederglas gelten sog. Frühbeete, die mit entsprechenden Frühbettfenstern abgedeckt werden können.

24 Im Gegensatz zur bisherigen Rechtslage der Einheitsbewertung wird nunmehr die **gesonderte Betrachtung der Ertragswertsteigerung** beim Vorhandensein von **heizbaren und nicht heizbaren** Glasanlagen **aufgegeben.**[3] Heizbaren Glasanlagen wird in der Praxis im Unterschied zu den Nichtheizbaren eine signifikant **höhere Steigerung der Ertragsfähigkeit** zugerechnet. **Flächen unter Kunststoffen**, d. h. begehbare Folientunnel und Foliengewächshäuser, werden zutreffender Weise

1 Vgl. R 13.2 EStR 2012.
2 Vgl. § 238 Abs. 1 Nr. 2 Satz 3 BewG sowie A 238 Abs. 2 AEBewGrSt.
3 Vgl. A 238 Abs. 2 Satz 3 AEBewGrSt.

nicht mehr – wie bisher – dem Freiland zugeordnet, sondern zur Abgeltung ertragswerterhöhender Umstände mit einem **Zuschlag** an dem jeweiligen Nutzungsteil, dem sie dienen, erfasst.

Auszug aus Anlage 30 (zu § 237 Abs. 5 BewG)[1]

Nutzungsteil Gemüsebau		
Zuschläge für	Flächeneinheit	in €
Flächen unter Glas und Kunststoffen	pro Ar	45,00
Nutzungsteil Blumen-/Zierpflanzenbau		
Zuschläge für	Flächeneinheit	in €
Flächen unter Glas und Kunststoffen	pro Ar	65,15
Nutzungsteil Obstbau		
Zuschläge für	Flächeneinheit	in €
Flächen unter Glas und Kunststoffen	pro Ar	45,00
Nutzungsteil Baumschulen		
Zuschläge für	Flächeneinheit	in €
Flächen unter Glas und Kunststoffen	pro Ar	65,15

(Einstweilen frei) 25–27

3. Weinbauliche Nutzung und Nebenbetriebe – Flächen der Wirtschaftsgebäude (§ 238 Abs. 1 Nr. 3 BewG)

Die weinbaulich Nutzung wird grundsätzlich über die Fläche mit einem standardisierten Reinertrag bewertet und hierbei ausschließlich die **Verwertungsform Traubenerzeugung** unterstellt. Zur Abgeltung der Verwertungsformen **„ausbauender Betrieb mit Fassweinerzeugung"** und **„ausbauender Betrieb mit Flaschenweinerzeugung"** sind die hiermit im Zusammenhang stehenden **Wirtschaftsgebäude** nach § 238 Abs. 1 Nr. 3 Satz 1 BewG als **Zuschlag** an der Hofstelle gem. Anlage 32 zum BewG zu erfassen. § 238 Abs. 1 Nr. 3 Satz 2 BewG bestimmt, das der Zuschlag durch Multiplikation der **Bruttogrundfläche** der nachhaltig genutzten **Wirtschaftsgebäude** mit dem **Zwölffachen** des jeweiligen **Bewertungsfaktors** zu ermitteln ist. Dabei ist es unerheblich, ob die Wirtschaftsgebäude neben der **Erzeugung** auch zur **Lagerung** und dem **Vertrieb** der **Erzeugnisse** zu dienen bestimmt sind (§ 238 Abs. 1 Nr. 3 Satz 3 BewG).[2] 28

Die bekannten **Nebenbetriebe**[3] können grundsätzlich nicht auf der Basis eines **Flächenwertes** bewertet werden. Gleichwohl sind für die Bewirtschaftung eines Nebenbetriebs i. d. R. **Gebäude oder bauliche Anlagen** und **Teile der Hofstelle** des jeweiligen Betriebs der Land- und Forstwirtschaft erforderlich. Die Bewertung der einem Nebenbetrieb dienenden **Wirtschaftsgebäude** erfolgt über einen **Zuschlag** an der Hofstelle auf Basis der **Bruttogrundfläche** und dem **Zwölffachen** des jeweiligen in Anlage 32 zum BewG genannten Bewertungsfaktors.[4] Während die bisherige Bewertung auf der Grundlage des jeweiligen **Produktionsumfangs** (z. B. Höhe des Brennrechts in Hektoliter) die Ertragswertsteigerung im Rahmen komplizierter **Einzelertragswertverfahren** erfasste, wird jetzt **pauschal und stark vereinfacht** auf einen **Zuschlag**, der auch 29

1 Vgl. Anlage 30 i. d. F. der VO v. 29.6.2021 (BGBl I S. 2290) mit Wirkung v. 9.7.2021.
2 Vgl. A 238 Abs. 2 Satz 1 und 2 AEBewGrSt.
3 Vgl. Müller in Grootens, BewG § 234 Rz. 51.
4 Vgl. A 238 Abs. 2 Satz 3 AEBewGrSt.

noch **für die unterschiedlichen Produktionsrichtungen in gleicher Höhe bestimmt wird**, abgestellt.

Auszug aus Anlage 32 (zu § 237 Abs. 8 BewG)[1]

Zuschläge für	Flächeneinheit	in €
Wirtschaftsgebäude der weinbaulichen Nutzung bei Fass- und Flaschenweinerzeugung	pro Quadratmeter Bruttogrundfläche und Monat	1,23
Wirtschaftsgebäude der Nebenbetriebe	pro Quadratmeter Bruttogrundfläche und Monat	1,23

30–32 *(Einstweilen frei)*

II. Flächen der Windenergieerzeugung (§ 238 Abs. 2 BewG)

33 Für land- und forstwirtschaftliche Flächen, die als **Sondergebiet** der **Windenergieerzeugung** dienen, regelt § 233 Abs. 1 BewG die **Zuordnung zur Land- und Forstwirtschaft**. Folgerichtig sind diese werterhöhenden Umstände, die auch den Ertragswert einer Fläche steigern, bei der Bewertung der Standortfläche zu berücksichtigen.[2] Deshalb ordnet § 238 Abs. 2 Satz 1 BewG an, dass der Reinertrag einer Nutzung oder Nutzungsart um einen **Zuschlag** zu erhöhen ist, wenn die Eigentumsflächen des Betriebs zugleich der **Stromerzeugung aus Windenergie** dienen. Für das zusätzliche **Ertragswertpotential** des Grund und Bodens ist ein Zuschlag gem. Anlage 33 zu erfassen.[3]

34 Die bisherige Bewertung im Rahmen der Einheitsbewertung sieht zunächst eine Abgrenzung des land- und forstwirtschaftlichen Vermögens vom Grundvermögen vor, da die Standorte der Windenergieanlagen bislang grundsätzlich dem Grundvermögen zugeordnet werden. Eine solche **Abgrenzung** ist für die **Bemessung des Zuschlags** auch zukünftig erforderlich. Zu den sich hieraus ergebenden Problemen.[4]

§ 239 BewG Grundsteuerwert des Betriebs der Land- und Forstwirtschaft

(1) Die Summe der Reinerträge des Betriebs einschließlich der Zuschläge (§§ 237, 238) ist zur Ermittlung des Ertragswerts mit dem Faktor 18,6 zu kapitalisieren und ergibt den Grundsteuerwert des Betriebs der Land- und Forstwirtschaft.

(2) [1]Die Summe der Reinerträge einschließlich der Zuschläge (§§ 237, 238) eines Betriebs der Land- und Forstwirtschaft ist für jede Gemeinde gesondert zu ermitteln, wenn sich die wirtschaftliche Einheit über mehrere Gemeinden erstreckt. [2]Der auf eine Gemeinde entfallende Anteil am Grundsteuerwert berechnet sich aus der jeweils für eine Gemeinde gesondert ermittelten Summe der Reinerträge im Verhältnis zur Gesamtsumme der Reinerträge des Betriebs der Land- und Forstwirtschaft.

1 Vgl. Anlage 32 i. d. F. der VO v. 29.6.2021 (BGBl I S. 2290) mit Wirkung v. 9.7.2021.
2 BT-Drucks. 19/11085 S. 106.
3 Vgl. A 238 Abs. 4 AEBewGrSt.
4 Vgl. Müller in Grootens, BewG § 233 Rz. 7.

Inhaltsübersicht Rz.

LITERATUR:

Eisele/Wiegand, Grundsteuerreform 2022/2025, Stand: Januar 2020 (1. Aufl.), NWB CAAAH-44415; *Eisele*, Reform der Grundsteuer – Gesetzentwurf liegt vor! Teil II: Bewertung des land- und forstwirtschaftlichen Vermögens für Zwecke der Grundsteuer A/Änderungen des Grundsteuergesetzes, NWB 29/2019 S. 2127, NWB AAAAH-22096.

VERWALTUNGSANWEISUNGEN:

Koordinierte Erlasse der obersten Finanzbehörden der Länder v. 9.11.2021 – Anwendung des Siebenten Abschnitts des Zweiten Teils des Bewertungsgesetzes zur Bewertung des Grundbesitzes (land- und forstwirtschaftliches Vermögen) für die Grundsteuer ab 1.1.2022 (AEBewGrSt), BStBl I 2021 S. 2369.

A. Allgemeine Erläuterungen zu § 239 BewG

I. Normzweck und wirtschaftliche Bedeutung der Vorschrift

Die Vorschrift fasst die zur Vereinfachung der Bewertung eines Betriebs der Land- und Forstwirtschaft jeweils gesondert ermittelten Reinerträge als **Reinertragsanteile** zu einem Gesamtwert für den Betrieb der Land- und Forstwirtschaft (Summe der Reinerträge) zusammen. Anschließend sind diese zu **kapitalisieren**. 1

(Einstweilen frei) 2–4

II. Entstehung und Entwicklung der Vorschrift

Mit dem GrStRefG v. 26.11.2019[1] wurde § 239 BewG neu in das Gesetz eingefügt. Hiernach ermittelt sich der Grundsteuerwert in einem mehrstufigen Verfahren. Nach der Ermittlung der Reinerträge für die jeweilige Nutzung, den Nutzungsteil oder die Nutzungsart, werden diese summiert und abschließend mit dem in § 236 Abs. 4 BewG festgelegten Faktor von 18,6 kapitalisiert. Die Vorschrift ist weder mit § 40 „Ermittlung des Vergleichswertes" bzw. § 165 BewG „Bewertung des Wirtschaftsteils mit dem Fortführungswert" vergleichbar, noch führt sie diese fort. Erstmals ist § 239 BewG für den Hauptfeststellungszeitpunkt 1.1.2022 anzuwenden (vgl. § 266 BewG). 5

(Einstweilen frei) 6–8

1 GrStRefG v. 26.11.2019, BGBl 2019 I S. 1794.

III. Geltungsbereich

9 Die Norm gilt gem. § 231 BewG nur für die Bewertung des **inländischen** zu bewertenden Vermögens. Dabei sind auch die inländischen Teile einer wirtschaftlichen Einheit zu bewerten, die sich sowohl auf das Inland als auch auf das Ausland erstrecken.

10–12 *(Einstweilen frei)*

IV. Verhältnis zu anderen Vorschriften

13 Die Anwendung der Vorschrift setzt voraus, dass zunächst unter Berücksichtigung von § 236 BewG der **Ertragswert** des Betriebs der Land- und Forstwirtschaft als Reinertrag ermittelt wird. Die Summe der **Eigentumsflächen** der jeweiligen Nutzungen, Nutzungsteile und Nutzungsarten des Betriebs multipliziert mit den entsprechenden Bewertungsfaktoren ergibt nach § 237 Abs. 2–8 BewG den Reinertrag der Nutzungen, Nutzungsteile und Nutzungsarten. Die **Summe der Reinerträge** einschließlich der nach § 238 Abs. 1 und 2 BewG zu ermittelnden **Zuschläge** ergeben nach der **Kapitalisierung** mit dem Faktor 18,6 den jeweiligen Ertragswert bzw. **Grundsteuerwert** des Betriebs der Land- und Forstwirtschaft.

14–16 *(Einstweilen frei)*

B. Systematische Kommentierung

I. Grundsätze der Ermittlung des Grundsteuerwerts

17 Der Wert des Betriebs der Land- und Forstwirtschaft – an dem bisherigen Begriff des **Wirtschaftsteils** wird nicht weiter festgehalten – wird als **Grundsteuerwert** im **Ertragswertverfahren** ermittelt. Hierzu werden die in § 234 Abs. 1 und 2 BewG genannten Nutzungen, Nutzungsteile sowie Nutzungsarten im Rahmen eines **Reinertragsverfahrens** mit ihrem jeweiligen Wert nach § 237 Abs. 2–8 BewG gesondert bewertet.

18–19 *(Einstweilen frei)*

II. Ermittlung des Grundsteuerwerts des Betriebs (§ 239 Abs. 1 BewG)

20 Die **Summe der Reinerträge des Betriebs** einschließlich der **Zuschläge** (§§ 237, 238 BewG) ist zur Ermittlung des Ertragswerts mit dem nach § 236 Abs. 4 BewG festgelegten **Faktor von 18,6 zu kapitalisieren** und ergibt nach Anwendung von § 230 BewG den auf volle 100 € nach unten abgerundeten Grundsteuerwert für den Betrieb der Land- und Forstwirtschaft. Dies gilt auch für Personengesellschaften- und Gemeinschaften. Hier fällt auf, dass der Gesetzgeber die Ermittlung des Ertragswerts bereits in § 236 Abs. 4 BewG als die mit dem Faktor 18,6 kapitalisierte Summe der Reinerträge einschließlich der in § 238 BewG typisierten Zuschläge niedergelegt hat.[1]

21–23 *(Einstweilen frei)*

III. Zerlegung des Grundsteuerwerts (§ 239 Abs. 2 BewG)

24 Bei Betrieben der Land- und Forstwirtschaft, die sich über **mehrere Gemeinden** erstrecken, ist gem. § 239 Abs. 2 Satz 1 BewG die Summe der Reinerträge einschließlich der Zuschläge

1 Vgl. A 239 Abs. 1 AEBewGrSt.

(§§ 237, 238 BewG) für jede Gemeinde gesonderte zu ermitteln. Die gesonderte Ermittlung der Reinerträge bildet die Grundlage für ein **vereinfachtes Zerlegungsverfahren**. Zur Bestimmung des **Zerlegungsmaßstabs** wird aufgrund der standardisierten Flächenbewertung jeweils der **in einer Gemeinde erzielte Reinertrag** in Abhängigkeit von den Nutzungen berechnet. Soweit Reinerträge ausschließlich auf der Grundlage von Eigentumsflächen einschließlich der damit im Zusammenhang stehenden Zuschläge (z. B. für Flächen unter Glas und Kunststoffen) ermittelt werden, kann der anteilige Grundsteuerwert der jeweiligen Gemeinde unmittelbar im Zerlegungsverfahren zielgenau und folgerichtig zugewiesen werden.[1]

Der auf eine Gemeinde entfallende **Anteil am Grundsteuerwert** berechnet sich nach § 239 Abs. 2 Satz 2 BewG aus der jeweils für eine Gemeinde **gesondert ermittelten Summe der Reinerträge** im **Verhältnis** zur **Gesamtsumme der Reinerträge des Betriebs** der Land- und Forstwirtschaft. Mit diesen Regelungen lassen sich die Grundsteuerwerte für eine Vielzahl von Fällen ermitteln. In den Fällen, in denen ein Zuschlag wegen einer **verstärkten Tierhaltung** an der landwirtschaftlichen Nutzung anzubringen ist, ergeben sich allerdings Besonderheiten. 25

Nach der bisherigen Rechtslage werden **Zuschläge** nach § 41 BewG für z. B. verstärkte Tierhaltungen, Überbestände an Wirtschaftsgebäuden oder für Reithallen am Vergleichswert der landwirtschaftlichen Nutzung angebracht. Im Falle einer Zerlegung wird dann der **gesamte Einheitswert** des Betriebs der Land- und Forstwirtschaft im Verhältnis der Flächenanteile (Zerlegungsmaßstab Gemeindefläche in Quadratmeter) auf die zerlegungsberechtigten Gemeinden aufgeteilt. Im Zuge der Ermittlung der Grundsteuerwerte wird diesem Umstand in besonderer Weise Rechnung getragen. 26

BEISPIEL: LANDWIRTSCHAFTLICHER BETRIEB MIT VERSTÄRKTER TIERHALTUNG; ZERLEGUNG DER REINERTRÄGE 27

Landwirt L ist Eigentümer von mehreren Grundstücken, die der landwirtschaftlichen Nutzung zuzuordnen sind. Folgende Grundstücksinformationen sind zu berücksichtigen:

- Gemeinde A, Flur 25, Flurstück 57, Größe: 5.000 Ar, tats. Nutzung A (Ackerland), EMZ 175.000;
- Gemeinde B, Flur 1, Flurstück 60, Größe: 2.500 Ar, tats. Nutzung Gr (Grünland), EMZ 100.000;
- Gemeinde B, Flur 1 Flurstück 61, Größe; 125 Ar, tats. Nutzung Hofstelle.
- Ferner werden Milchkühe mit Nachzucht und Mastbullen, die umgerechnet in Vieheinheiten 250 VE ergeben, gehalten.

Überprüfung, ob ein Zuschlag wegen verstärkter Tierhaltung anzubringen ist:		
tatsächliche Vieheinheiten		250,00
Eigentumsfläche der landwirtschaftlichen Nutzung - Verpachtete Fläche + zugepachtete Fläche = selbstbewirtschaftete Fläche	75,00 ha 0,00 ha 0,00 ha 75,00 ha	
X Faktor gem. Anlage 27 zum BewG	2,00 VE/ha	
= Zulässige Vieheinheiten		150,00
Überbestand an VE		= 100,00

Gemeinde A: Bewertungsfaktoren Flur 25, Flurstück 57		
Grundbetrag	5.000,00 Ar x 2,52 €/Ar	= 12.600,00 €
Ertragsmesszahl [EMZ]	175.000 EMZ x 0,041 €/EMZ	= 7.175,00 €
Flächenwert der landwirtschaftlichen Nutzung		= 19.775,00 €

1 Vgl. A 239 Abs. 2 AEBewGrSt.

Berechnung eines anteiligen Zuschlags für verstärkte Tierhaltung Gemeinde A:		
Überbestand	100 VE	
x Faktor Anlage 27 zum BewG	79 €/VE	
= Zuschlag für den Betrieb der Land- und Forstwirtschaft	79 €/VE x 100 VE = 7.900 €	
X Eigentumsfläche in der Gemeinde A-Dorf	7.900 € x 5.000 Ar = 39.500.000	
/ gesamte landwirtschaftlich genutzte Eigentumsfläche	39.500.000/ 7.500 Ar	
Zuschlagsanteil für Gemeinde A		= 5.266,67 €

Ermittlung der Reinerträge des Betriebs in der Gemeinde A		
Summe der Flächenwerte = Reinertrag der landwirtschaftlichen Nutzung		= 19.775,00 €
Anteil Zuschlag verstärkte Tierhaltung		= 5.266,67 €
Summe der Reinerträge des Betriebs		= 25.041,67 €

Gemeinde B: Bewertungsfaktoren Flur 1, Flurstück 60		
Grundbetrag	2.500,00 Ar x 2,52	= 6.300,00 €
Ertragsmesszahl [EMZ]	100.000 x 0,041	= 4.100,00 €
Flächenwert der landwirtschaftlichen Nutzung		= 10.400,00 €

Berechnung eines anteiligen Zuschlags für verstärkte Tierhaltung Gemeinde B:		
Überbestand	100 VE	
x Faktor Anlage 27	79 €/VE	
= Zuschlag für den Betrieb der Land- und Forstwirtschaft	79 €/VE x 100 VE = 7.900 €	
X Eigentumsfläche in der Gemeinde B	7.900 € x 2.500 Ar = 19.750.000	
/ gesamte landwirtschaftlich genutzte Eigentumsfläche	19.750.000/ 7.500 Ar	
Zuschlagsanteil für Gemeinde B		= 2.633,33 €

Gemeinde B: Bewertungsfaktoren Flur 1, Flurstück 61		
Hofstelle	125 Ar x 6,62 x 3	= 2.482,50 €
Flächenwert der Nutzungsart Hofstelle		= 2.482,50 €

Ermittlung der Reinerträge des Betriebs für die Gemeinde B-Dorf		
Summe der Flächenwerte = Reinertrag der landwirtschaftlichen Nutzung		= 10.400,00 €
Summe der Flächenwerte = Reinertrag der Nutzungsart Hofstelle		= 2.482,50 €
Anteil Zuschläge verstärkte Tierhaltung		= 2.633,33 €
Summe der Reinerträge des Betriebs		= 15.515,83 €

Die Wirtschaftsgebäude für die Milchkühe, deren Nachzucht und die Mastbullen sind grundsätzlich der landwirtschaftlichen Nutzung zuzurechnen. Die Grenze Landwirtschaft/Gewerbe gem. § 241 Abs. 1 BewG ist nicht überschritten, da hiernach auf 75 ha landwirtschaftliche Nutzfläche insgesamt 465,00 VE unschädlich gehalten werden können.[1] Ein Zuschlag wegen verstärkter Tierhaltung ist wie dargestellt zu berechnen, weil der tatsächliche Tierbestand (250 VE) die in Anlage 27 zum BewG genannte Grenze von 2 VE/ha (d. h., insgesamt 150 VE) mit 100 VE überschreitet. Zu beachten ist, dass alle vorhanden Wirtschaftsgebäude, die der Tierhaltung dienen, mit dem Reinertrag der Nutzungsart Hofstelle in Art und Umfang abgegolten sind. 28

PRAXISHINWEIS: IM ERGEBNIS KANN FOLGENDE VORGEHENSWEISE EMPFOHLEN WERDEN: 29

- ► In einem 1. Schritt wird überprüft, ob und ggf. in welcher Höhe (in VE) eine verstärkte Tierhaltung vorliegt.
- ► Im 2. Schritt wird der Reinertrag der landwirtschaftlichen Nutzung für die jeweilige Gemeinde ermittelt. Im vorliegenden Beispiel liegen die Flächen in zwei Gemeinden, die jede für sich grundsteuerhebeberechtigt ist. Unter Beachtung der in § 239 Abs. 2 Satz 2 BewG festgelegten Grundätze, ist der Zuschlag wegen verstärkter Tierhaltung, im Verhältnis der Eigentumsfläche je Gemeinde zur Gesamteigentumsfläche der landwirtschaftlichen Nutzung, auf die jeweiligen Gemeinden aufzuteilen.
- ► Die Aufteilung erfolgt ausschließlich im Verhältnis der bewirtschafteten Eigentumsflächen der landwirtschaftlichen Nutzung des Betriebs; die **Lage und die Nutzungsart Hofstelle** bestimmt insoweit **nicht den Aufteilungsmaßstab**.

Die durch § 239 Abs. 2 BewG angeordnete Art der „Zerlegung“ führt m. E. auch bei **Betrieben** der Land- und Forstwirtschaft, deren **Eigentumsflächen –insbesondere die Hofstellen – in mehr als einer Gemeinde** liegen und die zusätzlich eine **verstärkte Tierhaltung** haben, zu einem zutreffenden Ergebnis. 30

Auch in den Fällen, in denen neben der **Eigentumsfläche** noch **gepachtete Flächen** der landwirtschaftlichen Nutzung bewirtschaftet werden, kann die darstellte Aufteilung des Tierzuschlags unverändert angewendet werden. Diese Flächen finden bereits bei der Berechnung eines Überbestands (1. Schritt) folgerichtig eine entsprechende Berücksichtigung, so dass sie für die eigentliche **Aufteilung der Reinerträge** – auf der Grundlage der vorhandenen Eigentumsflächen – **keine weitere Bedeutung** mehr haben können. Dieses gilt auch losgelöst davon, in welcher Gemeinde sie tatsächlich liegen. Wiegand[2] hält es mit Blick auf die mit einer verstärkten Tierhaltung verbundenen Emissionen für zielführend(er), wenn die Tierzuschläge tatsächlich der **Gemeinde** zugewiesen werden könnten, in der die **Hofstelle und regelmäßig auch die Stallungen** belegen sind. Dies führt m. E. aber in den Fallgestaltungen zu „Problemen“, in denen die Tierhaltung nicht ausschließlich auf einer Hofstelle, sondern auch in Ställen (des gleichen Eigentümers) im Außenbereich einer zusätzlichen Gemeinde auf einer weiteren Hofstelle stattfindet. 31

Nach bisherigem Recht konnte erst dann ein Zuschlag am Vergleichswert gemacht werden, wenn die hierzu erforderlichen Voraussetzungen gem. § 41 Abs. 1 Nr. 1 und 2 BewG erfüllt waren. Zum einen 32

1 Vgl. Müller in Grootens, BewG § 241 Rz. 14.
2 Vgl. Rössler/Troll/Wiegand, BewG, § 239 Rz. 4.

mussten die tatsächlichen Verhältnisse um mehr als 20 % von den **gegendüblichen Verhältnissen** abweichen und zum anderen musste der berechnete Zuschlag eine bestimmte Wertgrenze überschreiten, bevor er am Vergleichswert angebracht wurde. Der **Vergleich** der **tatsächlichen** mit den **gegendüblichen Verhältnissen** ist wegen der „Abschaffung" des vergleichenden Verfahrens gegenstandslos geworden. Im Gegensatz dazu finden sich im Gesetz keine Hinweise auf Wertgrenzen, die zu berücksichtigen sind. In der Folge führt bei der erstmaligen Feststellung der Grundsteuerwerte für einen Betrieb der Land- und Forstwirtschaft (Hauptfeststellung) schon ein **geringfügiges Überschreiten** der höchstzulässigen Grenze von 2 VE/Hektar zur Berechnung eines **Zuschlags** wegen einer **verstärkten Tierhaltung**. Nach der Hauptfeststellung auf den 1.1.2022 gelten die Regelungen gem. § 222 Abs. 1 BewG. Danach werden Grundsteuerwerte neu festgestellt (Wertfortschreibung), wenn der in Euro ermittelte und auf volle 100 Euro abgerundete Wert, der sich für den Beginn eines Kalenderjahres ergibt, von dem entsprechenden Wert des letzten Feststellungszeitpunkts nach oben oder unten um mehr als 15.000 Euro abweicht, vgl. vertiefend Kurt in Grootens, BewG, § 227 Rz. 71 ff.

§ 240 BewG Kleingartenland und Dauerkleingartenland

(1) Als Betrieb der Land- und Forstwirtschaft gelten auch Kleingartenland und Dauerkleingartenland im Sinne des Bundeskleingartengesetzes.

(2) [1]Bei der Ermittlung des Ertragswerts für Kleingartenland und Dauerkleingartenland ist abweichend von § 237 der Reinertrag für den Nutzungsteil Gemüsebau anzusetzen. [2]Der Reinertrag ergibt sich aus der Summe der Produkte der jeweils gesetzlich klassifizierten Eigentumsfläche und dem Reinertrag für das Freiland gem. Anlage 30.

(3) [1]Gartenlauben von mehr als 30 Quadratmetern Brutto-Grundfläche gelten als Wirtschaftsgebäude. [2]§ 237 Absatz 8 findet entsprechende Anwendung.

(4) Die Summe der Reinerträge nach den Absätzen 2 und 3 ist zur Ermittlung des Ertragswerts mit dem Faktor 18,6 zu kapitalisieren und ergibt den Grundsteuerwert des Betriebs der Land- und Forstwirtschaft.

Inhaltsübersicht **Rz.**

LITERATUR:

Eisele/Wiegand, Grundsteuerreform 2022/2025, Stand: Januar 2020 (1. Aufl.), NWB CAAAH-44415; *Eisele*, Reform der Grundsteuer – Gesetzentwurf liegt vor! Teil II: Bewertung des land- und forstwirtschaftlichen Vermögens für Zwecke der Grundsteuer A/Änderungen des Grundsteuergesetzes, NWB 29/2019 S. 2127, NWB AAAAH-22096.

VERWALTUNGSANWEISUNGEN:

Koordinierte Erlasse der obersten Finanzbehörden der Länder v. 9.11.2021 – Anwendung des Siebenten Abschnitts des Zweiten Teils des Bewertungsgesetzes zur Bewertung des Grundbesitzes (land- und forstwirtschaftliches Vermögen) für die Grundsteuer ab 1.1.2022 (AEBewGrSt), BStBl I 2021 S. 2369.

A. Allgemeine Erläuterungen zu § 240 BewG

I. Normzweck und wirtschaftliche Bedeutung der Vorschrift

Die Norm definiert das **Kleingartenland** und auch **Dauerkleingartenland** i. S. des Bundeskleingartengesetzes **als Betrieb der Land- und Forstwirtschaft**. Damit gehören diese Flächen weiterhin zum land- und forstwirtschaftlichen Vermögen. 1

(Einstweilen frei) 2–4

II. Entstehung und Entwicklung der Vorschrift

Mit dem **GrStRefG** v. 26.11.2019[1] wurde § 240 BewG in das Gesetz eingefügt. Die Vorschrift führt die maßgeblichen Inhalte der Regelungen des Abschnitts 1.11 Abs. 1 Nr. 2 i.V. mit Abschnitt 6.01 Abs. 1 Nr. 2 BewR L zur Einheitsbewertung fort. Um die bisherige Rechtslage rechtssicher fortzuführen, gelten die Flächen beim Eigentümer nach § 240 Abs. 1 BewG als **eigenständig zu bewertende Betriebe der Land- und Forstwirtschaft**. Voraussetzung hierfür ist jedoch, dass die Gärten nicht unter die Regelungen des § 233 Abs. 2 und 3 BewG fallen oder durch Bebauung zweckentfremdet und damit im Grundvermögen zu erfassen sind (vgl. A 240 Abs. 1 Sätze 1 bis 3 AEBewGrSt). 5

Im Gegensatz hierzu bestimmt § 158 Abs. 4 Nr. 2 BewG für die Grundbesitzbewertung, dass Kleingärten und Dauerkleingartenland nicht zum land- und forstwirtschaftlichen Vermögen gehören. Im Rahmen der Grundbesitzbewertung war es auf Grund der geringen Roherträge dieser Nutzungen, aber auch um Abgrenzungsschwierigkeiten zu vermeiden, erforderlich, dass solche Flächen nicht mehr dieser Vermögensart zugeordnet wurden. 6

Neu ist allerdings die Regelung in § 240 Abs. 3 BewG, dass nunmehr **Gartenlauben** ab einer bestimmten Größe als **Wirtschaftsgebäude** gelten und gesondert als Nutzungsart Hofstelle gem. § 237 Abs. 8 Satz 1 und 2 BewG mit dem dreifachen Bewertungsfaktor gem. Anlage 32 zum BewG zu bewerten sind. Erstmals ist § 240 BewG für den **Hauptfeststellungszeitpunkt 1.1.2022** anzuwenden (vgl. § 266 BewG). 7

III. Geltungsbereich

Die Vorschrift ist gem. § 231 BewG nur für die Bewertung des **inländischen** zu bewertenden Vermögens anzuwenden. Dabei sind auch die inländischen Teile einer wirtschaftlichen Einheit zu bewerten, die sich sowohl auf das Inland als auch auf das Ausland erstrecken. 8

(Einstweilen frei) 9–10

1 GrStRefG v. 26.11.2019, BGBl 2019 I S. 1794.

B. Systematische Kommentierung

I. Kleingartenland und Dauerkleingartenland als Betrieb der Land- und Forstwirtschaft (§ 240 Abs. 1 BewG)

11 Kleingartenland und Dauerkleingartenland gelten nach § 240 Abs. 1 BewG als Betrieb der Land- und Forstwirtschaft. Was unter Kleingartenland und Dauerkleingartenland zu verstehen ist, dazu verweist der Gesetzgeber auf das **Bundeskleingartengesetz**. Danach ist ein Kleingarten ein Garten,

- der dem Nutzer (**Kleingärtner**) zur **nichterwerbsmäßigen gärtnerischen Nutzung**, insbesondere zur Gewinnung von Gartenbauerzeugnissen für den **Eigenbedarf**, und zur **Erholung** dient (kleingärtnerische Nutzung) und
- in einer Anlage liegt, in der **mehrere Einzelgärten mit gemeinschaftlichen Einrichtungen**, zum Beispiel Wegen, Spielflächen und Vereinshäusern, zusammengefasst sind (**Kleingartenanlage**).

Die wirtschaftliche Einheit (§ 2 BewG) wird dementsprechend von der **gesamten Kleingartenanlage**, d. h., den eigentlichen Gartenparzellen einschließlich Wege, Vereinsheim, Freizeitflächen u. ä. gebildet. Hinsichtlich des Vereinsheims ist m. E. zu fordern, dass eine Nutzung als Gastronomie nur eine absolut untergeordnete Rolle spielen darf, weil ansonsten § 232 Abs. 4 BewG einschlägig wäre.

Ein **Dauerkleingarten** ist ein Kleingarten auf einer Fläche, die im **Bebauungsplan** gem. § 9 Abs. 1 Nr. 15 BauGB für Dauerkleingärten festgesetzt ist.[1]

12 Nach den bisherigen Verwaltungsregelungen (vgl. Abschnitt 6.22 BewR L) gehören selbständige Kleingärten zur **gärtnerischen Nutzung** und werden mit einem vereinfacht ermittelten **Reinertrag für Gemüsebau** bewertet. Insoweit sichert § 240 Abs. 1 BewG die bisherige Rechtspraxis zur Einheitsbewertung ab, weil die in § 232 Abs. 1 BewG geforderte dauerhafte, planmäßige und ständige Bewirtschaftung der Flächen verwirklicht wird. Das neben der eigentlichen gärtnerischen Nutzung (Gewinnung von **Gartenbauerzeugnissen** für den **Eigenbedarf**), die Flächen auch der **Erholung** dienen, nimmt der Gesetzgeber hin. Entscheidend ist, dass die **planungsrechtlich geforderte Infrastruktur** gegeben ist.

13–14 *(Einstweilen frei)*

II. Ermittlung des Ertragswerts des Klein- und Dauerkleingartenlandes (§ 240 Abs. 2 BewG)

15 Die Bewertung von Kleingartenland und Dauerkleingartenland erfolgt gem. § 240 Abs. 2 Satz 1 BewG abweichend von § 237 BewG mit dem **Reinertrag für den Nutzungsteil Gemüsebau** der **gärtnerischen Nutzung**. Der entsprechende Reinertrag ermittelt sich gem. § 240 Abs. 2 Satz 2 BewG aus der **Summe** der **Produkte** der jeweils gesetzlich klassifizierten **Eigentumsfläche** und dem **Reinertrag für das Freiland** gem. Anlage 30 zum BewG.[2]

16 PRAXISHINWEIS:

In der Regel sind die Kleingärtner oder Bewirtschafter von Kleingärten bzw. Dauerkleingartenland Pächter der jeweiligen Grundstücke. Eigentümer können u. a. Kleingartenvereine, Gemeinden aber auch Land-

1 BGBl 2006 I S. 2046.

2 Vgl. A 240 Abs. 1 AEBewGrSt.

und Forstwirte sein. In der Folge wird eine Kleingartenanlage wie bisher als eine wirtschaftliche Einheit mit allen ihr dienen Flächen bewertet werden. Der Grundsteuerwert wird dementsprechend dem jeweiligen Eigentümer der Gesamtfläche zuzurechnen sein.

(Einstweilen frei) 17–19

III. Berücksichtigung von Gartenlauben (§ 240 Abs. 3 BewG)

Nach § 3 Abs. 2 BKleingG darf die **Gartenlaube** nach ihrer Beschaffenheit, insbesondere nach ihrer Ausstattung und Einrichtung, **nicht zum dauernden Wohnen** geeignet sein. Nach dem Willen des Gesetzgebers ist die Gartenlaube eine der kleingärtnerischen Nutzung dienende, untergeordnete Nebenanlage, die dem Kleingärtner einen vorübergehenden Aufenthalt ermöglicht und darüber hinaus dem **Aufbewahren von Gerätschaften und Gartenbauerzeugnissen** dienen soll.[1] Die Vorschrift fingiert, dass **Gartenlauben** von mehr als **30 m² Brutto-Grundfläche**, abweichend von der bisherigen Rechtslage, als **Wirtschaftsgebäude** anzusehen sind. Zur Nutzung Gartenlaube über 30 m² zählen alle Stand- und Nebenflächen einschließlich des überdachten Freisitzes einer Gartenlaube.[2] Bei der bisherigen Bewertung war der Ertragswert von Wirtschaftsgebäuden im Vergleichswert der jeweiligen Nutzung oder dem jeweiligen Nutzungsteil enthalten und deshalb einer gesonderten Bewertung nicht zugänglich. Gartenlauben sind nach § 240 Abs. 3 Satz 2 BewG, soweit sie die Größe von 30 m² Bruttogrundfläche überschreiten, mit ihrer Gesamtgröße als fiktive Hofstelle entsprechend § 237 Abs. 8 BewG zu bewerten.[3] Wegen der Bewertung von Hofstellen gem. § 237 Abs. 8 BewG.[4] 20

(Einstweilen frei) 21–22

IV. Grundsteuerwert für Kleingarten- und Dauerkleingartenland (§ 240 Abs. 4 BewG)

Zur Ermittlung eines Grundsteuerwertes für Kleingartenland und Dauerkleingartenland ist gem. § 240 Abs. 4 BewG zunächst die **Summe** aus den nach § 240 Abs. 2 und 3 BewG ermittelten **Reinerträgen** zu bilden. Diese setzt sich zusammen: 23

- für die **Freilandflächen** aus dem **Reinertrag** für den Nutzungsteil **Gemüsebau,**
- im Falle einer über 30 m² großen **Gartenlaube** aus dem Wert für den bebauten **Grund und Boden** gem. § 237 Abs. 8 BewG.

Die Summe aus den Reinerträge für die Freilandflächen Gemüsebau und soweit vorhanden für die als Hofstelle zu bewertenden Gartenlauben über 30 m² ist mit dem **Faktor 18,6 zu kapitalisieren** und ergibt den als Grundsteuerwert festzusetzenden Ertragswert. Mit dem Wertansatz für die Nutzungsart **Hofstelle** ist der Wert der Gartenlaube, die als Wirtschaftsgebäude angesehen wird, erfasst. Einer gesonderten Bewertung der Gartenlaube an sich bedarf es nicht.

PRAXISHINWEIS: 24

Zur Erklärung einer Kleingartenanlage sind eine Feststellungserklärung (GW-1) und die Anlage Land- und Forstwirtschaft (GW-3) einzureichen. In der Anlage GW-3 ist die „Gesamtgröße", also alle Gartenparzellen sowie die Wege, Freizeitflächen u. ä. der Kleingartenanlage unter der Nutzung 13 anzugeben. Sind meh-

1 Vgl. Rössler/Troll/Wiegand, BewG § 240 Rz. 8.
2 Vgl. A 240 Abs. 2 AEBewGrST.
3 BT-Drucks. 19/11085 S. 106.
4 Vgl. Müller in Grootens, BewG § 237 Rz. 77.

rere Gartenlauben mit jeweils einer Größe von mehr als 30 m² vorhanden, ist die Summe dieser Flächen unter der Nutzung 14 zu erklären.

II. Besondere Vorschriften

a) Landwirtschaftliche Nutzung

§ 241 BewG Tierbestände

(1) [1]Tierbestände gehören in vollem Umfang zur landwirtschaftlichen Nutzung, wenn im Wirtschaftsjahr

für die ersten	**20 Hektar**	**nicht mehr als**	**10**	**Vieheinheiten,**
für die nächsten	**10 Hektar**	**nicht mehr als**	**7**	**Vieheinheiten,**
für die nächsten	**20 Hektar**	**nicht mehr als**	**6**	**Vieheinheiten,**
für die nächsten	**50 Hektar**	**nicht mehr als**	**3**	**Vieheinheiten,**
und für die weitere Fläche		**nicht mehr als**	**1,5**	**Vieheinheiten**

je Hektar der vom Inhaber des Betriebs selbst bewirtschafteten Flächen der landwirtschaftlichen Nutzung erzeugt oder gehalten werden. [2]Zu den selbst bewirtschafteten Flächen gehören die Eigentumsflächen und die zur Nutzung überlassenen Flächen. [3]Die Tierbestände sind nach dem Futterbedarf in Vieheinheiten umzurechnen.

(2) [1]Übersteigt die Anzahl der Vieheinheiten nachhaltig die in Absatz 1 bezeichnete Grenze, so gehören nur die Zweige des Tierbestands zur landwirtschaftlichen Nutzung, deren Vieheinheiten zusammen diese Grenze nicht überschreiten. [2]Zunächst sind mehr flächenabhängige Zweige des Tierbestands und danach weniger flächenabhängige Zweige des Tierbestands zur landwirtschaftlichen Nutzung zu rechnen. [3]Innerhalb jeder dieser Gruppen sind zuerst Zweige des Tierbestands mit der geringeren Anzahl von Vieheinheiten und dann Zweige mit der größeren Anzahl von Vieheinheiten zur landwirtschaftlichen Nutzung zu rechnen. [4]Der Tierbestand des einzelnen Zweiges wird nicht aufgeteilt.

(3) [1]Als Zweig des Tierbestands gilt bei jeder Tierart für sich:

1. das Zugvieh,

2. das Zuchtvieh,

3. das Mastvieh,

4. das übrige Nutzvieh.

[2]Das Zuchtvieh einer Tierart gilt nur dann als besonderer Zweig des Tierbestands, wenn die erzeugten Jungtiere überwiegend zum Verkauf bestimmt sind. [3]Ist das nicht der Fall, so ist das Zuchtvieh dem Zweig des Tierbestands zuzurechnen, dem es überwiegend dient.

(4) [1]Die Absätze 1 bis 3 gelten nicht für Pelztiere. [2]Pelztiere gehören nur dann zur landwirtschaftlichen Nutzung, wenn die erforderlichen Futtermittel überwiegend von den vom Inhaber des Betriebs landwirtschaftlich genutzten Flächen gewonnen werden.

(5) Der Umrechnungsschlüssel für Tierbestände in Vieheinheiten sowie die Gruppen der mehr oder weniger flächenabhängigen Zweige des Tierbestands sind den Anlagen 34 und 35 zu entnehmen.

Inhaltsübersicht **Rz.**

LITERATUR:

Eisele/Wiegand, Grundsteuerreform 2022/2025, Stand: Januar 2020 (1. Aufl.), NWB CAAAH-44415; *Eisele*, Reform der Grundsteuer – Gesetzentwurf liegt vor! Teil II: Bewertung des land- und forstwirtschaftlichen Vermögens für Zwecke der Grundsteuer A/Änderungen des Grundsteuergesetzes, NWB 29/2019 S. 2127, NWB AAAAH-22096. *Stephany*, Grundsteuerreform 2019 – neue Bewertungsregeln für das land- und forstwirtschaftliche Vermögen, AgrB 6-2019 S. 342.

VERWALTUNGSANWEISUNGEN:

Koordinierte Erlasse der obersten Finanzbehörden der Länder v. 9.11.2021 – Anwendung des Siebenten Abschnitts des Zweiten Teils des Bewertungsgesetzes zur Bewertung des Grundbesitzes (land- und forstwirtschaftliches Vermögen) für die Grundsteuer ab 1.1.2022 (AEBewGrSt), BStBl I 2021 S. 2369.

A. Allgemeine Erläuterungen zu § 241 BewG

I. Normzweck und wirtschaftliche Bedeutung der Vorschrift

Die besonderen Vorschriften zur Abgrenzung der **landwirtschaftlichen Tierhaltung** von der **gewerblichen Tierhaltung** entsprechen den bisherigen bewertungsrechtlichen und ertragsteuerlichen Grundsätzen. Ist die Tierhaltung als gewerblich einzustufen, sind die für die Tierhaltung genutzten Gebäude nicht als land- und forstwirtschaftliches Vermögen, sondern als **Grundvermögen** i. S. des § 218 Satz 1 Nr. 2 BewG zu bewerten und der **Grundsteuer B** zu unterwerfen. Auch der zu den Wirtschaftsgebäuden gehörende Grund und Boden – einschließlich Umgriffsfläche – ist gem. § 232 Abs. 4 dem Grundvermögen zuzuordnen. 1

(Einstweilen frei) 2–3

II. Entstehung und Entwicklung der Vorschrift

Mit dem **GrStRefG** v. 26.11.2019[1] wurde in Teil II des 7. Abschnitts „Besondere Vorschriften“ im Teil a) die „Landwirtschaftliche Nutzung“ aufgenommen und dort § 241 BewG mit den Anla- 4

1 GrStRefG v. 26.11.2019, BGBl 2019 I S. 1794.

gen 34 und 35 in das Gesetz eingefügt. Die Vorschrift übernimmt fast wortgleich die Inhalte der bisherigen Regelungen aus § 51 BewG einschließlich der bisher geltenden Anlagen 19 und 20. Hierzu ist allerdings anzumerken, dass die Regelung aus § 51 Abs. 1 BewG weggefallen ist und § 51 Abs. 2–5 BewG geändert worden sind.[1] Durch das Gesetz zur Anpassung steuerlicher Vorschriften der Land- und Forstwirtschaft v. 29.6.1998[2] ist Abs. 1a in § 51 BewG eingefügt worden. Er bestimmt, dass die Norm für Feststellungszeitpunkte ab dem 1.1.1999 anzuwenden ist. Auf diesen Verweis kann verzichtet werden, da die Regelungen des § 241 BewG erstmals für den **Hauptfeststellungszeitpunkt 1.1.2022** anzuwenden sind (vgl. § 266 BewG).

5–7 *(Einstweilen frei)*

III. Geltungsbereich

8 Die Vorschrift ist gem. § 231 BewG nur für die Bewertung des **inländischen** zu bewertenden Vermögens anzuwenden. Dabei sind auch die inländischen Teile einer wirtschaftlichen Einheit zu bewerten, die sich sowohl auf das Inland als auch auf das Ausland erstrecken.

9–10 *(Einstweilen frei)*

B. Systematische Kommentierung

I. Abgrenzung der Tierbestände

11 Die Norm bildet die rechtliche Grundlage für eine gesetzliche **Abgrenzung zwischen der landwirtschaftlichen und gewerblichen Tierhaltung**. Sie regelt die Einzelheiten zu deren steuerrechtlichen Behandlung.

12–13 *(Einstweilen frei)*

1. Zulässige Höchstgrenze der Tierbestände eines Betriebs (§ 241 Abs. 1 BewG)

14 Bei der Feststellung der **Tierbestände** ist von den regelmäßig und nachhaltig im Verlauf eines Wirtschaftsjahres erzeugten und im Durchschnitt des Wirtschaftsjahres gehaltenen Tiere auszugehen. Tiere gelten als erzeugt, wenn deren Zugehörigkeit zum Betrieb sich auf eine **Mastperiode** oder auf einen Zeitraum von **weniger als einem Jahr** beschränkt und sie danach verkauft oder verbraucht werden. Die übrigen Tiere sind mit dem **Durchschnittsbestand** des **Wirtschaftsjahres** zu erfassen. Abweichend hiervon ist bei Mastrindern mit einer Mastdauer von weniger als einem Jahr„ bei Kälbern und Jungvieh, bei Schafen unter einem Jahr und bei Damtieren unter einem Jahr stets vom Jahresdurchschnittsbestand auszugehen. Der ermittelte Tierbestand ist zum Zwecke der **Abgrenzung der landwirtschaftlichen Tierzucht und Tierhaltung von der gewerblichen Tierzucht und Tierhaltung** in Vieheinheiten umzurechnen vgl. A 241 Abs. 1 AEBewGrSt. Dazu ist der Umrechnungsschlüssel der Anlage 34 zum BewG maßgebend.

14/1 Tierbestände gehören gem. § 241 Abs. 1 Satz 1 BewG nur dann in vollem Umfang zum land- und forstwirtschaftlichen Vermögen, wenn im Wirtschaftsjahr nicht mehr als die gesetzlich festgelegte Anzahl an Tieren (umgerechnet in **Vieheinheiten**) je Hektar der vom Inhaber des Betriebs **selbst bewirtschafteten Fläche der landwirtschaftlichen Nutzung** erzeugt oder gehal-

1 BGBl 2001 I S. 3794.
2 BGBl 1998 I S. 1692.

ten werden. Zur selbst bewirtschafteten Fläche zählen nach § 241 Abs. 1 Satz 2 BewG die **Eigentumsflächen** und die dem Steuerpflichtigen zur **Nutzung überlassenen Flächen abzüglich der verpachteten Eigentumsflächen.**

Hier fällt auf, dass der Gesetzgeber die bisherige Formulierung **„regelmäßig landwirtschaftlich genutzte Flächen"** in **„Flächen der landwirtschaftlichen Nutzung"** geändert hat. Wird § 241 Abs. 1 Satz 1 BewG so eng ausgelegt, dass ausschließlich die in § 234 Abs. 1 Nr. 1 Buchst. a BewG genannte landwirtschaftliche Nutzung gemeint ist, wird die für die Tierhaltung berücksichtigungsfähige Fläche in einzelnen Betrieben erheblich eingeschränkt werden. Insbesondere trifft dies auf die **Hopfen-** und **Spargelanbauflächen** zu, die zumindest in der Anlage 31 zum BewG als sog. **Sondernutzungen** bezeichnet werden.[1] Dies hat der Gesetzgeber in seinen Verwaltungsanweisungen in der Weise korrigiert, dass gem. A 241 Abs. 3 Satz 1 AEBewGrSt zur **maßgeblichen Fläche auch die Sondernutzungen Hopfen und Spargel** zählen. Damit wird der bisherige Rechtsstand unverändert fortgeführt. 15

Die Tierbestände eines Betriebs der Land- und Forstwirtschaft sind gem. § 241 Abs. 1 Satz 3 BewG nach ihrem **Futterbedarf** in Vieheinheiten [VE] umzurechnen. Die Anzahl des in VE umgerechneten Tierbestandes ist dann mit der Größe der selbstbewirtschafteten landwirtschaftlich genutzten Flächen einschließlich der Hopfen- und Spargelanbauflächen in Bezug zu setzen. Der Umfang des Tierbestandes, der noch als landwirtschaftliche Tierhaltung gilt, ist daher abhängig von den bewirtschafteten Flächen der landwirtschaftlichen Nutzung des Betriebs. Dabei sind sowohl die selbst bewirtschafteten eigenen als auch die gepachteten Flächen anzusetzen. 16

Bei der Ermittlung der regelmäßig landwirtschaftlich genutzten Flächen ist der letzte angefangene ha nicht als voller ha zu berücksichtigen.[2] Diese Regelung zeigt, wie bedeutend die Fläche an sich für die Abgrenzung zwischen Landwirtschaft und Gewerbebetrieb ist. In bestimmten Fallkonstellationen zählt jeder Quadratmeter. Auch **Brachflächen** sind als **Flächengrundlage** für die Tierhaltung zu berücksichtigen, denn die Brache (d. h. die geplante Nichtbewirtschaftung) ist ebenfalls eine Art der landwirtschaftlichen Nutzung und insoweit ist es folgerichtig, derartige Flächen als „Futterfläche" mit zu erfassen. 17

Dies trifft ebenso für die bodengeschätzten Flächen, die als **Feucht- oder Trockenbiotope** ausgewiesen sind zu, soweit eine landwirtschaftliche Nutzung noch möglich ist. Auch **stillgelegte Flächen** stellen i. S. des Gesetzes noch eine Futtergrundlage, die nach § 241 Abs. 1 BewG zu berücksichtigen ist, dar. Nicht zur Flächengrundlage gehören dagegen forstwirtschaftlich, weinbaulich und gärtnerisch genutzte Flächen sowie die Nutzungsarten Abbauland, Geringstland, Unland und Hofstelle.[3] 18

Bei den nach § 241 BewG geforderten Flächen wird nicht zwingend vorausgesetzt, dass sie als **Futtergrundlage** für die **auf dem Hof gehaltenen Tiere** genutzt werden.[4] Insoweit müssen die auf den Flächen der landwirtschaftlichen Nutzung angebauten Kulturen nicht zwingend an die auf dem Betrieb gehaltenen Tiere verfüttert werden. Bei der Beurteilung der Flächen geht es ausschließlich darum, ob sie grundsätzlich einer Tierhaltung als Futtergrundlage dienen könnten. 19

1 Vgl. Müller in Grootens, BewG § 242 Rz. 18, 19.
2 BFH, Urteil v. 13.7.1989 - V R 110-112/84, BStBl 1989 II S. 1036.
3 Vgl. A 241 Abs. 3 Satz 2 AEBewGrSt.
4 BFH, Urteil v. 17.12.2008 - IV R 34/06, BStBl 2008 II S. 453, BFH, Urteil v. 6.5.2015 - II R 9/13, BStBl 2015 II S. 888.

20 Ferner können auch **Pachtflächen**, die im Lohnverfahren bewirtschaftet werden und von den Stallgebäuden der Tierhaltung weiter entfernt liegen, die flächenmäßigen Voraussetzungen erfüllen. Ein gewisser räumlicher Zusammenhang zu den Stallgebäuden muss allerdings bestehen. Bei einer Entfernung von 80 km zwischen den Flächen und Wirtschafsgebäuden der Tierhaltung ist ein räumlicher Zusammenhang nicht mehr gegeben.[1]

21 Wird die **Höchstgrenze** der Tierhaltung nach § 241 BewG ausgeschöpft, können die Tiere grundsätzlich nicht ohne erheblichen Futterzukauf gehalten werden. Die Futterproduktion je Hektar landwirtschaftlich genutzter Fläche reicht i. d. R. höchsten zur Versorgung von 2 VE.[2] Deshalb kann bei einem erheblichen notwendigen Futterzukauf nicht mehr von einer **bodengebundenen Tierhaltung** gesprochen werden. Die Grenzen des § 241 BewG haben deshalb keinen betriebswirtschaftlichen, sondern eher einen **agrarpolitischen Hintergrund**.[3]

22 Als **gewerbliche Tierzucht** oder **gewerbliche Tierhaltung** wird jede Tierzucht oder Tierhaltung eingestuft, der nach § 241 Abs. 1 Satz 1 BewG keine ausreichenden Flächen der landwirtschaftlichen Nutzung als Futtergrundlage zur Verfügung stehen.[4] Dabei stellt § 241 BewG auf den ab 1.1.1999 gültigen Vieheinheitenschlüssel ab.[5] Befinden sich **zugekaufte Tiere weniger als drei Monate** im Betrieb, kommt es darauf an, dass sie bis zur **„Verkaufsreife gehalten“** werden. Dieser Begriff setzt einen bestimmten Zeitraum voraus, in dem landwirtschaftliche Urproduktion, d. h. Eigenerzeugung verwirklicht wird. Das ist aber nur in den Fällen erfüllt, in denen die gesamte Produktionsdauer grundsätzlich weniger als drei Monate beträgt. Ferner zählt das Züchten und Halten von Tieren, die **nicht zur typischen Landwirtschaft** gehören, unabhängig von § 241 Abs. 1 BewG nicht zur landwirtschaftlichen Tierzucht und Tierhaltung, sondern bildet einen Gewerbebetrieb. Hierbei handelt es sich im Wesentlichen um Hundezucht und die Zucht von Brieftauben.

23 In der **Hähnchenmast** liegt die Haltungsdauer der Tiere vom Einstallen der Küken bis zum Ausstallen der verkaufsreifen Tiere bei deutlich unter zwei Monaten. Auch in den Produktionsverfahren, in denen sich eine Teilproduktion in einem abgeschlossen Zeitraum vollzieht und die Tiere am Ende des Verfahrens eine eigene Verkaufsreife haben, z. B. in der **arbeitsteiligen Ferkelproduktion** (Aufzucht von (abgesetzten) Babyferkeln zu schweren Ferkeln/Läufern/Mastschweinen), ist die Haltungsdauer von drei Monaten unmaßgeblich. Werden dagegen **nicht marktgängige „Halbprodukte“** wie z. B. Schweine mit einem Gewicht von 85 kg zur Weiterveräußerung als Mastschwein mit einem Gewicht von rd. 105 kg gekauft, liegt eine gewerbliche Tierhaltung vor, da die Tiere – für diesen Abschnitt werden nur rd. 25 Tage benötigt – nicht drei Monate im eigenen Betrieb gehalten werden.

23/1 Die **Straußenhaltung** wird unter bestimmten Voraussetzungen (ausreichende Flächen-/ Futtergrundlage) der landwirtschaftlichen Tierhaltung zugeordnet. Die Finanzverwaltung hat der verstärkt vorkommenden Haltung von Straußen schon im Rahmen der Einheitsbewertung dadurch Rechnung, dass sie einen **Umrechnungsschlüssel** für diese Tiere entwickelt hat (vgl. zustimmend Kreutzinger/Schaffner/Stephany, BewG, § 241 Rz. 42) und diese Daten in die Anlage 34 zum BewG fortführt.

1 BFH, Beschluss v. 12.6.1995 - V B 33/95, NWB TAAAB-37373.
2 Vgl. Grüner Bericht 1963 BT-Drucks. IV/940.
3 Vgl. Rössler/Troll/Wiegand, BewG, § 241 Rz. 7.
4 BFH, Urteil v. 29.6.1988 - X R 33/82, BStBl 1988 II S. 922, BFH, Urteil v. 24.1.1989 - VIII R 91/93, BStBl 1989 II S. 416.
5 Vgl. Gesetz zur Anpassung steuerlicher Vorschriften der Land- und Forstwirtschaft v. 29.6.1998, BGBl 1998 I S. 1692.

Zur Ermittlung der maßgeblichen Anzahl der im Betrieb gehaltenen oder erzeugten VE ist gem. § 241 Abs. 1 Satz 1 BewG auf den Zeitraum des **Wirtschaftsjahres** abzustellen.[1] Das landwirtschaftliche Wirtschaftsjahr beginnt regelmäßig am 1.7. eines Jahres und endet am 30.6. des Folgejahres. Da Tiere keinen „Biorhythmus" haben, der zwingend dem Beginn und Ende eines WJ folgt, kann es im Rahmen der Produktion zu erheblichen Schwankungen innerhalb einer Tierart kommen. Deshalb ist bei stark schwankenden und um die **Höchstgrenze** fluktuierenden Tierbeständen ein Zeitraum von drei Jahren zur gesicherten Beurteilung einer nachhaltigen Tierproduktion vor dem Bewertungsstichtag maßgebend.[2] 24

PRAXISHINWEIS: 24/1

Werden tierhaltende Betriebe neu gegründet und haben zum Zeitpunkt der Abgabe der Erklärung **noch keine drei aufeinanderfolgenden Wirtschaftsjahre gewirtschaftet** bzw. für die Tierhaltung liegen die Ergebnisse von weniger als drei WJ vor, ist es m. E. nicht zu beanstanden, wenn für diesen **kürzeren Zeitraum** eine Erklärung abgegeben wird.

Bei Betrieben, die **fremde Tiere** halten, sind sowohl beim **Eigentümer** der Tiere als auch beim **Aufzüchter** die Abgrenzungsmerkmale des § 241 Abs. 1 BewG maßgebend. Dabei sind beim Eigentümer die Tiere, die er in seinem eigenen Betrieb hält mit denen, die er zur Aufzucht in fremde Betriebe gegeben hat, zusammenzurechnen. Beim Aufzüchter sind dessen eigenen Tiere mit den in seinem Betrieb aufgezogenen fremden Tieren zusammenzurechnen. **Pensionstiere** (z. B. Pferde) sind auch dann beim Pensionsbetrieb zum Tierbestand zu zählen, wenn sie beim Eigentümer übriges Vermögen darstellen.[3] Das hat zur Folge, dass diese Tiere sowohl bei der Abgrenzung der landwirtschaftlichen Tierzucht und Tierhaltung von der gewerblichen Tierzucht und Tierhaltung berücksichtigt werden, als auch bei der Ermittlung eines Zuschlags wegen verstärkter Tierhaltung zu erfassen sind. 25

(Einstweilen frei) 26

2. Tierbestände, die aus dem land- und forstwirtschaftlichen Vermögen auszugliedern sind (§ 241 Abs. 2 BewG)

Übersteigt die Anzahl der Vieheinheiten nachhaltig die in Abs. 1 genannte Grenze so gehören nach § 241 Abs. 2 Satz 1 BewG nur die Tierzweige zur landwirtschaftlichen Nutzung, deren Vieheinheiten zusammen diese Grenze nicht überschreiten. Die Norm stellt zutreffend im 1. Halbsatz auf **„ein nachhaltiges Überschreiten"** der Grenzen ab. Bei Tierarten, deren Produktion deutlich unter einem Jahr liegt (z. B. Masthähnchen, Aufzuchtferkel, Mastschweine), kann es vorkommen, dass die Tierzahlen insbesondere um das Ende des Wirtschaftsjahres stark schwanken; entweder haben sie kurz vor Ende des WJ ihre Verkaufsreife erreicht und „belasten"/erhöhen damit die Tierzahlen für das abgelaufene WJ, oder sie werden zum Anfang des folgenden Wirtschaftsjahres verkauft und können in dem Jahr das Bild verzerren. 27

Bei **einzelnen Tieren**, die nach und nach im Jahr verkauft werden, ist dies unerheblich. In den heutigen Produktionsverfahren werden aber häufig ganze **Produktionseinheiten** (Ställe) zum gleichen Zeitpunkt mit einer großen Anzahl an Tieren belegt, die letztendlich auch fast alle zur gleichen Zeit ihre Verkaufsreife erreichen. Der Gesetzgeber kennt die Problematik und hat zutreffend angeordnet, in diesen Fällen auf einen längeren Betrachtungszeitraum für die Beurtei- 28

1 Vgl. A 241 Abs. 1 Satz 1 AEBewGrSt.

2 Vgl. → Rz. 28; R 13.2 Abs. 2 i. V. mit R 15.5 Abs. 2 EStR.

3 Vgl. Wiegand in Viskorf/Schuck/Wälzholz, BewG § 169 Rz. 6 sowie A 241 Abs. 4 AEBewGrSt.

lung einer nachhaltigen Tierproduktion abzustellen. In Anlehnung an R 15.5 Abs. 2 EStR 2012 ist hier von einem Zeitraum von **drei aufeinander folgenden Wirtschaftsjahren** auszugehen. In den Fällen, in denen der Inhaber eines Betriebs durch aktives Handeln (z. B. Stallneubau) die Grenze Landwirtschaft/Gewerbe bewusst überschreitet, beginnt nach R 15.5 Abs. 2 Satz 2 EStR 2012 der Gewerbebetrieb aufgrund des **Strukturwandels** zu dem Zeitpunkt, zu dem diese Tätigkeit dauerhaft umstrukturiert wird, d. h. mit dem Neubau des Stalles.

29 Werden mehr Vieheinheiten gehalten oder erzeugt als nach § 241 Abs. 1 Satz 1 BewG möglich, ordnet § 241 Abs. 2 Satz 1 BewG eine differenzierte Betrachtung des Tierbestands an. Demnach sind zunächst die **mehr flächenabhängigen Zweige** des Tierbestands und danach die **weniger flächenabhängigen Zweige** des Tierbestands zur landwirtschaftlichen Nutzung zu rechnen. Daraus folgt, dass immer nur ein Zweig des Tierbestands **insgesamt** entweder der **landwirtschaftlichen oder der gewerblichen Tierhaltung** zugeordnet werden kann; eine Aufteilung kommt insoweit nicht in Betracht.[1]

29/1 Eine Aufteilung in mehr flächenabhängige Zweige des Tierbestandes und in weniger flächenabhängige Zweige ergibt sich aus Anlage 35 zum BewG. Danach gehören zu den mehr flächenabhängigen Zweigen eines Tierbestandes:

- Pferdehaltung,
- Pferdezucht,
- Schafzucht,
- Schafhaltung,
- Rindviehzucht,
- Milchviehhaltung,
- Rindermast,

weniger flächenabhängige Zweige eines Tierbestandes sind:

- Schweinezucht,
- Schweinemast,
- Hühnerzucht,
- Entenzucht,
- Gänsezucht,
- Putenzucht,
- Legehennenhaltung,
- Junghühnermast,
- Entenmast,
- Gänsemast,
- Putenmast.

30 Übersteigt z. B. in einem Betrieb, der **ausschließlich Mastschweine** (in mehreren Ställen) produziert, die Anzahl der erzeugten Vieheinheiten die höchstzulässige Grenze, so muss der **gesamte Tierbestand der gewerblichen Tierhaltung** zugerechnet werden. Der Tierbestand kann nicht stallweise aufgeteilt werden, da eine weitere **Aufteilung des Bestands nicht zulässig** ist.

1 Vgl. A 241 Abs. 2 AEBewGrSt.

Wird auf einem Betrieb ein **Tierbestand mit mehreren Zweigen** gehalten, so richtet sich deren jeweilige Zuordnung nach der **Flächenabhängigkeit**. Dabei ist davon auszugehen, dass das Mastvieh (Geflügel, Schweine) eher den **weniger flächenabhängigen Zweigen** und das Rindvieh (Rauhfutterfresser) mehr den **flächenabhängigen Zweigen** zugeordnet werden kann. Der gewerblichen Tierhaltung und Tierzucht sind dabei zuerst die weniger flächenabhängigen Zweige des Tierbestands zuzurechnen, bis die in § 241 Abs. 1 BewG genannte Grenze unterschritten wird.[1] 31

(Einstweilen frei) 32

3. Zweige von Tierbeständen (§ 241 Abs. 3 BewG)

a) Landwirtschaftliche Tierhaltung

Als **Zweig eines Tierbestands** ist jede Tierart für sich anzunehmen. § 241 Abs. 3 Satz 1 BewG unterscheidet: 33

1. das Zugvieh,
2. das Zuchtvieh,
3. das Mastvieh,
4. das übrige Nutzvieh.

Die Tierarten im Einzelnen und der entsprechende **Umrechnungsschlüssel in Vieheinheiten** ergeben sich aus der Anlage 34 zum BewG.

Nach § 241 Abs. 3 Satz 2 BewG sind noch folgende Besonderheiten zu beachten: Als **besonderer Zweig des Tierbestands** gilt das **Zuchtvieh** einer Tierart nur dann, wenn die erzeugten Jungtiere **überwiegend zum Verkauf** bestimmt sind. Das ist beispielsweise dann der Fall, wenn auf einem Betrieb der Land- und Forstwirtschaft ausschließlich Zuchtsauen zur Ferkelproduktion für die Schweinemast gehalten werden und die erzeugten Ferkel überwiegend an Schweinemäster verkauft werden. Ist dies nicht der Fall, so bestimmt § 241 Abs. 3 Satz 3 BewG, dass das Zuchtvieh dem Zweig des Tierbestandes zuzurechnen ist, dem es überwiegend dient. Wird der dargestellte Sachverhalt dahingehend abgewandelt, dass die Sauenhaltung ausschließlich der Mast der selbsterzeugten Ferkel auf dem Betrieb dient, ist die Sauenhaltung untrennbar dem Bereich Mastvieh zuzuordnen. 34

BEISPIEL: Auf 30 ha einer landwirtschaftlichen Nutzung können nach § 241 Abs. 1 BewG 270 VE gehalten bzw. erzeugt werden. Für einen Betrieb ergibt sich folgender tatsächlicher Tierbestand: 35

Tierart	Anzahl/Stück	VE/Stück	VE insges.
Zuchtstuten	3	1,10	= 3,30
Milchkühe	15	1,00	= 15,00
Rinder 1 -2 Jahre	5	0,70	= 3,50
Zuchtsauen	50	0,33	= 16,50
Mastschweine aus selbsterzeugten Ferkeln	1.000	0,16	= 160,00
Legehennen	10.000	0,02	= 200,00
Insgesamt			398,30

1 Vgl. A 241 Abs. 2 Satz 3 AEBewGrSt.

Der tatsächliche Tierbestand übersteigt die höchstzulässige Grenze von 270 VE. Zu den weniger flächenabhängigen Tierzweigen gehören die Schweinemast (einschließlich Zuchtsauen, siehe oben) und die Legehennenhaltung. Die Legehennenhaltung ist aus der landwirtschaftlichen Tierhaltung auszuscheiden, weil sie die größere Anzahl an VE (200 VE) umfasst (vgl. § 241 Abs. 2 Satz 3 BewG). Die Legehennen bilden eine gewerbliche Tierhaltung. Zur landwirtschaftlichen Tierhaltung gehören demnach „nur" noch (398,30 VE – 200,00 VE =) 198,30 Vieheinheiten. Diese verbleibenden Vieheinheiten sind bei der Überprüfung, ob für den Betrieb ein Zuschlag wegen einer verstärkten Tierhaltung gem. § 238 Abs. 1 Nr. 1 BewG anzubringen ist, zu berücksichtigen. Die Überprüfung führt zu folgendem Ergebnis:

Überprüfung ob ein Zuschlag wegen verstärkter Tierhaltung anzubringen ist:		
tatsächliche Vieheinheiten		198,30
Eigentumsfläche der landwirtschaftlichen Nutzung - verpachtete Fläche + zugepachtete Fläche = selbstbewirtschaftete Fläche	30,00 ha 0,00 ha 0,00 ha 30,00 ha	
X Faktor gem. Anlage 27	2,00 VE/ha	
= zulässige Vieheinheiten		- 60,00
Überbestand an VE		= 138,30

In diesem Beispiel würde ein Zuschlag wegen verstärkter Tierhaltung auf der Grundlage von 138,30 VE i. H. von 10.925,70 € berechnet werden (138,30 VE x 79 €/VE).

35/1 PRAXISHINWEIS:

Soweit festgestellt wird, dass ein Tierzweig der gewerblichen Tierzucht oder Tierhaltung zuzuordnen ist, entsteht für diese gewerbliche Tierhaltung eine eigene, neue wirtschaftliche Einheit, die im Grundvermögen zu erfassen ist. Dazu ist eine Erklärung zur Feststellung des Grundsteuerwerts (GW-1) und ein Anlage Grundstück (GW-2) einzureichen. Um das Stallgebäude zutreffend bewerten zu können, sind u. a. Angaben zur Bruttogrundfläche, zum Alter des Gebäudes und zur Gebäudeart erforderlich. Der zur gewerblichen Tierhaltung gehörende Grund und Boden ist mit seiner Fläche und dem zutreffenden Bodenrichtwert zu erklären.

b) Gewerbliche Tierhaltung

36 Tierbestände oder Zweige von Tierbeständen, die die Grenzen des § 241 BewG nachhaltig überschreiten, gehören zum **Betriebsvermögen**. Sie bilden mit den dazugehörigen Wirtschaftsgütern (Gebäude, sonstiges Anlagevermögen, Forderungen, Geldbestände usw.) einen **gewerblichen Betrieb**. Gebäude oder Gebäudeteile, die dem Tierbestand dienen, sind nach § 99 Abs. 1 Nr. 1 BewG i. V. mit § 218 Satz 3 BewG als Betriebsgrundstück zu qualifizieren, dem **Grundvermögen** zuzuordnen und wie Grundvermögen zu bewerten. Die **Flächen der landwirtschaftlichen Nutzung** (Ackerflächen, Dauergrünland, Wiesen und Futterflächen), die den gewerblichen Tierbeständen als Futtergrundlage dienen, **bleiben land- und forstwirtschaftliches Vermögen**.[1]

37 Darüber hinaus gibt es Fallgestaltungen, in denen ein Landwirt (bewusst) einen Zweig seiner Tierhaltung aus dem landwirtschaftlichen Betrieb ausgliedert. Führt der Landwirt diesen **ausgegliederten Tierbestand** als gewerbliche Tierhaltung weiter, kann, wenn die hierzu erforderlichen Eingangsvoraussetzungen vorliegen, eine landwirtschaftliche Tierhaltung neben der gewerblichen Tierhaltung anerkannt werden. Voraussetzung hierfür ist, dass die gewerbliche Tierhaltung und der landwirtschaftliche Betrieb als vollkommen **selbständige Betriebe** geführt

1 BFH, Urteil v. 18.12.1985 - II B 35/85, BStBl 1986 II S. 282.

werden. Werden also auf einem Betrieb zwei unterschiedliche Tierarten gehalten und soll eine davon als gewerbliche Tierhaltung betrieben werden, erscheint dies unproblematisch. In den Fällen, in denen der Tierbestand einer Tierart aufgeteilt werden soll, was § 241 Abs. 2 Satz 4 BewG eindeutig widerspricht, ist dies unter Umständen nur durch **Gründung einer Gesellschaft** möglich.

(Einstweilen frei) 38–39

II. Einzelfragen

1. Pferdehaltung

Bei der Pferdezucht handelt es sich heute im Allgemeinen um die **Züchtung und Haltung von Reitpferden.**[1] Diese Tiere gehören zum land- forstwirtschaftlichen Vermögen, soweit der Tierbestand des Gesamtbetriebs die **Grenzen des § 241 Abs. 1 BewG** nicht überschreitet und deshalb eine **ausreichende Futtergrundlage** vorhanden ist. Gleiches gilt für die bloße Vermietung von Reitpferden an Feriengäste durch einen Landwirt im Rahmen der Flächendeckung.[2] 40

Eine Tierhaltung wandelt sich aber auch nicht zu einer gewerblichen Tätigkeit, wenn Pferde angekauft, zu **Reit- und Dressurpferden ausgebildet** und nach einiger Zeit wieder verkauft werden. Nach Auffassung des BFH gilt dies auch dann, wenn angerittene Pferde ausgebildet werden. Voraussetzung für die Pferdehaltung als land- und forstwirtschaftliche Tätigkeit ist allerdings stets das Vorliegen einer ausreichenden **Futtergrundlage.**[3] 41

In Abgrenzung zu dieser Rechtsprechung kann allerdings eine Tierhaltung (Pferdehaltung) unter bestimmten Umständen einen gewerblichen Charakter annehmen.[4] Das ist dann der Fall, wenn entweder zusätzlich zu der Versorgung der Tiere **wesentliche Leistungen gegenüber Dritten angeboten** werden (z. B. Reitunterricht[5] oder Polospielanlage[6]) oder wenn die Tierhaltung lediglich der Unterstützung oder Vorbereitung einer anderweitigen gewerblichen Tätigkeit dient.[7] Schließlich kann eine Tätigkeit, bei der Tiere angekauft und sodann – mit oder ohne Verarbeitung – alsbald weiter veräußert werden, nicht als „Haltung" der Tiere angesehen werden. In einem solchen Fall liegt vielmehr ein gewerblich einzustufender **Tierhandel** vor.[8] 42

Dass Unterstellen und Füttern fremder Pferde (**Pensionspferdehaltung**) gegen Entgelt zählt zur landwirtschaftlichen Tierhaltung, wenn der Tierbestand des pensionsgebenden Betriebs einschließlich der fremden Tiere (Pensionspferde) die Grenzen des § 241 Abs. 1 BewG nicht überschreitet. Pensionstierhaltung bleibt auch dann ein landwirtschaftlicher Betrieb und ist kein Gewerbebetrieb, wenn sich die Dienstleistungen des Betriebsinhabers für die Pferdebesitzer im Wesentlichen auf das **Füttern und Unterstellen** beschränken.[9] Die Pensionspferdehaltung rechnet auch dann zur landwirtschaftlichen Tierhaltung, wenn den Pferdeeinstellern Reit- 43

1 BFH, Urteil v. 6.5.2015 - II R 9/13, BStBl 2015 II S. 888.
2 BFH, Urteil v. 24.1.1989 - VIII R 91/83, BStBl 1989 II S. 416.
3 BFH, Urteil v. 6.5.2015 - II R 9/13, BStBl 2015 II S. 888.
4 BFH, Urteil v. 24.1.1989 - VIII R 91/83, BStBl 1989 II S. 416, BFH, Urteil v. 29.11.2007 - IV R 49/05, BStBl 2008 II S. 425.
5 BFH, Urteil v. 16.11.1978 - IV R 191/74, BStBl 1979 II S. 246.
6 BFH, Urteil v. 13.8.1996 - II R 41/94, NWB VAAAB-37971.
7 BFH, Urteil v. 19.7.1990 - IV R 82/89, BStBl 1991 II S. 333.
8 Vgl. Wiegand in Viskorf/Schuck/Wälzholz, BewG § 169 Rz. 11.
9 BFH, Urteil v. 16.11.1978 - IV R 191/74, BStBl 1979 II S. 246.

anlagen (einschließlich einer Reithalle) zur Verfügung gestellt werden.[1] Werden darüber hinaus weitere Leistungen (z. B. eine Reithalle sowie **Speisen und Getränke**) angeboten, handelt es sich hierbei um eine gewerbliche Tätigkeit.[2] Ebenso ist die Erteilung von **Reitunterricht** gegen Entgelt keine landwirtschaftliche Leistung.

44 *(Einstweilen frei)*

2. Pelztiere (§ 241 Abs. 4 BewG)

45 Für **Pelztiere** gelten gem. § 241 Abs. 4 Satz 1 BewG die in § 241 Abs. 1–3 BewG aufgestellten Grundsätze nicht. Pelztiere gehören nach § 241 Abs. 4 Satz 2 BewG nur dann zum land- und forstwirtschaftlichen Vermögen, wenn die für ihre Ernährung erforderlichen **Futtermittel** überwiegend von den landwirtschaftlichen Flächen vom Inhaber des Betriebs gewonnen werden. Nach allgemeiner Auffassung kann daraus geschlossen werden, dass nur solche Pelztiere zum land- und forstwirtschaftlichen Vermögen gehören, die insbesondere **pflanzliche Nahrung** aufnehmen. Pelztiere, die von Nahrung tierischer Herkunft leben, werden nicht zur Landwirtschaft gerechnet.[3]

46–47 *(Einstweilen frei)*

3. Umrechnungsschlüssel

48 Der **Umrechnungsschlüssel** für Tierbestände in Vieheinheiten sowie die **Gruppen der mehr oder weniger flächenabhängigen Zweige des Tierbestandes** sind den **Anlagen 34 und 35 zum BewG** zu entnehmen. Der Umrechnungsschlüssel beruht auf dem Futterbedarf. Nach dem BFH-Urteil v. 7.10.1977[4] ist die Umrechnung in Vieheinheiten auf der Futtergrundlage rechtens. In seinem Urteil v. 8.12.1993[5] hat der BFH erneut bestätigt, dass der **Umrechnungsschlüssel nicht gegen Art. 3 Abs. 1 GG** verstößt. Die dagegen erhobene Verfassungsbeschwerde wurde nicht zur Entscheidung angenommen.[6] Die Entscheidung betrifft die Erzeugung von **Mastschweinen**. Der Umrechnungsschlüssel ist durch das Beitreibungsrichtlinien-Umsetzungsgesetz v. 7.12.2011 im Rahmen des ErbStRG ergänzt und als Anlage 19 zu § 169 BewG anzuwenden.[7] Die bisher für die Einheitsbewertung geltenden Anlagen 1 und 2 zu § 51 BewG sind mit den entsprechenden Ergänzungen nunmehr auch als Anlage 34 und 35 zum BewG gem. § 265 Abs. 4 BewG anzuwenden.

49 Bei der Umrechnung der Tierbestände in Vieheinheiten ist bei Mastvieh die **Jahreserzeugung**, bei allem übrigen Vieh der **Jahresdurchschnittsbestand** anzusetzen. Für sieben bis zehn Monate alte Mastrinder ist – bezogen auf den Jahresdurchschnittsbestand – der Umrechnungsschlüssel für „Kühe, Färsen und Masttiere – 1,0 Vieheinheiten" anzuwenden.[8] Zur Vieheinheitenberechnung bei der Abgrenzung der verschiedenen **Gewichtsgruppen in der Schweinehaltung** vgl. das Urteil des BFH v. 28.7.1999.[9]

50–52 *(Einstweilen frei)*

---

1 Vgl. BFH, Urteil v. 23.9.1988 - III R 182/84, BStBl 1989 II S. 111.
2 BFH, Urteil v. 16.7.1987 - V R 22/78, BStBl 1988 II S. 83.
3 BFH, Urteil v. 19.12.2002 - IV R 47/01, BStBl 2003 II S. 507.
4 BFH, Urteil v. 7.10.1977 - III R 13/75, BStBl 1978 II S. 89.
5 BFH, Urteil v. 28.7.1999 - II R 83/96, BStBl 1999 II S. 815
6 BVerfG, Kammerbeschluss v. 2.5.1994 - 1 BvR 607/94, HFR 1995 S. 40.
7 BGBl 2011 I S. 2592.
8 BFH, Urteil v. 17.10.1991 - IV R 134/89, BStBl 1992 II S. 378.
9 BFH, Urteil v. 28.7.1999 - II R 83/96, BStBl 1999 II S. 815.

4. Gemeinschaftliche Tierhaltung (§ 51a BewG)

Die bisherigen Regelungen der Einheitsbewertung zur gemeinschaftlichen Tierhaltung in § 51a BewG wurden **nicht in die Vorschriften zur Ermittlung der Grundsteuerwerte übernommen**. Mit dem Gesetz zur steuerlichen Förderung der Elektromobilität und zur Änderung weiterer steuerlicher Vorschriften v. 12.12.2019[1] wurden gemeinschaftliche Tierhaltungen mit Wirkung v. 1.1.2025 an in § 13b EStG aufgenommen. 53

Stephany[2] sieht diese Vorgehensweise als problematisch an und kommt zu dem Ergebnis, dass **Tierhaltungskooperationen** gem. § 51a BewG zukünftig als gewerbliche Tierhaltungen einzuordnen sind und damit dem **Grundvermögen** zugeschlagen werden. Der Gesetzgeber nutze einfach die Streichung der §§ 33 ff. BewG und tilge damit ersatzlos die Tierhaltungskooperationen aus den Bewertungsregeln. Dies bedeute eine eindeutige **Schlechterstellung der Land- und Forstwirtschaft** und ist nicht mit der Kernaussage der Politik, eine Schlechterstellung oder höhere Belastung im Rahmen der Grundsteuerreform zu vermeiden, vereinbar. Seiner Ansicht nach erfolgt die Streichung ohne Not. Ohne Weiteres könnten die Regeln des § 51a BewG einfach fortgeführt oder neue Regeln eingeführt werden. Nachvollziehbar führt er aus, dass das vom Gesetzgeber vorgebrachte Argument, die neue **Bewertung** erfolge **vollautomatisch** und deshalb sei § 51a BewG zu streichen, nicht trägt. Denn auch für die Ermittlungen des neuen Tierzuschlags müssen die Steuerpflichtigen die **zugepachtete Fläche** und die **Anzahl der gehaltenen und erzeugten Tiere** übermitteln, da die Finanzverwaltung auf diese Daten nicht anderweitig elektronisch zurückgreifen kann. 54

Gemeinschaftliche Tierhaltungen sind dem Grunde nach so eingerichtet, dass durch die **Übertragung von Vieheinheiten** von Beteiligten der Gemeinschaft auf die tierhaltende Gemeinschaft, diese **Tierhaltungsgemeinschaft flächenlos wirtschaften** konnte. Die für die Tierhaltung erforderliche Fläche verblieb bei den Beteiligten. Im neuen Recht führt die Tierzucht und Tierhaltung, die ohne eine ausreichende Flächenausstattung gem. § 241 Abs. 1 BewG betrieben wird, zu einer gewerblichen Tierzucht und Tierhaltung. Deshalb sind die bisherigen gemeinschaftlichen Tierhaltungen – soweit sie nicht über eigene oder gepachtete landwirtschaftliche Flächen verfügen – entsprechend § 218 BewG im Grundvermögen zu bewerten. 54/1

III. Anlagen 34 und 35 zum BewG

1. Umrechnungsschlüssel für Tierbestände in Vieheinheiten nach dem Futterbedarf (Anlage 34 zum BewG)

Der Umrechnungsschlüssel für Tierbestände in Vieheinheiten nach dem Futterbedarf ist in Anlage 34 zum BewG wiedergegeben. Der Gesetzgeber hat hierfür hinsichtlich des **Vieheinheitenschlüssels** die bisherigen Verwaltungsanweisungen aus den Anlage 19 und 20 zu § 169 Abs. 5 BewG übernommen. 55

(Einstweilen frei) 56–58

1 BGBl 2019 I S. 2451.
2 Vgl. Stephany, AgrB 6-2019 S. 342.

2. Gruppen der Zweige des Tierbestands nach der Flächenabhängigkeit (Anlage 35 zum BewG)

59 Die Anlage 35 teilt die Tiere in **mehr flächenabhängige** Tierzweige und **weniger flächenabhängige** Tierzweige auf. Einerseits handelt es sich hier mit Pferden, Rindern und Schafen um Rauhfutterfresser, die als mehr flächenabhängige Tierzweige gelten, weil deren Futterbedarf überwiegend über Weiden, Wiesen und Ackerfutter gedeckt wird. Andererseits gehören zu den weniger flächenabhängigen Tierzweigen Schweine und Geflügel als „Körnerfresser". Der **Futterverbrauch** dieser Tiere ist im Verhältnis zu den Rauhfutterfressern deutlich geringer, weil die **Energiedichte** des hier eingesetzten Futters höher ist als beispielsweise der Energiegehalt von Grünland- oder Ackerfutterflächen.

60 Bei der Anwendung der Anlage 35 zum BewG sind noch folgende Besonderheiten zu beachten:

- Die **Kälbermast** gehört zur Rindermast und ist genauso wie die **Damtierhaltung** den mehr flächenabhängigen Tierarten zuzuordnen.
- **Kaninchen** bilden dagegen einen weiniger flächenabhängigen Tierzweig.
- Die **Junghennenaufzucht** gehört wie die **Legehennenhaltung** zum Zweig des Tierbestandes „übriges Nutzvieh" (vgl. § 242 Abs. 3 Nr. 4 BewG) und nicht zum Mastvieh.[1]

b) Übrige land- und forstwirtschaftliche Nutzungen

§ 242 BewG Übrige land- und forstwirtschaftliche Nutzungen

(1) Zu den übrigen land- und forstwirtschaftlichen Nutzungen gehören:

1. Hopfen, Spargel und andere Sonderkulturen,

2. die sonstigen land- und forstwirtschaftlichen Nutzungen.

(2) Zu den sonstigen land- und forstwirtschaftlichen Nutzungen gehören insbesondere:

1. die Binnenfischerei,

2. die Teichwirtschaft,

3. die Fischzucht für Binnenfischerei und Teichwirtschaft,

4. die Imkerei,

5. die Wanderschäferei,

6. die Saatzucht,

7. der Pilzanbau,

8. die Produktion von Nützlingen,

9. die Weihnachtsbaumkulturen,

10. die Kurzumtriebsplantagen.

Inhaltsübersicht **Rz.**

1 FG Münster, Urteil v. 27.9.1994 - 15 K 1553/93.

LITERATUR:

Eisele/Wiegand, Grundsteuerreform 2022/2025, Stand: Januar 2020 (1. Aufl.), NWB CAAAH-44415; *Eisele*, Reform der Grundsteuer – Gesetzentwurf liegt vor! Teil II: Bewertung des land- und forstwirtschaftlichen Vermögens für Zwecke der Grundsteuer A/Änderungen des Grundsteuergesetzes, NWB 29/2019 S. 2127, NWB AAAAH-22096.

VERWALTUNGSANWEISUNGEN:

Koordinierte Erlasse der obersten Finanzbehörden der Länder v. 9.11.2021 – Anwendung des Siebenten Abschnitts des Zweiten Teils des Bewertungsgesetzes zur Bewertung des Grundbesitzes (land- und forstwirtschaftliches Vermögen) für die Grundsteuer ab 1.1.2022 (AEBewGrSt), BStBl I 2021 S. 2369.

A. Allgemeine Erläuterungen zu § 242 BewG

I. Normzweck und wirtschaftliche Bedeutung der Vorschrift

Die Vorschrift regelt die Art und den Umfang der übrigen land- und forstwirtschaftlichen Nutzungen als sog. Auffangtatbestand. Es werden Hopfen, Spargel und andere Sonderkulturen von **den sonstigen land- und forstwirtschaftlichen Nutzungen** abgegrenzt. 1

(Einstweilen frei) 2–4

II. Entstehung und Entwicklung der Vorschrift

Die Vorschrift entspricht § 175 Abs. 1 BewG. Sie gliedert die **übrigen land- und forstwirtschaftlichen Nutzungen** auf und definiert die **Sonderkulturen.**[1] Im Gegensatz zur Rechtslage bei der Einheitsbewertung ist § 242 BewG gegenüber § 62 BewG um die Nr. 1 des § 242 Abs. 1 BewG, nämlich um die **Sonderkulturen,** erweitert worden. Dies ist deshalb erforderlich, weil **Hopfen, Spargel und andere Sonderkulturen** durch § 52 BewG bewertungsrechtlich den landwirtschaftlichen Nutzungsteilen (§ 37 Abs. 1 BewG) zugeordnet wurden und als solche zu bewerten waren. 5

(Einstweilen frei) 6–8

1 BT-Drucks. 19/11085 S. 107.

III. Geltungsbereich

9 Die Vorschrift ist gem. § 231 BewG nur für die Bewertung des **inländischen** zu bewertenden Vermögens anzuwenden. Dabei sind auch die inländischen Teile einer wirtschaftlichen Einheit zu bewerten, die sich sowohl auf das Inland als auch auf das Ausland erstrecken.

10–11 *(Einstweilen frei)*

IV. Verhältnis zu anderen Vorschriften

12 § 234 Abs. 1 BewG benennt bei der **Gliederung des Betriebs der Land- und Forstwirtschaft** in Nr. 1 Buchst. e die übrigen land- und forstwirtschaftlichen Nutzungen als **eigenständige Gruppe** aller möglichen Nutzungen. Sie werden, weil die Anzahl der Betriebe mit den genannten jeweiligen Nutzungen relativ gering und damit auch die statistische Auswertbarkeit begrenzt ist, in § 242 BewG als **übrige land- und forstwirtschaftliche Nutzungen** zusammengefasst.

13–14 *(Einstweilen frei)*

B. Systematische Kommentierung

I. Abgrenzung der landwirtschaftlichen von der übrigen land- und forstwirtschaftlichen Nutzung (§ 242 Abs. 1 BewG)

15 Die Vorschrift dient – so der Gesetzgeber[1] – der besseren **Abgrenzung von der landwirtschaftlichen Nutzung** und ermöglicht eine zielgenauere Ermittlung der Reinerträge, da bei **Sonderkulturen** sowohl hinsichtlich der Erträge als auch der Aufwendungen besondere Verhältnisse vorliegen. Hier ist anzumerken, dass diese Verhältnisse schon bei der bisherigen Rechtslage seit jeher galten und der Gesetzgeber diese Erkenntnis bereits durch **besondere Bewertungsverfahren** erfasst hat.[2] Weil die Bedeutung des Tabakanbaus in Deutschland weiter abnimmt und es sich nicht um eine Dauerkultur handelt, wurde zwecks eindeutiger gesetzlicher Klassifizierung dieser Flächen der **Tabakanbau nicht mehr** den **Sondernutzungen**, sondern der landwirtschaftlichen Nutzung zugeordnet.[3]

16–17 *(Einstweilen frei)*

II. Sonderkulturen (§ 242 Abs. 1 Nr. 1 BewG)

18 Die Vorschrift gliedert zunächst die **übrigen** land- und forstwirtschaftlichen Nutzungen in Hopfen, Spargel und andere **Sonderkulturen** sowie die **sonstigen land- und forstwirtschaftlichen Nutzungen**, vgl. § 242 Abs. 1 Nr. 1 und 2 BewG. In der Gesetzesbegründung fällt auf, dass die Begriffe **Sonderkulturen und Sondernutzungen** synonym verwendet werden. Nach RB 160.9 Abs. 2 ErbStR 2019 gehören der Anbau von Hopfen, Tabak, Spargel und anderen Sonderkulturen **nur dann zu den Sondernutzungen**, wenn **keine** landwirtschaftliche Nutzung i. S. des § 160 Abs. 2 Satz 1 Nr. 1 Buchstabe a BewG vorliegt. Diesen „Ausschluss" sieht § 237 ff. BewG nicht vor, so dass auch das Nebeneinander von Hopfen, Spargel und der landwirtschaftlichen Nutzung zu einer jeweils getrennten Bewertung mit jeweils eigenständigen Bewertungsfaktoren führt. Eine Abgrenzung dieser beiden Begriffe hätte für eine eindeutigere Auslegung der-

1 BT-Drucks. 19/11085 S. 107.
2 Vgl. A 237.11 Abs. 1 AEBewGrSt.
3 BT-Drucks. 19/11085 S. 107 und 7.A 237.2 Abs. 1 Satz 3 AEBewGrSt.

selben gesorgt. Unterdessen wird ein direkter Bezug zu § 175 BewG, der für die Grundbesitzbewertung einschlägig ist, hergestellt, weil § 242 BewG dem § 175 BewG entspricht.[1]

Im Rahmen der Grundbesitzbewertung ist diese Betrachtung insoweit von Bedeutung, als das durch die Abgrenzung der Sondernutzungen von der landwirtschaftlichen Nutzung sich die jeweilige **Betriebsform und Betriebsgröße** über den Ansatz der zutreffenden **Standarddeckungsbeiträge** ermittelt und hierdurch die weitere Berechnung des Fortführungswertes maßgeblich beeinflusst wird. Zur Feststellung des Grundsteuerwertes ist die Frage, inwieweit die Definition der Sondernutzungen durch § 160 Abs. 2 Satz 2 BewG eine Wirkung entfaltet, zumindest im Hinblick auf seine Höhe unmaßgeblich. Klarstellend wird darauf hingewiesen, dass hier nicht gemeint ist, dass die Regelungen des § 160 Abs. 2 BewG, die **ausschließlich für die Grundbesitzbewertung** des land- und forstwirtschaftlichen Vermögens gelten und nicht (wie von Wiegand[2] angenommen) in einem kausalen Zusammenhang zum § 237 Abs. 2 BewG stehen bzw. von dieser Regelung aufgenommen oder sogar fortgeführt werden. **Hopfen, Spargel und andere Sonderkulturen** bilden im Rahmen der Grundsteuerwertermittlung des land- und forstwirtschaftlichen Vermögens **eigene bewertbare Nutzungen**, die gem. § 237 Abs. 6 BewG mit den entsprechenden Bewertungsfaktoren der Anlage 31 zum BewG zu bewerten sind. 19

Der **Ertragswert der Sonderkulturen** (vgl. § 242 Abs. 1 Nr. 1 BewG) Hopfen und Spargel (beide Kulturen werden dagegen in der Anlage 31 zum BewG explizit als Sondernutzungen bezeichnet) wird jeweils über den entsprechenden **Bewertungsfaktor je Flächeneinheit i.V. mit Anlage 31 BewG** bestimmt. 19/1

In diesem Kontext hat die Berücksichtigung der Hopfen- und insbesondere der Spargelanbauflächen bei der Ermittlung der **maßgeblichen Fläche für die Feststellung einer verstärkten Tierhaltung**, aber auch bei der **Abgrenzung** der **landwirtschaftlichen** von der **gewerblichen Tierhaltung** eine wesentlich größere Bedeutung. Nach der bisherigen Rechtslage sind sowohl bei der Einheitsbewertung – über den Verweis in § 52 BewG – und der Grundbesitzbewertung gem. § 160 Abs. 2 BewG die **Hopfen- und Spargelanbauflächen der landwirtschaftlichen Nutzung** zugeordnet und damit bei den Abgrenzungskriterien zur Feststellung einer landwirtschaftlichen oder gewerblichen Tierhaltung berücksichtigt worden. Zur Berücksichtigung von „Sondernutzungen" bei der Ermittlung eines Grundsteuerwertes für den Betrieb der Land- und Forstwirtschaft mit Tierhaltung.[3] 20

(Einstweilen frei) 21–22

III. Sonstige land- und forstwirtschaftliche Nutzungen (§ 242 Abs. 1 Nr. 2 BewG)

Die Vorschrift entspricht § 62 Abs. 1 BewG und ist um weitere Nutzungen erweitert worden.[4] 23
In der Folge wären dann auch die Regelungen des Abschnitts 7 der BewR L mit den Hauptabschnitten A–G maßgebend. Nach dem Wortlaut des § 242 Abs. 2 BewG werden einzelne land- und forstwirtschaftliche Betätigungen beispielhaft aufgezählt. Die **nicht bodengebunden Nutzungen** (z. B. Imkerei, Wanderschäferei) sind aber nach der Verkehrsauffassung einem Betrieb der Land- und Forstwirtschaft zuzuordnen. Zur **sonstigen land- und forstwirtschaftlichen**

1 BT-Drucks. 19/11085 S. 107.
2 Vgl. Rössler/Troll/Wiegand, BewG, § 242 Rz. 4
3 Vgl. Müller in Grootens, BewG § 241 Rz. 15.
4 BT-Drucks. 19/11085 S. 107.

Nutzung wurden in neuer Zeit unterschiedliche Auffassungen[1] vertreten. Insbesondere war fraglich, ob es sich bei den in § 62 BewG aufgeführten Betätigungen um jeweils eine eigene Nutzung oder um Nutzungsteile handelt. Dies wird durch eine neue Formulierung „Nutzungen" – bisher wird nur die Bezeichnung „Nutzung" verwendet – begrifflich klargestellt.[2] Zum **Begriff der sonstigen land- und forstwirtschaftlichen Nutzung** vgl. das Urteil des RFH v. 26.11.1943.[3]

1. Binnenfischerei (§ 242 Abs. 2 Nr. 1 BewG)

24 Zur **Binnenfischerei** gehören die Fischerei in **stehenden Gewässern** sowie die Fischerei in **fließenden Gewässern** einschließlich der Kanäle. Gegenstand der Bewertung ist nach bisherigem Recht die Ausübung der Fischerei in Binnengewässern aufgrund von **Fischereiberechtigungen**. Dabei ist es für die Bewertung ohne Bedeutung ob die Fischereiberechtigung,

- dem Inhaber des Fischereibetriebs als Ausfluss seines **Grundeigentums** zusteht oder,
- als selbständiges **besonderes Recht** ausgeübt wird oder
- auf einer sonstigen Nutzungsberechtigung, z. B. **Nutzungsüberlassung**, beruht.

25 Sind die Rechtsverhältnisse nicht geklärt, so gilt für die Bewertung als **Inhaber der Fischereiberechtigung**, wer über sie tatsächlich verfügt.[4] Die bisherige Bewertung erfolgte ausschließlich auf Grundlage der jährlich gefangenen Fischmenge; die Wasserfläche selbst wurde i. d. R. als Unland erfasst. Diese Bewertungsmethode wird nunmehr aufgegeben. Der Grundsteuerwert der Binnenfischerei wird über den **Ansatz der Wasserfläche** mit einem „Grundwert" und zusätzlich über einen **Zuschlag**, gemessen an einem differenzierten Fischfang in kg/Ar, abgebildet.

26 *(Einstweilen frei)*

2. Teichwirtschaft sowie Fischzucht für Binnenfischerei und Teichwirtschaft (§ 242 Abs. Nr. 2 und 3 BewG)

27 Gegenstand der Bewertung sind hier die Teichwirtschaft (§ 242 Abs. 2 Nr. 2 BewG) und die Fischzucht für Binnenfischerei und Teichwirtschaft (§ 242 Abs. 2 Nr. 3 BewG). Bei der Teichwirtschaft sowie bei der Fischzucht für Binnenfischerei und Teichwirtschaft kommen die verschiedensten Formen und Kombinationen beider Nutzungen vor. In vielen Fällen wird nur eine Art von Fischen z. B. **Forellen** oder **Karpfen** erzeugt, in anderen Fällen werden mehrere Arten von Fischen nebeneinander erzeugt. Die Teichwirtschaft kommt, ebenso wie die Fischzucht, für sich allein vor; vielfach sind aber auch Teichwirtschaft und Fischzucht miteinander verbunden.[5]

28 Kommen beide Nutzungen nebeneinander vor, so gilt nach der bisherigen Rechtslage, dass die **Ertragswerte** je für sich zu ermitteln und zu einem gemeinsamen Wert für die Teichwirtschaft und Fischzucht zusammenzuführen sind. Diese Form der Bewertung wird dem Grunde nach fortgeführt, indem der Gesetzgeber in § 237 Abs. 6 BewG für die flächengebunden Nutzungen Teichwirtschaft und Fischzucht für Binnenfischerei und Teichwirtschaft anordnet, dass sich de-

1 Vgl. Wiegand in Viskorf/Schuck/Wälzholz, BewG § 175 Rz. 1.
2 Vgl. Wiegand in Viskorf/Schuck/Wälzholz, BewG, § 175 Rz. 1.
3 RFH, Urteil v. 26.11.1943 - III 24/43, RStBl 1944 S. 51.
4 Vgl. A 237.13 Abs. 1 AEBewGrSt.
5 Vgl. A 237.13 Abs. 3 AEBewGrSt; Abschn. 7.09 Abs. 2 BewRL.

ren **Reinertrag** aus der **Summe der Flächenwerte** ergibt. Der Flächenwert ist das **Produkt** aus der Größe der klassifizierten **Eigentumsfläche** des Betriebs und dem jeweiligen **Bewertungsfaktor** einschließlich des **Zuschlags** gem. Anlage 31 zum BewG.

Wenn nach R 15.5 Abs. 5 i. V. m. Abs. 11 EStR 2012 der Umsatz aus dem **Zukauf fremder Erzeugnisse** nachhaltig die Grenzen von einem Drittel des Gesamtumsatzes oder 51.500 € im Wirtschaftsjahr übersteigt, so ist die Teichwirtschaft, insbesondere die Forellenteichwirtschaft, nicht mehr dem land- und forstwirtschaftlichen Vermögen zuzuordnen. Sie bildet dann einen gewerblichen Betrieb. Zugekaufte Forellen, die weniger als drei Monate im Betrieb gehalten werden, sind fremde Erzeugnisse. Werden durch einen Land- und Forstwirt neben eigenen Erzeugnissen auch fremde Erzeugnisse abgesetzt, liegen eine land- und forstwirtschaftliche und eine gewerbliche Tätigkeit vor. Diese gewerbliche Tätigkeit kann unter den Voraussetzungen des R 15.5 Abs. 11 EStR 2012 noch der Land- und Forstwirtschaft zugerechnet werden. Dagegen ist der ausschließliche Absatz fremder oder gewerblicher Erzeugnisse von Beginn an stets eine gewerbliche Tätigkeit. Auf die Art und den Umfang der Veräußerung kommt es dabei nicht an.[1] 29

Räuchereien sind Nebenbetriebe, soweit sie dem Hauptbetrieb (hier z. B. Forellenteichwirtschaft) dauernd zu dienen bestimmt sind.[2] Auch die Erzeugung und Mast von Forellen in Fließkanalanlagen und die Fischmast (z. B. Wels, Stör, Aal) in Indooranlagen mit Wasseraufbereitung, die i. d. R. in Hallen stehen, sind der Teichwirtschaft zuzuordnen. In diesen Fällen ist neben der Fläche aller nutzbaren Behälter auch die Durchflussmenge in l/s maßgeblich. 29/1

Neu ist hingegen, dass zunächst die den Nutzungen dienenden **Wasserflächen** mit einem pauschalen Wert bewertet werden. Die entsprechenden **Zuschläge** werden bei stehenden Gewässern aus dem jeweiligen **Fischfang** in kg/Ar bzw. bei fließenden Gewässern aus der **Durchflussmenge** an Wasser in Liter/Sekunde über entsprechende **Bewertungsfaktoren** abgeleitet. Die Summe beider Werte, der Pauschalwert für die Wasserfläche plus der getrennt ermittelte Zuschlag für die „Fischausbeute", ergeben den **Reinertrag der Nutzung**. 30

3. Imkerei (§ 242 Abs. 2 Nr. 4 BewG)

Gegenstand der Bewertung ist die Imkerei. Sie umfasst alle Formen der **Bienenhaltung**, die auf ein wirtschaftliches Ziel ausgerichtet sind. Dabei ist zu unterscheiden zwischen der Bienenhaltung zur Gewinnung von Honig und Wachs und Spezialformen der Bienenhaltung. Zu den Spezialformen der Imkerei zählen z. B. die **Königinnenzuchten** oder Bienenhaltungen zu **pharmazeutischen Zwecken**. Damit die Imkerei einer Bewertung überhaupt zugänglich ist, muss sie **nachhaltig** und auf einen **wirtschaftlichen Erfolg** ausgerichtet sein.[3] Der koordinierende Ländererlass konkretisiert den wirtschaftlichen Erfolg nicht weiter. Nach meiner Auffassung kann hier die Anzahl der vorhanden Wirtschaftsvölker (z. B. mindestens 30 Bienenkästen) weiterhin als Orientierung dienen.[4] 31

Die **Nutzungsgröße einer Imkerei** wurde im bisherigen Recht durch **die Zahl der Wirtschaftsvölker** bestimmt. Als Bewertungseinheit galt der mit einem Wirtschaftsvolk besetzte **Bienenkasten** und bewertet wurde eine Imkerei erst ab einer Nutzungsgröße von 30 Bienenkästen, 32

1 Vgl. R 15.5 Abs. 7 EStR 2021.
2 Vgl. glE der obersten Finanzbehörden der Lander v. 15.6.1971, BStBl 1971 I S. 324.
3 Vgl. A 237.14 Abs. 1 AEBewGrSt.
4 Vgl. Abschn. 7.19 Abs. 2 BewRL und Anlage 1a zu § 13 a EStG.

da erst ab einer Nutzungsgröße von 30 Bienenkäste an aufwärts der Ertrag den Aufwand übersteigt. Unterhalb dieser Schwelle ist eine nachhaltige Ertragsfähigkeit nicht gegeben.

33 Diese Form der Bewertung ist mit dem angestrebten Verfahren einer digitalen Erfassung von Flächen und deren Auswertung im Hinblick auf die erforderliche **Klassifizierung** dieser Flächen für Bewertungszwecke nicht mehr durchführbar. Deshalb hat der Gesetzgeber mit Anwendung des § 237 Abs. 6 BewG i.V. mit Anlage 31 zum BewG bestimmt, dass sich bei den **nicht flächengebundenen sonstigen land- und forstwirtschaftlichen Nutzungen** der Reinertrag der jeweiligen Nutzung aus dem **Produkt** der **Bruttogrundfläche** und dem **Bewertungsfaktor** der ihr dienenden **Wirtschaftsgebäude** einschließlich des dazugehörenden Grund und Bodens unter Berücksichtigung des § 237 Abs. 8 BewG ermittelt.[1]

4. Wanderschäferei (§ 242 Abs. 2 Nr. 5 BewG)

34 Die typischen Merkmale der Wanderschäferei sind die **Haltungsform der Großherde** unter ständiger **Aufsicht eines Schafmeisters** und die Sicherstellung der Futtergrundlage, ggf. ausschließlich durch Nutzung fremder Flächen. Sie ist durch ständigen **Standortwechsel** gekennzeichnet. Wenn die Schafhaltung jedoch überwiegend auf Flächen stattfindet, die durch **Nutzungsüberlassungsverträge** dauernd (ganzjährig) zur Beweidung zur Verfügung stehen, handelt es sich nicht mehr um Wanderschäfereien, sondern um eine **Schafhaltung**, die im Rahmen der landwirtschaftlichen Nutzung zu bewerten ist.[2]

35 Die Nutzungsgröße der Wanderschäferei ergab sich aus dem **Tierbestand zum Bewertungsstichtag**. Der Tierbestand umfasst Zuchtböcke, Mutterschafe, Hammel und Lämmer. Besteht neben der Wanderschäferei eine Tierhaltung im Rahmen der landwirtschaftlichen Nutzung, so vermindert sich die Nutzungsgröße der Wanderschäferei unter Anwendung **des Umrechnungsschlüssels für Vieheinheiten**[3] um die entsprechende Zahl der Tiere. § 241 BewG gilt aber nicht für **den Nutzungsteil** Wanderschäferei.[4]

36 Neu ist die Bewertung von Wanderschäfereien. Während bei der Einheitsbewertung die Bewertung über einen entsprechenden Ertragswert je Tier, also letztendlich über den am Bewertungsstichtag vorhanden **Tierbestand** erfolgte, wird nunmehr (soweit vorhanden) der Wert der Wanderschäferei über den **Ertragswert** der ihr dienen **Wirtschaftsgebäude** unter Anwendung der Anlage 31 zum BewG i.V. mit § 237 Abs. 8 BewG erfasst.[5]

37 *(Einstweilen frei)*

5. Saatzucht (§ 242 Abs. 2 Nr. 6 BewG)

38 Ein Saatzuchtbetrieb **züchtet Saatgut**, vermehrt und verkauft es. Zum Saatgut zählen Samen, Pflanzgut oder Pflanzenteile, die für die **Erzeugung von Kulturpflanzen** bestimmt sind. Dabei ist nicht zu unterscheiden zwischen Nutzpflanzensaatgut und dem Saatgut anderer Kulturpflanzen.[6] Zuchtsaatgut ist nach den Regeln der Erhaltungszüchtung gewonnenes Saatgut züchterisch bearbeiteter Sorten von Kulturpflanzen. **Vermehrung und Verkauf von Zuchtsaat-**

1 Vgl. A 237.14 Abs. 4 AEBewGrSt.
2 Vgl. A237.15 Abs. 1 AEBewGrSt.
3 Vgl. Müller in Grootens, BewG § 241 Rz. 55.
4 Vgl. Wiegand in Viskorf/Schuck/Wälzholz, BewG § 175 Rz. 9.
5 Vgl. Müller in Grootens, BewG § 237 Rz. 64.
6 Vgl. A 237.16 Abs. 1 AEBewGrSt.

gut ohne Züchtung ist keine Saatzucht. Die Saatzucht bildet entweder allein oder zusammen mit weiteren land- und forstwirtschaftlichen Nutzungen desselben Eigentümers einen Betrieb der Land- und Forstwirtschaft. Eine Saatzucht kann auch auf gepachteten Grundstücksflächen betrieben werden.

Zur Saatzucht gehören insbesondere folgende **Wirtschaftsgüter:** 39

- **Grund und Boden** für die Zuchtgärten und Pflanzkämpe einschließlich der Hof- und Gebäudeflächen, Wirtschaftsweg, Trennstreifen,
- **Wirtschaftsgebäude**, das sind Zuchtlaboratorien, Gewächshäuser, Lagergebäude und die zur Saatgutaufbereitung, zur Verwaltung und zum Geschäftsbetrieb erforderlichen Räume,
- **stehende Betriebsmittel**, insbesondere Pflanzenbestände sowie Maschinen und Geräte für Sichtung, Aufbereitung und Lagerung,
- **umlaufende Betriebsmittel**, darunter sind die zum Verbrauch bestimmten Erzeugnisse und die zum Verbrauch bestimmten Vorräte zu verstehen.[1]

Die der **Saatgutvermehrung** dienenden Flächen und Betriebsmittel gehören nicht zur Saatzucht. Sie sind der landwirtschaftlichen Nutzung zuzurechnen.[2] Zur Saatgutvermehrung durch Dritte im Rahmen der Land- und Forstwirtschaft vgl. das Urteil des FG Baden-Württemberg v. 27.3.1998.[3]

Der geforderten Vereinfachung der bisherigen Bewertungssystematik ist der Gesetzgeber dadurch gefolgt, dass er die Saatzucht den **flächengebunden sonstigen land- und forstwirtschaftlichen Nutzungen** zugeordnet hat. Im Zuge dessen wird die Saatzucht nunmehr der landwirtschaftlichen Nutzung zugewiesen und anstelle einer Bewertung über ein Einzelertragswertverfahren mit den **Bewertungsfaktoren** der Anlage 27 zum BewG bewertet. 40

(Einstweilen frei) 41–42

6. Pilzanbau (§ 242 Abs. 2 Nr. 7 BewG)

Zum Pilzanbau gehören alle Wirtschaftsgüter, die der Erzeugung von **Speisepilzen** dienen. 43
Hierzu gehören insbesondere die **Wirtschaftsgebäude** mit den Beetflächen, Pasteurisierungs-, Anwachs- und Anspinnräumen sowie Konservierungsanlagen und Lagerplätze.[4] Das **GrStRefG** v. 26.11.2019[5] sieht für die Bewertung des land- und forstwirtschaftlichen Vermögens keine Ermittlung von Einzelertragswerten mehr vor. Deshalb wird diese Form der Nutzung den sonstigen land- und forstwirtschaftlichen Nutzungen zugeordnet, für die **keine Bewertungsfaktoren** festgelegt wurden. Folgerichtig werden die im Zusammenhang mit der Produktion von Pilzen stehenden **Wirtschaftsgebäude** mit der jeweiligen **Bruttogrundfläche** und dem entsprechenden **Bewertungsfaktor** gem. Anlage 31 zum BewG unter Berücksichtigung des § 237 Abs. 8 BewG bewertet.

(Einstweilen frei) 44–45

1 Vgl. A 237.16 Abs. 1 Satz 4 AEBewGrSt.
2 Vgl. Wiegand in Viskorf/Schuck/Wälzholz, BewG § 175 Rz. 10.
3 FG Baden-Württemberg, Urteil v. 27.3.1998 - 9 V 54/97, EFG 1998 S. 1003 sowie A 237.16 Abs. 2 AEBewGrSt.
4 Vgl. A 237.17 Abs. 1 AEBewGrSt.
5 GrStRefG v. 26.11.2019, BGBl 2019 I S. 1794.

7. Produktion von Nützlingen (§ 242 Abs. 2 Nr. 8 BewG)

46 Werden Spinnentiere (z. B. Raubmilben) oder Insekten (z. B. Schlupfwespen) u. a. für den **integrierten Pflanzenschutz** oder andere Zwecke produziert, gehören sie zur Produktion von Nützlingen. Bisher wurde der Reinertrag dieser Nutzung im Einzelertragswertverfahren ermittelt. Nunmehr wird diese Form der Nutzung den **sonstigen land- und forstwirtschaftlichen Nutzungen** zugeordnet, für die **keine Bewertungsfaktoren** festgelegt wurden. Folglich werden die im Zusammenhang mit der Produktion von Nützlingen stehenden **Wirtschaftsgebäude** mit der jeweiligen **Bruttogrundfläche** und dem entsprechenden **Bewertungsfaktor** gem. Anlage 31 zum BewG unter Berücksichtigung des § 237 Abs. 8 BewG bewertet.[1]

47–48 *(Einstweilen frei)*

8. Weihnachtsbaumkulturen (§ 242 Abs. 2 Nr. 9 BewG)

49 Zur Weihnachtsbaumkultur gehören alle Flächen sowie die übrigen Wirtschaftsgüter, die ausschließlich dem **Anbau von Weihnachtsbäumen** dienen. Die Nutzung umfasst die dem Anbau von Weihnachtsbäumen dienenden Flächen einschließlich der zur Weihnachtsbaumkultur gehörenden **Lagerplätze** und **Fahrschneisen**. Dienen Flächen der **Jungpflanzenanzucht**, gehören diese Flächen zum gärtnerischen Nutzungsteil **Baumschulen**. Zum Nutzungsteil Weihnachtsbaumkultur gehören auch **langfristig forstwirtschaftlich genutzte Flächen,** aus denen **mehr als zwei Drittel** des Bestandes **als Weihnachtsbäume geschlagen** werden, da in diesen Fällen die Vorkultur Weihnachtsbaumkultur den Grundsteuerwert maßgeblich prägt.

50 Bei der Abgrenzung der Weihnachtsbaumkultur von dem gärtnerischen Nutzungsteil Baumschulen sind die **Kulturmaßnahmen** als wesentliche **Unterscheidungsmerkmale** heranzuziehen. Die Bäume einer Weihnachtsbaumkultur unterscheiden sich insbesondere dadurch von Baumschulkulturen, dass sie **nach der Anpflanzung nicht umgeschult** werden. Der untergeordnete Verkauf von **Ballenware** führt nicht zu einer Bewertung der Fläche als Nutzungsteil Baumschule. Flächen der forstwirtschaftlichen Nutzung, aus denen **gelegentlich** Weihnachtsbäume geschlagen werden (z. B. bei Durchforstungen), sind keine Weihnachtsbaumkulturen, da sie **primär der Rohholzerzeugung** zu dienen bestimmt sind.[2]

51 Bei der **Einheitsbewertung** wurden feste Ertragswerte je Hektar bewirtschafteter Weihnachtsbaumkulturfläche angesetzt. Unter Berücksichtigung weiterer Zu- und Abrechnungen ergab sich der Vergleichswert für die sonstige land- und forstwirtschaftliche Nutzung Weihnachtsbaumkultur. In diesem Wert war der Wert für den Grund und Boden, den aufstehenden Weihnachtsbäumen und der Wirtschaftsgüter, die der Nutzung dauerhaft dienen, enthalten. § 237 Abs. 6 BewG führt diese Bewertung grundsätzlich fort und sieht für die **Grundsteuerwertermittlung** ein Bewertungsverfahren vor, in dem die **Eigentumsfläche** der Nutzung in Ar mit dem sich aus Anlage 31 zum BewG ergebenden **Bewertungsfaktor** multipliziert wird; das Ergebnis ist der **Reinertrag** der sonstigen land- und forstwirtschaftlichen Nutzung Weihnachtbaumkultur.

52–53 *(Einstweilen frei)*

1 Vgl. A 237.18 Abs. 1und 2 AEBewGrSt.
2 Vgl. A 237.19 Abs. 1 und 2 AEBewGrSt.

9. Kurzumtriebsplantagen (§ 242 Abs. 2 Nr. 10 BewG)

Eine **Kurzumtriebsplantage** (KUP) ist eine Anpflanzung schnell wachsender Bäume mit dem Ziel, innerhalb kurzer Umtriebszeiten **Holz als nachwachsenden Rohstoff** zu produzieren. Dabei handelt es sich um landwirtschaftliche Kulturen und **nicht um Wald i. S. des Bundeswaldgesetz.**[1] In Deutschland dürfen Kurzumtriebsplantagen nur auf Ackerland angebaut werden. Eine Umwandlung von Wald zu Kurzumtriebsplantagen ist gesetzlich ausgeschlossen. Gegenüber etablierten einjährigen Ackerkulturen erfordern Kurzumtriebsplantagen relativ **hohe Investitionen bei Bestandsbegründung** sowie einen verhältnismäßig langen Produktionszeitraum und erzeugen **unregelmäßige Zahlungsströme**. Gleichzeitig fallen nach einer erfolgreichen Etablierung keine nennenswerten weitere Kosten für die Bewirtschaftung der Plantagen (abgesehen von den Erntekosten) an. Die Finanzverwaltung hat Kurzumtriebsplantagen als **sonstige land- und forstwirtschaftliche Nutzung** eingeordnet. 54

Zur wirtschaftlichen Einheit Kurzumtriebsplantage gehören alle Flächen sowie die übrigen Wirtschaftsgüter, die ausschließlich dem Anbau von **Energieholz** oder **Holz zur stofflichen Verwertung** dienen. Die Fläche der Kurzumtriebsplantage umfasst die dem Anbau dienenden Flächen einschließlich der dazu gehörenden Lagerplätze, Vorgewende, Wege und Fahrschneisen, die Wirtschaftsgebäude sowie die sonstigen Betriebsmittel.[2] 55

Der geforderten Vereinfachung der bisherigen Bewertungssystematik ist der Gesetzgeber dadurch gefolgt, dass er die Kurzumtriebsplantage den **flächengebunden sonstigen land- und forstwirtschaftlichen Nutzungen** zugeordnet hat. Im Zuge dessen wird die Kurzumtriebsplantage nunmehr über Anlage 31 zum BewG der landwirtschaftlichen Nutzung zugewiesen und dementsprechend mit den **Bewertungsfaktoren** der Anlage 27 zum BewG bewertet.[3] 56

C. Grundvermögen

I. Allgemeines

§ 243 BewG Begriff des Grundvermögens

(1) Zum Grundvermögen gehören, soweit es sich nicht um land- und forstwirtschaftliches Vermögen (§§ 232 bis 242) handelt:

1. **der Grund und Boden, die Gebäude, die sonstigen Bestandteile und das Zubehör,**
2. **das Erbbaurecht,**
3. **das Wohnungseigentum und das Teileigentum,**
4. **das Wohnungserbbaurecht und das Teilerbbaurecht nach § 30 Absatz 1 des Wohnungseigentumsgesetzes.**

(2) In das Grundvermögen sind nicht einzubeziehen:

1. **Bodenschätze,**
2. **die Maschinen und sonstigen Vorrichtungen aller Art, die zu einer Betriebsanlage gehören (Betriebsvorrichtungen), auch wenn sie wesentliche Bestandteile sind.**

1 Vgl. A 237.20 Abs. 1 AEBewGrSt.

2 Vgl. Wiegand in Viskorf/Schuck/Wälzholz, BewG § 175 Rz. 17.

3 Vgl. A 237.20 Abs. 2 AEBewGrSt.

(3) Einzubeziehen sind jedoch die Verstärkungen von Decken und die nicht ausschließlich zu einer Betriebsanlage gehörenden Stützen und sonstigen Bauteile wie Mauervorlagen und Verstrebungen.

Inhaltsübersicht **Rz.**

LITERATUR:

Eisele/Wiegand, Grundsteuerreform 2022/2025, Stand: Januar 2020 (1. Aufl.), NWB CAAAH-44415; Bruschke, Grundsteuerreform: Flächenbewertung bei Windenergieanlagen, ErbStB 2022 S. 347.

ARBEITSHILFEN UND GRUNDLAGEN ONLINE:

Berechnung der Grundsteuer nach der Gesetzesreform, Berechnungstool „Grundsteuer" nach dem Entwurf v. 21.6.2019, NWB NAAAH-30144; Grundsteuer: Grundbesitzbewertung ab 2022/2025 (Sach- und Ertragswertverfahren) – Checkliste mit Berechnungen, NWB NAAAH-93792.

VERWALTUNGSANWEISUNGEN:

Gleich lautende Erlasse der obersten Finanzbehörden der Länder, Abgrenzung des Grundvermögens von den Betriebsvorrichtungen v. 5.6.2013 - S 3130 (im Folgenden nur Abgrenzungserlass v. 5.6.2013), BStBl 2013 I S. 734, NWB DAAAE-40449; BayLfSt, Vfg. v. 15.11.2013 - S 3230, S 3190, S 3206, S 3209 B, S 3208, S 3228, S 3204, juris; Koordinierte Erlasse der obersten Finanzbehörden der Länder v. 9.11.2021 – Anwendung des Siebenten Abschnitts des Zweiten Teils des Bewertungsgesetzes zur Bewertung des Grundbesitzes (allgemeiner Teil und Grundvermögen) für die Grundsteuer ab 1.1.2022 (AEBewGrSt), BStBl I 2021 S. 2334; Gleich lautende Erlasse der Obersten Finanzbehörden der Länder – Zurechnung und Bewertung von Agri-Fotovoltaik-Anlagen v. 15.7.2022 - S 3250, BStBl 2022 I S. 1226.

A. Allgemeine Erläuterungen zu § 243 BewG

I. Normzweck und wirtschaftliche Bedeutung der Vorschrift

§ 243 BewG definiert **Begriff und Umfang des Grundvermögens** als eine der beiden Vermögensarten, die der Grundsteuer unterliegen.[1] Die Norm entspricht § 68 BewG bei der Einheitsbewertung und § 176 BewG bei der Bedarfsbewertung für Zwecke der Erbschaft- und Schenkungsteuer sowie der Grunderwerbsteuer.[2] Die Norm zählt enumerativ bestimmte **Vermögensgegenstände** auf, die unter dem Begriff des Grundvermögens fallen und sondert in negativer Hinsicht andere Vermögensgegenstände aus. 1

Es müssen **nicht alle Vermögensgegenstände** einer Ziffer vorliegen. Es genügt beispielsweise nur das Vorhandensein von Grund und Boden i. S. des § 243 Abs. 1 Nr. 1 BewG (unbebautes Grundstück). Ferner können auch Vermögensgegenstände verschiedener Ziffern vorliegen, wie beispielsweise beim Erbbaurecht das aufgrund des Erbbaurechts errichtete Gebäude, das wesentlicher Bestandteil des Erbbaurechts ist. Das **Zubehör** eines Grundstücks spielt bei der Ermittlung des Grundsteuerwerts keine Rolle, da dieses bei der Wertermittlung nicht gesondert erfasst wird. Auch die **sonstigen Bestandteile** sowie die **Abgrenzung zu den Betriebsvorrichtungen** hat nicht dieselbe Bedeutung wie etwa bei der Erbschaft- und Schenkungsteuer.[3] Nur wenn die Betriebsvorrichtungen die Brutto-Grundfläche bei der Bewertung im Sachwertverfahren erhöhen würden oder das Bauwerk nicht den Gebäudebegriff erfüllt, hat die Abgrenzung zu den Betriebsvorrichtungen einen unmittelbaren Einfluss auf den Grundsteuerwert. Die Bedeutung des Zubehörs, der sonstigen Bestandteile und der Abgrenzung zu den Betriebsvorrichtungen hat jedoch Einfluss beim **Nachweis eines niedrigeren gemeinen Werts** nach § 220 Abs. 2 BewG,[4] da der Nachweis dann für die gesamte wirtschaftliche Einheit des Grundvermögens (einschließlich sonstiger Bestandteile und Zubehör ohne Betriebsvorrichtungen) zu führen ist. 2

Mit der Trennung von **Wohnungseigentum und Teileigentum** sowie **Wohnungserbbaurecht und Teilerbbaurecht** in separaten Nummern ist keine materiell-rechtliche Änderung verbunden. Auch das Fehlen der Zitierung des Wohnungseigentumsgesetzes beim Wohnungseigentum und Teileigentum intendiert keine Änderung der materiellen Rechtslage, da die Definition in § 249 Abs. 4 und 5 BewG wortgleich mit derjenigen in § 1 Abs. 2 und 3 WEG ist. 3

(Einstweilen frei) 4–5

II. Entstehung und Entwicklung der Vorschrift

§ 243 BewG wurde mit dem **GrStRefG** v. 26.11.2019[5] in das BewG eingefügt. 6

(Einstweilen frei) 7–9

1 A 243 Abs. 1 Satz 1 AEBewGrSt.

2 Vgl. auch BT-Drucks. 19/11085 S. 108.

3 Vgl. hierzu vertiefend Bock in Viskorf/Schuck/Wälzholz, BewG § 176 Rz. 1 ff.

4 Vgl. zur analogen Anwendung von § 198 BewG im Rahmen des Liquidationswerts nach § 166 BewG BFH, Urteil v. 30.1.2019 - II R 9/16, NWB UAAAH-11889; vgl. auch BFH, Urteil v. 11.12.2013 - II R 22/11, NWB FAAAE-65759 zur Bewertung eines mit einem Erbbaurecht belasteten Grundstücks für Zwecke der Grunderwerbsteuer und Grootens in Grootens, BewG § 252 Rz. 106 ff.

5 GrStRefG v. 26.11.2019, BGBl 2019 I S. 1794.

III. Geltungsbereich

10 Die Norm gilt nur für im Bundesgebiet belegenes **Grundvermögen**, soweit die Länder in Bezug auf § 243 BewG nicht von ihrer Abweichungskompetenz nach Art. 72 Abs. 3 Satz 1 Nr. 7 GG Gebrauch gemacht haben.[1] Die Vorschriften der §§ 232 und 233 BewG gehen § 243 BewG vor. Liegt land- und forstwirtschaftliches Vermögen nach § 232 BewG vor, kann grundsätzlich kein Grundvermögen vorliegen. Etwas anderes gilt für land- und forstwirtschaftliche Flächen, die nach § 233 Abs. 2 und 3 BewG ausdrücklich dem Grundvermögen zugeordnet werden (insbes. **Bauerwartungs- und Rohbauland**). Die Standortflächen von **Windenergieanlagen** einschließlich der Betriebsvorrichtungen sind nach § 233 Abs. 1 BewG nicht dem Grundvermögen, sondern dem land- und forstwirtschaftlichen Vermögen zugeordnet.[2] § 243 BewG gilt auch für **Betriebsgrundstücke** i. S. des § 99 Abs. 1 Nr. 1 BewG, die gem. § 218 Satz 3 BewG dem Grundvermögen zugeordnet und wie Grundvermögen bewertet werden. Eine genaue Abgrenzung der Betriebsgrundstücke von anderem Grundbesitz ist nicht erforderlich, da für Zwecke der Grundsteuer nur zwischen land- und forstwirtschaftlichen Vermögen und Grundvermögen unterschieden wird.[3]

11 Liegt Grundvermögen vor, erfolgt eine Bewertung mit dem Grundsteuerwert gem. § 231 BewG nur für **inländisches Grundvermögen**. Erfasst werden auch die inländischen Teile einer wirtschaftlichen Einheit, die sich sowohl auf das Inland als auch auf das Ausland erstrecken.[4]

12 § 243 BewG ist gem. § 266 BewG erstmals für den **Hauptfeststellungszeitpunkt auf den 1.1.2022** anzuwenden.[5]

13–14 *(Einstweilen frei)*

IV. Verhältnis zu anderen Vorschriften

15 Inländisches Grundvermögen stellt einen **Teil des inländischen Grundbesitzes** i. S. des Bewertungsrechts dar, der gem. **§ 2 GrStG** Steuergegenstand der Grundsteuer ist und für den gem. **§ 219 Abs. 1 BewG** Grundsteuerwerte gesondert festgestellt werden. Nach **§ 218 BewG** werden verschiedene Vermögensarten (Land- und Forstwirtschaftliches Vermögen und Grundvermögen) differenziert, für die unterschiedliche Bewertungsregelungen vorgesehen sind. Betriebsgrundstücke i. S. des **§ 99 Abs. 1 Nr. 1 BewG** werden gem. § 218 Satz 3 BewG dem Grundvermögen zugeordnet und wie Grundvermögen bewertet. § 243 BewG bestimmt abstrakt, welches Vermögen für Zwecke der Grundsteuer zur Vermögensart des Grundvermögens gehört und als Folge mit den Bewertungsregelungen der **§§ 246 ff. BewG** zu bewerten sind. Grundvermögen kann nur vorliegen, wenn kein land- und forstwirtschaftliches Vermögen i. S. der **§§ 232–242 BewG** vorliegt. Die Abgrenzung des konkreten Bewertungsgegenstandes im Grundvermögen, nämlich die wirtschaftliche Einheit des Grundvermögens (bewertungsrechtliches Grundstück), erfolgt durch **§ 244 BewG** (i. V. mit **§ 2 BewG**).

16 Das Wohnungseigentum wird in **§ 249 Abs. 4 BewG** und das Teileigentum in **§ 249 Abs. 5 BewG** legaldefiniert. Für das Erbbaurecht existiert in **§ 261 Satz 1 und 2 BewG**[6] eine Sonder-

1 Schnitter, 360° GrStG eKommentar, BewG § 243 Rz. 7.
2 Siehe vertiefend Bruschke, ErbStB 2022 S. 347.
3 Krause in Stenger/Loose, BewG § 243 Rz. 15.
4 Schnitter, 360° GrStG eKommentar, BewG § 243 Rz. 7.
5 Schnitter, 360° GrStG eKommentar, BewG § 243 Rz. 8.
6 Siehe hierzu Grootens in Grootens, BewG § 261 Rz. 31 ff. und Rz. 41 ff.

regelung für die Ermittlung und Zurechnung des Grundsteuerwerts, die nach **§ 261 Satz 3 BewG**[1] für Wohnungserbbau- und Teilerbbaurechte entsprechend gilt. Danach ist ein Gesamtwert, der dem jeweiligen Erbbauberechtigten zugerechnet wird, zu ermitteln, der ohne die Erbbaurechtsbelastung festzustellen wäre. Für Gebäude auf fremdem Grund und Boden wird in **§ 262 BewG** bestimmt, dass ein Gesamtwert mit dem Grund und Boden zu bilden ist, der dem Eigentümer des Grund und Bodens zugerechnet wird.

(Einstweilen frei) 17–18

B. Systematische Kommentierung

I. Gegenstände des Grundvermögens (§ 243 Abs. 1 Nr. 1–4 BewG)

1. Kein land- und forstwirtschaftliches Vermögen

Grundvermögen stellt einen Teil des **Grundbesitzes** i. S. des Bewertungsrechts dar (vgl. → Rz. 15). Grundvermögen ist Grundbesitz, bei dem es sich **nicht** um **land- und forstwirtschaftliches Vermögen** handelt.[2] Vermögensgegenstände, die unter § 243 Abs. 1 Nr. 1–3 BewG subsumiert werden können, sind folglich daraufhin zu überprüfen, ob sie die Voraussetzungen der §§ 232, 233 Abs. 1 BewG erfüllen. Nur wenn sie diese Voraussetzungen nicht oder nicht mehr oder die Voraussetzungen des § 233 Abs. 2 und 3 BewG erfüllen, können sie Grundvermögen i. S. des § 243 BewG sein. So sind z. B. ehemals landwirtschaftlich genutzte unbebaute Grundstücke, die auf Dauer an einen Golfplatzbetreiber verpachtet sind, nach § 243 Abs. 1 Nr. 1 BewG dem Grundvermögen zuzurechnen, weil sie nicht mehr i. S. des § 232 Abs. 1 und 2 BewG dauernd dazu bestimmt sind, einem Betrieb der Land- und Forstwirtschaft zu dienen.[3] 19

Der **Wohnteil** eines land- und forstwirtschaftlichen Betriebs wird nach § 232 Abs. 4 Nr. 1 BewG[4] für Zwecke der Bewertung bei der Grundsteuer nicht dem land- und forstwirtschaftichen Vermögen, sondern dem Grundvermögen zugeordnet. Die Zuordnung des Wohnteils zum Grundvermögen macht es erforderlich, dem Wohnteil auch einen Teil des Grund und Bodens zuzurechnen. Die **Aufteilung** des **Grund und Bodens,** der zum Wohnteil und damit zum Grundvermögen einerseits sowie zur **Hofstelle** und damit zum land- und forstwirtschaftlichen Vermögen andererseits gehört, kann zu erheblichen Schwierigkeiten führen. Im Rahmen der Zuordnung des anteiligen Grund und Bodens zu den jeweiligen wirtschaftlichen Einheiten des Grundvermögens oder zu den Flächen der Hofstelle sind neben den bebauten Flächen auch die übrigen Flächen, wie Garten- und Stellplatzflächen, einzubeziehen.[5] Eine Aufteilung kann nach dem Verhältnis der mit dem Wohnteil bebauten Fläche zur bebauten Fläche der anderen Gebäude, nach der ertragsteuerrechtlichen Einordnung oder mit dem Dreifachen der mit dem Wohnteil bebauten Fläche erfolgen.[6] 20

Ob ein Garten einem Wohngebäude zugerechnet wird (**Hausgarten**) und damit Grundvermögen ist oder bereits eine land- und forstwirtschaftliche Nutzung etwa in Form der **gärtneri-** 21

1 Eingefügt mit dem Jahressteuergesetz 2020 v. 21.12.2020, BGBl 2020 I S. 3096; siehe vertiefend Grootens in Grootens, BewG § 261 Rz. 47 f.

2 Vgl. auch A 243 Abs. 7 AEBewGrSt und A 232.3 AEBewGrSt und A 233 AEBewGrSt.

3 Für die Einheitsbewertung vgl. BFH, Urteil v. 20.10.2004 - II R 34/02, BStBl 2005 II S. 256.

4 Siehe dazu Müller in Grootens, BewG § 232 Rz. 73 ff.

5 A 237.24 Abs. 6 Satz 2 AEBewGrSt.

6 Siehe A 237.24 Abs. 7 AEBewGrSt sowie die dort aufgeführten Beispiele.

schen Nutzung (bspw. Streuobstwiese) nach § 237 Abs. 5 BewG[1] vorliegt, ist von den Umständen des Einzelfalls abhängig[2] und durch einen Vergleich des Arbeitseinsatzes, der Investitionen zur Erhaltung oder Steigerung der Ertragsfähigkeit sowie des erzielbaren Ertrags mit einem durchschnittlichen landwirtschaftlichen Haupterwerbsbetrieb zu entscheiden.[3] Hierfür ist erforderlichenfalls ein Sachverständigengutachten einzuholen.[4] Für die Abgrenzung zwischen einem dem Grundvermögen zuzurechnenden Hausgarten und einer gärtnerisch genutzten Fläche eines Betriebs der Land- und Forstwirtschaft ist ein Rückgriff auf die ertragsteuerrechtliche Abgrenzung nach § 13 Abs. 4 und 5 EStG im Fall der Nutzungswertbesteuerung bzw. Entnahme nicht möglich,[5] da bei der Grundsteuer die Flächen in die Vermögensarten Grundvermögen oder land- und forstwirtschaftliches Vermögen einzuordnen sind und es auf eine Abgrenzung zwischen Betriebs- und Privatvermögen wie im Ertragsteuerrecht nicht ankommt.[6]

22 Stehen auf einem Grundstück **Anlagen zur Energieerzeugung** (insbesondere Freiflächen-Fotovoltaik-, Biogasanlagen, geothermische Anlagen usw.) gehören diese Flächen grds. zum Grundvermögen, da diese i. d. R. nicht zur planmäßigen Nutzung der natürlichen Kräfte des Bodens zur Erzeugung von Pflanzen und Tieren sowie zur Verwertung der dadurch selbst gewonnenen Erzeugnisse eingesetzt werden (§ 232 Abs. 1 BewG[7]). Dies gilt grds. auch dann, wenn ein Land- und Forstwirt diese Flächen zur Energiegewinnung an einen Energieerzeuger verpachtet. Die Flächen werden hingegen dem land- und forstwirtschaftlichen Vermögen zugerechnet, wenn die gewonnene Energie überwiegend im Betrieb der Land- und Forstwirtschaft genutzt wird.[8] **Windenergieanlagen**, deren Umgriffsflächen einem land- und forstwirtschaftlichen Betrieb dienen, werden gem. § 233 Abs. 1 BewG[9] entgegen der üblichen Abgrenzung von Grundvermögen und land- und forstwirtschaftlichem Vermögen aus Vereinfachungsgründen dem land- und forstwirtschaftlichen Vermögen zugerechnet. Flächen mit Fotovoltaikanlagen gehören in aller Regel zum Grundvermögen. Ausnahmsweise bei sog. **Agri-Fotovoltaikanlagen** werden die Flächen dem land- und forstwirtschaftlichen Vermögen zugerechnet, wenn sie die Voraussetzungen der DIN SPEC 91434 für Agri-Fotovoltaik-Anlagen der Kategorie I oder II erfüllen.[10] Dies sind Anlagen, die neben der Energieerzeugung weiterhin eine land- und forstwirtschaftliche Nutzung in einem vorgeschriebenen Umfang ermöglichen.

1 Siehe dazu vertiefend Müller in Grootens, BewG § 237 Rz. 54 ff.

2 So auch Bruschke in Stenger/Loose, BewG/ErbStG/GrStG, § 233 BewG Rz. 144.

3 Vgl. BFH, Urteil v. 4.3.1987 - II R 8/86, BStBl 1987 II S. 370; BFH, Urteil v. 5.12.1980 - III R 56/77, BStBl 1981 II S. 498.

4 BFH, Urteil v. 5.12.1980 - III R 56/77, BStBl 1981 II S. 498.

5 So aber Krumm/Paeßens, GrStG, § 232 BewG Rz. 35; teilw. auch BT-Drucks. 19/11085 S. 100.

6 Vgl. auch BFH, Urteil v. 4.3.1987 - II R 8/86, BStBl 1987 II S. 370.

7 Siehe hierzu vertiefend Müller in Grootens, BewG § 232 Rz. 15 ff.

8 Vgl. etwa zum KraftStG Niedersächsisches FG, Urteil v. 14.2.2001 - 12 K 836/96, rkr., EFG 2002 S. 206 = NWB OAAAB-11267; zur ertragsteuerrechtlichen Behandlung von Biogasanlagen und der Erzeugung von Energie aus Biogas BMF v. 11.4.2022 - IV C 7 - S 2236/21/10001 :002, BStBl 2022 I S. 633 NWB WAAAI-59886.

9 Siehe hierzu vertiefend Müller in Grootens, BewG § 233 Rz. 10 ff.

10 Gleich lautende Erlasse der Obersten Finanzbehörden der Länder v. 15.7.2022 - S 3250, BStBl 2022 I S. 1226.

2. Grund und Boden, Gebäude, sonstige Bestandteile und das Zubehör (§ 243 Abs. 1 Nr. 1 BewG)

a) Grund und Boden

Zum Grundvermögen gehört zunächst der **Grund und Boden** unter der Voraussetzung, dass kein land- und forstwirtschaftliches Vermögen vorliegt (siehe dazu → Rz. 19 f.).[1] Der Begriff des Grund und Bodens ist zivilrechtlich zu verstehen.[2] Zum Grund und Boden gehören damit die Grundstücke i. S. des bürgerlichen Rechts.[3] Der Grund und Boden bezeichnet eine räumlich abgegrenzte Fläche der **Erdoberfläche** und umfasst zunächst auch den **Raum über der Oberfläche** und den **Erdkörper unter der Oberfläche** (vgl. § 905 BGB; zu den Einschränkungen → Rz. 85).[4] 23

(Einstweilen frei) 24–26

b) Gebäude

Ebenfalls zum Grundvermögen gehören die **Gebäude.**[5] Gebäude sind gem. § 94 Abs. 1 BGB grundsätzlich wesentliche Bestandteile des Grund und Bodens (zu den Ausnahmen siehe → Rz. 30). Befinden sich auf dem Grundstück Gebäude ist das Grundstück als bebautes Grundstück nach §§ 250 ff. BewG andernfalls als unbebautes Grundstück nach § 247 BewG zu bewerten. Die Gebäudeeigenschaft eines Bauwerks hat daher erhebliche Bedeutung für den Grundsteuerwert. Für die Beurteilung, ob ein Gebäude vorliegt, sind die tatsächlichen Verhältnisse des jeweiligen Feststellungszeitpunkts zugrunde zu legen.[6] Ein Gebäude im bewertungsrechtlichen Sinn ist 27

- ein **Bauwerk,**
- das Menschen oder Sachen durch **räumliche Umschließung** Schutz gegen Witterungseinflüsse gewährt (siehe → Rz. 33),
- den **Aufenthalt von Menschen** gestattet (siehe → Rz. 37 ff.),
- **fest** mit dem Grund und Boden **verbunden** (siehe → Rz. 44 ff.),
- von einiger **Beständigkeit** (siehe → Rz. 51)
- und ausreichend **standfest** ist (siehe → Rz. 55 f.).[7]

Der Gebäudebegriff ist ein Typusbegriff. Ob ein Gebäude vorliegt, ist daher stark einzelfallabhängig. Wie häufig bei Typusbegriffen wirken die in der Rechtsprechung und den Verwal- 28

1 A 243 Abs. 1 Satz 2 AEBewGrSt.

2 Schnitter in GrStG - eKommentar, BewG § 243 Rz. 12.

3 Vgl. zur Bestimmung der wirtschaftlichen Einheit und Abgrenzung zum Grundstück im bewertungsrechtlichen Sinn Bock in Grootens, BewG § 244 Rz. 19.

4 A 243 Abs. 2 Satz 1 AEBewGrSt; siehe zu den Einschränkungen A 243 Abs. 7 und 8 AEBewGrSt; Schnitter, 360° GrStG eKommentar, BewG § 243 Rz. 12; vgl. auch zur Erbschaft- und Schenkungsteuer Bock in Viskorf/Schuck/Wälzholz, BewG § 176 Rz. 7.

5 A 243 Abs. 1 Satz 2 AEBewGrSt.

6 BFH, Urteil v. 22.7.2020 - II R 37/17, BStBl 2021 II S. 662.

7 St. Rspr. zuletzt BFH, Urteil v. 22.7.2020 - II R 37/17, BStBl 2021 II S. 662; siehe auch BFH, Urteil v. 26.10.2011 - II R 27/10, BStBl 2012 II S. 274; BFH, Urteil v. 7.4.2011 - III R 8/09, NWB GAAAD-84117; BFH, Urteil v. 28.5.2003 - II R 41/01, BStBl 2003 II S. 693 BFH, Urteil v. 24.5.1963 - III 140/60 U, BStBl 1963 III S. 376; A 243 Abs. 3 Satz 1 AEBewGrSt; Tz. 2.2 des Abgrenzungserlasses v. 5.6.2013, BStBl 2013 I S. 734, NWB DAAAE-40449 i.V. mitA 243 Abs. 8 AEBewGrSt.

tungsanweisungen der Finanzbehörden vorkommenden Beispielsfälle recht ambivalent und sind einer abstrakten Kategorisierung schwer zugänglich.[1]

29 Ein bewertungsrechtliches Gebäude setzt nicht voraus, dass das Bauwerk über die Erd- oder Wasseroberfläche hinausragt (beispielsweise Tiefgaragen, unterirdische Betriebsräume, Lager- oder Gärkeller).[2] Unerheblich ist auch, ob sich das Bauwerk ganz oder teilweise in Berghängen befindet oder auf eigenem oder fremdem Grund und Boden steht.[3]

30 **Gebäude**, die nicht wesentliche Bestandteile des Grundstücks, sondern **Scheinbestandteile** i. S.von § 95 BGB sind (**Gebäude auf fremdem Grund und Boden**), gehören ebenfalls zum Grundvermögen (siehe dazu die Fiktion in § 244 Abs. 3 Nr. 2 BewG[4]). Liegt kein Gebäude vor, bleibt zu prüfen, ob es sich bei dem Bauwerk um einen Gebäudebestandteil, eine Außenanlage oder um eine Betriebsvorrichtung handelt (zur Bedeutung der Abgrenzung siehe → Rz. 2).

31 Gebäude sind vor allem von Betriebsvorrichtungen abzugrenzen. Ein Gebäude kann nach st. Rspr. des BFH[5] keine Betriebsvorrichtung sein, selbst wenn es seiner Zweckbestimmung nach einem Betrieb dient. Betriebsvorrichtungen können daher nur Gebäudeteile sein, jedoch nicht selbst Gebäude i. S. des § 243 Abs. 1 Nr. 1 BewG. Betriebsvorrichtungen werden im Rahmen der Bewertung des Grundvermögens für Zwecke der Grundsteuer nicht erfasst. Für die **Praxis der Bewertung** hat die Finanzverwaltung **gleichlautende Erlasse der obersten Finanzbehörden der Länder zur Abgrenzung der Betriebsvorrichtungen vom Grundvermögen** v. 5.6.2013[6] für § 68 BewG herausgegeben, die für die wörtlich nahezu identischen Bestimmungen in § 243 BewG ebenfalls Anwendung finden.[7]

32 *(Einstweilen frei)*

aa) Räumliche Umschließung

33 Ein Gebäude muss räumlich umschlossen sein.[8] Liegt keine räumliche Umschließung vor, kommt eine Betriebsvorrichtung in Betracht. Das Begriffsmerkmal der **räumlichen Umschließung**, die Schutz gegen Witterungseinflüsse gewähren soll, setzt nicht voraus, dass an allen Seiten des Bauwerks Außenwände vorhanden sind.[9] Allein eine **Überdachung** kann, muss aber nicht genügen.[10]

34–36 *(Einstweilen frei)*

1 Bock in Viskorf/Schuck/Wälzholz, BewG § 176 Rz. 28.

2 Tz. 2.2 des Abgrenzungserlasses v. 5.6.2013, NWB DAAAE-40449 i.V. mit A 243 Abs. 8 AEBewGrSt; BStBl 2013 I S. 734; BFH, Urteil v. 9.12.1998 - II R 1/96 (für ein Unterwasserkraftwerk), NWB DAAAA-63096; Schnitter, 360° GrStG eKommentar, BewG § 243 Rz. 14.

3 Tz. 2.2 des Abgrenzungserlasses v. 5.6.2013, BStBl 2013 I S. 734, NWB DAAAE-40449 i.V. mit A 243 Abs. 8 AEBewGrSt.

4 Bock in Grootens, BewG § 244 Rz. 73.

5 U. a. Urteil v. 18.3.1987 - II R 222/84, BStBl 1987 II S. 551; Urteil v. 21.1.1988 - IV R 116/86, BStBl 1988 II S. 628; Urteil v. 15.6.2005 - II R 67/04, BStBl 2005 II S. 688.

6 BStBl 2006 I S. 314.

7 Siehe A 243 Abs. 8 Satz 2 AEBewGrSt.

8 Siehe vertiefend mit weiteren Beispielen und Nachweisen Bock in Viskorf/Schuck/Wälzholz, BewG § 176 Rz. 30.

9 Tz. 2.3 und Zeichnung 1 des Abgrenzungserlasses v. 5.6.2013, BStBl 2013 I S. 734, NWB DAAAE-40449 i.V. mit A 243 Abs. 8 AEBewGrSt.

10 Vgl. Zeichnungen 1 und 2 des Abgrenzungserlasses v. 5.6.2013, BStBl 2013 I S. 734, NWB DAAAE-40449 i.V. mit A 243 Abs. 8 AEBewGrSt.

bb) Gestattung des Aufenthalts von Menschen

Für die Annahme eines Gebäudes ist erforderlich, dass das Bauwerk den Aufenthalt von Menschen gestattet.[1] Dies ist noch nicht der Fall, wenn das Bauwerk noch nicht fertiggestellt und daher noch nicht bezugsfertig ist.[2] Der Gebäudebegriff setzt **nicht** voraus, dass das Bauwerk zum **Aufenthalt von Menschen bestimmt** oder zum **dauernden Aufenthalt geeignet** ist.[3] Es genügt, wenn sich **Menschen** in dem Bauwerk nach seiner Beschaffenheit **vorübergehend aufhalten können.** Dies soll insbesondere bei **kleinen Bauwerken** nicht gegeben sein, die Betriebsvorrichtungen enthalten und nicht mehr als 30 m² Grundfläche haben.[4] Dagegen soll eine aus Benutzer- und Technikraum bestehende und sich selbst reinigende **öffentliche Toilette** als Gebäude zu bewerten sein.[5] Das Bauwerk muss ferner durch **normale Eingänge,** z. B. Türen, betreten werden können. Behelfsmäßige Eintrittsmöglichkeiten wie Luken, Leitern und schmale Stege genügen nicht.[6] 37

Es genügt, wenn das Bauwerk so beschaffen ist, dass **Menschen** darin **arbeiten** können.[7] Bei der Einordnung als Gebäude ist unerheblich, ob der Aufenthalt in dem Bauwerk wegen baulicher Unzulänglichkeiten (**schlechte Licht- und Luftverhältnisse**) oder wegen auf Dauer gesundheitsschädlicher Einwirkungen (beispielsweise **extremer Lärm oder Temperaturen**) nur unter erschwerten Bedingungen möglich ist (beispielsweise mit **Schutzkleidung**).[8] Das Überschreiten der **arbeitsschutzrechtlichen Grenzwerte** beispielsweise nach § 15 Abs. 1 Satz 2 Nr. 3 ArbStättV genügt für sich allein genommen nicht, um die Gebäudeeigenschaft abzulehnen.[9] Nur wenn der Aufenthalt von Menschen bei einem fortlaufenden Betriebsvorgang überhaupt nicht oder nur während kurzer Betriebspausen in Betracht kommt, ist das Bauwerk kein Gebäude.[10] Ohne Schutzkleidung genügt die Möglichkeit eines Aufenthalts in dem Bauwerk, der über wenige Minuten hinausgeht.[11] 38

Unerheblich ist weiter, dass die Räume während eines bestimmten Betriebsvorgangs (z. B. bei Versuchen oder gewissen Arbeitsvorgängen in Laboratorien) nicht betreten werden können 39

---

1 Siehe vertiefend mit weiteren Beispielen und Nachweisen Bock in Viskorf/Schuck/Wälzholz, BewG § 176 Rz. 31 ff.

2 Vgl. zum Begriff der Bezugsfertigkeit Bock in Grootens, BewG § 246 Rz. 21 ff.

3 BFH, Urteil v. 7.4.2011 - III R 8/09, BFH/NV 2011 S. 1187, m. w. N., NWB GAAAD-84117; Hessisches FG, Urteil v. 3.11.2016 - 3 K 320/15, NWB AAAAG-36495.

4 Tz. 2.4 des Abgrenzungserlasses v. 5.6.2013, BStBl 2013 I S. 734, NWB DAAAE-40449 i. V. mit A 243 Abs. 8 AEBewGrSt; BayLfSt, Vfg. v. 15.11.2013 - S 3230, S 3190, S 3206, S 3209 B, S 3208, S 3228, S 3204, juris.

5 BFH, Urteil v. 24.5.2007 - II R 68/05, BStBl 2008 II S. 12; vgl. auch FG Berlin, Urteil v. 27.10.2004 - 2 K 22228/02, EFG 2005 S. 581 und FG Berlin-Brandenburg, Urteil v. 18.3.2009 - 3 K 3235/07, NWB WAAAD-22857.

6 Tz. 2.4 Abs. 1 des Abgrenzungserlasses v. 5.6.2013, BStBl 2013 I S. 734, NWB DAAAE-40449 i. V. mit A 243 Abs. 8 AEBewGrSt.

7 BFH, Urteil v. 30.11.1955 - II R 41/55 U, BStBl 1956 III S. 21, betr. ein Tankwärterhaus.

8 BFH, Urteil v. 15.6.2005 - II R 67/04, BStBl 2005 II S. 688 (Lärmpegel in einer Zementmühle); BFH, Urteil v. 14.11.1975 - III R 150/74, BStBl 1976 II S. 198 (Autowaschstraße); BFH Urteil v. 7.4.2011 - III R 8/09, NWB GAAAD-84117 (Tiefkühllager); vgl. dagegen BFH, Urteil v. 30.1.1991 - II R 48/88, BStBl 1991 II S. 618 (Kühlzellen, die Betriebsvorrichtungen darstellen); zu Zementmühlen s. auch BayLfSt, Vfg. v. 15.11.2013 - S 3230, S 3190, S 3206, S 3209 B, S 3208, S 3228, S 3204.

9 BFH, Urteil v. 30.1.1991 - II R 48/88, BStBl 1991 II S. 618; BFH Urteil v. 15.6.2005 - II R 67/04, BStBl 2005 II S. 688 (Vorinstanz FG Rheinland-Pfalz, Urteil v. 23.9.2003 - 2 K 3118/99, n. v.); BFH, Urteil v. 15.6.2005 - II R 60/02, NWB CAAAB-58936 (Vorinstanz FG Düsseldorf v. 7.11.2002 - 11 K 4981/99 BG, AAAAB 07223).

10 BFH, Urteil v. 30.1.1991 - II R 48/88, BStBl 1991 II S. 618; Tz. 2.4 des Abgrenzungserlasses v. 5.6.2013, BStBl 2013 I S. 734, findet entsprechende Anwendung nach A 243 Abs. 8 AEBewGrSt; vgl. dagegen BFH, Urteil v. 7.4.2011 - III R 8/09, NWB GAAAD-84117; FG Münster, Urteil v. 12.1.2012 - 3 K 1220/09 EW, NWB UAAAE-06497 zu einem Tiefkühllager.

11 Hessisches FG, Urteil v. 3.11.2016 - 3 K 320/15, NWB AAAAG-36495: bei 50°C Raumtemperatur Aufenthalt über wenige Minuten hinaus ohne Schutzkleidung möglich (Kesselhaus); FG Münster, Urteil v. 12.1.2012 - 3 K 1220/09 EW, NWB UAAAE-06497: bei -24°C Raumtemperatur Aufenthalt von max. 45 Minuten mit Schutzkleidung (Tiefkühllager).

oder dass der Aufenthalt in dem Bauwerk nur auf Betriebsvorrichtungen wie z. B. **Arbeitsbühnen** möglich ist.[1] Zu den Gebäuden rechnen daher regelmäßig auch **Autowaschanlagen,**[2] selbst wenn sie aus Fertigbetonteilen errichtet, mit einem Rolltor verschließbar sind und ausschließlich die für die Waschanlage notwendigen Einrichtungen enthalten (sog. **Stewing-Hallen**).[3] Selbstbedienungsautowaschanlagen sollen ebenfalls den Gebäudebegriff erfüllen.[4] Betriebsvorrichtung und kein Gebäude ist hingegen ein **vollautomatisches Hochregallager**, bei dem die einzelnen Lagergassen nur betreten werden können, wenn die rechnergesteuerten Lagermaschinen zur Durchführung etwa von Inspektions- und Wartungsarbeiten außer Betrieb gesetzt werden.[5]

40 Enthält ein Bauwerk neben den Aufenthalt von Menschen nicht gestattenden Räumen auch Räume, die den Aufenthalt von Menschen gestatten, so ist das gesamte Bauwerk – bei Vorliegen der übrigen Merkmale – als Gebäude zu behandeln, wenn die zum Aufenthalt geeigneten Räume nicht von untergeordneter Bedeutung sind.[6] Das FG Rheinland-Pfalz[7] hat einen **Wasserturm** als Gebäude angesehen, weil gut 40 % seines Rauminhalts den vorübergehenden Aufenthalt von Menschen zu betrieblichen Zwecken (Überwachung und regelmäßige Wartung) erlaubten. Das Grundstück war daher zutreffend als Geschäftsgrundstück und nicht als unbebautes Grundstück (mit einer Betriebsvorrichtung) zu bewerten.

41–43 *(Einstweilen frei)*

cc) Feste Verbindung mit dem Grund und Boden

44 Ein Gebäude liegt nur vor, wenn es mit dem Grund und Boden fest verbunden ist (sog. **Ortsfestigkeit**), anderenfalls ist es ein bewegliches Wirtschaftsgut. Eine **feste Verbindung mit dem Grund und Boden liegt** stets vor, wenn das Bauwerk **mit einem Fundament verbunden** ist.[8] Dies gilt auch für **Container, Raumzellen, Modulbauten, Pavillons, Baracken, Buden und sog. Tiny Häuser.**[9]

45 Für die Annahme eines Fundaments genügt jede gesonderte (eigene) Einrichtung, die eine feste Verbindung mit dem Grund und Boden bewirkt und nicht durch **bloßen Abtransport** ent-

1 Tz. 2. 3 des Abgrenzungserlasses v. 5.6.2013, BStBl 2013 I S. 734, findet entsprechende Anwendung nach A 243 Abs. 8 AEBewGrSt.

2 BFH, Urteil v. 14.11.1975 - III R 150/74, BStBl 1976 II S. 198; BayLfSt, Vfg. v. 15.11.2013 - S 3230, S 3190, S 3206, S 3209 B, S 3208, S 3228, S 3204, juris.

3 OFD München, Erlass v. 26.7.1989 - S 3190 - 47/2 St 242, NWB DokSt F. 9 §§ 68–71 BewG 3/90; OFD Nürnberg, Erlass v. 26.7.1989 - S 3190 - 101/St 31, NWB DokSt F. 9 §§ 68–71 BewG 3/90; BayLfSt, Vfg. v. 15.11.2013 - S 3230, S 3190, S 3206, S 3209 B, S 3208, S 3228, S 3204, juris.

4 BayLfSt, Vfg. v. 15.11.2013 - S 3230, S 3190, S 3206, S 3209 B, S 3208, S 3228, S 3204, juris.

5 BFH, Urteil v. 18.3.1987 - II R 222/84, BStBl 1987 II S. 551; FG Düsseldorf, Urteil v. 19.9.2013 - 11 K 211/12 BG, NWB UAAAE-50976; vgl. hingegen zu einem manuell gesteuerten Hochregallager BFH, Urteil v. 28.5.2003 - II R 41/01, BStBl 2003 II S. 693.

6 BFH, Urteil v. 14.11.1975 - III R 150/74, BStBl 1976 II S. 198, betr. Autowaschhalle; BFH Urteil v. 6.8.1976 - III R 163/73, BStBl 1976 II S. 772, betr. Hühnerstall.

7 FG Rheinland-Pfalz, Urteil v. 10.3.1998 - 2 K 2778/97, EFG 1998 S. 1113.

8 BFH, Urteil v. 22.7.2020 - II R 37/17, BStBl 2021 II S. 662; BFH, Urteil v. 10.6.1988 - III R 65/84, BStBl 1988 II S. 847; Tz. 2.5 des Abgrenzungserlasses v. 5.6.2013, BStBl 2013 I S. 734, NWB DAAAE-40449 i.V. mit A 243 Abs. 8 AEBewGrSt.

9 FG Hamburg, Urteil v. 29.1.2016 - 3 K 95/15, NWB EAAAF-71266, m. w. N. sowie nachfolgend Urteil v. 28.4.2017 - 3 K 95/15, NWB WAAAG-59665, nrkr., aufgehoben aus anderen Gründen durch BFH, Urteil v. 22.7.2020 - II R 37/17, BStBl 2021 II S. 662; vgl. aber auch FG Rheinland-Pfalz, Urteil v. 18.3.2011 - 4 K 2522/08, NWB EAAAE-02655, betr. Verkaufspavillon „Brezelhaus".

fernt werden kann.[1] Dabei kommt es nicht auf Art, Tiefe oder Material der Fundamente an.[2] Es bedarf ferner keines durchgängigen Fundaments. Es genügen Streifenfundamente, Punktfundamente, eingegrabene Betonstützen oder Holzpfähle.[3]

Eine Verankerung des Bauwerks mit dem Fundament ist nicht erforderlich, wenn es infolge der **eigenen Schwere** auf dem Fundament ruht.[4] Steht ein selbständiges Gebäude auf einem anderen selbständigen Bauwerk (z. B. Trelementbauten), das kein Gebäude zu sein braucht, soll es genügen, dass das Gebäude mit dem anderen Bauwerk und das andere Bauwerk mit dem Grund und Boden fest verbunden sind.[5] Ein **Bürocontainer**, der nicht zur Verwendung an stets wechselnden Einsatzstellen bestimmt ist und kraft seiner Eigenschwere auf vier frostfreien Betonpunktfundamenten (40 cm tief) ruht, ist nach diesen Grundsätzen – trotz der Möglichkeit seines Abtransports – bewertungsrechtlich ein Gebäude.[6] 46

Selbst für Bauwerke **ohne Fundament** kann unter besonderen Umständen eine feste Verbindung mit dem Grund und Boden angenommen werden. Die Rechtsprechung hat für die Annahme der erforderlichen **Ortsfestigkeit** insbesondere bei Containerbauten bestimmte **Kriterien** entwickelt. Diese sind das Gewicht, die Aufstelldauer, der Umfang der Abbauarbeiten für eine Ortsveränderung sowie das Erscheinungsbild und die Zweckbestimmung des Bauwerks.[7] 47

Die nötige Ortsfestigkeit ist anzunehmen, wenn das Bauwerk aufgrund seines Eigengewichts einer Verankerung gleich auf dem Grund und Boden festgehalten wird.[8] Ist für eine Ortsveränderung ein Abbruch und Wiederaufbau erforderlich, spricht dies für eine Ortsfestigkeit.[9] Nicht auf Fundamenten errichtete **Container** können Gebäude sein, wenn sie im Einzelfall – wie z. B. regelmäßig **Büro- und Verkaufscontainer** – für eine **dauernde Nutzung** aufgestellt sind und die ihnen so zugedachte Ortsfestigkeit sich auch im äußeren Erscheinungsbild manifestiert.[10] Indiz dafür ist in erster Linie die einem solchen Bauwerk (ggf. unternehmerisch) zugedachte **Funktion oder Zweckbestimmung** (sog. funktionaler Gebäudebegriff).[11] Die Zweckbestimmung oder Funktion ist als innere Tatsache anhand äußerer Merkmale und objektiver Umstände zu bestimmen, beispielsweise anhand der baurechtlichen Genehmigung, der Art 48

1 BFH, Urteil v. 22.7.2020 - II R 37/17, BStBl 2021 II S. 662; BFH, Urteil v. 23.9.1988 - III R 67/85, BStBl 1989 II S. 113; BFH Urteil v. 1.12.1970 - VI R 380/69, BStBl II 1971 S. 317; FG Thüringen, Urteil v. 6.12.1995 - I 36/95, EFG 1996 S. 524.

2 BFH, Urteil v. 10.6.1988 - III R 65/84, BStBl 1988 II S. 847, betr. Bürocontainer.

3 BFH, Urteil v. 21.2.1973 - II R 140/67, BStBl 1973 II S. 507, (Holzpfähle); BFH, Urteil v. 23.9.1988 - III R 67/85, BStBl 1989 II S. 113, (Betonpunktfundament); FG Sachsen-Anhalt, Urteil v. 9.11.1999 - I 360/96, NWB HAAAB-12960 (zu Streifen- und Punktfundamenten); FG Hamburg, Urteil v. 29.1.2016 - 3 K 95/15, NWB EAAAF-71266 (Streifenfundament, eine Pfahlgründung, eingegrabene Betonstützen); nrkr., aufgehoben aus anderen Gründen durch BFH, Urteil v. 22.7.2020 - II R 37/17, BStBl 2021 II S. 662.

4 Vgl. BFH, Urteil v. 22.7.2020 - II R 37/17, BStBl 2021 II S. 662; BFH, Urteil v. 4.10.1978 - II R 15/77, BStBl 1979 II S. 190; BFH, Urteil v. 18.6.1986 - II R 222/83, BStBl 1986 II S. 787.

5 Tz. 2.5 sowie Zeichnung 4 des Abgrenzungserlasses v. 5.6.2013, BStBl 2013 I S. 734, NWB DAAAE-40449 i.V. mit A 243 Abs. 8 AEBewGrSt; BayLfSt, Vfg. v. 15.11.2013 - S 3230, S 3190, S 3206, S 3209 B, S 3208, S 3228, S 3204, juris.

6 BFH, Urteil v. 23.9.1988 - III R 67/85, BStBl 1989 II S. 113; BFH, Urteil v. 25.4.1996 - III R 47/93, BStBl 1996 II S. 613, betr. Bestätigung der bisherigen Rechtsprechung und Klarstellung zu BFH, Urteil v. 23.9.1988, a. a. O.

7 Vgl. FG Hamburg, Urteil v. 29.1.2016 - 3 K 95/15, NWB EAAAF-71266 sowie nachfolgend Urteil v. 28.4.2017 - 3 K 95/15, NWB WAAAG-59665, nrkr., aufgehoben aus anderen Gründen durch BFH, Urteil v. 22.7.2020 - II R 37/17, BStBl 2021 II S. 662.

8 BFH, Urteil v. 22.7.2020 - II R 37/17, BStBl 2021 II S. 662; BFH, Urteil v. 26.10.2011 - II R 27/10, BStBl 2012 II S. 274.

9 FG Hamburg, Urteil v. 29.1.2016 - 3 K 95/15, NWB EAAAF-71266 sowie nachfolgend Urteil v. 28.4.2017 - 3 K 95/15, NWB WAAAG-59665, aufgehoben aus anderen Gründen durch BFH, Urteil v. 22.7.2020 - II R 37/17, BStBl 2021 II S. 662.

10 BFH, Urteil v. 22.7.2020 - II R 37/17, BStBl 2021 II S. 662; BFH, Urteil v. 23.9.1988 - III R 67/85, BStBl 1989 II S. 113; BFH, Urteil v.12.3.1997 - II B 71/96, NWB GAAAA-97362.

11 BFH, Urteil v. 22.7.2020 - II R 37/17, BStBl 2021 II S. 662.

der Nutzung und des Ausmaßes der Integration in einem Betrieb oder auf dem Grundstück.[1] Danach sind grundsätzlich **Büro- und Wohncontainer** als Gebäude zu beurteilen.[2]

49 Ungeachtet der im Einzelfall gegebenen Zweckbestimmung ist nach **Ablauf einer längeren Standzeit** des Bauwerks am selben Ort von einer auf Dauer angelegten Nutzung (= Gebäude) und damit von der erforderlichen Ortsfestigkeit auszugehen.[3] Insbesondere bei Leasing oder Miete der Container ist die Nutzungszeit und die Intention der Vertragsparteien zu berücksichtigen.[4] Führen in einem solchen Fall außerhalb der Zweckbestimmung liegende Umstände, wie z. B. die Kündigung des Pachtvertrags über das Grundstück, zu einer tatsächlichen Veränderung des Aufstellplatzes der Container, hat dies keinen Einfluss auf ihre Beurteilung als Gebäude.[5] Für eine auf Dauer angelegte Nutzung wird ein Zeitraum in Anlehnung an § 21 Abs. 1 Nr. 1 BewG (Hauptfeststellungszeitraum) von **sechs Jahren** angenommen.[6] Ob die Verlängerung des Hauptfeststellungszeitraums nach § 221 Abs. 1 BewG auf sieben Jahre eine entsprechende Verlängerung der Aufstelldauer nach sich zieht, bleibt abzuwarten. Soll ein Container auf unabsehbare Zeit ein massives Gebäude ersetzen, ist dieser, wenn sich dies auch im äußeren Erscheinungsbild manifestiert, jedenfalls als Gebäude im bewertungsrechtlichen Sinn anzusehen.[7] Die Finanzverwaltung hat diese Abgrenzungskriterien inzwischen generell für Bauwerke übernommen.[8] Die Abgrenzungskriterien gelten auch für Flüchtlingsunterkünfte, insbesondere für Flüchtlingsunterkünfte in Wohncontainern.

50 Bauwerken (ohne Fundamente), die nach ihrer baulichen Gestaltung zur Verwendung auf stets wechselnden Einsatzstellen vorgesehen und ohne größere bauliche Maßnahmen jederzeit versetzbar und transportabel sind, fehlt es an der dem Gebäudebegriff immanenten Ortsfestigkeit (beispielsweise **Baustellencontainer**).[9] Sollen Container nach Errichtung, Erweiterung oder Instandsetzung eines massiven Gebäudes oder nach Wegfall eines von vornherein nur zeitweise bestehenden Raumbedarfs wieder entfernt werden, fehlt der für die Annahme eines Gebäudes erforderliche nicht nur vorübergehende Nutzungszweck.[10] Eine auf dem Wasser **schwimmende** (Hotel-)**Anlage** ist mangels fester Verbindung mit dem Grund und Boden und wegen fehlender Standfestigkeit ebenfalls kein Gebäude.[11]

---

1 BFH, Urteil v. 22.7.2020 - II R 37/17, BStBl 2021 II S. 662 m. w. N.

2 FG Münster, Urteil v. 13.1.1994 - 3 K 5924/92, EFG 1994 S. 555; FG Hamburg, Urteil v. 29.1.2016 - 3 K 95/15, NWB EAAAF-71266 sowie nachfolgend Urteil v. 28.4.2017 - 3 K 95/15, NWB WAAAG-59665, nrkr., aufgehoben durch BFH, Urteil v. 22.7.2020 - II R 37/17, BStBl 2021 II S. 662.

3 FG Hamburg, Urteil v. 29.1.2016 - 3 K 95/15, NWB EAAAF-71266 sowie nachfolgend v. 28.4.2017 - 3 K 95/15, NWB WAAAG-59665, nrkr., aufgehoben aus anderen Gründen durch BFH, Urteil v. 22.7.2020 - II R 37/17, BStBl 2021 II S. 662; vgl. zu einem Mobilheim auch FG Schleswig-Holstein, Urteil v. 12.8.2019 - 3 K 55/18, NWB RAAAH-35150, UVR 2020 S. 44.

4 BFH, Urteil v. 22.7.2020 - II R 37/17, BStBl 2021 II S. 662.

5 BFH, Urteil v. 22.7.2020 - II R 37/17, BStBl 2021 II S. 662.

6 BFH, Urteil v. 22.7.2020 - II R 37/17, BStBl 2021 II S. 662.

7 BFH, Urteil v. 22.7.2020 - II R 37/17, BStBl 2021 II S. 662.

8 Vgl. Tz. 2.5 des Abgrenzungserlasses v. 5.6.2013, BStBl 2013 I S. 734, NWB DAAAE-40449 i.V. mit A 243 Abs. 8 AE-BewGrSt.

9 BFH, Urteil v. 22.7.2020 - II R 37/17, BStBl 2021 II S. 662; BFH, Urteil v. 18.6.1986 - II R 222/83, BStBl 1986 II S. 787; FG Hamburg, Urteil v. 29.1.2016 - 3 K 95/15, NWB EAAAF-71266 sowie nachfolgend Urteil v. 28.4.2017 - 3 K 95/15, NWB WAAAG-59665, nrkr., Rev. eingelegt, BFH-Az.: II R 37/17.

10 BFH, Urteil v. 22.7.2020 - II R 37/17, BStBl 2021 II S. 662.

11 BFH, Urteil v. 26.10.2011 - II R 27/10, BStBl 2012 II S. 274, m. Anm. Meßbacher-Hönsch, jurisPR-SteuerR 7/2012 Rz. 1; OFD Koblenz, Erlass v. 19.11.2012 - S 3190 - St 35 6, NWB UAAAE-40413; vgl. auch Stöckel, NWB 34/2012 S. 2770, NWB QAAAE-15420; vgl. andererseits aber auch OLG Schleswig, Urteil v. 19.4.2016 - 2 Wx 12/16, wonach schwimmende Häuser Gebäude i. S. des WEG sind.

dd) Beständigkeit

Weiteres Merkmal für ein Gebäude ist die **Beständigkeit** des Bauwerks.[1] Diese richtet sich allein nach der Beschaffenheit des Bauwerks. Sie wird nur in Ausnahmefällen insbesondere bei **Zelten** oder bei Bauwerken mit kurzer Bestandsdauer (beispielsweise Iglus) zweifelhaft sein. Unerheblich ist für die Beständigkeit, ob das Bauwerk nur behelfsmäßig oder für einen vorübergehenden Zweck errichtet worden ist (vgl. aber auch zum Merkmal der Ortsfestigkeit → Rz. 44 ff.).[2] Dies gilt insbesondere für **Musterhäuser** der Bauindustrie.[3] 51

(Einstweilen frei) 52–54

ee) Standfestigkeit

Schließlich muss ein Gebäude eine gewisse **Standfestigkeit** aufweisen. Bei einem Bauwerk, das fest mit dem Grund und Boden verbunden ist, kann davon ausgegangen werden, dass es auch standfest ist. Bauwerke mit pneumatischen Konstruktionen (**Traglufthallen**) sollen mangels ausreichender Standfestigkeit keine Gebäude sein.[4] Die Standfestigkeit des Gebäudes ist darüber hinaus i. d. R. nur bei Umschließungen und Überdachungen besonders zu prüfen, wenn eine **Betriebsvorrichtung** mit der Umschließung oder Überdachung in besonders enger Verbindung steht oder Teile der Betriebsvorrichtung selbst die Umschließung bilden.[5] Dem liegt die Vorstellung zugrunde, dass ein Gebäude für die Annahme seiner Standfestigkeit nicht einstürzen darf, wenn die als Betriebsvorrichtungen anzusehenden Teile des Bauwerks entfernt würden. 55

Die Standfestigkeit eines Bauwerks ist gegeben, wenn die Umschließung ihre Standfestigkeit erst durch besondere Bauteile (Fundamente, Stützen, Mauervorlagen, Verstrebungen) erhält oder selbst als Tragekonstruktion ausgebildet ist und die besonderen Bauteile oder solche Tragekonstruktionen **gleichzeitig** einer Betriebsvorrichtung dienen.[6] § 243 Abs. 2 Nr. 2 Satz 2 BewG rechnet derartige Bauteile, die einen **doppelten Zweck** erfüllen, zum Grundvermögen und nicht zu den Betriebsvorrichtungen, z. B. Umwandungen von Generatorengehäusen eines Wasserkraftwerks, die nicht nur der Aufnahme der Generatoren und Turbinen, sondern auch als tragende Teile der Konstruktion des gesamten Gebäudes dienen (siehe → Rz. 104).[7] 56

(Einstweilen frei) 57–59

c) Sonstige Bestandteile

Die Einordnung als sonstige Bestandteile[8] hat für die Grundsteuer nicht dieselbe Bedeutung wie für die Bedarfsbewertung.[9] Nur sofern die Bestandteile die **Wohnfläche** i. S. des § 254 60

---

1 Tz. 2.6 des Abgrenzungserlasses v. 5.6.2013, BStBl 2013 I S. 734, NWB DAAAE-40449 i.V. mit A 243 Abs. 8 AEBewGrSt.

2 Tz. 2.6 des Abgrenzungserlasses v. 5.6.2013, BStBl 2013 I S. 734, NWB DAAAE-40449 i.V. mit A 243 Abs. 8 AEBewGrSt.

3 Siehe zur Einheitswertfeststellung Niedersächsisches FG, Urteil v. 28.4.2003 - 1 K 1037/97, NWB UAAAB-05884.

4 Tz. 2.7 Abs. 9 des Abgrenzungserlasses v. 5.6.2013, BStBl 2013 I S. 734, NWB DAAAE-40449 i.V. mit A 243 Abs. 8 AEBewGrSt; BayLfSt, Vfg. v. 15.11.2013 - S 3230, S 3190, S 3206, S 3209 B, S 3208, S 3228, S 3204, juris.

5 Vgl. Tz. 2.7 sowie Zeichnung 5 des Abgrenzungserlasses v. 5.6.2013, BStBl 2013 I S. 734, NWB DAAAE-40449 i.V. mit A 243 Abs. 8 AEBewGrSt; BFH, Urteil v. 13.6.1969 - III R 132/67, BStBl 1969 II S. 612.

6 Tz. 2.7 Abs. 2 sowie Zeichnungen 6–9 des Abgrenzungserlasses v. 5.6.2013, BStBl 2013 I S. 734, NWB DAAAE-40449 i.V. mit A 243 Abs. 8 AEBewGrSt.

7 BFH, Urteil v. 9.12.1998 - II R 1/96, NWB DAAAA-63096; BayLfSt, Vfg. v. 15.11.2013 - S 3230, S 3190, S 3206, S 3209 B, S 3208, S 3228, S 3204, juris.

8 A 243 Abs. 1 Satz 2 AEBewGrSt.

9 Siehe dazu vertiefend Bock in Viskorf/Schuck/Wälzholz, BewG § 176 Rz. 9 ff.

BewG oder die **Brutto-Grundfläche** i. S. des § 259 Abs. 2 BewG erhöhen, haben sie unmittelbaren Einfluss auf die Höhe des Grundsteuerwerts nach der Regelbewertung. Beim Nachweis des niedrigeren gemeinen Werts nach § 220 Abs. 2 BewG sind die sonstigen Bestandteile hingegen stets zu berücksichtigen (siehe bereits → Rz. 2).

61 Der Begriff der **sonstigen Bestandteile** des Grund und Bodens ist **zivilrechtlich** zu verstehen.[1] Der Begriff ist dementsprechend nach §§ 93 ff. BGB auszulegen[2] und erfasst **wesentliche** wie **unwesentliche** Grundstücks- und Gebäudebestandteile.[3] **Bestandteile** sind körperliche Gegenstände, die zusammen mit anderen entweder von Natur aus eine einheitliche Sache bilden oder durch die Verbindung miteinander ihre Selbständigkeit dergestalt verloren haben, dass sie, solange die Verbindung dauert, als Elemente einer einheitlichen Sache erscheinen.[4] Als Bestandteile des Grundstücks gelten nach § 96 BGB auch die mit dem Eigentum verbundenen Rechte (dingliche Rechte wie Überbaurechte (§ 912 BGB) und Grunddienstbarkeiten (§ 1081 BGB, z. B. Wege- und Fensterrechte)).[5] Unter Rechte i. S. von § 96 BGB fallen diejenigen Rechte, die dem jeweiligen Eigentümer des herrschenden Grundstücks hinsichtlich eines anderen Grundstücks zustehen. Sie gehören als Bestandteile des herrschenden Grundstücks zwar zum Grundvermögen, werden allerdings nach §§ 243 ff. BewG nicht als eigene wirtschaftliche Einheit erfasst und auch nicht bei der Bewertung des herrschenden oder des belasteten Grundstücks berücksichtigt.[6] Die Grundsteuer erfasst als Sollertragsteuer den Bruttowert des Grundstücks. Nach Ansicht der Finanzverwaltung sollen hingegen Nutzungsrechte (Nießbrauch und Wohnrechte) nicht zum Grundvermögen gehören, da sie nach Inhalt und Entstehung nicht mit der Beschaffenheit des Grundstücks zusammenhängen.[7] Dies dürfte jedoch nur dann gelten, wenn es sich nicht um Rechte i. S. von § 96 BGB handelt.

62 **Wesentliche Bestandteile** einer Sache sind nach § 93 BGB solche Bestandteile, die voneinander nicht getrennt werden können, ohne dass der eine oder der andere Teil zerstört oder in seinem Wesen verändert wird. Wesentliche Bestandteile können nicht Gegenstand gesonderter Rechte sein und teilen daher das zivilrechtliche Schicksal der Hauptsache.

63 **Unwesentliche Bestandteile** gehören ebenfalls zum Grundvermögen und sind insbesondere von den selbständigen Sachen abzugrenzen. Selbständigen Sachen fehlt die oben beschriebene Zusammengehörigkeit mit einer anderen Sache. Im Unterschied zu den wesentlichen Bestandteilen sind **unwesentliche Bestandteile** wie das Zubehör **sonderrechtsfähig**. Eine Abgrenzung zum Zubehör ist daher nicht erforderlich. Auch Grundstücke können Bestandteile anderer Grundstücke sein. Ein Grundstück kann beispielsweise dadurch zum Bestandteil eines anderen Grundstücks gemacht werden, indem der Eigentümer es dem anderen Grundstück im Grundbuch zuschreiben lässt (§ 890 Abs. 2 BGB).

64 Bei Grundstücken gehören nach § 94 Abs. 1 BGB zivilrechtlich darüber hinaus die mit dem Grund und Boden fest verbundenen Sachen, insbesondere Gebäude, sowie u. a. die mit dem Boden zusammenhängenden **Erzeugnisse und Außenanlagen** zu den wesentlichen Bestandtei-

1 BFH, Urteil v. 9.4.1997 - II R 95/94, BStBl II 1997 S. 452; A 243 Abs. 4 Satz 1 AEBewGrSt; Schnitter, 360° GrStG eKommentar, BewG § 243 Rz. 16; Krause in Stenger/Loose, BewG § 243 Rz. 29.

2 Vgl. u. a. BFH, Urteil v. 13.10.1982 - II R 90/81, BStBl 1983 II S. 62; Tz. 2.2 des Abgrenzungserlasses v. 5.6.2013, BStBl 2013 I S. 734, NWB DAAAE-40449 i.V. mit A 243 Abs. 8 AEBewGrSt. A 243 Abs. 4 Satz 2 AEBewGrSt.

3 A 243 Abs. 4 Satz 2 AEBewGrSt.

4 BGH, Urteil v. 11.11.2011 - V ZR 231/10, NWB KAAAD-99861; Stresemann in MüKo-BGB, § 93 Rz. 3.

5 A 243 Abs. 4 Satz 7 und 9 AEBewGrSt; Schnitter, 360° GrStG eKommentar, BewG § 243 Rz. 14.

6 A 243 Abs. 4 Satz 8 AEBewGrSt; Krause in Stenger/Loose, BewG § 243 Rz. 40.

7 A 243 Abs. 4 Satz 10 AEBewGrSt.

len des Grundstücks.[1] Die Außenanlagen werden bei der Bewertung des Grundvermögens für Zwecke der Grundsteuer nicht gesondert angesetzt, sondern sind mit dem Grundsteuerwert abgegolten.[2] Die Außenanlagen gehören dem Grunde nach zum Grundvermögen, sie erhöhen jedoch einzelfallbezogen nicht den Grundsteuerwert.[3] Im Sachwertverfahren wurden die Normalherstellungskosten zur Erfassung der Außenanlagen um 3 % pauschal erhöht.[4] Zu den Außenanlagen zählen insbesondere Platz- und Wegebefestigungen, Terrassen, Gartenanlagen, Umzäunungen sowie Leitungen und sonstige Anlagen außerhalb der Gebäude, welche der Versorgung und der Kanalisation dienen.[5] Vom Grundsteuerwert werden auch Nebengebäude und Zubehörräume (z. B. Keller-, Abstell- und Heizungsräume) gerechnet, wenn sie auf dem mit dem Hauptgebäude bebauten Grundstück stehen (z. B. Garagen) oder zusammen mit dem Grundstück genutzt werden.[6] Beim Nachweis des niedrigeren gemeinen Werts nach § 220 Abs. 2 BewG sind hingegen insbesondere bauliche Außenanlagen im Sachwertverfahren (§ 36 Abs. 1 ImmoWertV 2021) und besonders werthaltige, über das normale Maß hinausgehende Außenanlagen als besonderes objektspezifisches Grundstücksmerkmal (§ 8 Abs. 3 Satz 1 BewG) werterhöhend zu berücksichtigen.

Nach § 94 Abs. 2 BGB gehören zu den wesentlichen Bestandteilen des Gebäudes neben den Bestandteilen nach § 93 BGB die zu seiner Herstellung **eingefügten Gegenstände,**[7] wenn sie nicht ohne Beschädigung oder erheblichen Aufwand herausgenommen werden können. Eine Sache ist zur Herstellung des Gebäudes eingefügt, wenn sie zwischen Teile eines Gebäudes gebracht und durch Einpassen an eine für sie bestimmte Stelle mit den sie umschließenden Stücken vereinigt und damit ihrer Zweckbestimmung zugeführt wird.[8] Hierunter fallen insbesondere Türen, Treppen, Fenster, eingebaute Möbel und Öfen, Badeinrichtungen, Zentralheizungs-, Warmwasser- und Brennstoffversorgungsanlagen sowie Aufzüge, auch wenn sie nachträglich eingebaut worden sind.[9] Wesentliche Bestandteile des Gebäudes sind insbesondere auch die mit diesem verbundenen Anbauten, z. B. Wintergärten.[10] Unter den o. g. Voraussetzungen gehören Sachen auch dann zivilrechtlich zu den wesentlichen Bestandteilen, wenn es sich bei den wesentlichen Bestandteilen um Betriebsvorrichtungen handelt.[11] Für Zwecke der Grundsteuer werden sie vom Grundvermögen grundsätzlich nach § 243 Abs. 2 Nr. 2 BewG wieder ausgenommen (siehe → Rz. 89 ff., insbesondere → Rz. 94 ff.).[12] 65

Keine Bestandteile, sondern nur **Scheinbestandteile** eines Grundstücks sind solche Sachen, die zu einem **vorübergehenden Zweck** mit dem Grund und Boden verbunden sind (§ 95 Abs. 1 Satz 1 BGB)[13]. Das Gleiche gilt für ein Gebäude oder anderes Werk, das in **Ausübung** eines 66

1 A 243 Abs. 4 Satz 3 und 4 AEBewGrSt.

2 A 243 Abs. 4 Satz 5 AEBewGrSt; siehe auch A 247.1 Abs. 1 Satz 2 AEBewGrSt und A 258 Abs. 1 Satz 4 AEBewGrSt.

3 Krause in Stenger/Loose, BewG § 243 Rz. 16, 31.

4 Vgl. RegE zum GrStRefG, BT-Drucks. 19/11085 S. 77.

5 A 243 Abs. 4 Satz 6 AEBewGrSt; Krause in Stenger/Loose, BewG § 243 Rz. 30.

6 A 243 Abs. 5 AEBewGrSt.

7 BFH, Urteil v. 31.7.1997 - III R 247/94, NWB QAAAA-97405, betr. eingebaute Schrank- und Trennwände; FG Sachsen-Anhalt, Urteil v. 14.7.2003 - 1 K 386/99, NWB FAAAB-05918, betr. Einbaumöbel für eine Apotheke; A 243 Abs. 3 Satz 2 AEBewGrSt.

8 BFH, Urteil v. 4.5.1962 - III 348/60 U, BStBl 1962 III S. 333; A 243 Abs. 3 Satz 3 AEBewGrSt.

9 A 243 Abs. 3 Satz 4 AEBewGrSt; Krause in Stenger/Loose, BewG § 243 Rz. 33.

10 A 243 Abs. 4 Satz 3 AEBewGrSt.

11 A 243 Abs. 3 Satz 5 AEBewGrSt.

12 A 243 Abs. 3 Satz 6 und Abs. 8 AEBewGrSt.

13 BFH, Urteil v. 22.10.1965 -III 145/62 U, BStBl 1966 III S. 5; A 243 Abs. 3 Satz 7 AEBewGrSt.

dinglichen Rechts an einem fremden Grundstück von dem Berechtigten mit dem Grundstück verbunden worden ist (§ 95 Abs. 1 Satz 2 BGB). Sachen, die nur zu einem vorübergehenden Zweck in ein Gebäude eingefügt sind, gehören nicht zu den Bestandteilen des Gebäudes (§ 95 Abs. 2 BGB). Die Scheinbestandteile gehören nicht zum Grundvermögen, wenn kein Fall des Gebäudes auf fremdem Grund und Boden vorliegt.[1]

d) Zubehör

67 Das Zubehör eines Grundstücks oder Gebäudes gehört nach § 243 Abs. 1 Nr. 1 zum Grundvermögen.[2] Da das Zubehör bei der Wertermittlung für Zwecke der Grundsteuer nicht berücksichtigt wird und mit dem Grundsteuerwert abgegolten ist,[3] hat die Einordnung als Zubehör zum Grundvermögen nicht dieselbe Bedeutung wie bei der Erbschaft- und Schenkungsteuer. Beim Nachweis des niedrigeren gemeinen Werts nach § 220 Abs. 2 BewG ist das Zubehör insbesondere bei erheblicher Abweichung vom üblichen Umfang werterhöhend als besonderes objektspezifisches Merkmal nach § 1 Abs. 2 Nr. 1 ImmoWertV 2021 i.V. mit § 8 Abs. 3 Satz 1 ImmoWertV 2021 zu berücksichtigen (siehe → Rz. 2).[4]

68 Der Begriff des Zubehörs ist zivilrechtlich zu verstehen.[5] Nach § 97 Abs. 1 Satz 1 BGB gehören zum Zubehör **bewegliche selbständige Sachen**, die dem wirtschaftlichen Zweck einer Hauptsache zu dienen bestimmt sind, ohne Bestandteile der Hauptsache zu sein, und entsprechend dieser Bestimmung zu der Hauptsache in einem bestimmten räumlichen Verhältnis stehen.[6] Zubehör muss auf Dauer dem wirtschaftlichen Zweck der Hauptsache gewidmet sein (beispielsweise Alarmanlage einer Eigentumswohnung,[7] Treppenläufer, Beleuchtungskörper, Mülltonnen[8]). Zum Zubehör kann insbesondere nach § 98 BGB das gewerbliche und landwirtschaftliche Inventar gehören. Rechte können kein Zubehör sein.[9] Zum Zubehör gehören auch vom Grundstückseigentümer mitvermietete oder den Mietern zur Verfügung gestellte Waschmaschinen, Kühlschränke, Herde, Öfen u. Ä.[10]

69 Bestandteile einer Sache oder Sachen, die nur zu einem **vorübergehenden Zweck** (Scheinbestandteile) mit dem Grund und Boden verbunden oder in ein Gebäude eingefügt sind, können kein Zubehör **dieses** Grund und Bodens oder Gebäudes sein.[11] Aufgrund der Verbindung zu einem vorübergehenden Zweck werden Scheinbestandteile eines Grundstücks, insbesondere auch Gebäude, wie bewegliche Sachen i. S. des bürgerlichen Rechts behandelt und können daher Zubehör **eines anderen** Grundstücks sein.[12] Sie sind dann Gebäude auf fremdem Grund und Boden.[13]

70 *(Einstweilen frei)*

---

1 Siehe hierzu Bock in Grootens, BewG § 244 Rz. 77 ff.

2 A 243 Abs. 1 Satz 2 AEBewGrSt.

3 A 243 Abs. 6 Satz 4 AEBewGrSt; Krause in Stenger/Loose, BewG § 243 Rz. 36.

4 Vgl. dazu vertiefend Bock in Viskorf/Schuck/Wälzholz, BewG § 176 Rz. 17.

5 BFH, Urteil v. 9.4.1997 - II R 95/94, BStBl II 1997 S. 452; A 243 Abs. 4 Satz 1 AEBewGrSt; Schnitter, 360° GrStG eKommentar, BewG § 243 Rz. 16; Krause in Stenger/Loose, BewG § 243 Rz. 35.

6 A 243 Abs. 6 Satz 1 AEBewGrSt.

7 OLG München, Urteil v. 3.7.1979 - 5 U 1851/79, MDR 1979 S. 934.

8 A 243 Abs. 6 Satz 2 AEBewGrSt; Krause in Stenger/Loose, BewG § 243 Rz. 36.

9 BGH, Urteil v. 25.4.1997 - BLw 1/97, BGHZ 135 S. 292.

10 A 243 Abs. 6 Satz 3 AEBewGrSt; Krause in Stenger/Loose, BewG § 243 Rz. 36.

11 Stresemann in MüKo-BGB, § 97 Rz. 8.

12 RG, Urteil v. 19.9.1903 - V 106/03, RGZ 55 S. 281 betr. Anbau auf fremdem Grundstück an einem Ziegeleimaschinenhaus für eine auf dem eigenen Nachbargrundstück betriebenen Ziegelei; Stresemann in MüKo-BGB, § 97 Rz. 5, 8.

13 Siehe dazu Bock in Grootens, BewG § 244 Rz. 77 ff.

3. Erbbaurecht (§ 243 Abs. 1 Nr. 2 BewG)

Das **Erbbaurecht** gehört nach § 243 Abs. 1 Nr. 2 BewG zum **Grundvermögen**.[1] Anders als in der Bedarfsbewertung[2] wird für Zwecke der Grundsteuer keine besondere Bewertungsmethode für das Erbbaurechtsgrundstück und das Erbbaurecht geregelt. Nach § 244 Abs. 3 Nr. 1 BewG bilden das Erbbaurechtsgrundstück sowie das Erbbaurecht eine wirtschaftliche Einheit, die nach § 261 BewG zusammen wie ein unbelastetes Grundstück zu bewerten sind und dem Erbbauberechtigten zugerechnet werden. 71

Bewertungsrechtlich ist unter einem Erbbaurecht nichts anderes als im Zivilrecht zu verstehen. Zivilrechtlich ist das Erbbaurecht ein **Recht auf einem Grundstück ein Gebäude zu haben** (§ 1 Abs. 1 des Gesetzes über das Erbbaurecht – ErbbauRG). Das Erbbaurecht trennt folglich das Eigentum am Gebäude vom Eigentum am Grundstück ab. Das Gebäude, sonst grundsätzlich wesentlicher Bestandteil des Grund und Bodens, wird damit sonderrechtsfähig. Das Erbbaurecht muss zivilrechtlich wirksam entstanden sein. Für die Entstehung des Erbbaurechts ist zivilrechtlich gem. § 11 Abs. 1 ErbbauRG i. V. mit § 873 Abs. 1 BGB die Einigung der Vertragsparteien zur Bestellung des Erbbaurechts sowie die Eintragung in das Grundbuch (sog. Erbbaugrundbuch) erforderlich.[3] 72

Beim Erbbaurecht ist zwischen der **dinglichen Erbbaurechtsbelastung**,[4] der möglichen Beschränkung der **Ausübung des Erbbaurechts**[5] sowie der **Erstreckung des Erbbaurechts**,[6] nämlich die durch das Erbbaurecht vermittelte Nutzungsberechtigung des Grund und Bodens, zu unterscheiden. 73

(Einstweilen frei) 74–76

4. Wohnungs- und Teileigentum (§ 243 Abs. 1 Nr. 3 BewG)

Wohnungs- und Teileigentum gehören gem. § 243 Abs. 1 Nr. 3 BewG zum **Grundvermögen**.[7] **Wohnungseigentum** ist das Sondereigentum an einer bestimmten Wohnung eines Gebäudes und **Teileigentum** das Sondereigentum an nicht zu Wohnzwecken dienenden Räumen eines Gebäudes jeweils in Verbindung mit dem Miteigentumsanteil an dem gemeinschaftlichen Eigentum, zu dem es jeweils gehört.[8] 77

Das Wohnungs- und Teileigentum spaltet mithin das Eigentum an Teilen des Gebäudes vom übrigen Gebäudeeigentum ab. Die Wohnung bzw. die Räume, normalerweise wesentliche Bestandteile des Gebäudes, werden damit sonderrechtsfähig. Vertraglich kann nach § 3 WEG das Sondereigentum auch an Räumen in einem erst zu errichtenden Gebäude eingeräumt werden.[9] Die Teilung nach § 8 Abs. 1 WEG ist ebenfalls vor Errichtung des Gebäudes möglich. Vor Errichtung des Gebäudes handelt es sich zwar um Grundvermögen nach § 243 Abs. 1 Nr. 3 BewG, jedoch nicht um ein bebautes Grundstück i. S. von § 249 Abs. 5 oder 6 BewG. Das Woh- 78

1 A 243 Abs. 1 Satz 3 AEBewGrSt; A 261.1 AEBewGrSt.
2 Siehe dazu Bock in Viskorf/Schuck/Wälzholz, BewG §§ 192 ff.
3 Siehe vertiefend Bock in Viskorf/Schuck/Wälzholz, BewG § 192 Rz. 12.
4 Siehe vertiefend Bock in Grootens, BewG § 244 Rz. 53.
5 Siehe vertiefend Bock in Grootens, BewG § 244 Rz. 54.
6 Siehe vertiefend Bock in Grootens, BewG § 244 Rz. 55.
7 A 243 Abs. 1 Satz 3 AEBewGrSt und A 249.5 und 249.6 AEBewGrSt.
8 Siehe § 249 Abs. 5 und Abs. 6 BewG, der § 1 Abs. 2 und 3 WEG wiederholt sowie dazu vertiefend Bock in Grootens, BewG § 249 Rz. 56 ff.; A 249.5 Abs. 3 Satz 1 AEBewGrSt.
9 A 249.5 Abs. 1 Satz 3 AEBewGrSt; vgl. zum zivilrechtlichen Problem auch Bock in Grootens, BewG § 249 Rz. 56.

nungseigentum ist dann nach den Regeln für unbebaute Grundstücke zu bewerten (Miteigentumsanteil am Grund und Boden).[1]

79 Wohnungs- und Teileigentum werden entweder durch die vertragliche Einräumung von Sondereigentum (§ 3 WEG) oder durch Teilung (§ 8 WEG) begründet.[2] Zur Einräumung des Sondereigentums ist u. a. die Einigung der Beteiligten über den Eintritt der Rechtsänderung, die der Form der Auflassung bedarf, und die Eintragung im Grundbuch erforderlich (§ 4 WEG).[3] Die Teilung durch Erklärung gegenüber dem Grundbuchamt wird erst mit der Anlegung der Wohnungsgrundbücher wirksam (§ 8 Abs. 2 WEG). Die Finanzverwaltung will bereits dann Wohnungseigentum annehmen, sowohl bei bereits errichteten als auch noch zu errichtenden Gebäuden, wenn die Teilungserklärung beurkundet ist und der Eintragungsantrag beim Grundbuch eingegangen ist.[4]

80 Das **Dauerwohnrecht** i. S. von § 31 WEG, also die Belastung eines Grundstücks in der Weise, dass der Berechtigte unter Ausschluss des Eigentümers eine bestimmte Wohnung in einem auf dem Grundstück errichteten oder zu errichtenden Gebäude bewohnen oder in anderer Weise nutzen kann, gilt grundsätzlich **nicht** als **wirtschaftliche Einheit des Grundvermögens.**[5] Die **Finanzverwaltung und Teile der Literatur** behandeln ein Dauerwohnrecht **ausnahmsweise** dann wie ein Wohnungseigentum (entsprechendes gilt für das Dauernutzungsrecht und Teileigentum[6]), wenn der Dauerwohnberechtigte aufgrund der zwischen ihm und dem Grundstückseigentümer getroffenen Vereinbarungen wirtschaftlich einem Wohnungseigentümer gleichsteht.[7] Dies ist dann der Fall, wenn der Dauerwohnberechtigte statt des zivilrechtlichen Eigentümers die Kosten der Anschaffung oder Herstellung einer von ihm selbstgenutzten Wohnung und die Gefahr des wirtschaftlichen Untergangs trägt sowie ihm auf Dauer, nämlich für die voraussichtliche Nutzungsdauer der Wohnung, Substanz und Ertrag der Wohnung wirtschaftlich zustehen.[8] In diesem Fall ist er wirtschaftlicher Eigentümer.[9] Diese Voraussetzungen seien insbesondere gegeben, wenn ihm bei Heimfall des Dauerwohnrechts ein Anspruch auf Ersatz des vollen Verkehrswertes der Wohnung gegen den zivilrechtlichen Eigentümer zusteht.[10] Eine Entschädigung nur i. H. des Verkehrswerts des Dauerwohnrechts soll hingegen nicht genügen.[11]

5. Wohnungserbbau- und Teilerbbaurecht (§ 243 Abs. 1 Nr. 4 BewG)

81 Ein **Erbbaurecht** (Recht auf dem Grundstück ein Gebäude zu haben), das **mehreren** (den Wohnungseigentümern) **gemeinschaftlich nach Bruchteilen** zusteht, kann nach § 30 WEG in der Weise beschränkt werden, dass **jedem** der Mitberechtigten das **Sondereigentum** an einer **bestimmten Wohnung** (**Wohnungserbbaurecht**) oder an nicht zu Wohnzwecken dienenden be-

1 So auch A 249.5 Abs. 2 Satz 4 AEBewGrSt.
2 A 249.5 Abs. 1 Satz 2 AEBewGrSt.
3 Vgl. auch A 249.5 Abs. 2 Satz 1 AEBewGrSt.
4 A 249.5 Abs. 2 Satz 2 und 3 AEBewGrSt.
5 A 249.5 Abs. 5 Satz 1 AEBewGrSt.
6 A 249.5 Abs. 5 Satz 6 AEBewGrSt; vgl. auch BFH, Urteil v. 22.10.1985 - IX R 48/82, BStBl 1986 II S. 258; FG Berlin-Brandenburg, Urteil v. 14.8.2019 - 3 K 3113/17, EFG 2020 S. 1822, nrkr., aufgehoben aus anderen Gründen durch BFH, Urteil v. 12.1.2022 - II R 11/20, BFH/NV 2022 S. 812; vgl. auch Halaczinsky in Rössler/Troll, § 93 Rz. 27.
7 A 249.5 Abs. 5 Satz 2 AEBewGrSt; Halaczinsky in Rössler/Troll, § 93 Rz. 26 ff.
8 A 249.5 Abs. 5 Satz 3 AEBewGrSt.
9 A 249.5 Abs. 5 Satz 3 AEBewGrSt.
10 A 249.5 Abs. 5 Satz 4 AEBewGrSt.
11 A 249.5 Abs. 5 Satz 5 AEBewGrSt.

stimmten **Räumen** (**Teilerbbaurecht**) in einem aufgrund des Erbbaurechts errichteten oder zu errichtenden Gebäude eingeräumt wird (vgl. § 30 Abs. 1 WEG). Die Wohnungserbbauberechtigten und Teilerbbauberechtigten ersparen sich in diesen Fällen den Kaufpreis für den Erwerb des Miteigentumsanteils am Grund und Boden. Nach § 243 Abs. 1 Nr. 4 BewG gehören Wohnungs- und Teilerbbaurechte zum Grundvermögen.[1]

Beim Wohnungserbbaurecht und Teilerbbaurecht bilden jeweils das Wohnungserbbaurecht oder Teilerbbaurecht nach § 244 Abs. 3 Nr. 4 BewG zusammen mit dem anteiligen[2] Erbbaurechtsgrundstück **eine wirtschaftliche Einheit**, die nach § 261 BewG wie ein unbelastetes Grundstück zu bewerten ist und dem jeweiligen Wohnungserbbauberechtigten oder Teilerbbauberechtigten zugerechnet wird (siehe bereits → Rz. 16).[3] Im Ergebnis wird das Wohnungserbbaurecht oder Teilerbbaurecht damit wie Wohnungseigentum oder Teileigentum bewertet. 82

(Einstweilen frei) 83–84

II. Nicht einzubeziehende Teile (§ 243 Abs. 2 BewG)

1. Bodenschätze (§ 243 Abs. 2 Nr. 1 BewG)

Nach § 243 Abs. 1 BewG gehört zum Grund und Boden der unter der Erdoberfläche befindliche Erdkörper (siehe → Rz. 23), soweit es sich dabei um **Bodenschätze** handelt, werden sie nach § 243 Abs. 2 Nr. 1 BewG von der Einbeziehung in das Grundvermögen wieder herausgenommen. Bodenschätze sind mit Ausnahme von Wasser alle mineralischen Rohstoffe unabhängig vom Aggregatzustand, die in natürlichen Ablagerungen oder Ansammlungen (Lagerstätten) in oder auf der Erde vorkommen.[4] Der Ausschluss der Bodenschätze aus dem Grundvermögen gilt unabhängig davon, ob sich die Berechtigung an den Bodenschätzen unmittelbar aus dem Eigentum, aus grundstücksgleichen, subjektiv-dinglichen (§ 96 BGB) oder rein persönlichen Rechten ableitet. Von der Herausnahme der Bodenschätze aus dem Grundvermögensbegriff unberührt bleiben die Erdoberfläche des Grund und Bodens sowie die sich darauf befindlichen Gebäude.[5] Für diese wird weiterhin ein Grundsteuerwert festgestellt. 85

(Einstweilen frei) 86–88

2. Maschinen und sonstige Betriebsvorrichtungen (§ 243 Abs. 2 Nr. 2 BewG)

a) Allgemeines

Maschinen und sonstige Vorrichtungen aller Art, die zu einer Betriebsanlage gehören – **Legaldefinition der Betriebsvorrichtungen** – sind für die Grundsteuer selbst dann nicht in das Grundvermögen einzubeziehen, wenn sie wesentliche Bestandteile des Grund und Bodens oder eines Gebäudes i. S. der §§ 93 ff. BGB sind.[6] Für die Grundsteuer werden die Betriebsvorrichtungen nicht im Grundsteuerwert erfasst. 89

1 A 243 Abs. 1 Satz 3 AEBewGrSt und A 261.3 AEBewGrSt.

2 Klargestellt mit dem Jahressteuergesetz 2020, BR-Drucks. 503/20 S. 52.

3 Siehe vertiefend Bock in Grootens, BewG § 244 Rz. 96 sowie Grootens in Grootens, GrStG § 261 Rz. 31 ff.

4 Vgl. auch § 3 Bundesberggesetz, der keine unmittelbare Anwendung für Zwecke der Grundsteuer findet und BFH, Urteil v. 22.7.2020 - II R 28/18, BStBl II 2021 S. 515; Krause in Stenger/Loose, BewG § 243 Rz. 36.

5 Schnitter, 360° GrStG eKommentar, BewG § 243 Rz. 24.

6 A 243 Abs. 8 Satz 1 AEBewGrSt.

90 Zu den Betriebsvorrichtungen gehören nicht nur Maschinen oder maschinenähnliche Vorrichtungen, sondern alle Vorrichtungen einer Betriebsanlage, die in einer so engen Beziehung zu dem auf dem Grundstück ausgeübten Betrieb stehen, dass dieser unmittelbar mit den Vorrichtungen betrieben wird.[1] Dabei muss es sich nicht um rein technische Vorrichtungen handeln, die für die Betriebsanlage zwingend erforderlich sind.[2] Zwischen der Betriebsvorrichtung und dem Betriebsablauf muss allerdings ein ähnlich enger Zusammenhang bestehen, wie er üblicherweise bei Maschinen gegeben ist.

91 Es genügt nicht ohne Weiteres, wenn eine Anlage für einen Betrieb lediglich nützlich, notwendig oder sogar rechtlich (z. B. sicherheitsrechtlich oder gewerbeschutzrechtlich) unabdingbar vorgeschrieben ist.[3] Zu den Betriebsvorrichtungen können auch selbständige Bauwerke oder Teile von Bauwerken gehören, wie Schornsteine, Öfen, Kanäle. **Keine Betriebsvorrichtungen** und stets in das Grundvermögen einzubeziehen sind aber nach § 243 Abs. 2 Satz 2 BewG die **Verstärkung von Decken** und die nicht ausschließlich zu einer Betriebsanlage gehörenden Bauteile wie **Stützen, Mauervorlagen und Verstrebungen** (dazu → Rz. 104).

92 Die **Abgrenzung** zwischen **Betriebsvorrichtungen** und **Grundvermögen**, die ertragsteuerlich nach gleichen Grundsätzen wie im Bewertungsrecht erfolgt,[4] ist insbesondere **bei betrieblichen Anlagen** problematisch. Je nachdem, ob z. B. ein Bauwerk auf einem Grundstück die Begriffsmerkmale eines Gebäudes (siehe dazu → Rz. 27 ff.) erfüllt oder ob das Bauwerk als Betriebsvorrichtung zu beurteilen ist, liegt entweder ein nach § 248 ff. BewG zu bewertendes **bebautes Grundstück** oder ein nur mit dem Bodenwert nach §§ 246 f. BewG – i. d. R. wesentlich niedriger zu bewertendes – unbebautes Grundstück vor.[5] Bedeutung hat die Abgrenzung der Betriebsvorrichtung von dem Grundvermögen auch in den Fällen, in denen die Betriebsvorrichtung als Gebäudeteil die Brutto-Grundfläche des Gebäudes erhöhen würde.

93 *(Einstweilen frei)*

b) Abgrenzung der Betriebsvorrichtungen von Gebäudebestandteilen

94 Erfüllt ein Bauwerk den Gebäudebegriff, können dennoch einzelne Bestandteile i. S. des bürgerlichen Rechts bewertungsrechtlich Betriebsvorrichtungen sein und damit nicht zum Grundvermögen gehören (vgl. bereits → Rz. 88). Die Zuordnung einzelner Bestandteile zu den **Gebäudebestandteilen** oder zu den **Betriebsvorrichtungen** richtet sich danach, ob sie der Benutzung des Gebäudes ohne Rücksicht auf den gegenwärtig ausgeübten Betrieb zuzurechnen sind oder ob sie ähnlich der Funktion von Maschinen in besonderer und unmittelbarer Beziehung zu dem auf dem Grundstück ausgeübten Betrieb stehen.[6] Betriebsvorrichtungen setzen voraus, dass mit ihnen das Gewerbe unmittelbar betrieben wird.[7]

1 BFH, Urteil v. 2.6.1971 - III R 18/70, BStBl 1971 II S. 673; BFH, Urteil v. 23.3.1990 - III R 63/97, BStBl 1990 II S. 751; BFH, Urteil v. 10.10.1990 - II R 171/87, BStBl 1991 II S. 59; BFH, Urteil v. 11.12.1991 - II R 14/89, BStBl 1992 II S. 278.

2 BFH, Urteil v. 2.6.1971 - III R 18/70, BStBl 1971 II S. 673.

3 St. Rspr. BFH, Beschluss v. 16.8.2013 - III B 144/12, NWB QAAAE-45400; BFH, Urteil v. 28.9.2000 - III R 26/99, BStBl 2001 II S. 1137, m. w. N; BFH, Urteil v. 2.6.1971 - III R 18/70, BStBl 1971 II S. 673.

4 BFH, Urteil v. 1.12.1970 - VI R 380/69, BStBl 1971 II S. 317.

5 Vgl. Stöckel, DStZ 2000 S. 165, 166 unter 5; FinMin Thüringen, Erlass v. 24.6.1999, StEK BewG 1965 § 145 Nr. 3 mit Berechnungsbeispielen.

6 Tz. 3.1 des Abgrenzungserlasses v. 5.6.2013, BStBl 2013 I S. 734, findet entsprechende Anwendung nach A 243 Abs. 8 AEBewGrSt.

7 BFH, Urteil v. 23.3.1990 - III R 63/97, BStBl 1990 II S. 751; BFH, Urteil v. 10.10.1990 - II R 171/87, BStBl 1991 II S. 59; BFH, Urteil v. 11.12.1991 - II R 14/89, BStBl 1992 II S. 278.

Innerhalb von Gebäuden sind nach § 243 Abs. 3 BewG regelmäßig die Decken und Böden von Betriebsvorrichtungen Gebäudebestandteil (siehe → Rz. 104),[1] so dass die Einordnung der Vorrichtung als Betriebseinrichtung die Brutto-Grundfläche regelmäßig nicht verringert. Sobald den Einrichtungen eine statische Funktion für das Gesamtgebäude zukommt (Doppelfunktion) wird die Einrichtung ebenfalls i. d. R. dem Grundvermögen zugerechnet (siehe bereits → Rz. 56). Nur wenn ein Wegdenken der Betriebsvorrichtung das Gebäude bestehen lässt (es gedanklich nicht einstürzt), kann die Einordnung als Betriebsvorrichtung zu einer Verringerung der Brutto-Grundfläche führen und sich auf den Grundsteuerwert auswirken. Dies ist etwa bei angebauten **Transformatorenhäuschen** der Fall, die allein den Gebäudebegriff nicht erfüllen, weil während des Betriebsvorgangs (insbesondere wegen Gesundheitsgefährdung) nur ein vorübergehender Aufenthalt von Menschen oder gar nur ein Aufenthalt von Menschen bei Betriebspausen der Vorrichtung möglich ist (siehe dazu → Rz. 38). 95

Aufzüge und ähnliche Anlagen,[2] die der Benutzung von Gebäuden zur Bewältigung des üblichen Publikumsverkehrs dienen, sind dem Gebäude zuzurechnen.[3] Dies gilt auch für in einem Anbau enthaltene **Fahrstühle** und **Treppen** eines **Betriebsgebäudes**[4] und für **Fahrstühle** in einem **Altenheim**.[5] Typische **Lastenaufzüge** gewerblich genutzter Gebäude sowie **Autoaufzüge** in **Parkhäusern** sind Betriebsvorrichtungen, weil sie unmittelbar Betriebsvorgängen dienen.[6] Der **Fahrstuhlschacht** ist insoweit Teil der Betriebsvorrichtung.[7] Fahrstuhlschächte, die allerdings innerhalb eines Gebäudes liegen, haben regelmäßig auch statische Funktionen (Aufnahme der Eigen- und Nutzlasten angrenzender Geschossdecken) und gehören daher zum Gebäude. 96

(Einstweilen frei) 97–99

c) Abgrenzung der Betriebsvorrichtungen von den Außenanlagen

Eine **Abgrenzung** der **Betriebsvorrichtungen** zu den **Außenanlagen**[8] ist für Zwecke der Grundsteuer im Einzelfall nicht erforderlich, da die Außenanlagen mit der Ermittlung des Grundsteuerwerts abgegolten sind und die Betriebsvorrichtungen ebenfalls nicht gesondert bewertet werden. Eine Abgrenzung ist hingegen ggf. für den Nachweis des niedrigeren gemeinen Werts nach § 220 Abs. 2 BewG nötig, wenn es sich um bauliche Außenanlagen handelt oder die Außenanlagen über das übliche Maß hinausgehen und ggf. werterhöhend als besondere objektspezifische Grundstücksmerkmale nach § 8 Abs. 3 Satz 1 ImmoWertV 2021 zu berücksichtigen sind (siehe auch → Rz. 2). 100

1 Tz 3.2 Abs. 1 des Abgrenzungserlasses v. 5.6.2013, BStBl 2013 I S. 734, findet entsprechende Anwendung nach A 243 Abs. 8 AEBewGrSt.

2 Tz. 3.5 des Abgrenzungserlasses v. 5.6.2013, BStBl 2013 I S. 734, NWB DAAAE-40449 i.V. mit A 243 Abs. 8 AEBewGrSt.

3 BFH, Urteil v. 5.3.1971 - II R 90/69, BStBl 1971 II S. 455, betr. Personenaufzüge und Rolltreppen in einem Warenhaus; BFH, Urteil v. 12.1.1983 - I R 70/79, BStBl 1983 II S. 223, betr. Rolltreppen in einem Textilhaus; FG Baden-Württemberg, Urteil v. 20.9.1999 - 9 K 47/99, NWB FAAAB-06621, betr. Panorama-Personenaufzug in einer Möbelausstellungshalle; Thüringer FG, Urteil v. 28.6.2011 - 4 K 609/10, NWB MAAAE-25244, betr. Multifunktionsaufzug (16 Personen oder Lasten bis zu 1 600 kg).

4 FG Baden-Württemberg, Urteil v. 18.11.1986 - I K 470/83, EFG 1987 S. 284.

5 Niedersächsisches FG, Urteil v. 10.1.1995 - I 21/89, EFG 1995 S. 604.

6 BFH, Urteil v. 28.2.2013 - III R 35/12, BStBl 2013 II S. 606 m. Anm. Selder, jurisPR-SteuerR 29/2013 Rz. 4, betr. Aufzugsanlage einer Bäckerei.

7 BFH, Urteil v. 7.10.1977 - III R 48/76, BStBl 1978 II S. 186.

8 Siehe dazu vertiefend Bock in Viskorf/Schuck/Wälzholz, BewG § 176 Rz. 55 ff.

101 Als **Betriebsvorrichtungen** werden solche Bauwerke angesehen, mit denen das Gewerbe unmittelbar betrieben wird.[1] Die **Regenwasserhebeleitung** auf einem Fabrikgrundstück wurde daher nicht als Betriebsvorrichtung angesehen.[2] Bei eine**Drainageanlager** zur Entwässerung landwirtschaftlicher Flächen soll ein System von Erdgräben keine Betriebsvorrichtung sein, dagegen aber ein Rohrsystem.[3]

102 **Einfriedigungen,**[4] **Bodenbefestigungen**[5] wie **Straßen, Wege, Plätze** und freistehende **Rampen**[6] stehen grds. in keiner besonderen Beziehung zu dem ausgeübten Gewerbebetrieb und gehören daher zu den Außenanlagen,[7] so z. B. auch die **Lagerplatzbefestigung** eines **Betonwerks** zur Lagerung von Betonerzeugnissen.[8] Die Rechtsprechung hat in eng begrenztem Umfang Ausnahmen zugelassen, wenn die Bodenbefestigung in einer so engen Beziehung zu dem Gewerbebetrieb steht, dass sie für den Grundeigentümer mit der Einstellung des konkreten Betriebs wertlos wird, z. B. bei **Einfahrbahnen (Teststrecken)** von Automobilfabriken, **Schutzgittern** und **Platzbefestigungen** eines Umspannwerkes,[9] beheizbaren **Rasenflächen** eines Installationsbetriebs,[10] **Bodenbefestigungen** nebst üblichen **Einfriedigungen** eines Tankstellenbetriebs,[11] betonierten Flächen unter der Füllbühne eines **Tanklagers** oder einem **Coillagerplatz**,[12] nicht dagegen bei den **Zu- und Abfahrtswegen** sowie der **Feuerwehrumfahrt**.[13] Ein 30 ha großer **Neuwagenabstellplatz** einer Automobilfabrik wurde ebenfalls nicht als Betriebsvorrichtung angesehen.[14] Die im Zusammenhang mit der Errichtung einer Betriebsanlage hergestellte Zuwegung kann jedoch nach den Umständen des Einzelfalls als Betriebsvorrichtung und damit als bewegliches Wirtschaftsgut anzusehen sein, wenn der Weg nicht für den allgemeinen Verkehr auf dem Grundstück freigegeben ist und allein zur Errichtung und Wartung der Anlage genutzt wird.[15] Beleuchtungsanlagen auf Straßen, Wegen und Plätzen[16] gehören grds. zu den Außenanlagen, wenn sie nicht überwiegend einem Betriebsvorgang dienen, z. B. die Ausleuchtung eines Lagerplatzes für Zwecke der Materiallagerung oder der Ausleuchtung von Containerterminals (siehe oben → Rz. 52). Bei Tankstellen sind die außerhalb von Gebäuden liegenden Be- und Entwässerungsleitungen, **Beleuchtungsanlagen**, Bodenbefestigungen vor der Waschhalle, den Parkplätzen etc. sowie Einfriedungen grds. Außenanlagen des Grundstücks

1 BFH, Urteil v. 10.10.1990 - II R 171/87, BStBl 1991 II S. 59, NWB QAAAA-93721.
2 BFH, Urteil v. 25.8.1989 - III R 125/84, BStBl 1990 II S. 82, NWB CAAAA-93409.
3 BFH, Urteil v. 20.2.1991 - II R 61/88 NWB XAAAA-93694; Bauer, KFR F. 9 BewG § 68, 1 /91, S. 203.
4 BFH, Urteil v. 2.6.1971 - III R 18/70, BStBl 1971 II S. 673 NWB HAAAA-90688.
5 BFH, Urteil v. 19.2.1974 - VIII R 20/73, BStBl 1975 II S. 20, NWB XAAAA-91017.
6 Tz. 4.2 Abs. 4 des Abgrenzungserlasses v. 5.6.2013, BStBl 2013 I S. 734, NWB DAAAE-40449 i.V. mit A 243 Abs. 8 AE-BewGrSt.
7 Tz. 4.2 des Abgrenzungserlasses v. 5.6.2013, BStBl 2013 I S. 734, NWB DAAAE-40449 i.V. mit A 243 Abs. 8 AEBewGrSt.
8 Niedersächsisches FG, Urteil v. 13.2.2002 - 2 K 824/99 NWB OAAAB-11429.
9 BFH, Urteil v. 2.6.1971 - III R 18/70, BStBl 1971 II S. 673, NWB HAAAA-90688.
10 BFH, Urteil v. 30.4.1976 - III R 132/74, BStBl 1976 II S. 527, NWB IAAAA-91142. Selbiges dürfte für eine ein- und ausfahrbare Rasenfläche eines Multifunktionsstadions gelten.
11 BFH, Urteil v. 23.2.1962 - III 222/58 U, BStBl 1962 III S. 179, NWB TAAAA-89959.
12 FG Brandenburg, Urteil v. 3.11.1999 - 3 K 14/98 I NWB OAAAB-06871 (Coil = flachgewalztes Erzeugnis aus Eisen oder nichtlegiertem Stahl).
13 BFH, Urteil v. 9.12.1988 - III R 133/84, BFH/NV 1989 S. 570, NWB KAAAB-29425.
14 BFH, Urteil v. 10.10.1990 - II R 171/87, BStBl 1991 II S. 59, NWB QAAAA-93721.
15 BFH, Urteil v. 11.4.2019 - IV R 3/17 NWB ZAAAH-27539, zu der **Zuwegung zu Windkraftanlagen**, die im Grundsteuerrecht allerdings zum land- und forstwirtschaftlichen Vermögen gehört.
16 Tz. 4.3 des Abgrenzungserlasses v. 5.6.2013, BStBl 2013 I S. 734, NWB DAAAE-40449 i.V. mit A 243 Abs. 8 AEBewGrSt.

und keine Betriebsvorrichtungen.[1] Die Be- und Entwässerungsanlagen für Wasch- und Pflegehallen, die Zu- und Abfahrtsfläche vor den Tanksäulen, Einfriedungen, soweit die spezielle Ausgestaltung und Zweckbestimmung für den Tankstellenbetrieb erforderlich ist, Hebebühnen, Kompressoren, Benzin- und Ölabscheider, Tanks und Waschanlagen (soweit kein Gebäude vorliegt, siehe → Rz. 34) und Zapfsäulen sollen hingegen Betriebsvorrichtungen sein.[2] Ähnliche Grundsätze dürften auch bei **Zufahrten** und **Parkplätzen** von Gaststätten-, Hotelbetrieben, Supermärkten u. Ä. gelten.[3]

Gleise, Kräne und sonstige mechanische **Verladeeinrichtungen** ebenso wie der Oberbau (Schienen, Schwellen und Bettung) und der Unterbau (Aufschüttungen und Befestigungen der Dämme, Einschnitte und dergleichen) von **Schienenbahnen** sowie **Brücken** als Schienenweg für Werksbahnen sind als Betriebsvorrichtungen anzusehen.[4] **Brücken**, die nur dem üblichen Verkehr auf dem Grundstück dienen oder allein zwei Betriebsteile verbinden, sollen hingegen zu den Außenanlagen gehören.[5] Eine Zurechnung zu den Betriebsvorrichtungen kommt in Ausnahmefällen in Betracht, z. B. wenn eine Brücke als Schienenweg (Bahnunterbau) für werkseigene Bahnen benutzt wird.[6] **Uferbefestigungen**, die ausschließlich dem Hafenbetrieb dienen, wie die dem Be- und Entladen der Schiffe dienenden **Kaimauern**, stellen Betriebsvorrichtungen dar.[7] **Andere Uferbefestigungen**, die ausschließlich zur Stützung des Erdreichs oder Erhaltung des Hafenbeckens errichtet sind, zählen zu den Außenanlagen des Grundstücks, selbst wenn sie aus Stein oder Stahlbeton bestehen.[8] Hat sich an solchen Ufermauern erst nachträglich ein Hafenbetrieb entwickelt, sollen sie stattdessen wie Kaimauern als Betriebsvorrichtung zu behandeln sein.[9] 103

(Einstweilen frei) 104–105

III. Rückausnahme von Decken, Stützen und Mauervorlagen (§ 243 Abs. 3 BewG)

§ 243 Abs. 3 BewG normiert eine Rückausnahme zu der Ausnahme von Betriebsvorrichtungen. Danach werden **Verstärkungen der Decken, Fundamente und Mauern,**[10] wenn sie sowohl dem Gebäude als auch der Betriebsvorrichtung dienen (**Doppelfunktion**), gem. § 243 Abs. 2 Nr. 2 Satz 2 BewG dem Grundvermögen zugerechnet (siehe auch → Rz. 88). **Verfliesung** von Böden 106

1 Vgl. Anlage 1 der gleich lautenden Erlasse der obersten Finanzbehörden der Länder Berlin, Brandenburg, Mecklenburg-Vorpommern, Sachsen, Sachsen-Anhalt und Thüringen betr. die Bewertung von Tankstellengrundstücken im Beitrittsgebiet ab 1.1.1991 v. 9.11.1992, BStBl 1992 I S. 712, NWB EAAAH-33303.

2 Vgl. Anlage 1 der gleich lautenden Erlasse der obersten Finanzbehörden der Länder Berlin, Brandenburg, Mecklenburg-Vorpommern, Sachsen, Sachsen-Anhalt und Thüringen betr. die Bewertung von Tankstellengrundstücken im Beitrittsgebiet ab 1.1.1991 v. 9.11.1992, BStBl 1992 I S. 712, NWB EAAAH-33303.

3 Siehe auch Tz. 4.2 Abs. 3 des Abgrenzungserlasses v. 5.6.2013, BStBl 2013 I S. 734, NWB DAAAE-40449 i.V. mit A 243 Abs. 8 AEBewGrSt.

4 Tz. 4.4 Abs. 1 des Abgrenzungserlasses v. 5.6.2013, BStBl 2013 I S. 734, NWB DAAAE-40449 i.V. mit A 243 Abs. 8 AE-BewGrSt.

5 Tz. 4.4 Abs. 2 des Abgrenzungserlasses v. 5.6.2013, BStBl 2013 I S. 734, NWB DAAAE-40449 i.V. mit A 243 Abs. 8 AE-BewGrSt.

6 Tz. 4.4 Abs. 2 des Abgrenzungserlasses v. 5.6.2013, BStBl 2013 I S. 734, NWB DAAAE-40449 i.V. mit A 243 Abs. 8 AE-BewGrSt.

7 Tz. 4.5 des Abgrenzungserlasses v. 5.6.2013, BStBl 2013 I S. 734, NWB DAAAE-40449 i.V. mit A 243 Abs. 8 AEBewGrSt.

8 Tz. 4.5 des Abgrenzungserlasses v. 5.6.2013, BStBl 2013 I S. 734, NWB DAAAE-40449 i.V. mit A 243 Abs. 8 AEBewGrSt; BFH, Urteil v. 14.2.1969 - III 60/65, BStBl 1969 II S. 394, NWB BAAAA-90489, betr. Ufermauern aus Stein oder Beton.

9 Tz. 4.5 des Abgrenzungserlasses v. 5.6.2013, BStBl 2013 I S. 734, NWB DAAAE-40449 i.V. mit A 243 Abs. 8 AEBewGrSt.

10 Tz. 3.3 des Abgrenzungserlasses v. 5.6.2013, BStBl 2013 I S. 734.

und Wänden, selbst wenn sie beispielsweise wie bei einem milchverarbeitenden Betrieb gesetzlich vorgeschrieben ist, stellt grundsätzlich keine Betriebsvorrichtung dar und zählt daher zum Grundvermögen.[1] Einzelfundamente für Maschinen sind hingegen Betriebsvorrichtungen.[2] Aufgrund der Zuordnung von Verstärkungen von Decken, Fundamenten und Mauern zum Grundvermögen hat die Zuordnung zu den Betriebsvorrichtungen i. d. R. keine Verringerung der Brutto-Grundfläche zur Folge und damit keine Auswirkung auf den Grundsteuerwert (siehe auch → Rz. 2).

§ 244 BewG Grundstück

(1) Jede wirtschaftliche Einheit des Grundvermögens bildet ein Grundstück im Sinne dieses Abschnitts.

(2) [1]Ein Anteil des Eigentümers eines Grundstücks an anderem Grundvermögen (zum Beispiel an gemeinschaftlichen Hofflächen oder Garagen) ist in die wirtschaftliche Einheit Grundstück einzubeziehen, wenn der Anteil zusammen mit dem Grundstück genutzt wird. [2]Das gilt nicht, wenn das gemeinschaftliche Grundvermögen nach den Anschauungen des Verkehrs als selbständige wirtschaftliche Einheit anzusehen ist (§ 2 Absatz 1 Satz 3 und 4).

(3) Als Grundstück gelten auch:

1. das Erbbaurecht zusammen mit dem Erbbaurechtsgrundstück,

2. ein Gebäude auf fremdem Grund und Boden zusammen mit dem dazugehörenden Grund und Boden,

3. jedes Wohnungseigentum und Teileigentum nach dem Wohnungseigentumsgesetz sowie

4. jedes Wohnungserbbaurecht und Teilerbbaurecht zusammen mit dem anteiligen belasteten Grund und Boden.

Inhaltsübersicht Rz.

1 FG Düsseldorf, Urteil v. 17.5.1983 - XI 684/78, EFG 1984 S. 166.

2 Vgl. Tz. 3.3 Abs. 2 des Abgrenzungserlasses v. 5.6.2013, BStBl 2013 I S. 734, NWB DAAAE-40449 i.V. mit A 243 Abs. 8 AEBewGrSt.

LITERATUR:

Eisele, Reform der Grundsteuer – Gesetzentwurf liegt vor!, Teil I, NWB 2019 S. 2043, NWB ZAAAH-21376; *Grootens*, Die Reform der Grundsteuer, NWB IAAAH-21201; *Eisele/Wiegand*, Grundsteuerreform 2022/2025, Stand: Januar 2020 (1. Aufl.), NWB CAAAH-44415.

ARBEITSHILFEN UND GRUNDLAGEN ONLINE:

Berechnung der Grundsteuer nach der Gesetzesreform, Berechnungstool „Grundsteuer“ nach dem Entwurf v. 21.6.2019, NWB NAAAH-30144. Grundsteuer: Grundbesitzbewertung ab 2022/2025 (Sach- und Ertragswertverfahren) – Checkliste mit Berechnungen, NWB NAAAH-93792.

VERWALTUNGSANWEISUNGEN:

Koordinierte Erlasse der obersten Finanzbehörden der Länder v. 9.11.2021 – Anwendung des Siebenten Abschnitts des Zweiten Teils des Bewertungsgesetzes zur Bewertung des Grundbesitzes (allgemeiner Teil und Grundvermögen) für die Grundsteuer ab 1.1.2022 (AEBewGrSt), BStBl I 2021 S. 2334.

A. Allgemeine Erläuterungen zu § 244 BewG

I. Normzweck und wirtschaftliche Bedeutung der Vorschrift

1 § 244 BewG enthält Regelungen zum **Umfang der wirtschaftlichen Einheit beim Grundvermögen** für Zwecke der Grundsteuer. § 244 Abs. 1 BewG definiert den Begriff des Grundstücks als wirtschaftliche Einheit des Grundvermögens.[1] § 244 Abs. 2 BewG erweitert die wirtschaftliche Einheit des Grundvermögens auf **Anteile** des Eigentümers **an anderem Grundvermögen**, wenn dieses mit der wirtschaftlichen Einheit zusammen genutzt wird. § 244 Abs. 3 BewG fingiert eine wirtschaftliche Einheit für bestimmte **Sonderfälle** in Abweichung zum Grundsatz des einheitlichen Eigentums.

2 Die Bestimmung der wirtschaftlichen Einheit hat grundlegende Bedeutung für die Anwendung der einzelnen **Bewertungsvorschriften** nach §§ 246 ff. BewG. Die Tatbestandsmerkmale müssen von der jeweiligen wirtschaftlichen Einheit als Ganzes erfüllt werden. Die Rechtsfolgen der jeweiligen Bewertungsvorschriften werden auf die gesamte wirtschaftliche Einheit angewandt.

3 Je nach Umfang der wirtschaftlichen Einheit kann sich der Grundsteuerwert erheblich unterscheiden. Insbesondere die **Grundstücksfiktionen** nach § 244 Abs. 3 BewG haben erhebliche Auswirkung auf die Ermittlung der Grundsteuerwerte und Zurechnung zum jeweiligen Steuerschuldner nach § 10 GrStG.

4–5 *(Einstweilen frei)*

1 A 244 Abs. 1 Satz 1 AEBewGrSt.

II. Entstehung und Entwicklung der Vorschrift

6 § 244 BewG wurde mit dem **GrStRefG** v. 26.11.2019[1] in das BewG eingefügt. Mit dem Jahressteuergesetz 2020 wurde in § 244 Abs. 3 Nr. 4 BewG klargestellt, dass jedes Wohnungserbbau- und Teilerbbaurecht zusammen mit dem jeweiligen **Anteil** des belasteten Bodens eine wirtschaftliche Einheit bildet.[2]

7–8 *(Einstweilen frei)*

III. Geltungsbereich

9 § 244 BewG gilt nur für im Bundesgebiet belegenes **Grundvermögen**,[3] soweit die Länder in Bezug auf § 244 BewG nicht von ihrer Abweichungskompetenz nach Art. 72 Abs. 3 Satz 1 Nr. 7 GG Gebrauch gemacht haben. Auf das **land- und forstwirtschaftliche Vermögen** findet § 244 BewG keine Anwendung. Für das land- und forstwirtschaftliche Vermögen gilt § 232 Abs. 2 BewG. § 244 BewG ist gem. § 266 BewG erstmals für den **Hauptfeststellungszeitpunkt auf den 1.1.2022** anzuwenden.[4]

10 Die Bewertung der wirtschaftlichen Einheit des Grundvermögens, also des einzelnen Grundstücks i. S. des § 244 BewG mit dem Grundsteuerwert erfolgt gem. § 231 BewG nur für **inländisches Grundvermögen**. Erfasst werden auch die inländischen Teile eines Grundstücks i. S. des § 244 BewG, das sich sowohl auf das Inland als auch auf das Ausland erstreckt.

11–13 *(Einstweilen frei)*

IV. Verhältnis zu anderen Vorschriften

14 Die jeweiligen Bewertungsnormen der **§§ 246 ff. BewG** sind auf die jeweilige wirtschaftliche Einheit anzuwenden (siehe bereits → Rz. 2). § 244 BewG hat neben der Bestimmung der wirtschaftlichen Einheit erhebliche Bedeutung für die Steuerschuldnerschaft nach **§ 10 GrStG**,[5] da insbesondere die Grundstücksfiktionen nach § 244 Abs. 3 BewG mit den entsprechenden Zurechnungsnormen des Bewertungsgegenstandes nach **§§ 261 f. BewG** korrespondieren. Nach **§ 261 BewG** wird dem Erbbauberechtigten die wirtschaftliche Einheit nach § 244 Abs. 3 Nr. 1 BewG und nach **§ 262 BewG** wird dem Grundstückseigentümer die wirtschaftliche Einheit bei einem Gebäude auf fremdem Grund und Boden nach § 244 Abs. 3 Nr. 2 BewG zugerechnet. Entsprechend § 261 BewG[6] wird auch bei einem Wohnungserbbaurecht oder Teilerbbaurecht die wirtschaftliche Einheit dem Wohnungserbbauberechtigten bzw. Teilerbbauberechtigten zugerechnet (siehe vertiefend → Rz. 95).

15–17 *(Einstweilen frei)*

---

1 GrStRefG v. 26.11.2019, BGBl 2019 I S. 1794.

2 Jahressteuergesetz 2020 v. 21.12.2020, BGBl I 2020 S. 3096.

3 Siehe hierzu vertiefend Bock in Grootens, BewG § 243 Rz. 10 f.

4 Schnitter, 360° GrStG eKommentar, BewG § 244 Rz. 8.

5 Siehe dazu vertiefend Schmidt in Grootens, GrStG § 10 Rz. 1 ff.

6 Soll durch § 261 Satz 2 BewG (neu) mit dem Jahressteuergesetz 2020 klargestellt werden, BR-Drucks. 503/20 S. 52. Bei Drucklegung war das Gesetzgebungsverfahren noch nicht abgeschlossen.

B. Systematische Kommentierung

I. Das Grundstück als wirtschaftliche Einheit des Grundvermögens (§ 244 Abs. 1 BewG)

1. Begriff des Grundstücks

18 Nach § 244 Abs. 1 BewG bildet jede **wirtschaftliche Einheit des Grundvermögens ein Grundstück** i. S. des Siebenten Abschnitts.[1] Die Definition entspricht derjenigen des § 70 Abs. 1 BewG für die Einheitsbewertung.[2] Der bewertungsrechtliche Begriff des Grundstücks ist ein Substitut und steht als Ersatz für die wirtschaftliche Einheit des Grundvermögens. Darüber hinaus wird mit dem bewertungsrechtlichen Begriff des Grundstücks der Bewertungsgegenstand umschrieben, der Anknüpfungspunkt für die Bewertungsregelungen der §§ 246 ff. BewG ist.[3] Der zutreffenden Bestimmung und Abgrenzung der wirtschaftlichen Einheit kommt daher besondere Bedeutung für die Bewertung zu (siehe bereits → Rz. 2).

19 Der **bewertungsrechtliche Grundstücksbegriff** deckt sich nicht mit dem Grundstücksbegriff des bürgerlichen Rechts,[4] weil der bewertungsrechtliche Grundstücksbegriff – teils enger[5] – nicht das land- und forstwirtschaftliche Vermögen und die wie solches bewerteten Betriebsgrundstücke umfasst und sich – teils weiter – nicht wie im **bürgerlichen Grundbuchrecht** nur auf den räumlich abgegrenzten Teil der Erdoberfläche erstrecken muss, der im Grundbuch ein eigenes Grundbuchblatt erhält (vgl. § 3 GBO).[6] Auch die **katasterrechtliche Einordnung** als Flurstück spielt keine Rolle.[7] Ein Grundstück i. S. des BewG kann sowohl mehrere Grundstücke i. S. des bürgerlichen Rechts als auch nur einen Teil eines bürgerlich-rechtlichen Grundstücks umfassen.[8]

20–22 *(Einstweilen frei)*

2. Bestimmung der wirtschaftlichen Einheit

23 Was als wirtschaftliche Einheit des Grundvermögens (Grundstück) zu gelten hat, bestimmt sich gem. § 2 Abs. 1 Satz 3 BewG vornehmlich nach den **Anschauungen des Verkehrs** unter Berücksichtigung der **örtlichen Gewohnheit,** der **tatsächlichen Übung,** der **Zweckbestimmung** und der **wirtschaftlichen Zusammengehörigkeit** der einzelnen Wirtschaftsgüter.[9] Es sind also neben **objektiven** auch **subjektive** Merkmale maßgebend.[10] Stehen Letztere, wie z. B. die

1 A 244 Abs. 1 Satz 1 AEBewGrSt.

2 BT-Drucks. 19/11085 S. 108.

3 Schnitter, 360° GrStG eKommentar, BewG § 244 Rz. 11.

4 A 244 Abs. 1 Satz 2 AEBewGrSt; Schnitter in GrStG - eKommentar, BewG § 244 Rz. 12; Krause in Stenger/Loose, BewG § 243 Rz. 18 und § 244 Rz. 19.

5 Krause in Stenger/Loose, BewG § 244 Rz. 20.

6 Vgl. auch Krause in Stenger/Loose, BewG § 244 Rz. 20.

7 BFH, Urteil v. 25.1.2012 - II R 25/10, BStBl 2012 II S. 403 zur wirtschaftlichen Einheit bei Windkraftanlagen m. Anm. Stöckel, NWB 2013 S. 292 und Meßbacher-Hönsch, jurisPR-SteuerR 20/2012 Rz. 2; Schnitter, 360° GrStG eKommentar, BewG § 244 Rz. 12; Krause in Stenger/Loose, BewG § 244 Rz. 19.

8 A 244 Abs. 1 Satz 4 AEBewGrSt; vgl. auch Halaczinsky in Rössler/Troll, BewG § 70 Rz. 4; Esskandari in Gürsching/Stenger, BewG § 70 Rz. 7; Krause in Stenger/Loose, BewG § 244 Rz. 20; vgl. auch BFH, Urteil v. 26.2.1986 - II R 236/83, NWB WAAAB-28676.

9 Vgl. auch A 244 Abs. 1 Satz 3 AEBewGrSt.

10 BFH, Urteil v. 25.1.2012 - II R 25/10, BStBl 2012 II S. 403 zur wirtschaftlichen Einheit bei Windkraftanlagen m. Anm. Stöckel, NWB 2013 S. 292 und Meßbacher-Hönsch, jurisPR-SteuerR 20/2012 Rz. 2.

Zweckbestimmung, im Widerspruch zu den objektiven Merkmalen, wie z. B. der örtlichen Gewohnheit, so sind die **objektiven Merkmale entscheidend.**[1]

24 Weitere Voraussetzung für die Annahme einer nach objektiven Merkmalen abgegrenzten wirtschaftlichen Einheit ist stets die **Möglichkeit** ihrer **selbständigen Veräußerung.**[2] Hierbei ist nicht auf eine abstrakt bestehende Möglichkeit der Teilung und Veräußerung abzustellen, wie z. B. die bei allen abgeschlossenen Wohnungen abstrakt bestehende Möglichkeit, **Wohnungseigentum** zu schaffen, sondern auf eine die tatsächlichen Gegebenheiten des Bewertungsgegenstandes berücksichtigende Veräußerungsmöglichkeit.[3]

25 Es gilt der Grundsatz des **einheitlichen Eigentums** (siehe § 2 BewG), der in bestimmten Sonderfällen durchbrochen wird (siehe hierzu → Rz. 40 ff.).[4] Nach § 2 Abs. 2 BewG kann grundsätzlich zu einer wirtschaftlichen Einheit nur Grundbesitz zusammengefasst werden, der **demselben Eigentümer** gehört. Eine räumliche Trennung der zivilrechtlichen Grundstücke, etwa durch eine Straße, steht der Zusammenfassung i. d. R. entgegen (siehe aber auch → Rz. 28 und → Rz. 40 ff.). Steht mehreren Personen der Grundbesitz gemeinsam zu (beispielsweise Miteigentum nach Bruchteilen oder Gesamthandseigentum), liegt von dem Grundsatz abweichend eine wirtschaftliche Einheit vor. Eintragungsfähig in das Grundbuch sind insbesondere auch Personenhandelsgesellschaften und Gesellschaften bürgerlichen Rechts (GbR), so dass diesen nach § 39 Abs. 1 AO i. V. mit § 10 GrStG der Steuergegenstand zugerechnet wird und sie selbst Steuerschuldner sind. Eine Aufteilung des Gesamtwerts auf die einzelnen Beteiligten nach § 3 BewG findet nicht statt. Flächen, die im Eigentum eines Eigentümers stehen und Flächen, die ihm und anderen Personen gemeinsam – gesamthänderisch oder nach Bruchteilen – gehören, können i. d. R. nicht zu einer wirtschaftlichen Einheit zusammengefasst werden.[5] Dieser Grundsatz wird bei Wohnungs- und Teileigentum sowie dem Wohnungserbbaurecht und Teilerbbaurecht durchbrochen (vgl. → Rz. 88 ff.).

26 Für die im Einzelfall nach den vorgenannten Grundsätzen zum maßgebenden Feststellungszeitpunkt zu bestimmende wirtschaftliche Einheit des Grundvermögens dienen folgende **Einordnungen als Richtschnur**: Zur wirtschaftlichen Einheit eines bebauten Grundstücks gehört der **Grund** und **Boden,** die **Gebäude** einschließlich etwaiger Anbauten, die **Außenanlagen**, sonstige **wesentliche Bestandteile** und das **Zubehör** (vgl. auch § 243 BewG).[6]

27 Nicht einzubeziehen sind **Scheinbestandteile**, es sei denn, es liegt ein Gebäude auf fremdem Grund und Boden vor (siehe hierzu → Rz. 73 ff.). **Betriebsvorrichtungen** und **Maschinen** sind nicht in die wirtschaftliche Einheit einzubeziehen, selbst wenn sie wesentliche Bestandteile sind.[7]

---

1 BFH, Urteil v. 16.2.1979 - III R 67/79, BStBl 1979 II S. 279; BFH, Urteil v. 15.6.1983 - III R 40/82, BStBl 1983 II S. 752; BFH, Urteil v. 23.1.1985 - II R 35/82, BStBl 1985 II S. 336; BFH, Urteil v. 25.1.2012 - II R 25/10, BStBl 2012 II S. 403 zur wirtschaftlichen Einheit bei Windkraftanlagen m. Anm. Stöckel, NWB 2013 S. 292 und Meßbacher-Hönsch, jurisPR-SteuerR 20/2012 Rz. 2; vgl. zu Windkraftanlagen OFD Koblenz, Erlass v. 19.11.2012 - S 3190-St 35 6, NWB UAAAE-40413.

2 BFH, Urteil v. 25.2.1983 - III R 81/82, BStBl 1983 II S. 552, m. w. N.

3 BFH, Urteil v. 2.10.1970 - III R 163/66, BStBl 1970 II S. 822.

4 Vgl. auch A 244 Abs. 1 Satz 5 AEBewGrSt; zu den Ausnahmen A 244 Abs. 3, A 261 und A 262 AEBewGrSt; Schnitter, 360° GrStG eKommentar, BewG § 244 Rz. 14; Krause in Stenger/Loose, BewG § 243 Rz. 18.

5 A 244 Abs. 1 Satz 6 AEBewGrSt; zu den Ausnahmen siehe A 244 Abs. 3 und A 266.2 Abs. 5; zu letzterem Grootens in Grootens, BewG § 266 Rz. 111 ff.

6 Vgl. für die Erbschaft- und Schenkungsteuer R B 180 Abs. 3 Satz 1 ErbStR 2019.

7 Vgl. Bock in Grootens, BewG § 243 Rz. 89 ff.

Zum **Grund** und **Boden** gehören die bebaute Fläche und die mit dem Gebäude im Zusammenhang stehende unbebaute Fläche, insbesondere der **Hofraum** sowie **Haus-** und **Vorgarten.**[1] Bei einer größeren unbebauten Fläche kommt es auf die Verkehrsauffassung im konkreten Einzelfall an.[2] Im Grundstückswert zu erfassen sind die **Nebengebäude**, wenn sie auf dem mit dem Hauptgebäude bebauten Grundstück stehen wie etwa **Garagen.**[3] Nebengebäude, die getrennt von dem Hauptgebäude, z. B. auf der anderen Straßenseite, stehen, werden i. d. R. nicht in die wirtschaftliche Einheit einzubeziehen sein. Sie bilden eine eigene wirtschaftliche Einheit (siehe zu der gesetzlich normierten Ausnahme → Rz. 40 ff.). Von Wohnungs- und Teileigentum **getrennt liegende Garagen** können aber bei nicht zu großer räumlicher Trennung in die wirtschaftliche Einheit einbezogen werden,[4] auch wenn sie auf der anderen Seite einer nicht dem Durchgangsverkehr dienenden Straße liegen.[5] 28

Bei **einem** mit einem **Wohngebäude** bebauten **Grundstück** bildet grundsätzlich das gesamte Gebäude mit der bebauten Fläche einschließlich des unbebauten Hofraums, der Nebengebäude, wie etwa Garagen, sowie der Hausgarten **einen** einzigen **Bewertungsgegenstand**, wenn noch ein gewisser **räumlicher Zusammenhang zum Gebäude** besteht.[6] Eine wirtschaftliche Einheit mit dem entsprechenden räumlichen Zusammenhang hat der BFH[7] z. B. für **unbebaute Flächen**, die **an** ein **Wohnhaus** grenzen, bei offener Bauweise (einzelne Häuser oder Häuserblöcke) angenommen.[8] Die Größe der Grundstücke gestatte in diesen Fällen nicht nur eine Bebauung mit weiteren Gebäuden, sondern auch die Anlage eines größeren Gartens oder einer Grünfläche. Abzugrenzen sind diese Fälle von den Fällen einer wirtschaftlichen Einheit mit einer selbständig nutzbaren Teilfläche.[9] 29

Bei **nebeneinander liegenden Gebäuden** desselben Eigentümers liegen **mehrere wirtschaftliche Einheiten** vor, wenn sie durch Brand- und Trennwände, gesonderte Eingänge und eigene Versorgungsanlagen für Heizung, Wasser, Strom usw. derart abgetrennt sind, dass sie nach ihrer baulichen Gestaltung und Einrichtung – und daher baurechtlich möglicher Teilungsgenehmigung – selbständig veräußert werden können.[10] 30

Zusammenhängende Gebäude eines Eigentümers, die erst nach wesentlicher baulicher Änderung selbständig veräußert werden können, stellen dagegen ein bewertungsrechtliches Grundstück dar. Bei **Doppelhaushälften** liegen selbst bei abweichender Beurteilung u. a. durch die Baubehörde nach der Verkehrsanschauung gesonderte wirtschaftliche Einheiten vor, wenn gemeinsame Ver- und Entsorgungseinrichtungen vorhanden sind.[11] 31

---

1 Vgl. für die Erbschaft- und Schenkungsteuer R B 180 Abs. 4 Satz 1 ErbStR 2019.

2 Vgl. für die Erbschaft- und Schenkungsteuer R B 180 Abs. 4 Satz 2 ErbStR 2019.

3 Schnitter, 360° GrStG eKommentar, BewG § 244 Rz. 18; Krause in Stenger/Loose, BewG § 244 Rz. 68 f.; vgl. zur Erbschaft- und Schenkungsteuer R B 180 Abs. 5 Satz 2 ErbStR 2019.

4 Vgl. etwa zur Einheitsbewertung FG Düsseldorf, Urteil v. 21.10.1980 - XI 265/78, EFG 1981 S. 434; Mannek, NWB F. 9 S. 2265, unter 4 zu der Bedarfsbewertung.

5 Vgl. etwa FG Hamburg, Beschluss v. 18.1.2016 - 3 K 176/15, NWB KAAAF-68718, m. w. N. und zu den gemeinschaftlichen Garagenbauten → Rz. 40 ff.

6 Vgl. zur Erbschaft- und Schenkungsteuer R B 180 Abs. 4 Satz 1 ErbStR 2019.

7 BFH, Urteil v. 4.10.1974 - III R 127/73, BStBl 1975 II S. 302; BFH, Urteil v. 16.2.1979 - III R 67/76, BStBl 1979 II S. 279.

8 Siehe auch A 244 Abs. 2 Satz 1 AEBewGrSt; Krause in Stenger/Loose, BewG § 243 Rz. 20.

9 A 244 Abs. 2 Satz 2 AEBewGrSt.

10 BFH, Urteil v. 15.10.1954 - III 148/54 U, BStBl 1955 III S. 2, betr. Doppel- und Reihenhäuser; BFH, Urteil v. 29.11.1963 - III 157/61, HFR 1964 S. 113, betr. Wohn- und Geschäftshaus und Hallenbau für ein Kino; BFH, Urteil v. 7.2.1964 - III 230/61 U, BStBl 1964 III S. 180, betr. größere Baublöcke von Siedlungsgesellschaften; BFH, Urteil v. 2.10.1970 - III R 163/66, BStBl 1970 II S. 822, betr. Reiheneinfamilienhäuser.

11 BFH, Urteil v. 14.2.1990 - II R 2/87, NWB IAAAB-31542.

32 Zwei auf **verschiedenen** bürgerlich-rechtlichen **Grundstücken** errichtete sowie mit einem Gang zu einem Gesamtgebäude verbundene **Bauteile** sind hingegen trotz jeweils eigenständiger Ver- und Entsorgungseinrichtungen als eine einzige wirtschaftliche Einheit beurteilt worden.[1] Ein **Einfamilienhaus** und ein Gartenhaus mit einer separaten Wohnung – kein Nebengebäude –, die zusammen auf einem bürgerlich-rechtlichen Grundstück errichtet worden sind, können als zwei wirtschaftliche Einheiten zu bewerten sein.[2]

33 Bei **aneinander gebauten Mietshäusern** auf verschiedenen bürgerlich-rechtlichen Grundstücken hat der BFH[3] trotz miteinander verbundenen Ver- und Entsorgungseinrichtungen **mehrere wirtschaftliche Einheiten** angenommen. Mehrere wirtschaftliche Einheiten können selbst dann anzunehmen sein, wenn die verschiedenen Gebäude aufgrund tatsächlicher Gegebenheiten der Gesamtanlage (parkähnlicher Charakter, Umzäunung der Anlage und auf die Bedürfnisse der Bewohner abgestimmte Infrastruktur) über einen wirtschaftlichen Zusammenhang verfügen.[4] Nach dieser Rechtsprechung kommt eine einheitliche Zweckbestimmung als maßgebliches Abgrenzungskriterium zur Bestimmung der wirtschaftlichen Einheit eher bei Grundstücken in Betracht, die zu einem land- und forstwirtschaftlichen Betrieb oder einem sonstigen Betrieb gehören.

34 Bei **Mietshäusern** spricht dagegen bereits die **selbständige Nutzbarkeit** gegen die Annahme einer einzigen wirtschaftlichen Einheit. In der Literatur[5] wird zutreffend darauf hingewiesen, dass angesichts der städtebaulichen Entwicklung mit der zunehmenden Schaffung von zentralen Anlagen – wie z. B. Fernheizung – der Verbindung von Ver- und Entsorgungssystemen für die Einordnung als eine wirtschaftliche Einheit kein erhebliches Gewicht mehr beigemessen werden kann.

35 Zwei **aneinandergrenzende bebaute** Grundstücke, von denen das eine **gewerblichen und** das andere **privaten** Zwecken dient, stellen grundsätzlich zwei wirtschaftliche Einheiten dar. Ausnahmsweise ist **eine wirtschaftliche Einheit** anzunehmen, wenn sie in einem durch einen Bebauungsplan ausgewiesenen Gewerbegebiet liegen, das auf dem privat genutzten Grundstück errichtete Wohnhaus nur als Wohnung des Betriebsinhabers genutzt werden kann und die Grundstücke aus baurechtlichen Gründen nur gemeinsam veräußert werden dürfen.[6]

36 Darüber hinaus hat der BFH[7] entschieden, dass das Wohngebäude des Betriebsinhabers, das durch Versorgungsleitungen, eine gemeinsame Zufahrt und gemeinsame Gestaltung der Außenanlagen mit dem Betriebsgebäude wirtschaftlich verbunden ist und über ein dem Betrieb dienendes Büro verfügt, zusammen mit dem Betriebsgebäude auch dann eine wirtschaftliche Einheit bildet, wenn beide nach dem Willen des Betriebsinhabers nicht einem gemeinsamen Zweck dienen. Auf die Veräußerbarkeit kommt es in diesem Fall nicht mehr an.

1 BFH, Urteil v. 28.4.1993 - II S 6/93, NWB FAAAB-33792.
2 Siehe BFH, Urteil v. 10.12.1997 - II R 10/95, NWB BAAAB-38902; Vorinstanz FG Berlin, Urteil v. 14.10.1998 - 2 K 2073/98, EFG 1999 S. 221.
3 BFH, Urteil v. 23.1.1985 - II R 35/82, BStBl 1985 II S. 336.
4 FG Köln, Urteil v. 19.10.2016 - 4 K 1866/11, NWB YAAAF-89267.
5 Mannek, NWB F. 9 S. 2265 (7/2007).
6 BFH, Urteil v. 25.2.1983 - III R 81/82, BStBl 1983 II S. 552.
7 BFH, Urteil v. 15.6.1983 - III R 40/82, BStBl 1983 II S. 752; BFH, Urteil v. 26.2.1986 - II R 236/83, NWB WAAAB-28676.

Befindet sich auf einem **Fernsehturm** neben den fernmeldetechnischen Anlagen in einem besonderen Bauteil mit eigenem Zugang ein gastronomischer Betrieb, so bildet dieser eine eigene wirtschaftliche Einheit.[1] Werden zwei Grundstücke desselben Eigentümers durch einen **Überbau** verklammert, bilden diese ebenfalls eine wirtschaftliche Einheit.[2] 37

(Einstweilen frei) 38

3. Grundsätzlich keine abweichende Zurechnung bei Ehegatten

Mehrere Wirtschaftsgüter, die nach der Verkehrsauffassung eine wirtschaftliche Einheit bilden, können nach § 2 Abs. 2 BewG nur insoweit zusammengefasst werden, als sie demselben Eigentümer oder denselben Eigentümern gemeinschaftlich gehören. Dieser Grundsatz ist bei Eheleuten für die Einheitsbewertung des Grundbesitzes für Zwecke der Grundsteuer durch § 26 BewG durchbrochen worden, wonach die Zurechnung mehrerer Wirtschaftsgüter zu einer wirtschaftlichen Einheit beim Grundbesitz nicht dadurch ausgeschlossen wird, dass sie zum Teil dem einen und zum Teil dem anderen Ehegatten gehören. **§ 26 BewG** gilt aber mangels entsprechenden Verweises grundsätzlich **nicht** für den **Grundsteuerwert**. Mit dem Fondsstandortgesetz[3] wurde in § 266 Abs. 5 BewG allerdings eine Übergangsvorschrift aufgenommen, nach der auf Grundlage von § 26 BewG bereits gebildete wirtschaftliche Einheiten weiterhin der Bewertung nach dem Siebenten Abschnitt zugrunde gelegt werden können.[4] Dies soll Verwaltungsaufwand vermeiden, der bei der Aufspaltung der so gebildeten wirtschaftlichen Einheiten entstünde.[5] Die Vorschrift tritt mit Ablauf des 31.12.2028 nach Art. 8 i.V. mit Art. 19 Abs. 3 Fondsstandortgesetz wieder außer Kraft. 39

II. Einbeziehung von Anteilen an anderen Grundstücken in die wirtschaftliche Einheit (§ 244 Abs. 2 BewG)

§ 244 Abs. 2 Satz 1 BewG **erweitert** abweichend vom Grundsatz des einheitlichen Eigentums (§ 2 BewG) bei der Bestimmung der wirtschaftlichen Einheit einem praktischen Bedürfnis folgend (ähnlich § 34 Abs. 5 BewG) die **Bewertungseinheit** des Grundvermögens dadurch, dass Anteile an anderem Grundvermögen in die wirtschaftlichen Einheiten der **Hauptgrundstücke** der jeweiligen Eigentümer einbezogen werden, wenn der Anteil zusammen mit dem Grundstück genutzt wird.[6] Gedacht ist, wie sich aus dem Klammerzusatz bezüglich gemeinschaftlicher Hofflächen oder Garagen ergibt, an gemeinschaftliches Grundvermögen, das seine wirtschaftliche Bedeutung erst dadurch erhält, dass es zusammen mit anderen, im Einzeleigentum der Beteiligten stehenden Grundstücken genutzt wird.[7] Dies gilt gem. § 244 Abs. 2 Satz 2 40

1 FG Hessen, Urteil v. 26.6.1997 - 3 K 1059/94, EFG 1998 S. 22; bestätigt von BFH, Beschluss v. 17.6.1998 - II B 126/97, NWB QAAAA-62354.

2 FG Hamburg, Urteil v. 27.10.2017 - 3 K 141/16, NWB WAAAG-80812 (Wohn- und Garagengrundstück mit nur einer Zufahrt).

3 Gesetz zur Stärkung des Fondsstandorts Deutschland und zur Umsetzung der Richtlinie (EU) 2019/1160 zur Änderung der Richtlinien 2009/65/EG und 2011/61/EU im Hinblick auf den grenzüberschreitenden Vertrieb von Organismen für gemeinsame Anlagen (Fondsstandortgesetz – FoStoG) v. 3.6.2021, BGBl 2021 I S. 1498.

4 Siehe vertiefend Grootens in Grootens, BewG § 66 Rz. 111 ff.

5 Vgl. Beschlussempfehlung des FzA, BT-Drucks. 19/28868 S. 129 ff.

6 Vgl. BT-Drucks. 19/11085 S. 108; A 244 Abs. 3 Satz 1 AEBewGrSt.

7 Vgl. auch BT-Drucks. 19/11085 S. 108; A 244 Abs. 3 AEBewGrSt.

BewG allerdings nicht, wenn im Einzelfall nach der **Verkehrsanschauung** das Gemeinschaftseigentum als selbständige wirtschaftliche Einheit anzusehen ist.[1]

41 Nach § 244 Abs. 2 Satz 1 BewG ist entgegen § 70 Abs. 2 Satz 1 BewG bei der Ermittlung des **Grundsteuerwerts** für Zwecke der **Grundsteuer** nicht erforderlich, dass alle an dem gemeinschaftlichen Eigentum Beteiligten ihren Grundstücksanteil jeweils zusammen mit ihrem Grundstück nutzen. Es genügt also bei einem **gemeinschaftlichen Garagenbau**, dass nur eine einzelne Garage von dem Eigentümer eines Hauptgrundstücks genutzt wird, um die Garage in die wirtschaftliche Einheit des Hauptgrundstücks einzubeziehen.

42 BEISPIEL:[2] Ein Garagengrundstück steht im Miteigentum einer Vielzahl von Eigentümern und wird von einzelnen Eigentümern gemeinsam mit ihrem in räumlicher Nähe liegenden Wohnungseigentum genutzt. Der Anteil des Eigentümers an dem Garagengrundstück zusammen mit seinem Wohnungseigentum bilden in diesem Fall eine wirtschaftliche Einheit. Für die Zusammenfassung zu einer wirtschaftlichen Einheit ist es nicht erforderlich, dass alle Miteigentümer des Garagengrundstücks ihren Anteil jeweils zusammen mit einem Reihenhaus nutzen.

43 Wie weit der **Begriff der Nutzung** der Anteile zusammen mit den Hauptgrundstücken der jeweiligen Eigentümer zu verstehen ist, wird im Gesetz nicht weiter definiert. Eine Eigennutzung ist nicht erforderlich. Die Nutzung durch einen Mieter des Hauptgrundstücks genügt.[3] Wenn die Garage einem Dritten, der nicht Nutzer des Hauptgrundstücks ist, zum Gebrauch überlassen wird, ist eine Nutzung zusammen mit dem Hauptgrundstück nicht mehr gegeben. Ob indessen bei größerer Entfernung des Garagenbaues von den Hauptgrundstücken, mit denen er zusammen genutzt wird, wegen der räumlichen Trennung eine Einbeziehung in die wirtschaftliche Einheit des jeweiligen Hauptgrundstücks vorzunehmen ist, erscheint zweifelhaft, auch wenn für die Benutzer der Hauptgrundstücke die Garage lediglich Zubehörräume des Hauptgrundstücks sind. Inwieweit die Einbeziehung auch für unbebaute Flächen gilt, etwa für Gärten, lässt sich nur aufgrund der Verhältnisse des Einzelfalles unter Berücksichtigung der auch sonst für die Abgrenzung der Grundstücke anerkannten Grundsätze beantworten. Die Einbeziehung des gemeinschaftlichen Eigentums in die wirtschaftliche Einheit erfolgt mit dem entsprechenden Miteigentumsanteil.

44 BEISPIEL:[4] Eine unbebaute Fläche von 1.000 m^2 wird gemeinsam von den Eigentümern der angrenzenden Einfamilienhäuser (z. B. als Spielplatz oder Gartenfläche) genutzt. An dem unbebauten Flurstück besteht Miteigentum der Eigentümer der angrenzenden Einfamilienhäuser zu einem Anteil von jeweils 25/100.

LÖSUNG: Jedem Eigentümer wird seine anteilige Fläche des unbebauten Grundstücks zugerechnet und in die wirtschaftliche Einheit miteinbezogen. Zu der Fläche des Grund und Bodens jeder wirtschaftlichen Einheit ist eine Fläche von 250 m^2 hinzuzurechnen. Ob für das unbebaute Flurstück ein eigenes Grundbuchblatt angelegt wurde, ist insoweit unbeachtlich.

45 **§ 70 Abs. 2 BewG** ist wie auch bei der Einheitsbewertung[5] **analog** anzuwenden, wenn die Hauptgrundstücke, die verschiedene wirtschaftliche Einheiten bilden, und die diesen untergeordneten

1 A 244 Abs. 3 Satz 3 AEBewGrSt.
2 Vgl. auch Beispiel 1 bei A 244 Abs. 3 AEBewGrSt.
3 Halaczinsky in Rössler/Troll, BewG § 70 Rz. 38.
4 Beispiel 2 bei A 244 Abs. 3 AEBewGrSt.
5 Vgl. Abschnitt 4 Abs. 2 BewR Gr.

Flächen, Gebäude usw. demselben Eigentümer gehören, wie etwa bei einem Waschhaus für eine aus mehreren Einheiten bestehende Wohnhausgruppe einer Wohnungsgesellschaft.

(Einstweilen frei) 46

III. Grundstücksfiktion in Sonderfällen (§ 244 Abs. 3 BewG)

1. Erbbaurecht (§ 244 Abs. 3 Nr. 1 BewG)

a) Allgemein

§ 244 Abs. 3 Nr. 1 BewG bestimmt für die Ermittlung des Grundsteuerwerts i. d. R. abweichend vom allgemeinen Grundsatz des einheitlichen Eigentums, dass das **Erbbaurecht zusammen mit dem Erbbaugrundstück eine wirtschaftliche Einheit** bildet.[1] Dies gilt auch für das **Eigentümererbbaurecht**, bei dem der Erbbauberechtigte und der Eigentümer des Grund und Bodens dieselbe Person ist.[2] 47

Die Zusammenfassung zu einer wirtschaftlichen Einheit und Zurechnung zum Erbbauberechtigten nach § 261 BewG dient der **Vereinfachung sowie Automation des Besteuerungsverfahrens**[3] und begegnet keinen durchgreifenden verfassungsrechtlichen Bedenken. Die Regelung ist vom Gestaltungsspielraum des Gesetzgebers gedeckt, da das Erbbaurecht das Eigentum an dem Gebäude sowie dinglich das Nutzungsrecht an dem Grundstück vermittelt.[4] Auf die bisher nach der Einheitsbewertung erforderliche getrennte Bewertung wird zukünftig aus Vereinfachungs- und Automationsgründen verzichtet.[5] Auch bisher war der Erbbauberechtigte nach § 10 Abs. 2 GrStG a. F. Steuerschuldner der Grundsteuer für die wirtschaftliche Einheit des belasteten Grundstücks, so dass sich über § 261 BewG i.V. mit § 10 Abs. 1 GrStG an der Steuerschuldnerschaft für den Erbbauberechtigten insoweit nichts ändert.[6] Selbst wenn man in der Zusammenfassung eine nicht folgerichtige Umsetzung des Belastungsgrundes im Bundesmodell erblicken sollte, da der Sollertrag von Grund und Boden einerseits sowie vom Gebäude andererseits unterschiedlichen Personen zuzurechnen ist, wäre diese Durchbrechung der folgerichtigen Umsetzung jedenfalls aus den vom Gesetzgeber verfolgten Automations- und Vereinfachungsgründen gerechtfertigt. 48

Die **Reichweite der wirtschaftlichen Einheit des Erbbaurechts und des Erbbaugrundstücks** wird vom Gesetz nicht ausdrücklich definiert und auch nicht durch § 244 Abs. 3 Nr. 1 BewG vorgegeben. Die Reichweite der wirtschaftlichen Einheit lässt sich nicht ohne Blick auf die konkreten Bewertungsregelungen bestimmen. Da die wirtschaftliche Einheit des Erbbaurechts und des Erbbaugrundstücks wie ein unbelastetes Grundstück bewertet wird, erfasst die **wirtschaftliche Einheit** des Erbbaurechts und Erbbaugrundstücks neben dem ggf. aufgrund des Erbbaurechts errichteten **Gebäude** den **Grund und Boden**. Die Erbbauzinsen werden nicht miterfasst. **Belastungsgegenstand** und Erstreckungsfläche des Erbbaurechts wird regelmäßig das **gesamte** 49

1 A 244 Abs. 4 Satz 1 und 2 AEBewGrSt; siehe auch A 261 AEBewGrSt und Grootens in Grootens, BewG § 261 Rz. 31 ff.
2 Vgl. vertiefend Bock in Viskorf/Schuck/Wälzholz, BewG § 192 Rz. 22 ff.
3 BT-Drucks. 19/11085 S. 108 und Grootens in Grootens, BewG § 261 Rz. 31 ff.
4 Vgl. auch Eisele, NWB 28/2019 S. 2043 und S. 2058, NWB ZAAAH-21376.
5 Begründung zum Entwurf des GrStRefG, BT-Drucks. 19/11085 S. 108.
6 Vgl. auch BT-Drucks. 19/11085 S. 108 und Schmidt in Grootens, GrStG § 10 Rz. 59 ff.

Grundstück sein, so dass sich die wirtschaftliche Einheit entsprechend auf das gesamte Grundstück bezieht (zu den Ausnahmen vgl. → Rz. 55).[1]

50 Zweifelhaft ist die Bestimmung der wirtschaftlichen Einheit, wenn der mit dem **Erbbaurecht** belastete Grund und Boden zusätzlich mit einem **Gebäude auf fremdem Grund und Boden** bebaut wird (bspw. gestattet der Erbbauberechtigte einem Dritten den Bau eines Gebäudes mit der Maßgabe, dass er dieses nach Ablauf des mit ihm geschlossenen Pachtverhältnisses wieder vom Grundstück entfernt; jedenfalls wirtschaftliches Eigentum des Dritten am Gebäude). In diesem Fall liegt es auf den ersten Blick nahe, zwei wirtschaftliche Einheiten anzunehmen: zum einen das Erbbaurecht, zum anderen ein Gebäude auf fremden Grund und Boden mit unterschiedlichen Erklärungspflichtigen, zum einen den Erbbauberechtigten nach § 261 BewG und zum anderen den Eigentümer des Grund und Bodens nach § 262 BewG. Da allerdings ein aufgrund eines Erbbaurechts erbautes Gebäude zugleich den Tatbestand des Gebäudes auf fremdem Grund und Boden erfüllen würde, ist § 261 BewG lex specialis zu § 262 BewG. § 261 BewG geht damit § 262 BewG vor, so dass das gesamte Grundstück vom Erbbauberechtigten zu erklären ist. Dies ist auch derjenige, der von dem Bau des Gebäudes auf fremdem Grund und Boden i. d. R. Kenntnis hat.

51–52 *(Einstweilen frei)*

b) Sonderfälle

aa) Erbbaurechtsbelastung, Beschränkung der Ausübung und Erstreckung des Erbbaurechts auf einen Grundstücksteil

53 **Dinglich belastet** mit einem Erbbaurecht wird stets das **gesamte Grundstück** (materiell-rechtliche Belastung, § 1 Abs. 1 ErbbauRG).[2] Die Belastung nur eines Grundstückteils ist nicht möglich.[3] Soll nur ein realer Grundstücksteil belastet werden ist dieser Teil nach § 7 GBO abzuschreiben und ein selbständiges Grundstück zu bilden.[4] Ferner ist grundsätzlich die Belastung des Grundstücks mit nur einem selbständigen Erbbaurecht zulässig.[5]

54 Eine **Ausnahme** existiert nach dem **Sachenrechtsbereinigungsgesetz (SachenRBerG)**. Nach § 39 Abs. 1 SachenRBerG können mehrere Erbbaurechte an einem Grundstück bestellt werden, wenn jedes von ihnen nach seinem Inhalt nur an einer jeweils anderen **Grundstücksteilfläche** ausgeübt werden kann. In den Erbbaurechtsverträgen muss jeweils in einem **Lageplan** bestimmt sein, auf welche Teilfläche des Grundstücks sich die Nutzungsbefugnis des Erbbauberechtigten erstreckt (§ 39 Abs. 1 Satz 2 SachenRBerG). Je nach Anzahl der Erbbaurechte werden in diesen Fällen entsprechend viele wirtschaftliche Einheiten gebildet.

55 Die **Ausübung des Erbbaurechts** auf einen realen Grundstücksteil zu **beschränken** (z. B. soll der Bau des Gebäudes auf einem bestimmten Teil des Grundstücks erfolgen), ist hingegen stets **zulässig.**[6] Der entsprechende Grundstücksteil ist in einem Lageplan festzulegen. In diesem Fall verbleibt es dennoch bei **einer wirtschaftlichen Einheit**. Es wird keine zweite wirtschaftliche

1 Vgl. für die Erbschaft- und Schenkungsteuer R B 192.1 Abs 3 Satz 1 ErbStR 2019.

2 Heinemann in MüKo BGB, § 1 ErbbauRG Rz. 20, 29.

3 Heinemann in: MüKo BGB, § 1 ErbbauRG Rz. 29.

4 Winkler, NJW 1992 S. 2514 und S. 2515; Schmenger, BWNotZ 2006 S. 73 und S. 81.

5 H. M., vgl. Heinemann in MüKo BGB, § 1 ErbbauRG Rz. 37 m. w. N.

6 OLG Hamm v. 7.6.2005 - 15 W 158/05, FGPrax 2006 S. 2; BayOLG v. 26.4.1984 - BReg 2 Z 33-35/84, Rpfleger 1984 S. 313, BayOLGZ 1984 S. 105; Winkler, NJW 1992 S. 2514 und S. 2515; Schmenger, BWNotZ 2006 S. 73 und S. 81.

Einheit für den Teil des (unbebauten) Grundstücks gebildet, auf dem das Erbbaurecht nicht ausgeübt werden darf.

56 Das **Erbbaurecht**, als Recht ein Gebäude auf einem Grundstück zu haben, **erstreckt** sich grundsätzlich **nur auf das Gebäude** und den für das Gebäude erforderlichen Teil des Grundstücks (Erstreckungsfläche, real belastete Fläche).[1] Folge ist, dass das sich aus dem Erbbaurecht ableitende **Nutzungsrecht nur das Gebäude** und die Aufstellfläche erfasst. Das Nutzungsrecht für das übrige Grundstück verbleibt danach beim Eigentümer des Grundstücks.[2] § 1 Abs. 2 ErbbauRG lässt es jedoch zu, das Erbbaurecht auf einen für das Bauwerk nicht erforderlichen Teil des Grundstücks zu erstrecken, sofern das Bauwerk wirtschaftlich die Hauptsache bleibt (z. B. Nutzung anderer Teile des Grundstücks als Zugang, Hof oder Gartenfläche).[3] Dies dürfte von den jeweiligen Vertragsparteien des Erbbaurechtsvertrags i. d. R. auch so ggf. stillschweigend[4] **vereinbart** werden, so dass sich das Erbbaurecht regelmäßig **auf das gesamte Grundstück** erstreckt (siehe bereits → Rz. 49).[5]

57 Erstreckt sich das Erbbaurecht hingegen nur auf einen Teil des Grundstücks, dürfte wie bei der Erbschaft- und Schenkungsteuer der andere Teil des Grundstücks eine selbständige wirtschaftliche Einheit bilden.[6] Der andere Teil des Grundstücks wird nach den allgemeinen Regeln als bebautes oder unbebautes Grundstück bewertet.[7] Dies ist deshalb sachgerecht, da der andere Teil des Grundstücks weiterhin vom Grundstückseigentümer genutzt werden kann.

58 *(Einstweilen frei)*

bb) Ober- und Untererbbaurecht

59 Zivilrechtlich ist es möglich, das **Erbbaurecht selbst zu belasten** und hieran ein Erbbaurecht zu bestellen.[8] Man spricht in diesen Fällen von **Ober- und Untererbbaurecht**. Das Untererbbaurecht ist im Erbbaugrundbuch einzutragen. Das **Untererbbaurecht**, da es sich vom Obererbbaurecht ableitet, kann **nicht weitreichender** sein **als das Obererbbaurecht**. Ein Untererbbaurecht ist beispielsweise zweckmäßig, wenn bei großen Grundstücken der Grundstückseigentümer einem Bauträger ein Erbbaurecht und dieser wiederum den einzelnen Bauherren Untererbbaurechte erteilt. In den Fällen der Belastung des Obererbbaurechts mit einem Untererbbaurecht dürfte es bei einer wirtschaftlichen Einheit des Obererbaurechts mit dem Erbbaugrundstück verbleiben, die dem Obererbbauberechtigten nach § 261 BewG zugerechnet wird. Mit dem Begriff Erbbaurecht in § 244 Abs. 3 Nr. 1 BewG ist bewertungsrechtlich bisher stets das den Grund und Boden belastende Erbbaurecht gemeint. Dies ist das Obererbbaurecht. Sachgerechter wäre dem Untererbbauberechtigten die wirtschaftliche Einheit zuzurechnen, da dieser letztlich das Eigentum am Gebäude und das Nutzungsrecht am Grund und Boden erhält.

60–62 *(Einstweilen frei)*

1 Heinemann in MüKo BGB, § 1 ErbbauRG Rz. 20; Grziwotz in Erman, BGB § 1 ErbbauRG Rz. 3.
2 KG Berlin v. 16.4.1991 - 1 W 7518/88, NJW-RR 1992 S. 214; BayOLG v. 26.4.1984 - BReg 2 Z 33-35/84, Rpfleger 1984 S. 313, BayOLGZ 1984 S. 105; Grziwotz in Erman, BGB § 1 ErbbauRG Rz. 3.
3 BayOLG v. 26.4.1984 - BReg 2 Z 33-35/84, Rpfleger 1984 S. 313, BayOLGZ 1984 S. 105.
4 Insbesondere wenn es in der Natur der Sache liegt. Vgl. KG Berlin v. 16.4.1991 - 1 W 7518/88, NJW-RR 1992 S. 214.
5 Vgl. zur Erbschaft- und Schenkungsteuer R B 192.1 Abs. 3 Satz 1 ErbStR 2019.
6 Vgl. zur Erbschaft- und Schenkungsteuer R B 192.1 Abs. 3 Satz 2 ErbStR 2019.
7 Vgl. zur Erbschaft- und Schenkungsteuer R B 192.1 Abs. 3 Satz 3 ErbStR 2019.
8 BGH, Urteil v. 22.2.1974 - V ZR 67/72, BGHZ 62 S. 179.

cc) Gesamterbbaurecht

63 Bei einem **Gesamterbbaurecht** belastet ein einheitliches Erbbaurecht **mehrere Grundstücke**.[1] Je nach Anzahl der belasteten Grundstücke werden wirtschaftliche Einheiten zusammen mit dem Erbbaurecht gebildet. Ein Gesamterbbaurecht kann beispielsweise durch Teilung eines Grundstücks oder Ausdehnung eines Erbbaurechts auf ein weiteres Grundstück entstehen.[2] Ist der Eigentümer an den Grundstücken dieselbe Person, können je nach den Umständen des Einzelfalls und der Verkehrsauffassung die Grundstücke zu einer wirtschaftlichen Einheit zusammengefasst werden.

64–66 *(Einstweilen frei)*

dd) Nachbarerbbaurecht

67 Von einem **Nachbarerbbaurecht** ist die Rede, wenn **mehrere angrenzende Grundstücke mit Einzelerbbaurechten** belastet werden, deren Inhalt darin besteht, **auf den einzelnen Grundstücken unselbständige Teile eines Gesamtgebäudes** haben zu dürfen. Denkbar sind dabei Konstellationen, bei denen der Erbbauberechtigte Eigentümer eines der Grundstücke ist.

68 Die Zulässigkeit von Nachbarerbbaurechten ist höchst umstritten und noch nicht höchstrichterlich entschieden. Sie wird aufgrund von § 1 Abs. 3 ErbbauRG, der die **Beschränkung des Erbbaurechts auf einen Teil des Gebäudes** verbietet, überwiegend verneint.[3] Jedenfalls für den Fall, dass eine solche Bebauung bereits bei Bestellung des Erbbaurechts geplant war, hält der BGH Nachbarerbbaurechte für unzulässig.[4] Eine Ausnahme besteht nach § 39 Abs. 3 SachenRBerG. Danach sind unter bestimmten Voraussetzungen Nachbarerbbaurechte ausdrücklich zugelassen.

69 Hält man ein Nachbarerbbaurecht für zulässig sowie unstreitig in den Fällen des § 39 Abs. 3 SachenRBerG, entstehen je nach der Anzahl der belasteten Grundstücke und Anzahl der Erbbaurechte entsprechend viele **wirtschaftliche Einheiten**. Gehört dem Erbbauberechtigten eines der angrenzenden Grundstücke, ist der Gebäudeteil auf dem erbbaurechtsbelasteten Grundstück bei der Bewertung des Erbbaurechts und das eigene Grundstück mit dem dort errichteten Gebäudeteil als bebautes Grundstück zu bewerten.[5] Entsprechendes dürfte auch gelten, wenn das angrenzende Grundstück nicht im Eigentum des Erbbauberechtigten ist, sondern das Gebäude aufgrund eines Pachtvertrags bebaut worden ist.[6] Für diesen Gebäudeteil erfolgt dann eine Bewertung als Gebäude auf fremdem Grund und Boden gemeinsam mit dem belasteten Grund und Boden. In diesem Fall kommt es zu dem eigentümlichen Ergebnis, dass ein Gebäudeteil zusammen mit dem Erbbaugrundstück dem Erbbauberechtigten zugerechnet

---

1 Allgemein anerkannt. Vgl. BGH, Urteil v. 21.11.1975 - V ZR 21/74, BGHZ 65 S. 345; BayOLG v. 26.4.1984 - RZ 33 - 35/84, BayOLGZ 1984 S. 105; BFH, Urteil v. 24.4.2013 - II R 53/10, BStBl 2013 II S. 755 (betrifft GrESt); Grziwotz in Erman, BGB, § 1 ErbbauRG, Rz. 5, 10.

2 BayOLG v. 26.4.1984 - RZ 33 - 35/84, BayOLGZ 1984 S. 105; Grziwotz in Erman, BGB, § 1 ErbbauRG Rz. 10.

3 OLG Köln v. 6.5.2013 - 2 W 128/13, MittBayNot 2014 S. 157; BayObLG v. 16.7.1957 - BReg 2 Z 78/57, BayObLGZ 1957 S. 217; Heinemann in MüKo BGB, § 1 ErbbauRG Rz. 52 ff.; Maaß in Beck-OK BGB, § 1 ErbbauRG Rz. 21 ff. jeweils m. w. N.; a. A. OLG Stuttgart v. 17.1.1975 - 8 W 281/73, NJW 1975 S. 786; OLG Düsseldorf v. 23.3.1973 - 3 W 8/73, MittBayNot 1973 S. 280.

4 BGH v. 22.6.1973 - V ZR 160/71, NJW 1973 S. 1656.

5 Vgl. BFH, Urteil v. 22.4.1982 - III R 101/78, BStBl 1982 II S. 580 zu § 92 BewG und zur Erbschaft- und Schenkungsteuer R B 192.1 Abs. 4 Satz 1 ErbStR 2019.

6 Vgl. zur Erbschaft- und Schenkungsteuer R B 192.1 Abs. 4 Satz 2 ErbStR 2019.

wird und der andere Gebäudeteil als Gebäude auf fremdem Grund und Boden dem Grundstückseigentümer, auf dessen Grundstück es steht.

(Einstweilen frei) 70–71

ee) Miterbbaurechte

Steht ein Erbbaurecht mehreren Personen **gemeinschaftlich nach Bruchteilen** zu, so werden die einzelnen Anteile als **Miterbbaurechte** bezeichnet. Das Eigentum an dem aufgrund des Erbbaurechts errichteten **Gebäudes** steht dann im **Miteigentum der Erbbauberechtigten**. Hinsichtlich der Bestimmung der wirtschaftlichen Einheit bei **Miterbbaurechten** ist zu differenzieren. Grundsätzlich liegt **eine wirtschaftliche Einheit des gemeinschaftlich nach Bruchteilen zustehenden Erbbaurechts** vor, die mehreren Personen gemeinschaftlich nach Bruchteilen zugerechnet wird. Es ist daher grundsätzlich ein Gesamtwert zu bilden, der gem. § 3 BewG auf die Miterbbauberechtigten entsprechend ihres Verhältnisses am Erbbaurecht aufzuteilen ist (entsprechende Behandlung wie beim Miteigentum). Etwas anderes dürfte nur dann gelten, wenn die Ausübung des Miterbbaurechts in der Weise begrenzt ist, dass für jedes Miterbbaurecht eine selbständige wirtschaftliche Einheit anzunehmen ist (beispielsweise ist die Ausübung der Miterbbaurechte an einem großen Grundstück auf eine Teilfläche und ein eigenes Gebäude beschränkt). Zu Wohnungserbbau- und Teilerbbaurechten vgl. → Rz. 94 f. 72

2. Gebäude auf fremdem Grund und Boden (§ 244 Abs. 3 Nr. 2 BewG)

Nach § 244 Abs. 3 Nr. 2 BewG gilt ein **Gebäude auf fremdem Grund und Boden** gemeinsam mit dem Grund und Boden in Abweichung vom Grundsatz des einheitlichen (wirtschaftlichen) Eigentums als **Grundstück** i. S. des BewG und damit als eine eigene wirtschaftliche Einheit des Grundvermögens.[1] Gegen die Zusammenfassung zu einer wirtschaftlichen Einheit bestehen **keine verfassungsrechtlichen Bedenken**. Gebäude auf fremdem Grund und Boden entstehen i. d. R. im Rahmen von schuldrechtlichen Nutzungsverhältnissen, so dass die Zusammenfassung des Grund und Bodens gemeinsam mit dem Gebäude zu einer wirtschaftlichen Einheit und Zurechnung dieser nach § 262 BewG zum Grundstückseigentümer vom Gestaltungsspielraum des Gesetzgebers gedeckt ist.[2] 73

(Einstweilen frei) 74–76

a) Fälle des Gebäudes auf fremdem Grund und Boden

Da bei Vorliegen eines Gebäudes auf fremdem Grund und Boden das Gebäude dem Eigentümer des Grund und Bodens zugerechnet wird und die wirtschaftliche Einheit wie ein unbelastetes bebautes Grundstück bewertet wird, bedarf es grundsätzlich keiner besonderen Prüfung, ob ein Gebäude sich auch im Eigentum des Grundstückseigentümers befindet. Eine Ausnahme besteht lediglich für das Erbbaurecht. Dies führt zu einer erheblichen **Verwaltungsvereinfachung** (siehe aber auch → Rz. 84). 77

1 A 244 Abs. 4 Satz 3 AEBewGrSt; siehe auch A 262 AEBewGrSt und Grootens in Grootens, BewG § 262 Rz. 32 ff.; vgl. auch Eisele, NWB 28/2019 S. 2043 und S. 2058, NWB ZAAAH-21376.

2 Siehe dazu vertiefend Grootens in Grootens, BewG § 262 Rz. 31 ff.

78 Ein Gebäude auf fremdem Grund und Boden liegt vor, wenn ein **anderer als der Eigentümer des Grund und Bodens** darauf ein **Gebäude errichtet** hat und ihm das Gebäude wirtschaftlich oder zivilrechtlich zuzurechnen ist.[1] Dies ist anzunehmen,[2]

- wenn das Gebäude **Scheinbestandteil** des Grund und Bodens ist (§ 95 BGB),
- wenn der Nutzer des Gebäudes aufgrund eines Nutzungsverhältnisses einen vertraglichen oder gesetzlichen **Entschädigungsanspruch** i. H. des **Verkehrswerts bei Beendigung** des Nutzungsverhältnisses für das Gebäude hat und
- in sonstigen Fällen, in denen der Nutzungsberechtigte **wirtschaftliches Eigentum am Gebäude** hat.

79 Überlässt ein **Erbbauberechtigter** ein unbebautes oder ein bebautes Erbbaugrundstück einem Dritten, der darauf ein Gebäude errichtet, das zivilrechtlich wesentlicher Bestandteil des Erbbaurechts wird, kann ein Gebäude auf fremdem Grund und Boden vorliegen, wenn der Dritte wirtschaftlicher Eigentümer des Gebäudes wird. In diesem Fall wird das Gebäude dem Erbbauberechtigten zugerechnet.

80 **Gebäudeteile** auf fremdem Grund und Boden kommen grundsätzlich **nicht** als **selbständige wirtschaftliche Einheiten** in Betracht.[3] Hat ein Grundstückseigentümer allerdings auf seinem eigenen Grundstück und auf einem nur gepachteten Nachbargrundstück ein einheitliches Gebäude errichtet, das, soweit es auf dem Nachbargrundstück steht, ein Gebäude auf fremdem Grund und Boden ist, so wird man das Gebäude auf fremdem Grund und Boden nicht in die wirtschaftliche Einheit des eigenen Grundstücks einbeziehen können. Anzunehmen sind **zwei wirtschaftliche Einheiten**: das eigene bebaute Grundstück mit einem Teilgebäude, ein Teilgebäude auf fremdem Grund und Boden zusammen mit dem vom Teilgebäude belasteten Grundstück.[4] Einer einheitlichen Wertfeststellung stehen die unterschiedlichen Eigentümer der Grundstücke entgegen. In diesen Fällen fällt die Steuerschuldnerschaft in Bezug auf die zwei wirtschaftlichen Einheiten auseinander. Die Grundsteuerlast für die wirtschaftliche Einheit des Gebäudes auf fremdem Grund und Boden kann im Wege einer schuldrechtlichen Vereinbarung auf den Gebäudenutzer abgewälzt werden.

81–83 *(Einstweilen frei)*

b) Wirtschaftliche Einheit des Gebäudes auf fremdem Grund und Boden

84 Die wirtschaftliche Einheit des Gebäudes auf fremdem Grund und Boden erfasst die **belastete Grundstücksfläche** sowie das **Gebäude**. Die wirtschaftliche Einheit des Gebäudes auf fremdem Grund und Boden ist räumlich zu den mit dem fremden Gebäude unbelasteten Flächen abzugrenzen. Dies ist insbesondere bei großen Grundstücken von Bedeutung, deren Größe für die Gebäudenutzung nicht erforderlich ist.[5] Ist das mit dem Gebäude bebaute fremde Grundstück im Ertragswertverfahren zu bewerten, würde der unbelastete Teil als unbebautes Grundstück zu bewerten sein und der Wert des Grund und Bodens nicht in die Abzinsung nach § 257

1 Vgl. für die Erbschaft- und Schenkungsteuer R B 195.1 Abs. 2 Satz 1 ErbStR 2019.

2 Siehe vertiefend Bock in Viskorf/Schuck/Wälzholz, BewG § 195 Rz. 6 ff.

3 BFH, Urteil v. 9.7.1965 - VI 202/64, HFR 1965 S. 508; FG Rheinland-Pfalz, Urteil v. 15.12.1983 - 3 K 85/80, EFG 1984 S. 439 zu § 70 Abs. 3 BewG.

4 So auch für die Erbschaft- und Schenkungsteuer R B 195.1 Abs. 3 Satz 5 ErbStR 2019 i.V. mit R B 192.1 Abs. 4 ErbStR 2019.

5 BFH, Urteil v. 6.10.1978 - III R 23/75, BStBl 1979 II S. 37 zu § 94 BewG; vgl. auch den Fall in A 244 Abs. 2 Satz 3 AEBewGrSt.

BewG mit einbezogen werden. Das Grundstück ist in diesen Fällen in zwei wirtschaftliche Einheiten, einmal in ein mit einem fremden Gebäude belastetes Grundstück sowie in ein weiteres von einem fremden Gebäude unbelastetes Grundstück, aufzuteilen. Ist eine eindeutige Abgrenzung nicht möglich, dürften keine Bedenken bestehen, auch bei § 245 BewG vom **Fünffachen** der **bebauten Fläche** auszugehen.[1] Ist das Grundstück mit einem fremden **Gebäudeteil** belastet (vgl. → Rz. 80), umfasst die wirtschaftliche Einheit des belasteten Grundstücks nur die Aufstellfläche des Gebäudeteils.

(Einstweilen frei) 85–87

3. Wohnungseigentum und Teileigentum (§ 244 Abs. 3 Nr. 3 BewG)

Jedes Wohnungseigentum und jedes Teileigentum stellt nach § 244 Abs. 3 Nr. 3 BewG **ein Grundstück** im bewertungsrechtlichen Sinne dar.[2] Für die nach den allgemeinen Vorschriften abzugrenzenden wirtschaftlichen Einheiten des Wohnungs- und Teileigentums ist grundsätzlich[3] nach den Vorschriften über die Bewertung eines bebauten Grundstücks im Ertragswertverfahren (siehe §§ 250 ff. BewG) jeweils **getrennt** ein **Grundsteuerwert festzustellen.** 88

Es ist für die Bestimmung der wirtschaftlichen Einheit bei Wohnungs- und Teileigentum darauf abzustellen, ob eine für sich allein veräußerliche Einheit vorliegt und nicht darauf, ob die abstrakte Möglichkeit besteht, sie rechtlich weiter aufzuteilen (siehe auch → Rz. 24). Es ist daher zu prüfen, ob nur **ein** (rechtlich einheitliches) **Sondereigentumsrecht** zu beurteilen ist oder ob **mehrere** (rechtlich getrennte) **Sondereigentumsrechte** vorliegen. Befinden sich in einem Gebäude mehrere räumlich voneinander getrennte Wohnungen, sind nach der Verkehrsauffassung mehrere wirtschaftliche Einheiten anzunehmen.[4] Die Führung mehrerer selbständiger Wohnungseigentumsrechte auf einem gemeinsamen Wohnungsgrundbuch (Zusammenschreibung) hat für sich genommen nicht zur Folge, dass die selbständigen Wohnungseigentumsrechte zu einer wirtschaftlichen Einheit zusammengefasst werden.[5] 89

Nach dem WEG können auch **zwei** oder **mehr Wohnungen** mit **einem Miteigentumsanteil** zu einem Wohnungseigentum verbunden werden. Liegt dementsprechend bürgerlich-rechtlich ein einziges Wohnungseigentum vor, so ist grundsätzlich bewertungsrechtlich eine einzige wirtschaftliche Einheit gegeben.[6] **Ausnahmsweise** ist von **mehreren wirtschaftlichen Einheiten** auszugehen, wenn die **tatsächlichen Gegebenheiten** nach der Verkehrsanschauung der Annahme einer wirtschaftlichen Einheit entgegenstehen.[7] 90

Danach liegt eine einzige wirtschaftliche Einheit vor, wenn die **Wohnungen** in demselben Haus **unmittelbar übereinander** oder **nebeneinander liegen** und **baulich** so miteinander **verbunden sind**, dass sie sich als ein Raumkörper darstellen.[8] Besteht keine derartige Verbindung, weil sich die Wohnungen getrennt von anderen im Sondereigentum stehenden Wohnungen 91

1 BFH, Urteil v. 19.1.1979 - III R 42/77, BStBl 1979 II S. 398 zu § 94 BewG sowie zur Erbschaft- und Schenkungsteuer R B 195.1 Abs. 3 Satz 4 ErbStR 2019.

2 A 249.5 Abs. 1 Satz 1 AEBewGrSt bzw. A 249.6 Satz 1 AEBewGrSt.

3 Zur Ausnahme vgl. Bock in Grootens, BewG § 243 Rz. 78 und § 249 Rz. 56 sowie A 249.5 Abs. 2 Satz 4 AEBewGrSt.

4 A 249.5 Abs. 3 Satz 2 AEBewGrSt.

5 BFH, Urteil v. 1.8.1990 - II R 46/88, BStBl 1990 II S. 1016; A 249.5 Abs. 3 Satz 3 AEBewGrSt.

6 Vgl. für die Erbschaft- und Schenkungsteuer vertiefend Bock in Viskorf/Schuck/Wälzholz, BewG § 176 Rz. 22 und R B 181.2 ErbStR 2019.

7 Vgl. für die Erbschaft- und Schenkungsteuer R B 181.2 Abs. 3 Satz 3 ErbStR 2019.

8 BFH, Urteil v. 1.4.1987 - II R 79/86, BStBl 1987 II S. 840; BFH, Urteil v. 1.4.1987 - II R 56/86, NWB KAAAB-29584.

im Gebäude befinden, liegen hingegen mehrere wirtschaftliche Einheiten vor.[1] Die **bauliche Umgestaltung** mehrerer Wohnungen zu einer Wohnung dergestalt, dass sie ohne größere bauliche Veränderungen nicht mehr einzeln zu veräußern sind, führt zu einer einzigen wirtschaftlichen Einheit.[2] Dies gilt entsprechend für die bauliche Zusammenfassung von Wohnung und Gewerberaum.[3]

92 **Zubehörräume**, insbesondere **Kellerräume** und sonstige **Abstellräume**, die der Wohnungseigentümer gemeinsam mit seinem Miteigentumsanteil nutzt, sind ohne Rücksicht auf die zivilrechtliche Gestaltung in die wirtschaftliche Einheit einzubeziehen, ebenso zur Eigentumswohnung gehörende **Garagen**[4] unabhängig von der Ausgestaltung des Eigentums daran.[5] Dies gilt auch, wenn die Garagen sich nicht auf dem Gelände der Anlage, sondern auf einem Grundstück in der näheren Umgebung befinden (siehe → Rz. 40 ff.).[6] **Abstellplätze** außerhalb von Sammelgaragen (Gemeinschaftseigentum) können mittels einer Nutzungsvereinbarung einem bestimmten Wohnungs- oder Teileigentum zugeordnet werden.[7] Wurde an den Zubehörräumen Sondereigentum begründet, ist es für die Zusammenfassung zu einer wirtschaftlichen Einheit unerheblich, ob die Eintragung im Grundbuch auf einem Grundbuchblatt oder auf zwei separaten Grundbuchblättern erfolgt ist.[8] Wird ein Tiefgaragenstellplatz getrennt von der Eigentumswohnung, mit der er als wirtschaftliche Einheit zusammengefasst wurde, veräußert und entfällt somit der direkte Nutzungszusammenhang, ist er aus dieser wirtschaftlichen Einheit herauszulösen und für die bisherige wirtschaftliche Einheit ist eine Wertfortschreibung[9] zu prüfen.[10]

93 *(Einstweilen frei)*

4. Wohnungserbbaurecht und Teilerbbaurecht (§ 244 Abs. 3 Nr. 4 BewG)

94 Nach § 244 Abs. 3 Nr. 4 bildet jedes Wohnungserbbau- und Teilerbbaurecht zusammen mit dem anteiligen belasteten Boden ein Grundstück im bewertungsrechtlichen Sinne.[11] Wohnungserbbau- und Teilerbbaurechte entstehen, wenn **Anteile an einem Erbbaurecht** (Miterbbaurechte, siehe dazu → Rz. 74) dahingehend **beschränkt** werden, dass jedem der Mitberechtigten das Sondereigentum an einer bestimmten Wohnung oder an nicht zu Wohnzwecken dienenden bestimmten Räumen in einem aufgrund des Erbbaurechts errichteten oder zu errichtenden Gebäude eingeräumt wird (vgl. § 30 des Wohnungseigentumsgesetzes – WEG). Für jeden Anteil am Erbbaurecht wird dann ein Wohnungserbbau- oder Teilerbbaugrundbuch geführt (§ 30 Abs. 3 Satz 1 WEG).

---

1 BFH, Urteil v. 1.4.1987 - II R 251/84, BStBl 1987 II 838; BFH, Urteil v. 1.4.1987 - II R 56/86, NWB KAAAB-29584; vgl. auch BFH, Urteil v. 17.5.1990 - II R 104/87, NWB WAAAB-31520; BFH, Urteil v. 24.10.1990 - II R 82/88, BStBl 1991 II S. 503 m. Anm. Stöcker/Eggers, KFR F. 9 BewG § 93, 1/91 S. 75; BFH, Urteil v. 1.8.1990 - II R 46/88, BStBl 1990 II S. 1016.

2 Vgl. BFH, Urteil v. 23.2.1979 - III R 73/77, BStBl 1979 II S. 547; BFH, Urteil v. 1.4.1987 - II R 79/86, BStBl 1987 S. 840; A 249.5 Abs. 3 Satz 4 AEBewGrSt.

3 A 249.5 Abs. 3 Satz 5 AEBewGrSt.

4 A 249.5 Abs. 4 Satz 5 AEBewGrSt.

5 BFH, Urteil v. 30.11.1984 - III R 121/83, BStBl 1985 II S. 451.

6 A 249.5 Abs. 4 Satz 6 AEBewGrSt.

7 Vgl. zur Erbschaft- und Schenkungsteuer R B 181.2 Abs. 5 Satz 5 ErbStR 2019.

8 A 249.5 Abs. 4 Satz 3 AEBewGrSt; vgl. zur Abgeltung der Außenanlagen bei der Bewertung Bock in Grootens, BewG § 243 Rz. 64, 100 sowie A 243 Abs. 4 Satz 5–7 AEBewGrSt.

9 Siehe hierzu Kurt in Grootens, BewG § 222 Rz. 61 ff. und A 222 AEBewGrSt.

10 A 249.5 Abs. 4 Satz 4 AEBewGrSt; zur Bewertung eines (Tief-)Garagenstellplatzes siehe Grootens in Grootens, BewG § 257 Rz. 49 sowie A 254 Abs 5 AEBewGrSt.

11 A 244 Abs. 4 Satz 4 AEBewGrSt; Grootens in Grootens, BewG § 261 Rz. 47 f.

Das Wohnungserbbaurecht und damit die wirtschaftliche Einheit erstreckt sich auf einen **Bruchteil am Erbbaugrundstück** und das **Sondereigentum** an einer bestimmten Wohnung. Entsprechendes gilt für Teilerbbaurechte. **Jedes Wohnungserbbaurecht und Teilerbbaurecht** stellt anders als bei reinen Miterbbaurechten (vgl. → Rz. 74) wegen des Sondereigentums eine selbständige **wirtschaftliche Einheit** dar, auch wenn den Wohnungs- und Teilerbbauberechtigten das Erbbaurecht am Grundstück gemeinschaftlich zusteht.[1] § 3 BewG findet insofern keine Anwendung. Es ist daher kein Gesamtwert des Erbbaurechts am Grundstück zu bilden und dieses auf die Wohnungs- und Teilerbbauberechtigten entsprechend ihres Anteils am Erbbaurecht aufzuteilen. 95

Die Wohnungserbbau- und Teilerbbaurechte sind zusammen mit dem Sondereigentum und dem anteiligen belasteten Boden den Wohnungserbbau- bzw. Teilerbbauberechtigten zuzurechnen und einheitlich zu bewerten als bestünde die Belastung mit dem Wohnungs- bzw. Teilerbbaurecht nicht. Dies ist nunmehr durch die mit dem Jahressteuergesetz 2020[2] korrigierten § 244 Abs. 3 Nr. 4 BewG und § 261 Satz 3 BewG eindeutig klargestellt.[3] Damit werden Wohnungserbbau- und Teilerbbaurechte wie Wohnungs- und Teileigentum behandelt. Zur Bestimmung der wirtschaftlichen Einheit gelten die Ausführungen zu Wohnungs- und Teileigentum entsprechend (siehe → Rz. 88 ff.). 96

§ 245 BewG Gebäude, Gebäudeteile und Anlagen für den Zivilschutz

Gebäude, Gebäudeteile und Anlagen, die wegen der in § 1 des Zivilschutz- und Katastrophenhilfegesetzes bezeichneten Zwecke geschaffen worden sind und im Frieden nicht oder nur gelegentlich oder geringfügig für andere Zwecke benutzt werden, bleiben bei der Ermittlung des Grundsteuerwerts außer Betracht.

Inhaltsübersicht — **Rz.**

LITERATUR:

Grootens, Die Reform der Grundsteuer, NWB IAAAH-21201.

ARBEITSHILFEN UND GRUNDLAGEN ONLINE:

Berechnung der Grundsteuer nach der Gesetzesreform, Berechnungstool „Grundsteuer" nach dem Entwurf v. 21.6.2019, NWB NAAAH-30144.Grundsteuer: Grundbesitzbewertung ab 2022/2025 (Sach- und Ertragswertverfahren) – Checkliste mit Berechnungen, NWB NAAAH-93792.

1 So auch Grootens, NWB-EV 7/2019 S. 228, NWB IAAAH-21201.
2 Jahressteuergesetz 2020 v. 21.12.2020, BGBl I 2020 S. 3096.
3 Jahressteuergesetz 2020 v. 21.12.2020, BGBl I 2020 S. 3096.

VERWALTUNGSANWEISUNGEN:

Koordinierte Erlasse der obersten Finanzbehörden der Länder v. 9.11.2021 – Anwendung des Siebenten Abschnitts des Zweiten Teils des Bewertungsgesetzes zur Bewertung des Grundbesitzes (allgemeiner Teil und Grundvermögen) für die Grundsteuer ab 1.1.2022 (AEBewGrSt), BStBl I 2021 S. 2334.

A. Allgemeine Erläuterungen zu § 245 BewG

I. Normzweck und wirtschaftliche Bedeutung der Vorschrift

1 § 245 BewG enthält eine besondere Bewertungsregelung für **Gebäude oder Gebäudeteile**, die dem **Zivilschutz** dienen. § 245 BewG entspricht § 197 BewG für die Bedarfsbewertung sowie im Wesentlichen auch § 75 BewG für die Einheitsbewertung. Nach § 245 BewG bleiben bei der Ermittlung der Grundsteuerwerte für Zwecke der Grundsteuer die **dem Zivilschutz dienenden Gebäude**, **Gebäudeteile** und **Anlagen** unter bestimmten Voraussetzungen außer Betracht.[1]

2 Der Nichtansatz der Gebäude und Gebäudeteile für den Zivilschutz führt zu einem **geringeren Grundsteuerwert** und damit einer geringen Grundsteuerbelastung. Die Norm geht **für Anlagen** eines Grundstücks **ins Leere**, da die Anlagen eines Grundstücks mit dem Grundsteuerwert abgegolten sind (siehe § 252 Satz 2 BewG und § 258 Abs. 3 Satz 2 BewG). Für den Nichtansatz ist Voraussetzung, dass die entsprechenden Gebäude und Gebäudeteile in Friedenszeiten keiner oder nur einer geringfügig anderen Nutzung zugeführt werden. Insoweit ist zweifelhaft, wie häufig die Norm zur Anwendung kommen dürfte.

3 Nach der ganz überwiegenden Meinung werden die Vorschriften (§§ 71, 197, 245 BewG) zum Nichtansatz der Gebäude und Gebäudeteile für den Zivilschutz als **sachliche (Steuer-)Befreiungen** angesehen.[2] Als Steuerbefreiungsvorschrift auf Bewertungsebene wäre die Norm jedoch fehlplatziert,[3] begegnet verfassungsrechtlichen Bedenken[4] und würde den vermeintlichen Sinn und Zweck der Steuerbefreiung, die im überwiegenden Interesse der Bevölkerung erfolgten Mehraufwendungen keiner Besteuerung zu unterwerfen,[5] nicht erreichen. Näher liegt es, § 245 BewG als **reine Bewertungsvorschrift** zu verstehen, die berücksichtigt, dass Gebäude und Gebäudeteile, die dem Zivilschutz dienen und in Friedenszeiten keinen oder nur geringfügig anderen Zwecken dienen, keinerlei Nutzwert haben.[6] Ein im Ergebnis typisierter Ansatz von 0 € ist daher sachgerecht. Werden hingegen die dem Zivilschutz dienenden Gebäude und Gebäudeteile in Friedenszeiten anderweitig genutzt, kommt ihnen auch ein Nutzwert zu und sie sind in die Grundsteuerwertermittlung einzubeziehen.

4–5 *(Einstweilen frei)*

1 A 245 Abs. 1 Satz 1 AEBewGrSt.

2 Vgl. etwa die Begründung zum Gesetzentwurf der Koalitionsfraktionen zum GrStRefG in BT-Drucks. 19/11058 S. 108; Begründung zum Gesetzentwurf der Bundesregierung zum ErbStRefG in BT-Drucks. 16/7918 S. 47; Bericht des Finanzausschusses zum Gesetzentwurf der Bundesregierung zum ErbStRefG in BT-Drucks. 16/11107 S. 21; Grootens, NWB-EV 7/2019 S. 228, NWB IAAAH-21201; Halaczinsky in Rössler/Troll, BewG § 71 Rz. 1; Mannek/Krause in Gürsching/Stenger, BewG § 197 Rz. 2; Mannek in von Oertzen/Loose, BewG § 197 Rz. 10; Krause in Stenger/Loose, BewG § 245 Rz. 15; vgl. auch R B 197 Abs. 1 Satz 5 ErbStR 2019.

3 So auch Grootens, NWB-EV 7/2019 S. 228, NWB IAAAH-21201; Halaczinsky in Rössler/Troll, BewG § 71 Rz. 1.

4 So auch Grootens, NWB-EV 7/2019 S. 228, NWB IAAAH-21201; Schnitter in GrStG - eKommentar, BewG § 245 Rz. 9; zweifelnd auch Krause in Stenger/Loose, BewG § 245 Rz. 41; siehe vertiefend Bock in Viskorf/Schuck/Wälzholz, BewG § 197 Rz. 2.

5 So Halaczinsky in Rössler/Troll, BewG § 150 Rz. 2.

6 Zust. Schnitter in GrStG - eKommentar, BewG § 245 Rz. 9; siehe auch Bock in Viskorf/Schuck/Wälzholz, BewG § 197 Rz. 3.

II. Entstehung und Entwicklung der Vorschrift

§ 245 BewG wurde mit dem **GrStRefG** v. 26.11.2019[1] in das BewG eingefügt. 6

(Einstweilen frei) 7–8

III. Geltungsbereich

§ 245 BewG ist systematisch unter den allgemeinen Vorschriften des Grundvermögens normiert und findet damit für die Bewertung des im Bundesgebiet belegenden **Grundvermögens**[2] sowohl im **Ertragswert-** als auch im **Sachwertverfahren** Anwendung, soweit die Länder in Bezug auf § 245 BewG nicht von ihrer Abweichungskompetenz nach Art. 72 Abs. 3 Satz 1 Nr. 7 GG Gebrauch gemacht haben. § 245 BewG gilt auch für **Betriebsgrundstücke** i. S. des § 99 Abs. 1 Nr. 1 BewG, die gem. § 218 Satz 3 BewG dem Grundvermögen zugeordnet und wie Grundvermögen bewertet werden. 9

§ 245 BewG gilt **nicht** für das **land- und forstwirtschaftliche Vermögen**. Die Norm findet jedoch auf die Wohngebäude der jeweiligen Betriebsinhaber Anwendung, da diese nach § 232 Abs. 4 Nr. 1 BewG dem Grundvermögen zugeordnet werden. Damit erfolgt keine Erweiterung des Anwendungsbereichs im Vergleich zur Einheits- und Bedarfsbewertung, da bei der Bedarfsbewertung und der Einheitsbewertung § 197 BewG bzw. § 71 BewG auf den Wohnteil entsprechend Anwendung finden. 10

§ 245 BewG ist nach § 266 BewG erstmals für den **Hauptfeststellungszeitpunkt auf den 1.1.2022** anzuwenden.[3] 11

(Einstweilen frei) 12–13

IV. Verhältnis zu anderen Vorschriften

§ 245 BewG setzt voraus, dass **Grundvermögen** i. S. des **§ 243 BewG** vorliegt. Der Nichtansatz erfolgt im Rahmen der jeweiligen Bewertungsmethoden über **§ 247 BewG** für die Bewertung der unbebauten Grundstücke, über **§ 252 BewG** für die Bewertung der Wohngrundstücke im Ertragswertverfahren und über **§ 258 BewG** für die Bewertung der Nichtwohngrundstücke einschließlich der gemischt genutzten Grundstücke im Sachwertverfahren. Von § 245 BewG wird **§ 1 des Zivilschutz- und Katastrophenhilfegesetzes (ZSKG)**[4] in Bezug genommen. 14

(Einstweilen frei) 15–17

1 GrStRefG v. 26.11.2019, BGBl 2019 I S. 1794.

2 Siehe hierzu vertiefend Bock in Grootens, BewG § 243 Rz. 10 f.

3 Schnitter in GrStG - eKommentar, BewG § 245 Rz. 7.

4 Zivilschutz- und Katastrophenhilfegesetz v. 25.3.1997 (BGBl I S. 726), das zuletzt durch Art. 144 der Verordnung v. 19.6.2020 (BGBl I 2020 S. 1328) geändert worden ist.

B. Systematische Kommentierung

I. Schaffung für Zwecke des Zivilschutzes

18 Der Nichtansatz bei der Bewertung hängt zum einen davon ab, ob die Gebäude, Gebäudeteile und Anlagen zu den nach dem Zivilschutzgesetz bezeichneten Zwecken geschaffen worden sind.[1] Gemäß § 1 Abs. 1 ZSKG[2] ist Aufgabe des Zivilschutzes, durch nichtmilitärische Maßnahmen die Bevölkerung, ihre Wohnungen und Arbeitsstätten, lebens- oder verteidigungswichtige zivile Dienststellen, Betriebe, Einrichtungen und Anlagen sowie das Kulturgut vor Kriegseinwirkungen zu schützen und deren Folgen zu beseitigen oder zu mildern. Dem Zivilschutz dienen daher insbesondere **(Luftschutz-, Atomschutz-)Bunker** sowie **Hausschutzräume, wie Druckkammern, Gasschleusen, Luftschutzkeller und -räume.**[3]

19–21 *(Einstweilen frei)*

II. Keine oder nur geringfügige Nutzung zu anderen Zwecken in Friedenszeiten

22 Weitere Voraussetzung der Norm ist, dass die für den Zivilschutz geschaffenen Gebäude, Gebäudeteile und Anlagen in **Friedenszeiten nicht für andere Zwecke benutzt werden.**[4] Eine nur **gelegentliche** oder **geringfügige Mitbenutzung** in Friedenszeiten für andere als dem Zivilschutz dienende Zwecke ist unschädlich.[5] Eine gelegentliche Mitbenutzung für andere Zwecke soll z. B. vorliegen, wenn in einem für die begünstigten Zwecke geschaffenen Raum von Zeit zu Zeit **Veranstaltungen** abgehalten werden, zu deren Durchführung der Raum nicht besonders hergerichtet zu werden braucht.[6] Werden in einem Keller lediglich **Gartengeräte, Fahrräder** oder dgl. abgestellt, handelt es sich ebenfalls um eine geringfügige Mitbenutzung.[7] Ein Ansatz bei der Bewertung hat jedoch zu erfolgen, wenn die Gebäude, Gebäudeteile oder Anlagen **ständig** anderen Zwecken dienen, z. B. als **Lager-, Lehr-** oder **Ausbildungsräume,**[8] als **Waschküche, Bügelraum, Nähraum, Musikraum, Hobby- und Fitnessraum**[9] **oder Garage.**[10] Maßgebend dafür sind die tatsächlichen Verhältnisse im Feststellungszeitpunkt. Die Erforderlichkeit einer Prüfung, ob die Gebäude oder Gebäudeteile für den Zivilschutz in Friedenszeiten zu anderen Zwecken genutzt werden, dürfte eine automatisierte Berechnung des Grundsteuerwerts in den Fällen des § 245 BewG verhindern.

23–25 *(Einstweilen frei)*

---

1 A 245 Abs. 1 Satz 2 AEBewGrSt.

2 Zivilschutz- und Katastrophenhilfegesetz v. 25.3.1997 (BGBl I S. 726), das zuletzt durch Art. 144 der Verordnung v. 19.6.2020 (BGBl I 2020 S. 1328) geändert worden ist.

3 A 245 Abs. 1 Satz 1 AEBewGrSt; vgl. auch Niedersächsisches FG, Urteil v. 18.5.1993 - I 58/88, EFG 1993 S. 767; FG Düsseldorf, Urteil v. 23.1.1992 - 11 K 81/91 BG, EFG 1992 S. 315; Schnitter, 360° GrStG eKommentar, BewG § 245 Rz. 11; Halaczinsky in Rössler/Troll, BewG § 71 Rz. 6.

4 A 245 Abs. 1 Satz 3 AEBewGrSt.

5 A 245 Abs. 1 Satz 4 AEBewGrSt; Grootens in Lippross/Seibel, Basiskommentar Steuerrecht, § 197 BewG Rz. 5; Marquardt in Lippross/Seibel, Basiskommentar Steuerrecht, § 245 BewG Rz. 7 f.; Krause in Gürsching/Stenger, BewG § 245 Rz. 17; Mannek in von Oertzen/Loose, ErbStG § 197 BewG Rz. 8.

6 A 245 Abs. 1 Satz 5 AEBewGrSt.

7 A 245 Abs. 1 Satz 6 AEBewGrSt; Schnitter in GrStG - eKommentar, BewG, § 245 Rz. 11.

8 Vgl. zur Erbschaft- und Schenkungsteuer R B 197 Abs. 1 Satz 5 ErbStR 2019.

9 Alle bei Halaczinsky in Rössler/Troll, BewG § 71 Rz. 10.

10 FG Düsseldorf, Urteil v. 23.1.1992 - 11 K 81/91 BG, EFG 1992 S. 315.

III. Durchführung des Nichtansatzes bei den jeweiligen Bewertungsmethoden

Sind die Voraussetzungen der Vorschrift gegeben, bleiben die betroffenen **Gebäude oder Gebäudeteile** (z. B. An- und Ausbauten) bei der **Ermittlung des Grundsteuerwerts außer Ansatz.**[1] Erfüllen Gebäude oder Gebäudeteile (siehe zu den Anlagen → Rz. 2) die Voraussetzungen von § 245 BewG, deren Wert im Ertrags- oder Sachwertverfahren ermittelt wird, ist bei der Bewertung der Gebäudewertanteil der dem Zivilschutz dienenden Gebäudeteile und Gebäude auszuscheiden. Der Wert des Grund und Bodens ist, sofern er gesondert ermittelt wird und in den Gesamtwert einfließt, voll und zwar auch hinsichtlich der Standfläche der dem Zivilschutz dienenden Gebäude und Gebäudeteile anzusetzen.[2] 26

Befinden sich auf dem Grundstück ausschließlich Gebäude, welche die Voraussetzungen des § 245 BewG erfüllen, entspricht der Grundsteuerwert im Ergebnis dem **Wert** des **Grund und Bodens** und damit demjenigen eines unbebauten Grundstücks nach § 247 BewG.[3] Da in diesen Fällen das Gebäude als Ganzes nicht erheblich zu anderen als dem Zivilschutz dienenden Zwecken genutzt werden darf, liegt ein sonstiges bebautes Grundstück vor, das im Sachwertverfahren zu bewerten ist. Ein Gebäudesachwert ist in diesen Fällen nicht anzusetzen, so dass der Wert des Grund und Bodens verbleibt. 27

Für die **betragsmäßige Auswirkung** in anderen Fällen kommt es auf die für das zu bewertende Grundstück maßgebende **Bewertungsmethode** an. Zur Bestimmung der Gebäudeart sind die dem Zivilschutz dienenden Gebäudeteile und Gebäude miteinzubeziehen (str.).[4] Überschreitet der Nutzungsanteil der dem Zivilschutz dienenden Gebäudeteile und Gebäude die Grenzen für Wohngrundstücke oder Geschäftsgrundstücke in § 249 BewG, liegt i. d. R. ein sonstiges bebautes Grundstück vor. 28

Wird der Grundsteuerwert von Wohngrundstücken im **Ertragswertverfahren** nach §§ 252 ff. BewG ermittelt, erfolgt eine Nichtberücksichtigung, indem die dem Zivilschutz dienende **Nutzfläche** bei der Ermittlung des Rohertrags nach § 254 BewG **nicht angesetzt** wird.[5] Flächen, die zu anderen als Wohnzwecken genutzt werden, gelten bei der Ermittlung des Rohertrags nach § 154 BewG gem. Anlage 39 zum BewG als Wohnfläche. 29

Bei im **Sachwertverfahren** nach §§ 258 ff. BewG zu bewertenden Nichtwohngrundstücken kann der Nichtansatz durch entsprechende Nichtberücksichtigung der auf die Gebäude und Gebäudeteile für den Zivilschutz entfallenden **Bruttogrundfläche** beim **Gebäudenormalherstellungswert** nach § 259 Abs. 2 BewG erfolgen. 30

1 A 245 Abs. 2 AEBewGrSt; Schnitter, 360° GrStG eKommentar, BewG § 245 Rz. 12.

2 Vgl. Marquardt in Lippross/Seibel, Basiskommentar Steuerrecht, § 245 BewG Rz. 9; Grootens in Lippross/Seibel, Basiskommentar Steuerrecht, § 197 BewG Rz. 12, 18, 23.

3 So auch Krause in Stenger/Loose, BewG § 245 Rz. 21 f.

4 Siehe auch Bock in Grootens, BewG § 249 Rz. 24 und Bock in Viskorf/Schuck/Wälzholz, BewG § 197 Rz. 8; a. A.. Krause in Stenger/Loose, BewG § 245 Rz. 39; Mannek/Krause in Gürsching/Stenger, BewG § 197 Rz. 27 ff.

5 Krause in Stenger/Loose, BewG § 245 Rz. 27 ff. mit weiteren Alternativen; vgl. auch Marquardt in Lippross/Seibel, Basiskommentar Steuerrecht, § 245 BewG Rz. 10; Grootens in Lippross/Seibel, Basiskommentar Steuerrecht, § 197 BewG Rz. 17.

II. Unbebaute Grundstücke

§ 246 BewG Begriff der unbebauten Grundstücke

(1) [1]Unbebaute Grundstücke sind Grundstücke, auf denen sich keine benutzbaren Gebäude befinden. [2]Die Benutzbarkeit beginnt zum Zeitpunkt der Bezugsfertigkeit. [3]Gebäude sind als bezugsfertig anzusehen, wenn den zukünftigen Bewohnern oder sonstigen vorgesehenen Benutzern die bestimmungsgemäße Gebäudenutzung zugemutet werden kann. [4]Nicht entscheidend für den Zeitpunkt der Bezugsfertigkeit ist die Abnahme durch die Bauaufsichtsbehörde.

(2) [1]Befinden sich auf dem Grundstück Gebäude, die auf Dauer keiner Nutzung zugeführt werden können, so gilt das Grundstück als unbebaut. [2]Als unbebaut gilt auch ein Grundstück, auf dem infolge von Zerstörung oder Verfall der Gebäude auf Dauer kein benutzbarer Raum mehr vorhanden ist.

Inhaltsübersicht **Rz.**

LITERATUR:

Eisele, Reform der Grundsteuer – Gesetzentwurf liegt vor!, Teil I, NWB 2019 S. 2043, NWB ZAAAH-21376; *Grootens,* Die Reform der Grundsteuer, NWB IAAAH-21201; *Eisele/Wiegand,* Grundsteuerreform 2022/2025, Stand: Januar 2020 (1. Aufl.), NWB IAAAH-44397, *Mannek,* Die große Grundsteuer-Reform 2020 (1. Aufl.).

ARBEITSHILFEN UND GRUNDLAGEN ONLINE:

Grundsteuer: Grundbesitzbewertung ab 2022/2025 (Sach- und Ertragswertverfahren) – Checkliste mit Berechnungen, NWB NAAAH-93792.

VERWALTUNGSANWEISUNGEN:

Koordinierte Erlasse der obersten Finanzbehörden der Länder v. 9.11.2021 – Anwendung des Siebenten Abschnitts des Zweiten Teils des Bewertungsgesetzes zur Bewertung des Grundbesitzes (allgemeiner Teil und Grundvermögen) für die Grundsteuer ab 1.1.2022 (AEBewGrSt), BStBl I 2021 S. 2334.

A. Allgemeine Erläuterungen zu § 246 BewG

I. Normzweck und wirtschaftliche Bedeutung der Vorschrift

1 § 246 BewG definiert den **Begriff des unbebauten Grundstücks**. § 246 BewG entspricht im Wesentlichen § 72 BewG für die Einheitsbewertung sowie § 178 BewG für die Bedarfsbewertung.[1] Ein unbebautes Grundstück liegt nach § 246 Abs. 1 BewG vor, wenn sich keine oder **keine be-**

1 BT-Drucks. 19/11085 S. 109; Grootens, NWB-EV 7/2019 S. 228, NWB IAAAH-21201.

nutzbaren Gebäude auf dem Grundstück befinden.[1] Die Benutzbarkeit eines Gebäudes beginnt mit dessen Bezugsfertigkeit. Bauwerke, die nicht oder noch nicht den Gebäudebegriff[2] erfüllen, führen nicht zu einem bebauten Grundstück und werden für Zwecke der Grundsteuer nicht mitbewertet. § 246 BewG hat daher erhebliche Auswirkungen auf die Höhe des Grundsteuerwerts. § 246 Abs. 2 BewG ergänzt den § 246 Abs. 1 BewG um bestimmte rein klarstellende Fallkonstellationen, in denen von einem unbebauten Grundstück auszugehen ist.

(Einstweilen frei) 2–4

II. Entstehung und Entwicklung der Vorschrift

§ 246 BewG wurde mit dem **GrStRefG** v. 26.11.2019[3] in das BewG eingefügt. 5

(Einstweilen frei) 6–8

III. Geltungsbereich

§ 246 BewG findet auf im Bundesgebiet belegenes **Grundvermögen**[4] Anwendung, soweit die Länder in Bezug auf § 246 BewG nicht von ihrer Abweichungskompetenz nach Art. 72 Abs. 3 Satz 1 Nr. 7 GG Gebrauch gemacht haben und gilt **nicht** für das **land- und forstwirtschaftliche Vermögen.** § 246 BewG ist nach § 266 BewG erstmals für den **Hauptfeststellungszeitpunkt auf den 1.1.2022** anzuwenden.[5] 9

(Einstweilen frei) 10–12

IV. Verhältnis zu anderen Vorschriften

§ 246 BewG und **§ 248 BewG** schließen sich aus. Liegt ein unbebautes Grundstück nach § 246 BewG vor, kann kein bebautes Grundstück nach § 248 BewG vorliegen und umgekehrt. Das Vorliegen eines unbebauten Grundstücks ist Voraussetzung für eine Bewertung nach **§ 247 BewG**, während bebaute Grundstücke nach **§§ 250 ff. BewG** bewertet werden. 13

§ 15 Abs. 1 Nr. 1 GrStG knüpft für die Steuermesszahl an das Vorliegen eines unbebauten Grundstücks nach § 246 BewG an. Innerhalb der Grundstücksart der unbebauten Grundstücke nach § 246 BewG können die Gemeinden nach **§ 25 Abs. 5 GrStG** (i. d. F. v. 1.1.2025) ab dem 1.1.2025 einen gesonderten Hebesatz für die Grundstücksgruppe der baureifen Grundstücke zur Mobilisierung für die Bebauung festlegen (sog. Grundsteuer C).[6] 14

(Einstweilen frei) 15–16

1 A 246 Abs. 1 Satz 1 AEBewGrSt.
2 Siehe dazu Bock in Grootens, BewG § 243 Rz. 27 ff.
3 GrStRefG v. 26.11.2019, BGBl 2019 I S. 1794.
4 Siehe hierzu vertiefend Bock in Grootens, BewG § 243 Rz. 10 f.
5 Schnitter, 360° GrStG eKommentar, BewG § 246 Rz. 7.
6 Gesetz zur Änderung des Grundsteuergesetzes zur Mobilisierung von baureifen Grundstücken für die Bebauung v. 30.11.2019, BGBl 2019 I S. 1875. Siehe auch Grootens in Grootens, GrStG § 25 Rz. 121 ff.

B. Systematische Kommentierung

I. Begriff des unbebauten Grundstücks (§ 246 Abs. 1 Satz 1 BewG)

17 Unbebaute Grundstücke sind nach § 246 Abs. 1 Satz 1 BewG solche, auf denen sich keine oder **keine benutzbaren Gebäude** befinden.[1] Die Abgrenzung zwischen bebauten und unbebauten Grundstücken bestimmt sich nach der Zumutbarkeit der bestimmungsgemäßen Gebäudenutzung zum **Feststellungszeitpunkt**.[2] Das Vorhandensein von Bauwerken auf dem Grundstück genügt für sich genommen noch nicht um ein bebautes Grundstück i. S. des § 248 BewG anzunehmen. Es müssen vielmehr Bauwerke vorhanden sein, die den Gebäudebegriff erfüllen und benutzbar sind. Sind zum jeweiligen Feststellungszeitpunkt lediglich Bauwerke vorhanden, die den **Gebäudebegriff**[3] nicht erfüllen, z. B. **Außenanlagen**[4] oder **Betriebsvorrichtungen**,[5] erübrigt sich die Prüfung der **Benutzbarkeit**. Anderenfalls kommt es darauf an, ob die Benutzbarkeit des Bauwerks, das mit der Benutzbarkeit den Gebäudebegriff erfüllen würde, zum jeweiligen Feststellungszeitpunkt bereits oder noch vorhanden ist.

18–20 *(Einstweilen frei)*

II. Begriff, Beginn und Ende der Bezugsfertigkeit (§ 246 Abs. 1 Satz 2 BewG)

21 Die **Benutzbarkeit** von Gebäuden **beginnt** nach § 246 Abs. 1 Satz 2 BewG im Zeitpunkt der **Bezugsfertigkeit**.[6] Ein Bauwerk ist erst dann zum Aufenthalt für Menschen oder Sachen geeignet und damit ein Gebäude i. S. des § 243 Abs. 1 Nr. 1 BewG,[7] wenn es bezugsfertig ist. Gebäude sind nach § 246 Abs. 1 Satz 3 BewG als bezugsfertig anzusehen, wenn den zukünftigen Bewohnern oder sonstigen Benutzern **zugemutet** werden kann, die Wohnung oder Räume des Gebäudes zu benutzen.[8] Erst zu diesem Zeitpunkt ist das Grundstück nicht mehr unbebaut.

22 Die Bezugsfertigkeit des Gebäudes ist mit der Zumutbarkeit der Nutzung der Räumlichkeiten für den **vorgesehenen Zweck**[9] gegeben. Die Zumutbarkeit der Nutzung muss sich dabei an objektiven Kriterien unter Berücksichtigung der Verkehrsauffassung manifestieren lassen.[10] Auf die tatsächliche Benutzung der Gebäude kommt es nicht an. **Leerstehende**, aber benutzbare **Gebäude** führen daher nicht zur Bewertung als unbebautes Grundstück.[11]

23 Dass sich die Bezugsfertigkeit nur anhand der für das Bauwerk bezweckten Nutzung beurteilen lässt, ergibt sich aus einer Verschiebung der **Zumutbarkeitsgrenze** der Nutzung des jeweiligen Bauwerks je nach Zweck des Bauwerks.[12] Eine Wohnung beispielsweise ist ohne Sanitär-

---

1 A 246 Abs. 1 Satz 1 AEBewGrSt.
2 BFH, Urteil v. 14.5.2003 - II R 14/01, BStBl 2003 II S. 906; A 246 Abs. 2 Satz 3 AEBewGrSt.
3 Siehe dazu und zu dessen Abgrenzung Bock in Grootens, BewG § 243 Rz. 27 ff.
4 Siehe dazu Bock in Grootens, BewG § 243 Rz. 28, 100.
5 Siehe dazu Bock in Grootens, BewG § 243 Rz. 89 ff.
6 A 246 Abs. 2 Satz 1 AEBewGrSt.
7 Siehe dazu Bock in Grootens, BewG § 243 Rz. 37.
8 A 246 Abs. 2 Satz 2 AEBewGrSt.
9 A. A. FG Rheinland-Pfalz, Urteil v. 6.5.1985 - 5 K 246/84, EFG 1985 S. 543; aus anderen Gründen nicht bestätigt durch BFH, Urteil v. 28.9.1988 - II R 179/85, NWB UAAAB-29546.
10 St. Rspr.; vgl. BFH, Urteil v. 18.4.2012 - II R 58/10, BStBl 2012 II S. 874, m. w. N. und m. Anm. Loose, juris-PR-SteuerR 34/2012 Rz. 2; R B 178 Abs. 2 Satz 2 ErbStR 2019.
11 BFH, Urteil v. 18.12.2002 - II R 20/01, BStBl 2003 II S. 228, betr. Einheitsbewertung.
12 Ähnlich BFH, Urteil v. 18.4.2012 - II R 58/10, BStBl 2012 II S. 874, m. w. N. und m. Anm. Loose, juris-PR-SteuerR 34/2012 Rz. 2.

einrichtungen als nicht bezugsfertig zu beurteilen, als Lagerraum wäre dasselbe Bauwerk hingegen auch ohne Sanitäreinrichtungen bezugsfertig. Bei einem betrieblich genutzten Gebäude ist von einer Bezugsfertigkeit auszugehen, wenn das Gebäude in seinen wesentlichen Bereichen **bestimmungsgemäß für den vorgesehenen Betrieb** nutzbar ist.[1]

Ein Gebäude ist als bezugsfertig und die Benutzung als zumutbar anzusehen, wenn die **wesentlichen Bauarbeiten** zur Errichtung des Gebäudes **ausgeführt** worden sind.[2] Dabei kommt es nach § 246 Abs. 1 Satz 4 BewG auf die **Abnahme** durch die **Bauaufsichtsbehörde** nicht an.[3] Anders als bei der Bedarfsbewertung wird auf eine Bewertung von **Grundstücken im Zustand der Bebauung** verzichtet, so dass noch nicht fertig gestellte Gebäude grundsätzlich bei der Grundsteuer nicht bewertet werden.[4] Eine Abgrenzung zu den Grundstücken im Zustand der Bebauung ist daher nicht erforderlich. 24

Mangels Abschlusses der **wesentlichen Bauarbeiten** liegt die Bezugsfertigkeit nicht vor, wenn noch 25

- ► Türen und Fenster einzubauen sind,[5]
- ► Anschlüsse für Strom und Wasser verlegt werden müssen,[6]
- ► die Heizung zu installieren ist,[7]
- ► sanitäre Einrichtungen einzubauen sind,[8]
- ► der Untergrund für den Fußbodenbelag aufzubringen ist (beispielsweise Estrich)[9] oder
- ► an der zur Wohnung führenden Treppe das Geländer fehlt.[10]

Unerhebliche Restarbeiten hindern die Annahme der Bezugsfertigkeit nicht,[11] insbesondere wenn es sich um Arbeiten handelt, die üblicherweise kurz vor Einzug nach den Wünschen des Nutzers durchgeführt werden. Zu unerheblichen Restarbeiten zählen 26

- ► Malerarbeiten (Erst- oder Neuanstrich von Wänden und Heizkörpern, Tapezierarbeiten),[12]
- ► Einbau von Herd und Spüle,[13]

---

1 St. Rspr.; vgl. BFH, Urteil v. 18.4.2012 - II R 58/10, BStBl 2012 II S. 874, m.w.N. und m. Anm. Loose, juris-PR-SteuerR 34/2012 Rz. 2.

2 A 246 Abs. 2 Satz 3 AEBewGrSt.

3 A 246 Abs. 2 Satz 5 AEBewGrSt.

4 BT-Drucks. 19/11085 S. 119; Eisele, NWB 28/2019 S. 2043, NWB ZAAAH-21376; Schnitter, 360° GrStG eKommentar, BewG § 246 Rz. 16.

5 BFH, Urteil v. 25.4.2013 - II R 44/11, NWB XAAAE-42084; BFH, Urteil v. 18.4.2012 - II R 58/10, BStBl 2012 II S. 874, m. Anm. Loose, juris-PR-SteuerR 34/2012 Rz. 2; BFH, Urteil v. 26.6.1970 - III R 56/69, BStBl 1970 III S. 769; BFH, Beschluss v. 9.12.1997 - X B 213/96, NWB KAAAB-39521.

6 BFH, Urteil v. 18.4.2012 - II R 58/10, BStBl 2012 II S. 874, m. Anm. Loose, juris-PR-SteuerR 34/2012 Rz. 2; BFH, Urteil v. 26.6.1970 - III R 56/69, BStBl 1970 III S. 769; BFH, Beschluss v. 9.12.1997 - X B 213/96, NWB KAAAB-39521.

7 BFH, Urteil v. 18.4.2012 - II R 58/10, BStBl 2012 II S. 874, m. Anm. Loose, juris-PR-SteuerR 34/2012 Rz. 2; BFH, Beschluss v. 9.12.1997 - X B 213/96, NWB KAAAB-39521; FG Baden-Württemberg, Urteil v. 23.4.1992 - 8 K 308/89, EFG 1993 S. 132, betr. mangelnde Bezugsfertigkeit – fehlende Heizkörper – als neue Tatsache.

8 Vgl. auch BFH, Urteil v. 29.4.1987 - II R 262/83, BStBl 1987 II S. 594; BFH, Urteil v. 26.6.1970 - III R 56/69, BStBl 1970 III S. 769; BFH, Urteil v. 25.7.1980 - III R 46/78, BStBl 1981 II S. 152; BFH, Beschluss v. 9.12.1997 - X B 213/96, NWB KAAAB-39521; a. A. mglw. BFH, Urteil v. 25.4.2013 - II R 44/11, NWB XAAAE-42084 (vgl. Orientierungssatz einerseits und Rz. 10 andererseits).

9 BFH, Urteil v. 25.4.2013 - II R 44/11, NWB XAAAE-42084.

10 FG Baden-Württemberg, Urteil v. 23.4.1992 - 8 K 308/89, EFG 1993 S. 132.

11 A 246 Abs. 2 Satz 4 AEBewGrSt.

12 BFH, Beschluss v. 9.12.1997 - X B 213/96, NWB KAAAB-39521 zu § 10e Abs. 6a EStG; BFH, Urteil v. 25.4.2013 - II R 44/11, NWB XAAAE-42084.

13 BFH, Urteil v. 25.7.1980 - III R 46/78, BStBl 1981 II S. 152.

- der Einbau von nichttragenden Innenwänden (insbesondere Flurwände, Trennwände) und Innentüren,[1]
- Verlegen des Fußbodenbelags[2] sowie
- das Anbringen der Fernsehantenne oder Satellitenanlage.[3]

27 Die genannten Grundsätze sind nicht schematisch anzuwenden. Es kommt entscheidend auf die Zumutbarkeit der Nutzung im Einzelfall unter Beachtung der Verkehrsauffassung an. Fehlende Restarbeiten, die beim Bezug eines Einfamilienhauses unerheblich erscheinen, können z. B. für die Zumutbarkeit des Bezugs einer **Kleinwohnung** in einer Wohnanlage von erheblicher Bedeutung sein, weil der Bewohner bei solchen Arbeiten nicht in andere Räume ausweichen kann (vgl. bereits zur nutzungszweckabhängigen Auslegung →Rz. 22 f.). Der Zeitpunkt des **tatsächlichen Einzugs**, der aus individuellen Gründen vielfach zeitlich vor oder nach dem gesetzlich maßgebenden Zeitpunkt der **Zumutbarkeit** der Benutzung liegen kann, ist für die Bestimmung des konkreten Zeitpunkts der Bezugsfertigkeit allein nicht ausschlaggebend. Der tatsächliche Einzug lässt jedoch den widerlegbaren Schluss auf die Bezugsfertigkeit zu.[4]

28 Für die Frage, ob ein Gebäude bezugsfertig ist, ist grundsätzlich auf das **Gebäude im Ganzen** und nicht auf einzelne Wohnungen oder Räume abzustellen, es sei denn, es handelt sich um eigenständige wirtschaftliche Einheiten.[5] Sind z. B. Wohnungen im Erdgeschoss vor dem jeweiligen Feststellungszeitpunkt, die übrigen Wohnungen erst danach bezugsfertig geworden, ist das Gebäude am Feststellungszeitpunkt als nicht bezugsfertig anzusehen.[6] Wird ein Gebäude dagegen zum Teil fertiggestellt und soll der **Innenausbau** nach den Wünschen und Bedürfnissen der künftigen Nutzer zurückgestellt werden, ist das Gebäude insgesamt als bezugsfertig anzusehen.[7] Ein neu errichtetes Bürogebäude beispielsweise, das nach seiner Funktion zur Vermietung einzelner, entsprechend den individuellen Bedürfnissen der Mieter gestalteter Büros dienen soll, ist bereits bezugsfertig, wenn die für das Gebäude wesentlichen Bestandteile (z. B. Außenwände, Fenster, tragende Innenwände, Estrichböden, Dach, Treppenhaus) fertiggestellt sind und zumindest eine Büroeinheit benutzbar ist.[8]

29 Die **Gebäudeeigenschaft endet**, wenn das Gebäude nicht mehr benutzbar ist oder benutzt werden kann.[9] Ein bebautes Grundstück wird daher in dem Augenblick wieder zu einem unbebauten Grundstück, ab dem eine **Gebäudenutzung nicht mehr zumutbar** ist.[10] Die Gebäudeeigenschaft endet jedenfalls, wenn die Unzumutbarkeit der Nutzung **auf Dauer** ist (vgl. hierzu vertiefend →Rz. 33 ff.). Die Gebäudeeigenschaft ist mangels anderer gesetzlicher Regelung auch zu verneinen, wenn aufgrund von Bauschäden, Instandhaltungsbedarf, Umbauarbeiten

1 BFH, Urteil v. 25.4.2013 - II R 44/11, NWB XAAAE-42084.
2 BFH, Urteil v. 25.4.2013 - II R 44/11, NWB XAAAE-42084; BFH, Urteil v. 25.7.1980 - III R 46/78, BStBl 1981 II S. 152; BFH, Urteil v. 19.7.1985 - III R 139/80, NWB WAAAB-27947; BFH, Beschluss v. 9.12.1997 - X B 213/96, NWB KAAAB-39521 zu § 10e Abs. 6a EStG.
3 FG Köln, Urteil v. 18.3.1992 - 4 K 3530/87, EFG 1993 S. 130, betr. u. a. Restarbeiten im Keller eines in Bauabschnitten errichteten Zweifamilienhauses.
4 BFH, Urteil v. 26.6.1970 - III R 56/69, BStBl 1970 II S. 769; BFH, Urteil v. 25.7.1980 - III R 46/78, BStBl 1981 II S. 152.
5 A 246 Abs. 3 Satz 1 AEBewGrSt.
6 V A 246 Abs. 3 Satz 2 AEBewGrSt.
7 A 246 Abs. 3 Satz 3 AEBewGrSt.
8 BFH, Urteil v. 18.4.2012 - II R 58/10, BStBl 2012 II S. 874, m. Anm. Loose, juris-PR-SteuerR 34/2012 Rz. 2; BFH, Urteil v. 25.4.2013 - II R 44/11, NWB XAAAE-42084.
9 A 246 Abs. 4 Satz 1 AEBewGrSt.
10 BFH, Urteil v. 18.12.2002 - II R 20/01, BStBl 2003 II S. 228; BFH, Urteil v. 14.5.2003 - II R 14/01, BStBl 2003 II S. 906, jeweils zur Einheitsbewertung in den neuen Ländern; Schnitter in GrStG - eKommentar, BewG § 246 Rz. 14.

etc. eine Nutzung des Gebäudes **vorübergehend** während der Bauarbeiten unzumutbar ist (str.).[1] Die Unzumutbarkeit der Nutzung muss daher nicht auf Dauer sein[2] und ist nicht erst bei einer Kernsanierung anzunehmen.[3] Ob ein zugemüllter Zustand (beispielsweise Wohnung einer Person, die unter zwanghaftem Sammeln und Horten leidet) für die Annahme der Unzumutbarkeit der Nutzung und damit eines unbebauten Grundstücks genügt, ist ungeklärt.[4] Für Zwecke der Grundsteuer ergeben sich allerdings nur Auswirkungen auf den Grundsteuerwert, wenn die Umbauarbeiten i. d. R. über mehrere Kalenderjahre hinweg durchgeführt werden, da für eine Fortschreibung bei einer Änderung der tatsächlichen Verhältnisse nach § 222 Abs. 4 Nr. 1 BewG die Verhältnisse zu Beginn des Kalenderjahres, das auf die Änderung folgt, maßgeblich sind. Sind die Umbauarbeiten zu diesem Zeitpunkt bereits wieder abgeschlossen und liegt ein bezugsfertiges Gebäude vor, erfolgt auch keine Fortschreibung für den Zeitraum der Umbauarbeiten. Nämliches gilt für nur vorübergehend aufgestellte Gebäude, die innerhalb des Jahres wieder abgebaut werden (z. B. große **Festzelte** auf einem Festplatz oder einer Wiese).

(Einstweilen frei) 30–32

III. Grundstücke mit Gebäuden, die auf Dauer keiner Nutzung zugeführt werden können (§ 246 Abs. 2 Satz 1 BewG)

Nach der gesetzlichen Fiktion des § 246 Abs. 2 Satz 1 BewG **gilt** ein (bebautes) Grundstück als unbebaut, wenn sich auf ihm **Gebäude** befinden, die auf Dauer **keiner Nutzung** zugeführt werden können. Das ist insbesondere der Fall, wenn Gebäude **auf Dauer** aus bautechnischen oder anderen objektiven Gründen nicht genutzt werden können. Die Norm hat allemal klarstellende Funktion. Befinden sich auf dem Grundstück ausschließlich Gebäude, die auf Dauer keiner Nutzung zugeführt werden können, ist bereits § 246 Abs. 1 Satz 1 BewG erfüllt („keine benutzbaren Gebäude"). 33

§ 246 Abs. 2 Satz 1 BewG ist nicht erfüllt, wenn bereits vorhandene Gebäude im Feststellungszeitpunkt wegen behebbarer baulicher Mängel[5] oder fehlender Ausstattungsmerkmale – wie etwa Heizung oder Wohnungstüren – **vorübergehend** nicht benutzbar sind (siehe aber auch → Rz. 29). Von einem bloß vorübergehenden Umbau ist allerdings nicht auszugehen, wenn das auf dem Grundstück befindliche, nicht nutzbare Gebäude abgerissen werden muss und das Grundstück für einen Neubau erst in einen unbebauten Zustand versetzt wird.[6] Die Regelung des § 72 Abs. 2 BewG für die Einheitsbewertung, wonach auch Grundstücke als unbebaut gel- 34

1 BFH, Urteil v. 18.12.2002 - II R 20/01, BStBl 2003 II S. 228; BFH, Urteil v. 14.5.2003 - II R 14/01, BStBl 2003 II S. 906, jeweils zur Einheitsbewertung in den neuen Ländern; a. A. Finanzverwaltung A 246 Abs. 5 Satz 3 und 4 AEBewGrSt; Krause in Stenger/Loose, BewG § 248 Rz. 33.

2 BFH, Urteil v. 18.12.2002 - II R 20/01, BStBl 2003 II S. 228, zur Einheitsbewertung in den neuen Ländern; a. A. FG Hessen, Urteil v. 26.5.2011 - 3 K 2993/09, NWB UAAAD-89484.

3 So aber die Finanzverwaltung, A 246 Abs. 5 Satz 5 AEBewGrSt; siehe auch Krause in Stenger/Loose, BewG § 245 Rz. 34; zur Kernsanierung: BFH, Urteil v. 24.10.1990 - II R 9/88, BStBl 1991 II S. 60, betr. Einheitsbewertung; siehe auch Bauer, KFR F. 9 BewG § 22, 1 /91, S. 111.

4 Verneinend FG Hessen, Urteil v. 26.5.2011 - 3 K 2993/09, NWB UAAAD-89484.

5 BFH, Urteil v. 14.5.2003 - II R 14/01, BStBl 2003 II S. 906, zur Einheitsbewertung.

6 BFH, Urteil v. 24.10.1990 - II R 9/88, BStBl 1991 II S. 60; BFH, Urteil v. 28.11.1990 - II R 36/87, BStBl 1991 II S. 209, jeweils zur Einheitsbewertung.

ten, die nur einer **Nutzung von untergeordneter Bedeutung** zugeführt werden können, wurde nicht übernommen.[1] Bei diesen Grundstücken handelt es sich daher um bebaute Grundstücke.

35 Der Wortlaut der Norm ist zu weit geraten. Die Fiktion gilt nach Sinn und Zweck der Norm nur, wenn sich auf dem Grundstück Gebäude befinden, die auf Dauer keiner Nutzung zugeführt werden können und **sich auch im Übrigen keine benutzbaren Gebäude auf dem Grundstück befinden**. Existiert neben Gebäuden, die auf Dauer keiner Nutzung zugeführt werden können, mindestens ein weiteres benutzbares Gebäude, so handelt es sich dennoch um ein bebautes Grundstück.

36–38 *(Einstweilen frei)*

IV. Grundstücke mit auf Dauer nicht benutzbarem Raum (§ 246 Abs. 2 Satz 2 BewG)

39 Ein Grundstück gilt nach § 246 Abs. 2 BewG als unbebaut, wenn infolge von **Zerstörung** oder **Verfall** der Gebäude auf **Dauer kein benutzbarer Raum** mehr vorhanden ist.[2] Die Regelung hat klarstellende Funktion. Liegt auf Dauer kein benutzbarer Raum in einem Bauwerk vor, endet die Gebäudeeigenschaft des Bauwerks. Einer Fiktion bedarf es insoweit nicht. Die Norm ist auch nicht als Definition des Endes der Gebäudeeigenschaft formuliert, so dass erst mit dem Zeitpunkt, in dem auf Dauer kein benutzbarer Raum mehr vorhanden ist, die Gebäudeeigenschaft enden würde.

40 Ein Gebäude ist dem **Verfall** preisgegeben, wenn dieser so weit fortgeschritten ist, dass das Gebäude nach objektiven Verhältnissen auf **Dauer** nicht mehr genutzt werden kann.[3] Die Verfallsmerkmale müssen an der Bausubstanz erkennbar sein und das gesamte Gebäude betreffen.[4] Die bloße Absicht, ein Gebäude dem Verfall preiszugeben, genügt nicht.[5]

41 Von einem Verfall ist auszugehen, wenn erhebliche Schäden an konstruktiven Teilen des Gebäudes eingetreten sind und ein Zustand gegeben ist, der aus bauordnungsrechtlicher Sicht die **sofortige Räumung** nach sich ziehen würde.[6] Das ist stets der Fall, wenn eine Anordnung der Bauaufsichtsbehörde zur sofortigen Räumung des Grundstücks insbesondere wegen Einsturzgefahr vorliegt; dabei ist gesondert zu prüfen, ob der Zustand von Dauer ist.[7] Es darf keine teilweise Nutzung zu Wohnzwecken, gewerblichen, freiberuflichen oder anderen bestimmungsgemäßen Zwecken auf Dauer möglich sein.[8]

42 Ein Gebäude ist zerstört, wenn aufgrund von äußerer Substanzveränderungen keine benutzbaren Räume mehr vorhanden sind und die bestimmungsgemäße Nutzung der Räume völlig ausgeschlossen ist.[9] Die **Zerstörung** kann sich auch aus einem fortlaufenden Verfall des Gebäudes ergeben, wenn (infolge allmählichen Verfalls) sich die Räume oder Gebäudeteile in ei-

1 Mannek, Die große Grundsteuer-Reform 2020 S. 240, Anm. zu § 246 BewG; siehe auch Schnitter, 360° GrStG eKommentar, BewG § 246 Rz. 11.
2 A 246 Abs. 4 Satz 2 AEBewGrSt.
3 Vgl. zur Erbschaft- und Schenkungsteuer R B 178 Abs. 4 Satz 2 ErbStR 2019.
4 Vgl. zur Erbschaft- und Schenkungsteuer R B 178 Abs. 4 Satz 3 ErbStR 2019.
5 BFH, Urteil v. 20.6.1975 - III R 87/74 NWB CAAAA-91089.
6 Vgl. zur Erbschaft- und Schenkungsteuer R B 178 Abs. 4 Satz 4 ErbStR 2019.
7 Vgl. zur Erbschaft- und Schenkungsteuer R B 178 Abs. 4 Satz 5 ErbStR 2019.
8 Siehe BFH, Urteil v. 20.6.1975 - III R 87/74, BStBl 1975 II S. 803, betr. baupolizeiliche Räumungsanordnung.
9 Vgl. zur Erbschaft- und Schenkungsteuer R B 178 Abs. 4 Satz 11 ErbStR 2019.

nem Zustand befinden, der aus Gründen der Bau- oder Gesundheitsaufsicht eine dauernde, der Zweckbestimmung entsprechende Benutzung nicht gestattet.[1]

Behebbare Baumängel und **Bauschäden** sowie **aufgestauter Reparaturbedarf** infolge unterlassener Instandsetzungs- und Reparaturarbeiten wirken sich regelmäßig **vorübergehend** auf Art und Umfang der Gebäudenutzung aus und betreffen nicht unmittelbar die Konstruktion des Gebäudes.[2] Sie führen daher nicht dazu, dass ein Gebäude i. S. des § 246 Abs. 2 Satz 2 BewG als dem Verfall preisgegeben anzusehen ist (siehe auch → Rz. 29).[3] 43

§ 247 BewG Bewertung der unbebauten Grundstücke

(1) [1]Der Grundsteuerwert unbebauter Grundstücke ermittelt sich regelmäßig durch Multiplikation ihrer Fläche mit dem jeweiligen Bodenrichtwert (§ 196 des Baugesetzbuchs). [2]Soweit in den §§ 243 bis 262 sowie in den Anlagen 36 bis 43 nichts anderes bestimmt ist, werden Abweichungen zwischen den Grundstücksmerkmalen des Bodenrichtwertgrundstücks und des zu bewertenden Grundstücks mit Ausnahme unterschiedlicher

1. Entwicklungszustände und

2. Arten der Nutzung bei überlagernden Bodenrichtwertzonen

nicht berücksichtigt.

(2) Die Bodenrichtwerte sind von den Gutachterausschüssen im Sinne der §§ 192 ff. des Baugesetzbuchs auf den Hauptfeststellungzeitpunkt zu ermitteln, zu veröffentlichen und nach amtlich vorgeschriebenem Datensatz durch Datenfernübertragung an die zuständigen Finanzbehörden zu übermitteln.

(3) Wird von den Gutachterausschüssen im Sinne der §§ 192 ff. des Baugesetzbuchs kein Bodenrichtwert ermittelt, ist der Wert des unbebauten Grundstücks aus den Werten vergleichbarer Flächen abzuleiten.

Inhaltsübersicht **Rz.**

1 Stöckel, NWB F. 10 2001 S. 277, unter Hinweis auf Entscheidungen des Thüringer FG u. a. v. 20.7.2000 - II 412/99, NWB VAAAB-13158, bestätigt durch BFH, Urteil v. 14.5.2003 - II R 14/01, BStBl 2003 II S. 906, betr. Einheitsbewertung in den neuen Ländern.

2 Vgl. zur Erbschaft- und Schenkungsteuer R B 178 Abs. 4 Satz 6 ErbStR 2019.

3 Vgl. zur Erbschaft- und Schenkungsteuer R B 178 Abs. 4 Satz 7 ErbStR 2019.

LITERATUR

Ramb, Neubewertung der Grundstücke im Grundvermögen, NWB 2020 S. 1356, NWB JAAAH-47116; *Mannek* , Die große Grundsteuer-Reform 2020 (1. Aufl.); *Eichholz*, Novellierung der Grundsteuer, DSTR 2020 S. 1158; *Weiß*, Zweifelsfragen bei der Grundsteuerbewertung im Grundvermögen (Bundesmodell), ErbStB 2023 S. 111; *Steinhauer*, Rechtsschutz gegen Bodenrichtwerte im Hinblick auf die Grundsteuerveranlagung, ErbStB 2023 S. 185; *Freikamp*, GrSt-Wertermittlung: Bodenwerte bei bebauten Grundstücken mit (Teil-)Flächen im Außenbereich, DB 2023 S. 2785; *Mandler/Schulze/Zochert*, Rechtlosigkeit, Schutzlosigkeit, Ratlosigkeit? Der Bodenrichtwert bei der neuen Grundsteuer – Überlegungen zum Rechtsschutz am Beispiel des hessischen Modells, DStR 2023 S. 1329; *Krumm*, Bodenrichtwerte im grundsteuerlichen Bewertungsrecht und Rechtsschutz, FR 2023 S. 957; *Weiß*, Zweifelsfragen bei der Grundsteuerbewertung im Grundvermögen (Bundesmodell), ErbStB 2023 S. 111; *Degen*, Zur Grundsteuer bebauter Grundstücke ab dem 1.1.2025 – Ein Vergleich des Bundesmodells mit dem Flächenmodell des Freistaates Bayern, DStR 2023 S. 2314; *Winkler*, Die Verfassungsmäßigkeit der Grundsteuer, 2023; *Richter/Wagner*, Sind Bodenrichtwerte verfassungswidrig? – Erwiderung zu Kirchhof, DB 2023 S. 1116; *Stephany*, Der Bodenrichtwert für unbebaute Flächen im Außenbereich und seine Ableitung – Anmerkungen zu § 247 BewG, AgrB 2024 S. 10.

ARBEITSHILFEN UND GRUNDLAGEN ONLINE:

Grundsteuer: Grundbesitzbewertung ab 2022/2025 (Sach- und Ertragswertverfahren) – Checkliste mit Berechnungen, NWB NAAAH-93792.

VERWALTUNGSANWEISUNGEN:

Koordinierte Erlasse der obersten Finanzbehörden der Länder v. 9.11.2021 – Anwendung des Siebenten Abschnitts des Zweiten Teils des Bewertungsgesetzes zur Bewertung des Grundbesitzes (allgemeiner Teil und Grundvermögen) für die Grundsteuer ab 1.1.2022 (AEBewGrSt), BStBl I 2021 S. 2334; Finanzministerium Sachsen-Anhalt v. 19.9.2022, 43-S 3262-1, Bew-Kartei ST § 247 BewG Karte 1; Ansatz des Bodenrichtwerts (§ 247 BewG); Ermittlung/Ableitung des Bodenwerts; OFD Nordrhein-Westfalen v. 9.9.2022, G 1000-2019/0004 St 25, Grundsteuerwert-Kartei NW § 247 BewG Karte 2 VV; Ansatz des Bodenrichtwerts (§ 247 BewG).

A. Allgemeine Erläuterungen zu § 247 BewG

I. Normzweck und wirtschaftliche Bedeutung der Vorschrift

1 § 247 BewG regelt für die wirtschaftlichen Einheiten des Grundvermögens für Zwecke der Ermittlung des Grundsteuerwerts die **Bewertung der unbebauten Grundstücke**. Danach sind gem. § 247 Abs. 1 BewG die unbebauten Grundstücke i. d. R. mit den von den Gutachterausschüssen veröffentlichten **Bodenrichtwerten** im Wesentlichen ohne Anpassung multipliziert mit der **Grundstücksfläche** zu bewerten (siehe Rz. → 28 ff.).[1]

2 § 247 Abs. 2 BewG bestimmt, dass die Bodenrichtwerte von den **Gutachterausschüssen** i. S. der §§ 192 ff. des Baugesetzbuchs auf den Hauptfeststellungzeitpunkt zu ermitteln, zu veröffentlichen und nach amtlich vorgeschriebenem Datensatz durch Datenfernübertragung an die zuständigen Finanzbehörden zu übermitteln sind. Mit der **elektronischen Übermittlungspflicht** der Bodenrichtwerte soll eine automationsunterstützte Feststellung der Grundsteuerwerte gewährleistet werden. Zum **Hauptfeststellungszeitpunk auf den 1.1.2022** war es jedoch noch er-

1 A 247.1 Abs. 1 Satz 1 AEBewGrSt.

forderlich, dass der Steuerpflichtige den für die jeweilige wirtschaftliche Einheit geltenden Bodenrichtwert erklärt. In Zukunft soll dieser automatisiert bereitgestellt werden.[1]

Für den seltenen Fall, dass ein Bodenrichtwert von den Gutachterausschüssen nicht ermittelt werden kann oder nicht ermittelt wird, berechtigt § 247 Abs. 3 BewG die **Finanzverwaltung** einen **Bodenwert** aus den Werten vergleichbarer Flächen **abzuleiten**. Damit wird eine flächendeckende Bewertung sämtlicher Grundstücke sichergestellt. 3

§ 247 BewG hat darüber hinaus für die Bewertung des Grundvermögens ganz erhebliche Bedeutung und beeinflusst die **Höhe des jeweiligen Grundsteuerwerts**: 4

- bei der Bewertung bebauter Grundstücke im **Ertragswertverfahren** über den zu ermittelnden abgezinsten Bodenwert i.V. mit §§ 252 Satz 1, 257 Abs. 1 Satz 1 BewG,
- im **Sachwertverfahren** über den gesondert zu ermittelnden Bodenwert i.V. mit § 258 Abs. 2 BewG,
- für die Ermittlung des **Mindestwerts** nach § 251 BewG über den Ansatz von 75 % des Werts, mit dem der Grund und Boden allein nach § 247 BewG zu bewerten wäre.

(Einstweilen frei) 5–10

II. Entstehung und Entwicklung der Vorschrift

§ 247 BewG wurde mit Ausnahme des § 247 Abs. 1 Satz 2 BewG durch das **GrStRefG** v. 26.11.2019[2] in das BewG eingefügt. 11

§ 247 Abs. 1 Satz 2 BewG wurde durch das Fondsstandortgesetz[3] eingefügt.[4] Der **Bundesrat** hatte sich in seiner Stellungnahme zum **Regierungsentwurf** des **GrStRefG** bereits dafür ausgesprochen, § 247 Abs. 1 BewG dahingehend zu konkretisieren, dass der Bodenrichtwert der jeweiligen Bodenrichtwertzone ohne Anpassung aufgrund abweichender Grundstücksmerkmale z. B. hinsichtlich des Erschließungszustands, des beitrags- und abgabenrechtlichen Zustands, der Art und des Maßes der baulichen Nutzung anzuwenden ist (sog. Zonenwert).[5] 12

Der **Forderung** des Bundesrats ist der **Gesetzgeber** zunächst zurecht **nicht gefolgt**. Jedenfalls in Bezug auf bestimmte Grundstücksmerkmale dürfte eine Anpassung des Bodenrichtwerts zwingend erforderlich sein, um nicht zu unsachgemäßen Ergebnissen zu kommen. Beispielsweise müsste die (bauliche) Nutzung des Grundstücks berücksichtigt werden. Die Anwendung eines Bodenrichtwerts für Ein- und Zweifamilienhäuser kann jedenfalls bei sich überlagernden Bodenrichtwertzonen keine Anwendung für Gewerbegrundstücke finden, der Bodenrichtwert für land- und forstwirtschaftliche Grundstücke kann nicht für bebaute Grundstücke angewandt werden usw. Die Forderung des Bundesrats wurde im weiteren Gesetzgebungsverfahren zum GrStRefG nicht aufrechterhalten. 13

Eine den in → Rz. 13 dargestellten Bedenken gerecht werdende gesetzliche Anpassung des § 247 BewG hat der Bundesrat daraufhin in seiner Stellungnahme zum Jahressteuergesetz 14

1 Vgl. BT-Drucks. 19/11085 S. 110.
2 GrStRefG v. 26.11.2019, BGBl 2019 I S. 1794.
3 Gesetz zur Stärkung des Fondsstandorts Deutschland und zur Umsetzung der Richtlinie (EU) 2019/1160 zur Änderung der Richtlinien 2009/65/EG und 2011/61/EU im Hinblick auf den grenzüberschreitenden Vertrieb von Organismen für gemeinsame Anlagen (Fondsstandortgesetz – FoStoG) v. 3.6.2021, BGBl 2021 I S. 1498.
4 Vgl. zur umstrittenen Rechtslage davor Bock in Grootens, 1. Aufl., § 247 Rz. 28 ff., insbesondere Rz. 63.
5 BT-Drucks. 19/13453 S. 20.

2020 eingebracht,[1] die jedoch trotz Zustimmung der Bundesregierung[2] nicht übernommen wurde.[3] Die Regelung wurde dann eher sachfremd in Art. 6 des Regierungsentwurfs des Fondsstandortgesetzes aufgenommen und beschlossen.[4]

15 Im Gesetzgebungsverfahren zum GrStRefG hat der Bundesrat darüber hinaus gebeten, die Angabe „regelmäßig" in § 247 Abs. 1 BewG präziser zu umschreiben oder die Fälle zu umschreiben, bei denen die Regel nicht greift.[5] Die Wahl des Begriffes „regelmäßig" ist rechtstechnisch unglücklich. Gemeint sein dürfte „grundsätzlich". Die Ausnahme vom Grundsatz regelt § 247 Abs. 3 BewG für Fälle, in denen ein Bodenrichtwert durch den Gutachterausschuss nicht ermittelt werden konnte oder ermittelt wurde. Die Forderung wurde im weiteren Gesetzgebungsverfahren vom Bundesrat nicht aufrechterhalten.

16–20 *(Einstweilen frei)*

III. Vereinbarkeit mit höherrangigem Recht

21 Die Heranziehung der Bodenrichtwerte zur Bewertung begegnet für sich genommen keinen verfassungsrechtlichen Bedenken.[6] Der Ansatz der Bodenrichtwerte hat sich sowohl im Rahmen der Grundbesitzbewertung für Zwecke der Erbschaft- und Schenkungsteuer sowie der Grunderwerbsteuer als auch anlässlich ertragsteuerrechtlicher Wertermittlungsanlässe, wie z. B. der Kaufpreisaufteilung, in langjähriger Praxis bewährt[7] und ist ebenfalls in der Verkehrswertermittlung anerkannt. Bei der Wertermittlungsmethode für unbebaute Grundstücke unter Heranziehung der Bodenrichtwerte handelt es sich um eine verfassungsrechtlich unbedenkliche typisierende Bewertungsmethode, die der Vereinfachung der Grundsteuerwertermittlung dient.[8] Wünschenswert wäre es für Zwecke der Bewertung im Steuerrecht insbesondere aus Gründen der Rechtstaatlichkeit und Gleichmäßigkeit der Besteuerung **verbindliche und justiziable Vorgaben** für die Ermittlung der Bodenrichtwerte zu implementieren. Mit der teilweisen Aufnahme der Regelungen aus der BRW-Richtlinie[9] mit empfehlenden Charakter in die ImmoWertV 2021,[10] die verbindlichen Charakter hat, wurde der Forderung nach mehr Verbindlichkeit bei der Ermittlung der Bodenrichtwerte durch die Gutachterausschüsse ab dem 1.1.2022 teilweise Rechnung getragen (zur Justiziabilität der Bodenrichtwertermittlung → siehe Rz. 91). Dass sich die Ermittlung der Bodenrichtwerte aufgrund von **Datenlücken** nicht sachgerecht durchführen lässt, ist bisher **nicht ersichtlich.**[11] Auch die **Beteiligung eines Mitglieds der Finanzverwaltung** im Gutachterausschuss bei der Ermittlung der Bodenrichtwer-

1 Vgl. BT-Drucks. 19/23551 S. 79.
2 Vgl. BT-Drucks. 19/23551 S. 47 und S. 58.
3 Vgl. verkündetes Jahressteuergesetz 2020 v. 21.12.2020, BGBl I 2020 S. 3096.
4 BR-Drucks. 51/21 S. 49.
5 BT-Drucks. 19/13453 S. 20.
6 So auch Schnitter, 360° GrStG eKommentar, § 247 BewG, Rz. 11; Krumm/Paeßens, GrStG, § 247 BewG Rz. 18; Richter/Wagner, DB 2023 S. 1254; a. A. Degen, DStR 2023 S. 2314; Kirchhof, DB 2023 S. 1116.
7 So auch die Begründung zum GrStRefG, BT-Drucks. 19/11085 S. 109.
8 Vgl. auch BFH-Urteil v. 12.7.2006 - II R 1/04, BStBl 2006 II S. 742; krit. Eichholz, DStR 2020 S. 1158.
9 Bodenrichtwert-Richtlinie v. 11.1.2011, BAnz 2011 S. 597.
10 Immobilienwertermittlungsverordnung v. 14.7.2021, BGBl 2021 I S. 2805.
11 A. A. FG Rheinland-Pfalz, Beschluss v. 23.11.2023 - 4 V 1295/23 NWB OAAAJ-53863 und FG Rheinland-Pfalz, Beschluss v. 23.11.2023 - 4 V 1429/23 NWB YAAAJ-53864, das auf eine Datenerhebung aus dem Jahr 2017 abstellt, die allerdings schon dem Grunde nach keine Rückschlüsse auf die Bodenrichtwertermittlung auf den 1.1.2022 zulässt, nachfolgend BFH, Beschluss v. 27.5.2024 - II B 78/23 (AdV) NWB IAAAJ-68711 und BFH, Beschluss v. 27.5.2024 - II B 79/23 (AdV) NWB SAAAJ-68712, m. Anm Bock, HFR 2024 S. 826.

te ist für sich genommen unbedenklich und kann die Unabhängigkeit des Gutachterausschusses nicht erschüttern. Die abstrakte Möglichkeit, gesetzeswidrig Einfluss auf den Gutachterausschuss zu nehmen, ist hierfür nicht ausreichend, da diese abstrakte Möglichkeit stets auch durch andere Personen besteht.[1] Ein **strukturelles Vollzugsdefizit** besteht bei der Ermittlung des Bodenrichtwerts ebenfalls nicht, wie gerade die nahezu flächendeckende Bodenrichtwertermittlung zeigt. Dass die Gutachterausschüsse von den ihnen zustehenden Rechten beim Vollzug ggf. keinen flächendeckenden Gebrauch machen, führt nicht zu einem von Gesetzes wegen bestehenden Vollzugsdefizit (nur dann liegt ein strukturelles Vollzugsdefizit vor). Es ist ausreichend, dass das Gesetz diese Rechte zum Vollzug vorsieht.[2]

Bei der Bewertung mit dem Bodenrichtwert kann es einer Typisierung immanent und verfassungsrechtlich für sich genommen unproblematisch bei atypischen Fällen auch zu ganz erheblichen Abweichungen vom gemeinen Wert kommen (beispielsweise bei Grundstücken mit Altlasten, siehe auch die Fälle in → Rz. 16). In diesen Fällen kommt ein **Nachweis des niedrigeren gemeinen Werts** nach § 220 Abs. 2 BewG in Betracht, der im Anschluss an die Rechtsprechung des BFH eingefügt wurde.[3] 22

§ 247 Abs. 1 Satz 2 BewG, wonach der **Bodenrichtwert** im Wesentlichen **ohne Anpassungen** anzusetzen ist, dürfte ebenfalls noch vom Typisierungsspielraum des Gesetzgebers gedeckt sein.[4] Die Bodenrichtwertzonen sind so zu bilden, dass die Grundstücksmerkmale der in der Bodenrichtwertzone befindlichen Grundstücke weitgehend übereinstimmen und die lagebedingten Wertunterschiede der Grundstücke nicht mehr als +/- 30 % betragen sollen. Bei abweichenden Grundstücksmerkmalen handelt es sich daher um Ausnahmen in der jeweiligen Bodenrichtwertzone, die insbesondere in einem Massenverfahren typisierend außer Betracht bleiben können. 23

Die Bewertung für unbebaute Grundstücke sieht anders als § 145 BewG a. F. für Zwecke der Bewertung bei der Erbschaft- und Schenkungsteuer sowie der Grunderwerbsteuer ab dem 1.1.1996 bzw. 1.1.1997 und bis zum 31.12.2008 **keinen pauschalen Abschlag** vom Bodenrichtwert i. H. von **20 %** für **wertmindernde Umstände** wie **Ecklage, Größe, Zuschnitt, Oberflächenbeschaffenheit, Beschaffenheit des Baugrundes** und **Außenanlagen** sowie **Lärm, Staub**- oder **Geruchsbelästigungen, Altlasten** und **Grunddienstbarkeiten** vor (siehe zu deren Nichtberücksichtigung → Rz. 57 f.).[5] Diese atypischen Sachverhaltskonstellationen werden bei der Ermittlung des Grundsteuerwerts nicht berücksichtigt. Dies ist vom Typisierungsspielraum des Gesetzgebers gedeckt. Ein pauschaler Abschlag in allen Bewertungsfällen kann nur gerechtfertigt sein, wenn im typischen Fall stets wertmindernde Umstände vorliegen und die Grundstückswerte nach § 247 BewG daher dem unüblichen Fall entsprechen würden. Davon kann nicht 24

1 A. A. FG Rheinland-Pfalz, Beschluss v. 23.11.2023 - 4 V 1295/23 NWB OAAAJ-53863 und FG Rheinland-Pfalz, Beschluss v. 23.11.2023 - 4 V 1429/23 NWB YAAAJ-53864, nachfolgend BFH, Beschluss v. 27.5.2024 - II B 78/23 (AdV) NWB IAAAJ-68711 und BFH, Beschluss v. 27.5.2024 - II B 79/23 (AdV) NWB SAAAJ-68712, m. Anm Bock, HFR 2024 S. 826.

2 A. A. FG Rheinland-Pfalz, Beschluss v. 23.11.2023 - 4 V 1295/23 NWB OAAAJ-53863 und FG Rheinland-Pfalz, Beschluss v. 23.11.2023 - 4 V 1429/23 NWB YAAAJ-53864, nachfolgend BFH, Beschluss v. 27.5.2024 - II B 78/23 (AdV) NWB IAAAJ-68711 und BFH, Beschluss v. 27.5.2024 - II B 79/23 (AdV) NWB SAAAJ-68712, m. Anm Bock, HFR 2024 S. 826.

3 Vgl. BFH, Beschlüsse v. 27.5.2024 - II B 78/23 (AdV), NWB IAAAJ-68711 BStBl II 2024 S. 543 und II B 79/23 (AdV) NWB SAAAJ-68712, BStBl II 2024 S. 546 m. Anm Bock, HFR 2024 S. 826 und BT-Drucks. 20/13157 S. 81 zur Frage nach der analogen Anwendung von § 198 BewG zum Nachweis eines niedrigeren gemeinen Werts bereits Bock in Grootens, BewG § 243 Rz. 2 sowie vertiefend Grootens in Grootens, BewG § 252 Rz. 106 ff.; vgl. zum verfassungsrechtlichen Problem auch Seer, FR 2019 S. 941; Schnitter, 360° GrStG eKommentar, § 247 BewG, Rz. 11.

4 So auch BT-Drucks. 19/27631 S. 113; zust. Winkler, Die Verfassungsmäßigkeit der Grundsteuer, 2023, S. 197 ff.

5 Siehe auch A 247.2 Abs. 8 AEBewGrSt.

ausgegangen werden, so dass der Gesetzgeber zu Recht keinen pauschalen Abschlag vom Wert des unbebauten Grundstücks nach § 247 BewG vorgesehen hat.

25–30 *(Einstweilen frei)*

IV. Geltungsbereich

31 § 247 BewG findet auf im Bundesgebiet belegenes **Grundvermögen**[1] Anwendung, soweit die Länder in Bezug auf § 247 BewG nicht von ihrer Abweichungskompetenz nach Art. 72 Abs. 3 Satz 1 Nr. 7 GG Gebrauch gemacht haben und gilt **nicht für das land- und forstwirtschaftliche Vermögen.** § 251 BewG ist nach § 266 BewG erstmals für den **Hauptfeststellungszeitpunkt auf den 1.1.2022** anzuwenden.[2]

32–35 *(Einstweilen frei)*

V. Verhältnis zu anderen Vorschriften

36 Die Definition der unbebauten Grundstücke erfolgt in **§ 246 BewG.**[3] Der sich nach § 247 BewG ergebende Grundsteuerwert ist nach **§ 230 BewG**[4] auf volle 100 € nach unten abzurunden. Ob die Umrechnungskoeffizienten nach **Anlage 36 zum BewG** Anwendung bei der Ermittlung des Bodenwerts von unbebauten Grundstücken in Ein- und Zweifamilienhaussiedlungen finden, ist fraglich (siehe vertiefend → Rz. 57).

37 Der Bodenwert nach § 247 BewG wird zudem als Komponente in den Bewertungsverfahren des Ertragswertverfahrens nach **§§ 252 ff. BewG**[5] und dem Sachwertverfahren nach **§§ 258 ff. BewG**[6] benötigt. Nach **§ 252 Satz 1 BewG**[7] besteht der Ertragswert eines Grundstücks aus der Summe des kapitalisierten Reinertrags des Grundstücks und dem abgezinsten Bodenwert nach **§ 257 BewG.**[8] Nach **§ 257 Abs. 1 Satz 1 BewG**[9] ist für den abgezinsten Bodenwert von dem Bodenwert nach § 247 BewG auszugehen. Dieser wird in Abhängigkeit der Restnutzungsdauer des Gebäudes abgezinst. Im Sachwertverfahrens wird nach **§ 258 Abs. 1 BewG**[10] der Wert der Gebäude (Gebäudesachwert) getrennt vom Bodenwert ermittelt. Der Bodenwert ist nach **§ 258 Abs. 2 BewG**[11] der Wert des unbebauten Grundstücks nach § 247 BewG.

38 Der Bodenwert nach § 247 BewG ist der Maßstab für den Mindestwert eines Grundstücks nach **§ 251 BewG**. Der Grundsteuerwert eines Grundstücks darf 75 % des Werts, mit dem der Grund und Boden allein nach § 247 BewG zu bewerten wäre, nicht unterschreiten.

39 Grundsätze der Ermittlung der Bodenrichtwerte durch die Gutachterausschüsse sind in **§ 196 BauGB** geregelt. **§ 196 Abs. 1 Satz 6 BauGB** bestimmt, dass für Zwecke der steuerlichen Bewertung des Grundbesitzes die Bodenrichtwerte nach ergänzenden Vorgaben der Finanzverwal-

1 Siehe hierzu vertiefend Bock in Grootens, BewG § 243 Rz. 10 f.
2 Schnitter, 360° GrStG eKommentar, BewG § 247 Rz. 7.
3 Bock in Grootens, BewG § 246 Rz. 17 ff.
4 Kurt in Grootens, BewG § 230 Rz. 61 ff.
5 Siehe die Kommentierung Grootens in Grootens, BewG § 252–§ 257.
6 Siehe die Kommentierung Grootens in Grootens, BewG § 258–§ 260.
7 Siehe hierzu vertiefend Grootens in Grootens, BewG § 252 Rz. 36 ff.
8 Siehe hierzu vertiefend Grootens in Grootens, BewG § 257 Rz. 36 ff.
9 Siehe hierzu vertiefend Grootens in Grootens, BewG § 257 Rz. 36.
10 Siehe hierzu vertiefend Grootens in Grootens, BewG § 258 Rz. 36 ff.
11 Siehe hierzu vertiefend Grootens in Grootens, BewG § 258 Rz. 71 ff.

tung zum jeweiligen Hauptfeststellungszeitpunkt oder sonstigen Feststellungszeitpunkt zu ermitteln sind.

Die Grundsätze werden durch die Rechtsverordnung nach § 199 Abs. 1 BauGB, insbesondere **§ 10 ImmoWertV 2010**[1] sowie die hierzu ergangene **BRW-RL**[2] (ab 1.1.2022 nur noch §§ 13 ff. ImmoWertV 2021[3]) ergänzt. Nach **§ 10 Abs. 3 ImmoWertV 2010** i. d. F. des GrStRefG (ab 1.1.2022: § 15 Abs. 1 Satz 2 ImmoWertV 2021) sind die von den Gutachterausschüssen zu bildenden Bodenrichtwertzonen i. S. des **§ 196 Abs. 1 Satz 3 BauGB** so abzugrenzen, dass lagebedingte Wertunterschiede zwischen der Mehrzahl der Grundstücke und dem Bodenrichtwertgrundstück nicht mehr als +/- 30 % betragen. Die Präzisierung der Norm führt zu weniger kleinteiligen Bodenrichtwerten, die bei der Bewertung der unbebauten Grundstücke anzusetzen sind. 40

§ 247 BewG entspricht im Wesentlichen **§ 179 BewG**[4] für die Bewertung für Zwecke der Erbschaft- und Schenkungsteuer sowie Grunderwerbsteuer. 41

(Einstweilen frei) 42–45

B. Systematische Kommentierung

I. Ermittlung des Grundsteuerwerts der unbebauten Grundstücke (§ 247 Abs. 1 BewG)

1. Ermittlung aus Fläche und Bodenrichtwert (§ 247 Abs. 1 Satz 1 BewG)

Unbebaute Grundstücke werden nach § 247 Abs. 1 BewG nach den **tatsächlichen Verhältnissen** und den **Wertverhältnissen** zum Hauptfeststellungszeitpunkt grundsätzlich mit dem jeweiligen **Bodenrichtwert nach § 196 BauGB** im Wesentlichen ohne Anpassungen (siehe → Rz. 56 ff.) **multipliziert mit der Grundstücksfläche des Grundstücks** bewertet.[5] Dabei umfasst der Wert unbebauter Grundstücke den Wert des Grund und Bodens, mit dem die Außenanlagen abgegolten sind.[6] 46

Die zu der Berechnung des Bodenwerts anzusetzende **Grundstücksfläche** richtet sich nach dem Umfang der wirtschaftlichen Einheit des Grundvermögens.[7] Zur Bestimmung der konkreten Größe können das **Grundbuch** oder **Katasterunterlagen** zu Hilfe genommen werden.[8] Die Grundstücksfläche ist in Quadratmeter anzugeben. Ist die Grundstücksfläche noch zu vermessen, dürfte das amtliche Vermessungsergebnis gelten, auch wenn die Vermessung erst nach dem Hauptfeststellungszeitpunkt erfolgt.[9] 47

Die Fläche des Grundstücks ist gem. § 247 Abs. 1 BewG mit dem **Bodenrichtwert** nach § 196 BauGB zu multiplizieren. Der Bodenrichtwert nach § 196 BauGB ist der durch den örtlichen 48

1 Immobilienwertermittlungsverordnung v. 14.7.2021, BGBl 2021 I S. 2805.

2 Richtlinie zur Ermittlung von Bodenrichtwerten (Bodenrichtwertrichtlinie – BRW-RL) v. 11.1.2011, BAnz 2011 S. 597.

3 Vgl. BR-Drucks. 407/21 S. 12 ff.

4 Siehe dazu vertiefend Bock in Viskorf/Schuck/Wälzholz, BewG § 179 Rz. 1 ff.

5 A 247.1 Abs. 1 Satz 1 AEBewGrSt.

6 A 247.1 Abs. 1 Satz 2 AEBewGrSt.

7 Siehe dazu vertiefend Bock in Grootens, BewG § 244 Rz. 23 ff.

8 Schnitter, 360° GrStG eKommentar, BewG § 247 Rz. 15.

9 Schnitter, 360° GrStG eKommentar, BewG § 247 Rz. 15; vgl. zur Erbschaft- und Schenkungsteuer Halaczinsky in Rössler/Troll, BewG § 179 Rz. 5.

Gutachterausschuss auf den jeweiligen Hauptfeststellungszeitpunk ermittelte Bodenrichtwert.[1] Der jeweils auf den Hauptfeststellungszeitpunkt[2] vom Gutachterausschuss ermittelte Bodenrichtwert gilt für den gesamten Hauptfeststellungszeitraum. Die Heranziehung von Bodenrichtwerten als durchschnittliche Werte für den Grund und Boden ist in der Verkehrswertermittlung anerkannt. Für steuerrechtliche Zwecke hat sich die Bewertung anhand des Bodenrichtwerts sowohl im Rahmen der Grundbesitzbewertung für Zwecke der Erbschaft- und Schenkungsteuer sowie der Grunderwerbsteuer als auch anlässlich ertragsteuerrechtlicher Wertermittlungsanlässe, wie z. B. der Kaufpreisaufteilung, in langjähriger Praxis bewährt (siehe auch → Rz. 89 ff.).[3] Die Bewertung anhand von Bodenrichtwerten begegnet als typisierende, der Vereinfachung dienende Bewertungsmethode **keinen verfassungsrechtlichen Bedenken** (siehe vertiefend → Rz. 21 ff.).[4]

49–55 *(Einstweilen frei)*

2. Anpassungen des Bodenrichtwerts (§ 247 Abs. 1 Satz 2 BewG)

56 § 247 Abs. 1 Satz 2 BewG bestimmt, soweit in den §§ 243 bis 262 BewG sowie in den Anlagen 36–43 nichts anderes bestimmt ist, Abweichungen zwischen den Grundstücksmerkmalen des Bodenrichtwertgrundstücks und des zu bewertenden Grundstücks mit Ausnahme unterschiedlicher

- Entwicklungszustände (siehe hierzu → Rz. 66 ff.) und
- Arten der Nutzung bei überlagernden Bodenrichtwertzonen (siehe hierzu → Rz. 77 ff.)

nicht berücksichtigt werden.[5] § 15 Abs. 2 ImmoWertV 2021 ist insoweit nicht zu berücksichtigen.

Anzusetzen ist damit grundsätzlich der Bodenrichtwert bezogen auf das Bodenrichtwertgrundstück.[6]

57 **Abweichungen von diesem Grundsatz** ergeben sich neben den in § 247 Abs. 1 Satz 2 Nr. 1 und 2 BewG genannten Fällen in §§ 243–262 BewG sowie in den Anlagen 36–43 lediglich nach §§ 251, 257 Abs. 1BewG i.V. mit Anlage 36 zum BewG bei der Bewertung **bebauter Grundstücke** in Bezug auf die **Umrechnungskoeffizienten** zur Berücksichtigung abweichender Grundstücksgrößen beim **Bodenwert von Ein- und Zweifamilienhäusern.** Ob die **typisierenden Umrechnungskoeffizienten der Anlage 36 zum BewG** für Ein- und Zweifamilienhäuser bei der Bewertung von **unbebauten Grundstücken** in Ein- und Zweifamilienhausgebieten Anwendung finden, ist fraglich. Ein entsprechender Verweis in § 247 BewG auf die Anlage 36 zum BewG fehlt jedenfalls. Dies dürfte zu dem nicht sachgerechten Ergebnis führen, dass der Bodenwert vor einer Bebauung mit einem Ein- oder Zweifamilienhaus anders zu bewerten sein könnte als nach der Bebauung. Um dieses Ergebnis zu vermeiden, dürfte eine analoge Anwendung der Umrechnungskoeffizienten in Betracht zu ziehen sein.

---

1 A 247.1 Abs. 1 Satz 3 AEBewGrSt.
2 A 247.1 Abs. 1 Satz 4 AEBewGrSt.
3 BT-Drucks. 19/11085 S. 109.
4 BT-Drucks 19/2763 S. 113; Winkler, Die Verfassungsmäßigkeit der Grundsteuer, 2023, S. 197 ff.
5 A 247.2 Abs. 1 Satz 2 AEBewGrSt.
6 A 247.2 Abs. 1 Satz 1 AEBewGrSt.

Zu keiner Anpassung des Bodenrichtwerts führen folgende wertbeeinflussende Merkmale, wenn diese von denjenigen des Bodenrichtwertgrundstücks abweichen (vgl. Anlage 1 BRW-RL, ab 1.1.2022: § 2 Abs. 3 ImmoWertV 2021): 58

- Sanierungs- und Erschließungszustand,
- beitragsrechtlicher Zustand,
- Grundstücksgröße mit Ausnahme bei den Einfamilien- und Zweifamilienhäusern (vgl. §§ 251, 257 Abs. 1 BewG i.V. mit Anlage 36 zum BewG),
- Grundstückstiefe, insbesondere Vorder- und Hinterland,
- grundstücksbezogenen Rechte und Belastungen und
- Art der baulichen Nutzung, insbesondere die Geschossflächenzahl.

Ebenfalls keine Berücksichtigung finden besondere wertbeeinflussende Merkmale des zu bewertenden Grundstücks (siehe auch → Rz. 24),[1] wie insbesondere: 59

- Ecklage,
- besonderer Zuschnitt des Grundstücks,
- Oberflächenbeschaffenheit,
- Beschaffenheit des Baugrunds,
- Lärm-, Staub- oder Geruchsbelästigung,
- Altlasten und
- Außenanlagen.

Weicht das zu bewertende Grundstück erheblich vom Bodenrichtwertgrundstück ab, bleibt dem Steuerpflichtigen der Nachweis eines niedrigeren gemeinen Werts nach § 220 Abs. 2 BewG. 60

(Einstweilen frei) 61–65

a) Entwicklungszustände

Nach § 247 Abs. 1 Satz 2 Nr. 1 BewG sind Abweichungen beim Entwicklungszustand zwischen dem zu bewertenden Grundstück und dem Bodenrichtwertgrundstück bei der Bewertung eines Grundstücks für Zwecke der Grundsteuer zu berücksichtigen. Als **Entwicklungszustände** kommen insbesondere in Betracht:[2] 66

- Flächen der Land- und Forstwirtschaft (vgl. zu deren Bewertung §§ 232–242 BewG),[3]
- Bauerwartungsland,
- Rohbauland und
- baureifes Land.

Mit der Überarbeitung der ImmoWertV wurde mit den sonstigen Flächen nach § 3 Abs. 5 ImmoWertV 2021 ein **neuer Entwicklungszustand** eingeführt. **Sonstige Flächen** sind danach Flächen, die sich keinen der o. g. Entwicklungszustände zuordnen lassen.

1 A 247.2 Abs. 8 AEBewGrSt.
2 Vgl. auch A 247.2 Abs. 2 AEBewGrSt.
3 Siehe vertiefend die Kommentierung bei Müller in Grootens, BewG §§ 232–242.

67 Der Entwicklungszustand des Bodenrichtwertgrundstücks ist für das zu bewertende Grundstück regelmäßig zu übernehmen.[1] Weicht der **Entwicklungszustand** des **Bodenrichtwertgrundstücks** von demjenigen des zu bewertenden Grundstücks ab, kann der Bodenrichtwert nicht oder nicht ohne Anpassungen auf das zu bewertende Grundstück übertragen werden. So kann ein Bodenrichtwert für land- und forstwirtschaftliche Flächen nicht für baureifes Land angewendet werden und umgekehrt. Bauerwartungsland, Bruttorohbauland und Nettorohbauland werden durch entsprechende pauschale Abschläge bei dem Bodenrichtwert für baureifes Land berücksichtigt (siehe → Rz. 117).[2]

68 Unter baureifem Land werden Flächen verstanden, die nach öffentlich-rechtlichen Vorschriften und den tatsächlichen Gegebenheiten baulich nutzbar sind (siehe § 5 Abs. 4 ImmoWertV 2010, ab 1.1.2022: § 3 Abs. 4 ImmoWertV 2021).[3] Der Gutachterausschuss ermittelt die Bodenrichtwerte i. d. R. für baureifes Land.[4]

69 **Bauerwartungsland** sind Flächen, die nach ihren weiteren Grundstücksmerkmalen (siehe § 6 ImmoWertV 2010, ab 1.1.2022: § 5 ImmoWertV 2021), insbesondere dem Stand der Bauleitplanung und der sonstigen städtebaulichen Entwicklung des Gebiets, eine bauliche Nutzung aufgrund konkreter Tatsachen mit hinreichender Sicherheit erwarten lassen (vgl. auch § 233 Abs. 2 BewG).[5] Diese Erwartung kann sich insbesondere auf eine entsprechende Darstellung dieser Flächen im Flächennutzungsplan, auf ein entsprechendes Verhalten der Gemeinde oder auf die allgemeine städtebauliche Entwicklung des Gemeindegebiets gründen (§ 5 Abs. 2 ImmoWertV 2010, ab 1.1.2022: § 3 Abs. 2 ImmoWertV 2021). Ist damit zu rechnen, dass die Flächen innerhalb eines Zeitraums von sieben Jahren anderen als land- und forstwirtschaftlichen Zwecken dienen werden und daher gem. § 233 Abs. 2 BewG als Grundvermögen anzusehen sind, werden diese Flächen regelmäßig als **Bauerwartungsland** angesetzt.[6]

70 Unter **Rohbauland** versteht man nach § 5 Abs. 3 ImmoWertV 2010 (ab 1.1.2022: § 3 Abs. 3 ImmoWertV 2021) Flächen, die nach den §§ 30, 33 und 34 BauGB für eine bauliche Nutzung bestimmt sind, deren Erschließung aber noch nicht gesichert ist oder die nach Lage, Form oder Größe für eine bauliche Nutzung unzureichend gestaltet sind.[7] Im Regelfall handelt es sich hierbei um größere, unerschlossene Grundstücksflächen, die die Eigenschaft als land- und forstwirtschaftliches Vermögen verloren haben, selbst wenn sie noch land- und forstwirtschaftlich genutzt werden.[8] **Bruttorohbauland** schließt im Gegensatz zum **Nettorohbauland** die für öffentliche Zwecke benötigten Flächen des Planungsgebiets ein (Gemeinbedarfsflächen). Eine Unterscheidung zwischen Bruttorohbauland und Nettorohbauland ist bei der Bewertung für Zwecke der Grundsteuer nicht erforderlich.[9]

71–75 *(Einstweilen frei)*

1 A 247.2 Abs. 6 Satz 1 AEBewGrSt.
2 A 247.2 Abs. 6 Satz 2 AEBewGrSt.
3 Vgl. auch A 247.2 Abs. 5 Satz 1 AEBewGrSt.
4 Vgl. auch A 247.2 Abs. 5 Satz 2 AEBewGrSt.
5 Vgl. auch A 247.2 Abs. 3 Satz 1 AEBewGrSt.
6 Vgl. Müller in Grootens, BewG § 233 Rz. 20 ff. und auch A 247.2 Abs. 3 Satz 2 AEBewGrSt.
7 Vgl. auch A 247.2 Abs. 4 Satz 1 AEBewGrSt.
8 Vgl. auch A 247.2 Abs. 4 Satz 2 AEBewGrSt.
9 Vgl. auch A 247.2 Abs. 4 Satz 3 AEBewGrSt.

b) Arten der Nutzung bei überlagernden und mehreren Bodenrichtwertzonen

Die Art der baulichen Nutzung des Bodenrichtwertgrundstücks ist für das zu bewertende Grundstück regelmäßig zu übernehmen.[1] Eine **abweichende Nutzungsart** (beispielsweise gewerbliche Nutzung in einem Wohngebiet[2]) führt mithin für sich genommen nicht dazu, dass der Bodenrichtwert nicht auf das zu bewertende Grundstück anzuwenden ist. Der Bodenrichtwert ist in Abhängigkeit der üblichen Nutzung gebildet worden, so dass eine Abweichung hiervon in einem typisierenden Verfahren außer Betracht bleiben kann. 76

Nur bei sich **überlagernden Bodenrichtwertzonen** ist die Art der Nutzung zu berücksichtigen. In diesen Fällen ist derjenige Bodenrichtwert für das Bodenrichtwertgrundstück heranzuziehen, dessen Art der Nutzung am ehesten der des zu bewertenden Grundstücks entspricht.[3] 77

BEISPIEL:[4] Für eine Bodenrichtwertzone liegen unterschiedliche Bodenrichtwerte für Geschäftshäuser und Mehrfamilienhäuser vor. Für ein Einfamilienhaus ist der Bodenrichtwert für Mehrfamilienhäuser zugrunde zu legen, da diese Art der Nutzung am ehesten der des zu bewertenden Grundstücks entspricht. 78

Bildet der Gutachterausschuss in einem **Mischgebiet** eine Bodenrichtwertzone für Mehrfamilienhäuser und eine Bodenrichtwertzone für Büro- und Geschäftshäuser ist je nach Art der Nutzung des zu bewertenden Grundstücks der jeweilige Bodenrichtwert anzuwenden.[5] Bei gemischt genutzten Grundstücken ist im Zweifel ohne entsprechende Vorgaben des Gutachterausschusses der Bodenrichtwert für Büro- und Geschäftshäuser anzuwenden. Bei sich überlagernden Bodenrichtwertzonen, die in Abhängigkeit der Geschosszahl differenzieren, ist derjenige Bodenrichtwert anzuwenden, der der Geschosszahl des zu bewertenden Grundstücks entspricht. 79

BEISPIEL:[6] Für eine Bodenrichtwertzone liegen zwei unterschiedliche Bodenrichtwerte für "Wohnen" – einmal für "mehrgeschossig", einmal für "ein-/zweigeschossig" – vor. Für ein zweigeschossiges Einfamilienhaus ist der Bodenrichtwert für "Wohnen, ein-/zweigeschossig" zugrunde zu legen. 80

Es kommt auch vor, dass der Gutachterausschuss **zwei verschiedene Bodenrichtwertzonen** bestimmt, wobei die eine die bauliche Ausnutzung des **Vorderlands** und die andere die fehlende bauliche Nutzbarkeit des **Hinterlands** berücksichtigt. Möglich ist auch, dass die wirtschaftliche Einheit auf der Grenze von zwei Bodenrichtwertzonen liegt.[7] In diesen Fällen existieren **zwei verschiedene Bodenrichtwerte** für die **wirtschaftliche Einheit.** Die Fläche der wirtschaftlichen Einheit ist entsprechend aufzuteilen und mit dem jeweiligen Bodenrichtwert zu multiplizieren.[8] Die Finanzverwaltung wendet in diesem Fall die Umrechnungskoeffizienten der Anlage 36 zum BewG nicht auf die Gesamtfläche des Grundstücks, sondern nur auf die bebaubare 81

1 A 247.2 Abs. 7 Satz 1 AEBewGrSt.
2 Vgl. auch das Beispiel bei A 247.2 Abs. 7 Satz 1 AEBewGrSt.
3 A 247.2 Abs. 7 Satz 2 AEBewGrSt.
4 Beispiel 2 bei A 247.2 Abs. 7 Satz 2 AEBewGrSt.
5 Vgl. auch Mannek, Die große Grundsteuer-Reform 2020 S. 247, Anm. zu § 247 BewG.
6 Beispiel 1 bei A 247.2 Abs. 7 Satz 2 AEBewGrSt.
7 Siehe vertiefend zum Spezialfall, wenn eine Teilfläche einer wirtschaftlichen Einheit in einer Bodenrichtwertzone für baureifes Land und eine Teilfläche mit einer Bodenrichtwertzone für land- und forstwirtschaftliche Flächen liegt: Freikamp, DB 2023 S. 2785.
8 Siehe auch Mannek, Die große Grundsteuer-Reform 2020 S. 247, Anm. zu § 247 BewG.

Teilfläche des Vorderlandes an.[1] Für diese Ansicht spricht, dass zwei Bodenrichtwerte existieren, deren wertbeeinflussendes Merkmal 'Grundstücksgröße' sich auf die jeweilige Teilfläche bezieht. Eine Anpassung des jeweiligen Bodenrichtwerts ist daher nur dann sachgerecht, wenn die Teilfläche von der zugrunde gelegten Grundstücksgröße des Bodenrichtwerts abweicht. Entsprechendes gilt auch, wenn die zwei Bodenrichtwertzonen nicht Vorder- und Hinterland berücksichtigen. Bei **Splitterflächen,** die in aller Regel aufgrund fehlender Georeferenzierung der Bodenrichtwertzone und dem Grundstücksverkehr unterliegenden Grundstücken entstehen, dürfte es zulässig sein, den auf die ganz überwiegende Fläche bezogenen Bodenrichtwert aus Vereinfachungsgründen auch auf die Splitterfläche anzuwenden.

82 Liegen keine **zonierten Bodenrichtwerte** vor, ist der Bodenrichtwert unverändert zu übernehmen und mit der Grundstücksfläche zu multiplizieren. Die Umrechnungskoeffizienten der **Anlage 36 zum BewG** bei der Bewertung von Ein- und Zweifamilienhäuser finden auf die Gesamtfläche Anwendung.[2] Liegt eine selbständig nutzbare Teilfläche vor, wendet die Finanzverwaltung die Umrechnungskoeffizienten nicht auf die Gesamtfläche sondern nur auf die bebaute Teilfläche an.[3] Ob dies immer sachgerecht ist, kann bezweifelt werden. Zumal § 257 Abs. 2 BewG die selbständig nutzbare Teilfläche lediglich aus der Abzinsung des Bodenwerts herausnimmt, nicht jedoch aus der Ermittlung des Bodenwerts einschließlich der Umrechnungskoeffizienten nach § 257 Abs. 1 BewG.[4]

83 Für den bebauten **Außenbereich** (§ 35 BauGB) werden vom Gutachterausschuss i. d. R. für die **land- und forstwirtschaftliche Nutzung** separate Bodenrichtwerte ermittelt.[5] Für die Bewertung von bebauten Grundstücken können die ggf. vorhandenen Bodenrichtwerte für land- und forstwirtschaftliche Flächen nicht zugrunde gelegt werden.[6] Werden keine Bodenrichtwerte für den bebauten Außenbereich vom Gutachterausschuss ermittelt, kann auf vom Gutachterausschuss, vom Oberen Gutachterausschuss oder von der Zentralen Geschäftsstelle der Gutachterausschüsse zur Verfügung gestellte Umrechnungskoeffizienten in Bezug auf den Bodenrichtwert vergleichbarer baureifer Grundstücke benachbarter Baugebiete zurückgegriffen werden.[7] Die Finanzverwaltung sieht in einer solchen Wertableitung einen Anwendungsfall des § 247 Abs. 3 BewG (siehe hierzu → Rz. 116 f.).

84–85 *(Einstweilen frei)*

II. Ermittlung, Veröffentlichung und Übermittlung der Bodenrichtwerte durch die Gutachterausschüsse (§ 247 Abs. 2 BewG)

1. Allgemeines

86 § 247 Abs. 2 BewG bestimmt, dass die Bodenrichtwerte

- von den Gutachterausschüssen i. S. der §§ 192 ff. des Baugesetzbuchs auf den Hauptfeststellungzeitpunkt zu ermitteln (siehe → Rz. 96 ff.),

1 Vgl. Beispiel 1 zu A 257.4 Abs. 3 AEBewGrSt; a. A. Freikamp, DB 2023 S. 2785, der die Umrechnungskoeffizienten auf die gesamte Fläche anwenden will.

2 Vgl. Beispiel zu A 257.2 Abs. 2 AEBewGrSt.

3 Vgl. Beispiel zu A 257.4 Abs. 2 AEBewGrSt.

4 Siehe hierzu auch ergänzend Grootens in Grootens, BewG § 257 Rz. 93 ff.

5 A 247.3 Abs. 3 Satz 1 AEBewGrSt.

6 A 247.3 Abs. 3 Satz 2 AEBewGrSt.

7 A 247.3 Abs. 3 Satz 3 AEBewGrSt.

- zu veröffentlichen (siehe → Rz. 100 ff.) und
- nach amtlich vorgeschriebenem Datensatz durch Datenfernübertragung an die zuständigen Finanzbehörden zu übermitteln sind (siehe → Rz. 111).

87 Bei dem Bodenrichtwert handelt es sich um durchschnittliche Lagewerte des Bodens für eine überwiegende Anzahl von Grundstücken in einem Gebiet (Bodenrichtwertzone) je Quadratmeter (vgl. Abschnitt 2 Satz 1 der BRW-RL, ab 1.1.2022: § 13 Abs. 1 ImmoWertV 2021), die nach ihren **Grundstücksmerkmalen** (§ 4 Abs. 2 ImmoWertV 2010, ab 1.1.2022: § 8 ImmoWertV 2021), insbesondere nach Art und Maß der Nutzbarkeit (§ 6 Abs. 1 ImmoWertV 2010, ab 1.1.2022: § 5 Abs. 1 ImmoWertV 2021), weitgehend übereinstimmen und für die im Wesentlichen gleiche allgemeine Wertverhältnisse (§ 3 Abs. 2 ImmoWertV 2010, ab 1.1.2022: § 2 Abs. 2 ImmoWertV 2021) vorliegen.[1] Nach § 10 Abs. 3 ImmoWertV 2010 (ab 1.1.2022: § 15 Abs. 1 ImmoWertV 2021) sind die Bodenrichtwertzonen daher so abzugrenzen, dass lagebedingte Wertunterschiede zwischen der Mehrzahl der Grundstücke und dem Bodenrichtwertgrundstück nicht mehr als +/- 30 % betragen. Die Bodenrichtwerte sind von den Gutachterausschüssen nach § 10 Abs. 1 Satz 1 ImmoWertV 2010 (ab 1.1.2022: § 14 Abs. 1 ImmoWertV 2021) vorrangig im **Vergleichswertverfahren** aus der Kaufpreissammlung tatsächlicher Verkaufsfälle flächendeckend zu ermitteln. Bei der Bewertung der unbebauten Grundstücke handelt es sich daher um ein mittelbares (indirektes) Vergleichswertverfahren.[2]

88 Wegen der überregionalen **Bedeutung der Bodenrichtwertermittlung**, die u. a. die Einhaltung einheitlicher Standards erfordert, hat der Bundesminister für Verkehr, Bau und Stadtentwicklung die am 11.2.2011 in Kraft getretene Richtlinie zur Ermittlung von Bodenrichtwerten – **Bodenrichtwertrichtlinie – BRW-RL** (ab 1.1.2022 in die §§ 13 ff. ImmoWertV 2021[3] integriert)[4] erlassen, deren Anwendung die Ermittlung und Darstellung der Bodenrichtwerte durch die regionalen Gutachterausschüsse nach einheitlichen und marktgerechten Grundsätzen und Verfahren sicherstellen soll.[5]

89 Die Ermittlung der Bodenrichtwerte nach dem Baugesetzbuch für steuerliche Zwecke hat der Gesetzgeber nicht der Finanzverwaltung übertragen, sondern bedient sich diesbezüglich der **Gutachterausschüsse**. Aufgrund ihrer besonderen Sach- und Fachkenntnis, ihrer unter Umständen größeren Ortsnähe[6] sowie der in hohem Maße von Beurteilungs- und Ermessensabwägungen abhängigen Wertfindung gesteht der Gesetzgeber den Gutachterausschüssen eine **vorgreifliche Kompetenz** bei der Feststellung der Bodenrichtwerte zu.[7]

90 Wegen der **Selbständigkeit und Unabhängigkeit** der Gutachterausschüsse (§ 192 BauGB) insbesondere auch von der Finanzverwaltung, trotz der geringfügigen personellen Verflechtung (Mitwirkung eines Bediensteten der Finanzverwaltung bei der Ermittlung der Bewertungsgrundlagen ist erforderlich, § 192 Abs. 3 Satz 2 BauGB), dürfte eine größere **Akzeptanz der ermittelten Werte** seitens der Steuerpflichtigen zu erwarten sein. Andererseits fehlt es an einer

---

1 A 247.1 Abs. 2 Satz 1 und 2 AEBewGrSt.

2 So zutreffend Halaczinsky in Rössler/Troll, BewG § 179 Rz. 4.

3 Immobilienwertermittlungsverordnung v. 14.7.2021, BGBl 2021 I S. 2805.

4 Vom 11.1.2011, BAnz 2011 S. 597.

5 Siehe dazu auch Krause/Grootens, NWB-EV 9/2011 S. 297 f.

6 Die Anzahl der Gutachterausschüsse in den Ländern ist sehr unterschiedlich. Im Jahr 2015 existieren in Baden-Württemberg beispielsweise 910 Gutachterausschüsse, in Niedersachsen lediglich 9.

7 BFH, Urteil v. 25.8.2010 - II R 42/09, BStBl 2011 II S. 205; FG Hamburg, Urteil v. 18.1.2016 - 3 K 176/15, NWB KAAAF-68718; FG Hamburg, Urteil v. 7.7.2015 - 3 K 244/14, NWB LAAAF-01750.

Instanz, die die Einhaltung der Vorschriften nach dem BauGB und der Grundsätze nach den erlassenen Richtlinien überwacht und notfalls einfordern kann. Die **Beteiligung eines Mitglieds der Finanzverwaltung** im Gutachterausschuss bei der Ermittlung der Bodenrichtwerte ist für sich genommen unbedenklich und kann die Unabhängigkeit des Gutachterausschusses nicht erschüttern. Die abstrakte Möglichkeit gesetzeswidrig Einfluss auf den Gutachterausschuss zu nehmen, ist hierfür nicht ausreichend, da diese abstrakte Möglichkeit stets auch durch andere Personen besteht.[1]

91 Die Bodenrichtwerte sind aufgrund dieser gesetzlichen Regelung der Zuständigkeit und im Rahmen der vom Gesetzgeber beabsichtigten Typisierung und Vereinfachung bei der Grundbesitzbewertung für steuerrechtliche Zwecke für die Beteiligten **verbindlich** und einer gerichtlichen Überprüfung grundsätzlich nicht zugänglich.[2] Die dem Finanzamt mitgeteilten Bodenrichtwerte sind deswegen von den am Steuerrechtsverhältnis Beteiligten (grundsätzlich) ungeprüft und ohne eigenen Bewertungsspielraum der Ermittlung des Grundsteuerwerts zugrunde zu legen.[3] Diese Aussagen der Rechtsprechung dürften sich allerdings nur auf den jeder Wertermittlung immanenten Einschätzungs- und Beurteilungsspielraum der Gutachterausschüsse beziehen. Mit dem bloßen Einwand der Bodenrichtwert sei zu hoch oder die Bodenrichtwertzone hätte anders gebildet werden müssen, kann ein Steuerpflichtiger nicht gehört werden.[4] Gerichtlich voll überprüfbar dürfte bei entsprechend substantiierten Vortrag allerdings die Einhaltung der gesetzlichen Vorgaben bei der Bodenrichtwertermittlung durch die Gutachterausschüsse sein.[5] Jedenfalls eine Prüfung, ob die Mitteilungen des Gutachterausschusses offensichtlich fehlerhaft sind, muss gewährleistet sein.[6] Der zutreffende Rechtsweg für den Rechtschutz gegen den Bodenrichtwert im Rahmen der Bewertung für Zwecke der Grundsteuer ist nicht der Verwaltungsrechtsweg[7] (hier dürfte es jedenfalls an einem Rechtsschutzbedürfnis fehlen), sondern der Finanzrechtsweg.[8] Erst im Rahmen der Grundbesitzbewertung erhält der Bodenrichtwert als auf statistischer Grundlage ermittelte Bewertungskomponente im Einzelfall Regelungswirkung und konkretisiert die Belastung für den Steuerpflichtigen. Als amtliche Bekanntmachung fehlt dem Bodenrichtwert als solchem die Regelungswirkung[9] und er kann daher auch kein Grundlagenbescheid sein.[10]

92–95 *(Einstweilen frei)*

1 A. A. FG Rheinland-Pfalz, Beschluss v. 23.11.2023 - 4 V 1295/23 NWB OAAAJ-53863 und FG Rheinland-Pfalz, Beschluss v. 23.11.2023 - 4 V 1429/23 NWB YAAAJ-53864, nachfolgend BFH, Beschluss v. 27.5.2024 - II B 78/23 (AdV) NWB IAAAJ-68711 und BFH, Beschluss v. 27.5.2024 - II B 79/23 (AdV) NWB SAAAJ-68712, m. Anm Bock, HFR 2024 S. 826.

2 BFH, Urteil v. 11.5.2005 - II R 21/02, BStBl 2005 II S. 686; FG Hamburg, Urteil v. 18.1.2016 - 3 K 176/15, NWB KAAAF-68718; FG Hamburg, Urteil v. 7.7.2015 - 3 K 244/14, NWB LAAAF-01750.

3 BFH, Urteil v. 18.8.2005 - II R 62/03, BStBl 2006 II S. 5.

4 So auch Steinhauer, ErbStB 2023 S. 185.

5 Vgl. vertiefend Krumm/Paeßens, GrStG, § 247 BewG Rz. 18 ff.; Krumm, FR 2023 S. 957; Mandler/Schulte/Zochert, DStR 2023 S. 1329; Steinhauer, ErbStB 2023 S. 185; FG Rheinland-Pfalz, Beschluss v. 23.11.2023 - 4 V 1295/23 NWB OAAAJ-53863 und FG Rheinland-Pfalz, Beschluss v. 23.11.2023 - 4 V 1429/23 NWB YAAAJ-53864, nachfolgend BFH, Beschluss v. 27.5.2024 - II B 78/23 (AdV) NWB IAAAJ-68711 und BFH, Beschluss v. 27.5.2024 - II B 79/23 (AdV) NWB SAAAJ-68712, m. Anm Bock, HFR 2024 S. 826; a. A. Weiß, ErbStB 2023 S. 111.

6 Vgl. Niedersächsisches FG, Urteil v. 17.9.2015 - 1 K 147/12, EFG 2016 S. 185, NWB NAAAF-45677 zur Bewertung für Zwecke der Erbschaft- und Schenkungsteuer; Schnitter, 360° GrStG eKommentar, BewG § 247 Rz. 19; Krumm/Paeßens, GrStG, § 247 BewG Rz. 23.

7 So aber Mandler/Schulte/Zochert, DStR 2023 S. 1329; Steinhauer, ErbStB 2023 S. 185.

8 So auch BFH, Beschlüsse v. 27.5.2024 - II B 78/23 (AdV) NWB IAAAJ-68711 und II B 79/23 (AdV) NWB SAAAJ-68712 m. Anm Bock, HFR 2024 S. 826.

9 BGH, Urteil v. 20.7.2006 - I ZR 185/03 NWB OAAAC-32013.

10 FG Köln, Urteil v. 23.2.2023 - 15 K 1409/22 NWB VAAAJ-44044; Niedersächsisches FG, Urteil v. 1.12.2022 - 1 K 90/19 NWB MAAAJ-34379; a. A. wohl Mandler/Schulte/Zochert, DStR 2023 S. 1329.

2. Ermittlung

Unter **Bodenrichtwerten** sind nach § 196 Abs. 1 Satz 1 BauGB von den örtlichen Gutachterausschüssen insbesondere aufgrund von Kaufpreissammlungen[1] unter Berücksichtigung des unterschiedlichen Entwicklungszustands (siehe hierzu → Rz. 66 ff.) **flächendeckend** zu ermittelnde **durchschnittliche Lagewerte für den Boden** zu verstehen. Für Zwecke der Grundsteuer sind die Gutachterausschüsse verpflichtet, die Bodenrichtwerte nach § 247 Abs. 2 BewG auf den Hauptfeststellungszeitpunkt zu ermitteln.[2] Der jeweils auf den Hauptfeststellungszeitpunkt vom Gutachterausschuss ermittelte Bodenrichtwert gilt für den gesamten Hauptfeststellungszeitraum.[3] Dass sich die Ermittlung der Bodenrichtwerte aufgrund von **Datenlücken** nicht sachgerecht durchführen lässt, ist bisher **nicht ersichtlich.**[4] Ein **strukturelles Vollzugsdefizit** besteht bei der Ermittlung des Bodenrichtwerts ebenfalls nicht, wie gerade die nahezu flächendeckende Bodenrichtwertermittlung zeigt. Dass die Gutachterausschüsse von den ihnen zustehenden Rechten beim Vollzug ggf. keinen flächendeckenden Gebrauch machen, führt nicht zu einem von Gesetzes wegen bestehenden Vollzugsdefizit (nur dann läge ein strukturelles Vollzugsdefizit vor). Es ist ausreichend, dass das Gesetz diese Rechte für den Vollzug vorsieht.[5] 96

Die **Bodenrichtwerte** werden üblicherweise nach § 196 Abs. 1 Satz 4 BauGB für die Grundstücksbewertung mit ihren **wertbeeinflussenden Merkmalen**[6] von den Gutachterausschüssen bereitgestellt. Der Bodenrichtwert ist nicht nur eine Zahl in Euro je m². Mit ihm verbunden sind vielmehr seine **wesentlichen wertbeeinflussenden Merkmale**. Die von den Gutachterausschüssen mitgeteilten **Bodenrichtwerte** sind damit **auf das Bodenrichtwertgrundstück zugeschnitten.** In der Verkehrswertermittlung werden die Bodenrichtwerte daher nur 1:1 übernommen, wenn die wertbeeinflussenden Merkmale des zu bewertenden Grundstücks mit denen des Bodenrichtwertgrundstücks übereinstimmen. Anderenfalls wird der Bodenrichtwert durch die vom Gutachterausschuss angegebenen **Zu- und Abschläge** oder **Umrechnungskoeffizienten** zur Ermittlung von Zu- und Abschlägen **angepasst** (siehe § 4 Abs. 2 ImmoWertV 2010, ab 1.1.2022: § 9 Abs. 1 ImmoWertV 2021).[7] Dadurch sollen Wertunterschiede von Grundstücken, die sich aus Abweichungen bestimmter wertbeeinflussender Merkmale sonst gleichartiger Grundstücke ergeben, insbesondere aus dem unterschiedlichen Maß der baulichen Nutzung, erfasst werden.[8] 97

Für die **Bewertung für Zwecke der Grundsteuer** spielen die **wertbeeinflussenden Merkmale** beim Bodenrichtwert **grundsätzlich keine Rolle** (siehe dazu → Rz. 56 ff.). Einige Länder planen für Zwecke der Grundsteuer die Bodenrichtwerte aufzuarbeiten und dem Steuerpflichtigen in geeigneter Weise, beispielsweise als Informationsschreiben oder über eine Internetseite (so 98

---

1 Vgl. vertiefend zu den unterschiedlichen Quellen der Gutachterausschüsse sowie zur konkreten Ermittlungsmethode Bock in Viskorf/Schuck/Wälzholz, BewG § 179 Rz. 13 ff.

2 A 247.1 Abs. 1 Satz 3 AEBewGrSt.

3 A 247.1 Abs. 1 Satz 4 AEBewGrSt.

4 A. A. FG Rheinland-Pfalz, Beschluss v. 23.11.2023 - 4 V 1295/23 NWB OAAAJ-53863 und FG Rheinland-Pfalz, Beschluss v. 23.11.2023 - 4 V 1429/23 NWB YAAAJ-53864, das auf eine Datenerhebung aus dem Jahr 2017 abstellt, die allerdings schon dem Grunde nach keine Rückschlüsse auf die Bodenrichtwertermittlung auf den 1.1.2022 zulässt, nachfolgend BFH, Beschluss v. 27.5.2024 - II B 78/23 (AdV) NWB IAAAJ-68711 und BFH, Beschluss v. 27.5.2024 - II B 79/23 (AdV) NWB SAAAJ-68712, m. Anm Bock, HFR 2024 S. 826.

5 A. A. FG Rheinland-Pfalz, Beschluss v. 23.11.2023 - 4 V 1295/23 NWB OAAAJ-53863 und FG Rheinland-Pfalz, Beschluss v. 23.11.2023 - 4 V 1429/23 NWB YAAAJ-53864.

6 Vgl. zur üblichen Darstellung der Bodenrichtwerte Bock in Grootens, 1. Aufl., BewG § 247 Rz. 54 ff.

7 BFH, Urteil v. 12.7.2006 - II R 1/04, BStBl 2006 II S. 742 zu § 145 BewG.

8 BFH, Urteil v. 12.7.2006 - II R 1/04, BStBl 2006 II S. 742 zu § 145 BewG.

etwa in Niedersachsen, § 5 Abs. 5 NGrStG,[1] sog. Grundsteuer-Viewer) zur Verfügung zu stellen.[2]

99 Bei **Fortschreibungen** und **Nachfeststellungen** von Grundsteuerwerten während des Hauptfeststellungszeitraums sind die **Wertverhältnisse im Hauptfeststellungszeitpunkt** und die tatsächlichen Verhältnisse im Feststellungszeitpunkt zugrunde zu legen.[3] Nach § 196 Abs. 2 Satz 2 BauGB sind die Gutachterausschüsse verpflichtet, wenn sich der Entwicklungszustand der Grundstücke in der Bodenrichtwertzone im Hauptfeststellungszeitraum ändert, bei der nächsten Fortschreibung der Bodenrichtwerte auf der Grundlage der geänderten Qualität auch Bodenrichtwerte bezogen auf die Wertverhältnisse zum Zeitpunkt der letzten Hauptfeststellung zu ermitteln.[4] Eine **Änderung des Entwicklungszustands** kann beispielsweise infolge der Erschließung eines Neubaugebiets eintreten, wenn sich dadurch Bauerwartungsland im Hauptfeststellungszeitpunkt in baureifes Land im Feststellungszeitpunkt ändert.[5] Nach § 196 Abs. 2 Satz 2 BauGB kann das zuständige Finanzamt auf eine Ermittlung der wegen des geänderten Entwicklungszustands anzupassenden Bodenrichtwerte auf den Hauptfeststellungszeitpunkt durch den Gutachterausschuss verzichten, wenn eine sachgerechte Wertableitung, insbesondere durch vom Gutachterausschuss zur Verfügung gestellte Indexreihen, gewährleistet bleibt.[6] Die Finanzverwaltung sieht in einer solchen Wertableitung einen Anwendungsfall des § 247 Abs. 3 BewG (siehe dazu → Rz. 116 f.).

100–105 *(Einstweilen frei)*

3. Veröffentlichung

106 Nach § 247 Abs. 2 BewG sind die Bodenrichtwerte zu veröffentlichen. Bereits nach § 10 Abs. 4 ImmoWertV 2010 (ab 1.1.2022: § 17 ImmoWertV 2021) sind die Bodenrichtwerte in automatisierter Form auf der Grundlage der amtlichen Geobasisdaten zu führen und gem. § 196 Abs. 3 BauGB zu **veröffentlichen**. Jedermann kann von der Geschäftsstelle des zuständigen Gutachterausschusses (nähere) **Auskunft** über die Bodenrichtwerte nach Maßgabe der landesrechtlichen Vorschriften verlangen. Der Bundesgesetzgeber hat die Länder aufgefordert einen kostenlosen Zugriff der Bürger auf die Bodenrichtwerte sicherzustellen, damit diese die Bodenrichtwerte für die erste Hauptfeststellung nach neuem Recht auf den 1.1.2022 erklären können.[7] In den folgenden Ländern können die Bodenrichtwerte online und **kostenlos über BORIS** (Apronym für **BO**den**R**ichtwert**I**nformations**S**ystem) eingesehen werden:

- Baden-Württemberg (teilweise): https://www.gutachterausschuesse-bw.de/borisbw/
- Berlin: http://fbinter.stadt-berlin.de/boris/
- Brandenburg: www.boris-brandenburg.de/
- Hamburg: www.geoportal-hamburg.de/boris (für Grundsteuer nicht erforderlich)
- Hessen: https://www.geoportal.hessen.de/
- Nordrhein-Westfalen: www.boris.nrw.de

1 Bock/Lapp in Grootens, NGrStG § 5 Rz. 86 f.
2 Vgl. Anlage 2 der BWR-RL.
3 A 247.3 Abs. 2 Satz 1 AEBewGrSt, siehe auch A 227 AEBewGrSt.
4 A 247.3 Abs. 2 Satz 2 AEBewGrSt.
5 A 247.3 Abs. 2 Satz 2 AEBewGrSt.
6 A 247.3 Abs. 2 Satz 3 AEBewGrSt.
7 BT-Drucks. 19/11085 S. 109.

- Mecklenburg-Vorpommern: https://www.geoportal-mv.de/gaia/gaia.php
- Rheinland-Pfalz: www.geoportal.rlp.de/
- Saarland: https://www.borisportal.de/bodenrichtwert/saarland
- Sachsen: www.boris.sachsen.de/
- Schleswig-Holstein: http://danord.gdi-sh.de/viewer/resources/apps/VBORIS/
- Thüringen: https://thueringenviewer.thueringen.de/thviewer/boris.html
- Niedersachsen: https://immobilienmarkt.niedersachsen.de/bodenrichtwerte
- Bremen über Niedersachsen: https://immobilienmarkt.niedersachsen.de/bodenrichtwerte
- Sachsen-Anhalt: https://www.lvermgeo.sachsen-anhalt.de/de/geodatendienst-bodenrichtwerte.html (im Gastzugang)

107

In Bayern ist die Einsichtnahme **kostenpflichtig.** Da Bayern ein reines Flächenmodell bei der Grundsteuer verfolgt, sind die **Bodenrichtwerte nicht erforderlich.**

- Bayern: www.boris-bayern.de

In den meisten Ländern sind die Bodenrichtwerte kostenlos auch über **BORIS-Deutschland** (https://www.bodenrichtwerte-boris.de/borisde/?lang=de) verfügbar. Diese sollen allerdings ausweislich eines Hinweises auf der Internetseite nicht für Zwecke der Grundsteuer verwendet werden. Einige Länder, wie Rheinland-Pfalz planen ein Informationsschreiben an jeden Eigentümer eines Grundstücks mit grundstücksbezogenen Daten zu versenden.[1] Einige Länder haben für die Grundsteuer besondere Internetportale online gestellt, mit denen neben dem Bodenrichtwert für das jeweilige Grundstück weitere grundstücksbezogene Informationen abgerufen werden können. Für diese Länder sollten daher folgende Seiten verwendet werden: 108

- Brandenburg: https://informationsportal-grundstuecksdaten.brandenburg.de
- Mecklenburg-Vorpommern: https://www.geodaten-mv.de/grundsteuerdaten
- Niedersachsen: https://grundsteuer-viewer.niedersachsen.de/
- Sachsen: https://www.finanzamt.sachsen.de/grundsteuerportal-sachsen-flurstuecksinformationen-11764.html
- Sachsen-Anhalt: https://www.grundsteuerdaten.sachsen-anhalt.de
- Thüringen: https://thueringenviewer.thueringen.de/thviewer/grundsteuer.html

(Einstweilen frei) 109–110

4. Übermittlung an die Finanzverwaltung

Nach § 247 Abs. 2 BewG sind die Gutachterausschüsse verpflichtet die Bodenrichtwerte nach **amtlich vorgeschriebenem Datensatz durch Datenfernübertragung** an die zuständigen Finanzbehörden zu übermitteln. Dies soll eine automationsunterstützte Ermittlung des Grundsteuerwerts, insbesondere zu den folgenden Hauptfeststellungszeitpunkten, ermöglichen. Bei der ersten Hauptfeststellung werden die Bodenrichtwerte für das jeweilige Grundstück vom Steuerpflichtigen erklärt. 111

(Einstweilen frei) 112–115

1 Siehe https://www.lfst-rlp.de/unsere-themen/grundsteuer unter Unser Service.

III. Ableitung des Bodenwerts durch die Finanzverwaltung (§ 247 Abs. 3 BewG)

116 Unbebaute Grundstücke sind **i. d. R.** mit Hilfe der **Bodenrichtwerte** zu bewerten. Wurden vom Gutachterausschuss unabhängig aus welchem Grund **keine Bodenrichtwerte** ermittelt, kann auch keine Bewertung mit Hilfe der Bodenrichtwerte erfolgen. Für diesen Fall sieht das Gesetz eine Bewertung nach § 247 Abs. 3 BewG **durch Ableitung von Werten vergleichbarer Flächen**[1] vor. Durch Multiplikation von Grundstücksfläche und abgeleitetem Bodenwert pro m^2 sowie Abrundung des Ergebnisses auf volle Euro ergibt sich danach der Bodenwert. Das Ergebnis unterliegt uneingeschränkt der gerichtlichen Nachprüfbarkeit.[2]

117 Die Finanzverwaltung setzt ähnlich wie bei der Bewertung für Zwecke der Erbschaft- und Schenkungsteuer[3] bei **Bauerwartungsland** (siehe zur Definition → Rz. 69) den Bodenwert mit **25 %** des **Bodenrichtwerts** sowie bei Rohbauland (siehe zur Definition → Rz. 70) mit **50 %** des **Bodenrichtwerts** für vergleichbares erschließungsbeitragsfreies Bauland an, wenn der jeweilige Gutachterausschuss hierfür keine anderweitigen Bodenrichtwerte ermittelt hat. Ob nach Ansicht der Finanzverwaltung die pauschalen Abschläge auch dann anzuwenden sind, wenn der Gutachterausschuss für die abweichenden Entwicklungszustände Abschläge veröffentlicht hat, ist zweifelhaft. Es spricht viel dafür, die Vorgaben des jeweiligen Gutachterausschusses zu berücksichtigen und erst dann nach § 247 Abs. 3 BewG zu bewerten, wenn keinerlei Vorgaben des Gutachterausschusses vorliegen. Künftig soll Bauerwartungsland und Rohbauland nach Abschnitt 5 Abs. 4 BRW-RL, ab 1.1.2022 § 15 Abs. 4 Satz 1 ImmoWertV 2021 allerdings in die Bodenrichtwertzonen einbezogen werden, so dass die Bedeutung von § 247 Abs. 3 BewG abnehmen dürfte. Weitere Anwendungsfälle liegen nach Ansicht der Finanzverwaltung bei den Sachverhalten in → Rz. 83 und → Rz. 99 vor.

III. Bebaute Grundstücke

§ 248 BewG Begriff der bebauten Grundstücke

¹Bebaute Grundstücke sind Grundstücke, auf denen sich benutzbare Gebäude befinden. ²Wird ein Gebäude in Bauabschnitten errichtet, ist der bezugsfertige Teil als benutzbares Gebäude anzusehen.

Inhaltsübersicht **Rz.**

1 A 247.3 Abs. 1 Satz 1 AEBewGrSt; siehe vertiefend auch Weiß, ErbStB 2023 S. 111.

2 Schnitter in GrStG - eKommentar, BewG § 247 Rz. 20.

3 Siehe hierzu H B 179.3 (2) ErbStH 2019.

ARBEITSHILFEN UND GRUNDLAGEN ONLINE:

Berechnung der Grundsteuer nach der Gesetzesreform, Berechnungstool „Grundsteuer" nach dem Entwurf v. 21.6.2019, NWB NAAAH-30144; Grundsteuer: Grundbesitzbewertung ab 2022/2025 (Sach- und Ertragswertverfahren) – Checkliste mit Berechnungen, NWB NAAAH-93792.

VERWALTUNGSANWEISUNGEN:

Koordinierte Erlasse der obersten Finanzbehörden der Länder v. 9.11.2021 – Anwendung des Siebenten Abschnitts des Zweiten Teils des Bewertungsgesetzes zur Bewertung des Grundbesitzes (allgemeiner Teil und Grundvermögen) für die Grundsteuer ab 1.1.2022 (AEBewGrSt), BStBl I 2021 S. 2334.

A. Allgemeine Erläuterungen zu § 248 BewG

I. Normzweck und wirtschaftliche Bedeutung der Vorschrift

§ 248 BewG entspricht im Wesentlichen § 74 BewG für die Einheitsbewertung und § 180 BewG für die Bedarfsbewertung.[1] § 248 BewG enthält die gesetzliche **Definition** der **bebauten Grundstücke** und ist im Zusammenhang mit der Definition der unbebauten Grundstücke nach § 246 BewG zu lesen. Die Bedeutung der Abgrenzung der bebauten von den unbebauten Grundstücken liegt in der Anwendung der für beide Grundstücksgruppen **unterschiedlichen Bewertungsmethoden** nach § 247 BewG für die unbebauten Grundstücke und nach §§ 249 ff. BewG für die bebauten Grundstücke. Die unbebauten Grundstücke werden mittels des Bodenrichtwerts und der jeweiligen Grundstücksfläche bewertet (indirektes Vergleichswertverfahren).[2] Für die bebauten Grundstücke findet in Abhängigkeit von den in § 249 BewG genannten **unterschiedlichen Grundstücksarten** entweder das Ertragswertverfahren nach §§ 252 ff. BewG für die Wohngrundstücke oder das Sachwertverfahren nach §§ 258 ff. BewG für die Nichtwohngrundstücke einschließlich der gemischt genutzten Grundstücke Anwendung. 1

Ein bebautes Grundstück liegt nach § 248 Satz 1 BewG vor, wenn sich **auf dem Grundstück benutzbare Gebäude** befinden.[3] Entscheidend ist damit, ob Bauwerke den Gebäudebegriff erfüllen. Befinden sich auf dem Grundstück ausschließlich Bauwerke, die keine Gebäude i. S. des Bewertungsrechts sind, wird das Grundstück als unbebautes Grundstück bewertet. Sämtliche Bauwerke, die keine Gebäude sind, sind mit dem Grundsteuerwert abgegolten. Der **Gebäudebegriff** und die Definition des bebauten Grundstücks hat damit erhebliche Bedeutung für die Höhe des Grundsteuerwerts. 2

§ 248 Satz 2 BewG enthält eine **Fiktion** für ein benutzbares **Gebäude** bei bezugsfertigen Gebäudeteilen und damit für ein bebautes Grundstück, wenn ein Gebäude in Bauabschnitten errichtet wird. 3

(Einstweilen frei) 4–5

II. Entstehung und Entwicklung der Vorschrift

§ 248 BewG wurde mit dem **GrStRefG** v. 26.11.2019[4] in das BewG eingefügt. 6

Anders als bei der Bedarfsbewertung muss bei einer **Errichtung in Bauabschnitten** der Gebäudeteil nicht nur fertiggestellt (vgl. § 180 Abs. 1 Satz 2 BewG), sondern nach § 248 Satz 2 BewG 7

1 Siehe auch BT-Drucks. 19/11085 S. 110; Bock in Viskorf/Schuck/Wälzholz, § 180 BewG Rz. 1 ff.

2 Siehe vertiefend Bock in Grootens, BewG § 247 Rz. 34.

3 A 248 Abs. 1 Satz 1 AEBewGrSt.

4 GrStRefG v. 26.11.2019, BGBl 2019 I S. 1794.

bezugsfertig sein. Der Begriff der Fertigstellung bereitet Auslegungsschwierigkeiten, da unklar ist, ob ggf. noch erforderliche geringfügige Restarbeiten[1] die Fertigstellung des Gebäudeteils ausschließen und ob der Gebäudeteil separat bereits i. S. eines Gebäudes nutzbar sein muss.[2] Bei der Einheitsbewertung ist erforderlich, dass der Gebäudeteil fertiggestellt und bezugsfertig ist (vgl. § 74 Satz 2 BewG).

8–11 *(Einstweilen frei)*

III. Geltungsbereich

12 § 248 BewG findet auf im Bundesgebiet belegenes **Grundvermögen**[3] Anwendung, soweit die Länder in Bezug auf § 248 BewG nicht von ihrer Abweichungskompetenz nach Art. 72 Abs. 3 Satz 1 Nr. 7 GG Gebrauch gemacht haben und gilt **nicht** für das **land- und forstwirtschaftliche Vermögen.** § 248 BewG ist nach § 266 BewG erstmals für den **Hauptfeststellungszeitpunkt auf den 1.1.2022** anzuwenden.[4]

13–14 *(Einstweilen frei)*

IV. Verhältnis zu anderen Vorschriften

15 § 248 BewG und **§ 246 BewG** schließen einander aus. Liegt ein bebautes Grundstück vor, kann kein unbebautes Grundstück vorliegen und umgekehrt. Liegt ein bebautes Grundstück vor, kommt in Abhängigkeit der in **§ 249 BewG** normierten Grundstücksarten entweder das Ertragswertverfahren nach **§§ 252 ff. BewG** für die Wohngrundstücke oder das Sachwertverfahren nach **§§ 258 ff. BewG** für die Nichtwohngrundstücke einschließlich der gemischt genutzten Grundstücke zur Anwendung.

16–18 *(Einstweilen frei)*

B. Systematische Kommentierung

I. Begriff der bebauten Grundstücke (§ 248 Satz 1 BewG)

19 § 248 Satz 1 BewG definiert den Begriff des bebauten Grundstücks. Danach sind bebaute Grundstücke im Gegensatz zu den unbebauten Grundstücken nach § 246 Abs. 1 Satz 1 BewG Grundstücke, auf denen sich **benutzbare Gebäude** befinden.[5] Die Begriffe des unbebauten und des bebauten Grundstücks korrespondieren miteinander und schließen sich gegenseitig aus (siehe bereits → Rz. 13). Ein bebautes Grundstück liegt vor, wenn sich auf dem Grundstück ein Bauwerk befindet, das den **Gebäudebegriff**[6] erfüllt und (bereits oder noch) **benutzbar,** also **bezugsfertig** ist.[7] Nur wenn ein Bauwerk auf dem Grundstück als Gebäude anzusehen ist, erfolgt eine Bewertung nach den §§ 250 ff. BewG für bebaute Grundstücke. Der Gebäudebegriff ist dabei insbesondere von **Betriebsvorrichtungen**[8] sowie von **Bauwerken im Zustand der Bau-**

1 Vgl. hierzu vertiefend Bock in Grootens, BewG § 246 Rz. 26.
2 Vgl. Bock in Viskorf/Schuck/Wälzholz, BewG § 180 Rz. 5.
3 Siehe hierzu vertiefend Bock in Grootens, BewG § 243 Rz. 10 f.
4 Schnitter, 360° GrStG eKommentar, BewG § 248 Rz. 6.
5 A 248 Abs. 1 Satz 1 AEBewGrSt.
6 Siehe zum Gebäudebegriff vertiefend Bock in Grootens, BewG § 243 Rz. 27 ff.; A 243 Abs. 3 AEBewGrSt.
7 Siehe dazu vertiefend Bock in Grootens, BewG § 246 Rz. 21 ff.; A 246 Abs. 2–4 AEBewGrSt.
8 Siehe dazu vertiefend Bock in Grootens, BewG § 243 Rz. 89 ff.

ung, mithin in einem noch nicht bezugsfertigen Zustand,[1] abzugrenzen. Nicht bezugsfertige Gebäude und Gebäudeteile bleiben bei der Grundsteuerwertermittlung unberücksichtigt.[2] Es genügt für die Anwendung der Bewertungsregelungen der §§ 250 ff. BewG, wenn sich ein Gebäude auf dem Grundstück befindet. Dass sich neben einem Gebäude noch weitere Bauwerke befinden, die keine Gebäude sind, spielt für die Anwendung der §§ 250 ff. BewG keine Rolle.

Existieren auf dem Grundstück Bauwerke, die an sich den Gebäudebegriff erfüllen, jedoch auf Dauer **keiner Nutzung** zugeführt werden können oder in denen infolge Zerstörung oder Verfall auf Dauer kein benutzbarer Raum mehr vorhanden ist, **gelten** die Grundstücke nach § 246 Abs. 2 BewG **als unbebaut**.[3] Dies ist anders als bei der Einheitsbewertung (§ 72 Abs. 2 BewG) nicht bei Gebäuden der Fall, die nur eine **untergeordnete Bedeutung** haben (beispielsweise befindet sich auf einem größeren Grundstück eine geringwertige Baracke).[4] Sie gehören zu den bebauten Grundstücken. Aufgrund der geringen baulichen Auslastung kann es insbesondere bei einer Bewertung im Sachwertverfahren in diesen Fällen zum Mindestwertansatz nach § 251 BewG kommen.[5] 20

Zur **wirtschaftlichen Einheit**[6] eines **bebauten Grundstücks** gehören der **Grund und Boden,** die **Gebäude**, die **Außenanlagen**, sonstige **wesentliche Bestandteile** und das **Zubehör**.[7] Grund und Boden ist die bebaute und die mit dem Gebäude im Zusammenhang stehende unbebaute Fläche, wie Hofraum, Haus- und Vorgarten.[8] Ob eine hieran anschließende, größere unbebaute Fläche zu der wirtschaftlichen Einheit gehört, ist nach der **Verkehrsanschauung** zu beurteilen.[9] Abzugrenzen ist in diesen Fällen von einer wirtschaftlichen Einheit mit einer selbständig nutzbaren Teilfläche.[10] Wesentliche Bestandteile des Gebäudes sind insbesondere die mit diesen verbundenen Anbauten, z. B. Wintergärten.[11] Im Grundbesitzwert sind Nebengebäude zu erfassen, wenn sie auf dem mit dem Hauptgebäude bebauten Grundstück stehen (z. B. Garagen).[12] **Nebengebäude**, die vom Hauptgebäude getrennt, z. B. auf der anderen Straßenseite stehen, bilden i. d. R. eine eigene wirtschaftliche Einheit und sind nicht in die wirtschaftliche Einheit des bebauten Grundstücks miteinzubeziehen.[13] Nach § 244 Abs. 2 BewG kann in Ausnahmefällen eine Bewertung von auf einem anderen Grundstück befindlichen Nebengebäuden zusammen mit dem Hauptgebäude erfolgen.[14] 21

Bei der Bewertung für Zwecke der Grundsteuer werden Gebäude und Gebäudeteile, die innerhalb **land- und forstwirtschaftlich genutzter Hofstellen** Wohnzwecken oder anderen als land- 22

1 Siehe dazu vertiefend Bock in Grootens, BewG § 246 Rz. 24 ff.
2 A 246 Abs. 3 Satz 8 AEBewGrSt; Krause in Stenger/Loose, BewG § 248 Rz. 43.
3 Siehe dazu vertiefend Bock in Grootens, BewG § 246 Rz. 33.
4 A 248 Abs. 1 Satz 2 AEBewGrSt und Beispiel 1–3 bei A 248 AEBewGrSt; Mannek in Stenger/Loose, BewG § 248 Rz. 35.
5 Siehe Bock in Grootens, BewG § 251 Rz. 21 ff.
6 Siehe vertiefend zur Bestimmung der wirtschaftlichen Einheit Bock in Grootens, BewG § 244 Rz. 23 ff.
7 Siehe vertiefend zur Bedeutung von Außenanlagen, Bestandteilen und Zubehör Bock in Grootens, BewG § 243 Rz. 60, 67 und 100.
8 A 248 Abs. 2 Satz 1 AEBewGrSt.
9 A 248 Abs. 2 Satz 2 AEBewGrSt.
10 A 248 Abs. 2 Satz 3 AEBewGrSt; siehe auch A 244 Abs. 2 und A 257.4 AEBewGrSt; Bock in Grootens, BewG § 244 Rz. 29; Grootens in Grootens, BewG § 257 Rz. 81 ff.
11 A 243 Abs. 4 Satz 3 AEBewGrSt; siehe auch Bock in Grootens, BewG § 243 Rz. 65.
12 Vgl. für die Erbschaft- und Schenkungsteuer R B 180 Abs. 5 Satz 2 ErbStR 2019.
13 Siehe vertiefend Bock in Grootens, BewG § 244 Rz. 25 f.
14 Siehe hierzu vertiefend Bock in Grootens, BewG § 244 Rz. 40 ff.

und forstwirtschaftlichen Zwecken dienen, dem **Grundvermögen** zugeordnet.[1] Zweifelhaft kann die Zuordnung eines entsprechenden Anteils des Grund und Bodens zu den **Wohnzwecken** dienenden Gebäuden sein, vor allem wenn viele Gebäude bei der Abgrenzung zu berücksichtigen sind.[2] Ist eine Zuordnung nicht zweifelsfrei möglich, lässt die Finanzverwaltung den Ansatz des Dreifachen der Wohn- und Nutzfläche zu.[3]

23–24 *(Einstweilen frei)*

II. Errichtung von Gebäuden in Bauabschnitten (§ 248 Satz 2 BewG)

25 Ein bebautes Grundstück liegt nach § 248 Satz 2 BewG bereits dann vor, wenn ein **Gebäude in Bauabschnitten errichtet** wird und ein Bauabschnitt abgeschlossen wurde. In diesem Fall ist der fertig gestellte und bezugsfertige Gebäudeteil als benutzbares Gebäude anzusehen und damit das Grundstück als bebaut i. S. des § 248 Satz 1 BewG.[4] Die Prüfung der Benutzbarkeit eines Gebäudes, deren Vorliegen für die Annahme eines Gebäudes erforderlich ist, bezieht sich grundsätzlich auf das gesamte Gebäude. Erforderlich ist damit regelmäßig, dass das gesamte Gebäude bezugsfertig ist.[5] Nach der gesetzlichen Fiktion des § 248 Satz 2 BewG wird dieser Grundsatz durchbrochen und ein Gebäudeteil ist bereits dann als ein benutzbares Gebäude und damit ein Grundstück als bebaut i. S. des § 248 Satz 1 BewG anzusehen, wenn das **Gebäude** in **Bauabschnitten** errichtet wird und bereits bezugsfertige Gebäudeteile vorhanden sind. Mit der Norm soll u. a. verhindert werden, dass planmäßig nicht vollends fertiggestellte Gebäude zu einem unbebauten Grundstück führen und benutzbare und bezugsfertige Gebäudeteile nicht in die Bewertung einfließen.

26 Wann eine Errichtung in Bauabschnitten vorliegt, bestimmt das Gesetz nicht. Eine **Errichtung in Bauabschnitten** ist gegeben, wenn ein baurechtlich genehmigtes Gebäude, einschließlich des Innenausbaus, nicht in **zusammenhängender Bauentwicklung im planmäßig vorgesehenen Umfang** bezugsfertig erstellt wird und die Unterbrechung der Bautätigkeit nicht nur technisch bedingt ist (z. B. durch Frostperioden, Lieferprobleme) oder nicht nur unvorhergesehen erfolgt (z. B. durch Eigentümerwechsel im Erbfall) oder nur vorübergehender Art ist (z. B. Eigenleistung kann nur am Wochenende erbracht werden).[6] Die Entscheidung, ob eine Errichtung in Bauabschnitten vorliegt, hat anhand **objektiver Kriterien** unter Berücksichtigung der Verkehrsauffassung und der Gesamtumstände des Einzelfalls zu erfolgen.[7] Unter Bauabschnitt ist danach nicht nur die äußerlich (etwa durch Bau eines von zwei geplanten Geschossen) erkennbare Bauunterbrechung, sondern auch die geplante Zurückstellung des Innenausbaus einer weiteren Wohnung zu verstehen.[8] Es kommt dabei nicht darauf an, wie in der konkreten Bauplanung oder in der Baugenehmigung der Bauverlauf vorgesehen wurde, sondern wie der Bau

1 A 248 Abs. 3 Satz 1 AEBewGrSt.

2 Siehe bereits Bock in Grootens, BewG § 243 Rz. 20, Müller in Grootens, BewG § 232 Rz. 73 ff. und A 248 Abs. 3 Satz 2 AEBewGrSt.

3 A 248 Abs. 3 Satz 2 AEBewGrSt; siehe vertiefend A 237.24 Abs. 7 AEBewGrSt.

4 A 248 Abs. 4 Satz 1 AEBewGrSt und A 246 Abs. 3 Satz 4 AEBewGrSt.

5 Vgl. vertiefend Bock in Grootens, BewG § 243 Rz. 28.

6 BFH, Urteil v. 29.4.1987 - II R 262/83, BStBl 1987 II S. 594; BFH, Urteil v. 28.11.1990 - II R 36/87, BStBl 1991 II S. 209 jeweils zur Einheitsbewertung; A 246 Abs. 3 Satz 5 AEBewGrSt.

7 BFH, Urteil v. 29.4.1987 - II R 262/83, BStBl 1987 II S. 594 zur Einheitsbewertung.

8 BFH, Urteil v. 29.4.1987 - II R 262/83, BStBl 1987 II S. 594 zur Einheitsbewertung; vgl. auch BFH, Urteil v. 18.4.2012 - II R 58/10, BStBl 2012 II S. 874; m. Anm. Loose, juris-PR-SteuerR 34/2012 Rz. 2 zur Bedarfsbewertung.

in die Tat umgesetzt wird.[1] § 248 Satz 2 BewG findet auch auf nachträglich geplante Umbauten bestehender Gebäude Anwendung.[2]

Bei ungeplanten Unterbrechungen muss diese, um von einer Errichtung in Bauabschnitten ausgehen zu können, von einer gewissen Dauer (mindestens zwei Jahre) sein.[3] Erst zu dem Zeitpunkt, in dem die ungeplante Unterbrechung nachgewiesen werden kann, erfolgt eine Fortschreibung des Grundsteuerwerts.[4] Bei Grundstücken mit bereits teilweise bezugsfertigen Gebäudeteilen führt eine erhebliche Verzögerung der bezugsfertigen Erstellung weiterer geplanter Gebäudeteile wegen beabsichtigter **Eigenleistungen** oder aus **Finanzierungsgründen** zu einer Bewertung als **bebautes Grundstück**. Dabei spielt auch eine Rolle, wie lange üblicherweise mit einer Fertigstellung zu rechnen ist.[5] Entsprechendes gilt, wenn ein bereits **bestehendes Gebäude** umgebaut wird und der Umbau die technisch angemessene Frist für seine Durchführung eindeutig überschreitet.[6] 27

Nur wenn bei einer erheblichen Verzögerung des Baufortschritts nachgewiesen werden kann, dass im Einzelfall **bautechnische Ursachen** vorgelegen haben, kann daher bis zur Bezugsfertigkeit des gesamten Gebäudes ein unbebautes Grundstück angenommen werden.[7] Wird vor Fertigstellung eines Gebäudes mit einer Wohnung die **Baugenehmigung zum Ausbau** als Zweifamilienhaus beantragt und erfolgt der Ausbau innerhalb von zwei Jahren ab Bezugsfertigkeit der ersten Wohnung (Hauptwohnung), so liegt bewertungsrechtlich bis zur Fertigstellung des Zweifamilienhauses ebenfalls ein unbebautes Grundstück vor.[8] 28

Die für die Anwendung der Bewertungsmethode bei bebauten Grundstücken entscheidende Bestimmung der **Grundstücksart** für den zum Feststellungszeitpunkt in einem Bauabschnitt fertiggestellten **Gebäudeteil** richtet sich nach § 249 BewG. Soll bei einem baurechtlichen Einfamilienhaus mit Einliegerwohnung (bewertungsrechtlich: Zweifamilienhaus) die zweite Wohnung erst in einem weiteren Bauabschnitt i. S. des § 248 Abs. 1 Satz 2 BewG nach dem Feststellungszeitpunkt fertiggestellt werden, ist das Grundstück im Feststellungszeitpunkt als Einfamilienhaus zu bewerten, weil baulich bisher nur eine Wohnung vorhanden ist. Dies gilt selbst dann, wenn die Wohnung bereits bewohnt wird.[9] 29

BEISPIEL:[10] Ein genehmigtes Einfamilienhaus mit Einliegerwohnung wurde errichtet und die bezugsfertige Hauptwohnung am 1.1.2021 tatsächlich bezogen. Die Einliegerwohnung wird mit Eigenleistungen erst drei Jahre nach dem Hauptfeststellungszeitpunkt (z. B. wegen Tods des Bauherrn) bezugsfertig. 30

LÖSUNG: Das in Bauabschnitten errichtete bewertungsrechtliche Zweifamilienhaus ist zum Hauptfeststellungszeitpunkt als Einfamilienhaus zu bewerten. Die Grundstücksart bestimmt sich nach dem bezugsfertig hergestellten Teil des Gebäudes. Nach drei Jahren ist eine Artfortschreibung der Grund-

1 BFH, Urteil v. 29.4.1987 - II R 262/83, BStBl 1987 II S. 594; Abschnitt 4 Abs. 3 Satz 7 AEBewGrV.
2 BFH, Urteil v. 28.11.1990 - II R 36/87 BStBl 1991 II S. 209 zur Einheitsbewertung.
3 BFH, Urteil v. 29.4.1987 - II R 262/83, BStBl 1987 II S. 594 (über 2,5 Jahre); FG Baden-Württemberg, Urteil v. 29.9.1983 - I 60/81, EFG 1984 S. 333 (mehr als drei Jahre); Bayerisches Staatsministerium der Finanzen, Erlass v. 13.7.1981 - 34 - S 3197-1/7-4 330, Bew-Kartei BY, § 74 BewG Karte 2 jeweils zur Einheitsbewertung; A 246 Abs. 3 Satz 6 AEBewGrS.
4 BFH, Urteil v. 28.11.1990 - II R 36/87 BStBl 1991 II S. 209 zur Einheitsbewertung.
5 BFH, Urteil v. 29.4.1987 - II R 262/83, BStBl 1987 II S. 594 zur Einheitsbewertung.
6 BFH, Urteil v. 28.11.1990 - II R 36/87 BStBl 1991 II S. 209 zur Einheitsbewertung.
7 BFH, Urteil v. 29.4.1987 - II R 262/83, BStBl 1987 II S. 594; FG Baden-Württemberg, Urteil v. 29.9.1983 - I 60/81, EFG 1984 S. 333 jeweils zur Einheitsbewertung; A 246 Abs. 3 Satz 6 AEBewGrSt.
8 FG München, Urteil v. 8.7.1982 - IV 101/81, EFG 1983 S. 106 zur Einheitsbewertung.
9 FG Rheinland-Pfalz, Urteil v. 4.9.1986 - 3 K 45/86, EFG 1987 S. 14.
10 Vgl. auch das Beispiel bei A 249.1 Abs. 6 AEBewGrSt.

stücksart vorzunehmen, da erst zu diesem Zeitpunkt ein Zweifamilienhaus vorliegt. Bei Überschreiten der in § 222 Abs. 1 BewG normierten Wertgrenzen ist auch eine Wertfortschreibung vorzunehmen.

§ 249 BewG Grundstücksarten

(1) Bei der Bewertung bebauter Grundstücke sind die folgenden Grundstücksarten zu unterscheiden:

1. Einfamilienhäuser,

2. Zweifamilienhäuser,

3. Mietwohngrundstücke,

4. Wohnungseigentum,

5. Teileigentum,

6. Geschäftsgrundstücke,

7. gemischt genutzte Grundstücke und

8. sonstige bebaute Grundstücke.

(2) [1]Einfamilienhäuser sind Wohngrundstücke, die eine Wohnung enthalten und kein Wohnungseigentum sind. [2]Ein Grundstück gilt auch dann als Einfamilienhaus, wenn es zu weniger als 50 Prozent der Wohn- und Nutzfläche zu anderen als Wohnzwecken mitbenutzt und dadurch die Eigenart als Einfamilienhaus nicht wesentlich beeinträchtigt wird.

(3) [1]Zweifamilienhäuser sind Wohngrundstücke, die zwei Wohnungen enthalten und kein Wohnungseigentum sind. [2]Ein Grundstück gilt auch dann als Zweifamilienhaus, wenn es zu weniger als 50 Prozent der Wohn- und Nutzfläche zu anderen als Wohnzwecken mitbenutzt und dadurch die Eigenart als Zweifamilienhaus nicht wesentlich beeinträchtigt wird.

(4) Mietwohngrundstücke sind Grundstücke, die zu mehr als 80 Prozent der Wohn- und Nutzfläche Wohnzwecken dienen und nicht Ein- und Zweifamilienhäuser oder Wohnungseigentum sind.

(5) Wohnungseigentum ist das Sondereigentum an einer Wohnung in Verbindung mit dem Miteigentumsanteil an dem gemeinschaftlichen Eigentum, zu dem es gehört.

(6) Teileigentum ist das Sondereigentum an nicht zu Wohnzwecken dienenden Räumen eines Gebäudes in Verbindung mit dem Miteigentum an dem gemeinschaftlichen Eigentum, zu dem es gehört.

(7) Geschäftsgrundstücke sind Grundstücke, die zu mehr als 80 Prozent der Wohn- und Nutzfläche eigenen oder fremden betrieblichen oder öffentlichen Zwecken dienen und nicht Teileigentum sind.

(8) Gemischt genutzte Grundstücke sind Grundstücke, die teils Wohnzwecken, teils eigenen oder fremden betrieblichen oder öffentlichen Zwecken dienen und nicht Ein- und Zweifamilienhäuser, Mietwohngrundstücke, Wohnungseigentum, Teileigentum oder Geschäftsgrundstücke sind.

(9) Sonstige bebaute Grundstücke sind solche Grundstücke, die nicht unter die Absätze 2 bis 8 fallen.

(10) [1]Eine Wohnung ist in der Regel die Zusammenfassung mehrerer Räume, die in ihrer Gesamtheit so beschaffen sein müssen, dass die Führung eines selbständigen Haushalts möglich ist. [2]Die Zusammenfassung der Räume muss eine von anderen Wohnungen oder Räumen, insbesondere Wohnräumen, baulich getrennte, in sich abgeschlossene Wohneinheit bilden und einen selbständigen Zugang haben. [3]Daneben ist erforderlich, dass die für die Führung eines selbständigen Haushalts notwendigen Nebenräume (Küche, Bad oder Dusche, Toilette) vorhanden sind. [4]Die Wohnfläche soll mindestens 20 Quadratmeter betragen.

Inhaltsübersicht **Rz.**

LITERATUR:

Eisele, Reform der Grundsteuer – Gesetzentwurf liegt vor!, Teil I, NWB 2019 S. 2043, NWB ZAAAH-21376; *Eisele* , Update Reform der Grundsteuer (I), NWB 2019 S. 3060, NWB LAAAH-31831; *Grootens*, Die Reform der Grundsteuer, NWB IAAAH-21201; *Schmidt*, Reform der Grundsteuer, NWB 2019 S. 3719, NWB BAAAH-36269; *Eisele/Wiegand*, Grundsteuerreform 2022/2025, Stand: Januar 2020 (1. Auflage), NWB CAAAAH-44415; *Eggert*, Überblick zur Reform der Grundsteuer, BBK 5/2020 S. 227, NWB HAAAH-42948; *Ramb*, Neubewertung der Grundstücke im Grundvermögen, NWB 2020 S. 1356, NWB JAAAH-47116; *Mannek*, Die große Grundsteuer-Reform 2020 (1. Aufl.); *Stöckel*, Hauptfeststellung der Grundsteuer auf den 1.1.2022, NWB 2020 S. 3324, NWB PAAAH-62449.

ARBEITSHILFEN UND GRUNDLAGEN ONLINE:

Berechnung der Grundsteuer nach der Gesetzesreform, Berechnungstool „Grundsteuer" nach dem Entwurf v. 21.6.2019, NWB NAAAH-30144. Grundsteuer: Grundbesitzbewertung ab 2022/2025 (Sach- und Ertragswertverfahren) – Checkliste mit Berechnungen, NWB NAAAH-93792.

VERWALTUNGSANWEISUNGEN:

Koordinierte Erlasse der obersten Finanzbehörden der Länder v. 9.11.2021 – Anwendung des Siebenten Abschnitts des Zweiten Teils des Bewertungsgesetzes zur Bewertung des Grundbesitzes (allgemeiner Teil und Grundvermögen) für die Grundsteuer ab 1.1.2022 (AEBewGrSt), BStBl I 2021 S. 2334.

A. Allgemeine Erläuterungen zu § 249 BewG

I. Normzweck und wirtschaftliche Bedeutung der Vorschrift

§ 249 Abs. 1 BewG enthält eine **abschließende Aufzählung der Grundstücksarten** bei den bebauten Grundstücken für Zwecke der Grundsteuerwertermittlung.[1] In § 249 Abs. 2–9 BewG 1

1 BT-Drucks. 19/11085 S. 110; A 249.1 Abs. 1 Satz 1 AEBewGrSt; vgl. auch die tabellarische Übersicht bei A 249.1 Abs. 1 AEBewGrSt.

sind die einzelnen Grundstücksarten und in § 249 Abs. 10 BewG der für die Abgrenzung von Ein- und Zweifamilienhäuser erforderliche **Wohnungsbegriff** legaldefiniert. § 249 BewG entspricht im Wesentlichen § 75 BewG für die Einheitsbewertung[1] und § 181 BewG[2] für die Bedarfsbewertung.

2 Die Einordnung der bebauten Grundstücke in eine **Grundstücksart** i. S. des § 249 BewG hat erhebliche Bedeutung für den Grundsteuerwert. In Abhängigkeit der Grundstücksart kommt nach § 250 BewG entweder das **Ertrags**- oder das **Sachwertverfahren** zur Anwendung. Einzelne **Bewertungsparameter**, wie die nach pauschalierten Erfahrungssätzen festgelegten Bewirtschaftungskosten nach § 255 BewG sowie die gesetzlich festgelegten Liegenschaftszinssätze nach § 256 BewG, hängen von der jeweiligen Grundstücksart ab. Zudem differenziert § 15 Abs. 1 Nr. 2 GrStG hinsichtlich der **Steuermesszahl** dem Grunde und mittlerweile auch der Höhe nach zwischen den Wohngrundstücken i. S. des § 249 Abs. 1 Nr. 1–4 BewG und den Nichtwohngrundstücken einschließlich der gemischt genutzten Grundstücken i. S. des § 249 Abs. 1 Nr. 5–8 BewG. Eine Differenzierung der Höhe nach kann wie in Sachsen, im Saarland, in Berlin und Bremen auch auf Landesebene erfolgen.[3]

3–5 *(Einstweilen frei)*

II. Entstehung und Entwicklung der Vorschrift

6 § 251 BewG wurde mit dem **GrStRefG** v. 26.11.2019[4] in das BewG eingefügt.

7 Der **Bundesrat** hat sich in seiner **Stellungnahme zum Regierungsentwurf** des GrStRefG dafür ausgesprochen, im Interesse einer Rechtsvereinheitlichung die für das Vorliegen einer **Wohnung** maßgebende **Mindestgröße** entsprechend der Regelung in § 181 Abs. 9 Satz 4 auf **23 m²** festzulegen.[5] Dem Begehren wurde nicht gefolgt. Der Bundesrat hat die Forderung im weiteren Verfahren nicht aufrecht erhalten. Nach der Rechtsprechung des BFH genügt, insbesondere bei Studentenwohnheimen, eine Mindestgröße von 20 m².[6] Zudem handelt es sich bei § 249 Abs. 10 Satz 4 BewG um eine Sollvorschrift,[7] so dass die Festlegung der Mindestgröße der Wohnung nicht in jedem Fall gelten würde (siehe vertiefend → Rz. 104 ff.).

8–10 *(Einstweilen frei)*

III. Geltungsbereich

11 § 249 BewG findet auf im Bundesgebiet belegenes **Grundvermögen**[8] und dort für bebaute Grundstücke Anwendung, soweit die Länder in Bezug auf § 249 BewG nicht von ihrer Abweichungskompetenz nach Art. 72 Abs. 3 Satz 1 Nr. 7 GG Gebrauch gemacht haben und gilt **nicht**

1 BT-Drucks. 19/11085 S. 110.
2 Siehe dazu auch Bock in Viskorf/Schuck/Wälzholz, § 181 BewG Rz. 1 ff.
3 Vgl. vertiefend Bock in Grootens, GrStG § 15 Rz. 3, 35 ff.
4 GrStRefG v. 26.11.2019, BGBl 2019 I S. 1794.
5 BT-Drucks. 19/13453 S. 20; so auch Mannek, Die große Grundsteuer-Reform 2020 S. 255, Anm. zu § 249 BewG; vgl. zu den Folgen Eisele, NWB 2019 S. 3060.
6 BFH, Urteil v. 4.12.2014 - II R 20/14, BStBl 2015 II S. 610; BFH, Urteil v. 17.5.1990 - II R 182/87, BStBl 1990 II S. 705; BFH, Urteil v. 21.7.1993 - II R 75/92, NWB LAAAB-33777.
7 Hierzu krit. Eisele, NWB 2019 S. 3060.
8 Siehe hierzu vertiefend Bock in Grootens, BewG § 243 Rz. 10 f.

für das **land- und forstwirtschaftliche Vermögen.** § 249 BewG ist nach § 266 BewG erstmals für den **Hauptfeststellungszeitpunkt auf den 1.1.2022** anzuwenden.[1]

(Einstweilen frei) 12–14

IV. Verhältnis zu anderen Vorschriften

Die Einordnung eines bebauten Grundstücks i. S. des **§ 248 BewG** in eine Grundstücksart entscheidet über das anzuwendende Bewertungsverfahren nach § 250 BewG. Für die Grundstücksarten des § 249 Abs. 1 Nr. 1–4 BewG findet das Ertragswertverfahren nach **§§ 252 ff. BewG** und für die Grundstücksarten nach § 249 Abs. 1 Nr. 5–8 BewG das Sachwertverfahren nach **§§ 258 ff. BewG** Anwendung. Die pauschalierenden Bewirtschaftungskosten nach **§ 255 BewG** sowie die gesetzlich festgelegten Liegenschaftszinssätze nach **§ 256 BewG** sind abhängig von der jeweiligen Grundstücksart. Die Grundstücksart ist im Feststellungsbescheid nach **§ 219 Abs. 2 Nr. 1 BewG** neben dem Grundsteuerwert festzustellen. **§ 15 Abs 1 Nr. 2 GrStG** differenziert hinsichtlich der Steuermesszahl zwischen den Grundstücksarten nach § 249 Abs. 1 Nr. 1–4 BewG einerseits und den Grundstücksarten nach § 249 Abs. 1 Nr. 5–8 BewG andererseits. 15

(Einstweilen frei) 16–18

B. Systematische Kommentierung

I. Grundstücksarten (§ 249 Abs. 1 BewG)

§ 249 Abs. 1 BewG untergliedert die **bebauten Grundstücke** i. S. des § 248 BewG in acht verschiedene **Grundstücksarten,** die in den folgenden Abs. 2–9 im Einzelnen definiert werden.[2] Die **festzustellende Grundstücksart** wird entscheidend vom Umfang der wirtschaftlichen Einheit geprägt (siehe vertiefend → Rz. 22 ff.).[3] 19

Für die zutreffende Einordnung[4] eines bebauten Grundstücks in die Grundstücksarten des § 249 Abs. 1 BewG ergibt sich aufgrund der Definitionen der einzelnen Grundstücksarten folgende von der Reihenfolge der Aufzählung im Gesetz **abweichende Prüfungsfolge**: 20

(1) Wohnungseigentum (→ Rz. 56)

(2) Einfamilienhäuser (→ Rz. 29 ff.)

(3) Zweifamilienhäuser (→ Rz. 48)

(4) Mietwohngrundstücke (→ Rz. 52 f.)

(5) Teileigentum (→ Rz. 60)

(6) Geschäftsgrundstücke (→ Rz. 64)

(7) gemischt genutzte Grundstücke (→ Rz. 68)

(8) sonstige bebaute Grundstücke (→ Rz. 72)

Ein- und Zweifamilienhäuser können nur vorliegen, wenn kein Wohnungseigentum vorliegt. Mietwohngrundstücke liegen nur vor, wenn kein Wohnungseigentum und kein Ein- oder Zwei-

1 Schnitter, 360° GrStG eKommentar, BewG § 249 Rz. 15.

2 A 249.1 Abs. 1 Satz 1 AEBewGrSt; vgl. auch die tabellarische Übersicht bei A 249.1 Abs. 1 AEBewGrSt.

3 Siehe dazu vertiefend Bock in Grootens, BewG § 244 Rz. 23 ff.

4 Vgl. auch Beispiele bei Stöckel, NWB 2020 S. 3324.

familienhaus vorliegt. Liegt Teileigentum vor, kann kein Geschäftsgrundstück vorliegen. Gemischt genutzte Grundstücke liegen nur vor, wenn eine Zuordnung zu den anderen Grundstücksarten (1)–(6) nicht möglich ist. Ist auch keine Zuordnung zu den gemischt genutzten Grundstücken möglich, liegen sonstige bebaute Grundstücke vor.

21 Die Einordnung in eine der Grundstücksarten erfolgt grundsätzlich danach, welchem **Nutzungszweck** das Grundstück mit seinem Gebäude oder den jeweiligen Gebäudeteilen dient. Dabei ist auf die **tatsächliche Nutzung am jeweiligen Feststellungszeitpunkt** abzustellen. Es ist nicht wie noch bei der Einheitsbewertung auf das Verhältnis der Jahresrohmieten abzustellen.[1] Im neuen Grundstücksrecht ist das **Verhältnis** der jeweiligen **Wohn- oder Nutzflächen** zur gesamten Wohn- und Nutzfläche maßgeblich.[2]

22 Bei der Festlegung der Grundstücksart ist stets die **gesamte wirtschaftliche Einheit**[3] zu betrachten, auch wenn sich auf einem Grundstück mehrere Gebäude oder Gebäudeteile unterschiedlicher Bauart oder Nutzung befinden.[4] Es kommt daher zunächst darauf an, die wirtschaftliche Einheit des Grundbesitzes nach ihrem Umfang zu bestimmen und bei wirtschaftlichen Einheiten, die mehrere Gebäude oder Gebäudeteile unterschiedlicher Bauart oder Nutzung umfassen, z. B. gewerblich und zu Wohnzwecken genutzte Gebäude, die einheitliche Grundstücksart anhand des Verhältnisses der Wohn- und Nutzflächen zu bestimmen.[5]

23 BEISPIEL:[6] Zu einer wirtschaftlichen Einheit gehören zwei aneinandergrenzende Gebäude. In dem einen Gebäude befindet sich eine Wohneinheit und in dem anderen Gebäude befinden sich zwei Wohneinheiten. Die Wohneinheiten erfüllen jeweils den Begriff der Wohnung. Bewertungsrechtlich handelt es sich um eine wirtschaftliche Einheit mit mehr als zwei Wohnungen (= Mietwohngrundstück). Dass die Gebäude, würden sie jeweils eine selbständige wirtschaftliche Einheit bilden, als Ein- bzw. Zweifamilienhaus einzuordnen wären, ist unerheblich.

24 Für die Einordnung von Flächen zu einem Nutzungszweck ist die tatsächliche Nutzung der Haupträume im Feststellungszeitpunkt maßgeblich.[7] Flächen gehören danach zu den Wohnflächen, wenn sie **Wohnbedürfnissen** dienen.[8] Dies gilt grundsätzlich auch für ein in die Wohnung integriertes Arbeitszimmer (siehe hierzu vertiefend → Rz. 32).[9] Alle anderen, wie **gewerblichen** (z. B. Werkstätte, Verkaufsläden, Büroräume), **freiberuflichen, öffentlich-rechtlichen** und **sonstigen Zwecken** dienende Flächen gehören zu den nicht Wohnzwecken dienenden Flächen.[10] Öffentlichen Zwecken dienen Flächen, die zur Wahrnehmung öffentlich-rechtlicher Aufgaben genutzt werden.[11] Steuerbefreite Gebäude und Gebäudeteile sind entsprechend ih-

---

1 BT-Drucks. 19/11085 S. 110; vgl. auch BFH, Urteil v. 23.10.1985 - II R 250/81, BStBl 1986 II S. 173; BFH, Urteil v. 17.4.1991 - II R 96/87, NWB BAAAB-32269 jeweils zu § 75 BewG; Krause in Stenger/Loose, BewG § 249 Rz. 30.

2 A 249.1 Abs. 3 Satz 1 AEBewGrSt.

3 Siehe dazu Bock in Grootens, BewG § 244 Rz. 23 ff.

4 A 249.1 Abs. 2 Satz 1 AEBewGrSt; A 250 Abs. 4 AEBewGrSt; Krause in Stenger/Loose, BewG § 249 Rz. 75 f.

5 Vgl. dazu Bock in Grootens, BewG § 244 Rz. 30 ff.

6 Beispiel bei A 249.1 Abs. 2 AEBewGrSt.

7 A 249.1 Abs. 3 Satz 2 AEBewGrSt.

8 RFH, Urteil v. 14.3.1940 - III 282/38, RStBl 1940 S. 589; FG Berlin, Urteil v. 13.8.1997 - II 391/94, EFG 1998 S. 16 jeweils zur Einheitsbewertung.

9 BFH, Urteil v. 9.11.1988 - II R 61/87, BStBl 1989 II S. 135; BFH, Urteil v. 6.11.1991 - II R 91/87, NWB NAAAB-32265 jeweils zur Einheitsbewertung; A 249.1 Abs. 4 Satz 3 AEBewGrSt.

10 A 249.1 Abs. 4 Satz 2 AEBewGrSt.

11 A 249.1 Abs. 4 Satz 4 AEBewGrSt.

res Nutzungszwecks mit einzubeziehen (str.).[1] Für die Einordnung in eine Gebäudeart ist es unerheblich, ob die entsprechenden Räumlichkeiten fremden oder eigenen Wohn- oder Nutzzwecken dienen oder leer stehen (vorgesehener Nutzungszweck maßgeblich).[2] Liegt eine Errichtung in Bauabschnitten vor, ist für die Ermittlung des Verhältnisses von Wohn- und Nutzfläche auf den im Feststellungszeitpunkt fertiggestellten Teil des Gebäues abzustellen.[3]

25 **Neben- und Zubehörräume** (beispielsweise Keller, Abstell-, Wasch-, Trocken- und Heizungsräume sowie Garagen[4]) teilen nach der zutreffenden Rechtsprechung das Schicksal der Haupträume, denen sie zuzuordnen sind.[5] Dasselbe gilt für **Balkone** und **Loggien**. Gehört ein **Keller** zu einer Wohnung ist er entsprechend bei der Bestimmung der Wohnfläche dort entgegen der Ansicht der Finanzverwaltung und Teilen der Literatur[6] miteinzubeziehen. Dient ein Keller hingegen Räumen, die nicht zu Wohnzwecken genutzt werden (beispielsweise als Archiv für eine Anwaltskanzlei), sind sie der Nutzung zu anderen als Wohnzwecken zuzurechnen.[7]

26 Liegt danach eine reine Wohnnutzung vor, handelt es sich um ein Wohngrundstück (ggf. Wohnungseigentum, Ein- oder Zweifamilienhaus, Mietwohngrundstück). Wird das Grundstück hingegen ausschließlich nicht zu Wohnzwecken genutzt, liegt ein Nichtwohngrundstück (Geschäftsgrundstück, Teileigentum oder ein sonstiges Grundstück) vor. Erfolgt eine Nutzung sowohl zu Wohnzwecken als auch zu anderen Zwecken, kommt es entscheidend auf das Verhältnis der Wohnnutzung zur Nichtwohnnutzung an. Die **Abgrenzung** der Grundstücksarten ist dann nach dem **Verhältnis** der **Wohnfläche zu der anderen Zwecken dienenden Nutzfläche** vorzunehmen. Je nach dem Verhältnis handelt es sich bei dem Grundstück um ein Wohngrundstück, gemischt genutztes Grundstück oder ein Geschäftsgrundstück. Legt man die prozentuale Wohnnutzung und Nichtwohnnutzung zugrunde, ergibt sich für die Grundstücksarten folgende Übersicht:

1 A 249.1 Abs. 3 Satz 3 AEBewGrSt; a. A. Schnitter, 360° GrStG eKommentar, BewG § 249 Rz. 21; Krause in Stenger/Loose, BewG § 249 Rz. 88 ff.

2 A 249.1 Abs. 3 Satz 4 und 5 AEBewGrSt.

3 A 249.1 Abs. 6 AEBewGrSt; siehe vertiefend zur Errichtung in Bauabschnitten Bock in Grootens, BewG § 248 Rz. 25 ff., insbes. Beispiel in Rz. 30; A 246 Abs. 3 Satz 3–6 AEBewGrSt und A 248 Abs. 4 AEBewGrSt.

4 A 249.1 Abs. 5 Satz 4 AEBewGrSt.

5 St. Rspr. BFH, Urteil v. 6.11.1991 - II R 91/87, NWB NAAAB-32265; BFH, Urteil v. 9.11.1988 - II R 61/87, BStBl 1989 II S. 135 jeweils zur Einheitsbewertung; BFH, Urteil v. 17.4.1996 - II R 20/93, NWB VAAAB-37958 zur GrESt; so auch FG Baden-Württemberg, Urteil v. 8.9.1994 - 3 K 229/89, EFG 1995 S. 191 zur Einheitsbewertung, die allerdings nur 1/2 der Flächen berücksichtigen wollen.

6 Vgl. A 249.1 Abs. 5 Satz 3 AEBewGrSt sowie das Beispiel zu A 249.1 Abs. 5; Krause in Stenger/Loose, BewG, § 249 Rz. 38.

7 Insoweit auch die Finanzverwaltung A 249.1 Abs. 5 Satz 5 AEBewGrSt; Schnitter, 360° GrStG eKommentar BewG, § 249 Rz. 20.

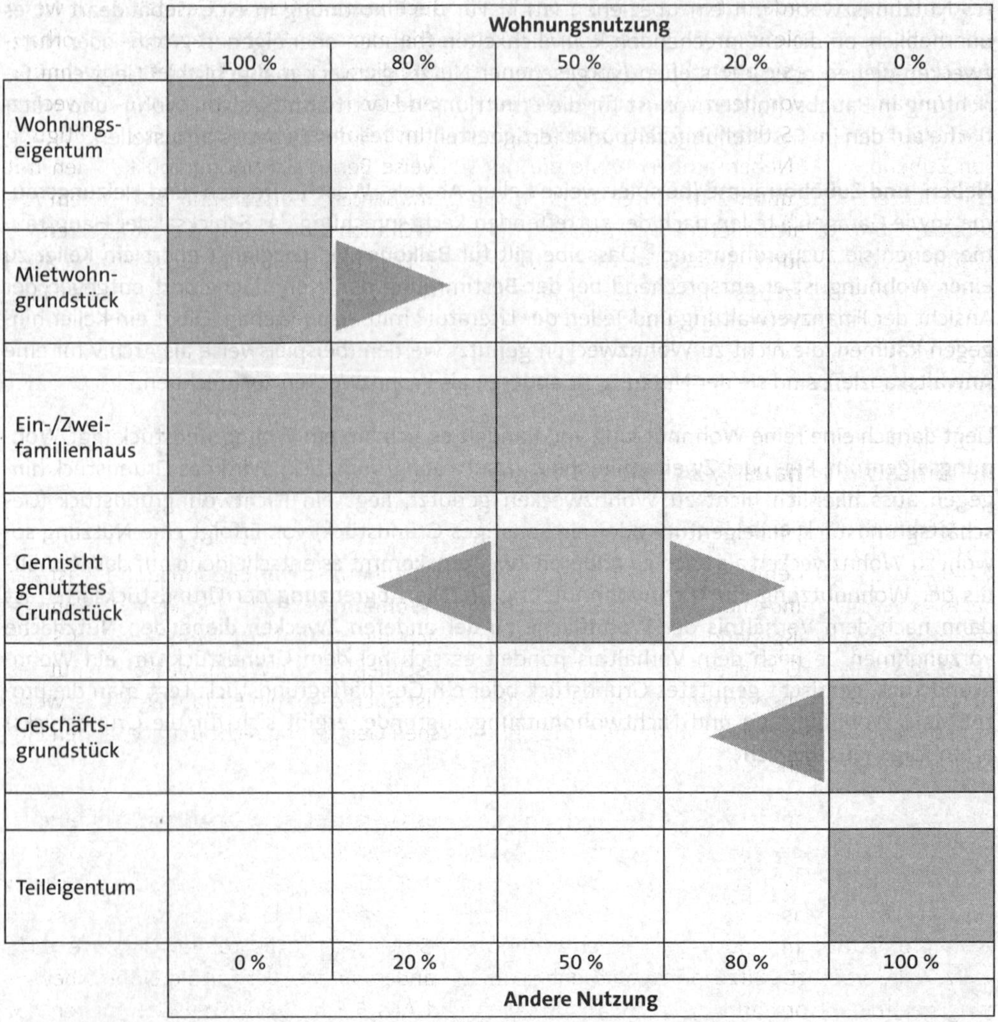

Die Tabelle dient einem Überblick und kann nicht streng schematisch angewendet werden. So hängt beispielsweise die Einordnung als bewertungsrechtliches Ein- oder Zweifamilienhaus über die Wohnnutzung hinaus entscheidend davon ab, ob der Wohnungsbegriff nach § 249 Abs. 10 BewG erfüllt wird.

27 Wie bei der Bedarfsbewertung[1] erfolgt die Berechnung der **Wohnfläche** nach Ansicht der Finanzverwaltung und Teilen der Literatur[2] regelmäßig nach der **Wohnflächenverordnung**[3] (WoFlV). Die Nutzflächen sind nach der DIN 227 zu ermitteln.[4] Die Berechnung der Wohnfläche nach der WoFlV, die für die Berechnung der Wohnfläche nach dem Wohnraumförderungs-

1 Vgl. R B 181.1 Abs. 1 Satz 5 ErbStR 2019.

2 A 249.1 Abs. 5 Satz 1 AEBewGrSt; Schnitter, 360° GrStG eKommentar, BewG § 249 Rz. 20; Krause in Stenger/Loose, BewG § 249 Rz. 41; Krumm/Paeßens, GrStG, § 249 BewG Rz. 6.

3 WoFlV v. 25.11.2003, BGBl 2003 I S. 2346.

4 A 249.1 Abs. 5 Satz 1 AEBewGrSt.

gesetz erlassen wurde,[1] überzeugt nicht und findet auch keine Stütze im Gesetz.[2] Auch wenn jedenfalls bei vermieteten Wohnungen die Wohnfläche nach der WoFlV regelmäßig vorhanden sein wird, mag sie allenfalls als grober Anhaltspunkt dienen, für eine konkrete Berechnung des Verhältnisses von der zu Wohnzwecken genutzten Fläche zu der nicht zu Wohnzwecken genutzten Fläche i. S. des § 249 BewG taugt sie nicht. Insbesondere die Nichtberücksichtigung von Zubehör- und Nebenräumen sowie die nur teilweise Berücksichtigung von Räumen mit einer lichten Höhe unter 2 m führen zu nicht sachgemäßen Ergebnissen und ist mit dem Ansatz der Durchschnittsmieten nach Anlage 39 des BewG auch für Flächen, die zu anderen als Wohnzwecken genutzt werden, nicht zu vereinbaren. Die Anwendung der WoFlV kann auch deshalb nicht überzeugen, weil sie nur eine der beiden Nutzungsarten betrifft.[3] Näher läge eine Berechnung einheitlich nach DIN 227.

(Einstweilen frei) 28

II. Einfamilienhaus (§ 249 Abs. 2 BewG)

1. Vorhandensein einer Wohnung

§ 249 Abs. 2 BewG enthält die Definition des Einfamilienhauses. Ein **Einfamilienhaus** ist danach ein **Wohngrundstück** (siehe → Rz. 2), das **eine Wohnung** enthält und kein Wohnungseigentum ist.[4] Maßgebend ist zunächst ausschließlich die Anzahl der Wohnungen i. S. von § 249 Abs. 10 BewG (siehe dazu → Rz. 76 ff.). Ein ausschließlich zu Wohnzwecken genutztes Gebäude mit einer bewertungsrechtlichen Wohnung ist auch dann ein Einfamilienhaus, wenn es nach dem äußeren Erscheinungsbild und der baulichen Gestaltung nicht dem typischen Einfamilienhaus entspricht.[5] 29

Bei der Bestimmung der Anzahl der Wohnungen eines Gebäudes sind sämtliche Wohnungen mitzuzählen, die den bewertungsrechtlichen Wohnungsbegriff nach § 249 Abs. 10 BewG erfüllen. Nach dem eindeutigen Wortlaut des § 249 Abs. 10 BewG kommt es für die Grundstücksart des Einfamilienhauses, wenn kein Wohnungseigentum gegeben ist, nur darauf an, dass ein **Wohngrundstück** mit höchstens einer Wohnung i. S. des § 249 Abs. 10 BewG (siehe dazu → Rz. 76 ff.) vorliegt. Mitzuzählen sind daher auch – anders als bei der für die Einheitsbewertung geltenden Vorschrift des § 75 Abs. 5 Satz 2 und Abs. 6 Satz 2 BewG – Wohnungen des Hauspersonals.[6] Ebenfalls mitzuzählen sind Wohnungen von untergeordneter Bedeutung. Eine zweite Wohnung, selbst wenn sie von untergeordneter Bedeutung ist, wie z. B. eine **Einliegerwohnung** oder die Wohnung des Gärtners in einer Villa, steht dem bewertungsrechtlichen Begriff des Einfamilienhauses entgegen. Selbst ein Grundstück, das nur zeitweise bewohnt wird oder aus rechtlichen Gründen nicht dauernd bewohnt werden darf, kann als Einfamilienhaus einzuordnen sein, wenn die Räumlichkeiten im Gebäude (beispielsweise ein winterfestes 30

1 Vgl. Häublein in MüKo-BGB, § 536 Rz. 11.
2 BFH, Urteil v. 19.9.2019 - II R 15/16, NWB PAAAH-38405.
3 Siehe zutreffend FG Baden-Württemberg, Urteil v. 8.9.1994 - 3 K 229/89, EFG 1995 S. 191 zur Anwendung der Zweiten Berechnungsverordnung (Vorgängerverordnung zur WoFlV) bei der Einheitsbewertung.
4 A 249.2 Satz 1 AEBewGrSt.
5 Vgl. BFH, Urteil v. 20.9.2000 - II R 7/99, NWB KAAAA-66857; a. A. FG Berlin, Urteil v. 13.8.1997 - II 391/94, EFG 1998 S. 16 jeweils zur Einheitsbewertung.
6 Siehe auch A 249.10 Satz 7 AEBewGrSt.

Wochenendhaus in einem Wochenendhausgebiet i. S. des § 10 Satz 1 BauNVO[1]) den Wohnungsbegriff erfüllen.

31–33 *(Einstweilen frei)*

2. Mitbenutzung zu anderen als Wohnzwecken

34 Ist ein Grundstück, das kein Wohnungseigentum darstellt, nach der Anzahl der enthaltenen Wohnungen (siehe dazu → Rz. 29 f.) in die Grundstücksart des Einfamilienhauses einzuordnen, so gilt es gem. § 249 Abs. 2 Satz 2 BewG **auch dann** als **Einfamilienhaus**, wenn es zu **weniger als 50 %**, berechnet nach der Wohn- oder Nutzfläche, zu **anderen als Wohnzwecken mitbenutzt** wird und durch die andere Nutzung die **Eigenart** als Einfamilienhaus **nicht wesentlich beeinträchtigt** wird.[2] **Überwiegt** die **Nutzung zu anderen als Wohnzwecken**, kommt es auf das zweite Abgrenzungsmerkmal der wesentlichen Beeinträchtigung nicht mehr an.[3] Es liegt dann kein Einfamilienhaus vor. Es ist bei der Ermittlung des prozentualen Verhältnisses allein auf das Verhältnis der zu anderen als Wohnzwecken genutzten Flächen zu der Gesamtfläche und nicht auf das der Jahresrohmieten abzustellen (siehe bereits → Rz. 21).[4]

35 Ein Grundstück wird für andere als Wohnzwecke mitbenutzt, wenn **Grundstücksteile** zum jeweiligen Feststellungszeitpunkt tatsächlich einer anderen als der wohnlichen Nutzung zugeführt worden sind. Für die **Bestimmung** des **Flächenverhältnisses** sind auch Räume einzubeziehen, die wie **Zubehörräume** oder **Nebenräume** (z. B. Kellerräume oder Garagen) nach der WoFlVO (siehe bereits → Rz. 23 ff.) nicht in der Wohnflächenberechnung enthalten sind, wenn sich die Mitbenutzung zu anderen als Wohnzwecken auf derartige Räume erstreckt.[5]

36 Eine betriebliche (gewerbliche) freiberufliche oder öffentliche **Mitbenutzung ist darüber hinaus** anzunehmen, wenn alle wesentlichen objektiven Vorkehrungen, insbesondere die bauliche Gestaltung für die nachfolgende tatsächliche betriebliche Nutzung, getroffen worden sind. Schon dadurch wird die Nutzung des Grundstücks nachhaltig bestimmt, wenn sie unmittelbar und in angemessener Zeit nachfolgt.[6] Dies gilt auch für zwischenzeitlich ungenutzte Räume. Bei **vorübergehend nicht genutzten Räumen** ist auf die **Zweckbestimmung** der Räume abzustellen.[7] Vorübergehend nicht genutzte **Räume,** die zuvor Wohnzwecken dienten, können erst dann betrieblich, freiberuflich, öffentlich genutzten Flächen zugerechnet werden, wenn sie der anderen als wohnlichen Nutzung im Feststellungszeitpunkt tatsächlich zugeführt worden sind oder wenn bezüglich dieser Räume zum Feststellungszeitpunkt alle wesentlichen objektiven Vorkehrungen für die nachfolgende betriebliche, freiberufliche oder öffentlichen Zwecken dienende Nutzung getroffen worden sind.[8]

37 Die Abgrenzung der Flächen, die Wohnzwecken dienen und derjenigen, die anderen als Wohnzwecken dienen, kann im Einzelfall schwierig sein. Ein in eine Wohnung eingegliedertes zu be-

1 BFH, Urteil v. 25.5.1979 - III R 41/78, BStBl 1979 II S. 534 zur Einheitsbewertung; vgl. auch A 249.2 Satz 7 AEBewGrSt.

2 BFH, Urteil v. 9.11.1988 - II R 61/87, BStBl II 1989 S. 135; A 249.2 Satz 1 AEBewGrSt; vgl. auch Beispiel bei Stöckel, NWB 2020 S. 3324.

3 BFH, Urteil v. 9.11.1988 - II R 61/87, BStBl II 1989 S. 135; A 249.2 Satz 6 AEBewGrSt.

4 BFH, Urteil v. 23.10.1985 - II R 250/81, BStBl 1986 II S. 173; BFH, Urteil v. 17.4.1991 - II R 96/87, NWB BAAAB-32269 jeweils zur Einheitsbewertung.

5 St. Rspr. BFH, Urteil v. 6.11.1991 - II R 91/87, NWB NAAAB-32265; BFH, Urteil v. 17.4.1996 - II R 20/93, NWB VAAAB-37958; a. A. die Finanzverwaltung A 249.1 Abs. 5 AEBewGrSt.

6 BFH, Urteil v. 23.3.1979 - III R 14/78, BStBl 1979 II S. 433 zur Einheitsbewertung.

7 So zutreffend Haas in Gürsching/Stenger, BewG § 181 Rz. 10.

8 BFH, Urteil v. 17.4.1991 - II R 96/87, NWB BAAAB-32269 zur Einheitsbewertung.

trieblichen oder freiberuflichen Zwecken mitgenutztes Arbeitszimmer gehört beispielsweise noch zu der Wohnnutzung.[1] Ob dies auch gilt, wenn in dem Arbeitszimmer ausschließlich eine freiberufliche Tätigkeit ausgeübt wird, erscheint schon fraglich, wird allerdings von der Rechtsprechung bejaht.[2] Zu verneinen sei eine Wohnnutzung eines Arbeitszimmers erst bei baulicher Abtrennung zur Wohnung.[3] Andererseits soll **unerheblich** sein, ob sich die Mitbenutzung zu betrieblichen Zwecken **innerhalb der Wohnung** oder aber in Räumen vollzieht, die **baulich** von der Wohnung **getrennt** sind und innerhalb eines äußerlich einheitlich erscheinenden Gebäudes eine gewisse **Selbständigkeit** aufweisen.[4] Letztlich ist eine Einordnung nicht schematisch durchführbar und hängt von den Umständen des Einzelfalls und der Verkehrsanschauung ab.

(Einstweilen frei) 38–40

3. Wesentliche Beeinträchtigung der Eigenart eines Einfamilienhauses

41 Für das Vorhandensein eines Einfamilienhauses darf bei einer Mitbenutzung zu anderen als Wohnzwecken die **Eigenart** als Einfamilienhaus **nicht wesentlich beeinträchtigt** sein. Die vom Einzelfall unter Gesamtbetrachtung sämtlicher Umstände[5] abhängige Frage, ob eine wesentliche Beeinträchtigung der Eigenart eines Einfamilienhauses durch eine nicht zu Wohnzwecken dienende Mitbenutzung vorliegt, lässt sich nicht schematisch nach der **Größe** der zu anderen als Wohnzwecken mitbenutzten **Fläche** entscheiden. Die Rechtsprechung und Finanzverwaltung stellen in erster Linie auf das **äußere Erscheinungsbild** des Grundstücks ab.[6] Dabei soll es nicht auf die Verkehrsanschauung ankommen, da der Begriff des Einfamilienhauses im bewertungsrechtlichen Sinn nicht ein von der Verkehrsauffassung bestimmter Begriff sei, sondern ein durch die bewertungsrechtliche Umschreibung gekennzeichneter Rechtsbegriff, von dem ausgehend über eine wesentliche Beeinträchtigung der Eigenart durch die Mitbenutzung zu anderen als Wohnzwecken zu entscheiden ist.[7] Maßgeblich soll nach der Rechtsprechung sein, dass die Mitbenutzung zu anderen als Wohnzwecken nach außen in der Weise hervortritt, dass sie die Eigenart des Grundstücks deutlich prägt, also in den Vordergrund tritt.[8]

42 Ein Grundstück mit nur einer Wohnung, das in nahezu gleichem räumlichem Umfang zu Wohn- und freiberuflichen Zwecken genutzt wird, sei daher als **Einfamilienhaus** zu bewerten, wenn der Wohncharakter dem Grundstück dennoch das Gepräge gibt.[9] Die Eigenart als Einfamilienhaus werde nicht dadurch wesentlich beeinträchtigt, dass sich in einem selbständigen Gebäudeteil, der weder nach seinem Umfang noch nach seinem Baucharakter dem Grund-

---

1 BFH, Urteil v. 9.11.1988 - II R 19/88, BStBl 1989 II S. 135; BFH, Urteil v. 6.11.1991 - II R 91/87, NWB NAAAB-32265 jeweils zur Einheitsbewertung; A 249.1 Abs. 4 Satz 3 AEBewGrSt.

2 BFH, Urteil v. 9.11.1988 - II R 19/88, BStBl 1989 II S. 135 zur Einheitsbewertung.

3 BFH, Urteil v. 9.11.1988 - II R 19/88, BStBl 1989 II S. 135 zur Einheitsbewertung.

4 BFH, Urteil v. 5.2.1986 - II R 31/85, BStBl 1986 II S. 446; BFH, Urteil v. 12.11.1986 - II R 48/85, BStBl 1987 II S. 104; BFH, Urteil v. 9.11.1988 - II R 61/87, BStBl II 1989 S. 135; BFH, Urteil v. 6.11.1991 - II R 91/87, NWB NAAAB-32265 jeweils zur Einheitsbewertung.

5 A 249.2 Satz 3 AEBewGrSt.

6 BFH, Urteil v. 5.2.1986 - II R 31/85, BStBl 1986 II S. 446 zur Einheitsbewertung; A 249.2 Satz 4 AEBewGrSt.

7 BFH, Urteil v. 5.2.1986 - II R 31/85, BStBl 1986 II S. 446; BFH, Urteil v. 12.11.1986 - II R 48/85, BStBl 1987 II S. 104; a. A. noch BFH, Urteil v. 7.12.1973 - III R 158/72, BStBl 1974 II S. 195 jeweils zur Einheitsbewertung.

8 BFH, Urteil v. 23.10.1985 - II R 250/81, BStBl 1986 II S. 173; BFH, Urteil v. 12.11.1986 - II R 48/85, BStBl 1987 II S. 104 jeweils zur Einheitsbewertung; A 249.2 Satz 5 AEBewGrSt.

9 BFH, Urteil v. 6.7.1979 - III R 77/77, BStBl 1979 II S. 726; BFH, Urteil v. 4.7.1990 - II R 74/87, NWB VAAAA-93498; BFH, Beschluss v. 3.3.1993 - II B 89/92, NWB CAAAB-33686 jeweils zur Einheitsbewertung.

stück das Gepräge gibt, eine **Arztpraxis** befindet.[1] Eine Mitbenutzung zu **freiberuflichen** Zwecken beeinträchtige i. d. R. den Einfamilienhauscharakter eines Grundstücks weniger als eine **gewerbliche Mitbenutzung**.[2] An den im Vordergrund stehenden Einfamilienhauscharakter sollen auch Umstände, wie bestehende Zugänge zwischen Wohn- und Praxisbereich, die Mitbenutzung eines Wohnungsflurs durch Mandanten eines Freiberuflers, eine größere Zahl von Stellplätzen, Praxisbeschilderungen und dgl. nichts ändern.[3] Allein die **Gliederung** eines **Baukörpers** steht der Eigenart eines Einfamilienhauses nicht entgegen.[4] Die tatsächlichen Feststellungen zu der Mitbenutzung müssen nicht notwendig durch eine Ortsbesichtigung erfolgen. Vorgelegte Fotos, beigezogene Bauakten oder vorgelegte Baupläne können genügen.[5]

43 Insbesondere bei einer **betrieblichen Mitbenutzung** kann das **äußere Erscheinungsbild** eines **Grundstücks**, selbst bei einer flächenmäßig deutlich geringeren gewerblichen Mitbenutzung der Bewertung als Einfamilienhaus **entgegenstehen**, wenn es Merkmale aufweist, die die gewerbliche Mitbenutzung deutlich in den Vordergrund rücken und damit dem Grundstück das Gepräge geben. Dann kommt es nach der Rechtsprechung weniger auf die innere bauliche Gestaltung und grundsätzlich auch nicht auf das Verhältnis der betrieblich genutzten Fläche zur Wohnfläche in Gebäuden oder Gebäudeteilen an.[6]

44 Die in den → Rz. 41 ff. skizzierte Rechtsprechung vermag vor allem dogmatisch nicht vollends zu überzeugen. Sie lässt insbesondere offen, wonach sich das **Gepräge eines Gebäudes** bestimmen lassen soll, wenn nicht nach der Ansicht eines billig und gerecht denkenden Durchschnittsbetrachters (also nach der Verkehrsauffassung).[7] Nach hiesiger Ansicht handelt es sich bei dem Begriff des Einfamilienhauses um einen **Typusbegriff**, dem die Vorstellung von einem typischen Einfamilienhaus zugrunde liegt (Nämliches gilt für ein Zweifamilienhaus). Ein typisches Einfamilienhaus zeichnet sich durch eine bestimmte Bauweise, eine ausschließliche Nutzung zu Wohnzwecken sowie eine für die Wohnzwecke erforderliche (Innen-)Ausstattung und räumliche Gestaltung aus. Diese Eigenart des Einfamilienhauses darf durch eine Mitbenutzung zu anderen als Wohnzwecken nicht wesentlich beeinträchtigt sein. Eine solche Beeinträchtigung lässt sich nur anhand der Umstände des Einzelfalls und durch ein Abstellen auf die Verkehrsauffassung ermitteln. Zu fragen ist, ob trotz der Mitbenutzung zu anderen als Wohnzwecken ein verständiger Dritter dennoch den Schluss ziehen würde, dass es sich bei dem Grundstück um ein Einfamilienhaus handelt. Dieser Ansicht widerspricht auch nicht, dass ein Einfamilienhaus bei reiner Wohnnutzung stets anzunehmen ist, wenn eine Wohnung vorliegt, unabhängig davon, ob das Gebäude nach seinem äußeren Erscheinungsbild ebenfalls dem typischen Einfamilienhaus entspricht.[8] So stellt der BFH in einem Fall letztlich ebenfalls

---

1 BFH, Urteil v. 9.11.1988 - II R 19/88, BStBl 1989 II S. 135; BFH, Urteil v. 23.9.1977 - III R 18/77, BStBl 1978 II S. 188; BFH, Urteil v. 2.7.1976 - III R 54/75, BStBl 1976 II S. 640 betr. Zweifamilienhaus mit **Rechtsanwaltskanzlei**, jeweils zur Einheitsbewertung.

2 BFH, Urteil v. 23.10.1991 - II R 45/89, m. w. N. NWB AAAAB-32252 zur Einheitsbewertung.

3 BFH, Urteil v. 23.10.1991 - II R 103/88, (Mitbenutzung durch **Arztpraxis**, trotz Beschilderung), NWB IAAAB-32232; BFH, Urteil v. 24.10.1990 - II R 101/87, (Mitbenutzung durch ein **Solartechnik-Ingenieurbüro**, trotz Solaranlagen und Werbeschildern), NWB FAAAB-31517; BFH, Urteil v. 6.11.1991 - II R 91/87, (Mitbenutzung durch ein **Planungsbüro**), NWB NAAAB-32265; Niedersächsisches FG, Urteil v. 19.1.1988 - I 496/85, EFG 1988 S. 346 (**Polsterei** in einem Anbau, trotz Werbeschilder auf dem Grundstück) jeweils zur Einheitsbewertung.

4 BFH, Urteil v. 20.4.1988 - II R 198/85, NWB DAAAB-29556; BFH, Urteil v. 23.10.1991 - II R 103/88, NWB IAAAB-32232 jeweils zur Einheitsbewertung.

5 FG Rheinland-Pfalz, Urteil v. 13.10.1994 - 6 K 2264/91, EFG 1995 S. 412 zur Einheitsbewertung.

6 BFH, Urteil v. 23.10.1985 - II R 250/81, BStBl 1986 II S. 173 zur Einheitsbewertung.

7 Vgl. auch BFH, Urteil v. 7.12.1973 - III R 158/72, BStBl 1974 II S. 195.

8 Vgl. BFH, Urteil v. 20.9.2000 - II R 7/99, NWB KAAAA-66857.

darauf ab, dass sich ein Gebäude „dem Betrachter als ein typisches Zweifamilienhaus"[1] darstellt. Mit anderen Worten, dass das Gebäude nach der Verkehrsauffassung dem Typusbegriff eines Zweifamilienhauses entspricht.

(Einstweilen frei) 45–47

III. Zweifamilienhaus (§ 249 Abs. 3 BewG)

§ 249 Abs. 3 BewG enthält die Definition des **Zweifamilienhauses.** Ein Zweifamilienhaus liegt nach § 249 Abs. 3 Satz 1 BewG bei einem Wohngrundstück vor, das **zwei Wohnungen** i. S. von § 249 Abs. 10 BewG (siehe dazu → Rz. 76 ff.) enthält und kein Wohnungseigentum ist.[2] Ein Grundstück gilt nach § 249 Abs. 3 Satz 2 BewG auch dann als Zweifamilienhaus, wenn es zu **weniger als 50 % der Wohn- und Nutzfläche** zu anderen als Wohnzwecken mitbenutzt und dadurch die Eigenart als Zweifamilienhaus nicht wesentlich beeinträchtigt wird.[3] Ein Zweifamilienhaus unterscheidet sich von einem Einfamilienhaus demnach nur durch Anzahl der Wohnungen. Die Ausführungen zu den Einfamilienhäusern in → Rz. 29 ff. gelten daher entsprechend, mit der Maßgabe, dass bei einem Zweifamilienhaus zwei Wohnungen in dem Gebäude vorliegen müssen. Unter die Gebäudeart fallen neben typischen Zweifamilienhäusern mit zwei meist vertikal getrennten Wohnungen auch Wohngrundstücke mit einer Haupt- und einer Einliegerwohnung, wenn die Einliegerwohnung alle Merkmale des bewertungsrechtlichen Wohnungsbegriffs erfüllt.[4] Andernfalls handelt es sich unter den o. g. weiteren Voraussetzungen (siehe → Rz. 29 ff.) um ein Einfamilienhaus.[5] 48

(Einstweilen frei) 49–51

IV. Mietwohngrundstücke (§ 249 Abs. 4 BewG)

§ 249 Abs. 4 BewG definiert die Grundstücksart der Mietwohngrundstücke. **Mietwohngrundstücke** sind nach der gesetzlichen Definition Grundstücke, die zu **mehr als 80 %,** berechnet nach der **Wohn- und Nutzfläche, Wohnzwecken** dienen und nicht Ein- und Zweifamilienhäuser oder Wohnungseigentum sind.[6] Ob die Räumlichkeiten tatsächlich vermietet sind oder selbstgenutzt werden, spielt für die Einordnung als Mietwohngrundstück entgegen dem insoweit anderes vermuten lassenden Begriff keine Rolle. Ein Mietgrundstück unterscheidet sich von den vorrangig zu prüfenden Grundstücksarten der Ein- oder Zweifamilienhäuser dadurch, dass es i. d. R. **mehr als zwei Wohnungen** i. S. von § 249 Abs. 10 BewG (siehe dazu → Rz. 76 ff.) enthält.[7] Befinden sich zumindest drei selbständige, abgeschlossene Wohnungen i. S. des § 249 Abs. 10 BewG in dem Gebäude, liegt ein Mietwohngrundstück, sog. Mehrfamilienhaus[8] vor, wenn die nicht zu Wohnzwecken genutzten Räumlichkeiten weniger als 20 % betragen.[9] Dies folgt definitorisch aus dem Ausschluss eines Mietwohngrundstück, wenn die Merkmale eines 52

1 BFH, Urteil v. 24.10.1990 - II R 101/87, NWB FAAAB-31517.
2 A 249.3 Satz 1 AEBewGrSt.
3 Vgl. auch Beispiel bei Stöckel, NWB 2020 S. 3324.
4 A 249.3 Satz 2 AEBewGrSt.
5 A 249.3 Satz 3 AEBewGrSt.
6 A 249.4 Satz 1 AEBewGrSt; vgl. auch Beispiel bei Stöckel, NWB 2020 S. 3324.
7 A 249.4 Satz 2 AEBewGrSt.
8 A 249.4 Satz 4 AEBewGrSt.
9 A 249.4 Satz 5 AEBewGrSt.

Ein- oder Zweifamilienhauses erfüllt sind.[1] Auf die Erhaltung der Eigenart des Mietwohngrundstücks kommt es bei einer Mitbenutzung zu anderen als Wohnzwecken nicht an.[2]

53 BEISPIEL:[3] ▸ Ein großzügiges Herrenhaus mit einer Hauptwohnung und zwei Einliegerwohnungen für Gäste oder Bedienstete ist im bewertungsrechtlichen Sinn ein Mietwohngrundstück.

54 Das Vorhandensein von mehr als zwei Wohnungen ist nach dem Gesetz allerdings nicht Voraussetzung für das Vorliegen eines Mietwohngrundstückes, da das Gesetz lediglich auf eine mehr als 80%ige **Wohnnutzung** abstellt. Möglich ist auch, dass sich in dem Gebäude Räume zu Wohnzwecken befinden, die alle nicht den Wohnungsbegriff erfüllen (beispielsweise Wohnräume in einem Studentenwohnheim in Gestalt eines Apartmenthauses).[4] Anders als es der Begriff des Mietwohngrundstückes vermuten lässt, müssen zudem nicht zwingend Mietwohnungen vorliegen (siehe bereits → Rz. 52).

55 *(Einstweilen frei)*

V. Wohnungseigentum (§ 249 Abs. 5 BewG)

56 § 249 Abs. 5 BewG definiert den Begriff des Wohnungseigentums als das **Sondereigentum an einer Wohnung** in Verbindung mit dem **Miteigentumsanteil an dem gemeinschaftlichen Eigentum**, zu dem es gehört. Der Begriff des Wohnungseigentums ist rein zivilrechtlich zu verstehen und entspricht der **Definition** nach **§ 1 Abs. 2 des Wohnungseigentumsgesetz** (WEG). Ist zivilrechtlich Wohnungseigentum mit Eintragung in das Grundbuch wirksam begründet worden,[5] liegt auch i. S. des § 249 Abs. 5 BewG Wohnungseigentum vor.[6] Ob die Begründung von vollwertigem Wohnungseigentum nach dem WEG das Bestehen der entsprechenden Räumlichkeiten voraussetzt, ist zivilrechtlich umstritten.[7] Vor Bestehen der Räumlichkeiten dürfte lediglich ein Anwartschaftsrecht in Bezug auf das Sondereigentum an der Wohnung begründbar sein.[8] Damit die wirtschaftliche Einheit Wohnungseigentum ein bebautes Grundstück i. S. von § 249 Abs. 5 BewG darstellt, müssen die Räumlichkeiten jedenfalls vorhanden sein, andernfalls kann kein Sondereigentum an einer Wohnung vorliegen.[9] Das gemeinschaftliche Eigentum umfasst das Eigentum am Grund und Boden sowie an Teilen, Anlagen und Einrichtungen des Gebäudes, die nicht im Sondereigentum oder im Eigentum eines Dritten stehen (§ 1 Abs. 4 WEG).

57–59 *(Einstweilen frei)*

1 BFH, Urteil v. 20.9.2000 - II R 7/99, NWB KAAAA-66857.
2 A 249.4 Satz 6 AEBewGrSt.
3 Vgl. auch A 249.4 Satz 7 AEBewGrSt.
4 Vgl. etwa FG Münster, Urteil v. 13.12.2018 - 3 K 34/16 EW, NWB YAAAH-14150, rkr. zur Grundsteuerbefreiung nach § 5 GrStG; A 249.4 Satz 3 AEBewGrSt..
5 Siehe zur Abgrenzung der wirtschaftlichen Einheit Bock in Grootens, BewG § 244 Rz. 88 ff.
6 Vgl. BFH, Urteil v. 24.7.1991 - II R 132/88, BStBl 1993 II S. 87 zur Einheitsbewertung.
7 Vgl. zum Streit Leidner, BeckOK WEG § 3 Rz. 33 ff.
8 Vgl. Kral, BeckOK-WEG, § 8 Rz. 38; a. A. BGH, Urteil v. 22.12.1989 - V ZR 339/87, NJW 1990 S. 1111.
9 So auch A 249.5 Abs. 3 Satz 4 AEBewGrSt.

VI. Teileigentum (§ 249 Abs. 6 BewG)

§ 249 Abs. 6 BewG definiert den Begriff des Teileigentums als das **Sondereigentum an nicht zu Wohnzwecken dienenden Räumen** (beispielsweise Ladenlokale, Büroräume, Werkstätten[1]) eines Gebäudes i.V. mit **dem Miteigentum an dem gemeinschaftlichen Eigentum**, zu dem es gehört.[2] Der Begriff des Teileigentums ist rein zivilrechtlich zu verstehen und entspricht der **Definition nach § 1 Abs. 3 WEG.**[3] Ist zivilrechtlich Teileigentum mit Eintragung in das Grundbuch wirksam begründet worden,[4] liegt auch i. S. des § 249 Abs. 6 BewG Teileigentum vor.[5] Teileigentum als bebautes Grundstück i. S. von § 249 Abs. 6 BewG setzt das Bestehen der entsprechenden Räumlichkeiten voraus (siehe zum zivilrechtlichen Problem → Rz. 56). Das gemeinschaftliche Eigentum umfasst das Eigentum am Grund und Boden sowie an Teilen, Anlagen und Einrichtungen des Gebäudes, die nicht im Sondereigentum oder im Eigentum eines Dritten stehen (§ 1 Abs. 4 WEG).[6] 60

(Einstweilen frei) 61–63

VII. Geschäftsgrundstücke (§ 249 Abs. 7 BewG)

§ 249 Abs. 7 BewG definiert die Grundstücksart der Geschäftsgrundstücke. **Geschäftsgrundstücke** sind nach der gesetzlichen Definition Grundstücke, die zu **mehr als 80 %,** berechnet nach der **Wohn- und Nutzfläche**, eigenen oder fremden **betrieblichen** (insbes. gewerblichen und freiberuflichen[7] Zwecken) oder **öffentlichen Zwecken** dienen (siehe vertiefend → Rz. 34 ff.) und **nicht Teileigentum** (siehe dazu → Rz. 60) sind.[8] Stellt ein Grundstück kein Teileigentum dar und dient es zu weniger als 20 %, berechnet nach der Wohn- und Nutzfläche, Wohnzwecken, so ist es allein nach seiner Nutzungsart der Gruppe der Geschäftsgrundstücke zuzuordnen. Dabei kommt es nicht darauf an, ob und wie viele Wohnräume oder Wohnungen in dem den Wohnzwecken dienenden Grundstücksteil vorhanden sind.[9] Geschäftsgrundstücke i. S. der Norm können insbesondere bei mit Fabrik-, Industrie, Verwaltungs-, Bürogebäuden, Hotels oder Dienstgebäuden der öffentlichen Verwaltung bebauten Grundstücken vorliegen.[10] 64

(Einstweilen frei) 65–67

VIII. Gemischt genutzte Grundstücke (§ 249 Abs. 8 BewG)

§ 249 Abs. 8 BewG enthält die Definition der Grundstücksart der gemischt genutzten Grundstücke. **Gemischt genutzte Grundstücke** sind nach der gesetzlichen Definition Grundstücke, die sowohl Wohnzwecken als auch eigenen oder fremden betrieblichen (insbes. gewerblichen und freiberuflichen Zwecken) oder öffentlichen Zwecken dienen und nicht Ein- und Zweifamilienhäuser, Miet- 68

1 Commichau, in MüKo-BGB, WEG § 1 Rz. 13.
2 A 249.6 Satz 2 AEBewGrSt.
3 A 249.6 Satz 4 AEBewGrSt.
4 Siehe zur Abgrenzung der wirtschaftlichen Einheit Bock in Grootens, BewG § 244 Rz. 88 ff.
5 Vgl. BFH, Urteil v. 24.7.1991 - II R 132/88, BStBl 1993 II S. 87 zum Wohnungseigentum bei der Einheitsbewertung.
6 A 249.6 Satz 3 AEBewGrSt.
7 Vgl. BFH, Urteil v. 22.2.1985 - III R 78/81, BStBl 1985 II S. 284 zur Einheitsbewertung.
8 A 249.7 Satz 1 AEBewGrSt.
9 Vgl. BFH, Urteil v. 22.2.1985 - III R 78/81, BStBl 1985 II S. 284 zur Einheitsbewertung; vgl. auch Beispiel bei Stöckel, NWB 2020 S. 3324.
10 A 249.7 Satz 2 AEBewGrSt.

wohngrundstücke, Wohnungseigentum, Teileigentum oder Geschäftsgrundstücke sind.[1] Die gemischt genutzten Grundstücke sind solche, die zu **mindestens 20 %** (andernfalls Geschäftsgrundstück, siehe → Rz. 64) und zu höchstens 80 % (andernfalls Mietwohngrundstück, siehe → Rz. 52 f.) **Wohnzwecken** dienen.[2] Bei einer Wohnnutzung ab 50 % muss zusätzlich geprüft werden, ob sich in dem Gebäude nur eine oder zwei Wohnungen befinden. Anderenfalls könnte ein Ein- bzw. Zweifamilienhaus vorliegen (zur Abgrenzung siehe → Rz. 34 ff.).

69–71 *(Einstweilen frei)*

IX. Sonstige bebaute Grundstücke (§ 249 Abs. 9 BewG)

72 § 249 Abs. 1 Nr. 8 i. V. mit Abs. 9 BewG enthält mit den sonstigen bebauten Grundstücken einen Auffangtatbestand. Zu den **sonstigen bebauten Grundstücken** gehören alle Grundstücke, die nicht unter § 249 Abs. 2–8 BewG subsumiert werden können, die also zu keinen der vorstehend in den → Rz. 29 ff. aufgeführten Grundstücksarten gehören.[3] Zu den sonstigen bebauten Grundstücken zählen etwa **Clubhäuser, Vereinshäuser, Bootshäuser, studentische Verbindungshäuser, Turnhallen von Sportvereinen, Schützenhallen oder Jagdhütten.**[4] **Garagengrundstücke** fallen auch unter die Grundstücksart sonstiges bebautes Grundstück, soweit sie nicht betrieblich genutzt werden oder in eine andere wirtschaftliche Einheit nach § 244 Abs. 2 BewG einzubeziehen sind.[5] **Gartenlaubengrundstücke** können zu den bebauten Grundstücken zählen und je nach den Umständen des Einzelfalles entweder zum land- und forstwirtschaftlichen Vermögen (Kleingartenland) gehören,[6] Einfamilienhäuser oder sonstige bebaute Grundstücke darstellen.[7] **Nicht winterfeste** und damit nicht dauerhaft bewohnbare **Wochenendhäuser,** die anderenfalls Einfamilien-, Zweifamilienhäuser oder Mietwohngrundstücke wären, gehören ebenfalls der Grundstücksart sonstiges bebautes Grundstück an.[8]

73–75 *(Einstweilen frei)*

X. Begriff der Wohnung (§ 249 Abs. 10 BewG)

1. Allgemeines

76 Mit § 249 Abs. 10 BewG enthält das BewG erstmals eine **gesetzliche Definition** des bewertungsrechtlichen Begriffs der **Wohnung** für Zwecke der Bewertung bei der Grundsteuer.[9] Sie ist maßgebend für die Abgrenzung der Grundstücksarten, soweit es dabei auf das Vorliegen einer Wohnung oder die Anzahl der Wohnungen in der wirtschaftlichen Einheit ankommt (insbes. bei Ein- und Zweifamilienhäusern). Eine Wohnung setzt nach § 249 Abs. 10 BewG voraus:

1 A 249.8 Satz 1 AEBewGrSt.
2 A 249.8 Satz 2 AEBewGrSt.
3 A 249.9 Satz 1 AEBewGrSt.
4 A 249.9 Satz 2 AEBewGrSt; Schnitter, 360° GrStG eKommentar, BewG § 249 Rz. 35; Krause in Stenger/Loose, BewG § 249 Rz. 171.
5 A 249.9 Satz 3 AEBewGrSt; siehe hierzu vertiefend Bock in Grootens, BewG § 244 Rz. 40 ff. und A 244 Abs. 3 AEBewGrStG.
6 Vgl. Müller in Grootens, BewG § 240 Rz. 20.
7 Siehe im Einzelnen Christoffel, INF 1985 S. 32.
8 A 249.9 Satz 4 AEBewGrSt; Krause in Stenger/Loose, BewG § 249 Rz. 171.
9 BT-Drucks. 19/11085 S. 111.

- In der Regel eine Zusammenfassung mehrerer Räume, die in ihrer Gesamtheit so beschaffen sein müssen, dass die **Führung eines selbständigen Haushalts** möglich ist (§ 249 Abs. 10 Satz 1 BewG).[1]
- Die Räume müssen eine von anderen Wohnungen oder Räumen, insbesondere Wohnräumen, **baulich getrennte**, in sich **abgeschlossene Wohneinheit** bilden und einen **selbständigen Zugang** haben (§ 249 Abs. 10 Satz 2 BewG).[2]
- Vorhandensein der für die Führung eines selbständigen Haushalts **notwendigen Nebenräume (Küche, Bad** oder **Dusche, Toilette)** (§ 249 Abs. 10 Satz 3 BewG).[3]
- Die Räume sollen insgesamt eine **Wohnfläche** von **mindestens 20 m²** aufweisen (§ 249 Abs. 10 Satz 4 BewG).[4]

Der in § 249 Abs. 10 BewG definierte Wohnungsbegriff gibt die von der Rechtsprechung des BFH und zu § 75 BewG und zu § 5 Abs. 2 GrStG[5] entwickelte typologischen Umschreibungen zum Wohnungsbegriff wieder.[6] Nach der Rechtsprechung handelt es sich beim Wohnungsbegriff um einen Typusbegriff[7] mit der Folge, dass die einzelnen Tatbestandsmerkmale nicht zwingend vollständig vorliegen müssen. Die in § 249 Abs. 10 BewG vorgenommene offenere Definition der Wohnung durch Verwendung von Begriffen wie „in der Regel" und „soll" wird dem Typusbegriff der Wohnung eher gerecht als die als Klassenbegriff ausgestaltete Definition in § 181 Abs. 9 BewG a. F. Mit dem Jahressteuergesetz 2022[8] wurde die Definition der Wohnung nach § 181 Abs. 9 BewG an die Definition des § 249 Abs. 10 BewG angepasst.[9] 77

Insbesondere das Merkmal, ob die Führung eines Haushalts in den Räumlichkeiten objektiv möglich ist und ob die Räumlichkeiten die erforderliche **Mindestfläche** erfüllen, ist nicht an konkrete unveränderliche Voraussetzungen geknüpft, sondern nach den Umständen des Einzelfalls unter Zugrundelegung der Verkehrsauffassung zu beurteilen.[10] Beispielsweise ist die Einordnung einer Wohneinheit eines Studentenwohnheims als eine Wohnung i. S. des § 249 Abs. 10 BewG möglich, wenn die Wohneinheiten lediglich 20 m² statt die bei der Erbschaft- und Schenkungsteuer nach § 181 Abs. 9 Satz 4 BewG zwingend erforderlichen 23 m² aufweisen.[11] Den Wohnungsbegriff können auch sog. **Tiny-Häuser** (d. h. Kleinst- oder Mikrohäuser) erfüllen, bei denen ein Wohnen auf möglichst engem Raum das Wohnkonzept darstellt, wenn sie eine Wohnfläche unter 20 m² aufweisen.[12] 78

---

1 A 249.10 Satz 2 AEBewGrSt.
2 A 249.10 Satz 3 AEBewGrSt.
3 A 249.10 Satz 4 AEBewGrSt.
4 A 249.10 Satz 5 AEBewGrSt.
5 Vgl. dazu BFH, Urteil v. 5.10.1984 - III R 192/83, BStBl 1985 II S. 151; BFH, Urteil v. 21.4.1999 - II R 5/97, BStBl 1999 II S. 496; BFH, Urteil v. 5.10.1984 - III R 192/83, BStBl 1985 II S. 151; FG Münster v. 13.12.2018 - 3 K 34/16, NWB YAAAH-14150, rkr.
6 BT-Drucks. 19/11085 S. 111; Krause in Stenger/Loose, BewG § 249 Rz. 180.
7 Pahlke, DStR-Beih. 2011 S. 66; BFH, Urteil v. 5.10.1984 - III R 192/83, BStBl 1985 II S. 151, danach handelt es sich beim Wohnungsbegriff um einen Typusbegriff mit einem festen „Begriffskern" und einem relativ weiten „Begriffshof".
8 Gesetz v. 16.12.2022, BGBl 2022 I S. 2294.
9 Vgl. dazu vertiefend Bock in Viskorf/Schuck/Wälzholz, BewG § 181 Rz. 26.
10 BFH, Urteil v. 5.10.1984 - III R 192/83, BStBl 1985 II S. 151; BFH, Urteil v. 17.5.1990 - II R 182/87, BStBl 1990 II S. 705; A 249.10 Satz 6 AEBewGrSt.
11 Vgl. BFH, Urteil v. 4.12.2014 - II R 20/14, BStBl 2015 II S. 610.
12 A 249.10 Satz 6 AEBewGrSt; Krause in Stenger/Loose, BewG § 249 Rz. 182.

79 Die Merkmale einer Wohnung betreffen insbesondere die **bauliche Gestaltung**[1] und **Ausstattung** der Räumlichkeiten. Die Begriffsmerkale müssen zum jeweiligen **Feststellungszeitpunkt** erfüllt sein.[2] Auf den Zeitpunkt der Errichtung oder eines An-, Aus- oder Umbaus des betreffenden Gebäudes kommt es insofern ebenso wenig an, wie auf die subjektive Sicht des einzelnen Nutzers.[3] Unerheblich ist das Vorhandensein einer Klingel, eines Briefkastens, eines Telefon-, Fernseh- oder Internetanschlusses sowie ob die Wohnung den derzeitigen Wohnstandards entspricht.[4] Für Billigkeitsmaßnahmen ist grundsätzlich kein Raum (§ 220 Satz 2 BewG).[5] Der Begriff der Wohnung setzt inzident voraus, dass die zu einer Wohnung zusammengefassten Räume tatsächlich **Wohnzwecken** dienen oder dazu zu dienen bestimmt sind.[6] Es darf sich insbesondere nicht um Raumeinheiten handeln, die eigenen oder fremden **betrieblichen** (gewerblichen), freiberuflichen oder öffentlichen Zwecken dienen oder hierzu bestimmt sind.[7] Als Wohnbeispiel eingerichtete Räumlichkeiten in einem Einrichtungshaus erfüllen daher nicht den Wohnungsbegriff i. S. des § 249 Abs. 10 BewG. Unerheblich ist, ob die Räume selbst genutzt werden, vermietet sind oder leer stehen. Eine Raumeinheit, deren Nutzung zu Wohnzwecken ertragsteuerrechtlich zu gewerblichen Einkünften führt, kann eine Wohnung im bewertungsrechtlichen Sinne sein.[8]

80–82 *(Einstweilen frei)*

2. Möglichkeit der Führung eines selbständigen Haushalts (§ 249 Abs. 10 Satz 1 BewG)

83 Eine Wohnung setzt i. d. R. eine Zusammenfassung mehrerer Räume voraus, die in ihrer Gesamtheit so beschaffen sein müssen, dass sie auf Dauer zur Führung eines selbständigen Haushalts geeignet sind.[9] Unter welchen Voraussetzungen die Führung eines selbständigen Haushalts möglich ist, entscheidet sich nach der **Verkehrsauffassung**.[10] Das heißt nach der gerichtsbekannten Anschauung, die urteilsfähige und unvoreingenommene Bürger von einer Sache haben oder gewinnen, wenn sie mit ihr befasst werden.[11]

1 BFH, Urteil v. 21.4.1999 - II R 5/97, BStBl 1999 II S. 496 zur Einheitsbewertung.

2 BFH, Urteil v. 9.12.1970 - III R 3/69, BStBl 1971 II S. 230 zur Einheitsbewertung.

3 BFH, Urteil v. 21.4.1999 - II R 5/97, BStBl 1999 II S. 496; FG Münster, Urteil v. 26.7.2018 - 3 K 233/18 EW, EFG 2018 S. 1873, NWB LAAAG-96768, nrkr. Rev. eingelegt, BFH-Az.: II R 39/18 zu einem **Ferienhaus**; jeweils zur Einheitsbewertung.

4 FG Münster, Urteil v. 26.7.2018 - 3 K 233/18 EW, NWB LAAAG-96768, nrkr. Rev. eingelegt, BFH-Az.: II R 39/18 zur Einheitsbewertung betr. **Ferienhaus.**

5 Siehe dazu vertiefend Kurt in Grootens, BewG § 220 Rz. 71 ff.

6 BFH, Urteil v. 5.2.1986 - II R 31/85, BStBl 1986 II S. 446; BFH, Urteil v. 22.2.1985 - III R 78/81, BStBl 1985 II S. 284 jeweils zur Einheitsbewertung.

7 Vgl. u. a. BFH, Urteil v. 5.2.1986 - II R 31/85, BStBl 1986 II S. 448 zur Einheitsbewertung.

8 BFH, Urteil v. 14.3.1990 - II R 31/87, BStBl 1990 II S. 531 zur Einheitsbewertung, betr. Vermietung einer Raumeinheit an eine GmbH zur Unterbringung von Geschäftsfreunden.

9 BFH, Urteil v. 11.4.2006 - II R 77/04, BStBl 2006 II S. 1707; BFH, Urteil v. 17.5.1990 - II R 182/87, BStBl 1990 II S. 705; BFH, Urteil v. 30.4.1982 - III R 33/80, BStBl 1982 II S. 67; BFH, Urteil v. 11.2.1987 - II R 210/83, BStBl 1987 II S. 306, jeweils zu § 5 Abs. 2 GrStG; BFH, Urteil v. 5.10.1984 - III R 192/83, BStBl 1985 II S. 151 zur Einheitsbewertung.

10 BFH, Urteil v. 17.5.1990 - II R 182/87, BStBl 1990 II S. 705; BFH, Urteil v. 30.5.1990 - II R 139/86, NWB YAAAB-31528; BFH, Urteil v. 11.2.1987 - II R 210/83, BStBl 1987 II S. 306; BFH, Urteil v. 30.4.1982 - III R 33/80, BStBl 1982 II S. 67 jeweils zu § 5 Abs. 2 GrStG; BFH, Urteil v. 5.10.1984 - III R 192/83, BStBl 1985 II S. 151 zur Einheitsbewertung.

11 BFH, Urteil v. 25.5.1979 - III R 101/77, BStBl 1979 II S. 542; BFH, Urteil v. 9.12.1970 - III R 3/69, BStBl 1971 II S. 230 jeweils zur Einheitsbewertung.

Das Bild einer Wohnung nach der Verkehrsauffassung wird wesentlich durch die **örtlichen Verhältnisse** mitbestimmt.[1] So sind an eine Wohnung in einem Altenheim, in dem die Hauptmahlzeiten i. d. R. nicht in der Wohnung selbst zubereitet werden, geringere Anforderungen zu stellen als an eine Wohnung in einem Ein- oder Zweifamilienhaus.[2] Unter Umständen kann auch ein Raum genügen (beispielsweise eine Loftwohnung), um den Wohnungsbegriff zu erfüllen. Der Führung eines selbständigen Haushalts steht nicht entgegen, dass die Nutzer der Räumlichkeiten im Rahmen ihrer Betreuung wieder eine Selbständigkeit erlangen sollen, die ihnen ein Leben ohne medizinische, psychologische und organisatorische Hilfe ermöglicht.[3] 84

Nicht erforderlich ist, dass die Räumlichkeiten baulich auf die Bedürfnisse einer typischen Familie zugeschnitten sind, mehrere Bewohner tatsächlich einen gemeinsamen Haushalt führen oder ein gemeinsames Wohnzimmer vorhanden ist.[4] Dass die Räumlichkeiten tatsächlich nur vorübergehend von häufig wechselnden Personen genutzt werden, ist unerheblich.[5] Unerheblich ist auch, ob das betroffene Grundstück bauplanungsrechtlich in einem **Wochenendhausgebiet** liegt.[6] Werden die Räumlichkeiten, insbesondere Studentenapartments, nur möbliert vermietet, spricht dies allein nicht gegen die Einordnung als Wohnung.[7] 85

Von einer Wohnung i. S. des BewG kann nicht ausgegangen werden, wenn ausreichender, zur **Führung eines selbständigen Haushalts** objektiv geeigneter, d. h. **benutzbarer Wohnraum,** nicht oder nicht mehr vorhanden ist. Dies ist etwa der Fall, wenn ein für die Erfüllung des Wohnungsbegriffs erforderlicher Gebäudeteil **zerstört** ist, der Raum oder Gebäudeteil aus **baurechtlichen Gründen** nicht zum dauernden Aufenthalt von Menschen geeignet ist[8] oder sich in einem Zustand befindet, der aus Gründen der Bau- oder Gesundheitsaufsicht eine dauernde – der Zweckbestimmung entsprechende – **Benutzung nicht gestattet.**[9] Dabei ist es unerheblich, ob der Wohnraum tatsächlich als Wohnung genutzt wird.[10] 86

Die **Bauordnungsvorschriften der Länder** über die Anforderungen an die Eignung von Räumen zum dauernden Aufenthalt von Menschen können für den bewertungsrechtlichen Wohnungsbegriff indiziell von Bedeutung sein, sind aber für den bundesrechtlichen Begriff der Wohnung nach § 249 Abs. 10 BewG letztlich nicht verbindlich.[11] Die Landesbauordnungen, die Regelungen des 2. Wohnungsbaugesetzes und die Fachnormen des Deutschen Normausschusses (bei- 87

---

1 BFH, Urteil v. 30.4.1982 - III R 33/80, BStBl 1982 II S. 67 zu § 5 Abs. 2 GrStG; BFH, Urteil v. 25.5.1979 - III R 101/77, BStBl 1979 II S. 542 zur Einheitsbewertung.

2 BFH, Urteil v. 30.4.1982 - III R 33/80, BStBl 1982 II S. 67 zu § 5 Abs 2 BewG.

3 BFH, Urteil v. 21.4.1999 - II R 5/97, BStBl 1999 II S. 496 zu § 5 Abs. 2 GrStG betr. ein **Wohnheim.**

4 BFH, Urteil v. 4.12.2014 - II R 20/14, BStBl 2015 II S. 610; BFH, Urteil v. 11.4.2006 - II R 77/04, BStBl 2006 II S. 1707; BFH, Urteil v. 15.3.2001 - II R 38/99, NWB JAAAA-66827; BFH, Urteil v. 21.4.1999 - II R 5/97, BStBl 1999 II S. 496; BFH, Urteil v. 21.7.1993 - II R 75/92, NWB LAAAB-33777 jeweils zu § 5 Abs. 2 GrStG.

5 BFH, Urteil v. 22.9.1993 - II R 63/91, BStBl 1994 II S. 415 zu § 5 Abs. 2 GrStG betr. eine **Ferienwohnung;** FG Münster v. 26.7.2018 - 3 K 233/18 EW, EFG 2018 S. 1873, NWB LAAAG-96768, nrkr. Rev. eingelegt, BFH-Az.: II R 39/18 zu § 5 Abs. 2 GrStG betr. ein **Ferienhaus.**

6 FG Münster v. 26.7.2018 - 3 K 233/18 EW, NWB LAAAG-96768, nrkr. Rev. eingelegt, BFH-Az.: II R 39/18 zu § 5 Abs. 2 GrStG betr. ein **Ferienhaus.**

7 BFH, Urteil v. 21.7.1993 - II R 75/92, NWB LAAAB-33777 zu § 5 Abs. 2 GrStG.

8 BFH, Urteil v. 24.4.1991 - II R 2/89, BStBl 1991 II S. 683, zur Einheitsbewertung; BFH, Urteil v. 21.7.1993 - II R 75/92, NWB LAAAB-33777 zu § 5 Abs. 2 GrStG.

9 Vgl. auch zur möglicherweise Nichterfüllung des Gebäudebegriffs in diesen Fällen Bock in Grootens, BewG § 246 Rz. 33 ff.

10 BFH, Urteil v. 23.4.1992 - II R 19/89, NWB AAAAB-32975; BFH, Urteil v. 24.4.1991 - II R 2/89, BStBl 1991 II S. 683; BFH, Urteil v. 5.10.1984 - III R 192/83, BStBl 1985 II S. 151, NWB VAAAA-92007 jeweils zur Einheitsbewertung.

11 Vgl. auch BFH, Urteil v. 19.9.2019 - II R 15/16, NWB PAAAH-38405; BFH, Urteil v. 24.4.1991 - II R 2/89, BStBl 1991 II S. 683; BFH, Urteil v. 21.7.1993 - II R 75/92, NWB LAAAB-33777 jeweils zu § 5 GrStG.

spielsweise die DIN-Vorschriften Hochbau, DIN 283) können Ausdruck der Verkehrsauffassung sein.[1]

88 Insbesondere bei **Raumeinheiten in Kellergeschossen** können die in den Landesbauordnungen enthaltenen Vorschriften über **Mindestraumhöhen** und ausreichende **Belichtung** und **Belüftung** von Wohnräumen für die Anerkennung einer Wohnung in Bezug genommen werden. Das FG Hamburg[2] hat daher eine Zusammenfassung mehrerer Räume, die zur Führung eines Haushalts eingerichtet waren, nicht als (zweite) Wohnung anerkannt, weil die **lichte Höhe** der Räume nach den zum Stichtag geltenden bauordnungsrechtlichen Vorschriften unter den für Aufenthaltsräume vorgeschriebenen Mindestmaßen lag. Dies schließt allerdings nicht aus, einzelne in diesem Sinne **baurechtswidrig**, z. B. als Arbeitszimmer oder Hobbyraum **genutzte Kellerräume,** einer sonst vorhandenen Wohnung zuzurechnen.

89–91 *(Einstweilen frei)*

3. Bauliche Trennung von anderen Wohneinheiten (§ 249 Abs. 10 Satz 2 BewG)

92 Maßgebend ist neben den übrigen Merkmalen, die eine Wohnung erfüllen muss, dass die zu Wohnzwecken dienenden Räume von anderen Wohnungen oder Wohnräumen eindeutig **baulich getrennte**, in sich **abgeschlossene Einheiten** mit einem **eigenen Zugang** darstellen.[3] Wegen der Vielzahl denkbarer Gestaltungen hängt die Annahme einer baulich abgeschlossenen Wohneinheit maßgeblich von den Umständen des Einzelfalls sowie der Verkehrsauffassung ab.[4] Es muss allerdings allein nach der inneren **baulichen Gestaltung** möglich sein, jeden einzelnen Wohnraum einer bestimmten Wohnung unabhängig von den konkreten Nutzungsverhältnissen zuzuordnen, damit gewährleistet ist, dass nur Änderungen der Bausubstanz zu einer Änderung der Zahl der Wohnungen führen.

93 Daraus folgt weiter das Erfordernis einer gewissen **Dauerhaftigkeit** und eines gewissen **Bestands** des **baulichen Abschlusses** von zwei Raumeinheiten.[5] Eine Hartfaserplatte[6] oder eine Tür zwischen zwei unmittelbar aneinandergrenzenden Wohnbereichen, auch wenn sie verschlossen oder mit Möbeln zugestellt ist,[7] reichen daher als Abschluss grundsätzlich nicht aus.[8] Die Ausgestaltung der Türverbindung im Einzelnen ist nicht maßgeblich, soweit die Verbindung dazu dienen soll, den unmittelbaren Zugang zwischen den beiden Raumeinheiten zu ermöglichen.[9] Dabei ist unerheblich, ob der Zugang zu dem anderen Wohnbereich unmittelbar oder über Nebenräume besteht.[10]

---

1 BFH, Urteil v. 24.11.1978 - III R 81/76, BStBl 1979 II S. 255, NWB LAAAA-91394; BFH, Urteil v. 25.5.1979 - III R 41/78, BStBl 1979 II S. 543 jeweils zur Einheitsbewertung.

2 FG Hamburg, Urteil v 1.2.1994 - III 288/91, EFG 1994 S. 777, rkr.; vgl. auch BFH, Urteil v. 24.4.1991 - II R 2/89, BStBl 1991 II S. 683 zur Einheitsbewertung.

3 BFH, Urteil v. 25.10.1985 - III R 67/82, BStBl 1986 II S. 279 zur Einheitsbewertung.

4 BFH, Urteil v. 5.10.1984 - III R 192/83, BStBl 1985 II S. 151 zur Einheitsbewertung.

5 BFH, Urteil v. 25.10.1985 - III R 67/82, BStBl 1986 II S. 279 zur Einheitsbewertung.

6 BFH, Urteil v. 22.6.1979 - III R 17/77, BStBl 1980 II S. 175 zur Einheitsbewertung.

7 BFH, Urteil v. 22.10.1984 - III R 2/82, BStBl 1985 II S. 318 zur Einheitsbewertung.

8 Anders für den Verschluss einer Tür durch eine Holzkonstruktion BFH, Urteil v. 5.12.1990 - II R 102/87, NWB PAAAB-31518.

9 BFH, Urteil v. 13.8.1996 - II B 102/95, NWB VAAAB-37851 zur Einheitsbewertung.

10 BFH, Urteil v. 8.2.1985 - III R 62/84, BStBl 1985 II S. 319 zur Einheitsbewertung.

Für die Annahme von zwei Wohnungen müssen **beide Wohneinheiten nach ihrer baulichen Lage und Funktion vollständig voneinander getrennt** sein.[1] Nicht erforderlich ist, dass die Räumlichkeiten über eine separate Strom-, Gas- und Wasserversorgung verfügen.[2] Ausreichend ist, dass die Räumlichkeiten an entsprechende Gesamteinrichtungen angeschlossen sind.[3] 94

Die baulich abgeschlossenen Wohnungen oder Räume müssen darüber hinaus einen eigenen **abschließbaren Zugang** vom Freien, von einem Treppenhaus oder einem Vorraum haben, so dass der Wohnbereich aufgrund baulicher Maßnahmen nicht ohne weiteres gegen den Willen des Inhabers von anderen betreten werden kann.[4] Ein daneben vorhandener weiterer Zugang zu gemeinsamen Kellerräumen ist unschädlich.[5] 95

Das Vorhandensein **gemeinsam genutzter Verkehrsflächen im Gebäude** (beispielsweise Treppenhaus) kann der Beurteilung von zwei Wohneinheiten als selbständige Wohnungen entgegenstehen, wenn sie nach ihrer baulichen Lage und Funktion von beiden Wohnbereichen nicht vollständig getrennt sind (beispielsweise von beiden Wohneinheiten genutztes Gäste-WC).[6] Ebenso wie eine gemeinsame Diele bei offener Bauweise[7] darf danach ein **Windfang, Vorraum**, **Flur oder Treppenhaus**, wenn nur ein Eingang vorhanden ist, nach seiner Lage und baulichen Funktion nur dem Zugang zu den Wohnbereichen, aber selbst nicht eigenen Wohnzwecken (z. B. der Verbindung von Räumen der Hauptwohnung) dienen.[8] Dass der abschließbare Zugang aufgrund der konkreten Nutzung nicht abgeschlossen wird, ist unerheblich.[9] 96

(Einstweilen frei) 97–99

4. Vorhandensein erforderlicher Nebenräume (§ 249 Abs. 10 Satz 3 BewG)

Eine Wohnung muss die für die Führung eines selbständigen Haushalts notwendigen **Nebenräume** aufweisen. Dazu gehören nach der gesetzlichen Aufzählung eine **Toilette**, ein eigenes **Bad** oder eine **Dusche** sowie eine **Küche**. Vorausgesetzt ist dabei, wie sich aus § 249 Abs. 10 Satz 2 BewG ergibt, dass die genannten Nebenräume nicht von Inhabern einer anderen Wohneinheit mitbenutzt werden. Daraus folgt, dass konsequenterweise keine selbständigen Wohnungen bei gemeinsam genutztem Etagenbad anzunehmen sind. Die gemeinsame Nutzung einer Küche und eines Bades von zwei oder mehr Wohneinheiten in einem Studentenwohnheim dürfte dazu führen, dass die Wohneinheiten zu einer Wohnung i. S. des § 249 Abs. 10 BewG zusammengefasst werden.[10] Dass zu den einzelnen Wohneinheiten separate abschließbare Zugänge bestehen, dürfte dem nicht widersprechen.[11] 100

(Einstweilen frei) 101–103

1 BFH, Urteil v. 4.8.1993 - II R 23/91, NWB VAAAB-33752 zur Einheitsbewertung.

2 BFH, Urteil v. 22.9.1993 - II R 63/91, BStBl 1994 II S. 415 zu § 5 Abs. 2 GrStG; FG Münster v. 26.7.2018 - 3 K 233/18 EW, NWB LAAAG-96768, nrkr. Rev. eingelegt, BFH-Az.: II R 39/18 zu § 5 Abs. 2 GrStG betr. ein **Ferienhaus**.

3 BFH, Urteil v. 22.9.1993 - II R 63/91, BStBl 1994 II S. 415 zu § 5 Abs. 2 GrStG.

4 FG Münster, Urteil v. 13.12.2018 - 3 K 34/16 EW, NWB YAAAH-14150, rkr. zu § 5 Abs. 2 GrStG.

5 FG Berlin, Urteil v. 12.4.1989 - II 377/88, EFG 1990 S. 221; siehe auch im Anschluss daran FG Baden-Württemberg, Urteil v. 3.6.1994 - 3 K 7/89, StEd 1994 S. 603.

6 BFH, Urteil v. 26.3.1985 - III R 124/84, BStBl 1985 II S. 496, betr. Windfang, v. 24.4.1991 - II R 106/89, NWB CAAAB-32234 zur Einheitsbewertung betr. **Treppenhaus** als Zugang zu einem weiteren Zimmer und einer Wohnung.

7 BFH, Urteil v. 5.10.1984 - III R 192/83, BStBl 1985 II S. 151 zur Einheitsbewertung.

8 BFH, Urteil v. 24.4.1991 - II R 106/89, NWB CAAAB-32234 zur Einheitsbewertung betr. **Treppenhaus** als Zugang zu einem weiteren Zimmer und einer Wohnung.

9 BFH, Urteil v. 11.4.2006 - II R 77/04, BStBl 2006 II S. 1707; BFH, Urteil v. 15.3.2001 - II R 38/99, NWB JAAAA-66827.

10 BFH, Urteil v. 21.7.1993 - II R 75/92, NWB LAAAB-33777 zur Einheitsbewertung.

11 BFH, Urteil v. 21.7.1993 - II R 75/92, NWB LAAAB-33777 zur Einheitsbewertung.

5. Ausreichend vorhandene Wohnfläche (§ 249 Abs. 10 Satz 4 BewG)

104 Eine Wohneinheit darf eine bestimmte **Fläche** nicht unterschreiten, um nach der Rechtsprechung für die Führung eines Haushaltes geeignet zu sein.[1] Die Mindestfläche soll sicherstellen, dass der Bewohner genügend Raum zur Entfaltung seiner Persönlichkeit hat und die Räumlichkeiten nicht nur eine vorübergehende Schlafmöglichkeit mit eng begrenztem Arbeitsplatz darstellen.[2] Welche Fläche mindestens vorhanden sein muss, entscheidet sich nach der Rechtsprechung des BFH in Abhängigkeit der Verkehrsauffassung.[3] Nach Auffassung des BFH ist bei der Einheitsbewertung für eine Wohnung i. S. des § 75 Abs. 5 und 6 BewG grundsätzlich eine Wohnfläche von mehr als 23 m² erforderlich.[4] Bei Apartments in einem **Studentenwohnheim** oder einem **Altenwohnheim** lässt die Rechtsprechung jedoch bereits eine Gesamtwohnfläche von **nicht unter 20 m²** für die Annahme einer Wohnung genügen.[5]

105 Auf diese BFH-Rechtsprechung fußt die gesetzliche Bestimmung des § 249 Abs. 10 Satz 4 BewG, wonach die **Wohnfläche mindestens 20 m²** betragen soll.[6] Damit wird die Definition in § 249 Abs. 10 BewG eher dem Typusbegriff gerecht als die Definition der Wohnung in § 181 Abs. 9 BewG, die eine Mindestgröße von 23 m² festschreibt. Diese offene Definition macht es möglich beispielsweise Tiny-Häuser mit einer Fläche von weniger als 20 m² dennoch als Einfamilienhäuser zu bewerten.

106 Bei der Ermittlung der Gesamtwohnfläche einer abgeschlossenen Raumeinheit sind nur die Wohnflächen solcher Räume zusammenzurechnen, die nach ihrer baulichen Lage zu einer Einheit zusammengefasst sind. Ein Windfang z. B. hinter dem Eingang zur Hauptwohnung ist daher einer Einliegerwohnung nicht anteilig zuzurechnen. Das **häusliche Arbeitszimmer** innerhalb einer Wohnung ist noch dem Wohnen zuzurechnen.[7] Die ertragsteuerrechtliche Einordnung des häuslichen Arbeitszimmers ist hierbei unerheblich. Ein außerhalb einer abgeschlossenen Wohnung als Büro oder häusliches Arbeitszimmer genutzter Raum wird der Wohnfläche hingegen nicht mehr zugerechnet (vgl. bereits → Rz. 37).

§ 250 BewG Bewertung der bebauten Grundstücke

(1) Der Grundsteuerwert bebauter Grundstücke ist nach dem Ertragswertverfahren (Absatz 2) oder dem Sachwertverfahren (Absatz 3) zu ermitteln.

(2) Im Ertragswertverfahren nach den §§ 252 bis 257 sind zu bewerten:

1. Einfamilienhäuser,

---

1 BFH, Urteil v. 30.5.1990 - II R 139/86, NWB YAAAB-31528; BFH, Urteil v. 17.5.1990 - II R 182/87, BStBl 1990 II S. 705; BFH, Urteil v. 11.2.1987 - II R 210/83, BStBl 1987 II S. 306 jeweils zu § 5 Abs. 2 GrStG; BFH, Urteil v. 25.5.1979 - III R 101/77, BStBl 1979 II S. 542 zur Einheitsbewertung.

2 BFH, Urteil v. 17.5.1990 - II R 182/87, BStBl 1990 II S. 705 zu § 5 Abs. 2 GrStG betr. **Studentenwohnheim**.

3 BFH, Urteil v. 17.5.1990 - II R 182/87, BStBl 1990 II S. 705 zu § 5 Abs. 2 GrStG; BFH, Urteil v. 25.5.1979 - III R 101/77, BStBl 1979 II S. 542 zur Einheitsbewertung.

4 BFH, Urteil v. 24.11.1978 - III R 81/76, BStBl 1979 II S. 255; BFH, Urteil v. 26.3.1985 - III R 124/84, BStBl 1985 S. 496 (knapp 15 m² nicht ausreichend); BFH, Urteil v. 20.6.1985 - III R 71/83, BStBl 1985 II S. 582 m. w. N. jeweils zur Einheitsbewertung; BFH, Urteil v. 11.2.1987 - II R 210/83, BStBl 1987 II S. 306 (15,70 m² und 16,50 m² nicht ausreichend) zu § 5 Abs. 2 GrStG.

5 BFH, Urteil v. 4.12.2014 - II R 20/14, BStBl 2015 II S. 610; BFH, Urteil v. 17.5.1990 - II R 182/87, BStBl 1990 II S. 705; BFH, Urteil v. 21.7.1993 - II R 75/92, NWB LAAAB-33777 jeweils zu § 5 Abs. 2 GrStG bei **Studentenwohnheimen**; BFH, Urteil v. 30.4.1982 - III R 33/80, BStBl 1982 II S. 671 zu § 5 Abs. 2 GrStG für Wohnräume in einem **Altenwohnheim**.

6 BT-Drucks. 19/11085 S. 111.

7 BFH, Urteil v. 9.11.1988 - II R 61/87, BStBl 1989 II S. 135; BFH, Urteil v. 6.11.1991 - II R 91/87, NWB ZAAAA-93530 jeweils zur Einheitsbewertung.

2. Zweifamilienhäuser,

3. Mietwohngrundstücke,

4. Wohnungseigentum.

(3) Im Sachwertverfahren nach den §§ 258 bis 260 sind zu bewerten:

1. Geschäftsgrundstücke,

2. gemischt genutzte Grundstücke,

3. Teileigentum,

4. sonstige bebaute Grundstücke.

Inhaltsübersicht

LITERATUR:

Becker, Grundsteuerreformmodelle im Vergleich – Konzeption und Praxisfolgen, BB 2011 S. 535; *Feldner/Stoklassa*, Verfassungsrechtliche Fragen zur sog. Länderöffnungsklausel bei der Grundsteuerreform, DStR 2019 S. 2505; *Freund*, Der Belastungsgrund der Grundsteuer – von Leistungsfähigkeit und Äquivalenz, FR 2019 S. 931; *Jarass/Trautwetter*, Grundsteuerreform - Wer gewinnt, wer verliert?, BB 2019 S. 1751; *G. Kirchhoff*, Die grundgesetzlichen Grenzen der Grundsteuerreform, DStR 2018 S. 2661; *Löhr*, Grundsteuerreform: Abschaffung der Umlagefähigkeit?, BB 2019 S. 91; *Löhr*, Flächensteuer: Eine Mogelpackung?, BB 2019 S. 2589; ders., Entwurf zum Grundsteuer-Reformgesetz: Die große Unvollendete, DStR 2019 S. 1433; *Löhr*, Grundsteuerreform: Panne auf der Zielgeraden?, ZKF 2019 S. 169; *Maiterth/Lutz*, Grundsteuerreform und Gleichmäßigkeit der Besteuerung, StuW 2019 S. 22; *Marx*, Ökonomische Analyse des Grundsteuer-Reformgesetzentwurfs, DStZ 2019 S. 372; *Mayer*, Perspektiven und Schranken einer GrSt-Reform nach dem BVerfG-Urteil v. 10.4.2018, DB 2018 S. 2200; *Schmidt*, Reform der Grundsteuer, NWB 2019 S. 3719, NWB BAAAH-36269; *Schmidt*, Verfassungswidrigkeit der Grundsteuer als Flächensteuer, DStR 2020 S. 249; *Seer*, Grundsteuer nach dem Urteil des BVerfG v. 10.4.2018 – Analyse und Folgerungen, DB 2018 S. 1488; *Seer*, Reform der Grundsteuer nach dem Entwurf der Bundesregierung, FR 2019 S. 941; *Vogel*, Die Reform der Grundsteuer – Hintergrund, Herausforderungen und Handlungsoptionen für den Gesetzgeber, jM 2019 S. 206; *Stöckel*, Grundsteuerreform: Auswirkungen der Einführung einer Öffnungsklausel, NWB 2020 S. 850, NWB YAAAH-44237; *Ramb*, Neubewertung der Grundstücke im Grundvermögen, NWB 2020 S. 1356, NWB JAAAH-47116; *G. Kirchhof*, Der Belastungsgrund von Steuern – zum verfassungsrechtlichen Auftrag, die Grundsteuer zu reformieren, DStR 2020 S. 1073; *Eggert*, Überblick zur Reform der Grundsteuer, Wie sich Steuerberater und ihre Mandanten auf die Neuberechnung vorbereiten sollten, BBK 2020 S. 227; *Nagel*, Steuerliche Immobilienbewertung: Vom Einheitswert zum Verkehrswert, NWB 2020 S. 2688; *Scheffler/Feldner*, Umsetzung der Grundsteuerreform in den Bundesländern – Auswirkungen und verfassungsrechtliche Beurteilung, ifst-Schrift Nr. 542; *Krumm*, Bewertung von Immobilien für die Besteuerung, DStJG 44/2022 S. 225; *Breinersdorfer*, Droht neues verfassungsrechtliches Unheil bei der Grundsteuer?, DStJG 44/2022 S. 285; *Bräutigam/Weber*, Die Grundsteuerreform geht in die Verlängerung – Von Bescheiden, möglichen Einspruchsverfahren und Anzeigepflichten, DStR 2023 S. 739; *G. Kirchhof*, Das GrStG des Bundes: kompetenzrechtlicher Konstruktionsfehler – verfassungsrechtlicher Reformauftrag, DB

2023 S. 1116; *Blut*, Grundsteuerreform 2025 – Das Niedersächsische GrStG zwischen Wunsch und Wirklichkeit, DStR 2023 S. 2756; *Weiß*, Zweifelsfragen bei der Grundsteuerbewertung im Grundvermögen (Bundesmodell), ErbStB 2023 S. 111; *Degen*, Zur Grundsteuer bebauter Grundstücke ab dem 1.1.2025 – Ein Vergleich des Bundesmodells mit dem Flächenmodell des Freistaates Bayern, DStR 2023 S. 2314; *Winkler*, Die Verfassungsmäßigkeit der Grundsteuer, 2023; *Freund*, Die gerechte Grundsteuer im Lichte von Leistungsfähigkeits- und Äquivalenzprinzip, 2023; *Schmidt*, Vom Grund der Grundsteuer, DStR 2024 S. 2040.

ARBEITSHILFEN UND GRUNDLAGEN ONLINE:

Berechnung der Grundsteuer nach der Gesetzesreform, Berechnungstool „Grundsteuer" nach dem Entwurf v. 21.6.2019, NWB NAAAH-30144. Grundsteuer: Grundbesitzbewertung ab 2022/2025 (Sach- und Ertragswertverfahren) – Checkliste mit Berechnungen, NWB NAAAH-93792.

VERWALTUNGSANWEISUNGEN:

Koordinierte Erlasse der obersten Finanzbehörden der Länder v. 9.11.2021 – Anwendung des Siebenten Abschnitts des Zweiten Teils des Bewertungsgesetzes zur Bewertung des Grundbesitzes (allgemeiner Teil und Grundvermögen) für die Grundsteuer ab 1.1.2022 (AEBewGrSt), BStBl I 2021 S. 2334.

A. Allgemeine Erläuterungen zu § 250 BewG

I. Normzweck und wirtschaftliche Bedeutung der Vorschrift

1 § 250 Abs. 1 BewG bestimmt als die für die einzelnen Grundstücksarten bebauter Grundstücke anzuwendenden Bewertungsmethoden das **Ertrags- und Sachwertverfahren.**[1] Für die **Wohngrundstücke** findet nach § 250 Abs. 2 BewG zwingend das Ertragswertverfahren und für die **Nichtwohngrundstücke** einschließlich der gemischt genutzten Grundstücke nach § 250 Abs. 3 BewG zwingend das Sachwertverfahren Anwendung.[2] § 250 BewG stellt ein abgeschlossenes Regelungssystem dar, von dem nicht abgewichen werden kann. Das jeweilige Bewertungsverfahren ist für die jeweilige Grundstücksart festgelegt.

2 Mit der Festlegung der jeweiligen Bewertungsmethode für die jeweilige Grundstücksart wird unmittelbar Einfluss auf die **Höhe des Grundsteuerwerts** genommen. Auch wenn beiden Bewertungsmethoden ein am gemeinen Wert orientierter Grundsteuerwert zugrunde liegt, führen die beiden Bewertungsmethoden zu unterschiedlichen Werten. Insbesondere bei Grundstücken mit Wohn- und Nichtwohnnutzung entscheidet der ggf. schwankende Anteil der Nichtwohnnutzung über die Anwendung der Bewertungsmethode. Liegen mehr als zwei Wohnungen vor und übersteigt der Anteil der Nichtwohnnutzung 20 % (dann gemischt genutztes Grundstück i. S. des § 250 Abs. 3 Nr. 2 BewG oder Geschäftsgrundstück) findet das Sachwertverfahren Anwendung. Liegt der Anteil der Nichtwohnnutzung unterhalb von 20 % (dann Mietwohngrundstück i. S. des § 250 Abs. 2 Nr. 3 BewG) findet hingegen das Ertragswertverfahren Anwendung.

3–5 *(Einstweilen frei)*

II. Entstehung und Entwicklung der Vorschrift

6 § 250 BewG wurde mit dem **GrStRefG** v. 26.11.2019[3] in das BewG eingefügt.

7–8 *(Einstweilen frei)*

1 AE 250 Abs. 1 Satz 1 AEBewGrSt.
2 Vgl. AE 250 Abs. 1 Satz 2 AEBewGrSt.
3 GrStRefG v. 26.11.2019, BGBl 2019 I S. 1794.

III. Geltungsbereich

§ 250 BewG findet auf im Bundesgebiet belegenes **Grundvermögen**[1] und dort für bebaute Grundstücke Anwendung, soweit die Länder in Bezug auf § 250 BewG nicht von ihrer Abweichungskompetenz nach Art. 72 Abs. 3 Satz 1 Nr. 7 GG Gebrauch gemacht haben und gilt **nicht** für das **land- und forstwirtschaftliche Vermögen.** § 250 BewG ist nach § 266 BewG erstmals für den **Hauptfeststellungszeitpunkt auf den 1.1.2022** anzuwenden.[2] 9

(Einstweilen frei) 10–12

IV. Verhältnis zu anderen Vorschriften

Für die in **§ 249 BewG** definierten Grundstücksarten der bebauten Grundstücke i. S. des **§ 248 BewG** wird nach § 250 BewG die Anwendung des Ertragswertverfahrens nach den **§§ 252 ff. BewG** oder des Sachwertverfahrens nach den **§§ 258 ff. BewG** bestimmt. 13

(Einstweilen frei) 14–16

B. Systematische Kommentierung

I. Bewertung der bebauten Grundstücke im Ertrags- oder Sachwertverfahren (§ 250 Abs. 1 BewG)

§ 250 Abs. 1 BewG legt für die bebauten Grundstücke die anzuwendenden **Bewertungsmethoden** für die Wertermittlung für Zwecke der Grundsteuer fest. Anders als in der Verkehrswertermittlung sind die Bewertungsmethoden auch nicht mit einer entsprechenden Begründung (vgl. § 8 Abs. 1 Satz 2 ImmoWertV) wählbar. Das in der Bedarfswertermittlung für bestimmte Grundstücksarten, wie Ein- und Zweifamilienhäuser, vorrangig anzuwendende **Vergleichswertverfahren** findet bei der Grundsteuerwertermittlung gar **keine Anwendung**. Die Bewertungsmethoden des (vereinfachten) Ertragswertverfahrens nach den §§ 252 ff. BewG und des Sachwertverfahrens nach den §§ 258 ff. BewG sind zwingend vorgegeben und richten sich nach der Grundstücksart nach § 249 BewG.[3] Befinden sich auf dem Grundstück mehrere selbständige Gebäude und Gebäudeteile, ohne dass diese eigene wirtschaftliche Einheiten bilden, erfolgt die Wertermittlung für die gesamte wirtschaftliche Einheit, abhängig von der Grundstücksart entweder im Ertragswert- oder im Sachwertverfahren.[4] 17

(Einstweilen frei) 18–20

II. Bewertung im Ertragswertverfahren (§ 250 Abs. 2 BewG)

§ 250 Abs. 2 BewG bestimmt für welche Grundstücksarten das Ertragswertverfahren nach den §§ 252 ff. BewG anzuwenden ist. Im Ertragswertverfahren sind zu bewerten:[5] 21

- Einfamilienhäuser i. S. des § 249 Abs. 1 Nr. 1 BewG[6]

---

1 Siehe hierzu vertiefend Bock in Grootens, BewG § 243 Rz. 10 f.

2 Schnitter, 360° GrStG eKommentar, BewG § 250 Rz. 8.

3 AE 250 Abs. 1 Satz 1 und Satz 2 AEBewGrSt; siehe zur Grundstücksart Bock in Grootens, BewG § 249 Rz. 19 ff.

4 AE 250 Abs. 4 AEBewGrSt; vgl. auch Bock in Grootens, BewG § 249 Rz. 22.

5 AE 250 Abs. 2 AEBewGrSt.

6 Siehe dazu Bock in Grootens, BewG § 249 Rz. 29 ff.

- Zweifamilienhäuser i. S. des § 249 Abs. 1 Nr. 2 BewG[1]
- Mietwohngrundstücke i. S. des § 249 Abs. 1 Nr. 3 BewG[2]
- Wohnungseigentum i. S. des § 249 Abs. 1 Nr. 4 BewG[3]

Dies sind von sämtlichen zu bewertenden wirtschaftlichen Einheiten bundesweit ca. 24 Mio.[4]

22 Bei Ein- und Zweifamilienhäusern findet anders als bei der Bewertung für Zwecke der Erbschaft- und Schenkungsteuer, bei der vorrangig das Vergleichswertverfahren und das Sachwertverfahren als Auffangverfahren anzuwenden sind, das Ertragswertverfahren Anwendung. Eine **großzügige Villa** mit zwei zusätzlichen Wohnungen für Bedienstete ist folglich wie auch bei der Erbschaft- und Schenkungsteuer als Mietwohngrundstück zu bewerten. In der Verkehrswertermittlung würde ein solches Grundstück eher im Sachwertverfahren bewertet werden, wenn die einzelnen Wohnungen nicht tatsächlich vermietet wären.[5]

23–24 *(Einstweilen frei)*

III. Bewertung im Sachwertverfahren (§ 250 Abs. 3 BewG)

25 § 250 Abs. 3 bestimmt für welche Grundstücksarten das Sachwertverfahren nach den §§ 258 ff. BewG anzuwenden ist. Im Sachwertverfahren sind zu bewerten:[6]

- Geschäftsgrundstücke i. S. des § 249 Abs. 1 Nr. 6 BewG[7]
- Gemischt genutzte Grundstücke i. S. des § 249 Abs. 1 Nr. 7 BewG[8]
- Teileigentum i. S. des § 249 Abs. 1 Nr. 5 BewG[9]
- Sonstige bebaute Grundstücke i. S. des § 249 Abs. 1 Nr. 8 BewG[10]

26 Für die Bewertung von Geschäftsgrundstücken und gemischt genutzten Grundstücken im Sachwertverfahren ist es unerheblich, ob sich auf dem örtlichen Grundstücksmarkt eine **übliche Miete** ermitteln lässt. Anders als bei der Bewertung für Zwecke der Erbschaft- und Schenkungsteuer findet in diesem Fall nicht das Ertragswertverfahren Anwendung.[11] Eine solche Prüfung, ob eine übliche Miete auf dem örtlichen Grundstücksmarkt zu ermitteln ist, hätte einer weitgehend automationsgestützten Bewertung widersprochen.

27–28 *(Einstweilen frei)*

IV. Verfassungsrechtliche Bewertung zur Festlegung der Bewertungsmethoden

29 Die Festlegung bestimmter Bewertungsmethoden für die einzelnen Grundstücksarten begegnet **keinen durchgreifenden verfassungsrechtlichen Bedenken**. Die Regelungen des Bewer-

---

1 Siehe dazu Bock in Grootens, BewG § 249 Rz. 48.
2 Siehe dazu Bock in Grootens, BewG § 249 Rz. 52 f.
3 Siehe dazu Bock in Grootens, BewG § 249 Rz. 56.
4 Vgl. Krause in Stenger/Loose, BewG, § 250 BewG Rz. 26.
5 Vgl. auch Bock in Grootens, BewG § 249 Rz. 30 und 52; Mannek, Die große Grundsteuer-Reform 2020 S. 258, Anm. zu § 250 BewG.
6 AE 250 Abs. 3 AEBewGrSt.
7 Siehe dazu Bock in Grootens, BewG § 249 Rz. 64.
8 Siehe dazu Bock in Grootens, BewG § 249 Rz. 68.
9 Siehe dazu Bock in Grootens, BewG § 249 Rz. 60.
10 Siehe dazu Bock in Grootens, BewG § 249 Rz. 72.
11 Mannek, Die große Grundsteuer-Reform 2020 S. 258, Anm. zu § 250 BewG.

tungsgesetzes müssen insbesondere mit dem allgemeinen Gleichheitssatz vereinbar sein. Art. 3 Abs. 1 GG lässt dem Gesetzgeber bei der Ausgestaltung von Bewertungsvorschriften für die steuerliche Bemessungsgrundlage einen weiten Spielraum, verlangt aber ein **in der Relation der einzelnen Bewertungsgegenstände zueinander realitätsgerechtes Bewertungssystem.**[1] Die Bemessungsgrundlage muss, um die gleichmäßige Belastung der Steuerpflichtigen zu gewährleisten, so gewählt und ihre Erfassung so ausgestaltet sein, dass sie den mit der Steuer verfolgten **Belastungsgrund** in der Relation der Wirtschaftsgüter zueinander realitätsgerecht abbildet.[2] Um beurteilen zu können, ob die gesetzlichen Bemessungsregeln eine in der Relation der einzelnen Bewertungsgegenstände zueinander realitätsgerechte Bewertung und damit die Vergleichbarkeit der Bewertungsergebnisse im Einzelfall sicherstellen,[3] muss das Gesetz das für den steuerlichen Belastungsgrund als maßgeblich erachtete **Bemessungsziel** erkennen lassen.[4]

Ausgehend von diesen Vorgaben hat der Gesetzgeber bei der Wahl der Bemessungsgrundlage 30
und der Ausgestaltung der Ermittlungsregeln einen großen Spielraum, solange sie nur prinzipiell geeignet sind, den Belastungsgrund der Steuer zu erfassen.[5] Dabei ist der Gesetzgeber von Verfassungs wegen nicht verpflichtet, sich auf die Wahl nur eines **Maßstabs zur Bemessung der Besteuerungsgrundlage** festzulegen.[6] Je nach Art und Vielfalt der von der Steuer erfassten Wirtschaftsgüter wird eine gleichheitsgerechte Bemessung der Erhebungsgrundlage ohnehin oft nur durch die Verwendung mehrerer Maßstäbe möglich sein.[7] Bei der Wahl des geeigneten Maßstabs darf sich der Gesetzgeber auch von Praktikabilitätserwägungen leiten lassen, die je nach Zahl der zu erfassenden Bewertungsvorgänge an Bedeutung gewinnen und so auch in größerem Umfang **Typisierungen und Pauschalierungen** rechtfertigen können, dabei aber deren verfassungsrechtliche Grenzen wahren müssen.[8]

Aus diesen verfassungsrechtlichen Vorgaben ergibt sich, dass der Gesetzgeber bei der Wahl 31
der Bewertungsmethode relativ frei ist.[9] Er ist nicht auf eine bestimmte Bewertungsmethode oder mehrere Bewertungsmethoden festgelegt.[10] Der Gesetzgeber kann sich, solange der **Belastungsgrund erfasst und das Bewertungsziel erreicht** wird, auf eine bestimmte Bewertungsmethode wie etwa im Kostenwertmodell der Länder aus dem Jahr 2016[11] festlegen oder wie mit § 250 BewG geschehen, für zwei Bewertungsmethoden in Abhängigkeit von der jeweiligen Grundstücksart entscheiden.

1 BVerfG, Urteil v. 10.4.2018 - 1 BvL 11/14, 1 BvL 12/14, 1 BvL 1/15, 1 BvR 639/11, 1 BvR 889/12, Rz. 92, NWB MAAAG-80435.

2 BVerfG, Urteil v. 10.4.2018 - 1 BvL 11/14, 1 BvL 12/14, 1 BvL 1/15, 1 BvR 639/11, 1 BvR 889/12, Rz. 97, NWB MAAAG-80435.

3 Siehe zu den Belastungswirkungen der einzelnen Modelle: Löhr, ZFK 2019 S. 169; Jarass/Trautwetter, BB 2019 S. 1751; Stöckel, NWB 2020 S. 850, NWB YAAAH-44237.

4 BVerfG, Urteil v. 10.4.2018 - 1 BvL 11/14, 1 BvL 12/14, 1 BvL 1/15, 1 BvR 639/11, 1 BvR 889/12, Rz. 97, NWB MAAAG-80435.

5 BVerfG, Urteil v. 10.4.2018 - 1 BvL 11/14, 1 BvL 12/14, 1 BvL 1/15, 1 BvR 639/11, 1 BvR 889/12, Rz. 98, NWB MAAAG-80435.

6 BVerfG, Urteil v. 10.4.2018 - 1 BvL 11/14, 1 BvL 12/14, 1 BvL 1/15, 1 BvR 639/11, 1 BvR 889/12, Rz. 98, NWB MAAAG-80435.

7 BVerfG, Urteil v. 10.4.2018 - 1 BvL 11/14, 1 BvL 12/14, 1 BvL 1/15, 1 BvR 639/11, 1 BvR 889/12, Rz. 98, NWB MAAAG-80435.

8 BVerfG, Urteil v. 10.4.2018 - 1 BvL 11/14, 1 BvL 12/14, 1 BvL 1/15, 1 BvR 639/11, 1 BvR 889/12, Rz. 98, NWB MAAAG-80435.

9 Vgl. dazu auch Bock in Viskorf/Schuck/Wälzholz, BewG Vor §§ 176–198 Rz. 7 ff. zur Erbschaft- und Schenkungsteuer.

10 So auch Mayer, DB 2018 S. 2200.

11 Vgl. BR-Drucks. 515/16.

32 Bei der Wahl der Bewertungsmethoden zur Ermittlung des Grundsteuerwerts hat sich der Gesetzgeber insbesondere von **Praktikabilitätserwägungen** leiten lassen. Die wiederkehrende Bewertung von 36 Millionen wirtschaftlichen Einheiten kann nur **automationsunterstützt** sichergestellt werden.[1] Die Ausgestaltung der Bewertungsregelungen wird sich daher zwingend daran orientieren müssen, inwieweit typisierend festgelegte und elektronisch abrufbare Bewertungsparameter vorhanden sind. Das Ertragswertverfahren[2] hat der Gesetzgeber folgerichtig für diejenigen Grundstücksarten und das land- und forstwirtschaftliche Vermögen[3] gewählt, bei denen er statistisch **durchschnittliche Erträge zur Erfassung des Sollertrags des Grundbesitzes** ermitteln konnte. Dies betrifft den weit überwiegenden Teil der wirtschaftlichen Einheiten. Bei den bebauten Grundstücken sind dies immerhin 24 Mio.[4] und bei dem land- und forstwirtschaftlichen Vermögen nochmals vier Mio. wirtschaftliche Einheiten.[5]

33 Nur ausnahmsweise kommt daher für ca. acht Mio. wirtschaftliche Einheiten das **Sachwertverfahren als Auffangverfahren** für die übrigen Grundstücksarten zur Anwendung. Bei den Grundstücksarten, die im Sachwertverfahren nach § 250 Abs. 3 BewG zu bewerten sind, konnte der Gesetzgeber keine durchschnittlichen Erträge ermitteln,[6] so dass er auf die durchschnittlichen Anschaffungs-/Herstellungskosten zurückgreifen durfte. Die Bewertungsmethoden sind darüber hinaus anerkannte Bewertungsmethoden der Grundstücksbewertung, so dass dem Grunde nach keine Zweifel bestehen, dass mit diesen der **Belastungsgrund** (**Leistungsfähigkeit** aufgrund des Innehabens von Grundbesitz[7]) und das **Bewertungsziel** (**am Verkehrswert orientierter Wert**[8] oder wie es der Gesetzgeber ausgedrückt hat: „objektiviert-realer Wert im Wertekorridor des gemeinen Werts“[9]) erfasst bzw. erreicht wird.[10] Im Hinblick auf den Belastungsgrund, darauf aufbauend das Bewertungsziel und die Wahl der **Bewertungsmethoden** ist das Bundesmodell **aus verfassungsrechtlicher Sicht unbedenklich.**[11]

34 Erst in einem nächsten Schritt ist zu prüfen, ob die bei den Bewertungsmethoden vorgesehenen Typisierungen und Pauschalierungen den verfassungsrechtlichen Anforderungen entsprechen. Dabei dürfen die Anforderungen an den Gesetzgeber nicht überspitzt werden. Jede Pau-

---

1 BT-Drucks. 19/11085 S. 98.

2 Siehe aber auch die Kritik bei Grootens in Grootens, BewG § 252 Rz. 126 ff.

3 Vgl. dazu BT-Drucks. 19/11085 S. 99.

4 BT-Drucks. 19/11085 S. 112.

5 BT-Drucks. 19/11085 S. 112.

6 BT-Drucks. 19/11085 S. 112.

7 Siehe dazu vertiefend Schmidt, DStR 2024 S. 2040; Winkler, Die Verfassungsmäßigkeit der Grundsteuer, 2023, S. 178 ff.

8 BFH, Beschlüsse v. 27.5.2024 - II B 78/23 (AdV) NWB IAAAJ-68711 und II B 79/23 (AdV) NWB SAAAJ-68712 m. Anm Bock, HFR 2024 S. 826; so auch Winkler, Die Verfassungsmäßigkeit der Grundsteuer, 2023, S. 176; a. A. Weiß, ErbStB 2023 S. 111.

9 BT-Drucks. 19/11085 S. 90.

10 So auch Eisele, NWB 2019 S. 2043, 2049, NWB ZAAAH-21376; Krumm in Leingärtner, Besteuerung der Landwirte, Kap. 100 Rz. 2; vgl. aber auch die Kritik bei Grootens in Grootens, BewG § 258 Rz. 141 ff.

11 Bestätigt durch BFH, Beschlüsse v. 27.5.2024 - II B 78/23 (AdV) NWB IAAAJ-68711 und II B 79/23 (AdV) NWB SAAAJ-68712 m. Anm Bock, HFR 2024 S. 826; so ebenfalls Löhr, Öffentliche Anhörung im Finanzausschuss des Deutschen Bundestages am 11.9.2019, http://go.nwb.de/v91w3 S. 12 ff.; Hey, Stellungnahme zu dem Entwurf der Fraktionen der CDU/CSU und SPD Grundsteuer-Reformgesetz (BT-Drucks. 19/11085) sowie dem Antrag der FDP-Fraktion (Grundsteuer – Einfaches Flächenmodell – BT-Drucks. 19/11144), http://go.nwb.de/38x7z, S. 8 f.; Wissenschaftlicher Dienst des BT, WD 4 - 3000 - 119/19, S. 13; Vogel, pM 2019 S. 206; Stöckel, NWB 2022 S. 850 NWB YAAAH-44237; Krumm/Paeßens, GrStG, Grundlagen Rz. 98 ff.; Winkler, Die Verfassungsmäßigkeit der Grundsteuer, 2023, S. 178 ff.; wohl auch Weiß, ErbStB 2023, 111; a. A. G. Kirchhoff, DStR 2018 S. 2661; ders., DStR 2020 S. 1073; ders., DB 2023 S. 1116; Marx, DStZ 2019 S. 372; Freund, Die gerechte Grundsteuer im Lichte von Leistungsfähigkeits- und Äquivalenzprinzip, 2023, S. 193 f.; krit. Feldner/Stoklassa, DStR 2019 S. 2505; Eichholz, DStR 2020 S. 1158; Degen, DStR 2023 S. 2314; krit. zum Leistungsfähigkeitsprinzip bei der Grundsteuer ausführlich Freund, pM 2022 S. 161.

schalierung und Typisierung führt zwangsläufig zu gewissen **Wertverzerrungen** und damit zu einer Ungleichbehandlung, die im Einzelfall erheblich sein kann. Das BVerfG hat dem Gesetzgeber, insbesondere bei einem Massenverfahren wie der Grundsteuer, einen weiten **Typisierungs- und Pauschalierungsspielraum** eingeräumt,[1] den der Gesetzgeber auch wahrnehmen können muss. Die Feststellung einer Ungleichbehandlung durch Wertverzerrungen genügt daher nicht, um eine Verfassungswidrigkeit annehmen zu können. Die Bewertungsmethoden müssen nur prinzipiell und nicht in jedem Einzelfall geeignet sein, das Bewertungsziel zu erreichen. So im Ergebnis auch Winkler[2], der von einer qualitativ-systematischen Ungleichbehandlung im Gegensatz zu einer verfassungsrechtlich unproblematischen quantitativ relativen Ungleichbehandlung spricht.

Selbst die Feststellung einer **strukturellen Überbewertung von günstigen Lagen** und einer 35 **strukturellen Unterbewertung von teureren Lagen** in größeren Städten durch den Ansatz der Durchschnittsmieten genügt für sich allein genommen nicht.[3] Jeder Ansatz eines Durchschnittswerts (so auch der Ansatz der Bodenrichtwerte nach § 247 BewG, der pauschalierten Bewirtschaftungskosten nach § 255 BewG, der Liegenschaftszinssätze nach § 256 BewG, der Normalherstellungskosten nach § 259 BewG usw.) führt zwangsläufig zu einem überhöhten Ansatz der unter dem Durchschnittswert liegenden Werte und einem zu niedrigen Ansatz der über dem Durchschnittswert liegenden Werte. Jeder Versuch den Verkehrswert auf Basis von **objektivierten Schätzgrundlagen** zu ermitteln, muss zwangsläufig auf solche typisierenden Durchschnittssätze zurückgreifen. Insoweit ist bereits zweifelhaft, wann von einer den Einzelfall ausblendenden und verfassungsrechtlich zu rechtfertigenden Typisierung auszugehen ist und wann es sich um einen jedem objektivierenden Bewertungsverfahren methodisch immanenten vergleichenden Ansatz von Bewertungsparametern handelt. Von einer verfassungsrechtlich bedenklichen strukturellen Über- oder Unterbewertung ist daher erst auszugehen, wenn der Gesetzgeber aufgrund der Typisierungen dem Grunde nach in einer Vielzahl von Fällen das von ihm gesetzte Bewertungsziel nicht einmal näherungsweise erreicht, so dass die Erreichung des Bewertungsziels eher vom Zufall als von einer methodisch zutreffenden Bewertung abhängt.

Bei der Feststellung einer Ungleichbehandlung bei der Bewertung des Grundbesitzes ist dar- 36 über hinaus zu berücksichtigen, dass es einen zu einem beliebigen Zeitpunkt im Wege der Bewertung sicher zu bestimmenden Verkehrswert ohne tatsächliche Veräußerung nicht gibt.[4] Bewertung ist in den meisten Fällen eine retrospektive Schätzung, welcher Wert am Markt wahrscheinlich zu erzielen sein wird. Aufgrund dieser Retroperspektive „rennt" der ermittelte Wert den tatsächlichen Verkehrswerten ein Stück weit hinterher. Ein realer **Verkehrswert im Bewertungszeitpunkt** kann daher nicht mit Sicherheit, sondern allemal mit einer gewissen Wahrscheinlichkeit festgestellt werden. Bei der Wertermittlung kann es sich daher nur um einen Annäherungsversuch an den gemeinen Wert handeln.[5] Auch aus späteren Verkäufen kann

---

1 BVerfG, Urteil v. 10.4.2018 - 1 BvL 11/14, 1 BvL 12/14, 1 BvL 1/15, 1 BvR 639/11, 1 BvR 889/12, Rz. 98, NWB MAAAG-80435.

2 Winkler, Die Verfassungsmäßigkeit der Grundsteuer, 2023, S. 129.

3 So aber augenscheinlich Hey, Stellungnahme zu dem Entwurf der Fraktionen der CDU/CSU und SPD Grundsteuer-Reformgesetz (BT-Drucks. 19/11085) sowie dem Antrag der FDP-Fraktion (Grundsteuer – Einfaches Flächenmodell – BT-Drucks. 19/11144), http://go.nwb.de/38x7z S. 2 und 11; Löhr, Öffentliche Anhörung im Finanzausschuss des Deutschen Bundestages am 11.9.2019, http://go.nwb.de/v91w3 S. 5 f.; ders., ZFK 2019 S. 169.

4 Siehe auch Winkler, Die Verfassungsmäßigkeit der Grundsteuer, 2023, S. 125 f.

5 Siehe Bock in Viskorf/Schuck/Wälzholz, ErbStG, Vorbem. §§ 176–198 BewG Rz. 17; so auch Winkler, Die Verfassungsmäßigkeit der Grundsteuer, 2023, S. 125 f.

nicht mit absoluter Sicherheit auf einen Verkehrswert zu einem früheren Zeitpunkt geschlussfolgert werden. Die Verkehrswertermittlung nach dem BauGB ist zwar kleinteiliger als die Bewertung nach dem BewG, aber ebenfalls auf Typisierungen und vergleichenden objektivierten Ansätzen angewiesen und kann unabhängig davon ebenfalls nicht mit absoluter Sicherheit einen Wert feststellen, der dem Wert am Markt tatsächlich entspricht. Eine verfassungsrechtlich rechtfertigungsbedürftige Ungleichbehandlung liegt daher nur dann vor, wenn eine Typisierung im gewöhnlichen Geschäftsverkehr bei der Wertfindung nicht anerkannt wird.[1]

37 Das Bundesverfassungsgericht nimmt wegen dieser Unwägbarkeiten einen **Bewertungskorridor von plus/minus 20 %**[2] der Verkaufspreise für ein und dasselbe Objekt an, innerhalb diesem ein festgestellter Wert als noch vertretbar angesehen werden kann.[3] Das grundlegende Problem bleibt allerdings bestehen. Der Wert, an dem eine vermeintliche Ungleichbehandlung zu prüfen wäre, kann nicht sicher festgestellt werden. Es wird auch selten mehrere tatsächliche Kaufpreise innerhalb eines überschaubaren Zeitraums für ein- und dasselbe Objekt geben. Damit gibt es auch keinen festen Wert, mit dem man die Einhaltung des 20 %-Korridors sicher prüfen könnte. Hinzu kommt, dass der übliche Wertekorridor sich auch nicht starr um einen Wert +/- 20 % bewegen wird und sich daher nicht punktgenau bestimmen lassen wird.[4] In Abhängigkeit des Bewertungsgegenstandes kann der Korridor mal enger und mal weiter sein. In einer großen Reihenhaussiedlung mit Reihenhäusern, die sich wenig unterscheiden und die häufig verkauft werden, wird man in einem relativ engen Wertekorridor sagen können, welcher Veräußerungspreis mit hoher Wahrscheinlichkeit zu erreichen sein wird. Bei einem einsam liegenden Einfamilienhaus in einer weitläufigen Landschaft, wird von einer entsprechend größeren Streubreite auszugehen sein. Aufgabe des Gesetzgebers kann es daher nur sein, ein **Bewertungsverfahren** als Schätzgrundlage zu regeln, das zum Ziel hat, einen **Wert auf widerspruchsfreie, vergleichbare** und **nachprüfbare** Weise durch **objektiv ermittelte Bewertungsgrundlagen** zu erreichen, der sich in dem Gros der Fälle **innerhalb eines Korridors mit wahrscheinlich auf dem Markt üblicherweise zu erzielender Kaufpreise befindet.**[5] Dies ist dem Gesetzgeber mit der Ermittlung des Grundsteuerwerts im Wesentlichen gelungen.

38 Insbesondere für die **anzusetzenden Durchschnittsmieten** stellt sich für größere Städte die Frage, ob der Typisierungsspielraum des Gesetzgebers überschritten wurde.[6] Vor allem in **Großstädten** könnten die tatsächlich erzielbaren Mieten so weit auseinanderliegen, dass die lediglich von Baujahr und Grundstücksart abhängigen Durchschnittsmieten die tatsächlich erzielbaren Mieten zu sehr nivellieren. Diese Bedenken hätte der Gesetzgeber durch **Zu- und Abschläge auf die Durchschnittsmieten** bei Über- bzw. Unterschreiten bestimmter **Bodenrichtwertgrenzen** ausräumen können, deren konkrete Höhe ggf. in Abhängigkeit des jeweiligen Mietniveaus der Gemeinde, der Stadt, des Stadtbezirks o. Ä. bestimmt werden könnte.[7]

---

1 So zutreffend Winkler, Die Verfassungsmäßigkeit der Grundsteuer, 2023, S. 129.

2 Vgl. zur Relativierung des angenommenen Bewertungskorridors Bock in Viskorf/Schuck/Wälzholz, BewG Vor §§ 176–198 Rz. 13.

3 BVerfG, Urteil v. 7.11.2006 - 1 BvL 10/02, BStBl 2007 II S. 192, mit Berufung auf Seer, StuW 1997 S. 283; Moench, Erbschaft- und Schenkungsteuer, § 12 Abschnitt I Rz. 6; Wolf, DStR 1997 S. 349; Jakob, Möglichkeiten einer Vereinfachung der Bewertung des Grundbesitzes, 1992 S. 126; Mannek in Gürsching/Stenger, BewG § 146 Rz. 30; Loritz, DStR 1995, Beihefter zu Heft 8 S. 3.

4 Viskorf/Schuck/Wälzholz, ErbStG, Vorbem. §§ 176–198 BewG Rz. 15; Winkler, Die Verfassungsmäßigkeit der Grundsteuer, 2023, S. 127 f.

5 Vgl. Bock in Viskorf/Schuck/Wälzholz, BewG Vor §§ 176–198 Rz. 13.

6 So insbesondere Seer, FR 2019 S. 941; zweifelnd auch Löhr, DStR 2019 S. 1433.

7 Ähnlich Löhr, ZFK 2019 S. 169.

Bei der Frage, ob der Typisierungsspielraum im Hinblick auf die Durchschnittsmieten überschritten ist, spielt auch eine Rolle, dass der Grundsteuerwert, wie auch ursprünglich beim Einheitswert vorgesehen, hinsichtlich der **Wertverhältnisse für sieben Jahre festgeschrieben** wird (hiergegen hat sich das BVerfG nicht generell gewendet[1]). Die Vergröberung bei der Bewertung führt dazu, dass in dem Hauptfeststellungszeitraum eintretende Veränderungen beispielsweise bei den tatsächlichen Mieteinnahmen sich nicht auf den Grundsteuerwert auswirken und damit innerhalb des Hauptfeststellungszeitraum grundsteuerrechtlich nicht zu einer Wertverzerrung führen können. Insoweit wäre es widersprüchlich einerseits zu einem bestimmten Feststellungszeitpunkt eine vermeintlich äußerst präzise Wertermittlung zu verlangen, diese anschließend für sieben Jahre hinsichtlich der Wertverhältnisse festzuschreiben und andererseits die dann in den sieben Jahren eintretende Verschiebung der Relation der Wirtschaftsgüter zueinander als verfassungsrechtlich hinnehmbar zu erklären. Unberücksichtigt kann auch nicht bleiben, dass das BVerfG und der BFH[2] erst nach Jahrzehnten der Wertfestschreibung den Einheitswert für die Grundsteuer für verfassungswidrig gehalten haben. Dies macht deutlich, dass der Gesetzgeber einen besonders weiten Typisierungs- und Pauschalierungsspielraum hat, den er mit den Bewertungsregelungen des Siebenten Abschnitts für Zwecke der Grundsteuer nicht überschritten hat.[3] Dabei ist auch in den Blick zu nehmen, dass dem Steuerpflichtigen nach § 220 Abs. 2 BewG die Möglichkeit bleibt, einen niedrigeren gemeinen Wert nachzuweisen. 39

Andere **Grundsteuerkonzepte** wie das Flächenmodell nach dem **Äquivalenzprinzip**[4] dürften erheblich mehr Schwierigkeiten haben, ein den verfassungsrechtlichen Anforderungen entsprechendes Bewertungssystem aufzubauen und zutreffende Bewertungsmethoden zu bestimmen.[5] So ist bereits fraglich, ob das für Gebühren und Beiträge geltende Äquivalenzprinzip überhaupt eine für das Steuerrecht taugliche Grundlage in Bezug auf die konkrete Ausgestaltung von Steuern sein kann.[6] 40

Speziell bei der Grundsteuer kann das Äquivalenzprinzip nicht erklären, warum die Grundstücks- und Gebäudefläche, beispielsweise bei einer 70 m^2 großen Wohnung im Vergleich zu einer 75 m^2 großen Wohnung zu einer höheren **Inanspruchnahme von Gemeindeleistungen**, wie Straßenbau, ÖPNV, Kindergärten, Museen, Leistungen der Kommunalverwaltung usw. füh- 41

1 BVerfG, Urteil v. 10.4.2018 - 1 BvL 11/14, 1 BvL 12/14, 1 BvL 1/15, 1 BvR 639/11, 1 BvR 889/12, Rz. 106 ff., NWB MAAAG-80435.

2 Im Jahr 2005 vom BFH ohne Einschränkung als noch verfassungsgemäß gehalten, Urteil v. 2.2.2005 - II R 36/03, BStBl 2005 II S. 428; vgl. auch BFH, Urteil v. 30.6.2010 - II R 60/08, BStBl 2010 II S. 897; BFH, Urteil v. 30.6.2010 - II R 12/09, BStBl 2011 II S. 48.

3 Sächsisches FG, Urteil v. 24.10.2023 - 2 K 574/23 NWB DAAAJ-52727; Stöckel, NWB 2022 S. 850 NWB YAAAH-44237; Krumm/Paeßens, GrStG, Grundlagen Rz. 102 ff., 110; Krumm, DStJG 44/2022 S. 225, 240; Winkler, Die Verfassungsmäßigkeit der Grundsteuer, 2023, S. 214 ff.; offen Vogel, pM 2019 S. 206; zweifelnd Schmidt, NWB 2019 S. 3719, NWB BAAAH-36269; vgl. zur a. A. Grootens in Grootens, BewG § 252 Rz. 146 ff. m. w. N.; Breinersdorfer, DStJG 44/2022 S. 285, 302 ff.; Drüen in Stenger/Loose, BewG, Grundsteuer und Verfassungsrecht Rz. 31 ff.

4 Siehe zum Äquivalenzmodell vertiefend Bock/Lapp in Grootens, NGrStG Vorwort Rz. 42 ff. und zu einer etwas konsistenteren Ausgestaltung eines Flächenmodells Bock/Lapp in Grootens, NGrStG Vorwort, Rz. 51.

5 Ähnlich Löhr, ZFK 2019 S. 168; ders. BB 2019 S. 2589; Schmidt, DStR 2020 S. 249; Vogel, pM 2019 S. 206; Löhr, BB 2022 S. 87; Kriese/Löhr, WuM 2018 S. 312 (328); krit, auch Degen, DStR 2023 S. 2314; Winkler, Die Verfassungsmäßigkeit der Grundsteuer, 2023, S. 80 ff., 108 ff.; a. A. Wissenschaftlicher Dienst BT - WD 4 - 3000 - 147/18 S. 13; Freund, FR 2019 S. 931 m. w. N.; ders., jM 2022 S. 203; G. Kirchhoff, DStR 2018 S. 2661; Mayer, DB 2018 S. 2200; Leuchtenberg, NWB 2020 S. 1372 NWB DAAAH-47118; vgl. auch Arning, Nds.VBl. 2022 S. 23.

6 Siehe vertiefend die zutreffende Ansicht bei Hey in Tipke/Lang, § 3 Rz. 46 m. w. N.; Seer, DB 2018 S. 1488; Löhr, ZFK 2019 S. 169; Becker, BB 2011 S. 535; Schmidt, DStR 2024 S. 2040; vgl. hierzu auch ausführlich Winkler, Die Verfassungsmäßigkeit der Grundsteuer, 2023, S. 87 ff., der ein Nebeneinander von Äquivalenz- und Leistungsfähigkeitsprinzip befürwortet.

ren sollen, die teilweise mit der Grundstücks- und Gebäudegröße in keinerlei Zusammenhang stehen.[1] Mit dem Äquivalenzprinzip ist auch nicht erklärlich, dass die Grundstücke, je weiter sie vom Stadtkern und damit von Gemeindeleistungen entfernt sind, je Nutzer tendenziell größer werden und damit für diese mehr Grundsteuer in einem Flächenmodell gezahlt werden muss; auch der Rückschluss von der Wohnfläche auf die Anzahl der Nutzer scheitert daher.[2] Die Grundsteuer ist zudem in seiner derzeitigen Ausgestaltung **nicht auf die Umlage auf den Nutzer** angelegt. Sie ist keine indirekte Steuer wie die Umsatzsteuer. Wird die Grundsteuer über das Äquivalenzprinzip begründet, müsste sie konsequenterweise den Grundstücksnutzern als den wesentlichen Leistungsbeziehern auferlegt werden und nicht dem Eigentümer des Grundstücks.[3] Dies gilt jedenfalls für solche Gemeindeleistungen, die nicht originär grundstücksbezogen sind. Die grundstücksbezogenen Leistungen werden darüber hinaus häufig über Beiträge umgelegt, so dass auch diesbezüglich fraglich ist, ob dann noch eine Steuer auf solche grundstücksbezogenen Leistungen begründet werden kann. Konsequenterweise müssten leerstehende Gebäude oder Wohnungen mangels Nutzern, welche die Gemeindeleistungen in Anspruch nehmen können, von der Grundsteuer, jedenfalls in Bezug auf die nutzerorientierten Gemeindeleistungen, ausgenommen sein.

42 Unklar beim Flächenmodell ist zudem, welches **Bewertungsziel** mit dem Flächenansatz als Bewertungsmethode erreicht werden soll. Dies müsste nach dem Konzept des Flächenmodells ein real existierender Wert für die Möglichkeit der Inanspruchnahme von Gemeindeleistungen sein.[4] Die Existenz eines solchen Zielwerts ist bisher nicht schlüssig begründet worden.[5] Nach Maiterth/Lutz liegt ein **selbstreferenzielles System** vor, das sich einer Überprüfung der Bewertungsergebnisse an real existierenden Werten entzieht.[6] Erklärungsbedürftig ist zudem, dass in allen Gemeinden der Länder, die auf das Flächenmodell zurückgreifen (Bayern, Hamburg, Hessen und Niedersachsen), die Äquivalenzzahlen gleich hoch sind. Dies wird mitunter mit dem Ziel begründet, landesweit ungefähr das bisherige Messbetragsvolumen erzielen zu wollen, so dass die ab dem Jahr 2025 geltenden Hebesätze nicht allzu weit entfernt von den bisherigen liegen.[7] Diese Herangehensweise wäre allerdings nur zulässig, wenn die Äquivalenzzahlen wie die Steuermesszahlen Teil des Steuersatzes wären. In einem Äquivalenzmodell, wie es die Länder bisher konzipiert haben, sind die Äquivalenzzahlen jedoch Teil der Bemessungsgrundlage und nicht des Steuertarifs. Mit ihnen soll die mit der Fläche verbundene Nutzungsmöglichkeit der Gemeindeleistungen bewertet werden.[8] Letztlich müsste auch die Bewertung

1 So auch Hey, Stellungnahme zu dem Entwurf der Fraktionen der CDU/CSU und SPD Grundsteuer-Reformgesetz (BT-Drucksache 19/11085) sowie dem Antrag der FDP-Fraktion (Grundsteuer – Einfaches Flächenmodell – BT-Drucksache 19/11144), http://go.nwb.de/d2z0i S. 8 f.; kritisch auch Löhr, Öffentliche Anhörung im Finanzausschuss des Deutschen Bundestages am 11.9.2019, http://go.nwb.de/hx3o4 S. 12 ff.; ders., BB 2019 S. 2589; Maiterth/Lutz, StUW 2019 S. 22; Schmidt, DStR 2020 S. 249; Ronnecker, ZKF 2019 S. 265; Blut, DStR 2023 S. 2756.

2 Zutreffend Krumm/Paeßens, GrStG, Grundlagen, Rz. 126; Winkler, Die Verfassungsmäßigkeit der Grundsteuer, 2023, S. 98, 100; dieser Widerspruch wird von den Flächen-Lage-Modellen etwas abgemildert.

3 Ähnlich Löhr, BB 2019 S. 2589; vgl. auch ders. BB 2019 S. 91.

4 Ähnlich auch Seer, DB 2018 S. 1488; Vogel, pM 2019 S. 206; Ronnecker, ZKF 2019 S. 265.

5 Ebenso Löhr, BB 2020 S. 1687 (S. 1692); krit. auch Seer, DB 2018 S. 1488.

6 Maiterth/Lutz, StUW 2019 S. 22; ähnlich Krumm/Paeßens, GrStG, Grundlagen, Rz. 126: „Wer trotz des fehlenden Begründungszusammenhangs zwischen Bemessungsgrundlage und Belastungsgrund sowie der Willkürlichkeit der Äquivalenzzahlen das Flächenmodell für verfassungsfest hält […], entbindet den Gesetzgeber letztlich von allen Mindestanforderungen an ein rationales Relationskonzept.".

7 Mandler, DStR 2024 S. 921, 922.

8 Siehe auch vertiefend Bock/Lapp in Grootens, NGrStG, Vorwort Rz. 48 und zu einer Belastungsgrundentscheidung in einem Flächenmodell, bei der die Äquivalenzzahlen zum Steuertarif gehören Rz. 51; a. A. Freund, Die gerechte Grundsteuer im Lichte von Leistungsfähigkeits- und Äquivalenzprinzip, 2023, S. 197.

des land- und forstwirtschaftlichen Vermögens in einem Flächenmodell dem Flächenansatz folgen. **Mischkonzepte** widersprechen den verfassungsrechtlichen Anforderungen einer folgerichtigen Ausgestaltung am Belastungsgrund und Bewertungsziel.[1]

§ 251 BewG Mindestwert

[1]Der für ein bebautes Grundstück anzusetzende Wert darf nicht geringer sein als 75 Prozent des Werts, mit dem der Grund und Boden allein als unbebautes Grundstück zu bewerten wäre (§ 247). [2]Bei der Bewertung von Ein- und Zweifamilienhäusern im Sinne des § 249 Absatz 2 und 3 ist bei der Ermittlung des Mindestwerts § 257 Absatz 1 Satz 2 anzuwenden.

Inhaltsübersicht **Rz.**

LITERATUR:

Eisele, Reform der Grundsteuer – Gesetzentwurf liegt vor!, Teil I, NWB 2019 S. 2043, NWB ZAAAH-21376; *Grootens*, Die Reform der Grundsteuer, NWB IAAAH-21201; *Schmidt*, Reform der Grundsteuer, NWB 2019 S. 3719, NWB BAAAH-36269; *Eisele/Wiegand*, Grundsteuerreform 2022/2025, Stand: Januar 2020 (1. Aufl.), NWB CAAAAH-44415; *Eggert*, Überblick zur Reform der Grundsteuer, BBK 5/2020 S. 227, NWB HAAAH-42948; *Mannek*, Die große Grundsteuer-Reform 2020 (1. Aufl.).

ARBEITSHILFEN UND GRUNDLAGEN ONLINE:

Berechnung der Grundsteuer nach der Gesetzesreform, Berechnungstool „Grundsteuer" nach dem Entwurf v. 21.6.2019, NWB NAAAH-30144.Grundsteuer: Grundbesitzbewertung ab 2022/2025 (Sach- und Ertragswertverfahren) – Checkliste mit Berechnungen, NWB NAAAH-93792.

VERWALTUNGSANWEISUNGEN:

Koordinierte Erlasse der obersten Finanzbehörden der Länder v. 9.11.2021 – Anwendung des Siebenten Abschnitts des Zweiten Teils des Bewertungsgesetzes zur Bewertung des Grundbesitzes (allgemeiner Teil und Grundvermögen) für die Grundsteuer ab 1.1.2022 (AEBewGrSt), BStBl I 2021 S. 2334.

A. Allgemeine Erläuterungen zu § 251 BewG

I. Normzweck und wirtschaftliche Bedeutung der Vorschrift

Das **typisierte Ertragswertverfahren** kann aufgrund der festgelegten Durchschnittsmieten und der Abzinsung des Bodenwerts in Abhängigkeit der Restnutzungsdauer des Wohngebäudes dazu führen, dass der Grundsteuerwert unterhalb des Werts des gedachten unbebauten Grund und Bodens nach § 247 BewG liegt. Auch beim **typisierten Sachwertverfahren** kann aufgrund der Wertzahlen nach § 260 BewG der Wert des gedachten unbebauten Grund und Bodens nach § 247 BewG unterschritten werden. § 251 Satz 1 BewG bestimmt in diesen Fällen, dass der für ein bebautes Grundstück anzusetzende Grundsteuerwert nicht geringer als **75 %** 1

1 Siehe hierzu vertiefend Bock/Lapp in Grootens, NGrStG Vorwort Rz. 45 und § 11 Rz. 21 ff.

des Werts sein darf, mit dem der Grund und Boden allein als **unbebautes Grundstück** zu bewerten wäre.[1] § 251 BewG kann daher im Einzelfall erhebliche Auswirkungen auf die Höhe Grundsteuerwerts haben.

2 § 251 Satz 2 BewG bestimmt, dass die **Umrechnungskoeffizienten** der Anlage 36 zum BewG für Ein- und Zweifamilienhäuser nach § 249 Abs. 2 und 3 BewG mit abweichenden Grundstücksgrößen bei der Ermittlung des Mindestwerts **Anwendung** finden. Über die Umrechnungskoeffizienten der Anlage 36 zum BewG wird der Wert des Grund und Bodens aus Bodenrichtwert und Grundstücksfläche des Ein- oder Zweifamilienhauses in Abhängigkeit der Grundstücksgröße durch einen Faktor angepasst. Entsprechend verändert sich nach § 251 Satz 2 BewG der ggf. anzusetzende Mindestwert für das jeweilige Ein- und Zweifamilienhaus.

3–5 *(Einstweilen frei)*

II. Entstehung und Entwicklung der Vorschrift

6 § 251 BewG wurde mit dem **GrStRefG** v. 26.11.2019[2] in das BewG eingefügt.

7 Der Bundesrat hat sich im Gesetzgebungsverfahren für die **Streichung der Umrechnungskoeffizienten** der Anlage 36 zum BewG bei Ein- und Zweifamilienhäusern ausgesprochen und im Zusammenhang damit auch eine **Streichung von § 251 Satz 2 BewG** befürwortet.[3] Das Anliegen des Bundesrats wurde im Gesetzgebungsverfahren zu Recht[4] **nicht umgesetzt** und vom Bundesrat nicht weiter aufrecht erhalten.

8–10 *(Einstweilen frei)*

III. Geltungsbereich

11 § 251 BewG findet auf im Bundesgebiet belegenes **Grundvermögen**[5] Anwendung, soweit die Länder in Bezug auf § 251 BewG nicht von ihrer Abweichungskompetenz nach Art. 72 Abs. 3 Satz 1 Nr. 7 GG Gebrauch gemacht haben und gilt **nicht** für das **land- und forstwirtschaftliche Vermögen.** § 251 BewG ist nach § 266 BewG erstmals für den **Hauptfeststellungszeitpunkt auf den 1.1.2022** anzuwenden.[6]

12–14 *(Einstweilen frei)*

IV. Verhältnis zu anderen Vorschriften

15 § 251 BewG findet sowohl auf die Bewertung der Wohngrundstücke im Ertragswertverfahren nach **§§ 252 ff. BewG** als auch auf die Bewertung der Nichtwohngrundstücke im Sachwertverfahren nach **§§ 258 ff. BewG** Anwendung.[7] Der Mindestwert leitet sich vom Wert des gedachten unbebauten Grundstücks nach **§ 247 BewG** ab. Beim Ansatz des Mindestwertes bei der Ermittlung des Grundsteuerwerts von Ein- und Zweifamilienhäusern i. S. von **§ 249 Abs. 2 und**

1 A 251 Abs. 1 Satz 1 AEBewGrSt.

2 GrStRefG v. 26.11.2019, BGBl 2019 I S. 1794.

3 Siehe Stellungnahme des Bundesrats zum Regierungsentwurf, BT-Drucks. 19/13453 S. 20; vgl. auch Grootens in Grootens, BewG § 257 Rz. 46 ff.

4 So auch Mannek, Die große Grundsteuer-Reform 2020 S. 261, Anm. zu § 251 BewG.

5 Siehe hierzu vertiefend Bock in Grootens, BewG § 243 Rz. 10 f.

6 Schnitter, 360° GrStG eKommentar, BewG § 251 Rz. 7.

7 BT-Drucks. 19/11085 S. 112.

3 BewG sind die Umrechnungskoeffizienten für abweichende Grundstücksgrößen nach **§ 257 Abs. 1 Satz 2 BewG** zu berücksichtigen.

(Einstweilen frei) 16–18

B. Systematische Kommentierung

I. Mindestwert bei bebauten Grundstücken (§ 251 Satz 1 BewG)

§ 251 Satz 1 BewG bestimmt, dass der anzusetzende Grundsteuerwert eines bebauten Grundstücks **nicht geringer als 75 %** desjenigen Werts sein darf, den das Grundstück als **unbebautes Grundstück nach § 247 BewG** haben würde.[1] In einem typisierenden teils rein mathematischen Wertermittlungsverfahren können Ergebnisse entstehen, die zu nicht realistischen Werten führen würden. Der **Ansatz von Mindestwerten** ist daher in typisierenden Verfahren, wie etwa auch nach § 77 BewG für die Einheitsbewertung oder nach § 192 Satz 2 BewG für die Bewertung von Erbbaurechtsfällen für Zwecke der Erbschaft- und Schenkungsteuer **üblich.** 19

Der Mindestwertansatz berücksichtigt, dass bei nicht marktgerechter baulicher Nutzung die vorhandene Bebauung abgerissen werden müsste, um das Grundstück einer angemessenen Nutzung zuzuführen.[2] Der Mindestwertansatz nach § 251 BewG unterstellt dabei, dass ein gedachter Käufer eines Grundstücks wenigstens den Wert des Grund und Bodens abzüglich **pauschalierend unterstellten Abriss- und Freilegungskosten von 25 %** ansetzen würde.[3] Der Mindestwertansatz ist vom **Typisierungsspielraum des Gesetzgebers** gedeckt und begegnet keinen verfassungsrechtlichen Bedenken. Der Ansatz tatsächlich anfallender Freilegungskosten scheidet aus.[4] In einem Massenverfahren wie der Wertermittlung für Zwecke der Grundsteuer wäre es nur mit unverhältnismäßig großem Aufwand möglich in jedem Einzelfall zu prüfen, ob der im Ertrags- oder Sachwertverfahren ermittelte Wert einen für die jeweilige Gegend üblichen Mindestwert abzüglich etwaiger im konkreten Einzelfall erforderlicher Abriss- und Freilegungskosten unterschreitet. Dem Steuerpflichtigen bleibt in diesem Fall der Nachweis des niedrigeren gemeinen Werts nach § 220 Abs. 2 BewG. 20

Zu einer **Unterschreitung des Mindestwerts** kann es sowohl im Ertragswert- als auch im Sachwertverfahren kommen. Im **Ertragswertverfahren** dürfte vor allem in teureren Lagen durch die **Abzinsung des Bodenwerts** und des Ansatzes von **kapitalisierten Durchschnittsmieten** jeweils in Abhängigkeit der Restnutzungsdauer des Gebäudes ein Unterschreiten des Mindestwerts auftreten. Im **Sachwertverfahren** dürfte der Mindestwert ebenfalls insbesondere bei hohen Bodenwerten und geringen Gebäudesachwerten anzusetzen sein, da dann eine **niedrige Wertzahl nach § 260 BewG** zum Ansatz kommt. 21

BEISPIEL (FÜR ERTRAGSWERTVERFAHREN): **Sachverhalt:** 22

Ein Mietwohngrundstück in Aachen ist auf den Stichtag 1.1.2022 zu bewerten. Das Grundstück weist folgende Eigenschaften auf:

- Grundstücksgröße: 1.000 m²
- Bodenrichtwert: 1.000 €/m²
- 5 Wohnungen zu je 70 m²

---

1 A 251 Abs. 1 Satz 1 AEBewGrSt.
2 Vgl. auch Mannek, Die große Grundsteuer-Reform 2020 S. 261, Anm. zu § 251 BewG.
3 BT-Drucks. 19/11085 S. 112.
4 A 251 Abs. 1 Satz 3 AEBewGrSt; Mannek in Stenger/Loose, BewG § 251 Rz. 22.

- ► Baujahr: 2011

LÖSUNG:

	Ermittlung der monatlichen Nettokaltmiete	Zuschlag/Abschlag	€/m²
	gesetzlich normierte durchschnittliche Nettokaltmiete für Nordrhein-Westfalen (Anlage 39, Teil I)		7,38
+	Zuschlag für Aachen nach der Mietniveaustufe IV (Anlage 39, Teil II)	10 %	0,73
	monatliche Nettokaltmiete		**8,11**

Jährlicher Rohertrag EFH (8,11 €/m² x 350 m² x 12) =	34.062 €
Bewirtschaftungskosten (34.062 € x 21 %) = **(RND 69 Jahre bei einer Gesamtnutzungsdauer von 80 Jahren lt. Anlage 38)**	-7.153 €
Jährlicher Reinertrag =	26.909 €
Vervielfältiger = **(gem. Anlage 37, RND 69 Jahre und Liegenschaftszinssatz 4 %)**	23,33
Barwert des Reinertrags =	627.787 €
Bodenwert (1.000 m² x 1.000 €/m²) =	1.000.000 €
Abgezinster Bodenwert (1.000.000 x 0,0668) = **(Abzinsungsfaktor gem. Anlage 41, RND 69 Jahre und Liegenschaftszinssatz 4 %)**	66.800 €
Ertragswert (abgezinster Bodenwert + Barwert des Reinertrags)	694.587 €
Mindestwert (§ 251 BewG, Bodenwert 1.000.000 € x 75 %) **(Ansatz, da höher als Ertragswert)**	750.000 €
Grundsteuerwert	**750.000 €**

23 BEISPIEL (FÜR SACHWERTVERFAHREN): **Sachverhalt:**

Ein großes Seegrundstück in begehrter Lage in Berlin, auf dem sich derzeit lediglich ein Bootshaus befindet (Sonstiges bebautes Grundstück; Gebäudeart 12.1), ist auf den Stichtag 1.1.2022 zu bewerten. Das Grundstück weist folgende Eigenschaften auf:

- ► Grundstück: 3.000 m²
- ► Bodenrichtwert: 1.000 €/m²
- ► Bruttogrundfläche: 100 m²
- ► Baujahr: 1990
- ► Baupreisindex 1.1.2022: 148,6

LÖSUNG:

Normalherstellungskosten (lt. Anlage 42, Baujahrgruppe vor 1995) =	148,6 €/m²
Baupreisindex (1.1.2022) =	130,0
Brutto-Grundfläche	100 m²
Gebäudenormalherstellungswert = **(283 €/m² x 148,6/100 x 100 m²)**	42.053 €
Alterswertminderung = **(Gesamtnutzungsdauer 80 Jahre gem. Anlage 37, Gebäudealter 32 Jahre)** **(42.053 € x 32/80)**	- 16.821 €
Gebäudesachwert =	25.232 €
Bodenwert = **(3.000 m² x 1.000 €/m²)**	3.000.000 €

Vorläufiger Sachwert (25.232 € + 3.000.000 €) =	3.025.232 €
Wertzahl (gem. Anlage 43)	0,7
Sachwert (§ 258 BewG) =	2.117.662 €
Mindestwert (§ 251 BewG, Bodenwert 3.000.000 € x 75 %) (Ansatz, da höher als Sachwert)	2.250.000 €
Grundsteuerwert =	**2.250.000 €**

Ist der nach dem Ertrags- oder Sachwertverfahren ermittelte Wert geringer als 75 % des Werts des gedachten unbebauten Grundstücks nach § 247 BewG, ist der Mindestwert anzusetzen. **Weitere Voraussetzungen** für den Mindestwertansatz **existieren nicht**, insbesondere muss die bauliche Ausnutzung eines Grundstückes nicht von der üblichen oder üblicherweise möglichen abweichen, so dass der unter normalen Verhältnissen zu erzielende Bodenpreis höher ist als es durch die Nutzung des Gebäudes zum Ausdruck kommt.[1] Die Anwendung der Vorschrift ist nicht auf bestimmte Ausnahmefälle beschränkt und wird auch nicht dadurch ausgeschlossen, dass Umstände vorliegen, die möglicherweise eine geringere Bewertung als den Mindestwert rechtfertigen würden.[2] Ein Nachweis des niedrigeren gemeinen Werts nach § 220 Abs. 2 BewG bleibt in diesem Fall möglich. Auch wenn der **Mindestwert** sich ausschließlich aus dem Bodenwert ermittelt, **umfasst** er die **gesamte wirtschaftliche Einheit** einschließlich der sich auf dem Grundstück befindlichen Gebäude.[3] 24

Die Mindestwertregelung setzt voraus, dass der Grund und Boden gemeinsam mit dem Gebäude eine wirtschaftliche Einheit bildet.[4] Der Mindestwertansatz findet daher auch in **Erbbaurechtsfällen** sowie anders als noch bei der Einheitsbewertung bei **Gebäuden auf fremdem Grund und Boden** Anwendung, da in diesen Fällen nach § 244 Abs. 2 Nr. 1 und 2 BewG das Erbbaurecht zusammen mit dem Erbbaugrundstück bzw. das Gebäude auf fremdem Grund und Boden gemeinsam mit dem dazugehörenden Grund und Boden eine wirtschaftliche Einheit bilden.[5] 25

(Einstweilen frei) 26–30

II. Mindestwert bei Ein- und Zweifamilienhäusern (§ 251 Satz 2 BewG)

§ 251 Satz 2 BewG bestimmt, dass bei der **Ermittlung des Mindestwerts** die **Umrechnungskoeffizienten** der Anlage 36 zum BewG für Ein- und Zweifamilienhäusern i. S. des § 249 Abs. 2 und 3 BewG Anwendung finden.[6] Nach der Bestimmung des Werts des gedachten unbebauten Grundstücks mit dem Bodenrichtwert multipliziert mit der Fläche des betreffenden Grundstücks sind anschließend die Umrechnungskoeffizienten anzuwenden. Erst danach erfolgt der Abschlag von 25 % für die typisiert unterstellten Freilegungskosten.[7] 31

1 Vgl. BFH, Urteil v. 15.3.1963 - III 364/60 U, BStBl 1963 III S. 252 zu § 52 Abs. 2 BewG als Vorgängervorschrift zu § 77 BewG.

2 So bereits RFH, Urteil v. 26.1.1933 - III A 7/33, RFHE 32 S. 282 zu § 56 Abs. 2 RBewG, einer Vorgängervorschrift zu § 77 BewG.

3 Vgl. BFH, Urteil v. 14.5.1954 - III 17/53 S, BStBl 1954 III S. 211; BFH, Urteil v. 15.3.1963 - III 364/60 U, BStBl 1963 III S. 252 zu § 52 Abs. 2 BewG als Vorgängervorschrift zu § 77 BewG.

4 Mannek in Gürsching/Stenger, BewG § 77 Rz. 7; Halaczinsky in Rössler/Troll, BewG § 77 Rz. 4.

5 Schnitter, 360° GrStG eKommentar, BewG § 251 Rz. 10; vgl. zur Einheitsbewertung Mannek in Gürsching/Stenger, BewG § 77 Rz. 7; Halaczinsky in Rössler/Troll, BewG § 77 Rz. 4.

6 A 251 Abs. 2 AEBewGrSt.

7 Siehe Beispiel bei Grootens in Grootens, BewG § 252 Rz. 86.

32 **BEISPIEL:**[1] **Sachverhalt:**

Ein Einfamilienhaus in Aachen ist auf den Stichtag 1.1.2022 zu bewerten. Das Grundstück weist folgende Eigenschaften auf:

- Grundstück: 1.000 m²
- Bodenrichtwert: 700 €/m²
- Wohnfläche: 80 m²
- Baujahr: 1923

LÖSUNG:

	Ermittlung der monatlichen Nettokaltmiete	Zuschlag/Abschlag	€/m²
	gesetzlich normierte durchschnittliche Nettokaltmiete für Nordrhein-Westfalen (Anlage 39, Teil I)		6,10
+	Zuschlag für Aachen nach der Mietniveaustufe IV (Anlage 39, Teil II)	10 %	0,61
=	**monatliche Nettokaltmiete**		**6,71**

Jährlicher Rohertrag EFH (6,71 €/m² x 80 m² x 12) =	6.441 €
Bewirtschaftungskosten (6.441 € x 25 %) = **(Mindest-RND 24 Jahre bei einer Gesamtnutzungsdauer von 80 Jahren lt. Anlage 38)**	-1.610 €
Jährlicher Reinertrag =	4.831 €
Vervielfältiger = **(gem. Anlage 37, RND 24 Jahre und Liegenschaftszinssatz 2,3 % - Anpassung des Liegenschaftszinssatzes um 0,2 %, da der Bodenrichtwert 500 € um volle 200 € übersteigt)**	18,29
Barwert des Reinertrags =	88.359 €
Bodenwert (1.000 x 700 €/m² x 0,84) = **(Umrechnungskoeffizient aus Anlage 36 wegen abweichender Grundstücksgröße = 0,84)**	588.000 €
Abgezinster Bodenwert (588.000 x 0,5794) = **(Abzinsungsfaktor gem. Anlage 41, Restnutzungsdauer 24 Jahre und Liegenschaftszinssatz 2,3 %)**	340.687 €
Ertragssteuerwert (abgezinster Bodenwert + Barwert des Reinertrags)	429.046 €
Mindestwert (§ 251 BewG, Bodenwert einschließlich Umrechnungskoeffizient 588.000 € x 75 %) **(Ansatz, da höher als Ertragswert)**	441.000 €
Grundsteuerwert	**441.000 €**

33 Die **Anwendung der Umrechnungskoeffizienten** für Ein- und Zweifamilienhäuser bei der Ermittlung des Mindestwerts ist **sachgerecht**.[2] Zwar ermittelt sich der Mindestwert anhand des gedachten unbebauten Grundstücks, jedoch ist in Ein- und Zweifamilienhaussiedlungen zu berücksichtigen, dass für unbebaute Grundstücke mit abweichenden Grundstücksgrößen der jeweilige Bodenrichtwert i. d. R. nicht verwirklicht werden kann. Eine entsprechende Regelung zur Anwendung der Umrechnungskoeffizienten der Anlage 36 zum BewG in § 247 BewG fehlt bei der Bewertung von tatsächlich unbebauten Grundstücken.[3]

1 Siehe auch das Beispiel bei A 251 Abs. 2 AEBewGrSt.
2 Zur grundlegenden Kritik an den Umrechnungskoeffizienten vgl. Grootens in Grootens, BewG § 257 Rz. 46 ff.
3 Siehe hierzu vertiefend Bock in Grootens, BewG § 247 Rz. 82 f.

§ 252 BewG Bewertung im Ertragswertverfahren

[1]Im Ertragswertverfahren ermittelt sich der Grundsteuerwert aus der Summe des kapitalisierten Reinertrags nach § 253 (Barwert des Reinertrags) und des abgezinsten Bodenwerts nach § 257. [2]Mit dem Grundsteuerwert sind die Werte für den Grund und Boden, die Gebäude, die baulichen Anlagen, insbesondere Außenanlagen, und die sonstigen Anlagen abgegolten.

Inhaltsübersicht Rz.

LITERATUR:

Bräutigam/Spengel/Winter, GrSt-Reform: Eine analytische Betrachtung der bundesgesetzlichen Regelung sowie weiterer Bewertungsverfahren, BB 40/2020 S. 2090; *Eichholz,* Novellierung der Grundsteuer – Überblick über die wesentlichen Änderungen und Konsequenzen der Grundsteuer-Reform sowie kritische Beurteilung ausgewählter Aspekte (Teil II), DStR 24/2020 S. 1217; *Eggert,* Überblick zur Reform der Grundsteuer - Wie sich Steuerberater und ihre Mandanten auf die Neuberechnung vorbereiten sollten, BBK 5/2020 S. 227, NWB HAAAH-42948; *Grootens,* Die Reform der Grundsteuer - Eine erste Analyse des Gesetzentwurfs der Bundesregierung v. 21.6.2019, NWB-EV 7/2019 S. 228, NWB IAAAH-21201; *Heine,* Reform des Bewertungs- und Grundsteuerrechts – Werden die Reformziele erreicht?, KStZ 1/2020 S. 1; *Löhr,* Entwurf zum Grundsteuer-Reformgesetz: Die große Unvollendete, DStR 28/2019 S. 1433; *Marx,* Ökonomische Analyse des Grundsteuer-Reformgesetzentwurfs, DStZ 2019 S. 372; *Seer,* Reform der Grundsteuer nach dem Entwurf der Bundesregierung, FR 2019 S. 941; *Schmidt,* Reform der Grundsteuer - Eine erste Analyse der Wertermittlung nach dem Ertragswertverfahren, NWB 50/2019 S. 3719, NWB BAAAH-36269.

ARBEITSHILFEN UND GRUNDLAGEN ONLINE:

Grundsteuer: Grundbesitzbewertung ab 2022/2025 (Sach- und Ertragswertverfahren) – Checkliste mit Berechnungen, NWB NAAAH-93792.

VERWALTUNGSANWEISUNGEN:

Koordinierte Erlasse der obersten Finanzbehörden der Länder v. 9.11.2021 – Anwendung des Siebenten Abschnitts des Zweiten Teils des Bewertungsgesetzes zur Bewertung des Grundbesitzes (allgemeiner Teil und Grundvermögen) für die Grundsteuer ab 1.1.2022 (AEBewGrSt), BStBl 2021 I S. 2334.

Koordinierte Erlasse der obersten Finanzbehörden der Länder v. 24.6.2024 – Ansatz eines niedrigeren gemeinen Werts bei der Bewertung des Grundvermögens für Zwecke der Grundsteuer ab 1. Januar 2025 – Aussetzung der Vollziehung (§ 361 AO) von Bescheiden über die Feststellung des Grundsteuerwerts, BStBl 2024 I S. 1073.

A. Allgemeine Erläuterungen zu § 252 BewG

I. Normzweck und wirtschaftliche Bedeutung der Vorschrift

1 Als vorrangige Bewertungsmethode kommt für Zwecke der Grundsteuer als **Sollertragsteuer** ein typisiertes **vereinfachtes Ertragswertverfahren** zur Anwendung. Nur wenn die Anwendung dieses Ertragswertverfahrens nicht in Betracht kommt, erfolgt eine Bewertung anhand eines **vereinfachten Sachwertverfahrens** als **Auffangverfahren**. Gemäß § 250 Abs. 2 BewG ist das Ertragswertverfahren nur für bestimmte **Grundstücksarten** (Wohngrundstücke) anzuwenden.[1] Das Ertragswertverfahren nach § 252 ff. BewG zur Bewertung des Grundvermögens für Zwecke der Grundsteuer wurde in Anlehnung an das **vereinfachte Ertragswertverfahren nach § 17 Abs. 2 Satz 1 Nr. 2 ImmoWertV 2010** geregelt.

2 § 252 Satz 1 BewG ordnet die **Ermittlung des Ertragswerts** als Summe aus dem **kapitalisierten Reinertrag** des Grundstücks nach § 253 BewG und dem **abgezinsten Bodenwert** nach § 257 BewG an. Darüber hinaus bestimmt § 252 Abs. 2 BewG, welche **Bestandteile des Grundstücks** mit dem im Ertragswertverfahren ermittelten Grundsteuerwert **abgegolten** sind.

3–8 *(Einstweilen frei)*

II. Entstehung und Entwicklung der Vorschrift

9 § 252 BewG wurde mit dem GrStRefG v. 26.11.2019[2] in das BewG eingefügt und ist erstmals für den **Hauptfeststellungszeitpunkt 1.1.2022** anzuwenden (vgl. § 266 BewG).

10–15 *(Einstweilen frei)*

III. Geltungsbereich

16 Der **Anwendungsbereich** des Ertragswertverfahrens ist gem. § 250 Abs. 2 BewG in Abhängigkeit der festgestellten **Grundstücksart** i. S. des § 249 BewG festgelegt worden. **Bewertungsgegenstand** ist das Grundstück i. S. des § 244 Abs. 1 BewG. Bezogen auf das Bundesgebiet wären ca. 24 Millionen der insgesamt 36 Millionen wirtschaftliche Einheiten im Ertragswertverfahren zu bewerten.[3] Durch die abweichenden Länderregelungen verringert sich diese Zahl.

17 Die Vorschriften gelten gem. § 231 BewG nur für die Bewertung des **inländischen** zu bewertenden Vermögens. Dabei sind auch die inländischen Teile einer wirtschaftlichen Einheit zu bewerten, die sich sowohl auf das Inland als auch auf das Ausland erstrecken.

18–25 *(Einstweilen frei)*

1 Vgl. Bock in Grootens, BewG, § 250 Rz. 21.
2 GrStRefG v. 26.11.2019, BGBl 2019 I S. 1794.
3 BT-Drucks. 19/11085 S. 112.

IV. Verhältnis zu anderen Vorschriften

§ 252 Satz 1 BewG verweist zur Ermittlung des **Barwertes des Reinertrages** auf **§ 253 BewG** und für die Ermittlung des **abgezinsten Bodenwerts** auf **§ 257 BewG**. Die Anwendbarkeit des Ertragswertverfahrens wird in **§ 250 BewG** in Abhängigkeit der **Grundstücksarten** des **§ 249 BewG** bestimmt. Die **Bestandteile des Grundstücks**, auf die sich die Abgeltungsanordnung des § 252 Satz 2 BewG bezieht, ergeben sich aus **§ 243 BewG**. Der **Mindestwert** nach **§ 251 BewG** darf bei der Grundsteuerwertfeststellung nicht unterschritten werden. 26

(Einstweilen frei) 27–35

B. Systematische Kommentierung

I. Ermittlung des Grundsteuerwerts im Ertragswertverfahren (§ 252 Satz 1 BewG)

1. Entstehungsgeschichte und Grundlage des Ertragswertverfahrens

Die Bemessungsgrundlage der Grundsteuer knüpfte vor Einführung der Grundsteuerwerte nach dem Siebten Abschnitt des Zweiten Teils des BewG durch das GrStRefG[1] an die **Einheitswerte** des Ersten Abschnitts des Zweiten Teils des BewG an. Der Gesetzgeber verfolgte damit ursprünglich ein Konzept einer **mehrfachen Verwendung der Bewertungsgrundlagen** für verschiedene Steuern durch turnusmäßige Neubewertungen des Grundbesitzes (Hauptfeststellungen). Die Bewertung des Grundbesitzes gewährleistete das allgemeine Bewertungsziel des § 9 Abs. 1 BewG. 36

Der nach § 21 Abs. 1 BewG normierte **Turnus von sechs Jahren** für eine neue **Hauptfeststellung** wurde jedoch durch Art. 2 Abs. 1 Satz 3 des Gesetzes zur Änderung des Bewertungsgesetzes (BewÄndG 1965) i. d. F. des Art. 2 des Gesetzes zur Änderung und Ergänzung bewertungsrechtlicher Vorschriften und des Einkommensteuergesetzes v. 22.7.1970[2] **ausgesetzt**. Infolgedessen lagen den Einheitswerten in den alten Ländern weiterhin die Wertverhältnisse der letzten Hauptfeststellung auf den **1.1.1964** zugrunde. Für Grundstücke in den neuen Ländern galten gem. § 129 Abs. 1 BewG weiterhin die Einheitswerte, die nach den Wertverhältnissen zum **1.1.1935** festgestellt worden sind oder noch festgestellt werden. Daneben kam für Mietwohngrundstücke und Einfamilienhäuser, für die ein im Veranlagungszeitpunkt für die Grundsteuer maßgebender Einheitswert 1935 nicht festgestellt wurde oder festzustellen ist, eine **Ersatzbemessungsgrundlage** nach § 42 GrStG zur Anwendung. 37

Für Fortschreibungen und Nachfeststellungen im laufenden Hauptfeststellungszeitraum waren gem. § 27 BewG weiterhin die **Wertverhältnisse der vorgenannten Hauptfeststellungszeitpunkte** zugrunde zu legen. Das Abstellen auf die unterschiedlichen Hauptfeststellungszeitpunkte und Bemessungsgrundlagen bei der Grundsteuer schloss eine **Nutzung der elektronisch vorhandenen Daten des Immobilienmarkts** und der **Geodateninfrastruktur** bisher weitgehend aus. Die Notwendigkeit einer Reform des Bewertungsrechts war deshalb seit Jahren unbestritten. 38

1 GrStRefG v. 26.11.2019, BGBl 2019 I S. 1794.
2 BGBl 1970 I S. 1118.

39 Das **Ertragswertverfahren** des bisherigen Systems der Einheitsbewertung auf der Grundlage der jährlichen Reinerträge nach §§ 78–82 BewG (Reinertragsverfahren)[1] wurde unter Berücksichtigung des aktuellen Stands des Wertermittlungsrechts und der aktuellen Datenlage **fortentwickelt**. Das Ertragswertverfahren nach § 252 ff. BewG wurde hierzu in Anlehnung an das vereinfachte Ertragswertverfahren nach **§ 17 Abs. 2 Satz 1 Nr. 2 ImmoWertV 2010** normiert.

40–50 *(Einstweilen frei)*

2. Systematik des Ertragswertverfahrens

51 Der Ertragswertmethodik liegt der Gedanke zugrunde, dass sich der **objektiviert-reale Wert** eines Grundstücks – ähnlich wie beim land- und forstwirtschaftlichen Vermögen – aus seinem **nachhaltig erzielbaren Reinertrag** ermitteln lässt. Im Ertragswertverfahren ist der auf den Bewertungsstichtag bezogene **Barwert** (Gegenwartswert) **aller zukünftigen Erträge** zu ermitteln. Hierbei ist zu beachten, dass die Lebensdauer (Nutzungsdauer) eines Gebäudes – im Gegensatz zum Grund und Boden – begrenzt ist. Während die Erträge oder Ertragsanteile für ein Gebäude nur für die am Bewertungsstichtag verbleibende und begrenzte Nutzungsdauer (**Restnutzungsdauer**) des Gebäudes kapitalisiert werden können, sind die dem Grund und Boden zuzurechnenden Erträge bzw. Ertragsanteile für eine unbegrenzte Nutzungsdauer als **„ewige Rente"** zu kapitalisieren. Der Wert des Grund und Bodens ist grundsätzlich eine stete Größe, die nur allgemeinen Wertschwankungen unterworfen ist.

52 Im **vereinfachten Ertragswertverfahren** nach §§ 252 ff. BewG wird diesen Grundsätzen der Wertfindung Rechnung getragen, indem der vorläufige Ertragswert am Bewertungsstichtag aus dem

- ► über die Restnutzungsdauer des Gebäudes **kapitalisierten jährlichen Reinertrag** des Grundstücks (Reinerträge aus Grund und Boden sowie Gebäude/ohne vorherigen Abzug einer Bodenwertverzinsung, vgl. § 253 BewG) zuzüglich des
- ► über die Restnutzungsdauer des Gebäudes **abgezinsten Bodenwerts** (vgl. § 257 BewG)

ermittelt wird.

53 Mit dem Ertragswertverfahren wird der Wert des Grundstücks durch Abzinsung/Kapitalisierung der Reinerträge ermittelt, die mit dem Grundstück dauerhaft erwirtschaftet werden können. Der Ertragswert stellt sich damit als **Barwert der zukünftigen Erträge des Grundstücks** dar. Der Ertragswertermittlung liegt damit der Gedanke zugrunde, dass das Gebäude über die Zeit seiner unterstellten **wirtschaftlichen Nutzungsdauer** Reinerträge erwirtschaftet. Um diesen wiederkehrenden Reinerträgen einen Wert zum Wertermittlungszeitpunkt zu geben, müssen diese kapitalisiert werden. Am Ende der Restnutzungsdauer eines Gebäudes erwirtschaftet dieses keine Erträge mehr, so dass lediglich der Wert des Grund und Bodes verbleibt.

54 Unterstellt wird, dass der Grund und Boden zum Ablauf der Restnutzungsdauer dem heutigen Wert entspricht, der auf den Wertermittlungszeitpunkt abzuzinsen ist. Der Kapitalisierung des jährlichen Reinertrags des Grundstücks und der Abzinsung des Bodenwerts ist jeweils derselbe **Liegenschaftszinssatz** zugrunde zu legen. Der Liegenschaftszinssatz entspricht den Erwartungen der Marktteilnehmer in die zukünftige Marktentwicklung und spiegelt die **marktübliche Verzinsung der Liegenschaften** wider. Dabei wird die Kapitalisierungs- bzw. Abzinsungsdauer nach der wirtschaftlichen Restnutzungsdauer des Gebäudes bemessen (wegen der Ermittlung

1 Vgl. BT-Drucks. IV/1488 S. 56 ff.

der Liegenschaftszinssätze vgl. § 256 BewG, wegen der Ermittlung der Restnutzungsdauer vgl. § 253 Abs. 2 BewG).

PRAXISHINWEIS:

Aufgrund der sehr langen Abzinsungszeiträume von bis zu 80 Jahren wirkt sich der Bodenwert als einziger individueller Lagefaktor des Grundstücks innerhalb des Ertragswertverfahren bei jüngeren Gebäuden kaum aus.[1] Dies hat zur Folge, dass insbesondere bei älteren Gebäuden in hochwertiger Lage hohe Grundsteuerwerte aufgrund der hohen Bodenrichtwerte zu verzeichnen sind, während für jüngere Gebäude in diesen Lagen der Bodenrichtwert kaum ins Gewicht fällt. Da die Nettokaltmiete nicht an den Bodenrichtwert gekoppelt ist, spielt die Lage des Grundstücks bei Mietwohngrundstücken mit jungen Gebäuden nahezu keine Rolle. Bei Ein- und Zweifamilienhäusern und Wohnungseigentum ist der Effekt aufgrund der absinkenden Liegenschaftszinssätze in höherwertigen Lagen nicht ganz so stark ausgeprägt, so dass sich die höheren Bodenrichtwerte in etwas stärkerem Umfang als bei Mietwohngrundstücken widerspiegeln (vgl. zum besonderen Liegenschaftszinssatz bei Ein- und Zweifamilienhäusern Grootens in Grootens, BewG, § 256 Rz. 35 ff. und bei Wohnungseigentum Grootens in Grootens, BewG, § 256 Rz. 51 ff.). Je nach Höhe der Mietansätze in der Anlage 39 kann dies in hochwertigen Lagen zu dem kurios anmutenden Bewertungsergebnis führen, dass für ältere Mietwohngrundstücke nahezu derselbe Wert oder sogar ein höherer Wert als für ein in jüngerer Vergangenheit errichtetes Mietwohngrundstück festgestellt wird (vgl. Beispiel 2, → Rz. 87).

Der Berechnungsweise liegt der Gedanke zugrunde, dass in den **Mieten** eine **Abgeltung des Werts des Grund und Bodens** für den Zeitraum der typisierend angenommenen Restnutzungsdauer bereits enthalten ist und nach Ablauf der Restnutzungsdauer des Gebäudes der Wert des Grund und Bodens verbleibt. Der jährliche Reinertrag des Grundstücks wird daher in Abhängigkeit der Restnutzungsdauer des Gebäudes kapitalisiert und der heutige **Wert des Grund und Bodens** in Abhängigkeit der Restnutzungsdauer des Gebäudes auf den Bewertungsstichtag **abgezinst**. 55

Diese Vereinfachung berücksichtigt nicht, dass vor einer **Folgenutzung** des Grund und Bodens **Freilegungskosten** anfallen, um den Grund und Boden von dem nicht mehr nutzbaren Gebäude zu befreien.[2] Freilegungskosten werden lediglich bei der Festlegung des **Mindestwertes** für bebaute Grundstücke pauschal durch den **Abschlag von 25 %** vom Wert des unbebauten Grundstücks berücksichtigt.[3] 56

Für Ein- und Zweifamilienhäuser, Mietwohngrundstücke und Wohnungseigentum wird ein vorgegebener **durchschnittlicher Sollertrag** in Form einer Nettokaltmiete je Quadratmeter in Abhängigkeit der Lage des Grundstücks typisierend angenommen (vgl. § 254 BewG). Dieses Vorgehen soll in den meisten Fällen eine weitestgehend **automatisierte Feststellung von Grundsteuerwerten** sowie zukünftig bei gleichbleibenden tatsächlichen Verhältnissen eine vorausgefüllte Steuererklärung ermöglichen. 57

Den unterschiedlichen Ausprägungen einzelner Grundstücksarten soll insbesondere durch spezifische **Bewirtschaftungskosten** (vgl. § 255 BewG) und **Liegenschaftszinssätze** (vgl. § 256 BewG) Rechnung getragen werden. Das **Sachwertverfahren** dient gem. § 250 Abs. 3 BewG für Nichtwohngrundstücke als **Auffangverfahren**, da sich für diese nach den vorhandenen statistischen Quellen derzeit keine durchschnittlichen Nettokaltmieten für die gesamte Nutzung ermitteln lassen.[4] Die parallele Anwendung von Ertrags- und Sachwertverfahren im Rahmen der steuerlichen Bewertung des Grundbesitzes wurde durch das BVerfG ausdrücklich anerkannt.[5] 58

1 Vgl. mit ausführlichen Vergleichsrechnungen Bräutigam/Spengel/Winter, BB 40/2020 S. 2090.

2 Vgl. Grootens, NWB-EV 7/2019 S. 228, NWB IAAAH-21201.

3 Vgl. Bock in Grootens, BewG, § 251 Rz. 20.

4 Vgl. BT-Drucks. 19/11085 S. 86.

5 BVerfG, Urteil v. 10.4.2018 - 1 BvL 11/14, 1 BvL 12/14, 1 BvL 1/15, 1 BvR 639/11, 1 BvR 889/12, NWB MAAAG-80435.

59 Das vereinfachte Ertragswertverfahren lässt sich über folgende **Formel**[1] darstellen:

$$EW = RE \times KF + BW \times AF$$

$$\text{wobei } KF = \frac{q^n - 1}{q^n \times (q-1)} \qquad q = 1 + LZ$$

$$\text{wobei } LZ = \frac{p}{100}$$

$$\text{wobei } AF = q^{-n}$$

EW = Ertragswert
RE = jährlicher Reinertrag
KF = Kapitalisierungsfaktor (Barwertfaktor; Anlage 37 zum BewG)
AF = Abzinsungsfaktor (Barwertfaktor; Anlage 41 zum BewG)
BW = Bodenwert ohne selbständig nutzbare Teilfläche
LZ = Liegenschaftszinssatz
n = wirtschaftliche Restnutzungsdauer
p = Zinsfuß

60 Das hierauf aufbauende typisierte Ertragswertverfahren nach den §§ 252–257 BewG stellt sich schematisch wie folgt[2] dar:

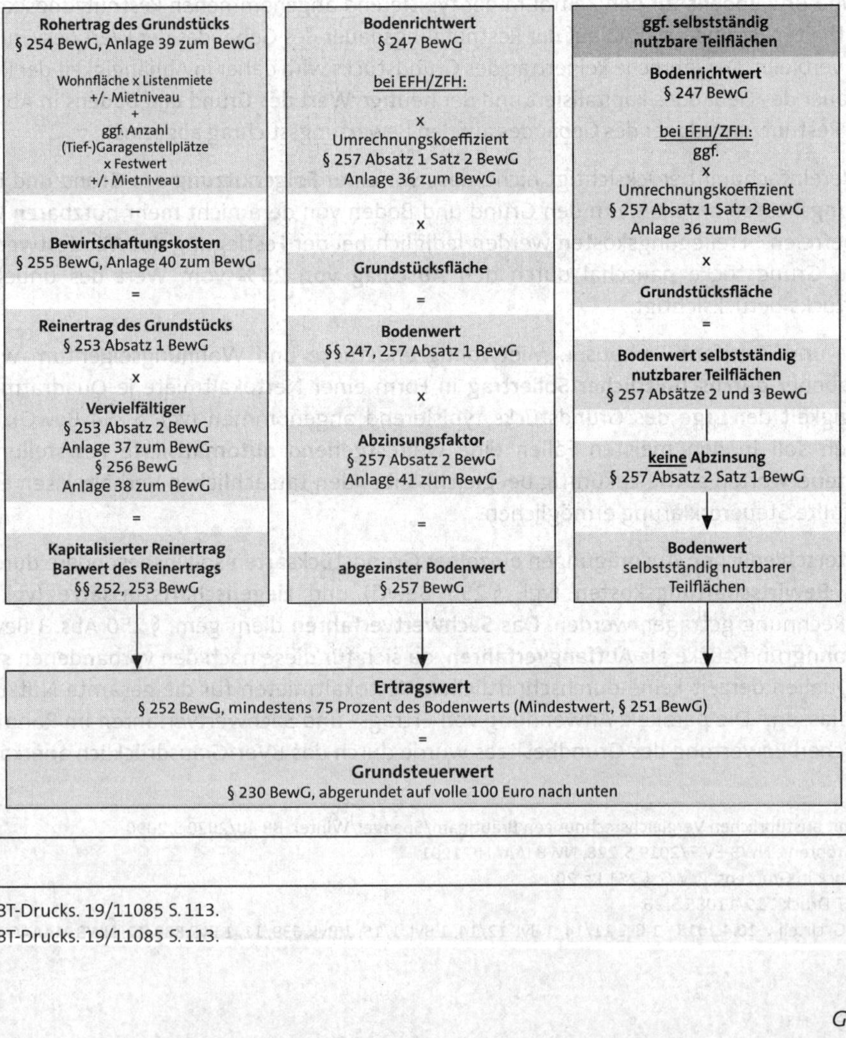

1 Vgl. BT-Drucks. 19/11085 S. 113.
2 Vgl. BT-Drucks. 19/11085 S. 113.

Besondere objektspezifische Grundstücksmerkmale (vgl. § 8 Abs. 3 ImmoWertV 2010) werden im Rahmen dieser typisierenden Wertermittlung nicht gesondert ermittelt.[1] Solche besonderen objektspezifischen Grundstücksmerkmale können, soweit dies dem gewöhnlichen Geschäftsverkehr entspricht, bei der **Verkehrswertermittlung** durch marktgerechte **Zu- oder Abschläge** oder in anderer geeigneter Weise berücksichtigt werden. 61

BEISPIEL: Besondere objektspezifische Grundstücksmerkmale sind beispielsweise eine wirtschaftliche Überalterung, ein überdurchschnittlicher Erhaltungszustand, Baumängel oder Bauschäden sowie von den marktüblich erzielbaren Erträgen erheblich abweichende Erträge. 62

(Einstweilen frei) 63–75

II. Abgeltung der Grundstücksbestandteile durch den Ertragswert (§ 252 Satz 2 BewG)

§ 252 Satz 2 BewG bestimmt, dass die Werte für den **Grund und Boden**, die **Gebäude**, die **baulichen Anlagen**, insbesondere **Außenanlagen**, und die **sonstigen Anlagen** durch den Ansatz des Grundsteuerwerts abgegolten sind. Diese **Grundstücksbestandteile** gehören gem. § 243 Abs. 1 Nr. 1 BewG zum **Grundvermögen.**[2] Nach der Aufzählung des § 243 Abs. 1 Nr. 1 BewG gehören der Grund und Boden, die Gebäude, die sonstigen Bestandteile und das **Zubehör** zum Grundvermögen. Auch wenn das **Zubehör** in der Aufzählung des § 252 Satz 2 BewG nicht ausdrücklich genannt ist, kann m. E. davon ausgegangen werden, dass auch das Zubehör mit dem Grundsteuerwert im Ertragswertverfahren **abgegolten** ist. Es kann m. E. die Intention des Gesetzgebers unterstellt werden, dass die Abgeltungsanordnung allumfassend sein soll. 76

§ 21 Abs. 1 ImmoWertV 2010 unterscheidet zwischen **baulichen** und **sonstigen Anlagen**. Die Außenanlagen werden wiederum in § 21 Abs. 3 ImmoWertV 2010 nach den **baulichen** und **sonstigen Außenanlagen** untergliedert. Hieraus folgt, dass mit „sonstigen Anlagen" i. S. der Vorschrift insbesondere der auf einem Grundstück vorhandene **Aufwuchs** angesprochen ist.[3] 77

BEISPIELE: Zu den baulichen **Außenanlagen** zählen z. B. befestigte Wege und Plätze, Ver- und Entsorgungseinrichtungen auf dem Grundstück und Einfriedungen. Zu den **sonstigen Anlagen** zählen insbesondere Gartenanlagen. 78

(Einstweilen frei) 79–85

III. Berechnungsbeispiel Ertragswertverfahren

BEISPIEL 1: **Sachverhalt:** 86

Ein Einfamilienhaus mit Garage in Münster, NRW, ist auf den Stichtag 1.1.2022 zu bewerten. Das Grundstück weist folgende Eigenschaften auf:

- Grundstück: 700 m²
- Bodenrichtwert 1.1.2022: 650 €/m²
- Wohnfläche nach Wohnflächenverordnung: 150 m²
- Baujahr: 2011

1 Vgl. A 252 Abs. 2 AEBewGrSt.
2 Vgl. Bock in Grootens, BewG, § 243 Rz. 23 ff.
3 Vgl. Kleiber, Verkehrswertermittlung von Grundstücken, Teil IV – ImmoWertV 2010, Rz. 47.

LÖSUNG:

Ermittlung der monatlichen Nettokaltmiete EFH	Zuschlag/Abschlag	€/m²
gesetzlich normierte durchschnittliche Nettokaltmiete für NRW (Anlage 39, Teil I, Baujahr ab 2001, Wohnung > 100 m²)		6,88
+ Zuschlag für Münster nach der Mietniveaustufe IV (Anlage 39, Teil II)	20 %	1,38
monatliche Nettokaltmiete		**8,26**

Ermittlung der monatlichen Nettokaltmiete Garage	Zuschlag/Abschlag	€/m²
gesetzlich normierte Nettokaltmiete (Anlage 39, Teil I, Festwert)		35,00
+ Zuschlag für Münster nach der Mietniveaustufe IV (Anlage 39, Teil II)	20 %	7,00
monatliche Nettokaltmiete		**42,00**

Jährlicher Rohertrag EFH (8,26 €/m² x 150 m² x 12) =	14.868 €
Jährlicher Rohertrag Garage (42 € x 12) =	504 €
Summe Jährlicher Rohertrag =	15.372 €
Bewirtschaftungskosten (15.372 € x 18 %) = **(RND 69 Jahre bei einer Gesamtnutzungsdauer von 80 Jahren lt. Anlage 38)**	-2.767 €
Jährlicher Reinertrag =	12.605 €
Vervielfältiger = **(gem. Anlage 37, Restnutzungsdauer 69 Jahre und Liegenschaftszinssatz 2,4 % - Anpassung des Liegenschaftszinssatzes um 0,1 %, da der Bodenrichtwert 500 € um volle 100 € übersteigt)**	33,56
Barwert des Reinertrags =	423.023 €
Bodenwert (700 m² x 650 €/m² x 0,92) = **(Umrechnungskoeffizient aus Anlage 36 wegen abweichender Grundstücksgröße = 0,92)**	418.600 €
Abgezinster Bodenwert (418.600 x 0,1947) = **(Abzinsungsfaktor gem. Anlage 41, Restnutzungsdauer 69 Jahre und Liegenschaftszinssatz 2,4 %)**	81.501 €
Grundsteuerwert (abgezinster Bodenwert + Barwert des Reinertrags), gerundet auf volle 100 €	504.500 €
Mindestwert (§ 251 BewG, Bodenwert 418.600 € x 75 %) **(Kein Ansatz, da niedriger als Grundsteuerwert)**	313.950 €

87 BEISPIEL 2: **Sachverhalt:**

Zwei ansonsten identische Mietwohngrundstücke mit unterschiedlichen Baujahren sind in Berlin auf den Stichtag 1.1.2022 zu bewerten. Die Grundstücke weisen folgende Eigenschaften auf:

- Grundstück: 1.000 m²
- Bodenrichtwert 1.1.2022: 2.500 €/m²
- Wohnfläche nach Wohnflächenverordnung: 8 Wohnungen mit je 150 m²
- Baujahr: Gebäude Grundstück A = 1947, Gebäude Grundstück B = 2000
- Mietniveaustufe Berlin: Stufe 4 = 10 % Zuschlag auf den Rohertrag

LÖSUNG:

	Grundstück A (Baujahr 1947)	Grundstück B (Baujahr 2000)
Rohertrag	106.603,20 € (Anlage 39 BewG) (8 x 150 m² x 6,73 €/m² x 12 x 110 %)	109.454,40 € (Anlage 39 BewG) (8 x 150 m² x 6,91 €/m² x 12 x 110 %)
Bewirtschaftungskosten	- 28.782,86 € (Anlage 40 BewG)	- 25.174,51 € (Anlage 40 BewG)
Reinertrag	77.820,34 €	84.279,89 €
Vervielfältiger	x 14,50 (Anlage 37 BewG) (Mindest-RND 24 Jahre, 4,5 % LZS)	x 20,49 (Anlage 37 BewG) (RND 58 Jahre, 4,5 % LZS)
Kapitalisierter Reinertrag	1.128.394,87 €	1.726.894,95 €
Abgezinster Bodenwert	869.250 € (Anlage 41 BewG) (2.500 €/m² x 1.000 m² x 0,3477)	194.500 € (Anlage 41 BewG) (2.500 €/m² x 1.000 m² x 0,0778)
Grundsteuerwert	**1.997.600 €**	**1.921.300 €**
Mindestwert	1.875.000 € (kein Ansatz)	1.875.000 € (kein Ansatz)

Anmerkung zur Lösung: Obwohl das Gebäude auf Grundstück B ein deutlich jüngeres Baujahr aufweist, ergibt sich für dieses Grundstück ein niedrigerer Grundsteuerwert als für das Grundstück A. Dies liegt zum einen am Ansatz der **Mindestrestnutzungsdauer** beim Gebäude auf Grundstück A. Statt der tatsächlichen Restnutzungsdauer von 5 Jahren wird gem. § 253 Abs. 2 Satz 5 BewG eine Mindestrestnutzungsdauer von 30 % der Gesamtnutzungsdauer zugrunde gelegt. Damit ergibt sich ein vergleichsweise hoher kapitalisierter Reinertrag für das Grundstück A. Zum anderen wirkt sich der hohe Bodenrichtwert aufgrund der unterschiedlichen **Abzinsungsfaktoren** beim Grundstück A deutlich stärker aus. Diese starke Abweichung wird nicht durch höhere Roherträge beim Grundstück B ausgeglichen, da die typisierten Mietansätze in der Anlage 39 zum BewG die hochwertigen Lagen innerhalb einer Kommune nicht ausreichend berücksichtigen (vgl. auch die Ausführungen in → Rz. 54). Im Ergebnis werden insbesondere Mietwohngrundstücke jüngeren Baujahrs gegenüber Mietwohngrundstücken älteren Baujahrs strukturell unterbewertet. Eine **relations- und realitätsgerechte Bewertung,** wie das BVerfG sie im Urteil[1] vom 10.4.2018 fordert, wird damit nicht erreicht (vgl. zur Kritik am Ertragswertverfahren ausführlich → Rz. 146 ff.).

(Einstweilen frei) 88–95

1 BVerfG, Urteil v. 10.4.2018 - 1 BvL 11/14, 1 BvL 12/14, 1 BvL 1/15, 1 BvR 639/11, 1 BvR 889/12, NWB MAAAG-80435.

IV. Öffnungsklausel zum Nachweis eines niedrigeren Werts - Übermaßverbot

1. Fehlende Nachweismöglichkeit im GrStRefG

96 Eine **Öffnungsklausel** (auch Escape-Klausel genannt) zum **Nachweis des niedrigeren gemeinen Werts** war vom Gesetzgeber im System der Grundsteuerwertermittlung nach dem Siebten Abschnitt des Zweiten Teils des BewG zunächst nicht vorgesehen. Eine solche Regelung sieht z. B. § 198 BewG für die Grundbesitzbewertung für Zwecke der Erbschaft-, Schenkung- und Grunderwerbsteuer vor. Im Rahmen der Grundsteuerwertermittlung ging der Gesetzgeber offenbar davon aus, dass die aufgrund der Typisierungen bei den Bewertungsverfahren **systemimmanenten Wertverzerrungen** durch den Steuerpflichtigen hinzunehmen sind.[1] In der Gesetzesbegründung zum GrStRefG[2] ging der Gesetzgeber auf die Problematik einer unzutreffend hohen Bewertung nicht ein.

97 Dem Vorschlag von Löhr, eine **Öffnungsklausel** in das Gesetz zu implementieren, die erst ab einer gewissen (größeren) Abweichung greift und somit den Verwaltungsaufwand in Grenzen hält, war der Gesetzgeber nicht gefolgt.[3] Seer sah aufgrund der vielen Typisierungen die Gefahr einer systembedingten Überbesteuerung, gegen die kein effektiver **Rechtsschutz** eröffnet werde.[4] Dies werde gegenüber Art. 19 Abs. 4 GG nicht zu halten sein.

98 Durch die Wahl des **Sollertrags als Belastungsgrund** wird der Verkehrswertbegriff als Bewertungsziel umgangen (vgl. für die Grundbesitzbewertung § 177 BewG – gemeiner Wert). Gleichwohl bedient sich der Gesetzgeber **Verkehrswertermittlungsgrundsätzen** und **-verfahren** zur Ermittlung der Grundsteuerwerte (vgl. → Rz. 39). Aufgrund des für unbebaute Grundstücke gewählten Bewertungsmaßstabs Bodenrichtwert und der Anlehnung des vereinfachten Ertragswertverfahren und des Sachwertverfahrens an die **ImmoWertV 2010** zur Herleitung der Grundsteuerwerte für bebaute Grundstücke müssen sich die **Bewertungsergebnisse m. E. gleichwohl am Verkehrswert des jeweiligen Grundstücks messen** lassen.[5]

99 Bereits mit Urteil v. 26.6.1981 hatte der BFH[6] entschieden, dass bei der Einheitsbewertung typisierte Bewertungsergebnisse nicht in jedem Fall hinzunehmen sind. Die **Durchschnittswerte** für die **Raummeterpreise** im Sachwertverfahren könnten zu **ermäßigen oder zu erhöhen** sein, wenn sie für den gemeinen Wert des Gebäudes bedeutsame Eigenschaften und Umstände z. B. hinsichtlich Bauart, Bauweise, Konstruktion und Objektgröße nicht ausreichend berücksichtigen und die **Abweichung** zwischen dem auf Grundlage der Durchschnittswerte (Anlagen 14 und 15 zu Abschnitt 38 BewRGr) und dem nach den **tatsächlichen durchschnittlichen Herstellungskosten** vergleichbarer Bauwerke ermittelten Gebäudenormalherstellungswert **außerhalb** jeder bei Anwendung von Durchschnittswerten **üblichen und noch vertretbaren Toleranz** liegt.

100 Bei der Bedarfswertermittlung für Gebäude auf fremdem Grund und Boden hatte der **BFH**[7] entschieden, dass wenn der nach § 148 Abs. 2 i. V. mit Abs. 1 Satz 1 BewG ermittelte Wert solch

1 Gl. A. Seer, FR 20/2019 S. 941.
2 GrStRefG v. 26.11.2019, BGBl 2019 I S. 1794.
3 Vgl. Löhr, DStR 28/2019 S. 1433.
4 Vgl. Seer, FR 20/2019 S. 941.
5 Gl. A. Löhr, DStR 28/2019 S. 1433.
6 BFH, Urteil v. 26.6.1981 - III R 3/79, BStBl 1981 II S. 643, NWB DAAAA-91657.
7 BFH, Urteil v. 2.7.2004 - II R 9/02, BStBl 2004 II S. 1039, NWB YAAAB-27809.

eines Grundstücks im Einzelfall gegen das **Übermaßverbot** verstößt, er im Wege **verfassungskonformer Auslegung der Vorschrift** auf den **Verkehrswert des Grundstücks herabzusetzen** ist. Einer gesetzlichen Öffnungsklausel bedarf es für die Herabsetzung folglich nicht.

Diese für die Bedarfswertermittlung ergangen Rechtsprechung wollte der **BFH** bis zuletzt nicht auf die Einheitsbewertung übertragen wissen.[1] Da die Einheitsbewertung des inländischen Grundbesitzes nur noch für die Grundsteuer von Bedeutung ist, seien **Wertverzerrungen bei der Bemessungsgrundlage** wegen der geringeren steuerlichen Belastungswirkung **verfassungsrechtlich in höherem Ausmaß hinnehmbar** als bei der Erbschaftsteuer und der Schenkungsteuer. Die im Urteilsfall vom FG angeführte o. g. Rechtsprechung zum **Übermaßverbot** bei der früher in § 148 BewG vorgesehenen Ermittlung des Grundstückswerts für Grundstücke lasse sich daher auf die **Einheitsbewertung** von inländischem Grundbesitz **nicht übertragen**. 101

Dieser Auffassung wurde zunächst in der Literatur widersprochen. Der BFH berücksichtigte nach m. E. zutreffendem Einwand von Zimmermann[2] damit nicht ausreichend, dass die **Grundsteuer Jahr für Jahr erhoben** wird und eine unzutreffende Bewertung sich damit u.U. über Jahrzehnte auswirkt. Selbst wenn die steuerliche Auswirkung pro Jahr keinen fünfstelligen Betrag erreichen sollte, verlangte der **allgemeine Gleichheitssatz** seines Erachtens eine hinreichend folgerichtige Ausgestaltung der Einheitsbewertung unter Berücksichtigung der seit 1.1.1964 eingetretenen tatsächlichen Veränderungen. 102

Auch weniger einschneidende Steuern entbinden nach ebenso überzeugender Auffassung von Dötsch[3] den Gesetzgeber nicht von der **Beachtung und Verwirklichung des steuerlichen Gleichbehandlungsgebots** (Art. 3 Abs. 1 GG) und des damit zusammenhängenden Prinzips der bei allen Ertragsteuern (und damit auch bei der Grundsteuer als einer – wenn auch grob strukturierten – Sollertragsteuer) Geltung beanspruchenden **Besteuerung nach der Leistungsfähigkeit**. 103

Schließlich hat auch das **BVerfG**[4] in seiner Entscheidung zur **Verfassungswidrigkeit der Einheitsbewertung** vom 10.4.2018 dieser Auffassung des BFH eindeutig widersprochen. Das vielfach vorgebrachte Argument der **Geringfügigkeit der Grundsteuer** trage nicht. Es möge zwar sein, dass bei einer absolut geringen Steuerbelastung Brüche und Ungleichbehandlungen in den Randbereichen bei der Feststellung der Bemessungsgrundlage mit entsprechenden Konsequenzen für die Bemessung der Steuer eher rechtfertigungsfähig und hinnehmbar sind als bei Steuern mit hoher Belastungswirkung. Das steuerliche **Gleichbehandlungsgebot aus Art. 3 Abs. 1 GG** verlange im Grundsatz jedoch **auch bei geringen Steuerbelastungen** Beachtung. 104

Es bedürfe im Urteil keiner abschließenden Entscheidung, inwieweit solche Geringfügigkeitsargumente überhaupt verfassungsrechtlich tragfähig sind. Eine **substantielle und weitgreifende Ungleichbehandlung** wie bei den festgestellten Wertverzerrungen im Kernbereich einer Steuererhebung vermögen **Geringfügigkeitserwägungen** jedenfalls **nicht zu rechtfertigen**. Es sei für die verfassungsrechtliche Beurteilung von Gleichheitsverstößen in der Einheitsbewertung deshalb grundsätzlich auch ohne Belang, dass sie mittlerweile wegen ihrer weitgehenden Begrenzung auf das Recht der Grundsteuer wesentlich an allgemeiner Bedeutung verloren hat. 105

---

1 BFH, Urteil v. 30.6.2010 - II R 60/08, BStBl 2010 II S. 897, NWB FAAAD-48042 unter Verweis auf BFH, Urteil v. 2.2.2005 - II R 36/03, BStBl 2005 II S. 428 und auf BFH, Urteil v. 21.2.2006 - II R 31/04, NWB OAAAB-89184.

2 Zimmermann, Anmerkung in EFG 2009 S. 161.

3 Dötsch, jurisPR-SteuerR 27/2005 Rz. 1.

4 BVerfG, Urteil v. 10.4.2018 - 1 BvL 11/14, 1 BvL 12/14, 1 BvL 1/15, 1 BvR 639/11, 1 BvR 889/12, Rz. 127 und 141, NWB MAAAG-80435.

106 Bei der Grundbesitzbewertung von land- und forstwirtschaftlichen Betrieben mit dem **Liquidationswert** gem. § 166 BewG ist – wie bei den Grundsteuerwerten des Siebten Abschnitts des Zweiten Teils des BewG – eine **Öffnungsklausel** zum Nachweis des niedrigeren gemeinen Werts **im BewG nicht verankert**. Um einen Verstoß gegen das **grundgesetzliche Übermaßverbot** zu verhindern, ist nach Auffassung des BFH[1] der Nachweis eines niedrigeren gemeinen Werts bei verfassungskonformer Auslegung auch dann geboten, wenn er nach dem Wortlaut des BewG nicht vorgesehen ist. Diese ursprünglich zur pauschalierten Bewertung von erbbaurechtsbelasteten Grundstücken ergangene Rechtsprechung gelte auch dann, wenn der Steuerpflichtige ein Grundstück aus einem land- und forstwirtschaftlichen Betrieb nach dem Bewertungsstichtag veräußert hat und der Wert für dieses Grundstück nach § 166 Abs. 2 BewG zu ermitteln ist.

107 Im Streitfall betrug der vom FA nach § 166 Abs. 2 Nr. 1 BewG ermittelte und **angesetzte Wert das 1,55-fache** des durch den zeitnahen Verkauf **nachgewiesenen tatsächlich erzielten Veräußerungserlöses**. Der Grundbesitzwert war deshalb i. H. des Veräußerungserlöses anzusetzen. Der sich bei typisierender Bewertung mit dem Bodenrichtwert ergebende Wert übersteigt damit den nachgewiesenen gemeinen Wert so erheblich, dass sich der festgestellte Grundstückswert als **extrem über das normale Maß hinausgehend** erweist.

108 BEISPIEL: Extrem über das normale Maß hinaus geht beispielsweise das **Dreifache des gemeinen Werts**[2] bzw. das rund **1,4-fache**[3] eines aus dem Bodenrichtwert errechneten **Verkehrswerts**. Eine Bewertungsdifferenz von **10 %**[4] ist hingegen als Folge der typisierenden Bewertungsmethode aufgrund der mit der Wertschätzung verbundenen **Ungenauigkeit hinzunehmen**.

109 Auch nach Auffassung von Eggert war es höchst problematisch, dass keine Berücksichtigung eines **Renovierungsstaus** und auch sonstiger **Schäden**, aber insbesondere auch nicht der Nachweis eines **tatsächlichen** (niedrigeren) **Werts** im Bewertungsgesetz vorgesehen sind.[5] Zu begründen sei dies wohl nur mit der notwendigen **Vereinfachung** des Wertfindungsverfahrens. Unschwer nachvollziehbar sei, dass dies in Einzelfällen zu einer **Übermaßbesteuerung** führen kann. Mindestens den Nachweis eines niedrigeren Werts hätte das Gesetz seines Erachtens im Hinblick auf eine **sachgerechte Steuerfestsetzung** vorsehen müssen. Sollte das BMF zusammen mit den Länderfinanzministerien hier eine praktikable Abhilfe auf Verwaltungsebene schaffen, sei das mehr als zu begrüßen.

110 Es sei nach Auffassung von Eggert denkbar, dass die Praxis darauf mit Anträgen reagieren wird, bereits den Grundsteuerwert aus **Billigkeitsgründen** abweichend festzusetzen.[6] Eine solche **Vorgehensweise** war m. E. durch § 220 Satz 2 BewG **ausgeschlossen**,[7] da diese Regelung die Anwendung von § 163 AO (abweichende Festsetzung von Steuern aus Billigkeitsgründen) bei der Ermittlung der Grundsteuerwerte ausschließt.

111–114 *(Einstweilen frei)*

1 BFH, Urteil v. 30.1.2019 - II R 9/16, BStBl 2019 II S. 599.
2 Vgl. BFH-Urteil v. 5.5.2004 - II R 45/01, BStBl 2004 II S. 1036, NWB ZAAAB-23792.
3 Vgl. BFH-Urteil v. 23.10.2002 - II B 153/01, BStBl 2003 II S. 118, NWB QAAAA-89425.
4 Vgl. BFH-Urteil v. 11.12.2013 - II R 22/11, NWB FAAAE-65759.
5 Vgl. Eggert, BBK 5/2020 S. 227, NWB HAAAH-42948.
6 Vgl. Eggert, BBK 5/2020 S. 227 NWB HAAAH-42948, gl. A. Eichholz, DStR 24/2020 S. 1217.
7 Vgl. Kurt in Grootens, BewG, § 220 Rz. 71 ff.

2. Nachweismöglichkeit aufgrund BFH-Beschluss

Mit Beschlüssen vom 27.5.2024 hat der BFH in zwei Verfahren[1] des einstweiligen Rechtsschutzes (Aussetzung der Vollziehung) **im Wege der verfassungskonformen Auslegung** der Regelungen des Bewertungsgesetzes entschieden, dass Steuerpflichtige im Einzelfall unter bestimmten Bedingungen die Möglichkeit haben müssen, einen **unter dem festgestellten Grundsteuerwert liegenden Wert ihres Grundstücks nachzuweisen**. Damit entwickelt der BFH seine Rechtsprechung zum **Übermaßverbot** konsequent fort (vgl. zum Übermaßverbot in der Grundbesitzbewertung → Rz. 106 ff.). 115

Nach der Rechtsauffassung des BFH gebietet das Übermaßverbot in Einzelfällen einen niedrigeren gemeinen Wert anzusetzen, sofern dieser nachgewiesen wurde. Nur wenn zur Abwendung eines Verstoßes gegen das **Übermaßverbot** die Möglichkeit einer **verfassungskonformen Auslegung der Bewertungsvorschriften oder einer Billigkeitsmaßnahme** bestehe, seien die **pauschalierenden und typisierenden Bewertungsvorschriften nicht verfassungswidrig**. Das Übermaßverbot könne insbesondere dann verletzt sein, wenn sich der nach den §§ 218 ff. BewG festgestellte Grundsteuerwert als erheblich über das normale Maß hinausgehend erweist. Nach der Rechtsprechung des BFH setzte dies regelmäßig voraus, dass der vom Finanzamt festgestellte **Grundsteuerwert den nachgewiesenen niedrigeren gemeinen Wert um 40 % oder mehr übersteigt**. Die Verwaltung hat sich der Auffassung des BFH mit koordinierten Erlassen der obersten Finanzbehörden der Länder vom 24.6.2024 (Ansatz eines niedrigeren gemeinen Werts bei der Bewertung des Grundvermögens für Zwecke der Grundsteuer ab 1. Januar 2025 - Aussetzung der Vollziehung (§ 361 AO) von Bescheiden über die Feststellung des Grundsteuerwerts) angeschlossen.[2] 116

(Einstweilen frei) 117–120

3. Nachweismöglichkeit aufgrund gesetzlicher Einfügung durch das JStG 2024

Der Gesetzgeber hat auf die Beschlüsse des BFH im Rahmen des JStG 2024 mit der Einfügung des § 220 Abs. 2 BewG reagiert und eine Nachweismöglichkeit klarstellend gesetzlich geregelt. Wegen der Einzelheiten vgl. ausführlich Kurt in Grootens, BewG § 220 Rz. 91 ff. 121

(Einstweilen frei) 122–125

V. Umsetzung der verfassungsrechtlichen Vorgaben

1. Vorgaben des BVerfG

Das BVerfG hielt in seinem Urteil[3] v. 10.4.2018 die Vorschriften über die **Einheitsbewertung** jedenfalls seit dem Bewertungsstichtag **1.1.2002 für verfassungswidrig**, weil die Aussetzung einer erneuten Hauptfeststellung über einen langen Zeitraum systembedingt in erheblichem Umfang zu **Ungleichbehandlungen** durch **ungleiche Bewertungsergebnisse** führt, die mit dem allgemeinen Gleichheitssatz nach Art. 3 Abs. 1 GG nicht zu vereinbaren sind. Eine ausreichende **Rechtfertigung** für diese Ungleichbehandlungen ergibt sich für die Einheitsbewertung und die Grundsteuererhebung 126

1 BFH, Beschluss v. 27.5.2024 - II B 78/23 (AdV), BStBl 2024 II S. 543 und BFH, Beschluss v. 27.5.2024 - II B 79/23 (AdV), BStBl 2024 II S. 546.

2 Koordinierte Erlasse der obersten Finanzbehörden der Länder v. 24.6.2024, BStBl 2024 I S. 1073.

3 BVerfG, Urteil v. 10.4.2018 - 1 BvL 11/14, 1 BvL 12/14, 1 BvL 1/15, 1 BvR 639/11, 1 BvR 889/12, NWB MAAAG-80435.

- weder allgemein aus dem Ziel der Vermeidung eines allzu großen **Verwaltungsaufwands**
- noch aus Gründen der **Typisierung und Pauschalierung**
- noch wegen **Geringfügigkeit der Grundsteuerlast**
- noch aus einer etwaigen Kompensation durch **Nachfeststellungen** und **Wertfortschreibungen**.

127 Zu den **verfassungsrechtlichen Anforderungen** einer gleichheitsgerechten Bewertung führte das **BVerfG**[1] grundlegend aus:

- Der Gesetzgeber hat bei der **Wahl der Bemessungsgrundlage** und bei der Ausgestaltung der **Bewertungsregeln** einer Steuer einen großen Spielraum, solange sie geeignet sind, den **Belastungsgrund der Steuer** zu erfassen und dabei die **Relation der Wirtschaftsgüter** zueinander **realitätsgerecht** abzubilden.
- Um beurteilen zu können, ob die gesetzlichen Bemessungsregeln eine in der Relation realitätsgerechte Bewertung der erfassten Güter und damit die Vergleichbarkeit der Bewertungsergebnisse im Einzelfall sicherstellen, muss das Gesetz das für den steuerlichen **Belastungsgrund** als maßgeblich erachtete **Bemessungsziel** erkennen lassen.
- Dabei ist der Gesetzgeber von Verfassungs wegen auch nicht verpflichtet, sich auf die Wahl nur eines Maßstabs zur Bemessung der Besteuerungsgrundlage festzulegen. Je nach Art und Vielfalt der von der Steuer erfassten Wirtschaftsgüter wird eine gleichheitsgerechte Bemessung der Erhebungsgrundlage ohnehin oft nur durch die **Verwendung mehrerer Maßstäbe** möglich sein. Bei der Wahl des geeigneten Maßstabs darf sich der Gesetzgeber auch von **Praktikabilitätserwägungen** leiten lassen, die je nach Zahl der zu erfassenden Bewertungsvorgänge an Bedeutung gewinnen und so auch in größerem Umfang **Typisierungen** und **Pauschalierungen** rechtfertigen können, dabei aber deren **verfassungsrechtliche Grenzen** wahren müssen.
- Dies gilt in besonderem Maße bei steuerlichen Massenverfahren. Bei der Ausgestaltung eines solchen Systems zur Erfassung der Bemessungsgrundlage kann der Gesetzgeber **Praktikabilitätserwägungen** Vorrang vor Gesichtspunkten der **Ermittlungsgenauigkeit** einräumen und dabei auch beträchtliche **Bewertungs- und Ermittlungsunschärfen** in Kauf nehmen, um die darauf beruhende Festsetzung und Erhebung der Steuer handhabbar zu halten. Begrenzt wird sein Spielraum dadurch, dass die von ihm geschaffenen Bemessungsregeln grundsätzlich in der Lage sein müssen, den mit der Steuer verfolgten **Belastungsgrund in der Relation realitätsgerecht** abzubilden.
- Da die Wertverhältnisse während der folgenden Jahre eines Hauptfeststellungszeitraums typischerweise **verkehrswertrelevanten Veränderungen** unterliegen, bedarf es in regelmäßigen und nicht zu weit auseinander liegenden Abständen einer neuen **Hauptfeststellung**.

128 Der Gesetzgeber hat im Rahmen der Grundsteuerreform 2019 den **Sollertragswert** als Belastungsentscheidung für die Grundsteuer gewählt. Gleichzeitig hat der Gesetzgeber mit dem Rückgriff auf die **Bodenrichtwerte** zur Bewertung unbebauter Grundstücke und mit dem Rückgriff auf die Bewertungssystematik der **Verkehrswertermittlung** durch Anlehnung an die ImmoWertV 2010 dokumentiert, dass sich der **Sollertragswert am Verkehrswert des Grundstücks**

1 BVerfG, Urteil v. 10.4.2018 - 1 BvL 11/14, 1 BvL 12/14, 1 BvL 1/15, 1 BvR 639/11, 1 BvR 889/12, NWB MAAAG-80435.

orientiert. Zur Frage der **Verfassungsmäßigkeit des ErbStG** führte das BVerfG[1] grundlegend aus:

*„Für Grundvermögen gibt es keinen absoluten und sicher realisierbaren Marktwert, sondern allenfalls ein **Marktwertniveau**, auf dem sich mit mehr oder weniger großen Abweichungen vertretbare Verkehrswerte bilden. Dabei wird von einer **Streubreite von plus/minus 20 % der Verkaufspreise** für ein und dasselbe Objekt ausgegangen, innerhalb derer ein festgestellter Verkehrswert **als noch vertretbar** angesehen wird. Der nach den erbschaftsteuerlichen Bewertungsvorschriften ermittelte Grundbesitzwert kann deshalb nur daraufhin überprüft werden, ob er sich noch **innerhalb des Korridors vertretbarer Verkehrswerte** bewegt oder außerhalb dieses Bereichs liegt.“*

(Einstweilen frei) 129–135

2. Auffassung des Gesetzgebers

Zur Frage der **verfassungskonformen Ausgestaltung der Bewertungsverfahren** führt der Gesetzgeber[2] folgendes aus: 136

*„Die Bewertung des Grundvermögens mittels eines typisierenden Ertragswert- und Sachwertverfahrens trägt der **Belastungsentscheidung** durch Anknüpfung an den **Sollertrag** des Grundbesitzes Rechnung. Die Bewertungsverfahren stehen mit dem allgemeinen Bewertungsgrundsatz im Einklang, da sie unter Berücksichtigung des speziellen Bewertungsvorbehalts das **Bewertungsziel eines objektiviert-realen Werts** konkretisieren und dessen **relationsgerechte Abbildung** innerhalb der Grundsteuer als Sollertragsteuer gewährleisten. Zudem ist höchstrichterlich anerkannt, dass das Sachwertverfahren und die sachgerechte Vervielfältigung jährlicher Erträge den objektiviert realen Wert innerhalb des **verfassungsgerichtlich gebotenen Wertekorridors** erreichen und strukturell die Bemessungsgrundlage für die Grundsteuer realitätsgerecht abbilden können. Die Differenzierung der einzelnen Grundstücksarten, die darauf beruhende Zuordnung zu einem sachgerechten Bewertungsverfahren und die typisierende Anwendung spezifischer Bewertungsfaktoren gewährleisten eine **relationsgerechte Abbildung aller Wirtschaftsgüter innerhalb des Grundvermögens** und einen realitätsgerechten Grundstückswert als Bemessungsgrundlage für die Grundsteuer.“*

(Einstweilen frei) 137–145

3. Kritische Würdigung des Ertragswertverfahrens

Die Auseinanderentwicklung zwischen **Verkehrswert** und festgestelltem Einheitswert über den langen Hauptfeststellungszeitraum war nach Auffassung des BVerfG[3] für sich genommen verfassungsrechtlich nicht bedenklich. Würden die Einheitswerte in allen Fällen **gleichmäßig** hinter steigenden Verkehrswerten zurückbleiben, führte dies allein zu keiner verfassungsrechtlich relevanten **Ungleichbehandlung**, da das Niveau der Einheitswerte untereinander in **Relation zum Verkehrswert** gleichbliebe. Insofern liegen die Verhältnisse bei der Bewertung nur einer Art von Vermögensgegenständen – hier von Grundstücken – anders als in den Fällen der **Vermögensteuer** und der **Erbschaftsteuer**. Während es dort um die Vergleichbarkeit ganz ver- 146

1 BVerfG, Beschluss v. 7.11.2006 - 1 BvL 10/02, BStBl 2007 II S. 192.

2 Vgl. BT-Drucks. 19/11085 S. 87.

3 BVerfG, Urteil v. 10.4.2018 - 1 BvL 11/14, 1 BvL 12/14, 1 BvL 1/15, 1 BvR 639/11, 1 BvR 889/12, Rz. 109, NWB MAAAG-80435.

schiedenartiger, nach unterschiedlichen Maßstäben zu bewertender Wirtschaftsgüter ging, ist dies bei den Normen der Einheitsbewertung für Grundvermögen nicht der Fall.

147 Es geht vielmehr durchgängig um den Wert von bebauten und unbebauten Grundstücken. Die zu erwartenden und unbestritten auch in erheblichem Umfang eingetretenen Unterschiede in der Einheitsbewertung betreffen also nicht **Wertdifferenzen** zu **anderen Vermögensarten**. Sie sind Ausdruck von **Wertverzerrungen innerhalb derselben Vermögensart** (Zur Frage der verfassungsrechtlichen Zulässigkeit von Wertverzerrungen vgl. auch Bock in Grootens, BewG, § 250 Rz. 29 ff.) Es gibt keine Anhaltspunkte dafür und wird auch weder von der Bundesregierung noch von den Ländern behauptet, dass sich die durch den Verzicht auf regelmäßige Hauptfeststellungen zwangsläufig zunehmenden Wertverzerrungen in einer **gleichmäßigen Relation zum Verkehrswert** bewegten. Dies wäre aber für eine Verfassungsmäßigkeit der Einheitswerte notwendig gewesen.

148 Der Gesetzgeber hat im Rahmen der neu gefassten **Grundsteuerwertermittlung** mit der Wahl des **Bodenrichtwerts** für unbebaute Grundstücke für diese Grundstücke den **Verkehrswert als Bewertungsmaßstab** gewählt. Alle anderen bebauten Grundstücke müssen sich m. E. an dieser **Wertrelation messen**, mithin ebenfalls den Verkehrswert abbilden (vgl. ausführlich → Rz. 98). Auch der wissenschaftliche Dienst des Bundestages geht in seiner Ausarbeitung vom 17.10.2019 davon aus, dass der **gemeine Wert im Rahmen eines Typisierungskorridors** das **Bewertungsziel** der Grundsteuerwerte darstellt.[1]

149 Das **Ertragswertverfahren** weist an vielen Stellen **Typisierungen** auf, die zum einen den **Verkehrswert als Bewertungsziel unerreichbar** werden lassen und zum anderen **Wertunterschiede** zwischen den im Ertragswertverfahren bewerteten Grundstücken **nicht relationsgerecht** abbilden.

150 Im Einzelnen betrifft dies insbesondere

- die Ermittlung des **Rohertrags** in standardisierter Form ohne Berücksichtigung der Unterschiede innerhalb einer Gemeinde,[2]
- den Rückgriff auf typisierte **Restnutzungsdauern** unter Verwendung von **Verlängerungsmodellen** und **Mindestrestnutzungsdauern,**[3]
- die Ermittlung der abweichenden **Liegenschaftszinssätze** für bestimmte Grundstücksarten in besonders hochwertigen Lagen,[4]
- den unterschiedlich starken Einfluss des **Bodenwerts** auf den Grundsteuerwert in Abhängigkeit von der Restnutzungsdauer des Gebäudes,[5]
- die Anwendung von **systemwidrigen Umrechnungsfaktoren** auf den **Bodenwert** in Abhängigkeit der Größe des Grundstücks von **Ein- und Zweifamilienhäusern.**[6]

151 Es bestehen nach überzeugender Darstellung von Schmidt erhebliche Zweifel, ob der Gesetzgeber mit dem vorliegenden Gesetz die **Wertunterschiede** in den verschiedenen Lagen einer

1 Vgl. Ausarbeitung der Wissenschaftlichen Dienste des Bundestages vom 17.10.2019, Verfassungsrechtliche Aspekte des Belastungsgrundes und der Bewertungsvorschriften im Grundsteuer-Reformgesetz, WD 4 - 3000 - 119/19, S. 5.

2 Vgl. Grootens in Grootens, BewG, § 254 Rz. 65, gl. A. Bräutigam/Spengel/Winter, BB 40/2020 S. 2090; a. A. Bock in Grootens, BewG, § 250 Rz. 35.

3 Vgl. Grootens in Grootens, BewG, § 253 Rz. 71 ff.

4 Vgl. Grootens in Grootens, BewG, § 256 Rz. 34 ff.

5 Vgl. Grootens in Grootens, BewG, § 256 Rz. 45.

6 Vgl. Grootens in Grootens, BewG, § 257 Rz. 46 ff.

Gemeinde **realitätsgerecht** abgebildet hat.[1] Eine gewisse **Spreizung der Grundsteuerwerte** innerhalb einer Gemeinde ergebe sich lediglich durch den Ansatz der Bodenrichtwerte. Da aber nur die abgezinsten Bodenwerte berücksichtigt werden, falle diese Spreizung gering aus. Im Einzelfall wird das zu erwartende Ergebnis durch die Bewertungsmethodik sogar umgekehrt (vgl. Beispiel 2, → Rz. 87). Gleichzeitig müssen die im Ertragswertverfahren ermittelten Grundsteuerwerte hinsichtlich der Qualität der einzelnen Bewertungsergebnisse und des Wertniveaus mit den im Sachwertverfahren bewerteten Grundstücksarten annähernd übereinstimmen, da andernfalls eine Ungleichbehandlung innerhalb der der Grundsteuer B unterworfenen Grundstücke des Grundvermögens vorliegen würde.[2]

Die vom BVerfG mit Bezug auf Art. 3 Abs. 1 GG geforderte **gleichheitsgerechte Bemessungsgrundlage** einer Steuer, die so gewählt und ausgeformt sein muss, dass sie den mit der Steuer verfolgten **Belastungsgrund** in der **Relation der Wirtschaftsgüter zueinander realitätsgerecht** abbildet, wird nach ebenso überzeugender Argumentation von Marx nicht geschaffen.[3] Die Bewertung nach dem GrStG sei abhängig von der wirtschaftlichen Einheit **unterschiedlich komplex** ausgestaltet. Die Ausgestaltung des Ertragswertverfahrens führt nach Ansicht von Schnitter aufgrund der unterschiedlichen Typisierungen zu einer nicht realitätsgerechten Abbildung der Verkehrswerte im Verhältnis der Grundstücke zueinander.[4] Folge sei eine **systembedingte Unterbewertung von Immobilien in teuren Lagen.** Demgegenüber würden Grundstücke in schlechten Lagen mit dem Verkehrswert oder auch mit einem darüber liegenden Wert abgebildet. Ursache hierfür sei die **unzureichende Lagedifferenzierung.** Es ist m. E. zudem auch fraglich, ob die Grundsteuerwerte im Ertragswertverfahren und die Grundsteuerwerte im Sachwertverfahren realitätsgerecht zueinander stehen. So haben die Länder Sachsen und das Saarland ihre Grundsteuermesszahlen angepasst, um die niedrigen Grundsteuerwerte im Sachwertverfahren auszugleichen.[5] 152

Auch der **Wissenschaftliche Dienst des Bundestages** hat erhebliche Zweifel am Ertragswertverfahren geäußert.[6] Die wertbildenden Faktoren des GrStRefG[7] seien in Bezug auf bebaute Grundstücke so stark typisierend, dass es zu **erheblichen Verzerrungen zwischen Grundsteuer- und Verkehrswert** kommen könne. Insbesondere innerhalb eines Gemeindegebietes könnten größere Wertunterschiede auf Grund der jeweiligen Lage der Immobilie nicht adäquat mit der vom Gesetzgeber gewählten Bewertungsmethode abgebildet werden. Erste Musterberechnungen legten es nahe, dass **teure Wohnlagen systematisch unterbewertet** und **mittlere bis einfache Wohnlagen über dem Verkehrswert** bewertet würden. 153

Verfassungsrechtlich problematisch seien dabei nicht die isoliert betrachteten Abweichungen des Grundsteuerwerts von den Verkehrswerten (vgl. → Rz. 146). Denn **verfassungsrechtlich problematisch** würden die Bewertungsmethode erst durch die **fehlerhafte Bewertung teurer Lagen zu günstigen Wohnlagen.** Zwar basieren die bisherigen Beurteilungen nur auf stichprobenhaften Berechnungen. Diese gäben einen deutlichen Hinweis darauf, dass die Verwendung **einheitlicher Mietstufen** in **Großstädten** und bei sehr heterogenen Immobilienlagen in einer 154

1 Vgl. Schmidt, NWB 50/2019 S. 3719, NWB BAAAH-36269.
2 Vgl. Mannek in Stenger/Loose, BewG, § 252 Rz. 7, der zumindest eine Korrelation fordert.
3 Vgl. Marx, DStZ 2019 S. 372.
4 Vgl. Schnitter in GrStG - eKommentar, § 252 BewG Rz. 10.
5 Vgl. Grootens in Grootens, Vorwort GrStG Saar Rz. 4 ff. und Grootens in Grootens, Vorwort SächsGrStMG Rz. 4 ff.
6 Vgl. Ausarbeitung der Wissenschaftlichen Dienste des Bundestages v. 17.10.2019, Verfassungsrechtliche Aspekte des Belastungsgrundes und der Bewertungsvorschriften im Grundsteuer-Reformgesetz, WD 4 - 3000 - 119/19, S. 13.
7 GrStRefG v. 26.11.2019, BGBl 2019 I S. 1794.

Gemeinde die **realitätsgerechte Bewertung** der Grundstücke und Gebäude **beeinträchtigen** würde, wenngleich die abschließende verfassungsrechtliche Beurteilung der Abweichungen dem BVerfG vorbehalten sei.

155 Diese Typisierung seien mit dem vom Gesetzgeber gewählten **Belastungsgrund** einer am **Verkehrswert** orientierten **Sollertragsteuer** kaum zu vereinbaren. Sie lasse sich auch vor dem Hintergrund des **Äquivalenzprinzips** nicht rechtfertigen, denn Grundstücke und Gebäude in hochwertigeren Lagen nehmen nicht per se die kommunale Infrastruktur stärker in Anspruch als Grundstücke und Gebäude in durchschnittlichen Wohnlagen.

156 Es ist somit nur eine Frage der Zeit, bis auch die Grundsteuerwertermittlung dem BVerfG zur Überprüfung vorgelegt werden wird.[1] Die an dieser Stelle aufgezeigten **strukturellen Wertverzerrungen des Ertragswertverfahrens** und die unterschiedlichen Bewertungsergebnisse im Ertrags- und Sachwertverfahren sprechen m. E. deutlich für eine **Verfassungswidrigkeit** der im Ertragswertverfahren ermittelten **Grundsteuerwerte** (a. A. Bock in Grootens, BewG, § 250 Rz. 29 ff., wegen der Wertverzerrungen beim Sachwertverfahren vgl. Grootens in Grootens, BewG, § 258 Rz. 141 ff.). In den ersten Hauptsacheverfahren gehen das Sächsische FG[2] und das FG Köln[3] hingegen von einer Verfassungsmäßigkeit aus, ohne sich erkennbar mit den in der Literatur dargestellten Kritikpunkten auseinanderzusetzen. Soweit der BFH in den Beschlüssen vom 27.5.2024[4] davon ausgeht, die Typisierungen seien unter der Voraussetzung der Schaffung der Möglichkeit eines Nachweises eines niedrigeren gemeinen Werts wegen der dadurch verhinderten Überbewertung hinzunehmen, ist dem m. E. nicht zuzustimmen. Zwar wird dadurch im Einzelfall eine Überbewertung vermieden, wenn denn der Steuerpflichtige den kostenträchtigen Nachweis mithilfe eines Sachverständigengutachtens im Einzelfall überhaupt führt. Die Ungleichbehandlungen gegenüber den aufgrund von Typisierungen fehlerhaft zu niedrig festgestellten Grundsteuerwerten für andere Grundstücksgruppen bleiben aber bestehen, so dass der Gleichbehandlungsgrundsatz des Art. 3 GG m. E. auch nach Schaffung der Nachweismöglichkeit verletzt ist. Es stellt wohl eine **Quadratur des Kreises** dar, notwendige **Typisierungen** eines **Massenverfahrens** mit den **Vorgaben des BVerfG** im Hinblick auf Art. 3 Abs. 1 GG in **Einklang** zu bringen. Der Gesetzgeber – sei es auf Bundes- oder Landesebene – ist daher m. E. gut beraten, bereits jetzt über **alternative Grundsteuersysteme** nachzudenken, die das System des Sollertrages und des Verkehrswertes als Belastungsgrund verlassen.

§ 253 BewG Ermittlung des kapitalisierten Reinertrags

(1) [1]Zur Ermittlung des kapitalisierten Reinertrags ist vom Reinertrag des Grundstücks auszugehen. [2]Dieser ergibt sich aus dem Rohertrag des Grundstücks (§ 254) abzüglich der Bewirtschaftungskosten (§ 255).

(2) [1]Der Reinertrag des Grundstücks ist mit dem sich aus Anlage 37 ergebenden Vervielfältiger zu kapitalisieren. [2]Maßgebend für den Vervielfältiger sind der Liegenschaftszinssatz nach § 256 und die Restnutzungsdauer des Gebäudes. [3]Die Restnutzungsdauer ist grundsätzlich der Unterschiedsbetrag zwischen der wirtschaftlichen Gesamtnutzungsdauer, die sich aus Anlage 38 ergibt, und dem Alter des Gebäudes im Hauptfeststellungszeitpunkt. [4]Sind nach der Bezugsfertigkeit des Gebäudes Veränderungen eingetreten, die die wirtschaftliche Gesamtnutzungsdauer des Gebäudes wesentlich verlängert haben, ist von einer

1 Gl. A. Heine, KStZ 1/2020 S. 1.

2 Sächsisches FG, Urteil v. 24.10.2023 - 2 K 574/23 NWB DAAAJ-52727.

3 FG Köln, Urteil v. 19.09.2024 - 4 K 2189/23.

4 BFH, Beschluss v. 27.5.2024- II B 78/23 (AdV), BStBl 2024 II S. 543 und BFH, Beschluss v. 27.5.2024 - II B 79/23 (AdV), BStBl 2024 II S. 546.

der Verlängerung entsprechenden Restnutzungsdauer auszugehen. [5]Die Restnutzungsdauer eines noch nutzbaren Gebäudes beträgt mindestens 30 Prozent der wirtschaftlichen Gesamtnutzungsdauer. [6]Bei einer bestehenden Abbruchverpflichtung für das Gebäude ist die Restnutzungsdauer abweichend von den Sätzen 3 bis 5 auf den Unterschiedsbetrag zwischen der tatsächlichen Gesamtnutzungsdauer und dem Alter des Gebäudes im Hauptfeststellungszeitpunkt begrenzt.

Inhaltsübersicht **Rz.**

LITERATUR:

Eisele, Fondsstandortgesetz: Nachjustierungen beim reformierten grundsteuerlichen Bewertungsrecht- Änderungen schon zum Stichtag 1.1.2022 von Bedeutung, NWB 28/2021 S. 2031, NWB XAAAH-83094; *Grootens,* Diskussionsbedarf bei der Reform der Grundsteuer – Änderungsvorschläge des Bundesrates und Verabschiedung des Gesetzentwurfs durch den Bundestag, NWB-EV 11/2019 S. 381, NWB CAAAH-33629; *Nagel,* Steuerliche Immobilienbewertung: vom Einheitswert - zum Verkehrswert - Teil IV: Verfahren zur Wertermittlung für Ertragsteuern und Grundsteuer im Bundesmodell ab 1.1.2022, NWB 36/2021 S. 2688, NWB AAAAH-88177; *Seer,* Reform der Grundsteuer nach dem Entwurf der Bundesregierung, FR 2019 S. 941.

ARBEITSHILFEN UND GRUNDLAGEN ONLINE:

Grundsteuer: Grundbesitzbewertung ab 2022/2025 (Sach- und Ertragswertverfahren) – Checkliste mit Berechnungen, NWB NAAAH-93792.

VERWALTUNGSANWEISUNGEN:

Koordinierte Erlasse der obersten Finanzbehörden der Länder v. 9.11.2021 – Anwendung des Siebenten Abschnitts des Zweiten Teils des Bewertungsgesetzes zur Bewertung des Grundbesitzes (allgemeiner Teil und Grundvermögen) für die Grundsteuer ab 1.1.2022 (AEBewGrSt), BStBl 2021 I S. 2334.

Koordinierte Erlasse der obersten Finanzbehörden der Länder v. 24.6.2024 - Ansatz eines niedrigeren gemeinen Werts bei der Bewertung des Grundvermögens für Zwecke der Grundsteuer ab 1. Januar 2025 - Aussetzung der Vollziehung (§ 361 AO) von Bescheiden über die Feststellung des Grundsteuerwerts, BStBl 2024 I S. 1073.

A. Allgemeine Erläuterungen zu § 253 BewG

I. Normzweck und wirtschaftliche Bedeutung der Vorschrift

§ 253 Abs. 1 BewG regelt die **Ermittlung des jährlichen Reinertrags des Grundstücks** als erste Stufe der Wertermittlung im vereinfachten Ertragswertverfahren. Hierzu sind vom jährlichen 1

Rohertrag des Grundstücks (§ 254 BewG) die nicht umlagefähigen **Bewirtschaftungskosten** (§ 255 BewG) abzuziehen.

2 § 253 Abs. 2 BewG regelt die Ermittlung des Barwerts der Reinerträge durch Anwendung des **Vervielfältigers** (Barwertfaktors) nach **Anlage 37 zum BewG** auf den **jährlichen Reinertrag des Grundstücks**. Zu diesem Zweck bestimmt § 253 Abs. 2 BewG in den Sätzen 3–6 die Ermittlung der **Restnutzungsdauer** im Regelfall und in Sonderfällen (Verlängerung der Restnutzungsdauer aufgrund von Modernisierungen, Mindestrestnutzungsdauer, Restnutzungsdauer bei Abrissverpflichtung).

3–10 *(Einstweilen frei)*

II. Entstehung und Entwicklung der Vorschrift

11 § 253 BewG wurde mit dem **GrStRefG** v. 26.11.2019[1] in das BewG eingefügt und ist erstmals für den **Hauptfeststellungszeitpunkt 1.1.2022** anzuwenden (vgl. § 266 BewG). In § 253 Abs. 2 Satz 3 und 6 BewG wurden durch das FoStoG v. 3.6.2021[2] jeweils die Wörter „am Bewertungsstichtag" durch die Wörter „im Hauptfeststellungszeitpunkt" ersetzt. Mit der Änderung wird in § 253 Abs. 2 Satz 3 BewG klargestellt, dass im Rahmen der Ermittlung der Restnutzungsdauer im Ertragswertverfahren das Alter des Gebäudes im Hauptfeststellungszeitpunkt maßgeblich ist. Dies gilt nach § 253 Abs. 2 Satz 6 BewG auch bei bestehender Abbruchverpflichtung. Die Klarstellung ist bereits für die erste Hauptfeststellung am 1.1.2022 zu berücksichtigen (vgl. Art. 19 FoStoG: Geltung ab 1.7.2021).

12–15 *(Einstweilen frei)*

III. Geltungsbereich

16 Der **Anwendungsbereich** des Ertragswertverfahrens ist gem. § 250 Abs. 2 BewG in Abhängigkeit der festgestellten **Grundstücksart** festgelegt worden. **Bewertungsgegenstand** ist das Grundstück i. S. des § 244 Abs. 1 BewG.

17 Die Vorschriften gelten gem. § 231 BewG nur für die Bewertung des **inländischen** zu bewertenden Vermögens. Dabei sind auch die inländischen Teile einer wirtschaftlichen Einheit zu bewerten, die sich sowohl auf das Inland als auch auf das Ausland erstrecken.

18–25 *(Einstweilen frei)*

IV. Verhältnis zu anderen Vorschriften

26 § 253 Abs. 1 BewG verweist zur Ermittlung **Reinertrags des Grundstücks** auf den **Rohertrag** (§ 254 BewG) und die **Bewirtschaftungskosten (§ 255 BewG).** Der für die Kapitalisierung anzuwendende Vervielfältiger ergibt sich aus der **Anlage 37 zum BewG** und ist in Abhängigkeit von der **Restnutzungsdauer** des Gebäudes, die sich in Abhängigkeit von der **Gesamtnutzungsdauer** nach **Anlage 38 zum BewG** ergibt, und des **Liegenschaftszinssatzes (§ 256 BewG)** zu bestimmen.

27–35 *(Einstweilen frei)*

1 GrStRefG v. 26.11.2019, BGBl 2019 I S. 1794.
2 FoStoG v. 3.6.2021, BGBl 2021 I S. 1498.

B. Systematische Kommentierung

I. Ermittlung des Reinertrags des Grundstücks (§ 253 Abs. 1 BewG)

Die Vorschrift regelt die Ermittlung des **jährlichen Reinertrags des Grundstücks** als **erste Stufe** der Wertermittlung im vereinfachten Ertragswertverfahren. Hierzu sind vom jährlichen **Rohertrag des Grundstücks** (§ 254 BewG) die **nicht umlagefähigen Bewirtschaftungskosten** (§ 255 BewG) abzuziehen. Wegen des **Ermittlungsschemas** des vereinfachten Ertragswertverfahrens vgl. Grootens in Grootens, BewG, § 252 Rz. 60. 36

(Einstweilen frei) 37–45

II. Ermittlung des kapitalisierten Reinertrags (§ 253 Abs. 2 BewG)

1. Kapitalisierung des Reinertrags des Grundstücks (§ 253 Abs. 2 Satz 1 und 2 BewG)

§ 253 Abs. 2 Satz 1 BewG regelt die Ermittlung des **Barwerts der Reinerträge** durch Anwendung des **Vervielfältigers** (Barwertfaktors) nach **Anlage 37 zum BewG** auf den jährlichen **Reinertrag des Grundstücks.** Die Vervielfältiger wurden aus der Anlage 1 zu § 20 ImmoWertV 2010 (**Barwertfaktor** für die Kapitalisierung) übernommen. Maßgeblich für den Vervielfältiger sind der **Liegenschaftszinssatz** (§ 256 BewG) und die **Restnutzungsdauer** des Gebäudes. 46

Finanzmathematisch handelt es sich um einen **Zeitrentenbarwertfaktor** einer jährlich nachschüssig zahlbaren Rente, wobei als Rente die jährlich anfallenden Reinerträge des Grundstücks über die Restnutzungsdauer des Gebäudes mit Hilfe des Vervielfältiger (Barwertfaktors) kapitalisiert werden. 47

Berechnungsvorschrift für die Vervielfältiger (Barwertfaktoren für die Kapitalisierung): 48

$$\text{Vervielfältiger} = \frac{q^n - 1}{q^n \times (q-1)}$$

$q = 1 + LZ$ wobei $LZ = \frac{p}{100}$

LZ = Zinssatz (Liegenschaftszinssatz)

n = Restnutzungsdauer

p = Zinsfuß

(Einstweilen frei) 49–55

2. Ermittlung der Restnutzungsdauer (§ 253 Abs. 2 Satz 3 BewG)

Die Restnutzungsdauer wird grundsätzlich nach der **wirtschaftlichen Gesamtnutzungsdauer** des Gebäudes, die in **Anlage 38 zum BewG** typisierend geregelt ist, und dem **Alter des Gebäudes** im Hauptfeststellungszeitpunkt ermittelt. Es bestehen seitens der Finanzverwaltung aus Vereinfachungsgründen keine Bedenken, das Alter des Gebäudes durch Abzug des Jahres der Bezugsfertigkeit des Gebäudes (Baujahr) vom Jahr des Hauptfeststellungszeitpunkts zu bestimmen.[1] Die typisierte wirtschaftliche Gesamtnutzungsdauer eines Gebäudes richtet sich nach der Grundstücksart i. S. des § 250 BewG und den in der Anlage 38 zum BewG ausgewiesenen Gebäudearten. Die wirtschaftliche **Gesamtnutzungsdauer** beträgt für die im Ertragswertverfahren zu bewertenden **Wohngrundstücke einheitlich 80 Jahre.** Dies gilt unabhängig da- 56

1 Vgl. A 253.1 Abs. 1 Satz 2 AEBewGrSt.

von, ob im Gebäude enthaltene Räume (z. B. Verkaufsräume oder Büros) für Zwecke genutzt werden, für die eine abweichende wirtschaftliche Gesamtnutzungsdauer anzunehmen wäre.[1] Dies gilt zudem auch für Garagen und Nebengebäude. Liegen keine anderweitigen Erkenntnisse vor, so bestehen nach Verwaltungsauffassung keine Bedenken, bei **Garagen und Nebengebäuden** die Bezugsfertigkeit im Zeitpunkt der Bezugsfertigkeit des Hauptgebäudes zu unterstellen.[2]

57 BEISPIEL: Von einem Mietwohngrundstück mit einer Wohn- und Nutzfläche von insgesamt 1.500 m² dienen 1.300 m² Wohnzwecken. Ein Gebäudeteil mit 200 m² Nutzfläche wird als Büroeinheit genutzt.

Die wirtschaftliche Gesamtnutzungsdauer laut Anlage 38 zum BewG beträgt für Mietwohngrundstücke 80 Jahre. Ein gesonderter Ansatz der wirtschaftlichen Gesamtnutzungsdauer für den Gebäudeteil Büroeinheit von 200 m² (z. B. 60 Jahre für Bürogebäude) ist ausgeschlossen.

58 Die Anlage 38 zum BewG entspricht im Wesentlichen der **Anlage 3 der Sachwertrichtlinie.**[3] Dabei wurde bei den Wohngebäuden auf die **höchstmögliche Gesamtnutzungsdauer** laut Anlage 3 abgestellt. Dies führt im Ergebnis zu **höheren Grundsteuerwerten** aufgrund von längeren verbleibenden Restnutzungsdauern und zu **Überbewertungen** bei Objekten, die eine deutlich kürzere Gesamtnutzungsdauer aufweisen.[4]

59 **Anbauten** teilen bei der Ermittlung der Restnutzungsdauer grundsätzlich auf Grund ihrer Bauart oder Nutzung das Schicksal des Hauptgebäudes. Ist dagegen anzunehmen, dass ein Erweiterungsbau nach Größe, Bauart oder Nutzung eine andere Restnutzungsdauer als das Hauptgebäude haben wird, ist von einer eigenständigen Restnutzungsdauer auszugehen. Für **Aufstockungen** ist grundsätzlich das Baujahr der unteren Geschosse zugrunde zu legen. Es ist jedoch zu prüfen, ob die baulichen Maßnahmen eine Kernsanierung darstellen und daher die Restnutzungsdauer des Gebäudes wesentlich verlängert worden ist, (vgl. → Rz. 71 ff.). Bei einer wirtschaftlichen Einheit mit mehreren **nichtselbständigen** Gebäuden oder Gebäudeteilen ist hingegen von einer einheitlichen Restnutzungsdauer auszugehen.

60 Ergeben sich bei einer **wirtschaftlichen Einheit aus mehreren selbständigen Gebäuden** oder Gebäudeteilen unterschiedliche Restnutzungsdauern, ist eine **gewogene Restnutzungsdauer** unter Berücksichtigung der jeweiligen Roherträge zu ermitteln.[5] Da die Grundstücksart für die gesamte wirtschaftliche Einheit bestimmt wird, kann dies auch die Einbeziehung von abweichenden Gesamtnutzungsdauern als 80 Jahre bedeuten (vgl. zur Bestimmung der Grundstücksart bei einer wirtschaftlichen Einheit mit mehreren Gebäuden Bock in Grootens, BewG, § 249 Rz. 22). Für die in der Anlage 38 nicht aufgeführten Gebäudearten ist die wirtschaftliche Gesamtnutzungsdauer aus der wirtschaftlichen Gesamtnutzungsdauer vergleichbarer Gebäudearten abzuleiten (**Auffangklausel**).

61 BEISPIEL: Mietwohngrundstück bestehend aus zwei Gebäuden mit je vier Wohnungen. Gebäude A wurde 1970 fertiggestellt (Alter des Gebäudes am Bewertungsstichtag 1.1.2022 = 52 Jahre), die typisierten Roherträge belaufen sich auf 22.000 €. Das Gebäude B wurde 2005 fertiggestellt (Alter des Gebäudes im Hauptfeststellungszeitpunkt 1.1.2022 = 17 Jahre), die typisierten Roherträge betragen 38.000 €. Insgesamt sind für das Mietwohngrundstück Roherträge von 60.000 € (22.000 € + 38.000 €) anzusetzen.

1 Vgl. A 253.1 Abs. 2 Satz 4 AEBewGrSt.
2 Vgl. A 253.2 Abs. 2 Satz 2 AEBewGrSt.
3 Sachwertrichtlinie (SW-RL), v. 5.9.2012, BAnz AT 18.10.2012 B1.
4 Vgl. kritisch dazu Mannek in Stenger/Loose, BewG, § 253 Rz. 33, der ebenfalls von Wertverzerrungen ausgeht.
5 Vgl. A 253.2 Abs. 3 AEBewGrSt.

Für das Gebäude A ergeben sich, bezogen auf die Restnutzungsdauer von 28 Jahren im Hauptfeststellungsstichtag (Gesamtnutzungsdauer 80 Jahre abzüglich Alter am Bewertungsstichtag 52 Jahre), anzusetzende Erträge von

28 Jahre x 22.000 € = 616.000 €.

Für das Gebäude B ergeben sich, bezogen auf die Restnutzungsdauer im Hauptfeststellungsstichtag von 63 Jahren (Gesamtnutzungsdauer 80 Jahre abzüglich Alter am Bewertungsstichtag 17 Jahre) anzusetzende Erträge von

63 Jahre x 38.000 € = 2.394.000 €.

Die Summe der anzusetzenden Erträge für das Mietwohngrundstück betragen somit
616.000 € + 2.394.000 € = 3.010.000 €.

Die gewogene Restnutzungsdauer ergibt sich, indem die Summe der anzusetzenden Erträge durch die Summe der jährlichen Erträge geteilt wird:

3.010.000 € / 60.000 € = 50,17 Jahre.

Die gewogene Restnutzungsdauer wird kaufmännisch auf volle Jahre gerundet und beträgt somit 50 Jahre.

(Einstweilen frei) 62–70

3. Verlängerung der Restnutzungsdauer (§ 253 Abs. 2 Satz 4 BewG)

Sind nach der Bezugsfertigkeit des Gebäudes, bauliche Maßnahmen durchgeführt worden, die zu einer **wesentlichen Verlängerung der wirtschaftlichen Gesamtnutzungsdauer** des Gebäudes geführt haben, ist von einer entsprechend **verlängerten wirtschaftlichen Restnutzungsdauer** auszugehen. Die Wirkung der verlängerten Restnutzungsdauer auf den Bodenwert und den Gebäudewert ist gegenläufig: Während eine längere Restnutzungsdauer den Bodenwertanteil durch einen erhöhten Abzinsungsfaktor mindert, erhöht sich für den Gebäudeertragswert der Vervielfältiger.[1] 71

Von einer wesentlichen Verlängerung der wirtschaftlichen Gesamtnutzungsdauer ist nach Verwaltungsauffassung nur bei einer **Kernsanierung** auszugehen.[2] Eine Kernsanierung soll demnach vorliegen, wenn nicht nur der Ausbau (u. a. Heizung, Fenster und Sanitäreinrichtungen) umfassend modernisiert, sondern auch der Rohbau jedenfalls teilweise erneuert worden ist. Bauliche Maßnahmen an nicht tragenden Bauteilen (z. B. Neugestaltung der Fassade) verlängern die Gesamtnutzungsdauer allein hingegen nicht wesentlich. Durch eine Kernsanierung wird das Gebäude in einen Zustand versetzt, der nahezu einem neuen Gebäude entspricht. Dazu wird das Gebäude zunächst bis auf die tragende Substanz zurückgebaut. Decken, Außenwände, tragende Innenwände und ggf. der Dachstuhl bleiben dabei i. d. R. erhalten; ggf. sind diese zu ertüchtigen und/oder instand zu setzen. 72

Voraussetzungen für das Vorliegen einer Kernsanierung sind nach Verwaltungsauffassung[3] insbesondere die komplette Erneuerung 73

- der Dacheindeckung,
- der Fassade,
- der Innen- und Außenwände mit Ausnahme der tragenden Wände,
- der Fußböden,

1 Vgl. Seer, FR 2019 S. 941.
2 Vgl. A 253.1 Abs. 3 Satz 2 AEBewGrSt.
3 Vgl. A 253.1 Abs. 3 Satz 8 AEBewGrSt

- der Fenster,
- der Innen- und Außentüren sowie
- sämtlicher technischer Systeme wie z. B. der Heizung einschließlich aller Leitungen, des Abwassersystems einschließlich der Grundleitungen, der elektrischen Leitungen und der Wasserversorgungsleitungen, sofern diese technisch einwandfrei und als neubauähnlich und neuwertig zu betrachten sind.

Der Anwendungsbereich der Regelung wird damit klein gehalten. Nur die wenigsten Objekte dürften diese Kriterien erfüllen. Im Einzelfall müssen nach Verwaltungsauffassung gleichwohl **nicht zwingend alle der vorgenannten Kriterien gleichzeitig** erfüllt sein.[1] Dies gelte insbesondere für solche Gebäude und Gebäudeteile, bei denen aufgrund baurechtlicher Vorgaben eine weitreichende Veränderung nicht zulässig ist (z. B. unter **Denkmalschutz** stehende Gebäude und Gebäudeteile).

74 Die Finanzverwaltung setzt die Vorgabe des § 253 Abs. 2 Satz 4 BewG in der Weise um, dass im Jahr der Kernsanierung die Restnutzungsdauer aus Vereinfachungsgründen **90 % der wirtschaftlichen Gesamtnutzungsdauer** des Gebäudes betragen soll.[2] Mit dem pauschalen Abschlag i. H. von 10 % wird die teilweise noch verbliebene alte Bausubstanz berücksichtigt. Als Jahr der Kernsanierung gilt das Jahr, in dem die Kernsanierung abgeschlossen wurde. Bei der Wahl des **Rohertragsansatzes** nach Anlage 39 zum BewG ist zur Einordnung des Gebäudes in die jeweilige Baujahrgruppe auf ein fiktives Baujahr abzustellen, das sich aus dem Jahr der Kernsanierung abzüglich acht Jahre (10 % der wirtschaftlichen Gesamtnutzungsdauer) ergibt.[3]

75 BEISPIEL: Baujahr 1970, Kernsanierung 2008, GND 80 Jahre

Lösung: 80 Jahre GND abzgl. 10 % = 72 Jahre neue GND in 2008

Restnutzungsdauer 1.1.2022: 72 Jahre - (2022 - 2008) = 58 Jahre

Baujahr für Anwendung der Anlage 39: Abschluss Kernsanierung 2008 - 8 Jahre = Baujahr 2000

76 Der Bundesrat hielt die Berücksichtigung solcher das Gebäudealter verlängernder oder verkürzender Umstände für einen nicht zu rechtfertigenden **bürokratischen und administrativen Aufwand** und empfahl im Gesetzgebungsverfahren die Streichung der Regelungen.[4] Betroffene Eigentümer müssten in den Feststellungserklärungen entsprechende **Zusatzangaben** machen, z. B. zum Umfang erfolgter Sanierungen, um zu beurteilen, ob hierdurch eine Verlängerung der wirtschaftlichen Gesamtnutzungsdauer eingetreten ist. Auch in Anbetracht der vermutlich sehr geringen Anzahl von Fällen, in denen diese Berücksichtigung steuerrelevant wäre, ist eine solche **Verkomplizierung des Bewertungsverfahrens** nach Ansicht des Bundesrates abzulehnen.[5]

77 Im Vordruck „Anlage GW-2“ zur Feststellungserklärung (online abrufbar unter NWB UAAAI-01349) wird ausschließlich nach der Durchführung einer Kernsanierung gefragt. Eine aufgeschlüsselte Angabe aller Modernisierungsmaßnahmen, wie sie für die Durchführung der Grundbesitzbewertung für Zwecke der Erbschaft- und Schenkungsteuer erforderlich ist, ist daher entbehrlich. M. E. ist bei der Umsetzung dieser Regelung ein **strukturelles Vollzugsdefizit**

1 Vgl. A 253.1 Abs. 3 Satz 9 und 10 AEBewGrSt.
2 Vgl. A 253.1 Abs. 3 Satz 11 AEBewGrSt.
3 Vgl. A 254 Abs. 4 Satz 2 AEBewGrSt.
4 BR-Drucks. 354/19 S. 9.
5 Vgl. zur Diskussion im Gesetzgebungsverfahren Grootens, NWB-EV 11/2019 S. 381, NWB CAAAH-33629.

zu erwarten, da die Finanzverwaltung aufgrund der hohen Zahl an Bewertungsfällen zum Hauptfeststellungszeitpunkt nicht in der Lage sein wird, umfassende Ermittlungen zur Überprüfung der Richtigkeit der Angaben zum Modernisierungszustand – insbesondere durch **Ortsbesichtigungen** – durchzuführen.[1] Streitfälle werden sich in der Praxis m. E. insbesondere dann ergeben, wenn die Sanierung nicht im Zuge einer einheitlichen Baumaßnahme, sondern **zeitlich gestreckt** und auf **Einzelbaumaßnahmen** verteilt durchgeführt wurde.

(Einstweilen frei) 78–85

4. Mindestrestnutzungsdauer (§ 253 Abs. 2 Satz 5 BewG)

Die Regelung zur **Mindestrestnutzungsdauer** i. H. von **30 % der wirtschaftlichen Gesamtnutzungsdauer** berücksichtigt, dass auch ein älteres Gebäude, das laufend instand gehalten wird, nicht wertlos wird. Sie macht in vielen Fällen – gerade bei älteren Gebäuden – die Prüfung entbehrlich, ob die restliche Lebensdauer infolge baulicher Maßnahmen wesentlich verlängert wurde. Bei älteren, noch nutzbaren Gebäuden schließt die Mindestrestnutzungsdauer in typisierender Weise eine Verlängerung der Restnutzungsdauer durch geringfügige Modernisierungen ein. Bei bestehender Abbruchverpflichtung für das Gebäude kann die Mindest-Restnutzungsdauer unterschritten werden. Vgl. → Rz. 101. 86

BEISPIEL: Bei einer wirtschaftlichen Gesamtnutzungsdauer für Wohngrundstücke von 80 Jahren sich eine Mindestrestnutzungsdauer von 24 Jahren (80 Jahre x 30 %). 87

Das Erreichen der **Mindestrestnutzungsdauer** kann den nachfolgenden Tabellen entnommen werden. 88

Gebäudeart	GND/LZS	Vervielfältiger bei voller Gesamtnutzungsdauer	Mindestrestnutzungsdauer	Vervielfältiger bei Mindestrestnutzungsdauer	Anteil am Gesamtwert
§ 256 Abs. 2: EFH/ZFH	*80 Jahre (Liegenschaftszinssatz 1,5 %)*	*46,41*	*24 Jahre*	*20,03*	*43,16 %*
EFH/ZFH	80 Jahren (Liegenschaftszinssatz 2,5 %)	34,45	24 Jahre	17,88	51,90 %
§ 256 Abs. 3: Wohnungseigentum	*80 Jahren (Liegenschaftszinssatz 2,0 %)*	*39,74*	*24 Jahre*	*18,91*	*47,58 %*
Wohnungseigentum	80 Jahren (Liegenschaftszinssatz 3,0 %)	30,20	24 Jahre	16,94	56,09 %
Mietwohngrundstücke mit bis zu sechs Wohnungen	80 Jahren (Liegenschaftszinssatz 4,0 %)	23,92	24 Jahre	15,25	63,75 %
Mietwohngrundstücke mit mehr als sechs Wohnungen	80 Jahren (Liegenschaftszinssatz 4,5 %)	21,57	24 Jahre	14,50	67,22 %

Die Tabelle weist auch den **prozentualen Restwert** bezogen auf den **Vervielfältiger** aus, der sich aus dem Ansatz der Mindestrestnutzungsdauer ergibt. Die Ergebnisse verdeutlichen, dass der verbleibende Mindestvervielfältiger bis zu 67,22 % und somit deutlich über 30 % des Aus- 89

1 Kritisch ebenso Mannek in Stenger/Loose, BewG, § 253 Rz. 42.

gangswertes beträgt. Dieses Ergebnis entsteht durch den **Abzinsungseffekt** in der Rentenbarwertformel. Durch diesen Effekt wirken sich verbleibende Jahre der Restnutzungsdauer, die noch in weiterer Zukunft liegen, so gut wie nicht auf den Barwertfaktor aus. Dies gilt insbesondere bei hohen Liegenschaftszinssätzen, da hier über eine lange Laufzeit und einen hohen Zinssatz abgezinst wird. Die größte Minderung des Vervielfältigers ergibt sich erst in den letzten Jahren vor Ablauf der Gesamtnutzungsdauer, so dass die **Mindestrestnutzungsdauer zu einem hohen Mindest-Vervielfältiger** führt.

90 Im Vergleich zum Sachwertverfahren (30 % Mindestrestwert, vgl. § 259 Abs. 4 Satz 3 BewG) verbleibt im Ertragswertverfahren somit ein deutlich **höherer Gebäudeanteil** als Mindestwert. Dabei ist zu beachten, dass bei älteren Gebäuden ein **niedrigerer pauschaler Mietwert** gem. Anlage 39 zum BewG anzusetzen ist, so dass die dargestellten Prozentsätze nicht mit dem verbleibenden Gebäudewert gleichzusetzen sind. Ebenso führt eine geringere Restnutzungsdauer bei der Wahl der **Bewirtschaftungskosten** gem. Anlage 40 zum BewG zu einem **höheren Kostensatz**, was sich ebenfalls mindernd auf den Gebäudewert bemerkbar macht. Auch unter Berücksichtigung dieser gegenläufigen Effekte verbleibt der Restwert jeweils deutlich über 30 % des Wertes eines Neubauobjekts.

91 Im Ergebnis ist festzuhalten, dass die Mindestrestwertregelung zu **hohen Restwerten für alte Gebäude** mit geringer tatsächlicher Nutzungsdauer führt und diese somit in Relation höher bewertet als neue Gebäude (wegen der verfassungsrechtlichen Problematik der **relationsgerechten Bewertung** vgl. Grootens in Grootens, BewG, § 252 Rz. 146 ff.).

92–100 *(Einstweilen frei)*

5. Begrenzung der Restnutzungsdauer bei einer Abbruchverpflichtung (§ 252 Abs. 2 Satz 6 BewG)

101 § 252 Abs. 2 Satz 6 BewG regelt als Ausnahme die Berücksichtigung einer **kürzeren tatsächlichen Restnutzungsdauer** in den Fällen einer bestehenden **Abbruchverpflichtung**. Bei einer bestehenden Abbruchverpflichtung für das Gebäude ist die Restnutzungsdauer abweichend auf den Unterschiedsbetrag zwischen der tatsächlichen Gesamtnutzungsdauer und dem Alter des Gebäudes im Hauptfeststellungszeitpunkt begrenzt. In diesen Fällen ist zudem die Regelung der **Mindestrestnutzungsdauer** nicht zu beachten, da die Regelung des § 253 Abs. 3 Satz 6 BewG zur Abrissverpflichtung abweichend von den übrigen Regelungen zur Ermittlung der Nutzungsdauer in den vorangegangenen Sätzen anzuwenden ist.

102 **BEISPIEL:** Baujahr 1982, Abbruchverpflichtung 2030, wirtschaftliche Gesamtnutzungsdauer 80 Jahre.

Gesamtnutzungsdauer aufgrund der Abbruchverpflichtung:

Gesamtnutzungsdauer: Jahr der Abbruchverpflichtung 2030 ./. Baujahr 1982 = 48 Jahre

Restnutzungsdauer unter Berücksichtigung der Abbruchverpflichtung:

48 Jahre ./. Alter im Hauptfeststellungszeitpunkt 1.1.2022 (2022 ./. 1982 = 40 Jahre) = 8 Jahre

Die Mindest-Restnutzungsdauer von 24 Jahren (30 % von 80 Jahren) ist unbeachtlich. Im Ergebnis wird die Restnutzungsdauer auf die tatsächliche Restnutzungsdauer im Hauptfeststellungszeitpunkt begrenzt.

103 Eine erst nach dem Hauptfeststellungszeitpunkt vereinbarte Abbruchverpflichtung (z. B. bei Gebäuden auf fremdem Grund und Boden ist als eine **Änderung der tatsächlichen Verhältnisse** nach § 228 Abs. 2 BewG dem Finanzamt anzuzeigen und kann unter den weiteren Voraussetzungen des § 222 Abs. 1 BewG zu einer Wertfortschreibung führen. M. E. ist wegen des Abstel-

lens auf das Alter am Hauptfeststellungsstichtag auch bei der Wertfortschreibung die tatsächliche Restnutzungsdauer am Hauptfeststellungszeitpunkt zugrunde zu legen.

Wie auch bei der Grundbesitzbewertung für Zwecke der Erbschaft- und Schenkungsteuer werden **Baumängel** und **Bauschäden** bei der Ermittlung der Restnutzungsdauer nicht berücksichtigt.[1] Dies gilt auch für nicht behebbare Baumängel oder Bauschäden (z. B. Gründungsmängel, Kriegsschäden, Bergschäden), die selbst durch Ausbesserung nicht auf Dauer beseitigt werden können.[2] Ein Nachweis eines niedrigeren gemeinen Werts, wie ihn § 198 BewG für die Grundbesitzbewertung vorsieht, war bei der Grundsteuerwertermittlung zunächst nicht vorgesehen. Eine Möglichkeit zum Nachweis des niedrigen gemeinen Wertes hat der BFH in seinen Beschlüssen[3] vom 27.5.2024 gleichwohl als geboten erachtet. Die Verwaltung hat die Beschlüsse mit koordinierten Erlassen der obersten Finanzbehörden der Länder vom 24.6.2024 über den Einzelfall hinaus für anwendbar erklärt und erste Hinweise zum Nachweis gegeben. Mit dem JStG 2024[4] vom 2.12.2024 wurde eine die Beschlüsse des BFH umsetzende Regelung in § 220 Abs. 2 BewG eingefügt (vgl. zur **Öffnungsklausel** und zum Übermaßverbot ausführlich Grootens in Grootens, BewG, § 252 Rz. 96 ff. sowie zur **gesetzlichen Nachweismöglichkeit** Kurt in Grootens, BewG, § 220 Rz. 91 ff.). 104

Die Nichtberücksichtigung von Baumängeln und Bauschäden ist insofern zweifelhaft, als eine Verbesserung der Bausubstanz im Gegenzug zu einer Verlängerung der Restnutzungsdauer führen soll. Der Gesetzgeber dokumentiert damit, dass die nach § 253 Abs. 2 Satz 4 BewG für die Annahme einer abweichenden Restnutzungsdauer notwendigen „Veränderungen“ auch die **Bausubstanz** betreffen können. Warum dies aber nur zugunsten der Kommunen gelten soll, ist nicht nachvollziehbar. 105

§ 254 BewG Rohertrag des Grundstücks

Der jährliche Rohertrag des Grundstücks ergibt sich aus den in Anlage 39 nach Land, Gebäudeart, Wohnfläche und Baujahr des Gebäudes angegebenen monatlichen Nettokaltmieten je Quadratmeter Wohnfläche einschließlich der in Abhängigkeit der Mietniveaustufen festgelegten Zu- und Abschläge.

Inhaltsübersicht **Rz.**

1 Vgl. R B 185.3 Abs. 5 ErbStR 2019 sowie A 253.1 Abs. 5 AEBewGrSt.

2 Vgl. A 253.1 Abs. 5 Satz 3 AEBewGrSt.

3 BFH, Beschluss v. 27.5.2024 - II B 78/23 (AdV), BStBl 2024 II S. 543 und BFH, Beschluss v. 27.5.2024 - II B 79/23 (AdV), BStBl 2024 II S. 546.

4 JStG 2024 v. 2.12.2024, BGBl. I 2024, Nr. 387.

LITERATUR:

Eisele, Grundsteuerreform-Umsetzungsgesetz - Änderungen beim reformierten Bewertungs- und Grundsteuerrecht sowie bei der Grundbesitzbewertung, NWB 29/2021 S. 2903, NWB OAAAH-89905; *Grootens*, Die Reform der Grundsteuer – Eine erste Analyse des Gesetzentwurfs der Bundesregierung v. 21.6.2019, NWB-EV 7/2019 S. 228, NWB IAAAH-21201; *Grootens*, Reform der Grundsteuer – (K)eine Einigung in Sicht?, NWB-EV 3/2019 S. 82, NWB VAAAH-06667; *Löhr*, Entwurf zum Grundsteuer-Reformgesetz: Die große Unvollendete, DStR 28/2019 S. 1433; *Schmidt*, Reform der Grundsteuer – Eine erste Analyse der Wertermittlung nach dem Ertragswertverfahren, NWB 50/2019 S. 3719, NWB BAAAH-36269; *Seer*, Reform der Grundsteuer nach dem Entwurf der Bundesregierung, FR 2019 S. 941; *Wünsche*, Grundsteuerreform: Es währt schon lange, wird es auch gut?, BB 32/2019 S. 1821.

ARBEITSHILFEN UND GRUNDLAGEN ONLINE:

Grundsteuer: Grundbesitzbewertung ab 2022/2025 (Sach- und Ertragswertverfahren) – Checkliste mit Berechnungen, NWB NAAAH-93792.

VERWALTUNGSANWEISUNGEN:

Koordinierte Erlasse der obersten Finanzbehörden der Länder v. 9.11.2021 – Anwendung des Siebenten Abschnitts des Zweiten Teils des Bewertungsgesetzes zur Bewertung des Grundbesitzes (allgemeiner Teil und Grundvermögen) für die Grundsteuer ab 1.1.2022 (AEBewGrSt), BStBl I 2021 S. 2334.

Koordinierte Erlasse der obersten Finanzbehörden der Länder v. 24.6.2024 - Ansatz eines niedrigeren gemeinen Werts bei der Bewertung des Grundvermögens für Zwecke der Grundsteuer ab 1. Januar 2025 - Aussetzung der Vollziehung (§ 361 AO) von Bescheiden über die Feststellung des Grundsteuerwerts, BStBl 2024 I S. 1073.

A. Allgemeine Erläuterungen zu § 254 BewG

I. Normzweck und wirtschaftliche Bedeutung der Vorschrift

1 § 254 BewG regelt die **Ermittlung Rohertrags des Grundstücks** als Ausgangspunkt der Bewertung im vereinfachten Ertragswertverfahren gem. § 252 BewG. Der jährliche Rohertrag wird aus Vereinfachungsgründen **nicht** aus den **tatsächlich vereinbarten Mieten**, sondern auf der Grundlage von aus dem **Mikrozensus** des Statistischen Bundesamtes abgeleiteten **durchschnittlichen Nettokaltmieten** je Quadratmeter Wohnfläche ermittelt. Die durchschnittlichen Nettokaltmieten sind in **Anlage 39 zum BewG** niedergelegt.

2–5 *(Einstweilen frei)*

II. Entstehung und Entwicklung der Vorschrift

6 § 254 BewG wurde mit dem **GrStRefG** v. 26.11.2019[1] in das BewG eingefügt und ist erstmals für den **Hauptfeststellungszeitpunkt 1.1.2022** anzuwenden (vgl. § 266 BewG). Mit dem GrStRefUG[2] v. 16.7.2021 wurde die für die Ermittlung des Rohertrags benötigte Anlage 39 zum BewG neu gefasst. Die neu gefasste Anlage ist bereits für den Hauptfeststellungszeitpunkt 1.1.2022 anzuwenden.

7–10 *(Einstweilen frei)*

1 GrStRefG v. 26.11.2019, BGBl 2019 I S. 1794.

2 GrStRefUG v. 16.7.2021, BGBl 2021 I S. 2931.

III. Geltungsbereich

Der **Anwendungsbereich** des Ertragswertverfahrens ist gem. § 250 Abs. 2 BewG in Abhängigkeit der festgestellten **Grundstücksart** festgelegt worden. **Bewertungsgegenstand** ist das Grundstück i. S. des § 244 Abs. 1 BewG. 11

Die Vorschriften gelten gem. § 231 BewG nur für die Bewertung des **inländischen** zu bewertenden Vermögens. Dabei sind auch die inländischen Teile einer wirtschaftlichen Einheit zu bewerten, die sich sowohl auf das Inland als auch auf das Ausland erstrecken. 12

(Einstweilen frei) 13–20

IV. Verhältnis zu anderen Vorschriften

Der Rohertrag gem. § 254 BewG ist Ausgangspunkt der Ermittlung des **Reinertrags des Grundstücks (§ 253 BewG)**. Von diesem Rohertrag werden die **Bewirtschaftungskosten (§ 255 BewG)** abgezogen. 21

(Einstweilen frei) 22–30

B. Systematische Kommentierung

I. Grundlage der Ermittlung des jährlichen Rohertrags des Grundstücks

Ausgangsgröße der Bewertung im Ertragswertverfahren gem. § 252 BewG ist der jährliche Rohertrag des Grundstücks. Bei Wohngebäuden (Ein- und Zweifamilienhäusern, Mietwohngrundstücke und Wohnungseigentum) wird der jährliche Rohertrag aus Vereinfachungsgründen auf der Grundlage von aus dem **Mikrozensus des Statistischen Bundesamtes** abgeleiteten durchschnittlichen Nettokaltmieten je Quadratmeter Wohnfläche, die in 31

- drei **Grundstücksarten** (Einfamilienhaus, Zweifamilienhaus, Mietwohngrundstück),
- drei **Wohnflächengruppen** (unter 60 m², 60–100 m² und über 100 m²) sowie
- fünf **Baujahrgruppen** (bis 1948, 1949–1978, 1979–1990, 1991–2000 und ab 2001)

unterschieden werden, ermittelt. Diese Mieten werden des Weiteren nach

- sieben gemeindescharfen **Mietniveaustufen**[1]

differenziert und sind in **Anlage 39 zum BewG** niedergelegt worden. Die Erklärung der **tatsächlichen Mieteinnahmen** durch den Steuerpflichtigen oder die Ermittlung einer **üblichen Miete** ist **ausgeschlossen** (vgl. dazu auch → Rz. 68). Zur Berechnung der **Wohnfläche** ist die **WoFlV**[2] heranzuziehen. Wurde sie bis zum 31.12.2003 nach der **II. BV**[3] ermittelt, ist der entsprechende Wert der Berechnung zugrunde zu legen, sofern nach dem 31.12.2003 keine baulichen Änderungen an dem Wohnraum vorgenommen worden sind, die eine Neuberechnung erforderlich machen (vgl. § 5 WoFlV).

Diese Auffächerung der Mietwerte wird für jedes **Bundesland** separat vorgenommen. Die Unterschiede innerhalb des Bundeslandes werden über einen Zu- oder Abschlag auf den jeweiligen Wert für das Bundesland nach Maßgabe einer **Mietniveaueinstufung** vorgenommen (vgl. 32

1 Anmerkung: in der Anlage 39 zum BewG i. d. F. des GrStRefG waren zunächst nur 6 Mietniveaustufen vorgesehen (vgl. → Rz. 34).

2 Wohnflächenverordnung v. 25.11.2003, BGBl I 2003 S. 2346.

3 Zweite Berechnungsverordnung i. d. F. v. 12.10.1990, BGBl I 1990 S. 2178.

→ Rz. 61 ff.). De facto handelt es sich nach zutreffendem Hinweis von Löhr bei dem einheitlichen Mietansatz um einen Kompromiss zwischen dem wertabhängigen und dem wertunabhängigen Modell.[1] Beiden Modellen lägen aber ganz unterschiedliche Bewertungsziele und Belastungsgründe zu Grunde, weswegen ein solcher Kompromiss systemfremd sei.

33 Die Anwendung einer durchschnittlichen Miete auf statistischer Grundlage vereinfacht in einem Massenverfahren nach Ansicht des Gesetzgebers[2] insbesondere die Fälle, in denen Grundstücke **eigengenutzt, ungenutzt, zu vorübergehendem Gebrauch** oder **unentgeltlich** überlassen werden. Die Erklärung der **tatsächlichen Mieteinnahmen** durch den Steuerpflichtigen und die Ermittlung einer üblichen Miete i. S. des § 79 Abs. 2 BewG ist dadurch **entbehrlich**.

34 Die der Anlage 39 zum BewG i. d. F. des GrStRefG zu Grunde liegenden Daten entstammen dem **Mikrozensus 2014.** Sie wurden auf den Bewertungsstichtag 1.1.2022 hochgerechnet und sollten so als aktuelle Werte der ersten **Hauptfeststellung am 1.1.2022** zu Grund gelegt werden. Mittlerweile liegen aktuellere statistische Daten – insbesondere der **Mikrozensus 2018** – vor (vgl. wegen der Datengrundlage und der Ableitung der Daten des Mikrozensus ausführlich Mannek in Stenger/Loose, BewG, § 254 Rz. 34 ff.). Darüber hinaus hat sich auch die Zuordnung der Gemeinden zu den Mietniveaustufen unter anderem durch die Einführung einer neuen Mietniveaustufe 7 verändert. Die Neuberechnung der maßgeblichen Nettokaltmieten hat im Ergebnis zu veränderten und vielfach **höheren Wertansätzen** geführt. Die zur Ermittlung des Rohertrags nach § 254 BewG erforderlichen Nettokaltmieten nach **Anlage 39** zu § 254 BewG wurden daher mit dem **GrStRefUG**[3] v. 16.7.2021 durch die **neu berechneten Werte** ersetzt und eine Mietniveaustufe 7 nebst Zuschlag neu eingeführt. Mit den Änderungen soll sichergestellt werden, dass das Bewertungsziel eines objektiviert-realen Grundsteuerwerts als Bemessungsgrundlage für eine relations- und realitätsgerechte Besteuerung erreicht wird.[4] Um in Anbetracht der höheren Mietansätze der neugefassten Anlagen 39 zum BewG keine versteckte Erhöhung der Grundsteuer für die Wohngrundstücke zu verursachen, wurde gleichzeitig die Steuermesszahl für die Wohngrundstücke von 0,34 Promille auf 0,31 Promille gesenkt (vgl. § 15 Abs. 1 Nr. 2a GrStG i. d. F. des GrStRefUG).

35 PRAXISHINWEIS:

Diese Absenkung wird im Einzelfall die mit der Neufassung der Anlage 39 zum BewG einhergehenden Mietsteigerungen nur teilweise kompensieren können. So ist in Berlin der Mietansatz für Wohnungen mit einer Wohnfläche von unter 60 m² in Mietwohngrundstücken mit Baujahr ab 2001 von 8,23 €/m² auf 14,83 €/m² gestiegen. Dieser prozentualen **Steigerung von 80,19 % beim Mietansatz** steht eine Absenkung der Messzahl für Wohngrundstücke um 8,82 % gegenüber. Im Ergebnis bedeutet dies eine deutliche Mehrbelastung dieser Wohnungen mit Grundsteuer durch die Anpassung der Mietansätze.

36–45 *(Einstweilen frei)*

II. Ermittlung des jährlichen Rohertrags in besonderen Einzelfällen

46 Für **Wohnungseigentum** gelten die Nettokaltmieten für **Mietwohngrundstücke**. Gleichwohl unterscheiden sich die Bewertungsergebnisse für Wohnungseigentum und Mietwohngrundstücke, da die für Wohnungseigentum und Mietwohngrundstücke unterschiedliche **Bewirtschaftungskosten** (vgl. § 255 BewG und Anlage 40 zum BewG) abzuziehen und unterschiedli-

1 Löhr, DStR 28/2019 S. 1433.
2 BT-Drucks. 19/11085 S. 115.
3 GrStRefUG v. 16.7.2021, BGBl 2021 I S. 2931.
4 Vgl. BT-Drucks. 19/28902 S. 25.

che **Liegenschaftszinsätze** (vgl. § 256 BewG) anzuwenden sind. Besonders hohe Wertunterschiede ergeben sich in besonders **hochwertigen Lagen**, da in diesen Gebieten für das Wohnungseigentum ein **abweichender niedrigerer Liegenschaftszinssatz** anzuwenden ist (vgl. wegen der dadurch entstehenden Wertverzerrungen Grootens in Grootens, BewG, § 256 Rz. 54 ff.).

Bei Wohngrundstücken mit mehr als einer Wohnung (Zweifamilienhaus, Mietwohngrundstück) ist jede Wohnung in eine der drei **Wohnflächengruppen** einzuordnen. Handelt es sich bei dem zu bewertenden Grundstück um ein Mietwohngrundstück, ein Einfamilienhaus oder ein Zweifamilienhaus, können sich neben den zu Wohnzwecken genutzten Gebäudeflächen auch zu eigenen oder fremden **betrieblichen** oder **öffentlichen** Zwecken dienende **Nutzflächen** befinden (vgl. § 249 Abs. 2, 3 und 4 BewG). Solche Flächen, die zu **anderen als Wohnzwecken** genutzt werden, gelten aus Vereinfachungsgründen als **Wohnfläche.**[1] Für diese Flächen ist bei **Mietwohngrundstücken** die für Wohnungen mit einer **Fläche unter 60 m²** geltende monatliche Nettokaltmiete in € je m² Nutzfläche (ohne Zubehörräume) anzusetzen. Bei **Ein- und Zweifamilienhäusern** sind diese Flächen zu der jeweiligen Wohnfläche zu addieren. Lassen sich die Nutzflächen bei einem Zweifamilienhaus nicht zweifelsfrei einer Wohnung zuordnen, bestehen nach Verwaltungsauffassung keine Bedenken, die Flächen zu der Wohnung mit dem niedrigeren Mietwert zu addieren.[2] **Zubehörräume** wie z. B. Kellerräume, Abstellräume und Kellerersatzräume außerhalb der Wohnung, Waschküchen und Trockenräume, Bodenräume und Heizungsräume bleiben außer Ansatz. Räume, die zum **dauernden Aufenthalt für Wohnzwecke** ausgebaut wurden, sind keine Zubehörräume. Für Wohnräume, die den **Wohnungsbegriff** des § 249 Abs. 10 BewG nicht erfüllen (z. B. Wohnräume in einem Studentenwohnheim in Gestalt eines Appartementhauses, vgl. Bock in Grootens, BewG, § 249 Rz. 76 ff.), sind die für Wohnungen bis zu einer Größe von 60 m² maßgebenden Mieten anzusetzen. 47

BEISPIEL: Ein Mietwohngrundstück in Berlin (Baujahr 1970) weist folgende Flächennutzung auf: Ein Ladenlokal im Erdgeschoss (200 m² Nutzfläche), vier kleine Wohnungen (je 50 m² Wohnfläche) und acht große Wohnungen (je 140 m² Wohnfläche). 48

	Mietansatz lt. Anlage 39 zum BewG	**Jahresrohertrag**	
Ladenlokal	8,07 €/m²	1 x 8,07 €/m² x 200 m² x 12 =	19.368 €
Kleine Wohnungen	8,07 €/m²	4 x 8,07 €/m² x 50 m² x 12 =	19.368 €
Große Wohnungen	5,65 € m²	8 x 5,65 €/m² x 140 m² x 12 =	75.936 €
		Summe Jahresrohertrag =	103.862 €

Wegen des noch fehlenden Zuschlags auf die Miete wegen des Mietniveaus der Stadt Berlin vgl. → Rz. 61 ff.

Garagenstellplätze sind bundesweit mit einem Festwert von 35 € monatlich anzusetzen. Auch dieser Festwert unterliegt der gemeindebezogenen Anpassung durch die Mietniveaustufen (vgl. → Rz. 61 ff. sowie wegen eines Beispiels Grootens in Grootens, BewG, § 252 Rz. 86). Es ist dennoch fraglich, ob dadurch eine relationsgerechte Bewertung von Garagen in ländlichen Re- 49

1 Vgl. A 254 Abs. 3 S. 1-3 AEBewGrSt.
2 Vgl. A 254 Abs. 3 S. 4 AEBewGrSt.

gionen und in Ballungsräumen erreicht wird. Für sonstige Außenstellplätze und Carports erfolgt kein gesonderter Ansatz.

50 Die typisierten Nettokaltmieten sind nach Baujahrgruppen differenziert. Bei einem kernsanierten Gebäude ist zur Einordnung des Gebäudes in die jeweilige Baujahrgruppe auf ein fiktives Baujahr abzustellen, das sich aus dem Jahr der **Kernsanierung** abzüglich 8 Jahre (= 10 % der wirtschaftlichen Gesamtnutzungsdauer) ergibt.[1]

51–60 *(Einstweilen frei)*

III. Zu- und Abschläge zum Rohertrag aufgrund des kommunalen Mietniveaus

61 Um dem unterschiedlichen **Mietpreisniveau** innerhalb eines Bundeslandes gerecht zu werden, sieht die Anlage 39 zum BewG in Teil II einen **Zu-** oder **Abschlag** auf die in Teil I der Anlage 39 zum BewG angegebene für das jeweilige Bundesland geltende **Nettokaltmiete** vor. Die anzusetzenden Sollmieten erhöhen oder vermindern sich in Abhängigkeit davon, wie die Gemeinde, in der das Grundstück gelegen ist, nach § 12 Abs. 3 Wohngeldgesetz einzuordnen ist. Die Einordnung der Gemeinde und der dafür maßgebliche Gebietsstand ergibt sich aus der MietNEinV[2] v. 18.8.2021.[3] Die Zuschlagsätze der Anlage 39 Teil II i. d. F. des GrStRefG v. 26.11.2019 wurden durch das GrStRefUG v. 16.7.2021 geändert sowie eine zusätzliche Mietniveaustufe 7 eingeführt (vgl. → Rz. 34).

Mietniveaustufe 1	**– 20,0 %**
Mietniveaustufe 2	**– 10,0 %**
Mietniveaustufe 3	**+/– 0 %**
Mietniveaustufe 4	**+ 10,0 %**
Mietniveaustufe 5	**+ 20,0 %**
Mietniveaustufe 6	**+ 30,0 %**
Mietniveaustufe 7	**+ 40,0 %**

62 BEISPIEL: In NRW sind Köln in die Mietniveaustufe 6, Dortmund in die Mietniveaustufe 3 und Brilon in die Mietniveaustufe 1 einzusortieren. Daher ist für Grundstücke in Köln auf die jeweilige Nettokaltmiete lt. Teil I der Anlage 39 zum BewG ein Zuschlag von 30,0 % vorzunehmen. Für Grundstücke in Dortmund kann die angegebene Nettokaltmiete ohne Anpassungen übernommen werden. Die Nettokaltmiete für Grundstücke in Brilon ist um 20,0 % zu ermäßigen.

63 Das Bundesministerium der Finanzen wird in § 263 Abs. 2 BewG ermächtigt, durch **Rechtsverordnung** mit Zustimmung des Bundesrats die **gemeindebezogene Einordnung in die jeweilige Mietniveaustufe** nach § 254 BewG zur Ermittlung der Zu- und Abschläge nach Anlage 39 auf der Grundlage der Einordnung nach § 12 Abs. 3 des Wohngeldgesetzes in der jeweils gültigen Fassung i.V. mit § 1 Abs. 3 und Anlage 1 der Wohngeldverordnung in der jeweils gültigen Fassung für steuerliche Zwecke herzuleiten.[4]

1 Vgl. für ein Beispiel Grootens in Grootens, BewG, § 253 Rz. 75.
2 Mietniveau-Einstufungsverordnung – MietNEinV v. 18.8.2021, BGBl I 2021 S. 3738.
3 Vgl. zur Ermächtigung des BMF zum Erlass der MietNEinV Grootens in Grootens, BewG, § 263 Rz. 36 ff. sowie → Rz. 63.
4 Vgl. Grootens in Grootens, BewG, § 263 Rz. 36 ff.

PRAXISHINWEIS: 64

Beim Wohngeld spielen die Mietstufen insofern eine Rolle, als dass sie Auswirkungen auf die Bemessung der maximal zu bezuschussenden Miete oder Belastung (bei Wohneigentum) sowie zur Ermittlung des Höchsteinkommens des Wohngeldhaushalts haben.

Die **unterschiedlichen Miethöhen** in den verschiedenen Wohnlagen **innerhalb einer Gemeinde** bleiben unberücksichtigt. So wird für ein Einfamilienhaus in der schlechtesten Lage der jeweiligen Gemeinde der gleiche Mietwert angesetzt wie für das Einfamilienhaus in bester Lage, das zudem noch deutlich hochwertiger ausgestattet sein wird als das Einfamilienhaus in schlechter Lage. Somit ergibt sich durch die Verwendung eines kommunalen Durchschnittsmietansatzes eine **strukturelle Überbewertung der schlechten Lagen** einer Gemeinde und eine **strukturelle Unterbewertung der besten Lagen** einer Gemeinde. Letzteres gilt vor allem für hochwertige Villengrundstücke neueren Baujahrs, bei denen sich der höhere **Bodenrichtwert** durch den langen **Abzinsungszeitraum** nur sehr gering auswirkt (vgl. zur Auswirkung des abgezinsten Bodenwerts bei langen Restlaufzeiten Grootens in Grootens, BewG, § 256 Rz. 45 sowie ausführlich mit Berechnungsbeispielen Schmidt, NWB 50/2019 S. 3719, NWB BAAAH-36269). 65

Es ist m. E. äußerst zweifelhaft, ob durch diese Vorgehensweise die Wohngrundstücke insbesondere in größeren Städten mit heterogenem Grundstücksmarkt in verfassungsrechtlich ausreichendem Maße **realitäts- und relationsgerecht** bewertet werden (wegen der verfassungsrechtlichen Kritik am Ertragswertverfahren vgl. Grootens in Grootens, BewG, § 252 Rz. 146 ff.).[1] Die Bevorzugung besserer Lagen bei der Grundsteuer lässt sich auch durch die Veränderung des **Hebesatzes** durch die Gemeinde nicht beheben, weil die Bevorzugung in der gesetzlichen Regelung systematisch so angelegt ist.[2] Diese systematisch regressive Belastungswirkung verstößt nach m. E. zutreffender Ansicht von Seer gegen den **Grundsatz der realitätsgerechten Wertrelation** und damit gegen Art. 3 Abs. 1 GG.[3] 66

Die **Mietniveaustufen** wirken sich auf alle Grundstücke in der Gemeinde aus. Es ist nach überzeugendem Einwand von Schmidt zu erwarten, dass Gemeinden mit einer **niedrigen Mietniveaustufe** insgesamt geringere Grundsteuerwerte ausweisen werden.[4] Hier werde zur Sicherstellung des Grundsteueraufkommens eine **Erhöhung des Hebesatzes** erforderlich werden, während in Gemeinden mit einer **hohen Mietniveaustufe** eher eine **Senkung** erforderlich sein könnte, um die Bürger nicht über Gebühr mit Grundsteuer zu belasten. Für die Gemeinden sei es deshalb wichtig, bereits vor dem 1.1.2025 die Summe der Grundsteuermessbeträge in der Gemeinde zu erfahren, um entsprechend die **Hebesätze anpassen** zu können. Ob die Finanzverwaltung in der Lage sein wird, den Gemeinden diese Daten rechtzeitig zur Verfügung zu stellen, bleibe abzuwarten. 67

PRAXISHINWEIS: 68

Eine **Korrekturkomponente für besonders niedrige Mieten** ist im BewG nicht enthalten. Diese Korrekturkomponente war Bestandteil des Eckpunktepapiers, welches am 1.2.2019 auf der Internetseite des BMF veröffentlicht worden ist. Ist die Miete bis zu 30 % niedriger als die Durchschnittsmiete, sollte nach dem Eckpunktepapier die tatsächlich vereinbarte Nettokaltmiete angesetzt werden, mindestens jedoch 70 % der statistischen Miete.[5] Diese Regelung hätte eine Einzelfallprüfung der Miethöhe in zahlreichen

1 Gl. A. Wünsche, BB 32/2019 S. 1821.
2 Gl. A. Schmidt, NWB 50/2019 S. 3719, NWB BAAAH-36269.
3 Vgl. Seer, FR 2019 S. 941.
4 Vgl. Schmidt, NWB 50/2019 S. 3719, NWB BAAAH-36269.
5 Vgl. Grootens, NWB-EV 3/2019 S. 82, NWB VAAAH-06667.

Fällen zur Folge gehabt und ist daher wohl aus Gründen der Verwaltungsvereinfachung zu Lasten der Einzelfallgerechtigkeit aufgegeben worden.[1]

69 Neben der Differenzierung der aus statistischen Grundlagen abgeleiteten durchschnittlichen Nettokaltmieten nach Mietniveauunterschieden zwischen den Gemeinden eines Landes (Anlage 39 zum BewG-E, Teil I und II) war im Referentenentwurf v. 3.4.2019 nach Maßgabe der Anlage 39 zum BewG-E, Teil III, des Weiteren Mietniveauunterschiede in den Großstädten ab 600.000 Einwohner zu berücksichtigen (sog. **Ballungsraumzuschlag**). Auf Bewertungsebene sollte deshalb für diese Städte

- bei Ein- und Zweifamilienhäusern in einer Lage mit einem Bodenrichtwert von über 1.800 €/m² und
- bei Wohnungseigentum und Mietwohngrundstücken in einer Lage mit einem Bodenrichtwert von über 3.600 €/m²

zusätzlich ein Mietniveauzuschlag auf die gemeindebezogenen Nettokaltmieten i. H. von jeweils 10 % vorgenommen werden. Dieser Zuschlag ist im schlussendlich verabschiedeten Gesetz nicht mehr vorgesehen. Diese Vorgehensweise hätte zu einer Erhöhung der Grundsteuer und damit der umlagefähigen Nebenkosten in den ohnehin besonders teuren Wohnlagen in diesen Städten geführt und wurde daher angesichts der Debatte um bezahlbaren Wohnraum zum Teil scharf kritisiert. Der Verzicht auf diesen Zuschlag ist zu begrüßen, da er als willkürlich bemessener Zuschlag ohnehin nur sehr eingeschränkt zur Bewertungsgenauigkeit beigetragen hätte.

§ 255 BewG Bewirtschaftungskosten

[1]Als Bewirtschaftungskosten werden die bei ordnungsgemäßer Bewirtschaftung und zulässiger Nutzung marktüblich entstehenden jährlichen Verwaltungskosten, Betriebskosten, Instandhaltungskosten und das Mietausfallwagnis berücksichtigt, die nicht durch Umlagen oder sonstige Kostenübernahmen gedeckt sind. [2]Sie ergeben sich aus den pauschalierten Erfahrungssätzen nach Anlage 40.

Inhaltsübersicht **Rz.**

ARBEITSHILFEN UND GRUNDLAGEN ONLINE:

Grundsteuer: Grundbesitzbewertung ab 2022/2025 (Sach- und Ertragswertverfahren) – Checkliste mit Berechnungen, NWB NAAAH-93792.

VERWALTUNGSANWEISUNGEN:

Koordinierte Erlasse der obersten Finanzbehörden der Länder v. 9.11.2021 – Anwendung des Siebenten Abschnitts des Zweiten Teils des Bewertungsgesetzes zur Bewertung des Grundbesitzes (allgemeiner Teil und Grundvermögen) für die Grundsteuer ab 1.1.2022 (AEBewGrSt), BStBl 2021 I S. 2334.

Koordinierte Erlasse der obersten Finanzbehörden der Länder v. 24.6.2024 - Ansatz eines niedrigeren gemeinen Werts bei der Bewertung des Grundvermögens für Zwecke der Grundsteuer ab 1. Januar 2025 - Aussetzung der Vollziehung (§ 361 AO) von Bescheiden über die Feststellung des Grundsteuerwerts, BStBl 2024 I S. 1073.

1 Vgl. Grootens, NWB-EV 7/2019 S. 228, NWB IAAAH-21201.

A. Allgemeine Erläuterungen zu § 255 BewG

I. Normzweck und wirtschaftliche Bedeutung der Vorschrift

Zur Ermittlung des **jährlichen Reinertrags des Grundstücks** (§ 253 BewG) im vereinfachten Ertragswertverfahren (§ 252 BewG) sind vom jährlichen **Rohertrag** des Grundstücks (§ 254 BewG) die nicht umlagefähigen **Bewirtschaftungskosten** (§ 255 BewG) abzuziehen. 1

§ 255 BewG regelt die **Definition und die Ermittlung** der abzuziehenden **Bewirtschaftungskosten**. Die Bewirtschaftungskosten sind mit pauschalierten Erfahrungssätzen anzusetzen und ergeben sich aus der **Anlage 40 zum BewG**. 2

(Einstweilen frei) 3–5

II. Entstehung und Entwicklung der Vorschrift

§ 255 BewG wurde mit dem **GrStRefG** v. 26.11.2019[1] in das BewG eingefügt und ist erstmals für den **Hauptfeststellungszeitpunkt 1.1.2022** anzuwenden (vgl. § 266 BewG). 6

(Einstweilen frei) 7–10

III. Geltungsbereich

Der **Anwendungsbereich** des Ertragswertverfahrens ist gem. § 250 Abs. 2 BewG in Abhängigkeit der festgestellten **Grundstücksart** festgelegt worden. **Bewertungsgegenstand** ist das Grundstück i. S. des § 244 Abs. 1 BewG. 11

Die Vorschriften gelten gem. § 231 BewG nur für die Bewertung des **inländischen** zu bewertenden Vermögens. Dabei sind auch die inländischen Teile einer wirtschaftlichen Einheit zu bewerten, die sich sowohl auf das Inland als auch auf das Ausland erstrecken. 12

(Einstweilen frei) 13–15

IV. Verhältnis zu anderen Vorschriften

§ 253 Abs. 1 BewG regelt die **Ermittlung des jährlichen Reinertrags des Grundstücks** als erste Stufe der Wertermittlung im vereinfachten Ertragswertverfahren. Hierzu sind vom jährlichen **Rohertrag** des Grundstücks **(§ 254 BewG)** die nicht umlagefähigen **Bewirtschaftungskosten** (§ 255 BewG) abzuziehen. 16

(Einstweilen frei) 17–20

B. Systematische Kommentierung

I. Definition der Bewirtschaftungskosten (§ 255 Satz 1 BewG)

Bewirtschaftungskosten sind nach § 255 Satz 1 BewG die bei ordnungsgemäßer Bewirtschaftung und zulässiger Nutzung marktüblich entstehenden jährlichen 21

- **Verwaltungskosten,**
- **Betriebskosten,**

1 GrStRefG v. 26.11.2019, BGBl 2019 I S. 1794.

- **Instandhaltungskosten** und das
- **Mietausfallwagnis,**

die nicht durch Umlagen oder sonstige Kostenübernahmen gedeckt sind. Zinsen für Hypothekendarlehen und Grundschulden oder sonstige Zahlungen für auf dem Grundstück lastende privatrechtliche Verpflichtungen bleiben ebenfalls außer Ansatz. Die Regelung entspricht den Grundsätzen des **§ 19 Abs. 1 ImmoWertV 2010**.

22 **Verwaltungskosten** sind

- die Kosten der zur Verwaltung des Grundstücks erforderlichen **Arbeitskräfte** und **Einrichtungen,**
- die Kosten der **Aufsicht** sowie
- den Wert der vom Eigentümer persönlich geleisteten **Verwaltungsarbeit** sowie
- die Kosten der **Geschäftsführung**.

23 **Betriebskosten** sind die Kosten, die durch das Eigentum am Grundstück oder durch den **bestimmungsgemäßen Gebrauch** des Grundstücks sowie seiner baulichen und sonstigen Anlagen laufend entstehen. Da derartige Kosten in der Praxis regelmäßig auf den Mieter umgelegt werden, sind die Kosten durch Umlagen gedeckt und in diesem Fall nicht mehr zur Ermittlung des Reinertrags vom Rohertrag des Grundstücks abzuziehen.[1]

24 **Instandhaltungskosten** sind Kosten, die infolge von **Abnutzung oder Alterung** zur Erhaltung des der Wertermittlung zugrunde gelegten Ertragsniveaus der baulichen Anlage während ihrer Restnutzungsdauer aufgewendet werden müssen.

25 Das **Mietausfallwagnis** ist das Wagnis einer Ertragsminderung, die durch **uneinbringliche Rückstände** von Mieten, Pachten und sonstigen Einnahmen oder durch vorübergehenden **Leerstand** von Raum entstehen, der zur Vermietung, Verpachtung oder sonstigen Nutzung bestimmt ist; es umfasst auch das Risiko von uneinbringlichen **Kosten einer Rechtsverfolgung** auf Zahlung, Aufhebung eines Mietverhältnisses oder Räumung.

26 Die bisher in den Vervielfältigern nach § 80 BewG enthaltenen Bewirtschaftungskosten werden gem. § 255 Satz 2 BewG i. V. mit der **Anlage 40 zum BewG pauschaliert berücksichtigt.** Aus Vereinfachungsgründen werden die anzusetzenden Bewirtschaftungskosten nach Erfahrungssätzen bestimmt. Ein Ansatz in tatsächlicher Höhe kommt im typisierten Massenverfahren nicht in Betracht. Dies führt vor allem bei **denkmalgeschützten Gebäuden,** aber auch bei **Brennpunktimmobilien mit hohem Mietausfall** zu einer strukturellen Überbewertung.

PRAXISHINWEIS:

Für denkmalgeschützte Gebäude hat der Gesetzgeber daher in § 15 Abs. 5 GrStG eine **Ermäßigung** vorgesehen. Bei Immobilien mit hohem Mietausfall kommt ein **Erlass wegen wesentlicher Ertragsminderungen** nach § 34 GrStG in Betracht.

27–35 *(Einstweilen frei)*

1 Vgl. Mannek in Stenger/Loose, BewG, § 187 Rz. 42.

II. Ermittlung der pauschalierten Bewirtschaftungskosten nach Anlage 40 zum BewG (§ 255 Satz 2 BewG)

Die Bewirtschaftungskosten werden gem. § 255 Satz 2 BewG i.V. mit der **Anlage 40 zum BewG pauschaliert berücksichtigt** und in Abhängigkeit von den unterschiedlichen **Grundstücksarten** und nach der jeweiligen **Restnutzungsdauer** der Gebäude differenziert. Eine **verlängerte, verkürzte oder gewogene Restnutzungsdauer** sowie die **Mindest-Restnutzungsdauer** nach § 253 Abs. 2 Satz 5 BewG sind hierbei zu berücksichtigen.[1] Ein Ansatz der Bewirtschaftungskosten in tatsächlicher Höhe ist ausgeschlossen.[2] 36

PRAXISHINWEIS:

Aufgrund der Regelungen zur **Mindestrestnutzungsdauer** kommt die letzte Zeile der Anlage 40 (Restnutzungsdauer < 20 Jahre) für alle genannten Grundstücksarten nur in Fällen der **Abrissverpflichtung** (vgl. § 253 Abs. 2 Satz 6 BewG) in Betracht (Die Mindestrestnutzungsdauer beträgt für alle in der Anlage 40 genannten Grundstücksarten 24 Jahre). Es handelt sich bei den Fällen der Abrissverpflichtung um seltene Ausnahmefälle, die vor allem im Bereich der Erbbaurechte und Gebäude auf fremdem Grund und Boden anzutreffen sind.

Diese Regelung ist zumindest auf den ersten Blick nicht überzeugend. Instandhaltungskosten dürften bei älteren Gebäuden tendenziell höher sein als bei Gebäuden, die zum Abbruch vorgesehen sind. In der Praxis wird ein Grundstückseigentümer von Instandhaltungsmaßnahmen absehen, wenn ein Gebäude kurz vor dem Abbruch steht. Ob die insoweit niedrigeren Kosten bei derartigen Bauten durch ein höheres Mietausfallwagnis kompensiert werden, dürfte allenfalls im Einzelfall beantwortet werden können. Angesichts einer Pauschalierung der Bewirtschaftungskosten wäre es wohl auch vertretbar gewesen, auf eine nur für Ausnahmefälle vorgesehene Pauschalierung zumindest dann zu verzichten, wenn die Auswirkung nicht gravierend ist und sich Fragestellungen ergeben, die nicht in allen Fällen plausibel beantwortet werden können. Wegen der Möglichkeit des Nachweises eines niedrigeren gemeinen Werts in Fällen der Überbewertung vgl. Kurt in Grootens, BewG, § 220 Rz. 91 ff. 37

Die Kostensätze für **Mietwohngrundstücke** sind identisch mit der für die Grundbesitzbewertung für Zwecke der Erbschaft-, Schenkung- und Grunderwerbsteuer geltenden Anlage 23 zum BewG. Die in Anlage 40 zum BewG niedergelegten Kostensätze für die **Ein- und Zweifamilienhäuser** und das **Wohnungseigentum** sind in der Anlage 23 zum BewG nicht enthalten, da diese Grundstücksarten bei der Grundbesitzbewertung nicht nach dem Ertragswertverfahren bewertet werden können. 38

PRAXISHINWEIS: 39

In der Anlage 40 i. d. F. des GrStRefG sind auch Bewirtschaftungskosten für das Teileigentum aufgeführt. Da Teileigentum nicht im Ertragswertverfahren, sondern im Sachwertverfahren zu bewerten ist (vgl. § 250 Abs. 3 Nr. 3 BewG), ist die Angabe ohne praktische Bedeutung. Es handelte sich um ein redaktionelles Versehen, das im Rahmen des JStG 2020 durch Streichung des Wortes „Teileigentum" korrigiert worden ist.

1 Vgl. Grootens in Grootens, BewG, § 253 Rz. 56 ff.
2 Vgl. A 255 Abs. 2 S. 4 AEBewGrSt.

§ 256 BewG Liegenschaftszinssätze

(1) [1]Liegenschaftszinssätze sind die Zinssätze, mit denen der Wert von Grundstücken abhängig von der Grundstücksart durchschnittlich und marktüblich verzinst wird. [2]Bei der Bewertung bebauter Grundstücke gelten die folgenden Zinssätze:

1. 2,5 Prozent für Ein- und Zweifamilienhäuser,

2. 3,0 Prozent für Wohnungseigentum,

3. 4,0 Prozent für Mietwohngrundstücke mit bis zu sechs Wohnungen,

4. 4,5 Prozent für Mietwohngrundstücke mit mehr als sechs Wohnungen.

(2) [1]Bei der Bewertung von Ein- und Zweifamilienhäusern im Sinne des § 249 Absatz 2 und 3 verringert sich der Zinssatz nach Absatz 1 Satz 2 Nummer 1 um jeweils 0,1 Prozentpunkte für jede vollen 100 Euro, die der Bodenrichtwert oder der Bodenwert nach § 247 Absatz 3 je Quadratmeter den Betrag von 500 Euro je Quadratmeter übersteigt. [2]Ab einem Bodenrichtwert oder Bodenwert nach § 247 Absatz 3 je Quadratmeter in Höhe von 1 500 Euro je Quadratmeter beträgt der Zinssatz für Ein- und Zweifamilienhäuser einheitlich 1,5 Prozent.

(3) [1]Bei der Bewertung von Wohnungseigentum im Sinne des § 249 Absatz 5 verringert sich der Zinssatz nach Absatz 1 Satz 2 Nummer 1 um jeweils 0,1 Prozentpunkte für jede vollen 100 Euro, die der Bodenrichtwert oder der Bodenwert nach § 247 Absatz 3 je Quadratmeter den Betrag von 2 000 Euro je Quadratmeter übersteigt. [2]Ab einem Bodenrichtwert oder Bodenwert nach § 247 Absatz 3 je Quadratmeter in Höhe von 3 000 Euro je Quadratmeter beträgt der Zinssatz für Wohnungseigentum einheitlich 2 Prozent.

Inhaltsübersicht

LITERATUR:

Eisele, Reform der Grundsteuer – Gesetzentwurf liegt vor! Teil I: Kernaussagen/Verfahrensfragen/Bewertung des Grundvermögens für Zwecke der Grundsteuer B, NWB 28/2019 S. 2043, NWB ZAAAH-21376; *Eisele*, Reform der Grundsteuer – Gesetzentwurf liegt vor! Teil III – Baulandmobilisierung durch Einführung einer optionalen Grundsteuer C, NWB 30/2019 S. 2204, NWB PAAAH-22603; *Grootens*, Diskussionsbedarf bei der Reform der Grundsteuer - Änderungsvorschläge des Bundesrates und Verabschiedung des Gesetzentwurfs durch den Bundestag, NWB-EV 11/2019 S. 381, NWB CAAAH-33629; *Jarass/Trautvetter*, Grundsteuerreform – Wer gewinnt, wer verliert?, BB 31/2019, S. 1751; *Marx*, Ökonomische Analyse des Grundsteuer-Reformgesetzentwurfs, DStZ 2019 S. 372; *Nagel*, Steuerliche Immobilienbewertung: Vom Einheitswert - zum Verkehrswert - Teil IV: Verfahren zur Wertermittlung für Ertragsteuern und Grundsteuer im Bundesmodell ab 1.1.2022, NWB 36/2021 S. 2688, NWB AAAAH-88177; *Schmidt*, Reform der Grundsteuer - Eine erste Analyse der Wertermittlung nach dem Ertragswertverfahren, NWB 50/2019

S. 3719, NWB BAAAH-36269; *Seer,* Reform der Grundsteuer nach dem Entwurf der Bundesregierung, FR 2019 S. 941.

ARBEITSHILFEN UND GRUNDLAGEN ONLINE:

Grundsteuer: Grundbesitzbewertung ab 2022/2025 (Sach- und Ertragswertverfahren) – Checkliste mit Berechnungen, NWB NAAAH-93792.

VERWALTUNGSANWEISUNGEN:

Koordinierte Erlasse der obersten Finanzbehörden der Länder v. 9.11.2021 - Anwendung des Siebenten Abschnitts des Zweiten Teils des Bewertungsgesetzes zur Bewertung des Grundbesitzes (allgemeiner Teil und Grundvermögen) für die Grundsteuer ab 1.1.2022 (AEBewGrSt), BStBl 2021 I S. 2334.

Koordinierte Erlasse der obersten Finanzbehörden der Länder v. 24.6.2024 - Ansatz eines niedrigeren gemeinen Werts bei der Bewertung des Grundvermögens für Zwecke der Grundsteuer ab 1. Januar 2025 - Aussetzung der Vollziehung (§ 361 AO) von Bescheiden über die Feststellung des Grundsteuerwerts, BStBl 2024 I S. 1073.

A. Allgemeine Erläuterungen zu § 256 BewG

I. Normzweck und wirtschaftliche Bedeutung der Vorschrift

§ 256 BewG enthält die **Definition des Liegenschaftszinssatzes.** Die Definition entspricht § 14 Abs. 3 Satz 1 ImmoWertV 2010. In § 256 BewG sind zudem die für die Grundsteuerwertermittlung im Ertragswertverfahren anzuwendenden Liegenschaftszinssätze verbindlich festgelegt. Die Festlegung des Liegenschaftszinssatzes ist für das Bewertungsergebnis von entscheidender Bedeutung, da sowohl die Ermittlung des **Vervielfältigers** für die Kapitalisierung des Grundstücksreinertrags als auch die Ermittlung des **Abzinsungsfaktors** für den Bodenwert vom anzuwendenden Liegenschaftszinssatz abhängt. Je niedrigerer ein Liegenschaftszinssatz, desto höher das Bewertungsergebnis.[1] 1

Für Ein- und Zweifamilienhäuser und für das Wohneigentum ordnet § 256 BewG zur Erzielung höherer Grundsteuerwerte die **Anwendung verminderter Liegenschaftszinssätze** an, wenn die Bodenrichtwerte jeweils bestimmte Grenzwerte überschreiten. 2

(Einstweilen frei) 3–5

II. Entstehung und Entwicklung der Vorschrift

§ 256 BewG wurde mit dem **GrStRefG** v. 26.11.2019[2] in das BewG eingefügt und ist erstmals für den **Hauptfeststellungszeitpunkt 1.1.2022** anzuwenden (vgl. § 266 BewG). 6

(Einstweilen frei) 7–9

III. Geltungsbereich

Die in § 256 BewG festgelegten Liegenschaftszinssätze sind bei der Bewertung des Grundvermögens i. S. des § 218 Satz 1 Nr. 2 BewG im **Ertragswertverfahren** gem. § 252 BewG anzuwenden. Bewertungsgegenstand ist das Grundstück i. S. des § 244 Abs. 1 BewG. 10

1 Vgl. Halaczinsky in Rössler/Troll, BewG §§ 184–188, Rz. 20.

2 GrStRefG v. 26.11.2019, BGBl 2019 I S. 1794.

11 Die Vorschriften gelten gem. § 231 BewG nur für die Bewertung des **inländischen** zu bewertenden Vermögens. Dabei sind auch die inländischen Teile einer wirtschaftlichen Einheit zu bewerten, die sich sowohl auf das Inland als auch auf das Ausland erstrecken.

12–14 *(Einstweilen frei)*

IV. Verhältnis zu anderen Vorschriften

15 **§ 253 Abs. 2 Satz 2 BewG** ordnet die Kapitalisierung des **Grundstücksreinertrags** in Abhängigkeit des Liegenschaftzinssatzes und der Restnutzungsdauer an. Die Vervielfältiger zur Kapitalisierung sind in **Anlage 37 zum BewG** niedergelegt. Zur Ermittlung des **abgezinsten Bodenwerts** ordnet **§ 257 Abs. 2 Satz 2 BewG** die Ermittlung des Abzinsungsfaktors in Abhängigkeit des Liegenschaftszinssatzes und der Restnutzungsdauer an. Die Abzinsungsfaktoren sind in **Anlage 41 zum BewG** niedergelegt.

16–18 *(Einstweilen frei)*

B. Systematische Kommentierung

I. Definition und Ermittlung des Liegenschaftszinssatzes (§ 256 Abs. 1 BewG)

1. Definition des Liegenschaftszinssatzes (§ 256 Abs. 1 Satz 1 BewG)

19 Die Regelung in § 256 Abs. 1 Satz 1 BewG enthält die Definition des Liegenschaftszinssatzes. Sie entspricht § 14 Abs. 3 Satz 1 ImmoWertV 2010. Die Verwendung des angemessenen und nutzungstypischen Liegenschaftszinssatzes dient insbesondere der **Marktanpassung** (vgl. § 14 Abs. 1 und 3 ImmoWertV 2010).

20 Der Liegenschaftszinssatz ist der **Zinssatz**, mit dem sich das im **Verkehrswert des Grundstücks** gebundene Kapital **verzinst**.[1] Der Zinssatz bemisst sich nach dem aus der Liegenschaft marktüblich erzielbaren Reinertrag im Verhältnis zum Verkehrswert. Mit dem Liegenschaftszinssatz werden die allgemein vom Grundstücksmarkt erwarteten künftigen Entwicklungen, insb. die der **Ertrags- und Wertverhältnisse** sowie der üblichen steuerlichen Rahmenbedingungen, berücksichtigt. Besondere Ertragsverhältnisse aufgrund wohnungs- und mietrechtlicher Bindungen werden hingegen nicht berücksichtigt.[2]

21 Die Liegenschaftszinssätze werden üblicherweise nach § 193 Abs. 5 Satz 2 Nr. 1 BauGB von den **Gutachterausschüssen** für Grundstückswerte auf Grundlage der am Markt erzielten Kaufpreise ermittelt und veröffentlicht.[3]

22 PRAXISHINWEIS:

Der Liegenschaftszinssatz hat insb. bei langen **Restnutzungsdauern** erheblichen Einfluss auf die Höhe des Grundsteuerwerts. Dabei wird der Grundsteuerwert umso höher, je niedriger der anzusetzende Liegenschaftszinssatz ausfällt. Dies ist auf die mit sinkendem Liegenschaftszinssatz gleichzeitig steigende Höhe der Vervielfältiger nach Anlage 37 zum BewG und auf die gleichzeitig steigende Höhe der Abzinsungsfaktoren nach Anlage 41 zum BewG zurückzuführen.

1 Vgl. Eisele, NWB 28/2019 S. 2043, NWB ZAAAH-21376.
2 Vgl. Mannek in Stenger/Loose, BewG, § 188 Rz. 7 unter Verweis auf A 256 Abs. 1 Satz 3 AEBewGrSt.
3 Vgl. Bock in Viskorf/Schuck/Wälzholz, BewG § 188 Rz. 3.

Diese mathematische Konsequenz ergibt sich daraus, dass den Formeln zur Ermittlung der Vervielfältiger und Abzinsungsfaktoren eine **Abzinsung über die Restnutzungsdauer des Gebäudes** zu Grunde liegt. Finanzmathematisch handelt es sich bei den Vervielfältigern um einen **Zeitrentenbarwertfaktor** einer jährlich nachschüssig zahlbaren Rente. Eine lange Restnutzungsdauer verstärkt den Effekt, weil der Abzinsungszeitraum größer ausfällt. Wegen der anzuwendenden Berechnungsformeln vgl. die Erläuterungen unter den Anlagen 37 und 41 zum BewG.

(Einstweilen frei) 23–25

2. Festlegung der Liegenschaftszinssätze für das Ertragswertverfahren (§ 256 Abs. 1 Satz 2 BewG)

Im typisierten Ertragswertverfahren nach §§ 252–257 BewG werden die von den örtlichen Gutachterausschüssen für Grundstückswerte ermittelten und veröffentlichten Liegenschaftszinssätze aus Vereinfachungs- und Automationsgründen[1] nicht unmittelbar herangezogen, sondern es werden **grundstücksartbezogen marktübliche Liegenschaftszinssätze** gesetzlich normiert. Im Einzelnen sind folgende Liegenschaftszinssätze anzuwenden: 26

1. 2,5 % für Ein- und Zweifamilienhäuser,
2. 3,0 % für Wohnungseigentum,
3. 4,0 % für Mietwohngrundstücke mit bis zu sechs Wohnungen,
4. 4,5 % für Mietwohngrundstücke mit mehr als sechs Wohnungen.

Wegen der Definition der **Wohnung** vgl. § 249 Abs. 10 BewG.[2] Der Liegenschaftszinssatz gilt stets für die gesamte wirtschaftliche Einheit. Dies gilt auch für wirtschaftliche Einheiten, die mit mehreren Gebäuden bebaut sind, die für sich genommen einer abweichenden Grundstücksart zuzuordnen wären. 27

Die im Ertragswertverfahren zur **Grundsteuerwertermittlung** gem. § 256 Abs. 1 Satz 2 BewG anzusetzenden Liegenschaftszinssätze unterscheiden sich von den im Ertragswertverfahren zur **Grundbesitzwertermittlung** für Zwecke der Erbschaft- und Schenkungsteuer sowie der Grunderwerbsteuer gem. § 188 BewG bzw. § 193 BewG anzusetzenden Liegenschaftszinssätzen. Letztere fallen höher aus und führen damit zu niedrigeren Bewertungsergebnissen. 28

Diese Abweichung lässt sich nicht durch die Unterschiede der Bewertungsverfahren begründen, sondern ist m. E. allein dem Umstand geschuldet, dass die seit der Reform der Grundbesitzbewertung 2009 in Deutschland vielfach **gestiegenen Immobilienpreise** im Bundesdurchschnitt zu sinkenden Liegenschaftszinssätzen geführt haben. Insofern ist eine **Aktualisierung** der Liegenschaftszinssätze zur Grundbesitzbewertung angezeigt. Es ist gegenüber dem Steuerpflichtigen nicht vermittelbar, warum bei der Bewertung eines Mietwohngrundstücks mit bis zu sechs Wohnungen bei der Grundsteuerwertermittlung ein Liegenschaftszinssatz von 4 % und bei der Grundbesitzwertermittlung ein Liegenschaftszinssatz von 5 % zur Anwendung kommt. Der **gemeine Wert** kann auf Basis dieser unterschiedlichen Liegenschaftszinssätze jedenfalls nicht von beiden Bewertungsverfahren abgebildet werden. 29

Da der Liegenschaftszinssatz erheblichen regionalen Schwankungen unterliegt und zudem entscheidenden Einfluss auf die Höhe des Bewertungsergebnisses hat, ist die Begründung des Gesetzgebers zum Verzicht auf örtliche Liegenschaftszinssätze des Gutachterausschusses we- 30

1 Vgl. BT-Drucks. 19/11085 S. 115.
2 Bock in Grootens, BewG, § 249 Rz. 76 ff.

nig überzeugend.[1] Ohne erheblichen Aufwand denkbar wäre es m. E. gewesen, von den Gutachterausschüssen **örtlich typisierte Liegenschaftszinssätze** als zusätzliche Angabe zu den jeweiligen Bodenrichtwertzonen zu fordern oder zumindest eine Angabe eines kommunalen Mittelwertes bei der ohnehin geforderten Übermittlung der Bodenrichtwertdaten zu verlangen.

31 Dies gilt umso mehr, als eine **Öffnungsklausel** zum Nachweis eines niedrigeren Wertes bei der Ermittlung der Grundsteuerwerte gesetzlich zunächst nicht vorgesehen war und es daher in Regionen mit marktüblich höheren Liegenschaftszinssätzen als den in § 256 Abs. 1 BewG festgelegten Liegenschaftszinssätzen zu strukturellen Überbewertungen kommt.[2] Im Rahmen der Grundsteuerwertermittlung ging der Gesetzgeber offenbar davon aus, dass die aufgrund der Typisierungen bei den Bewertungsverfahren systemimmanenten Wertverzerrungen durch den Steuerpflichtigen hinzunehmen sind. In der Gesetzesbegründung zum GrStRefG ging der Gesetzgeber auf die Problematik einer unzutreffend hohen Bewertung nicht ein. Eine Möglichkeit zum Nachweis des niedrigen gemeinen Wertes hat der **BFH** in seinen Beschlüssen[3] vom 27.5.2024 gleichwohl als geboten erachtet. Die Verwaltung hat die Beschlüsse mit koordinierten Erlassen der obersten Finanzbehörden der Länder vom 24.6.2024 über den Einzelfall hinaus für anwendbar erklärt und erste Hinweise zum Nachweis gegeben. Mit dem JStG 2024 vom 2.12.2024[4] wurde eine die Beschlüsse des BFH umsetzende Regelung in § 220 Abs. 2 BewG eingefügt (vgl. zur **Öffnungsklausel** und zum Übermaßverbot ausführlich Grootens in Grootens, BewG, § 252 Rz. 96 ff. sowie zur **gesetzlichen Nachweismöglichkeit** Kurt in Grootens, BewG, § 220 Rz. 91 ff.).

32–34 *(Einstweilen frei)*

II. Besondere Liegenschaftszinssätze für Ein- und Zweifamilienhäuser in hochwertigen Lagen (§ 256 Abs. 2 BewG)

35 Zur Gewährleistung einer relations- und realitätsgerechten Bewertung von Ein- und Zweifamilienhäusern im Ertragswertverfahren ist nach Auffassung des Gesetzgebers eine **Abstufung der gesetzlich normierten Liegenschaftszinssätze** in Korrelation zu den Bodenrichtwerten erforderlich.[5] § 256 Abs. 2 BewG bestimmt daher, dass der Liegenschaftszinssatz sich um jeweils **0,1 Prozentpunkte je volle 100 €** verringert, die der Bodenrichtwert oder Bodenwert nach § 247 Abs. 3 BewG je m² die Grenze von **500 € je m²** übersteigt. Die Kürzung des Liegenschaftszinssatzes ist regelmäßig anhand des für die Lagequalität **prägenden Bodenrichtwerts** vorzunehmen.[6] Dies dürfte i. d. R. der Bodenrichtwert der Bodenrichtwertzone sein, in welcher das Gebäude belegen ist (i. d. R. höherer Bodenrichtwert). Zulässig ist auch, einen nach Flächenanteilen **gewichteten Bodenrichtwert** anzusetzen.[7] Dies gilt für den von der Finanzverwaltung abgeleiteten Bodenwert nach § 247 Abs. 3 BewG umgerechnet in Euro je Quadratmeter entsprechend.

1 Gl. A. Marx, DStZ 2019 S. 372.
2 Vgl. Seer, FR 2019 S. 941.
3 BFH, Beschluss v. 27.5.2024 - II B 78/23 (AdV), BStBl 2024 II S. 543 und BFH, Beschluss v. 27.5.2024 - II B 79/23 (AdV), BStBl 2024 II S. 546.
4 JStG 2024 v. 2.12.2024, BGBl. I 2024, Nr. 387.
5 Vgl. BT-Drucks. 19/11085 S. 115.
6 Vgl. A 256 Abs. 2 Satz 3 AEBewGrSt.
7 Vgl. A 256 Abs. 2 Satz 5 AEBewGrSt.

Ab einem Bodenrichtwert oder Bodenwert nach § 247 Abs. 3 BewG von **1.500 € je m²** wird ein einheitlicher Liegenschaftszinssatz von 1,5 % angewendet. Damit wird eine **Gleitzone** eingeführt, in der der Liegenschaftszinssatz in Stufen je 100 € Bodenrichtwert von 2,5 % (bis 599 € Bodenrichtwert) auf 1,5 % (ab 1.500 € Bodenrichtwert) absinkt und ab diesem Bodenrichtwert konstant bleibt. 36

BEISPIEL: Der Bodenrichtwert eines EFH-Grundstücks beträgt 750 €/m². Der Betrag von 500 €/m² ist um volle 200 € überschritten, so dass der Liegenschaftszinssatz von 2,5 % um 0,2 % auf 2,3 % zu mindern ist.

Im Einzelnen ergibt sich somit folgender Verlauf: 37

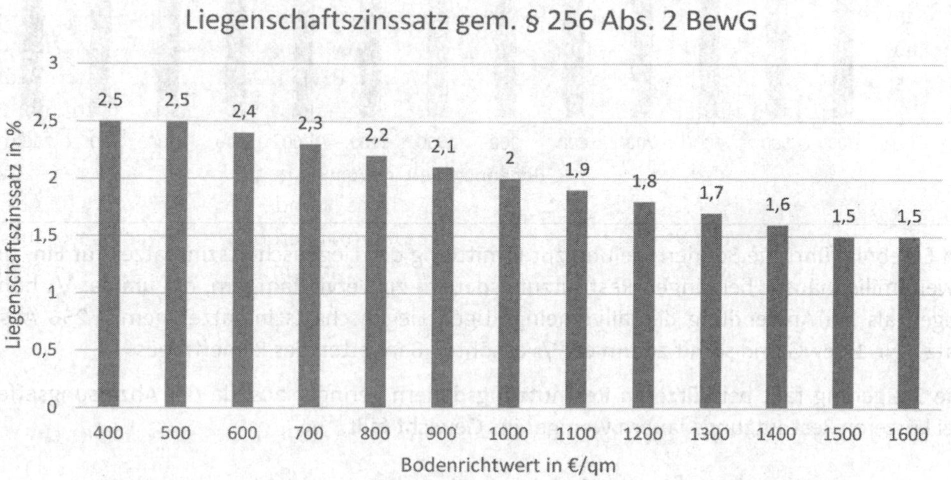

Eine solche Verminderung des Liegenschaftszinssatzes führt zu **steigenden Ertragswerten**. Dies gilt insbesondere bei **langen Restlaufzeiten**, weil sich die Abzinsungseffekte in diesem Fall besonders stark niederschlagen (vgl. → Rz. 22). 38

39 Unter Zugrundelegung der **maximalen Restnutzungsdauer** von 80 Jahren ergeben sich folgende Vervielfältiger für Ein- und Zweifamilienhäuser:

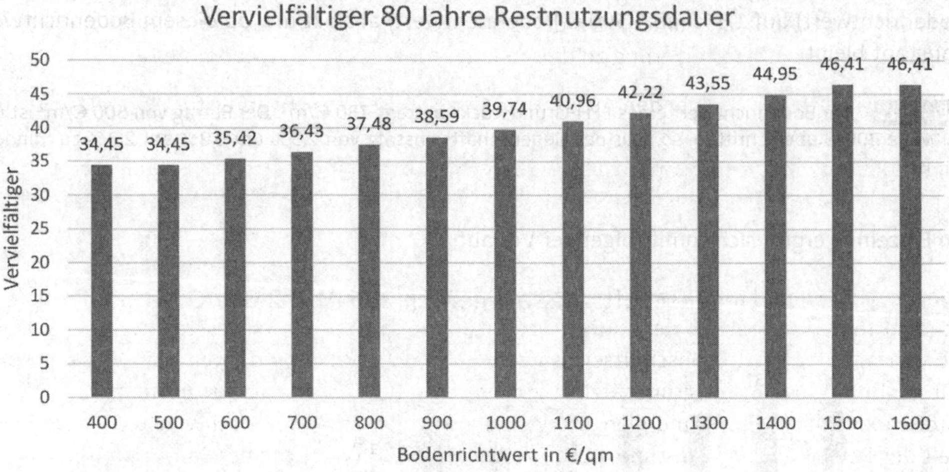

40 Im Ergebnis führt die Sonderregelung zur Ermittlung des Liegenschaftszinssatzes für Ein- und Zweifamilienhäuser bei langen Restnutzungsdauern zu **Vervielfältigern**, die **um ca. 1/3 höher** liegen als bei Anwendung des allgemeingültigen Liegenschaftszinssatzes gem. § 256 Abs. 1 Satz 2 Nr. 1 BewG und somit zu um ca. 1/3 erhöhten Barwerten des Reinertrages.[1]

41 Die Steigerung fällt bei **kürzeren Restnutzungsdauern** geringer aus, da der Abzinsungseffekt bei kürzeren Restnutzungsdauern weniger ins Gewicht fällt:

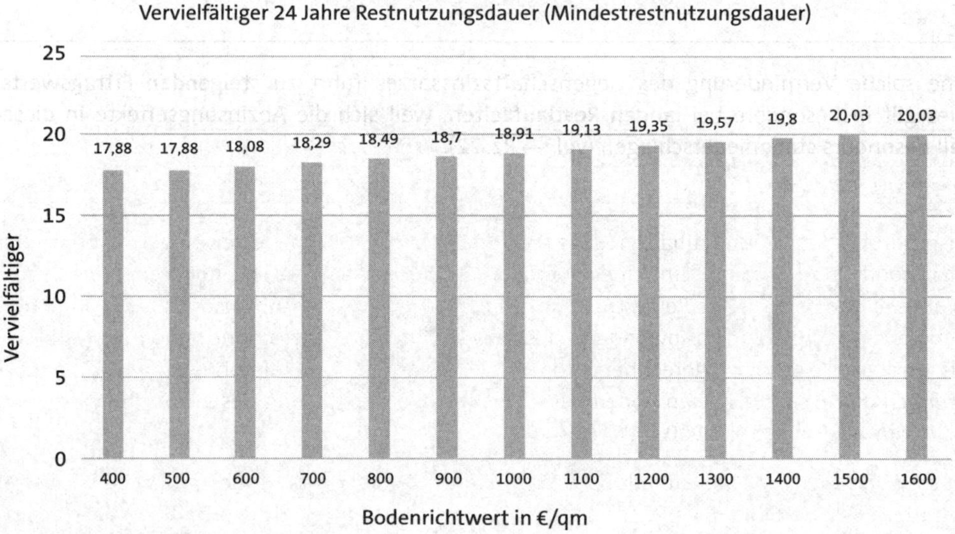

1 Vgl. Grootens, NWB-EV 11/2019 S. 381, NWB CAAAH-33629.

42 In den **Empfehlungen der Ausschüsse des Bundesrates** v. 9.9.2019 zum Gesetzentwurf des GrStRefG war die Regelung der § 256 Abs. 2 und 3 BewG kritisiert und deren Streichung empfohlen worden.[1] Die Empfehlung ist nicht in die Stellungnahme des Bundesrates zum Gesetzentwurf aufgenommen worden.[2] Da der Bundesrat der Empfehlung der Ausschüsse nicht gefolgt ist, hat die Bundesregierung zu diesen Fragen nicht Stellung genommen.

43 Nach Ansicht der empfehlenden Ausschüsse des Bundesrates bedarf es für eine **relations- und realitätsgerechte Bewertung** von Einfamilienhäusern, Zweifamilienhäusern und Wohnungseigentum für Zwecke der Grundsteuer **keiner Reduzierung** der gesetzlich typisierten Liegenschaftszinssätze für Grundstücke mit höheren Bodenrichtwerten. Die an die jeweilige Mietniveaustufe angepassten Listen-Mieten, die Bodenrichtwerte und die je nach Grundstücksart unterschiedlich hohen Liegenschaftszinssätze bewirkten bereits eine **hinreichende Differenzierung** nach wesentlichen Wertmerkmalen zwischen den Grundstücken verschiedener Grundstücksarten und innerhalb der Grundstücksarten. Auch ohne die im Gesetzentwurf vorgesehene Verringerung der Liegenschaftszinssätze ergebe sich für Ein- und Zweifamilienhäuser sowie für Wohnungseigentum grundsätzlich ein **höheres Wertniveau** als für nach Lage, Alter und Größe identische Mietwohnungen. Die Verringerung der Zinssätze erschwere die **Verständlichkeit** des Bewertungssystems und würde zu zahlreichen Rückfragen der Betroffenen führen. Sie würde auch **Gerechtigkeitsdiskussionen** schüren.

44 **BEISPIEL:** Der Besitzer eines Einfamilienhauses in einer Lage mit einem Bodenrichtwert von z. B. 800 €/m² könnte – m. E. berechtigt – einwenden, dass die Besitzer benachbarter Mietwohnungen trotz gleicher Wohnlage nicht von der Zinssatzverringerung mit werterhöhender Auswirkung betroffen sind.

45 Nimmt man die **Abzinsungsfaktoren** aus Anlage 41 zum BewG zur Abzinsung des Bodenwerts hinzu, wird deutlich, dass die niedrigeren Liegenschaftszinssätze auch hier eine deutlich **werterhöhende Auswirkung** haben. Dabei fällt auch hier die prozentuale Abweichung umso höher aus, je länger die **Restnutzungsdauer** des Objektes ist:

	Abzinsungsfaktor 24 Jahre Restnutzungsdauer	Abzinsungsfaktor 80 Jahre Restnutzungsdauer
Liegenschaftszinssatz 2,5 %	0,5529	0,1387
Liegenschaftszinssatz 1,5 %	0,6995	0,3039
Steigerung in %	26,51 %	119,10 %

46 Insgesamt ist somit festzuhalten, dass die Regelung zum **verminderten Liegenschaftszinssatz** insbesondere bei jungen Ein- und Zweifamilienhäusern zu **deutlich höheren Werten** führt. Während der Barwert des Reinertrags um ca. 1/3 steigt, wird der Abzinsungsfaktor für den Bodenwert im Vergleich zur Anwendung des Liegenschaftszinssatzes ohne Sonderregelung mehr als verdoppelt. Nicht eingerechnet in das Endergebnis ist dabei die ohnehin eintretende Verdreifachung des abgezinsten Bodenwerts bei einer Verdreifachung des anzusetzenden Bodenrichtwerts (1.500 € statt 500 €).

47 Auch wenn hier entgegenzuhalten ist, dass die unter die Regelung des verminderten Liegenschaftszinssatz fallenden Objekte vom **pauschalen Mietansatz für die jeweilige Kommune** profitieren, weil die tatsächlich erzielte bzw. erzielbare Miete in diesen Bestlagen regelmäßig

1 BR-Drucks. 354/1/19 S. 13.
2 BR-Drucks. 354/19.

deutlich oberhalb der jeweils landesweit gültigen Miete gem. Anlage 39 zum BewG zzgl. Zuschlag i. H. von 30 % für Mietniveaustufe sechs liegen wird, kann m. E. insgesamt von einer **überkompensierenden Regelung** bei jungen Gebäuden ausgegangen werden.[1] Neubauten in Bestlagen besonders hoch zu besteuern, steht aber dem Gesetz zur Mobilisierung baureifer Grundstücke[2] entgegen, mit dem der Gesetzgeber die **Schließung von Baulücken** fördern will.[3]

48–50 *(Einstweilen frei)*

III. Besondere Liegenschaftszinssätze für Wohnungseigentum in hochwertigen Lagen (§ 256 Abs. 3 BewG)

51 Wie bei Ein- und Zweifamilienhäusern (vgl. § 256 Abs. 2 BewG) ist nach Auffassung des Gesetzgebers zur Gewährleistung einer relations- und realitätsgerechten Bewertung von Wohnungseigentum im Ertragswertverfahren eine **Abstufung der gesetzlich normierten Liegenschaftszinssätze** in Korrelation zu den Bodenrichtwerten erforderlich.[4] § 256 Abs. 3 BewG bestimmt daher, dass der Liegenschaftszinssatz sich um jeweils **0,1 Prozentpunkte je volle 100 €** verringert, die der Bodenrichtwert oder der Bodenwert nach § 247 Abs. 3 BewG je m² die Grenze von **2.000 € je m²** übersteigt (der gesetzliche Verweis in § 256 Abs. 3 Satz 1 BewG auf § 256 Abs. 1 Satz 2 Nr. 1 BewG dürfte ein redaktioneller Fehler sein und müsste m. E. richtigerweise auf § 256 Abs. 1 Satz 2 Nr. 2 BewG lauten).[5] Die Kürzung des Liegenschaftszinssatzes ist regelmäßig anhand des für die Lagequalität **prägenden Bodenrichtwerts** vorzunehmen.[6] Dies dürfte i. d. R. der Bodenrichtwert der Bodenrichtwertzone sein, in welcher das Gebäude belegen ist (i. d. R. höherer Bodenrichtwert). Zulässig ist auch, einen nach Flächenanteilen **gewichteten Bodenrichtwert** anzusetzen.[7] Dies gilt für den von der Finanzverwaltung abgeleiteten Bodenwert nach § 247 Abs. 3 BewG umgerechnet in Euro je Quadratmeter entsprechend.

52 Ab einem Bodenrichtwert oder Bodenwert nach § 247 Abs. 3 BewG von **3.000 € je m²** wird ein einheitlicher Liegenschaftszinssatz von 2 % angewendet. Damit wird auch für das Wohnungseigentum eine **Gleitzone** eingeführt, in der der Liegenschaftszinssatz in Stufen je 100 € Bodenrichtwert von 3 % (bis 2.099 € Bodenrichtwert) auf 2 % (ab 3.000 € Bodenrichtwert) absinkt und ab diesem Bodenrichtwert konstant bleibt.

1 Vgl. wegen der Verschiebungen aufgrund der pauschalen Mietansätze ausführlich Schmidt, NWB 50/2019 S. 3719, NWB BAAAH-36269 sowie Seer, FR 2019 S. 941.

2 Vgl. BT-Drucks. 19/11086.

3 Vgl. Grootens in Grootens, GrStG, § 25 Rz. 121 ff., vgl. zur Änderung des § 25 GrStG und des damit verfolgten Ziels ausführlich Eisele, NWB 30/2019 S. 2204, NWB PAAAH-22603.

4 Vgl. BT-Drucks. 19/11085 S. 116.

5 Vgl. Nagel, NWB 36/2021 S. 2688 NWB AAAAH-88177.

6 Vgl. A 256 Abs. 2 Satz 3 AEBewGrSt.

7 Vgl. A 256 Abs. 2 Satz 5 AEBewGrSt.

Im Einzelnen ergibt sich somit folgender **Verlauf**: 53

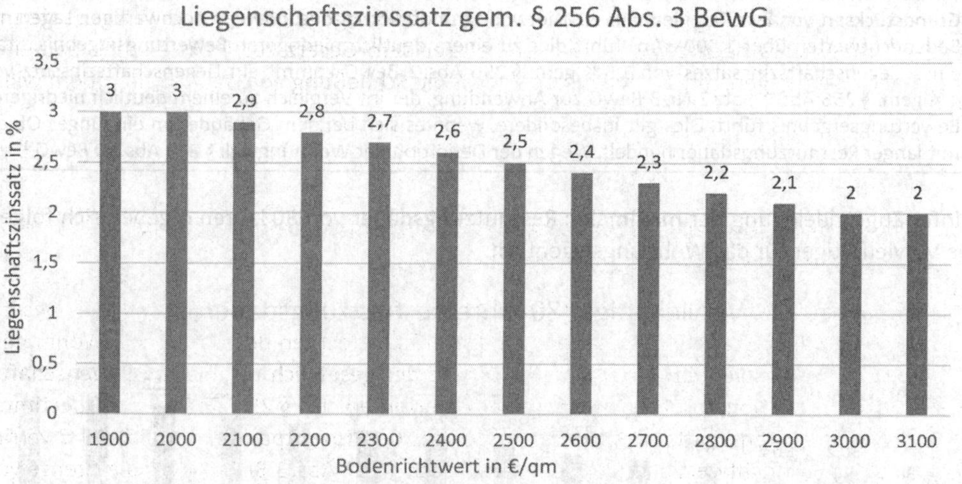

Unverständlich ist m. E., warum diese **Sonderregelung** – wenn man sie denn überhaupt für erforderlich und zweckdienlich hält – **nicht** auch **für Mietwohngrundstücke** eingeführt wurde.[1] Für Wohnungseigentum gelten gem. Anlage 37 zum BewG die **Nettokaltmieten** für Mietwohngrundstücke. Auch die **Bewirtschaftungskosten** für Wohnungseigentum sind gem. Anlage 40 zum BewG nur zwei Prozentpunkte höher als die Bewirtschaftungskosten für Mietwohngrundstücke. 54

Das **Bewertungsergebnis** verändert sich gleichwohl signifikant, wenn ein neu gebautes Mietwohngrundstück mit vier Wohnungen in einer Lage mit sehr hohem Bodenrichtwert (Bodenrichtwert > 3.000 €/m²) in Wohnungseigentum aufgeteilt wird, während das unmittelbarer räumlicher Nähe gelegene baugleiche Schwestergrundstück ungeteilt bleibt. Für in das in Wohnungseigentum aufgeteilte Grundstück gelten nunmehr die **besonderen Liegenschaftszinssätze**, so dass für das Mietwohngrundstück weiterhin ein Liegenschaftszinssatz von 4 % angewendet wird, während bei der Bewertung der vier wirtschaftlichen Einheiten des Wohnungseigentums gem. § 256 Abs. 3 BewG ein Liegenschaftszinssatz von 2 % zur Anwendung kommt. Bei 80 Jahren Restnutzungsdauer ergibt sich für das Mietwohngrundstück gem. Anlage 37 zum BewG ein Vervielfältiger von 23,92 und für die wirtschaftlichen Einheiten des Wohnungseigentums ein Vervielfältiger von 39,74. Es ist m. E. äußerst fraglich, ob durch diese Vorgehensweise eine vom BVerfG[2] geforderte **relationsgerechte Bewertung** zwischen Mietwohnungen und Wohnungseigentum in hochwertigen Lagen erreicht wird (vgl. zu den verfassungsrechtlichen Anforderungen an die Bewertungsverfahren Grootens in Grootens, BewG, § 252 Rz. 126 ff.).[3] Wegen der Kritik der Ausschüsse des Bundesrates zur Regelung der verminderten Liegenschaftszinssätze vgl. → Rz. 42 f. 55

1 Vgl. kritisch auch Jarass/Trautvetter, BB 31/2019 S. 1751 sowie Nagel, NWB 36/2021 S. 2688 NWB AAAAH-88177, die eine Ausweitung auf Mietwohngrundstücke anregt..

2 BVerfG, Urteil v. 10.4.2018 - 1 BvL 11/14, 1 BvL 12/14, 1 BvL 1/15, 1 BvR 639/11, 1 BvR 889/12, BVerfGE 2018 S. 148, Rz. 98, NWB MAAAG-80435.

3 Gl. A. Schmidt, NWB 50/2019 S. 3719, NWB BAAAH-36269.

56 PRAXISHINWEIS:

Wird ein Zweifamilienhaus durch Umbau der Räumlichkeiten zu einem Dreifamilienhaus, ändert sich die **Grundstücksart** von Zweifamilienhaus zu Mietwohngrundstück. Insbesondere in hochwertigen Lagen mit Bodenrichtwerten über 1.500 €/m² führt dies zu einem deutlich niedrigeren Bewertungsergebnis. Statt eines Liegenschaftszinssatzes von 1,5 % gem. § 256 Abs. 2 BewG kommt ein Liegenschaftszinssatz von 4 % gem. § 256 Abs. 1 Satz 2 Nr. 3 BewG zur Anwendung, der im Vergleich zu einem deutlich niedrigeren Bewertungsergebnis führt. Dies gilt insbesondere, wenn es sich bei dem Gebäude um ein junges Objekt mit langer Restnutzungsdauer handelt. Wegen der Definition der Wohnung vgl. § 249 Abs. 10 BewG.[1]

57 Unter Zugrundelegung der **maximalen Restnutzungsdauer** von 80 Jahren ergeben sich folgende Vervielfältiger für das Wohnungseigentum:

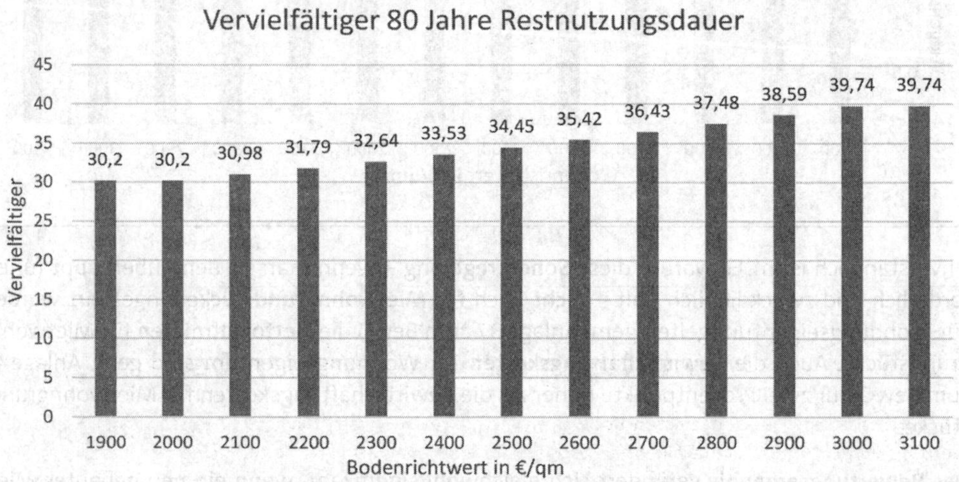

58 Im Ergebnis führt die Sonderregelung zur Ermittlung des Liegenschaftszinssatzes für das Wohnungseigentum bei langen Restnutzungsdauern zu **Vervielfältigern**, die um **ca. 1/3 höher** liegen als bei Anwendung des allgemeingültigen Liegenschaftszinssatzes gem. § 256 Abs. 1 Satz 2 Nr. 2 BewG und somit zu um ca. 1/3 erhöhten Barwerten des Reinertrages.

1 Vgl. Bock in Grootens, BewG, § 249 Rz. 76 ff.

Dieser Effekt fällt bei **kürzeren Restnutzungsdauern** geringer aus, da der Abzinsungseffekt bei kürzeren Restnutzungsdauern weniger ins Gewicht fällt: 59

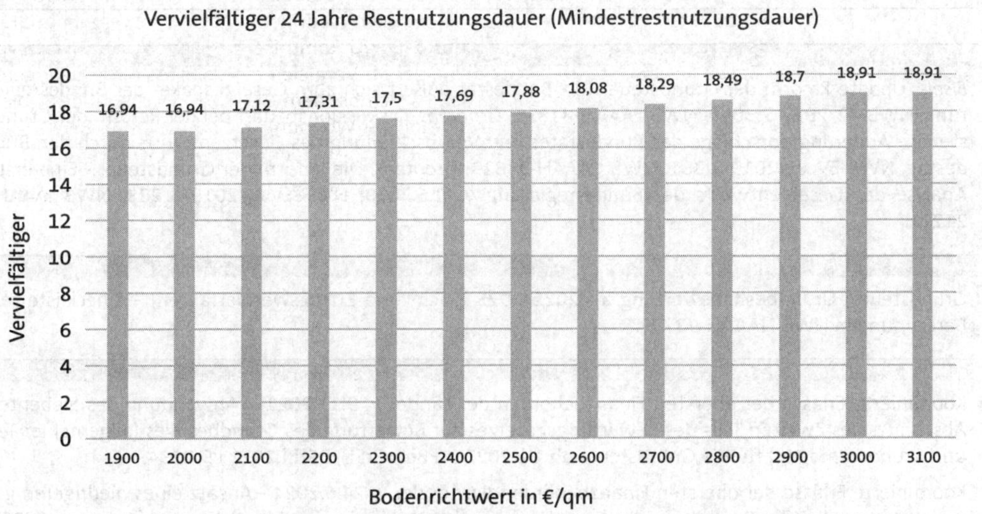

§ 257 BewG Ermittlung des abgezinsten Bodenwerts

(1) [1]Zur Ermittlung des abgezinsten Bodenwerts ist vom Bodenwert nach § 247 auszugehen. [2]Bei der Bewertung von Ein- und Zweifamilienhäusern im Sinne des § 249 Absatz 2 und 3 sind zur Berücksichtigung abweichender Grundstücksgrößen beim Bodenwert die Umrechnungskoeffizienten nach Anlage 36 anzuwenden.

(2) [1]Der Bodenwert nach Absatz 1 ist mit Ausnahme des Werts von selbständig nutzbaren Teilflächen nach Absatz 3 mit dem sich aus Anlage 41 ergebenden Abzinsungsfaktor abzuzinsen. [2]Der jeweilige Abzinsungsfaktor bestimmt sich nach dem Liegenschaftszinssatz nach § 256 und der Restnutzungsdauer des Gebäudes nach § 253 Absatz 2 Satz 3 bis 6.

(3) Eine selbständig nutzbare Teilfläche ist ein Teil eines Grundstücks, der für die angemessene Nutzung der Gebäude nicht benötigt wird und selbständig genutzt oder verwertet werden kann.

Inhaltsübersicht **Rz.**

LITERATUR:

Eisele, Update Reform der Grundsteuer (I) - Bundesrat äußert sich zum Gesetzespaket der Bundesregierung, NWB 42/2019 S. 3060, NWB LAAAH-31831; *Grootens*, Diskussionsbedarf bei der Reform der Grundsteuer - Änderungsvorschläge des Bundesrates und Verabschiedung des Gesetzentwurfs durch den Bundestag, NWB-EV 11/2019 S. 381, NWB CAAAH-33629; *Grootens*, Die Reform der Grundsteuer - Eine erste Analyse des Gesetzentwurfs der Bundesregierung v. 21.6.2019, NWB-EV 7/2019 S. 228, NWB IAAAH-21201.

ARBEITSHILFEN UND GRUNDLAGEN ONLINE:

Grundsteuer: Grundbesitzbewertung ab 2022/2025 (Sach- und Ertragswertverfahren) – Checkliste mit Berechnungen NWB NAAAH-93792.

VERWALTUNGSANWEISUNGEN:

Koordinierte Erlasse der obersten Finanzbehörden der Länder v. 9.11.2021 – Anwendung des Siebenten Abschnitts des Zweiten Teils des Bewertungsgesetzes zur Bewertung des Grundbesitzes (allgemeiner Teil und Grundvermögen) für die Grundsteuer ab 1.1.2022 (AEBewGrSt), BStBl 2021 I S. 2334.

Koordinierte Erlasse der obersten Finanzbehörden der Länder v. 24.6.2024 - Ansatz eines niedrigeren gemeinen Werts bei der Bewertung des Grundvermögens für Zwecke der Grundsteuer ab 1. Januar 2025 - Aussetzung der Vollziehung (§ 361 AO) von Bescheiden über die Feststellung des Grundsteuerwerts, BStBl 2024 I S. 1073.

A. Allgemeine Erläuterungen zu § 257 BewG

I. Normzweck und wirtschaftliche Bedeutung der Vorschrift

1 § 257 Abs. 1 BewG bestimmt den Ausgangswert für die Ermittlung des **abgezinsten Bodenwerts** auf der Grundlage des Werts für ein unbebautes Grundstücks (vgl. § 247 BewG). Der Bodenwert ist bei **Ein- und Zweifamilienhäusern** vor der Abzinsung mit einem Umrechnungskoeffizient gem. **Anlage 36 zum BewG** zur Berücksichtigung **abweichender Grundstücksgrößen** anzupassen.

2 § 257 Abs. 2 BewG regelt die **Abzinsung** des Bodenwertes i. S. des § 257 Abs. 1 BewG. Der Abzinsungsfaktor ist der **Anlage 41 zum BewG** zu entnehmen. Bei der Abzinsung sind **selbständig nutzbare Teilflächen** außen vor zu lassen. Selbständig nutzbare Teilflächen sind in § 257 Abs. 3 BewG definiert, haben in der Praxis aber m. E. nur wenig Bedeutung.

3–10 *(Einstweilen frei)*

II. Entstehung und Entwicklung der Vorschrift

11 § 257 BewG wurde mit dem **GrStRefG** v. 26.11.2019[1] in das BewG eingefügt und ist erstmals für den **Hauptfeststellungszeitpunkt 1.1.2022** anzuwenden (vgl. § 266 BewG).

12–15 *(Einstweilen frei)*

1 GrStRefG v. 26.11.2019, BGBl 2019 I S. 1794.

III. Geltungsbereich

Der nach § 257 BewG **abgezinste Bodenwert** ist ein **Baustein** bei der Bewertung im **Ertragswertverfahren** gem. § 252 BewG. Bewertungsgegenstand ist das Grundstück i. S. des § 244 Abs. 1 BewG. 16

Die Vorschriften gelten gem. § 231 BewG nur für die Bewertung des **inländischen** zu bewertenden Vermögens. Dabei sind auch die inländischen Teile einer wirtschaftlichen Einheit zu bewerten, die sich sowohl auf das Inland als auch auf das Ausland erstrecken. 17

(Einstweilen frei) 18–25

IV. Verhältnis zu anderen Vorschriften

§ 252 Satz 1 BewG regelt die Ermittlung des **Ertragswerts** als **Summe** aus dem **kapitalisierten Reinertrag des Grundstücks** nach **§ 253 BewG** und dem **abgezinsten Bodenwert** nach **§ 257 BewG** an. § 257 Abs. 1 Satz 1 BewG ordnet zur Ermittlung des abgezinsten Bodenwerts den **Rückgriff auf den Bodenwert eines unbebauten Grundstücks** gem. **§ 247 BewG** an. Die Abzinsung ist in Abhängigkeit des **Liegenschaftszinssatzes** gem. **§ 256 BewG** und der **Restnutzungsdauer** des Gebäudes nach **§ 253 Abs. 2 Satz 3–6 BewG** vorzunehmen. 26

(Einstweilen frei) 27–35

B. Systematische Kommentierung

I. Ermittlung des Bodenwertes als Ausgangswert (§ 257 Abs. 1 BewG)

1. Wert des unbebauten Grundstücks (§ 257 Abs. 1 Satz 1 BewG)

§ 257 Abs. 1 Satz 1 BewG regelt die Ermittlung des abgezinsten Bodenwerts auf der Grundlage des Werts für ein **unbebautes Grundstück** nach § 247 BewG (**Ausgangswert**). Wegen der Ermittlung dieses Bodenwerts und der Bewertungsunschärfen vgl. Bock in Grootens, BewG, § 247 Rz. 46 und Rz. 56. 36

(Einstweilen frei) 37–45

2. Anpassung des Bodenwerts bei Ein- und Zweifamilienhäusern (§ 257 Abs. 1 Satz 2 BewG)

Nach § 257 Abs. 1 Satz 2 BewG ist der Bodenwert bei der Bewertung eines Ein- oder Zweifamilienhauses i. S. des § 249 Abs. 2 und 3 BewG zur **Berücksichtigung abweichender Grundstücksgrößen** mit Hilfe eines **Umrechnungskoeffizienten** aus **Anlage 36 zum BewG** anzupassen. Dabei ist eine Grundstücksgröße von **500–549 m²** als **Standardgröße** definiert worden **(Umrechnungskoeffizient 1,0)**. Das gilt nach Vorgabe der Finanzverwaltung ausdrücklich auch dann, wenn sich die Festlegung des Bodenrichtwerts durch den **Gutachterausschuss** nicht auf ein Bodenrichtwertgrundstück mit einer Größe von 500 m² bezieht.[1] Bei Abweichungen der Größe des zu bewertenden Grundstücks von dieser Standardgröße werden jeweils in **50 m² Schritten** abweichende Umrechnungskoeffizienten festgelegt. Eine **Interpolation** erfolgt nicht. Der Umrechnungskoeffizient ist grundsätzlich auf die gleiche Flächengröße anzuwenden, die auch zur Ermittlung des abgezinsten Bodenwerts herangezogen wird (vgl. →Rz. 66). **Selbständig nutz-** 46

1 Vgl. A 257.2 Abs. 1 Satz 3 AEBewGrSt.

bare Teilflächen sind folglich **grundsätzlich nicht** in die Bestimmung des Umrechnungskoeffizienten **einzubeziehen** (wegen einer Ausnahme vgl. →Rz. 98). Bei Grundstücken mit einer Größe von **weniger als 250 m²** ist ein maximaler Umrechnungskoeffizient von **1,24** anzuwenden (= Zuschlag 24 %). Ist die Grundstücksfläche des Grundstücks **2.000 m² oder größer**, kommt ein (minimaler) Umrechnungskoeffizient von **0,64** zum Tragen (= Abschlag 36%).

47 Zur Begründung dieser Vorgehensweise führt der Gesetzgeber[1] aus, dass der **Bodenwert** bei **kleiner werdenden Grundstücken** ab einer Grundstücksgröße von ca. 500 m² regelmäßig **überproportional** ansteigt. Bei **größer werdenden Grundstücken** gehe die **Minderung** des Quadratmeterpreises im Verhältnis zur Fläche hingegen **zurück** und vermindere sich bei einer Grundstücksgröße von über 2.000 m² nur noch marginal. Diese Wertabhängigkeit des Bodenrichtwerts in Relation zur Fläche sei insbesondere bei **Ein- und Zweifamilienhausgrundstücken** gegeben. Im typisierten Ertragswertverfahren würden für die Bewertung von Ein- und Zweifamilienhäusern aus Vereinfachungsgründen **Umrechnungskoeffizienten** in **Anlage 36 zum BewG** zur Berücksichtigung abweichender Grundstücksgrößen beim Bodenwert vorgegeben. Veröffentlichungen der **örtlichen Gutachterausschüsse** zu entsprechenden Umrechnungskoeffizienten seien insoweit aus Typisierungsüberlegungen für Zwecke der Ermittlung von Grundsteuerwerten **nicht** zu **berücksichtigen**.

48 Der **Bundesrat** hatte die Regelung im Gesetzgebungsverfahren **kritisiert**.[2] Nach Ansicht des Bundesrates sollen bei den Bodenrichtwerten die sogenannten „Zonen-Werte" gelten, d. h. die **unangepassten Bodenrichtwerte der jeweiligen Bodenrichtwertzone** (vgl. zur Problematik der Wertschwankungen innerhalb der Bodenrichtwertzone Bock in Grootens, BewG, § 249 Rz. 56). Eine Anpassung des ausgewiesenen „Zonen-Wertes" an individuelle, von den Eigenschaften der Richtwert-Referenzgrundstücke abweichende Merkmale des zu bewertenden Grundstücks sollte nach Auffassung des Bundesrates nicht erfolgen. Solche Anpassungen sind in der gutachtlichen Immobilienwertermittlung z. B. bei Abweichungen hinsichtlich des Erschließungszustands, der Art und des Maßes der baulichen Nutzung, des beitrags- und abgabenrechtlichen Zustands oder der Grundstücksgröße vorzunehmen.

49 Mit den in § 257 Abs. 1 Satz 2 BewG angeordneten Umrechnungskoeffizienten für Ein- und Zweifamilienhäuser in Abhängigkeit von der Grundstücksgröße werde nur einer dieser Umstände für Anpassungen bei der Grundstücksbewertung für Zwecke der Grundsteuer typisierend berücksichtigt. Dies führe zu einem **ungleichen Ausmaß an Typisierung zwischen Ein-/Zweifamilienhäusern und anderen Grundstücksarten.** Der Bundesrat sprach sich daher für den Verzicht auf die Berücksichtigung der Umrechnungskoeffizienten aus.[3]

50 Die **Bundesregierung** folgte dem nicht und **lehnte** die vorgeschlagene **Streichung** der **Umrechnungskoeffizienten ab.**[4] Der Vorschlag des Bundesrates schränke die **realitäts- und relationsgerechte** Bewertung ein. Abweichungen zwischen der **Grundstücksgröße** des zu **bewertenden Grundstücks** und des **Bodenrichtwertgrundstücks** seien bei Ein- und Zweifamilienhausgrundstücken regelmäßig wertrelevant. Da die Umrechnungskoeffizienten pauschalierend in der Anlage 36 des Gesetzes vorgegeben würden, sei der **Verwaltungs- und Bürokratieaufwand gering**. Bei größeren Ein- und Zweifamilienhausgrundstücken werde die Nichtberücksichtigung

1 Vgl. BT-Drucks. 19/11085 S. 116.

2 Vgl. die Stellungnahme des Bundesrates v. 20.9.2019, BR-Drucks 354/19 (Beschluss) S. 8.

3 Vgl. zur Diskussion zwischen Bundesrat und Bundesregierung Grootens, NWB-EV 11/2019 S. 381, NWB CAAAH-33629.

4 Vgl. die Stellungnahme der Bundesregierung v. 2.10.2019, BT-Drucks. 19/13713 (Unterrichtung).

der Umrechnungskoeffizienten häufig zu Überbewertungen führen. Der Bundestag hat den Gesetzentwurf aufgrund dieser Stellungnahme unter Beibehaltung der Umrechnungskoeffizienten beschlossen.Nach Auffassung des Sächsischen FG ist der Gesetzgeber damit innerhalb seines Gestaltungsspielraums geblieben.[1]

Da die **Umrechnungskoeffizienten** bundesweit gelten sollen, können sie die **örtlichen Wertverhältnisse** m. E. ohnehin nur eingeschränkt abbilden. Insofern ist fraglich, ob durch die im Gesetz vorgesehenen Umrechnungskoeffizienten nicht ohnehin nur eine **scheinbare Bewertungsgenauigkeit** abgebildet wird, die mit dem örtlichen Grundstücksmarkt – wenn überhaupt – nur zufällig übereinstimmen wird. 51

Die Anlage 36 zum BewG sieht für ein **500–549 m²** großes Grundstück den **Umrechnungskoeffizienten 1,0** vor. Dies bedeutet, dass nur bei zu bewertenden Ein- und Zweifamilienhausgrundstücken mit einer derartigen Grundstücksgröße der **Bodenrichtwert** des Gutachterausschusses **ohne Anpassungen** übernommen wird. Dies unterstellt, dass auch der Gutachterausschuss 500–549 m² als **Standardgröße** für ein solche Grundstück annimmt und demzufolge bei Größenabweichungen des zu bewertenden Grundstücks Anpassungen des Bodenrichtwerts notwendig sind. Gleichwohl ist sich die Verwaltung bewusst, dass dies nicht zwingend den Vorgaben des Gutachterausschusses entspricht.[2] 52

Diese Vorgehensweise verkennt, dass sich die Gutachterausschüsse in der Wahl der **Größe des Bodenrichtwertgrundstücks** an den **örtlichen Gegebenheiten** orientieren und die Bodenrichtwerte daher in der Praxis auch für deutlich kleinere oder größere Grundstücke festgestellt werden. Es sind gem. § 196 Abs. 1 Satz 3 BauGB Richtwertzonen zu bilden, die jeweils Gebiete umfassen, die nach **Art und Maß der Nutzung** weitgehend übereinstimmen. Die wertbeeinflussenden Merkmale des Bodenrichtwertgrundstücks sind darzustellen. Aus diesem Grund ist gem. § 10 Abs. 2 Nr. 2 ImmoWertV 2010 die **Grundstücksgröße des Bodenrichtwertgrundstücks** darzustellen. 53

BEISPIEL:[3] ▶ Der Gutachterausschuss **Wuppertal** hat für die Bodenrichtwertgrundstücke für den individuellen Wohnungsbau drei verschiedene Grundstücksgrößen vorgesehen (250 m², 500 m² und 800 m²). Der Gutachterausschuss **Münster** hat für Einfamilienhäuser u. a. 600 m² als Größe des Bodenrichtwertgrundstücks vorgesehen. Der Gutachterausschuss **Köln** hat für Einfamilienhäuser u. a. 300 m² als Grundstücksgröße vorgesehen. 54

Die Gutachterausschüsse haben mit der **Festlegung des Bodenrichtwertes** für die jeweilige Grundstücksgröße bereits den **Wert für ein Grundstück** mit einer derartigen **Grundstücksgröße sachkundig** ermittelt. Einer **Anpassung** des Bodenrichtwerts für gleich große zu bewertende Grundstücke Bedarf es daher nicht. Wird dennoch ein Umrechnungskoeffizient gem. Anlage 36 zum BewG auf den zutreffend für diese Grundstücksgröße ermittelten Bodenrichtwert angewendet, ergibt sich ein **unzutreffendes Bewertungsergebnis**, das zu einer **nicht realitäts- und relationsgerechten Bewertung** der Grundstücke im Gemeindegebiet führt.[4] Die **Begründung des Gesetzgebers** zur Notwendigkeit der Einführung von Umrechnungskoeffizienten (vgl. → Rz. 47), dass die Grundstücksgröße des zu bewertenden Grundstücks vom Bodenrichtwertgrundstück abweicht und daher angepasst werden müsse, trifft in diesen Fällen sachlich nicht zu. 55

1 Sächsisches FG, Urteil v. 24.10.2023 - 2 K 574/23 NWB DAAAJ-52727.

2 Vgl. A 257.2 Abs. 1 Satz 3 AEBewGrSt.

3 Quelle: Bodenrichtwertkarte für NRW unter www.boris.nrw.de.

4 Vgl. zur Kritik am Ertragswertverfahren Grootens in Grootens, BewG, § 252 Rz. 146 ff.

56 **BEISPIELE:** Für Grundstücke in **Wuppertal** wären Umrechnungskoeffizienten von **1,19** (250 m² Grundstücksgröße) und **0,89** (800 m² Grundstücksgröße), für Grundstücke in **Münster** u. a. ein Umrechnungskoeffizient von **0,95** und für Grundstücke in **Köln** u. a. ein Umrechnungskoeffizient von **1,14** auf den Bodenrichtwert anzuwenden, obwohl der Gutachterausschuss den Bodenrichtwert jeweils für diese Grundstücksgröße sachkundig bestimmt hat.

57 Liegen keine **selbständig nutzbaren Teilflächen** (vgl. zu Definition dieser Flächen → Rz. 93 ff.) vor, ist die gesamte Grundstücksfläche bei der Ermittlung des abgezinsten Bodenwerts und der Anpassung aufgrund abweichender Grundstücksgröße bei einem mit einem **Ein- oder Zweifamilienhaus** bebauten Grundstück zu berücksichtigen.

58 **BEISPIEL:**

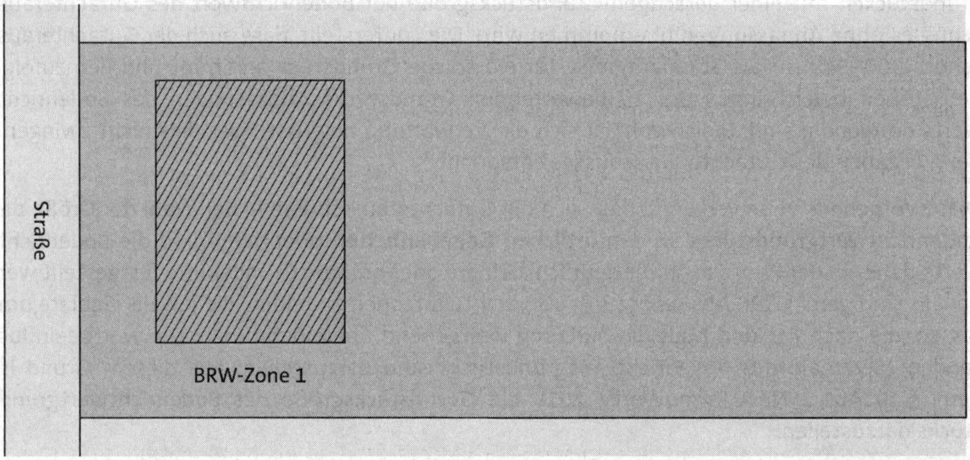

Die Grundstücksgröße des zu bewertenden Grundstücks beträgt 1.200 m². Das Grundstück liegt in einer Bodenrichtwertzone, in der BRW 1 für eine Baufläche ausgewiesen wird. Der Bodenwert ermittelt sich wie folgt:

Abgezinster Bodenwert = BRW 1 x 1.200 m² x 0,80 (vgl. Anlage 36 zum BewG) x Abzinsungsfaktor (vgl. Anlage 41 zum BewG).

59 Liegt das Grundstück mit dem Ein- oder Zweifamilienhaus in **mehr als einer Bodenrichtwertzone,** sind alle Bodenrichtwerte für die Ermittlung des Bodenwerts nach § 247 BewG zugrunde zu legen und der Umrechnungskoeffizient nach Anlage 36 zum BewG ist i. d. R. auf **die gesamte Grundstücksfläche ohne selbständig nutzbare Teilflächen** anzuwenden. Maßgebend ist regelmäßig der Umrechnungskoeffizient, der sich für die gesamte Grundstücksfläche ohne selbständig nutzbare Teilflächen und einschließlich in anderen Bodenrichtwertzonen liegenden Flächen ergibt.[1] Da die Gutachterausschüsse die Bodenrichtwertzonen regelmäßig nach Flurstücken sowie den örtlichen Gegebenheiten abgrenzen, bleibt diese Regelung in der Praxis zumeist auf **wirtschaftliche Einheiten mit mehreren Flurstücken** beschränkt.

60–65 *(Einstweilen frei)*

1 Vgl. A257.3 AEBewGrSt.

II. Abzinsung des Bodenwerts (§ 257 Abs. 2 BewG)

Der Bodenwert nach § 257 Abs. 1 BewG ist vor der **Abzinsung** über die wirtschaftliche Restnutzungsdauer des Gebäudes zunächst um den Wert **selbständig nutzbarer Teilflächen** i. S. des § 257 Abs. 3 BewG zu korrigieren, soweit diese nicht ohnehin eine **gesonderte wirtschaftliche Einheit** bilden und gesondert bewertet werden. 66

Auf den ggf. korrigierten Bodenwert ist der **Abzinsungsfaktor** gem. **Anlage 41 zum BewG** anzuwenden, für dessen Höhe der gesetzlich normierte **Liegenschaftszinssatz** (§ 256 BewG) und die **wirtschaftliche Restnutzungsdauer** i. S. des § 253 Abs. 2 BewG bestimmend sind. 67

BEISPIEL: Ein zu bewertendes Grundstück (500 m²) ist mit einem Einfamilienhaus bebaut. Das Gebäude wurde 1992 bezugsfertig (Baujahr). Zum Hauptfeststellungszeitpunkt beträgt das Alter somit 30 Jahre (2022 - 1992). Die Restnutzungsdauer des Gebäudes ergibt sich aus der Differenz zwischen der wirtschaftlichen Gesamtnutzungsdauer (vgl. Anlage 38 zum BewG) und dem Alter des Gebäudes im Hauptfeststellungszeitpunkt: 80 Jahre - 30 Jahre (Alter) = 50 Jahre. Der Liegenschaftszinssatz für das Einfamilienhaus beträgt gem. § 256 BewG 2,5 %. Aus der Restnutzungsdauer von 50 Jahren und dem Liegenschaftszinssatz von 2,5 % ergibt sich gem. Anlage 41 zum BewG ein Abzinsungsfaktor von 0,2909. Der abgezinste Bodenwert ermittelt sich wie folgt: Bodenwert = BRW x 500 m² x 0,2909. 68

Die Berechnungsvorschrift für die Abzinsungsfaktoren (Barwertfaktoren für die Abzinsung) lautet: 69

$$\text{Abzinsungsfaktor} = \frac{1}{q^n}$$

$$q = 1 + LZ \qquad \text{wobei } LZ = \frac{p}{100}$$

LZ = Zinssatz (Liegenschaftszinssatz)
n = Restnutzungsdauer
p = Zinsfuß

Der Bodenwert der **selbstständig nutzbaren Teilflächen** ist anschließend zu addieren. Durch diese Vorgehensweise werden die selbstständig nutzbaren Teilflächen wie ein voll ertragsfähiges unbebautes Grundstück bewertet, da sie ungeachtet der Bebauung der übrigen Fläche für eine **anderweitige Verwendung** zur Verfügung stehen. 70

Im Unterschied hierzu ist der zum Gebäude gehörende Bodenwert erst mit Ablauf der Restnutzungsdauer des Gebäudes sowie nach Freilegung des Grund und Bodens wieder vollumfänglich nutzbar.[1] Diese Vereinfachung berücksichtigt nicht, dass vor einer **Folgenutzung** des Grund und Bodens **Freilegungskosten** anfallen, um den Grund und Boden von dem nicht mehr nutzbaren Gebäude zu befreien.[2] Freilegungskosten werden lediglich bei der Festlegung des **Mindestwertes** für bebaute Grundstücke pauschal durch den **Abschlag von 25 %** vom Wert des unbebauten Grundstücks berücksichtigt.[3] 71

Wegen der grundsätzlichen Systematik der Abzinsung des Bodenwerts im Ertragswertverfahren vgl. auch ausführlich Grootens in Grootens, BewG, § 252 Rz. 52 ff. Wegen der Auswirkung des Liegenschaftszinssatzes auf die Abzinsung des Bodenwerts vgl. Grootens in Grootens, BewG, § 256 Rz. 45. 72

(Einstweilen frei) 73–80

1 Vgl. Eisele, NWB 42/2019 S. 3060, NWB LAAAH-31831.
2 Vgl. Grootens, NWB-EV 7/2019 S. 228, NWB IAAAH-21201.
3 Vgl. Bock in Grootens, BewG, § 251 Rz. 20.

III. Definition der selbständig nutzbaren Teilfläche (§ 257 Abs. 3 BewG)

1. Ziel der Regelung und Bedeutung in der Praxis

81 § 257 Abs. 3 definiert die selbständig nutzbaren Teilflächen innerhalb einer wirtschaftlichen Einheit Grundstück entsprechend des **§ 17 Abs. 2 Satz 2 ImmoWertV 2010**. Da sich der Umfang der zu bewertenden Grundstückseinheit bei der **Verkehrswertermittlung** der Sachverständigen nicht nach dem Begriff der wirtschaftlichen Einheit i. S. des § 2 BewG richtet, hat dort die Kürzung des Bodenwerts in der Praxis seine Berechtigung.[1]

82 Mithin ist bei der Ermittlung der für die Abzinsung zu Grunde zulegenden Fläche nur die der jeweiligen Bebauung zurechenbare Grundstücksfläche anzusetzen. Diese zurechenbare Grundstücksfläche entspricht regelmäßig der bebauten Fläche einschließlich der sog. **Umgriffsfläche**.[2] Dabei ist nicht entscheidend, ob die selbstständig nutzbaren Teilflächen **baulich nutzbar** sind. Vielmehr wird unter einer selbstständig nutzbaren Teilfläche jede sinnvolle Nutzung verstanden (**Lagerfläche, Abstellfläche, Gartenfläche, Schrebergarten** usw.). Die selbstständig nutzbare Teilfläche muss hinreichend groß und so gestaltet sein, dass eine entsprechende Nutzung oder Verwertung möglich ist.

83 Der **Bundesrat** hatte die Regelung zu den selbständig nutzbaren Teilflächen im Gesetzgebungsverfahren m. E. zurecht als **nicht praxistauglich** kritisiert.[3] Die im Gesetzentwurf vorgesehene Abgrenzung und gesonderte Behandlung von selbständig nutzbaren Teilflächen eines Grundstücks führe bei der Bewertung der betreffenden Grundstücke zu erheblichen **Schwierigkeiten und Streitpotenzial**. Dies schon deshalb, weil weder der Gesetzestext noch die Gesetzesbegründung die **Kriterien** für die Annahme einer **selbständig nutzbaren oder verwertbaren Teilfläche** eines Grundstücks benennen würden. Die Regelung sei für die Rechtsanwender **zu unbestimmt**.

84 Sie sei aber auch vor dem Hintergrund entbehrlich, als die **Mindestwertregelung** nach § 251 BewG gewährleiste, dass bei bebauten Grundstücken der Wert des Grund und Bodens abzüglich der Freilegungskosten nicht unterschritten werde. Es bedürfe keiner zusätzlichen, schwer handhabbaren mindestwertähnlichen Regelung für Teilflächen im vereinfachten Ertragswertverfahren. Diesem Argument ist entgegen zu halten, dass bei einer hochwertigen Bebauung der **Mindestwert regelmäßig nicht zum Ansatz** kommt und die überschießende Teilfläche somit wertmäßig unberücksichtigt bleibt.

85 PRAXISHINWEIS:

Die Norm zu selbständig nutzbaren Teilflächen wird in der Bewertungspraxis nur selten einen Anwendungsbereich haben, da die in Rede stehenden Flächen im Regelfall ohnehin eine **gesonderte wirtschaftliche Einheit** bilden dürften mit der Folge, dass diese separat als unbebautes Grundstück zu bewerten wären.[4] Dieser Auffassung war auch die Bundesregierung[5] in ihrer Antwort auf die Kritik des Bundesrates an der Regelung zu den selbständig verwertbaren Teilflächen: Da diese Fallgestaltungen nur in einer **geringen Anzahl** auftreten, sei der entstehende **Verwaltungs- und Bürokratieaufwand vertretbar.**

86 Es stellt sich allerdings die Frage, wie in einem **automatisierten Massenverfahren** eine solche schwer abgrenzbare Teilfläche von der Finanzverwaltung identifiziert werden soll. Es ist m. E. vielmehr davon auszugehen, dass sich im Hinblick auf diese Vorschrift ein **strukturelles Vollzugsdefizit** ergeben wird. Eine

1 Vgl. Mannek in Stenger/Loose, BewG, § 185 Rz. 12.
2 Vgl. R B 185.1 Abs. 3 ErbStR 2019.
3 Vgl. die Stellungnahme des Bundesrates v. 20.9.2019, BR-Drucks 354/19 S. 10.
4 Vgl. Eisele, NWB 42/2019 S. 3060, NWB LAAAH-31831 sowie Grootens, NWB-EV 7/2019 S. 228, NWB IAAAH-21201.
5 Vgl. die Stellungnahme der Bundesregierung v. 2.10.2019, BT-Drucks. 19/13713 S. 3.

vergleichbare Regelung findet sich in § 185 Abs. 2 Satz 3 BewG für die Grundbesitzbewertung im Ertragswertverfahren. Die recht abstrakte Definition in R B 185.1 Abs. 3 ErbStR 2019 führt aber dazu, dass ein Anwendungsfall dieser Sonderregelung in der Praxis nur selten klar erkennbar ist. Wenn dies schon im Bedarfswertfall gilt, ist der Effekt im Massenverfahren Grundsteuerwertermittlung erst recht zu erwarten. Nach Auffassung der Bundesregierung[1] ist die Regelung wegen der verfassungsrechtlich vorgegebenen Abbildung realitätsgerechter Relationen gleichwohl erforderlich. Angesichts der im Übrigen realisierten sehr weitgehenden Typisierungen, insbesondere bei der Maßgeblichkeit der Listenmieten, kann dieses Argument nach Auffassung von Mannek nicht überzeugen, zumal nur seltene Einzelfälle betroffen sein würden.[2]

(Einstweilen frei) 87-92

2. Definition der Teilflächen nach Auffassung der Finanzverwaltung

Ist das Grundstück wesentlich größer, als es einer den Gebäuden angemessenen Nutzung entspricht, und ist eine **zusätzliche Nutzung oder Verwertung einer Teilfläche** (= selbständig nutzbare Teilfläche) zulässig und möglich, ohne dass **mehrere wirtschaftliche Einheiten i. S. des § 2 BewG** vorliegen, ist diese Teilfläche bei der Abzinsung des Bodenwerts nicht zu berücksichtigen (§ 257 Abs. 2 Satz 1 BewG). Die **Finanzverwaltung** hat zum Vorliegen dieser Flächen im AEBewGrSt[3] näher Stellung bezogen: Für die Annahme einer selbständig nutzbaren Teilfläche sei **nicht entscheidend,** ob diese selbständig **baulich** nutzbar ist. Vielmehr werde unter einer selbständig nutzbaren Teilfläche **jede sinnvolle Nutzung** verstanden (Lagerfläche, Abstellfläche, zusätzliche Gartenfläche, Schrebergarten usw.). Die selbständig nutzbare Teilfläche müsse lediglich hinreichend groß und so gestaltet sein, dass eine entsprechende Nutzung oder Verwertung möglich ist. Eine Abgrenzung dieser Flächen wird sich in der Praxis m. E. regelmäßig äußerst schwierig darstellen und **nach Aktenlage** ohne umfangreiche Ermittlungen **nicht möglich** sein. Dies gilt umso mehr, als Steuerpflichtige aufgrund der werterhöhenden Wirkung der Annahme einer selbständig nutzbaren Teilfläche wenig Interesse daran haben werden, solche Flächen zu identifizieren.[4] 93

Bei **bebaubaren selbständig nutzbaren Teilflächen** ergibt sich der Wert der selbständig nutzbaren Teilfläche nach Auffassung der Finanzverwaltung i. d. R. aus dem **Produkt** dieser **Fläche** und dem jeweiligen **Bodenrichtwert.** Von einer bebaubaren selbständig nutzbaren Teilfläche sei auszugehen, wenn eine Aufteilung des Grundstücks in eine bebaute und eine bebaubare Teilfläche sowie eine separate Nutz- und Verwertbarkeit gegeben ist und die **selbständige Nutzung** oder Verwertung dem **üblichen Marktverhalten** entspricht. Der **Vorrang des § 2 BewG** (= zweite wirtschaftliche Einheit „unbebautes Grundstück“) sei auch in diesen Fällen zu berücksichtigen, was m. E. die in der Praxis stattdessen regelmäßig zur Anwendung kommende Fallgestaltung darstellt. 94

1 Vgl. die Stellungnahme der Bundesregierung v. 2.10.2019, BT-Drucks. 19/13713 S. 3.

2 Vgl. Mannek in Stenger/Loose, BewG, § 257 Rz. 47 sowie Rz. 75 ff.

3 A.257.4 AEBewGrSt.

4 Vgl. Mannek in Stenger/Loose, BewG, § 257 Rz. 56, wonach die Ausführungen im AEBewGrSt die vorstehenden Fragestellungen nicht auflösen, sondern die bestehenden Unsicherheiten vertiefen würden.

95 **BEISPIEL (NACH A 257.4 ABS. 2 AEBEWGRST):**

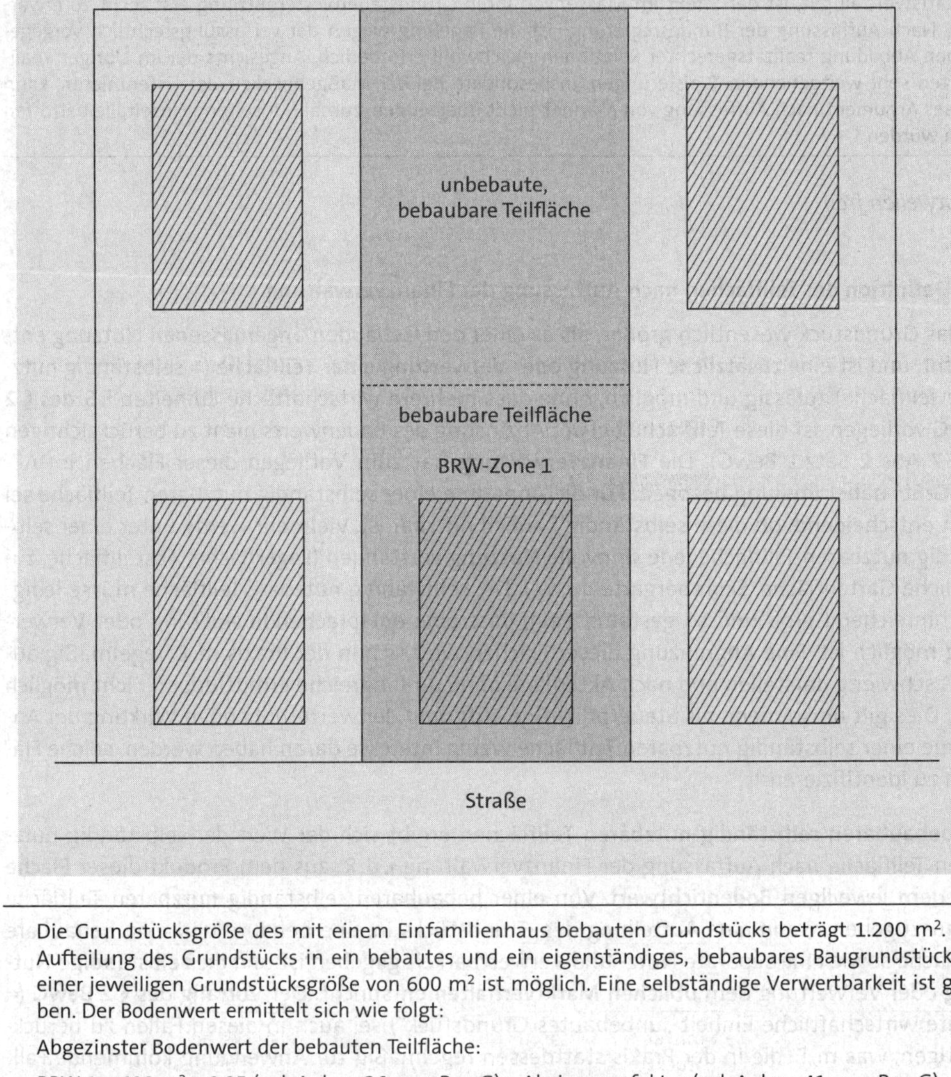

Die Grundstücksgröße des mit einem Einfamilienhaus bebauten Grundstücks beträgt 1.200 m². Eine Aufteilung des Grundstücks in ein bebautes und ein eigenständiges, bebaubares Baugrundstück mit einer jeweiligen Grundstücksgröße von 600 m² ist möglich. Eine selbständige Verwertbarkeit ist gegeben. Der Bodenwert ermittelt sich wie folgt:

Abgezinster Bodenwert der bebauten Teilfläche:

BRW 1 x 600 m² x 0,95 (vgl. Anlage 36 zum BewG) x Abzinsungsfaktor (vgl. Anlage 41 zum BewG).

Bodenwert der bebaubaren selbständig nutzbaren Teilfläche:

BRW 1 x 600 m². Dieser Bodenwert ist bei der Abzinsung nicht zu berücksichtigen. Der Umrechnungskoeffizient ist in diesem Fall auf diese Teilfläche nicht anzuwenden.

Anmerkung: M. E. ist diese Baulücke (= unbebaute, bebaubare Teilfläche) aufgrund der selbständigen Verwertbarkeit und der üblichen Bebauung in der Nachbarschaft des Grundstücks nach der Verkehrsanschauung als selbständige wirtschaftliche Einheit anzusetzen, so dass wegen des Vorrangs dieser Regelung keine selbständig nutzbare Teilfläche vorliegt.[1] Eine an ein Einfamilienhausgrundstück an-

1 Vgl. zur Definition der wirtschaftlichen Einheit ausführlich Viskorf in Viskorf/Schuck/Wälzholz, § 2 BewG Rz. 10 ff. sowie zur Abgrenzung einer Baulücke das Urteil des FG des Saarlandes v. 23.10.1981 - II 83/79.

grenzende unbebaute Fläche kann auch bei sog. offener Bauweise eine selbständige wirtschaftliche Einheit bilden.[1]

Der Wertansatz für diese Teilfläche ist bei der Einstufung als unbebautes Grundstück (= selbständige wirtschaftliche Einheit) gleichwohl identisch gegenüber der Einstufung als selbständig nutzbare Teilfläche (= Bestandteil der wirtschaftlichen Einheit „Einfamilienhaus"). In beiden Fällen würde die Fläche wertmäßig als unbebautes Grundstück (ohne Abzinsung) berücksichtigt. Da für die Wohngrundstücke aber abweichende Grundsteuermesszahlen gelten (vgl. § 15 Abs. 1 GrStG) und zudem für Wohngrundstücke Ermäßigungen in § 15 Abs. 2–5 GrStG vorgesehen sind, ist eine Einstufung als selbständig nutzbare Teilfläche für Steuerpflichtige i. d. R. günstiger als eine Einstufung als unbebautes Grundstück. Lediglich die Einstufung als eine wirtschaftliche Einheit ohne selbständig nutzbare Teilfläche würde zu einem besseren Bewertungsergebnis führen, weil die hintere Grundstücksfläche in diesem Fall in die Abzinsung des Bodenwerts mit einbezogen werden würde.

Der Wert einer **nicht bebaubaren selbständig nutzbaren Teilfläche** ergibt sich nach Auffassung der Finanzverwaltung[2] i. d. R. aus dem Produkt der Fläche und dem **Bodenrichtwert für eine nicht bauliche Nutzung**. Von einer nicht bebaubaren selbständig nutzbaren Teilfläche sei insbesondere auszugehen, wenn die Grundstücksteilfläche in einer **Bodenrichtwertzone** liegt, in der ein von einer **baulichen Nutzung abweichender Bodenrichtwert** ausgewiesen wird. 96

BEISPIEL (NACH A 257.4 ABS. 3 AEBEWGRST, BEISPIEL 1): 97

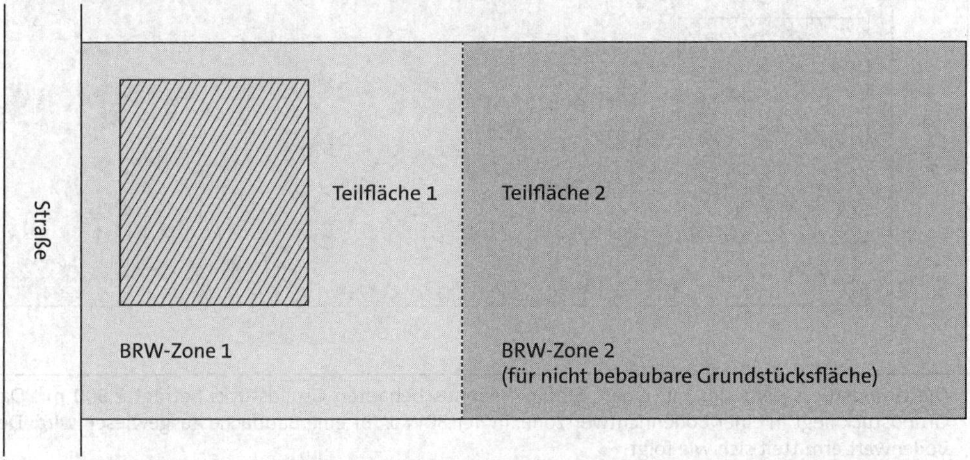

Die Grundstücksgröße des mit einem Einfamilienhaus bebauten Grundstücks beträgt 3.600 m². Die Fläche des bebauten Grundstücksteils beträgt 1.200 m² und liegt in einer Bodenrichtwertzone, in der BRW 1 für eine Baufläche ausgewiesen wird. Die nicht bebaubare Teilfläche befindet sich in einer Bodenrichtwertzone, in der BRW 2 für eine nicht bebaubare Fläche (z. B. Grünland, private Grünfläche, Kleingartenfläche, Lagerfläche) ausgewiesen wird.

Der Bodenwert ermittelt sich wie folgt:

Abgezinster Bodenwert der bebauten Teilfläche 1:

BRW 1 x 1.200 m² x 0,80 (vgl. Anlage 36 zum BewG) x Abzinsungsfaktor (vgl. Anlage 41 zum BewG).

1 BFH v. 16.2.1979 - III R 67/76, BStBl 1979 II S. 279–281.

2 Vgl. A 257.4 Abs. 3 AEBewGrSt.

Bodenwert der nicht bebaubaren selbständig nutzbaren Teilfläche 2:

BRW 2 x 2.400 m². Dieser Bodenwert ist bei der Abzinsung nicht zu berücksichtigen. Der Umrechnungskoeffizient ist in diesem Fall auf diese Teilfläche nicht anzuwenden.

Anmerkung: Die Fallgestaltung der Festlegung zweier Bodenrichtwertzonen für ein Flurstück wird m. E. einen Ausnahmefall bilden. Regelmäßig wird der Gutachterausschuss stattdessen Vorgaben machen, derartige Flächen mit einem anteiligen Wert des für das Grundstück grds. insgesamt anzuwendenden Bodenrichtwerts anzusetzen.[1] Derartigen Anpassungen des Bodenrichtwerts hat der Gesetzgeber aber im Bereich der Grundsteuerwertermittlung durch die Klarstellung im FoStoG[2] eine Absage erteilt.[3] Im Vordruck „Anlage Grundstück – GW-2" (online abrufbar unter NWB UAAAI-01349) ist daher auch keine Möglichkeit vorgesehen, derartige Flächen und entsprechende Abschläge zu erklären. Im Ergebnis bleibt es in diesen Fällen daher - vorbehaltlich der Anpassung durch Umrechnungskoeffizienten nach Anlage 36 zum BewG - beim Ansatz des ungeminderten Bodenrichtwerts für die gesamte Fläche des Grundstücks.

98 Wenn **kein gesonderter Bodenrichtwert** vorliegt, der die geringere Nutzbarkeit dieser Fläche berücksichtigt, ist der **Umrechnungskoeffizient nach Anlage 36 zum BewG auf die Gesamtfläche** einschließlich der selbständig nutzbaren Teilfläche anzuwenden.

99 BEISPIEL (NACH A 257.4 ABS. 3 AEBEWGRST, BEISPIEL 2):

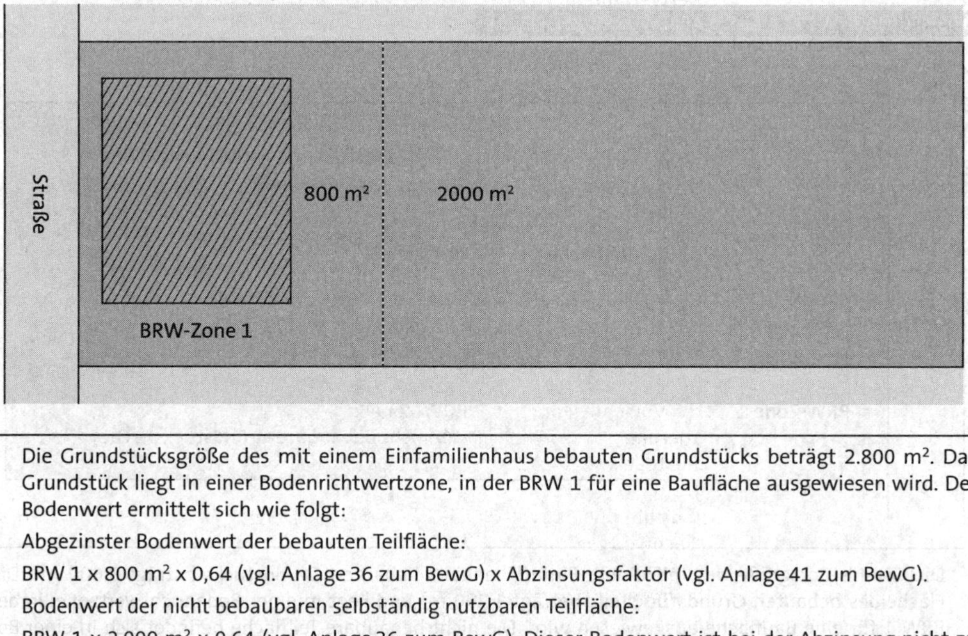

Die Grundstücksgröße des mit einem Einfamilienhaus bebauten Grundstücks beträgt 2.800 m². Das Grundstück liegt in einer Bodenrichtwertzone, in der BRW 1 für eine Baufläche ausgewiesen wird. Der Bodenwert ermittelt sich wie folgt:

Abgezinster Bodenwert der bebauten Teilfläche:

BRW 1 x 800 m² x 0,64 (vgl. Anlage 36 zum BewG) x Abzinsungsfaktor (vgl. Anlage 41 zum BewG).

Bodenwert der nicht bebaubaren selbständig nutzbaren Teilfläche:

BRW 1 x 2.000 m² x 0,64 (vgl. Anlage 36 zum BewG). Dieser Bodenwert ist bei der Abzinsung nicht zu berücksichtigen.

Anmerkung: Nach der Verkehrsauffassung wird in diesem Fall regelmäßig eine wirtschaftliche Einheit anzunehmen sein. Eine zusätzliche Bebaubarkeit ist nicht gegeben und die Fläche wird einheitlich genutzt. Die Verwaltung bleibt in diesem Beispiel den Grund schuldig, aufgrund welcher abweichenden Nutzungsmöglichkeit die Fläche von 2.000 m² als selbständig nutzbare Teilfläche anzusehen ist. Insbesondere wenn die Gesamtfläche als Garten genutzt wird, wird in der Praxis die flächenmäßige Ab-

1 Vgl. dazu auch →Rz. 98 f.

2 FoStoG v. 3.6.2021, BGBl 2021 I S. 1498.

3 Vgl. Bock in Grootens, BewG, § 247 Rz 56 ff.

grenzung in „zum Gebäude gehörige Gartenfläche" und „zusätzliche Gartenfläche" (vgl. →Rz. 93) nur schwer vorzunehmen sein. Dies gilt umso mehr, als in einem typisierten Massenverfahren umfassende Prüfungen oder gar Ortsbesichtigungen nur schwerlich vorstellbar sind. Hinzu kommt die hohe Streitanfälligkeit für derartige nicht eindeutig und zwingend vorzunehmende Abgrenzungen. Es ist in diesen Fällen daher m. E. eine strukturelles Vollzugsdefizit zu erwarten. Regelmäßig wird der Gutachterausschuss Vorgaben machen, derartige Hinterlandflächen mit einem anteiligen Wert des für das Grundstück grds. anzuwendenden Bodenrichtwerts anzusetzen (z. B. 25 % des anzusetzenden BRW). Derartigen Anpassungen des Bodenrichtwerts hat der Gesetzgeber aber im Bereich der Grundsteuerwertermittlung durch die Klarstellung im FoStoG[1] eine Absage erteilt.[2] Im Vordruck „Anlage Grundstück – GW-2" (online abrufbar unter NWB UAAAI-01349) ist daher auch keine Möglichkeit vorgesehen, derartige Flächen und entsprechende Abschläge zu erklären. Im Ergebnis bleibt es in diesen Fällen daher – vorbehaltlich der nur teilweise kompensierenden Anpassung durch Umrechnungskoeffizienten nach Anlage 36 zum BewG - beim Ansatz des ungeminderten Bodenrichtwerts für die gesamte Fläche des Grundstücks.

§ 258 BewG Bewertung im Sachwertverfahren

(1) Bei Anwendung des Sachwertverfahrens ist der Wert der Gebäude (Gebäudesachwert) getrennt vom Bodenwert zu ermitteln.

(2) Der Bodenwert ist der Wert des unbebauten Grundstücks nach § 247.

(3) [1]Die Summe aus Bodenwert (§ 247) und Gebäudesachwert (§ 259) ergibt den vorläufigen Sachwert des Grundstücks. [2]Dieser ist zur Ermittlung des Grundsteuerwerts im Sachwertverfahren mit der Wertzahl nach § 260 zu multiplizieren. [3]Mit dem Grundsteuerwert sind die Werte für den Grund und Boden, die Gebäude, die baulichen Anlagen, insbesondere Außenanlagen, und die sonstigen Anlagen abgegolten.

Inhaltsübersicht **Rz.**

1 FoStoG v. 3.6.2021, BGBl 2021 I S. 1498.

2 Vgl. Bock in Grootens, BewG, § 247 Rz 56 ff.

LITERATUR:

Marx, Ökonomische Analyse des Grundsteuer-Reformgesetzentwurfs, DStZ 2019 S. 372; *Nagel*, Steuerliche Immobilienbewertung: vom Einheitswert - zum Verkehrswert - Teil IV: Verfahren zur Wertermittlung für Ertragsteuern und Grundsteuer im Bundesmodell ab 1.1.2022, NWB 36/2021 S. 2688 NWB AAAAH-88177; *Seer*, Reform der Grundsteuer nach dem Entwurf der Bundesregierung, FR 2019 S. 941; *Stöckel*, Grundsteuerreform: Auswirkungen der Einführung einer Öffnungsklausel - Rückholung der Gesetzgebungskompetenz auf Umwegen, NWB 12/2020 S. 850 NWB YAAAH-44237; *Wünnemann/Koller*, Die Grundsteuerreform – ein Resümee aus Sicht der Industrie, BB 5/2020 S. 215.

ARBEITSHILFEN UND GRUNDLAGEN ONLINE:

Grundsteuer: Grundbesitzbewertung ab 2022/2025 (Sach- und Ertragswertverfahren) – Checkliste mit Berechnungen NWB NAAAH-93792.

VERWALTUNGSANWEISUNGEN:

Koordinierte Erlasse der obersten Finanzbehörden der Länder v. 9.11.2021 – Anwendung des Siebenten Abschnitts des Zweiten Teils des Bewertungsgesetzes zur Bewertung des Grundbesitzes (allgemeiner Teil und Grundvermögen) für die Grundsteuer ab 1.1.2022 (AEBewGrSt), BStBl 2021 I S. 2334.

Koordinierte Erlasse der obersten Finanzbehörden der Länder v. 24.6.2024 - Ansatz eines niedrigeren gemeinen Werts bei der Bewertung des Grundvermögens für Zwecke der Grundsteuer ab 1. Januar 2025 - Aussetzung der Vollziehung (§ 361 AO) von Bescheiden über die Feststellung des Grundsteuerwerts, BStBl 2024 I S. 1073.

A. Allgemeine Erläuterungen zu § 258 BewG

I. Normzweck und wirtschaftliche Bedeutung der Vorschrift

1 Als zweite Bewertungsmethode kommt für die Bewertung des Grundvermögens für Zwecke der Grundsteuer neben dem vereinfachten Ertragswertverfahren (vgl. § 252 BewG) ein typisiertes **vereinfachtes Sachwertverfahren** zur Anwendung. Gemäß § 250 Abs. 3 BewG ist das Sachwertverfahren nur für bestimmte **Grundstücksarten** (Nichtwohngrundstücke) anzuwenden.[1] Das Sachwertverfahren nach § 258 ff. BewG wurde in Anlehnung an das **Sachwertverfahren nach den §§ 21 ff. ImmoWertV 2010** geregelt.

2 § 258 Abs. 2 BewG ordnet die **getrennte Ermittlung des Bodenwerts und des Gebäudewerts an.** Der Bodenwert ist gem. § 258 Abs. 2 BewG der Wert des unbebauten Grundstücks gem. § 247 BewG.

3 § 258 Abs. 3 Satz 2 BewG ordnet die Anwendung einer **Wertzahl** auf den vorläufigen Sachwert (Summe aus Bodenwert und Gebäudewert) an, um eine **Marktanpassung** durchzuführen. Mit dem Bewertungsergebnis sind gem. § 258 Abs. 3 Satz 3 BewG die Werte für den Grund und Boden, die Gebäude, die baulichen Anlagen, insbesondere **Außenanlagen**, und die sonstigen Anlagen **abgegolten**.

4–10 *(Einstweilen frei)*

II. Entstehung und Entwicklung der Vorschrift

11 § 258 BewG wurde mit dem **GrStRefG** v. 26.11.2019[2] in das BewG eingefügt und ist erstmals für den **Hauptfeststellungszeitpunkt 1.1.2022** anzuwenden (vgl. § 266 BewG).

12–15 *(Einstweilen frei)*

1 Vgl. Bock in Grootens, BewG, § 250 Rz. 25.

2 GrStRefG v. 26.11.2019, BGBl 2019 I S. 1794.

III. Geltungsbereich

Der **Anwendungsbereich** des Sachwertverfahrens ist gem. § 250 Abs. 3 BewG in Abhängigkeit der festgestellten **Grundstücksart** festgelegt worden. **Bewertungsgegenstand** ist das Grundstück i. S. des § 244 Abs. 1 BewG. 16

Die Vorschriften gelten gem. § 231 BewG nur für die Bewertung des **inländischen** zu bewertenden Vermögens. Dabei sind auch die inländischen Teile einer wirtschaftlichen Einheit zu bewerten, die sich sowohl auf das Inland als auch auf das Ausland erstrecken. 17

(Einstweilen frei) 18–25

IV. Verhältnis zu anderen Vorschriften

§ 258 Abs. 2 BewG ordnet den Rückgriff auf den **Wert des unbebauten Grundstücks** gem. **§ 247 BewG** als Bodenwert an. Die Summe aus **Bodenwert** und **Gebäudesachwert** nach **§ 259 BewG** bilden den vorläufigen Sachwert, der mit einer **Wertzahl** gem. **§ 260 BewG** zu multiplizieren ist. Die **Bestandteile des Grundstücks**, auf die sich die Abgeltungsanordnung des § 258 Abs. 3 Satz 3 BewG bezieht, ergeben sich aus **§ 243 BewG**. Der **Mindestwert** nach **§ 251 BewG** darf bei der Grundsteuerwertfeststellung nicht unterschritten werden. 26

(Einstweilen frei) 27–35

B. Systematische Kommentierung

I. Ermittlung des Grundsteuerwerts im Sachwertverfahren (§ 258 Abs. 1 BewG)

1. Entstehungsgeschichte und Grundlage des Sachwertverfahrens

Die Bemessungsgrundlage der Grundsteuer knüpfte vor Einführung der Grundsteuerwerte nach dem Siebten Abschnitt des Zweiten Teils des BewG durch das GrStRefG[1] an die **Einheitswerte** des Ersten Abschnitts des Zweiten Teils des BewG an. Der Gesetzgeber verfolgte damit ursprünglich ein Konzept einer **mehrfachen Verwendung der Bewertungsgrundlagen** für verschiedene Steuern durch turnusmäßige Neubewertungen des Grundbesitzes (Hauptfeststellungen). Die Bewertung des Grundbesitzes gewährleistete das allgemeine Bewertungsziel des § 9 Abs. 1 BewG. 36

Der nach § 21 Abs. 1 BewG normierte **Turnus von sechs Jahren** für eine neue **Hauptfeststellung** wurde jedoch durch Art. 2 Abs. 1 Satz 3 des Gesetzes zur Änderung des Bewertungsgesetzes (BewÄndG 1965) in der Fassung des Art. 2 des Gesetzes zur Änderung und Ergänzung bewertungsrechtlicher Vorschriften und des Einkommensteuergesetzes vom 22.7.1970[2] **ausgesetzt**. Infolgedessen lagen den Einheitswerten in den alten Ländern weiterhin die Wertverhältnisse der letzten Hauptfeststellung auf den **1.1.1964** zugrunde. Für Grundstücke in den neuen Ländern galten gem. § 129 Abs. 1 BewG weiterhin die Einheitswerte, die nach den Wertverhältnissen zum **1.1.1935** festgestellt worden sind oder noch festgestellt werden. Daneben kam für Mietwohngrundstücke und Einfamilienhäuser, für die ein im Veranlagungszeitpunkt für die 37

1 GrStRefG v. 26.11.2019, BGBl 2019 I S. 1794.
2 BGBl 1970 I S. 1118.

Grundsteuer maßgebender Einheitswert 1935 nicht festgestellt wurde oder festzustellen ist, eine **Ersatzbemessungsgrundlage** nach § 42 GrStG zur Anwendung.

38 Für Fortschreibungen und Nachfeststellungen im laufenden Hauptfeststellungszeitraum sind gem. § 27 BewG weiterhin die **Wertverhältnisse der vorgenannten Hauptfeststellungszeitpunkte** zugrunde zu legen. Das Abstellen auf die unterschiedlichen Hauptfeststellungszeitpunkte und Bemessungsgrundlagen bei der Grundsteuer schloss eine Nutzung der **elektronisch vorhandenen Daten des Immobilienmarkts** und der **Geodateninfrastruktur** bisher weitgehend aus. Die Notwendigkeit einer Reform des Bewertungsrechts war deshalb seit Jahren unbestritten.

39 Das **Sachwertverfahren** des bisherigen Systems der Einheitsbewertung auf der Grundlage der §§ 83–90 BewG wurde auf der Grundlage des aktuellen Stands des Wertermittlungsrechts und der aktuellen Datenlage **fortentwickelt**. Das Sachwertverfahren nach § 258 ff. BewG wurde hierzu in Anlehnung an das Sachwertverfahren nach den **§§ 21 ff. ImmoWertV 2010** geregelt. **Besondere objektspezifische Grundstücksmerkmale** (vgl. § 8 Abs. 3 ImmoWertV 2010) werden im Rahmen der typisierenden steuerrechtlichen Wertermittlung aus **Vereinfachungs- und Automationsgründen** nicht gesondert ermittelt.[1]

40–50 *(Einstweilen frei)*

2. Systematik des Sachwertverfahrens

51 Das Sachwertverfahren dient für **Nichtwohngrundstücke** als **Auffangverfahren**, da sich für diese nach den vorhandenen statistischen Quellen derzeit **keine** für die gesamte Nutzung durchschnittlichen **Nettokaltmieten** ermitteln lassen.[2] Anders als bei der Grundbesitzbewertung (vgl. § 182 BewG) ist das Sachwertverfahren für die in § 250 Abs. 3 BewG genannten Grundstücksarten das einzige in Betracht kommende Bewertungsverfahren. Die **parallele Anwendung** von **Ertrags- und Sachwertverfahren** im Rahmen der steuerlichen Bewertung des Grundbesitzes wurde durch das BVerfG ausdrücklich **anerkannt**.[3]

52 Auch **vermietete Geschäftsgrundstücke** und **vermietete gemischt genutzte Grundstücke** werden im Sachwertverfahren bewertet, obwohl für diese Grundstücke am Immobilienmarkt Ertragswerte angesetzt werden.[4] Es ist m. E. fraglich, ob sich durch diese Vorgehensweise überhaupt zutreffende Werte für die genannten Grundstücke ermitteln lassen. Besonders bemerkenswert ist, dass die Bewertungsergebnisse für gemischt genutzte Grundstücke zumindest in einfachen und normalen Lagen deutlich unter den **Bewertungsergebnissen für Mietwohngrundstücke** im Ertragswertverfahren zurückbleiben, auch wenn in manchen Fällen nur wenige Quadratmeter Unterschied zwischen den jeweils zu Wohnzwecken und anderen Zwecken genutzten Flächen liegen.[5]

53 Die Bewertung des Grundvermögens mittels eines typisierenden Sachwertverfahrens soll der **Belastungsentscheidung** durch Anknüpfung an den **Sollertrag des Grundbesitzes** Rechnung tragen.[6] Beim Sachwertverfahren erfolgt die **Wertermittlung** für den **Grund und Boden** sowie

1 Vgl. A 258 Abs. 1 Satz 5 AEBewGrSt.
2 Vgl. BT-Drucks. 19/11085 S. 86.
3 BVerfG, Urteil v. 10.4.2018 - 1 BvL 11/14, 1 BvL 12/14, 1 BvL 1/15, 1 BvR 639/11, 1 BvR 889/12, NWB MAAAG-80435.
4 Vgl. Seer, FR 2019 S. 941.
5 Vgl. für eine entsprechende Vergleichsrechnung Stöckel, NWB 45/2020 S. 3324, NWB PAAAH-62449.
6 Vgl. BT-Drucks. 19/11085 S. 87.

der **Gebäude gesondert**. Die **Summe** aus **Bodenwert** und **Gebäudewert** bildet den **vorläufigen Sachwert**, der mittels einer **Wertzahl** (Marktanpassungsfaktor) an die **objektiv-realen Marktbedingungen** angepasst werden soll.

Zur Ermittlung des Gebäudesachwerts ist nicht von den tatsächlichen, sondern von den **gewöhnlichen Herstellungskosten** für die jeweilige Gebäudeart und Flächeneinheit auszugehen (vgl. § 22 ImmoWertV 2010). Die unter Fortentwicklung des § 85 BewG ermittelten **Normalherstellungskosten** ergeben sich aus der **Anlage 42 zum BewG**. Einzelheiten der Ermittlung des Gebäudesachwerts ergeben sich aus § 259 BewG. 54

Zur Berücksichtigung der **Lage auf dem Grundstücksmarkt** einschließlich der regionalen Baupreisverhältnisse ist der im Wesentlichen nur kostenorientierte vorläufige Sachwert an die **allgemeinen Wertverhältnisse auf dem örtlichen Grundstücksmarkt** anzupassen (**Marktanpassung**). Im typisierten – vereinfachten – Sachwertverfahren nach §§ 258–260 BewG werden marktübliche Sachwertfaktoren als **Wertzahlen** gesetzlich vorgegeben (**Anlage 43 zum BewG**). Einzelheiten der Ermittlung der anzuwendenden Wertzahl ergeben sich aus § 260 BewG. 55

Das typisierte – vereinfachte – Sachwertverfahren nach den §§ 258–260 BewG stellt sich schematisch wie folgt dar: 56

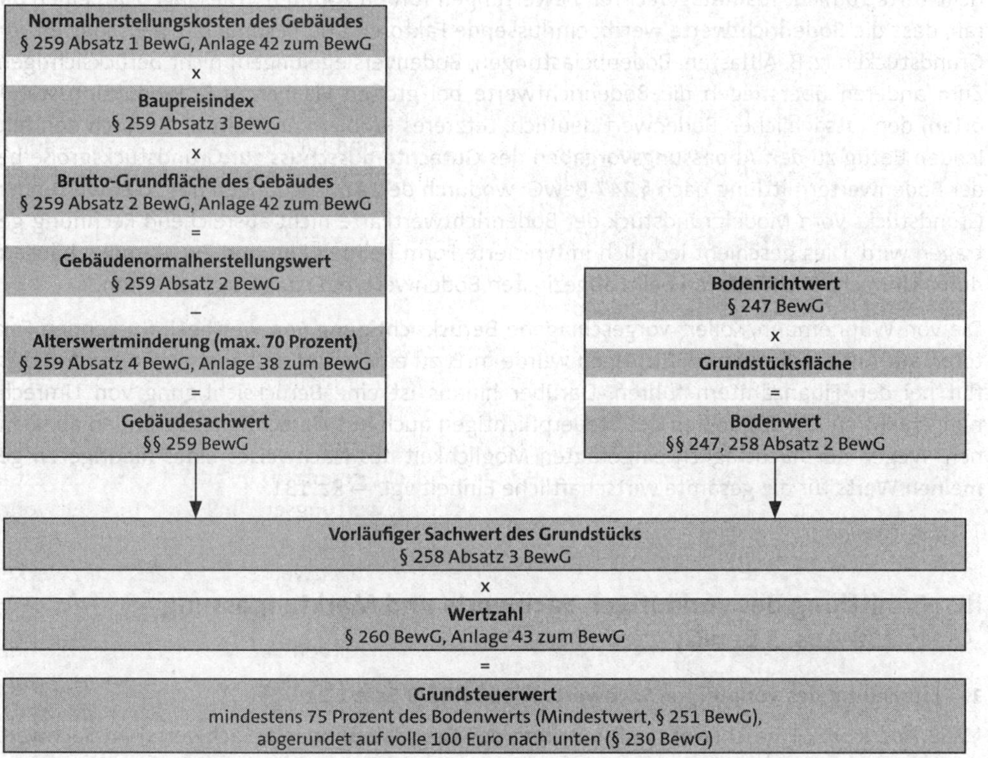

Besondere objektspezifische Grundstücksmerkmale (vgl. § 8 Abs. 3 ImmoWertV 2010) werden im Rahmen dieser typisierenden Wertermittlung nicht gesondert ermittelt.[1] Solche besonde- 57

1 Vgl. A 258 Abs. 1 Satz 5 AEBewGrSt.

ren objektspezifischen Grundstücksmerkmale können, soweit dies dem gewöhnlichen Geschäftsverkehr entspricht, bei der **Verkehrswertermittlung** durch marktgerechte **Zu- oder Abschläge** oder in anderer geeigneter Weise berücksichtigt werden. Vgl. für die Berücksichtigung von besonderen objektspezifischen Grundstücksmerkmalen im Sachwertverfahren auch Tz. 6 der Sachwertrichtlinie.[1]

58 **BEISPIEL:** Besondere objektspezifische Grundstücksmerkmale sind beispielsweise eine wirtschaftliche Überalterung, ein überdurchschnittlicher Erhaltungszustand, Baumängel oder Bauschäden sowie von den marktüblich erzielbaren Erträgen erheblich abweichende Erträge.

59–70 *(Einstweilen frei)*

II. Ermittlung des Bodenwertes (§ 258 Abs. 2 BewG)

71 § 258 Abs. 2 BewG entspricht § 84 BewG und bestimmt, dass der Bodenwert mit dem **Wert des unbebauten Grundstücks** nach § 247 BewG anzusetzen ist. Wegen der Ermittlung dieses Bodenwerts und der Bewertungsunschärfen vgl. Bock in Grootens, BewG, § 247 Rz. 46 und Rz. 56.

72 Wünnemann/Koller befürchten, dass gerade für **Industriegrundstücke** der Ansatz der Bodenrichtwerte zu nicht realitätsgerechten Bewertungen führen könnten.[2] Dies läge zum einen daran, dass die **Bodenrichtwerte** wertbeeinflussende Faktoren und besondere Eigenschaften von Grundstücken (z. B. Altlasten, Bodenbelastungen, Bodenversiegelungen) nicht berücksichtigen. Zum anderen überstiegen die Bodenrichtwerte bei großen Flächen (z. B. **Produktionsstandorten**) den tatsächlichen Bodenwert deutlich. Letzteres Problem entsteht m. E. durch den fehlenden Bezug zu **den Anpassungsvorgaben des Gutachterausschuss** zur Grundstücksgröße bei der Bodenwertermittlung nach § 247 BewG, wodurch den Abweichungen des zu bewertenden Grundstücks vom Modelgrundstück der Bodenrichtwertkarte nicht ausreichend Rechnung getragen wird. Dies geschieht lediglich in typisierte Form bei den Ein- und Zweifamilienhäusern durch **Umrechnungsfaktoren** beim abgezinsten Bodenwert im Ertragswertverfahren.[3]

73 Die von Wünnemann/Koller[4] vorgeschlagene **Berücksichtigung** von wertbeeinflussenden Faktoren **auf Antrag des Steuerpflichtigen** würde m. E. zu einer nicht zu beherrschenden **Antragsflut** bei den Finanzämtern führen. Darüber hinaus ist eine Berücksichtigung von Umrechnungsfaktoren nur zugunsten des Steuerpflichtigen auch aus **Gerechtigkeitsgründen** abzulehnen. Wegen der nachträglich eingefügten Möglichkeit des **Nachweises eines niedrigeren gemeinen Werts** für die gesamte wirtschaftliche Einheit vgl. → Rz. 131.

74–80 *(Einstweilen frei)*

III. Ermittlung des vorläufigen Sachwerts und Marktanpassung (§ 258 Abs. 3 BewG)

1. Ermittlung des vorläufigen Sachwerts (§ 258 Abs. 3 Satz 1 BewG)

81 § 258 Abs. 3 Satz 1 beschreibt die Ermittlung des **Grundsteuerwerts** (Sachwerts) im Sachwertverfahren und entspricht im Wesentlichen § 83 BewG. Die Summe aus dem gesondert zu er-

1 Sachwertrichtlinie v. 5.9.2012, BAnz AT 18.10.2012 B1.
2 Vgl. Wünnemann/Koller, BB 5/2020 S. 215.
3 Vgl. Grootens in Grootens, BewG, § 257 Rz. 46 ff.
4 Vgl. Wünnemann/Koller, BB 5/2020 S. 215.

mittelnden **Bodenwert** (§§ 258 Abs. 2, 247 BewG) und dem gesondert zu ermittelnden **Gebäudesachwert** (§ 259 BewG) ergibt den **vorläufigen Sachwert**, der mittels einer **Wertzahl** (§ 260 BewG) an die allgemeinen Wertverhältnisse auf dem Grundstücksmarkt angepasst wird.

Besteht eine wirtschaftliche Einheit aus **mehreren Gebäuden oder Gebäudeteilen** von einer gewissen Selbständigkeit, die 82

- ► eine **verschiedene Bauart** aufweisen,
- ► **unterschiedlich genutzt** werden
- ► oder die in **verschiedenen Jahren bezugsfertig** geworden sind,

ist jedes Gebäude und jeder Gebäudeteil nach den Vorgaben des § 259 BewG **für sich zu bewerten.**

BEISPIEL: ► Ist z. B. ein Grundstück mit einem Verwaltungsgebäude und einer Produktionshalle bebaut, ergibt die Summe aus dem Gebäudesachwert des Verwaltungsgebäudes und dem Gebäudesachwert der Produktionshalle den Gebäudewert. Die anzusetzenden **Regelherstellungskosten**, die **Brutto-Grundfläche** und die **Alterswertminderung** sind jeweils **gesondert** zu ermitteln. 83

(Einstweilen frei) 84–95

2. Marktanpassung - Wertzahl (§ 258 Abs. 3 Satz 2 BewG)

Der vorläufige Sachwert ist gem. § 258 Abs. 3 Satz 2 BewG zur Ermittlung des Grundsteuerwerts mit der **Wertzahl nach § 260 BewG** zu multiplizieren. Wegen der Einzelheiten der Ermittlung der Wertzahl und des damit verfolgten Zwecks vgl. Grootens in Grootens, BewG, § 260 Rz. 31 ff. 96

(Einstweilen frei) 97–105

3. Abgeltung der Grundstücksbestandteile durch den Sachwert (§ 258 Abs. 3 Satz 3 BewG)

§ 258 Abs. 3 Satz 3 BewG bestimmt, dass die Werte für den **Grund und Boden**, die **Gebäude**, die **baulichen Anlagen**, insbesondere **Außenanlagen**, und die **sonstigen Anlagen** durch den Ansatz des Grundsteuerwerts abgegolten sind. Diese **Grundstücksbestandteile** gehören gem. § 243 Abs. 1 Nr. 1 BewG zum **Grundvermögen.**[1] Nach der Aufzählung des § 243 Abs. 1 Nr. 1 BewG gehören der Grund und Boden, die Gebäude, die sonstigen Bestandteile und das **Zubehör** zum Grundvermögen. Auch wenn das Zubehör in der Aufzählung des § 258 Abs. 3 Satz 3 BewG nicht ausdrücklich genannt ist, kann m. E. davon ausgegangen werden, dass auch das **Zubehör** mit dem Grundsteuerwert im Sachwertverfahren **abgegolten** ist. Es kann m. E. die Intention des Gesetzgebers unterstellt werden, dass die Abgeltungsanordnung allumfassend sein soll. 106

§ 21 Abs. 1 ImmoWertV 2010 unterscheidet zwischen **baulichen** und **sonstigen Anlagen**. Die Außenanlagen werden wiederum in § 21 Abs. 3 ImmoWertV 2010 nach den **baulichen** und **sonstigen Außenanlagen** untergliedert. Hieraus folgt, dass mit „sonstigen Anlagen" i. S. dieser Vorschrift insbesondere der auf einem Grundstück vorhandene **Aufwuchs** angesprochen ist.[2] 107

1 Vgl. Bock in Grootens, BewG, § 243 Rz. 60 ff.

2 Vgl. Kleiber, Verkehrswertermittlung von Grundstücken, Teil IV – ImmoWertV, Rz. 47.

108 BEISPIELE: Zu den baulichen **Außenanlagen** zählen z. B. befestigte Wege und Plätze, Ver- und Entsorgungseinrichtungen auf dem Grundstück und Einfriedungen. Zu den **sonstigen Anlagen** zählen insbesondere Gartenanlagen.

109 Zur wertmäßigen Berücksichtigung von baulichen Anlagen, insbesondere **Außenanlagen**, und sonstigen Anlagen wurden die **Normalherstellungskosten pauschal um 3 % erhöht.** (Wegen der Einzelheiten vgl. Grootens in Grootens, BewG, § 259 Rz. 45).

110–120 *(Einstweilen frei)*

IV. Berechnungsbeispiel Sachwertverfahren

121 BEISPIEL **Sachverhalt:**

Ein gemischt genutztes Grundstück in Köln, NRW, ist auf den Stichtag 1.1.2022 zu bewerten. Das Grundstück weist folgende Eigenschaften auf:

- Grundstück: 1.500 m²
- Bodenrichtwert: 450 €/m²
- Nutzfläche/Wohnfläche: 1.200 m²
- Bruttogrundfläche: 1.400 m²
- Baujahr: 1990

LÖSUNG:

Normalherstellungskosten (lt. Anlage 42, Baujahrgruppe vor 1995) =	695 €/m²
Baupreisindex (1.1.2022) =	148,6
Brutto-Grundfläche	1.400 m²
Gebäudenormalherstellungswert = **(695 €/m² x 148,6/100 x 1.400 m²)**	1.445.878 €
Alterswertminderung = **(Gesamtnutzungsdauer 80 Jahre gem. Anlage 37, Gebäudealter 32 Jahre)** **(1.445.878 € x 32/80)**	- 578.351 €
Gebäudesachwert =	867.527 €
Bodenwert = **(1.500 m² x 450 €/m²)**	675.000 €
Vorläufiger Sachwert (867.527 + 675.000 €) =	1.542.527 €
Wertzahl (gem. Anlage 43)	0,80
Grundsteuerwert (§ 258 BewG) =	1.234.000€
Mindestwert (§ 251 BewG, Bodenwert 675.000 € x 75 %) **(Kein Ansatz, da niedriger als Grundsteuerwert)**	506.250 €

122–130 *(Einstweilen frei)*

V. Öffnungsklausel zum Nachweis eines niedrigeren Werts - Übermaßverbot

131 Ein **Nachweis eines niedrigeren gemeinen Werts**, wie ihn § 198 BewG für die Grundbesitzbewertung vorsieht, war bei der Grundsteuerwertermittlung zunächst nicht vorgesehen. Im Rahmen der Grundsteuerwertermittlung ging der Gesetzgeber offenbar davon aus, dass die auf-

grund der Typisierungen bei den Bewertungsverfahren systemimmanenten Wertverzerrungen durch den Steuerpflichtigen hinzunehmen sind. In der Gesetzesbegründung zum GrStRefG ging der Gesetzgeber auf die Problematik einer unzutreffend hohen Bewertung nicht ein. Eine Möglichkeit zum Nachweis des niedrigen gemeinen Wertes hat der BFH in seinen Beschlüssen[1] vom 27.5.2024 gleichwohl als geboten erachtet. Die Verwaltung hat die Beschlüsse mit koordinierten Erlassen der obersten Finanzbehörden der Länder vom 24.6.2024 über den Einzelfall hinaus für anwendbar erklärt und erste Hinweise zum Nachweis gegeben. Mit dem JStG 2024[2] vom 2.12.2024 wurde eine die Beschlüsse des BFH umsetzende Regelung in § 220 Abs. 2 BewG eingefügt (vgl. zur **Öffnungsklausel** und zum Übermaßverbot ausführlich Grootens in Grootens, BewG, § 252 Rz. 96 ff. sowie zur **gesetzlichen Nachweismöglichkeit** Kurt in Grootens, BewG, § 220 Rz. 91 ff.).

(Einstweilen frei) 132–140

VI. Umsetzung der verfassungsrechtlichen Vorgaben – Kritische Würdigung des Sachwertverfahrens

Das **BVerfG** hat dem Gesetzgeber für die Reform der Bewertung für Zwecke der Grundsteuer zahlreiche Vorgaben gemacht. Wegen der **Einzelheiten der Vorgaben des BVerfG** vgl. Grootens in Grootens, BewG, § 252 Rz. 126 ff. und wegen der **Auffassung des Gesetzgebers** zur Umsetzung der Vorgaben vgl. Grootens in Grootens, BewG, § 252 Rz. 136 ff. 141

Die Feststellung der Bewertungsgrundlagen ist bei **Gewerbeimmobilien** mit zahlreichen vom Gesetz nicht abgebildeten Anwendungsfragen verbunden, so dass die vorgesehenen **Typisierungen** im steuerlichen Massenbewertungsverfahren nach m. E. zutreffender Ansicht von Marx vor allem durch die Gebäudekomponente zu systematisch **verzerrten** und damit **gleichheitswidrigen Ergebnissen** führen werden.[3] Alte Gebäude in einem schlechten Instandhaltungszustand werden nach zutreffendem Hinweis von Nagel durch den Mindestrestwertansatz und die Nichtberücksichtigung der besonderen objektspezifischen Grundstücksmerkmale tendenziell zu hoch bewertet.[4] 142

Im Einzelnen ergeben sich Fehlbewertungen insbesondere aus 143

- der nicht marktkonformen Anwendung des Sachwertverfahrens für **Renditeobjekte** (vgl. → Rz. 52),
- der Unterstellung des **Ausstattungsstandards** in Abhängigkeit des Baujahrs,[5]
- dem Rückgriff auf typisierte **Gesamtnutzungsdauern** unter Verwendung von **Verlängerungsmodellen** und **Mindestrestwerten,**[6]
- der Verwendung von **bundeseinheitlichen Wertzahlen** ohne Berücksichtigung des örtlichen Grundstücksmarkts.[7]

1 BFH, Beschluss v. 27.5.2024 - II B 78/23 (AdV), BStBl 2024 II S. 543 und BFH, Beschluss v. 27.5.2024 - II B 79/23 (AdV), BStBl 2024 II S. 546.

2 JStG 2024 v. 2.12.2024, BGBl. I 2024, Nr. 387.

3 Vgl. Marx, DStZ 2019 S. 372.

4 Vgl. Nagel, NWB 36/2021 S. 2688, NWB AAAAH-88177.

5 Vgl. Grootens in Grootens, BewG, § 259 Rz. 34.

6 Vgl. Grootens in Grootens, BewG, § 259 Rz. 86 ff.

7 Vgl. Grootens in Grootens, BewG, § 260 Rz. 43 ff.

144 Die an dieser Stelle aufgezeigten **strukturellen Wertverzerrungen des Sachwertverfahrens** sprechen m. E. für eine **Verfassungswidrigkeit** der Grundsteuerwerte.[1] Dies gilt insbesondere wegen der verfehlten Marktanpassung aufgrund der bundeseinheitlichen Wertzahlen. Der Gleichbehandlungsgrundsatz des Art. 3 GG wird m. E. nicht allein dadurch gewahrt, dass überhöhte Grundsteuerwertfeststellungen durch einen möglichen Nachweis eines niedrigeren gemeinen Werts vermieden werden können. Denn gegenüber den zutreffend in Höhe des gemeinen Werts ermittelten Grundsteuerwerten haben aufgrund der strukturellen Wertverzerrungen all diejenigen Grundstückseigentümer einen unzulässigen Vorteil, deren Grundsteuerwerte unzutreffend zu niedrig festgestellt worden sind. Wegen der ähnlich gelagerten Problematik des Ertragswertverfahrens vgl. Grootens in Grootens, BewG, § 252 Rz. 146 ff.

§ 259 BewG Ermittlung des Gebäudesachwerts

(1) Bei der Ermittlung des Gebäudesachwerts ist von den Normalherstellungskosten des Gebäudes in Anlage 42 auszugehen.

(2) Der Gebäudenormalherstellungswert ergibt sich durch Multiplikation der jeweiligen nach Absatz 3 an den Hauptfeststellungszeitpunkt angepassten Normalherstellungskosten mit der Brutto-Grundfläche des Gebäudes.

(3) [1]Die Anpassung der Normalherstellungskosten erfolgt anhand der vom Statistischen Bundesamt veröffentlichten Baupreisindizes. [2]Dabei ist auf die Preisindizes für die Bauwirtschaft abzustellen, die das Statistische Bundesamt für den Neubau in konventioneller Bauart von Wohn- und Nichtwohngebäuden jeweils für das Vierteljahr vor dem Hauptfeststellungzeitpunkt ermittelt hat. [3]Diese Preisindizes sind für alle Bewertungsstichtage des folgenden Hauptfeststellungszeitraums anzuwenden. [4]Das Bundesministerium der Finanzen veröffentlicht die maßgebenden Baupreisindizes im Bundessteuerblatt.

(4) [1]Vom Gebäudenormalherstellungswert ist eine Alterswertminderung abzuziehen. [2]Die Alterswertminderung ergibt sich durch Multiplikation des Gebäudenormalherstellungswerts mit dem Verhältnis des Alters des Gebäudes im Hauptfeststellungszeitpunkt zur wirtschaftlichen Gesamtnutzungsdauer nach Anlage 38. [3]Sind nach Bezugsfertigkeit des Gebäudes Veränderungen eingetreten, die die wirtschaftliche Gesamtnutzungsdauer des Gebäudes wesentlich verlängert haben, ist von einem der Verlängerung entsprechenden späteren Baujahr auszugehen. [4]Der nach Abzug der Alterswertminderung verbleibende Gebäudewert ist mit mindestens 30 % des Gebäudenormalherstellungswerts anzusetzen. [5]Bei bestehender Abbruchverpflichtung für das Gebäude ist die Alterswertminderung abweichend von den Sätzen 2 bis 4 auf das Verhältnis des Alters des Gebäudes im Hauptfeststellungszeitpunkt zur tatsächlichen Gesamtnutzungsdauer begrenzt.

Inhaltsübersicht **Rz.**

1 A. A. Schnitter in GrStG - eKommentar, § 258 BewG Rz. 14, der eine realitätsgerechte Abbildung der Verkehrswerte im Verhältnis der Grundstücke zueinander gegeben sieht.

LITERATUR:

Eisele, Fondsstandortgesetz: Nachjustierungen beim reformierten grundsteuerlichen Bewertungsrecht - Änderungen schon zum Stichtag 1.1.2022 von Bedeutung, NWB 28/2021 S. 2031 NWB XAAAH-83094; *Nagel*, Steuerliche Immobilienbewertung: Vom Einheitswert - zum Verkehrswert - Teil IV: Verfahren zur Wertermittlung für Ertragsteuern und Grundsteuer im Bundesmodell ab 1.1.2022, NWB 36/2021 S. 2688 NWB AAAAH-88177; *Stöckel*, Hauptfeststellung der Grundsteuerwerte – Probleme und Fehler, NWB 21/2023 S. 1498 NWB IAAAJ-40159; *Wünnemann/Koller*, Die Grundsteuerreform – ein Resümee aus Sicht der Industrie, BB 5/2020 S. 215; *Wünsche*, Grundsteuerreform: Es währt schon lange, wird es auch gut?, BB 32/2019 S. 1821.

ARBEITSHILFEN UND GRUNDLAGEN ONLINE:

Grundsteuer: Grundbesitzbewertung ab 2022/2025 (Sach- und Ertragswertverfahren) – Checkliste mit Berechnungen NWB NAAAH-93792.

VERWALTUNGSANWEISUNGEN:

Koordinierte Erlasse der obersten Finanzbehörden der Länder v. 9.11.2021 – Anwendung des Siebenten Abschnitts des Zweiten Teils des Bewertungsgesetzes zur Bewertung des Grundbesitzes (allgemeiner Teil und Grundvermögen) für die Grundsteuer ab 1.1.2022 (AEBewGrSt), BStBl 2021 I S. 2334.

Koordinierte Erlasse der obersten Finanzbehörden der Länder v. 24.6.2024 - Ansatz eines niedrigeren gemeinen Werts bei der Bewertung des Grundvermögens für Zwecke der Grundsteuer ab 1. Januar 2025 - Aussetzung der Vollziehung (§ 361 AO) von Bescheiden über die Feststellung des Grundsteuerwerts, BStBl 2024 I S. 1073.

A. Allgemeine Erläuterungen zu § 259 BewG

I. Normzweck und wirtschaftliche Bedeutung der Vorschrift

§ 259 BewG regelt die Ermittlung des **Gebäudesachwerts**. Zu diesem Zweck wird auf **Normalherstellungskosten** gem. **Anlage 42 zum BewG** zurückgegriffen. Die Normalherstellungskosten sind nach Maßgabe des § 259 Abs. 3 BewG mithilfe eines **Baupreisindizes** auf den Hauptfeststellungszeitpunkt zu indizieren. Der so ermittelte Gebäudenormalherstellungswert ist in einem letzten Schritt um eine **lineare Alterswertminderung** zu mindern, um den Gebäudesachwert zu erhalten. 1

(Einstweilen frei) 2–5

II. Entstehung und Entwicklung der Vorschrift

6 § 259 BewG wurde mit dem GrStRefG v. 26.11.2019[1] in das BewG eingefügt und ist erstmals für den **Hauptfeststellungszeitpunkt 1.1.2022** anzuwenden (vgl. § 266 BewG). In § 259 Abs. 4 Satz 2 und Satz 5 BewG wurden durch das FoStoG v. 3.6.2021[2] jeweils die Wörter „am Bewertungsstichtag" durch die Wörter „im Hauptfeststellungszeitpunkt" ersetzt. Mit der Änderung in § 259 Abs. 4 Satz 2 BewG soll klargestellt werden, dass im Rahmen der Ermittlung der **Alterswertminderung** im Sachwertverfahren das Alter des Gebäudes im Hauptfeststellungszeitpunkt maßgeblich ist. Dies gilt nach § 259 Abs. 4 Satz 5 BewG auch bei bestehender Abbruchverpflichtung. Die Klarstellung ist bereits für die erste Hauptfeststellung am 1.1.2022 zu berücksichtigen (vgl. Art. 19 FoStoG: Geltung ab 1.7.2021).

7–10 *(Einstweilen frei)*

III. Geltungsbereich

11 Der **Anwendungsbereich** des Sachwertverfahrens ist gem. **§ 250 Abs. 3 BewG** in Abhängigkeit der festgestellten **Grundstücksart** festgelegt worden. **Bewertungsgegenstand** ist das Grundstück i. S. des § 244 Abs. 1 BewG.

12 Die Vorschriften gelten gem. § 231 BewG nur für die Bewertung des **inländischen** zu bewertenden Vermögens. Dabei sind auch die inländischen Teile einer wirtschaftlichen Einheit zu bewerten, die sich sowohl auf das Inland als auch auf das Ausland erstrecken.

13–20 *(Einstweilen frei)*

IV. Verhältnis zu anderen Vorschriften

21 Gemäß **§ 258 Abs. 3 Satz 1 BewG** bildet die Summe aus **Bodenwert** nach § 247 BewG und **Gebäudesachwert** nach § 259 BewG den vorläufigen Sachwert, der mit einer **Wertzahl** gem. **§ 260 BewG** zu multiplizieren ist. Das Gebäude ist aufgrund der **Abgeltungsanordnung** des **§ 258 Abs. 3 Satz 3 BewG** mit dem im Sachwertverfahren ermittelten Grundsteuerwert abgegolten.

22–30 *(Einstweilen frei)*

B. Systematische Kommentierung

I. Verwendung der Normalherstellungskosten aus Anlage 42 zum BewG (§ 259 Abs. 1 BewG)

31 Zur Ermittlung des Gebäudesachwerts ist nicht von den tatsächlichen, sondern von den **gewöhnlichen Herstellungskosten** für die jeweilige Gebäudeart und Flächeneinheit auszugehen (vgl. § 22 ImmoWertV 2010). Die unter Fortentwicklung des § 85 BewG ermittelten Normalherstellungskosten ergeben sich aus der **Anlage 42 zum BewG**.

32 Die Normalherstellungskosten sind aus dem **arithmetischen Mittelwert der Regelherstellungskosten** von vergleichbaren Gebäudearten für die **Standardstufen 2–4 lt. Anlage 24 zum BewG**

1 GrStRefG v. 26.11.2019, BGBl 2019 I S. 1794.
2 FoStoG v. 3.6.2021, BGBl 2021 I S. 1498.

i. d. F. des Steueränderungsgesetzes 2015[1] abgeleitet worden. Die Regelherstellungskosten in der Anlage 24 zum BewG wurden in Anlehnung an die **Normalherstellungskosten 2010 der Sachwert-Richtlinie**[2] zur Ermittlung des Sachwerts nach den §§ 21–23 ImmoWertV 2010 ermittelt.

Bei der Ableitung sind vergleichbare **Gebäudearten** mit annähernd gleichen Normalherstellungskosten **zusammengefasst** worden. Zur verwaltungsökonomischen Bewältigung eines Massenverfahrens zur Grundstücksbewertung wird zwischen möglichst eindeutig identifizierbaren **Bauweisen und Nutzungstypen** unterschieden. Wünsche bezweifelt zurecht, ob mit den in Summe 25 Gebäudearten stets eine zutreffende Einordnung gewährleistest werden kann.[3] Stöckel weist zudem darauf hin, dass die Einstufung in die Gebäudearten fehleranfällig ist.[4] Ob das vom Gesetzgeber avisierte Ziel einer **realitätsgerechten Bewertung** erreicht werden kann, dürfe daher an dieser Stelle ebenso bezweifelt werden. 33

Die Differenzierung der Normalherstellungskosten erfolgt entsprechend der Unterteilung der Regelherstellungskosten in **Standardstufen** nach der Anlage 24 zum BewG, wobei die Einordung in Abhängigkeit der **Baujahre** in **drei Gruppen** durchgeführt wurde. Bei Gebäuden mit **Baujahren vor 1995** kann nach Auffassung des Gesetzgebers[5] im Allgemeinen von einem geringeren Standard, insbesondere hinsichtlich der energetischen Eigenschaften, ausgegangen werden. Dagegen könne bei **Baujahren ab 2005** eine höhere Standardstufe unterstellt werden. Auf eine Eingruppierung entsprechend der **Standardstufe 1 und 5** gem. Anlage 24 zum BewG sei hinsichtlich der typisierenden Betrachtungsweise verzichtet worden. Dies entspreche insgesamt der Grundkonzeption der Sachwert-Richtlinie 2012 zur Berücksichtigung der unterschiedlichen Ausstattungsstandards und ermögliche eine **automationsunterstützte typisierende Berücksichtigung** der **baujahrtypischen Ausstattung**. 34

Zu dieser Vorgehensweise ist kritisch anzumerken, dass infolge von **umfangreichen Sanierungen** auch ältere Gebäude einen vergleichbaren Standard wie jüngere Gebäude aufweisen können. Zwar sieht § 259 Abs. 4 Satz 3 BewG eine **Verschiebung des Baujahres** bei Kernsanierungen vor (vgl. → Rz. 101 ff.), die praktische Umsetzung dessen ist gleichwohl problematisch. Es ist zu vermuten, dass über einen **längeren Zeitraum gestreckte Modernisierungen** bei der Verschiebung des Baujahres nicht berücksichtigt werden. Knittel erkennt im stark vereinfachenden Baujahrgruppenansatz m. E. zurecht strukturelle Verwerfungen.[6] Diese Verwerfungen seien umso stärker, je näher das Baujahr eines Gebäudes am Übergang zwischen zwei Baujahrgruppen läge. 35

Bei der Ermittlung der nach Anlage 42 zum BewG für die NHK und nach Anlage 38 zum BewG für die wirtschaftliche Gesamtnutzungsdauer anzunehmenden Gebäudeart ist nach Vorgabe der Finanzverwaltung[7] auf das gesamte Gebäude oder einen baulich selbständig abgrenzbaren Teil eines Gebäudes (bzw. Gebäudeteil, siehe → Rz. 63) abzustellen. Entscheidend für die 36

1 Steueränderungsgesetz 2015 (StÄndG 2015) v. 2.11.2015, BGBl 2015 I S. 1834.
2 Sachwert-Richtlinie (SW-RL) v. 5.9.2012, BAnz AT 18.10.2012 B1.
3 Vgl. Wünsche, BB 32/2019 S. 1821.
4 Vgl. Stöckel, NWB 21/2023 S. 1498 NWB IAAAJ-40159.
5 BT-Drucks. 19/11085 S. 118.
6 Vgl. Knittel in Stenger/Loose, BewG, § 259 Rz. 32.
7 Vgl. A 259.2 Abs. 1 AEBewGrSt.

Einstufung des Gebäudes oder Gebäudeteils ist allein das durch die **Hauptnutzung** entstandene **Gesamtgepräge**. Zur Hauptnutzung gehörende übliche **Nebenräume** (z. B. Lager- und Verwaltungsräume bei Warenhäusern oder separater Büroraum im Autohaus) sind entsprechend dem Gesamtgepräge der Hauptnutzung zuzurechnen.

37 Nach Tz. 20 der Anlage 42 Teil II zum BewG und nach der Anlage 38 zum BewG sind für nicht aufgeführte Gebäudearten die NHK sowie die wirtschaftliche Gesamtnutzungsdauer aus vergleichbaren Gebäudearten abzuleiten **(Auffangklausel)**. Zu diesem Zweck ist nach Vorgabe der Finanzverwaltung[1] bei Geschäftsgrundstücken, dem Teileigentum, bei gemischt genutzten Grundstücken mit mehreren Gebäuden und bei sonstigen bebauten Grundstücken auf die Gebäudeart abzustellen, die mit der **Hauptnutzung** des Gebäudes die größten Übereinstimmungen aufweist. Damit stellt die Finanzverwaltung auf die Vergleichbarkeit der Nutzung und nicht auf die Vergleichbarkeit der baulichen Ausgestaltung ab. M. E. muss der **Vergleichbarkeit der baulichen Ausgestaltung** in den Fällen der Vorrang eingeräumt werden, in denen eine Nutzungsänderung ohne große bauliche Veränderungen stattgefunden hat.

38 **BEISPIEL** ▸ Räumlichkeiten in einem alten eingeschossigen industriellen Produktionsgebäude wurden ohne größere bauliche Veränderungen für den Verkauf von hochwertiger Kleidung hergerichtet, um den industriellen Charakters des Gebäudes zu bewahren. Die größte Übereinstimmung mit der Hauptnutzung ergäbe sich in diesem Fall aus der Anwendung der Gebäudeart „Kauf- und Warenhäuser - 10.3“. Aufgrund der Vergleichbarkeit der unveränderten baulichen Ausgestaltung wäre der Ansatz der Gebäudeart „industrielle Produktionsgebäude - 11.1“ gleichwohl sachgerechter.

39 Zur Orientierung hat die Finanzverwaltung im AEBewGrSt eine Liste mit vergleichbaren Gebäudearten eingefügt.[2] Es ist m. E. zu erwarten, dass die Bediensteten der Finanzverwaltung dieser Auflistung eng folgen werden.

Nicht aufgeführte Gebäudeart	*Vergleichbar mit Gebäudeart*	*Gesamt-Nutzungsdauer*	*Gebäudeart*
Abfertigungsgebäude, Terminal, Bahnhofshalle	Betriebs- und Werkstätten, mehrgeschossig, hoher Hallenanteil; industrielle Produktionsgebäude, überwiegend Skelettbauweise	40 Jahre	11.2
Apotheke, Boutique, Laden	Kauf- und Warenhäuser	50 Jahre	10.2
Baumarkt, Discountermarkt, Gartenzentrum	Verbrauchermärkte	30 Jahre	10.1
Bürgerhaus	Gemeindezentren, Saalbauten, Veranstaltungsgebäude, Vereinsheime	40 Jahre	4
Einkaufszentrum (Shopping-Center, Shopping-Mall)	Kauf- und Warenhäuser	50 Jahre	10.2
Gewerblich genutzte freistehende Überdachung	Lagergebäude ohne Mischnutzung, Kaltlager	40 Jahre	12.1
Indoor-Spielplatz, Kletter-, Kart-, Skihalle	Sporthallen	40 Jahre	9.1
Jugendheim, Tagesstätte	Wohnheime, Internate, Alten- und Pflegeheime	50 Jahre	6

1 Vgl. A 259.2 Abs. 2 AEBewGrSt.
2 Vgl. A 259.2 Abs. 2 AEBewGrSt.

Logistikzentrum (Lagerung, Verwaltung, Kommissionierung, Verteilung und Umschlag), soweit keine Abgrenzung eigener Gebäudeteile möglich ist	Lagergebäude	40 Jahre	12.1, 12.2 oder 12.3
Markthalle, Großmarkthalle	Verbrauchermärkte	30 Jahre	10.1
Mehrfamilienhaus, Wohnhaus auf gemischt genutzten Grundstücken (vgl. Beispiel 3, A 259.6 Abs. 1 AEBewGrSt)	Gemischt genutzte Grundstücke (Wohnhäuser mit Mischnutzung)	80 Jahre	1
Möbelhaus, eingeschossig	Verbrauchermärkte	30 Jahre	10.1
Möbelhaus, mehrgeschossig	Kauf- und Warenhäuser	50 Jahre	10.2
Parkhaus	Hochgaragen, Tiefgaragen und Nutzfahrzeuggaragen	40 Jahre	16
Pferdestall	Gesamtnutzungsdauer: Reithallen, ehemalige landwirtschaftliche Mehrzweckhallen, Scheunen und Ähnliches, NHK: Stallbauten	30 Jahre	15
Restaurant	Beherbergungsstätten, Hotels, Verpflegungseinrichtungen	40 Jahre	8
Waschstraße	Betriebs- und Werkstätten, Industrie- und Produktionsgebäude, eingeschossig oder mehrgeschossig, ohne Hallenanteil; industrielle Produktionsgebäude, Massivbauweise	40 Jahre	11.1
Therme, Saunalandschaft	Freizeitbäder, Kur- und Heilbäder	40 Jahre	9.3
Großraumdisco, Kino, Konzertsaalbau	Gemeindezentren, Saalbauten, Veranstaltungsgebäude, Vereinsheime	40 Jahre	4
Bar, Tanzbar, Nachtclub	Beherbergungsstätten, Hotels, Verpflegungseinrichtungen	40 Jahre	8
Wochenendhaus i. S.v. A 249.9 Satz 4 AEBewGrSt (= nicht ganzjährig bewohnbar) (kein Fall des A 249.2 Satz 7 AEBewGrSt = Einfamilienhäuser)	Gemischt genutzte Grundstücke (Wohnhäuser mit Mischnutzung)	80 Jahre	1

Bei einem **gemischt genutzten Gebäude** beträgt die wirtschaftliche Gesamtnutzungsdauer einheitlich 80 Jahre, die NHK ergeben sich unabhängig von der konkreten Nutzung aus der **Gebäudeart 1 der Anlage 42 zum BewG.** 40

BEISPIEL: In einem Gebäude (Baujahr 1987) befindet sich im Erdgeschoss eine Apotheke, die darüber liegenden drei Etagen sind zu Wohnzwecken vermietet. Es liegt ein gemischt genutztes Grundstück vor. Die noch nicht indizierten NHK nach Anlage 42 zum BewG für die gesamte Bruttogrundfläche betragen 695 €/m², die wirtschaftliche Gesamtnutzungsdauer beträgt für das gesamte Gebäude einheitlich 80 Jahre. 41

Bei der Bewertung von **Teileigentum** ist nach Vorgabe der Finanzverwaltung[1] zur Bestimmung der Gebäudeart auf die bauliche Gestaltung des Teileigentums abzustellen. 42

1 Vgl. A 259.2 Abs. 3 Satz 1 AEBewGrSt.

43 **BEISPIEL:** Discountermarkt unterhalb eines Wohnhauses mit Eigentumswohnungen: Der Discountermarkt als Teileigentum bildet eine eigene wirtschaftliche Einheit und ist im Sachwertverfahren mit den NHK der Gebäudeart 10.1 (entsprechend Verbrauchermärkte) zu bewerten. Die Eigentumswohnungen bilden jede für sich ebenfalls eine eigene wirtschaftliche Einheit, die im Ertragswertverfahren zu bewerten ist.

44 Unterscheiden sich die bauliche Gestaltung des Teileigentums und des übrigen Gesamtgebäudes nicht voneinander, soll i. d. R. das Gesamtgepräge des Gebäudes maßgebend sein.

BEISPIEL: Zur Bewertung eines Teileigentums als Rechtsanwalts-, Notar- oder Arztpraxis in einem mehrgeschossigen Wohnhaus, welches baulich wie ein vergleichbares Wohnungseigentum gestaltet ist, ist es sachgerecht, die NHK der Gebäudeart 1 (gemischt genutzte Grundstücke (Wohnhäuser mit Mischnutzung)) heranzuziehen. Befindet sich ein solches Teileigentum z. B. in einem Büro- und Geschäftsgebäude, können die NHK der Gebäudeart 3 (Bürogebäude, Verwaltungsgebäude) zugrunde gelegt werden.

45 Insbesondere zur Berücksichtigung von baulichen Anlagen, insbesondere **Außenanlagen**, wie beispielsweise Außenstellplätze, Erschließung und Einfriedung, sowie sonstigen Anlagen wurden die **Normalherstellungskosten pauschal um 3 % erhöht** (vgl. zur Abgeltung dieser Grundstücksbestandteile mit dem Grundsteuerwert Grootens in Grootens, BewG, § 258 Rz. 106 ff.). Ob diese pauschale Bewertung sachgerecht ist, kann nur im **Einzelfall** beantwortet werden. Es ist nicht auszuschließen, dass in Einzelfällen der pauschale Wertansatz deutlich unter dem tatsächlichen Wert der vorhandenen Außenanlagen zurückbleibt (z. B. bei Schwimmbädern oder Saunalandschaften mit Außenschwimmbecken). Dies ist im Rahmen einer typisierten Bewertung m. E. aus Gründen der **Verwaltungsvereinfachung** hinzunehmen.

46–50 *(Einstweilen frei)*

II. Ermittlung des Gebäudenormalherstellungswerts (§ 259 Abs. 2 BewG)

1. Ermittlung des Gebäudewertes bei wirtschaftlichen Einheiten mit einem Gebäude

a) Maßgebliche Bewertungsfaktoren

51 Der Gebäudenormalherstellungswert entspricht dem **Produkt** aus der **Brutto-Grundfläche** und den am Hauptfeststellungszeitpunkt maßgebenden **Normalherstellungskosten**. Die maßgebenden Normalherstellungskosten sind durch **Indizierung der Normalherstellungskosten** aus Anlage 42 Teil II zum BewG anhand des **Baupreisindex** gem. § 259 Abs. 3 BewG zu ermitteln. Wegen der Ermittlung der Normalherstellungskosten vgl. → Rz. 36 ff. und wegen der Ermittlungdes maßgebenden Indexfaktors vgl. → Rz. 71 ff.

52 **Teileigentum** ist in Abhängigkeit von der baulichen Gestaltung den Gebäudearten der Anlage 42 zum BewG zuzuordnen (vgl. → Rz. 42 ff.). Normalherstellungskosten für **nicht aufgeführte Gebäudearten** sind aus den Normalherstellungskosten vergleichbarer Gebäudearten abzuleiten (**Auffangklausel**, vgl. → Rz. 37).

b) Ermittlung der Brutto-Grundfläche

53 Die **Definition der Brutto-Grundfläche** (BGF) ergibt sich aus Anlage 42 Teil I zum BewG. Die BGF ist die Summe der bezogen auf die jeweilige Gebäudeart marktüblich nutzbaren **Grundflächen aller Grundrissebenen eines Bauwerks**. In Anlehnung an die DIN 277-1:2005-02 sind bei den Grundflächen folgende Bereiche zu unterscheiden:

- **Bereich a:** überdeckt und allseitig in voller Höhe umschlossen,
- **Bereich b:** überdeckt, jedoch nicht allseitig in voller Höhe umschlossen,
- **Bereich c:** nicht überdeckt.

Für die Anwendung der Normalherstellungskosten (NHK) sind im Rahmen der Ermittlung der BGF nur die Grundflächen der **Bereiche a und b** zugrunde zu legen. **Balkone**, auch wenn sie überdeckt sind, sind dem **Bereich c** zuzuordnen (vgl. zur Veranschaulichung auch → Rz. 57). Flächen des Bereiches b sind an Stellen, an denen sie nicht umschlossen sind, bis zur vertikalen Projektion ihrer Überdeckung zu ermitteln. BGF von Bauteilen (Konstruktions-Grundflächen), die zwischen den Bereichen a und b liegen, sind dem Bereich a zuzuordnen. 54

Für die Ermittlung der BGF sind die **äußeren Maße der Bauteile** einschließlich Bekleidung, z. B. Putz und Außenschalen mehrschaliger Wandkonstruktionen, in Höhe der Bodenbelagsoberkanten anzusetzen. Grundflächen von waagerechten Flächen sind aus ihren tatsächlichen Maßen, Grundflächen von schräg liegenden Flächen (z. B. Tribünen, Zuschauerräumen, Treppen und Rampen) aus ihrer vertikalen Projektion zu ermitteln. Die BGF ist in Quadratmeter anzugeben. 55

PRAXISHINWEIS: 56

Nicht zur BGF gehören z. B. Flächen von Spitzböden und Kriechkellern, Flächen, die ausschließlich der Wartung, Inspektion und Instandsetzung von Baukonstruktionen und technischen Anlagen dienen (z. B. nicht nutzbare Dachflächen, fest installierte Dachleitern und -stege, Wartungsstege in abgehängten Decken), sowie Flächen unter konstruktiven Hohlräumen, z. B. über abgehängten Decken.

Im Einzelnen sind folgende Flächen in die Brutto-Grundfläche einzubeziehen: 57

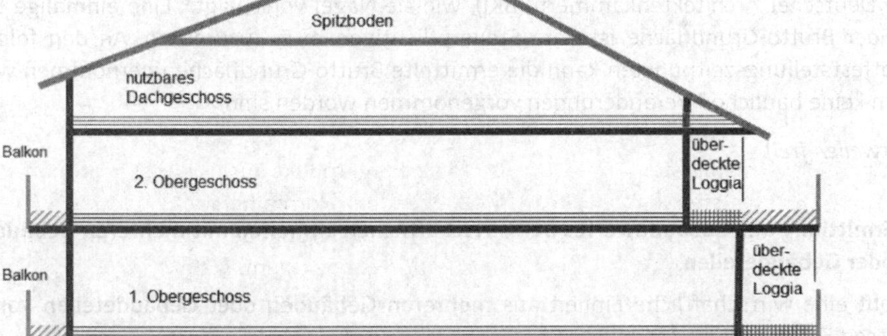

58 Auf die BGF anzurechnen sind auch nutzbare Dachgeschossflächen. Zur Vereinheitlichung der Rechtsanwendung hat die Finanzverwaltung im AEBewGrSt Vorgaben[1] gemacht, in welchen Fällen nutzbare Dachgeschosse vorliegen sollen:

Dachgeschoss

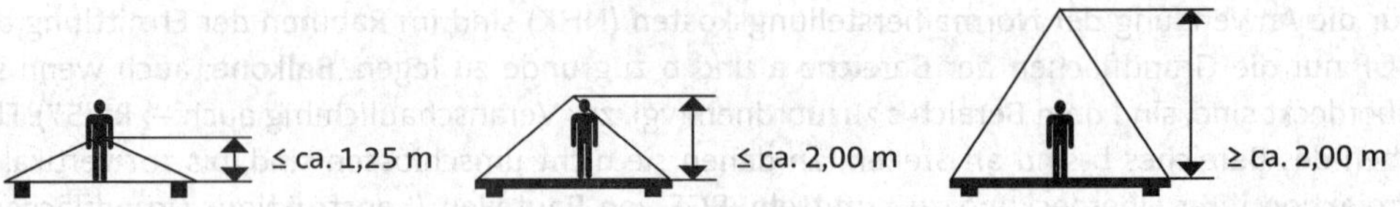

nicht nutzbar	eingeschränkt nutzbar	nutzbar
Anrechnung der Grundfläche der Dachgeschossebene bei der Ermittlung der BGF		
keine Anrechnung	volle Anrechnung	volle Anrechnung

59 In der betrieblichen Praxis kommt es nach zutreffendem Hinweis von Wünnemann/Koller[2] gerade bei älteren Gebäuden vor, dass die **Brutto-Grundflächen** nicht oder nicht digital verfügbar sind und daher erst durch **Berechnungen** oder **Vermessungen** ermittelt werden müssten. Dies könne mit einem erheblichen Aufwand verbunden sein, der m. E. eine **fristgerechte Erklärungsabgabe** erschwert. Dies gilt umso mehr, wenn zum Hauptfeststellungszeitpunkt 1.1.2022 Vermessungsbüros und Sachverständige durch zahlreiche gleichlautende Anfragen überlastet sind. Eine vereinfachte Überleitung der Kubikmeterzahl in die Brutto-Grundfläche, wie Wünnemann/Koller als sachgerecht vorschlagen, ist wegen der dadurch entstehenden großen Typisierungen und damit einhergehenden Wertverzerrungen gleichwohl ebenso abzulehnen wie vereinfachte Berechnungen anhand der Umrechnungsfaktoren des Baukosteninformationszentrum Deutscher Architektenkammern (BKI), wie sie Nagel vorschlägt.[3] Eine **einmalige Ermittlung** der Brutto-Grundfläche ist dem Steuerpflichtigen m. E. zuzumuten. An den folgenden Hauptfeststellungszeitpunkten kann die ermittelte Brutto-Grundfläche übernommen werden, sofern keine baulichen Veränderungen vorgenommen worden sind.

60-62 *(Einstweilen frei)*

2. Ermittlung des Gebäudewertes bei wirtschaftlichen Einheiten mit mehreren Gebäuden oder Gebäudeteilen

63 Besteht eine wirtschaftliche Einheit aus **mehreren Gebäuden oder Gebäudeteilen** von einer gewissen Selbständigkeit, die

- ► eine **verschiedene Bauart** aufweisen,
- ► **unterschiedlich genutzt** werden
- ► oder die in **verschiedenen Jahren bezugsfertig** geworden sind,

ist jedes Gebäude und jeder Gebäudeteil **für sich zu bewerten.** Normalherstellungskostensatz, Brutto-Grundfläche und Alterswertminderung sind jeweils gesondert zu ermitteln.

1 Vgl. A 259.4 Abs. 3 AEBewGrSt.
2 Wünnemann/Koller, BB 5/2020 S. 215.
3 Vgl. Wünnemann/Koller, BB 5/2020 S. 215 sowie Nagel, NWB 36/2021 S. 2688, NWB AAAAH-88177.

BEISPIEL: Ist z. B. ein Grundstück mit einem Verwaltungsgebäude und einer Produktionshalle bebaut, ergibt die Summe aus dem Gebäudesachwert des Verwaltungsgebäudes und dem Gebäudesachwert der Produktionshalle den Gebäudewert. Die anzusetzenden **Normalherstellungskosten**, die **Brutto-Grundfläche** und die **Alterswertminderung** sind für die beiden Gebäudejeweils **gesondert** zu ermitteln. 64

Für selbständige Gebäude oder Gebäudeteile, für die in den Anlagen zum BewG keine Gebäudeart ausgewiesen ist, sind die Gesamtnutzungsdauer aus der Gesamtnutzungsdauer vergleichbarer Gebäudearten und die NHK aus den NHK vergleichbarer Gebäudearten abzuleiten (**Auffangklausel,** vgl. →Rz. 37 ff.). Bei Geschäftsgrundstücken und gemischt genutzten Grundstücken mit **mehreren selbständigen Gebäuden oder Gebäudeteilen** können sich – je nach Nutzung – **unterschiedliche Gesamtnutzungsdauern** ergeben. 65

BEISPIELE (NACH A 259.6 ABS. 1 AEBEWGRST): 66

BEISPIEL 1 In einem Gebäude (Baujahr 2020) werden die unteren Etagen von einem Warenhaus genutzt. In den darüber liegenden Etagen wird ein Hotel betrieben. Außerdem befindet sich in dem Gebäude eine Tiefgarage, die von den Warenhauskunden und den Hotelgästen genutzt wird. Warenhaus, Hotel und Tiefgarage sind jeweils baulich selbständig abgrenzbare Gebäudeteile, die gesondert zu bewerten sind.

	Wirtschaftliche Gesamtnutzungsdauer gem. Anlage 38 zum BewG	*NHK in € /m² BGF (Gebäudeart) gem. Anlage 42, Teil II zum BewG*
Warenhaus	50 Jahre	1.633 (10.2)
Hotel	40 Jahre	1.859 (8)
Tiefgarage	40 Jahre	623 (16)

Anmerkung: Eine Hauptnutzung, die dem Gebäude ein Gesamtgepräge gibt, ist im vorliegenden Fall nicht zu erkennen.

BEISPIEL 2 In einem Gebäude (Baujahr 2005) befindet sich ein Autohaus mit angeschlossener Werkstatt.

Da sich der Ausstellungsteil des Autohauses aufgrund der höherwertigen Bauart und der Schaufensterfront baulich von der Werkstatt (einfache, zweckmäßige, industrielle Bauart) unterscheidet, sind beide Gebäudeteile gesondert zu bewerten.

	Wirtschaftliche Gesamtnutzungsdauer gem. Anlage 38 zum BewG	*NHK in € /m² BGF (Gebäudeart) gem. Anlage 42, Teil II zum BewG*
Gebäudeteil Ausstellung/Beratung/Verkauf	30 Jahre	1.277 (10.3)
Werkstatt	40 Jahre	1.200 (11.1)

BEISPIEL 3 Zu einer wirtschaftlichen Einheit gehören zwei Gebäude: das 1970 errichtete Wohnhaus eines Künstlers sowie ein 2005 errichtetes Atelier mit Werkstatt. Die Ermittlung der Grundstücksart nach dem Verhältnis von Wohn- und Nutzflächen führt zu einem im Sachwertverfahren zu bewertenden gemischt genutzten Grundstück. Die NHK für das Wohnhaus sind aus den NHK einer vergleichbaren Gebäudeart abzuleiten, da ein (reines) Wohngebäude in Anlage 42, Teil II zum BewG nicht genannt wird. Im vorliegenden Fall ist es sachgerecht, für das Wohnhaus die NHK der Gebäudeart 1 „Gemischt genutzte Grundstücke (Wohnhäuser mit Mischnutzung)" zugrunde zu legen, da diese am ehesten den NHK des zu bewertenden Gebäudes entsprechen (vgl. Tabelle in →Rz. 39).

	Wirtschaftliche Gesamtnutzungsdauer gem. Anlage 38 zum BewG	*NHK in € /m² BGF (Gebäudeart) gem. Anlage 42, Teil II zum BewG*
Wohnhaus	80 Jahre	695 (1)
Atelier/Werkstatt	40 Jahre	1.200 (11.1)

67 **Anbauten** teilen grds. auf Grund ihrer Bauart oder Nutzung das **Schicksal des Hauptgebäudes**. Ist dagegen anzunehmen, dass ein Erweiterungsbau nach Größe, Bauart oder Nutzung eine andere Alterswertminderung als das Hauptgebäude haben wird, ist der **Anbau als selbständiger Gebäudeteil** anzusehen und die vorgenannten Ausführungen gelten entsprechend.

68–70 *(Einstweilen frei)*

III. Indizierung der Normalherstellungskosten anhand des Baupreisindex (§ 259 Abs. 3 BewG)

71 Die Normalherstellungskosten sind auf dem **Kostenstand 2010** ermittelt worden. Sie müssen nach Maßgabe der zum Hauptfeststellungszeitpunkt maßgebenden **Baupreisindizes** angepasst werden. Dabei ist auf die Preisindizes für die Bauwirtschaft abzustellen, die das **Statistische Bundesamt** für den Neubau in konventioneller Bauart von Wohn- und Nichtwohngebäuden jeweils für das **Vierteljahr vor dem Hauptfeststellungzeitpunkt** ermittelt hat. Diese Preisindizes sind für **alle Bewertungsstichtage des folgenden Hauptfeststellungszeitraums** anzuwenden. Auf diese Weise wird vermieden, dass in jedem Einzelfall eine Umrechnung der Pauschalherstellungskosten für die verschiedenen Gebäudearten in Normalherstellungskosten erfolgen muss.

72 Das BMF veröffentlicht die maßgebenden Baupreisindizes im **Bundessteuerblatt**. Im Ergebnis ist für die **Hauptfeststellung** und alle **Fortschreibungen** und **Nachfeststellungen** innerhalb des siebenjährigen **Hauptfeststellungszeitraums** somit nur der eine Baupreisindex für Nichtwohngrundstücke zu verwenden, der vom BMF für den **Hauptfeststellungszeitpunkt 1.1.2022** bekannt gegeben wird. Das BMF hat mit Schreiben v. 11.2.2022 den Baupreisindex für den Hauptfeststellungszeitpunkt 1.1.2022 bekannt gegeben.[1] Danach beträgt der anzuwendende **Baupreisindex 148,6.** Somit werden die Normalherstellungskostensätze der Anlage 42 zum BewG um 48,6 % erhöht.

73 Auch im Sachwertverfahren bei der **Grundbesitzbewertung** erfolgt eine Indizierung der Normalherstellungskosten auf den Bewertungsstichtag. Dabei ist abweichend von der Vorgehensweise bei der Grundsteuerbewertung auf den **Durchschnitt der Indexwerte für die vier Vorjahresquartale** abzustellen (vgl. § 190 Abs. 2 BewG).

74–85 *(Einstweilen frei)*

IV. Ermittlung der Alterswertminderung und des Gebäudesachwerts (§ 259 Abs. 4 BewG)

1. Abzug der Alterswertminderung (§ 259 Abs. 4 Satz 1 und 2 BewG)

86 Der Gebäudenormalherstellungswert ist in Abhängigkeit des **Alters des Gebäudes** zu mindern. Es bestehen aus Vereinfachungsgründen keine Bedenken, das Alter des Gebäudes durch Abzug des Jahres der Bezugsfertigkeit des Gebäudes (Baujahr) vom Jahr des Hauptfeststellungszeitpunkts zu bestimmen.[2] Die Alterswertminderung wird regelmäßig nach dem Verhältnis des Alters des Gebäudes im Hauptfeststellungszeitpunkt und einer **typisierten wirtschaftlichen Gesamtnutzungsdauer** bestimmt. Die typisierte Gesamtnutzungsdauer ist der **Anlage 38 zum**

1 BMF, Schreiben v. 11.2.2022, BStBl 2022 I S. 182.

2 Vgl. A 259.5 Abs. 1 Satz 3 AEBewGrSt.

BewG zu entnehmen. Sie richtet sich nach der Grundstücksart i. S. des § 250 BewG und den in der Anlage 38 zum BewG ausgewiesenen Gebäudearten. Die **Gesamtnutzungsdauer für nicht aufgeführte Gebäudearten** ist aus der Gesamtnutzungsdauer vergleichbarer Gebäudearten abzuleiten. Hier ist regelmäßig der **Wahl der Gebäudeart** bei der Ermittlung der **Normalherstellungskosten** zu folgen (vgl. →Rz. 37 ff.). Bei der Alterswertminderung wird von einer **linearen jährlichen Wertminderung** ausgegangen (vgl. § 23 Satz 2 ImmoWertV 2010). Die Alterswertminderung ist auf maximal 70 % des Gebäudenormalherstellungswerts begrenzt (**Mindestrestwert,** vgl. →Rz. 111 ff.).

Anbauten teilen im Allgemeinen auf Grund ihrer Bauart oder Nutzung das Schicksal des Hauptgebäudes. Ist dagegen anzunehmen, dass ein Erweiterungsbau nach Größe, Bauart oder Nutzung eine andere Nutzungsdauer als das Hauptgebäude haben wird, ist für den Anbau ein separater Gebäudesachwert zu ermitteln. Für **Aufstockungen** ist grds. das Baujahr der unteren Geschosse zu Grunde zu legen. Es ist jedoch zu prüfen, ob durch die baulichen Maßnahmen die Nutzungsdauer des Gebäudes verlängert worden ist. 87

Wird ein **Gebäude mit nichtselbständigen Gebäudeteilen** unterschiedlich genutzt, ist die Wahl der maßgeblichen wirtschaftlichen Gesamtnutzungsdauer entsprechend der Grundstücksart des § 250 BewG nach Auffassung der Finanzverwaltung[1] wie folgt vorzunehmen: 88

1. Handelt es sich bei der zu bewertenden wirtschaftlichen Einheit um ein **Geschäftsgrundstück,** das aus einem **Gebäude mit nicht selbständigen Gebäudeteilen verschiedener Bauart oder Nutzung** (z. B. geschossweise unterschiedliche Bauart) besteht, soll zur Ermittlung einer einheitlichen Alterswertminderung im Hauptfeststellungszeitpunkt die typisierte wirtschaftliche Gesamtnutzungsdauer für Geschäftsgrundstücke laut Anlage 38 zum BewG anzunehmen sein, die dem durch die **Hauptnutzung** bestimmten **Gesamtgepräge** des Gebäudes entspricht. Dies soll unabhängig davon gelten, ob im Gebäude enthaltene Räume (z. B. Wohnungen) für Zwecke genutzt werden, für die eine abweichende wirtschaftliche Gesamtnutzungsdauer anzunehmen wäre. Ist keine der Nutzungen des Gebäudes prägend, ist m. E. für dieses Gebäude bei der Ermittlung der Gesamtnutzungsdauer von **durchschnittlichen Gesamtnutzungsdauern** der jeweiligen Gebäudeklassen der Anlage 22 BewG auszugehen.
2. Handelt es sich bei der zu bewertenden wirtschaftlichen Einheit um ein **gemischt genutztes Grundstück,** ist die typisierte wirtschaftliche Gesamtnutzungsdauer für gemischt genutzte Grundstücke i. H. von **80 Jahren** anzunehmen.

(Einstweilen frei) 89–100

2. Verlängerung der Nutzungsdauer (§ 259 Abs. 4 Satz 3 BewG)

Sind nach der Bezugsfertigkeit des Gebäudes, beispielsweise im Rahmen einer Kernsanierung oder Entkernung, bauliche Maßnahmen durchgeführt worden, die zu einer **wesentlichen Verlängerung der wirtschaftlichen Gesamtnutzungsdauer** des Gebäudes geführt haben, ist von einem der Verlängerung entsprechenden späteren Baujahr auszugehen. Von einer solchen wesentlichen Verlängerung der Nutzungsdauer ist nach Verwaltungsauffassung[2] wie beim Ertragswertverfahren nur bei einer **Kernsanierung** auszugehen (vgl. zur Definition und zur 101

1 Vgl. A 259.5 Abs. 2 Satz 4 AEBewGrSt.
2 Vgl. A. 259.5 Abs. 5 Satz 4 AEBewGrSt.

gleichlautenden Regelung im Ertragswertverfahren ausführlich Grootens in Grootens, BewG, § 253 Rz. 71 ff.).

102 **BEISPIEL:** Eine Kernsanierung kann beispielsweise vorliegen, wenn nicht nur der Ausbau (u. a. Heizung, Fenster und Sanitäreinrichtungen) umfassend modernisiert, sondern auch der Rohbau (u. a. Fundamente, tragende Innen- und Außenwände, Treppen, Dachkonstruktion sowie Geschossdecken) teilweise erneuert worden ist.

103 Das **fiktive Baujahr** ermittelt sich in den Fällen der Kernsanierung aus Vereinfachungsgründen aus dem Jahr der Kernsanierung abzüglich 10 % der wirtschaftlichen Gesamtnutzungsdauer des Gebäudes. Mit dem pauschalen Abschlag i. H. von 10 % wird die teilweise noch verbliebene alte Bausubstanz berücksichtigt.

104 **BEISPIEL:** Baujahr 1970, Kernsanierung 2008, wirtschaftliche Gesamtnutzungsdauer 50 Jahre.
10 % der wirtschaftlichen Gesamtnutzungsdauer (50 Jahre) = 5 Jahre
Fiktives Baujahr: 2008./. 5 Jahre = 2003

105 Wegen der Kritik an der gleichlautenden Regelung im Ertragswertverfahren vgl. Grootens in Grootens, BewG, § 253 Rz. 76 f.

106–110 *(Einstweilen frei)*

3. Mindestrestwert (§ 259 Abs. 4 Satz 4 BewG)

111 Der nach Abzug der Alterswertminderung verbleibende Gebäudewert ist regelmäßig mit **mindestens 30 % des Gebäudenormalherstellungswerts** anzusetzen. Diese Restwertregelung berücksichtigt, dass auch ein älteres Gebäude, das laufend instandgehalten wird und daher noch benutzbar ist, ggf. trotz **Ablauf der typisierten wirtschaftlichen Gesamtnutzungsdauer** einen verbleibenden Wert hat.

112 Die Annahme eines Restwerts macht in vielen Fällen die Prüfung entbehrlich, ob die restliche Lebensdauer des Gebäudes infolge baulicher Maßnahmen wesentlich verlängert wurde. Bei älteren, noch nutzbaren Gebäuden schließt die Begrenzung der Alterswertminderung in typisierender Weise eine **Verlängerung der Restnutzungsdauer** durch **geringfügige Modernisierungen** ein. Der Ansatz eines Restwerts entspricht den Regelungen des § 86 Abs. 3 Satz 1 BewG und § 190 Abs. 4 Satz 5 BewG. Wegen der Öffnungsklausel zum Nachweis eines niedrigeren gemeinen Werts vgl. → Rz. 123.

113 Im Vergleich zum Sachwertverfahren verbleibt im Ertragswertverfahren ein deutlich **höherer Gebäudeanteil** als Mindestwert.[1]

114–120 *(Einstweilen frei)*

4. Begrenzung der Nutzungsdauer bei einer Abbruchverpflichtung (§ 259 Abs. 4 Satz 5 BewG)

121 Eine Verkürzung der Restnutzungsdauer kommt in Betracht, wenn am Bewertungsstichtag eine **Abbruchverpflichtung** für das Gebäude besteht. In diesem Fall ist die **tatsächliche Restnutzungsdauer** in Abhängigkeit des Abbruchzeitpunkts anzusetzen. Zu diesem Zweck ist das **Baujahr** des Gebäudes entsprechend **vorzuverlegen**. Bei bestehender Abbruchverpflichtung für

1 Vgl. Grootens in Grootens, BewG, § 253 Rz. 88 f.

das Gebäude wird dies erreicht, indem die Alterswertminderung abweichend von den Sätzen 2–4 auf das Verhältnis des Alters des Gebäudes im Hauptfeststellungszeitpunkt zur tatsächlichen Gesamtnutzungsdauer begrenzt wird. Daraus ergibt sich folgende Formel:

$$\text{Alterswertminderung (\%)} = \frac{\text{Gebäudealter im Hauptfeststellungszeitpunkt}}{\text{tatsächliche Gesamtnutzungsdauer (Jahr der Abbruchverpflichtung ./. Baujahr)}} \times 100$$

Der **Mindestrestwert** (vgl. § 259 Abs. 4 Satz 4 BewG) kommt in Fällen der Abrissverpflichtung nicht zum Tragen, da die Regelung des § 259 Abs. 4 Satz 5 abweichend von den übrigen Regelungen zur Ermittlung der Nutzungsdauer anzuwenden ist. Zu einer erst **nach dem Hauptfeststellungszeitpunkt vereinbarten Abbruchverpflichtung** siehe Grootens in Grootens, BewG, § 253 Rz. 103. 122

Wie auch bei der Grundbesitzbewertung für Zwecke der Erbschaft- und Schenkungsteuer werden **Baumängel** und **Bauschäden** bei der Ermittlung der Restnutzungsdauer nicht berücksichtigt.[1] Ein Nachweis eines niedrigeren gemeinen Werts, wie ihn § 198 BewG für die Grundbesitzbewertung vorsieht, war bei der Grundsteuerwertermittlung zunächst nicht vorgesehen. Eine Möglichkeit zum Nachweis des niedrigen gemeinen Wertes hat der BFH in seinen Beschlüssen[2] vom 27.5.2024 gleichwohl als geboten erachtet. Die Verwaltung hat die Beschlüsse mit koordinierten Erlassen der obersten Finanzbehörden der Länder vom 24.6.2024 über den Einzelfall hinaus für anwendbar erklärt und erste Hinweise zum Nachweis gegeben. Mit dem JStG 2024[3] vom 2.12.2024 wurde eine die Beschlüsse des BFH umsetzende Regelung in § 220 Abs. 2 BewG eingefügt (vgl. zur Öffnungsklausel und zum Übermaßverbot ausführlich Grootens in Grootens, BewG, § 252 Rz. 96 ff. sowie zur gesetzlichen Nachweismöglichkeit Kurt in Grootens, BewG, § 220 Rz. 91 ff.). 123

Die Nichtberücksichtigung von Baumängeln und Bauschäden ist insofern zweifelhaft, als eine **Verbesserung der Bausubstanz** im Gegenzug zu einer **Verlängerung der Nutzungsdauer** führen soll. Der Gesetzgeber dokumentiert damit, dass die nach § 253 Abs. 2 Satz 4 BewG für die Annahme einer abweichenden Restnutzungsdauer notwendigen **„Veränderungen“** auch die **Bausubstanz** betreffen können. Warum dies aber nur zugunsten der Kommunen gelten soll, ist nicht nachvollziehbar. 124

§ 260 BewG Wertzahlen

Zur Ermittlung des Grundsteuerwerts ist der vorläufige Sachwert des Grundstücks im Sinne des § 258 Absatz 3 mit der sich aus Anlage 43 ergebenden Wertzahl zu multiplizieren.

Inhaltsübersicht **Rz.**

1 Vgl. R B 185.3 Abs. 5 ErbStR 2019.

2 BFH, Beschluss v. 27.5.2024 - II B 78/23 (AdV), BStBl 2024 II S. 543 und BFH, Beschluss v. 27.5.2024 - II B 79/23 (AdV), BStBl 2024 II S. 546.

3 JStG 2024 v. 2.12.2024, BGBl. I 2024, Nr. 387.

LITERATUR:

Nagel, Steuerliche Immobilienbewertung: vom Einheitswert - zum Verkehrswert - Teil IV: Verfahren zur Wertermittlung für Ertragsteuern und Grundsteuer im Bundesmodell ab 1.1.2022, NWB 36/2021 S. 2688 NWB AAAAH-88177.

ARBEITSHILFEN UND GRUNDLAGEN ONLINE:

Grundsteuer: Grundbesitzbewertung ab 2022/2025 (Sach- und Ertragswertverfahren) – Checkliste mit Berechnungen NWB NAAAH-93792.

VERWALTUNGSANWEISUNGEN:

Koordinierte Erlasse der obersten Finanzbehörden der Länder v. 9.11.2021 – Anwendung des Siebenten Abschnitts des Zweiten Teils des Bewertungsgesetzes zur Bewertung des Grundbesitzes (allgemeiner Teil und Grundvermögen) für die Grundsteuer ab 1.1.2022 (AEBewGrSt), BStBl 2021 I S. 2334.

Koordinierte Erlasse der obersten Finanzbehörden der Länder v. 24.6.2024 - Ansatz eines niedrigeren gemeinen Werts bei der Bewertung des Grundvermögens für Zwecke der Grundsteuer ab 1. Januar 2025 - Aussetzung der Vollziehung (§ 361 AO) von Bescheiden über die Feststellung des Grundsteuerwerts, BStBl 2024 I S. 1073.

A. Allgemeine Erläuterungen zu § 260 BewG

I. Normzweck und wirtschaftliche Bedeutung der Vorschrift

1 § 260 BewG regelt die Ermittlung der auf den **vorläufigen Sachwert** anzuwendenden **Wertzahl**. Zu diesem Zweck wird auf Wertzahlen gem. **Anlage 43 zum BewG** zurückgegriffen. Mit der Anwendung einer Wertzahl auf den vorläufigen Sachwert erfolgt eine **Marktanpassung** der typisierten Baukosten.

2–5 *(Einstweilen frei)*

II. Entstehung und Entwicklung der Vorschrift

6 § 260 BewG wurde mit dem **GrStRefG** v. 26.11.2019[1] in das BewG eingefügt und ist erstmals für den **Hauptfeststellungszeitpunkt 1.1.2022** anzuwenden (vgl. § 266 BewG).

7–10 *(Einstweilen frei)*

III. Geltungsbereich

11 Der **Anwendungsbereich** des Sachwertverfahrens ist gem. § 250 Abs. 3 BewG in Abhängigkeit der festgestellten **Grundstücksart** festgelegt worden. **Bewertungsgegenstand** ist das Grundstück i. S. des § 244 Abs. 1 BewG.

12 Die Vorschriften gelten gem. § 231 BewG nur für die Bewertung des **inländischen** zu bewertenden Vermögens. Dabei sind auch die inländischen Teile einer wirtschaftlichen Einheit zu bewerten, die sich sowohl auf das Inland als auch auf das Ausland erstrecken.

13–20 *(Einstweilen frei)*

1 GrStRefG v. 26.11.2019, BGBl 2019 I S. 1794.

IV. Verhältnis zu anderen Vorschriften

Gemäß **§ 258 Abs. 3 Satz 1 BewG** bildet die Summe aus **Bodenwert** nach **§ 247 BewG** und **Gebäudesachwert** nach **§ 259 BewG** den **vorläufigen Sachwert**, der mit einer **Wertzahl** gem. § 260 BewG zu multiplizieren ist. 21

(Einstweilen frei) 22–30

B. Systematische Kommentierung

I. Marktanpassung durch Anwendung einer Wertzahl

Zur Berücksichtigung der **Lage auf dem Grundstücksmarkt** einschließlich der **regionalen Baupreisverhältnisse** ist der im Wesentlichen nur kostenorientierte vorläufige Sachwert an die **allgemeinen Wertverhältnisse auf dem örtlichen Grundstücksmarkt** anzupassen (**Marktanpassung**).[1] Hierzu ist der vorläufige Sachwert bei der **Verkehrswertermittlung** mit dem zutreffenden **Sachwertfaktor** zu multiplizieren, der von den Gutachterausschüssen für Grundstückswerte aus dem Verhältnis geeigneter Kaufpreise zu entsprechenden vorläufigen Sachwerten ermittelt wird (§ 193 Abs. 5 Satz 2 Nr. 2 BauGB i.V. mit § 14 Abs. 2 Nr. 1 ImmoWertV 2010). Bei der **Grundsteuerwertermittlung** wird zu diesem Zweck auf typisierte Wertzahlen zurückgegriffen. 31

(Einstweilen frei) 32–40

II. Typisierte Wertzahlen gem. Anlage 43 zum BewG

Im typisierten – vereinfachten – Sachwertverfahren nach §§ 258–260 BewG werden marktübliche Sachwertfaktoren als Wertzahlen in Anlage 43 zum BewG gesetzlich vorgegeben. Die Wertzahlen sind zu diesem Zweck in Abhängigkeit des 41

- **vorläufigen Sachwerts** (sieben Stufen) und
- der **Bodenrichtwerte** (drei Stufen)

zu bestimmen. Wird eine Wertgrenze durch den vorläufigen Sachwert überschritten, findet die diesbezügliche Wertzahl auf den gesamten vorläufigen Sachwert und nicht nur auf den übersteigenden Teil Anwendung. Eine **Interpolation** zwischen den einzelnen Wertzahlen erfolgt nicht. Erstreckt sich die wirtschaftliche Einheit über **mehrere Bodenrichtwertzonen,** ist die Bestimmung der Wertzahl nach Auffassung der Finanzverwaltung[2] regelmäßig anhand des für die Lagequalität prägenden Bodenrichtwerts vorzunehmen. Dies dürfte i. d. R. der Bodenrichtwert der Bodenrichtwertzone sein, in welcher das Gebäude belegen ist (i. d. R. höherer Bodenrichtwert). Zulässig ist auch, einen nach Flächenanteilen gewichteten Bodenrichtwert anzusetzen. Dies gilt für den von der Finanzverwaltung abgeleiteten Bodenwert i. S. des § 247 Abs. 3 BewG umgerechnet in Euro je Quadratmeter entsprechend.

Da keine Wertzahl der Anlage 43 zum BewG den Faktor 1,0 übersteigt, kommt durch die Anwendung einer Wertzahl im Ergebnis nur ein **Abschlag auf den vorläufigen Sachwert** in Betracht. Der Festlegung der Wertzahlen liegt offenbar ebenso wie beim Sachwertverfahren der Grundbesitzbewertung (vgl. Anlage 25 zum BewG) die Erwägung zugrunde, dass zur Abbil- 42

---

1 Vgl. BT-Drucks. 19/11085 S. 119.

2 Vgl. A 260 Satz 4 AEBewGrSt.

dung des gemeinen Werts mit **zunehmender Höhe der Grundstücksinvestitionen** ein **wachsender Abschlag vom vorläufigen Sachwert** vorgenommen werden muss.[1]

43 Durch die Reduzierung der Abhängigkeit auf den vorläufigen Sachwert in sieben Stufen, den Bodenrichtwert in drei Stufen und die sich daraus ergebende geringe Anzahl der Wertzahlen ist m. E. insbesondere im Bereich der **höherwertigen Geschäftsgrundstücke** eine **starke Streuung** der ermittelten Grundsteuerwerte um den tatsächlichen Verkehrswert zu erwarten.[2] Dies gilt insbesondere in **Innenstadtlagen der Großstädte** mit besonders hohen Bodenrichtwerten. In diesen Lagen ist m. E. davon auszugehen, dass Grundstücksinvestitionen aufgrund der hohen Immobilienpreise regelmäßig mehr als vollumfänglich vergütet werden. Aufgrund besonders hoher **Baupreise** in Ballungsräumen und der dortigen hohen Nachfrage nach Immobilien in Bestlage ist damit zu rechnen, dass zur Erreichung eines zutreffenden Bewertungsergebnisses statt eines Abschlags ein deutlicher **Zuschlag zum vorläufigen Sachwert** bis hin zur Verdoppelung des vorläufigen Sachwerts vorzunehmen sein müsste.[3] In der Praxis können in vielen kleineren Städten gleichwohl mangels einer ausreichenden Zahl an Kauffällen keine Sachwertfaktoren für die Grundstücksart der Geschäftsgrundstücke ermittelt werden.

44 Es ist bemerkenswert, dass der Gesetzgeber in seiner Begründung zu § 160 BewG einerseits die Wichtigkeit einer **Anpassung des bundeseinheitlichen vorläufigen Sachwerts an die örtlichen Gegebenheiten** zur Ermittlung eines zutreffenden Werts betont (vgl. → Rz. 31), gleichzeitig aber dieses Ziel durch Verwendung **bundeseinheitlicher Wertzahlen** unerreichbar werden lässt. Wegen der grundsätzlichen Kritik am Sachwertverfahren vgl. Grootens in Grootens, BewG, § 258 Rz. 141 ff.

45 Ein **Nachweis eines niedrigeren gemeinen Werts**, wie ihn § 198 BewG für die Grundbesitzbewertung vorsieht, war bei der Grundsteuerwertermittlung zunächst nicht vorgesehen. Eine Möglichkeit zum Nachweis des niedrigen gemeinen Wertes hat der BFH in seinen Beschlüssen[4] vom 27.5.2024 gleichwohl als geboten erachtet. Die Verwaltung hat die Beschlüsse mit koordinierten Erlassen der obersten Finanzbehörden der Länder vom 24.6.2024 über den Einzelfall hinaus für anwendbar erklärt und erste Hinweise zum Nachweis gegeben. Mit dem JStG 2024[5] vom 2.12.2024 wurde eine die Beschlüsse des BFH umsetzende Regelung in § 220 Abs. 2 BewG eingefügt (vgl. zur **Öffnungsklausel** und zum Übermaßverbot ausführlich Grootens in Grootens, BewG, § 252 Rz. 96 ff. sowie zur **gesetzlichen Nachweismöglichkeit** Kurt in Grootens, BewG, § 220 Rz. 91 ff.).

1 Vgl. Grootens in Lippross/Seibel, BewG, § 191 Rz. 18 sowie Roscher, 360° GrStG eKommentar, § 260 BewG Rz. 277.

2 Vgl. zur vergleichbaren Problematik bei der Grundbesitzbewertung Mannek/Krause in Stenger/Loose, BewG, § 191 Rz. 32 und 34.3.

3 Gl. A. Nagel, NWB 36/2021 S. 2688, NWB AAAAH-88177, die exemplarisch Düsseldorf mit einem marktüblichen Sachwertfaktor von bis zu 2,0 anführt (vgl. auch Grundstücksmarktbericht Düsseldorf 2021, S. 24).

4 BFH, Beschluss v. 27.5.2024 - II B 78/23 (AdV), BStBl 2024 II S. 543 und BFH, Beschluss v. 27.5.2024 - II B 79/23 (AdV), BStBl 2024 II S. 546.

5 JStG 2024 v. 2.12.2024, BGBl. I 2024, Nr. 387.

IV. Sonderfälle

§ 261 BewG Erbbaurecht

[1]Bei Erbbaurechten ist für das Erbbaurecht und das Erbbaurechtsgrundstück ein Gesamtwert nach den §§ 243 bis 260 zu ermitteln, der festzustellen wäre, wenn die Belastung mit dem Erbbaurecht nicht bestünde. [2]Der ermittelte Wert ist dem Erbbauberechtigten zuzurechnen. [3]Für Wohnungserbbaurechte und Teilerbbaurechte gelten die Sätze 1 und 2 entsprechend.

Inhaltsübersicht Rz.

ARBEITSHILFEN UND GRUNDLAGEN ONLINE:

Grundsteuer: Grundbesitzbewertung ab 2022/2025 (Sach- und Ertragswertverfahren) – Checkliste mit Berechnungen NWB NAAAH-93792.

VERWALTUNGSANWEISUNGEN:

Koordinierte Erlasse der obersten Finanzbehörden der Länder v. 9.11.2021 – Anwendung des Siebenten Abschnitts des Zweiten Teils des Bewertungsgesetzes zur Bewertung des Grundbesitzes (allgemeiner Teil und Grundvermögen) für die Grundsteuer ab 1.1.2022 (AEBewGrSt), BStBl 2021 I S. 2334.

Koordinierte Erlasse der obersten Finanzbehörden der Länder v. 24.6.2024 - Ansatz eines niedrigeren gemeinen Werts bei der Bewertung des Grundvermögens für Zwecke der Grundsteuer ab 1. Januar 2025 - Aussetzung der Vollziehung (§ 361 AO) von Bescheiden über die Feststellung des Grundsteuerwerts, BStBl 2024 I S. 1073.

A. Allgemeine Erläuterungen zu § 261 BewG

I. Normzweck und wirtschaftliche Bedeutung der Vorschrift

§ 261 BewG regelt die Ermittlung der Grundsteuerwerte in **Erbbaurechtsfällen**. Zu diesem Zweck ist ein **Gesamtwert** für das Grundstück **ohne Berücksichtigung** der **Erbbaurechtssituation** zu ermitteln und dem **Erbbauberechtigten** als **Steuerschuldner** der Grundsteuer für das **belastete Grundstück und** das **Erbbaurecht** zuzurechnen. Für Wohnungserbbaurechte und Teilerbbaurechte gilt dies entsprechend. 1

(Einstweilen frei) 2–5

II. Entstehung und Entwicklung der Vorschrift

6 § 261 BewG wurde mit dem GrStRefG v. 26.11.2019[1] in das BewG eingefügt und ist erstmals für den **Hauptfeststellungszeitpunkt 1.1.2022** anzuwenden (vgl. § 266 BewG). Durch das JStG 2020 v. 21.12.2020[2] wurde der Satz 3 in den § 261 BewG eingefügt. Mit dem neu angefügten Satz wird klargestellt, dass die Sonderregelungen zur wirtschaftlichen Einheit, Bewertung und Zuordnung für das Erbbaurecht und dem mit dem Erbbaurecht belasteten Grundstück entsprechend für das **Wohnungserbbaurecht** und **Teilerbbaurecht** gelten.

7–10 *(Einstweilen frei)*

III. Geltungsbereich

11 § 261 BewG ist zur Bewertung von Erbbaurechtsfällen und belasteten Grundstücken im **Grundvermögen** anzuwenden. **Bewertungsgegenstand** ist das Grundstück i. S. des § 244 Abs. 3 Nr. 1 und Nr. 4 BewG.

12 Die Vorschriften gelten gem. § 231 BewG nur für die Bewertung des **inländischen** zu bewertenden Vermögens. Dabei sind auch die inländischen Teile einer wirtschaftlichen Einheit zu bewerten, die sich sowohl auf das Inland als auch auf das Ausland erstrecken.

13–20 *(Einstweilen frei)*

IV. Verhältnis zu anderen Vorschriften

21 Die Ermittlung des Grundsteuerwerts erfolgt in Erbbaurechtsfällen nach **§§ 243–260 BewG** und sieht eine Zurechnung des auf diese Weise ermittelten Gesamtwerts für das Grundstück auf den Erbbauberechtigten vor. Die bisherige Regelung zur **Steuerschuldnerschaft** in **§ 10 Abs. 2 GrStG** a. F., wonach derjenige, dem ein Erbbaurecht, ein Wohnungserbbaurecht oder ein Teilerbbaurecht zugerechnet ist, auch Schuldner der Grundsteuer für die wirtschaftliche Einheit des belasteten Grundstücks ist, konnte daher entfallen.[3]

22 Wegen der **Mitwirkungspflichten** des Erbbauverpflichteten bei den **Erklärungs- und Anzeigepflichten** vgl. Kurt in Grootens, BewG, § 228 Rz. 156.

23–30 *(Einstweilen frei)*

B. Systematische Kommentierung

I. Ermittlung des Grundsteuerwerts in Erbbaurechtsfällen (§ 261 Satz 1 BewG)

31 Das Erbbaurecht ist das veräußerliche und vererbliche Recht an einem Grundstück, auf oder unter der Oberfläche des Grundstücks ein Bauwerk zu haben. Bei Grundstücken, die mit einem Erbbaurecht belastet sind, bildet das **Erbbaurecht zusammen mit dem belasteten Grundstück eine wirtschaftliche Einheit** (vgl. § 244 Abs. 3 Nr. 1 BewG). Das gilt auch, wenn der Eigentümer des belasteten Grundstücks das Erbbaurecht oder der Erbbauberechtigte das belastete Grundstück erwirbt **(Eigentümererbbaurecht)**. Das belastete Grundstück ist das Grundstück, an dem

1 GrStRefG v. 26.11.2019, BGBl 2019 I S. 1794.

2 JStG 2020 v. 21.12.2020, BGBl 2020 I S. 3096.

3 Vgl. zum Wegfall des § 10 Abs. 2 GrStG a. F. Schmidt in Grootens, GrStG, § 10 Rz. 7.

das Erbbaurecht bestellt ist. Das Erbbaurecht erstreckt sich im Allgemeinen auf das ganze Grundstück. Erstreckt es sich jedoch nur auf einen Teil des Grundstücks i. S. des Zivilrechts, bildet dieser Teil zusammen mit dem anteiligen belasteten Grund und Boden eine wirtschaftliche Einheit. Für den restlichen Teil des Grundstücks ist die Bewertung nach den allgemeinen Grundsätzen durchzuführen. Wegen der unterschiedlichen **Fallgestaltungen des Erbbaurechts** vgl. ausführlich Bock in Grootens, BewG, § 243 Rz. 47 ff.

Das Erbbaurecht entsteht zivilrechtlich mit der **Eintragung in das Grundbuch** (§ 11 ErbbauRG i.V. mit § 873 BGB). Bewertungsrechtlich gilt das Erbbaurecht bereits dann als entstanden, wenn die **dingliche Einigung** über die Bestellung eines Erbbaurechts erfolgt ist und der zukünftige Erbbauberechtigte in der Lage ist, die **Eintragung in das Grundbuch** zu bewirken. 32

Das **Erbbaurecht** wird zur Ermittlung der Bemessungsgrundlage für die Grundsteuer mit dem belasteten **Grund und Boden** zu **einer wirtschaftlichen Einheit zusammengefasst.**[1] § 261 BewG entwickelt § 92 BewG unter Berücksichtigung des typisierenden Massenverfahrens fort und bestimmt, dass in den Fällen, in denen ein Grundstück mit einem Erbbaurecht belastet ist, für den Grund und Boden sowie für ggf. vorhandene Gebäude ein **Gesamtwert nach den §§ 246 – 260 BewG** zu ermitteln ist. Festgestellt wird der Wert, der festzustellen wäre, wenn die Belastung mit dem Erbbaurecht nicht bestünde.[2] Da die Ermittlung des Gesamtwerts so vorzunehmen ist, als wenn die Belastung mit dem Erbbaurecht nicht bestünde, ist weder das Recht auf den Erbbauzins noch die Verpflichtung zur Zahlung des Erbbauzinses bei der Bewertung der wirtschaftlichen Einheit zu berücksichtigen.[3] 33

Errichtet der Erbbauberechtigte ein Gebäude auf einem erbbaurechtsbelasteten und einem ihm gehörenden angrenzenden Grundstück, ist das Gebäude gemeinsam mit dem gesamten Grund und Boden als eine **wirtschaftliche Einheit** zu bewerten. Wenn das angrenzende Grundstück auf Grund eines Pachtvertrags vom Erbbauberechtigten bebaut worden ist und es sich bei diesem Gebäudeteil um ein **Gebäude auf fremdem Grund und Boden** i. S. von § 262 BewG handelt, sind zwei wirtschaftliche Einheiten zu bilden und entsprechend zu bewerten. 34

Ein **Nachweis eines niedrigeren gemeinen Werts**, wie ihn § 198 BewG für die Grundbesitzbewertung vorsieht, war bei der Grundsteuerwertermittlung zunächst nicht vorgesehen. Eine Möglichkeit zum Nachweis des niedrigen gemeinen Wertes hat der BFH in seinen Beschlüssen[4] vom 27.5.2024 gleichwohl als geboten erachtet. Die Verwaltung hat die Beschlüsse mit koordinierten Erlassen der obersten Finanzbehörden der Länder vom 24.6.2024 über den Einzelfall hinaus für anwendbar erklärt und erste Hinweise zum Nachweis gegeben. Mit dem JStG 2024[5] vom 2.12.2024 wurde eine die Beschlüsse des BFH umsetzende Regelung in § 220 Abs. 2 BewG eingefügt (vgl. zur **Öffnungsklausel** und zum Übermaßverbot ausführlich Grootens in Grootens, BewG, § 252 Rz. 96 ff. sowie zur **gesetzlichen Nachweismöglichkeit** Kurt in Grootens, BewG, § 220 Rz. 91 ff.). 35

(Einstweilen frei) 36–40

---

1 § 244 Abs. 3 Nr. 1 BewG, vgl. Bock in Grootens, BewG, § 244 Rz. 47 ff.

2 Vgl. A 261.2 Abs. 1 Satz 2 AEBewGrSt.

3 Vgl. Krause in Stenger/Loose, § 261, BewG Rz. 50.

4 BFH, Beschluss v. 27.5.2024 - II B 78/23 (AdV), BStBl 2024 II S. 543 und BFH, Beschluss v. 27.5.2024 - II B 79/23 (AdV), BStBl 2024 II S. 546.

5 JStG 2024 v. 2.12.2024, BGBl. I 2024, Nr. 387.

II. Zurechnung des Grundsteuerwerts in Erbbaurechtsfällen (§ 261 Satz 2 BewG)

41 Der Gesamtwert von Grund und Boden sowie Gebäude wird dem **Erbbauberechtigten** zugerechnet. Ihm gegenüber ergeht der Feststellungsbescheid über den Grundsteuerwert. Dem **Erbbauberechtigten** wird abweichend von der bisherigen Bewertungssystematik (vgl. § 92 Abs. 1 Satz 1 BewG) der **Gesamtwert** von Grund und Boden und Gebäude zugerechnet, da er sich durch die Vereinbarung eines Erbbaurechtes und der damit einhergehenden Zahlung des Erbbauzinses eine **Rechtsposition** verschafft, die es rechtfertigt, ihn für die Dauer des Erbbaurechts für Zwecke der Bewertung im Rahmen der Grundsteuer dem **Eigentümer** des Grund und Bodens **gleichzustellen.**

42 Die bisherige Regelung zur **Steuerschuldnerschaft** in § 10 Abs. 2 GrStG a. F., wonach derjenige, dem ein Erbbaurecht, ein Wohnungserbbaurecht oder ein Teilerbbaurecht zugerechnet ist, auch Schuldner der Grundsteuer für die wirtschaftliche Einheit des belasteten Grundstücks ist, konnte daher entfallen.[1] Wer endgültig mit der Grundsteuer belastet werden soll, unterliegt der **Privatautonomie** (vgl. § 2 Nr. 3 ErbbauRG).

43 Wechselt das Eigentum am Erbbaurecht, ist auf den nächsten Feststellungszeitpunkt eine **Zurechnungsfortschreibung** auf den neuen Eigentümer vorzunehmen. Wechselt hingegen das Eigentum am Erbbaugrundstück, hat dies für die Zurechnung und die Bewertung der wirtschaftlichen Einheit Erbbaurecht keine Konsequenzen. Wird das **Erbbaurecht aufgehoben** oder erlischt es durch **Zeitablauf**, ist auf den Beginn des Kalenderjahres, das auf die Änderung folgt, gegenüber dem Grundstückseigentümer eine **Zurechnungsfortschreibung** vorzunehmen.

44–46 *(Einstweilen frei)*

III. Wohnungserbbaurechte und Teilerbbaurechte (§ 261 Satz 3 BewG)

47 § 261 Satz 3 BewG wurde durch das JStG 2020 v. 21.12.2020[2] nachträglich in den § 261 BewG eingefügt. Mit dem neu angefügten Satz wird klargestellt, dass die **Sonderregelungen** zur wirtschaftlichen Einheit, Bewertung und Zuordnung für das Erbbaurecht und dem mit dem Erbbaurecht belasteten Grundstück entsprechend für das Wohnungserbbaurecht und Teilerbbaurecht gelten. In diesem Zusammenhang wurde auch der § 244 Abs. 3 Nr. 4 BewG dahingehend umformuliert, dass als Grundstück jedes Wohnungserbbaurecht und Teilerbbaurecht zusammen mit dem **anteiligen** belasteten Grund und Boden gilt.

48 Die Änderung durch das JStG 2020 ist eine Reaktion auf das Urteil des BFH v. 26.8.2020 BFH, Urteil v. 26.8.2020 - II R 43/18, wonach die wirtschaftliche Einheit des Erbbaugrundstücks nach der Verkehrsauffassung in eine entsprechende Anzahl wirtschaftlicher Einheiten zerfällt, wenn auf einem Grundstück mehrere Wohnungs- oder Teilerbbaurechte lasten. Durch die Ergänzung des § 261 BewG um einen Satz 3 wird klargestellt, dass die Grundsätze für das Erbbaurecht auch für diese einzelnen wirtschaftlichen Einheiten gelten. Folglich wird für jedes Wohnerbbaurecht und Teilerbbaurecht ein Grundsteuerwert nach den Grundsätzen für das Wohnungs- und Teileigentum ermittelt und dem jeweiligen Erbbauberechtigten zugerechnet.

1 Vgl. zum Wegfall des § 10 Abs. 2 GrStG a. F. Schmidt in Grootens, GrStG, § 10 Rz. 7.
2 JStG 2020 v. 21.12.2020, BGBl 2020 I S. 3096.

§ 262 BewG Gebäude auf fremdem Grund und Boden

[1]Bei einem Gebäude auf fremdem Grund und Boden ist für den Grund und Boden sowie für das Gebäude auf fremdem Grund und Boden ein Gesamtwert nach den §§ 243 bis 260 zu ermitteln. [2]Der ermittelte Wert ist dem Eigentümer des Grund und Bodens zuzurechnen.

Inhaltsübersicht **Rz.**

ARBEITSHILFEN UND GRUNDLAGEN ONLINE:

Grundsteuer: Grundbesitzbewertung ab 2022/2025 (Sach- und Ertragswertverfahren) – Checkliste mit Berechnungen NWB NAAAH-93792.

VERWALTUNGSANWEISUNGEN:

Koordinierte Erlasse der obersten Finanzbehörden der Länder v. 9.11.2021 – Anwendung des Siebenten Abschnitts des Zweiten Teils des Bewertungsgesetzes zur Bewertung des Grundbesitzes (allgemeiner Teil und Grundvermögen) für die Grundsteuer ab 1.1.2022 (AEBewGrSt), BStBl 2021 I S. 2334.

Koordinierte Erlasse der obersten Finanzbehörden der Länder v. 24.6.2024 - Ansatz eines niedrigeren gemeinen Werts bei der Bewertung des Grundvermögens für Zwecke der Grundsteuer ab 1. Januar 2025 - Aussetzung der Vollziehung (§ 361 AO) von Bescheiden über die Feststellung des Grundsteuerwerts, BStBl 2024 I S. 1073.

A. Allgemeine Erläuterungen zu § 262 BewG

I. Normzweck und wirtschaftliche Bedeutung der Vorschrift

1 § 262 BewG regelt die Ermittlung der Grundsteuerwerte bei **Gebäuden auf fremdem Grund und Boden.** Zu diesem Zweck ist ein **Gesamtwert** für das Grundstück **ohne Berücksichtigung** der **Sondersituation** zu ermitteln und dem **Eigentümer des Grund und Bodens** als **Steuerschuldner** der Grundsteuer für das **belastete Grundstück und** das **Gebäude auf fremdem Grund und Boden** zuzurechnen.

2–5 *(Einstweilen frei)*

II. Entstehung und Entwicklung der Vorschrift

6 § 262 BewG wurde mit dem GrStRefG v. 26.11.2019[1] in das BewG eingefügt und ist erstmals für den **Hauptfeststellungszeitpunkt 1.1.2022** anzuwenden (vgl. § 266 BewG).

7–10 *(Einstweilen frei)*

1 GrStRefG v. 26.11.2019, BGBl 2019 I S. 1794.

III. Geltungsbereich

11 § 262 BewG ist für Fälle von Gebäuden auf fremdem Grund und Boden im **Grundvermögen** anzuwenden. **Bewertungsgegenstand** ist das Grundstück i. S. des § 244 Abs. 3 Nr. 2 BewG.

12 Die Vorschriften gelten gem. § 231 BewG nur für die Bewertung des **inländischen** zu bewertenden Vermögens. Dabei sind auch die inländischen Teile einer wirtschaftlichen Einheit zu bewerten, die sich sowohl auf das Inland als auch auf das Ausland erstrecken.

13–20 *(Einstweilen frei)*

IV. Verhältnis zu anderen Vorschriften

21 Die Ermittlung des Grundsteuerwerts erfolgt in Fällen von Gebäuden auf fremdem Grund und Boden nach **§§ 243–260 BewG** und sieht eine Zurechnung des auf diese Weise ermittelten Gesamtwerts für das Grundstück auf Eigentümer des belasteten Grundstücks vor. Wegen der **Mitwirkungspflichten** des Eigentümers oder wirtschaftlichen Eigentümers des Gebäudes bei den **Erklärungs- und Anzeigepflichten** vgl. Kurt in Grootens, BewG, § 228 Rz. 156.

22–30 *(Einstweilen frei)*

B. Systematische Kommentierung

I. Ermittlung des Grundsteuerwerts in Fällen von Gebäuden auf fremdem Grund und Boden (§ 262 Satz 1 BewG)

31 Ein Gebäude auf fremdem Grund und Boden liegt vor, wenn ein anderer als der Eigentümer des Grund und Bodens darauf ein Gebäude[1] errichtet hat und ihm das Gebäude bewertungsrechtlich zuzurechnen ist. Das Gebäude wird insb. dann einem anderen als dem Eigentümer des Grund und Bodens zugerechnet, wenn ein anderer an dem Gebäude das zivilrechtliche (Gebäude als **Scheinbestandteil, § 95 BGB**) oder **wirtschaftliche Eigentum** innehat. Sofern dem Nutzungsberechtigten für den Fall der Nutzungsbeendigung gegenüber dem Eigentümer des Grund und Bodens ein Anspruch auf Ersatz des Verkehrswerts des Gebäudes zusteht, ist bewertungsrechtlich von einem Gebäude auf fremdem Grund und Boden auszugehen.[2] Ein solcher Anspruch kann sich aus einer vertraglichen Vereinbarung oder aus dem Gesetz ergeben. Wegen der unterschiedlichen **Fallgestaltungen eines Gebäudes auf fremdem Grund und Boden** und zur **Abgrenzung von anderen Flächen des Grundstückseigentümers** vgl. ausführlich Bock in Grootens, BewG, § 244 Rz. 73 ff.

32 Nach § 262 BewG werden das Gebäude auf fremdem Grund und Boden und das damit belastete Grundstück aus **Vereinfachungs- und automationstechnischen Gründen** unter Fortentwicklung der Regelungen des § 94 BewG und unter Berücksichtigung des typisierenden Massenverfahrens als **eine wirtschaftliche Einheit** des Grundvermögens nach den §§ 243–260 BewG bewertet.

33 Hierzu wird das Gebäude auf fremdem Grund und Boden mit dem dazu gehörenden Grund und Boden zu **einer wirtschaftlichen Einheit zusammengefasst.**[3] Festgestellt wird der Wert,

1 Vgl. zum Gebäudebegriff ausführlich Bock in Grootens, BewG, § 243 Rz. 27 ff.
2 Vgl. A 262 Abs. 2 Satz 2 AEBewGrSt.
3 § 244 Abs. 3 Nr. 2 BewG, vgl. Bock in Grootens, BewG, § 244 Rz. 73 ff.

der festzustellen wäre, wenn die Sondersituation bei den Eigentumsverhältnissen nicht bestünde. Besondere Bedeutung kommt dabei einer vertraglich geregelten **Abrissverpflichtung** für das Gebäude zu, da sich diese verkürzend auf die Nutzungsdauer auswirkt.[1] Als Gebäude auf fremdem Grund und Boden werden

- das **Gebäude** (vgl. zum Gebäudebegriff ausführlich Bock in Grootens, BewG, § 243 Rz. 27 ff.),
- die **sonstigen Bestandteile,** wie die vom Nutzungsberechtigten errichteten **Außenanlagen** (vgl. zur Definition ausführlich Bock in Grootens, BewG, § 243 Rz. 60 ff.), und
- das **Zubehör** (vgl. zur Definition ausführlich Bock in Grootens, BewG, § 243 Rz. 67 ff.)

erfasst. Werden auf einem Grundstück nur **Betriebsvorrichtungen** (§ 243 Abs. 2 Nr. 2 BewG) oder **Außenanlagen** errichtet, liegt kein Gebäude auf fremdem Grund und Boden, sondern ein **unbebautes Grundstück** vor.

Ein **Nachweis eines niedrigeren gemeinen Werts,** wie ihn § 198 BewG für die Grundbesitzbewertung vorsieht, war bei der Grundsteuerwertermittlung zunächst nicht vorgesehen. Eine Möglichkeit zum Nachweis des niedrigen gemeinen Wertes hat der BFH in seinen Beschlüssen[2] vom 27.5.2024 gleichwohl als geboten erachtet. Die Verwaltung hat die Beschlüsse mit koordinierten Erlassen der obersten Finanzbehörden der Länder vom 24.6.2024 über den Einzelfall hinaus für anwendbar erklärt und erste Hinweise zum Nachweis gegeben. Mit dem JStG 2024[3] vom 2.12.2024 wurde eine die Beschlüsse des BFH umsetzende Regelung in § 220 Abs. 2 BewG eingefügt (vgl. zur **Öffnungsklausel** und zum Übermaßverbot ausführlich Grootens in Grootens, BewG, § 252 Rz. 96 ff. sowie zur **gesetzlichen Nachweismöglichkeit** Kurt in Grootens, BewG, § 220 Rz. 91 ff.). 34

(Einstweilen frei) 35–40

II. Zurechnung des Grundsteuerwerts in Fällen von Gebäuden auf fremdem Grund und Boden (§ 262 Satz 2 BewG)

Für die wirtschaftliche Einheit ist ein Gesamtwert festzustellen, der dem **Eigentümer des Grund und Bodens** zuzurechnen ist. Ihm gegenüber ergeht der Feststellungsbescheid über den Grundsteuerwert. Dieser ist trotz abweichender wirtschaftlicher Vereinbarung grds. **zivilrechtlich Eigentümer des Gebäudes** (Ausnahme: Gebäude als **Scheinbestandteil**). Er kann auf einfachem Weg aufgrund amtlicher Grundstücksinformationen im automatisierten Verfahren ermittelt werden und wird Steuerschuldner für das gesamte belastete Grundstück inklusive Gebäude. Eine **Beendigung des Pachtvertrags** und eine Übergabe des Gebäudes gegen Entschädigung an den Eigentümer des Grund und Bodens führt nicht zu einer Fortschreibung des Grundsteuerwerts, da sich weder in Bezug auf die Zurechnung der wirtschaftlichen Einheit noch auf den Wert des Grundstücks Änderungen ergeben haben. Wird das Gebäude aufgrund einer **Abrissverpflichtung** bei Auslaufen des Pachtvertrages beseitigt, ist regelmäßig eine Wert- und Artfortschreibung nach § 222 Abs. 1 und 2 BewG auf ein unbebautes Grundstück vorzunehmen. 41

---

1 Vgl. zur Auswirkung einer Abrissverpflichtung im Ertragswertverfahren Grootens in Grootens, BewG § 253 Rz. 101 ff. und im Sachwertverfahren Grootens in Grootens, § 259 BewG Rz. 121 ff.

2 BFH, Beschluss v. 27.5.2024 - II B 78/23 (AdV), BStBl 2024 II S. 543 und BFH, Beschluss v. 27.5.2024 - II B 79/23 (AdV), BStBl 2024 II S. 546.

3 JStG 2024 v. 2.12.2024, BGBl. I 2024, Nr. 387.

42 Gleichwohl soll diese Vereinfachung nach Auffassung des Gesetzgebers[1] im Ergebnis zu keiner tatsächlichen **Belastungsverschiebung** führen, wenn nach den üblichen vertraglichen Vereinbarungen die Grundsteuer schon bisher auf den Eigentümer des Gebäudes auf fremdem Grund und Boden abgewälzt wurde. Wer die Grundsteuer endgültig tragen soll, unterliegt der **Privatautonomie.**

V. Ermächtigungen

§ 263 BewG Ermächtigungen

(1) ¹Das Bundesministerium der Finanzen wird ermächtigt, durch Rechtsverordnung mit Zustimmung des Bundesrates die folgenden Anlagen zu ändern:

1. die Anlagen 27 bis 33 durch Anpassung der darin aufgeführten Bewertungsfaktoren und Zuschläge zum Reinertrag an die Ergebnisse der Erhebungen nach § 2 des Landwirtschaftsgesetzes oder an die Erhebungen der Finanzverwaltung zum nächsten Feststellungszeitpunkt,

2. im Einvernehmen mit dem Bundesministerium für Ernährung und Landwirtschaft die Anlagen 34 und 35 durch Anpassung des darin aufgeführten Umrechnungsschlüssels und der Gruppen der Zweige eines Tierbestands an geänderte wirtschaftliche oder technische Entwicklungen und

3. die Anlagen 36 bis 43 durch Anpassung der darin aufgeführten Bewertungsfaktoren des Ertrags- und Sachwertverfahrens an geänderte wirtschaftliche oder technische Verhältnisse.

²In der jeweiligen Rechtsverordnung kann das Bundesministerium der Finanzen zur Sicherstellung der Gleichmäßigkeit der Besteuerung, insbesondere zur Sicherstellung einer relations- und realitätsgerechten Abbildung der Grundsteuerwerte, anordnen, dass ab dem nächsten Feststellungszeitpunkt Grundsteuerwerte unter Berücksichtigung der tatsächlichen Verhältnisse und der geänderten Wertverhältnisse durch Anwendung der jeweils angepassten Anlagen 27 bis 43 festgestellt werden.

(2) Das Bundesministerium der Finanzen wird ermächtigt, durch Rechtsverordnung mit Zustimmung des Bundesrates die gemeindebezogene Einordnung in die jeweilige Mietniveaustufe zur Ermittlung der Zu- und Abschläge nach § 254 in Verbindung mit Anlage 39 Teil II auf der Grundlage der Einordnung nach § 12 des Wohngeldgesetzes in Verbindung mit § 1 Absatz 3 und der Anlage der Wohngeldverordnung für steuerliche Zwecke herzuleiten und den dafür maßgeblichen Gebietsstand festzulegen.

Inhaltsübersicht **Rz.**

1 Vgl. BT-Drucks. 19/11085 S. 120

A. Allgemeine Erläuterungen zu § 263 BewG

I. Normzweck und wirtschaftliche Bedeutung der Vorschrift

§ 263 BewG ermächtigt das **BMF**, mit Zustimmung des Bundesrates die **Anlagen 27–43 zum BewG** sowie die gemeindebezogene **Einordnung in die jeweilige Mietstufe** zur Ermittlung der Zu- und Abschläge bei der Ermittlung des **Rohertrages** nach § 254 BewG zu ändern. Die Ermächtigung soll eine **realitäts- und relationsgerechte Bewertung** für die Zukunft sicherstellen. 1

(Einstweilen frei) 2–5

II. Entstehung und Entwicklung der Vorschrift

§ 263 BewG wurde mit dem GrStRefG v. 26.11.2019[1] in das BewG eingefügt. In § 263 Abs. 2 BewG wurden durch das GrStRefUG[2] v. 16.7.2021 nach dem Wort „herzuleiten" die Wörter „und den dafür maßgeblichen Gebietsstand festzulegen" eingefügt. Mit der Ergänzung hat der Gesetzgeber das BMF ermächtigt, neben der gemeindebezogenen Einstufung in die jeweilige Mietniveaustufe auch den Gebietsstand für steuerliche Zwecke festzulegen. Die Erweiterung der Ermächtigung gilt ab dem 23.7.2021 (vgl. Art. 7 Abs. 1 GrStRefUG). 6

(Einstweilen frei) 7–10

III. Geltungsbereich

Die Ermächtigungen des § 263 BewG betreffen sowohl die Bewertung des **land- und forstwirtschaftlichen Vermögens** (Anlagen 27–35 zum BewG) als auch die Bewertung des **Grundvermögens** (Anlagen 36–43 zum BewG und gemeindebezogene Mietstufeneinordnung zu § 254 BewG). 11

(Einstweilen frei) 12–15

IV. Verhältnis zu anderen Vorschriften

Die durch **Rechtsverordnung** änderbaren Anlagen betreffen 16

- die **Bewertungsfaktoren** gem. **§ 237 BewG** (Anlagen 27–32 zum BewG),
- die **Zuschläge** zum **Reinertrag** gem. **§ 238 BewG** (Anlage 33 zum BewG),
- die **Abgrenzung** der **Tierbestände** gem. **§ 241 BewG** (Anlagen 34 und 35 zum BewG),
- die **Umrechnungsfaktoren** bei der **Bodenwertermittlung** gem. **§ 251 BewG** und **§ 257 BewG** (Anlage 36 zum BewG),
- die **Vervielfältiger** zur **Kapitalisierung** gem. **§ 253 BewG** (Anlage 37 zum BewG),
- die **Gesamtnutzungsdauern** gem. **§ 253 BewG** und **§ 259 BewG** (Anlage 38 zum BewG),
- den **Rohertrag** gem. **§ 254 BewG** (Anlage 39 und gemeindebezogene Mietstufeneinordnung),
- die **Bewirtschaftungskosten** gem. **§ 255 BewG** (Anlage 40 zum BewG),

1 GrStRefG v. 26.11.2019, BGBl 2019 I S. 1794.
2 GrStRefUG v. 16.7.2021, BGBl 2021 I S. 2931.

- die **Abzinsungsfaktoren** zur Bodenwertermittlung gem. **§ 257 BewG** (Anlage 41 zum BewG),
- die **Normalherstellungskosten** gem. **§ 259 BewG** (Anlage 42 zum BewG) und
- die **Wertzahlen** gem. **§ 260 BewG** (Anlage 43 zum BewG).

17–20 *(Einstweilen frei)*

B. Systematische Kommentierung

I. Ermächtigung zur Änderung der Anlagen 27–43 zum BewG (§ 263 Abs. 1 BewG)

1. Umfang der Verordnungsermächtigung

21 § 263 Abs. 1 BewG ermächtigt das **BMF**, durch **Rechtsverordnung** mit Zustimmung des **Bundesrates** die Anlagen 27–43 zum BewG an

- die Ergebnisse der Erhebungen nach § 2 des **Landwirtschaftsgesetzes**,
- an die Erhebungen der **Finanzverwaltung** oder
- an geänderte **wirtschaftliche** oder **technische Entwicklungen**

anzupassen.

22 Die Ermächtigung soll eine **realitäts- und relationsgerechte Bewertung** für die Zukunft sicherstellen. In der jeweiligen Rechtsverordnung kann das BMF daher zur Sicherstellung der Gleichmäßigkeit der Besteuerung anordnen, dass ab dem nächsten Feststellungszeitpunkt Grundsteuerwerte unter Berücksichtigung der tatsächlichen Verhältnisse und der geänderten Wertverhältnisse durch Anwendung der jeweils **angepassten Anlagen 27–43 zum BewG** festgestellt werden. Eine Anpassung der Anlagen 34 und 35 erfolgt im Einvernehmen mit dem **Bundesministerium für Ernährung und Landwirtschaft** (vgl. § 263 Abs. 1 Nr. 2 BewG).

23 M. E. kann mit dem Begriff **„Feststellungszeitpunkt"** in § 263 Abs. 1 Satz 2 BewG nur der **Hauptfeststellungszeitpunkt** i. S. des § 221 Abs. 2 BewG[1] und nicht die **Feststellungzeitpunkte innerhalb eines Hauptfeststellungszeitraums** (z. B. bei Wertfortschreibungen, vgl. Kurt in Grootens, BewG § 222 Rz. 171) gemeint sein, da andernfalls zur Sicherung der Gleichmäßigkeit der Besteuerung auch **innerhalb** eines **Hauptfeststellungszeitraums** (vgl. § 221 Abs. 1 BewG) **Neubewertungen** aller wirtschaftlichen Einheiten vorzunehmen wären, bei deren Bewertung auf die geänderten Anlagen zurückgegriffen werden muss.

24 Es würde dem **Typisierungsgedanken** eines Systems von **Hauptfeststellungszeitpunkten** mit gleichbleibenden **Wertverhältnissen** innerhalb des **Hauptfeststellungszeitraums** widersprechen, wenn auch innerhalb eines Hauptfeststellungszeitraums Veränderungen an den Bewertungsgrundlagen vorgenommen werden könnten. Insofern ist der Begriff „Feststellungszeitpunkt" m. E. **teleologisch** auf den **Hauptfeststellungszeitpunkt** zu **reduzieren**.[2]

25–26 *(Einstweilen frei)*

---

1 Vgl. Kurt in Grootens, BewG § 221 Rz. 71 ff.

2 Gl. A. Schnitter in GrStG - eKommentar, § 263 BewG Rz. 11.

2. Anpassung der Anlage 39 zum BewG durch das GrStRefUG

Die **Anlage 39 zum BewG** wurde zwischenzeitlich durch das **GrStRefUG**[1] geändert. Die Änderung erfolgte somit nicht durch Rechtsverordnung im Rahmen der Ermächtigung des § 263 BewG, sondern wegen zeitgleicher weiterer gesetzlich notwendiger Schritte durch ein **Bundesgesetz**. Im Zuge der Anhebung der Mietansätze in der Anlage 39 ist mit dem GrStRefUG gleichzeitig die **Grundsteuermesszahl für die Wohngrundstücke** herabgesetzt worden (vgl. § 15 Abs. 1 Nr. 2a GrStG), um dem durch die Anpassung der Anlage 39 zum BewG zu erwartenden Anstieg der Grundsteuerbelastung entgegenzuwirken (vgl. zur Neufassung der Anlage 39 zum BewG vertiefend Grootens in Grootens, BewG § 254 Rz. 34). Soll die Fortschreibung der Anlagen 36–43 zum BewG an aktuelle Wertverhältnisse nicht mit einer Erhöhung der Grundsteuerbelastung einhergehen, so ist m. E. stets eine gleichzeitige gesetzliche Anpassung der Grundsteuermesszahlen für die jeweiligen Grundstücksgruppe notwendig. Andernfalls würde das Ziel der **Aufkommensneutralität** der Grundsteuerreform durch die Wertsteigerungen der Grundstücke gefährdet werden. Es ergäbe sich eine **kalte Progression** bei jeder neuen Hauptfeststellung. Die Anpassung der Grundsteuermesszahlen ist aber nicht durch eine Rechtsverordnung möglich, da es an einer entsprechenden Ermächtigungsnorm im GrStG mangelt. Unterstellt man die Notwendigkeit der gleichzeitigen Anpassung von Anlagen und Messzahlen, läuft die **Ermächtigungsregelung** des § 263 Abs. 2 Nr. 3 BewG m. E. zumindest im Grundvermögen im Ergebnis leer, da die Änderungen an den Anlagen zum BewG – wie beim GrStRefUG geschehen – regelmäßig in einem Zug mit der Anpassung der Messzahlen durch ein Bundesgesetz durchgeführt werden kann. 27

(Einstweilen frei) 28

3. Anpassung der Anlagen 27–33 zum BewG durch Rechtsverordnung vom 29.6.2021

Das Bundesfinanzministerium hat von der Ermächtigung in § 263 Abs. 1 Nr. 1 BewG durch Erlass der **Verordnung**[2] **zur Neufassung der Anlagen 27–33 zum BewG** vom 29.6.2021 Gebrauch gemacht. Da bei der Ermittlung der unterschiedlichen land- und forstwirtschaftlichen Reinerträge ein Durchschnitt aus den letzten zehn vorliegenden Wirtschaftsjahren zu bilden ist, die vor dem Hauptfeststellungszeitpunkt geendet haben (vgl. § 236 Abs. 3 BewG) und sich die Betrachtungszeiträume für die zehnjährigen Durchschnittswerte seit dem Entwurf und der Verkündung des Gesetzes zur Reform des Grundsteuer- und Bewertungsrechts (GrStRefG[3] v. 26.11.2019) verändert haben, war eine **Aktualisierung nach § 236 Abs. 3 BewG** zwingend erforderlich und soll einer auf veralteten Grundlagen beruhenden Bewertung entgegenwirken. Eine Anpassung der **Steuermesszahl** für das land- und forstwirtschaftliche Vermögen zur Wahrung der Aufkommensneutralität auf Ebene des Grundsteuermessbetragsvolumens war aufgrund der Anpassung der Bewertungsfaktoren nach einer Modellberechnung nicht erforderlich.[4] 29

Nach diesen Grundsätzen wurden die Anlagen 27–33 wie folgt angepasst:[5] 30

1 GrStRefUG v. 16.7.2021, BGBl 2021 I S. 2931.
2 BGBl 2021 I S. 2290.
3 BGBl 2019 I S. 1794.
4 Vgl. BR-Drucks. 275/21 S. 2.
5 Vgl. BR-Drucks. 275/21 S. 14.

Zu Anlage 27 (Landwirtschaftliche Nutzung)

Die Bewertungsfaktoren Grundbetrag und Ertragsmesszahl der landwirtschaftlichen Nutzung wurden angepasst. Außerdem wurde der Zuschlag für die verstärkte Tierhaltung aktualisiert.

Zu Anlage 28 (Forstwirtschaftliche Nutzung)

Die Bewertungsfaktoren der 82 Wuchsgebiete der forstwirtschaftlichen Nutzung wurden angepasst.

Zu Anlage 29 (Weinbauliche Nutzung)

Der Bewertungsfaktor Traubenerzeugung der weinbaulichen Nutzung wurde angepasst.

Zu Anlage 30 (Gärtnerische Nutzung)

Die Bewertungsfaktoren für Flächen der Nutzungsteile Gemüsebau, Blumen-/Zierpflanzenbau, Obstbau und Baumschulen der gärtnerischen Nutzung wurden angepasst. Außerdem wurden die Zuschläge für Flächen unter Glas und Kunststoff für die Nutzungsteile Gemüsebau, Blumen-/Zierpflanzenbau, Obstbau und Baumschulen aktualisiert.

Zu Anlage 31 (Übrige land- und forstwirtschaftliche Nutzungen sowie Abbauland, Geringstland und Unland)

Die Bewertungsfaktoren für die Sondernutzungen Hopfen und Spargel sowie für die Nutzungsart Geringstland wurden angepasst. Außerdem wurde der Zuschlag für stehende Gewässer bei Fischerträgen zwischen 1 und 4 kg/a und über 4 kg/a aktualisiert. Für die anderen Bewertungsfaktoren und Zuschläge der übrigen land- und forstwirtschaftlichen Nutzungen sowie Abbauland und Unland hat sich kein Anpassungsbedarf ergeben.

Zu Anlage 32 (Nutzungsart Hofstelle)

Der Bewertungsfaktor für die Hoffläche der Nutzungsart Hofstelle wurde angepasst. Für die Zuschläge der Wirtschaftsgebäude hat sich kein Anpassungsbedarf ergeben.

Zu Anlage 33 (Weitere den Ertragswert erhöhende Umstände)

Der Bewertungsfaktor für die abgegrenzte Standortfläche der Windenergieanlagen wurde angepasst.

31 Zur **Beseitigung eines redaktionellen Versehens** ist die Verordnung zur Neufassung der Anlagen 27–33 zum BewG vom 29.6.2021 wie folgt berichtigt[1] worden: „In der Anlage 31 (Übrige land- und forstwirtschaftliche Nutzungen sowie Abbauland, Geringstland und Unland) ist unter Zuschläge für fließende Gewässer für beide Bewertungsklassen jeweils die Angabe „Binnenfischerei, Teichwirtschaft und Fischzucht für Binnenfischerei und Teichwirtschaft" durch die Angabe „Teichwirtschaft und Fischzucht für Binnenfischerei und Teichwirtschaft" zu ersetzen."

32-35 *(Einstweilen frei)*

1 Vgl. Berichtigung der Verordnung zur Neufassung der Anlagen 27–33 zum BewG v. 12.10.2021, BGBl 2021 I S. 4831.

II. Ermächtigung zur Änderung der gemeindebezogenen Mietstufeneinordnung (§ 263 Abs. 2 BewG)

§ 263 Abs. 2 BewG ermächtigt das **BMF**, durch **Rechtsverordnung** mit Zustimmung des **Bundesrates** die gemeindebezogene Einordnung in die jeweilige **Mietniveaustufe** zur Ermittlung der Zu- und Abschläge nach § 254 Abs. 2 BewG i.V. mit der Anlage 39 zum BewG auf der Grundlage der Einordnung nach **§ 12 des Wohngeldgesetzes** in der jeweils gültigen Fassung in Verbindung mit § 1 Abs. 3 und der Anlage der **Wohngeldverordnung** in der jeweils gültigen Fassung für steuerliche Zwecke herzuleiten. Von dieser Ermächtigung hat das BMF durch den Erlass der **MietNEinV**[1] v. 18.8.2021 Gebrauch gemacht. Maßgeblicher Gebietsstand ist der 25.1.2021. Eine Zuordnung erfolgt flächendeckend für das gesamte Bundesgebiet, unabhängig davon, ob ein Land von der Ermächtigung zur Schaffung von abweichenden Länderregelungen nach Art. 72 Abs. 3 Satz 1 Nr. 7 GG Gebrauch gemacht hat. Zum einen setzt ein Abweichen der Länder von der bundesgesetzlich geregelten Grundsteuer eine entsprechende landesgesetzliche Regelung voraus, zum anderen soll für den Fall vorgesorgt werden, dass eine vorhandene landesrechtliche Regelung wieder aufgehoben wird. 36

Durch die Anpassung der Mietniveaueinstufungen können Verschiebungen des **Mietniveaus** innerhalb eines **Bundeslandes** abgebildet werden. Eine Anpassung der **Anlage 39 zum BewG** wäre für diese Zwecke nicht zielführend, da die dortigen Tabellenwerte jeweils nur den **Landesdurchschnitt** abbilden. 37

Mit der Ergänzung der Formulierung des § 263 Abs. 2 BewG durch das GrStRefUG[2] (vgl. → Rz. 6) wird das BMF zudem ermächtigt, in der Rechtsverordnung zur gemeindebezogenen Einordnung in die jeweilige Mietniveaustufe auch den dafür **maßgeblichen Gebietsstand** für steuerliche Zwecke festzulegen. Damit wird sichergestellt, dass auch im Zeitraum zwischen dem Zeitpunkt des Erlasses der Rechtsverordnung und dem Feststellungszeitpunkt (z. B. durch **Zusammenlegung mehrerer Gemeinden**) neu gegründete Gemeinden, die in der Rechtsverordnung nicht aufgeführt werden (konnten), einer Mietniveaustufe zugeordnet werden. 38

Dritter Teil: Schlussbestimmungen

§ 264 BewG Bekanntmachung

Das Bundesministerium der Finanzen wird ermächtigt, den Wortlaut dieses Gesetzes und der zu diesem Gesetz erlassenen Rechtsverordnungen in der jeweils geltenden Fassung satzweise nummeriert bekannt zu machen.

Zu § 264 BewG wurde an dieser Stelle auf eine Kommentierung verzichtet. Für eine ausführliche Kommentierung vgl. Bock in Viskorf/Schuck/Wälzholz, Erbschaftsteuer- und Schenkungsteuergesetz, Bewertungsgesetz, § 264 BewG Rz. 1 ff.

§ 265 BewG Anwendungsvorschriften

(1) Dieses Gesetz in der Fassung des Artikels 7 des Gesetzes vom 1. November 2011 (BGBl I S. 2131) ist auf Bewertungsstichtage nach dem 30. Juni 2011 anzuwenden.

1 Mietniveau-Einstufungsverordnung – MietNEinV v. 18.8.2021, BGBl I 2021 S. 3738.

2 GrStRefUG v. 16.7.2021, BGBl 2021 I S. 2931.

(2) Soweit die §§ 40, 41, 44, 55 und 125 Beträge in Deutscher Mark enthalten, gelten diese nach dem 31. Dezember 2001 als Berechnungsgrößen fort.

(3) § 145 Absatz 3 Satz 1 und 4, § 166 Absatz 2 Nummer 1, § 179 Satz 4 und § 192 Satz 2 in der Fassung des Artikels 10 des Gesetzes vom 7. Dezember 2011 (BGBl I S. 2592) sind auf Bewertungsstichtage nach dem 13. Dezember 2011 anzuwenden.

(4) Anlage 1, Anlage 19 und Teil II der Anlage 24 in der Fassung des Artikels 10 des Gesetzes vom 7. Dezember 2011 (BGBl I S. 2592) sind auf Bewertungsstichtage nach dem 31. Dezember 2011 anzuwenden.

(5) § 11 Absatz 4 in der Fassung des Artikels 3 des Gesetzes vom 18. Dezember 2013 (BGBl I S. 4318) ist auf Bewertungsstichtage ab dem 22. Juli 2013 anzuwenden.

(6) § 48a in der Fassung des Artikels 20 des Gesetzes vom 26. Juni 2013 (BGBl I S. 1809) ist auf Bewertungsstichtage ab dem 1. Januar 2014 anzuwenden.

(7) § 26 in der Fassung des Artikels 6 des Gesetzes vom 18. Juli 2014 (BGBl I S. 1042) ist auf Bewertungsstichtage ab dem 1. August 2001 anzuwenden, soweit Feststellungsbescheide noch nicht bestandskräftig sind.

(8) § 97 Absatz 1b Satz 4 in der am 6. November 2015 geltenden Fassung ist auf Bewertungsstichtage nach dem 31. Dezember 2015 anzuwenden.

(9) § 154 Absatz 1 Satz 1 Nummer 3 und Satz 2 in der am 6. November 2015 geltenden Fassung ist auf Bewertungsstichtage nach dem 31. Dezember 2015 anzuwenden.

(10) Die §§ 190, 195 Absatz 2 Satz 4 und 5 sowie die Anlagen 22, 24 und 25 in der am 6. November 2015 geltenden Fassung sind auf Bewertungsstichtage nach dem 31. Dezember 2015 anzuwenden.

(11) § 203 in der Fassung des Artikels 2 des Gesetzes vom 4. November 2016 (BGBl I S. 2464) ist auf Bewertungsstichtage nach dem 31. Dezember 2015 anzuwenden.

(12) § 177 Absatz 1 und 2, § 179 Satz 3, § 183 Absatz 2 Satz 3, § 187 Absatz 2 Satz 2 und 3, § 188 Absatz 2 Satz 1, § 191 Absatz 1 Satz 2, § 193 Absatz 4 Satz 1 und § 198 Absatz 1 bis 3 in der Fassung des Artikels 1 des Gesetzes vom 16. Juli 2021 (BGBl I S. 2931) sind auf Bewertungsstichtage nach dem 22. Juli 2021 anzuwenden.

Zu § 265 BewG wurde an dieser Stelle auf eine Kommentierung verzichtet. Für eine ausführliche Kommentierung vgl. Bock in Viskorf/Schuck/Wälzholz, Erbschaftsteuer- und Schenkungsteuergesetz, Bewertungsgesetz, § 265 BewG Rz. 1 ff.

§ 266 BewG Erstmalige Anwendung des Siebenten Abschnitts des Zweiten Teils

(1) Die erste Hauptfeststellung für die Grundsteuerwerte nach § 221 wird auf den 1. Januar 2022 für die Hauptveranlagung auf den 1. Januar 2025 durchgeführt.

(2) [1]Für die Anwendung des § 219 Absatz 3 bei der Hauptfeststellung nach Absatz 1 ist zu unterstellen, dass anstelle von Einheitswerten Grundsteuerwerte für die Besteuerung nach dem Grundsteuergesetz in der am 1. Januar 2022 geltenden Fassung von Bedeutung sind. [2]Die Steuerbefreiungen des Grundsteuergesetzes in der am 1. Januar 2022 gültigen Fassung sind bei der Hauptfeststellung nach Absatz 1 zu beachten. [3]Bei Artfortschreibungen und Zurechnungsfortschreibungen nach § 222 Absatz 2 ist von der Hauptfeststellung auf den 1. Januar 2022 bis zum 1. Januar 2025 zu unterstellen, dass anstelle von Einheitswerten Grundsteuerwerte nach dem Grundsteuergesetz in der jeweils geltenden Fassung von Bedeutung sind.

(3) Werden der Finanzbehörde durch eine Erklärung im Sinne des § 228 auf den 1. Januar 2022 für die Bewertung eines Betriebs der Land- und Forstwirtschaft oder eines Grundstücks vor dem 1. Januar 2022 eingetretene Änderungen der tatsächlichen Verhältnisse erstmals bekannt, sind diese bei Fortschreibungen

nach § 22 und Nachfeststellungen nach § 23 auf Feststellungszeitpunkte vor dem 1. Januar 2022 nicht zu berücksichtigen.

(4) [1]Einheitswertbescheide, Grundsteuermessbescheide und Grundsteuerbescheide, die vor dem 1. Januar 2025 erlassen wurden, werden kraft Gesetzes zum 31. Dezember 2024 mit Wirkung für die Zukunft aufgehoben, soweit sie auf den §§ 19 bis 23, 27, 76, 79 Absatz 5, § 93 Absatz 1 Satz 2 des Bewertungsgesetzes in Verbindung mit Artikel 2 Absatz 1 Satz 1 und 3 des Gesetzes zur Änderung des Bewertungsgesetzes in der Fassung des Artikels 2 des Gesetzes vom 22. Juli 1970 (BGBl I S. 1118) beruhen. [2]Gleiches gilt für Einheitswertbescheide, Grundsteuermessbescheide und Grundsteuerbescheide, die vor dem 1. Januar 2025 erlassen wurden, soweit sie auf den §§ 33, 34, 125, 129 des Bewertungsgesetzes in der Fassung vom 1. Februar 1991 (BGBl I S. 230), das zuletzt durch Artikel 2 des Gesetzes vom 4. November 2016 (BGBl I S. 2464) und § 42 des Grundsteuergesetzes vom 7. August 1973 (BGBl I S. 965), das zuletzt durch Artikel 38 des Gesetzes vom 19. Dezember 2008 (BGBl I S. 2794) geändert worden ist, beruhen. [3]Für die Bewertung des inländischen Grundbesitzes (§ 19 Absatz 1 in der Fassung vom 31. Dezember 2024) für Zwecke der Grundsteuer bis einschließlich zum Kalenderjahr 2024 ist das Bewertungsgesetz in der Fassung vom 1. Februar 1991 (BGBl I S. 230), das zuletzt durch Artikel 2 des Gesetzes vom 4. November 2016 (BGBl I S. 2464) geändert worden ist, weiter anzuwenden.

(5) Bestehende wirtschaftliche Einheiten, die für Zwecke der Einheitsbewertung unter Anwendung der §§ 26 oder 34 Absatz 4 bis 6 in der bis zum 31. Dezember 2024 gültigen Fassung gebildet wurden, können weiterhin für Zwecke der Feststellung von Grundsteuerwerten nach den Regelungen des Siebenten Abschnitts zugrunde gelegt werden.

Inhaltsübersicht

LITERATUR:

Eichholz, Novellierung der Grundsteuer – Überblick über die wesentlichen Änderungen und Konsequenzen der Grundsteuer-Reform sowie kritische Beurteilung ausgewählter Aspekte (Teil I), DStR 23/2020 S. 1158; *Eisele,* Grundsteuerreform-Umsetzungsgesetz - Änderungen beim reformierten Bewertungs- und Grundsteuerrecht sowie bei der Grundbesitzbewertung, NWB 29/2021 S. 2903 NWB OAAAH-89905; *Eisele,* Fondsstandortgesetz: Nachjustierungen beim reformierten grundsteuerlichen Bewertungsrecht- Änderungen schon zum Stichtag 1.1.2022 von Bedeutung, NWB 28/2021 S. 2031 NWB XAAAH-83094;*Eisele,* Reform der Grundsteuer – Gesetzentwurf liegt vor! Teil II – Bewertung des land- und forstwirtschaftlichen

Vermögens für Zwecke der Grundsteuer A/Änderungen des Grundsteuergesetzes, NWB 29/2019 S. 2127 NWB AAAAH-22096; *Grootens,* Diskussionsbedarf bei der Reform der Grundsteuer – Änderungsvorschläge des Bundesrates und Verabschiedung des Gesetzentwurfs durch den Bundestag, NWB-EV 11/2019 S. 381 NWB CAAAH-33629; *Hubert,* Zur Reform der Grundsteuer im Überblick – Die Gesetzentwürfe der Bundesregierung v. 21.6.2019, StuB 14/2019 S. 533 NWB RAAAH-22504; *Löhr,* Entwurf zum Grundsteuer-Reformgesetz: Die große Unvollendete, DStR 28/2019 S. 1433; *Stöckel,* Grundsteuerreform: Auswirkungen der Einführung einer Öffnungsklausel – Rückholung der Gesetzgebungskompetenz auf Umwegen, NWB 12/2020 S. 850 NWB YAAAH-44237.

VERWALTUNGSANWEISUNGEN:

Koordinierte Erlasse der obersten Finanzbehörden der Länder v. 9.11.2021 – Anwendung des Siebenten Abschnitts des Zweiten Teils des Bewertungsgesetzes zur Bewertung des Grundbesitzes (allgemeiner Teil und Grundvermögen) für die Grundsteuer ab 1.1.2022 (AEBewGrSt), BStBl 2021 I S. 2334.

A. Allgemeine Erläuterungen zu § 266 BewG

I. Normzweck und wirtschaftliche Bedeutung der Vorschrift

1 § 266 BewG regelt die **erstmalige Anwendung** des Siebten Abschnitts des Zweiten Teils des BewG für Zwecke der Ermittlung der Grundsteuerwerte. Eine erste **Hauptfeststellung** wird auf den **1.1.2022**, die erste **Hauptveranlagung** auf den **1.1.2025** durchgeführt (vgl. § 36 Abs. 1 GrStG).

2 § 266 Abs. 2 regelt die **Unterstellung** der **Bedeutung** der **Grundsteuerwerte** auch vor dem Hauptveranlagungszeitpunkt 1.1.2025. Ebenso sind die **Steuerbefreiungen** des GrStG in der am 1.1.2022 geltenden Fassung zu berücksichtigen.

3 Eine **Amnestieregelung** in § 266 Abs. 3 BewG bestimmt, dass aus den Grundsteuerwertfeststellungserklärungen gewonnene Erkenntnisse erst ab dem 1.1.2022 bei der **Einheitsbewertung** berücksichtigt werden dürfen.

4 Schließlich regelt § 266 Abs. 4 BewG die **Aufhebung** der dann nicht mehr benötigten **Einheitswertbescheide** und die als Folgebescheide erlassenen **Grundsteuermessbescheide und Grundsteuerbescheide** auf Basis der Einheitswerte zum 31.12.2024 mit Wirkung für die Zukunft.

5 Die nachträglich eingefügte Regelung des § 266 Abs. 5 BewG stellt sicher, dass bestimmte **wirtschaftliche Einheiten im Eigentum mehrerer Personen** weiterhin für Zwecke der Feststellung von Grundsteuerwerten nach den Regelungen des Siebenten Abschnitts zugrunde gelegt werden können. Die Regelung gilt nur für den ersten Hauptfeststellungszeitpunkt und tritt mit Ablauf des 31.12.2028 außer Kraft.[1]

6–10 *(Einstweilen frei)*

II. Entstehung und Entwicklung der Vorschrift

11 § 266 BewG wurde mit dem **GrStRefG** v. 26.11.2019[2] in das BewG eingefügt. Durch das **FoStoG** v. 3.6.2021[3] wurde dem § 266 Abs. 4 BewG ein Satz 2 angefügt. Dieser Satz 2 wurde durch das **GrStRefUG**[4] v. 16.7.2021 inhaltsgleich zu Satz 3 (vgl. → Rz. 13). Mit der durch das FoStoG einge-

1 Vgl. Art. 2 GrStRefUG v. 16.7.2021, BGBl 2021 I S. 2931.
2 GrStRefG v. 26.11.2019, BGBl 2019 I S. 1794.
3 FoStoG v. 3.6.2021, BGBl 2021 I S. 1498.
4 GrStRefUG v. 16.7.2021, BGBl 2021 I S. 2931.

fügten Regelung wird klargestellt, dass für Einheitswertbescheide mit Wirkung für Grundsteuerzeiträume vor dem 1.1.2025 das Bewertungsgesetz i. d. F. vor dem GrStRefG auch nach dem 1.1.2025 weiterhin gilt. Damit wird ermöglicht, dass für noch nicht abgeschlossene **Altfälle** Einheitswertbescheide mit Wirkung für Zeiträume vor dem 1.1.2025 noch erlassen, geändert oder aufgehoben werden können. Zudem wird sichergestellt, dass die Feststellungsfrist für Sachverhalte, die bereits abgeschlossen sind und Einheitswertbescheide mit Wirkung vor dem 1.1.2025 betreffen, nicht verkürzt wird.

Ebenfalls mit dem **FoStoG**[1] v. 3.6.2021 wurde zudem ein Abs. 5 in den § 266 BewG eingefügt. Demnach können bestehende **wirtschaftliche Einheiten,** die für Zwecke der Einheitsbewertung unter Anwendung der §§ 26 oder 34 Abs. 4–6 BewG nach altem Recht gebildet wurden, weiterhin für Zwecke der Feststellung von Grundsteuerwerten nach den Regelungen des Siebenten Abschnitts zugrunde gelegt werden. 12

Mit dem **GrStRefUG**[2] v. 16.7.2021 wurde darüber hinaus eine klarstellende Erweiterung des Regelungsinhaltes des § 266 Abs. 4 Satz 1 BewG vorgenommen (vgl.→ Rz. 102). Der durch das FoStoG eingefügte bisherige § 266 Abs. 4 Satz 2 BewG (vgl. → Rz. 11) wurde durch die Einfügung zu Satz 3. Die durch das GrStRefUG eingefügte Neuregelung gilt ab dem 23.7.2021 (vgl. Art. 7 Abs. 1 GrStRefUG). 13

Mit dem JStG 2022[3] v. 16.12.2021 wurde zudem nochmals eine klarstellende Erweiterung des Regelungsinhaltes des § 266 Abs. 4 Satz 1 BewG hinsichtlich der **Bescheide über die Zerlegung des Grundsteuermessbetrags** vorgenommen (vgl.→ Rz. 102). 14

(Einstweilen frei) 15

III. Geltungsbereich

Die Regelungen zur Hauptfeststellung des § 266 BewG betreffen sowohl die Bewertung des **land- und forstwirtschaftlichen Vermögens** als auch die Bewertung des **Grundvermögens.** 16

Die Vorschriften gelten gem. § 231 BewG nur für die Bewertung des **inländischen** zu bewertenden Vermögens. Dabei sind auch die inländischen Teile einer wirtschaftlichen Einheit zu bewerten, die sich sowohl auf das Inland als auch auf das Ausland erstrecken. 17

(Einstweilen frei) 18–25

IV. Verhältnis zu anderen Vorschriften

Die Notwendigkeit einer **Hauptfeststellung** ergibt sich aus **§ 221 BewG**. Die Unterstellung der Bedeutung für die Grundsteuer am 1.1.2022 hat insbesondere für die **Feststellung von Grundsteuerwerten** gem. **§ 219 BewG** und die **Art- und Zurechnungsfortschreibung** gem. **§ 222 Abs. 2 BewG** Bedeutung. Die **Erklärungspflichten,** auf die sich die **Amnestieregelung** des § 266 Abs. 3 BewG bezieht, ergibt sich aus **§ 228 BewG.** § 266 Abs. 4 BewG weist für die **Aufhebung** der nicht mehr benötigten Bescheide auf die Vorschriften der Einheitsbewertung im Ersten Abschnitt des Zweiten Teils des BewG hin. 26

(Einstweilen frei) 27–35

1 FoStoG v. 3.6.2021, BGBl 2021 I S. 1498.

2 GrStRefUG v. 16.7.2021, BGBl 2021 I S. 2931.

3 JStG 2022 v.v 16.12.2022, BGBl 2022 I S. 2294.

B. Systematische Kommentierung

I. Erstmaliger Hauptfeststellungszeitpunkt (§ 266 Abs. 1 BewG)

36 Durch das GrStRefG[1] wurde im Zweiten Teil des Bewertungsgesetzes ein Siebter Abschnitt eingefügt. Damit wird dem Erfordernis Rechnung getragen, dass die neuen **Bewertungsverfahren** neben den bisherigen Bewertungsverfahren des Ersten Abschnitts des Zweiten Teils des Bewertungsgesetzes **parallel** angewandt werden und erst nach einer Übergangszeit das Bewertungsverfahren nach dem Ersten Abschnitt des Zweiten Teils abgelöst werden kann.

37 Die neu in das BewG eingefügte Norm § 266 Abs. 1 BewG bestimmt, dass die erste **Hauptfeststellung** für die Grundsteuerwerte nach § 221 BewG auf den **1.1.2022** durchgeführt wird. Ab diesem Zeitpunkt können **Feststellungsbescheide** über die neuen Grundsteuerwerte ergehen. Die Grundsteuer stützt sich erst ab 2025 auf diese Grundsteuerwerte (vgl. § 36 GrStG). Eine Festsetzung des **Grundsteuermessbetrags** mit Wirkung zum 1.1.2025 zeitgleich mit der Feststellung des Grundsteuerwerts bleibt dennoch möglich.[2]

38 Durch die parallele Geltung von altem und neuem Recht wird es temporär zu einer **deutlichen Mehrbelastung der Finanzverwaltung**, aber auch der Stpfl. bzw. deren Berater kommen.[3] Es kann nach nicht von der Hand zu weisendem Einwand von Stöckel nur gehofft werden, dass es gelingt, bis zum 31.12.2024 für alle wirtschaftlichen Einheiten Grundsteuermessbescheide bekannt zu geben.[4] Nach zutreffendem Hinweis von Löhr dürfte die Umsetzung des Zeitplans von den Fortschritten bei der **Digitalisierung** abhängen.[5]

39 Ob die **Fristen** des § 266 Abs. 1 BewG eingehalten werden können, erscheint auch nach Auffassung von Hubert fraglich.[6] Zum einen werde eine Neubewertung von ca. **36 Mio. Grundstücken** in Deutschland notwendig. Erschwerend komme die nicht zu unterschätzende Komplexität der neuen Bewertungsvorschriften hinzu. Der Verwaltungsaufwand könne auch durch eine mögliche **Digitalisierung der Gesetzesanwendung** nicht maßgeblich reduziert werden, weil diese Digitalisierung nur dann gelingen könne, wenn die Gesetze auf die rechnergestützte Anwendung des Steuerrechts ausgerichtet sind. Dazu hätten die neuen Regelungen einfacher ausgestaltet sein müssen. Dies birgt m. E. **verfassungsrechtliches Konfliktpotential**, da noch einfachere Bewertungsregelungen erst recht nicht geeignet sind, die Vorgaben des BVerfG zur **relations- und realitätsgerechten Bewertung** zu erfüllen.[7]

40 Als besonderes Risiko bei der Festlegung des Hauptfeststellungszeitpunkts auf den 1.1.2022 sah der Bundesrat, dass die **Bodenrichtwerte** zum Stichtag 1.1.2022 den Grundstückseigentümern beim geplanten Beginn der **Erklärungsannahme ab Mitte 2022** (nach den Planungen der Bereiche IT und Organisation) möglicherweise noch nicht flächendeckend zur Verfügung stehen könnten. Erklärungen würden dann später abgegeben und somit die Zeitspanne für die **Bearbeitung der Wertfeststellungen in den Finanzämtern** verkürzt.[8]

1 GrStRefG v. 26.11.2019, BGBl 2019 I S. 1794.
2 Vgl. Eisele, NWB 29/2019 S. 2127, NWB AAAAH-22096.
3 Gl. A. Eichholz, DStR 23/2020 S. 1158 sowie Hubert, StuB 14/2019 S. 533, NWB RAAAH-22504.
4 Vgl. Stöckel, NWB 12/2020 S. 850, NWB YAAAH-44237.
5 Vgl. Löhr, DStR 28/2019 S. 1433.
6 Vgl. Hubert, StuB 14/2019 S. 533, NWB RAAAH-22504.
7 Vgl. Grootens in Grootens, BewG, § 252 Rz. 126 ff.
8 Vgl. zur Kritik des Bundesrates Grootens, NWB-EV 11/2019 S. 381, NWB CAAAH-33629.

Der Bundesrat hatte daher im Gesetzgebungsverfahren vorgeschlagen, den **Hauptfeststellungszeitpunkt auf den 1.1.2021** vorzuziehen.[1] Eine Festlegung des Hauptfeststellungszeitpunktes auf den 1.1.2021 hätte nach Auffassung des Bundesrates diese Risiken vermieden, weil die maßgeblichen Bodenrichtwerte bei Beginn der Erklärungsannahme ab 2022 vorliegen. Der Vorschlag wurde im GrStRefG[2] nicht umgesetzt, da nach damaligem Kenntnisstand eine automationsgestützte Erklärungsannahme frühestens ab dem 1.1.2022 möglich ist. 41

Aufgrund der mit dem GrStRefG[3] verknüpften Änderung des Grundgesetzes wurde zunächst zur Beseitigung von Zweifeln durch das Gesetz zur Änderung des Grundgesetzes[4] v. 15.11.2019 dem Bund die **konkurrierende Gesetzgebungskompetenz** eingeräumt. Gleichzeitig wurde den Ländern im Rahmen einer **Öffnungsklausel** das Recht zur Ausgestaltung eigener Grundsteuergesetze und Bewertungsvorschriften gegeben. Sollten die Bundesländer von dieser Öffnungsklausel Gebrauch machen, so sind sie ebenfalls an die **Fortgeltungsfristen** des BVerfG gebunden. Somit muss **abweichendes Landesrecht ab 2025** angewendet werden, da eine Fortgeltung der Einheitsbewertung über diesen Stichtag hinaus ausgeschlossen wurde (vgl. → Rz 101 ff.). 42

Gleichzeitig darf gem. Art. 125b Abs. 3 GG abweichendes Landesrecht der Erhebung der Grundsteuer **frühestens** für Zeiträume ab dem **1.1.2025** zugrunde gelegt werden. Auf diese Weise soll ausweislich der Gesetzesbegründung sichergestellt werden, dass zu einem einheitlichen Zeitpunkt (1.1.2025) in allen Ländern die Grundsteuer nach neuem Recht – bundesgesetzlich oder landesgesetzlich geregelt – erhoben wird.[5] Eine vorherige **Diversifizierung der Grundsteuererhebung** soll steuerpolitisch vermieden werden. Diese Begründung ist m. E. wenig überzeugend. Die Öffnungsklausel schafft Unterschiede zwischen den Bundesländern in der Grundsteuererhebung. Warum diese Unterschiede aber ab 2025 wünschenswert sein sollen, vorher jedoch zu vermeiden sind, ist nicht nachvollziehbar. So wird in derselben Gesetzesbegründung angeführt: *Zugleich bietet sich gerade die Grundsteuer aufgrund der Immobilität des Steuerobjekts und des bereits in der Verfassung vorhandenen kommunalen Hebesatzrechts dafür an, die Steuerautonomie der Länder zu stärken.*[6] 43

Als Begründung lässt sich gleichwohl anführen, dass die durch das BVerfG ausgesprochene **Fortgeltungsanordnung**[7] für das alte Recht möglicherweise in ihrem Fortbestand gefährdet wäre, wenn einzelne Länder vorab abweichendes Landesrecht zur Anwendung bringen.

(Einstweilen frei) 44–55

II. Anwendung der Bewertungsvorschriften für die Grundsteuer vor dem 1.1.2025 (§ 266 Abs. 2 BewG)

1. Anwendung der Bewertungsvorschriften für die Grundsteuer vor dem 1.1.2025 (§ 266 Abs. 2 Satz 1 BewG)

§ 219 Abs. 3 BewG bestimmt, dass Grundsteuerwerte festgestellt werden, soweit diese für die Besteuerung relevant sind. Da das derzeitige GrStG für die Bemessung der Grundsteuer auf 56

1 Vgl. BR-Drucks. 354/19 S. 3.
2 GrStRefG v. 26.11.2019, BGBl 2019 I S. 1794.
3 GrStRefG v. 26.11.2019, BGBl 2019 I S. 1794.
4 Gesetz zur Änderung des Grundgesetzes (Art. 72, 105 und 125b) v. 15.11.2019, BGBl 2019 I S. 1546.
5 Vgl. BR-Drucks. 327/19 S. 4.
6 Vgl. BR-Drucks. 327/19 S. 2.
7 BVerfG, Urteil v. 10.4.2018 - 1 BvL 11/14, 1 BvL 12/14, 1 BvL 1/15, 1 BvR 639/11, 1 BvR 889/12, NWB MAAAG-80435.

die **Einheitswerte** verweist, sind die Grundsteuerwerte bis zu der mit Art. 3 des GrStRefG[1] vorgesehenen Anwendung des GrStG für die **Grundsteuer 2025** für die Besteuerung noch nicht von Relevanz. Dies könnte dazu führen, dass die Grundsteuerwerte solange nicht festgestellt werden können, bis Art. 3 des GrStRefG Anwendung findet, das wiederum für die Bemessung der Grundsteuer auf die Grundsteuerwerte verweist.

57 Eine frühere Anwendung des GrStG i. S. des Art. 3 ist nicht möglich, da die **automationstechnischen Umstellungen** erst eine Erhebung der Grundsteuer auf Grundlage der Grundsteuerwerte zum 1.1.2025 ermöglichen und daher bis dahin die Grundsteuer auf den bisherigen Einheitswerten beruhen soll.[2]

58 Um einen **lückenlosen Übergang** vom alten Grundsteuerrecht auf Grundlage der Einheitswerte zum neuen Grundsteuerrecht auf Grundlage der Grundsteuerwerte zu ermöglichen, müssen die Grundsteuerwerte bereits festgestellt worden sein, bevor Art. 3 des GrStRefG Anwendung findet. § 266 Abs. 2 BewG bestimmt daher, bei der Feststellung der Grundsteuerwerte in der **Übergangszeit** (2022–2024) für § 219 Abs. 3 BewG zu unterstellen, dass anstelle von Einheitswerten Grundsteuerwerte maßgebend für die Besteuerung nach dem Grundsteuergesetz sind. Damit wird eine **Relevanz** der Grundsteuerwerte für die Bemessung der Grundsteuer bereits **zum ersten Hauptfeststellungszeitpunkt fingiert.**

59–70 *(Einstweilen frei)*

2. Anwendung der Steuerbefreiungsvorschriften der Grundsteuer vor dem 1.1.2025 (§ 266 Abs. 2 Satz 2 BewG)

71 Derzeit werden für **steuerbefreite Grundstücke** keine Einheitswerte festgestellt. Es ist nach Auffassung des Gesetzgebers[3] anzunehmen, dass im Zeitpunkt der erstmaligen Veranlagung zur Grundsteuer zum 1.1.2025 (vgl. § 36 GrStG) jedenfalls ein Großteil der derzeitigen im Grundsteuerrecht vorgesehenen Steuerbefreiungen bestehen. Auch dem wird in der Übergangsregelung Rechnung getragen. Im Ergebnis werden bei der Anwendung von § 219 Abs. 3 BewG die im **Hauptfeststellungszeitpunkt 1.1.2022 geltenden Steuerbefreiungsvorschriften** des GrStG zugrunde gelegt.

72 Sollte bis zum 31.12.2024 eine **Steuerbefreiungsvorschrift** aufgehoben werden, kann eine **Nachfeststellung** der Grundsteuerwerte nach § 223 Abs. 1 Nr. 2 BewG erfolgen.[4] Wird eine neue Steuerbefreiungsvorschrift bis zum 31.12.2024 in das GrStG aufgenommen, sind die **Grundsteuerwerte** nach § 224 Abs. 1 Nr. 2 BewG **aufzuheben.**[5]

73–80 *(Einstweilen frei)*

3. Art- und Zurechnungsfortschreibungen vor dem 1.1.2025 (§ 266 Abs. 2 Satz 3 BewG)

81 Bei **Art- und Zurechnungsfortschreibungen** ist bei der Anwendung von § 222 Abs. 2 BewG ab dem ersten Hauptfeststellungszeitpunkt und der Anwendung von Art. 3 ebenfalls zu unterstellen, dass anstelle von Einheitswerten Grundsteuerwerte maßgebend für die Bemessung der

1 GrStRefG v. 26.11.2019, BGBl 2019 I S. 1794.
2 Vgl. BT-Drucks. 19/11085 S. 121.
3 Vgl. BT-Drucks. 19/11085 S. 121.
4 Vgl. Kurt in Grootens, BewG, § 223 Rz. 81 ff.
5 Vgl. Kurt in Grootens, BewG, § 224 Rz. 81 ff.

Grundsteuer sind. Somit können solche Fortschreibungen auch bereits auf die Stichtage 1.1.2023 und 1.1.2024 durchgeführt werden. Da der für die **Wertfortschreibungen** geltende § 222 Abs. 1 BewG anders als § 222 Abs. 2 BewG nicht die Bedeutung für die Besteuerung verlangt, war eine gleichlautende Regelung für die Wertfortschreibungen entbehrlich. Gleiches gilt für **Nachfeststellungen** (§ 223 BewG) und **Aufhebungen** (§ 224 BewG). Wegen der grundsätzlichen Problematik der parallelen Anwendung der Einheitsbewertung und der Grundsteuerwerte vgl. die Ausführungen zu § 266 Abs. 2 Satz 1 BewG unter →Rz. 36.

(Einstweilen frei) 82–90

III. Amnestieregelung für aus den Feststellungserklärungen gewonnene Erkenntnisse (§ 266 Abs. 3 BewG)

Die **Amnestieregelung** in § 266 Abs. 3 BewG bestimmt, dass Finanzbehörden vor dem 1.1.2022 eingetretene Änderungen der tatsächlichen Verhältnisse, die ihnen im Rahmen der erstmaligen Erklärung nach § 228 BewG für Zwecke der Grundsteuerwerte erstmals bekannt werden, nicht für die zurückliegenden Jahre zur **Fortschreibung** oder **Nachfeststellung** der **Einheitswerte** verwenden dürfen. Somit könnten diese Erkenntnisse frühestens für den Feststellungszeitpunkt 1.1.2022 berücksichtigt werden und zu einer Fortschreibung oder Nachfeststellung des Einheitswertes auf diesen Stichtag führen. Eine solche Änderung hat demnach nur für die Jahre 2022, 2023 und 2024 eine Auswirkung auf die Grundsteuer, da die Einheitswerte mit Ablauf des 31.12.2024 mit Wirkung für die Zukunft aufgehoben werden (vgl. →Rz. 101). Ab dem 1.1.2025 dürfen spätestens auch auf bereits bestandskräftige Bescheide, die auf den vom BVerfG mit seinem Urteil[1] v. 10.4.2018 zur Grundsteuer als verfassungswidrig festgestellten Bestimmungen des Bewertungsgesetzes beruhen, keine Belastungen mehr gestützt werden. Spätestens ab dem 1.1.2025 sind daher nach Auffassung des Gesetzgebers[2] in keinem Fall **Fortschreibungen** und **Nachfeststellungen** der **Einheitswerte** mehr möglich (vgl. →zur nachträglichen Durchführung von Feststellungen aber →Rz. 103). Die Sperrwirkung des § 266 Abs. 3 BewG gilt nach Auffassung der Finanzverwaltung ohne Ermessen sowohl bei Änderungen **zugunsten** als auch bei Änderungen **zuungunsten** des Steuerpflichtigen.[3] Diese Auffassung ist zwar vom Wortlaut der Vorschrift gedeckt, verliert aber die Zielsetzung der Regelung (vgl. →Rz. 92) aus den Augen.[4] **Aufhebungen** von Einheitswerten sind im § 266 Abs. 3 BewG nicht aufgeführt. Sie sind somit von der Sperrregelung unberührt und können auch auf Stichtage vor dem 1.1.2022 erfolgen.[5] Auch diese Auslassung zugunsten des Steuerpflichtigen spricht dafür, Änderungen zugunsten des Steuerpflichtigen generell nicht der Sperrwirkung zu unterwerfen. 91

Die Amnestieregelung soll die **wahrheitsgemäße Abgabe der Feststellungserklärung** nach § 228 BewG und damit eine realitätsgerechte Bewertung sicherstellen.[6] Anlass für das Verwertungsverbot war somit die Vorstellung, dass Steuerpflichtige die tatsächlichen Verhältnisse nicht wahrheitsgemäß offenlegen könnten, weil sie eine entsprechende rückwirkende Auswer- 92

1 BVerfG, Urteil v. 10.4.2018 - 1 BvL 11/14, 1 BvL 12/14, 1 BvL 1/15, 1 BvR 639/11, 1 BvR 889/12, NWB MAAAG-80435.

2 Vgl. BT-Drucks. 19/11085 S. 121.

3 Vgl. A 266.2 Abs. 1 Satz 2 AEBewGrSt.

4 Gl. A. Mannek in Stenger/Loose, BewG, § 266 Rz. 44 ff. sowie Schnitter in GrStG - eKommentar, § 266 BewG Rz. 14.

5 Vgl. A 266.2 Abs. 1 Satz 1 AEBewGrSt.

6 Vgl. BT-Drucks. 19/11085 S. 121.

tung bei der Einheitsbewertung befürchten.[1] In diesem Zusammenhang ist von besonderer Bedeutung, dass es im System der Einheitsbewertung **keine Anzeige- oder Erklärungspflicht** bei baulichen Veränderungen gab.[2] Sofern das Finanzamt nicht aus anderen Quellen von baulichen Veränderungen erfahren hat (z. B. Mitteilungen der Bauämter), wurden **An- und Ausbauten** daher mangels Kenntnis der Finanzverwaltung regelmäßig nicht im Wege einer Fortschreibung des Einheitswerts berücksichtigt. Insofern hat die Amnestieregelung mangels Pflichtverstoß des Steuerpflichtigen **keinen strafbefreienden Charakter,** sondern normiert lediglich eine **Sperrwirkung** für die Verwendung der im Rahmen der Erklärungsabgabe auf den Hauptfeststellungszeitpunkt erstmalig gewonnenen Erkenntnisse. Insoweit Mannek gleichwohl von der Verpflichtung des Finanzamtes ausgeht, in entsprechenden Fällen die **Straf- und Bußgeldstelle** hinzuziehen, dürfte sich dies auf die deutlich selteneren Fälle der Falschangaben in auf Aufforderung des Finanzamts eingereichten Feststellungserklärungen zur Feststellung des Einheitswerts beschränken.[3]

93 Die Sperrwirkung des § 266 Abs. 3 BewG greift auch dann, wenn der Steuerpflichtige einer bestehenden **Anzeigepflicht nach § 19 GrStG** nicht nachgekommen ist und geänderte Nutzungs- und/oder Eigentumsverhältnisse mit Einfluss auf eine Grundsteuerbefreiung erstmals im Rahmen der Erklärung zur Feststellung des Grundsteuerwerts auf den ersten Hauptfeststellungszeitpunkt 1.1.2022 bekannt werden.[4] Eine eventuelle **straf- oder bußgeldrechtliche Würdigung** eines Verstoßes gegen die Anzeigepflicht nach § 19 GrStG bleibt davon unberührt.

94 Die Amnestieregelung gilt nach Auffassung der Finanzverwaltung[5] hingegen nicht für **Änderungen der tatsächlichen Verhältnisse,** die

1. den Finanzbehörden **vor dem Eingang der Erklärung** i. S. des § 228 BewG auf den ersten Hauptfeststellungszeitpunkt 1.1.2022 **bekannt geworden** sind oder
2. in der **Erklärung** i. S. des § 228 BewG auf den ersten Hauptfeststellungszeitpunkt 1.1.**2022 nicht angegeben** wurden und daher den Finanzbehörden erst **nach dem Eingang der vorgenannten Erklärung bekannt geworden** sind oder
3. in **2021** eingetreten sind, und infolgedessen bei Fortschreibungen nach § 22 BewG und Nachfeststellungen nach § 23 BewG **auf den 1.1.2022** zu berücksichtigen sind.

95 Diese Auslegung ist m. E. vom Wortlaut des § 266 Abs. 3 BewG eindeutig gedeckt. Im Hinblick auf die dem Grunde nach ungerechtfertigte Begünstigung des Steuerpflichtigen wird der Anwendungsbereich der Vorschrift von der Verwaltung zurecht eng gehalten. Die enge Auslegung unterläuft zudem nicht den Zweck der Amnestieregelung, die **Vollständigkeit und Richtigkeit der Feststellungserklärung** auf den Hauptfeststellungszeitpunkt nicht durch Sorgen des Steuerpflichtigen vor rückwirkender steuerlicher Belastung zu gefährden.

96 Zu den **Stichtagen 1.1.2023 und 1.1.2024** können sowohl Fortschreibungen, Nachfeststellungen und Aufhebungen des Einheitswerts als auch Fortschreibungen, Nachfeststellungen und Aufhebungen des Grundsteuerwerts durchzuführen sein. Hierbei sind nach Vorgabe der Fi-

1 Vgl. Mannek in Stenger/Loose, BewG § 266 Rz. 30.
2 Vgl. Kurt in Grootens, BewG, § 228 Rz. 25.
3 Vgl. Mannek in Stenger/Loose, BewG, § 266 Rz. 34.
4 Vgl. A 266.2 Abs. 2 AEBewGrSt.
5 Vgl. A 266.2 Abs. 3 AEBewGrSt.

nanzverwaltung jeweils Rückschlüsse für die Feststellung der Einheitswerte und der Grundsteuerwerte zu ziehen.[1]

(Einstweilen frei) 97–100

IV. Aufhebung der nicht mehr benötigten Einheitswert-, Grundsteuermessbetrags- und Grundsteuerbescheide (§ 266 Abs. 4 BewG)

In Nr. 4 des Tenors des Urteils[2] des BVerfG v. 10.4.2018 zur Grundsteuer hat das BVerfG bestimmt, dass für Kalenderjahre nach **Ablauf der Fortgeltungsfristen** auch auf bereits **bestandskräftige Bescheide**, die auf den als verfassungswidrig festgestellten Bestimmungen des Bewertungsgesetzes beruhen, keine **Belastungen** mehr gestützt werden dürfen. 101

Nach § 31 Abs. 2 Satz 1 und 2 i.V. mit § 13 Nr. 8a und 11 BVerfGG kommt der Entscheidung des BVerfG zur Grundsteuer **Gesetzeskraft** zu. § 266 Abs. 4 Satz 1 BewG hebt daher **klarstellend** kraft Gesetzes die **Einheitswertbescheide**, **Grundsteuermessbescheide** und **Grundsteuerbescheide**, die vor dem 1.1.2025 erlassen wurden und soweit sie auf den §§ 19, 20, 21, 22, 23, 27, 76, 79 Abs. 5, 93 Abs. 1 Satz 2 BewG i.V. mit Art. 2 Abs. 1 Satz 1 und Satz 3 des Gesetzes zur Änderung des Bewertungsgesetzes i. d. F. des Art. 2 des Gesetzes[3] v. 22.7.1970 beruhen, **zum 31.12.2024** mit **Wirkung für die Zukunft** auf. Mit der Ergänzung des § 266 Abs. 4 Satz 2 BewG durch das GrStRefUG[4] v. 3.6.2021 (vgl. → Rz. 13) wird klarstellend bestimmt, dass auch 102

- Einheitswertbescheide, mit denen ein Einheitswert auf Grundlage der §§ 33, 34 BewG für land- und forstwirtschaftliches Vermögen festgestellt wurde,
- Grundsteuermessbescheide, in denen der Grundsteuermessbetrag auf Grundlage des Ersatzwirtschaftswerts (§ 125 BewG) ermittelt wurde,
- und Grundsteuerbescheide, in denen die Grundsteuer nach der Ersatzbemessungsgrundlage (§ 42 GrStG) bemessen wurde,

kraft Gesetzes zum 31.12.2024 mit Wirkung für die Zukunft aufgehoben werden. Mit der Ergänzung durch das JStG 2022[5] wurde der Umfang der Aufhebungsanordnung nochmals erweitert. Nach dem Wortlaut der Vorschrift i. d. F. des GrStRefUG[6] galt diese Anordnung nicht für **Bescheide über die Zerlegung des Grundsteuermessbetrags**. In § 266 Abs. 4 Satz 1 und 2 BewG wurde durch das JStG 2022 daher gesetzlich klargestellt, dass auch Bescheide über die Zerlegung des Grundsteuermessbetrags nach bisherigem, zum 31.12.2024 auslaufendem Recht, kraft Gesetzes zum 31.12.2024 mit Wirkung für die Zukunft aufgehoben werden.

M. E. bedeutet dies nicht, dass nach dem 1.1.2025 keine Einheitswertfeststellungen für **Feststellungszeitpunkte vor dem 1.1.2025** mehr durchgeführt werden dürfen. Die Beschränkung der Fortgeltung der Einheitsbewertung durch das BVerfG verfolgte den Zweck, dem Gesetzgeber ausreichend **Zeit zur gesetzgeberischen Neuregelung** und zur flächendeckenden Umsetzung der Bewertungsregeln zu geben. Diese Fortgeltungsbeschränkung gilt jedoch m. E. nur für die Belastungswirkung, nicht aber für die **Bescheiderteilung für vorherige Feststellungszeit-** 103

1 Vgl. A 266.2 Abs. 4 AEBewGrSt.
2 BVerfG, Urteil v. 10.4.2018 - 1 BvL 11/14, 1 BvL 12/14, 1 BvL 1/15, 1 BvR 639/11, 1 BvR 889/12, NWB MAAAG-80435.
3 BGBl 1970 I S. 1118.
4 GrStRefUG v. 16.7.2021, BGBl 2021 I S. 2931.
5 JStG 2022 v. 16.12.2022, BGBl 2022 I S. 2294.
6 GrStRefUG v. 16.7.2021, BGBl 2021 I S. 2931.

punkte. Eine Sperrwirkung für Bescheiderteilungen nach dem 31.12.2024 würde zu verfassungswidrigen Ungleichbehandlungen führen. Zudem könnten laufende **Einspruchs- und Klageverfahren** nicht mehr abgeschlossen werden, da keine Änderungsbescheide mehr ergehen könnten.

104 **BEISPIEL:** Im Juni 2025 erlässt das FA nach umfangreichen Sachverhaltsermittlungen einen Einheitswertbescheid auf den 1.1.2024 für ein bebautes Geschäftsgrundstück. Es handelt sich um eine Art- und Wertfortschreibung aufgrund der im Dezember 2023 fertig gestellten Bebauung des Grundstücks. Der Erlass dieses Bescheides ist m. E. auch in 2025 zulässig, da er sich auf einen Feststellungszeitpunkt und damit einen Grundsteuererhebungszeitraum innerhalb der Fortgeltungsfristen des BVerfG bezieht.

Der Einheitswertbescheid wird durch § 266 Abs. 4 BewG zum 31.12.2024 mit Wirkung für die Zukunft aufgehoben. Es ist davon auszugehen, dass das FA neben dem Einheitswertbescheid auf den 1.1.2024 auch einen Grundsteuerwertbescheid auf den 1.1.2024 im Wege der Art- und Wertfortschreibung (unter Anwendung der Fiktion des § 266 Abs. 2 BewG) erlässt, welcher der Grundsteuer ab dem Hauptveranlagungszeitpunkt 1.1.2025 zu Grunde gelegt wird.

105 Der **Gesetzgeber** hat die in dieser Frage bestehende **Unsicherheit** durch die Einfügung eines Satzes 2 in den § 266 Abs. 4 BewG mit dem FoStoG[1] v. 3.6.2021 **beseitigt.** Mit der eingefügten Regelung wird klargestellt, dass für Einheitswertbescheide mit Wirkung für Grundsteuerzeiträume vor dem 1.1.2025 das Bewertungsgesetz in der bisherigen Fassung vor dem GrStRefG auch nach dem 1.1.2025 gilt. In diesem Fall soll in den Bescheid eine Erläuterung aufgenommen werden, dass dessen Wirkung bis zum 31.12.2024 begrenzt ist.[2] Damit wird ermöglicht, dass für noch nicht abgeschlossene **Altfälle** Einheitswertbescheide mit Wirkung für Zeiträume vor dem 1.1.2025 auch nach der Umstellung auf die neuen Grundsteuerwerte ab dem 1.1.2025 noch **erlassen, geändert oder aufgehoben werden können.** Zudem wird sichergestellt, dass die **Feststellungsfrist** für Sachverhalte, die bereits abgeschlossen sind und Einheitswertbescheide mit Wirkung vor dem 1.1.2025 betreffen, **nicht verkürzt** wird.[3]

106–110 *(Einstweilen frei)*

V. Fortbestehen der für die Einheitsbewertung gebildeten wirtschaftlichen Einheiten für die Hauptfeststellung 2021 (§ 266 Abs. 5 BewG)

111 Nach § 2 Abs. 2 des BewG dürfen grds. nur solche **Wirtschaftsgüter** zu einer **wirtschaftlichen Einheit** zusammengefasst werden, die **demselben Eigentümer** gehören. Abweichend davon werden bei der Einheitsbewertung Flurstücke (insbesondere bei der Bewertung von land- und forstwirtschaftlichem Vermögen) gem. **§ 26 BewG** in einer wirtschaftlichen Einheit zusammengefasst, unabhängig davon, ob diese zivilrechtlich allein einem Ehepartner oder eingetragenen Lebenspartner zuzuordnen wären oder anteilig beiden. Hintergrund ist, dass insbesondere land- und forstwirtschaftliche Betriebe häufig aus einer Fülle von Wirtschaftsgütern bestehen, die teilweise dem einen, teilweise dem anderen Ehepartner bzw. eingetragenen Lebenspartner gehören.[4] Eine § 26 BewG entsprechende Regelung wurde mit dem GrStRefG[5] nicht in die Vorschriften über die Ermittlung der Grundsteuerwerte für die Grundsteuer ab

1 FoStoG v. 3.6.2021, BGBl 2021 I S. 1498.

2 Vgl. A 266.1 Abs. 5 Satz 2 AEBewGrSt.

3 Vgl. Eisele, NWB 28/2021 S. 2031, NWB XAAAH-83094.

4 Vgl. vertiefend Müller in Grootens, BewG, § 232 Rz. 34.

5 GrStRefG v. 26.11.2019.

1.1.2022 übernommen. Dem liegen automationstechnische Gründe durch die zukünftige Anknüpfung an das Liegenschaftskataster zugrunde.

Aus Sicht des Bundesrats[1] sind die erforderlichen Arbeiten bei Wegfall der Regelung des § 26 BewG im Rahmen der ersten Hauptfeststellung zum 1.1.2022 jedoch nicht zu leisten. Die Regelung des § 26 BewG soll daher jedenfalls **für den ersten Hauptfeststellungszeitraum** fortgeführt werden, um eine Umsetzung der Grundsteuerreform nicht zu gefährden. Ohne die bisherige Regelung des § 26 BewG wären insbesondere im Bereich des land- und forstwirtschaftlichen Vermögens erhebliche personelle Tätigkeiten im Rahmen der Grundsteuerreform in den Finanzämtern zusätzlich zu erledigen. 112

Dies sind insbesondere: 113

- Sichtung aller betroffenen Fälle bei Betrieben der Land- und Forstwirtschaft
- Treffen einer fachlichen Zuordnung über das Eigentum für jedes einzelne Flurstück (wirtschaftliche Einheiten können mehrere hundert Flurstücke umfassen);
- Neuaufnahmen mit Erfassung aller Grunddaten;
- Mitteilung der neuen Aktenzeichen und der fachlichen Hintergründe der getrennten Erfassung an die Steuerpflichtigen;
- Erlass eines Bescheids über die Grundsteuerwertfeststellung/Festsetzung des Grundsteuermessbetrags für jedes neue Aktenzeichen;
- Mitteilung der neuen Aktenzeichen und der Grundsteuermessbeträge an die Kommunen.

In der Folge müssten auch die Kommunen für jede neue wirtschaftliche Einheit einen Grundsteuerbescheid erlassen.

Die Regelung des § 266 Abs. 5 BewG ermöglicht in Bezug auf § 26 BewG in den drei nachstehend dargestellten Konstellationen **„gemischter" Eigentumsverhältnisse** entgegen der allgemeinen Regelung des § 2 Abs. 2 BewG die Zusammenfassung zu einer wirtschaftlichen Einheit: 114

	Wirtschaftsgüter im Alleineigentum		Wirtschaftsgüter im gemeinsamen Eigentum
Variante 1	Alleineigentum A	Alleineigentum B	
Variante 2	Alleineigentum A oder B		Gemeinsames Eigentum A und B
Variante 3	Alleineigentum A	Alleineigentum B	Gemeinsames Eigentum A und B

Ohne die neu eingefügte Regelung des § 266 Abs. 5 BewG müsste in diesen Fällen im Zuge der Grundsteuerreform in den genannten Varianten jeweils eine Aufteilung in mindestens zwei, womöglich sogar drei wirtschaftliche Einheiten stattfinden. Das hätte zur Folge, dass sich die Anzahl der wirtschaftlichen Einheiten erhöht. Dieser zusätzliche **Verwaltungsaufwand** ist nach Auffassung des Gesetzgebers[2] im Rahmen der ersten Hauptfeststellung weder i. S. der Verwaltungsökonomie noch der Bürgerfreundlichkeit darstellbar. Die Beibehaltungsanordnung gilt jedoch nicht für nach dem 31.12.2021 neu entstehende wirtschaftliche Einheiten.[3] 115

Mit der Bezugnahme auf § 34 Abs. 4–6 BewG im § 266 Abs. 5 BewG wird sichergestellt, dass die Wirtschaftsgüter, die bisher im Rahmen der Einheitsbewertung des land- und forstwirt- 116

1 Vgl. BT-Drucks. 19/27631 S. 133.
2 Vgl. BT-Drucks. 19/27631 S. 134.
3 Vgl. A 266.2 Abs. 5 Satz 3 AEBewGrSt.

schaftlichen Betriebs insbesondere bei **Gesellschaften und Gemeinschaften** mit einbezogen worden sind, ebenfalls weiterhin als zu dieser wirtschaftlichen Einheit gehörig betrachtet werden. Dies vermeidet einen zusätzlichen Verwaltungsaufwand durch die Ausgliederung von Grundstücken, die einem oder mehreren Beteiligten gehören und dem land- und forstwirtschaftlichen Betrieb der Gesellschaft zu dienen bestimmt sind.[1]

117 Um zukünftigen Aufwand bei der Entstehung neuer wirtschaftlicher Einheiten zu vermeiden, ist ein **Außerkrafttreten** des § 266 Abs. 5 zum 31.12.2028 vorgesehen (vgl. Art. 19 Abs 3 i.V. mit Art. 8 FoStoG[2]), da zum 1.1.2029 die zweite Hauptfeststellung nach reformiertem Recht stattfindet. Bis dahin soll verwaltungsseitig die KONSENS-Datenbank LANGUSTE fertiggestellt sein und damit die Zuordnung der Flächen anhand der Liegenschaftskataster automatisiert erfolgen. Das Fortbestehen einer Regelung, welche die Zuordnung von Flurstücken verschiedener Eigentümer zu einer wirtschaftlichen Einheit anordnet, erfordert zur Umsetzung personellen Aufwand (Prüfung der Tatbestandsvoraussetzungen des § 26 BewG) und widerspräche damit dem mittelfristigen Ziel, die Feststellung der Grundsteuerwerte weitgehend zu automatisieren.

1 Vgl. zu den einzelnen betroffenen Fallgestaltungen ausführlich Eisele, NWB 28/2021 S. 2031, NWB XAAAH-83094.

2 FoStoG v. 3.6.2021, BGBl 2021 I S. 1498.

Anhang BewG

Anlage 27 (zu § 237 Abs. 2 BewG)

Landwirtschaftliche Nutzung

Bewertungsfaktoren	**Bezugseinheit**	**in EUR**
Grundbetrag	pro Ar	2,52
Ertragsmesszahl	pro Ertragsmesszahl (Produkt aus Acker-/Grünlandzahl und Ar)	0,041
Zuschläge für	**Bezugseinheit**	**in EUR**
Verstärkte Tierhaltung	je Vieheinheit über einem Besatz von 2,0 VE je Hektar selbst bewirtschafteter Fläche der landwirtschaftlichen Nutzung	79,00

Anlage 28 (zu § 237 Abs. 3 BewG)

Forstwirtschaftliche Nutzung

Bewertungsfaktor für Wuchsgebiet		**in EUR/ha**
1	Schleswig-Holstein Nordwest	86,17
2	Jungmoränenlandschaft Schleswig-Holstein Ost/Nordwest-Mecklenburg	80,53
3	Schleswig-Holstein Südwest	90,24
4	Mecklenburg-Westvorpommersches Küstenland	64,57
5	Ostholsteinisch-Westmecklenburger Jungmoränenland	73,13
6	(Mittel-)Mecklenburger Jungmoränenland	62,38
7	Ostmecklenburg-Vorpommersches Jungmoränenland	78,03
8	Ostvorpommersches Küstenland	56,36
9	Nordostbrandenburger Jungmoränenland (Mittelbrandenburger Jungmoränenland)	53,83
10	Ostmecklenburg-Nordbrandenburger Jungmoränenland (Nordbrandenburger Jungmoränenland)	55,09
11	Ostniedersächsisch-Altmärkisches Altmoränenland (Westprignitz-Altmärkisches Altmoränenland)	46,03
12	Südost-Holsteinisch-Südwestmecklenburger Altmoränenland	57,31
13	Ostniedersächsisches Tiefland	66,34
14	Niedersächsischer Küstenraum	79,05
15	Mittelwestniedersächsisches Tiefland	67,41
16	Westfälische Bucht	70,03
17	Weserbergland	101,93
18	Nordwestdeutsche Berglandschwelle	73,10
19	Nordwestliches Harzvorland	65,70
20	Nordöstliche Harzvorländer	43,24
21	Sachsen-Anhaltinische Löss-Ebene	51,09
22	Mittleres nordostdeutsches Altmoränenland	38,39
23	Hoher Fläming	47,69
24	Mittelbrandenburger Talsand-und Moränenland	37,53

Bewertungsfaktor für Wuchsgebiet		in EUR/ha
25	Düben-Niederlausitzer Altmoränenland	37,65
26	Lausitzer Löss-Hügelland	84,73
27	Zittauer Gebirge	163,92
28	Oberlausitzer Bergland	155,56
29	Elbsandsteingebirge	123,19
30	Westlausitzer Platte und Elbtalzone	68,56
31	Sächsisch-Thüringisches Löss-Hügelland	63,80
32	Leipziger Sandlöss-Ebene	50,58
33	Ostthüringisches Trias-Hügelland	72,24
34	Thüringer Becken	64,12
35	Nordthüringisches Trias-Hügelland	60,06
36	Harz	142,70
37	Mitteldeutsches Trias-Berg-und Hügelland	98,77
38	Nordwesthessisches Bergland	88,55
39	Nördliches hessisches Schiefergebirge	99,86
40	Sauerland	145,62
41	Bergisches Land	113,51
42	Niederrheinisches Tiefland	68,33
43	Niederrheinische Bucht	68,27
44	Nordwesteifel	135,51
45	Osteifel	99,15
46	Mittelrheintal	62,52
47	Westerwald	112,73
48	Taunus	94,94
49	Wetterau und Gießener Becken	73,66
50	Vogelsberg und östlich angrenzende Sandsteingebiete	102,75
51	Rhön	97,18
52	Südthüringisches-Oberfränkisches Trias-Hügelland	106,95
53	Thüringer Gebirge	162,51
54	Vogtland	140,47
55	Erzgebirgsvorland	93,22
56	Erzgebirge	171,75
57	Frankenwald, Fichtelgebirge und Steinwald	183,51
58	Oberpfälzer Wald	147,30
59	Oberpfälzer Becken-und Hügelland	78,21
60	Frankenalb und Oberpfälzer Jura	106,82
61	Fränkischer Keuper und Albvorland	73,44
62	Fränkische Platte	67,76
63	Spessart	105,47
64	Odenwald	124,93

Bewertungsfaktor für Wuchsgebiet		in EUR/ha
65	Oberrheinisches Tiefland und Rhein-Main-Ebene	64,13
66	Hunsrück	116,75
67	Moseltal	87,42
68	Gutland	97,81
69	Saarländisch-Pfälzisches Muschelkalkgebiet	78,64
70	Saar-Nahe-Bergland	75,52
71	Westricher Moorniederung	79,49
72	Pfälzerwald	78,67
73	Schwarzwald	181,38
74	Baar-Wutach	172,51
75	Neckarland	117,23
76	Schwäbische Alb	123,63
77	Südwestdeutsches Alpenvorland	177,56
78	Tertiäres Hügelland	166,59
79	Bayerischer Wald	160,79
80	Schwäbisch-Bayerische Schotterplatten-und Altmoränenlandschaft	165,45
81	Schwäbisch-Bayerische Jungmoräne und Molassevorberge	157,93
82	Bayerische Alpen	135,61

Anlage 29 (zu § 237 Abs. 4 BewG)

Weinbauliche Nutzung

Bewertungsfaktor für	Flächeneinheit	in EUR
Traubenerzeugung	pro Ar	11,70

Anlage 30 (zu § 237 Abs. 5 BewG)

Gärtnerische Nutzung

Nutzungsteil Gemüsebau		
Bewertungsfaktor für	**Flächeneinheit**	**in EUR**
Flächen im Freiland und für Kleingarten- und Dauerkleingartenland	pro Ar	12,35
Zuschläge für	**Flächeneinheit**	**in EUR**
Flächen unter Glas und Kunststoffen	pro Ar	45,00

Nutzungsteil Blumen-/Zierpflanzenbau		
Bewertungsfaktor für	**Flächeneinheit**	**in EUR**
Flächen im Freiland	pro Ar	27,60

Zuschläge für	Flächeneinheit	in EUR
Flächen unter Glas und Kunststoffen	pro Ar	65,15
Nutzungsteil Obstbau		
Bewertungsfaktor für	**Flächeneinheit**	**in EUR**
Flächen im Freiland	pro Ar	9,53
Zuschläge für	**Flächeneinheit**	**in EUR**
Flächen unter Glas und Kunststoffen	pro Ar	45,00
Nutzungsteil Baumschulen		
Bewertungsfaktor für	**Flächeneinheit**	**in EUR**
Flächen im Freiland	pro Ar	22,29
Zuschläge für	**Flächeneinheit**	**in EUR**
Flächen unter Glas und Kunststoffen	pro Ar	65,15

Anlage 31 (zu § 237 Abs. 6 und 7 BewG)

Übrige land- und forstwirtschaftliche Nutzungen sowie Abbauland, Geringstland und Unland

Sondernutzungen		
Bewertungsfaktor für	**Flächeneinheit**	**in EUR**
Hopfen	pro Ar	13,75
Spargel	pro Ar	12,69
Sonstige land-und forstwirtschaftliche Nutzungen		
Bewertungsfaktor für	**Bezugseinheit**	**in EUR**
Wasserflächen	pro Ar	1,00
Zuschläge für stehende Gewässer		
Wasserflächen für Binnenfischerei, Teichwirtschaft und Fischzucht für Binnenfischerei und Teichwirtschaft	ab 1,00 kg bis 4,00 kg Fischertrag/Ar pro Ar	2,00
Wasserflächen für Binnenfischerei, Teichwirtschaft und Fischzucht für Binnenfischerei und Teichwirtschaft	über 4,00 kg Fischertrag/Ar pro Ar	2,50
Zuschläge für fließende Gewässer		
Teichwirtschaft und Fischzucht für Binnenfischerei und Teichwirtschaft	bis 500 Liter/Sekunde Durchfluss pro Liter/Sekunde	12,50
Teichwirtschaft und Fischzucht für Binnenfischerei und Teichwirtschaft	über 500 Liter/Sekunde Durchfluss pro Liter/Sekunde	15,00
Saatzucht	pro Ar	Anlage 27
Weihnachtsbaumkulturen	pro Ar	19,40

Kurzumtriebsplantagen	pro Ar	Anlage 27
Sonstige land-und forstwirtschaftliche Nutzungen, für die kein Bewertungsfaktor festgelegt wurde		
Wirtschaftsgebäude	pro Quadratmeter Bruttogrundfläche und Monat	1,23
Nutzungsarten Abbauland, Geringstland und Unland		
Bewertungsfaktor für	**Flächeneinheit**	**in EUR**
Abbauland	pro Ar	1,00
Geringstland	pro Ar	0,38
Unland	pro Ar	0,00

Anlage 32 (zu § 237 Abs. 8 BewG)

Nutzungsart Hofstelle

Bewertungsfaktor für	**Flächeneinheit**	**in EUR**
Hofflächen	pro Ar	6,62
Zuschläge für	**Flächeneinheit**	**in EUR**
Wirtschaftsgebäude der weinbaulichen Nutzung bei Fass- und Flaschenweinerzeugung	pro Quadratmeter Bruttogrundfläche und Monat	1,23
Wirtschaftsgebäude der Nebenbetriebe	pro Quadratmeter Bruttogrundfläche und Monat	1,23

Anlage 33 (zu § 238 Abs. 2 BewG)

Weitere den Ertragswert erhöhende Umstände

Bewertungsfaktor für	**Flächeneinheit**	**in EUR**
Abgegrenzte Standortfläche der Windenergieanlage	pro Ar	59,58

Anlage 34 (zu § 241 Abs. 5 BewG)

Umrechnungsschlüssel für Tierbestände in Vieheinheiten (VE) nach dem Futterbedarf

Tierart **Nach dem Durchschnittsbestand in Stück:**	**1 Tier**	
Alpakas	0,08	VE
Damtiere		
Damtiere unter 1 Jahr	0,04	VE
Damtiere 1 Jahr und älter	0,08	VE
Geflügel		
Legehennen (einschließlich einer normalen Aufzucht zur Ergänzung des Bestandes)	0,02	VE
Legehennen aus zugekauften Junghennen	0,0183	VE
Zuchtputen, -enten, -gänse	0,04	VE

Tierart Nach dem Durchschnittsbestand in Stück:	1 Tier	
Kaninchen		
Zucht- und Angorakaninchen	0,025	VE
Lamas	0,1	VE
Pferde		
Pferde unter 3 Jahren und Kleinpferde	0,7	VE
Pferde 3 Jahre und älter	1,1	VE
Rindvieh		
Kälber und Jungvieh unter 1 Jahr (einschließlich Mastkälber, Starterkälber und Fresser)	0,3	VE
Jungvieh 1 bis 2 Jahre alt	0,7	VE
Färsen (älter als 2 Jahre)	1	VE
Masttiere (Mastdauer weniger als 1 Jahr)	1	VE
Kühe (einschließlich Mutter- und Ammenkühe mit den dazugehörigen Saugkälbern)	1	VE
Zuchtbullen, Zugochsen	1,2	VE
Schafe		
Schafe unter 1 Jahr einschließlich Mastlämmer	0,05	VE
Schafe 1 Jahr und älter	0,1	VE
Schweine		
Zuchtschweine (einschließlich Jungzuchtschweine über etwa 90 kg)	0,33	VE
Strauße		
Zuchttiere 14 Monate und älter	0,32	VE
Jungtiere/Masttiere unter 14 Monate	0,25	VE
Ziegen	0,08	VE
Nach der Erzeugung in Stück:		
Geflügel		
Jungmasthühner		
(bis zu 6 Durchgänge je Jahr – schwere Tiere)	0,0017	VE
(mehr als 6 Durchgänge je Jahr – leichte Tiere)	0,0013	VE
Junghennen	0,0017	VE
Mastenten	0,0033	VE
Mastenten in der Aufzuchtphase	0,0011	VE
Mastenten in der Mastphase	0,0022	VE
Mastputen aus selbst erzeugten Jungputen	0,0067	VE
Mastputen aus zugekauften Jungputen	0,005	VE
Jungputen (bis etwa 8 Wochen)	0,0017	VE
Mastgänse	0,0067	VE
Kaninchen		
Mastkaninchen	0,0025	VE

Tierart Nach dem Durchschnittsbestand in Stück:	1 Tier	
Rindvieh		
Masttiere (Mastdauer 1 Jahr und mehr)	1	VE
Schweine		
Leichte Ferkel (bis etwa 12 kg)	0,01	VE
Ferkel (über etwa 12 bis etwa 20 kg)	0,02	VE
Schwere Ferkel und leichte Läufer (über etwa 20 bis etwa 30 kg)	0,04	VE
Läufer (über etwa 30 bis etwa 45 kg)	0,06	VE
Schwere Läufer (über etwa 45 bis etwa 60 kg)	0,08	VE
Mastschweine	0,16	VE
Jungzuchtschweine bis etwa 90 kg	0,12	VE

Anlage 35 (zu § 241 Abs. 5 BewG)

Gruppen der Zweige des Tierbestands nach der Flächenabhängigkeit

1. Mehr flächenabhängige Zweige des Tierbestands:

   Pferdehaltung,
   Pferdezucht,
   Schafzucht,
   Schafhaltung,
   Rindviehzucht,
   Milchviehhaltung,
   Rindviehmast.

2. Weniger flächenabhängige Zweige des Tierbestands:

   Schweinezucht,
   Schweinemast,
   Hühnerzucht,
   Entenzucht,
   Gänsezucht,
   Putenzucht,
   Legehennenhaltung,
   Junghühnermast,
   Entenmast,
   Gänsemast,
   Putenmast.

Anlage 36 (zu § 251 und § 257 Abs. 1 BewG)

Umrechnungskoeffizienten zur Berücksichtigung abweichender Grundstücksgrößen beim Bodenwert von Ein-und Zweifamilienhäusern

Grundstücksgröße	Umrechnungskoeffizient
< 250 m²	1,24
≥ 250 m²	1,19
≥ 300 m²	1,14
≥ 350 m²	1,10
≥ 400 m²	1,06
≥ 450 m²	1,03
≥ 500 m²	1,00
≥ 550 m²	0,98
≥ 600 m²	0,95
≥ 650 m²	0,94
≥ 700 m²	0,92
≥ 750 m²	0,90
≥ 800 m²	0,89
≥ 850 m²	0,87
≥ 900 m²	0,86
≥ 950 m²	0,85
≥ 1.000 m²	0,84
≥ 1.050 m²	0,83
≥ 1.100 m²	0,82
≥ 1.150 m²	0,81
≥ 1.200 m²	0,80
≥ 1.250 m²	0,79
≥ 1.300 m²	0,78
≥ 1.350 m²	0,77
≥ 1.400 m²	0,76
≥ 1.450 m²	0,75
≥ 1.500 m²	0,74
≥ 1.550 m²	0,73
≥ 1.600 m²	0,72
≥ 1.650 m²	0,71
≥ 1.700 m²	0,70
≥ 1.750 m²	0,69
≥ 1.800 m²	0,68
≥ 1.850 m²	0,67
≥ 1.900 m²	0,66
≥ 1.950 m²	0,65
≥ 2.000 m²	0,64

Anlage 37 (zu § 253 Abs. 2 BewG)

Vervielfältiger

Restnutzungsdauer	Zinssatz										
(Jahre)	1,5 %	1,6 %	1,7 %	1,8 %	1,9 %	2,0 %	2,1 %	2,2 %	2,3 %	2,4 %	2,5 %
1	0,99	0,98	0,98	0,98	0,98	0,98	0,98	0,98	0,98	0,98	0,98
2	1,96	1,95	1,95	1,95	1,94	1,94	1,94	1,94	1,93	1,93	1,93
3	2,91	2,91	2,90	2,90	2,89	2,88	2,88	2,87	2,87	2,86	2,86
4	3,85	3,84	3,84	3,83	3,82	3,81	3,80	3,79	3,78	3,77	3,76
5	4,78	4,77	4,75	4,74	4,73	4,71	4,70	4,69	4,67	4,66	4,65
6	5,70	5,68	5,66	5,64	5,62	5,60	5,58	5,56	5,55	5,53	5,51
7	6,60	6,57	6,55	6,52	6,50	6,47	6,45	6,42	6,40	6,37	6,35
8	7,49	7,45	7,42	7,39	7,36	7,33	7,29	7,26	7,23	7,20	7,17
9	8,36	8,32	8,28	8,24	8,20	8,16	8,12	8,08	8,05	8,01	7,97
10	9,22	9,17	9,13	9,08	9,03	8,98	8,94	8,89	8,84	8,80	8,75
11	10,07	10,01	9,96	9,90	9,84	9,79	9,73	9,68	9,62	9,57	9,51
12	10,91	10,84	10,77	10,71	10,64	10,58	10,51	10,45	10,38	10,32	10,26
13	11,73	11,65	11,58	11,50	11,42	11,35	11,27	11,20	11,13	11,05	10,98
14	12,54	12,45	12,37	12,28	12,19	12,11	12,02	11,94	11,85	11,77	11,69
15	13,34	13,24	13,14	13,04	12,95	12,85	12,75	12,66	12,57	12,47	12,38
16	14,13	14,02	13,91	13,80	13,69	13,58	13,47	13,37	13,26	13,16	13,06
17	14,91	14,78	14,66	14,53	14,41	14,29	14,17	14,06	13,94	13,83	13,71
18	15,67	15,53	15,40	15,26	15,12	14,99	14,86	14,73	14,60	14,48	14,35
19	16,43	16,27	16,12	15,97	15,82	15,68	15,53	15,39	15,25	15,12	14,98
20	17,17	17,00	16,83	16,67	16,51	16,35	16,19	16,04	15,89	15,74	15,59
21	17,90	17,72	17,54	17,36	17,18	17,01	16,84	16,67	16,51	16,35	16,18
22	18,62	18,42	18,23	18,03	17,84	17,66	17,47	17,29	17,11	16,94	16,77
23	19,33	19,12	18,91	18,70	18,49	18,29	18,09	17,90	17,71	17,52	17,33
24	20,03	19,80	19,57	19,35	19,13	18,91	18,70	18,49	18,29	18,08	17,88
25	20,72	20,47	20,23	19,99	19,75	19,52	19,30	19,07	18,85	18,64	18,42
26	21,40	21,13	20,87	20,62	20,37	20,12	19,88	19,64	19,41	19,18	18,95
27	22,07	21,79	21,51	21,24	20,97	20,71	20,45	20,20	19,95	19,70	19,46
28	22,73	22,43	22,13	21,84	21,56	21,28	21,01	20,74	20,48	20,22	19,96
29	23,38	23,06	22,75	22,44	22,14	21,84	21,56	21,27	20,99	20,72	20,45
30	24,02	23,68	23,35	23,02	22,71	22,40	22,09	21,79	21,50	21,21	20,93
31	24,65	24,29	23,94	23,60	23,27	22,94	22,62	22,30	21,99	21,69	21,40
32	25,27	24,89	24,52	24,17	23,81	23,47	23,13	22,80	22,48	22,16	21,85
33	25,88	25,48	25,10	24,72	24,35	23,99	23,63	23,29	22,95	22,62	22,29
34	26,48	26,07	25,66	25,27	24,88	24,50	24,13	23,77	23,41	23,06	22,72
35	27,08	26,64	26,22	25,80	25,40	25,00	24,61	24,23	23,86	23,50	23,15
36	27,66	27,21	26,76	26,33	25,90	25,49	25,08	24,69	24,30	23,93	23,56
37	28,24	27,76	27,30	26,84	26,40	25,97	25,55	25,14	24,73	24,34	23,96

Restnutzungsdauer	Zinssatz										
(Jahre)	1,5 %	1,6 %	1,7 %	1,8 %	1,9 %	2,0 %	2,1 %	2,2 %	2,3 %	2,4 %	2,5 %
38	28,81	28,31	27,82	27,35	26,89	26,44	26,00	25,57	25,16	24,75	24,35
39	29,36	28,85	28,34	27,85	27,37	26,90	26,45	26,00	25,57	25,14	24,73
40	29,92	29,38	28,85	28,34	27,84	27,36	26,88	26,42	25,97	25,53	25,10
41	30,46	29,90	29,35	28,82	28,30	27,80	27,31	26,83	26,36	25,91	25,47
42	30,99	30,41	29,85	29,29	28,76	28,23	27,73	27,23	26,75	26,28	25,82
43	31,52	30,92	30,33	29,76	29,20	28,66	28,14	27,62	27,12	26,64	26,17
44	32,04	31,41	30,81	30,21	29,64	29,08	28,54	28,01	27,49	26,99	26,50
45	32,55	31,90	31,27	30,66	30,07	29,49	28,93	28,38	27,85	27,34	26,83
46	33,06	32,39	31,73	31,10	30,49	29,89	29,31	28,75	28,20	27,67	27,15
47	33,55	32,86	32,19	31,54	30,90	30,29	29,69	29,11	28,55	28,00	27,47
48	34,04	33,33	32,63	31,96	31,31	30,67	30,06	29,46	28,88	28,32	27,77
49	34,52	33,79	33,07	32,38	31,70	31,05	30,42	29,81	29,21	28,63	28,07
50	35,00	34,24	33,50	32,79	32,09	31,42	30,77	30,14	29,53	28,94	28,36
51	35,47	34,68	33,92	33,19	32,48	31,79	31,12	30,47	29,84	29,24	28,65
52	35,93	35,12	34,34	33,58	32,85	32,14	31,46	30,79	30,15	29,53	28,92
53	36,38	35,55	34,75	33,97	33,22	32,50	31,79	31,11	30,45	29,81	29,19
54	36,83	35,98	35,15	34,35	33,58	32,84	32,12	31,42	30,74	30,09	29,46
55	37,27	36,39	35,55	34,73	33,94	33,17	32,44	31,72	31,03	30,36	29,71
56	37,71	36,81	35,94	35,10	34,29	33,50	32,75	32,02	31,31	30,63	29,96
57	38,13	37,21	36,32	35,46	34,63	33,83	33,05	32,31	31,58	30,88	30,21
58	38,56	37,61	36,70	35,82	34,97	34,15	33,35	32,59	31,85	31,14	30,45
59	38,97	38,00	37,07	36,16	35,29	34,46	33,65	32,87	32,11	31,38	30,68
60	39,38	38,39	37,43	36,51	35,62	34,76	33,93	33,14	32,37	31,63	30,91
61	39,78	38,77	37,79	36,84	35,94	35,06	34,22	33,40	32,62	31,86	31,13
62	40,18	39,14	38,14	37,17	36,25	35,35	34,49	33,66	32,86	32,09	31,35
63	40,57	39,51	38,48	37,50	36,55	35,64	34,76	33,92	33,10	32,31	31,56
64	40,96	39,87	38,82	37,82	36,85	35,92	35,03	34,16	33,33	32,53	31,76
65	41,34	40,23	39,16	38,13	37,15	36,20	35,28	34,41	33,56	32,75	31,96
66	41,71	40,58	39,49	38,44	37,43	36,47	35,54	34,64	33,78	32,96	32,16
67	42,08	40,92	39,81	38,74	37,72	36,73	35,79	34,88	34,00	33,16	32,35
68	42,44	41,26	40,13	39,04	38,00	36,99	36,03	35,11	34,22	33,36	32,54
69	42,80	41,60	40,44	39,33	38,27	37,25	36,27	35,33	34,42	33,56	32,72
70	43,15	41,93	40,75	39,62	38,54	37,50	36,50	35,55	34,63	33,75	32,90
71	43,50	42,25	41,05	39,90	38,80	37,74	36,73	35,76	34,83	33,93	33,07
72	43,84	42,57	41,35	40,18	39,06	37,98	36,95	35,97	35,02	34,11	33,24
73	44,18	42,88	41,64	40,45	39,31	38,22	37,17	36,17	35,21	34,29	33,40
74	44,51	43,19	41,93	40,72	39,56	38,45	37,39	36,37	35,40	34,46	33,57
75	44,84	43,50	42,21	40,98	39,80	38,68	37,60	36,57	35,58	34,63	33,72
76	45,16	43,79	42,49	41,24	40,04	38,90	37,81	36,76	35,76	34,80	33,88

Restnutzungsdauer	Zinssatz										
(Jahre)	1,5 %	1,6 %	1,7 %	1,8 %	1,9 %	2,0 %	2,1 %	2,2 %	2,3 %	2,4 %	2,5 %
77	45,48	44,09	42,76	41,49	40,28	39,12	38,01	36,95	35,93	34,96	34,03
78	45,79	44,38	43,03	41,74	40,51	39,33	38,21	37,13	36,10	35,11	34,17
79	46,10	44,66	43,29	41,98	40,73	39,54	38,40	37,31	36,27	35,27	34,31
80	46,41	44,95	43,55	42,22	40,96	39,74	38,59	37,48	36,43	35,42	34,45
81	46,71	45,22	43,81	42,46	41,17	39,95	38,77	37,66	36,59	35,56	34,59
82	47,00	45,49	44,06	42,69	41,39	40,14	38,96	37,82	36,74	35,71	34,72
83	47,29	45,76	44,31	42,92	41,60	40,34	39,13	37,99	36,89	35,85	34,85
84	47,58	46,03	44,55	43,14	41,80	40,53	39,31	38,15	37,04	35,98	34,97
85	47,86	46,29	44,79	43,36	42,00	40,71	39,48	38,31	37,19	36,12	35,10
86	48,14	46,54	45,02	43,58	42,20	40,89	39,65	38,46	37,33	36,25	35,22
87	48,41	46,79	45,25	43,79	42,40	41,07	39,81	38,61	37,47	36,37	35,33
88	48,68	47,04	45,48	44,00	42,59	41,25	39,97	38,76	37,60	36,50	35,45
89	48,95	47,28	45,70	44,20	42,77	41,42	40,13	38,90	37,73	36,62	35,56
90	49,21	47,52	45,92	44,40	42,96	41,59	40,28	39,04	37,86	36,74	35,67
91	49,47	47,76	46,14	44,60	43,14	41,75	40,43	39,18	37,99	36,85	35,77
92	49,72	47,99	46,35	44,79	43,32	41,91	40,58	39,32	38,11	36,97	35,87
93	49,97	48,22	46,56	44,98	43,49	42,07	40,73	39,45	38,23	37,08	35,98
94	50,22	48,44	46,76	45,17	43,66	42,23	40,87	39,58	38,35	37,18	36,07
95	50,46	48,67	46,96	45,35	43,83	42,38	41,01	39,70	38,47	37,29	36,17
96	50,70	48,88	47,16	45,53	43,99	42,53	41,14	39,83	38,58	37,39	36,26
97	50,94	49,10	47,36	45,71	44,15	42,68	41,28	39,95	38,69	37,49	36,35
98	51,17	49,31	47,55	45,89	44,31	42,82	41,41	40,07	38,80	37,59	36,44
99	51,40	49,52	47,74	46,06	44,47	42,96	41,53	40,18	38,90	37,68	36,53
100	51,62	49,72	47,92	46,22	44,62	43,10	41,66	40,30	39,00	37,78	36,61

Restnutzungsdauer	Zinssatz							
(Jahre)	2,6 %	2,7 %	2,8 %	2,9 %	3,0 %	3,5 %	4 %	4,5 %
1	0,97	0,97	0,97	0,97	0,97	0,97	0,96	0,96
2	1,92	1,92	1,92	1,92	1,91	1,90	1,89	1,87
3	2,85	2,85	2,84	2,83	2,83	2,80	2,78	2,75
4	3,75	3,74	3,73	3,73	3,72	3,67	3,63	3,59
5	4,63	4,62	4,61	4,59	4,58	4,52	4,45	4,39
6	5,49	5,47	5,45	5,44	5,42	5,33	5,24	5,16
7	6,33	6,30	6,28	6,25	6,23	6,11	6,00	5,89
8	7,14	7,11	7,08	7,05	7,02	6,87	6,73	6,60
9	7,93	7,90	7,86	7,82	7,79	7,61	7,44	7,27
10	8,71	8,66	8,62	8,57	8,53	8,32	8,11	7,91
11	9,46	9,41	9,36	9,30	9,25	9,00	8,76	8,53
12	10,20	10,13	10,07	10,01	9,95	9,66	9,39	9,12

Restnutzungsdauer (Jahre)	Zinssatz							
	2,6 %	2,7 %	2,8 %	2,9 %	3,0 %	3,5 %	4 %	4,5 %
13	10,91	10,84	10,77	10,70	10,63	10,30	9,99	9,68
14	11,61	11,53	11,45	11,37	11,30	10,92	10,56	10,22
15	12,29	12,20	12,11	12,02	11,94	11,52	11,12	10,74
16	12,95	12,85	12,76	12,66	12,56	12,09	11,65	11,23
17	13,60	13,49	13,38	13,27	13,17	12,65	12,17	11,71
18	14,23	14,11	13,99	13,87	13,75	13,19	12,66	12,16
19	14,84	14,71	14,58	14,45	14,32	13,71	13,13	12,59
20	15,44	15,30	15,16	15,02	14,88	14,21	13,59	13,01
21	16,03	15,87	15,72	15,56	15,42	14,70	14,03	13,40
22	16,59	16,43	16,26	16,10	15,94	15,17	14,45	13,78
23	17,15	16,97	16,79	16,62	16,44	15,62	14,86	14,15
24	17,69	17,50	17,31	17,12	16,94	16,06	15,25	14,50
25	18,22	18,01	17,81	17,61	17,41	16,48	15,62	14,83
26	18,73	18,51	18,30	18,08	17,88	16,89	15,98	15,15
27	19,23	19,00	18,77	18,55	18,33	17,29	16,33	15,45
28	19,72	19,47	19,23	19,00	18,76	17,67	16,66	15,74
29	20,19	19,93	19,68	19,43	19,19	18,04	16,98	16,02
30	20,65	20,38	20,12	19,86	19,60	18,39	17,29	16,29
31	21,11	20,82	20,54	20,27	20,00	18,74	17,59	16,54
32	21,55	21,25	20,96	20,67	20,39	19,07	17,87	16,79
33	21,97	21,66	21,36	21,06	20,77	19,39	18,15	17,02
34	22,39	22,07	21,75	21,44	21,13	19,70	18,41	17,25
35	22,80	22,46	22,13	21,80	21,49	20,00	18,66	17,46
36	23,20	22,84	22,50	22,16	21,83	20,29	18,91	17,67
37	23,58	23,22	22,86	22,51	22,17	20,57	19,14	17,86
38	23,96	23,58	23,21	22,85	22,49	20,84	19,37	18,05
39	24,33	23,93	23,55	23,17	22,81	21,10	19,58	18,23
40	24,69	24,28	23,88	23,49	23,11	21,36	19,79	18,40
41	25,03	24,61	24,20	23,80	23,41	21,60	19,99	18,57
42	25,37	24,94	24,52	24,10	23,70	21,83	20,19	18,72
43	25,71	25,26	24,82	24,40	23,98	22,06	20,37	18,87
44	26,03	25,57	25,12	24,68	24,25	22,28	20,55	19,02
45	26,34	25,87	25,41	24,96	24,52	22,50	20,72	19,16
46	26,65	26,16	25,69	25,23	24,78	22,70	20,88	19,29
47	26,95	26,45	25,96	25,49	25,02	22,90	21,04	19,41
48	27,24	26,73	26,23	25,74	25,27	23,09	21,20	19,54
49	27,53	27,00	26,48	25,99	25,50	23,28	21,34	19,65
50	27,80	27,26	26,74	26,23	25,73	23,46	21,48	19,76
51	28,07	27,52	26,98	26,46	25,95	23,63	21,62	19,87

Restnutzungsdauer	Zinssatz							
(Jahre)	2,6 %	2,7 %	2,8 %	2,9 %	3,0 %	3,5 %	4 %	4,5 %
52	28,34	27,77	27,22	26,68	26,17	23,80	21,75	19,97
53	28,59	28,01	27,45	26,90	26,37	23,96	21,87	20,07
54	28,84	28,25	27,68	27,12	26,58	24,11	21,99	20,16
55	29,09	28,48	27,89	27,33	26,77	24,26	22,11	20,25
56	29,33	28,71	28,11	27,53	26,97	24,41	22,22	20,33
57	29,56	28,93	28,31	27,72	27,15	24,55	22,33	20,41
58	29,78	29,14	28,52	27,91	27,33	24,69	22,43	20,49
59	30,00	29,35	28,71	28,10	27,51	24,82	22,53	20,57
60	30,22	29,55	28,90	28,28	27,68	24,94	22,62	20,64
61	30,43	29,75	29,09	28,45	27,84	25,07	22,71	20,71
62	30,63	29,94	29,27	28,62	28,00	25,19	22,80	20,77
63	30,83	30,12	29,44	28,79	28,16	25,30	22,89	20,83
64	31,02	30,31	29,61	28,95	28,31	25,41	22,97	20,89
65	31,21	30,48	29,78	29,10	28,45	25,52	23,05	20,95
66	31,39	30,65	29,94	29,26	28,60	25,62	23,12	21,01
67	31,57	30,82	30,10	29,40	28,73	25,72	23,19	21,06
68	31,75	30,99	30,25	29,55	28,87	25,82	23,26	21,11
69	31,92	31,14	30,40	29,69	29,00	25,91	23,33	21,16
70	32,08	31,30	30,55	29,82	29,12	26,00	23,39	21,20
71	32,24	31,45	30,69	29,95	29,25	26,09	23,46	21,25
72	32,40	31,60	30,82	30,08	29,37	26,17	23,52	21,29
73	32,56	31,74	30,96	30,20	29,48	26,25	23,57	21,33
74	32,71	31,88	31,09	30,32	29,59	26,33	23,63	21,37
75	32,85	32,02	31,21	30,44	29,70	26,41	23,68	21,40
76	32,99	32,15	31,34	30,56	29,81	26,48	23,73	21,44
77	33,13	32,28	31,45	30,67	29,91	26,55	23,78	21,47
78	33,27	32,40	31,57	30,77	30,01	26,62	23,83	21,50
79	33,40	32,52	31,68	30,88	30,11	26,68	23,87	21,54
80	33,53	32,64	31,79	30,98	30,20	26,75	23,92	21,57
81	33,65	32,76	31,90	31,08	30,29	26,81	23,96	21,59
82	33,77	32,87	32,00	31,17	30,38	26,87	24,00	21,62
83	33,89	32,98	32,11	31,27	30,47	26,93	24,04	21,65
84	34,01	33,09	32,20	31,36	30,55	26,98	24,07	21,67
85	34,12	33,19	32,30	31,45	30,63	27,04	24,11	21,70
86	34,23	33,29	32,39	31,53	30,71	27,09	24,14	21,72
87	34,34	33,39	32,48	31,62	30,79	27,14	24,18	21,74
88	34,44	33,49	32,57	31,70	30,86	27,19	24,21	21,76
89	34,54	33,58	32,66	31,77	30,93	27,23	24,24	21,78
90	34,64	33,67	32,74	31,85	31,00	27,28	24,27	21,80

Restnutzungsdauer (Jahre)	Zinssatz							
	2,6 %	2,7 %	2,8 %	2,9 %	3,0 %	3,5 %	4 %	4,5 %
91	34,74	33,76	32,82	31,93	31,07	27,32	24,30	21,82
92	34,84	33,84	32,90	32,00	31,14	27,37	24,32	21,83
93	34,93	33,93	32,98	32,07	31,20	27,41	24,35	21,85
94	35,02	34,01	33,05	32,14	31,26	27,45	24,37	21,87
95	35,10	34,09	33,12	32,20	31,32	27,48	24,40	21,88
96	35,19	34,17	33,19	32,27	31,38	27,52	24,42	21,90
97	35,27	34,24	33,26	32,33	31,44	27,56	24,44	21,91
98	35,35	34,32	33,33	32,39	31,49	27,59	24,46	21,92
99	35,43	34,39	33,39	32,45	31,55	27,62	24,49	21,94
100	35,51	34,46	33,46	32,51	31,60	27,66	24,50	21,95

Berechnungsvorschrift für die Vervielfältiger (Barwertfaktoren für die Kapitalisierung):

$$\text{Vervielfältiger} = \frac{q^n - 1}{q^n \times (q-1)}$$

$$q = 1 + LZ \text{ wobei } LZ = \frac{p}{100}$$

LZ = Zinssatz (Liegenschaftszinssatz)

n = Restnutzungsdauer

p = Zinsfuß

Anlage 38 (zu § 253 Abs. 2 und § 259 Abs. 4 BewG)

Wirtschaftliche Gesamtnutzungsdauer

Ein- und Zweifamilienhäuser	80 Jahre
Mietwohngrundstücke, Mehrfamilienhäuser	80 Jahre
Wohnungseigentum	80 Jahre
Geschäftsgrundstücke, gemischt genutzte Grundstücke und sonstige bebaute Grundstücke:	
Gemischt genutzte Grundstücke (Wohnhäuser mit Mischnutzung)	80 Jahre
Museen, Theater, Sakralbauten	70 Jahre
Bürogebäude, Verwaltungsgebäude	60 Jahre
Banken und ähnliche Geschäftshäuser	60 Jahre
Einzelgaragen und Mehrfachgaragen	60 Jahre
Kindergärten (Kindertagesstätten), allgemeinbildende Schulen und berufsbildende Schulen, Hochschulen, Sonderschulen	50 Jahre
Wohnheime, Internate, Alten- und Pflegeheime	50 Jahre
Kauf-/Warenhäuser	50 Jahre
Krankenhäuser, Kliniken, Tageskliniken, Ärztehäuser	40 Jahre
Gemeindezentren, Saalbauten, Veranstaltungsgebäude, Vereinsheime	40 Jahre
Beherbergungsstätten, Hotels, Verpflegungseinrichtungen	40 Jahre
Sport- und Tennishallen, Freizeitbäder, Kur- und Heilbäder	40 Jahre
Tief-, Hoch- und Nutzfahrzeuggaragen als Einzelbauwerke, Carports	40 Jahre

Betriebs- und Werkstätten, Industrie- und Produktionsgebäude	40 Jahre
Lager- und Versandgebäude	40 Jahre
Verbrauchermärkte, Autohäuser	30 Jahre
Reithallen, ehemalige landwirtschaftliche Mehrzweckhallen, Scheunen und Ähnliches	30 Jahre

Teileigentum ist in Abhängigkeit von der baulichen Gestaltung den vorstehenden Gebäudearten zuzuordnen.

Auffangklausel
Für nicht aufgeführte Gebäudearten ist die wirtschaftliche Gesamtnutzungsdauer aus der wirtschaftlichen Gesamtnutzungsdauer vergleichbarer Gebäudearten abzuleiten.

Anlage 39 (zu § 254 BewG)

Ermittlung des Rohertrags

I. Monatliche Nettokaltmieten in EUR/Quadratmeter Wohnfläche* (Wertverhältnisse/Stand 1. Januar 2022)

Land	Gebäudeart**	Wohnfläche*** (je Wohnung)	Baujahr des Gebäudes				
			bis 1948	1949 bis 1978	1979 bis 1990	1991 bis 2000	ab 2001
Baden-Württemberg	Einfamilienhaus	unter 60 m²	7,13	6,88	7,01	8,73	9,40
		von 60 m² bis unter 100 m²	6,24	6,41	6,62	7,58	7,51
		100 m² und mehr	5,53	6,10	6,37	6,61	7,78
	Zweifamilienhaus	unter 60 m²	7,63	8,16	8,15	8,56	8,89
		von 60 m² bis unter 100 m²	5,60	6,06	6,11	6,55	7,60
		100 m² und mehr	5,10	5,38	5,45	6,20	7,31
	Mietwohngrundstück	unter 60 m²	8,60	9,17	9,11	10,10	12,44
		von 60 m² bis unter 100 m²	6,78	7,09	7,33	7,82	8,97
		100 m² und mehr	6,84	6,42	6,82	7,27	8,97

* **Amtl. Anm.:** Flächen, die zu anderen als Wohnzwecken genutzt werden, gelten als Wohnfläche. Für diese Flächen ist bei Mietwohngrundstücken die für Wohnungen mit einer Fläche unter 60 m² geltende monatliche Nettokaltmiete in Euro je Quadratmeter Nutzfläche (ohne Zubehörräume) anzusetzen. Bei Ein-und Zweifamilienhäusern sind diese Flächen zu der jeweiligen Wohnfläche zu addieren.

** **Amtl. Anm.:** Für Wohnungseigentum gelten die Nettokaltmieten für Mietwohngrundstücke.

*** **Amtl. Anm.:** Flächen, die zu anderen als Wohnzwecken genutzt werden, gelten als Wohnfläche. Für diese Flächen ist bei Mietwohngrundstücken die für Wohnungen mit einer Fläche unter 60 m² geltende monatliche Nettokaltmiete in Euro je Quadratmeter Nutzfläche (ohne Zubehörräume) anzusetzen. Bei Ein-und Zweifamilienhäusern sind diese Flächen zu der jeweiligen Wohnfläche zu addieren.

Land	Gebäudeart*	Wohnfläche** (je Wohnung)	Baujahr des Gebäudes bis 1948	1949 bis 1978	1979 bis 1990	1991 bis 2000	ab 2001
Bayern	Einfamilienhaus	unter 60 m²	7,86	7,54	7,76	9,28	10,64
		von 60 m² bis unter 100 m²	6,89	7,04	7,34	8,07	8,50
		100 m² und mehr	6,09	6,69	7,06	7,03	8,80
	Zweifamilienhaus	unter 60 m²	6,91	7,35	7,41	7,48	8,25
		von 60 m² bis unter 100 m²	5,06	5,45	5,57	5,72	7,07
		100 m² und mehr	4,61	4,85	4,96	5,42	6,79
	Mietwohngrundstück	unter 60 m²	9,82	10,41	10,44	11,12	14,56
		von 60 m² bis unter 100 m²	7,74	8,04	8,40	8,61	10,50
		100 m² und mehr	7,80	7,29	7,81	8,00	10,50
Berlin	Einfamilienhaus	unter 60 m²	9,04	7,79	7,28	10,70	14,45
		von 60 m² bis unter 100 m²	7,92	7,25	6,89	9,28	11,56
		100 m² und mehr	7,01	6,91	6,63	8,09	11,96
	Zweifamilienhaus	unter 60 m²	8,95	8,55	7,83	9,70	12,62
		von 60 m² bis unter 100 m²	6,56	6,33	5,87	7,43	10,79
		100 m² und mehr	5,97	5,64	5,23	7,02	10,37
	Mietwohngrundstück	unter 60 m²	8,47	8,07	7,34	9,60	14,83
		von 60 m² bis unter 100 m²	6,68	6,23	5,91	7,44	10,70
		100 m² und mehr	6,73	5,65	5,50	6,91	10,70
Brandenburg	Einfamilienhaus	unter 60 m²	8,34	7,20	7,28	10,66	12,20
		von 60 m² bis unter 100 m²	7,31	6,71	6,88	9,26	9,75
		100 m² und mehr	6,47	6,39	6,62	8,07	10,09
	Zweifamilienhaus	unter 60 m²	7,50	7,17	7,10	8,79	9,68
		von 60 m² bis unter 100 m²	5,50	5,31	5,32	6,72	8,28
		100 m² und mehr	5,00	4,73	4,75	6,36	7,96
	Mietwohngrundstück	unter 60 m²	7,45	7,11	7,00	9,13	11,94
		von 60 m² bis unter 100 m²	5,88	5,49	5,63	7,07	8,61
		100 m² und mehr	5,92	4,98	5,24	6,58	8,61

* **Amtl. Anm.:** Für Wohnungseigentum gelten die Nettokaltmieten für Mietwohngrundstücke.

** **Amtl. Anm.:** Flächen, die zu anderen als Wohnzwecken genutzt werden, gelten als Wohnfläche. Für diese Flächen ist bei Mietwohngrundstücken die für Wohnungen mit einer Fläche unter 60 m² geltende monatliche Nettokaltmiete in Euro je Quadratmeter Nutzfläche (ohne Zubehörräume) anzusetzen. Bei Ein-und Zweifamilienhäusern sind diese Flächen zu der jeweiligen Wohnfläche zu addieren.

Land	Gebäudeart*	Wohnfläche** (je Wohnung)	Baujahr des Gebäudes				
			bis 1948	1949 bis 1978	1979 bis 1990	1991 bis 2000	ab 2001
Bremen	Einfamilienhaus	unter 60 m²	7,03	6,49	6,73	7,62	9,00
		von 60 m² bis unter 100 m²	6,16	6,06	6,36	6,62	7,19
		100 m² und mehr	5,45	5,77	6,11	5,77	7,44
	Zweifamilienhaus	unter 60 m²	7,88	8,09	8,19	7,84	8,91
		von 60 m² bis unter 100 m²	5,78	6,00	6,15	6,00	7,62
		100 m² und mehr	5,26	5,33	5,48	5,67	7,33
	Mietwohngrundstück	unter 60 m²	8,08	8,26	8,33	8,38	11,33
		von 60 m² bis unter 100 m²	6,38	6,38	6,71	6,49	8,17
		100 m² und mehr	6,42	5,79	6,24	6,04	8,17
Hamburg	Einfamilienhaus	unter 60 m²	8,69	7,01	7,52	9,56	10,26
		von 60 m² bis unter 100 m²	7,62	6,53	7,11	8,31	8,20
		100 m² und mehr	6,74	6,22	6,84	7,24	8,49
	Zweifamilienhaus	unter 60 m²	10,45	9,34	9,82	10,55	10,89
		von 60 m² bis unter 100 m²	7,67	6,92	7,37	8,07	9,31
		100 m² und mehr	6,97	6,16	6,57	7,64	8,96
	Mietwohngrundstück	unter 60 m²	9,18	8,19	8,57	9,70	11,89
		von 60 m² bis unter 100 m²	7,23	6,32	6,89	7,51	8,58
		100 m² und mehr	7,30	5,73	6,42	6,98	8,58
Hessen	Einfamilienhaus	unter 60 m²	7,96	6,97	6,91	7,83	10,02
		von 60 m² bis unter 100 m²	6,97	6,50	6,54	6,80	8,00
		100 m² und mehr	6,17	6,18	6,29	5,93	8,29
	Zweifamilienhaus	unter 60 m²	7,45	7,23	7,02	6,72	8,27
		von 60 m² bis unter 100 m²	5,46	5,36	5,26	5,15	7,08
		100 m² und mehr	4,97	4,77	4,70	4,87	6,81
	Mietwohngrundstück	unter 60 m²	9,44	9,13	8,81	8,90	13,01
		von 60 m² bis unter 100 m²	7,45	7,05	7,10	6,89	9,39
		100 m² und mehr	7,50	6,39	6,60	6,40	9,39

* **Amtl. Anm.:** Für Wohnungseigentum gelten die Nettokaltmieten für Mietwohngrundstücke.

** **Amtl. Anm.:** Flächen, die zu anderen als Wohnzwecken genutzt werden, gelten als Wohnfläche. Für diese Flächen ist bei Mietwohngrundstücken die für Wohnungen mit einer Fläche unter 60 m² geltende monatliche Nettokaltmiete in Euro je Quadratmeter Nutzfläche (ohne Zubehörräume) anzusetzen. Bei Ein-und Zweifamilienhäusern sind diese Flächen zu der jeweiligen Wohnfläche zu addieren.

Land	Gebäudeart*	Wohnfläche** (je Wohnung)	Baujahr des Gebäudes bis 1948	1949 bis 1978	1979 bis 1990	1991 bis 2000	ab 2001
Mecklenburg-Vorpommern	Einfamilienhaus	unter 60 m²	7,02	5,75	5,50	8,12	8,77
		von 60 m² bis unter 100 m²	6,15	5,37	5,20	7,05	7,01
		100 m² und mehr	5,44	5,11	5,01	6,14	7,26
	Zweifamilienhaus	unter 60 m²	7,48	6,80	6,35	7,92	8,24
		von 60 m² bis unter 100 m²	5,48	5,05	4,77	6,07	7,05
		100 m² und mehr	4,99	4,49	4,25	5,74	6,78
	Mietwohngrundstück	unter 60 m²	8,20	7,44	6,92	9,09	11,22
		von 60 m² bis unter 100 m²	6,48	5,74	5,57	7,04	8,10
		100 m² und mehr	6,52	5,21	5,18	6,55	8,10
Niedersachsen	Einfamilienhaus	unter 60 m²	6,62	6,36	6,31	7,72	8,40
		von 60 m² bis unter 100 m²	5,80	5,93	5,97	6,70	6,71
		100 m² und mehr	5,13	5,64	5,74	5,84	6,95
	Zweifamilienhaus	unter 60 m²	6,78	7,21	7,00	7,23	7,58
		von 60 m² bis unter 100 m²	4,98	5,34	5,25	5,53	6,48
		100 m² und mehr	4,52	4,76	4,68	5,24	6,24
	Mietwohngrundstück	unter 60 m²	8,07	8,57	8,28	9,00	11,22
		von 60 m² bis unter 100 m²	6,36	6,62	6,67	6,98	8,10
		100 m² und mehr	6,42	6,01	6,20	6,48	8,10
Nordrhein-Westfalen	Einfamilienhaus	unter 60 m²	6,97	6,56	6,82	8,30	8,32
		von 60 m² bis unter 100 m²	6,10	6,11	6,44	7,20	6,65
		100 m² und mehr	5,40	5,82	6,19	6,28	6,88
	Zweifamilienhaus	unter 60 m²	7,07	7,38	7,50	7,70	7,44
		von 60 m² bis unter 100 m²	5,19	5,47	5,62	5,89	6,37
		100 m² und mehr	4,71	4,87	5,02	5,57	6,12
	Mietwohngrundstück	unter 60 m²	7,83	8,13	8,23	8,90	10,22
		von 60 m² bis unter 100 m²	6,17	6,29	6,62	6,90	7,38
		100 m² und mehr	6,22	5,69	6,15	6,41	7,38

* **Amtl. Anm.:** Für Wohnungseigentum gelten die Nettokaltmieten für Mietwohngrundstücke.

** **Amtl. Anm.:** Flächen, die zu anderen als Wohnzwecken genutzt werden, gelten als Wohnfläche. Für diese Flächen ist bei Mietwohngrundstücken die für Wohnungen mit einer Fläche unter 60 m² geltende monatliche Nettokaltmiete in Euro je Quadratmeter Nutzfläche (ohne Zubehörräume) anzusetzen. Bei Ein-und Zweifamilienhäusern sind diese Flächen zu der jeweiligen Wohnfläche zu addieren.

Land	Gebäudeart*	Wohnfläche** (je Wohnung)	Baujahr des Gebäudes				
			bis 1948	1949 bis 1978	1979 bis 1990	1991 bis 2000	ab 2001
Rheinland-Pfalz	Einfamilienhaus	unter 60 m^2	7,12	6,81	6,88	8,13	9,32
		von 60 m^2 bis unter 100 m^2	6,23	6,36	6,50	7,06	7,45
		100 m^2 und mehr	5,52	6,05	6,25	6,15	7,72
	Zweifamilienhaus	unter 60 m^2	7,30	7,77	7,66	7,64	8,44
		von 60 m^2 bis unter 100 m^2	5,35	5,76	5,75	5,85	7,22
		100 m^2 und mehr	4,87	5,13	5,13	5,53	6,94
	Mietwohngrundstück	unter 60 m^2	8,33	8,82	8,67	9,11	11,95
		von 60 m^2 bis unter 100 m^2	6,57	6,81	6,98	7,06	8,62
		100 m^2 und mehr	6,62	6,18	6,49	6,57	8,62
Saarland	Einfamilienhaus	unter 60 m^2	6,07	6,18	6,13	8,39	9,03
		von 60 m^2 bis unter 100 m^2	5,32	5,76	5,79	7,29	7,21
		100 m^2 und mehr	4,71	5,48	5,57	6,35	7,47
	Zweifamilienhaus	unter 60 m^2	6,33	7,13	6,93	8,00	8,30
		von 60 m^2 bis unter 100 m^2	4,63	5,28	5,19	6,13	7,09
		100 m^2 und mehr	4,22	4,71	4,63	5,80	6,82
	Mietwohngrundstück	unter 60 m^2	7,74	8,70	8,41	10,24	12,62
		von 60 m^2 bis unter 100 m^2	6,10	6,73	6,77	7,94	9,10
		100 m^2 und mehr	6,15	6,10	6,30	7,37	9,10
Sachsen	Einfamilienhaus	unter 60 m^2	6,70	6,21	5,71	8,23	8,97
		von 60 m^2 bis unter 100 m^2	5,87	5,79	5,39	7,15	7,17
		100 m^2 und mehr	5,19	5,52	5,19	6,23	7,43
	Zweifamilienhaus	unter 60 m^2	5,92	6,09	5,47	6,67	7,00
		von 60 m^2 bis unter 100 m^2	4,34	4,51	4,11	5,11	5,99
		100 m^2 und mehr	3,94	4,01	3,67	4,83	5,75
	Mietwohngrundstück	unter 60 m^2	7,57	7,77	6,95	8,93	11,12
		von 60 m^2 bis unter 100 m^2	5,98	6,01	5,60	6,92	8,02
		100 m^2 und mehr	6,02	5,44	5,20	6,42	8,02

* **Amtl. Anm.:** Für Wohnungseigentum gelten die Nettokaltmieten für Mietwohngrundstücke.

** **Amtl. Anm.:** Flächen, die zu anderen als Wohnzwecken genutzt werden, gelten als Wohnfläche. Für diese Flächen ist bei Mietwohngrundstücken die für Wohnungen mit einer Fläche unter 60 m^2 geltende monatliche Nettokaltmiete in Euro je Quadratmeter Nutzfläche (ohne Zubehörräume) anzusetzen. Bei Ein-und Zweifamilienhäusern sind diese Flächen zu der jeweiligen Wohnfläche zu addieren.

Land	Gebäudeart*	Wohnfläche** (je Wohnung)	Baujahr des Gebäudes				
			bis 1948	1949 bis 1978	1979 bis 1990	1991 bis 2000	ab 2001
Sachsen-Anhalt	Einfamilienhaus	unter 60 m²	6,23	5,78	5,53	7,43	7,79
		von 60 m² bis unter 100 m²	5,45	5,39	5,22	6,45	6,23
		100 m² und mehr	4,83	5,14	5,02	5,62	6,45
	Zweifamilienhaus	unter 60 m²	6,19	6,37	5,96	6,75	6,83
		von 60 m² bis unter 100 m²	4,54	4,72	4,47	5,17	5,85
		100 m² und mehr	4,13	4,20	3,98	4,89	5,62
	Mietwohngrundstück	unter 60 m²	7,22	7,41	6,90	8,24	9,90
		von 60 m² bis unter 100 m²	5,69	5,72	5,55	6,38	7,14
		100 m² und mehr	5,74	5,19	5,16	5,93	7,14
Schleswig-Holstein	Einfamilienhaus	unter 60 m²	7,16	6,92	6,87	8,47	9,24
		von 60 m² bis unter 100 m²	6,28	6,45	6,49	7,35	7,37
		100 m² und mehr	5,55	6,14	6,24	6,41	7,64
	Zweifamilienhaus	unter 60 m²	7,55	8,10	7,86	8,18	8,58
		von 60 m² bis unter 100 m²	5,54	6,01	5,90	6,27	7,34
		100 m² und mehr	5,03	5,34	5,26	5,92	7,06
	Mietwohngrundstück	unter 60 m²	7,85	8,39	8,10	8,89	11,09
		von 60 m² bis unter 100 m²	6,19	6,47	6,52	6,89	7,99
		100 m² und mehr	6,24	5,87	6,06	6,40	7,99
Thüringen	Einfamilienhaus	unter 60 m²	7,36	6,58	6,41	8,31	9,59
		von 60 m² bis unter 100 m²	6,45	6,13	6,05	7,22	7,66
		100 m² und mehr	5,71	5,83	5,82	6,29	7,94
	Zweifamilienhaus	unter 60 m²	7,07	7,00	6,67	7,30	8,12
		von 60 m² bis unter 100 m²	5,19	5,19	5,00	5,59	6,95
		100 m² und mehr	4,71	4,62	4,45	5,29	6,68
	Mietwohngrundstück	unter 60 m²	7,70	7,61	7,22	8,33	11,00
		von 60 m² bis unter 100 m²	6,08	5,88	5,81	6,45	7,94
		100 m² und mehr	6,12	5,33	5,40	6,00	7,94

Nettokaltmiete –Festwert – für einen Garagenstellplatz (Einzelgarage/Tiefgarage)	35 EUR/Monat

* **Amtl. Anm.:** Für Wohnungseigentum gelten die Nettokaltmieten für Mietwohngrundstücke.

** **Amtl. Anm.:** Flächen, die zu anderen als Wohnzwecken genutzt werden, gelten als Wohnfläche. Für diese Flächen ist bei Mietwohngrundstücken die für Wohnungen mit einer Fläche unter 60 m² geltende monatliche Nettokaltmiete in Euro je Quadratmeter Nutzfläche (ohne Zubehörräume) anzusetzen. Bei Ein-und Zweifamilienhäusern sind diese Flächen zu der jeweiligen Wohnfläche zu addieren.

II. Mietniveaustufen

Zur Berücksichtigung von Mietniveauunterschieden zwischen Gemeinden eines Landes sind die Nettokaltmieten zu I. durch folgende Ab-oder Zuschläge anzupassen:

Mietniveaustufe 1
Mietniveaustufe 2
Mietniveaustufe 3
Mietniveaustufe 4
Mietniveaustufe 5
Mietniveaustufe 6
Mietniveaustufe 7

Die gemeindebezogene Einordnung in die Mietniveaustufen und der dafür maßgebliche Gebietsstand ergibt sich aus der Rechtsverordnung zur Durchführung des § 254 Abs. 2 des Bewertungsgesetzes in der jeweils aktuellen Fassung.

Anlage 40 (zu § 255 BewG)

Bewirtschaftungskosten

Pauschalierte Bewirtschaftungskosten für Verwaltung, Instandhaltung und Mietausfallwagnis in Prozent des Rohertrags des Grundstücks nach § 254 BewG

Restnutzungsdauer	Grundstücksart		
	1 Ein-und Zweifamilienhäuser	2 Wohnungseigentum	3 Mietwohngrundstück
≥ 60 Jahre	18	23	21
40 bis 59 Jahre	21	25	23
20 bis 39 Jahre	25	29	27
< 20 Jahre	27	31	29

Anlage 41 (zu § 257 Abs. 2 BewG)

Abzinsungsfaktoren

Restnutzungsdauer (Jahre)	Zinssatz										
	1,5 %	1,6 %	1,7 %	1,8 %	1,9 %	2,0 %	2,1 %	2,2 %	2,3 %	2,4 %	2,5 %
1	0,9852	0,9843	0,9833	0,9823	0,9814	0,9804	0,9794	0,9785	0,9775	0,9766	0,9756
2	0,9707	0,9688	0,9668	0,9649	0,9631	0,9612	0,9593	0,9574	0,9555	0,9537	0,9518
3	0,9563	0,9535	0,9507	0,9479	0,9451	0,9423	0,9396	0,9368	0,9341	0,9313	0,9286
4	0,9422	0,9385	0,9348	0,9311	0,9275	0,9238	0,9202	0,9166	0,9131	0,9095	0,9060
5	0,9283	0,9237	0,9192	0,9147	0,9102	0,9057	0,9013	0,8969	0,8925	0,8882	0,8839
6	0,9145	0,9092	0,9038	0,8985	0,8932	0,8880	0,8828	0,8776	0,8725	0,8674	0,8623
7	0,9010	0,8948	0,8887	0,8826	0,8766	0,8706	0,8646	0,8587	0,8528	0,8470	0,8413
8	0,8877	0,8807	0,8738	0,8670	0,8602	0,8535	0,8468	0,8402	0,8337	0,8272	0,8207

Restnut-zungsdauer	Zinssatz										
(Jahre)	1,5 %	1,6 %	1,7 %	1,8 %	1,9 %	2,0 %	2,1 %	2,2 %	2,3 %	2,4 %	2,5 %
9	0,8746	0,8669	0,8592	0,8517	0,8442	0,8368	0,8294	0,8221	0,8149	0,8078	0,8007
10	0,8617	0,8532	0,8449	0,8366	0,8284	0,8203	0,8123	0,8044	0,7966	0,7889	0,7812
11	0,8489	0,8398	0,8307	0,8218	0,8130	0,8043	0,7956	0,7871	0,7787	0,7704	0,7621
12	0,8364	0,8266	0,8169	0,8073	0,7978	0,7885	0,7793	0,7702	0,7612	0,7523	0,7436
13	0,8240	0,8135	0,8032	0,7930	0,7830	0,7730	0,7632	0,7536	0,7441	0,7347	0,7254
14	0,8118	0,8007	0,7898	0,7790	0,7684	0,7579	0,7475	0,7374	0,7273	0,7175	0,7077
15	0,7999	0,7881	0,7766	0,7652	0,7540	0,7430	0,7322	0,7215	0,7110	0,7006	0,6905
16	0,7880	0,7757	0,7636	0,7517	0,7400	0,7284	0,7171	0,7060	0,6950	0,6842	0,6736
17	0,7764	0,7635	0,7508	0,7384	0,7262	0,7142	0,7024	0,6908	0,6794	0,6682	0,6572
18	0,7649	0,7515	0,7383	0,7253	0,7126	0,7002	0,6879	0,6759	0,6641	0,6525	0,6412
19	0,7536	0,7396	0,7259	0,7125	0,6993	0,6864	0,6738	0,6614	0,6492	0,6372	0,6255
20	0,7425	0,7280	0,7138	0,6999	0,6863	0,6730	0,6599	0,6471	0,6346	0,6223	0,6103
21	0,7315	0,7165	0,7019	0,6875	0,6735	0,6598	0,6463	0,6332	0,6203	0,6077	0,5954
22	0,7207	0,7052	0,6901	0,6754	0,6609	0,6468	0,6330	0,6196	0,6064	0,5935	0,5809
23	0,7100	0,6941	0,6786	0,6634	0,6486	0,6342	0,6200	0,6062	0,5927	0,5796	0,5667
24	0,6995	0,6832	0,6673	0,6517	0,6365	0,6217	0,6073	0,5932	0,5794	0,5660	0,5529
25	0,6892	0,6724	0,6561	0,6402	0,6247	0,6095	0,5948	0,5804	0,5664	0,5527	0,5394
26	0,6790	0,6619	0,6451	0,6289	0,6130	0,5976	0,5825	0,5679	0,5536	0,5398	0,5262
27	0,6690	0,6514	0,6344	0,6177	0,6016	0,5859	0,5706	0,5557	0,5412	0,5271	0,5134
28	0,6591	0,6412	0,6238	0,6068	0,5904	0,5744	0,5588	0,5437	0,5290	0,5148	0,5009
29	0,6494	0,6311	0,6133	0,5961	0,5794	0,5631	0,5473	0,5320	0,5171	0,5027	0,4887
30	0,6398	0,6211	0,6031	0,5856	0,5686	0,5521	0,5361	0,5206	0,5055	0,4909	0,4767
31	0,6303	0,6114	0,5930	0,5752	0,5580	0,5412	0,5251	0,5094	0,4941	0,4794	0,4651
32	0,6210	0,6017	0,5831	0,5650	0,5476	0,5306	0,5143	0,4984	0,4830	0,4682	0,4538
33	0,6118	0,5923	0,5733	0,5550	0,5373	0,5202	0,5037	0,4877	0,4722	0,4572	0,4427
34	0,6028	0,5829	0,5638	0,5452	0,5273	0,5100	0,4933	0,4772	0,4616	0,4465	0,4319
35	0,5939	0,5737	0,5543	0,5356	0,5175	0,5000	0,4832	0,4669	0,4512	0,4360	0,4214
36	0,5851	0,5647	0,5451	0,5261	0,5078	0,4902	0,4732	0,4568	0,4410	0,4258	0,4111
37	0,5764	0,5558	0,5360	0,5168	0,4984	0,4806	0,4635	0,4470	0,4311	0,4158	0,4011
38	0,5679	0,5471	0,5270	0,5077	0,4891	0,4712	0,4540	0,4374	0,4214	0,4061	0,3913
39	0,5595	0,5385	0,5182	0,4987	0,4800	0,4619	0,4446	0,4280	0,4120	0,3966	0,3817
40	0,5513	0,5300	0,5095	0,4899	0,4710	0,4529	0,4355	0,4188	0,4027	0,3873	0,3724
41	0,5431	0,5216	0,5010	0,4812	0,4622	0,4440	0,4265	0,4097	0,3936	0,3782	0,3633
42	0,5351	0,5134	0,4926	0,4727	0,4536	0,4353	0,4178	0,4009	0,3848	0,3693	0,3545
43	0,5272	0,5053	0,4844	0,4644	0,4452	0,4268	0,4092	0,3923	0,3761	0,3607	0,3458

Restnutzungsdauer (Jahre)	Zinssatz										
	1,5 %	1,6 %	1,7 %	1,8 %	1,9 %	2,0 %	2,1 %	2,2 %	2,3 %	2,4 %	2,5 %
44	0,5194	0,4974	0,4763	0,4561	0,4369	0,4184	0,4007	0,3838	0,3677	0,3522	0,3374
45	0,5117	0,4895	0,4683	0,4481	0,4287	0,4102	0,3925	0,3756	0,3594	0,3440	0,3292
46	0,5042	0,4818	0,4605	0,4402	0,4207	0,4022	0,3844	0,3675	0,3513	0,3359	0,3211
47	0,4967	0,4742	0,4528	0,4324	0,4129	0,3943	0,3765	0,3596	0,3434	0,3280	0,3133
48	0,4894	0,4668	0,4452	0,4247	0,4052	0,3865	0,3688	0,3518	0,3357	0,3203	0,3057
49	0,4821	0,4594	0,4378	0,4172	0,3976	0,3790	0,3612	0,3443	0,3282	0,3128	0,2982
50	0,4750	0,4522	0,4305	0,4098	0,3902	0,3715	0,3538	0,3369	0,3208	0,3055	0,2909
51	0,4680	0,4451	0,4233	0,4026	0,3829	0,3642	0,3465	0,3296	0,3136	0,2983	0,2838
52	0,4611	0,4381	0,4162	0,3955	0,3758	0,3571	0,3394	0,3225	0,3065	0,2913	0,2769
53	0,4543	0,4312	0,4093	0,3885	0,3688	0,3501	0,3324	0,3156	0,2996	0,2845	0,2702
54	0,4475	0,4244	0,4024	0,3816	0,3619	0,3432	0,3255	0,3088	0,2929	0,2778	0,2636
55	0,4409	0,4177	0,3957	0,3749	0,3552	0,3365	0,3188	0,3021	0,2863	0,2713	0,2572
56	0,4344	0,4111	0,3891	0,3682	0,3485	0,3299	0,3123	0,2956	0,2799	0,2650	0,2509
57	0,4280	0,4046	0,3826	0,3617	0,3420	0,3234	0,3059	0,2893	0,2736	0,2588	0,2448
58	0,4217	0,3983	0,3762	0,3553	0,3357	0,3171	0,2996	0,2830	0,2674	0,2527	0,2388
59	0,4154	0,3920	0,3699	0,3490	0,3294	0,3109	0,2934	0,2769	0,2614	0,2468	0,2330
60	0,4093	0,3858	0,3637	0,3429	0,3233	0,3048	0,2874	0,2710	0,2555	0,2410	0,2273
61	0,4032	0,3797	0,3576	0,3368	0,3172	0,2988	0,2815	0,2652	0,2498	0,2353	0,2217
62	0,3973	0,3738	0,3516	0,3309	0,3113	0,2929	0,2757	0,2594	0,2442	0,2298	0,2163
63	0,3914	0,3679	0,3458	0,3250	0,3055	0,2872	0,2700	0,2539	0,2387	0,2244	0,2111
64	0,3856	0,3621	0,3400	0,3193	0,2998	0,2816	0,2645	0,2484	0,2333	0,2192	0,2059
65	0,3799	0,3564	0,3343	0,3136	0,2942	0,2761	0,2590	0,2430	0,2281	0,2140	0,2009
66	0,3743	0,3508	0,3287	0,3081	0,2887	0,2706	0,2537	0,2378	0,2230	0,2090	0,1960
67	0,3688	0,3452	0,3232	0,3026	0,2834	0,2653	0,2485	0,2327	0,2179	0,2041	0,1912
68	0,3633	0,3398	0,3178	0,2973	0,2781	0,2601	0,2434	0,2277	0,2130	0,1993	0,1865
69	0,3580	0,3345	0,3125	0,2920	0,2729	0,2550	0,2384	0,2228	0,2082	0,1947	0,1820
70	0,3527	0,3292	0,3073	0,2869	0,2678	0,2500	0,2335	0,2180	0,2036	0,1901	0,1776
71	0,3475	0,3240	0,3021	0,2818	0,2628	0,2451	0,2287	0,2133	0,1990	0,1857	0,1732
72	0,3423	0,3189	0,2971	0,2768	0,2579	0,2403	0,2239	0,2087	0,1945	0,1813	0,1690
73	0,3373	0,3139	0,2921	0,2719	0,2531	0,2356	0,2193	0,2042	0,1901	0,1771	0,1649
74	0,3323	0,3089	0,2872	0,2671	0,2484	0,2310	0,2148	0,1998	0,1859	0,1729	0,1609
75	0,3274	0,3041	0,2824	0,2624	0,2437	0,2265	0,2104	0,1955	0,1817	0,1689	0,1569
76	0,3225	0,2993	0,2777	0,2577	0,2392	0,2220	0,2061	0,1913	0,1776	0,1649	0,1531
77	0,3178	0,2946	0,2731	0,2532	0,2347	0,2177	0,2018	0,1872	0,1736	0,1610	0,1494
78	0,3131	0,2899	0,2685	0,2487	0,2304	0,2134	0,1977	0,1832	0,1697	0,1573	0,1457

Restnutzungsdauer (Jahre)	Zinssatz										
	1,5 %	1,6 %	1,7 %	1,8 %	1,9 %	2,0 %	2,1 %	2,2 %	2,3 %	2,4 %	2,5 %
79	0,3084	0,2854	0,2640	0,2443	0,2261	0,2092	0,1936	0,1792	0,1659	0,1536	0,1422
80	0,3039	0,2809	0,2596	0,2400	0,2219	0,2051	0,1896	0,1754	0,1622	0,1500	0,1387
81	0,2994	0,2764	0,2553	0,2357	0,2177	0,2011	0,1857	0,1716	0,1585	0,1465	0,1353
82	0,2950	0,2721	0,2510	0,2316	0,2137	0,1971	0,1819	0,1679	0,1550	0,1430	0,1320
83	0,2906	0,2678	0,2468	0,2275	0,2097	0,1933	0,1782	0,1643	0,1515	0,1397	0,1288
84	0,2863	0,2636	0,2427	0,2235	0,2058	0,1895	0,1745	0,1607	0,1481	0,1364	0,1257
85	0,2821	0,2594	0,2386	0,2195	0,2019	0,1858	0,1709	0,1573	0,1447	0,1332	0,1226
86	0,2779	0,2554	0,2346	0,2156	0,1982	0,1821	0,1674	0,1539	0,1415	0,1301	0,1196
87	0,2738	0,2513	0,2307	0,2118	0,1945	0,1786	0,1640	0,1506	0,1383	0,1270	0,1167
88	0,2698	0,2474	0,2269	0,2081	0,1908	0,1751	0,1606	0,1473	0,1352	0,1241	0,1138
89	0,2658	0,2435	0,2231	0,2044	0,1873	0,1716	0,1573	0,1442	0,1322	0,1211	0,1111
90	0,2619	0,2396	0,2193	0,2008	0,1838	0,1683	0,1541	0,1411	0,1292	0,1183	0,1084
91	0,2580	0,2359	0,2157	0,1972	0,1804	0,1650	0,1509	0,1380	0,1263	0,1155	0,1057
92	0,2542	0,2322	0,2121	0,1937	0,1770	0,1617	0,1478	0,1351	0,1234	0,1128	0,1031
93	0,2504	0,2285	0,2085	0,1903	0,1737	0,1586	0,1447	0,1321	0,1207	0,1102	0,1006
94	0,2467	0,2249	0,2050	0,1869	0,1705	0,1554	0,1418	0,1293	0,1179	0,1076	0,0982
95	0,2431	0,2214	0,2016	0,1836	0,1673	0,1524	0,1389	0,1265	0,1153	0,1051	0,0958
96	0,2395	0,2179	0,1982	0,1804	0,1642	0,1494	0,1360	0,1238	0,1127	0,1026	0,0934
97	0,2359	0,2144	0,1949	0,1772	0,1611	0,1465	0,1332	0,1211	0,1102	0,1002	0,0912
98	0,2324	0,2111	0,1917	0,1741	0,1581	0,1436	0,1305	0,1185	0,1077	0,0979	0,0889
99	0,2290	0,2077	0,1885	0,1710	0,1552	0,1408	0,1278	0,1160	0,1053	0,0956	0,0868
100	0,2256	0,2045	0,1853	0,1680	0,1523	0,1380	0,1251	0,1135	0,1029	0,0933	0,0846

Restnutzungsdauer (Jahre)	Zinssatz							
	2,6 %	2,7 %	2,8 %	2,9 %	3,0 %	3,5 %	4 %	4,5 %
1	0,9747	0,9737	0,9728	0,9718	0,9709	0,9662	0,9615	0,9569
2	0,9500	0,9481	0,9463	0,9444	0,9426	0,9335	0,9246	0,9157
3	0,9259	0,9232	0,9205	0,9178	0,9151	0,9019	0,8890	0,8763
4	0,9024	0,8989	0,8954	0,8919	0,8885	0,8714	0,8548	0,8386
5	0,8796	0,8753	0,8710	0,8668	0,8626	0,8420	0,8219	0,8025
6	0,8573	0,8523	0,8473	0,8424	0,8375	0,8135	0,7903	0,7679
7	0,8355	0,8299	0,8242	0,8186	0,8131	0,7860	0,7599	0,7348
8	0,8144	0,8080	0,8018	0,7956	0,7894	0,7594	0,7307	0,7032
9	0,7937	0,7868	0,7799	0,7731	0,7664	0,7337	0,7026	0,6729
10	0,7736	0,7661	0,7587	0,7514	0,7441	0,7089	0,6756	0,6439

Restnutzungsdauer (Jahre)	Zinssatz							
	2,6 %	2,7 %	2,8 %	2,9 %	3,0 %	3,5 %	4 %	4,5 %
11	0,7540	0,7460	0,7380	0,7302	0,7224	0,6849	0,6496	0,6162
12	0,7349	0,7264	0,7179	0,7096	0,7014	0,6618	0,6246	0,5897
13	0,7163	0,7073	0,6984	0,6896	0,6810	0,6394	0,6006	0,5643
14	0,6981	0,6887	0,6794	0,6702	0,6611	0,6178	0,5775	0,5400
15	0,6804	0,6706	0,6609	0,6513	0,6419	0,5969	0,5553	0,5167
16	0,6632	0,6529	0,6429	0,6329	0,6232	0,5767	0,5339	0,4945
17	0,6464	0,6358	0,6253	0,6151	0,6050	0,5572	0,5134	0,4732
18	0,6300	0,6191	0,6083	0,5978	0,5874	0,5384	0,4936	0,4528
19	0,6140	0,6028	0,5917	0,5809	0,5703	0,5202	0,4746	0,4333
20	0,5985	0,5869	0,5756	0,5645	0,5537	0,5026	0,4564	0,4146
21	0,5833	0,5715	0,5599	0,5486	0,5375	0,4856	0,4388	0,3968
22	0,5685	0,5565	0,5447	0,5332	0,5219	0,4692	0,4220	0,3797
23	0,5541	0,5419	0,5299	0,5181	0,5067	0,4533	0,4057	0,3634
24	0,5401	0,5276	0,5154	0,5035	0,4919	0,4380	0,3901	0,3477
25	0,5264	0,5137	0,5014	0,4893	0,4776	0,4231	0,3751	0,3327
26	0,5131	0,5002	0,4877	0,4756	0,4637	0,4088	0,3607	0,3184
27	0,5001	0,4871	0,4744	0,4622	0,4502	0,3950	0,3468	0,3047
28	0,4874	0,4743	0,4615	0,4491	0,4371	0,3817	0,3335	0,2916
29	0,4750	0,4618	0,4490	0,4365	0,4243	0,3687	0,3207	0,2790
30	0,4630	0,4497	0,4367	0,4242	0,4120	0,3563	0,3083	0,2670
31	0,4513	0,4378	0,4248	0,4122	0,4000	0,3442	0,2965	0,2555
32	0,4398	0,4263	0,4133	0,4006	0,3883	0,3326	0,2851	0,2445
33	0,4287	0,4151	0,4020	0,3893	0,3770	0,3213	0,2741	0,2340
34	0,4178	0,4042	0,3911	0,3783	0,3660	0,3105	0,2636	0,2239
35	0,4072	0,3936	0,3804	0,3677	0,3554	0,3000	0,2534	0,2143
36	0,3969	0,3832	0,3700	0,3573	0,3450	0,2898	0,2437	0,2050
37	0,3869	0,3732	0,3600	0,3472	0,3350	0,2800	0,2343	0,1962
38	0,3771	0,3633	0,3502	0,3375	0,3252	0,2706	0,2253	0,1878
39	0,3675	0,3538	0,3406	0,3279	0,3158	0,2614	0,2166	0,1797
40	0,3582	0,3445	0,3313	0,3187	0,3066	0,2526	0,2083	0,1719
41	0,3491	0,3354	0,3223	0,3097	0,2976	0,2440	0,2003	0,1645
42	0,3403	0,3266	0,3135	0,3010	0,2890	0,2358	0,1926	0,1574
43	0,3316	0,3180	0,3050	0,2925	0,2805	0,2278	0,1852	0,1507
44	0,3232	0,3097	0,2967	0,2843	0,2724	0,2201	0,1780	0,1442
45	0,3150	0,3015	0,2886	0,2763	0,2644	0,2127	0,1712	0,1380

Restnut-zungsdauer (Jahre)	Zinssatz							
	2,6 %	2,7 %	2,8 %	2,9 %	3,0 %	3,5 %	4 %	4,5 %
46	0,3071	0,2936	0,2807	0,2685	0,2567	0,2055	0,1646	0,1320
47	0,2993	0,2859	0,2731	0,2609	0,2493	0,1985	0,1583	0,1263
48	0,2917	0,2784	0,2657	0,2535	0,2420	0,1918	0,1522	0,1209
49	0,2843	0,2710	0,2584	0,2464	0,2350	0,1853	0,1463	0,1157
50	0,2771	0,2639	0,2514	0,2395	0,2281	0,1791	0,1407	0,1107
51	0,2701	0,2570	0,2445	0,2327	0,2215	0,1730	0,1353	0,1059
52	0,2632	0,2502	0,2379	0,2262	0,2150	0,1671	0,1301	0,1014
53	0,2566	0,2437	0,2314	0,2198	0,2088	0,1615	0,1251	0,0970
54	0,2501	0,2372	0,2251	0,2136	0,2027	0,1560	0,1203	0,0928
55	0,2437	0,2310	0,2190	0,2076	0,1968	0,1508	0,1157	0,0888
56	0,2375	0,2249	0,2130	0,2017	0,1910	0,1457	0,1112	0,0850
57	0,2315	0,2190	0,2072	0,1960	0,1855	0,1407	0,1069	0,0814
58	0,2257	0,2133	0,2016	0,1905	0,1801	0,1360	0,1028	0,0778
59	0,2199	0,2077	0,1961	0,1851	0,1748	0,1314	0,0989	0,0745
60	0,2144	0,2022	0,1907	0,1799	0,1697	0,1269	0,0951	0,0713
61	0,2089	0,1969	0,1855	0,1748	0,1648	0,1226	0,0914	0,0682
62	0,2036	0,1917	0,1805	0,1699	0,1600	0,1185	0,0879	0,0653
63	0,1985	0,1867	0,1756	0,1651	0,1553	0,1145	0,0845	0,0625
64	0,1935	0,1818	0,1708	0,1605	0,1508	0,1106	0,0813	0,0598
65	0,1885	0,1770	0,1661	0,1560	0,1464	0,1069	0,0781	0,0572
66	0,1838	0,1723	0,1616	0,1516	0,1421	0,1033	0,0751	0,0547
67	0,1791	0,1678	0,1572	0,1473	0,1380	0,0998	0,0722	0,0524
68	0,1746	0,1634	0,1529	0,1431	0,1340	0,0964	0,0695	0,0501
69	0,1702	0,1591	0,1488	0,1391	0,1301	0,0931	0,0668	0,0480
70	0,1658	0,1549	0,1447	0,1352	0,1263	0,0900	0,0642	0,0459
71	0,1616	0,1508	0,1408	0,1314	0,1226	0,0869	0,0617	0,0439
72	0,1575	0,1469	0,1369	0,1277	0,1190	0,0840	0,0594	0,0420
73	0,1535	0,1430	0,1332	0,1241	0,1156	0,0812	0,0571	0,0402
74	0,1497	0,1392	0,1296	0,1206	0,1122	0,0784	0,0549	0,0385
75	0,1459	0,1356	0,1260	0,1172	0,1089	0,0758	0,0528	0,0368
76	0,1422	0,1320	0,1226	0,1139	0,1058	0,0732	0,0508	0,0353
77	0,1386	0,1286	0,1193	0,1107	0,1027	0,0707	0,0488	0,0337
78	0,1351	0,1252	0,1160	0,1075	0,0997	0,0683	0,0469	0,0323
79	0,1316	0,1219	0,1129	0,1045	0,0968	0,0660	0,0451	0,0309
80	0,1283	0,1187	0,1098	0,1016	0,0940	0,0638	0,0434	0,0296

Restnutzungsdauer (Jahre)	Zinssatz							
	2,6 %	2,7 %	2,8 %	2,9 %	3,0 %	3,5 %	4 %	4,5 %
81	0,1250	0,1156	0,1068	0,0987	0,0912	0,0616	0,0417	0,0283
82	0,1219	0,1125	0,1039	0,0959	0,0886	0,0596	0,0401	0,0271
83	0,1188	0,1096	0,1011	0,0932	0,0860	0,0575	0,0386	0,0259
84	0,1158	0,1067	0,0983	0,0906	0,0835	0,0556	0,0371	0,0248
85	0,1128	0,1039	0,0956	0,0880	0,0811	0,0537	0,0357	0,0237
86	0,1100	0,1011	0,0930	0,0856	0,0787	0,0519	0,0343	0,0227
87	0,1072	0,0985	0,0905	0,0832	0,0764	0,0501	0,0330	0,0217
88	0,1045	0,0959	0,0880	0,0808	0,0742	0,0484	0,0317	0,0208
89	0,1018	0,0934	0,0856	0,0785	0,0720	0,0468	0,0305	0,0199
90	0,0993	0,0909	0,0833	0,0763	0,0699	0,0452	0,0293	0,0190
91	0,0967	0,0885	0,0810	0,0742	0,0679	0,0437	0,0282	0,0182
92	0,0943	0,0862	0,0788	0,0721	0,0659	0,0422	0,0271	0,0174
93	0,0919	0,0839	0,0767	0,0700	0,0640	0,0408	0,0261	0,0167
94	0,0896	0,0817	0,0746	0,0681	0,0621	0,0394	0,0251	0,0160
95	0,0873	0,0796	0,0726	0,0662	0,0603	0,0381	0,0241	0,0153
96	0,0851	0,0775	0,0706	0,0643	0,0586	0,0368	0,0232	0,0146
97	0,0829	0,0755	0,0687	0,0625	0,0569	0,0355	0,0223	0,0140
98	0,0808	0,0735	0,0668	0,0607	0,0552	0,0343	0,0214	0,0134
99	0,0788	0,0715	0,0650	0,0590	0,0536	0,0332	0,0206	0,0128
100	0,0768	0,0697	0,0632	0,0573	0,0520	0,0321	0,0198	0,0123

Berechnungsvorschrift für die Abzinsungsfaktoren (Barwertfaktoren für die Abzinsung):

$$\text{Abzinsungsfaktor} = \frac{1}{q^n}$$

$$q = 1 + LZ \text{ wobei } LZ = \frac{p}{100}$$

LZ = Zinssatz (Liegenschaftszinssatz)

n = Restnutzungsdauer

p = Zinsfuß

Anlage 42 (zu § 259 Abs. 1 BewG)

I. Begriff der Brutto-Grundfläche (BGF)

1. Die BGF ist die Summe der bezogen auf die jeweilige Gebäudeart marktüblich nutzbaren Grundflächen aller Grundrissebenen eines Bauwerks. In Anlehnung an die DIN 277-1:2005-02 sind bei den Grundflächen folgende Bereiche zu unterscheiden:

   Bereich a: überdeckt und allseitig in voller Höhe umschlossen,

   Bereich b: überdeckt, jedoch nicht allseitig in voller Höhe umschlossen,

Bereich c: nicht überdeckt.

Für die Anwendung der Normalherstellungskosten (NHK) sind im Rahmen der Ermittlung der BGF nur die Grundflächen der Bereiche a und b zugrunde zu legen. Balkone, auch wenn sie überdeckt sind, sind dem Bereich c zuzuordnen.

Für die Ermittlung der BGF sind die äußeren Maße der Bauteile einschließlich Bekleidung, z. B. Putz und Außenschalen mehrschaliger Wandkonstruktionen, in Höhe der Bodenbelagsoberkanten anzusetzen.

2. Nicht zur BGF gehören z. B. Flächen von Spitzböden und Kriechkellern, Flächen, die ausschließlich der Wartung, Inspektion und Instandsetzung von Baukonstruktionen und technischen Anlagen dienen, sowie Flächen unter konstruktiven Hohlräumen, z. B. über abgehängten Decken.

II. Normalherstellungskosten (NHK)

Normalherstellungskosten in €/m² BGF auf der Grundlage der Normalherstellungskosten 2010 (NHK 2010), einschließlich Baunebenkosten und Umsatzsteuer für die jeweilige Gebäudeart (Kostenstand 2010) sowie eines pauschalen Zuschlages für bauliche Anlagen, insbesondere Außenanlagen, und sonstige Anlagen (3 %).

Gebäudeart		Baujahrgruppe		
		vor 1995	1995 bis 2004	ab 2005
1	Gemischt genutzte Grundstücke (Wohnhäuser mit Mischnutzung)	695	886	1 118
2	Banken und ähnliche Geschäftshäuser	736	937	1 494
3	Bürogebäude, Verwaltungsgebäude	839	1 071	1 736
4	Gemeindezentren, Vereinsheime, Saalbauten, Veranstaltungsgebäude	1 004	1 282	1 555
5	Kindergärten (Kindertagesstätten), allgemeinbildende Schulen, berufsbildende Schulen, Hochschulen, Sonderschulen	1 164	1 488	1 710
6	Wohnheime, Internate, Alten-, Pflegeheime	876	1 118	1 370
7	Krankenhäuser, Kliniken, Tageskliniken, Ärztehäuser	1 334	1 705	2 075
8	Beherbergungsstätten, Hotels, Verpflegungseinrichtungen	1 118	1 427	1 859
9.1	Sporthallen	1 133	1 447	1 777
9.2	Tennishallen	814	1 040	1 226
9.3	Freizeitbäder, Kur-und Heilbäder	1 978	2 524	3 075
10.1	Verbrauchermärkte	582	742	896
10.2	Kauf-und Warenhäuser	1 066	1 360	1 633
10.3	Autohäuser ohne Werkstatt	757	968	1 277
11.1	Betriebs-und Werkstätten eingeschossig oder mehrgeschossig ohne Hallenanteil; Industrielle Produktionsgebäude, Massivbauweise	762	973	1 200
11.2	Betriebs-und Werkstätten, mehrgeschossig, hoher Hallenanteil; Industrielle Produktionsgebäude, überwiegend Skelettbauweise	536	680	942
12.1	Lagergebäude ohne Mischnutzung, Kaltlager	283	361	505
12.2	Lagergebäude mit bis zu 25 Prozent Mischnutzung	443	567	711
12.3	Lagergebäude mit mehr als 25 Prozent Mischnutzung	716	917	1 128
13	Museen, Theater, Sakralbauten	1 514	1 875	2 395
14	Reithallen, ehemalige landwirtschaftliche Mehrzweckhallen, Scheunen und Ähnliches	263		

Gebäudeart		Baujahrgruppe		
		vor 1995	1995 bis 2004	ab 2005
15	Stallbauten	422		
16	Hochgaragen, Tiefgaragen und Nutzfahrzeuggaragen	623		
17	Einzelgaragen, Mehrfachgaragen	500		
18	Carports und Ähnliches	196		
19	**Teileigentum** Teileigentum ist in Abhängigkeit von der baulichen Gestaltung den vorstehenden Gebäudearten zuzuordnen.			
20	**Auffangklausel** Normalherstellungskosten für nicht aufgeführte Gebäudearten sind aus den Normalherstellungskosten vergleichbarer Gebäudearten abzuleiten.			

Anlage 43 (zu § 260 BewG)

Wertzahlen
für Teileigentum, Geschäftsgrundstücke, gemischt genutzte Grundstücke und sonstige bebaute Grundstücke nach § 249 Abs. 1 Nr. 5–8 BewG

Vorläufiger Sachwert		Bodenrichtwert		
		bis 100 EUR/m²	bis 300 EUR/m²	über 300 EUR/m²
bis	500.000 EUR	0,80	0,90	1,00
	750.000 EUR	0,75	0,85	0,95
	1.000.000 EUR	0,70	0,80	0,90
	1.500.000 EUR	0,65	0,75	0,85
	2.000.000 EUR	0,60	0,70	0,80
	3.000.000 EUR	0,55	0,65	0,75
über	3.000.000 EUR	0,50	0,60	0,70

C. Kommentierung der abweichenden Länderregelungen

Einführung zu den abweichenden Länderregelungen

Inhaltsübersicht Rz.

A. Verfassungsrechtlicher Rahmen für die Einführung von abweichenden Ländermodellen

1 Die Frage der Gesetzgebungskompetenz des Bundes für die notwendige Reform des Grundsteuergesetzes und des Bewertungsgesetzes wurde im Rahmen des Reformprozesses nicht einheitlich beantwortet.[1] Gemäß Art. 105 Abs. 2 GG hat der Bund für die Grundsteuer die konkurrierende Gesetzgebungskompetenz unter den Voraussetzungen des Art. 72 Abs. 2 GG. Es werden unterschiedliche Auffassungen zur Frage des Erfordernisses einer bundeseinheitlichen Regelung der Grundsteuer zur Herstellung gleichwertiger Lebensverhältnisse oder zur Wahrung der Rechts- oder Wirtschaftseinheit im Bundesgebiet nach der seit dem 16.11.1994 geltenden Fassung des Art. 72 Abs. 2 GG vertreten. Darauf hat das Bundesverfassungsgericht in seinem Urteil vom 10.4.2018 hingewiesen, ohne dass es dazu einer Entscheidung bedurfte.[2] Art. 125a Abs. 2 GG räumt dem Bund lediglich eine begrenzte Änderungskompetenz des fortgeltenden Bundesrechts unter Beibehaltung der wesentlichen Elemente ein, erlaubt aber keine grundlegende Neukonzeption der Materie.

2 Da die Gesetzgebungskompetenz des Bundes in der Wissenschaft nicht einheitlich beurteilt wird, sollte diese unzweifelhaft abgesichert werden.[3] Dazu erhielt der Bund mit einer Grundgesetzänderung uneingeschränkt die konkurrierende Gesetzgebungskompetenz zur Regelung der Grundsteuer. Zeitgleich wurde den Ländern über eine Ergänzung in Art. 72 Abs. 3 GG eine umfassende abweichende Regelungskompetenz eröffnet. Die Einführung der Öffnungsklausel für abweichendes Landesrecht geht auf eine Initiative der CSU zurück.[4] Es bestehen im Hinblick auf das Ziel einer bundesgesetzlichen Grundlage gute Gründe für das Festhalten an einer bundesrechtlichen Regelung.[5] Denn die Grundsteuer wird aufgrund ihrer historisch gewachsenen Funktion als unverzichtbare Finanzierungsquelle für die Kommunen bundesweit erhoben. Darüber hinaus bestehen Querbezüge zwischen Grund- und Gewerbebesteuerung insbesondere im Bereich der Land- und Forstwirtschaft, die Vorkehrungen zur Vermeidung von Doppelbesteuerungen erfordern.

1 Vgl. BT-Drucks. 19/11084 S. 1 sowie Krause in Stenger/Loose, Landesgrundsteuergesetz Niedersachsen Rz. 118 ff.
2 BVerfG, Urteil v. 10.4.2018 - 1 BvL 11/14, 1 BvL 12/14, 1 BvL 1/15, 1 BvR 639/11, 1 BvR 889/12, NWB MAAAG-80435.
3 Vgl. BT-Drucks. 19/11084 S. 1.
4 Krause in Stenger/Loose, Landesgrundsteuergesetz Niedersachsen Rz. 11.
5 Vgl. BT-Ducks.S 19/11084 S. 4.

Dies entspricht zudem der bisherigen Systematik bundeseinheitlicher Steuergegenstände und Bemessungsgrundlagen auf der einen und Hebesatzautonomie der Gemeinden auf der anderen Seite bei Grund- und Gewerbesteuer. Zugleich biete sich nach Auffassung des Gesetzgebers gerade die Grundsteuer aufgrund der Immobilität des Steuerobjekts und des bereits in der Verfassung vorhandenen kommunalen Hebesatzrechts dafür an, die Steuerautonomie der Länder zu stärken.[1] 3

Mit der Ergänzung des Art. 125b GG um einen Absatz 3 wird bestimmt, dass auf dem Gebiet des Art. 72 Abs. 3 Satz 1 Nr. 7 GG abweichendes Landesrecht der Erhebung der Grundsteuer frühestens für Zeiträume ab dem 1.1.2025 zugrunde gelegt werden darf. Mit der Erweiterung wird sichergestellt, dass zu einem einheitlichen Zeitpunkt (1.1.2025) in allen Ländern die Grundsteuer nach neuem Recht – bundesgesetzlich oder landesgesetzlich geregelt – erhoben wird. Eine vorherige Diversifizierung der Grundsteuererhebung soll steuerpolitisch vermieden werden.[2] Diese Begründung ist m. E. wenig überzeugend. Die Öffnungsklausel schafft Unterschiede zwischen den Bundesländern in der Grundsteuererhebung. Warum diese Unterschiede aber ab 2025 wünschenswert sein sollen, vorher jedoch zu vermeiden sind, ist nicht nachvollziehbar. Als Begründung lässt sich gleichwohl anführen, dass die durch das BVerfG ausgesprochene Fortgeltungsanordnung[3] für das alte Recht möglicherweise in ihrem Fortbestand gefährdet wäre, wenn einzelne Länder vorab abweichendes Landesrecht zur Anwendung bringen. 4

Mit der Ergänzung des Art. 125b GG wird den Ländern zudem die Möglichkeit eingeräumt, bereits frühzeitig und parallel zur Fortgeltung bisherigen Bundesrechts bis zum 31.12.2024 mit den erforderlichen Maßnahmen zur verfahrensmäßigen Umsetzung abweichenden Landesrechts zu beginnen. In diesem Kontext ist z. B. an die Anforderung der Steuererklärungen (Feststellungserklärungen) oder den Erlass von Steuermessbescheiden zu denken. 5

(Einstweilen frei) 6–10

B. Überblick über die Ländermodelle:

Als erstes Bundesland hat **Baden-Württemberg** am 4.11.2020 sein LGrStG BW in Form einer Bodenwertsteuer verabschiedet. Das im LGrStG BW gewählte Modell sieht vor, bei Grundstücken des Grundvermögens nur noch den Wert des Grund und Bodens zu besteuern. Zu diesem Zweck werden Grundstücke anhand ihrer Fläche und dem jeweiligen Bodenrichtwert auf den Hauptfeststellungszeitpunkt bewertet. Die Bebauung wirkt sich in Baden-Württemberg nicht mehr auf den Wert, sondern nur noch auf die Wahl der Steuermesszahl aus. 11

Das Modell **Bayerns** basiert nicht auf dem Leistungsfähigkeitsprinzip, sondern auf dem Äquivalenzprinzip. Dahinter steht der Gedanke, dass Bürger und Unternehmen über die Grundsteuer an den Kosten beteiligt werden, die der Kommune durch das Vorhalten von Infrastruktur (z. B. Räumdienste, Brandschutz, Spielplätze, kulturelle Einrichtungen etc.) entstehen und die nicht über Beiträge oder Gebühren direkt und individuell von den Nutzern erhoben werden können. Die Grundsteuer soll nach Vorstellung des bayrischen Gesetzgebers konzeptionell diesem Belastungsgrund und damit dem kommunalen Beitragsrecht folgen und demzufolge wertunabhängig ausgestaltet sein. Gleichwohl behält sie ihren Steuercharakter nach § 3 AO, 12

1 Vgl. BT-Drucks. 19/11084 S. 4.

2 Vgl. BT-Drucks. 19/11084 S. 6.

3 BVerfG, Urteil v. 10.4.2018 - 1 BvL 11/14, 1 BvL 12/14, 1 BvL 1/15, 1 BvR 639/11, 1 BvR 889/12, NWB MAAAG-80435.

da sie ohne konkreten Anspruch auf Gegenleistung von den Grundstücksnutzern erhoben wird. In Bayern kommt es folglich nicht mehr auf den Wert einer Immobilie, sondern lediglich auf die Grundstücks- und Gebäudeflächen an. Die Äquivalenzzahl für Gebäudeflächen beträgt stets 0,50 € je Quadratmeter. Die Nutzungsart der Gebäudefläche hat für die Äquivalenzzahl keine Bedeutung. Diese wird erst auf Stufe der Messzahlen und damit des gesetzlichen Tarifs relevant.

13 Die Bundesländer **Hessen und Niedersachsen** ergänzen das bayrische Modell zusätzlich um einen bodenrichtwertabhängigen Lagefaktor, der abhängig vom Bodenrichtwert des zu bewertenden Grundstücks und dem durchschnittlichen Bodenrichtwert der Kommune ist und Grundstücke in besserer Lage somit höher besteuert als Grundstücke in schlechter Lage. Der lageabhängige Faktor ermittelt sich aus dem Verhältnis des jeweiligen Zonen-Bodenrichtwerts zum Durchschnittsbodenrichtwert der Gemeinde potenziert mit 0,3. Durch die Einführung dieses Faktors soll die unterschiedliche Lagequalität des zu bewertenden Grundstücks im Verhältnis zu der durchschnittlichen Lage der Gemeinde berücksichtigt werden, wobei die Potenzierung mit 0,3 im Hinblick auf das Verhältnis vom jeweiligen für das Grundstück maßgeblichen Bodenrichtwert zum durchschnittlichen Bodenrichtwert dämpfend wirkt.

14 Das Bundesland **Hamburg** verwendet ebenfalls das bayrische Modell als Grundlage, verzichtet aber auf einen bodenrichtwertabhängigen Lagefaktor und stellt stattdessen ausschließlich bei den Wohngrundstücken auf einen nach weichen Kriterien („Hamburger Wohnlageverzeichnis") ermittelten Wohnlagefaktor ab. Dazu wird eine Ursprungsmesszahl für Wohnen von 0,7 (gegenüber 1,0 für Nichtwohnzwecke) bei normalen Wohnlagen im Gegensatz zu guten Wohnlagen durch den Faktor 0,75, d. h. um eine Ermäßigung von 25 % zusätzlich begünstigt (= Messzahl 0,525), um Stadtentwicklungsgesichtspunkte zu berücksichtigen und um das Ziel des bezahlbaren Wohnraums zu fördern. Die Lageermäßigung orientiert sich dabei am Hamburger Wohnlageverzeichnis. Das Wohnlageverzeichnis zeichnet sich dadurch aus, dass es nicht nur die Bodenrichtwerte, sondern auch andere Komponenten (wie z. B. die Erreichbarkeit des ÖPNV, dem Grünflächenanteil und die Entfernung zum Einzelhandel, den Statusindex) berücksichtigt und damit ein genaues Bild der Lage und der Förderungswürdigkeit hin zu einer guten Wohnlage bildet.

15 **Sachsen** und das **Saarland** hingegen übernehmen das Bundesmodell mit der Abweichung, dass für Wohngrundstücke und Nichtwohngrundstücke abweichende Messzahlen gelten. Mit den geänderten Messzahlen verfolgen die Landesgesetzgeber das Ziel, die Grundsteuerlast zu den Nichtwohngrundstücken hin zu verschieben. Gleichzeitig bleibt es beim Ziel der aufkommensneutralen Reform. Die bei Anwendung der bundesgesetzlich geregelten Steuermesszahlen erwartete starke Belastung der Wohnnutzung soll so deutlich abgemildert werden. Mit der im Vergleich zur Nichtwohnnutzung niedrigeren Steuermesszahl für die Wohnnutzung wird diese gegenüber der geschäftlichen Nutzung gezielt geringer belastet. Diese Belastungsentscheidung gründet auf einer angestrebten Förderung von Wohnraum. Die Länder **Berlin** und **Bremen** haben sich kurz vor Anwendung der neuen Grundsteuerwerte aus den gleichen Gründen ebenfalls zu Anpassungen bei der Messzahl entschlossen. Auch in diesen Bundesländern werden unbebaute Grundstücke und Nichtwohngrundstücke mit einer höheren Messzahl belegt als Wohngrundstücke. Aufgrund der Größe und Heterogenität des Grundstücksmarktes ist **Nordrhein-Westfalen** einen anderen Weg gegangen und hat statt einer in einem großen Flächenland wenig zielgerichteten Anpassung der Messzahlen den Kommunen vor Ort eingeräumt, unterschiedliche Hebesätze für die Gruppe der Wohngrundstücke sowie der Nichtwohngrundstücke festzulegen (Hebesatzsplitting). Damit können Belastungsverschiebungen

durch die unterschiedlichen Ergebnisse aus dem Ertragswertverfahren und dem Sachwertverfahren nach den individuellen Gegebenheiten der jeweiligen Gemeinde angepasst werden. **Schleswig-Holstein** und **Sachsen-Anhalt** sind dem Weg von Nordrhein-Westfalen gefolgt und haben ebenso eine Regelung zum Hebesatzsplitting geschaffen. Diese Absicht hat auch Rheinland-Pfalz und hat mit dem Entwurf eines Grundsteuerhebesatzgesetzes Rheinland-Pfalz (RPGrStHsG) den Grundstein für eine vergleichbare Regelung gelegt. Das Gesetz soll Anfang 2025 verabschiedet werden und rückwirkend zum 1.1.2025 in Kraft treten. Die Kommentierung des rheinland-pfälzischen Gesetzes wird zeitnah nach dessen Verabschiedung in der Online-Version des Kommentars abrufbar sein.

Abschnitt I: Baden-Württemberg

Vorwort zur Kommentierung des Landesgrundsteuergesetzes Baden-Württemberg

Inhaltsübersicht **Rz.**

LITERATUR:

Bräutigam/Spengel/Winter, GrSt-Reform – eine analytische Betrachtung der bundesgesetzlichen Regelung sowie weiterer Bewertungsverfahren, Der Betrieb 40/2020 S. 2090; *Gregor Kirchhof*, Der Belastungsgrund von Steuern – zum verfassungsrechtlichen Auftrag, die Grundsteuer zu reformieren; DStR 21-22/20 S. 1073; *ders.*, Bodenwertsteuer und Grundgesetz: Das aktuelle Grundsteuergesetz Baden-Württembergs verletzt die Verfassung, Der Betrieb 49/20 S. 2600-2605; *Löhr/Kempny*, Zur Grundsteuerreform: Grundzüge eines Bodenwertsteuergesetzes; DStR 2019/11 S. 537; *Schmidt*, Reform der Grundsteuer - Eine erste Analyse der Wertermittlung nach dem Ertragswertverfahren, NWB 50/2019 S. 3719, NWB BAAAH-36269.

A. Besonderheiten der Landesregelung in Abgrenzung zur Bundesregelung

1 Durch das „Gesetz zur Änderung des Grundgesetzes" v. 15.11.2019 ist es den Bundesländern nach Art. 72 Abs. 3 Satz 1 Nr. 7 des Grundgesetzes möglich, ganz oder zum Teil von einem Bundesgesetz zur Grundsteuer abzuweichen. Als erstes Bundesland hat Baden-Württemberg diese Möglichkeit genutzt und am 4.11.2020 ein eigenständiges Grundsteuergesetz (LGrStG BW)[1] verabschiedet. Mit dem am 22.12.2021 verabschiedeten Gesetz zur Änderung des Landesgrundsteuergesetzes und zur Einführung eines gesonderten Hebesatzrechts zur Mobilisierung

1 Verkündet als Art. 1 des Gesetzes zur Regelung einer Landesgrundsteuer v. 4. 11.2020 (GBl S. 974).

von Bauland (ÄndGLGrStG)[1] wurden Änderungen am LGrStG BW vorgenommen, die klarstellenden Charakter haben, der Verwaltungsvereinfachung dienen und mit der Einführung einer Grundsteuer C den Kommunen die Möglichkeit einer aktiveren Steuerung eröffnen sollen.

I. Ziele der landesrechtlichen Sonderregelung

Mit dem Landesgesetz soll in Abgrenzung zum Bundesgesetz eine **möglichst einfache Ermittlung der Besteuerungsgrundlagen** bei **realitätsgerechter Darstellung der Wertverhältnisse innerhalb der Kommune** erreicht werden. Diese Ziele sollen durch das Heranziehen der **Bodenrichtwerte als zentrales Bewertungskriterium** erreicht werden. Innerhalb der Bodenrichtwertzone wird durch das zweite Bewertungskriterium, die „Fläche", eine weitere Differenzierung zwischen den wirtschaftlichen Einheiten vorgenommen. 2

Weitere **Ziele** der Reform[2] sind, 3

- den Flächenverbrauch im Außenbereich zu reduzieren,
- Boden als natürliche Ressource zu schützen und
- die Innenentwicklung zu stärken.

Dies soll durch die **geringere Besteuerung von bebauten Wohngrundstücken** gegenüber unbebauten Grundstücken erreicht werden.

Durch die **Grundsteuer C** soll den Kommunen die Möglichkeit gegeben werden, durch die Erhebung eines höheren Hebesatzes für bestimmte baureife Grundstücke diese einer Bebauung zuzuführen und damit die städtebauliche Situation zu verbessern. 4

(Einstweilen frei) 5

II. Verfahren der Grundsteuererhebung

Es bleibt bei dem bisher schon bekannten Verfahren der Grundsteuererhebung. Von den Finanzämtern werden zunächst die **Grundsteuerwerte** (früher Einheitswerte) ermittelt. Diese Grundsteuerwerte werden mit den entsprechenden Steuermesszahlen multipliziert. Das Ergebnis dieser Multiplikation ist der **Grundsteuermessbetrag**, der im Grundsteuermessbescheid dem Steuerpflichtigen und der Gemeinde bekannt gemacht wird. 6

Die Gemeinden wenden dann auf den Wert aus dem Grundsteuermessbescheid ihren Hebesatz an und erlassen daraufhin den **Grundsteuerbescheid**. Wie bisher legen die Gemeinden die Höhe des Hebesatzes selbständig fest. 7

(Einstweilen frei) 8–9

III. Bewertung des Grundvermögens

Wie im Bundesrecht werden die beiden Vermögensarten **land- und forstwirtschaftliches Vermögen** und das **Grundvermögen** unterschieden. Die **Bewertung des land- und forstwirtschaftlichen Vermögens** erfolgt **entsprechend dem Bundesgesetz**; eine eigenständige landesspezifische Bewertung gibt es hier nicht, auch die Steuermesszahl entspricht der im Bundesrecht. 10

1 GBl S. 1029.
2 Drucks. 16/8907 S. 3 F Nachhaltigkeitscheck.

Deshalb soll hier nicht weiter auf das land- und forstwirtschaftliche Vermögen eingegangen werden. Für eine ausführliche Kommentierung vgl. Müller in Grootens, BewG § 232 Rz. 1 ff.

11 Die Bewertung des Grundvermögens erfolgt mit dem **Bodenwert**, der sich aus der **Multiplikation der Fläche** des zu bewertenden Grundstücks **mit dem Bodenrichtwert** der entsprechenden Bodenrichtwertzone ergibt (§ 38 Abs. 1 LGrStG BW). Eine Differenzierung nach verschiedenen Grundstücksarten i. S. des § 249 BewG innerhalb des Grundvermögens erfolgt nicht. Die Bebauung bzw. die Art der Bebauung des Grundstücks spielt für die Bewertung damit keine Rolle, **unbebaute und bebaute Grundstücke werden gleich bewertet.**

12 Weist das zu bewertende Grundstück erhebliche **wertbeeinflussende Merkmale** auf, die vom **Richtwertgrundstück abweichen**, kann auf Antrag des Steuerpflichtigen ein niedrigerer Wert angesetzt werden. Voraussetzung hierfür ist, dass der Wert des zu bewertenden Grundstücks um mehr als 30 % vom Richtwertgrundstück abweicht und der niedrigere Wert durch ein Sachverständigengutachten nachgewiesen wird. Abzuheben ist hierbei lediglich auf den Wert des (fiktiv) unbebauten Grundstücks, wobei es hier allein auf den Wert des Grund und Bodens ankommt, gebäudespezifische Anpassungsfaktoren sind nicht zu berücksichtigen. Der **Gutachter** muss gewisse fachliche Voraussetzungen erfüllen, damit das Gutachten anerkannt werden kann.[1] Die **Kosten des Gutachtens** hat der Steuerpflichtige zu tragen. Häufig werden die Kosten des Sachverständigengutachtens höher sein als die damit zu erreichende Verminderung der Grundsteuer, insbesondere wenn ein Bewertungsgutachten für jeden Hauptfeststellungszeitpunkt einzuholen ist. In Fällen des § 15 Abs. 2 ImmoWert V (vgl. Schmidt in Grootens LGrStG BW § 38 Rz. 27, 33) ist ein solcher Antrag nicht zu stellen, da hier ja gerade kein Bodenrichtwert vom Gutachterausschuss festgestellt wurde.

13 Die **Fläche des Grundstücks** dürfte den Steuerpflichtigen bekannt sein bzw. kann aus dem **Grundbuch oder BORIS-BW (gutachterausschuesse-bw.de)** entnommen werden. Zur anzusetzenden Fläche siehe auch Bock in Grootens, BewG § 247 Rz. 47.

14 Der **Bodenrichtwert** ist ein aus Kaufpreisen ermittelter durchschnittlicher Wert für ein Gebiet mit im Wesentlichen gleichen Nutzungs- und Wertverhältnissen (Bodenrichtwertzone) und ist auf ein Grundstück bezogen, dessen Eigenschaften für dieses Gebiet typisch sind (Richtwertgrundstück). Die **Bodenrichtwertzonen** sind so abzugrenzen, dass lagebedingte **Wertunterschiede** zwischen den Grundstücken und dem **Richtwertgrundstück grundsätzlich nicht mehr als +/- 30 %** betragen (§ 15 Abs. 1 ImmoWertV). Die Bodenrichtwerte sind mit dem Wert zu ermitteln, der sich für den unbebauten Boden ergeben würde (§ 196 Abs. 1 Satz 2 BauGB), auch wenn die Grundstücke bebaut sind. Bestehen in einer Richtwertzone ganz unterschiedliche Bebauungen (z. B. Geschosswohnungsbau und Einfamilienhäuser oder Gewerbeobjekte) können sich bei diesen Sachverhalten nach § 15 Abs. 3 ImmoWertV mehrere Bodenrichtwertzonen deckungsgleich überlagern **(überlagernde Bodenrichtwertzonen)**. Es sind dann vom Gutachterausschuss mehrere Bodenrichtwerte für diese Richtwertzone zu ermitteln.

15 Wesentliches Problem der bisherigen Einheitsbewertung war die mangelhafte Administrierbarkeit einer Neubewertung aufgrund der Komplexität der Wertermittlung. Durch die deutlich vereinfachte Struktur des Wertermittlungsverfahrens erscheint die alle sieben Jahre erfolgende Neubewertung besser handhabbar, dafür werden Unschärfen bei der Bewertung bewusst in Kauf genommen.

1 Schmidt in Grootens LGrStG BW, § 38 Rz. 45.

Auch wenn es bei der Bewertung der Grundstücke keine Differenzierungen nach den verschiedenen Grundstücksarten gibt, so sollen doch bestimmte Grundstücke (z. B. Wohngrundstücke) und Rechtsträger begünstigt werden. Diese **Begünstigungen** erfolgen nicht über die Bewertung, sondern auf der **Ebene der Grundsteuermesszahlen.** 16

(Einstweilen frei) 17–18

IV. Steuermesszahlen

Grundsätzlich beträgt die **Steuermesszahl für Grundstücke 1,3 v. T.** und für das **landwirtschaftliche Vermögen 0,55 v. T.** 19

Die Grundsteuermesszahl für Grundstücke **ermäßigt** sich um 30 %, wenn das Grundstück überwiegend (> 50 %) **Wohnzwecken** dient. Neben dieser Ermäßigung bestehen aber noch weitere Ermäßigungen: 20

1. Ermäßigung für Grundstücke, die nach dem Landeswohnraumförderungsgesetz gefördert werden

Eine **zusätzliche Ermäßigung** von 25 % ergibt sich nach § 40 Abs. 4 LGrStG BW für Wohngrundstücke, die eine **Förderung nach dem Landeswohnraumförderungsgesetz (LWoFG)** oder dem Wohnraumförderungsgesetz des Bundes (WoFG) erhalten. Eine Förderung nach dem WoFG ist in Baden-Württembergeigentlich gar nicht mehr möglich, weil auch in Bezug auf die Wohnraumförderung Baden-Württemberg seine Gesetzgebungskompetenz genutzt hat und bereits 2007 das LWoFG-BW verabschiedet hat, das auch Übergangsregelungen für das bis dahin auch in Baden-Württemberg geltende WoFG enthält. **Voraussetzung** für die Ermäßigung ist, dass die sich aus der Förderzusage ergebenden **Bindungen bestehen**; nicht erforderlich ist, dass diese Bindungen auch eingehalten werden. Läuft die Förderung aus, besteht nach § 44 Abs. 1 Satz 2 LGrStG BW eine **Anzeigepflicht**, die innerhalb von drei Monaten nach Eintritt der Änderung gegenüber dem Finanzamt zu erfüllen ist und es kommt zu einer Neuveranlagung nach § 42 LGrStG BW. 21

Sind – wie es in Baden-Württemberg häufig der Fall ist – in einem Gebäude einige Wohnungen gefördert, andere aber nicht, stellt das Landesgesetz klar, dass sich die Ermäßigung bei der Steuermesszahl nur auf die geförderten Wohnungen und nicht auf alle Wohnungen im Gebäude erstreckt. Dazu ist es dann aber notwendig, dass der für das Gesamtgrundstück ermittelte Grundsteuerwert aufgeteilt wird. Diese Aufteilung soll in den Grundsteuermessbescheiden erfolgen. 22

(Einstweilen frei) 23–24

2. Ermäßigung für Grundstücke bestimmter Rechtsträger

Nach § 40 Abs. 5 LGrStG BW können wie in § 15 GrStG **gemeinnützige Wohnungsunternehmen** und **Wohnungsunternehmen von Gebietskörperschaften, die mit der Gebietskörperschaft einen Ergebnisabführungsvertrag abgeschlossen haben,** auf Antrag eine Ermäßigung der Steuermesszahl um 25 % für ihren gesamten Grundbesitz erhalten, nicht nur für ihre Wohngrundstücke. Auch **Vermietungsgenossenschaften (§ 5 Abs. 1 Nr. 10 KStG)** erhalten diese Ermäßigung, allerdings nur für **ihren ertragsteuerlich steuerbefreiten Grundbesitz.** 25

Soweit bereits eine Ermäßigung nach Abs. 4 (Ermäßigung für nach dem LWoFG geförderte Wohngrundstücke) gewährt wird, wird die Ermäßigung nach Abs. 5 nicht zusätzlich gewährt.

Da bei Verabschiedung des LGrStG BW im Katalog des § 52 AO die Wohnungsvermietung nicht als gemeinnützige Tätigkeit aufgeführt war, konnte es zu diesem Zeitpunkt keine gemeinnützigen 26

Wohnungsunternehmen geben. Aus Gründen des Ertragsteuerrechts, aber auch der Kommunalordnung (§ 102 Abs. 1 Nr. 1 GemO-BW), wird es in Baden-Württemberg kein Wohnungsunternehmen einer Gebietskörperschaft geben, das die Begünstigung des § 40 Abs. 5 Nr. 1 in Anspruch nehmen kann. Damit wird die Ermäßigung nach Abs. 5 nur für nach § 5 Abs. 1 Nr. 10 KStG steuerbefreiten Vermietungsgenossenschaften in Frage kommen. Es stellt sich aber die Frage, ob § 40 Abs. 5 LGrStG BW verfassungsgemäß sein kann, weil voll steuerpflichtige Wohnungsgenossenschaften oder Wohnungsunternehmen von Gebietskörperschaften ohne Gewinnabführungsvertrag die Begünstigung nicht in Anspruch nehmen können. Nach der Gesetzesbegründung ist Ziel der Ermäßigung des § 40 Abs. 5 LGrStG BW, Unternehmen zu begünstigen, bei denen die günstige Versorgung der Bevölkerung mit Wohnraum Hauptzweck ist. Auch kommunale Wohnungsunternehmen und unbeschränkt steuerpflichtige Wohnungsgenossenschaften verfolgen diesen Hauptzweck. Damit könnte eine sachlich nicht begründete und damit verfassungswidrige Ungleichbehandlung gegenüber diesen Unternehmen vorliegen.

27–28 *(Einstweilen frei)*

3. Ermäßigung für Kulturdenkmale

29 Die **Steuermesszahl wird um 10 % ermäßigt,** wenn sich auf dem Grundstück Gebäude befinden, die **Kulturdenkmale** i. S. des Gesetzes zum Schutz der Kulturdenkmale (Denkmalschutzgesetz) sind (§ 40 Abs. 6 LGrStG BW). Soweit nur räumlich abgrenzbare Teile eines Grundstücks ein Kulturdenkmal sind, ist nur dieser Teil des Grundstücks begünstigt.

30–31 *(Einstweilen frei)*

4. Kumulierung der Begünstigungen

32 Erfüllt ein Grundstück mehrere der oben genannten Vergünstigungstatbestände, ergibt sich die Ermäßigung der Steuermesszahl aus der Summe der zu berücksichtigenden Prozentsätze.

33 Für eine verfahrensrechtlich „saubere" Feststellung der Ermäßigungstatbestände bei den Steuermesszahlen wäre eine Artfeststellung für jedes Grundstück erforderlich. Eine Feststellung der Grundstücksart ist im Landesgrundsteuergesetz bisher nicht vorgesehen. Man ging wohl davon aus, dass dies nicht erforderlich ist, weil ja alle Grundstücke gleich bewertet werden. Es bleibt abzuwarten, wie die Verwaltung und die Rechtsprechung mit diesem Mangel des Gesetzes umgehen werden oder ob der Gesetzgeber hier noch eine Nachbesserung vornimmt.

34 Es können sich damit ausgehend von den möglichen Ermäßigungstatbeständen folgende Steuermesszahlen ergeben:

35 Wohngebäude

Meßzahl vor Abzug v. T.	1,3	1,3	1,3	1,3	1,3	1,3
Wohngrundstück	30,00 %	30,00 %	30,00 %	30,00 %	30,00 %	30,00 %
Förderung LWoFG			25,00 %			25,00 %
Rechtsträger				25,00 %	25,00 %	
Kulturdenkmal		10,00 %			10,00 %	10,00 %
Summe Abzüge	30,00 %	40,00 %	55,00 %	55,00 %	65,00 %	65,00 %
Meßzahl nach Abzügen v. T.	0,91	0,78	0,585	0,585	0,455	0,455

Nichtwohngebäude 36

Meßzahl vor Abzug v. T.	1, 3	1, 3	1, 3	1,3
Wohngrundstück	0			0
Förderung LWoFG	0			0
Rechtsträger	0	25,00 %	25,00 %	0
Kulturdenkmal	0		10,00 %	10,00 %
Summe Abzüge	0	25,00 %	35,00 %	10,00 %
Meßzahl nach Abzügen v. T.	1,3	0,975	0,845	1,17

(Einstweilen frei) 37

V. Folgen der Reform für die Grundstückeigentümer

Proberechnungen für die verschiedenen Regionen des Landes haben gezeigt, dass die **Grundsteuermessbeträge** nach dem alten und dem neuen Recht sehr stark voneinander abweichen. Die Ergebnisse sind dabei diffus. Es gab in fast jeder Region Grundstücke, bei denen die neuen Grundsteuermessbeträge deutlich über oder unter den bisherigen Messbeträgen lagen. Man kann aber folgende Tendenzaussage treffen: 38

1. Im **ländlichen Raum** liegen die neuen Grundsteuermessbeträge deutlich unter den bisherigen, während in den Ballungsräumen (vor allem in Stuttgart) die Grundsteuermessbeträge deutlich über den bisherigen Ansätzen liegen.
2. Grundstücke mit einer **guten Flächenausnutzung** werden eher profitieren von der Reform. Das bedeutet aber auch, dass für Ein- und Zweifamilienhäuser nach der Reform eher höhere Grundsteuern zu bezahlen sein werden. Auch bei ehemals landwirtschaftlich genutzten Grundstücken kann es zu erheblichen Verwerfungen kommen, weil diese Grundstücke häufig über Scheunen, Stallungen und große Gärten verfügen und diese Gebäudeteile heute nicht mehr sinnvoll genutzt werden können.
3. Da neuere Wohngebäude im Verhältnis zur Wohnfläche eher kleinere Grundstücksflächen haben, werden sie tendenziell von der Reform profitieren.

Soweit die Werte sich regional unterscheiden, kann die Gemeinde durch die **Änderung des Hebesatzes** gegensteuern. Durch die Reform wird es aber zwingend zu **Belastungsverschiebungen innerhalb einer Gemeinde** kommen. Diesen Belastungsverschiebungen kann weder durch die Veränderung der Steuermesszahl noch des Hebesatzes begegnet werden. Die Belastungsverschiebungen sind einerseits durch den neuen Ansatz begründet, der den Flächenverbrauch besteuert aber auch dadurch, dass die Einheitswerte mittlerweile über 50 Jahre alt sind und damit eine realitätsgerechte Bewertung überhaupt nicht mehr darstellen können. 39

(Einstweilen frei) 40–41

VI. Verfassungsrechtliche Überlegungen

Baden-Württemberg hat sich bei der Wahl der Bemessungsgrundlage und bei der Ausgestaltung der Bewertungsregeln für das Grundvermögen vor allem vom 1. Leitsatz des Urteils des BVG v. 10.4.2018[1] leiten lassen. Danach hat der Gesetzgeber bei der Wahl der Bemessungs- 42

1 BVerfG, Beschluss v. 11.2.2020 - 1 BvL 11/14, BGBl I 2018 S. 531 NWB MAAAG-80435.

grundlage der Grundsteuer einen großen Spielraum, solange sichergestellt ist, den Belastungsgrund der Steuer zu erfassen und die Relation der Wirtschaftsgüter zueinander realitätsgerecht abzubilden. Auch wenn im LGrStG BW keine Bewertung der Gebäude erfolgt, so wird durch die Bodenwertsteuer doch die **Relation der Grundstückswerte** innerhalb der Gemeinde besser berücksichtigt als im Bundesrecht. Schmidt[1] und auch Bräutigam/Spengel/Winter[2] haben gezeigt, dass im Bundesgesetz aufgrund der Kombination von standardisierten Nettokaltmieten, die einheitlich für die gesamte Gemeinde gelten, und der relativ geringen Berücksichtigung des Bodenwerts eine nahezu lageunabhängige Bewertung erfolgt und insofern das Leistungsfähigkeitsprinzip verletzt ist. Das baden-württembergische Bodenwertmodell trägt diesen Lage- und Bewertungsunterschieden deutlich besser Rechnung, weil schlechtere Lagen regelmäßig einen niedrigeren Bodenrichtwert haben und entsprechend geringer besteuert werden.

43 Nach Rz. 98 des BVG-Urteils[3] darf sich der Gesetzgeber bei der Wahl des geeigneten Maßstabs auch von **Praktikabilitätserwägungen** leiten lassen, die abhängig von der Zahl der Bewertungsvorgänge an Bedeutung gewinnen und so auch in größerem Umfang Typisierungen und Pauschalierungen rechtfertigen können. Der Gesetzgeber kann dabei den Praktikabilitätserwägungen Vorrang vor Gesichtspunkten der Ermittlungsgenauigkeit einräumen und dabei auch beträchtliche **Bewertungs- und Ermittlungsunschärfen** in Kauf nehmen, um die darauf beruhende Festsetzung und Erhebung der Steuer handhabbar zu halten. Begrenzt wird sein Spielraum dadurch, dass die von ihm geschaffenen Bemessungsregeln grundsätzlich in der Lage sein müssen, den mit der Steuer verfolgten Belastungsgrund in der Relation realitätsgerecht abzubilden (Rz. 131 des BVG-Urteils). Auch wenn das LGrStG BW auf die Einbeziehung der Bebauung in die Bewertung verzichtet, erscheinen die Vorgaben des BVerfG erfüllt.

44 Dagegen behauptet Kirchhof,[4] dass das baden-württembergische Grundsteuergesetz insgesamt verfassungswidrig sei. Seine Auffassung begründet er mit folgenden Überlegungen:

1. Lenkungsfunktion

45 Durch die höhere Besteuerung unbebauter Grundstücke soll der Grund und Boden ressourcenschonender genutzt werden. Kirchhof äußert Bedenken dahin gehend, dass zwar die Eigentümer von unbebauten Baugrundstücken oder von Hausgrundstücken mit Erweiterungsmöglichkeiten der Lenkungsfunktion nachkommen können, indem sie ihre Grundstücke einer Bebauung zuführen. Andere Grundbesitzer müssten aber eine höhere Grundsteuer entrichten, obwohl sie keine Möglichkeit hätten, sich entsprechend dem Lenkungsziel zu verhalten. In diesen Fällen sei die Bodenwertsteuer ein ungeeignetes und damit unverhältnismäßiges Steuerungsmittel. Auch könnten die Grundstückseigentümer der Lenkungsfunktion nur durch den Bau oder die Erweiterung eines Gebäudes nachkommen, was aber eine beträchtliche Investition erfordern würde. Sofern die Eigentümer dem Lenkungsimpuls aus finanziellen Gründen nicht folgen könnten, seien die Wirkungen unzumutbar und freiheitswidrig.

46 Dagegen kann argumentiert werden, dass die Grundsteuer i. d. R. nicht so hoch sein wird, dass jemand gezwungen sein wird, sein unbebautes Grundstück zu verkaufen. Es erscheint auch

1 NWB 50/2019 S. 3719 NWB BAAAH-36269.

2 Bräutigam/Spengel/Winter, Der Betrieb 40/2020 S. 2090 ff.

3 BVerfG, Beschluss v. 11.2.2020 - 1 BvL 11/14, BGBl I 2018 S. 531 NWB MAAAG-80435.

4 Kirchhof, Der Betrieb 49/2020 S. 2600 ff.

verfassungsrechtlich zumutbar, unbebaute Grundstücke aus Lenkungszielen heraus mit einer höheren Steuer zu belegen. Im Gegensatz zur selbst genutzten Wohnung ist hier kein Grundbedürfnis tangiert, so dass es dem Eigentümer jederzeit möglich ist, sein unbebautes Grundstück zu verkaufen. Zu bedenken ist in diesem Zusammenhang auch, dass für die Gemeinde und damit für alle anderen Steuerzahler (Grundstückseigentümer) sich bei unbebauten baureifen Grundstücken das Problem stellt, dass für diese Grundstücke und ihre potentiellen Bewohner die kommunale Infrastruktur bereits heute bereitgestellt werden muss, weil ja diese Grundstücke jederzeit bebaut werden könnten. Die Kosten für die Erhaltung dieser Infrastruktur müssten dann vor allem die anderen Grundstückseigentümer durch höhere Grundsteuern aufbringen. Ist ein baureifes Grundstück keiner Bebauung zugeführt worden, gehen der Gemeinde auch Zuweisungen, die an die Einwohnerzahl gekoppelt sind, verloren. Insofern gibt es hinreichende sachliche Gründe dafür, solche Grundstücke höher zu besteuern.

Letztlich ist die mit der Bodenwertsteuer erhoffte **Lenkungsfunktion nur ein Teilaspekt** der Reform. Eine Rechtfertigung der höheren Belastung unbebauter Wohngrundstücke ergibt sich auch aus Art. 14 Abs. 2 GG „Sozialbindung des Eigentums", dies sollte nicht vergessen werden, wenn man den Blick auf die Freiheitsrechte der Grundstückseigentümer lenkt. 47

(Einstweilen frei) 48–52

2. Verstoß gegen das Äquivalenzprinzip

Nach dem **Äquivalenzprinzip** sollen Steuerpflichtige entsprechend dem Vorteil, den sie durch eine staatliche Leistung erhalten, zur Finanzierung dieser Leistung herangezogen werden. Die Kommunen erhalten die Abgabe hiernach für die von ihnen bereitgestellte Infrastruktur, die dem Grundbesitz zugutekommt und durch Gebühren und Beiträge nicht vollständig abgegolten wird. Kirchhof sieht in der Bodenwertsteuer dieses Prinzip verletzt, weil die kommunale Infrastruktur darauf ausgerichtet sei, ob ein Grundstück bewohnbar sei, und ob auf den Grundstücken Einfamilienhäuser, Doppelhaushälften oder Hochhäuser stehen. 53

Allerdings vertritt Kirchhof[1] in Bezug auf das Flächenmodell auch die Ansicht, dass die Grundsteuer nicht ein individuelles Äquivalent für den Nutzen oder die Kosten von Grund und Boden bietet, sondern einen allgemeinen Ausgleich für die Möglichkeit schafft, die von der Gemeinde angebotenen Leistungen anzunehmen (Allgemeinäquivalenz). Werden diese nicht durch Gebühren und Beiträge entgolten und auch nicht in einem kommunalen Finanzausgleich und einer staatlichen Finanzzuwendung berücksichtigt, solle eine Typisierung nach der Größe des Grundbesitzes sachgerecht sein. Warum dann aber die Typisierung nach Bodenrichtwert und Fläche gegen das Äquivalenzprinzip verstoßen soll, bleibt unklar. 54

(Einstweilen frei) 55–56

3. Verletzung des Leistungsfähigkeitsprinzips

Kirchhof sieht in der Bodenwertsteuer auch das Leistungsfähigkeitsprinzip verletzt, weil sie Gebäude bei der steuerlichen Bemessung nicht berücksichtigt. Die durch Grund und Boden vermittelte Leistungskraft hänge zwar von der Lage, aber auch entscheidend von der Bebauung ab. Dieser Einwand müsste dann aber in gleicher Weise für das von Kirchhof präferierte Flächenmodell gelten. Kirchhof lässt bei seiner Argumentation im Übrigen unberücksichtigt, 57

1 Kirchhof, DStR 21–22/2020 S. 1073.

dass durch die Bewertung der Grundstücke mit dem Bodenrichtwert die Leistungsfähigkeit stärker als beim reinen Flächenmodell berücksichtigt wird. Schlechtere Lagen weisen gegenüber guten Lagen einen niedrigeren Bodenrichtwert auf und werden entsprechend geringer besteuert. Wie bereits dargestellt, weist das Bundesmodell in dieser Hinsicht auch erhebliche Mängel auf.

58–59 *(Einstweilen frei)*

4. Verletzung des Gleichbehandlungsgebots des Art. 3 GG wegen ungenauer Bodenrichtwerte

60 Bei der Bodenwertsteuer spielen die Bodenrichtwerte eine wesentliche Rolle. Sofern die Bodenrichtwerte ungenau sind, z. B. in Gebieten mit wenigen Verkaufsfällen, könnte dies zur Verfassungswidrigkeit führen, weil dadurch das Gleichbehandlungsgebot des Art. 3 GG verletzt würde. Erschwerend kommt hinzu, dass gegen den von einem Gutachterausschusses festgestellten Bodenrichtwert kein Rechtsmittel eingelegt werden kann. Nach ständiger höchstrichterlicher Rechtsprechung[1] sind die von den Gutachterausschüssen ermittelten Bodenrichtwerte für die Beteiligten im Steuerrechtsverhältnis verbindlich. Dem Gesetzgeber steht es frei, bestimmte Bewertungsparameter typisierend festzulegen und deren Rechtsverbindlichkeit bei der Bewertung von Grundbesitz anzuordnen, solange die Grenzen der Typisierung eingehalten sind. Die Ermittlung der Bodenrichtwerte erfolgt durch Gutachterausschüsse, also von außerhalb der Finanzverwaltung stehenden Stellen. Diese haben aufgrund ihrer besonderen Sach- und Fachkenntnis und ihrer größeren Ortsnähe eine vorgreifliche Kompetenz bei der Feststellung der Bodenrichtwerte.

61 Selbst wenn der festgestellte Bodenrichtwert zutreffend und aus einer hinreichenden Anzahl von Verkäufen valide ermittelt ist, bleiben Fragen zur Qualität der Bodenrichtwerte offen, da nach § 10 Abs. 3 ImmoWertV die Werte der zu einer Bodenrichtwertzone zusammengefassten Grundstücke um +/- 30 % vom Richtwertgrundstück abweichen können. Da im Landesgesetz die Bodenrichtwerte eine viel bedeutendere Rolle als im Bundesgesetz spielen, könnte dieser Umstand zur Verfassungswidrigkeit des LGrStG BW führen. Andererseits ergibt sich aus dem Flächenmodell oder dem Flächenmodell mit Lagefaktoren wohl auch keine realitätsgerechtere Abbildung der Relation der Wirtschaftsgüter zueinander.

62–63 *(Einstweilen frei)*

5. Urteile des Finanzgerichts Baden-Württemberg vom 11.6.2024 (8 K 2368/22 und 8 K 1582/23) über die Verfassungsmäßigkeit des LGrStG BW

64 Nach Auffassung des Finanzgerichts ist es mit dem allgemeinen Gleichheitssatz des Grundgesetzes vereinbar, dass der Landesgesetzgeber entgegen der bisherigen Einheitsbewertung und auch abweichend von den Neuregelungen sowohl im Bund als auch in anderen Bundesländern die Grundsteuer ausschließlich auf den Grund und Boden ohne Berücksichtigung der aufstehenden Gebäude erhebt. Der Gesetzgeber habe nach der gefestigten Rechtsprechung des Bundesverfassungsgerichts bei der Auswahl des Steuergegenstands einen weiten Spielraum. Es sei deshalb zulässig, dass der Landesgesetzgeber nur den Grund und Boden eines Grundstücks mit der Grundsteuer belaste und die Gebäude außer Acht lasse.

1 Vgl. BFH, Urteil v. 26.4.2006 - II R 58/04, BStBl 2006 II S. 793; BFH, Urteil v. 12.7.2006 - II R 1/04, BStBl 2006 II S. 742; BFH, Urteil v. 25.8.2010 - II R 42/09, BStBl 2011 II S. 205.

Das maßgebliche und verfassungsrechtlich zulässige Bemessungsziel beim Grundsteuerwert sei der Verkehrswert des Grund und Bodens. Im Verkehrswert bilde sich sowohl das durch die kommunale Infrastruktur beeinflusste Nutzenpotential des Grund und Bodens als auch die objektive Leistungsfähigkeit des Eigentümers ab, denn es gelte: Je höher der mit dem Grund und Boden erzielbare Ertrag, desto höher der Verkehrswert und desto höher zugleich die objektive Leistungsfähigkeit des Eigentümers. 65

Die Heranziehung der Bodenrichtwerte zur Ermittlung der Bemessungsgrundlage sei folgerichtig, weil der von den Gutachterausschüssen mithilfe der Kaufpreissammlung abgeleitete Bodenrichtwert auf die Ermittlung des Verkehrswerts abziele und daher geeignet sei, die Grundstücke – wie vom Bundesverfassungsgericht gefordert – im Verhältnis zueinander realitätsgerecht zu bewerten. Dass dadurch bislang in Form der Einheitsbewertung stark unterbewertete Grundstücke einer höheren Grundsteuer unterworfen würden, sei Folge der Entscheidung des Bundesverfassungsgerichts und verfassungsrechtlich hinzunehmen. 66

Der Ansatz des Bodenrichtwerts einer Zone für alle Grundstücke dieser Zone, ohne Berücksichtigung der Besonderheiten des Einzelfalls, sei verfassungsrechtlich zulässig, weil erstens jede Verkehrswertermittlung eine mit Ungenauigkeiten verbundene Schätzung sei, und zweitens angesichts der großen Zahl zu bewertender Grundstücke – wie die alte Einheitsbewertung gezeigt habe – andernfalls die Gefahr eines unüberwindlichen Verwaltungsaufwands der erforderlichen periodischen Aktualisierung der Werte entgegenstehen würde. Der mit dieser pauschalen Regelung angestrebte Wertkorridor von plus/minus 30 % bezogen auf den Verkehrswert sei deshalb verfassungsrechtlich hinnehmbar und könne durch die sog. Öffnungsklausel, wonach die Eigentümer im Einzelfall durch Sachverständigengutachten einen abweichenden Verkehrswert nachweisen könnten, auch in Ausnahmefällen eingehalten werden. 67

Die Ermittlung der Bodenrichtwerte erfordere besondere fachliche Kenntnisse und Ortsnähe. Es sei deshalb mit dem Anspruch auf effektiven Rechtsschutz zu vereinbaren, dass den Gutachterausschüssen bei der Feststellung der Bodenrichtwerte ein Beurteilungsspielraum zuerkannt werde und die Überprüfung durch die Finanzgerichte sich auf etwaige Unzulänglichkeiten bei der Sachverhaltsfeststellung, methodische Fehler und die Einhaltung der hierzu ergangenen gesetzlichen Vorschriften beschränke. 68

Das öffentliche Interesse an der vom Bundesverfassungsgericht angeordneten Reform der Grundsteuer wiegt schwerer als das Interesse der Grundstückseigentümer an der Vorhersehbarkeit der Grundsteuerlast für den Übergangszeitraum von der erstmaligen Feststellung der neuen Grundsteuerwerte durch die Finanzämter bis zur erstmaligen Festsetzung der Grundsteuer durch die Kommunen nach dem neuen Gesetz. Es sei deshalb hinzunehmen, dass die konkrete Höhe der Grundsteuer derzeit noch nicht beziffert werden kann, weil die Kommunen die ab 1.1.2025 geltenden Hebesätze noch nicht bestimmt haben. 69

Die Revision gegen die Urteile beim Bundesfinanzhof wurde zugelassen und ist zwischenzeitlich unter den Aktenzeichen II R 26/24 und II R 27/24 anhängig. 70

(Einstweilen frei) 73–75

6. Zusammenfassung

Die gegenüber dem LGrStG BW geäußerte Kritik gilt in vielen Punkte gleichermaßen für das Bundesgesetz, wobei das LGrStG BW im Vergleich zum Bundesgesetz eine realitätsgerechtere Abbildung der Relation der Grundstückswerte innerhalb der Gemeinde zu gewährleisten scheint. Alle bisher umgesetzten Modelle zur Grundsteuerreform werfen in dem ein oder an- 76 deren Aspekt verfassungsrechtliche Fragen auf. Klarheit darüber, ob die nun getroffenen gesetzlichen Regelungen der verfassungsrechtlichen Prüfung in allen Punkten standhalten, wird es erst nach erneuten Urteilen des BVerfG geben.

Erster Teil: Allgemeine Vorschriften

§ 1 LGrStG BW Entstehung der Grundsteuer

(1) [1]Grundbesitz unterliegt der Grundsteuer. [2]Die Grundsteuer wird nach den tatsächlichen Verhältnissen zu Beginn des Kalenderjahres festgesetzt. [3]Die Steuer entsteht mit dem Beginn des Kalenderjahres, für das die Steuer festzusetzen ist.

(2) Die Gemeinde bestimmt durch ihren Hebesatz, ob und in welcher Höhe von dem in ihrem Gebiet liegenden Grundbesitz Grundsteuer zu erheben ist.

(3) Für den in gemeindefreien Gebieten liegenden Grundbesitz bestimmt die Landesregierung durch Rechtsverordnung, wer die nach diesem Gesetz den Gemeinden zustehenden Befugnisse ausübt.

Inhaltsübersicht **Rz.**

A. Allgemeine Erläuterungen

I. Entstehung und Entwicklung der Vorschrift

1 Die Vorschrift wurde erstmalig im Jahr 2020 in das LGrStG BW aufgenommen.

2 In der **Gesetzesbegründung** heißt es hierzu:

Gegenstand der Grundsteuer ist das Innehaben von Grundbesitz als Steuerobjekt. Hierdurch tritt die Eigenschaft der Grundsteuer als Real- bzw. Objektsteuer deutlich hervor. Damit behält die Grundsteuer auch für die Landeslösung ihre historisch gewachsene Eigenschaft, mit der verfassungsrechtlichen Konsequenz der grundsätzlichen Schonung der Substanz durch beschränkten Zugriff auf den potenziellen (Soll-)Ertrag des Objekts. Der Grundcharakter der Grundsteuer bleibt somit im Ergebnis unverändert. Darüber hinaus wird auch das bisher geltende Stichtagsprinzip für die Wertverhältnisse und den Entstehungszeitraum übernommen.

Zu Absatz 2 und 3:
Die Abs. 2 und 3 stellen klar, dass die Grundsteuer als Realsteuer den Gemeinden zusteht (Art. 106 Abs. 6 GG). Im Rahmen ihrer in Art. 28 Abs. 2 GG verfassungsrechtlich festgeschriebenen Hebesatz-Autonomie obliegt ihnen die Entscheidung, ob die Grundsteuer erhoben werden soll. Zur Si-

cherstellung einer Erfassung von gemeindefreiem Grundbesitz eröffnet Abs. 3 eine entsprechende Regelung. Im Übrigen setzt § 1 die bisherige Bundesregelung fort.

II. Geltungsbereich

Das LGrStG BW gilt für in Baden-Württemberg belegene Grundstücke. 3

(Einstweilen frei) 4–5

B. Systematische Kommentierung

I. Grundbesitz als Gegenstand der Grundsteuer (§ 1 Abs. 1 Satz 1 LGrStG BW)

Während in § 1 Abs. 1 GrStG geregelt ist, dass die Gemeinde bestimmt, ob von dem in ihrem 6
Gebiet liegenden Grundbesitz Grundsteuer zu erheben ist, wird in § 1 Abs. 1 Satz 1 LGrStG BW geregelt, dass **Grundbesitz der Grundsteuer unterliegt**. Zu der Frage, ob nach § 1 Abs. 1 LGrStG BW aus dem Recht zur Erhebung der Grundsteuer eine Pflicht wird, finden sich in der Gesetzesbegründung allerdings zu Abs. 2 Hinweise. Danach obliegt es der Entscheidung der Gemeinde, ob die Grundsteuer erhoben werden soll. Damit besteht auch in Baden-Württemberg weiterhin das Recht der Gemeinde, auf die Erhebung der Grundsteuer zu verzichten.

(Einstweilen frei) 7–8

II. Stichtagsprinzip (§ 1 Abs. 1 Satz 2 LGrStG BW)

Die Vorschrift entspricht § 9 Abs. 1 GrStG. Auf die Kommentierung von Schmidt in Grootens, 9
GrStG § 9 Rz. 14 ff. wird verwiesen.

(Einstweilen frei) 10–11

III. Entstehung der Steuerschuld (§ 1 Abs. 1 Satz 3 LGrStG BW)

Die Vorschrift entspricht § 9 Abs. 2 GrStG. Auf die Kommentierung von Schmidt in Grootens, 12
GrStG § 9 Rz. 21 ff. wird verwiesen.

(Einstweilen frei) 13–14

IV. Heberecht der Gemeinde (§ 1 Abs. 2 LGrStG BW)

Die Vorschrift entspricht inhaltlich § 1 Abs. 2 GrStG. Auf die Kommentierung von Lange in 15
Grootens, GrStG § 1 Rz. 16–35 wird verwiesen.

(Einstweilen frei) 16–17

V. Grundbesitz in gemeindefreien Gebieten (§ 1 Abs. 3 LGrStG BW)

Die Vorschrift entspricht inhaltlich § 1 Abs. 3 GrStG. Auf die Kommentierung von Lange in 18
Grootens, GrStG § 1 Rz. 42–46 wird verwiesen.

§ 2 LGrStG BW Anwendung der Abgabenordnung und Rechtsweg

(1) [1]Für Handlungen und Entscheidungen der Landesfinanzbehörden im Zusammenhang mit der Bewertung, der Feststellung und dem Steuermessbetragsverfahren sind die Vorschriften der Abgabenordnung (AO) und des Finanzverwaltungsgesetzes entsprechend anzuwenden, soweit dieses Gesetz keine abweichende Regelung enthält. [2]Für die Verwaltung der Grundsteuer durch die Gemeinden gilt § 1 Absatz 2 und 3 AO entsprechend.

(2) [1]Gegen Entscheidungen der Landesfinanzbehörden ist der Finanzrechtsweg eröffnet. [2]Die Vorschriften der Finanzgerichtsordnung sind entsprechend anzuwenden, soweit dieses Gesetz keine abweichende Regelung enthält. [3]In einem gerichtlichen Verfahren kann die Revision auch darauf gestützt werden, dass das angefochtene Urteil auf der Verletzung dieses Gesetzes beruht.

Inhaltsübersicht **Rz.**

LITERATUR:

Gräber, FGO, 9. Aufl.

A. Allgemeine Erläuterungen

I. Normzweck und wirtschaftliche Bedeutung der Vorschrift

1 Nach § 1 Abs. 1 AO ist die Abgabenordnung nur für Steuern, die durch Bundesrecht oder Recht der Europäischen Union geregelt sind anzuwenden. Damit wäre die AO nicht auf das Landesgrundsteuergesetz anzuwenden. Durch die gesetzliche Regelung in § 2 Abs. 1 AO wird die AO wieder für die Landesfinanzbehörden anwendbar. Ohne diesen Verweis wären in das Landesgesetz eigene verfahrensrechtliche Vorschriften aufzunehmen gewesen. Der Verweis auf die AO führt zur Vereinfachung des Verwaltungsvollzugs, weil die Landesfinanzverwaltung mit den Vorschriften der AO vertraut ist.

2 Für Handlungen und Entscheidungen der Gemeinden ergibt sich bereits aus § 1 Abs. 2 AO, welche Teile der Abgabenordnung bei der Erhebung der Grundsteuer anzuwenden sind. Der in § 2

Abs. 1 LGrStG BW aufgenommene Verweis auf § 1 Abs. 2 AO erfolgte lediglich aus Gründen der Klarstellung.

Nach § 33 Nr. 1 FGO ist der Finanzrechtsweg eröffnet, soweit die Abgaben der Gesetzgebung des Bundes unterliegen. Durch den Verweis in § 2 Abs. 2 LGrStG BW wird für die Entscheidungen der Landesfinanzbehörden in Grundsteuerangelegenheiten der Finanzrechtsweg eröffnet. Auch dies dient der Vereinfachung des Verwaltungsvollzugs, weil die Landesfinanzbehörden mit den Regelungen der FGO vertraut sind. 3

Durch die ausdrücklich gesetzliche Zuweisung in § 2 Abs. 2 Satz 3 LGrStG BW ist für die Überprüfung der Entscheidungen der Finanzgerichte die Revision vor dem Bundesfinanzhof möglich. Ohne diesen Verweis wäre nach § 118 Abs. 1 FGO eine Revision vor dem Bundesfinanzhof nicht möglich. 4

(Einstweilen frei) 5–6

II. Entstehung und Entwicklung der Vorschrift

Die Vorschrift wurde erstmalig im Jahr 2020 in das LGrStG BW aufgenommen. 7

In der **Gesetzesbegründung** heißt es hierzu: 8

Die Landesfinanzbehörden verwalten gemäß Artikel 108 Absatz 2 Satz 1 GG die übrigen Steuern und daher weiterhin auch die Grundsteuer als Realsteuer. Daher ist die entsprechende Anordnung der Verfahrensvorschriften der Abgabenordnung im Grundsatz in Absatz 1 angezeigt. Im Übrigen bedarf es für das Verfahren bei den Gemeinden keiner Sonderregeln, worauf klarstellend verwiesen wird. § 1 Absatz 2 AO bestimmt für Realsteuern, deren Verwaltung den Gemeinden übertragen worden ist, die entsprechende Anwendung der in § 1 Absatz 2 AO genannten Vorschriften. Aus Gründen der Klarstellung wird ein Verweis auf § 1 Absatz 2 AO in das Landesgrundsteuergesetz aufgenommen.

Um die gerichtliche Überprüfung zu gewährleisten, ist die ausdrückliche Zuordnung des Rechtsweges in Absatz 2 gegen Entscheidungen der Landesfinanzbehörde im Rahmen des Finanzrechtswegs notwendig. Dabei ist die Finanzgerichtsordnung (FGO) grundsätzlich anzuwenden. Zur Klarstellung, dass die Revision und damit die Überprüfbarkeit der Entscheidung des Finanzgerichtes ermöglicht wird, erfolgt im Sinne von § 118 Absatz 1 Satz 2 FGO für dieses Landesgesetz eine ausdrückliche gesetzliche Zuweisung in Absatz 2 Satz 3. In Verbindung mit Satz 2 wird zudem deutlich, dass der gesamte Regelungsbereich der Revision in der FGO erfasst wird.

III. Geltungsbereich

Der Geltungsbereich erstreckt sich auf in Baden-Württemberg belegene Grundstücke. 9

(Einstweilen frei) 10

IV. Verhältnis zu anderen Vorschriften

Die Landesfinanzbehörden haben bei ihren Entscheidungen aufgrund des Verweises in § 2 Abs. 1 Satz 1 LGrStG BW die Abgabenordnung und das Finanzverwaltungsgesetz zu beachten, allerdings nur im Zusammenhang mit der Bewertung, der Feststellung und dem Steuermessbetragsverfahren. Für Entscheidungen der Gemeinden sind die in § 1 Abs. 2 und 3 AO genannten Teile der Abgabenordnung anzuwenden. 11

12 Gegen die Entscheidungen der Landesfinanzbehörden ist der Finanzrechtsweg eröffnet, entsprechend ist die Finanzgerichtsordnung (FGO) zu beachten. Der Verwaltungsgerichtsweg ist für die Entscheidungen der Gemeinden eröffnet, entsprechend ist hier die Verwaltungsgerichtsordnung (VwGO) einschlägig.

13–15 *(Einstweilen frei)*

B. Systematische Kommentierung

I. Anwendung der Abgabenordnung durch die Landesfinanzbehörden (§ 2 Abs. 1 Satz 1 LGrStG BW)

1. Anwendung der Abgabenordnung

16 Nach § 1 Abs. 1 AO ist die Abgabenordnung nur für Steuern, die durch Bundesrecht oder Recht der Europäischen Union geregelt sind anzuwenden. Durch das „Gesetz zur Änderung des Grundgesetzes" v. 15.11.2019 (BGBl I S. 1546) wurde den Ländern ermöglicht, eigene Grundsteuergesetze zu verabschieden. Da Baden-Württemberg von dieser Möglichkeit Gebrauch machte, ist die Grundsteuer in Baden-Württemberg keine Steuer, die durch Bundesrecht oder dem Recht der Europäischen Union geregelt ist. Von daher wäre für die Entscheidungen der Landesfinanzbehörden in Bezug auf die Grundsteuer die Abgabenordnung nicht anzuwenden. Durch § 2 Abs. 1 LGrStG BW wird bestimmt, dass die Landesfinanzbehörden bei ihren Entscheidungen die Abgabenordnung zu beachten haben.

17 Nach dem Gesetzeswortlaut ist für die Handlungen und Entscheidungen der Landesfinanzbehörden die Abgabenordnung nur im Zusammenhang mit der Bewertung, der Feststellung und dem Steuermessbetragsverfahren anzuwenden. Die Tätigkeit der Landesfinanzbehörden bei der Erhebung der Grundsteuer beschränkt sich auf die Bewertung, Feststellung und Ermittlung der Grundsteuermessbeträge. Letztlich werden die Finanzbehörden nur die Teile der Abgabenordnung anwenden, die im Zusammenhang mit ihren Aufgaben bei der Erhebung der Grundsteuer stehen, so dass diese Einschränkung in § 1 Abs. 1 Satz 1 LGrStG BW entbehrlich erscheint.

18–20 *(Einstweilen frei)*

2. Keine Anwendung der AO (§ 2 Abs. 1 Satz 1 Halbsatz 2 LGrStG BW)

21 Wie § 220 BewG bestimmt auch § 14 LGrStG BW, dass § 163 AO bei der Ermittlung der Grundsteuerwerte nicht anzuwenden ist. Dies ist die einzige Vorschrift im LGrStG BW, durch welche die AO für nicht anwendbar erklärt wird. Nach § 220 Satz 2 Halbsatz 2 BewG wären Erleichterungen nach Landesrecht in Bezug auf § 163 AO zulässig gewesen. Der Landesgesetzgeber hat hiervon keinen Gebrauch gemacht. Zur Nichtanwendung von § 163 AO vgl. Schmidt in Grootens, LGrStG BW § 58 Rz. 18–31.

22 *(Einstweilen frei)*

3. Landesbehörden mit Zuständigkeit für die Grundsteuer

23 Nach § 2 Finanzverwaltungsgesetz (FVG) sind für die **Grundsteuer folgende Behörden** zuständig:

1. als oberste Behörde das **Landesfinanzministerium**
2. als Mittelbehörden die **Oberfinanzdirektion**
3. und als örtliche Behörde das jeweilige **Lagefinanzamt.**

(Einstweilen frei) 24–25

II. Anwendung der Abgabenordnung durch die Gemeinden (§ 2 Abs. 1 Satz 2 LGrStG BW)

1. Anwendung von § 1 Abs. 2 AO

Durch § 1 Abs. 2 AO haben bei den Realsteuern die Gemeinden bis auf wenige Ausnahmen die Vorschriften der AO anzuwenden. 26

Keine Anwendung finden:

- §§ 15–29 (Zuständigkeit der Finanzbehörden)
- § 32 (Haftungsbeschränkung der Amtsträger)
- §§ 82–84 (Ablehnung und Ausschließung von Amtsträgern und anderer Personen)
- §§ 249–346 (Vollstreckung)
- §§ 347–368 (außergerichtliches Rechtsbehelfsverfahren) mit Ausnahme von § 351 (Bindungswirkung anderer Verwaltungsakte) und § 361 Abs. 1 Satz 2 und Abs. 3 (Aussetzung der Vollziehung der Folgebescheide bei Anfechtung von Grundlagenbescheiden).

Insbesondere sind die Regelungen der AO zur Vollstreckung durch die Gemeinden nicht anzuwenden, es **gelten** die **Landesvorschriften für die Vollstreckung.** Hintergrund dieser Regelung ist, dass die Gemeinden für die Realsteuern keine anderen Vollstreckungsvorschriften zu beachten haben sollen, als die ihnen bereits in ihrer übrigen Tätigkeit bekannten landesrechtlichen Vorschriften. 27

(Einstweilen frei) 28–30

2. Anwendung von § 1 Abs. 3 AO

Durch § 2 Abs. 1 Satz 2 LGrStG BW haben Gemeinden auch die Regelungen der Abgabenordnung zu den steuerlichen Nebenleistungen anzuwenden. Vom Katalog der steuerlichen Nebenleistungen des § 3 Abs. 4 AO haben **Bedeutung für die Grundsteuer:** 31

- Verspätungszuschläge nach § 152 AO
- Stundungszinsen nach § 234 AO
- Hinterziehungszinsen nach § 235 AO
- Prozesszinsen auf Erstattungsbeträge nach § 236 AO
- Zinsen bei Aussetzung der Vollziehung nach § 237 AO
- Die Berechnung der Zinsen erfolgt nach den §§ 238 und 239 AO
- Säumniszuschläge nach § 240 AO
- Zwangsgelder nach § 329 AO
- Kosten im Zusammenhang mit der Vollstreckung nach §§ 337–345 AO

Bis auf die Erhebung von Zwangsgeldern nach § 329 AO sind die oben beschriebenen Nebenleistungen bereits aus § 1 Abs. 2 AO von den Gemeinden anzuwenden. Insoweit war mit dem Verweis auf § 1 Abs. 3 AO wohl im Wesentlichen eine Klarstellung gewollt. Durch den ausdrücklichen Verweis auf § 1 Abs. 3 AO in § 2 Abs. 1 Satz 2 LGrStG BW ist nun aber die Regelung zum Zwangsgeld in § 329 AO als einzige Vorschrift des 6. Teils der AO (Vollstreckung) von den Gemeinden anzuwenden. Nach § 1 Abs. 2 AO haben die Gemeinden den 6. Teil der AO aber ge- 32 rade nicht anzuwenden, weil sie für die Realsteuern die ihnen bekannten Vollstreckungsvorschriften des Verwaltungsvollstreckungsgesetzes anzuwenden haben. Aufgrund des ausdrücklichen Verweises auf § 1 Abs. 3 AO im Landesgrundsteuergesetz ist von den Gemeinden bei der Erhebung von Zwangsgeld deshalb nicht § 23 Verwaltungsvollstreckungsgesetz für Baden-Württemberg (LVwVG-BW), sondern § 329 AO anzuwenden. Nach § 23 LVwVG-BW beträgt das Zwangsgeld mindestens zehn und höchstens 50.000 €, während nach § 329 AO das Zwangsgeld 25.000 € nicht übersteigen darf. Dass über § 2 Abs. 3 AO für Zwangsgelder nun § 329 AO anzuwenden sein soll, erscheint ein gesetzgeberisches Versehen zu sein. Ob sich in der Verwaltungspraxis der Kommunen daraus Probleme ergeben, bleibt abzuwarten.

33 Auch nach dem LGrStG BW führt der Rechtsweg in Realsteuersachen, soweit die Gemeinden zuständig sind, zu den Verwaltungsgerichten. Damit sind für das Widerspruchsverfahren gegen die von der Gemeinde festgesetzten Grundsteuern die Vorschriften der Verwaltungsgerichtsordnung über das Widerspruchsverfahren anzuwenden. Diese Rechtsstreitigkeiten werden in der Praxis eher selten sein, da das Rechtsschutzinteresse des Steuerpflichtigen sich i. d. R. auf die Höhe des Grundsteuerwertes und die Erfüllung der Voraussetzungen für die Ermäßigung der Steuermesszahl gem. § 40 LGrStG BW richten wird.

34–35 *(Einstweilen frei)*

III. Finanzrechtsweg (§ 2 Abs. 2 LGrStG BW)

36 Nach § 33 Nr. 1 FGO ist der Finanzrechtsweg in öffentlich-rechtlichen Streitigkeiten über Abgabenangelegenheiten, soweit die Abgaben der Gesetzgebung des Bundes unterliegen und durch Bundesfinanzbehörden oder Landesfinanzbehörden verwaltet werden, gegeben. Da Baden-Württemberg von seiner Gesetzgebungskompetenz bei der Grundsteuer Gebrauch machte, beruht das LGrStG BW nicht mehr auf der Gesetzgebung des Bundes. Nach § 33 Nr. 4 FGO kann der Finanzrechtsweg durch Bundes- oder Landesgesetze eröffnet werden. Baden-Württemberg eröffnet durch § 2 Abs. 2 LGrStG BW für Streitigkeiten der Landesfinanzbehörden in Grundsteuersachen den Finanzrechtsweg.

37–38 *(Einstweilen frei)*

IV. Revision (§ 2 Abs. 3 LGrStG BW)

39 Nach § 118 Abs. 1 FGO kann die Revision nur darauf gestützt werden, dass das angefochtene Urteil des Finanzgerichts Bundesrecht verletze. Damit wäre die Revision vor dem Bundesfinanzhof nicht möglich, weil das Landesgrundsteuergesetz kein Bundesrecht ist. Nach § 118 Abs. 1 Satz 2 FGO kann die Revision auch darauf gestützt werden, dass das angefochtene Urteil auf der Verletzung von Landesrecht beruhe. Die Revision kann nur dann auf die Verletzung von Landesrecht gestützt werden, wenn und soweit der Landesgesetzgeber die FGO insgesamt oder die Vorschriften des Unterabschnitts der FGO über die Revision ausdrücklich für anwendbar erklärt hat.[1] Durch § 2 Abs. 2 Satz 3 LGrStG BW wird für das LGrStG BW die Revision vor dem BFH unter Berufung auf die Verletzung des LGrStG BW möglich.

1 Ratschow in Gräber, FGO, 9. Aufl., Rz. 18.

1. Abschnitt: Steuergegenstand und Steuerbefreiung

§ 3 LGrStG BW Steuergegenstand

Steuergegenstand sind folgende Arten des Grundbesitzes:

1. Land- und forstwirtschaftliches Vermögen (§ 26),

2. Grundvermögen (§ 37).

Inhaltsübersicht **Rz.**

A. Allgemeine Erläuterungen zu § 3 LGrStG BW

I. Normzweck und wirtschaftliche Bedeutung der Vorschrift

Zunächst legt die Norm das Objekt der Besteuerung fest, dies ist der Grundbesitz. Dieser wird in **zwei Arten** untergliedert, das **Grundvermögen** und das **land- und forstwirtschaftliche Vermögen.** Die Unterscheidung ist erforderlich, weil wie im Bundesrecht auch im Landesrecht die Arten des Grundbesitzes unterschiedlich behandelt werden. 1

(Einstweilen frei) 2–3

II. Entstehung und Entwicklung der Vorschrift

Die Vorschrift wurde erstmalig im Jahr 2020 in das LGrStG BW aufgenommen. Die bereits bei der Einheitsbewertung getroffene Unterscheidung zwischen Grundvermögen und land- und forstwirtschaftlichem Vermögen bleibt auch im Landesgrundsteuergesetz bestehen. In der **Gesetzesbegründung** heißt es hierzu: 4

Die Norm legt das Objekt der Besteuerung fest. Die Landesgrundsteuer ist eine klassische Grundsteuer im Sinne des Grundgesetzes und bezieht sich auf den Grundbesitz. Dieser ist wiederum in zwei Arten zu untergliedern, die unterschiedlich zu definieren und zu behandeln sind. Im Grundsatz wird hierdurch die bisherige Unterscheidung fortgesetzt. Dies ist aufgrund der abgeltenden Wirkung der Grundsteuer mit Blick auf die Gewerbesteuer für Betriebe der Land- und Forstwirtschaft, die sich aus dem land- und forstwirtschaftlichen Vermögen ableiten, auch weiterhin notwendig und gerechtfertigt.

(Einstweilen frei) 5–6

III. Geltungsbereich

Der Geltungsbereich erstreckt sich auf in Baden-Württemberg belegene Grundstücke. 7

8 *(Einstweilen frei)*

IV. Verhältnis zu anderen Vorschriften

9 § 3 LGrStG BW verweist für das land- und forstwirtschaftlich Vermögen auf § 26 LGrStG BW und für das Grundvermögen auf § 37 LGrStG BW. § 26 LGrStG BW entspricht inhaltlich § 232 BewG. § 37 LGrStG BW entspricht inhaltlich § 244 Abs. 1 und 2 BewG.

10 *(Einstweilen frei)*

B. Systematische Kommentierung

11 In § 3 wird zunächst als Steuergegenstand der Grundbesitz definiert.

I. Land- und forstwirtschaftliches Vermögen

12 Eine Definition des land- und forstwirtschaftlichen Vermögens und Abgrenzungen zum Grundvermögen finden sich in § 26 GrStG.

13 Die landesrechtliche Regelung entspricht inhaltlich § 2 GrStG, auf die Kommentierung zum land- und forstwirtschaftlichen Vermögen von Lange in Grootens, GrStG § 2 Rz. 24–56 wird verwiesen.

14–15 *(Einstweilen frei)*

II. Grundvermögen

16 Nach § 37 gehören zum Grundvermögen alle Grundstücke soweit sie nicht zum land- und forstwirtschaftlichen Vermögen gehören.

17 Die landesrechtliche Regelung entspricht inhaltlich § 2 GrStG, auf die Kommentierung zu Grundstücken von Lange in Grootens, GrStG § 2 Rz. 57–78 wird verwiesen.

§ 4 LGrStG BW Steuerbefreiung für Grundbesitz bestimmter Rechtsträger

(1) [1]Von der Grundsteuer ist befreit

1. Grundbesitz, der von einer inländischen juristischen Person des öffentlichen Rechts für einen öffentlichen Dienst oder Gebrauch benutzt wird; ausgenommen ist der Grundbesitz, der von Berufsvertretungen und Berufsverbänden sowie von Kassenärztlichen Vereinigungen und Kassenärztlichen Bundesvereinigungen benutzt wird;

2. Grundbesitz, der vom Bundeseisenbahnvermögen für Verwaltungszwecke benutzt wird;

3. Grundbesitz, der von

a) einer inländischen juristischen Person des öffentlichen Rechts,

b) einer inländischen Körperschaft, Personenvereinigung oder Vermögensmasse, die nach der Satzung, dem Stiftungsgeschäft oder der sonstigen Verfassung und nach ihrer tatsächlichen Geschäftsführung ausschließlich und unmittelbar gemeinnützigen oder mildtätigen Zwecken dient, für gemeinnützige oder mildtätige Zwecke benutzt wird;

4. Grundbesitz, der von einer Religionsgesellschaft, die Körperschaft des öffentlichen Rechts ist, einem ihrer Orden, einer ihrer religiösen Genossenschaften oder einem ihrer Verbände für Zwecke der reli-

giösen Unterweisung, der Wissenschaft, des Unterrichts, der Erziehung oder für Zwecke der eigenen Verwaltung benutzt wird; den Religionsgesellschaften stehen die jüdischen Kultusgemeinden gleich, die nicht Körperschaften des öffentlichen Rechts sind;

5. **Grundbesitz, der zur Beherbergung der Geistlichen und Kirchendiener der Religionsgesellschaften, die Körperschaften des öffentlichen Rechts sind, und der jüdischen Kultusgemeinden dient; § 6 ist insoweit nicht anzuwenden;**

6. **Grundbesitz der Religionsgesellschaften, die Körperschaften des öffentlichen Rechts sind, und der jüdischen Kultusgemeinden, der am 1. Januar 1987 und im Veranlagungszeitpunkt zu einem nach Kirchenrecht gesonderten Vermögen, insbesondere einem Stellenfonds gehört, dessen Erträge ausschließlich für die Besoldung und Versorgung der Geistlichen und Kirchendiener sowie ihrer Hinterbliebenen bestimmt sind; die §§ 6 und 7 sind insoweit nicht anzuwenden.**

[2]Der Grundbesitz muss ausschließlich demjenigen, der ihn für die begünstigten Zwecke benutzt, oder einem anderen nach den Nummern 1 bis 6 begünstigten Rechtsträger zuzurechnen sein. [3]Satz 2 gilt nicht, wenn der Grundbesitz von einem nicht begünstigten Rechtsträger im Rahmen einer Öffentlich Privaten Partnerschaft einer juristischen Person des öffentlichen Rechts für einen öffentlichen Dienst oder Gebrauch überlassen wird und die Übertragung auf den Nutzer am Ende des Vertragszeitraums vereinbart ist.

(2) [1]Öffentlicher Dienst oder Gebrauch im Sinne dieses Gesetzes ist die hoheitliche Tätigkeit oder der bestimmungsgemäße Gebrauch durch die Allgemeinheit. [2]Ein Entgelt für den Gebrauch durch die Allgemeinheit darf nicht in der Absicht, Gewinn zu erzielen, gefordert werden.

(3) Öffentlicher Dienst oder Gebrauch im Sinne dieses Gesetzes ist nicht anzunehmen bei Betrieben gewerblicher Art von juristischen Personen des öffentlichen Rechts im Sinne des Körperschaftsteuergesetzes.

Inhaltsübersicht **Rz.**

VERWALTUNGSANWEISUNGEN

FinMin Baden-Württemberg, Erlass v. 5.7.2022 - FM3-S 3000-1/30.

A. Allgemeine Erläuterungen

I. Entstehung und Entwicklung der Vorschrift

Die Vorschrift wurde erstmalig im Jahr 2020 in das LGrStG BW aufgenommen. 1

In der **Gesetzesbegründung** heißt es hierzu: 2

Die Norm führt die bisherigen Befreiungstatbestände fort. Dies ist auch im neuen System sachgerecht. Die Befreiungen beziehen sich auf Grundbesitz, der den wesentlichen Grundlagen des täglichen Zusammenlebens, insbesondere auch im gesellschaftlichen Kontext, dient. Sie sind damit Bestandteil des außerkommunalen, regionalen Angebots für das tägliche Leben.

II. Geltungsbereich

3 Das LGrStG BW gilt für in Baden-Württemberg belegene Grundstücke.

4–5 *(Einstweilen frei)*

B. Systematische Kommentierung

I. Steuerbefreiung für Grundbesitz bestimmter Rechtsträger (§ 4 Abs. 1 Nr. 1–4 LGrStG BW)

6 Die Vorschrift entspricht § 3 Abs. 1 Nr. 1–4 GrStG. Auf die Kommentierung von Steffen in Grootens, GrStG § 3 Rz. 31 ff. wird verwiesen.

7–8 *(Einstweilen frei)*

II. Dem Gottesdienst gewidmeter Grundbesitz (§ 4 Abs. 1 Nr. 5 LGrStG BW)

9 Die Landesregelung befreit den Grundbesitz, der zur Beherbergung der Geistlichen und Kirchendiener der Religionsgesellschaften, die Körperschaften des öffentlichen Rechts sind, und der jüdischen Kultusgemeinden von der Grundsteuer. Im Bundesgesetz erstreckt sich die Steuerbefreiung auf die Dienstwohnungen. In der **Gesetzesbegründung** heißt es: *„Die Norm führt die bisherigen Befreiungstatbestände fort."* Der Anwendungserlass[1] spricht in der Überschrift zu § 4 Abs. 40–44 von den „Dienstwohnungen der Geistlichen und Kirchendiener" so dass im Gesetz zwar ein anderer Begriff als im GrStG gewählt wurde, die inhaltliche Bedeutung aber identisch ist. Auf die Kommentierung von Steffen in Grootens, GrStG § 3 Rz. 86 ff. wird verwiesen.

10–11 *(Einstweilen frei)*

III. Grundbesitz bestimmter Religionsgemeinschaften und jüdischer Kultusgemeinden (§ 4 Abs. 1 Nr. 6 LGrStG BW)

12 Die Vorschrift entspricht inhaltlich § 3 Abs. 1 Nr. 6 GrStG. § 3 Abs. 1 Nr. 6 Satz 2 GrStG kann im Landesgesetz entfallen, weil sich Satz 2 auf Regelungen im Einigungsvertrag bezieht. Da sich der Geltungsbereich des LGrStG BW nur auf Grundstücke in Baden-Württemberg erstreckt, sind die Regelungen für die neuen Bundesländer nicht in das Landesgesetz zu übernehmen. Auf die Kommentierung von Steffen in Grootens, GrStG § 3 Rz. 86 ff. wird verwiesen.

13–14 *(Einstweilen frei)*

IV. Öffentlicher Dienst (§ 4 Abs. 2 und 3 LGrStG BW)

15 Die Absätze entsprechen § 3 Abs. 2 und 3 GrStG. Auf die Kommentierung von Steffen in Grootens, GrStG § 3 Rz. 39–62 wird verwiesen.

1 FinMin Baden-Württemberg, Erlass v. 5.7.2022 - FM3-S 3000-1/30.

§ 5 LGrStG BW Sonstige Steuerbefreiungen

Soweit sich nicht bereits eine Befreiung nach § 4 ergibt, sind von der Grundsteuer befreit

1. **Grundbesitz, der dem Gottesdienst einer Religionsgesellschaft, die Körperschaft des öffentlichen Rechts ist, oder einer jüdischen Kultusgemeinde gewidmet ist;**
2. **Bestattungsplätze;**
3. **a) die dem öffentlichen Verkehr dienenden Straßen, Wege, Plätze, Wasserstraßen, Häfen und Schienenwege sowie die Grundflächen mit den diesem Verkehr unmittelbar dienenden Bauwerken und Einrichtungen, zum Beispiel Brücken, Schleuseneinrichtungen, Signalstationen, Stellwerke, Blockstellen;**

   b) auf Verkehrsflughäfen und Verkehrslandeplätzen alle Flächen, die unmittelbar zur Gewährleistung eines ordnungsgemäßen Flugbetriebes notwendig sind und von Hochbauten und sonstigen Luftfahrthindernissen freigehalten werden müssen, die Grundflächen mit den Bauwerken und Einrichtungen, die unmittelbar diesem Betrieb dienen, sowie die Grundflächen ortsfester Flugsicherungsanlagen einschließlich der Flächen, die für einen einwandfreien Betrieb dieser Anlagen erforderlich sind;

   c) die fließenden Gewässer und die ihren Abfluss regelnden Sammelbecken, soweit sie nicht unter Buchstabe a fallen;
4. **die Grundflächen mit den im Interesse der Ordnung und Verbesserung der Wasser- und Bodenverhältnisse unterhaltenen Einrichtungen der öffentlich-rechtlichen Wasser- und Bodenverbände und die im öffentlichen Interesse staatlich unter Schau gestellten Privatdeiche;**
5. **Grundbesitz, der für Zwecke der Wissenschaft, des Unterrichts oder der Erziehung benutzt wird, wenn durch die Landesregierung oder die von ihr beauftragte Stelle anerkannt ist, dass der Benutzungszweck im Rahmen der öffentlichen Aufgaben liegt; der Grundbesitz muss ausschließlich demjenigen, der ihn benutzt, oder einer juristischen Person des öffentlichen Rechts zuzurechnen sein;**
6. **Grundbesitz, der für die Zwecke eines Krankenhauses benutzt wird, wenn das Krankenhaus in dem Kalenderjahr, das dem Veranlagungszeitpunkt (§ 41 Absatz 1, § 42 Absatz 3 und § 43 Absatz 3) vorangeht, die Voraussetzungen des § 67 Absatz 1 oder 2 der AO erfüllt hat; der Grundbesitz muss ausschließlich demjenigen, der ihn benutzt, oder einer juristischen Person des öffentlichen Rechts zuzurechnen sein.**

Inhaltsübersicht **Rz.**

A. Allgemeine Erläuterungen

I. Entstehung und Entwicklung der Vorschrift

Die Vorschrift wurde erstmalig im Jahr 2020 in das LGrStG BW aufgenommen. 1

In der Gesetzesbegründung heißt es hierzu: 2

Die Vorschrift ergänzt die Befreiungen des § 4 Nummer 1 für den Fall der Nutzung des Grundbesitzes, sobald eine Widmung für den Gottesdienst vorliegt, ohne dass dabei die Eigentumsverhältnisse relevant sind. Die übrigen Nummern beziehen sich auf die wesentlichen Einrichtungen der täglichen Daseinsfürsorge und Infrastruktur, die gerade auch den Wert des Grundstücks maßgeblich beeinflussen. Im Umkehrschluss ist es im neuen System konsistent, wenn gerade diese wesentlichen und wertbeeinflussenden Komponenten von der Besteuerung ausgenommen werden.

II. Geltungsbereich

3 Das LGrStG BW gilt für in Baden-Württemberg belegene Grundstücke.

4–5 *(Einstweilen frei)*

B. Systematische Kommentierung

6 Die Vorschrift entspricht § 4 GrStG. Auf die Kommentierung von Steffen in Grootens, GrStG § 4 Rz. 1 ff. wird verwiesen.

§ 6 LGrStG BW Zu Wohnzwecken genutzter Grundbesitz

(1) Dient Grundbesitz, der für steuerbegünstigte Zwecke im Sinne der §§ 4 und 5 benutzt wird, zugleich Wohnzwecken, gilt die Befreiung nur für

1. Gemeinschaftsunterkünfte der Bundeswehr, der ausländischen Streitkräfte, der internationalen militärischen Hauptquartiere, der Bundespolizei, der Polizei und des sonstigen Schutzdienstes des Bundes und der Gebietskörperschaften sowie ihrer Zusammenschlüsse;

2. Wohnräume in Schulheimen, Ausbildungs- und Erziehungsheimen sowie Prediger- und Priesterseminaren, wenn die Unterbringung in ihnen für die Zwecke des Unterrichts, der Ausbildung oder der Erziehung erforderlich ist; wird das Heim oder Seminar nicht von einem der nach § 4 Absatz 1 Satz 1 Nummer 1, 3 oder 4 begünstigten Rechtsträger unterhalten, so bedarf es einer Anerkennung der Landesregierung oder der von ihr beauftragten Stelle, dass die Unterhaltung des Heims oder Seminars im Rahmen der öffentlichen Aufgaben liegt;

3. Wohnräume, wenn der steuerbegünstigte Zweck im Sinne des § 4 Absatz 1 Satz 1 Nummer 1, 3 oder 4 nur durch ihre Überlassung erreicht werden kann;

4. Räume, in denen sich Personen für die Erfüllung der steuerbegünstigten Zwecke ständig bereithalten müssen (Bereitschaftsräume), wenn sie nicht zugleich die Wohnung des Inhabers darstellen.

(2) Die Befreiung nach Absatz 1 gilt nicht für eine von anderen Räumen baulich getrennte Zusammenfassung einer Mehrheit von Räumen, die über einen selbständigen Zugang verfügt und in ihrer Gesamtheit so beschaffen ist, dass die Führung eines selbständigen Haushalts möglich ist; für die Führung eines selbständigen Haushalts sind notwendige Nebenräume wie Küche, Bad oder Dusche sowie Toilette und eine Mindestwohnfläche von 20 Quadratmetern erforderlich.

Inhaltsübersicht **Rz.**

A. Allgemeine Erläuterungen

I. Entstehung und Entwicklung der Vorschrift

Die Vorschrift wurde erstmalig im Jahr 2020 in das LGrStG BW aufgenommen. 1

In der **Gesetzesbegründung** heißt es hierzu: 2

Diese Norm stellt klar, dass die Befreiungen im neuen System nur dann gerechtfertigt sind, wenn der Grundbesitz im Sinne und zum Wohle der Allgemeinheit genutzt wird. Eine Nutzung in diesem Sinne erfolgt daher abschließend nur in den Fällen des Absatzes 1. Im Übrigen ist dies bei einer Nutzung zu Wohnzwecken nicht zwingend der Fall. Diesen Gedanken nimmt Absatz 2 auf, der die Nutzung des Grundbesitzes zu Wohnzwecken dann als schädlich ansieht, wenn sie zu rein individuellen Zwecken stattfindet und damit nicht der Allgemeinheit dient. Halbsatz 2 des Absatz 2 lehnt sich dabei an die bereits bekannten Definitionen an.

II. Geltungsbereich

Das LGrStG BW gilt für in Baden-Württemberg belegene Grundstücke. 3

(Einstweilen frei) 4–5

III. Verhältnis zu anderen Vorschriften

In § 6 Abs. 2 LGrStG BW wird eine Definition der Wohnung und damit der Wohnzwecke gegeben, die § 249 Abs. 10 BewG angenähert ist. Die in § 6 Abs. 2 LGrStG BW vorgenommene Definition der Wohnung und der Wohnzwecke ist auch für die §§ 26 und 40 LGrStG BW **nicht** anzuwenden. 6

(Einstweilen frei) 7–8

B. Systematische Kommentierung

I. Von der Grundsteuer befreite Grundstücke, die Wohnzwecken dienen (§ 6 Abs. 1 LGrStG BW)

Die Vorschrift entspricht § 5 Abs. 1 GrStG. Auf die Kommentierung von Lange in Grootens, GrStG § 5 Rz. 22–53 wird verwiesen. 9

(Einstweilen frei) 10–11

II. Definition Wohnung und Wohnzwecke (§ 6 Abs. 2 LGrStG BW)

Nach § 5 Abs. 2 GrStG sind individuell genutzte Wohnungen stets steuerpflichtig, auch wenn die Voraussetzungen des § 5 Abs. 1 GrStG vorliegen. Auch nach dem Landesgesetz sind die Befreiungen nach § 6 Abs. 1 LGrStG BW nicht anwendbar, wenn die Nutzung individuellen Wohnzwecken dient. Insofern entspricht der Regelungsinhalt von § 6 Abs. 2 LGrStG BW demjenigen von § 5 Abs. 2 GrStG. Auf die Kommentierung von Lange in Grootens, GrStG § 5 Rz. 27–35 wird verwiesen. 12

Die Definition der Wohnung im Landesgesetz entspricht weitgehend § 249 Abs. 10 BewG. Nach § 249 Abs. 10 Satz 2 BewG „soll" die Wohnfläche 20 m² betragen, so dass auch im Einzelfall eine Wohnung vorliegen kann, wenn diese Fläche nicht erreicht wird. Nach dem LGrStG 13

BW ist das Vorhandensein einer Mindestwohnfläche von 20 m² zwingend erforderlich, damit eine Wohnung vorliegt. Abgesehen von den Anforderungen an die Wohnfläche entspricht die Landesvorschrift § 249 Abs. 10 BewG, auf die ausführliche Kommentierung von Bock in Grootens, BewG § 249 Rz. 76–106 wird verwiesen.

14 Der Begriff der Wohnung in § 6 Abs. 2 LGrStG BW ist nicht auf den in den §§ 26 und 40 LGrStG BW verwendeten Begriff der Wohnzwecke anzuwenden.

§ 7 LGrStG BW Land- und forstwirtschaftlich genutzter Grundbesitz

Wird Grundbesitz, der für steuerbegünstigte Zwecke im Sinne der §§ 4 und 5 genutzt wird, zugleich land- und forstwirtschaftlich genutzt, so gilt die Befreiung nur für

1. **Grundbesitz, der Lehr- oder Versuchszwecken dient;**
2. **Grundbesitz, der von der Bundeswehr, den ausländischen Streitkräften, den internationalen militärischen Hauptquartieren oder den in § 6 Absatz 1 Nummer 1 bezeichneten Schutzdiensten als Übungsplatz oder Flugplatz genutzt wird;**
3. **Grundbesitz, der unter § 5 Nummer 1 bis 4 fällt.**

Inhaltsübersicht **Rz.**

A. Allgemeine Erläuterungen

I. Entstehung und Entwicklung der Vorschrift

1 Die Vorschrift wurde erstmalig im Jahr 2020 in das LGrStG BW aufgenommen.

2 In der **Gesetzesbegründung** heißt es hierzu:

Die Regelung regelt den Kollisionsfall, dass die Befreiungen der §§ 4 und 5 mit der grundsätzlichen Absicht, Einkommen mittels eines land- und forstwirtschaftlichen Betriebs zu erzielen, zusammenfallen. Eine Privilegierung durch eine Befreiung ist nur dann noch gerechtfertigt, wenn das Interesse der Allgemeinheit daran überwiegt. Dies ist nur in den abschließend aufgezählten Anwendungsgebieten der Fall. Im Falle der Nummer 1 besteht eine Nähe zum Zwecke der Wissenschaft. Die Erweiterung der Fähigkeiten zur wissenschaftlichen Forschung und die Vermittlung von Erkenntnissen und Fähigkeiten erfolgt im Sinne der Allgemeinheit, weshalb eine ähnliche Ausgangslage besteht. Nummer 2 bezieht sich auf die Fähigkeit der nationalen Verteidigung. Im Falle von Nummer 3 kann entsprechend auf die Begründung des § 5 verwiesen werden.

II. Geltungsbereich

3 Das LGrStG BW gilt für in Baden-Württemberg belegene Grundstücke.

4 *(Einstweilen frei)*

B. Systematische Kommentierung

I. § 7 LGrStG BW

Die Vorschrift entspricht § 6 GrStG. Auf die Kommentierung von Lange in Grootens, GrStG § 6 Rz. 1 ff. wird verwiesen. 5

§ 8 LGrStG BW Unmittelbare Benutzung für einen steuerbegünstigten Zweck

[1]Die Befreiung nach den §§ 4 und 5 tritt nur ein, wenn der Steuergegenstand für den steuerbegünstigten Zweck unmittelbar benutzt wird. [2]Unmittelbare Benutzung liegt vor, sobald der Steuergegenstand für den steuerbegünstigten Zweck hergerichtet wird.

Inhaltsübersicht **Rz.**

A. Allgemeine Erläuterungen

I. Entstehung und Entwicklung der Vorschrift

Die Vorschrift wurde erstmalig im Jahr 2020 in das LGrStG BW aufgenommen. 1

In der **Gesetzesbegründung** heißt es hierzu: 2

Eine Privilegierung ist nur dann gerechtfertigt, wenn die Nutzung des Grundbesitzes tatsächlich nur im Sinne der Befreiungstatbestände erfolgen kann. Dies ist der Fall, wenn eine klare Ausrichtung in diesem Sinne erfolgt ist, indem der Steuergegenstand zur Erfüllung des begünstigten Zwecks eindeutig hergerichtet wird und genutzt werden kann.

II. Geltungsbereich

Das LGrStG BW gilt für in Baden-Württemberg belegene Grundstücke. 3

(Einstweilen frei) 4–5

B. Systematische Kommentierung

Die Vorschrift entspricht § 7 GrStG. Auf die Kommentierung von Lange in Grootens, GrStG § 7 Rz. 1 ff. wird verwiesen. 6

§ 9 LGrStG BW Anwendung der Steuerbefreiung

(1) Wird ein abgrenzbarer Teil des Steuergegenstandes für steuerbegünstigte Zwecke im Sinne der §§ 4 und 5 genutzt, so ist nur dieser Teil des Steuergegenstandes steuerfrei.

(2) Dient der Steuergegenstand oder ein Teil des Steuergegenstandes sowohl steuerbegünstigten Zwecken im Sinne der §§ 4 und 5 als auch anderen Zwecken, ohne dass eine eindeutige Abgrenzung für die verschiedenen Zwecke möglich ist, so ist der Steuergegenstand oder der Teil des Steuergegenstandes nur befreit, wenn die steuerbegünstigten Zwecke überwiegen.

Inhaltsübersicht **Rz.**

A. Allgemeine Erläuterungen

I. Entstehung und Entwicklung der Vorschrift

1 Die Vorschrift wurde erstmalig im Jahr 2020 in das LGrStG BW aufgenommen.

2 In der Gesetzesbegründung heißt es hierzu:

Die Vorschrift regelt den Fall, dass nur ein Teil des Grundbesitzes für steuerbegünstigte Zwecke (§§ 4 und 5) benutzt wird. Um einen Härteausgleich zu schaffen, wird für den Fall, dass für die steuerbegünstigte Nutzung ein eindeutig räumlich abgrenzbarer Teil des Steuergegenstandes ermittelt werden kann, eine Aufteilung in einen steuerfreien und steuerpflichtigen Teil vorgenommen. Durch den Bezug auf die räumliche Abgrenzbarkeit wird ein klarer Bezug zum Grundbesitz geschaffen. Entscheidend ist daher, dass das Grundstück theoretisch in einen steuerbefreiten und einen nicht steuerbefreiten Teil geteilt werden könnte. Hier ist vorrangig auf eine Abgrenzung anhand der tatsächlichen Nutzung der Grundstücksfläche abzustellen. Hilfsweise ist eine Abgrenzung mit Hilfe des Verhältnisses der anteiligen steuerbegünstigten und der nicht steuerbegünstigten Gebäudeflächen zur gesamten Gebäudefläche vorzunehmen. Ist dies auch nicht möglich, so ordnet Absatz 2 an, dass die Befreiung nur dann eintritt, wenn der steuerbegünstigte Zweck überwiegt.

II. Geltungsbereich

3 Das LGrStG BW gilt für in Baden-Württemberg belegene Grundstücke.

4–5 *(Einstweilen frei)*

B. Systematische Kommentierung

6 Die Vorschrift entspricht § 8 GrStG. Auf die Kommentierung von Lange in Grootens, GrStG § 8 Rz. 1 ff. wird verwiesen.

2. Abschnitt: Steuerschuldner und Haftung

§ 10 LGrStG BW Steuerschuldner

(1) Schuldner der Grundsteuer ist derjenige, dem der Steuergegenstand bei der Feststellung des Grundsteuerwerts zugerechnet wird.

(2) Wird der Steuergegenstand mehreren Personen zugerechnet, so sind sie Gesamtschuldner.

(3) [1]Bei Erbbaurechten ist für das Erbbaurecht und das Erbbaurechtsgrundstück ein einheitlicher Wert nach § 38 zu ermitteln, der festzustellen wäre, wenn die Belastung mit dem Erbbaurecht nicht bestünde. [2]Der ermittelte Wert ist dem Erbbauberechtigten zuzurechnen. [3]Gleiches gilt für das Wohnungserbbaurecht und das Teilerbbaurecht nach dem Wohnungseigentumsgesetz. [4]Der Wert für jedes Wohnungserbbaurecht und Teilerbbaurecht ist entsprechend dem Miteigentumsanteil am Grundstück nach § 38 zu ermitteln.

Inhaltsübersicht **Rz.**

A. Allgemeine Erläuterungen

I. Normzweck und wirtschaftliche Bedeutung der Vorschrift

Die Vorschrift regelt in den Abs. 1 und 2 die Steuerschuldnerschaft wie in § 10 GrStG. 1

In Abs. 3 Satz 1 und 2 ist wie im Bundesrecht geregelt, dass bei Erbbaurechten der Erbbauberechtigte Steuerschuldner ist. Für die Sonderfälle des Wohnungserbbaurechts und des Teilerbbaurechts wird in den Sätzen 3 und 4 geregelt, dass der für das Grundstück festgestellte Grundsteuerwert auf die Sondereigentümer entsprechend der Miteigentumsanteile aufzuteilen ist. 2

(Einstweilen frei) 3–5

II. Entstehung und Entwicklung der Vorschrift

Die Vorschrift wurde erstmalig im Jahr 2020 in das LGrStG BW aufgenommen. 6

In der **Gesetzesbegründung** heißt es hierzu: 7

Zu § 10:

Die Vorschrift bestimmt den Steuerschuldner für die Grundsteuer.

Zu Absatz 1 und 2:

Aufgrund der Anwendbarkeit der Abgabenordnung bestimmt sich dies grundsätzlich nach § 39

AO, sodass der Eigentümer primär Steuerschuldner ist (§ 39 Absatz 1 AO).
Sollten demnach mehrere Personen Steuerschuldner sein, so ordnet Absatz 2 die Gesamtschuldnerschaft an.

Zu Absatz 3:
Aufgrund der gebäudeunabhängigen Bewertung der Grundsteuer, würde in den Fällen des Erbbaurechts, statt wie bisher der Grundstückseigentümer (Erbbaurechtsverpflichteter) und der Erbbaurechtsberechtigte, ausschließlich der Eigentümer herangezogen. Dies wäre aber aufgrund der besonders gesicherten Rechtsposition und insbesondere im Hinblick auf die tatsächliche Nutzung der Infrastruktur und des grundstücksimmanenten Potenzials nicht gerechtfertigt. Daher ordnet Absatz 3 abweichend die Zurechnung und damit die Steuerschuldnerschaft im Falle des Erbbaurechts beim Erbbauberechtigten an. Die Sätze 3 und 4 regeln den Sonderfall des Wohnungs- und Teilerbbaurechts und stellen klar, dass die bei Wohnungseigentum geltende Berechnung nach dem Miteigentumsanteil am Grundstück in diesem Fall analog anzuwenden ist.

III. Geltungsbereich

8 Das LGrStG BW gilt für in Baden-Württemberg belegene Grundstücke.

9–10 *(Einstweilen frei)*

B. Systematische Kommentierung

I. Steuerschuldner und Gesamtschuldnerische Haftung (§ 10 Abs. 1 und Abs. 2 LGrStG BW)

11 Die Abs. 1 und 2 entsprechen § 10 Abs. 1 und 2 GrStG. Auf die Kommentierung von Schmidt in Grootens, GrStG § 10 Rz. 1 ff. wird verwiesen.

12–13 *(Einstweilen frei)*

II. Erbbaurechte (§ 10 Abs. 3 Satz 1 und 2 LGrStG BW)

14 Die Sätze 1 und 2 entsprechen inhaltlich § 261 BewG. Auf die Kommentierung von Grootens in Grootens, BewG § 261 Rz. 31 ff. wird verwiesen. Auch im Landesgrundsteuergesetz ist Steuerschuldner der Erbbauberechtigte.

15–16 *(Einstweilen frei)*

III. Wohnungs- und Teilerbbaurecht (§ 10 Abs. 3 Satz 3 und 4 LGrStG BW)

17 Satz 3 präzisiert, dass auch beim Wohnungserbbaurecht und dem Teilerbbaurecht nach dem Wohnungseigentumsgesetz der Erbbauberechtigte Steuerschuldner ist.

Zu den Begriffen „Wohnungserbbaurecht" und „Teilerbbaurecht" vgl. Lange in Grootens, GrStG § 2 Rz. 61.

18 Obwohl die Überschrift „Steuerschuldner" heißt, werden in Satz 4 Festlegungen zur Aufteilung des einheitlichen Grundsteuerwertes für das Grundstück gemacht. Nach der Vorschrift ist zunächst der Gesamtwert des Grundstücks zu ermitteln und dann entsprechend der Miteigentumsanteilsanteile auf die Sondereigentümer zu verteilen.

BEISPIEL: Grundstücksgröße 500 m², Bodenrichtwert 200 € je m²,Miteigentumsanteile: Sondereigentümer A und B jeweils 300/1000, Sondereigentümer C 400/1000.

Der Grundsteuerwert des Gesamtgrundstücks beträgt 100.000 €, dieser wird entsprechend der Miteigentumsanteile aufgeteilt, so dass auf A und B jeweils 30.000 € und auf C 40.000 € entfallen.

§ 11 LGrStG BW Persönliche Haftung

(1) Neben dem Steuerschuldner haften der Nießbraucher des Steuergegenstandes und derjenige, dem ein dem Nießbrauch ähnliches Recht zusteht.

(2) [1]Wird ein Steuergegenstand ganz oder zu einem Teil einer anderen Person übereignet, so haftet der Erwerber neben dem früheren Eigentümer für die auf den Steuergegenstand oder Teil des Steuergegenstandes entfallende Grundsteuer, die für die Zeit seit dem Beginn des letzten vor der Übereignung liegenden Kalenderjahres zu entrichten ist. [2]Das gilt nicht für Erwerbe aus einer Insolvenzmasse und für Erwerbe im Vollstreckungsverfahren.

Inhaltsübersicht **Rz.**

A. Allgemeine Erläuterungen

I. Entstehung und Entwicklung der Vorschrift

Die Vorschrift wurde erstmalig im Jahr 2020 in das LGrStG BW aufgenommen. 1

In der **Gesetzesbegründung** heißt es hierzu: 2

Die Norm regelt die Haftungsfälle und damit die Frage, wer neben dem Steuerschuldner als Steuerverpflichteter in Frage kommt. Für einen Nießbraucher, der tatsächlich ein sehr weitreichendes Nutzungsrecht am Grundbesitz hat, ist die Anordnung einer Haftung neben dem Eigentümer gerechtfertigt. Die Haftung des Erwerbers wird in Absatz 2 geregelt, wobei im Einklang mit den Insolvenz- und Vollstreckungsvorschriften und um eine Durchbrechung der dort geltenden Prinzipien zu verhindern klargestellt wird, dass die Haftung in diesem Fall gerade nicht eintritt.

II. Geltungsbereich

Das LGrStG BW gilt für in Baden-Württemberg belegene Grundstücke. 3

(Einstweilen frei) 4–5

B. Systematische Kommentierung

Die Vorschrift entspricht § 11 GrStG. Auf die Kommentierung von Schmidt in Grootens, GrStG § 11 Rz. 21 ff. wird verwiesen. 6

§ 12 LGrStG BW Dingliche Haftung

Die Grundsteuer ruht auf dem Steuergegenstand als öffentliche Last.

Inhaltsübersicht **Rz.**

A. Allgemeine Erläuterungen

I. Entstehung und Entwicklung der Vorschrift

1 Die Vorschrift wurde erstmalig im Jahr 2020 in das LGrStG BW aufgenommen.

2 In der **Gesetzesbegründung** heißt es hierzu:

Durch die Anordnung der Grundsteuer als öffentliche Last wird es der Verwaltung ermöglicht, sich unmittelbar aus dem haftenden Gegenstand zu befriedigen. Zudem erfolgt eine Privilegierung der Gemeinde gegenüber anderen Gläubigern durch die vorrangige Befriedigung aus der öffentlichen Last.

II. Geltungsbereich

3 Das LGrStG BW gilt für in Baden-Württemberg belegene Grundstücke.

4–5 *(Einstweilen frei)*

B. Systematische Kommentierung

6 Die Vorschrift entspricht § 12 GrStG. Auf die Kommentierung von Schmidt in Grootens, GrStG § 12 Rz. 23 ff. wird verwiesen.

Zweiter Teil: Bewertungsverfahren

§ 13 LGrStG BW Feststellung von Grundsteuerwerten

(1) Grundsteuerwerte werden für die jeweilige Art des Grundbesitzes im Landesgebiet gesondert festgestellt (§ 180 Absatz 1 Satz 1 Nummer 1 AO).

(2) In dem Feststellungsbescheid (§ 179 AO) sind für land- und forstwirtschaftliches Vermögen nach § 3 Nummer 1 auch Feststellungen zu treffen über:

1. die Vermögensart sowie

2. die Zurechnung der wirtschaftlichen Einheit und bei mehreren Beteiligten über die Höhe ihrer Anteile.

(3) In dem Feststellungsbescheid (§ 179 AO) sind für Grundvermögen nach § 3 Nummer 2 Feststellungen für die Zurechnung der wirtschaftlichen Einheit und bei mehreren Beteiligten über die Höhe ihrer Anteile zu treffen.

(4) Die Feststellungen nach den vorherigen Absätzen erfolgen nur, soweit sie für die Besteuerung von Bedeutung sind.

Inhaltsübersicht **Rz.**

A. Allgemeine Erläuterungen

I. Entstehung und Entwicklung der Vorschrift

Die Vorschrift wurde erstmalig im Jahr 2020 in das LGrStG BW aufgenommen. 1

In der **Gesetzesbegründung** heißt es hierzu: 2

Die Norm bestimmt, für welches Vermögen Grundsteuerwerte gesondert festzustellen sind. Sie entspricht im Wesentlichen dem bisherigen Recht unter Anpassung an die neuen Begrifflichkeiten. Statt Einheitswerten sind nunmehr Werte für Betriebe der Land- und Forstwirtschaft und für Grundstücke gesondert festzustellen. Im Feststellungsbescheid sind darüber hinaus für die Grundsteuerwertfeststellung bei land- und forstwirtschaftlichen Grundvermögen Feststellungen über die Vermögensart und die Zurechnung der wirtschaftlichen Einheit sowie der Höhe der Anteile bei mehreren Beteiligten zu treffen. Für das Grundvermögen wird indes die Vermögensart nicht benötigt (Absatz 3). Absatz 4 der Norm sieht vor, dass eine Feststellung nur zu erfolgen hat, wenn sie für die Besteuerung von Bedeutung ist.

II. Geltungsbereich

Das LGrStG BW gilt für in Baden-Württemberg belegene Grundstücke. 3

(Einstweilen frei) 4–5

B. Systematische Kommentierung

I. Feststellung von Grundsteuerwerten (§ 13 Abs. 1 LGrStG BW)

Die Vorschrift entspricht inhaltlich § 219 Abs. 1 BewG. Auf die Kommentierung von Kurt in Grootens, GrStG § 219 Rz. 61 ff. wird verwiesen. 6

Während § 219 Abs. 1 BewG auf inländischem Grundgesetz abhebt, stellt § 13 Abs. 1 LGrStG BW klar, dass das LGrStG BW nur für Grundbesitz auf dem Gebiet des Landes Baden-Württemberg anzuwenden ist. 7

(Einstweilen frei) 8–9

II. Feststellungsbescheide für land- und forstwirtschaftliches Vermögen (§ 13 Abs. 2 LGrStG BW)

10 Die Regelung entspricht inhaltlich § 219 Abs. 2 BewG, allerdings wird in § 13 Abs. 2 LGrStG BW nur auf das land- und forstwirtschaftliche Vermögen abgehoben, das Grundvermögen wird in § 13 Abs. 3 LGrStG BW behandelt. Das Bundesrecht behandelt in § 219 Abs. 2 BewG beide Vermögensarten. Auf die Kommentierung von Kurt in Grootens, BewG § 219 Rz. 211 ff. wird verwiesen.

11–12 *(Einstweilen frei)*

III. Feststellungsbescheide für Grundvermögen (§ 13 Abs. 3 LGrStG BW)

13 Während im Bundesrecht beim Grundvermögen auch die Grundstücksart festgestellt wird, kann dies im Landesgesetz unterbleiben, weil bei der Bewertung des Grundvermögens keine Differenzierungen nach den verschiedenen Vermögensarten des Grundvermögens vorgenommen werden.

14 Die Vorschrift behandelt die Feststellungen beim Grundvermögen und entspricht inhaltlich § 219 Abs. 2 BewG. Auf die Kommentierung von Kurt in Grootens, BewG § 219 Rz. 211 ff. wird verwiesen.

15–16 *(Einstweilen frei)*

IV. Voraussetzung zur Feststellung (§ 13 Abs. 4 LGrStG BW)

17 Die Vorschrift entspricht inhaltlich § 219 Abs. 3 BewG. Auf die Kommentierung von Kurt in Grootens, BewG § 219 Rz. 271 ff. wird verwiesen.

§ 14 LGrStG BW Ermittlung der Grundsteuerwerte

[1]Die Grundsteuerwerte werden nach den Vorschriften des dritten Teils ermittelt. [2]Bei der Ermittlung der Grundsteuerwerte ist § 163 AO nicht anzuwenden; hiervon unberührt bleiben Übergangsregelungen, die die oberste Finanzbehörde trifft.

Inhaltsübersicht **Rz.**

VERWALTUNGSANWEISUNGEN:

FinMin Baden-Württemberg, Erlass v. 5.7.2022 - FM3-S 3000-1/30.

A. Allgemeine Erläuterungen

I. Entstehung und Entwicklung der Vorschrift

1 Die Vorschrift wurde erstmalig im Jahr 2020 in das LGrStG BW aufgenommen.

In der **Gesetzesbegründung** heißt es hierzu: 2

Die Norm entspricht im Wesentlichen der bisherigen Regelung. Sie bestimmt allgemein, dass die Grundsteuerwerte nach den Vorschriften des dritten Teils ermittelt werden. Eine abweichende Feststellung aus Billigkeitsgründen kommt nach Satz 2 nicht in Betracht. Hiervon unberührt bleiben Übergangsregelungen möglich, die die oberste Finanzbehörde trifft.

II. Geltungsbereich

Das LGrStG BW gilt für in Baden-Württemberg belegene Grundstücke. 3

(Einstweilen frei) 4–5

B. Systematische Kommentierung

Sollte sich der Steuerpflichtige durch die Höhe des festgestellten Grundsteuerwertes unbillig beschwert sehen, kann er einen Billigkeitserlass der Grundsteuer nur bei der Gemeinde beantragen; ein Antrag beim Finanzamt auf die Feststellung eines niedrigeren Grundsteuerwertes ist unzulässig. Nach dem Anwendungserlass[1] sollen jedoch Übergangsregelungen möglich sein, die die oberste Finanzbehörde trifft. Bisher hat das Finanzministerium noch keine solche Übergangsregelung erlassen. 6

Die Vorschrift entspricht § 220 BewG. Auf die Kommentierung von Kurt in Grootens, BewG § 220 Rz. 1 ff. wird verwiesen. 7

§ 15 LGrStG BW Hauptfeststellung

(1) Die Grundsteuerwerte werden in Zeitabständen von je sieben Jahren allgemein festgestellt (Hauptfeststellung).

(2) Der Hauptfeststellung werden die Verhältnisse zu Beginn des Kalenderjahres (Hauptfeststellungszeitpunkt) zugrunde gelegt.

(3) Die erste Hauptfeststellung für die Grundsteuerwerte wird auf den 1. Januar 2022 für die Hauptveranlagung auf den 1. Januar 2025 durchgeführt.

Inhaltsübersicht **Rz.**

1 FinMin Baden-Württemberg, Erlass v. 5.7.2022 - FM3-S 3000-1/30.

A. Allgemeine Erläuterungen

I. Entstehung und Entwicklung der Vorschrift

1 Die Vorschrift wurde erstmalig im Jahr 2020 in das LGrStG BW aufgenommen.

2 In der **Gesetzesbegründung** heißt es hierzu:

Die Norm regelt die Durchführung von Hauptfeststellungen. Absatz 1 normiert, dass die Grundsteuerwerte bei Hauptfeststellungen allgemein festgestellt werden, und bestimmt für die Hauptfeststellungen einen siebenjährigen Hauptfeststellungsturnus. Nach Absatz 2 sind den Hauptfeststellungen die jeweiligen Verhältnisse am Hauptfeststellungzeitpunkt und damit zu Beginn des Kalenderjahres zugrunde zu legen.

Da die Wertverhältnisse während der folgenden Jahre eines Hauptfeststellungszeitraums typischerweise wertrelevanten Veränderungen unterliegen, bedarf es nach dem Urteil des Bundesverfassungsgerichts vom 10. April 2018 zur Einheitsbewertung in regelmäßigen und nicht zu weit auseinanderliegenden Abständen einer neuen Hauptfeststellung. Mit der Festlegung eines siebenjährigen Hauptfeststellungsturnus wird das ursprüngliche Konzept einer regelmäßig mitschreitenden Bewertung wiederaufgenommen und es werden damit die in diesem Zusammenhang bestehenden verfassungsrechtlichen Vorgaben umgesetzt.

Absatz 3 bestimmt, dass die erste Hauptfeststellung für die Grundsteuerwerte nach §15 Absatz 1 auf den 1. Januar 2022 durchgeführt wird. Ab diesem Zeitpunkt können Feststellungsbescheide über die neuen Grundsteuerwerte ergehen.

II. Geltungsbereich

3 Das LGrStG BW gilt für in Baden-Württemberg belegene Grundstücke.

4–5 *(Einstweilen frei)*

B. Systematische Kommentierung

I. Festlegung der Hauptfeststellungsperiode (§ 15 Abs. 1 LGrStG BW)

6 Die Vorschrift entspricht § 221 Abs. 1 BewG. Auf die Kommentierung von Kurt in Grootens, BewG § 221 Rz. 61–70 wird verwiesen.

7–8 *(Einstweilen frei)*

II. Hauptfeststellungszeitpunkt als Bewertungsstichtag (§ 15 Abs. 2 LGrStG BW)

9 Die Vorschrift entspricht § 221 Abs. 2 BewG. Auf die Kommentierung von Kurt in Grootens, BewG § 221 Rz. 71–79 wird verwiesen.

10–11 *(Einstweilen frei)*

III. Erstmaliger Hauptfeststellungszeitpunkt (§ 15 Abs. 3 LGrStG BW)

12 Die Vorschrift entspricht § 266 Abs. 1 BewG. Auf die Kommentierung von Grootens in Grootens, BewG § 266 Rz. 36–55 wird verwiesen.

§ 16 LGrStG BW Fortschreibungen

(1) Der Grundsteuerwert wird neu festgestellt (Wertfortschreibung), wenn der in Euro ermittelte und auf volle hundert Euro abgerundete Wert, der sich für den Beginn eines Kalenderjahres ergibt, von dem entsprechenden Wert des letzten Feststellungszeitpunkts nach oben oder unten um mehr als 15 000 Euro abweicht.

(2) [1]Über die Zurechnung der wirtschaftlichen Einheit gemäß § 13 Absatz 2 Nummer 2 und Absatz 3 wird eine neue Feststellung getroffen (Zurechnungsfortschreibung), wenn sie von der zuletzt getroffenen Feststellung abweicht und dies für die Besteuerung von Bedeutung ist. [2]Wechsel in der Vermögensart einer wirtschaftlichen Einheit führen zu einer Aufhebung und einer Nachfeststellung.

(3) [1]Eine Fortschreibung nach den Absätzen 1 oder 2 findet auch zur Beseitigung eines Fehlers der letzten Feststellung statt. [2]§ 176 AO ist entsprechend anzuwenden. [3]Satz 2 gilt nur für die Feststellungszeitpunkte, die vor der Verkündung der maßgeblichen Entscheidung eines der in § 176 der AO genannten Gerichte liegen.

(4) [1]Eine Fortschreibung ist vorzunehmen, wenn dem Finanzamt bekannt wird, dass die Voraussetzungen für sie vorliegen. [2]Der Fortschreibung werden vorbehaltlich des § 21 die Verhältnisse im Fortschreibungszeitpunkt zugrunde gelegt. [3]Fortschreibungszeitpunkt ist:

1. **bei einer Änderung der tatsächlichen Verhältnisse der Beginn des Kalenderjahres, das auf die Änderung folgt, und**
2. **in den Fällen des Absatzes 3 der Beginn des Kalenderjahres, in dem der Fehler dem Finanzamt bekannt wird, bei einer Erhöhung des Grundsteuerwerts jedoch frühestens der Beginn des Kalenderjahres, in dem der Feststellungsbescheid erteilt wird.**

Inhaltsübersicht **Rz.**

A. Allgemeine Erläuterungen

I. Entstehung und Entwicklung der Vorschrift

Die Vorschrift wurde erstmalig im Jahr 2020 in das LGrStG BW aufgenommen. 1

In der **Gesetzesbegründung** heißt es hierzu: 2

Die Norm ist an die bisherige Regelung angelehnt und regelt, wann es zwischen zwei Hauptfeststellungen zu Fortschreibungen kommt.

Zu Absatz 1:

Die Wertfortschreibungsgrenzen in Absatz 1 wurden auf Euro umgestellt und die Höhe angepasst. Eine Neufeststellung der Grundsteuerwerte ist nunmehr vorzunehmen, wenn der in Euro ermittelte und auf volle hundert Euro abgerundete Wert, der sich für den Beginn eines Kalenderjahres ergibt, von dem entsprechenden Wert des letzten Feststellungszeitpunkts nach oben oder nach unten um mehr als 15.000 Euro abweicht. Bis zu einer Abweichung von 15.000 Euro beim Grundsteuerwert ist regelmäßig nur eine untergeordnete Differenz in der Höhe der Grundsteuer gegeben.

Die Höhe der Wertfortschreibungsgrenzen berücksichtigt, dass eine Änderung der tatsächlichen Verhältnisse stets in vollem Umfang geprüft werden muss. Sie nehmen den Gedanken der Kleinbetragsverordnung auf, orientieren sich an einem verwaltungseffizienten Handeln und berücksichtigen, dass die Bescheiderteilung automationsgestützt erfolgt.

Aus diesen Gründen wurde auf unterschiedliche Wertfortschreibungsgrenzen in Abhängigkeit danach, ob es sich um eine Abweichung zu Gunsten oder zu Lasten des Steuerpflichtigen handelt, verzichtet und erheblicher Verwaltungsaufwand vermieden. Damit wird nicht nur dem Grundsatz eines effizienten Verwaltungshandelns Rechnung getragen, sondern insbesondere das Prinzip der Gleichmäßigkeit der Besteuerung durch Wahrung einer realitäts- und relationsgerechten Bewertung mittels nicht zu hoher Wertfortschreibungsgrenzen gewahrt.

Zu Absatz 2:

Absatz 2 betrifft die Zurechnungsfortschreibung, wenn sich zu den zuletzt getroffenen Feststellungen für die Besteuerung relevante Abweichungen ergeben. Die Regelung fügt die notwendigen Anpassungen durch die neue Systematik in das Landesgrundsteuergesetz ein.

Zu Absatz 3:

Absatz 3 ist mit einer geringfügigen redaktionellen Änderung wortlautidentisch mit dem bisherigen § 22 Absatz 3 BewG und normiert, dass eine Fortschreibung auch zur Beseitigung von einer fehlerhaften Feststellung erfolgt.

Zu Absatz 4:

Absatz 4 bestimmt, wann eine Fortschreibung vorzunehmen ist und welche Verhältnisse der Fortschreibung zugrunde zu legen sind. Die Vorschrift des § 29 Absatz 2 über die Zugrundelegung eines anderen Zeitpunkts sowie § 21, wonach die Wertverhältnisse im Hauptfeststellungszeitpunkt zugrunde zu legen sind, bleiben als lex specialis von Absatz 4 unberührt.

II. Geltungsbereich

3 Das LGrStG BW gilt für in Baden-Württemberg belegene Grundstücke.

4–5 *(Einstweilen frei)*

B. Systematische Kommentierung

I. Durchführung einer Wertfortschreibung (§ 16 Abs. 1 LGrStG BW)

6 Die Vorschrift entspricht inhaltlich § 222 Abs. 1 BewG. Auf die Kommentierung von Kurt in Grootens, BewG § 222 Rz. 71–90 wird verwiesen.

7–8 *(Einstweilen frei)*

II. Durchführung einer Zurechnungsfortschreibung (§ 16 Abs. 2 Satz 1 LGrStG BW)

Die Vorschrift entspricht inhaltlich § 222 Abs. 2 BewG. Da im Landesrecht die Grundstücksart ohne Bedeutung ist, wird die Grundstücksart nicht festgestellt, entbehrlich ist damit auch eine Regelung zur Fortschreibung bei einer Änderung der Grundstücksart. Nach dem Landesrecht erfolgt eine Fortschreibung damit nur bei der Änderung der Zurechnung der wirtschaftlichen Einheit. Auf die Kommentierung von Kurt in Grootens, BewG § 222 Rz. 101–120 zur Zurechnungsfortschreibung wird verwiesen. 9

(Einstweilen frei) 10–11

III. Änderung der Vermögensart (§ 16 Abs. 2 LGrStG BW Satz 2)

Ändert sich die Vermögensart einer wirtschaftlichen Einheit, führt dies zur Aufhebung der bisherigen Veranlagung und zu einer Nachfeststellung. Dies ist vor allem dann der Fall, wenn bisher land- und forstwirtschaftlich genutzte Flächen nunmehr dem Grundvermögen zuzurechnen sind. Nach § 27 Abs. 2 GrStG ist dies – wie im Bundesrecht (§ 233 Abs. 2 BewG) – dann der Fall, wenn am Bewertungsstichtag anzunehmen ist, dass diese Fläche innerhalb eines Zeitraums von sieben Jahren als Bau-, Gewerbe- oder Industrieland bzw. als Land für Verkehrszwecke genutzt wird.[1] 12

Grundsätzlich ist auch denkbar, dass Flächen des Grundvermögens zukünftig land- und forstwirtschaftlich genutzt werden. Diese Fälle dürften eher theoretischer Natur sein. 13

(Einstweilen frei) 14–15

IV. Fortschreibung zur Fehlerbeseitigung (§ 16 Abs. 3 LGrStG BW)

Die Vorschrift entspricht inhaltlich § 222 Abs. 3 BewG. Auf die Kommentierung von Kurt in Grootens, BewG § 222 Rz. 121–150 wird verwiesen. 16

(Einstweilen frei) 17–18

V. Feststellungs- und Ermittlungszeitpunkt (§ 16 Abs. 4 LGrStG BW)

Die Vorschrift entspricht inhaltlich § 222 Abs. 4 BewG. Auf die Kommentierung von Kurt in Grootens, BewG § 222 Rz. 151–182 wird verwiesen. 19

§ 17 LGrStG BW Nachfeststellung

(1) Für wirtschaftliche Einheiten, für die ein Grundsteuerwert festzustellen ist, wird der Grundsteuerwert nachträglich festgestellt (Nachfeststellung), wenn nach dem Hauptfeststellungszeitpunkt:

1. die wirtschaftliche Einheit neu entsteht oder

2. eine bereits bestehende wirtschaftliche Einheit erstmals zur Grundsteuer herangezogen werden soll.

1 Zu Einzelheiten vgl. Müller in Grootens, BewG § 233 Rz. 20–25.

(2) [1]Der Nachfeststellung werden vorbehaltlich des § 21 die Verhältnisse im Nachfeststellungszeitpunkt zugrunde gelegt. [2]Nachfeststellungszeitpunkt ist:

1. **in den Fällen des Absatzes 1 Nummer 1 der Beginn des Kalenderjahres, das auf die Entstehung der wirtschaftlichen Einheit folgt, und**
2. **in den Fällen des Absatzes 1 Nummer 2 der Beginn des Kalenderjahres, in dem der Grundsteuerwert erstmals der Besteuerung zugrunde gelegt wird.**

Inhaltsübersicht **Rz.**

A. Allgemeine Erläuterungen

I. Entstehung und Entwicklung der Vorschrift

1 Die Vorschrift wurde erstmalig im Jahr 2020 in das LGrStG BW aufgenommen.

2 In der **Gesetzesbegründung** heißt es hierzu:

§ 17 entspricht im Wesentlichen der bisherigen Regelung des § 23 BewG und regelt, wann Nachfeststellungen vorzunehmen sind.

Zu Absatz 1:

Nachfeststellungen sind durchzuführen, wenn nach dem Hauptfeststellungszeitpunkt (§15 Absatz 2) eine wirtschaftliche Einheit neu entsteht (Nummer 1) oder eine bereits bestehende wirtschaftliche Einheit erstmals zu einer Steuer herangezogen werden soll (Nummer 2). Eine neue wirtschaftliche Einheit entsteht beispielsweise, wenn Wohn- oder Teileigentum neu begründet wird. Eine bereits bestehende wirtschaftliche Einheit wird etwa dann erstmals zu einer Steuer herangezogen, wenn eine Steuerbefreiung für die Grundsteuer wegfällt. In den Fällen einer Grundsteuerbefreiung wird ein festgestellter Grundsteuerwert regelmäßig nicht vorliegen, da eine Feststellung mangels Relevanz für die Grundsteuer nach § 13 Absatz 4 nicht vorzunehmen ist. Fällt nun zwischen zwei Hauptfeststellungszeitpunkten die Steuerbefreiung weg, ist nach § 17 eine Nachfeststellung vorzunehmen.

Zu Absatz 2:

Absatz 2 regelt den Nachfeststellungszeitpunkt. Nachfeststellungszeitpunkt ist danach der Beginn des Kalenderjahres, das auf die Entstehung der wirtschaftlichen Einheit folgt beziehungsweise in dem der Grundsteuerwert erstmals der Besteuerung zugrunde gelegt wird. Die Vorschrift des § 29 Absatz 2 über die Zugrundelegung eines anderen Zeitpunkts bleibt unberührt.

II. Geltungsbereich

3 Das LGrStG BW gilt für in Baden-Württemberg belegene Grundstücke.

4–5 *(Einstweilen frei)*

B. Systematische Kommentierung

I. Fälle der Nachfeststellung (§ 17 Abs. 1 LGrStG BW)

Die Vorschrift entspricht inhaltlich § 223 Abs. 1 BewG. Auf die Kommentierung von Kurt in Grootens, BewG § 223 Rz. 61–90 wird verwiesen. 6

(Einstweilen frei) 7–8

II. Nachfeststellungszeitpunkt (§ 17 Abs. 2 LGrStG BW)

Die Vorschrift entspricht inhaltlich § 223 Abs. 2 BewG. Auf die Kommentierung von Kurt in Grootens, BewG § 223 Rz. 91–113 wird verwiesen. 9

§ 18 LGrStG BW Aufhebung des Grundsteuerwerts

(1) Der Grundsteuerwert wird aufgehoben, wenn dem Finanzamt bekannt wird, dass

1. die wirtschaftliche Einheit wegfällt oder

2. der Grundsteuerwert der wirtschaftlichen Einheit infolge von Befreiungsgründen der Besteuerung nicht mehr zugrunde gelegt wird.

(2) Aufhebungszeitpunkt ist:

1. in den Fällen des Absatzes 1 Nummer 1 der Beginn des Kalenderjahres, das auf den Wegfall der wirtschaftlichen Einheit folgt, und

2. in den Fällen des Absatzes 1 Nummer 2 der Beginn des Kalenderjahres, in dem der Grundsteuerwert erstmals der Besteuerung nicht mehr zugrunde gelegt wird.

Inhaltsübersicht Rz.

A. Allgemeine Erläuterungen

I. Entstehung und Entwicklung der Vorschrift

Die Vorschrift wurde erstmalig im Jahr 2020 in das LGrStG BW aufgenommen. 1

In der **Gesetzesbegründung** heißt es hierzu: 2

§ 18 entspricht im Wesentlichen dem bisherigen § 24 BewG und regelt, wann ein Grundsteuerwert aufgehoben wird.

Zu Absatz 1:

Dies ist wie bisher der Fall, wenn eine wirtschaftliche Einheit wegfällt (Absatz 1 Nummer 1) oder der Grundsteuerwert der wirtschaftlichen Einheit infolge von Befreiungsgründen der Besteuerung nicht mehr zugrunde gelegt wird (Absatz 1 Nummer 2). Eine wirtschaftliche Einheit kann beispielsweise dann wegfallen, wenn zwei wirtschaftliche Einheiten zu einer neuen wirtschaftlichen Einheit zusammengefasst werden. Werden neue Steuerbefreiungsvorschriften eingeführt, entfällt die Bedeutung der Grundsteuerwerte für die Besteuerung und die Grundsteuerwerte sind folglich ebenfalls aufzuheben.

Zu Absatz 2:

Absatz 2 regelt den Aufhebungszeitpunkt. Die Grundsteuerwerte sind im Fall des Absatzes 1 Nummer 1 auf den Beginn des Kalenderjahres aufzuheben, das auf den Wegfall der wirtschaftlichen Einheit folgt. Im Fall des Absatzes 1 Nummer 2 sind die Grundsteuerwerte auf den Beginn des Kalenderjahres aufzuheben, in dem der Grundsteuerwert erstmals der Besteuerung nicht mehr zugrunde gelegt wird.

II. Geltungsbereich

3 Das LGrStG BW gilt für in Baden-Württemberg belegene Grundstücke.

4–5 *(Einstweilen frei)*

B. Systematische Kommentierung

6 Die Vorschrift entspricht § 224 BewG. Auf die Kommentierung von Kurt in Grootens, BewG § 224 Rz. 61 ff. wird verwiesen.

§ 19 LGrStG BW Änderung von Feststellungsbescheiden

[1]Bescheide über die Feststellung von Grundsteuerwerten können schon vor dem maßgeblichen Feststellungszeitpunkt erteilt werden. [2]Sie sind zu ändern oder aufzuheben, wenn sich bis zu diesem Zeitpunkt Änderungen ergeben, die zu einer abweichenden Feststellung führen.

Inhaltsübersicht **Rz.**

A. Allgemeine Erläuterungen

I. Entstehung und Entwicklung der Vorschrift

1 Die Vorschrift wurde erstmalig im Jahr 2020 in das LGrStG BW aufgenommen.

2 In der **Gesetzesbegründung** heißt es hierzu:

§ 19 entspricht dem bisherigen § 24a BewG und ist an die neuen Begrifflichkeiten redaktionell angepasst worden. Die Norm regelt, dass Bescheide über Fortschreibungen oder Nachfeststellungen von Grundsteuerwerten bereits vor den maßgeblichen Feststellungszeitpunkten ergehen können. Ergeben sich bis zu den Feststellungszeitpunkten Änderungen, die zu einer abweichenden Feststellung führen würden, sind die Bescheide an die Änderungen anzupassen.

II. Geltungsbereich

Das LGrStG BW gilt für in Baden-Württemberg belegene Grundstücke. 3

(Einstweilen frei) 4–5

B. Systematische Kommentierung

Die Vorschrift entspricht § 225 BewG. Die Landesregelung spricht allgemein von Feststellungen. Nach der Gesetzesbegründung soll der Begriff „Feststellungen" auch Fortschreibungen oder Nachfeststellungen umfassen. Auf die Kommentierung von Kurt in Grootens, BewG § 225 Rz. 61 ff. wird verwiesen. 6

§ 20 LGrStG BW Nachholung einer Feststellung

(1) [1]Ist die Feststellungsfrist gemäß § 181 AO abgelaufen, kann eine Fortschreibung oder Nachfeststellung unter Zugrundelegung der Verhältnisse vom Fortschreibungs- oder Nachfeststellungszeitpunkt mit Wirkung für einen späteren Feststellungszeitpunkt vorgenommen werden, für den diese Frist noch nicht abgelaufen ist. [2]§ 181 Absatz 5 der AO bleibt hiervon unberührt.
(2) Absatz 1 ist bei der Aufhebung des Grundsteuerwerts entsprechend anzuwenden.

Inhaltsübersicht **Rz.**

A. Allgemeine Erläuterungen

I. Entstehung und Entwicklung der Vorschrift

Die Vorschrift wurde erstmalig im Jahr 2020 in das LGrStG BW aufgenommen. 1

In der **Gesetzesbegründung** heißt es hierzu: 2

§ 20 entspricht dem bisherigen § 25 BewG und ist an die neuen Begrifflichkeiten redaktionell angepasst worden. Die Norm bestimmt, dass Fortschreibungen oder Nachfeststellungen bei Ablauf der Feststellungsfrist mit Wirkung auf einen späteren Feststellungszeitpunkt möglich sind, für den die Feststellungsfrist noch nicht abgelaufen ist.

II. Geltungsbereich

Das LGrStG BW gilt für in Baden-Württemberg belegene Grundstücke. 3

(Einstweilen frei) 4–5

B. Systematische Kommentierung

I. Erhalt von Besteuerungsgrundlagen trotz Verjährung (§ 20 Abs. 1 LGrStG BW)

6 Die Vorschrift entspricht inhaltlich § 226 Abs. 1 BewG. Auf die Kommentierung von Kurt in Grootens, BewG § 226 Rz. 61–90 wird verwiesen.

7–8 *(Einstweilen frei)*

II. Nachholung der Aufhebung des Grundsteuerwerts (§ 20 Abs. 2 LGrStG BW)

9 Die Vorschrift entspricht inhaltlich § 226 Abs. 2 BewG. Auf die Kommentierung von Kurt in Grootens, BewG § 226 Rz. 91 wird verwiesen.

§ 21 LGrStG BW Wertverhältnisse bei einer Fortschreibung und Nachfeststellung

Bei einer Fortschreibung und bei einer Nachfeststellung der Grundsteuerwerte sind die Wertverhältnisse im Hauptfeststellungszeitpunkt zugrunde zu legen.

Inhaltsübersicht **Rz.**

A. Allgemeine Erläuterungen

I. Entstehung und Entwicklung der Vorschrift

1 Die Vorschrift wurde erstmalig im Jahr 2020 in das LGrStG BW aufgenommen.

2 In der **Gesetzesbegründung** heißt es hierzu:

§ 21 entspricht dem bisherigen § 27 BewG und ist an die neuen Begrifflichkeiten redaktionell angepasst worden. Die Norm bestimmt, dass bei Fortschreibungen und Nachfeststellungen der Grundsteuerwerte die Wertverhältnisse im Hauptfeststellungszeitpunkt zugrunde zu legen sind.

II. Geltungsbereich

3 Das LGrStG BW gilt für in Baden-Württemberg belegene Grundstücke.

4–5 *(Einstweilen frei)*

B. Systematische Kommentierung

6 Die Vorschrift entspricht § 227 BewG. Auf die Kommentierung von Kurt in Grootens, BewG § 227 Rz. 61 ff. wird verwiesen.

§ 22 LGrStG BW Erklärungs- und Anzeigepflicht

(1) [1]Die Steuerpflichtigen haben Erklärungen zur Feststellung der Grundsteuerwerte für den Hauptfeststellungszeitpunkt oder einen anderen Feststellungszeitpunkt abzugeben, wenn sie hierzu durch die Finanzbehörde gemäß § 149 Absatz 1 Satz 2 AO aufgefordert werden. [2]Fordert die Finanzbehörde zur Abgabe einer Erklärung auf, hat sie eine Frist zur Abgabe der Erklärung zu bestimmen, die mindestens einen Monat betragen soll. [3]Die Aufforderung zur Abgabe einer Erklärung kann von der obersten Finanzbehörde durch öffentliche Bekanntmachung erfolgen.

(2) [1]Eine Änderung der tatsächlichen Verhältnisse, die sich auf die Höhe des Grundsteuerwertes oder die Vermögensart auswirken oder zu einer erstmaligen Feststellung führen kann, ist auf den Beginn des folgenden Kalenderjahres anzuzeigen. [2]Die Frist für die Abgabe dieser Anzeige beträgt einen Monat und beginnt mit Ablauf des Kalenderjahres, in dem sich die tatsächlichen Verhältnisse geändert haben.

(3) Die Erklärung nach Absatz 1 und die Anzeige nach Absatz 2 sind abzugeben

1. von dem Steuerpflichtigen, dem das Grundstück zuzurechnen ist,

2. bei einem Grundstück, das mit einem Erbbaurecht belastet ist, vom Erbbauberechtigten; der Erbbauverpflichtete ist zur Mitwirkung verpflichtet, soweit dies zur Erfüllung der Erklärungspflicht des Erbbauberechtigten erforderlich ist.

(4) Die Erklärung nach Absatz 1 und die Anzeige nach Absatz 2 sind bei dem für die gesonderte Feststellung zuständigen Finanzamt abzugeben.

(5) Die Erklärung nach Absatz 1 und die Anzeige nach Absatz 2 sind Steuererklärungen im Sinne der Abgabenordnung, die eigenhändig zu unterschreiben sind.

(6) [1]Die Erklärung nach Absatz 1 und die Anzeige nach Absatz 2 sind nach amtlich vorgeschriebenem Datensatz durch Datenfernübertragung zu übermitteln. [2]Auf Antrag kann die Finanzbehörde zur Vermeidung unbilliger Härten auf eine Übermittlung durch Datenfernübertragung verzichten. [3]Für die Entscheidung über den Antrag gilt § 150 Absatz 8 AO.

Inhaltsübersicht **Rz.**

A. Allgemeine Erläuterungen

I. Entstehung und Entwicklung der Vorschrift

Die Vorschrift wurde erstmalig im Jahr 2020 in das LGrStG BW aufgenommen. 1

In der **Gesetzesbegründung** heißt es hierzu: 2

§ 22 ist an den bisherigen § 28 BewG angelehnt.

Zu Absatz 1:

Zur Durchführung der Feststellung von Grundsteuerwerten bedarf es am jeweiligen Hauptfeststellungszeitpunkt stets einer Erklärung des Steuerpflichtigen zur Feststellung von Grundsteuerwerten. Haben sich bei einer wirtschaftlichen Einheit die tatsächlichen Verhältnisse grundlegend geändert oder ist eine grundlegende Änderung bei den Wertverhältnissen eingetreten, so kann das Finanzamt den Steuerpflichtigen zum nächsten Nachfeststellungs- oder Fortschreibungszeitpunkt zur Abgabe einer Feststellungserklärung auffordern. Zur Verwaltungsvereinfachung kann dies im Wege der öffentlichen Bekanntmachung erfolgen. Fordert die Finanzbehörde zu einer Erklärung auf, hat sie eine Frist zur Abgabe zu bestimmen, die mindestens einen Monat betragen soll.

Zu Absatz 2:

Nach Absatz 2 hat der Steuerpflichtige bei einer Änderung der tatsächlichen Verhältnisse, die den Wert oder die Art (Vermögensart) beeinflussen oder zu einer erstmaligen Feststellung führen können, auf den Beginn des folgenden Kalenderjahres eine Erklärung (Anzeige) abzugeben. Eine Anzeige ist auch bei dem Übergang des Eigentums oder des wirtschaftlichen Eigentums an einem auf fremden Grund und Boden errichteten Gebäudes abzugeben. Andere Änderungen, die zu einer Zurechnungsfortschreibung führen, wie beispielsweise der Eigentumsübergang an einem Grundstück, bedürfen keiner Erklärung des Steuerpflichtigen, weil die Finanzverwaltung insbesondere durch Mitteilung anderer Behörden hiervon erfährt (vergleiche etwa § 23 Absatz 2). Die Abgabefrist für die Erklärungen beträgt einen Monat und beginnt mit Ablauf des Kalenderjahres, in dem sich die tatsächlichen Verhältnisse geändert haben beziehungsweise das wirtschaftliche Eigentum übergegangen ist.

Zu Absatz 3:

Absatz 3 bestimmt, von wem die Anzeige abzugeben ist. Sie ist im Regelfall von demjenigen abzugeben, dem das Grundstück zuzurechnen ist.

Anders als bei den Einheitswerten wird bei den Grundsteuerwerten dem Erbbauberechtigten das Grundstück zugerechnet (vergleiche § 10 Absatz 3). Folgerichtig ist auch der Erbbauberechtigte verpflichtet, die Feststellungserklärung abzugeben. Dies ist sachdienlich, da anzunehmen ist, dass der Erbbauberechtigte als Nutzungsberechtigter des Grundstücks die entsprechenden Kenntnisse für die Feststellungserklärung besitzt. Der Erbbauverpflichtete hat an der Erklärung mitzuwirken, da im Einzelfall nicht auszuschließen ist, dass bestimmte Tatsachen nur vom Erbbauverpflichteten erlangt werden können.

Zu Absatz 4:

Absatz 4 bestimmt, dass die Erklärung nach Absatz 1 und die Anzeige nach Absatz 2 bei dem für die gesonderte Feststellung zuständigen Finanzamt abzugeben und, sofern keine elektronische Übermittlung erfolgt (vergleiche Absatz 6), zu unterzeichnen sind (vergleiche Absatz 5). Örtlich zuständig für die gesonderte Feststellung ist aufgrund der Anwendbarkeit der Abgabenordnung nach der allgemeinen abgabenrechtlichen Zuständigkeitsverteilung das Lagefinanzamt (§18 Absatz 1 Nummer 1 AO).

Zu Absatz 5:

Die Vorschrift regelt, dass die Erklärungen nach Absatz 1 und die Anzeigen nach Absatz 2 Steuererklärungen im Sinne der für anwendbar erklärten Abgabenordnung sind. Dies hat zur Folge, dass die Erfüllung sowohl der Erklärungs- als auch der Anzeigepflicht erzwingbar ist (§§ 328 AO) und dass bei Nichterfüllung oder bei nicht fristgerechter Erfüllung der Erklärungs- und Anzeigepflicht grundsätzlich ein Verspätungszuschlag festgesetzt werden muss (§ 152 Absatz 2 AO). Schließlich folgt daraus, dass den Erklärungs- und Anzeigepflichtigen sowie seinen Gesamtrechtsnachfolger die Pflicht zur Berichtigung seiner Erklärung beziehungsweise Anzeige aus § 153 Absatz 1 AO trifft.

Zu Absatz 6:

Absatz 6 bestimmt, dass die Erklärungen nach Absatz 1 und die Anzeigen nach Absatz 2 im Sinne der Abgabenordnung auf elektronischem Wege zu übermitteln sind. Zur Vermeidung unbilliger Härten ist auf Antrag des Steuerpflichtigen unter den Voraussetzungen des § 150 Absatz 8 AO die Abgabe der Steuererklärung oder der Anzeige auf Papier zulässig. Bei der Entscheidung zur Befreiung von der Verpflichtung zur elektronischen Abgabe soll eine großzügigere Verwaltungspraxis gelten als beispielsweise bei Unternehmen für die Abgabe von Unternehmenssteuererklärungen. Als Befreiungsgründe kommen insbesondere in Betracht, wenn Steuerpflichtige einen nicht unerheblichen finanziellen Aufwand geltend machen (Beispiel: erforderliche Anschaffung eines PC) oder wenn der Steuerpflichtige nach seinen individuellen Kenntnissen und Fähigkeiten nicht oder nur eingeschränkt zur Abgabe von elektronischen Erklärungen in der Lage ist. Persönliche Unzumutbarkeit liegt beispielsweise vor, wenn der Steuerpflichtige über keinerlei Medienkompetenz verfügt und aufgrund der Umstände auch nicht zu erwarten ist, dass er zukünftig und zeitnah Zugang zur Computertechnik findet.

II. Geltungsbereich

Das LGrStG BW gilt für in Baden-Württemberg belegene Grundstücke. 3

(Einstweilen frei) 4–5

B. Systematische Kommentierung

I. Abgabepflicht bei Aufforderung (§ 22 Abs. 1 LGrStG BW)

Die Vorschrift entspricht inhaltlich § 228 Abs. 1 BewG. Die Aufforderung zur Abgabe einer Erklärung kann von der obersten Finanzbehörde des Landes durch öffentliche Bekanntmachung erfolgen, während im Bundesrecht diese Bekanntmachung vom Bundesministerium der Finanzen im Einvernehmen mit den obersten Finanzbehörden der Länder erfolgen kann. Auf die Kommentierung von Kurt in Grootens, BewG § 228 Rz. 61–110 wird verwiesen. 6

Zur obersten Finanzbehörde siehe Schmidt in Grootens, LGrStG BW § 2 Rz. 23. 7

(Einstweilen frei) 8–9

II. Anzeigepflicht bei Änderung der tatsächlichen Verhältnisse (§ 22 Abs. 2 LGrStG BW)

Die Vorschrift entspricht inhaltlich § 228 Abs. 2 BewG. Da im Landesrecht die Grundstücksart für die Bewertung ohne Bedeutung ist, kann im Gegensatz zum Bundesrecht eine Meldung entfallen, wenn sich die Grundstücksart ändert. Im Bundesrecht ist auch anzuzeigen, wenn sich das Eigentum oder das wirtschaftliche Eigentum an einem auf fremdem Grund und Boden errichteten Gebäude ändert. Da im Landesrecht bei der Bewertung nur auf den Grund und 10

Boden abgehoben wird, ist diese Anzeigepflicht im Landesrecht entbehrlich und im Gesetzestext auch nicht enthalten. Dagegen wird in der **Gesetzesbegründung** geschrieben:

Eine Anzeige ist auch bei dem Übergang des Eigentums oder des wirtschaftlichen Eigentums an einem auf fremden Grund und Boden errichteten Gebäudes abzugeben.

Diese Aussage ist nicht nachvollziehbar, insbesondere da nach dem Gesetzeswortlaut keine Meldepflicht besteht und nach der Systematik des Landesrechts auch nicht erforderlich ist, da ja nur der Boden bewertet wird, die Bebauung ist hierfür ohne Bedeutung.

11 Sachverhalte, die nach dem LGrStG BW zu einer Meldepflicht führen können sind beispielsweise:

a) Teilung eines Grundstücks

b) Vereinigung von Grundstücken

c) Neubildung von Grundstücken im Rahmen einer Baulandumlegung

d) Änderung der Vermögensart[1]

e) Verkauf von Teilflächen eines Grundstücks, z. B. für den Straßenbau oder die Arrondierung mit einem bestehenden Nachbargrundstück

f) Nutzungsänderungen bei der Land- und Forstwirtschaft (z. B. Gemüsebau statt Ackerbau)

12 Zum Umfang der Anzeigepflicht siehe Kurt in Grootens, BewG § 228 Rz. 111–120, zum Erklärungsinhalt vgl. Kurt in Grootens, BewG § 228 Rz. 121–130 und zu den einzuhaltenden Fristen vgl. Kurt in Grootens, BewG § 228 Rz. 131–140.

13–14 *(Einstweilen frei)*

III. Erklärungs- und Anzeigepflichtige Personen (§ 22 Abs. 3 LGrStG BW)

15 Die Vorschrift entspricht weitgehend § 228 Abs. 3 BewG. Die in § 228 Abs. 3 Nr. 3 BewG normierte Meldepflicht des Eigentümers eines Gebäudes auf fremden Grund und Boden ist im Landesrecht entbehrlich, da nach der landesrechtlichen Regelung das Gebäude für die Bewertung der Bewertungseinheit Grundstück keine Rolle spielt.

16 Nach dem Landesrecht bestehen die Meldepflichten für denjenigen, dem das Grundstück zuzurechnen ist, während das Bundesrecht von der wirtschaftlichen Einheit spricht. Nach § 37 LGrStG BW ist wirtschaftliche Einheit des Grundvermögens das Grundstück. Die wirtschaftliche Einheit des land- und forstwirtschaftlichen Vermögens ist nach § 26 Abs. 1 LGrStG BW der Betrieb der Land- und Forstwirtschaft. Danach bestehen die Erklärungs- und Anzeigepflichten nach dem Wortlaut nur für das Grundvermögen, nicht aber für das land- und forstwirtschaftliche Vermögen. Da sich aus der Gesetzesbegründung nicht ergibt, dass dies so gewollt ist, ist davon auszugehen, dass es sich um ein Versehen des Gesetzgebers handelt.

17 Bei Erbbaurechten ist der Erbbauberechtigte zur Abgabe der Erklärungen verpflichtet. Für den Erbbaurechtsverpflichteten besteht Mitwirkungspflicht, soweit dies zur Erfüllung der Erklärungspflicht des Erbbauberechtigten erforderlich ist. Nach dem Bundesrecht erfolgt die Erklärung des Erbbauberechtigten „unter Mitwirkung des Erbbauverpflichteten“. Es ist nicht zu er-

1 Vgl. Schmidt in Grootens, LGrStG BW § 16 Rz. 12–13.

warten, dass die Einschränkung im Landesrecht in der praktischen Umsetzung zu Abweichungen gegenüber dem Bundesrecht führt.[1]

(Einstweilen frei) 18–19

IV. Erklärungs- und Anzeigenempfänger (§ 22 Abs. 4 LGrStG BW)

Die Vorschrift entspricht inhaltlich § 228 Abs. 4 BewG. Auf die Kommentierung von Kurt in Grootens, BewG § 228 Rz. 171–180 wird verwiesen. 20

Das Landesrecht spricht von Erklärung und Anzeige, während das Bundesrecht von Erklärungen und Anzeigen spricht. Es handelt sich dabei um eine redaktionelle Änderung ohne Auswirkungen auf den Besteuerungsprozess. 21

(Einstweilen frei) 22–23

V. Unterschrift und Gleichstellung zur Steuererklärung (§ 22 Abs. 5 LGrStG BW)

Die Vorschrift entspricht inhaltlich § 228 Abs. 5 BewG. Auf die Kommentierung von Kurt in Grootens, BewG § 228 Rz. 181–190 wird verwiesen. 24

Das Landesrecht spricht von Erklärung und Anzeige, während das Bundesrecht von Erklärungen und Anzeigen spricht. Es handelt sich dabei um eine redaktionelle Änderung ohne Auswirkungen auf den Besteuerungsprozess. 25

(Einstweilen frei) 26–27

VI. Form der Erklärungen und Anzeigen (§ 22 Abs. 6 LGrStG BW)

Die Vorschrift entspricht inhaltlich § 228 Abs. 6 BewG. Auf die Kommentierung von Kurt in Grootens, BewG § 228 Rz. 191–195 wird verwiesen. 28

Das Landesrecht spricht von Erklärung und Anzeige, während das Bundesrecht von Erklärungen und Anzeigen spricht. Es handelt sich dabei um eine redaktionelle Änderung ohne Auswirkungen auf den Besteuerungsprozess. 29

§ 23 LGrStG BW Auskünfte, Erhebungen und Mitteilungen

(1) Die nach Bundes- oder Landesrecht zuständigen Behörden haben den Finanzbehörden die rechtlichen und tatsächlichen Umstände mitzuteilen, die ihnen im Rahmen ihrer Aufgabenerfüllung bekannt geworden sind und die für die Feststellung von Grundsteuerwerten oder für die Grundsteuer von Bedeutung sein können.

(2) [1]Die Grundbuchämter haben den für die Feststellung des Grundsteuerwerts zuständigen Finanzbehörden mitzuteilen:

1. die Eintragung eines neuen Eigentümers oder Erbbauberechtigten sowie bei einem anderen als einem rechtsgeschäftlichen Erwerb zusätzlich die Anschrift des neuen Eigentümers oder Erbbauberechtigten; dies gilt nicht für die Fälle des Erwerbs nach den Vorschriften des Zuordnungsrechts,

1 Vgl. Kurt in Grootens, BewG § 228 Rz. 156.

2. die Eintragung der Begründung von Wohnungseigentum oder Teileigentum,

3. die Eintragung der Begründung eines Erbbaurechts, Wohnungserbbaurechts oder Teilerbbaurechts.

[2]In den Fällen des Satzes 1 Nummern 2 und 3 ist gleichzeitig der Tag des Eingangs des Eintragungsantrags beim Grundbuchamt mitzuteilen. [3]Bei einer Eintragung aufgrund Erbfolge ist das Jahr anzugeben, in dem der Erblasser verstorben ist. [4]Die Mitteilungen sollen der Finanzbehörde über die für die Führung des Liegenschaftskatasters zuständige Behörde oder über eine sonstige Behörde, die das Liegenschaftskataster gemäß § 2 Absatz 2 der Grundbuchordnung führt, zugeleitet werden.

(3) [1]Die nach den Absätzen 1 oder 2 mitteilungspflichtigen Stellen unterrichten die betroffenen Personen vom Inhalt der Mitteilung. [2]Eine Unterrichtung kann unterbleiben, soweit den Finanzbehörden Umstände aus dem Grundbuch, den Grundakten oder aus dem Liegenschaftskataster mitgeteilt werden.

(4) [1]Die nach den Absätzen 1 oder 2 mitteilungspflichtigen Stellen übermitteln die Mitteilungen den Finanzbehörden nach amtlich vorgeschriebenem Datensatz über die amtlich bestimmte Schnittstelle. [2]Die Grundbuchämter und die für die Führung des Liegenschaftskatasters zuständigen Behörden übermitteln die bei ihnen geführten Daten laufend, mindestens alle drei Monate. [3]Die oberste Finanzbehörde legt im Einvernehmen mit den obersten Vermessungs- und Katasterbehörden die Einzelheiten der elektronischen Übermittlung und deren Beginn in einem Schreiben fest. [4]Dieses Schreiben ist im Gemeinsamen Amtsblatt des Landes Baden-Württemberg zu veröffentlichen.

Inhaltsübersicht **Rz.**

A. Allgemeine Erläuterungen

I. Entstehung und Entwicklung der Vorschrift

1 Die Vorschrift wurde erstmalig im Jahr 2020 in das LGrStG BW aufgenommen.

2 In der **Gesetzesbegründung** heißt es hierzu:

§ 23 entspricht inhaltlich weitgehend dem bisherigen § 29 BewG. Er ist insbesondere hinsichtlich der neuen Begrifflichkeiten redaktionell angepasst. § 23 regelt, welche Erhebungsmöglichkeiten über Besteuerungsgrundlagen und Auskunfts- rechte das Finanzamt hat sowie welche Mitteilungspflichten andere Behörden gegenüber dem Finanzamt haben.

Insbesondere regelt § 23 Absatz 1 die Anzeige- und Mitteilungspflichten der nach Bundes- oder Landesrecht zuständigen Behörden. Diese haben alle ihnen bekannt gewordenen Umstände, die für die Feststellung von Grundsteuerwerten oder die Festsetzung der Grundsteuer von Bedeutung sind, mitzuteilen. Dazu gehören insbesondere die in § 23 Absatz 2 festgelegten Daten der Grund-

buchämter. Darüber hinaus gehören hierzu insbesondere Daten, die bei der Vermessungs- und Katasterverwaltung im amtlichen Liegenschaftskatasterinformationssystem technisch geführt werden.

§ 23 Absatz 3 regelt, dass die mitteilungspflichtigen Stellen grundsätzlich verpflichtet sind, die betroffenen Personen von dem Inhalt der Mitteilung zu unterrichten. Eine Unterrichtung kann jedoch in Übereinstimmung mit Artikel 13 Absatz 4 der Verordnung (EU) 2016/679 des Europäischen Parlaments und des Rates vom 27. April 2016 zum Schutz natürlicher Personen bei der Verarbeitung personenbezogener Daten, zum freien Datenverkehr und zur Aufhebung der Richtlinie 95/46/EG (Datenschutz-Grundverordnung) (ABl. L 119 vom 4.5.2016, S. 1, zuletzt ber. ABl. L 127 vom 23.5.2018, S. 2) in seiner jeweils geltenden Fassung unterbleiben, soweit den Finanzbehörden Umstände aus dem Grundbuch, den Grundakten oder aus dem Liegenschaftskataster mitgeteilt werden. Es kann davon ausgegangen werden, dass die betroffenen Personen nicht nur die betroffenen Daten kennen, sondern auch – nicht zuletzt aufgrund der gesetzlichen Mitteilungspflicht –wissen, dass diese Daten (wie bereits nach früherem Recht) den Finanzbehörden zu Besteuerungszwecken mitgeteilt werden. Insoweit ist § 23 Absatz 3 als Klarstellung zu verstehen (vergleiche dazu auch den in § 2a Absatz 3 AO klarstellend zum Ausdruck kommenden Anwendungsvorrang der Datenschutzgrundverordnung). Nach Artikel 23 Absatz 1 Buchstabe e der Datenschutzgrundverordnung können bestehende Informationspflichten zudem durch Rechtsvorschriften eines Mitgliedstaats, denen der Verantwortliche oder der Auftragsverarbeiter unterliegt, eingeschränkt werden. Voraussetzung ist, dass die Beschränkung den Wesensgehalt der Grundrechte und Grundfreiheiten achtet und in einer demokratischen Gesellschaft eine notwendige und verhältnismäßige Maßnahme darstellt, um den Schutz sonstiger wichtiger Ziele des allgemeinen öffentlichen Interesses des Mitgliedstaats, insbesondere eines wichtigen finanziellen Interesses, etwa im Steuerbereich, wie hier das Aufkommen der Grundsteuer durch Schaffung der Möglichkeit einer weitgehend automatisiert und flächendeckenden Erhebung, sicherzustellen.

Übersteigen die Interessen der betroffenen Person den Aufwand für die Informationserteilung, zum Beispiel anlässlich eines erforderlichen schriftlichen Kontakts mit dem Betroffenen, ihn von der Mitteilung nach § 23 Absatz 1 oder 2 zu informieren, hat in diesen Fällen eine Information von der Mitteilung zu erfolgen.

Die in Absatz 4 normierte Verpflichtung zur elektronischen Datenübermittlung an die Finanzbehörden nach vorgeschriebenem Datensatz über die amtlich bestimmte Schnittstelle ist Grundvoraussetzung für eine weitgehend automationsgestützte Neubewertung aller etwa 5,6 Millionen wirtschaftlichen Einheiten. Da der genaue Zeitpunkt der Umsetzung noch nicht feststeht, erfolgt eine gesonderte Aufforderung durch die oberste Finanzbehörde, sobald die Voraussetzungen gegeben sind.

II. Geltungsbereich

Das LGrStG BW gilt für in Baden-Württemberg belegene Grundstücke. 3

(Einstweilen frei) 4–5

B. Systematische Kommentierung

I. Mitteilungspflicht der zuständigen Bundes- oder Landesbehörden (§ 23 Abs. 1 LGrStG BW)

6 Die Vorschrift entspricht § 229 Abs. 3 BewG. Auf die Kommentierung von Kurt in Grootens, BewG § 229 Rz. 91–100 wird verwiesen.

7–8 *(Einstweilen frei)*

II. Mitteilungspflicht der Grundbuchämter (§ 23 Abs. 2 LGrStG BW)

9 Die Vorschrift entspricht § 229 Abs. 4 BewG. Auf die Kommentierung von Kurt in Grootens, BewG § 229 Rz. 101–110 wird verwiesen.

10–11 *(Einstweilen frei)*

III. Unterrichtungspflicht des Feststellungsbeteiligten bei erfolgter Mitteilung (§ 23 Abs. 3 LGrStG BW)

12 Die Vorschrift entspricht § 229 Abs. 5 BewG. Auf die Kommentierung von Kurt in Grootens, BewG § 229 Rz. 111–120 wird verwiesen.

13–14 *(Einstweilen frei)*

IV. Form der Mitteilung durch die mitteilungspflichtigen Stellen (§ 23 Abs. 4 LGrStG BW)

15 Die Vorschrift entspricht § 229 Abs. 6 BewG. Die Einzelheiten zur elektronischen Übermittlung der Daten werden aufgrund der Landesregelung im Gemeinsamen Amtsblatt des Landes Baden-Württemberg veröffentlicht, während nach der Bundesregelung die Veröffentlichung im Bundesanzeiger und im Bundessteuerblatt erfolgt. Auf die Kommentierung von Kurt in Grootens, BewG § 229 Rz. 121–123 wird verwiesen.

V. Keine Erhebung von Kauf-, Miet- und Pachtsammlungen und örtlichen Erhebungen zur Vorbereitung von Feststellungen

16 Der Landesgesetzgeber hat die Abs. 1 und 2 des § 229 BewG nicht in das Landesrecht übernommen. Auf die Sammlung von Kauf-, Miet- und Pachtdaten kann verzichtet werden, da nur der Grund- und Boden in die Bewertung einfließt. Von daher kann auf die Sammlung von Miet- und Pachtdaten verzichtet werden, da diese für die Bewertung keine Rolle spielen. Kaufpreissammlungen werden von den Gutachterausschüssen geführt (vgl. § 192 ff. BauGB), so dass es für die Finanzverwaltung nicht erforderlich ist, eigene Kaufpreissammlungen zu führen.

17 Nach § 229 Abs. 2 BewG kann die Finanzverwaltung auch Ortsbesichtigungen vornehmen, dafür wird in Satz 2 die Unverletzlichkeit der Wohnung (Art. 13 GG) eingeschränkt. Da die Bebauung für die Bewertung ohne Bedeutung ist, kann nach dem LGrStG BW auf Wohnungsbesichtigungen verzichtet werden. Auch wenn eine Regelung entsprechend § 229 Abs. 2 BewG im LGrStG BW fehlt, so kann wegen der Ermäßigungstatbestände für die Steuermesszahl nach

§ 40 Abs. 3–6 LGrStG BW[1] eine Augenscheinnahme erforderlich sein. Über die Regelungen in den §§ 98 und 99 AO ist eine Augenscheinnahme weiterhin möglich.[2]

Dritter Teil: Bewertungsvorschriften

§ 24 LGrStG BW Bewertungsgrundsätze

(1) Bezugsgröße für die Bewertung ist die jeweilige wirtschaftliche Einheit (§ 25) des Grundbesitzes (§ 3).

(2) Der Bewertung des land- und forstwirtschaftlichen Vermögens (§ 3 Nummer 1) ist der Ertragswert gemäß §§ 26 bis 36 zugrunde zu legen.

(3) Der Bewertung des Grundvermögens (§ 3 Nummer 2) ist der Bodenwert gemäß § 38 zugrunde zu legen.

(4) Der Grundsteuerwert wird auf volle hundert Euro nach unten abgerundet.

Inhaltsübersicht **Rz.**

A. Allgemeine Erläuterungen

I. Entstehung und Entwicklung der Vorschrift

Die Vorschrift wurde erstmalig im Jahr 2020 in das LGrStG BW[3] aufgenommen. 1

In der Gesetzesbegründung heißt es hierzu: 2

Die Norm bestimmt, nach welchen Grundsätzen die Steuergegenstände des § 3 zu bewerten sind.

Zu Absatz 1:

Absatz 1 gibt die genaue Bezugsgröße für die konkrete Bewertung vor. Dabei wird an der Grundsystematik der wirtschaftlichen Einheiten festgehalten. Dies ist nicht nur beim land- und forstwirtschaftlichen Vermögen von Bedeutung, welches in der Regel aus einem Bündel von Wirtschaftsgütern besteht, sondern auch beim Grundvermögen. Auch dort ist es aufgrund der tatsächlichen oder rechtlichen Verhältnisse geboten, die Wirtschaftsgüter abweichend von der privatrechtlichen Ausgangslage zum Zwecke der Grundsteuer zu behandeln.

1 Vgl. Schmidt in Grootens LGrStG BW, § 40 Rz. 37 ff.

2 Zu Einzelheiten vgl. Krüger in Zugmaier, Nöcker - AO-Kommentar - Die wichtigsten Vorschriften Online, §§ 98 und 99.

3 LGrStG BW vom 4.11.2020 Gbl S. 974.

Zu Absatz 2 und 3:

Dabei bestimmt Absatz 2, dass land- und forstwirtschaftliches Vermögen mit einem Ertragswert bewertet wird und Grundvermögen gemäß Absatz 3 mit dem Bodenwert. Es erfolgt dadurch eine unterschiedliche Behandlung dieser beiden Vermögensarten. Dies ist jedoch aufgrund der spezifischen Besonderheiten und im Hinblick auf das Verhältnis zur Gewerbesteuer auch gerechtfertigt.

Für die Bewertung des Grundvermögens, und damit den größten Teil der zu bewertenden wirtschaftlichen Einheiten, wird als abstraktes und neues Bewertungsverfahren eine Ausrichtung nach dem Bodenwert normiert. Dieser Wert richtet sich nach dem im Bodenrichtwert eines Grundstücks stehenden Potenzial des Grundstücks und ist daher unabhängig vom Gebäude.

Der Wert des land- und forstwirtschaftlichen Betriebs bestimmt sich in erster Linie nach dem Ertragspotenzial und wird weniger von dem durch Bereitstellung der kommunalen Infrastruktur geprägten und aufgewerteten Innenbereich der Kommune beeinflusst. Zudem liegen für land- und forstwirtschaftliche Flächen aufgrund der statischen Marktlage nur unzureichend Daten zur Bewertung durch die Gutachterausschüsse vor. Bei der Ermittlung des Ertragswerts wird davon ausgegangen, dass der Eigentümer den zu bewertenden Betrieb der Land- und Forstwirtschaft behält, fortlaufend nutzt und hieraus Erträge erzielt. Sinn und Zweck des Ertragswerts ist es somit, außer landwirtschaftliche Faktoren auszuscheiden, die zwar den Veräußerungspreis eines Betriebs beeinflussen, jedoch in keinem ökonomischen Zusammenhang mit der objektiven Ertragsfähigkeit einer land- und forstwirtschaftlichen Urproduktion stehen. Im Sinne einer realitätsgerechten und relationsgerechten Besteuerung ist daher die Anwendung eines spezifischen Ertragswertverfahrens für land- und forstwirtschaftliches Vermögen gerechtfertigt.

Zu Absatz 4:

Absatz 4 entspricht im Wesentlichen der bisherigen Regelung in § 30 BewG und bestimmt, dass die in Euro ermittelten Grundsteuerwerte auf volle hundert Euro abgerundet werden.

II. Geltungsbereich

3 Das LGrStG BW gilt für in Baden-Württemberg belegene Grundstücke.

4–5 *(Einstweilen frei)*

B. Systematische Kommentierung

I. Wirtschaftliche Einheit als Bezugsgröße (§ 24 Abs. 1 LGrStG BW)

6 Bezugsgröße für die konkrete Bewertung ist wie im Bundesrecht die **wirtschaftliche Einheit**. Auch wenn die Gebäude bei der Bewertung unberücksichtigt bleiben, werden sie bei der Bestimmung der wirtschaftlichen Einheit einbezogen, da hier die **Verkehrsanschauung** entscheidend ist.[1]

Zur wirtschaftlichen Einheit bei Grundstücken siehe Bock in Grootens, BewG § 244 Rz. 18–39.

1 Vgl. Schmidt in Grootens, LGrStG BW § 25 Tz. 12.

Beim land- und forstwirtschaftlichen Vermögen besteht die wirtschaftliche Einheit i. d. R. aus einem Bündel von Wirtschaftsgütern. Inhaltliche Abweichungen zum Bundesrecht bestehen nicht.[1]

(Einstweilen frei) 7–8

II. Ertragswert als Bewertungsmaßstab des land- und forstwirtschaftlichen Vermögens (§ 24 Abs. 2 LGrStG BW)

Wie im Bundesrecht wird das **land- und forstwirtschaftliche Vermögen** mit dem **Ertragswert** bewertet. Bis auf redaktionelle Ergänzungen entspricht die landesrechtliche Vorschrift § 236 Abs. 1 BewG. Auf die Kommentierung von Müller in Grootens, BewG § 236 Rz. 19–22 wird verwiesen. 9

(Einstweilen frei) 10–11

III. Bodenwert als Bewertungsmaßstab des Grundvermögens (§ 24 Abs. 3 LGrStG BW)

Für die **Bewertung des Grundvermögens** wird in Baden-Württemberg als Bewertungsmaßstab der **Bodenwert** normiert. Dieser Wert ergibt sich aus der Fläche und dem Bodenrichtwert. Der Bodenwert zeigt das Potenzial des Grundstücks und ist unabhängig vom aufstehenden Gebäude. Zur Bewertung im Einzelnen siehe Schmidt in Grootens, LGrStG BW § 38 Rz. 16 ff. und zu verfassungsrechtlichen Fragen im Zusammenhang mit der Bewertungsmethode siehe Schmidt in Grootens, LGrStG BW, Vorwort Rz. 42-63. 12

(Einstweilen frei) 13–15

IV. Abrundung des Bewertungsergebnisses (§ 24 Abs. 4 LGrStG BW)

16

Die Vorschrift entspricht § 230 BewG. Auf die Kommentierung von Kurt in Grootens, BewG 230 Rz. 61 ff. wird verwiesen.

§ 25 LGrStG BW Wirtschaftliche Einheit

(1) 1Jede wirtschaftliche Einheit ist für sich zu bewerten. 2Ihr Wert ist im Ganzen festzustellen. 3Was als wirtschaftliche Einheit zu gelten hat, ist grundsätzlich nach den Anschauungen des Verkehrs zu entscheiden. 4Die örtliche Gewohnheit, die tatsächliche Übung, die Zweckbestimmung, die tatsächliche, unabhängige Nutzungsmöglichkeit und die wirtschaftliche Zusammengehörigkeit der einzelnen Wirtschaftsgüter sind zu berücksichtigen. 5Mehrere Wirtschaftsgüter kommen als wirtschaftliche Einheit nur insoweit in Betracht, als sie demselben Eigentümer gehören. 6Die Zurechnung zu einer wirtschaftlichen Einheit wird beim Grundbesitz im Sinne der §§ 26 bis 38 jedoch nicht dadurch ausgeschlossen, dass die Wirtschaftsgüter zum Teil dem einen, zum Teil dem anderen Ehegatten oder Lebenspartner gehören. 7In einen Betrieb der Land- und Forstwirtschaft im Sinne der §§ 26 bis 36, der von einer Gesellschaft oder Gemeinschaft des bürgerlichen Rechts betrieben wird, sind auch die Wirtschaftsgüter einzubeziehen, die einem oder mehreren Beteiligten gehören und dem Betrieb zu dienen bestimmt sind. 8In den Betrieb der Land- und Forstwirtschaft im Sinne der §§ 26 bis 36 sind auch einzubeziehen

1 Vgl. Müller in Grootens, BewG § 232 Rz. 33–44.

1. **dem Eigentümer des Grund und Bodens nicht gehörende Gebäude, die auf dem Grund und Boden des Betriebs stehen und der Bewirtschaftung des Betriebs dienen,**
2. **dem Eigentümer des Grund und Bodens nicht gehörende Betriebsmittel, die der Bewirtschaftung des Betriebs dienen, und**
3. **ein Anteil des Eigentümers des Betriebs der Land- und Forstwirtschaft an einem Wirtschaftsgut, wenn es mit dem Betrieb zusammen genutzt wird.**

(2) [1]Für jedes Wohnungseigentum und Teileigentum nach dem Wohnungseigentumsgesetz ist entsprechend dem Miteigentumsanteil am Grundstück ein Wert nach § 38 zu ermitteln. [2]Der ermittelte Wert ist dem Wohnungs- oder Teileigentümer zuzurechnen.

(3) [1]Bei wirtschaftlichen Einheiten des Grundvermögens, die sich über die Landesgrenze hinaus erstrecken, wird nur der sich innerhalb der Landesgrenzen befindliche Teil bewertet. [2]Für den anderen Teil erfolgt keine gesonderte Feststellung nach § 13. [3]Wenn sich Teile einer wirtschaftlichen Einheit des land- und forstwirtschaftlichen Vermögens im Ausland befinden, gelten die Sätze 1 und 2 entsprechend.

Inhaltsübersicht **Rz.**

LITERATUR:

Viskorf, Schuck, Wälzholz - Erbschaftsteuer- und Schenkungsteuergesetz, Bewertungsgesetz - Kommentar Online, NWB OAAAH-14713; *Rössler/Troll*, BewG.

VERWALTUNGSANWEISUNGEN:

FinMin Baden-Württemberg, Erlass v. 5.7.2022 - FM3-S 3000-1/30.

A. Allgemeine Erläuterungen

I. Normzweck und wirtschaftliche Bedeutung der Vorschrift

1 Abs. 1 regelt den Umfang der **wirtschaftlichen Einheit**. Es kommen auch mehrere Wirtschaftsgüter als wirtschaftliche Einheit in Betracht, wenn sie demselben Eigentümer bzw. dessen Ehe-

gatten oder Lebenspartner gehören. Durch die Systematik des LGrStG BW kann die Abgrenzung der wirtschaftlichen Einheit besondere Bedeutung gewinnen, da für überwiegend zu Wohnzwecken genutzte Gebäude die Steuermesszahl nach § 40 Abs. 3 LGrStG BW um 30 % gekürzt wird. Für die Steuerpflichtigen können sich deshalb Vorteile ergeben, wenn z. B. **Garagengrundstücke, die im engen Zusammenhang mit Wohngrundstücken** stehen, in die wirtschaftliche Einheit des Wohngrundstücks einbezogen werden. § 25 Abs. 1 Satz 4 und 5 LGrStG regeln die **wirtschaftliche Einheit des land- und forstwirtschaftlichen Vermögens** in gleicher Weise wie § 34 BewG beim Betrieb der Land- und Forstwirtschaft durch eine Gesellschaft bürgerlichen Rechts bzw. bei abweichenden Eigentumsverhältnissen (Pachtverhältnisse).

Abs. 2 stellt klar, dass beim **Wohnungs- bzw. Teileigentum** der Grundsteuerwert des Gesamtgrundstücks entsprechend der Miteigentumsanteile auf die einzelne Wohnungs- und Teileigentumseinheit aufzuteilen ist. 2

Nach Abs. 3 werden nur die auf dem **Gebiet des Landes Baden-Württemberg** belegenen Teile einer wirtschaftlichen Einheit bewertet, auch wenn sich die wirtschaftliche Einheit auf Gebiete außerhalb des Gebiets des Landes erstreckt. Diese Regelung ist insbesondere für die Bewertung von Betrieben der Land- und Forstwirtschaft von Bedeutung, sofern diese über die Landesgrenzen hinweg betrieben werden. 3

(Einstweilen frei) 4-5

II. Entstehung und Entwicklung der Vorschrift

Die Vorschrift wurde erstmalig im Jahr 2020 in das LGrStG BW (verkündet als Artikel 1 des Gesetzes zur Regelung einer Landesgrundsteuer v. 4.11.2020, GBl S. 974) aufgenommen. 6

In der Gesetzesbegründung (Drucks. 16/8907) heißt es: 7

Zu Absatz 1:

Absatz 1 definiert den Begriff der wirtschaftlichen Einheit zum Zwecke der Bewertung. Dieser lehnt sich an die bisherigen in § 2 BewG verwendeten Begrifflichkeiten an. Auch wenn das neue Bewertungsverfahren für Grundstücke keine Gebäude mehr direkt in die Bewertung einbezieht, soll trotzdem die Verkehrsanschauung für die Bestimmung der wirtschaftlichen Einheiten weiterhin bestimmend sein. Werden etwa zwei Grundstücke durch eine dauerhafte, flurstücksübergreifende Nutzung so eng miteinander verknüpft, sodass eine isolierte Betrachtung der Grundstücke nicht angezeigt ist, muss von einer wirtschaftlichen Einheit ausgegangen werden.

Grundsätzlich ist jedoch zu beachten, dass für die Grundsteuer die grundlegende Wertung des § 39 AO gilt. Auf die Ausführungen im Rahmen von § 10 wird daher verwiesen.

Durch das Gesetz zur Änderung des Landesgrundsteuergesetzes und zur Einführung eines gesonderten Hebesatzrechts zur Mobilisierung von Bauland (ÄndGLGrStG)[1] wurden die Sätze 7 und 8 eingefügt. In der Gesetzesbegründung heißt es hierzu: 8

Die Änderung führt die bisherigen und bewährten Regelungen aus § 34 Abs. 4–6 des Bewertungsgesetzes für das land- und forstwirtschaftliche Vermögen bei Gesellschaften und Gemeinschaften fort. Dadurch wird eine Aufspaltung der bisherigen und bekannten wirtschaftlichen Einheiten in zahlreiche neu anzulegende wirtschaftliche Einheiten vermieden und zudem die Umsetzung der Grundsteuerreform insgesamt erleichtert.

---

1 GBl S. 1029

Zu Absatz 2:

Absatz 2 benennt dabei ausdrücklich die Miteigentumsanteile als Berechnungsgrundlage für den Grundstücksanteil. Im neuen Bewertungssystem sind die Gebäude grundsätzlich irrelevant. Um jedoch eine genaue und abgeltende Besteuerung von Grundstücken mit einer Aufteilung nach dem Wohnungseigentumsgesetz zu erreichen und die genaue Zurechnung festzulegen, wurde diese Regelung zur Ermittlung der Grundstücksgröße in diesen Fällen aufgenommen.

Zu Absatz 3:

Die bisherige Regelung des § 32 BewG findet sich ähnlich in Absatz 3 wieder. Sie bestimmt, dass für die Bewertung des auf dem Gebiet des Landes belegenen und nach diesem Teil zu bewertenden Vermögens die Vorschriften der §§ 26 bis 38 gelten. Nach diesen Vorschriften sind auch die auf dem Gebiet des Landes belegenen Teile einer wirtschaftlichen Einheit zu bewerten, die sich sowohl auf das Gebiet des Landes als auch auf Gebiete außerhalb des Gebiets des Landes erstreckt. Diese Regelung ist insbesondere für die Bewertung von Betrieben der Land- und Forstwirtschaft von praktischer Bedeutung, da diese teilweise über Landesgrenzen hinweg betrieben werden. Bewertet für Zwecke der Grundsteuer wird in diesen Fällen nur der auf dem Gebiet des Landes belegene Teil der wirtschaftlichen Einheit. Zudem wird klargestellt, dass der außerhalb belegene Teil einer wirtschaftlichen Einheit nicht der gesonderten Feststellung nach § 13 unterliegt.

II. Geltungsbereich

9 Das LGrStG BW gilt für in Baden-Württemberg belegene Grundstücke.

10–11 *(Einstweilen frei)*

B. Systematische Kommentierung

I. Bestimmung der wirtschaftlichen Einheit (§ 25 Abs. 1 Sätze 1–5 LGrStG BW)

12 In das Bewertungsverfahren des § 38 LGrStG BW werden **Gebäude nicht einbezogen**. Für die **Bestimmung der wirtschaftlichen Einheit** soll nach der Gesetzesbegründung trotzdem die **Verkehrsanschauung** weiterhin bestimmend sein. Werden also zwei Grundstücke durch eine dauerhafte, flurstücksübergreifende Nutzung so eng miteinander verknüpft, dass eine isolierte Betrachtung der Grundstücke nicht angezeigt ist, werden diese Grundstücke zu einer wirtschaftlichen Einheit zusammengefasst. Da die Nutzung i. d. R. an der Bebauung hängt, ist die Bebauung auch im LGrStG BW für die Bestimmung der wirtschaftlichen Einheit von Bedeutung. Der Umfang der wirtschaftlichen Einheit unterscheidet sich damit nicht vom Bundesrecht.[1] § 25 Abs. 1 Satz 1 bis 4 LGrStG BW entspricht § 2 Abs. 1 Satz 1–4 BewG, Satz 5 entspricht § 2 Abs. 2 BewG. Auf die Kommentierung von Bock in Grootens, BewG § 244 Rz. 23–38 wird verwiesen.

13 Durch die Systematik des LGrStG BW kann die Abgrenzung der wirtschaftlichen Einheit besondere Bedeutung gewinnen, da für **überwiegend zu Wohnzwecken genutzte Gebäude** die Steuermesszahl nach § 40 Abs. 3 LGrStG BW um 30 % gekürzt wird. Für die Steuerpflichtigen können sich deshalb Vorteile ergeben, wenn z. B. **Garagengrundstücke,** die im engen Zusammenhang mit Wohngrundstücken stehen, in die wirtschaftliche Einheit des Wohngrundstücks einbezogen werden, weil dann auch für diese Garagengrundstücke die Ermäßigung der Grund-

1 Vgl. auch Viskorf/Viskorf, BewG § 2 Rz. 1 ff.

steuermesszahl greift. Werden dagegen diese Garagengrundstücke als eigene wirtschaftliche Einheit angesehen, wird die Ermäßigung der Steuermesszahl nicht gewährt. Ähnlich gelagert sind Fälle, in denen unbebaute Grundstücke als Gartengrundstücke für ein Wohngrundstück dienen. Sollten diese Grundstücke nicht in die wirtschaftliche Einheit des Wohngrundstücks einbezogen werden können, so kann für diese Grundstücke ggf. ein niedrigerer Wert nach § 38 Abs. 3 LGrStG BW nachgewiesen werden.

(Einstweilen frei) 14

II. Keine abweichende Zurechnung bei Ehegatten (§ 25 Abs. 1 Satz 6 LGrStG BW)

Satz 6 entspricht § 26 BewG. Auf die Kommentierung von Bock in Grootens, BewG § 244 Rz. 39 wird verwiesen. 15

Die **Definition der wirtschaftlichen Einheit** des Grundvermögens erfährt in § 37 LGrStG BW eine weitere Präzisierung.[1] 16

(Einstweilen frei) 17

III. Betrieb der Land- und Forstwirtschaft i. S. der §§ 26–36, der von einer Gesellschaft oder Gemeinschaft des bürgerlichen Rechts betrieben wird (§ 25 Abs. 1 Satz 4 LGrStG BW)

Die Vorschrift entspricht § 34 Abs. 6 BewG. Wird ein **Betrieb der Land- und Forstwirtschaft** entweder von einer **Gesellschaft bürgerlichen Rechts** oder von einer **Bruchteilsgemeinschaft** betrieben, sind in den einheitlichen Betrieb auch die Wirtschaftsgüter einzubeziehen, die einem oder mehreren Beteiligten gehören und dem Betrieb zu dienen bestimmt sind. Ein Gesellschaftsverhältnis i. S. des § 25 Abs. 1 Satz 4 LGrStG BW kann durch mündliche Vereinbarung oder stillschweigend entstehen, Schriftform ist nicht erforderlich. Häufig sind solche Gesellschaftsverhältnisse bei Landwirtschaftseheleuten anzutreffen, wenn sie den landwirtschaftlichen Hof zur Hälfte als Miteigentümer zu Bruchteilen erwerben oder jeweils landwirtschaftliche Grundstücke einbringen und den Hof dann gemeinschaftlich betreiben. 18

(Einstweilen frei) 19-20

IV. Einbeziehung in den Betrieb der Land- und Forstwirtschaft von Gebäuden und Betriebsmitteln, die dem Eigentümer des Grund und Bodens nicht gehören, die auf dem Grund und Boden des Betriebs stehen und der Bewirtschaftung des Betriebs dienen (§ 25 Abs. 1 Satz 5 Nr. 1)

Die Vorschrift entspricht § 34 Abs. 4 BewG. Zum Betrieb der Land- und Forstwirtschaft gehören **alle land- und forstwirtschaftlichen Nutzungen als Gesamtheit** aller hierzu gehörenden Wirtschaftsgüter (vgl. Müller in Grootens, BewG § 234 Rz. 15 ff.). Anwendungsfall der Regelung ist die Nutzung von Gebäuden oder Betriebsmitteln des landwirtschaftlichen Betriebs durch Pacht oder Nießbrauch. 21

1 Vgl. Schmidt in Grootens, LGrStG BW § 37 Rz. 7.

22 Die Vorschrift betrifft den Sachverhalt, dass der **Pächter des landwirtschaftlichen Betriebs** den Grund und Boden von der mitgepachteten Hofstelle des Pachtbetriebs aus mit eigenem oder mit vom Verpächter übernommenem **Inventar** bewirtschaftet. Durch die gesetzliche Regelung wird auch das dem Pächter gehörende Inventar in die wirtschaftliche Einheit des verpachteten Betriebs einbezogen. Errichtet der Pächter auf dem gepachteten Grund und Boden vorübergehend Gebäude, die dem Betrieb dienen (z. B. Schuppen oder Feldscheunen), sind auch diese dem landwirtschaftlichen Betrieb zuzurechnen. Vom Pächter errichtete Dauerbauten stehen als wesentliche Bestandteile des Grund und Bodens im zivilrechtlichen Eigentum des Verpächters und sind bereits deshalb schon in die wirtschaftliche Einheit des Betriebs einbezogen.

23 Nutzt ein selbstwirtschaftender Eigentümer des Grund und Bodens für den Betrieb **Betriebsmittel**, die einem anderen gehören, sind auch diese Betriebsmittel dem Betrieb zuzuordnen. Der Begriff der Betriebsmittel umfasst stehende Betriebsmittel (Maschinen oder Milchkühe) und umlaufende Betriebsmittel (Saatgut oder Futtervorräte). Eine Auswirkung dieser Regelung auf die Grundsteuer ist nicht ersichtlich.

24-25 *(Einstweilen frei)*

V. Einbeziehung in den Betrieb der Land- und Forstwirtschaft eines Anteils an einem Wirtschaftsgut, wenn es mit dem Betrieb zusammen genutzt wird (§ 25 Abs. 1 Satz 5 Nr. 2)

26 Die Vorschrift entspricht § 34 Abs. 5 BewG. Anwendungsfälle der Vorschrift sind Anteile an Gemeinschaftsweiden bei Almwirtschaften oder Anteile des Betriebsinhabers an Gebäuden, die einer Gesellschaft oder Gemeinschaft des bürgerlichen Rechts gehören, z. B. gemeinschaftliche Gefrier- oder Trocknungsanlagen oder Lagerhäuser. Es ist dabei nicht erforderlich, dass alle Gesellschafter oder Gemeinschafter Inhaber von Betrieben der Land- und Forstwirtschaft sind.

27-28 *(Einstweilen frei)*

VI. Wohnungs- und Teileigentum (§ 25 Abs. 2 LGrStG BW)

29 Zum Begriff des Wohnungs- und Teileigentums siehe Lange in Grootens, GrStG § 2 Rz. 61 unter c und Bock in Grootens, BewG § 243 Rz. 77 ff. Die Regelungen zum Wohnungs- und Teileigentum gelten entsprechend für das Stockwerkseigentum (Vorgängervorschrift zum Wohnungseigentumsgesetz), wenn dieses mit einem Miteigentumsanteil am Grundstück verbunden ist. Ist das Stockwerkseigentum ausnahmsweise nicht mit einem Grundstück verbunden, wird das Grundstück so bewertet, wie wenn die Belastung mit dem Stockwerkseigentum nicht bestehen würde.[1]

30 Im Bundesrecht wird jede Eigentumswohnung bzw. Teileigentumseinheit nach dem Ertragswertverfahren gesondert bewertet. Dies ist nach der Systematik des Landesrechts nicht möglich, da hier der **Bodenwert des Gesamtgrundstücks** bewertet wird. Entsprechend ist eine **Aufteilungsvorschrift** erforderlich. Das Gesetz benennt als Maßstab für die Aufteilung die **Miteigentumsanteile**.

31 Nach dem Wohnungseigentumsrecht gebührt dem Wohnungseigentümer entsprechend seinem Miteigentumsanteil ein Bruchteil der Früchte des gemeinschaftlichen Eigentums und des

1 FinMin Baden-Württemberg, Erlass v. 5.7.2022 - FM3-S 3000-1/30 zu § 25 Abs. 2 Satz 2 und 3.

Gemeinschaftsvermögens (§ 16 Abs. 1 WEG). Daher ist es sachgerecht, den Bodenwert entsprechend der Miteigentumsanteile auf die verschiedenen Wohnungseigentümer aufzuteilen.

BEISPIEL Der Bodenwert des Grundstücks einer Wohnungseigentumsgemeinschaft beträgt 200.000 €. 32
Eigentümer sind A mit einem Miteigentumsanteil von 300/1000, B mit einem Miteigentumsanteil von 500/1000 und C mit einem Miteigentumsanteil von 200/1000.

Dementsprechend betragen die ihnen zuzurechnenden Bodenwertanteile

A (200.000 € x 300/1000)	60.000 €
B (200.000 € x 500/1000)	100.000 €
C (200.000 € x 200/1000)	40.000 €

(Einstweilen frei) 33-34

VII. Bewertung nur des in Baden-Württemberg belegenen Grundbesitzes (§ 25 Abs. 3 LGrStG BW)

Da Baden-Württemberg von der Öffnungsklausel in Art. 72 Abs. 3 Satz 1 Nr. 7 GG Gebrauch gemacht und ein eigenes Landesgrundsteuergesetz verabschiedet hat, kann es für **wirtschaftliche Einheiten**, die sich **über die Landesgrenzen erstrecken**, unterschiedliche Bewertungsvorschriften geben. § 25 Abs. 3 LGrStG-BW stellt klar, dass nur der Grundbesitz, der auf dem Gebiet des Landes belegen ist, in die Bewertung einzubeziehen ist. Für diesen Grundbesitz sind die Vorschriften der §§ 26–38 LGrStG BW anzuwenden. Bedeutung dürfte die Regelung insbesondere für die Bewertung von Betrieben der Land- und Forstwirtschaft entfalten, da diese teilweise über die Grenzen von Baden-Württemberg hinweg betrieben werden. Da für die Bewertung des land- und forstwirtschaftlichen Vermögens keine landesspezifischen Bewertungsregelungen bestehen, sondern die Bewertung in gleicher Weise wie im Bundesrecht erfolgt und auch die anderen Bundesländer, die von der Öffnungsklausel Gebrauch machen, bei der Bewertung des land- und forstwirtschaftlichen Vermögens nicht von der Bundesregelung abweichen werden, erscheint die getroffene gesetzliche Regelung nicht zwingend. 35

Beim Grundvermögen könnte die Regelung nur dann praktische Bedeutung haben, wenn eine **wirtschaftliche Einheit sich über mehrere Bundesländer** erstrecken sollte. Diese Fälle dürften eher selten sein. 36

Zudem wird in § 25 Abs. 3 Satz 2 LGrStG BW klargestellt, dass für den **außerhalb der Landesgrenzen** belegenen Teil einer wirtschaftlichen Einheit von den baden-württembergischen Finanzbehörden keine gesonderten Feststellung nach § 13 LGrStG BW erfolgt. Satz 2 dient nur der Klarstellung, da eine Bewertung für den Teil der wirtschaftlichen Einheit, der außerhalb der Landesgrenzen belegen ist, nicht erforderlich und auch nicht notwendig ist. 37

Soweit ein Nachbarland das LGrStG Bund anwendet ergibt sich dann verfahrenstechnisch für land- und forstwirtschaftliche Betriebe, die sich über **mehrere Bundesländer** erstrecken folgende **Vorgehensweise**: 38

1. Die baden-württembergischen Finanzbehörden erlassen einen Bescheid für den in Baden-Württemberg belegenen Grundbesitz.
2. Das Nachbarland (z. B. Rheinland-Pfalz) stellt für den inländischen Teil (und damit auch für den in Baden-Württemberg belegenen Teil) einen Gesamtwert fest. Bei der Zerlegung wird dann nur für die Gemeinde in Rheinland-Pfalz ein Anteil festgestellt. Das bedeutet aber, dass der Steuerpflichtige für seine Grundsteuererklärung im Nachbarland die Anga-

ben über seinen gesamten Betrieb machen muss (also auch für den baden-württembergischen Teil).

39 Soweit das Nachbarland auch ein eigenes Grundsteuergesetz erlässt, ergibt sich ggf. eine Vereinfachung, wenn die Landesregelung entsprechend der baden-württembergischen Landesregelung ausgestaltet ist. In diesem Fall würde dann jedes Land für den in seinem Gebiet belegenen Grundbesitz einen Bescheid erlassen.

40 Abs. 3 Satz 3 stellt klar, dass für Teile einer wirtschaftlichen Einheit des land- und forstwirtschaftlichen Vermögens, die sich im Ausland, also z. B. in der Schweiz befinden, ebenfalls keine gesonderte Feststellung nach § 13 LGrStG BW erfolgt.

1. Abschnitt: Land- und forstwirtschaftliches Vermögen

§ 26 LGrStG BW Begriff des land- und forstwirtschaftlichen Vermögens

(1) [1]Die wirtschaftliche Einheit des land- und forstwirtschaftlichen Vermögens ist der Betrieb der Land- und Forstwirtschaft. [2]Wird der Betrieb der Land- und Forstwirtschaft oder werden Teile davon einem anderen Berechtigten zur Erzeugung von Pflanzen und Tieren sowie zur Verwertung der dadurch selbst gewonnenen Erzeugnisse überlassen, so gilt dies als Fortsetzung der land- und forstwirtschaftlichen Tätigkeit des Überlassenden.

(2) [1]Land- und Forstwirtschaft ist die planmäßige Nutzung der natürlichen Kräfte des Bodens zur Erzeugung von Pflanzen und Tieren sowie die Verwertung der dadurch selbst gewonnenen Erzeugnisse. [2]Zum land- und forstwirtschaftlichen Vermögen gehören alle Wirtschaftsgüter, die einem Betrieb der Land- und Forstwirtschaft dauernd zu dienen bestimmt sind.

(3) [1]Zu den Wirtschaftsgütern, die dem Betrieb der Land- und Forstwirtschaft dauernd zu dienen bestimmt sind, gehören insbesondere:

1. **der Grund und Boden,**
2. **die Wirtschaftsgebäude,**
3. **die stehenden Betriebsmittel,**
4. **der normale Bestand an umlaufenden Betriebsmitteln,**
5. **die immateriellen Wirtschaftsgüter.**

[2]Als normaler Bestand an umlaufenden Betriebsmitteln gilt ein Bestand, der zur gesicherten Fortführung des Betriebs erforderlich ist.

(4) Nicht zum land- und forstwirtschaftlichen Vermögen gehören:

1. **Grund und Boden sowie Gebäude und Gebäudeteile, die Wohnzwecken oder anderen nicht land- und forstwirtschaftlichen Zwecken dienen,**
2. **Tierbestände oder Zweige des Tierbestands und die hiermit zusammenhängenden Wirtschaftsgüter (zum Beispiel Gebäude und abgrenzbare Gebäudeteile mit den dazugehörenden Flächen, stehende und umlaufende Betriebsmittel), wenn die Tiere weder nach § 35 zur landwirtschaftlichen Nutzung noch nach § 36 Absatz 2 zu den sonstigen land- und forstwirtschaftlichen Nutzungen gehören; die Zugehörigkeit der landwirtschaftlich genutzten Flächen zum land- und forstwirtschaftlichen Vermögen wird hierdurch nicht berührt,**
3. **Zahlungsmittel, Geldforderungen, Geschäftsguthaben, Wertpapiere und Beteiligungen sowie**
4. **Geldschulden und Pensionsverpflichtungen.**

Inhaltsübersicht **Rz.**

A. Allgemeine Erläuterungen

I. Entstehung und Entwicklung der Vorschrift

Die Vorschrift wurde erstmalig im Jahr 2020 in das LGrStG BW aufgenommen. Sie entspricht den Regelungen für die Land- und Forstwirtschaft im Bundesrecht. 1

In der **Gesetzesbegründung** für das Landesgesetz heißt es: 2

1. Einführung

Die Bewertung des land- und forstwirtschaftlichen Vermögens erfolgt bislang im Rahmen einer Betriebsbewertung (Gesamtbewertung) mit dem Ertragswert. Für die alten Länder wird die Bewertung bisher in Form der Eigentümerbesteuerung und für die neuen Bundesländer in Form der Nutzerbesteuerung jeweils einheitlich nach den Wertverhältnissen zum 1. Januar 1964 vorgenommen. In den alten Ländern gehört der Wohnteil einschließlich der Altenteilerwohnung zum land- und forstwirtschaftlichen Vermögen, während die Wohngebäude in den neuen Ländern dem Grundvermögen zugerechnet werden. Durch die Übertragung der Agrarpolitik auf die Europäische Union und nach mehrfachen Strukturveränderungen innerhalb der letzten 50 Jahre haben sich die für einen Ertragswert maßgebenden Verhältnisse in der Land- und Forstwirtschaft grundlegend geändert. Zur Weiterentwicklung des Bewertungsverfahrens der Betriebe der Land- und Forstwirtschaft für Zwecke der Grundsteuer ist deshalb auf die jüngeren Erfahrungen im Bereich der Erbschaft- und Schenkungsteuer zurückzugreifen.

Die Bewertung des Grund und Bodens mittels Pachtpreisen ist aus Sicht der Wissen- schaft und der land- und forstwirtschaftlichen Sachverständigen nur im Fall der Verpachtung einzelner Flächen zielführend. Dagegen muss der wirtschaftende Betrieb regelmäßig Flächen zupachten, was statistisch in einer hohen Pachtquote und einem gesteigerten Ertrag zum Ausdruck kommt. Die Bewertung des land- und forstwirtschaftlichen Vermögens für die Erbschaft- und Schenkungsteuer erfolgt deshalb durch ein Reingewinn- und ein Mindestwertverfahren. Im Rahmen einer einmaligen Bewertung für Zwecke der Erbschaft- und Schenkungsteuer muss eine solche sachliche Differenzierung und der damit verbundene Aufwand einer nachträglichen Liquidationsbewertung im Verhältnis zur realitätsgerechten Abbildung anderer Wirtschaftsgüter hingenommen werden. Bei der jährlich wiederkehrend zu erhebenden Grundsteuer ist ein solches Verfahren sowohl mit Blick auf die rückwirkende Korrektur der Bemessungsgrundlage als auch mit Blick auf die monetären und bürokratischen Belastungen sowohl für die Land- und Forstwirtschaft als auch für die Finanzverwaltung nicht zielführend.

2. Folgerungen für das Bewertungsverfahren

Um in einem steuerlichen Massenverfahren die Bewertung des land- und forstwirtschaftlichen Vermögens transparent und effizient gestalten zu können, muss die Bewertungssystematik für den Grundbesitz weitgehend vereinfacht und aufgrund zur Verfügung stehender Datengrundlagen mittelfristig möglichst vollautomatisiert abgewickelt werden. Dies kann im Einzelnen durch eine automationsfreundliche Ausgestaltung des Bewertungsverfahrens wie folgt erreicht werden:

- *Die wirtschaftliche Einheit Betrieb der Land- und Forstwirtschaft erstreckt sich künftig nicht mehr auf den Wohnteil.*
- *Die übrigen Grundstrukturen des bisherigen Rechts in Form der Vermögensart, die Definition der wirtschaftlichen Einheit Betrieb der Land- und Forstwirtschaft, die Abgrenzungskriterien hierzu und die bewährte Gliederung des Betriebs in Nutzungen bleiben erhalten. Eine Änderung erfolgt nur dergestalt, dass die Gliederung des Betriebs (sogenannte gesetzliche Klassifizierung) über eine Grundstücksdatenbank für das voll automationsgestützte Bewertungsverfahren zur Verfügung gestellt wird.*
- *Die Bewertung der wirtschaftlichen Einheit Betrieb der Land- und Forstwirtschaft erfolgt nach dem Eigentümerprinzip auf der Basis des amtlichen Liegenschaftskatasters in Form einer standardisierten Bewertung der Flächen und gegebenenfalls der vorhandenen Hofstellen mit einem typisierenden Ertragswert.*
- *Die Ableitung der Ertragswertansätze erfolgt soweit als möglich aus den durchschnittlichen Ertragsverhältnissen der Testbetriebe beim Bundesministerium für Er- nährung und Landwirtschaft für Deutschland. Dadurch kann bei jeder Hauptfeststellung auf kontinuierliche Daten zurückgegriffen werden.*

3. Änderungen gegenüber der bisherigen Rechtslage

Nach der bisherigen Rechtslage gehen die land- und forstwirtschaftlichen Flächen, die Hofflächen, die Wirtschaftsgebäude und die Betriebsmittel allgemein im Ertragswert eines Betriebs der Land- und Forstwirtschaft auf und beeinflussen über das jeweilige Ertrags- und Aufwandsgefüge den entsprechenden Hektarwert der einzelnen Nutzungen oder den unmittelbaren Vergleichswert. Deshalb ist bisher geregelt, dass bei aktiv wirtschaftenden Betrieben die gegendüblichen Abweichungen gegenüber den unterstellten Ertragsverhältnissen durch Zu- oder Abrechnungen und die betriebsindividuellen Abweichungen insbesondere für Wirtschaftsgebäude und Vieh als Betriebsmittel durch Zu- oder Abschläge erfolgen. Dagegen sind in den Fällen einer Stückländerei beim Eigentümer des Grund und Bodens keine Abschläge wegen fehlender Betriebsmittel und dementsprechend keine Zuschläge für den Überbestand an Betriebsmitteln bei deren Eigentümer zulässig.

Aufgrund der Notwendigkeit einer weitgehend vollautomatisierten Bewertung der land- und forstwirtschaftlichen Flächen wird auf eine vergleichende Bewertung und deren umfangreiche Ermittlungen verzichtet. Stattdessen wird unmittelbar für jede Nutzung ein Reinertrag ermittelt. Die neue Rechtslage unterstellt, dass der Reinertrag der gesondert zu bewertenden Nutzungen das jeweilige Ertragswertpotential des bewirtschafteten Grund und Bodens abbildet und mit dessen Ansatz die hierfür unmittelbar erforderlichen Betriebsmittel ideell abgegolten werden. Dabei kommt es entsprechend dem Charakter einer objektiven Flächenbewertung zunächst nicht darauf an, ob der Eigentümer oder der Pächter den Grund und Boden selbst bewirtschaftet. Auf die Unterscheidung zwischen aktiv wirtschaftenden Betrieben einschließlich etwaiger Ertragswertsteigerungen durch Zupachtflächen einerseits und Stückländereien sowie verpachteten Betrieben einschließlich etwaiger Ertragswertminderungen andererseits sowie den damit verbundenen Abgrenzungsschwierigkeiten und Korrekturrechnungen bei besonders intensiven Nutzungen wird deshalb verzichtet. Dennoch wird den im bisherigen Recht berücksichtigten Umständen dem Grunde nach auf vereinfachte Weise dadurch Rechnung getragen, dass die typischerweise von aktiv wirtschaftenden Betrieben unterhaltenen Hofstellen eigenständig bewertet werden. Durch die gesonderte Erfassung von Viehzuschlägen oder aufgrund der Bewertung der Wirtschaftsgebäude werden weitere ertragswertsteigernde Umstände ersatzweise pauschal erfasst, die wesentlich und fachlich unbestritten sind.

Zu Absatz 1:

Bewertungsgegenstand für Zwecke der Grundsteuer ist innerhalb des land- und forst- wirtschaftlichen Vermögens die wirtschaftliche Einheit des Betriebs der Land- und Forstwirtschaft. Die wirtschaftliche Einheit bestimmt sich nach den wirtschaftlichen Eigentumsverhältnissen beim Grund und Boden am Bewertungsstichtag und umfasst die damit in engem sachlichen Zusammenhang stehenden Wirtschaftsgüter, die in Absatz 3 konkretisiert werden.

Zu Absatz 2:

Die Regelung definiert den tätigkeitsbezogenen Begriff der Land- und Forstwirtschaft. Der Sammelbegriff umfasst neben der Landwirtschaft und der Forstwirtschaft auch den Weinbau, den Gartenbau und die sonstigen Betriebszweige. Zugleich regelt § 26 Absatz 1 den Umfang des land- und forstwirtschaftlichen Vermögens. Dienen Wirtschaftsgüter nach ihrer Zweckbestimmung einer land- und forstwirtschaftlichen Tätigkeit dauerhaft zur planmäßigen und ständigen Bewirtschaftung, werden sie unter objektiven Gesichtspunkten dieser Vermögensart zugerechnet.

Zu Absatz 3:

Absatz 3 bestimmt enumerativ die Wirtschaftsgüter, die dem Betrieb der Land- und Forstwirtschaft dauernd zu dienen bestimmt sind. Zu diesen Wirtschaftsgütern gehören insbesondere der Grund und Boden, die Wirtschaftsgebäude, die stehenden Betriebsmittel, der normale Bestand an umlaufenden Betriebsmitteln und die immateriellen Wirtschaftsgüter. Zum Grund und Boden gehören alle Flächen, die nicht als Grundvermögen zu erfassen sind. Wirtschaftsgebäude sind Gebäude oder Gebäudeteile, die ausschließlich der unmittelbaren Bewirtschaftung des Betriebs und nicht Wohnzwecken dienen. Stehende Betriebsmittel wie zum Beispiel das lebende und tote Inventar dienen einem Betrieb längerfristig. Dagegen sind umlaufende Betriebsmittel zum Verbrauch im eigenen Betrieb oder zum Verkauf bestimmt. Zu den immateriellen Wirtschaftsgütern gehören insbesondere Lieferrechte und von staatlicher Seite gewährte Vorteile, die die Voraussetzungen eines Wirtschaftsguts erfüllen. Ein normaler Bestand an umlaufenden Betriebsmitteln stellt sicher, dass eine ordnungsgemäße Bewirtschaftung im Sinne des definierten Reinertrags möglich ist.

Zu Absatz 4:

Die Vorschrift entspricht im Wesentlichen dem bisherigen § 33 Absatz 3 BewG. Sie berücksichtigt jedoch, dass zu Wohnzwecken, gewerblichen und beziehungsweise oder öffentlichen Zwecken dienende Gebäude und Gebäudeteile stets dem Grundvermögen zuzurechnen sind. Letzteres unterliegt konsequent der Bewertung mit dem Bodenwert (§ 24 Absatz 3).

Da der Betrieb der Land- und Forstwirtschaft künftig nicht mehr die Wohngebäude und den dazugehörenden Grund und Boden umfasst (zum Beispiel Wohnteil ein- schließlich Altenteilerwohnung und Wohnungen der Arbeitnehmer), ist insoweit eine Abgrenzung zwischen dem land- und forstwirtschaftlichen Vermögen und dem Grundvermögen geboten. Zum Grundvermögen der Wohngebäude zählen neben der bebauten Fläche auch die Nebenflächen wie zum Beispiel Stellplätze und Gärten. Bei Betrieben, die vor dem 31. Dezember 1998 bereits bestanden haben, ist eine Abgrenzung nach § 13 Absatz 4 und 5 EStG erfolgt, die grundsätzlich zu übernehmen ist.

Im Übrigen wird die traditionelle Verkehrsanschauung in Absatz 4 Nummer 2 bis 4 im Bereich der Land- und Forstwirtschaft fortgeführt, wonach der Betriebsinhabende im Falle einer Veräußerung seines Betriebs die abschließend aufgeführten Wirtschaftsgüter nicht zwangsläufig mitveräußert oder dem Erwerber besonders in Rechnung stellt. Eine Änderung dieser Rechtslage hätte zur Folge, dass auch für diese Wirtschaftsgüter Grundsteuer zu entrichten wäre.

3 *(Einstweilen frei)*

II. Geltungsbereich

4 § 26 LGrStG BW gilt für in Baden-Württemberg belegenes land- und forstwirtschaftliches Vermögen.

5 *(Einstweilen frei)*

B. Systematische Kommentierung

I. Betrieb der Land- und Forstwirtschaft als wirtschaftliche Einheit (§ 26 Abs. 1 LGrStG BW)

6 Die Vorschrift entspricht inhaltlich § 232 Abs. 2 BewG. Auf die Kommentierung von Müller in Grootens, BewG § 232 Rz. 33–44 wird verwiesen.

7–8 *(Einstweilen frei)*

II. Definition Land- und Forstwirtschaft (§ 26 Abs. 2 LGrStG BW)

9 Die Vorschrift entspricht inhaltlich § 232 Abs. 1 BewG. Auf die Kommentierung von Müller in Grootens, BewG § 232 Rz. 15–32 wird verwiesen.

10–11 *(Einstweilen frei)*

III. Wirtschaftsgüter eines Betriebs der Land- und Forstwirtschaft (§ 26 Abs. 3 LGrStG BW)

12 Die Vorschrift entspricht inhaltlich § 232 Abs. 3 BewG. Auf die Kommentierung von Müller in Grootens, BewG § 232 Rz. 46–69 wird verwiesen.

13–14 *(Einstweilen frei)*

IV. Besonderheiten des land- und forstwirtschaftlichen Vermögens (§ 26 Abs. 4 LGrStG BW)

15 Die Vorschrift entspricht inhaltlich § 232 Abs. 4 BewG. Auf die Kommentierung von Müller in Grootens, BewG § 232 Rz. 70–81 wird verwiesen.

§ 27 LGrStG BW Abgrenzung des land- und forstwirtschaftlichen Vermögens vom Grundvermögen in Sonderfällen

(1) Dienen im Umgriff einer Windenergieanlage Flächen einem Betrieb der Land- und Forstwirtschaft, sind abweichend von § 26 Absatz 4 Nummer 1 die Standortflächen der Windenergieanlage und der dazugehörenden Betriebsvorrichtungen (abgegrenzte Standortfläche der Windenergieanlage) dem land- und forstwirtschaftlichen Vermögen zuzurechnen.

(2) Land- und forstwirtschaftlich genutzte Flächen sind dem Grundvermögen zuzurechnen, wenn nach ihrer Lage, den am Feststellungszeitpunkt bestehenden Verwertungsmöglichkeiten oder den sonstigen Umständen anzunehmen ist, dass sie innerhalb eines Zeitraums von sieben Jahren anderen als land- und forstwirtschaftlichen Zwecken, insbesondere als Bau-, Gewerbe- oder Industrieland oder als Land für Verkehrszwecke, dienen werden.

(3) [1]Flächen sind stets dem Grundvermögen zuzurechnen, wenn sie in einem Bebauungsplan als Bauland festgesetzt sind, ihre sofortige Bebauung möglich ist und die Bebauung innerhalb des Plangebiets in benachbarten Bereichen begonnen hat oder schon durchgeführt ist. [2]Satz 1 gilt nicht für die Hofstelle.

Inhaltsübersicht **Rz.**

A. Allgemeine Erläuterungen

I. Entstehung und Entwicklung der Vorschrift

Die Vorschrift wurde erstmalig im Jahr 2020 in das LGrStG BW aufgenommen. 1

In der **Gesetzesbegründung** heißt es hierzu: 2

Nach der bisherigen Rechtslage sind die Standortflächen von Windkraftanlagen auf land- und forstwirtschaftlich genutzten Flächen dem Grundvermögen zuzurechnen. Nach der neueren Rechtsprechung des Bundesfinanzhofs hierzu sind bei bestellten Grunddienstbarkeiten und einer weiteren land- und forstwirtschaftlichen Nutzung der Flächen (einschließlich einer Unternutzung der Umgriffsflächen) nur die eigentlichen Standortflächen aus dem land- und forstwirtschaftlichen Vermögen auszuscheiden. In Folge dessen muss jeweils für kleinste wirtschaftliche Einheiten des Grundvermögens eine Wertermittlung erfolgen, ohne dass in der Regel die eigentliche Betriebsvorrichtung Windkraftanlage der Grundsteuer unterliegt.

Neben den Schwierigkeiten bei der Abgrenzung der Standortflächen ergeben sich solche auch bei der Bewertung dieser Flächen, da den Gutachterausschüssen hierfür keine ausreichende Zahl von Kauffällen zur Ermittlung entsprechender Bodenrichtwerte zur Verfügung stehen. Aus diesen Gründen regelt die Vorschrift, dass land- und forstwirtschaftlich genutzte Flächen in Sondergebieten für Windenergieanlagen aus Vereinfachungsgründen stets und im vollen Umfang dem land- und forstwirtschaftlichen Vermögen zugerechnet werden. Dabei werden aus Klarstellungsgründen neben den eigentlichen Standortflächen auch die dazugehörigen Betriebsvorrichtungen (abgegrenzte Standortflächen der Windenergieanlagen) umfasst. Alle übrigen Energieerzeu-

gungsflächen werden weiterhin über § 26 Absatz 4 Nummer 1 dem Grundvermögen zugerechnet.

Zu Absatz 2:

Die Vorschrift entspricht inhaltlich dem bisherigen § 69 Absatz 1 BewG. Sie ersetzt jedoch das nach bisherigem Recht gültige Tatbestandsmerkmal „auf absehbare Zeit“, das durch die hierzu ergangene höchstrichterliche Rechtsprechung mit sechs Jahren konkretisiert wurde, in Übereinstimmung mit dem Hauptfeststellungszeitraum durch sieben Jahre.

Zu Absatz 3:

Die Vorschrift entspricht inhaltlich dem bisherigen § 69 Absatz 3 BewG unter Berücksichtigung der Abgrenzung und Bewertung von land- und forstwirtschaftlichen Hofstellen.

II. Geltungsbereich

3 Das LGrStG BW gilt für in Baden-Württemberg belegene Grundstücke.

4–5 *(Einstweilen frei)*

B. Systematische Kommentierung

6 Die Vorschrift entspricht inhaltlich § 233 BewG. Auf die Kommentierung von Müller in Grootens, BewG § 233 Rz. 10 ff. wird verwiesen.

§ 28 LGrStG BW Betrieb der Land- und Forstwirtschaft

(1) Ein Betrieb der Land- und Forstwirtschaft umfasst:

1. die land- und forstwirtschaftlichen Nutzungen:

a) die landwirtschaftliche Nutzung,

b) die forstwirtschaftliche Nutzung,

c) die weinbauliche Nutzung,

d) die gärtnerische Nutzung,

aa) Nutzungsteil Gemüsebau,

bb) Nutzungsteil Blumen- und Zierpflanzenbau,

cc) Nutzungsteil Obstbau,

dd) Nutzungsteil Baumschulen,

e) die übrigen land- und forstwirtschaftlichen Nutzungen,

2. die Nutzungsarten:

a) Abbauland,

b) Geringstland,

c) Unland,

d) Hofstelle,

3. die Nebenbetriebe.

(2) Die land- und forstwirtschaftlichen Betriebsflächen sind einer Nutzung, innerhalb der gärtnerischen Nutzung einem Nutzungsteil oder einer Nutzungsart zuzuordnen (gesetzliche Klassifizierung).

(3) Zum Abbauland gehören die Betriebsflächen, die durch Abbau der Bodensubstanz überwiegend für den Betrieb der Land- und Forstwirtschaft nutzbar gemacht werden, zum Beispiel Steinbrüche, Torfstiche, Sand-, Kies- und Lehmgruben.

(4) Zum Geringstland gehören die Betriebsflächen geringster Ertragsfähigkeit, für die nach dem Bodenschätzungsgesetz keine Wertzahlen festzustellen sind.

(5) Zum Unland gehören die Betriebsflächen, die auch bei geordneter Wirtschaftsweise keinen Ertrag abwerfen können.

(6) Zur Hofstelle gehören alle Hof- und Wirtschaftsgebäudeflächen einschließlich der Nebenflächen, wenn von dort land- und forstwirtschaftliche Flächen nachhaltig bewirtschaftet werden.

(7) Als Nebenbetrieb gilt ein Betrieb, der dem Hauptbetrieb zu dienen bestimmt ist und nicht einen selbständigen gewerblichen Betrieb darstellt.

Inhaltsübersicht **Rz.**

A. Allgemeine Erläuterungen

I. Entstehung und Entwicklung der Vorschrift

1 Die Vorschrift wurde erstmalig im Jahr 2020 in das LGrStG-BW aufgenommen. Sie entspricht den Regelungen für die Land- und Forstwirtschaft im Bundesrecht.

2 In der **Gesetzesbegründung** für das Landesgesetz heißt es:

Zu Absatz 1:

Die Vorschrift greift auf die bewährten Regelungen des § 34 Absatz 1 und 2 BewG zurück. Sie enthält eine Beschreibung des Betriebs der Land- und Forstwirtschaft und gliedert diesen für Zwecke der Wertermittlung auf.

Der Begriff der Nutzung umfasst grundsätzlich die Gesamtheit aller jeweils hierzu gehörenden Wirtschaftsgüter, die einem Betriebszweig oder mehreren Betriebszweigen der Urproduktion dienen. Dies hat den Vorteil, dass mehreren Nutzungen dienende Wirtschaftsgüter nicht im Einzelnen quotal aufgeteilt werden müssen. Die Definitionen des Abbaulands, Geringstlands und Unlands entsprechen dem bisherigen § 34 Absatz 2 Nummer 2 BewG, werden jedoch aus automationstechnischen Gründen künftig als Nutzungsart bezeichnet.

Neu ist die Nutzungsart Hofstelle, die zur weiteren Vereinfachung des Bewertungsverfahrens eingeführt wird. Die Nutzungsart ergänzt die jeweiligen Nutzungen um die Hofflächen, die dadurch unmittelbar bewertet werden können. Gleiches gilt für die auf einer Hofstelle befindlichen Wirtschaftsgebäude und Betriebsmittel, soweit hierfür eine gesonderte Erfassung angeordnet ist.

Nebenbetriebe werden wie bisher dem Betrieb der Land- und Forstwirtschaft zugeordnet und gesondert erfasst. Für die Abgrenzung des Nebenbetriebs zum Gewerbebetrieb gelten die bisherigen Grundsätze.

Zu Absatz 2:

Um eine möglichst weitgehende Automation des Bewertungsverfahrens zu gewährleisten, werden die land- und forstwirtschaftlichen Flächen auf der Grundlage von Mitteilungen anderer Behörden, von Steuererklärungen, von Außenprüfungen oder anlässlich der Durchführung einer land- und forstwirtschaftlichen Sachverständigentätigkeit den entsprechenden Nutzungen, Nutzungsteilen sowie Nutzungsarten zugeordnet. Die Angaben zu den klassifizierten Flächen sind im amtlichen Liegenschaftskatasterinformationssystem auf der Rechtsgrundlage des § 23 Absatz 1 in Verbindung mit Absatz 2 der Finanzverwaltung zur Verfügung zu stellen.

Zu Absatz 3:

Die Vorschrift grenzt das Abbauland von den Nutzungen ab. Sie entspricht inhaltlich dem bisherigen § 43 Absatz 1 BewG.

Zu Absatz 4:

Die Vorschrift grenzt das Geringstland von den Nutzungen ab. Sie entspricht inhaltlich dem bisherigen § 44 Absatz 1 BewG.

Zu Absatz 5:

Die Vorschrift grenzt das Unland von den Nutzungen ab. Sie entspricht inhaltlich dem bisherigen § 45 Absatz 1 BewG.

Zu Absatz 6:

Die Vorschrift definiert die vom Grundvermögen abgegrenzten Hofstellen, die zur Vereinfachung der Bewertung gesondert zu erfassen sind. Umfang und Ausstattung der jeweiligen Hofstelle richten sich grundsätzlich nach den Erfordernissen und der Größe der von dieser Stelle aus bewirtschafteten Flächen. Die Hofflächen werden unabhängig davon, ob sie bebaut oder unbebaut sind, dem Betrieb der Land- und Forstwirtschaft zugerechnet, wenn sie zumindest teilweise der Bewirtschaftung der übrigen land- und forstwirtschaftlichen Flächen dienen. Die sich auf den Hofflächen befindlichen Wirtschaftsgebäude werden mit ihren jeweiligen Brutto-Grundflächen ebenfalls der Hofstelle zugerechnet.

Zu Absatz 7:

Die Vorschrift negiert die Nebenbetriebe als Nutzungsart. Inhaltlich entspricht die Definition dem bisherigen § 42 Absatz 1 BewG.

3–5 *(Einstweilen frei)*

II. Geltungsbereich

6 Das LGrStG BW gilt für den in Baden-Württemberg belegenen Grundbesitz land- und forstwirtschaftlicher Betriebe.

7–9 *(Einstweilen frei)*

B. Systematische Kommentierung

10 Die Vorschrift entspricht § 234 BewG. Auf die Kommentierung von Müller in Grootens, BewG § 234 Rz. 12 ff. wird verwiesen.

§ 29 LGrStG BW Bewertungsstichtag

(1) Für die Größe des Betriebs sowie für den Umfang und den Zustand der Gebäude sind die Verhältnisse im Feststellungszeitpunkt maßgebend.

(2) Für die stehenden und umlaufenden Betriebsmittel ist der Stand am Ende des Wirtschaftsjahres maßgebend, das dem Feststellungszeitpunkt vorangegangen ist.

Inhaltsübersicht Rz.

A. Allgemeine Erläuterungen

I. Entstehung und Entwicklung der Vorschrift

Die Vorschrift wurde erstmalig im Jahr 2020 in das LGrStG BW aufgenommen. 1

In der **Gesetzesbegründung** heißt es hierzu: 2

Zu Absatz 1

Die Vorschrift regelt, dass für die Feststellung des Grundsteuerwerts allgemein die Verhältnisse zum Feststellungszeitpunkt (das heißt zum Stichtag 1. Januar eines Jahres) maßgebend sind, auch wenn in der Land- und Forstwirtschaft regelmäßig abweichende Wirtschaftsjahre bestehen.

Zu Absatz 2

Abweichend von der Regelung des Absatzes 1 und damit abweichend von § 15 Absatz 2, § 16 Absatz 4 Satz 2 und § 17 Absatz 2 Satz 1 wird aus Zweckmäßigkeitsgründen auf die Bestände zum Schluss des vorangegangenen Wirtschaftsjahres abgestellt. Grundsätzlich erleichtert dies die Ermittlung der umlaufenden Betriebsmittel und die Abgrenzung der Überbestände. Bedeutung erlangt die Vorschrift bei der Ermittlung der Tierbestände für die Abgrenzung der landwirtschaftlichen von der gewerblichen Tierhaltung.

II. Geltungsbereich

Das LGrStG BW gilt für in Baden-Württemberg belegene Grundstücke. 3

(Einstweilen frei) 4–5

B. Systematische Kommentierung

Die Vorschrift entspricht § 235 BewG. Auf die Kommentierung von Müller in Grootens, BewG § 235 Rz. 11 ff. wird verwiesen. 6

§ 30 LGrStG BW Ermittlung des Ertragswerts

(1) [1]Bei der Ermittlung des Ertragswerts (§ 24 Absatz 2) eines Betriebs der Land- und Forstwirtschaft ist von der Ertragsfähigkeit auszugehen. [2]Ertragsfähigkeit ist der bei ordnungsmäßiger Bewirtschaftung gemeinhin und nachhaltig erzielbare Reinertrag eines pacht- und schuldenfreien Betriebs mit entlohnten fremden Arbeitskräften (Reinertrag). [3]Er ermittelt sich aus dem Betriebseinkommen abzüglich des Lohnaufwands für die entlohnten Arbeitskräfte und des angemessenen Anteils für die Arbeitsleistung des Betriebsleiters sowie der nicht entlohnten Arbeitskräfte. [4]Hierbei sind alle Umstände zu berücksichtigen, die bei einer Selbstbewirtschaftung des Betriebs den Wirtschaftserfolg beeinflussen.

(2) [1]Der Reinertrag wird aus den Erhebungen nach § 2 des Landwirtschaftsgesetzes oder aus Erhebungen der Finanzverwaltung für jede gesetzliche Klassifizierung gesondert ermittelt. [2]Bei der Ermittlung des jeweiligen Reinertrags ist zur Berücksichtigung der nachhaltigen Ertragsfähigkeit ein Durchschnitt aus den letzten zehn vorliegenden Wirtschaftsjahren zu bilden, die vor dem Hauptfeststellungszeitpunkt geendet haben.

(3) Der Ertragswert ist das 18,6-fache der Summe der Reinerträge des Betriebs.

Inhaltsübersicht — **Rz.**

A. Allgemeine Erläuterungen

I. Entstehung und Entwicklung der Vorschrift

1 Die Vorschrift wurde erstmalig im Jahr 2020 in das LGrStG BW aufgenommen.

2 In der **Gesetzesbegründung** heißt es hierzu:

Zu Absatz 1:

Bei der Bewertung der Wirtschaftsgüter im Sinne des § 26 Absatz 3 durch Kapitalisierung des Reinertrags ist nicht auf das individuell durch den Land- und Forstwirt erwirtschaftete Ergebnis abzustellen, sondern auf den gemeinhin und nachhaltig erzielbaren Reinertrag eines pacht- und schuldenfreien Betriebs (Sollertrag).

Bei der Beurteilung dieser Grundsätze ist nicht auf Muster- oder Spitzenbetriebe sondern auf durchschnittliche Betriebsergebnisse abzustellen, die anhand der gesetzlich normierten Gliederung eines Betriebs üblicherweise erzielt werden. Dabei sind alle wesentlichen Umstände, die auf den Wirtschaftserfolg Einfluss nehmen oder von denen die Verwertung der gewonnenen Erzeugnisse abhängig ist, zu berücksichtigen. Außerdem ist zu unterstellen, dass der Betrieb schuldenfrei und mit einem für die ordnungsgemäße, gemeinhin übliche Bewirtschaftung notwendigen Bestand an Wirtschaftsgebäuden und Betriebsmitteln ausgestattet ist.

Die Ableitung der Reinerträge erfolgt zur Umsetzung der gesetzlichen Vorgaben soweit als möglich aus den durchschnittlichen Ertragsverhältnissen der Testbetriebe beim Bundesministerium für Ernährung und Landwirtschaft. Zur realitätsgerechten Abbildung der nachhaltigen Ertrags-

fähigkeit wurden die notwendigen Kennzahlen für jede Nutzung gesondert als Durchschnittswerte aus zehn Wirtschaftsjahren ermittelt. Ausgangspunkt ist das durchschnittliche Betriebseinkommen der Betriebe, das die gemeinhin erzielbare Entlohnung der Produktionsfaktoren Boden, (Besatz-)Kapital und Arbeit repräsentiert. Der Reinertrag ergibt sich aus dem Betriebseinkommen abzüglich des Lohnaufwands für fremde Arbeitskräfte und dem angemessenen Anteil für die Arbeit des Betriebsleiters sowie der nicht entlohnten Arbeitskräfte (nAK).

Zu Absatz 2:

Zur Vereinfachung des Bewertungsverfahrens wird der Reinertrag für jede gesetzliche Klassiffizierung gesondert ermittelt. Das Ergebnis ist der standardisierte Reinertrag für den Grund und Boden. Er bildet das Ertragswertpotenzial des Grund und Bodens und der zur Bewirtschaftung erforderlichen Betriebsmittel ab. Daraus ergibt sich für den standardisierten Reinertrag des Grund und Bodens das folgende Schema:

Durchschnittliches Betriebseinkommen der Betriebe geteilt durch die durchschnittlich bewirtschaftete Landwirtschaftsfläche (LF) in Hektar = Betriebseinkommen/ha LF abzüglich Lohnaufwand für fremde Arbeitskräfte/ha LF abzüglich angemessener Lohnansatz für Betriebsleiter und nicht entlohnte AK/ha LF abzüglich anteiliger Reinertrag für die Wirtschaftsgebäude/ha LF = anteiliger Reinertrag des Grund und Bodens einschließlich der Betriebsmittel zur LuF Erzeugung/ha LF.

Bei der Ermittlung des angemessenen Lohnansatzes der nicht entlohnten Arbeitskräfte (einschließlich der Betriebsleiter) wurde wie folgt vorgegangen. In Wirtschaftsjahren, in denen die Nettorentabilität des Betriebs 100 Prozent erreichte und somit eine volle Entlohnung aller Produktionsfaktoren möglich war, wird der Lohnansatz der nicht entlohnten Arbeitskräfte in vollem Umfang abgezogen. In Wirtschaftsjahren, in denen die Nettorentabilität unter 100 Prozent lag, wird nur der Anteil des Lohnansatzes abgezogen, der dem Prozentsatz der ermittelten Nettorentabilität entspricht.

Zu Absatz 3:

Der Ertragswert ermittelt sich nach Absatz 3 aus dem 18,6-fachen des Reinertrages, den der Betrieb der Land- und Forstwirtschaft gemäß seiner wirtschaftlichen Bestimmung im Durchschnitt der Jahre nachhaltig erbringen kann. Der Kapitalisierungsfaktor unterstellt eine immerwährende Verzinsung der Reinerträge von 5,5 Prozent.

II. Geltungsbereich

Das LGrStG BW gilt für in Baden-Württemberg belegene Grundstücke. 3

(Einstweilen frei) 4

B. Systematische Kommentierung

I. Begriff der Ertragsfähigkeit (§ 30 Abs. 1 LGrStG BW)

Die Vorschrift entspricht inhaltlich § 236 Abs. 2 BewG. In Satz 1 wurden redaktionelle Ergänzungen vorgenommen (Verweis auf § 24 Abs. 2 LGrStG BW), die daraus resultieren, dass § 236 Abs. 1 BewG nicht in § 30 LGrStG BW übernommen wurde. Auf die Kommentierung von Müller in Grootens, BewG § 236 Rz. 23 ff. wird verwiesen. 5

(Einstweilen frei) 6

II. Ermittlung des Reinertrags (§ 30 Abs. 2 LGrStG BW)

7 Die Vorschrift entspricht inhaltlich § 236 Abs. 3 BewG. Auf die Kommentierung von Müller in Grootens, BewG § 236 Rz. 39 ff. wird verwiesen.

8–9 *(Einstweilen frei)*

III. Der Ertragswert (§ 30 Abs. 3 LGrStG BW)

10 Die Vorschrift entspricht inhaltlich § 236 Abs. 4 BewG. Auf die Kommentierung von Müller in Grootens, BewG § 236 Rz. 44 ff. wird verwiesen.

§ 31 LGrStG BW Bewertung des Betriebs der Land- und Forstwirtschaft

(1) [1]Bei der Ermittlung des Ertragswerts für einen Betrieb der Land- und Forstwirtschaft sind die land- und forstwirtschaftlichen Nutzungen, Nutzungsarten und die Nebenbetriebe (§ 28 Absatz 1) mit ihrem jeweiligen Reinertrag nach den Absätzen 2 bis 8 zu bewerten. [2]Mit dem Ansatz des jeweiligen Reinertrags sind auch dem Eigentümer des Grund und Bodens nicht gehörende stehende und umlaufende Betriebsmittel, die der Bewirtschaftung des Betriebs dienen, abgegolten.

(2) [1]Der Reinertrag der landwirtschaftlichen Nutzung ermittelt sich aus der Summe der Flächenwerte. [2]Der jeweilige Flächenwert ist das Produkt aus der Größe der gesetzlich klassifizierten Eigentumsfläche des Betriebs und den Bewertungsfaktoren der Anlage 1. [3]Die Bewertungsfaktoren Grundbetrag und Ertragsmesszahl nach § 9 des Gesetzes zur Schätzung des landwirtschaftlichen Kulturbodens (Bodenschätzungsgesetzes) sind für jede Eigentumsfläche gesondert zu ermitteln.

(3) [1]Der Reinertrag der forstwirtschaftlichen Nutzung ermittelt sich aus der Summe der Flächenwerte. [2]Der jeweilige Flächenwert ist das Produkt aus der Größe der gesetzlich klassifizierten Eigentumsfläche des Betriebs und dem jeweiligen gegendüblichen Bewertungsfaktor gemäß Anlage 2. [3]Die gegendüblichen Bewertungsfaktoren bestimmen sich nach den forstwirtschaftlichen Wuchsgebieten und deren Baumartenanteilen nach der zuletzt vor dem Hauptfeststellungszeitpunkt durchgeführten Bundeswaldinventur (§ 41 a des Bundeswaldgesetzes). [4]Abweichend hiervon werden klassifizierte Eigentumsflächen mit katastermäßig nachgewiesenen Bewirtschaftungsbeschränkungen als Geringstland bewertet, wenn infolge der Bewirtschaftungsbeschränkungen eine nachhaltige forstwirtschaftliche Nutzung unterbleibt.

(4) [1]Der Reinertrag der weinbaulichen Nutzung ermittelt sich aus der Summe der Flächenwerte. [2]Der jeweilige Flächenwert ist das Produkt aus der Größe der gesetzlich klassifizierten Eigentumsfläche des Betriebs und dem Bewertungsfaktor für die Verwertungsform Traubenerzeugung gemäß Anlage 3.

(5) [1]Der Reinertrag der gärtnerischen Nutzung ist gegliedert nach den Nutzungsteilen zu ermitteln. [2]Der Reinertrag eines Nutzungsteils ermittelt sich aus der Summe der Flächenwerte. [3]Der jeweilige Flächenwert ist das Produkt aus der gesetzlich klassifizierten Eigentumsfläche des Betriebs und dem jeweiligen Bewertungsfaktor gemäß Anlage 4. [4]Abweichend hiervon wird der Nutzungsteil Gemüsebau wie eine landwirtschaftliche Nutzung bewertet, wenn im Wechsel landwirtschaftliche und gärtnerische Erzeugnisse gewonnen werden und keine Bewässerungsmöglichkeiten bestehen.

(6) [1]Der Reinertrag für die übrigen land- und forstwirtschaftlichen Nutzungen ist für jede Nutzung nach § 36 gesondert zu ermitteln. [2]Der Reinertrag einer übrigen land- und forstwirtschaftlichen Nutzung ermittelt sich aus der Summe der Flächenwerte. [3]Der jeweilige Flächenwert ist das Produkt aus der Größe der gesetzlich klassifizierten Eigentumsfläche des Betriebs und dem jeweiligen Bewertungsfaktor einschließlich des Zuschlags gemäß Anlage 5. [4]Für die sonstigen land- und forstwirtschaftlichen Nutzungen, für die kein Bewertungsfaktor festgelegt wurde, ist der Reinertrag der jeweiligen Nutzung durch Multiplikation der Bruttogrundflächen der nachhaltig genutzten Wirtschaftsgebäude mit dem Zwölffachen des Werts

gemäß Anlage 5 und für den dazu gehörenden Grund und Boden nach Absatz 8 zu ermitteln; dies gilt unabhängig von einer gesetzlichen Klassifizierung als Hofstelle.

(7) [1]Der Reinertrag für die Nutzungsarten Abbauland, Geringstland und Unland ermittelt sich aus der Summe der Flächenwerte der jeweiligen Nutzungsart. [2]Der jeweilige Flächenwert ist das Produkt aus der Größe der gesetzlich klassifizierten Eigentumsfläche des Betriebs und dem jeweiligen Bewertungsfaktor gemäß Anlage 5.

(8) [1]Der Reinertrag für die Hofflächen und die Nebenbetriebe ermittelt sich aus der Summe der Flächenwerte. [2]Der Flächenwert ist das Produkt aus der jeweils als Hofstelle gesetzlich klassifizierten Eigentumsfläche des Betriebs und dem dreifachen Bewertungsfaktor gemäß Anlage 6.

Inhaltsübersicht **Rz.**

A. Allgemeine Erläuterungen

I. Entstehung und Entwicklung der Vorschrift

Die Vorschrift wurde erstmalig im Jahr 2020 in das LGrStG BW aufgenommen. 1

In der **Gesetzesbegründung** heißt es hierzu: 2

Zu Absatz 1:

Die Vorschrift regelt, dass die Gesamtbewertung eines Betriebs der Land- und Forstwirtschaft zur Vereinfachung des Bewertungsverfahrens nach dessen Gliederung erfolgt. Hierzu sind für jede der land- und forstwirtschaftlichen Nutzungen, Nutzungsteile sowie für die Nutzungsarten die entsprechenden Eigentumsflächen des Betriebs der Land- und Forstwirtschaft mit dem nach § 30 ermittelten standardisierten Reinertrag zu multiplizieren. Der standardisierte Reinertrag ergibt sich aus den jeweiligen Bewertungsfaktoren, die in den Anlagen 1 bis 6 festgelegt sind.

Die Bewertung der wirtschaftlichen Einheit Betrieb der Land- und Forstwirtschaft erfolgt über die dem Eigentümer zuzurechnenden Flächen, unabhängig davon, ob er diese im Rahmen seines aktiv wirtschaftenden Betriebs bewirtschaftet oder ob diese einem anderen aktiv wirtschaftenden Betrieb dienen oder zur Nutzung überlassen sind. Gleiches gilt wegen des nachhaltig erzielbaren Reinertrags für den Fall, dass die Flächen am Bewertungsstichtag nur vorübergehend nicht bewirtschaftet werden oder einer entsprechenden Stilllegungsverpflichtung unterliegen (Ansatz des Sollertrags). Aus diesen Gründen müssen im Rahmen eines Ertragswerts diejenigen Wirtschaftsgüter, die dem Eigentümer des Grund und Bodens nicht gehören, jedoch den Ertrag eines Betriebs beeinflussen, der wirtschaftlichen Einheit zugerechnet werden. Dieses Prinzip entspricht im Wesentlichen dem bisherigen § 34 Absatz 4 BewG, wonach die Wirtschaftsgüter ideell zugerechnet und bewertet werden. Neu ist, dass die einem Eigentümer nicht gehörenden Betriebsmittel sich ausdrücklich auf die jeweiligen land- und forstwirtschaftlichen Eigentumsflächen erstrecken und damit fiktiv abgegolten werden. Folglich kommt es nicht darauf an, ob der Eigentümer die Flächen tatsächlich selbst bewirtschaftet oder diese zur Nutzung überlässt. Eine Unterscheidung zwischen aktiv wirtschaftenden Betrieben, verpachteten Betrieben und Stückländereien kann deshalb im Rahmen des Massenverfahrens entfallen. Dies dient der grundlegenden Vereinfachung und ermöglicht zugleich eine weitgehende und rechtssichere Bewertung der Flächen im vollautomatisierten Verfahren.

Zu Absatz 2:

Die Vorschrift konkretisiert die Ermittlung des standardisierten Reinertrags für die Nutzung von Ackerland und Grünland sowie einer damit verbundenen Tierhaltung nach Maßgabe des § 35. Die Einstufung in Acker- oder Grünland erfolgt nach dem Bodenschätzungsgesetz. Sie ist im amtlichen Liegenschaftskataster zur Berechnung der Ertragsmesszahlen nachzuweisen. Die Ertragsmesszahl ist das Produkt einer Fläche in Ar und der Acker- oder Grünlandzahl (Wertzahlen). Die Bewertungsfaktoren Grundbetrag und Ertragsmesszahl sind deshalb von der im Kataster ausgewiesenen amtlichen Flächengröße abhängig und müssen folgerichtig für jede Fläche gesondert ermittelt werden, die gegebenenfalls um Zuschläge nach § 32 Absatz 1 Nummer 1 und Absatz 2 zu erhöhen ist.

Die summierten Ergebnisse aus der Vervielfältigung der jeweiligen Eigentumsflächen des Betriebs mit deren individuell ermitteltem Reinertrag ergeben den zu kapitalisierenden Reinertrag der landwirtschaftlichen Nutzung. Wirtschaftsgebäude und weitere den Ertragswert steigernde Betriebsmittel werden nach Absatz 8 erfasst.

Zu Absatz 3:

Die Vorschrift konkretisiert die Ermittlung des standardisierten Reinertrags für die Nutzung von forstwirtschaftlichen Flächen (Holzbodenflächen und Nichtholzbodenflächen).

Zur grundlegenden Vereinfachung des Bewertungsverfahrens gegenüber der bisherigen Rechtslage werden nicht mehr betriebsindividuelle Waldzustandsdaten erhoben, sondern es werden für naturräumlich homogen gegliederte Einheiten gegendübliche Verhältnisse normiert, die aus den forstwirtschaftlichen Wuchsgebieten und deren Baumartenanteilen gemäß § 41a Bundeswaldgesetz abgeleitet werden. Abweichend hiervon werden forstwirtschaftliche Flächen in Naturschutzgebieten mit weitgehenden Bewirtschaftungsbeschränkungen als Geringstland bewertet, wenn dies katastermäßig nachgewiesen ist.

Die summierten Ergebnisse aus der Vervielfältigung der jeweiligen Eigentumsflächen des Betriebs mit deren individuell ermitteltem Reinertrag in Abhängigkeit von den gegendüblichen Verhältnissen ergeben den zu kapitalisierenden Reinertrag der forstwirtschaftlichen Nutzung.

Zu Absatz 4:

Die Vorschrift konkretisiert die Ermittlung des standardisierten Reinertrags für die Nutzung von Weinbauflächen (das heißt von vorübergehend nicht bestockten Flächen, noch nicht ertragsfähigen Jungfeldern und im Ertrag stehenden Rebanlagen). Zur grundlegenden Vereinfachung des Bewertungsverfahrens gegenüber der bisherigen Rechtslage wird der Reinertrag für die Verwertungsform Traubenerzeugung gesetzlich normiert.

Die summierten Ergebnisse aus der Vervielfältigung der jeweiligen Eigentumsflächen des Betriebs mit dem ermittelten Reinertrag für die Verwertungsform Traubenerzeugung ergeben den zu kapitalisierenden Reinertrag der weinbaulichen Nutzung. Wirtschaftsgebäude und weitere den Ertragswert steigernde Umstände werden nach Absatz 8 und gegebenenfalls durch Zuschläge nach § 32 Absatz 1 Nummer 3 und Absatz 2 erfasst.

Zu Absatz 5:

Die Vorschrift konkretisiert die Ermittlung des standardisierten Reinertrags für die unterschiedliche Nutzung von Flächen des Gemüse-, des Blumen- und Zierpflanzenbaus, des Obstbaus sowie von Baumschulflächen. Zur grundlegenden Vereinfachung des Bewertungsverfahrens gegenüber der bisherigen Rechtslage wird der Gemüsebau im Wechsel mit landwirtschaftlichen Kulturen wie eine landwirtschaftliche Nutzung bewertet. Die summierten Ergebnisse aus der Vervielfältigung der jeweiligen Eigentumsflächen des Betriebs mit dem hierzu ermittelten Reinertrag eines Nutzungsteils einschließlich einer etwaigen Ertragssteigerung bei der Erzeugung unter Glas und Kunststoffen ergeben den zu kapitalisierenden Reinertrag des gärtnerischen Nutzungsteils. Wirtschaftsgebäude (z. B. Verkaufsräume) und weitere den Ertragswert steigernde Umstände werden nach Absatz 8 und durch Zuschläge nach § 32 Absatz 1 Nummer 2 und Absatz 2 erfasst.

Zu Absatz 6:

Die Vorschrift konkretisiert die Ermittlung des standardisierten Reinertrags für die in § 36 beispielhaft aufgeführten übrigen land- und forstwirtschaftlichen Nutzungen.

Die bisherigen Sonderkulturen Hopfen und Spargel werden wegen des von der landwirtschaftlichen Nutzung abweichenden Ertrags- und Aufwandsgefüges als Sondernutzungen erfasst. Für die sonstigen land- und forstwirtschaftlichen Nutzungen werden für die flächengebundenen Nutzungen wie bisher Reinerträge ausgewiesen.

Die summierten Ergebnisse aus der Vervielfältigung der jeweiligen Eigentumsflächen des Betriebs mit dem hierzu ermittelten Bewertungsfaktor ergeben den Reinertrag der übrigen land- und forstwirtschaftlichen Nutzungen.

Bei nicht flächengebundenen Nutzungen (zum Beispiel der Imkerei, der Wanderschäferei und der Pilzzucht) werden – unabhängig von einer gesetzlichen Klassifizierung als Hofstelle – die gegebenenfalls genutzten Grundflächen nach Absatz 8 und gegebenenfalls vorhandene Wirtschaftsgebäude nach Anlage 5 ermittelt, jedoch bei der jeweiligen Nutzung erfasst.

Zu Absatz 7:

Die Vorschrift bestimmt, dass die gesetzlich klassifizierten Flächen Abbauland, Geringstland und Unland mit einem standardisierten Reinertrag gemäß Anlage 5 zu erfassen sind. Auch wenn den Flächen regelmäßig keine größere Bedeutung zukommt, muss die Erfassung und Bewertung von Abbauland, Geringstland und Unland entsprechend dem Gebot der vollständigen Erfassung der Flächen des Betriebs für Zwecke einer relationsgerechten Besteuerung und aus automationstechnischen Gründen erfolgen.

Zu Absatz 8:

Die Vorschrift regelt die Bewertung der Hofstelle und konkretisiert die Ermittlung des standardisierten Reinertrags.

Nach der bisherigen Rechtslage werden Hausgärten bis zu 10 Ar zur Hof- und Gebäudefläche gerechnet. Ferner wird die gesamte Hof- und Gebäudefläche für Zwecke der Bewertung in eine Nutzung oder bei Vorliegen mehrerer Nutzungen in diese anteilig einbezogen, soweit sie ihr dienen. Zur grundlegenden Vereinfachung des Bewertungsverfahrens gegenüber der bisherigen Rechtslage werden nunmehr die Hof- und Wirtschaftsgebäudeflächen gesondert bewertet.

Der Grund und Boden der Hofstelle wird anhand der zuvor gegenüber dem Grundvermögen abgegrenzten Hoffläche typisierend mit dem höchsten Reinertrag der landwirtschaftlichen Nutzung bewertet (Annahme einer Acker-/Grünlandzahl von 100). Der entsprechende Reinertrag ist in Anlage 6 als Bewertungsfaktor für die Hofflächen ausgewiesen. Damit wird die bisher mittelbar erfolgte Bewertung der Hofstelle dem Grunde nach praxisgerecht fortgeführt und für Zwecke einer vollautomatischen Bewertung nutzbar gemacht. Zugleich wird dadurch gewährleistet, dass Flächenänderungen bei den Nutzungen sich folgerichtig nicht auf die Bewertung der Hofstelle auswirken. Ferner wird der höchste Reinertrag zur Abgeltung ertragswerterhöhender Umstände einer Hofstelle in Relation zu den land- und forstwirtschaftlich nutzbaren Flächen verdreifacht. Damit wird auf eine tatsächliche Erfassung von Wirtschaftsgebäuden in der Masse der Fälle verzichtet.

II. Geltungsbereich

3 Das LGrStG BW gilt für in Baden-Württemberg belegene Grundstücke.

4–5 *(Einstweilen frei)*

B. Systematische Kommentierung

6 Die Vorschrift entspricht inhaltlich § 237 BewG. Auf die Kommentierung von Müller in Grootens, BewG § 237 Rz. 23 ff. wird verwiesen.

7 Im Landesgesetz wird auf Anlagen zu diesem Gesetz verwiesen. Inhaltlich sind die Anlagen des GrStG-BW mit den Anlagen des BewG identisch, wobei

- Anlage 1 des LGrStG BW der Anlage 27 des BewG
- Anlage 2 des LGrStG BW der Anlage 28 des BewG
- Anlage 3 des LGrStG BW der Anlage 29 des BewG
- Anlage 4 des LGrStG BW der Anlage 30 des BewG
- Anlage 5 des LGrStG BW der Anlage 31 des BewG
- Anlage 6 des LGrStG BW der Anlage 32 des BewG

entspricht. Die Anlage 2 (forstwirtschaftliche Nutzung) wurde wegen des eingeschränkten Geltungsbereichs des GrStG-BW auf die sieben Wuchsgebiete Baden-Württembergs gekürzt.

§ 32 LGrStG BW Zuschläge zum Reinertrag

(1) Ein Zuschlag zum Reinertrag einer Nutzung oder Nutzungsart ist vorzunehmen,

1. bei der landwirtschaftlichen Nutzung gemäß Anlage 1, wenn der tatsächliche Tierbestand am maßgeblichen Bewertungsstichtag (§ 29) die in Anlage 1 genannte Grenze nachhaltig überschreitet,

2. bei der gärtnerischen Nutzung gemäß Anlage 4, wenn in einem Nutzungsteil Flächen unter Glas und Kunststoffen dem Betrieb zu dienen bestimmt sind; zu den Flächen unter Glas und Kunststoffen gehören insbesondere mit Gewächshäusern, begehbaren Folientunneln, Foliengewächshäusern und anderen Kulturräumen überbaute Bruttogrundflächen; unerheblich ist, ob die Flächen unter Glas und Kunststoffen neben der Erzeugung auch zur Lagerung oder zum Vertrieb der Erzeugnisse zu dienen bestimmt sind,

3. bei der Nutzungsart Hofstelle gemäß Anlage 6 für die weinbauliche Nutzung und für Nebenbetriebe; der Zuschlag ermittelt sich durch Multiplikation der Bruttogrundflächen der nachhaltig genutzten Wirtschaftsgebäude mit dem Zwölffachen des jeweiligen Bewertungsfaktors; unerheblich ist, ob die Wirtschaftsgebäude neben der Erzeugung auch zur Lagerung oder zum Vertrieb der Erzeugnisse zu dienen bestimmt sind.

(2) [1]Der Reinertrag einer Nutzung oder Nutzungsart ist um einen Zuschlag zu erhöhen, wenn die Eigentumsflächen des Betriebs zugleich der Stromerzeugung aus Windenergie dienen. [2]Der Zuschlag ermittelt sich aus dem Produkt der abgegrenzten Standortfläche der Windenergieanlage und dem Bewertungsfaktor gemäß Anlage 7.

Inhaltsübersicht **Rz.**

A. Allgemeine Erläuterungen

I. Entstehung und Entwicklung der Vorschrift

Die Vorschrift wurde erstmalig im Jahr 2020 in das LGrStG BW aufgenommen. 1

In der **Gesetzesbegründung** heißt es hierzu: 2

Zu Absatz 1:

Zur Abgeltung ertragswerterhöhender Umstände werden

bei verstärkter Tierhaltung auf der Grundlage der selbst bewirtschafteten Flächen der landwirtschaftlichen Nutzung Viehzuschläge erfasst. Mit den Viehzuschlägen werden der erhöhte Tierbestand und die dazu notwendigen Wirtschaftsgebäude abgegolten,

bei den gärtnerischen Nutzungsteilen Zuschläge für die Ertragssteigerung bei Flächen unter Glas und Kunststoffen erfasst. Zur Beibehaltung des Vereinfachungseffekts wird dabei nicht zwischen Gebäuden und Betriebsvorrichtungen sowie zwischen beheizbaren und nicht beheizbaren Flächen unterschieden und der Begriff klargestellt,

bei der weinbaulichen Nutzung und bei Nebenbetrieben nachhaltig genutzte Wirtschaftsgebäude mit einem typisierenden Ertragswert gemäß Anlage 6 erfasst.

Zu Absatz 2:

Für land- und forstwirtschaftliche Flächen, die als Sondergebiet der Windenergieerzeugung dienen, regelt § 27 Absatz 1 die Zuordnung zur Land- und Forstwirtschaft. Folgerichtig sind diese werterhöhenden Umstände, die auch den Ertragswert einer Fläche steigern, bei der Bewertung der Standortfläche zu berücksichtigen. Für das zusätzliche Ertragswertpotenzial des Grund und Bodens ist ein Zuschlag gemäß Anlage 7 zu erfassen.

II. Geltungsbereich

Das LGrStG BW gilt für in Baden-Württemberg belegene Grundstücke. 3

(Einstweilen frei) 4–5

B. Systematische Kommentierung

Die Vorschrift entspricht inhaltlich § 238 BewG. Auf die Kommentierung von Müller in Grootens, BewG § 238 Rz. 14 ff. wird verwiesen. 6

7 Im LGrStG BW wird auf Anlagen zu diesem Gesetz verwiesen. Inhaltlich sind die Anlagen des LGrStG BW mit den Anlagen des BewG identisch.[1]

§ 33 LGrStG BW Grundsteuerwert des Betriebs der Land- und Forstwirtschaft

(1) Die Summe der Reinerträge des Betriebs einschließlich der Zuschläge (§§ 31 und 32) ist zur Ermittlung des Ertragswerts mit dem Faktor 18,6 zu kapitalisieren und ergibt den Grundsteuerwert des Betriebs der Land- und Forstwirtschaft.

(2) [1]Die Summe der Reinerträge einschließlich der Zuschläge (§§ 31 und 32) eines Betriebs der Land- und Forstwirtschaft ist für jede Gemeinde gesondert zu ermitteln, wenn sich die wirtschaftliche Einheit über mehrere Gemeinden erstreckt. [2]Der auf eine Gemeinde entfallende Anteil am Grundsteuerwert berechnet sich aus der jeweils für eine Gemeinde gesondert ermittelten Summe der Reinerträge im Verhältnis zur Gesamtsumme der Reinerträge des Betriebs der Land- und Forstwirtschaft.

Inhaltsübersicht **Rz.**

A. Allgemeine Erläuterungen

I. Entstehung und Entwicklung der Vorschrift

1 Die Vorschrift wurde erstmalig im Jahr 2020 in das LGrStG BW aufgenommen.

2 In der **Gesetzesbegründung** heißt es hierzu:

Zu Absatz 1:

Die Vorschrift fasst die zur Vereinfachung der Bewertung jeweils gesondert ermittelten Reinerträge als Reinertragsanteile zu einem Gesamtwert für den Betrieb der Land- und Forstwirtschaft (Summe der Reinerträge) zusammen.

Die Summe der Reinerträge bildet die Grundlage für die vorgeschriebene Kapitalisierung des Reinertrags mit dem Faktor 18,6 und ergibt den gesondert festzustellenden Grundsteuerwert des Betriebs der Land- und Forstwirtschaft.

Zu Absatz 2:

Bei Betrieben der Land- und Forstwirtschaft, die sich über mehrere Gemeinden erstrecken, ist die gesonderte Ermittlung der Reinerträge die Grundlage für ein vereinfachtes Zerlegungsverfahren. Zur Bestimmung des Zerlegungsmaßstabs wird aufgrund der standardisierten Flächenbewertung jeweils der in einer Gemeinde erzielte Reinertrag in Abhängigkeit von den Nutzungen ermittelt. Dadurch kann der anteilige Grundsteuerwert der jeweiligen Gemeinde im Zerlegungsverfahren zielgenau und folgerichtig zugewiesen werden.

1 Vgl. Schmidt in Grootens, LGrStG BW § 31 Rz. 7.

II. Geltungsbereich

Das LGrStG BW gilt für in Baden-Württemberg belegene Grundstücke. 3

(Einstweilen frei) 4–5

B. Systematische Kommentierung

Die Vorschrift entspricht inhaltlich § 239 BewG. Auf die Kommentierung von Müller in Grootens, BewG § 239 Rz. 17 ff. wird verwiesen. 6

§ 34 LGrStG BW Kleingartenland und Dauerkleingartenland

(1) Als Betrieb der Land- und Forstwirtschaft gelten auch Kleingartenland und Dauerkleingartenland im Sinne des Bundeskleingartengesetzes.

(2) [1]Bei der Ermittlung des Ertragswerts für Kleingartenland- und Dauerkleingartenland ist abweichend von § 31 der Reinertrag für den Nutzungsteil Gemüsebau anzusetzen. [2]Der Reinertrag ergibt sich aus der Summe der Produkte der jeweils gesetzlich klassifizierten Eigentumsfläche und dem Reinertrag für das Freiland gemäß Anlage 4.

(3) [1]Gartenlauben von mehr als 30 Quadratmetern Brutto-Grundfläche gelten als Wirtschaftsgebäude. [2]§ 31 Absatz 8 findet entsprechende Anwendung.

(4) Die Summe der Reinerträge nach den Absätzen 2 und 3 ist zur Ermittlung des Ertragswerts mit dem Faktor 18,6 zu kapitalisieren und ergibt den Grundsteuerwert des Betriebs der Land- und Forstwirtschaft.

Inhaltsübersicht **Rz.**

A. Allgemeine Erläuterungen

I. Entstehung und Entwicklung der Vorschrift

Die Vorschrift wurde erstmalig im Jahr 2020 in das LGrStG BW aufgenommen. 1

In der **Gesetzesbegründung** heißt es hierzu: 2

Nach den bisherigen Verwaltungsregelungen gehören selbständige Kleingärten zur gärtnerischen Nutzung und werden mit einem vereinfacht ermittelten Reinertrag für Gemüsebau bewertet.

Zu Absatz 1:

Die Vorschrift sichert die bisherige Rechtspraxis ab. Sie fingiert, dass Kleingärten und Dauerkleingartenland im Sinne des Bundeskleingartengesetzes als Betriebe der Land- und Forstwirtschaft zu qualifizieren sind.

Zu Absatz 2:

Die Vorschrift regelt, dass Kleingärten und Dauerkleingartenland entsprechend der bisherigen Rechtspraxis in einem vereinfachten Verfahren mit dem Reinertrag für Gemüsebau im Freiland gemäß Anlage 4 bewertet werden.

Zu Absatz 3:

Die Vorschrift fingiert, dass Gartenlauben von mehr als 30 Quadratmetern Brutto-Grundfläche als Wirtschaftsgebäude anzusehen sind und entsprechend § 31 Absatz 8 bewertet werden.

Zu Absatz 4:

Die Vorschrift entspricht § 33 Absatz 1.

II. Geltungsbereich

3 Das LGrStG BW gilt für in Baden-Württemberg belegene Grundstücke.

4–5 *(Einstweilen frei)*

B. Systematische Kommentierung

I. Klein- und Dauerkleingartenland als Betrieb der Land- und Forstwirtschaft (§ 34 Abs. 1 LGrStG BW)

6 Die Vorschrift fingiert, dass Klein- und Dauerkleingartenland als Betriebe der Land- und Forstwirtschaft zu behandeln sind, obwohl die in § 31 LGrStG BW genannten Voraussetzungen für Betriebe der Land- und Forstwirtschaft nicht erfüllt sind.

7 Die Vorschrift entspricht § 240 Abs. 1 BewG.[1]

8–9 *(Einstweilen frei)*

II. Ertragswert des Klein- und Dauerkleingartenlands (§ 34 Abs. 2 LGrStG BW)

10 Der Reinertrag ergibt sich aus der Summe der Produkte der jeweils gesetzlich klassifizierten Eigentumsfläche und dem Reinertrag für das Freiland gem. Anlage 4 zum LGrStG BW. Die Anlage 4 entspricht der Anlage 30 im Bundesgesetz. § 34 Abs. 2 LGrStG BW entspricht § 240 Abs. 2 BewG.[2]

11–12 *(Einstweilen frei)*

---

1 Vgl. Müller in Grootens, BewG § 240 Rz.11–14.

2 Vgl. Müller in Grootens, BewG § 240 Rz. 15–19.

III. Berücksichtigung von Gartenlauben (§ 34 Abs. 3 LGrStG BW)

Die Regelung entspricht § 240 Abs. 3 BewG.[1] 13

(Einstweilen frei) 14–15

IV. Grundsteuerwerte für Klein- und Dauerkleingartenland (§ 34 Abs. 4 LGrStG BW)

Die Regelung entspricht § 240 Abs. 4 BewG.[2] 16

§ 35 LGrStG BW Tierbestände

(1) [1]Tierbestände gehören in vollem Umfang zur landwirtschaftlichen Nutzung, wenn im Wirtschaftsjahr

für die ersten 20 Hektar	nicht mehr als	10	Vieheinheiten,
für die nächsten 10 Hektar	nicht mehr als	7	Vieheinheiten,
für die nächsten 20 Hektar	nicht mehr als	6	Vieheinheiten,
für die nächsten 50 Hektar	nicht mehr als	3	Vieheinheiten,
und für die weitere Fläche	nicht mehr als	1,5	Vieheinheiten

je Hektar der vom Inhaber des Betriebs selbst bewirtschafteten Flächen der landwirtschaftlichen Nutzung erzeugt oder gehalten werden. [2]Zu den selbst bewirtschafteten Flächen gehören die Eigentumsflächen und die zur Nutzung überlassenen Flächen. [3]Die Tierbestände sind nach dem Futterbedarf in Vieheinheiten umzurechnen.

(2) [1]Übersteigt die Anzahl der Vieheinheiten nachhaltig die in Absatz 1 bezeichnete Grenze, so gehören nur die Zweige des Tierbestands zur landwirtschaftlichen Nutzung, deren Vieheinheiten zusammen diese Grenze nicht überschreiten. [2]Zunächst sind mehr flächenabhängige Zweige des Tierbestands und danach weniger flächenabhängige Zweige des Tierbestands zur landwirtschaftlichen Nutzung zu rechnen. [3]Innerhalb jeder dieser Gruppen sind zuerst Zweige des Tierbestands mit der geringeren Anzahl von Vieheinheiten und dann Zweige mit der größeren Anzahl von Vieheinheiten zur landwirtschaftlichen Nutzung zu rechnen. [4]Der Tierbestand des einzelnen Zweiges wird nicht aufgeteilt.

(3) [1]Als Zweig des Tierbestands gilt bei jeder Tierart für sich:

1. **das Zugvieh,**
2. **das Zuchtvieh,**
3. **das Mastvieh,**
4. **das übrige Nutzvieh.**

[2]Das Zuchtvieh einer Tierart gilt nur dann als besonderer Zweig des Tierbestands, wenn die erzeugten Jungtiere überwiegend zum Verkauf bestimmt sind. [3]Ist das nicht der Fall, so ist das Zuchtvieh dem Zweig des Tierbestands zuzurechnen, dem es überwiegend dient.

(4) [1]Die Absätze 1 bis 3 gelten nicht für Pelztiere. [2]Pelztiere gehören nur dann zur landwirtschaftlichen Nutzung, wenn die erforderlichen Futtermittel überwiegend von den vom Inhaber des Betriebs landwirtschaftlich genutzten Flächen gewonnen werden.

(5) Der Umrechnungsschlüssel für Tierbestände in Vieheinheiten sowie die Gruppen der mehr oder weniger flächenabhängigen Zweige des Tierbestands sind den Anlagen 8 und 9 zu entnehmen.

---

1 Vgl. Müller in Grootens, BewG § 240 Rz. 20–22.

2 Vgl. Müller in Grootens, BewG § 240 Rz. 23.

Inhaltsübersicht Rz.

A. Allgemeine Erläuterungen

I. Entstehung und Entwicklung der Vorschrift

1 Die Vorschrift wurde erstmalig im Jahr 2020 in das LGrStG BW aufgenommen.

2 In der **Gesetzesbegründung** heißt es hierzu:

Die besonderen Vorschriften zur Abgrenzung der landwirtschaftlichen Tierhaltung von der gewerblichen Tierhaltung entsprechen den bisherigen bewertungsrechtlichen und ertragsteuerlichen Grundsätzen.

Zu Absatz 1:

Die Vorschrift entspricht dem bisherigen § 51 Absatz 1a BewG.

Zu Absatz 2:

Die Vorschrift übernimmt den Wortlaut des bisherigen § 51 Absatz 2 BewG.

Zu Absatz 3:

Die Vorschrift übernimmt den Wortlaut des bisherigen § 51 Absatz 3 BewG.

Zu Absatz 4:

Die Vorschrift übernimmt den Wortlaut des bisherigen § 51 Absatz 5 BewG.

Zu Absatz 5:

Die Vorschrift entspricht inhaltlich dem bisherigen § 51 Absatz 4 BewG.

II. Geltungsbereich

3 Das LGrStG BW gilt für in Baden-Württemberg belegene Grundstücke.

4–5 *(Einstweilen frei)*

B. Systematische Kommentierung

6 Die Vorschrift entspricht inhaltlich § 241 BewG. Auf die Kommentierung von Müller in Grootens, BewG § 241 Rz. 11 ff. wird verwiesen.

7 Im LGrStG BW wird auf Anlagen zu diesem Gesetz verwiesen.

Inhaltlich sind die Anlagen des LGrStG BW mit den Anlagen des BewG identisch, wobei

Anlage 8 des LGrStG BW der Anlage 34 BewG

Anlage 9 des LGrStG BW der Anlage 35 BewG

entspricht.[1]

1 Vgl. hierzu auch Schmidt in Grootens, LGrStG BW § 31 Rz. 7.

§ 36 LGrStG BW Übrige land- und forstwirtschaftliche Nutzungen

(1) Zu den übrigen land- und forstwirtschaftlichen Nutzungen gehören:

1. Hopfen, Spargel und andere Sonderkulturen,

2. die sonstigen land- und forstwirtschaftlichen Nutzungen.

(2) Zu den sonstigen land- und forstwirtschaftlichen Nutzungen gehören insbesondere:

1. die Binnenfischerei,

2. die Teichwirtschaft,

3. die Fischzucht für Binnenfischerei und Teichwirtschaft,

4. die Imkerei,

5. die Wanderschäferei,

6. die Saatzucht,

7. der Pilzanbau,

8. die Produktion von Nützlingen,

9. die Weihnachtsbaumkulturen,

10. die Kurzumtriebsplantagen.

Inhaltsübersicht **Rz.**

A. Allgemeine Erläuterungen

I. Entstehung und Entwicklung der Vorschrift

Die Vorschrift wurde erstmalig im Jahr 2020 in das LGrStG BW aufgenommen. 1

In der **Gesetzesbegründung** heißt es hierzu: 2

Zu Absatz 1:

Die Vorschrift entspricht § 175 Absatz 1 BewG-aF (Anmerkung der Redaktion, jetzt § 242 Abs. 1 BewG). Sie gliedert die übrigen land- und forstwirtschaftlichen Nutzungen auf und definiert die Sonderkulturen.

Die Vorschrift dient der besseren Abgrenzung von der landwirtschaftlichen Nutzung und ermöglicht eine zielgenauere Ermittlung der Reinerträge, da bei Sonderkulturen sowohl hinsichtlich der Erträge als auch der Aufwendungen besondere Verhältnisse vorliegen. Weil die Bedeutung des Tabakanbaus in Deutschland weiter abnimmt und es sich nicht um eine Dauerkultur handelt, wurde zwecks eindeutiger gesetzlicher Klassifzierung der Flächen der Tabakanbau nicht mehr den Sondernutzungen zugeordnet.

Zu Absatz 2:

Die Vorschrift entspricht dem bisherigen § 62 Absatz 1 BewG-aF (jetzt § 242 Abs. 2 BewG) und ist um weitere Nutzungen erweitert worden.

II. Geltungsbereich

3 Das LGrStG BW gilt für in Baden-Württemberg belegene Grundstücke.

4–5 *(Einstweilen frei)*

B. Systematische Kommentierung

6 Die Vorschrift entspricht inhaltlich § 242 BewG. Auf die Kommentierung von Müller in Grootens, BewG § 242 Rz. 15 ff. wird verwiesen.

2. Abschnitt: Grundvermögen

§ 37 LGrStG BW Grundstück

(1) [1]Wirtschaftliche Einheit des Grundvermögens ist das Grundstück im Sinne dieses Abschnitts. [2]Hierzu gehört der ganze oder anteilige Grund und Boden, soweit es sich hierbei nicht um land- und forstwirtschaftliches Vermögen handelt. [3]Bodenschätze sind nicht einzubeziehen.

(2) [1]Ein Anteil des Eigentümers eines Grundstücks an anderem Grundvermögen ist in die wirtschaftliche Einheit Grundstück einzubeziehen, wenn der Anteil zusammen mit dem Grundstück genutzt wird. [2]Das gilt nicht, wenn das gemeinschaftliche Grundvermögen nach den Anschauungen des Verkehrs als selbständige wirtschaftliche Einheit anzusehen ist.

Inhaltsübersicht **Rz.**

A. Allgemeine Erläuterungen

I. Entstehung und Entwicklung der Vorschrift

1 Die Vorschrift wurde erstmalig im Jahr 2020 in das LGrStG BW aufgenommen. (Verkündet als Artikel 1 des Gesetzes zur Regelung einer Landesgrundsteuer vom 4.11.2020, GBl S. 974)

In der Gesetzesbegründung (Drucks. 16/8907) für das Landesgesetz heißt es: 2

Zu Absatz 1:

Die Definition der wirtschaftlichen Einheit des Grundvermögens in Absatz 1 entspricht derjenigen im bisherigen § 70 BewG. Danach bildet jede wirtschaftliche Einheit (§ 25) des Grundvermögens ein Grundstück im Sinne des zweiten Abschnitts.

Zu Absatz 2:

Entsprechend der Grundbesitzbewertung für Zwecke der Erbschaft- und Schenkungsteuer (§ 157 BewG) ist ein Anteil des Eigentümers eines Grundstücks an anderem Grundvermögen in die wirtschaftliche Einheit einzubeziehen, wenn der Eigentümer seinen Anteil zusammen mit seinem Grundstück nutzt. Diese Vorschrift ermöglicht es, mehrere Grundstücksteile auch dann zu einer wirtschaftlichen Einheit zusammenzufassen, wenn sie unterschiedlichen Eigentümern gehören.

Ein Anwendungsfall ist beispielsweise ein Garagengrundstück, das einer Vielzahl von Eigentümern gehört, und von einzelnen Eigentümern gemeinsam mit ihren in räumlicher Nähe liegenden Reihenhäusern genutzt wird. Der Anteil des Eigentümers an dem Garagengrundstück zusammen mit seinem Reihenhaus bilden in diesem Fall eine wirtschaftliche Einheit. Hierbei ist anders als bei der Einheitsbewertung nicht erforderlich, dass alle Miteigentümer des Garagengrundstücks ihren Anteil jeweils zusammen mit einem Reihenhaus nutzen.

(Einstweilen frei) 3–4

II. Geltungsbereich

Das LGrStG BW gilt für in Baden-Württemberg belegene Grundstücke. 5

(Einstweilen frei) 6

B. Systematische Kommentierung

I. Wirtschaftliche Einheit (§ 37 Abs. 1 Satz 1 LGrStG BW)

Satz 1 entspricht inhaltlich § 244 Abs. 1 BewG. Auf die Kommentierung von Bock in Grootens, BewG § 244 Rz. 18–39 wird verwiesen. 7

(Einstweilen frei) 8–9

II. Abgrenzung der Wirtschaftlichen Einheit (§ 37 Abs. 1 Satz 2 LGrStG BW)

Satz 2 entspricht inhaltlich § 243 Abs. 1 Nr. 1 BewG.[1] 10

In § 37 Abs. 1 Satz 2 LGrStG BW wird im Unterschied zu § 243 Abs. 1 Nr. 1 BewG für den **Begriff des Grundvermögens** nur auf den **Grund und Boden** abgehoben, da Gebäude, sonstige Bestandteile und das Zubehör für die Bewertung unbeachtlich sind. Andererseits soll nach § 25 LGrStG BW bei der Bestimmung der wirtschaftlichen Einheit die Bebauung eine Rolle spielen.[2] § 37 Abs. 1 Satz 2 LGrStG BW verzichtet im Unterschied zu § 243 Abs. 1 Nr. 2–4 BewG auf die enumerative Aufzählung von Vermögensgegenständen, die ebenfalls unter das Grundvermögen fallen. Da § 37 LGrStG BW keine Bewertungsvorschrift ist, sondern nur den Umfang 11

1 Vgl. hierzu Bock in Grootens, BewG § 243 Rz. 23–26.

2 Vgl Schmidt in Grootens, LGrStG BW § 25 Rz. 12 f.

des Grundvermögens aufzeigen soll, wäre die Aufführung dieser Vermögensgegenstände ohne weiteres möglich gewesen, ohne dass dies Konsequenzen für die Bewertung dieser Vermögensgegenstände nach sich gezogen hätte. Aus dem Weglassen dieser enumerativen Aufzählung ergeben sich aber keine Auswirkungen auf den Umfang und den Begriff des Grundvermögens, der nach dem LGrStG BW demjenigen des BewG entspricht.[1]

12–13 *(Einstweilen frei)*

III. Keine Einbeziehung von Bodenschätzen (§ 37 Abs. 1 Satz 3 LGrStG BW)

14 Wie in § 243 Abs. 2 Nr. 1 BewG wird in § 37 Abs. 1 Satz 3 LGrStG BW klargestellt, dass **Bodenschätze** nicht zum Grundvermögen gehören.[2] In § 243 Abs. 2 Nr. 2 BewG wird auch noch ausgeführt, dass **Betriebsvorrichtungen** nicht zum Grundvermögen gehören. Das LGrStG BW kann auf diese Abgrenzung verzichten, da Gebäude bei der Bewertung unbeachtlich sind und es daher **keine Abgrenzungsfragen** zwischen Gebäuden und Betriebsvorrichtungen gibt.

15–16 *(Einstweilen frei)*

IV. Einbeziehen von Anteilen an anderen Grundstücken in die wirtschaftliche Einheit (§ 37 Abs. 2 LGrStG BW)

17 Die Vorschrift entspricht inhaltlich § 244 Abs. 2 BewG. Auf die Kommentierung von Bock in Grootens, BewG § 244 Rz. 40–46 wird verwiesen.

§ 38 LGrStG BW Bewertung von Grundstücken

(1) [1]Der Grundsteuerwert der Grundstücke ermittelt sich durch Multiplikation ihrer Fläche des Grund und Bodens mit dem jeweiligen Bodenrichtwert gemäß § 196 des Baugesetzbuchs (BauGB). [2]Maßgebend ist der Bodenrichtwert des Richtwertgrundstücks in der Bodenrichtwertzone, in der sich das zu bewertende Grundstück befindet.

(2) [1]Die Bodenrichtwerte sind von den Gutachterausschüssen im Sinne des ersten Teils des dritten Kapitels des Baugesetzbuches (§§ 192 ff. BauGB) auf den Hauptfeststellungszeitpunkt zu ermitteln, zu veröffentlichen und nach amtlich vorgeschriebenem Datensatz durch Datenfernübertragung an die zuständigen Finanzbehörden bis spätestens zum 30. Juni des Jahres in dem die Hauptfeststellung stattfindet zu übermitteln. [2]Die nach Satz 1 an die Finanzbehörden zu übermittelnden Daten können auch an eine nach Satz 3 zu bestimmende Stelle zur Weiterleitung an die Finanzbehörden übermittelt werden. [3]Das Ministerium für Finanzen wird ermächtigt, im Einvernehmen mit der zuständigen obersten Landesbehörde diese Stelle zu bestimmen, zu beauftragen und soweit erforderlich zu beleihen.

(3) Wird von den Gutachterausschüssen im Sinne des ersten Teils des dritten Kapitels des Baugesetzbuches (§§ 192 ff. BauGB) kein Bodenrichtwert ermittelt, ist der Wert des Grundstücks aus den Werten vergleichbarer Flächen abzuleiten.

(4) [1]Ein anderer Wert des Grundstücks kann auf Antrag angesetzt werden, wenn der durch ein qualifiziertes Gutachten nachgewiesene tatsächliche Wert des Grund und Bodens zum Zeitpunkt der Hauptfeststellung mehr als 30 Prozent von dem Wert nach Absatz 1 oder 3 abweicht. [2]Qualifiziert ist ein Gutachten, wenn dieses durch den zuständigen Gutachterausschuss im Sinne der §§ 192 ff. des Baugesetzbuchs oder von Personen, die von einer staatlichen, staatlich anerkannten oder nach DIN EN ISO/IEC 17024 akkredi-

1 Vgl. Schmidt in Grootens, LGrStG BW § 25 Rz. 12 f.

2 Vgl. Bock in Grootens, BewG § 243 Rz. 85–88.

tierten Stelle als Sachverständige oder Gutachter für die Wertermittlung von Grund und Boden bestellt oder zertifiziert worden sind, erstellt worden ist.

Inhaltsübersicht **Rz.**

VERWALTUNGSANWEISUNGEN:

FinMin Baden-Württemberg, Erlass v. 5.7.2022 - FM3-S 3000-1/30.

A. Allgemeine Erläuterungen

I. Normzweck und wirtschaftliche Bedeutung der Vorschrift

§ 38 LGrStG BW regelt die **Bewertung der wirtschaftlichen Einheiten des Grundvermögens.** Aus dem Gesichtspunkt der Praktikabilität der Bewertung im Massenverfahren erfolgt keine Differenzierung der Grundstücke nach unbebauten und bebauten Grundstücken oder der Art der Bebauung. 1

Der **Grundsteuerwert** ergibt sich aus der **Multiplikation der Fläche mit dem Bodenrichtwert. Abweichungen** des zu bewertenden Grundstücks von den Merkmalen des Richtwertgrundstücks bleiben aus den geschilderten Praktikabilitätserwägungen im Bewertungsverfahren zunächst **unberücksichtigt**. Ziel der Regelung ist ein leicht administrierbares Bewertungsverfahren, das im Idealfall automatisiert erfolgen kann und bei der zweiten Hauptfeststellung auf den 1.1.2029 auch automatisiert erfolgen soll. 2

3 Nach § 38 Abs. 2 LGrStG BW haben die **Gutachterausschüsse** die Bodenrichtwerte auf den Hauptfeststellungszeitpunkt zu ermitteln, zu veröffentlichen und nach amtlich vorgeschriebenem Datensatz durch Datenfernübertragung an die Finanzbehörden bzw. an die von diesen benannte Stelle zu übermitteln. Durch die elektronische Übermittlung soll für Hauptfeststellungszeitpunkte nach dem 1.1.2022 eine automatisierte Festsetzung der Grundsteuerwerte ermöglicht werden. Für die Hauptfeststellung auf den 1.1.2022 haben die Steuerpflichtigen noch die Bodenrichtwerte zu erklären. § 38 Abs. 2 LGrStG BW entspricht § 247 Abs. 2 BewG.[1]

4 Sollte von den Gutachterausschüssen **kein Bodenrichtwert** ermittelt werden, hat die Finanzverwaltung nach § 38 Abs. 3 LGrStG BW einen Bodenwert aus den Werten vergleichbarer Flächenabzuleiten. Die Regelung hat Bedeutung für die Fälle des § 15 Abs. 2 ImmoWertV (Grünflächen, Waldflächen, Wasserflächen, Verkehrsflächen und Gemeinbedarfsflächen). Durch diese Regelung wird die flächendeckende Bewertung sämtlicher Grundstücke ermöglicht und Ungerechtigkeiten durch den Ansatz von unzutreffenden Bodenrichtwerten für diese Grundstücke vermieden. § 38 Abs. 3 LGrStG BW entspricht inhaltlich § 247 Abs. 3 BewG.[2]

5 Einer der verfassungsrechtlichen Schwachpunkte des LGrStG BW war, dass **vom Richtwertgrundstück abweichende Grundstückswerte** unberücksichtigt bleiben sollten. Durch das ÄndGLGrStG wurde § 38 um einen Abs. 4 ergänzt. Sofern der Wert eines Grundstücks um **mehr als 30 % vom Richtwertgrundstück abweicht**, ist auf Antrag des Steuerpflichtigen der durch ein Gutachten nachgewiesene niedrigere Wert anzusetzen. Abzuheben ist hierbei auf den Wert des (fiktiv) unbebauten Grundstücks, wobei es hier allein auf den Wert des Grund und Bodens ankommt, gebäudespezifische Anpassungsfaktoren sind nicht zu berücksichtigen. Der Gutachter muss gewisse fachliche Voraussetzungen erfüllen, damit das Gutachten anerkannt werden kann. Die Kosten des Gutachtens trägt der Steuerpflichtige. Häufig werden in diesen Fällen aber die Kosten des Gutachtens höher als die dadurch ersparte Grundsteuer sein.

6 *(Einstweilen frei)*

II. Entstehung und Entwicklung der Vorschrift

7 Die Vorschrift wurde erstmalig im Jahr 2020 in das LGrStG BW aufgenommen. (Verkündet als Art. 1 des Gesetzes zur Regelung einer Landesgrundsteuer v. 4.11.2020, GBl S. 974).

In der **Gesetzesbegründung (Drucks. 16/8907)** heißt es hierzu:

Zu Absatz 1:

Bei der Bewertung des Grundvermögens für Zwecke der Grundsteuer wird bei Grundstücken der Grundsteuerwert aus dem Produkt der Grundstücksfläche und dem Bodenrichtwert ermittelt.

Der Bodenrichtwert ist der durchschnittliche Lagewert des Bodens für eine Mehrheit von Grundstücken innerhalb eines abgegrenzten Gebiets (Bodenrichtwertzone), die nach ihren Grundstücksmerkmalen weitgehend übereinstimmen und für die im Wesentlichen gleiche allgemeine Wertverhältnisse vorliegen. In bebauten Gebieten sind die Bodenrichtwerte mit dem Wert zu ermitteln, der sich ergeben würde, wenn der Boden unbebaut wäre (§ 196 Absatz 1 Satz 2 BauGB).

Die Heranziehung von Bodenrichtwerten hat sich sowohl im Rahmen der Grundbesitzbewertung für Zwecke der Erbschaft- und Schenkungsteuer sowie der Grunderwerbsteuer als auch anlässlich

1 Vgl. Bock in Grootens, BewG, § 247 Rz. 86 ff.
2 Vgl. Bock in Grootens, BewG, § 247 Rz. 116 ff.

ertragsteuerrechtlicher Wertermittlungsanlässe, wie zum Beispiel der Kaufpreisaufteilung, in langjähriger Praxis bewährt. Bei der Wertermittlungsmethode für Grundstücke unter Heranziehung der Bodenrichtwerte handelt es sich um eine verfassungsrechtlich unbedenkliche typisierende Bewertungsmethode in einem neuen System.

Die von den Gutachterausschüssen zu bildenden Bodenrichtwertzonen im Sinne des §196 Absatz 1 Satz 3 BauGB sind so abzugrenzen, dass lagebedingte Wertunterschiede zwischen der Mehrzahl der Grundstücke und dem Bodenrichtwertgrundstück nicht mehr als +/- 30 % betragen.

Nach ständiger höchstrichterlicher Rechtsprechung sind die von den Gutachterausschüssen ermittelten und den Finanzämtern mitzuteilenden Bodenrichtwerte für die Beteiligten im Steuerrechtsverhältnis verbindlich. Dem Gesetzgeber steht es frei, bestimmte Bewertungsparameter typisierend festzulegen und deren Rechtsverbindlichkeit bei der Bewertung von Grundbesitz anzuordnen, solange die Grenzen der Typisierung eingehalten sind. Die Ermittlung von Bodenrichtwerten wurde explizit einer außerhalb der Finanzverwaltung stehenden Stelle, den Gutachterausschüssen, aufgegeben, da diesen aufgrund ihrer besonderen Sach- und Fachkenntnis und ihrer größeren Ortsnähe sowie der von Beurteilungs- und Ermessenserwägungen abhängigen Wertfindung eine vorgreifliche Kompetenz bei der Feststellung von Bodenrichtwerten zukommt (

vergleiche ständige höchstrichterliche Rechtsprechung BFH, Urteil v. 26.4.2006 - II R 58/04, BFHE 213 S. 207, BStBl II S. 793; v. 12.7.2006 - II R 1/04, BFHE 213, 387, BStBl II S. 742; BFH, Urteil v. 25.8.2010 - II R 42/09, BFHE 230 S. 570, BStBl II 2011 S. 205).

Maßgebend für die Bewertung ist der Bodenrichtwert des Richtwertgrundstücks. Mit diesem Ansatz wird eine für den typischen Fall sachgerechte und vor allem leicht administrierbare Bewertung sichergestellt. Individuelle Wertanpassungen erfolgen daher nicht.

Zu Absatz 2:

Bodenrichtwerte sind von den Gutachterausschüssen für Grundstückswerte mindestens zum 31. Dezember eines jeden zweiten Kalenderjahres flächendeckend zu ermitteln (§196 Absatz 1 BauGB). Für Zwecke der steuerlichen Bewertung des Grundbesitzes sind Bodenrichtwerte nach ergänzenden Vorgaben der Finanzverwaltung zum jeweiligen Hauptfeststellungszeitpunkt oder sonstigen Feststellungszeitpunkt zu ermitteln (§ 196 Absatz 1 Satz 6 BauGB).

Die Etablierung einer elektronischen Übermittlung der Bodenrichtwerte von den Gutachterausschüssen an die Finanzbehörden nach amtlich vorgeschriebenem Datensatz, wie es von Absatz 2 vorgegeben wird, ist Voraussetzung für ein vollautomationsgestütztes Bewertungsverfahren.

Unabhängig davon ist es grundsätzlich angezeigt, dass die Bürgerinnen und Bürgern die Möglichkeit erhalten, die für die Bewertung wichtigen Bodenrichtwerte bequem und einfach von einer landesweit einheitlichen und leicht verständlichen Plattform wie BORIS-BW abrufen zu können. Eine gute Datenstruktur, die auch eine entsprechende Qualität der Steuererklärung gewährleistet, bildet den Grundstein für ein möglichst vollautomatisiertes, modernes Bewertungsverfahren.

Zu Absatz 3:

Die Befugnis zur Ableitung des Werts des Grundstücks aus den Werten vergleichbarer Flächen, wenn die Gutachterausschüsse in Ausnahmefällen keine Bodenrichtwerte ermittelt haben, stellt – wie in § 179 Satz 4 BewG – eine vollständige Bewertung aller wirtschaftlichen Einheiten sicher.

8 Durch das Gesetz zur Änderung des Landesgrundsteuergesetzes und zur Einführung eines gesonderten Hebesatzrechts zur Mobilisierung von Bauland (ÄndGLGrStG)[1] ergaben sich insbesondere durch die Einfügung des 4. Abs. wesentliche Änderungen. In der Gesetzesbegründung heißt es hierzu:

§ 38 Absatz 2 Satz 1

Klarstellend wird im Landesgrundsteuergesetz das Datum genannt, bis wann spätestens die Bodenrichtwerte für den Hauptfeststellungszeitpunkt vorliegen müssen. Es entspricht zeitlich der bisherigen Frist zur Veröffentlichung der Bodenrichtwerte von sechs Monaten nach § 12 der Verordnung der Landesregierung über die Gutachterausschüsse, Kaufpreissammlungen und Bodenrichtwerte nach dem Baugesetzbuch (Gutachterausschussverordnung – GuAVO).

Zu Buchstabe b

§ 38 Absatz 2

Durch die Ergänzung des Absatzes 2 soll die Grundlage für ein effizientes Verwaltungsverfahren zur digitalen Übertragung der Bodenrichtwerte geschaffen werden. Zudem wird dadurch eine hinreichende Qualität der Daten gewährleistet. Satz 3 regelt das Verfahren zur Bestimmung der alternativen Stelle zur Entgegennahme der Bodenrichtwerte.

Zu Buchstabe c

§ 38 Absatz 4

§ 38 des Landesgrundsteuergesetzes sieht aktuell bei der Bewertung für das Grundvermögen vor, dass ausschließlich der Bodenrichtwert des Richtwertgrundstücks der Zone, in der das zu bewertende Grundstück liegt, und die Grundstücksgröße für die Bewertung maßgeblich sind. Im Grundsatz gilt, dass der Wert des Grund und Bodens nicht durch individuelle Leistung der Grundstückseigentümer, sondern durch die Leistungen der Allgemeinheit geschaffen wird. Diesem Ansatz folgt das Landesgrundsteuergesetz und orientiert sich dabei grundsätzlich an dem Bodenrichtwert gemäß § 38. Dieser Bodenrichtwert gibt dabei typisierend wieder, wie hoch der durch den Grund und Boden vermittelte potenzielle wirtschaftliche Nutzen der Leistungen und Ressourcenverwendungen der Kommunen ist, die nicht oder nur teilweise durch Gebühren und Beiträge finanziert werden. Hierzu zählen neben der Zurverfügungstellung etwa der kommunalen Infrastruktur, der Grünanlagen, der Spielplätze, vor allem auch die allgemeine Daseinsvorsorge. Die dadurch dargestellte sogenannte Nutzenäquivalenz ist einer der zwei Belastungsgründe des Landesgrundsteuergesetzes. Dabei gilt, dass mit der Höhe der Nutzenäquivalenz auch eine Erhöhung des Wertes des Grund und Bodens einhergeht. Dadurch wird zugleich eine Verbindung zu dem tatsächlichen Wert geschaffen. Durch den Bezug auf den konkreten Wert des Grund und Bodens wird folglich die durch den Grund und Boden vermittelte Leistungsfähigkeit berücksichtigt und damit dem zweiten Belastungsgrund Rechnung getragen. Teurer Grund und Boden wird höher belastet als günstigerer.

Der Bezug auf die Bodenrichtwertzone ist dabei essentiell, um die Administrierbarkeit der Grundsteuer in einem Masseverfahren überhaupt herzustellen. Eine individuelle Verkehrswertermittlung des Grund und Bodens für über 4,5 Millionen wirtschaftliche Einheiten des Grundvermögens ist trotz hohem Digitalisierungsgrad in dem vorgegebenen Zeitfenster nicht möglich.

1 GBl S. 1029

Aus diesem Grund sieht § 38 des Landesgrundsteuergesetzes bisher vor, dass allein der Bodenrichtwert der Richtwertzone für die Grundstücke innerhalb dieser Zone relevant ist und keine Anpassungsfaktoren berücksichtigt werden. Diese Typisierung ist im Massenverfahren der Grundsteuer angezeigt und notwendig, um die Administrierbarkeit der Grundsteuer überhaupt zu gewährleisten. Andernfalls wären die rechtzeitige Umsetzung und damit die wichtigen, konjunkturunabhängigen Einnahmequellen der Kommunen gefährdet.

Durch die zulässige Typisierung hätten nach alter Rechtslage die lagebedingten Wertunterschiede innerhalb der Bodenrichtwertzone gemäß der Immobilienwertermittlungsverordnung 2019 für die Mehrheit der Grundstücke nicht mehr als plus/minus 30 % betragen dürfen. Für Extremfälle hätte es bisher schon im Wege der Billigkeitsmaßnahmen nach der Abgabenordnung und aufgrund der Rechtsprechung des Bundesfinanzhofs zur Wertermittlung Möglichkeiten der Berücksichtigung eines niedrigeren Werts gegeben.

Durch die kürzlich vorgenommene Änderung der für die Bodenrichtwertzonen bedeutenden Immobilienwertermittlungsverordnung (in der Fassung vom 14.7.2021, BGBl I S. 2805) – diese regelt die Ermittlung der Bodenrichtwerte – wurden die Bewertungskriterien weiter verschärft, sodass die zuvor genannte Spanne von plus/minus 30 % nicht mehr nur für eine Mehrheit der Grundstücke eingehalten werden muss, sondern grundsätzlich. Durch diese Anpassung werden die zukünftigen Bodenrichtwertzonen homogener und es wird innerhalb der Bodenrichtwertzone – wenn überhaupt – nur noch wenige Einzelfälle geben, die außerhalb dieser Spanne liegen.

Aufgrund dessen erscheint es sinnvoll, die zuvor genannten Einzelfälle bereits auf Bewertungsebene zu berücksichtigen und hierfür eine eingeschränkte Nachweismöglichkeit anzubieten: Für die außerhalb der Spanne liegenden Fälle kann damit ein abweichender Wert angesetzt werden. Im Rahmen dieser Lösung ist auch die Administrierbarkeit im Masseverfahren noch gewährleistet.

Im Übrigen bleibt es aber im Sinne des verwaltungsökonomischen Handelns geboten, die im Rahmen der Typisierung möglichen Spanne der Immobilienwertermittlungsverordnung weiterhin zu berücksichtigen. Für Grundstücke innerhalb dieser Wertspanne ist daher keine Nachweismöglichkeit erforderlich. Dies ist aufgrund der verhältnismäßig geringen Abweichung bei den Grundstücken innerhalb der Spanne auch nicht angezeigt.

Durch eine so ausgestaltete Nachweismöglichkeit wird beiden Belastungsgründen zutreffend entsprochen, ohne die Administrierbarkeit zu gefährden: Liegt ein Grundstückswert ausnahmsweise außerhalb der Spanne der Immobilienwertermittlungsverordnung, so ist der wirtschaftliche Nutzen des Grundstücks durch die kommunalen Leistungen erheblich geringer, als bei den übrigen Grundstücken der Bodenrichtwertzone. Gleichzeitig ist die durch das Grundstück vermittelte Leistungsfähigkeit entsprechend gemindert. Die von der Nachweismöglichkeit erfassten Fälle dürften insgesamt eher selten sein.

Zur Neuregelung im Einzelnen: Der neue Absatz 4 greift die Grenze der lagebedingten Wertunterschiede aus der Immobilienwertermittlungsverordnung auf und ermöglicht eine abweichende Wertfeststellung erst ab einer Überschreitung der 30-Prozent-Grenze. Bezugsgröße hierfür ist der typische, nach Absatz 1 oder 3 ermittelte Wert für das (fiktiv) unbebaute Grundstück und damit den Grund und Boden im Sinne des Landesgrundsteuergesetzes zum Zeitpunkt der jeweiligen Hauptfeststellung. Entscheidend ist dabei allein der Wert des Grund und Bodens. Gebäudespezifische Anpassungsfaktoren sind nicht zu berücksichtigen. Die Berücksichtigung eines anderen Wertes kann dabei grundsätzlich nur erfolgen, wenn dies im Wege eines Antragsverfahrens mit Hilfe eines Gutachtens geltend gemacht wird. An das Gutachten werden gewisse Voraussetzun-

gen geknüpft, die sich aus Satz 2 ergeben und in einem entsprechenden Antragsverfahren leicht überprüft werden können. Durch die Beschränkung auf diese qualifizierten Gutachten wird sichergestellt, dass eine hinreichende Qualität gegeben ist.

Demnach können Steuerpflichtige den Nachweis des tatsächlichen Wertes durch ein Gutachten des zuständigen Gutachterausschusses oder eines Sachverständigen, der über besondere Kenntnisse und Erfahrungen auf dem Gebiet der Bewertung von Grund und Boden verfügt, erbringen. An den letzteren Personenkreis sind besondere Qualitätsanforderungen zu stellen, die Satz 2 entsprechend normiert und aus der Bedarfsbewertung bekannt sind. Die Kosten für das Gutachten sind von demjenigen zu tragen, der einen abweichenden Wert zu dem sich aus Absatz 1 ergebenden nachweisen möchte. Der durch das Gutachten ermittelte Wert kann grundsätzlich für die weitere Bearbeitung angesetzt werden.

9 *(Einstweilen frei)*

III. Geltungsbereich

10 Das LGrStG BW gilt für in Baden-Württemberg belegene Grundstücke.

11 *(Einstweilen frei)*

IV. Verhältnis zu anderen Vorschriften

12 Aus dem nach § 38 LGrStG BW ermittelten **Grundsteuerwert** wird durch Multiplikation mit der Steuermesszahl der **Steuermessbetrag** ermittelt (§ 39 LGrStG BW), aus dem sich dann durch Multiplikation mit dem **Hebesatz der Gemeinde** (vgl. § 50 LGrStG BW) die Grundsteuer ergibt.

13 Die Aufgaben, Zusammensetzung und organisatorische Verfassung der Gutachterausschüsse ergeben sich aus § 192 BauGB. Die Grundsätze für die Ermittlung des Bodenrichtwerts durch die Gutachterausschüsse sind in § 196 BauGB geregelt. Eine Präzisierung erhält das BauGB durch § 10 ImmoWertV und der hierzu ergangenen Richtlinie zur Ermittlung von Bodenrichtwerten (BRW-RL).[1] Soll ein gegenüber dem Richtwertgrundstück niedrigerer Bodenwert nachgewiesen werden, ist das hierfür erforderliche Gutachten durch den zuständigen Gutachterausschuss (§§ 192 f. BauGB) oder von Personen, die von einer staatlichen, staatlich anerkannten oder nach DIN EN ISO/IEC 17024 akkreditierten Stelle als Sachverständige oder Gutachter für die Wertermittlung von Grund und Boden bestellt oder zertifiziert worden sind, zu erstellen.

14–15 *(Einstweilen frei)*

B. Systematische Kommentierung

I. Allgemeines zur Bewertung nach dem LGrStG BW

16 Kernpunkt des LGrStG BW ist die vom Bundesgesetz abweichende **Bewertung des Grundvermögens.** Die Bewertung des Grundvermögens erfolgt mit dem **„Bodenwert"**. Der Bodenwert ergibt sich aus der Multiplikation der Fläche des zu bewertenden Grundstücks mit dem Bodenrichtwert der entsprechenden Bodenrichtwertzone. Eine Differenzierung nach verschiedenen Grundstücksarten i. S. des § 249 BewG innerhalb des Grundvermögens erfolgt bei der Bewer-

1 BAnz 2011 S. 597.

tung nicht. Die Bebauung bzw. die Art der Bebauung des Grundstücks spielt für die Bewertung damit keine Rolle, unbebaute und bebaute Grundstücke werden gleich bewertet.

Wesentliches Problem der bisherigen Einheitsbewertung war die mangelhafte **Administrierbarkeit** einer Neubewertung aufgrund der Komplexität der Wertermittlung. Durch die deutlich vereinfachte Struktur des Wertermittlungsverfahrens erscheint die alle sieben Jahre zu erfolgende Neubewertung besser handhabbar, dafür werden Unschärfen bei der Bewertung bewusst in Kauf genommen. 17

Auch wenn es bei der Bewertung der Grundstücke keine Differenzierungen nach den verschiedenen Grundstücksarten gibt, so sollen doch bestimmte Grundstücke (z. B. Wohngrundstücke) und Rechtsträger begünstigt werden. Diese **Begünstigungen** erfolgen nicht über die Bewertung, sondern auf der **Ebene der Grundsteuermesszahlen.**[1] 18

(Einstweilen frei) 19–20

II. Ermittlung des Bodenwerts aus Fläche und Bodenrichtwert (§ 38 Abs. 1 Satz 1 LGrStG BW)

Nach § 38 Abs. 1 Satz 1 LGrStG BW ermittelt sich der **Grundsteuerwert** durch die Multiplikation der Fläche des Grund und Bodens mit dem jeweiligen Bodenrichtwert. Der Wortlaut des § 38 Abs. 1 Satz 1 LGrStG BW entspricht dem Wortlaut von § 247 Abs. 1 Satz 1 BewG – bis auf das Wort „regelmäßig" im Wortlaut von § 247 Abs. 1 Satz 1 BewG. Dieses eine Wort ist aber entscheidend. „Regelmäßig" bedeutet, dass es von der Regelung auch Ausnahmen gibt. Diese Ausnahmen kommen im Bundesgesetz zum Tragen, wenn das zu bewertende Grundstück vom Richtwertgrundstück abweichende wertbeeinflussende Merkmale aufweist. Auch wenn das LGrStG BW auf das Wort „regelmäßig" verzichtet, können unter den Voraussetzungen des Abs. 4 niedrigere Grundsteuerwerte durch die Steuerpflichtigen nachgewiesen werden, vgl. → Rz. 35–45. 21

(Einstweilen frei) 22–23

Die **Fläche des Grundstücks** kann aus dem Grundbuch oder BORIS-BW (gutachterausschuessebw.de) entnommen werden. Zur anzusetzenden Fläche siehe auch Bock in Grootens, BewG § 247 Rz. 46–48. 24

(Einstweilen frei) 25–26

III. Bodenwert des Richtwertgrundstücks als maßgeblicher Bodenrichtwert (§ 38 Abs. 1 Satz 2 LGrStG BW)

Der Bodenrichtwert ist ein aus Kaufpreisen ermittelter durchschnittlicher Wert für ein Gebiet mit im Wesentlichen gleichen Nutzungs- und Wertverhältnissen (Bodenrichtwertzone) und ist auf ein Grundstück bezogen, dessen Eigenschaften für dieses Gebiet typisch sind (Richtwertgrundstück). Die Bodenrichtwertzonen sind so abzugrenzen, dass lagebedingte Wertunterschiede zwischen den Grundstücken und dem Richtwertgrundstück grundsätzlich nicht mehr als +/- 30 % betragen (§ 15 Abs. 1 ImmoWertV). Die **Grundstücke innerhalb einer Richtwertzone** stimmen nach ihren Grundstücksmerkmalen weitgehend überein und weisen im Wesentlichen gleiche allgemeine Wertverhältnisse auf. Bestehen in einer Richtwertzone ganz un- 27

1 Vgl. Schmidt in Grootens, LGrStG BW, § 40 Rz. 37 ff.

terschiedliche Bebauungen (z. B. Geschosswohnungsbau und Einfamilienhäuser oder Gewerbeobjekte) können sich bei diesen Sachverhalten nach § 15 Abs. 3 ImmoWertV mehrere Bodenrichtwertzonen deckungsgleich überlagern **(überlagernde Bodenrichtwertzonen)**.[1] Nach den Vorgaben der ImmoWertV muss auch in diesen Fällen eine eindeutige Zuordnung der Grundstücke zu einem Bodenrichtwertgrundstück möglich sein. In einer Bodenrichtwertzone können auch einzelne Grundstücke liegen, die eine vom Bodenrichtwertgrundstück abweichende Art der Nutzung haben, z. B. Grünflächen, Waldflächen, Wasserflächen, Verkehrsflächen und Gemeinbedarfsflächen. Nach § 15 Abs. 2 ImmoWertV gilt dann der für die Richtwertzone angegebene Bodenrichtwert nicht für diese Grundstücke. In bebauten Gebieten sind die Bodenrichtwerte mit dem Wert zu ermitteln, der sich für den **unbebauten Boden** ergeben würde (§ 13 Abs. 1 ImmoWertV). Einzelheiten zur Ermittlung der Bodenrichtwerte vgl. Bock in Grootens, BewG § 247 Rz. 46 ff. Besondere Merkmale des einzelnen zu bewertenden Grundstücks wie Ecklage, Zuschnitt, Vorder- und Hinterland, Oberflächenbeschaffenheit, Beschaffenheit des Baugrundes, bauliche Auslastung, Lärm-, Staub-, Geruchsbelästigungen, Altlasten sowie Außenanlagen bleiben außer Ansatz. Soweit der Wert des zu bewertenden Grundstücks vom Richtwertgrundstück abweicht, kann der Steuerpflichtige den niedrigeren Wert durch ein Sachverständigengutachten nachweisen. Gründe für Abweichungen zwischen Bewertungs- und Richtwertgrundstück, vgl. →Rz. 35–45).

28 Bei deckungsgleichen oder sich überlagernden Bodenrichtwertzonen ist der Bodenrichtwert für dasjenige Bodenrichtwertgrundstück heranzuziehen, dessen Art der Nutzung am ehesten der des zu bewertenden Grundstücks entspricht. Einzelheiten zu überlagernden Richtwertzonen, vgl. Bock in Grootens, BewG § 247 Rz. 76 ff.

BEISPIEL 1: Für eine Bodenrichtwertzone liegen zwei unterschiedliche Bodenrichtwerte für „Wohnen" – einmal für „mehrgeschossig", einmal für „ein-/zweigeschossig" – vor. Für ein zweigeschossiges Einfamilienhaus ist der Bodenrichtwert für „Wohnen, ein-/zweigeschossig" zugrunde zu legen.

BEISPIEL 2: Für eine Bodenrichtwertzone liegen unterschiedliche Bodenrichtwerte für „Geschäftshäuser" und „Mehrfamilienhäuser" vor. Für ein Einfamilienhaus ist der Bodenrichtwert für „Mehrfamilienhäuser" zugrunde zu legen, da diese Art der Nutzung am ehesten der des zu bewertenden Grundstücks entspricht.

BEISPIEL 3: Überlagernde Bodenrichtwertzonen, Darstellung in BORIS BW:

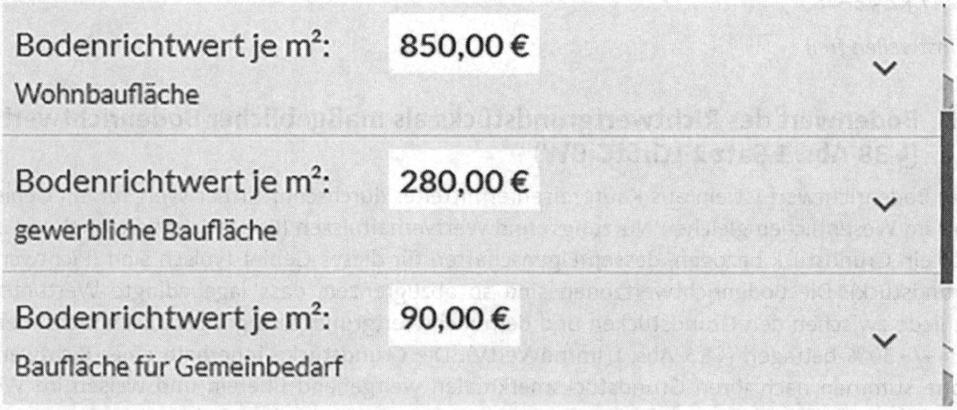

1 Siehe auch Bock in Grootens, BewG, § 247 Rz. 76 ff.

Zu unterscheiden von sich überlagernden Richtwertzonen sind die Fälle, in denen ein Grundstück zwei Richtwertzonen zuzurechnen ist. Beispielhaft hierfür ist ein Grundstück, das sich im Ortsetter befindet und ein Teil des Grundstücks innerhalb der Bebauungsgrenze liegt und ein Teil außerhalb. In diesen Fällen wird dann in BORIS BW der entsprechende Bodenrichtwert und auch die Fläche der jeweiligen Teilfläche genannt: 29

BEISPIEL: Das Grundstück hat eine Gesamtfläche von 2.793 qm, davon entfallen auf den bebaubaren Teil 1.359 qm (links der Bebauungsgrenze) mit einem Bodenrichtwert von 180 € je qm.

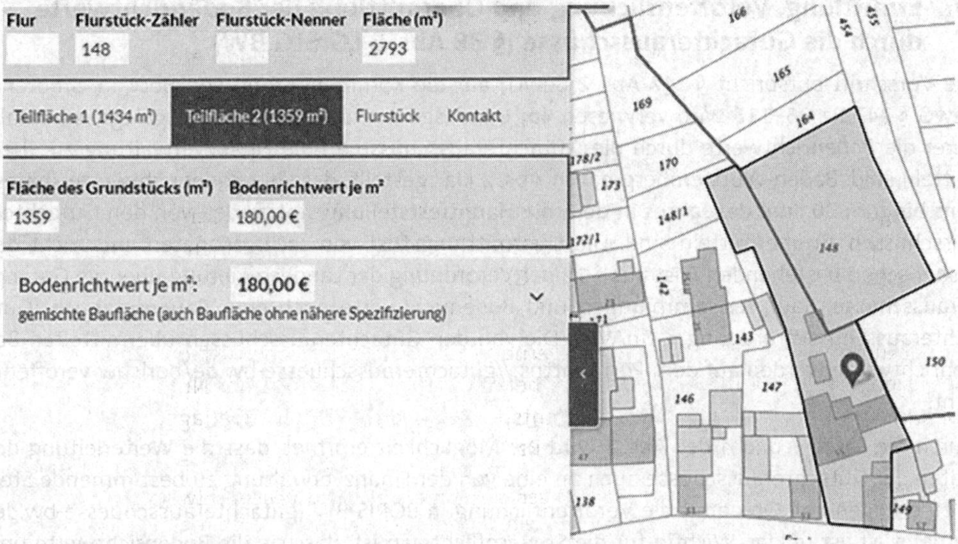

Auf den nicht bebaubaren Teil des Grundstücks entfallen 1.434 qm (rechts der Bebauungsgrenze) mit einem Bodenrichtwert von 1,80 € für Grünland (es handelt sich hierbei um eine Streuobstwiese).

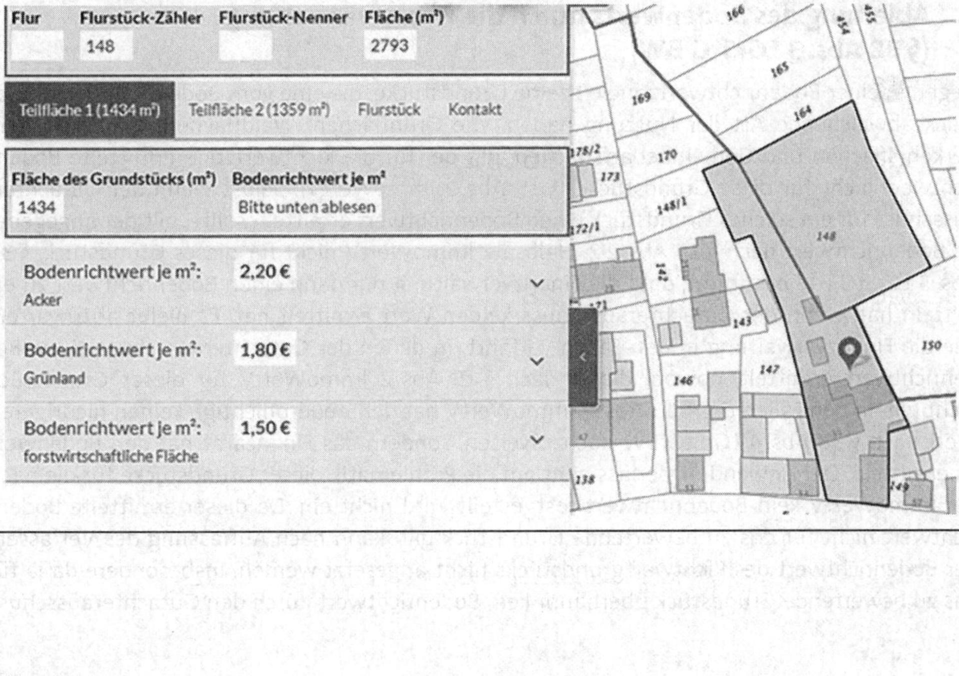

Das Grundstück hat damit einen Grundsteuerwert von:

1. Teilfläche 1.359 qm x 180 =	244.620 €
2. Teilfläche 1.434 qm x 1,80 =	2.581 €
Grundsteuerwert (abgerundet auf volle hundert €)	247.200 €

30 *(Einstweilen frei)*

IV. Ermittlung, Veröffentlichung und Übermittlung der Bodenrichtwerte durch die Gutachterausschüsse (§ 38 Abs. 2 LGrStG BW)

31 Die Vorschrift entspricht § 247 Abs. 2 BewG; auf die Kommentierung von Bock in Grootens. BewG § 247 Rz. 86–115 wird verwiesen. Im Bundesgesetz ist keine Frist festgelegt, innerhalb derer die Bodenrichtwerte durch die Gutachterausschüsse an die Finanzverwaltung zu übermitteln sind. Baden-Württemberg hat in Abs. 2 klar gestellt, dass die Bodenrichtwerte **spätestens bis zum 30. Juni des Jahres in dem die Hauptfeststellung** stattfindet, von den Gutachterausschüssen zu übermitteln sind. Die **Übermittlungsfrist** von sechs Monaten entspricht der bisher schon bestehenden Frist aus § 12 der Verordnung der Landesregierung über die Gutachterausschüsse, Kaufpreissammlungen und Bodenrichtwerte nach dem Baugesetzbuch (Gutachterausschussverordnung – GuAVO). Die von den Gutachterausschüssen übermittelten Bodenrichtwerte werden auf dem Portal https://gutachterausschuesse-bw.de/borisbw veröffentlicht.

32 Durch die Sätze 3 und 4 des Abs. 2 wird die Möglichkeit eröffnet, dass die Weiterleitung der Daten der Gutachterausschüsse auch an eine von der Finanzverwaltung zu bestimmende Stelle zu erfolgen hat. Ob damit die Veröffentlichung in BORIS-BW (gutachterausschuesse-bw.de) gemeint ist, ist unklar. Wichtig für die Steuerpflichtigen ist, dass sie die Bodenrichtwerte und Flächen aus dieser Datenbank entnehmen können.

V. Ableitung des Bodenwerts durch die Finanzverwaltung (§ 38 Abs. 3 LGrStG BW)

33 Liegen in einer Bodenrichtwertzone einzelne Grundstücke, die eine vom Bodenrichtwertgrundstück abweichende Art der Nutzung haben, wie Grünflächen, Waldflächen, Wasserflächen, Verkehrsflächen und Gemeinbedarfsflächen, gilt der für die Richtwertzone ermittelte Bodenrichtwert nicht für diese Grundstücke (§ 15 Abs. 2 ImmoWertV). Selbst wenn der Gutachterausschuss für ein solches Grundstück einen Bodenrichtwert ermitteln sollte, gilt der angegebene Bodenrichtwert nach § 15 Abs. 2 2. Halbsatz ImmoWertV nicht für dieses Grundstück. § 38 Abs. 3 LGrStG BW bestimmt, dass die Finanzverwaltung nur dann einen Bodenrichtwert zu ermitteln hat, wenn der Gutachterausschuss keinen Wert ermittelt hat. Es bleibt abzuwarten, wie die Finanzverwaltung in den Fällen verfährt, in denen der Gutachterausschuss einen Bodenrichtwert ermittelt, obwohl dieser nach § 15 Abs. 2 ImmoWertV für dieses Grundstück nicht gilt. In den Fällen des § 15 Abs. 2 ImmoWertV hat der Steuerpflichtige keinen niedrigeren Wert nach § 38 Abs. 4 LGrStG BW nachzuweisen, sondern das Finanzamt hat den Bodenwert zu ermitteln. Der Anwendungserlass geht auf die Problematik dieser Grundstücke für die nach der ImmoWertV kein Bodenrichtwert festgestellt wird nicht ein. Da dieser ermittelte Bodenrichtwert nicht für das zu bewertende Grundstück gilt, kann nach Auffassung des Verfassers der Bodenrichtwert des Richtwertgrundstücks nicht angesetzt werden, insbesondere da ja für das zu bewertende Grundstück überhaupt kein Bodenrichtwert durch den Gutachterausschuss

ermittelt wird. Sollte für diese Grundstücke die Bewertung nach § 38 Abs. 1 Satz 2 LGrStG BW anzuwenden sein, stellt sich die Frage der Verfassungsmäßigkeit der Regelung, da hier Grundstücke mit Werten angesetzt werden die überhaupt nicht zutreffen. Die Wertunterschiede sind hier so groß und so offensichtlich, dass dies von den im BVG-Urteils tolerierten **Praktikabilitätserwägungen** wohl nicht mehr gedeckt wäre.[1] Der Anwendungserlass geht auf die Problematik des § 15 Abs. 2 ImmoWertV nicht ein, sondern beschränkt sich auf die Frage des Entwicklungszustands bei Bauerwartungsland bzw. Rohbauland. Nach dem Anwendungserlass[2] ist in diesen Fällen der Bodenwert pro Quadratmeter aus den Bodenrichtwerten vergleichbarer Flächen abzuleiten wobei für Bauerwartungsland 25 % und für Rohbauland 50 % des Bodenrichtwerts für vergleichbares erschließungsbeitragsfreies Bauland anzusetzen sein soll. Die Vorschrift entspricht § 247 Abs. 3 BewG, auf die Kommentierung von Bock in Grootens § 247 BewG Rz. 116 f. wird verwiesen. Relevanz hat die Vorschrift, wenn in einer Bodenrichtwertzone einzelne Grundstücke liegen, die eine vom Bodenrichtwertgrundstück abweichende Art der Nutzung haben (Grünflächen, Waldflächen, Wasserflächen, Verkehrsflächen und Gemeinbedarfsflächen), vgl. Schmidt in Grootens LGrStG BW § 38 → Rz. 35 e) Anpassung hinsichtlich der Frei- und Verkehrsflächen.

BEISPIEL FÜR EIN GRUNDSTÜCK OHNE ERMITTELTEN BODENRICHTWERT IN BORIS BW: Bei dem Flurstück 1468/3 handelt es sich um einen öffentlichen Gehweg, der allerdings einem Privateigentümer gehört:

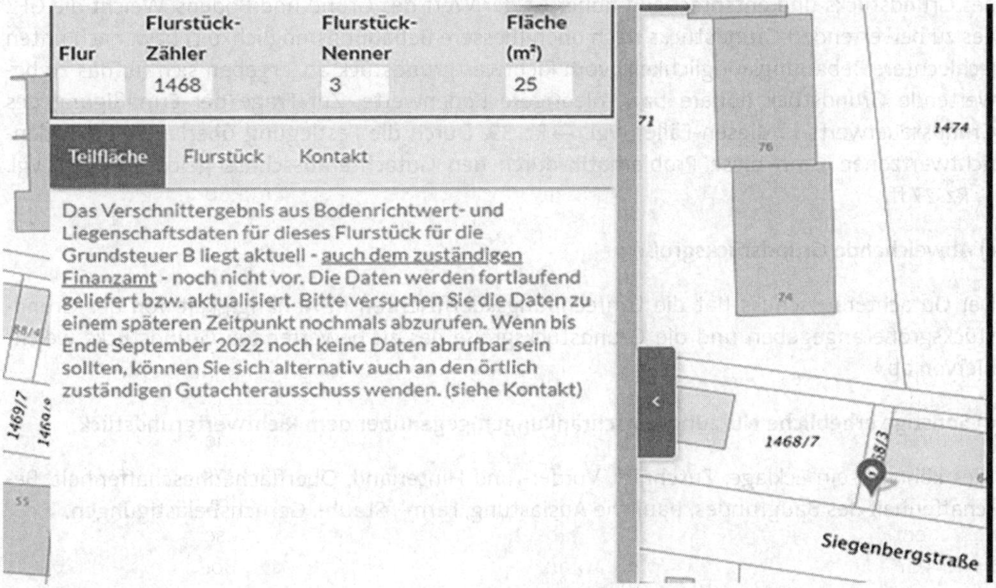

(Einstweilen frei) 34

1 BVerfG, Beschluss v. 11.2.2020 - 1 BvL 11/14, BGBl 2018 I S. 531 Rz. 98.

2 FinMin Baden-Württemberg, Erlass v. 5.7.2022 - FM3-S 3000-1/30 Abs. 10 zu § 38.

VI. Berücksichtigung von Wertabweichung des zu bewertenden Grundstücks vom Richtwertgrundstück (§ 38 Abs. 4 LGrStG BW)

1. Ursachen von Abweichungen zwischen dem zu bewertenden Grundstück und dem Richtwertgrundstück

35 Grundsätzlich sieht § 38 LGrStG BW für die Bewertung des Grundvermögens vor, dass ausschließlich der Bodenrichtwert des **Richtwertgrundstücks der Richtwertzone,** in der das zu bewertende Grundstück liegt, und die Grundstücksgröße für die Bewertung maßgeblich sind. Dennoch kann es aus folgenden Gründen zu Abweichungen des zu bewertenden Grundstücks von den Merkmalen des Richtwertgrundstücks kommen:

a) Abweichender Erschließungszustand

Der Bodenrichtwert ist vom Gutachterausschuss aus erschließungsbeitragsfreien Grundstücken abgeleitet worden, bei dem zu bewertenden Grundstück handelt es sich aber um ein erschließungsbeitragspflichtiges Grundstück, vgl. Bock in Grootens, BewG § 247 Rz. 66–75.

b) Abweichende wertrelevante Geschossflächenzahl (GFZ) Die GFZ gibt an, wieviel m^2 Wohnfläche je m^2 Grundstücksfläche zulässig sind. Je höher die GFZ desto besser ist die Ausnutzung des Grundstücks und entsprechend höher ist der Wert des Grund und Bodens. Weicht die GFZ des zu bewertenden Grundstücks nach oben (bessere Bebauungsmöglichkeit) bzw. nach unten (schlechtere Bebauungsmöglichkeit) vom Richtwertgrundstück ab, ergeben sich für das zu bewertende Grundstück höhere bzw. niedrigere Bodenwerte. Zur Frage der Ermäßigung des Grundsteuerwerts in diesen Fällen vgl. → Rz. 39. Durch die Festlegung überlagernder Bodenrichtwertzonen kann diese Problematik durch den Gutachterausschuss gelöst werden, vgl. → Rz. 27 ff.

c) Abweichende Grundstücksgröße

Der Gutachterausschuss hat die Umrechnungskoeffizienten in Abhängigkeit von der Grundstücksgröße angegeben und die Grundstücksgröße des zu bewertenden Grundstücks weicht hiervon ab.[1]

d) Sonstige erhebliche Nutzungseinschränkungen gegenüber dem Richtwertgrundstück

Dies können sein Ecklage, Zuschnitt, Vorder- und Hinterland, Oberflächenbeschaffenheit, Beschaffenheit des Baugrundes, bauliche Auslastung, Lärm-, Staub-, Geruchsbelästigungen.

1 Vgl. Bock in Grootens, BewG, § 247 Rz. 81–87.

BEISPIEL FÜR EINE ERHEBLICHE NUTZUNGSEINSCHRÄNKUNG: Das Grundstück verfügt über eine übergroße Einfahrt.

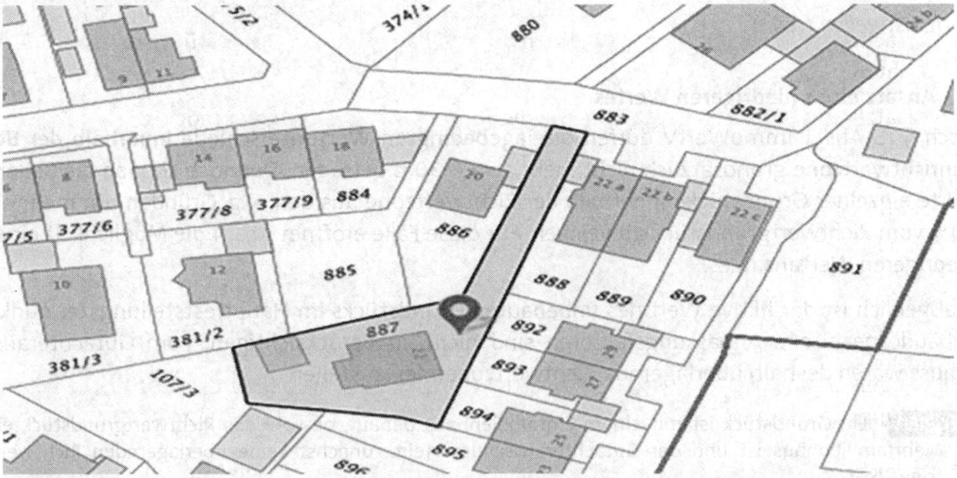

Die Gesamtfläche des Grundstücks 887 beträgt 877 qm und weist trotz der überlangen Einfahrt den gleichen Bodenrichtwert wie die umliegenden Grundstücke auf. Die überlange Einfahrt hat eine Fläche von 299 qm und macht damit weniger als 30 % der Gesamtfläche aus. Sogar wenn der Wert der Einfahrtsfläche 0 € je qm betragen würde, kommt man nicht auf eine Minderung, die mehr als 30 % ausmacht. Eine Minderung des Grundstückswerts nach § 38 Abs. 4 LGrStG BW kommt deshalb nicht in Frage.

e) Anpassung hinsichtlich der Frei- und Verkehrsflächen

In privater Hand befinden sich Frei- und Verkehrsflächen (z. B. Straßen). Da diese Flächen nicht bebaut werden können, weicht ihr Wert vom Bodenrichtwert ab. Diese Sachverhalte fallen regelmäßig nicht unter § 38 Abs. 4 LGrStG BW, sondern § 38 Abs. 3 LGrStG BW, vgl. → Rz. 33 Nach § 15 Abs. 2 ImmoWertV gilt der Bodenrichtwert der Richtwertzone für diese Grundstücke nicht, vgl. → Rz. 27. Sofern der Gutachterausschuss von sich aus nicht gesonderte Werte für diese Grundstücke ermittelt und veröffentlicht, greift § 38 Abs. 3 LGrStG BW und die Finanzverwaltung hat den Wert des Grundstücks aus den Werten vergleichbare Flächen abzuleiten, vgl. → Rz. 33.

f) Bodenverunreinigungen

Bodenverunreinigungen können zu Wertminderungen gegenüber dem Richtwertgrundstück führen, wenn diese Verunreinigungen nur auf dem zu bewertenden Grundstück vorhanden sind, nicht aber auf dem Richtwertgrundstück.

g) Bauverbot

Der Anwendungserlass führt als Grund für einen abweichenden Bodenrichtwert ein Bauverbot an.[1] Ein Bauverbot kann auch ein Sachverhalt i. S. d. § 15 Abs. 2 ImmoWertV und damit des § 38 Abs. 3 LGrStG BW sein. In diesem Fall hätte das Finanzamt einen abweichenden Wert festzustellen, vgl. → Rz. 33. Es käme wohl aber auch die Feststellung überlagernder Richtwertzonen durch den Gutachterausschuss in Betracht. Die Grenzen zwischen dem Anwendungs-

1 FinMin Baden-Württemberg, Erlass v. 5.7.2022 - FM3-S 3000-1/30 Abs. 13 Satz 1 zu § 38.

bereich von § 38 Abs. 3 und 4 LGrStG BW sind fließend. Die Rechtsprechung zu diesen Sachverhalten bleibt abzuwarten.

36–37 *(Einstweilen frei)*

2. Ansatz eines niedrigeren Wertes

38 Nach § 15 Abs. 1 ImmoWertV dürfen die **lagebedingten Wertunterschiede innerhalb der Bodenrichtwertzone** grundsätzlich nicht mehr als +/- 30 % betragen. Dennoch können die Bodenwerte einzelner Grundstücke innerhalb der Richtwertzone aus den o. g. Gründen um mehr als 30 % vom Richtwertgrundstück abweichen. Für diese Fälle eröffnet Abs. 4 die Möglichkeit eines niedrigeren Wertansatzes.

39 Maßgeblich ist der fiktive Wert des unbebauten Grundstücks im Hauptfeststellungszeitpunkt, gebäudespezifische Anpassungsfaktoren sind nicht zu berücksichtigen. Vom Gutachterausschuss wären deshalb überlagernde Richtwertzonen festzustellen.

BEISPIEL: Ein Grundstück ist mit einem Einfamilienhaus bebaut, obwohl das Richtwertgrundstück ein Mehrfamilienhaus ist und der Gutachterausschuss stellt zunächst keine überlagernden Richtwertzonen fest.

a) Kann das Grundstück des Einfamilienhauses aufgrund der Grundstücksgröße oder des -zuschnitts nur mit einem Einfamilienhaus bebaut werden und hat dementsprechend das Grundstück eine geringere Geschossflächenzahl als das Richtwertgrundstück, ist dieser Umstand bei der Bewertung des Grund und Bodens zu berücksichtigen.

b) Hätte das Einfamilienhausgrundstück von den Grundstücksgegebenheiten her mit einem Mehrfamilienhaus bebaut werden können, bleibt es bei der Bewertung entsprechend dem Richtwertgrundstück, da gebäudespezifische Besonderheiten nach der Systematik des LGrStG BW unberücksichtigt bleiben.

40–41 *(Einstweilen frei)*

3. Antragsverfahren und Nachweis

42 Ein niedrigerer Wert ist nur aufgrund eines Antrags des Steuerpflichtigen zu berücksichtigen. Dabei ist der niedrigere Wert durch ein Gutachten nachzuweisen. Die Kosten für das Gutachten sind vom Steuerpflichtigen zu tragen. Der Nachweis des tatsächlichen Werts des Grund und Bodens kann nur für die gesamte wirtschaftliche Einheit im Sinne des § 25 LGrStG erbracht werden. Ist das Grundstück teilweise von der Grundsteuer befreit, wird der Gutachtenwert nur anteilig als Grundsteuerwert angesetzt. Die Aufteilung des Gutachtenwerts erfolgt hierbei gem. AE zu § 9 LGrStG Abs. 2. Den Steuerpflichtigen trifft die Nachweislast für einen tatsächlichen Wert des Grund und Bodens und nicht eine bloße Darlegungslast. In Fällen des § 15 Abs. 2 ImmoWert V (vgl. LGrStG BW § 38→Rz. 27, 33) ist ein solcher Antrag nicht zustellen, da hier ja gerade kein Bodenrichtwert vom Gutachterausschuss festgestellt wurde.

43 Der Anwendungserlass[1] führt aus, dass das Gutachten für die Feststellung des Grundsteuerwerts nicht bindend sein soll, sondern der Beweiswürdigung durch das Finanzamt unterliegt. Enthält das Gutachten Mängel (z. B. methodische Mängel oder unzutreffende Wertansätze), ist es begründet zurückzuweisen; ein Gegengutachten durch das Finanzamt soll nicht erforderlich sein, da zur Ordnungsmäßigkeit eines Sachverständigengutachtens methodische Qualität und eine zutreffende Erhebung und Dokumentation der Begutachtungsgrundlagen gehö-

1 FinMin Baden-Württemberg, Erlass v. 5.7.2022 - FM3-S 3000-1/30 Abs. 15 zu § 38.

re. Für den Nachweis des tatsächlichen Werts des Grund und Bodens gelten grundsätzlich die aufgrund des § 194 BauGB erlassenen Vorschriften.

(Einstweilen frei) 44

4. Qualifikation des Gutachters

Zur **Anerkennung des Gutachtens** ist erforderlich, dass es vom zuständigen Gutachterausschuss oder von Personen, die von einer staatlichen, staatlich anerkannten oder nach DIN EN ISO/IEC 17024 akkreditierten Stelle als Sachverständige oder Gutachter für die Wertermittlung von Grund und Boden bestellt oder zertifiziert worden sind, erstellt worden ist.[1] 45

5. Zeitliche Aspekte

Bei Fortschreibungen und Nachfeststellungen von Grundsteuerwerten während des Hauptfeststellungszeitraums sind dem Gutachten die Wertverhältnisse zum Hauptfeststellungszeitpunkt und die tatsächlichen Verhältnisse zum Feststellungszeitpunkt zugrunde zu legen. 46

Das Gutachten verliert regelmäßig seine Gültigkeit: 47

1. bei einer Änderung der tatsächlichen Verhältnisse, die den Wert des Grundstücks im Hauptfeststellungszeitraum beeinflussen, oder

2. bei Ablauf des Hauptfeststellungszeitraums.[2]

Damit ist zu jedem Hauptfeststellungszeitpunkt erneut ein Gutachten einzuholen. Ob die Grundsteuerersparnis in einem angemessenen Verhältnis zu den Kosten des Gutachtens steht, ist im Einzelfall zu prüfen; zu vermuten steht, dass in vielen Fällen die Gutachterkosten höher als die im gesamten Hauptfeststellungszeitraum ersparten Grundsteuern sind.

VII. Verfassungsrechtliche Bedenken

Baden-Württemberg hat sich bei der Wahl der Bemessungsgrundlage und bei der Ausgestaltung der Bewertungsregeln zunächst vor allem von Praktikabilitätsgesichtspunkten leiten lassen und Bewertungs- und Ermittlungsunschärfen in Kauf genommen. Deshalb wurden gegen das LGrStG BW verfassungsrechtliche Bedenken geäußert.[3] 48

Diese Bedenken lassen sich wie folgt zusammenfassen: 49

a) Lenkungsfunktion

Durch die höhere Besteuerung unbebauter Grundstücke soll der Grund und Boden ressourcenschonender genutzt werden. Sofern die Eigentümer dem Lenkungsimpuls aus finanziellen Gründen nicht folgen können, seien die **Wirkungen unzumutbar und freiheitswidrig.** Dagegen kann eingewandt werden, dass die höhere Belastung unbebauter Wohngrundstücke aus Art. 14 Abs. 2 GG **„Sozialbindung des Eigentums"** gerechtfertigt sein kann. 50

1 Bock in Viskorf/Schuck/Wälzholz, BewG, § 198 Rz. 21–22.

2 FinMin Baden-Württemberg, Erlass v. 5.7.2022 - FM3-S 3000-1/30 Abs. 16 zu § 38.

3 Kirchhof, Der Betrieb 49/2020 S. 2600 f.

b) Verstoß gegen das Äquivalenzprinzip

51 Nach dem Äquivalenzprinzip sollen Steuerpflichtige entsprechend dem **Vorteil**, den sie durch eine **staatliche Leistung** erhalten, zur **Finanzierung dieser Leistung** herangezogen werden. Da bei der Bewertung nach dem LGrStG BW die Bebauung nicht berücksichtigt wird, sei das Äquivalenzprinzip verletzt.

c) Verletzung des Leistungsfähigkeitsprinzips

52 Durch die Nichtberücksichtigung der Bebauung bei der Bewertung sei auch das Leistungsfähigkeitsprinzip verletzt. Nach der Gesetzesbegründung soll durch die Bewertung der Grundstücke mit dem Bodenrichtwert die Leistungsfähigkeit hinreichend berücksichtigt sein, weil schlechtere Lagen gegenüber guten Lagen einen niedrigeren Bodenrichtwert aufweisen und damit geringer besteuert werden.

d) Verletzung des Gleichbehandlungsgebots des Art. 3 GG wegen ungenauer Bodenrichtwerte

53 Bei der Bodenwertsteuer spielen die Bodenrichtwerte eine wesentliche Rolle. Sofern die **Bodenrichtwerte ungenau** sind, z. B. in Gebieten mit wenigen Verkaufsfällen, könnte dies zur Verfassungswidrigkeit führen, weil dadurch das Gleichbehandlungsgebot des Art. 3 GG verletzt würde.

54 Die gegenüber dem LGrStG BW geäußerte Kritik gilt in vielen Punkte gleichermaßen für das Bundesgesetz, wobei das LGrStG BW im Vergleich zum Bundesgesetz eine **realitätsgerechtere** Abbildung der **Relation der Grundstückswerte** innerhalb der Gemeinde zu gewährleisten scheint.[1] Alle bisher umgesetzten Modelle zur Grundsteuerreform werfen in dem ein oder anderen Aspekt verfassungsrechtliche Fragen auf. Klarheit darüber, ob die nun getroffenen gesetzlichen Regelungen der verfassungsrechtlichen Prüfung in allen Punkten standhalten, wird es erst nach erneuten Urteilen des BVerfG geben.

Das FG Baden-Württemberg hat diese Bedenken in seinen Urteilen v. 11.6.2024 (8 K 2368/22 und 8 K 1582/23) nicht geteilt, vgl. Schmidt in Grootens, LGrStG BW Vorwort Rz. 42–70.

Zur verfassungsrechtlichen Problematik im Einzelnen vgl. Schmidt in Grootens, LGrStG BW Vorwort Rz. 42–70.

Vierter Teil: Bemessung der Grundsteuer

§ 39 LGrStG BW Steuermesszahl und Steuermessbetrag

[1]Bemessungsgrundlage der Grundsteuer ist der Steuermessbetrag. [2]Dieser ist durch Anwendung eines Promillesatzes (Steuermesszahl) auf den Grundsteuerwert oder seinen steuerpflichtigen Teil zu ermitteln, der im Veranlagungszeitpunkt (§ 41 Absatz 1, § 42 Absatz 3 und § 43 Absatz 3) für den Steuergegenstand maßgebend ist.

1 Schmidt NWB 50/2019 S. 3719 NWB BAAAH-36269; Bräutigam/Spengel/Winter, Der Betrieb 40/2020 S. 2090 f.

Inhaltsübersicht Rz.

A. Allgemeine Erläuterungen

I. Entstehung und Entwicklung der Vorschrift

Die Vorschrift wurde erstmalig im Jahr 2020 in das LGrStG BW aufgenommen. 1

In der **Gesetzesbegründung** heißt es hierzu: 2

Die Vorschrift übernimmt die bisherige Berechnungsmethode des Steuermessbetrages mittels einer Steuermesszahl.

II. Geltungsbereich

Das LGrStG BW gilt für in Baden-Württemberg belegene Grundstücke. 3

(Einstweilen frei) 4–5

B. Systematische Kommentierung

I. Steuermessbetrag (§ 39 Satz 1 LGrStG BW)

Das Landesgesetz normiert: „Bemessungsgrundlage der Grundsteuer ist der Steuermessbetrag." In § 13 Satz 1 GrStG heißt es: Bei der Berechnung der Grundsteuer ist von einem Steuermessbetrag auszugehen. Inhaltlich sind beide Vorschriften damit gleich. Auf die Kommentierung von Bock in Grootens, GrStG § 13 Rz. 20–24 wird verwiesen. 6

(Einstweilen frei) 7–8

II. Ermittlung des Steuermessbetrags (§ 39 Satz 2 LGrStG BW)

Die Vorschrift entspricht § 13 Satz 2 GrStG. Auf die Kommentierung von Bock in Grootens, GrStG § 13 Rz. 25 ff. wird verwiesen. 9

§ 40 LGrStG BW Steuermesszahlen

(1) Für Betriebe der Land- und Forstwirtschaft beträgt die Steuermesszahl 0,55 Promille.

(2) Für Grundstücke beträgt die Steuermesszahl 1,30 Promille.

(3) [1]Die Steuermesszahl nach Absatz 2 wird um 30 Prozent ermäßigt, wenn das Grundstück überwiegend zu Wohnzwecken dient. [2]Überwiegend dient ein Grundstück zu Wohnzwecken, wenn der Anteil der Wohnnutzung an der gesamten Wohn- und Nutzfläche den Anteil der wohnfremden Nutzung übersteigt.

(4) [1]Die Steuermesszahl nach Absatz 2 wird um 25 Prozent ermäßigt, wenn

1. für das Grundstück eine Förderung nach dem Landeswohnraumförderungsgesetz (LWoFG)durch schriftlichen Verwaltungsakt zugesagt wurde und

2. die sich aus der Förderzusage im Sinne des LWoFG ergebenden Bindungen für jeden Erhebungszeitraum innerhalb des Hauptveranlagungszeitraums bestehen, oder

3. für das Grundstück nach § 13 Absatz 3 des Wohnraumförderungsgesetzes (WoFG) vom 13. September 2001 (BGBl I S. 2376), das zuletzt durch Artikel 42 des Gesetzes vom 20. November 2019 (BGBl I S. 1626, 1652) geändert worden ist, oder nach Maßgabe des Ersten Wohnungsbaugesetzes (Wohnungsbau- und Familienheimgesetz – WoBauG) vom 26. April 1950 (BGBl I S. 83) oder des Zweiten Wohnungsbaugesetzes (Wohnungsbau- und Familienheimgesetz – II. WoBauG) vom 27. Juni 1956 (BGBl I S. 523), zuletzt geändert am 19. August 1994 (BGBl I S. 2137), eine Förderzusage erteilt wurde und

4. die sich aus der Förderzusage im Sinne des WoFG, des WoBauG oder des II. WoBauG ergebenden Bindungen für jeden Erhebungszeitraum innerhalb des Hauptveranlagungszeitraums bestehen.

[2]Wird ein abgrenzbarer Teil des Steuergegenstandes zu diesem Zwecke genutzt, so ist nur dieser Teil des Grundstücks begünstigt.

(5) [1]Liegen für ein Grundstück die Voraussetzungen des Absatzes 4 nicht vor, wird die Steuermesszahl nach Absatz 2 um 25 Prozent ermäßigt, wenn das jeweilige Grundstück

1. einer Wohnungsbaugesellschaft zugerechnet wird, deren Anteile mehrheitlich von einer oder mehreren Gebietskörperschaften gehalten werden und zwischen der Wohnungsbaugesellschaft und der Gebietskörperschaft oder den Gebietskörperschaften ein Gewinnabführungsvertrag besteht,

2. einer Wohnungsbaugesellschaft zugerechnet wird, die als gemeinnützig im Sinne des § 52 der AO anerkannt ist, oder

3. einer Genossenschaft oder einem Verein zugerechnet wird, der seine Geschäftstätigkeit auf die in § 5 Absatz 1 Nummer 10 Satz 1 Buchstabe a und b des Körperschaftsteuergesetzes genannten Bereiche beschränkt und von der Körperschaftsteuer befreit ist.

[2]Wird ein abgrenzbarer Teil des Grundstücks zu diesem Zwecke genutzt, so ist nur dieser Teil des Grundstücks begünstigt.[3]Der Abschlag auf die Steuermesszahl nach Satz 1 wird auf Antrag für jeden Erhebungszeitraum innerhalb des Hauptveranlagungszeitraums gewährt, wenn nachgewiesen wird, dass die jeweiligen Voraussetzungen am Hauptveranlagungsstichtag vorlagen. [4]Entfallen die Voraussetzungen des Satzes 1 während des Hauptveranlagungszeitraums, ist dies anzuzeigen.

(6) [1]Die Steuermesszahl nach Absatz 2 wird um 10 Prozent ermäßigt, wenn sich auf dem Grundstück Gebäude befinden, die Kulturdenkmale im Sinne des Gesetzes zum Schutz der Kulturdenkmale (Denkmalschutzgesetz) sind. [2]Wird ein abgrenzbarer Teil des Grundstücks zu diesem Zwecke genutzt, so ist nur dieser Teil des Steuergegenstandes begünstigt.

(7) Erfüllt ein Grundstück mehrere Vergünstigungstatbestände im Sinne der Absätze 3 bis 6, ergibt sich die Ermäßigung der Steuermesszahl nach Absatz 2 aus der Summe der zu berücksichtigenden Prozentsätze.

Inhaltsübersicht Rz.

LITERATUR:

GdW Bundesverband deutscher Wohnungs- und Immobilienunternehmen e.V., Die Vermietungsgenossenschaft, 2020; *Gosch*, Körperschaftsteuergesetz: KStG, 4. Aufl. 2020; *Eisele*, Grundsteuerreform-Umsetzungsgesetz, NWB 39/2021 S. 2903; *Schmidt*, § 7b EStG: Ungelöste Fragen bei der neuen Sonderabschreibung für den Mietwohnungsneubau, NWB 38/2019 S. 2777.

VERWALTUNGSANWEISUNGEN

FinMin Baden-Württemberg, Erlass v. 5.7.2022 - FM3-S 3000/1-30; Koordinierter Erlass der obersten Finanzbehörden der Länder v. 9.11.2021, AEBewGrSt, BstBl. 2021 I, S. 2334.

A. Allgemeine Erläuterungen

I. Normzweck und wirtschaftliche Bedeutung der Vorschrift

1 Für die Höhe des **Grundsteuermessbetrags** gibt es zwei Stellschrauben: Die Bewertung der Grundstücke und die **Höhe der Steuermesszahl.** Bei der Landesgrundsteuer Baden-Württemberg werden alle nichtlandwirtschaftlichen Grundstücke nach der gleichen Methode bewertet, **Differenzierungen nach der Grundstücksart** erfolgen bei der Bewertung nicht. Dennoch soll es bei der Höhe der Grundsteuer für bestimmte Grundstücke und Eigentümer Ermäßigungen geben. Diese Ermäßigung wird durch die Senkung der Steuermesszahl erreicht. Die Ermäßigungen sind einerseits Ausfluss des Sozialstaatsprinzips, das eine angemessene Berücksichtigung des Wohnbedarfs gebietet; hieraus folgt die allgemeine Ermäßigung für Wohngrundstücke und die zusätzliche Ermäßigung für Wohngrundstücke, die nach dem Landeswohnraumförderungsgesetz (LWoFG) bzw. dem Wohnungsraumförderungsgesetz des Bundes (WoFG) gefördert werden.

2 Mit den Ermäßigungen werden auch **Lenkungszwecke** verfolgt. Deshalb wird unbebautes Wohnbauland höher besteuert als bebaute Wohngrundstücke. Dadurch soll ein Anreiz geschaffen werden, mehr Flächen der Wohnnutzung zuzuführen. Auch die **Ermäßigung** für die Grundstücke (nicht nur der Wohngrundstücke) von **bestimmten Unternehmen** der Wohnungswirtschaft dient Lenkungszwecken. Bei diesen Unternehmen, deren Hauptzweck die günstige Versorgung der Bevölkerung mit Wohnraum ist, soll auf deren Antrag hin eine zusätzliche Ermäßigung auf den Grundsteuermessbetrag gewährt werden. Nach der Gesetzesbegründung sollen dadurch zusätzliche Investitionsanreize zur Schaffung von Wohnraum gesetzt werden. Dieses Ziel wird durch das Gesetz nicht erreicht, da diese Unternehmen nicht von der Grundsteuermäßigung profitieren, denn die Grundsteuer wird regelmäßig im Rahmen der Betriebskostenumlage auf die Mieter überwälzt. Insofern profitieren die Mieter solcher Unternehmen und nicht die Unternehmen selbst. Der verfolgte Zweck der Ermäßigung, einen Anreiz für Investitionen durch diese Unternehmen zu schaffen, wird damit nicht erreicht, so dass die Ermäßigung verfassungsrechtlich kritisch zu bewerten ist. Außerdem ist der Kreis der Unternehmen, die von der Ermäßigung profitieren, kritisch zu sehen. Von den in § 40 Abs. 5 LGrStG BW genannten drei Arten von Unternehmen, die die Ermäßigung beantragen können, kann es aus Gründen des Steuerrechts und der Gemeindeordnung nach aktueller Rechtslage zwei Arten überhaupt nicht geben. Von den Wohnungsgenossenschaften profitieren nur die steuerbefreiten Vermietungsgenossenschaften (§ 5 Abs. 1 Nr. 10 KStG). Voll steuerpflichtige Wohnungsgenossenschaften oder Wohnungsunternehmen der Gebietskörperschaften, die keinen Gewinnabführungsvertrag mit der Kommune abgeschlossen haben, sind von der Ermäßigung ausgeschlossen. Selbst wenn ein Wohnungsunternehmen einen Gewinnabführungsvertrag mit seinen Eigentümern abschließen könnte, würde damit der Sinn der Ermäßigung konterka-

riert. Das Wohnungsunternehmen hätte dann seinen gesamten handelsrechtlichen Jahresüberschuss an die Gebietskörperschaft abzuführen. Wohnungsunternehmen benötigen zur Finanzierung von Investitionen Eigenkapital, das sie vor allem durch die Gewinne aus ihrer Geschäftstätigkeit erwirtschaften müssen. Besteht nun ein Gewinnabführungsvertrag, haben diese Unternehmen ihre erwirtschafteten Gewinne an die Gebietskörperschaft abzuführen. Dadurch wird ihnen aber gerade das für Investitionen erforderliche Eigenkapital entzogen. Der mit § 40 Abs. 5 Nr. 1 LGrStG BW verfolgte Zweck wird damit gerade nicht erreicht.

Kulturdenkmäler umfassen oft große Grundflächen und sind häufig Einschränkungen bei der Nutzung und den Refinanzierungsmöglichkeiten unterworfen. Zum Ausgleich dieser Nachteile wird eine Ermäßigung auf die Steuermesszahl i. H. von 10 % gewährt, unabhängig davon, ob die Nutzung für Wohn- oder sonstige Zwecke erfolgt. 3

Abs. 7 stellt klar, dass die **Ermäßigungen aufsummiert** werden, wenn ein Grundstück mehrere Ermäßigungstatbestände i. S. der Abs. 3–6 erfüllt (z. B. wenn ein Wohngrundstück gleichzeitig ein Kulturdenkmal ist). 4

Die Ermäßigungen nach den Absätzen 4, 5 Nr. 3 und 6 werden nur für die Grundstücksteile gewährt, die die Voraussetzungen für die Ermäßigungen erfüllen. Wird nur ein **abgrenzbarer Teil** des Grundstücks für die begünstigten Zwecke genutzt, ist nur dieser Teil des Grundstücks begünstigt. Damit hat eine Aufteilung zu erfolgen. Die Gesetzesbegründung geht von einer **räumlichen Aufteilung** aus. Ist eine räumliche Aufteilung nicht möglich, erstreckt sich die Ermäßigung auf das gesamte Grundstück. 5

(Einstweilen frei) 6–9

II. Entstehung und Entwicklung der Vorschrift

Die Vorschrift orientiert sich an § 15 GrStG. Die Regelung zu den Steuermesszahlen (§ 15 Abs. 1 GrStG) sind schon lange Bestandteil des GrStG, entsprechend der erwarteten Veränderungen bei den Grundsteuerwerten wurden die Steuermesszahlen angepasst. Erstmals mit dem GrStRefG[1] wurden die Ermäßigungen für Grundstücke, die der Wohnraumförderung dienen (§ 15 Abs. 2 und 3 GrStG), für Grundstücke bestimmter Rechtsträger (§ 15 Abs. 4 GrStG) und für Baudenkmäler eingeführt. Diese Ermäßigungen wurden auch in das LGrStG BW übernommen. 10

In der **Gesetzesbegründung des Landesgesetzes (Drucks. 16/8907)** heißt es:
Zu Absatz 1 und 2:

Die Steuermesszahlen werden an die geänderten bewertungsrechtlichen Vorschriften und deren steuerliche Auswirkungen angepasst.

Zu Absatz 3:

Wohnen ist ein Grundbedürfnis des Menschen, welches gerade in Zeiten angespannter Wohnungsmärkte und Wohnungsnot uneingeschränkt förderwürdig und förderbedürftig ist. Gerade das Sozialstaatsprinzip gebietet eine angemessene Berücksichtigung des Wohnbedarfs. Eine teilweise Verschonung der überwiegend zu Wohnzwecken genutzten Grundstücke durch einen Abschlag bei der Steuermesszahl setzt dieses Anliegen konsequent um. Darüber hinaus soll ein Anreiz geschaffen werden, mehr Flächen der Wohnnutzung zuzuführen, um das Grundbedürfnis

1 GrStRefG v. 26.11.2019 (BGBl 2019 I S. 1875).

besser befriedigen zu können. Die dadurch erfolgte Berücksichtigung von außerfiskalischen Lenkungs- und Förderzwecken wurde vom Bundesverfassungsgericht auch für die Grundsteuer ausdrücklich gebilligt.

Die gleichmäßige Freistellung ist in der Art und der Höhe angezeigt, da das Bedürfnis der Freistellung mit dem Wert korreliert und in der Gesamtschau der wirtschaftlichen Einheiten des Grundvermögens angemessen ist. Dabei wird auf die überwiegende Nutzung des Grundstücks im Sinne von § 37 zu Wohnzwecken abgestellt. Diese Typisierung ist nicht nur in einem Massenverfahren grundsätzlich zulässig, sondern auch aus verwaltungsökonomischer Sicht geboten. Eine mehr als hälftige Nutzung zu Wohnzwecken kann in den meisten Fällen anhand der allgemein geläufigen Wohnflächenverordnung und der Nutzfläche nach DIN 277-1 (Ausgabedatum: 2016-01) eindeutig zugeordnet und vom Steuerpflichtigen ermittelt, wie auch von der Verwaltung gut nachvollzogen werden. Die vorgenommene Grenzziehung einer überwiegenden Nutzung ist leicht verständlich und auch im Hinblick auf die Belastungsgründe gerechtfertigt: Überwiegt die Wohnnutzung nicht, verdrängt die anderweitige Nutzung etwa zu gewerblichen Zwecken die Notwendigkeit der Freistellung des Grundbedürfnisses „Wohnen“ auf dem Grundstück. Die zur Herleitung der Typisierung und des Abschlags vorgenommenen Berechnungen zeigen, dass der typische Fall unter Berücksichtigung der Typisierung innerhalb des zulässigen Korridors sachgerecht geregelt wird, ohne dass es dabei zu einer erheblichen Verkomplizierung des Verwaltungsverfahrens kommt. Gerade letzteres muss in einem Masseverfahren aufgrund der Gefahr eines strukturellen Vollzugsdefizits, welches durch ein kompliziertes, schwer administrierbares Verfahren unweigerlich droht, vermieden werden. Eine Beschränkung der Privilegierung auf eine überwiegende Nutzung zu Wohnzwecken ist daher sachgerecht, verständlich und im Sinne der Gleichheit der Besteuerung leicht überprüfbar.

Zu Absatz 4:

Über die allgemeine Privilegierung des Grundbedürfnisses ‚Wohnen‘ hinaus, wie sie in Absatz 3 vorgesehen ist, sollte gerade zu Gunsten einkommensschwächerer Bevölkerungsgruppen eine (weitere) Förderung des sozialen Wohnungsbaus erfolgen. Absatz 4 bestimmt daher, dass eine weitere Ermäßigung der Steuermesszahl um 25 Prozent für nach Landesrecht oder Bundesrecht entsprechend geförderte Grundstücke erfolgt.

Es ist allgemein anerkannt, dass es sich bei der Schaffung und Verfügbarmachung von ausreichendem Wohnraum für sozial schwächere Bevölkerungsgruppen um einen überragenden Gemeinwohlbelang handelt. Das Sozialstaatsprinzip gebietet insbesondere die Bereitstellung von ausreichendem bezahlbaren sozialen Wohnraum. Die Begünstigung des sozialen Wohnungsbaus bei der Grundsteuerbelastung greift dieses Erfordernis auf und setzt es konsequent durch einen weiteren Abschlag auf die Steuermesszahl um.

Um eine ausdrückliche Förderung des sozialen Wohnungsbaus zu erreichen, knüpft die Grundsteuervergünstigung für den Steuergegenstand Grundstück an das Vorliegen eines Förderbescheides und die Einhaltung der Förderkriterien nach dem Landeswohnraumförderungsgesetz, nach dem Wohnraumförderungsgesetz des Bundes oder der vorherigen Regelung durch das Erste oder Zweite Wohnungsbaugesetz (Wohnungsbau- und Familienheimgesetz – WoBauG) an.

Durch den Rückgriff auf die räumliche Abgrenzbarkeit wird ein klarer Bezug zum Grundbesitz geschaffen. Entscheidend ist daher, dass das Grundstück theoretisch in einen steuerbegünstigten und einen nicht steuerbegünstigten Teil geteilt werden könnte. Hier ist vorrangig auf eine Abgrenzung anhand der tatsächlichen Grundstücksfläche abzustellen. Hilfsweise ist eine Abgren-

zung mit Hilfe des Verhältnisses der anteiligen steuerbegünstigten und der nicht steuerbegünstigten Gebäudeflächen zur gesamten Gebäudefläche vorzunehmen.

Zu Absatz 5:

Die Vorschrift greift den Grundgedanken des Absatzes 4 auf. Sie berücksichtigt die Belange der Bau- und insbesondere der Wohnungswirtschaft, indem der Lenkungszweck Schaffung und Verfügbarmachung von Wohnraum normenklar für die in Nummer 1 bis 3 abschließend aufgezählten Wohnungsbaugesellschaften, Wohnungsbaugenossenschaften und -vereine auf deren Antrag hin gewährt wird. Mit der Grundsteuervergünstigung sollen zusätzliche Investitionsanreize zur Schaffung von Wohnraum gesetzt werden und zielgenau die Bau- und Wohnungswirtschaft in denjenigen Fällen positiv beeinflussen, bei denen die günstige Versorgung der Bevölkerung mit Wohnraum Hauptzweck ist. Aus diesen Gründen umfasst die Grundsteuervergünstigung nur Wohnungsbaugesellschaften, die mehrheitlich von Gebietskörperschaften beherrscht werden und bei denen ein Gewinn durch Abführung an die jeweiligen Gebietskörperschaften der kommunalen Daseinsfürsorge zu Gute kommt. Entsprechendes gilt für Wohnungsbaugesellschaften, die im Dienste der Allgemeinheit tätig werden und deshalb als gemeinnützig im Sinne des § 52 der Abgabenordnung anerkannt werden oder nach § 5 Absatz 1 Nummer 10 des Körperschaftsteuergesetzes steuerbefreit sind.

Zu Absatz 6:

Kulturdenkmäler umfassen oft große Grundflächen mit häufig gleichzeitig vorhandenen Einschränkungen bei der Nutzung und den Refinanzierungsmöglichkeiten. Die Erhaltung von Kulturdenkmälern liegt im öffentlichem Interesse und ist daher zuvorderst eine Aufgabe der öffentlichen Hand. Diese im öffentlichen Interesse liegende Wahrnehmung der Aufgabe durch Private bei gleichzeitig vorliegenden Einschränkungen, die von den privaten Eigentümern im Interesse der Allgemeinheit hinzunehmen sind, sollen bei der Erhebung der Grundsteuer berücksichtigt werden. Durch die Gewährung eines Abschlags auf die Steuermesszahl in Höhe von 10 Prozent wird den besonderen Belangen der Eigentümerinnen und Eigentümer von Baudenkmalen unbürokratisch Rechnung getragen, ohne dabei in die Bewertung der wirtschaftlichen Einheiten für Zwecke der Grundsteuer einzugreifen. Durch den Rückgriff auf die räumliche Abgrenzbarkeit wird ein klarer Bezug zum Grundbesitz geschaffen. Entscheidend ist daher, dass das Grundstück theoretisch in einen steuerbegünstigten und einen nicht steuerbegünstigten Teil geteilt werden könnte. Hier ist vorrangig auf eine Abgrenzung anhand der tatsächlichen Grundstücksfläche abzustellen. Hilfsweise ist eine Abgrenzung mit Hilfe des Verhältnisses der anteiligen steuerbegünstigten und der nicht steuerbegünstigten Gebäudeflächen zur gesamten Gebäudefläche vorzunehmen.

Zu Absatz 7:

Absatz 7 regelt die Berechnung der Steuermesszahl nach Absatz 2 bei einem Aufeinandertreffen mehrerer Vergünstigungstatbestände.

Durch das Gesetz zur Änderung des Landesgrundsteuergesetzes und zur Einführung eines gesonderten Hebesatzrechts zur Mobilisierung von Bauland (ÄndGLGrStG)[1] ergaben sich Änderungen in Abs. 4 und 5: 11

1 GBl S. 1029.

Zu Absatz 4:

Aus Doppelbuchstabe aa folgt die Streichung der Voraussetzung des schriftlichen Verwaltungsaktes, wodurch ohne Einschränkung nunmehr alle Fälle der Förderzusage erfasst werden. Dadurch wird eine Ungleichbehandlung in Fällen vermieden, in denen die Förderzusage etwa durch öffentlich-rechtlichen Vertrag erfolgte.

Doppelbuchstaben bb und cc bestimmen, dass für die Gewährung der Ermäßigung der Steuermesszahl die sich aus der Förderzusage ergebenden Bindungen für jeden Erhebungszeitraum innerhalb des Hauptveranlagungszeitraums bestehen müssen. Damit erfolgt eine Klarstellung gegenüber der bisherigen Formulierung.

§ 40 Absatz 4 Satz 2 und Absatz 6 Satz 2

Die Änderung dient der Vereinheitlichung und Klarstellung hinsichtlich der erfassten und begünstigten Art des Grundbesitzes.

§ 40 Absatz 5

Die Spezifizierung bezüglich nur teilweise begünstigten Grundstücken entspricht der Regelung aus den anderen Absätzen und ist nur klarstellend.

12 *(Einstweilen frei)*

III. Geltungsbereich

13 Das LGrStG BW gilt für in Baden-Württemberg belegene Grundstücke.

14–15 *(Einstweilen frei)*

IV. Verhältnis zu anderen Vorschriften

16 Bemessungsgrundlage der Grundsteuer ist der **Steuermessbetrag** (§ 39 Satz 1 LGrStG BW). Dieser berechnet sich durch Multiplikation der Steuermesszahl mit dem maßgeblichen Grundsteuerwert. Der Grundsteuerwert für das Grundvermögen ergibt sich aus § 38 LGrStG BW und für Betriebe der Land- und Forstwirtschaft aus § 33 LGrStG BW.

17 Die Bewertung des **land- und forstwirtschaftlichen Vermögens** entspricht derjenigen des Bundesgesetzes. Damit ist es sachgerecht, dass auch die Steuermesszahl derjenigen in § 14 GrStG entspricht.

18 Eine **Ermäßigung** der Steuermesszahl besteht für Grundstücke, die **überwiegend Wohnzwecken** dienen. Die Definition der Wohnung in § 6 Abs. 2 LGrStG BW findet keine Anwendung für § 40 LGrStG BW. Dient ein Grundstück auch anderen als Wohnzwecken, soll die Berechnung der entsprechenden Flächen nach der Verwaltungsauffassung vorrangig nach der modifizierten Wohnflächenverordnung (WFlV) **vorgenommen werden.**[1] Nach der Gesetzesbegründung soll die Berechnung auch nach DIN 277-01 zulässig sein.

19 Bei Grundstücken, für die eine **Bindung nach dem LWoFG oder WoFG** (§ 40 Abs. 4 LGrStG BW) besteht, erhalten nur die geförderten Grundstücksteile eine Ermäßigung von 25 % auf die Steuermesszahl. Auch hier stellt sich ggf. die **Frage der Aufteilung** des Grundstücks in solche

1 FinMin Baden-Württemberg, Erlass v. 5.7.2022 - FM3-S 3000/1-30 Abs. 5 zu § 40.

Flächen, die nach LWoFG oder WoFG gefördert werden und den nicht geförderten Grundstücksteilen.[1] Nach dem Anwendungserlass[2] soll die Berechnung nach der angepassten[3] Wohnflächenverordnung (WoFlV) bzw. bei älteren Gebäuden nach der Zweiten Berechnungsverordnung (II.BV) vorgenommen werden. Besteht die Bindung nicht mehr, greift die Meldepflicht nach § 44 Abs. 2 LGrStG BW und es kann zu einer Neuveranlagung nach § 42 Abs. 2 Nr. 1 LGrStG BW kommen.

Nach § 40 Abs. 5 LGrStG BW erfolgt eine Ermäßigung der Steuermesszahl für die **Grundstücke bestimmter Rechtsträger.** Die Ermäßigung für Wohngrundstücke von Wohnungsbaugesellschaften der Gebietskörperschaften (§ 40 Abs. 5 Nr. 1 LGrStG BW) ist vom Abschluss eines Gewinnabführungsvertrages mit der Gebietskörperschaft abhängig. Die einschlägigen gesellschaftsrechtlichen Vorschriften (§§ 291, 302 AktG) für die Anerkennung eines Gewinnabführungsvertrages sind einzuhalten. Für Rechtsträger nach § 40 Abs. 5 Nr. 2 LGrStG BW ist Voraussetzung für die Gemeinnützigkeit nach § 52 Abs. 2 Nr. 27 AO, dass sie Wohnungen unterhalb der Marktmiete vergünstigt an Personen i. S. des § 53 vermieten, wobei für diese Personen nach § 52 Abs. 2 Nr. 27 AO höhere Einkommensgrenzen als in § 53 AO gelten. Daneben sind die allgemeinen Voraussetzungen der Gemeinnützigkeit einzuhalten. Vermietungsgenossenschaften erhalten die Ermäßigung nur für die Grundstücksteile, die ertragsteuerlich unter die Steuerbefreiung des § 5 Abs. 1 Nr. 10 KStG fallen. Sofern die Genossenschaft voll steuerpflichtig wird, weil die Einnahmen aus nicht begünstigten Geschäften mehr als 10 % der Gesamteinnahmen ausmachen, entfällt für sie die Ermäßigung. Sofern in einem Grundstück Grundstücksteile nach § 5 Abs. 1 Nr. 10 KStG steuerbefreit sind und auch ertragsteuerlich steuerpflichtige Grundstücksteile vorhanden sind, ist eine Aufteilung vorzunehmen. Eine Aufteilung ist nach der Gesetzesbegründung nur vorzunehmen, wenn diese räumlich möglich ist. 20

In den Genuss der ermäßigten Grundsteuermesszahl kommen nur **Kulturdenkmale** i. S. des baden-württembergischen Gesetzes zum Schutz der Kulturdenkmale (DSchG-BW). Auch hier erhalten nur die Grundstücksteile die Ermäßigung, die diesen Zwecken dienen, und es ist ggf. eine **Aufteilung** auf die verschiedenen Grundstücksteile vorzunehmen. 21

(Einstweilen frei) 22–26

B. Systematische Kommentierung

I. Steuermesszahl für land- und forstwirtschaftliche Betriebe (§ 40 Abs. 1 LGrStG BW)

Die Vorschrift entspricht § 14 GrStG. Da die Bewertung für **land- und forstwirtschaftliche Betriebe** mit den Regelungen des Bundesgesetzes übereinstimmt, ergibt sich keine Notwendigkeit, die Steuermesszahl anzupassen; sie ist dieselbe wie im Bundesrecht. 27

Auf die Kommentierung von Bock in Grootens, GrStG § 14 Rz. 18–23 wird verwiesen. 28

(Einstweilen frei) 29–32

1 Zu Einzelheiten der Berechnung der Bruttogrundfläche siehe Koordinierter Erlass der obersten Finanzbehörden der Länder v. 9.11.2021, AEBewGrSt, BStBl 2021 I S. 2362 ff.

2 FinMin Baden-Württemberg, Erlass v. 5.7.2022 - FM3-S 3000/1-30 Abs. 5 zu § 40.

3 FinMin Baden-Württemberg, Erlass v. 5.7.2022 - FM3-S 3000/1-30 Abs. 7 zu § 40.

II. Allgemeine Steuermesszahl für Grundstücke (§ 40 Abs. 2 LGrStG BW)

33 Aufgrund der abweichenden Bewertung des Grundvermögens im Landesrecht kann die **Steuermesszahl des Bundesrechts nicht übernommen** werden. Häufig ergeben sich nach dem LGrStG BW geringere Grundsteuerwerte als nach dem Bundesrecht, so dass die Steuermesszahl im LGrStG BW höher festgelegt wurde. Erste Berechnungen der Grundsteuerwerte nach dem Landesrecht zeigen aber, dass in den Ballungsräumen teilweise deutlich höhere Grundsteuerwerte anfallen als die bisherigen Einheitswerte. Dagegen liegen in ländlichen Gebieten die Grundsteuerwerte deutlich unter den bisherigen Werten. Ein Ausgleich kann durch den Gesetzgeber nicht erfolgen, vielmehr werden trotz der geänderten Steuermesszahl vor allem ländliche Kommunen gezwungen sein, ihre **Hebesätze** drastisch zu erhöhen, während in den Ballungsräumen die Hebesätze gesenkt werden müssen, um für die Kommunen das gleiche Grundsteueraufkommen wie vor der Reform sicherzustellen. Selbst wenn von der Kommune die Grundsteuerreform aufkommensneutral umgesetzt werden sollte, wird es **innerhalb der Gemeinde** in Bezug auf die Belastung einzelner Grundstücke zu **erheblichen Verschiebungen** kommen. Dies ist gewollt und bedingt durch die neue Bewertung unvermeidlich.

34 Abgesehen von der Höhe der Steuermesszahl entspricht § 40 Abs. 2 LGrStG BW den Regelungen in § 15 Abs. 2 GrStG. Auf die Kommentierung von Bock in Grootens, GrStG § 15 Rz. 22–56 wird verwiesen.

35–36 *(Einstweilen frei)*

III. Ermäßigung der Steuermesszahl für Wohngrundstücke (§ 40 Abs. 3 LGrStG BW)

37 Für alle Grundstücke, die **überwiegend Wohnzwecken** dienen, wird die Steuermesszahl nach Abs. 2 um 30 % ermäßigt.

1. Wohnzwecke

38 Eine Definition der Wohnzwecke findet sich nicht in § 40 LGrStG BW. Der Begriff der Wohnung in § 6 Abs. 2 LGrStG BW findet allerdings keine Anwendung in § 40 LGrStG BW. Auch der Anwendungserlass definiert den Begriff Wohnzwecke nicht. Es wird darin lediglich darauf hingewiesen, dass regelmäßig Wohnzwecke vorliegen, wenn das Grundstück im Rahmen der bisherigen Einheitsbewertung als Einfamilienhaus, Zweifamilienhaus, Mietwohngrundstück (i. d. R. Mehrfamilienhäuser) oder Wohnungseigentum bewertet wurde und sich hinsichtlich Bauart und Nutzung seither keine Änderungen ergeben haben.[1] Die Geeignetheit zur Nutzung für Wohnzwecke hat der BFH im Urteil v. 4.12.2014[2] für Studentenwohn- bzw. Altenheime entschieden. Danach ist bewertungsrechtlich eine Wohnung die Zusammenfassung einer Mehrheit von Räumen, die die Führung eines selbständigen Haushalts auf Dauer ermöglichen. Erforderlich hierzu ist, dass die Einheit eine Fläche von 20 qm nicht unterschreitet und zumindest ein Raum mit Kochgelegenheit, Bad oder Dusche und Toilette vorhanden ist und die bauliche Abgeschlossenheit mit eigenem Zugang gegeben ist. Der BFH hat in seinem Urteil v. 4.9.2000[3] bestimmt, dass neben der *Geeignetheit auch die Bestimmung, Menschen auf Dauer Aufenthalt und Unterkunft zu ermöglichen, für das Dienen zu Wohnzwecken Voraussetzung ist. Bei Woh-*

1 FinMin Baden-Württemberg, Erlass v. 5.7.2022 - FM3-S 3000-1/30 Abs. 16 zu § 40.
2 II R 20/14; NWB OAAAE-87221.
3 IX R 75/99, NWB IAAAA-67685.

nungen, die zur Vermietung an wechselnde Feriengäste für kürzere Zeiträume bestimmt seien, sei dies nicht der Fall. Entscheidend für das Dienen zu Wohnzwecken ist damit nicht nur die Eignung, sondern auch die Bestimmung zur Deckung eines dauernden Wohnbedarfs. Damit können Ferienwohnungen grds. nicht die Ermäßigung nach § 40 Abs. 3 LGrStG BW erhalten, weil sie nicht der Deckung eines dauernden Wohnbedarfs dienen.

Teilweise befinden sich in Wohngebieten aus den 1950er und 1960er Jahren Garagenhöfe. Diese Garagenhöfe befinden sich häufig auf einem gesonderten Grundstück mit eigener Flurstücksnummer, obwohl sie regelmäßig zusammen mit den dazugehörigen Wohngebäuden genutzt werden. Durch die Zusammenfassung dieser Garagenhöfe mit den zugehörigen Wohngrundstücken zu einer wirtschaftlichen Einheit, wird auch für diese Garagenhöfe die Ermäßigung des § 40 Abs. 3 GrStG ermöglicht. Teilweise wünschen die Eigentümer keine Zusammenfassung dieser Garagengrundstücke mit den Wohngrundstücken. Hintergrund hierfür ist, dass nicht für jeden Wohnungsmieter eine Garage zur Verfügung steht. Bei Zusammenfassung der Garagengrundstücke mit den Wohngrundstücken würde dann die Grundsteuer für die Garagen auf alle Mieter umgelegt oder es wären die Grundsteuern, die auf die Garagen entfallen, bei der Umlage der Betriebskosten mit den Mietern herauszurechnen, weil für die Garagengrundstücke regelmäßig die Grundsteuer nicht auf die Mieter umgelegt wird. Es ist noch nicht geklärt, ob in diesen Fällen auch für diese Garagengrundstücke die Ermäßigung nach § 40 Abs. 3 GrStG zu gewähren ist, wenn sie an die Mieter des damit zusammenhängenden Wohngrundstücks vermietet werden. Die Beispiele im Abs. 2 des Anwendungserlasses zu § 37 LGrStG führen zwar nicht explizit aus, dass für die Garagengrundstücke die Ermäßigung nach § 40 Abs. 3 LGrStG gewährt wird, doch legen die Beispiele den Schluss nahe, dass die Ermäßigung auch für diese Grundstücke zu gewähren ist. Ein weiteres Indiz, dass diese Garagengrundstücke in den Regelungsbereich des § 40 Abs. 3 LGrStG einzubeziehen sind, ist Abs. 7 zu § 40 LGrStG im Anwendungserlass. Danach sind bei der Berechnung der Wohnfläche, abweichend von den Regelungen der WoFlV, Garagen zur Wohnnutzung zu zählen. Keine Ermäßigung nach § 40 Abs. 3 LGrStG können dagegen öffentliche Parkgaragen (wechselnde kurzfristige Parkplatznutzer, keine feste, dauerhafte Zuordnung eines Stellplatzes zu einem Mieter), die nicht im Zusammenhang mit einer Wohnungsnutzung stehen, erhalten. 39

(Einstweilen frei) 40

2. Überwiegende Nutzung für Wohnzwecke

Um die ermäßigte Steuermesszahl zu erhalten, muss der Anteil der Wohnnutzung an der gesamten Wohn- und Nutzfläche den Anteil der wohnfremden Nutzung übersteigen. Für die Erlangung der Ermäßigung ist also eine Wohnnutzung von mehr als 50 % der Nutzfläche erforderlich. Nach der Gesetzesbegründung kann die Erfüllung dieser Voraussetzung durch Vorlage einer **Berechnung der Nutzfläche** nach der Wohnflächenverordnung (WoFlV) oder der DIN 277-1 nachgewiesen werden, wobei nach dem Anwendungserlass grds. die Berechnung nach der modifizierten Wohnflächenverordnung (WoFlV) maßgeblich sein soll. *Hilfsweise ist bei älteren Gebäuden auch die Zweite Berechnungsverordnung heranzuziehen.*[1] 41

Nach **§ 2 WoFlV** umfasst die Wohnfläche einer Wohnung die Grundflächen der Räume, die ausschließlich zu dieser Wohnung gehören. Zur Wohnfläche gehören auch die Grundflächen von Wintergärten, Schwimmbädern und ähnlichen nach allen Seiten geschlossenen Räumen 42

1 FinMin Baden-Württemberg, Erlass v. 5.7.2022 - FM3-S 3000/1-30. Abs. 5 Sätze 2 und 3 zu § 40.

sowie Balkonen, Loggien, Dachgärten und Terrassen, wenn sie ausschließlich zu der Wohnung gehören. Nicht zur Wohnfläche gehören die Grundflächen der Zubehörräume, wie Keller, Abstellräume und Kellerersatzräume, Waschküchen, Trockenräume, Bodenräume und Garagen außerhalb der Wohnung. Abweichend von der WoFlV rechnen aber auch Zubehörräume außerhalb der Wohnung, insbesondere **Kellerräume, Abstellräume und Kellerersatzräume, Waschküchen, Bodenräume, Trockenräume,** Heizungsräume und Garagen zur Wohnnutzung, wenn sie ausschließlich zu der Wohnung oder dem Wohnheim derselben wirtschaftlichen Einheit gehören.[1] Gemeinschaftlich genutzte Flächen (z. B. Fahrradkeller, die von Wohnungen und auch Gewerbeeinheiten gemeinsam benutzt werden) sind entsprechend dem Verhältnis der eindeutig zuordenbaren übrigen Flächen aufzuteilen.[2]

43 *(Einstweilen frei)*

3. Zeitliche Aspekte

44 *Voraussetzung für die Steuerermäßigung ist, dass sich auf dem Grundstück ein benutzbares (bezugsfertiges) Gebäude befindet. Die Bezugsfertigkeit ist davon abhängig, ob den zukünftigen Bewohnern oder Benutzern zugemutet werden kann, die Wohnungen oder Räume zu benutzen. Es kommt also nicht darauf an, wann die Wohnungen oder Räume tatsächlich bezogen werden. Auch der Zeitpunkt der Abnahme durch die Bauaufsichtsbehörde ist nicht entscheidend. Bei der Entscheidung, wann im Einzelfall eine Benutzung zumutbar ist, sind die sich ändernden Zeitumstände zu berücksichtigen (OVG Lüneburg, Urteil v. 21.1.1956, BBB 1957 S. 13). Selbst wenn Wohnungen oder Räume bereits bezogen werden, obwohl noch wesentliche Bauarbeiten (z. B. die Herstellung von Fußböden in einzelnen Zimmern, Sanitäranlagen) noch ausstehen, ist in diesen Fällen das Gebäude trotz seiner Benutzung noch nicht bezugsfertig.* Wie bei der früher möglichen degressiven Abschreibung nach § 7 Abs. 5 EStG ist der Zeitpunkt der Fertigstellung des Gebäudes von wesentlicher Bedeutung für die mögliche Inanspruchnahme der Ermäßigung. Die zum Zeitpunkt der Fertiggestellung ergangene Rechtsprechung zu § 7 Abs. 5 EStG kann hier weitere Anhaltspunkte für den Zeitpunkt der Bezugsfertigkeit geben. Danach ist eine Wohnung fertiggestellt, wenn die wesentlichen Bauarbeiten abgeschlossen sind und der Bau so weit errichtet ist, dass der Bezug der Wohnung zumutbar und eine selbständige Haushaltsführung möglich ist (BFH, Urteil v. 26.2.2002 - IX R 34/99, NWB LAAAA-69038). Eine Fertigstellung ist damit nicht erfolgt, wenn Türen, Böden und Innenputz oder die Sanitäranlagen noch fehlen. Auch bei fehlenden Fenstern und (Außen-)Türen, Anschlüssen für Strom- und Wasserversorgung und Heizung ist eine Fertigstellung nicht gegeben. Auf die Höhe der noch ausstehenden Herstellungskosten im Verhältnis zu den gesamten Herstellungskosten des Gebäudes kommt es nicht an. Eine Wohnung ist allerdings fertiggestellt, wenn lediglich der Außenputz noch fehlt oder die Außenanlagen noch nicht fertiggestellt sind, weil in diesen Fällen ein Bezug der Wohnung zumutbar ist.[3] *Davon zu unterscheiden ist der Fall, dass die zukünftigen Bewohner das Beziehen hinausschieben, obwohl nur noch geringfügige Restarbeiten auszuführen sind; dennoch ist das Gebäude bezugsfertig und die Voraussetzungen für die Ermäßigung sind erfüllt.*

44a *Die Gebäudeeigenschaft und damit auch die Möglichkeit für eine Steuerermäßigung nach § 40 Abs. 3 LGrStG enden, wenn das Gebäude nicht mehr zu Wohnzwecken benutzbar ist. Dies ist*

1 FinMin Baden-Württemberg, Erlass v. 5.7.2022 - FM3-S 3000/1-30 Abs. 7 zu § 40.

2 FinMin Baden-Württemberg, Erlass v. 5.7.2022 - FM3-S 3000/1-30 Abs. 8 zu § 40.

3 Schmidt, § 7b EStG: Ungelöste Fragen bei der neuen Sonderabschreibung für den Mietwohnungsneubau, NWB 38/2019 S. 2784.

dann der Fall, wenn infolge des Verfalls des Gebäudes oder der Zerstörung nach den objektiven Verhältnissen keine auf Dauer benutzbaren Räume mehr vorhanden sind. Die Verfallsmerkmale müssen an der Bausubstanz erkennbar sein und das gesamte Gebäude betreffen. Von einem Verfall ist auszugehen, wenn erhebliche Schäden an konstruktiven Teilen des Gebäudes eingetreten sind und ein Zustand gegeben ist, der aus bauordnungsrechtlicher Sicht die sofortige Räumung nach sich ziehen würde. Das ist stets der Fall, wenn eine Anordnung der Bauaufsichtsbehörde zur sofortigen Räumung des Grundstücks vorliegt; dabei ist gesondert zu prüfen, ob der Zustand von Dauer ist.[1]

Werden bei Bauarbeiten Wohnungen in Gewerbeeinheiten und umgekehrt umgebaut, stellt sich die Frage, ab wann die entsprechenden Gebäudeflächen als Wohnungen bzw. Gewerbeeinheiten berücksichtigt werden. Bei Umbauarbeiten ist bis zum Abschluss der Bauarbeiten die bisherige Nutzung maßgeblich. Die geplante zukünftige Nutzung bleibt bis zum Abschluss der Bauarbeiten unberücksichtigt.[2] 44b

BEISPIEL: UMBAU VON WOHNUNGEN IN GEWERBE Die Gesamtfläche eines Gebäudes beträgt 500 qm, davon werden 150 qm gewerblich und 350 qm für Wohnzwecke genutzt. Eine Wohnung, ebenfalls mit einer Fläche von 150 qm, soll ab dem 1.2.2002 als Gewerbeeinheit genutzt werden. Am 15.11.2001 beginnen Bauarbeiten (Entfernen der Bäder und Zwischenwände), um sie für die gewerblichen Zwecke herzurichten. Die Bauarbeiten enden am 16.1.2002 und die ehemalige Wohnung könnte als Gewerbeeinheit genutzt werden. Somit ergeben sich folgende Verhältnisse von Wohn- und Gewerbeflächen

bis 16.1.2002

Gesamtfläche 500 qm, davon für Wohnzwecke genutzt 350 qm, d. h. (350 qm /500 qm) 70 %.

Die Wohnnutzung überwiegt und das Grundstück bekommt die Ermäßigung nach § 40 Abs. 2 LGrStG BW.

Auch während der Dauer der Umbauarbeiten wird die bisherige Wohnung weiterhin als Wohnung behandelt.

ab dem 17.1.2002

Von der Gesamtfläche von 500 qm werden 200 qm für Wohnzwecke genutzt.

Der Anteil der Wohnnutzung beträgt dann nur noch (200 qm / 500 qm) 40 %.

Bei leerstehenden, jedoch weiterhin benutzbaren Räumen ist die bisherige Nutzung maßgeblich. Leerstehende, auf Dauer nicht mehr nutzbare Gebäude oder Gebäudeteile bleiben unberücksichtigt.[3] 44c

BEISPIEL: LEERSTAND *Die gesamte Wohn- und Nutzfläche eines Gebäudes beträgt 800 qm, davon werden 300 qm gewerblich und 500 qm für Wohnzwecke genutzt. Zum 1.10.2001 wird eine Wohneinheit (300 qm) gekündigt und steht anschließend leer. Noch im Dezember 2001 wird ein neuer Mietvertrag geschlossen. Zum 15.1.2002 soll die ehemalige Wohnung gewerblichen Zwecken dienen.*

1.10.2001 bis 14.1.2002

Der vorübergehende Leerstand der Wohnung führt nicht zu einer Nutzungsänderung. Die Nutzung für Wohnzwecke beträgt in diesem Zeitraum 62,5 % (500 qm / 800 qm) und erfüllt damit die Voraussetzungen des § 40 Abs. 3 LGrStG BW.

Ab 15.1.2002

Mit Beginn der gewerblichen Nutzung zum 15.1.2002 entfallen die Voraussetzungen für die Ermäßigung der Steuermesszahl. Die Nutzung für Wohnzwecke beträgt nur noch 25% (200 qm / 800 qm). Es kommt zur Neuveranlagung zum 1.1.2003.

---

1 FinMin Baden-Württemberg, Erlass v. 5.7.2022 - FM3-S 3000/1-30 **Abs. 10 zu § 40.**

2 FinMin Baden-Württemberg, Erlass v. 5.7.2022 - FM3-S 3000/1-30 Abs. 11 zu § 40.

3 FinMin Baden-Württemberg, Erlass v. 5.7.2022 - FM3-S 3000/1-30 Abs. 12 zu § 40.

45 Zu den mit dem Abriss oder der Umnutzung von Flächen verbundenen Meldepflichten, siehe Schmidt in Grootens LGrStG BW § 44 Rz. 50.

46 *(Einstweilen frei)*

IV. Zusätzliche Ermäßigung für geförderte Wohngrundstücke nach LWoFG und WoFG (§ 40 Abs. 4 LGrStG BW)

47 Die allgemeine Steuermesszahl nach Abs. 2 wird für die Teile des Grundstücks, die nach dem LWoFG oder nach § 13 Abs. 3 des WoFG gefördert werden, um 25 % ermäßigt. Zur Aufteilung, wenn nur einzelne Grundstücksteile für die nach Abs. 4 geförderten Zwecke verwendet werden, vgl. Schmidt in Grootens, LGrStG BW § 404 Rz. 166.

1. Förderung nach dem LWoFG BW bzw. dem WoFG

48 Durch die Föderalismusreform im Jahr 2006 ging die Kompetenz für die Wohnraumförderung vom Bund auf die Länder über. Das Wohnraumförderungsgesetz (WoFG) des Bundes war damit nur so lange Rechtsgrundlage der sozialen Wohnraumförderung in Baden-Württemberg, bis es durch das Landeswohnraumförderungsgesetz (LWoFG) v. 11.12.2007 abgelöst wurde. Da Baden-Württemberg ein eigenes Wohnraumfördergesetz erlassen hat, ist das **LWoFG** die **ausschließliche Rechtsgrundlage für die Wohnraumförderung in Baden-Württemberg.** In den §§ 29–35 LWoFG sind Übergangs- und Überleitungsregelungen vom WoFG auf das LWoFG enthalten. Der Verweis in § 40 Abs. 4 Nr. 3 und Nr. 4 LGrStG BW auf das WoFG dient wohl der Klarstellung, da die Förderbescheide, die vor Inkrafttreten des LWoFG erlassen wurden, sich auf das WoFG beziehen und die Bescheide nicht geändert wurden. Im Folgenden wird deshalb nur auf die für § 40 Abs. 4 LGrStG BW wichtigen Regelungen im LWoFG eingegangen.

49 Nach § 6 Abs. 1 LWoFG bestehen folgende **Fördertatbestände**, die für die Grundsteuerermäßigung von Bedeutung sein können:

1. der Bau von Wohnraum (§ 4 Abs. 9 LWoFG),
2. der Erwerb neuen Wohnraums (§ 4 Abs. 11 LWoFG),
3. der Erwerb von Belegungsrechten (§ 4 Abs. 13 LWoFG).

50 Nach § 6 Abs. 2 LWoFG erfolgen die Förderungen nur mit Begründung von Belegungs- und Mietbindungen oder **Bindungen** zum Zwecke der Selbstnutzung (Erwerb von Wohnraum zur Selbstnutzung).

51 Nach § 22 LWoFG ist auch die **mittelbare Belegung** von Wohnungen möglich. Danach können Belegungs- und Mietbindungen an Ersatzwohnungen begründet werden. Mit dem Zeitpunkt des Übergangs der Belegungsbindung auf die Ersatzwohnungen gelten diese als geförderte Wohnungen i. S. der Förderzusage. Damit erstreckt sich dann die Bindung auf diese Ersatzwohnungen und die Ermäßigung der Steuermesszahl ist nur auf diese Ersatzwohnungen anzuwenden. Die ursprünglich gebundenen Wohnungen kommen dann nicht mehr in den Genuss der Ermäßigung des Steuermessbetrags, da für sie keine Bindung nach dem LWoFG mehr besteht.

52 Teilweise fördern auch Kommunen den Wohnungsbau durch eigene Förderprogramme außerhalb des LWoFG. Diese **kommunalen Förderprogramme** führen nicht zu einer Ermäßigung der Steuermesszahl, da nur Förderungen nach dem LWoFG begünstigt sind.

53–56 *(Einstweilen frei)*

2. Nachweis der Förderung

Voraussetzung für die Ermäßigung nach § 40 Abs. 4 LGrStG BW ist das **Bestehen einer Bindung** nach dem LWoFG oder dem WoFG. Nach § 13 Abs. 1 LWoFG wird die Förderung durch einen **schriftlichen Zuwendungsbescheid** der Bewilligungsstelle gewährt (Förderzusage). In der **Förderzusage** sind der Verwendungszweck, die Art, die Höhe und die Bedingungen der Förderung geregelt. Auch der Beginn und das Ende der Bindungsdauer, der Inhalt und der Umfang der Bindungen sowie die höchstzulässige Miete werden in der Förderzusage bestimmt. Während nach dem LGrStG BW i. d. F. vom 4.11.2020 die schriftliche Förderzusage konstitutiv für die Ermäßigung war, ist diese Voraussetzung im ÄndGLGrStG entfallen. Begründet wird der Wegfall des Vorliegens eines schriftlichen Förderbescheids damit, dass nach der Bundesregelung in § 13 Abs. 3 WoFG die Förderzusage auch in Form eines öffentlich-rechtlichen Vertrages erfolgen kann. In Baden-Württemberg erfolgt die Förderzusage ausschließlich in Form eines schriftlichen Zuwendungsbescheid (vgl. § 13 Abs. 1 Satz 1 LWoFG). Insofern wäre die Anpassung an das Bundesgesetz nicht erforderlich gewesen. Bedeutung kann diese klarstellende Regelung allenfalls für alte öffentlich-rechtliche Fördervereinbarungen vor in Kraft treten des LWoFG haben. Diese Fälle dürften in der Praxis sehr selten vorkommen und durch die Übergangsregelungen im LWoFG abgedeckt sein. 57

Die Ermäßigung der Steuermesszahl ist erst mit Erteilung der Förderzusage zu erteilen. Die erteilte Förderzusage (z. B. Förderbescheid, Fördervertrag, öffentlich-rechtlicher Vertrag, Bewilligungsbescheid) stellt einen Grundlagenbescheid im Sinne von § 171 Abs. 10 AO dar. Eine Prüfung der Rechtmäßigkeit und Angemessenheit der gewährten Förderung, ebenso wie eine detaillierte Prüfung der Förderung einzelner Wohnungen, erfolgt durch die Finanzverwaltung nicht.[1] 58

Das Vorliegen einer Förderzusage ist konstitutiv für die Ermäßigung der Steuermesszahl, weil dadurch die Bindung begründet wird. Mit dem Ende der Bindung bzw. der Nachwirkungsfrist endet auch die Ermäßigung der Steuermesszahl und es werden Anzeigepflichten ausgelöst (vgl. Schmidt in Grootens § 44 LGrStG BW Rz. 30). 59

(Einstweilen frei) 60-61

3. Bestehen der Bindungen nach dem LWoFG bzw. dem WoFG

Ausschließliche Voraussetzung für die Ermäßigung ist, dass Bindungen nach dem LWoFG bestehen. Nach den Durchführungshinweisen des Wirtschaftsministeriums zum Landeswohnraumförderungsgesetz (DH-LWoFG) Ziffer 13 finden die Bindungen mit der vollständigen Rückzahlung des Förderdarlehens bzw. der gewährten Zuschüsse ihr Ende. Damit bestehen nach der **Rückzahlung der Förderdarlehen** bzw. Zuschüsse grds. keine Bindungen mehr und die Voraussetzung für die Ermäßigung des Steuermessbetrags sind nicht mehr gegeben. Dieser Grundsatz des LWoFG kann jedoch durchbrochen werden, wenn wie in § 16 LWoFG geregelt, trotz vollständiger Rückzahlung des Darlehens die **Bindungen** für einen gewissen Zeitraum fortbestehen **(Nachwirkungsfrist).** § 16 LWoFG betrifft beispielsweise folgende Fälle: 62

1. Kündigung des Förderdarlehns durch die Bewilligungsstelle wegen Verstoßes gegen die Bestimmungen der Förderzusage. Hier bestehen dann die Bindungen bis zum in der För-

1 FinMin Baden-Württemberg, Erlass v. 5.7.2022 - FM3-S 3000/1-30 Abs. 15 Satz 3 zu § 40.

derzusage bestimmten Ende der Bindungen fort, längstens jedoch bis zum Ablauf des zehnten Kalenderjahres nach dem Jahr der Rückzahlung.

2. Der Darlehensnehmer zahlt das Förderdarlehen freiwillig vorzeitig vollständig zurück. Hier enden die Bindungen zum Ablauf des achten Kalenderjahres nach dem Jahr der Rückzahlung, sofern nicht das Ende der Bindungen nach der Förderzusage bereits vorher eintritt.

63 Nach dem Wortlaut von § 40 Abs. 4 Nr. 2 und Nr. 4 GrStG, wird in diesen Fällen die **Ermäßigung noch bis zum Ende der Nachwirkungsfrist** gewährt, weil nach § 16 Abs. 1 Satz 1 LWoFG die Bindungen weiterhin bestehen.

64 Die Förderbedingungen hängen davon ab, ob es sich um ein Objekt handelt, das für fremde Wohnzwecke (Vermietung) oder eigene Wohnzwecke genutzt wird, oder ob die Förderung für eine Modernisierungsmaßnahme erfolgt.

a) Bei Mietobjekten

aa) Belegungs-, Benennungs- oder Besetzungsrechte

65 **Förderbedingungen bei Mietwohnungen** sind i. d. R. Belegungs- und Preisbindungen. Belegungsbindung ist die öffentlich-rechtliche Verpflichtung des Eigentümers, eine Mietwohnung nur Wohnberechtigten zu überlassen. Die Ausgestaltung der Belegungsbindung kann als allgemeines Belegungsrecht, Benennungsrecht oder Besetzungsrecht ausgestaltet werden. Benennungs- und Besetzungsrechte sind Beschränkungen des Auswahlrechts des Vermieters bei der Neuvermietung der Wohnung. Ein Belegungsrecht ist die Verpflichtung des Eigentümers eine belegungsgebundene Wohnung nur einem Wohnungssuchenden zu überlassen, dessen Wohnberechtigung sich aus einem Wohnberechtigungsschein nach § 15 LWoFG ergibt. Bei einem Benennungsrecht hat die zuständige Stelle (i. d. R. die Gemeinde) das Recht, bei der Neuvermietung einer so gebundenen Wohnung, dem Vermieter mindestens drei Wohnungssuchende zur Auswahl zu benennen. Besetzungsrecht ist das Recht der zuständigen Stelle, einen Wohnungssuchenden zu bestimmen, dem eine bestimmte gebundene Wohnung zu überlassen ist.

66 Aus dem **Wohnberechtigungsschein** ergibt sich, welche maßgebliche Einkommensgrenze vom Wohnungssuchenden eingehalten wird und welche Wohnungsgröße (Wohnfläche) bzw. Raumzahl dem Wohnungssuchenden zusteht (§ 15 Abs. 2 LWoFG). Teilweise sind Wohnungen nach der Förderzusage auch bestimmten Haushalten vorbehalten (z. B. Schwerbehinderten), auch diese Angaben ergeben sich aus dem Wohnberechtigungsschein.

67 **Maßgeblich sind die Verhältnisse beim Einzug,** spätere Änderungen in der Person des Berechtigten (z. B. Überschreiten der Einkommensgrenzen) führen nicht dazu, dass die Förderbedingungen nicht mehr eingehalten werden.

68–72 *(Einstweilen frei)*

ab) Mietpreisbindungen

73 Mietpreisbindung ist die öffentlich-rechtliche Verpflichtung des Vermieters, eine Mietwohnung einem Wohnberechtigten nicht zu einer höheren als der nach den Förderbestimmungen **höchstzulässigen Miete** zu überlassen.

Ist der Inhaber des Wohnberechtigungsscheins aus der Wohnung ausgezogen, kann die Wohnung den Haushaltsangehörigen zum Gebrauch überlassen werden, auch wenn diese über keinen entsprechenden Wohnberechtigungsschein verfügen. Voraussetzung ist aber, dass der Ehegatte oder der Lebenspartner in der Wohnung verbleibt oder nach dem Tod des Wohnberechtigten Haushaltsangehörige (Personen nach § 563 Abs. 1 und 2 BGB) in das Mietverhältnis eingetreten sind (§ 15 Abs. 6 LWoFG). 74

Entfallen bei vermieteten Wohnungen während des Hauptveranlagungszeitraums die Bindungen (z. B. wegen planmäßiger Tilgung des Förderdarlehens), wird die Ermäßigung ab dem 1.1. des folgenden Jahres nicht mehr gewährt. Bestehen die Bindungen dagegen aufgrund einer Nachwirkungsregelung fort, wird die Ermäßigung bis zum Ende des Nachwirkungszeitraums gewährt.[1] Eine Anzeigepflicht besteht dann erst mit Ende des Nachwirkungszeitraums, vgl. Schmidt in Grootens LGrStG BW § 44 Rz. 30. 75

(Einstweilen frei) 76–78

b) Bei selbst genutzten Immobilien

Nach § 6 Abs. 2 LWoFG bestehen bei der Förderung selbstgenutzter Immobilien **Bindungen zum Zwecke der Selbstnutzung.** Zieht also der Eigentümer innerhalb der Bindungsfrist aus der Wohnung aus, entfällt die Ermäßigung der Steuermesszahl. 79

Im Falle der Selbstnutzung soll die Ermäßigung auch dann entfallen, wenn der selbstnutzende Eigentümer das Förderdarlehen vorzeitig zurückbezahlt, auch wenn er die Wohnung weiterhin selbst nutzt.[2] *Eine Begründung für diese Auffassung findet sich nicht im Anwendungserlass.*

(Einstweilen frei) 80–81

c) Bei Modernisierungen

Nach dem LWoFG wird auch die **Modernisierung** von Wohnraum gefördert. Diese Förderungen können **bindungsfrei** erfolgen. Das Gesetz und der Anwendungserlass nennen als Voraussetzung für die Ermäßigung das Bestehen einer Bindung. Sollte also für ein Gebäude, für das bisher keine Bindung besteht, eine Modernisierungsförderung bindungsfrei erfolgen, ist keine Ermäßigung zu gewähren, weil die Voraussetzung für die Ermäßigung - das Vorliegen einer Bindung - fehlt. 82

(Einstweilen frei) 83–86

4. Bestehen der Bindungen im Hauptfeststellungszeitpunkt und für jeden Erhebungszeitraum innerhalb des Hauptveranlagungszeitraums

Voraussetzung für die Ermäßigung der Steuermesszahl ist, dass die sich aus der Förderzusage ergebenden **Bindungen im Hauptfeststellungszeitpunkt** und auch für jeden Erhebungszeitraum innerhalb des Hauptveranlagungszeitraums bestehen (§ 40 Abs. 4 Nr. 2 LGrStG BW) – eine **Einhaltung der Bindungen ist nicht erforderlich.** Die Regelung könnte so verstanden werden, dass die Ermäßigung nicht gewährt wird, wenn bereits im Hauptfeststellungszeitpunkt feststeht, dass die Bindungen nicht in jedem Erhebungszeitraum innerhalb des Hauptfeststellungszeitraums bestehen werden, z. B. weil der Förderzeitraum planmäßig innerhalb des 87

1 FinMin Baden-Württemberg, Erlass v. 5.7.2022 - FM3-S 3000/1-30 Abs. 16 und 17 zu § 40.
2 FinMin Baden-Württemberg, Erlass v. 5.7.2022 - FM3-S 3000/1-30 Abs. 17 zu § 40.

Hauptfeststellungszeitraums endet. Dies würde aber zu einer Ungleichbehandlung mit den Fällen führen, bei denen erst im Laufe des Hauptfeststellungszeitraums die Förderdarlehen außerplanmäßig getilgt werden und dies im Hauptfeststellungszeitpunkt noch nicht absehbar war. Der Anwendungserlass stellt klar, dass *der Gesetzeswortlaut so zu verstehen ist, dass die Steuermesszahl für jeden Erhebungszeitraum innerhalb des Hauptveranlagungszeitraums ermäßigt wird, zu dessen Beginn die sich aus der Förderzusage ergebenden Bindungen bestehen.*[1]

Erst wenn im Laufe des Hauptfeststellungszeitraums die Bindungen nicht mehr bestehen sollten, entfällt die Ermäßigung und es besteht eine Anzeigepflicht und die Ermäßigung entfällt.[2]

88 Die Entscheidung über die Ermäßigung der Steuermesszahl für die Festsetzung des Grundsteuermessbetrags auf den 1.1.2025 wird bereits vor dem Jahr 2025 getroffen. Im Grundsteuermessbescheid auf den 1.1.2025 ist deshalb die Ermäßigung nur zu gewähren, wenn die Förderzusage bereits vorliegt und über den 1.1.2025 (Hauptveranlagungszeitpunkt) hinaus Wirkung entfaltet. Steht bereits im Rahmen der Festsetzung des Grundsteuermessbetrags fest, dass die Förderzusage aufgrund einer Befristung vor dem Hauptveranlagungszeitpunkt ausläuft, kann die Ermäßigung nicht berücksichtigt werden.

BEISPIEL: Eine Wohnungsbaugesellschaft hat im Zusammenhang mit der Errichtung eines Mehrfamilienhauses im Jahr 2014 eine Förderzusage für ein verbilligtes langfristiges Darlehen mit folgenden Konditionen bekommen: Laufzeit 10 Jahre; Laufzeitende: 20.10.2024; die Bindungsfrist für die verbilligte Wohnraumüberlassung endet am 1.12.2024.

Da die Bindungsfrist für die verbilligte Wohnraumüberlassung vor dem 1.1.2025 (Hauptveranlagungszeitpunkt) ausläuft, ist die Steuerermäßigung nach § 40 Abs. 4 LGrStG bei der Festsetzung des Grundsteuermessbetrags auf den 1.1.2025 nicht zu berücksichtigen.[3]

89 *(Einstweilen frei)*

5. Anzeigepflichten

90 Sofern die Bindungen nicht mehr bestehen, wird die Ermäßigung nicht mehr gewährt. Es besteht nach § 44 Abs. 2 LGrStG BW eine **Meldepflicht.**[4]

91–97 *(Einstweilen frei)*

6. Berücksichtigung der ermäßigten Grundsteuer in der Betriebskostenabrechnung

98 Für den Vermieter stellt sich die Frage, wie die **unterschiedlich hohen Grundsteuern für die geförderten und freifinanzierten Wohnungen in der Betriebskostenabrechnung** zu berücksichtigen sind. Nach der Gesetzesbegründung sollen nur die Mieter der sozialgebundenen Wohnungen von der Grundsteuerermäßigung des Abs. 4 profitieren. Die **Betriebskostenverordnung** enthält lediglich eine Aufzählung der umlagefähigen Betriebskosten, jedoch keine Hinweise, wie bei einem solchen Sachverhalt zu verfahren ist. Nach § 20 Abs. 1 Neubaumietenverordnung (NMV) dürfen nur solche Betriebskosten umgelegt werden, die bei gewissenhafter Abwägung aller Umstände und bei ordentlicher Geschäftsführung gerechtfertigt sind. Dies könnte so interpretiert werden, dass auf die geförderten und die freifinanzierten Wohnungen nur die

1 FinMin Baden-Württemberg, Erlass v. 5.7.2022 - FM3-S 3000/1-30 Abs. 16 Satz 1 zu § 40.
2 Vgl. Schmidt in Grootens, LGrStG BW § 44 Rz. 30.
3 FinMin Baden-Württemberg, Erlass v. 5.7.2022 - FM3-S 3000/1-30 Abs. 16 zu § 40.
4 Vgl. Schmidt in Grootens, LGrStG BW § 44 Rz. 30.

Grundsteuer umgelegt werden darf, die jeweils für sie entstanden ist. Die Umlage der Grundsteuer getrennt nach geförderten und frei finanzierten Wohnungen könnte auch aus § 556 Abs. 1 Satz 2 BGB begründet werden. Dort heißt es: Betriebskosten sind die Kosten, die dem Eigentümer oder Erbbauberechtigten durch das Eigentum oder das Erbbaurecht am Grundstück oder durch den bestimmungsmäßigen Gebrauch des Gebäudes, der Nebengebäude, Anlagen, Einrichtungen und des Grundstücks laufend entstehen. Bei der Umlage muss es sich um konkrete Kosten handeln, welche der Höhe nach feststehen müssen. Wenn nun die Grundsteuer bei gefördertem und bei frei finanziertem Wohnraum unterschiedlich hoch ist, können lediglich die Kosten gegenüber den Mietern abgerechnet werden, die durch den bestimmungsgemäßen Gebrauch des Gebäudes anfallen, eben die aufgrund der Eigenschaft „gefördert" oder „frei finanziert" geringeren oder höheren Grundsteuern, so dass eine Trennung vorzunehmen ist.

(Einstweilen frei) 99–100

7. Ermäßigung der Steuermesszahl nur für den abgrenzbaren Teil des Steuergegenstandes (§ 40 Abs. 4 Satz 2)

Die zusätzliche Ermäßigung erhalten nur die **Teile des Grundstücks** die nach dem LWoFG bzw. dem WoFG gefördert sind. Die Aufteilung erfolgt vorrangig anhand der Grundstücksfläche. Ist eine Aufteilung nicht bereits unmittelbar anhand der Grundstücksfläche möglich, kann diese hilfsweise nach dem Verhältnis der anteiligen Wohn- und Nutzflächen erfolgen.[1] Zu Einzelheiten der Aufteilung vgl. → Rz. 164. 101

(Einstweilen frei) 102–103

V. Ermäßigung der Steuermesszahl für Grundstücke bestimmter Rechtsträger (§ 40 Abs. 5 LGrStG BW)

Nach der Gesetzesbegründung sollen durch die Grundsteuervergünstigung zusätzliche Investitionsanreize zur Schaffung von Wohnraum gesetzt werden und zielgenau die Bau- und Wohnungswirtschaft in denjenigen Fällen positiv beeinflusst werden, bei denen die günstige Versorgung der Bevölkerung mit Wohnraum Hauptzweck ist. Unglücklicherweise hat der Landesgesetzgeber die vollkommen missglückte Regelung in § 15 Abs. 4 GrStG in § 40 Abs. 5 LGrStG BW übernommen. 104

Die **Grundsteuerermäßigung** erscheint **nicht geeignet, Investitionsanreize** für den Wohnungsbau **zu schaffen.** Die Grundsteuer wird im preisgebundenen Wohnraum nach der Betriebskostenverordnung (BetrKV) und beim freifinanzierten Wohnraum nach § 556 Abs. 1 Satz 1 BGB **auf die Mieter umgelegt.** Insofern kommt die Ermäßigung bei der Grundsteuer den Mietern zu Gute, für die Vermieter ergeben sich daraus keine zusätzlichen Investitionsanreize, so dass damit der Gesetzeszweck nicht erreicht werden kann und diese Privilegierung verfassungsrechtlich kritisch zu werten ist (vgl. → Rz. 140–145). Eine andere Beurteilung könnte sich nur für die (wenigen) Fälle ergeben, in denen keine Umlage der Grundsteuer als Betriebskosten erfolgt. 105

(Einstweilen frei) 106–107

1 FinMin Baden-Württemberg, Erlass v. 5.7.2022 - FM3-S 3000/1-30 Abs. 18 zu § 40.

1. Begünstigung von Wohnungsbaugesellschaften von Gebietskörperschaften, die mit diesen Gebietskörperschaften einen Gewinnabführungsvertrag geschlossen haben

108 Zum Begriff der Gebietskörperschaft vgl. Bock in Grootens, GrStG § 15 Rz. 83.

109 Bei einem **Gewinnabführungsvertrag** verpflichtet sich ein Unternehmen, seinen ganzen Gewinn an ein anderes Unternehmen abzuführen (§ 291 AktG). Die Gebietskörperschaft ist kein Unternehmen, dennoch soll sie nach den zivilrechtlichen Regelungen Obergesellschaft sein können[1]. Obwohl § 291 AktG eine aktienrechtliche Regelung ist, soll nach dem Beschluss des BGH v. 24.10.1988[2] auch zwischen GmbHs ein Gewinnabführungsvertrag abgeschlossen werden können. Erforderlich ist, dass die Gesellschafterversammlung der herrschenden Gesellschaft dem Vertrag mit einer Mehrheit von mindestens 3/4 der bei der Beschlussfassung abgegebenen Stimmen zustimmt. Abgesehen davon, dass die Gebietskörperschaft kein Unternehmen ist, wie es das AktG fordert, ist die Frage der Willensbildung in der Gemeinde nur schwer mit der Willensbildung in einer GmbH vergleichbar. Von daher bestehen erhebliche Zweifel, ob eine Gemeinde überhaupt mit gesellschaftsrechtlicher Wirkung einen solchen Vertrag abschließen könnte.

110 Ein Gewinnabführungsvertrag mit der Kommune könnte ertragsteuerlich nur bestehen, wenn die Beteiligung an der Wohnungsbaugesellschaft von der Gebietskörperschaft in einem Betrieb gewerblicher Art gehalten würde. Regelmäßig werden diese Beteiligungen aber im vermögensverwaltenden Bereich der Kommune gehalten und es kann kein ertragsteuerlich anzuerkennendes Organschaftsverhältnis zwischen Gebietskörperschaft und Wohnungsbaugesellschaft vorliegen. § 40 Abs. 5 Nr. 1 LGrStG BW verlangt allerdings nur, dass ein Gewinnabführungsvertrag besteht, es wird nicht verlangt, dass dieser Gewinnabführungsvertrag auch steuerlich anzuerkennen ist. Das Erfordernis einen Gewinnabführungsvertrag abzuschließen ergibt sich nach der Gesetzesbegründung nur daher, weil der erwirtschaftete Gewinn der kommunalen Daseinsfürsorge zu Gute kommen soll. Dafür ist es ausreichend, dass die zivilrechtlichen Voraussetzungen für einen Gewinnabführungsvertrag vorliegen, ein ertragsteuerlich anzuerkennendes Organschaftsverhältnis erscheint deshalb nicht erforderlich.

111 Dem Abschluss eines Gewinnabführungsvertrags mit einer Gemeinde stehen auch die **Regelungen der Gemeindeordnung Baden-Württemberg** (GemO BW) entgegen. So muss nach § 102 Abs. 1 Nr. 1 GemO BW das kommunale Unternehmen nach Art und Umfang in einem angemessenen Verhältnis zur Leistungsfähigkeit der Gemeinde und zum voraussichtlichen Bedarf stehen. Durch einen Gewinnabführungsvertrag hätte die Gemeinde nach § 302 AktG Verluste des Tochterunternehmens in unbegrenzter Höhe zu übernehmen, so dass auch im Hinblick auf die GemO der Abschluss eines Gewinnabführungsvertrags nicht möglich erscheint. Damit geht die Regelung ins Leere, weil es solche Konstellationen, die die Voraussetzungen erfüllen, bei Beachtung der GemO nicht geben kann.

112 Die Regelung lässt außer Acht, dass auch Kommunen in ihrem vermögensverwaltenden Bereich über Wohnungen verfügen. Teilweise werden diese Wohnungsbestände auch in Eigenbetrieben geführt. Die von der Kommune direkt oder in einem Eigenbetrieb geführten Wohnungen sollen nicht begünstigt sein, obwohl die erwirtschafteten Mittel ebenfalls unmittelbar der kommunalen Daseinsfürsorge dienen. Die ausschließliche Privilegierung der privaten Rechtsform ist nicht nachvollziehbar, damit stellt sich die Frage der Verfassungsmäßigkeit der Regelung, vgl. → Rz. 140–145.

113 *(Einstweilen frei)*

---

1 Vgl. Neumann in Gosch, KStG § 14 Rz. 183.

2 BGH, Beschluss v. 24.10.1988 - II ZB 7/88 NWB DAAAB-03175.

2. Begünstigung gemeinnütziger Wohnungsbaugesellschaften (§ 40 Abs. 5 Nr. 2 LGrStG BW)

Das Wohnungsgemeinnützigkeitsgesetz wurde zum 1.1.1990 abgeschafft. Gemeinnützig waren seither nur Unternehmen, die die in § 52 Abs. 2 AO aufgeführten gemeinnützigen Zwecke erfüllen. Die **Wohnungsvermietung** fand sich **nicht im Katalog der gemeinnützigen Zwecke** in § 52 Abs. 2 AO. Von daher konnte es nach der Rechtslage bei Verabschiedung des LGrStG BW keine gemeinnützigen Wohnungsunternehmen geben. 114

Durch das Jahressteuergesetz 2024 wurde durch Einfügung einer Nr. 27 in § 52 Abs. 2 AO ab dem 1.1.2025 eine Steuerfreiheit für die gemeinnützige Wohnungsvermietung eingeführt. Voraussetzung für die Wohngemeinnützigkeit ist, dass sowohl die Voraussetzungen des § 52 Abs. 2 Nr. 27 AO als auch die allgemeinen Voraussetzungen für die Gemeinnützigkeit von der Körperschaft erfüllt werden. Voraussetzung für die Gemeinnützigkeit nach § 52 Abs. 2 Nr. 27 AO ist, dass Wohnungen zu vergünstigten Preisen an Personen i. S. des § 53 AO überlassen werden, wobei für die Personen mit finanzieller Hilfsbedürftigkeit höhere Einkommensgrenzen als in § 53 AO gelten. 115

Der Nachweis der Wohngemeinnützigkeit kann durch die Vorlage des Freistellungsbescheids erfolgen.

Gemeinnützige Körperschaften können in steuerlicher Hinsicht vier Sphären haben: Ideeller Bereich, Zweckbetrieb, Vermögensverwaltung und wirtschaftlicher Geschäftsbetrieb. Nach dem Gesetzestext spielt keine Rolle, welchem Bereich die Immobilie zugeordnet ist. Selbst wenn die Immobilie im steuerpflichtigen wirtschaftlichen Geschäftsbetrieb gehalten wird, wird die Ermäßigung gewährt, weil das Gesetz nur darauf abhebt, dass das Grundstück einer gemeinnützigen Wohnbaugesellschaft zugerechnet wird. Im Unterschied dazu ist bei Vermietungsgenossenschaft (§ 40 Abs. 5 Nr. 3 LGrStG BW) nur der Grundbesitz in die Begünstigung einzubeziehen, der dem steuerfreien Bereich zugeordnet ist.

(Einstweilen frei) 116

3. Steuerbefreite Vermietungsgenossenschaften nach § 5 Abs. 1 Nr. 10 KStG (§ 40 Abs. 5 Nr. 3 LGrStG BW)

Nach § 5 Abs. 1 Nr. 10 KStG sind Genossenschaften sowie Vereine steuerbefreit von der Körperschaft- uns Gewerbesteuer, soweit sie Wohnungen herstellen oder erwerben und sie den Mitgliedern aufgrund eines Mietvertrags oder aufgrund eines genossenschaftlichen Nutzungsvertrags zum Gebrauch überlassen. Begünstigt sind auch Verträge zur vorübergehenden Unterbringung von Wohnungslosen, die mit juristischen Personen des öffentlichen Rechts oder gemeinnützigen, mildtätigen oder kirchlichen Zwecken dienenden Steuerpflichtigen (§ 5 Nr. 9 KStG), die Mitglied der Genossenschaft sind, abgeschlossen sind. Soweit von der Genossenschaft andere Tätigkeiten betrieben werden, sind diese Tätigkeiten steuerpflichtig. Die Steuerbefreiung ist insgesamt ausgeschlossen, wenn die Einnahmen der Genossenschaft aus den steuerpflichtigen Tätigkeiten 10 % der gesamten Einnahmen übersteigen. Eine erhöhte Einnahmengrenze von 30 % gilt für die Lieferung von Strom aus Anlagen, für die unter den Voraussetzungen des § 21 Abs. 3 des Erneuerbare-Energien-Gesetzes der Anspruch auf Zahlung eines Mieterstromzuschlags besteht. 117

a) Steuerbefreite Geschäftsbereiche

Nach § 40 Abs. 5 Nr. 3 KStG können die Ermäßigung nur Genossenschaften und Vereine beantragen, deren Tätigkeit sich auf § 5 Abs. 1 Nr. 10 Satz 1 Buchst. a und b KStG beschränken und von der Körperschaftsteuer befreit sind. Das KStG spricht auch von Vereinen, meint aber in 118 diesem Zusammenhang Unternehmen, die schon vor Verabschiedung des Genossenschaftsgesetzes gegründet wurden und die damals (nur) mögliche Rechtsform des Vereins gewählt hatten. Im Folgenden wird vereinfachend nur noch von Genossenschaften gesprochen.

119 § 5 Abs. 1 Nr. 10 Satz 1 Buchst. a KStG umfasst die Vermietung eigener Wohnungen an die Mitglieder auf Grund eines Mietvertrags oder auf Grund eines genossenschaftlichen Nutzungsvertrags.

Vermietungsgenossenschaften unterstützen die Kommunen bei der **Unterbringung von Bürgerkriegsflüchtlingen/Asylbewerbern und Obdachlosen.** Dabei ergibt sich dann regelmäßig das Problem, dass wegen der nur vorübergehenden Unterbringung diese Personen nicht Genossenschaftsmitglied werden sollen, sondern die Kommune für diese Personen die entsprechende Anzahl von Genossenschaftsanteilen zeichnet. Damit wären diese Vermietungen nicht mehr steuerfrei möglich. Seit den 1990er Jahren hatte deshalb das BMF Billigkeitsregelungen erlassen, damit auch diese vorübergehenden Unterbringungen steuerfrei erfolgen konnten. Mit dem Jahressteuergesetz 2020 wurde die bislang zeitlich befristete Billigkeitsregelung auf eine dauerhafte gesetzliche Grundlage gestellt und allgemein auf **„Wohnungslose"** ausgeweitet. Dazu wurde § 5 Abs. 1 Nr. 10 KStG um die Sätze 6 und 7 ergänzt. Danach sind diese Vermietungen auch nach § 5 Abs. 1 Nr. 10 Buchst. a und b begünstigt. Dies gilt auch, wenn eine Einweisungsverfügung nach den Ordnungsbehördengesetzen der Länder vorliegt.

120 Nach § 5 Abs. 1 Nr. 10 Satz 1 Buchst. b KStG ist auch das Herstellen oder Erwerben und das Betreiben von Gemeinschaftsanlagen oder Folgeeinrichtungen im Zusammenhang mit der Wohnungsvermietung an Mitglieder begünstigt, wenn diese Einrichtungen überwiegend für Mitglieder bestimmt sind und der Betrieb durch die Genossenschaft notwendig ist. **„Gemeinschaftsanlagen"** und **„Folgeeinrichtungen"** sind noch Begrifflichkeiten aus dem zum 1.1.1990 abgeschafften Wohnungsgemeinnützigkeitsgesetz.

121 **Folgeeinrichtungen** sind bauliche Anlagen, die für eine größere Anzahl von zusammenhängenden Wohnungen notwendig sind, um die bildungsmäßige, soziale oder verwaltungsmäßige Betreuung zu gewährleisten.[1] Beispiele hierfür sind Kindertagesstätten, Kindergärten, Altentagesstätten, Jugendzentren oder Sozialstationen.

122 **Gemeinschaftsanlagen** sind bauliche Anlagen, die für Wohnungen errichtet werden und anstelle der üblicherweise zur Wohnungsnutzung gehörenden Einzelanlagen den Wohnungsberechtigten zur gemeinsamen Benutzung dienen. Dazu gehören gemeinsame Heizungsanlagen oder Tiefgaragen. Nach Rz. 28 des BMF Schreibens v. 22.11.1991[2] wird die Steuerbefreiung nicht dadurch ausgeschlossen, dass Folgeeinrichtungen und Gemeinschaftsanlagen auch von Nichtmitgliedern genutzt werden, sofern die Nutzung durch Mitglieder überwiegt. So können auch Sammel- oder Tiefgaragen Gemeinschaftsanlagen sein, wenn die Nutzung durch die Wohnungsmieter der Genossenschaft überwiegt.

123 Eine **Fortentwicklung des Begriffs der Gemeinschaftsanlagen** ist seit Ende der Wohnungsgemeinnützigkeit, also seit über 30 Jahren nicht mehr erfolgt, so dass noch nicht abschließend geklärt ist, ob der Betrieb von Blockheizkraftwerken (die letztlich nur eine spezielle Heizungsanlage sein könnten) oder E-Ladesäulen unter den Begriff der Gemeinschaftsanlagen zu fassen sind.

124 *(Einstweilen frei)*

1 GdW, Die Vermietungsgenossenschaft S. 52.

2 BMF Schreiben v. 22.11.1991, Aufhebung der Steuerbefreiung für gemeinnützige Wohnungsunternehmen und Einführung der Steuerbefreiung für Vermietungsgenossenschaften sowie –vereine durch das Steuerreformgesetz 1990, BStBl 1991 I S. 1014.

b) Steuerpflichtige Geschäftsbereiche

Übt eine Genossenschaft auch andere Tätigkeiten als die in § 5 Abs. 1 Nr. 10 Buchst. a und b KStG genannten aus, sind diese Geschäfte nicht steuerbefreit. Soweit die Einnahmen aus diesen steuerpflichtigen Geschäften 10 % der Gesamteinnahmen übersteigen, wird die Genossenschaft zur Gänze steuerpflichtig. 125

Zu den nicht begünstigten Tätigkeiten nach § 5 Abs. 1 Nr. 10 KStG Satz 2–5, die die Ermäßigung des Grundsteuermessbetrags ausschließen, zählen z. B. 126

1. die Wohnungsvermietung an Nichtmitglieder (sofern kein Fall der Vermietung an Wohnungslose vorliegt)
2. die Vermietung angemieteter Wohnungen,
3. die Vermietung von Gewerbeeinheiten,
4. die Einräumung von Erbbaurechten,
5. der Verkauf von in Photovoltaikanlagen oder Blockheizkraftwerken erzeugtem Strom.

(Einstweilen frei) 127–128

c) Ermäßigung der Steuermesszahl nur für steuerfreie Geschäfte (§ 40 Abs. 5 Nr. 3 Satz 2 LGrStG BW)

Nach § 40 Abs. 5 Nr. 3 Satz 2 LGrStG BW wird die **Ermäßigung der Steuermesszahl** nur für den abgrenzbaren Teil eines Grundstücks gewährt, der für die nach § 5 Abs. 1 Nr. 10 Satz 1 Buchst. a und b KStG steuerfreien Zwecke verwendet wird. Zur Aufteilung im Einzelnen vgl. → Rz. 167–170. 129

Bei den **Geschäftsstellen von Vermietungsgenossenschaften** stellt sich die Frage, ob diese dem ertragsteuerlich steuerbefreiten Bereich zuzurechnen ist. Nach dem BMF-Schreiben v. 22.11.1991 Tz. 39 gehört zu den begünstigten Einnahmen der Vermietungsgenossenschaft der Verkauf von nicht mehr benötigtem Inventar aus dem begünstigten Bereich. Damit ist die Geschäftsstelle ähnlich wie die PC-Ausstattung für die Mietverwaltung dem steuerbefreiten Bereich der Genossenschaft zuzurechnen und das Grundstück der Geschäftsstelle erhält die Ermäßigung der Steuermesszahl. Insofern ergibt sich in Bezug auf die Geschäftsstellen der Vermietungsgenossenschaften nach dem LGrStG BW eine unterschiedliche Behandlung gegenüber der Bundesregelung bzw. den Landesregelungen, die auf die Bundesregelung verweisen, weil im Bundesgesetz Voraussetzung für die Grundsteuerermäßigung ist, dass ein Wohngebäude vorliegt, während das LGrStG BW nur auf die Verwendung für die ertragsteuerlich begünstigten Zwecke abhebt. 130

(Einstweilen frei) 131–136

d) Vorrang von § 40 Abs. 4 LGrStG BW vor § 40 Abs. 5 LGrStG BW?

Liegen für ein Grundstück die Voraussetzungen des Abs. 4 (Förderung nach dem LWoFG) nicht vor, erhalten die begünstigten Eigentümer nach § 40 Abs. 5 LGrStG BW ebenfalls eine Ermäßigung der Steuermesszahl um 25 %. Die Vorschrift könnte so gelesen werden, dass die in § 40 Abs. 5 LGrStG BW genannten Rechtsträger zunächst die Erfüllung der Voraussetzungen für die Ermäßigung nach § 40 Abs. 4 LGrStG BW nachzuweisen hätten und erst in einem nächsten Schritt für alle anderen Grundstücke die Ermäßigung nach § 40 Abs. 5 LGrStG BW beantragen könnten. Insbesondere bei Grundstücken, in denen sich geförderte und frei finanzierte Wohnungen befinden, würde dies zu einem erheblichen zusätzlichen Verwaltungsaufwand führen, weil zunächst für die geförderten Wohnungen der Nachweis der Förderung zu führen wäre 137 und zusätzlich dann für die frei finanzierten Wohnungen nachzuweisen wäre, dass die Voraussetzungen des § 40 Abs. 5 LGrStG BW erfüllt sind. Letztlich umfasst die Ermäßigung nach § 40 Abs. 5 LGrStG BW alle Grundstücke der begünstigten Eigentümer und damit auch auch die nach dem LWoFG geförderten Grundstücke. Der Nachweis für das Vorliegen der Voraussetzungen des § 40 Abs. 5 LGrStG BW dürfte deutlich einfacher zu führen sein, als die nach § 40 Abs. 4 LGrStG BW geforderten Nachweise. Von daher ist § 40 Abs. 5 Satz 1 LGrStG BW nur so zu verstehen, dass die Ermäßigung nach § 40 Abs. 4 LGrStG BW nicht zusätzlich zur Ermäßigung nach § 40 Abs. 5 LGrStG BW gewährt wird, es aber nicht erforderlich ist, vorrangig die Einhaltung der Voraussetzungen des § 40 Abs. 4 LGrStG BW darzulegen.

138–139 *(Einstweilen frei)*

e) Ist § 40 Abs. 5 Nr. 3 LGrStG BW verfassungswidrig?

140 Wie bereits vorangehend gezeigt wurde, fehlt es der Regelung des § 40 Abs. 5 LGrStG BW an der erforderlichen **Zielgenauigkeit** und es stellt sich damit die Frage, ob die Regelung in dieser Form **verfassungsgemäß** ist. Letztlich können nach der Ausgestaltung der Regelung tatsächlich nur Vermietungsgenossenschaften in den Genuss der Ermäßigung kommen. Von der Ermäßigung sind voll steuerpflichtige Genossenschaften, Wohnungsbaugesellschaften der Gebietskörperschaften (ohne Gewinnabführungsvertrag) und die Gebietskörperschaften selbst mit ihren Wohnungsbeständen ausgeschlossen.

141 Der BFH hat sich in seinem Urteil v. 10.12.2014[1] mit der Frage der **Gleichbehandlung** von Steuerpflichtigen beschäftigt. Sachverhalt des Urteils war die Begünstigung steuerbefreiter Vermietungsgenossenschaften sowie bestimmter Körperschaften (voll steuerpflichtige Wohnungsgenossenschaften, Wohnungsbaugesellschaften der Gebietskörperschaften, Stiftungen, etc. aus dem Bereich der Wohnungswirtschaft) bei der Nachversteuerung des Endbestandes des EK 02 (§ 38 Abs. 5 und 6 KStG 2002 i. d. F. des JStG 2008). Nach dem BFH-Urteil war diese Besserstellung von sachlichen Gründen getragen und verstieß damit nicht gegen den Gleichheitssatz des Art. 3 Abs. 1 GG. Nach den vom BFH zierten Urteilen des BVerfG bedürfen Differenzierungen stets der Rechtfertigung durch Sachgründe, die dem Ziel und dem Ausmaß der Ungleichbehandlung angemessen sind. Durch § 40 Abs. 5 Nr. 3 LGrStG BW knüpft die Differenzierung bei der Grundsteuer an eine körperschaftsteuerrechtliche Regelung an. Dies ist kritisch zu sehen, weil voll steuerpflichtige Genossenschaften, Kommunen oder Wohnungsunternehmen der Gebietskörperschaften überwiegend keine andere Mietenpolitik als steuerbefreite Vermietungsgenossenschaften betreiben.

142 Im Übrigen wird auch der **Zweck der Vorschrift verfehlt,** der nach der Gesetzesbegründung darin bestehen soll, die Belange der Bau- und insbesondere der Wohnungswirtschaft zu berücksichtigen und dadurch Investitionsanreize zur Schaffung von Wohnraum zu setzen und zielgenau die Bau- und Wohnungswirtschaft in denjenigen Fällen positiv zu beeinflussen, bei denen die günstige Versorgung der Bevölkerung mit Wohnraum Hauptzweck ist. Da voll steuerpflichtige Baugenossenschaften und auch kommunale Wohnungsunternehmen keine andere Mietenpolitik als steuerbefreite Vermietungsgenossenschaften betreiben, entspringt die Privilegierung der Vermietungsgenossenschaften keinem Sachgrund und im Übrigen setzt der ertragsteuerliche Status der steuerfreien Vermietungsgenossenschaft auch nicht voraus, dass eine moderate Mietenpolitik betrieben wird.

1 BFH, Urteil v. 10.12.2014 - I R 76/12, BStBl II 2016 S. 237.

Nach der Rechtsprechung des BVerfG[1] darf ein Steuergesetz zwar zu einer steuerlichen Verschonung führen, die einer gleichmäßigen Belastung der jeweiligen Steuergegenstände innerhalb einer Steuerart widerspricht, wenn der Gesetzgeber das Verhalten der Steuerpflichtigen aus Gründen des Gemeinwohls fördern oder lenken will. Das bedeutet zunächst aber nur, dass er seine Leistungen nicht nach unsachlichen Gesichtspunkten, also nicht willkürlich verteilen darf. Sachbezogene Gesichtspunkte stehen ihm in weitem Umfang zu Gebote, solange die Regelung sich nicht auf eine der Lebenserfahrung geradezu widersprechende Würdigung der jeweiligen Umstände stützt und insbesondere der Kreis der von der Maßnahme Begünstigten sachgerecht abgegrenzt ist. Wie bereits dargestellt, ist die Abgrenzung nicht sachgerecht, da ein Teil der durch § 40 Abs. 5 LGrStG BW begünstigten Unternehmen überhaupt nicht existiert und Unternehmen, die nach der Gesetzesbegründung ebenfalls gefördert werden sollen, nicht in die Förderung einbezogen sind. 143

Die **Verfassungswidrigkeit** könnte auch darauf beruhen, dass die Zwecke, wegen derer die in § 40 Abs. 5 KStG genannten Unternehmen privilegiert werden sollen, mit der Privilegierung überhaupt nicht erreicht werden können. Die Grundsteuer wird i. d. R. im Rahmen der Betriebskostenabrechnung auf die Mieter umgelegt und ist damit bei diesen Unternehmen ein durchlaufender Posten, einen wirtschaftlichen Vorteil haben diese Unternehmen aus der ermäßigten Steuermesszahl nicht und es können dadurch auch keine Investitionsanreize geschaffen werden. 144

Die Gesetzesbegründung für die Privilegierung von Wohnungsunternehmen der Gebietskörperschaften mit Gewinnabführungsvertrag lautet, dass die Gewinnabführung an die jeweiligen Gebietskörperschaften der kommunalen Daseinsfürsorge zu Gute komme. In diesem Zusammenhang ist dann zu fragen, warum die Wohnungsbestände der Kommunen, welche diese in ihrem vermögensverwaltenden Bereich halten, nicht auch in die Privilegierung einbezogen werden. Die Einnahmen aus diesen Beständen dienen unzweifelhaft ebenso der kommunalen Daseinsvorsorge. 145

(Einstweilen frei) 146–147

4. Antragspflicht und Nachweis der Voraussetzungen

Entgegen den Regelungen in den Abs. 3, 4 und 6, bei denen die Ermäßigung von Amts wegen zu berücksichtigen ist („wird ermäßigt"), ergibt sich die **Ermäßigung der Steuermesszahl nach Abs. 5 nur auf Antrag** des Steuerpflichtigen. Der Antrag kann mit der Erklärung zur Feststellung des Grundsteuerwerts gestellt werden. Eine nachträgliche Antragstellung ist möglich, sofern die Voraussetzungen für die Inanspruchnahme der Vergünstigung zu Beginn des Erhebungszeitraums vorlagen. Auch eine rückwirkende Ermäßigung der Steuermesszahl ist zu gewähren, sofern die Festsetzungsfrist noch nicht abgelaufen ist. Liegen die Voraussetzungen für die Ermäßigung am Hauptveranlagungsstichtag vor, wird die Ermäßigung für den gesamten Hauptveranlagungszeitraum gewährt. Ein Zwang, diesen Antrag zu stellen, besteht nicht. Faktisch hat das Unternehmen aber bei Umlage der Grundsteuer als Betriebskosten auf die Mieter einen solchen Antrag zu stellen, da nach § 556 BGB bei den Betriebskosten der Grundsatz der Wirtschaftlichkeit zu beachten ist. Sollte das Unternehmen aus welchen Gründen auch immer einen Antrag nicht stellen, könnten die Mieter die Zahlung der Grundsteuer bei der Betriebskostenabrechnung verweigern, soweit eine Ermäßigung in Betracht gekommen wäre. Da im Gesetz keine Antragsfristen genannt sind, kann der Antrag bis zur Unanfechtbarkeit der Veranlagung gestellt werden. 148

1 Ausführlich dargestellt im BFH, Urteil v. 10.12.2014 - I R 76/12, BStBl II 2016 S. 237.

149 Nach dem Anwendungserlass[1] kann der Nachweis für das Vorliegen der Voraussetzungen wie folgt geführt werden:

1. Wohnungsunternehmen der Gebietskörperschaften (§ 40 Abs. 5 Satz 1 Nummer 1 LGrStG BW): Vorlage des Gesellschaftsvertrags und des **Gewinnabführungsvertrags**.
2. Gemeinnützige Wohnungsunternehmen (§ 40 Abs. 5 Satz 1 Nummer 2 LGrStG BW): Vorlage einer Anerkennung des für die Körperschaft örtlich zuständigen Finanzamtes (z. B. Freistellungsbescheid).
3. Vermietungsgenossenschaften (§ 40 Abs. 5 Satz 1 Nummer 3 LGrStG BW): Vorlage einer Anerkennung des für die Körperschaft zuständigen Finanzamtes (z. B. Freistellungsbescheid, Anlage zum Körperschaftsteuerbescheid oder Nichtveranlagungsbescheinigung).

150–153 *(Einstweilen frei)*

5. Anzeigepflicht bei Änderungen der Voraussetzungen im Hauptfeststellungszeitraum

154 Die Ermäßigung der Steuermesszahl wird für den gesamten Hauptveranlagungszeitraum gewährt. Sind die in § 40 Abs. 5 LGrStG BW genannten Voraussetzungen für die Ermäßigung der Steuermesszahl während eines Veranlagungszeitraums im Hauptfeststellungszeitraums nicht mehr erfüllt, ist die Ermäßigung nur für jeden vollen Erhebungszeitraum zu gewähren, zu dessen Beginn die Voraussetzungen für die Ermäßigung vorliegen. Bei Wegfall der Voraussetzungen besteht nach § 40 Abs. 5 Satz 4 LGrStG BW eine **Anzeigepflicht**. Weitere Regelungen zur Anzeigepflicht in diesen Fällen finden sich in § 44 Abs. 2 LGrStG BW.[2]

BEISPIEL: Ein Steuerpflichter hat im Zusammenhang mit der Errichtung eines Mehrfamilienhauses im Jahr 2017 eine Förderzusage für ein verbilligtes langfristiges Darlehen (Laufzeit 10 Jahre; Laufzeitende: 20.10.2027; die Bindungsfrist für die verbilligte Wohnraumüberlassung endet am 1.12.2027) bekommen.

Da die Voraussetzungen für die Steuerermäßigung zum 1.1.2028 nicht mehr vorliegen, kommt die Ermäßigung nur für die Jahre 2025 bis 2027 in Betracht. Auf den 1.1.2028 ist eine Neuveranlagung des Grundsteuermessbetrags durchzuführen. Mit Ablauf der Bindung (1.12.2027) besteht eine Anzeigepflicht nach § 40 Abs. 5 Satz 4 LGrStG BW.

VI. Ermäßigung für Kulturdenkmale (§ 40 Abs. 6 LGrStG BW)

1. Voraussetzungen für die Ermäßigung (§ 40 Abs. 6 Satz 1 LGrStG BW)

155 Wie im Bundesrecht (§ 15 Abs. 5 GrStG)[3] wird bei Gebäuden, die **Kulturdenkmale** darstellen, die Steuermesszahl um 10 % gesenkt. Sofern neben der Ermäßigung für Kulturdenkmale noch weitere Ermäßigungen greifen, z. B. nach § 40 Abs. 4 oder 5 LGrStG BW, werden die Ermäßigungen kumuliert gewährt. Vgl. → Rz. 174–178.

156 In den Genuss der Ermäßigung kommen Kulturdenkmale i. S. des Gesetzes zum Schutz der Kulturdenkmale (DSchG-BW). Nach § 2 Abs. 1 DSchG BW sind Gebäude dann Kulturdenkmale, wenn an deren Erhaltung aus wissenschaftlichen, künstlerischen oder heimatgeschichtlichen Gründen ein öffentliches Interesse besteht. Bodendenkmäler sind keine Gebäude und führen

1 FinMin Baden-Württemberg, Erlass v. 5.7.2022 - FM3-S 3000/1-30 Abs. 20 zu § 40.
2 Vgl. Schmidt in Grootens, GrStG § 44 LGrStG BW, Rz. 36–38.
3 Vgl. Bock in Grootens, GrStG § 15 Rz. 100–130.

daher nicht zu einer Ermäßigung der Steuermesszahl.[1] Nach § 3a Nr. 3 DSchG BW erfasst das Landesamt für Denkmalpflege die Kulturgüter in Listen. Kulturdenkmale von besonderer Bedeutung genießen zusätzlichen Schutz und werden in das Denkmalbuch eingetragen (§ 12 DSchG BW). Ohne die Eintragung in die **Liste der Kulturdenkmale** oder in das **Denkmalbuch** erfolgt keine Ermäßigung der Steuermesszahl.

Alle Kulturdenkmale des Landes Baden-Württemberg sind in der zentralen Denkmaldatenbank ADABweb verzeichnet. Die Datenbank ist nicht für die Allgemeinheit verfügbar. Es würde die Arbeit der Verwaltung und der Steuerpflichtigen deutlich erleichtern, wenn diese Datenbank im Zuge der Grundsteuerreform der Öffentlichkeit zugänglich gemacht würde. Aus Gründen des Datenschutzes soll dies aber nicht erfolgen. 157

(Einstweilen frei) 158–160

2. Ermäßigung der Steuermesszahl nur für Grundstücksteile, die Kulturdenkmale sind (§ 40 Abs. 6 Satz 2 LGrStG BW)

Nach § 40 Abs. 6 Satz 2 LGrStG BW wird die Ermäßigung der Steuermesszahl nur für den abgrenzbaren Teil eines Grundstück gewährt, der ein Kulturdenkmal ist. Zur **Aufteilung** von begünstigten und nicht begünstigten Grundstücksteilen vgl. → Rz. 171. 161

(Einstweilen frei) 162–163

VII. Ermäßigung der Steuermesszahl nur für den abgrenzbaren Teil des Grundstücks, der die Fördertatbestände erfüllt (§ 40 Abs. 4 Satz 2, Abs. 5 Satz 2, Abs. 6 Satz 2 LGrStG BW)

Gemeinsam ist den Absätzen 4, 5 Nr. 3 und 6, dass nur die **Teile von Grundstücken** die Ermäßigung erhalten, die entsprechend der **Begünstigungszwecke verwendet** werden. Sofern das Grundstück räumlich abgrenzbare Teile enthält, die nicht begünstigt sind, ist eine Aufteilung vorzunehmen. Der Begriff **„abgrenzbar"** ist in diesem Zusammenhang bisher im Steuerrecht nicht definiert. Nach der Gesetzesbegründung wird auf die räumliche Abgrenzbarkeit abgehoben. Entscheidend ist daher, dass die Grundstücksfläche theoretisch in einen steuerbegünstigten und einen nicht steuerbegünstigten Teil geteilt werden könnte. Hier ist nach der Gesetzesbegründung vorrangig auf eine Abgrenzung anhand der tatsächlichen Grundstücksfläche abzustellen. Hilfsweise ist eine Abgrenzung mithilfe des Verhältnisses der anteiligen begünstigten und der nicht begünstigten Gebäudeflächen zur gesamten Gebäudefläche vorzunehmen. Eine Aufteilung nach den Grundstücksflächen wird nur in wenigen Fällen möglich sein, der weit häufigere Fall dürfte sein, dass die Abgrenzung anhand der Gebäudeflächen vorzunehmen ist. Bei Fassadendenkmälern erfolgt eine vollständige Begünstigung, sofern eine Aufteilung – was der Regelfall sein dürfte – nicht möglich ist.[2] 164

Sofern auf einem Grundstück zwei Gebäude stehen, von denen eines vollständig für die begünstigten Zwecke und das andere für nicht begünstigten Zwecke verwendet wird, ist die Abgrenzung nach der tatsächlichen Grundstückfläche relativ leicht und eindeutig und auch vom Ergebnis her zutreffend zu bewerkstelligen. Häufig wird dies aber gerade nicht der Fall sein, 165

1 FinMin Baden-Württemberg, Erlass v. 5.7.2022 - FM3-S 3000/1-30 Abs. 23 Satz 2 zu § 40.
2 FinMin Baden-Württemberg, Erlass v. 5.7.2022 - FM3-S 3000/1-30 Abs. 23 Satz 6 zu § 40.

weil in dem Baukörper nur ein Teil den geförderten Zwecken dient. Die **Aufteilung** kann in diesen Fällen nach dem Verhältnis der Wohn- und Nutzfläche erfolgen.[1]

Für die einzelnen Fördertatbestände der Abs. 4–6 ergeben sich folgende Besonderheiten:

1. Aufteilung bei Förderung nach dem LWoFG

166 In der Praxis des geförderten Geschosswohnungsbaus – insbesondere in Baden-Württemberg – besteht häufig die Konstellation, dass in einem Wohngebäude neben geförderten auch Wohnungen ohne Förderung vorhanden sind. Nur für den **räumlich abgrenzbaren Teil des Grundstücks/Gebäudes,** für den eine Förderzusage vorliegt, wird die Steuermesszahl ermäßigt. Da in solchen Fällen in den Förderbescheiden die geförderten Wohnungen ausdrücklich genannt sind, ist das Erfordernis der räumlichen Abgrenzbarkeit der geförderten Wohnungen regelmäßig erfüllt. Allerdings ist die WoFlV für die Zwecke der Aufteilung der Flächen zu modifizieren, vgl. Schmidt in Grootens, LGrStG BW § 40 Rz. 42.

BEISPIEL: Die Wohnfläche gemäß der WoFlV beträgt 1.826 m², davon entfallen 342 m² auf die geförderten Wohnungen (18,6 % der Gesamtfläche).

Neben der Wohnfläche bestehen in dem Gebäude folgende weitere Flächen mit insgesamt 651 m², die in die Berechnung einbezogen werden.[2]

1.	Fahrrad-, Trocken- und Kinderwagenräume	171 m²
2.	Heiz- und Technikräume	123 m²
3.	Kellerräume der Mieter	147 m²
		441 m²

Einschließlich dieser Räume ergibt sich eine Fläche von 2.267 m². Die unter 1.–2. genannten Räume werden im gleichen Umfang von allen Mietern genutzt. Die Kellerräume werden im Beispielsfall von den nach dem LWoFG geförderten Mietern nicht genutzt. Es ergibt sich damit folgende Aufteilung:

	Sozialmieter	andere Mieter
Wohnfläche	342 m²	1.484 m²
Aufteilung nach der Wohnfläche (18,7 %)		
Fahrrad-, Trocken- und Kinderwagenräume	32 m²	139 m²
Heiz- und Technikräume	23 m²	100 m²
Kellerräume	0 m²	147 m²
gesamter Anteil	397 m²	1.870 m²
Prozentualer Anteil	17,5 %	82,5 %

Beträgt der Grundsteuerwert 125.000 €, so entfallen auf die geförderten Wohnungen 21.875 € und auf die ohne Förderung 103.125 €. Nach § 24 Abs. 4 LGrStG BW ist der ermittelte Grundsteuerwert auf volle hundert Euro abzurunden. Zur Frage, ob die Abrundung nur bei der Ermittlung des Grundsteuerwerts vor Aufteilung auf die Ermäßigungstatbestände oder erst nach Aufteilung entsprechend der verschiedenen Ermäßigungstatbestände erfolgt, gibt der Anwendungserlass keine Hinweise.

1 FinMin Baden-Württemberg, Erlass v. 5.7.2022 - FM3-S 3000/1-30 Abs. 23 Satz 5 zu § 40.

2 FinMin Baden-Württemberg, Erlass v. 5.7.2022 - FM3-S 3000/1-30 Abs. 7 zu § 40.

2. Bei Vermietungsgenossenschaften

a) Kfz-Stellplätze

Ein in der Praxis häufig anzutreffender Fall bei Vermietungsgenossenschaften ist, dass Stellplätze an Nichtmitglieder vermietet werden. Hier ist dann zu unterscheiden, ob diese Stellplätze in einer Tiefgarage oder im Freien vermietet werden. Nach der Gesetzesbegründung könnte es hier zu unterschiedlichen Aufteilungsmaßstäben kommen. Eine **Aufteilung** wäre nach der Gesetzesbegründung **grundsätzlich anhand der Grundstücksflächen** vorzunehmen, weil eine räumliche Aufteilung möglich ist. Dies kann dann aber zu u. E. unzutreffenden Ergebnissen führen, wie das folgende Beispiel zeigt: 167

BEISPIEL: Ein Grundstück mit einer Fläche von 1.000 m² hat einen Grundsteuerwert von 500.000 €.

a) Auf dem Grundstück befindet sich ein Wohnhaus mit einer überbauten Fläche von 400 m² und 6 Stellplätzen im Freien, von denen jeder eine Fläche von 10 m² einnimmt. Damit ist insgesamt eine Fläche von 460 m² überbaut. Von den Stellplätzen ist einer an ein Nichtmitglied vermietet. Bei Durchführung einer grundstücksbezogenen Aufteilung ergäbe sich ein Anteil des steuerpflichtig vermieteten Stellplatzes von 10 m²/460 m², so dass ein Anteil des Grundsteuerwertes von 2,17 % nicht in die Ermäßigung einzubeziehen wäre, also ein Grundsteuerwert von 10.850 € (2,17 % von 500.000 €).

b) Die 6 Stellplätze (vgl. a) befinden sich in einer Tiefgarage, die Nutzfläche des Hauses beträgt inklusive Tiefgarage 1.500 m². Damit wäre bei Vermietung eines Stellplatzes in der Tiefgarage ein Anteil von 10 m²/1.500 m², also 0,67 % mit einem Grundsteuerwert von 3.350 € nicht in die Ermäßigung des § 40 Abs. 5 Nr. 3 einzubeziehen.

Das Beispiel zeigt, dass es hier zu erheblichen Verwerfungen kommen kann, je nach dem, ob sich der Stellplatz im Freien oder in einer Tiefgarage befindet. Hinzu kommt, dass die Mieter von Stellplätzen häufig wechseln, so dass hier relativ häufig Anzeigen zu erstatten sein werden, wenn die Stellplatznutzung zwischen Mitgliedern und Nichtmitgliedern hin und her wechselt. Vgl. Schmidt in Grootens LGrStG BW § 44 Rz. 36–38.

b) Photovoltaikanlagen/Blockheizkraftwerke

Erzeugt die Genossenschaft über eine **Photovoltaikanlage** oder ein **Blockheizkraftwerk** Strom und verkauft diesen entweder an die Mieter oder an den Netzbetreiber gehören die Einnahmen daraus zu den steuerpflichtigen Geschäften der Genossenschaft, sofern nicht die Steuerbefreiung des § 3 Nr. 72 EStG greift. Befindet sich die Photovoltaikanlage auf dem Dach des Wohngebäudes, ist eine **räumliche Abgrenzung nicht möglich,** so dass die Photovoltaikanlage bei der Aufteilung unberücksichtigt bleibt. Würde es sich um eine Freiflächenanlage handeln, so wäre die Abgrenzung anhand der Grundstücksnutzung vorzunehmen. Bei Blockheizkraftwerken dürfte mangels eindeutiger räumlicher Abtrennung ebenfalls keine Aufteilung vorzunehmen sein, da das Blockheizkraftwerk neben Strom auch Wärme zur Beheizung des Hauses produziert. 168

c) Kulturdenkmale

Abgrenzungsprobleme ergeben sich auch bei **Kulturdenkmälern,** die **im Eigentum einer Vermietungsgenossenschaft** stehen und neben steuerfreien Wohnzwecken auch steuerpflichtigen Zwecken dienen. 169

Durch das **Zusammentreffen verschiedener Ermäßigungstatbestände** und solchen Tatbeständen in einem Grundstück, die eine Ermäßigung ausschließen, können sich komplexe Situationen ergeben. 170

Ein Beispiel soll dies verdeutlichen:

BEISPIEL: Ein Wohngebäude steht im Eigentum einer Vermietungsgenossenschaft. Der Grundsteuerwert beträgt 350.000 €. Von der Gesamtfläche des Gebäudes (1.000 m²) sind 700 m² in das Denkmalbuch eingetragen. Von der Fläche, die nicht als Kulturdenkmal ausgewiesen ist, werden 100 m² an Mitglieder und 200 m² an Nichtmitglieder (also steuerpflichtig) vermietet. Von der Fläche des Denkmals sind 150 m² dem steuerbefreiten und 550 m² dem steuerpflichtigen Geschäftsbereich der Vermietungsgenossenschaft zuzurechnen.

Die Ermittlung der Steuermesszahl hat deshalb in mehreren Schritten zu erfolgen.

1. Schritt Aufteilung des Grundsteuerwerts auf den nach § 40 Abs. 6 LGrStG BW begünstigten (Kulturdenkmal) Bereich und den nicht begünstigten Bereich

Vom Grundsteuerwert von insgesamt	350.000 €
entfallen auf den nach § 40 Abs. 6 LGrStG begünstigten Teil 700 m²/1.000 m²	245.000 €
entsprechend auf den nicht begünstigten Bereich (300 m²/1.000 m²)	105.000 €

2. Schritt Aufteilung der anteiligen Grundsteuerwerte auf den nach § 40 Abs. 5 Nr. 3 LGrStG BW begünstigten (steuerfrei nach § 5 Abs. 1 Nr. 10 KStG) Zweck und die nicht begünstigten Zwecke

a)	Vom nach § 40 Abs. 6 LGrStG BW begünstigten Teil von	245.000 €
	entfallen auf den steuerpflichtigen Bereich (550 m²/700 m²)	192.500 €
	und auf den steuerbefreiten Bereich (150 m²/700 m²)	52.500 €
b)	Vom nicht nach § 40 Abs. 6 LGrStG BW begünstigten Bereich	105.000 €
	entfallen auf den steuerpflichtigen Bereich (200 m²/300 m²)	70.000 €
	und auf den steuerbefreiten Bereich (100 m²/300 m²)	35.000 €

Darauf sind dann die einschlägigen Ermäßigungstatbestände anzuwenden:

	KEIN DENKMAL		DENKMAL (§ 40 Abs. 6)	
	steuerbefreit	steuerpflichtig	steuerbefreit	steuerpflichtig
Anteiliger Grundsteuerwert	35.000,00 €	70.000,00 €	52.500,00 €	192.500,00 €
Steuermesszahl	1,3 v. T.	1,3 v. T.	1,3 v. T.	1,3 v. T.
Ermäßigung Wohngebäude	30,00 %	30,00 %	30,00 %	30,00 %
Ermäßigung Vermietungsgenossenschaft (§ 40 Abs. 5 Nr. 3)	25,00 %		25,00 %	
Ermäßigung Kulturdenkmal (§ 40 Abs. 6)			10,00 %	10,00 %
Maßgebliche Steuermesszahl nach Abzügen	0.585 v. T	0,91 v. T.	0,455 v. T.	0,78 v. T.
Anteiliger Grundsteuermessbetrag	20,00 €	64,00 €	24,00 €	150,00 €
Einheitlicher Grundsteuermessbetrag für das Grundstück	258,00 €			

3. Kulturdenkmäler

Ist nur ein abgrenzbarer Teil des Steuergegenstandes ein Kulturdenkmal, so ist nur dieser Teil des Steuergegenstandes begünstigt. Bei der Einstufung nur eines Gewölbekellers in einem Gebäude als Kulturdenkmal, ergeben sich daraus **komplexe Abgrenzungsfragen und Aufteilungsrechnungen.** Ist allerdings nur die Fassade eines Gebäudes ein Denkmal, so ist das gesamte Gebäude als Kulturdenkmal begünstigt, weil eine räumliche Abgrenzung nicht erfolgen kann.[1] 171

(Einstweilen frei) 172–173

VIII. Zusammentreffen mehrerer Ermäßigungstatbestände in einem Grundstück (§ 40 Abs. 7 LGrStG BW)

Erfüllt ein **Grundstück mehrere** der in § 40 Abs. 3–6 LGrStG BW genannten **Vergünstigungstatbestände,** ergibt sich die Ermäßigung der Steuermesszahl aus der Summe der zu berücksichtigenden Prozentsätze. Dabei ist zu berücksichtigen, dass die Kumulierung der Ermäßigung nach Abs. 4 und 5 nicht möglich ist, da diese Ermäßigungen sich tatbestandlich (Abs. 5 Satz 1) ausschließen. 174

Für eine verfahrensrechtlich „saubere" Feststellung der Ermäßigungstatbestände bei den Steuermesszahlen wäre eine Artfeststellung für jedes Grundstück sinnvoll. Eine Artfeststellung ist im Landesgrundsteuergesetz bisher nicht vorgesehen, weil man wohl davon ausgegangen ist, dass dies nicht erforderlich ist, weil ja alle Grundstücke gleich bewertet werden. 175

Es können sich damit ausgehend von den möglichen Ermäßigungstatbeständen folgende Steuermesszahlen ergeben:

Wohngebäude

176

Messzahl vor Abzug v. T.	1,3	1,3	1,3	1,3	1,3	1,3
Wohngrundstück	30 %	30 %	30 %	30 %	30 %	30 %
Förderung LWoFG			25 %			25 %
Rechtsträger				25 %	25 %	
Kulturdenkmal		10 %			10 %	10 %
Summe der Abzüge	30 %	40 %	55 %	55 %	65 %	65 %
Messzahl nach den Abzügen	0,91	0,78	0,585	0,585	0,455	0,455

Nichtwohngebäude

177

Messzahl vor Abzug v. T.	1,3	1,3	1,3	1,3
Wohngrundstück				
Förderung LWoFG				
Rechtsträger		25 %	25 %	
Kulturdenkmal			10 %	10 %
Summe der Abzüge		25 %	35 %	10 %
Messzahl nach den Abzügen v. T.	1,3	0,975	0,845	1,17

Es können in einem Grundstück auch abweichende Ermäßigungssätze zum Tragen kommen, z. B. wenn sich auf einem Grundstück neben freifinanzierten auch nach dem LWoFG geförderte Wohnungen befinden (vgl. → Rz. 166), nur ein Teil eines Grundstücks ein Kulturdenkmal ist 178

1 FinMin Baden-Württemberg, Erlass v. 5.7.2022 - FM3-S 3000/1-30 Abs. 23 Satz 6 zu § 40.

(vgl. → Rz. 171) oder bei einer Vermietungsgenossenschaft auf einem Grundstück abgrenzbare steuerpflichtige und steuerfreie Tätigkeiten erfolgen (vgl. → Rz. 167–170). Es ist dann erforderlich, den für das Gesamtgrundstück ermittelten Grundsteuerwert aufzuteilen.

179 Ein Beispiel soll dies verdeutlichen:[1]

BEISPIEL: Auf dem Grundstück mit einer Fläche von 1.000 qm befinden sich zwei Gebäude. Es wurde ein Grundsteuerwert i. H. von 300.000 € festgestellt. Bei dem einen Gebäude handelt es sich um ein Wohn- und Geschäftshaus (Altbau) mit einer Wohn- und Nutzfläche von 600 qm (400 qm Wohnen und 200 qm Laden). Der Wohnteil steht unter Denkmalschutz. Bei dem anderen Gebäude handelt es sich um ein Mehrfamilienhaus mit 600 qm (Neubau), bei dem die Hälfte der Wohnungen (300 qm) mit Landeswohnraummitteln gefördert werden.

Ermittlung der Steuermesszahl:

1. Steuerermäßigung nach § 40 Abs. 3 LGrStG (überwiegende Wohnzwecke)

   Der Anteil der Wohnnutzung beträgt ca. 83 % (1.000 qm / 1.200 qm). Damit wird das Grundstück überwiegend zu Wohnzwecken genutzt. Die Steuermesszahl ermäßigt sich demnach um 30 % bezogen auf den gesamten Grundsteuerwert.

2. Steuerermäßigung nach § 40 Abs. 4 LGrStG (LWoFG)

   Da das Mehrfamilienhaus zur Hälfte mit Landeswohnraummitteln gefördert wird, besteht eine anteilige Begünstigung des Grundstücks. Die Steuermesszahl ermäßigt sich demnach um 25 % bezogen auf 300 qm / 1.200 qm des Grundsteuerwerts.

3. Steuerermäßigung nach § 40 Abs. 6 LGrStG (Denkmalschutz)

   Da der Wohnteil des Altbaus unter Denkmalschutz steht, besteht eine anteilige Begünstigung des Grundstücks.

Die Steuermesszahl ermäßigt sich demnach um 10 % bezogen auf 400 qm /1.200 qm des Grundsteuerwerts.

	Altbau		Neubau	
	400 qm Wohnen	200 qm Laden	300 qm geförderter Wohnraum	300 qm nicht geförderter Wohnraum
Anteiliger Grundsteuerwert	100.000 €	50.000 €	75.000 €	75.000 €
Steuermesszahl	1,3 v. T.	1,3 v. T.	1,3 v. T.	1,3 v. T.
Ermäßigung nach § 40 Abs. 3 LGrStG BW (überwiegende Wohnzwecke)	30 % - 0,39 v. T.	30 % - 0,39 v. T.	30 % - 0,39 v. T.	30 % - 0,30 v. T.
Ermäßigung nach § 40 Abs. 4 LGrStG BW (Landeswohnraumförderung).			25 % - 0,325 v. T.	
Ermäßigung nach § 40 Abs. 6 LGrStG BW (Kulturdenkmal)	10 % - 0,13 v. T			
Maßgebliche Steuermesszahl	0,78 v. T.	0,91 v. T.	0,585 v. T.	0,91 v. T.

Ermittlung des Grundsteuermessbetrags:

1 FinMin Baden-Württemberg, Erlass v. 5.7.2022 - FM3-S 3000/1-30 Abs. 25 Beispiel 2 zu § 40.

Grundsteuer-wert (GW)	Gesamtfläche	x vergünstigte Fläche	AnteiligerGW	Umfang der Vergünstigungen	Messzahl (v.T)	Anteiliger Messbetrag
300.000 €	1.200 qm	400 qm	100.000 €	§ 40 Absatz 3 und 6 LGrStG BW	0,780	78,00 €
300.000 €	1.200 qm	200 qm	50.000 €	§ 40 Absatz 3 LGrStG BW	0,910	45,50 €
300.000 €	1.200 qm	300 qm	75.000 €	§ 40 Absatz 3 und 4 LGrStG BW	0,585	43,87 €
300.000 €	1.200 qm	300 qm	75.000 €	§ 40 Absatz 3 LGrStG BW	0,910	68,25 €
Steuermessbetrag gesamt:						235,62 €

§ 41 LGrStG BW Hauptveranlagung

(1) [1]Die Steuermessbeträge werden auf den Hauptfeststellungszeitpunkt (§ 15) allgemein festgesetzt (Hauptveranlagung). [2]Dieser Zeitpunkt ist der Hauptveranlagungszeitpunkt.

(2) [1]Der bei der Hauptveranlagung festgesetzte Steuermessbetrag gilt vorbehaltlich der §§ 42 und 45 von dem Kalenderjahr an, das zwei Jahre nach dem Hauptveranlagungszeitpunkt beginnt. [2]Dieser Steuermessbetrag bleibt unbeschadet der §§ 42 und 45 bis zu dem Zeitpunkt maßgebend, von dem an die Steuermessbeträge der nächsten Hauptveranlagung wirksam werden. [3]Der sich nach den Sätzen 1 und 2 ergebende Geltungszeitraum ist der Hauptveranlagungszeitraum.

(3) Ist die Festsetzungsfrist nach § 169 AO bereits abgelaufen, so kann die Hauptveranlagung unter Zugrundelegung der Verhältnisse im Hauptveranlagungszeitpunkt mit Wirkung für einen späteren Veranlagungszeitpunkt vorgenommen werden, für den diese Frist noch nicht abgelaufen ist.

Inhaltsübersicht **Rz.**

VERWALTUNGSANWEISUNGEN

FinMin Baden-Württemberg, Erlass v. 5.7.2022 - FM3-S 3000-1/30.

A. Allgemeine Erläuterungen

I. Entstehung und Entwicklung der Vorschrift

Die Vorschrift wurde erstmalig im Jahr 2020 in das LGrStG BW aufgenommen. 1

In der **Gesetzesbegründung** heißt es hierzu: 2

Die Norm entspricht dem bisherigen §16 GrStG und regelt das Steuermessbetragsverfahren.

II. Geltungsbereich

3 Das LGrStG BW gilt für in Baden-Württemberg belegene Grundstücke.

4 Für die erste Hauptfeststellung nach dem Zweiten Teils des Landesgrundsteuergesetzes auf den 1.1.2022 sind die Sondervorschriften für die Hauptveranlagung 2025 in § 59 Abs. 1–3 LGrStG BW zu beachten. Die Regelungen des § 41 LGrStG BW finden erstmals für die zweite Hauptveranlagung auf den 1.1.2029 Anwendung.

5 *(Einstweilen frei)*

B. Systematische Kommentierung

I. Hauptveranlagung und Hauptveranlagungszeitpunkt (§ 41 Abs. 1 LGrStG BW)

6 Die Vorschrift entspricht § 16 Abs. 1 GrStG. Während § 16 Abs. 1 GrStG bezüglich des Hauptfeststellungszeitpunkts lediglich auf § 221 Abs. 2 BewG verweist, verweist § 41 Abs. 1 LGrStG BW auf § 15 LGrStG BW; dieser entspricht § 221 Abs. 1 und 2 BewG und in seinem Abs. 3 auch § 266 Abs. 1 BewG. Hierbei handelt es sich um einen weitergehenden Verweis auf die Regelungen zum Hauptfeststellungszeitpunkt, materiell-rechtliche Auswirkungen ergeben sich daraus nicht. Auf die Kommentierung von Bock in Grootens, GrStG § 16 Rz. 19–32 wird verwiesen.

7 Die Feststellung des Grundsteuerwerts und die Festsetzung des entsprechenden Grundsteuermessbetrags können in einem Bescheid erfolgen.[1] Diese Regelung erscheint sinnvoll, da verschiedene Ermäßigungstatbestände für die Steuermesszahl in einem Grundstück zusammen kommen können und deshalb der Grundsteuerwert entsprechend den Ermäßigungstatbeständen aufzuteilen ist, vgl. Schmidt in Grootens LGrStG BW § 40 Rz. 174–179.

8 *(Einstweilen frei)*

II. Hauptveranlagungszeitraum (§ 41 Abs. 2 LGrStG BW)

9 Die Vorschrift entspricht § 16 Abs. 2 GrStG. § 41 Abs. 2 LGrStG BW verweist auf die §§ 42 und 45 LGrStG BW, während § 16 Abs. 2 GrStG auf die §§ 17 und 20 GrStG verweist. Der Inhalt von § 42 LGrStG BW entspricht § 17 GrStG; § 45 LGrStG BW entspricht § 20 GrStG. Auf die Kommentierung von Bock in Grootens, GrStG § 16 Rz. 33–39 wird verwiesen.

10–11 *(Einstweilen frei)*

III. Nachholung der Hauptveranlagung bei abgelaufener Festsetzungsfrist (§ 41 Abs. 3 LGrStG BW)

12 Die Vorschrift entspricht § 16 Abs. 3 GrStG. Auf die Kommentierung von Bock in Grootens, GrStG § 16 Rz. 40–41 wird verwiesen.

1 FinMin Baden-Württemberg, Erlass v. 5.7.2022 - FM3-S 3000-1/30 Satz 5 zu § 41.

§ 42 LGrStG BW Neuveranlagung

(1) Wird eine Wertfortschreibung (§ 16 Absatz 1) oder eine Zurechnungsfortschreibung (§ 16 Absatz 2) durchgeführt, so wird der Steuermessbetrag auf den Fortschreibungszeitpunkt neu festgesetzt (Neuveranlagung).

(2) Der Steuermessbetrag wird auch dann neu festgesetzt, wenn dem Finanzamt bekannt wird, dass

1. Gründe, die im Feststellungsverfahren über den Grundsteuerwert nicht zu berücksichtigen sind, zu einem anderen als dem für den letzten Veranlagungszeitpunkt festgesetzten Steuermessbetrag führen oder

2. die letzte Veranlagung fehlerhaft ist; § 176 der AO ist hierbei entsprechend anzuwenden; das gilt jedoch nur für Veranlagungszeitpunkte, die vor der Verkündung der maßgeblichen Entscheidung eines obersten Gerichts des Bundes liegen.

(3) [1]Der Neuveranlagung werden die Verhältnisse im Neuveranlagungszeitpunkt zugrunde gelegt. [2]Neuveranlagungszeitpunkt ist

1. in den Fällen des Absatzes 1 der Beginn des Kalenderjahres, auf den die Fortschreibung durchgeführt wird;

2. in den Fällen des Absatzes 2 Nummer 1 der Beginn des Kalenderjahres, auf den sich erstmals ein abweichender Steuermessbetrag ergibt. [3]§ 41 Absatz 3 ist entsprechend anzuwenden;

3. in den Fällen des Absatzes 2 Nummer 2 der Beginn des Kalenderjahres, in dem der Fehler dem Finanzamt bekannt wird, bei einer Erhöhung des Steuermessbetrags jedoch frühestens der Beginn des Kalenderjahres, in dem der Steuermessbescheid erteilt wird.

(4) Treten die Voraussetzungen für eine Neuveranlagung zwischen dem Hauptveranlagungszeitpunkt und dem Zeitpunkt des Wirksamwerdens der Steuermessbeträge (§ 41 Absatz 2) ein, so wird die Neuveranlagung auf den Zeitpunkt des Wirksamwerdens der Steuermessbeträge vorgenommen.

Inhaltsübersicht — **Rz.**

A. Allgemeine Erläuterungen

I. Entstehung und Entwicklung der Vorschrift

Die Vorschrift wurde erstmalig im Jahr 2020 in das LGrStG BW aufgenommen. 1

2 In der **Gesetzesbegründung** heißt es hierzu:

Die Norm entspricht dem bisherigen § 17 GrStG und regelt korrespondierend zu den Regelungen über die Feststellung eines aktualisierten Besteuerungswertes das Erfordernis einer Neuveranlagung.

II. Geltungsbereich

3 Das LGrStG BW gilt für in Baden-Württemberg belegene Grundstücke.

4–5 *(Einstweilen frei)*

B. Systematische Kommentierung

I. Neuveranlagung bei Fortschreibung des Grundsteuerwerts (§ 42 Abs. 1 LGrStG BW)

6 § 42 Abs. 1 LGrStG BW regelt **Neuveranlagungen** wegen Wert- oder Zurechnungsfortschreibungen. Im GrStG erfolgt auch eine Neuveranlagung bei einer Artfortschreibung; da im LGrStG BW keine Artfeststellung vorgesehen ist, hat hier auch keine Artfortschreibung zu erfolgen. Ein Wechsel der Vermögensart wird regelmäßig auch eine Wertfortschreibung auslösen, so dass auch in diesen Fällen eine Neuveranlagung notwendig wird. Wertfortschreibungen innerhalb des Hauptveranlagungszeitraums werden im LGrStG BW eine deutlich geringere Rolle spielen als im GrStG, weil es im LGrStG BW zu einer Wertfortschreibung nur kommen kann, wenn sich die Grundstücksfläche ändert, z. B. weil Teilflächen veräußert werden. Änderungen in der Bebauung oder der Art der Bebauung bzw. Nutzung bleiben bei der Bewertung unberücksichtigt und können damit auch nicht zu einer Neuveranlagung wegen Änderung des Grundsteuerwertes führen. Diese Änderungen können sich auf die Ermäßigung der Steuermesszahl auswirken und dann zu einer Neuveranlagung nach § 42 Abs. 2 LGrStG BW führen.

7 § 42 Abs. 1 LGrStG BW entspricht § 17 Abs. 1 GrStG, auf die Kommentierung von Bock in Grootens, GrStG § 17 Rz. 22–30 wird verwiesen.

8–9 *(Einstweilen frei)*

II. Neuveranlagung ohne Fortschreibung des Grundsteuerwerts (§ 42 Abs. 2 LGrStG BW)

10 In § 40 LGrStG BW sind zahlreiche Ermäßigungen der Steuermesszahl vorgesehen. Fallen die Gründe für die Ermäßigung weg, kommt es zur Neuveranlagung und es besteht eine Anzeigepflicht der Steuerpflichtigen.[1] Liegen in den Fällen des § 40 Abs. 3, 4 und 6 erstmals die Gründe für eine Ermäßigung der Steuermesszahl vor, so reicht eine Mitteilung des Steuerpflichtigen an das Finanzamt, da die Neuveranlagung von Amts wegen vorzunehmen ist.[2] Im Fall des § 40 Abs. 5 LGrStG BW ist ein Antrag des Steuerpflichtigen auf Neuveranlagung erforderlich, wenn die Voraussetzungen für die Ermäßigung erstmals gegeben sind.

11 § 42 Abs. 2 LGrStG BW entspricht § 17 Abs. 2 GrStG, auf die Kommentierung von Bock in Grootens, GrStG § 17 Rz. 31–44 wird verwiesen.

12–13 *(Einstweilen frei)*

---

1 Vgl. Schmidt in Grootens, LGrStG BW § 44 Rz. 17 ff.

2 Schmidt in Grootens, LGrStG BW § 44 Rz. 72–75.

III. Neuveranlagungszeitpunkt (§ 42 Abs. 3 LGrStG BW)

§ 42 Abs. 3 LGrStG BW entspricht § 17 Abs. 3 GrStG, auf die Kommentierung von Bock in Grootens, GrStG § 17 Rz. 45–52 wird verwiesen. 14

(Einstweilen frei) 15–16

IV. Neuveranlagungszeitpunkt bei einer Neuveranlagung zwischen Hauptveranlagungszeitpunkt und Wirksamwerden der Steuermessbeträge (§ 42 Abs. 4 LGrStG BW)

§ 42 Abs. 4 LGrStG BW entspricht inhaltlich § 17 Abs. 4 GrStG. Nach dem Gesetzeswortlaut des § 42 Abs. 4 LGrStG BW müssen die Voraussetzungen für die Neuveranlagung **„zwischen"** dem Hauptveranlagungszeitpunkt und dem Zeitpunkt des Wirksamwerdens der Steuermessbeträge eintreten. In der Bundesregelung wird statt dem Wort „zwischen" das Wort „während" verwendet. Materiell-rechtliche Unterschiede ergeben sich daraus nicht. Auf die Kommentierung von Bock in Grootens, GrStG § 17 Rz. 53–54 wird verwiesen. 17

§ 43 LGrStG BW Nachveranlagung

(1) Wird eine Nachfeststellung (§ 17 Absatz 1) durchgeführt, so wird der Steuermessbetrag auf den Nachfeststellungszeitpunkt festgesetzt (Nachveranlagung).

(2) Der Steuermessbetrag wird auch dann nachträglich festgesetzt, wenn der Grund für die Befreiung des Steuergegenstandes von der Grundsteuer wegfällt, der für die Berechnung der Grundsteuer maßgebende Grundsteuerwert (§ 38 Absatz 1) aber bereits festgestellt ist.

(3) [1]Der Nachveranlagung werden die Verhältnisse im Nachveranlagungszeitpunkt zugrunde gelegt. [2]Nachveranlagungszeitpunkt ist

1. in den Fällen des Absatzes 1 der Beginn des Kalenderjahres, auf den der Grundsteuerwert nachträglich festgestellt wird;

2. in den Fällen des Absatzes 2 der Beginn des Kalenderjahres, der auf den Wegfall des Befreiungsgrundes folgt; § 41 Absatz 3 ist entsprechend anzuwenden.

(4) Treten die Voraussetzungen für eine Nachveranlagung zwischen dem Hauptveranlagungszeitpunkt und dem Zeitpunkt des Wirksamwerdens der Steuermessbeträge (§ 41 Absatz 2) ein, so wird die Nachveranlagung auf den Zeitpunkt des Wirksamwerdens der Steuermessbeträge vorgenommen.

Inhaltsübersicht **Rz.**

A. Allgemeine Erläuterungen

I. Entstehung und Entwicklung der Vorschrift

1 Die Vorschrift wurde erstmalig im Jahr 2020 in das LGrStG BW aufgenommen.

2 In der **Gesetzesbegründung** heißt es hierzu:

Die Norm entspricht dem bisherigen § 18 GrStG und regelt korrespondierend zu den Regelungen über die Feststellung eines neuen Besteuerungswertes das Erfordernis einer Nachveranlagung.

II. Geltungsbereich

3 Das LGrStG BW gilt für in Baden-Württemberg belegene Grundstücke.

4–5 *(Einstweilen frei)*

B. Systematische Kommentierung

I. Nachveranlagung bei Nachfeststellung des Grundsteuerwerts (§ 43 Abs. 1 LGrStG BW)

6 § 43 Abs. 1 LGrStG BW entspricht § 18 Abs. 1 GrStG, auf die Kommentierung von Bock in Grootens, GrStG § 18 Rz. 20–26 wird verwiesen.

7–8 *(Einstweilen frei)*

II. Nachveranlagung bei Wegfall einer Steuerbefreiung (§ 43 Abs. 2 LGrStG BW)

9 § 43 Abs. 2 LGrStG BW entspricht § 18 Abs. 2 GrStG, auf die Kommentierung von Bock in Grootens, GrStG § 18 Rz. 27–31 wird verwiesen.

10–11 *(Einstweilen frei)*

III. Nachveranlagungszeitpunkt (§ 43 Abs. 3 LGrStG BW)

12 § 43 Abs. 3 LGrStG BW entspricht § 18 Abs. 3 GrStG, auf die Kommentierung von Bock in Grootens, GrStG § 18 Rz. 32–38 wird verwiesen.

13–14 *(Einstweilen frei)*

IV. Nachveranlagungszeitpunkt bei einer Nachveranlagung zwischen Hauptveranlagungszeitpunkt und Wirksamwerden der Steuermessbeträge (§ 43 Abs. 4 LGrStG BW)

15 § 43 Abs. 4 LGrStG BW entspricht inhaltlich § 18 Abs. 4 GrStG. Nach dem Gesetzeswortlaut des § 43 Abs. 4 LGrStG BW müssen die Voraussetzungen für die Neuveranlagung „zwischen" dem Hauptveranlagungszeitpunkt und dem Zeitpunkt des Wirksamwerdens der Steuermessbeträge eintreten. In der Bundesregelung wird statt dem Wort „zwischen" das Wort „während" verwendet. Materiell rechtliche Unterschiede ergeben sich daraus nicht. Auf die Kommentierung von Bock in Grootens, GrStG § 18 Rz. 39–40 wird verwiesen.

§ 44 LGrStG BW Anzeigepflicht

(1) [1]Jede Änderung in der Nutzung oder in den Eigentumsverhältnissen eines ganz oder teilweise von der Grundsteuer befreiten Steuergegenstandes hat derjenige anzuzeigen, der nach § 10 als Steuerschuldner in Betracht kommt. [2]Die Anzeige ist innerhalb von drei Monaten nach Eintritt der Änderung bei dem Finanzamt zu erstatten, das für die Festsetzung des Steuermessbetrags zuständig ist.

(2) [1]Den Wegfall der Voraussetzungen für die ermäßigte Steuermesszahl nach § 40 Absatz 3 bis 6 hat derjenige anzuzeigen, der nach § 10 als Steuerschuldner in Betracht kommt. [2]Die Anzeige ist innerhalb von drei Monaten nach dem Wegfall der Voraussetzungen bei dem Finanzamt zu erstatten, das für die Festsetzung des Steuermessbetrags zuständig ist.

Inhaltsübersicht **Rz.**

VERWALTUNGSANWEISUNGEN:

FinMin Baden-Württemberg, Erlass v. 5.7.2022 - FM3-S 3000/1-30

A. Allgemeine Erläuterungen

I. Normzweck und wirtschaftliche Bedeutung der Vorschrift

1 Abs. 1 enthält die **Mitteilungspflicht** für **Änderungen in der Nutzung** oder in den Eigentumsverhältnissen eines ganz oder teilweise von der Grundsteuer befreiten Grundstücks.

2 Sofern die **Voraussetzungen** für die ermäßigte Steuermesszahl nach § 40 Abs. 3–6 LGrStG BW **entfallen** sind, hat der Steuerschuldner dies anzuzeigen. Weiter enthält die Vorschrift eine **Frist** für die Meldung und den **Adressaten** der Meldung.

3 Die Anzeigepflicht soll sicherstellen, dass die **Finanzbehörde Kenntnis beim Wegfall der Voraussetzungen** für die Steuerbefreiung bzw. die Ermäßigung der Steuermesszahl erlangt und dies im Wege einer **Neuveranlagung** berücksichtigen kann.

4–5 *(Einstweilen frei)*

II. Entstehung und Entwicklung der Vorschrift

6 Die Vorschrift wurde erstmalig im Jahr 2020 in das LGrStG BW (verkündet als Art. 1 des Gesetzes zur Regelung einer Landesgrundsteuer v. 4.11.2020, GBl S. 974)aufgenommen.

7 In der **Gesetzesbegründung (Drucks. 16/8907)** für das Landesgesetz heißt es hierzu:

Die Vorschrift stellt strukturell sicher, dass die zuständige Finanzbehörde beim Wegfall der Voraussetzungen für die Steuerbefreiung Kenntnis erlangt und dies im Wege einer Neuveranlagung berücksichtigen kann. Gleiches gilt für den Wegfall eines privilegierenden Tatbestands im Sinne von § 40 Absatz 3 bis 6.

8 *(Einstweilen frei)*

III. Geltungsbereich

9 Das LGrStG BW gilt für in Baden-Württemberg belegene Grundstücke.

10 *(Einstweilen frei)*

IV. Verhältnis zu anderen Vorschriften

11 Die Anzeigepflicht nach Abs. 1 betrifft jede **Änderung** in der **Nutzung** oder in den Eigentumsverhältnissen eines ganz oder teilweise nach den §§ 4–6 LGrStG BW von der **Grundsteuer befreiten Grundstücks.**

12 Nach Abs. 2 besteht die Anzeigepflicht, wenn die **Voraussetzungen für die Ermäßigung der Steuermesszahl** nach § 40 Abs. 3–6 LGrStG BW **nicht mehr gegeben** sind. Die Anzeigepflicht nach § 44 Abs. 2 LGrStG BW besteht neben der Anzeigepflicht aus § 40 Abs. 5 Satz 3 LGrStG BW.

13 Aufgrund der Anzeige kommt es ggf. zur **Neuveranlagung** gem. § 42 Abs. 2 Nr. 1 LGrStG BW.

14 Beim **Unterlassen** der Anzeige oder **verspäteter Anzeige** sind **Verspätungszuschläge** (§ 152 AO) zu verhängen. Weiter kann das Versäumen der Anzeigepflicht eine **leichtfertige Steuerverkürzung** (§ 378 AO) oder eine **Steuerhinterziehung** (§ 370 AO) sein, woraus sich dann eine **Verlängerung der Festsetzungsfrist** ergibt (§ 169 Abs. 2 AO). Beim Unterlassen der Anzeige kommt es

zur **Anlaufhemmung** nach § 170 Abs. 2 AO. Zusätzlich werden bei einer Steuerhinterziehung Hinterziehungszinsen festgesetzt (§ 235 AO)

Die **Frist für die Anzeige** berechnet sich nach § 108 AO entsprechend der §§ 187 ff. BGB. 15

(Einstweilen frei) 16

B. Systematische Kommentierung

I. Form der Anzeige

Das LGrStG BW macht keine Vorgaben zur **Form der Anzeige.**Die Anzeigepflicht kann formlos oder durch Abgabe einer geänderten Erklärung nach § 22 Abs. 1 LGrStG erfüllt werden.[1] 17

Die Anzeigepflicht besteht auch, wenn die Voraussetzungen nur für einen Teil des Grundbesitzes wegfallen und im Übrigen bestehen bleiben.[2] 18

(Einstweilen frei) 19

II. Anzeigepflicht aufgrund gewährter Grundsteuerbefreiung (§ 44 Abs. 1 LGrStG BW)

§ 44 Abs. 1 LGrStG BW entspricht inhaltlich § 19 Abs. 1 GrStG.[3] 20

(Einstweilen frei) 21–22

III. Anzeigepflichten bei Wegfall der Voraussetzungen für die ermäßigte Steuermesszahl (§ 44 Abs. 2 LGrStG BW)

Die Vorschrift entspricht inhaltlich weitgehend § 19 Abs. 2 GrStG. 23

(Einstweilen frei) 24–25

1. Ermäßigung der Steuermesszahl bei Grundstücken, die überwiegend Wohnzwecken dienen (§ 40 Abs. 3 LGrStG BW)

Das LGrStG BW enthält anders als das GrStG eine generelle Ermäßigung der Steuermesszahl für Wohngrundstücke, daher wird diesbezüglich eine Anzeigepflicht eingeführt. Anzeigepflichtig sind Vorgänge, die zum **Wegfall der Ermäßigung** führen. Damit setzt die Anzeigepflicht erst ein, wenn die Wohnnutzung nicht mehr überwiegt. Zu den zeitlichen Aspekten der Anzeige bei Änderungen der Nutzung, vgl. → Rz. 48–64. 26

BEISPIEL ▶ Es besteht die **Meldepflicht**, 27

- wenn bisher für Wohnzwecke genutzte Räume für gewerbliche Zwecke genutzt werden und deshalb die überwiegende Nutzung des Grundstücks für Wohnzwecke nicht mehr gegeben ist
- wenn das aufstehende Gebäude nicht mehr für Wohnzwecke nutzbar ist
- wenn mit dem Abriss des aufstehenden Wohngebäudes begonnen wurde.[4] .

(Einstweilen frei) 28–29

---

1 FinMin Baden-Württemberg, Erlass v. 5.7.2022 - FM3-S 3000/1-30 Abs. 1 zu § 44.
2 FinMin Baden-Württemberg, Erlass v. 5.7.2022 - FM3-S 3000/1-30 Abs. 2 Satz 1 zu § 44.
3 Vgl. Bock in Grootens, GrStG § 19 Rz. 19–26.
4 Vgl. Schmidt in Grootens LGrStG BW § 40 Rz. 44a–44c

2. Ermäßigung der Steuermesszahl bei Grundstücken, die nach dem LWoFG oder dem WoFG gefördert werden (§ 40 Abs. 4 LGrStG BW)

30 Die **Anzeigepflicht** greift, wenn die **Förderung und die damit verbundenen Bindungen geendet** haben. Nach § 18 LWoFG kann in folgenden Fällen die Erlaubnis erteilt werden, die Bindungen teilweise oder vollständig aufzuheben:

1. Selbstnutzung von gebundenem Mietwohnraum durch den Eigentümer (§ 18 Abs. 1 Nr. 1 LWoFG)
2. zur Selbstnutzung gebundener Wohnraum wird vermietet (§ 18 Abs. 1 Nr. 2 LWoFG)
3. Mietwohnraum wird an den Inhaber eines Wohnberechtigungsscheins vermietet, allerdings ist die Wohnung größer als dem Inhaber nach seinem Wohnberechtigungsschein zustehen würde (§ 18 Abs. 1 Nr. 3a LWoFG)
4. Nach den Förderbedingungen bestehen Sonderbedingungen zur Belegung der Wohnung mit bestimmten Personengruppen (z. B. Gehbehinderte) oder bestimmten Haushalten; diese Sonderbedingungen können durch den neuen Mieter nicht eingehalten werden, der aber auch einen Wohnberechtigungsschein vorlegen kann (§ 18 Abs. 1 Nr. 3b LWoFG)
5. Vermietung von gebundenem Mietwohnraum an eine Person ohne Wohnberechtigungsschein oder einen Zwischenmieter (§ 18 Abs. 1 Nr. 4 LWoFG)
6. nicht nur vorübergehender, mehr als sechs Monate andauernder Leerstand (§ 18 Abs. 1 Nr. 6 LWoFG)
7. es besteht kein öffentliches Interesse an der Belegungsbindung mehr (§ 18 Abs. 3 Nr. 1 LWoFG)
8. zur Schaffung oder Erhaltung sozial stabiler Bewohnerstrukturen ist eine Vermietung an Bewerber ohne entsprechenden Wohnberechtigungsschein erforderlich (§ 18 Abs. 3 Nr. 2 LWoFG)
9. dem Eigentümer ist ein Festhalten (z. B. wegen fehlender Nachfrage) an der bindungsgerechten Nutzung nicht mehr zumutbar (§ 18 Abs. 3 Nr. 3 LWoFG).

Die Erlaubnis zur Freistellung von den Bindungen bedarf der Schriftform und soll nur befristet erteilt werden (§ 18 Abs. 4 LWoFG). Teilweise werden die ursprünglichen Bindungen durch andere Bindungen ersetzt. Damit würde allerdings die Bindung nicht enden, so dass die Ermäßigung weiter zu gewähren wäre.[1]

31–35 *(Einstweilen frei)*

3. Ermäßigung der Steuermesszahl für bestimmte Eigentümer (§ 40 Abs. 5 LGrStG BW)

36 Die Anzeigepflicht nach § 44 Abs. 2 LGrStG BW besteht neben der Anzeigepflicht aus § 40 Abs. 5 Satz 3 LGrStG BW.

37 Diese Anzeigepflicht besteht auch nach § 19 Abs. 2 GrStG. Zu den Sachverhalten, die die Anzeigepflicht auslösen können, vgl. Bock in Grootens, GrStG § 19 Rz. 27.

38 Zu den Problemen im Zusammenhang mit dem Zeitpunkt der Anzeigepflicht bei Vermietungsgenossenschaften, siehe → Rz. 61–65.

1 FinMin Baden-Württemberg, Erlass v. 5.7.2022 - FM3-S 3000/1-30 Abs. 16 zu § 40 Abs. 4.

Aufgrund der bestehenden Problematik bei der Ermittlung des ertragsteuerlichen Status dieser Eigentümer, beginnt in diesen Fällen die Anzeigepflicht spätestens mit der Bekanntgabe des Körperschaftsteuerbescheids.[1] 39

(Einstweilen frei) 40

4. Ermäßigung der Steuermesszahl für Kulturdenkmäler (§ 40 Abs. 6 LGrStG BW)

Eine Anzeigepflicht besteht nach § 44 Abs. 2 LGrStG BW nur bei Wegfall der Voraussetzungen für die ermäßigte Steuermesszahl. Damit besteht eindeutig eine Anzeigepflicht, wenn auf dem Grundstück keine Gebäude mehr sind, die Kulturdenkmale sind. 41

BEISPIEL: Ein Gebäude, das bisher als Kulturdenkmal eingestuft war, wurde abgerissen oder wegen baulicher Veränderungen aus der Liste der Kulturdenkmäler gestrichen.

Wird nur der **abgrenzbare Teil eines Grundstücks als Kulturdenkmal** genutzt, so ist nur dieser Teil des Steuergegenstandes begünstigt (§ 40 Abs. 6 Satz 2 LGrStG BW). In diesen Fällen ist dann der Grundsteuermessbetrag in den Teil aufzuteilen, für den die Ermäßigung nach Abs. 6 gewährt wird, und den Teil, für den diese Ermäßigung nicht gewährt wird, zur Aufteilung vgl. Schmidt in Grootens, LGrStG BW § 40 Rz. 164–171. Durch bauliche Veränderungen (Anbauten, Aufstockungen) kann sich die anteilige Fläche der nach Abs. 6 begünstigten Grundstücksteile vermindern. Da sich nach dem Gesetzestext die Anzeigepflicht nur auf den Wegfall der Voraussetzungen erstreckt, würde bei enger Auslegung des Begriffs „Wegfall der Voraussetzungen" keine Meldepflicht bestehen, weil die Voraussetzungen nicht insgesamt weggefallen sind. Nach dem Zweck der Vorschrift, sollen die Finanzbehörden über Sachverhalte informiert werden, die zu einer Verminderung der Steuerermäßigung führen. Der Anwendungserlass stellt klar, dass die Anzeigepflicht auch dann besteht, wenn die Voraussetzungen nur für einen Teil des Grundbesitzes wegfallen und im Übrigen bestehen bleiben.[2] 42

(Einstweilen frei) 43–44

5. Folgen der Anzeige

Aufgrund der Anzeige erfolgt auf den 1.1. des Jahres, das auf das Jahr folgt, in dem die Voraussetzungen für die Ermäßigung des Grundsteuermessbetrags erstmals nicht mehr vorliegen, eine **Neuveranlagung** (§ 42 Abs. 2 Nr. 1 LGrStG BW). Für die Neuveranlagung werden die Verhältnisse im Neuveranlagungszeitpunkt zugrunde gelegt (§ 42 Abs. 3 LGrStG BW), also nicht diejenigen des Jahres, in dem Voraussetzungen für die Ermäßigung nicht mehr vorliegen. Dies ist für die Fälle von Bedeutung, in denen im Neuveranlagungszeitpunkt die Voraussetzungen für die Ermäßigung wieder erfüllt sind. 45

(Einstweilen frei) 46–47

6. Anzeige nur bei Wegfall der Voraussetzungen für die ermäßigte Steuermesszahl

Die Anzeige ist **innerhalb** von drei Monaten **nach dem Wegfall der Voraussetzungen** für die Ermäßigung der Steuermesszahl zu erstatten. Die Berechnung der Frist erfolgt nach § 108 AO entsprechend den Vorschriften des BGB; damit ist für die Berechnung des Fristablaufs § 188 48

1 FinMin Baden-Württemberg, Erlass v. 5.7.2022 - FM3-S 3000/1-30 Abs. 2 Satz 3 zu § 44.

2 FinMin Baden-Württemberg, Erlass v. 5.7.2022 - FM3-S 3000/1-30 Abs. 2 Satz 1 zu § 44.

Abs. 2 BGB einschlägig. In der Gesetzesbegründung wird erläutert, dass die Voraussetzungen entfallen, wenn der privilegierende Tatbestand entfallen ist. Dies kann zu erheblichen Problemen bei der Abgrenzung führen, **wann** die Voraussetzungen weggefallen sind.

49 Bei den Vergünstigungen des Messbetrags sind Fälle denkbar, bei denen zwar eine Anzeige zu erstatten wäre, weil im Erhebungszeitraum vor dem Neuveranlagungszeitpunkt die Voraussetzungen für den Wegfall der Steuerermäßigung gegeben sind, aber bis zum Neuveranlagungszeitpunkt die Voraussetzungen für die Ermäßigung wieder gegeben sind. In diesen Fällen kommt es nicht zu einer Neuveranlagung. Da für die Neuveranlagung auf die Verhältnisse im Neuveranlagungszeitpunkt und damit auf den Beginn des Kalenderjahres der Neuveranlagung abzustellen ist (§ 42 Abs. 2 Nr. 1 LGrStG BW i.V. mit § 43 Abs. 3 Nr. 1 LGrStG BW), kommt es nicht zur Neuveranlagung. Da die Anzeigepflicht nur besteht, wenn die Voraussetzungen für die Steuerermäßigung entfallen sind (§ 44 Abs. 2 Satz 1 LGrStG BW), ist dies im Neuveranlagungszeitpunkt aber nicht mehr der Fall, besteht keine Anzeigepflicht.

a) Fälle bei überwiegender Nutzung zu Wohnzwecken (§ 40 Abs. 3 LGrStG BW)

50 Wird ein **Gebäude**, das bisher überwiegend Wohnzwecken diente, **abgerissen**, so beginnt die Anzeigepflicht mit dem Beginn des Abbruchs zu laufen, weil ein unbebautes Grundstück bereits dann vorliegt, wenn sich darauf keine benutzbaren Gebäude mehr befinden.[1] Sollen Flächen umgenutzt werden (also Wohnungen werden zukünftig gewerblich genutzt und umgekehrt) und sind hierzu Umbauarbeiten erforderlich, ist bis zum Abschluss der Bauarbeiten die bisherige Nutzung maßgeblich. Damit beginnt die Anzeigepflicht mit Abschluss der Bauarbeiten.[2] Auch bei leerstehenden, jedoch weiterhin benutzbaren Räumen, ist die bisherige Nutzung maßgeblich. Hier beginnt dann die Anzeigepflicht in dem Zeitpunkt, in dem die bisher leerstehenden Flächen einer anderen Verwendung zugeführt werden.[3]

51 Zu den zeitlichen Aspekten der Ermäßigung nach § 40 Abs. 3 LGrStG BW siehe Schmidt in Grootens LGrStG BW § 40 Rz. 44 ff.

52–54 *(Einstweilen frei)*

b) Fälle bei Vermietungsgenossenschaften § 40 Abs. 5 Nr. 3 LGrStG BW

ba) Änderungen im steuerpflichtigen Bereich der Vermietungsgenossenschaft

55 Die **Ermäßigung des Steuermessbetrages** wird nur für den abgrenzbaren Teil eines Grundstücks gewährt, der für die nach § 5 Abs. 1 Nr. 10 Satz 1 Buchst. a und b KStG **steuerfreien Zwecke** verwendet wird. **Ändert sich die Verwendung** von Grundstücksteilen von einer bisher ertragsteuerlich steuerbefreiten zu einer steuerpflichtigen Nutzung, z. B. weil eine Vermietung an Nichtmitglieder vorgenommen wird, so besteht eine Anzeigepflicht. Zu den Einzelheiten der steuerbefreiten und steuerpflichtigen Verwendung siehe Schmidt in Grootens, LGrStG BW § 40 Rz. 117–130. Sollte innerhalb des Veranlagungszeitraums gegen die Förderbedingungen verstoßen werden, aber spätestens zum Neuveranlagungszeitpunkt die Förderbedingungen wieder eingehalten werden, kommt es nicht zur Neuveranlagung, da im Neuveranlagungszeit-

1 Vgl. Bock in Grootens, BewG § 246 Rz. 17 und Rz. 29.
2 FinMin Baden-Württemberg, Erlass v. 5.7.2022 - FM3-S 3000/1-30 Abs. 11 zu § 40.
3 FinMin Baden-Württemberg, Erlass v. 5.7.2022 - FM3-S 3000/1-30 Abs. 12 zu § 40.

punkt die Voraussetzungen für die Ermäßigung der Steuermesszahl nicht weggefallen sind. Es besteht dann m. E. auch keine Anzeigepflicht.

(Einstweilen frei) 56–60

bb) Vollständiger Wegfall der ertragsteuerlichen Steuerfreiheit der Vermietungsgenossenschaft

Eine Vermietungsgenossenschaft hat anzuzeigen, wenn sie **nicht mehr** den **ertragsteuerlichen Status einer Vermietungsgenossenschaft** hat, weil dann für die bisher von der Ertragsteuer befreiten Immobilien die Ermäßigung der Grundsteuermesszahl nicht mehr gewährt wird. Hierbei ergibt sich dann die Besonderheit, dass für die Grundsteuer die Verhältnisse am 1.1. eines Kalenderjahres maßgeblich sind, der ertragsteuerliche Status einer Vermietungsgenossenschaft aber von den Verhältnissen im gesamten Veranlagungszeitraum abhängt. Die Entscheidung, ob die Genossenschaft steuerbefreit ist, wird für jeden Veranlagungszeitraum gesondert getroffen. Sofern in einem Veranlagungszeitraum die nicht begünstigten Einnahmen nicht mehr als 10 % bzw. 20 % der Gesamteinnahmen betragen, ist die Genossenschaft steuerbefreit, auch wenn im vorangegangenen Veranlagungszeitraum die Voraussetzungen für die Steuerfreiheit nicht vorgelegen haben. Insofern steht es immer erst am Ende eines Veranlagungszeitraums fest, welchen Status die Genossenschaft hat. Hieraus ergeben sich in Bezug auf die Anzeigepflicht erhebliche Probleme. 61

BEISPIEL Eine steuerbefreite Vermietungsgenossenschaft kauft zum 1.6.01 eine Wohnanlage. Zunächst wollen die Mieter nicht Mitglied der Genossenschaft werden, die Einnahmen aus der Vermietung der Wohnanlage sind deshalb ertragsteuerlich im steuerpflichtigen Bereich der Genossenschaft zu erfassen. 62

Die Einnahmen aus der Vermietung an Mitglieder (steuerbefreit) betragen monatlich 10.000 €, für das Gesamtjahr 01 also **120.000 €.**

Die monatlichen Einnahmen aus der Vermietung der neuen Wohnanlage (steuerpflichtig) betragen monatlich 1.200 €. Für den Zeitraum 1.6.01–31.12.01 (sieben Monate) hat die Genossenschaft steuerpflichtige Einnahmen von **8.400 €.**

Damit betragen die Gesamteinnahmen (steuerfrei und -pflichtig) im Jahr 01 **128.400 €.**

Die steuerpflichtigen Einnahmen von 8.400 € machen einen Anteil von 6,5 % an den Gesamteinnahmen aus. Damit ist die Genossenschaft im Jahr 01 von der Körperschaftsteuer befreit, weil die steuerpflichtigen Einnahmen 10 % der Gesamteinnahmen nicht übersteigen. Eine Anzeigepflicht wegen Wegfall der Steuerbefreiung würde dementsprechend nicht bestehen.

a) Kein Eintritt in die Genossenschaft

Treten auch im Jahr 02 die Mieter der Wohnanlage nicht der Genossenschaft bei, wirken sich die steuerpflichtigen Einnahmen aus dem Kauf der Wohnanlage für das ganze Jahr 02 aus, so dass die steuerpflichtigen Einnahmen nun **14.400 €** betragen.

Die Gesamteinnahmen betragen dann bei unveränderten steuerfreien Einnahmen (120.000 € steuerfrei und 14.400 € steuerpflichtig) **134.400 €.**

Da der steuerpflichtige Anteil (14.400 € / 134.400 €) nun 10,7 % beträgt, ist die Genossenschaft im Jahr 02 nicht mehr von der Körperschaftsteuer befreit.

b) Eintritt von Mietern der Wohnanlage in die Genossenschaft

Einige Mieter treten im 2. Halbjahr des Jahres 02 der Genossenschaft bei. Mieten i. H. von 1.000 € wandern nun vom steuerpflichtigen in den steuerfreien Bereich.

Damit betragen die steuerpflichtigen Einnahmen nur noch **13.400 €.** Die Gesamteinnahmen der Genossenschaft betragen damit unverändert (steuerfrei 101.000 €, steuerpflichtig 13.400 €) **134.400 €.**

Davon entfallen **13.400 €**, also 9,97 % auf den steuerpflichtigen Bereich. Die steuerpflichtigen Einnahmen betragen damit nicht mehr als 10 % der Gesamteinnahmen und die Genossenschaft ist weiterhin steuerbefreit.

63 Das obige Beispiel zeigt, wie komplex die Anzeigepflicht bei einer Vermietungsgenossenschaft sein kann. Der Anwendungserlass trägt dieser Komplexität Rechnung, indem bestimmt wird, dass in Fällen des Wegfalls einer Ermäßigung nach § 40 Abs. 5 LGrStG spätestens mit der Bekanntgabe des Körperschaftsteuerbescheids die Anzeige zu erstatten ist.[1] Die verlängerte Anzeigepflicht besteht nicht nur für die Fälle des vollständigen Wegfalls der Steuerfreiheit, sondern auch, wenn nur einzelne Grundstücke ihren ertragsteuerlichen Status ändern.

64 **BEISPIEL ZUR ANZEIGEPFLICHT BEI VERMIETUNGSGENOSSENSCHAFTEN AUS DEM ANWENDUNGSERLASS (ABS. 2 ZU § 44):** Eine Vermietungsgenossenschaft ist bisher nach § 5 Abs. 1 Nr. 10 KStG körperschaftsteuerbefreit. Geschäftsjahr ist das Kalenderjahr. Nach Ablauf des Jahres 2026 wird durch die Vermietungsgenossenschaft festgestellt, dass die Einnahmen aus den nicht begünstigten Tätigkeiten 25 % der Gesamteinnahmen betragen. Somit sind die Voraussetzungen für die Körperschaftsteuerbefreiung für das Jahr 2026 nicht mehr gegeben.

Die Voraussetzungen für eine Steuerermäßigung nach § 40 Abs. 5 Nr. 3 LGrStG sind nicht mehr erfüllt. Die Frist zur Anzeige nach § 44 Abs. 2 LGrStG beginnt am 1.1.2027 und endet mit Ablauf des 31.3.2027. Da die schädliche Einnahmenüberschreitung im Laufe des Jahres 2026 erfolgt, entfällt die Ermäßigung der Steuermesszahl ab dem 1.1.2027. Auf diesen Zeitpunkt erfolgt dann eine Neuveranlagung.

Stellt die Vermietungsgenossenschaft erst mit Erteilung des Körperschaftsteuerbescheides fest, dass die schädlichen Einnahmegrenzen überschritten sind und daher die Ermäßigung nicht mehr greift, so beginnt die Frist zur Anzeige nach § 44 LGrStG mit der Bekanntgabe.

Das Beispiel ist interpretationsbedürftig bzw. es fehlen Sachverhaltsinformationen, um zu der geäußerten Auffassung zu gelangen. Die Steuerpflicht bzw. Steuerfreiheit bezieht sich ertragsteuerlich immer auf den jeweiligen Veranlagungszeitraum. Ob die Genossenschaft eine steuerbefreite Vermietungsgenossenschaft ist, richtet sich nach den Verhältnissen im gesamten Veranlagungszeitraum und steht damit immer erst am Ende des Veranlagungszeitraums fest, während für die grundsteuerliche Beurteilung immer von den Verhältnissen am 1.1. auszugehen ist. Das Beispiel müsste, um zu den geschilderten Lösungen zu gelangen, folgenden Sachverhalt haben: Am 1.1.2026 bestehen von den Umsatzerlösen her die Voraussetzungen für die ertragsteuerliche Steuerbefreiung. Erst im Laufe des Jahres 2026 ändern sich die Verhältnisse und die Umsatzgrenze wird gerissen und hat zur Folge, dass die Genossenschaft für den Veranlagungszeitraum 2026 steuerpflichtig wird. Weiter müsste der Sachverhalt gegeben sein, dass auch am 1.1.2027 die Umsatzgrenze nicht eingehalten wird, damit die ertragsteuerliche und die grundsteuerliche Beurteilung übereinstimmen.

64a Spinnt man das Beispiel weiter und es würde im Laufe des Jahres 2027 die Umsatzgrenze wieder eingehalten werden, obwohl am 1.1.2027 die Umsatzgrenze nicht eingehalten war, wäre die Genossenschaft wieder eine ertragsteuerlich steuerbefreite Vermietungsgenossenschaft. Man käme dann zu dem unbefriedigenden Ergebnis, dass die Genossenschaft zwar im Jahr 2027 wieder ertragsteuerlich steuerbefreit wäre, aber die Steuerermäßigung bei der Grundsteuer nicht erhalten würde, weil am 1.1. die Voraussetzungen für die Ermäßigung nicht vorlagen.

---

1 FinMin Baden-Württemberg, Erlass v. 5.7.2022 - FM3-S 3000/1-30 Abs. 2 Satz 3 zu § 44.

Das Beispiel zeigt, dass es schwierig bis unmöglich ist, die ertragsteuerliche mit der grundsteuerlichen Regelung zu synchronisieren. Von daher kann es nur als missglückt bezeichnet werden, den Vermietungsgenossenschaften eine Steuerermäßigung zu gewähren, die an den ertragsteuerlichen Status der Genossenschaft gekoppelt ist. 64b

(Einstweilen frei) 65

IV. Anzeigepflichtiger

Zur Anzeige ist jeder verpflichtet, der als **Schuldner der Grundsteuer** in Betracht kommt. Damit ist der Kreis der Anzeigepflichtigen sehr weit gefasst. Ob sich aus dem weit gefassten Kreis der Anzeigepflichtigen negative Folgen (zu den Folgen vgl. → Rz. 78) in Bezug auf die Festsetzungsfrist oder ein Steuerstrafverfahren ergeben können, hängt vom konkret verwirklichten Einzelfall ab. Zum Schuldner der Grundsteuer siehe Schmidt in Grootens, GrStG § 10 Rz. 20–78 und Bock in Grootens, GrStG § 19 Rz. 29. 66

(Einstweilen frei) 67–68

V. Zuständiges Finanzamt

Siehe hierzu Bock in Grootens, GrStG § 19 Rz. 28. 69

(Einstweilen frei) 70–71

VI. Keine Anzeigepflicht, wenn die Voraussetzungen für die Ermäßigung des Steuermessbetrages erstmals erfüllt sind

Es ist nur eine **Anzeigepflicht** vorgesehen, wenn die **Voraussetzungen für die Ermäßigung der Steuermesszahl nicht mehr vorliegen,** obwohl die Ermäßigungen nach § 40 Abs. 3, 4 und 6 LGrStG BW von Amts wegen zu berücksichtigen sind („wird ermäßigt"). Nur bei § 40 Abs. 5 LGrStG BW erfolgt die Ermäßigung nicht von Amts wegen, sondern nur auf Antrag des Steuerpflichtigen. Der Gesetzgeber geht aber zu Recht davon aus, dass der Steuerpflichtige aus eigenem Interesse anzeigen wird, wenn die Voraussetzungen für die Ermäßigung der Steuermesszahl vorliegen. 72

Liegen **erstmals die Voraussetzungen für die Ermäßigung** nach § 40 Abs. 3, 4 und 6 LGrStG BW vor, wird dies der Steuerpflichtige dem zuständigen Finanzamt melden und es erfolgt dann – sofern noch keine Festsetzungsverjährung eingetreten ist – von Amts wegen eine Neuveranlagung auf das Kalenderjahr, zu dessen Beginn erstmals die Voraussetzungen für die Ermäßigung vorliegen (§ 42 Abs. 2 Nr. 1 i.V. mit § 42 Abs. 3 Nr. 2 LGrStG BW). Sofern die Ermäßigungsgründe nach § 40 Abs. 5 LGrStG BW erstmals vorliegen, hat der Steuerpflichtige einen Antrag auf eine geänderte Veranlagung zu stellen. Faktisch und vom Verfahren her besteht hier kein Unterschied zur Behandlung der Fälle des § 40 Abs. 3, 4 und 6 LGrStG BW. 73

(Einstweilen frei) 74–75

VII. Folgen einer unterlassenen oder verspäteten Anzeige

76 Unmittelbare Sanktionen aus der unterlassenen oder verspäteten Anzeige ergeben sich aus dem LGrStG BW nicht. Bei Nichterfüllung oder nicht fristgerechter Erfüllung der Anzeigepflicht ist ein **Verspätungszuschlag** festzusetzen (§ 152 Abs. 2 AO).[1] Da für die Grundsteuer **keine Verzinsung nach § 233a AO** erfolgt, könnten allenfalls Hinterziehungszinsen (§ 235 AO) anfallen, hierzu wäre aber notwendig, dass eine Steuerhinterziehung vorliegt. (Dies wird i. d. R. nicht gegeben sein, vgl. →Rz. 78.) Das Unterlassen der Anzeige kann zur Verlängerung der Festsetzungsfrist und ggf. zu einem Verfahren wegen leichtfertiger Steuerverkürzung oder Steuerhinterziehung führen.

77 Grundsätzlich beträgt die **Festsetzungsfrist** für die Grundsteuer **vier Jahre**. Wird die Anzeigepflicht nicht beachtet, beginnt die Festsetzungsfrist mit Ablauf des Kalenderjahres, in dem die Anzeige eingereicht wird. Wird keine Anzeige eingereicht, spätestens mit Ablauf des dritten Kalenderjahres, das auf das Kalenderjahr folgt, in dem die Grundsteuer entstanden ist (§ 170 Abs. 2 AO). Liegt eine leichtfertige Steuerverkürzung vor, verlängert sich die Festsetzungsfrist auf fünf Jahre und bei einer Steuerhinterziehung auf zehn Jahre (§ 169 Abs. 2 Satz 2 AO).

78 Eine **Steuerverkürzung** liegt dann vor, wenn Steuern nicht, nicht in voller Höhe oder nicht rechtzeitig festgesetzt werden. Eine Steuerverkürzung kann auch darin liegen, dass die Finanzbehörden pflichtwidrig über steuerlich erhebliche Tatsachen in Unkenntnis gelassen werden. Bloße Untätigkeit schließt somit Leichtfertigkeit nicht ohne Weiteres aus. Leichtfertigkeit i. S. des § 378 Abs. 1 AO bedeutet einen erheblichen Grad an Fahrlässigkeit, der etwa der groben Fahrlässigkeit des bürgerlichen Rechts entspricht, aber im Gegensatz hierzu auf die persönlichen Fähigkeiten des Täters abstellt. Ein derartiges Verschulden liegt vor, wenn ein Steuerpflichtiger nach den Gegebenheiten des Einzelfalls und seinen individuellen Fähigkeiten in der Lage gewesen wäre, den aus den einschlägigen gesetzlichen Regelungen sich im konkreten Fall ergebenden Sorgfaltspflichten zu genügen. Hierzu ist eine Gesamtbewertung des Verhaltens des Steuerpflichtigen erforderlich. Bei der Prüfung, ob Leichtfertigkeit gegeben ist, ist zu berücksichtigen, dass es dem Steuerpflichtigen obliegt, sich bei rechtlichen Zweifeln über seine steuerlichen Pflichten einschließlich der an die Steuerpflicht anknüpfenden Verfahrenspflichten bei qualifizierten Auskunftspersonen zu erkundigen. Dabei sind auch die Ausbildung, Tätigkeit und Stellung des Steuerpflichtigen zu beachten. So sind an Kaufleute bei Rechtsgeschäften, die zu ihrer kaufmännischen Tätigkeit gehören, höhere Anforderungen zu stellen als bei anderen Steuerpflichtigen.[2] Da die Kenntnis der Regelungen LGrStG BW wie auch des GrStG zu den Anzeigepflichten in Beraterkreisen ist, kann man erst recht nicht davon ausgehen, dass die Mehrzahl der **steuerlich nicht beratenen** Grundstückseigentümer Kenntnis von den bestehenden Anzeigepflichten hat. Im Regelfall dürfte deshalb davon auszugehen sein, dass keine leichtfertige Steuerverkürzung vorliegt. Noch weniger wird man dann von einer Steuerhinterziehung (§ 370 AO) ausgehen können, die ja nur vorsätzlich begangen werden kann (§ 15 StGB). Dafür muss der Täter, den nach Grund und Höhe bestimmten Steueranspruch kennen oder wenigstens für möglich halten und ihn auch verkürzen wollen.[3] Davon ist wohl im Regelfall bei den unterlassenen Anzeigepflichten nicht auszugehen.

79–80 *(Einstweilen frei)*

1 Landtag von Baden-Württemberg, Drucks. 16/8907 S. 66.
2 BFH, Urteil v. 3.3.2015 - II R 30/13, BStBl II 2015 S. 777.
3 OLG München, Beschluss v. 15.2.2011 - 4St RR 167/10, NJW 2009 S. 1984.

VIII. Anzeigepflicht im Übergangszeitraum bis 31.12.2024

Nach § 60 Abs. 1 LGrStG BW sind die Regelungen des § 44 LGrStG BW erstmals für die Grundsteuer des Jahres 2025 anzuwenden. Damit ist der Erlass von Grundsteuermessbescheiden auf den 1.1.2025 bereits vor dem 1.1.2025 zulässig. Entsprechend sind bereits **vor dem 1.1.2025 Anzeigen zu erstatten**, wenn sich die **Verhältnisse gegenüber dem Hauptfeststellungszeitpunkt** zum 1.1.2022 bis zum 1.1.2025 **ändern.** 81

§ 45 LGrStG BW Aufhebung des Steuermessbetrags

(1) Der Steuermessbetrag wird aufgehoben,

1. wenn der Grundsteuerwert aufgehoben wird oder

2. wenn dem Finanzamt bekannt wird, dass

a) für den ganzen Steuergegenstand ein Befreiungsgrund eingetreten ist oder

b) der Steuermessbetrag fehlerhaft festgesetzt worden ist.

(2) Der Steuermessbetrag wird aufgehoben

1. in den Fällen des Absatzes 1 Nummer 1 mit Wirkung vom Aufhebungszeitpunkt (§ 18 Absatz 2) an;

2. in den Fällen des Absatzes 1 Nummer 2 Buchstabe a mit Wirkung vom Beginn des Kalenderjahres an, der auf den Eintritt des Befreiungsgrundes folgt; § 41 Absatz 3 ist entsprechend anzuwenden;

3. in den Fällen des Absatzes 1 Nummer 2 Buchstabe b mit Wirkung vom Beginn des Kalenderjahres an, in dem der Fehler dem Finanzamt bekannt wird.

(3) Treten die Voraussetzungen für eine Aufhebung zwischen dem Hauptveranlagungszeitpunkt und dem Zeitpunkt des Wirksamwerdens der Steuermessbeträge (§ 41 Absatz 2) ein, so wird die Aufhebung auf den Zeitpunkt des Wirksamwerdens der Steuermessbeträge vorgenommen.

Inhaltsübersicht **Rz.**

A. Allgemeine Erläuterungen

I. Entstehung und Entwicklung der Vorschrift

Die Vorschrift wurde erstmalig im Jahr 2020 in das LGrStG BW aufgenommen. 1

In der **Gesetzesbegründung** heißt es hierzu: 2
Die Norm entspricht dem bisherigen § 20 GrStG und regelt die Aufhebung des Steuermessbetrags, insbesondere wenn der Steuergegenstand wegfällt oder infolge von Befreiungsgründen nicht mehr der Besteuerung zugrunde gelegt wird.

II. Geltungsbereich

3 Das LGrStG BW gilt für in Baden-Württemberg belegene Grundstücke.

4–5 *(Einstweilen frei)*

B. Systematische Kommentierung

I. Aufhebung des Grundsteuermessbetrags (§ 45 Abs. 1 LGrStG BW)

6 § 45 Abs. 1 LGrStG BW entspricht § 20 Abs. 1 GrStG, auf die Kommentierung von Bock in Grootens, GrStG § 20 Rz. 20–25 wird verwiesen.

7–8 *(Einstweilen frei)*

II. Zeitpunkt der Wirkung der Aufhebung (§ 45 Abs. 2 LGrStG BW)

9 § 45 Abs. 2 LGrStG BW entspricht § 20 Abs. 2 GrStG, auf die Kommentierung von Bock in Grootens, GrStG § 20 Rz. 26–31 wird verwiesen.

10–11 *(Einstweilen frei)*

III. Zeitpunkt der Wirkung bei Aufhebung zwischen Hauptveranlagungszeitpunkt und Wirksamwerden der Steuermessbeträge (§ 45 Abs. 3 LGrStG BW)

12 § 45 Abs. 3 LGrStG BW entspricht inhaltlich § 20 Abs. 3 GrStG. Nach dem Gesetzeswortlaut des § 45 Abs. 3 LGrStG BW müssen die Voraussetzungen für die Neuveranlagung „zwischen" dem Hauptveranlagungszeitpunkt und dem Zeitpunkt des Wirksamwerdens der Steuermessbeträge eintreten. In der Bundesregelung wird statt dem Wort „zwischen" das Wort „während" verwendet. Materiell rechtliche Unterschiede ergeben sich daraus nicht. Auf die Kommentierung von Bock in Grootens, GrStG § 20 Rz. 32–33 wird verwiesen.

§ 46 LGrStG BW Änderung von Steuermessbescheiden

[1]Bescheide über die Neuveranlagung oder die Nachveranlagung von Steuermessbeträgen können schon vor dem maßgebenden Veranlagungszeitpunkt erteilt werden. [2]Sie sind zu ändern oder aufzuheben, wenn sich bis zu diesem Zeitpunkt Änderungen ergeben, die zu einer abweichenden Festsetzung führen.

Inhaltsübersicht **Rz.**

A. Allgemeine Erläuterungen

I. Entstehung und Entwicklung der Vorschrift

1 Die Vorschrift wurde erstmalig im Jahr 2020 in das LGrStG BW aufgenommen.

In der **Gesetzesbegründung** heißt es hierzu: 2
Die Norm entspricht dem bisherigen § 21 GrStG und regelt das Verfahren für Änderung oder Aufhebung von Neu- oder Nachveranlagungsbescheiden, die vor dem maßgebenden Veranlagungszeitpunkt erteilt worden sind.

II. Geltungsbereich

Das LGrStG BW gilt für in Baden-Württemberg belegene Grundstücke. 3

(Einstweilen frei) 4–5

B. Systematische Kommentierung

Die Vorschrift entspricht § 21 GrStG. Auf die Kommentierung von Bock in Grootens, GrStG § 21 Rz. 18–24 wird verwiesen. 6

§ 47 LGrStG BW Zerlegung des Steuermessbetrags

(1) Erstreckt sich der Steuergegenstand über mehrere Gemeinden, so ist der Steuermessbetrag vorbehaltlich des § 49 anteilig in die auf die einzelnen Gemeinden entfallenden Anteile zu zerlegen (Zerlegungsanteile).

(2) Zerlegungsmaßstab ist bei Betrieben der Land- und Forstwirtschaft der nach § 33 Absatz 2 ermittelte Gemeindeanteil am Grundsteuerwert des Betriebs der Land- und Forstwirtschaft.

(3) [1]Zerlegungsmaßstab ist bei Grundstücken das Verhältnis, in dem die auf die einzelnen Gemeinden entfallenden Flächengrößen zueinanderstehen. [2]Führt die Zerlegung nach Flächengrößen zu einem offenbar unbilligen Ergebnis, sind die Zerlegungsanteile maßgebend, auf die sich die Gemeinden mit dem Steuerschuldner einigen.

(4) Entfällt auf eine Gemeinde ein Zerlegungsanteil von weniger als 25 Euro, so ist dieser Anteil der Gemeinde zuzuweisen, der nach Absatz 2 oder 3 der größte Zerlegungsanteil zusteht.

Inhaltsübersicht **Rz.**

A. Allgemeine Erläuterungen

I. Entstehung und Entwicklung der Vorschrift

Die Vorschrift wurde erstmalig im Jahr 2020 in das GrStG BW aufgenommen. 1

2 In der **Gesetzesbegründung (Drucks. 16/8907)** heißt es hierzu:

Zu Absatz 1
Die Vorschrift bestimmt wie die bisherige Regelung in § 22 GrStG die Grundsätze der Zerlegung von Steuermessbeträgen.

Zu Absatz 2
Die Vorschrift bestimmt den Zerlegungsmaßstab bei Betrieben der Land- und Forstwirtschaft. Als Zerlegungsmaßstab werden die Reinertragsverhältnisse zugrunde gelegt, die gemäß § 33 Absatz 2 für jede Gemeinde im Rahmen der Bewertung eines Betriebs der Land- und Forstwirtschaft ermittelt und ausgewiesen werden.

Zu Absatz 3
Die Vorschrift bestimmt den Zerlegungsmaßstab bei Grundstücken. Als Zerlegungsmaßstab ist das Verhältnis der steuerpflichtigen Grundstücksflächen maßgeblich. Um unbeabsichtigte Härten zu vermeiden wird für den Fall, dass die Zerlegung nach Flächengrößen zu einem offenbar unbilligen Ergebnis führt, bestimmt, dass die Zerlegungsanteile maßgebend sind, auf die sich die Gemeinden mit dem Steuerschuldner einigen.

Zu Absatz 4
Die Vorschrift entspricht inhaltlich den Regelungen des Absatzes 2 der bisherigen Vorschrift.

II. Geltungsbereich

3 Das LGrStG BW gilt für in Baden-Württemberg belegene Grundstücke.

4–5 *(Einstweilen frei)*

B. Systematische Kommentierung

I. Begriff und Voraussetzung der Zerlegung (§ 47 Abs. 1 LGrStG BW)

6 Die Vorschrift entspricht § 22 Abs. 1 GrStG. Im LGrStG BW wird auf § 49 LGrStG BW verwiesen, während § 22 Abs. 1 GrStG auf § 24 GrStG verweist. Die Vorschriften von § 49 LGrStG BW und § 24 GrStG sind inhaltsgleich. Auf die Kommentierung von Bock in Grootens, GrStG § 22 Rz. 24–30 wird verwiesen.

7 Es ergibt sich aber die **Besonderheit**, dass sich die **Zerlegung nur auf Gemeinden in Baden-Württemberg** erstrecken kann, da nach § 25 Abs. 3 LGrStG BW bei wirtschaftlichen Einheiten des Grundbesitzes, die sich über die Landesgrenzen hinaus erstrecken, nur der innerhalb der Landesgrenzen befindliche Teil bewertet wird.[1]

8–9 *(Einstweilen frei)*

II. Zerlegungsmaßstab bei den Betrieben der Land- und Forstwirtschaft (§ 47 Abs. 2 LGrStG BW)

10 Die Vorschrift entspricht § 22 Abs. 2 GrStG. Im LGrStG BW wird auf § 33 Abs. 2 LGrStG BW verwiesen, während § 22 Abs. 2 GrStG auf § 239 Abs. 2 BewG verweist. Die Vorschriften von § 33

---

1 Vgl. Schmidt in Grootens, LGrStG BW § 25 Rz. 35–39.

Abs. 2 LGrStG BW und § 239 Abs. 2 BewG sind inhaltsgleich. Auf die Kommentierung von Bock in Grootens, GrStG § 22 Rz. 31–37 wird verwiesen.

Die Zerlegung erstreckt sich nur auf Gemeinden in Baden-Württemberg, da nach § 25 Abs. 3 LGrStG BW bei wirtschaftlichen Einheiten des Grundbesitzes, die sich über die Landesgrenzen hinaus erstrecken, nur der innerhalb der Landesgrenzen befindliche Teil bewertet wird.[1] 11

(Einstweilen frei) 12–13

III. Zerlegungsmaßstab bei den Grundstücken (§ 47 Abs. 3 LGrStG BW)

Die Vorschrift entspricht § 22 Abs. 3 GrStG. Auf die Kommentierung von Bock in Grootens, GrStG § 22 Rz. 38–54 wird verwiesen. 14

(Einstweilen frei) 15–16

IV. Mindestzerlegungsanteil (§ 47 Abs. 4 LGrStG BW)

Die Vorschrift entspricht § 22 Abs. 4 GrStG. Auf die Kommentierung von Bock in Grootens, GrStG § 22 Rz. 55–58 wird verwiesen. 17

(Einstweilen frei) 18–19

V. Zerlegungsverfahren, Zuteilungsverfahren

Zum Zerlegungsverfahren siehe Bock in Grootens, GrStG § 22 Rz. 59–121. 20

Zum Zuteilungsverfahren siehe Bock in Grootens, GrStG § 22 Rz. 122–125. 21

§ 48 LGrStG BW Zerlegungsstichtag

(1) Der Zerlegung des Steuermessbetrags werden die Verhältnisse in dem Feststellungszeitpunkt zugrunde gelegt, auf den der für die Festsetzung des Steuermessbetrags maßgebende Grundsteuerwert festgestellt worden ist.

(2) Ändern sich die Grundlagen für die Zerlegung, ohne dass der Grundsteuerwert fortgeschrieben oder nachträglich festgestellt wird, so sind die Zerlegungsanteile nach dem Stand vom 1. Januar des folgenden Jahres neu zu ermitteln, wenn wenigstens bei einer Gemeinde der neue Anteil um mehr als ein Zehntel, mindestens aber um 10 Euro von ihrem bisherigen Anteil abweicht.

Inhaltsübersicht **Rz.**

1 Vgl. Schmidt in Grootens, LGrStG BW § 25 Rz. 18–22.

A. Allgemeine Erläuterungen

I. Entstehung und Entwicklung der Vorschrift

1 Die Vorschrift wurde erstmalig im Jahr 2020 in das LGrStG BW (verkündet als Art. 1 des Gesetzes zur Regelung einer Landesgrundsteuer vom 4.11.2020, GBl S. 974) aufgenommen.

2 In der Gesetzesbegründung (Drucks. 16/8907) heißt es:
Die Norm entspricht dem bisherigen § 23 GrStG und regelt den Zerlegungsstichtag.

II. Geltungsbereich

3 Das LGrStG BW gilt für in Baden-Württemberg belegene Grundstücke.

4–5 *(Einstweilen frei)*

B. Systematische Kommentierung

6 Nach § 25 Abs. 3 LGrStG BW wird bei **wirtschaftlichen Einheiten des Grundbesitzes**, die sich **über die Landesgrenzen** hinaus erstrecken, nur der sich innerhalb der Landesgrenzen befindliche Teil bewertet.[1] Die Vorschrift erstreckt sich damit nur auf in Baden-Württemberg belegenen Grundbesitz.

7 Inhaltlich entspricht die Vorschrift § 23 GrStG. Auf die Kommentierung von Bock in Grootens, GrStG § 23 Rz. 18–27 wird verwiesen.

§ 49 LGrStG BW Ersatz der Zerlegung durch Steuerausgleich

[1]Die Landesregierung kann durch Rechtsverordnung bestimmen, dass bei Betrieben der Land- und Forstwirtschaft, die sich über mehrere Gemeinden erstrecken, aus Vereinfachungsgründen an Stelle der Zerlegung ein Steuerausgleich stattfindet. [2]Beim Steuerausgleich wird der gesamte Steuermessbetrag der Gemeinde zugeteilt, in der der wertvollste Teil des Steuergegenstandes liegt (Sitzgemeinde); an dem Steueraufkommen der Sitzgemeinde werden die übrigen Gemeinden beteiligt. [3]Die Beteiligung soll annähernd zu dem Ergebnis führen, das bei einer Zerlegung einträte.

Inhaltsübersicht **Rz.**

1 Vgl. Schmidt in Grootens, LGrStG BW § 25 Rz. 35–39.

A. Allgemeine Erläuterungen

I. Entstehung und Entwicklung der Vorschrift

Die Vorschrift wurde erstmalig im Jahr 2020 in das LGrStG BW (verkündet als Art. 1 des Gesetzes zur Regelung einer Landesgrundsteuer vom 4.11.2020, GBl. S. 974) aufgenommen. 1

In der Gesetzesbegründung (Drucks. 16/8907) heißt es: 2
Die Norm entspricht dem bisherigen § 24 GrStG und regelt bei Betrieben der Land- und Forstwirtschaft die Alternative der Zerlegung durch Steuerausgleich.

II. Geltungsbereich

Das LGrStG BW gilt für in Baden-Württemberg belegene Grundstücke. 3

(Einstweilen frei) 4–5

B. Systematische Kommentierung

Die Gemeinden müssen in Baden-Württemberg liegen, denn nach § 25 Abs. 3 LGrStG BW wird bei **wirtschaftlichen Einheiten des Grundbesitzes,** die sich über die Landesgrenzen hinaus erstrecken, nur der sich innerhalb der Landesgrenzen befindliche Teil bewertet.[1] Die Vorschrift erstreckt sich damit nur auf den in Baden-Württemberg belegenen Grundbesitz von **Betrieben der Land- und Forstwirtschaft.** 6

Inhaltlich entspricht die Vorschrift entspricht § 24 GrStG Bund. Auf die Kommentierung von Bock in Grootens, GrStG § 24 Rz. 18–20 wird verwiesen. 7

Fünfter Teil: Festsetzung und Entrichtung der Grundsteuer

§ 50 LGrStG BW Festsetzung des Hebesatzes

(1) Die Gemeinde bestimmt, mit welchem Hundertsatz des Steuermessbetrags oder des Zerlegungsanteils die Grundsteuer zu erheben ist (Hebesatz).

(2) Der Hebesatz ist für ein oder mehrere Kalenderjahre, höchstens jedoch für den Hauptveranlagungszeitraum der Steuermessbeträge festzusetzen.

(3) [1]Der Beschluss über die Festsetzung oder Änderung des Hebesatzes ist bis zum 30. Juni eines Kalenderjahres mit Wirkung vom Beginn dieses Kalenderjahres zu fassen. [2]Nach diesem Zeitpunkt kann der Beschluss über die Festsetzung des Hebesatzes gefasst werden, wenn der Hebesatz die Höhe der letzten Festsetzung nicht überschreitet.

(4) [1]Der Hebesatz muss vorbehaltlich des § 50a jeweils einheitlich sein

1. für die in einer Gemeinde liegenden Betriebe der Land- und Forstwirtschaft;

2. für die in einer Gemeinde liegenden Grundstücke.

1 Vgl. Schmidt in Grootens, LGrStG BW § 25 Rz. 35–40.

[2]Wird das Gebiet von Gemeinden geändert, so kann die Landesregierung oder die von ihr bestimmte Stelle für die von der Änderung betroffenen Gebietsteile auf eine bestimmte Zeit verschiedene Hebesätze zulassen.

Inhaltsübersicht **Rz.**

A. Allgemeine Erläuterungen

I. Entstehung und Entwicklung der Vorschrift

1 Die Vorschrift wurde erstmalig im Jahr 2020 in das LGrStG BW (Verkündet als Art. 1 des Gesetzes zur Regelung einer Landesgrundsteuer v. 4.11.2020, GBl S. 974) aufgenommen. Mit dem ÄndGLGrStG[1] wurde in Abs. 4 Satz 1 LGrStG BW „vorbehaltlich des § 50a" eingefügt. Hierbei handelt es sich um eine redaktionelle Änderung die durch die Einführung einer Grundsteuer C erforderlich war.

2 In der **Gesetzesbegründung zum LGrStG BW** heißt es hierzu:
Die Norm entspricht dem bisherigen § 25 GrStG und regelt die Festsetzung der Hebesätze durch die Gemeinde. Diese üben dadurch ihr in Artikel 106 Absatz 6 Satz 2 GG verfassungsrechtlich garantiertes Hebesatzrecht aus. Für die Frist ist der Zeitpunkt des Beschlusses relevant.

In der **Gesetzesbegründung zum ÄndGLGrStG (Drucks. 17/1076)** heißt es hierzu:
Der Hebesatz für das Grundvermögen muss innerhalb der Kommune grundsätzlich einheitlich sein. Eine Ausnahme hiervon ist jedoch der erhöhte Hebesatz zur Mobilisierung von baureifen, unbebauten Grundstücken gemäß § 50a. Die mögliche Ausnahme wird somit im allgemeinen Hebesatzrecht ausdrücklich benannt.

II. Geltungsbereich

3 Das LGrStG BW gilt für in Baden-Württemberg belegene Grundstücke.

4–5 *(Einstweilen frei)*

B. Systematische Kommentierung

I. Festsetzung des Hebesatzes

6 Die Vorschrift entspricht § 25 GrStG. Auf die Kommentierung von Grootens in Grootens, GrStG § 25 Rz. 31–192 wird verwiesen.

1 GBl S. 1029.

II. Koppelungsvorschriften und Höchsthebesatz

Nach § 26 GrStG kann den Gemeinden durch Landesgesetze vorgegeben werden, in welchem Verhältnis der Hebesatz der Grundsteuer für land- und forstwirtschaftliche Betriebe und der Hebesatz der Gewerbesteuer zueinander stehen müssen und welche Höchsthebesätze nicht überschritten werden dürfen. Bisher macht kein Bundesland von dieser Ermächtigung Gebrauch.[1] Auch Baden-Württemberg hat keinen Höchsthebesatz in das LGrStG BW aufgenommen. 7

§ 50a LGrStG BW Gesonderter Hebesatz für baureife Grundstücke

(1) Die Gemeinde kann aus städtebaulichen Gründen baureife Grundstücke bestimmen und abweichend von § 50 Absatz 4 Satz 1 Nummer 2 für die Grundstücksgruppe der baureifen Grundstücke einen gesonderten Hebesatz festsetzen.

(2) [1]Baureife Grundstücke sind unbebaute Grundstücke, die nach Lage, Form und Größe und ihrem sonstigen tatsächlichen Zustand sowie nach öffentlich- rechtlichen Vorschriften sofort bebaut werden könnten. [2]Eine erforderliche, aber noch nicht erteilte Baugenehmigung sowie zivilrechtliche Gründe, die einer sofortigen Bebauung entgegenstehen, sind unbeachtlich.

(3) Als städtebauliche Gründe kommen insbesondere die Deckung eines erhöhten Bedarfs an Wohn- und Arbeitsstätten sowie an Gemeinbedarfs- und Folgeeinrichtungen, die Nachverdichtung bestehender Siedlungsstrukturen oder die Stärkung der Innenentwicklung in Betracht.

(4) [1]Die Gemeinde hat den gesonderten Hebesatz auf einen bestimmten Gemeindeteil zu beschränken, wenn nur für diesen Gemeindeteil die städtebaulichen Gründe vorliegen. [2]In dem Gemeindeteil müssen mehrere baureife Grundstücke belegen sein.

(5) [1]Die genaue Bezeichnung der baureifen Grundstücke, deren Lage sowie das Gemeindegebiet, auf das sich der gesonderte Hebesatz bezieht, sind jeweils nach den Verhältnissen zu Beginn eines Kalenderjahres von der Gemeinde zu bestimmen, in einer Karte auszuweisen und im Wege einer Allgemeinverfügung öffentlich bekannt zu geben. [2]In der Allgemeinverfügung sind die städtebaulichen Erwägungen nachvollziehbar darzulegen und die Wahl des Gemeindegebiets, auf das sich der gesonderte Hebesatz beziehen soll, zu begründen.

(6) Hat eine Gemeinde die baureifen Grundstücke bestimmt und hierfür einen gesonderten Hebesatz festgesetzt, muss dieser Hebesatz für alle in der Gemeinde oder dem Gemeindeteil liegenden baureifen Grundstücke einheitlich und höher als der einheitliche Hebesatz für die übrigen in der Gemeinde liegenden Grundstücke sein.

Inhaltsübersicht **Rz.**

1 Vgl. Grootens in Grootens, GrStG § 26 Rz. 36.

A. Allgemeine Erläuterungen

I. Normzweck und wirtschaftliche Bedeutung der Vorschrift

1 Unbebaute Grundstücke, die für Wohnzwecke[1] genutzt werden könnten, werden höher besteuert als bebaute Wohngrundstücke, weil für bebaute Grundstücke, die Wohnzwecken dienen, die Steuermesszahl um 30 % ermäßigt wird.[2] Eine entsprechende Vorschrift, die **baureife Gewerbegrundstücke** höher besteuert, fehlt im LGrStG BW. Durch § 50a LGrStG BW wird es den Kommunen jedoch ermöglicht, wie im Bundesrecht in § 25 Abs. 5 GrStG geregelt[3] einen **höheren Hebesatz** (Grundsteuer C) auf baureife Wohn- und Gewerbegrundstücke zu erheben. Durch den **höheren Hebesatz** für diese **baureifen Grundstücke** soll erreicht werden, dass diese einer **Bebauung zugeführt** werden; zu den Lenkungszwecken der Grundsteuer C vgl. Grootens in Grootens, GrStG § 25 Rz. 121–128. Sollte eine Grundsteuer C erhoben werden, werden in vielen Fällen die betroffenen Grundstückseigentümer dagegen klagen. Ob die Erhebung der Grundsteuer C dann einer gerichtlichen Prüfung Stand hält, ist wegen der von der Gemeinde zu erbringenden Nachweise und der auftretenden Abgrenzungsfragen ungewiss. Wegen dieser Unwägbarkeiten bleibt es abzuwarten, ob die Gemeinden dieses Instrument überhaupt nutzen werden.

II. Entstehung und Entwicklung der Vorschrift

2 § 50a LGrStG BW wurde durch das Gesetz zur Änderung des Landesgrundsteuergesetzes und zur Einführung eines gesonderten Hebesatzrechts zur Mobilisierung von Bauland (ÄndGLGrStG)[4] in das LGrStG BW aufgenommen.

3 In der **Gesetzesbegründung** heißt es hierzu:

Die Gemeinde kann aus städtebaulichen Gründen für baureife Grundstücke einen gesonderten Hebesatz festsetzen.

Aus Gründen der Verhältnismäßigkeit und Bestimmtheit erfolgt eine tatbestandliche Beschränkung auf bestimmte städtebauliche Gründe. Insbesondere kann ein dringender Wohnbedarf der Bevölkerung einschließlich der Gemeinbedarfs- und Folgeeinrichtungen im Rahmen städtebaulicher Gründe berücksichtigt werden. Eine weitere maßgebliche Richtschnur ist die in § 1a Absatz 2 Satz 1 BauGB enthaltene „Bodenschutzklausel", wonach mit Grund und Boden sparsam und schonend umzugehen ist. Zur Verringerung der zusätzlichen Inanspruchnahme von Flächen für bauliche Nutzungen sind die Möglichkeiten der Entwicklung der Gemeinde insbesondere durch

1 Vgl. Schmidt in Grootens, LGrStG BW § 40 Rz. 37–46.
2 Vgl. Schmidt in Grootens, LGrStG BW § 40 Rz. 37–44.
3 Vgl. Grootens in Grootens, GrStG § 25 Rz. 121–192.
4 GBl S. 1029.

Wiedernutzbarmachung von Flächen, Nachverdichtungen der Siedlungsstrukturen und andere Maßnahmen zur Innenentwicklung zu nutzen.

Die Beschränkung des gesonderten Hebesatzrechts nur auf einen Gemeindeteil ermöglicht den Städten und Gemeinden, den gesonderten Hebesatz nur in den Teilen des Gemeindegebiets zu erheben, in denen die bestimmten städtebaulichen Gründe vorliegen, um die Erhebung des gesonderten Hebesatzes zielgenau vornehmen zu können. Dies kann beispielsweise nur auf den Ortskern, das Sanierungsgebiet oder das neue Baugebiet zutreffen. In dem Gemeindeteil müssen jedoch mehrere baureife, unbebaute Grundstücke belegen sein.

In einer Allgemeinverfügung sind die städtebaulichen Erwägungen und die Wahl des Gemeindegebiets, auf das sich der gesonderte Hebesatz beziehen soll, von der Gemeinde begründet darzulegen.

III. Geltungsbereich

Das LGrStG BW gilt für in Baden-Württemberg belegene Grundstücke. 4

(Einstweilen frei) 5–6

B. Systematische Kommentierung

I. Recht zur Festlegung eines gesonderten Hebesatzes für baureife Grundstücke (§ 50a Abs. 1 LGrStG BW)

Die Vorschrift entspricht inhaltlich § 25 Abs. 5 Satz 1 GrStG. Auf die Kommentierung von Grootens in Grootens, GrStG § 25 Rz. 136–150 wird verwiesen. 7

(Einstweilen frei) 8–9

II. Definition der baureifen Grundstücke (§ 50a Abs. 2 LGrStG BW)

Die Vorschrift entspricht § 25 Abs. 5 Satz 2 und 3 GrStG. Auf die Kommentierung von Grootens in Grootens, GrStG § 25 Rz. 151–160 wird verwiesen. 10

(Einstweilen frei) 11–12

III. Definition der städtebaulichen Gründe (§ 50a Abs. 3 LGrStG BW)

Die Vorschrift entspricht § 25 Abs. 5 Satz 4 GrStG. Auf die Kommentierung von Grootens in Grootens, GrStG § 25 Rz. 161–170 wird verwiesen. 13

(Einstweilen frei) 14–15

IV. Beschränkung des gesonderten Hebesatzes auf Teile des Gemeindegebiets (§ 50a Abs. 4 LGrStG BW)

§ 50a Abs. 4 Satz 1 LGrStG BW entspricht § 25 Abs. 5 Satz 5 GrStG. Auf die Kommentierung von Grootens in Grootens, GrStG § 25 Rz. 171–180 wird verwiesen. 16

Während in § 25 Abs. 5 Satz 6 GrStG die Gemeinde bei der Erhebung der Grundsteuer C auf einen Gemeindeteil beschränkt ist, der mindestens 10 % des gesamten Gemeindegebiets umfasst, fehlt in § 50a Abs. 4 Satz 2 LGrStG BW diese flächenmäßige Beschränkung. Durch das **Fehlen des Mindestumfangs des Gemeindeteils im Landesgesetz** kann die Gemeinde zielgenau 17 nur für bestimmte Gemeindeteile wie den Ortskern, ein Sanierungsgebiet oder ein neues Baugebiet die Grundsteuer C erheben. Wie im Bundesrecht müssen in dem Gemeindeteil aber mehrere baureife Grundstücke belegen sein.

18–19 *(Einstweilen frei)*

V. Bekanntgabe der baureifen Grundstücke in einer Allgemeinverfügung (§ 50a Abs. 5 LGrStG BW)

20 Die Vorschrift entspricht § 25 Abs. 5 Satz 7 und 8 GrStG. Auf die Kommentierung von Grootens in Grootens, GrStG § 25 Rz. 181–190 wird verwiesen.

21–22 *(Einstweilen frei)*

VI. Hebesatzeinheitlichkeit und Höhe des gesonderten Hebesatzes (§ 50a Abs. 6 LGrStG BW)

23 Die Vorschrift entspricht § 25 Abs. 5 Satz 9 GrStG. Auf die Kommentierung von Grootens in Grootens, GrStG § 25 Rz. 191–192 wird verwiesen.

24–26 *(Einstweilen frei)*

§ 51 LGrStG BW Festsetzung der Grundsteuer

(1) [1]Die Grundsteuer wird für das Kalenderjahr festgesetzt. [2]Ist der Hebesatz für mehr als ein Kalenderjahr festgesetzt, kann auch die jährlich zu erhebende Grundsteuer für die einzelnen Kalenderjahre dieses Zeitraums festgesetzt werden.

(2) Wird der Hebesatz gemäß § 50 Absatz 3 geändert, so ist die Festsetzung nach Absatz 1 zu ändern.

(3) [1]Für diejenigen Steuerschuldner, die für das Kalenderjahr die gleiche Grundsteuer wie im Vorjahr zu entrichten haben, kann die Grundsteuer durch öffentliche Bekanntmachung festgesetzt werden. [2]Für die Steuerschuldner treten mit dem Tag der öffentlichen Bekanntmachung die gleichen Rechtswirkungen ein, wie wenn ihnen an diesem Tag ein schriftlicher Steuerbescheid zugegangen wäre.

Inhaltsübersicht **Rz.**

A. Allgemeine Erläuterungen

I. Entstehung und Entwicklung der Vorschrift

1 Die Vorschrift wurde erstmalig im Jahr 2020 in das LGrStG BW aufgenommen.

2 In der **Gesetzesbegründung** heißt es hierzu:
Die Norm entspricht dem bisherigen § 27 GrStG und regelt die endgültige Festsetzung der Grundsteuer durch die Gemeinde. Entsprechend dem im Grundsatz beibehaltenen System der dreigliedrigen Grundsteuer hat auch im neuen System die Gemeinde damit die endgültige Ertragshoheit und entscheidet somit über die mögliche Aufkommensneutralität.

II. Geltungsbereich

Das LGrStG BW gilt für in Baden-Württemberg belegene Grundstücke. 3

(Einstweilen frei) 4–5

B. Systematische Kommentierung

Das Landesgesetz verweist auf § 50 Abs. 3 LGrStG BW, der mit § 25 Abs. 3 GrStG identisch ist. Damit bestehen keine inhaltlichen Unterschiede zwischen § 51 LGrStG BW und § 27 GrStG. Auf die Kommentierung von Grootens in Grootens, GrStG § 27 Rz. 36–94 wird verwiesen. 6

§ 52 LGrStG BW Fälligkeit

(1) Die Grundsteuer wird zu je einem Viertel ihres Jahresbetrags am 15. Februar, 15. Mai, 15. August und 15. November fällig.

(2) Die Gemeinden können bestimmen, dass Kleinbeträge wie folgt fällig werden:

1. am 15. August mit ihrem Jahresbetrag, wenn dieser 15 Euro nicht übersteigt;

2. am 15. Februar und 15. August zu je einer Hälfte ihres Jahresbetrags, wenn dieser 30 Euro nicht übersteigt.

(3) [1]Auf Antrag des Steuerschuldners kann die Grundsteuer abweichend von Absatz 1 oder Absatz 2 Nummer 2 am 1. Juli in einem Jahresbetrag entrichtet werden. [2]Der Antrag muss spätestens bis zum 30. September des vorangehenden Kalenderjahres gestellt werden. [3]Die beantragte Zahlungsweise bleibt so lange maßgebend, bis ihre Änderung beantragt wird; die Änderung muss spätestens bis zum 30. September des vorangehenden Jahres beantragt werden.

Inhaltsübersicht **Rz.**

A. Allgemeine Erläuterungen

I. Entstehung und Entwicklung der Vorschrift

Die Vorschrift wurde erstmalig im Jahr 2020 in das LGrStG BW aufgenommen. 1

In der **Gesetzesbegründung** heißt es hierzu: 2
Die Norm entspricht dem bisherigen § 28 GrStG und regelt den Fälligkeitszeitpunkt der Grundsteuer.

II. Geltungsbereich

Das LGrStG BW gilt für in Baden-Württemberg belegene Grundstücke. 3

(Einstweilen frei) 4–5

B. Systematische Kommentierung

6 Die Vorschrift entspricht § 28 GrStG. Auf die Kommentierung von Grootens in Grootens, GrStG § 28 Rz. 36–72 wird verwiesen.

§ 53 LGrStG BW Vorauszahlungen

Der Steuerschuldner hat bis zur Bekanntgabe eines neuen Steuerbescheids zu den bisherigen Fälligkeitstagen Vorauszahlungen unter Zugrundelegung der zuletzt festgesetzten Jahressteuer zu entrichten.

Inhaltsübersicht **Rz.**

A. Allgemeine Erläuterungen

I. Entstehung und Entwicklung der Vorschrift

1 Die Vorschrift wurde erstmalig im Jahr 2020 in das LGrStG BW aufgenommen.

2 In der **Gesetzesbegründung** heißt es hierzu:
Die Norm entspricht dem bisherigen § 29 GrStG und ordnet die Beachtung des letzten Steuerbescheids durch Anordnung einer Vorauszahlung auf den zu ergehenden Bescheid an, bis dieser ergangen ist. Aufgrund der klaren Anordnung des Bundesverfassungsgerichts können auf die Steuerbescheide nach altem Bundesrecht, nach Ablauf der Umsetzungsfrist Ende 2024, keine weiteren Belastungen mehr gestützt werden. Daher gilt § 53 nur für Steuerbescheide, die aufgrund dieses Gesetzes ergangen sind.

II. Geltungsbereich

3 **In örtlicher Hinsicht gilt § 53** LGrStG BW für in Baden-Württemberg belegene Grundstücke.

4 **In zeitlicher Hinsicht ist § 53** LGrStG BW nach der Gesetzesbegründung nur für Steuerbescheide anzuwenden, die nach dem LGrStG BW ergangen sind. D. h. mit Ablauf des 31.12.2024 sind Vorauszahlungen aus nach dem alten (verfassungswidrigen) Recht ergangenen Bescheiden nicht mehr zu leisten. Die Gemeinden müssten deshalb bereits im Laufe des Jahres 2024 Grundsteuerfestsetzungen auf den 1.1.2025 vornehmen (ggf. im Wege einer Schätzung) um auch 2025 Zahlungen aus der Grundsteuer zu erhalten. Andernfalls kann die Gemeinde erst im Rahmen der Festsetzung der Grundsteuer nach dem LGrStG BW eine Nachentrichtung der Grundsteuer verlangen.[1]

5–6 *(Einstweilen frei)*

1 Vgl. § 55 LGrStG BW.

B. Systematische Kommentierung

Die Vorschrift entspricht § 29 GrStG. Auf die Kommentierung von Grootens in Grootens, GrStG § 29 Rz. 36–43 wird verwiesen. 7

§ 54 LGrStG BW Abrechnung über die Vorauszahlungen

(1) [1]Ist die Summe der Vorauszahlungen, die bis zur Bekanntgabe des neuen Steuerbescheids zu entrichten waren, kleiner als die Steuer, die sich nach dem bekanntgegebenen Steuerbescheid für die vorausgegangenen Fälligkeitstage ergibt, so ist der Unterschiedsbetrag innerhalb eines Monats nach Bekanntgabe des Steuerbescheids zu entrichten. [2]Die Verpflichtung, rückständige Vorauszahlungen schon früher zu entrichten, bleibt unberührt.

(2) Ist die Summe der Vorauszahlungen, die bis zur Bekanntgabe des neuen Steuerbescheids entrichtet worden sind, größer als die Steuer, die sich nach dem bekanntgegebenen Steuerbescheid für die vorangegangenen Fälligkeitstage ergibt, so wird der Unterschiedsbetrag nach Bekanntgabe des Steuerbescheids durch Aufrechnung oder Rückzahlung ausgeglichen.

(3) Die Absätze 1 und 2 gelten entsprechend, wenn der Steuerbescheid aufgehoben oder geändert wird.

Inhaltsübersicht **Rz.**

A. Allgemeine Erläuterungen

I. Entstehung und Entwicklung der Vorschrift

Die Vorschrift wurde erstmalig im Jahr 2020 in das LGrStG BW aufgenommen. 1

In der **Gesetzesbegründung** heißt es hierzu: 2
Die Norm entspricht dem bisherigen § 30 GrStG und legt die Modalitäten für die Abrechnung der nach § 53 entrichteten Vorauszahlung fest, sobald ein neuer Bescheid ergangen ist.

II. Geltungsbereich

Das LGrStG BW gilt für in Baden-Württemberg belegene Grundstücke. 3

(Einstweilen frei) 4–5

B. Systematische Kommentierung

§ 54 GrStG BW ist identisch mit § 30 GrStG. § 54 Abs. 1 LGrStG BW verweist auf die §§ 52 und 53 LGrStG BW, diese Paragraphen entsprechen den in § 30 GrStG vorgenommenen Verweisen auf die §§ 28 und 29 GrStG. Auf die Kommentierung von Grootens in Grootens, GrStG § 30 Rz. 36–62 wird verwiesen. 6

§ 55 LGrStG BW Nachentrichtung der Steuer

Hatte der Steuerschuldner bis zur Bekanntgabe der Jahressteuer keine Vorauszahlungen nach § 53 zu entrichten, so hat er die Steuer, die sich nach dem bekanntgegebenen Steuerbescheid für die vorangegangenen Fälligkeitstage gemäß § 52 ergibt, innerhalb eines Monats nach Bekanntgabe des Steuerbescheids zu entrichten.

Inhaltsübersicht **Rz.**

A. Allgemeine Erläuterungen

I. Entstehung und Entwicklung der Vorschrift

1 Die Vorschrift wurde erstmalig im Jahr 2020 in das LGrStG BW aufgenommen.

2 In der **Gesetzesbegründung** heißt es hierzu:
Die Norm entspricht dem bisherigen § 31 GrStG und legt die für den bereits abgelaufenen Zeitraum fällige Zahlung fest, wenn etwa eine Nachveranlagung durchgeführt worden ist.

II. Geltungsbereich

3 Das LGrStG BW gilt für in Baden-Württemberg belegene Grundstücke.

4–5 *(Einstweilen frei)*

B. Systematische Kommentierung

6 § 55 LGrStG BW ist identisch mit § 31 GrStG. Das Landesgesetz verweist zwar auf die §§ 52 und 53 LGrStG BW, diese §§ entsprechen den in § 31 GrStG vorgenommenen Verweisen auf die §§ 28 und 29 GrStG. Auf die Kommentierung von Grootens in Grootens, GrStG § 31 Rz. 36–39 wird verwiesen.

Sechster Teil: Erlass der Grundsteuer

§ 56 LGrStG BW Erlass für Kulturgut und Grünanlagen

(1) Die Grundsteuer kann erlassen werden

1. **für Grundbesitz, dessen Erhaltung wegen seiner Bedeutung für Kunst, Geschichte, Wissenschaft oder Naturschutz im öffentlichen Interesse liegt, wenn die erzielten Einnahmen und die sonstigen Vorteile (Rohertrag) in der Regel unter den jährlichen Kosten liegen; bei Park- und Gartenanlagen von geschichtlichem Wert ist der Erlass von der weiteren Voraussetzung abhängig, dass sie in dem billigerweise zu fordernden Umfang der Öffentlichkeit zugänglich gemacht sind;**
2. **für öffentliche Grünanlagen, Spiel- und Sportplätze, wenn die jährlichen Kosten in der Regel den Rohertrag übersteigen.**

(2) [1]Für Grundbesitz, welcher von wissenschaftlicher, künstlerischer oder geschichtlicher Bedeutung ist und dem Zweck der Forschung oder Volksbildung nutzbar gemacht wird, kann von der Grundsteuer ein angemessener Teil erlassen werden. [2]Das gilt nur, wenn die wissenschaftliche, künstlerische oder geschichtliche Bedeutung durch die Landesregierung oder die von ihr beauftragte Stelle anerkannt ist. [3]Grundbesitz ist insbesondere dann von wissenschaftlicher, künstlerischer oder geschichtlicher Bedeutung, wenn er der Beherbergung von Sammlungen oder Bibliotheken dient.

Inhaltsübersicht **Rz.**

VERWALTUNGSANWEISUNGEN

FinMin Baden-Württemberg, Erlass v. 5.7.2022 - FM3-S 3000-1/30.

A. Allgemeine Erläuterungen

I. Normzweck und wirtschaftliche Bedeutung der Vorschrift

Nach § 56 LGrStG BW kann die Grundsteuer erlassen werden, soweit bestimmte Voraussetzungen erfüllt sind. Ein Rechtsanspruch auf Erlass besteht nur in den Grenzen des § 5 AO. 1

Die Vorschrift ist nur von Bedeutung, soweit keine Befreiung von der Grundsteuer z. B. nach § 4 oder 5 LGrStG BW vorliegt. 2

(Einstweilen frei) 3–4

II. Entstehung und Entwicklung der Vorschrift

Die Vorschrift wurde erstmalig im Jahr 2020 in das LGrStG BW aufgenommen. 5

In der **Gesetzesbegründung** heißt es hierzu: 6
Die Norm ist an den bisherigen § 32 GrStG angelehnt. Bei Vorliegen der Voraussetzungen kann die Gemeinde im Rahmen des pflichtgemäßen Ermessens über einen (teilweisen) Erlass der Grundsteuer entscheiden.
Auch im neuen System ist der Erlass systemgerecht, da die Grundsteuer im Sinne dieses Gesetzes an der grundlegenden Systematik festhält. Die Grundsteuer greift beim Grundvemögen nach §§ 37, 38 auf das im Grundstück verkörperte Potenzial zu. Dies ist grundsätzlich auch zulässig, wobei die Grundsteuer nicht zu einer unangemessenen Überbelastung führen darf, insbesondere in Fällen der Dienlichkeit des Grundbesitzes für die Allgemeinheit. Dieser Ansatz entspricht auch dem Sollertragscharakter der Steuer. Darüber hinaus unterstützten die vom Erlass nach § 56 er-

fassten Anlagen und Güter des allgemeinen Interesses das kommunale Angebot beziehungsweise die kommunale Infrastruktur.

7–8 *(Einstweilen frei)*

III. Geltungsbereich

9 Das LGrStG BW gilt für in Baden-Württemberg belegene Grundstücke.

10–11 *(Einstweilen frei)*

IV. Verhältnis zu anderen Vorschriften

12 Nach § 56 LGrStG BW besteht entgegen § 32 GrStG kein Anspruch auf Erlass. Die Gemeinde hat bei ihrer Ermessensausübung § 5 AO zu beachten.

13 Die nach § 56 Abs. 2 Satz 2 LGrStG BW geforderte Anerkennung der wissenschaftlichen, künstlerischen oder geschichtlichen Bedeutung ist in der Grundsteuer-Anerkennungsverordnung v. 9.11.1976, zuletzt geändert am 19.3.1984[1] geregelt.

14–15 *(Einstweilen frei)*

B. Systematische Kommentierung

I. Grundsteuererlass als Ermessensentscheidung der Gemeinde

16 § 56 LGrStG BW ist in wesentlichen Punkten § 32 GrStG nachgebildet. Es besteht aber der erhebliche Unterschied, dass im Gegensatz zu § 32 GrStG die Steuerpflichtigen keinen Rechtsanspruch auf Erlass der Grundsteuer haben, da nach dem LGrStG BW die Grundsteuer erlassen werden „kann", während sie nach § 32 GrStG zu erlassen „ist". *Im Rahmen einer pflichtgemäßen Ermessensausübung (§ 5 AO) hat die Gemeinde zu entscheiden, ob und in welcher Höhe die Grundsteuer erlassen wird. Anhaltspunkte dafür, wie das Ermessen konkret auszuüben ist, ergeben sich aus der Gesetzesbegründung nicht.* Da es sich bei den Tatbestandsmerkmalen um objektiv nachprüfbare Voraussetzungen handelt, ist das Ermessen bei einer Verlustsituation stark eingeschränkt. Insbesondere dürfen auch subjektive Tatbestände in Person des Eigentümers keine Rolle spielen.

17–18 *(Einstweilen frei)*

II. Erlass für Grundbesitz im öffentlichen Interesse (§ 56 Abs. 1 Nr. 1 LGrStG BW)

19 § 56 Abs. 1 Nr. 1 LGrStG BW ist im weitgehend identisch mit § 32 Abs. 1 Nr. 1 GrStG. Zum öffentlichen Interesse an der Erhaltung des Grundbesitzes siehe Lehmann in Grootens, GrStG § 32 Rz. 15–22, zur Ermittlung der Unrentabilität des Grundbesitzes vgl. Lehmann in Grootens, GrStG § 32 Rz. 23–39 und zur Kausalität zwischen der Unrentabilität und dem öffentlichen Interesse siehe Lehmann in Grootens, GrStG § 32 Rz. 40–50.

20 Wie im GrStG ist **Voraussetzung für den Erlass** der Grundsteuer eine **Verlustsituation**. Durch die Einfügung des Halbsatzes „und damit ein negativer Ist-Ertrag entsteht" wird dies im

1 GBl 1984 S. 281.

LGrStG BW nochmals deutlich hervorgehoben. Dieser im GrStG nicht enthaltene Passus dient der Klarstellung.

Nach § 32 Abs. 1 Nr. 1 Satz 1 GrStG erstreckt sich die Bundesregelung auch auf Teile von Grundbesitz, während das LGrStG BW nur von Grundbesitz spricht. Der Anwendungserlass stellt klar, dass trotz des unterschiedlichen Gesetzestextes auch nach der Landesregelung die Grundsteuer ganz oder zum Teil erlassen werden kann.[1] 21

(Einstweilen frei) 22

III. Erlass für öffentliche Grünanlagen, Spiel- und Sportplätze (§ 56 Abs. 1 Nr. 2 LGrStG BW)

Die Regelung in § 56 Abs. 1 Nr. 2 LGrStG BW entspricht derjenigen in § 32 Abs. 1 Nr. 2 GrStG; auf die Kommentierung von Lehmann in Grootens, GrStG § 32 Rz. 59–64 wird verwiesen. 23

(Einstweilen frei) 24–25

IV. Erlass für Grundbesitz von wissenschaftlicher, künstlerischer oder geschichtlicher Bedeutung (§ 56 Abs. 2 LGrStG BW)

Begünstigt ist nach dem LGrStG BW Grundbesitz, der von wissenschaftlicher, künstlerischer oder geschichtlicher Bedeutung ist und dem Zweck der Forschung oder Volksbildung nutzbar gemacht ist. Dagegen spricht § 32 Abs. 2 GrStG von Grundbesitz in dessen Gebäuden, Gegenstände von wissenschaftlicher, künstlerischer oder geschichtlicher Bedeutung aufbewahrt und dem Zweck der Forschung oder Volksbildung nutzbar gemacht sind. Nach dem GrStG soll dies insbesondere bei Sammlungen und Bibliotheken der Fall sein. Auch § 56 Abs. 2 Satz 3 LGrStG BW stellt klar, dass die Voraussetzungen der wissenschaftlichen, künstlerischen oder geschichtlichen Bedeutung insbesondere dann erfüllt sind, wenn der Grundbesitz der Beherbergung von Sammlungen oder Bibliotheken dient. Die Ermäßigung nach dem GrStG des Bundes erstreckt sich damit vor allem auf Museen und Bibliotheken, während das Landesgesetz den begünstigten Grundbesitz formal weiter fasst, da keine Gebäude erwähnt werden und auch nicht zwingend ist, dass in diesem Grundbesitz Gegenstände wissenschaftlicher, künstlerischer oder geschichtlicher Bedeutung aufbewahrt werden („insbesondere"). Aus der Gesetzesbegründung ist nicht zu entnehmen, welche weiteren Anwendungsbereiche für die Regelung im LGrStG BW angedacht sind. Für den Erlass der Grundsteuer könnte nach dem LGrStG BW z. B. auch Grundbesitz in Frage kommen, bei dem im Rahmen von Experimentalarchäologie Klöster, Burgen oder ähnliche historische Anlagen neu errichtet werden oder Freilichtkunstausstellungen von Skulpturen. Häufig wird für diese Einrichtungen aber auch die Befreiung von der Grundsteuer nach § 4 Abs. 1 Nr. 3b LGrStG BW in Frage kommen. Im Wesentlichen wird es wohl auch im LGrStG BW beim Grundsteuererlass für Bibliotheken und Sammlungen bleiben. 26

Die Erfüllung der Voraussetzung der wissenschaftlichen, künstlerischen oder geschichtlichen Bedeutung muss – wie im GrStG – durch die Landesregierung oder die von ihr beauftragte Stelle anerkannt sein. Diese Anerkennung ist in der Grundsteuer-Anerkennungsverordnung v. 9.11.1976, zuletzt geändert am 19.3.1984[2] geregelt. Nach § 2 der Verordnung sind die Regierungspräsidien für die Anerkennung zuständig. 27

1 FinMin Baden-Württemberg, Erlass v. 5.7.2022 - FM3-S 3000-1/30 Abs. 1 zu § 56.

2 GBl 1984 S. 281.

28 Eine nachhaltige Minderung des Rohertrags durch die Benutzung zu den genannten Zwecken ist im Unterschied zu § 32 Abs. 2 Satz 1 GrStG im LGrStG BW keine Voraussetzung für den Grundsteuererlass. Ausreichend ist die wissenschaftliche, künstlerische oder geschichtliche Bedeutung des Grundbesitzes und seine Nutzung zu wissenschaftlichen Zwecken oder der Volksbildung. Das Vorliegen einer Rohertragsminderung, könnte aber ein maßgeblicher Gesichtspunkt für die Ermessensausübung sein.

29 Das LGrStG BW gibt im Unterschied zum Bundesgesetz nicht vor, in welcher Höhe konkret die Grundsteuer zu erlassen ist. Nach dem Gesetzeswortlaut des LGrStG BW ist ein **„angemessener Teil"** der Grundsteuer zu erlassen. Der Anwendungserlass enthält keine nähere Erläuterung dieses unbestimmten Rechtsbegriffs.

30–31 *(Einstweilen frei)*

V. Verfahrensfragen

32 Zur Form und Frist des Erlassantrags, siehe Lehmann in Grootens, GrStG § 35 Rz. 24–40.

33 Zu außergerichtlichen und gerichtlichen Rechtsbehelfen gegen eine Ablehnung des Erlassantrags siehe Schmidt in Grootens, LGrStG BW § 58 Rz. 32.

§ 57 LGrStG BW Erlass wegen wesentlicher Reinertragsminderung bei Betrieben der Land- und Forstwirtschaft

(1) [1]Die Grundsteuer wird in Höhe von 25 Prozent erlassen, wenn bei Betrieben der Land- und Forstwirtschaft der tatsächliche Reinertrag des Steuergegenstandes um mehr als 50 Prozent gemindert ist und der Steuerschuldner die Minderung des tatsächlichen Reinertrags nicht zu vertreten hat. [2]Beträgt die vom Steuerschuldner nicht zu vertretende Minderung des tatsächlichen Reinertrags 100 Prozent, ist die Grundsteuer abweichend von Satz 1 in Höhe von 50 Prozent zu erlassen. [3]Der tatsächliche Reinertrag eines Betriebs der Land- und Forstwirtschaft ermittelt sich nach den Grundsätzen des § 31 Absatz 2 für ein Wirtschaftsjahr. [4]Er gilt als in dem Erlasszeitraum bezogen, in dem das für den Betrieb der Land- und Forstwirtschaft maßgebliche Wirtschaftsjahr endet.

(2) [1]Der Erlass nach Absatz 1 wird nur gewährt, wenn die Einziehung der Grundsteuer nach den wirtschaftlichen Verhältnissen des Betriebs unbillig wäre. [2]Ein Erlass nach Absatz 1 ist insbesondere ausgeschlossen, wenn für den Betrieb der Land- und Forstwirtschaft nach § 4 Absatz 1, 3 oder § 13 a des Einkommensteuergesetzes für dasjenige Wirtschaftsjahr ein Gewinn ermittelt wurde, das im Erlasszeitraum bei der Ermittlung des tatsächlichen Reinertrags nach Absatz 1 zugrunde zu legen ist.

(3) Eine Ertragsminderung ist kein Erlassgrund, wenn sie für den Erlasszeitraum durch Fortschreibung des Grundsteuerwerts berücksichtigt werden kann oder bei rechtzeitiger Stellung des Antrags auf Fortschreibung hätte berücksichtigt werden können.

Inhaltsübersicht Rz.

VERWALTUNGSANWEISUNGEN

FinMin Baden-Württemberg, Erlass v. 5.7.2022 - FM3-S 3000-1/30.

A. Allgemeine Erläuterungen

I. Entstehung und Entwicklung der Vorschrift

Die Vorschrift wurde erstmalig im Jahr 2020 in das LGrStG BW aufgenommen. 1

In der **Gesetzesbegründung** heißt es hierzu: 2

Zu Absatz 1:
Die Vorschrift bestimmt in Satz 1 die Grundsätze für den Erlass der Grundsteuer bei Betrieben der Land- und Forstwirtschaft, die eine Reinertragsminderung erlitten haben. Der Begriff des Reinertrags wird in Satz 3 unter Rückgriff auf die bewertungsrechtliche Definition in § 30 Absatz 1 konkretisiert. Aufgrund des regelmäßig abweichenden Wirtschaftsjahres in der Land- und Forstwirtschaft fingiert Satz 4 die Zuordnung des steuerrechtlich maßgebenden Wirtschaftsjahres zum Erlasszeitraum.

Zu Absatz 2:
Die Vorschrift bestimmt die weiteren Voraussetzunge für den Erlass der Grundsteuer und konkretisiert die Prüfung der wirtschaftlichen Verhältnisse anhand der steuerrechtlichen Gewinnermittlung.

Zu Absatz 3:
Die Vorschrift berücksichtigt den neuen bewertungsrechtlichen Begriff des Grundsteuerwerts.

II. Geltungsbereich

Das LGrStG BW gilt für in Baden-Württemberg belegene Grundstücke. 3

(Einstweilen frei) 4–5

B. Systematische Kommentierung

I. Grundvoraussetzungen für den Erlass bei Betrieben der Land- und Forstwirtschaft (§ 57 Abs. 1 LGrStG BW)

Grundsätzlich ist der Inhalt des § 57 Abs. 1 LGrStG BW identisch mit § 33 Abs. 1 GrStG. Allerdings verweist § 57 Abs. 1 Satz 3 LGrStG BW für die Ermittlung des tatsächlichen Reinertrags auf die Grundsätze des § 31 Abs. 2 LGrStG BW. § 31 Abs. 2 LGrStG BW ist identisch mit § 237 Abs. 2 BewG. In § 237 BewG geht es um die Bewertung der Betriebszweige land- und forstwirtschaftlicher Betriebe, in Abs. 2 um landwirtschaftliche Nutzungen. Es ist davon auszugehen, dass der Verweis auf § 31 Abs. 2 GrStG ein Versehen des Gesetzgebers ist und der Verweis auf § 30 Abs. 2 LGrStG BW gewollt war. § 30 Abs. 2 LGrStG BW ist identisch mit § 236 Abs. 2 BewG. Auf diese Vorschrift verweist auch § 33 Abs. 1 Satz 3 GrStG. 6

Auch die **Gesetzesbegründung** gibt einen Hinweis darauf, dass ein gesetzgeberisches Versehen vorliegt, da es hier heißt:
Der Begriff des Reinertrags wird in Satz 3 unter Rückgriff auf die bewertungsrechtliche Definition in § 30 Abs. 1 konkretisiert.

Zwar ist § 30 Abs. 1 LGrStG BW auch nicht die einschlägige Vorschrift, aber immerhin ein Indiz, dass der Gesetzgeber auf § 30 LGrStG BW verweisen wollte.

§ 57 Abs. 1 LGrStG BW entspricht abgesehen von diesem gesetzgeberischen Versehen § 33 Abs. 1 GrStG. Auf die Kommentierung von Lehmann in Grootens, GrStG § 33 Rz. 21–57 wird verwiesen.

7–8 *(Einstweilen frei)*

II. Unbilligkeit der Einziehung der Grundsteuer (§ 57 Abs. 2 LGrStG BW)

9 § 57 Abs. 2 LGrStG BW entspricht § 33 Abs. 2 GrStG. Auf die Kommentierung von Lehmann in Grootens, GrStG § 33 Rz. 58–65 wird verwiesen.

10–11 *(Einstweilen frei)*

III. Kein Erlassgrund bei Wertfortschreibung (§ 57 Abs. 3 LGrStG BW)

12 § 57 Abs. 3 LGrStG BW entspricht § 33 Abs. 3 GrStG. Auf die Kommentierung von Lehmann in Grootens, GrStG § 33 Rz. 66–68 wird verwiesen.

13 Der Anwendungserlass präzisiert, dass ein Erlassgrund auch dann nicht besteht, wenn der Steuerschuldner es versäumt hat, den Fortschreibungsantrag rechtzeitig zu stellen.[1]

§ 58 LGrStG BW Verfahren

(1) [1]Der Erlass wird jeweils nach Ablauf eines Kalenderjahres für die Grundsteuer ausgesprochen, die für das Kalenderjahr festgesetzt worden ist (Erlasszeitraum). [2]Maßgebend für die Entscheidung über den Erlass sind die Verhältnisse des Erlasszeitraums.

(2) [1]Der Erlass wird nur auf Antrag gewährt. [2]Der Antrag ist bis zu dem auf den Erlasszeitraum folgenden 31. März zu stellen.

(3) [1]In den Fällen des § 56 bedarf es keiner jährlichen Wiederholung des Antrags. [2]Der Steuerschuldner ist verpflichtet, eine Änderung der maßgeblichen Verhältnisse der Gemeinde binnen drei Monaten nach Eintritt der Änderung anzuzeigen.

Inhaltsübersicht **Rz.**

1 FinMin Baden-Württemberg, Erlass v. 5.7.2022 - FM3-S 3000-1/30 Abs. 2 zu § 57.

VERWALTUNGSANWEISUNGEN

FinMin Baden-Württemberg, Erlass v. 5.7.2022 - FM3-S 3000-1/30.

A. Allgemeine Erläuterungen

I. Entstehung und Entwicklung der Vorschrift

Die Vorschrift wurde erstmalig im Jahr 2020 in das LGrStG BW (Verkündet als Art. 1 des Gesetzes zur Regelung einer Landesgrundsteuer v. 4.11.2020, GBl S. 974) aufgenommen. 1

In der **Gesetzesbegründung (Drucks. 16/8907)** heißt es hierzu: 2
Die Norm entspricht dem bisherigen § 35 GrStG und regelt das Verfahren für den Erlass nach diesem Gesetz. Aufgrund der systematischen Ausrichtung ausschließlich an dem im Bodenrichtwert verkörperten Potenzial, bedarf es keiner Erlassregelung mehr, die sich auf die Ertragsminderung bebauter Grundstücke (Land- und Forstwirtschaft sowie Kulturgüter ausgenommen) bezieht. Für Sonderfälle, bei denen die Steuer eine unangemessene Härte darstellt, verbleibt es bei den allgemeinen Billigkeitsmaßnahmen der Abgabenordnung.

II. Geltungsbereich

Das LGrStG BW gilt für in Baden-Württemberg belegene Grundstücke. 3

(Einstweilen frei) 4–5

B. Systematische Kommentierung

I. Definition des Erlasszeitraums (§ 58 Abs. 1 LGrStG BW)

Die Vorschrift entspricht § 35 Abs. 1 GrStG. Auf die Kommentierung von Lehmann in Grootens, GrStG § 35 Rz. 15–23 wird verwiesen. 6

(Einstweilen frei) 7–8

II. Form und Frist für den Erlass der Grundsteuer (§ 58 Abs. 2 LGrStG BW)

Die Vorschrift entspricht § 35 Abs. 2 GrStG. Zur Form des Erlassantrags vgl. Lehmann in Grootens, GrStG § 35 Rz. 24–29 und zur Frist vgl. Lehmann in Grootens, GrStG § 35 Rz. 30–40. 9

III. Besonderes Verfahren für den Erlass der Grundsteuer bei nach § 56 LGrStG BW begünstigten Grünanlagen und Kulturgütern (§ 58 Abs. 3 LGrStG BW)

Die Vorschrift entspricht § 35 Abs. 3 GrStG. Auf die Kommentierung von Lehmann in Grootens, GrStG § 35 Rz. 41–43 wird verwiesen. 10

(Einstweilen frei) 11–12

IV. Kein Grundsteuerlass wegen Rohertragsminderung bei bebauten Grundstücken

13 Ein Erlass der Grundsteuer wegen wesentlicher Ertragsminderung bei bebauten Grundstücken ähnlich der Regelung in § 34 GrStG ist im LGrStG BW nicht vorgesehen. Aufgrund der systematischen Ausrichtung ausschließlich am Bodenwert bedarf es einer solchen Erlassregelung nicht und sie wäre auch systemfremd. Für Ertragsminderungen bei Betrieben der Land- und Forstwirtschaft besteht in § 57 LGrStG BW und für Kulturgüter in § 56 GrStG weiterhin eine Erlassregelung. Für Sonderfälle, bei denen die Grundsteuer eine unangemessene Härte darstellt, können die Billigkeitsmaßnahmen nach der Abgabenordnung in Frage kommen.

14–17 *(Einstweilen frei)*

V. Grundsteuererlassanträge nach den §§ 163, 227 AO

18 Grundsätzlich kommen **Billigkeitsmaßnahmen auch nach § 163 bzw. § 227 AO** in Betracht, da diese Vorschriften nach § 2 GrStG BW i.V. mit § 1 Abs. 2 AO auch von den Gemeinden anzuwenden sind. Nach § 163 AO kann die Billigkeitsmaßnahme bereits bei der Steuerfestsetzung berücksichtigt werden. Festgesetzte Ansprüche aus dem Steuerschuldverhältnis können nach § 227 AO ganz oder zum Teil erlassen werden, wenn deren Einziehung nach Lage des Einzelfalles unbillig wäre. Die Voraussetzungen für die Unbilligkeit sind nach § 163 und § 227 AO gleich, sie kann sich sowohl aus sachlichen als auch aus persönlichen Gründen ergeben.

19 **Persönliche Unbilligkeit** liegt vor, wenn die Steuererhebung die wirtschaftliche oder persönliche Existenz des Steuerpflichtigen vernichten oder ernstlich gefährden würde. Eine derartige Gefährdung ist gegeben, wenn ohne Billigkeitsmaßnahme der notwendige Lebensunterhalt vorübergehend oder dauernd nicht mehr bestritten werden kann.[1] Dies wird bei der Grundsteuer i. d. R. nicht der Fall sein, so dass vor allem sachliche Billigkeitsgründe von Bedeutung sind.

20 Eine **sachliche Unbilligkeit** ist gegeben, wenn die Einziehung der Steuer zwar dem Gesetz entspricht, aber infolge eines Gesetzesüberhangs den Wertungen des Gesetzgebers derart zuwiderläuft, dass sie unbillig erscheint.[2] Dies setzt voraus, dass der Gesetzgeber die mit der Einziehung der Steuer verbundene Härte nicht bewusst in Kauf genommen hat. § 227 AO stellt keine Ermächtigung zur Korrektur eines Gesetzes dar. Die Billigkeitsmaßnahme darf nicht auf Erwägungen gestützt werden, die die vorgesehene Besteuerung allgemein oder für bestimmte Fallgruppen außer Kraft setzen würde. Ein Erlass wegen sachlicher Unbilligkeit ist nur insoweit durch die Vorschrift gedeckt, wie angenommen werden kann, der Gesetzgeber würde die im Billigkeitswege zu entscheidende Frage – hätte er sie geregelt – i. S. des vorgesehenen Erlasses entscheiden.[3]

21–22 *(Einstweilen frei)*

23 Durch die Typisierungen bei der Bewertung kann es zu überhöhten Grundsteuerwerten kommen. Auf Antrag des Steuerpflichtigen kann unter den Voraussetzungen des § 38 Abs. 4 LGrStG BW ein niedrigerer Grundsteuerwert angesetzt werden.[4] Insofern ist der **Ansatz eines niedrige-**

1 BFH, Urteil v. 27.2.1991 - XI R 23/88 NWB KAAAB-32710.
2 BFH, Urteil v. 23.3.1998 - II R 41/96, BStBl 1998 II S. 396.
3 BFH, Urteil v. 23.3.1998 - II R 41/96, BStBl 1998 II S. 396; NJW 1982 S. 2682.
4 Vgl. Schmidt in Grootens, LGrStG BW § 38 Rz. 35–47.

ren Grundsteuerwertes aus Billigkeitsgründen ausgeschlossen, da der Gesetzesgeber diese Schwäche des typisierenden Massenverfahrens erkannt hat und dem durch die Möglichkeit des Nachweises eines niedrigeren Grundsteuerwertes abgeholfen hat. In anderen Fällen können Billigkeitsmaßnahmen nach § 163 AO i.V. mit § 184 Abs. 2 und 3 AO sowie nach § 227 AO in Betracht kommen.[1]

(Einstweilen frei) 24–27

Eine **Beschwerde** könnte sich für die Steuerpflichtigen auch daraus ergeben, dass die **Grundsteuer verspätet festgesetzt** wird und deshalb nicht mehr auf die Mieter umgelegt werden kann, weil die Abrechnung der Betriebskosten dem Mieter spätestens bis zum Ablauf des 12. Monats nach dem Ende des Abrechnungszeitraums mitzuteilen ist. Nach Ablauf dieser Frist ist die Geltendmachung einer Nachforderung durch den Vermieter ausgeschlossen, es sei denn, der Vermieter hat die verspätete Geltendmachung nicht zu vertreten (§ 556 Abs. 3 BGB). Bei verspäteter Festsetzung der Grundsteuer hat der Vermieter dies nicht zu vertreten und kann dann nach Zugang des Grundsteuerbescheids die erhöhte Grundsteuer mit dem Mieter abrechnen. Die Ansprüche aus der Nebenkostenabrechnung verjähren nach § 195 BGB nach drei Jahren. Die Verjährungsfrist beginnt mit dem Zugang einer nachvollziehbaren Abrechnung und dem Ablauf einer angemessenen Zeit zur Nachprüfung.[2] Die Festsetzungsfrist für die Grundsteuer beträgt vier Jahre (§ 169 Abs. 2 Nr. 2 AO) und beginnt mit Ablauf des Kalenderjahres, in dem die Steuer entstanden ist (§ 170 Abs. 1 AO), zu laufen. Abweichend hiervon beginnt die Festsetzungsfrist, sofern eine Anzeige zu erstatten ist, mit Ablauf des Kalenderjahrs, in dem die Anzeige eingereicht wird, spätestens jedoch mit Ablauf des dritten Kalenderjahrs, das auf das Kalenderjahr folgt, in dem die Steuer entstanden ist (§ 170 Abs. 2 AO). Versäumt also ein Steuerpflichtiger die Anzeige nach § 44 Abs. 2 GrStG (Wegfall der Voraussetzungen für die ermäßigte Steuermesszahl nach § 40 Abs. 3–6 LGrStG BW), verlängert sich die Festsetzungsfrist für die Grundsteuer deutlich und es kann der Fall eintreten, dass die erhöhte Grundsteuer nicht mehr auf den Mieter umgelegt werden kann, weil diese Ansprüche nach bürgerlichem Recht inzwischen verjährt sind. Ein Grundsteuerlass aus Billigkeitsgründen ist nach dem Urteil des Bundesverwaltungsgerichts v. 4.6.1982 in diesem Fall ausgeschlossen, weil der Gesetzgeber für solche Fälle in Kauf genommen hat, dass die Abwälzung der nachveranlagten Grundsteuer am Fristablauf scheitern kann. 28

Sollte sich abzeichnen, dass die **Festsetzung der Grundsteuer sich verzögert,** sollte deshalb **zivilrechtlich Vorsorge** getroffen werden, damit keine Verjährung der Ansprüche des Vermieters eintritt. Dazu kann der Vermieter in der Betriebskostenabrechnung einen Vermerk anbringen, dass er sich die Nachberechnung einzelner Positionen vorbehält, soweit er ohne Verschulden an einer rechtzeitigen Abrechnung gehindert ist. Die Verjährung der Nachforderung gegenüber dem Mieter beginnt dann nicht vor Kenntnis des Vermieters von den anspruchsbegründenden Umständen, also der rückwirkenden Festsetzung der Grundsteuer, zu laufen.[3] 29

(Einstweilen frei) 30–31

1 FinMin Baden-Württemberg, Erlass v. 5.7.2022 - FM3-S 3000-1/30 Abs. 2 zu § 57.

2 BGH, Beschluss v. 19.12.1990 - VIII ARZ 5/90, NJW 1991 S. 836.

3 BGH, Urteil v. 12.12.2012 - VIII ZR 264/12 NWB TAAAE-27054, NJW 2013 S. 456.

VI. Rechtsbehelfsverfahren gegen die Ablehnung des Erlassantrags

32 Durch die Ausgestaltung des § 56 LGrStG BW, der im Unterschied zum Bundesgesetz **keinen Rechtsanspruch auf Erlass der Grundsteuer,** sondern nur eine Billigkeitsmaßnahme im Ermessen der Gemeinde gewährt, und auch wegen der in § 38 LGrStG BW vorgenommenen Typisierung bei der Bewertung des Grundvermögens ist verstärkt mit Erlassanträgen und bei Ablehnung der Anträge mit Rechtsbehelfen dagegen zu rechnen. Über den Erlassantrag entscheidet die Gemeinde mit Bescheid. Die vollständige oder teilweise **Ablehnung des Antrags** ist zu begründen. Gegen den ablehnenden Bescheid kann bei der Gemeinde Widerspruch gem. § 69 VwGO eingelegt werden, da nach § 2 LGrStG BW § 347 AO nicht anzuwenden ist.[1] Der Widerspruch ist innerhalb eines Monats nach Bekanntgabe der Ablehnung des Erlassantrags schriftlich, in elektronischer Form (§ 3a Abs. 2 VwVfG) oder zur Niederschrift bei der Gemeinde zu erheben. Hilft die Gemeinde dem Widerspruch nicht ab, kann innerhalb eines Monats nach Bekanntgabe der Widerspruchsentscheidung eine Verpflichtungsklage beim Verwaltungsgericht erhoben werden (§ 42 VwGO). Gegen das Urteil des Verwaltungsgerichts kann nach § 46 VwGO innerhalb eines Monats Berufung vor dem Verwaltungsgerichtshof Baden-Württemberg (VGH) eingelegt werden. Sofern der VGH oder das Bundesverwaltungsgericht (BVerwG) im Rahmen einer Nichtzulassungsbeschwerde die Revision zulässt (§ 132 VwGO), kann gegen das Urteil des VGH Revision beim BVerwG eingereicht werden. Da nach § 137 Abs. 1 Nr. 1 VwGO die Revision vor dem BVerwG nur darauf gestützt werden kann, dass Bundesrecht verletzt sei, kann nur bei Erlassanträgen, die sich auf die §§ 163, 227 AO stützen, Revision vor dem BVerwG eingelegt werden. Bei Erlassanträgen nach §§ 56, 57 LGrStG BW ist eine Revision vor dem BVerwG ausgeschlossen, da es sich hierbei um Landesrecht handelt und keine Ermächtigung analog § 2 Abs. 2 LGrStG BW bezüglich der Entscheidungen der Gemeinden im LGrStG BW enthalten ist. Vor dem VGH und dem BVerwG besteht Vertretungszwang durch einen Rechtsanwalt, für Abgabeangelegenheiten wie die Grundsteuer sind auch Steuerberater und Wirtschaftsprüfer als Prozessbevollmächtigte zugelassen (§ 67 Abs. 1 VwGO).

Siebter Teil: Ermächtigungs- und Schlussvorschriften

§ 59 LGrStG BW Hauptveranlagung 2025

(1) Auf den 1. Januar 2025 findet eine Hauptveranlagung der Grundsteuermessbeträge statt (Hauptveranlagung 2025).

(2) [1]Die in der Hauptveranlagung 2025 festgesetzten Steuermessbeträge gelten abweichend von § 41 Absatz 2 und vorbehaltlich der §§ 42 bis 45 ab dem zum 1. Januar 2025 beginnenden Kalenderjahr. [2]Der Beginn dieses Kalenderjahres ist der Hauptveranlagungszeitpunkt.

(3) [1]Bescheide über die Hauptveranlagung können schon vor dem Hauptveranlagungszeitpunkt erteilt werden. [2]§ 46 Satz 2 ist entsprechend anzuwenden.

(4) [1]Für die Anwendung des § 13 Absatz 4 bei der Hauptfeststellung nach § 15 Absatz 3 ist zu unterstellen, dass anstelle von Einheitswerten Grundsteuerwerte für die Besteuerung nach dem Grundsteuergesetz in der am 1. Januar 2022 geltenden Fassung von Bedeutung sind. [2]Die Steuerbefreiungen des Grundsteuergesetzes in der am 1. Januar 2022 geltenden Fassung sind bei der Hauptfeststellung nach Absatz 1 zu beachten. [3]Bei Zurechnungsfortschreibungen nach § 16 Absatz 2 ist von der Hauptfeststellung auf den 1. Ja-

1 Vgl. Schmidt in Grootens, LGrStG BW § 2 Rz. 26.

nuar 2022 bis zum 1. Januar 2025 zu unterstellen, dass anstelle von Einheitswerten Grundsteuerwerte nach dem Grundsteuergesetz in der jeweils gültigen Fassung von Bedeutung sind.

(5) Werden der Finanzbehörde durch eine Erklärung im Sinne des § 22 auf den 1. Januar 2022 für die Bewertung eines Betriebs der Land- und Forstwirtschaft vor dem 1. Januar 2022 eingetretene Änderungen der tatsächlichen Verhältnisse erstmals bekannt, sind diese bei Fortschreibungen nach § 16 und Nachfeststellungen nach § 17 auf Feststellungszeitpunkte vor dem 1. Januar 2022 nicht zu berücksichtigen.

(6) [1]Einheitswertbescheide, Grundsteuermessbescheide und Grundsteuerbescheide, die vor dem 1. Januar 2025 erlassen wurden, werden kraft Gesetzes zum 31. Dezember 2024 mit Wirkung für die Zukunft aufgehoben, soweit sie auf den §§ 19, 20, 21, 22, 23, 27, 33, 34, 76, 79 Absatz 5 oder § 93 Absatz 1 Satz 2 des Bewertungsgesetzes in Verbindung mit Artikel 2 Absatz 1 Satz 1 und 3 des Gesetzes zur Änderung des Bewertungsgesetzes in der Fassung des Artikels 2 des Gesetzes vom 22. Juli 1970 (BGBl I S. 1118) beruhen. [2]Für die Bewertung des inländischen Grundbesitzes (§ 19 Absatz 1 in der Fassung vom 31. Dezember 2024) für Zwecke der Grundsteuer bis einschließlich zum Kalenderjahr 2024 ist das Bewertungsgesetz in der Fassung vom 1. Februar 1991 (BGBl I S. 230), das zuletzt durch Artikel 2 des Gesetzes vom 4. November 2016 (BGBl I S. 2464) geändert worden ist, weiter anzuwenden.

Inhaltsübersicht **Rz.**

A. Allgemeine Erläuterungen

I. Entstehung und Entwicklung der Vorschrift

Die Vorschrift wurde erstmalig im Jahr 2020 in das LGrStG BW (Verkündet als Art. 1 des Gesetzes zur Regelung einer Landesgrundsteuer v. 4.11.2020, GBl S. 974) aufgenommen. 1

In der **Gesetzesbegründung (Drucksache 16/8907)** heißt es hierzu: 2

Die Hauptfeststellung der Grundsteuerwerte muss aus administrativen Gründen zum 1. Januar 2022 erfolgen, ohne dass die Hauptveranlagung der Steuermessbeträge durchgeführt wird. Aus diesen Gründen wird in zeitlicher Hinsicht die Nachholung der Hauptveranlagung der Steuermessbeträge auf den 1. Januar 2025 gesetzlich angeordnet. Eine Festsetzung des Steuermessbetrags mit Wirkung zum 1. Januar 2025 zeitgleich mit der Feststellung des Grundsteuerwerts bleibt dennoch nach § 46 möglich.

Zu Absatz 2

Die Vorschrift bestimmt materiell-rechtlich als Hauptveranlagungszeitpunkt den 1. Januar 2025, um dem Urteil des Bundesverfassungsgerichts vom 10. April 2018 (BGBl I S. 531) und dem Steuerentstehungszeitpunkt Rechnung zu tragen. Auf diesen Zeitpunkt erfolgt auch die Grundsteuerveranlagung durch die Gemeinde.

Zu Absatz 3

In § 59 Absatz 3 Satz 1 GrStG wird klargestellt, dass wie bei Nach- und Neuveranlagungen nach § 46 GrStG Hauptveranlagungsbescheide bereits vor dem Hauptveranlagungszeitpunkt erlassen werden können. Mit der entsprechenden Anwendung von § 46 Satz 2 GrStG nach § 59 Absatz 3 Satz 2 GrStG wird sichergestellt, dass die Hauptveranlagungsbescheide zu ändern oder aufzuheben sind, wenn sich bis zum Hauptveranlagungszeitpunkt Änderungen ergeben, die zu einer abweichenden Festsetzung führen.

Zu Absatz 4

§ 13 Absatz 4 bestimmt, dass Grundsteuerwerte festgestellt werden, soweit diese für die Besteuerung relevant sind. Da das derzeitige Grundsteuergesetz für die Bemessung der Grundsteuer auf die Einheitswerte verweist, sind die Grundsteuerwerte bis zu der vorgesehenen Anwendung des Landesgrundsteuergesetzes für die Grundsteuer 2025 für die Besteuerung noch nicht von Relevanz. Dies könnte dazu führen, dass die Grundsteuerwerte so lange nicht festgestellt werden könnten, bis dieses Gesetz Anwendung findet, das wiederum für die Bemessung der Grundsteuer auf die Grundsteuerwerte verweist. Eine frühere Anwendung des Landesgrundsteuergesetzes ist nicht möglich, da die automationstechnischen Umstellungen erst eine Erhebung der Grundsteuer auf Grundlage der Grundsteuerwerte zum 1. Januar 2025 ermöglichen und daher bis dahin die Grundsteuer auf den bisherigen Einheitswerten beruhen soll. Um einen lückenlosen Übergang vom alten Grundsteuerrecht auf Grundlage der Einheitswerte zum neuen Grundsteuerrecht auf Grundlage der Grundsteuerwerte zu ermöglichen, müssen die Grundsteuerwerte bereits vorher festgestellt worden sein, bevor dieses Gesetz Anwendung findet. Absatz 4 bestimmt daher, bei der Feststellung der Grundsteuerwerte in der Übergangszeit für § 13 Absatz 4 zu unterstellen, dass anstelle von Einheitswerten Grundsteuerwerte maßgebend für die Besteuerung nach dem Grundsteuergesetz sind. Damit wird eine Relevanz der Grundsteuerwerte für die Bemessung der Grundsteuer bereits zum ersten Hauptfeststellungszeitpunkt fingiert.

Derzeit werden für steuerbefreite Grundstücke keine Einheitswerte festgestellt. Es ist anzunehmen, dass im Zeitpunkt der erstmaligen Veranlagung zur Grundsteuer zum 1. Januar 2025 (vergleiche Begründung zu Absatz 1 und 2) jedenfalls ein Großteil der derzeitigen im Grundsteuerrecht vorgesehenen Steuerbefreiungen fortbesteht. Auch dem wird in der Übergangsregelung Rechnung getragen. Im Ergebnis werden bei der Anwendung von § 13 Absatz 4 das im ersten Hauptfeststellungszeitpunkt geltende Grundsteuerrecht und damit auch die Steuerbefreiungsvorschriften zugrunde gelegt.

Sollte bis zum 31. Dezember 2024 eine Steuerbefreiungsvorschrift aufgehoben werden, kann eine Nachfeststellung der Grundsteuerwerte nach § 17 Absatz 1 Nummer 2 erfolgen. Wird eine neue Steuerbefreiungsvorschrift bis zum 31. Dezember 2024 in das Grundsteuergesetz aufgenommen, sind die Grundsteuerwerte nach § 18 Absatz 1 Nummer 2 aufzuheben.

Bei Art- und Zurechnungsfortschreibungen ist bei der Anwendung von § 16 Absatz 2 ab dem ersten Hauptfeststellungszeitpunkt und der Anwendung dieses Gesetzes ebenfalls zu unterstellen, dass anstelle von Einheitswerten Grundsteuerwerte maßgebend für die Bemessung der Grundsteuer sind.

Zu Absatz 5

Absatz 4 bestimmt, dass Finanzbehörden vor dem 1. Januar 2022 eingetretene Änderungen der tatsächlichen Verhältnisse, die ihr im Rahmen der erstmaligen Erklärung nach § 22 erstmals bekannt werden, nicht für die zurückliegenden Jahre zur Fortschreibung oder Nachfeststellung der Einheitswerte verwenden dürfen. Dies soll die wahrheitsgemäße Abgabe der Erklärung nach § 22 und damit eine realitätsgerechte Bewertung sicherstellen. Ab dem 1. Januar 2025 dürfen spätestens auch auf bereits bestandskräftige Bescheide, die auf den vom Bundesverfassungsgericht mit seinem Urteil vom 10. April 2018 zur Grundsteuer als verfassungswidrig festgestellten Bestimmungen des Bewertungsgesetzes beruhen, keine Belastungen mehr gestützt werden. Spätestens ab dem 1. Januar 2025 sind daher in jedem Fall keine Fortschreibungen und Nachfeststellungen der Einheitswerte mehr möglich (vergleiche auch Begründung zu Absatz 6).

Zu Absatz 6

In Nummer 4 des Tenors des Urteils des Bundesverfassungsgerichts vom 10. April 2018 zur Grundsteuer (BGBl I S. 531) hat das Bundesverfassungsgericht bestimmt, dass für Kalenderjahre nach Ablauf der Fortgeltungsfristen auch auf bereits bestandskräftige Bescheide, die auf den als verfassungswidrig festgestellten Bestimmungen des Bewertungsgesetzes beruhen, keine Belastungen mehr gestützt werden dürfen. Nach § 31 Absatz 2 Satz 1 und 2 in Verbindung mit § 13 Nummer 8a und 11 des Bundesverfassungsgerichtsgesetzes kommt der Entscheidung des Bundesverfassungsgerichts vom 10. April 2018 zur Grundsteuer Gesetzeskraft zu. Absatz 6 hebt daher klarstellend kraft Gesetzes die Einheitswertbescheide, Grundsteuermessbescheide und Grundsteuerbescheide, die vor dem 1. Januar 2025 erlassen wurden und soweit sie auf den §§ 19, 20, 21, 22, 23, 27, 76, 79 Absatz 5, 93 Absatz 1 Satz 2 BewG in Verbindung mit Artikel 2 Absatz 1 Satz 1 und Satz 3 des Gesetzes zur Änderung des Bewertungsgesetzes in der Fassung des Artikels 2 des Gesetzes vom 22. Juli 1970 (BGlB I S. 1118) beruhen, zum 31. Dezember 2024 mit Wirkung für die Zukunft auf.

In der Gesetzesbegründung[1] für die Änderungen durch das Gesetz zur Änderung des Landesgrundsteuergesetzes und zur Einführung eines gesonderten Hebesatzrechts zur Mobilisierung von Bauland (ÄndGLGrStG)[2] heißt es: 3

§ 59 Abs. 6 Satz 1

Gegenstand des Urteils des Bundesverfassungsgerichts waren nur die Regelungen der Einheitsbewertung zum Grundvermögen. Durch die Neuregelung der Grundsteuer im Landesgrundsteuergesetz wurden aber auch die bewertungsrechtlichen Vorschriften bezüglich des land- und forstwirtschaftlichen Vermögens neu geregelt. Die Ergänzung der gesetzlichen Aufhebung um die Vorschriften der Einheitsbewertung zur Bewertung des land- und forstwirtschaftlichen Vermögens hat daher klarstellende Wirkung.

§ 59 Absatz 6 Satz 2

Der Satz hat klarstellende Bedeutung. Damit wird verdeutlicht, dass für bundesgesetzliche Einheitswertbescheide für Zeiträume vor dem 1. Januar 2025 das bisherige bundesgesetzliche Be-

1 Drucks. 17/1076.
2 GBl S. 1029.

wertungsgesetz in der Fassung vom 1. Februar 1991 (BGBl I S. 230), das zuletzt durch Artikel 2 des Gesetzes vom 4. November 2016 (BGBl I S. 2464) geändert worden ist, weiterhin gilt. Noch nicht abgeschlossene Altfälle der Einheitsbewertung mit Wirkung für Zeiträume vor dem 1. Januar 2025 können somit noch erlassen, geändert oder aufgehoben werden.

4 *(Einstweilen frei)*

II. Geltungsbereich

5 Das LGrStG BW gilt für in Baden-Württemberg belegene Grundstücke.

6–7 *(Einstweilen frei)*

B. Systematische Kommentierung

I. Hauptveranlagung der Grundsteuermessbeträge (§ 59 Abs. 1 LGrStG BW)

8 § 59 Abs. 1 LGrStG BW entspricht § 36 Abs. 1 GrStG. Auf die Kommentierung von Lehmann in Grootens, GrStG § 36 Rz. 13–21 wird verwiesen.

9–10 *(Einstweilen frei)*

II. Zeitlicher Anwendungsbereich der Steuermessbeträge (§ 59 Abs. 2 LGrStG BW)

11 § 59 Abs. 2 LGrStG BW entspricht § 36 Abs. 2 GrStG. Das LGrStG BW verweist auf die §§ 41 Abs. 2 und §§ 42–45 LGrStG BW während das GrStG auf die §§ 16 Abs. 2 GrStG und §§ 17–20 GrStG verweist. § 41 Abs. 2 LGrStG BW entspricht inhaltlich § 16 Abs. 2 GrStG. Auch die Verweise auf die §§ 42 und 45 LGrStG BW entsprechen inhaltlich den Verweisen auf die §§ 17–20 im GrStG. Auf die Kommentierung von Lehmann in Grootens, GrStG § 36 Rz. 22–25 wird verwiesen.

12 *(Einstweilen frei)*

III. Änderungen vor dem Hauptfeststellungszeitpunkt (§ 59 Abs. 3 LGrStG BW)

13 § 59 Abs. 2 LGrStG BW entspricht § 36 Abs. 2 GrStG. Das LGrStG BW verweist auf § 46 Satz 2 LGrStG BW, während das GrStG auf § 21 Satz 2 GrStG verweist. § 46 Satz LGrStG BW entspricht § 21 Satz 2 GrStG. Auf die Kommentierung von Lehmann in Grootens, GrStG § 36 Rz. 29–30 wird verwiesen.

IV. Anwendung der Bewertungsvorschriften für die Grundsteuer vor dem 1.1.2025 (§ 59 Abs. 4 LGrStG BW)

14 § 59 Abs. 4 LGrStG BW entspricht § 266 Abs. 2 BewG. Auf die Kommentierung von Grootens in Grootens, GrStG § 266 Rz. 56–90 wird verwiesen.

15–16 *(Einstweilen frei)*

V. Amnestieregelung für aus den Feststellungserklärungen gewonnene Erkenntnisse § 59 Abs. 5 LGrStG BW)

§ 59 Abs. 4 LGrStG BW entspricht § 266 Abs. 3 BewG. Auf die Kommentierung von Grootens in Grootens, GrStG § 266 Rz. 91–100 wird verwiesen. 17

Das LGrStG BW verweist auf die §§ 22, 16 und 17 LGrStG BW, während das GrStG auf die §§ 228 BewG und 22, 23 GrStG verweist. Die Verweise entsprechen sich inhaltlich. Zu den Besonderheiten des § 22 LGrStG BW vgl. Schmidt in Grootens, LGrStG BW § 22 Rz. 6–29 und LGrStG BW § 23 Rz. 6–17.

(Einstweilen frei) 18–19

VI. Aufhebung der nicht mehr benötigten Einheitswert-, Grundsteuermessbetrags- und Grundsteuerbescheide (§ 59 Abs. 6 LGrStG BW)

§ 59 Abs. 5 LGrStG BW entspricht § 266 Abs. 4 BewG. Auf die Kommentierung von Grootens in Grootens, GrStG § 266 Rz. 101–110 wird verwiesen. 20

§ 60 LGrStG BW Übergangsvorschriften

(1) [1]§§ 2 und 3, 10 und 12, sowie der zweite, dritte und siebte Teil sind ab dem Zeitpunkt des Inkrafttretens dieses Gesetzes anzuwenden. [2]Die übrigen Vorschriften sind erstmals für die Grundsteuer des Kalenderjahres 2025 anzuwenden.

(2) Für die Grundsteuer bis einschließlich zum Kalenderjahr 2024 findet das Grundsteuergesetz vom 7. August 1973 (BGBl I S. 965) in der Fassung der Änderung durch Artikel 38 des Gesetzes vom 19. Dezember 2008 (BGBl I S. 2794, 2844) weiter Anwendung.

Inhaltsübersicht **Rz.**

A. Allgemeine Erläuterungen

I. Normzweck und wirtschaftliche Bedeutung der Vorschrift

§ 60 LGrStG BW regelt die erstmalige Anwendung des LGrStG BW und die weitere Anwendbarkeit des GrStG v. 7.8.1973. Die Festlegung der zeitlichen Anwendung des LGrStG BW ist von entscheidender Bedeutung, da nach Art. 125b Abs. 3 GG dem Land erst für die Grundsteuer des Kalenderjahres 2025 die Gesetzgebungskompetenz zusteht. Das GrStG v. 7.8.1973 ist nach dem Urteil des BVerfG v. 10.4.2018[1] letztmals für die Grundsteuer des Kalenderjahres 2024 anzuwenden. 1

1 BverfG, Urteil v. 10.4.2018 - 1BvL11/14, 1BvL12/14, 1BvL1/15, 1BvR639/11, 1BvR889/12 NWB MAAAG-80435.

2 Nach § 60 Abs. 1 LGrStG BW sind die Vorschriften des LGrStG BW zum Bewertungsverfahren (§§ 13–23 LGrStG BW) und zu den Bewertungsvorschriften (§§ 24–38 LGrStG BW) bereits vor dem Kalenderjahr 2025 anzuwenden. Damit soll sichergestellt, werden dass die Neubewertung bereits im Übergangszeitraum bis 2025 durchgeführt werden kann. Aus der Anwendung dieser Vorschriften ergibt sich aber keine unmittelbare Belastung mit der Grundsteuer, da die Vorschriften zur Bemessung der Grundsteuer (§§ 39–49 LGrStG BW) und zur Festsetzung und Entrichtung der Grundsteuer (§§ 50–58 LGrStG BW) erstmals für die Grundsteuer des Jahres 2025 anzuwenden sind.

3–4 *(Einstweilen frei)*

II. Entstehung und Entwicklung der Vorschrift

5 Die Vorschrift wurde erstmalig im Jahr 2020 in das LGrStG BW aufgenommen.

6 In der **Gesetzesbegründung** heißt es hierzu:

Zu Absatz 1
Die Vorschrift regelt die sofortige Anwendung der §§ 2 und 3, 10 und 12 sowie des ersten, zweiten, dritten und siebten Teils mit Inkrafttreten des Landesgrundsteuergesetzes. Die übrigen Vorschriften gelten erst für die Grundsteuer ab dem Kalenderjahr 2025. Damit wird sichergestellt, dass die Neubewertung im Übergangszeitraum durchgeführt werden kann, jedoch die Regelungen für die Festsetzung und Erhebung erst für den Zeitraum ab 2025 angewandt werden können.

Zu Absatz 2
Der neue Absatz 2 regelt explizit, dass für die Grundsteuer bis zum Kalenderjahr 2024 weiterhin das Grundsteuergesetz vom 7. August 1973 (BGBl. I S. 965), welches zuletzt durch Artikel 38 des Gesetzes vom 19. Dezember 2008 (BGBl. I S. 2794) geändert worden ist, Anwendung findet. Damit wird gewährleistet, dass in der Zeit zwischen dem Inkrafttreten dieses Gesetzes und der ersten Hauptveranlagung der Grundsteuerwerte auf Basis der Einheitswerte Grundsteuermessbeträge und Grundsteuer festgesetzt werden kann.

III. Geltungsbereich

7 Das LGrStG BW gilt für in Baden-Württemberg belegene Grundstücke.

8–9 *(Einstweilen frei)*

B. Systematische Kommentierung

I. Gestaffeltes Inkrafttreten des LGrStG BW (§ 60 Abs. 1 LGrStG BW)

10 Durch das **„Gesetz zur Änderung des Grundgesetzes"** v. 15.11.2019 ist es den Bundesländern nach Art. 72 Abs. 3 Satz 1 Nr. 7 GG möglich, ganz oder zum Teil von einem Bundesgesetz zur Grundsteuer abzuweichen. Dabei ist aber in zeitlicher Hinsicht Art. 125b Abs. 3 GG zu beachten, wonach abweichendes Landesrecht zur Erhebung der Grundsteuer frühestens für Zeiträume ab dem 1.1.2025 zugrunde gelegt werden darf. Nach Art. 3 des Gesetzes zur Regelung einer Landesgrundsteuer (Landesgrundsteuergesetz – LGrStG) tritt das LGrStG BW am Tag nach der Verkündung in Kraft, also vor dem 1.1.2025. Durch die Übergangsregelung in § 60 Abs. 1

LGrStG BW wird diese – im Lichte des § 125b Abs. 3 GG verfassungswidrige Regelung – wieder aufgehoben.

Folgende §§ des LGrStG BW sollen nach dem Tag der Verkündung Inkrafttreten: 11

- § 2 Anwendung der Abgabenordnung und Rechtsweg
- § 3 Steuergegenstand
- § 10 Steuerschuldner
- § 12 Dingliche Haftung
- §§ 13–23 LGrStG BW Regelungen zum Bewertungsverfahren
- §§ 24–38 LGrStG BW Bewertungsvorschriften
- §§ 59–62 LGrStG BW Ermächtigungs- und Schlussvorschriften

Die übrigen Regelungen des LGrStG BW sollen – ähnlich wie in § 37 Abs. 1 GrStG geregelt, erstmals für die Grundsteuer des Jahres 2025 anzuwenden sein (§ 60 Abs. 1 Satz 2 LGrStG BW). Die Regelung enthält damit kein fixiertes Datum ab dem die Neuregelung anzuwenden ist, sondern es wird allgemein festgelegt, dass die Neuregelung **für** die Grundsteuer im Jahre 2025 anzuwenden ist. Damit sind auch Vorbereitungshandlungen (z. B. Feststellung der Grundsteuerwerte und der Grundsteuermessbescheide) vor dem 1.1.2025 zulässig, nur die Steuererhebung darf erst ab dem Kalenderjahr 2025 nach dem LGrStG BW erfolgen. Damit ist sichergestellt, dass das LGrStG BW nicht gegen § 125b Abs. 3 GG verstößt, weil die Grundsteuern, die ihre Rechtsgrundlage im LGrStG BW haben, erst ab dem Kalenderjahr 2025 erhoben werden. 12

Mit dem gestaffelten Inkrafttreten will der Gesetzgeber sicherstellen, dass die Neubewertung der Grundstücke bereits im Übergangszeitraum durchgeführt werden kann. Diese Regelung hat wohl nur klarstellenden Charakter. Aufgrund der Regelung „für die Grundsteuer des Kalenderjahres 2025" ist sichergestellt, dass Vorbereitungshandlungen zur Erhebung der Grundsteuer des Kalenderjahres 2025 auch vor dem 1.1.2025 erfolgen können. Es sollen auch die §§ 2, 3, 10 und 12 bereits vor dem 1.1.2025 anwendbar sein. Es erschließt sich nicht, warum § 12 LGrStG BW schon vor 2025 anwendbar sein soll, da es sich hier um eine Regelung handelt, die sicherstellen soll, dass die Gemeinde ihre Ansprüche aus der Grundsteuer dinglich sichern kann. Die Grundsteuer des Jahres 2025 darf erst ab dem Kalenderjahr 2025 erhoben werden, von daher ist kein Raum für eine dingliche Sicherung der Ansprüche der Gemeinde vor Fälligkeit der Grundsteuer, die aber erst im Jahr 2025 fällig werden kann. 13

(Einstweilen frei) 14–15

II. Zeitliche Anwendung der Altregelung (§ 60 Abs. 2 LGrStG BW)

Die Vorschrift entspricht § 37 Abs. 2 GrStG. Auf die Kommentierung von Lehmann in Grootens, GrStG § 37 Rz. 27 wird verwiesen. 16

§ 61 LGrStG BW Ermächtigungen und datenschutzrechtliche Bestimmungen

(1) [1]Das Ministerium für Finanzen wird ermächtigt, durch Rechtsverordnung im Einvernehmen mit dem Ministerium Ländlicher Raum die Anlagen zu diesem Gesetz zu ändern. [2]In der jeweiligen Rechtsverordnung kann das Ministerium für Finanzen zur Sicherstellung der Gleichmäßigkeit der Besteuerung, ins-

besondere zur Sicherstellung einer relations- und realitätsgerechten Abbildung der Grundsteuerwerte, anordnen, dass ab dem nächsten Feststellungszeitpunkt Grundsteuerwerte unter Berücksichtigung der tatsächlichen Verhältnisse und der geänderten Wertverhältnisse durch Anwendung der jeweils angepassten Anlagen festgestellt werden.

(2) [1]Das Ministerium für Finanzen wird zur Sicherstellung der elektronischen Datenübermittlung an die Finanzbehörden im Sinne dieses Gesetzes zudem ermächtigt, den amtlich vorgeschriebenen Datensatz und die weiteren technischen Einzelheiten, insbesondere die amtlich bestimmte Schnittstelle, zu bestimmen. [2]Durch Rechtsverordnung des Ministeriums für Finanzen im Einvernehmen mit dem Ministerium des Inneren, für Digitalisierung und Kommunen kann das Verfahren zur Übermittlung der Daten der Messbescheide an die Gemeinden durch Datenfernübertragung bestimmt werden.

(3) [1]Die Finanzbehörden werden ermächtigt, die für die Erklärungs- und Anzeigepflicht notwendigen flurstückbezogenen Daten nach § 23 Absatz 1, § 31 sowie § 38 Absatz 2 den Steuerpflichtigen elektronisch und öffentlich abrufbar bereitzustellen. [2]Dabei können auch die Daten der zu einer wirtschaftlichen Einheit gehörenden Flurstücke zusammengefasst werden. [3]Das Ministerium für Finanzen wird ermächtigt, die Einzelheiten durch Rechtsverordnung zu regeln.

Inhaltsübersicht **Rz.**

A. Allgemeine Erläuterungen

I. Entstehung und Entwicklung der Vorschrift

1 Die Vorschrift wurde erstmalig im Jahr 2020 in das LGrStG BW (verkündet als Art. 1 des Gesetzes zur Regelung einer Landesgrundsteuer v. 4.11.2020, GBl S. 974) aufgenommen.

2 In der **Gesetzesbegründung (Drucks. 16/8907)** heißt es hierzu:

Die Regelung ermächtigt das Ministerium für Finanzen, durch Rechtsverordnung im Einvernehmen mit dem Ministerium für Ländlichen Raum und Verbraucherschutz die Anlagen 1 bis 9 an die Ergebnisse der Erhebungen nach § 2 des Landwirtschaftsgesetzes, an die Erhebungen der Finanzverwaltung oder an geänderte wirtschaftliche oder technische Entwicklungen anzupassen. Die Ermächtigung soll eine realitäts- und relationsgerechte Bewertung für die Zukunft sicherstellen. Die weitere Ermächtigung regelt in Anlehnung an die Vorschriften der Abgabenordnung die Befugnis des Ministeriums für Finanzen die technische Ausgestaltung der elektronischen Datenübermittlung festzulegen.

In der Gesetzesbegründung für die Änderungen durch das Gesetz zur Änderung des Landesgrundsteuergesetzes und zur Einführung eines gesonderten Hebesatzrechts zur Mobilisierung von Bauland (ÄndGLGrStG) heißt es: 3

§ 61 Absatz 2 Satz 2
Durch die Neufassung des § 184 Absatz 3 AO im Rahmen des „Jahressteuergesetzes 2020" vom 21. Dezember 2020 (BGBl. I, S. 3096) wird die Bereitstellung der Daten für die Kommunen durch Abruf geregelt. Durch die Ergänzung der Regelung soll sichergestellt werden, dass die damit verbundenen Modalitäten auch im Land festgelegt werden können.

§ 61 Absatz 3
Die Grundsteuer nach dem Landesgrundsteuergesetz soll in einem umfangreich digitalisierten Verfahren ermittelt werden. Hierfür ist es sinnvoll, dass die betroffenen Bürgerinnen und Bürger soweit wie möglich bei der Ergänzung der Angaben für ihre Erklärungs- und Anzeigepflicht unterstützt werden. Der neue Absatz 3 soll daher die rechtliche Grundlage für ein bürgerfreundliches Portal schaffen. Dabei wird den datenschutzrechtlichen Anforderungen Rechnung getragen, indem die dort zur Verfügung gestellten Daten von vornherein auf die für die Erklärung notwendigen Parameter beschränkt werden. Dies wird durch den Bezug auf das Flurstück und die jeweilige Vorschrift innerhalb des Landesgrundsteuergesetzes sichergestellt. Die Steuerpflichtigen benötigen aus dem Liegenschaftskataster insbesondere die flurstücksbezogenen Daten zu Gemeinde, Gemarkungsnummer, Flur, Flurstücknummer (Stammnummer oder Bruchnummer mit Stammnummer und Unternummer), Flurstücksfläche (Buchfläche), Lagebezeichnung des Liegenschaftskatasters (für bebaute Flurstücke der Straßenname und die Hausnummer, außerhalb der Ortslage in der Regel die Gewannbezeichnung). Für den Bereich der Land- und Forstwirtschaft sind als Daten für die Steuerpflichtigen zusätzlich die Bodenschätzung mit zugehöriger Flächenangabe und die Ertragsmesszahl (hilfsweise die durchschnittliche Ertragsmesszahl der Gemarkung) sowie die tatsächliche Nutzung mit zugehöriger Flächenangabe von Relevanz. Im Bereich des Grundvermögens wird neben den Daten des Liegenschaftskatasters nur noch der Bodenrichtwert benötigt.

Die Zweckbindung der Datenverwendung für eine Unterstützung der Bürgerinnen und Bürger zur Erfüllung ihrer Erklärungs- und Anzeigepflicht, die erstmals für die Hauptfeststellung 2022 von Relevanz sein wird, wird ebenfalls ausdrücklich festgeschrieben.

Nach derzeitigen Planungen sollen nur öffentlich zugängliche Daten der Vermessungsverwaltung und Bodenrichtwerte nach § 38 Absatz 2 LGrStG veröffentlicht werden. Die Einzelheiten mit datenschutzrechtlicher Relevanz werden in einer Rechtsverordnung geregelt.

II. Geltungsbereich

Das LGrStG BW gilt für in Baden-Württemberg belegene Grundstücke. 4

(Einstweilen frei) 5

B. Systematische Kommentierung

I. Ermächtigung zur Änderung der Anlagen LGrStG BW (§ 61 Abs. 1 LGrStG BW)

Nach dem LGrStG BW ist **keine Gebäudebewertung** bei der Feststellung des Grundsteuerwerts vorzunehmen, entsprechend können im LGrStG BW die Anlagen 36–43 zum BewG und eine Regelung entsprechend § 263 Abs. 2 BewG entfallen. Das LGrStG BW enthält lediglich die Anla- 6 gen 1–9. Diese Anlagen betreffen die Bewertung des land- und forstwirtschaftlichen Vermögens und entsprechen den Anlagen 27–35 zum BewG, da die Bewertung des land- und forstwirtschaftlichen Vermögens im LGrStG BW wie im Bundesrecht erfolgt.

7 Die im LGrStG BW aufgeführten Anlagen können nach der Ermächtigung in § 61 Abs. 1 LGrStG BW vom Landesfinanzministerium durch Rechtsverordnung im Einvernehmen dem Ministerium für Ländlichen Raum und Verbraucherschutz geändert werden. Im Unterschied zu § 263 Abs. 1 BewG ist die Zustimmung des Bundesrates nicht erforderlich, da es sich beim LGrStG BW um ein Landesgesetz handelt. Die **Anlagen 1–9 betreffen die Bewertung des land- und forstwirtschaftlichen Vermögens,** es ist deshalb sinnvoll, bei der Änderung der Anlagen Einvernehmen mit dem Ministerium für Ländlichen Raum und Verbraucherschutz herzustellen, in dessen Zuständigkeitsbereich die Landwirtschaft liegt. Wie im BewG soll die Ermächtigung eine realitäts- und relationsgerechte Bewertung für die Zukunft sicherstellen.

8 Zum Zeitpunkt der Änderung vgl. Grootens in Grootens, BewG § 263 Rz. 23.

9–10 *(Einstweilen frei)*

II. Ermächtigung zum Erlass von Bestimmungen bei der elektronischen Datenübermittlung von Grundbuchämtern und Gutachterausschüssen an die Finanzverwaltung (§ 61 Abs. 2 LGrStG BW Satz 1)

11 Bereits nach § 23 Abs. 2 und 3 LGrStG BW besteht für die **Grundbuchämter und Gutachterausschüsse** die Verpflichtung, ihre **Mitteilungen nach amtlich vorgeschriebenem Datensatz** über die amtlich bestimmte Schnittstelle an die Finanzbehörden zu übermitteln. Durch die Ermächtigung in § 61 Abs. 2 LGrStG BW wird das Landesfinanzministerium ermächtigt, die technische Ausgestaltung der elektronischen Datenüberrmittlung festzulegen.

12–13 *(Einstweilen frei)*

III. Übermittlung der Daten der Messbescheide an die Gemeinden durch die Finanzverwaltung per Datenfernübertragung (§ 61 Abs. 2 Satz 2 LGrStG BW)

14 Bereits durch die Neufassung des § 184 Abs. 3 AO ist die **Bereitstellung der Daten der Steuermessbescheide durch die Finanzverwaltung an die Gemeinden** geregelt. Nach der Gesetzesbegründung soll durch § 61 Abs. 2 Satz 2 LGrStG BW sichergestellt werden, dass die damit verbundenen Modalitäten auch im Land festgelegt werden können.

15–16 *(Einstweilen frei)*

IV. Datenbereitstellung durch die Finanzverwaltung (§ 61 Abs. 3 LGrStG BW)

17 Die Finanzbehörden werden ermächtigt, die für die Erklärungs- und Anzeigepflicht notwendigen **flurstückbezogenen Daten den Steuerpflichtigen elektronisch und öffentlich abrufbar** bereitzustellen. Eine Verpflichtung für die Datenbereitstellung besteht für die Finanzverwaltung nicht.

18 Die Datenbereitstellung wird aufgrund datenschutzrechtlicher Bestimmungen auf die für die Steuererklärung notwendigen Parameter beschränkt. Nach der Gesetzesbegründung benötigen die Steuerpflichtigen aus dem Liegenschaftskataster folgende Daten:

- Flurstücksbezogene Daten zur Gemeinde
- Gemarkungsnummer
- Flur
- Flurstücknummer
- Flurstücksfläche (Buchfläche)
- Lagebezeichnung des Liegenschaftskatasters (für bebaute Flurstücke der Straßenname und die Hausnummer, außerhalb der Ortslage i. d. R. die Gewannbezeichnung).

Zusätzlich wird noch der **Bodenrichtwert** benötigt, der von den Gutachterausschüssen bereit zu stellen ist. 19

Für den Bereich der **Land- und Forstwirtschaft** sind als Daten für die Steuerpflichtigen zusätzlich die Bodenschätzung mit zugehöriger Flächenangabe und die Ertragsmesszahl (hilfsweise die durchschnittliche Ertragsmesszahl der Gemarkung) sowie die tatsächliche Nutzung mit zugehöriger Flächenangabe von Relevanz und deshalb bereitzustellen. 20

§ 62 LGrStG BW Bekanntmachung

Das Ministerium für Finanzen wird ermächtigt, den Wortlaut dieses Gesetzes in der jeweils geltenden Fassung bekannt zu machen.

Inhaltsübersicht **Rz.**

A. Allgemeine Erläuterungen

I. Normzweck und wirtschaftliche Bedeutung der Vorschrift

Da es sich beim LGrStG BW um ein Landesgesetz handelt, ist das Landesfinanzministerium als oberste Finanzbehörde ermächtigt, das LGrStG BW in der jeweils gültigen Fassung bekannt zu machen. Die Zuständigkeit für die Bekanntmachung des GrStG liegt beim BMF. Im Übrigen entspricht § 62 LGrStG BW inhaltlich § 38 GrStG, siehe auch Lehmann in Grootens, GrStG § 38 Rz. 1 f. 1

II. Entstehung und Entwicklung der Vorschrift

Die Vorschrift wurde erstmalig im Jahr 2020 in das LGrStG BW aufgenommen. 2

In der **Gesetzesbegründung** heißt es hierzu: 3

Die Vorschrift ermächtigt das Ministerium für Finanzen das Landesgrundsteuergesetz in der jeweils gültigen Fassung neu bekannt zu machen.

Anhang LGrStG BW

Anlage 1 (zu § 31 Absatz 2)

Landwirtschaftliche Nutzung		
Bewertungsfaktoren	**Bezugseinheit**	**in EUR**
Grundbetrag	pro Ar	2,52
Ertragsmesszahl	pro Ertragsmesszahl (Produkt aus Acker-/Grünlandzahl und Ar)	0,041
Zuschläge für	**Bezugseinheit**	
Verstärkte Tierhaltung	je Vieheinheit (VE) über einem Besatz von 2,0 VE je Hektar selbst bewirtschafteter Fläche der landwirtschaftlichen Nutzung	79,00

Anlage 2 (zu § 31 Abs. 3)

Forstwirtschaftliche Nutzung		
Bewertungsfaktor für Wuchsgebiet		**in EUR/ha**
1	Odenwald	124,93
2	Oberrheinisches Tiefland und Rhein-Main-Ebene	64,13
3	Schwarzwald	181,38
4	Baar-Wutach	172,51
5	Neckarland	117,23
6	Schwäbische Alb	123,63
7	Südwestdeutsches Alpenvorland	177,56

Anlage 3 (zu § 31 Abs. 4)

Weinbauliche Nutzung		
Bewertungsfaktor für	**Flächeneinheit**	**in EUR**
Traubenerzeugung	pro Ar	11,70

Anlage 4 (zu § 31 Abs. 5)

Gärtnerische Nutzung		
Nutzungsteil Gemüsebau		
Bewertungsfaktor für	**Flächeneinheit**	**in EUR**
Flächen im Freiland und für Kleingarten- und Dauerkleingartenland	pro Ar	12,35
Zuschläge für	**Flächeneinheit**	**in EUR**
Flächen unter Glas und Kunststoffen	pro Ar	45,00
Nutzungsteil Blumen-/Zierpflanzenbau		

Bewertungsfaktor für	Flächeneinheit	in EUR
Flächen im Freiland	pro Ar	27,60
Zuschläge für	**Flächeneinheit**	**in EUR**
Flächen unter Glas und Kunststoffen	pro Ar	65,15
Nutzungsteil Obstbau		
Bewertungsfaktor für	**Flächeneinheit**	**in EUR**
Flächen im Freiland	pro Ar	9,53
Zuschläge für	**Flächeneinheit**	**in EUR**
Flächen unter Glas und Kunststoffen	pro Ar	45,00
Nutzungsteil Baumschulen		
Bewertungsfaktor für	**Flächeneinheit**	**in EUR**
Flächen im Freiland	pro Ar	22,29
Zuschläge für	**Flächeneinheit**	**in EUR**
Flächen unter Glas und Kunststoffen	pro Ar	65,15

Anlage 5 (zu § 31 Abs. 6 und 7)

Übrige land- und forstwirtschaftliche Nutzungen sowie Abbauland, Geringstland und Unland		
Sondernutzungen		
Bewertungsfaktor für	**Flächeneinheit**	**in EUR**
Hopfen	pro Ar	13,75
Spargel	pro Ar	12,69
Sonstige land- und forstwirtschaftliche Nutzungen		
Bewertungsfaktor für	**Bezugseinheit**	**in EUR**
Wasserflächen	pro Ar	1,00
Zuschläge für stehende Gewässer		
Wasserflächen für Binnenfischerei, Teichwirtschaft und Fischzucht für Binnenfischerei und Teichwirtschaft	ab 1,00 kg bis 4,00 kg Fischertrag/Ar pro Ar	2,00
Wasserflächen für Binnenfischerei, Teichwirtschaft und Fischzucht für Binnenfischerei und Teichwirtschaft	über 4,00 kg Fischertrag/Ar pro Ar	2,50
Zuschläge für fließende Gewässer		
Binnenfischerei, Teichwirtschaft und Fischzucht für Binnenfischerei und Teichwirtschaft	bis 500 Liter/Sekunde Durchfluss pro Liter/Sekunde	12,50

Binnenfischerei, Teichwirtschaft und Fischzucht für Binnenfischerei und Teichwirtschaft	über 500 Liter/Sekunde Durchfluss pro Liter/Sekunde	15,00
Saatzucht	pro Ar	Anlage 1
Weihnachtsbaumkulturen	pro Ar	19,40
Kurzumtriebsplantagen	pro Ar	Anlage 1
Sonstige land- und forstwirtschaftliche Nutzungen, für die kein Bewertungsfaktor festgelegt wurde		
Wirtschaftsgebäude	pro Quadratmeter Bruttogrundfläche und Monat	1,23
Nutzungsarten Abbauland, Geringstland und Unland		
Bewertungsfaktor für	**Flächeneinheit**	**in EUR**
Abbauland	pro Ar	1,00
Geringstland	pro Ar	0,38
Unland	pro Ar	0,00

Anlage 6 (zu § 31 Abs. 8)

Nutzungsart Hofstelle		
Bewertungsfaktor für	**Flächeneinheit**	**in EUR**
Hofflächen	pro Ar	6,62
Zuschläge für	**Flächeneinheit**	**in EUR**
Wirtschaftsgebäude der weinbaulichen Nutzung bei Fass- und Flaschenweinerzeugung	pro Quadratmeter Bruttogrundfläche und Monat	1,23
Wirtschaftsgebäude der Nebenbetriebe	pro Quadratmeter Bruttogrundfläche und Monat	1,23

Anlage 7 (zu § 32 Abs. 2)

Weitere den Ertragswert erhöhende Umstände		
Bewertungsfaktor für	**Flächeneinheit**	**in EUR**
Abgegrenzte Standortfläche der Windenergieanlage	pro Ar	59,58

Anlage 8 (zu § 35 Abs. 5)

Umrechnungsschlüssel für Tierbestände in Vieheinheiten (VE) nach dem Futterbedarf		
Tierart	1 Tier	
Nach dem Durchschnittsbestand in Stück:		
Alpakas	0,08	VE
Damtiere		
Damtiere unter 1 Jahr	0,04	VE
Damtiere 1 Jahr und älter	0,08	VE

Umrechnungsschlüssel für Tierbestände in Vieheinheiten (VE) nach dem Futterbedarf		
Tierart	**1 Tier**	
Geflügel		
Legehennen (einschließlich einer normalen Aufzucht zur Ergänzung des Bestandes)	0,02	VE
Legehennen aus zugekauften Junghennen	0,0183	VE
Zuchtputen, -enten, -gänse	0,04	VE
Kaninchen		
Zucht- und Angorakaninchen	0,025	VE
Lamas	0,1	VE
Pferde		
Pferde unter 3 Jahren und Kleinpferde	0,7	VE
Pferde 3 Jahre und älter	1,1	VE
Rindvieh		
Kälber und Jungvieh unter 1 Jahr (einschließlich Mastkälber, Starterkälber und Fresser)	0,3	VE
Jungvieh 1 bis 2 Jahre alt	0,7	VE
Färsen (älter als 2 Jahre)	1	VE
Masttiere (Mastdauer weniger als 1 Jahr)	1	VE
Kühe (einschließlich Mutter- und Ammenkühe mit den dazugehörigen Saugkälbern)	1	VE
Zuchtbullen, Zugochsen	1,2	VE
Schafe		
Schafe unter 1 Jahr (einschließlich Mastlämmer)	0,05	VE
Schafe 1 Jahr und älter	0,1	VE
Schweine		
Zuchtschweine	0,33	VE
(einschließlich Jungzuchtschweine über etwa 90 kg)		
Strauße		
Zuchttiere 14 Monate und älter	0,32	VE
Jungtiere/Masttiere unter 14 Monate	0,25	VE
Ziegen	0,08	VE

Umrechnungsschlüssel für Tierbestände in Vieheinheiten (VE) nach dem Futterbedarf		
Tierart	1 Tier	
Nach der Erzeugung in Stück:		
Geflügel		
Jungmasthühner (bis zu 6 Durchgänge je Jahr – schwere Tiere)	0,0017	VE
(mehr als 6 Durchgänge je Jahr – leichte Tiere)	0,0013	VE
Junghennen	0,0017	VE
Mastenten	0,0033	VE
Mastenten in der Aufzuchtphase	0,0011	VE
Mastenten in der Mastphase	0,0022	VE
Mastputen aus selbst erzeugten Jungputen	0,0067	VE
Mastputen aus zugekauften Jungputen	0,005	VE
Jungputen (bis etwa 8 Wochen)	0,0017	VE
Mastgänse	0,0067	VE
Kaninchen		
Mastkaninchen	0,0025	VE
Rindvieh		
Masttiere (Mastdauer 1 Jahr und mehr)	1	VE
Schweine		
Leichte Ferkel (bis etwa 12 kg)	0,01	VE
Ferkel (über etwa 12 bis etwa 20 kg)	0,02	VE
Schwere Ferkel und leichte Läufer (über etwa 20 bis etwa 30 kg)	0,04	VE
Läufer (über etwa 30 bis etwa 45 kg)	0,06	VE
Schwere Läufer (über etwa 45 bis etwa 60 kg)	0,08	VE
Mastschweine	0,16	VE
Jungzuchtschweine bis etwa 90 kg	0,12	VE

Anlage 9 (zu § 35 Abs. 5)

Gruppen der Zweige des Tierbestands nach der Flächenabhängigkeit

1. Mehr flächenabhängige Zweige des Tierbestands:
   Pferdehaltung,
   Pferdezucht,
   Schafzucht,
   Schafhaltung,
   Rindviehzucht,
   Milchviehhaltung,
   Rindviehmast.

2. Weniger flächenabhängige Zweige des Tierbestands:
   Schweinezucht,
   Schweinemast,
   Hühnerzucht,
   Entenzucht,
   Gänsezucht,
   Putenzucht,
   Legehennenhaltung,
   Junghühnermast,
   Entenmast,
   Gänsemast,
   Putenmast.

Abschnitt II: Bayern

Vorwort zur Kommentierung des Bayerischen Grundsteuergesetzes (BayGrStG)

Inhaltsübersicht **Rz.**

LITERATUR:

Bräutigam/Spengler/Winter, GrSt-Reform – eine analytische Betrachtung der bundesgesetzlichen Regelung sowie weiterer Bewertungsverfahren, Der Betrieb, 40/2020 S. 2090–2096; *Graf,* Der Anwendungserlass zur Bayerischen Grundsteuer (AEBayGrSt) – Welche Auswirkungen ergeben sich für die Praxis?, NWB 47/2022 S. 3300, NWB YAAAJ-26797; *Grootens,* Umsetzung der Grundsteuerreform in den Ländern – Der Flickenteppich kommt!, ErbStB 3-2021 S. 80–85; *Kirchhof,* Der Belastungsgrund von Steuern – zum verfassungsrechtlichen Auftrag, die Grundsteuer zu reformieren, DStR 2020 S. 1073; *Löhr/Kempny:* Zur Grundsteuerreform: Grundzüge eines Bodenwertsteuergesetzes; DStR 2019 S. 587; *Schmid,* Grundsteuerreform – Bayern: reines Flächenmodell, Beck Steuer-Lotse, 1. Aufl. 2024, Stand: 15.4.2024; *Schmidt,* Reform der Grundsteuer – Eine erste Analyse der Wertermittlung nach dem Ertragswertverwahren, NWB 50/2019 S. 3719, NWB BAAAH-36269; *Schmidt*, Verfassungswidrigkeit der Grundsteuer als Flächensteuer, DStR 2020 S. 249; *Stöckel*, Hauptfeststellung der Grundsteuerwerte auf den 1.1.2022 – Keine gleich lautenden Erlasse, keine Richtlinien und jede Menge offene Fragen, NWB 45/2020 S. 3324, NWB PAAAH-62449; *Stöckel*, Vergleich der Grundsteuergesetze der Länder Bayern, Baden-Württemberg, Hamburg, Hessen und Niedersachsen, NWB 3/2024 S. 165 NWB WAAAJ-56594; *Stöckel*, Grundsteuer C – Erneuter Versuch zur Mobilisierung von Wohnraum, NWB 22/2024 S. 1521 NWB DAAAJ-67476.

A. Besonderheiten der Landesregelung in Abgrenzung zur Bundesregelung

1 Mit Sitzung v. 23.11.2021 hat der bayerische Landtag das **Bayerische Grundsteuergesetz** (im Folgenden BayGrStG) offiziell verabschiedet und das Gesetz v. 10.12.2021 im Bayerischen Gesetz- und Verordnungsblatt v. 17.12.2021, Nr. 23/2021 S. 638–642 veröffentlicht. Der Freistaat hat damit seine von Beginn an vorgetragenen Pläne zu einer länderspezifische Regelung umgesetzt und macht von der im Rahmen des Gesetzespakets zur Reform der Grundsteuer beschlossenen Öffnungsklausel zur Änderung des Grundgesetzes v. 15.11.2019[1] durch Anwendung des Art. 72 Abs. 3 Satz 1 Nr. 7 GG umfassend Gebrauch. Dabei ergeben sich jedoch nur für die Grundstücke des Grundvermögens (Grundsteuer B) landesspezifische Bewertungsregelungen. Für Betriebe der Land- und Forstwirtschaft (Grundsteuer A) bleibt es im Wesentlichen bei der bundesgesetzlichen Regelung.

I. Ziele der landesrechtlichen Regelung

2 Durch das BayGrStG und die Abweichung von der bundesgesetzlichen Regelung soll vor allem eine **Entbürokratisierung** und **zeitgemäße Fortentwicklung der gesetzlichen Regelungen zur Grundsteuer** erreicht werden. Durch die Anwendung des **Äquivalenzprinzips** und die Berücksichtigung von Grundstücks- und Gebäudeflächen soll die Ermittlung der Grundsteuer zukünftig für die Bürgerinnen und Bürger nachvollziehbar sein.

3 Ebenfalls soll durch das BayGrStG die Grundsteuer als konjunkturunabhängige und sichere Einnahmequelle der Gemeinden fortbestehen. Das Volumen der Grundsteuer B in Bayern von 1,81 Milliarden € im Jahr 2019 soll auch durch die Reform beibehalten werden. Auch durch die kommunale Option zur Festlegung **ermäßigter Hebesätze für bestimmte Grundstücke** innerhalb einer Gemeinde, wurden neue Gestaltungsmöglichkeiten geschaffen, welche den Gemeinden eine noch größere Einflussnahme auf die Höhe des Grundsteueraufkommens ermöglichen.

4 Nicht zuletzt durch die Anwendung geringerer Grundsteuermesszahlen für Wohngrundstücke gegenüber nicht zu Wohnzecken genutzten Grundstücken, soll auch der **Wohnungsmarkt geschützt und gestärkt** werden.

5–7 *(Einstweilen frei)*

II. Verfahren der Grundsteuererhebung

8 Wie beim Bundesmodell bleibt es auch in Bayern bei dem bekannten, **dreistufigen Besteuerungsverfahren**:

1 Gesetz zur Änderung des Grundgesetzes (Art. 72, 105 und 125b) v. 15.11.2019, BGBl I S. 1546.

1. Ermittlung der **Äquivalenzbeträge des Grund und Bodens und der Gebäudeflächen** (früher Einheitswert, nach Bundesmodell zukünftig Grundsteuerwert) durch die Finanzämter.
2. Feststellung der **Grundsteuermessbeträge** durch Multiplikation der Summe aus den Äquivalenzbeträgen des Grund und Bodens und der Gebäudeflächen mit der anwendbaren Steuermesszahl, ebenfalls durch die Finanzämter.
3. Ermittlung und Festsetzung der Grundsteuer durch die jeweiligen Gemeinden unter Anwendung des **gemeindespezifischen Hebesatzes**.

(Einstweilen frei) 9–10

III. Bewertung des Grundvermögens

Bei der **Bewertung des Grundvermögens** bleibt es wie beim Bundesmodell bei der Differenzierung zwischen dem land- und forstwirtschaftlichen Vermögen und dem Grundvermögen. Die Bewertung des land- und forstwirtschaftlichen Vermögens erfolgt grundsätzlich entsprechend dem Bundesmodell. **Abweichend** dazu regelt das bayerische Landesmodell lediglich die Berücksichtigung vom bestimmten Hof- und Wirtschaftsgebäudeflächen zur **Hofstelle** nach § 234 Abs. 6 BewG. 11

Die Bewertung des Grundvermögens basiert auf einem **Flächenmodell**. Die zu ermittelnden Äquivalenzbeträge des Grund und Bodens und der Gebäudeflächen ergeben sich durch die Addition zweier Summanden, welche sich durch die Multiplikation einer **Äquivalenzzahl** mit der **Fläche des Grund und Bodens** bzw. mit der **Wohn-/Nutzfläche der Gebäude** ergeben. Eine Differenzierung nach verschiedenen Grundstückarten i. S. des § 249 BewG erfolgt nicht. Vielmehr wird lediglich zwischen der **Nutzung zu Wohnzwecken und Nichtwohnzwecken** differenziert, für welche das BayGrStG unterschiedliche **Grundsteuermesszahlen** vorsieht. 12

Die **Äquivalenzzahl** für die Gebäudeflächenflächen beträgt **0,50 €/m²**. Eine Differenzierung nach der Art des Grundstücks, Nutzung, des Alters oder der Ausstattung der Gebäude erfolgt nicht. Für die Fläche des Grund und Bodens beträgt die Äquivalenzzahl **0,04 €/m²**, wobei das Landesmodell hier zwei Ermäßigungen für **übergroße Grundstücksflächen** vorsieht. 13

Die **Fläche des Grundstücks** sollte durch den Steuerpflichtigen leicht zu ermitteln sein. Diese kann dem **Grundbuchblatt** oder dem **Kataster** bzw. den **bisherigen Einheitswertbescheiden** entnommen werden. Zur anzusetzenden Fläche vgl. auch Bock in Grootens, BewG § 247 Rz. 29. 14

Für die Ermittlung der **Gebäudeflächen** werden die **Wohn- oder Nutzflächen** benötigt. Die **Wohnfläche** ist dabei nach der **Wohnflächenverordnung** (WoFlV[1]) zu ermitteln. Die **Nutzflächen** sind nach einer geeigneten Methode zu ermitteln. Die Gesetzesbegründung sieht hier insbesondere die Berechnung der **Nutzflächen nach DIN 277** vor. Jedoch soll eine rein **mathematische Berechnung** bei unverhältnismäßigem Aufwand ebenfalls möglich sein. Abzuwarten bleibt jedoch, wie die Finanzverwaltung in der Praxis darauf reagieren wird. Hierzu sind weitere Klarstellungen und Anwendungsbeispiele notwendig, um Rechtssicherheit für den Steuerpflichtigen zu gewährleisten. 15

Vereinfachungen gibt es für **Garagen bis 50 m²** sowie für **Nebengebäude mit einer Nutzfläche von unter 30 m²**, wenn diese in einem räumlichen Zusammenhang zur Wohnnutzung stehen. In beiden Fällen bleiben die Flächen für die Bewertung **außer Ansatz**. 16

Da die Bewertung nach dem Landesmodell keine annähernde Verkehrswertermittlung zum Ziel hat, werden nur sehr wenige Informationen vom Steuerpflichtigen benötigt. Dies verein- 17

1 Vgl. Wohnflächenverordnung v. 25.11.2003, BGBl I S. 2346, NWB IAAAB-52356.

facht die Bewertung gegenüber der bisherigen Einheitsbewertung deutlich. Weiterer Vorteil der Bewertung nach dem Landesmodell ist, dass eine **turnusmäßige Hauptfeststellung** wie im Bundesrecht nach § 221 BewG **nicht mehr notwendig** ist, da sich die Grundstücks- bzw. Gebäudeflächen sowie die Äquivalenzzahlen grundsätzlich nicht ändern.

18–19 *(Einstweilen frei)*

IV. Steuermesszahlen

20 Grundsätzlich beträgt die Grundsteuermesszahl für Grundstücke des Grundvermögens 100 %.

21 Die Grundsteuermesszahl ermäßigt sich für Wohnflächen um 30 % auf **70 %**. Daneben bestehen weiterhin folgende **Ermäßigungen der Grundsteuermesszahl**:

- Ermäßigung der Grundsteuermesszahl von 25 % für den Äquivalenzbetrag der Wohnflächen in Verbindung mit dem Betrieb der Land- und Forstwirtschaft (vgl. → Rz. 22–27),
- Ermäßigung der Grundsteuermesszahl von 25 % für den Äquivalenzbetrag der Gebäudeflächen bei bestimmten Baudenkmälern (vgl. → Rz. 28–32),
- Ermäßigung der Grundsteuermesszahl von 25 % für den Äquivalenzbetrag der Wohnflächen für Zwecke der Wohnraumförderung (vgl. → Rz. 33–35).

1. Ermäßigung für Wohnflächen in Verbindung mit dem Betrieb der Land- und Forstwirtschaft

22 Art. 4 Abs. 2 BayGrStG sieht eine weitere **Ermäßigung der Grundsteuermesszahl von 25 %** für die Wohnflächen vor, soweit diese in einer **engen räumlichen Verbindung mit dem Betrieb der Land- und Forstwirtschaft** des Steuerschuldners stehen. Die Ermäßigung wird zusätzlich auf die bereits ermäßigte Grundsteuermesszahl von 70 % für Wohnflächen gewährt, so dass sich im Endeffekt eine Grundsteuermesszahl von **52,5 %** für diese Flächen ergibt.

23 Mit der Vorschrift wird der **Wohnteil**, welcher dem Betrieb Land- und Forstwirtschaft zugeordnet ist, weiter privilegiert. Die in Bayern ländliche Siedlungsstruktur und die Vielzahl kleiner ländlicher Betriebe soll so entsprechend gestärkt werden.

24 Voraussetzung für die Ermäßigung ist weiterhin, dass die Wohnflächen dem **Betriebsinhaber**, den **zum Haushalt gehörenden Familienangehörigen** und den **Altenteilern** zu Wohnzwecken dienen sowie mindestens ein Bewohner eine mehr als nur gelegentliche Tätigkeit in dem Betrieb ausübt.

25 Die Ermäßigung gilt daneben auf für Flächen, die **Arbeitnehmern des Betriebes** zu Wohnzwecken dienen.

26–27 *(Einstweilen frei)*

2. Ermäßigung für Gebäudeflächen bei Baudenkmälern

28 Die Grundsteuermesszahl ermäßigt sich um **25 %**, wenn es sich bei den Gebäuden um **Baudenkmäler** nach Art. 1 Abs. 2 oder Abs. 3 des Bayerischen Denkmalschutzgesetzes handelt.

29 Die Ermäßigung wird **zusätzlich zu den Ermäßigungen** nach den Art. 4 Abs. 1 und Abs. 2 BayGrStG gewährt. Entsprechend ist zu differenzieren, wie die Gebäudeflächen genutzt werden (Wohnzwecke oder Nichtwohnzwecke).

Besonderheit des bayerischen Landesmodells ist hierbei, dass – im Gegensatz zur bundesgesetzlichen Regelung[1] – keine Aufteilung erfolgt, wenn nur Teile eines Gebäudes als Baudenkmäler gelten. Auch bei nur teilweisem Bestehen eines Baudenkmals verbleibt es bei der Ermäßigung für die gesamte Gebäudefläche. 30

(Einstweilen frei) 31–32

3. Ermäßigung für Zwecke der Wohnraumförderung

Zusätzlich besteht eine Ermäßigung der Grundsteuermesszahl für den Äquivalenzbetrag der Wohnflächen von **25 %** für bestimmte Grundstücke und Eigentümer, die der **Wohnraumförderung** dienen. Art. 4 Abs. 3 BayGrStG verweist dazu auf die bundesgesetzlichen Regelungen nach § 15 Abs. 2–4 GrStG.[2] 33

(Einstweilen frei) 34–35

4. Kumulierung der Begünstigungen

Die Gewährung der Ermäßigungen unter 1.–3. sind möglich, soweit die Vorsetzungen zu Beginn der Veranlagungszeitpunktes – folglich zum 1.1. eines Jahres – vorlagen. 36

Die o. g. **Ermäßigungen** schließen sich jedoch gegenseitig nicht aus. Vielmehr können diese nebeneinander bestehen, sofern ein Grundstück mehrere Voraussetzungen erfüllt. Da bei der Ermittlung der Äquivalenzbeträge die Art der Gebäudeflächen festgestellt wird, sollte die Prüfung der einzelnen Ermäßigungen in der Praxis keine besonders großen Schwierigkeiten bereiten. 37

Etwas komplizierter gestaltet sich die **Berechnung der gesamten Ermäßigung** beim Vorliegen mehrere **Ermäßigungstatbestände**. Für die Berechnung der **Gesamtermäßigung** ist dabei jeweils von der vorangegangenen Grundsteuermesszahl nach Anwendung der Ermäßigung auszugehen. 38

Es können sich damit ausgehend von den möglichen Ermäßigungen **folgende Steuermesszahlen** ergeben (aus Vereinfachungsgründen wurde auf eine Nachkommastelle gerundet): 39

Grundsteuermesszahlen für Wohngebäude 40

Messzahl vor Abzug	70 %	70 %	70 %	70 %	70 %	70 %	70%
Wohnteil LuF		-25 %		-25 %		-25 %	
Bezugsgröße		52,5 %		52,5 %		52,5 %	
Baudenkmal			-25 %	-25 %			-25 %
Bezugsgröße			52,5 %	39,4 %			52,5 %
Wohnraumförderung					-25 %	-25 %	-25%
Bezugsgröße					52,5 %	39,4 %	39,4 %
Messzahl nach Abzug	70 %	52,5 %	52,5 %	39,4 %	52,5 %	39,4 %	39,4 %

Grundsteuermesszahlen Nichtwohngebäude 41

Messzahl vor Abzug		100 %	100 %
Baudenkmal			-25 %
Messzahl nach Abzügen		100 %	75 %

1 Vgl. Bock in Grootens, GrStG § 15 Rz. 118–124.
2 Vgl. Bock in Grootens, GrStG § 15 Rz. 57–99.

42–43 *(Einstweilen frei)*

V. Besonderheiten beim Hebesatz

44 Abweichend zum Bundesmodell ermöglicht das bayerische Landesmodell den Gemeinden weitere **umfassende Gestaltungsmöglichkeiten zu Festlegung der Hebesätze** für die Grundsteuer B. Danach erhalten die Gemeinden die zusätzliche Möglichkeit, die Hebesätze aktiv zu beeinflussen, sofern die Voraussetzungen zur Ermäßigung der Grundsteuermesszahl nach Art. 4 Abs. 2, 3 und 4 BayGrStG vorliegen. Für diese Fälle können die Gemeinden nochmals **reduzierte Hebesätze** festlegen und so bestimmte Grundstücke weiter begünstigen.

45 Im Gesetzesentwurf v. 10.5.2021[1] gab es ursprünglich noch eine weitere Möglichkeit für die Gemeinden zur Festlegung verschiedener Hebesätze. Danach wären die Gemeinden ab einer Einwohnerzahl von **5.000 Einwohnern im Gemeindegebiet** berechtigt gewesen, im Gemeindegebiet eine **angemessene Anzahl von Hebesatzgebieten** festzulegen.

Diese **Möglichkeit zur Bildung mehrerer Hebesatzzonen innerhalb einer Gemeinde** hätte eine völlig neue Möglichkeit für die Gemeinden dargestellt, die Grundsteuereinahmen aktiv zu beeinflussen. Voraussetzung für die Bildung mehrere Hebesatzzonen bei Gemeinden mit einer Einwohnerzahl ab 5.000 wäre gewesen, dass die Hebesatzzonen die **Unterschiede in der infrastrukturmäßigen Erschließung des Gemeindegebiets** oder **zur Verfolgung städtebaulicher Ziele** abbilden müssen.

46 Diese Hebesatzoption wurde in Gesetzgebungsverfahren jedoch kontrovers diskutiert. Zum einen stellte sich die Frage, inwieweit diese Gestaltungsmöglichkeit dem erklärten Ziel der wesentlichen Vereinfachung und der besseren Verständlichkeit des Grundsteuergesetzes dienlich gewesen wäre. Hinzu kommt, dass die Möglichkeit mehrerer Hebesatzgebiete innerhalb einer Gemeinde m. E. teilweise die grundsätzliche Intention des Flächenmodells verwässert hätte. Denn grundsätzlich führt das bayerischen Flächenmodell dazu, dass **zwei Grundstücke mit identischen Flächenmerkmalen und gleicher Nutzung innerhalb einer Gemeinde gleich hoch besteuert werden**. Die Lage des Grundstücks und die tatsächlichen Wertfaktoren des Gebäudes (z. B. Baujahr, Ausstattung) spielen grundsätzlich keine Rolle für die Höhe der Grundsteuer. Grund dafür ist die Annahme, dass diese Grundstücke ähnliche Kosten für die Gemeinde verursachen. Gegensätzlich dazu ist jedoch auch die Ansicht zutreffend, dass im dörflichen Vorort die Infrastruktur in der Gemeinde nicht so gut ausgebaut sein wird wie in der Kernstadt. Insofern wäre es auch sachgerecht, im Vorort weniger Grundsteuer zu verlangen.

47 Letztendlich konnte sich der Vorschlag aus dem Gesetzesentwurf v. 10.5.2021 nicht durchsetzen, da m. E. die Auffassungen über diese Regelung zu weit auseinander dividierten und die Regelung an sich politisch nur schwer durchsetzbar bzw. den Steuerpflichtigen nur schwer zu vermitteln gewesen sei. Hinzu kommt, dass eine zeitnahe Einigung über das Gesetz getroffen werden musste, da die Äquivalenzbeträge bereits auf den 1.1.2022 allgemein festgestellt werden. Somit wurde diese zweite Hebesatzoption verworfen und findet sich nicht mehr im finalen Gesetzeswortlaut wieder.

48 Zu beachten ist ferner, dass es für in Bayern belegene Grundstücke aufgrund der o. g. Sonderregelung ebenfalls **keine Grundsteuer C** (vgl. § 25 Abs. 5 GrStG) geben wird, welche wiederum

1 Gesetzesentwurf der Staatsregierung – Bayerisches Grundsteuergesetz (BayGrStG); Drucks. 18/15755 v. 10.5.2021.

z. B. im Bundesrecht eingeführt wurde. Auch hierzu gab es große Meinungsverschiedenheiten im Gesetzgebungsverfahren und ebenso keinen gemeinsamen Konsens.

(Einstweilen frei) 49–52

VI. Erweiterte Erlassregelungen

Im verabschiedeten Gesetz findet sich in Art. 8 BayGrStG erstmalig auch eine **erweiterte Erlassregelung zu Ansprüchen aus dem Grundsteuerschuldverhältnis**. Danach soll für in Bayern belegene Grundstücke abweichend zu den allgemeinen Billigkeitsmaßnahmen nach §§ 163 und 227 AO sowie den Erlassregelungen nach §§ 32–34 GrStG die Grundsteuer auch erlassen werden, **wenn durch die neuen Gesetzesregelung nach Lage des einzelnen Falls eine unangemessene hohe Steuerbelastung eintritt**. 53

Als **Beispiel für eine unangemessen hohe Steuerbelastung** aufgrund des „neuen" BayGrStG nennt das Gesetz folgende Beispiele: 54

- wenn die Lage erheblich von den in der Gemeinde ortsüblichen Verhältnissen abweicht,
- wenn die Gesamtnutzungsdauer des Gebäudes überschritten ist oder
- bei einer Übergröße des nicht zu Wohnzwecken genutzten Gebäudes, sofern dieses eine einfache Ausstattung aufweist und entweder einen Hallenanteil aufweist oder auf Dauer nicht genutzt wird.

Weitere Ausführungen lässt sowohl der Gesetzeswortlaut also auch der AEBayGrSt[1] vermissen, so dass die tatsächliche Anwendung der Regelung in der Praxis mehr als fraglich bleibt. Zum einen sind die Voraussetzungen sehr vage formuliert und ist bisher m. E. nicht eindeutig, welche Voraussetzungen genau erfüllt sein müssen, um in den Genuss der Erlassvorschrift zu kommen. Zum anderen werden die Gemeinden sicherlich, wie die Erfahrung aus der Praxis bei den bisherigen Erlassregelungen nach §§ 32–33 GrStG a. F. zeigt, nicht ohne Weiteres bzw. nur in sehr seltenen Ausnahmefällen oder nach Erfüllung besonders hoher Nachweis- und Begründungspflichten einem Erlassantrag zustimmen. 55

(Einstweilen frei) 56–58

VII. Folgen der Reform für die Grundstückseigentümer

Durch das bayerische Landesmodell wird es zu gänzlich neuen Grundsteuermessbeträgen als bei der bisherigen Einheitsbewertung kommen. Wie genau sich die Grundsteuerbeträge für einzelnen Grundstücksarten verändern werden, bleibt abzuwarten. In jedem Fall wird es Gewinner und Verlierer geben, was zum einen an dem neuen Bewertungsansatz mittels Flächen und Äquivalenzzahlen, sowie zum anderen an den veralteten Wertverhältnissen bei der bisherigen Einheitsbewertung liegt. Anhand der gesetzlichen Regelungen und im Vergleich zur Hauptfeststellung 1964 ergeben sich jedoch bereits bestimmte **Tendenzen**:[2] 59

---

1 Anwendungserlass zum Bayerischen Grundsteuergesetz und zum Siebenten Abschnitt des Zweiten Teils des Bewertungsgesetzes zur Bewertung des Grundbesitzes – allgemeiner Teil und Grundvermögen – für die Grundsteuer ab 1. Januar 2022 und zum Grundsteuergesetz ab 1. Januar 2025 (Bayerischer Anwendungserlass-Grundsteuer – AEBayGrSt v. 2.9.2022; BayMBl. 2022 Nr. 542 v. 28.9.2022).

2 Vgl. Stöckel in Vergleich der Grundsteuergesetze der Länder Bayern, Baden-Württemberg, Hamburg, Hessen und Niedersachsen, NWB 3/2024 S. 165 NWB WAAAJ-56594.

1. Die Grundsteuermessbeträge für alte Grundstücke im ländlichen Raum werden vermutlich steigen, da diese Grundstücke flächenmäßig oft größer und bisher eher niedrig bewertet sind.
2. Mangels Ermäßigung der Grundsteuermesszahl wird die gesamte Grundsteuerlast für gewerbliche Grundstücke wie Geschäftsgrundstücke, Teileigentum und sonstige bebaute Grundstücke eher steigen.
3. Zu den Gewinner des BayGrStG werden insbesondere das Wohnungseigentum und die Mietwohngrundstücke (ausgenommen Altbauten) gehören. Bei Einfamilienhäusern, insbesondere auch Altbauten, wird es hingegen zu einer eher steigenden Grundsteuer kommen.
4. Auch Villen (Einfamilienhäuser mit Wohnflächen von mehr als 220 m²) zählen zu ebenfalls zu den Gewinnern der Reform. Gleiches gilt für gemischt genutzte Grundstücke.

Einen detaillierten Überblick über die mutmaßlichen Gewinner und Verlierer der Grundsteuerreform in Bayern inkl. Berechnungsbeispielen gibt auch Stöckl in NWB 3/2024 S. 165.[1]

60 Ob es regional zu großen Unterschieden in der Grundsteuerbelastung kommen wird, bleibt abzuwarten. In jeden Fall wird es auf die einzelnen Gemeinden ankommen, welche letztendlich durch die Festlegung der Hebesätze die Höhe der Grundsteuer beeinflussen. Spannend wird insbesondere hier sein, ob Gemeinden ihre Hebesätze auch nach unten anpassen werden, sollte sich durch die Neuregelungen eine höhere Grundsteuer ergeben.

61–63 *(Einstweilen frei)*

B. Verfassungsrechtliche Überlegungen

I. Formelle Verfassungsmäßigkeit

64 Durch Geltendmachung der **Gesetzgebungskompetenz** nach Art. 72 Abs. 3 Nr. 7 GG für die bayerische Landesregelung, hat der Freistatt die **formellen Voraussetzungen zur Einführung einer länderspezifischen Regelung** erfüllt. Die landesgesetzlichen Regelungen sind **ab dem 1.1.2025 wirksam**. Entsprechend wurde auch der **„Anlaufhemmung“** des Art. 125b Abs. 3 GG Rechnung getragen.

65–66 *(Einstweilen frei)*

II. Materielle Verfassungsmäßigkeit

67 Bereits in dem Urteil des BVerfG v. 10.4.2018[2] wurden verschiedene Punkte und Voraussetzungen für eine **verfassungsgemäße Ausgestaltung** der gesetzlichen Neureglungen betreffend der Grundsteuer erläutert. So ist es nicht verwunderlich, dass bereits mehrere Meinungen und Analysen über die Verfassungsmäßigkeit der diskutieren gesetzlichen Neuregelungen vorliegen.

68 Nach dem BVerfG muss die Grundsteuer so ausgestaltet sein, dass diese den **steuerlichen Belastungsgrund** maßgeblich erkennen lassen muss.[3] Für die Umsetzung dazu hat der Gesetzgeber jedoch einen großen Spielraum und darf sich auch **Typisierungen und Pauschalierungen**

1 Vgl. Stöckel in Vergleich der Grundsteuergesetze der Länder Bayern, Baden-Württemberg, Hamburg, Hessen und Niedersachsen, NWB 3/2024 S. 165 NWB WAAAJ-56594.

2 BVerfG, Urteil v. 10.4.2018 - 1 BvL 11/14, 1 BvL 12/14, 1 BvL 1/15, 1 BvR 639/11, 1 BvR 889/12, NWB MAAAG-80435.

3 BVerfG, Urteil v. 10.4.2018 - 1 BvL 11/14, 1 BvL 12/14, 1 BvL 1/15, 1 BvR 639/11, 1 BvR 889/12, Rz. 97, NWB MAAAG-80435.

bedienen, soweit diese verfassungsrechtlich gerechtfertigt sind und in der Gesamtheit die gleichheitsgerechte Bemessung des steuerlichen Belastungsgrundes sicherstellen.[1]

Dabei gibt es bereits unterschiedlich Meinungen, ob das bayerisches Flächenmodell den verfassungsrechtlichen Voraussetzungen Rechnung trägt. Während Kirchhof[2] ein Flächenmodell für geeignet hält, ist Schmidt[3] der Auffassung, dass die Grundsteuer als Flächensteuer verfassungswidrig ist. Dabei werden mehre Aspekte diskutiert. 69

(Einstweilen frei) 70–71

1. Steuerliche Prinzipien

Kirchhof sieht den **Belastungsgrund der Grundsteuer** beim Flächenmodell insbesondere im **Äquivalenzprinzip**. Die Grundsteuer wäre danach als eine **Äquivalenzabgabe für Leistungen zwischen der Gemeinde und dem Grundstückseigentümer** zu betrachten, welche dem Grundbesitz zugutekommen. Die Leistungen der Gemeinde sind dabei insbesondere in der zur **Verfügungstellung der kommunalen Infrastruktur** zu verstehen. Der Objektcharakter der Grundsteuer bleibt dabei gewahrt, da sich die Bemessung der Grundsteuer lediglich auf den Grundbesitz erstreckt. Entsprechend sieht Kirchhof die Grundsteuer als Äquivalenzabgabe als verfassungsmäßig an. 72

Nach der Auffassung von Schmidt kann die Ausgestaltung der Grundsteuer als Flächensteuer jedoch weder mit dem **Leistungsfähigkeitsprinzip** noch mit dem **Äquivalenzprinzip** legitimiert werden. Durch die gleiche Besteuerung zweier Grundstücke mit gleichen Flächengrößen, die jedoch weitere wertbeeinflussende Merkmale wie die Beschaffenheit, Art und Lage außer Betracht lassen, wird gerade nicht auf die Leistungsfähigkeit abgestellt. Gegen das Äquivalenzprinzip spricht nach Ansicht von Schmidt, dass zum einen die gemeindliche Leistung und vermeintliche Gegenleistung nicht synchron erfolgen sowie viele Leistungen personenbezogen sind und zum anderen, kein nachweisbarer Zusammenhang zwischen der Größe des Grundstücks und des Gebäudes und der Inanspruchnahme gemeindlicher Infrastruktur besteht. 73

Nach einem Urteil des FG Nürnberg v. 8.8.2023,[4] in dem es um den Antrag auf Aussetzung der Vollziehung der Bescheide über die Grundsteueräquivalenzbeträge sowie den Grundsteuermessbetrag wegen ernstlicher Zweifel an der Verfassungsmäßigkeit des BayGrStG ging, sieht das Gericht keine ernstlichen Zweifel an der Verfassungsmäßigkeit des BayGrStG. Danach ist insbesondere eine Verletzung von Art. 123 Abs. 1 BV (Leistungsfähigkeitsprinzip) nicht offenkundig. Diese Verfassungsnorm bezieht sich nach der bisherigen Rechtsprechung des BayVerfGH nur auf Personalsteuern, die es gestatten, persönliche Verhältnisse zu berücksichtigen, nicht dagegen auf solche Landessteuern, die – ihrer Natur nach – nach objektiven Merkmalen bemessen werden.[5] Darüber hinaus besteht im Einzelfall die Möglichkeit, Ansprüche aus dem Grundsteuerschuldverhältnis zu erlassen, soweit nach dem durch das BayGrStG vorgeschriebe- 74

1 BVerfG, Urteil v. 10.4.2018 - 1 BvL 11/14, 1 BvL 12/14, 1 BvL 1/15, 1 BvR 639/11, 1 BvR 889/12, Rz. 98, NWB MAAAG-80435.

2 Kirchhof, DStR 21-22/2020 S. 1073.

3 Schmidt, DStR 6/2020 S. 249

4 VG Nürnberg, Urteil v. 8.8.2023 - 8 V 300/23 NWB BAAAJ-46466.

5 Vgl. BayVerfGH, Entscheidungen v. 4.4.1950 - Vf. 157-VII-49, juris; v. 6.3.1981 - Vf. 8-VII-79, BB 1981 S. 1079; Drüen in Stenger/Loose, Bewertungsrecht - BewG/ErbStG/GrStG (165. Erg.-Lfg. 2023), Landesgrundsteuergesetze, 2. Landesverfassungsrechtliche Vorgaben, Rz. 14).

nen Systemwechsel nach Lage des einzelnen Falles eine unangemessen hohe Steuerbelastung eintritt, Art. 8 BayGrStG.[1]

75–75 *(Einstweilen frei)*

2. Verstoß gegen den allgemeinen Gleichheitsgrundsatz

76 Ein wesentlicher Kritikpunkt an dem Flächenmodell ist die Tatsache, dass zwei Grundstücke mit denselben Flächen gleich besteuert werden, auch wenn sich diese in unterschiedlich guten Lagen befinden oder die Gebäude von unterschiedlich guter Beschaffenheit sind. Schmidt sieht hierbei einen **Verstoß gegen den allgemeinen Gleichheitsgrundsatz** nach Art. 3 Abs. 1 GG, welcher sich auch nicht durch die Verwaltungsvereinfachung als sachlichen Grund rechtfertigen lässt.

77 Auch Kirchhoff sieht diesen Kritikpunkt, begegnet diesem jedoch mit dem Vorschlag eines **pauschalierten Lagefaktors oder Regionalwert**, welcher beispielsweise in den Ländermodellen von Niedersachen, Hessen und Hamburg vorkommt.

78 Durch die Möglichkeit der Bildung reduzierter Hebesatzzonen innerhalb der Gemeinde für bestimmte Grundstücke, ermöglicht auch Bayern zumindest eine selektive Einflussnahme auf die Höhe der Grundsteuer. Da es sich dabei jedoch nur um ein Wahlrecht der Gemeinden handelt, welches zudem nur für bereits vorher definierte Grundstücke anwendbar sein wird, lässt sich damit m. E. der Kritikpunkt nicht überzeugend entkräften.

79–81 *(Einstweilen frei)*

III. Zusammenfassung

82 Allein die oben gemachten Ausführungen lassen erkennen, wie unterschiedlich die Meinungen zur Verfassungsmäßigkeit der bayerischen Regelung sind. Einige geäußerte Kritikpunkte gelten gleichermaßen auf für das Bundesmodell oder für andere Ländermodelle, wie z. B. dem Landesmodell Baden-Württemberg.[2] Positiv zu bewerten ist m. E., dass es sich bei dem Flächenmodell um ein „relativ" einfaches Bewertungsmodell handelt, welches die Ermittlung der Grundsteuer unter Begründung des Äquivalenzgedanken ermittelt und welches durch die nur einmalige Hauptfeststellung auch den Verwaltungsaufwand für Bürger, Verwaltung und Wirtschaft begrenzt. Abschließende Rechtssicherheit zu der Frage der Verfassungswidrigkeit des Gesetzes wird es jedoch erst nach erneuten Urteilen von Gerichten geben.

1 VG Nürnberg, Urteil v. 8.8.2023 - 8 V 300/23 NWB BAAAJ-46466.
2 Vgl. Schmidt in Grootens, LGrStG BW Vorwort, Rz. 1–64.

Teil 1: Grundstücke / Grundsteuer B

Kapitel 1: Ermittlung der Grundsteuer

Art. 1 BayGrStG Steuergegenstand, Berechnungsformel

(1) [1]Steuergegenstand der Grundsteuer B sind die Grundstücke als wirtschaftliche Einheiten des Grundvermögens. [2]Die Grundsteuer ergibt sich durch eine Multiplikation des Grundsteuermessbetrags des Grundstücks und des von der Gemeinde bestimmten jeweiligen Hebesatzes. [3]Sie ist ein Jahresbetrag und auf volle Cent nach unten abzurunden.

(2) [1]Der Grundsteuermessbetrag des Grundstücks ist die Summe aus

1. **dem Produkt aus dem Äquivalenzbetrag des Grund und Bodens nach Abs. 3 Satz 1 und der Grundsteuermesszahl nach Art. 4 und**
2. **dem Produkt aus den Äquivalenzbeträgen von Wohn- und Nutzflächen nach Abs. 3 Satz 2 und der jeweiligen Grundsteuermesszahl nach Art. 4.**

[2]Der Grundsteuermessbetrag des Grundstücks ist auf volle Cent nach unten abzurunden.

(3) [1]Der Äquivalenzbetrag des Grund und Bodens ergibt sich durch eine Multiplikation der Fläche des Grund und Bodens mit der jeweiligen Äquivalenzzahl nach Art. 3 Abs. 1; er wird auf volle Cent nach unten abgerundet. [2]Die Äquivalenzbeträge von Wohn- und Nutzflächen der Gebäude ergeben sich durch eine Multiplikation der maßgeblichen Gebäudeflächen mit der Äquivalenzzahl nach Art. 3 Abs. 2.

(4) [1]Die Zurechnung mehrerer Wirtschaftsgüter zu einer wirtschaftlichen Einheit wird nicht dadurch ausgeschlossen, dass die Wirtschaftsgüter zum Teil dem einen, zum Teil dem anderen Ehegatten oder Lebenspartner gehören. [2]Bei Gebäuden auf fremdem Grund und Boden sind der Grund und Boden dem Eigentümer des Grund und Bodens und die Gebäude dem wirtschaftlichen Eigentümer der Gebäude zuzurechnen.

(5) [1]Erstreckt sich der Steuergegenstand auch auf ein anderes Land oder das Ausland, ist nur für das im Gebiet des Freistaates Bayern gelegene Grundvermögen Grundsteuer nach diesem Gesetz zu ermitteln und zu erheben. [2]Dieses bildet eine eigenständige wirtschaftliche Einheit.

Inhaltsübersicht **Rz.**

LITERATUR:

Graf, Der Anwendungserlass zur Bayerischen Grundsteuer (AEBayGrSt) – Welche Auswirkungen ergeben sich für die Praxis?, NWB 47/2022 S. 3300, NWB YAAAJ-26797; *Eisele*, Fondstandortgesetz: Nachjustierungen beim reformierten grundsteuerlichen Bewertungsrecht – Änderungen schon zum Stichtag 1.1.2022 von Bedeutung – V. Fortführung von einheitswertrechtlichen Zuordnungsvorschriften, NWB 28/2021 S. 2031–2040, NWB XAAAH-83094; *Schmid*, Grundsteuerreform – Bayern: Reines Flächenmodell, Beck Steuer-Lotse 1. Aufl. 2024, Stand 15.4.2024.

VERWALTUNGSANWEISUNGEN

Anwendungserlass zum Bayerischen Grundsteuergesetz und zum Siebten Abschnitt des Zweiten Teils des Bewertungsgesetzes zur Bewertung des Grundbesitzes – allgemeiner Teil und Grundvermögen – Für die Grundsteuer ab 1. Januar 2022 und zum Grundsteuergesetz ab 1. Januar 2025 (Bayerischer Anwendungserlass-Grundsteuer – AEBayGrSt v. 2.9.2022; BayMBl. 2022 Nr. 542 v. 28.9.2022).

A. Allgemeine Erläuterungen zu Art. 1 BayGrStG

I. Normzweck und wirtschaftliche Bedeutung der Vorschrift

1 Art. 1 BayGrStG definiert bzw. regelt

- den **Steuergegenstand der Grundsteuer B,**
- die **Berechnung der Grundsteuer,**
- den **Grundsteuermessbetrag** und
- die **Äquivalenzbeträge des Grund und Bodens sowie der Wohn- und Nutzflächen der Gebäude.**

Aufgrund der verschiedenen Berechnungen stellt Art. 1 BayGrStG ebenfalls die **Rundungsregelungen für die Grundsteuer, den Grundsteuermessbetrag und Äquivalenzbeträge** fest.

2 In Art. 1 Abs. 4 BayGrStG regelt das Landesgesetz die **Zurechnung von wirtschaftlichen Einheiten** bei Eheleuten und Lebenspartnerschaften sowie die Zurechnung für Gebäude auf fremden Grund und Boden und trifft hier abweichende Regelungen zum Bundesgesetz.

3 Art. 1 Abs. 5 BayGrStG definiert den **Steuergegenstand** bei wirtschaftlichen Einheiten, welche sich bisher auch auf ein anderes Bundesland oder das Ausland erstreckt haben.

4–6 *(Einstweilen frei)*

II. Entstehung und Entwicklung der Vorschrift

7 Art. 1 BayGrStG wurde mit dem Bayrischen Grundsteuergesetz (BayGrStG) v. 10.12.2021[1] in das BayGrStG aufgenommen und tritt ab dem 1.1.2022 in Kraft (vgl. Art. 11 BayGrStG). Wei-

1 Bayerisches Grundsteuergesetz (BayGrStG) v. 10.12.2021 (Bayerisches Gesetz- und Verordnungsblatt Nr. 23/2021 S. 638).

tere Ausführungen zu den gesetzlichen Regelungen finden sich im Bayerischen Anwendungserlass-Grundsteuer v. 2.9.2022.[1]

(Einstweilen frei) 8–10

III. Geltungsbereich

Das BayGrStG gilt für in Bayern belegende Grundstücke. 11

(Einstweilen frei) 12–13

IV. Verhältnis zu anderen Vorschriften

Für die Definition der **wirtschaftlichen Einheit** und die Unterteilung der **Vermögensarten** werden die Regelungen des BewG in § 2 und § 218 BewG übernommen. 14

Für die **Berechnung des Grundsteuermessbetrags** ist die Grundsteuermesszahl erforderlich. Art. 1 Abs. 2 Satz 1 BayGrStG verweist diesbezüglich auf die speziellen Regelungen zur Grundsteuermesszahl in Art. 4 BayGrStG. Des Weiteren wird für die **Ermittlung der Äquivalenzbeträge** auf die Regelungen zu der Äquivalenzzahlen in Art. 3 BayGrStG verwiesen. 15

Die Regelungen zur **Zurechnung von wirtschaftlichen Einheiten bei Eheleuten und Lebenspartnerschaften** stimmen mit den bereits durch das FoStG[2] angepassten Regelungen des Bundesgesetzes im § 266 Abs. 5 BewG[3] überein. Die **Zurechnung für Gebäude auf fremden Grund und Boden** stehen hingegen im Gegensatz zu den Regelungen des Bundesgesetzes in § 2 Abs. 2 BewG und § 244 Abs. 3 Nr. 2 i.V. mit § 262 BewG. Beim Erbbraurecht folgt das Landesgesetz wieder den Regelungen im Bundesgesetz, wonach dem Erbbauberechtigten nach § 261 BewG auch der Grund und Boden zuzurechnen ist. 16

(Einstweilen frei) 17–19

B. Systematische Kommentierung

I. Definition des Steuergegenstandes (Art. 1 Abs. 1 Satz 1 BayGrStG)

Art. 1 Abs. 1 Satz 1 BayGrStG definiert den **Steuergegenstand der Grundsteuer B**. Steuergegenstand der Grundsteuer B sind danach die Grundstücke als wirtschaftliche Einheiten des Grundvermögens. Für den Begriff der wirtschaftlichen Einheit gilt weiterhin die Regelungen des § 2 BewG,[4] wonach sich die wirtschaftliche Einheit im Allgemeinen nach der **Verkehrsanschauung unter Berücksichtigung der örtlichen Gewohnheiten und den objektiven Merkmalen** bestimmt. Zur Bestimmung der wirtschaftlichen Einheit vgl. auch die Kommentierung von Bock in Grootens, BewG § 244 Rz. 23–37. 20

---

1 Anwendungserlass zum Bayerischen Grundsteuergesetz und zum Siebenten Abschnitt des Zweiten Teils des Bewertungsgesetzes zur Bewertung des Grundbesitzes – allgemeiner Teil und Grundvermögen – für die Grundsteuer ab 1. Januar 2022 und zum Grundsteuergesetz ab 1. Januar 2025 (Bayerischer Anwendungserlass-Grundsteuer – AEBayGrSt v. 2.9.2022; BayMBl. 2022 Nr. 542 v. 28.9.2022.

2 Gesetz zur Stärkung des Fondsstandorts Deutschland und zur Umsetzung der Richtlinie (EU) 2019/1160 zur Änderung der Richtlinien 2009/65/EG und 2011/61/EU im Hinblick auf den grenzüberschreitenden Vertrieb von Organismen für gemeinsame Anlagen (Fondstandortgesetz/FoStoG) v. 3.6.2021 (BGBl 2021 I S. 1498).

3 Vgl. dazu Grootens in Grootens, BewG § 266 Rz. 111–117.

4 Vgl. 3.1.1 Satz 1 AEBayGrSt.

20/1 Für den **Begriff des Grundvermögens** gelten die Bestimmungen des § 243 BewG, vgl. dazu die Kommentierung von Bock in Grootens, BewG § 243 Rz. 19 ff. Teil des Grundvermögens ist danach auch das Gebäude auf fremden Grund und Boden, welches hinsichtlich der Zurechnung der wirtschaftlichen Einheit im BayGrStG abweichend vom Bundesmodell behandelt wird, vgl. Rz. 62-64. Ein **Gebäude auf fremden Grund und Boden** liegt vor, wenn ein anderer als der Eigentümer des Grund und Bodens darauf ein Gebäude errichtet hat und ihm das Gebäude zuzurechnen ist.[1] Dazu gehören neben dem Gebäude auch die sonstigen Bauteile, die vom Nutzungsberechtigten errichteten Außenanlagen und das sonstige Zubehör.[2] Wenn sich nach der Verkehrsanschauung (z. B. wegen nur teilweiser Nutzung des Grund und Bodens durch den (wirtschaftlichen) Eigentümer des Gebäudes) nur ein Teil des Grund und Bodens dem Gebäude zuordnen lässt, bestehen insgesamt drei wirtschaftliche Einheiten des Grundvermögens (§ 2 BewG).[3]

21 Auch für die **Abgrenzung der wirtschaftlichen Einheiten des Betriebsvermögens** gelten die Regelungen des BewG. Danach ist nach § 99 Abs. 1 BewG maßgeblich, ob diese losgelöst von ihrer Zugehörigkeit zu

- einem Betrieb i. S. der §§ 15, 18 EStG,
- einer in § 1 KStG genannten Körperschaft, Personenvereinigung oder Vermögensmasse,
- land- und forstwirtschaftlichem Vermögen

gehören würden.[4]

22 Für die Unterteilung der einzelnen Vermögensarten des land- und forstwirtschaftlichen Vermögens und des Grundvermögens gilt § 218 BewG.[5] Siehe dazu die Kommentierung von Kurt in Grootens, BewG § 218 Rz. 61 ff.

23–25 *(Einstweilen frei)*

II. Ermittlung der Grundsteuer (Art. 1 Abs. 1 Satz 2 und 3 BayGrStG)

26 Für die Steuergegenstände in Bayern wird die Grundsteuer zukünftig zwar anders ermittelt als im Bundesgesetz, jedoch bleibt es auch im BayGrStG bei dem bisher und auch zukünftig im Bundesgesetz vorgesehenen **dreistufigen Besteuerungsverfahren**. Aufgrund der abweichenden Bewertungsregelungen im Landesgesetz sind jedoch andere bzw. neue Zwischenberechnungen und Begriffe vorzufinden.

27 Das **dreistufige Besteuerungsverfahren zur Ermittlung der Grundsteuer** nach dem BayGrStG setzt sich wie folgt zusammen:

1. Feststellung der **Äquivalenzbeträge** für den Grund und Boden sowie der Wohn- und Nutzflächen der Gebäude,
2. Festsetzung der **Grundsteuermessbeträge**,
3. Festsetzung der **Grundsteuer**.

1 Vgl. 3.1.2 Satz 1 AEBayGrSt.
2 Vgl. 3.1.2 Satz 5 AEBayGrSt.
3 Vgl. 3.1.2 Satz 10 AEBayGrSt.
4 Vgl. 2.1.218 Satz 3 und 4 AEBayGrSt.
5 Vgl. 3.1.1 Satz 2 i.V. mit 2.1.218 AEBayGrSt.

Die Grundsteuer steht gem. Art. 106 Abs. 6 Satz 2 GG den Städten und Gemeinden zu. Die **Ermittlung und Festsetzung der Grundsteuer** erfolgt daher wie bisher durch die jeweils zuständigen Gemeinden: 28

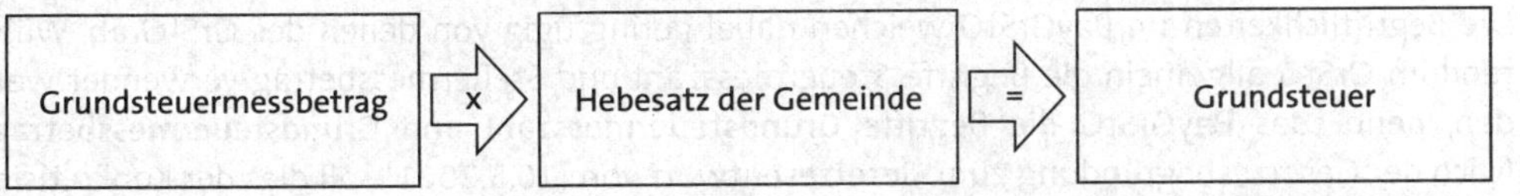

Folglich bleibt es dabei, dass die Gemeinden durch die Festlegung der **Hebesätze** direkt die Höhe des Grundsteueraufkommens beeinflussen und steuern können. Die Deckung des Finanzbedarfs der Gemeinde kann so auch mithilfe der Grundsteuer aktiv gestaltet werden. 29

Die Grundsteuer ist eine **Jahressteuer** und wird **auf volle Cent nach unten abgerundet** (Art. 4 Abs. 1 Satz 3 BayGrStG). Für die **Fälligkeit** der Grundsteuer sowie für die **Vorauszahlungen** gelten mangels landesspezifischer Regelungen die Vorschriften des Bundesgesetzes nach den §§ 28 und 29 GrStG. Insoweit wird auf die Kommentierung von Grootens in Grootens, GrStG § 28 Rz. 36 ff. und Grootens in Grootens, GrStG § 29 Rz. 36 ff. verwiesen. 30

(Einstweilen frei) 31–33

III. Ermittlung des Grundsteuermessbetrags (Art. 1 Abs. 2 BayGrStG)

Art. 1 Abs. 2 definiert die **Berechnung des Grundsteuermessbetrags** des Grundstücks. Der Grundsteuermessbetrag berechnet sich wie folgt: 34

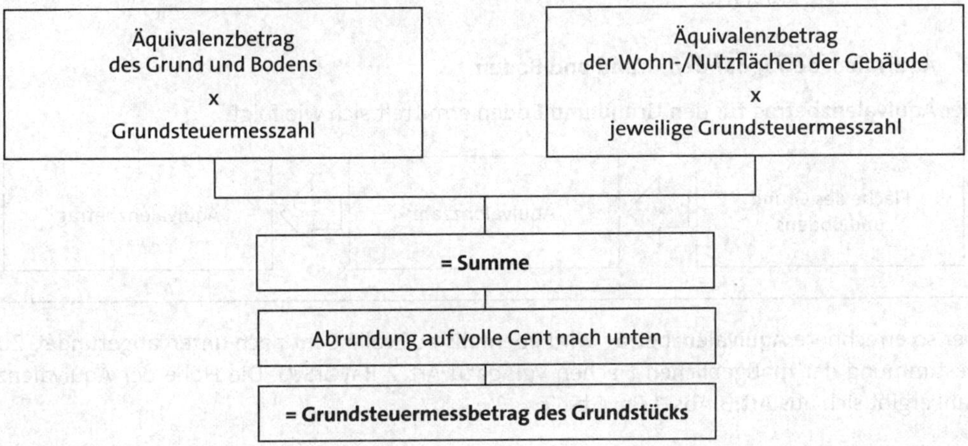

Der **Grundsteuermessbetrag** ist die Summe aus den Produkten der Äquivalenzbeträge des Grund und Bodens sowie der Wohn-/Nutzflächen der Gebäude und der entsprechenden Grundsteuermesszahl. Zu den verschiedenen Grundsteuermesszahlen.[1] 35

1 Vgl. Lehmann in Grootens, BayGrStG Art. 4 Rz. 23 ff.

36 Die sich ergebende **Grundsteuermesszahl** aus den beiden Äquivalenzbeträgen bei **bebauten Grundstücken** ist auf **volle Cent nach unten abzurunden**. Bei **unbebauten Grundstücken** entfällt der Äquivalenzbetrag für die Wohn-/Nutzflächen der Gebäude entsprechend.

37 Die Begrifflichkeiten im BayGrStG weichen dabei geringfügig von denen des GrStG ab. Während im GrStG allgemein die Begriffe Steuermesszahl und Steuermessbetrag verwendet werden, nennt das BayGrStG die Begriffe **Grundsteuermesszahl und Grundsteuermessbetrag**. Nach der Gesetzesbegründung zum Gesetzesentwurf vom 10.5.2021[1] soll dies der Konkretisierung des Landesgesetzes dienen. In der Praxis dürfte für den Steuerpflichtigen die genaue Bezeichnung der beiden Begriffe jedoch irrelevant sein. Vielmehr führt dies m. E. zu unnötigen Verkomplizierungen für Berater und Steuerpflichtige mit Grundbesitz im Anwendungsbereich des BayGrStG und dem Bundesrecht.

38 Die **Festsetzung der Grundsteuermessbeträge** erfolgt wie bisher und wie im Bundesrecht durch die zuständigen **Lagefinanzämter** (vgl. §§ 18, 22 AO).

39–41 *(Einstweilen frei)*

IV. Ermittlung der Äquivalenzbeträge (Art. 1 Abs. 3 BayGrStG)

42 Die für die Berechnung des Grundsteuermessbetrags erforderlichen **Äquivalenzbeträge** sind getrennt für den Grund und Boden und für die Wohn-/Nutzflächen der Gebäude zu ermitteln. Grund dafür sind zum einen **unterschiedliche Äquivalenzzahlen** (vgl. dazu Art. 3 BayGrStG) für die Ermittlung des Äquivalenzbetrags des Grund und Bodens und des Gebäudes und zum anderen die **Grundsteuermesszahlen**, welche für die Flächen des Grund und Bodens und der Wohn- und Nutzflächen der Gebäude ebenfalls unterschiedlich sein können.

1. Äquivalenzbetrag für den Grund und Boden

43 Der **Äquivalenzbetrag für den Grund und Boden** ermittelt sich wie folgt:

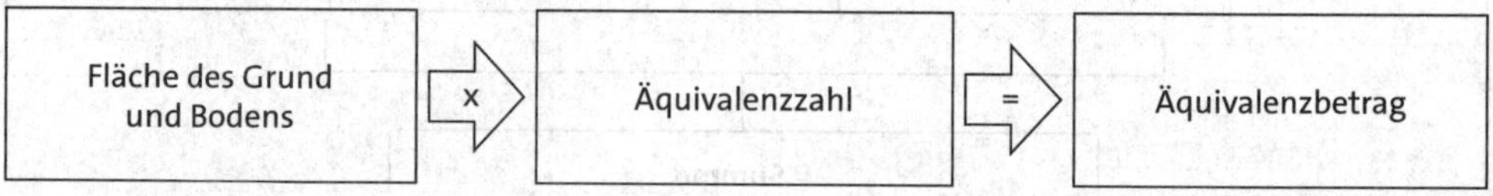

44 Der so errechnete **Äquivalenzbetrag** wird ebenfalls auf volle Cent nach unten **abgerundet**. Zur Bestimmung der maßgeblichen Flächen vgl. dazu Art. 2 BayGrStG. Die Höhe der Äquivalenzzahl ergibt sich aus Art. 3 Abs. 1 BayGrStG.

45–47 *(Einstweilen frei)*

1 Vgl. Drucks. 18/15755 v. 10.5.2021, Gesetzesentwurf der Staatsregierung – Bayerisches Grundsteuergesetz (BayGrStG).

2. Äquivalenzbetrag für die Gebäudeflächen

Der **Äquivalenzbetrag für die Gebäudeflächen** ermittelt sich wie folgt: 48

Wohn-/Nutzfläche der Gebäude	x	Äquivalenzzahl	=	Äquivalenzbetrag

Beim Äquivalenzbetrag für die Gebäudeflächen ist eine Rundungsregelung nicht vorhanden, da die Äquivalenzzahl für die Gebäudeflächen nach Art. 3 Abs. 2 BayGrStG stets 0,50 €/m² beträgt. Eine Rundung ist somit rechnerisch nicht notwendig. Zur Bestimmung der maßgeblichen Flächen vgl. Art. 2 BayGrStG und zur Höhe der Äquivalenzzahl vgl. Art. 3 Abs. 2 BayGrStG. 49

(Einstweilen frei) 50–52

V. Berechnungsschema zur Ermittlung der Grundsteuer nach dem BayGrStG

Die einzelnen Berechnungsschritte lassen sich vereinfacht zu folgendem Berechnungsschema zusammenfassen: 53

Ermittlung des Grundsteuermessbetrags	
Grund und Boden	**Gebäude**
Fläche des Grund und Bodens (Art. 2 BayGrStG) x Äquivalenzzahl (Art. 3 Abs. 1 BayGrStG)	Wohn-/Nutzfläche der Gebäude (Art. 2 BayGrStG) x Äquivalenzzahl (Art. 3 Abs. 2 BayGrStG)
= Äquivalenzbetrag des Grund und Bodens (abgerundet auf voll Cent)	= Äquivalenzbetrag der Gebäude
x Grundsteuermesszahl (Art. 4 BayGrStG)	x Grundsteuermesszahl (Art. 4 BayGrStG)
Summe = Grundsteuermessbetrag (abgerundet auf volle Cent)	

VI. Besonderheiten bei der Zurechnung von wirtschaftlichen Einheiten (Art. 1 Abs. 4 BayGrStG)

54 Art. 1 Abs. 4 enthält Besonderheiten bezüglich der **Zurechnung von mehreren Wirtschaftsgütern** zu einer wirtschaftlichen Einheit und für **Gebäude auf fremden Grund und Boden**. Insoweit weicht das BayGrStG von den Regelungen des Bundesgesetzes ab.

1. Zurechnung mehrere Wirtschaftsgüter

55 Nach Art. 1 Abs. 4 Satz 1 BayGrStG ist eine **Zurechnung mehrerer Wirtschaftsgüter zu einer wirtschaftlichen Einheit bei Eheleuten und Lebenspartnerschaften** nach dem Lebenspartnerschaftsgesetz im BayGrStG möglich. Die Regelung im Landesgesetz führt somit die bisherige **Regelung des § 26 BewG** fort, nach dem eine Zurechnung mehrerer Wirtschaftsgüter zu einer wirtschaftlichen Einheit bei Ehegatten oder Lebenspartnern möglich war.

56 Damit weicht die Regelung grundsätzlich vom Bundesgesetz ab, in dem nach § 2 Abs. 2 BewG mehrere Wirtschaftsgüter nur einer wirtschaftlichen Einheit zugerechnet werden können, soweit diese **demselben Eigentümer** gehören. § 26 BewG wird im Zuge der Grundsteuerreform mit Wirkung v. 1.1.2025 durch das GrStRefG[1] v. 26.11.2019 aufgehoben, so dass es im Landesgesetz einer gesonderten Regelung bedurfte.

57 Im Bundesrecht wurde § 26 BewG durch das GrStRefG[2] v. 26.11.2019 nicht in das neue Bewertungssystem übernommen. Dies hätte jedoch für die Finanzverwaltung zu erheblichem zusätzlichem Mehraufwand geführt, da für die bisher nach §§ 26 und 34 Abs. 4–6 BewG gebildeten **wirtschaftlichen Einheiten bei gemischten Eigentumsverhältnissen** eine Teilung und entsprechende Neubewertung hätte erfolgen müssen. Dazu hätten sämtliche erforderlichen Daten über die neu entstehenden wirtschaftlichen Einheiten bei den Eigentümern abgefragt und aufgenommen werden müssen. Dieser Aufwand ist jedoch im Zuge der ersten Hauptfeststellung zu umfangreich, weshalb mit dem Fondsstandortgesetz/FoStoG v. 3.6.2021[3] der **§ 266 Abs. 5 BewG** im Bundesrecht hinzugefügt wurde. Durch diese Vorschrift können nach den bisherigen gesetzlichen Regelungen bestehende wirtschaftliche Einheiten auch im Bundesgesetz weiterhin für Zwecke der Grundsteuerwertermittlung nach den neuen Regelungen zugrunde gelegt werden. Dies umfasst auch die bisher nach den §§ 26, 34 Abs. 4 und 6 BewG gebildeten wirtschaftlichen Einheiten. **Folglich sind auch im Bundesrecht noch abweichend zu § 2 Abs. 2 BewG wirtschaftliche Einheiten bei getrennten Eigentumsverhältnissen möglich.**[4] Zu den Regelungen des Bundesrechts vgl. Grootens in Grootens, BewG § 266 Rz. 111–117.

58 Die Vorschrift des § 266 Abs. 5 BewG soll jedoch nur eine **Übergangsvorschrift** darstellen. Nach Art. 19 Abs. 3 FoStoG soll die Regelung **zum 31.12.2028 außer Kraft** treten. Sofern dies in Zukunft nicht geändert wird, sind die entsprechenden wirtschaftlichen Einheiten im Bundesrecht dann zur zweiten Hauptfeststellung auf den 1.1.2029 in Übereinstimmung mit § 2 Abs. 2 BewG entsprechend aufzuteilen, wodurch sich Abweichungen zum BayGrStG ergeben.

59–61 *(Einstweilen frei)*

---

1 BGBl 2019 I S. 1794.

2 BGBl 2019 I S. 1794.

3 Gesetz zur Stärkung des Fondsstandorts Deutschland und zur Umsetzung der Richtlinie (EU) 2019/1160 zur Änderung der Richtlinien 2009/65/EG und 2011/61/EU im Hinblick auf den grenzüberschreitenden Vertrieb von Organismen für gemeinsame Anlagen (Fondstandortgesetz/FoStoG) v. 3.6.2021 (BGBl 2021 I S. 1498).

4 Vgl. auch Eisele, NWB 28/2021 S. 2031–2040, NWB XAAAH-83094.

2. Zurechnung bei Gebäuden auf fremden Grund und Boden und bei Erbbaurechten

a) Gebäude auf fremdem Grund und Boden

Auch **Gebäude auf fremden Grund und Boden** werden abweichend von Bundesgesetz zugeordnet. So führt das BayGrStG den bisherigen Regelungsinhalt des § 94 Abs. 1 Satz 1 BewG fort, so dass in diesen Fällen immer **zwei separate wirtschaftliche Einheiten** zu bilden sind. Die wirtschaftliche Einheit des Grund und Bodens ist dem Eigentümer des Grund und Bodens und die wirtschaftliche Einheit des Gebäudes dem wirtschaftlichen Eigentümer des Gebäudes zuzurechnen. 62

Im Bundesgesetz hingegen wird die bisherige Regelung des § 94 BewG zum 1.1.2025 aufgehoben und durch die Neuregelungen des § 244 Abs. 3 Nr. 2 i.V. mit § 262 BewG abgelöst. Danach existiert dort zukünftig nur noch **eine wirtschaftliche Einheit für das Gebäude auf fremden Grund und Boden**, welche den Grund und Boden und das Gebäude umfasst und dem Eigentümer des Grund und Bodens zuzurechnen ist. Zu den Regelungen des Bundesgesetzes vgl. die Kommentierung von Bock in Grootens, BewG § 244 Rz. 73–84 und Grootens in Grootens, BewG § 262 Rz. 31 ff. 63

Durch die vereinfachte Berechnung im Landesgesetz nach dem Flächenmodell stellt die Bildung von zwei wirtschaftlichen Einheiten für die Berechnung der Grundsteuermessbeträge und der Grundsteuer keine besondere Schwierigkeit dar, da die Ermittlung der Äquivalenzbeträge ohnehin gesondert für die Flächen des Grund und Bodens und für die Wohn- und Nutzflächen der Gebäude erfolgt (vgl. → Rz. 53). Dennoch kann die **unterschiedliche Behandlung der Zuordnung der wirtschaftlichen Einheit bei Gebäuden auf fremden Grund und Boden zwischen dem Landes- und Bundesrecht** zu Verwirrungen in der Praxis führen und muss entsprechend beachtet werden. Ungeachtet der verschiedenen Gesetzesbegründungen und Hintergründe für die unterschiedlichen Regelungen, wäre es m. E. wünschenswert gewesen, zumindest die Bestimmung der wirtschaftlichen Einheiten einheitlich zu gestalten. 64

(Einstweilen frei) 65

b) Erbbaurechte

Eine weitere Besonderheit neben den Gebäuden auf fremden Grund und Boden stellen die **Erbbaurechte** sowie die **Wohnungs- und Teilerbbaurechte** dar. Hierzu beinhaltet Art. 1 BayGrStG keine gesonderte Regelung, so dass nach Art. 10 Abs. 1 Satz 1 BayGrStG die Regelungen des Bundesgesetzes nach § 244 Abs. 3 Nr. 1 und 4 BewG anzuwenden sind. Danach umfasst die wirtschaftliche Einheit jeweils **das Erbbaurecht und das Erbbaurechtsgrundstück** bzw. das **Wohnungs-/Teilerbbaurecht und das anteilige belastete Grundstück**. Zugerechnet wird die wirtschaftliche Einheit, bestehend aus dem belasteten Grund und Boden und dem Erbbaurecht, dem Erbbauberechtigten. Grund für die abweichende Beurteilung zwischen Gebäuden auf fremden Grund und Boden und den Erbbaurechten im BayGrStG ist nach der Gesetzesbegründung zum Gesetzesentwurf,[1] dass beim Erbbaurecht als Sonderfall der Erbbauberechtigten eine grundbuchrechtlich gesicherte Position gegenüber den Erbbauverpflichteten hat. Es wird dazu weiterhin auf die Kommentierung des Bundesgesetzes von Bock in Grootens, BewG § 244 Rz. 47–72 verwiesen. 66

(Einstweilen frei) 67–68

1 Vgl. Drucks. 18/15755 v. 10.5.2021, Gesetzesentwurf der Staatsregierung – Bayerisches Grundsteuergesetz (BayGrStG).

VII. Besonderheiten des Steuergegenstandes bei länderübergreifenden wirtschaftlichen Einheiten (Art. 1 Abs. 5 BayGrStG)

69 Das BayGrStG ist nur für Grundstücke des Grundvermögens sowie für Betriebe der Land- und Forstwirtschaft gültig, welche **räumlich auf dem Gebiet des Freistaats Bayern belegen** sind. Wirtschaftliche Einheiten können jedoch sowohl über die Bundeslandgrenzen des Freistaats als auch die Landesgrenzen der Bundesrepublik Deutschland hinausreichen. Entsprechend bedarf es bei diesen wirtschaftlichen Einheiten einer Definition des Steuergegenstands.

70 Nach Art. 1 Abs. 5 BayGrStG wird bei wirtschaftlichen Einheiten, welche sich auf **länderübergreifenden Gebieten** befinden, nur der im Freistaat Bayern belegene Teil der wirtschaftlichen Einheit der Grundsteuer nach dem BayGrStG unterworfen. Dieser Teil des Grundstücks bildet sogleich eine eigene wirtschaftlichen Einheit und folglich den Steuergegenstand zur Ermittlung der Grundsteuer.

71 Durch die Vorschrift des Art. 1 Abs. 5 BayGrStG kann es dazu kommen, dass **bisherige wirtschaftliche Einheiten des Grundstückseigentümers zukünftig getrennt** werden müssen, wenn sich die wirtschaftliche Einheit bisher auf Bayern und mindestens ein angrenzendes Bundesland bezog. Für das Bundesgesetz wäre bei wirtschaftlichen Einheiten über zwei Bundesländer, gleichwohl die gesamte wirtschaftliche Einheit nach dem Bundesgesetz zu bewerten und das Problem über die Zerlegung zu lösen. Zumindest gilt dies für Sachsen und Sachsen-Anhalt, da diese Länder das Bundesmodell anwenden. Für Baden-Württemberg gilt, dass dort nur das Vermögen, welches in Baden-Württemberg liegt, bewertet wird. Da Hessen im Wesentlichen das BayGrStG kopiert, müsste dort auch nur der hessische Teil bewertet werden.

Art. 2 BayGrStG Maßgebliche Flächen

(1) [1]Gebäudefläche bei Wohnnutzung ist die Wohnfläche im Sinne der Wohnflächenverordnung. [2]Als Wohnnutzung gilt auch die Nutzung als häusliches Arbeitszimmer. [3]Im Übrigen ist die Nutzfläche des Gebäudes maßgeblich. [4]Die Gebäudefläche ist durch eine geeignete Methode zu ermitteln.

(2) [1]Nutzflächen von Garagen, die in räumlichem Zusammenhang zu der Wohnnutzung stehen, der sie rechtlich zugeordnet sind, bleiben bis zu einer Fläche von insgesamt 50 m² außer Ansatz. [2]Dies gilt unter den Voraussetzungen des Satzes 1 auch für Garagen, die eine eigene wirtschaftliche Einheit bilden.

(3) [1]Im Übrigen bleiben die Nutzflächen von Nebengebäuden von untergeordneter Bedeutung, die in räumlichem Zusammenhang zu der Wohnnutzung stehen, der sie zu dienen bestimmt sind, bis zu einer Fläche von insgesamt 30 m² außer Ansatz. [2]Dies gilt unter den Voraussetzungen des Satzes 1 auch für Nebengebäude, die eine eigene wirtschaftliche Einheit bilden.

(4) [1]Ein Grundstück gilt als unbebaut, wenn die darauf errichteten Gebäude, mit Ausnahme der Fälle des Abs. 2 Satz 2, eine Gesamtgebäudefläche von insgesamt weniger als 30 m² haben. [2]Besteht ein Bauwerk aus mehreren wirtschaftlichen Einheiten, ist die Gesamtgebäudefläche des Bauwerks anzusetzen. [3]Die Gebäudefläche bleibt in der Folge außer Ansatz. [4]§ 246 des Bewertungsgesetzes (BewG) bleibt im Übrigen unberührt.

(5) Die für dieses Gesetz maßgeblichen Flächen von Grund und Boden sowie die Wohn- und Nutzflächen der Gebäude sind jeweils auf volle Quadratmeter nach unten abzurunden.

Inhaltsübersicht **Rz.**

LITERATUR:

Graf, der Anwendungserlass zur Bayerischen Grundsteuer (AEBayGrSt) – Welche Auswirkungen ergeben sich für die Praxis?, NWB 47/2022 S. 3300, NWB YAAAJ-26797; *Dörschner*, Neue Wohnflächenberechnung und Aufstellung von Betriebskosten im Mietrecht, NWB 11/2004 S. 2311, NWB UAAAB-16858; *Schaper*, Basiswissen Wertermittlungsverfahren – 1. Einführung und Grundbegriffe – 1.8 Flächendefinitionen – 1.8.1 Wohnfläche, 1. Aufl., Stand Oktober 2016.

VERWALTUNGSANWEISUNGEN

Anwendungserlass zum Bayerischen Grundsteuergesetz und zum Siebten Abschnitt des Zweiten Teils des Bewertungsgesetzes zur Bewertung des Grundbesitzes – allgemeiner Teil und Grundvermögen – Für die Grundsteuer ab 1. Januar 2022 und zum Grundsteuergesetz ab 1. Januar 2025 (Bayerischer Anwendungserlass-Grundsteuer – AEBayGrSt v. 2.9.2022; BayMBl. 2022 NR. 542 v. 28.9.2022).

A. Allgemeine Erläuterungen zu Art. 2 BayGrStG

I. Normzweck und wirtschaftliche Bedeutung der Vorschrift

Art. 2 BayGrStG bestimmt die maßgeblichen **Gebäudeflächen als Berechnungsgrundlage der Grundsteuer** im Landesrecht. Dabei regelt die Vorschrift in Abs. 1 die **Ermittlung der Wohn- und Nutzflächen für die Gebäudeflächen**. 1

Die Abs. 2–4 BayGrStG regeln verschiedenen **Sonderregeln und Vereinfachungen**. So werden **Garagen** und **Nebengebäude von untergeordneter Bedeutung** und **Gebäude mit geringen Gebäudeflächen** unter bestimmten Voraussetzungen bei der Ermittlung der Gebäudeflächen nicht berücksichtig und bleiben bei der Grundsteuer außer Ansatz. 2

Art. 2 Abs. 5 BayGrStG bestimmt die **Rundungsregeln** für die im Landesgesetz maßgeblichen Flächen des Grund und Bodens und der Gebäudeflächen. 3

(Einstweilen frei) 4–7

II. Entstehung und Entwicklung der Vorschrift

8 Art. 2 BayGrStG wurde mit dem Bayrischen GrStG (BayGrStG) v. 10.12.2021[1] in das BayGrStG aufgenommen und tritt ab dem 1.1.2022 in Kraft.[2] Weitere Ausführungen zu den gesetzlichen Regelungen finden sich im Bayerischen Anwendungserlass-Grundsteuer v. 2.9.2022.[3]

9-12 *(Einstweilen frei)*

III. Geltungsbereich

13 Das BayGrStG gilt für in Bayern belegende Grundstücke.

14–15 *(Einstweilen frei)*

IV. Verhältnis zu anderen Vorschriften

16 Die ermittelten **Gebäudeflächen** nach Art. 2 BayGrStG sind Ausgangspunkt für die Ermittlung der **Äquivalenzbeträge** (Art. 1 Abs. 3 BayGrStG). Diese sind wiederum Berechnungsgrundlage für den **Grundsteuermessbetrag.**[4]

17–19 *(Einstweilen frei)*

B. Systematische Kommentierung

I. Bestimmung der Gebäudeflächen als Berechnungsgrundlage der Grundsteuer (Art. 2 Abs. 1 BayGrStG)

20 Der **Ermittlung der Gebäudeflächen** kommt im Landesgesetz eine besondere Bedeutung zu, da diese die **Berechnungsgrundlage** für alle weiteren Ausgangsbeträge zur Ermittlung der Grundsteuer darstellen. Bei den Gebäudeflächen handelt es sich somit um die Ausgangsgröße. Bei dem bayerischen Grundsteuermodell spricht man daher von einem „Flächenmodell".

21 Die richtige **Ermittlung der Gebäudeflächen** ist für den Grundstückseigentümer in zweierlei Hinsicht von wichtiger Bedeutung. Zum einen haben die Gebäudeflächen direkten Einfluss auf die Höhe der Grundsteuer, da pro m^2 Gebäudefläche die entsprechende Äquivalenzzahl angewandt wird. Zum anderen sind die Gebäudeflächen die einzigen Werte, welche noch vom Grundstückseigentümer selbst zu ermitteln sind und daher Fehler oder Ungenauigkeiten bei der Ermittlung auftreten könnten. Alle anderen Angaben und Werte zur Ermittlung der Grundsteuer sind grundsätzlich im Gesetz normiert und stehen somit fest. Auch die **Flächen für den Grund und Boden** sind i. d. R. bereits durch die Hinterlegung im Grundbuch bzw. im Kataster final erfasst. Dabei kann es aber zu Abgrenzungsschwierigkeiten der wirtschaftlichen Einheit bei mehreren Flurstücken kommen.

1 Bayerisches Grundsteuergesetz (BayGrStG) v. 10.12.2021 (Bayerisches Gesetz- und Verordnungsblatt Nr. 23/2021 S. 638).

2 Vgl. Art. 11 BayGrStG.

3 Anwendungserlass zum Bayerischen Grundsteuergesetz und zum Siebenten Abschnitt des Zweiten Teils des Bewertungsgesetzes zur Bewertung des Grundbesitzes – allgemeiner Teil und Grundvermögen – für die Grundsteuer ab 1. Januar 2022 und zum Grundsteuergesetz ab 1. Januar 2025 (Bayerischer Anwendungserlass-Grundsteuer – AE-BayGrSt v. 2.9.2022; BayMBl. 2022 Nr. 542 v. 28.9.2022.

4 Art. 1 Abs. 2 BayGrStG.

22 Für die Ermittlung der Gebäudeflächen ist zwischen **Wohnflächen und Nichtwohnflächen – der sog. Nutzflächen** – zu unterscheiden. Grund dafür sind die Differenzierungen bei den Grundsteuermesszahlen zwischen Wohn- und Nichtwohnflächen.

23–25 *(Einstweilen frei)*

1. Gebäudeflächen bei Wohnnutzung

26 Wohnflächen liegen vor, wenn die Flächen Wohnzwecken dienen.[1] Für zur Wohnzecken genutzten Gebäudeflächen ist die **Wohnfläche nach der Wohnflächenverordnung** (WoFlV) v. 25.11.2003[2] zu ermitteln. Im BayGrStG wurde die Ermittlung der Wohnflächen anhand der Wohnflächenverordnung gewählt, da diese Methode in der Praxis in verschiedenen Bereichen zur Bestimmung der Wohnfläche herangezogen wird und heutzutage die am häufigsten angewendete Methode darstellt. Gesetzlich vorgeschrieben ist die Anwendung der WoFlV jedoch nur für Wohnflächen nach dem **Wohnraumförderungsgesetz**. Für **freifinanzierte Wohnflächen** gibt es keine gesetzliche Bestimmung zur Ermittlung der Wohnfläche. Andere **Methoden zur Wohnflächenberechnung** sind z. B. die **II. Berechnungsverordnung (II. BV)** sowie die Berechnungen nach **DIN 283** und **DIN 277**.

27 Die **II. BV** galt bis zum 31.12.2003 zwingend für preisgebundenen Wohnraum, wurde jedoch mit in Kraft treten der WoFlV zum 1.4.2004 von dieser abgelöst und wird daher heutzutage grundsätzlich nicht mehr angewandt. Lediglich für bis zum 31.12.2013 berechnete Wohnflächen, die seither keine baulichen Veränderungen erfahren haben, ist die II. BV in der Praxis noch gültig. Ist die Wohnfläche zulässigerweise bis zum 31.12.2003 nach der II. BV berechnet worden und haben sich keine baulichen Änderungen ergeben, kann diese Berechnung hilfsweise für die Ermittlung von Wohn- und Nutzfläche zugrunde gelegt werden.[3]

28 Ebenfalls in der Praxis häufig anzutreffen ist die Berechnung der Wohnfläche nach **DIN 277**. Diese Berechnungsmethode ist vor allem zur Kostenplanung von Wohnungsbauprojekten weit verbreitet. Bei der DIN 277 wird an sich keine Wohnfläche ermittelt, sondern vielmehr Funktions-, Nutz- und Verkehrsflächen. Aufgrund dieser differenzierten Berechnungslogik führt die Berechnung der Wohnfläche nach DIN 277 häufig zu einer größeren Wohnfläche als die Berechnung der Wohnfläche nach der WoFlV.

29 Berechnungen nach **DIN 283** sind heutzutage nur noch selten anzutreffen. Die Regelung stammt bereits aus dem Jahre 1951, wurde bereits im Jahr 1983 (Blatt 2) bzw. 1989 (Blatt 1) zurückgezogen, um keine Überschneidung mit der Methode nach DIN 277 zu erzeugen. Dennoch kann in der Praxis die Methode weiterhin durch die Vereinbarung beider zwischen Vermieter und Mieter zur Wohnflächenberechnung anwendbar sein.

30 Aufgrund der unterschiedlichen Methoden zur Ermittlung von Wohnflächen ist in der Praxis vom Grundstückseigentümer zu prüfen, auf welcher Berechnungsgrundlage eine ggf. bisher existierende Wohnfläche (z. B. aus Mietverträgen oder Kaufverträgen) beruht. Ggf. ist dann **eine Neuberechnung nach der WoFlV** notwendig. Insbesondere bei umfangreichem Grundbesitz oder großen Wohnflächen sollte die Berechnung ausführlich geprüft bzw. dieser eine angemessene Bedeutung zugemessen werden.

---

1 Vgl. 3.2.1.1 AEBayGrSt.

2 Wohnflächenverordnung v. 25.11.2003, BGBl I S. 2346.

3 Vgl. 3.2.1.2 Satz 8 AEBayGrSt.

31–33 *(Einstweilen frei)*

2. Einzelheiten zur Ermittlung der Wohnfläche

a) Ermittlung der Wohnfläche nach der Wohnflächenverordnung

34 Bei der **Ermittlung der Wohnfläche nach WoFlV** werden alle Räume innerhalb der Wohnung in die Berechnung miteinbezogen. Dazu zählen insbesondere neben den Wohnräumen auch die **Toiletten, Bäder, Flure oder z. B. Abstell-/Hauswirtschaftsräume**. Weitere Räume, die nicht innerhalb der Wohnung liegen, sind nicht in Teil der Wohnfläche. Dies können z. B. **Kellerräume oder Garagen** sein. **Terrassen, Loggien oder Balkone** sind i. d. R. mit 1/4, höchstens jedoch mit 1/2 der Fläche anzurechnen.

35 Die **Ermittlung der Grundflächen erfolgt nach den lichten Maßen**, also von Wand zu Wand. Dies bedeutet, dass z. B. **Heizkörper** für die Berechnung ignoriert werden. Flächen mit einer Höhe von mehr als 1 m Höhe und weniger als 2 m Höhe, wie z. B. **Dachschrägen**, sind nur zur Hälfte zu berücksichtigen. Grundflächen von Räumen und Raumteilen mit einer lichten Höhe von weniger als einem Meter sind nicht anzurechnen.[1]

36 Die **Wohnflächenverordnung** v. 25.11.2003 in der aktuell gültigen Fassung lautet:

§ 1 Anwendungsbereich, Berechnung der Wohnfläche

(1) Wird nach dem Wohnraumförderungsgesetz die Wohnfläche berechnet, sind die Vorschriften dieser Verordnung anzuwenden.

(2) Zur Berechnung der Wohnfläche sind die nach § 2 zur Wohnfläche gehörenden Grundflächen nach § 3 zu ermitteln und nach § 4 auf die Wohnfläche anzurechnen.

§ 2 Zur Wohnfläche gehörende Grundflächen

(1) Die Wohnfläche einer Wohnung umfasst die Grundflächen der Räume, die ausschließlich zu dieser Wohnung gehören. Die Wohnfläche eines Wohnheims umfasst die Grundflächen der Räume, die zur alleinigen und gemeinschaftlichen Nutzung durch die Bewohner bestimmt sind.

(2) Zur Wohnfläche gehören auch die Grundflächen von

1. *Wintergärten, Schwimmbädern und ähnlichen nach allen Seiten geschlossenen Räumen sowie*
2. *Balkonen, Loggien, Dachgärten und Terrassen,*

wenn sie ausschließlich zu der Wohnung oder dem Wohnheim gehören.

(3) Zur Wohnfläche gehören nicht die Grundflächen folgender Räume:

1. *Zubehörräume, insbesondere:*
   a) *Kellerräume,*
   b) *Abstellräume und Kellerersatzräume außerhalb der Wohnung,*
   c) *Waschküchen,*
   d) *Bodenräume,*
   e) *Trockenräume,*
   f) *Heizungsräume und*
   g) *Garagen,*

1 Vgl. 3.2.1.2 Satz 2 AEBayGrSt.

2. *Räume, die nicht den an ihre Nutzung zu stellenden Anforderungen des Bauordnungsrechts der Länder genügen, sowie*
3. *Geschäftsräume.*

§ 3 Ermittlung der Grundfläche

(1) Die Grundfläche ist nach den lichten Maßen zwischen den Bauteilen zu ermitteln; dabei ist von der Vorderkante der Bekleidung der Bauteile auszugehen. Bei fehlenden begrenzenden Bauteilen ist der bauliche Abschluss zu Grunde zu legen.

(2) Bei der Ermittlung der Grundfläche sind namentlich einzubeziehen die Grundflächen von

1. *Tür- und Fensterbekleidungen sowie Tür- und Fensterumrahmungen,*
2. *Fuß-, Sockel- und Schrammleisten,*
3. *fest eingebauten Gegenständen, wie z. B. Öfen, Heiz- und Klimageräten, Herden, Bade- oder Duschwannen,*
4. *freiliegenden Installationen,*
5. *Einbaumöbeln und*
6. *nicht ortsgebundenen, versetzbaren Raumteilern.*

(3) Bei der Ermittlung der Grundflächen bleiben außer Betracht die Grundflächen von

1. *Schornsteinen, Vormauerungen, Bekleidungen, freistehenden Pfeilern und Säulen, wenn sie eine Höhe von mehr als 1,50 Meter aufweisen und ihre Grundfläche mehr als 0,1 Quadratmeter beträgt,*
2. *Treppen mit über drei Steigungen und deren Treppenabsätze,*
3. *Türnischen und*
4. *Fenster- und offenen Wandnischen, die nicht bis zum Fußboden herunterreichen oder bis zum Fußboden herunterreichen und 0,13 Meter oder weniger tief sind.*

(4) Die Grundfläche ist durch Ausmessung im fertig gestellten Wohnraum oder auf Grund einer Bauzeichnung zu ermitteln. Wird die Grundfläche auf Grund einer Bauzeichnung ermittelt, muss diese

1. *für ein Genehmigungs-, Anzeige-, Genehmigungsfreistellungs- oder ähnliches Verfahren nach dem Bauordnungsrecht der Länder gefertigt oder, wenn ein bauordnungsrechtliches Verfahren nicht erforderlich ist, für ein solches geeignet sein und*
2. *die Ermittlung der lichten Maße zwischen den Bauteilen im Sinne des Absatzes 1 ermöglichen.*

Ist die Grundfläche nach einer Bauzeichnung ermittelt worden und ist abweichend von dieser Bauzeichnung gebaut worden, ist die Grundfläche durch Ausmessung im fertig gestellten Wohnraum oder auf Grund einer berichtigten Bauzeichnung neu zu ermitteln.

§ 4 Anrechnung der Grundflächen

Die Grundflächen

1. *von Räumen und Raumteilen mit einer lichten Höhe von mindestens zwei Metern sind vollständig,*
2. *von Räumen und Raumteilen mit einer lichten Höhe von mindestens einem Meter und weniger als zwei Metern sind zur Hälfte,*

3. *von unbeheizbaren Wintergärten, Schwimmbädern und ähnlichen nach allen Seiten geschlossenen Räumen sind zur Hälfte,*
4. *von Balkonen, Loggien, Dachgärten und Terrassen sind in der Regel zu einem Viertel, höchstens jedoch zur Hälfte*

anzurechnen.

§ 5 Überleitungsvorschrift

Ist die Wohnfläche bis zum 31. Dezember 2003 nach der Zweiten Berechnungsverordnung in der Fassung der Bekanntmachung vom 12. Oktober 1990 (BGBl. I S. 2178), zuletzt geändert durch Artikel 3 der Verordnung vom 25. November 2003 (BGBl. I S. 2346), in der jeweils geltenden Fassung berechnet worden, bleibt es bei dieser Berechnung. Soweit in den in Satz 1 genannten Fällen nach dem 31. Dezember 2003 bauliche Änderungen an dem Wohnraum vorgenommen werden, die eine Neuberechnung der Wohnfläche erforderlich machen, sind die Vorschriften dieser Verordnung anzuwenden.

37 Aus Vereinfachungsgründen bestehen grds. keine Bedenken, wenn die Daten zur Fläche aus amtlichen oder privatrechtlichen Unterlagen oder Beidem übernommen werden, wie z. B. Bauunterlagen, Miet- oder Kaufverträge, Nebenkosten- oder Wohngeldabrechnungen, (Gebäude-)Versicherungs- und Finanzierungsunterlagen,

- Bauunterlagen,
- Miet- oder Kaufverträge,
- Nebenkosten- oder Wohngeldabrechnungen,
- (Gebäude-)Versicherungs- und Finanzierungsunterlagen,

und keine offensichtlichen Zweifel an den Angaben bestehen.[1] Der Steuerpflichtige muss folglich für die Erklärung zur Ermittlung der Äquivalenzbeträge die Gebäudeflächen nicht zwingend neu berechnen oder ermitteln, sondern kann vielmehr auf bereits vorliegende Daten zurückgreifen.

38–40 *(Einstweilen frei)*

b) Das häusliche Arbeitszimmer als Wohnnutzung

41 Zu der Wohnfläche gehört auch ein **häusliches Arbeitszimmer** (Art. 2 Abs. 1 Satz 2 BayGrStG). Die Einbeziehung des häuslichen Arbeitszimmers in die Wohnfläche dient in erster Linie der Verfahrenserleichterung sowohl für den Steuerpflichtigen als auch für die Finanzverwaltung. Eine gesonderte Berechnung der Nutzfläche für das Arbeitszimmer, welches eigentlich keinen Wohnzecken dient, scheidet dann aus. Eine Einschränkung zur Nutzung des häuslichen Arbeitszimmers macht das Landesgesetz nicht. Entsprechend sollte auch die **Nutzung des häuslichen Arbeitszimmers** für z. B. freiberufliche Zwecke zu einer Zurechnung zur Wohnfläche führen. Ob das häusliche Arbeitszimmer baulich in der Wohnung liegen muss oder auch ein baulich abgetrenntes Arbeitszimmer Teil der Wohnfläche sein kann, lässt das Gesetz offen.[2][3] Eine Abgrenzung kann sich daher in der Praxis schwierig gestalten.

42–43 *(Einstweilen frei)*

---

1 Vgl. 3.2.1.2 Satz 9 AEBayGrSt.
2 Vgl. auch Bock in Grootens, BewG § 249 Rz. 37.
3 Vgl. auch Bock in Viskorf/Schuck/Wälzholz, BewG § 181 Rz. 13, Stand: 25.5.2021, NWB ZAAAH-14449.

c) Besonderheiten bei ungenutzten Flächen

Ungenutzte oder leerstehende Flächen gelten als zu Wohnzwecken genutzt, wenn diese vorher Wohnzwecken dienten. Dies gilt solange, bis die Flächen zu einer anderen Nutzung genutzt werden. Der Zeitpunkt der anderen Nutzung beginnt, wenn dies objektiv erkennbar ist. Objektiv erkennbar ist die **geänderte Nutzungsabsicht** grundsätzlich dann, wenn nach außen hin erkennbare Handlungen zur Nutzungsänderung vorgenommen werden. Dies sind nach der Gesetzesbegründung z. B.: 44

- Nachhaltige Vermietungsbemühungen,
- Baugenehmigung,
- Genehmigung einer Nutzungsänderung,
- Beginn von Umbauarbeiten.

Bei **Nutzungsänderungen** sollte der Grundstückseigentümer daher zukünftig den Zeitpunkt mit entsprechenden Unterlagen und Nachweisen dokumentieren, um diese bei Nachfrage durch das Finanzamt bereitstellen zu können. 45

Nicht zur Wohnnutzung gehören Wohn- und Schlafräume, welche zur **kurzfristigen Beherbergung an Personen** vermietet werden. Dazu zählen z. B. Beherbergungsstätten aber auch Ferienwohnungen. Insoweit einzelne Räumlichkeiten vermietet werden, die zu einer Wohnung gehören, die ansonsten zu Wohnzwecken genutzt wird, kommt es auf die **überwiegende Nutzung** an.[1] In diesen Fällen bedarf es folglich einer Einzelfallbetrachtung, welche bei Veränderungen über verschiedene Besteuerungszeiträume ggf. auch zu unterschiedlichen Ergebnissen kommen kann. Entsprechend sollten diese Fälle regelmäßig überwacht und ggf. neu beurteilt werden. 46

(Einstweilen frei) 47–49

3. Gebäudeflächen bei Nichtwohnnutzung

Für **Gebäudeflächen, die nicht der Wohnnutzung dienen**, bestimmt sich die Fläche nach der **Nutzfläche** (Art. 2 Abs. 1 Satz 3 BayGrStG). Zu den Nutzflächen zählen dabei die Gebäudeflächen, welche betrieblichen (z. B. Werkstätten, Verkaufsläden, Büroräume), öffentlichen oder sonstigen Zwecken (z. B. Vereinsräume) dienen und keine Wohnflächen sind.[2] Das Gesetz enthält dabei keine Bestimmung, wie genau die Nutzfläche zu berechnen ist. Nach der Gesetzesbegründung bezieht sich die Nutzfläche dabei auf die nach **DIN 277** ermittelte Nutzfläche. Dabei soll insbesondere die Nutzfläche nach DIN 277-1: 2005-02 und bei Bauten mit Baujahren ab dem Kalenderjahr 2016 die Nutzfläche nach DIN 277-1: 2016-01 angesetzt werden. 50

Unter der **Nutzungsfläche (NUF)** – ab 2016 bzw. **Nutzfläche (NF)** – vor 2016 nach DIN 277 sind alle Geschossflächen zu verstehen, welche entsprechend der Zweckbestimmung des Bauwerks genutzt werden. Nicht Teil der NUF / NF sind die **Konstruktionsfläche (KGF)**, die **Technische Funktionsfläche (TF)** und die **Verkehrsfläche (VF)**. 51

Die **NUF / NUF** wird nach DIN 277 in sieben **Nutzungsgruppen** unterteilt: 52

- Wohnen und Aufenthalt,
- Büroarbeit,

---

1 Vgl. 3.2.1.3 Satz 3 AEBayGrSt.
2 Vgl. 3.2.1.4 Satz 2 AEBayGrSt.

- Produktion, Hand- und Maschinenarbeit, Experimente,
- Lagern Verteilen, Verkaufen,
- Bildung, Unterricht, Kultur,
- Heilen und Pflegen,
- Sonstige Nutzflächen.

52/1 Danach **gehören zu den Nutzflächen in jedem Fall die Flächen von:**

- • Teeküchen, Speiseräumen,
- • Büroräumen, Besprechungsräumen,
- • Werkhallen, Laboren,
- • Lagerhallen, Verkaufsräumen,
- • Ausstellungsräumen, Bühnenräumen, Sporträumen,
- • Räumen für medizinische Untersuchungen und Behandlungen,
- • Abstellräumen, Sanitärräumen, Umkleideräumen sowie Serverräumen für Elektronische Datenverarbeitung (EDV),
- • Dachterrassen, Parkdecks, Balkonen und Loggien.[1]

Ein anteiliger Ansatz von z. B. (Dach-)Terrassen, Balkonen und Flächen unter Dachschrägen ist, im Gegensatz zur Wohnflächenberechnung nach der WoFlV, in der DIN 277 nicht vorgesehen. Wenn Flächen als Nutzfläche anzusetzen sind, dann in voller Höhe.[2]

53 Zu den **nicht zur NUF / NF zählen Flächen** gehören z. B. bei der:

- Konstruktionsfläche (KGF):
  - Wände, Stützen, Pfeiler, Wandöffnungen
- Technischen Funktionsfläche (TF):
  - Betriebstechnische Anlage wie Wasseraufbereitung, Ver- und Entsorgung, Heizung, Elektrische Stromversorgung, Aufzugsanlagen
- Verkehrsfläche (VF):
  - Flure, Hallen, Treppen, sonstige Verkehrsflächen

Flächen von außerhalb des Bauwerks befindlichen Baukonstruktionen, die an das Bauwerk anschließen, aber mit ihm nicht konstruktiv fest verbunden sind, (z. B. Terrassen) gehören nicht zur Nutzfläche.[3]

54–56 *(Einstweilen frei)*

4. Abweichende Ermittlungsmethoden der Gebäudeflächen

57 Die **Flächenermittlung** kann in der Praxis sehr komplex und aufwendig für den Grundstückseigentümer werden. Insbesondere bei alten und historisch gewachsenen Bauwerken und Gebäudekomplexen sind die Daten zur Wohn- oder Nutzfläche ggf. nicht mehr vorhanden und müssen neu ermittelt werden. Dies wird vor allem die bisher im **Sachwertverfahren** bewerteten wirtschaftlichen Einheiten betreffen, da für diese nach den „alten" Regelungen zum Einheits-

1 Vgl. 3.2.1.6 Satz 1 AEBayGrSt.
2 Vgl. 3.2.1.6 Satz 2 u. 3 AEBayGrSt.
3 Vgl. 3.2.1.7 Satz 3 AEBayGrSt.

wert nur der umbaute Raum für die Ermittlung der Einheitswerte benötigt wurde. Angaben zur Wohn-/Nutzfläche sind entsprechend nicht in den Erklärungen zur Feststellung der Einheitswerte enthalten und aus den Einheitswertbescheiden auch nicht ersichtlich.

Nach Art. 2 Abs. 1 Satz 4 BayGrStG ist die **Gebäudefläche durch eine geeignete Methode** zu ermitteln. Die Vorschrift kann m. E. als **Auffangklausel** verstanden werden, welche in der Praxis z. B. für die in vorstehender Rz. 57 genannten Fälle genutzt werden kann, insbesondere wenn die Ermittlung nach DIN 277 mit einem unverhältnismäßigen Aufwand verbunden ist.[1] Denn nach Art. 2. Abs. 1 Satz 4 BayGrStG ist auch eine Ermittlung der Wohnfläche abweichend nach der WoFlV bzw. eine Ermittlung der Nutzfläche abweichend nach DIN 277 gestattet. Eine genaue Methode ist dabei nicht vorgeschrieben. Es muss sich nach dem Gesetz lediglich um eine **geeignete Methode zur Ermittlung der Gebäudeflächen** handeln. 58

Was als **geeignete Methode** anzusehen ist, definiert das Gesetz nicht weiter und lässt damit viel Spielraum zu. Hierzu wären genauere Vorgaben durch den Gesetzgeber zu begrüßen, um in der Praxis Rechtssicherheit für den Steuerpflichtigen zu gewährleisten und ggf. Auseinandersetzungen mit der Finanzverwaltung zu vermeiden. Nach der Gesetzesbegründung soll aber eine „Vermessung der Räumlichkeiten und eine daraus abgeleitete Berechnung der Flächengröße" das vorrangig geeignete Mittel sein. Es ist aber auch bei Vorhandensein des umbauten Raumes eine Umrechnung auf Basis hinreichend gesicherter Erkenntnisse und Methoden gestattet.[2] Hinreichend gesicherte Erkenntnisse und Methoden könnten dabei z. B. veröffentlichte **Umrechnungskoeffizienten** durch z. B. Gutachterausschüsse oder Sachverständige sein. Nach diesen Grundsätzen sollte m. E. auch die **Umrechnung der Bruttogrundfläche** mittels einschlägiger Umrechnungskoeffizienten in die Wohn-/Nutzfläche gestattet sein, zumal Unschärfen im geringfügigen Umfang gestattet werden.[3] 59

PRAXISHINWEIS: 60

Inwieweit die Vorschrift des Art. 2 Abs. 1 Satz 4 BayGrStG den Aufwand für den Steuerpflichtigen tatsächlich vereinfachen und reduzieren wird, muss sich in der Praxis zeigen. Dieses wird vor allem an der Auslegung und Anwendung durch die Finanzverwaltung hängen und welche sie als geeignete Methode zur Ermittlung der Gebäudefläche tatsächlich zulässt. Insbesondere eine Umrechnung durch Koeffizienten von der Bruttogrundfläche oder des umbauten Raumes kann dabei den Aufwand für den Steuerpflichten deutlich reduzieren, da solche Umrechnungskoeffizienten für viele Gebäudearten und Gebiete vorliegen. Aufgrund der Rechtsunsicherheit über die Anerkennung solcher Vereinfachungen, sollte der Steuerpflichtige die Anwendung vorher mit dem zuständigen Finanzamt abstimmen – zumindest solange noch keine klaren Aussagen seitens des Gesetzgebers vorhanden sind.

Ebenfalls ist zu beachten, dass die Anwendung von Vereinfachungen immer auf Pauschalierungen beruht und damit Unschärfen enthält, welche auch zuungunsten und folglich zu einer evtl. höheren Grundsteuer für den Steuerpflichtigen führen können als eine genaue Berechnung der Gebäudefläche nach der WoFlV oder z. B. DIN 277. Entsprechend ist vorher abzuwägen, ob die Anwendung von Umrechnungskoeffizienten auch wirtschaftlich sinnvoll ist. Bei umfangreichem Grundbesitz kann sich im Vorhinein eine Stichprobe zum Vergleich zwischen vereinfachender Umrechnung und detaillierter Flächenberechnung anbieten.

Nach der Gesetzesbegründung zum Gesetzesentwurf v. 10.5.2021[4] ist die Vorschrift des § 245 BewG auch im Landesgesetz anzuwenden, wonach **Gebäude, Gebäudeteile und Anlagen für** 61

1 Vgl. 3.2.1.5 Satz 6 AEBayGrSt.

2 Vgl. 3.2.1.5 Satz 6 AEBayGrSt.

3 Vgl. 3.2.1.5 Satz 10 AEBayGrSt.

4 Vgl. Drucks. 18/15755 v. 10.5.2021, Gesetzesentwurf der Staatsregierung – Bayerisches Grundsteuergesetz (BayGrStG).

den Zivilschutz unberührt bleiben. Dies ergibt sich daraus, dass das BayGrStG keine abweichende Regelung zum Bundesgesetz enthält und die Vorschrift des § 245 BewG mithin auch in Bayern Anwendung findet (vgl. Art. 10 BayGrStG). Die Gebäudeflächen der Bauwerke für den Zivilschutz bleiben daher für die Ermittlung der Äquivalenzbeträge außer Ansatz.[1]

62–63 *(Einstweilen frei)*

5. Besonderheiten bei gemischt genutzten Gebäuden

64 Aus der Differenzierung der Gebäudeflächen zwischen Wohn- und Nutzflächen können sich in der Praxis Schwierigkeiten bei der korrekten **Berechnung/Aufteilung bei gemischt genutzten Gebäuden** ergeben. Daher ist zu begrüßen, dass im Bayerischen Anwendungserlass-Grundsteuer Klarstellungen für solche Fälle getroffen wurden. Danach werden bei einem Gebäude, das sowohl für Wohnzwecke als auch für andere Zwecke verwendet wird, Zubehörräume, wie z. B. Kellerräume, unterschiedlich behandelt, je nachdem welcher Nutzung sie dienen oder zu dienen bestimmt sind. Werden Zubehörräume gemeinschaftlich sowohl im Zusammenhang mit Wohnzwecken als auch mit anderem Zwecke verwendet (z. B. ein Fahrradkeller sowohl von Wohnungs- als auch Gewerbemietern), ist die Fläche nicht aufzuteilen, sondern der überwiegenden Nutzung zuzuordnen. Die überwiegende Nutzung ist anhand eines geeigneten Maßstabs festzustellen (z. B. Anzahl der Mietparteien, tatsächlich überwiegende Flächennutzung).[2]

65 BEISPIEL:[3] Auf einem Grundstück befindet sich ein mehrgeschossiges Gebäude, das wie folgt genutzt wird:

- 420 m² Wohnfläche,
- 200 m² Nutzfläche,
- davon 100 m² betrieblich genutzte Flächen,
- 50 m² Kellerräume in einem Nutzungszusammenhang mit Wohnflächen und
- 50 m² Kellerräume in einem Nutzungszusammenhang mit den betrieblich genutzten Flächen.

LÖSUNG: Damit ergibt sich eine Wohnfläche von 420 m² und eine Nutzfläche von 150 m², das heißt eine Gebäudefläche im Sinne des BayGrStG von insgesamt 570 m². Die zur Wohnnutzung gehörenden Kellerräume (Nutzfläche: 50 m²) sind hierbei nicht zu berücksichtigen.

II. Sonderegeln zur Berücksichtigung von Garagen (Art. 2 Abs. 2 BayGrStG)

66 Art. 2 Abs. 2 BayGrStG enthält **Vereinfachungsregelungen für Garagen**. Danach bleiben **Garagen mit einer Fläche bis zu 50 m²** außer Ansatz, wenn diese im **räumlichen Zusammenhang zu der Wohnung** stehen, der sie rechtlich zugeordnet sind. Grund für diese Vereinfachung ist, dass bei der Wohnnutzung die Wohnfläche vorrangig ist und sich insbesondere anhand der Wohnfläche die Inanspruchnahme der Infrastrukturleistungen der Gemeinde durch den Grundstückseigentümer orientiert. Eine Garage ist dabei eher als ein notwendiges Bauwerk, das mit der Wohnnutzung einhergeht, zu verstehen, durch der sich aber keine Inanspruchnahme von besonderen oder zusätzlichen Leistungen durch den Grundstückseigentümer ergibt.

1 Vgl. dazu auch die Kommentierung von Bock in Grootens, BewG § 245.
2 Vgl. 3.2.1.8 Satz 1 bis 3 AEBayGrSt.
3 Vgl 3.2.1.8 Beispiel AEBayGrSt.

Eine **Garage** nach dem BayGrStG ist dabei eine meist abschließbare, überdachte oder überdeckte und durch feste Wände (mit Garagentor) umschlossene Abstellmöglichkeit für Fahrzeige; ein nach mehreren Seiten offener **Carport** ist nicht als Gebäude anzusehen.[1] 66/1

Die Garage muss dabei in **räumlichen Zusammenhang mit der Wohnnutzung** stehen, der sie rechtlich zugeordnet ist. **Rechtlich zugeordnet** ist die Garage zur Wohnnutzung, wenn diese dinglich mit der Wohnfläche verknüpft ist. Dies ist grundsätzlich gegeben, wenn die Wohnnutzung und die Garage eine wirtschaftliche Einheit bilden (z. B. Ein-/Zweifamilienhaus mit Garage, Wohnungseigentum mit Sondernutzungsrecht an einem Stellplatz). Eine wirtschaftliche Einheit setzt dabei nicht voraus, dass sich die Garage und die Wohnfläche auf demselben Grundstück befinden. 67

Eine rechtliche Zuordnung der Garage zur Wohnnutzung liegt auch bei einer **vertraglichen Verknüpfung** vor. Dies kann z. B. der Fall sein, wenn eine Garage im Zusammenhang mit einer Wohnung durch denselben Vermieter im Rahmen eines Mietvertrages überlassen wird. Die rechtliche Zuordnung der Garage zur Wohnnutzung ist folglich auch möglich, soweit die Garage eine eigene wirtschaftliche Einheit darstellt (Art. 2 Abs. 2 Satz 2 BayGrStG). 68

Ist eine rechtliche Zuordnung zwischen Garage und Wohnnutzung nicht möglich, so ist die **Vereinfachungsregelung** des Art. 2 Abs. 2 Satz 1 BayGrStG **nicht anwendbar** mit der Folge, dass die Fläche der Garage entsprechend zu ermitteln und bei der Berechnung des Äquivalenzbetrags zu berücksichtigen ist. 69

Bei Vorliegen eines räumlichen Zusammenhangs mit der Wohnung wird die Fläche für die Garage bis zu 50 m² nicht berücksichtigt. Die Fläche der Garage ist die **Nutzfläche**, welche nach den Vorschriften des Art. 2 Abs. 1 Satz 3 und 4 BayGrStG nach DIN 277 oder einer geeigneten Methode zu ermitteln ist (vgl. → Rz. 50–59). Teil der Verkehrsfläche und somit nicht Teil der Nutzfläche i. S. des DIN 277 sind dabei Rampen, Fahrbahnen und Rangierflächen zwischen den Stellplätzen in den Garagen.[2] Bei der Flächengrenze handelt es sich um einen **Freibetrag**, so dass bei größeren Garagen nur der 50 m² übersteigende Anteil der Fläche zu berücksichtigen ist. 70

BEISPIEL 1: ▸ Der Grundstückseigentümer ist Besitzer eines EFH mit auf dem Grundstück befindlicher Garage. Die Garage hat eine Nutzfläche von 65 m². 71

Lösung: Das EFH und die Garage bilden eine wirtschaftliche Einheit. Die Garage ist der Wohnnutzung rechtlich zugeordnet. Für die Ermittlung des Äquivalenzbetrags bleiben 50 m² Nutzfläche der Garage außer Ansatz. Entsprechend beträgt die anzusetzende Fläche für die Garage nur 15 m².

Für weitere umfangreiche Beispiele zur Sonderregelung bei Garagen nach Art. 2 Abs. 2 BayGrStG vgl. 3.2.2.2 Beispiel 1 bis Beispiel 8 AEBayGrSt. 72

(Einstweilen frei) 73–75

III. Sonderegeln zur Berücksichtigung von Nebengebäuden von untergeordneter Bedeutung (Art. 2 Abs. 3 BayGrStG)

Art. 2 Abs. 3 BayGrStG enthält **Vereinfachungsregelungen für Nebengebäude von untergeordneter Bedeutung**. Diese bleiben danach **bis zu einer Fläche von 30 m²** außer Betracht, wenn 76

1 Vgl 3.2.1.8 Beispiel AEBayGrSt.
2 Vgl. 3.2.2.1 Satz 5 AEBayGrSt.

diese in einem **räumlichen Zusammenhang zu der Wohnnutzung** stehen und dieser zu dienen bestimmt sind. Auch diese Vereinfachungsregelung beruht auf dem Gedanken, dass durch diese kleinen Nebengebäude keine zusätzliche Inanspruchnahme von infrastrukturellen Dienstleistungen der Gemeinde durch den Grundstückseigentümer begründet werden.

77 Die Nebengebäude müssen von **untergeordneter Bedeutung** sein und der Wohnnutzung dienen. Dazu zählen insbesondere **Schuppen** oder **Gartenhäuschen**. Andere Nebengebäude von untergeordneter Bedeutung könnten m. E. auch z. B. eine **kleine für private Zwecke genutzte Werkstatt, eine Sauna oder eine Grillhütte** sein.

78 Zu beachten ist, dass die Nebengebäude der Wohnnutzung dienen müssen. Es muss folglich ein **Nutzungs- und Funktionszusammenhang mit der Wohnnutzung** bestehen. Entsprechend sind Nebengebäude, welche z. B. der Ausübung einer gewerblichen Tätigkeit dienen, nicht begünstigt.

79 **BEISPIEL:** Auf dem Grundstück des A steht neben seinem Einfamilienhaus noch eine kleine KfZ-Werkstatt, in der kleinere Kundenaufträge abwickelt.

Die KfZ-Werkstatt ist nicht begünstigt nach Art. 2 Abs. 3 BayGrStG, da das Nebengebäude nicht der Wohnnutzung dient, sondern der gewerblichen Tätigkeit des A. Entsprechend ist die Nutzfläche des Gebäudes vollständig zu berücksichtigen.

80 Die räumliche Zuordnung der **Nebengebäude** zur Wohnnutzung ist auch möglich, soweit diese eine **eigene wirtschaftliche Einheit** darstellen (Art. 2 Abs. 3 Satz 2 BayGrStG).

81 Bei Vorliegen der o. g. Voraussetzungen wird die **Fläche für die Nebengebäude bis zu 30 m²** nicht berücksichtigt. Die Fläche der Nebengebäude ist die Nutzfläche, welche nach den Vorschriften des Art. 2 Abs. 1 Satz 3 und 4 BayGrStG nach DIN 277 oder einer geeigneten Methode zu ermitteln ist (vgl. → Rz. 50–59). Bei der Fläche handelt es sich um einen **Freibetrag**, so dass bei größeren Nebengebäuden nur der 30 m² übersteigende Anteil der Fläche zu berücksichtigen ist.

82 Die Vorschrift orientiert sich nur an der Fläche der Nebengebäude und nicht an der Anzahl. Entsprechend sind, soweit die übrigen Voraussetzungen erfüllt sind, auch mehrere Nebengebäude von der Vereinfachungsregelung erfasst. In diesem Fall sind die Gebäudeflächen der Nebengebäude vor Berücksichtigung des Freibetrags zu summieren.[1]

83 **BEISPIEL:** Auf dem Grundstück des A stehen neben seinem Einfamilienhaus noch ein Gartenhaus mit 15 m² Nutzfläche und ein Schuppen mit 10 m² Nutzfläche.

LÖSUNG: Bei beiden Bauwerken handelt es sich um Nebengebäude von untergeordneter Bedeutung in räumlichen Zusammenhang zur Wohnnutzung. Die Nutzfläche der Nebengebäude beträgt insgesamt 25 m². Durch den Freibetrag von bis zu 30 m² bleiben die Flächen beider Nebengebäude außer Ansatz.

84–86 *(Einstweilen frei)*

IV. Kumulative Anwendung der Vereinfachungsregelungen

87 Die **Vereinfachungsregelungen** des Art. 2 Abs. 2 und 3 BayGrStG bedingen sich nicht gegenseitig bzw. **schließen sich gegenseitig nicht aus**. Entsprechend können beide Vereinfachungsregelungen kumulativ für den Steuerpflichtigen zur Anwendung kommen.

1 Vgl. 3.2.3 Satz 3 AEBayGrSt.

BEISPIEL: ▶ A ist Eigentümer eines Grundstücks, welches mit folgenden Bauwerken bebaut ist: 88

- EFH mit 200 m² Wohnfläche
- Garage mit 55 m² Nutzfläche
- Gartenhaus mit 15 m² Nutzfläche
- Schuppen mit 10 m² Nutzfläche

Sämtliche Bauwerke stehen in unmittelbaren Zusammenhang mit der Wohnnutzung und dienen dieser. Es ist sind die maßgeblichen Flächen zur Ermittlung der Äquivalenzzahl der Gebäude zu ermitteln.

LÖSUNG: ▶ Die Gebäudeflächen sind wie folgt zu berücksichtigen:

Gebäudeflächen	nach dem BayGrStG	ohne Vereinfachung
EFH	200 m²	200 m²
Garage	55 m²	55 m²
Freibetrag gem. Art. 2 Abs. 2 Satz 1 BayGrStG	-50 m²	
Gartenhaus	15 m²	15 m²
Schuppen	10 m²	10 m²
Freibetrag gem. Art. 2 Abs. 3 Satz 1 BayGrStG	-25 m²	
Gesamtsumme	**205 m²**	**280 m²**

Aus dem Beispiel lässt sich erkennen, dass durch die Anwendung der Vereinfachungsregeln im Beispiel eine Fläche von 75 m² nicht der Grundsteuer unterworfen wird. In dem Beispiel wäre das ein Anteil vom mehr als ¼ der Gesamtfläche.

Im besten Falle können durch die beiden Vereinfachungen sogar 80 m² Nutzfläche unberücksichtigt bleiben, was je nach Hebesatz der Gemeinde eine nicht unerhebliche Entlastung für den Grundstückseigentümer bzw. durch die Möglichkeit der Umlage der Grundsteuer für den Mieter bedeuten kann. 89

(Einstweilen frei) 90–91

V. Sonderregeln zur Nichtberücksichtigung von Gebäuden von untergeordneter Bedeutung (Art. 2 Abs. 4 BayGrStG)

Mit Art. 2 Abs. 4 BayGrStG wird der **Begriff des unbebauten Grundstücks** durch das Landesgesetz abweichend zum Bundesgesetz definiert. Nach dem Bundesgesetz liegt ein unbebautes Grundstück gem. § 246 Abs. 1 BewG vor, wenn sich auf dem Grundstück keine benutzbaren Gebäude befinden. Nach dem Landesgesetz liegt ein unbebautes Grundstück jedoch auch vor, wenn sich auf dem Grundstück zwar **benutzbare Gebäude** befinden, diese jedoch eine **Fläche von weniger als 30 m²** besitzen. In diesem Fall werden die Gebäude und deren Flächen nicht berücksichtigt und das Grundstück wird als unbebautes Grundstück für Zwecke der Grundsteuer behandelt. Die Regelung soll der Vereinfachung dienen und ist sowohl für Grundstücke mit Wohnnutzung als auch mit Nichtwohnnutzung anwendbar. 92

Bei der Flächenangabe handelt es sich um eine **Bagatellgrenze** und nicht um einen Freibetrag. Betragen die Gebäudeflächen 30 m² oder mehr, so ist die Gesamtfläche der Gebäude zu berücksichtigen. In diesem Fall erfolgt kein Abzug von der Fläche. Zu beachten ist bei der Prüfung der Flächengrenze der Wortlaut *„weniger als 30 m²“*. Bei einer Fläche von genau 30 m² ist die Vereinfachung nicht anwendbar und die Gebäudefläche voll anzusetzen. 93

94 Die Fläche ist je nach Nutzungsart (Wohn- oder Nichtwohnnutzung) nach Art. 2 Abs. 1 BayGrStG zu ermitteln. Für die **Bagatellgrenze** ist dabei stets auf die **Gesamtsumme der Flächen** abzustellen. Dies bedeutet, dass die Bagatellgrenze auch bei mehreren Gebäuden anzuwenden ist.

95 BEISPIEL 1: Auf einem Grundstück stehen zwei kleine Wartungshäuschen mit je 14 m² Nutzfläche. Da die Gesamtgebäudeflächen des Grundstücks mit 28 m² weniger als 30 m² betragen, gilt das Grundstück als unbebautes Grundstück. Die Gebäudeflächen sind nicht zu berücksichtigen.

96 BEISPIEL 2: Auf einem Grundstück stehen zwei kleine Wartungshäuschen mit je 15 m² Nutzfläche. Da die Gesamtgebäudeflächen des Grundstücks mit 30 m² nicht weniger als 30 m² betragen, gilt das Grundstück als bebautes Grundstück. Die Gebäudeflächen sind vollständig mit 30 m² zu berücksichtigen.

97 Sofern ein **Bauwerk aus mehreren wirtschaftlichen Einheiten** besteht, ist für die Prüfung der Bagatellgrenze dennoch auf das gesamte Bauwerk abzustellen (Art. 2 Abs. 4 Satz 2 BayGrStG). Die Reglung dürfte vor allem für Wohnungs-/Teileigentum von Bedeutung sein. Ohne diese Regelung könnten ansonsten ggf. ganze Gebäudekomplexe oder Teile davon von der Besteuerung ausgenommen sein.

98 BEISPIEL: Auf einem Grundstück steht ein Gebäude mit 30 Wohnungen, welche jeweils Wohnungseigentum darstellen. Bei den Wohnungen handelt es sich um 15 Einzimmerwohnungen mit jeweils 28 m² und 15 Zweizimmerwohnungen mit jeweils 60 m² Wohnfläche.

Da es sich bei allen Wohnungen um Wohnungseigentum handelt, bildet jede Wohnung eine eigene wirtschaftliche Einheit. Ohne die Regelung des Art. 2 Abs. 4 Satz 2 BayGrStG, würden die 15 Einzimmerwohnungen jeweils als unbebaute Grundstücke gelten, da die Gebäudefläche jeweils kleiner 30 m² betragen würde. Durch Art. 2 Abs. 4 Satz 2 BayGrStG wird für die Betrachtung der Bagatellgrenze jedoch auf das gesamte Bauwerk abgestellt. Im Beispielsfall bedeutet dies, dass die Gesamtgebäudefläche 1.320 m² und daher nicht weniger als 30 m² beträgt. Es handelt somit bei allen 60 wirtschaftlichen Einheiten um bebaute Grundstücke und die Gebäudeflächen sind jeweils vollständig zu berücksichtigen.

99 Zu beachten ist, dass eine Garage, die in räumlichem Zusammenhang zu der Wohnnutzung steht, der sie rechtlich zugeordnet ist, und eine eigene wirtschaftliche Einheit bildet, stets als bebautes Grundstück gilt, auch wenn diese eine kleinere Gebäudefläche als 30 m² umfasst.[1] Auch eine **Kombination der Freibeträge für Garagen und Nebengebäude** nach Art. 2 Abs. 2 und 3 BayGrStG mit der Bagatellgrenze nach Art. 2 Abs. 4 BayGrStG kommt nicht in Betracht. Unabhängig davon, inwieweit die Flächen nach Art. 2 Abs. 2 und 3 BayGrStG außer Ansatz bleiben, liegt bei einer Gebäudefläche von über 30 m² folglich immer ein bebautes Grundstück vor und Art. 2 Abs. 4 BayGrStG findet keine Anwendung.[2]

100 BEISPIEL:[3] Auf einem Grundstück steht zum 1.1.2022 eine Garage mit 20 m² Nutzfläche und ein Gartenhäuschen mit 12 m² Nutzfläche. Beide Gebäude stehen in räumlichem Zusammenhang und rechtlicher Zuordnung zu einem Wohnhaus.

Sowohl wegen der Gebäudefläche von 32 m² als auch durch die Garage gilt das Grundstück als bebaut, auch wenn die Nutzflächen nach Art. 2 Abs. 2 und 3 BayGrStG für die Hauptfeststellung auf den 1.1.2022 nicht anzusetzen sind. Im Verlauf des Jahres 2025 wird ein Lagerschuppen mit 25 m² Nutzfläche errichtet, der vom Eigentümer für gewerbliche Zwecke genutzt wird. Auf den 1.1.2026 ist für

1 Vgl. 3.2.5.2 AEBayGrSt.
2 Vgl. 3.2.5.3 Satz 1 und 2 AEBayGrSt.
3 Vgl. 3.2.5.3 Beispiel AEBayGrSt.

das bebaute Grundstück eine Gebäudefläche von 25 m² anzusetzen, da 32 m² aufgrund der beiden Freibeträge außer Ansatz bleiben.

(Einstweilen frei) 101

VI. Rundungsregelungen

In Art. 2 Abs. 5 BayGrStG wird die **Rundungsreglung** festgelegt. Danach sind die Fläche des Grund und Bodens sowie die Gebäudeflächen (Wohn-/Nutzflächen) im Rahmen des Landesgesetzes stets auf **volle Quadratmeter nach unten abzurunden**. Die Rundungsregelung dient der Vereinfachung und ist zu begrüßen. 102

Art. 3 BayGrStG Äquivalenzzahlen

(1) [1]Für die Fläche des Grund und Bodens beträgt die Äquivalenzzahl 0,04 € je Quadratmeter. [2]Abweichend von Satz 1 gilt:

1. **Dienen die Gebäude mindestens zu 90 % der Wohnnutzung, wird die Äquivalenzzahl für die das Zehnfache der Wohnfläche übersteigende Fläche des Grund und Bodens nur zu 50 % angesetzt.**
2. **Ist die Fläche des Grund und Bodens zu mindestens 90 % weder bebaut noch befestigt, wird der Äquivalenzbetrag für die 10 000 m² übersteigende Fläche insgesamt wie folgt angesetzt: (übersteigende Fläche des Grund und Bodens x 0,04 /m²)^{0,7} €, höchstens jedoch eine Äquivalenzzahl von 0,04 €/m².**
3. **Sind sowohl die Voraussetzungen von Nr. 1 als auch von Nr. 2 erfüllt, wird**
   a) **für die Fläche bis zum Zehnfachen der Wohnfläche Satz 1,**
   b) **für die Fläche, die das Zehnfache der Wohnfläche übersteigt und 10 000 m² nicht überschreitet, Nr. 1, höchstens jedoch eine Äquivalenzzahl von 0,02 €/m², und**
   c) **im Übrigen Nr. 2**

   angewendet.

(2) Die Äquivalenzzahl für Gebäudeflächen beträgt stets 0,50 € je Quadratmeter.

Inhaltsübersicht **Rz.**

LITERATUR

Graf, Der Anwendungserlass zur Bayerischen Grundsteuer (AEBayGrSt) – Welche Auswirkungen ergeben sich für die Praxis?, NWB 47/2022 S. 3300,NWB YAAAJ-26797

VERWALTUNGSANWEISUNGEN

Anwendungserlass zum Bayerischen Grundsteuergesetz und zum Siebten Abschnitt des Zweiten Teils des Bewertungsgesetzes zur Bewertung des Grundbesitzes – allgemeiner Teil und Grundvermögen – Für die Grundsteuer ab 1. Januar 2022 und zum Grundsteuergesetz ab 1. Januar 2025 (Bayerischer Anwendungserlass-Grundsteuer – AEBayGrSt v. 2.9.2022; BayMBl. 2022 NR. 542 v. 28.9.2022).

A. Allgemeine Erläuterungen zu Art. 3 BayGrStG

I. Normzweck und wirtschaftliche Bedeutung der Vorschrift

1 Art. 3 BayGrStG bestimmt die **Höhe der Äquivalenzzahlen** für die Flächen des Grund und Bodens sowie für die Gebäudeflächen. Die **Äquivalenzzahlen dienen als reine Rechengröße** der Bepreisung der durch die Grundstücks- und Gebäudeflächen in Anspruch genommenen Infrastrukturleistungen der Gemeinde. Sie bilden den zentralen Wertanknüpfungspunkt im Landesgesetz.

2 Des Weiteren beinhaltet die Vorschrift bestimmte **Sondervorschriften für die Berücksichtigung übergroßer Grundstücke**. Mit den Sonderregelungen soll eine realitätsgerechte Umsetzung des im Landesgesetz verankerten Äquivalenzprinzips sichergestellt werden. Dies wird durch die Durchbrechung der linearen Fortschreibung der Äquivalenzzahl für Grundstücksflächen ab bestimmten Größen zugunsten einer **Kürzung der Äquivalenzzahl** sichergestellt.

3-6 *(Einstweilen frei)*

II. Entstehung und Entwicklung der Vorschrift

7 Art. 3 BayGrStG wurde mit dem **Bayrischen Grundsteuergesetz** (BayGrStG) v. 10.12.2021[1] in das BayGrStG aufgenommen und tritt ab dem 1.1.2022 in Kraft.[2] Weitere Ausführungen zu den gesetzlichen Regelungen finden sich im Bayerischen Anwendungserlass-Grundsteuer v. 2.9.2022.[3]

8–11 *(Einstweilen frei)*

1 Bayerisches Grundsteuergesetz (BayGrStG) v. 10.12.2021 (Bayerisches Gesetz- und Verordnungsblatt Nr. 23/2021 S. 638).

2 Vgl. Art. 11 BayGrStG.

3 Anwendungserlass zum Bayerischen Grundsteuergesetz und zum Siebten Abschnitt des Zweiten Teils des Bewertungsgesetzes zur Bewertung des Grundbesitzes – allgemeiner Teil und Grundvermögen – für die Grundsteuer ab 1. Januar 2022 und zum Grundsteuergesetz ab 1. Januar 2025 (Bayerischer Anwendungserlass-Grundsteuer – AEBayGrSt v. 2.9.2022; BayMBl. 2022 Nr. 542 v. 28.9.2022).

III. Geltungsbereich

Das BayGrStG gilt für in Bayern belegende Grundstücke. 12

(Einstweilen frei) 13–15

IV. Verhältnis zu anderen Vorschriften

Die **Äquivalenzzahlen sind** zusammen mit den Grundstücks- und Gebäudeflächen nach Art. 2 BayGrStG **für die Berechnung der Äquivalenzbeträge maßgebend** (Art. 1 Abs. 3 BayGrStG). Diese sind wiederum Berechnungsgrundlage für den Grundsteuermessbetrag (Art. 1 Abs. 2 BayGrStG). 16

(Einstweilen frei) 17–19

B. Systematische Kommentierung

I. Äquivalenzzahl für Flächen des Grund und Bodens (Art. 3 Abs. 1 Satz 1 BayGrStG)

Die im Landesgesetz geregelten **Äquivalenzzahlen** sind zur Berechnung der Äquivalenzbeträge und Grundsteuermessbeträge notwendig. Diese sind dabei lediglich **als reine Rechengröße** zu verstehen. Die Höhe der Äquivalenzzahlen ist entsprechend im Gesetz bestimmt und festgeschrieben. 20

Bei der **Höhe der Äquivalenzbeträge** ist zwischen den Flächen des Grund und Bodens und den Gebäudeflächen zu unterscheiden. Die **Äquivalenzzahl für die Fläche des Grund und Bodens** beträgt in Grundfall **0,04 €/m²**. Dabei spielt grundsätzlich weder der Zustand des Grund und Bodens (bebaut oder unbebaut) noch die Nutzung des Grund und Bodens oder die darauf befindliche Gebäudefläche eine Rolle. 21

Eine Definition zur **Ermittlung der Fläche des Grund und Bodens** enthält des Landesgesetz nicht. Nach der Gesetzesbegründung zum Gesetzesentwurf ist die Definition der Fläche des Grund und Bodens im Sprachgebrauch allgemein bekannt und regelmäßig als Synonym für die **Fläche des Flurstücks** zu verstehen. Auch wenn dies für die meisten Grundstückseigentümer zutreffen wird, so hätte eine kurze Definition zur Bestimmung der Fläche des Grund und Bodens im Landesgesetz sicher nicht geschadet und wäre leicht umzusetzen gewesen. 22

Die **Größe des Flurstücks** kann der Grundstückseigentümer regelmäßig dem **Grundbuchauszug** entnehmen. Auch mittels Auszugs aus dem amtlichen **Liegenschaftskataster** kann die Fläche der Flurstücke ermittelt werden. Beide Auszüge – sowohl der Grundbuchsauszug als auch der Auszug aus dem Liegenschaftskataster – kann der Grundstückseigentümer als berechtige Person bei den zuständigen Behörden beantragen, sollten keine Auszüge vorhanden sein. Alternativ kann die Grundstücksfläche auch dem bisherigen **Einheitswertbescheid** entnommen werden, sofern sich seit der letzten Einheitswertfeststellung keine Änderungen an der Fläche des Grund und Bodens ergeben haben und die wirtschaftliche Einheit identisch ist. Zu beachten ist jedoch, dass im Einheitswertbescheid regelmäßig nur die Gesamtfläche des Grund und Bodens für die wirtschaftliche Einheit enthalten ist. Bei mehreren Flurstücken ist grundsätzlich keine Aufteilung der Fläche des Grund und Bodens im Einheitswertbescheid enthalten. 23

BEISPIEL: Die Fläche des unbebauten Grundstücks beträgt 1.000 m². 24

Der Äquivalenzbetrag für das Grundstück beträgt nach Art. 3 BayGrStG: 1.000 m² x 0,04 €/m² = 40 €

25–28 *(Einstweilen frei)*

II. Sonderregelungen für übergroße Grundstücke (Art. 3 Abs. 1 Satz 2 BayGrStG)

29 Abweichend von der o. g. Äquivalenzzahl i. H. von 0,04 €/m² für die Fläche des Grund und Bodens enthält Satz 2 verschiedenen Möglichkeiten zur **Kürzung der Äquivalenzzahl** für bestimmte **übergroße Grundstücke**. Die Kürzungen wurden im Landesgesetz verankert, um dem Äquivalenzgedanken Rechnung zu tragen. Denn bei steigender Grundstücksgröße kann nicht davon ausgegangen werden, dass auch die Infrastrukturleistungen der Gemeinde, welche der Grundstückseigentümer in Anspruch nimmt und welche durch die Grundsteuer abgegolten werden sollen, auch bis ins unendliche linear gleich steigen. Vielmehr nimmt ab einer bestimmten Grundstücksgröße die Inanspruchnahme im Verhältnis pro Quadratmeter ab. Um eine überproportionale Belastung der Grundstückseigentümer mit großen Grundstücken zu verhindern, wurden entsprechende **Sonderregelungen zur Kürzung der Äquivalenzzahlen** berücksichtigt.

30 Die nachfolgenden Sonderregelungen zur Kürzung der Äquivalenzzahl bei bestimmten übergroßen Grundstücken beschränken sich auf den Umfang der wirtschaftlichen Einheit, welche innerhalb des Landes Bayern belegt sind.[1] Ferner werden bei der Berechnung des Äquivalenzbetrags nach Art. 3 Abs. 1 Satz 3 BayGrStG die von der Grundsteuer befreiten Flächen nicht berücksichtigt.[2]

31 *(Einstweilen frei)*

1. Kürzung bei Wohngrundstücken (Art. 3 Abs. 1 Satz 2 Nr. 1 BayGrStG)

a) Grundvoraussetzungen der Kürzungsregelung

32 Nach Art. 3 Abs. 1 Satz 2 Nr. 1 BayGrStG wird die **Äquivalenzzahl um 50 % ermäßigt**, wenn die Fläche des Grund und Bodens das **Zehnfache der Wohnfläche überschreitet und das Gebäude zu mindestens 90 % der Wohnnutzung dient**. Die Äquivalenzzahl ermäßigt sich für den das Zehnfache der Wohnfläche **übersteigenden** Teil des Grund und Bodens dann auf 0,02 €/m².

33 Für die Kürzungsregelung nach Satz 2 Nr. 1 müssen entsprechend folgende **Voraussetzungen** erfüllt sein:

- Es muss sich um ein **bebautes Grundstück** handeln,
- bei dem die Gebäudefläche zu **mindestens 90 % der Wohnnutzung** dient, und
- die Grundstücksfläche das **Zehnfache der Wohnfläche** übersteigt.

34–35 *(Einstweilen frei)*

b) Bebautes Grundstück

36 Die Kürzungsvorschrift ist nur für **bebaute Grundstücke** anzuwenden. Ein Grundstück gilt als bebautes Grundstück, wenn sich darauf ein **benutzbares Gebäude** befindet und kein Ausnahmefall des Art. 2 Abs. 4 BayGrStG vorliegt.[3] Zur grundsätzlichen Abgrenzung eines unbebauten

1 Vgl. 3.3.2.1 Satz 2 und 3 AEBayGrSt.
2 Vgl. 3.3.2.1 Satz 4 AEBayGrSt.
3 Vgl. Lehmann in Grootens, BayGrStG Art. 2 Rz. 92–99.

von einem bebauten Grundstück vgl. auch die Kommentierung von Bock in Grootens, BewG § 246 Rz. 17 ff.

(Einstweilen frei) 37–38

c) Wohnnutzung zu mindestens 90 %

Das auf dem Grundstück befindliche Gebäude muss zu **mindestens 90 % Wohnzwecken** dienen. Die Ermittlung des Verhältnisses der Wohnnutzung erfolgt anhand der Gebäudeflächen. Diese sind nach den Vorschriften des Art. 2 Abs. 1 BayGrStG zu ermitteln und ins Verhältnis zu setzen. 39

BEISPIEL: Die Gebäudeflächen betragen: 200 m² Wohnfläche und 10 m² Nutzfläche. 40

Der Anteil der Wohnfläche des Gebäudes beträgt: 200 m² / 210 m² x 100 = 95,24 %

(Einstweilen frei) 41–42

d) Grundstücksfläche übersteigt das Zehnfache der Wohnfläche

Die Fläche des Grund und Bodens muss darüber hinaus das **Zehnfache der Wohnfläche** übersteigen. Zu beachten ist, dass nur auf die Wohnfläche abzustellen ist und nicht auf die Gesamtgebäudefläche, z. B. in Fällen, in denen das Gebäude nicht ausschließlich zu Wohnzwecken genutzt wird. 43

BEISPIEL: Die Flächen eines bebauten Grundstücks betragen: 44

Grundstücksfläche: 4.000 m²

Wohnfläche des Gebäudes: 200 m²

Nutzfläche des Gebäudes: 10 m²

Ermittlung des Verhältnisses von Grundstücksfläche zu Wohnfläche: 4.000 m² / 200 m² = Faktor 20

e) Rechtsfolgen

Sind die Voraussetzungen erfüllt, so ist die **Äquivalenzzahl um 50 % auf dann 0,02 €/m² zu kürzen**. Die Kürzung ist dabei **nur auf den Teil der Grundstücksfläche anzuwenden, welcher das Zehnfache der Gebäudefläche übersteigt und soweit nicht aufgrund der Regelung in Nr. 3 eine abweichende Berechnung zu erfolgen hat**. In Fällen, in denen die Voraussetzungen nach Nr. 1 und nach Nr. 2 erfüllt sind, ist die Äquivalenzzahl für die Fläche des Grund und Bodens bis zum Zehnfachen der Wohnfläche nicht nach Nr. 1 um 50 % zu kürzen (vgl. → Rz. 74–82). Vielmehr ist für diesen Teil dann wiederum die Äquivalenzzahl von 0,04 €/m² anzusetzen. 45

BEISPIEL: Die Flächen eines bebauten Grundstücks betragen: 46

Grundstücksfläche: 4.000 m²

Wohnfläche des Gebäudes: 200 m²

Nutzfläche des Gebäudes: 10 m²

LÖSUNG: Die Voraussetzungen nach Nr. 1 sind erfüllt, da die Grundstücksfläche das Zehnfache der Wohnfläche übersteigt (4.000 m² / 200 m² = 20-fache) und das Gebäude dient zu mindestens 90 % der Wohnnutzung (200 m² / 210 m² x 100 = 95,24 %). Außerdem liegt kein Fall der Nr. 2 vor, da die Grundstücksfläche nicht 10.000 m² übersteigt. Für das Zehnfache der Wohnfläche von 2.000 m² (200 m² x 10) beträgt die Äquivalenzzahl nach Abs. 1 Satz 1 somit 0,04 €/m² und für die das Zehnfache der

Wohnfläche übersteigende Grundstücksfläche von 2.000 m² (4.000 m² - 2.000 m²) nach Abs. 1 Satz 2 Nr. 1 somit 0,02 €/m².

47 Bei **Gebäuden auf fremdem Grund und Boden** kann sich der Eigentümer des Grund und Bodens die Gebäudeflächen nicht zurechnen lassen. Die Ermäßigung nach Art. 3 Abs. 1 Satz 2 Nr. 1 sowie Nr. 3 Buchst. a und b (vgl. → Rz. 74–82 ff.) BayGrStG wird daher nicht gewährt.[1]

48–49 *(Einstweilen frei)*

2. Kürzung bei übergroßen Grundstücken mit geringer Bebauung (Art. 3 Abs. 1 Satz 2 Nr. 2 BayGrStG)

a) Grundvoraussetzungen der Kürzungsregelung

50 Die zweite Sonderregelung für übergroße Grundstücke bezieht sich auf **große Grundstücke, welche nur geringfügig bebaut oder befestigt** sind. Nach Art. 3 Abs. 1 Satz 2 Nr. 2 BayGrStG wird der Äquivalenzbetrag für die gesamte, **10.000 m² übersteigende Fläche** ermäßigt, wenn das Grundstück zu **mindestens 90 % weder bebaut noch befestigt** ist. Die Ermäßigung der Äquivalenzzahl ermittelt sich dann anhand einer mathematischen, **degressiven Formel**. Die Ermäßigung wurde eingeführt, da bei den Grundstücken, welche die Voraussetzungen erfüllen, davon ausgegangen wird, dass kommunale Leistungen für die unbebaute und unbefestigte Fläche in geringerem Ausmaß oder nur vorübergehend in Anspruch genommen werden.

51 Für die Kürzungsregelung nach Nr. 2 müssen die folgenden **Voraussetzungen** erfüllt sein:

- Die Fläche des Grundstücks ist zu **mindestens 90 % weder bebaut noch befestigt** und
- die Grundstücksgröße ist **größer als 10.000 m²**.

52–54 *(Einstweilen frei)*

b) Geringfügig bebautes oder befestigtes Grundstück

55 Das Grundstück muss für die Anwendung der Kürzungsvorschrift **zu mindestens 90 % weder bebaut oder befestigt** sein. Im Umkehrschluss bedeutet dies, dass das Grundstück weniger als 10 % bebaut oder befestigt sein darf.

56 Der **Grenzwert von 90 % richtet sich nach der Grundstücksfläche in m²**. Ob die Grundstücksfläche bebaut oder befestigt ist, bestimmt sich in Anlehnung an **DIN 277:2021-08**. Danach ist die **bebaute Fläche** der Teil der Grundstücksfläche, welche **durch Bauwerke überbaut, überdeckt oder unterbaut** ist. Danach müssen die Flächen nicht unmittelbar bebaut sein, um als bebaute Fläche zu gelten. Es reicht vielmehr aus, dass die Grundstücksfläche überdeckt (z. B. Carport) oder unterbaut (z. B. Keller oder Tiefgarage) ist. Flächen von Baukonstruktionen wie Kellerlichtschächte, Dachüberstände, Vordächer, Sonnenschutzkonstruktionen sowie nicht mit dem Bauwerk konstruktiv verbundene Baukonstruktionen (z. B. Außentreppen und Außenrampen) bleiben unberücksichtigt.[2] Ob es sich bei den **Gebäuden um solche auf fremdem Grund und Boden** handelt, ist für die Ermäßigung nicht von Bedeutung, da alleine auf die Fläche der Bebauung abgestellt wird und nicht auf Gebäudeflächen oder Gebäudenutzung. Die Bodenverankerungen von aufgeständerten Überdachungen sind zu vernachlässigen, wenn die überdachte Flä-

1 Vgl. 3.3.2.2 Satz 3 AEBayGrSt.
2 Vgl. 3.3.2.3 Satz 4 AEBayGrSt.

che des Grund und Bodens nach vorstehend genannten Voraussetzungen weder bebaut noch befestigt ist.[1]

Als befestigt gilt die Fläche, wenn die Oberfläche *„durch Walzen, Stampfen, Rütteln, oder Aufbringung von Baustoffen so verändert wurde, dass sie auch bei schlechter Witterung mit schweren Fahrzeugen befahren werden kann oder Niederschlagswasser nicht bzw. unter erschwerten Bedingungen versickern/vom Boden aufgenommen werden kann. Darunter fallen beispielsweise Wege, Straßen, Plätze, Höfe, Stellplätze und Gleisanlagen, deren Grundstücksflächen insbesondere mit Asphaltdecken, Betondecken, bituminösen Decken, Plattenbelägen, Pflasterungen (auch Rasenfugenpflaster, Porenpflaster, Basaltpflaster), Rasengittersteinen oder wassergebundenen Decken (aus Kies, Splitt, Schotter, Schlacke, o. ä.) bedeckt sind.“*[2] 57

Allein die vielen Aufzählungen verdeutlichen, dass der **Begriff der befestigten Fläche weit auszulegen** ist. Des Weiteren sind die vorstehend genannten Aufzählungen nicht abschließend. 58

Auch die **Ermittlung der Größe der befestigten Fläche** kann in der Praxis kompliziert werden, insbesondere, da z. B. Wege selten gerade verlaufen und oft keine konkrete Berechnung der befestigten Fläche vorliegen wird. Ferner definiert das Gesetz nicht, wie die befestigte Fläche genau zu ermitteln ist. Somit hat der Grundstückseigentümer im Zweifel die befestige Fläche selbst auszumessen oder zu ermitteln. Hierbei sollte darauf geachtet werden, das Ergebnis möglichst genau zu dokumentieren, um bei Nachfragen seitens des Finanzamtes auskunftsfähig zu sein. Auch sollte die Flächenermittlung anhand einer nachvollziehbaren und geeigneten Methode erfolgen. 59

PRAXISHINWEIS: 60

Aufgrund der weiten Auslegung der befestigen Fläche, kann es in der Praxis zu Abgrenzungsfragen kommen, ob eine Fläche als befestigt gilt oder nicht. Sollte der Teil der fraglichen Fläche zu einem Unterschreiten der Grenze von 90% führen, ist zu empfehlen, eine detaillierte Prüfung vorzunehmen. Ferner empfiehlt es sich, den Sachverhalt mit Beschreibungen und geeigneten Nachweisen dem Finanzamt zu erläutern.

Die bebaute und die befestigte Fläche sind bei der Berechnung der Grenze zusammen zu betrachten. Weiterhin sind sowohl jeweils **die steuerpflichtigen als auch die steuerbefreiten Flächen der zur wirtschaftlichen Einheit gehörenden Flurstücksflächen zu berücksichtigen.**[3] Fortführend ist die **Summe der beiden Flächen ins Verhältnis zur gesamten Grundstücksfläche** zu setzten. Für die Anwendung der Kürzungsvorschrift muss der **Anteil der nicht bebauten oder befestigen Fläche dann mindestens 90 %** betragen. 61

BEISPIEL: Das Grundstück hat eine Gesamtfläche von 12.000 m². Auf dem Grundstück befindet sich eine Lagerhalle mit 600 m² und ein Parkplatz mit Zufahrt mit einer befestigten Fläche von insgesamt 400 m². 62

Die nicht bebaute und befestigte Teil des Grundstücks beträgt:

Bebaute oder befestigte Fläche:	600 m² + 400 m² = 1.000 m²
Gesamtfläche des Grundstücks:	12.000 m²
Anteil:	(12.000 m² - 1.000 m²) / 12.000 m² x 100 = 91,67 %

1 Vgl. 3.3.2.3 Satz 7 und 8 AEBayGrSt.

2 Vgl. Drucks. 18/15755 v. 10.5.2021, Gesetzesentwurf der Staatsregierung – Bayerisches Grundsteuergesetz (BayGrStG); vgl. auch 3.3.2.3 Satz 5 und 6 AEBayGrSt.

3 Vgl. 3.3.2.3 Satz 9 AEBayGrSt.

63–65 *(Einstweilen frei)*

c) Größe des Grundstücks

66 Die Ermäßigung der Äquivalenzzahl nach Nr. 2 gilt nur für die 10.000 m^2 übersteigende Grundstücksfläche. Entsprechend muss die **Gesamtfläche des Grundstücks größer als 10.000 m^2** sein. Zwar kann auch bei kleineren Grundstücken die bebaute oder befestigte Fläche zu mehr als 90 % nicht bebaut oder befestigt sein, in diesem Fall würde aber keine Fläche mehr übrigbleiben, für die der Äquivalenzbetrag zu ermäßigen wäre. Die Vorschrift muss bei Grundstücken, welche nicht größer als 10.000 m^2 sind, daher nicht weiter geprüft werden.

67–69 *(Einstweilen frei)*

d) Rechtsfolgen

70 Sind die Voraussetzungen der Vorschrift in Nr. 2 erfüllt, ermäßigt sich nur der Teil der Grundstücksfläche, **welcher 10.000 m^2 übersteigt**. Die Kürzung des Äquivalenzbetrags ermittelt sich dann anhand einer **degressiven Formel** wie folgt:

(übersteigende Fläche des Grund und Bodens x 0,04/m^2)^{0,7} €

71 **BEISPIEL:** Das Grundstück hat eine Gesamtfläche von 12.000 m^2. Auf dem Grundstück befindet sich eine Lagerhalle mit 600 m^2 und ein Parkplatz mit Zufahrt mit einer befestigten Fläche von insgesamt 400 m^2.

Wie hoch ist der Äquivalenzbetrag des Grund und Bodens?

LÖSUNG: 1. Prüfung der Ermäßigung nach Art. 3 Abs. 1 Satz 2 BayGrStG:

Eine Ermäßigung nach Art. 3 Abs. 1 Satz 2 Nr. 1 BayGrStG scheidet aus, da das errichtete Gebäude nicht Wohnzwecken dient.

Eine Ermäßigung nach Art. 3 Abs. 1 Satz 2 Nr. 2 BayGrStG kommt in Betracht, da die nicht bebaute und befestigte Teil des Grundstücks mindestens 90 % beträgt:

Bebaute oder befestigte Fläche:	600 m^2 + 400 m^2 = 1.000 m^2
Gesamtfläche:	12.000 m^2
Anteil:	(12.000 m^2 - 1.000 m^2) / 12.000 m^2 x 100 = 91,67 %

2. Berechnung des ermäßigten Äquivalenzbetrages:

Übersteigende Fläche des Grund und Bodens:	12.000 m^2 - 10.000 m^2 = 2.000 m^2
Ermäßigter Äquivalenzbetrag:	(2.000 m^2 x 0,04/m^2)^{0,7} € = 21,48 €

3. Berechnung des Äquivalenzbetrag des Grund und Bodens:

„Regulärer" Äquivalenzbetrag:	10.000 m^2 x 0,04 €/m^2= 400,00 €
+ „ermäßigter" Äquivalenzbetrag:	21,48 €
Äquivalenzbetrag des Grund und Bodens:	421,48 €

72–73 *(Einstweilen frei)*

3. Rangverhältnis und Kombinationen der Sonderregelungen für übergroße Grundstücke (Art. 3 Abs. 1 Satz 2 Nr. 3 BayGrStG)

74 Die Tatbestandsvoraussetzungen der Nr. 1 und Nr. 2 schließen sich gegenseitig nicht aus. Daher ist es möglich, dass Grundstücke die **Voraussetzungen beider Ermäßigungsregelungen** er-

füllen. Für diesen Fall, dass sowohl die Voraussetzungen der Nr. 1 also auch der Nr. 2 erfüllt sind, stehen die Vorschriften in folgendem **Rangverhältnis** zueinander:

- **Bis zum Zehnfachen der Wohnfläche** ist die Äquivalenzzahl stets voll anzusetzen. Es gilt somit die Regelung des Art. 3 Abs. 1 Satz 1 BayGrStG (vgl. Art. 3 Abs. 1 Satz 2 Nr. 3 Buchst. a BayGrStG).
- Für die Fläche, welche das **Zehnfache der Wohnfläche übersteigt** und **10.000 m² nicht überschreitet**, findet Art. 3 Abs. 1 Satz 2 Nr. 1 BayGrStG Anwendung, höchstens jedoch eine Äquivalenzzahl von 0,02 €/m² (vgl. Art. 3 Abs. 1 Satz 2 Nr. 3 Buchst. b BayGrStG).
- Im Übrigen wird die Berechnung nach Art. 3 Abs. 1 Satz 2 Nr. 2 BayGrStG angewendet (vgl. Art. 3 Abs. 1 Satz 2 Nr. 3 Buchst. c BayGrStG). Dies gilt insbesondere dann, wenn das Zehnfache der Wohnfläche 10.000 m² übersteigt. Dann ist für die über das Zehnfache der Wohnfläche hinausgehende Fläche des Grund und Bodens die **reduzierte Äquivalenzzahl mittels degressiver Formel** zu ermitteln.

Dadurch ergeben sich für den Steuerpflichtigen je nach **Sachverhaltskonstellation verschiedene Kombinationsmöglichkeiten der beiden Ermäßigungsvorschriften**. Diese sind teilweise recht komplex und anhand des Gesetzeswortlauts nicht einfach nachzuvollziehen. Dies hat auch der Gesetzgeber bereits im Gesetzgebungsverfahren erkannt und daher in der Gesetzesbegründung zum Gesetzesentwurf v. 10.5.2021[1] für die o.g. Rangverhältnisse und die unterschiedlichen Kombinationsmöglichkeiten verschieden Beispielsfälle zur Erläuterung aufgenommen: 75

Beispiele aus der Gesetzesbegründung vom 10.5.2021,[2] jeweils ergänzt um die Berechnung des Äquivalenzbetrags): 76

1. BEISPIEL: Flächenbegrenzung für Wohngebäude (Fläche Grund und Boden < 10.000 m²)

Wohnfläche	200 m²
Nutzfläche	100 m²
Grund und Boden	9.000 m²

LÖSUNG: Der Grund und Boden für die ersten 2.000 m² wird mit 0,04 €/m² angesetzt (vgl. Abs. 1 Satz 1). Die darüber hinaus gehende Fläche von insgesamt noch 7.000 m² wird nach Nr. 1 mit der Äquivalenzzahl von 0,02 €/m² angesetzt. Die Flächenbegrenzung nach Nr. 2 ist nicht betroffen, da der Grund und Boden nicht größer als 10.000 m² ist.

Berechnung des Äquivalenzbetrags:

Grund und Boden:	
2.000 m² x 0,04 €/m²	= 80 €
7.000 m² x 0,02 €/m²	= 140 €
Gebäudeflächen:	
200 m² x 0,50 /m²	= 100 €
Äquivalenzbetrag:	= 320 €

1 Vgl. Drucks. 18/15755 v. 10.5.2021, Gesetzesentwurf der Staatsregierung – Bayerisches Grundsteuergesetz (BayGrStG).

2 Vgl. Drucks. 18/15755 v. 10.5.2021, Gesetzesentwurf der Staatsregierung – Bayerisches Grundsteuergesetz (BayGrStG).

2. **BEISPIEL:** Flächenbegrenzung bei keiner / geringfügiger Bebauung

Wohnfläche	100 m²
Nutzfläche	300 m²
Bebaute Fläche	200 m²
Grund und Boden	30.000 m²

LÖSUNG: Der Grund und Boden bis 1.000 m² wird nach Abs. 1 Satz 1 mit 0,04 €/m² angesetzt. Für die darüber hinaus gehende Fläche gilt nicht bereits Nr. 1, da die Gebäudeflächen nicht zu mindestens 90 % der Wohnnutzung dienen. Auch Nr. 2 trifft für die Fläche des Grund und Bodens bis 10.000 m² (d. h. für die weiteren 9.000 m²) keine Aussage. Nach Abs. 1 Satz 1 gilt daher auch für diese Fläche eine Äquivalenzzahl von 0,04 €/m². Nur für die übrigen 20.000 m², die die Grenze von 10.000 m² übersteigen, gilt die im Tarif nach Nr. 2 enthaltene degressive Formel.

Berechnung des Äquivalenzbetrags:

Grund und Boden:	
10.000 m² x 0,04 €/m²	= 400 €
(20.000 m² x 0,04 €/m²)^{0,7}	= 107,68 €
Gebäudeflächen:	
400 m² x 0,50 /m²	= 200 €
Äquivalenzbetrag:	= 707,68 €

3. Kombinationsfälle (Fläche Grund und Boden > 10.000 m²)

BEISPIEL 1 (10FACHE DER WOHNFLÄCHE > 10.000 M²)

Wohnfläche	1.500 m²
Bebaute Fläche	300 m²
Grund und Boden	30.000 m²

LÖSUNG: Der Grund und Boden für die ersten 15.000 m² wird nach Nr. 3 Buchst. a) i.V. mit Abs. 1 Satz 1 stets mit 0,04 €/m² angesetzt. Der Äquivalenzbetrag für die verbleibenden 15.000 m² wird dagegen anhand der in Nr. 2 enthaltenen degressiven Formel ermittelt, da Nr. 1 insoweit verdrängt wird durch Nr. 3 Buchst. c).

Berechnung des Äquivalenzbetrags:

Grund und Boden:	
15.000 m² x 0,04 €/m²	= 600 €
(15.000 m² x 0,04 €/m²)^{0,7}	= 88,04 €
Gebäudeflächen:	
1.500 m² x 0,50 €/m²	750 €
Äquivalenzbetrag:	= 1.438,04 €

BEISPIEL 2 (10FACHE DER WOHNFLÄCHE < 10.000 M²)

Wohnfläche	300 m²
Bebaute Fläche	300 m²
Grund und Boden	30.000 m²

LÖSUNG: Der Grund und Boden für die ersten 3.000 m² wird mit 0,04 €/m² angesetzt gem. Nr. 3 Buchst. a i.V. mit Abs. 1 Satz 1. Die weiteren 7.000 m² des Grund und Bodens, d. h. bis zur Grenze von 10.000 m², werden mit einer Äquivalenzzahl von 0,02 €/m² angesetzt nach Nr. 3 Buchst. b i.V. mit Nr. 1. Der Äquivalenzbetrag für die über 10.000 m² hinausgehenden 20.000 m² wird gem. Nr. 3 Buchst. c dagegen der Formel nach Nr. 2 unterworfen.

Berechnung des Äquivalenzbetrags:

Grund und Boden:	
3.000 m² x 0,04 €/m²	= 120 €
7.000 m² x 0,02 €/m²	= 140 €
(20.000 m² x 0,04 €/m²)^{0,7}	= 107,68 €
Gebäudeflächen:	
300 m² x 0,50 €/m²	150 €
Äquivalenzbetrag:	= 517,68 €

BEISPIEL 3 (10 FACHE DER WOHNFLÄCHE = 10.000 M²)

Wohnfläche	1.000 m²
Bebaute Fläche	300 m²
Grund und Boden	30.000 m²

LÖSUNG: Der Grund und Boden für die ersten 10.000 m²wird mit 0,04 €/m² angesetzt gem. Nr. 3 Buchst. a i.V. mit Abs. 1 Satz 1. Eine Fläche nach Nr. 1 besteht nicht, da das Zehnfache der Wohnfläche genau 10.000 m² entspricht. Der Äquivalenzbetrag für die über 10.000 m² hinausgehenden 20.000 m² wird gem. Nr. 3 Buchst. c nach Nr. 2 angesetzt.

Berechnung des Äquivalenzbetrags:

Grund und Boden:	
10.000 m² x 0,04 €/m²	= 400 €
(20.000 m² x 0,04 €/m²)^{0,7}	= 107,68 €
Gebäudeflächen:	
1.000 m² x 0,50 €/m²	500 €
Äquivalenzbetrag:	= 1.007,68 €

PRAXISHINWEIS: 77

Die Sonderregelungen für übergroße Grundstücke sind zwar zu Gunsten des Grundstückseigentümers, da sie die Grundsteuer mindern, jedoch sind die Regelungen nicht anwenderfreundlich gestaltet worden. Durch die möglichen Kombinationsmöglichkeiten der Nr. 1 und Nr. 2 und deren Rangverhältnis sowie die teilweisen Ausschlussbedingungen in Nr. 3 ist es für einen nicht fachkundigen Steuerpflichtigen m. E. so gut wie unmöglich, die Regelungen durch Lesen des Gesetzestextes zu verstehen und richtig anzuwenden. Selbst für Berater, welche nur gelegentlich solche Fälle betreuen, ist es m. E. schwierig, den Gesetzestext - selbst unter Hinzunahme der Gesetzesbegründung inkl. Beispiele aus dem Gesetzesentwurf - ohne weiteres in der Praxis auf konkrete Fälle und Beispiele anzuwenden. Der Gesetzgeber hätte hier eine einfachere Regelung oder klarere Formulierung anstreben sollen. Entsprechend ist Steuerpflichtigen, welche durch übergroßen Grundbesitz in den Regelungsinhalt des Art. 3 Abs. 1 Satz 2 BayGrStG kommen, eine genaue und detaillierte Prüfung der Voraussetzungen und des Bescheides zu empfehlen. Die vorstehend genannten Beispiele finden sich teilweise bzw. leicht abgewandelt auch im AEBayGrSt.[1]

(Einstweilen frei) 78–82

III. Äquivalenzzahl für Gebäudeflächen (Art. 3 Abs. 2 BayGrStG)

Nach Art. 3 Abs. 2 BayGrStG beträgt die **Äquivalenzzahl der Gebäudeflächen 0,50 €/m²**. Die **Nutzungsarten der Gebäudeflächen** – Wohnflächen bei Wohnnutzung oder Nutzflächen bei 83

1 Vgl. 3.3.2.4 Beispiel 1 bis 5AEBayGrSt.

Nichtwohnnutzung – **sind für die Äquivalenzzahl irrelevant**. Die Nutzungsart ist erst auf Ebene der Ermittlung der Grundsteuermesszahlen von Bedeutung.

84 Zu beachten ist, dass nur die i. S. des Art. 2 BayGrStG zu berücksichtigen Flächen mit der Äquivalenzzahl zu multiplizieren sind. **Die Gebäudeflächen für bestimmte Gebäude (vgl. Art. 2 BayGrStG) bleiben außer Betracht** und sind im Schritt bei der Ermittlung des Äquivalenzbetrages nicht mehr relevant.

Art. 4 BayGrStG Grundsteuermesszahlen

(1) [1]Die Grundsteuermesszahl beträgt 100 %. [2]Für den Äquivalenzbetrag der Wohnflächen wird die Grundsteuermesszahl auf 70 % ermäßigt.

(2) [1]Die Grundsteuermesszahl für den Äquivalenzbetrag der Wohnflächen wird um 25 % ermäßigt, soweit eine enge räumliche Verbindung mit dem Betrieb der Land- und Forstwirtschaft des Steuerschuldners besteht. [2]Dies gilt nur, soweit Wohnflächen dem Inhaber des Betriebs der Land- und Forstwirtschaft, den zu seinem Haushalt gehörenden Familienangehörigen oder den Altenteilern zu Wohnzwecken dienen und mindestens einer der Bewohner durch eine mehr als nur gelegentliche Tätigkeit in dem Betrieb an ihn gebunden ist. [3]Für Flächen, die den Angestellten des Betriebs zu Wohnzwecken dienen, gilt Satz 1 entsprechend.

(3) Die Grundsteuermesszahlen für die Äquivalenzbeträge der Gebäudeflächen werden um 25 % ermäßigt, wenn ein Baudenkmal nach Art. 1 Abs. 2 Satz 1 oder Abs. 3 des Bayerischen Denkmalschutzgesetzes vorliegt.

(4) Die Grundsteuermesszahl für den Äquivalenzbetrag der Wohnflächen wird um 25 % ermäßigt, soweit

1. die Wohnflächen den Bindungen des sozialen Wohnungsbaus aufgrund einer staatlichen oder kommunalen Wohnraumförderung unterliegen oder

2. die Voraussetzungen des § 15 Abs. 4 des Grundsteuergesetzes (GrStG) in der am 1. Januar 2025 geltenden Fassung vorliegen.

(5) [1]Eine Ermäßigung der Grundsteuermesszahlen nach Abs. 2 bis 4 wird gewährt, wenn die jeweiligen Voraussetzungen zum Veranlagungszeitpunkt vorlagen. [2]Sind mehrere Ermäßigungstatbestände erfüllt, sind die Ermäßigungen nacheinander anzuwenden. [3]Den Bezugspunkt der Berechnung der ermäßigten Grundsteuermesszahl bildet jeweils die vorangegangene ermäßigte Grundsteuermesszahl.

Inhaltsübersicht **Rz.**

LITERATUR

Graf, Der Anwendungserlass zur Bayerischen Grundsteuer (AEBayGrSt) – Welche Auswirkungen ergeben sich für die Praxis?, NWB 47/2022 S. 3300,NWB YAAAJ-26797; *Stöckl*, Vergleich der Grundsteuergesetze der Länder Bayern, Baden-Württemberg, Hamburg, Hessen und Niedersachsen, NWB 3/2024 S. 165 NWB WAAAJ-56594.

VERWALTUNGSANWEISUNGEN

Anwendungserlass zum Bayerischen Grundsteuergesetz und zum Siebenten Abschnitt des Zweiten Teils des Bewertungsgesetztes zur Bewertung des Grundbesitzes – allgemeiner Teil und Grundvermögen –für die Grundsteuer ab 1. Januar 2022 und zum Grundsteuergesetz ab 1. Januar 2025 (Bayerischer Anwendungserlass-Grundsteuer – AEBayGrSt v. 2.9.2022; BayMBl. 2022 Nr. 542 v. 28.9.2022).

A. Allgemeine Erläuterungen zu Art. 4 BayGrStG

I. Normzweck und wirtschaftliche Bedeutung der Vorschrift

1 Art. 4 BayGrStG definiert die **landesspezifischen Grundsteuermesszahlen für die Steuergegenstände der Grundsteuer B**. Dabei differenziert Art. 4 Abs. 1 BayGrStG zwischen den Wohnflächen und Nichtwohnflächen. Während **für Nichtwohnflächen die Grundsteuermesszahl 100 % beträgt, ermäßigt sich die Grundsteuermesszahl für Wohnflächen um 30 % auf 70 %.** Die Grundsteuermesszahl wird mit dem zuvor ermittelten Äquivalenzbetrag multipliziert. Daraus ergibt sich der Grundsteuermessbetrag der jeweiligen wirtschaftlichen Einheit des Grundvermögens, welcher wiederum Bemessungsgrundlage für die Ermittlung der Grundsteuer B durch Multiplikation mit dem gemeindespezifischen Hebesatz ist.

2 Die Art. 4 Abs. 2–4 BayGrStG regeln weitere mögliche **Ermäßigungen der Grundsteuermesszahlen für Wohnflächen in enger räumlicher Verbindung mit dem Betrieb der Land- und Forstwirtschaft** (Art. 4 Abs. 2 BayGrStG), für **Gebäudeflächen von Baudenkmälern** (Art. 4 Abs. 3 BayGrStG) und für **bestimmte Wohnflächen** (Art. 4 Abs. 4 BayGrStG).

3 Art. 4 Abs. 5 BayGrStG regelt die **Voraussetzungen zur Inanspruchnahme der Ermäßigungen nach Art. 4 Abs. 2–4 BayGrStG** sowie die Berechnung der anzuwendenden Grundsteuermesszahl, z. B. beim Vorliegen mehrerer Ermäßigungen.

4–6 *(Einstweilen frei)*

II. Entstehung und Entwicklung der Vorschrift

7 Art. 4 BayGrStG wurde mit dem **Bayrischen Grundsteuergesetz** (BayGrStG) v. 10.12.2021[1] in das BayGrStG aufgenommen und tritt ab dem 1.1.2022 in Kraft (vgl. Art. 11 BayGrStG). Weitere Ausführungen zu den gesetzlichen Regelungen finden sich im Bayerischen Anwendungserlass-Grundsteuer v. 2.9.2022.[2]

8 Die Vorschrift des Art. 4 BayGrStG ist an den § 15 GrStG angelehnt. Aufgrund der abweichenden Wertermittlung der Ausgangsbeträge im bayerischen Landesmodell auf Basis des **Flächenprinzips mittels Äquivalenzzahlen**, wurde durch Art. 4 BayGrStG die bundesgesetzliche Regelung des § 15 Abs. 1 GrStG entsprechend verändert und angepasst. Auch die erstmals im Bundesgesetz durch die Grundsteuerreform eingeführten **Ermäßigungen für Grundstücke, die der Wohnraumförderung** dienen (§ 15 Abs. 2 und 3 GrStG), **bestimmten Rechtsträgern** zuzurechnen sind (§ 15 Abs. 4 GrStG) und für bestimmte **Baudenkmäler** (§ 15 Abs. 5 GrStG) Anwendung finden, wurden durch das BayGrStG nicht vollständig übernommen. Vielmehr werden eigene, landesspezifische Regelungen zu den Voraussetzungen und der Höhe von Ermäßigungen für Wohnraum und Baudenkmäler mit Art. 4 BayGrStG eingeführt.

9–12 *(Einstweilen frei)*

III. Geltungsbereich

13 Das BayGrStG gilt für in **Bayern** belegene Grundstücke.

14–15 *(Einstweilen frei)*

IV. Verhältnis zu anderen Vorschriften

16 Die **Grundsteuermesszahl** dient der Ermittlung des **Grundsteuermessbetrags** durch Multiplikation des **Äquivalenzbetrages** mit der Grundsteuermesszahl (Art. 1 Abs. 2 BayGrStG).

17 Die Bewertung für das **land- und forstwirtschaftliche Grundvermögen** entspricht im Wesentlichen der bundesgesetzlichen Regelung. Die **Steuermesszahl** entspricht daher der in § 14 GrStG.

18 Nach Art. 4 Abs. 3 BayGrStG ermäßigt sich die **Grundsteuermesszahl für Gebäudeflächen von Baudenkmälern** soweit dies die Voraussetzungen des Art. 1 Abs. 2 Satz 1 oder Abs. 3 des Bayerischen Denkmalschutzgesetzes (BayDSchG) erfüllen.

---

1 Bayerisches Grundsteuergesetz (BayGrStG) v. 10.12.2021 (Bayerisches Gesetz- und Verordnungsblatt Nr. 23/2021 S. 638).

2 Anwendungserlass zum Bayerischen Grundsteuergesetz und zum Siebenten Abschnitt des Zweiten Teils des Bewertungsgesetzes zur Bewertung des Grundbesitzes – allgemeiner Teil und Grundvermögen – für die Grundsteuer ab 1. Januar 2022 und zum Grundsteuergesetz ab 1. Januar 2025 (Bayerischer Anwendungserlass-Grundsteuer – AE-BayGrSt v. 2.9.2022; BayMBl. 2022 Nr. 542 v. 28.9.2022).

Die **Ermäßigungen der Wohnflächen des sozialen Wohnungsbaus sind an die Bestimmungen der Fördergesetze** geknüpft. Des Weiteren verweist Art. 4 Abs. 4 Nr. 2 BayGrStG auf die Voraussetzungen des Bundesgesetzes in § 15 Abs. 2–4 GrStG. 19

(Einstweilen frei) 20–22

B. Systematische Kommentierung

I. Allgemeine Grundsteuermesszahlen für Grundstücke (Art. 4 Abs. 1 BayGrStG)

1. Allgemeine Grundsteuermesszahl für die Grundstücksfläche und Nichtwohnflächen

Durch die zum Bundesgesetz abweichenden Bewertungsregelungen des bayerischen Grundsteuergesetzes, sind **abweichende Grundsteuermesszahlen nach dem Landesrecht** notwendig. Dies ist vor allem durch die abweichende Bewertungssystematik begründet. Durch das verankerte Flächenprinzip ergibt sich bereits nach Anwendung der **Äquivalenzbeträge** ein Ausgangsbetrag, der dem Grundsteuermessbetrag im Bundesrecht nahekommt. Entsprechend beträgt die **Grundsteuermesszahl für die Grundstücke des Grundvermögens grundsätzlich 100 %** (Art. 4 Abs. 1 Satz 1 BayGrStG). Dies gilt sowohl für die Fläche des Grund und Bodens als auch für die Nutzfläche der Gebäude (zum Umfang und Berechnung der Nutzfläche siehe Art. 2 BayGrStG). Die Grundsteuermesszahl von 100 % auf den Äquivalenzbetrag gilt nicht für die Wohnflächen der Gebäude. 23

BEISPIEL: Die Daten des mit einem Bürohaus bebauten Grundstücks sind: 24

Grundstücksfläche:	1.000 m²
Nutzfläche des Gebäudes:	2.000 m²

Es soll der Grundsteuermessbetrag festgesetzt werden.

LÖSUNG: Nach Anwendung der Äquivalenzbeträge aus Art. 3 BayGrStG ergibt sich folgender Ausgangsbetrag:

Äquivalenzbetrag des Grund und Bodens:	1.000 m² x 0 04 €/m² = 40 €
Äquivalenzbetrag der Gebäudeflächen:	2.000 m² x 0 50 €/m² = 1.000 €

Die Grundsteuermesszahl beträgt gem. Art. 4 Abs. 1 Satz 1 BayGrStG 100 %. Der Grundsteuermessbetrag für das Grundstück entspricht mithin: 1.040 €

2. Allgemeine Grundsteuermesszahl für Wohnflächen

Nach Art. 4 Abs. 1 Satz 2 BayGrStG **ermäßigt sich die Grundsteuermesszahl für die Gebäudeflächen, welche der Wohnnutzung dienen, auf 70 %.** Durch die pauschale Ermäßigung der Grundsteuermesszahl für Wohnflächen soll bezahlbarer Wohnraum gefördert werden. Die sich daraus ergebene niedrigere Grundsteuerbelastung der Wohnnutzung wird damit bewusst in Kauf genommen. 25

BEISPIEL: Sachverhalt wie → Rz. 24, jedoch handelt es sich um ein Gebäude mit Mietwohnungen. 26

LÖSUNG: Die Grundsteuermesszahl beträgt nunmehr gem. Art. 4 Abs. 1 Satz 2 BayGrStG 70 %. Der Grundsteuermessbetrag für das Grundstück entspricht mithin:

Äquivalenzbetrag des Grund und Bodens von 40 € x Grundsteuermesszahl 100 % =	40 €
Äquivalenzbetrag der Gebäudeflächen von 1.000 € x Grundsteuermesszahl 70 % =	700 €
Grundsteuermessbetrag:	740 €

27 Spannend bleibt insbesondere die Frage, wie sich die **pauschale Ermäßigung der Wohnflächen** auf die gesamte Grundsteuerbelastung im Bundesland Bayern auswirkt. Da auch beim BayGrStG das Ziel sein wird, die Grundsteuerreform in Summe möglichst aufkommensneutral zu gestalten, dürfte das im Umkehrschluss bedeuten, dass durch die Begünstigung der Wohnnutzung und die niedrigere Belastung, diese durch die Grundsteuer für Gebäude mit Nichtwohnnutzung ausgeglichen werden muss. Folglich ist erst einmal damit zu rechnen, dass die **Grundsteuer nach der Reform für Nichtwohngrundstücke steigen, währen die Grundsteuer für Wohngrundstücke vermutlich sinken wird**. Erste Berechnungsbeispiele zeigen jedoch, dass die nicht auf alle Wohngrundstücke zutreffen wird. Während für das Wohnungseigentum, Mietwohngrundstücke (ausgenommen Altbauten), Villen (Einfamilienhäuser mit Wohnflächen über 220 m² und gemischt genutzte Grundtücke mit teils deutlichen Vergünstigungen zu rechnen ist, kann hingegen bei einigen Wohngrundstücken wie z. B. Einfamilienhäuser und Altbauten mit steigenden Grundsteuerbeträgen gerechnet werden.[1]Inwieweit sich dies auch auf das Grundsteueraufkommen der einzelnen Gemeinden auswirken wird, bleibt abzuwarten. Durch das Hebesatzrecht der Gemeinden sind diese jedoch bereits mit dem passenden Instrument ausgestattet, das Grundsteueraufkommen entsprechend anzupassen, wenn und soweit sich durch die unterschiedlichen Grundsteuermesszahlen für Wohn- und Nichtwohnflächen erhebliche Unterschiede zum bisherigen Recht ergeben sollten.

28–31 *(Einstweilen frei)*

II. Ermäßigung der Grundsteuermesszahl für Wohnflächen in Verbindung mit dem Betrieb der Land- und Forstwirtschaft (Art. 4 Abs. 2 BayGrStG)

32 **Besteht zwischen Wohnflächen und dem Betrieb der Land- und Forstwirtschaft eine enge räumliche Verbindung,** so ermäßigt sich die Grundsteuermesszahl für diese Wohnflächen um weitere 25 % auf sodann **52,50 %**. In der Gesetzesbegründung zum Gesetzesentwurf von 5.10.2021[2] heißt es hierzu:

„Diese Ermäßigung privilegiert den bisher dem Betrieb der Land- und Forstwirtschaft zugeordneten Wohnteil zur Förderung und zum Erhalt der ländlichen Siedlungsstruktur."

32/1 Zum Wohnteil gehört ein Gebäude oder ein Gebäudeteil eines Betriebs der Land- und Forstwirtschaft, wenn diese Gebäude oder Gebäudeteile **dem Inhaber und den zu seinem Haushalt gehörenden Familienangehörigen zu Wohnzwecken dienen**. Dies gilt auch, wenn Gebäude oder Gebäudeteile **Altenteiler zu Wohnzwecken dienen** und die Wohnnutzung in einem **Altenteilsvertrag** geregelt ist. Werden dem **Personal** nur einzelne zu Wohnzwecken dienende Räume überlassen, rechnen diese ebenfalls zum Wohnteil des Betriebs der Land- und Forstwirtschaft.[3]

32/2 **Betriebswohnungen** sind Gebäude oder Gebäudeteile des Betriebs, die dessen Arbeitnehmern und deren Familienangehörigen zu Wohnzwecken zur Verfügung gestellt werden. Dabei ist es nicht erforderlich, dass der Wohnungsinhaber oder seine Familienangehörigen ganz in dem Betrieb tätig sind. Es genügt, dass der jeweilige Arbeitnehmer vertraglich dazu verpflichtet ist, wenigstens 100 Arbeitstage oder 800 Arbeitsstunden im Jahr mitzuarbeiten. Das Merkmal der

1 Vgl. Stöckl in Vergleich der Grundsteuergesetze der Länder Bayern, Baden-Württemberg, Hamburg, Hessen und Niedersachsen, NWB 3/2024 S. 165 NWB WAAAJ-56594.

2 Vgl. Drucks. 18/15755 v. 10.5.2021, Gesetzesentwurf der Staatsregierung – Bayerisches Grundsteuergesetz (BayGrStG).

3 Vgl. 3.4.1.1 AEBayGrSt.

Betriebswohnung bleibt bei fortdauernder Nutzung der Wohnung durch den Arbeitnehmer nach Eintritt in den Ruhestand erhalten.[1] Eine **enge räumliche Verbindung** ist stets anzunehmen, wenn sich **Betriebswohnungen und Wohnteil unmittelbar neben den Wirtschaftsgebäuden oder den dazugehörigen Nebenflächen befinden.** Diese Voraussetzung ist z. B. auch erfüllt, wenn Betriebswohnungen und Wohnteil durch eine öffentliche Straße mit geringer Verkehrsbelastung von der Hofstelle getrennt sind. Eine räumliche Verbindung mit der Hofstelle besteht nicht, wenn zwischen der Hofstelle und den Betriebswohnungen oder dem Wohnteil Industriegelände oder bebaute Grundstücke liegen. Ebenso geht die räumliche Verbindung verloren, wenn die Betriebswohnungen oder die zum Wohnteil gehörenden Wohngrundstücke durch Autobahnen oder Flüsse von der Hofstelle getrennt sind. Das Gleiche gilt auch, wenn die Betriebswohnungen oder die zum Wohnteil gehörenden Wohngrundstücke zwar nur durch eine Straße oder einen Weg von der Hofstelle getrennt sind, aber in einem geschlossenen Wohnbaugebiet liegen.[2]

Eine **enge räumliche Verbindung der Wohnflächen mit dem Betrieb der Land- und Forstwirtschaft** liegt vor, wenn die **Wohnflächen dem Inhaber oder der Inhaberin des Betriebs der Land- und Forstwirtschaft, einem zum Haushalt gehörenden Familienangehörigen oder den Altenteilern dienen.** Weiterhin muss mindestens einer der Bewohner **durch eine mehr als gelegentliche Tätigkeit in dem Betrieb der Land- und Forstwirtschaft gebunden** sein. 33

Nach der Gesetzesbegründung kann eine **mehr als nur gelegentliche Tätigkeit** bereits bei einem **Arbeitsaufwand von vier Wochen im Jahr** vorliegen. Hierbei sind jedoch die Nutzung und Größe der Betriebsflächen in die Beurteilung einzubeziehen. **Verpachtete Flächen werden für den Arbeitsaufwand nicht berücksichtigt.** Werden lediglich forstwirtschaftliche Flächen bewirtschaftet, liegt bei Nutzungsgrößen unter 30 ha nur eine gelegentliche Tätigkeit vor (aussetzender Forstbetrieb); über 30 ha kommt es auf den Einzelfall an.[3] **Die Anforderungen an eine mehr als nur gelegentliche Tätigkeit sind somit relativ gering.** Im Zweifel ist jedoch immer der Einzelfall zu prüfen und das Vorliegen der Voraussetzungen dem Finanzamt nachzuweisen und zu begründen. 34

Die **Ermäßigung gilt** dabei weiterhin **für die Flächen, welche den Angestellten des Betriebs** der Land- und Forstwirtschaft **zu Wohnzwecken dienen.** 35

(Einstweilen frei) 36–38

III. Ermäßigung der Grundsteuermesszahl für Baudenkmäler (Art. 4 Abs. 3 BayGrStG)

Art. 4 Abs. 3 BayGrStG ist angelehnt an die Regelung des Bundesrechts in § 15 Abs. 5 GrStG, wonach die **Grundsteuermesszahlen für die Gebäudeflächen von Baudenkmälern zusätzlich ermäßigt werden**. Abweichend von Bundesrecht, in dem die Steuermesszahl um 10 % ermäßigt wird, **beträgt die Ermäßigung der Grundsteuermesszahl im Landesrecht 25 % auf die ursprüngliche Grundsteuermesszahl.** 39

Voraussetzung ist, dass es sich bei den Gebäuden um **Baudenkmäler nach Art. 1 Abs. 2 Satz 1 oder Abs. 3 des Bayerischen Denkmalschutzgesetzes (BayDSchG)** handelt. Dies sind: 40

1 Vgl. 3.4.1.2 AEBayGrSt.
2 Vgl. 3.4.1.3 AEBayGrSt.
3 Vgl. 3.4.1.4 Satz 3 und 4 AEBayGrSt.

Art. 1 Abs. 2 Satz 1 BayDSchG

„Baudenkmäler sind bauliche Anlagen oder Teile davon aus vergangener Zeit, soweit sie nicht unter Absatz 4 fallen, einschließlich dafür bestimmter historischer Ausstattungsstücke und mit der in Absatz 1 bezeichneten Bedeutung."

Art. 1 Abs. 3 BayDSchG

„Zu den Baudenkmälern kann auch eine Mehrheit von baulichen Anlagen (Ensemble) gehören, und zwar auch dann, wenn keine oder nur einzelne dazugehörige bauliche Anlagen die Voraussetzungen des Abs. 1 erfüllen, das Orts-, Platz- oder Straßenbild aber insgesamt erhaltenswürdig ist."

Ob ein begünstigtes Baudenkmal vorliegt, kann beim bayerischen Landesamt für Denkmalpflege erfragt werden. Dieses führt eine Liste aller bayerischen Denkmäler.[1]

41 Die **Ermäßigung bezieht sich nur auf die Gebäudeflächen, welche die denkmalschutzgesetzlichen Voraussetzungen erfüllen**. Sind daneben Gebäudeflächen vorhanden, welche diese Voraussetzungen nicht erfüllen, so findet die Ermäßigung keine Anwendung. Eine gesonderte Regelung dazu wie im Bundesrecht nach § 15 Abs. 5 Satz 2 GrStG, wonach die Ermäßigung der Steuermesszahl anteilig zu gewähren ist, wenn auf einem Grundstück nur ein Teil der Gebäude oder nur Teile eines Gebäudes i. S. des jeweiligen Landesdenkmalschutzgesetzes unter Denkmalschutz stehen,[2] ist im bayerischen Landesrecht jedoch nicht notwendig, da sich dies bereits automatisch aus der speziellen Berechnungssystematik des Landesrechts anhand der Gebäudeflächen ergibt. Durch die Anknüpfung der Gebäudefläche im BayGrStG kann eine Aufteilung der Flächen auf den Anteil, welcher unter Denkmalschutz steht und folglich weiter begünstigt ist, grundsätzlich ohne großen Aufwand erfolgen.

42 Dennoch kann es in der Praxis in besonderen Fallkonstellationen ebenfalls zu **Abgrenzungsfragen und komplexen Aufteilungen** kommen. Auch müssten bereits in den Fällen, bei denen nur ein Teil der Gebäudeflächen unter Denkmalschutz stehen, die Äquivalenzbeträge gesondert für die einzelnen Teilflächen berechnet werden. Da die Ermäßigung zusätzlich zu den anderen Ermäßigungen des Art. 4 BayGrStG gewährt wird, sollten ebenfalls bereits die Äquivalenzbeträge für die Wohn- und Nutzflächen gesondert ermittelt werden, um die Ermäßigung für die Wohnflächen entsprechend berücksichtigen zu können.

43 BEISPIEL: Das bebaute Grundstück weist folgende Merkmale auf:

- Grundstücksfläche: 1.500 m²
- Wohnfläche: 300 m², davon 200 m² unter Denkmalschutz nach Art. 1 Abs. 2 Satz 1 BayDschG
- Nutzfläche: 100 m²

Für eine korrekte und nachvollziehbare Berechnung der Grundsteuermesszahl sollten bereits die Äquivalenzbeträge gesondert für die einzelnen Teilflächen berechnet werden:

1. Ermittlung des Äquivalenzbetrags der Grundstücksfläche

Grundstücksfläche 1.500 m² x 0,04 €/m²	= 60 €

2. Ermittlung des Äquivalenzbetrags der Gebäudeflächen

a)	Wohnfläche ohne Denkmalschutz 100 m² x 0,50 €/m²	= 50 €
b)	Wohnfläche unter Denkmalschutz 200 m² x 0,50€/m²	= 100€
c)	Nutzfläche: 100 m² x 0,50 €/m²	= 50 €
= Summe der Äquivalenzbeträge		**= 260 €**

1 Vgl. 3.4.2 Satz 2 AEBayGrSt.

2 Vgl. dazu auch Bock in Grootens, GrStG § 15 Rz. 118–124.

3. Berechnung der Grundsteuermesszahl (Äquivalenzbetrag x Grundsteuermesszahl)

a)	Grundstücksfläche:	60 € x
	100 %	= 60 €
b)	Wohnfläche ohne Denkmalschutz:	50 € x
	70 %	= 35 €
c)	Wohnfläche unter Denkmalschutz:	100 € x
	52,50 %	= 52,50 €
d)	Nutzfläche:	50 € x
	100 %	50 €
	= Summe Grundsteuermesszahl:	**= 197,50 €**

44 **Keine Anwendung der Ermäßigung für Baudenkmäler gibt es für Boden- und Gartendenkmäler,** da es sich nicht um Gebäude handelt.[1]

45–48 *(Einstweilen frei)*

IV. Zusätzliche Ermäßigung der Grundsteuermesszahl für Wohnflächen (Art. 4 Abs. 4 BayGrStG)

1. Förderung des sozialen Wohnungsbaus

49 Die allgemeine, bereits ermäßigte Grundsteuermesszahl für Wohnflächen i. H. von 70 % wird nach Art. 4 Abs. 4 BayGrStG **um weitere 25 % ermäßigt, wenn die Wohnflächen den rechtlichen Bindungen des sozialen Wohnungsbaus im Freistatt unterliegen oder die Grundstücke bestimmten Rechtsträgern zuzuordnen sind.** Das Landesgesetz privilegiert folglich die Überlassung von Wohnraum aus sozialen Gründen nochmals zusätzlich zur ohnehin schon privilegierten Wohnnutzung.

50 Unterliegen **Wohnflächen den Bindungen des sozialen Wohnungsbaus aufgrund einer staatlichen oder kommunalen Wohnraumförderung**, so ist die Grundsteuermesszahl dieser Wohnflächen, **um weitere 25 % zu ermäßigen** (Art. 4 Abs. 4 Nr. 1 BayGrStG). Die Regelung entspricht im Wesentlichen der Regelung des Bundesgesetzes nach § 15 Abs. 2 und 3 GrStG, ist jedoch sehr allgemein formuliert, um *„sicherzustellen, dass alle Fälle, die den besonderen rechtlichen Bindungen des sozialen Wohnungsbaus unterliegen, von der Ermäßigungsregelung erfasst werden."*[2] Dazu gehören insbesondere die folgenden Gesetze:

- Wohnraumförderungsgesetz (WoFG),
- Bayerisches Wohnraumförderungsgesetz (BayWoFG),
- Bayerisches Wohnungsbindungsgesetz (BayWoBindG),
- Zweites Wohnungsbaugesetz (Wohnungsbau- und Familienheimgesetz – II. WoBauG).

In der Gesetzesbegründung zum Gesetzesentwurf wird jedoch ausdrücklich darauf hingewiesen, dass diese **Aufzählung nicht abschließend** ist. Entsprechend können danach auch weitere Gesetze in Betracht kommen. Durch diese nicht abschließende Aufzählung wird gewährleistet,

1 Vgl. 3.4.2 Satz 3 AEBayGrSt.

2 Vgl. Drucks. 18/15755 v. 10.5.2021, Gesetzesentwurf der Staatsregierung – Bayerisches Grundsteuergesetz (BayGrStG).

dass ggf. in der Zukunft neu erlassene Gesetze zur Förderung des sozialen Wohnungsbaus automatisch dem Regelungsinhalt des Art. 4 BayGrStG unterfallen.

51–53 *(Einstweilen frei)*

2. Förderung nach dem Wohnraumförderungsgesetz WoFG bzw. dem Bayerischen Wohnraumförderungsgesetz (BayWoFG)

a) Rechtliche Grundlagen

54 Das **WoFG des Bundes** regelt die **soziale Wohnraumförderung** (§ 1 Abs. 1 WoFG) und zielt auf Haushalte ab, die sich am Markt nicht angemessen mit Wohnraum versorgen können und auf Unterstützung angewiesen sind (§ 1 Abs. 2 WoFG). Die Ermäßigung für die entsprechenden Grundstücke findet sich bereits im Bundesgesetz in § 15 Abs. 2 GrStG wieder und gilt auch für das bayerische Landesgesetz. Danach ermäßigt sich die Grundsteuermesszahl, wenn eine **Förderzusage durch schriftlichen Verwaltungsakt** nach § 13 Abs. 3 WoFG erteilt wurde bzw. nach dem GrStRefUG[1] wenn ein **öffentlich-rechtlicher Vertrag** vorliegt.[2] Da das WoFG des Bundes für Grundstücke in Bayern jedoch bereits durch das landesspezifische BayWoFG abgelöst wurde (siehe → Rz. 58 ff.), handelt es sich bei der Aufzählung des WoFG in der Gesetzesbegründung wohl nur um eine Klarstellung, welche sich auf die entsprechenden Förderbescheide nach dem WoFG bezieht, welche noch vor dem BayWoFG erlassen wurden, weiterhin gültig sind und nicht geändert wurden. Die erteilte **Förderzusage** (zum Beispiel Förderbescheid, Fördervertrag, öffentlich-rechtlicher Vertrag, Bewilligungsbescheid) stellt einen **Grundlagenbescheid** im Sinne des § 171 Abs. 10 AO dar. Eine Prüfung der Rechtmäßigkeit und Angemessenheit der gewährten Förderung ebenso wie eine detaillierte Prüfung der Förderung einzelner Wohnungen erfolgen nicht.[3]

55 Zu den genauen Ausführungen zur Förderung nach dem WoFG wird auf die Kommentierung von Bock in Grootens, GrStG § 15 Rz. 57–69 verwiesen.

56 Das eigene **Wohnraumförderungsgesetz Bayerns** v. 10.4.2007[4] trat am 1.5.2007 in Kraft und löst damit das WoFG des Bundes ab. Die Überleitungsregelungen sind in Art. 24 BayWoFG geregelt. Ziel des Gesetzes ist die soziale Wohnraumförderung in Bayern durch die Bereitstellung von Mitteln aus dem Staatshaushalt, durch Übernahme von Bürgschaften, durch Bereitstellung von Mitteln der bayerischen Landesbodenkreditanstalt sowie durch Mitteln von Gemeinden und Gemeindeverbänden.

57 Nach Art. 10 Abs. 1 BayWoFG werden folgende Zwecke gefördert:

- ► der Wohnungsbau,
- ► der Erwerb von Wohnraum,
- ► die Modernisierung von Wohnraum,
- ► die Einräumung von Belegungs- und Mietbindungen an bestehendem Wohnraum.

---

1 Gesetz zur erleichterten Umsetzung der Reform zur Grundsteuer und zur Änderung weiterer steuerrechtlicher Vorschriften (GrStRefUG) v. 16.7.2021, BGBl 2021 I S. 2931.

2 Vgl. dazu auch Bock in Grootens, GrStG § 15 Rz. 65–69.

3 Vgl. 3.4.3.1 Satz 3 und 4 AEBayGrSt.

4 Bayerisches Wohnraumförderungsgesetz (BayWoFG) v. 10.4.2007 (GVBl S. 260, BayRS 2330-2-B), das zuletzt durch § 1 Abs. 266 der Verordnung v. 26.3.2019 (GVBl S. 98) geändert worden ist.

Neben Mietwohnungen werden auch selbstgenutzte Wohnungen und Modernisierungen gefördert **Die Förderung ist an verschieden Voraussetzungen geknüpft.** So sind nach Art. 11 BayWoFG bestimmte **Einkommensgrenzen** einzuhalten und nach Art. 12 BayWoFG muss die **Größe des Wohnraums entsprechend seiner Zweckbestimmung angemessen** sein, wobei hier jedoch auch Besonderheiten Rechnung zu tragen ist. Ebenfalls sind **Belegungs- und Mietbindungen** nachzuweisen und einzuhalten (Art. 14–16 BayWoFG). 58

(Einstweilen frei) 59–61

b) Nachweis der Förderung (Förderentscheidung)

Art. 4 Abs. 4 BayGrStG enthält keine konkreten **Voraussetzungen zur Nachweiserbringung**. Es ist jedoch davon auszugehen, dass als **Nachweis** regelmäßig der nach Art. 13 Abs. 1 Satz 1 BayWoFG von der zuständigen Stelle **erlassene Förderentscheidung durch schriftlichen Verwaltungsakt oder vertragliche Gewährung** benötigt wird. In der Förderentscheidung sind insbesondere die Bestimmungen über Ziel und Gegenstand der Förderung, Art, Höhe, Dauer, Verzinsung und Tilgung der Fördermittel, Art und Dauer der Bindungen sowie Rechtsfolgen eines Eigentumswechsels an dem geförderten Objekt zu treffen. 62

(Einstweilen frei) 63–64

c) Einhaltung der Förderbedingungen

aa) Bindung der Förderzusage

Die Wohnflächen müssen den Bindungen der Förderzusage **zum jeweiligen Veranlagungszeitpunkt** unterliegen. Im Landesgesetz muss daher in jedem Erhebungszeitraum geprüft werden, ob die Voraussetzungen für die Ermäßigung noch erfüllt sind. Auf den Hauptveranlagungszeitpunkt wird nicht abgestellt, da es durch das Landesgesetz nur einen Hauptveranlagungszeitunkt auf den 1.1.2025 gibt. Nach dem Gesetzeswortlaut erfolgt die **Ermäßigung, wenn die jeweiligen Voraussetzungen zum Veranlagungszeitpunkt vorlagen.** Entfällt die Förderung nach dem BayWoFG, so entfällt für die Zukunft auch die Ermäßigung der Grundsteuermesszahl. 65

Grundsätzlich **enden die Bindungen mit der vollständigen Rückzahlung des Förderdarlehens bzw. des gewährten Zuschusses**. In bestimmten Fällen können jedoch auch nach der vollständigen Rückzahlung noch Bindungen fortbestehen: 66

- Bei **vorzeitiger Rückzahlung des Förderdarlehens durch den Darlehnsnehmer** gelten die Bindungen bis zu den in der Förderentscheidung getroffen Bestimmungen zur Dauer der Bindungen fort.
- **Kündigung des Förderdarlehens durch die Bewilligungsstelle** wegen Verstoßes gegen die Bestimmungen der Förderentscheidung. Dabei bleiben die Bindungen bis zu dem in der Förderentscheidung bestimmten Ende der Bindungsdauer, längstens jedoch bis zum Ablauf des zehnten Kalenderjahres nach dem Jahr der Rückzahlung bzw. bei Zuschüssen längstens bis zum Ablauf des zehnten Kalenderjahres nach dem Jahr der Rückzahlung.
- Im Fall der der **Zwangsversteigerung** enden die Bindungen bei Darlehen zu dem in der Förderentscheidung bestimmten Zeitpunkt, spätestens jedoch mit dem Ablauf des dritten Kalenderjahres nach dem Kalenderjahr, in dem der Zuschlag erteilt worden ist und die auf Grund der Darlehensförderung begründeten Grundpfandrechte mit dem Zuschlag erloschen sind bzw. bei Zuschüssen mit dem Zuschlag.

67 Nach dem Wortlaut des Art. 4 Abs. 1 Nr. 1 BayGrStG, müsste in diesen Fällen **die Ermäßigung noch bis zum Wegfall der Bindungen gewährt** werden, sofern die Bindungen auch weiterhin eingehalten werden.

68 Die unterschiedlichen Bindungen unterscheiden sich außerdem nach **den verschiedenen Gegenständen der Förderung**.

bb) Objekte für fremde Wohnzwecke

69 Die Förderung für **vermietete Immobilien (sog. Mietraumförderung)** ist nach Art. 13 Abs. 2 BayWoFG an **Belegungs- und Mietbindungen** geknüpft.

70 Als Belegungsbindung darf der Förderberechtigte den Wohnraum nur Mietern überlassen, die eine Wohnberechtigung durch einen **Wohnungsberechtigungsschein** nachweisen können oder sich die **Wohnberechtigung durch die Benennung** der zuständigen Stelle ergibt (Art. 14 Abs. 1 BayWoFG). Vorsetzung für die Erteilung eines Wohnungsberechtigungsscheins oder die Benennung ist die **Einhaltung der Einkommensgrößen** des Art. 11 BayWoFG und die **angemessene Größe des Wohnraums**.

71 Die **Mietbindung des Förderberechtigten** besteht darin, dass dieser den Wohnraum nicht gegen eine höhere als in der Förderentscheidung **festgelegte höchstzulässige Miete** überlassen darf (Art. 15 Abs. 1 Satz 1 BayWoFG). Zum einen hat der Vermieter die Förderbedingungen im Mietvertag auszuweisen, zum anderen darf er die Miete bis zur zulässigen Höchstmiete der Förderentscheidung und den allgemeinen mietrechtlichen Vorschriften erhöhen (Art. 15 Abs. 2 BayWoFG).

72–74 *(Einstweilen frei)*

cc) Objekte für eigene Wohnzwecke

75 Eine Förderung ist ebenfalls bei **selbstgenutzten Immobilien** möglich (Art. 13 Abs. 2 Nr. 2 i.V. mit Art. 16 Abs. 6 BayWoFG). Voraussetzung ist hierbei, dass der Haushalt die entsprechenden **Einkommensgrenze** nach Art. 11 BayWoFG nicht überschreitet und die **Größe des Wohnraumes** angemessen ist (Art. 14 Abs. 3 BayWoFG).

76–77 *(Einstweilen frei)*

dd) Modernisierungen

78 Ebenfalls werden **Modernisierungen von Wohnraum** gefördert. Die **Modernisierungsförderung** kann bei bereits geförderten, vermieteten oder selbstgenutzten Immobilien erfolgen. Es gelten die ursprünglichen Bindungen entsprechend fort (Art. 13 Abs. 2 Nr. 3 BayWoFG).

79–80 *(Einstweilen frei)*

d) Anzeigepflichten

81 Liegen die **Förderbestimmungen zu einem Veranlagungszeitpunkt nicht mehr vor, so hat der Steuerpflichtige den Wegfall der Förderung** nach Art. 7 Abs. 2 Satz 1 und 2 BayGrStG **anzuzeigen**. Daraufhin wird der Grundsteuermessbetrag für die wirtschaftliche Einheit neu fest-

gestellt. Zu den ggf. negativen Folgen bei der Betriebskostenabrechnung bei unterlassener Anzeige.[1]

(Einstweilen frei) 82–83

e) Abgrenzbarer Teil des Steuergegenstandes

In den Fällen des **Geschosswohnungsbaus**, liegen in einer wirtschaftlichen Einheit sowohl freifinanzierte als auch geförderte Wohnungen vor. Entsprechen sind für die Wohnflächen unterschiedlich hohe Grundsteuermesszahlen anzuwenden. Durch das Äquivalenz- und Flächenprinzip des Landesmodells lässt sich der Grundsteuermessbetrag für diese Fälle jedoch recht einfach ermitteln. Die zusätzlich ermäßigte Grundsteuermesszahl für die geförderten Wohnungen ermittelt sich aus dem Äquivalenzbetrag der entsprechenden Wohnflächen. In der erteilten Förderentscheidung ist die geförderte Wohnung jeweils ausdrücklich benannt, so dass eine Abgrenzung regelmäßig keine Probleme darstellen dürfte. 84

BEISPIEL: Ein Mietwohngrundstück enthält sowohl freifinanzierte als auch geförderte Wohnungen. Die Grundstücksfläche beträgt 600 m². Die Wohnfläche beträgt nach der WoFlV für die freifinanzierten Wohnungen 450 m² und für die geförderten Wohnungen 230 m². 85

Der Grundsteuermessbetrag ermittelt sich wie folgt:

1. Ermittlung der Äquivalenzbeträge:

	Fläche Äquivalenzbetrag	Äquivalenzzahl
Grundstücksfläche	600 m²	0,04 €/m²
	24 €	
freifinanzierte Wohnflächen	450 m²	0,50 €/m²
	225 €	
geförderte Wohnflächen	230 m²	0,50 €/m²
	115 €	

2. Ermittlung des Grundsteuermessbetrags:

	Äquivalenzbetrag GrSt-Messbetrag	GrSt-Messzahl
Grundstücksfläche	24 €	100 %
	24 €	
freifinanzierte Wohnflächen	225 €	70 %
	157,50 €	
geförderte Wohnflächen	115 €	52,50 %
	60,37 €	
Summe		241,87 €

(Einstweilen frei) 86–87

f) Berücksichtigung der ermäßigten Grundsteuer in der Betriebskostenabrechnung

Die Grundsteuer wird grundsätzlich als Teil der **Betriebskostenabrechnung** bei Mietwohnobjekten auf den Mieter umgelegt. Entsprechend ist bei Mietobjekten schlussendlich der Mieter Begünstigter der zusätzlich ermäßigten Grundsteuermesszahl. Für den Vermieter stellt sich die Frage, wie dieser die Grundsteuer in Fällen der Betriebskostenabrechnung zu berücksichti- 88

1 Vgl. auch Schmidt in Grootens, LGrStG BW § 58 Rz. 28–31.

gen hat, wenn die wirtschaftliche Einheit **sowohl freifinanzierte als auch geförderte Wohnflächen** enthält. Die Gesetzesbegründung enthält hierzu keine Klarstellungen. Vermutlich ist hier jedoch eine **spezifische Aufteilung der Grundsteuer auf die freifinanzierten und die geförderten Wohnflächen notwendig**, so dass dem Mieter in der Betriebskostenabrechnung jeweils die Kosten weiterbelastet werden, die durch den tatsächlichen Gebrauch der Wohnung anfallen. Siehe dazu auch die ausführlichen Erläuterungen der Kommentierung von Schmidt in Grootens, LGrStG BW § 40 Rz. 98.

89–90 *(Einstweilen frei)*

3. Förderung nach dem Zweiten Wohnungsbaugesetz (II. WoBauG) bzw. dem Bayerischen Wohnungsbindungsgesetz (BayWoBindG)

91 Eine Ermäßigung der Grundsteuermesszahl nach Art. 4 Abs. 4 Nr. 1 BayGrStG gilt auch für ursprünglich **nach dem II. WoBauG[1] geförderte Grundstücke** bzw. seit dem Inkrafttreten des bayerischen Landesgesetzes zum 1.5.2007 **für nach dem BayWoBindG[2] geförderte Grundstücke**.

92–93 *(Einstweilen frei)*

4. Förderung bestimmter Rechtsträger

94 Nach Art. 4 Abs. 2 Nr. 2 BayGrStG kommt eine zusätzliche Ermäßigung auch für Wohnflächen in Betracht, die **bestimmten Rechtsträgern** zuzuordnen sind. Die Regelung verweist auf die Anwendung der Regelung des Bundesgesetzes in § 15 Abs. 4 GrStG. Begünstige Rechtsträger sind danach:

- **Wohnungsbaugesellschaften** von **Gebietskörperschaften,**
- **Gemeinnützige Wohnungsbaugesellschaften,**
- **Körperschaftsteuerbefreite Genossenschaften und Vereine.**

95 Zu den genauen Voraussetzungen wird auf die Kommentierung von Bock in Grootens, GrStG § 15 Rz. 78–99 verwiesen.

96 Abweichend von der Regelung des Bundesgesetz, bei der nach § 15 Abs. 4 Satz 2 GrStG die Voraussetzungen für die Ermäßigung zum jeweiligen Hauptveranlagungsstichtag vorliegen müssen, kommt es im Landesgesetz auf das **Vorliegen der Voraussetzungen zum Veranlagungszeitpunkt – dem Beginn des Kalenderjahres als Erhebungszeitraum** – an, da es nach Art. 7 Abs. 1 Satz 1 BayGrStG keine weitere Hauptveranlagung nach der ersten zum 1.1.2025 gibt.

97 Weitere Besonderheit ist, dass in Bayern die **Ermäßigung nur auf die Wohnflächen der begünstigten Rechtsträger** gewährt wird. Hier besteht ein Unterschied zum Bundesgesetz und dem LGrStG BW, in denen auch die Nichtwohngrundstücke der begünstigten Rechtsträger in den Genuss der ermäßigten Grundsteuermesszahlen kommen können, weil dort insoweit nicht auf Wohngrundstücke abgestellt wird.[3]

98–99 *(Einstweilen frei)*

---

1 WoBauG v. 19.8.1994, BGBl 1994 I S. 2137.

2 BayWoBindG v. 23.7.2007 (GVBl S. 562, 781; 2011 S. 115, BayRS 2330-3-B), zuletzt durch § 1 Abs. 267 der Verordnung v. 26.3.2019 (GVBl S. 98) geändert.

3 Vgl. Kommentierung von Schmidt in Grootens, LGrStG BW § 40 Rz. 137.

V. Voraussetzungen zur Gewährung der Ermäßigungen und Berechnung der Grundsteuermesszahl (Art. 4 Abs. 5 BayGrStG)

1. Ermäßigung bei Vorliegen der Voraussetzungen

Die (zusätzlichen) Ermäßigungen der Grundsteuermesszahl nach Art. 4 Abs. 2–4 BayGrStG sind **bei Vorliegen der Voraussetzungen zum Veranlagungszeitpunkt** zu gewähren (Art. 4 Abs. 5 Satz 1 BayGrStG). Der Steuerpflichtige hat danach einen **Rechtsanspruch auf die Ermäßigungen**, welche dann von Amts wegen zu gewähren sind. Die im ursprünglichen Gesetzesentwurf v. 10.5.2021[1] geplante Antragspflicht für die Gewährung der Ermäßigungen wurde verworfen und ist nicht mehr Voraussetzung. Die Anträge und Abfragen zu den Ermäßigungen erfolgen in der Steuererklärung mittels des Formulars „Anlage Grundsteuerbefreiung/-ermäßigung (BayGrSt 4)“. 100

Im Landesgesetz findet abweichend vom Bundesgesetz nur eine erstmalige Hauptveranlagung der Grundsteuermessbeträge auf den 1.1.2025 statt (Art. 7 Abs. 1 Satz 1 BayGrStG). Weitere Hauptveranlagungen sind ausgeschlossen und aufgrund der Bewertungssystematik auch nicht notwendig. Die Voraussetzungen für die Ermäßigungen nach Art. 4 BayGrStG müssen daher zu **Beginn des Veranlagungszeitpunktes** vorliegen. **Veranlagungszeitpunkt der Grundsteuer ist das Kalenderjahr**. Entsprechend müssen die Voraussetzungen jeweils zum Beginn des Kalenderjahres – dem 1.1. eines Jahres – vorliegen. **Entfällt die Voraussetzung für eine Ermäßigung** der Grundsteuermesszahl im Laufe eines Kalenderjahres, so **hat der Steuerpflichtige dies** nunmehr nach Art. 7 Abs. 2 Satz 2 i.V. mit Satz 1 BayGrStG **anzuzeigen**. Daraufhin findet eine Neufeststellung des Grundsteuermessbetrags auf den **nachfolgenden Veranlagungszeitpunkt** statt. Die Änderung wird dann für das Folgejahr wirksam. 101

(Einstweilen frei) 102–104

2. Zusammentreffen mehrere Ermäßigungstatbestände

Erfüllt eine wirtschaftliche Einheit des Grundvermögens **mehrere Ermäßigungstatbestände** des Art. 4 Abs. 1–4 BayGrStG, so sind die **Ermäßigungstatbestände nacheinander anzuwenden.** Dabei ist zu beachten, dass die **Ausgangsgröße für die Berechnung jeweils die vorangegangene ermäßigte Grundsteuermesszahl** ist. Die Berechnung erfolgt somit entsprechend der Reihenfolge der Ermäßigungstatbestände des Art. 4 Abs. 1–4 BayGrStG. 105

Da sich grundsätzlich keine der Ermäßigungen des Art. 4 BayGrStG tatbestandlich ausschließen, können **eine Vielzahl von Ermäßigung gleichzeitig zutreffen**, was zum einen die Berechnung in der Praxis komplex gestalten kann, zum anderen aber auch Anreiz für den Steuerpflichtigen sein wird, die verschiedenen Ermäßigungstatbestände sorgfältig zu prüfen, da sich die Grundsteuermesszahl so teilweise erheblich senken kann. Auch ist bei komplexeren Fällen der Bescheid detailliert dahingehend zu prüfen, ob alle Ermäßigungen korrekt berücksichtigt wurden und die Grundsteuermesszahl richtig berechnet wurde. 106

Ausgehend von den verschiedenen Ermäßigungstatbeständen können sich **folgende Grundsteuermesszahlen** ergeben (aus Vereinfachungsgründen auf eine Nachkommastelle gerundet): 107

1 Vgl. Drucks. 18/15755 v. 10.5.2021, Gesetzesentwurf der Staatsregierung – Bayerisches Grundsteuergesetz (BayGrStG).

108 Wohnflächen

Messzahl vor Abzug	70 %	70 %	70 %	70 %	70 %	70 %	70 %
Wohnteil LuF		-25 %		-25 %		-25 %	
Bezugsgröße		52,5 %		52,5 %		52,5 %	
Baudenkmal			-25 %	-25 %			-25 %
Bezugsgröße			52,5 %	39,4 %			52,5 %
Wohnraumförderung					-25 %	-25 %	-25 %
Bezugsgröße					52,5 %	39,4 %	39,4 %
Messzahl nach Abzug	70 %	52,5 %	52,5 %	39,4 %	52,5 %	39,4 %	39,4 %

109 Nutzflächen

Messzahl vor Abzug	100 %	100 %
Baudenkmal		-25 %
Messzahl nach Abzügen	100 %	75 %

110 Sehr komplex kann es werden, wenn für eine wirtschaftliche Einheit **verschiedene Ermäßigungen für einzelne Teilflächen** zutreffend sind. Zwar sollte durch die Anknüpfung der Äquivalenzbeträge an die Wohn- bzw. Nutzfläche eine Aufteilung durchführbar sein, jedoch sind so im Zweifel bereits die Äquivalenzbeträge mehrfach aufzuteilen, um dem Grundsteuermessbetrag berechnen zu können. Hier bleibt es abzuwarten, wie komplexe Fälle in den Bescheiden dargestellt werden und ob der Steuerpflichtige die Berechnung leicht nachvollziehen kann. Die abschließend errechnete Grundsteuermesszahl ist auf zwei Nachkommastellen nach unten abzurunden.[1]

Art. 5 BayGrStG Hebesatz

(1) Abweichend von § 25 Abs. 4 Satz 1 Nr. 2 GrStG können Gemeinden für die Fälle einer nach Art. 4 Abs. 2, 3 und 4 ermäßigten Grundsteuermesszahl reduzierte Hebesätze auf den jeweiligen Anteil des Grundsteuermessbetrags vorsehen.

(2) § 25 Abs. 5 GrStG findet keine Anwendung.

Inhaltsübersicht **Rz.**

1 Vgl. 3.4.5.3 Satz 3 AEBayGrSt.

A. Allgemeine Erläuterungen zu Art. 5 BayGrStG

I. Normzweck und wirtschaftliche Bedeutung der Vorschrift

Art. 5 BayGrStG bezieht sich auf den **Hebesatz der Grundsteuer** und gewährt den Gemeinden im Freistaat Bayern unter bestimmten Voraussetzungen die Möglichkeit, **besondere Hebesätze innerhalb der Gemeinde** festzulegen. Durch die Vorschrift wird die kommunale Tarifautonomie der Gemeinden bei der Grundsteuer weiter gestärkt und die Gemeinden können die für sie konkreten, örtlichen Umstände und Gegebenheiten im besonderen Maße berücksichtigen. 1

Art. 5 Abs. 1 BayGrStG bietet den Gemeinden die Möglichkeit, **besondere Hebesätze für Fälle** festzulegen, **in den eine ermäßigte Grundsteuermesszahl nach Art. 4 Abs. 2–4 BayGrStG** vorliegt. 2

Art. 5 Abs. 2 BayGrStG schließt die Möglichkeit der Einführung einer **Grundsteuer C** in Bayern aus. 3

(Einstweilen frei) 4–7

II. Entstehung und Entwicklung der Vorschrift

Art. 5 BayGrStG wurde mit dem BayGrStG v. 10.12.2021[1] in das BayGrStG aufgenommen und tritt ab dem 1.1.2022 in Kraft (vgl. Art. 11 BayGrStG). 8

(Einstweilen frei) 9-12

III. Geltungsbereich

Das BayGrStG gilt für in Bayern belegende Grundstücke. 13

(Einstweilen frei) 14–16

IV. Verhältnis zu anderen Vorschriften

Art. 5 BayGrStG ist eine **Sondervorschrift des Landesgesetzes** in Bezug auf die bundesgesetzliche Regelung des § 25 GrStG. Konkret erweitert die Vorschrift durch Art. 5 Abs. 1 BayGrStG den Entscheidungsspielraum der Gemeinden nach § 25 Abs. 4 Satz 1 Nr. 2 GrStG und gewährt diesen die Möglichkeit zur Festlegung verschiedener Hebesätze in Abweichung zu der Regelung im Bundesgesetz. Damit durchbricht die Norm teilweise das herkömmliche Gebot der Einheitlichkeit des Hebesatzes für die bisher einheitlichen Hebesätze der Grundsteuer A (Betriebe der Land- und Forstwirtschaft) und Grundsteuer B (Grundstücke des Grundvermögens).[2] 17

Die Regelung des Art. 5 Abs. 1 BayGrStG ist nur möglich, soweit ein Fall der Ermäßigung der Grundsteuermesszahl nach Art. 4 Abs. 2, 3 und 4 BayGrStG vorliegt. Insoweit ist die Regelung von bestimmten Ermäßigungstatbeständen zur Grundsteuermesszahl abhängig. 18

Durch Art. 5 Abs. 2 BayGrStG wird die Anwendung des § 25 Abs. 5 GrStG ausgeschlossen und damit die Einführung einer **Grundsteuer C** in Bayern verhindert. 19

(Einstweilen frei) 20–25

1 Bayerisches Grundsteuergesetz (BayGrStG) v. 10.12.2021 (Bayerisches Gesetz- und Verordnungsblatt Nr. 23/2021 S. 638).

2 Vgl. Eisele in Rössler/Troll/Eisele, BayGrStG, Art. 5 BayGrStG Rz. 1.

B. Systematische Kommentierung

I. Art. 5 Abs. 1 BayGrStG als Sondervorschrift zum Bundesgesetz

26 Die im Zuge der Grundsteuerreform erlassenen, bundesgesetzlichen Vorschriften des Grundsteuergesetzes und des Bewertungsgesetzes sind grundsätzlich auch für in Bayern liegende Grundstücke anzuwenden, soweit nach dem BayGrStG nicht etwas anderes gilt.[1] Art. 5. Abs. 1 BayGrStG regelt die **spezifische Abweichung des Landesgesetzes** von der Regelung im Bundesgesetz nach § 25 Abs. 4 Satz 1 Nr. 2 GrStG. Im Umkehrschluss bedeutet dies, dass die vorstehenden Regelungen des Bundesgesetzes nach § 25 Abs. 1–3 und 4 Satz 1 Nr. 1 GrStG weiterhin auch in Bayern gelten.

27 **Für die Festsetzung des Hebesatzes gilt somit auch in Bayern**, dass:

- Das Recht zur Festlegung des Hebesatzes für die Grundsteuer ausschließlich den Gemeinden zusteht (§ 25 Abs. 1 GrStG).
- Der Hebesatz für ein oder mehrere Jahre von der Gemeinde festzusetzen ist (§ 25 Abs. 2 GrStG).
- Der Hebesatz grundsätzlich bis zum 30.6. eines Kalenderjahres mit Wirkung von Beginn dieses Kalenderjahres von der Gemeinde festzustellen ist (§ 25 Abs. 3 Satz 1 GrStG). Eine spätere Festsetzung ist nur zulässig, wenn der Hebesatz die Höhe der letzten Festsetzung nicht überschreitet (§ 25 Abs. 3 Satz 2 GrStG).
- Der Hebesatz für die in einer Gemeinde liegenden Betriebe der Land- und Forstwirtschaft muss einheitlich sein (§ 25 Abs. 4 Satz 1 Nr. 1 GrStG).

Zur den o.g. bundesgesetzlichen Regelungen, welche auch in Bayern gelten, wird auf die Kommentierung des Bundesgesetzes durch Grootens in Grootens, GrStG § 25 Rz. 31 ff. verwiesen.

28 Die landesspezifischen Regelungen des Art. 5 Abs. 1 BayGrStG ersetzen lediglich die Regelung des Bundesgesetzes in § 25 Abs. 4 Satz 1 Nr. 2 GrStG. Danach muss nach dem Bundesgesetz der Hebesatz für in einer Gemeinde liegende Grundstücke gleich sein. Die Gemeinden können somit nur einen Hebesatz für alle im Gemeindegebiet belegenden Grundstücke festlegen. Dass Bundesgesetz führt damit die bisherige Regelung des Grundsteuergesetzes weiter, da auch nach den bisherigen Regelungen die Gemeinden nur einen einheitlichen Hebesatz für Grundstücke bestimmen konnten. Für die ausführlichen Erläuterungen zu § 25 Abs. 4 Satz 1 Nr. 2 GrStG wird auf die Kommentierung von Grootens in Grootens, GrStG § 25 Rz. 101–120 verwiesen.

29 In Bayern wird den Gemeinden nunmehr gestattet, **mehrere verschiedene Hebesätze innerhalb der Gemeinde** für Grundstücke festzulegen, sofern die Voraussetzungen in Abs. 1 erfüllt sind. Damit stellt die Regelung eine absolute **Sondervorschrift** im Grundsteuerrecht da. Neben dem Bundesrecht enthält auch kein anderes Landesmodell, welches bisher verabschiedet oder im Entwurf vorliegt, solch eine Regelung.

30 Der Hintergrund für die Sonderregelung ist m. E. vor allem im fehlenden Anknüpfungspunkt des Landesgesetzes an den tatsächlichen Wert der Grundstücke begründet. Im BayGrStG werden zur Bestimmung der Grundsteuermesszahl und der Grundsteuer im Wesentlichen nur die reinen Flächen der Grundstücke und Gebäude herangezogen (sog. **„Flächenmodell"**). Die zur Berechnung anzuwenden Äquivalenzzahlen haben hingegen keinerlei Wertbezug, sondern le-

1 Vgl. Art. 10 Abs. 1 BayGrStG.

diglich Berechnungscharakter. Dadurch werden **Grundstücke in Bayern, welche innerhalb einer Gemeinde liegen und die gleichen Flächengrößen** (Grundstücksflächen und Gebäudeflächen) aufweisen **sowie gleich genutzt werden, grundsätzlich auch gleich hoch besteuert.**

BEISPIEL: Im konkreten Fall heißt dies, dass für die Neubau-Villa im Zentrum von München mit 1.000 m² Grundstücksfläche und 200 m² Wohnfläche eine genauso hohe Grundsteuer anfällt, wie für ein Einfamilienhaus aus dem Jahre 1960 in Stadtrandlage, welches die gleichen Flächen aufweist. 31

Durch die Möglichkeit der Gemeinden, **verschiedene Hebesätze innerhalb der Gemeinde für bestimmte Grundstücke** festzulegen, wird eine Möglichkeit geschaffen, bestimmte **gemeindepolitische Ziele und Vorstellungen** zu verfolgen. Dies geschieht, indem Anreize durch eine geringere Grundsteuer geschaffen werden, ohne weitere Angaben zum Gebäude zu benötigen oder eine genaue Wertermittlung durchführen zu müssen. 32

Vorteil dieser Regelung ist, dass das **Verfahren zur Ermittlung der Grundsteuer für den Grundstückseigentümer einfach und nachvollziehbar bleibt** und Gemeinden selbst bestimmen können, wie oder ob sie von der Regelung Gebrauch machen. Jede Gemeinde kann somit die für sie konkret vorherrschenden Bedingungen im Entscheidungsprozess berücksichtigen. Im o.g. Beispiel (vgl. → Rz. 31) könnte die Gemeinde München z. B. zur Förderung des bezahlbaren Wohnraums für Wohnflächen des sozialen Wohnungsbaus einen besonders niedrigeren Grundsteuerhebesatz festlegen. So kann dem gemeindespezifischen Bedürfnissen Rechnung getragen werden. 33

Mit den Regelungen sind aber auch Nachteile verbunden. Zum einen führen die Reglungen bei den Gemeinden grundsätzlich zu **mehr Verwaltungsaufwand**, sofern diese die Regelungen anwenden wollen, da diese an bestimmte Voraussetzungen anknüpfen. Diese müssen von den Gemeinden geprüft und nachvollziehbar umgesetzt werden. Zum anderen gibt es bereits **verfassungsrechtliche Zweifel** sowie Kritik an den Regelungen. So wurde bereits im Gesetzgebungsverfahren teils kontrovers über diese Möglichkeiten diskutiert. Deswegen wurde z. B. auch die erst geplante Einführung der Zonierungsoption für Gemeinden ab 5.000 Einwohnern[1] verworfen. Auch vertreten einige Experten die Meinung, dass der Grundsteuermessbetrag generell zu niedrig sei und die Gemeinden daher zur Anhebung der Hebesätze gezwungen seien, was wiederum zu Diskussionen führen würde.[2,3] 34

Zu beachten ist weiterhin, dass die Regelungen nur ein **Wahlrecht** für die Gemeinden darstellen. Jede Gemeinde kann folglich selbst entscheiden, ob sie die Regelungen wahrnimmt oder auf die Bildung gesonderter Hebesätze verzichtet. Dadurch kann es zu vielen **regionalen Unterschieden** kommen, was für den Grundstückseigentümer ggf. nicht nachvollziehbar erscheint. Auch die Empfindung darüber, welche unterschiedlichen Hebesätze ggf. „gerecht" sind, kann in der Praxis zu Diskussionen führen. In jedem Fall hat sich der Gesetzgeber m. E. nicht unbedingt einen Gefallen getan. Hier wäre m. E. auch eine andere Regelung wie z. B. das Einfügen einer Wertkomponente wie in den Landesmodellen von Hamburg oder Niedersachsen praktikabler und nachvollziehbarer gewesen. Sehr wahrscheinlich wird die Regelung durch die Gerichte überprüft werden müssen und so bleibt abzuwarten, ob die Regelung Bestand haben wird. Auch bleibt es abzuwarten, wie die Gemeinden die Regelungen praktisch umsetzen werden. 35

1 Vgl. dazu Lehmann in Grootens, BayGrStG Vorwort Rz. 45–47.
2 Vgl. Redaktion beck-aktuell v. 4.10.2021 – Grundsteuer: Experten-Kritik an geplanten bayerischem Flächenmodell.
3 Vgl. Beitrag des Bayerischen Landtags v. 1.10.2021 – Haushaltsausschuss diskutiert Grundsteuer.

36–40 *(Einstweilen frei)*

II. Bildung reduzierter Hebesätze für bestimmte Sachverhalte (Art. 5 Abs. 1 BayGrStG)

41 Nach Art. 5 Abs. 1 BayGrStG können Gemeinden **reduzierte Grundsteuerhebesätze** für die Fälle einer nach Art. 4 Abs. 2, 3 und 4 BayGrStG ermäßigten Grundsteuermesszahl festlegen.

42 Bei dieser Sonderregelung handelt es sich wiederum um ein **Wahlrecht**. Jede Gemeinde kann unabhängig entscheiden, ob Sie davon Gebrauch machen möchte oder nicht. Auch kann eine Gemeinde **nur reduzierte Hebesätze** für einen der Fälle des Art. 4 Abs. 2, 3 und 4 BayGrStG bilden. Ebenfalls ist nicht Voraussetzung, dass die Gemeinde bei Anwendung der Vorschrift für alle drei Fällen reduzierte Hebesätze festlegt.

43 **BEISPIEL:** In einer Gemeinde gilt ein Hebesatz für die Grundsteuer B von 500 %. Die Gemeinde mit historischem Stadtkern möchte zukünftig pauschal Baudenkmäler in Ihren Gemeindegebiet nochmals besonders begünstigen, um z. B. den Erhalt solcher Gebäude zu fördern. Dazu kann die Gemeinde gem. Art. 5 Abs. 1 BayGrStG den Grundsteuerhebesatz für Baudenkmäler nach Art. 1 Abs. 2 Satz 1 oder Abs. 3 des bayerischen Denkmalschutzgesetzes auf z. B. 200 % reduzieren.

44 Die Regelung des Abs. 1 BayGrStG bietet sich daher insbesondere an, wenn eine Gemeinde eine oder alle drei Ermäßigungstatbestände des Art. 4 Abs. 2, 3 und 4 BayGrStG **zusätzlich begünstigen** möchte, unabhängig von den Regelungen des Abs. 1 Nr. 1 BayGrStG. Da die Regelung **nicht an besondere Voraussetzungen innerhalb der Gemeinde anknüpft, kann sie von jeder Gemeinde in Anspruch genommen werden**. Auch muss die Gemeinde dazu keine Begründungen abgeben. Einzig die Voraussetzung des Erfüllens der begünstigen Ermäßigungstatbestände des Art. 4 Abs. 2, 3 und 4 BayGrStG müssen vorliegen.

45 Es muss sich bei den besonderen Hebesätzen der Vorschrift **jeweils um reduzierte Hebesätze** handeln. Die Gemeinde kann die entsprechenden wirtschaftlichen Einheiten somit nur zusätzlich begünstigen. Damit wird vermieden, dass Gemeinden die nach dem Landesgesetz in Art. 4 Abs. 2, 3, und 4 BayGrStG einheitlich begünstigenden Regelungen für bestimmte wirtschaftlichen Einheiten durch eine Erhöhung der Hebesätze wieder torpedieren.

46 Bis auf die Bildung und Festlegung der reduzierten Hebesätze hat die Gemeinde keinen größeren Aufwand aufgrund der Vorschrift. Die Feststellung, ob eine ermäßigte Grundsteuermesszahl nach Art. 4 Abs. 2, 3 oder 4 BayGrStG vorliegt, wird bereits durch das Finanzamt im Wege der Feststellung der Grundsteuermessbeträge getroffen. Die Gemeinde muss zur Ermittlung der Grundsteuer dann die korrekten Grundsteuerhebesätze auf die Grundsteuermessbeträge anwenden.

47 Der von der Gemeinde gebildete, **ermäßigte Hebesatz ist nur auf den jeweiligen Anteil des Grundsteuermessbetrags, welcher die Voraussetzung des Art. 4 Abs. 2, 3 oder 4 BayGrStG erfüllt, anzuwenden**. Der ermäßigte Hebesatz kann somit auch bei vollumfänglicher Zuordnung des Gebäudes zu den Ermäßigungstatbeständen des Art. 4 Abs. 2–4 BayGrStG **nicht** auf den **Äquivalenzbetrag des Grund und Bodens** angewendet werden, da dieser Teilbetrag nicht von der Ermäßigung des Art. 4 BayGrStG umfasst wird. Nutzt die Gemeinde die Möglichkeit der Festsetzung ermäßigter Hebesätze, kommen damit für die betroffenen Grundstücke stets zwei unterschiedliche Hebesätze zur Anwendung. Damit die Gemeinde die Grundsteuer korrekt berechnen kann, sollten in dem Grundsteuermessbescheid die entsprechenden Anteile am Grundsteuermessbetrag entsprechend gesondert ausgewiesen werden.

BEISPIEL: Gemeinde A hat einen allgemeinen Hebesatz zur Grundsteuer B von 500 %. Des Weiteren wurden folgende reduzierte Hebesätze festgelegt: 48

- Hebesatz für Fälle des Art. 4 Abs. 2 BayGrStG: 400 %
- Hebesatz für Fälle des Art. 4 Abs. 3 BayGrStG: 300 %
- Hebesatz für Fälle des Art. 4 Abs. 4 BayGrStG: 200 %

Der Grundstückseigentümer B hat ein Grundstück in der Gemeinde mit folgenden Daten:

- Grundstücksfläche: 1.500 m²
- Wohnfläche des 1. Gebäudes: 150 m²
- Wohnfläche des 2. Gebäudes: 100 m²

Bei dem 1. Gebäude handelt es sich um ein Baudenkmal nach Art. 1 Abs. 2 Satz 1 BayDSchG. Das 2. Gebäude erfüllt die Voraussetzung des sozialen Wohnungsbaus nach Art. 4 Abs. 4 BayGrStG.

Die Grundsteuer ermittelt sich wie folgt:

1. **Berechnung der Äquivalenzbeträge:**
(Fläche x Äquivalenzzahl nach Art. 3 BayGrStG = Äquivalenzbetrag)

Grund und Boden:	1.500 m² x 0,04 €/m²	= 60,00 €
Gebäude 1:	150 m² x 0,50 €/m²	= 75,00 €
Gebäude 2:	100 m² x 0,50 €/m²	= 50,00 €

2. **Berechnung des Grundsteuermessbetrags:**
(Äquivalenzbetrag x Grundsteuermesszahl nach Art. 4 BayGrStG = Grundsteuermessbetrag)

Grund und Boden:	60,00 € x 100 %	= 60,00 €
Gebäude 1:	75,00 € x (52,50 %)	= 39,37 €
Gebäude 2:	50,00 € x (52,50 %)	= 26,25 €
Grundsteuermessbetrag des Grundstücks:		125,52 €

3. **Ermittlung der Grundsteuer**
(Grundsteuermessbetrag x Grundsteuerhebesatz)

Grund und Boden:	60,00 € x 400 %	= 240,00 €
Gebäude 1:	39,37 € x 300 %	= 118,11 €
Gebäude 2:	26,25 € x 200 %	= 52,50 €
Grundsteuer:		410,61 €

(Einstweilen frei) 49–53

III. Keine Grundsteuer C in Bayern (Art. 5 Abs. 2 BayGrStG)

Nach Art. 5 Abs. 2 BayGrStG **findet die bundesgesetzliche Regelung des § 25 Abs. 5 GrStG in Bayern keine Anwendung.** § 25 Abs. 5 GrStG regelt die Möglichkeit zur Einführung eines gesonderten Hebesatzes für unbebaute baureife Grundstücke – die sog. Grundsteuer C. Zur ausführlichen Kommentierung des § 25 Abs. 5 GrStG.[1] Folglich ist die Einführung der **Grundsteuer C in Bayern nicht gestattet.** 54

1 Vgl. Grootens in Grootens, GrStG § 25 Rz. 121–192.

Kapitel 2: Verfahren

Art. 6 BayGrStG Feststellung der Äquivalenzbeträge

(1) [1]Die Äquivalenzbeträge werden auf den 1. Januar 2022 allgemein festgestellt (Hauptfeststellung). [2]Abweichend von § 221 BewG findet keine turnusmäßige Hauptfeststellung statt. [3]Bei der Ermittlung der Äquivalenzbeträge ist § 163 der Abgabenordnung (AO) nicht anzuwenden.

(2) [1]In dem Feststellungsbescheid für die Äquivalenzbeträge der Grundstücke sind auch Feststellungen zu treffen über die Fläche von Grund und Boden und die Gebäudeflächen. [2]Abweichend von § 219 Abs. 2 Nr. 1 BewG wird die Grundstücksart der wirtschaftlichen Einheit nicht festgestellt. [3]Feststellungen erfolgen nur, wenn und soweit sie für die Besteuerung von Bedeutung sind. [4]Der Feststellungsbescheid kann mit dem nachfolgenden Grundsteuermessbescheid verbunden und zusammengefasst bekannt gegeben werden.

(3) [1]Die Äquivalenzbeträge (Betragsfortschreibung) und die Flächen (Flächenfortschreibung) werden neu festgestellt, wenn ein Äquivalenzbetrag oder eine Fläche von der zuletzt getroffenen Feststellung abweicht und es für die Besteuerung von Bedeutung ist. [2]Eine Fortschreibung nach Satz 1 findet auch zur Beseitigung eines Fehlers der letzten Feststellung statt.

(4) Für die Äquivalenzbeträge nach diesem Gesetz gelten die Vorschriften des Bewertungsgesetzes über die Fortschreibung, Nachfeststellung, Aufhebung, Änderung und Nachholung der Feststellung im Übrigen sinngemäß.

(5) [1]Die Aufforderung zur Abgabe einer Erklärung mittels Allgemeinverfügung durch öffentliche Bekanntmachung nach § 228 Abs. 1 Satz 3 BewG erfolgt durch das Bayerische Landesamt für Steuern. [2]Abweichend von § 228 Abs. 2 BewG sind die Änderungen der tatsächlichen Verhältnisse, die sich auf die Höhe der Flächen oder der Äquivalenzbeträge auswirken oder zu einer Nachfeststellung oder der Aufhebung der Flächen oder der Äquivalenzbeträge führen können, auf den Beginn des folgenden Kalenderjahres zusammengefasst anzuzeigen. [3]Die Anzeige ist bis zum 31. März des Jahres abzugeben, das auf das Jahr folgt, in dem sich die tatsächlichen Verhältnisse geändert haben. [4]In den Fällen des Art. 1 Abs. 4 Satz 2 ist § 228 Abs. 3 Nr. 1 BewG anzuwenden.

(6) Die Erklärung und die Anzeige nach Abs. 5 sind Steuererklärungen i. S. der Abgabenordnung, die nach amtlich vorgeschriebenem Datensatz durch Datenfernübertragung übermittelt werden sollen.

Inhaltsübersicht **Rz.**

VERWALTUNGSANWEISUNGEN

Anwendungserlass zum Bayerischen Grundsteuergesetz und zum Siebenten Abschnitt des Zweiten Teils des Bewertungsgesetztes zur Bewertung des Grundbesitzes – allgemeiner Teil und Grundvermögen –für die Grundsteuer ab 1. Januar 2022 und zum Grundsteuergesetz ab 1. Januar 2025 (Bayerischer Anwendungserlass-Grundsteuer – AEBayGrSt v. 2.9.2022; BayMBl. 2022 Nr. 542 v. 28.9.2022).

A. Allgemeine Erläuterungen zu Art. 6 BayGrStG

I. Normzweck und wirtschaftliche Bedeutung der Vorschrift

Art. 6 BayGrStG regelt verschieden **Grundsätze über die Feststellung der Äquivalenzbeträge und die Anwendung oder Nichtanwendung bundesgesetzlicher Regelungen des BewG**. Des Weiteren finden sich in Art. 6 BayGrStG Regelungen zu den **Erklärungs- und Anzeigepflichten**. 1

Art. 6 Abs. 1 BayGrStG definiert **die Hauptfeststellung der Äquivalenzbeträge auf den 1.1.2022**. 2

In Art. 6 Abs. 2 BayGrStG wird geregelt, **welche Feststellungen im Feststellungsbescheid über die Äquivalenzbeträge zu treffen** sind. 3

Art. 6 Abs. 3 BayGrStG bestimmt, **wann neue oder abweichende Feststellungen**, welche über die Hauptfeststellung zum 1.1.2022 hinausgehen, vorzunehmen sind. Die Vorschrift ist folglich in der Praxis für alle Fälle nach der erstmaligen Neubewertung von Bedeutung. 4

Nach Art. 6 Abs. 4 BayGrStG finden die **bundesgesetzlichen Regelungen über die Forstschreibung, Nachfeststellung Aufhebung, Änderung und Nachholung der Feststellung auch in Bayern Anwendung**. 5

Nach Art. 6 Abs. 5 BayGrStG erfolgt die **öffentliche Bekanntmachung der Aufforderung zur Abgabe der erstmaligen Erklärung mittels Allgemeinverfügung** durch das Bayerische Landesfinanzamt für Steuern. Des Weiteren werden in der Vorschrift **Regelungen zu den Anzeigepflichten bei Änderungen der tatsächlichen Verhältnisse** an der wirtschaftlichen Einheit getroffen. 6

Nach Art. 6 Abs. 6 BayGrStG gelten sowohl die Erklärungen als auch die Anzeigen als **Steuererklärungen i. S. der Abgabenordnung**. Insoweit stellt die Vorschrift die verfahrensrechtlichen Einordnungen sicher. Weiterhin wird die **Form der Erklärungen und Anzeigen** festgelegt. 7

(Einstweilen frei) 8–11

II. Entstehung und Entwicklung der Vorschrift

Art. 6 BayGrStG wurde mit dem BayGrStG v. 10.12.2021[1] in das BayGrStG aufgenommen und tritt ab dem 1.1.2022 in Kraft (vgl. Art. 11 BayGrStG). Weitere Ausführungen zu den gesetzlichen Regelungen finden sich im Bayerischen Anwendungserlass-Grundsteuer v. 2.9.2022.[2] 12

(Einstweilen frei) 13–14

1 Bayerisches Grundsteuergesetz (BayGrStG) v. 10.12.2021 (Bayerisches Gesetz- und Verordnungsblatt Nr. 23/2021 S. 638).

2 Anwendungserlass zum Bayerischen Grundsteuergesetz und zum Siebenten Abschnitt des Zweiten Teils des Bewertungsgesetzes zur Bewertung des Grundbesitzes – allgemeiner Teil und Grundvermögen – für die Grundsteuer ab 1. Januar 2022 und zum Grundsteuergesetz ab 1. Januar 2025 (Bayerischer Anwendungserlass-Grundsteuer – AEBayGrSt v. 2.9.2022; BayMBl. 2022 Nr. 542 v. 28.9.2022).

III. Geltungsbereich

15 Das BayGrStG gilt für in Bayern belegene Grundstücke.

16–17 *(Einstweilen frei)*

IV. Verhältnis zu anderen Vorschriften

18 Art. 6 BayGrStG stellt klar, welche **Regelungen des Bundesgesetzes** ebenfalls in Bayern anzuwenden sind, bzw. welche Regelungen im Landesgesetz nicht zu Anwendung kommen. So finden nach Art. 6 BayGrStG in Bayern z. B. die Regelungen der §§ 222–226 BewG und der § 228 BewG sinngemäß Anwendung.

19 Daneben finden die folgenden Regelungen in Bayern **keine Anwendung bzw. es gelten abweichende Regelungen**:

- § 221 BewG (Hauptfeststellung),
- § 163 AO (Billigkeitsmaßnahmen),
- § 219 Abs. 2 Nr. 1 BewG (Feststellungsinhalte).

20 Die **Feststellung der Äquivalenzbeträge erfolgt durch eine gesonderte Feststellung**. Diese beruht auf den allgemeinen Regelungen des § 180 Abs. 1 Nr. 1 AO.

21 Die in Art. 6 Abs. 3 definierten **Fortschreibungsarten** differenzieren sich terminologisch von den des Bundesgesetzes in § 222 Abs. 1 BewG. Die **fehlerbeseitigenden Wertfortschreibung** in Art. 6 Abs. 3 Satz 2 BayGrStG entspricht sinngemäß der Regelung des Bundesgesetzes in § 222 Abs. 3 BewG.

22 Für die **Einzelheiten zu den Erklärungen oder Anzeigen des Steuerpflichtigen** finden auch in Bayern größtenteils die Regelungen des § 228 BewG Anwendung. Lediglich bei einigen Punkten (z. B. die Frist zur Einreichung von Anzeigen oder die Form der Erklärungen und Anzeigen) weicht das Landesgesetz ab.

23 Durch die Einordnung der Erklärungen und Anzeigen als Steuererklärungen i. S. der Abgabenordnung finden die entsprechenden Reglungen der AO Anwendung. So sind insbesondere **bei Nichterfüllung oder nicht fristgerechter Erfüllung die Reglungen zum Verspätungszuschlag nach § 152 Abs. 6 i. V. mit Abs. 2 AO zu beachten.**

24–30 *(Einstweilen frei)*

B. Systematische Kommentierung

I. Allgemeine Regelungen zur Hauptfeststellung (Art. 6 Abs. 1 BayGrStG)

31 Art. 6 Abs. 1 Satz 1 BayGrStG definiert der **Zeitpunkt der Hauptfeststellung** für die Neubewertung aller wirtschaftlichen Einheiten in Bayern. Danach werden die **Äquivalenzbeträge auf den 1.1.2022 allgemein festgestellt**.

32 Abweichend von § 221 BewG im Bundesrecht findet in Bayern **keine turnusmäßige Hauptfeststellung** statt (Art. 6 Abs. 1 Satz 2 BayGrStG). Anstatt wie im Bundesrecht alle sieben Jahre die Grundsteuerwerte neu festzustellen, bleibt es in Bayern bei der **einmaligen Feststellung der Äquivalenzbeträge auf den 1.1.2022**. Die Abweichung resultiert aus der Bewertungssystematik. Durch das Abstellen auf wertunabhängige Grundstücks- und Gebäudeflächen sowie Äquivalenzzahlen ist keine turnusmäßige Hauptfeststellung notwendig, da sich die Grundstücks-

und Gebäudeflächen sowie die Äquivalenzzahlen grundsätzlich nicht ändern und die Ausgangswerte in Bayern keine angenäherte Ermittlung der Verkehrswerte zum Ziel haben. Dadurch wird der Verwaltungsaufwand der Behörden als auch der Grundstückseigentümer im Vergleich zum Bundesrecht erheblich vermindert.

Durch Art. 6 Abs. 1 Satz 3 BayGrStG wird die **Anwendung des § 163 AO bei der Ermittlung der Äquivalenzbeträge ausgeschlossen**. Dadurch kann die Billigkeitsmaßnahme für die Äquivalenzbeträge nicht angewendet werden. 33

(Einstweilen frei) 34–38

II. Feststellungen im Feststellungsbescheid (Art. 6 Abs. 2 BayGrStG)

Art. 6 Abs. 2 BayGrStG definiert den **Inhalt des Feststellungsbescheids der Äquivalenzbeträge**. Die Feststellung der Äquivalenzbeträge bildet dabei die erste Stufe innerhalb des dreistufigen Besteuerungsverfahrens und wird durch die zuständigen Finanzämter (Lagefinanzämter) durchgeführt. Die gesonderte Feststellung erfolgt dabei auf Grundlage des § 180 Abs. 1 Nr. 1 AO. Zwar nennt der Gesetzeswortlaut des § 180 Abs. 1 Nr. 1 AO nur die Begriffe „Einheitswerte" und „Grundsteuerwerte", jedoch erfolgt mangels abweichender Regelung im BayGrStG eine sinngemäße Anwendung. 39

Im dem Feststellungsbescheid für die Äquivalenzbeträge sind ebenfalls **Feststellungen über die Fläche von Grund und Boden und die Gebäudeflächen zu treffen** (Art. 6 Abs. 2 Satz 1 BayGrStG). Dies beinhaltet zum einen die entsprechenden **Flächengrößen in m²** als auch **für die Gebäudeflächen die Unterscheidung zwischen Wohn- und Nutzflächen**, da diese Angaben für die weitere Berechnung der Grundsteuer benötigt werden. Bei diesen Feststellungen handelt es sich um **eigenständige Besteuerungsgrundlagen**, welche Bindungswirkung für die nachfolgenden Verfahrensstufen haben und werden daher als **Grundlagenbescheid** nach § 171 Abs. 10 AO einer eigenständigen und bindenden Regelungswirkung zugeführt.[1] Verfahrensrechtlich bedeutet dies, dass der Grundstückseigentümer bei einer fehlerhaften Feststellung den Feststellungsbescheid für die Äquivalenzbeträge anfechten muss und nicht z. B. den Grundsteuerbescheid. Ansonsten gelten grundsätzlich die Regelungen zur Feststellung des Bundesgesetzes im § 219 BewG. Dazu wird auf die Kommentierung von Kurt in Grootens, BewG § 219 Rz. 61 ff. verwiesen. 40

Abweichend von § 219 Abs 2 Nr. 1 BewG erfolgt im Feststellungsbescheid für die Äquivalenzbeträge **keine Feststellung über die Grundstücksart der wirtschaftlichen Einheit** (Art. 6 Abs. 2 Satz 2 BayGrStG). Die unterschiedlichen Grundstücksarten sind in § 249 BewG geregelt, werden aber für die Ermittlung der Grundsteuer in Bayern nicht benötigt. Entsprechend bedarf es auch keiner Feststellung in Bayern. 41

Nach Art. 6 Abs. 2 Satz 3 BayGrStG **erfolgen Feststellungen im Bescheid nur, wenn und soweit sie für die Besteuerung von Bedeutung sind**. Die vorstehend genannten Feststellungen müssen somit nicht in jedem Feststellungsbescheid enthalten sein. So können beispielsweise bei unbebauten Grundstücken im Bescheid die Feststellungen zu den Gebäudeflächen unterbleiben. Diese Regelung dient der Vereinfachung und führt in den jeweiligen Fällen zu übersichtlicheren Bescheiden. 42

---

1 Vgl. 3.6.2 Satz 4 AEBayGrSt.

43 Bei der bisherigen Feststellung der Einheitswerte und Grundsteuermessbeträge war üblich, dass es zwei gesonderte Bescheide über die Feststellung des Einheitswerts und des Grundsteuermessbetrags gab, auch wenn diese regelmäßig in unmittelbaren zeitlichen Zusammenhang erlassen wurden. In Bayern kann zukünftig der **Bescheid über die Feststellung der Äquivalenzbeträge mit dem nachfolgenden Grundsteuermessbescheid verbunden und zusammengefasst bekanntgegeben werden** (Art. 6 Abs. 2 Satz 4 BayGrStG). Danach würde dann nur noch ein Bescheid ergehen, als der bisherigen zwei. Auch dies dient der Verfahrenserleichterung sowie -vereinfachung und ist zu begrüßen.

44–47 *(Einstweilen frei)*

III. Fortschreibungsarten (Art. 6 Abs. 3 BayGrStG)

48 Nach Art. 6 Abs. 3 Satz 1 BayGrStG werden die **Äquivalenzbeträge und die Flächen neu festgestellt**, wenn ein Äquivalenzbetrag oder eine Fläche von der zuletzt getroffenen Feststellung abweicht und es für die Besteuerung von Bedeutung ist. Aufgrund der besonderen Bewertungssystematik in Bayern unterscheidet das BayGrStG zwei Fortschreibungen:

- **Fortschreibung der Äquivalenzbeträge (Betragsfortschreibung)** und die
- **Fortschreibung der Flächen (Flächenfortschreibung).**

1. Betragsfortschreibung

49 Die **Fortschreibung der Äquivalenzbeträge** ist inhaltlich der sog. Wertfortschreibung gem. § 221 Abs. 1 BewG gleichzusetzen. Aufgrund des Flächenmodells wurde der Begriff terminologisch angepasst. Die Betragsfortschreibung umfasst somit grundsätzlich alle **Veränderungen der wirtschaftlichen Einheit, welche eine Auswirkung auf den Äquivalenzbetrag** haben.

2. Flächenfortschreibung

50 Die **Fortschreibung der Flächen** ist notwendig, wenn sich die Flächen verändern. So können durch z. B. eine Erweiterung neue Flächen geschaffen werden. Gleichzeitig könnten durch z. B. einen Abriss Flächen wegfallen. Die Flächenfortschreibung umfasst sowohl die Grundstücksfläche als auch die Gebäudeflächen. Eine Fortschreibung der Grundstücksfläche kommt z. B. in den Fällen einer Neuvermessung in Betracht.

51 Zu beachten ist, dass eine Fortschreibung nur stattfindet, wenn diese von der letzten Feststellung abweicht und es **für die Besteuerung von Bedeutung** ist. Wann die Fortschreibung für die Besteuerung von Bedeutung ist richtet sich nach Art. 7 Abs. 1 BayGrStG. Danach werden zwischen **Auswirkungen der Änderung zugunsten und zulasten des Steuerpflichtigen** sowie zwischen **Tatsachenänderungen** differenziert (vgl. dazu Art. 7 BayGrStG). Der Verzicht auf eine Fortschreibung in jedem Fall dient vor allem der Verfahrenserleichterung und soll sowohl den Steuerpflichtigen als auch die Verwaltung entlasten.

52 Sind die Voraussetzungen für eine Fortschreibung erfüllt, so wird diese auch durchgeführt, wenn die **Feststellung des Äquivalenzbetrags oder der Grundstücks-/Gebäudeflächen mit Null durchzuführen ist**. Damit wird festgestellt, dass ab diesem Zeitpunkt eine bestimmte Tatsache wegfällt und nicht mehr länger von Bedeutung ist.

53 **BEISPIEL:** Auf dem Grundstück befinden sich ein Wohnhaus und eine Lagerhalle. Die Lagerhalle wird abgerissen.

Durch den Abriss der Lagerhalle ändern sich die Gebäudeflächen, welche für die Besteuerung von Bedeutung sind. Die Änderung der tatsächlichen Verhältnisse erfolgt durch eine Fortschreibung der Gebäudefläche für Nichtwohngebäude auf 0 m^2.

Art. 6 Abs. 3 Satz 2 BayGrStG regelt, dass die o.g. **Fortschreibungen auch zur Beseitigung einer fehlerhaften Feststellung** durchgeführt werden. Damit ist die sog. **„fehlerbeseitigende Wertfortschreibung“** gem. § 222 Abs. 3 BewG auch im Bayern anwendbar.[1] 54

(Einstweilen frei) 55–57

IV. Sinngemäße Anwendung der §§ 222–226 BewG (Art. 6 Abs. 4 BayGrStG)

In Bayern erfolgt aufgrund des Flächenmodells nur eine einmalige Hauptfeststellung der Äquivalenzbeträge (vgl. → Rz. 31–32). Um **Änderungen bei den wirtschaftlichen Einheiten** dennoch auch in Bayern nach der Hauptfeststellung berücksichtigen zu können, finden gem. Art. 6 Abs. 4 BayGrStG die **bundesgesetzlichen Regelungen der §§ 222–226 BewG sinngemäß Anwendung.** 58

Diese umfassen die folgenden **Feststellungsarten**: 59

- Fortschreibung (§ 222 BewG)
- Nachfeststellung (§ 223 BewG)
- Aufhebung (§ 224 BewG)
- Änderung (§ 225 BewG) und
- Nachholung (§ 226 BewG).

Zu den einzelnen Voraussetzungen und Anwendungsbeispielen der verschiedenen Feststellungsarten vgl. die Kommentierungen von Kurt in Grootens, BewG, §§ 222–226sowie in Bezug auf die bayerischen Besonderheiten vgl. auch die Ausführungen in 2.1.222–2.1.226 AEBayGrSt. 60

(Einstweilen frei) 61–63

V. Erklärungen und Anzeigenpflichten (Art. 6 Abs. 5 BayGrStG)

Art. 6 Abs. 5 BayGrStG regelt die **öffentliche Bekanntmachung der Aufforderung zur Abgabe der erstmaligen Erklärung mittels Allgemeinverfügung** und enthält die Vorschriften **zu den Anzeigepflichten** bei Änderungen der tatsächlichen Verhältnisse an der wirtschaftlichen Einheit. 64

1. Erklärungsaufforderung per Allgemeinverfügung

Zur erstmaligen Feststellung der Äquivalenzbeträge auf den Hauptfeststellungszeitpunkt 1.1.2022 sind für alle wirtschaftlichen Einheiten **durch die jeweiligen Steuerpflichtigen Erklärungen zu erstellen und einzureichen.** 65

Die Erklärung sind bei dem **zuständigen Finanzamt** einzureichen. Das zuständige Finanzamt ist dabei regelmäßig das jeweilige **Lagefinanzamt**, also das Finanzamt, in dessen Bezirk die wirtschaftliche Einheit belegen ist, § 6 Abs. 2 Nr. 4a AO i.V. mit § 18 Abs. 1 Nr. 1 Alternative 1 AO, soweit keine abweichenden Zuständigkeitsvereinbarungen getroffen wurden. Erstreckt sich eine wirtschaftliche Einheit **über mehrere Finanzamtsbezirke**, ist das zuständige Finanz- 66

1 Vgl. dazu vertiefend auch die Kommentierung von Kurt in Grootens, BewG § 222 Rz. 121–127.

amt regelmäßig jenes, in dem der **wertvollste Teil der wirtschaftlichen Einheit** belegen ist, vgl. § 18 Abs. 1 Nr. 1 Alternative 1 AO. Ist der wertvollste Teil nicht eindeutig bestimmbar, sollte im Vorhinein eine Abstimmung mit den Finanzämtern erfolgen.

67 Die **allgemeinen Erklärungspflichten** ergeben sich aus den bundesgesetzlichen Regelungen des **§ 228 Abs. 1 BewG**, welche mangels abweichender Regelungen sinngemäß auch in Bayern gelten.[1] Danach sind die Erklärungen auf den Hauptfeststellungszeitpunkt oder einen anderen Feststellungszeitpunkt durch den Steuerpflichtigen abzugeben, sofern er hierzu **durch die Finanzverwaltung aufgefordert** wird (§ 149 Abs. 1 Satz 2 AO).

68 Um bei der Hauptfeststellung nicht jeden Grundstückseigentümer gesondert anschreiben zu müssen, was mit einem enormen Verwaltungs- und Kostenaufwand verbunden wäre, kann die Aufforderung zur Abgabe der Erklärung im Bundesrecht vom Bundesministerium der Finanzen im Einvernehmen mit den obersten Finanzbehörden der Länder durch **öffentliche Bekanntmachung** erfolgen (§ 228 Abs. 1 Satz 3 BewG). In Bayern erfolgt die Aufforderung zur Abgabe der Erklärungen mittels **Allgemeinverfügung durch das Bayerische Landesamt für Steuern** (Art 6 Abs. 5 Satz 1 BayGrStG).

69 Für die Abgabe der Erklärungen haben die Finanzbehörden weiterhin eine **Frist** zu bestimmen, welche **mindestens einen Monat** betragen soll. Für die **erste Hauptfeststellung** ist aufgrund der Aufforderung per Allgemeinverfügung und der besonders hohen Anzahl an Erklärungen eine längere **Frist** vorgesehen.

70 Die **Aufforderung zur Abgabe der Feststellungserklärungen ist Ende März 2022** durch die öffentliche Bekanntmachung erfolgt. Die Erklärungen selbst können **seit dem 1.7.2022** elektronisch z. B. über das ELSTER-Portal übermittelt werden. Die **Frist zu Abgabe der erstmaligen Feststellungserklärung lief anfänglich bis zum 31.10.2022**, wurde jedoch durch die bisweilen letzte Allgemeinverfügung des Landesamts für Steuern v. 1.2.2023 **bis zum 30.4.2023 verlängert.**[2] In einigen Ausnahmefällen wird von der Pflicht zur Abgabe einer Erklärung abgesehen. Für diese Fälle siehe BayLfSt v. 2.2.2023 - G 2163. 1.1–1/16 St35.

71 Ausgehend von den Erfahrungen aus der Einheitsbewertung könnte für nachfolgende Erklärungsaufforderungen die Mindestfrist von einen Monat der Regelfall sein. Insofern ändert sich bei den Erklärungspflichten zukünftig vom Verfahrensablauf nichts Grundlegendes im Vergleich zu den bisherigen Erklärungspflichten im Rahmen der alten Einheitsbewertung. In besonders gelagerten Ausnahmefällen kann auch eine kürzere Frist gesetzt werden, insbesondere wenn Verjährung droht und die Pflicht zur Abgabe der Erklärung in einer kürzeren Frist für den Steuerpflichtigen zumutbar ist.[3]

72 PRAXISHINWEIS:

Bei den bisherigen Erklärungen zur Feststellung der Einheitswerte konnten erfahrungsgemäß regelmäßig Fristverlängerungen zur Abgabe an die Erklärungen beim Finanzamt beantragt werden. Auch wurden keine hohen Anforderungen an die Begründung zur Fristverlängerung gestellt. Ob sich dies in Zukunft ändern wird, bleibt abzuwarten. Da bisher bereits eine allgemeine Fristverlängerung für die steuerberatenden Berufe abgelehnt wurde, ist zumindest für die bereits verlängerte Frist bis 31.1.2023 für die Hauptfeststellung der Äquivalenzbeträge mit strengen Regelungen durch die Finanzverwaltung zu rechnen. Die

1 Vgl. dazu auch die Kommentierungen von Kurt in Grootens, BewG, § 228 Rz. 61–104.
2 Öffentliche Bekanntmachung des Bayerischen Landesamts für Steuern vom 1.2.2023 – Abgabe der Grundsteuererklärung für den Hauptfeststellungszeitpunkt 1.1.2022.
3 Vgl. 2.1.228.1 Satz 5 AEBayGrSt.

Frist sollte also stets im Auge behalten werden und Anträge auf Fristverlängerungen nur bei Vorliegen entsprechender Begründungen gestellt werden.

(Einstweilen frei) 73–75

2. Anzeigepflichten

Gänzlich neu durch die Grundsteuerreform sind die den Steuerpflichtigen zukünftig auferlegten **Anzeigepflichten**. Bestanden bisher für die Steuerpflichtigen keine Pflichten, dem zuständigen Finanzamt Veränderungen an den wirtschaftlichen Einheiten mitzuteilen, welche zu einer neuen Feststellung der bisherigen Einheitswerte geführt hätten, so haben diese **zukünftig aktiv Anzeigepflichten zu erfüllen**. 76

Treten eine oder mehrere **Änderungen der tatsächlichen Verhältnisse an der wirtschaftlichen Einheit auf, die sich auf die Höhe der Flächen oder des Äquivalenzbetrages auswirken** (vgl. Art. 6 Abs. 3 BayGrStG) oder zu einer **Nachfeststellung oder Aufhebung der Äquivalenzbeträge** führen können, so hat der Steuerpflichtige diese Veränderungen **dem zuständigen Finanzamt anzuzeigen** (Art. 6 Abs. 5 Satz 2 BayGrStG). Die **Änderung ist dabei auf den Beginn des folgenden Kalenderjahres** anzuzeigen. Dies bedeutet, dass die anzeigepflichtigen Veränderungen innerhalb eines Jahres **jeweils zum 1.1. des Folgejahres anzuzeigen** sind, da die Veränderungen erst zum 1.1. eines Jahres Wirkung für die Grundsteuer entfalten. 77

BEISPIEL: Der Ausbau eines Dachgeschosses zu Wohnraum im Juni 01 ist aufgrund der geänderten Wohnfläche durch den Steuerpflichtigen zum 1.1.02 anzuzeigen. 78

Die Anzeigepflicht nach Art. 6 Abs. 5 BayGrStG in Verbindung mit § 228 Abs. 2 BewG soll innerhalb der Anzeigefrist durch Abgabe einer Erklärung nach Art. 6 Abs. 5 BayGrStG in Verbindung mit § 228 Abs. 1 BewG erfüllt werden.[1] 79

Die **Frist zur Abgabe der Anzeigen** ist in Bayern jeweils der **31.3. des Jahres, welcher auf das Jahr folgt, in dem sich die tatsächlichen Verhältnisse geändert haben** (Art. 6 Abs. 5 Satz 3 BayGrStG). Hierbei unterscheidet sich das BayGrStG von der bundesgesetzlichen Regelung in § 228 Abs. 2 BewG. Die Frist nach dem Bundesgesetz zur Abgabe der Anzeigen beträgt lediglich einen Monat. Bei der Frist handelt es ich um eine **gesetzliche Frist**, welche als Steuererklärungsfrist i. S. des § 149 Abs. 1 Satz 1 AO gilt. Insoweit findet die **Fristverlängerungsvorschrift des § 109 Abs. 1 AO** Anwendung. 80

BEISPIEL: Der Ausbau eines Dachgeschosses zu Wohnraum im Juni 01 ist bis spätestens zum 31.3.02 anzuzeigen. 81

Treten **innerhalb eines Jahres bei einer wirtschaftlichen Einheit mehrere Veränderungen** auf, so sind diese in einer **gemeinsamen Anzeige** zusammenzufassen. Es müssen folglich nicht mehrere Anzeigen für dieselbe wirtschaftliche Einheit erstellt werden. 82

BEISPIEL: Der Ausbau eines Dachgeschosses zu Wohnraum erfolgte im Juni 01. Des Weiteren wurde die Fläche im Erdgeschoss im November 01 von Wohnraum in eine Bürofläche umgewandelt. 83

Beide Maßnahmen haben Auswirkungen auf die Höhe der Flächen oder des Äquivalenzbetrages und sind in einer gemeinsamen Anzeige bis spätestens zum 31.3.02 anzuzeigen.

1 Vgl. 2.1.228.5 Satz 5 AEBayGrSt.

84 Nach der Gesetzesbegründung zum Gesetzesentwurf vom 10.5.2021[1] bedürfen **Änderungen, die zu einer Zurechnungsfortschreibung führen**, wie beispielsweise der **Eigentumsübergang** an einem Grundstück, **nicht zwingend einer Erklärung der Grundstückseigentümer**. Die Finanzverwaltung erfährt von diesen Sachverhalten bereits durch die Mitteilung anderer Behörden (vgl. § 229 BewG). Dies wird nunmehr auch im Bayerischen Anwendungserlass-Grundsteuer bestätigt.[2] Unabhängig von der Anzeigepflicht **kann die Fortschreibung von Äquivalenzbeträgen auch von Amts wegen erfolgen.** Das kann insbesondere der Fall sein, wenn der Steuerpflichtige seiner Erklärungs- oder Anzeigepflicht nicht nachgekommen ist und dem Finanzamt alle steuererheblichen Tatsachen bereits bekannt sind. Die Fortschreibung von Amts wegen unterliegt keiner zeitlichen Beschränkung. Sie ist jedoch unzulässig, wenn die auf ihr beruhende Steuer verjährt und deshalb die Äquivalenzbeträge ohne steuerliche Bedeutung sind.[3]

85 Weitere Besonderheiten bestehen bei **Gebäuden auf fremden Grund und Boden**. Bei diesen wirtschaftlichen Einheiten bestehen Unterschiede bei der Zurechnung zwischen Landes- und Bundesgesetz. Im Bayern erfolgt die **Zurechnung der wirtschaftlichen Einheit** des Grund und Bodens und des Gebäudes **einheitlich auf den wirtschaftlichen Eigentümer des Gebäudes.**[4] Im Bundesgesetz hingegen wird die wirtschaftliche Einheit dem Eigentümer des Grund und Bodens zugerechnet (vgl. § 244 Abs. 3 Nr. 2 i.V. mit § 262 BewG). Für die **Anzeige- und Erklärungspflichten gilt** in Bayern daher nicht der im Bundesgesetz eigentlich für Gebäude auf fremden Grund und Boden anzuwendende § 228 Abs. 3 Nr. 3 BewG sondern der **§ 228 Abs. 3 Nr. 1 BewG.** Danach sind die Anzeige- und Erklärungspflichten durch den Steuerpflichtigen, welchem die wirtschaftliche Einheit zuzurechnen ist – **in Bayern folglich dem wirtschaftlichen Eigentümer des Gebäudes** – zu erfüllen (Art. 6 Abs. 5 Satz 4 BayGrStG). Bei dem Übergang des zivilrechtlichen oder des wirtschaftlichen Eigentums an einem auf fremdem Grund und Boden errichteten Gebäude, ist eine Anzeige abzugeben.[5]

86 Für **Erbbaurechte** gilt die bundesgesetzliche Regelung des § 228 Abs. 3 Nr. 2 BewG entsprechend, wonach die **Anzeige- und Erklärungspflichten bei Erbbaurechten vom Erbbauberechtigten unter Mitwirkung des Erbbauverpflichteten** zu erfüllen sind. Dies geht damit einher, dass die Zurechnung bei Erbbaurechten in Bayern der Zurechnung des Bundesgesetzes folgt.[6]

87 Im Übrigen gelten die Regelungen des Bundesgesetzes – vgl. dazu die Kommentierung von Kurt in Grootens, BewG, § 228 Rz. 111 ff.

88 PRAXISHINWEIS:

Die zukünftigen Anzeigepflichten wurden vor allem im Grundsteuergesetz aufgenommen, um die bisherige Problematik bei der Einheitsbewertung zu lösen. Zwar haben die Finanzämter auch bisher durch die Mitteilung von Behörden (z. B. Bauämter) Kenntnis von Veränderungen an den wirtschaftlichen Einheiten bekommen, jedoch waren diese nicht danach ausgewertet, ob die Veränderungen auch Auswirkung auf den Einheitswert haben. Da auch die Finanzämter aus den Mitteilungen oft keine finalen Schlüsse ziehen konnten, mussten die Steuerpflichtigen erst angeschrieben und zur Abgabe einer Einheitswerterklärung aufgefordert werden. Folge des umständlichen Prozesses waren teils sehr langwierige und verzögerte Verfahren. Dies soll zukünftig durch die Anzeigepflichten effizienter gestaltet werden. Damit geht aber auch einher, dass die Steuerpflichtigen zukünftig die Änderungen an den wirtschaftlichen Einheiten aktiv

1 Vgl. Drucks. 18/15755 v. 10.5.2021, Gesetzesentwurf der Staatsregierung – Bayerisches Grundsteuergesetz (BayGrStG).

2 Vgl. 2.1.228.2 Satz 2 AEBayGrSt.

3 Vgl. 2.1.228.6 AEBayGrSt.

4 Vgl. Art. 1 Abs. 4 Satz 2 BayGrStG und Lehmann in Grootens, BayGrStG Art. 1 Rz. 62–64.

5 Vgl. 2.1.228.2 Satz 3 AEBayGrSt.

6 Vgl. Lehmann in Grootens, BayGrStG Art. 1 Rz. 65.

überwachen müssen, um die Anzeigepflichten zu erfüllen. Insbesondere Steuerpflichtigen mit umfangreichem Grundbesitz wird dies vor Schwierigkeiten stellen. Zum einen sollten deshalb frühzeitig personelle Ressourcen geschaffen werden und zum anderen sollte ein geeigneter Überwachungsprozess implementiert werden, um alle Fristen und Anzeigen zu erfüllen und einzuhalten. Abzuwarten bleibt m. E. jedoch, wie schnell die Finanzämter die Anzeigen zukünftig bearbeiten werden. Durch die Neubewertung kann es bereits zu Beginn zu Kapazitätsengpässen und damit ebenfalls zu langen Bearbeitungszeiten kommen.

(Einstweilen frei) 89–91

VI. Verfahrensrechtliche Vorgaben (Art. 6 Abs. 6 BayGrStG)

1. Einordnung

Sowohl die Erklärungen zur Ermittlung und Feststellung der Äquivalenzbeträge als auch die Anzeigen über die Änderungen der tatsächlichen Verhältnisse sind **Steuererklärungen i. S. der Abgabenordnung i. S. der §§ 149 ff. AO**. Daraus folgt, dass zur Abgabe der Steuererklärungen und Anzeigen eine **gesetzliche Pflicht** besteht. 92

Ferner sind sämtliche **verfahrensrechtliche Vorschriften für Steuererklärungen** auch für die Erklärungen und Anzeigen im Rahmen des BayGrStG anzuwenden. Dazu zählt insbesondere, dass bei Nichterfüllung der Erklärungs- und Anzeigenpflichten ein **Verspätungszuschlag** i. S. des § 152 Abs. 6 i. V. mit Abs. 2 AO festgesetzt werden kann. Auch sind die Erklärungen und Anzeigen **eigenhändig durch den Steuerpflichtigen zu unterschreiben.** Dies gilt nicht, sofern eine **elektronische Übermittlung** der Erklärungen oder Anzeigen an das Finanzamt erfolgt. Hier kann die Unterschrift durch eine **Übermittlung im authentifizierten Verfahren** ersetzt werden.[1] 93

(Einstweilen frei) 94–96

2. Form der Erklärungen und Anzeigen

Nach dem Gesetzeswortlaut des Art. 6 Abs. 5 BayGrStG **sollen die Erklärungen und Anzeigen nach amtlich vorgeschriebenen Datensatz durch Datenfernübertragung übermittelt** werden. Die elektronische Übermittlung soll vor allem ein **zeitgemäßes, digitales und automationsgestütztes Verfahren** ermöglichen und damit insbesondere den bisher sehr umständlichen und manuellen Prozess bei den Einheitswerterklärungen ersetzen. Voraussetzung dafür ist, dass eine Übermittlung im Rahmen des **ELSTER-Verfahrens**, welches bereits aus anderen Steuererklärungen bekannt ist, ermöglicht wird (§ 87a Abs. 1 Satz 2 BewG). Die Übermittlung der Erklärung über das ELSTER-Portal soll ab 1.7.2022 freigeschaltet werden.[2] 97

Die **elektronische Übermittlung ist in Bayern keine „Muss-Vorschrift"**. Nach dem Gesetzeswortlaut „soll" lediglich eine elektronische Übermittlung erfolgen. In Zukunft sind in Bayern folglich auch **Erklärungen und Anzeigen in Papierform möglich und zulässig**. Dies erfolgt laut der Gesetzesbegründung zum Gesetzesentwurf von 10.5.2021[3] aus Gründen der Bürgerfreundlichkeit. 98

1 Vgl. zu den weiteren verfahrensrechtlichen Vorschriften auch Kurt in Grootens, BewG, § 228 Rz. 171–190.

2 Vgl. Internetseite des Bayerischen Landesamtes für Steuern unter https://www.finanzamt.bayern.de/Informationen/Steuerinfos/Steuerarten/Grundsteuer/.

3 Vgl. Drucks. 18/15755 v. 10.5.2021, Gesetzesentwurf der Staatsregierung – Bayerisches Grundsteuergesetz (BayGrStG).

99 Damit unterscheidet sich das Landesgesetz vom Bundesgesetz, in dem eine elektronische Übermittlung vorgeschrieben ist und Abgaben in Papierform nur in besonderen Härtefällen möglich sein sollen.[1] M. E. hat man sich der Gesetzgeber mit der Regelung in Bayern, auch Erklärungen und Anzeigen in Papierform zuzulassen, keinen Gefallen getan. Zwar mag dies auf Zustimmung bei den Steuerpflichtigen treffen, jedoch verpasst man m. E. damit die Möglichkeit, im Rahmen der Grundsteuerreform auch eine **zeitgemäße Umsetzung und Abwicklung des Prozesses** einzuführen. Durch die Abgabe von Papiererklärungen wird enormer Aufwand in den Verwaltungen produziert, da die eingereichten Formulare über spezielle Geräte gescannt oder händisch ins System übernommen werden müssen. Immer da, wo manuelle Übertragungen stattfinden, können weiterhin auch Fehler passieren, die wiederum das Verfahren unnötig erschweren sowie zusätzliche Kosten verursachen. Hier hätte aus Gründen der **Effizienzsteigerung und Automatisierung** eine identische Regelung wie im Bundesgesetz einen deutlichen Mehrwert geboten, zumal auch bei anderen Steuerarten (z. B. Einkommensteuer, E-Bilanzen, Umsatzsteuer, etc.) die elektronischen Abgabeverpflichtungen längst in der breiten Praxis akzeptiert und positiv beurteilt werden.

Art. 7 BayGrStG Veranlagungsverfahren

(1) [1]Die Grundsteuermessbeträge werden auf den 1. Januar 2025 allgemein festgesetzt (Hauptveranlagung). [2]Der Grundsteuermessbetrag wird auch dann neu festgesetzt, wenn dem Finanzamt bekannt wird, dass die letzte Veranlagung fehlerhaft ist. [3]Der Grundsteuermessbetrag wird auch dann neu festgesetzt, wenn der Grundsteuermessbetrag, der sich für den Beginn eines Kalenderjahres ergibt, von dem entsprechenden Betrag des letzten Festsetzungszeitpunkts nach unten abweicht. [4]Dasselbe gilt, wenn sein auf den Grund und Boden entfallender Anteil abweicht oder sein auf das Gebäude entfallender Anteil um mehr als 5 € nach oben abweicht. [5]Im Übrigen gelten die Vorschriften des Grundsteuergesetzes über die Neuveranlagung, Nachveranlagung, Aufhebung und Zerlegung des Grundsteuermessbetrags und die Änderung des Grundsteuermessbescheids sinngemäß.

(2) [1]Änderungen der Nutzung hat derjenige anzuzeigen, dem der Steuergegenstand zuzurechnen ist. [2]Satz 1 gilt für den Wegfall der Voraussetzungen für die ermäßigten Grundsteuermesszahlen nach Art. 4 Abs. 2 bis 4 entsprechend. [3]§ 19 Abs. 1 Satz 1 GrStG bleibt unberührt. [4]Abweichend von § 19 Abs. 1 Satz 2 und Abs. 2 Satz 2 GrStG ist die Anzeige nach den Sätzen 1 bis 3 bis zum 31. März des Jahres abzugeben, das auf das Jahr folgt, in dem sich die Verhältnisse geändert haben. [5]Art. 6 Abs. 6 gilt entsprechend.

Inhaltsübersicht **Rz.**

1 Vgl. dazu die Kommentierung von Kurt in Grootens, BewG, § 228 Rz. 191–195.

VERWALTUNGSANWEISUNGEN

Anwendungserlass zum Bayerischen Grundsteuergesetz und zum Siebenten Abschnitt des Zweiten Teils des Bewertungsgesetztes zur Bewertung des Grundbesitzes – allgemeiner Teil und Grundvermögen –für die Grundsteuer ab 1. Januar 2022 und zum Grundsteuergesetz ab 1. Januar 2025 (Bayerischer Anwendungserlass-Grundsteuer – AEBayGrSt v. 2.9.2022; BayMBl. 2022 Nr. 542 v. 28.9.2022).

A. Allgemeine Erläuterungen zu Art. 7 BayGrStG

I. Normzweck und wirtschaftliche Bedeutung der Vorschrift

Art. 7 BayGrStG regelt die gesetzlichen Bestimmungen zum **Veranlagungsverfahren der Grundsteuermessbeträge**. Die Vorschrift terminiert die **Hauptveranlagung der Grundsteuermessbeträge auf den 1.1.2025** und bestimmt Regelungen, in welchen Fällen die Grundsteuermessbeträge neu festgestellt werden. 1

Durch Art. 6 Abs. 2 BayGrStG werden die **Fristen für die Anzeigen zu Nutzungsänderungen und den Wegfall der Voraussetzungen einer ermäßigten Grundsteuermesszahl** sowie die verfahrensrechtliche Einordnung der **Anzeigen als Steuererklärungen i. S. der Abgabenordnung** festgelegt. Die **Form der Anzeigen** soll auf **elektronischen Weg** erfolgen. 2

(Einstweilen frei) 3–5

II. Entstehung und Entwicklung der Vorschrift

Art. 7 BayGrStG wurde mit dem **BayGrStG** v. 10.12.2021[1] in das BayGrStG aufgenommen und tritt ab dem 1.1.2022 in Kraft (vgl. Art. 11 BayGrStG). Weitere Ausführungen zu den gesetzlichen Regelungen finden sich im Bayerischen Anwendungserlass-Grundsteuer v. 2.9.2022.[2] 6

(Einstweilen frei) 7–10

III. Geltungsbereich

Das BayGrStG gilt für in Bayern belegene Grundstücke. 11

(Einstweilen frei) 12–13

IV. Verhältnis zu anderen Vorschriften

Mit Ausnahme der speziellen Regelungen zur Neufeststellung der Grundsteuermessbeträge in Art. 6 Abs. 1 Satz 2–4 BayGrStG, stellt Satz 5 BayGrStG klar, dass die Vorschriften des GrStG über die **Neuveranlagung, Nachveranlagung, Aufhebung und Zerlegung des Grundsteuermessbetrags und die Änderung des Grundsteuermessbescheids** sinngemäß gelten. Dies betrifft die §§ 17 ff. GrStG. 14

1 Bayerisches Grundsteuergesetz (BayGrStG) v. 10.12.2021 (Bayerisches Gesetz- und Verordnungsblatt Nr. 23/2021 S. 638).

2 Anwendungserlass zum Bayerischen Grundsteuergesetz und zum Siebenten Abschnitt des Zweiten Teils des Bewertungsgesetzes zur Bewertung des Grundbesitzes – allgemeiner Teil und Grundvermögen – für die Grundsteuer ab 1. Januar 2022 und zum Grundsteuergesetz ab 1. Januar 2025 (Bayerischer Anwendungserlass-Grundsteuer – AEBayGrSt v. 2.9.2022; BayMBl. 2022 Nr. 542 v. 28.9.2022).

15 Für die **verfahrensrechtliche Einordnung** der Anzeigen zu Nutzungsänderungen und den Wegfall der Voraussetzungen einer ermäßigten Grundsteuermesszahl als Steuererklärungen i. S. der Abgabenordnung wird auf die Vorschrift des Art. 6 Abs. 6 BayGrStG verwiesen.

16 Der Wegfall der Voraussetzungen einer ermäßigten Grundsteuermesszahl richtet sich nach den Regelungen zu den **Ermäßigungstatbeständen** des Art. 4 Abs. 2–4 BayGrStG.

17–20 *(Einstweilen frei)*

B. Systematische Kommentierung

I. Hauptveranlagung der Grundsteuermessbeträge

21 Art. 7 Abs. 1 Satz 1 BayGrStG definiert den **Zeitpunkt der Hauptveranlagung für die Grundsteuermessbeträge**. Danach werden die Grundsteuermessbeträge auf den **1.1.2025** allgemein festgestellt. Der Zeitpunkt der Hauptveranlagung auf den 1.1.2025 ist dabei der erstmalige Anwendungszeitpunkt der „neuen Grundsteuer", da die Grundsteuer auf den bisherigen Einheitswerten nach dem Urteil des BVerfG v. 10.4.2018[1] noch bis zum 31.12.2024 erhoben werden darf.

22 Abweichend von § 221 BewG und § 16 GrStG findet folgerichtig auch für den Grundsteuermessbetrag in Bayern **keine turnusmäßige Hauptfeststellung** statt.[2]

23–25 *(Einstweilen frei)*

II. Neufestsetzungen der Grundsteuermessbeträge

26 Für die **Neufeststellung der Grundsteuermessbeträge** enthält das Landesrecht zum einen eigene, spezifischen Regelungen und zum anderen den Verweis auf die sinngemäße Anwendung der bundesgesetzlichen Regelungen.

27 Nach Art. 7 Abs. 1 Satz 2 BayGrStG wird der **Grundsteuermessbetrag neu festgesetzt**, wenn dem Finanzamt bekannt wird, dass die **letzte Veranlagung fehlerhaft** ist. Die Vorschrift korrespondiert mit der identischen Regelung zu den Äquivalenzbeträgen in Art. 6 Abs. 3 Satz 2 BayGrStG.[3]

28 Eine **Neuveranlagung der Grundsteuermessbeträge** findet nicht in allen Fällen statt. Aus Gründen der Verwaltungsvereinfachung enthalten Art. 7 Abs. 1 Satz 3 und 4 BayGrStG **Bagatellgrenzen** für die Neuveranlagung sowie **Unterscheidungen zwischen Auswirkungen der wertmäßigen Änderungen nach unten oder oben.**

29 Weicht der sich zum 1.1. eines Kalenderjahres ergebende Grundsteuermessbetrag vom Grundsteuermessbetrag des letzten Feststellungszeitpunktes **nach unten** ab, so ist der Grundsteuermessbetrag neu festzusetzen (Art. 7 Abs. 1 Satz 3 BayGrStG). In Fällen einer **Veränderung des Grundsteuermessbetrags zu Gunsten** des Steuerpflichtigen, findet eine Neuveranlagung folglich **immer** statt.

---

1 BVerfG, Urteil v. 10.4.2018 - 1 BvL 11/14, 1 BvL 12/14, 1 BvL 1/15, 1 BvR 639/11, 1 BvR 889/12, NWB MAAAG-80435.
2 Vgl. auch Lehmann in Grootens, BayGrStG Art. 6 Rz. 32.
3 Vgl. dazu Lehmann in Grootens, BayGrStG Art. 6 Rz. 54.

30 **BEISPIEL:** Der Steuerpflichtige ist Eigentümer eines bebauten Grundstücks. Der Grundsteuermessbetrag auf den 1.1.01 beträgt 50 €. Aufgrund eines Teilabrisses in 02 verringert sich der Grundsteuermessbetrag auf 40 €. Die Neuveranlagung ist auf den 1.1.03 durchzuführen.

31 Weicht der Grundsteuermessbetrag, der sich zum 1.1. eines Kalenderjahres ergibt von dem Grundsteuermessbetrag des letzten Feststellungszeitpunktes **nach oben** ab, so ist **zu unterscheiden**, ob die **Abweichung auf den Anteil des Grund und Bodens oder auf den Anteil am Gebäude** entfällt.

32 Entfällt die Abweichung auf den **Anteil des Grundsteuermessbetrags am Grund und Boden**, so ist **bei Abweichungen nach oben stets der Grundsteuermessbetrag neu festzusetzen.** Eine Abweichung nach oben beim Anteil am Grund und Boden kommt insbesondere bei der **Vergrößerung der Grundstücksfläche** der wirtschaftlichen Einheit, sei es durch Zukauf oder Neuvermessung, in Betracht. Nach der Gesetzesbegründung zum Gesetzesentwurf v. 10.5.2021[1] ist Grund für diese Regelung, dass mittelfristig die Grundstücksflächen automatisiert mit den Daten der Vermessungsverwaltung abgeglichen werden sollen.

33 Entfällt die Abweichung auf den **Anteil des Grundsteuermessbetrages am Gebäude**, wird der Grundsteuermessbetrag nur neu festgesetzt, wenn die **Abweichung nach oben mehr als 5 €** beträgt. Dies soll der Bürgerfreundlichkeit und Verwaltungsvereinfachung dienen.

34 Die vorstehend genannten Reglungen lassen sich wie folgt zusammenfassen:

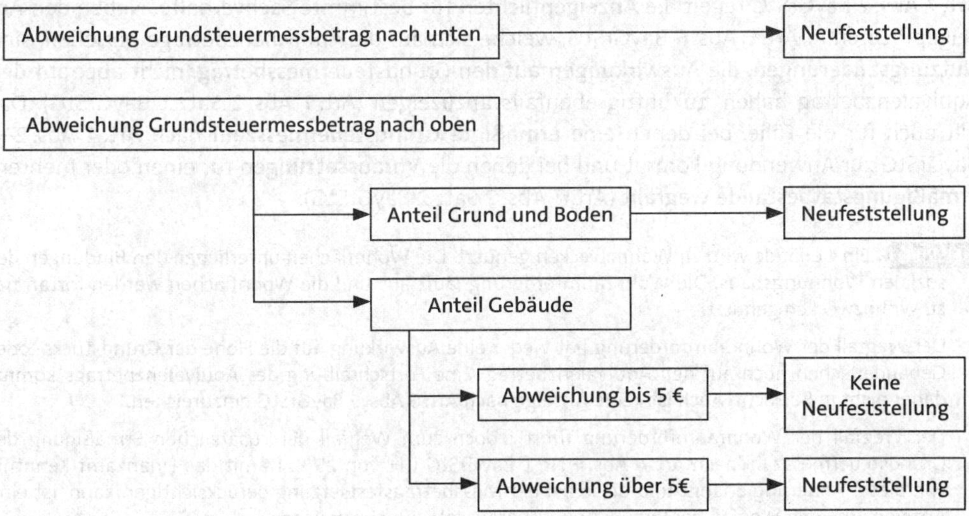

34/1 Treten bis zu einem Veranlagungszeitpunkt **mehrere Veränderungen** ein, die sich auf den Grundsteuermessbetrag auswirken, so sind diese zusammenzufassen.[2] Beträgt der nach Art. 1 Abs. 2 Satz 2 BayGrStG **abgerundete neue Grundsteuermessbetrag null Euro**, so ist dieser nur

1 Vgl. Drucks. 18/15755 v. 10.5.2021, Gesetzesentwurf der Staatsregierung – Bayerisches Grundsteuergesetz (BayGrStG).

2 Vgl. A 3.7 Satz 1 AEBayGrSt.

dann auf null Euro festzustellen, wenn die Betragsgrenzen des Art. 7 Abs. 1 Satz 3 und 4 BayGrStG (vgl. Rz. 28–33) überschritten sind.[1]

35 Neben den landesspezifischen Regelungen gelten die übrigen bundesgesetzlichen Regelungen über die **Neuveranlagung, Nachveranlagung, Aufhebung und Zerlegung des Grundsteuermessbetrags** und die Änderung des Grundsteuermessbescheids sinngemäß. Dies umfasst im Einzelnen die folgenden gesetzlichen Regelungen:

- § 17 GrStG – **Neuveranlagung,**
- § 18 GrStG – **Nachveranlagung,**
- § 20 GrStG – **Aufhebung des Steuermessbetrags,**
- § 22 GrStG – **Zerlegung des Steuermessbetrags.**

36 Zu den einzelnen Voraussetzungen und Anwendungsbeispielen der verschiedenen bundesgesetzlichen Regelungen vgl. die Kommentierungen von Bock in Grootens, GrStG §§ 17, 18, 20 und 22 sowie 4.2.17 bis 4.2.21 AEBayGrSt.

37–40 *(Einstweilen frei)*

III. Anzeigepflichten über Änderungen

41 Art. 7 Abs. 2 BayGrStG regelt die **Anzeigepflichten** für bestimmte Sachverhalte. Neben den Anzeigepflichten in Art. 6 Abs. 5 BayGrStG, welche sich auf die Äquivalenzbeträge beziehen, sind **Nutzungsänderungen, die Auswirkungen auf den Grundsteuermessbetrag**, nicht aber auf den Äquivalenzbetrag haben, zukünftig ebenfalls anzuzeigen (Art. 7 Abs. 2 Satz 1 BayGrStG). Das gilt auch für die Fälle, bei denen eine **ermäßigte Grundsteuermesszahl** nach Art. 4 Abs. 2–4 BayGrStG zur Anwendung kommt und bei denen die **Voraussetzungen** für einen oder mehrere **Ermäßigungstatbestände wegfällt** (Art. 7 Abs. 2 Satz 2 BayGrStG).

42 **BEISPIEL:** Ein Gebäude wird zu Wohnzwecken genutzt. Die Wohnflächen unterliegen den Bindungen des sozialen Wohnungsbaus. Die Wohnraumförderung läuft aus und die Wohnflächen werden fortan frei zu Wohnzwecken genutzt.

Der Wegfall der Wohnraumförderung hat weder eine Auswirkung auf die Höhe der Grundstücks- oder Gebäudeflächen noch auf den Äquivalenzbetrag. Eine Fortschreibung des Äquivalenzbetrags kommt daher nicht in Betracht. Auch ist keine Anzeige nach Art. 6 Abs. 5 BayGrStG einzureichen.

Der Wegfall der Wohnraumförderung führt jedoch zum Wegfall der zusätzlichen Ermäßigung der Grundsteuermesszahl nach Art. 4 Abs. 4 Nr. 1 BayGrStG i. H. von 25 %. Damit das Finanzamt Kenntnis von dieser Änderung erlangt und diese bei der Messbetragsfestsetzung berücksichtigen kann, ist eine Anzeige über den Wegfall der Begünstigungsvoraussetzung einzureichen.

43 Eine Anzeige ist ebenfalls einzureichen, sofern eine **Änderung in der Nutzung oder in den Eigentumsverhältnissen eines ganz oder teilweise von der Grundsteuer befreiten Steuergegenstandes** eintritt. Art. 7 Abs. Satz 3 BayGrStG verweist hierzu auf die Anwendung des § 19 Abs. 1 Satz 1 GrStG. Diesbezüglich wird auf die Kommentierung von Bock in Grootens, GrStG § 19 Rz. 19–23, verwiesen.

---

1 Vgl. A 3.7 Satz 2 AEBayGrSt.

Die Anzeige ist **durch den Steuerschuldner** einzureichen. Dies ist regelmäßig derjenige, welchem die wirtschaftliche Einheit zuzurechnen ist.[1] Die Anzeige ist beim zuständigen **Lagefinanzamt** einzureichen.[2] 44

Die Anzeigen sind in Übereinstimmung mit den Anzeigen zu den Äquivalenzbeträgen **bis zum 31.3. des Folgejahres einzureichen**, das auf das Jahr folgt, in dem sich die Verhältnisse geändert haben. Insoweit besteht ein zu begrüßender Gleichlauf mit Art. 6 Abs. 5 Satz 3 BayGrStG.[3] Die Anzeigepflicht nach Art. 7 Abs. 2 BayGrStG in Verbindung mit § 19 GrStG soll innerhalb der Anzeigefrist bis zum 31.3. durch Abgabe einer Erklärung nach Art. 6 Abs. 5 und 6 BayGrStG in Verbindung mit § 228 Abs. 1 BewG erfüllt werden.[4] 45

In Übereinstimmung mit den Regelungen zu den Erklärungen und Anzeigen betreffend die Äquivalenzbeträge i. S. des Art. 6 Abs. 6 BayGrStG, sollen die **Anzeigen elektronisch eingereicht** werden. Eine **Abgabe in Papierform** ist aber ebenfalls **zulässig**. Verfahrensrechtlich gelten die Anzeigen als **Steuererklärungen i. S. der Abgabenordnung**. Wegen der Konsequenzen dieser Einordnung wird auf die Kommentierung von Lehmann in Grootens BayGrStG, Art. 6 Rz. 97–99, verwiesen. 46

Art. 8 BayGrStG Erweiterter Erlass

(1) [1]Ansprüche aus dem Grundsteuerschuldverhältnis können erlassen werden, soweit nach dem durch dieses Gesetz vorgeschriebenen Systemwechsel nach Lage des einzelnen Falles eine unangemessen hohe Steuerbelastung eintritt. [2]Die §§ 163 und 227 AO sowie §§ 32 bis 34 GrStG bleiben unberührt.

(2) Ein Fall des Abs. 1 Satz 1 kann insbesondere vorliegen bei wirtschaftlichen Einheiten des Grundvermögens,

1. **wenn die Lage erheblich von den in der Gemeinde ortsüblichen Verhältnissen abweicht,**
2. **wenn die Gesamtnutzungsdauer des Gebäudes überschritten ist oder**
3. **bei einer Übergröße des nicht zu Wohnzwecken genutzten Gebäudes, sofern dieses eine einfache Ausstattung aufweist und entweder einen Hallenanteil aufweist oder auf Dauer nicht genutzt wird.**

(3) § 35 GrStG gilt entsprechend.

Inhaltsübersicht **Rz.**

1 Vgl. dazu die Kommentierung von Schmidt in Grootens, GrStG § 10 Rz. 20 ff.
2 Vgl. dazu Bock in Grootens, GrStG § 13 Rz. 33.
3 Vgl. dazu Lehmann in Grootens, BayGrStG Art. 6 Rz. 80 ff.
4 Vgl. A 4.2.19.1 AEBayGrSt.

VERWALTUNGSANWEISUNGEN

Anwendungserlass zum Bayerischen Grundsteuergesetz und zum Siebenten Abschnitt des Zweiten Teils des Bewertungsgesetztes zur Bewertung des Grundbesitzes – allgemeiner Teil und Grundvermögen –für die Grundsteuer ab 1. Januar 2022 und zum Grundsteuergesetz ab 1. Januar 2025 (Bayerischer Anwendungserlass-Grundsteuer – AEBayGrSt v. 2.9.2022; BayMBl. 2022 Nr. 542 v. 28.9.2022).

A. Allgemeine Erläuterungen zu Art. 8 BayGrStG

I. Normzweck und wirtschaftliche Bedeutung der Vorschrift

1 Art. 8 BayGrStG regelt landespezifisch den **Erlass der Grundsteuer in besonderen Fällen**, bei denen durch die Grundsteuerreform eine **unangemessen hohe Steuerbelastung** eintritt, und gibt Beispiele für das Vorliegen der Voraussetzungen.

2 Die Vorschrift zum erweiterten Erlass der Grundsteuer begründet bei Vorliegen der Voraussetzungen nach dem Gesetzeswortlaut einen **Ermessensspielraum** für die Gemeinden und kann den Steuerpflichtigen in besonderen Situationen entlasten.

3–5 *(Einstweilen frei)*

II. Entstehung und Entwicklung der Vorschrift

6 Art. 8 BayGrStG wurde mit dem **BayGrStG** v. 10.12.2021[1] in das BayGrStG aufgenommen und tritt ab dem 1.1.2022 in Kraft (vgl. Art. 11 BayGrStG).Weitere Ausführungen zu den gesetzlichen Regelungen finden sich im Bayerischen Anwendungserlass-Grundsteuer v. 2.9.2022.[2]

7–10 *(Einstweilen frei)*

III. Geltungsbereich

11 Das BayGrStG gilt für in Bayern belegene Grundstücke.

12–13 *(Einstweilen frei)*

IV. Verhältnis zu anderen Vorschriften

14 Die erweiterten Erlassvorschriften gelten zusätzlich zu den **allgemeinen Billigkeitsmaßnahmen** der §§ 163 und 227 AO sowie der besonderen **Erlassvorschriften zur Grundsteuer im Bundesgesetz** nach §§ 32–34 GrStG.

15 Weiterhin wird das **Verfahren zum Erlass der Grundsteuer** i. S. des § 35 GrStG übernommen.

16–18 *(Einstweilen frei)*

1 Bayerisches Grundsteuergesetz (BayGrStG) v. 10.12.2021 (Bayerisches Gesetz- und Verordnungsblatt Nr. 23/2021 S. 638).

2 Anwendungserlass zum Bayerischen Grundsteuergesetz und zum Siebenten Abschnitt des Zweiten Teils des Bewertungsgesetzes zur Bewertung des Grundbesitzes – allgemeiner Teil und Grundvermögen – für die Grundsteuer ab 1. Januar 2022 und zum Grundsteuergesetz ab 1. Januar 2025 (Bayerischer Anwendungserlass-Grundsteuer – AEBayGrSt v. 2.9.2022; BayMBl. 2022 Nr. 542 v. 28.9.2022).

B. Systematische Kommentierung

I. Erlass bei unangemessen hoher Steuerbelastung (Art. 8 Abs. 1 BayGrStG)

Allgemeine Einordnung

Nach Art. 8 Abs. 1 BayGrStG **können die Ansprüche aus dem Grundsteuerschuldverhältnis erlassen werden**, soweit nach dem durch das BayGrStG vorgeschriebenen Systemwechsel nach Lage des einzelnen Falls eine **unangemessen hohe Steuerbelastung** eintritt (Art. 8 Abs. 1 Satz 1 BayGrStG) 19

Die Regelung stellt eine **zusätzliche Erlassvorschrift** in Landesgesetz zu den allgemein gültigen Billigkeits- und Erlassregelungen dar. So finden zum einen die Regelungen des §§ 163 und 227 AO und zum anderen die §§ 32–34 GrStG für das Grundsteuerschuldverhältnis auch in Bayern Anwendung (Art. 8 Abs. 1 Satz 2 BayGrStG). 20

Bei den Regelungen des §§ 163 und 227 AO handelt es sich um **allgemeine Billigkeitsregelungen** in der Abgabenordnung, welche nicht speziell für die Grundsteuer gelten. Danach kann die **Grundsteuer niedriger festgesetzt** werden oder einzelne Besteuerungsgrundlagen, die die Steuer erhöhen, können bei der Festsetzung unberücksichtigt bleiben, wenn die Erhebung der Steuer nach der Lage des Einzelfalls **unbillig** wäre (§ 163 Abs. 1 Satz 1 AO). Weiterhin können Ansprüche aus dem Steuerverhältnis **ganz oder zum Teil erlassen** werden, wenn die Einziehung nach Lage des Einzelfalls unbillig wäre (§ 227 AO). 21

Die §§ 32–34 GrStG sind die **besonderen Erlassvorschriften der Grundsteuer** im Bundesgesetz. Diese sind nur für bestimmte Steuergegenstände und bei Vorliegen bestimmter Voraussetzungen möglich. Die Regelungen gelten auch in Bayern weiterhin. Für die Reglungen der §§ 32–34 GrStG wird auf die Kommentierungen von Lehmann in Grootens, GrStG §§ 32–34 verwiesen. 22

(Einstweilen frei) 23–25

Voraussetzungen für den Erlass

Ein Erlass der Grundsteuer nach Art. 8 BayGrStG ist nur unter bestimmten Voraussetzungen möglich. Zum einen muss sich für den Steuerpflichtigen eine **unangemessen hohe Steuerbelastung** ergeben, und zum anderen muss diese unangemessen hohe Steuerbelastung auf dem durch das BayGrStG vollzogenen **Systemwechsel** beruhen. 26

Wann eine **unangemessen hohe Steuerbelastung des Einzelfalls** vorliegt, wird im Gesetz nicht genau bestimmt. Vielmehr gibt Art. 8 Abs. 2 BayGrStG dazu lediglich Anwendungsbeispiele vor (vgl. → Rz. 53 ff.). Durch die positive Anwendung auf den Einzelfall werden an die unangemessen hohe Steuerbelastung m. E. jedoch **sehr hohe Voraussetzungen** geknüpft sein. Die Wortwahl „Unangemessenheit“ impliziert einen atypischen Härtefall.[1] 27

Die unangemessen hohe Steuerbelastung muss auf dem durch das BayGrStG vorgeschriebenen **Systemwechsel** beruhen. Dies bedeutet, dass ein **Vergleich zwischen der bisherigen Grundsteuer auf Basis der Einheitswerte und der Grundsteuer nach Neuberechnung auf Basis der Äquivalenzbeträge** zu erfolgen hat. Da nach dem Gesetzeswortlaut die Regelung zeitlich unbeschränkt gilt, ist es m. E. fraglich, was in Fällen geschieht, in denen die wirtschaftliche Einheit nach dem BayGrStG von der bisherigen wirtschaftlichen Einheit nach dem alten GrStG 28

1 Vgl. Krumm/Paeßens, BayGrStG Art. 8 Rz. 6.

abweicht (z. B. bei Fortschreibungen aufgrund der Änderung der tatsächlichen Verhältnisse). In diesem Fall könnte kein Vergleich zwischen der Grundsteuer vor und nach Systemwechsel mehr erfolgen. Dennoch kann weiterhin eine unangemessen hohe Steuerbelastung aufgrund des Systemwechsels vorliegen. Hierzu bedarf es weiterer Klarstellungen. Eine Schattenrechnung der Grundsteuer nach altem Recht als Vergleichswert kann nicht gewollt sein.

29–39 *(Einstweilen frei)*

1. Höhe des Erlasses

40 Bei Vorliegen der Voraussetzungen können nach dem Gesetzeswortlaut die **Ansprüche aus dem Grundsteuerschuldverhältnis erlassen** werden. Der Anspruch aus dem Grundsteuerschuldverhältnis umfasst den gesamten Grundsteuerbetrag, so dass **die volle Grundsteuer zu erlassen** wäre. Ob auch ein **Teilerlass** möglich ist, z. B. nur in Höhe eines unangemessenen Teils der Grundsteuerschuld im Verhältnis zur Grundsteuer für andere vergleichbare wirtschaftliche Einheiten, lässt sich dem Gesetzeswortlaut nicht entnehmen. Dieser sollte mangels Einschränkungen im Wortlaut der Norm ebenfalls möglich sein.[1]

41 M. E. ist Sinn der Vorschrift, bei **unbilligen Härten aufgrund des Systemwechsels** einen Grundsteuererlass zu gewähren. Eine unbillige Härte kann sich z. B. bei **alten Grundstücken oder Grundstücken in Hanglage** ergeben, da durch das wertunabhängige BayGrStG die Grundteuer für diese Grundstücke stark steigen kann.[2] Da bei diesen Grundstücken auch eine Grundsteuer nach altem Recht anfallen würde, sollte sich die Höhe des Grundsteuererlasses nach Art. 8 BayGrStG teleologisch auf den **Vergleichs(mehr)betrag** beziehen. Gleichwohl gilt es hierzu die zukünftige Praxis und evtl. Gesetzeskonkretisierungen und Verwaltungsanweisungen abzuwarten.

42–45 *(Einstweilen frei)*

2. Ermessensspielraum

46 Besonderheit der Erlassreglung nach Art. 8 BayGrStG ist, dass die Gemeinden die Grundsteuer bei Vorliegen der Vorschrift **erlassen können.** Entgegen der Vorschriften des Bundesgesetzes i. S. der §§ 32–34 GrStG, bei welchen beim Vorliegen der Voraussetzungen ein Rechtsanspruch auf vollen oder teilweisen Grundsteuererlass besteht, haben die Gemeinden hier einen **Ermessensspielraum.** Jede Gemeinde kann danach nach **pflichtgemäßem Ermessen** entscheiden, ob sie die Grundsteuer nach Art. 8 BayGrStG erlässt.

47 Der **Ermessensspielraum** kann meines Erachtens in der Praxis zu Meinungsverschiedenheiten zwischen den Gemeinden und den Steuerpflichtigen führen. Da die in Art. 8 BayGrStG genannten Voraussetzungen und Beispiele m. E. nicht eindeutig und nur sehr vage formuliert sind, wird die Anwendung der Regelungen jeweils von der **Auslegung durch die Gemeinde abhängen.**

48 Für die Ermessensentscheidung lassen sich jedoch die Grundsätze des § 227 AO übertragen, wonach **in Fällen, in denen eine Unangemessenheit vorliegt** und vorbehaltlich der Besonderheiten des Einzelfalls, das **Ermessen der Gemeinde auf null** reduziert sein dürfte.[3]

49–52 *(Einstweilen frei)*

1 Vgl. Eisele in Rössler/Troll/Eisele, BayGrStG Art. 8 Rz. 3.

2 Vgl. Drucks. 18/16068 v. 2.6.2021, Änderungsantrag zum Gesetzentwurf der Staatsregierung für ein bayerisches Grundsteuergesetz (BayGrStG).

3 Vgl. Krumm/Paeßens, BayGrStG, Art. 8. Rz. 7.

II. Beispiele für den Grundsteuererlass (Art. 8 Abs. 2 BayGrStG)

Nach Art. 8 Abs. 2 BayGrStG liegt **ein Fall einer unangemessen hohen Steuerbelastung** insbesondere in den folgenden Fällen vor: 53

- wenn die **Lage** der wirtschaftlichen Einheit erheblich von den **in der Gemeinde ortsüblichen Verhältnissen** abweicht (Art. 8 Abs. 2 Nr. 1 BayGrStG),
- wenn die **Gesamtnutzungsdauer** des Gebäudes überschritten ist (Art. 8 Abs. 2 Nr. 2 BayGrStG) oder
- bei einer Übergröße des nicht zu Wohnzwecken genutzten Gebäudes, sofern dieses eine **einfache Ausstattung** aufweist **und** entweder einen **Hallenanteil** aufweist **oder auf Dauer nicht genutzt** wird (Art. 8 Abs. 2 Nr. 3 BayGrStG).

Die **Aufzählung enthält nur Beispiele und ist damit nicht abschließend**. Vielmehr können auch **andere Sachverhalte einen Erlassantrag rechtfertigen**. 54

Über die genauen Voraussetzungen und Nachweise für das Vorliegen der Erlassgründe nach Art. 8 Abs. 2 BayGrStG können mangels vorliegender Erläuterungen, Anwendungserlassen oder Praxiserfahrungen noch keine konkreten Ausführungen gemacht oder abschließende Beurteilungen getroffen werden. 55

(Einstweilen frei) 56–75

III. Verfahren zur Grundsteuererlass (Art. 8 Abs. 3 BayGrStG)

Nach Art. 8 Abs. 3 BayGrStG gelten die bundesgesetzlichen Vorschriften des § 35 GrStG entsprechend auch in Bayern. § 35 GrStG regelt dabei den **Erlasszeitraum** sowie das **Verfahren zum Erlass der Grundsteuer**. 76

Der **Erlasszeitraum** für die Grundsteuer ist das **Kalenderjahr**, für welches die Grundsteuer festgesetzt wird (§ 35 Abs, 1 Satz 1 GrStG). 77

Der Erlass der Grundsteuer bei Vorliegen der o. g. Voraussetzungen ist nur **auf Antrag** des Steuerpflichtigen möglich. Mangels Formvorschrift ist der **Antrag formlos** möglich. In der Praxis empfiehlt sich jedoch in jedem Fall die **Schriftform**. Zuständig für die Entgegennahme und Bearbeitung des Antrags auf Grundsteuererlass sind die **Gemeinden**. Einer jährlichen Wiederholung des Antrags bedarf es nicht.[1] 78

Zu beachten ist darüber hinaus die **Antragsfrist** auf Erlass der Grundsteuer bis zu dem auf den Erlasszeitraum folgenden **31.3. eines Jahres**. Dabei handelt es sich um ein **Ausschlussfrist**, die nicht verlängert werden kann. Ausnahme bildet die **Wiedereinsetzung in den Vorherigen Stand** nach § 110 AO. Ferner reicht es aus, den **Antrag auf Erlass fristwahrend** einzureichen. Eine Begründung des Antrags kann auch nach Fristablauf noch eingereicht werden. 79

Des Weiteren wird auf die Kommentierung der Regelung im Bundesgesetz von Lehmann in Grootens, GrStG § 35 Rz. 15 ff. verwiesen. 80

IV. Zusammenfassung

Zusammenfassend bestehen damit nach dem Gesetz in Bayern vielfältige **Erlassvorschriften**: 81

- Allgemeine **Billigkeitsmaßnahmen** i. S. der §§ 163 und 227 AO,

---

1 Vgl. 3.8 Satz 4 AEBayGrSt.

- Besondere **Erlassregelungen für Kulturgüter und Grünanlagen, Land- und Forstwirtschaft** und bei **bebauten Grundstücken** i. S. der §§ 32–34 GrStG,
- Erweiterte **Erlassregelungen durch das Landesgesetz** i. S. des Art. 8 BayGrStG.

82 Inwieweit diese umfangreichen Erlassvorschriften jedoch in der Praxis Relevanz haben werden, wird sich zeigen müssen und von der Auslegung der Vorschriften durch die Gemeinden abhängen. Aus den bisherigen Erfahrungen mit dem Umgang der Erlassvorschriften nach dem GrStG ist auch zukünftig mit einer sehr engen Auslegung durch die Gemeinden zu rechnen. Die Grundsteuer als Objektsteuer stellt eine wesentliche Einnahmequelle der Gemeinden dar, so dass der Erlass der Grundsteuer die Ausnahme darstellen wird. Dies verdeutlichen auch die Ausführungen des 3.8 Satz 5 und 6 AEBayGrSt, wonach ausschließlich die Gemeinden für die Bearbeitung der Anträge zuständig sind und es in deren Ermessen liegt, ob und in welcher Höhe die Grundsteuer erlassen wird. Dass die Verwaltung selbst im Anwendungserlass-Grundsteuer keine weiteren Konkretisierungen vornimmt oder für die Praxis relevante Fragen für diese besondere Erlassregelung in Bayern beantwortet, lässt m. E. die Praxisrelevanz und Akzeptanz der Reglung fragwürdig erscheinen. Die Gemeinden werden sich zukünftig selbständig mit der Regelung nach Eingang der ersten Anträge auseinandersetzen müssen.

Teil 2: Betriebe der Land- und Forstwirtschaft / Grundsteuer A

Art. 9 BayGrStG Ergänzende Regelungen

(1) Zur Hofstelle nach § 234 Abs. 6 BewG gehören auch Hof- und Wirtschaftsgebäudeflächen einschließlich der Nebenflächen, von denen aus keine Flächen eines Betriebs der Land- und Forstwirtschaft mehr nachhaltig bewirtschaftet werden, wenn sie keine Zweckbestimmung erhalten haben, die zu einer zwingenden Zuordnung zum Grundvermögen führt.

(2) [1]Art. 1 Abs. 4 Satz 1 gilt für Betriebe der Land- und Forstwirtschaft entsprechend. [2]In einen Betrieb der Land- und Forstwirtschaft, der von einer Gesellschaft oder Gemeinschaft des bürgerlichen Rechts betrieben wird, sind auch die Wirtschaftsgüter einzubeziehen, die einem oder mehreren Beteiligten gehören und dem Betrieb zu dienen bestimmt sind. [3]In den Betrieb der Land- und Forstwirtschaft sind auch einzubeziehen

1. **der Eigentümerin oder dem Eigentümer des Grund und Bodens nicht gehörende Gebäude, die auf dem Grund und Boden des Betriebs stehen,**
2. **der Eigentümerin oder dem Eigentümer des Grund und Bodens nicht gehörende Betriebsmittel, die der Bewirtschaftung des Betriebs dienen, und**
3. **ein Anteil der Eigentümerin oder des Eigentümers des Betriebs der Land- und Forstwirtschaft an einem Wirtschaftsgut, wenn es mit dem Betrieb zusammen genutzt wird.**

(3) Art. 6 Abs. 5 und 6, Art. 7 Abs. 2 Satz 3 bis 5 gelten für Betriebe der Land- und Forstwirtschaft entsprechend.

Inhaltsübersicht **Rz.**

VERWALTUNGSANWEISUNGEN

Anwendungserlass zum Bayerischen Grundsteuergesetz und zum Siebenten Abschnitt des Zweiten Teils des Bewertungsgesetztes zur Bewertung des Grundbesitzes – allgemeiner Teil und Grundvermögen –für die Grundsteuer ab 1. Januar 2022 und zum Grundsteuergesetz ab 1. Januar 2025 (Bayerischer Anwendungserlass-Grundsteuer – AEBayGrSt v. 2.9.2022; BayMBl. 2022 Nr. 542 v. 28.9.2022).

A. Allgemeine Erläuterungen zu Art. 9 BayGrStG

I. Normzweck und wirtschaftliche Bedeutung der Vorschrift

Art. 9 BayGrStG regelt landesspezifische Besonderheiten zu den **Betrieben der Land- und Forstwirtschaft**, die über die bundesgesetzlichen Regelungen hinausgehen oder von diesen abweichen auf Grund der Besonderheiten des BayGrStG. 1

Die Vorschrift ist somit nur für **Steuergegenstände der Grundsteuer A** – die **Betriebe der Land- und Fortwirtschaft** von Bedeutung. 2

(Einstweilen frei) 3–5

II. Entstehung und Entwicklung der Vorschrift

Art. 9 BayGrStG wurde mit dem **BayGrStG** v. 10.12.2021[1] in das BayGrStG aufgenommen und tritt ab dem 1.1.2022 in Kraft (vgl. Art. 11 BayGrStG). Weitere Ausführungen zu den gesetzlichen Regelungen finden sich im Bayerischen Anwendungserlass-Grundsteuer v. 2.9.2022.[2] 6

(Einstweilen frei) 7–10

III. Geltungsbereich

Das BayGrStG gilt für in Bayern belegene Grundstücke. Die Vorschrift des Art. 9 BayGrStG bezieht sich nur auf die wirtschaftlichen Einheiten der Betriebe der Land- und Forstwirtschaft. 11

(Einstweilen frei) 12–14

1 Bayerisches Grundsteuergesetz (BayGrStG) v. 10.12.2021 (Bayerisches Gesetz- und Verordnungsblatt Nr. 23/2021 S. 638).

2 Anwendungserlass zum Bayerischen Grundsteuergesetz und zum Siebenten Abschnitt des Zweiten Teils des Bewertungsgesetzes zur Bewertung des Grundbesitzes – allgemeiner Teil und Grundvermögen – für die Grundsteuer ab 1. Januar 2022 und zum Grundsteuergesetz ab 1. Januar 2025 (Bayerischer Anwendungserlass-Grundsteuer – AE-BayGrSt v. 2.9.2022; BayMBl. 2022 Nr. 542 v. 28.9.2022).

IV. Verhältnis zu anderen Vorschriften

15 Art. 9 Abs. 1 BayGrStG trifft ergänzende Regelungen zur **Hofstelle** nach § 234 Abs. 6 BewG.

16 Art. 9 Abs. 3 BayGrStG verweist zur entsprechenden Anwendung der Regelungen zur **Anzeigepflicht** und der **Übermittlung von Steuererklärungen** bei der Grundsteuer B auf die entsprechenden Vorschriften der Art. 6 und 7 BayGrStG.

17–22 *(Einstweilen frei)*

B. Systematische Kommentierung

I. Ergänzende Regelungen zur Hofstelle (Art. 9 Abs. 1 BayGrStG)

23 Art. 9 BayGrStG enthält ausschließlich **Regelungen zu den Betrieben der Land- und Forstwirtschaft**, welche die Steuergegenstände für die Grundsteuer A darstellen. Die Bewertung der Betriebe der Land- und Forstwirtschaft für Zwecke der Grundsteuerermittlung erfolgt anhand einer **Ertragswertermittlung**, bei der von **der Ertragsfähigkeit des Betriebs der Land- und Fortwirtschaft** ausgegangen wird. Die entsprechenden Regelungen zu den Betrieben der Land- und Forstwirtschaft finden sich im Bundesgesetz in den Vorschriften zum BewG und GrStG wieder. Dies sind im BewG insbesondere die **§§ 232–242 BewG**. Das Bewertungsverfahren für die Betriebe der Land- und Forstwirtschaft nach dem Bundesrecht wird auch für das Landesgesetz Bayern übernommen. Entsprechend gelten die bundesgesetzlichen Regelungen im BewG und GrStG entsprechend, soweit keine besonderen Regelungen im Art. 9 BayGrStG vorzufinden sind.

24 Bis auf die nachstehend genannten Besonderheiten wird für die Betriebe der Land- und Forstwirtschaft daher auf die Kommentierungen der bundesgesetzlichen Regelungen des BewG und GrStG, insbesondere auf die Kommentierungen von Müller in Grootens, BewG §§ 232–242, verwiesen. Des Weiteren gelten auch die Ausführungen des koordinierten Ländererlasses v. 9.11.2021[1] zu den bundesgesetzlichen Regelungen, soweit im AEBayGrSt nichts Abweichendes geregelt ist.[2]

25 § 234 BewG Abs. 6 definiert den **Begriff der Hofstelle bei Betrieben der Land- und Fortwirtschaft**. Danach gehören zur Hofstelle alle **Hof- und Wirtschaftsgebäudeflächen** einschließlich der **Nebenflächen**, wenn dort **land- und forstwirtschaftliche Flächen nachhaltig bewirtschaftet** werden.[3] Nach Art. 9 Abs. 1 BayGrStG wird der Begriff der Hofstelle in Bayern noch erweitert.

26 Zu der Hofstelle in Bayern gehören ebenfalls **Hof- und Wirtschaftsgebäudeflächen einschließlich der Nebenflächen**, von denen aus **keine Flächen** eines Betriebs der Land- und Forstwirtschaft **mehr nachhaltig bewirtschaftet werden**, wenn sie **keine Zweckbestimmung** erhalten haben, die zu einer zwingenden Zuordnung zum Grundvermögen führt. Entsprechend gehören auch **Wirtschaftsgebäude, die vorübergehend oder dauernd teilweise oder ganz leer stehen** und keiner anderen Zweckbestimmung zuzuordnen sind, weiterhin zur Hofstelle. Eine Änderung der Zweckbestimmung ungenutzter Wirtschaftsgüter kann sich nicht nur durch Auf-

1 Koordinierte Erlasse der obersten Finanzbehörden der Länder vom 9.11.2021 über die Anwendung des Siebten Abschnitt des Zweiten Teils des Bewertungsgesetzes zur Bewertung des Grundbesitzes (land- und forstwirtschaftliches Vermögen) für die Grundsteuer ab 1. Januar 2022 (AEBewGrSt), BStBl 2021 I S. 2369 NWB JAAAI-03875.

2 Vgl. 5.1 AEBayGrSt.

3 Vgl. dazu auch die Kommentierungen von Müller in Grootens, BewG § 234 Rz. 83–86.

nahme einer außerlandwirtschaftlichen Nutzung, sondern auch durch eine ertragsteuerliche Betriebsaufgabe ergeben.[1]

Durch diese Erweiterung des Begriffs der Hofstelle soll sich der Lastenverteilungsmaßstab in Fällen der **Betriebsverpachtung** auch weiterhin nach der Ertragskraft des Betriebs der Land- und Forstwirtschaft richten.[2] Ohne diese Regelung könnten ggf. in Fällen der Betriebsverpachtung, bei denen der Verpächter keinen Betrieb der Land- und Forstwirtschaft mehr selbst betreibt, eine Umqualifizierung der wirtschaftlichen Einheit zum Grundvermögen und damit zur Grundsteuer B erfolgen. Dies ist jedoch nicht gewollt. Bei dem verpachteten Betrieb der Land- und Forstwirtschaft soll es sich weiterhin um einen Steuergegenstand der Grundsteuer A handeln, da die wirtschaftliche Einheit auch tatsächlich durch den Pächter als Betrieb der Land- und Forstwirtschaft genutzt und betrieben wird. Andernfalls würde die tatsächliche Nutzung des Grundstücks von der grundsteuerlichen Einordnung und Bewertung abweichen. 27

(Einstweilen frei) 28–32

II. Umfang der wirtschaftlichen Einheit des Betriebs der Land- und Forstwirtschaft (Art. 9 Abs. 2 BayGrStG)

1. Abgrenzungsgrundsätze

Die für die Grundsteuer B geltende Vorschrift des Art. 1 Abs. 4 Satz 1 BayGrStG gilt auch für die Betriebe der Land- und Forstwirtschaft (Art. 9 Abs. 2 Satz 2 BayGrStG). Danach können im BayGrStG auch bei den Betrieben der Land- und Forstwirtschaft **mehrere Wirtschaftsgüter zu einer wirtschaftlichen Einheit bei Eheleuten und Lebenspartnerschaften** nach dem Lebenspartnerschaftsgesetz **zusammengefasst werden.** Insoweit wird ein Gleichlauf zwischen der Grundsteuer A und B gewährleistet.[3] 33

Durch Art. 9 Abs. 2 Satz 2 und 3 BayGrStG wird der **Umfang der wirtschaftlichen Einheit des Betriebs der Land- und Forstwirtschaft** weiter ausgeführt. Dabei werden im Wesentlichen die für die Einheitsbewertung bisher gelten Regelungen des § 34 Abs. 4–6 BewG a. F. fortgeführt. Danach sind **in die wirtschaftliche Einheit** des Betriebs der Land- und Fortwirtschaft auch **einzubeziehen**: 34

- Wirtschaftsgüter, die einem oder mehreren Beteiligten gehören und dem Betrieb zu dienen bestimmen sind, wenn der Betrieb der Land- und Forstwirtschaft von einer **Gesellschaft oder Gemeinschaft bürgerlichen Rechts** betrieben wird (Art. 9 Abs. 2 Satz 2 BayGrStG – inhaltsgleich mit § 34 Abs. 6 BewG a. F.),
- der Eigentümerin oder dem **Eigentümer des Grund und Bodens nicht gehörende Gebäude**, die auf dem Grund und Boden des Betriebs stehen (Art. 9 Abs. 2 Satz 3 Nr. 1 BayGrStG – inhaltsgleich mit § 34 Abs. 4 1. Halbsatz BewG a. F.),
- der Eigentümerin oder dem Eigentümer des Grund und Bodens nicht gehörende **Betriebsmittel**, die der Bewirtschaftung des Betriebs dienen (Art. 9 Abs. 2 Satz 3 Nr. 2 BayGrStG – inhaltsgleich mit § 34 Abs. 4 2. Halbsatz BewG a. F.), und

1 Vgl. 5.2.9.1 Satz 3 und 4 AEBayGrSt.
2 Vgl. Drucks. 18/15755 v. 10.5.2021, Gesetzesentwurf der Staatsregierung – Bayerisches Grundsteuergesetz (BayGrStG), Begründung, C) Zu den einzelnen Bestimmungen, Zu Art. 8.
3 Vgl. dazu auch die Kommentierungen von Lehmann in Grootens, BayGrStG Art. 1 Rz. 55–58.

- ein Anteil der Eigentümerin oder des Eigentümers des Betriebs der Land- und Forstwirtschaft an einem **Wirtschaftsgut**, wenn es mit dem Betrieb zusammen genutzt wird (Art. 9 Abs. 2 Satz 3 Nr. 3 BayGrStG – inhaltsgleich mit § 34 Abs. 5 BewG a. F.).

35 Die Regelungen zum Umfang der wirtschaftlichen Einheit des Betriebs der Land- und Fortwirtschaft sind entgegen den bundesgesetzlichen Regelungen in § 266 Abs. 5 nicht nur vorübergehend,[1] sondern gelten **ohne Befristung** und auch für nach den 1.1.2025 gebildete wirtschaftliche Einheiten.[2]

36–37 *(Einstweilen frei)*

2. Zu Art. 9 Abs. 2 Satz 2 BayGrStG

38 Art. 9 Abs. 2 Satz 2 BayGrStG bezieht sich auf Betriebe der Land- und Forstwirtschaft, welche von **Gesellschaften** (§§ 705–740 BGB) oder **Gemeinschaften** (§§ 741–758 BGB) bürgerlichen Rechts betrieben werden. Die Prüfung, ob die Bewirtschaftung des Betriebs der Land- und Forstwirtschaft durch eine **bewertungsrechtliche Gesellschaft oder Gemeinschaft** erfolgt, hat aufgrund der nicht pauschalen Anerkennung regelmäßig durch die **Prüfung aller Umstände des Einzelfalls** zu erfolgen.

39 Wird die wirtschaftliche Einheit durch eine Gesellschaft oder Gemeinschaft bürgerlichen Rechts betrieben, so sind in den Betrieb der Land- und Forstwirtschaft **auch die Wirtschaftsgüter einzubeziehen, die einem oder mehreren Beteiligten gehören und dem Betrieb zu dienen bestimmt sind.**

40 Stehen Wirtschaftsgüter im **Einzeleigentum eines Mitglieds der Gesellschaft oder Gemeinschaft**, wird der Grundsatz des § 2 Abs. 2 BewG somit durchbrochen, dass mehrere Wirtschaftsgüter nur zu einer wirtschaftlichen Einheit zusammengefasst werden dürfen, sofern sie demselben Eigentümer gehören.[3] Die Einzelwirtschaftsgüter des Gesellschafters sind dann in die wirtschaftliche Einheit der Gesellschaft oder Gemeinschaft einzubeziehen, immer unter Beachtung der Voraussetzung das sie dem Betrieb der Land- und Forstwirtschaft zu dienen bestimmt sind.

41–42 *(Einstweilen frei)*

3. Zu Art. 9 Abs. 2 Satz 3 Nr. 1 und 2 BayGrStG

43 Durch die Vorschriften des Art. 9 Abs. 2 Satz 3 Nr. 1 und 2 BayGrStG wird die Besonderheit geregelt, dass **Gebäude oder Betriebsmittel**, welche einem **anderen Eigentümer** als dem der wirtschaftlichen Einheit des Betriebs der Land- und Forstwirtschaft gehören, dennoch dem Betrieb der Land- und Forstwirtschaft zuzurechnen sind. Voraussetzung dafür ist, dass die Gebäude auf dem Grund und Boden des Betriebs stehen bzw. die Betriebsmittel auch tatsächlich der Bewirtschaftung des Betriebs dienen. Zweck ist es, den Ertragswert des Betriebs der Land- und Forstwirtschaft zu berechnen, welcher sich aus allen zugehörigen Betriebsteilen ergibt.[4]

---

1 Vgl. Grootens in Grootens, BewG § 266 Rz. 116–117.

2 Vgl. Drucks. 18/15755 v. 10.5.2021, Gesetzesentwurf der Staatsregierung – Bayerisches Grundsteuergesetz (BayGrStG), Begründung, C) Zu den einzelnen Bestimmungen, Zu Art. 8.

3 Vgl. BFH, Urteil v. 14.5.2004 - II R 50/01 BStBl 2004 II S. 818, NWB PAAAB-26263.

4 Vgl. Wiegand in Rössler/Troll, BewG, 33. Erg.-Lfg. Januar 2021, Rz. 36.

Regelmäßig Anwendung finden wird die Vorschrift in Fällen der **Betriebsverpachtung** oder des **Nießbrauchs** (§§ 1080 ff. BewG). Bei land- und forstwirtschaftlichen Betrieben wird regelmäßig der Betrieb auf dem gepachteten Grund und Boden durch den Pächter mit in seinem Eigentum stehenden Betriebsmitteln oder teilweise in seinem und teilweise im Eigentum des Verpächters stehenden Betriebsmitteln betrieben.[1] Für die wirtschaftliche Einheit spielt das **zivilrechtliche Eigentum** dann jedoch keine Rolle. Die dem **Pächter gehörenden Betriebsmittel oder errichteten Gebäude** werden in der **wirtschaftlichen Einheit des verpachteten Betriebs mit einbezogen**. 44

BEISPIEL: A verpachtet seinen landwirtschaftlichen Grund- und Boden zur Bewirtschaftung an B. B errichtet auf dem Grund und Boden vorübergehend eine Scheune und erwirbt das zum Betrieb notwendige Inventar an stehenden und umlaufenden Betriebsmitteln. 45

Der Grund und Boden bleibt im Eigentum des A. Das Gebäude und das Inventar gehören B. Trotz unterschiedlicher Eigentumsverhältnisse besteht nur eine wirtschaftliche Einheit für die Grundsteuer A. Diese ist dem A zuzurechnen und umfasst neben dem Grund und Boden auch das von B errichtete Gebäude und die zur Bewirtschaftung des Betriebs genutzten Betriebsmittel.

Die einzubeziehenden **Betriebsmittel** des fremden Eigentümers **müssen zwingend der Bewirtschaftung des Betriebs der Land- und Forstwirtschaft dienen**. Dies sind regelmäßig die **stehenden Betriebsmittel** und der normale **Bestand an umlaufenden Betriebsmitteln**. Zum Begriff der Betriebsmittel vgl. Müller in Grootens, BewG § 232 Rz. 61–65. 46

Die in die wirtschaftliche Einheit einzubeziehenden Gebäude beziehen sich nur auf **vorübergehend errichtete Gebäude**. Dauerhaft durch den Pächter errichtete Gebäude sind bereits nach § 232 BewG dem Verpächter und dem Betrieb der Land- und Fortwirtschaft zuzurechnen. Zu beachten ist, dass die Gebäude des Pächters nicht auf dem Pächter selbst gehörenden Grund und Boden stehen dürfen. Ansonsten handelt es sich um eine eigene wirtschaftliche Einheit des Pächters und das Gebäude ist nicht in die wirtschaftliche Einheit des Pachtbetriebes einzubeziehen.[2] 47

(Einstweilen frei) 48–50

4. Zu Art. 9 Abs. 2 Satz 3 Nr. 3 BayGrStG

Nach Art. 9 Abs. 2 Satz 3 Nr. 3 BayGrStG sind auch **Miteigentumsrechte an einem Wirtschaftsgut** in den Betrieb der Land- und Forstwirtschaft einzubeziehen. Voraussetzung dafür ist, dass das das Wirtschaftsgut mit dem Betrieb zusammen genutzt wird. 51

Anwendungsfälle der Vorschrift können **Anteile an Gemeinschaftsweiden** bei **Almwirtschaften** sein, bei denen verschiedene Miteigentümer jeweils Vieh zur Bewirtschaftung auf das Gemeinschaftseigentum der Weide geben.[3] 52

(Einstweilen frei) 53–55

1 Vgl. Wiegand in Rössler/Troll, BewG, 33. Erg.-Lfg. Januar 2021, Rz. 37.
2 Vgl. Wiegand in Rössler/Troll, BewG, 33. Erg.-Lfg. Januar 2021, Rz. 43.
3 Vgl. Wiegand in Rössler/Troll, BewG, 33. Erg.-Lfg. Januar 2021, Rz. 50.

III. Entsprechende Anwendung besonderer Regelungen des BayGrStG (Art. 9 Abs. 3 BayGrStG)

56 Durch Art. 9 Abs. 3 BayGrStG werden die in Bayern geltenden Vorschriften zu den **Erklärungen und Anzeigen für die Äquivalenzbeträge und Grundsteuermessbeträge** auch für die Grundsteuer A angewendet. Es gelten danach die Art. 6 Abs. 5 und 6 sowie Art. 7 Abs. 2 Satz 3–5 BayGrStG entsprechend.

57 Auch für die Betriebe der Land- und Fortwirtschaft **gilt danach**:

- die **Aufforderung zur Abgabe der Erklärungen auf den 1.1.2022 mittels Allgemeinverfügung** erfolgt durch das Bayerische Landesfinanzamt für Steuern,
- die **Frist zu den anzeigepflichtigen Vorgängen ist jeweils der 31.3.** des Jahres, welcher auf das Jahr folgt, in dem der anzeigepflichtige Vorgang stattfand,
- die **Forstschreibungsgrenzen** für die Grundsteuermessbeträge der Grundsteuer B gelten auch für die Grundsteuer A,
- die **Erklärungen und Anzeigen sind Steuererklärungen** i. S. der Abgabenordnung mit den entsprechenden verfahrensrechtlichen Konsequenzen.

Vertiefend wird auf die entsprechenden Kommentierungen von Lehmanns in Grootens, BayGrStG §§ 6 und 7 verwiesen.

Teil 3: Übergangs- und Schlussvorschriften

Art. 10 BayGrStG Anwendung von Bundesrecht

(1) [1]Die Bestimmungen des Grundsteuergesetzes und des Bewertungsgesetzes sind für Zwecke der Festsetzung und Erhebung der Grundsteuer ab dem Kalenderjahr 2025 nur anzuwenden, soweit sich aus diesem Gesetz nichts anderes ergibt. [2]Die Grundsteuer der Kalenderjahre bis einschließlich 2024 bemisst sich ausschließlich nach den bundesgesetzlichen Regelungen.

(2) [1]Die Vorschriften der Abgabenordnung sind entsprechend anzuwenden, soweit in diesem Gesetz nichts anderes bestimmt ist. [2]§ 32h AO gilt mit der Maßgabe, dass der Landesbeauftragte für den Datenschutz zuständig und das Bayerische Datenschutzgesetz einschlägig ist.

(3) [1]Die im Grundsteuergesetz enthaltenen Verordnungsermächtigungen finden in Bezug auf die in diesem Gesetz geregelten Sachverhalte mit der Maßgabe Anwendung, dass die entsprechenden Rechtsverordnungen durch das Staatsministerium der Finanzen und für Heimat (Staatsministerium) erlassen werden. [2]Die darauf gestützten Rechtsverordnungen des Bundes finden diesbezüglich nur Anwendung, wenn und soweit das durch Rechtsverordnung des Staatsministeriums angeordnet ist.

Inhaltsübersicht **Rz.**

VERWALTUNGSANWEISUNGEN

Anwendungserlass zum Bayerischen Grundsteuergesetz und zum Siebenten Abschnitt des Zweiten Teils des Bewertungsgesetztes zur Bewertung des Grundbesitzes – allgemeiner Teil und Grundvermögen –für die Grundsteuer ab 1. Januar 2022 und zum Grundsteuergesetz ab 1. Januar 2025 (Bayerischer Anwendungserlass-Grundsteuer – AEBayGrSt v. 2.9.2022; BayMBl. 2022 Nr. 542 v. 28.9.2022).

A. Allgemeine Erläuterungen zu Art. 10 BayGrStG

I. Normzweck und wirtschaftliche Bedeutung der Vorschrift

Art. 10 BayGrStG regelt die **Anwendung der bundesgesetzlichen Regelungen des GrStG und BewG sowie der AO in Bayern**, sofern das BayGrStG keine gesonderten Regelungen enthält. 1

Des Weiteren legt Art. 10 BayGrStG fest, dass die bisher geltenden Regelungen zur **Einheitsbewertung ab 2024 nicht mehr anwendbar** sind und auf die bis dahin geltenden Grundsteuerbescheide nach 2024 keine Belastung mehr gestützt werden darf. 2

(Einstweilen frei) 3–5

II. Entstehung und Entwicklung der Vorschrift

Art. 10 BayGrStG wurde mit dem BayGrStG v. 10.12.2021[1] in das BayGrStG aufgenommen und tritt ab dem 1.1.2022 in Kraft (vgl. Art. 11 BayGrStG). Weitere Ausführungen zu den gesetzlichen Regelungen finden sich im Bayerischen Anwendungserlass-Grundsteuer v. 2.9.2022.[2] 6

(Einstweilen frei) 7–10

III. Geltungsbereich

Das BayGrStG gilt für in Bayern belegene Grundstücke. 11

(Einstweilen frei) 12–13

IV. Verhältnis zu anderen Vorschriften

Durch Art. 10 BayGrStG finden die gesetzlichen Vorschriften des GrStG, BewG und der AO ausdrücklich auch in Bayern Anwendung. 14

(Einstweilen frei) 15–18

1 Bayerisches Grundsteuergesetz (BayGrStG) v. 10.12.2021 (Bayerisches Gesetz- und Verordnungsblatt Nr. 23/2021 S. 638).

2 Anwendungserlass zum Bayerischen Grundsteuergesetz und zum Siebenten Abschnitt des Zweiten Teils des Bewertungsgesetzes zur Bewertung des Grundbesitzes – allgemeiner Teil und Grundvermögen – für die Grundsteuer ab 1. Januar 2022 und zum Grundsteuergesetz ab 1. Januar 2025 (Bayerischer Anwendungserlass-Grundsteuer – AEBayGrSt v. 2.9.2022; BayMBl. 2022 Nr. 542 v. 28.9.2022).

B. Systematische Kommentierung

I. Anwendung der Regelungen zum GrStG und BewG

19 Durch die Verabschiedung des BayGrStG v. 10.12.2021[1] durch den Bayerischen Landtag hat der Freistatt von der **Öffnungsklausel** im Grundgesetz gem. Art. 72 Abs. 3 Satz 1 Nr. 7 GG Gebrauch gemacht und sich für eine länderspezifische Regelung zur Ermittlung der Grundsteuer entschlossen. Das der Freistaat diesen Weg einschlagen würde, war von Beginn an bei den Bemühungen zur Neuregelung der Grundsteuer zu erkennen, da Bayern als einer der Hauptbefürworter für eine einfachere Gesetzesregelung als der des Bundes galt. Das BayGrStG setzt somit die Pläne der bayerischen Landesregierung zur Grundsteuer um.

20 Das BayGrStG ist gleichwohl nicht gänzlich von den Regelungen des Bundesgesetzes zu unterscheiden. Vielmehr wird nur **in einigen Bereichen von Bundesgesetz abgewichen**. Insbesondere im Bereich der wirtschaftlichen Einheiten des Grundvermögens – der Grundsteuer B – wird weitreichend von der Abweichungsgesetzgebungskompetenz des GG Gebrauch gemacht. Währenddessen bleibt es bei den Betrieben der Land- und Fortwirtschaft – der Grundsteuer A – grundsätzlich bei den Reglungen des Bundesgesetzes. Das BayGrStG enthält hierzu nur punktuelle Abweichungen und Besonderheiten (vgl. Art. 9 BayGrStG).

21 Durch Art. 10 Abs. 1 Satz 1 BayGrStG wird festgelegt, dass die **bundesgesetzlichen Regelungen** des GrStG und des BewG auch in Bayern gelten, sofern das BayGrStG keine abweichenden Regelungen enthält. Das BayGrStG ist somit als **„lex specialis“** zu sehen. Enthält das BayGrStG eine Regelung, welche auch im Bundesetz geregelt ist, so ist in diesem Fall immer das BayGrStG maßgebend und anzuwenden. Für den Steuerpflichtigen bedeutet dies jedoch auch, dass er sich bei der Ermittlung der Grundsteuer für wirtschaftliche Einheiten in Bayern auch mit den bundesgesetzlichen Regelungen auseinandersetzen muss.

22 Die bundesgesetzlichen Regelungen des GrStG und BewG nach der Grundsteuerreform sind dabei für Zwecke der Festsetzung und Erhebung der Grundsteuer **ab dem Kalenderjahr 2025** anzuwenden. Für Kalenderjahre bis 2024 verbleit es bei der ausschließlichen Anwendung der bisherigen bundesgesetzlichen Regelungen zur Einheitsbewertung.

23 Für die **Übergangsvorschriften** aufgrund der Gesetzesänderungen gilt dabei die bundesgesetzliche Regelung des § 266 BewG. Dazu wird auf die Kommentierungen von Grootens in Grootens, BewG § 266 Rz. 36 ff. verwiesen.

24 Für die bundesgesetzlichen Regelungen des Bewertungsgesetzes gelten im Grundsatz auch die Ausführungen des koordinierten Ländererlasses v. 9.11.2021[2] und für die bundesgesetzlichen Regelungen des Grundsteuergesetzes die Ausführungen des koordinierten Ländererlasses v. 22.6.2022[3], soweit im AEBayGrSt nichts Abweichendes geregelt ist. Die spezifischen Ausführungen für das BayGrStG finden sich im AEBayGrSt in Nr. 2 für das Bewertungsgesetz, in Nr. 4 für das Grundsteuergesetz und in Nr. 6 für die Anwendungsregelungen wieder.

---

1 Bayerisches Grundsteuergesetz (BayGrStG) v. 10.12.2021 (Bayerisches Gesetz- und Verordnungsblatt Nr. 23/2021 S. 638).

2 Koordinierte Erlasse der obersten Finanzbehörden der Länder vom 9.11.2021 über die Anwendung des Siebten Abschnitts des Zweiten Teils des Bewertungsgesetzes zur Bewertung des Grundbesitzes (allgemeiner Teil und Grundvermögen) für die Grundsteuer ab 1. Januar 2022 (AEBewGrSt), BStBl 2021 I S. 2369 NWB JAAAI-03875.

3 Koordinierte Erlasse der obersten Finanzbehörden der Länder vom 22.6.2022 über die Anwendung des Grundsteuergesetzes ab 1.1.2025 (AEGrStG) BStBl 2022 I S. 1171 NWB VAAAJ-18526.

(Einstweilen frei) 25–28

II. Anwendung der Abgabenordnung

Neben der grundsätzlichen Anwendung des GrStG und BewG sind nach Art. 10 Abs. 2 Satz 1 BayGrStG auch die **Regelungen der AO** in Bayern anzuwenden, soweit des BayGrStG nichts anderes regelt. Die Reglung bzw. Klarstellung wurde für notwendig erachtet, da sich die automatische Anwendung der Regelungen der AO nicht unmittelbar aus § 1 Abs. 1 AO ergibt, da danach die Reglungen nur für Steuern und Steuervergütungen gelten, die durch Bundesrecht oder Recht der Europäischen Union geregelt worden sind. 29

Nach Art. 10 Abs. 2 Satz 2 BayGrStG gilt § 32h AO in Bayern mit der Maßgabe, dass der **Landesbeauftragte für den Datenschutz** zuständig und das **Bayerische Datenschutzgesetz** einschlägig ist. In den Bundesländern, welche die bundesgesetzlichen Regelungen anwenden, ist hingegen der Bundesbeauftrage für den Datenschutz zuständig und es gilt das Bundesdatenschutzgesetz. 30

Darüber hinaus sind auch für die Regelungen der § 29b Abs. 2 Satz 2 Halbsatz 2, § 31c Abs. 1 Satz 2 Halbsatz 2, § 32g und 32j AO, welche im Bundesrecht ebenfalls auf das Bundesdatenschutzgesetz verweisen, in Bayern die **entsprechenden Regelungen des bayerischen Datenschutzgesetzes** anzuwenden. 31

(Einstweilen frei) 32–34

III. Zugriff auf des Verordnungsrecht des Bundes

Durch die teilweise Anwendung der bundesgesetzlichen Regelungen sind auch Regelungen über die **Verordnungsermächtigungen** zu treffen. Nach Art. 10 Abs. 3 Satz 1 BayGrStG finden die im GrStG enthaltenen Verordnungsermächtigungen in Bayern mit der Maßgabe Anwendung, dass die entsprechenden **Rechtsverordnungen durch das Staatsministerium der Finanzen und für Heimat** erlassen werden. Das BayGrStG erhält folglich durch Art. 10 Abs. 3 Satz 1 BayGrStG die erforderliche **Rechtssetzungsbefugnis und -pflicht**. 35

BEISPIEL: Schreibt das GrStG z. B. wie in § 24 GrStG vor, dass die Landesregierung durch Rechtverordnung bestimmen kann, dass bei Betrieben der Land- und Fortwirtschaft, die sich über mehrere Gemeinden erstrecken, aus Vereinfachungsgründen an Stelle der Zerlegung ein Steuerausgleich stattfindet, so ist in Bayern die Rechtsverordnung zum Steuerausgleich durch das Staatsministerium der Finanzen und für Heimat zu erlassen. 36

Das Staatsministerium der Finanzen und für Heimat muss jedoch **nicht immer eigene Rechtsverordnungen erlassen**. Soll beispielsweise eine erlassene Rechtsverordnung des Bundes auch in Bayern gelten, so kann das Staatsministerium der Finanzen und für Heimat die Anwendung dieser gleichwohl **durch eigene Rechtsverordnung anordnen**. Dies erspart die ansonsten notwendige Kopie der Rechtsverordnung des Bundes durch das Staatsministerium der Finanzen und für Heimat. Es ist jedoch zu beachten, dass die Rechtsverordnungen des Bundes nur durch eine Rechtsverordnung des Staatsministeriums der Finanzen und für Heimat Anwendung finden. Diese gelten also nicht automatisch. Es bedarf vielmehr immer noch eines zusätzlichen Akts des Staatsministeriums. 37

Art. 10a BayGrStG Übergangsregelungen

(1) Für die Anwendung des Art. 6 Abs. 2 Satz 3 und Abs. 3 Satz 1 dieses Gesetzes sowie der §§ 223 und 224 BewG ist für Feststellungszeitpunkte zwischen dem 1. Januar 2022 und dem 31. Dezember 2024 zu unterstellen, dass die Feststellungen für die Besteuerung nach diesem Gesetz von Bedeutung sind und die wirtschaftlichen Einheiten zur Besteuerung nach diesem Gesetz herangezogen oder nicht mehr herangezogen werden.

(2) [1]Die Vermessungsverwaltung stellt ab dem 1. Juli 2022 befristet bis zum 31. Dezember 2022 folgende Daten der Flurstücke zum Hauptfeststellungszeitpunkt kostenlos über eine allgemein zugängliche Internetanwendung zur Verfügung:

1. **die Flurstücksnummer,**
2. **die amtliche Fläche,**
3. **den Gemeindenamen,**
4. **den Gemarkungsnamen und die Gemarkungsnummer,**
5. **die tatsächliche Nutzung mit den zugehörigen Flächenanteilen, und**
6. **soweit vorhanden die einzelnen Flächenanteile mit der zugehörigen Ertragsmesszahl und die Gesamtertragsmesszahl.**

[2]Der Eigentümer hat das Recht, jederzeit ohne Angabe von Gründen gegen die Veröffentlichung der in Satz 1 Nr. 6 genannten Daten seines Flurstücks Widerspruch einzulegen. [3]Widerspricht der Eigentümer, hat eine Veröffentlichung der entsprechenden Daten des Eigentümers durch die Vermessungsverwaltung in der Internetanwendung für die Zukunft zu unterbleiben.

Inhaltsübersicht **Rz.**

A. Allgemeine Erläuterungen zu Art. 10a BayGrStG

I. Normzweck und wirtschaftliche Bedeutung der Vorschrift

1 Art. 10a BayGrStG regelt die Berücksichtigung der Änderung der tatsächlichen Verhältnisse im **Übergangszeitraum zwischen dem 1.1.2022 und dem 31.12.2024** durch **Nachveranlagungen, Fortschreibungen und Aufhebungen**. Der Gesetzgeber schließt mit dem Art. 10a BayGrStG eine Regelungslücke, um Änderungen bei den tatsächlichen Verhältnissen bereits vor dem Inkrafttreten des Bayerischen Grundsteuergesetztes zum 1.1.2025 berücksichtigen zu können. Ohne diese Regelung hätten diese nämlich erst ab dem 1.1.2025 berücksichtigt werden können, da die bundesgesetzlichen Regelungen erst am 31.12.2024 außer Kraft treten.

2 Des Weiteren regelt Art 10a Abs. 2 BayGrStG die **Veröffentlichung bestimmter Grundstücksdaten** mittels einer kostenlosen Internetanwendung für einen befristeten Zeitraum.

3–5 *(Einstweilen frei)*

II. Entstehung und Entwicklung der Vorschrift

Art. 10a BayGrStG wurde mit dem BayGrStG v. 10.12.2021[1] in das BayGrStG aufgenommen und tritt ab dem 1.1.2022 in Kraft (vgl. Art. 11 BayGrStG). 6

Art. 10a Abs. 2 Satz 1 BayGrStG wurde zuerst durch § 4 des Gesetzes v. 23.12.2022[2] und zuletzt durch § 9 des Gesetzes v. 21.4.2023[3] geändert 7

(Einstweilen frei) 8–10

III. Geltungsbereich

Das BayGrStG gilt für in Bayern belegene Grundstücke. 11

(Einstweilen frei) 12–13

B. Systematische Kommentierung

I. Amnestierung für aus den Feststellungserklärungen gewonnene Erkenntnisse (Art. 10a Abs. 1 BayGrStG)

Die **Feststellung der Grundsteuermessbeträge** erfolgt nach dem Art. 7 Abs. 1 Satz 1 BayGrStG auf den 1.1.2025, während die **Äquivalenzbeträge** bereits auf den 1.1.2022 nach Art. 6 Abs. 1 Satz 1 BayGrStG allgemein festgestellt werden. Zwischen diesen beiden Feststellungszeitpunkten liegen zwei weitere Veranlagungszeitpunkte für die Grundsteuer – der 1.1.2023 und 1.1.2024, in denen die Grundsteuerfestsetzung noch auf der am 31.12.2024 außer Kraft tretenden, bisherigen bundesgesetzlichen Regelung zu den Einheitswerten beruht. Entsprechend kann es dazu kommen, dass nach der Feststellung der Äquivalenzbeträge auf den Hauptfeststellungszeitpunkt 1.1.2022 nach den BayGrStG, bereits **Änderungen bei den tatsächlichen Verhältnissen** für Grundstücke eingetreten sind, die wiederum Auswirkungen auf die Grundsteuermessbeträge auf den 1.1.2025 haben. 14

Diese Änderungen sind durch **Nachveranlagungen, Fortschreibungen und Aufhebungen** nach den bisherigen Regelungen über die Einheitswerte zu berücksichtigen. Ohne Art. 10a BayGrStG wäre die Änderungen aber nicht nach den „neuen" landesgesetzlichen Regelungen des BayGrStG zu berücksichtigen, da in den Jahren 2022–2024 die Grundsteuerfestsetzung weiterhin auf den Einheitswerten nach Bundesrecht beruht. Somit bestünde für die Finanzverwaltung das Risiko, dass bei der **Ermittlung der Grundsteuermessbeträge auf den 1.1.2025** die zugrunde liegenden Äquivalenzbeträge auf den 1.1.2022 nicht mehr aktuell sind. Entsprechend müssten bereits zum 1.1.2025 die Äquivalenzbeträge erneut auf deren Aktualität überprüft werden, was aufgrund des ohnehin schon großen Aufwands im Zuge der Grundsteuerreform durchzuführenden Neubewertung aller wirtschaftlichen Einheiten, zu einer schier unlösbaren Aufgabe für die Finanzverwaltung führen würde. 15

1 Bayerisches Grundsteuergesetz (BayGrStG) v. 10.12.2021 (Bayerisches Gesetz- und Verordnungsblatt Nr. 23/2021 S. 638).

2 Gesetz zur Änderung des Bayerischen Klimaschutzgesetzes und weiterer Rechtsvorschriften v. 23.12.2022, Bayerisches Gesetz- und Verordnungsblatt Nr. 24/2022 S. 723.

3 Gesetz über die Feststellung des Haushaltsplans des Freistaates Bayern für das Haushaltsjahr 2023 (Haushaltsgesetz 2023 – HG 2023) v. 21.4.2023, Bayerisches Gesetz- und Verordnungsblatt Nr. 8/2023 S. 128.

16 Zur Vermeidung dieses Problems gelten für die Anwendung des Art. 6 Abs. 2 Satz 2 und Abs. 3 Satz 1 BayGrStG sowie der § 223 Abs. 1 Nr. 2 und § 224 Abs. 1 Nr. 2 BewG für die **Feststellungszeitpunkte zwischen dem 1.1.2022 und dem 31.12.2024**, dass die **Feststellungen für die Besteuerung nach dem BayGrStG von Bedeutung** sind und die wirtschaftlichen Einheiten **zur Besteuerung nach dem Landesgesetz herangezogen oder nicht mehr herangezogen werden.** Damit wird die **Bedeutung für die Besteuerung bereits im Übergangszeitraum fingiert** und gewährleistet, dass die Finanzverwaltung Veränderungen bereits vor dem 1.1.2025 durch **Nachveranlagungen, Fortschreibungen und Aufhebungen der Grundsteuermessbeträge** nachvollziehen kann.

17 Art. 10a BayGrStG entspricht inhaltlich im Wesentlichen der **bundesgesetzlichen Regelung** des § 225 BewG. Diesbezüglich wird vertiefend auf die Kommentierung von Kurt in Grootens, BewG § 225 Rz. 71–77 verwiesen.

18 **BEISPIEL:** Sachverhalt: Der Steuerpflichtige besitzt ein unbebautes Grundstück in Bayern. Im Jahr 2023 wird darauf ein EFH errichtet.

LÖSUNG OHNE ART. 10A BAYGRSTG:

1. Auf den 1.1.2022 wird der Äquivalenzbetrag für das unbebaute Grundstück nach dem BayGrStG festgestellt.
2. Die Bebauung des Grundstücks stellt eine Änderung der tatsächlichen Verhältnisse dar, welche zu einer Fortschreibung des bisherigen Einheitswertes und einer neuen Ermittlung des Grundsteuermessbetrags nach den bundesgesetzlichen Regelungen auf den 1.1.2024 führt.
3. Zum 1.1.2025 ist der Grundsteuermessbetrag nach dem BayGrStG festzustellen. Basis dafür ist der Feststellungsbescheid über den Äquivalenzbetrags auf den 1.1.2022. Die zwischenzeitliche Bebauung des Grundstücks durfte bisher (bis zum 31.12.2024) noch nicht berücksichtigt werden, da die Grundsteuerfestsetzung bis zum 31.12.2024 noch auf den Einheitswerten nach Bundesrecht beruht. Entsprechend müsste zuerst ein neuer Äquivalenzbetrag auf den 1.1.2025 festgestellt werden, um den richtigen Grundsteuermessbetrag ermitteln zu können.

LÖSUNG MIT ART. 10A BAYGRSTG:

1. Auf den 1.1.2022 wird der Äquivalenzbetrag für das unbebaute Grundstück nach dem BayGrStG festgestellt.
2. Die Bebauung des Grundstücks stellt eine Änderung der tatsächlichen Verhältnisse dar, welche zu einer Fortschreibung des bisherigen Einheitswertes und einer neuen Ermittlung des Grundsteuermessbetrags nach den bundesgesetzlichen Regelungen auf den 1.1.2024 führt.
3. Gleichzeitig wird für die Änderung der tatsächlichen Verhältnisse fingiert, dass diese bereits in diesem Zeitraum auch für die Besteuerung nach dem BayGrStG von Bedeutung ist. Entsprechend kann bereits eine Forstschreibung des Äquivalenzbetrags nach dem BayGrStG auf den 1.1.2024 erfolgen.
4. Zum 1.1.2025 ist der Grundsteuermessbetrag nach dem BayGrStG festzustellen. Grundlage dafür ist bereits der neue Feststellungsbescheid über den Äquivalenzbetrags auf den 1.1.2024.

19–21 *(Einstweilen frei)*

II. Befristete Veröffentlichung von Grundstücksdaten (Art. 10a Abs. 2 BayGrStG)

22 Art. 10a Abs. 2 BayGrStG regelt die **Einführung einer allgemeinen Internetanwendung durch die Vermessungsverwaltung über allgemeine Grundstücksdaten zum Hauptfeststellungszeitpunkt.** Zuerst wurden für einen **befristeten Zeitraum v. 1.7.2022 bis zum 31.12.2022** die folgenden Daten kostenlos über eine allgemein zugängliche Internetanwendung zu Verfügung gestellt (Art. 10a Abs. 2 Satz 1 BayGrStG):

- die Flurstücksnummer,
- die amtliche Fläche,
- den Gemeindenamen,
- den Gemarkungsnamen und die Gemarkungsnummer,
- die tatsächliche Nutzung mit den zugehörigen Flächenanteilen, und
- soweit vorhanden die einzelnen mit der zugehörigen Ertragsmesszahl und die Gesamtertragszahl.

Durch die Gesetzesänderungen v. 23.12.2022[1] und 21.4.2023[2] wurde der Zeitraum für die kostenlose Datenbereitstellung auf den 31.3.2023 und zuletzt **auf den 30.11.2023 verlängert**.

Diese Daten sollen durch die Vermessungsverwaltung bereitgestellt werden. Dies ist in Bayern die **Bayerische Vermessungsverwaltung (BVV)**. Diese ist wiederum dem Bayerischen Staatsministerium der Finanzen und für Heimat als oberste Dienstbehörde unterstellt. Zuständig ist die BVV für die flächendeckende Erfassung der amtlichen Geodaten in Bayern, der Grundstücksvermessung und Gebäudevermessung sowie der Führung des Liegenschaftskatasters. Die BVV präsentiert außerdem die Geodaten in der bereits existierenden Internetanwendung des BayernAtlas. 23

Die Veröffentlichung der Daten erfolgte nur für einen **befristeten Zeitraum v. 1.7.2022 bis zum 30.11.2023** kostenlos. Hintergrund der befristeten Veröffentlichung der Daten ist, dass die Steuerpflichtigen zur Abgabe der Erklärungen auf den Hauptfeststellungszeitpunkt, die benötigten Grunddaten zu den Grundstücken einfach abrufen können, anstatt andernfalls kostenpflichtig Auszüge aus dem **Liegenschaftskataster** oder Abrufe bei **Grundbuchamt** tätigen zu müssen. Dies könnte zu Kapazitätsengpässen bei den Behörden führen. 24

Mithilfe der **kostenlosen Internetanwendung** kann jeder schnell und einfach auf die Daten zugreifen und in die Erklärungen übernehmen. Der Beginn der **Veröffentlichung am 1.7.2022** entspricht dem Beginn der Abgabemöglichkeit der Erklärungen zur Feststellung der Äquivalenzbeträge. Warum die **Veröffentlichung der Daten bis zum 30.11.2023** beschränkt wurde, erschließt sich hingegen nicht zwangsläufig. Zwar endete die Frist zur Abgabe der Erklärungen am 30.4.2023, jedoch gelten die Regelungen der AO zu Fristverlängerung, so dass bei berechtigten Gründen auch Fristverlängerungen über den 30.4.2023 hinaus gewährt werden könnten. Auch werden in späteren Erklärungen und Anzeigen die Daten ggf. wieder benötigt. Grund für die Befristung wird sein, dass die Daten nur auf den Hauptfeststellungszeitpunkt 1.1.2022 bereitgestellt werden sollen. Eine weitergehende Aktualisierung der Daten über den Hauptfeststellungszeitpunkt 1.1.2022 durch das BVV lässt sich dem Gesetzeswortlaut nicht entnehmen. Dies wird mutmaßlich an den begrenzten Kapazitäten und Ressourcen des BVV hängen. 25

Da zum 30.11.2023 der kostenlose Abruf der Grundstücksdaten ausgelaufen ist, ist nunmehr nur noch ein tagesaktueller Datenbestand über z. B. den Bayernatlas abrufbar. 25/1

Nach dem Gesetzeswortlaut ist die **Einsichtnahme der Daten nicht beschränkt auf bestimmte Personen** und daher grundsätzlich von jedem möglich. Zur Begegnung datenschutzrechtlicher Bedenken hinsichtlich der Veröffentlichung der Ertragsmesszahl, deren Höhe einen gewissen 26

1 Gesetz zur Änderung des Bayerischen Klimaschutzgesetzes und weiterer Rechtsvorschriften v. 23.12.2022, Bayerisches Gesetz- und Verordnungsblatt Nr. 24/2022 S. 723.

2 Gesetz über die Feststellung des Haushaltsplans des Freistaates Bayern für das Haushaltsjahr 2023 (Haushaltsgesetz 2023 – HG 2023) v. 21.4.2023, Bayerisches Gesetz- und Verordnungsblatt Nr. 8/2023 S. 128.

Rückschluss auf den Wert des Flurstücks zulässt, kann der Grundstückseigentümer **der Veröffentlichung der Daten jederzeit widersprechen** (Art. 10a Abs. 2 Satz 2 BayGrStG).[1] Legt der Grundstückseigentümer diesen Widerspruch ein, so darf die Vermessungsverwaltung die Daten **für die Zukunft** nicht mehr veröffentlichen (Art. 10a Abs. 2 Satz 3 BayGrStG). Der Widerspruch kann somit auch noch nach der erstmaligen Veröffentlichung zum 1.7.2022 erfolgen.

27 PRAXISHINWEIS:

Wünscht der Grundstückseigentümer von dem Widerspruchsrecht Gebrauch zu machen, sollte der Widerspruch rechtzeitig, bestenfalls mit einiger Vorlaufzeit vor dem 1.7.2022, bei der Vermessungsverwaltung eingereicht werden. Derzeit ist ungewiss, wie schnell der Widerspruch bearbeitet werden wird. Dies wird insbesondere davon abhängen, wie viele Eigentümer generell von dem Widerspruchsrecht Gebrauch machen werden.

28 Der Gesetzeswortlaut schreibt keine bestimmte Form für den Widerspruch vor. Entsprechend ist der **Widerspruch formlos möglich**. In der Praxis ist jedoch **aus Nachweisgründen ein schriftlicher Widerspruch** an die Vermessungsverwaltung zu empfehlen. Der Eigentümer muss für den Widerspruch **keine Begründung** angeben.

Art. 10b BayGrStG Änderung des Kommunalabgabengesetzes

In Art. 18 des Kommunalabgabengesetzes (KAG) in der Fassung der Bekanntmachung vom 4. April 1993 (GVBl S. 264, BayRS 2024-1-I), das zuletzt durch § 1 des Gesetzes vom 19. Februar 2021 (GVBl S. 40) geändert worden ist, werden nach dem Wort „Ausnahme" die Wörter „des Äquivalenzbetrags-," eingefügt.

Inhaltsübersicht **Rz.**

A. Allgemeine Erläuterungen zu Art. 10b BayGrStG

I. Normzweck und wirtschaftliche Bedeutung der Vorschrift

1 Art 10b BayGrStG regelt die **Zuständigkeit** der bayerischen Steuerverwaltung für die Feststellung und Ermittlung der Äquivalenzbeträge.

2–3 *(Einstweilen frei)*

1 Vgl. Drucks. 18/18504 v. 20.10.2021, Änderungsantrag zum Gesetzesentwurf der Staatsregierung für ein Bayerisches Grundsteuergesetz (BayGrStG).

II. Entstehung und Entwicklung der Vorschrift

Art. 10b BayGrStG wurde mit dem BayGrStG v. 10.12.2021[1] in das BayGrStG aufgenommen und tritt ab dem 1.1.2022 in Kraft (vgl. Art. 11 BayGrStG). 4

(Einstweilen frei) 5–7

III. Geltungsbereich

Das BayGrStG gilt für in Bayern belegene Grundstücke. 8

(Einstweilen frei) 9–10

B. Systematische Kommentierung

I. Ergänzung des Kommunalabgabegesetzes

Art. 18 des Bayrischen Kommunalabgabengesetzes (KAG) regelt die **Zuständigkeit der Realsteuern.** Danach sind grundsätzlich die Gemeinden für die Verwaltung der Realsteuern, zu der auch die Grundsteuer gehört, zuständig. Ausgenommen davon sind derzeit jedoch das **Messbetrags- und Zerlegungsverfahren**, welches durch die Steuerverwaltung durchgeführt wird, indem die Finanzämter die Steuermess- und Zerlegungsbescheide erlassen. 11

Diese **Aufgabenverteilung** zwischen Gemeinden und Steuerverwaltung soll weiterhin beibehalten werden. Die aufgrund der Grundsteuerreform notwendige Feststellung der Äquivalenzbeträge soll ebenfalls durch die Steuerverwaltung durchgeführt werden. Dafür wird das bayerische KAG um den neuen Begriff des „Äquivalenzbetrags" ergänzt und lautet zukünftig wie folgt: 12

Art. 18 Zuständigkeit:

Die Verwaltung der Realsteuern mit Ausnahmen ***des Äquivalenzbetrags-****, des Meßbetrags- und des Zerlegungsverfahrens und die Verwaltung der örtlichen Verbrauchssteuern und Aufwandsteuern obliegen den steuerberechtigen Gemeinden und Landkreisen.*

Art. 11 BayGrStG Inkrafttreten, Außerkrafttreten

(1) Dieses Gesetz tritt am 1. Januar 2022 in Kraft.

(2) [1]Art. 10b tritt am 1. Juli 2022 außer Kraft. [2]Art. 10a tritt am 31. Dezember 2029 außer Kraft.

Inhaltsübersicht **Rz.**

1 Bayerisches Grundsteuergesetz (BayGrStG) v. 10.12.2021 (Bayerisches Gesetz- und Verordnungsblatt Nr. 23/2021 S. 638).

A. Allgemeine Erläuterungen zu Art. 11 BayGrStG

I. Normzweck und wirtschaftliche Bedeutung der Vorschrift

1 Art. 11 BayGrStG regelt das **Inkrafttreten** des BayGrStG sowie das **Außerkrafttreten** der Art. 10a und 10b BayGrStG.

2–3 *(Einstweilen frei)*

II. Entstehung und Entwicklung der Vorschrift

4 Art. 11 BayGrStG wurde mit dem BayGrStG v. 10.12.2021[1] in das BayGrStG aufgenommen und tritt ab dem 1.1.2022 in Kraft.

5 In der **Gesetzesbegründung** zum Gesetzesentwurf von 10.5.2021[2] heißt es hierzu:

„Geregelt ist der Zeitpunkt des Inkrafttretens des Bayerischen Grundsteuergesetzes. Nach Abs. 1 tritt das Gesetz aufgrund der für die Systemumstellung zum Jahr 2025 nötigen vorbereitenden Tätigkeiten bereits zum 01.01.2022 in Kraft. Die Übergangsregelungen nach Art. 10a und 10b werden dabei nur vorübergehend benötigt, wobei der vollständige Abschluss der Systemumstellung einige Zeit in Anspruch nehmen wird."

6–7 *(Einstweilen frei)*

III. Geltungsbereich

8 Das BayGrStG gilt für in Bayern belegene Grundstücke.

9–10 *(Einstweilen frei)*

B. Systematische Kommentierung

I. Inkrafttreten des BayGrStG (Art. 11 Abs. 1 BayGrStG)

11 Das BayGrStG und die darin vereinbarten Regelungen treten nach Art. 11 Abs. 1 BayGrStG bereits **zum 1.1.2022** in Kraft, also vor der erstmaligen Festsetzung der Grundsteuern nach den neuen landesgesetzlichen Regelungen für das Jahr 2025.

Grund für das zeitlich frühere Inkrafttreten ist, dass damit genügend Zeit für die **Systemumstellung** und die dafür benötigten Tätigkeiten und Vorbereitungshandlungen durch die Finanzverwaltung vorhanden ist. Insbesondere die Neubewertung und Feststellung der Äquivalenzbeträge soll so bereits im **Übergangszeitraum** sichergestellt werden. Der zeitliche Vorlauf ist dabei im Hinblick auf die rund **5,3 Mio. wirtschaftlichen Einheiten** in Bayern zwingend notwendig.

12–13 *(Einstweilen frei)*

---

1 Bayerisches Grundsteuergesetz (BayGrStG) v. 10.12.2021 (Bayerisches Gesetz- und Verordnungsblatt Nr. 23/2021 S. 638).

2 Vgl. Drucks. 18/15755 v. 10.5.2021, Gesetzesentwurf der Staatsregierung – Bayerisches Grundsteuergesetz (BayGrStG).

II. Sonderregelungen der Art. 10a und 10b BayGrStG (Art. 11 Abs. 2 BayGrStG)

Besonderheiten sind in Art. 11 Abs. 2 BayGrStG für die Art. 10a und 10b BayGrStG geregelt. Danach **tritt Art. 10b BayGrStG am 1.7.2022 außer Kraft** (Art. 11 Abs. 2 Satz 1 BayGrStG). Außerdem **tritt Art. 10a BayGrStG am 31.12.2029 außer Kraft** (Art. 11 Abs. 2 Satz 2 BayGrStG). 14

Art. 10b BayGrStG tritt am 11.7.2022 außer Kraft, da die Vorschrift über die **Änderung des Kommunalabgabengesetzes** nur für das Inkrafttreten des BayGrStG von Bedeutung ist. Das Kommunalabgabengesetz muss nur einmalig geändert werden, um die **Zuständigkeit der Feststellung der Äquivalenzbeträge der Steuerverwaltung beizumessen.**[1] Danach bedarf es der Vorschrift des Art. 10b entsprechend nicht mehr. 15

Grund für das Außerkrafttreten des Art. 10a BayGrStG ist, dass sich die Vorschrift des Art. 10a BayGrStG inhaltlich nur auf den **Übergangszeitraum zwischen dem 1.1.2022 und 31.12.2024** bezieht.[2] 16

Die Vorschrift ist **für den Zeitraum danach** entsprechend **inhaltlich gegenstandslos** und wird daher **zum 31.12.2029 aufgehoben**. Für die vollständige Systemumstellung plant der Gesetzgeber bereits einen längeren Zeitraum ein, so dass das Außerkrafttreten der Vorschrift sicherheitshalber „relativ" spät festgelegt wurde. 17

1 Vgl. Lehmann in Grootens, BayGrStG Art. 10b Rz. 11 ff.
2 Vgl. Lehmann in Grootens, BayGrStG Art. 10a Rz. 14–18.

Abschnitt III: Berlin

Vorwort zur Kommentierung des Berliner Grundsteuermesszahlengesetzes (BlnGrStMG)

Inhaltsübersicht **Rz.**

A. Besonderheiten der Landesregelung in Abgrenzung zur Bundesregelung

I. Öffnungsklausel für abweichendes Landesrecht

I. Ziele der landesrechtlichen Regelung

1 Durch das „Gesetz zur Änderung des Grundgesetzes" v. 15.11.2019 ist es den Bundesländern nach Art. 72 Abs. 3 Satz 1 Nr. 7 GG möglich, ganz oder zum Teil von einem Bundesgesetz zur Grundsteuer abzuweichen. Diese Möglichkeit hat das Land Berlin genutzt und abweichendes Grundsteuerrecht geschaffen. Hierzu hat das Abgeordnetenhaus Berlin in seiner Sitzung am 27.6.2024 das **Gesetz über die Festsetzung der Steuermesszahlen bei der Grundsteuer Berlin (Berliner Grundsteuermesszahlengesetz – BlnGrStMG)**[1] verabschiedet. Das Gesetz ist gem. § 3 BlnGrStMG am 11.7.2024 in Kraft getreten. Es gilt ausschließlich für die im Land Berlin belegenen wirtschaftlichen Einheiten.

2 Mit dem BlnGrStMG wird punktuell die in Art. 105 Abs. 2 GG i.V. mit Art. 72 Abs. 3 Satz 1 Nr. 7 GG eingeräumte **Befugnis zur Schaffung landesrechtlicher Regelungen** für die Grundsteuer wahrgenommen. Der Erhebung der Grundsteuer werden die Werte entsprechend Art. 125b Abs. 3 GG **ab dem 1.1.2025** zugrunde gelegt.

3 *(Einstweilen frei)*

II. Ziele der landesrechtlichen Sonderregelung

4 Die Anwendung der Messzahlen, die in § 15 GrStG geregelt sind, würde in Berlin im Vergleich zur aktuellen Regelung zu einer **stärkeren Belastung von Wohngrundstücken** führen. Der **Anteil am Messbetragsvolumen** würde von **57 % auf ca. 65 %** steigen. Ziel des BlnGrStMG ist es,

1 Berliner GVBl. Nr. 26 v. 10.7.2024 S. 422.

diese **Belastungsverschiebung** durch **landesrechtlich modifizierte Steuermesszahlen zu korrigieren.**[1] Dazu wird anstelle der Grundsteuermesszahl von 0,34 Promille für die Nichtwohngrundstücke und unbebauten Grundstücke eine höhere Steuermesszahl (0,45 Promille) normiert. Hierdurch ergibt sich ein Anteil am Messbetragsvolumen für Wohngrundstücke von ca. 58 %.

Das **Recht auf menschenwürdiges Wohnen** ist in der Bundesrepublik Deutschland ein **allgemein anerkanntes existenzielles Grundbedürfnis** (Art. 1 und 20 GG, Art. 28 der Verfassung von Berlin), welches auch international verankert ist. Das Ziel, eine **höhere Grundsteuerbelastung für Wohngrundstücke zu verhindern** und damit bezahlbaren Wohnraum zu sichern, ist ausweislich der Gesetzesbegründung ein Beitrag zur Förderung des Gemeinwohls.[2] Von der Abstufung der Messzahlen und einem deutlich gesenkten Hebesatz profitierten **alle Wohngrundstücke gleichmäßig**. Vermietete und selbst genutzte Wohnungen werden gleichbehandelt. Der **Gleichheitsgrundsatz** (Art. 3 GG) sei nach Auffassung des Berliner Abgeordnetenhauses damit **beachtet**. 5

Durch das BlnGrStMG wird **keine strukturelle Erhöhung des Grundsteueraufkommens** verfolgt. Hierzu wurden die Berechnungen in der Beschlussvorlage des Berliner Abgeordnetenhauses[3] transparent dargestellt: Im Ergebnis zeigte sich bei Anwendung der Messzahlen des GrStG des Bundes und nach Anwendung eines errechneten Hebesatzes, der **konstante Einnahmen von 860 Mio. €** erzeugen soll, eine Verschiebung der Anteile von Nichtwohnen und Wohnen am gesamten Grundsteueraufkommen. Nach bisherigem Recht betrugen die Anteile von Wohn-, Nichtwohngrundstücken und unbebauten Grundstücken 57 %, 42 % und 1 % am gesamten Messbetragsvolumen (Grundvermögen). Nach der dem Gesetzesentwurf zugrunde liegenden Auswertung würden sich Anteile von 65 % (Wohngrundstücke), 30 % (Nichtwohngrundstücke) und 4 % (unbebaute Grundstücke) ergeben. 6

Bei Anwendung der bundeseinheitlichen Messzahlen müsste der **Hebesatz für die Grundsteuer B** ca. 530 % betragen, um Einnahmen von 860 Mio. € zu erzielen. Durch die Anhebung der Messzahl von 0,34 Promille auf 0,45 Promille für unbebaute Grundstücke und Nichtwohngrundstücke wird erreicht, dass die Grundsteuereinnahmen für Wohngrundstücke in der Summe nicht steigen. Zur Erreichung der bisherigen Einnahmen von ca. 860 Mio. € müsste der **Hebesatz von 810 % auf 470 % gesenkt** werden. Dies wurde mit dem Zweiten Gesetz zur Änderung des Haushaltsgesetzes 2024/2025 (Zweites Nachtragshaushaltsgesetz 2024/2025 – 2. NHG 24/25)[4] v. 27.6.2024 zwischenzeitlich umgesetzt. 7

Ungeachtet der Etablierung landesspezifischer Steuermesszahlen wird das **Bundesmodell dem Grunde nach unverändert** umgesetzt. Die partielle Inanspruchnahme der Länderöffnungsklausel sichere die **Berücksichtigung lokaler Gegebenheiten** bei gleichzeitig geringer Abweichung vom Bundesmodell. Es bleibt insbesondere bei der im Bundesrecht vorgesehenen wertorientierten Besteuerung des Grundbesitzes. 8

§ 1 Abs. 2 BlnGrStMG dient der gesetzlichen Klarstellung, dass **Bezugsgröße für die bundesgesetzlichen Ermäßigungstatbestände in § 15 Abs. 2 – 5 GrStG** die landesspezifischen Mess- 9

1 Vgl. Drucks. 19/1589 des Berliner Abgeordnetenhauses, Begründung: a. Allgemeines, S. 3.
2 Vgl. Drucks. 19/1589 des Berliner Abgeordnetenhauses, Begründung: a. Allgemeines, S. 3.
3 Vgl. Drucks. 19/1589 des Berliner Abgeordnetenhauses, Vorblatt Teil A. Problem, S. 1.
4 Berliner GVBl. Nr. 26 v. 10.7.2024 S. 433.

zahlen sind. Damit wird sichergestellt, dass die bundesgesetzliche Förderung im gleichen Verhältnis auch in Berlin gilt.[1]

10 Für besondere **Härtefälle**, die bei Eigennutzung von Einfamilienhäusern, Zweifamilienhäusern und Eigentumswohnungen auftreten könnten, wird in **§ 2 BlnGrStMG** eine **Billigkeitsmaßnahme** geregelt. Wenn die Steuererhebung die **persönliche Existenz vernichten** oder **ernstlich gefährden** würde, die **Erhebung der Steuer** nach Lage des Einzelfalles **unbillig** wäre, kann eine **abweichende Festsetzung** erfolgen.[2]

11–14 *(Einstweilen frei)*

III. Festlegung der abweichenden Messzahlen

15 Die **Steuermesszahl** beträgt abweichend von § 15 Abs. 1 Nr. 1 und 2 GrStG für in Berlin belegene

1. **unbebaute Grundstücke** i. S. des **§ 246 BewG 0,45 Promille,**
2. **bebaute Grundstücke** i. S. des **§ 249 Absatz 1 Nr. 1 bis 4 BewG** (Wohngrundstücke) **0,31 Promille** und
3. **bebaute Grundstücke** i. S. des **§ 249 Absatz 1 Nr. 5 bis 8 BewG** (Nichtwohngrundstücke) **0,45 Promille.**

Im Gegensatz zur Regelung des Landes **Sachsen** (SächsGrStMG) bezieht der **Berliner Gesetzgeber** die **unbebauten Grundstücke nicht** in die Festlegung einer gegenüber den Nichtwohngrundstücken abgesenkten Messzahl ein (vgl. zur Festlegung der Messzahlen für die einzelnen Grundstücksgruppen in Sachsen Grootens in Grootens, Vorwort SächsGrStMG → Rz. 9).

16 Im Ergebnis erfolgt in Berlin gegenüber dem Bundesmodell eine deutliche **Abweichung** bei der Festlegung **der Höhe der Steuermesszahl für unbebaute Grundstücke und für nicht überwiegend wohnlich genutzte Grundstücke** des Grundvermögens. Die Messzahl für die Wohngrundstücke entspricht der Höhe der Messzahl des § 15 Abs. 1 Nr. 2a GrStG i. d. F. des GrStRefUG. Damit wird die – im Bundesrecht bereits angelegte – Möglichkeit **abweichender Messzahlen differenziert nach Grundstücksarten** im Landesrecht zur Förderung des Wohnraums genutzt.

17 Für die wirtschaftlichen Einheiten des **land- und forstwirtschaftlichen Vermögens** bleibt es in Berlin bei der Messzahl gem. § 14 GrStG des Bundes. Im Ergebnis wurde dennoch eine umfangreiche Entlastung für die wirtschaftlichen Einheiten diese Vermögensart herbeigeführt, da mit dem Zweiten Gesetz zur Änderung des Haushaltsgesetzes 2024/2025 (Zweites Nachtragshaushaltsgesetz 2024/2025 – 2. NHG 24/25)[3] v. 27.6.2024 der **Hebesatz für die Grundsteuer A auf 0 Prozent** festgelegt wurde. Im Ergebnis **verzichtet das Land Berlin** somit **auf die Erhebung der Grundsteuer** für die wirtschaftlichen Einheiten des **Land- und forstwirtschaftlichen Vermögens**. Hierdurch profitieren in Berlin ca. 800 Betriebe, die z. B. Landwirtschaft, Gartenbau, Gemüse- oder Blumenanbau, Fischerei oder Forstwirtschaft betreiben. Hinzu kommen ca. 1.200 Kleingartenanlagen nach Bundeskleingartengesetz. Gleichzeitig erspart dieser Schritt einen nach Auffassung der Senatsverwaltung für Finanzen unverhältnismäßigen Verwaltungsaufwand für die Steuerbehörden.[4]

1 Vgl. Drucks. 19/1589 des Berliner Abgeordnetenhauses, Begründung: b. Einzelbegründung zu § 1, S. 4.
2 Vgl. Drucks. 19/1589 des Berliner Abgeordnetenhauses, Begründung: b. Einzelbegründung zu § 2, S. 4.
3 Berliner GVBl. Nr. 26 v. 10.7.2024 S. 433.
4 Zahlen und Einschätzung entnommen von: https://www.berlin.de/grundsteuer/ – zuletzt abgerufen am 15.9.2024.

(Einstweilen frei) 18–22

IV. Folgen der Reform für die Grundstückeigentümer

Die Grundsteuerreform soll im Grundsatz **aufkommensneutral** durchgeführt werden. Dabei wird nicht auf die Änderungen beim einzelnen Steuerpflichtigen, sondern auf das jeweilige **kommunale Gesamtaufkommen** der Grundsteuer abgestellt. 23

Durch die Festlegung der abweichenden Messzahlen wird Berlin eine **Verschiebung des Messbetragsvolumens** von den Wohngrundstücken hin zu den Nichtwohngrundstücken und den unbebauten Grundstücken erzielt. Berlin hat seinen Hebesatz entsprechend der durch die Reform verursachten Veränderungen im Gesamtmessbetragsvolumen angepasst (vgl. →Rz. 7), wodurch gegenüber der Anwendung des Bundesmodells eine **Verschiebung des Grundsteueraufkommens zulasten der Nichtwohngrundstücke und der unbebauten Grundstücke** erreicht wird. Dies ist das erklärte Ziel des Gesetzgebers.[1] 24

(Einstweilen frei) 25–30

B. Verfassungsrechtliche Überlegungen

I. Formelle Verfassungsmäßigkeit

Aus **formeller Sicht** ist die abweichende Regelung des Landes Berlin verfassungsrechtlich nicht zu beanstanden. Das Land hat von seiner in Art 72 Abs. 3 Nr. 7 GG normierten **Gesetzgebungskompetenz** zulässigerweise Gebrauch gemacht. Die Änderung wird zusammen mit den übrigen Vorschriften des GrStG **ab dem 1.1.2025** wirksam, so dass auch der in Art. 125b Abs. 3 GG normierten **„Anlaufhemmung"** bezüglich der eingeräumten Gesetzgebungskompetenz Rechnung getragen wurde. 31

(Einstweilen frei) 32–35

II. Materielle Verfassungsmäßigkeit

Aus **materieller Sicht** stellt sich die Frage nach der **Folgerichtigkeit** der Regelung und der ausreichenden Begründung für das gewünschte **Lenkungsziel.** Das Recht auf menschenwürdiges **Wohnen** ist in der Bundesrepublik Deutschland ein allgemein **anerkanntes existenzielles Grundbedürfnis** (Art. 1 und 20 GG, Art. 28 der Verfassung von Berlin), welches auch international verankert ist. Bei der Schaffung und Verfügbarmachung von ausreichendem Wohnraum handelt es sich um einen bedeutenden **Gemeinwohlbelang.** 36

Der **Bedarf der Förderung von Wohnraum**, der über die Ermäßigungstatbestände in § 15 Abs. 2–4 GrStG hinausgeht, wurde in Berlin im Rahmen von **Probeberechnungen** anhand des Bundesmodells festgestellt.[2] Als Ergebnis der Vergleichsrechnungen stellte sich ein Absinken des **Anteils** der im **Sachwertverfahren bewerteten Grundstücke am Gesamtmessbetragsvolumen** heraus. Durch die Anpassung des Hebesatzes würde eine **Mehrbelastung der Grundstücke**, die im **Ertragswertverfahren** bewertet werden, erfolgen. Diese Mehrbelastung der wohnlichen Nutzung ist ein nicht gewünschter Effekt, dem gezielt durch eine niedrigere Messzahl entgegengewirkt wird. 37

1 Vgl. →Rz. 4 ff.
2 Vgl. →Rz. 6 f.

38 Zum BlnGrStMG liegt bisher **keine Gerichtsentscheidung** vor. Gewisse indizielle Wirkung kann aber dem **Urteil des Sächsischen FG** v. 24.10.2023 beigemessen werden.[1] Demnach ist es verfassungsrechtlich nicht zu beanstanden, dass der Freistaat Sachsen abweichend von § 15 Abs. 1 Nr. 2a GrStG für die Steuermesszahl geregelt hat, dass bei Einfamilienhäusern statt 0,31 Promille ein Wert von 0,36 Promille anzuwenden ist. Die konkrete Ausgestaltung des Gesetzes sei geeignet, das Lenkungsziel der Förderung von Wohnraum zu erreichen. Da das **BlnGrStMG** in ähnlicher Weise dasselbe Lenkungsziel verfolgt, können die **Überlegungen der Entscheidung** des Sächsischen FG m. E. **auf das BlnGrStMG übertragen** werden.

39–45 *(Einstweilen frei)*

III. Zusammenfassung

46 Das BlnGrStMG ist aus **verfassungsrechtlicher Sicht** m. E. **nicht zu beanstanden.** Klarheit darüber, ob die nun getroffenen gesetzlichen Regelungen der verfassungsrechtlichen Prüfung in allen Punkten standhalten, wird es erst nach einer gerichtlichen Überprüfung geben.

Abschnitt III: Berlin

§ 1 BlnGrStMG Steuermesszahl für Grundstücke

(1) Die Steuermesszahl beträgt abweichend von § 15 Absatz 1 des Grundsteuergesetzes vom 7. August 1973 (BGBl I S. 965), das zuletzt durch Artikel 21 des Gesetzes vom 16. Dezember 2022 (BGBl I S. 2294) geändert worden ist,

1. **für im Land Berlin belegene unbebaute Grundstücke im Sinne des § 246 des Bewertungsgesetzes in der Fassung der Bekanntmachung vom 1. Februar 1991 (BGBl I S. 230), das zuletzt durch Artikel 31 des Gesetzes vom 22. Dezember 2023 (BGBl 2023 I Nr. 411) geändert worden ist, in der jeweils geltenden Fassung 0,45 Promille,**
2. **für im Land Berlin belegene bebaute Grundstücke im Sinne des § 249 Absatz 1 Nummer 1 bis 4 des Bewertungsgesetzes 0,31 Promille,**
3. **für im Land Berlin belegene bebaute Grundstücke im Sinne des § 249 Absatz 1 Nummer 5 bis 8 des Bewertungsgesetzes 0,45 Promille.**

(2) Für § 15 Absatz 2 bis 5 des Grundsteuergesetzes sind die Steuermesszahlen nach Absatz 1 maßgeblich.

Inhaltsübersicht Rz.

1 Sächsisches FG, Urteil v. 24.10.2023 - 2 K 574/23.

LITERATUR:

Hubert, Nach ist vor der Grundsteuerreform, StuB 2020 S. 552; *Grootens*, Umsetzung der Grundsteuerreform in den Ländern – Der Flickenteppich kommt!, ErbStB 2021 S. 80; *Bräutigam*, Grundsteuerreform – von der künftigen Diversität einer Steuerart, DStR 2021 S. 1330; *Scheffler/Feldner*, Umsetzung der Grundsteuerreform in den Bundesländern – Auswirkungen und verfassungsrechtliche Beurteilung, ifst-Schrift Nr. 542.

A. Allgemeine Erläuterungen zu § 1 GrStG

I. Normzweck und wirtschaftliche Bedeutung der Vorschrift

§ 15 GrStG bestimmt zunächst bundeseinheitlich die **Steuermesszahlen** für die Grundstücksarten **des Grundvermögens**. Die Steuermesszahl wird auf den festgestellten Grundsteuerwert für das jeweilige Grundstück angewendet und ergibt den Grundsteuermessbetrag der jeweiligen wirtschaftlichen Einheit des Grundvermögens. Dabei differenziert § 15 Abs. 1 GrStG dem Grunde nach zwischen den unbebauten Grundstücken und den Grundstücksarten der Wohngrundstücke und der Nichtwohngrundstücke einschließlich der gemischt genutzten Grundstücke. Der Höhe nach beträgt die Steuermesszahl nach Bundesrecht **0,34 Promille** für die Nichtwohngrundstücke und die unbebauten Grundstücke und **0,31 Promille** für Wohngrundstücke.[1] Auf den Steuermessbetrag findet der jeweilige Hebesatz der Gemeinde für das Grundvermögen Anwendung (sog. **Grundsteuer B**) und ergibt die Grundsteuer für das jeweilige Grundstück. 1

Nach Art. 72 Abs. 3 Nr. 7 GG können die **Länder** von der bundesgesetzlich geregelten Grundsteuer **abweichende Regelungen** treffen. Dies gilt auch für die Steuermesszahlen. Die Länder können daher auch nur abweichende Steuermesszahlen festlegen und im Übrigen das Bundesmodell anwenden. Auf diese Weise können die Länder ein **aufkommensneutrales Steuermessbetragsvolumen** beispielsweise in Bezug auf das Grundvermögen auf Landesebene herstellen. 2

Das Land Berlin hat diese Möglichkeit genutzt und abweichende Grundsteuermesszahlen für das Land Berlin festgelegt.[2] Hierzu hat das Abgeordnetenhaus Berlin in seiner Sitzung am 27.6.2024 das **Gesetz über die Festsetzung der Steuermesszahlen bei der Grundsteuer Berlin (Berliner Grundsteuermesszahlengesetz – BlnGrStMG)**[3] verabschiedet. Das Gesetz ist gem. § 3 BlnGrStMG am 11.7.2024 in Kraft getreten. Es gilt ausschließlich für die im Land Berlin belegenen wirtschaftlichen Einheiten. 3

(Einstweilen frei) 4–6

1 Vgl. zu den Messzahlen im Bundesrecht Bock in Grootens, GrStG § 15 Rz. 1 ff.
2 Vgl. hierzu auch ausführlich Grootens in Grootens, Vorwort BlnGrStMG Rz. 1 ff.
3 Berliner GVBl. Nr. 26 v. 10.7.2024 S. 422.

II. Entstehung und Entwicklung der Vorschrift

7 Das **BlnGrStMG**[1] wurde am 27.6.2024 vom Abgeordnetenhaus Berlin verabschiedet. Es tritt nach § 3 BlnGrStMG am Tag nach der Verkündung in Kraft, mithin am **11.7.2024**. Die abweichenden Messzahlen des BlnGrStMG sind somit bereits für die erste **Hauptveranlagung der Grundsteuermessbeträge auf den 1.1.2025** anzuwenden.[2]

8–11 *(Einstweilen frei)*

III. Geltungsbereich

12 Das BlnGrStMG legt für alle im Gebiet des Landes Berlin belegene wirtschaftliche Einheiten des **Grundvermögens** (Grundstücke und diesen gleichgestellte Betriebsgrundstücke) vom Bundesrecht **abweichende Messzahlen** fest. Das BlnGrStMG gilt hingegen **nicht für das land- und forstwirtschaftliche Vermögen**, da die Steuermesszahl für das land- und forstwirtschaftliche Vermögen in § 14 GrStG geregelt wird. Eine Förderung des land- und forstwirtschaftlichen Vermögens wird in Berlin gleichwohl bei der Grundsteuer A über den **Hebesatz von 0 %** herbeigeführt.[3] Im Ergebnis wird **in Berlin** somit **keine Grundsteuer A erhoben**. Dadurch ist eine **Feststellung von Grundsteuerwerten** für diese wirtschaftlichen Einheiten mangels steuerlicher Bedeutung **entbehrlich**. Da die Wohngebäude eines land- und forstwirtschaftlichen Betriebs (**Wohnteil, Betriebswohnungen**) durch die Neuzuordnung im Rahmen der Grundsteuerreform dem Grundvermögen zugeordnet werden, findet das BlnGrStMG auf diese Wohngebäude gleichwohl uneingeschränkte Anwendung.

13 Das **BlnGrStMG** findet gem. § 3 BlnGrStMG i.V. mit § 37 Abs. 1 GrStG für die Grundsteuer **ab dem Kalenderjahr 2025** Anwendung. **§ 15 GrStG i. d. F. des Grundsteuerreformgesetzes v. 7.8.1973** mit der letzten Änderung durch Art. 38 des Gesetzes v. 19.12.2008 (BGBl I S. 2794) findet nach § 37 Abs. 2 GrStG für die Grundsteuer **bis einschließlich des Kalenderjahres 2024** Anwendung.

14–16 *(Einstweilen frei)*

IV. Verhältnis zu anderen Vorschriften

17 Die Steuermesszahl für das Grundvermögen ist nach **§ 13 Satz 2 GrStG** auf den nach **§ 219 Abs. 1 BewG** festgestellten Grundsteuerwert der jeweiligen wirtschaftlichen Einheit des Grundvermögens anzuwenden und ergibt den Steuermessbetrag. Die Ermittlung des Grundsteuerwerts des jeweiligen Grundstücks richtet sich nach **§§ 243 ff. BewG**. Das BlnGrStMG differenziert zwischen den unbebauten Grundstücken nach **§ 246 BewG** und innerhalb der bebauten Grundstücke zwischen den Wohngrundstücken nach **§ 249 Abs. 1 Nr. 1–4 BewG** und den Nichtwohngrundstücken einschließlich der gemischt genutzten Grundstücke nach **§ 249 Abs. 1 Nr. 5–8 BewG**. Die Einordnung in eine der Grundstücksarten ergibt sich aus **§ 249 Abs. 2–10 BewG**.

18 **§ 25 Abs. 5 GrStG** i. d. F. des Gesetzes zur Mobilisierung baureifer Grundstücke für die Bebauung sieht ab dem 1.1.2025 zudem die Möglichkeit für die Gemeinden vor, für baureife unbe-

---

1 Berliner GVBl. Nr. 26 v. 10.7.2024 S. 422.

2 Vgl. § 16 GrStG i.V. mit § 36 GrStG.

3 Vgl. zur Förderung der land- und forstwirtschaftlichen Grundstücke in Berlin durch einen Hebesatz von 0 % Grootens in Grootens, Vorwort BlnGrStMG Rz. 17.

baute Grundstücke i. S. von § 15 Abs. 1 Nr. 1 GrStG einen erhöhten Hebesatz festzulegen (sog. **Grundsteuer C**).[1]

(Einstweilen frei) 19–21

B. Systematische Kommentierung

I. Steuermesszahl für Grundstücke (§ 1 Abs. 1 BlnGrStMG)

1. Steuermesszahl für unbebaute Grundstücke (§ 1 Abs. 1 Nr. 1 BlnGrStMG)

Die in § 15 Abs. 1 Nr. 1 GrStG bundesgesetzlich geregelte **Steuermesszahl** für unbebaute Grundstücke beträgt nach § 15 Abs. 1 Nr. 1 GrStG einheitlich **0,34 Promille**. Wann ein unbebautes Grundstück vorliegt, richtet sich nach § 246 BewG.[2] Zur Ermittlung des Steuermessbetrags ist die Steuermesszahl mit dem festgestellten Grundsteuerwert des jeweiligen unbebauten Grundstücks zu multiplizieren.[3] 22

Durch **§ 1 Abs. 1 Nr. 1 BlnGrStMG** wird die Messzahl für in Berlin belegene unbebaute Grundstücke i. S. des § 246 BewG **abweichend von der bundesgesetzlichen Regelung auf 0,45 Promille** festgelegt. Damit werden **unbebaute Grundstücke** in Berlin ebenso wie die Nichtwohngrundstücke (vgl. → Rz. 32) gegenüber den Wohngrundstücken (Messzahl 0,31 Promille, vgl. → Rz. 28) **höher mit Grundsteuer belastet** (vgl. zur Intention des Gesetzgebers ausführlich Grootens in Grootens, Vorwort BlnGrStMG Rz. 4 ff. und zur Auswirkung der abweichenden Messzahlenfestlegung Grootens in Grootens, Vorwort BlnGrStMG Rz. 23 f.). 23

Die im Rahmen des BlnGrStMG vorgenommene **Regelung für unbebaute Grundstücke** bewirkt, dass bei unbebauten Grundstücken dieselbe Steuermesszahl wie bei Nichtwohngrundstücken zur Anwendung kommt. Damit werden unbebaute Grundstücke ungeachtet ihrer möglichen Nutzbarkeit für Wohnbebauung höher belastet. 24

(Einstweilen frei) 25–26

2. Steuermesszahl für bebaute Grundstücke (§ 1 Abs. 1 Nr. 2 und 3 BlnGrStMG)

a) Steuermesszahl für die Wohngrundstücke (§ 1 Abs. 1 Nr. 2 BlnGrStMG)

Die bundesgesetzlich geregelte **Steuermesszahl** für die Wohngrundstücke i. S. des § 249 Abs. 1 Nr. 1–4 BewG beträgt nach § 15 Abs. 1 Nr. 1 GrStG i. d. F. des GrStRefUG[4] einheitlich **0,31 Promille**. An diesem Wert hält das BlnGrStMG fest und passt die Messzahlen für die unbebauten Grundstücke und die Nichtwohngrundstücke an, um das gewünschte Ergebnis zu erzielen. **Wohngrundstücke** i. S. des § 249 Abs. 1 Nr. 1–4 BewG sind **Ein- und Zweifamilienhäuser, Mietwohngrundstücke und das Wohnungseigentum**. Die Einordnung in eine dieser Grundstücksarten richtet sich nach § 246 Abs. 2–5 und Abs. 10 BewG.[5] Zur Ermittlung des Steuermessbetrags ist der festgestellte Grundsteuerwert des jeweiligen bebauten Grundstücks i. S. des § 249 Abs. 1 Nr. 1–4 BewG mit der Steuermesszahl zu multiplizieren.[6] 27

1 Siehe hierzu vertiefend Grootens in Grootens, GrStG § 25 Rz. 121 ff.
2 Siehe hierzu vertiefend Bock in Grootens, BewG § 246 Rz. 17 ff.
3 Siehe hierzu vertiefend Bock in Grootens, GrStG § 15 Rz. 22.
4 GrStRefUG v. 16.7.2021, BGBl 2021 I S. 2931.
5 Siehe dazu vertiefend Bock in Grootens, BewG § 249 Rz. 19 ff.
6 Vgl. Bock in Grootens, GrStG § 15 Rz. 23.

28 Durch **§ 1 Abs. 1 Nr. 2 BlnGrStMG** werden **Wohngrundstücke** in Berlin gegenüber den Nichtwohngrundstücken (Messzahl 0,45 Promille, vgl. → Rz. 32) und den unbebauten Grundstücken (Messzahl 0,45 Promille, vgl. → Rz. 22) **geringer mit Grundsteuer belastet** (vgl. zur Intention des Gesetzgebers ausführlich Grootens in Grootens, Vorwort BlnGrStMG Rz. 4 ff. und zur Auswirkung der abweichenden Messzahlenfestlegung Grootens in Grootens, Vorwort BlnGrStMG Rz. 23 f.).

29–30 *(Einstweilen frei)*

b) Steuermesszahl für die Nichtwohngrundstücke und gemischt genutzten Grundstücke (§ 1 Abs. 1 Nr. 3 BlnGrStMG)

31 Die bundesgesetzlich geregelte **Steuermesszahl** für die Nichtwohngrundstücke und gemischt genutzten bebauten Grundstücke i. S. des § 249 Abs. 1 Nr. 5–8 BewG beträgt nach § 15 Abs. 1 Nr. 1 GrStG einheitlich **0,34 Promille**. Nichtwohngrundstücke i. S. des § 249 Abs. 1 Nr. 5, Nr. 6 und Nr. 8 BewG sind Teileigentum, die Geschäftsgrundstücke und sonstige bebaute Grundstücke. Die Einordnung in eine dieser Grundstücksarten richtet sich nach § 246 Abs. 6–9 BewG.[1] Zur Ermittlung des Steuermessbetrags ist der festgestellte Grundsteuerwert des jeweiligen bebauten Grundstücks i. S. des § 249 Abs. 1 Nr. 5–8 BewG zu multiplizieren.[2]

32 Durch § 1 Abs. 1 Nr. 3 BlnGrStMG wird die Messzahl für in Berlin belegene **Nichtwohngrundstücke** und gemischt genutzte bebaute Grundstücke i. S. des § 249 Abs. 1 Nr. 5–8 BewG **abweichend von der bundesgesetzlichen Regelung auf 0,45 Promille** festgelegt. Damit werden **Nichtwohngrundstücke** und unbebaute Grundstücke (vgl. →Rz. 22) in Berlin gegenüber den Wohngrundstücken (Messzahl 0,31 Promille) **höher mit Grundsteuer belastet.** Dies entspricht der gesetzgeberischen Intention (vgl. zur Intention des Gesetzgebers ausführlich Grootens in Grootens, Vorwort BlnGrStMG Rz. 4 ff. und zur Auswirkung der abweichenden Messzahlenfestlegung Grootens in Grootens, Vorwort BlnGrStMG Rz. 23 f.).

33–35 *(Einstweilen frei)*

II. Bemessungsgrundlage für die Ermäßigung der Messzahlen (§ 1 Abs. 2 BlnGrStMG)

36 § 1 Abs. 2 BlnGrStMG dient der gesetzlichen Klarstellung, dass die **landesspezifischen Messzahlen Bezugsgröße für die bundesgesetzlichen Ermäßigungstatbestände in § 15 Abs. 2–5 GrStG** sind. Damit wird sichergestellt, dass die bundesgesetzliche Förderung im gleichen Verhältnis auch in Berlin gilt.[3] Die Norm dient somit allein der Rechtsklarheit und -eindeutigkeit. Im Sächsischen GrStMG[4] wurde auf eine derartige Klarstellung verzichtet, ohne dass sich in Sachsen daraus eine andere Rechtslage gegenüber dem Land Berlin ergibt.

1 Siehe dazu vertiefend Bock in Grootens, BewG § 249 Rz. 64 ff.
2 Vgl. Bock in Grootens, GrStG § 15 Rz. 23.
3 Siehe zu den Messzahlenermäßigungen ausführlich Bock in Grootens, GrStG § 15 Rz. 57 ff.
4 Sächsisches Grundsteuermesszahlengesetz v. 3.2.2021, SächsGVBl 2021 S. 242.

Abschnitt III: Berlin

§ 2 BlnGrStMG Abweichende Festsetzung für eigengenutzte Wohngrundstücke in Härtefällen

[1]Die Grundsteuer für eigengenutzte bebaute Grundstücke im Sinne des § 249 Absatz 1 Nummer 1, 2 und 4 des Bewertungsgesetzes kann niedriger festgesetzt werden, wenn die Erhebung der Steuer nach Lage des Einzelfalles unbillig wäre. [2]Unbilligkeit liegt insbesondere dann vor, wenn die Steuererhebung die persönliche Existenz vernichten oder ernstlich gefährden würde. [3]§ 163 der Abgabenordnung in der Fassung der Bekanntmachung vom 1. Oktober 2002 (BGBl I S. 3866; 2003 I S. 61), die zuletzt durch Artikel 12, 13 und 14 des Gesetzes vom 27. März 2024 (BGBl 2024 I Nr. 108) geändert worden ist, in der jeweils geltenden Fassung bleibt unberührt.

Inhaltsübersicht **Rz.**

LITERATUR:

Hubert, Nach ist vor der Grundsteuerreform, StuB 2020 S. 552; *Grootens*, Umsetzung der Grundsteuerreform in den Ländern – Der Flickenteppich kommt!, ErbStB 2021 S. 80; *Bräutigam*, Grundsteuerreform – von der künftigen Diversität einer Steuerart, DStR 2021 S. 1330; *Scheffler/Feldner*, Umsetzung der Grundsteuerreform in den Bundesländern – Auswirkungen und verfassungsrechtliche Beurteilung, ifst-Schrift Nr. 542.

A. Allgemeine Erläuterungen zum BlnGrStMG

I. Normzweck und wirtschaftliche Bedeutung der Vorschrift

1 Nach Art. 72 Abs. 3 Nr. 7 GG können die **Länder** von der bundesgesetzlich geregelten Grundsteuer **abweichende Regelungen** treffen. Das Land Berlin hat diese Möglichkeit genutzt und abweichende Grundsteuermesszahlen für das Land Berlin festgelegt.[1] Hierzu hat das Abgeordnetenhaus Berlin in seiner Sitzung am 27.6.2024 das **Gesetz über die Festsetzung der Steuermesszahlen bei der Grundsteuer Berlin (Berliner Grundsteuermesszahlengesetz – BlnGrStMG)**[2] verabschiedet. Das Gesetz ist gem. § 3 BlnGrStMG am 11.7.2024 in Kraft getreten. Es gilt ausschließlich für die im Land Berlin belegenen wirtschaftlichen Einheiten.

1 Vgl. hierzu auch ausführlich Grootens in Grootens, Vorwort BlnGrStMG Rz. 1 ff.

2 Berliner GVBl. Nr. 26 vom 10.07.2024, 422.

2 Darüber hinaus enthält das BlnGrStMG eine Regelung für eine **abweichende Festsetzung für eigengenutzte Wohngrundstücke in Härtefällen**. Mit dieser soll ausgeschlossen werden, dass im Einzelfall durch die Erhebung der Grundsteuer eine **Existenzgefährdung** eintreten kann. Da die Grundsteuer gemäß § 27 GrStG für das Kalenderjahr festgesetzt wird und regelmäßig vierteljährlich zu zahlen ist, müsste über Billigkeitsmaßnahmen, die nach Fälligkeit ergriffen werden, fortlaufend entschieden werden. Eine **Maßnahme im Festsetzungsverfahren**, also vor Fälligkeit, ist daher nach Auffassung des Berliner Landesgesetzgebers zu bevorzugen.[1] Im Vergleich zu einzelnen Erlassbescheiden falle bei abweichender Festsetzung aus Billigkeitsgründen erheblich **weniger Verwaltungsaufwand** an.

3–6 *(Einstweilen frei)*

II. Entstehung und Entwicklung der Vorschrift

7 Das **BlnGrStMG**[2] wurde am 27.6.2024 vom Abgeordnetenhaus Berlin verabschiedet. Es tritt nach § 3 BlnGrStMG am Tag nach der Verkündung in Kraft, mithin am **11.7.2024**. Die Härtefallregelung des § 2 BlnGrStMG gilt für eigengenutzte bebaute Grundstücke im Sinne des § 249 Abs. 1 Nr. 1, 2 und 4 BewG als Teil der Grundstücksarten des Siebenten Abschnitts des BewG, die ab dem Jahr 2025 die Bemessungsgrundlage für die Grundsteuer bilden. Die **Häftefallregelung** des BlnGrStMG ist somit **ab dem Jahr 2025** anzuwenden.[3]

8–11 *(Einstweilen frei)*

III. Geltungsbereich

12 § 2 BlnGrStMG schafft für alle im Gebiet des Landes Berlin belegene für eigengenutzte bebaute Grundstücke im Sinne des § 249 Abs. 1 Nr. 1, 2 und 4 BewG die Möglichkeit einer Härtefallregelung. Die Regelung gilt somit für die zum Grundvermögen gehörenden Grundstücksarten **Einfamilienhaus, Zweifamilienhaus und Wohnungseigentum**. Von der Härtefallregelung **ausgeschlossen** sind aufgrund der abgeschlossenen Aufzählung somit selbstgenutzte Wohnungen in **Mietwohngrundstücken, in gemischt genutzten Grundstücken** und **in Geschäftsgrundstücken** sowie **Teileigentum**. Das BlnGrStMG gilt zudem **nicht für das land- und forstwirtschaftliche Vermögen**. Eine Förderung dieser Vermögensart wird in Berlin bei der Grundsteuer A gleichwohl über den **Hebesatz von 0 %** herbeigeführt.[4] Da die Wohngebäude eines land- und forstwirtschaftlichen Betriebs (**Wohnteil, Betriebswohnungen**) durch die Neuzuordnung im Rahmen der Grundsteuerreform dem **Grundvermögen** zugeordnet werden, findet die Härtefallregelung des § 2 BlnGrStMG auf diese Wohngebäude gleichwohl uneingeschränkte Anwendung, soweit diese zu den o.g. drei Grundstücksarten gehören.

13–16 *(Einstweilen frei)*

IV. Verhältnis zu anderen Vorschriften

17 Die sonstigen **Billigkeitsmaßnahmen**, die im Grundsteuergesetz (**§§ 32 ff. GrStG**) oder in der Abgabenordnung (**§ 163 AO**) geregelt sind, bleiben ausweislich § 2 Satz 3 BlnGrStMG und der

1 Vgl. Drucks. 19/1589 des Berliner Abgeordnetenhauses, Vorblatt Teil B. Lösung, S. 3.
2 Berliner GVBl. Nr. 26 vom 10.07.2024, 422.
3 Vgl. § 16 GrStG i.V. mit § 36 GrStG.
4 Vgl. zur Förderung der land- und forstwirtschaftlichen Grundstücke in Berlin durch einen Hebesatz von 0 % Grootens in Grootens, Vorwort BlnGrStMG Rz. 17.

Gesetzesbegründung von der abweichenden Landesregelung unberührt.[1] Insoweit ergibt sich keine Kollision mit der Regelung in **§ 220 Abs. 1 Satz 2 BewG**, wonach **§ 163 AO** bei der Ermittlung der Grundsteuerwerte nicht anzuwenden ist. Die Regelung in § 2 BlnGrStMG zielt allein auf eine abweichende Festsetzung der Grundsteuer und damit auf die dritte Stufe des dreistufigen Grundsteuer-Verfahrens ab.

Das BlnGrStMG differenziert zwischen **Grundstücksarten** nach **§ 249 Abs. 1 Nr. 1–8 BewG**. Die Einordnung in eine der Grundstücksarten ergibt sich aus **§ 249 Abs. 2–10 BewG**. 18

(Einstweilen frei) 19–21

B. Systematische Kommentierung

I. Abweichende Steuerfestsetzung aus Billigkeitsgründen (§ 2 Satz 1 BlnGrStMG)

Die Grundsteuer für eigengenutzte bebaute Grundstücke im Sinne des § 249 Abs. 1 Nr. 1, 2 und 4 BewG kann niedriger festgesetzt werden, wenn die **Erhebung der Steuer nach Lage des Einzelfalles unbillig** wäre. Demzufolge ist über die **Billigkeitsmaßnahme im Einzelfall** zu entscheiden. Auch wenn ein Antrag nicht als gesetzliches Tatbestandsmerkmal genannt worden ist, wird zur Geltendmachung der Unbilligkeit regelmäßig ein **Antrag beim für die Grundsteuerfestsetzung zuständigen Finanzamt** notwendig sein. 22

Die Härtefallregelung greift für die drei zum **Grundvermögen** gehörenden Grundstücksarten 23

- **Einfamilienhaus,**
- **Zweifamilienhaus** und
- **Wohnungseigentum.**

Von der Härtefallregelung **ausgeschlossen** sind aufgrund der vorgenannten abgeschlossenen Aufzählung somit selbstgenutzte Wohnungen in **Mietwohngrundstücken**, in **gemischt genutzten Grundstücken** und in **Geschäftsgrundstücken** sowie **Teileigentum**. In der Grundstücksart Sonstiges bebautes Grundstück kann sich per Definition keine Wohnung befinden.

(Einstweilen frei) 24–26

II. Billigkeitsgründe (§ 2 Satz 2 BlnGrStMG)

Unbilligkeit liegt gem. § 2 Satz 2 BlnGrStMG **insbesondere** dann vor, wenn die Steuererhebung die **persönliche Existenz vernichten** oder **ernstlich gefährden** würde. Durch das Wort insbesondere wird deutlich, dass auch **andere Billigkeitsgründe** für eine abweichende Grundsteuerfestsetzung herangezogen werden können. Die Gesetzesbegründung benennt allerdings keine weiteren Gründe. In Anbetracht der Notwendigkeit des Existenzvernichtung oder zumindest -gefährdung ist m. E. äußerst fraglich, ob eine Grundsteuerfestsetzung in Anbetracht der in Berlin nach Einschätzung des Gesetzgebers **durchschnittlich zu tragenden Belastung von ca. 250 €** je Wohnung[2] jemals einen solchen Effekt erzielen kann, den es im Einzelfall zu mindern gelte. Dies gilt insbesondere vor dem Hintergrund, dass der Steuerschuldner eine Immobilie besitzt, die regelmäßig weitere Kosten verursacht, ohne dass sich der Grundstückseigentümer 27

1 Vgl. Drucks. 19/1589 des Berliner Abgeordnetenhauses, Vorblatt Teil B. Lösung, S. 3.
2 Vgl. Drucks. 19/1589 des Berliner Abgeordnetenhauses, Begründung: b. Einzelbegründung zu § 2, S. 4.

durch einen Billigkeitsantrag dieser Kosten entziehen könnte. Entweder ist der Grundstückseigentümer imstande, alle Kosten des Grundstücks zu tragen, oder er ist insgesamt nicht zahlungsfähig, so dass die Billigkeitsmaßnahme nicht den gewünschten Effekt der Existenzsicherung erzielt. Insofern ist fraglich, ob die gesetzliche Maßnahme nicht allein der Befriedung des Koalitionsvertrages dient.[1]

28–30 *(Einstweilen frei)*

II. Verhältnis zu § 163 AO (§ 2 Satz 3 BlnGrStMG)

31 **§ 163 AO** bleibt ausweislich der Regelung in § 2 Satz 3 BlnGrStMG **unberührt**. Auch die sonstigen **Billigkeitsmaßnahmen**, die im **Grundsteuergesetz** (§§ 32 ff. GrStG) geregelt sind, bleiben ausweislich der Gesetzesbegründung unberührt.[2] Insoweit ergibt sich keine Kollision mit der Regelung in § 220 Abs. 1 Satz 2 BewG, wonach § 163 AO bei der Ermittlung der Grundsteuerwerte nicht anzuwenden ist. Die Regelung in § 2 BlnGrStMG zielt allein auf eine abweichende Festsetzung der Grundsteuer und damit auf die dritte Stufe des dreistufigen Grundsteuer-Verfahrens ab.

Abschnitt IV: Bremen

Vorwort zur Kommentierung des Bremischen Grundsteuermesszahlengesetzes (BremGrStMG)

Inhaltsübersicht — **Rz.**

A. Besonderheiten der Landesregelung in Abgrenzung zur Bundesregelung

I. Öffnungsklausel für abweichendes Landesrecht

1 Durch das „Gesetz zur Änderung des Grundgesetzes „ v. 15.11.2019 ist es den Bundesländern nach Art. 72 Abs. 3 Satz1 Nr. 7 GG möglich, ganz oder zum Teil von einem Bundesgesetz zur Grundsteuer abzuweichen. Diese Möglichkeit hat das Land Bremen genutzt und abweichendes Grundsteuerrecht geschaffen. Hierzu hat das Bremer Bürgerschaft in ihrer Sitzung am 18.9.2024 das **Bremische Gesetz über die Festsetzung der Steuermesszahlen bei der Grund-**

1 Vgl. Drucks. 19/1589 des Berliner Abgeordnetenhauses, Vorblatt Teil A. Problem, S. 2
2 Vgl. Drucks. 19/1589 des Berliner Abgeordnetenhauses, Vorblatt Teil B. Lösung, S. 3.

steuer (Bremisches Grundsteuermesszahlengesetz – BremGrStMG)[1] verabschiedet. Das Gesetz ist gem. § 2 BremGrStMG am 13.10.2024 in Kraft getreten. Es gilt ausschließlich für die im Land Bremen belegenen wirtschaftlichen Einheiten.

Mit dem BremGrStMG wird punktuell die in Art. 105 Abs. 2 GG i.V. mit Art. 72 Abs. 3 Satz 1 Nr. 7 GG eingeräumte **Befugnis zur Schaffung landesrechtlicher Regelungen** für die Grundsteuer wahrgenommen. Der Erhebung der Grundsteuer werden die Werte entsprechend Art. 125b Abs. 3 GG **ab dem 1.1.2025** zugrunde gelegt. 2

(Einstweilen frei) 3

II. Ziele der landesrechtlichen Sonderregelung

Die Anwendung der Messzahlen, die in § 15 GrStG geregelt sind, würde in Bremen im Vergleich zur aktuellen Regelung zu einer **stärkeren Belastung von Wohngrundstücken** führen. Der **Anteil am Messbetragsvolumen** würde im **Bremen** von **52,5 % auf 71,5 %** und in **Bremerhaven** von **59,5 % auf 73,5 %** steigen. Ziel des BremGrStMG ist es, diese **Belastungsverschiebung** durch **landesrechtlich modifizierte Steuermesszahlen zu korrigieren.**[2] Dazu wird anstelle der Grundsteuermesszahl von 0,34 Promille für die Nichtwohngrundstücke und unbebauten Grundstücke eine höhere Steuermesszahl (0,75 Promille) normiert. Hierdurch ergibt sich auf Landesebene ein Anteil am Messbetragsvolumen für Wohngrundstücke von 53 %. Für die Stadtgemeinden Bremen und Bremerhaven ergeben sich folgende Verteilungen:[3] 4

	Bremen	Bremerhaven
Wohnen	53 %	54 %
Nicht-Wohnen	42 %	39 %
Unbebaute Grundstücke	5 %	7 %

Das **Recht auf menschenwürdiges Wohnen** ist in der Bundesrepublik Deutschland ein **allgemein anerkanntes existenzielles Grundbedürfnis** (Art. 1 und 20 GG, Art. 14 der Landesverfassung der Freien Hansestadt Bremen), welches auch international verankert ist. Das Ziel, eine **höhere Grundsteuerbelastung für Wohngrundstücke zu verhindern** und damit bezahlbaren Wohnraum zu sichern, ist ausweislich der Gesetzesbegründung ein Beitrag zur Förderung des Gemeinwohls.[4] Von der Abstufung der Messzahlen und einem deutlich gesenkten Hebesatz profitierten **alle Wohngrundstücke gleichmäßig.** Vermietete und selbst genutzte Wohnungen werden gleichbehandelt. 5

Durch das BremGrStMG wird **keine strukturelle Erhöhung des Grundsteueraufkommens** verfolgt. Durch die Landesmesszahlen wird die derzeitige Verteilung des Aufkommens der Grundsteuer B auf Landesebene beibehalten und Wohngrundstücke werden landesweit im Vergleich zur Anwendung der Messzahlen gem. § 15 GrStG entlastet. Technisch erfolgt dies durch die Erhöhung der Messzahlen für Nicht-Wohngrundstücke und unbebaute Grundstücke. Der Senator für Finanzen hat die hierfür erforderlichen Berechnungen mit Unterstützung des Statistischen Landesamtes vorgenommen.[5] Durch die Landesmesszahlen werden Wohngrundstücke 6

1 Bremer GBl. 2024 S. 736.
2 Vgl. Drucks. 21/688 der Bremer Bürgerschaft, S. 3.
3 Vgl. Drucks. 21/688 der Bremer Bürgerschaft, S. 4.
4 Vgl. Drucks. 21/688 der Bremer Bürgerschaft, S. 5.
5 Vgl. Drucks. 21/688 der Bremer Bürgerschaft, S. 3.

im Land Bremen und damit **in beiden Stadtgemeinden** im Vergleich zur Anwendung der Bundesmesszahlen erheblich entlastet.

7 Ungeachtet der Etablierung landesspezifischer Steuermesszahlen wird das **Bundesmodell dem Grunde nach unverändert** umgesetzt. Die partielle Inanspruchnahme der Länderöffnungsklausel sichere die **Berücksichtigung lokaler Gegebenheiten** bei gleichzeitig geringer Abweichung vom Bundesmodell. Es bleibt insbesondere bei der im Bundesrecht vorgesehenen wertorientierten Besteuerung des Grundbesitzes.

8 **§ 1 Abs. 2 BremGrStMG** dient der gesetzlichen Klarstellung, dass **Bezugsgröße für die bundesgesetzlichen Ermäßigungstatbestände in § 15 Abs. 2–5 GrStG** die landesspezifischen Messzahlen sind. Damit wird sichergestellt, dass die bundesgesetzliche Förderung im gleichen Verhältnis auch in Bremen gilt.[1]

9–13 *(Einstweilen frei)*

III. Festlegung der abweichenden Messzahlen

14 Die **Steuermesszahl** beträgt abweichend von § 15 Abs. 1 Nr. 1 und 2 GrStG für in der Freien Hansestadt Bremen belegene

1. **unbebaute Grundstücke** i. S. des **§ 246 BewG 0,75 Promille,**
2. **bebaute Grundstücke** i. S. des **§ 249 Absatz 1 Nr. 1 bis 4 BewG** (Wohngrundstücke) **0,31 Promille** und
3. **bebaute Grundstücke** i. S. des **§ 249 Absatz 1 Nr. 5 bis 8 BewG** (Nichtwohngrundstücke) **0,75 Promille.**

Im Gegensatz zur Regelung des Landes **Sachsen** (SächsGrStMG) bezieht der **Bremer Gesetzgeber** die **unbebauten Grundstücke nicht** in die Festlegung einer gegenüber den Nichtwohngrundstücken abgesenkten Messzahl ein (vgl. zur Festlegung der Messzahlen für die einzelnen Grundstücksgruppen in Sachsen Grootens in Grootens, Vorwort SächsGrStMG Rz. 9).

15 Im Ergebnis erfolgt in Bremen gegenüber dem Bundesmodell eine deutliche **Abweichung** bei der Festlegung **der Höhe der Steuermesszahl für unbebaute Grundstücke und für nicht überwiegend wohnlich genutzte Grundstücke** des Grundvermögens. Die Messzahl für die Wohngrundstücke entspricht der Höhe der Messzahl des § 15 Abs. 1 Nr. 2a GrStG i. d. F. des GrStRefUG. Damit wird die – im Bundesrecht bereits angelegte – Möglichkeit **abweichender Messzahlen differenziert nach Grundstücksarten** im Landesrecht zur Förderung des Wohnraums genutzt.

16 Für die wirtschaftlichen Einheiten des **land- und forstwirtschaftlichen Vermögens** bleibt es in Bremen bei der Messzahl gem. § 14 GrStG des Bundes.

17–21 *(Einstweilen frei)*

IV. Folgen der Reform für die Grundstückeigentümer

22 Die Grundsteuerreform soll im Grundsatz **aufkommensneutral** durchgeführt werden. Dabei wird nicht auf die Änderungen beim einzelnen Steuerpflichtigen, sondern auf das jeweilige **kommunale Gesamtaufkommen** der Grundsteuer abgestellt.

1 Vgl. Drucks. 21/688 der Bremer Bürgerschaft, S. 8.

Durch die Festlegung der abweichenden Messzahlen wird in Bremen eine **Verschiebung des Messbetragsvolumens** von den Wohngrundstücken hin zu den Nichtwohngrundstücken und den unbebauten Grundstücken erzielt. Dies ist das erklärte Ziel des Gesetzgebers.[1] 23

Nach Abschluss der Bewertungsarbeiten sowie der Bearbeitung der Einsprüche im Laufe des Jahres 2025 soll die **Umsetzung der Grundsteuerreform in Bremen** insgesamt inklusive der landesgesetzlich festgelegten Steuermesszahlen **evaluiert** werden.[2] Dabei sollen ausweislich der Gesetzesbegründung die **sozialen Implikationen der Reform** untersucht und in diesem Zusammenhang geprüft werden, ob die **Grundsteuer durch die Neubewertung realitätsnah und sozial gerecht** ausgestaltet wurde. Gegebenenfalls erforderliche Gesetzesänderungen seien im Anschluss an die Evaluation durchzuführen. 24

(Einstweilen frei) 25–29

B. Verfassungsrechtliche Überlegungen

I. Formelle Verfassungsmäßigkeit

Aus **formeller Sicht** ist die abweichende Regelung des Landes Bremen verfassungsrechtlich nicht zu beanstanden. Das Land hat von seiner in Art. 72 Abs. 3 Nr. 7 GG normierten **Gesetzgebungskompetenz** zulässigerweise Gebrauch gemacht. Die Änderung wird zusammen mit den übrigen Vorschriften des GrStG **ab dem 1.1.2025** wirksam, so dass auch der in Art. 125b Abs. 3 GG normierten **„Anlaufhemmung“** bezüglich der eingeräumten Gesetzgebungskompetenz Rechnung getragen wurde. 30

(Einstweilen frei) 31–34

II. Materielle Verfassungsmäßigkeit

Aus **materieller Sicht** stellt sich die Frage nach der **Folgerichtigkeit** der Regelung und der ausreichenden Begründung für das gewünschte **Lenkungsziel**. Das Recht auf menschenwürdiges **Wohnen** ist in der Bundesrepublik Deutschland ein allgemein **anerkanntes existenzielles Grundbedürfnis** (Art. 1 und 20 GG, Art. 14 der Landesverfassung der Freien Hansestadt Bremen), welches auch international verankert ist. Bei der Schaffung und Verfügbarmachung von ausreichendem Wohnraum handelt es sich um einen bedeutenden **Gemeinwohlbelang**. 35

Der **Bedarf der Förderung von Wohnraum**, der über die Ermäßigungstatbestände in § 15 Abs. 2–4 GrStG hinausgeht, wurde in Bremen im Rahmen von **Probeberechnungen** anhand des Bundesmodells festgestellt.[3] Als Ergebnis der Vergleichsrechnungen stellte sich ein Absinken des **Anteils** der im **Sachwertverfahren bewerteten Grundstücke am Gesamtmessbetragsvolumen** heraus. Durch die Anpassung des Hebesatzes würde eine **Mehrbelastung der Grundstücke**, die im **Ertragswertverfahren** bewertet werden, erfolgen. Diese Mehrbelastung der wohnlichen Nutzung ist ein nicht gewünschter Effekt, dem gezielt durch eine niedrigere Messzahl entgegengewirkt wird. 36

1 Vgl. → Rz. 4 ff.

2 Vgl. Drucks. 21/688 der Bremer Bürgerschaft, S. 5.

3 Vgl. → Rz. 6 f.

37 Zum BremGrStMG liegt bisher **keine Gerichtsentscheidung** vor. Gewisse indizielle Wirkung kann aber dem **Urteil des Sächsischen FG** v. 24.10.2023 beigemessen werden.[1] Demnach ist es verfassungsrechtlich nicht zu beanstanden, dass der Freistaat Sachsen abweichend von § 15 Abs. 1 Nr. 2a GrStG für die Steuermesszahl geregelt hat, dass bei Einfamilienhäusern statt 0,31 Promille ein Wert von 0,36 Promille anzuwenden ist. Die konkrete Ausgestaltung des Gesetzes sei geeignet, das Lenkungsziel der Förderung von Wohnraum zu erreichen. Da das **BremGrStMG** in ähnlicher Weise dasselbe Lenkungsziel verfolgt, können die **Überlegungen der Entscheidung** des Sächsischen FG m. E. **auf das BremGrStMG übertragen** werden.

38–44 *(Einstweilen frei)*

III. Zusammenfassung

45 Das BremGrStMG ist aus **verfassungsrechtlicher Sicht** m. E. **nicht zu beanstanden**. Klarheit darüber, ob die nun getroffenen gesetzlichen Regelungen der verfassungsrechtlichen Prüfung in allen Punkten standhalten, wird es erst nach einer gerichtlichen Überprüfung geben.

Abschnitt IV: Bremen

§ 1 BremGrStMG Steuermesszahl für Grundstücke

(1) Die Steuermesszahl beträgt abweichend von § 15 Absatz 1 des Grundsteuergesetzes vom 7. August 1973 (BGBl I S. 965), das zuletzt durch Artikel 21 des Gesetzes vom 16. Dezember 2022 (BGBl I S. 2294) geändert worden ist, für in der Freien Hansestadt Bremen belegene

1. **unbebaute Grundstücke im Sinne des § 246 des Bewertungsgesetzes in der Fassung der Bekanntmachung vom 1. Februar 1991 (BGBl I S. 230), das zuletzt durch Artikel 31 des Gesetzes vom 22. Dezember 2023 (BGBl 2023 I Nr. 411) geändert worden ist, in der jeweils geltenden Fassung 0,75 Promille,**

2. **bebaute Grundstücke im Sinne des § 249 Absatz 1 Num mer 1 bis 4 des Bewertungsgesetzes 0,31 Promille,**

3. **bebaute Grundstücke im Sinne des § 249 Absatz 1 Nummer 5 bis 8 des Bewertungsgesetzes 0,75 Promille.**

(2) Für § 15 Absatz 2 bis 5 des Grundsteuergesetzes sind die Steuermesszahlen nach Absatz 1 maßgeblich.

Inhaltsübersicht **Rz.**

1 Sächsisches FG, Urteil v. 24.10.2023 - 2 K 574/23.

LITERATUR:

Hubert, Nach ist vor der Grundsteuerreform, StuB 2020 S. 552; *Grootens*, Umsetzung der Grundsteuerreform in den Ländern – Der Flickenteppich kommt!, ErbStB 2021 S. 80; *Bräutigam*, Grundsteuerreform – von der künftigen Diversität einer Steuerart, DStR 2021 S. 1330; *Scheffler/Feldner*, Umsetzung der Grundsteuerreform in den Bundesländern – Auswirkungen und verfassungsrechtliche Beurteilung, ifst-Schrift Nr. 542.

A. Allgemeine Erläuterungen zum BremGrStMG

I. Normzweck und wirtschaftliche Bedeutung der Vorschrift

§ 15 GrStG bestimmt zunächst bundeseinheitlich die **Steuermesszahlen** für die Grundstücksarten **des Grundvermögens.** Die Steuermesszahl wird auf den festgestellten Grundsteuerwert für das jeweilige Grundstück angewendet und ergibt den Grundsteuermessbetrag der jeweiligen wirtschaftlichen Einheit des Grundvermögens. Dabei differenziert § 15 Abs. 1 GrStG dem Grunde nach zwischen den unbebauten Grundstücken und den Grundstücksarten der Wohngrundstücke und der Nichtwohngrundstücke einschließlich der gemischt genutzten Grundstücke. Der Höhe nach beträgt die Steuermesszahl nach Bundesrecht **0,34 Promille** für die Nichtwohngrundstücke und die unbebauten Grundstücke und **0,31 Promille** für Wohngrundstücke.[1] Auf den Steuermessbetrag findet der jeweilige Hebesatz der Gemeinde für das Grundvermögen Anwendung (sog. **Grundsteuer B**) und ergibt die Grundsteuer für das jeweilige Grundstück. 1

Nach Art. 72 Abs. 3 Nr. 7 GG können die **Länder** von der bundesgesetzlich geregelten Grundsteuer **abweichende Regelungen** treffen. Dies gilt auch für die Steuermesszahlen. Die Länder können daher auch nur abweichende Steuermesszahlen festlegen und im Übrigen das Bundesmodell anwenden. Auf diese Weise können die Länder ein **aufkommensneutrales Steuermessbetragsvolumen** beispielsweise in Bezug auf das Grundvermögen auf Landesebene herstellen. 2

Das Land Bremen hat diese Möglichkeit genutzt und abweichende Grundsteuermesszahlen für das Land Bremen festgelegt.[2] Hierzu hat die Bremer Bürgerschaft in ihrer Sitzung am 18.9.2024 das **Bremische Gesetz über die Festsetzung der Steuermesszahlen bei der Grundsteuer (Bremisches Grundsteuermesszahlengesetz – BremGrStMG)**[3] verabschiedet. Das Gesetz ist gem. § 2 BremGrStMG am 13.10.2024 in Kraft getreten. Es gilt ausschließlich für die im Land Bremen belegenen wirtschaftlichen Einheiten. 3

(Einstweilen frei) 4–6

1 Vgl. zu den Messzahlen im Bundesrecht Bock in Grootens, GrStG, § 15 Rz. 1 ff.
2 Vgl. hierzu auch ausführlich Grootens in Grootens, Vorwort BremGrStMG, Rz. 1 ff.
3 Bremer GBl. 2024 S. 736.

II. Entstehung und Entwicklung der Vorschrift

7 Das **BremGrStMG**[1] wurde am 18.9.2024 der Bremer Bürgerschaft verabschiedet. Es tritt nach § 2 BremGrStMG am Tag nach der Verkündung in Kraft, mithin am **13.10.2024**. Die abweichenden Messzahlen des BremGrStMG sind somit bereits für die erste **Hauptveranlagung der Grundsteuermessbeträge auf den 1.1.2025** anzuwenden.[2]

8–11 *(Einstweilen frei)*

III. Geltungsbereich

12 Das BremGrStMG legt für alle im Gebiet des Landes Bremen belegene wirtschaftliche Einheiten des **Grundvermögens** (Grundstücke und diesen gleichgestellte Betriebsgrundstücke) vom Bundesrecht **abweichende Messzahlen** fest. Es gilt somit für die Stadtgemeinden Bremen und Bremerhaven gleichermaßen. Das BremGrStMG gilt hingegen **nicht für das land- und forstwirtschaftliche Vermögen**, da die Steuermesszahl für das land- und forstwirtschaftliche Vermögen in § 14 GrStG geregelt wird. Da die Wohngebäude eines land- und forstwirtschaftlichen Betriebs (**Wohnteil, Betriebswohnungen**) durch die Neuzuordnung im Rahmen der Grundsteuerreform dem Grundvermögen zugeordnet werden, findet das BremGrStMG auf diese Wohngebäude gleichwohl uneingeschränkte Anwendung.

13 Das **BremGrStMG** findet gem. § 2 BremGrStMG i.V. mit § 37 Abs. 1 GrStG für die Grundsteuer **ab dem Kalenderjahr 2025** Anwendung. **§ 15 GrStG i. d. F. des Grundsteuerreformgesetzes v. 7.8.1973** mit der letzten Änderung durch Art. 38 des Gesetzes v. 19.12.2008 (BGBl I S. 2794) findet nach § 37 Abs. 2 GrStG für die Grundsteuer **bis einschließlich des Kalenderjahres 2024** Anwendung.

14–16 *(Einstweilen frei)*

IV. Verhältnis zu anderen Vorschriften

17 Die Steuermesszahl für das Grundvermögen ist nach **§ 13 Satz 2 GrStG** auf den nach **§ 219 Abs. 1 BewG** festgestellten Grundsteuerwert der jeweiligen wirtschaftlichen Einheit des Grundvermögens anzuwenden und ergibt den Steuermessbetrag. Die Ermittlung des Grundsteuerwerts des jeweiligen Grundstücks richtet sich nach **§§ 243 ff. BewG**. Das BremGrStMG differenziert zwischen den unbebauten Grundstücken nach **§ 246 BewG** und innerhalb der bebauten Grundstücke zwischen den Wohngrundstücken nach **§ 249 Abs. 1 Nr. 1–4 BewG** und den Nichtwohngrundstücken einschließlich der gemischt genutzten Grundstücke nach **§ 249 Abs. 1 Nr. 5–8 BewG**. Die Einordnung in eine der Grundstücksarten ergibt sich aus **§ 249 Abs. 2–10 BewG**.

18 **§ 25 Abs. 5 GrStG** i. d. F. des Gesetzes zur Mobilisierung baureifer Grundstücke für die Bebauung sieht ab dem 1.1.2025 zudem die Möglichkeit für die Gemeinden vor, für baureife unbebaute Grundstücke i. S. von § 15 Abs. 1 Nr. 1 GrStG einen erhöhten Hebesatz festzulegen (sog. **Grundsteuer C**).[3]

19–21 *(Einstweilen frei)*

---

1 Bremer GBl 2024 S. 736.
2 Vgl. § 16 GrStG i.V. mit § 36 GrStG.
3 Siehe hierzu vertiefend Grootens in Grootens, GrStG, § 25 Rz. 121 ff.

B. Systematische Kommentierung

I. Steuermesszahl für Grundstücke (§ 1 Abs. 1 BremGrStMG)

1. Steuermesszahl für unbebaute Grundstücke (§ 1 Abs. 1 Nr. 1 BremGrStMG)

Die in § 15 Abs. 1 Nr. 1 GrStG bundesgesetzlich geregelte **Steuermesszahl** für unbebaute Grundstücke beträgt nach § 15 Abs. 1 Nr. 1 GrStG einheitlich **0,34 Promille**. Wann ein unbebautes Grundstück vorliegt, richtet sich nach § 246 BewG.[1] Zur Ermittlung des Steuermessbetrags ist die Steuermesszahl mit dem festgestellten Grundsteuerwert des jeweiligen unbebauten Grundstücks zu multiplizieren.[2] 22

Durch **§ 1 Abs. 1 Nr. 1 BremGrStMG** wird die Messzahl für in Bremen belegene unbebaute Grundstücke i. S. des § 246 BewG **abweichend von der bundesgesetzlichen Regelung auf 0,75 Promille** festgelegt. Damit werden **unbebaute Grundstücke** in Bremen ebenso wie die Nichtwohngrundstücke (vgl. → Rz. 32) gegenüber den Wohngrundstücken (Messzahl 0,31 Promille, vgl. → Rz. 28) **höher mit Grundsteuer belastet** (vgl. zur Intention des Gesetzgebers ausführlich Grootens in Grootens, Vorwort BremGrStMG Rz. 4 ff. und zur Auswirkung der abweichenden Messzahlenfestlegung Grootens in Grootens, Vorwort BremGrStMG Rz. 23 f.). 23

Die im Rahmen des BremGrStMG vorgenommene Regelung für unbebaute Grundstücke bewirkt, dass bei unbebauten Grundstücken **dieselbe Steuermesszahl wie bei Nichtwohngrundstücken** zur Anwendung kommt. Damit werden unbebaute Grundstücke ungeachtet ihrer möglichen Nutzbarkeit für Wohnbebauung höher belastet. Der Anstieg der Belastung bei unbebauten Grundstücken entspricht in der Grundintention der Begründung einer erhöhten Grundsteuer auf unbebaute und bebauungsreife Grundstücke (**„Grundsteuer C"**). Hierdurch kann nach Auffassung des Landesgesetzgebers ein Anreiz zur Bebauung entsprechender Grundstücke gesetzt werden.[3] In verdichteten Räumen sei es im Interesse der Allgemeinheit, dass verfügbare Grundstücke, insbesondere in Zeiten knappen Wohnraums, auch genutzt werden. 24

(Einstweilen frei) 25–26

2. Steuermesszahl für bebaute Grundstücke (§ 1 Abs. 1 Nr. 2 und 3 BremGrStMG)

a) Steuermesszahl für die Wohngrundstücke (§ 1 Abs. 1 Nr. 2 BremGrStMG)

Die bundesgesetzlich geregelte **Steuermesszahl** für die Wohngrundstücke i. S. des § 249 Abs. 1 Nr. 1–4 BewG beträgt nach § 15 Abs. 1 Nr. 1 GrStG i. d. F. des GrStRefUG[4] einheitlich **0,31 Promille**. An diesem Wert hält das BremGrStMG fest und passt die Messzahlen für die unbebauten Grundstücke und die Nichtwohngrundstücke an, um das gewünschte Ergebnis zu erzielen. **Wohngrundstücke** i. S. des § 249 Abs. 1 Nr. 1–4 BewG sind **Ein- und Zweifamilienhäuser, Mietwohngrundstücke und das Wohnungseigentum**. Die Einordnung in eine dieser Grundstücksarten richtet sich nach § 246 Abs. 2–5 und Abs. 10 BewG.[5] Zur Ermittlung des Steuermess- 27

1 Siehe hierzu vertiefend Bock in Grootens, BewG, § 246 Rz. 17 ff.

2 Siehe hierzu vertiefend Bock in Grootens, GrStG, § 15 Rz. 22.

3 Vgl. Drucks. 21/688 der Bremer Bürgerschaft, S. 4.

4 GrStRefUG v. 16.7.2021, BGBl 2021 I S. 2931.

5 Siehe dazu vertiefend Bock in Grootens, BewG § 249 Rz. 19 ff.

betrags ist der festgestellte Grundsteuerwert des jeweiligen bebauten Grundstücks i. S. des § 249 Abs. 1 Nr. 1–4 BewG mit der Steuermesszahl zu multiplizieren.[1]

28 Durch **§ 1 Abs. 1 Nr. 2 BremGrStMG** werden **Wohngrundstücke** in Bremen gegenüber den Nichtwohngrundstücken (Messzahl 0,75 Promille, vgl. → Rz. 32) und den unbebauten Grundstücken (Messzahl 0,75 Promille, vgl. → Rz.22) **geringer mit Grundsteuer belastet** (vgl. zur Intention des Gesetzgebers ausführlich Grootens in Grootens, Vorwort BremGrStMG Rz. 4 ff. und zur Auswirkung der abweichenden Messzahlenfestlegung Grootens in Grootens, Vorwort BremGrStMG Rz. 23 f.). Durch unterschiedliche Messzahlen wird die wohnliche Nutzung entlastet und bezahlbarer Wohnraum gefördert. Diese Wohnraumförderung geht dabei über die Ermäßigungstatbestände in § 15 Absatz 2 bis 4 GrStG hinaus[2] bzw. ist eine allgemeine Ermäßigungsbasis, auf der durch die speziellen Begünstigungstatbestände des § 15 Absatz 2 bis 4 GrStG weiterführende Ermäßigungstatbestände aufgrund der Besonderheiten dieser Grundstücksgruppen innerhalb Gesamtheit der Wohngrundstücke für diese Grundstücksgruppen gewährt werden.

29–30 *(Einstweilen frei)*

b) Steuermesszahl für die Nichtwohngrundstücke und gemischt genutzten Grundstücke (§ 1 Abs. 1 Nr. 3 BremGrStMG)

31 Die bundesgesetzlich geregelte **Steuermesszahl** für die Nichtwohngrundstücke und gemischt genutzten bebauten Grundstücke i. S. des § 249 Abs. 1 Nr. 5–8 BewG beträgt nach § 15 Abs. 1 Nr. 1 GrStG einheitlich **0,34 Promille**. Nichtwohngrundstücke i. S. des § 249 Abs. 1 Nr. 5, Nr. 6 und Nr. 8 BewG sind Teileigentum, die Geschäftsgrundstücke und sonstige bebaute Grundstücke. Die Einordnung in eine dieser Grundstücksarten richtet sich nach § 246 Abs. 6–9 BewG.[3] Zur Ermittlung des Steuermessbetrags ist der festgestellte Grundsteuerwert des jeweiligen bebauten Grundstücks i. S. des § 249 Abs. 1 Nr. 5–8 BewG zu multiplizieren.[4]

32 Durch § 1 Abs. 1 Nr. 3 BremGrStMG wird die Messzahl für in Bremen belegene **Nichtwohngrundstücke** und gemischt genutzte bebaute Grundstücke i. S. des § 249 Abs. 1 Nr. 5–8 BewG **abweichend von der bundesgesetzlichen Regelung auf 0,75 Promille** festgelegt. Damit werden **Nichtwohngrundstücke** und unbebaute Grundstücke (vgl. →Rz. 22) in Bremen gegenüber den Wohngrundstücken (Messzahl 0,31 Promille) **höher mit Grundsteuer belastet.** Dies entspricht der gesetzgeberischen Intention (vgl. zur Intention des Gesetzgebers ausführlich Grootens in Grootens, Vorwort BremGrStMG Rz. 4 ff. und zur Auswirkung der abweichenden Messzahlenfestlegung Grootens in Grootens, Vorwort BremGrStMG Rz. 23 f.).

33–35 *(Einstweilen frei)*

II. Bemessungsgrundlage für die Ermäßigung der Messzahlen (§ 1 Abs. 2 BremGrStMG)

36 § 1 Abs. 2 BremGrStMG dient der gesetzlichen Klarstellung, dass die **landesspezifischen Messzahlen Bezugsgröße für die bundesgesetzlichen Ermäßigungstatbestände in § 15 Abs. 2–5**

1 Vgl. Bock in Grootens, GrStG § 15 Rz. 23.
2 Vgl. Drucks. 21/688 der Bremer Bürgerschaft, S. 8.
3 Siehe dazu vertiefend Bock in Grootens, BewG, § 249 Rz. 64 ff.
4 Vgl. Bock in Grootens, GrStG § 15 Rz. 23.

GrStG sind. Damit wird sichergestellt, dass die bundesgesetzliche Förderung im gleichen Verhältnis auch in Bremen gilt.[1] Die Norm dient somit allein der Rechtsklarheit und -eindeutigkeit. Im Sächsischen GrStMG[2] wurde auf eine derartige Klarstellung verzichtet, ohne dass sich in Sachsen daraus eine andere Rechtslage gegenüber dem Land Bremen ergibt.

Abschnitt V: Hamburg

Vorwort zur Kommentierung des Hamburger Grundsteuergesetzes (HmbGrStG)

Inhaltsübersicht **Rz.**

LITERATUR:

Bräutigam/Spengler/Winter, GrSt-Reform – eine analytische Betrachtung der bundesgesetzlichen Regelung sowie weiterer Bewertungsverfahren, DB 40/2020 S. 2090; *Edeltraut*, Grundsteuerreform – Hamburg: Wohnlagemodell in Beck Steuer-Lotse, 2022; *Grootens*, Umsetzung der Grundsteuerreform in den Ländern – Der Flickenteppich kommt!, ErbStB 3/2021 S. 80; *Kirchhof*, Der Belastungsgrund von Steuern – zum verfassungsrechtlichen Auftrag, die Grundsteuer zu reformieren, DStR 2020 S. 1073; *Löhr/Kempny*: Zur Grundsteuerreform: Grundzüge eines Bodenwertsteuergesetzes; DStR 2019 S. 587; Schmidt, Reform der Grundsteuer, NWB 50/2019 S. 3719 NWB BAAAH-36269; *Schmidt*, Verfassungswidrigkeit der Grundsteuer als Flächensteuer, DStR 2020 S. 249; *Stöckel*, Hauptfeststellung der Grundsteuerwerte auf den 1.1.2022 – Keine gleich lautenden Erlasse, keine Richtlinien und jede Menge offene Fragen, NWB 45/2020 S. 3324 NWB PAAAH-62449; *ders.*, Vergleich der Grundsteuergesetze der Länder Bayern, Baden-Württemberg, Hamburg, Hessen und Niedersachsen, NWB 3/2024 S. 165 NWB WAAAJ-56594; *ders.*, Grundsteuer C – Erneuter Versuch zur Mobilisierung von Wohnraum, NWB 22/2024 S. 1521 NWB DAAAJ-67476.

1 Siehe zu den Messzahlenermäßigungen ausführlich Bock in Grootens, GrStG, § 15 Rz. 57 ff.

2 Sächsisches Grundsteuermesszahlengesetz v. 3.2.2021, SächsGVBl 2021 S. 242.

A. Besonderheiten der Landesregelung in Abgrenzung zur Bundesregelung

1 Der Hamburger Senat hat das **Hamburgische Grundsteuergesetz** (im Folgenden HmbGrStG) offiziell verabschiedet und das Gesetz v. 24.08.2021 im Hamburger Gesetz- und Verordnungsblatt v. 31.8.2021, Nr. 56/2021 S. 600–603 veröffentlicht. Die Hansestadt hat damit die vorgetragenen Pläne zu einer länderspezifischen Regelung umgesetzt und macht von der im Rahmen des Gesetzespakets zur Reform der Grundsteuer beschlossenen Öffnungsklausel zur Änderung des Grundgesetzes v. 15.11.2019[1] durch Anwendung des Art. 72 Abs. 3 Satz 1 Nr. 7 GG umfassend Gebrauch. Dabei ergeben sich jedoch nur für die Grundstücke des Grundvermögens (Grundsteuer B) landesspezifische Bewertungsregelungen. Für Betriebe der Land- und Forstwirtschaft (Grundsteuer A) bleibt es im Wesentlichen bei der bundesgesetzlichen Regelung.

I. Ziele der landesrechtlichen Regelung

2 Durch das HmbGrStG und die Abweichung von der bundesgesetzlichen Regelung soll vor allem eine **Entbürokratisierung** und **zeitgemäße Fortentwicklung der gesetzlichen Regelungen zur Grundsteuer** erreicht werden. Durch die Anwendung des **Äquivalenzprinzips** und die Berücksichtigung von Grundstücks- und Gebäudeflächen soll die Ermittlung der Grundsteuer zukünftig für die Bürgerinnen und Bürger nachvollziehbar sein.

3 Ebenfalls soll durch das HmbGrStG die Grundsteuer als konjunkturunabhängige und sichere Einnahmequelle der Gemeinden fortbestehen. Das Volumen der Grundsteuer B in Hamburg von 0,472 Milliarden Euro im Jahr 2019 soll auch durch die Reform beibehalten werden.

4 Nicht zuletzt durch die Anwendung geringerer Grundsteuermesszahlen für Wohngrundstücke gegenüber nicht zu Wohnzecken genutzten Grundstücken, soll auch der **Wohnungsmarkt geschützt und gestärkt** werden. Durch die Unterscheidung in der Wohnlage und der damit einhergehenden zusätzlichen Begünstigung von **normalen Wohnlagen**, werden darüber hinaus im HmbGrStG Stadtentwicklungsgesichtspunkte berücksichtigt mit dem Ziel, der **Förderung des bezahlbaren Wohnraums**.

5–7 *(Einstweilen frei)*

II. Verfahren der Grundsteuererhebung

8 Wie beim Bundesmodell bleibt es auch in Hamburg bei dem bekannten, **dreistufigen Besteuerungsverfahren**:

1. Ermittlung der **Äquivalenzbeträge des Grund und Bodens und der Gebäudeflächen** (früher Einheitswert, nach Bundesmodell zukünftig Grundsteuerwert) durch die Finanzämter.
2. Feststellung der **Grundsteuermessbeträge** durch Multiplikation der Summe aus den Äquivalenzbeträgen des Grund und Bodens und der Gebäudeflächen mit der anwendbaren Steuermesszahl, ebenfalls durch die Finanzämter.
3. Ermittlung und Festsetzung der Grundsteuer durch die Gemeinde Hamburg unter Anwendung des **Hebesatzes**.

1 Gesetz zur Änderung des Grundgesetzes (Art. 72, 105 und 125b) v. 15.11.2019, BGBl I S. 1546.

(Einstweilen frei) 9–10

III. Bewertung des Grundvermögens

Bei der **Bewertung des Grundvermögens** bleibt es wie beim Bundesmodell bei der Differenzierung zwischen dem land- und forstwirtschaftlichen Vermögen und dem Grundvermögen. Die Bewertung des land- und forstwirtschaftlichen Vermögens erfolgt grundsätzlich entsprechend dem Bundesmodell. **Abweichend** dazu regelt das Hamburger Landesmodell in § 9 HmbGrStG lediglich die Berücksichtigung vom bestimmten Hof- und Wirtschaftsgebäudeflächen zur **Hofstelle** nach § 234 Abs. 6 BewG. 11

Die Bewertung des Grundvermögens basiert auf einem **Flächenmodell**. Die zu ermittelnden Äquivalenzbeträge des Grund und Bodens und der Gebäudeflächen ergeben sich durch die Addition zweier Summanden, welche sich durch die Multiplikation einer **Äquivalenzzahl** mit der **Fläche des Grund und Bodens** bzw. mit der **Wohn-/Nutzfläche der Gebäude** ergeben. Eine Differenzierung nach verschiedenen Grundstückarten i. S. des § 249 BewG erfolgt nicht. Vielmehr wird lediglich zwischen der **Nutzung zu Wohnzwecken und Nichtwohnzwecken** differenziert, für welche das HmbGrStG unterschiedliche **Grundsteuermesszahlen** vorsieht. Bei den Wohnflächen wird darüber hinaus in Hamburg zwischen **normalen und guten Wohnlagen** differenziert. 12

Die **Äquivalenzzahl** für die Gebäudeflächenflächen beträgt **0,50 €/m²**. Eine Differenzierung nach der Art des Grundstücks, Nutzung, des Alters oder der Ausstattung der Gebäude erfolgt nicht. Für die Fläche des Grund und Bodens beträgt die Äquivalenzzahl **0,04 €/m²**, wobei das Landesmodell hier zwei Ermäßigungen für **übergroße Grundstücksflächen** vorsieht. 13

Die **Fläche des Grundstücks** sollte durch den Steuerpflichtigen leicht zu ermitteln sein. Diese kann dem **Grundbuchblatt** oder dem **Kataster** bzw. den **bisherigen Einheitswertbescheiden** entnommen werden. Zur anzusetzenden Fläche vgl. auch Bock in Grootens, BewG § 247 Rz. 29. 14

Für die Ermittlung der **Gebäudefläche** n werden die **Wohn- oder Nutzflächen** benötigt. Die **Wohnfläche** ist dabei nach der **Wohnflächenverordnung** (WoFlV[1]) zu ermitteln. Die **Nutzflächen** sind nach einer geeigneten Methode zu ermitteln. Die Gesetzesbegründung sieht hier insbesondere die Berechnung der **Nutzflächen nach DIN 277** vor. Jedoch soll eine rein **mathematische Berechnung** bei unverhältnismäßigem Aufwand ebenfalls möglich sein. Abzuwarten bleibt jedoch, wie die Finanzverwaltung in der Praxis darauf reagieren wird. Hierzu sind weitere Klarstellungen und Anwendungsbeispiele notwendig, um Rechtssicherheit für den Steuerpflichtigen zu gewährleisten. 15

Vereinfachungen gibt es für **Garagen bis 50 m²** sowie für **Nebengebäude mit einer Nutzfläche von unter 30 m²**, wenn diese in einem räumlichen Zusammenhang zur Wohnnutzung stehen. In beiden Fällen bleiben die Flächen für die Bewertung **außer Ansatz**. 16

Da die Bewertung nach dem Landesmodell keine annähernde Verkehrswertermittlung zum Ziel hat, werden nur sehr wenige Informationen vom Steuerpflichtigen benötigt. Dies vereinfacht die Bewertung gegenüber der bisherigen Einheitsbewertung deutlich. Weiterer Vorteil der Bewertung nach dem Landesmodell ist, dass eine **turnusmäßige Hauptfeststellung** wie im Bundesrecht nach § 221 BewG **nicht mehr notwendig** ist, da sich die Grundstücks- bzw. Gebäudeflächen sowie die Äquivalenzzahlen grundsätzlich nicht ändern. 17

---

1 Vgl. Wohnflächenverordnung v. 25.11.2003, BGBl I S. 2346, NWB IAAAB-52356.

18–19 *(Einstweilen frei)*

IV. Steuermesszahlen

20 Grundsätzlich beträgt die Grundsteuermesszahl für Grundstücke des Grundvermögens 100 %.

21 Die Grundsteuermesszahl ermäßigt sich für Wohnflächen pauschal um 30 % auf **70 %**. Daneben bestehen weiterhin folgende **Ermäßigungen der Grundsteuermesszahl**:

- Ermäßigung der Grundsteuermesszahl für den Äquivalenzbetrag der Wohnflächen um weitere 25 %, soweit eine normale Wohnlage vorliegt (vgl. → Rz. 22–27),
- Ermäßigung der Grundsteuermesszahl von 25 % für den Äquivalenzbetrag der Gebäudeflächen bei bestimmten Baudenkmälern (vgl. → Rz. 28–32),
- Ermäßigung der Grundsteuermesszahl von 25 % für den Äquivalenzbetrag der Wohnflächen für Zwecke der Wohnraumförderung (vgl. → Rz. 33–35).

1. Ermäßigung für Wohnflächen in normaler Wohnlage

22 § 4 Abs. 2 HmbGrStG sieht eine weitere **Ermäßigung der Wohnflächenermäßigung nach § 4 Abs. 1 HmbGrStG von 25 %** für die Wohnflächen vor, soweit diese in einer **normalen Wohnlage** liegen. Die Ermäßigung wird zusätzlich auf die bereits ermäßigte Grundsteuermesszahl von 70 % für Wohnflächen gewährt, sodass sich im Endeffekt eine Grundsteuermesszahl von **52,5 %** für diese Flächen ergibt.

23 Die Zuordnung zur Wohnlage erfolgt nach der Rechtsverordnung des Hamburger Wohnlageverzeichnisses für Zwecke der Grundsteuer.[1] Die Berücksichtigung erfolgt von Amts wegen durch das Finanzamt für Verkehrsteuern und Grundbesitz in Hamburg. Mit der Begünstigung der normalen Wohnlage werden Stadtentwicklungsaspekte berücksichtigt, um durch eine niedrigere Grundsteuer normale Wohnlagen für Mieter und Eigentümer attraktiver zu machen.

24 Kann der Steuerpflichtige eine andere Wohnlage, z. B. durch ein **Gutachten eines öffentlich anerkannten Gutachters**, nachweisen, so ist diese nach § 4 Abs. 2 Satz 3 HmbGrStG anzusetzen.

25 Wurde noch keine Wohnlage festgestellt, ist von einer normalen Wohnlage auszugehen.

26–27 *(Einstweilen frei)*

2. Ermäßigung für Gebäudeflächen bei Baudenkmälern

28 Die Grundsteuermesszahl ermäßigt sich um **25 %**, wenn ein **Baudenkmäler** nach § 4 Abs. 2 Satz 1 des Denkmalschutzgesetzes (DSchG) vom 5.4.2013[2] die gesamte wirtschaftliche Einheit prägt oder ein Ensemble nach § 4 Abs. 3 DSchG vorliegt.

29 Die Ermäßigung wird **zusätzlich zu den Ermäßigungen** nach den § 4 Abs. 1 und Abs. 3 HmbGrStG gewährt. Entsprechend ist zu differenzieren, wie die Gebäudeflächen genutzt werden (Wohnzwecke oder Nichtwohnzwecke).

---

1 Vgl. A H 4.1 Abs. 1 Satz 2 AEHmbGrStG.

2 DSchG v. 5.4.2013 (HmbGVBl. S. 142), geändert am 26. Juni 2020 (HmbGVBl. S. 380, 384).

Besonderheit des Hamburger Landesmodells ist hierbei, dass – im Gegensatz zur bundesgesetzlichen Regelung[1] – keine Aufteilung erfolgt, wenn nur Teile eines Gebäudes als Baudenkmäler gelten. Auch bei nur teilweisem Bestehen eines Baudenkmals verbleibt es bei der Ermäßigung für die gesamte Gebäudefläche. 30

(Einstweilen frei) 31–32

3. Ermäßigung für Zwecke der Wohnraumförderung

Zusätzlich besteht eine Ermäßigung der Grundsteuermesszahl für den Äquivalenzbetrag der Wohnflächen von **25 %** für bestimmte Grundstücke und Eigentümer, die der **Wohnraumförderung** dienen. § 4 Abs. 4 HmbGrStG verweist dazu auf § 10 Ab. 3 i.V. mit § 10 Abs. 2 und 4 des Hamburgischen Wohnraumförderungsgesetz, auf § 25 i.V. mit § 13 Abs. 2 und 3 des Wohnraumförderungsgesetzes sowie auf § 88d des Zweiten Wohnungsbaugesetzes und das Hamburgische Wohnungsbindungsgesetz. 33

(Einstweilen frei) 34–35

4. Kumulierung der Begünstigungen

Die Gewährung der Ermäßigungen unter 1.–3. sind möglich, soweit die Vorsetzungen zu Beginn der Veranlagungszeitpunktes – folglich zum 1.1. eines Jahres – vorlagen. 36

Die o. g. **Ermäßigungen** schließen sich jedoch gegenseitig nicht aus. Vielmehr können diese nebeneinander bestehen, sofern ein Grundstück mehrere Voraussetzungen erfüllt. Da bei der Ermittlung der Äquivalenzbeträge die Art der Gebäudeflächen festgestellt wird, sollte die Prüfung der einzelnen Ermäßigungen in der Praxis keine besonders großen Schwierigkeiten bereiten. 37

Etwas komplizierter gestaltet sich die **Berechnung der gesamten Ermäßigung** beim Vorliegen mehrerer **Ermäßigungstatbestände**. Für die Berechnung der **Gesamtermäßigung** ist dabei jeweils von der vorangegangenen Grundsteuermesszahl nach Anwendung der Ermäßigung auszugehen. 38

Es können sich damit ausgehend von den möglichen Ermäßigungen **folgende Steuermesszahlen** ergeben (aus Vereinfachungsgründen wurde auf eine Nachkommastelle gerundet): 39

Grundsteuermesszahlen für Wohngebäude 40

Messzahl vor Abzug	70 %	70 %	70 %	70 %	70 %	70 %	70%
Wohnteil LuF		-25 %		-25 %		-25 %	
Bezugsgröße		52,5 %		52,5 %		52,5 %	
Baudenkmal			-25 %	-25 %			-25 %
Bezugsgröße			52,5 %	39,4 %			52,5 %
Wohnraumförderung					-25 %	-25 %	-25%
Messzahl nach Abzug	70 %	52,5 %	52,5 %	39,4 %	52,5 %	39,4 %	39,4 %

1 Vgl. Bock in Grootens, GrStG § 15 Rz. 118 –124.

41 Grundsteuermesszahlen Nichtwohngebäude

Messzahl vor Abzug		100 %	100 %
Baudenkmal			-25 %
Messzahl nach Abzügen		100 %	75 %

42 Die Grundsteuermesszahlen für die Nichtwohngebäude basieren dabei auf den HmbGrStG Stand November 2024. Laut der Pressemitteilung des Hamburger Senats vom 10.9.2024 ist auch eine **Ermäßigung für Nutzflächen** i. H. von 13 % geplant. Die Grundsteuermesszahl für diese Fläche soll dann 0,87 betragen. Mit dieser Messzahl könne laut der Begründung eine aufkommensneutrale Grundsteuerbelastung auch bei „Nicht-Wohn-Flächen" gewährleistet werden.

43 *(Einstweilen frei)*

V. Gesonderter Hebesatz bei unbebauten und baureifen Grundstücken (Grundsteuer C)

44 Auch die Hansestadt Hamburg übernimmt im Landesgesetz die Möglichkeit, einen **gesonderten Hebesatz bei unbebauten und baureifen Grundstücken** – die sog. **Grundsteuer C** – einzuführen. Die Regelung des § 5 HmbGrStG entspricht damit im Wesentlichen der bundesgesetzlichen Regelung in § 25 Abs. 5 GrStG.

45 Besonderheit in Hamburg ist, dass die bundesgesetzlichen Regelungen des § 25 Abs. 5 Sätze 5 und 6 GrStG keine Anwendung finden. Danach muss die Gemeinde den gesonderten Hebesatz nicht auf einen bestimmten Gemeindeteil beschränken, wenn nur für diesen Gemeindeteil baureife Grundstücke vorliegen (§ 25 Abs. 5 Satz 5 GrStG). Auch die Voraussetzung, dass der Gemeindeteil für die Grundsteuer C mindestens 10 % des gesamten Gemeindegebiets umfassen muss (§ 25 Abs. 5 Satz 6 GrStG), gilt in Hamburg nicht. Grund dafür ist, dass diese Vorschriften des Bundesgesetzes in Hamburg nicht sachgerecht sind. Vielmehr wird die Grundsteuer C zukünftig im gesamten Stadtgebiet erhoben.[1]

46 Laut einer Pressemitteilung vom 10.9.2024 soll der zukünftige **Hebesatz für die Grundsteuer C in Hamburg dabei auf 8.000 %** festgelegt werden. Jedoch soll die Grundsteuer C dabei nur für wirtschaftliche Einheiten gelten, auf denen Mehrfamilienhäuser mit drei oder mehr Wohnungen gebaut werden können. Dies entspricht laut dem Finanzsenator einer potenziellen Geschossfläche von mehr als 300 m^2 Wohnfläche. Für unbebaute Grundstücke, die mit Einfamilienhäusern oder rein gewerblichen, industriellen oder dem Gemeinbedarf dienenden Gebäuden bebaut werden könnten, soll hingegen keine Grundsteuer C erhoben werden. Ferner soll für unbebaute Grundstücke, für die ein Bebauungsplan aufgestellt wird, durch den erstmals Baurecht für Wohnungsbau geschaffen wird, eine Sperrfrist von drei Jahren für die Erhebung der Grundsteuer C ab Feststellung des Bebauungsplans gelten.[2]

47–48 *(Einstweilen frei)*

1 Vgl. Stöckel in Vergleich der Grundsteuergesetze der Länder Bayern, Baden-Württemberg, Hamburg, Hessen und Niedersachsen, NWB 3/2024 S. 165, NWB WAAAJ-56594

2 Vgl. Stöckel in Vergleich der Grundsteuergesetze der Länder Bayern, Baden-Württemberg, Hamburg, Hessen und Niedersachsen, NWB 3/2024 S. 165, NWB WAAAJ-56594

VI. Erweiterte Erlassregelungen

Im verabschiedeten Gesetz findet sich in § 8 HmbGrStG erstmalig auch eine **erweiterte Erlassregelung zu Ansprüchen aus dem Grundsteuerschuldverhältnis**. Danach soll für in Hamburg belegene Grundstücke abweichend zu den allgemeinen Billigkeitsmaßnahmen nach §§ 163 und 227 AO sowie den bundesgesetzlichen Erlassregelungen nach §§ 32–34 GrStG die Grundsteuer auch erlassen werden, **wenn ein besonders gelagerter, nicht rohertragsbedingter Härtefall** bei für nicht für Wohnzwecke genutzten Gebäuden vorliegt. 49

Ein **Beispiel für einen nicht rohertragsbedingten Härtefall** aufgrund des „neuen" HmbGrStG nennt das Gesetz konkret nicht. Nach der Gesetzesbegründung soll damit jedoch den besonderen Konstellationen in Fällen von **Gebäuden auf fremden Grund und Boden** Rechnung getragen werden. Des Weiteren heißt es in der Gesetzesbegründung: „Sofern nun der zivilrechtliche oder wirtschaftliche Eigentümer des Gebäudes in seiner Person die erforderlichen Voraussetzungen einer Steuerbefreiung erfüllen würde, erscheint es unbillig, diese nur auf Grund des Auseinanderfallens der Eigentümerstellungen zu versagen. Darüber hinaus wird auf diese Weise im Sinne einer wesentlichen Verfahrenserleichterung dem andernfalls entstehenden Vollzugsaufwand Rechnung getragen, der mit der Systemumstellung einhergehen würde."[1] 50

(Einstweilen frei) 51–52

VII. Folgen der Reform für die Grundstückseigentümer

Durch das hamburgische Landesmodell wird es zu gänzlich neuen Grundsteuermessbeträgen als bei der bisherigen Einheitsbewertung kommen. Wie genau sich die Grundsteuerbeträge für einzelnen Grundstücksarten verändern werden, bleibt abzuwarten. In jedem Fall wird es Gewinner und Verlierer geben, was zum einen an dem neuen Bewertungsansatz mittels Flächen und Äquivalenzzahlen, sowie zum anderen an den veralteten Wertverhältnissen bei der bisherigen Einheitsbewertung liegt. Anhand der gesetzlichen Regelungen und im Vergleich zur Hauptfeststellung 1964 ergeben sich jedoch bereits bestimmte **Tendenzen**:[2] 53

- ► Unbebaute Grundstücke werden auch vor der Grundsteuer C höher besteuert.
- ► Einfamilienhäuser (insbesondere mit älteren Baujahr) sowie Zweifamilienhäuser in guten Wohnlagen werden zu den Verlierern gehören. Gleiches gilt für Teileigentum, Geschäftsgrundstücke und sonstige bebaute Grundstücke.
- ► Zu den Gewinner des HmbGrStG werden insbesondere das Wohnungseigentum und die Mietwohngrundstücke (ausgenommen Altbauten) gehören.

Einen detaillierten Überblick über die mutmaßlichen Gewinner und Verlierer der Grundsteuerreform in Hamburg inkl. Berechnungsbeispielen gibt auch Stöckl in NWB 3/2024 S. 165.[3]

(Einstweilen frei) 54–55

---

1 Vgl. Hamburger Bürgerschaft Drucks. 22/3583 v. 16.3.2021, Entwurf eines Hamburgischen Grundsteuergesetzes.

2 Vgl. Stöckel in Vergleich der Grundsteuergesetze der Länder Bayern, Baden-Württemberg, Hamburg, Hessen und Niedersachsen, NWB 3/2024 S. 165, NWB WAAAJ-56594.

3 Vgl. Stöckel in Vergleich der Grundsteuergesetze der Länder Bayern, Baden-Württemberg, Hamburg, Hessen und Niedersachsen, NWB 3/2024 S. 165, NWB WAAAJ-56594.

B. Verfassungsrechtliche Überlegungen

I. Formelle Verfassungsmäßigkeit

56 Durch Geltendmachung der **Gesetzgebungskompetenz** nach Art. 72 Abs. 3 Nr. 7 GG für die hamburgische Landesregelung, hat die Hansestadt die **formellen Voraussetzungen zur Einführung einer länderspezifischen Regelung** erfüllt. Die landesgesetzlichen Regelungen sind **ab dem 1.1.2025 wirksam**. Entsprechend wurde auch der **„Anlaufhemmung“** des Art. 125b Abs. 3 GG Rechnung getragen.

57–58 *(Einstweilen frei)*

II. Materielle Verfassungsmäßigkeit

59 Bereits in dem Urteil des BVerfG v. 10.4.2018[1] wurden verschiedene Punkte und Voraussetzungen für eine **verfassungsgemäße Ausgestaltung** der gesetzlichen Neureglungen betreffend der Grundsteuer erläutert. So ist es nicht verwunderlich, dass bereits mehrere Meinungen und Analysen über die Verfassungsmäßigkeit der diskutieren gesetzlichen Neuregelungen vorliegen.

60 Nach dem BVerfG muss die Grundsteuer so ausgestaltet sein, dass diese den **steuerlichen Belastungsgrund** maßgeblich erkennen lassen muss.[2] Für die Umsetzung dazu hat der Gesetzgeber jedoch einen großen Spielraum und darf sich auch **Typisierungen und Pauschalierungen** bedienen, soweit diese verfassungsrechtlich gerechtfertigt sind und in der Gesamtheit die gleichheitsgerechte Bemessung des steuerlichen Belastungsgrundes sicherstellen.[3]

61 Dabei gibt es bereits unterschiedlich Meinungen, ob das hamburgische Flächenmodell den verfassungsrechtlichen Voraussetzungen Rechnung trägt. Während Kirchhof[4] ein Flächenmodell für geeignet hält, ist Schmidt[5] der Auffassung, dass die Grundsteuer als Flächensteuer verfassungswidrig ist. Dabei werden mehrere Aspekte diskutiert.

62–63 *(Einstweilen frei)*

1. Steuerliche Prinzipien

64 Kirchhof sieht den **Belastungsgrund der Grundsteuer** beim Flächenmodell insbesondere im **Äquivalenzprinzip**. Die Grundsteuer wäre danach als eine **Äquivalenzabgabe für Leistungen zwischen der Gemeinde und dem Grundstückseigentümer** zu betrachten, welche dem Grundbesitz zugutekommen. Die Leistungen der Gemeinde sind dabei insbesondere in der zur **Verfügungstellung der kommunalen Infrastruktur** zu verstehen. Der Objektcharakter der Grundsteuer bleibt dabei gewahrt, da sich die Bemessung der Grundsteuer lediglich auf den Grundbesitz erstreckt. Entsprechend sieht Kirchhof die Grundsteuer als Äquivalenzabgabe als verfassungsmäßig an.

1 BVerfG, Urteil v. 10.4.2018 - 1 BvL 11/14, 1 BvL 12/14, 1 BvL 1/15, 1 BvR 639/11, 1 BvR 889/12, NWB MAAAG-80435.

2 BVerfG, Urteil v. 10.4.2018 - 1 BvL 11/14, 1 BvL 12/14, 1 BvL 1/15, 1 BvR 639/11, 1 BvR 889/12, Rz. 97, NWB MAAAG-80435.

3 BVerfG, Urteil v. 10.4.2018 - 1 BvL 11/14, 1 BvL 12/14, 1 BvL 1/15, 1 BvR 639/11, 1 BvR 889/12, Rz. 98, NWB MAAAG-80435.

4 Kirchhof, DStR 21-22/2020 S. 1073.

5 Schmidt, DStR 6/2020 S. 249

Nach der Auffassung von Schmidt kann die Ausgestaltung der Grundsteuer als Flächensteuer jedoch weder mit dem **Leistungsfähigkeitsprinzip** noch mit dem **Äquivalenzprinzip** legitimiert werden. Durch die gleiche Besteuerung zweier Grundstücke mit gleichen Flächengrößen, die jedoch weitere wertbeeinflussende Merkmale wie die Beschaffenheit, Art und Lage außer Betracht lassen, wird gerade nicht auf die Leistungsfähigkeit abgestellt. Gegen das Äquivalenzprinzip spricht nach Ansicht von Schmidt, dass zum einen die gemeindliche Leistung und vermeintliche Gegenleistung nicht synchron erfolgen sowie viele Leistungen personenbezogen sind und zum anderen, kein nachweisbarer Zusammenhang zwischen der Größe des Grundstücks und des Gebäudes und der Inanspruchnahme gemeindlicher Infrastruktur besteht. 65

Nach einem Urteil des FG Hamburg v. 13.11.2024,[1] hat das Gericht in einem ersten Verfahren die Verfassungsmäßigkeit des HmbGrStG bestätigt. Die Entscheidungsgründe liegen jedoch noch nicht vor. Eine Revision wurde zugelassen. 66

(Einstweilen frei) 67–68

2. Verstoß gegen den allgemeinen Gleichheitsgrundsatz

Ein wesentlicher Kritikpunkt an dem Flächenmodell ist die Tatsache, dass zwei Grundstücke mit denselben Flächen gleich besteuert werden, auch wenn sich diese in unterschiedlich guten Lagen befinden oder die Gebäude von unterschiedlich guter Beschaffenheit sind. Schmidt sieht hierbei einen **Verstoß gegen den allgemeinen Gleichheitsgrundsatz** nach Art. 3 Abs. 1 GG, welcher sich auch nicht durch die Verwaltungsvereinfachung als sachlichen Grund rechtfertigen lässt. 69

Auch Kirchhoff sieht diesen Kritikpunkt, begegnet diesem jedoch mit dem Vorschlag eines **pauschalierten Lagefaktors oder Regionalwert**, welcher beispielsweise in den Ländermodellen von Niedersachen, Hessen und Hamburg vorkommt. 70

Durch die Möglichkeit der Bildung reduzierter Hebesatzzonen innerhalb der Gemeinde für bestimmte Grundstücke, ermöglicht auch Bayern zumindest eine selektive Einflussnahme auf die Höhe der Grundsteuer. Da es sich dabei jedoch nur um ein Wahlrecht der Gemeinden handelt, welches zudem nur für bereits vorher definierte Grundstücke anwendbar sein wird, lässt sich damit m. E. der Kritikpunkt nicht überzeugend entkräften. 71

(Einstweilen frei) 72–73

III. Zusammenfassung

Allein die oben gemachten Ausführungen lassen erkennen, wie unterschiedlich die Meinungen zur Verfassungsmäßigkeit der Regelung sind. Einige geäußerte Kritikpunkte gelten gleichermaßen auf für das Bundesmodell oder für andere Ländermodelle, wie z. B. dem Landesmodell Baden-Württemberg.[2] Positiv zu bewerten ist m. E., dass es sich bei dem Flächenmodell um ein „relativ" einfaches Bewertungsmodell handelt, welches die Ermittlung der Grundsteuer unter Begründung des Äquivalenzgedanken ermittelt und welches durch die nur einmalige Hauptfeststellung auch den Verwaltungsaufwand für Bürger, Verwaltung und Wirtschaft begrenzt. Abschließende Rechtssicherheit zu der Frage der Verfassungswidrigkeit des Gesetzes wird es jedoch erst nach erneuten Urteilen von Gerichten geben. 74

1 FG Hamburg, Urteil v. 13.11.2024 – 3 K 176/23; Revision zugelassen), NWB DAAAJ-78865.

2 Vgl. Schmidt in Grootens, LGrStG BW Vorwort, Rz. 1–64.

Teil 1: Grundstücke; Grundsteuer B/Grundsteuer C

Abschnitt 1: Bemessung der Grundsteuer

§ 1 HmbGrStG Steuergegenstand, Berechnungsformel

(1) [1]Steuergegenstand der Grundsteuer B sind die Grundstücke als wirtschaftliche Einheiten des Grundvermögens. [2]Die Grundsteuer ergibt sich durch eine Multiplikation des Grundsteuermessbetrags des Grundstücks und des durch ein Gesetz bestimmten Hebesatzes. [3]Sie ist ein Jahresbetrag und auf volle Cent nach unten abzurunden.

(2) [1]Der Grundsteuermessbetrag des Grundstücks ist die Summe

1. aus dem Produkt des Grundsteuerwerts des Grund und Bodens nach Absatz 3 Satz 1 und der Grundsteuermesszahl nach § 4 und

2. aus den jeweiligen Produkten der Grundsteuerwerte von Wohn- und Nutzflächen nach Absatz 3 Satz 2 und der jeweiligen Grundsteuermesszahl nach § 4.

[2]Der Grundsteuermessbetrag des Grundstücks ist auf volle Cent nach unten abzurunden.

(3) [1]Der Grundsteuerwert des Grund und Bodens ist der Äquivalenzbetrag, der sich durch eine Multiplikation der Fläche des Grund und Bodens mit der Äquivalenzzahl nach § 3 Absatz 1 ergibt; er wird auf eine Nachkommastelle nach unten abgerundet. [2]Die Grundsteuerwerte von Wohn- und Nutzflächen der Gebäude sind die Äquivalenzbeträge, die sich durch eine Multiplikation der maßgeblichen Gebäudeflächen mit der Äquivalenzzahl nach § 3 Absatz 2 ergeben.

(4) [1]Die Zurechnung mehrerer Wirtschaftsgüter zu einer wirtschaftlichen Einheit wird nicht dadurch ausgeschlossen, dass die Wirtschaftsgüter zum Teil der oder dem einen, zum Teil der anderen Ehegattin, dem anderen Ehegatten, der anderen Lebenspartnerin oder dem Lebenspartner zuzurechnen sind. [2]Bei Gebäuden auf fremdem Grund und Boden sind der Grund und Boden der Eigentümerin oder dem Eigentümer des Grund und Bodens und die Gebäude der wirtschaftlichen Eigentümerin oder dem wirtschaftlichen Eigentümer der Gebäude zuzurechnen.

(5) [1]Erstreckt sich der Steuergegenstand auch auf ein anderes Land, ist nur für das im Gebiet der Freien und Hansestadt Hamburg gelegene Grundvermögen Grundsteuer nach diesem Gesetz zu ermitteln und zu erheben. [2]Dieses bildet eine eigenständige wirtschaftliche Einheit.

Inhaltsübersicht — **Rz.**

VERWALTUNGSANWEISUNGEN

Erlass der Finanzbehörde der Freien und Hansestadt Hamburg vom 8.7.2022 – Anwendung des Hamburgischen Grundsteuergesetzes (HmbGrStG) vom 24.8.2021 sowie zur teilweisen Anwendung des Siebenten Abschnitts des Zweiten Teils des Bewertungsgesetzes zur Bewertung des Grundbesitzes (Allgemeiner Teil und Grundvermögen) sowie für die Grundsteuer ab 1. Januar 2022 und des Grundsteuergesetzes ab 1. Januar 2025 NWB (AEHmbGrStG).

LITERATUR:

Edeltraut, Grundsteuerreform – Hamburg: Wohnlagemodell in Beck Steuer-Lotse, 2024.

A. Allgemeine Erläuterungen zu § 1 HmbGrStG

I. Hinweise auf Verwaltungsanweisungen

Die zuständige Hamburger Finanzbehörde hat mit dem **NWB AEHmbGrStG**[1] die für das Landesgesetz maßgeblichen Verwaltungsanweisungen am 8.7.2022 veröffentlicht. Darin wird auch die Anwendung des § 1 HmbGrStG erläutert. Hier wird insbesondere auf § 1 Abs. 4 und 5 HmbGrStG eingegangen. 1

Sofern Erlasse der Verwaltung aus Zeiträumen vor 2022 bestehen, behalten sie über den **Fortgeltungserlass** der Hamburger Finanzbehörde ihre Gültigkeit.[2] Bezüglich des Anwendungsbereichs von § 1 HmbGrStG sind hier derzeit keine bekannt. 2

(Einstweilen frei) 3–10

II. Normzweck und wirtschaftliche Bedeutung der Vorschrift

§ 1 HmbGrStG ist die **Eingangsnorm**, die das Hamburger Grundsteuermodell im Kern umschreibt und bildet die Basis für die nachfolgenden, konkretisierenden Vorschriften. Wie die Bezeichnung der Vorschrift zeigt, wird der **Rahmen der Grundsteuerbewertung** und -berechnung nach dem Hamburger Modell abgesteckt. Die rahmengebenden Vorschriften des § 1 Abs. 1–3 HmbGrStG haben daher eher ordnenden/gliedernden Charakter und werden durch die konkreten Bewertungs- und Besteuerungsvorschriften nach §§ 2–5 HmbGrStG ausgefüllt. 11

1 Erlass der Finanzbehörde der Freien und Hansestadt Hamburg vom 8.7.2022 – Anwendung des Hamburgischen Grundsteuergesetzes (HmbGrStG) vom 24.8.2021 sowie zur teilweisen Anwendung des Siebenten Abschnittes des Zweiten Teils des Bewertungsgesetzes zur Bewertung des Grundbesitzes (allgemeiner Teil und Grundvermögen) sowie für die Grundsteuer ab 1. Januar 2022 und des Grundsteuergesetzes ab 1. Januar 2025 (NWB AEHmbGrStG).

2 Finanzbehörde Hamburg, Erlass v. 8.7.2022 - FB5.G1200-2022/002-53.

12 §1 HmbGrSt definiert und erläutert dabei:

- den **Steuergegenstand der Grundsteuer B**,
- die **Berechnung der Grundsteuer**,
- den **Grundsteuermessbetrag** und
- die **Grundsteuerwerte des Grund und Bodens sowie der Wohn- und Nutzflächen der Gebäude**.

13 Aufgrund der verschiedenen Berechnungsschritte zur Ermittlung der Grundsteuer legt § 1 HmbGrStG die **Rundungsregelungen** für die Grundsteuer, den Grundsteuermessbetrag und die Grundsteuerwerte fest.

14 Wirtschaftliche Bedeutung erwächst insbesondere aus § 1 Abs. 4 HmbGrStG, worin die **Zurechnung mehrerer Wirtschaftsgüter** und damit auch die **Steuerschuldnerschaft** (§ 11 Abs. 1 Satz 1 HmbGrStG i.V. mit § 10 Abs. 1 GrStG) geregelt ist. Die Zuordnung an Ehegatten orientiert sich weiterhin nach den Grundsätzen des § 26 BewG, dessen Regelungsinhalt durch § 1 Abs. 4 Satz 1 HmbGrStG in das Hamburger Landesmodell übernommen wird. Daraus ergeben sich in Einzelfällen eine andere Besteuerung sowie ein Übergang von wirtschaftlichen Risiken für den ggf. vorhandenen Nichteigentümer-Ehegatten/Lebenspartner.

15 Gegenüber dem Bundesmodellist hierin abweichend auch geregelt, dass **Gebäude auf fremden Grund und Boden** – in Abweichung von § 262 BewG – selbstständig erklärt, bewertet und besteuert werden, § 1 Abs. 4 Satz 2 HmbGrStG. Erbbaurechte sind jedoch wie im Bundesmodell zusammen mit dem belasteten Grund und Boden zu bewerten und zu besteuern, da nicht vom Bundesrecht des § 261 BewG abgewichen wird (§ 11 Abs. 1 Satz 1 HmbGrStG).[1]

16 Schließlich begrenzt § 1 Abs. 5 GrStG die wirtschaftliche Einheit auf das **Gebiet des Bundeslands Hamburg**. Zwar ist – auch nach Auffassung der Hamburger Finanzverwaltung[2] – der Begriff der wirtschaftlichen Einheit nach § 11 Abs. 1 Satz 1 HmbGrStG i.V. mit § 2 BewG anzuwenden. Dies findet aber nur statt, soweit der fragliche Grund und Boden in Hamburg selbst liegt. Sollte die Landesgrenze eine wirtschaftliche Einheit nach der reinen Lehre des § 2 BewG durchschneiden, werden aus Hamburger Besteuerungsperspektive zwei wirtschaftliche Einheiten gebildet: eine in Hamburg gelegene und eine nicht in Hamburg gelegene.

17–20 *(Einstweilen frei)*

III. Entstehung und Entwicklung der Vorschrift

21 Mit Entwurf des **Hamburger Grundsteuergesetzes** aus März 2021[3] wurde die Vorschrift als zentrale Regelung für das Hamburger Grundsteuermodell geschaffen. Durch die weitreichende Abweichung vom Bundesrecht wurden die formell vom Bundesverfassungsgericht geforderten[4] rechtlichen Rahmenbedingungen beschaffen, insbesondere die Bezeichnung des Steuergegenstandes in Abweichung vom § 2 GrStG.

1 Vgl. A H 1 Abs. 3 i.V. mit A B 261.2 Abs. 1 Satz 1 NWB AEHmbGrStG.
2 Vgl. A H 1 Abs. 1 Satz 1 NWB AEHmbGrStG.
3 Vgl. Hamburger Bürgerschaft Drucks. 22/3583 v. 16.3.2021, Entwurf eines Hamburgischen Grundsteuergesetzes.
4 BVerfG, Urteil v. 10.4.2018 - 1 BvL 11/14 u. a., NWB MAAAG-80435.

Darüber hinaus ist der Wortlaut der Vorschrift seit der Erstveröffentlichung[1] weitgehend erhalten geblieben. Mit dem **Änderungsgesetz vom 22.6.2022**[2] wurde die in § 1 Abs. 3 Satz 1 HmbGrStG enthaltene Rundungsregel von einer auf zwei Nachkommastellen abgeschwächt. Der Entwurf der Änderung wies dies als „klarstellende Anpassung" aus.[3] Dies ist offensichtlich nicht zutreffend, da die Rundungsregel sich gestalterisch geändert hat, aufgrund der geringen wirtschaftlichen Auswirkung ist dies jedoch hinnehmbar. 22

Weitere Gesetzesvorhaben sind zunächst nicht abzusehen. 23

(Einstweilen frei) 24–30

IV. Geltungsbereich

Der sachliche Umfang des HmbGrStG erstreckt sich grds. nur auf die **Grundsteuer B**, also die Besteuerung des Grundvermögens, vgl. § 1 Abs. 1 Satz 1 HmbGrStG. Darüber hinaus enthält das HmbGrStG aber auch Regelungen für einen besonderen Bereich des Grundvermögens, der **Grundsteuer C** bei baureifen Grundstücken nach § 5 HmbGrStG sowie vom Bundesmodell abweichende Regelungen zur **Grundsteuer A** des land- und forstwirtschaftlichen Vermögens in § 9 HmbGrStG. 31

Wie § 1 Abs. 5 HmbGrStG bereits ausdrücklich festlegt, gilt § 1 HmbGrStG nur auf dem **Gebiet des Landes Hamburg**. Insbesondere die angrenzenden Länder Schleswig-Holstein mit dem dort geltenden Bundesmodell nach §§ 243 ff. BewG und Niedersachsen mit dem eigenen Niedersachsenmodell haben eigene Bewertungs- und Besteuerungsvorschriften. 32

(Einstweilen frei) 33–40

V. Vereinbarkeit der Vorschrift

Bezüglich der verfassungsrechtlichen Vereinbarkeit bestehen derzeit keine Bedenken. Mit dem Gesetz hat das Land Hamburg von der verfassungsrechtlichen Öffnungsklausel nach Art. 72 Abs. 3 Nr. 7 GG i.V. mit Art. 125b Abs. 3 GG Gebrauch gemacht. 41

(Einstweilen frei) 42–50

VI. Verhältnis zu anderen Vorschriften

Der Regelungsinhalt nach § 1 HmbGrStG wird durch §§ 2–5 HmbGrStG näher ausgefüllt und konkretisiert. Dies gilt insbesondere für die verwendeten Rechtsbegriffe und die Berechnungsformel. 51

Die Vorschrift ähnelt vom Regelungsumfang den folgenden Vorschriften anderer Länder:

- ► § 2 NGrStG;
- ► Art. 1 BayGrStG, der nahezu wortgleich ist.

(Einstweilen frei) 52–60

1 Hamburgisches Grundsteuergesetz (HmbGrStG) v. 24.8.2021, HmbGVBl. Nr. 56 S. 600.

2 Vgl. Art. 2 Nr. 1 des Gesetzes v. 22.6.2022, HmbGVBl 2022 S. 399.

3 Hamburger Bürgerschaft Drucks. 22/8019 S. 3 zu Art. 1 Nr. 1 des Gesetzentwurfs.

B. Systematische Kommentierung

I. Steuergegenstand und Berechnung der Grundsteuer (§ 1 Abs. 1 HmbGrStG)

1. Steuergegenstand (§ 1 Abs. 1 Satz 1 HmbGrStG)

61 Der Hamburger Gesetzgeber präzisiert in § 1 Abs. 1 Satz 1 HmbGrStG den Anwendungsbereich der nachfolgenden Bewertungsvorschriften des ersten Abschnitts des HmbGrStG (§§ 1–5 HmbGrStG) auf den **Bereich der Grundsteuer B**. Bezüglich des Regelungsinhalts entspricht dies § 2 Nr. 2 GrStG.

62 Was als **wirtschaftliche Einheit des Grundvermögens** zählt, wird durch den Hamburger Gesetzgeber nicht weiter definiert. Somit sind die bundesrechtlichen Abgrenzungskriterien nach §§ 218, 219, 232, 243 BewG anzuwenden.[1] Diesbezüglich hat die Hamburger Finanzbehörde die Verwaltungsanweisungen aus dem Bundesrecht weitgehend übernommen.[2] Dementsprechend sind auch die BewG vorliegenden Betriebsgrundstücke diesen zwei Vermögensarten zuzuordnen (vgl. § 218 Satz 2 und 3 BewG).[3]

63 Dieser Grundsatz besteht auch hinsichtlich der **Wohnflächen** bei **land- und forstwirtschaftlichen** Betrieben fort.[4]

64 Hinsichtlich des ebenfalls im Hamburg übernommenen Begriffs der wirtschaftlichen Einheit als Besteuerungsobjekt verweist die Hamburger Finanzbehörde auf geltendes Bundesrecht, § 2 BewG,[5] wonach sich die wirtschaftliche Einheit im Allgemeinen nach der **Verkehrsanschauung unter Berücksichtigung der örtlichen Gewohnheiten und den objektiven Merkmalen** bestimmt. Dabei sind die besonderen Bestimmungen nach § 1 Abs. 4 und 5 HmbGrStG zu beachten. Zur Bestimmung der wirtschaftlichen Einheit vgl. auch die Kommentierung von Bock in Grootens, BewG § 244 Rz. 23–37.

65–70 *(Einstweilen frei)*

2. Berechnung der Grundsteuer (§ 1 Abs. 1 Satz 2 HmbGrStG)

71 Die Grundsteuer ist in Anlehnung an § 27 Abs. 1 GrStG als **Jahressteuer** konzipiert und berechnet. Bezüglich der Erhebung der Steuern werden unter Umständen **Vorauszahlungen** nachschüssig festgelegt, vgl. § 11 Abs. 1 Satz 1 HmbGrStG i.V. mit § 28 GrStG unter Beachtung von § 10 HmbGrStG.

72 An der Berechnung der Grundsteuer selbst hat der Hamburger Gesetzgeber keine Änderungen vorgenommen: Weiterhin wird die Grundsteuer aus dem **Produkt des Grundsteuermessbetrags** nach § 1 Abs. 3 HmbGrStG **mit dem festgesetzten Hebesatz** für den Veranlagungszeitraum errechnet, § 1 Abs. 1 Satz 2 HmbGrStG, vgl. § 27 Abs. 1 Satz 1 GrStG.

1 Vgl. dazu die Kommentierung von Bock in Grootens, BewG, § 243 Rz. 19 ff.
2 Vgl. A B 218, A B 219, A B 243 NWB AEHmbGrStG; siehe auch A H 1 Abs. 1 Satz 2 NWB AEHmbGrStG.
3 Hamburger Bürgerschaft Drucks. 22/3583 S. 12 zu § 1 Abs. 1 HmbGrStG.
4 Vgl. Kurt in Grootens, BewG, § 218 BewG Rz. 83.
5 Vgl. A H 1 Abs. 1 Satz 1 HmbGrStG.

Aufgrund der abweichenden Bewertungsregelungen im Landesgesetz sind jedoch andere bzw. neue Zwischenberechnungen und Begriffe vorzufinden. Das **dreistufige Besteuerungsverfahren zur Ermittlung der Grundsteuer** nach dem HmbGrStG setzt sich wie folgt zusammen: 73

1. Feststellung der **Grundsteuerwerte für den Grund und Boden sowie der Wohn- und Nutzflächen der Gebäude**,
2. Festsetzung der **Grundsteuermessbeträge**,
3. Festsetzung der **Grundsteuer**.

Die Grundsteuer steht gem. Art. 106 Abs. 6 Satz 2 GG den Städten und Gemeinden zu. Die **Ermittlung und Festsetzung der Grundsteuer** erfolgt daher wie bisher durch die jeweils zuständige Gemeinde. 74

Folglich bleibt es dabei, dass die Gemeinde durch die Festlegung des **Hebesatzes** direkt die Höhe des Grundsteueraufkommens beeinflussen und steuern kann. Die Deckung des Finanzbedarfs der Gemeinde kann so auch mithilfe der Grundsteuer aktiv gestaltet werden. 75

Laut Pressemitteilungen des Hamburger Senats v. 1.7.2024 und 10.9.2024 sind in Hamburg bereits die Berechnungen für die Anpassung der Grundsteuerhebesätze 2025 abgeschlossen worden. Danach ist geplant, die Hebesätze für die Hamburger Grundsteuer ab 2025 für die Grundsteuer A auf 100 %, für die Grundsteuer B auf 975 % und für die Grundsteuer C auf 8.000 % festzulegen. Damit soll in Hamburg das Grundsteueraufkommen für die Bereiche „Wohnen" und "Nicht-Wohnen" aufkommensneutral bleiben. Das entsprechende Grundsteueränderungsgesetz soll im Oktober 2024 verabschiedet werden. 76

(Einstweilen frei) 77–80

3. Jahresbetrag und Rundungsvorschrift (§ 1 Abs. 1 Satz 3 HmbGrStG)

Über das GrStG hinausgehend bestimmt der Hamburger Gesetzgeber, dass die **Grundsteuer auf volle Cent abzurunden** ist (§ 1 Abs. 1 Satz 3 HmbGrStG). Diese Regelung entspricht der schon jetzt gelebten Verwaltungspraxis. 81

Bei der **Festsetzung von Klein- und Kleinstbeträgen** sind einerseits die gesonderten Vorschriften bei der Festsetzung von Vorauszahlungen nach § 10 HmbGrStG zu beachten, darüber hinaus auch die Vorschriften zur Festsetzung und Erhebung von Kleinstbeträgen nach allgemeinem Verfahrensrecht, vgl. § 11 Abs. 2 Satz 1 HmbGrStG i.V. mit § 156 AO. Die Kleinbetragsverordnung (KBV), die das in § 156 AO gegebene Verordnungsrecht ausübt, beinhaltet jedoch keine Regelung für die Grundsteuer oder den Grundsteuermessbetrag. Somit kann nur im Erhebungsverfahren die verwaltungsseitige „Kleinbetragsregelung" in Anspruch genommen werden, nach der festgesetzte Beträge von 3 € nicht eingetrieben oder gemahnt werden sowie Erstattungen bis zu 1 € nicht erstattet werden.[1] 82

(Einstweilen frei) 83–90

1 Vgl. BMF, Schreiben v. 22.3.2001 - IV A 4 - S 0512 - 2/01, BStBl 2001 I S. 242 NWB QAAAD-80019.

II. Berechnung des Grundsteuermessbetrags (§ 1 Abs. 2 HmbGrStG)

1. Definition des Grundsteuermessbetrags (§ 1 Abs. 2 HmbGrStG)

91 Der Hamburger Gesetzgeber hat durch § 1 Abs. 2 HmbGrStG in der dreigliedrigen Grundsteuerermittlung den **zweiten Schritt der Grundsteuermessbetragsermittlung** geregelt. Verfahrensrechtliche Einzelfragen werden durch § 7 HmbGrStG geregelt.

92 Der **Grundsteuermessbetrag**, auf dessen Basis die Grundsteuer mittels Hebesatzes ermittelt wird, ist in § 1 Abs. 3 Satz 1 HmbGrStG in zwei Teilbeträgen wiedergegeben:

1. Das Produkt des **Grundsteuerwerts des Grund und Bodens** mit der entsprechenden **Messzahl** nach § 4 HmbGrStG;
2. Das Produkt des **Grundsteuerwerts der Gebäudeflächen** mit der entsprechenden **Messzahl** nach § 4 HmbGrStG.

93 Die Grundsteuerwerte werden in § 1 Abs. 3 HmbGrStG wiedergegeben. Die dazugehörigen Messzahlen werden in § 4 HmbGrStG geregelt. Dabei ist zu beachten, dass etwaige **Ermäßigungen** – Denkmalschutz, Wohnraumförderung – auf die Messzahl selbst als Abschlag anzuwenden sind und nicht auf den Messbetrag angewendet werden. Dabei ist die sich ergebende Grundsteuermesszahl vor Anwendung auf die jeweiligen Grundsteuerwerte auf zwei Nachkommastellen der Prozentzahl abzurunden.[1]

94 Trotz der Eigenschaft Hamburgs als Stadtstaat und dem Nichtvorhandensein von Kommunen, wodurch dem Land selbst das Heberecht der Grundsteuer zufällt (§ 1 Abs. 2 GrStG), hält das Land Hamburg an dem **dreigliedrigen Besteuerungsverfahren** nicht nur in der Berechnung sondern auch in der verfahrensrechtlichen Umsetzung im Rahmen von Feststellungs-, Mess- und Steuerbescheid fest. Nach der hier vertretenen Auffassung ist aber zu erwarten, dass zwei oder sogar alle drei Bescheide in einem Dokument zusammengefasst werden, sodass zwar verfahrensrechtlich getrennte Verwaltungsakte vorliegen, die **Bekanntgabe** aber **zusammen** erfolgen wird. Vor der Besteuerung nach Landesrecht ab dem 1.1.2025 wird dies vermutlich nur für die Wertfeststellung und Messbetragsfestsetzung der Fall sein, da der Hebesatz erst im Jahr 2024 final feststehen wird.

95–100 *(Einstweilen frei)*

2. Rundung des Grundsteuermessbetrags (§ 1 Abs. 2 Satz 2 HmbGrStG)

101 Nach Anwendung der Messzahl auf den Grundsteuerwert und dem Addieren beider „Teilmessbeträge" ist der so ermittelte gesamte **Grundsteuermessbetrag auf volle Cent abzurunden**. Dies entspricht der auch bisher geübten Verwaltungspraxis.

102 Der so abgerundete Betrag ist der im Grundsteuermessbescheid festzusetzende Messbetrag, der die Basis für die Ermittlung der Grundsteuer (§ 1 Abs. 1 Satz 2 HmbGrStG) bildet.

103–110 *(Einstweilen frei)*

1 Vgl. A H 4.4 Abs. 2 Satz 2 NWB AEHmbGrStG.

III. Berechnung des Grundsteuerwerts (§ 1 Abs. 3 HmbGrStG)

1. Getrennte Ermittlung von Bodenwert und Gebäudewert

Die für die Berechnung des Grundsteuermessbetrags erforderlichen **Grundsteuerwerte** sind getrennt für den Grund und Boden und für die Wohn-/Nutzflächen der Gebäude zu ermitteln. Grund dafür sind zum einen unterschiedliche Äquivalenzzahlen (vgl. dazu § 3 HmbGrStG) für die Ermittlung des Grundsteuerwerts des Grund und Bodens und des Gebäudes und zum anderen die Grundsteuermesszahlen, welche für die Flächen des Grund und Bodens und der Wohn- und Nutzflächen der Gebäude ebenfalls unterschiedlich sein können. 111

(Einstweilen frei) 112–114

2. Grundsteuerwert des Grund und Bodens (§ 1 Abs. 3 Satz 1 HmbGrStG)

Der Grundsteuerwert des Grund und Bodens wird als **Äquivalenzbetrag der Flächen des Grund und Bodens** definiert, § 1 Abs. 3 Satz 1 HmbGrStG. Die konkrete Ermittlung des Grundsteuerwerts ergibt sich aus §§ 2 und 3 HmbGrStG. 115

Der Äquivalenzbetrag wird nach ausdrücklichem Wortlaut („Äquivalenzbetrag" nach Satz 1 entgegen „Äquivalenzbeträge" nach Satz 2) einheitlich ermittelt. Es findet damit nur eine Berechnung der Äquivalenzzahl der Flächen des Grund und Bodens statt. Somit findet stets eine **Gesamtbetrachtung der wirtschaftlichen Einheit** statt. Daraus folgt, dass einzelne Teilflächen nicht voneinander abgegrenzt oder unterschieden werden. Für die Bewertung der Wohngrundstücke und übergroßen Grundstücke nach § 3 Abs. 1 Satz 2 HmbGrStG dürfen damit keine Teilflächen ausgeschieden werden, sofern Sie zutreffend zum Grundvermögen und der wirtschaftlichen Einheit gehören. Das gilt vorbehaltlich der Landesgrenzenregelung nach § 1 Abs. 5 HmbGrStG. 116

Der Wert des Grund und Bodens in Gestalt des (einheitlichen) Äquivalenzbetrags wird nach seiner Berechnung auf volle Cent abgerundet, § 1 Abs. 3 Satz 1 Halbsatz 2 HmbGrStG. Hintergrund der Abrundung ist, dass die Äquivalenzbeträge nach § 3 HmbGrStG besonders bewertet werden (§ 3 Abs. 1 HmbGrStG). Dadurch werden sich in der Praxis in vielen Fällen Bruchteile von Cent im Rechenwege ergeben, was jedoch keinen Eingang in die Bewertung finden soll. Aus Vereinfachungsgründen wird daher der **Grundsteuerwert des Grund und Bodens abgerundet**. Gegenüber der initialen Gesetzesfassung wurde die Abrundungsvorschrift von einer auf zwei Nachkommastellen abgeschwächt.[1] 117

(Einstweilen frei) 118–120

3. Grundsteuerwert der Gebäudeflächen (§ 1 Abs. 3 Satz 2 HmbGrStG)

Der **Grundsteuerwert der Wohn- und Nutzflächen** der Gebäude wird auf Basis von ggf. mehreren Äquivalenzbeträgen der Gebäude und deren Flächen berechnet. Entgegen § 1 Abs. 3 Satz 1 HmbGrStG findet weder eine Abrundung noch eine einheitliche Ermittlung statt. 121

Während der initiale Gesetzentwurf zwar nicht im Wortlaut aber in der Begründung eine Abrundung der Gebäude-Äquivalenzbeträge auf volle Euro vorsah,[2] ist dies in der finalen Geset- 122

1 Art. 2 Nr. 1 des Gesetzes v. 22.6.2022, HmbGVBl 2022 S. 399.

2 Vgl. Hamburger Bürgerschaft Drucks. 22/3583 S. 12 zu § 1 Abs. 3 letzter Absatz.

zesbegründung nicht mehr enthalten.[1] Auch der Gesetzeswortlaut des § 1 Abs. 3 Satz 2 HmbGrStG weist **keine Rundungsregel für Gebäude-Äquivalenzbeträge** auf. Dies ist nur folgerichtig, da die Äquivalenzbeträge der Gebäudeflächen nur zu 0,50 € als Nachkommastelle berechnet werden können.

123 Durch den ausdrücklichen Wortlaut „Äquivalenzbeträge" wird deutlich, dass **die Gebäudeflächen jeweils einzeln** bzw. bezogen auf das Gebäude oder sogar auf die einzelnen Flächen berechnet werden. Diese Unterscheidung hat jedoch nach jetzigem Stand keine rechnerische Auswirkung, ermöglicht aber im Rahmen von z. B. Steuerbefreiungen eine feinere Abgrenzung der Steuerbefreiungen von den steuerpflichtigen Nutzungszwecken.

124–130 *(Einstweilen frei)*

IV. Zurechnung von Wirtschaftsgütern (§ 1 Abs. 4 HmbGrStG)

1. Zurechnung bei Ehegatten und Lebenspartnern (§ 1 Abs. 4 Satz 1 HmbGrStG)

131 Eine wirtschaftliche Einheit setzt grds. voraus, dass sie dem gleichen bzw. den **gleichen Eigentümern** unter Beachtung des § 39 AO zuzurechnen ist, § 11 Abs. 1 HmbGrStG i. V. mit § 2 Abs. 2 BewG. Liegen unterschiedliche wirtschaftliche Eigentümer vor, sind die Wirtschaftsgüter getrennt als wirtschaftliche Einheiten steuerlich zu erfassen und zu bewerten.

132 Dies gilt unabhängig davon, ob die Eigentümer **Ehegatten/Lebenspartner** sind. Hier setzt § 1 Abs. 4 Satz 1 HmbGrStG an. Danach wird bestimmt, dass der gleiche wirtschaftliche Eigentümer auch vorliegt, wenn nur ein Ehegatte/Lebenspartner ein Wirtschaftsgut besitzt, an dem der andere Ehegatte/Lebenspartner keinen (wirtschaftlichen) Eigentumsanteil innehat. Insoweit wird die **Eigentümeridentität gesetzlich fingiert**.

133 Diese Fiktion des Eigentümerverhältnisses soll dazu führen, dass die **Vorschrift des § 26 BewG a. F.** aus der Einheitsbewertung **fortgeführt** werden kann. Der Hamburger Gesetzgeber verwies darauf, dass sich diese Vorschrift in der Praxis bewährt habe.[2]

134 Damit weicht die Regelung grds. vom Bundesgesetz ab, in dem nach § 2 Abs. 2 BewG mehrere Wirtschaftsgüter nur einer wirtschaftlichen Einheit zugerechnet werden können, soweit diese **demselben Eigentümer** gehören. § 26 BewG a. F. wird im Zuge der Grundsteuerreform mit Wirkung vom 1.1.2025 durch das GrStRefG[3] vom 26.11.2019 aufgehoben, sodass es im Landesgesetz einer gesonderten Regelung bedurfte.

135 Im Bundesrecht wurde § 26 BewG a. F. durch das GrStRefG[4] vom 26.11.2019 nicht in das neue Bewertungssystem übernommen. Dies hätte jedoch für die Finanzverwaltung zu erheblichem zusätzlichem Mehraufwand geführt, da für die bisher nach §§ 26 und 34 Abs. 4–6 BewG a. F. gebildeten **wirtschaftlichen Einheiten bei gemischten Eigentumsverhältnissen** eine Teilung und entsprechende Neubewertung hätte erfolgen müssen. Dazu hätten sämtliche erforderlichen Daten über die neu entstehenden wirtschaftlichen Einheiten bei den Eigentümern abgefragt und aufgenommen werden müssen. Dieser Aufwand ist jedoch im Zuge der ersten

1 Vgl. Hamburger Bürgerschaft Drucks. 22/5460 S. 7 zu § 1 Abs. 3 letzter Absatz.
2 Hamburger Bürgerschaft Drucks. 22/3583 S. 12 zu § 1 Abs. 4.
3 BGBl 2019 I S. 1794.
4 BGBl 2019 I S. 1794.

Hauptfeststellung zu umfangreich, weshalb mit dem Fondsstandortgesetz/FoStoG vom 3.6.2021[1] der § 266 Abs. 5 BewG im Bundesrecht hinzugefügt wurde. Durch diese Vorschrift können nach den bisherigen gesetzlichen Regelungen bestehende wirtschaftliche Einheiten auch im Bundesgesetz weiterhin für Zwecke der Grundsteuerwertermittlung nach den neuen Regelungen zugrunde gelegt werden. Dies umfasst auch die bisher nach den §§ 26, 34 Abs. 4 und 6 BewG a. F. gebildeten wirtschaftlichen Einheiten. Folglich sind auch im Bundesrecht noch abweichend zu § 2 Abs. 2 BewG wirtschaftliche Einheiten bei getrennten Eigentumsverhältnissen möglich. Zu den Regelungen des Bundesrechts vgl. Grootens in Grootens, BewG, § 266 Rz. 111 –117.

Die Vorschrift des § 266 Abs. 5 BewG soll jedoch nur eine **Übergangsvorschrift** darstellen. Nach Art. 19 Abs. 3 FoStoG soll die Regelung **zum 31.12.2028 außer Kraft** treten. Sofern dies in Zukunft nicht geändert wird, sind die entsprechenden wirtschaftlichen Einheiten im Bundesrecht dann zur zweiten Hauptfeststellung auf den 1.1.2029 in Übereinstimmung mit § 2 Abs. 2 BewG entsprechend aufzuteilen, wodurch sich Abweichungen zum HmbGrStG ergeben. 136

BEISPIEL: 137

Ein Einfamilienhaus H (genutzt zu Wohnzwecken) ist benachbart an eine Garage G (genutzt für das Einfamilienhaus) errichtet worden. Ehegatte A erwarb die Garage vor der Ehe mit Ehegatte B. Das benachbarte Gebäude H wird nach der Eheschließung von A und B gemeinsam erworben.

Lösung nach § 2 BewG:
Das Grundstück der Garage G hat einen alleinigen Eigentümer (A). Hingegen weist das Gebäude H eine Grundstücksgemeinschaft als Eigentümer (A und B) aus. Somit ist nach § 2 Abs. 2 BewG zwingend das Gebäude G getrennt als wirtschaftliche Einheit vom Gebäude H zu bewerten und zu besteuern. Steuerpflichtiger ist für G Ehegatte A, für H jedoch die Ehegatten A und B gemeinsam als Gesamtschuldner (§ 10 Abs. 2 GrStG).

Lösung nach § 2 BewG i.V. mit § 1 Abs. 4 Satz 1 HmbGrStG
Die verschiedenen Eigentümerverhältnisse der Gebäude G und H allein führen nicht dazu, dass eine wirtschaftliche Einheit nicht vorliegen kann (§ 1 Abs. 4 Satz 1 HmbGrStG). Bei geeigneter Verkehrsanschauung könnten damit – trotz unterschiedlicher Eigentumsverhältnisse – beide Gebäude G und H in eine wirtschaftliche Einheit einbezogen werden. Daraus folgt, dass grundsteuerlich eine wirtschaftliche Einheit in Gestalt der Gebäude G und H und deren Grund und Boden besteht. Ehegatte B trägt nun auch das wirtschaftliche Risiko aus der Grundsteuerlast auf dem Grundstück G, was allein Ehegatte A zuzurechnen ist.

Somit wird deutlich, dass die Einteilung der wirtschaftlichen Einheit und die diesbezügliche Vorschrift nach § 1 Abs. 4 Satz 1 HmbGrStG auch steuerliche Auswirkungen sowie Haftungsrisiken bergen kann. 138

Der **Güterstand** (Gütergemeinschaft oder -trennung, Zugewinngemeinschaft) spielt bei der Bewertung und Abgrenzung der wirtschaftlichen Einheit keine Rolle. 139

Ungeachtet der Gesamtschuldnerschaft von Ehegatten/Lebenspartnern (§ 10 Abs. 2 GrStG) bleibt das Recht der Ehegatten/Lebenspartner, einen Aufteilungsbescheid nach dem allgemeinen Steuerverfahrensrecht i. S. der §§ 268 ff AO zu beantragen, unberührt. 140

(Einstweilen frei) 141–150

1 Gesetz zur Stärkung des Fondsstandorts Deutschland und zur Umsetzung der Richtlinie (EU) 2019/1160 zur Änderung der Richtlinien 2009/65/EG und 2011/61/EU im Hinblick auf den grenzüberschreitenden Vertrieb von Organismen für gemeinsame Anlagen (Fondstandortgesetz/FoStoG) v. 3.6.2021, BGBl 2021 I S. 1498.

2. Zurechnung bei Gebäuden auf fremden Grund und Boden (§ 1 Abs. 4 Satz 2 HmbGrStG)

151 In Abweichung vom Bundesrecht (§ 11 Abs. 1 Satz 2 HmbGrStG, § 262 BewG) ist im Falle von Gebäuden auf fremden Grund und Boden eine getrennte Bewertung und Besteuerung von Gebäuden und dem mit den Gebäuden belasteten Grund und Boden vorzunehmen.[1] Folge ist, dass die Äquivalenzbeträge wie folgt zuzuordnen sind:

- Der **Äquivalenzbetrag des Grund und Bodens** ist dem **Grundstückseigentümer** zuzuordnen;
- Die **Äquivalenzbeträge der Gebäude** sind dem (wirtschaftlichen) **Eigentümer des Gebäudes** (§ 39 Abs. 2 Satz 1 Nr. 1 AO, § 246 Abs. 1 Satz 2 HGB) zuzuordnen.

152 Laut Hamburger Gesetzgeber soll so die bewährte Vorgehensweise der Einheitsbewertung nach § 94 Abs. 1 Nr. 1 BewG a. F. fortgeführt werden.[2] Dies ist unter den Gesichtspunkten des Begriffs der wirtschaftlichen Einheit nach § 2 Abs. 2 BewG insbesondere hinsichtlich des gemeinsamen Eigentümers, der in den hier vorliegenden Fällen fehlt, zutreffend. Der **Eigentümerbegriff** nach § 2 Abs. 2 BewG beruht auf dem wirtschaftlichen Eigentümer nach § 39 AO. Dementsprechend liegen hier bereits nach der „reinen Lehre" des § 2 Abs. 2 BewG **zwei getrennt zu behandelnde wirtschaftliche Einheiten** vor. Inhaltlich hat die Vorschrift damit m. E. eher deklaratorische Wirkung.[3] Durch die nun auftretende Abweichung vom Bundesrecht (§ 11 Abs. 1 Satz 2 HmbGrStG) muss dies aber konstitutiv im Gesetz ausdrücklich erfolgen.

153 Insgesamt stellt diese Vorschrift eine **Arbeitserleichterung** für die Steuerpflichtigen dar, da Gebäudeeigentümer und Eigentümer des Grund und Bodens in seltenen Fällen die jeweils anderen Besteuerungsmerkmale kennen dürften. Insbesondere für die **Anzeigepflichten** bei Änderung der tatsächlichen Verhältnisse (§ 6 Abs. 5 Satz 2 und 3 HmbGrStG) sowie den Anzeigepflichten bei Veränderung der steuerbefreiten Nutzung (§ 7 Abs. 3 Satz 3 und 4 HmbGrStG) bedeutet dies eine erhebliche Arbeitserleichterung für das Aufdecken und Erklären der Veränderungen. Dennoch kann die **unterschiedliche Behandlung der Zuordnung der wirtschaftlichen Einheit bei Gebäuden auf fremden Grund und Boden zwischen dem Landes- und Bundesrecht** zu Verwirrungen in der Praxis führen und muss entsprechend beachtet werden.

154 Wann **Gebäude auf fremden Grund und Boden** vorliegen und damit eine gesonderte Erfassung des Gebäudes notwendig ist, richtet sich nach allgemeinen steuerlichen Grundlagen. Der Hamburger Gesetzgeber trifft hier keine eigene Definition. Damit ist – über § 11 Abs. 1 Satz 1 HmbGrStG – auf die allgemeinen **Abgrenzungsvorschriften** zurückzugreifen. Nach Auffassung der Hamburger Finanzbehörde liegt ein Gebäude auf fremden Grund und Boden in folgenden Fällen vor:

- Das Gebäude ist ein (nach zivilrechtlichen Maßstäben zu beurteilender) Scheinbestandteil (§ 95 BGB) des Grund und Bodens.[4]
- Das Gebäude ist bei Nutzungsbeendigung gegen Entschädigungsanspruch (privatrechtlich oder gesetzlich) zum Verkehrswert zugunsten des Gebäudeeigentümers errichtet

1 Vgl. A H 1 Abs. 2 Satz 7 NWB AEHmbGrStG.

2 Vgl. Hamburger Bürgerschaft Drucks. 22/5460 S. 7 zu § 1 Abs. 4.

3 Siehe auch Kurt in Grootens, BewG, § 228 BewG Rz. 160, a. A. Bock in Grootens, § 244 BewG, Rz. 47; Bock in Grootens, § 244 BewG Rz. 73.

4 Vgl. A H 1 Abs. 2 Satz 2 NWB AEHmbGrStG.

worden.[1] Dies ist nach Ansicht der Hamburger Finanzbehörde eine widerlegbare Anscheinsvermutung.[2]

Darüber hinaus sollten die Abgrenzungskriterien aus dem **Ertragsteuerrecht** übernommen werden können. Maßgebliche Vorschrift ist § 39 AO in Bezug auf das Gebäude. Eine starke Indizwirkung hat die oftmals gleich lautende Zuordnung nach Handelsrecht (§ 246 Abs. 1 Satz 1 HGB). Im Auslegungsweg können die Erlasse der Finanzverwaltung zur Behandlung von Miet- und Leasingverträgen herangezogen werden.[3] 155

Was ein Gebäude darstellt, ergibt sich ebenfalls aus den üblichen steuerrechtlichen Regelungen.[4] 156

Der **Begriff** des **Gebäudes auf fremden Grund und Boden** soll laut Hamburger Finanzbehörde sämtliche Bauwerke – also auch **Außenanlagen** und **Betriebsvorrichtungen** – umfassen, die damit dem Eigentümer des Gebäudes zugeordnet werden.[5] Sofern jedoch nur Bauwerke vorhanden sind, die keine Gebäude darstellen (Betriebsvorrichtungen, Außenanlagen, Hof- und Platzbefestigungen), ist das Grundstück als unbebaut zu behandeln. Ein „Gebäude auf fremden Grund und Boden" kann damit aus steuerrechtlicher Sicht nicht vorliegen. Entsprechend gilt die wirtschaftliche Einheit dann als unbebautes Grundstück (vgl. § 246 BewG).[6] 157

Ungeachtet dieser Loslösung des Gebäudes vom Grund und Boden gilt das Grundstück weiterhin als bebaut. Jedoch wird bei der Bewertung des Grund und Bodens nicht auf die vorhandenen Gebäudeflächen abgestellt. So entfällt die ermäßigte Bewertung nach § 3 Abs. 1 Nr. 1 HmbGrStG.[7] Hingegen findet die **Bewertung der übergroßen Grundstücke** in Abhängigkeit des bebauten Anteils (§ 3 Abs. 1 Nr. 2 und 3 HmbGrStG) uneingeschränkt Anwendung, da allein auf die bebaute Fläche, nicht auf die Gebäudeflächen selbst, abgestellt wird.[8] 158

(Einstweilen frei) 159–170

3. Keine Landesregelung für Erbbaurechte

Das HmbGrStG weicht hinsichtlich der zusammengefassten Bewertung von Erbbaurecht bzw. Wohnungs- und Teilerbbaurecht und dem belasteten Grundstück nicht vom **Bundesmodell** ab.[9] Damit gilt in solchen Fällen der § 261 BewG i.V. mit § 11 Abs. 1 HmbGrStG. Die Zusammenfassung auf Grundlage des Erbbaurechts bleibt damit wie im Bundesmodell erhalten. Zugerechnet wird die wirtschaftliche Einheit, bestehend aus dem belasteten Grund und Boden und dem Erbbaurecht, somit dem Erbbauberechtigten. Der Erbbauberechtigte muss damit weiterhin die Gebäude wie auch die Grunddaten erheben. Die Mitwirkungspflichten des Eigentümers des Grund und Bodens gelten hier entsprechend fort. Es wird dazu weiterhin auch auf die Kommentierung des Bundesgesetzes von Bock in Grootens, BewG, § 244 Rz. 47 –72 verwiesen. 171

(Einstweilen frei) 172–180

1 Vgl. A H 1 Abs. 2 Satz 3 NWB AEHmbGrStG.
2 Vgl. A H 1 Abs. 2 Satz 3 NWB AEHmbGrStG, „ist [da]von [...] auszugehen".
3 BMF, Schreiben v. 21.3.1972 - F/IV B 2 - S 2170 - 11/72, BStBl 1972 I S. 188 NWB ZAAAA-76909; BMF, Schreiben v. 23.12.1991 - IV B 2 - S 2170 - 115/91, BStBl 1992 I S. 13 NWB BAAAA-77030.
4 Vgl. Gleich lautender Ländererlass v. 5.6.2013, BStBl 2013 I S. 734 NWB DAAAE-40449; im Übrigen A 243 AeBewGrSt sowie Bock in Grootens, BewG, § 243 BewG Rz. 27 ff.
5 Vgl. A H 1 Abs. 2 Satz 5 NWB AEHmbGrStG.
6 Vgl. A H 1 Abs. 2 Satz 6 NWB AEHmbGrStG.
7 Vgl. A H 3.2 Abs. 2 Satz 2 NWB AEHmbGrStG.
8 Vgl. A H 3.2 Abs. 3 Satz 6 NWB AEHmbGrStG.
9 Vgl. H 1 Abs. 3 NWB AEHmbGrStG.

V. Umfang der wirtschaftlichen Einheit (§ 1 Abs. 5 HmbGrStG)

1. Bewertung und Erhebung (§ 1 Abs. 5 Satz 1 HmbGrStG)

181 Durch § 1 Abs. 5 HmbGrStG wird gesetzlich festgehalten, dass die Hamburger Bewertungs- und Verfahrensvorschriften nur auf dem **Gebiet des Landes Hamburgs** gelten. Dies ist insbesondere in Fällen größerer wirtschaftlicher Einheiten sinnvoll, die sich auch auf Bereiche der Länder Schleswig-Holstein oder Niedersachsen erstrecken können.

182 Hiervon nicht betroffen sind nach dem Wortlaut **wirtschaftliche Einheiten des land- und forstwirtschaftlichen Vermögens**. Aufgrund der gem. § 11 Abs. 1 Satz 1 HmbGrStG mit dem Bundesmodell gleichlaufenden Regelungen, vorbehaltlich der besonderen Ausführungen des § 9 HmbGrStG, sind hier zunächst keine Bewertungskonflikte zu erwarten, sofern eine solche wirtschaftliche Einheit überhaupt vorliegt.

183 Der Gesetzgeber hingegen ging davon aus, dass auch wirtschaftliche Einheiten des land- und forstwirtschaftlichen Vermögens von der Abgrenzung betroffen sind.[1] Angesichts des unmissverständlichen Wortlauts, der fehlenden Notwendigkeit einer Abgrenzung im Allgemeinen sowie der systematischen Platzierung der Vorschrift im Teil 1 („Grundstücke; Grundsteuer B/Grundsteuer C“) erscheint diese Auffassung als nicht tragbar.

184–190 *(Einstweilen frei)*

2. Eingrenzung der wirtschaftlichen Einheit (§ 1 Abs. 5 Satz 2 HmbGrStG)

191 Durch die Struktur des Landes Hamburg, in dem keine Kommunen gebildet wurden, hat damit die **Zerlegung** für Hamburger Zwecke vorbehaltlich des land- und forstwirtschaftlichen Vermögens keine Bedeutung.

192 Weitere Einzelheiten der Regelungen zur Abgrenzung der wirtschaftlichen Einheit sind bisher nicht bekannt. Nach der hier vertretenen Ansicht ist gegen eine sinngemäße Anwendung der Grundsätze nach § 231 BewG mit der Maßgabe der innerdeutschen Abgrenzung nichts einzuwenden, da hier eine vergleichbare Eingrenzung vorzunehmen ist. Die originäre Anwendung von § 231 BewG wurde zwar ausgeschlossen,[2] dies liegt aber vermutlich an der fehlenden Staatengrenze des Landes Hamburg zu einem ausländischen Staat.

§ 2 HmbGrStG Maßgebliche Flächen

(1) ¹Gebäudefläche bei Wohnnutzung ist die Wohnfläche im Sinne der Wohnflächenverordnung vom 25. November 2003 (BGBl I S. 2346) in der jeweils geltenden Fassung. ²Als Wohnnutzung gelten auch häusliche Arbeitszimmer. ³Im Übrigen ist die Nutzfläche des Gebäudes maßgeblich. ⁴Die Gebäudefläche ist durch eine geeignete Methode zu ermitteln.

(2) ¹Nutzflächen von Garagen, die in räumlichem Zusammenhang zu der Wohnnutzung stehen, der sie rechtlich zugeordnet sind, bleiben bis zu einer Fläche von insgesamt 50 m^2 außer Ansatz. ²Dies gilt unter den Voraussetzungen des Satzes 1 auch für Garagen, die eine eigene wirtschaftliche Einheit bilden.

(3) ¹Im Übrigen bleiben die Nutzflächen von Nebengebäuden von untergeordneter Bedeutung bis zu einer Fläche von 30 m^2 außer Ansatz, sofern sie in räumlichem Zusammenhang zur Wohnnutzung stehen, der

1 Vgl. Hamburger Bürgerschaft Drucks. 22/3583 S. 13 zu § 1 Abs. 5.

2 Vgl. A B 231 NWB AEHmbGrStG.

sie zu dienen bestimmt sind. [2]Dies gilt unter den Voraussetzungen des Satzes 1 auch für Nebengebäude, die eine eigene wirtschaftliche Einheit bilden.

(4) [1]Ein Grundstück gilt als unbebaut, wenn die darauf errichteten Gebäude, mit Ausnahme der Fälle des Absatzes 2 Satz 2, eine Gebäudefläche von insgesamt weniger als 30 m² haben. [2]Besteht ein Gebäude aus mehreren wirtschaftlichen Einheiten, ist die Gesamtgebäudefläche des Gebäudes anzusetzen. [3]Die Gebäudefläche bleibt in der Folge außer Ansatz. [4]§ 246 des Bewertungsgesetzes in der Fassung vom 1. Februar 1991 (BGBl I S. 231), zuletzt geändert am 21. Dezember 2020 (BGBl I S. 3096, 3129), in der jeweils geltenden Fassung bleibt im Übrigen unberührt.

(5) Die für dieses Gesetz maßgeblichen Flächen von Grund und Boden und Gebäuden sind auf volle Quadratmeter nach unten abzurunden.

Inhaltsübersicht **Rz.**

VERWALTUNGSANWEISUNGEN

Erlass der Finanzbehörde der Freien und Hansestadt Hamburg vom 8.7.2022 – Anwendung des Hamburgischen Grundsteuergesetzes (HmbGrStG) vom 24.8.2021 sowie zur teilweisen Anwendung des Siebenten Abschnitts des Zweiten Teils des Bewertungsgesetzes zur Bewertung des Grundbesitzes (Allgemeiner Teil und Grundvermögen) sowie für die Grundsteuer ab 1. Januar 2022 und des Grundsteuergesetzes ab 1. Januar 2025 (NWB AEHmbGrStG).

LITERATUR:

Edeltraut, Grundsteuerreform – Hamburg: Wohnlagemodell in Beck Steuer-Lotse, 2024.

A. Allgemeine Erläuterungen zu § 2 HmbGrStG

I. Normzweck und wirtschaftliche Bedeutung der Vorschrift

1 § 2 HmbGrStG bestimmt die maßgeblichen **Gebäudeflächen als Berechnungsgrundlage der Grundsteuer** im Landesrecht. Dabei regelt die Vorschrift in Abs. 1 die **Ermittlung der Wohn- und Nutzflächen für die Gebäudeflächen.**

2 Die Abs. 2–4 regeln verschiedenen **Sonderregeln und Vereinfachungen**. So werden **Garagen** und **Nebengebäude von untergeordneter Bedeutung** und **Gebäude mit geringen Gebäudeflächen** unter bestimmten Voraussetzungen bei der Ermittlung der Gebäudeflächen nicht berücksichtig und bleiben bei der Grundsteuer außer Ansatz.

3 § 2 Abs. 5 HmbGrStG bestimmt die **Rundungsregeln** für die im Landesgesetz maßgeblichen Flächen des Grund und Bodens und der Gebäudeflächen.

4–7 *(Einstweilen frei)*

II. Entstehung und Entwicklung der Vorschrift

8 § 2 HmbGrStG wurde mit dem HmbGrStG vom 24.8.2021[1] in das HmbGrStG aufgenommen. Weitere Ausführungen zu den gesetzlichen Regelungen finden sich im Hamburgischen Anwendungserlass vom 8.7.2022.[2]

9–12 *(Einstweilen frei)*

III. Geltungsbereich

13 Das HmbGrStG gilt für in Hamburg belegende Grundstücke.

14–15 *(Einstweilen frei)*

IV. Verhältnis zu anderen Vorschriften

16 Die ermittelten Gebäudeflächen nach § 2 HmbGrStG sind Ausgangspunkt für die Ermittlung der Äquivalenzbeträge (§ 1 Abs. 3 HmbGrStG). Diese sind wiederum Berechnungsgrundlage für den Grundsteuermessbetrag (§ 1 Abs. 2 HmbGrStG).

17–19 *(Einstweilen frei)*

B. Systematische Kommentierung

I. Bestimmung der Gebäudeflächen als Berechnungsgrundlage der Grundsteuer (§ 2 Abs. 1 HmbGrStG)

20 Der **Ermittlung der Gebäudeflächen** kommt im Landesgesetz eine besondere Bedeutung zu, da diese die **Berechnungsgrundlage** für alle weiteren Ausgangsbeträge zur Ermittlung der Grund-

1 Hamburgisches Grundsteuergesetz (HmbGrStG) v. 24.8.2021, HmbGVBl. Nr. 56 S. 600.

2 Erlass der Finanzbehörde der Freien und Hansestadt Hamburg vom 8.7.2022 – Anwendung des Hamburgischen Grundsteuergesetzes (HmbGrStG) vom 24.8.2021 sowie zur teilweisen Anwendung des Siebenten Abschnittes des Zweiten Teils des Bewertungsgesetzes zur Bewertung des Grundbesitzes (allgemeiner Teil und Grundvermögen) sowie für die Grundsteuer ab 1. Januar 2022 und des Grundsteuergesetzes ab 1. Januar 2025 (AEHmbGrStG).

steuer darstellen. Bei den Gebäudeflächen handelt es sich somit um die Ausgangsgröße. Bei dem hamburgischen Grundsteuermodell spricht man daher von einem „Flächenmodell".

Die richtige **Ermittlung der Gebäudeflächen** ist für den Grundstückseigentümer in zweierlei Hinsicht von wichtiger Bedeutung. Zum einen haben die Gebäudeflächen direkten Einfluss auf die Höhe der Grundsteuer, da pro m² Gebäudefläche die entsprechende Äquivalenzzahl angewandt wird. Zum anderen sind die Gebäudeflächen die einzigen Werte, welche noch vom Grundstückseigentümer selbst zu ermitteln sind und daher Fehler oder Ungenauigkeiten bei der Ermittlung auftreten könnten. Alle anderen Angaben und Werte zur Ermittlung der Grundsteuer sind grds. im Gesetz normiert und stehen somit fest. Auch die **Flächen für den Grund und Boden** sind i. d. R. bereits durch die Hinterlegung im Grundbuch bzw. im Kataster final erfasst. Dabei kann es aber zu Abgrenzungsschwierigkeiten der wirtschaftlichen Einheit bei mehreren Flurstücken kommen. 21

Für die Ermittlung der Gebäudeflächen ist zwischen **Wohnflächen und Nichtwohnflächen – den sog. Nutzflächen** – zu unterscheiden. Grund dafür sind die Differenzierungen bei den Grundsteuermesszahlen zwischen Wohn- und Nichtwohnflächen. 22

(Einstweilen frei) 23–25

1. Gebäudeflächen bei Wohnnutzung

Wohnflächen liegen vor, wenn die Flächen Wohnzwecken dienen.[1] Für zu Wohnzecken genutzten Gebäuden ist die **Wohnfläche nach der Wohnflächenverordnung** (WoFlV) vom 25.11.2003[2] zu ermitteln. Im HmbGrStG wurde die Ermittlung der Wohnflächen anhand der Wohnflächenverordnung gewählt, da diese Methode in der Praxis in verschiedenen Bereichen zur Bestimmung der Wohnfläche herangezogen wird und heutzutage die am häufigsten angewendete Methode darstellt. Gesetzlich vorgeschrieben ist die Anwendung der WoFlV jedoch nur für Wohnflächen nach dem **Wohnraumförderungsgesetz**. Für **freifinanzierte Wohnflächen** gibt es keine gesetzliche Bestimmung zur Ermittlung der Wohnfläche. Andere **Methoden zur Wohnflächenberechnung** sind z. B. die **II. Berechnungsverordnung (II. BV)** sowie die Berechnungen nach **DIN 283** und **DIN 277**. 26

Die **II. BV** galt bis zum 31.12.2003 zwingend für preisgebundenen Wohnraum, wurde jedoch mit Inkrafttreten der WoFlV zum 1.4.2004 von dieser abgelöst und wird daher heutzutage grds. nicht mehr angewandt. Lediglich für bis zum 31.12.2013 berechnete Wohnflächen, die seither keine baulichen Veränderungen erfahren haben, ist die II. BV in der Praxis noch gültig. Ist die Wohnfläche zulässigerweise bis zum 31.12.2003 nach der II. BV berechnet worden und haben sich keine baulichen Änderungen ergeben, kann diese Berechnung hilfsweise für die Ermittlung von Wohn- und Nutzfläche zugrunde gelegt werden.[3] 27

Ebenfalls in der Praxis häufig anzutreffen ist die Berechnung der Wohnfläche nach **DIN 277**. Diese Berechnungsmethode ist vor allem zur Kostenplanung von Wohnungsbauprojekten weit verbreitet. Bei der DIN 277 werden an sich keine Wohnflächen ermittelt, sondern vielmehr Funktions-, Nutz- und Verkehrsflächen. Aufgrund dieser differenzierten Berechnungslogik führt die Berechnung der Wohnfläche nach DIN 277 häufig zu einer größeren Wohnfläche als die Berechnung der Wohnfläche nach der WoFlV. 28

---

1 Vgl. A H 2.1 Abs. 1 Satz 1 AEHmGrStG.

2 Wohnflächenverordnung v. 25.11.2003 (BGBl 1003 I S. 2346).

3 Vgl. A H 2.1 Abs. 2 Satz 2 AEHmbGrStG.

29 Berechnungen nach **DIN 283** sind heutzutage nur noch selten anzutreffen. Die Regelung stammt bereits aus dem Jahre 1951, wurde bereits im Jahr 1983 (Blatt 2) bzw. 1989 (Blatt 1) zurückgezogen, um keine Überschneidung mit der Methode nach DIN 277 zu erzeugen. Dennoch kann in der Praxis die Methode weiterhin durch die Vereinbarung beider zwischen Vermieter und Mieter zur Wohnflächenberechnung anwendbar sein.

30 Aufgrund der unterschiedlichen Methoden zur Ermittlung von Wohnflächen ist in der Praxis vom Grundstückseigentümer zu prüfen, auf welcher Berechnungsgrundlage eine ggf. bisher existierende Wohnfläche (z. B. aus Mietverträgen oder Kaufverträgen) beruht. Gegebenenfalls ist dann **eine Neuberechnung nach der WoFlV** notwendig. Insbesondere bei umfangreichem Grundbesitz oder großen Wohnflächen sollte die Berechnung ausführlich geprüft bzw. dieser eine angemessene Bedeutung zugemessen werden.

31–33 *(Einstweilen frei)*

2. Einzelheiten zur Ermittlung der Wohnfläche

a) Ermittlung der Wohnfläche nach der Wohnflächenverordnung

34 Bei der **Ermittlung der Wohnfläche nach WoFlV** werden alle Räume innerhalb der Wohnung in die Berechnung miteinbezogen. Dazu zählen insbesondere neben den Wohnräumen auch die **Toiletten, Bäder, Flure oder z. B. Abstell-/Hauswirtschaftsräume**. Weitere Räume, die nicht innerhalb der Wohnung liegen, sind nicht Teil der Wohnfläche. Dies können z. B. **Kellerräume oder Garagen sein. Terrassen, Logien oder Balkone** sind i. d. R. mit $^1/_4$, höchstens jedoch mit $^1/_2$ der Fläche anzurechnen.

35 Die **Ermittlung der Grundflächen erfolgt nach den lichten Maßen**, also von Wand zu Wand. Dies bedeutet, dass z. B. **Heizkörper** für die Berechnung ignoriert werden. Flächen mit einer Höhe von mehr als 1 m und weniger als 2 m, wie z. B. **Dachschrägen**, sind nur zur Hälfte zu berücksichtigen. Grundflächen von Räumen und Raumteilen mit einer lichten Höhe von weniger als 1 m sind nicht anzurechnen.[1]

36 Die **Wohnflächenverordnung** vom 25.11.2003 in der aktuell gültigen Fassung lautet:

§ 1 Anwendungsbereich, Berechnung der Wohnfläche

(1) Wird nach dem Wohnraumförderungsgesetz die Wohnfläche berechnet, sind die Vorschriften dieser Verordnung anzuwenden.

(2) Zur Berechnung der Wohnfläche sind die nach § 2 zur Wohnfläche gehörenden Grundflächen nach § 3 zu ermitteln und nach § 4 auf die Wohnfläche anzurechnen.

§ 2 Zur Wohnfläche gehörende Grundflächen

(1) Die Wohnfläche einer Wohnung umfasst die Grundflächen der Räume, die ausschließlich zu dieser Wohnung gehören. Die Wohnfläche eines Wohnheims umfasst die Grundflächen der Räume, die zur alleinigen und gemeinschaftlichen Nutzung durch die Bewohner bestimmt sind.

(2) Zur Wohnfläche gehören auch die Grundflächen von

1. *Wintergärten, Schwimmbädern und ähnlichen nach allen Seiten geschlossenen Räumen sowie*

1 Vgl. A H 2.1 Abs. 3 Satz 8 AEHmbGrStG.

2. *Balkonen, Loggien, Dachgärten und Terrassen,*

wenn sie ausschließlich zu der Wohnung oder dem Wohnheim gehören.

(3) Zur Wohnfläche gehören nicht die Grundflächen folgender Räume:

1. *Zubehörräume, insbesondere:*
   a) *Kellerräume,*
   b) *Abstellräume und Kellerersatzräume außerhalb der Wohnung,*
   c) *Waschküchen,*
   d) *Bodenräume,*
   e) *Trockenräume,*
   f) *Heizungsräume und*
   g) *Garagen,*
2. *Räume, die nicht den an ihre Nutzung zu stellenden Anforderungen des Bauordnungsrechts der Länder genügen, sowie*
3. *Geschäftsräume.*

§ 3 Ermittlung der Grundfläche

(1) Die Grundfläche ist nach den lichten Maßen zwischen den Bauteilen zu ermitteln; dabei ist von der Vorderkante der Bekleidung der Bauteile auszugehen. Bei fehlenden begrenzenden Bauteilen ist der bauliche Abschluss zu Grunde zu legen.

(2) Bei der Ermittlung der Grundfläche sind namentlich einzubeziehen die Grundflächen von

1. *Tür- und Fensterbekleidungen sowie Tür- und Fensterumrahmungen,*
2. *Fuß-, Sockel- und Schrammleisten,*
3. *fest eingebauten Gegenständen, wie z. B. Öfen, Heiz- und Klimageräten, Herden, Bade- oder Duschwannen,*
4. *freiliegenden Installationen,*
5. *Einbaumöbeln und*
6. *nicht ortsgebundenen, versetzbaren Raumteilern.*

(3) Bei der Ermittlung der Grundflächen bleiben außer Betracht die Grundflächen von

1. *Schornsteinen, Vormauerungen, Bekleidungen, freistehenden Pfeilern und Säulen, wenn sie eine Höhe von mehr als 1,50 Meter aufweisen und ihre Grundfläche mehr als 0,1 Quadratmeter beträgt,*
2. *Treppen mit über drei Steigungen und deren Treppenabsätze,*
3. *Türnischen und*
4. *Fenster- und offenen Wandnischen, die nicht bis zum Fußboden herunterreichen oder bis zum Fußboden herunterreichen und 0,13 Meter oder weniger tief sind.*

(4) Die Grundfläche ist durch Ausmessung im fertig gestellten Wohnraum oder auf Grund einer Bauzeichnung zu ermitteln. Wird die Grundfläche auf Grund einer Bauzeichnung ermittelt, muss diese

1. *für ein Genehmigungs-, Anzeige-, Genehmigungsfreistellungs- oder ähnliches Verfahren nach dem Bauordnungsrecht der Länder gefertigt oder, wenn ein bauordnungsrechtliches Verfahren nicht erforderlich ist, für ein solches geeignet sein und*

2. *die Ermittlung der lichten Maße zwischen den Bauteilen im Sinne des Absatzes 1 ermöglichen.*

Ist die Grundfläche nach einer Bauzeichnung ermittelt worden und ist abweichend von dieser Bauzeichnung gebaut worden, ist die Grundfläche durch Ausmessung im fertig gestellten Wohnraum oder auf Grund einer berichtigten Bauzeichnung neu zu ermitteln.

§ 4 Anrechnung der Grundflächen

Die Grundflächen

1. *von Räumen und Raumteilen mit einer lichten Höhe von mindestens zwei Metern sind vollständig,*
2. *von Räumen und Raumteilen mit einer lichten Höhe von mindestens einem Meter und weniger als zwei Metern sind zur Hälfte,*
3. *von unbeheizbaren Wintergärten, Schwimmbädern und ähnlichen nach allen Seiten geschlossenen Räumen sind zur Hälfte,*
4. *von Balkonen, Loggien, Dachgärten und Terrassen sind in der Regel zu einem Viertel, höchstens jedoch zur Hälfte*

anzurechnen.

§ 5 Überleitungsvorschrift

Ist die Wohnfläche bis zum 31. Dezember 2003 nach der Zweiten Berechnungsverordnung in der Fassung der Bekanntmachung vom 12. Oktober 1990 (BGBl. I S. 2178), zuletzt geändert durch Artikel 3 der Verordnung vom 25. November 2003 (BGBl. I S. 2346), in der jeweils geltenden Fassung berechnet worden, bleibt es bei dieser Berechnung. Soweit in den in Satz 1 genannten Fällen nach dem 31. Dezember 2003 bauliche Änderungen an dem Wohnraum vorgenommen werden, die eine Neuberechnung der Wohnfläche erforderlich machen, sind die Vorschriften dieser Verordnung anzuwenden.

37 Aus Vereinfachungsgründen bestehen grds. keinen Bedenken, wenn die Daten zur Fläche aus amtlichen oder privatrechtlichen Unterlagen oder beidem übernommen werden, wie z. B.

- Bauunterlagen,
- Miet- oder Kaufverträge,
- Nebenkosten- oder Wohngeldabrechnungen,
- (Gebäude-)Versicherungs- und Finanzierungsunterlagen,

und keine offensichtlichen Zweifel an den Angaben bestehen.[1] Der Steuerpflichtige muss folglich für die Erklärung zur Ermittlung der Äquivalenzbeträge die Gebäudeflächen nicht zwingend neu berechnen oder ermitteln, sondern kann vielmehr auf bereits vorliegende Daten zurückgreifen.

38–40 *(Einstweilen frei)*

b) Das häusliche Arbeitszimmer als Wohnnutzung

41 **Als Wohnnutzung gelten auch häusliche Arbeitszimmer** (§ 2 Abs. 1 Satz 2 HmbGrStG). Die Einbeziehung des häuslichen Arbeitszimmers in die Wohnfläche dient in erster Linie der Verfah-

1 Vgl. A H 2.1 Abs. 2 Satz 3 AEHmbGrStG.

renserleichterung sowohl für den Steuerpflichtigen als auch für die Finanzverwaltung. Eine gesonderte Berechnung der Nutzfläche für das Arbeitszimmer, welches eigentlich keinen Wohnzecken dient, scheidet dann aus. Eine Einschränkung zur **Nutzung des häuslichen Arbeitszimmers** macht das Landesgesetz nicht. Entsprechend führt auch die Nutzung des häuslichen Arbeitszimmers für z. B. freiberufliche Zwecke zu einer Zurechnung zur Wohnfläche.[1] Ob das häusliche Arbeitszimmer baulich in der Wohnung liegen muss oder auch ein baulich abgetrenntes Arbeitszimmer Teil der Wohnfläche sein kann, lässt das Gesetz offen.[2] Eine Abgrenzung kann sich daher in der Praxis schwierig gestalten.

(Einstweilen frei) 42–43

c) Besonderheiten bei ungenutzten Flächen

Ungenutzte oder leerstehende Flächen gelten als zu Wohnzwecken genutzt, wenn diese vorher Wohnzwecken dienten. Dies gilt so lange, bis die Flächen zu einer anderen Nutzung genutzt werden. Der Zeitpunkt der anderen Nutzung beginnt, wenn dies objektiv erkennbar ist. Objektiv erkennbar ist die **geänderte Nutzungsabsicht** grds. dann, wenn nach außen hin erkennbare Handlungen zur Nutzungsänderung vorgenommen werden. Dies können z. B. sein: 44

- Nachhaltige Vermietungsbemühungen,
- Baugenehmigung,
- Genehmigung einer Nutzungsänderung,
- Beginn von Umbauarbeiten.

Bei **Nutzungsänderungen** sollte der Grundstückseigentümer daher zukünftig den Zeitpunkt mit entsprechenden Unterlagen und Nachweisen dokumentieren, um diese bei Nachfrage durch das Finanzamt bereitstellen zu können. 45

Nicht zur Wohnnutzung gehören Wohn- und Schlafräume, welche zur **kurzfristigen Beherbergung an Personen** vermietet werden. Dazu zählen z. B. Beherbergungsstätten, aber auch Ferienwohnungen. Insoweit einzelne Räumlichkeiten vermietet werden, die zu einer Wohnung gehören, die ansonsten zu Wohnzwecken genutzt wird, kommt es auf die **überwiegende Nutzung** an.[3] In diesen Fällen bedarf es folglich einer **Einzelfallbetrachtung**, welche bei Veränderungen über verschiedene Besteuerungszeiträume ggf. auch zu unterschiedlichen Ergebnissen kommen kann. Entsprechend sollten diese Fälle regelmäßig überwacht und ggf. neu beurteilt werden. 46

(Einstweilen frei) 47–49

3. Gebäudeflächen bei Nichtwohnnutzung

Für **Gebäudeflächen, die nicht der Wohnnutzung dienen**, bestimmt sich die Fläche nach der **Nutzfläche** (§ 2 Abs. 1 Satz 3 HmbGrStG). Zu den Nutzflächen zählen dabei die Gebäudeflächen, welche betrieblichen (z. B. Werkstätten, Verkaufsläden, Büroräume), öffentlichen oder sonstigen Zwecken (z. B. Vereinsräume) dienen und keine Wohnflächen sind.[4] Das Gesetz ent- 50

1 Vgl. A H 2.1 Abs, 1 Satz 2 AEHmbGrStG.

2 Vgl. Bock in Grootens, BewG, § 249 Rz. 37; auch Bock in Viskorf/Schuck/Wälzholz, BewG (Online-Stand: Mai 2021), § 181 Rz. 13 NWB ZAAAH-14449.

3 Vgl. A H 2.1 Abs. 4 Satz 3 AEHmbGrStG.

4 Vgl. A H 2.1 Abs. 5 Satz 2 AEHmbGrStG.

hält dabei keine Bestimmung, wie genau die Nutzfläche zu berechnen ist. Nach der Gesetzesbegründung bezieht sich die Nutzfläche dabei auf die nach **DIN 277** ermittelte Nutzfläche. Dabei soll insbesondere die Nutzfläche nach DIN 277-1: 2005-02 und bei Bauten mit Baujahren ab dem Kalenderjahr 2016 die Nutzfläche nach DIN 277-1: 2016-01 angesetzt werden.

51 Unter der **Nutzungsfläche (NUF)** – ab 2016 bzw. **Nutzfläche (NF)** – vor 2016 nach DIN 277 sind alle Geschossflächen zu verstehen, welche entsprechend der Zweckbestimmung des Bauwerks genutzt werden. Nicht Teil der NUF/NF sind die **Konstruktionsfläche (KGF)**, die **Technische Funktionsfläche (TF)** und die **Verkehrsfläche (VF)**.

52 Die **NUF/NF** wird nach Din 277 in sieben **Nutzungsgruppen** unterteilt:

- Wohnen und Aufenthalt,
- Büroarbeit,
- Produktion, Hand- und Maschinenarbeit, Experimente,
- Lagern, Verteilen, Verkaufen,
- Bildung, Unterricht, Kultur,
- Heilen und Pflegen,
- Sonstige Nutzflächen.

53 Danach gehören zu den Nutzflächen in jedem Fall die Flächen von:

- Verkaufsräumen,
- Büroräumen,
- Besprechungsräumen,
- Teeküchen,
- Werkhallen,
- Laboren,
- Lagerhallen,
- EDV-Serverräumen,
- Archiven/Registraturen,
- Räumen für medizinische Untersuchungen und Behandlungen,
- Ausstellungsräumen,
- Bühnenräumen,
- Sporträumen,
- Sanitärräumen,
- Umkleideräumen,
- Abstellräumen,
- (Dach-)Terrassen, Balkonen und Loggien.[1]

54 Ein **anteiliger Ansatz von z. B. (Dach-)Terrassen, Balkonen und Flächen unter Dachschrägen** ist, im Gegensatz zur Wohnflächenberechnung nach der WoFlV, in der DIN 277 nicht vorgesehen. **Wenn Flächen als Nutzfläche anzusetzen sind, dann in voller Höhe.**[2]

1 Vgl. A H 2.1 Abs. 7 Satz 1 AEHmbGrStG.
2 Vgl. A H 2.1 Abs. 7 Satz 2 und 3 AEHmbGrStG.

Zu den **nicht zur NUF/NF zählenden Flächen** gehören z. B. bei der: 55

- **Konstruktionsfläche (KGF):**
  - Wände, Stützen, Pfeiler, Wandöffnungen
- **Technische Funktionsfläche (TF):**
  - Betriebstechnische Anlage wie Wasseraufbereitung, Ver- und Entsorgung, Heizung, Elektrische Stromversorgung, Aufzugsanlagen
- **Verkehrsfläche (VF):**
  - Flure, Hallen, Treppen, sonstige Verkehrsflächen

(Einstweilen frei) 56–57

4. Abweichende Ermittlungsmethoden der Gebäudeflächen

Die **Flächenermittlung** kann in der Praxis sehr komplex und aufwendig für den Grundstückseigentümer werden. Insbesondere bei alten und historisch gewachsenen Bauwerken und Gebäudekomplexen sind die Daten zur Wohn- oder Nutzfläche ggf. nicht mehr vorhanden und müssen neu ermittelt werden. Dies wird vor allem die bisher im **Sachwertverfahren** bewerteten wirtschaftlichen Einheiten betreffen, da für diese nach der „alten" Regelung zum Einheitswert nur der umbaute Raum für die Ermittlung der Einheitswerte benötigt wurde. Angaben zur Wohn-/Nutzfläche sind entsprechend nicht in den Erklärungen zur Feststellung der Einheitswerte enthalten und aus den Einheitswertbescheiden auch nicht ersichtlich. 58

Nach § 2 Abs. 1 Satz 4 HmbGrStG ist die **Gebäudefläche durch eine geeignete Methode** zu ermitteln. Die Vorschrift kann m. E. als **Auffangklausel** verstanden werden, welche in der Praxis z. B. für die in der vorstehenden Rz. 57 genannten Fälle genutzt werden kann, insbesondere wenn die Ermittlung nach DIN 277 mit einem unverhältnismäßigen Aufwand verbunden ist.[1] Denn nach § 2. Abs. 1 Satz 4 HmbGrStG ist auch eine Ermittlung der Wohnfläche abweichend nach der WoFlV bzw. eine Ermittlung der Nutzfläche abweichend nach DIN 277 gestattet. Eine genaue Methode ist dabei nicht vorgeschrieben. Es muss sich nach dem Gesetz lediglich um eine **geeignete Methode zur Ermittlung der Gebäudeflächen** handeln. 59

Was als **geeignete Methode** anzusehen ist, definiert das Gesetz nicht weiter und lässt damit viel Spielraum zu. Hierzu wären genauere Vorgaben durch den Gesetzgeber zu begrüßen, um in der Praxis Rechtssicherheit für den Steuerpflichtigen zu gewährleisten und ggf. Auseinandersetzungen mit der Finanzverwaltung zu vermeiden. Nach der Gesetzesbegründung soll aber eine „Vermessung der Räumlichkeiten und eine daraus abgeleitete Berechnung der Flächengröße" das vorrangig geeignete Mittel sein. Es ist aber auch bei Vorhandensein des umbauten Raumes eine Umrechnung auf Basis hinreichend gesicherter Erkenntnisse und Methoden gestattet.[2] Hinreichend gesicherte Erkenntnisse und Methoden könnten dabei z. B. veröffentlichte **Umrechnungskoeffizienten** durch z. B. Gutachterausschüsse oder Sachverständige sein. Nach diesen Grundsätzen sollte m. E. auch die **Umrechnung der Bruttogrundfläche** mittels einschlägiger Umrechnungskoeffizienten in die Wohn-/Nutzfläche gestattet sein. 60

PRAXISHINWEIS 61

Inwieweit die Vorschrift des § 2 Abs. 1 Satz 4 HmbGrStG den Aufwand für den Steuerpflichtigen tatsächlich vereinfachen und reduzieren wird, muss sich in der Praxis zeigen. Dieses wird vor allem an der Aus-

1 Vgl. A H 2.1 Abs. 6 Satz 6 AEHmbGrStG.
2 Vgl. A H 2.1 Abs. 6 Satz 5 AEHmbGrStG.

legung und Anwendung durch die Finanzverwaltung hängen und welche sie als geeignete Methode zur Ermittlung der Gebäudefläche tatsächlich zulässt. Insbesondere eine Umrechnung durch Koeffizienten von der Bruttogrundfläche oder des umbauten Raumes kann dabei den Aufwand für den Steuerpflichten deutlich reduzieren, da solche Umrechnungskoeffizienten für viele Gebäudearten und Gebiete vorliegen. Aufgrund der Rechtsunsicherheit über die Anerkennung solcher Vereinfachungen, sollte der Steuerpflichtige die Anwendung vorher mit dem zuständigen Finanzamt abstimmen – zumindest so lange noch keine klaren Aussagen seitens des Gesetzgebers vorhanden sind. Ebenfalls ist zu beachten, dass die Anwendung von Vereinfachungen immer auf Pauschalierungen beruht und damit Unschärfen enthält, welche auch zuungunsten und folglich zu einer evtl. höheren Grundsteuer für den Steuerpflichtigen führen können als eine genaue Berechnung der Gebäudefläche nach der WoFlV oder z. B. DIN 277. Entsprechend ist vorher abzuwägen, ob die Anwendung von Umrechnungskoeffizienten auch wirtschaftlich sinnvoll ist. Bei umfangreichem Grundbesitz kann sich im Vorhinein eine Stichprobe zum Vergleich zwischen vereinfachender Umrechnung und detaillierter Flächenberechnung anbieten.

62 Nach der Gesetzesbegründung zum Gesetzesentwurf vom 16.3.2021[1] ist die Vorschrift des § 245 BewG auch im Landesgesetz anzuwenden, wonach **Gebäude, Gebäudeteile und Anlagen für den Zivilschutz** unberührt bleiben. Dies ergibt sich daraus, dass das HmbGrStG keine abweichende Regelung zum Bundesgesetz enthält und die Vorschrift des § 245 BewG mithin auch in Hamburg Anwendung findet (vgl. § 11 HmbGrStG). Die Gebäudeflächen der Bauwerke für den Zivilschutz bleiben daher für die Ermittlung der Äquivalenzbeträge außer Ansatz. Vgl. dazu auch die Kommentierung von Bock in Grootens, BewG, § 245.

63–65 *(Einstweilen frei)*

5. Besonderheiten bei gemischt genutzten Gebäuden

66 Aus der Differenzierung der Gebäudeflächen zwischen Wohn- und Nutzflächen können sich in der Praxis Schwierigkeiten bei der korrekten **Berechnung/Aufteilung bei gemischt genutzten Gebäuden** ergeben. Daher ist zu begrüßen, dass im Hamburgischen Anwendungserlass Klarstellungen für solche Fälle getroffen wurden. Danach werden bei einem Gebäude, das sowohl für Wohnzwecke als auch für andere Zwecke verwendet wird, Zubehörräume wie z. B. Kellerräume, unterschiedlich behandelt, je nachdem welcher Nutzung sie dienen oder zu dienen bestimmt sind. Werden Zubehörräume gemeinschaftlich sowohl im Zusammenhang mit Wohnzwecken als auch mit anderen Zwecken verwendet (z. B. ein Fahrradkeller sowohl von Wohnungs- wie auch Gewerbemietern), ist die Fläche nicht aufzuteilen, sondern der überwiegenden Nutzung zuzuordnen. Die überwiegende Nutzung ist anhand eines geeigneten Maßstabs festzustellen (z. B. Anzahl der Mietparteien, tatsächlich überwiegende Flächennutzung).[2]

67 **BEISPIEL:**[3]

- 420m² Wohnfläche
- 200 m² Nutzfläche, davon
  - 100 m² betrieblich genutzte Flächen,
  - 50 m² Kellerräume in einem Nutzungszusammenhang mit Wohnflächen und
  - 50 m² in einem Nutzungszusammenhang mit den betrieblich genutzten Flächen.

Lösung: Damit ergibt sich eine Wohnfläche von 420 m² und eine Nutzfläche von 150 m², das heißt eine Gebäudefläche im Sinne des HmbGrStG von insgesamt 570 m². Die zur Wohnnutzung gehörenden Kellerräume (Nutzfläche 50 m²) sind hierbei nicht zu berücksichtigen.

1 Vgl. Hamburger Bürgerschaft Drucks. 22/3583 v. 16.3.2021, Entwurf eines Hamburgischen Grundsteuergesetzes.
2 Vgl. A H 2.1 Abs. 9 AEHmbGrStG.
3 Vgl. A H 2.1 Abs. 11 Beispiel AEHmbGrStG.

(Einstweilen frei) 68–69

II. Sonderregeln zur Berücksichtigung von Garagen (§ 2 Abs. 2 HmbGrStG)

§ 2 Abs. 2 HmbGrStG enthält **Vereinfachungsregelungen für Garagen**. Danach bleiben **Garagen mit einer Fläche bis zu 50 m²** außer Ansatz, wenn diese im **räumlichen Zusammenhang zu der Wohnung** stehen, der sie rechtlich zugeordnet sind. Grund für diese Vereinfachung ist, dass bei der Wohnnutzung die Wohnfläche vorrangig ist und sich insbesondere anhand der Wohnfläche die Inanspruchnahme der Infrastrukturleistungen der Gemeinde durch den Grundstückseigentümer orientiert. Eine Garage ist dabei eher als ein notwendiges Bauwerk, das mit der Wohnnutzung einhergeht, zu verstehen, durch die sich aber keine Inanspruchnahme von besonderen oder zusätzlichen Leistungen durch den Grundstückseigentümer ergibt. 70

Eine **Garage nach dem HmbGrStG** ist dabei eine meist abschließbare, überdachte oder überdeckte und durch feste Wände (mit Garagentor) umschlossene Abstellmöglichkeit für Fahrzeuge; ein nach mehreren Seiten offener Carport ist nicht als Gebäude anzusehen. Folglich bleiben **offene Carports bei der Gebäudefläche unberücksichtigt.**[1] 71

Die Garage muss dabei in **räumlichen Zusammenhang mit der Wohnnutzung** stehen, der sie rechtlich zugeordnet ist. **Rechtlich zugeordnet** ist die Garage zur Wohnnutzung, wenn diese dinglich mit der Wohnfläche verknüpft ist. Dies in grds. gegeben, wenn die Wohnnutzung und die Garage eine wirtschaftliche Einheit bilden (z. B. Ein-/Zweifamilienhaus mit Garage, Wohnungseigentum mit Sondernutzungsrecht an einem Stellplatz). Eine wirtschaftliche Einheit setzt dabei nicht voraus, dass sich die Garage und die Wohnfläche auf demselben Grundstück befinden. 72

Eine rechtliche Zuordnung der Garage zur Wohnnutzung liegt auch bei einer **vertraglichen Verknüpfung** vor. Dies kann z .B. der Fall sein, wenn eine Garage im Zusammenhang mit einer Wohnung durch denselben Vermieter im Rahmen eines Mietvertrages überlassen wird. Die rechtliche Zuordnung der Garage zur Wohnnutzung ist folglich auch möglich, soweit die Garage eine eigene wirtschaftliche Einheit darstellt (§ 2 Abs. 2 Satz 2 HmbGrStG). 73

Ist eine rechtliche Zuordnung zwischen Garage und Wohnnutzung nicht möglich, so ist die **Vereinfachungsregelung** des § 2 Abs. 2 Satz 1 HmbGrStG **nicht anwendbar** mit der Folge, dass die Fläche der Garage entsprechend zu ermitteln und bei der Berechnung des Äquivalenzbetrags zu berücksichtigen ist. 74

Bei Vorliegen eines räumlichen Zusammenhangs mit der Wohnung wird die Fläche für die Garage bis zu 50 m² nicht berücksichtigt. Die Fläche der Garage ist die **Nutzfläche**, welche nach den Vorschriften des § 2 Abs. 1 Satz 3 und 4 HmbGrStG nach DIN 277 oder einer geeigneten Methode zu ermitteln ist (vgl. Rz. 50–61). Teil der Verkehrsfläche und somit nicht Teil der Nutzfläche im Sinne des DIN 277 sind dabei Rampen, Fahrbahnen und Rangierflächen zwischen den Stellplätzen in den Garagen.[2] Bei der Flächengrenze handelt es sich um einen **Freibetrag**, so dass bei größeren Garagen nur der 50 m² übersteigende Anteil der Fläche zu berücksichtigen ist. 75

BEISPIEL 1: ▸ Der Grundstückseigentümer ist Besitzer eines EFH mit auf dem Grundstück befindlicher Garage. Die Garage hat eine Nutzfläche von 65 m². 76

1 Vgl. A H 2.2 Abs. 1 Satz 1 und 2 AEHmbGrStG.

2 Vgl. A H 2.2 Abs. 1 Satz 5 AEHmbGrStG.

Lösung: Das EFH und die Garage bilden eine wirtschaftliche Einheit. Die Garage ist der Wohnnutzung rechtlich zugeordnet. Für die Ermittlung des Äquivalenzbetrags bleiben 50 m² Nutzfläche der Garage außer Ansatz. Entsprechend beträgt die anzusetzende Fläche für die Garage nur 15 m².

77 BEISPIEL 2:[1] In einem mehrgeschossigen Gebäude eines Eigentümers ist das komplette Erdgeschoss als Ladenfläche vermietet, in den drei Obergeschossen befinden sich Mietwohnungen. In einer Tiefgarage sind fünfzehn Stellplätze, vier davon sind als Duplex-Garagenplätze gebaut (übereinanderliegende elektrisch zugängliche Stellflächen). Sechs der Stellplätze mit 72 m² Stell- und gleichzeitig Nutzfläche sind dem Gewerbe zuzuordnen.

In einem mehrgeschossigen Gebäude eines Eigentümers ist das komplette Erdgeschoss als Ladenfläche vermietet, in den drei Obergeschossen befinden sich Mietwohnungen. In einer Tiefgarage sind fünfzehn Stellplätze, vier davon sind als Duplex-Garagenplätze gebaut (übereinanderliegende elektrisch zugängliche Stellflächen). Sechs der Stellplätze mit 72 m² Stell- und gleichzeitig Nutzfläche sind dem Gewerbe zuzuordnen.

Insgesamt ergibt sich eine Nutzfläche von 106 m².

78 BEISPIEL 3:[2] Auf einer wirtschaftlichen Einheit mit einem Hotel befinden sich 20 Stellplätze im Freien. Diese Stellplatzflächen sind nicht als Nutzfläche zu erfassen.

Zur selben wirtschaftlichen Einheit gehört eine Parkpalette mit zwei Geschossen und insgesamt 45 Stellplätzen, die der Betreiber des Hotels für seine Gäste errichtet hat. Ein Stellplatz hat eine Nutzfläche von jeweils 12 m². 10 Stellplätze mit 120 m² befinden sich auf dem nicht überdachten, befahrbaren Dach des 2. OGs.

Da die Stellplätze keiner Wohnnutzung zuzuordnen sind, sind die Nutzflächen in voller Höhe zu erfassen. Da die Nutzfläche nach DIN 277 zu ermitteln ist, sind auch die Stellplätze auf dem Dach des 2. OGs zu berücksichtigen. Insgesamt ergibt sich für die Parkpalette eine Nutzfläche von 540 m².

79–82 *(Einstweilen frei)*

III. Sonderegeln zur Berücksichtigung von Nebengebäuden von untergeordneter Bedeutung (§ 2 Abs. 3 HmbGrStG)

83 § 2 Abs. 3 HmbGrStG enthält **Vereinfachungsregelungen für Nebengebäude von untergeordneter Bedeutung**. Diese bleiben danach **bis zu einer Fläche von 30 m²** außer Betracht, wenn sie in einem **räumlichen Zusammenhang zu der Wohnnutzung** stehen und dieser zu dienen bestimmt sind. Auch diese Vereinfachungsregelung beruht auf dem Gedanken, dass durch diese kleinen Nebengebäude keine zusätzliche Inanspruchnahme von infrastrukturellen Dienstleistungen der Gemeinde durch den Grundstückseigentümer begründet werden.

84 Die Nebengebäude müssen von **untergeordneter Bedeutung** sein und der Wohnnutzung dienen. Dazu zählen insbesondere **Schuppen** oder **Gartenhäuschen**. Andere Nebengebäude von untergeordneter Bedeutung könnten m. E. z. B. auch eine **kleine für private Zwecke genutzte Werkstatt, eine Sauna oder eine Grillhütte** sein.

85 Zu beachten ist, dass die Nebengebäude der Wohnnutzung dienen müssen. Es muss folglich ein **Nutzungs- und Funktionszusammenhang mit der Wohnnutzung** bestehen. Entsprechend sind Nebengebäude, welche z. B. der Ausübung einer gewerblichen Tätigkeit dienen, nicht begünstigt.

86 BEISPIEL 1: Auf dem Grundstück des A steht neben seinem Einfamilienhaus noch eine kleine KfZ-Werkstatt, in der kleinere Kundenaufträge abgewickelt werden.

1 Vgl. A H 2.2 Abs. 2 Beispiel 1 AEHmbGrStG.
2 Vgl. A H 2.2 Abs. 2 Beispiel 2 AEHmbGrStG.

Die KfZ-Werkstatt ist nicht begünstigt nach § 2 Abs. 3 HmbGrStG, da das Nebengebäude nicht der Wohnnutzung dient, sondern der gewerblichen Tätigkeit des A. Entsprechend ist die Nutzfläche des Gebäudes vollständig zu berücksichtigen.

BEISPIEL 2:[1] Auf einem Grundstück befindet sich ein Mehrfamilienhaus mit mehreren Wohnungen und einer Arztpraxis. Im Hinterhof befindet sich eine alte Scheune mit Abstellräumen. 25 m² werden an die Mieter der Wohnungen vermietet und 15 m² werden von der Arztpraxis genutzt. 87

Von der Nutzfläche der Scheune bleiben 25 m² unberücksichtigt, da nur diese Fläche der Wohnnutzung zugeordnet ist. Es sind daher nur die 15 m² der gewerblich genutzten Fläche anzusetzen.

Die räumliche Zuordnung der **Nebengebäude** zur Wohnnutzung ist auch möglich, soweit diese eine **eigene wirtschaftliche Einheit** darstellen (§ 2 Abs. 3 Satz 2 HmbGrStG). 88

Bei Vorliegen der o. g. Voraussetzungen wird die **Fläche für die Nebengebäude bis zu 30 m²** nicht berücksichtigt. Die Fläche der Nebengebäude ist die Nutzfläche, welche nach den Vorschriften des § 2 Abs. 1 Sätze 3 und 4 HmbGrStG nach DIN 277 oder einer geeigneten Methode zu ermitteln ist (vgl. Rz. 50–61). Bei der Fläche handelt es sich um einen **Freibetrag**, so dass bei größeren Nebengebäuden nur der 30 m² übersteigende Anteil der Fläche zu berücksichtigen ist. 89

Die Vorschrift orientiert sich nur an der Fläche der Nebengebäude und nicht an der Anzahl. Entsprechend sind, soweit die übrigen Voraussetzungen erfüllt sind, auch mehrere Nebengebäude von der Vereinfachungsregelung erfasst. Sind mehrere Nebengebäude vorhanden, sind die Gebäudeflächen vor Berücksichtigung des Freibetrags zu summieren.[2] 90

BEISPIEL 1: Auf dem Grundstück des A stehen neben seinem Einfamilienhaus noch ein Gartenhaus mit 15 m² Nutzfläche und ein Schuppen mit 10 m² Nutzfläche. 91

Lösung: Bei beiden Bauwerken handelt es sich um Nebengebäude von untergeordneter Bedeutung im räumlichen Zusammenhang zur Wohnnutzung. Die Nutzfläche der Nebengebäude beträgt insgesamt 25 m². Durch den Freibetrag von bis zu 30 m² bleiben die Flächen beider Nebengebäude außer Ansatz.

BEISPIEL 2:[3] Auf einem Grundstück mit einem Einfamilienhaus befindet sich ein Nebengebäude, indem sowohl eine Garage mit einer Nutzfläche von 40 m² als auch Abstellräume mit einer Nutzfläche von 20 m² untergebracht sind. Auf dem Grundstück befindet sich außerdem ein Gartenhaus mit einer Nutzfläche von 15 m². 92

Die Nutzfläche der Garage wird nach § 2 Absatz 2 HmbGrStG nicht berücksichtigt, da sie kleiner als 50 m² ist. Von der Nutzfläche der Abstellräume und des Gartenhauses bleiben nach § 2 Absatz 3 HmbGrStG insgesamt 30 m² (Freibetrag) unberücksichtigt, so dass 5 m² als Nutzfläche zu erfassen sind.

(Einstweilen frei) 93–94

IV. Kumulativ Anwendung der Vereinfachungsregelungen

Die **Vereinfachungsregelungen** des § 2 Abs. 2 und 3 HmbGrStG bedingen sich nicht gegenseitig bzw. **schließen sich gegenseitig nicht aus.** Entsprechend können beide Vereinfachungsregelungen kumulativ für den Steuerpflichtigen zur Anwendung kommen. 95

1 Vgl. A H 2.3 Beispiel 2 HmbGrStG.
2 Vgl. A H 2.3 Satz 3 HmbGrStG.
3 Vgl. A H 2.3 Beispiel 1 HmbGrStG.

96 **BEISPIEL** A ist Eigentümer eines Grundstücks, welches mit folgenden Bauwerken bebaut ist:

- EFH mit 200 m² Wohnfläche,
- Garage mit 55 m² Nutzfläche,
- Gartenhaus mit 15 m² Nutzfläche,
- Schuppen mit 10 m² Nutzfläche.

Sämtliche Bauwerke stehen in unmittelbaren Zusammenhang mit der Wohnnutzung und dienen dieser. Es sind die maßgeblichen Flächen zur Ermittlung der Äquivalenzzahl der Gebäude zu ermitteln.

Lösung:

Die Gebäudeflächen sind wie folgt zu berücksichtigen:

Gebäudeflächen	nach dem HmbGrStG	ohne Vereinfachung
Gesamtsumme	**205 m²**	**280 m²**
EFH	200 m²	200 m²
Garage	55 m²	55 m²
Freibetrag gem. § 2 Abs. 2 Satz 1 HmbGrStG	- 50 m²	
Gartenhaus	15 m²	15 m²
Schuppen	10 m²	10 m²
Freibetrag gem. § 2 Abs. 3 Satz 1 HmbGrStG	- 25 m²	

Aus dem Beispiel lässt sich erkennen, dass durch die Anwendung der Vereinfachungsregeln im Beispiel eine Fläche von 75 m² nicht der Grundsteuer unterworfen wird. In dem Beispiel wäre das ein Anteil vom mehr als 1/4 der Gesamtfläche.

97 Im besten Falle können durch die beiden Vereinfachungen sogar 80 m² Nutzfläche unberücksichtigt bleiben, was je nach Hebesatz der Gemeinde eine nicht unerhebliche Entlastung für den Grundstückseigentümer bzw. durch die Möglichkeit der Umlage der Grundsteuer für den Mieter bedeuten kann.

98–99 *(Einstweilen frei)*

V. Sonderregeln zur Nichtberücksichtigung von Gebäuden von untergeordneter Bedeutung (§ 2 Abs. 4 HmbGrStG)

100 Mit § 2 Abs. 4 HmbGrStG wird der **Begriff des unbebauten Grundstücks** durch das Landesgesetz abweichend zum Bundesgesetz definiert. Nach dem Bundesgesetz liegt ein unbebautes Grundstück gem. § 246 Abs. 1 BewG vor, wenn sich auf dem Grundstück keine benutzbaren Gebäude befinden. Nach dem Landesgesetz liegt ein unbebautes Grundstück jedoch auch vor, wenn sich auf dem Grundstück zwar **benutzbare Gebäude** befinden, diese jedoch eine **Fläche von weniger als 30 m²** besitzen. In diesem Fall werden die Gebäude und deren Flächen nicht berücksichtigt und das Grundstück wird als unbebautes Grundstück für Zwecke der Grundsteuer behandelt. Die Regelung soll der Vereinfachung dienen und ist sowohl für Grundstücke mit Wohnnutzung als auch mit Nichtwohnnutzung anwendbar.

101 Bei der Flächenangabe handelt es sich um eine **Bagatellgrenze** und nicht um einen Freibetrag. Betragen die Gebäudeflächen 30 m² oder mehr, so ist die Gesamtfläche der Gebäude zu berücksichtigen. In diesem Fall erfolgt kein Abzug von der Fläche. Zu beachten ist bei der Prüfung der Flächengrenze der Wortlaut *„weniger als 30 m²“*. Bei einer Fläche von genau 30 m² ist die Vereinfachung nicht anwendbar und die Gebäudefläche voll anzusetzen.

Die Fläche ist je nach Nutzungsart (Wohn- oder Nichtwohnnutzung) nach § 2 Abs. 1 HmbGrStG zu ermitteln. Für die **Bagatellgrenze** ist dabei stets auf die **Gesamtsumme der Flächen** abzustellen. Dies bedeutet, dass die Bagatellgrenze auch bei mehreren Gebäuden anzuwenden ist. 102

BEISPIEL 1: Auf einem Grundstück stehen zwei kleine Wartungshäuschen mit je 14 m^2 Nutzfläche. Da die Gesamtgebäudeflächen des Grundstücks mit 28 m^2 weniger als 30 m^2 betragen, gilt das Grundstück als unbebautes Grundstück. Die Gebäudeflächen sind nicht zu berücksichtigen. 103

BEISPIEL 2: Auf einem Grundstück stehen zwei kleine Wartungshäuschen mit je 15 m^2 Nutzfläche. Da die Gesamtgebäudeflächen des Grundstücks mit 30 m^2 nicht weniger als 30 m^2 betragen, gilt das Grundstück als bebautes Grundstück. Die Gebäudeflächen sind vollständig mit 30 m^2 zu berücksichtigen. 104

Sofern ein **Bauwerk aus mehreren wirtschaftlichen Einheiten** besteht, ist für die Prüfung der Bagatellgrenze dennoch auf das gesamte Bauwerk abzustellen (§ 2 Abs. 4 Satz 2 HmbGrStG). Die Reglung dürfte vor allem für Wohnungs-/Teileigentum von Bedeutung sein. Ohne diese Regelung könnten ansonsten ggf. ganze Gebäudekomplexe oder Teile davon von der Besteuerung ausgenommen sein. 105

BEISPIEL: Auf einem Grundstück steht ein Gebäude mit 30 Wohnungen, welche jeweils Wohnungseigentum darstellen. Bei den Wohnungen handelt es sich um 15 Einzimmerwohnungen mit jeweils 28 m^2 und 15 Zweizimmerwohnungen mit jeweils 60 m^2 Wohnfläche. 106

Da es sich bei allen Wohnungen um Wohnungseigentum handelt, bildet jede Wohnung eine eigene wirtschaftliche Einheit. Ohne die Regelung des § 2 Abs. 4 Satz 2 HmbGrStG, würden die 15 Einzimmerwohnungen jeweils als unbebaute Grundstücke gelten, da die Gebäudefläche jeweils kleiner 30 m^2 betragen würde. Durch § 2 Abs. 4 Satz 2 HmbGrStG wird für die Betrachtung der Bagatellgrenze jedoch auf das gesamte Bauwerk abgestellt. Im Beispielsfall bedeutet dies, dass die Gesamtgebäudefläche 1.320 m^2 und daher nicht weniger als 30 m^2 beträgt. Es handelt somit bei allen 60 wirtschaftlichen Einheiten um bebaute Grundstücke und die Gebäudeflächen sind jeweils vollständig zu berücksichtigen.

Zu beachten ist, dass eine Garage, die in räumlichem Zusammenhang zu der Wohnnutzung steht, der sie rechtlich zugeordnet ist, und eine eigene wirtschaftliche Einheit bildet, stets als bebautes Grundstück gilt, auch wenn diese eine kleinere Gebäudefläche als 30 m^2 umfasst.[1] Auch eine **Kombination der Freibeträge für Garagen und Nebengebäude** nach § 2 Abs. 2 und 3 HmbGrStG mit der Bagatellgrenze nach § 2 Abs. 4 HmbGrStG kommt nicht in Betracht. Unabhängig davon, inwieweit die Flächen nach § 2 Abs. 2 und 3 HmbGrStG außer Ansatz bleiben, liegt bei einer Gebäudefläche von über 30 m^2 folglich immer ein bebautes Grundstück vor und § 2 Abs. 4 HmbGrStG findet keine Anwendung.[2] 107

BEISPIEL: Auf einem Grundstück steht zum 1.1.2022 eine Garage mit 20 m^2 Nutzfläche und ein Gartenhäuschen mit 12 m^2 Nutzfläche. Beide Gebäude stehen in räumlichem Zusammenhang und rechtlicher Zuordnung zu einem Wohnhaus. Sowohl wegen der Gebäudefläche von 32 m^2 als auch durch die Garage gilt das Grundstück als bebaut, auch wenn die Nutzflächen nach § 2 Abs. 2 und 3 HmbGrStG für die Hauptfeststellung auf den 1.1.2022 nicht anzusetzen sind. Im Verlauf des Jahres 2025 wird ein Lagerschuppen mit 25 m^2 Nutzfläche errichtet, der vom Eigentümer für gewerbliche Zwecke genutzt wird. Auf den 1.1.2026 ist für das bebaute Grundstück eine Gebäudefläche von 25 m^2 anzusetzen, da 32 m^2 aufgrund der beiden Freibeträge außer Ansatz bleiben. 108

(Einstweilen frei) 109–110

1 Vgl. A H 2.5 Abs. 2 AEHmbGrStG.
2 Vgl. A H 2.5 Abs. 3 AEHmbGrStG.

VI. Rundungsregelungen

111 In § 2 Abs. 5 HmbGrStG wird die **Rundungsregelung** festgelegt. Danach sind die Fläche des Grund und Bodens sowie die Gebäudeflächen (Wohn-/Nutzflächen) im Rahmen des Landesgesetzes stets auf **volle Quadratmeter nach unten abzurunden**. Die Rundungsregelung dient der Vereinfachung und ist zu begrüßen.

§ 3 HmbGrStG Äquivalenzzahlen

(1) [1]Die Äquivalenzzahl für die Fläche des Grund und Bodens beträgt 0,04 Euro je Quadratmeter. [2]Abweichend von Satz 1 gilt:

1. **Übersteigt die Fläche des Grund und Bodens das Zehnfache der Wohnfläche, wird die Äquivalenzzahl für den darüber hinaus gehenden Teil der Fläche nur zu 50 vom Hundert (v. H.) angesetzt, wenn die Gebäude mindestens zu 90 v. H. der Wohnnutzung dienen und soweit kein Fall nach Nummer 2 erster Halbsatz vorliegt,**

2. **ist die Fläche des Grund und Bodens zu mindestens 90 v. H. nicht bebaut, wird der Äquivalenzbetrag in Euro für die 10.000 m² übersteigende Fläche insgesamt wie folgt angesetzt: (übersteigende Grund- und Bodenfläche x 0,04 Euro/m²)^{0,7}; in den Fällen nach Nummer 1 wird die Äquivalenzzahl für die Fläche des Grund und Bodens bis zum Zehnfachen der Wohnfläche stets zu 100 v. H. angesetzt.**

(2) Die Äquivalenzzahl für Gebäudeflächen beträgt 0,50 Euro je Quadratmeter.

Inhaltsübersicht **Rz.**

VERWALTUNGSANWEISUNGEN

Erlass der Finanzbehörde der Freien und Hansestadt Hamburg vom 8.7.2022 – Anwendung des Hamburgischen Grundsteuergesetzes (HmbGrStG) vom 24.8.2021 sowie zur teilweisen Anwendung des Siebenten Abschnitts des Zweiten Teils des Bewertungsgesetzes zur Bewertung des Grundbesitzes (Allgemeiner Teil und Grundvermögen) sowie für die Grundsteuer ab 1. Januar 2022 und des Grundsteuergesetzes ab 1. Januar 2025 (NWB AEHmbGrStG).

LITERATUR:

Edeltraut, Grundsteuerreform – Hamburg: Wohnlagemodell in Beck Steuer-Lotse, 2024; *Riepolt*, Die Reform der Grundsteuer – Herausforderungen durch länderspezifischen Flickenteppich, Berechnung und Deklaration nach Bundesmodell und abweichenden Ländermodellen, BBK 11/2022 S. 507 NWB LAAAI-62281.

A. Allgemeine Erläuterungen zu § 3 HmbGrStG

I. Normzweck und wirtschaftliche Bedeutung der Vorschrift

§ 3 HmbGrStG bestimmt die **Höhe der Äquivalenzzahlen** für die Flächen des Grund und Bodens sowie für die Gebäudeflächen. Die **Äquivalenzzahlen dienen als reine Rechengröße** der Bepreisung der durch die Grundstücks- und Gebäudeflächen in Anspruch genommenen Infrastrukturleistungen der Gemeinde. Sie bilden den zentralen Wertanknüpfungspunkt im Landesgesetz. 1

Des Weiteren beinhaltet die Vorschrift bestimmte **Sondervorschriften für die Berücksichtigung übergroßer Grundstücke**. Mit den Sonderregelungen soll eine realitätsgerechte Umsetzung des im Landesgesetz verankerten Äquivalenzprinzips sichergestellt werden. Dies wird durch die Durchbrechung der linearen Fortschreibung der Äquivalenzzahl für Grundstücksflächen ab bestimmten Größen zugunsten einer **Kürzung der Äquivalenzzahl** sichergestellt. 2

(Einstweilen frei) 3–6

II. Entstehung und Entwicklung der Vorschrift

§ 3 HmbGrStG wurde mit dem HmbGrStG vom 24.8.2021[1] in das HmbGrStG aufgenommen und durch die Änderung des Hamburgischen Grundsteuergesetzes vom 22.6.2022[2] bereits redaktionell angepasst. Weitere Ausführungen zu den gesetzlichen Regelungen finden sich im Hamburgischen Anwendungserlass vom 8.7.2022.[3] 7

(Einstweilen frei) 8–11

III. Geltungsbereich

Das HmbGrStG gilt für in Hamburg belegende Grundstücke. 12

(Einstweilen frei) 13–15

1 Hamburgisches Grundsteuergesetz (HmbGrStG) v. 24.08.2021, HmbGVBl. Nr. 56 S. 600.

2 Gesetz über die Festsetzung der Hebesätze für die Realsteuern für das Kalenderjahr 2022 sowie zur Änderung des Hamburgischen Grundsteuergesetzes v. 22.6.2022, HmbGVBl. 37/2022 S. 399

3 Erlass der Finanzbehörde der Freien und Hansestadt Hamburg vom 8.7.2022 – Anwendung des Hamburgischen Grundsteuergesetzes (HmbGrStG) vom 24.8.2021 sowie zur teilweisen Anwendung des Siebenten Abschnittes des Zweiten Teils des Bewertungsgesetzes zur Bewertung des Grundbesitzes (allgemeiner Teil und Grundvermögen) sowie für die Grundsteuer ab 1. Januar 2022 und des Grundsteuergesetzes ab 1. Januar 2025 (NWB AEHmbGrStG).

IV. Verhältnis zu anderen Vorschriften

16 Die **Äquivalenzzahlen sind** zusammen mit den Grundstücks- und Gebäudeflächen nach § 2 HmbGrStG **für die Berechnung der Äquivalenzbeträge maßgebend** (§ 1 Abs. 3 HmbGrStG). Diese sind wiederum Berechnungsgrundlage für den Grundsteuermessbetrag (§ 1 Abs. 2 HmbGrStG).

17–19 *(Einstweilen frei)*

B. Systematische Kommentierung

I. Äquivalenzzahl für Flächen des Grund und Bodens (§ 3 Abs. 1 Satz 1 HmbGrStG)

20 Die im Landesgesetz geregelten **Äquivalenzzahlen** sind zur Berechnung der Äquivalenzbeträge und Grundsteuermessbeträge notwendig. Diese sind dabei lediglich **als reine Rechengröße** zu verstehen. Die Höhe der Äquivalenzzahlen ist entsprechend im Gesetz bestimmt und festgeschrieben.

21 Bei der **Höhe der Äquivalenzbeträge** ist zwischen den Flächen des Grund und Bodens und den Gebäudeflächen zu unterscheiden. Die **Äquivalenzzahl für die Fläche des Grund und Bodens** beträgt in Grundfall **0,04 €/m²**. Dabei spielt grds. weder der Zustand des Grund und Bodens (bebaut oder unbebaut) noch die Nutzung des Grund und Bodens oder die darauf befindliche Gebäudefläche eine Rolle.

22 Eine Definition zur **Ermittlung der Fläche des Grund und Bodens** enthält des Landesgesetz nicht. Nach der Gesetzesbegründung zum Gesetzesentwurf ist die Definition der Fläche des Grund und Bodens im Sprachgebrauch allgemein bekannt und regelmäßig als Synonym für die **Fläche des Flurstücks** zu verstehen. Auch wenn dies für die meisten Grundstückseigentümer zutreffen wird, so hätte eine kurze Definition zur Bestimmung der Fläche des Grund und Bodens im Landesgesetz sicher nicht geschadet und wäre leicht umzusetzen gewesen.

23 Durch den NWB AEHmbGrStG wurde nunmehr eine **Beschreibung der Fläche des Grund und Bodens** zur Klarstellung aufgenommen. Danach ist die Fläche des Grund und Bodens die zur **wirtschaftlichen Einheit gehörenden Flurstücksfläche**. Als **Flurstücksfläche ist die amtliche Flächengröße nach den Eintragungsmitteilungen des Grundbuchamtes oder aus den Auszügen aus dem Liegenschaftskataster** maßgeblich. Die bebaute Fläche ist nicht abzuziehen.[1]

24 Die **Größe des Flurstücks** kann der Grundstückseigentümer somit regelmäßig dem **Grundbuchauszug** entnehmen. Auch mittels Auszugs aus dem amtlichen **Liegenschaftskataster** kann die Fläche der Flurstücke ermittelt werden. Beide Auszüge – sowohl der Grundbuchauszug als auch der Auszug aus dem Liegenschaftskataster – kann der Grundstückseigentümer als berechtige Person bei den zuständigen Behörden beantragen, sollten keine Auszüge vorhanden sein. Alternativ kann die Grundstücksfläche auch dem bisherigen **Einheitswertbescheid** entnommen werden, sofern sich seit der letzten Einheitswertfeststellung keine Änderungen an der Fläche des Grund und Bodens ergeben haben und die wirtschaftliche Einheit identisch ist. Zu beachten ist jedoch, dass im Einheitswertbescheid regelmäßig nur die Gesamtfläche des Grund und Bodens für die wirtschaftliche Einheit enthalten ist. Bei mehreren Flurstücken ist grds. keine Aufteilung der Fläche des Grund und Bodens im Einheitswertbescheid enthalten.

1 Vgl. A H 2.6 Abs. 1 NWB AEHmbGrStG.

BEISPIEL: Die Fläche des unbebauten Grundstücks beträgt 1.000 m². 25
Der Äquivalenzbetrag für das Grundstück beträgt nach § 3 HmbGrStG: 1.000 m² x 0,04 €/m² = 40 €.

Besonderheiten sind bei wirtschaftlichen Einheiten mit mehreren Flurstücken zu beachten. Gehören zu einer wirtschaftlichen Einheit **mehrere Flurstücke, so sind die amtlichen Flächen zusammenzurechnen**. Befindet sich ein **Flurstück im Miteigentum** und ist es mehreren wirtschaftlichen Einheiten zuzuordnen (z. B. Anteil an einer Privatstraße), **ist diese Flurstücksfläche anteilig zu berücksichtigen**. Gehört eine Fläche zum Teil zum Grundvermögen und zum Teil zum land- und forstwirtschaftlichen Vermögen, ist nur der zum Grundvermögen gehörende Teil zu berücksichtigen. Die zum land- und forstwirtschaftlichen Vermögen gehörende Teilfläche ist bei der Feststellung des Grundsteuerwerts des Betriebs der Land- und Forstwirtschaft zu berücksichtigen.[1] 26

(Einstweilen frei) 27–28

II. Sonderregelungen für übergroße Grundstücke (§ 3 Abs. 1 Satz 2 HmbGrStG)

Abweichend von der o. g. Äquivalenzzahl i. H. von 0,04 €/m² für die Fläche des Grund und Bodens enthält Satz 2 verschiedenen Möglichkeiten zur **Kürzung der Äquivalenzzahl** für bestimmte **übergroße Grundstücke**. Die Kürzungen wurden im Landesgesetz verankert, um dem Äquivalenzgedanken Rechnung zu tragen. Denn bei steigender Grundstücksgröße kann nicht davon ausgegangen werden, dass auch die Infrastrukturleistungen der Gemeinde, welche der Grundstückseigentümer in Anspruch nimmt und welche durch die Grundsteuer abgegolten werden sollen, auch bis ins Unendliche linear gleich steigen. Vielmehr nimmt ab einer bestimmten Grundstücksgröße die Inanspruchnahme im Verhältnis pro Quadratmeter ab. Um eine überproportionale Belastung der Grundstückseigentümer mit großen Grundstücken zu verhindern, wurden entsprechende **Sonderregelungen zur Kürzung der Äquivalenzzahlen** berücksichtigt. 29

Die nachfolgenden **Sonderregelungen zur Kürzung der Äquivalenzzahl** bei bestimmten übergroßen Grundstücken **beschränken sich auf den Umfang der wirtschaftlichen Einheit**, welche **innerhalb des Gebietes der Freien und Hansestadt Hamburg** belegen sind.[2] 30

(Einstweilen frei) 31–32

1. Kürzung bei Wohngrundstücken (§ 2 Abs. 1 Satz 2 Nr. 1 HmbGrStG)

a) Grundvoraussetzungen der Kürzungsregelung

Nach § 3 Abs. 1 Satz 2 Nr. 1 HmbGrStG wird die **Äquivalenzzahl nur zu 50 % angesetzt**, wenn die Fläche des Grund und Bodens das **Zehnfache der Wohnfläche überschreitet und das Gebäude zu mindestens 90 % der Wohnnutzung dient**. Die Äquivalenzzahl ermäßigt sich für den das Zehnfache der Wohnfläche **übersteigenden** Teil des Grund und Bodens dann auf 0,02 €/m². 33

1 Vgl. A H 2.6 Abs. 2 NWB AEHmbGrStG.

2 Vgl. A H 3.2 Abs. 1 Satz 2 NWB AEHmbGrStG.

34 Für die Kürzungsregelung nach Satz 2 Nr. 1 müssen entsprechend folgende **Voraussetzungen** erfüllt sein:

- Es muss sich um ein **bebautes Grundstück** handeln,
- bei dem die Gebäudefläche zu **mindestens 90 % der Wohnnutzung** dient, und
- die Grundstücksfläche das **Zehnfache der Wohnfläche** übersteigt.

35–36 *(Einstweilen frei)*

b) Bebautes Grundstück

37 Die Kürzungsvorschrift ist nur für **bebaute Grundstücke** anzuwenden. Ein Grundstück gilt als bebautes Grundstück, wenn sich darauf ein **benutzbares Gebäude** befindet und kein Ausnahmefall des § 2 Abs. 4 HmbGrStG vorliegt (vgl. Lehmann in Grootens, HmbGrStG, § 2 Rz. 100 ff.). Zur grundsätzlichen Abgrenzung eines unbebauten von einem bebauten Grundstück vgl. auch die Kommentierung von Bock in Grootens, BewG, § 246 Rz. 17 ff. sowie die Ausführungen des A B 246 AEBewG.

38–39 *(Einstweilen frei)*

c) Wohnnutzung zu mindestens 90 %

40 Das auf dem Grundstück befindliche Gebäude muss zu mindestens 90 % Wohnzwecken dienen. Die Ermittlung des Verhältnisses der Wohnnutzung erfolgt anhand der Gebäudeflächen. Diese sind nach den Vorschriften des § 2 Abs. 1 HmbGrStG zu ermitteln und ins Verhältnis zu setzen.

41 BEISPIEL: Die Gebäudeflächen betragen: 200 m² Wohnfläche und 10 m² Nutzfläche.

Der Anteil der Wohnfläche des Gebäudes beträgt: 200 m² / 210 m² x 100 = 95,24 %.

42 *(Einstweilen frei)*

d) Grundstücksfläche übersteigt das Zehnfache der Wohnfläche

43 Die Fläche des Grund und Bodens muss darüber hinaus das **Zehnfache der Wohnfläche** übersteigen. Zu beachten ist, dass nur auf die Wohnfläche abzustellen ist und nicht auf die Gesamtgebäudefläche, z. B. in Fällen, in denen das Gebäude nicht ausschließlich zu Wohnzwecken genutzt wird. Weiterhin zu beachten ist, dass bei **Gebäuden auf fremdem Grund und Boden** der Eigentümer des Grund und Bodens sich **die Gebäudeflächen nicht zurechnen** lassen kann.[1]

44 BEISPIEL: Die Flächen eines bebauten Grundstücks betragen:

Grundstücksfläche: 4.000 m²

Wohnfläche des Gebäudes: 200 m²

Nutzfläche des Gebäudes: 10 m²

Ermittlung des Verhältnisses von Grundstücksfläche zu Wohnfläche: 4.000 m² / 200 m² = Faktor 20.

1 Vgl. A H 3.2 Abs. 2 Satz 2 NWB AEHmbGrStG.

e) Rechtsfolgen

Sind die Voraussetzungen erfüllt, so ist die **Äquivalenzzahl um 50 % auf dann 0,02 €/m² zu kürzen**. Die Kürzung ist dabei **nur auf den Teil der Grundstücksfläche anzuwenden, welcher das Zehnfache der Gebäudefläche übersteigt und soweit nicht aufgrund der Regelung in Nr. 3 eine abweichende Berechnung zu erfolgen hat**. In Fällen, in denen die Voraussetzungen nach Nr. 1 und 2 erfüllt sind, ist die Äquivalenzzahl für die Fläche des Grund und Bodens bis zum Zehnfachen der Wohnfläche nicht nach Nr. 1 um 50 % zu kürzen (vgl. Rz. 68–71). Vielmehr ist für diesen Teil dann wiederum die Äquivalenzzahl von 0,04 €/m² anzusetzen. 45

BEISPIEL: Die Flächen eines bebauten Grundstücks betragen: 46

Grundstücksfläche: 4.000 m²

Wohnfläche des Gebäudes: 200 m²

Nutzfläche des Gebäudes: 10 m²

LÖSUNG: Die Voraussetzungen nach Nr. 1 sind erfüllt, da die Grundstücksfläche das Zehnfache der Wohnfläche übersteigt (4.000 m² / 200² = 20-fache) und das Gebäude dient zu mindestens 90 % der Wohnnutzung (200 m² / 210 m² x 100 = 95,24 %). Außerdem liegt kein Fall von Nr. 2 vor, da die Grundstücksfläche nicht 10.000 m² übersteigt. Für das Zehnfache der Wohnfläche von 2.000 m² (200 m² x 10) beträgt die Äquivalenzzahl nach Abs. 1 Satz 1 somit 0,04 €/m² und für die das Zehnfache der Wohnfläche übersteigende Grundstücksfläche von 2.000 m² (4.000 m² - 2.000 m²) nach Abs. 1 Satz 2 Nr. 1 somit 0,02 €/m².

(Einstweilen frei) 47–48

2. Kürzung bei übergroßen Grundstücken mit geringer Bebauung (§ 3 Abs. 1 Satz 2 Nr. 2 HmbGrStG)

a) Grundvoraussetzungen der Kürzungsregelung

Die zweite Sonderregelung für übergroße Grundstücke bezieht sich auf **große Grundstücke, welche nur geringfügig bebaut** sind. Nach § 3 Abs. 1 Satz 2 Nr. 2 HmbGrStG wird der Äquivalenzbetrag für die gesamte, **10.000 m² übersteigende Fläche** ermäßigt, wenn das Grundstück zu **mindestens 90 % nicht bebaut** ist. Die Ermäßigung der Äquivalenzzahl ermittelt sich dann anhand einer mathematischen, **degressiven Formel**. Die Ermäßigung wurde eingeführt, da bei den Grundstücken, welche die Voraussetzungen erfüllen, davon ausgegangen wird, dass kommunale Leistungen für die unbebaute und unbefestigte Fläche in geringerem Ausmaß oder nur vorübergehend in Anspruch genommen werden. 49

Für die Kürzungsregelung nach Nr. 2 müssen die folgenden Voraussetzungen erfüllt sein: 50

- Die Fläche des Grundstücks ist zu **mindestens 90 % nicht bebaut** und
- die Grundstücksgröße ist **größer als 10.000 m²**.

(Einstweilen frei) 51–53

b) Geringfügig bebautes Grundstück

Das Grundstück muss für die Anwendung der Kürzungsvorschrift **zu mindestens 90 % nicht bebaut** sein. Im Umkehrschluss bedeutet dies, dass das Grundstück weniger als 10 % bebaut sein darf. 54

55 Der **Grenzwert von 90 % richtet sich nach der Grundstücksfläche in m²**. Ob die Grundstücksfläche bebaut ist, bestimmt sich in Anlehnung an **DIN 277: 2021-08.**[1] Danach ist die **bebaute Fläche** der Teil der Grundstücksfläche, welche **durch Bauwerke überbaut, überdeckt oder unterbaut** ist. Danach müssen die Flächen nicht unmittelbar bebaut sein, um als bebaute Fläche zu gelten. Es reicht vielmehr aus, dass die Grundstücksfläche überdeckt (z. B. Carport) oder unterbaut (z. B. Keller oder Tiefgarage) ist. Dabei bleiben Flächen von Baukonstruktionen wie Kellerlichtschächten, Dachüberständen, Vordächern, Sonnenschutzkonstruktionen sowie nicht mit dem Bauwerk konstruktiv verbundene Baukonstruktionen (z. B. Außentreppen und Außenrampen) unberücksichtigt.[2]

56 **Befestigte Grundstücksflächen** (z. B. Wege, Straßen, Plätze oder Stellplätze) gelten nicht als bebaut.[3] Hier weicht des HmbGrStG von den ansonsten identischen Regelungen des BayGrStG ab. Gemäß Art. 3 Abs. 1 Satz 2 Nr. 2 BayGrStG muss in Bayern das Grundstück zu mindestens 90 % weder bebaut und befestigt sein. Dass das HmbGrStG und das BayGrStG hier auseinander fallen, ist m. E. unglücklich, da sich so in der Praxis einmal mehr Abgrenzungsschwierigkeiten auftun können.

57 Ob es sich bei den **Gebäuden um solche auf fremdem Grund und Boden handelt, ist für die Ermäßigung nicht von Bedeutung**, da alleine auf die Fläche der Bebauung abgestellt wird und nicht auf Gebäudeflächen oder Gebäudenutzung.[4]

58–60 *(Einstweilen frei)*

c) Größe des Grundstücks

61 Die Ermäßigung der Äquivalenzzahl nach Nr. 2 gilt nur für die 10.000 m² übersteigende Grundstücksfläche. Entsprechend muss die **Gesamtfläche des Grundstücks größer als 10.000 m²** sein. Zwar kann auch bei kleineren Grundstücken die bebaute Fläche zu mehr als 90 % nicht bebaut sein, in diesem Fall würde aber keine Fläche mehr übrigbleiben, für die der Äquivalenzbetrag zu ermäßigen wäre. Die Vorschrift muss bei Grundstücken, welche nicht größer als 10.000 m² sind, daher nicht weiter geprüft werden.

62–63 *(Einstweilen frei)*

d) Rechtsfolgen

64 Sind die Voraussetzungen der Vorschrift in Nr. 2 erfüllt, ermäßigt sich nur der Teil der Grundstücksfläche, **welcher 10.000 m² übersteigt**. Die Kürzung des Äquivalenzbetrags ermittelt sich dann anhand einer **degressiven Formel** wie folgt:
(übersteigende Fläche des Grund und Bodens x 0,04/m²)^{0,7} €

65 **BEISPIEL:** Das Grundstück hat eine Gesamtfläche von 12.000 m². Auf dem Grundstück befindet sich eine Lagerhalle mit 1.000 m².
Wie hoch ist der Äquivalenzbetrag des Grund und Bodens?

Lösung:
1. Prüfung der Ermäßigung nach § 3 Abs. 1 Satz 2 HmbGrStG:
Eine Ermäßigung nach § 3 Abs. 1 Satz 2 Nr. 1 HmbGrStG scheidet aus, da das errichtete Gebäude nicht

1 Vgl. A H 3.2 Abs. 3 Satz 1 NWB AEHmbGrStG.
2 Vgl. A H 3.2 Abs. 3 Satz 4 NWB AEHmbGrStG.
3 Vgl. A H 3.2 Abs. 3 Satz 5 NWB AEHmbGrStG.
4 Vgl. A H 3.2 Abs. 3 Satz 6 NWB AEHmbGrStG.

Wohnzwecken dient.

Eine Ermäßigung nach § 3 Abs. 1 Satz 2 Nr. 2 HmbGrStG kommt in Betracht, da die nicht bebaute Fläche des Grundstücks mindestens 90 % beträgt:

Bebaute Fläche	= 1.000 m^2
Gesamtfläche:	12.000 m^2
Anteil:	(12.000 m^2 - 1.000 m^2) / 12.000 m^2 x 100 = 91,67%

2. Berechnung des ermäßigten Äquivalenzbetrages:

Übersteigende Fläche des Grund und Bodens:	12.000 m^2 - 10.000 m^2 = 2.000 m^2
Ermäßigter Äquivalenzbetrag:	(2.000 m^2 x 0,04/m^2)0,7 € = 21,48 €

3. Berechnung des Äquivalenzbetrags des Grund und Bodens:

„Regulärer" Äquivalenzbetrag::	10.000 m^2 x 0,04 €/m^2= 400,00 €
+ „ermäßigter" Äquivalenzbetrag:	21,48 €
Äquivalenzbetrag des Grund und Bodens:	421,48 €

Zum Vergleich: Ohne die Ermäßigung würde sich für den Grund und Boden ein Äquivalenzbetrag von 12.000 m^2 x 0,04 €/m^2 = 480,00 € ergeben.

(Einstweilen frei) 66–67

3. Rangverhältnis und Kombinationen der Sonderregelungen für übergroße Grundstücke (§ 3 Abs. 1 Satz 2 Nr. 3 HmbGrStG)

Die Tatbestandsvoraussetzungen der Nr. 1 und 2 schließen sich gegenseitig nicht aus. Daher ist es möglich, dass Grundstücke die **Voraussetzungen beider Ermäßigungsregelungen** erfüllen. Für diesen Fall, dass sowohl die Voraussetzungen der Nr. 1 also auch der Nr. 2 erfüllt sind, stehen die Vorschriften in folgendem **Rangverhältnis** zueinander: 68

- **Bis zum Zehnfachen der Wohnfläche** ist die Äquivalenzzahl stets voll anzusetzen. Es gilt somit die Regelung des § 3 Abs. 1 Satz 1 HmbGrStG (vgl. § 3 Abs. 1 Satz 2 Nr. 3 Buchst. a HmbGrStG).
- Für die Fläche, welche das **Zehnfache der Wohnfläche übersteigt** und **10.000 m^2 nicht überschreitet**, findet § 3 Abs. 1 Satz 2 Nr. 1 HmbGrStG Anwendung, höchstens jedoch eine Äquivalenzzahl von 0,02 €/m^2 (vgl. § 3 Abs. 1 Satz 2 Nr. 3 Buchst. b HmbGrStG).
- Im Übrigen wird die Berechnung nach § 3 Abs. 1 Satz 2 Nr. 2 HmbGrStG angewendet (vgl. § 3 Abs. 1 Satz 2 Nr. 3 Buchst. c HmbGrStG). Dies gilt insbesondere dann, wenn das Zehnfache der Wohnfläche 10.000 m^2 übersteigt. Dann ist für die über das Zehnfache der Wohnfläche hinausgehende Fläche des Grund und Bodens die **reduzierte Äquivalenzzahl mittels degressiver Formel** zu ermitteln.

Dadurch ergeben sich für den Steuerpflichtigen je nach **Sachverhaltskonstellation verschiedene Kombinationsmöglichkeiten der beiden Ermäßigungsvorschriften.** Diese sind teilweise recht komplex und anhand des Gesetzeswortlauts nicht einfach nachzuvollziehen. Dies hat auch der Gesetzgeber bereits im Gesetzgebungsverfahren erkannt und daher in der Gesetzesbegründung zum Gesetzesentwurf vom 16.3.2021[1] für die o. g. Rangverhältnisse und die un- 69

1 Vgl. Hamburger Bürgerschaft Drucks. 22/3583 v. 16.3.2021, Entwurf eines Hamburgischen Grundsteuergesetzes.

terschiedlichen Kombinationsmöglichkeiten verschiedene Beispielsfälle zur Erläuterung aufgenommen:

70 **Beispiele aus der Gesetzesbegründung** vom 16.3.2021[1], jeweils ergänzt um die Berechnung des Äquivalenzbetrags):

1. **BEISPIEL:** Flächenbegrenzung für Wohngebäude (Fläche Grund und Boden < 10.000 m^2)

Wohnfläche	200 m^2
Nutzfläche	100 m^2
Grund und Boden	9.000 m^2

LÖSUNG: Aufgrund der geringen Wohnfläche und der geringen bebauten Fläche im Verhältnis zum Grund und Boden kommt eine abweichende Äquivalenzzahl in Betracht. Der Grund und Boden für die ersten 2.000 m^2 wird mit 0,04 €/m^2 angesetzt (vgl. Abs. 2 Satz 1). Die darüber hinausgehende Fläche von insgesamt noch 7.000 m^2 wird nach Nr. 1 mit einer Äquivalenzzahl von 0,02 €/m^2 angesetzt. Die Flächenbegrenzung nach Nr. 2 ist nicht betroffen, da der Grund und Boden nicht größer als 10.000 m^2 ist.

Berechnung des Äquivalenzbetrags:

Grund und Boden:	
2.000 m^2 x 0,04 €/m^2	= 80 €
7.000 m^2 x 0,02 €/m^2	= 140 €
Gebäudeflächen:	
200 m^2 x 0,50 €/m^2	= 100 €
Äquivalenzbetrag:	= 320 €

2. **BEISPIEL:** Flächenbegrenzung bei keiner/geringfügiger Bebauung

Wohnfläche	100 m^2
Nutzfläche	300 m^2
Bebaute Fläche	200 m^2
Grund und Boden	30.000 m^2

LÖSUNG: Der Grund und Boden bis 1.000 m^2 wird nach Abs. 2 Satz 1 mit 0,04 €/m^2 angesetzt. Für die darüber hinausgehende Fläche gilt nicht bereits Nr. 1, da die Gebäudeflächen nicht zu mindestens 90 % der Wohnnutzung dienen. Auch Nr. 2 Halbsatz 1 trifft für die Fläche des Grund und Bodens bis 10.000 m^2 (d. h. für die weiteren 9.000 m^2) keine Aussage. Nach Abs. 2 Satz 1 gilt daher auch für diese Fläche eine Äquivalenzzahl von 0,04 €/m^2. Nur für die übrigen 20.000 m^2, die die Grenze von 10.000 m^2 übersteigen, gilt die im Tarif nach Nr. 2 Halbsatz 1 enthaltene degressive Formel.

Berechnung des Äquivalenzbetrags:

Grund und Boden:	
10.000 m^2 x 0,04 €/m^2	= 400 €
$(20.000\ m^2 \times 0{,}04\ €/m^2)^{0,7}$	= 107,68 €
Gebäudeflächen:	
400 m^2 x 0,50 €/m^2	= 200 €
Äquivalenzbetrag:	= 707,68 €

1 Vgl. Hamburger Bürgerschaft Drucks. 22/3583 v. 16.3.2021, Entwurf eines Hamburgischen Grundsteuergesetzes.

3. Kombinationsfälle (Fläche Grund und Boden > 10.000 m²)

BEISPIEL 1 (10FACHE DER WOHNFLÄCHE > 10.000 M²)

Wohnfläche	1.500 m²
Bebaute Fläche	300 m²
Grund und Boden	30.000 m²

LÖSUNG: Der Grund und Boden für die ersten 15.000 m² wird nach Nr. 2 Halbsatz 2 stets mit 0,04 €/m² angesetzt. Der Äquivalenzbetrag für die verbleibenden 15.000 m² wird dagegen anhand der in Nr. 2 Halbsatz 1 enthaltenen degressiven Formel ermittelt, da Nr. 1 insoweit verdrängt ist.

Berechnung des Äquivalenzbetrags:

Grund und Boden:	
15.000 m² x 0,04 €/m²	= 600 €
$(15.000\ m^2 \times 0{,}04\ €/m^2)^{0{,}7}$	= 88,04 €
Gebäudeflächen:	
1.500 m² x 0,50 €/m²	750 €
Äquivalenzbetrag:	= 1.438,04 €

BEISPIEL 2 (10FACHE DER WOHNFLÄCHE < 10.000 M²)

Wohnfläche	300 m²
Bebaute Fläche	300 m²
Grund und Boden	30.000 m²

LÖSUNG: Der Grund und Boden für die ersten 3.000 m² wird mit 0,04 €/m² angesetzt (vgl. Abs. 2 Satz 1). Die weiteren 7.000 m² des Grund und Bodens, d. h. bis zur Grenze von 10.000 m², werden mit einer Äquivalenzzahl von 0,02 €/m² angesetzt (vgl. Nr. 1). Der Äquivalenzbetrag für die über 10.000 m² hinausgehenden 20.000 m² wird dagegen der Formel nach Nr. 2 Halbsatz 1 unterworfen. Nr. 2 Halbsatz 2 hat in diesem Beispiel keinen, über Absatz 2 Satz 1 hinausgehenden Regelungsbefehl.

Berechnung des Äquivalenzbetrags:

Grund und Boden:	
3.000 m² x 0,04 €/m²	= 120 €
7.000 m² x 0,02 €/m²	= 140 €
$(20.000\ m^2 \times 0{,}02\ €/m^2)^{0{,}7}$	= 107,68 €
Gebäudeflächen:	
300 m² x 0,50 €/m²	= 150 €
Äquivalenzbetrag:	= 517,68 €

BEISPIEL 3 (10 FACHE DER WOHNFLÄCHE = 10.000 M²)

Wohnfläche	1.000 m²
Bebaute Fläche	300 m²
Grund und Boden	30.00 m²

LÖSUNG: Der Grund und Boden für die ersten 10.000 m² wird mit 0,04 €/m² angesetzt (vgl. Abs. 2 Satz 1 und Nr. 2 Halbsatz 2). Eine Fläche nach Nr. 1 besteht nicht, da das Zehnfache der Wohnfläche 10.000 m² entspricht. Der Äquivalenzbetrag für die über 10.000 m² hinausgehenden 20.000 m² wird nach Nr. 2 Halbsatz 1 angesetzt.

Berechnung des Äquivalenzbetrags:

Grund und Boden:	
10.000 m² x 0,04 €/m²	= 400 €
(20.000 m² x 0,04 €/m²)^{0,7}	= 107,68 €
Gebäudeflächen:	
1.000 m² x 0,50 €/m²	= 500 €
Äquivalenzbetrag:	= 1.007,68 €

71 PRAXISHINWEIS:

Die Sonderregelungen für übergroße Grundstücke sind zwar zugunsten des Grundstückseigentümers, da sie die Grundsteuer mindern, jedoch sind die Regelungen nicht anwenderfreundlich gestaltet worden. Durch die möglichen Kombinationsmöglichkeiten der Nr. 1 und 2 und deren Rangverhältnis sowie die teilweisen Ausschlussbedingungen in Nr. 3 ist es für einen nicht fachkundigen Steuerpflichtigen m. E. so gut wie unmöglich, die Regelungen durch Lesen des Gesetzestextes zu verstehen und richtig anzuwenden. Selbst für Berater, welche nur gelegentlich solche Fälle betreuen, ist es m. E. schwierig, den Gesetzestext – selbst unter Hinzunahme der Gesetzesbegründung inkl. Beispielen aus dem Gesetzesentwurf – ohne weiteres in der Praxis auf konkrete Fälle und Beispiele anzuwenden. Der Gesetzgeber hätte hier eine einfachere Regelung oder klarere Formulierung anstreben sollen. Entsprechend ist Steuerpflichtigen, welche durch übergroßen Grundbesitz in den Regelungsinhalt des § 3 Abs. 1 Satz 2 HmbGrStG kommen, eine genaue und detaillierte Prüfung der Voraussetzungen und des Bescheides zu empfehlen. Die vorstehend genannten Beispiele finden sich teilweise bzw. leicht abgewandelt auch im NWB AEHmbGrStG.[1]

72–75 *(Einstweilen frei)*

III. Äquivalenzzahl für Gebäudeflächen (§ 3 Abs. 2 HmbGrStG)

76 Nach § 3 Abs. 2 HmbGrStG beträgt die **Äquivalenzzahl der Gebäudeflächen 0,50 €/m²**. Die Nutzungsarten der Gebäudeflächen – Wohnflächen bei Wohnnutzung oder Nutzflächen bei Nichtwohnnutzung – **sind für die Äquivalenzzahl irrelevant**. Die Nutzungsart ist erst auf Ebene der Ermittlung der Grundsteuermesszahlen von Bedeutung.

77 Zu beachten ist, dass nur die i. S. des § 2 HmbGrStG zu berücksichtigen Flächen mit der Äquivalenzzahl zu multiplizieren sind. Die Gebäudeflächen für bestimmte Gebäude (vgl. § 2 HmbGrStG) bleiben außer Betracht und sind im folgenden Schritt bei der Ermittlung des Äquivalenzbetrages nicht mehr relevant.

§ 4 HmbGrStG Grundsteuermesszahlen

(1) [1]Die Grundsteuermesszahl beträgt 100 v. H. [2]Für den Äquivalenzbetrag der Wohnflächen wird die Grundsteuermesszahl auf 70 v. H. ermäßigt.

(2) [1]Die Grundsteuermesszahl für den Äquivalenzbetrag der Wohnflächen wird um 25 v. H. ermäßigt, soweit eine normale Wohnlage vorliegt. [2]Der Senat wird ermächtigt, durch Rechtsverordnung für Zwecke der Grundsteuer ein Verzeichnis für gute und normale Wohnlagen zu erlassen. [3]Weisen Steuerpflichtige eine andere Wohnlage nach, so ist diese anzusetzen. [4]Sofern keine Wohnlage aus der Rechtsverordnung nach Satz 2 ermittelbar ist, wird eine normale Wohnlage vermutet.

(3) Die Grundsteuermesszahlen für die Äquivalenzbeträge der Gebäudeflächen werden um 25 v. H. ermäßigt, wenn ein Baudenkmal nach § 4 Absatz 2 Satz 1 oder ein Ensemble nach § 4 Absatz 3 des Denkmal-

1 Vgl. A H 3.2 Abs. 4 NWB AEHmbGrStG.

schutzgesetzes vom 5. April 2013 (HmbGVBl S. 142), geändert am 26. Juni 2020 (HmbGVBl S. 380, 384), in der jeweils geltenden Fassung vorliegt.

(4) Die Grundsteuermesszahl für den Äquivalenzbetrag der Wohnflächen wird um 25 v. H. ermäßigt, soweit die Wohnflächen

1. den Bindungen nach § 10 Absatz 3 in Verbindung mit § 10 Absätze 2 und 4 des Hamburgischen Wohnraumförderungsgesetzes vom 19. Februar 2008 (HmbGVBl S. 74), zuletzt geändert am 21. Mai 2013 (HmbGVBl S. 244),

2. den Bindungen nach § 25 in Verbindung mit § 13 Absätze 2 und 3 des Wohnraumförderungsgesetzes vom 13. September 2001 (BGBl I S. 2376), zuletzt geändert am 20. November 2019 (BGBl I S. 1626, 1652),

3. den Bindungen einer Förderung nach § 88d des Zweiten Wohnungsbaugesetzes in der Fassung vom 19. August 1994 (BGBl I S. 2138) in der bis zum 31. Dezember 2001 geltenden Fassung unterliegen oder

4. nach dem Hamburgischen Wohnungsbindungsgesetz als öffentlich gefördert gelten.

(5) [1]Eine Ermäßigung der Grundsteuermesszahlen nach den Absätzen 3 und 4 wird auf Antrag gewährt, wenn die jeweiligen Voraussetzungen zum Veranlagungszeitpunkt vorlagen. [2]Sind mehrere Ermäßigungstatbestände erfüllt, sind die Ermäßigungen nacheinander anzuwenden. [3]Bezugspunkt der Berechnung ist jeweils die vorangegangene Grundsteuermesszahlermäßigung. [4]Die Ermäßigungen nach § 15 des Grundsteuergesetzes vom 7. August 1973 (BGBl I S. 965), zuletzt geändert am 21. Dezember 2020 (BGBl I S. 3096, 3129), in der jeweils geltenden Fassung gelten nicht.

Inhaltsübersicht — Rz.

VERWALTUNGSANWEISUNGEN

Erlass der Finanzbehörde der Freien und Hansestadt Hamburg vom 8.7.2022 – Anwendung des Hamburgischen Grundsteuergesetzes (HmbGrStG) vom 24.8.2021 sowie zur teilweisen Anwendung des Siebenten Abschnitts des Zweiten Teils des Bewertungsgesetzes zur Bewertung des Grundbesitzes (Allgemeiner Teil und Grundvermögen) sowie für die Grundsteuer ab 1. Januar 2022 und des Grundsteuergesetzes ab 1. Januar 2025 (NWB AEHmbGrStG).

LITERATUR:

Edeltraut, Grundsteuerreform – Hamburg: Wohnlagemodell in Beck Steuer-Lotse, 2024; *Riepolt*, Die Reform der Grundsteuer – Herausforderungen durch länderspezifischen Flickenteppich, Berechnung und Deklaration nach Bundesmodell und abweichenden Ländermodellen, BBK 11/2022 S. 507 NWB LAAAI-62281.

A. Allgemeine Erläuterungen zu § 4 HmbGrStG

I. Normzweck und wirtschaftliche Bedeutung der Vorschrift

1 § 4 HmbGrStG definiert die **landesspezifischen Grundsteuermesszahlen für die Steuergegenstände der Grundsteuer B.** Dabei differenziert § 4 Abs. 1 HmbGrStG zwischen den Wohnflächen und Nichtwohnflächen. Während für **Nichtwohnflächen die Grundsteuermesszahl 100% beträgt, ermäßigt sich die Grundsteuermesszahl für Wohnflächen um 30 % auf 70 %.** Die Grundsteuermesszahl wird mit dem zuvor ermittelten Äquivalenzbetrag multipliziert. Daraus ergibt sich der Grundsteuermessbetrag der jeweiligen wirtschaftlichen Einheit des Grundvermögens, welcher wiederum Bemessungsgrundlage für die Ermittlung der Grundsteuer B durch Multiplikation mit dem gemeindespezifischen Hebesatz ist.

2 § 4 Abs. 2–4 HmbGrStG regelt weitere mögliche **Ermäßigungen der Grundsteuermesszahlen für Wohnflächen in normalen Wohnlagen** (§ 4 Abs. 2 HmbGrStG), für **Gebäudeflächen von Baudenkmälern und Ensemble** (§ 4 Abs. 3 HmbGrStG) und für **bestimmte Wohnflächen** (§ 4 Abs. 4 HmbGrStG).

3 § 4 Abs. 5 HmbGrStG regelt die **Voraussetzungen zur Inanspruchnahme der Ermäßigungen nach § 4 Abs. 3 und 4 HmbGrStG** sowie die Berechnung der anzuwendenden Grundsteuermesszahl, z. B. beim Vorliegen mehrerer Ermäßigungen.

4–6 *(Einstweilen frei)*

II. Entstehung und Entwicklung der Vorschrift

§ 4 HmbGrStG wurde mit dem HmbGrStG vom 24.8.2021[1] in das HmbGrStG aufgenommen und durch die Änderung des Hamburgischen Grundsteuergesetzes vom 22.6.2022[2] bereits redaktionell angepasst. Weitere Ausführungen zu den gesetzlichen Regelungen finden sich im Hamburgischen Anwendungserlass vom 8.7.2022.[3] 7

Mit dem Änderungsgesetz vom 24.1.2023[4] wurde § 4 Abs. 5 HmbGrStG redaktionell angepasst. Danach wird auf die Ermäßigungen in § 15 GrStG in der jeweils gültigen Fassung verwiesen. 7/1

Die Vorschrift des § 4 HmbGrStG ist an den § 15 GrStG angelehnt. Aufgrund der abweichenden Wertermittlung der Ausgangsbeträge im hamburgischen Landesmodell auf Basis des **Flächenprinzips mittels Äquivalenzzahlen** wurde durch § 4 HmbGrStG die bundesgesetzliche Regelung des § 15 Abs. 1 GrStG entsprechend verändert und angepasst. Auch die erstmals im Bundesgesetz durch die Grundsteuerreform eingeführten **Ermäßigungen für Grundstücke, die der Wohnraumförderung** dienen (§ 15 Abs. 2 und 3 GrStG) und für bestimmte **Baudenkmäler** (§ 15 Abs. 5 GrStG), wurden durch das HmbGrStG nicht vollständig übernommen. Vielmehr werden eigene, landesspezifische Regelungen zu den Voraussetzungen und der Höhe von Ermäßigungen für Wohnraum und Baudenkmäler mit § 4 HmbGrStG eingeführt. 8

Neben den Ermäßigungen für Wohnraum und Baudenkmäler soll laut der Pressemitteilung des Hamburger Senats v. 10.9.2024 auch eine **Ermäßigung für Nutzflächen** i. H. von 13 % eingeführt werden. Die Grundsteuermesszahl für diese Fläche soll mithin 0,87 betragen. Mit dieser Messzahl könne laut der Begründung eine aufkommensneutrale Grundsteuerbelastung auch bei „Nicht-Wohn-Flächen" gewährleistet werden. Ein entsprechender Gesetzesentwurf soll im Oktober 2024 verabschiedet werden. 9

(Einstweilen frei) 10–12

III. Geltungsbereich

Das HmbGrStG gilt für in Hamburg belegene Grundstücke. 13

(Einstweilen frei) 14–15

IV. Verhältnis zu anderen Vorschriften

Die **Grundsteuermesszahl** dient zur Ermittlung des **Grundsteuermessbetrags** durch Multiplikation des **Äquivalenzbetrages** mit der Grundsteuermesszahl (§ 1 Abs. 2 HmbGrStG). 16

Die Bewertung für das **land- und forstwirtschaftliche Grundvermögen** entspricht im Wesentlichen der bundesgesetzlichen Regelung. Die **Steuermesszahl** entspricht daher der in § 14 GrStG. 17

1 Hamburgisches Grundsteuergesetz (HmbGrStG) v. 24.08.2021, (HmbGVBl. Nr. 56 S. 600.

2 Gesetz über die Festsetzung der Hebesätze für die Realsteuern für das Kalenderjahr 2022 sowie zur Änderung des Hamburgischen Grundsteuergesetzes v. 22.6.2022, HmbGVBl. 37/2022 S. 399.

3 Erlass der Finanzbehörde der Freien und Hansestadt Hamburg vom 8.7.2022 – Anwendung des Hamburgischen Grundsteuergesetzes (HmbGrStG) vom 24.8.2021 sowie zur teilweisen Anwendung des Siebenten Abschnittes des Zweiten Teils des Bewertungsgesetzes zur Bewertung des Grundbesitzes (allgemeiner Teil und Grundvermögen) sowie für die Grundsteuer ab 1. Januar 2022 und des Grundsteuergesetzes ab 1. Januar 2025 (NWB AEHmbGrStG).

4 Art. 2 Gesetz über die Festsetzung der Hebesätze für die Realsteuern für das Kalenderjahr 2023 sowie die Änderung und Bestätigung des Hamburgischen Grundsteuergesetzes v. 24.1.2023 (HmbGVBl 2023 S. 66).

18 Nach § 4 Abs. 3 HmbGrStG ermäßigt sich die **Grundsteuermesszahl für Gebäudeflächen von Baudenkmälern**, soweit die Voraussetzungen des § 4 Abs. 2 Satz 1 des Denkmalschutzgesetzes (DSchG) vom 5.4.2013 (HmbGVBl. 2013 S. 142), geändert am 26.6.2020 (HmbGVBl. 2020 S. 380, 384), in der jeweils geltenden Fassung für die gesamte wirtschaftliche Einheit oder ein Ensemble nach § 4 Abs. 3 DSchG vorliegen.

19 Die **Ermäßigungen der Wohnflächen des sozialen Wohnungsbaus sind an die Bestimmungen der Fördergesetze** geknüpft.

20–22 *(Einstweilen frei)*

B. Systematische Kommentierung

I. Allgemeine Grundsteuermesszahlen für Grundstücke (§ 4 Abs. 1 HmbGrStG)

1. Allgemeine Grundsteuermesszahl für die Grundstücksfläche und Nichtwohnflächen

23 Durch die zum Bundesgesetz abweichenden Bewertungsregelungen des hamburgischen Grundsteuergesetzes sind **abweichende Grundsteuermesszahlen nach dem Landesrecht** notwendig. Dies ist vor allem durch die abweichende Bewertungssystematik begründet. Durch das verankerte Flächenprinzip ergibt sich bereits nach Anwendung der Äquivalenzbeträge ein Ausgangsbetrag, der dem Grundsteuermessbetrag im Bundesrecht nahekommt. Entsprechend beträgt die **Grundsteuermesszahl für die Grundstücke des Grundvermögens grds. 100 %** (§ 4 Abs. 1 Satz 1 HmbGrStG). Dies gilt sowohl für die Fläche des Grund und Bodens als auch für die Nutzfläche der Gebäude (zum Umfang und Berechnung der Nutzfläche siehe § 2 HmbGrStG). Die Grundsteuermesszahl von 100 % auf den Äquivalenzbetrag gilt nicht für die Wohnflächen der Gebäude.

24 **BEISPIEL:** Die Daten des mit einem Bürohaus bebauten Grundstücks sind:

Grundstücksfläche:	1.000 m²
Nutzfläche des Gebäudes:	2.000 m²

Es soll der Grundsteuermessbetrag festgesetzt werden.

LÖSUNG: Nach Anwendung der Äquivalenzbeträge aus § 3 HmbGrStG ergibt sich folgender Ausgangsbetrag:

Äquivalenzbetrag des Grund und Bodens:	1.000 m² x 0,04 €/m² = 40 €
Äquivalenzbetrag der Gebäudeflächen:	2.000 m² x 0,50 €/m² = 1.000 €

Die Grundsteuermesszahl beträgt gem. § 4 Abs. 1 Satz 1 HmbGrStG 100 %. Der Grundsteuermessbetrag für das Grundstück entspricht mithin: 1.040 €.

2. Allgemeine Grundsteuermesszahl für Wohnflächen

25 Nach § 4 Abs. 1 Satz 2 HmbGrStG **ermäßigt sich die Grundsteuermesszahl für die Gebäudeflächen, welche der Wohnnutzung dienen, auf 70 %**. Durch die pauschale Ermäßigung der Grundsteuermesszahl für Wohnflächen soll bezahlbarer Wohnraum gefördert werden. Die sich daraus ergebene niedrigere Grundsteuerbelastung der Wohnnutzung wird damit bewusst in Kauf genommen.

BEISPIEL: Sachverhalt wie → Rz. 24, jedoch handelt es sich um ein Gebäude mit Mietwohnungen in guter Wohnlage. 26

LÖSUNG: Die Grundsteuermesszahl beträgt nunmehr gem. § 4 Abs. 1 Satz 2 HmbGrStG 70 %. Der Grundsteuermessbetrag für das Grundstück entspricht mithin:

Äquivalenzbetrag des Grund und Bodens von 40 € x Grundsteuermesszahl 100 %	= 40 €
Äquivalenzbetrag der Gebäudeflächen von 1.000 € x Grundsteuermesszahl 70 %	= 700 €
Grundsteuermessbetrag:	740 €

Spannend bleibt insbesondere die Frage, wie sich die **pauschale Ermäßigung der Wohnflächen** auf die gesamte Grundsteuerbelastung im Bundesland Hamburg auswirken wird. Da auch beim HmbGrStG das Ziel sein wird, die Grundsteuerreform in Summe möglichst aufkommensneutral zu gestalten, dürfte das im Umkehrschluss bedeuten, dass, durch die Begünstigung der Wohnnutzung und die niedrigere Belastung, diese durch die Grundsteuer für Gebäude mit Nichtwohnnutzung ausgeglichen werden muss. Folglich ist damit zu rechnen, dass die **Grundsteuer nach der Reform für Nichtwohngrundstücke steigt, während die Grundsteuer für Wohngrundstücke vermutlich sinken wird**. Inwieweit sich dies auf das tatsächliche Grundsteueraufkommen in Hamburg auswirken wird, bleibt abzuwarten. Durch das Hebesatzrecht der Gemeinde ist diese jedoch bereits mit dem passenden Instrument ausgestattet, das Grundsteueraufkommen entsprechend anzupassen, wenn und soweit sich durch die unterschiedlichen Grundsteuermesszahlen für Wohn- und Nichtwohnflächen erhebliche Unterschiede zum bisherigen Recht ergeben sollten. 27

(Einstweilen frei) 28–31

II. Ermäßigung der Grundsteuermesszahl für Wohnflächen in normaler Wohnlage (§ 4 Abs. 2 HmbGrStG)

Besonderheit des hamburgischen Grundsteuergesetzes im Gegensatz zum Bundesmodell und den anderen länderspezifischen Grundsteuergesetzen ist die **Einführung einer Wohnlagenkomponente**. Gemäß § 4 Abs. 2 Satz 1 HmbGrStG **ermäßigt sich die Grundsteuermesszahl für den Äquivalenzbetrag der Wohnflächen um 25 %, soweit eine normale Wohnlage** vorliegt. Bei **Wohnflächen in guten Wohnlagen** hingegen bleibt es bei der Grundsteuermesszahl von 70 %. 32

Diese Unterscheidung zwischen normalen und guten Wohnlagen und die damit einhergehende nochmalige Vergünstigung bestimmter Wohnflächen ist laut der Gesetzesbegründung vom 16.3.2021[1] so gewollt. Damit sollten Stadtentwicklungsgesichtspunkte berücksichtigt werden, um das Ziel des bezahlbaren Wohnraums zu fördern. Durch eine niedrigere Grundsteuer für normale Wohnlagen sollen diese für Mieter und Eigentümer attraktiver gemacht und diese Wohnlagen sowie deren Umfeld aufgewertet werden. Des Weiteren ist diese Unterscheidung nach der Gesetzesbegründung auch dahingehend gerechtfertigt, als „*…Flächen in guten Wohnlagen eine typisiert höhere Nutzbarkeit für Wohnzwecke aufweisen und wohnwerterhöhende Faktoren wie die Nähe zu Parks, Schnellbahnhaltestellen und anderen Infrastruktureinrichtungen, die Gegenstand öffentlicher Investitionen sind, eine wichtige Rolle bei der Bestimmung der Wohnlage spielen.*“[2] 33

1 Vgl. Hamburger Bürgerschaft Drucks. 22/3583 v. 16.3.2021, Entwurf eines Hamburgischen Grundsteuergesetzes.
2 Vgl. Hamburger Bürgerschaft Drucks. 22/3583 v. 16.3.2021, Entwurf eines Hamburgischen Grundsteuergesetzes.

34 Für die normalen Wohnlagen ermäßigt sich die Grundsteuermesszahl für diese Wohnflächen um weitere 25 % auf sodann **52,50 %**.

35 Die Entscheidung darüber, ob eine normale oder eine gute Wohnlage vorliegt, wird durch den Senat mittels **Rechtsverordnung für Zwecke der Grundsteuer ein Verzeichnis für gute und normale Wohnlagen** erlassen. Dieses wird ausgehend vom Verfahren der Mietenspiegel- und Wohnlagenverzeichnis-Erhebung regelmäßig angepasst; sich daraus ergebende Änderungen werden durch das Finanzamt für Verkehrsteuern und Grundbesitz in Hamburg nach Veröffentlichung der Rechtsverordnung von Amts wegen umgesetzt.[1] In der Gesetzesbegründung vom 16.3.2021[2] heißt es hierzu weiterhin:

„Das Wohnlageverzeichnis zeichnet sich dadurch aus, dass es nicht nur die Bodenrichtwerte, sondern auch andere Komponenten (wie zum Beispiel die Erreichbarkeit des ÖPNV, dem Grünflächenanteil, die Entfernung zum Einzelhandel, den Statusindex) berücksichtigt und damit ein genaues Bild der Lage und der Förderungswürdigkeit bildet. Auch wird das der Rechtsverordnung zugrundeliegende Wohnlagenverzeichnis als Grundlage für den Hamburger Mietenspiegel regelmäßig aktualisiert. Das bisherige methodische Konzept der Wohnlagenzuordnung im Hamburger Mietenspiegel stammt aus dem Jahr 1995; damals wurde mithilfe multivarianter statistischer Analysen der Einfluss einzelner Merkmale und Indikatoren (wobei teilweise mehrere Einzelmerkmale einen Indikator bilden) auf die Wohnlageneinstufung untersucht; ferner wurde untersucht wie groß der jeweilige Einfluss des Gebietsstatus (Bodenwert, Bevölkerungsstruktur, Wohnlagenniveau), der Verdichtung (Bebauungsdichte, Einwohnerdichte, durchschnittliche Stockwerkszahl), Grünflächenanteil, ÖPNV-Anbindung, Lärmquellen (zum Beispiel Gewerbe, Schulen) und der Verkehrsbelastung ist. Im Jahr 2017 wurde eine weitreichende Überprüfung und Erweiterung des zugrundeliegenden Indikatorenkatalogs, eine Aktualisierung der Datenbasis sowie eine komplette Neuberechnung für alle Blockseiten in Hamburg vorgenommen. Da das Wohnlageverzeichnis lediglich eine Möglichkeit zur Einordnung der Wohnlage darstellt und Wohnlageneinstufungen im Einzelfall überprüft werden können, sollen Steuerpflichtige die Möglichkeit haben eine andere Wohnlage nachzuweisen.“

36 Sofern Steuerpflichtige eine **andere Wohnlage nachweisen, so ist diese anzusetzen** (§ 4 Abs. 2 Satz 3 HmbGrStG). Der **Nachweis** kann **insbesondere durch ein Gutachten eines öffentlich anerkannten Gutachters** erfolgen.[3] Welche anderen Nachweise ggf. ebenso in der Praxis anerkannt werden, lässt der NWB AEHmbGrStG leider vermissen. Hier wären m. E. weitere Beschreibungen zur Nachweiserbringung für die Grundstückseigentümer hilfreich, um den Aufwand und die Kosten in Grenzen zu halten sowie Meinungsverschiedenheiten mit dem Finanzamt zu vermeiden.

37 Sofern **keine Wohnlage** aus der Rechtsverordnung **ermittelbar** ist (z. B. bei Neubaugebieten), ist gem. § 4 Abs. 2 Satz 4 HmbGrStG eine **normale Wohnlage zu unterstellen.**[4] Befindet sich eine wirtschaftliche Einheit (z. B. aufgrund ihrer Größe) **in verschiedenen Wohnlagen**, ist die Ermäßigung für die normale Wohnlage für die gesamte wirtschaftliche Einheit ggf. auf Antrag zu gewähren.[5]

1 Vgl. A H 4.1 Abs. 1 Satz 3 NWB AEHmbGrStG.
2 Vgl. Hamburger Bürgerschaft Drucks. 22/3583 v. 16.3.2021, Entwurf eines Hamburgischen Grundsteuergesetzes.
3 Vgl. A H 4.1 Abs. 1 Satz 5 NWB AEHmbGrStG.
4 Vgl. A H 4.1 Abs. 1 Satz 1 NWB AEHmbGrStG.
5 Vgl. A H 4.1 Abs. 2 Satz 2 NWB AEHmbGrStG.

(Einstweilen frei) 38

III. Ermäßigung der Grundsteuermesszahl für Baudenkmäler (§ 4 Abs. 3 HmbGrStG)

§ 4 Abs. 3 HmbGrStG ist angelehnt an die Regelung des Bundesrechts in § 15 Abs. 5 GrStG, wonach die **Grundsteuermesszahlen für die Gebäudeflächen von Baudenkmälern zusätzlich ermäßigt werden**. Abweichend von Bundesrecht, in dem die Steuermesszahl um 10 % ermäßigt wird, **beträgt die Ermäßigung der Grundsteuermesszahl im Landesrecht 25 % auf die ursprüngliche Grundsteuermesszahl.** 39

Voraussetzung ist, dass es sich bei den Gebäuden um **Baudenkmäler nach § 4 Abs. 2 Satz 1 des Denkmalschutzgesetzes (DSchG) vom 5.4.2013**[1] handelt und dieses **die gesamte wirtschaftliche Einheit prägt** oder wenn ein **Ensemble nach § 4 Abs. 3 DSchG** vorliegt. Dies sind: 40

<u>§ 4 Abs. 2 Satz 1DSchG</u>

„Ein Baudenkmal ist eine bauliche Anlage oder ein Teil einer baulichen Anlage im Sinne des § 2 Absatz 1 der Hamburgischen Bauordnung vom 14. Dezember 2005 (HmbGVBl. S. 525, 563), zuletzt geändert am 20. Dezember 2011 (HmbGVBl. S. 554), in der jeweils geltenden Fassung, deren oder dessen Erhaltung wegen der geschichtlichen, künstlerischen oder wissenschaftlichen Bedeutung oder zur Bewahrung charakteristischer Eigenheiten des Stadtbildes im öffentlichen Interesse liegt."

<u>§ 4 Abs. 3 DSchG</u>

„Ein Ensemble ist eine Mehrheit baulicher Anlagen einschließlich der mit ihnen verbundenen Straßen und Plätze sowie Grünanlagen und Frei- und Wasserflächen, deren Erhaltung aus in Absatz 2 genannten Gründen im öffentlichen Interesse liegt, und zwar auch dann, wenn kein oder nicht jeder einzelne Teil des Ensembles ein Denkmal darstellt. Zu einem Ensemble gehören auch das Zubehör und die Ausstattung seiner Bestandteile, soweit sie mit den Bestandteilen des Ensembles eine Einheit von Denkmalwert bilden."

Eine **wirtschaftliche Einheit wird durch ein Baudenkmal geprägt**, wenn die als Baudenkmal nach § 4 Abs. 2 DSchG qualifizierten Gebäudeflächen auf der wirtschaftlichen Einheit überwiegen, d. h. **mehr als 50 % aller Wohn- und Nutzflächen** ausmachen.[2] Wenn ein **Ensemble** nach § 4 Abs. 3 DSchG vorliegt, **wird die Ermäßigung unabhängig von einer Prägung der wirtschaftlichen Einheit gewährt.**[3] Sind daneben Gebäudeflächen vorhanden, welche diese Voraussetzungen nach dem DSchG nicht erfüllen, so findet die Ermäßigung dennoch auf die gesamte wirtschaftliche Einheit Anwendung. Die **Ermäßigung** nach § 4 Abs. 3 HmbGrStG für Baudenkmale und historische Ensemble **kann somit nicht für Teilflächen gewährt oder verwehrt** werden, sondern **gilt immer für alle Flächen einer gesamten wirtschaftlichen Einheit**, auch solche, die nicht als Baudenkmal zu qualifizieren sind.[4] Eine gesonderte Regelung dazu wie im Bundesrecht nach § 15 Abs. 5 Satz 2 GrStG, wonach die Ermäßigung der Steuermesszahl anteilig zu gewähren ist, wenn auf einem Grundstück nur ein Teil der Gebäude oder nur Teile eines Gebäudes im Sinne des jeweiligen Landesdenkmalschutzgesetzes unter Denkmalschutz ste- 41

1 Denkmalschutzgesetz (DSchG) v. 5.4.2013, HmbGVBl. S. 142, zuletzt geändert durch Art. 14 des Gesetzes v. 26.6.2020, HmbGVBl. S. 380, 384.

2 Vgl. A H 4.2 Satz 1 NWB AEHmbGrStG.

3 Vgl. A H 4.2 Satz 2 NWB AEHmbGrStG.

4 Vgl. A H 4.2 Satz 3 NWB AEHmbGrStG.

hen (vgl. dazu auch Bock in Grootens, GrStG, § 15 Rz. 118 ff.), ist im hamburgischen Landesrecht somit nicht notwendig.

42 Dennoch kann es in der Praxis in besonderen Fallkonstellationen ebenfalls zu **Abgrenzungsfragen** kommen. Da die Ermäßigung zusätzlich zu den anderen Ermäßigungen des § 4 HmbGrStG gewährt wird, sollten ebenfalls bereits die Äquivalenzbeträge für die Wohn- und Nutzflächen gesondert ermittelt werden, um die Ermäßigung für die Wohnflächen entsprechend berücksichtigen zu können.

43 **BEISPIEL:** Das bebaute Grundstück weist folgende Merkmale auf:

- Grundstücksfläche: 1.500 m²
- Wohnfläche: 300 m² unter Denkmalschutz nach § 4 Abs. 2 Satz 1 DschG
- Nutzfläche: 100 m²

Für eine korrekte und nachvollziehbare Berechnung der Grundsteuermesszahl sollten bereits die Äquivalenzbeträge gesondert für die einzelnen Teilflächen berechnet werden:

1. Ermittlung des Äquivalenzbetrags der Grundstücksfläche

Grundstücksfläche 1.500 m² x 0,04 €/m²	= 60 €

2. Ermittlung des Äquivalenzbetrags der Gebäudeflächen

a)	Wohnfläche ohne Denkmalschutz 300 m² x 0,50 €/m²	= 150 €
b)	Nutzfläche: 100 m² x 0,50 €/m²	= 50 €
	= Summe der Äquivalenzbeträge	**= = 260 €**

3. Berechnung der Grundsteuermesszahl (Äquivalenzbetrag x Grundsteuermesszahl)

a)	Grundstücksfläche:	
	60 € x 100 %	= 60 €
b)	Wohnfläche unter Denkmalschutz:	
	150 € x 52,5 %	= 78,75 €
c)	Nutzfläche:	
	50 € x 75 %	37,50 €
	= Summe Grundsteuermesszahl:	**= 176,25 €**

44 Die **Behörde für Kultur und Medien** führt eine Liste mit allen Hamburger Denkmalen (https://www.hamburg.de/bkm/denkmalliste).[1] Dies kann jederzeit vom Steuerpflichtigen eingesehen werden.

45–48 *(Einstweilen frei)*

IV. Zusätzliche Ermäßigung der Grundsteuermesszahl für Wohnflächen (§ 4 Abs. 4 HmbGrStG)

1. Förderung des sozialen Wohnungsbaus

49 Die allgemeine, bereits ermäßigte Grundsteuermesszahl für Wohnflächen wird nach § 4 Abs. 4 HmbGrStG **um weitere 25 % ermäßigt, wenn die Wohnflächen den rechtlichen Bindungen des sozialen Wohnungsbaus in Hamburg unterliegen**. Das Landesgesetz privilegiert folglich die Überlassung von Wohnraum aus sozialen Gründen nochmals zusätzlich zur ohnehin schon privilegierten Wohnnutzung.

1 Vgl. A H 4.2 Satz 4 NWB AEHmbGrStG.

Unterliegen **Wohnflächen den Bindungen nach § 10 Abs. 3 i.V. mit § 10 Abs. 2 und 4 HmbWoFG vom 19.2.2008,**[1] so ist die Grundsteuermesszahl dieser Wohnflächen, **um weitere 25 % zu ermäßigen** (§ 4 Abs. 4 Nr. 1 HmbGrStG). Gleiches gilt, wenn Wohnflächen den Bindungen nach 50

- § 25 i.V. mit § 13 Abs. 2 und 3 des Wohnraumförderungsgesetzes vom 13.9.2001[2] (§ 4 Abs. 4 Nr. 2 HmbGrStG),
- einer Förderungen nach § 88d des Zweiten Wohnungsbaugesetzes i. d. F. vom 19.8.1994 in der bis zum 31.12.2001 geltenden Fassung unterliegen[3] oder
- dem Hamburgischen Wohnungsbindungsgesetz[4]

als öffentlich gefördert gelten.

Die Regelung entspricht im Wesentlichen der Regelung des Bundesgesetzes nach § 15 Abs. 2 und 3 GrStG.

(Einstweilen frei) 51–53

2. Förderung nach dem Hamburgischen Wohnraumförderungsgesetz HmbWoFG bzw. dem Wohnraumförderungsgesetz (WoFG) (§ 4 Abs. 4 Nr. 1 und 2 HmbGrStG)

a) Rechtliche Grundlagen

Das eigene hamburgische Wohnraumförderungsgesetz vom 19.2.2008[5] wurde als Art. 1 des Gesetzes zur Umsetzung der Föderalismusreform im Wohnungswesen vom 19.2.2008 (HmbGVBl. 2008 S. 74) verkündet und ersetzt gem. Art. 125a Abs. 1 GG in seinem Geltungsbereich das Wohnraumförderungsgesetz des Bundes vom 13.9.2001 (BGBl 2001 I S. 2376) in der geltenden Fassung. Die Übergangsbestimmungen sind in § 25 HmbWoFG geregelt. Zweck des Gesetzes ist in der Freien und Hansestadt Hamburg Maßnahmen zur Unterstützung von Haushalten bei der Versorgung mit angemessenem Wohnraum (Wohnraumförderung) zu fördern (§ 1 Satz 1 HmbWoFG). Dies soll gem. § 3 HmbWoFG durch die 54

- Bereitstellung von Fördermitteln, die aus dem Haushaltsplan der Freien und Hansestadt Hamburg und von der Hamburgischen Investitions- und Förderbank bereitgestellt werden, um Darlehen zu Vorzugsbedingungen, auch zur nachstelligen Finanzierung, sowie Zuschüsse zu gewähren,
- Übernahme von Bürgschaften, Garantien und sonstigen Gewährleistungen sowie Bereitstellung von verbilligtem Bauland gewährleistet werden.

---

1 Gesetz über die Wohnraumförderung in der Freien und Hansestadt Hamburg (Hamburgisches Wohnraumförderungsgesetz – HmbWoFG) v. 19.2.2008 (HmbGVBl. S. 74), zuletzt geändert durch Art. 1 des Gesetzes v. 21.5.2013 (HmbGVBl. S. 244).

2 Gesetz über die soziale Wohnraumförderung (Wohnraumförderungsgesetz – WoFG) v. 13.9.2001 (BGBl 2001 I S. 2376), zuletzt durch Art. 42 des Gesetzes v. 20.11.2019 (BGBl 2019 I S. 1626) geändert.

3 Zweites Wohnungsbaugesetz (Wohnungsbau- und Familienheimgesetz – II. WoBauG) i. d. F. der Bekanntmachung v. 19.8.1994 (BGBl 1994 I S. 2137).

4 Gesetz zur Sicherung der Zweckbestimmung von Sozialwohnungen in der Freien und Hansestadt Hamburg (Hamburgisches Wohnungsbindungsgesetz – HmbWoBindG) v. 19.2.2008 (HmbGVBl. 2008 S 74), zuletzt geändert durch Art. 2 des Gesetzes v. 21.5.2013 (HmbGVBl. S. 244).

5 Gesetz über die Wohnraumförderung in der Freien und Hansestadt Hamburg (Hamburgisches Wohnraumförderungsgesetz – HmbWoFG) v. 19.2.2008 (HmbGVBl. S. 74), zuletzt geändert durch Art. 1 des Gesetzes v. 21.5.2013 (HmbGVBl. S 244).

55 Das **Wohnraumförderungsgesetz (WoFG) des Bundes** vom 13.9.2001[1] regelt die **soziale Wohnraumförderung** (§ 1 Abs. 1 WoFG) und zielt auf Haushalte ab, die sich am Markt nicht angemessen mit Wohnraum versorgen können und auf Unterstützung angewiesen sind (§ 1 Abs. 2 WoFG). Die Ermäßigung für die entsprechenden Grundstücke findet sich bereits im Bundesgesetz in § 15 Abs. 2 GrStG wieder und gilt auch für das hamburgische Landesgesetz, soweit die Wohnflächen den Bindungen nach § 25 i. V. mit § 1 Abs. 3 und 4 WoFG unterliegen.

56 Dabei ermäßigt sich die Grundsteuermesszahl, wenn eine **Förderzusage durch schriftlichen Verwaltungsakt** nach § 10 Abs. 4 HmbWoFG erteilt wurde. Die erteilte Förderzusage (z. B. Förderbescheid, Fördervertrag, öffentlich-rechtlicher Vertrag, Bewilligungsbescheid) stellt dabei einen **Grundlagenbescheid i. S. des § 171 Abs. 10 AO** dar. Eine Prüfung der Rechtmäßigkeit und Angemessenheit der gewährten Förderung ebenso wie eine detaillierte Prüfung der Förderung einzelner Wohnungen erfolgt nicht. Wenn durch den Steuerpflichtigen kein Förder- oder Bewilligungsbescheid vorgelegt oder diesen keine Aussage zu einer Bindung zu entnehmen ist, kann unterstellt werden, dass die Ermäßigungstatbestände nicht erfüllt sind. In Zweifelsfällen kann die Hamburgische Investitions- und Förderbank um Auskunft ersucht werden.[2]

57 Nach § 7 Abs. 1 HmbWoFG sind Fördergegenstände:

- der Wohnungsbau, einschließlich des erstmaligen Erwerbs des Wohnraums innerhalb von zwei Jahren nach Fertigstellung (Ersterwerb),
- die Modernisierung von Wohnraum,
- der Erwerb bestehenden Wohnraums und
- der Erwerb von Belegungsrechten (Belegungs- und Mietbindungen) an bestehendem Wohnraum.

58 Neben Mietwohnungen werden auch selbstgenutzte Wohnungen und Modernisierungen gefördert. **Die Förderung ist an verschiedene Voraussetzungen geknüpft.** So sind nach § 8 HmbWoFG bestimmte **Einkommensgrenzen** einzuhalten und nach § 9 HmbWoFG muss die **Größe des Wohnraums entsprechend seiner Zweckbestimmung angemessen** sein, wobei hier jedoch auch Besonderheiten Rechnung zu tragen ist. Ebenfalls sind **Belegungs- und Mietbindungen** nachzuweisen und einzuhalten (§§ 15 ff. HmbWoFG).

59–61 *(Einstweilen frei)*

b) Nachweis der Förderung (Förderentscheidung)

62 § 4 Abs. 4 HmbGrStG enthält keine konkreten **Voraussetzungen zur Nachweiserbringung.** Es ist jedoch davon auszugehen, dass als **Nachweis** regelmäßig der nach § 10 Abs. 4 Satz 1 HmbWoFG von der zuständigen Stelle **erlassene Förderentscheidung durch schriftlichen Verwaltungsakt oder vertragliche Gewährung** benötigt wird. In der Förderentscheidung sind insbesondere die Bestimmungen über Ziel und Gegenstand der Förderung, Art, Höhe, Dauer, Verzinsung und Tilgung der Fördermittel, Art und Dauer der Bindungen sowie Rechtsfolgen eines Eigentumswechsels an dem geförderten Objekt zu treffen.

63–64 *(Einstweilen frei)*

---

1 Gesetz über die soziale Wohnraumförderung (Wohnraumförderungsgesetz – WoFG) v. 13.9.2001 (BGBl. I S. 2376) zuletzt durch Art. 42 des Gesetzes v. 20.11.2019 (BGBl 2019 I S. 1626) geändert.

2 Vgl. A H 4.3 Satz 2 und 3 NWB AEHmbGrStG.

c) Einhaltung der Förderbedingungen

aa) Bindung der Förderzusage

Die Wohnflächen müssen den Bindungen der Förderzusage **zum jeweiligen Veranlagungszeitpunkt** unterliegen. Im Landesgesetz muss daher in jedem Erhebungszeitraum geprüft werden, ob die Voraussetzungen für die Ermäßigung noch erfüllt sind. Auf den Hauptveranlagungszeitpunkt wird nicht abgestellt, da es durch das Landesgesetz nur einen Hauptveranlagungszeitpunkt auf den 1.1.2025 gibt. Nach dem Gesetzeswortlaut erfolgt die **Ermäßigung, wenn die jeweiligen Voraussetzungen zum Veranlagungszeitpunkt vorlagen**. Entfällt die Förderung nach dem HmbWoFG, so entfällt für die Zukunft auch die Ermäßigung der Grundsteuermesszahl. 65

Die Dauer der Belegungs- und Mietbindungen ist in der Förderzusage durch Festlegung einer Frist zu bestimmen; bei der Förderung mit Darlehen trifft die Förderzusage Bestimmungen zur Dauer der Bindungen auch für den Fall vorzeitiger vollständiger Rückzahlung (§ 19 Abs. 1 Satz 1 HmbWoFG). Grundsätzlich **enden die Bindungen mit der vollständigen Rückzahlung des Förderdarlehens bzw. des gewährten Zuschusses**. In bestimmten Fällen können jedoch auch nach der vollständigen Rückzahlung noch Bindungen fortbestehen: 66

- Bei **Darlehen nach Kündigung bis zu dem in der Förderzusage bestimmten Ende der Bindungsdauer,** längstens jedoch bis zum Ablauf des zwölften Kalenderjahres nach dem Jahr der Rückzahlung (§ 19 Abs. 1 Satz 2 Nr. 1 HmbWoFG).
- Bei **Zuschüssen längstens bis zum Ablauf des zwölften Kalenderjahres** nach dem Jahr der Rückzahlung (§ 19 Abs. 1 Satz 2 Nr. 2 HmbWoFG).
- Im Fall der **Zwangsversteigerung** enden die Bindungen bei Darlehen bis zu dem in der Förderzusage bestimmten Zeitpunkt, spätestens jedoch mit Ablauf des dritten Kalenderjahres nach dem Kalenderjahr, in dem der Zuschlag erteilt worden ist und die aufgrund der Darlehensförderung begründeten Grundpfandrechte mit dem Zuschlag erloschen sind. Ist das Darlehen bereits vor dem Zuschlag zurückgezahlt, verbleibt es bei den Regelungen der Förderzusage nach Satz 1 bzw. bei Zuschüssen mit dem Zuschlag (§ 19 Abs. 1 Satz 3 HmbWoFG).

Nach dem Wortlaut des § 4 Abs. 4 HmbGrStG müsste in diesen Fällen **die Ermäßigung noch bis zum Wegfall der Bindungen gewährt** werden, sofern die Bindungen auch weiterhin eingehalten werden. 67

Die unterschiedlichen Bindungen unterscheiden sich außerdem nach **den verschiedenen Gegenständen der Förderung**. 68

bb) Objekte für fremde Wohnzwecke

Die Förderung für **vermietete Immobilien (sog. Mietraumförderung)** ist nach § 10 Abs. 3 HmbWoFG an **Belegungs- und Mietbindungen** geknüpft. 69

Als Belegungsbindung darf der Förderberechtigte den Wohnraum nur Mietern überlassen, die eine Wohnberechtigung durch einen **Wohnungsberechtigungsschein** nachweisen können oder sich die **Wohnberechtigung durch die Benennung** der zuständigen Stelle ergibt (§ 16 Abs. 1 HmbWoFG). Voraussetzung für die Erteilung eines Wohnungsberechtigungsscheins oder die Benennung ist die **Einhaltung der Einkommensgrößen** der § 12 ff. HmbWoFG und die **angemessene Größe des Wohnraums**. 70

71 Die **Mietbindung des Förderberechtigten** besteht darin, dass dieser den Wohnraum nicht gegen eine höhere als in der Förderentscheidung **festgelegte höchstzulässige Miete** überlassen darf (§ 17 Abs. 1 Satz 1 HmbWoFG). Zum einen hat der Vermieter die Förderbedingungen im Mietvertrag auszuweisen, zum anderen darf er die Miete bis zur zulässigen Höchstmiete der Förderentscheidung und den allgemeinen mietrechtlichen Vorschriften erhöhen (§ 17 Abs. 2 HmbWoFG).

72–74 *(Einstweilen frei)*

cc) Objekte für eigene Wohnzwecke

75 Eine Förderung ist ebenfalls bei **selbstgenutzten Immobilien** möglich (§ 10 Abs. 3 Nr. 2 i.V. mit § 18 Abs. 6 HmbWoFG). Voraussetzung ist hierbei, dass der Haushalt die entsprechenden **Einkommensgrenze** nach § 12 HmbWoFG nicht überschreitet und die **Größe des Wohnraumes** angemessen ist.

76–77 *(Einstweilen frei)*

dd) Modernisierung

78 Ebenfalls werden **Modernisierungen von Wohnraum** gefördert. Die **Modernisierungsförderung** kann bei bereits geförderten, vermieteten oder selbstgenutzten Immobilien erfolgen. Es gelten die ursprünglichen Bindungen entsprechend fort.

79–80 *(Einstweilen frei)*

d) Anzeigepflichten

81 Liegen die **Förderbestimmungen zu einem Veranlagungszeitpunkt nicht mehr vor, so hat der Steuerpflichtige den Wegfall der Förderung** nach § 7 Abs. 3 Satz 1 und 2 HmbGrStG **anzuzeigen**. Daraufhin wird der Grundsteuermessbetrag für die wirtschaftliche Einheit neu festgestellt. Zu den ggf. negativen Folgen bei der Betriebskostenabrechnung bei unterlassener Anzeige vgl. auch Schmidt in Grootens, LGrStG BW, § 58 Rz. 28 ff.

82–83 *(Einstweilen frei)*

e) Abgrenzbarer Teil des Steuergegenstandes

84 In den Fällen des **Geschosswohnungsbaus**, liegen in einer wirtschaftlichen Einheit sowohl freifinanzierte als auch geförderte Wohnungen vor. Entsprechend sind für die Wohnflächen unterschiedlich hohe Grundsteuermesszahlen anzuwenden. Durch das Äquivalenz- und Flächenprinzip des Landesmodells lässt sich der Grundsteuermessbetrag für diese Fälle jedoch recht einfach ermitteln. Die zusätzlich ermäßigte Grundsteuermesszahl für die geförderten Wohnungen ermittelt sich aus dem Äquivalenzbetrag der entsprechenden Wohnflächen. In der erteilten Förderentscheidung ist die geförderte Wohnung jeweils ausdrücklich benannt, so dass eine Abgrenzung regelmäßig keine Probleme darstellen dürfte.

85 **BEISPIEL:** Ein Mietwohngrundstück in einer guten Wohnlage enthält sowohl freifinanzierte als auch geförderte Wohnungen. Die Grundstücksfläche beträgt 600 m². Die Wohnfläche beträgt nach der WoFlV für die freifinanzierten Wohnungen 450 m² und für die geförderten Wohnungen 230 m².

Der Grundsteuermessbetrag ermittelt sich wie folgt:

1. Ermittlung der Äquivalenzbeträge:

	Fläche	Äquivalenzzahl	Äquivalenzbetrag
Grundstücksfläche	600 m²	0,04 €/m²	24 €
freifinanzierte Wohnflächen	450 m²	0,50 €/m²	225 €
geförderte Wohnflächen	230 m²	0,50 €/m²	115 €

2. Ermittlung des Grundsteuermessbetrags:

	Äquivalenzbetrag	GrSt-Messzahl	GrSt-Messbetrag
Grundstücksfläche	24 €	100 €	24 €
freifinanzierte Wohnflächen	225 €	70 %	157,50 €
geförderte Wohnflächen	115 €	52,5 €	60,37 €
Summe			241,87 €

(Einstweilen frei) 86–87

f) Berücksichtigung der ermäßigten Grundsteuer in der Betriebskostenabrechnung

Die Grundsteuer wird grds. als Teil der **Betriebskostenabrechnung** bei Mietwohnobjekten auf den Mieter umgelegt. Entsprechend ist bei Mietobjekten schlussendlich der Mieter Begünstigter der zusätzlich ermäßigten Grundsteuermesszahl. Für den Vermieter stellt sich die Frage, wie dieser die Grundsteuer in Fällen der Betriebskostenabrechnung zu berücksichtigen hat, wenn die wirtschaftliche Einheit **sowohl freifinanzierte als auch geförderte Wohnflächen** enthält. Die Gesetzesbegründung enthält hierzu keine Klarstellungen. Vermutlich ist hier jedoch eine **spezifische Aufteilung der Grundsteuer auf die freifinanzierten und die geförderten Wohnflächen notwendig**, sodass dem Mieter in der Betriebskostenabrechnung jeweils die Kosten weiterbelastet werden, die durch den tatsächlichen Gebrauch der Wohnung anfallen. Siehe dazu auch die ausführlichen Erläuterungen der Kommentierung von Schmidt in Grootens, LGrStG BW, § 40 Rz. 98. 88

(Einstweilen frei) 89–90

3. Förderung nach dem Zweiten Wohnungsbaugesetz (II. WoBauG) bzw. dem Hamburgischen Wohnungsbindungsgesetz (HmbWoBindG) (§ 4 Abs. 4 Nr. 3 und 4 HmbGrStG)

Eine Ermäßigung der Grundsteuermesszahl nach § 4 Abs. 4 Nr. 3 HmbGrStG gilt auch für Wohnflächen, die den Bindungen für ursprünglich **nach dem II. WoBauG[1] geförderte Grundstücke** unterliegen bzw. für seit dem Inkrafttreten des hamburgischen Landesgesetzes **für nach dem HmbWoBindG[2] geförderte Grundstücke.** 91

(Einstweilen frei) 92–93

1 Zweites Wohnungsbaugesetz (Wohnungsbau- und Familienheimgesetz – II. WoBauG) i. d. F. der Bekanntmachung v. 19.8.1994 (BGBl 1994 I S. 2137).

2 Gesetz zur Sicherung der Zweckbestimmung von Sozialwohnungen in der Freien und Hansestadt Hamburg (Hamburgisches Wohnungsbindungsgesetz – HmbWoBindG) v. 19.2.2008 (HmbGVBl. 2008 S 74), zuletzt geändert durch Art. 2 des Gesetzes v. 21.5.2013 (HmbGVBl. S. 244).

4. Keine Förderung bestimmter Rechtsträger

94 Eine zusätzliche Ermäßigung für Wohnflächen, die **bestimmten Rechtsträgern** zuzuordnen sind, wie es die Regelung des Bundesgesetzes in § 15 Abs. 4 GrStG vorsieht, gibt es im HmbGrStG nicht. Vielmehr gelten die Ermäßigungen des Bundesrechts nach § 15 des GrStG vom 7.8.1973 (BGBl 1973 I S. 965), zuletzt geändert am 21.12.2020 (BGBl 2020 I S. 3096, 3129), in der jeweils geltenden Fassung nicht. **Die Ermäßigung für folgende begünstige Rechtsträger nach dem Bundesgesetz sind in Hamburg daher nicht anzuwenden:**

- **Wohnungsbaugesellschaften** von **Gebietskörperschaften,**
- **Gemeinnützige Wohnungsbaugesellschaften,**
- **Körperschaftsteuerbefreite Genossenschaften** und **Vereine.**

95–99 *(Einstweilen frei)*

V. Voraussetzungen zur Gewährung der Ermäßigungen und Berechnung der Grundsteuermesszahl (§ 4 Abs. 5 HmbGrStG)

1. Ermäßigung bei Vorliegen der Voraussetzungen

100 Die (zusätzlichen) Ermäßigungen der Grundsteuermesszahl nach § 4 Abs. 2–4 HmbGrStG sind **bei Vorliegen der Voraussetzungen zum Veranlagungszeitpunkt** zu gewähren (§ 4 Abs. 5 Satz 1 HmbGrStG). Der Steuerpflichtige hat danach einen **Rechtsanspruch auf die Ermäßigungen**. Dabei ist die **Ermäßigung für Wohnflächen in normaler Wohnlage** nach § 4 Abs. 2 HmbGrStG **vom Amts wegen** zu gewähren. Für die **Ermäßigungen bei Baudenkmälern und Ensemble nach dem DSchG sowie bei sozialem Wohnungsbau** i. S. des § 4 Abs. 3 und 4 HmbGrStG wird die **Ermäßigung auf Antrag** gewährt. Der Antrag kann dabei bei der erstmaligen Hauptveranlagung in der entsprechenden Steuererklärung gestellt werden. Die Abfrage dazu erfolgt im Vordruck „Anlage Grundsteuerbefreiung/-ermäßigung (HmbGrSt 4)“.

101 Im Landesgesetz findet abweichend vom Bundesgesetz nur eine erstmalige Hauptveranlagung der Grundsteuermessbeträge auf den 1.1.2025 statt (§ 4 Abs. 1 Satz 1 HmbGrStG). Weitere Hauptveranlagungen sind ausgeschlossen und aufgrund der Bewertungssystematik auch nicht notwendig. Die Voraussetzungen für die Ermäßigungen nach § 4 HmbGrStG müssen daher zu **Beginn des Veranlagungszeitpunktes** vorliegen. **Veranlagungszeitpunkt der Grundsteuer ist das Kalenderjahr.** Entsprechend müssen die Voraussetzungen jeweils zum Beginn des Kalenderjahres – dem 1.1. eines Jahres – vorliegen. **Entfällt die Voraussetzung für eine Ermäßigung** der Grundsteuermesszahl im Laufe eines Kalenderjahres, so **hat der Steuerpflichtige dies** nunmehr nach § 7 Abs. 2 Satz 1 und 2 HmbGrStG **anzuzeigen**. Daraufhin findet eine Neufeststellung des Grundsteuermessbetrags auf den **nachfolgenden Veranlagungszeitpunkt** statt. Die Änderung wird dann für das Folgejahr wirksam.

102–104 *(Einstweilen frei)*

2. Zusammentreffen mehrerer Ermäßigungstatbestände

105 Erfüllt eine wirtschaftliche Einheit des Grundvermögens **mehrere Ermäßigungstatbestände** des § 4 Abs. 1–4 HmbGrStG, so sind die **Ermäßigungstatbestände nacheinander anzuwenden** (§ 4 Abs. 5 Satz 2 HmbGrStG). Dabei ist zu beachten, dass die **Ausgangsgröße für die Berechnung jeweils die vorangegangene ermäßigte Grundsteuermesszahl** ist. Die Berechnung erfolgt somit entsprechend der Reihenfolge der Ermäßigungstatbestände des § 4 Abs. 1–4 HmbGrStG.

Da sich grds. keine der Ermäßigungen des § 4 HmbGrStG tatbestandlich ausschließen, können **eine Vielzahl von Ermäßigung gleichzeitig zutreffen**, was zum einen die Berechnung in der Praxis komplex gestalten kann, zum anderen aber auch Anreiz für den Steuerpflichtigen sein wird, die verschiedenen Ermäßigungstatbestände sorgfältig zu prüfen, da sich die Grundsteuermesszahl so teilweise erheblich senken kann. Auch ist bei komplexeren Fällen der Bescheid detailliert dahingehend zu prüfen, ob alle Ermäßigungen korrekt berücksichtigt wurden und die Grundsteuermesszahl richtig berechnet wurde. 106

Ausgehend von den verschiedenen Ermäßigungstatbeständen können sich **folgende Grundsteuermesszahlen** ergeben (aus Vereinfachungsgründen auf eine Nachkommastelle gerundet): 107

Wohnflächen 108

Messzahl vor Abzug	70 %	70 %	70 %	70 %	70 %	70 %	70 %	70 %
Messzahl nach Abzug	**70 %**	**52,5 %**	**52,5 %**	**39,4 %**	**52,5 %**	**39,4 %**	**39,4 %**	**29,5 %**
Normale Wohnlage		- 25 %		- 25 %		- 25 %		- 25 %
Bezugsgröße		52,5 %		52,5 %		52,5 %		52,5 %
Denkmalschutz			- 25 %	- 25 %			- 25 %	- 25 %
Bezugsgröße			52,5 %	39,4 %			52,5 %	39,4 %
Wohnraumförderung					- 25 %	- 25 %	- 25 %	- 25 %
Bezugsgröße					52,5 %	39,4 %	39,4 %	29,5 %

Nutzflächen 109

Messzahl vor Abzug	100 %	100 %
Messzahl nach Abzügen	**100 %**	**75 %**
Denkmalschutz		- 25 %

Sehr komplex kann es werden, wenn für eine wirtschaftliche Einheit **verschiedene Ermäßigungen für einzelne Teilflächen** zutreffend sind. Zwar sollte durch die Anknüpfung der Äquivalenzbeträge an die Wohn- bzw. Nutzfläche eine Aufteilung durchführbar sein, jedoch sind so im Zweifel bereits die Äquivalenzbeträge mehrfach aufzuteilen, um den Grundsteuermessbetrag berechnen zu können. 110

Für die **Grundstücksflächen gilt nutzungsunabhängig immer eine Grundsteuermesszahl von 100 %**, da die Ermäßigungen des § 4 Abs. 1–4 HmbGrStG jeweils nur auf die Äquivalenzbeträge der Gebäudeflächen Anwendung finden. 111

§ 5 HmbGrStG Gesonderter Hebesatz bei unbebauten und baureifen Grundstücken (Grundsteuer C)

[1]Für unbebaute und baureife Grundstücke im Sinne des § 1 Absatz 1 Satz 1 kann ein abweichender Hebesatz (Grundsteuer C) bestimmt werden. [2]§ 25 Absatz 5 Sätze 1 bis 4 und 7 bis 9 des Grundsteuergesetzes finden Anwendung.

Inhaltsübersicht **Rz.**

VERWALTUNGSANWEISUNGEN

Erlass der Finanzbehörde der Freien und Hansestadt Hamburg vom 8.7.2022 – Anwendung des Hamburgischen Grundsteuergesetzes (HmbGrStG) vom 24.8.2021 sowie zur teilweisen Anwendung des Siebenten Abschnitts des Zweiten Teils des Bewertungsgesetzes zur Bewertung des Grundbesitzes (Allgemeiner Teil und Grundvermögen) sowie für die Grundsteuer ab 1. Januar 2022 und des Grundsteuergesetzes ab 1. Januar 2025 (NWB AEHmbGrStG).

LITERATUR:

Edeltraut, Grundsteuerreform – Hamburg: Wohnlagemodell in Beck Steuer-Lotse, 2024; *Eisele*, Reform der Grundsteuer – Gesetzentwurf liegt vor!, 30/2019 S. 2204 NWB PAAAH-22603; *Eisele/Wiegand*, Grundsteuerreform 2022/2025, 2020 NWB CAAAH-44415; *Feldner/Schätzlein*, Die (wieder-)eingeführte Grundsteuer C und ihre Umsetzung in den Ländern und Gemeinden, DStR 2021 S. 512; *Löhr*, Wenn schon, denn schon: Konzept für eine Erweiterung der Grundsteuer C, BB 25/2019 S. 1431; *Rauber*, Gibt es rechtliche Grenzen für die Hebesätze der Grundsteuer B?, KStZ 7/2015 S. 122; *Ronnecker*, Zur aktuellen Debatte um die Grundsteuer C, ZKF 9/2019 S: 193; *Stöckel*, Vergleich der Grundsteuergesetze der Länder Bayern, Baden-Württemberg, Hamburg, Hessen und Niedersachsen, NWB 3/2022 S. 165 NWB WAAAJ-56594; *Stöckel*, Grundsteuer C – Erneuter Versuch zur Mobilisierung von Wohnraum, NWB 22/2024 S. 1521 NWB DAAAJ-67476; *Vogelpoth*, Die neue Grundsteuer C auf baufreie Grundstücke, DStR 20/2020 S. 1026.

A. Allgemeine Erläuterungen zu § 5 HmbGrStG

I. Normzweck und wirtschaftliche Bedeutung der Vorschrift

1 § 5 HmbGrStG bezieht sich auf den Hebesatz der Grundsteuer und gewährt der Gemeinde Hamburg unter bestimmten Voraussetzungen die Möglichkeit, für unbebaute und baureife Grundstücke innerhalb der Gemeinde einen abweichenden Hebesatz (Grundsteuer C) festzulegen. Durch die Vorschrift wird die kommunale Tarifautonomie der Gemeinden bei der Grundsteuer weiter gestärkt und die Gemeinde kann die für sie konkreten, örtlichen Umstände und Gegebenheiten im besonderen Maße berücksichtigen. Insbesondere soll nach der Gesetzesbegründung ein Beitrag zur Baulandaktivierung geleistet und gezielt die Bauaktivität aus Gründen sowie im Interesse der städtebaulichen Entwicklung gefördert werden.[1]

2–3 *(Einstweilen frei)*

II. Entstehung und Entwicklung der Vorschrift

4 § 5 HmbGrStG wurde mit dem HmbGrStG vom 24.8.2021[2] in das HmbGrStG aufgenommen. Weitere Ausführungen zu den gesetzlichen Regelungen finden sich im Hamburgischen Anwendungserlass vom 8.7.2022.[3]

5–7 *(Einstweilen frei)*

1 Vgl. Hamburger Bürgerschaft Drucks. 22/3583 v. 16.3.2021, Entwurf eines Hamburgischen Grundsteuergesetzes.

2 Hamburgisches Grundsteuergesetz (HmbGrStG) v. 24.8.2021, HmbGVBl. Nr. 56 S. 600.

3 Erlass der Finanzbehörde der Freien und Hansestadt Hamburg vom 8.7.2022 – Anwendung des Hamburgischen Grundsteuergesetzes (HmbGrStG) vom 24.8.2021 sowie zur teilweisen Anwendung des Siebenten Abschnittes des Zweiten Teils des Bewertungsgesetzes zur Bewertung des Grundbesitzes (allgemeiner Teil und Grundvermögen) sowie für die Grundsteuer ab 1. Januar 2022 und des Grundsteuergesetzes ab 1. Januar 2025 (NWB AEHmbGrStG).

III. Geltungsbereich

Das HmbGrStG gilt für in Hamburg belegende Grundstücke und nicht für das land- und forstwirtschaftliche Vermögen. 8

(Einstweilen frei) 9–11

IV. Verhältnis zu anderen Vorschriften

§ 5 HmbGrStG regelt, dass die bundesgesetzliche Regelung des § 25 Abs. 5 Sätze 1–4 und 7–9 GrStG auch im Landesgesetz entsprechend Anwendung finden. 12

Die Regelung des § 5 HmbGrStG ist nur möglich, soweit ein unbebautes und baureifes Grundstück vorliegt. Bei der Grundsteuer C handelt es sich um einen gesonderten Hebesatz, so dass sich die Bewertung und hierbei insbesondere das Abstellen auf wirtschaftliche Einheiten nach den Regelungen der Grundsteuer B i. S. von § 1 Abs. 1 Satz 1 HmbGrStG richtet.[1] 13

(Einstweilen frei) 14–16

B. Systematische Kommentierung

I. Landesgesetzliche Regelung des sog. Grundsteuer C (§ 5 HmbGrStG)

Gemäß § 5 HmbGrStG kann die Gemeinde Hamburg aus städtebaulichen Gründen unbebaute und baureife Grundstücke i. S. des § 246 BewG[2] als besondere Grundstücksgruppe bestimmen und für diese Grundstücke einen abweichenden Hebesatz – die sog. Grundsteuer C – festlegen. 17

Die Regelung des § 5 HmbGrStG entspricht damit im Wesentlichen der bundesgesetzlichen Regelung in § 25 Abs. 5 GrStG. Konkret werden gem. § 5 HmbGrStG die bundesgesetzlichen Regelungen des § 25 Abs. 5 Sätze 1–4 und 7–9 GrStG unverändert ins Landesrecht übernommen. Dementsprechend wird auf die dortige Kommentierung verwiesen.[3] 18

Da in dem besonderen Feststellungsverfahren zur Ermittlung der Äquivalenzbeträge in Hamburg grds. keine Feststellungen über die Grundstücksart (z. B. unbebautes Grundstück) zu treffen sind, wird die Entscheidung über das Vorliegen eines unbebauten Grundstücks von der Gemeinde zu treffen sein. 19

Besonderheit in Hamburg ist, dass die bundesgesetzlichen Regelungen des § 25 Abs. 5 Sätze 5 und 6 GrStG keine Anwendung finden. Danach muss die Gemeinde den gesonderten Hebesatz nicht auf einen bestimmten Gemeindeteil beschränken, wenn nur für diesen Gemeindeteil baureife Grundstücke vorliegen (§ 25 Abs. 5 Satz 5 GrStG). Auch die Voraussetzung, dass der Gemeindeteil für die Grundsteuer C mindestens 10 % des gesamten Gemeindegebiets umfassen muss (§ 25 Abs. 5 Satz 6 GrStG), gilt in Hamburg nicht. Grund dafür ist, dass diese Vorschriften des Bundesgesetzes in Hamburg nicht sachgerecht sind. Vielmehr wird die Grundsteuer C zukünftig im gesamten Gemeindeebene erhoben.[4] 20

1 Vgl. Hamburger Bürgerschaft Drucks. 22/3583 v. 16.3.2021, Entwurf eines Hamburgischen Grundsteuergesetzes.

2 Vgl. Bock in Grootens, BewG, § 246 Rz. 17.

3 Vgl. Grootens in Grootens, GrStG, § 25 Rz. 121 ff.

4 Vgl. Stöckel in Vergleich der Grundsteuergesetze der Länder Bayern, Baden-Württemberg, Hamburg, Hessen und Niedersachsen, NWB 3/2024 S. 165 NWB WAAAJ-56594.

21 Spannend bleibt in Hamburg weiterhin die Frage, wie genau die Regelungen zur Grundsteuer C zukünftig im Landesgesetz nochmal angepasst werden. Denn nach der Gesetzesbegründung bleibt in Hamburg eine größere und spezifische Abweichung vom Bundesrecht ausdrücklich einem späteren Änderungsgesetz vorbehalten, welches die fortzuschreibenden Maßgaben der Baulandgewinnung in Hamburg noch aktualisiert berücksichtigen soll.[1]

22 Ein entsprechendes Grundsteueränderungsgesetz ist bereits in Vorbereitung und soll im Oktober 2024 verabschiedet werden. Laut der entsprechenden Pressemitteilung vom 10.9.2024 soll der zukünftige **Hebesatz für die Grundsteuer C in Hamburg dabei auf 8.000 %** festgelegt werden. Jedoch soll die Grundsteuer C dabei nur für wirtschaftliche Einheiten gelten, auf denen Mehrfamilienhäuser mit drei oder mehr Wohnungen gebaut werden können. Dies entspricht laut dem Finanzsenator einer potenziellen Geschossfläche von mehr als 300 m² Wohnfläche. Für unbebaute Grundstücke, die mit Einfamilienhäusern oder rein gewerblichen, industriellen oder dem Gemeinbedarf dienenden Gebäuden bebaut werden könnten, soll hingegen keine Grundsteuer C erhoben werden. Ferner soll für unbebaute Grundstücke, für die ein Bebauungsplan aufgestellt wird, durch den erstmals Baurecht für Wohnungsbau geschaffen wird, eine Sperrfrist von drei Jahren für die Erhebung der Grundsteuer C ab Feststellung des Bebauungsplans gelten.[2]

Abschnitt 2: Verfahren

§ 6 HmbGrStG Feststellungsverfahren

(1) [1]Die jeweiligen Grundsteuerwerte werden auf den 1. Januar 2022 allgemein festgestellt (Hauptfeststellung). [2]Abweichend von § 221 des Bewertungsgesetzes findet keine turnusmäßige Hauptfeststellung statt. [3]Bei der Ermittlung des Grundsteuerwerts ist § 163 der Abgabenordnung nicht anzuwenden.

(2) [1]In dem Feststellungsbescheid für die Grundsteuerwerte der Grundstücke sind auch Feststellungen über die Fläche von Grund und Boden und die Gebäudeflächen zu treffen. [2]Abweichend von § 219 Absatz 2 Nummer 1 des Bewertungsgesetzes wird die Grundstücksart der wirtschaftlichen Einheit nicht festgestellt. [3]Feststellungen erfolgen nur, wenn und soweit sie für die Besteuerung von Bedeutung sind. [4]Der Feststellungsbescheid kann mit dem nachfolgenden Grundsteuermessbescheid verbunden und zusammengefasst bekannt gegeben werden.

(3) [1]Die Grundsteuerwerte (Wertfortschreibung) und die Flächen (Flächenfortschreibung) werden neu festgestellt, wenn ein Äquivalenzbetrag oder eine Fläche von der zuletzt getroffenen Feststellung abweicht und es für die Besteuerung von Bedeutung ist. [2]Eine Fortschreibung nach Satz 1 findet auch zur Beseitigung eines Fehlers der letzten Feststellung statt.

(4) Für die Grundsteuerwerte nach diesem Gesetz gelten die Vorschriften des Bewertungsgesetzes über die Fortschreibung, Nachfeststellung, Aufhebung, Änderung und Nachholung der Feststellung im Übrigen sinngemäß.

(5) [1]Die Aufforderung zur Abgabe einer Erklärung durch öffentliche Bekanntmachung nach § 228 Absatz 1 Satz 3 des Bewertungsgesetzes erfolgt durch das zuständige Finanzamt mittels Allgemeinverfügung. [2]Abweichend von § 228 Absatz 2 des Bewertungsgesetzes sind die Änderungen der tatsächlichen Verhältnisse, die sich auf die Höhe des Grundsteuerwerts auswirken oder zu einer Nachfeststellung oder der Aufhebung des Grundsteuerwerts führen können, auf den Beginn des folgenden Kalenderjahres zusammengefasst

1 Vgl. Hamburger Bürgerschaft Drucks. 22/3583 v. 16.3.2021, Entwurf eines Hamburgischen Grundsteuergesetzes.

2 Vgl. Stöckel in Vergleich der Grundsteuergesetze der Länder Bayern, Baden-Württemberg, Hamburg, Hessen und Niedersachsen, NWB 3/2024 S. 165 NWB WAAAJ-56594.

anzuzeigen. [3]Die Anzeige ist bis zum 31. März des Jahres abzugeben, das auf das Jahr folgt, in dem sich die tatsächlichen Verhältnisse geändert haben. [4]In den Fällen des § 1 Absatz 4 Satz 2 ist § 228 Absatz 3 Nummer 1 des Bewertungsgesetzes anzuwenden.

(6) Die Erklärung und die Anzeige nach Absatz 5 sind Steuererklärungen im Sinne der Abgabenordnung, die nach amtlich vorgeschriebenem Datensatz durch Datenfernübertragung übermittelt werden sollen.

Inhaltsübersicht **Rz.**

VERWALTUNGSANWEISUNGEN

Erlass der Finanzbehörde der Freien und Hansestadt Hamburg vom 8.7.2022 – Anwendung des Hamburgischen Grundsteuergesetzes (HmbGrStG) vom 24.8.2021 sowie zur teilweisen Anwendung des Siebenten Abschnitts des Zweiten Teils des Bewertungsgesetzes zur Bewertung des Grundbesitzes (Allgemeiner Teil und Grundvermögen) sowie für die Grundsteuer ab 1. Januar 2022 und des Grundsteuergesetzes ab 1. Januar 2025 (NWB AEHmbGrStG).

LITERATUR:

Edeltraut, Grundsteuerreform – Hamburg: Wohnlagemodell in Beck Steuer-Lotse, 2024.

A. Allgemeine Erläuterungen zu § 6 HmbGrStG

I. Normzweck und wirtschaftliche Bedeutung der Vorschrift

§ 6 HmbGrStG regelt verschiedene **Grundsätze über die Feststellung der Grundsteuerwerte und die Anwendung oder Nichtanwendung bundesgesetzlicher Regelungen des BewG**. Des Weiteren finden sich in § 6 HmbGrStG Regelungen zu den **Erklärungs- und Anzeigepflichten**. 1

§ 6 Abs. 1 HmbGrStG definiert **die Hauptfeststellung der Grundsteuerwerte auf den 1.1.2022.** 2

In § 6 Abs. 2 HmbGrStG wird geregelt, **welche Feststellungen im Feststellungsbescheid über die Grundsteuerwerte der Grundstücke zu treffen** sind. 3

§ 6 Abs. 3 HmbGrStG bestimmt, **wann neue oder abweichende Feststellungen**, welche über die Hauptfeststellung zum 1.1.2022 hinausgehen, vorzunehmen sind. Die Vorschrift ist folglich in der Praxis für alle Fälle nach der erstmaligen Neubewertung von Bedeutung. 4

5 Nach § 6 Abs. 4 HmbGrStG finden die **bundesgesetzlichen Regelungen über die Forstschreibung, Nachfeststellung Aufhebung, Änderung und Nachholung der Feststellung auch in Hamburg Anwendung.**

6 Nach § 6 Abs. 5 HmbGrStG erfolgt die **öffentliche Bekanntmachung der Aufforderung zur Abgabe der erstmaligen Erklärung mittels Allgemeinverfügung** durch das zuständige Finanzamt. Des Weiteren werden in der Vorschrift **Regelungen zu den Anzeigepflichten bei Änderungen der tatsächlichen Verhältnisse** an der wirtschaftlichen Einheit getroffen.

7 Nach § 6 Abs. 6 HmbGrStG gelten sowohl die Erklärungen als auch die Anzeigen als **Steuererklärungen im Sinne der Abgabenordnung**. Insoweit stellt die Vorschrift die verfahrensrechtlichen Einordnungen sicher. Weiterhin wird die **Form der Erklärungen und Anzeigen** festgelegt.

8–11 *(Einstweilen frei)*

II. Entstehung und Entwicklung der Vorschrift

12 § 6 HmbGrStG wurde mit dem HmbGrStG vom 24.8.2021[1] in das HmbGrStG aufgenommen. Weitere Ausführungen zu den gesetzlichen Regelungen finden sich im Hamburgischen Anwendungserlass vom 8.7.2022.[2]

13–14 *(Einstweilen frei)*

III. Geltungsbereich

15 Das HmbGrStG gilt für in Hamburg belegene Grundstücke.

16–17 *(Einstweilen frei)*

IV. Verhältnis zu anderen Vorschriften

18 § 6 HmbGrStG stellt klar, welche **Regelungen des Bundesgesetzes** ebenfalls in Hamburg anzuwenden sind, bzw. welche Regelungen im Landesgesetz nicht zu Anwendung kommen. So finden nach § 6 HmbGrStG in Hamburg z. B. die Regelungen der §§ 222–226 und 228 BewG sinngemäß Anwendung.

19 Daneben finden die folgenden Regelungen in Hamburg **keine Anwendung bzw. es gelten abweichende Regelungen**:

- § 221 BewG (Hauptfeststellung),
- § 163 AO (Billigkeitsmaßnahmen),
- § 219 Abs. 2 Nr. 1 BewG (Feststellungsinhalte).

20 Die **Feststellung der Grundsteuerwerte erfolgt durch eine gesonderte Feststellung**. Diese beruht auf den allgemeinen Regelungen des § 180 Abs. 1 Nr. 1 AO.

21 Die in § 6 Abs. 3 HmbGrStG definierten **Fortschreibungsarten** differenzieren sich terminologisch von den des Bundesgesetzes in § 222 Abs. 1 BewG. Die **fehlerbeseitigende Wertfort-**

1 Hamburgisches Grundsteuergesetz (HmbGrStG) v. 24.8.2021, (HmbGVBl. Nr. 56 S. 600.

2 Erlass der Finanzbehörde der Freien und Hansestadt Hamburg vom 8.7.2022 – Anwendung des Hamburgischen Grundsteuergesetzes (HmbGrStG) vom 24.8.2021 sowie zur teilweisen Anwendung des Siebenten Abschnittes des Zweiten Teils des Bewertungsgesetzes zur Bewertung des Grundbesitzes (allgemeiner Teil und Grundvermögen) sowie für die Grundsteuer ab 1. Januar 2022 und des Grundsteuergesetzes ab 1. Januar 2025 (NWB AEHmbGrStG).

schreibung in § 6 Abs. 3 Satz 2 HmbGrStG entspricht sinngemäß der Regelung des Bundesgesetzes in § 222 Abs. 3 BewG.

Für die **Einzelheiten zu den Erklärungen oder Anzeigen des Steuerpflichtigen** finden auch in Hamburg größtenteils die Regelungen des § 228 BewG Anwendung. Lediglich bei einigen Punkten (z. B. die Frist zur Einreichung von Anzeigen) weicht das Landesgesetz ab. 22

Durch die Einordnung der Erklärungen und Anzeigen als Steuererklärungen im Sinne der Abgabenordnung finden die entsprechenden Reglungen der AO Anwendung. So sind insbesondere **bei Nichterfüllung oder nicht fristgerechter Erfüllung die Reglungen zum Verspätungszuschlag nach § 152 Abs. 6 i.V. mit Abs. 2 AO zu beachten.** 23

(Einstweilen frei) 24–30

B. Systematische Kommentierung

I. Allgemeine Regelungen zur Hauptfeststellung (§ 6 Abs. 1 HmbGrStG)

§ 6 Abs. 1 Satz 1 HmbGrStG definiert den **Zeitpunkt der Hauptfeststellung** für die Neubewertung aller wirtschaftlichen Einheiten in Hamburg. Danach werden die **Grundsteuerwerte auf den 1.1.2022 allgemein festgestellt**. Für die Hauptfeststellung sind folglich die Verhältnisse auf den 1.1.2022 zugrunde zu legen.[1] 31

Abweichend von § 221 BewG im Bundesrecht findet in Hamburg **keine turnusmäßige Hauptfeststellung** statt (§ 6 Abs. 1 Satz 2 HmbGrStG). Anstatt wie im Bundesrecht alle sieben Jahre die Grundsteuerwerte neu festzustellen, bleibt es in Hamburg bei der **einmaligen Feststellung der Grundsteuerwerte auf den 1.1.2022**. Die Abweichung resultiert aus der Bewertungssystematik. Durch das Abstellen auf wertunabhängige Grundstücks- und Gebäudeflächen sowie Äquivalenzzahlen ist keine turnusmäßige Hauptfeststellung notwendig, da sich die Grundstücks- und Gebäudeflächen sowie die Äquivalenzzahlen grds. nicht ändern und die Ausgangswerte in Hamburg keine angenäherte Ermittlung der Verkehrswerte zum Ziel haben. Dadurch wird der Verwaltungsaufwand der Behörden als auch der Grundstückseigentümer im Vergleich zum Bundesrecht erheblich vermindert. 32

Durch § 6 Abs. 1 Satz 3 HmbGrStG wird die **Anwendung des § 163 AO bei der Ermittlung der Grundsteuerwerte in Hamburg ausgeschlossen**. Dadurch kann die Billigkeitsmaßnahme für die Äquivalenzbeträge nicht angewendet werden. 33

(Einstweilen frei) 34–38

II. Feststellungen im Feststellungsbescheid (§ 6 Abs. 2 HmbGrStG)

§ 6 Abs. 2 HmbGrStG definiert den **Inhalt des Feststellungsbescheids der Grundsteuerwerte über die Grundstücke**. Die Feststellung der Grundsteuerwerte bildet dabei die erste Stufe innerhalb des dreistufigen Besteuerungsverfahrens und wird durch die zuständigen Finanzämter (Lagefinanzämter) durchgeführt. Die gesonderte Feststellung erfolgt dabei auf Grundlage des § 180 Abs. 1 Nr. 1 AO.[2] Zwar nennt der Gesetzeswortlaut des § 180 Abs. 1 Nr. 1 AO nur die Be- 39

1 Vgl. A H 6 Abs. 1 NWB AEHmbGrStG.

2 Vgl. A H 6 Abs. 2 Satz 1 NWB AEHmbGrStG.

griffe „Einheitswerte“ und „Grundsteuerwerte“, jedoch erfolgt mangels abweichender Regelung im HmbGrStG eine sinngemäße Anwendung.

40 Im dem Feststellungsbescheid für die Grundsteuerwerte sind ebenfalls **Feststellungen über die Fläche von Grund und Boden und die Gebäudeflächen zu treffen** (§ 6 Abs. 2 Satz 1 HmbGrStG). Dies beinhaltet zum einen die entsprechenden **Flächengrößen in m²** als auch **für die Gebäudeflächen die Unterscheidung zwischen Wohn- und Nutzflächen**, da diese Angaben für die weitere Berechnung der Grundsteuer benötigt werden. Bei diesen Feststellungen handelt es sich um **eigenständige Besteuerungsgrundlagen**, welche Bindungswirkung für die nachfolgenden Verfahrensstufen haben und werden daher als **Grundlagenbescheid** nach § 171 Abs. 10 AO einer eigenständigen und bindenden Regelungswirkung zugeführt.[1] Verfahrensrechtlich bedeutet dies, dass der Grundstückseigentümer bei einer fehlerhaften Feststellung den Feststellungsbescheid über die Grundsteuerwerte anfechten muss und nicht z. B. den Grundsteuerbescheid. Ansonsten gelten grds. die Regelungen zur Feststellung des Bundesgesetzes im § 219 BewG. Dazu wird auf die Kommentierung von Kurt in Grootens, BewG, § 219 Rz. 61 ff. verwiesen.

41 Abweichend von § 219 Abs 2 Nr. 1 BewG erfolgt im Feststellungsbescheid über die Grundsteuerwerte **keine Feststellung über die Grundstücksart der wirtschaftlichen Einheit** (§ 6 Abs. 2 Satz 2 HmbGrStG). Die unterschiedlichen Grundstücksarten sind in § 249 BewG geregelt, werden aber für die Ermittlung der Grundsteuer in Hamburg nicht benötigt. Entsprechend bedarf es auch keiner Feststellung in Hamburg.

42 Nach § 6 Abs. 2 Satz 3 HmbGrStG **erfolgen Feststellungen im Bescheid nur, wenn und soweit sie für die Besteuerung von Bedeutung sind**. Die vorstehend genannten Feststellungen müssen somit nicht in jedem Feststellungsbescheid enthalten sein. So können beispielsweise bei unbebauten Grundstücken im Bescheid die Feststellungen zu den Gebäudeflächen unterbleiben. Diese Regelung dient der Vereinfachung und führt in den jeweiligen Fällen zu übersichtlicheren Bescheiden.

43 Bei der bisherigen Feststellung der Einheitswerte und Grundsteuermessbeträge war üblich, dass es zwei gesonderte Bescheide über die Feststellung des Einheitswerts und des Grundsteuermessbetrags gab, auch wenn diese regelmäßig in unmittelbaren zeitlichen Zusammenhang erlassen wurden. In Hamburg kann zukünftig der **Bescheid über die Feststellung der Grundsteuerwerte mit dem nachfolgenden Grundsteuermessbescheid verbunden und zusammengefasst bekanntgegeben werden** (§ 6 Abs. 2 Satz 4 HmbGrStG). Danach würde dann nur noch ein Bescheid ergehen, als die bisherigen zwei. Auch dies dient der Verfahrenserleichterung sowie -vereinfachung und ist zu begrüßen.

44–47 *(Einstweilen frei)*

III. Fortschreibungsarten (§ 6 Abs. 3 HmbGrStG)

48 Nach § 6 Abs. 3 Satz 1 HmbGrStG werden die **Grundsteuerwerte und die Flächen neu festgestellt**, wenn ein Grundsteuerwert oder eine Fläche von der zuletzt getroffenen Feststellung abweicht und es für die Besteuerung von Bedeutung ist. Aufgrund der besonderen Bewertungssystematik in Hamburg unterscheidet das HmbGrStG zwei Fortschreibungen:

- **Fortschreibung der Grundsteuerwerte (Wertfortschreibung)** und die
- **Fortschreibung der Flächen (Flächenfortschreibung).**

1 Vgl. A H 6 Abs. 2 Satz 4 NWB AEHmbGrStG.

1. Wertfortschreibung

Die **Fortschreibung der Grundsteuerwerte** ist inhaltlich der sog. Wertfortschreibung gem. § 221 Abs. 1 BewG gleichzusetzen. Die Wertfortschreibung umfasst somit grds. alle **Veränderungen der wirtschaftlichen Einheit, welche eine Auswirkung auf den Grundsteuerwert** haben. 49

2. Flächenfortschreibung

Die **Fortschreibung der Flächen** ist notwendig, wenn sich die Flächen verändern. So können durch z. B. eine Erweiterung neue Flächen geschaffen werden. Gleichzeitig könnten Flächen durch z. B. einen Abriss wegfallen. Die Flächenfortschreibung umfasst sowohl die Grundstücksfläche als auch die Gebäudeflächen. Eine Fortschreibung der Grundstücksfläche kommt z. B. in den Fällen einer Neuvermessung in Betracht. 50

Zu beachten ist, dass eine Fortschreibung nur stattfindet, wenn diese von der letzten Feststellung abweicht und es **für die Besteuerung von Bedeutung** ist. Wann die Fortschreibung für die Besteuerung von Bedeutung ist, richtet sich nach § 7 Abs. 1 HmbGrStG. Danach wird zwischen **Auswirkungen der Änderung zugunsten und zulasten des Steuerpflichtigen** sowie zwischen **Tatsachenänderungen** differenziert (vgl. dazu § 7 HmbGrStG). Der Verzicht auf eine Fortschreibung in jedem Fall dient vor allem der Verfahrenserleichterung und soll sowohl den Steuerpflichtigen als auch die Verwaltung entlasten. 51

Sind die Voraussetzungen für eine Fortschreibung erfüllt, so wird diese auch durchgeführt, wenn die **Feststellung des Äquivalenzbetrags oder der Grundstücks-/Gebäudeflächen mit Null durchzuführen ist**. Damit wird festgestellt, dass ab diesem Zeitpunkt eine bestimmte Tatsache wegfällt und nicht länger von Bedeutung ist. 52

BEISPIEL ▸ Auf dem Grundstück befinden sich ein Wohnhaus und eine Lagerhalle. Die Lagerhalle wird abgerissen. 53

Durch den Abriss der Lagerhalle ändern sich die Gebäudeflächen, welche für die Besteuerung von Bedeutung sind. Die Änderung der tatsächlichen Verhältnisse erfolgt durch eine Fortschreibung der Gebäudefläche für Nichtwohngebäude auf 0 m2.

§ 6 Abs. 3 Satz 2 HmbGrStG regelt, dass die o. g. **Fortschreibungen auch zur Beseitigung einer fehlerhaften Feststellung** durchgeführt werden. Damit ist die sog. **„fehlerbeseitigende Wertfortschreibung"** gem. § 222 Abs. 3 BewG auch in Hamburg anwendbar.[1] 54

(Einstweilen frei) 55–57

IV. Sinngemäße Anwendung der §§ 222–226 BewG (§ 6 Abs. 4 HmbGrStG)

In Hamburg erfolgt aufgrund des Flächenmodells nur eine einmalige Hauptfeststellung der Grundsteuerwerte (vgl. → Rz. 31 f.). Um **Änderungen bei den wirtschaftlichen Einheiten** dennoch auch in Hamburg nach der Hauptfeststellung berücksichtigen zu können, finden gem. § 6 Abs. 4 HmbGrStG die **bundesgesetzlichen Regelungen der §§ 222–226 BewG sinngemäß Anwendung**. 58

Diese umfassen die folgenden **Feststellungsarten**: 59

- ► Fortschreibung (§ 222 BewG)

1 Vgl. dazu vertiefend auch die Kommentierung von Kurt in Grootens, BewG, § 222 Rz. 121 ff.

- Nachfeststellung (§ 223 BewG)
- Aufhebung (§ 224 BewG)
- Änderung (§ 225 BewG)
- Nachholung (§ 226 BewG)

60 Zu den einzelnen Voraussetzungen und Anwendungsbeispielen der verschiedenen Feststellungsarten vgl. die Kommentierungen von Kurt in Grootens, BewG, §§ 222–226 sowie in Bezug auf die hamburgischen Besonderheiten vgl. auch die Ausführungen in A B 222–A B 226 AE-BewG.

61–63 *(Einstweilen frei)*

V. Erklärungen und Anzeigepflichten (§ 6 Abs. 5 HmbGrStG)

64 § 6 Abs. 5 HmbGrStG regelt die **öffentliche Bekanntmachung der Aufforderung zur Abgabe der erstmaligen Erklärung mittels Allgemeinverfügung** und enthält die Vorschriften **zu den Anzeigepflichten** bei Änderungen der tatsächlichen Verhältnisse an der wirtschaftlichen Einheit.

1. Erklärungsaufforderung per Allgemeinverfügung

65 Zur erstmaligen Feststellung der Grundsteuerwerte auf den Hauptfeststellungszeitpunkt 1.1.2022 sind für alle wirtschaftlichen Einheiten **durch die jeweiligen Steuerpflichtigen Erklärungen zu erstellen und einzureichen.**

66 Die Erklärung sind bei dem **zuständigen Finanzamt** einzureichen. Das zuständige Finanzamt ist dabei regelmäßig das jeweilige **Lagefinanzamt**, also das Finanzamt, in dessen Bezirk die wirtschaftliche Einheit belegen ist, § 6 Abs. 2 Nr. 4a AO i.V. mit § 18 Abs. 1 Nr. 1 Alternative 1 AO, soweit keine abweichenden Zuständigkeitsvereinbarungen getroffen wurden. Erstreckt sich eine wirtschaftliche Einheit **über mehrere Finanzamtsbezirke**, ist das zuständige Finanzamt regelmäßig jenes, in dem der **wertvollste Teil der wirtschaftlichen Einheit** belegen ist, vgl. § 18 Abs. 1 Nr. 1 Alternative 1 AO. Ist der wertvollste Teil nicht eindeutig bestimmbar, sollte im Vorhinein eine Abstimmung mit den Finanzämtern erfolgen. Für die Ermittlung der Grundsteuer ist in Hamburg das Finanzamt für Verkehrsteuern und Grundbesitz zuständig.

67 Die **allgemeinen Erklärungspflichten** ergeben sich aus den bundesgesetzlichen Regelungen des **§ 228 Abs. 1 BewG**, welche mangels abweichender Regelungen sinngemäß auch in Hamburg gelten.[1] Danach sind die Erklärungen auf den Hauptfeststellungszeitpunkt oder einen anderen Feststellungszeitpunkt durch den Steuerpflichtigen abzugeben, sofern er hierzu **durch die Finanzverwaltung aufgefordert** wird (§ 149 Abs. 1 Satz 2 AO).

68 Um bei der Hauptfeststellung nicht jeden Grundstückseigentümer gesondert anschreiben zu müssen, was mit einem enormen Verwaltungs- und Kostenaufwand verbunden wäre, kann die Aufforderung zur Abgabe der Erklärung im Bundesrecht vom BMF im Einvernehmen mit den obersten Finanzbehörden der Länder durch **öffentliche Bekanntmachung** erfolgen (§ 228 Abs. 1 Satz 3 BewG). In Hamburg erfolgt die Aufforderung zur Abgabe der Erklärungen abweichend mittels **Allgemeinverfügung durch das zuständige Finanzamt für Verkehrsteuern und Grundbesitz in Hamburg** (§ 6 Abs. 5 Satz 1 HmbGrStG).

1 Vgl. dazu auch die Kommentierungen von Kurt in Grootens, BewG, § 228 Rz. 61 ff..

Für die Abgabe der Erklärungen haben die Finanzbehörden weiterhin eine **Frist** zu bestimmen, welche **mindestens einen Monat** betragen soll. Für die **erste Hauptfeststellung** ist aufgrund der Aufforderung per Allgemeinverfügung und der besonders hohen Anzahl an Erklärungen eine längere Frist vorgesehen. 69

Die **Aufforderung zur Abgabe der Feststellungserklärungen ist am 22.3.2022** durch die öffentliche Bekanntmachung erfolgt. Die Erklärungen selbst können seit dem 1.7.2022 elektronisch z. B. über das ELSTER-Portal übermittelt werden. Die **Frist zu Abgabe der erstmaligen Feststellungserklärung lief anfangs bis zum 31.10.2022**, wurde jedoch durch Allgemeinverfügung des Finanzamts für Verkehrsteuern und Grundbesitz in Hamburg **bis zum 31.01.2023 verlängert**. 70

Ausgehend von den Erfahrungen aus der Einheitsbewertung könnte für nachfolgende Erklärungsaufforderungen die Mindestfrist von einen Monat der Regelfall sein. Insofern ändert sich bei den Erklärungspflichten zukünftig vom Verfahrensablauf nichts Grundlegendes im Vergleich zu den bisherigen Erklärungspflichten im Rahmen der alten Einheitsbewertung. In besonders gelagerten Ausnahmefällen kann auch eine kürzere Frist gesetzt werden, insbesondere, wenn Verjährung droht und die Pflicht zur Abgabe der Erklärung in einer kürzeren Frist für den Steuerpflichtigen zumutbar ist.[1] 71

PRAXISHINWEIS: 72

Bei den bisherigen Erklärungen zur Feststellung der Einheitswerte konnten erfahrungsgemäß regelmäßig Fristverlängerungen zur Abgabe an die Erklärungen beim Finanzamt beantragt werden. Auch wurden keine hohen Anforderungen an die Begründung zur Fristverlängerung gestellt. Ob sich dies in Zukunft ändern wird, bleibt abzuwarten. Da bisher bereits eine allgemeine Fristverlängerung für die steuerberatenden Berufe abgelehnt wurde, ist zumindest für die bereits verlängerte Frist am 31.1.2023 für die Hauptfeststellung der Grundsteuerwerte mit strengen Regelungen durch die Finanzverwaltung zu rechnen. Die Frist sollte also stets im Auge behalten werden und Anträge auf Fristverlängerungen nur bei Vorliegen entsprechender Begründungen gestellt werden.

(Einstweilen frei) 73–75

2. Anzeigepflichten

Gänzlich neu durch die Grundsteuerreform sind die den Steuerpflichtigen zukünftig auferlegten **Anzeigepflichten**. Bestanden bisher für die Steuerpflichtigen keine Pflichten, dem zuständigen Finanzamt Veränderungen an den wirtschaftlichen Einheiten mitzuteilen, welche zu einer neuen Feststellung der bisherigen Einheitswerte geführt hätten, so haben diese **zukünftig aktiv Anzeigepflichten zu erfüllen.** 76

Treten eine oder mehrere **Änderungen der tatsächlichen Verhältnisse an der wirtschaftlichen Einheit auf, die sich auf die Höhe der Flächen oder des Grundsteuerwerts auswirken** (vgl. § 6 Abs. 3 HmbGrStG) oder zu einer **Nachfeststellung oder Aufhebung der Grundsteuerwerte** führen können, so hat der Steuerpflichtige diese Veränderungen **dem zuständigen Finanzamt anzuzeigen** (§ 6 Abs. 5 Satz 2 HmbGrStG). Die **Änderung ist dabei auf den Beginn des folgenden Kalenderjahres** anzuzeigen. Dies bedeutet, dass die anzeigepflichtigen Veränderungen innerhalb eines Jahres **jeweils zum 1.1. des Folgejahres anzuzeigen** sind, da die Veränderungen erst zum 1.1. eines Jahres Wirkung für die Grundsteuer entfalten. 77

BEISPIEL: Der Ausbau eines Dachgeschosses zu Wohnraum im Juni 01 ist aufgrund der geänderten Wohnfläche durch den Steuerpflichtigen zum 1.1.02 anzuzeigen. 78

1 Vgl. A B 228 Abs. 1 Satz 5 NWB AEHmbGrStG.

79 Die Anzeigepflicht nach § 6 Abs. 5 HmbGrStG i.V. mit § 228 Abs. 2 BewG soll innerhalb der Anzeigefrist durch Abgabe einer Erklärung nach § 6 Abs. 5 HmbGrStG i.V. mit § 228 Abs. 1 BewG erfüllt werden.[1]

80 Die **Frist zur Abgabe der Anzeigen** ist in Hamburg jeweils der **31.3. des Jahres, welcher auf das Jahr folgt, in dem sich die tatsächlichen Verhältnisse geändert haben** (§ 6 Abs. 5 Satz 3 HmbGrStG).[2] Hierbei unterscheidet sich das HmbGrStG von der bundesgesetzlichen Regelung in § 228 Abs. 2 BewG. Die Frist nach dem Bundesgesetz zur Abgabe der Anzeigen beträgt lediglich einen Monat. Bei der Frist handelt es ich um eine **gesetzliche Frist**, welche als Steuererklärungsfrist i. S. des § 149 Abs. 1 Satz 1 AO gilt. Insoweit findet die **Fristverlängerungsvorschrift des § 109 Abs. 1 AO** Anwendung.

81 **BEISPIEL:** Der Ausbau eines Dachgeschosses zu Wohnraum im Juni 01 ist bis spätestens zum 31.3.02 anzuzeigen.

82 Treten **innerhalb eines Jahres bei einer wirtschaftlichen Einheit mehrere Veränderungen** auf, so sind diese in einer **gemeinsamen Anzeige** zusammenzufassen. Es müssen folglich nicht mehrere Anzeigen für dieselbe wirtschaftliche Einheit erstellt werden.

83 **BEISPIEL:** Der Ausbau eines Dachgeschosses zu Wohnraum erfolgte im Juni 01. Des Weiteren wurde die Fläche im Erdgeschoss im November 01 von Wohnraum in eine Bürofläche umgewandelt.

Beide Maßnahmen haben Auswirkungen auf die Höhe der Flächen oder des Äquivalenzbetrages und sind in einer gemeinsamen Anzeige bis spätestens zum 31.3.02 anzuzeigen.

84 Nach der Gesetzesbegründung zum Gesetzesentwurf vom 16.3.2021[3] bedürfen Änderungen, die zu einer Zurechnungsfortschreibung führen, wie beispielsweise der Eigentumsübergang an einem Grundstück, nicht zwingend einer Erklärung der Grundstückseigentümer. Die Finanzverwaltung erfährt von diesen Sachverhalten bereits durch die Mitteilung anderer Behörden (vgl. § 229 BewG). Dies wird nunmehr auch im hamburgischen Anwendungserlass bestätigt.[4] Unabhängig von der Anzeigepflicht kann die Fortschreibung von Grundsteuerwerten auch von Amts wegen erfolgen. Das kann insbesondere der Fall sein, wenn der Steuerpflichtige seiner Erklärungs- oder Anzeigepflicht nicht nachgekommen ist und dem Finanzamt alle steuererheblichen Tatsachen bereits bekannt sind. Die Fortschreibung von Amts wegen unterliegt keiner zeitlichen Beschränkung. Sie ist jedoch unzulässig, wenn die auf ihr beruhende Steuer verjährt und deshalb die Grundsteuerwerte ohne steuerliche Bedeutung sind.[5]

85 Weitere Besonderheiten bestehen bei Gebäuden auf fremden Grund und Boden. Bei diesen wirtschaftlichen Einheiten bestehen Unterschiede bei der Zurechnung zwischen Landes- und Bundesgesetz. In Hamburg erfolgt die Zurechnung der wirtschaftlichen Einheit des Grund und Bodens und des Gebäudes einheitlich auf den wirtschaftlichen Eigentümer des Gebäudes (vgl. Art. 1 Abs. 4 Satz 2 HmbGrStG und Lehmann/Kurt in Grootens, HmbGrStG, § 1 Rz. 151 ff.). Im Bundesgesetz hingegen wird die wirtschaftliche Einheit dem Eigentümer des Grund und Bodens zugerechnet (vgl. § 244 Abs. 3 Nr. 2 i.V. mit § 262 BewG). Für die Anzeige- und Erklärungspflichten gilt in Hamburg daher nicht der im Bundesgesetz eigentlich für Gebäude auf frem-

1 Vgl. A B 228 Abs. 6 Satz 5 NWB AEHmbGrStG.
2 Vgl. A B 228 Abs. 3 NWB AEHmbGrStG.
3 Vgl. Hamburger Bürgerschaft Drucks. 22/3583 v. 16.3.2021, Entwurf eines Hamburgischen Grundsteuergesetzes.
4 Vgl. A B 228 Abs. 2 Satz 2 NWB AEHmbGrStG.
5 Vgl. A B 226 Abs. 7 NWB AEHmbGrStG.

den Grund und Boden anzuwendende § 228 Abs. 3 Nr. 3 BewG, sondern der § 228 Abs. 3 Nr. 1 BewG. Danach sind die Anzeige- und Erklärungspflichten durch den Steuerpflichtigen, welchem die wirtschaftliche Einheit zuzurechnen ist – in Hamburg folglich dem wirtschaftlichen Eigentümer des Gebäudes –, zu erfüllen (§ 6 Abs. 5 Satz 4 HmbGrStG). Bei dem Übergang des zivilrechtlichen oder des wirtschaftlichen Eigentums an einem auf fremdem Grund und Boden errichteten Gebäude, ist eine Anzeige abzugeben.[1]

Für Erbbaurechte gilt die bundesgesetzliche Regelung des § 228 Abs 3 Nr. 2 BewG entsprechend, wonach die Anzeige- und Erklärungspflichten bei Erbbaurechten vom Erbbauberechtigten unter Mitwirkung des Erbbauverpflichteten zu erfüllen sind. Dies geht damit einher, dass die Zurechnung bei Erbbaurechten in Hamburg der Zurechnung des Bundesgesetzes folgt (vgl. Lehmann/Kurt in Grootens, HmbGrStG, § 1 Rz. 171). 86

Im Übrigen gelten die Regelungen des Bundesgesetzes – vgl. dazu die Kommentierung von Kurt in Grootens, BewG, § 228 Rz. 111 ff. 87

PRAXISHINWEIS: 88

Die zukünftigen Anzeigepflichten wurden vor allem im Grundsteuergesetz aufgenommen, um die bisherige Problematik bei der Einheitsbewertung zu lösen. Zwar haben die Finanzämter auch bisher durch die Mitteilung von Behörden (z. B. Bauämter) Kenntnis von Veränderungen an den wirtschaftlichen Einheiten bekommen, jedoch waren diese nicht danach ausgewertet, ob die Veränderungen auch Auswirkung auf den Einheitswert haben. Da auch die Finanzämter aus den Mitteilungen oft keine finalen Schlüsse ziehen konnten, mussten die Steuerpflichtigen erst angeschrieben und zur Abgabe einer Einheitswerterklärung aufgefordert werden. Folge des umständlichen Prozesses waren teils sehr langwierige und verzögerte Verfahren. Dies soll zukünftig durch die Anzeigepflichten effizienter gestaltet werden. Damit geht aber auch einher, dass die Steuerpflichtigen zukünftig die Änderungen an den wirtschaftlichen Einheiten aktiv überwachen müssen, um die Anzeigepflichten zu erfüllen. Insbesondere Steuerpflichtige mit umfangreichem Grundbesitz wird dies vor Schwierigkeiten stellen. Zum einen sollten deshalb frühzeitig personelle Ressourcen geschaffen werden und zum anderen sollte ein geeigneter Überwachungsprozess implementiert werden, um alle Fristen und Anzeigen zu erfüllen und einzuhalten. Abzuwarten bleibt m. E. jedoch, wie schnell die Finanzämter die Anzeigen zukünftig bearbeiten werden. Durch die Neubewertung kann es bereits zu Beginn zu Kapazitätsengpässen und damit ebenfalls zu langen Bearbeitungszeiten kommen.

(Einstweilen frei) 89–91

VI. Verfahrensrechtliche Vorgaben (§ 6 Abs. 6 HmbGrStG)

1. Einordnung

Sowohl die Erklärungen zur Ermittlung und Feststellung der Grundsteuerwerte als auch die Anzeigen über die Änderungen der tatsächlichen Verhältnisse sind **Steuererklärungen im Sinne der Abgabenordnung i. S. der §§ 149 ff. AO**. Daraus folgt, dass zur Abgabe der Steuererklärungen und Anzeigen eine **gesetzliche Pflicht** besteht. 92

Ferner sind sämtliche **verfahrensrechtliche Vorschriften für Steuererklärungen** auch für die Erklärungen und Anzeigen im Rahmen des HmbGrStG anzuwenden. Dazu zählt insbesondere, dass bei Nichterfüllung der Erklärungs- und Anzeigenpflichten ein **Verspätungszuschlag** i. S. des § 152 Abs. 6 i. V. mit Abs. 2 AO festgesetzt werden kann. Auch sind die Erklärungen und Anzeigen **eigenhändig durch den Steuerpflichtigen zu unterschreiben**. Dies gilt nicht, sofern eine **elektronische Übermittlung** der Erklärungen oder Anzeigen an das Finanzamt erfolgt. Hier 93

1 Vgl. A B 226 Abs. 2 Satz 3 NWB AEHmbGrStG.

kann die Unterschrift durch eine **Übermittlung im authentifizierten Verfahren** ersetzt werden. Vgl. zu den weiteren verfahrensrechtlichen Vorschriften auch Kurt in Grootens, BewG, § 228 Rz. 171 ff.

94–96 *(Einstweilen frei)*

2. Form der Erklärung und Anzeigen

97 Nach dem Gesetzeswortlaut des § 6 Abs. 5 HmbGrStG **sollen die Erklärungen und Anzeigen nach amtlich vorgeschriebenen Datensatz durch Datenfernübertragung übermittelt** werden. Die elektronische Übermittlung soll vor allem ein **zeitgemäßes, digitales und automationsgestütztes Verfahren** ermöglichen und damit insbesondere den bisher sehr umständlichen und manuellen Prozess bei den Einheitswerterklärungen ersetzen. Voraussetzung dafür ist, dass eine Übermittlung im Rahmen des **ELSTER-Verfahrens**, welches bereits aus anderen Steuererklärungen bekannt ist, ermöglicht wird (§ 87a Abs. 1 Satz 2 BewG). Die Übermittlung der Erklärung über das ELSTER-Portal wurde zum 1.7.2022 freigeschaltet.

98 Die **elektronische Übermittlung ist in Hamburg keine „Muss-Vorschrift"**. Nach dem Gesetzeswortlaut „soll" lediglich eine elektronische Übermittlung erfolgen. In Zukunft sind in Hamburg folglich auch **Erklärungen und Anzeigen in Papierform möglich und zulässig**. Die Abgabe der Erklärung in Papierform wird laut der Gesetzesbegründung zum Gesetzesentwurf vom 16.3.2021[1] vom Finanzamt als ein konkludenter Antrag auf Befreiung von der elektronischen Übermittlung ausgelegt.

99 Damit unterscheidet sich das Landesgesetz vom Bundesgesetz, in dem eine elektronische Übermittlung vorgeschrieben ist und Abgaben in Papierform nur in besonderen Härtefällen möglich sein sollen (vgl. dazu die Kommentierung von Kurt in Grootens, BewG, § 228 Rz. 191 ff.). Meines Erachtens hat sich der Gesetzgeber mit der Regelung in Hamburg, auch Erklärungen und Anzeigen in Papierform zuzulassen, keinen Gefallen getan. Zwar mag dies auf Zustimmung bei den Steuerpflichtigen treffen, jedoch verpasst man m. E. damit die Möglichkeit, im Rahmen der Grundsteuerreform auch eine **zeitgemäße Umsetzung und Abwicklung des Prozesses** einzuführen. Durch die Abgabe von Papiererklärungen wird enormer Aufwand in den Verwaltungen produziert, da die eingereichten Formulare über spezielle Geräte gescannt oder händisch ins System übernommen werden müssen. Immer da, wo manuelle Übertragungen stattfinden, können weiterhin auch Fehler passieren, die wiederum das Verfahren unnötig erschweren sowie zusätzliche Kosten verursachen. Hier hätte aus Gründen der **Effizienzsteigerung und Automatisierung** eine identische Regelung wie im Bundesgesetz einen deutlichen Mehrwert geboten, zumal auch bei anderen Steuerarten (z. B. Einkommensteuer, E-Bilanzen, Umsatzsteuer etc.) die elektronischen Abgabeverpflichtungen längst in der breiten Praxis akzeptiert und positiv beurteilt werden.

§ 7 HmbGrStG Veranlagungsverfahren

(1) [1]Die Grundsteuermessbeträge werden auf den 1. Januar 2025 allgemein festgesetzt (Hauptveranlagung). [2]Der Grundsteuermessbetrag wird auch neu festgesetzt, wenn der Grundsteuermessbetrag, der sich für den Beginn eines Kalenderjahres ergibt, von dem entsprechenden Betrag des letzten Festsetzungszeitpunkts nach unten abweicht. [3]Dasselbe gilt, wenn sein auf den Grund und Boden entfallender Anteil

1 Vgl. Hamburger Bürgerschaft Drucks. 22/3583 v. 16.3.2021, Entwurf eines Hamburgischen Grundsteuergesetzes.

nach oben abweicht oder wenn sein auf das Gebäude entfallender Anteil um mehr als 5 Euro nach oben abweicht. [4]Der Grundsteuermessbetrag wird auch dann neu festgesetzt, wenn dem Finanzamt bekannt wird, dass die letzte Veranlagung fehlerhaft ist.

(2) Im Übrigen gelten die Vorschriften des Grundsteuergesetzes über die Neuveranlagung, Nachveranlagung, Aufhebung und Zerlegung des Grundsteuermessbetrags und die Änderung des Grundsteuermessbescheids sinngemäß.

(3) [1]Änderungen der Nutzung hat diejenige Person anzuzeigen, welcher der Steuergegenstand zuzurechnen ist. [2]Satz 1 gilt für den Wegfall der Voraussetzungen für die ermäßigten Grundsteuermesszahlen nach § 4 Absätze 3 und 5 entsprechend. [3]§ 19 Absatz 1 Satz 1 des Grundsteuergesetzes bleibt unberührt. [4]Abweichend von § 19 Absatz 1 Satz 2 und Absatz 2 Satz 2 des Grundsteuergesetzes ist die Anzeige nach den Sätzen 1 bis 3 bis zum 31. März des Jahres abzugeben, das auf das Jahr folgt, in dem sich die Verhältnisse geändert haben. [5]§ 6 Absatz 6 gilt entsprechend.

Inhaltsübersicht **Rz.**

VERWALTUNGSANWEISUNGEN

Erlass der Finanzbehörde der Freien und Hansestadt Hamburg vom 8.7.2022 – Anwendung des Hamburgischen Grundsteuergesetzes (HmbGrStG) vom 24.8.2021 sowie zur teilweisen Anwendung des Siebenten Abschnitts des Zweiten Teils des Bewertungsgesetzes zur Bewertung des Grundbesitzes (Allgemeiner Teil und Grundvermögen) sowie für die Grundsteuer ab 1. Januar 2022 und des Grundsteuergesetzes ab 1. Januar 2025 (NWB AEHmbGrStG).

A. Allgemeine Erläuterungen zu § 7 HmbGrStG

I. Normzweck und wirtschaftliche Bedeutung der Vorschrift

§ 7 HmbGrStG regelt die gesetzlichen Bestimmungen zum **Veranlagungsverfahren der Grundsteuermessbeträge.** Die Vorschrift terminiert die **Hauptveranlagung der Grundsteuermessbeträge auf den 1.1.2025** und bestimmt Regelungen, in welchen Fällen die Grundsteuermessbeträge neu festgestellt werden. 1

Durch § 7 Abs. 3 HmbGrStG werden die **Fristen für die Anzeigen zu Nutzungsänderungen und den Wegfall der Voraussetzungen einer ermäßigten Grundsteuermesszahl** sowie die verfahrensrechtliche Einordnung der **Anzeigen als Steuererklärungen im Sinne der Abgabenordnung** festgelegt. Die **Form der Anzeigen** soll auf **elektronischem Weg** erfolgen. 2

(Einstweilen frei) 3–5

II. Entstehung und Entwicklung der Vorschrift

6 § 7 HmbGrStG wurde mit dem HmbGrStG vom 24.8.2021[1] in das HmbGrStG aufgenommen und durch die Änderung des Hamburgischen Grundsteuergesetzes vom 22.6.2022[2] bereits redaktionell angepasst. Weitere Ausführungen zu den gesetzlichen Regelungen finden sich im Hamburgischen Anwendungserlass vom 8.7.2022.[3]

7–10 *(Einstweilen frei)*

III. Geltungsbereich

11 Das HmbGrStG gilt für in Hamburg belegene Grundstücke.

12–13 *(Einstweilen frei)*

IV. Verhältnis zu anderen Vorschriften

14 Mit Ausnahme der speziellen Regelungen zur Neufeststellung der Grundsteuermessbeträge in § 7 Abs. 1 Satz 2–4 HmbGrStG, stellt § 7 Abs. 2 HmbGrStG klar, dass die Vorschriften des GrStG über die **Neuveranlagung, Nachveranlagung, Aufhebung und Zerlegung des Grundsteuermessbetrags und die Änderung des Grundsteuermessbescheids** sinngemäß gelten. Dies betrifft die §§ 17 ff. GrStG.

15 Für die **verfahrensrechtliche Einordnung** der Anzeigen zu Nutzungsänderungen und den Wegfall der Voraussetzungen einer ermäßigten Grundsteuermesszahl als Steuererklärungen i. S. der Abgabenordnung wird auf die Vorschrift des § 6 Abs. 6 HmbGrStG verwiesen.

16 Der Wegfall der Voraussetzungen einer ermäßigten Grundsteuermesszahl richtet sich nach den Regelungen zu den **Ermäßigungstatbeständen** des § 4 Abs. 3 und 4 HmbGrStG.

17–23 *(Einstweilen frei)*

B. Systematische Kommentierung

I. Hauptveranlagung der Grundsteuermessbeträge (§ 7 Abs. 1 Satz 1 HmbGrStG)

24 § 7 Abs. 1 Satz 1 HmbGrStG definiert den **Zeitpunkt der Hauptveranlagung für die Grundsteuermessbeträge. Danach werden die Grundsteuermessbeträge** auf den 1.1.2025 allgemein festgestellt. Der Zeitpunkt der Hauptveranlagung auf den 1.1.2025 ist dabei der erstmalige Anwendungszeitpunkt der „neuen Grundsteuer", da die Grundsteuer auf den bisherigen Einheitswerten nach dem NWB Urteil des BVerfG vom 10.04.2018[4] noch bis zum 31.12.2024 erhoben werden darf.

---

1 Hamburgisches Grundsteuergesetz (HmbGrStG) v. 24.8.2021, HmbGVBl. Nr. 56 S. 600.

2 Gesetz über die Festsetzung der Hebesätze für die Realsteuern für das Kalenderjahr 2022 sowie zur Änderung des Hamburgischen Grundsteuergesetzes v. 22.6.2022, HmbGVBl. 37/2022 S. 399.

3 Erlass der Finanzbehörde der Freien und Hansestadt Hamburg vom 8.7.2022 – Anwendung des Hamburgischen Grundsteuergesetzes (HmbGrStG) vom 24.8.2021 sowie zur teilweisen Anwendung des Siebenten Abschnittes des Zweiten Teils des Bewertungsgesetzes zur Bewertung des Grundbesitzes (allgemeiner Teil und Grundvermögen) sowie für die Grundsteuer ab 1. Januar 2022 und des Grundsteuergesetzes ab 1. Januar 2025 (NWB AEHmbGrStG).

4 BVerfG, Urteil v. 10.4.2018 - 1 BvL 11/14, 1 BvL 12/14, 1 BvL 1/15, 1 BvR 639/11, 1 BvR 889/12 NWB MAAAG-80435.

25 Abweichend von § 221 BewG und § 16 GrStG findet folgerichtig auch für den Grundsteuermessbetrag in Hamburg **keine turnusmäßige Hauptfeststellung** statt (vgl. auch Lehmann in Grootens, HmbGrStG, § 6 Rz. 32).

II. Neufestsetzungen der Grundsteuermessbeträge (§ 7 Abs. 1 Sätze 2–4 HmbGrStG)

26 Für die **Neufeststellung der Grundsteuermessbeträge** enthält das Landesrecht zum einen eigene, spezifische Regelungen und zum anderen den Verweis auf die sinngemäße Anwendung der bundesgesetzlichen Regelungen.

27 Nach § 7 Abs. 1 Satz 4 HmbGrStG wird der **Grundsteuermessbetrag neu festgesetzt**, wenn dem Finanzamt bekannt wird, dass die **letzte Veranlagung fehlerhaft** ist. Die Vorschrift korrespondiert mit der identischen Regelung zu den Grundsteuerwerten in § 6 Abs. 3 Satz 2 HmbGrStG (vgl. dazu Lehmann in Grootens, HmbGrStG, § 6 Rz. 54).

28 Eine **Neuveranlagung der Grundsteuermessbeträge** findet nicht in allen Fällen statt. Aus Gründen der Verwaltungsvereinfachung enthalten § 7 Abs. 1 Satz 2 und 3 HmbGrStG **Bagatellgrenzen** für die Neuveranlagung sowie **Unterscheidungen zwischen Auswirkungen der wertmäßigen Änderungen nach unten oder oben.**

29 Weicht der sich zum 1.1. eines Kalenderjahres ergebende Grundsteuermessbetrag vom Grundsteuermessbetrag des letzten Feststellungszeitpunktes nach unten ab, so ist der Grundsteuermessbetrag neu festzusetzen (§ 7 Abs. 1 Satz 2 HmbGrStG). In Fällen einer **Veränderung des Grundsteuermessbetrags zugunsten** des Steuerpflichtigen, findet eine Neuveranlagung folglich **immer** statt.

30 **BEISPIEL:** Der Steuerpflichtige ist Eigentümer eines bebauten Grundstücks. Der Grundsteuermessbetrag auf den 1.1.01 beträgt 150 €. Aufgrund eines Teilabrisses in 02 verringert sich der Grundsteuermessbetrag auf 100 €. Die Neuveranlagung ist auf den 1.1.03 durchzuführen.

31 Weicht der Grundsteuermessbetrag, der sich zum 1.1. eines Kalenderjahres ergibt, von dem Grundsteuermessbetrag des letzten Feststellungszeitpunktes **nach oben** ab, so ist **zu unterscheiden**, ob die **Abweichung auf den Anteil des Grund und Bodens oder auf den Anteil am Gebäude** entfällt.

32 Entfällt die Abweichung auf den **Anteil des Grundsteuermessbetrags am Grund und Boden**, so ist **bei Abweichungen nach oben stets der Grundsteuermessbetrag neu festzusetzen**. Eine Abweichung nach oben beim Anteil am Grund und Boden kommt insbesondere bei der **Vergrößerung der Grundstücksfläche** der wirtschaftlichen Einheit, sei es durch Zukauf oder Neuvermessung, in Betracht.

33 Entfällt die Abweichung auf den **Anteil des Grundsteuermessbetrages am Gebäude**, wird der Grundsteuermessbetrag nur neu festgesetzt, wenn die **Abweichung nach oben mehr als 5 €** beträgt. Dies soll der Bürgerfreundlichkeit und Verwaltungsvereinfachung dienen.

34 Die vorstehend genannten Reglungen lassen sich wie folgt zusammenfassen:

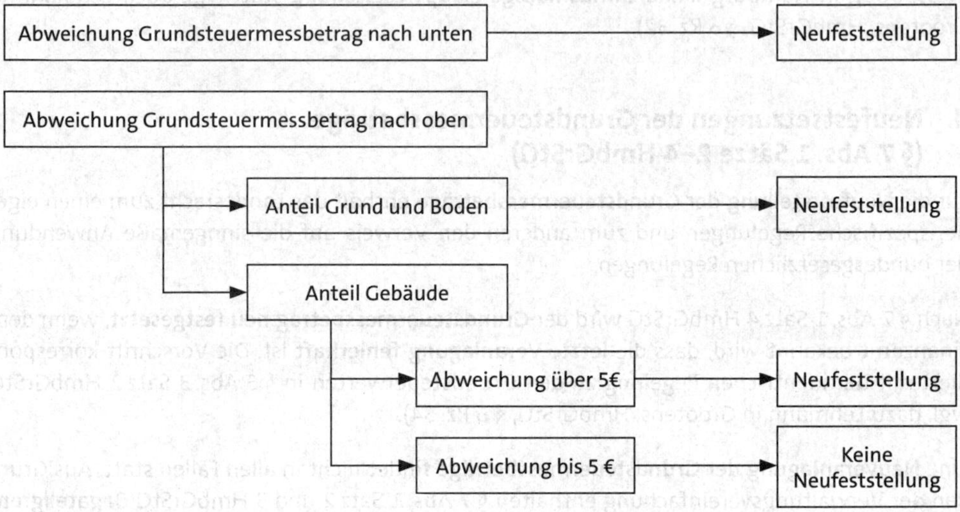

35–36 *(Einstweilen frei)*

III. Anwendung von Bundesrecht (§ 7 Abs. 2 HmbGrStG)

37 Neben den landesspezifischen Regelungen gelten die übrigen bundesgesetzlichen Regelungen über die **Neuveranlagung, Nachveranlagung, Aufhebung und Zerlegung des Grundsteuermessbetrags und die Änderung des Grundsteuermessbescheids** sinngemäß. Dies umfasst im Einzelnen die folgenden gesetzlichen Regelungen.

- ► § 17 GrStG – **Neuveranlagung,**
- ► § 18 GrStG – **Nachveranlagung,**
- ► § 20 GrStG – **Aufhebung des Steuermessbetrags,**
- ► § 22 GrStG – **Zerlegung des Steuermessbetrags.**

38 Zu den einzelnen Voraussetzungen und Anwendungsbeispielen der verschiedenen bundesgesetzlichen Regelungen vgl. die Kommentierungen von Bock in Grootens, GrStG, §§ 17, 18, 20 und 22 sowie gem. A H 7 NWB AEHmbGrStG die Ausführungen in A G 17–21 NWB AEHmbGrStG.

39–40 *(Einstweilen frei)*

IV. Anzeigepflichten über Änderungen (§ 7 Abs. 4 HmbGrStG)

41 § 7 Abs. 4 HmbGrStG regelt die **Anzeigepflichten** für bestimmte Sachverhalte. Neben den Anzeigepflichten in § 6 Abs. 5 HmbGrStG, welche sich auf die Grundsteuerwerte beziehen, sind **Nutzungsänderungen, die Auswirkungen auf den Grundsteuermessbetrag**, nicht aber auf den Grundsteuerwert haben, zukünftig ebenfalls anzuzeigen (§ 7 Abs. 3 Satz 1 HmbGrStG). Das gilt auch für die Fälle, bei denen eine **ermäßigte Grundsteuermesszahl** nach § 4 Abs. 3 und 4 HmbGrStG zur Anwendung kommt und bei denen die **Voraussetzungen** für einen oder mehrere **Ermäßigungstatbestände wegfällt** (§ 7 Abs. 2 Satz 2 HmbGrStG).

BEISPIEL: Ein Gebäude wird zu Wohnzwecken genutzt. Die Wohnflächen unterliegen den Bindungen des sozialen Wohnungsbaus. Die Wohnraumförderung läuft aus und die Wohnflächen werden fortan frei zu Wohnzwecken genutzt. 42

Der Wegfall der Wohnraumförderung hat weder eine Auswirkung auf die Höhe der Grundstücks- oder Gebäudeflächen noch auf den Grundsteuerwert. Eine Fortschreibung des Grundsteuerwerts kommt daher nicht in Betracht. Auch ist keine Anzeige nach § 6 Abs. 5 HmbGrStG einzureichen.

Der Wegfall der Wohnraumförderung führt jedoch zum Wegfall der zusätzlichen Ermäßigung der Grundsteuermesszahl nach § 4 Abs. 4 Nr. 1 HmbGrStG i. H. von 25 %. Damit das Finanzamt Kenntnis von dieser Änderung erlangt und diese bei der Messbetragsfestsetzung berücksichtigen kann, ist eine Anzeige über den Wegfall der Begünstigungsvoraussetzung einzureichen.

Eine Anzeige ist ebenfalls einzureichen, sofern eine **Änderung in der Nutzung oder in den Eigentumsverhältnissen eines ganz oder teilweise von der Grundsteuer befreiten Steuergegenstandes** eintritt. § 7 Abs. 4 Satz 3 HmbGrStG verweist hierzu auf die Anwendung des § 19 Abs. 1 Satz 1 GrStG. Diesbezüglich wird auf die Kommentierung von Bock in Grootens, GrStG, § 19 Rz. 19 ff. verwiesen. 43

Die Anzeige ist **durch den Steuerschuldner** einzureichen. Dies ist regelmäßig derjenige, welchem die wirtschaftliche Einheit zuzurechnen ist (vgl. dazu die Kommentierung von Schmidt in Grootens, GrStG, § 10 Rz. 20 ff.). Die Anzeige ist beim zuständigen **Lagefinanzamt** einzureichen (vgl. dazu Bock in Grootens, GrStG, § 13 Rz. 33). 44

Die Anzeigen sind in Übereinstimmung mit den Anzeigen zu den Grundsteuerwerten **bis zum 31.3. des Folgejahres einzureichen**, das auf das Jahr folgt, in dem sich die Verhältnisse geändert haben. Insoweit besteht ein zu begrüßender Gleichlauf mit § 6 Abs. 5 Satz 3 HmbGrStG (vgl. dazu Lehmann in Grootens, HmbGrStG, § 6 Rz. 80 ff.). 45

In Übereinstimmung mit den Regelungen zu den Erklärungen und Anzeigen betreffend die Grundsteuerwerte i. S. des § 6 Abs. 6 HmbGrStG, sollen die **Anzeigen elektronisch eingereicht** werden. Eine **Abgabe in Papierform** ist aber ebenfalls **zulässig**. Verfahrensrechtlich gelten die Anzeigen als **Steuererklärungen im Sinne der Abgabenordnung**. Wegen der Konsequenzen dieser Einordnung wird auf die Kommentierung von Lehmann in Grootens HmbGrStG, § 6 Rz. 97 ff., verwiesen. 46

Abschnitt 3: Erlass

§ 8 HmbGrStG Erlass im Härtefall

(1) [1]In einem besonders gelagerten, nicht rohertragsbedingten Härtefall kann der Anteil der Grundsteuer B, der auf den Grundsteuermessbetrag eines nicht für Wohnzwecke genutzten Gebäudes entfällt, teilweise erlassen werden. [2]Der Erlass wird nur auf Antrag gewährt. [3]Der Antrag ist bis zu dem auf den Erlasszeitraum folgenden 31. März zu stellen. [4]Einer jährlichen Wiederholung des Antrags bedarf es nicht. [5]Die Steuerschuldnerin oder der Steuerschuldner ist verpflichtet, eine Änderung der maßgeblichen Verhältnisse dem zuständigen Finanzamt binnen drei Monaten nach Eintritt der Änderung anzuzeigen.

(2) [1]Sofern in einem Fall des Absatzes 1 weitere Erlasstatbestände vorliegen, gilt die Grundsteuer nach Anwendung des Absatzes 1 als Ausgangswert für die Berechnung. [2]Die Erlassregelungen des Grundsteuergesetzes bleiben ansonsten unberührt.

Inhaltsübersicht Rz.

VERWALTUNGSANWEISUNGEN

Erlass der Finanzbehörde der Freien und Hansestadt Hamburg vom 8.7.2022 – Anwendung des Hamburgischen Grundsteuergesetzes (HmbGrStG) vom 24.8.2021 sowie zur teilweisen Anwendung des Siebenten Abschnitts des Zweiten Teils des Bewertungsgesetzes zur Bewertung des Grundbesitzes (Allgemeiner Teil und Grundvermögen) sowie für die Grundsteuer ab 1. Januar 2022 und des Grundsteuergesetzes ab 1. Januar 2025 (NWB AEHmbGrStG).

A. Allgemeine Erläuterungen zu § 8 HmbGrStG

I. Normzweck und wirtschaftliche Bedeutung der Vorschrift

1 § 8 HmbGrStG regelt landespezifisch den **Erlass der Grundsteuer in besonderen Härtefällen bei nicht zu Wohnzwecken genutzten Gebäuden**, bei denen durch die Grundsteuerreform eine **unangemessen hohe Steuerbelastung** eintritt.

2 Die Vorschrift zum erweiterten Erlass der Grundsteuer begründet bei Vorliegen der Voraussetzungen nach dem Gesetzeswortlaut einen **Ermessensspielraum** für die Gemeinden und kann den Steuerpflichtigen in besonderen Situationen entlasten.

3–5 *(Einstweilen frei)*

II. Entstehung und Entwicklung der Vorschrift

6 § 8 HmbGrStG wurde mit dem **HmbGrStG** vom 24.8.2021[1] in das HmbGrStG aufgenommen. Weitere Ausführungen zu den gesetzlichen Regelungen finden sich im Hamburgischen Anwendungserlass vom 8.7.2022.[2]

1 Hamburgisches Grundsteuergesetz (HmbGrStG) v. 24.8.2021, HmbGVBl. Nr. 56 S. 600.

2 Erlass der Finanzbehörde der Freien und Hansestadt Hamburg vom 8.7.2022 – Anwendung des Hamburgischen Grundsteuergesetzes (HmbGrStG) vom 24.8.2021 sowie zur teilweisen Anwendung des Siebenten Abschnittes des Zweiten Teils des Bewertungsgesetzes zur Bewertung des Grundbesitzes (allgemeiner Teil und Grundvermögen) sowie für die Grundsteuer ab 1. Januar 2022 und des Grundsteuergesetzes ab 1. Januar 2025 (NWB AEHmbGrStG).

Nach der Pressemitteilung des Hamburger Senats v. 10.9.2024 wird die Härtefallregelung des § 8 HmbGrStG auch auf Wohngrundstücke ausgedehnt. Das entsprechende Grundsteueränderungsgesetz soll im Oktober 2024 verabschiedet werden. 7

(Einstweilen frei) 8–10

III. Geltungsbereich

Das HmbGrStG gilt für in Hamburg belegene Grundstücke. 11

(Einstweilen frei) 12–13

IV. Verhältnis zu anderen Vorschriften

Die erweiterten Erlassvorschriften gelten zusätzlich zu den **allgemeinen Billigkeitsmaßnahmen** der §§ 163 und 227 AO sowie der besonderen **Erlassvorschriften zur Grundsteuer im Bundesgesetz** nach §§ 32–34 GrStG. 14

Weiterhin wird das **Verfahren zum Erlass der Grundsteuer** i. S. des § 35 GrStG im Wesentlichen übernommen. 15

(Einstweilen frei) 16–18

B. Systematische Kommentierung

I. Erlass bei besonders gelagerten, nicht rohertragsbedingten Härtefällen (§ 8 Abs. 1 Satz 1 HmbGrStG)

1. Allgemeine Einordnung

Nach § 8 Abs. 1 Satz 1 HmbGrStG **können die Ansprüche aus dem Grundsteuerschuldverhältnis erlassen werden**, soweit ein **besonders gelagerter, nicht rohertragsbedingter Härtefall** vorliegt. Dies gilt für den **Anteil der Grundsteuer B, der auf den Grundsteuermessbetrag eines nicht für Wohnzwecke genutzten Gebäudes entfällt.** 19

Die Regelung stellt eine **zusätzliche Erlassvorschrift** im Landesgesetz zu den allgemein gültigen Billigkeits- und Erlassregelungen dar. So finden zum einen die Regelungen des §§ 163 und 227 AO und zum anderen die §§ 32–34 GrStG für das Grundsteuerschuldverhältnis auch in Hamburg Anwendung (§ 8 Abs. 2 Satz 2 HmbGrStG). 20

Bei den Regelungen des §§ 163 und 227 AO handelt es sich um **allgemeine Billigkeitsregelungen** in der Abgabenordnung, welche nicht speziell für die Grundsteuer gelten. Danach kann die **Grundsteuer niedriger festgesetzt** werden oder einzelne Besteuerungsgrundlagen, die die Steuer erhöhen, können bei der Festsetzung unberücksichtigt bleiben, wenn die Erhebung der Steuer nach der Lage des Einzelfalls **unbillig** wäre (§ 163 Abs. 1 Satz 1 AO). Weiterhin können Ansprüche aus dem Steuerverhältnis **ganz oder zum Teil erlassen** werden, wenn die Einziehung nach Lage des Einzelfalls unbillig wäre (§ 227 AO). 21

§§ 32–34 GrStG sind die **besonderen Erlassvorschriften der Grundsteuer** im Bundesgesetz. Diese sind nur für bestimmte Steuergegenstände und bei Vorliegen bestimmter Voraussetzungen möglich. Die Regelungen gelten auch in Hamburg weiterhin. Für die Reglungen der §§ 32–34 GrStG wird auf die Kommentierungen von Lehmann in Grootens, GrStG, §§ 32–34 verwiesen. 22

(Einstweilen frei) 23–25

2. Voraussetzungen für den Erlass

26 Ein Erlass der Grundsteuer nach § 8 HmbGrStG ist nur unter bestimmten Voraussetzungen möglich. Zum einen muss ein **besonders gelagerter, nicht rohertragsbedingter Härtefall** vorliegen. Wann ein besonders gelagerter, nicht rohertragsbedingter Härtefall vorliegt, wird im Gesetz nicht genau bestimmt. Nach der Gesetzesbegründung vom 16.3.2021[1] kann solch ein besonders gelagerter Härtefall vorliegen, wenn es z. B. zu einem **groben Missverhältnis zwischen der Inanspruchnahme der kommunalen Infrastruktur und der Kostenanlastung gegenüber dem Grundstückseigentümer** kommt.

27 Mangels konkreter Ausführungen des Gesetzestextes, lässt die Vorschrift für die Praxis viel Spielraum für die Steuerpflichtigen und die Gemeinden zu. Jedenfalls nicht erfasst werden durch § 8 Abs. 1 Satz 1 HmbGrStG die **Fälle von Rohertragsminderungen** (z. B. durch eine Unvermietbarkeit) oder die **Fälle bei einem nicht ausreichenden Rohertrag** (z. B. bei Grünanlagen), da für solche Fälle bereits die Erlassregelungen des Bundesgesetzes in den §§ 32-34 GrStG bestehen und auch in Hamburg Anwendung finden (siehe → Rz. 22).

28 Da auch das BayGrStG, welches dem HmbGrStG sehr ähnlich ist und den gleichen Grundgedanken hat, eine ähnliche Erlassregelung in Art. 8 BayGrStG beinhaltet, könnten auch in der Praxis die in Art. 8 Abs. 2 BayGrStG genannten Beispiele für § 8 Abs. 1 Satz 1 HmbGrStG infrage kommen. Für die Beispiele wird auf die Kommentierungen von Lehmann in Grootens, BayGrStG, Art. 8 verwiesen.

29 Weiterhin ist die Erlassregelung des § 8 Abs. 1 Satz 1 HmbGrStG nur für die Grundsteuer B und dort auch nur für den Teil des Grundsteuermessbetrages gültig, welcher **auf nicht für Wohnzwecke genutzte Gebäude** entfällt. Für wirtschaftliche Einheiten des land- und forstwirtschaftlichen Vermögens sowie für wirtschaftlichen Einheiten des Grundvermögens, bei denen sich die Grundsteuer auf zu Wohnzecken genutzte Gebäudeflächen bezieht, ist diese besondere Erlassvorschrift nicht anwendbar. Hintergrund dürfte auch hier sein, dass es für diese wirtschaftlichen Einheiten bereits umfangreiche Erlassregelungen durch das Bundesgesetz in § 32 GrStG für Kulturgüter und Grünanlagen, in § 33 GrStG für die wesentliche Reinertragsminderung bei Betrieben der Land- und Fortwirtschaft und in § 34 GrStG für die wesentliche Ertragsminderung bei bebauten Grundstücken gibt.

30–39 *(Einstweilen frei)*

3. Höhe des Erlasses

40 Bei Vorliegen der Voraussetzungen können nach dem Gesetzeswortlaut die **Ansprüche aus dem Grundsteuerschuldverhältnis teilweise erlassen** werden. Ob auch ein vollständiger Erlass möglich ist, lässt sich dem Gesetzeswortlaut nicht entnehmen.

41 Meines Erachtens ist Sinn der Vorschrift, bei **unbilligen Härten** in Fällen, in denen der Hintergrund des hamburgischen Flächenmodells in der Praxis zu unsachgemäßen Grundsteuerbelastungen führen kann, die Grundsteuer zu reduzieren. Eine ähnliche Regelung findet sich auch in Art. 8 BayGrStG wieder. So ist auch in Hamburg zu vermuten, dass ein Härtefall sich z. B. bei **alten Grundstücken oder Grundstücken in Hanglage** ergeben kann, da durch das wertunabhängige HmbGrStG die Grundsteuer für diese Grundstücke stark steigen kann. Dies führt zu-

1 Vgl. Hamburger Bürgerschaft Drucks. 22/3583 v. 16.3.2021, Entwurf eines Hamburgischen Grundsteuergesetzes.

mindest die Gesetzesbegründung des BayGrStG[1] auf. Gleichwohl gilt es, hierzu die zukünftige Praxis und evtl. Gesetzeskonkretisierungen und Verwaltungsanweisungen abzuwarten.

(Einstweilen frei) 42–45

4. Ermessensspielraum

Besonderheit der Erlassreglung nach § 8 Abs. 1 Satz 1 HmbGrStG ist, dass die Gemeinden die Grundsteuer bei Vorliegen der Vorschrift **erlassen können**. Entgegen den Vorschriften des Bundesgesetzes i. S. der §§ 32–34 GrStG, bei welchen beim Vorliegen der Voraussetzungen ein Rechtsanspruch auf vollen oder teilweisen Grundsteuererlass besteht, haben die Gemeinden hier einen **Ermessensspielraum**. Jede Gemeinde kann danach nach **pflichtgemäßem Ermessen** entscheiden, ob sie die Grundsteuer nach § 8 Abs. 1 Satz 1 HmbGrStG erlässt. 46

Der **Ermessensspielraum** kann m. E. in der Praxis zu Meinungsverschiedenheiten zwischen den Gemeinden und Steuerpflichtigen führen. Da § 8 Abs. 1 Satz 1 HmbGrStG nur sehr vage formuliert ist und auch der NWB AEHmbGrStG keine weiteren Konkretisierungen oder Beispiele enthält, wird die Anwendung der Regelungen jeweils von der **Auslegung durch die Gemeinde** abhängen. 47

(Einstweilen frei) 48–52

II. Verfahren zum Grundsteuererlass (§ 8 Abs. 1 Satz 2–5 HmbGrStG)

Im § 8 Abs. 1 Satz 2–5 HmbGrStG werden die **verfahrensrechtlichen Fragen zum besonderen Erlass** geregelt. Diese entsprechen im Wesentlichen den bereits im Bundesgesetz bestehenden Erlassverfahren im § 35 GrStG. 53

Der **Erlasszeitraum** für die Grundsteuer ist das **Kalenderjahr**, für welches die Grundsteuer festgesetzt wird (§ 35 Abs. 1 Satz 1 GrStG). 54

Der Erlass der Grundsteuer bei Vorliegen der o. g. Voraussetzungen ist gem. § 8 Abs. 1 Satz 2 HmbGrStG nur **auf Antrag** des Steuerpflichtigen möglich. Mangels Formvorschrift ist der **Antrag formlos** möglich. In der Praxis empfiehlt sich jedoch in jedem Fall die **Schriftform**. Zuständig für die Entgegennahme und Bearbeitung des Antrags auf Grundsteuererlass sind die Gemeinden. In Hamburg als Stadtstaat sind dies zugleich die Finanzämter. 55

Zu beachten ist darüber hinaus die **Antragsfrist** auf Erlass der Grundsteuer bis zu dem auf den Erlasszeitraum folgenden **31.3. eines Jahres** gem. § 8 Abs. 1 Satz 3 HmbGrStG. Dabei handelt es sich um ein **Ausschlussfrist**, die nicht verlängert werden kann. Ausnahme bildet die **Wiedereinsetzung in den Vorherigen Stand** nach § 110 AO. Ferner reicht es aus, den **Antrag auf Erlass fristwahrend** einzureichen. Eine Begründung des Antrags kann auch nach Fristablauf noch eingereicht werden. 56

Besonderheit ist, dass gem. § 8 Abs. 1 Satz 4 HmbGrStG der Antrag nicht jährlich weiderholt werden muss. Liegen die Voraussetzungen für eine Erlass der Grundsteuer nach § 8 Abs. 1 Satz 1 HmbGrStG vor und wurde dem Erlass durch die Gemeinde zugestimmt, muss der Steuerpflichtige den Erlass nicht jedes Jahr neu stellen. 57

1 Vgl. Bayrischer Landtag Drucks. 18/16068 v. 2.6.2021, Änderungsantrag zum Gesetzesentwurf der Staatsregierung für ein bayerisches Grundsteuergesetz (BayGrStG).

58 PRAXISHINWEIS:

Da über den Erlassantrag regelmäßig per Bescheid entschieden wird, sollte in der Praxis bei dem erstmaligen Erlass darauf geachtet werden, ob der Erlass nur einmalig oder auch für die folgenden Jahre gewährt wird. Andernfalls kann sonst ggf. die Ausschlussfrist für den Erlassantrag am 31.3. versäumt werden.

59 **Fallen die Voraussetzungen für den Erlassantrag weg oder ändern sich die maßgeblichen Verhältnisse**, so hat die Steuerschuldnerin oder der Steuerschuldner **die Änderungen binnen drei Monate nach Eintritt der Änderung beim zuständigen Finanzamt** gem. § 8 Abs. 1 Satz 5 HmbGrStG anzuzeigen. Mangels Formvorschrift ist der **Antrag formlos** möglich. In der Praxis empfiehlt sich jedoch auch hier in jedem Fall die **Schriftform**.

60 Des Weiteren wird für das Erlassverfahren auf die Kommentierung der Regelung im Bundesgesetz von Lehmann in Grootens, GrStG, § 35 Rz. 15 ff. verwiesen.

61–63 *(Einstweilen frei)*

III. Besonderheiten beim Vorliegen mehrerer Erlasstatbestände (§ 8 Abs. 2 HmbGrStG)

64 § 8 Abs. 2 Satz 1 HmbGrStG regelt die **Besonderheiten beim Vorliegen von mehreren Erlasstatbeständen**. Liegen also neben einem Erlass nach § 8 Abs. 1 Satz 1 HmbGrStG noch weitere Erlasstatbestände vor (z. B. nach §§ 32-34 GrStG), dann gilt die Grundsteuer nach Anwendung des § 8 Abs. 1 HmbGrStG als Ausgangswert für die Berechnung des weiteren Erlasstatbestandes. Damit wird sichergestellt, dass Grundsteuerbeträge nicht doppelt erlassen werden können.

65 BEISPIEL: A besitz ein Grundstück, welches die Voraussetzungen für einen Grundsteuererlass nach § 8 Abs. 1 HmbGrStG erfüllt. Die festgesetzte Grundsteuer für das Jahr 01 beträgt 1.500 €. Die Gemeinde erlässt 250 € Grundsteuer nach § 8 Abs. 1 HmbGrStG. Des Weiteren erfüllt das Grundstück des A auch die Voraussetzungen für einen Grundsteuererlass nach § 34 GrStG, da der Rohertrag um 70 % gemindert ist.

LÖSUNG: A steht gem. § 34 GrStG ein Grundsteuererlass i. H. von 25% zu. Dieser und die zuzahlende Grundsteuer berechnet sich wie folgt:

Grundsteuer 01	1.500,00 €
abzgl. Erlass § 8 Abs. 1 HmbGrStG	- 250,00 €
Zwischensumme:	1.250,00 €
abzgl. Erlass § 34 GrStG (25 %)	- 312,50 €
Grundsteuer:	**937,50 €**

66 Durch § 8 Abs. 2 Satz 2 HmbGrStG wird nochmals klargestellt, **dass die Erlassregelungen des Bundesgesetzes unberührt bleiben** (siehe auch → Rz. 22).

67–68 *(Einstweilen frei)*

IV. Zusammenfassung

69 Zusammenfassend bestehen damit nach dem Gesetz in Hamburg vielfältige **Erlassvorschriften**:

- Allgemeine **Billigkeitsmaßnahmen** i. S. der §§ 163 und 227 AO,
- Besondere **Erlassregelungen für Kulturgüter und Grünanlagen, Land- und Forstwirtschaft** und bei **bebauten Grundstücken** i. S. der §§ 32–34 GrStG,
- Erweiterte **Erlassregelungen durch das Landesgesetz** i. S. des § 8 HmbGrStG.

Inwieweit diese umfangreichen Erlassvorschriften jedoch in der Praxis Relevanz haben werden, wird sich zeigen müssen und von der Auslegung der Vorschriften durch die Gemeinden abhängen. Aus den bisherigen Erfahrungen mit dem Umgang der Erlassvorschriften nach dem GrStG ist auch zukünftig mit einer sehr engen Auslegung durch die Gemeinden zu rechnen. Die Grundsteuer als Objektsteuer stellt eine wesentliche Einnahmequelle der Gemeinden dar, sodass der Erlass der Grundsteuer die Ausnahme darstellen wird. 70

Teil 2: Betriebe der Land- und Forstwirtschaft; Grundsteuer A

§ 9 HmbGrStG Abweichende Regelungen

(1) Zur Hofstelle nach § 234 Absatz 6 des Bewertungsgesetzes gehören auch Hof- und Wirtschaftsgebäudeflächen einschließlich der Nebenflächen, von denen aus keine land- und forstwirtschaftliche Betriebsflächen mehr nachhaltig bewirtschaftet werden, wenn sie keine Zweckbestimmung erhalten haben, die zu einer zwingenden Zuordnung zum Grundvermögen führt.

(2) [1]§ 1 Absatz 4 Satz 1 gilt für Betriebe der Land- und Forstwirtschaft entsprechend. [2]In einen Betrieb der Land- und Forstwirtschaft, der von einer Gesellschaft oder Gemeinschaft des bürgerlichen Rechts betrieben wird, sind auch die Wirtschaftsgüter einzubeziehen, die einem oder mehreren Beteiligten gehören und dem Betrieb zu dienen bestimmt sind. [3]In den Betrieb der Land- und Forstwirtschaft sind auch einzubeziehen

1. **der Eigentümerin oder dem Eigentümer des Grund und Bodens nicht gehörende Gebäude, die auf dem Grund und Boden des Betriebs stehen,**
2. **der Eigentümerin oder dem Eigentümer des Grund und Bodens nicht gehörende Betriebsmittel, die der Bewirtschaftung des Betriebs dienen, und**
3. **ein Anteil an einem Wirtschaftsgut der Eigentümerin oder des Eigentümers des Betriebs der Land- und Forstwirtschaft, wenn es mit dem Betrieb zusammen genutzt wird.**

(3) § 1 Absatz 4, § 6 Absätze 5 und 6 sowie § 7 Absatz 3 Sätze 3 bis 5 gelten für Betriebe der Land- und Forstwirtschaft entsprechend.

Inhaltsübersicht **Rz.**

VERWALTUNGSANWEISUNGEN

Erlass der Finanzbehörde der Freien und Hansestadt Hamburg vom 8.7.2022 – Anwendung des Hamburgischen Grundsteuergesetzes (HmbGrStG) vom 24.8.2021 sowie zur teilweisen Anwendung des Siebenten Abschnitts des Zweiten Teils des Bewertungsgesetzes zur Bewertung des Grundbesitzes (Allgemeiner Teil und Grundvermögen) sowie für die Grundsteuer ab 1. Januar 2022 und des Grundsteuergesetzes ab 1. Januar 2025 (NWB AEHmbGrStG).

A. Allgemeine Erläuterungen zu § 9 HmbGrStG

I. Normzweck und wirtschaftliche Bedeutung der Vorschrift

1 § 9 HmbGrStG regelt landesspezifische Besonderheiten zu den **Betrieben der Land- und Forstwirtschaft**, die über die bundesgesetzlichen Regelungen hinausgehen oder von diesen abweichen aufgrund der Besonderheiten des HmbGrStG.

2 Die Vorschrift ist somit nur für **Steuergegenstände der Grundsteuer A – die Betriebe der Land- und Fortwirtschaft** von Bedeutung.

3–5 *(Einstweilen frei)*

II. Entstehung und Entwicklung der Vorschrift

6 § 9 HmbGrStG wurde mit dem **HmbGrStG** vom 24.8.2021[1] in das HmbGrStG aufgenommen und durch die Änderung des Hamburgischen Grundsteuergesetzes vom 22.6.2022[2] bereits redaktionell angepasst. Weitere Ausführungen zu den gesetzlichen Regelungen finden sich im Hamburgischen Anwendungserlass vom 8.7.2022.[3]

7–10 *(Einstweilen frei)*

III. Geltungsbereich

11 Das HmbGrStG gilt für in Hamburg belegene Grundstücke. Die Vorschrift des § 9 HmbGrStG bezieht sich nur auf die wirtschaftlichen Einheiten der Betriebe der Land- und Forstwirtschaft (Grundsteuer A).

12–14 *(Einstweilen frei)*

IV. Verhältnis zu anderen Vorschriften

15 § 9 Abs. 1 HmbGrStG trifft ergänzende Regelungen zur **Hofstelle** nach § 234 Abs. 6 BewG.

16 § 9 Abs. 3 HmbGrStG verweist zur entsprechenden Anwendung der Regelungen zur **Anzeigepflicht** und der **Übermittlung von Steuererklärungen** bei der Grundsteuer B auf die entsprechenden Vorschriften der §§ 6 und 7 HmbGrStG.

17–22 *(Einstweilen frei)*

1 Hamburgisches Grundsteuergesetz (HmbGrStG) v. 24.8.2021, HmbGVBl. Nr. 56 S. 600.

2 Gesetz über die Festsetzung der Hebesätze für die Realsteuern für das Kalenderjahr 2022 sowie zur Änderung des Hamburgischen Grundsteuergesetzes vom 22.6.2022, HmbGVBl. 37/2022 S. 399.

3 Erlass der Finanzbehörde der Freien und Hansestadt Hamburg vom 8.7.2022 – Anwendung des Hamburgischen Grundsteuergesetzes (HmbGrStG) vom 24.8.2021 sowie zur teilweisen Anwendung des Siebenten Abschnittes des Zweiten Teils des Bewertungsgesetzes zur Bewertung des Grundbesitzes (allgemeiner Teil und Grundvermögen) sowie für die Grundsteuer ab 1. Januar 2022 und des Grundsteuergesetzes ab 1. Januar 2025 (NWB AEHmbGrStG).

B. Systematische Kommentierung

I. Ergänzende Regelungen zur Hofstelle (§ 9 Abs. 1 HmbGrStG)

§ 9 HmbGrStG enthält ausschließlich **Regelungen zu den Betrieben der Land- und Forstwirtschaft**, welche die Steuergegenstände für die Grundsteuer A darstellen. Die Bewertung der Betriebe der Land- und Forstwirtschaft für Zwecke der Grundsteuerermittlung erfolgt anhand einer **Ertragswertermittlung**, bei der von **der Ertragsfähigkeit des Betriebs der Land- und Fortwirtschaft** ausgegangen wird. Die entsprechenden Regelungen zu den Betrieben der Land- und Forstwirtschaft finden sich im Bundesgesetz in den Vorschriften zum BewG und GrStG wieder. Dies sind im BewG insbesondere die **§§ 232–242 BewG**. Das Bewertungsverfahren für die Betriebe der Land- und Forstwirtschaft nach dem Bundesrecht wird auch für das Landesgesetz in Hamburg übernommen. Entsprechend gelten die bundesgesetzlichen Regelungen im BewG und GrStG entsprechend, soweit keine besonderen Regelungen im § 9 HmbGrStG vorzufinden sind. 23

Bis auf die nachstehend genannten Besonderheiten für die Betriebe der Land- und Forstwirtschaft wird daher auf die Kommentierungen der bundesgesetzlichen Regelungen des BewG und GrStG, insbesondere auf die Kommentierungen von Müller in Grootens, BewG, §§ 232–242 verwiesen. Des Weiteren gelten auch die Ausführungen des koordinierten Ländererlasses vom 9.11.2021[1] zu den bundesgesetzlichen Regelungen, soweit im NWB AEHmbGrStG nichts Abweichendes geregelt ist.[2] 24

§ 234 Abs. 6 BewG definiert den **Begriff der Hofstelle bei Betrieben der Land- und Forstwirtschaft**. Danach gehören zur Hofstelle alle **Hof- und Wirtschaftsgebäudeflächen einschließlich der Nebenflächen**, wenn dort **land- und forstwirtschaftliche Flächen nachhaltig bewirtschaftet** werden. Nach § 9 Abs. 1 HmbGrStG wird der Begriff der Hofstelle in Hamburg noch erweitert. 25

Zu der Hofstelle in Hamburg gehören ebenfalls **Hof- und Wirtschaftsgebäudeflächen einschließlich der Nebenflächen**, von denen aus **keine Flächen** eines Betriebs der Land- und Forstwirtschaft **mehr nachhaltig bewirtschaftet werden**, wenn sie **keine Zweckbestimmung** erhalten haben, die zu einer zwingenden Zuordnung zum Grundvermögen führt. Entsprechend gehören auch Wirtschaftsgebäude, die vorübergehend oder dauernd teilweise oder ganz leer stehen und keiner anderen Zweckbestimmung zuzuordnen sind, weiterhin zur Hofstelle. Eine Änderung der Zweckbestimmung ungenutzter Wirtschaftsgüter kann sich nicht nur durch Aufnahme einer außerlandwirtschaftlichen Nutzung, sondern auch durch eine ertragsteuerliche Betriebsaufgabe ergeben.[3] 26

Durch diese Erweiterung des Begriffs der Hofstelle soll sich der Lastenverteilungsmaßstab in Fällen der **Betriebsverpachtung** auch weiterhin nach der Ertragskraft des Betriebs der Land- und Forstwirtschaft richten.[4] Ohne diese Regelung könnten ggf. in Fällen der Betriebsverpachtung, bei denen der Verpächter keinen Betrieb der Land- und Forstwirtschaft mehr selbst betreibt, eine Umqualifizierung der wirtschaftlichen Einheit zum Grundvermögen und damit zur Grundsteuer B erfolgen. Dies ist jedoch nicht gewollt. Bei dem verpachteten Betrieb der Land- 27

1 Koordinierte Erlasse der obersten Finanzbehörden der Länder vom 9.11.2021 über die Anwendung des Siebten Abschnitt des Zweiten Teils des Bewertungsgesetzes zur Bewertung des Grundbesitzes (land- und forstwirtschaftliches Vermögen) für die Grundsteuer ab 1. Januar 2022 (AEBewGrSt), BStBl 2021 I S. 2369 NWB JAAAI-03875.

2 Vgl. Abschnitt C im NWB AEHmbGrStG.

3 Vgl. A L 9 Abs. 1 NWB AEHmbGrStG.

4 Vgl. Hamburger Bürgerschaft Drucks. 22/3583 v. 16.3.2021, Entwurf eines Hamburgischen Grundsteuergesetzes.

und Forstwirtschaft soll es sich weiterhin um einen Steuergegenstand der Grundsteuer A handeln, da die wirtschaftliche Einheit auch tatsächlich durch den Pächter als Betrieb der Land- und Forstwirtschaft genutzt und betrieben wird. Andernfalls würde die tatsächliche Nutzung des Grundstücks von der grundsteuerlichen Einordnung und Bewertung abweichen.

28–32 *(Einstweilen frei)*

II. Umfang der wirtschaftlichen Einheit des Betriebs der Land- und Forstwirtschaft (§ 9 Abs. 2 HmbGrStG)

1. Abgrenzungsgrundsätze

33 Die für die Grundsteuer B geltende Vorschrift des § 1 Abs. 4 Satz 1 HmbGrStG gilt auch für die Betriebe der Land- und Forstwirtschaft (§ 9 Abs. 2 Satz 1 HmbGrStG). Danach können in Hamburg auch bei den Betrieben der Land- und Forstwirtschaft **mehrere Wirtschaftsgüter zu einer wirtschaftlichen Einheit bei Eheleuten und Lebenspartnerschaften** nach dem Lebenspartnerschaftsgesetz **zusammengefasst werden**. Insoweit wird ein Gleichlauf zwischen der Grundsteuer A und B gewährleistet.

34 Durch § 9 Abs. 2 Satz 2 und 3 HmbGrStG wird der **Umfang der wirtschaftlichen Einheit des Betriebs der Land- und Forstwirtschaft** weiter ausgeführt. Dabei werden im Wesentlichen die für die Einheitsbewertung bisher gelten Regelungen des § 34 Abs. 4–6 BewG a. F. fortgeführt. Danach sind **in die wirtschaftliche Einheit** des Betriebs der Land- und Fortwirtschaft auch **einzubeziehen**:

- Wirtschaftsgüter, die einem oder mehreren Beteiligten gehören und dem Betrieb zu dienen bestimmen sind, wenn der Betrieb der Land- und Forstwirtschaft von einer **Gesellschaft oder Gemeinschaft bürgerlichen Rechts** betrieben wird (§ 9 Abs. 2 Satz 2 HmbGrStG – inhaltsgleich mit § 34 Abs. 6 BewG a. F.);
- der Eigentümerin oder dem **Eigentümer des Grund und Bodens nicht gehörende Gebäude**, die auf dem Grund und Boden des Betriebs stehen (§ 9 Abs. 2 Satz 3 Nr. 1 HmbGrStG – inhaltsgleich mit § 34 Abs. 4 Halbsatz 1 BewG a. F.);
- der Eigentümerin oder dem Eigentümer des Grund und Bodens nicht gehörende **Betriebsmittel**, die der Bewirtschaftung des Betriebs dienen (§ 9 Abs. 2 Satz 3 Nr. 2 HmbGrStG – inhaltsgleich mit § 34 Abs. 4 Halbsatz 2 BewG a. F.); und
- ein Anteil der Eigentümerin oder des Eigentümers des Betriebs der Land- und Forstwirtschaft an einem **Wirtschaftsgut**, wenn es mit dem Betrieb zusammen genutzt wird (§ 9 Abs. 2 Satz 3 Nr. 3 HmbGrStG – inhaltsgleich mit § 34 Abs. 5 BewG a. F.).

35 Die Regelungen zum Umfang der wirtschaftlichen Einheit des Betriebs der Land- und Fortwirtschaft sind entgegen den bundesgesetzlichen Regelungen in § 266 Abs. 5 nicht nur vorübergehend (vgl. Grootens in Grootens, BewG, § 266 Rz. 116 f.), sondern sollten in Hamburg **ohne Befristung** und auch für nach den 1.1.2025 gebildete wirtschaftliche Einheiten gelten.

36–37 *(Einstweilen frei)*

2. Zu § 9 Abs. 2 Satz 2 HmbGrStG

38 § 9 Abs. 2 Satz 2 HmbGrStG bezieht sich auf Betriebe der Land- und Forstwirtschaft, welche von **Gesellschaften** (§§ 705–740 BGB) oder **Gemeinschaften** (§§ 741–758 BGB) bürgerlichen Rechts betrieben werden. Die Prüfung, ob die Bewirtschaftung des Betriebs der Land- und

Forstwirtschaft durch eine **bewertungsrechtliche Gesellschaft oder Gemeinschaft** erfolgt, hat aufgrund der nicht pauschalen Anerkennung regelmäßig durch die **Prüfung aller Umstände des Einzelfalls** zu erfolgen.

Wird die wirtschaftliche Einheit durch eine Gesellschaft oder Gemeinschaft bürgerlichen Rechts betrieben, so sind in den Betrieb der Land- und Forstwirtschaft **auch die Wirtschaftsgüter einzubeziehen, die einem oder mehreren Beteiligten gehören und dem Betrieb zu dienen bestimmt sind.** 39

Stehen Wirtschaftsgüter im **Einzeleigentum eines Mitglieds der Gesellschaft oder Gemeinschaft**, wird der Grundsatz des § 2 Abs. 2 BewG somit durchbrochen, dass mehrere Wirtschaftsgüter nur zu einer wirtschaftlichen Einheit zusammengefasst werden dürfen, sofern sie demselben Eigentümer gehören.[1] Die Einzelwirtschaftsgüter des Gesellschafters sind dann in die wirtschaftliche Einheit der Gesellschaft oder Gemeinschaft einzubeziehen, immer unter Beachtung der Voraussetzung, dass sie dem Betrieb der Land- und Forstwirtschaft zu dienen bestimmt sind. 40

(Einstweilen frei) 41–42

3. Zu § 9 Abs. 2 Satz 3 Nr. 1 und 2 HmbGrStG

Durch die Vorschriften des § 9 Abs. 2 Satz 3 Nr. 1 und 2 HmbGrStG wird die Besonderheit geregelt, dass **Gebäude oder Betriebsmittel**, welche einem **anderen Eigentümer** als dem der wirtschaftlichen Einheit des Betriebs der Land- und Forstwirtschaft gehören, dennoch dem Betrieb der Land- und Forstwirtschaft zuzurechnen sind. Voraussetzung dafür ist, dass die Gebäude auf dem Grund und Boden des Betriebs stehen bzw. die Betriebsmittel auch tatsächlich der Bewirtschaftung des Betriebs dienen. Zweck ist es, den Ertragswert des Betriebs der Land- und Forstwirtschaft zu berechnen, welcher sich aus allen zugehörigen Betriebsteilen ergibt.[2] 43

Regelmäßig Anwendung finden wird die Vorschrift in Fällen der **Betriebsverpachtung** oder des **Nießbrauchs** (§§ 1080 ff BewG). Bei land- und forstwirtschaftlichen Betrieben wird regelmäßig der Betrieb auf dem gepachteten Grund und Boden durch den Pächter mit in seinem Eigentum stehenden Betriebsmitteln oder teilweise in seinem und teilweise im Eigentum des Verpächters stehenden Betriebsmitteln betrieben.[3] Für die wirtschaftliche Einheit spielt das **zivilrechtliche Eigentum** dann jedoch keine Rolle. Die dem **Pächter gehörenden Betriebsmittel oder errichteten Gebäude** werden in der **wirtschaftlichen Einheit des verpachteten Betriebs mit einbezogen.** 44

BEISPIEL: A verpachtet seinen landwirtschaftlichen Grund- und Boden zur Bewirtschaftung an B. B errichtet auf dem Grund und Boden vorübergehend eine Scheune und erwirbt das zum Betrieb notwendige Inventar an stehenden und umlaufenden Betriebsmitteln. 45

Der Grund und Boden bleibt im Eigentum des A. Das Gebäude und das Inventar gehören B. Trotz unterschiedlicher Eigentumsverhältnisse besteht nur eine wirtschaftliche Einheit für die Grundsteuer A. Diese ist A zuzurechnen und umfasst neben dem Grund und Boden auch das von B errichtete Gebäude und die zur Bewirtschaftung des Betriebs genutzten Betriebsmittel.

1 Vgl. BFH, Urteil v. 14.5.2004 - II R 50/01, BStBl 2004 II S. 818 NWB PAAAB-26263.

2 Vgl. Wiegand in Rössler/Troll, BewG, 35. Erg.-Lfg. 2022, § 34 Rz. 36.

3 Vgl. Wiegand in Rössler/Troll, BewG, 35. Erg.-Lfg. 2022, § 34 Rz. 37.

46 Die einzubeziehenden **Betriebsmittel** des fremden Eigentümers **müssen zwingend der Bewirtschaftung des Betriebs der Land- und Forstwirtschaft dienen**. Dies sind regelmäßig die **stehenden Betriebsmittel** und der normale **Bestand an umlaufenden Betriebsmitteln**. Zum Begriff der Betriebsmittel vgl. Müller in Grootens, BewG, § 232 Rz. 61 ff.

47 Die in die wirtschaftliche Einheit einzubeziehenden Gebäude beziehen sich nur auf **vorübergehend errichtete Gebäude**. Dauerhaft durch den Pächter errichtete Gebäude sind bereits nach § 232 BewG dem Verpächter und dem Betrieb der Land- und Fortwirtschaft zuzurechnen. Zu beachten ist, dass die Gebäude des Pächters nicht auf dem Pächter selbst gehörenden Grund und Boden stehen dürfen. Ansonsten handelt es sich um eine eigene wirtschaftliche Einheit des Pächters und das Gebäude ist nicht in die wirtschaftliche Einheit des Pachtbetriebes einzubeziehen.[1]

48–50 *(Einstweilen frei)*

4. Zu § 9 Abs. 2 Satz 3 Nr. 3 HmbGrStG

51 Nach § 9 Abs. 2 Satz 3 Nr. 3 HmbGrStG sind auch **Miteigentumsrechte an einem Wirtschaftsgut** in den Betrieb der Land- und Forstwirtschaft einzubeziehen. Voraussetzung dafür ist, dass das Wirtschaftsgut mit dem Betrieb zusammen genutzt wird.

52–55 *(Einstweilen frei)*

III. Entsprechende Anwendung besonderer Regelungen des HmbGrStG (§ 9 Abs. 3 HmbGrStG)

56 Durch § 9 Abs. 3 HmbGrStG werden die in Hamburg geltenden Vorschriften zu den **Erklärungen und Anzeigen für die Äquivalenzbeträge und Grundsteuermessbeträge** auch für die Grundsteuer A angewendet. Es gelten danach die § 6 Abs. 5 und 6 sowie § 7 Abs. 3 Sätze 3–5 HmbGrStG entsprechend.

57 Auch für die Betriebe der Land- und Fortwirtschaft **gilt danach**:

- die **Aufforderung zur Abgabe der Erklärungen auf den 1.1.2022 mittels Allgemeinverfügung** erfolgt durch das Finanzamt für Verkehrsteuern und Grundbesitz in Hamburg,
- die **Frist zu den anzeigepflichtigen Vorgängen ist jeweils der 31.3.** des Jahres, welcher auf das Jahr folgt, in dem der anzeigepflichtige Vorgang stattfand,
- die **Forstschreibungsgrenzen** für die Grundsteuermessbeträge der Grundsteuer B gelten auch für die Grundsteuer A,
- die **Erklärungen und Anzeigen sind Steuererklärungen** im Sinne der Abgabenordnung mit den entsprechenden verfahrensrechtlichen Konsequenzen.

58 Vertiefend wird auf die entsprechenden Kommentierungen von Lehmanns in Grootens, HmbGrStG, §§ 6 und 7 verwiesen.

1 Vgl. Wiegand in Rössler/Troll, BewG, 35. Erg.-Lfg. 2022, § 34 Rz. 43.

Teil 3: Erhebung der Grundsteuer

§ 10 HmbGrStG Fälligkeit bei Kleinbeträgen

Die Grundsteuer wird fällig

1. am 15. August mit ihrem Jahresbetrag, wenn dieser 15 Euro nicht übersteigt,

2. am 15. Februar und am 15. August mit je einer Hälfte ihres Jahresbetrags, wenn dieser 30 Euro nicht übersteigt.

Inhaltsübersicht **Rz.**

VERWALTUNGSANWEISUNGEN

Erlass der Finanzbehörde der Freien und Hansestadt Hamburg vom 8.7.2022 – Anwendung des Hamburgischen Grundsteuergesetzes (HmbGrStG) vom 24.8.2021 sowie zur teilweisen Anwendung des Siebenten Abschnitts des Zweiten Teils des Bewertungsgesetzes zur Bewertung des Grundbesitzes (Allgemeiner Teil und Grundvermögen) sowie für die Grundsteuer ab 1. Januar 2022 und des Grundsteuergesetzes ab 1. Januar 2025 (NWB AEHmbGrStG).

A. Allgemeine Erläuterungen zu § 10 HmbGrStG

I. Normzweck und wirtschaftliche Bedeutung der Vorschrift

§ 10 HmbGrStG regelt die **Fälligkeit der Grundsteuer bei Kleinbeträgen.** 1

(Einstweilen frei) 2–3

II. Entstehung und Entwicklung der Vorschrift

§ 10 HmbGrStG wurde mit dem HmbGrStG vom 24.8.2021[1] in das HmbGrStG aufgenommen. Weitere Ausführungen zu den gesetzlichen Regelungen finden sich im Hamburgischen Anwendungserlass vom 8.7.2022.[2] 4

Die Regelung des § 10 HmbGrStG entspricht der bisherigen Regelung des § 1 des Gesetzes über die Erhebung der Grundsteuer vom 21.1.1974.[3] 5

(Einstweilen frei) 6–7

1 Hamburgisches Grundsteuergesetz (HmbGrStG) v. 24.8.2021, HmbGVBl. Nr. 56 S. 600.

2 Erlass der Finanzbehörde der Freien und Hansestadt Hamburg vom 8.7.2022 – Anwendung des Hamburgischen Grundsteuergesetzes (HmbGrStG) vom 24.8.2021 sowie zur teilweisen Anwendung des Siebenten Abschnittes des Zweiten Teils des Bewertungsgesetzes zur Bewertung des Grundbesitzes (allgemeiner Teil und Grundvermögen) sowie für die Grundsteuer ab 1. Januar 2022 und des Grundsteuergesetzes ab 1. Januar 2025 (NWB AEHmbGrStG).

3 HmbGVBl. 1974 S. 8.

III. Geltungsbereich

8 Das HmbGrStG gilt für in Hamburg belegene Grundstücke.

9–10 *(Einstweilen frei)*

B. Systematische Kommentierung

I. Fälligkeit bei Kleinbeträgen

11 § 10 HmbGrStG regelt die **Fälligkeit der Grundsteuer für bestimmte Kleinbeträge.** Im **Grundsatz** wird die Grundsteuer gem. § 28 Abs. 1 GrStG zu **je einem Viertel ihres Jahresbetrags am 15.2., 15.5., 15.8. und 15.11. fällig.**

11/1 Um das vorlaufende Verfahren zur Grundsteuerreform vollständig abzuschließen und allen Steuerpflichtigen eine ausreichende Umstellungs- und Vorbereitungszeit zu geben, wird laut der Pressemitteilung des Hamburger Senats v. 10.9.2024 der erste Teilbetrag der neuen Grundsteuer erstmalig und ausnahmsweise zum 30.4.2025 zu zahlen sein. Weitere Zahlungstermine 2025 sind der 15.5., 15.8. und 15.11. Ab dem Jahr 2026 wird die Grundsteuer bei vierteljährlicher Zahlung wie in Rz. 11 genannt fällig.

11/2 Abweichend vom Grundsatz der vierteljährlichen Fälligkeit können die Gemeinden gem. § 28 Abs. 2 GrStG abweichende Fälligkeiten bei Kleinbeträgen bestimmen. Die abweichenden Fälligkeiten bei Kleinbeträgen gem. § 28 Abs. 2 GrStG werden vom § 10 HmbGrStG unverändert übernommen.

12 Danach wird die Grundsteuer **am 15.8. in einem Jahresbetrag fällig, wenn der Grundsteuerbetrag insgesamt 15,00 € nicht übersteigt** (§ 10 Nr. 1 HmbGrStG). **Übersteigt der Grundsteuerbetrag 15,00 € aber nicht 30,00 €**, wird die Grundsteuer am 15.2. und am 15.8. mit je **einer Hälfte ihres Jahresbetrags** fällig. Zu den in Hamburg übernommen Regelungen des § 28 Abs. 2 GrStG vgl. auch die Kommentierungen von Grootens in Grootens, GrStG, § 28 Rz. 56 ff.

Teil 4: Anwendung von Bundesrecht; Übergangs- und Schlussvorschriften

§ 11 HmbGrStG Anwendung von Bundesrecht

(1) [1]Die Bestimmungen des Grundsteuergesetzes und des Bewertungsgesetzes sind für Zwecke der Festsetzung und Erhebung der Grundsteuer ab dem Kalenderjahr 2025 nur anzuwenden, soweit sich aus diesem Gesetz nichts anderes ergibt. [2]Auf die Festsetzung und Erhebung der Grundsteuer der Kalenderjahre bis einschließlich 2024 findet dieses Gesetz keine Anwendung.

(2) [1]Die Vorschriften der Abgabenordnung sind entsprechend anzuwenden, soweit in diesem Gesetz nichts anderes bestimmt ist. [2]§ 32h der Abgabenordnung gilt mit der Maßgabe, dass die oder der Hamburgische Beauftragte für Datenschutz und Informationsfreiheit zuständig und das Hamburgische Datenschutzgesetz vom 18. Mai 2018 (HmbGVBl S. 145) in der jeweils geltenden Fassung einschlägig ist.

(3) Rechtsverordnungen des Bundes finden für die Grundsteuer B und C keine Anwendung.

Inhaltsübersicht **Rz.**

VERWALTUNGSANWEISUNGEN

Erlass der Finanzbehörde der Freien und Hansestadt Hamburg vom 8.7.2022 – Anwendung des Hamburgischen Grundsteuergesetzes (HmbGrStG) vom 24.8.2021 sowie zur teilweisen Anwendung des Siebenten Abschnitts des Zweiten Teils des Bewertungsgesetzes zur Bewertung des Grundbesitzes (Allgemeiner Teil und Grundvermögen) sowie für die Grundsteuer ab 1. Januar 2022 und des Grundsteuergesetzes ab 1. Januar 2025 (NWB AEHmbGrStG).

A. Allgemeine Erläuterungen zu § 11 HmbGrStG

I. Normzweck und wirtschaftliche Bedeutung der Vorschrift

§ 11 HmbGrStG regelt die **Anwendung der bundesgesetzlichen Regelungen des GrStG und BewG sowie der Abgabenordnung (AO) in Hamburg**, sofern das HmbGrStG keine gesonderten Regelungen enthält. 1

Des Weiteren legt § 11 HmbGrStG fest, dass die bisher geltenden Regelungen zur **Einheitsbewertung ab 2024 nicht mehr anwendbar** sind und auf die bis dahin geltenden Grundsteuerbescheide nach 2024 keine Belastung mehr gestützt werden darf. 2

(Einstweilen frei) 3–5

II. Entstehung und Entwicklung der Vorschrift

§ 11 HmbGrStG wurde mit dem HmbGrStG vom 24.8.2021[1] in das HmbGrStG aufgenommen und durch die Änderung des Hamburgischen Grundsteuergesetzes vom 22.6.2022[2] bereits redaktionell angepasst. Weitere Ausführungen zu den gesetzlichen Regelungen finden sich im Hamburgischen Anwendungserlass vom 8.7.2022.[3] 6

Mit dem Änderungsgesetz vom 24.1.2023[4] wurde § 11 HmbGrStG redaktionell angepasst und um den Satz „Das Hamburgische Grundsteuergesetz hat insoweit Vorrang vor den Regelungen des Grundsteuergesetzes und des Bewertungsgesetzes.“ ergänzt. Dieser Satz hat nochmal klar- 7

1 Hamburgisches Grundsteuergesetz (HmbGrStG) v. 24.8.2021, HmbGVBl. Nr. 56 S. 600.

2 Gesetz über die Festsetzung der Hebesätze für die Realsteuern für das Kalenderjahr 2022 sowie zur Änderung des Hamburgischen Grundsteuergesetzes v. 22.6.2022, HmbGVBl. 37/2022 S. 399.

3 Erlass der Finanzbehörde der Freien und Hansestadt Hamburg vom 8.7.2022 – Anwendung des Hamburgischen Grundsteuergesetzes (HmbGrStG) vom 24.8.2021 sowie zur teilweisen Anwendung des Siebenten Abschnittes des Zweiten Teils des Bewertungsgesetzes zur Bewertung des Grundbesitzes (allgemeiner Teil und Grundvermögen) sowie für die Grundsteuer ab 1. Januar 2022 und des Grundsteuergesetzes ab 1. Januar 2025 (NWB AEHmbGrStG).

4 Art. 2 Gesetz über die Festsetzung der Hebesätze für die Realsteuern für das Kalenderjahr 2023 sowie die Änderung und Bestätigung des Hamburgischen Grundsteuergesetzes v. 24.1.2023 (HmbGVBl 2023 S. 66).

stellende Bedeutung, ändert jedoch nicht den bestehenden Regelungsinhalt des § 11 HmbGrStG. Vgl. dazu auch Rz. 23.

8–10 *(Einstweilen frei)*

III. Geltungsbereich

11 Das HmbGrStG gilt für in Hamburg belegene Grundstücke.

12–13 *(Einstweilen frei)*

IV. Verhältnis zu anderen Vorschriften

14 Durch § 11 HmbGrStG finden die gesetzlichen Vorschriften des GrStG, BewG und der AO ausdrücklich auch in Hamburg Anwendung.

15–20 *(Einstweilen frei)*

B. Systematische Kommentierung

I. Anwendung der Regelungen zum GrStG und BewG

21 Durch die Verabschiedung des HmbGrStG vom 24.8.2021[1] durch den Hamburgischen Landtag hat die Freie und Hansestadt von der **Öffnungsklausel** im Grundgesetz gem. Art. 72 Abs. 3 Satz 1 Nr. 7 GG Gebrauch gemacht und sich für eine länderspezifische Regelung zur Ermittlung der Grundsteuer entschlossen. Das Hamburg diesen Weg einschlagen würde, hat sich im Laufe des Gesetzgebungsprozesses zur Grundsteuerreform herausgestellt, da auch Hamburg als ein Befürworter für eine einfachere Gesetzesregelung als der des Bundes galt. Das HmbGrStG setzt somit die Pläne der hamburgischen Landesregierung zur Grundsteuer um.

22 Das HmbGrStG ist gleichwohl nicht gänzlich von den Regelungen des Bundesgesetzes zu unterscheiden. Vielmehr wird nur **in einigen Bereichen vom Bundesgesetz abgewichen**. Insbesondere im Bereich der wirtschaftlichen Einheiten des Grundvermögens – der Grundsteuer B – wird weitreichend von der Abweichungsgesetzgebungskompetenz des GG Gebrauch gemacht. Währenddessen bleibt es bei den Betrieben der Land- und Fortwirtschaft – der Grundsteuer A – grds. bei den Reglungen des Bundesgesetzes. Das HmbGrStG enthält hierzu nur punktuelle Abweichungen und Besonderheiten (vgl. § 9 HmbGrStG).

23 Durch § 11 Abs. 1 Satz 1 HmbGrStG wird festgelegt, dass die **bundesgesetzlichen Regelungen** des GrStG und des BewG auch in Hamburg gelten, sofern das HmbGrStG keine abweichenden Regelungen enthält. Das HmbGrStG ist somit als **„lex specialis“** zu sehen. Enthält das HmbGrStG eine Regelung, welche auch im Bundesgesetz geregelt ist, so ist in diesem Fall immer das HmbGrStG maßgebend und anzuwenden (§ 11 Abs. 1 Satz 2 HmbGrStG). Für den Steuerpflichtigen bedeutet dies jedoch auch, dass er sich bei der Ermittlung der Grundsteuer für wirtschaftliche Einheiten in Hamburg auch mit den bundesgesetzlichen Regelungen auseinandersetzen muss.

24 Die bundesgesetzlichen Regelungen des GrStG und BewG nach der Grundsteuerreform sind dabei für Zwecke der Festsetzung und Erhebung der Grundsteuer **ab dem Kalenderjahr 2025** anzuwenden. Für Kalenderjahre bis 2024 verbleibt es bei der ausschließlichen Anwendung der

1 Hamburgisches Grundsteuergesetz (HmbGrStG) v. 24.8.2021, HmbGVBl. Nr. 56 S. 600.

bisherigen bundesgesetzlichen Regelungen zur Einheitsbewertung (§ 11 Abs. 1 Satz 3 HmbGrStG).

Für die **Übergangsvorschriften** aufgrund der Gesetzesänderungen gilt dabei die bundesgesetzliche Regelung des § 266 BewG. Dazu wird auf die Kommentierungen von Grootens in Grootens, BewG, § 266 Rz. 36 ff. verwiesen. 25

(Einstweilen frei) 26–28

II. Anwendung der Abgabenordnung

Neben der grundsätzlichen Anwendung des GrStG und BewG sind nach § 11 Abs. 2 Satz 1 HmbGrStG auch die **Regelungen der AO** in Hamburg anzuwenden, soweit durch das HmbGrStG nichts anderes regelt. Die Reglung bzw. Klarstellung wurde für notwendig erachtet, da sich die automatische Anwendung der Regelungen der AO nicht unmittelbar aus § 1 Abs. 1 AO ergibt, da danach die Reglungen nur für Steuern und Steuervergütungen gelten, die durch Bundesrecht oder EU-Recht geregelt worden sind. 29

Nach § 11 Abs. 2 Satz 2 HmbGrStG gilt § 32h AO in Hamburg mit der Maßgabe, dass der oder die **Hamburgische Beauftragte für den Datenschutz und Informationsfreiheit** zuständig und das **Hamburgische Datenschutzgesetz** vom 18.5.2018 (HmbGVBl S. 145) einschlägig ist. Dieses gilt einheitlich sowohl für das finanzbehördliche Feststellungs- und Veranlagungsverfahren als auch für das Verfahren zur Festsetzung der Grundsteuer.[1] In den Bundesländern, welche die bundesgesetzlichen Regelungen anwenden, ist hingegen der Bundesbeauftragte für den Datenschutz zuständig und es gilt das Bundesdatenschutzgesetz. 30

(Einstweilen frei) 31–33

III. Zugriff auf das Verordnungsrecht des Bundes

Durch die teilweise Anwendung der bundesgesetzlichen Regelungen sind auch Regelungen über die **Verordnungsermächtigungen** zu treffen. Nach § 11 Abs. 3 HmbGrStG finden die im GrStG und BewG enthaltenen Verordnungsermächtigungen in Hamburg für die Grundsteuer B und C keine Anwendung. Das HmbGrStG erhält folglich durch § 10 Abs. 3 HmbGrStG die erforderliche **Rechtssetzungsbefugnis und -pflicht**. 34

Der hamburgische Senat muss jedoch **nicht immer eigene Rechtsverordnungen erlassen.** Soll beispielsweise eine erlassene Rechtsverordnung des Bundes auch in Hamburg gelten, so kann der Senat die Anwendung dieser gleichwohl **durch eigene Rechtsverordnung anordnen**. Dies erspart die ansonsten notwendige Kopie der Rechtsverordnung des Bundes. Es ist jedoch zu beachten, dass die Rechtsverordnungen des Bundes nur durch eine Rechtsverordnung der hamburgischen Landesregierung Anwendung finden. Diese gelten also nicht automatisch. Es bedarf vielmehr immer noch eines zusätzlichen Aktes. 35

§ 12 HmbGrStG Übergangsregelungen

(1) [1]Die Grundsteuerwerte werden auf den 1. Januar 2022 allgemein festgestellt. [2]Die Grundsteuermessbeträge nach diesem Gesetz werden auf den 1. Januar 2025 allgemein festgesetzt.

---

1 Vgl. Hamburger Bürgerschaft Drucks. 22/3583 v. 16.3.2021, Entwurf eines Hamburgischen Grundsteuergesetzes.

(2) Für die Anwendung des § 6 Absatz 1 Satz 2 und des § 6 Absatz 3 Satz 1 dieses Gesetzes sowie der § 223 Absatz 1 Nummer 2 und § 224 Absatz 1 Nummer 2 des Bewertungsgesetzes ist für Feststellungszeitpunkte zwischen dem 1. Januar 2022 und dem 31. Dezember 2024 zu unterstellen, dass die Feststellungen für die Besteuerung nach diesem Gesetz von Bedeutung sind und hinsichtlich der Besteuerung der wirtschaftlichen Einheiten die Regelungen dieses Gesetzes gelten.

Inhaltsübersicht — **Rz.**

VERWALTUNGSANWEISUNGEN

Erlass der Finanzbehörde der Freien und Hansestadt Hamburg vom 8.7.2022 – Anwendung des Hamburgischen Grundsteuergesetzes (HmbGrStG) vom 24.8.2021 sowie zur teilweisen Anwendung des Siebenten Abschnitts des Zweiten Teils des Bewertungsgesetzes zur Bewertung des Grundbesitzes (Allgemeiner Teil und Grundvermögen) sowie für die Grundsteuer ab 1. Januar 2022 und des Grundsteuergesetzes ab 1. Januar 2025 (NWB AEHmbGrStG).

A. Allgemeine Erläuterungen zu § 12 HmbGrStG

I. Normzweck und wirtschaftliche Bedeutung der Vorschrift

1 § 12 HmbGrStG regelt die **Feststellung der Grundsteuerwerte auf den 1.1.2022** sowie die Berücksichtigung der Änderung der tatsächlichen Verhältnisse im **Übergangszeitraum zwischen dem 1.1.2022 und dem 31.12.2024 durch Nachveranlagungen, Fortschreibungen und Aufhebungen**. Der Gesetzgeber schließt mit dem § 12 HmbGrStG eine Regelungslücke, um Änderungen bei den tatsächlichen Verhältnissen bereits vor Inkrafttreten des Hamburgischen Grundsteuergesetzes zum 1.1.2025 berücksichtigen zu können. Ohne diese Regelung hätten diese nämlich erst ab dem 1.1.2025 berücksichtigt werden können, da die bundesgesetzlichen Regelungen erst am 31.12.2024 außer Kraft treten.

2–5 *(Einstweilen frei)*

II. Entstehung und Entwicklung der Vorschrift

6 § 12 HmbGrStG wurde mit dem HmbGrStG vom 24.8.2021[1] in das HmbGrStG aufgenommen und durch die Änderung des Hamburgischen Grundsteuergesetzes vom 22.6.2022[2] bereits redaktionell angepasst. Weitere Ausführungen zu den gesetzlichen Regelungen finden sich im Hamburgischen Anwendungserlass vom 8.7.2022.[3]

7–10 *(Einstweilen frei)*

1 Hamburgisches Grundsteuergesetz (HmbGrStG) v. 24.8.2021, HmbGVBl. Nr. 56 S. 600.

2 Gesetz über die Festsetzung der Hebesätze für die Realsteuern für das Kalenderjahr 2022 sowie zur Änderung des Hamburgischen Grundsteuergesetzes v. 22.6.2022, HmbGVBl. 37/2022 S. 399..

3 Erlass der Finanzbehörde der Freien und Hansestadt Hamburg vom 8.7.2022 – Anwendung des Hamburgischen Grundsteuergesetzes (HmbGrStG) vom 24.8.2021 sowie zur teilweisen Anwendung des Siebenten Abschnittes des Zweiten Teils des Bewertungsgesetzes zur Bewertung des Grundbesitzes (allgemeiner Teil und Grundvermögen) sowie für die Grundsteuer ab 1. Januar 2022 und des Grundsteuergesetzes ab 1. Januar 2025 (NWB AEHmbGrStG).

III. Geltungsbereich

Das HmbGrStG gilt für in Hamburg belegene Grundstücke. 11

(Einstweilen frei) 12–13

B. Systematische Kommentierung

I. Amnestierung für aus den Feststellungserklärungen gewonnene Erkenntnisse

Die **Festsetzung der Grundsteuermessbeträge** erfolgt nach dem § 7 Abs. 1 Satz 1 HmbGrStG auf den 1.1.2025, während die **Grundsteuerwerte** bereits auf den 1.1.2022 nach § 6 Abs. 1 Satz 1 HmbGrStG allgemein festgestellt werden. Zwischen diesen beiden Feststellungszeitpunkten liegen zwei weitere Veranlagungszeitpunkte für die Grundsteuer – der 1.1.2023 und 1.1.2024 –, in denen die Grundsteuerfestsetzung noch auf der am 31.12.2024 außer Kraft tretenden, bisherigen bundesgesetzlichen Regelung zu den Einheitswerten beruht. Entsprechend kann es dazu kommen, dass nach der Feststellung der Grundsteuerwerte auf den Hauptfeststellungszeitpunkt 1.1.2022 nach den HmbGrStG bereits **Änderungen bei den tatsächlichen Verhältnissen** für Grundstücke eingetreten sind, die wiederum Auswirkungen auf die Grundsteuermessbeträge auf den 1.1.2025 haben. 14

Diese Änderungen sind durch **Nachveranlagungen, Fortschreibungen und Aufhebungen** nach den bisherigen Regelungen über die Einheitswerte zu berücksichtigen. Ohne § 12 HmbGrStG wäre die Änderungen aber nicht nach den „neuen“ landesgesetzlichen Regelungen des HmbGrStG zu berücksichtigen, da in den Jahren 2022–2024 die Grundsteuerfestsetzung weiterhin auf den Einheitswerten nach Bundesrecht beruht. Somit bestünde für die Finanzverwaltung das Risiko, dass bei der **Ermittlung der Grundsteuermessbeträge auf den 1.1.2025** die zugrundeliegenden Äquivalenzbeträge auf den 1.1.2022 nicht mehr aktuell sind. Entsprechend müssten bereits zum 1.1.2025 die Äquivalenzbeträge erneut auf deren Aktualität überprüft werden, was aufgrund des ohnehin schon großen Aufwands im Zuge der Grundsteuerreform durchzuführenden Neubewertung aller wirtschaftlichen Einheiten zu einer schier unlösbaren Aufgabe für die Finanzverwaltung führen würde. 15

Zur Vermeidung dieses Problems gilt für die Anwendung des § 6 Abs. 2 Satz 3 und Abs. 3 Satz 1 HmbGrStG sowie der §§ 223 und 224 BewG für die **Feststellungszeitpunkte zwischen dem 1.1.2022 und dem 31.12.2024**, dass die **Feststellungen für die Besteuerung nach dem HmbGrStG von Bedeutung** sind und die wirtschaftlichen Einheiten **zur Besteuerung nach dem Landesgesetz herangezogen oder nicht mehr herangezogen werden**. Damit wird die **Bedeutung für die Besteuerung bereits im Übergangszeitraum fingiert** und gewährleistet, dass die Finanzverwaltung Veränderungen bereits vor dem 1.1.2025 durch **Nachveranlagungen, Fortschreibungen und Aufhebungen der Grundsteuermessbeträge** nachvollziehen kann. 16

§ 12 HmbGrStG entspricht inhaltlich im Wesentlichen der **bundesgesetzlichen Regelung** des § 225 BewG. Diesbezüglich wird vertiefend auf die Kommentierung von Kurt in Grootens, BewG, § 225 Rz. 71 ff. verwiesen. 17

BEISPIEL: Sachverhalt: Der Steuerpflichtige besitzt ein unbebautes Grundstück in Hamburg. Im Jahr 2023 wird darauf ein Einfamilienhaus errichtet. 18

LÖSUNG OHNE § 12 HMBGRSTG

1. Auf den 1.1.2022 wird der Grundsteuerwert für das unbebaute Grundstück nach dem HmbGrStG festgestellt.

2. Die Bebauung des Grundstücks stellt eine Änderung der tatsächlichen Verhältnisse dar, welche zu einer Fortschreibung des bisherigen Einheitswertes und einer neuen Ermittlung des Grundsteuermessbetrags nach den bundesgesetzlichen Regelungen auf den 1.1.2024 führt.
3. Zum 1.1.2025 ist der Grundsteuermessbetrag nach dem HmbGrStG festzusetzen. Basis dafür ist der Feststellungsbescheid über den Grundsteuerwert auf den 1.1.2022. Die zwischenzeitliche Bebauung des Grundstücks durfte bisher (bis zum 31.12.2024) noch nicht berücksichtigt werden, da die Grundsteuerfestsetzung bis zum 31.12.2024 noch auf den Einheitswerten nach Bundesrecht beruht. Entsprechend müsste zuerst ein neuer Grundsteuerwert auf den 1.1.2025 festgestellt werden, um den richtigen Grundsteuermessbetrag ermitteln zu können.

LÖSUNG MIT § 12 HMBGRSTG

1. Auf den 1.1.2022 wird der Grundsteuerwert für das unbebaute Grundstück nach dem HmbGrStG festgestellt.
2. Die Bebauung des Grundstücks stellt eine Änderung der tatsächlichen Verhältnisse dar, welche zu einer Fortschreibung des bisherigen Einheitswertes und einer neuen Ermittlung des Grundsteuermessbetrags nach den bundesgesetzlichen Regelungen auf den 1.1.2024 führt.
3. Gleichzeitig wird für die Änderung der tatsächlichen Verhältnisse fingiert, dass diese bereits in diesem Zeitraum auch für die Besteuerung nach dem HmbGrStG von Bedeutung ist. Entsprechend kann bereits eine Forstschreibung des Grundsteuerwerts nach dem HmbGrStG auf den 1.1.2024 erfolgen.
4. Zum 1.1.2025 ist der Grundsteuermessbetrag nach dem HmbGrStG festzustellen. Grundlage dafür ist bereits der neue Feststellungsbescheid über den Grundsteuerwert auf den 1.1.2024.

§ 13 HmbGrStG Außerkrafttreten

Mit Ablauf des 31. Dezember 2024 tritt das Gesetz über die Erhebung der Grundsteuer vom 21. Januar 1974 (HmbGVBl S. 8) in der geltenden Fassung außer Kraft.

Inhaltsübersicht **Rz.**

VERWALTUNGSANWEISUNGEN

Erlass der Finanzbehörde der Freien und Hansestadt Hamburg vom 8.7.2022 – Anwendung des Hamburgischen Grundsteuergesetzes (HmbGrStG) vom 24.8.2021 sowie zur teilweisen Anwendung des Siebenten Abschnitts des Zweiten Teils des Bewertungsgesetzes zur Bewertung des Grundbesitzes (Allgemeiner Teil und Grundvermögen) sowie für die Grundsteuer ab 1. Januar 2022 und des Grundsteuergesetzes ab 1. Januar 2025 (NWB AEHmbGrStG).

A. Allgemeine Erläuterungen zu § 13 HmbGrStG

I. Normzweck und wirtschaftliche Bedeutung der Vorschrift

1 § 13 HmbGrStG regelt das **Außerkraftkreten** des bisherigen Gesetzes über die Erhebung der Grundsteuer.

2–3 *(Einstweilen frei)*

II. Entstehung und Entwicklung der Vorschrift

§ 13 HmbGrStG wurde mit dem HmbGrStG vom 24.8.2021[1] in das HmbGrStG aufgenommen. Weitere Ausführungen zu den gesetzlichen Regelungen finden sich im Hamburgischen Anwendungserlass vom 8.7.2022.[2] 4

In der **Gesetzesbegründung** zum Gesetzesentwurf vom 16.3.2021[3] heißt es hierzu: 5

„Auf Grund von § 10 tritt das Gesetz über die Erhebung der Grundsteuer vom 21. Januar 1974 (HmbGVBl. 1974, Seite 8) mit Ablauf des 31. Dezember 2024 außer Kraft.
Das Hamburgische Grundsteuergesetz tritt auf Grund der für die Systemumstellung zum Jahr 2025 nötigen vorbereitenden Tätigkeiten gemäß Artikel 54 Satz 1 der Verfassung der Freien und Hansestadt Hamburg mit dem auf die Ausgabe des Hamburgischen Gesetz- und Verordnungsblattes folgenden Tag in Kraft."

(Einstweilen frei) 6–7

III. Geltungsbereich

Das HmbGrStG gilt für in Hamburg belegene Grundstücke. 8

(Einstweilen frei) 9–10

B. Systematische Kommentierung

I. Außerkrafttreten des bisherigen Gesetzes

Das bisher in Hamburg geltende Gesetz über die Erhebung der Grundsteuer vom 21.1.1974 (HmbGVBl. 1974 S. 8) und die darin vereinbarten Regelungen treten nach § 13 HmbGrStG **zum 31.12.2024 außer Kraft**. 11

Gleichzeitig tritt das HmbGrStG über die Grundsteuerreform mit dem auf die Ausgabe des Hamburgischen Gesetz- und Verordnungsblattes folgenden Tag in Kraft. Grund für das zeitlich frühere Inkrafttreten ist, dass damit genügend Zeit für die **Systemumstellung** und die dafür benötigten Tätigkeiten und Vorbereitungshandlungen durch die Finanzverwaltung vorhanden ist. Insbesondere die Neubewertung und Feststellung der Äquivalenzbeträge soll so bereits im **Übergangszeitraum** sichergestellt werden. Der zeitliche Vorlauf ist dabei im Hinblick auf die **rund 430.000 wirtschaftlichen Einheiten** in Hamburg zwingend notwendig. 12

Das HmbGrStG wurde im Hamburgischen Gesetz- und Verordnungsblattes vom 31.8.2021 veröffentlicht. Das **HmbGrStG trat somit am 1.9.2021 in Kraft**. 13

---

1 Hamburgisches Grundsteuergesetz (HmbGrStG) v. 24.8.2021, HmbGVBl. Nr. 56 S. 600.

2 Erlass der Finanzbehörde der Freien und Hansestadt Hamburg vom 8.7.2022 – Anwendung des Hamburgischen Grundsteuergesetzes (HmbGrStG) vom 24.8.2021 sowie zur teilweisen Anwendung des Siebenten Abschnittes des Zweiten Teils des Bewertungsgesetzes zur Bewertung des Grundbesitzes (allgemeiner Teil und Grundvermögen) sowie für die Grundsteuer ab 1. Januar 2022 und des Grundsteuergesetzes ab 1. Januar 2025 (NWB AEHmbGrStG).

3 Vgl. Hamburger Bürgerschaft Durcks. 22/3583 v. 16.3.2021, Entwurf eines Hamburgischen Grundsteuergesetzes.

Abschnitt VI: Hessen

Vorwort zur Kommentierung des Hessischen Grundsteuergesetzes (HGrStG)

Inhaltsübersicht **Rz.**

LITERATUR:

Kirchhoff, Die grundgesetzlichen Grenzen der Grundsteuerreform, DStR 2018 S. 2661; *Seer*, Grundsteuer nach dem Urteil des BVerfG v. 10.4.2018 – Analyse und Folgerungen, DB 2018 S. 1488; *Löhr*, Flächensteuer: Eine Mogelpackung?, BB 2019 S. 2589; *Freund*, Der Belastungsgrund der Grundsteuer – von Leistungsfähigkeit und Äquivalenz, FR 2019 S. 931; *Hubert*, Nach ist vor der Grundsteuerreform, StuB 2020 S. 552; *Schmidt*, Verfassungswidrigkeit der Grundsteuer als Flächensteuer, DStR 2020 S. 249; *Löhr*, Das neue hessische Landesgrundsteuer-Modell – Königsweg oder Sackgasse, BB 2020 S. 1687; *Grootens*, Umsetzung der Grundsteuerreform in den Ländern – Der Flickenteppich kommt!, ErbStB 2021 S. 80; *Bräutigam*, Grundsteuerreform – von der künftigen Diversität einer Steuerart, DStR 2021 S. 1330; *Scheffler/Feldner*, Umsetzung der Grundsteuerreform in den Bundesländern – Auswirkungen und verfassungsrechtliche Beurteilung, ifst-Schrift Nr. 542; *Mandler/Schulz/Zochert*, Das neue hessische Grundsteuerrecht im Überblick – Kernelemente des "Flächen-Faktor-Verfahrens" auch unter Berücksichtigung betrieblicher Belange, Ubg 2022 S. 351; Freund, Die neue Grundsteuer (Teil 2) – Eine Chance für das Äquivalenzprinzip, jM 2022 S. 203; *Marx*, Niedersächsisches Grundsteuergesetz auf dem Prüfstand, DStZ 2023 S. 372, Blut, Grundsteuerreform 2025 – Das Niedersächsische GrStG zwischen Wunsch und Wirklichkeit, DStR 2023 S. 2756, *Mandler*, Grundsteuermodelle mit Lageabstufung – Der Wunsch entspricht der Wirklichkeit, DStR 2024 S. 921; *Morsch*, Verfahrensrechtliche Szenarien im Grundsteuerstreit – Eine Nagelprobe für den (Steuer-)Föderalismus, DStR 2024, 1972; *Stöckel*, Vergleich der Grundsteuergesetze der Länder Bayern, Baden-Württemberg, Hamburg, Hessen und Niedersachsen, NWB 3/2024 S. 165 NWB WAAAJ-56594.

VERWALTUNGSANWEISUNGEN

Anwendungserlass zum Hessischen Grundsteuergesetz (AE HGrStG) des Hessischen Ministeriums der Finanzen vom 30.5.2022 (G1030 A-061-II6a/10), Staatsanzeiger für das Land Hessen vom 13.6.2022, S. 642.

A. Gesetzgebungsverfahren zum HGrStG

1 Bereits am 11.5.2020 stellte der hessische Finanzminister Michael Boddenberg die Eckpunkte einer geplanten **Neureglung der Grundsteuer in Hessen** vor.[1] Nach Prüfung des Vorschlags kam die hessische Landesregierung zu der Einschätzung, dass landesgesetzliche Regelungen

1 Pressemitteilung des Hessischen Ministeriums der Finanzen v. 11.5.2020, abrufbar unter: https://finanzen.hessen.de/node/87.

zur Besteuerung des Grundvermögens erforderlich seien. Die bundesgesetzlichen Regelungen wurden für zu aufwändig, komplex und nur mit unverhältnismäßigem Aufwand administrierbar gehalten.[1] Die im Schrifttum vorgetragenen möglichen verfassungsrechtlichen Risiken bei Anwendung der bundesgesetzlichen Regelungen seien auch mit Unsicherheiten für die kommunalen Haushalte verbunden.[2] Mehr als ein Jahr nach der ersten Vorstellung des hessischen Grundsteuer-Modells im Mai 2020 wurde am 13.9.2021 schließlich von der Landesregierung ein Gesetzentwurf in den Landtag[3] eingebracht.

Im laufenden Gesetzgebungsverfahren haben sich keine inhaltlichen Änderungen am Gesetzentwurf ergeben. Ein Antrag der Fraktion der AfD, im Rahmen der Neuregelung der Grundsteuer einen Mechanismus für eine **Grundsteuerbremse** zu erarbeiten und **Höchsthebesätze** einzuführen,[4] fand im hessischen Landtag **keine Mehrheit**.[5] Auch ein Änderungsantrag der Partei DIE LINKE, mit dem diese die Einführung einer **ermäßigten Steuermesszahl** für selbstverwaltete **gemeinschaftliche Wohnprojekte**, deren Zweck dem genossenschaftlichen Wohnen gleichkomme, forderte,[6] wurde im hessischen Landtag **abgelehnt**.[7] Die hessische FDP legte während der laufenden Überlegungen zur Einführung eines Flächen-Faktor-Verfahrens einen eigenen Gesetzentwurf vor, mit dem sie die Einführung des **bayerischen Flächenmodells** auch in Hessen bezweckte.[8] Auch dieser fand im hessischen Landtag **keine Mehrheit**.[9] 2

Der hessische Landtag hat das HGrStG am 15.12.2021 beschlossen[10] und damit die durch das Gesetz zur Änderung des Grundgesetzes (Art. 72, 105 und 125b) v. 15.11.2019[11] in Art. 72 Abs. 3 Satz 1 Nr. 7 GG geschaffene Möglichkeit genutzt, ganz oder zum Teil von einem Bundesgesetz zur Grundsteuer abzuweichen.[12] Während Berlin,[13] Bremen,[14] das Saarland[15] und Sachsen[16] diese Möglichkeit zu einer punktuellen Abweichung vom Bundesrecht im Bereich der Steuermesszahlen genutzt haben, hat Hessen nach Baden-Württemberg, Bayern, Hamburg und Niedersachsen als fünftes Bundesland insbesondere im Bereich der Bewertung des Grundvermögens für Zwecke der Grundsteuer mit einem **Flächen-Faktor-Verfahren** eigenständige materiell-rechtliche Regelungen eingeführt.[17] Darüber hinaus wird verfahrensrechtlich nur ein einstufiges Verfahren zur Festsetzung der Grundsteuermessbeträge eingeführt.[18] Auch die Möglichkeit der Gemeinden, einen erhöhten Hebesatz auf baureife Grundstücke festzusetzen 3

1 Hessische LT-Drucks. 20/6379 S. 2.
2 Hessische LT-Drucks. 20/6379 S. 2.
3 Hessische LT-Drucks. 20/6379 S. 1.
4 Hessische LT-Drucks. 20/6447.
5 Hessische LT-Drucks. 20/6641 und Hessische LT-Drucks. Plenarprotokoll 20/87 S. 7035.
6 Hessische LT-Drucks. 20/6931.
7 Hessische LT-Drucks. 20/6944 und Hessische LT-Drucks. Plenarprotokoll 20/92 S. 7528.
8 Hessische LT-Drucks. 20/5538.
9 Hessische LT-Drucks. Plenarprotokoll 20/92 S. 7528.
10 Hessische LT-Drucks. Plenarprotokoll 20/92 S. 7528.
11 BGBl I 2019 S. 1546.
12 Siehe auch AE HGrStG zu § 1.
13 Siehe hierzu vertiefend Grootens in Grootens, BlnGrStMG, Vorwort Rz. 1.
14 Siehe hierzu vertiefend Grootens in Grootens, BremGrStMG, Vorwort Rz. 1.
15 Siehe hierzu vertiefend Grootens in Grootens, GrStG-Saar, Vorwort Rz. 1.
16 Siehe hierzu vertiefend Grootens in Grootens, SächsGrStMG, Vorwort Rz. 1.
17 Siehe auch AE HGrStG zu § 1.
18 Siehe auch AE HGrStG zu § 1; zur Frage, ob hierfür eine Gesetzgebungsbefugnis besteht, siehe die Kommentierung zum NGrStG bei Bock/Lapp in Grootens, NGrStG § 8 Rz. 21.

(sog. Grundsteuer C, siehe hierzu → Rz. 21), wird in Hessen zukünftig landesgesetzlich geregelt.[1]

4 Die Einführung der sog. **Grundsteuer C** war im politischen Gesetzgebungsverfahren nicht unumstritten. Im Rahmen der Anhörung zum Entwurf des HGrStG haben sich mehrere Verbände gegen deren Einführung ausgesprochen. Wie die frühere Grundsteuer C der 1960er-Jahre würde sie ihre Lenkungswirkung verfehlen, Unternehmen bestrafen, die Flächen für Investitionen bereithielten, finanzschwache Eigentümer stärker treffen, Bodenspekulationen eher befeuern als bekämpfen und das Konfliktpotenzial erhöhen.[2] Insbesondere die hessische FDP hat die Einführung der Grundsteuer C abgelehnt. Der von ihr vorgelegte Gesetzesentwurf zur Einführung eines Flächenmodells sah die Möglichkeit der Erhebung eines erhöhten Hebesatzes für baureife, unbebaute Grundstücke ausdrücklich nicht vor, fand jedoch im hessischen Landtag keine Mehrheit (siehe bereits oben → Rz. 2).

5–10 *(Einstweilen frei)*

B. Überblick über das HGrStG

I. Bewertung des land- und forstwirtschaftlichen Vermögens

11 Für **Betriebe der Land- und Forstwirtschaft** (sog. Grundsteuer A) finden in Hessen auch künftig uneingeschränkt die **Regelungen des Bundesgesetzes** (§§ 232–242 BewG[3]) zur Ermittlung der Bemessungsgrundlage für Zwecke der Grundsteuer Anwendung. Im Gegensatz zu Niedersachsen (§ 11 NGrStG[4]) trifft Hessen insoweit keine – auch nicht nur punktuelle – Abweichungen zum Bundesgesetz.

12–15 *(Einstweilen frei)*

II. Bewertung des Grundvermögens

16 Bei der Grundsteuer für das **Grundvermögen** (sog. Grundsteuer B) wird dagegen abweichend vom Bundesgesetz das sog. **Flächen-Faktor-Verfahren** eingeführt. Dieses ist vergleichbar mit dem niedersächsischen Flächen-Lage-Verfahren. Es basiert auf dem bayerischen Flächenmodell, erweitert dieses jedoch um einen zusätzlichen Faktor, der abhängig von dem Bodenrichtwert des zu bewertenden Grundstücks und dem durchschnittlichen Bodenrichtwert der Gemeinde ist. Anders als im niedersächsischen Fläche-Lage-Verfahren verzichtet Hessen allerdings auf die erste Stufe der gesonderten Feststellung von Äquivalenzbeträgen und führt zur Ermittlung der festzusetzenden Grundsteuer ein zweistufiges Verfahren ein (siehe hierzu → Rz. 41 ff.).

17 **Ausgangspunkt** des Flächen-Faktor-Verfahrens ist der nach dem **bayerischen Flächenmodell** ermittelte Wert (Boden- und Gebäudefläche x jeweiliger Flächenbetrag [in Bayern und Niedersachsen: Äquivalenzbetrag] x jeweilige Grundsteuermesszahl). Auf die Summe dieser Beträge

1 Siehe auch AE HGrStG zu § 1.

2 Vgl. eingegangene Stellungnahmen zu der öffentlichen mündlichen Anhörung des Haushaltsausschusses (Ausschussvorlage HHA 20/44); Stellungnahmen des Hessischen Industrie- und Handelskammertags (S. 29 f., und 36 f.), Haus und Grund Hessen/Haus und Grund Frankfurt am Main (S. 41 f.), Verband Wohneigentum Hessen (S. 44), Vereinigung der Hessischen Unternehmerverbände (S. 49 u. S. 52), ZIA Zentraler Immobilien Ausschuss e.V. (S. 58, 60, 69), Die FAMILIENUNTERNEHMER (S. 76 f.).

3 Siehe hierzu die Kommentierung Müller in Grootens, BewG, § 232– 242.

4 Siehe hierzu vertiefend Bock/Lapp in Grootens, NGrStG § 11 Rz. 1 ff.

(sog. Ausgangsbetrag, § 4 Abs. 1 HGrStG[1]) wird ein lageabhängiger Faktor angewendet, der sich aus dem Verhältnis des jeweiligen Zonen-Bodenrichtwerts zum Durchschnittsbodenrichtwert der Gemeinde, potenziert mit 0,3, ermittelt. Durch die Einführung dieses Faktors soll die unterschiedliche Lagequalität des zu bewertenden Grundstücks im Verhältnis zu der durchschnittlichen Lage der Gemeinde berücksichtigt werden, wobei die Potenzierung mit 0,3 im Hinblick auf das Verhältnis vom jeweiligen für das Grundstück maßgeblichen Bodenrichtwert zum durchschnittlichen Bodenrichtwert dämpfend wirkt. Im Gegensatz zu dem bayerischen Flächenmodell, in dem die Belegenheit des Grundstücks für die Bewertung keine Rolle spielt, beeinflusst die Lage eines Grundstücks im Flächen-Faktor-Verfahren folglich die Bemessungsgrundlage für die Grundsteuer.

1 Siehe hierzu Bock/Lapp in Grootens, HGrStG § 4 Rz. 26 f.

18 Schematisch stellt sich das hessische Flächen-Faktor-Verfahren wie folgt dar:

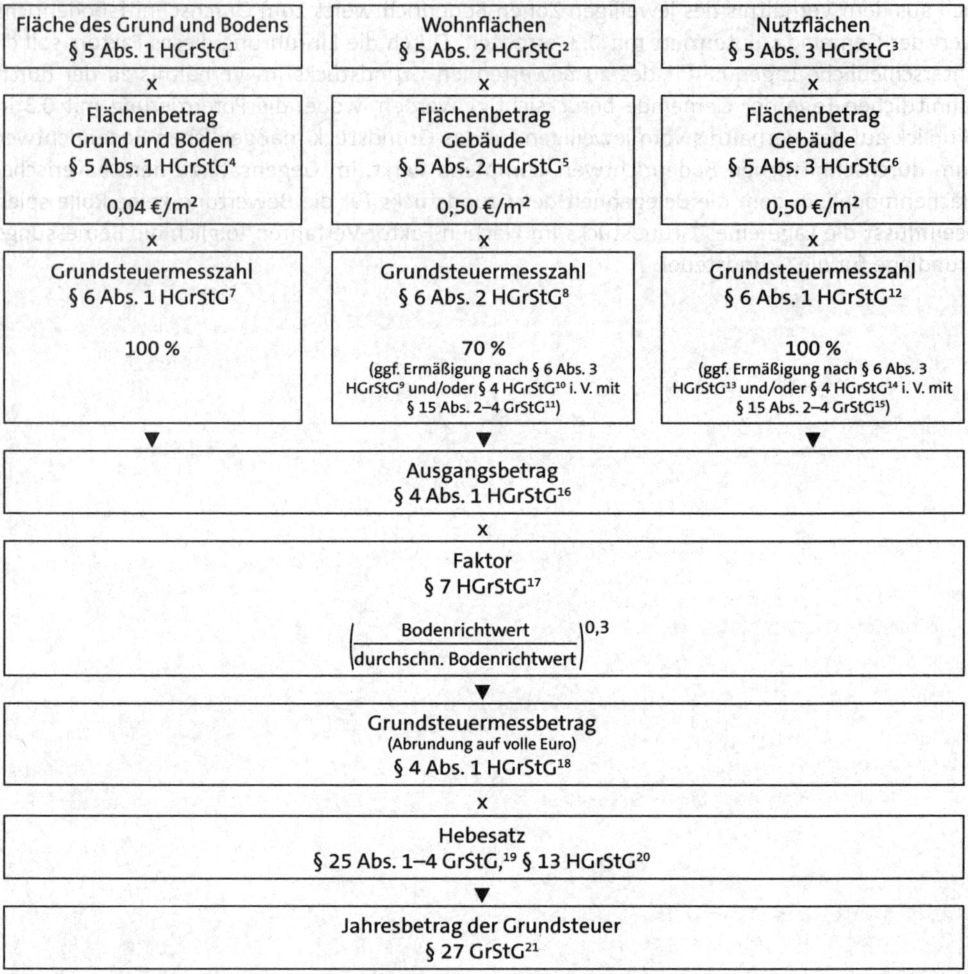

[1] Siehe hierzu Bock/Lapp in Grootens, HGrStG § 5 Rz. 36 ff.
[2] Siehe hierzu Bock/Lapp in Grootens, HGrStG § 5 Rz. 46 ff.
[3] Siehe hierzu Bock/Lapp in Grootens, HGrStG § 5 Rz. 86 ff.
[4] Siehe hierzu Bock/Lapp in Grootens, HGrStG § 5 Rz. 36 ff.
[5] Siehe hierzu Bock/Lapp in Grootens, HGrStG § 5 Rz. 46 ff.
[6] Siehe hierzu Bock/Lapp in Grootens, HGrStG § 5 Rz. 86 ff.
[7] Siehe hierzu Bock/Lapp in Grootens, HGrStG § 6 Rz. 26 f.
[8] Siehe hierzu Bock/Lapp in Grootens, HGrStG § 6 Rz. 31 f.
[9] Siehe hierzu Bock/Lapp in Grootens, HGrStG § 6 Rz. 36 f.
[10] Siehe hierzu Bock/Lapp in Grootens, HGrStG § 4 Rz. 26 ff.
[11] Siehe hierzu Bock in Grootens, GrStG § 15 Rz. 22 ff.
[12] Siehe hierzu Bock/Lapp in Grootens, HGrStG § 6 Rz. 26 f.
[13] Siehe hierzu Bock/Lapp in Grootens, HGrStG § 6 Rz. 36 ff.
[14] Siehe hierzu Bock/Lapp in Grootens, HGrStG § 4 Rz. 26 ff.
[15] Siehe hierzu Bock in Grootens, GrStG § 15 Rz. 22 ff.
[16] Siehe hierzu Bock/Lapp in Grootens, HGrStG § 4 Rz. 26 f.
[17] Siehe hierzu Bock/Lapp in Grootens, HGrStG § 7 Rz. 26 ff.
[18] Siehe hierzu Bock/Lapp in Grootens, HGrStG § 4 Rz. 26 ff.
[19] Siehe hierzu Grootens in Grootens, GrStG § 25 Rz. 31 ff.
[20] Siehe hierzu Bock/Lapp in Grootens, HGrStG § 13 Rz. 26 ff.
[21] Siehe hierzu Grootens in Grootens, GrStG § 27 Rz. 1 ff.

(Einstweilen frei) 19–20

III. Grundsteuer C

Die sog. Grundsteuer C, mit der den Gemeinden gem. § 25 Abs. 5 GrStG[1] die Möglichkeit geboten wird, auf **unbebaute, baureife Grundstücke** einen **erhöhten Hebesatz** anzuwenden, ist in Hessen landesgesetzlich geregelt worden und soll den Gemeinden nach Aussage der hessischen Landesregierung einen größeren Entscheidungsspielraum bieten.[2] So können die hessischen Gemeinden auch mehrere Hebesätze festlegen, deren Höhe sie nach der Dauer der Baureife und Nichtbebauung abstufen können.[3] Im Gegensatz zur bundesgesetzlich geregelten Grundsteuer C muss der Gemeindeteil, für den der erhöhte Hebesatz gelten soll, nicht mindestens 10 % des Gemeindegebiets (§ 25 Abs. 5 Satz 6 GrStG[4]), sondern 10 % der Siedlungsfläche des Gemeindegebiets umfassen (§ 13 Abs. 4 Satz 2 HGrStG[5]).[6] Die bundesgesetzliche Regelung wäre nach Auffassung der hessischen Landesregierung für viele Kommunen nicht umsetzbar, da zum Gemeindegebiet auch Wald- und Ackerbauflächen gehören und bei vielen Kommunen, insbesondere bei Flächenkommunen, die gesamte Siedlungsfläche weniger als 10 % des Gemeindegebiets ausmache.[7] 21

(Einstweilen frei) 22–25

IV. Steuermesszahlen

Gem. § 6 Abs. 1 HGrStG[8] i.V. mit § 5 Abs. 1 und 3 HGrStG[9] beträgt die **Steuermesszahl** für den **Grund und Boden** und für **nicht zu Wohnzwecken** genutzte Flächen **100 %**. Für zu **Wohnzwecken** genutzte Flächen beträgt die Steuermesszahl gem. § 6 Abs. 2 HGrStG[10] i.V. mit § 5 Abs. 2 HGrStG[11] **70 %**, wird also gegenüber der Grundsteuermesszahlen für den Grund und Boden und für Nutzflächen um 30 % ermäßigt. 26

Die Regelungen des Bundesgesetzes zur **Ermäßigung der Steuermesszahl** für geförderten Wohnraum und für den Grundbesitz bestimmter Rechtsträger (§ 15 Abs. 2–4 GrStG[12]) sind gem. § 6 Abs. 4 HGrStG[13] auch für im Land Hessen belegenes Grundvermögen anzuwenden. Die in § 15 Abs. 5 GrStG[14] bundesgesetzlich geregelte Ermäßigung der Steuermesszahl, wenn sich auf dem Grundstück ein Baudenkmal befindet, wird durch die vergleichbare landesgesetzliche Regelung in § 6 Abs. 3 HGrStG[15] als lex posterior verdrängt. Im Gegensatz zur bundes- 27

1 Siehe hierzu Grootens in Grootens, GrStG § 25 Rz. 121 ff.
2 Hessische LT-Drucks. 20/6379 S. 2.
3 Hessische LT-Drucks. 20/6379 S. 23.
4 Siehe hierzu Grootens in Grootens, GrStG § 25 Rz. 171 ff.
5 Siehe hierzu Bock/Lapp in Grootens, HGrStG § 13 Rz. 47.
6 Siehe hierzu vertiefend Bock/Lapp in Grootens, HGrStG § 13 Rz. 47 ff.
7 Vgl. Hessische LT-Drucks. Plenarprotokoll 20/83 S. 6658 f.
8 Siehe hierzu Bock/Lapp in Grootens, HGrStG § 6 Rz. 26 f.
9 Siehe hierzu Bock/Lapp in Grootens, HGrStG § 5 Rz. 36 ff. und 86 ff.
10 Siehe hierzu Bock/Lapp in Grootens, HGrStG § 6 Rz. 31 f.
11 Siehe hierzu Bock/Lapp in Grootens, HGrStG § 5 Rz. 46 f.
12 Siehe hierzu vertiefend Bock in Grootens, GrStG § 15 Rz. 57 ff.
13 Siehe hierzu Bock/Lapp in Grootens, HGrStG § 6 Rz. 71 ff.
14 Siehe hierzu vertiefend Bock in Grootens, GrStG, § 15, Rz. 100 ff.
15 Siehe hierzu Bock/Lapp in Grootens, HGrStG § 6 Rz. 36 ff.

gesetzlichen Regelung wird die Steuermesszahl bei einer Bebauung mit einem Baudenkmal nicht um zehn, sondern um 25 % gemindert.

28–30 *(Einstweilen frei)*

C. Regelungsziele des HGrStG

31 Mit der **Inanspruchnahme** der **Öffnungsklausel** verfolgt der hessische Gesetzgeber im Wesentlichen folgende **Ziele**:[1]

- Vermeidung der mit den seines Erachtens mit den bundesgesetzlichen Regelungen verbundenen Nachteile (siehe hierzu → Rz. 32 f.),
- Sicherung der Grundsteuer als konjunkturunabhängige und verlässliche Einnahmequelle der Kommunen (siehe hierzu → Rz. 34),
- für die Bürgerinnen und Bürger gerechte, einfache und verständliche Lösung (siehe hierzu → Rz. 35),
- für die Verwaltung leicht administrierbare Lösung (siehe hierzu → Rz. 36),
- Aufkommensneutralität (siehe hierzu → Rz. 37 f.).

32 Übersicht über die Nachteile des Bundesmodells nach Auffassung der hessischen Landesregierung und wie diese im hessischen Modell vermieden werden sollen:[2]

vermeintlicher Nachteil des Bundesmodells	Vermeidung im hessischen Modell
► höherer Erhebungsaufwand, da deutlich mehr Parameter zu beachten seien	► geringerer Erhebungsaufwand, da Angaben zur Grundstücksgröße und Gebäudefläche (Wohnen/Nichtwohnen) ausreichend seien
► Konfliktpotential hinsichtlich Bodenrichtwerten und Baujahren (z. B. Frage der Kernsanierung)	► Bodenrichtwerte stünden automatisiert zur Verfügung und Baujahr spiele für die Berechnung keine Rolle
► Kapitalisierungsfaktoren, Vervielfältiger und Abzinsungsfaktoren machten das Recht schwer verständlich, ► erhöhe dadurch (auch den personellen) Verwaltungsaufwand und ► führe zu geringerer Akzeptanz des Modells in der Bevölkerung	► Irrelevanz solcher Parameter vereinfache das Recht, ► vermindere den Verwaltungsaufwand und Personalbedarf und ► steigere die Akzeptanz des Modells in der Bevölkerung
► automatisch steigenden Grundsteuern bei Anstieg der Grundstückspreise und gleichbleibendem Hebesatz	► Anstieg der Bodenpreise führe zu keiner automatischen Steuererhöhung, da gleichzeitig die Vergleichsgröße (durchschnittlicher Bodenrichtwert der Gemeinde) mitwachse

33 Zur unbürokratischen und zeitgemäßen Fortentwicklung der Grundsteuer wird die Belastungsgrundentscheidung bei der Bewertung des Grundvermögens in Hessen auf den **Äquivalenzgedanken** gestützt. Dabei orientiert sich das hessische Bewertungsmodell nicht an dem Marktwert des Grundbesitzes, sondern an sog. Flächenbeträgen für die Boden- und Gebäudeflächen sowie der Lage.[3]

34 Das sich aus Art. 28 Abs. 2 Satz 3 GG ergebende **kommunale Hebesatzrecht** bleibt vom HGrStG unberührt, die tatsächliche Höhe der Steuerbelastung wird in Hessen auch weiterhin durch

1 Hessische LT-Drucks. 20/6379 S. 2 f.

2 Vgl. Hessische LT-Drucks. Plenarprotokoll 20/83 S. 6659.

3 Vgl. Hessische LT-Drucks. 20/6379 S. 12.

den kommunalen Hebesatz bestimmt. Das HGrStG zielt darauf ab, den Kommunen das Aufkommen aus der Grundsteuer (ca. 1,2 Mrd. € im Jahr 2020) zu erhalten.[1] In den Medien wurden neben dem Vorwurf, der Landesgesetzgeber würde hierdurch die Verantwortung auf die Kommunen abwälzen, auch vereinzelt Bedenken geäußert, die Kommunen könnten die Reform für eine Erhöhung der Grundsteuer nutzen.[2] Die hessische Landesregierung hat betont, dass es nicht ihre Aufgabe sei, in die verfassungsrechtlich geschützte Hebesatzautonomie einzugreifen, um ein bestimmtes Ergebnis sicherzustellen – sollten Gemeinden Hebesätze beschließen, die zu einem höheren Steueraufkommen als nach altem Recht führen, müssen sie dies – wie auch gegenwärtig bei einer Erhöhung der Grundsteuer – gegenüber den Bürgerinnen und Bürgern verantworten.[3]

Die Berechnung der **Bemessungsgrundlage** nach dem HGrStG soll nach Ansicht des Landesgesetzgebers **gerecht, einfach und verständlich** sein – gerecht, weil sich die Größe, die Lage und die Nutzung der Immobilien auf die Steuerhöhe auswirke, einfach, weil nur wenige Parameter angegeben werden müssten und verständlich, weil die Berechnung kurz und der Einfluss der Parameter auf das Ergebnis klar sei.[4] Lediglich zur Bodenfläche und zur Gebäudefläche, unterschieden nach Wohnen und Nicht-Wohnen, sollen Angaben erforderlich sein, die anderen für die Berechnung der Bemessungsgrundlage notwendigen Angaben sollen der hessischen Finanzverwaltung vorliegen.[5] 35

Neben der besseren Nachvollziehbarkeit für die Bürgerinnen und Bürger wird mit dem HGrStG auch eine **einfachere Administrierbarkeit** für die Verwaltung und eine Reduzierung des Personalaufwands im Vergleich zum Bundesgesetz angestrebt.[6] Abweichend von den bundesgesetzlichen Regelungen werden in Hessen für das Grundvermögen nicht mehr alle sieben Jahre Hauptfeststellungen des Grundsteuerwerts, sondern nur noch alle 14 Jahre Hauptveranlagungen des Grundsteuermessbetrags durchgeführt (§ 8 Abs. 1 HGrStG[7]). Im Gegensatz zu dem dreistufigen Verfahren im Bundesmodell oder niedersächsischen Grundsteuermodell (Feststellung des Grundsteuerwerts bzw. Äquivalenzbetrags – Festsetzung des Grundsteuermessbetrags – Festsetzung der Grundsteuer) ist das **Verfahren** zur Ermittlung der Grundsteuer für das Grundvermögen in Hessen nur noch **zweistufig** aufgebaut. Auf der ersten Stufe werden direkt die Grundsteuermessbeträge festgesetzt (§ 4 Abs. 1 HGrStG[8]). Auf der zweiten Stufe setzen die Gemeinden durch Anwendung des Hebesatzes hierauf die zu zahlende Grundsteuer fest (mangels abweichender landesgesetzlicher Regelungen gelten hier § 25 Abs. 1–4 GrStG[9] und § 27 GrStG[10]). Die erste Stufe der Feststellung von Grundsteuerwerten wie im Bundesmodell bzw. Äquivalenzbeträgen wie im niedersächsischen Grundsteuermodell entfällt. 36

1 Hessische LT-Drucks. 20/6379 S. 3.

2 Köhler, „Der Ball liegt bei den Kommunen“, in Frankfurter Allgemeine Zeitung v. 15.12.2021, https://www.faz.net/aktuell/rhein-main/neuregelung-der-grundsteuer-der-ball-liegt-bei-den-kommunen-17686382.html, abgerufen am 12.11.2024.

3 Hessische LT-Drucks. 20/4339 S. 2.

4 Vgl. Hessische LT-Drucks. Plenarprotokoll 20/83 S. 6658.

5 Vgl. Hessische LT-Drucks. Plenarprotokoll 20/83 S. 6658.

6 Hessische LT-Drucks. 20/6379 S. 2 f.

7 Siehe hierzu Bock/Lapp in Grootens, HGrStG § 8 Rz. 26 ff.

8 Siehe hierzu Bock/Lapp in Grootens, HGrStG § 4 Rz. 26 ff.

9 Siehe hierzu Grootens in Grootens, GrStG § 25 Rz. 31 ff.

10 Siehe hierzu Grootens in Grootens, GrStG § 27 Rz. 1 ff.

37 Wie der Bundesgesetzgeber und andere abweichende Länder hat auch Hessen eine insgesamt **aufkommensneutrale Reform** der Grundsteuer angestrebt.[1] Dabei wurde nicht verkannt, dass es zwischen den einzelnen wirtschaftlichen Einheiten zu Belastungsverschiebungen kommen wird, die Grundsteuer sich also für einige wirtschaftliche Einheiten erhöhen wird, während es bei anderen zu Senkungen kommt.[2] Diese Belastungsverschiebungen sind der Reform immanent und zwingende Konsequenz der Umsetzung des Urteils des Bundesverfassungsgerichts vom 10.4.2018.[3] Tatsächlich ist es nach Aussage der hessischen Steuerverwaltung kaum zu nennenswerten Belastungsverschiebungen infolge der Grundsteuerreform gekommen. Die Anteile an den Grundsteuermessbeträgen hätten sich wie folgt verändert:[4]

	Rechtslage vor Reform	Rechtslage nach Reform	Veränderung in Prozentpunkten
reines Wohnen	52,4 %	49,6 %	- 2,8
reines Nicht-Wohnen	27,1 %	25,7 %	- 1,4
Mischnutzung	18,9 %	22,3 %	+ 3,4
Grundstücke ohne Gebäude	1,7 %	2,4 %	+ 0,7

38 Um das Ziel der Aufkommensneutralität zu erreichen, wird an die Gemeinden **appelliert**, die aus der Neuregelung resultierenden Belastungsverschiebungen durch eine **Anpassung des Hebesatzes** so auszugleichen, dass ein konstantes Grundsteueraufkommen gesichert wird.[5] Die hessische Steuerverwaltung unterstützt die Städte und Gemeinden bei der Findung der aufkommensneutralen Hebesätze, indem sie die für die Aufkommensneutralität notwendigen Hebesatzanpassungen ermittelt und im Internet veröffentlicht hat.[6] Im Ergebnis empfiehlt Hessen 344 Gemeinden, den Hebesatz zu senken, 72 Gemeinden, ihn zu erhöhen und fünf Gemeinden, den bisherigen Hebesatz erneut zu beschließen, um Aufkommensneutralität bei der sog. Grundsteuer B zu erreichen.[7] Inwieweit dies mit den geringen Abweichungen bei den Grundsteuermessbeträgen vereinbar ist, ist zweifelhaft. Da die Bemessungsgrundlage beim Äquivalenzmodell mit den vorgesehenen Äquivalenzzahlen erheblich geringer sein dürfte als bei einem marktwertorientierten Modell, wurde einigen Gemeinden empfohlen, ihre Hebesätze erheblich zu erhöhen.[8] Der Lage-Faktor dürfte die Bemessungsgrundlage weiter drücken, da sich die Potenz von 0,3 bei Zahlen über 1 verhältnismäßig mehr dämpfend als sie sich bei Zahlen unter 1 hebend auswirkt. Andererseits ist zu berücksichtigen, dass die Einheitswerte, die den Ausgangswert für den Vergleichswert der Grundsteuermessbeträge mit den neuen Grundsteuermessbeträgen bilden, in vielen Fällen ebenfalls ganz erheblich hinter verkehrswertnahen Werten zurückbleiben. Hierin könnte ein Grund liegen, weshalb Hessen überwiegend eine Senkung der Hebesätze empfohlen hat.

39–40 *(Einstweilen frei)*

1 Hessische LT-Drucks. 20/6379 S. 3 u. 15.

2 Vgl. Reul, Hessische LT-Drucks. Plenarprotokoll 20/83 S. 6659.

3 BVerfG, Urteil v. 10.4.2018 - 1 BvL 11/14, 1 BvL 12/14, 1 BvL 1/15, 1 BvR 639/11, 1 BvR 889/12, NWB MAAAG-80435.

4 https://finanzamt.hessen.de/grundsteuerreform/faq-grundsteuer/hebesatzempfehlungen, aufgerufen am 1.9.2024.

5 Hessische LT-Drucks. 20/6379 S. 15.

6 https://finanzamt.hessen.de/presse/hebesatzempfehlungen-fuer-hessens-kommunen-berechnet, aufgerufen am 1.9.2024.

7 https://finanzamt.hessen.de/sites/finanzamt.hessen.de/files/2024-06/pm2024-30ªnlage._hebesatzempfehlungen_fuer_hessens_kommunen_fuer_die_grundsteuer_berechnet._praesentation_zur_pressekonferenz_am_6._juni_2024.pdf.

8 Vgl. etwa die Hebesatzempfehlungen in Hessen für die Gemeinden Langen (1.268,77 %) und Heusenstamm (1.327,57 %): https://finanzamt.hessen.de/grundsteuerreform/hebesatzempfehlungen.

D. Verfahrensvorschriften

I. Grundsteuer B: Zweistufiges Verfahren

Anders als nach dem Bundesgesetz oder dem Niedersächsischen Grundsteuergesetz (NGrStG) erfolgt bei der Ermittlung der Grundsteuer für das Grundvermögen in Hessen keine gesonderte Feststellung von Grundsteuerwerten wie im Bundesmodell oder Äquivalenzbeträgen wie im niedersächsischen Grundsteuermodell. Die Besteuerung des Grundvermögens im hessischen Grundsteuermodell erfolgt in einem zweistufigen Verwaltungsverfahren.[1] Bei der Berechnung der Grundsteuer für Zwecke des Grundvermögens ist (ohne vorherige Ermittlung eines Grundsteuerwerts bzw. Äquivalenzbetrags) von einem **Grundsteuermessbetrag** auszugehen (§ 4 Abs. 1 Satz 1 HGrStG[2]). Der Grundsteuermessbetrag ist die Bemessungsgrundlage für die Ermittlung der Grundsteuer. Bei dem nach § 4 Abs. 1 HGrStG[3] ermittelten **Ausgangsbetrag** (Summe der Produkte aus der jeweiligen Fläche und der jeweiligen Steuermesszahl) handelt es sich lediglich um eine Rechengröße, die nicht förmlich festgestellt und auf die direkt der Faktor nach § 7 HGrStG[4] zur Ermittlung des Steuermessbetrags angewendet wird. 41

Auf der **ersten Ermittlungsstufe** wird der **Grundsteuermessbetrag** ermittelt (§ 4 Abs. 1 Satz 1 HGrStG[5]) und im Wege der Veranlagung festgesetzt (§ 2 Abs. 5 HGrStG[6] und §§ 8 ff. HGrStG[7] i.V. mit § 184 Abs. 1 AO). Der Grundsteuermessbetrag ist der verfahrensrechtlich bindende Ausgangspunkt zur Festsetzung der Grundsteuer durch die hebeberechtigte Gemeinde (§ 2 Abs. 5 HGrStG[8] i.V. mit § 184 Abs. 1 Satz 4, § 182 Abs. 1 Satz 1 AO). Mangels abweichender landesgesetzlicher Regelung wird der Grundsteuermessbetrag auch in Hessen den Gemeinden ausschließlich elektronisch zum Datenabruf bereitgestellt (§ 184 Abs. 3 Satz 2 AO). 42

Auf der **zweiten Ermittlungsstufe** setzt die hebeberechtigte hessische Gemeinde (Art. 108 Abs. 4 Satz 2 GG i.V. mit § 1 des Gesetzes über die Zuständigkeit der Gemeinden für die Festsetzung und Erhebung der Realsteuern vom 3.12.1981[9]) die **Grundsteuer** durch Anwendung ihres satzungsmäßigen Hebesatzes auf den bindenden Grundsteuermessbetrag fest (§ 25 Abs. 1 GrStG,[10] § 27 Abs. 1 GrStG[11]). 43

(Einstweilen frei) 44–45

II. Erklärungs- und Anzeigepflichten

Die in § 228 BewG[12] und § 19 GrStG[13] bundesgesetzlich geregelten **Erklärungs- und Anzeigepflichten** gelten mangels abweichender speziellerer landesgesetzlicher Vorschriften in Hessen 46

1 AE HGrStG zu § 1; Mandler/Schulze/Zochert, Ubg 2022 S. 351; zur Frage, ob hierfür eine Gesetzgebungsbefugnis besteht, siehe die Kommentierung zum NGrStG bei Bock/Lapp in Grootens, NGrStG § 8 Rz. 21.

2 Siehe hierzu Bock/Lapp in Grootens, HGrStG § 4 Rz. 26.

3 Siehe hierzu Bock/Lapp in Grootens, HGrStG § 4 Rz. 27.

4 Siehe hierzu Bock/Lapp in Grootens, HGrStG § 7 Rz. 26 ff.

5 Siehe hierzu Bock/Lapp in Grootens, HGrStG § 4 Rz. 26.

6 Siehe hierzu Bock/Lapp in Grootens, HGrStG § 2 Rz. 66 ff.

7 Siehe hierzu die Kommentierungen bei Bock/Lapp in Grootens, HGrStG §§ 8–12.

8 Siehe hierzu Bock/Lapp in Grootens, HGrStG § 2 Rz. 66 ff.

9 Hessisches GVBl I 1981 S. 413.

10 Siehe hierzu Grootens in Grootens, GrStG § 25 Rz. 31 ff.

11 Siehe hierzu Grootens in Grootens, GrStG § 27 Rz. 36 ff.

12 Siehe hierzu Kurt in Grootens, BewG § 228 Rz. 1 ff.

13 Siehe hierzu Bock in Grootens, GrStG § 19 Rz. 1 ff.

für die Festsetzung der Grundsteuermessbeträge grundsätzlich entsprechend (§ 2 Abs. 4 Satz 1 HGrStG[1]). Für die Steuerpflichtigen bedeutet dies:

- ► Zum ersten Hauptveranlagungszeitpunkt auf den 1.1.2022 und danach möglicherweise im Turnus von 14 Jahren ist eine **Erklärung zur Festsetzung des Grundsteuermessbetrags** elektronisch nach amtlich vorgeschriebenem Datensatz an die Finanzbehörde zu übermitteln. Die Abgabe der Erklärung auf einem Papiervordruck ist auch im hessischen Modell in Härtefällen möglich (§ 228 Abs. 1 BewG[2]).
- ► Dem Finanzamt müssen jeweils durch elektronische Übermittlung nach amtlich vorgeschriebenem Datensatz, wobei auch die Abgabe der **Anzeige** auf einem Papiervordruck in Härtefällen auf Antrag möglich bleibt, folgende **Änderungen** angezeigt werden (§ 228 Abs. 2 BewG[3]):
  - – Änderungen der tatsächlichen Verhältnisse, die sich auf die Höhe der Grundsteuermessbeträge auswirken oder zu deren erstmaliger Festsetzung führen können und
  - – ein Wechsel des (wirtschaftlichen) Eigentümers bei einem Gebäude auf fremdem Grund und Boden,
  - – jede Änderung in der Nutzung oder in den Eigentumsverhältnissen eines ganz oder teilweise von der Grundsteuer befreiten Grundstücks und
  - – der Wegfall der Voraussetzungen für eine ermäßigte Steuermesszahl.

47 Das HGrStG trifft hinsichtlich der Vorschriften zu den Erklärungs- und Anzeigepflichten lediglich zwei **punktuelle Abweichungen** vom Bundesrecht:

- ► Nach der bundesgesetzlichen Regelung des § 228 Abs. 1 Satz 3 BewG[4] ist die öffentliche Aufforderung zur Erklärungsabgabe mittels Allgemeinverfügung durch öffentliche Bekanntmachung des Bundesministeriums der Finanzen im Einvernehmen mit den obersten Finanzbehörden der Länder möglich. Nach der insoweit abweichenden Regelung in § 2 Abs. 4 Satz 1 Nr. 1 HGrStG[5] hat diese Möglichkeit in Hessen das Hessische Ministerium der Finanzen, wobei die Befugnis auf nachgeordnete Dienststellen übertragen werden kann.
- ► § 228 Abs. 4 BewG[6] regelt bundesgesetzlich, dass die Erklärung zur Feststellung des Grundsteuerwerts i. S. von § 228 Abs. 1 BewG[7] und die Anzeigen nach § 228 Abs. 2 BewG[8] bei dem für die gesonderte Feststellung zuständigen Finanzamt (Lagefinanzamt, § 18 Abs. 1 Nr. 1 AO) abzugeben sind. Da in dem hessischen Modell die erste Stufe der gesonderten Feststellung eines Grundsteuerwerts oder Äquivalenzbetrags entfällt (siehe bereits →Rz. 41 ff.), regelt § 2 Abs. 4 Satz 1 Nr. 2 HGrStG,[9] dass die Erklärung zur Feststellung des Grundsteuermessbetrags und die Anzeigen nach § 228 Abs. 2 BewG[10] bei dem

1 Siehe hierzu Bock/Lapp in Grootens, HGrStG § 2 Rz. 56 ff.
2 Siehe hierzu Kurt in Grootens, BewG, § 228 Rz. 61 ff.
3 Siehe hierzu Kurt in Grootens, BewG § 228 Rz. 111 ff.
4 Siehe hierzu Kurt in Grootens, BewG § 228 Rz. 66 f.
5 Siehe hierzu Bock/Lapp in Grootens, HGrStG § 2 Rz. 57.
6 Siehe hierzu Kurt in Grootens, BewG § 228 Rz. 171 ff.
7 Siehe hierzu Kurt in Grootens, BewG § 228 Rz. 61 ff.
8 Siehe hierzu Kurt in Grootens, BewG § 228 Rz. 111 ff.
9 Siehe hierzu Bock/Lapp in Grootens, HGrStG § 2 Rz. 58.
10 Siehe hierzu Kurt in Grootens, BewG § 228 Rz. 111 ff.

für die Festsetzung des Grundsteuermessbetrags zuständigen Finanzamt (Lagefinanzamt, § 22 Abs. 1 Satz 1 AO i.V. mit § 18 Abs. 1 Nr. 1 AO) abzugeben sind.

(Einstweilen frei) 48–50

E. Verfassungsrechtliche Bewertung

Für das hessische Modell gilt aufgrund des vergleichbaren Verfahrens und der identischen Belastungsgrundentscheidung die verfassungsrechtliche Bewertung des **niedersächsischen Flächen-Lage-Modells** entsprechend.[1] 51

§ 1 HGrStG Geltungsbereich

Dieses Gesetz gilt für wirtschaftliche Einheiten des Grundvermögens (Grundstücke) nach den §§ 2, 218 Satz 1 Nr. 2 und Satz 3 in Verbindung mit § 99 Abs. 1 Nr. 1, sowie den §§ 243 und 244 des Bewertungsgesetzes in der Fassung der Bekanntmachung vom 1. Februar 1991 (BGBl. I S. 230), zuletzt geändert durch Gesetz vom 16. Juli 2021 (BGBl. I S. 2931), in der am 24. Dezember 2021 geltenden Fassung.

Inhaltsübersicht **Rz.**

VERWALTUNGSANWEISUNGEN

AE HGrStG zu § 1 des Anwendungserlasses zum Hessischen Grundsteuergesetz (AE HGrStG) des Hessischen Ministeriums der Finanzen vom 30.5.2022 (G1030 A-061-II6a/10), Staatsanzeiger für das Land Hessen vom 13.6.2022, S. 642 f.

A. Allgemeine Erläuterungen

I. Normzweck und wirtschaftliche Bedeutung der Vorschrift

§ 1 HGrStG regelt den sachlichen Anwendungsbereich des HGrStG und bestimmt, dass für wirtschaftliche Einheiten des Grundvermögens (§ 2 BewG, § 218 Satz 1 Nr. 2 und Satz 3 BewG i.V. mit § 99 Abs. 1 Nr. 1 BewG, §§ 243 und 244 BewG) vom Bewertungsrecht des Bundes für Zwecke der Grundsteuer abgewichen wird. 1

(Einstweilen frei) 2–5

1 Siehe hierzu Bock/Lapp in Grootens, NGrStG Vorwort Rz. 42 ff.

II. Entstehung und Entwicklung der Vorschrift

6 Die Vorschrift wurde im Jahr 2021 mit dem **Stammgesetz** in das HGrStG aufgenommen.[1]

7–10 *(Einstweilen frei)*

III. Geltungsbereich

11 § 1 HGrStG bestimmt, dass das HGrStG **sachlich** ausschließlich für **wirtschaftliche Einheiten des Grundvermögens** (Grundstücke) Anwendung findet.[2] Das HGrStG gilt damit **nicht** für **wirtschaftliche Einheiten des land- und forstwirtschaftlichen Vermögens.** Für diese finden uneingeschränkt die bundesgesetzlichen Regelungen Anwendung.[3] Der Wohnteil und die Betriebswohnungen eines land- und forstwirtschaftlichen Betriebs gehören, wie auch im Bundesmodell, zum Grundvermögen und sind nach den Vorschriften des HGrStG zu bewerten.[4]

12 § 1 HGrStG wie das gesamte HGrStG enthält keine Regelung, die den Anwendungsbereich des Gesetzes **räumlich** ausschließlich auf **im Land Hessen belegenes Grundvermögen** begrenzt. Diese Begrenzung ergibt sich mittelbar aus der auf das Gebiet des Landes Hessen beschränkten Gesetzgebungskompetenz des hessischen Landesgesetzgebers.[5]

13 Aussagen zum **zeitlichen Anwendungsbereich** werden in § 1 HGrStG nicht getroffen. Nach § 17 HGrStG tritt das HGrStG nach dem Tag seiner Verkündung in Kraft. Nach Art. 125b Abs. 3 GG darf abweichendes Landesrecht der Erhebung der Grundsteuer jedoch frühestens für Zeiträume ab dem 1.1.2025 zugrunde gelegt werden. Dem trägt § 8 Abs. 2 Satz 1 HGrStG[6] Rechnung, wonach die in der Hauptveranlagung festgesetzten Steuermessbeträge frühestens vom Kalenderjahr 2025 an gelten.[7] Die Regelungen des HGrStG und damit auch § 1 HGrStG sind daher erst für die Erhebung der **Grundsteuer** ab dem **Kalenderjahr 2025** von Bedeutung.

14–15 *(Einstweilen frei)*

IV. Vereinbarkeit der Vorschrift mit höherrangigem Recht

16 § 1 HGrStG begegnet keinen verfassungsrechtlichen Bedenken. Insbesondere besteht eine **Abweichungskompetenz** des Landesgesetzgebers nach Art. 72 Abs. 3 Satz 1 Nr. 7 GG für die Grundsteuer.[8] § 1 HGrStG bestimmt im Hinblick auf den Steuergegenstand, inwieweit von der Abweichungsbefugnis Gebrauch gemacht wurde (siehe vertiefend → Rz. 26 f.).

17 Ob der jeweilige Landesgesetzgeber über die **bloße Inanspruchnahme** seiner **Abweichungsbefugnis** nach Art. 72 Abs. 3 Satz 1 Nr. 7 GG hinaus im Abweichungsgesetz deutlich machen muss, von welchen Bundesnormen abgewichen wird, ist zweifelhaft. Das Bundesverfassungsgericht hat mit Urteil v. 19.12.2017[9] entschieden, dass im Rahmen der Abweichungskompetenz nach Art. 125b Abs. 1 Satz 3 GG ein besonderer, über die inhaltliche Inanspruchnahme

1 Hessisches Grundsteuergesetz v. 15.12.2021, Hessisches GVBl 2021 S. 906.

2 AE HGrStG zu § 1.

3 AE HGrStG zu § 1.

4 AE HGrStG zu § 1.

5 So ausdrücklich AE HGrStG zu § 1; siehe auch Hessische LT-Drucks. 20/6379 S. 15.

6 Siehe hierzu vertiefend Bock/Lapp in Grootens, HGrStG § 8 Rz. 36.

7 AE HGrStG zu § 1.

8 Zur Frage, ob die Abweichungsbefugnis auch verfahrensrechtliche Vorschriften erfasst, vgl. Bock/Lapp in Grootens, NGrStG § 8 Rz. 21.

9 BVerfG, Urteil v. 19.12.2017 - 1 BvL 3/14, 1 BvL 4/14, Rz. 236 NWB AAAAG-70074.

der Abweichungsbefugnis hinausgehender Ausdruck gesetzgeberischen Abweichungswillens oder die Zitierung derjenigen bundesrechtlichen Vorschriften, von denen abgewichen werden soll, verfassungsrechtlich nicht erforderlich ist. Es hat allerdings ausdrücklich offengelassen, ob dies auch für die Abweichungskompetenz nach Art. 72 Abs. 3 GG, auf deren Grundlage das Hessische Grundsteuergesetz erlassen wurde, gilt. Mit § 1 HGrStG i.V. mit § 2 HGrStG[1] sichert der hessische Gesetzgeber vorsorglich die Verfassungsmäßigkeit des HGrStG im Hinblick auf diese Rechtsprechung des BVerfG ab.

(Einstweilen frei) 18–20

V. Verhältnis zu anderen Vorschriften

21 Die Gesetzgebungskompetenz des Landesgesetzgebers ergibt sich aus der Abweichungskompetenz nach **Art. 72 Abs. 3 Satz 1 Nr. 7 GG.**

22 § 1 HGrStG nimmt Bezug auf die Definition der wirtschaftlichen Einheit des Grundvermögens in den **§§ 2, 218 Satz 1 Nr. 2 und Satz 3 BewG** i.V. mit **§ 99 Abs. 1 Nr. 1 BewG**[2] sowie **§§ 243, 244 BewG**[3] (siehe hierzu → Rz. 29 ff.) und bestimmt, dass für die so definierten wirtschaftlichen Einheiten des Grundvermögens das HGrStG gilt.

(Einstweilen frei) 23–25

B. Systematische Kommentierung

I. HGrStG als partielles Abweichungsgesetz

26 Das hessische Grundsteuergesetz ist als **partielles Abweichungsgesetz**[4] ausgestaltet. Hessen weicht bei der Bewertung des Grundvermögens für Zwecke der Grundsteuer, bei den verfahrensrechtlichen Regelungen sowie bei den Regelungen zur sog. Grundsteuer C von den bundesgesetzlichen Vorschriften ab, wendet diese aber im Übrigen, insbesondere für den Bereich der Bewertung des land- und forstwirtschaftlichen Vermögens, uneingeschränkt an. Diese Gesetzestechnik findet ihren Ausdruck in § 1 HGrStG, der den Anwendungsbereich des Gesetzes auf die wirtschaftlichen Einheiten des Grundvermögens nach den §§ 2, 218 Satz 1 Nr. 2 und Satz 3 BewG i.V. mit § 99 Abs. 1 Nr. 1 BewG, sowie den §§ 243 und 244 BewG beschränkt. Anders als Baden-Württemberg regelt der hessische Gesetzgeber das Grundsteuerrecht in Hessen nicht komplett eigenständig (sog. Vollgesetz) unter ggf. erforderlicher Wiederholung der Bundesnormen, die inhaltlich ebenfalls angewendet werden sollen (sog. Kombinationsgesetz), sondern beschränkt das HGrStG auf die gesetzliche Festlegung der vom Bundesrecht abweichenden Regelungen.

27 Hintergrund dieser Vorgehensweise sind in der Literatur[5] mitunter vertretene verfassungsrechtliche Zweifel, ob eine teilweise unveränderte Übernahme bundesgesetzlicher Regelungen in ein eigenes Landesgesetz und ein daraus resultierendes Kombinationsgesetz mit eigenen und zum Bundesgesetz identischen Regelungen noch eine verfassungsrechtlich zulässige Inan-

1 Siehe dazu vertiefend Bock/Lapp in Grootens, HGrStG § 2 Rz. 1 ff.
2 Siehe hierzu vertiefend Kurt in Grootens, BewG § 218 Rz. 111 ff.
3 Siehe hierzu vertiefend die Kommentierung Bock in Grootens, BewG § 243 und § 244.
4 AE HGrStG zu § 1; siehe auch Hessische LT-Drucks. 20/6379 S. 17; Mandler/Schulze/Zochert, Ubg 2022 S. 351.
5 Siehe zum Streitstand vertiefend Uhle in Dürig/Herzog/Scholz, GG Art. 72 Rz. 283 m. w. N.

spruchnahme der Öffnungsklausel zu vom Bundesrecht abweichenden Regelungen darstellt.[1] Mit der Ausgestaltung als partielles Änderungsgesetz sichert der hessische Gesetzgeber vorsorglich die Verfassungsmäßigkeit des HGrStG insoweit ab.

28–30 *(Einstweilen frei)*

II. Abweichung vom Bundesrecht für das Grundvermögen

31 § 1 HGrStG bestimmt, dass das HGrStG für wirtschaftliche Einheiten des Grundvermögens (Grundstücke) nach den §§ 2, 218 Satz 1 Nr. 2 und Satz 3 BewG i.V. mit § 99 Abs. 1 Nr. 1 BewG sowie §§ 243, 244 BewG gilt.

32 Der von § 1 HGrStG in Bezug genommene § 2 BewG enthält Regelungen zur **Bestimmung der wirtschaftlichen Einheiten**. Nach § 2 Abs. 1 BewG ist jede wirtschaftliche Einheit für sich zu bewerten und ihr **Wert im Ganzen festzustellen**. Was als wirtschaftliche Einheit zu gelten hat, ist nach den **Anschauungen des Verkehrs** zu entscheiden, wobei die örtliche Gewohnheit, die tatsächliche Übung, die Zweckbestimmung und die wirtschaftliche Zusammengehörigkeit der einzelnen Wirtschaftsgüter zu berücksichtigen sind. § 2 Abs. 2 BewG regelt, dass **mehrere Wirtschaftsgüter als eine wirtschaftliche Einheit** nur insoweit in Betracht kommen, als sie **demselben Eigentümer gehören**. Die Vorschriften des § 2 Abs. 1 und 2 BewG gelten nach § 2 Abs. 3 BewG nicht, soweit eine Bewertung der einzelnen Wirtschaftsgüter vorgeschrieben ist. Bei der Anwendung von § 2 BewG ist § 2 Abs. 2 Satz 2 HGrStG[2] zu beachten, wonach mehrere Wirtschaftsgüter als eine wirtschaftliche Einheit nur insoweit in Betracht kommen, als sie im Gebiet derselben Gemeinde nach § 15 der Hessischen Gemeindeordnung belegen sind.

33 Der in § 1 HGrStG in Bezug genommene § 218 Satz 1 Nr. 2 BewG[3] bestimmt das **Grundvermögen** i. S. von § 243 BewG als eine nach den bundesgesetzlichen Regelungen für Zwecke der Grundsteuer zu bewertende **Vermögensart**. Nach § 218 Satz 3 BewG werden Betriebsgrundstücke i. S. des § 99 Abs. 1 Nr. 1 BewG dem Grundvermögen zugeordnet und wie Grundvermögen bewertet.[4] Ein **Betriebsgrundstück** i. S. des § 99 Abs. 1 Nr. 1 BewG ist der zu einem Gewerbebetrieb gehörige Grundbesitz, soweit er, losgelöst von seiner Zugehörigkeit zu dem Gewerbebetrieb, zum Grundvermögen gehören würde.

34 Der in § 1 HGrStG in Bezug genommene § 243 BewG[5] definiert den **Begriff des Grundvermögens** für die bundesgesetzlich geregelte Bewertung für Zwecke der Grundsteuer. Zum Grundvermögen gehören nach § 243 Abs. 1 BewG,[6] soweit es sich nicht um land- und forstwirtschaftliches Vermögen (§§ 232–242 BewG) handelt, der Grund und Boden, die Gebäude, die sonstigen Bestandteile und das Zubehör, das Erbbaurecht, das Wohnungseigentum und das Teileigentum, das Wohnungserbbaurecht und das Teilerbbaurecht nach § 30 Abs. 1 des Wohnungseigentumsgesetzes. Gemäß § 243 Abs. 2 BewG[7] sind in das Grundvermögen Bodenschätze und Betriebsvorrichtungen, auch wenn sie wesentliche Bestandteile sind, nicht einzubeziehen. Einzubeziehen sind jedoch nach § 243 Abs. 3 BewG[8] die Verstärkungen von De-

1 Vgl. Hessische LT-Drucks. 20/6379 S. 10 f.
2 Siehe hierzu vertiefend Bock/Lapp in Grootens, HGrStG § 2 Rz. 43 f.
3 Siehe vertiefend Kurt in Grootens, BewG § 218 Rz. 61 ff.
4 Siehe vertiefend Kurt in Grootens, BewG § 218 Rz. 101 ff.
5 Siehe vertiefend Bock in Grootens, BewG § 243 Rz. 1 ff.
6 Siehe vertiefend Bock in Grootens, BewG § 243 Rz. 19 ff.
7 Siehe vertiefend Bock in Grootens, BewG § 243 Rz. 85 ff.
8 Siehe vertiefend Bock in Grootens, BewG § 243 Rz. 104 ff.

cken und die nicht ausschließlich zu einer Betriebsanlage gehörenden Stützen und sonstigen Bauteile wie Mauervorlagen und Verstrebungen.

Der in § 1 HGrStG in Bezug genommene § 244 BewG[1] enthält die bundesgesetzliche **Definition des Grundstücks**. Danach bildet jede wirtschaftliche Einheit des Grundvermögens ein Grundstück i. S. des Bewertungsrechts. Nach § 244 Abs. 2 BewG ist ein Anteil des Eigentümers eines Grundstücks an anderem Grundvermögen (z. B. an **gemeinschaftlichen Hofflächen oder Garagen**) in die wirtschaftliche Einheit Grundstück einzubeziehen, wenn der Anteil zusammen mit dem Grundstück genutzt wird. Das gilt nicht, wenn das gemeinschaftliche Grundvermögen nach den Anschauungen des Verkehrs als selbständige wirtschaftliche Einheit anzusehen ist (§ 2 Abs. 1 Satz 3 und 4 BewG). Als Grundstück gelten gem. § 244 Abs. 3 BewG auch das **Erbbaurecht** zusammen mit dem Erbbaurechtsgrundstück, ein **Gebäude auf fremdem Grund und Boden** zusammen mit dem dazugehörenden Grund und Boden, jedes Wohnungseigentum und Teileigentum nach dem Wohnungseigentumsgesetz sowie jedes Wohnungserbbaurecht und Teilerbbaurecht zusammen mit dem anteiligen belasteten Grund und Boden. Die Regelung des § 244 Abs. 3 BewG hat der **hessische Gesetzgeber** auch in § 4 Abs. 3 Satz 2 und 3 HGrStG[2] **aufgegriffen**, wonach bei Erbbaurechten (einschließlich Wohnungs- und Teilerbbaurechten) für das Erbbaurecht und das Erbbaurechtsgrundstück und bei Gebäuden auf fremdem Grund und Boden für das Gebäude und den Grund und Boden nur ein Steuermessbetrag zu ermitteln ist. 35

§ 2 HGrStG Abweichende Regelungen vom Grundsteuergesetz, Anwendung des Bewertungsgesetzes, der Abgabenordnung und des Finanzverwaltungsgesetzes

(1) Es gelten

1. § 3 anstelle des § 10 des Grundsteuergesetzes,

2. die §§ 4, 5 und 7 anstelle des § 13 des Grundsteuergesetzes,

3. § 6 anstelle des § 15 Abs. 1 und 5 des Grundsteuergesetzes,

4. § 8 anstelle der §§ 16 und 36 des Grundsteuergesetzes,

5. § 9 anstelle des § 17 des Grundsteuergesetzes,

6. § 10 anstelle des § 18 des Grundsteuergesetzes,

7. § 11 anstelle des § 20 des Grundsteuergesetzes,

8. § 12 anstelle des § 17 Abs. 4, § 18 Abs. 4, § 20 Abs. 3 und § 21 des Grundsteuergesetzes und

9. § 13 anstelle des § 25 Abs. 5 des Grundsteuergesetzes

vom 7. August 1973 (BGBl. I S. 965), zuletzt geändert durch Gesetz vom 16. Juli 2021 (BGBl. I S. 2931), in der am 24. Dezember 2021 geltenden Fassung.

(2) [1]Die allgemeinen Bewertungsvorschriften der §§ 2 bis 16 des Bewertungsgesetzes in der am 24. Dezember 2021 geltenden Fassung sind anwendbar, soweit sie zur Anwendung dieses Gesetzes erforderlich sind. [2]Bei der Anwendung von § 2 des Bewertungsgesetzes in der am 24. Dezember 2021 geltenden Fas-

1 Siehe vertiefend Bock in Grootens, BewG § 244 Rz. 18 ff.

2 Siehe vertiefend Bock/Lapp in Grootens, HGrStG § 4 Rz. 43.

sung kommen mehrere Wirtschaftsgüter als eine wirtschaftliche Einheit nur insoweit in Betracht, als sie im Gebiet derselben Gemeinde nach § 15 der Hessischen Gemeindeordnung belegen sind.

(3) Für Zwecke dieses Gesetzes sind die besonderen Bewertungsvorschriften und Schlussbestimmungen nach

1. § 218 Satz 1 Nr. 2 und Satz 3 in Verbindung mit § 99 Abs. 1 Nr. 1,

2. den §§ 243 bis 246 und 248,

3. § 249 Abs. 5, 6 und 10 und

4. § 266 Abs. 3 und 5

des Bewertungsgesetzes in der am 24. Dezember 2021 geltenden Fassung entsprechend anwendbar.

(4) [1]Die §§ 228 und 229 des Bewertungsgesetzes in der am 24. Dezember 2021 geltenden Fassung gelten für die Festsetzung von Steuermessbeträgen nach diesem Gesetz entsprechend mit der Maßgabe, dass

1. die Aufforderung zur Abgabe der Erklärung nach § 228 Abs. 1 Satz 3 des Bewertungsgesetzes in der am 24. Dezember 2021 geltenden Fassung durch das Ministerium der Finanzen durch öffentliche Bekanntmachung erfolgen kann; es kann die Befugnis durch Erlass auf nachgeordnete Dienststellen übertragen,

2. in den Fällen des § 228 Abs. 4 des Bewertungsgesetzes in der am 24. Dezember 2021 geltenden Fassung an die Stelle des für die gesonderte Feststellung zuständigen Finanzamts das für die Festsetzung des Steuermessbetrags zuständige Finanzamt tritt.

[2]Das Grundrecht der Unverletzlichkeit der Wohnung (Art. 13 des Grundgesetzes, Art. 8 der Verfassung des Landes Hessen) wird durch die Befugnis für örtliche Erhebungen über die Bewertungsgrundlagen nach § 229 Abs. 2 Satz 1 des Bewertungsgesetzes in der am 24. Dezember 2021 geltenden Fassung eingeschränkt.

(5) Für Handlungen und Entscheidungen der Landesfinanzbehörden im Zusammenhang mit den Regelungen dieses Gesetzes gelten die Vorschriften

1. der Abgabenordnung in der Fassung der Bekanntmachung vom 1. Oktober 2002 (BGBl. I S. 3866; 2003 I S. 61), zuletzt geändert durch Gesetz vom 25. Juni 2021 (BGBl. I S. 2154), entsprechend mit der Maßgabe, dass in den Fällen des § 182 Abs. 2 Satz 1 der Abgabenordnung an die Stelle des Feststellungsbescheides über einen Grundsteuerwert der Feststellungsbescheid über einen Steuermessbetrag tritt,

2. des Finanzverwaltungsgesetzes in der Fassung der Bekanntmachung vom 4. April 2006 (BGBl I S. 846, 1202), zuletzt geändert durch Gesetz vom 25. Juni 2021 (BGBl. I S. 2056), entsprechend, soweit dieses Gesetz keine abweichende Regelung enthält.

Inhaltsübersicht Rz.

VERWALTUNGSANWEISUNGEN

AE HGrStG zu § 2 des Anwendungserlasses zum Hessischen Grundsteuergesetz (AE HGrStG) des Hessischen Ministeriums der Finanzen vom 30.5.2022 - G1030 A-061-II6a/10, Staatsanzeiger für das Land Hessen v. 13.6.2022, S. 642 f.; Koordinierte Erlasse der Länder vom 9.11.2021 zur Anwendung des Siebenten Abschnitts des Zweiten Teils des Bewertungsgesetzes zur Bewertung des Grundbesitzes (allgemeiner Teil und Grundvermögen) für die Grundsteuer ab 1. Januar 2022 – AEBewGrSt, BStBl I 2021 S. 2334; Koordinierte Erlasse der Länder vom 22.6.2022 zur Anwendung des Grundsteuergesetzes ab 1. Januar 2025 – AEGrStG, BStBl I 2022 S. 1319.

A. Allgemeine Erläuterungen

I. Normzweck und wirtschaftliche Bedeutung der Vorschrift

§ 2 HGrStG bestimmt, von welchen bundesgesetzlichen Regelungen das HGrStG abweicht und welche Bundesnormen auch in Hessen Anwendung finden. Daraus ergibt sich, dass Hessen ein **partielles Abweichungsgesetz** erlassen hat. Mit den **statischen Verweisen** auf eine bestimmte Fassung der jeweiligen Bundesnorm dürften etwaigen bundesgesetzlichen Änderungen der betroffenen Vorschriften vorgebeugt und diese vermieden werden, dass der hessische Landesgesetzgeber ebenfalls tätig werden müsste.[1] 1

§ 2 Abs. 1 HGrStG nennt die Vorschriften des Grundsteuergesetzes, die durch landesrechtliche Regelungen des HGrStG ersetzt werden (siehe → Rz. 36 und ergänzend → Anlage zur Kommentierung von § 2 HGrStG). Die Vorschrift wirkt nur **deklaratorisch.**[2] Die konstitutiv wirkende Abweichung vom Bundesrecht erfolgt durch die jeweilige landesrechtliche Einzelnorm.[3] Die Norm hilft allerdings bei der Auslegung der einzelnen Normen, inwieweit diese Bundesnormen verdrängen. 2

§ 2 Abs. 2 Satz 1 HGrStG erklärt die allgemeinen Bewertungsvorschriften (§§ 2–16 BewG) für anwendbar, (nur) soweit sie für die Anwendung des HGrStG erforderlich sind. Die Regelung in **§ 2 Abs. 2 Satz 2 HGrStG**, wonach bei der Anwendung von § 2 BewG mehrere Wirtschaftsgüter als eine wirtschaftliche Einheit nur insoweit in Betracht kommen, als sie im Gebiet derselben Gemeinde nach § 15 der Hessischen Gemeindeordnung belegen sind, soll bewirken (siehe aber → Rz. 43 f.), dass die **Vorschriften zur Zerlegung** des Grundsteuermessbetrags (§§ 22–24 GrStG) bei in Hessen belegenem **Grundvermögen gegenstandslos** werden.[4] 3

Nach **§ 2 Abs. 3 HGrStG** sind die besonderen Bewertungsvorschriften des Bewertungsgesetzes entsprechend anwendbar. Dies betrifft insbesondere die Bestimmung der Begriffe Grundver- 4

1 So Wiegand in Rössler/Troll, HGrStG, § 2 Rz. 4.
2 AE HGrStG zu § 2 Abs. 1.
3 AE HGrStG zu § 2 Abs. 1; siehe auch Hessische LT-Drucks. 20/6379 S. 15.
4 AE HGrStG zu § 2 Abs. 2; siehe auch Hessische LT-Drucks. 20/6379 S. 15.

mögen, Grundstück, unbebautes und bebautes Grundstück, Wohnungs- und Teileigentum und Wohnung, für die jeweils auf die bundesgesetzliche Regelung zurückgegriffen wird. Auch die in § 266 Abs. 3 und Abs. 5 BewG geregelten Schlussbestimmungen – die **Amnestieregelung** des § 266 Abs. 3 BewG[1] und die **Übergangsregelung** zur Beibehaltung bestimmter, nach bisherigem Recht in der Einheitsbewertung gebildeter wirtschaftlicher Einheiten (§ 266 Abs. 5 BewG),[2] sind **entsprechend anwendbar.**

5 **§ 2 Abs. 4 HGrStG** regelt insbesondere die **Erklärungs- und Anzeigepflichten** des Steuerpflichtigen.

6 **§ 2 Abs. 5 HGrStG** regelt die **Anwendbarkeit der Abgabenordnung** und des **Finanzverwaltungsgesetzes.**

7–10 *(Einstweilen frei)*

II. Entstehung und Entwicklung der Vorschrift

11 Die Vorschrift wurde im Jahr 2021 mit dem **Stammgesetz** in das HGrStG aufgenommen.[3]

12–15 *(Einstweilen frei)*

III. Geltungsbereich

16 § 2 HGrStG gilt für in Hessen belegene Grundstücke des Grundvermögens und gilt damit nicht für Betriebe der Land- und Forstwirtschaft.[4] § 2 HGrStG ist mit dem Stammgesetz gem. § 17 HGrStG **am 24.12.2021 in Kraft getreten.**[5] Aus Art. 125b Abs. 3 GG ergibt sich, dass die Gesetzgebungskompetenz den Ländern für ein vom Bundesrecht abweichendes Grundsteuerrecht erst für die Erhebung der **Grundsteuer** ab dem **Kalenderjahr 2025** zusteht. Dem trägt § 8 Abs. 2 Satz 1 HGrStG[6] Rechnung, wonach die in der Hauptveranlagung festgesetzten Steuermessbeträge frühestens vom Kalenderjahr 2025 an gelten. Die Regelungen des HGrStG und damit auch § 2 HGrStG sind daher erst für die Erhebung der **Grundsteuer** ab dem **Kalenderjahr 2025** von Bedeutung.

17–20 *(Einstweilen frei)*

IV. Vereinbarkeit der Vorschrift mit höherrangigem Recht

21 Ob der hessische Landesgesetzgeber entgegen Art. 108 Abs. 5 Satz 2 GG verfahrensrechtliche Vorschriften treffen konnte, ist zweifelhaft (siehe hierzu vertiefend die Kommentierung bei § 8 NGrStG[7]). § 2 HGrStG begegnet im Übrigen **keinen verfassungsrechtlichen Bedenken,** insbesondere wird das Grundrecht auf Unverletzlichkeit der Wohnung nicht durch die von § 2 Abs. 4 Satz 1 HGrStG i.V. mit § 229 Abs. 2 BewG geschaffene Befugnis der Finanzbehörden zu örtlichen Erhebungen verletzt.

22–25 *(Einstweilen frei)*

1 Siehe hierzu vertiefend Grootens in Grootens, BewG § 266 Rz. 91 f.

2 Siehe hierzu vertiefend Grootens in Grootens, BewG § 266 Rz. 111 ff.

3 Hessisches Grundsteuergesetz v. 15.12.2021, Hessisches GVBl 2021 S. 906.

4 Vgl. hierzu Bock/Lapp in Grootens, HGrStG § 1 Rz. 11.

5 Hessisches GVBl 2021 S. 906.

6 Siehe hierzu vertiefend Bock/Lapp in Grootens, HGrStG § 8 Rz. 36.

7 Bock/Lapp in Grootens, NGrStG, § 8 Rz. 21; Wiegand in Rössler/Troll, HGrStG, Vorbem. Rz. 5; a. A. Schulze in Stenger/Loose, HGrStG, § 2 Rz. 102.

V. Verhältnis zu anderen Vorschriften

26 § 2 Abs. 1 HGrStG listet die Vorschriften des **Grundsteuergesetzes** auf, die in Hessen von abweichenden landesrechtlichen Vorschriften verdrängt werden (siehe hierzu → Rz. 36 und ergänzend → Anlage zur Kommentierung von § 2 HGrStG).

27 § 2 Abs. 2–4 HGrStG erklären bestimmte Vorschriften des **Bewertungsgesetzes** für entsprechend anwendbar, teilweise mit bestimmten Maßgaben. Zusammenfassend handelt es sich hierbei um

- ► die in **§§ 2–16 BewG** geregelten allgemeinen Vorschriften des Bewertungsgesetzes (§ 2 Abs. 2 HGrStG, siehe hierzu → Rz. 41 ff.),
- ► die **besonderen Bewertungsvorschriften** und **Schlussbestimmungen** (§ 2 Abs. 3 HGrStG, siehe hierzu → Rz. 46 ff.),
- ► die in **§§ 228, 229 BewG**[1] geregelten Erklärungs-, Anzeige- und Auskunftspflichten (§ 2 Abs. 4 HGrStG, siehe hierzu → Rz. 56 ff.).

28 § 2 Abs. 2 Satz 2 HGrStG nimmt Bezug auf **§ 15 der Hessischen Gemeindeordnung (HGO)**. § 15 HGO regelt den Gebietsbestand. Nach **§ 15 Abs. 1 Satz 1 HGO** bilden die Grundstücke, die nach geltendem Recht zu einer Gemeinde gehören (Gemarkung) das Gebiet der Gemeinde. Grenzstreitigkeiten entscheidet gem. **§ 15 Abs. 1 Satz 2 HGO** die Aufsichtsbehörde. **§ 15 Abs. 2 HGO** bestimmt, dass jedes Grundstück zu einer Gemeinde gehören soll. Bei Vorliegen besonderer Gründe können Grundstücke außerhalb einer Gemeinde verbleiben (gemeindefreie Grundstücke oder Gebiete). Die Verwaltung der gemeindefreien Grundstücke und Gebiete wird durch Verordnung geregelt. Nach **§ 153 Abs. 1 Buchst. c HGO** ist dies die **Verordnung über gemeindefreie Grundstücke und Gutsbezirke v. 15.11.1938.**[2]

29 Mit der durch § 2 Abs. 4 Satz 1 HGrStG i.V. mit **§ 229 Abs. 2 Satz 1 BewG**[3] geschaffenen Befugnis der Finanzbehörden zu örtlichen Erhebungen wird, wie sich aus § 2 Abs. 4 Satz 2 HGrStG, der dem Zitiergebot Rechnung trägt, ergibt, das Grundrecht der Unverletzlichkeit der Wohnung (**Art. 13 GG, Art. 8 der Verfassung des Landes Hessen**) eingeschränkt (siehe hierzu → Rz. 59).

30 § 2 Abs. 5 HGrStG erklärt die Vorschriften der **Abgabenordnung** und des **Finanzverwaltungsgesetzes** für entsprechend anwendbar (siehe hierzu → Rz. 66 ff.).

31 Soweit die bundesgesetzlichen Regelungen nicht vom HGrStG verdrängt werden und auch für die in Hessen belegenen wirtschaftlichen Einheiten anzuwenden sind, finden die hierzu ergangenen koordinierten Erlasse der Länder zum BewG[4] und zum GrStG[5] auch in Hessen Anwendung.[6]

32–35 *(Einstweilen frei)*

---

1 Siehe hierzu Kurt in Grootens, BewG §§ 228–229.

2 RGBl 1938 I S. 1631.

3 Siehe hierzu vertiefend Kurt in Grootens, BewG § 229 Rz. 53, 71 ff.

4 Koordinierte Erlasse der Länder vom 9.11.2021 zur Anwendung des Siebenten Abschnitts des Zweiten Teils des Bewertungsgesetzes zur Bewertung des Grundbesitzes (allgemeiner Teil und Grundvermögen) für die Grundsteuer ab 1. Januar 2022 – AEBewGrSt, BStBl I 2021 S. 2334.

5 Koordinierte Erlasse der Länder vom 22.6.2022 zur Anwendung des Grundsteuergesetzes ab 1. Januar 2025 – AEGrStG, BStBl I 2022 S. 1319.

6 AE HGrStG zu § 2 Abs. 1.

B. Systematische Kommentierung

I. Abweichende Regelungen vom Grundsteuergesetz (§ 2 Abs. 1 HGrStG)

36 Das hessische Grundsteuerrecht ist als **partielles Abweichungsrecht** konzipiert.[1] Die zeitlich nach dem Bundesrecht erlassenen landesrechtlichen Regelungen gehen den bundesrechtlichen Regelungen nur insoweit vor, als ihr materiell-rechtlicher Anwendungsbereich mit der jeweiligen bundesrechtlichen Regelung übereinstimmt. In diesem Fall ist die Anwendung der bundesgesetzlichen Regelung ausgeschlossen.[2] Existiert keine entsprechende landesrechtliche Regelung, findet die bundesgesetzliche Norm uneingeschränkt weiter Anwendung.[3] Daraus dürfte folgen, dass bei einer Feststellung der Nichtigkeit des hessischen Grundsteuergesetzes durch das Bundes- oder Landesverfassungsgericht das Bundesrecht Anwendung findet.[4] § 2 Abs. 1 HGrStG bestimmt klarstellend, welche Vorschriften des Grundsteuergesetzes aufgrund abweichender landesgesetzlicher Regelungen in Hessen nicht gelten (siehe ergänzend → Anlage zur Kommentierung von § 2 HGrStG). In Hessen finden demnach die folgenden bundesgesetzlichen Regelungen in Bezug auf das Grundvermögen **keine Anwendung**:[5]

- zur **Steuerschuldnerschaft** (§ 10 GrStG,[6] verdrängt durch § 3 HGrStG),[7]
- zum Ausgangspunkt der **Berechnung** der Grundsteuer mittels **Steuermesszahl** und **Steuermessbetrag** (§ 13 GrStG,[8] verdrängt durch §§ 4, 5 und 7 HGrStG),[9]
- zur Höhe der **Steuermesszahl** (§ 15 Abs. 1 GrStG,[10] verdrängt durch § 6 HGrStG),[11]
- zur **Ermäßigung der Steuermesszahl** bei Bebauung mit einem Baudenkmal (§ 15 Abs. 5 GrStG,[12] verdrängt durch § 6 HGrStG),[13]
- zur **Hauptveranlagung** (§ 16 GrStG,[14] verdrängt durch § 8 HGrStG)[15] und zu den **Sondervorschriften zur Hauptveranlagung** 2025 (§ 36 GrStG, verdrängt durch § 8 HGrStG),[16]
- zur **Neuveranlagung** (§ 17 GrStG,[17] verdrängt durch § 9 HGrStG[18] und § 12 HGrStG),[19]
- zur **Nachveranlagung** (§ 18 GrStG,[20] verdrängt durch § 10 HGrStG[21] und § 12 HGrStG),[22]

1 AE HGrStG zu § 2 Abs. 1.
2 AE HGrStG zu § 2 Abs. 1.
3 AE HGrStG zu § 2 Abs. 1.
4 Wiegand in Rössler/Troll, HGrStG, § 2 Rz. 3.
5 AE HGrStG zu § 2 Abs. 1.
6 Siehe hierzu vertiefend Schmidt in Grootens, GrStG § 10 Rz. 1 ff.
7 Siehe hierzu vertiefend Bock/Lapp in Grootens, HGrStG § 3 Rz. 1 ff.
8 Siehe hierzu vertiefend Bock in Grootens, GrStG § 13 Rz. 1 ff.
9 Siehe hierzu vertiefend die Kommentierung Bock/Lapp in Grootens, HGrStG §§ 4, 5 und 7.
10 Siehe hierzu vertiefend Bock in Grootens, GrStG § 15 Rz. 22 ff.
11 Siehe hierzu vertiefend Bock/Lapp in Grootens, HGrStG § 6 Rz. 1 ff.
12 Siehe hierzu vertiefend Bock in Grootens, GrStG § 15 Rz. 100 ff.
13 Siehe hierzu vertiefend Bock/Lapp in Grootens, HGrStG § 6 Rz. 1 ff.
14 Siehe hierzu vertiefend Bock in Grootens, GrStG § 16 Rz. 1 ff.
15 Siehe hierzu vertiefend Bock/Lapp in Grootens, HGrStG § 8 Rz. 1 ff.
16 Siehe hierzu vertiefend Bock/Lapp in Grootens, HGrStG § 8 Rz. 1 ff.
17 Siehe hierzu vertiefend Bock in Grootens, GrStG § 17 Rz. 1 ff.
18 Siehe hierzu vertiefend Bock/Lapp in Grootens, HGrStG § 9 Rz. 1 ff.
19 Siehe hierzu vertiefend Bock/Lapp in Grootens, HGrStG § 11 Rz. 1 ff.
20 Siehe hierzu vertiefend Bock in Grootens, GrStG § 18 Rz. 1 ff.
21 Siehe hierzu vertiefend Bock/Lapp in Grootens, HGrStG § 10 Rz. 1 ff.
22 Siehe hierzu vertiefend Bock/Lapp in Grootens, HGrStG § 11 Rz. 1 ff.

- zur **Aufhebung des Steuermessbetrags** (§ 20 GrStG,[1] verdrängt durch § 11 HGrStG[2] und § 12 HGrStG),[3]
- zur **Änderung von Steuermessbescheiden** (§ 21 GrStG,[4] verdrängt durch § 12 HGrStG),[5]
- zur sog. **Grundsteuer C** (§ 25 Abs. 5 GrStG,[6] verdrängt durch § 13 HGrStG),[7]

(Einstweilen frei) 37–40

II. Anwendung der allgemeinen Bewertungsvorschriften des Bewertungsgesetzes (§ 2 Abs. 2 HGrStG)

Nach § 2 Abs. 2 Satz 1 HGrStG, der konstitutiv wirkt,[8] sind die **allgemeinen Bewertungsvorschriften** der §§ 2–16 BewG anwendbar, soweit sie zur Anwendung des HGrStG **erforderlich** sind.[9] Die Verweisung auf alle allgemeinen Bewertungsvorschriften soll deren grundsätzliche Anwendbarkeit sicherstellen; ob eine der Normen tatsächlich zur Anwendung des HGrStG erforderlich ist, ist im Einzelfall zu prüfen.[10] Die Erforderlichkeit dürfte bei folgenden Vorschriften gegeben sein (siehe ergänzend → Anlage zur Kommentierung von § 2 HGrStG): 41

- Definition der wirtschaftlichen Einheit (§ 2 BewG, siehe aber einschränkend → Rz. 43),[11]
- Wertermittlung bei mehreren Beteiligten (§ 3 BewG),
- Aufschiebend bedingter Erwerb (§ 4 BewG),
- Auflösend bedingter Erwerb (§ 5 BewG),
- Aufschiebend bedingte Lasten (§ 6 BewG),
- Auflösend bedingte Lasten (§ 7 BewG),
- Befristung auf einen unbestimmten Zeitpunkt (§ 8 BewG).

Nicht erforderlich für die Anwendung des HGrStG dürften dagegen die **allgemeinen Bewertungsvorschriften** 42

- zum Bewertungsgrundsatz und gemeinen Wert (§ 9 BewG),
- zum Begriff des Teilwerts (§ 10 BewG),
- zu Wertpapiere und Anteilen (§ 11 BewG),
- zu Kapitalforderungen und Schulden (§ 12 BewG),
- zum Kapitalwert von wiederkehrenden Nutzungen und Leistungen (§ 13 BewG),
- zu lebenslänglichen Nutzungen und Leistungen (§ 14 BewG),
- zum Jahreswert von Nutzungen und Leistungen (§ 15 BewG) und
- zur Begrenzung des Jahreswerts von Nutzungen (§ 16 BewG) sein.[12]

---

1 Siehe hierzu vertiefend Bock in Grootens, GrStG § 20 Rz. 1 ff.
2 Siehe hierzu vertiefend Bock/Lapp in Grootens, HGrStG § 12 Rz. 1 ff.
3 Siehe hierzu vertiefend Bock/Lapp in Grootens, HGrStG § 12 Rz. 1 ff.
4 Siehe hierzu vertiefend Bock in Grootens, GrStG § 21 Rz. 1 ff.
5 Siehe hierzu vertiefend Bock/Lapp in Grootens, HGrStG § 12 Rz. 1 ff.
6 Siehe hierzu vertiefend Grootens in Grootens, GrStG § 25 Rz. 1 ff.
7 Siehe hierzu vertiefend Bock/Lapp in Grootens, HGrStG § 13 Rz. 1 ff.
8 AE HGrStG zu § 2 Abs. 2, 3, 4.
9 AE HGrStG zu § 2 Abs. 2.
10 AE HGrStG zu § 2 Abs. 2.
11 AE HGrStG zu § 2 Abs. 2.
12 Ebenso Schulze in Stenger/Loose, HGrStG, § 2 Rz. 102.

43 § 2 BewG findet auch im hessischen Grundsteuerrecht Anwendung. Dies stellt sicher, dass die Festlegung des Bewertungsobjekts – die wirtschaftliche Einheit des Grundvermögens (Grundstück) – nach dem Bundesrecht und nach dem Landesrecht nach einheitlichen Maßstäben erfolgt.[1] § 2 Abs. 2 Satz 2 HGrStG bestimmt ergänzend, dass § 2 BewG mit der Maßgabe Anwendung findet, dass mehrere Wirtschaftsgüter als eine wirtschaftliche Einheit nur insoweit in Betracht kommen, als sie im **Gebiet derselben Gemeinde** nach § 15 HGO belegen sind.[2] Der Steuergegenstand Grundstück (§ 2 Nr. 2 GrStG) soll sich damit stets ausschließlich auf das Gebiet einer Gemeinde erstrecken.[3] Folglich bedürfe es **keiner Zerlegungen** von Steuermessbeträgen gem. der §§ 22–24 GrStG.[4] Wirtschaftliche Einheiten, die sich bei der Einheitsbewertung über mehrere Gemeinden erstrecken, sollen für das hessische Grundsteuerrecht neu abgegrenzt werden.[5] Für die Zerlegung gibt es nach Ansicht des hessischen Gesetzgebers und der Finanzverwaltung in Hessen für die Grundsteuer auf das Grundvermögen ab dem Jahr 2025 keine Anwendungsfälle mehr.[6]

44 Ob eine Zerlegung auch bei der Erstreckung eines einzelnen Wirtschaftsguts über das Gebiet mehrerer Gemeinden nicht erforderlich ist, ist zweifelhaft. Die Norm schließt lediglich aus, **mehrere Wirtschaftsgüter** auf dem Gebiet mehrerer Gemeinden zu einer wirtschaftlichen Einheit zusammenzufassen. Erstreckt sich allerdings **ein einzelnes Wirtschaftsgut über das Gebiet mehrerer Gemeinden,** ist § 2 Abs. 2 Satz 2 HGrStG dem Wortlaut nach nicht einschlägig. Für ein solches Wirtschaftsgut müsste weiterhin ein Steuermessbetrag festgesetzt werden und dieser wie üblich auf die Gemeinden zerlegt werden. Allerdings ist fraglich, ob derartige Fallkonstellationen in Hessen katasterrechtlich überhaupt auftreten können.[7] Häufig dürften mehrere Wirtschaftsgüter vorliegen (beispielsweise zwei Flurstücke, die ohne § 2 Abs. 2 Satz 2 HGrStG zu einer wirtschaftlichen Einheit zusammengefasst werden würden).

45 Eine **wirtschaftliche Einheit** des Grundvermögens **endet** wegen des auf das Gebiet des Landes Hessen beschränkten Anwendungsbereichs des HGrStG stets **an der hessischen Landesgrenze.**[8] Erstreckt sich ein Grundstück über die hessische Landesgrenze, wird für den im Land Hessen belegenen Teil des Grundstücks eine eigene wirtschaftliche Einheit begründet.[9] Nur dieser Teil unterliegt den Regelungen des HGrStG.

III. Anwendung der besonderen Bewertungsvorschriften und Schlussbestimmungen (§ 2 Abs. 3 HGrStG)

46 § 2 Abs. 3 HGrStG bestimmt, dass die besonderen Bewertungsvorschriften und die Schlussbestimmungen des Bewertungsgesetzes entsprechend anzuwenden sind. Die Norm wirkt konstitutiv.[10] Im Einzelnen handelt es sich hierbei um folgende Vorschriften:[11]

1 AE HGrStG zu § 2 Abs. 2.
2 AE HGrStG zu § 2 Abs. 2.
3 AE HGrStG zu § 2 Abs. 2.
4 AE HGrStG zu § 2 Abs. 2; Mandler/Schulze/Zochert, Ubg 2022 S. 351.
5 AE HGrStG zu § 2 Abs. 2.
6 AE HGrStG zu § 2 Abs. 2; siehe auch Hessische LT-Drucks. 20/6379 S. 15.
7 So Schulze in Stenger/Loose, HGrStG, § 2 Rz. 104; Wiegand in Rössler/Troll, HGrStG, § 2 Rz. 7.
8 AE HGrStG zu § 2 Abs. 2.
9 AE HGrStG zu § 2 Abs. 2.
10 AE HGrStG zu § 2 Abs. 2, 3, 4.
11 AE HGrStG zu § 2 Abs. 3.

- § 218 Satz 1 Nr. 2 und Satz 3 BewG i. V. mit § 99 Abs. 1 Nr. 1 BewG[1] (§ 2 Abs. 3 Nr. 1 HGrStG, siehe hierzu → Rz. 47),
- §§ 243–246 und 248 BewG[2] (§ 2 Abs. 3 Nr. 2 HGrStG, siehe hierzu → Rz. 48),
- § 249 Abs. 5, 6 und 10 BewG[3] (§ 2 Abs. 3 Nr. 3 HGrStG, siehe hierzu → Rz. 49) und
- § 266 Abs. 3–5 BewG[4] (§ 2 Abs. 3 Nr. 4 HGrStG, siehe hierzu → Rz. 50 f.).

§ 218 Satz 1 Nr. 2 und Satz 3 BewG i. V. mit § 99 Abs. 1 Nr. 1 BewG bestimmen die **Vermögensart Grundvermögen** und legen fest, dass Betriebsgrundstücke i. S. des § 99 Abs. 1 Nr. 1 BewG dem Grundvermögen zugeordnet werden und wie Grundvermögen zu bewerten sind. **Betriebsgrundstücke** i. S. des § 99 Abs. 1 Nr. 1 BewG ist der zu einem Gewerbebetrieb gehörige Grundbesitz, soweit er, losgelöst von seiner Zugehörigkeit zu dem Gewerbebetrieb, zum Grundvermögen gehören würde. 47

Mit den über § 2 Abs. 3 Nr. 2 HGrStG entsprechend anwendbaren §§ 243–246 BewG und § 248 BewG greift der hessische Landesgesetzgeber auf grundlegende bundesgesetzlich geregelte Definitionen zurück. Die Vorschriften 48

- bestimmen den Begriff des **Grundvermögens** (§ 243 BewG)[5] und des **Grundstücks** (§ 244 BewG),[6]
- treffen Regelungen zu Gebäuden, Gebäudeteilen und Anlagen für den **Zivilschutz** (§ 245 BewG)[7] und
- definieren die Begriffe der **unbebauten** (§ 246 BewG)[8] und **bebauten Grundstücke** (§ 248 BewG).[9]

Die zum Niedersächsischen Grundsteuergesetz vorgetragene Kritik zur entsprechenden Anwendbarkeit des § 245 BewG in einem Flächenmodell[10] gilt auch für das hessische Grundsteuermodell. § 247 BewG[11] zur Bewertung unbebauter Grundstücke findet in Hessen aufgrund der abweichenden Regelungen in §§ 5–7 HGrStG keine Anwendung.

§ 249 Abs. 5 BewG definiert das **Wohnungseigentum** als das Sondereigentum an einer Wohnung in Verbindung mit dem Miteigentumsanteil an dem gemeinschaftlichen Eigentum, zu dem es gehört.[12] § 249 Abs. 6 BewG definiert das **Teileigentum** als das Sondereigentum an nicht zu Wohnzwecken dienenden Räumen eines Gebäudes in Verbindung mit dem Miteigentum an dem gemeinschaftlichen Eigentum, zu dem es gehört.[13] Die maßgebliche Definition der **Wohnung** ergibt sich aus § 249 Abs. 10 BewG.[14] 49

---

1 Siehe vertiefend hierzu Kurt in Grootens, BewG § 218 Rz. 111 ff.
2 Siehe vertiefend hierzu die Kommentierung Bock in Grootens, BewG §§ 243–246 und 248.
3 Siehe vertiefend hierzu Bock in Grootens, BewG § 249 Rz. 56, 60 und 76 ff.
4 Siehe vertiefend hierzu Grootens in Grootens, BewG § 266 Rz. 91 ff.
5 Siehe vertiefend hierzu Bock in Grootens, BewG § 243 Rz. 19 ff.
6 Siehe vertiefend hierzu Bock in Grootens, BewG § 244 Rz. 18 ff.
7 Siehe vertiefend hierzu Bock in Grootens, BewG § 245 Rz. 18 ff.
8 Siehe vertiefend hierzu Bock in Grootens, BewG § 246 Rz. 17 ff.
9 Siehe vertiefend hierzu Bock in Grootens, BewG § 248 Rz. 19 ff.
10 Vgl. hierzu Bock/Lapp in Grootens, NGrStG § 3 Rz. 106 f.
11 Siehe vertiefend hierzu Bock in Grootens, BewG § 247 Rz. 1 ff.
12 Siehe vertiefend hierzu Bock in Grootens, BewG § 249 Rz. 56.
13 Siehe vertiefend hierzu Bock in Grootens, BewG § 249 Rz. 60.
14 Siehe vertiefend hierzu Bock in Grootens, BewG § 249 Rz. 76 ff.

50 § 266 Abs. 3 BewG normiert eine **Amnestieregelung**, wonach vor dem 1.1.2022 eingetretene Änderungen der tatsächlichen Verhältnisse bei Fortschreibungen und Nachfeststellungen des Einheitswerts (§§ 22, 23 BewG a. F.) auf Feststellungszeitpunkte vor dem 1.1.2022 nicht zu berücksichtigen sind, wenn sie der Finanzbehörde durch eine Erklärung zur Feststellung des Grundsteuerwerts auf den 1.1.2022 für die Bewertung eines Betriebs der Land- und Forstwirtschaft oder eines Grundstücks erstmals bekannt werden.[1] Über § 2 Abs. 3 Nr. 4 HGrStG gilt die Amnestieregelung in Hessen entsprechend, wenn die Änderungen der tatsächlichen Verhältnisse der Finanzbehörde durch eine Erklärung zur Festsetzung des Grundsteuermessbetrags erstmals bekannt werden.

51 Über § 2 Abs. 3 Nr. 4 HGrStG findet § 266 Abs. 5 BewG in Hessen entsprechend Anwendung. Diese bundesgesetzliche Übergangsregelung wurde mit dem Gesetz zur erleichterten Umsetzung der Reform der Grundsteuer und Änderung weiterer steuerrechtlicher Vorschriften[2] eingeführt und bewirkt, dass **bestehende wirtschaftliche Einheiten**, die für Zwecke der Einheitsbewertung unter Anwendung des §§ 26 oder 34 Abs. 4–6 BewG a. F. gebildet wurden, weiterhin für Zwecke der Feststellung von Grundsteuerwerten nach den Regelungen des Siebenten Abschnitts des Zweiten Teils des Bewertungsgesetzes (in Hessen: der Festsetzung von Grundsteuermessbeträgen) **zugrunde gelegt** werden können.[3]

52 Bei § 266 Abs. 5 BewG handelt es sich um eine auslaufende Regelung, welche am 31.12.2028 aufgehoben wird und ab der auf den 1.1.2029 durchzuführenden Hauptfeststellung der Grundsteuerwerte keine Anwendung mehr findet.[4] Auch in Hessen dürfen damit bei der ersten Hauptveranlagung der Steuermessbeträge auf den 1.1.2022 (§ 8 Abs. 1 HGrStG) die nach §§ 26 oder 34 Abs. 4–6 BewG a. F. gebildeten wirtschaftlichen Einheiten zugrunde gelegt werden. Anders als Niedersachsen (§ 2 Abs. 4 Satz 1 NGrStG,[5] § 11 Abs. 2–4 NGrStG)[6] hat der hessische Landesgesetzgeber **keine mit §§ 26 oder 34 Abs. 4–6 BewG a. F. vergleichbaren dauerhaft wirkenden Regelungen** in das HGrStG aufgenommen. Für neu zu bildende wirtschaftliche Einheiten finden damit die dem Eigentümerprinzip folgenden bundesgesetzlich geltenden Regelungen zur Bildung der wirtschaftlichen Einheiten Anwendung. § 266 Abs. 5 BewG normiert lediglich die Übergangsregelung und nicht die Bildung der wirtschaftlichen Einheit an sich. Da § 2 Abs. 3 Nr. 4 HGrStG explizit auf § 266 Abs. 5 BewG **in der am 24.12.2021 gültigen Fassung** Bezug nimmt und nicht zum 31.12.2028 aufgehoben wird, dürften trotz des anstehenden Wegfalls des § 266 Abs. 5 BewG auch bei weiteren Hauptveranlagungen der Steuermessbeträge in Hessen die für Zwecke der Einheitsbewertung unter Anwendung der §§ 26 oder 34 Abs. 4–6 BewG a. F. gebildeten wirtschaftlichen Einheiten zugrunde gelegt werden können.

53–55 *(Einstweilen frei)*

1 Siehe vertiefend hierzu Grootens in Grootens, BewG § 266 Rz. 91 ff.
2 BGBl 2021 I S. 2931 ff.
3 Vgl. BT-Drucks. 19/28902 S. 23 f. sowie vertiefend Grootens in Grootens, BewG § 266 Rz. 111 ff.
4 Vgl. Art. 2 i.V. mit Art. 7 Abs. 2 Grundsteuerreform-Umsetzungsgesetz, BGBl 2021 I S. 2936 und S. 2938.
5 Siehe vertiefend hierzu Bock/Lapp in Grootens, NGrStG § 2 Rz. 73 ff.
6 Siehe vertiefend hierzu Bock/Lapp in Grootens, NGrStG § 11 Rz. 46 ff.

IV. Erklärungs- und Anzeigepflichten, Auskünfte, Erhebungen und Mitteilungen (§ 2 Abs. 4 HGrStG)

Nach § 2 Abs. 4 HGrStG, der konstitutiv wirkt,[1] gelten die in §§ 228, 229 BewG[2] geregelten Erklärungs-, Anzeige- und Auskunftspflichten unter bestimmten Maßgaben entsprechend.[3] 56

Für die entsprechende Anwendung des § 228 Abs. 1 Satz 3 BewG,[4] welcher die öffentliche **Aufforderung zur Erklärungsabgabe** regelt, gilt nach § 2 Abs. 4 Satz 1 Nr. 1 HGrStG die Maßgabe, dass diese Aufforderung durch öffentliche Bekanntmachung des Hessischen Ministeriums der Finanzen erfolgen kann, wobei dieses die Befugnis auch durch Erlass auf nachgeordnete Dienststellen – in Hessen z. B. die Oberfinanzdirektion Frankfurt am Main – übertragen kann.[5] Mit Erlass vom 28.3.2022 hat das Hessische Ministerium der Finanzen die Befugnis zur Aufforderung zur Erklärungsabgabe auf die zuständigen hessischen Finanzämter übertragen.[6] Diese haben mit öffentlicher Bekanntmachung vom 28.3.2022 zur Abgabe der Erklärung zur Festsetzung des Grundsteuermessbetrags (Grundvermögen) und der Erklärung zur Feststellung des Grundsteuerwerts (Betriebe der Land- und Forstwirtschaft) bis 31.10.2022 aufgefordert.[7] Im Oktober 2022 haben die Finanzministerinnen und Finanzminister beschlossen, die Frist zur Abgabe der Erklärungen für Zwecke der Grundsteuer bis 31.1.2023 zu verlängern.[8] Mit Erlass vom 31.10.2022 hat das Hessische Ministerium der Finanzen die Frist zur Erklärungsabgabe bis zum 31.1.2023 verlängert.[9] Wie im Bundesrecht (dort über Art. 97 § 8 EGAO) findet für die Hauptfeststellung § 152 Abs. 2 AO (zwingende Festsetzung eines Verspätungszuschlags) infolge der gewährten Fristverlängerung auch bei Überschreiten der verlängerten Frist keine Anwendung (§ 152 Abs. 3 Nr. 1 AO).[10] Die Festsetzung eines Verspätungszuschlags nach § 152 Abs. 1 AO (Ermessensentscheidung) bleibt hiervon unberührt möglich. 57

Bundesgesetzlich regelt § 228 Abs. 4 BewG,[11] dass die Erklärungen zur Feststellung des Grundsteuerwerts und die Änderungsanzeigen nach § 228 Abs. 2 BewG[12] bei dem für die gesonderte Feststellung des Grundsteuerwerts zuständigen Finanzamt abzugeben sind. § 2 Abs. 4 Satz 1 Nr. 2 HGrStG bestimmt, dass diese Regelung in Hessen entsprechend gilt, mit der Maßgabe, dass die Erklärung bzw. Anzeige bei dem für die **Festsetzung des Steuermessbetrags zuständigen Finanzamt** einzureichen ist.[13] Dies ist folgerichtig, da es in dem hessischen Grundsteuermodell keine gesonderten Feststellungen (von Grundsteuerwerten oder Äquivalenzbeträgen) 58

1 AE HGrStG zu § 2 Abs. 2, 3, 4.

2 Siehe vertiefend hierzu die Kommentierung Kurt in Grootens, BewG §§ 228, 229.

3 AE HGrStG zu § 2 Abs. 4.

4 Siehe vertiefend hierzu Kurt in Grootens, BewG § 228 Rz. 66 f.

5 AE HGrStG zu § 2 Abs. 4.

6 Erlass des Hessischen Ministeriums der Finanzen vom 28.3.2022 - G1030 A-061-II6a/6, Staatsanzeiger für das Land Hessen vom 28.3.2022, StAnz 13/2022 S. 418.

7 Erlass des Hessischen Ministeriums der Finanzen vom 28.3.2022 - G 1030 A-001-St 71, Staatsanzeiger für das Land Hessen vom 28.3.2022, StAnz 13/2022 S. 419.

8 https://finanzamt.hessen.de/presse/frist-fuer-abgabe-der-grundsteuererklaerung-verlaengert, aufgerufen am 23.10.2022.

9 Erlass des Hessischen Ministeriums der Finanzen vom 31.10.2022 - G 1030 A-001-St 71 und G 1030 A-061-II6/6, Staatsanzeiger für das Land Hessen vom 31.10.2022, StAnz 44/2022 S. 1227.

10 FG Münster, Urteil v. 10.2.2022 - 9 K 1547/21 U NWB HAAAI-58384; Haselmann in Koenig, AO, 5. Aufl. 2024, § 152 Rz. 53; Schober in Gosch, AO/FGO, § 152 AO Rz. 50.

11 Siehe vertiefend hierzu Kurt in Grootens, BewG § 228 Rz. 171 ff.

12 Siehe vertiefend hierzu Kurt in Grootens, BewG § 228 Rz. 111 ff.

13 AE HGrStG zu § 2 Abs. 4.

gibt, sondern auf der ersten Stufe der Ermittlung der zu zahlenden Grundsteuer direkt von einem Grundsteuermessbetrag auszugehen ist (§ 4 Abs. 1 Satz 1 HGrStG).[1]

59 Die **Einzelaufforderung** zur Abgabe der Steuererklärung durch das zuständige hessische Finanzamt ist nach § 2 Abs. 5 HGrStG i.V. mit 118 Satz 1 AO ein **Verwaltungsakt**, der mit dem Einspruch angefochten werden kann.[2] Bei einer Aufforderung **durch öffentliche Bekanntmachung** handelt es sich nach § 2 Abs. 5 HGrStG i.V. mit § 118 Satz 2 AO um eine **Allgemeinverfügung.**[3] Die Pflicht zur Abgabe der Steuererklärung für Zwecke der Hauptveranlagung hat derjenige zu erfüllen, dem eine wirtschaftliche Einheit zum Hauptveranlagungszeitpunkt am 1.1.2022 zuzurechnen war. Dies ist der Steuerschuldner nach § 3 HGrStG,[4] insbesondere der **bürgerlich-rechtliche oder wirtschaftliche Eigentümer** des Grundstücks.[5] Die Pflicht zur Abgabe der Steuererklärung für den Eigentümer zum Stichtag 1.1.2022 besteht auch dann, wenn sich die Eigentumsverhältnisse nach diesem Stichtag ändern und zwischenzeitlich eine andere Person im Grundbuch als Eigentümer eingetragen wurde.[6] Sind mehrere wirtschaftliche Einheiten einem Eigentümer zuzurechnen, ist für jede wirtschaftliche Einheit eine separate Erklärung zum Grundsteuermessbetrag abzugeben.[7]

60 Treten nach dem 1.1.2022 **Änderungen** ein, die sich auf den Grundsteuermessbetrag auswirken können, ist der Eigentümer verpflichtet, diese ohne gesonderte Aufforderung auf den Beginn des folgenden Kalenderjahres dem zuständigen Finanzamt gem. § 228 Abs. 2, 6 BewG[8] **anzuzeigen.**[9] Treten Änderungen nach dem 1.1.2022 ein, die sich auf eine Steuerbefreiung oder die Gewährung einer ermäßigten Steuermesszahl auswirken können, gilt auch für in Hessen belegene wirtschaftliche Einheiten die Anzeigepflicht nach § 19 GrStG.[10]

61 Die **Erklärung** zur Festsetzung des Grundsteuermessbetrags i. S. des § 228 Abs. 1 BewG und die **Anzeigen** i. S. des § 228 Abs. 2 BewG gelten nach § 2 Abs. 4 HGrStG i.V. mit § 228 Abs. 5 BewG als **Steuererklärungen.**[11]

62 § 229 BewG[12] zu den **Auskunfts-, Erhebungs- und Mitteilungspflichten** findet vorbehaltlich des § 16 Satz 2 HGrStG[13] über § 2 Abs. 4 Satz 1 HGrStG in Hessen uneingeschränkt Anwendung.[14] § 229 Abs. 2 Satz 1 BewG[15] bestimmt, dass die Finanzbehörden zur Vorbereitung einer Hauptfeststellung und zur Durchführung von Feststellungen der Grundsteuerwerte örtliche Erhebungen über die Bewertungsgrundlagen anstellen können. § 229 Abs. 2 Satz 2 BewG[16] weist – dem Zitiergebot Rechnung tragend – insoweit auf eine **Einschränkung des Grundrechts der Unverletzlichkeit der Wohnung** (Art. 13 GG) hin. Die gleichlautende Regelung in § 2 Abs. 4

1 Siehe hierzu vertiefend Bock/Lapp in Grootens, HGrStG § 4 Rz. 26 ff.
2 AE HGrStG zu § 2 Abs. 4.
3 AE HGrStG zu § 2 Abs. 4.
4 Siehe vertiefend Bock/Lapp in Grootens, HGrStG § 3 Rz. 41 ff.
5 AE HGrStG zu § 2 Abs. 4.
6 AE HGrStG zu § 2 Abs. 4.
7 AE HGrStG zu § 2 Abs. 4.
8 Siehe vertiefend Kurt in Grootens, BewG § 228 Rz. 111 ff.
9 AE HGrStG zu § 2 Abs. 4.
10 AE HGrStG zu § 2 Abs. 4; siehe zu § 19 GrStG vertiefend Bock in Grootens, GrStG § 19 Rz. 19 ff.
11 AE HGrStG zu § 2 Abs. 4; siehe zu den Folgen vertiefend Kurt in Grootens, BewG § 228 Rz. 181 ff.
12 Siehe vertiefend Kurt in Grootens, BewG § 228 Rz. 61 ff.
13 Siehe vertiefend Bock/Lapp in Grootens, HGrStG § 16 Rz. 34.
14 AE HGrStG zu § 2 Abs. 4.
15 Siehe vertiefend hierzu Kurt in Grootens, BewG § 229 Rz. 71 ff.
16 Siehe vertiefend hierzu Kurt in Grootens, BewG § 229 Rz. 73 f.

Satz 2 HGrStG weist ergänzend auf eine Einschränkung des Rechts auf Unverletzlichkeit der Wohnung nach Art. 8 der Verfassung des Landes Hessen hin.

(Einstweilen frei) 63–65

V. Anwendbarkeit der Abgabenordnung (§ 2 Abs. 5 Nr. 1 HGrStG)

Nach § 2 Abs. 5 Nr. 1 HGrStG gelten für Handlungen und Entscheidungen der Landesfinanzbehörden im Zusammenhang mit den Regelungen des HGrStG die **Vorschriften der Abgabenordnung entsprechend** mit der Maßgabe, dass in den Fällen des § 182 Abs. 2 Satz 1 AO an die Stelle des Feststellungsbescheides über einen Grundsteuerwert der **Feststellungsbescheid über einen Steuermessbetrag** tritt (zu Zweifeln an der Gesetzgebungskompetenz siehe → Rz. 21). Daraus folgt insbesondere, dass der Grundsteuermessbetrag nach § 184 Abs. 1 AO durch Steuermessbescheid festgesetzt wird, der Steuermessbescheid nach § 184 Abs. 1 Satz 1 AO i.V. mit § 170 Abs. 10 AO Grundlagenbescheid für den Grundsteuerbescheid ist und die Besteuerungsgrundlagen unter den Voraussetzungen des § 184 Abs. 1 Satz 3 AO i.V. mit § 162 AO geschätzt werden können.[1] Die Finanzbehörden teilen den Gemeinden den Inhalt des Grundsteuermessbetrags sowie etwaige Billigkeitsmaßnahmen nach § 184 Abs. 3 AO mit.[2] Den Gemeinden stehen gem. § 21 Abs. 3 FVG die Auskunfts- und Teilnahmerechte aus § 21 Abs. 1 und 2 FVG zu.[3] 66

Nach § 182 Abs. 2 Satz 1 AO **wirkt ein Feststellungsbescheid** über einen Grundsteuerwert auch gegenüber dem **Rechtsnachfolger**, auf den der Gegenstand der Feststellung nach dem Feststellungszeitpunkt mit steuerlicher Wirkung übergeht (dingliche Wirkung des Grundsteuermessbetrags).[4] Ausweislich § 4 Abs. 2 Satz 1 HGrStG[5] wird der Steuermessbetrag in dem hessischen Grundsteuermodell für den steuerpflichtigen Teil des Steuergegenstands ermittelt und **festgesetzt.** Auf der ersten Stufe der Ermittlung der zu zahlenden Grundsteuer erfolgt eine Festsetzung und keine gesonderte Feststellung (von Grundsteuerwerten, Äquivalenzbeträgen oder Ähnlichem). 67

Vermutlich handelt es sich bei der Verwendung des Wortes Feststellungsbescheid in § 2 Abs. 5 Nr. 1 HGrStG um ein **gesetzgeberisches Versehen**, dessen Folgen jedoch gering bleiben dürften. So normiert § 9 Abs. 1 Nr. 1 HGrStG,[6] dass der Steuermessbetrag neu festgesetzt wird, wenn während des Hauptveranlagungszeitraums Änderungen eintreten, die sich auf die Steuerschuldnerschaft auswirken. Infolgedessen erfolgt gegenüber einem Rechtsnachfolger, dem der Steuergegenstand erstmalig zuzurechnen ist und der infolgedessen nach § 3 HGrStG[7] Schuldner der Grundsteuer wird, eine neue Festsetzung des Steuermessbetrags, die gegenüber diesem mit dem bekanntgegebenen Inhalt Wirkung entfaltet (§ 124 Abs. 1 Satz 2 AO, der über § 2 Abs. 5 Nr. 1 HGrStG in Hessen entsprechend Anwendung findet). 68

§ 2 Abs. 5 Nr. 1 HGrStG erklärt **im Übrigen** die **Vorschriften der Abgabenordnung** für **uneingeschränkt anwendbar.**[8] Die einschränkende Anwendung der Abgabenordnung nach § 1 Abs. 2 AO, soweit bei den Realsteuern die Verwaltung – wie hier die Festsetzung und Erhebung der 69

---

1 AE HGrStG zu § 2 Abs. 5.

2 AE HGrStG zu § 2 Abs. 5.

3 AE HGrStG zu § 2 Abs. 5.

4 AE HGrStG zu § 2 Abs. 5.

5 Siehe hierzu vertiefend Bock/Lapp in Grootens, HGrStG § 4 Rz. 26 ff.

6 Siehe hierzu vertiefend Bock/Lapp in Grootens, HGrStG § 9 Rz. 26 ff.

7 Siehe hierzu vertiefend Bock/Lapp in Grootens, HGrStG § 3 Rz. 1 ff.

8 AE HGrStG zu § 2 Abs. 5.

Grundsteuer nach § 1 RealStFestGemZustG[1] – den Gemeinden übertragen worden ist, gilt ebenfalls uneingeschränkt.[2] Der Anwendungsbefehl wird für erforderlich gehalten, da gem. § 1 Abs. 1 AO die Abgabenordnung nur für Steuern gilt, die durch Bundesrecht oder Recht der Europäischen Union geregelt sind. Die Abgabenordnung gilt damit nicht für landesrechtlich geregelte Steuern, wenn die Abgabenordnung nicht landesrechtlich für anwendbar erklärt wurde. Die Erforderlichkeit, die AO für anwendbar zu erklären, ist allerdings zweifelhaft, da Hessen nur partiell vom Bundesrecht abweicht und damit die Grundsteuer in Hessen auch durch Bundesrecht geregelt ist.[3] § 2 Abs. 5 Nr. 1 HGrStG entspricht im Wesentlichen § 2 Abs. 1 Satz 1 LGrStG BW[4] und § 12 Abs. 2 Satz 1 NGrStG.[5] Der Anwendungsbefehl erfasst auch das Steuerstrafrecht, insoweit hat Hessen von der Öffnungsklausel nach Art. 4 Abs. 3 EGStGB Gebrauch gemacht.[6]

70 Soweit das HGrStG eine **von der Abgabenordnung abweichende Regelung** trifft oder die Vorschrift der Abgabenordnung **keinen Bezug** zur Ermittlung oder Festsetzung des Grundsteuermessbetrags hat, findet diese **keine Anwendung.**[7] Dies gilt z. B. für

- § 39 Abs. 2 Nr. 2 AO, wonach Wirtschaftsgüter, die mehreren zur gesamten Hand zustehen, den Beteiligten anteilig zugerechnet werden, soweit eine getrennte Zurechnung für die Besteuerung erforderlich ist. (gem. § 3 Abs. 2 Satz 1 HGrStG[8] richtet sich die Zurechnung des Steuergegenstands nach § 39 Abs. 1 und 2 Nr. 1 AO, soweit im HGrStG nichts anderes bestimmt wird) oder
- § 180 Abs. 1 Satz 1 Nr. 1 AO, wonach Grundsteuerwerte nach Maßgabe des Bewertungsgesetzes gesondert festgestellt werden (bei der Festsetzung des Grundsteuermessbetrags nach dem HGrStG sind keine Grundsteuerwerte im Sinne des § 219 BewG festzustellen)[9] oder
- die Vorschriften des Erhebungs- und Vollstreckungsverfahrens (grds., Ausnahme §§ 328 ff. AO bei Nichtabgabe der Erklärung zum Grundsteuermessbetrag nach § 228 Abs. 1 BewG), da die Zuständigkeit der hessischen Finanzbehörden nach dem HGrStG mit der Festsetzung des Grundsteuermessbetrags endet.[10]

71 Gegen den **Steuermessbescheid** ist der **Einspruch** zulässig. In Bezug auf das außergerichtliche Rechtsbehelfsverfahren finden die §§ 347 ff. AO Anwendung.[11] Mit dem Erlass des Grundsteuermessbescheids wird auch über die Zurechnung der wirtschaftlichen Einheit entschieden.[12] Damit erfolgt im Grundsteuermessbescheid die bindende Feststellung des Steuerschuldners i. S. des § 3 HGrStG.[13] Eine unzutreffende Zurechnung kann nur durch Anfechtung des Grund-

1 Gesetz über die Zuständigkeiten der Gemeinden für die Festsetzung und Erhebung der Realsteuern v. 3.12.1981, HE-GVBl 1981 I S. 413.

2 Krumm/Paeßens, HGrStG, § 2 Rz. 13.

3 Krumm/Paeßens, HGrStG, § 2 Rz. 10; siehe vertiefend auch Bock/Lapp in Grootens, NGrStG § 12 Rz. 37.

4 Siehe vertiefend hierzu Schmidt in Grootens, LGrStG BW § 2 Rz. 16 f.

5 Vgl. Bock/Lapp in Grootens, NGrStG § 12 Rz. 37.

6 Krumm/Paeßens, HGrStG, § 2 Rz. 11.

7 AE HGrStG zu § 2 Abs. 5.

8 Siehe hierzu vertiefend Bock/Lapp in Grootens, HGrStG § 3 Rz. 41 ff.

9 AE HGrStG zu § 2 Abs. 5.

10 AE HGrStG zu § 2 Abs. 5.

11 AE HGrStG zu § 2 Abs. 5.

12 AE HGrStG zu § 2 Abs. 5.

13 AE HGrStG zu § 2 Abs. 5; zu § 3 HGrStG siehe Bock/Lapp in Grootens, HGrStG § 3 Rz. 31 ff.

steuermessbescheids (Grundlagenbescheid) und nicht durch Anfechtung des Grundsteuerbescheids der Gemeinde (Folgebescheid) erfolgen (§ 351 Abs. 2 AO).[1]

(Einstweilen frei) 72–75

VI. Anwendung des Finanzverwaltungsgesetzes (§ 2 Abs. 5 Nr. 2 HGrStG)

Nach § 2 Abs. 5 Nr. 2 HGrStG gelten für Handlungen und Entscheidungen der Landesfinanzbehörden im Zusammenhang mit den Regelungen des HGrStG die Vorschriften des **Finanzverwaltungsgesetzes** entsprechend, soweit das HGrStG keine abweichende Regelung enthält.[2] 76

Die Vorschrift entspricht im Ergebnis § 2 Abs. 1 Satz 1 LGrStG BW.[3] Relevant ist insbesondere § 2 Abs. 1 des Finanzverwaltungsgesetzes, der die **zuständigen Landesfinanzbehörden** normiert. Bei der Grundsteuer werden als oberste Behörde das für die Finanzverwaltung zuständige Hessische Ministerium der Finanzen, als Mittelbehörde die Oberfinanzdirektion Frankfurt am Main und als örtliche Behörden die für die Festsetzung der Steuermessbeträge zuständigen Finanzämter bestimmt. Hessen beabsichtigt, die für die Festsetzung der Steuermessbeträge zuständigen Finanzämter an sieben Standorten zu zentralisieren.[4] 77

(Einstweilen frei) 78–80

VII. Anwendung der Finanzgerichtsordnung, Finanzrechtsweg

§ 2 Abs. 5 HGrStG enthält keine Regelung zur entsprechenden Anwendbarkeit der Vorschriften der **Finanzgerichtsordnung** und zur **Eröffnung des Finanzrechtswegs**. Dies wurde in § 15 HGrStG geregelt.[5] 81

C. Anlage zur Kommentierung von § 2 HGrStG

I. Zusammenstellung geltender Vorschriften des Grundsteuergesetzes

GrStG	HGrStG
§ 1 Heberecht	
§ 2 Steuergegenstand	
§ 3 Steuerbefreiung für Grundbesitz bestimmter Rechtsträger	
§ 4 Sonstige Steuerbefreiungen	
§ 5 Zu Wohnzwecken benutzter Grundbesitz	
§ 6 Land- und forstwirtschaftlich genutzter Grundbesitz	
§ 7 Unmittelbare Benutzung für einen steuerbegünstigten Zweck	
§ 8 Teilweise Benutzung für einen steuerbegünstigten Zweck	

1 AE HGrStG zu § 2 Abs. 5.
2 AE HGrStG zu § 2 Abs. 5.
3 Siehe vertiefend hierzu Schmidt in Grootens, LGrStG BW § 2 Rz. 16 f.
4 Vgl. Hessische LT-Drucks. 20/2882.
5 AE HGrStG zu § 15; siehe vertiefend hierzu Bock/Lapp in Grootens, HGrStG § 15 Rz. 1 ff.

GrStG	HGrStG
§ 9 Stichtag für die Festsetzung der Grundsteuer, Entstehung der Steuer	
~~§ 10 Steuerschuldner~~	§ 3 Steuerschuldner
§ 11 Persönliche Haftung	
§ 12 Dingliche Haftung	
~~§ 13 Steuermesszahl und Steuermessbetrag~~	§ 4 Steuermessbetrag
	§ 5 Flächenbeträge
	§ 7 Faktor
§ 14 Steuermesszahl für Betriebe der Land- und Forstwirtschaft	
§ 15 Abs. 2 bis 4 Steuermesszahl für Grundstücke	§ 6 Steuermesszahlen
~~§ 15 Abs. 1 und 5 Steuermesszahl für Grundstücke~~	
~~§ 16 Hauptveranlagung~~	§ 8 Hauptveranlagung
~~§ 17 Neuveranlagung~~	§ 9 Neuveranlagung
~~§ 18 Nachveranlagung~~	§ 10 Nachveranlagung
§ 19 Anzeigepflicht	
~~§ 20 Aufhebung des Steuermessbetrags~~	§ 11 Aufhebung des Steuermessbetrags
~~§ 21 Änderung von Steuermessbescheiden~~	§ 12 Gemeinsame Vorschriften zur Neuveranlagung, Nachveranlagung und Aufhebung des Steuermessbetrags
§ 22 Zerlegung des Steuermessbetrags[1]	
§ 23 Zerlegungsstichtag[2]	
§ 24 Ersatz der Zerlegung durch Steuerausgleich	
§ 25 Abs. 1 bis 4 Festsetzung des Hebesatzes	§ 13 Hebesatz für baureife Grundstücke
~~§ 25 Abs. 5 Festsetzung des Hebesatzes~~	
§ 26 Koppelungsvorschriften und Höchsthebesätze	
§ 27 Festsetzung der Grundsteuer	
§ 28 Fälligkeit	
§ 29 Vorauszahlungen	
§ 30 Abrechnung über die Vorauszahlungen	
§ 31 Nachentrichtung der Steuer	
§ 32 Erlass für Kulturgut und Grünanlagen	
§ 33 Erlass wegen wesentlicher Reinertragsminderung bei Betrieben der Land- und Forstwirtschaft	
§ 34 Erlass wegen wesentlicher Ertragsminderung bei bebauten Grundstücken	§ 14 Erlass wegen wesentlicher Ertragsminderung
§ 35 Verfahren	

1 Mögliche Fälle insbesondere bei in Hessen belegenen Betrieben der Land- und Forstwirtschaft. Für in Hessen belegenes Grundvermögen aufgrund der Regelung in § 2 Abs. 2 Satz 2 HGrStG weitgehend keine Fälle mehr.

2 Relevant insbesondere bei in Hessen belegenen Betrieben der Land- und Forstwirtschaft. Für in Hessen belegenes Grundvermögen aufgrund der Regelung in § 2 Abs. 2 Satz 2 HGrStG weitgehend keine Fälle mehr.

GrStG	HGrStG
~~§ 36 Sondervorschriften für die Hauptveranlagung 2025~~	[s. o. § 8 HGrStG]
§ 37 Anwendung des Gesetzes	
~~§ 38 Bekanntmachung~~	
	§ 15 Rechtsweg und Revisibilität des Landesrechts
	§ 16 Ermächtigungen

II. Zusammenstellung geltender Vorschriften des Bewertungsgesetzes

BewG	HGrStG
§ 2 Wirtschaftliche Einheit	§ 2 Abs. 2 (...) Anwendung des Bewertungsgesetzes (...)
§ 3 Wertermittlung bei mehreren Beteiligten	
§ 4 Aufschiebend bedingter Erwerb	
§ 5 Auflösend bedingter Erwerb	
§ 6 Aufschiebend bedingte Lasten	
§ 7 Auflösend bedingte Lasten	
§ 8 Befristung auf einen unbestimmten Zeitpunkt	
~~§ 9 Bewertungsgrundsatz, gemeiner Wert~~[1]	
~~§ 10 Begriff des Teilwerts~~[2]	
~~§ 11 Wertpapiere und Anteile~~[3]	
~~§ 12 Kapitalforderungen und Schulden~~[4]	
~~§ 13 Kapitalwert von wiederkehrenden Nutzungen und Leistungen~~[5]	
~~§ 14 Lebenslängliche Nutzungen und Leistungen~~[6]	
~~§ 15 Jahreswert von Nutzungen und Leistungen~~[7]	
~~§ 16 Begrenzung des Jahreswerts von Nutzungen~~[8]	
§ 99 Betriebsgrundstücke (i.V. mit § 218 BewG)	§ 2 Abs. 3 (...) Anwendung des Bewertungsgesetzes (...)
§ 218 Vermögensarten	
§ 219 Feststellung von Grundsteuerwerten[9]	
§ 220 Ermittlung der Grundsteuerwerte[10]	
§ 221 Hauptfeststellung[11]	

1 Norm für die Bewertung im hessischen Grundsteuermodell nicht erforderlich.
2 Norm für die Bewertung im hessischen Grundsteuermodell nicht erforderlich.
3 Norm für die Bewertung im hessischen Grundsteuermodell nicht erforderlich.
4 Norm für die Bewertung im hessischen Grundsteuermodell nicht erforderlich.
5 Norm für die Bewertung im hessischen Grundsteuermodell nicht erforderlich.
6 Norm für die Bewertung im hessischen Grundsteuermodell nicht erforderlich.
7 Norm für die Bewertung im hessischen Grundsteuermodell nicht erforderlich.
8 Norm für die Bewertung im hessischen Grundsteuermodell nicht erforderlich.
9 Nur für die Bewertung des land- und forstwirtschaftlichen Vermögens von Relevanz. Für die Bewertung des Grundvermögens findet die Norm keine Anwendung.
10 Nur für die Bewertung des land- und forstwirtschaftlichen Vermögens von Relevanz. Für die Bewertung des Grundvermögens findet die Norm keine Anwendung.
11 Nur für die Bewertung des land- und forstwirtschaftlichen Vermögens von Relevanz. Für die Bewertung des Grundvermögens findet die Norm keine Anwendung.

BewG	HGrStG
§ 222 Fortschreibungen[1]	
§ 223 Nachfeststellung[2]	
§ 224 Aufhebung des Grundsteuerwerts[3]	
§ 225 Änderung von Feststellungsbescheiden[4]	
§ 226 Nachholung einer Feststellung[5]	
§ 227 Wertverhältnisse bei Fortschreibungen und Nachfeststellungen[6]	
§ 228 Erklärungs- und Anzeigepflicht	§ 2 Abs. 4 (...) Anwendung des Bewertungsgesetzes (...)
§ 229 Auskünfte, Erhebungen und Mitteilungen	
B. Land- und forstwirtschaftliches Vermögen	§ 1 Geltungsbereich
§§ 230–242 BewG[7]	
§ 243 Begriff des Grundvermögens	§ 2 Abs. 3 (...) Anwendung des Bewertungsgesetzes (...)
§ 244 Grundstück	
§ 245 Gebäude, Gebäudeteile und Anlagen für den Zivilschutz	
§ 246 Begriff der unbebauten Grundstücke	
~~§ 247 Bewertung der unbebauten Grundstücke~~[8]	
§ 248 Begriff der bebauten Grundstücke	
§ 249 Abs. 5, 6 und 10 Grundstücksarten	
~~§ 249 Abs. 1–4 und 7–9 Grundstücksarten~~[9]	
~~§ 250 Bewertung der bebauten Grundstücke~~[10]	
~~§ 251 Mindestwert~~[11]	
~~§ 252 Bewertung im Ertragswertverfahren~~[12]	
~~§ 253 Ermittlung des kapitalisierten Reinertrags~~[13]	

1 Nur für die Bewertung des land- und forstwirtschaftlichen Vermögens von Relevanz. Für die Bewertung des Grundvermögens findet die Norm keine Anwendung.
2 Nur für die Bewertung des land- und forstwirtschaftlichen Vermögens von Relevanz. Für die Bewertung des Grundvermögens findet die Norm keine Anwendung.
3 Nur für die Bewertung des land- und forstwirtschaftlichen Vermögens von Relevanz. Für die Bewertung des Grundvermögens findet die Norm keine Anwendung.
4 Nur für die Bewertung des land- und forstwirtschaftlichen Vermögens von Relevanz. Für die Bewertung des Grundvermögens findet die Norm keine Anwendung.
5 Nur für die Bewertung des land- und forstwirtschaftlichen Vermögens von Relevanz. Für die Bewertung des Grundvermögens findet die Norm keine Anwendung.
6 Nur für die Bewertung des land- und forstwirtschaftlichen Vermögens von Relevanz. Für die Bewertung des Grundvermögens findet die Norm keine Anwendung.
7 Nur für die Bewertung des land- und forstwirtschaftlichen Vermögens von Relevanz. Für die Bewertung des Grundvermögens findet die Norm keine Anwendung.
8 Norm für die Bewertung im hessischen Grundsteuermodell nicht erforderlich.
9 Norm für die Bewertung im hessischen Grundsteuermodell nicht erforderlich.
10 Norm für die Bewertung im hessischen Grundsteuermodell nicht erforderlich.
11 Norm für die Bewertung im hessischen Grundsteuermodell nicht erforderlich.
12 Norm für die Bewertung im hessischen Grundsteuermodell nicht erforderlich.
13 Norm für die Bewertung im hessischen Grundsteuermodell nicht erforderlich.

BewG	HGrStG
~~§ 254 Rohertrag des Grundstücks~~[1]	
~~§ 255 Bewirtschaftungskosten~~[2]	
~~§ 256 Liegenschaftszinssätze~~[3]	
~~§ 257 Ermittlung des abgezinsten Bodenwerts~~[4]	
~~§ 258 Bewertung im Sachwertverfahren~~[5]	
~~§ 259 Ermittlung des Gebäudesachwerts~~[6]	
~~§ 260 Wertzahlen~~[7]	
~~§ 261 Erbbaurecht~~[8]	
~~§ 262 Gebäude auf fremdem Grund und Boden~~[9]	
~~§ 263 Ermächtigungen~~[10]	
§ 264 Bekanntmachung[11]	
§ 265 Anwendungsvorschriften[12]	
§ 266 Abs. 3 und 5 Erstmalige Anwendung des Siebenten Abschnitts des Zweiten Teils	
~~§ 266 Abs. 1, 2 und 4 Erstmalige Anwendung des Siebenten Abschnitts des Zweiten Teils~~[13]	

§ 3 HGrStG Steuerschuldner (ersetzt den § 10 des Grundsteuergesetzes)

(1) [1]Schuldner der Grundsteuer ist derjenige, dem der Steuergegenstand nach § 2 Nr. 2 des Grundsteuergesetzes in der am 24. Dezember 2021 geltenden Fassung bei der Festsetzung des Steuermessbetrags zuzurechnen ist. [2]Ist der Steuergegenstand mehreren Personen zuzurechnen, so sind sie Gesamtschuldner.

(2) [1]Soweit nichts anderes bestimmt ist, richtet sich die Zurechnung des Steuergegenstands nach § 39 Abs. 1 und 2 Nr. 1 der Abgabenordnung. [2]Im Falle eines Erbbaurechts, eines Wohnungserbbaurechts oder Teilerbbaurechts ist der Steuermessbetrag dem Erbbauberechtigten, im Falle eines Gebäudes auf fremdem Grund und Boden dem Eigentümer des Grund und Bodens zuzurechnen.

Inhaltsübersicht **Rz.**

1 Norm für die Bewertung im hessischen Grundsteuermodell nicht erforderlich.
2 Norm für die Bewertung im hessischen Grundsteuermodell nicht erforderlich.
3 Norm für die Bewertung im hessischen Grundsteuermodell nicht erforderlich.
4 Norm für die Bewertung im hessischen Grundsteuermodell nicht erforderlich.
5 Norm für die Bewertung im hessischen Grundsteuermodell nicht erforderlich.
6 Norm für die Bewertung im hessischen Grundsteuermodell nicht erforderlich.
7 Norm für die Bewertung im hessischen Grundsteuermodell nicht erforderlich.
8 Norm für die Bewertung im hessischen Grundsteuermodell nicht erforderlich.
9 Norm für die Bewertung im hessischen Grundsteuermodell nicht erforderlich.
10 Norm für die Bewertung im hessischen Grundsteuermodell nicht erforderlich.
11 Soweit es die Bundesnormen betrifft, findet die Norm auch für Hessen Anwendung.
12 Soweit es die Bundesnormen betrifft, findet die Norm auch für Hessen Anwendung.
13 Norm für die Bewertung im hessischen Grundsteuermodell nicht erforderlich.

VERWALTUNGSANWEISUNGEN

AE HGrStG zu § 3 des Anwendungserlasses zum Hessischen Grundsteuergesetz (AE HGrStG) des Hessischen Ministeriums der Finanzen vom 30.5.2022 (G1030 A-061-II6a/10), Staatsanzeiger für das Land Hessen vom 13.6.2022, S. 644.

A. Allgemeine Erläuterungen zu § 3 HGrStG

I. Normzweck und wirtschaftliche Bedeutung der Vorschrift

1 § 3 HGrStG ersetzt die bundesrechtliche Vorschrift zum **Schuldner** der **Grundsteuer** (§ 10 GrStG) und trifft für Hessen eine eigene landesgesetzliche Regelung.[1] Die Regelung ist erforderlich, da § 10 GrStG für die Bestimmung des Steuerschuldners auf die Person Bezug nimmt, der der Grundsteuerwert zugerechnet wird, den es im hessischen Grundsteuermodell nicht gibt.

2 § 3 Abs. 1 HGrStG bestimmt daher, dass Schuldner der Grundsteuer derjenige ist, dem der **Steuergegenstand** i. S. des § 2 Nr. 2 GrStG bei der Festsetzung des Steuermessbetrags **zugerechnet wird**.[2] Wem der Steuergegenstand bei der Festsetzung des Steuermessbetrags zugerechnet wird, bestimmt wiederum § 3 Abs. 2 HGrStG und richtet sich nach § 39 Abs. 1 AO und § 39 Abs. 2 Nr. 1 AO.

3–5 *(Einstweilen frei)*

II. Entstehung und Entwicklung der Vorschrift

6 Die Vorschrift wurde im Jahr 2021 mit dem **Stammgesetz** in das HGrStG aufgenommen.[3]

7–10 *(Einstweilen frei)*

III. Geltungsbereich

11 § 3 HGrStG gilt für in Hessen belegene Grundstücke des Grundvermögens und gilt damit nicht für Betriebe der Land- und Forstwirtschaft.[4] § 3 HGrStG ist mit dem Stammgesetz gem. § 17 HGrStG **am 24.12.2021 in Kraft getreten.**[5] Aus Art. 125b Abs. 3 GG ergibt sich, dass die Gesetzgebungskompetenz den Ländern für ein vom Bundesrecht abweichendes Grundsteuerrecht erst für die Erhebung der **Grundsteuer** ab dem **Kalenderjahr 2025** zusteht. Dem trägt § 8 Abs. 2 Satz 1 HGrStG[6] Rechnung, wonach die in der Hauptveranlagung festgesetzten Steuermess-

1 AE HGrStG zu § 3.
2 AE HGrStG zu § 3.
3 Hessisches Grundsteuergesetz v. 15.12.2021, Hessisches GVBl Nr. 55/2021 S. 906.
4 Vgl. hierzu Bock/Lapp in Grootens, HGrStG § 1 Rz. 11.
5 Hessisches GVBl Nr. 55/2021 S. 906.
6 Siehe hierzu vertiefend Bock/Lapp in Grootens, HGrStG § 8 Rz. 36.

beträge frühestens vom Kalenderjahr 2025 an gelten. Die Regelungen des HGrStG und damit auch § 3 HGrStG sind daher erst für die Erhebung der **Grundsteuer** ab dem **Kalenderjahr 2025** von Bedeutung.

(Einstweilen frei) 12–15

IV. Vereinbarkeit der Vorschrift mit höherrangigem Recht

§ 3 HGrStG begegnet keinen verfassungsrechtlichen Bedenken. 16

(Einstweilen frei) 17–20

V. Verhältnis zu anderen Vorschriften

§ 3 HGrStG verdrängt als lex posterior **§ 10 GrStG,**[1] der damit in Hessen derzeit **keine Anwendung** findet. 21

§ 3 Abs. 1 Satz 1 HGrStG nimmt Bezug auf **§ 2 Nr. 2 GrStG,**[2] wodurch die Grundstücke i. S. von **§§ 243, 244 BewG**[3] sowie die in **§ 218 Satz 3 BewG**[4] bezeichneten und diesen gleichstehenden Betriebsgrundstücke als Steuergegenstand definiert werden. 22

Die Zurechnung des Steuergegenstandes soll sich gem. § 3 Abs. 2 Satz 1 HGrStG grundsätzlich nach **§ 39 Abs. 1 und Abs. 2 Nr. 1 AO** richten (siehe hierzu → Rz. 41). § 39 Abs. 2 Nr. 2 AO, wonach Wirtschaftsgüter, die mehreren zur gesamten Hand zustehen, den Beteiligten anteilig zugerechnet werden, soweit eine getrennte Zurechnung für die Besteuerung erforderlich ist, wird von § 3 HGrStG nicht in Bezug genommen und findet daher keine Anwendung.[5] Die Rechtsfolgen der Gesamtschuldnerschaft sind in **§ 44 AO** geregelt (siehe hierzu → Rz. 34). 23

§ 3 Abs. 2 Satz 2 HGrStG greift die bundesgesetzlichen Regelungen zum Erbbaurecht (**§ 261 BewG**)[6] und zum Gebäude auf fremdem Grund und Boden (**§ 262 BewG**)[7] auf (siehe hierzu → Rz. 42). 24

(Einstweilen frei) 25–30

B. Systematische Kommentierung

I. Bestimmung des Steuerschuldners (§ 3 Abs. 1 HGrStG)

§ 3 Abs. 1 Satz 1 HGrStG entspricht im Wesentlichen der bundesgesetzlichen Regelung zum Steuerschuldner in § 10 Abs. 1 GrStG. Insoweit wird auf die dortige Kommentierung verwiesen.[8] Da in Hessen abweichend vom Bundesmodell keine Grundsteuerwerte festgestellt, sondern auf der ersten Stufe direkt die Grundsteuermessbeträge festgesetzt werden, stellt die Norm folgerichtig und abweichend von § 10 Abs. 1 GrStG darauf ab, wem der Steuergegen- 31

1 AE HGrStG zu § 3; siehe zu § 10 GrStG vertiefend Schmidt in Grootens, GrStG § 10 Rz. 1 ff.
2 Siehe hierzu vertiefend Lange in Grootens, GrStG § 2 Rz. 57 ff.
3 Siehe hierzu vertiefend die Kommentierung Bock in Grootens, BewG § 243 Rz. 1 ff. und § 244 Rz. 1 ff.
4 Siehe hierzu vertiefend Kurt in Grootens, BewG § 218 Rz. 101 ff.
5 AE HGrStG zu § 3.
6 Siehe hierzu vertiefend Grootens in Grootens, BewG § 261 Rz. 1 ff.
7 Siehe hierzu vertiefend Grootens in Grootens, BewG § 262 Rz. 1 ff.
8 Siehe hierzu vertiefend Schmidt in Grootens, GrStG § 10 Rz. 20 ff.

stand bei der Festsetzung des Steuermessbetrags zuzurechnen ist.[1] Im Ergebnis sind damit keine Abweichungen von der bundesrechtlichen **Bestimmung der Steuerschuldnerschaft** verbunden. Wem der Steuergegenstand bei der Festsetzung der Grundsteuermessbeträge zuzurechnen ist, ist in § 3 Abs. 2 HGrStG geregelt (siehe hierzu → Rz. 41).

32 Mit einem über den Wortlaut der bundesgesetzlichen Norm hinausgehenden Verweis auf § 2 Nr. 2 GrStG wird in § 3 Abs. 1 Satz 1 HGrStG verdeutlicht, dass der Steuergegenstand i. S. der Norm das Grundstück i. S. des § 2 Nr. 2 GrStG ist, also Grundstücke i. S. der §§ 243, 244 BewG[2] (**wirtschaftliche Einheiten des Grundvermögens**) und diesen gleichstehende Betriebsgrundstücke i. S. des § 218 Satz 3 BewG.[3] Die Norm findet damit keine Anwendung auf Betriebe der Land- und Forstwirtschaft (siehe bereits → Rz. 11).

33 Ist der Steuergegenstand mehreren Personen zuzurechnen, sind diese gem. § 3 Abs. 1 Satz 2 HGrStG **Gesamtschuldner** der Grundsteuer.[4] Die Vorschrift entspricht im Wesentlichen § 10 Abs. 2 GrStG. Insoweit wird auf die dortige Kommentierung verwiesen.[5] Abweichend von der bundesgesetzlichen Regelung kommt es für die Annahme der Gesamtschuldnerschaft nach dem Wortlaut der Norm allerdings nicht auf die tatsächliche Zurechnung an. Während nach § 10 Abs. 2 GrStG der Steuergegenstand zur Annahme einer Gesamtschuldnerschaft mehreren Personen (tatsächlich) zugerechnet werden muss, ist es nach der hessischen landesgesetzlichen Regelung ausreichend, wenn der Steuergegenstand mehreren Personen (nach den gesetzlichen Vorschriften) zuzurechnen ist.

34 **Gesamtschuldner** sind gem. § 44 AO, der über § 2 Abs. 5 Nr. 1 HGrStG auch in Hessen Anwendung findet, Personen, die nebeneinander dieselbe Leistung aus dem Steuerschuldverhältnis schulden oder für sie haften oder die zusammen zu einer Steuer zu veranlagen sind. Soweit nichts anderes bestimmt ist, schuldet jeder Gesamtschuldner die gesamte Leistung. Die Erfüllung durch einen Gesamtschuldner wirkt auch für die übrigen Schuldner (§ 44 Abs. 2 Satz 1 AO).

35–40 *(Einstweilen frei)*

II. Zurechnung des Steuergegenstands (§ 3 Abs. 2 HGrStG)

41 Nach § 3 Abs. 2 Satz 1 HGrStG richtet sich die Zurechnung des Steuergegenstands, soweit nichts anderes bestimmt ist (siehe hierzu → Rz. 42), nach § 39 Abs. 1 AO (**zivilrechtliches Eigentum**) und § 39 Abs. 2 Nr. 1 AO (**wirtschaftliches Eigentum**).[6] Das HGrStG trifft damit dem Grunde nach keine andere Zurechnungsregelung als sie nach der Rechtsprechung im Bundesmodell gilt.[7] § 39 Abs. 2 Nr. 2 AO wird von § 3 Abs. 2 HGrStG nicht in Bezug genommen und findet keine Anwendung; auch nicht über § 2 Abs. 5 HGrStG.[8]

42 **Ausnahmen** von diesem **Grundsatz** werden in § 3 Abs. 2 Satz 2 HGrStG zu **Erbbaurechten** und **Gebäuden auf fremdem Grund und Boden** getroffen.[9] Nach den bundesgesetzlichen Regelun-

1 AE HGrStG zu § 3.
2 Siehe hierzu vertiefend Bock in Grootens, BewG § 243 Rz. 19 ff. und § 244 Rz. 18 ff.
3 Siehe hierzu vertiefend Kurt in Grootens, BewG § 218 Rz. 101 f.
4 AE HGrStG zu § 3.
5 Siehe hierzu vertiefend Schmidt in Grootens, GrStG § 10 Rz. 79 ff.
6 AE HGrStG zu § 3; vgl. auch Schmidt in Grootens, GrStG § 10 Rz. 20 ff.
7 Vgl. BFH, Urteil v. 23.2.2021 - II R 44/17, BStBl 2022 II S. 188 NWB SAAAH-82452.
8 AE HGrStG zu § 3.
9 AE HGrStG zu § 3.

gen in § 244 Abs. 3 BewG,[1] der über § 2 Abs. 3 Nr. 2 HGrStG[2] auch auf in Hessen belegenes Grundvermögen anwendbar ist, gelten

- das Erbbaurecht zusammen mit dem Erbbaurechtsgrundstück (§ 244 Abs. 3 Nr. 1 BewG),[3]
- ein Gebäude auf fremdem Grund und Boden zusammen mit dem dazugehörenden Grund und Boden (§ 244 Abs. 3 Nr. 2 BewG)[4] und
- jedes Wohnungserbbaurecht und Teilerbbaurecht zusammen mit dem anteiligen belasteten Grund und Boden (§ 244 Abs. 3 Nr. 4 BewG)[5]

als ein Grundstück. Hierfür ist jeweils ein Gesamtwert zu ermitteln (§ 261 Satz 1 BewG[6] und § 262 Satz 1 BewG[7]) und dieser dem Erbbauberechtigten (§ 261 Satz 2 und 3 BewG)[8] bzw. dem Eigentümer des Grund und Bodens (§ 262 Satz 2 BewG)[9] zuzurechnen. § 3 Abs. 2 Satz 2 HGrStG greift diese Vorschriften auf und bestimmt, dass bei Erbbaurechten, Wohnungserbbaurechten oder Teilerbbaurechten der Steuermessbetrag dem **Erbbauberechtigten** und bei Gebäuden auf fremdem Grund und Boden dem **Eigentümer des Grund und Bodens zuzurechnen** ist.[10]

43 Der hessische Gesetzgeber begründet die vom Grundsatz der Zurechnung nach § 3 Abs. 2 Satz 1 HGrStG abweichende Zurechnung bei Erbbaurechten, Wohnungserbbaurechten oder Teilerbbaurechten nicht mit einer beabsichtigten analogen Regelung zum Bundesmodell, sondern verweist auf die **Belastungsgrundentscheidung** des hessischen Grundsteuermodells. Diese liege in der Schaffung eines Ausgleichs dafür, Nutzen aus kommunal bereitgestellter Infrastruktur ziehen zu können (z. B. kommunale Straßen, allgemeine Straßenreinigung, kulturelle Angebote, öffentliche Parks und Spielplätze), die nicht bereits individuell zugeordnet und damit durch Gebühren oder Beiträge abgegolten werden.[11] In Fällen eines Erbbaurechtes werde der Steuergegenstand Grundstück dem Erbbauberechtigten zugerechnet, da er derjenige sei, der als **Nutzer** des erbbaubelasteten Grundstücks und des aufstehenden Gebäudes die **kommunale Infrastruktur in Anspruch nehmen** könne. Entsprechendes gelte beim Wohnungserbbaurecht und beim Teilerbbaurecht.[12]

44 Zieht man die Belastungsgrundentscheidung des hessischen Modells zur Begründung einer von § 3 Abs. 2 Satz 1 HGrStG abweichenden Zurechnung des Steuergegenstands heran, hätte insbesondere auch in Fällen mit Gebäuden auf fremdem Grund und Boden konsequenterweise der Steuergegenstand dem (wirtschaftlichen) Eigentümer des Gebäudes zugerechnet werden müssen, da dieser regelmäßig derjenige sein dürfte, der die kommunale Infrastruktur in Anspruch nimmt. Die Heranziehung der Nutzenäquivalenz spricht dafür, den Steuergegenstand generell jedenfalls teilweise den Nutzenden zuzurechnen. Die Umlagefähigkeit der Grundsteuer auf den Mieter nach § 556 Abs. 1 BGB führt zu keiner anderen Beurteilung, da § 556 Abs. 1 BGB eine disponible zivilrechtliche Regelung ist, die keine Aussage über die Belastungswirkung

1 Siehe hierzu vertiefend Bock in Grootens, BewG § 244 Rz. 47 ff.

2 Siehe hierzu Bock/Lapp in Grootens, HGrStG § 2 Rz. 48.

3 AE HGrStG zu § 3; siehe zu § 244 Abs. 3 Nr. 1 BewG vertiefend Bock in Grootens, BewG § 244 Rz. 47 ff.

4 AE HGrStG zu § 3; siehe zu § 244 Abs. 3 Nr. 2 BewG vertiefend Bock in Grootens, BewG § 244 Rz. 73 ff.

5 AE HGrStG zu § 3; siehe zu § 244 Abs. 3 Nr. 4 BewG vertiefend Bock in Grootens, BewG § 244 Rz. 88 ff.

6 Siehe hierzu vertiefend Grootens in Grootens, BewG § 261 Rz. 31.

7 Siehe hierzu vertiefend Grootens in Grootens, BewG § 262 Rz. 31 ff.

8 Siehe hierzu vertiefend Grootens in Grootens, BewG § 261 Rz. 41 ff.

9 Siehe hierzu vertiefend Grootens in Grootens, BewG § 262 Rz. 41 f.

10 AE HGrStG zu § 3.

11 Hessische LT-Drucks. 20/6379 S. 12.

12 Hessische LT-Drucks. 20/6379 S. 16.

der Grundsteuer trifft. Diese ergibt sich allein aus dem Steuerrecht.[1] Nach Auffassung des hessischen Landesgesetzgebers soll dagegen in Fällen mit Gebäuden auf fremdem Grund und Boden der Steuergegenstand – wie im Bundesmodell – dem **Eigentümer des Grund und Bodens zugerechnet** werden. Eine andere Handhabung würde in den Fällen, in denen ein Grundstück mit mehreren Gebäuden unterschiedlicher wirtschaftlicher Eigentümer bebaut ist, zu problematischen Zurechnungskonkurrenzen führen. Die Zurechnung beim Eigentümer des Grund und Bodens soll solche **Zurechnungskonkurrenzen vermeiden** und eine **verwaltungspraktikable Lösung** darstellen.[2]

§ 4 HGrStG Steuermessbetrag (ersetzt den § 13 des Grundsteuergesetzes)

(1) [1]Bei der Berechnung der Grundsteuer ist von einem Steuermessbetrag auszugehen. [2]Dieser ermittelt sich, indem die Flächenbeträge nach § 5 jeweils mit den Steuermesszahlen nach § 6 multipliziert werden, die Summe dieser Produkte (Ausgangsbetrag) wiederum mit dem Faktor nach § 7 multipliziert wird und das daraus resultierende Ergebnis auf volle Euro abgerundet wird.

(2) [1]Ist der Steuergegenstand zum Teil steuerbefreit, wird der Steuermessbetrag für den steuerpflichtigen Teil ermittelt und festgesetzt. [2]Ist der Steuergegenstand vollständig steuerbefreit, wird kein Steuermessbetrag ermittelt und festgesetzt.

(3) [1]Bei der Ermittlung des Steuermessbetrags ist § 2 Abs. 1 und 2 des Bewertungsgesetzes in der am 24. Dezember 2021 geltenden Fassung sinngemäß anzuwenden. [2]Bei Erbbaurechten ist für das Erbbaurecht und das Erbbaurechtsgrundstück nur ein Steuermessbetrag zu ermitteln; dieser entspricht dem Betrag, der festzusetzen wäre, wenn die Belastung mit dem Erbbaurecht nicht bestünde. [3]Satz 2 gilt entsprechend für Wohnungserbbaurechte und Teilerbbaurechte. [4]Bei Gebäuden auf fremdem Grund und Boden ist für den Grund und Boden sowie für das Gebäude auf fremdem Grund und Boden nur ein Steuermessbetrag zu ermitteln.

Inhaltsübersicht **Rz.**

VERWALTUNGSANWEISUNGEN

AE HGrStG zu § 4 des Anwendungserlasses zum Hessischen Grundsteuergesetz (AE HGrStG) des Hessischen Ministeriums der Finanzen vom 30.5.2022 (G1030 A-061-II6a/10), Staatsanzeiger für das Land Hessen vom 13.6.2022, S. 645; Verfügung betr. Vereinfachung der Flächenermittlung durch Schätzung in Fällen von (offensichtlich) steuerbefreitem Grundbesitz, OFD Frankfurt am Main, Vfg. v. 29.6.2022 - G 1194 A-001-St 71.

1 Siehe dazu vertiefend Bock in Grootens, BewG § 250 Rz. 41.

2 Hessische LT-Drucks. 20/6379 S. 16.

A. Allgemeine Erläuterungen

I. Normzweck und wirtschaftliche Bedeutung der Vorschrift

§ 4 Abs. 1 HGrStG normiert den **Steuermessbetrag** als **Ausgangspunkt** für die Berechnung der für wirtschaftliche Einheiten des Grundvermögens festzusetzenden Grundsteuer in Hessen. Die Vorschrift legt damit das in dem hessischen Grundsteuermodell geltende **zweistufige Verfahren** fest. Anders als im Bundesmodell oder anderen abweichenden Ländermodellen verzichtet Hessen auf die erste Stufe der Feststellung von Grundsteuerwerten, Äquivalenzbeträgen oder Ähnlichem. 1

§ 4 Abs. 2 HGrStG trifft Regelungen für Fälle, in denen das Grundvermögen vollständig oder teilweise von der **Grundsteuer befreit** ist. 2

§ 4 Abs. 3 HGrStG enthält Regelungen zur Bildung der **wirtschaftlichen Einheiten**. 3

(Einstweilen frei) 4–5

II. Entstehung und Entwicklung der Vorschrift

Die Vorschrift wurde im Jahr 2021 mit dem **Stammgesetz** in das HGrStG aufgenommen.[1] 6

(Einstweilen frei) 7–10

III. Geltungsbereich

§ 4 HGrStG gilt für in Hessen belegene Grundstücke des Grundvermögens und gilt damit nicht für Betriebe der Land- und Forstwirtschaft.[2] § 4 HGrStG ist mit dem Stammgesetz gem. § 17 HGrStG **am 24.12.2021 in Kraft getreten.**[3] Aus Art. 125b Abs. 3 GG ergibt sich, dass die Gesetzgebungskompetenz den Ländern für ein vom Bundesrecht abweichendes Grundsteuerrecht erst für die Erhebung der **Grundsteuer** ab dem **Kalenderjahr 2025** zusteht. Dem trägt § 8 Abs. 2 Satz 1 HGrStG[4] Rechnung, wonach die in der Hauptveranlagung festgesetzten Steuermessbeträge frühestens vom Kalenderjahr 2025 an gelten. Die Regelungen des HGrStG und damit auch § 4 HGrStG sind daher erst für die Erhebung der **Grundsteuer** ab dem **Kalenderjahr 2025** von Bedeutung. 11

(Einstweilen frei) 12–15

IV. Vereinbarkeit der Vorschrift mit höherrangigem Recht

§ 4 HGrStG begegnet an sich keinen verfassungsrechtlichen Bedenken. Zur Frage, ob das in § 4 HGrStG normierte Verfahren zur Ermittlung der festzusetzenden Grundsteuer folgerichtig i. S. der Rechtsprechung des Bundesverfassungsgerichts umgesetzt wurde, gilt aufgrund des vergleichbaren Verfahrens und der identischen Belastungsgrundentscheidung die verfassungsrechtliche Bewertung des **niedersächsischen Flächen-Lage-Modells** entsprechend.[5] 16

(Einstweilen frei) 17–20

1 Hessisches Grundsteuergesetz v. 15.12.2021, Hessisches GVBl 2021 S. 906.
2 Vgl. hierzu Bock/Lapp in Grootens, HGrStG § 1 Rz. 11.
3 Hessisches GVBl 2021 S. 906.
4 Siehe hierzu vertiefend Bock/Lapp in Grootens, HGrStG § 8 Rz. 36 ff.
5 Siehe hierzu Bock/Lapp in Grootens, NGrStG Vorwort Rz. 42 ff.

V. Verhältnis zu anderen Vorschriften

21 § 4 HGrStG verdrängt als lex posterior **§ 13 GrStG**, der damit in Hessen derzeit **keine Anwendung** findet.

22 Der Steuermessbetrag ist das auf volle Euro abgerundete Produkt aus Flächenbetrag, Steuermesszahl und Faktor. Die Flächenbeträge ergeben sich dabei aus **§ 5 HGrStG,**[1] die Steuermesszahl aus **§ 6 HGrStG**[2] und der Faktor aus **§ 7 HGrStG.**[3]

23 § 4 Abs. 3 HGrStG erklärt zur Bildung der wirtschaftlichen Einheit **§ 2 Abs. 1 und 2 BewG**[4] für entsprechend anwendbar. Bei Erbbaurechten greift die Vorschrift die bundesgesetzliche Regelung des **§ 261 BewG**[5] und bei Gebäuden auf fremdem Grund und Boden die Regelung des **§ 262 BewG**[6] auf. Bei der Bildung der wirtschaftlichen Einheit sind ergänzend die **besonderen Bewertungsvorschriften und Schlussbestimmungen des Bewertungsgesetzes** zu beachten, die gem. **§ 2 Abs. 3** HGrStG[7] entsprechend Anwendung finden.

24–25 *(Einstweilen frei)*

B. Systematische Kommentierung

I. Systematik der Grundsteuerberechnung (§ 4 Abs. 1 HGrStG)

26 Nach § 4 Abs. 1 Satz 1 HGrStG ist bei der Berechnung der Grundsteuer von einem **Steuermessbetrag** auszugehen. Dieser ermittelt sich gem. § 4 Abs. 1 Satz 2 HGrStG, indem die Flächenbeträge nach § 5 HGrStG[8] jeweils mit den Steuermesszahlen nach § 6 HGrStG[9] multipliziert werden und die Summe dieser Produkte (Ausgangsbetrag) wiederum mit dem Faktor nach § 7 HGrStG[10] multipliziert wird.[11] Das daraus resultierende Ergebnis wird auf volle Euro abgerundet.

1 Siehe vertiefend hierzu Bock/Lapp in Grootens, HGrStG § 5 Rz. 1 ff.
2 Siehe vertiefend hierzu Bock/Lapp in Grootens, HGrStG § 6 Rz. 1 ff.
3 Siehe vertiefend hierzu Bock/Lapp in Grootens, HGrStG § 7 Rz. 1 ff.
4 Siehe vertiefend hierzu Bock/Lapp in Grootens, HGrStG § 2 Rz. 36 ff.
5 Siehe vertiefend hierzu Grootens in Grootens, BewG § 261 Rz. 31 ff.
6 Siehe vertiefend hierzu Grootens in Grootens, BewG § 262 Rz. 31 ff.
7 Siehe vertiefend hierzu Bock/Lapp in Grootens, HGrStG § 2 Rz. 46 ff.
8 Siehe vertiefend hierzu Bock/Lapp in Grootens, HGrStG § 5 Rz. 1 ff.
9 Siehe vertiefend hierzu Bock/Lapp in Grootens, HGrStG § 6 Rz. 1 ff.
10 Siehe vertiefend hierzu Bock/Lapp in Grootens, HGrStG § 7 Rz. 1 ff.
11 AE HGrStG zu § 4 Abs. 1.

Schematisch stellt sich das Verfahren wie folgt dar: 26a

Fläche Grund und Boden		Wohnfläche		Fläche Nichtwohnnutzung
x		x		x
Äquivalenzzahl (0,04 Euro)		Äquivalenzzahl (0,50 Euro)		Äquivalenzzahl (0,50 Euro)
=		=		=
Flächenbetrag Grund und Boden (§ 5 Abs. 1 HGrStG)		Flächenbetrag Wohnnutzung (§ 5 Abs. 2 HGrStG)		Flächenbetrag Nichtwohnnutzung (§ 5 Abs. 3 HGrStG)
x		x		x
jeweilige Steuermesszahl (§ 6 HGrStG)		jeweilige Steuermesszahl (§ 6 HGrStG)		jeweilige Steuermesszahl (§ 6 HGrStG)
=		=		=
Produkt Grund und Boden	+	Produkt Wohnnutzung	+	Produkt Nichtwohnnutzung
		=		
		Summe der Produkte = Ausgangsbetrag		
		x		
		Faktor (§ 7 HGrStG)		
		=		
		Steuermessbetrag (Abrundung auf volle Euro)		

Hessen hat damit als erstes und bislang einziges Land ein **zweistufiges Verfahren** zur Ermittlung der festzusetzenden Grundsteuer für wirtschaftliche Einheiten des Grundvermögens eingeführt.[1] Bei dem Ausgangsbetrag, der sich aus der Multiplikation der Flächenbeträge mit den Steuermesszahlen ergibt, handelt es sich lediglich um eine Rechengröße, die nicht förmlich festgestellt und auf welche direkt der Faktor nach § 7 HGrStG[2] zur Ermittlung des Steuermessbetrags angewendet wird. Es werden keine Grundsteuerwerte, Äquivalenzbeträge oder Ähnliches gesondert festgestellt.[3] 27

Mangels abweichender landesgesetzlicher Regelung wird der Steuermessbetrag auch in Hessen den Gemeinden ausschließlich elektronisch zum **Datenabruf** bereitgestellt (§ 2 Abs. 5 Nr. 1 HGrStG i.V. mit § 184 Abs. 3 Satz 2 AO).[4] 28

(Einstweilen frei) 29–30

II. Steuermessbeträge bei Steuerbefreiungen (§ 4 Abs. 2 HGrStG)

§ 4 Abs. 2 Satz 1 HGrStG bestimmt, dass der Steuermessbetrag (nur) für den steuerpflichtigen Teil ermittelt und festgesetzt wird, wenn der Steuergegenstand **zum Teil steuerbefreit** ist (beispielsweise steuerbefreite Straße). Bezieht sich die Steuerbefreiung auf Gebäudeflächen, ist 31

1 Siehe auch die Übersicht von Bock/Lapp in Grootens, HGrStG Vorwort Rz. 18.

2 Siehe vertiefend hierzu Bock/Lapp in Grootens, HGrStG § 7 Rz. 1 ff.

3 AE HGrStG zu § 4 Abs. 1.

4 AE HGrStG zu § 4 Abs. 1; siehe vertiefend hierzu Bock/Lapp in Grootens, HGrStG § 2 Rz. 66.

ein diesen Gebäudeflächen entsprechender Anteil des Grund und Bodens nicht bei der Berechnung des Flächenbetrags des Grund und Bodens zu berücksichtigen.[1]

31a Ist der Steuergegenstand **vollständig steuerbefreit**, wird gem. § 4 Abs. 2 Satz 2 HGrStG kein Steuermessbetrag ermittelt und festgesetzt.[2] In der Regel wird bei vollständig steuerbefreiten Grundstücken ein Freistellungsbescheid gem. § 2 Abs. 5 HGrStG i.V. mit § 184 Abs. 1 Satz 3 AO, § 155 Abs. 1 Satz 3 AO erlassen, sofern eine Steuererklärung angefordert oder abgegeben wurde.[3] Die hessischen Finanzämter haben mit öffentlicher Bekanntmachung v. 28.3.2022[4] alle Eigentümerinnen und Eigentümer – auch von vollständig steuerbefreitem Grundbesitz – zur Abgabe einer Erklärung zur Festsetzung des Grundsteuermessbetrags aufgefordert, sodass in Hessen in vollständig steuerbefreiten Fällen Freistellungsbescheide erlassen werden.[5] Das Vorliegen einer Steuerbefreiung bestimmt sich auch im hessischen Grundsteuermodell nach §§ 3–8 GrStG,[6] die in Hessen mangels abweichender landesgesetzlicher Regelung anzuwenden sind.

32 § 4 Abs. 2 GrStG greift den Gedanken des § 219 Abs. 3 BewG[7] und des § 184 Abs. 2 Satz 2 AO[8] auf. Nach § 219 Abs. 3 BewG erfolgen u. a. Feststellungen des Grundsteuerwerts nur, soweit diese **für die Besteuerung von Bedeutung** sind. Dies ist dann nicht der Fall, soweit der Steuergegenstand steuerbefreit ist. Nach § 184 Abs. 2 Satz 2 AO ist spätestens im Rahmen der Grundsteuermessbetragsfestsetzung auch über die sachliche und persönliche Steuerpflicht zu entscheiden. Eine Festsetzung des Steuermessbetrags erfolgt auch im Bundesmodell nur, soweit der Steuergegenstand nicht steuerbefreit ist.

33 Bei dem vollständigen **Wegfall einer Steuerbefreiung** für den gesamten Grundbesitz ist nach § 10 Abs. 1 Nr. 2 i.V. mit Abs. 2 Satz 2 HGrStG auf den Beginn des Kalenderjahres, das dem Wegfall der Steuerbefreiung folgt, eine nachträgliche Festsetzung (Nachveranlagung) des Steuermessbetrags durchzuführen.[9] Entfallen die Voraussetzungen für eine Steuerbefreiung nur für einen Teil des Grundbesitzes, ist nur für den nicht von der Grundsteuer befreiten Teil der wirtschaftlichen Einheit eine Nachveranlagung durchzuführen.

34 Bei der erstmaligen **Gewährung einer Steuerbefreiung** für den gesamten Grundbesitz ist der Steuermessbetrag gem. § 11 Abs. 1 Nr. 2 i.V. mit Abs. 2 HGrStG auf den Beginn des Kalenderjahres, das dem Eintritt der Voraussetzungen für die Steuerbefreiung folgt, aufzuheben.[10] Wird eine Steuerbefreiung erstmalig nur für einen Teil des Grundbesitzes gewährt, wird der bereits festgesetzte Steuermessbetrag der wirtschaftlichen Einheit nach § 9 Abs. 1 Nr. 1 i.V. mit Abs. 2 Satz 2 HGrStG auf den Beginn des Kalenderjahres, das dem Eintritt der Voraussetzungen für die Steuerbefreiung folgt, neu festgesetzt (Neuveranlagung).[11]

35–40 *(Einstweilen frei)*

1 AE HGrStG zu § 4 Abs. 2.

2 AE HGrStG zu § 4 Abs. 2; siehe zur vereinfachten Ermittlung der Flächengröße in diesen Fällen Bock/Lapp in Grootens, HGrStG § 5 Rz. 116 ff.

3 AE HGrStG zu § 4 Abs. 2.

4 Staatsanzeiger für das Land Hessen vom 28.3.2022, StAnz 13/2022 S. 419.

5 OFD Frankfurt am Main, Vfg. v. 29.6.2022 - G 1194 A-001-St 71.

6 Siehe hierzu vertiefend die Kommentierung Steffen in Grootens, GrStG §§ 3–5 und bei Lange in Grootens, GrStG §§ 6–8.

7 Siehe vertiefend hierzu Kurt in Grootens, BewG § 219 Rz. 271 ff.

8 Siehe hierzu vertiefend Bock in Grootens, GrStG § 13 Rz. 40.

9 Siehe vertiefend hierzu Bock/Lapp in Grootens, HGrStG § 10 Rz. 26 und 32.

10 Siehe vertiefend hierzu Bock/Lapp in Grootens, HGrStG § 11 Rz. 26 f.

11 Siehe vertiefend hierzu Bock/Lapp in Grootens, HGrStG § 9 Rz. 26 ff. und 47 ff.

III. Bildung der wirtschaftlichen Einheiten (§ 4 Abs. 3 HGrStG)

41 Nach § 4 Abs. 3 Satz 1 HGrStG ist § 2 Abs. 1 und 2 BewG sinngemäß anwendbar.[1] Die Vorschrift trifft Regelungen zur Bildung der wirtschaftlichen Einheit. Nach § 2 Abs. 1 BewG ist jede wirtschaftliche Einheit für sich zu bewerten und ihr Wert im Ganzen festzustellen. Was als wirtschaftliche Einheit zu gelten hat, ist nach den **Anschauungen des Verkehrs** zu entscheiden, wobei die örtliche Gewohnheit, die tatsächliche Übung, die Zweckbestimmung und die wirtschaftliche Zusammengehörigkeit der einzelnen Wirtschaftsgüter zu berücksichtigen sind. § 2 Abs. 2 BewG bestimmt, dass mehrere Wirtschaftsgüter als wirtschaftliche Einheit nur insoweit in Betracht kommen, als sie **demselben Eigentümer** gehören.

42 **Ausnahmen** von diesem Grundsatz gibt es bei den **Erbbaurechten** (§ 4 Abs. 3 Satz 2 und 3 HGrStG, siehe hierzu → Rz. 43) und **Gebäuden auf fremdem Grund und Boden** (§ 4 Abs. 3 Satz 4 HGrStG, siehe hierzu → Rz. 44). Die in Hessen über § 2 Abs. 3 Nr. 4 HGrStG entsprechend anwendbare **Übergangsregelung** des § 266 Abs. 5 BewG, wonach bestimmte, für Zwecke der Einheitsbewertung gebildete wirtschaftliche Einheiten weiterhin der Festsetzung der Grundsteuermessbeträge zugrunde gelegt werden können, ist zu beachten.[2]

43 Bei **Erbbaurechten, Wohnungserbbaurechten** und **Teilerbbaurechten** ist für das Erbbaurecht und das Erbbaurechtsgrundstück gem. § 4 Abs. 3 Satz 2 und 3 HGrStG nur ein Steuermessbetrag zu ermitteln.[3] Dieser Steuermessbetrag entspricht dem Betrag, der festzusetzen wäre, wenn die Belastung mit dem Erbbaurecht nicht bestünde. Das Erbbaurecht und der mit dem Erbbaurecht belastete Grund und Boden sind damit zu einer wirtschaftlichen Einheit zusammenzufassen.[4] Die Regelung knüpft folgerichtig an § 3 Abs. 2 Satz 2 HGrStG[5] an, wonach im Falle eines Erbbaurechts, Wohnungserbbaurechts oder Teilerbbaurechts der Steuermessbetrag dem Erbbauberechtigten zuzurechnen ist. Im Ergebnis entspricht die Regelung § 261 BewG.[6]

44 Bei **Gebäuden auf fremdem Grund und Boden** ist gem. § 4 Abs. 3 Satz 4 HGrStG für den Grund und Boden sowie für das Gebäude auf fremdem Grund und Boden nur ein Steuermessbetrag zu ermitteln.[7] Das Gebäude und der mit dem fremden Gebäude bebaute Grund und Boden sind damit zu einer wirtschaftlichen Einheit zusammenzufassen.[8] Die Regelung knüpft folgerichtig an § 3 Abs. 2 Satz 2 HGrStG[9] an, wonach bei Gebäuden auf fremdem Grund und Boden der Steuermessbetrag dem Eigentümer des Grund und Bodens zuzurechnen ist. Im Ergebnis entspricht die Regelung § 262 BewG.[10]

1 AE HGrStG zu § 4 Abs. 3.
2 Siehe vertiefend hierzu Bock/Lapp in Grootens, HGrStG § 2 Rz. 51 f.
3 AE HGrStG zu § 4 Abs. 3.
4 AE HGrStG zu § 4 Abs. 3.
5 Siehe vertiefend hierzu Bock/Lapp in Grootens, HGrStG, § 3 Rz. 42 ff.
6 Siehe vertiefend hierzu Grootens in Grootens, BewG § 261 Rz. 31 ff.
7 AE HGrStG zu § 4 Abs. 3.
8 AE HGrStG zu § 4 Abs. 3.
9 Siehe vertiefend hierzu Bock/Lapp in Grootens, HGrStG § 3 Rz. 42 ff.
10 Siehe vertiefend hierzu Grootens in Grootens, BewG § 262 Rz. 31 ff.

§ 5 HGrStG Flächenbeträge (ersetzt den § 13 des Grundsteuergesetzes)

(1) Der Flächenbetrag für den Grund und Boden ist das Produkt aus der Fläche des zum Grundstück gehörenden Grund und Bodens in Quadratmetern und einem Ansatz von 0,04 Euro je Quadratmeter.

(2) [1]Der Flächenbetrag für den zu Wohnzwecken genutzten Teil eines zum Grundstück gehörenden benutzbaren Gebäudes nach § 248 Bewertungsgesetz in der am 24. Dezember 2021 geltenden Fassung ist das Produkt aus der Wohnfläche in Quadratmetern und einem Ansatz von 0,50 Euro je Quadratmeter. [2]Nicht genutzte Flächen nach Satz 1, die zuvor zu Wohnzwecken genutzt wurden, gelten bis zu einer Nutzung zu anderen Zwecken weiterhin als zu Wohnzwecken genutzt. [3]Die Vermietung von Wohn- und Schlafräumen zur kurzfristigen Beherbergung von Personen ist kein Wohnzweck. [4]Ein häusliches Arbeitszimmer gilt ungeachtet der ertragsteuerlichen Würdigung als zu Wohnzwecken genutzt. [5]Garagen, die zu Wohnzwecken genutzten Gebäuden oder Gebäudeteilen zu dienen bestimmt sind, bleiben außer Ansatz, wenn sie in räumlichem Zusammenhang zum Gebäude oder Gebäudeteil stehen oder wenn sie eine eigene wirtschaftliche Einheit bilden und ihre Nutzungsfläche 100 Quadratmeter nicht überschreitet. [6]Nebengebäude, die zu Wohnzwecken genutzten Gebäuden oder Gebäudeteilen zu dienen bestimmt und von untergeordneter Bedeutung sind, bleiben außer Ansatz, wenn sie in räumlichem Zusammenhang zum Gebäude oder Gebäudeteil stehen oder eine eigene wirtschaftliche Einheit bilden. [7]Von einer untergeordneten Bedeutung ist auszugehen, wenn die Gebäudefläche jeweils weniger als 30 Quadratmeter beträgt. [8]Die Nutzungsfläche von Garagen und Nebengebäuden, die nach Satz 5 bis 7 nicht außer Ansatz bleiben, gilt als Wohnfläche im Sinne des Satzes 1.

(3) [1]Der Flächenbetrag für den zu anderen Zwecken als Wohnzwecken genutzten Teil eines zum Grundstück gehörenden benutzbaren Gebäudes nach § 248 Bewertungsgesetz in der am 24. Dezember 2021 geltenden Fassung ist das Produkt aus der Nutzungsfläche in Quadratmetern und einem Ansatz von 0,50 Euro je Quadratmeter. [2]Nicht genutzte Flächen nach Satz 1, die zuvor zu anderen Zwecken als Wohnzwecken genutzt wurden, gelten bis zu einer Nutzung zu Wohnzwecken weiterhin als zu anderen Zwecken als Wohnzwecken genutzt.

(4) [1]Bei der Berechnung nach den Abs. 1 bis 3 sind für Wohnungseigentum und Teileigentum § 249 Abs. 5 und 6 des Bewertungsgesetzes in der am 24. Dezember 2021 geltenden Fassung entsprechend anzuwenden. [2]Für Garagenstellplätze und Nebengebäude im Wohnungseigentum gilt Abs. 2 Satz 5 bis 8 entsprechend.

(5) [1]Beträgt die Gebäudefläche der auf einem Grundstück errichteten Gebäude insgesamt weniger als 30 Quadratmeter, bleibt diese für die Ermittlung der Flächenbeträge nach Abs. 1 bis 3 außer Ansatz. [2]Außer Ansatz bleiben auch Gebäude oder Gebäudeteile für den Zivilschutz nach § 245 Bewertungsgesetz in der am 24. Dezember 2021 geltenden Fassung.

(6) [1]Bei der Anwendung der Abs. 1 bis 5 ist stets von vollen Quadratmetern auszugehen. [2]Hierfür sind Nachkommastellen abzurunden.

Inhaltsübersicht **Rz.**

VERWALTUNGSANWEISUNGEN

AE HGrStG zu § 5 des Anwendungserlasses zum Hessischen Grundsteuergesetz (AE HGrStG) des Hessischen Ministeriums der Finanzen vom 30.5.2022 (G1030 A-061-II6a/10), Staatsanzeiger für das Land Hessen vom 13.6.2022, S. 645 ff.; Verfügung betr. Vereinfachung der Flächenermittlung durch Schätzung in Fällen von (offensichtlich) steuerbefreitem Grundbesitz, OFD Frankfurt am Main, Vfg. v. 29.6.2022 - G 1194 A-001-St 71.

A. Allgemeine Erläuterungen

I. Normzweck und wirtschaftliche Bedeutung der Vorschrift

1 § 5 HGrStG bestimmt die Ermittlung der **Flächenbeträge** für Gebäudeflächen und für Flächen des Grund und Bodens. § 5 HGrStG trifft darüber hinaus Regelungen zu der für die Ermittlung der Flächenbeträge notwendigen Bestimmung der **Wohn- und Nutzungsflächen in Sonderfällen.** Bei den Flächenbeträgen soll es sich um eine reine Rechengröße ohne Wertbezug zur Bestimmung der relativen Lastenverteilung zwischen dem Grund und Boden und den Gebäudeflächen handeln.[1]

2 Die maßgeblichen Flächen nach § 5 Abs. 1, 2 und 3 HGrStG sind mit der jeweiligen Äquivalenzzahl zu multiplizieren und ergeben so den Flächenbetrag. Die Flächenbeträge werden mit den Steuermesszahlen nach § 6 HGrStG[2] multipliziert und ergeben in der Summe den Ausgangsbetrag. Dieser ist Ausgangsgröße nach § 4 Abs. 1 Satz 2 HGrStG[3] für die Ermittlung des Steuermessbetrags durch Multiplikation mit den jeweiligen Faktor nach § 7 HGrStG.[4] Der Steuermessbetrag ergibt durch Anwendung des jeweiligen Hebesatzes der Gemeinde nach § 25

1 Hessische LT-Drucks. 20/6379 S. 17.
2 Vgl. vertiefend Bock/Lapp in Grootens, HGrStG § 6 Rz. 26 ff.
3 Vgl. vertiefend Bock/Lapp in Grootens, HGrStG § 4 Rz. 26.
4 Vgl. vertiefend Bock/Lapp in Grootens, HGrStG § 7 Rz. 26 ff.

GrStG[1] oder ggf. nach § 13 HGrStG[2] die Grundsteuerzahllast. Mit der Festlegung der **Flächenbeträge** in § 5 HGrStG wird daher maßgeblich die Höhe der Grundsteuer bestimmt. § 5 HGrStG hat damit **erhebliche Bedeutung für** die endgültige **Grundsteuerbelastung**.

3 In einem Flächenmodell, wie dem hessischen Grundsteuermodell, kommt der **Flächenbestimmung** eine **ganz erhebliche Bedeutung** zu. Die Fläche ist im hessischen Grundsteuermodell neben dem Faktor die einzige objektbezogene Größe, die Einfluss auf die Höhe der Grundsteuer nimmt. Die Flächenbestimmung dürfte im hessischen Modell entsprechend streitanfällig sein.[3] Dies gilt aufgrund der unterschiedlichen Erfassung von Zubehörräumen, Garagen und Nebengebäuden (siehe → Rz. 88) und der unterschiedlich hohen Steuermesszahlen auch für die Abgrenzung von der Wohn- zur Nutzungsfläche.

4 Wie bereits § 3 NGrStG[4] in dem vergleichbaren niedersächsischen Grundsteuermodell, wird auch § 5 HGrStG der **Bedeutung der Flächenbestimmung** nicht vollends gerecht. In § 5 HGrStG werden überwiegend bestimmte Sonderfälle behandelt. Die Norm lässt insbesondere offen, nach welcher Methode die Flächen zu ermitteln sind. Anders als in § 3 NGrStG[5] ist die Abgrenzung von Wohn- und Nutzungsfläche sowie die Zurechnung von Garagen und Nebengebäuden besser gelungen. Die unterschiedliche Zurechnung von Neben- und Zubehörräumen in Abhängigkeit der Nutzungsart bleibt hingegen auch im hessischen Grundsteuermodell fragwürdig (siehe vertiefend → Rz. 82).[6]

5 **§ 5 Abs. 1 HGrStG** regelt die Ermittlung des Flächenbetrags für den Grund und Boden.

6 **§ 5 Abs. 2 HGrStG** regelt die Ermittlung des Flächenbetrags für den zu Wohnzwecken genutzten Teil eines Gebäudes. Daneben werden in § 5 Abs. 2 HGrStG die Behandlung einiger Spezialfälle geregelt, wie die Behandlung eines häuslichen Arbeitszimmers, der Leerstand vormals zu Wohnzwecken genutzter Gebäudeflächen sowie die kurzfristige Vermietung von Wohnraum. Darüber hinaus trifft § 5 Abs. 2 HGrStG Regelungen zur Behandlung von Garagen und Nebengebäuden.

7 **§ 5 Abs. 3 HGrStG** regelt die Ermittlung des Flächenbetrags für den zu anderen Zwecken als Wohnzwecken genutzten Teil eines Gebäudes. Darüber hinaus wird der Leerstand von vormals zu anderen als Wohnzwecken genutzten Gebäudeteilen geregelt.

8 **§ 5 Abs. 4 HGrStG** trifft Regelungen für Wohnungs- und Teileigentum.

9 **§ 5 Abs. 5 HGrStG** enthält eine Bagatellregelung, nach der Gebäude von untergeordneter Bedeutung bei der Ermittlung der Flächenbeträge nicht berücksichtigt werden. Geregelt wird außerdem die Behandlung von Gebäuden oder Gebäudeteilen für den Zivilschutz, die bei der Ermittlung der Flächenbeträge ebenfalls nicht berücksichtigt werden.

10 **§ 5 Abs. 6 HGrStG** enthält eine Abrundungsregel für die Flächenbestimmung.

11–15 *(Einstweilen frei)*

---

1 Vgl. hierzu Grootens in Grootens, GrStG § 25 Rz. 31 ff.

2 Vgl. vertiefend Bock/Lapp in Grootens, HGrStG § 13 Rz. 26 ff.

3 Krit. auch Wiegand in Rössler/Troll, HGrStG § 5 Rz. 25 in Bezug auf die vermeintlichen Vereinfachungsregelungen zu den Nebengebäuden.

4 Siehe vertiefend Bock/Lapp in Grootens, NGrStG § 3 Rz. 3 und Rz. 26 ff.

5 Vgl. hierzu vertiefend Bock/Lapp in Grootens, NGrStG § 3 Rz. 46 f.

6 Vgl. hierzu vertiefend Bock/Lapp in Grootens, NGrStG § 3 Rz. 48.

II. Entstehung und Entwicklung der Vorschrift

Die Vorschrift wurde im Jahr 2021 mit dem **Stammgesetz** in das HGrStG aufgenommen.[1] In einem früheren Gesetzentwurf der hessischen Landesregierung (Stand 7.6.2021)[2] wurde die Flächengrenze für Gebäude von untergeordneter Bedeutung nach § 5 Abs. 2 Satz 7 HGrStG und § 5 Abs. 5 HGrStG noch mit 23 m² angegeben. Der von der hessischen Landesregierung am 13.9.2021 in den Landtag eingebrachte Gesetzentwurf[3] enthielt bereits die heutige Flächengrenze von 30 m². 16

(Einstweilen frei) 17–20

III. Geltungsbereich

§ 5 HGrStG gilt für in Hessen belegene Grundstücke des Grundvermögens und gilt damit nicht für Betriebe der Land- und Forstwirtschaft.[4] § 5 HGrStG ist mit dem Stammgesetz gem. § 17 HGrStG **am 24.12.2021 in Kraft getreten**.[5] Aus Art. 125b Abs. 3 GG ergibt sich, dass die Gesetzgebungskompetenz den Ländern für ein vom Bundesrecht abweichendes Grundsteuerrecht erst für die Erhebung der **Grundsteuer** ab dem **Kalenderjahr 2025** zusteht. Dem trägt § 8 Abs. 2 Satz 1 HGrStG[6] Rechnung, wonach die in der Hauptveranlagung festgesetzten Steuermessbeträge frühestens vom Kalenderjahr 2025 an gelten. Die Regelungen des HGrStG und damit auch § 5 HGrStG sind daher erst für die Erhebung der **Grundsteuer** ab dem **Kalenderjahr 2025** von Bedeutung. 21

(Einstweilen frei) 22–25

IV. Vereinbarkeit der Vorschrift mit höherrangigem Recht

§ 5 HGrStG könnte im Hinblick auf die Flächenbestimmung zu unbestimmt sein und gegen den Bestimmtheitsgrundsatz und die Gleichmäßigkeit der Besteuerung verstoßen. Auch die teilweise **Nichtberücksichtigung von Nutzungsflächen von Garagen und Nebengebäuden sowie von Zubehörräumen** im Zusammenhang mit der Wohnnutzung in § 5 Abs. 2 und 3 HGrStG unterliegen **gleichheitsrechtlichen Bedenken**, da diese Flächen bei Nichtwohnnutzung berücksichtigt werden.[7] Die Kritik zu § 3 NGrStG gilt insoweit für das hessische Modell entsprechend.[8] 26

Zu Zweifeln hinsichtlich der **verfassungsrechtlichen Rechtfertigung der Äquivalenzzahlen** wird auf die Erläuterungen im Vorwort zum Niedersächsischen Grundsteuergesetz verwiesen;[9] im niedersächsischen Grundsteuermodell kommen die gleichen Äquivalenzzahlen wie im hessischen Grundsteuermodell zur Anwendung.[10] 27

(Einstweilen frei) 28–30

---

1 Hessisches Grundsteuergesetz v. 15.12.2021, Hessisches GVBl 2021 S. 906.

2 https://www.hsgb.de/finanzen-gemeindewirtschaftsrecht/regierungsentwurf-eines-hessischen-grundsteuergesetzes-1623748553/2021/06/15, aufgerufen am 17.2.2022.

3 Hessische LT-Drucks. 20/6379 S. 1.

4 Vgl. hierzu Bock/Lapp in Grootens, HGrStG § 1 Rz. 11.

5 Hessisches GVBl 2021 S. 906.

6 Siehe hierzu vertiefend Bock/Lapp in Grootens, HGrStG § 8 Rz. 36 f.

7 Zweifelnd auch Krause in Stenger/Loose, NGrStG Grundaussagen Rz. 41.

8 Siehe hierzu Bock/Lapp in Grootens, NGrStG § 3 Rz. 26 ff.

9 Bock/Lapp in Grootens, NGrStG Vorwort Rz. 48.

10 Vgl. zur Kritik an den Äquivalenzzahlen auch Löhr, BB 2020 S. 1687, 1689.

V. Verhältnis zu anderen Vorschriften

31 § 5 HGrStG verdrängt als lex posterior **§ 13 GrStG**,[1] der damit in Hessen derzeit keine Anwendung findet.

32 Die maßgeblichen Flächen nach § 5 Abs. 1, 2 und 3 HGrStG sind mit der jeweiligen Äquivalenzzahl zu multiplizieren und ergeben so den Flächenbetrag. Die Flächenbeträge werden mit den Steuermesszahlen nach **§ 6 HGrStG**[2] multipliziert und ergeben in der Summe den Ausgangsbetrag. Dieser ist Ausgangsgröße nach **§ 4 Abs. 1 Satz 2 HGrStG**[3] für die Ermittlung des Steuermessbetrags durch Multiplikation mit dem jeweiligen Faktor nach **§ 7 HGrStG.**[4] Der Steuermessbetrag ergibt durch Anwendung des jeweiligen Hebesatzes der Gemeinde **nach § 25 GrStG**[5] oder ggf. nach **§ 13 HGrStG**[6] die Grundsteuerzahllast.

33 Die Vorschrift nimmt zur Definition bestimmter Begriffe teilweise Bezug auf die bundesgesetzlichen Vorschriften zur Bewertung des Grundvermögens für Zwecke der Grundsteuer. Im Einzelnen nehmen

- § 5 Abs. 2 und 3 HGrStG zur Definition des benutzbaren Gebäudes i. S. der Vorschrift Bezug auf **§ 248 BewG**,[7]
- § 5 Abs. 4 Satz 1 HGrStG zur Definition des Wohnungs- und Teileigentums Bezug auf **§ 249 Abs. 5 und 6 BewG**[8] und
- § 5 Abs. 5 Satz 2 HGrStG zur Definition der Gebäude und Gebäudeteile für den Zivilschutz Bezug auf **§ 245 BewG.**[9]

34–35 *(Einstweilen frei)*

B. Systematische Kommentierung

I. Flächenbetrag für den Grund und Boden (§ 5 Abs. 1 HGrStG)

1. Allgemeines

36 Nach § 5 Abs. 1 HGrStG ist der Flächenbetrag für den Grund und Boden das Produkt aus der gesamten Fläche des zum Grundstück gehörenden Grund und Bodens in Quadratmetern und einem Ansatz von 0,04 € je m². Anpassungen dieses Ansatzes, etwa bei übergroßen Grundstücken,[10] erfolgen nicht. Eine Regelung, wie die Fläche des Grund und Bodens zu ermitteln und anzusetzen ist, fehlt wie auch im Bewertungsgesetz im HGrStG. Die zur Ermittlung des Steuermessbetrags anzusetzende maßgebliche Fläche des Grund und Bodens dürfte nach denselben Maßstäben wie im Bundesrecht erfolgen.[11] Maßgeblich ist grundsätzlich das amtliche Vermes-

1 Vgl. hierzu Bock in Grootens, GrStG § 13 Rz. 20 ff.
2 Vgl. vertiefend Bock/Lapp in Grootens, HGrStG § 6 Rz. 26 ff.
3 Vgl. vertiefend Bock/Lapp in Grootens, HGrStG § 4 Rz. 26.
4 Vgl. vertiefend Bock/Lapp in Grootens, HGrStG § 7 Rz. 26 ff.
5 Vgl. hierzu Grootens in Grootens, GrStG § 25 Rz. 31 ff.
6 Vgl. vertiefend Bock/Lapp in Grootens, HGrStG § 13 Rz. 26 ff.
7 Vgl. hierzu Bock in Grootens, BewG § 248 Rz. 19 ff.
8 Vgl. hierzu Bock in Grootens, BewG § 249 Rz. 56 und Rz. 60.
9 Vgl. hierzu Bock in Grootens, BewG § 245 Rz. 18 ff.
10 So § 4 Abs. 2 Satz 2 NGrStG, vgl. hierzu Bock/Lapp in Grootens, NGrStG § 4 Rz. 36 ff.
11 Siehe hierzu vertiefend Bock in Grootens, BewG § 247 Rz. 29.

sungsergebnis, das i. d. R. dem **Grundbuch** oder den **Katasterunterlagen** entnommen werden kann.[1] Die amtliche Fläche des Flurstücks lt. Liegenschaftskataster kann in Hessen kostenlos über http://gds.hessen.de/webshop/Flurstuecksnachweis eingesehen werden.[2] Die Aufstellfläche von Gebäuden ist nicht abzuziehen.[3] Aus Vereinfachungsgründen ist bei allen Flächenbeträgen von vollen Quadratmetern auszugehen, Nachkommastellen sind gem. § 5 Abs. 6 HGrStG abzurunden (→ Rz. 111).[4]

(Einstweilen frei) 37–40

2. Sonderfall Wohnteil und Betriebswohnungen eines land- und forstwirtschaftlichen Betriebs

41 Bei dem zum Grundvermögen gehörenden Wohnteil und Betriebswohnungen eines Betriebs der Land- und Forstwirtschaft (§ 232 Abs. 4 Nr. 1 BewG) kann es zu **Abgrenzungsschwierigkeiten** bei der Bestimmung des zu diesem Gebäude gehörenden Anteils am Grund und Boden kommen, da die Gebäude oft im räumlichen Zusammenhang zum Beispiel mit den Wirtschaftsgebäuden des Betriebs stehen.[5] Aus Vereinfachungsgründen soll die zu den Wohngebäuden gehörende Bodenfläche, die nach der Verkehrsauffassung nicht eindeutig zugeordnet werden kann, anhand des **Verhältnisses der Wohn- und Nutzungsflächen** aller Gebäude und Gebäudeteile auf dem Grundstück bestimmt werden oder eine etwaige **ertragsteuerliche Abgrenzung** übernommen werden können.[6] Nach dem Willen des hessischen Gesetzgebers sollte die **Vereinfachungsregelung** des § 167 Abs. 2 BewG angewendet werden dürfen,[7] wonach der zum Wohnteil zugehörige Grund und Boden maximal das Fünffache der mit den Wohngebäuden bebauten Fläche beträgt. Eingang in die Verwaltungsanweisungen zum HGrStG hat hingegen die Vereinfachungsregelung in A 237.24 Abs. 7 Satz 4 AEBewGrSt gefunden.[8] Danach kann in Fällen mit einer **hohen Anzahl** von zu berücksichtigenden **Gebäuden** und/oder Gebäudeteilen, bei Gebäuden mit **mehreren Geschossen** sowie **bei fehlender Datengrundlage** der dem Grundvermögen zugehörige Grund und Boden hilfsweise mit dem **Dreifachen der Wohn- und Nutzungsfläche** der jeweils zu bewertenden Gebäude und/oder Gebäudeteile angesetzt werden.[9]

42 BEISPIEL:[10] Die Hofstelle eines Landwirts (1.500 m²) umfasst die Wohnung des Landwirts (bebaute Fläche: 125 m²), ein Wirtschaftsgebäude (bebaute Fläche: 375 m²) und eine unbebaute Restfläche von 1.000 m². Die restliche Fläche (1.000 m²) kann den einzelnen Gebäuden unter Berücksichtigung der Verkehrsauffassung nicht zugeordnet werden. Eine Abgrenzung nach ertragsteuerlichen Grundsätzen ist nicht erfolgt. Es liegt kein Fall des A 237.24 Abs. 7 Satz 4 AEBewGrSt (Vielzahl von Gebäuden, Gebäude mit mehreren Geschossen oder unklare Datenlage) vor.

LÖSUNG: Das Wirtschaftsgebäude gehört zu dem nach den bundesrechtlichen Vorschriften (§ 232 ff. BewG) zu bewertenden Betrieb der Land- und Forstwirtschaft. Der Wert des Gebäudes ist über den An-

---

1 AE HGrStG zu § 5 Abs. 1, Abs. 6; vgl. auch Hessische LT-Drucks. 20/6379 S. 17.

2 AE HGrStG zu § 5 Abs. 1, Abs. 6.

3 AE HGrStG zu § 5 Abs. 1, Abs. 6; Mandler/Schulze/Zochert, Ubg 2022 S. 351.

4 AE HGrStG zu § 5 Abs. 1, Abs. 6.

5 Siehe auch Hessische LT-Drucks. 20/6379 S. 17.

6 AE HGrStG zu § 5 Abs. 1, Abs. 6 i.V. mit A 237.24 Abs. 7 Satz 1–3 AEBewGrSt; siehe auch Hessische LT-Drucks. 20/6379 S. 17.

7 Hessische LT-Drucks. 20/6379 S. 17.

8 AE HGrStG zu § 5 Abs. 1, Abs. 6.

9 Siehe vertiefend Bock in Grootens, BewG § 243 Rz. 20.

10 Vgl. auch Beispiel 1 in A 237.24 Abs. 7 AEBewGrSt, NWB TAAAI-01157.

satz als Hofstelle sowie dem Zuschlag nach § 238 BewG ertragsmäßig abgegolten. Die Fläche der Hofstelle umfasst dabei nicht die dem Grundvermögen zuzurechnenden Flächenanteile. Das Wohngebäude stellt eine eigenständige wirtschaftliche Einheit des Grundvermögens dar, für die nach den Vorschriften des HGrStG ein Steuermessbetrag zu ermitteln und festzusetzen ist.

Die restliche Fläche (1.000 m²) kann zur Ermittlung des dem Grundvermögen zuzuordnenden Anteils am Grund und Boden im Verhältnis der jeweils bebauten Fläche zur gesamten bebauten Fläche aufgeteilt werden. Demzufolge entfallen von der restlichen Fläche (1.000 m²)

- auf das Wohngebäude 125 m²/500 m² von 1.000 m² = 250 m²
- auf das Wirtschaftsgebäude 375 m²/500 m² von 1.000 m² = 750 m².

Der auf das Wohngebäude entfallende Flächenanteil übersteigt nicht das Fünffache der bebauten Fläche (5 x 125 m² = 625 m²). Für das Wohngebäude ist demnach eine Fläche von 250 m² + 125 m² = 375 m² zugrunde zu legen.

Der Flächenbetrag für den Grund und Boden nach § 5 Abs. 1 HGrStG beträgt 375 m² x 0,04 €/m² = 15 €.

43–45 *(Einstweilen frei)*

II. Flächenbetrag für Wohnflächen (§ 5 Abs. 2 HGrStG)

1. Zu Wohnzwecken genutzte Flächen (§ 5 Abs. 2 Satz 1 und 2 HGrStG)

46 Nach § 5 Abs. 2 Satz 1 HGrStG ermittelt sich der Flächenbetrag für den zu Wohnzwecken genutzten Teil eines zum Grundstück gehörenden benutzbaren Gebäudes i. S. des § 248 BewG[1] durch Multiplikation der **Wohnfläche** in m² mit einem Betrag von 0,50 € je m². Ein Grundstück oder Grundstücksteil dient Wohnzwecken, wenn es **Wohnbedürfnisse befriedigt.**[2] Es ist nicht erforderlich, dass die Räume oder Flächen dem bewertungsrechtlichen Wohnungsbegriff entsprechen (§ 249 Abs. 10 BewG[3]).[4] Ob die Wohnnutzung im Einklang mit baurechtlichen Vorschriften steht, ist anders als nach der Auffassung der niedersächsischen Finanzverwaltung unerheblich.[5] In Zweifelsfällen ist darauf abzustellen, welcher **Nutzungszweck** im **Vordergrund** steht. So können z. B. bei Pflegeeinrichtungen die Wohnzwecke oder die Erbringung von Pflegeleistungen im Vordergrund stehen. Stehen die Wohnzwecke im Vordergrund, ist zur Ermittlung des Flächenbetrags des Gebäudes auf die Wohnfläche abzustellen (§ 5 Abs. 2 HGrStG); stehen die Pflegeleistungen im Vordergrund, ist auf die Nutzungsfläche abzustellen (§ 5 Abs. 3 HGrStG, → Rz. 86 ff.).[6]

47 Die **Ermittlung** der Wohnfläche wird im HGrStG **nicht geregelt** (siehe zur Kritik → Rz. 3 sowie die Kommentierung des § 3 NGrStG[7]). Die hessische Finanzverwaltung verweist insoweit auf bereits normierte Berechnungsvorschriften, insbesondere auf die **Wohnflächenverordnung**[8] v. 25.11.2003.[9] Ist eine solche Wohnflächenberechnung bislang nicht erfolgt, wird aus Vereinfachungsgründen von Seiten der hessischen Finanzverwaltung nicht beanstandet, wenn statt-

1 Vgl. hierzu Bock in Grootens, BewG § 248 Rz. 19 ff.
2 AE HGrStG zu § 5 Abs. 2 Sätze 1–4, Abs. 6.
3 Vgl. hierzu Bock in Grootens, BewG § 249 Rz. 76 ff.
4 AE HGrStG zu § 5 Abs. 2 Sätze 1–4, Abs. 6.
5 AE HGrStG zu § 5 Abs. 2 Sätze 1–4, Abs. 6; vgl. Tabelle bei Bock/Lapp in Grootens, NGrStG § 3 Rz. 72 sowie Rz. 79.
6 AE HGrStG zu § 5 Abs. 2 Sätze 1–4, Abs. 6.
7 Bock/Lapp in Grootens, NGrStG, § 3 Rz. 56 ff.
8 Vgl. zur Kritik an der Heranziehung der Wohnflächenverordnung Bock in Grootens, BewG § 249 Rz. 27.
9 BGBl I S. 2346; siehe im Einzelnen AE HGrStG zu § 5 Abs. 2 Sätze 1–4, Abs. 6.

dessen eine nach der **Zweiten Berechnungsverordnung** v. 12.10.1990[1] ermittelte Wohnfläche verwendet wird, die sich aus geeigneten Unterlagen ergibt (z. B. Berechnung eines Architekten, Mietvertrag etc.).[2] Für einen solchen Ansatz wird vorausgesetzt, dass sich seitdem keine Veränderungen an der Fläche ergeben haben.[3] Ein Wahlrecht der Eigentümer dürfte hiermit nicht verbunden sein. Vielmehr dürfte die hessische Finanzverwaltung eine pragmatische Regelung für Fälle, in denen keine Berechnung nach der Wohnflächenverordnung vorliegt, beabsichtigt haben.[4] Nach der WoFlV nicht als Wohnfläche zu qualifizierende Flächen (bspw. **Kellerräume**) bleiben insgesamt **außer Ansatz** und sind auch nicht als Nutzflächen zu erfassen.[5] Ist eine direkte Zuordnung zu einer Nutzung nicht möglich, erfolgt nach der Auffassung der hessischen Finanzverwaltung eine Aufteilung anhand des Verhältnisses der übrigen zu Wohnzwecken bzw. nicht zu Wohnzwecken genutzten Flächen zu der gesamten Gebäudefläche.[6] Da im niedersächsischen Grundsteuermodell bei der Ermittlung der Wohnfläche grundsätzlich entsprechend vorgegangen wird, wird auf die Kommentierung zu § 3 NGrStG ergänzend verwiesen.[7] Im Hinblick auf **Garagen** und **Nebengebäude** existieren in § 3 Abs. 2 Sätze 5–8 HGrStG zum NGrStG abweichende Regelungen (siehe dazu → Rz. 66 ff.).

BEISPIEL (AUFTEILUNG VON NEBENRÄUMEN BEI GEMISCHTER NUTZUNG):[8] Im Erdgeschoss eines zweigeschossigen Hauses befindet sich eine Anwaltskanzlei, im Stock darüber eine gleichgroße Wohnung. Es ist jeweils ein eigener Kellerraum, aber nur ein gemeinsam genutzter Abstellraum vorhanden. 47a

LÖSUNG: Ein Kellerraum ist der Wohnung (Wohnzwecke), der andere der Anwaltskanzlei (keine Wohnzwecke) zuzuordnen. Der Abstellraum ist jeweils zur Hälfte der Wohnnutzung (§ 5 Abs. 2 Satz 1 HGrStG) und der Nicht-Wohnnutzung (§ 5 Abs. 3 Satz 1 HGrStG) zuzuordnen. Die Intensität der Flächennutzung ist dabei unerheblich. Die der Wohnung zugeordneten Flächen (Kellerraum und anteiliger Abstellraum) fließen nicht in den Flächenbetrag nach § 5 Abs. 2 Satz 1 HGrStG (Wohnfläche) ein. Demgegenüber sind die der Nicht-Wohnnutzung zugeordneten Flächen (Kellerraum der Anwaltskanzlei und anteiliger Abstellraum) als Flächenbetrag nach § 5 Abs. 3 Satz 1 HGrStG (Nutzungsfläche) zu berücksichtigen.

Nach § 5 Abs. 2 Satz 2 HGrStG gelten **nicht genutzte Flächen**, die zuvor zu Wohnzwecken genutzt wurden, bis zu einer Nutzung zu anderen Zwecken weiterhin als zu Wohnzwecken genutzt.[9] Die Regelung entspricht im Ergebnis § 3 Abs. 1 Satz 4 NGrStG, sodass ergänzend auf die dortige Kommentierung verwiesen wird.[10] Nach der Intention des hessischen Landesgesetzgebers soll mit dieser Regelung vermieden werden, dass sich z. B. durch den Leerstand einer Mietwohnung die bisherige grundsteuerliche Einordnung ändert.[11] 48

(Einstweilen frei) 49–55

---

1 BGBl I S. 2178 und BGBl 2007 I S. 2614.
2 AE HGrStG zu § 5 Abs. 2 Sätze 1–4, Abs. 6; vgl. auch Hessische LT-Drucks. 20/6379 S. 17.
3 AE HGrStG zu § 5 Abs. 2 Sätze 1–4, Abs. 6.
4 Vgl. Krumm/Paeßens, HGrStG § 5 Rz. 9.
5 AE HGrStG zu § 5 Abs. 2 Sätze 1–4, Abs. 6; Mandler/Schulze/Zochert, Ubg 2022 S. 351.
6 Vgl. AE HGrStG zu § 5 Abs. 2 Sätze 1–4, Abs. 6.
7 Siehe vertiefend Bock/Lapp in Grootens, NGrStG § 3 Rz. 46 ff. sowie AE HGrStG zu § 5 Abs. 2 Sätze 1–4, Abs. 6.
8 Beispiel bei AE HGrStG zu § 5 Abs. 2 Sätze 1–4, Abs. 6.
9 AE HGrStG zu § 5 Abs. 2 Sätze 1–4, Abs. 6.
10 Siehe hierzu vertiefend Bock/Lapp in Grootnes, NGrStG § 3 Rz. 91 f.
11 AE HGrStG zu § 5 Abs. 2 Sätze 1–4, Abs. 6; vgl. auch Hessische LT-Drucks. 20/6379 S. 17.

2. Kurzfristige Vermietung von Wohn- und Schlafräumen (§ 5 Abs. 2 Satz 3 HGrStG)

56 Nach § 5 Abs. 2 Satz 3 HGrStG ist die Vermietung von Wohn- und Schlafräumen zur kurzfristigen Beherbergung von Personen kein Wohnzweck. Die Regelung soll auf Hotels und Ferienwohnungen abzielen.[1] Die Vorschrift entspricht § 3 Abs. 1 Satz 5 NGrStG, sodass insbesondere in Bezug auf die Abgrenzungsschwierigkeiten ergänzend auf die dortige Kommentierung verwiesen wird.[2] Abweichend von der niedersächsischen Finanzverwaltung verweist die hessische Finanzverwaltung für das Vorliegen einer kurzfristigen Vermietung auf die Rechtsprechung des Bundesfinanzhofs zu § 4 Nr. 12 UStG.[3] Eine kurzfristige Vermietung liegt danach bei einer vom Vermieter beabsichtigten Vermietung von **nicht mehr als sechs Monaten** vor.[4]

57–60 *(Einstweilen frei)*

3. Häusliches Arbeitszimmer (§ 5 Abs. 2 Satz 4 HGrStG)

61 Ein **häusliches Arbeitszimmer** gilt nach § 5 Abs. 2 Satz 4 HGrStG **ungeachtet der ertragsteuerlichen Würdigung** als zu **Wohnzwecken** genutzt. Der hessische Landesgesetzgeber greift hierbei die Rechtsprechung des Bundesfinanzhofs[5] auf und sieht hierin eine Vereinfachungsmöglichkeit bei der Ermittlung der Steuermessbeträge.[6] Die hessische Finanzverwaltung will hingegen im Hinblick auf den Begriff des häuslichen Arbeitszimmers auf die Verwaltungsanweisungen zur einkommensteuerlichen Behandlung der Aufwendungen für ein häusliches Arbeitszimmer nach § 4 Abs. 5 Satz 1 Nr. 6b, § 9 Abs. 5 und § 10 Abs. 1 Nr. 7 EStG[7] verweisen.[8] Dies vermag nicht zu überzeugen, da die begriffliche Definition des häuslichen Arbeitszimmers in dem o. g. BMF-Schreiben allein dazu dient, Aufwendungen der Privatsphäre von beruflichen Aufwendungen abzugrenzen. Sachgerecht ist es, für die Definition des häuslichen Arbeitszimmers auf die ständige Rechtsprechung des BFH[9] zur Einheitsbewertung abzustellen, nach der ein zur Einkünfteerzielung genutztes Arbeitszimmer innerhalb einer abgeschlossenen Wohnung nicht dazu führt, dass dieses seine Einordnung als Wohnraum und damit die Zuordnung zur Wohnnutzung verliert. Bei einem häuslichen Arbeitszimmer in diesem Sinne handelt es sich lediglich um einen Raum, dem innerhalb des Wohnteils eine der wohnlichen Nutzung nicht widersprechende Funktion zugewiesen ist.[10] Im Ergebnis dürfte daher auch die Fläche eines häuslichen Arbeitszimmers, das für gewerbliche, freiberufliche oder öffentliche Zwecke genutzt wird, der Wohnnutzung zuzuordnen sein.[11] Eine entsprechende Regelung zum häuslichen Arbeitszimmer ist im niedersächsischen Grundsteuermodell in § 3 Abs. 1 Satz 2 NGrStG enthalten, auf dessen Kommentierung ergänzend verwiesen wird.[12]

62–65 *(Einstweilen frei)*

---

1 AE HGrStG zu § 5 Abs. 2 Sätze 1–4, Abs. 6; vgl. auch Hessische LT-Drucks. 20/6379 S. 17.
2 Siehe hierzu vertiefend Bock/Lapp in Grootens, NGrStG § 3 Rz. 96 ff.
3 BFH, Urteil v. 13.2.2008 - XI R 51/06, BStBl 2009 II S. 63, NWB UAAAC-89503.
4 AE HGrStG zu § 5 Abs. 2 Sätze 1–4, Abs. 6; siehe vertiefend Bock/Lapp in Grootens, NGrStG § 3 Rz. 98.
5 BFH, Urteil v. 9.11.1988 - II R 61/87, BStBl 1989 II S. 135.
6 Hessische LT-Drucks. 20/6379 S. 17 f.
7 BMF-Schreiben v. 6.10.2017 - IV C 6 - S 2145/07, BStBl. I 2017 S. 1320 Rz. 3–5.
8 Vgl. AE HGrStG zu § 5 Abs. 2 Sätze 1–4, Abs. 6.
9 BFH, Urteil v. 9.11.1988 - II R 61/87, BStBl 1989 II S. 135 NWB AAAAA-92737.
10 BFH, Urteil v. 9.11.1988 - II R 61/87, BStBl 1989 II S. 135 NWB AAAAA-92737.
11 Wiegand in Rössler/Troll, HGrStG § 5 Rz. 19.
12 Siehe hierzu vertiefend Bock/Lapp in Grootens, NGrStG § 3 Rz. 76 ff.

4. Garagen (§ 5 Abs. 2 Satz 5 und 8 HGrStG)

Garagen, die zu Wohnzwecken genutzten Gebäuden oder Gebäudeteilen zu dienen bestimmt sind (→ Rz. 68 f.), bleiben nach § 5 Abs. 2 Satz 5 HGrStG **außer Ansatz**, 66

- wenn sie ungeachtet ihrer Größe in **räumlichem Zusammenhang** (→ Rz. 70) zum Gebäude oder Gebäudeteil stehen oder
- wenn sie eine **eigene wirtschaftliche Einheit** bilden und zusätzlich ihre Nutzungsfläche 100 m² nicht überschreitet.[1]

Carports werden von der Regelung **nicht umfasst.** Diese erfüllen mangels räumlicher Umschließung bereits nicht den Gebäudebegriff, sodass ihre Fläche bei der Ermittlung des Flächenbetrags des Gebäudes nicht berücksichtigt wird.[2]

Die Regelung soll der **Verwaltungsökonomie** dienen.[3] Der hessische Gesetzgeber geht davon aus, dass bei der Ermittlung der Wohnfläche nach der Wohnflächenverordnung Garagen nicht zum Ansatz kommen (vgl. § 2 Abs. 3 WoFlV). Abweichend von der vergleichbaren Regelung im niedersächsischen Grundsteuermodell, nach welcher Garagen im räumlichen Zusammenhang zur Wohnnutzung bis zu einer Nutzfläche von 50 m² außer Ansatz bleiben (§ 3 Abs. 2 Satz 1 NGrStG),[4] bleiben diese in dem hessischen Grundsteuermodell vollständig außer Ansatz. 67

BEISPIELE:[5] 68

- Eine 30 m² große Garage eines Einfamilienhauses bleibt außer Ansatz, da das Einfamilienhaus und die Garage eine wirtschaftliche Einheit bilden und ein räumlicher Zusammenhang besteht.
- Eine 500 m² große Garage eines Mehrfamilienhauses bleibt außer Ansatz, da das Mehrfamilienhaus und die Garage eine wirtschaftliche Einheit bilden und ein räumlicher Zusammenhang besteht.
- Die Fläche einer 300 m² großen Garage eines Mehrfamilienhauses auf einem gesonderten und deutlich abseits liegenden Grundstück ist als Wohnfläche anzugeben, da sie nicht im räumlichen Zusammenhang zum Wohngebäude steht, eine eigene wirtschaftliche Einheit bildet und 100 m² überschreitet.

  Abwandlung: Beträgt die Fläche der Garage 100 m² oder weniger, bleibt das Garagengebäude außer Ansatz.
- Ein 120 m² großes, zu einem Mehrfamilienhaus gehörendes Carport bleibt bei der Ermittlung des Flächenbetrags des Gebäudes außer Ansatz, weil es kein Gebäude darstellt.

Ob eine Garage einem zu Wohnzwecken genutzten Gebäude oder Gebäudeteil **zu dienen bestimmt** ist, soll nach der Auffassung der hessischen Finanzverwaltung nach der **Verkehrsanschauung** zu entscheiden sein.[6] Maßgeblich dürfte dabei sein, welchen Zweck die Garage erfüllen soll. Dient sie der Unterbringung der Fahrzeuge der Bewohner eines zu Wohnzwecken genutzten Gebäudes, dürfte sie diesem auch zu dienen bestimmt sein.[7] Die ertragsteuerliche Zuordnung der Garage zu einem Betriebsvermögen dürfte für die grundsteuerrechtliche Zuordnung ihrer Fläche unerheblich sein.[8] Besteht eine **dingliche** (bspw. im Grundbuch einer Ei- 69

1 AE HGrStG zu § 5 Abs. 2 Sätze 5–8; siehe insbesondere die dortigen Beispiele.
2 AE HGrStG zu § 5 Abs. 2 Sätze 5 bis 8.
3 Hessische LT-Drucks. 20/6379 S. 18.
4 Siehe hierzu vertiefend Bock/Lapp in Grootens, NGrStG § 3 Rz. 111 ff.
5 AE HGrStG zu § 5 Abs. 2 Sätze 5–8.
6 AE HGrStG zu § 5 Abs. 2 Sätze 5–8.
7 Ebenso Krumm/Paeßens, HGrStG § 5 Rz. 11.
8 Krumm/Paeßens, HGrStG, § 5 Rz. 11.

gentumswohnung ist ein Sondernutzungsrecht für einen Tiefgaragenstellplatz eingetragen)[1] **oder schuldrechtliche Verknüpfung** (bspw. ein einheitlicher Mietvertrag über eine Wohnung und eine dazugehörende Garage)[2] zwischen der Garage und dem zu Wohnzwecken genutzten Gebäude(-teil), soll davon auszugehen sein, dass die Garage dem zu Wohnzwecken genutzten Gebäudeteil dient.[3]

70 Auch bei fehlender rechtlicher Verknüpfung kann eine Garage aufgrund der **tatsächlichen Nutzung** dem zu Wohnzwecken genutzten Gebäudeteil dienen, wenn die Garage und der Gebäudeteil von derselben Person genutzt werden **(Eigentümeridentität)** oder die Flächen zu **derselben wirtschaftlichen Einheit** gehören.[4]

71 **BEISPIELE:**[5]

- Der Eigentümer eines selbstgenutzten Einfamilienhauses nutzt eine eigene, auf einem anderen Grundstück belegene Garage.
- Ein Ehepaar wohnt in einem der Ehefrau gehörenden Einfamilienhaus. Die von dem Ehepaar genutzte Garage auf dem Nachbargrundstück steht im Alleineigentum des Ehemannes. Das Einfamilienhaus und das Garagengrundstück wurden bei der Einheitsbewertung nach § 26 BewG a. F. zu einer wirtschaftlichen Einheit zusammengefasst. Diese Zusammenfassung (§ 2 Abs. 3 Nr. 4 HGrStG i.V. mit § 266 Abs. 5 BewG) kann für die Hauptveranlagung zum 1.1.2022 beibehalten werden.

72 Ob ein **räumlicher Zusammenhang** zwischen Garage und dem zu Wohnzwecken genutzten Gebäude oder Gebäudeteil besteht, ist maßgeblich nach der Verkehrsanschauung zu entscheiden.[6] Ein räumlicher Zusammenhang ist stets gegeben, wenn sich Garage und Gebäude auf **demselben Grundstück** befinden oder **eine wirtschaftliche Einheit** bilden.[7] Auch eine Garage auf einem **Nachbargrundstück** kann in einem räumlichen Zusammenhang zu einem zu Wohnzwecken genutzten Gebäude oder Gebäudeteil stehen, selbst wenn die Grundstücke durch eine Straße voneinander getrennt sind.[8]

73 **Fehlt** es an einem **räumlichen Zusammenhang** zu dem zu Wohnzwecken genutzten Gebäude und bildet die Garage eine eigene wirtschaftliche Einheit, bleiben die Flächen der Garage nur dann außer Ansatz, wenn sie 100 m^2 nicht übersteigt (Freigrenze).[9] Wird diese Grenze überschritten, ist die gesamte Fläche bei der Ermittlung des Gebäudeflächenbetrags zu berücksichtigen.[10]

74–75 *(Einstweilen frei)*

5. Nebengebäude von untergeordneter Bedeutung (§ 5 Abs. 2 Satz 6 und 7 HGrStG)

76 **Nebengebäude**, die zu Wohnzwecken genutzten Gebäuden oder Gebäudeteilen zu dienen bestimmt und von **untergeordneter Bedeutung** sind, bleiben nach § 5 Abs. 2 Satz 6 HGrStG außer Ansatz, wenn sie in räumlichem Zusammenhang zum Gebäude oder Gebäudeteil stehen oder

1 Siehe auch Beispiel bei AE HGrStG zu § 5 Abs. 2 Sätze 5–8.
2 Siehe auch Beispiel bei AE HGrStG zu § 5 Abs. 2 Sätze 5–8.
3 AE HGrStG zu § 5 Abs. 2 Sätze 5–8.
4 AE HGrStG zu § 5 Abs. 2 Sätze 5–8.
5 AE HGrStG zu § 5 Abs. 2 Sätze 5–8.
6 Krumm/Paeßens, HGrStG, § 5 Rz. 11.
7 AE HGrStG zu § 5 Abs. 2 Sätze 5–8.
8 AE HGrStG zu § 5 Abs. 2 Sätze 5–8.
9 AE HGrStG zu § 5 Abs. 2 Sätze 5–8.
10 AE HGrStG zu § 5 Abs. 2 Sätze 5–8.

eine eigene wirtschaftliche Einheit bilden.[1] Von einer untergeordneten Bedeutung ist nach § 5 Abs. 2 Satz 7 HGrStG auszugehen, wenn die **Gebäudefläche jeweils weniger als 30 m²** beträgt. Diese Voraussetzung ist mithin für jedes Nebengebäude gesondert zu prüfen.[2]

Die Regelung soll der **Verwaltungsökonomie** dienen und zielt insbesondere auf Scheunen, Schuppen und Gartenhäuser ab.[3] Eine vergleichbare Regelung findet sich auch im niedersächsischen Grundsteuermodell in § 3 Abs. 3 Satz 1 NGrStG, auf dessen Kommentierung ergänzend verwiesen wird.[4] Befinden sich auf einem Grundstück **mehrere Nebengebäude**, bleiben diese bei Vorliegen der übrigen Voraussetzungen und abweichend von dem niedersächsischen Grundsteuermodell[5] auch dann außer Ansatz, wenn ihre Fläche insgesamt 30 m² übersteigt, solange die Fläche des jeweiligen Nebengebäudes weniger als 30 m² beträgt.[6] Die Formulierung, dass von einer untergeordneten Bedeutung auszugehen ist, lässt offen, ob Steuerpflichtige der Finanzverwaltung eine etwaige untergeordnete Bedeutung eines Nebengebäudes mit mehr als 30 m² Gebäudefläche nachweisen können. Der Wortlaut des Gesetzes schließt diese Möglichkeit zwar nicht aus, die untergeordnete Bedeutung und der damit einhergehende Nichtansatz eines über 30 m² großen Nebengebäudes dürfte jedoch begründungsbedürftig sein.[7] 77

Ob ein Gebäude im Verhältnis zum Hauptgebäude als Nebengebäude oder selbständiges Gebäude einzuordnen ist und ob das Nebengebäude zu Wohnzwecken genutzten Gebäuden oder Gebäudeteilen zu dienen bestimmt ist, ist nach Ansicht der hessischen Finanzverwaltung nach der **Verkehrsanschauung** zu beurteilen.[8] Maßgeblich dürfte dabei die **Zweckbestimmung** der Gebäude sein. Eine untergeordnete anderweitige Nutzung (bspw. eine Solaranlage auf dem Dach einer Scheune, mit der gewerbliche Einkünfte erzielt werden) dürfte einer Einordnung als „den zu Wohnzwecken genutzten Gebäuden zu dienen bestimmt sein“ nicht entgegenstehen. 78

(Einstweilen frei) 79–80

6. Zurechnung von Garagen und Nebengebäuden zur Wohnfläche (§ 5 Abs. 2 Satz 8 HGrStG)

§ 5 Abs. 2 Satz 8 HGrStG trifft eine **Zurechnungsregel** für **Garagen- und Nebengebäudeflächen**, die die Flächenbegrenzungen nach § 5 Abs. 2 Satz 5 HGrStG bzw. § 5 Abs. 2 Satz 6 und 7 HGrStG überschreiten. Diese sind nach § 5 Abs. 2 Satz 8 HGrStG **als Wohnfläche** anzusetzen und profitieren von der nach § 6 Abs. 2 HGrStG[9] geringeren Steuermesszahl für Wohnnutzung.[10] Die Norm ist als Fiktion ausgestaltet. Einer Fiktion hätte es nicht bedurft, da Neben- und Zubehörräume, wie Keller, außerhalb der Wohnung befindliche Abstellräume usw., nach hiesiger Auffassung zum Bundesmodell das Schicksal der Haupträume teilen.[11] 81

1 AE HGrStG zu § 5 Abs. 2 Sätze 5–8.
2 Wiegand in Rössler/Troll, HGrStG, § 5 Rz. 26.
3 AE HGrStG zu § 5 Abs. 2 Sätze 5–8; vgl. auch Hessische LT-Drucks. 20/6379 S. 18.
4 Siehe hierzu vertiefend Bock/Lapp in Grootens, NGrStG § 3 Rz. 141.
5 Vgl. hierzu das Beispiel von Bock/Lapp in Grootens, NGrStG § 3 Rz. 147.
6 Wiegand in Rössler/Troll, HGrStG, § 5 Rz. 25.
7 Krumm/Paeßens, HGrStG, § 5 Rz. 15.
8 AE HGrStG zu § 5 Abs. 2 Sätze 5–8.
9 Siehe hierzu Bock/Lapp in Grootens, HGrStG § 6 Rz. 31 f.
10 AE HGrStG zu § 5 Abs. 2 Sätze 5–8.
11 Vgl. st. Rspr. BFH, Urteil v. 6.11.1991 - II R 91/87 NWB NAAAB-32265 zur Einheitsbewertung sowie Bock in Grootens, BewG § 249 Rz. 23 m. w. N.

82 **BEISPIEL:**[1] Eine 80 m^2 große Scheune auf einem Grundstück mit einem Mehrfamilienhaus erfüllt den Gebäudebegriff und überschreitet die Flächenbegrenzung nach § 5 Abs. 2 Satz 6 und 7 HGrStG.

LÖSUNG: Die Gebäudefläche der Scheune gilt nach § 5 Abs. 2 Satz 8 HGrStG als Wohnfläche.

83–85 *(Einstweilen frei)*

III. Flächenbetrag für Nutzungsflächen (§ 5 Abs. 3 HGrStG)

86 Nach § 5 Abs. 3 HGrStG ist der **Flächenbetrag** für den **zu anderen Zwecken als Wohnzwecken** genutzten Teil eines zum Grundstück gehörenden benutzbaren Gebäudes (§ 248 BewG[2]) das Produkt aus der Nutzungsfläche in m^2 und einem Ansatz von 0,50 € je m^2. Zu den Nutzungsflächen gehören z. B. Flächen, die betrieblichen (z. B. Werkstätten, Verkaufsläden, Büroräume), öffentlichen oder sonstigen Zwecken (z. B. Vereinsräume) dienen.[3] Die Regelung ist unglücklich formuliert, da sie nur Teile von Gebäuden und nicht auch Gebäude im Ganzen in Bezug nimmt. Nach Sinn und Zweck der Regelung findet sie auch auf Gebäude Anwendung, die insgesamt zu anderen als Wohnzwecken genutzt werden.[4]

87 Der Begriff Nutzungsfläche stammt aus der DIN 277 (2016). Bis dahin enthielt die DIN 277 den Begriff Nutzfläche. Die Nutzungsfläche soll dementsprechend nach den Vorstellungen der hessischen Finanzverwaltung nach der **DIN 277** ermittelt werden, z. B. DIN 277-1: 2005-02 oder DIN 277-1: 2016-01.[5] Aber auch andere Methoden zur Flächenermittlung sollen zulässig sein, wenn sie geeignet sind, die Nutzungsfläche nach DIN 277 zutreffend abzubilden. Z. B. könne ein vorhandener **Rauminhalt** in Kubikmeter mit Hilfe einer geeigneten Methode in einen Flächenwert in m^2 **umgerechnet** werden. In diesem Fall könnten geringfügige Unschärfen hingenommen werden.[6] Anders als bei der vergleichbaren Regelung im niedersächsischen Grundsteuermodell in § 3 Abs. 1 Satz 3 NGrStG[7] wird nach der Intention des hessischen Gesetzgebers die Auswahl der Methode zur Ermittlung der Nutzungsfläche nicht vollständig dem Steuerpflichtigen überlassen, da die gewählte Berechnungsmethode die Nutzungsfläche nach DIN 277 von gewissen Unschärfen abgesehen jedenfalls sachgerecht abbilden muss. Im Übrigen wird auf die Kommentierung zu § 3 Abs. 1 Satz 3 NGrStG ergänzend Bezug genommen.[8]

87a Anders als bei der Ermittlung des Flächenbetrags für Wohnflächen (→ Rz. 46 ff.), sind nicht als Wohnfläche zu qualifizierende **Nebenflächen** (z. B. **Zubehörräume wie Keller oder Treppen**, wenn sie zur Nutzungsfläche zählen) bei der Ermittlung des Flächenbetrags für Nutzungsflächen **anzusetzen** (zur Kritik hieran siehe bereits → Rz. 26). Das gleiche gilt für **Garagen** und **Nebengebäude**. Bei **gemischt genutzten Gebäuden,** in denen ein Teil des Gebäudes zu Wohnzwecken und ein Teil des Gebäudes zu anderen als zu Wohnzwecken genutzt wird, sollen die Nebenflächen, Garagen oder Nebengebäude nach ihrer **tatsächlichen Nutzung** dem zutreffenden Gebäudeteil **zugeordnet** werden.[9] Ist eine direkte Zuordnung einer Nebenfläche, einer Garage

1 AE HGrStG zu § 5 Abs. 2 Sätze 5–8.
2 Vgl. hierzu Bock in Grootens, BewG § 248 Rz. 19 ff.
3 Wiegand in Rössler/Troll, HGrStG, § 5 Rz. 33.
4 So ausdrücklich AE HGrStG zu § 5 Abs. 3, Abs. 6.
5 AE HGrStG zu § 5 Abs. 3, Abs. 6; vgl. auch Hessische LT-Drucks. 20/6379 S. 18.
6 AE HGrStG zu § 5 Abs. 3, Abs. 6.
7 Siehe hierzu vertiefend Bock/Lapp in Grootens, NGrStG § 3 Rz. 57 ff. und Rz. 81 ff.
8 Bock/Lapp in Grootens, NGrStG § 3 Rz. 57 ff. und Rz. 81 ff.
9 AE HGrStG zu § 5 Abs. 2 Sätze 1–4, Abs. 6.

oder eines Nebengebäudes nicht möglich, soll die als Nutzungsfläche anzusetzende Fläche anhand des Verhältnisses der übrigen Gebäudeflächen, die nicht zu Wohnzwecken genutzt werden, zu der gesamten Gebäudefläche ermittelt werden (siehe auch Beispiel in → Rz. 48).[1]

Nicht genutzte Flächen, die zuvor zu anderen Zwecken als Wohnzwecken genutzt wurden, gelten nach § 5 Abs. 3 Satz 2 HGrStG bis zu einer Nutzung zu Wohnzwecken weiterhin als zu anderen Zwecken als Wohnzwecken genutzt.[2] Die Vorschrift korrespondiert mit § 5 Abs. 2 Satz 2 HGrStG (siehe hierzu → Rz. 48). 88

(Einstweilen frei) 89–95

IV. Flächenberechnung bei Wohnungs- und Teileigentum (§ 5 Abs. 4 HGrStG)

§ 5 Abs. 4 Satz 1 HGrStG bestimmt, dass bei der Berechnung der Wohn- und Nutzungsflächen für **Wohnungseigentum und Teileigentum** nach § 5 Abs. 1–3 HGrStG die Definitionen von Wohnungs- und Teileigentum nach § 249 Abs. 5 und 6 BewG entsprechend anzuwenden sind. Insoweit wird auf die dortige Kommentierung verwiesen.[3] 96

Nach § 5 Abs. 4 Satz 2 HGrStG gelten für **Garagenstellplätze und Nebengebäude** im Wohnungseigentum § 5 Abs. 2 Satz 5–8 HGrStG (siehe → Rz. 66 ff.) entsprechend.[4] 97

(Einstweilen frei) 98–100

V. Nichtansatz bestimmter Gebäude und Gebäudeteile (§ 5 Abs. 5 HGrStG)

1. Geringfügigkeitsregel bei Gebäuden (§ 5 Abs. 5 Satz 1 HGrStG)

§ 5 Abs. 5 Satz 1 HGrStG enthält eine Geringfügigkeitsregel, nach der die Flächen von auf einem Grundstück errichteten Gebäude außer Ansatz bleiben, wenn diese insgesamt weniger als 30 m² betragen.[5] Die Regelung soll der Vereinfachung dienen.[6] Sie entspricht weitgehend der Regelung im niedersächsischen Modell in § 3 Abs. 4 NGrStG, auf dessen Kommentierung ergänzend verwiesen wird.[7] Die Regelung zu Nebengebäuden von untergeordneter Bedeutung (§ 5 Abs. 2 Sätze 6 und 7 HGrStG, → Rz. 76) ist nach Ansicht der hessischen Finanzverwaltung vorrangig zu beachten. Gebäudeflächen, die nach § 5 Abs. 2 Sätze 6 und 7 HGrStG nicht angesetzt werden, werden bei der Prüfung der 30-m²-Grenze nicht mitgerechnet. 101

BEISPIEL:[8] Auf einem Grundstück befindet sich ein Tiny House mit einer Fläche von weniger als 30 m² und eine Gartenlaube mit einer Nutzungsfläche von weniger als 30 m².

a) Das Tiny House wird für Wohnzwecke genutzt.

b) Das Tiny House wird für andere als Wohnzwecke genutzt.

LÖSUNG: a) Die Gartenlaube bleibt gem. § 5 Abs. 2 Sätze 6 und 7 HGrStG außer Ansatz, da es ein Nebengebäude von untergeordneter Bedeutung ist. Das Tiny House bleibt dann gem. § 5 Abs. 5 Satz 1 HGrStG

1 AE HGrStG zu § 5 Abs. 2 Sätze 1–4, Abs. 6.
2 AE HGrStG zu § 5 Abs. 3, Abs. 6.
3 Vgl. hierzu Bock in Grootens, BewG § 249 Rz. 56 und Rz. 60.
4 AE HGrStG zu § 5 Abs. 4.
5 AE HGrStG zu § 5 Abs. 5.
6 Hessische LT-Drucks. 20/6379 S. 18.
7 Siehe Bock/Lapp in Grootens, NGrStG § 3 Rz. 171 ff.
8 Vgl. AE HGrStG zu § 5 Abs. 5.

ebenfalls außer Ansatz, da die Gebäudefläche der auf dem Grundstück errichteten Gebäude insgesamt weniger als 30 m^2 beträgt. Die Fläche der Gartenlaube wird bei § 5 Abs. 5 Satz 1 HGrStG als Nebengebäude von untergeordneter Bedeutung nicht mitgerechnet. Übersteigt die Gartenlaube eine Fläche von 30 m^2, wird auch das Tiny House angesetzt.

b) Da das Tiny House nicht zu Wohnzwecken genutzt wird, bleibt die Gartenlaube nicht nach § 5 Abs. 2 Sätze 6 und 7 HGrStG außer Ansatz. Übersteigt die Summe der Nutzungsfläche des Tiny Houses und der Gartenlaube 30 m^2, ist die gesamte Fläche beider Gebäude als Nutzungsfläche nach § 5 Abs. 3 Satz 1 HGrStG anzusetzen.

102–105 *(Einstweilen frei)*

2. Gebäude oder Gebäudeteile für den Zivilschutz (§ 5 Abs. 5 Satz 2 HGrStG)

106 Nach § 5 Abs. 5 Satz 2 HGrStG bleiben Gebäude oder Gebäudeteile für den Zivilschutz (z. B. Bunker, Hausschutzräume, Druckkammern, Gasschleusen, Luftschutzkeller) nach § 245 BewG[1] außer Ansatz.[2] Nach der Gesetzesbegründung soll der Nichtansatz aus Gemeinwohlgründen erfolgen.[3] Die zum niedersächsischen Modell vorgetragene Kritik zur Nichterfassung dieser Flächen in einem Flächenmodell gilt hier entsprechend.[4]

107–110 *(Einstweilen frei)*

VI. Rundungsregel (§ 5 Abs. 6 HGrStG)

111 § 5 Abs. 6 HGrStG enthält eine Rundungsregel und bestimmt, dass bei der Ermittlung der Flächenbeträge immer von vollen m^2 auszugehen ist und Nachkommastellen abzurunden sind.[5]

112–115 *(Einstweilen frei)*

V. Schätzung bei steuerbefreitem Grundbesitz

116 Die hessische Finanzverwaltung akzeptiert bei wirtschaftlichen Einheiten, die bisher **vollständig von der Grundsteuer befreit** sind (bspw. Kirchen, öffentliche Gebäude usw.), eine überschlägige **Ermittlung der Gebäudeflächen durch Schätzung.**[6] Hilfsweise sollen hierzu auch die z. B. im Rahmen von Versicherungsverträgen zu Grunde gelegten Gebäudeflächen herangezogen werden können.[7] Ist eine wirtschaftliche Einheit vollständig von der Grundsteuer befreit, unterbleibt nach § 4 Abs. 2 Satz 2 HGrStG[8] eine Festsetzung des Grundsteuermessbetrages.[9] Stattdessen ist nach § 2 Abs. 5 Nr. 1 HGrStG[10] i.V. mit § 184 Abs. 1 Satz 3, § 155 Abs. 1 Satz 3 AO ein Freistellungsbescheid zu erteilen.[11] Die konkrete Gebäudefläche findet daher keinen Eingang in die zu treffende Entscheidung der Finanzverwaltung. Nach Ansicht der hessischen Finanzverwaltung steht daher der Aufwand einer genauen Gebäudeflächenermittlung für voll-

1 Vgl. hierzu Bock in Grootens, BewG § 245 Rz. 18 ff.
2 AE HGrStG zu § 5 Abs. 5.
3 Hessische LT-Drucks. 20/6379 S. 18.
4 Siehe hierzu vertiefend Bock/Lapp in Grootens, NGrStG § 3 Rz. 107.
5 AE HGrStG zu § 5 Abs. 2 Sätze 1–4, Abs. 6.
6 OFD Frankfurt am Main v. 29.6.2022 - G 1194 A-001-St 71 NWB HAAAJ-20887.
7 OFD Frankfurt am Main v. 29.6.2022 - G 1194 A-001-St 71 NWB HAAAJ-20887.
8 Siehe hierzu Bock/Lapp in Grootens, HGrStG § 4 Rz. 31 ff.
9 OFD Frankfurt am Main v. 29.6.2022 - G 1194 A-001-St 71 NWB HAAAJ-20887.
10 Siehe hierzu Bock/Lapp in Grootens, HGrStG § 2 Rz. 66 ff.
11 OFD Frankfurt am Main v. 29.6.2022 - G 1194 A-001-St 71 NWB HAAAJ-20887.

ständig steuerbefreite Gebäude in keinem angemessenen Verhältnis zu dem damit verfolgten Zweck, insbesondere weil es bei vollständig steuerbefreiten wirtschaftlichen Einheiten des Grundvermögens zu keiner Mehrung des Steueraufkommens kommt.[1]

Besteht eine **Steuerbefreiung** nur **teilweise** für die wirtschaftliche Einheit, verlangt die hessische Finanzverwaltung eine präzise Ermittlung der steuerpflichtigen Gebäudefläche und lässt eine überschlägige Ermittlung der steuerbefreiten Gebäudefläche zu.[2] Bei nur teilweiser Steuerbefreiung ist zwar nach § 4 Abs. 2 Satz 1 HGrStG[3] der Flächenbetrag nur für den steuerpflichtigen Teil zu ermitteln und durch den Grundsteuermessbescheid festzusetzen,[4] allerdings ist das Verhältnis des steuerbefreiten Teils zur gesamten Gebäudefläche maßgeblich, um den steuerbefreiten Teil des Grund und Bodens zu ermitteln.[5] Damit ist auch die steuerbefreite Gebäudefläche Berechnungsgrundlage für den konkret festzusetzenden Grundsteuermessbetrag. Der Steuerpflichtige hat daher ein erhebliches Interesse, den steuerbefreiten Teil der Gebäudefläche besonders hoch zu schätzen. Diese Großzügigkeit der hessischen Finanzverwaltung ist mit einer gleichmäßigen Besteuerung nur schwer zu vereinbaren. 117

Voraussetzung ist, dass die (teilweise) Steuerbefreiung weiterhin besteht.[6] Stellt das Finanzamt bei der Prüfung der Erklärung zum Grundsteuermessbetrag fest, dass die Voraussetzungen für eine (teilweise) Steuerbefreiung nicht (mehr) erfüllt sind, wird es den Steuerpflichtigen auffordern, eine Ermittlung der Gebäudeflächen nach den allgemeinen Grundsätzen vorzunehmen.[7] **Fallen** die **Voraussetzungen für** eine (teilweise) **Steuerbefreiung** zu einem Zeitpunkt nach der Hauptveranlagung **weg**, ist der Eigentümer nach § 228 Abs. 2 BewG[8] oder nach § 19 GrStG[9] zur Anzeige dieser Änderung verpflichtet.[10] Auch hier wird das zuständige Finanzamt den Steuerpflichtigen auffordern, die Gebäudeflächen nach den allgemeinen Grundsätzen zu ermitteln und zu erklären.[11] 118

§ 6 HGrStG Steuermesszahlen (ersetzt den § 15 Abs. 1 und 5 des Grundsteuergesetzes)

(1) Die Steuermesszahl für die Flächenbeträge nach § 5 Abs. 1 und 3 beträgt 100 Prozent.

(2) Die Steuermesszahl für den Flächenbetrag nach § 5 Abs. 2 beträgt 70 Prozent.

(3) Für Kulturdenkmäler im Sinne des Hessischen Denkmalschutzgesetzes vom 28. November 2016 (GVBl. S. 211) werden die Steuermesszahlen nach den Abs. 1 und 2 für die Flächenbeträge nach § 5 Abs. 2 und 3 auf Antrag um 25 Prozent ermäßigt, wenn die Voraussetzungen zum Veranlagungszeitpunkt vorliegen.

(4) § 15 Abs. 2 bis 4 des Grundsteuergesetzes in der am 24. Dezember 2021 geltenden Fassung sind anzuwenden.

1 OFD Frankfurt am Main v. 29.6.2022 - G 1194 A-001-St 71 NWB HAAAJ-20887.
2 OFD Frankfurt am Main v. 29.6.2022 - G 1194 A-001-St 71 NWB HAAAJ-20887.
3 Siehe hierzu Bock/Lapp in Grootens, HGrStG § 4 Rz. 31 ff.
4 OFD Frankfurt am Main v. 29.6.2022 - G 1194 A-001-St 71 NWB HAAAJ-20887.
5 Siehe Bock/Lapp in Grootens, HGrStG § 4 Rz. 31.
6 OFD Frankfurt am Main v. 29.6.2022 - G 1194 A-001-St 71 NWB HAAAJ-20887.
7 OFD Frankfurt am Main v. 29.6.2022 - G 1194 A-001-St 71 NWB HAAAJ-20887.
8 Siehe dazu auch Bock/Lapp in Grootens, HGrStG § 2 Rz. 56 ff.
9 Siehe dazu Bock in Grootens, GrStG § 19 Rz. 19 ff.
10 OFD Frankfurt am Main v. 29.6.2022 - G 1194 A-001-St 71 NWB HAAAJ-20887.
11 OFD Frankfurt am Main v. 29.6.2022 - G 1194 A-001-St 71 NWB HAAAJ-20887.

Inhaltsübersicht **Rz.**

VERWALTUNGSANWEISUNGEN

AE HGrStG zu § 6 des Anwendungserlasses zum Hessischen Grundsteuergesetz (AE HGrStG) des Hessischen Ministeriums der Finanzen vom 30.5.2022 (G1030 A-061-II6a/10), Staatsanzeiger für das Land Hessen vom 13.6.2022, S. 649.

A. Allgemeine Erläuterungen

I. Normzweck und wirtschaftliche Bedeutung der Vorschrift

1 § 6 HGrStG regelt die Höhe der **Steuermesszahlen** einschließlich ihrer **Ermäßigungen**. Insbesondere in den Ermäßigungen der Steuermesszahl kommen **politische Förder- und Lenkungszwecke** zum Ausdruck:

- Die 30 %ige Ermäßigung der Steuermesszahl für Wohnflächen (**§ 6 Abs. 2 HGrStG**) erfolgt aus Gründen des mit dem Wohnen zusammenhängenden Gemeinwohlinteresses.[1]
- Die 25%ige Ermäßigung der Steuermesszahl für die Flächenbeträge des Gebäudes bei Vorliegen eines Kulturdenkmals (**§ 6 Abs. 3 HGrStG**) dient der Förderung der Kulturlandschaft.[2]
- Mit der Ermäßigung der Steuermesszahl um 25 % für geförderten Wohnraum oder für den Grundbesitz bestimmter Wohnungsunternehmen (**§ 6 Abs. 4 HGrStG**) macht sich die hessische Landesregierung die Lenkungszwecke des Bundesgesetzgebers zu eigen.[3] Mit der Ermäßigung sollen demnach insbesondere Investitionsanreize zur Schaffung von Wohnraum gesetzt und die Bau- und Wohnungswirtschaft positiv beeinflusst werden.[4]

2 Die **Flächenbeträge** werden nach § 4 Abs. 1 Satz 2 HGrStG mit der **Steuermesszahl multipliziert** und ergeben den Ausgangsbetrag, welcher – multipliziert mit dem Faktor nach § 7 HGrStG –

1 Hessische LT-Drucks. 20/6379 S. 18.
2 Hessische LT-Drucks. 20/6379 S. 18.
3 Hessische LT-Drucks. 20/6379 S. 19.
4 BT-Drucks. 19/11085 S. 124.

den Steuermessbetrag ergibt. Auf den Steuermessbetrag wird anschließend gem. § 25 GrStG, der mangels abweichender landesgesetzlicher Regelung in Hessen entsprechend Anwendung findet, der Hebesatz oder gem. § 13 HGrStG der gesonderte Hebesatz der jeweiligen Gemeinde angewendet, woraus sich die konkret zu zahlende Grundsteuer ergibt. Mit der Steuermesszahl beeinflusst der Gesetzgeber die Grundsteuerbelastung für bestimmte Grundstücksgruppen im Verhältnis zu anderen Grundstücksgruppen. § 6 HGrStG hat daher **erhebliche Bedeutung** für die konkrete **Höhe der Grundsteuer** bei der jeweiligen wirtschaftlichen Einheit.

(Einstweilen frei) 3–5

II. Entstehung und Entwicklung der Vorschrift

Die Vorschrift wurde im Jahr 2021 mit dem **Stammgesetz** in das HGrStG aufgenommen.[1] Änderungen im Gesetzgebungsverfahren haben sich nicht ergeben. Ein Änderungsantrag der Partei DIE LINKE, mit dem diese die Einführung einer ermäßigten Steuermesszahl für selbstverwaltete gemeinschaftliche Wohnprojekte, deren Zweck dem genossenschaftlichen Wohnen gleichkomme, bezweckte,[2] wurde im hessischen Landtag abgelehnt.[3] 6

Der **Koalitionsvertrag** der derzeitigen hessischen Landesregierung sieht eine **Absenkung der Grundsteuer** bei landwirtschaftlichen Flächen, die durch Nutzung mit **Freiflächenphotovoltaik** zu gewerblichen Flächen werden, vor.[4] Bei Redaktionsschluss lag noch kein entsprechender Gesetzentwurf der Landesregierung vor. Unabhängig von dem Koalitionsvertrag hat die oppositionelle Fraktion von BÜNDNIS 90/DIE GRÜNEN den Entwurf eines Gesetzes zur Änderung des Hessischen Grundsteuergesetzes vorgelegt, der eine ähnliche Zielrichtung verfolgt. Dem Entwurf zufolge soll dem § 6 HGrStG ein neuer Absatz 5 angefügt und gesetzlich geregelt werden, dass für Freiflächen-Photovoltaik-Anlagen, die nach der DIN SPEC 91434 keine Agri-Photovoltaik-Anlagen der Kategorie I oder II sind, die Steuermesszahl nach § 6 Abs. 1 HGrStG auf Antrag für die Flächenbeträge nach § 5 Abs. 1 HGrStG auf 10 Prozent reduziert wird.[5] Das Gesetzgebungsverfahren war bei Redaktionsschluss noch nicht abgeschlossen. 7

(Einstweilen frei) 8–10

III. Geltungsbereich

§ 6 HGrStG gilt für in Hessen belegene Grundstücke des Grundvermögens und gilt damit nicht für Betriebe der Land- und Forstwirtschaft.[6] § 6 HGrStG ist mit dem Stammgesetz gem. § 17 HGrStG **am 24.12.2021 in Kraft getreten**.[7] Aus Art. 125b Abs. 3 GG ergibt sich, dass die Gesetzgebungskompetenz den Ländern für ein vom Bundesrecht abweichendes Grundsteuerrecht erst für die Erhebung der **Grundsteuer** ab dem **Kalenderjahr 2025** zusteht. Dem trägt § 8 Abs. 2 Satz 1 HGrStG[8] Rechnung, wonach die in der Hauptveranlagung festgesetzten Steuermessbeträge frühestens vom Kalenderjahr 2025 an gelten. Die Regelungen des HGrStG und damit 11

1 Hessisches Grundsteuergesetz v. 15.12.2021, Hessisches GVBl 2021 S. 906.

2 Hessische LT-Drucks. 20/6931.

3 Hessische LT-Drucks. 20/6944 und Hessische LT-Drucks. Plenarprotokoll 20/92 S. 7529.

4 https://hessen.de/sites/hessen.hessen.de/files/2024-01/koalitionsvertrag_fuer_die_21._legislaturperiode.pdf, S. 191.

5 Gesetzentwurf der Fraktion BÜNDNIS 90/DIE GRÜNEN zur Änderung des Hessischen Grundsteuergesetz, Hessische LT-Drucks. 21/607.

6 Vgl. hierzu Bock/Lapp in Grootens, HGrStG § 1 Rz. 11.

7 Hessisches GVBl 2021 S. 906.

8 Siehe hierzu vertiefend Bock/Lapp in Grootens, HGrStG § 8 Rz. 36.

auch § 6 HGrStG sind daher erst für die Erhebung der **Grundsteuer** ab dem **Kalenderjahr 2025** von Bedeutung.

12–15 *(Einstweilen frei)*

IV. Vereinbarkeit der Vorschrift mit höherrangigem Recht

16 § 6 HGrStG begegnet als solcher **keinen durchgreifenden verfassungsrechtlichen Bedenken**. Nach der Rechtsprechung des BVerfG kann der Gesetzgeber bei den weiteren, sich an die Bewertung (hier: Ermittlung des Steuermessbetrags) anschließenden Schritten zur Bestimmung der Steuerbelastung auf den so ermittelten Wert aufbauen und Lenkungszwecke, etwa in Form **zielgenauer und normenklarer steuerlicher Verschonungsregelungen**, ausgestalten.[1] Die mit den Ermäßigungen verfolgten Lenkungszwecke der Förderung des Wohnens und des Denkmalschutzes sind legitime Zwecke von ganz erheblicher Bedeutung.[2]

17–20 *(Einstweilen frei)*

V. Verhältnis zu anderen Vorschriften

21 § 6 HGrStG verdrängt als lex posterior die Regelungen des **§ 15 Abs. 1 und 5 GrStG**, die insoweit in Hessen derzeit **keine Anwendung** finden.

22 Die Steuermesszahlen werden auf die sich nach **§ 5 HGrStG**[3] ergebenden Flächenbeträge angewendet und ergeben nach Multiplikation mit dem Faktor **(§ 7 HGrStG)**[4] gem. **§ 4 Abs. 1 Satz 2 HGrStG**[5] den Steuermessbetrag. Auf den Steuermessbetrag wird gem. **§ 25 GrStG**[6] oder ggf. gem. **§ 13 HGrStG**[7] der Hebesatz der jeweiligen Gemeinde angewendet, um die konkret zu zahlende Grundsteuer zu erhalten. Der Steuermessbetrag wird im Veranlagungsverfahren nach den **§§ 8–10 NGrStG**[8] festgesetzt (Hauptveranlagung, Neuveranlagung oder Nachveranlagung).

23 § 6 Abs. 3 HGrStG nimmt hinsichtlich des Vorliegens eines Baudenkmals Bezug auf **das Hessische Denkmalschutzgesetz (HDSchG)**. § 6 Abs. 4 HGrStG nimmt bei der Ermäßigung der Steuermesszahl bei Wohnraumförderung hinsichtlich der erforderlichen Voraussetzungen Bezug auf **§ 15 Abs. 2–4 GrStG**.[9]

24–25 *(Einstweilen frei)*

1 Vgl. BVerfG, Beschluss v. 7.11.2006 - 1 BvL 10/02, BStBl 2007 II S. 192.
2 Vgl. auch BT-Drucks. 19/11085 S. 123 f.
3 Siehe hierzu Bock/Lapp in Grootens, HGrStG § 5 Rz. 36 ff.
4 Siehe hierzu Bock/Lapp in Grootens, HGrStG § 7 Rz. 26 ff.
5 Siehe hierzu Bock/Lapp in Grootens, HGrStG § 4 Rz. 26 ff.
6 Siehe hierzu Grootens in Grootens, GrStG § 25 Rz. 31 ff.
7 Siehe hierzu Bock/Lapp in Grootens, HGrStG § 13 Rz. 26 ff.
8 Siehe hierzu Bock/Lapp in Grootens, HGrStG § 8 Rz. 26 ff., § 9 Rz. 26 ff. und § 10 Rz. 26 ff.
9 Siehe hierzu vertiefend Bock in Grootens, GrStG § 15 Rz. 57 ff.

B. Systematische Kommentierung

I. Steuermesszahl für Grund und Boden und Nutzflächen (§ 6 Abs. 1 HGrStG)

Nach § 6 Abs. 1 HGrStG beträgt die Grundsteuermesszahl für die Flächenbeträge nach § 5 Abs. 1 und 3 HGrStG – dies sind die Flächen des **Grund und Bodens** und die zu **anderen als Wohnzwecken** genutzten Gebäudeflächen[1] – **100 %.**[2] 26

BEISPIEL: Auf einem 2.000 m² großen, ausschließlich gewerblich genutzten Grundstück befindet sich ein Gebäude mit 840 m² Gebäudeflächen. Der Bodenrichtwert des zu bewertenden Grundstücks entspricht dem durchschnittlichen Bodenrichtwert der Gemeinde (Faktor nach § 7 HGrStG = 1). 27

LÖSUNG: Der Grundsteuermessbetrag ermittelt sich wie folgt:

Äquivalenzbetrag des Grund und Bodens: 2.000 m² x 0,04 €/m²	=	80,00 €
x Grundsteuermesszahl 100 %	=	80,00 €
Äquivalenzbetrag des Gebäudes: 840 m² x 0,50 €/m²	=	420,00 €
x Grundsteuermesszahl 100 %	=	420,00 €
Summe dieser Beträge = Ausgangsbetrag	=	500,00 €
x Faktor (§ 7 HGrStG)		1
Grundsteuermessbetrag	=	**500,00 €**.

(Einstweilen frei) 28–30

II. Steuermesszahl für Wohnflächen (§ 6 Abs. 2 HGrStG)

Nach § 6 Abs. 2 HGrStG beträgt die Grundsteuermesszahl für den Flächenbetrag nach § 5 Abs. 2 HGrStG – dies sind die zu **Wohnzwecken** genutzten Gebäudeflächen[3] – **70 %.** Die Grundsteuermesszahl wird damit im Vergleich zur Grundsteuermesszahl für den Grund und Boden und nicht zu Wohnzwecken genutzten Gebäudeflächen **um 30 % ermäßigt.**[4] 31

BEISPIEL: Auf einem 2.000 m² großen Grundstück befindet sich ein ausschließlich Wohnzwecken dienendes Gebäude mit 840 m² Gebäudeflächen. Der Bodenrichtwert des zu bewertenden Grundstücks entspricht dem durchschnittlichen Bodenrichtwert der Gemeinde (Faktor nach § 7 HGrStG = 1). 32

LÖSUNG: Der Grundsteuermessbetrag ermittelt sich wie folgt:

Äquivalenzbetrag des Grund und Bodens: 2.000 m² x 0,04 €/m²	=	80,00 €
x Grundsteuermesszahl 100 %	=	80,00 €
Äquivalenzbetrag der Wohnflächen: 840 m² x 0,50 €/m²	=	420,00 €
x Grundsteuermesszahl 70 %	=	294,00 €
Summe dieser Beträge = Ausgangsbetrag	=	374,00 €
x Faktor (§ 7 HGrStG)		1
Grundsteuermessbetrag	=	**374,00 €**.

(Einstweilen frei) 33–35

1 Siehe hierzu vertiefend Bock/Lapp in Grootens, HGrStG § 5 Rz. 36 ff. und 86 ff.
2 AE HGrStG zu § 6 Abs. 1 und Abs. 2.
3 Siehe hierzu vertiefend Bock/Lapp in Grootens, HGrStG § 5 Rz. 46 ff.
4 AE HGrStG zu § 6 Abs. 1 und Abs. 2.

III. Ermäßigung für Kulturdenkmäler (§ 6 Abs. 3 HGrStG)

1. Allgemeines

36 § 6 Abs. 3 HGrStG bestimmt, dass für Kulturdenkmäler **i. S. des Hessischen Denkmalschutzgesetzes** (HDSChG) die Steuermesszahlen nach § 6 Abs. 1 und 2 HGrStG für die Flächenbeträge nach § 5 Abs. 2 und 3 HGrStG – also die Steuermesszahlen der Wohn- und/oder Nutzungsflächen, nicht jedoch die Steuermesszahl der Fläche des Grund und Bodens – auf Antrag **um 25 % ermäßigt** werden, wenn die Voraussetzungen zum Veranlagungszeitpunkt vorliegen.[1] Die Steuermesszahl ermäßigt sich für Gebäudeflächen, die zu anderen als Wohnzwecken genutzt werden, auf 75 % und für zu Wohnzwecken genutzten Gebäudeflächen auf 52,5 %.[2] Die Vorschrift greift den Gedanken des § 15 Abs. 5 GrStG[3] auf, ermäßigt die Steuermesszahl jedoch abweichend vom Bundesmodell nicht um zehn, sondern um 25 %.

37–40 *(Einstweilen frei)*

2. Begriff des Kulturdenkmals

41 Kulturdenkmäler i. S. des HDSchG sind gem. § 2 Abs. 1 HDSchG bewegliche und unbewegliche Sachen, Sachgesamtheiten und Sachteile einschließlich Grünanlagen, an deren Erhalt aus **künstlerischen, wissenschaftlichen, technischen, geschichtlichen oder städtebaulichen Gründen** ein **öffentliches Interesse** besteht. Nach § 2 Abs. 2 Satz 1 HDSchG sind zwar **auch Bodendenkmäler** Kulturdenkmäler, jedoch findet § 6 Abs. 3 HGrStG nur auf die Flächenbeträge nach § 5 Abs. 2 und 3 HGrStG Anwendung und damit nicht auf die Flächenbeträge für den Grund und Boden nach § 5 Abs. 1 HGrStG.

42 § 2 Abs. 3 HDSchG definiert auch **Gesamtanlagen** als Kulturdenkmäler, die aus baulichen Anlagen einschließlich der mit ihnen verbundenen Grün-, Frei- und Wasserflächen bestehen und an deren Erhalt im Ganzen aus künstlerischen oder geschichtlichen Gründen ein öffentliches Interesse besteht, wobei es nicht erforderlich ist, dass jeder einzelne Teil der Gesamtanlage ein Kulturdenkmal darstellt (sog. Ensembleschutz). Darüber hinaus gehören gem. § 2 Abs. 5 HDSchG auch die nach dem Kulturgutschutzgesetz v. 31.7.2016 (BGBl I S. 1914) im hessischen **Verzeichnis national wertvollen Kulturgutes** eingetragenen Kulturgüter zu den Kulturdenkmälern. Bei Letzteren handelt es sich weit überwiegend um Kunstwerke, die nicht in den Anwendungsbereich des § 6 Abs. 3 HGrStG fallen.[4]

43 **Unbewegliche Kulturdenkmäler** werden gem. § 11 Abs. 1 Satz 1 HDSchG im Benehmen mit der Gemeinde erfasst und nachrichtlich in ein **Denkmalverzeichnis eingetragen**. Der Schutz unbeweglicher Kulturdenkmäler ist gem. § 11 Abs. 1 Satz 4 HDSChG von der Eintragung im Denkmalverzeichnis unabhängig, die Eintragung wirkt folglich nur **deklaratorisch**.

44 **Bewegliche Kulturdenkmäler** sind gem. § 12 Abs. 1 HDSchG

► das Zubehör eines unbeweglichen Kulturdenkmals, das mit diesem eine Sachgesamtheit bildet (§ 12 Abs. 1 Nr. 1 HDSchG),

---

1 AE HGrStG zu § 6 Abs. 3.
2 AE HGrStG zu § 6 Abs. 3.
3 Siehe dazu Bock in Grootens, GrStG § 15 Rz. 100 ff.
4 Vgl. hessisches Verzeichnis national wertvollen Kulturgutes, abrufbar unter https://www.kulturgutschutz-deutschland.de/DE/3_Datenbank/Kulturgut/Hessen/_function/liste_node.html, aufgerufen am 8.9.2024.

- Gegenstände, deren Zugehörigkeit zu einem bestimmten Ort historisch begründet ist und deren Verbleib an Ort und Stelle im öffentlichen Interesse liegt (§ 12 Abs. 1 Nr. 2 HDSchG) und
- Dokumente und Sammlungen, die die Kriterien des § 2 Abs. 1 HDSchG (siehe hierzu → Rz. 41) erfüllen (§ 12 Abs. 1 Nr. 3 HDSChG).

Eine bewegliche Sache wird gem. § 12 Abs. 2 Satz 1 HDSchG durch Eintragung in das Denkmalverzeichnis Kulturdenkmal, die **Eintragung** wirkt in diesem Fall **konstitutiv**. Die Bedeutung von beweglichen Kulturdenkmälern für die hessische Grundsteuer dürfte gering sein. Zwar wird von der Grundsteuer auch das Zubehör eines Grundstücks erfasst, dieses dürfte sich allerdings in aller Regel nicht flächenerhöhend und damit nicht auf die hessische Grundsteuer betragsmäßig auswirken.

Das Landesamt für Denkmalpflege Hessen führt unter https://denkxweb.denkmalpflege-hessen.de/ ein **Denkmalverzeichnis**, welches nachrichtlich und öffentlich zugänglich die Baudenkmäler in einer Denkmaldatenbank und die Bodendenkmäler im Geoportal des Landes Hessen darstellt (zur Wirkung der Eintragung siehe → Rz. 43 f.).[1] Die Seite befindet sich aktuell noch im Aufbau und ist noch nicht flächendeckend für ganz Hessen verfügbar.[2] Der aktuelle Bearbeitungsstand kann unter https://denkxweb.denkmalpflege-hessen.de/bearbeitungsstand/ eingesehen werden. 45

(Einstweilen frei) 46–50

3. Voraussetzungen für die Gewährung der Ermäßigung

Die Ermäßigung der Steuermesszahl für Kulturdenkmäler wird **nur auf Antrag gewährt**.[3] Besondere **Formvorschriften** für den Antrag sieht § 6 Abs. 3 HGrStG nicht vor, sodass der Antrag auch formlos (schriftlich, mündlich, elektronisch per E-Mail u. a.) gestellt werden kann. Bis wann der Antrag gestellt werden muss, wird nicht geregelt. Zulässig dürfte jedenfalls die Antragstellung bis zur Bestandskraft des betreffenden Steuermessbescheids sein. Nach Bestandskraft dürfte eine Antragstellung gem. § 172 Abs. 1 Satz 1 Nr. 2 Buchst. a Halbsatz 2 AO nicht mehr zu berücksichtigen sein. Wird ein Antrag erst nach Bestandskraft des Bescheids oder nach Ablauf der Festsetzungsfrist gestellt, kann die Ermäßigung der Steuermesszahl nur noch mit einer Neuveranlagung (§ 9 Abs. 1 Nr. 1 HGrStG)[4] ab dem nächsten (nicht festsetzungsverjährten) Stichtag gewährt werden. 51

Weitere Voraussetzung für die Gewährung der Ermäßigung der Steuermesszahlen für Kulturdenkmäler ist, dass die jeweiligen Voraussetzungen zum **Veranlagungszeitpunkt** vorliegen.[5] Veranlagungszeitpunkt für die Hauptveranlagung der Steuermessbeträge ist der 1.1.2022 (§ 8 Abs. 1 Satz 1 HGrStG).[6] Bei späteren Neufestsetzungen des Grundsteuermessbetrags ist der Veranlagungszeitpunkt jeweils der 1.1. des Jahres der auf das Kalenderjahr folgt, in dem die Änderungen eingetreten sind (§ 9 Abs. 2 HGrStG).[7] 52

(Einstweilen frei) 53–55

1 https://denkxweb.denkmalpflege-hessen.de/benutzerhinweise/, aufgerufen am 8.9.2024.
2 AE HGrStG zu § 6 Abs. 3.
3 AE HGrStG zu § 6 Abs. 3.
4 Vgl. Bock/Lapp in Grootens, HGrStG § 9 Rz. 26 ff.
5 AE HGrStG zu § 6 Abs. 3.
6 Vgl. auch Bock/Lapp in Grootens, HGrStG § 8 Rz. 28.
7 Vgl. Bock/Lapp in Grootens, HGrStG § 9 Rz. 46 ff.

4. Wegfall der Voraussetzungen für die Ermäßigung

56 Abweichend vom Bundesmodell gibt es in dem hessischen Grundsteuermodell **keine** dem § 19 Abs. 2 GrStG[1] entsprechende **Anzeigepflicht** bei Wegfall der Voraussetzungen für die nach § 6 Abs. 3 HGrStG ermäßigte Steuermesszahl. § 19 GrStG findet grundsätzlich in Hessen mangels abweichender landesgesetzlicher Regelung entsprechend Anwendung. Da § 19 Abs. 2 GrStG allerdings Bezug auf § 15 Abs. 2–5 GrStG nimmt und § 6 Abs. 3 HGrStG zumindest § 15 Abs. 5 GrStG verdrängen soll, dürfte eine Anzeigepflicht nach § 19 Abs. 2 GrStG insoweit nicht bestehen.

57 Mangels Anzeigepflicht der Eigentümerinnen und Eigentümer von Kulturdenkmälern wird der **Auskunftspflicht der zuständigen Denkmalschutzbehörde** in Hessen zukünftig eine größere Bedeutung zukommen. Nach § 229 Abs. 3 BewG[2] haben die nach Landesrecht zuständigen Behörden den Finanzbehörden die **rechtlichen und tatsächlichen Umstände** mitzuteilen, die ihnen im Rahmen ihrer Aufgabenerfüllung bekannt geworden sind und die für die Feststellung von Grundsteuerwerten (in Hessen entsprechend von Steuermessbeträgen) oder **für die Grundsteuer von Bedeutung** sein können. Die Mitteilungen an die Finanzbehörden erfolgen nach amtlich vorgeschriebenem Datensatz über eine amtlich bestimmte Schnittstelle (§ 229 Abs. 6 BewG).[3] Die Vorschriften finden über § 2 Abs. 4 Satz 1 HGrStG in Hessen entsprechend Anwendung.

58 Zu den rechtlichen und tatsächlichen Umständen, die Auswirkungen auf die Höhe des Steuermessbetrags (und damit auf die Grundsteuer) haben und die der zuständigen Denkmalschutzbehörde im Rahmen ihrer Aufgabenerfüllung bekannt werden, gehören auch

- die nach § 18 Abs. 1 Nr. 1–3 HDSchG genehmigungspflichtige **Zerstörung, Beseitigung, Umgestaltung oder Verbringung** eines Kulturdenkmals an einen anderen Ort und
- die nach § 12 Abs. 4 Satz 1 HDSchG von Amts wegen vorzunehmende und konstitutiv wirkende **Löschung** (siehe hierzu → Rz. 44) eines beweglichen Kulturdenkmals aus dem Denkmalverzeichnis, wenn die Voraussetzungen für eine Eintragung nicht mehr vorliegen.

59 **Entfallen die Voraussetzungen** für die Ermäßigung der Steuermesszahl während des Hauptveranlagungszeitraums (§ 8 Abs. 1 Satz 3 HGrStG)[4] oder treten sie erstmalig ein, ist der Steuermessbetrag nach § 9 Abs. 1 Nr. 1 und Abs. 2 HGrStG[5] auf den Beginn des Kalenderjahres, das dem Wegfall bzw. dem Eintritt der Voraussetzungen folgt, **neu zu veranlagen**.

60–65 *(Einstweilen frei)*

5. Ermäßigung bei teilweise denkmalgeschützten Gebäuden

66 § 6 Abs. 3 HGrStG trifft abweichend von der bundesgesetzlichen Regelung in § 15 Abs. 5 Satz 2 GrStG keine Regelungen für den Fall, dass nur **ein Teil der Gebäude** oder nur **Teile eines Gebäudes** i. S. des Hessischen Denkmalschutzgesetzes unter Denkmalschutz stehen. Der hessische Gesetzgeber hat die im Bundesmodell bestehende Notwendigkeit für eine anteilige Ermäßigung der Steuermesszahl, wenn z. B. nur ein Teil eines Gebäudes baudenkmalrechtlich ge-

1 Vgl. Bock in Grootens, GrStG § 19 Rz. 27 ff.
2 Siehe hierzu Kurt in Grootens, BewG § 229 Rz. 81 ff. und 91 ff.
3 Siehe hierzu Kurt in Grootens, BewG § 229 Rz. 121 ff.
4 Siehe hierzu Bock/Lapp in Grootens, HGrStG § 8 Rz. 26.
5 Vgl. auch Bock/Lapp in Grootens, HGrStG § 9 Rz. 26 ff.

schützt ist, erkannt. Nach Auffassung des hessischen Gesetzgebers ermögliche die Grundsteuer nach dem HGrStG jedoch einen einfacheren Ansatz, da sie flächenbezogen erfolge. Daher sei es folgerichtig, die Messzahlenermäßigung von vorneherein nur bei den Flächenbeträgen der Gebäude zu berücksichtigen, die unter Denkmalschutz stehen.[1] Die hessische Finanzverwaltung hat sich dieser Auffassung angeschlossen und ermäßigt in Fällen, in denen zu einem Grundstück mit einem Kulturdenkmal auch ein Gebäude oder Gebäudeteil gehört, das kein Kulturdenkmal ist, die Steuermesszahl für die Flächenbeträge dieses Gebäudes oder Gebäudeteils nicht um 25 Prozent.[2]

Es ist **zweifelhaft**, ob dieses beabsichtigte Ziel mit dem derzeitigen Wortlaut des § 6 Abs. 3 HGrStG erreicht wird. Nach dem Wortlaut der Vorschrift erfolgt die Ermäßigung der Steuermesszahl für Kulturdenkmäler, unabhängig davon, ob das gesamte Gebäude oder nur ein Teil des Gebäudes ein Kulturdenkmal darstellt. Die **Ermäßigung** erfolgt zudem für die Flächenbeträge nach § 5 Abs. 2 und 3 HGrStG, und damit auch für die Flächenbeträge der Teile eines Gebäudes, die **nicht unter Denkmalschutz stehen**. Ausgenommen werden lediglich die Flächenbeträge für den Grund und Boden. Zudem sind die einzelnen Regelungen auf die gesamte wirtschaftliche Einheit anzuwenden, da diese den vorher definierten Bezugspunkt für die jeweilige Norm darstellt, es sei denn es ist etwas anderes bestimmt. Der Wille des Gesetzgebers, die Grundsteuermesszahlermäßigung nur auf denjenigen Teil einer wirtschaftlichen Einheit anzuwenden, der die Voraussetzungen für die Grundsteuermesszahlermäßigung erfüllt, hätte daher gesetzlich ausdrücklich normiert werden müssen. 67

(Einstweilen frei) 68–70

IV. Ermäßigung für geförderten Wohnraum und begünstigte Rechtsträger (§ 6 Abs. 4 HGrStG)

§ 6 Abs. 4 HGrStG bestimmt, dass **§ 15 Abs. 2–4 GrStG** in der am 24.12.2021 geltenden Fassung **anzuwenden** sind.[3] Bereits in der Überschrift der Vorschrift wird zum Ausdruck gebracht, dass § 6 HGrStG die § 15 Abs. 1 und 5 GrStG – nicht jedoch § 15 Abs. 2–4 GrStG – ersetzt. Die Steuermesszahl ermäßigt sich nach den § 15 Abs. 2–4 GrStG um 25 % für bestimmten Grundbesitz und bei bestimmten Eigentümern von Grundbesitz aus Zwecken der Wohnraumförderung. Die Steuermesszahl ermäßigt sich für die Fläche des Grund und Bodens auf 75 % und für zu Wohnzwecken genutzten Gebäudeflächen auf 52,5 %.[4] Auf die Kommentierung zu §15 Abs. 2–4 GrStG[5] wird ergänzend verwiesen. 71

Die Ermäßigungen nach § 15 Abs. 2–4 GrStG werden bundesgesetzlich nur für Grundstücke i. S. des § 249 Abs. 1 Nr. 1–4 BewG – also **nur für Wohngrundstücke**, d. h., Ein- und Zweifamilienhäuser, Mietwohngrundstücke und Wohnungseigentum – gewährt. Nach dem Wortlaut des § 6 Abs. 4 HGrStG sind die § 15 Abs. 2–4 GrStG anzuwenden. Der Wortlaut lässt keinen Raum für eine lediglich sinngemäße oder entsprechende Anwendung der § 15 Abs. 2–4 GrStG, sondern schreibt die Anwendung wie im Bundesmodell vor. Da die Grundstücksart in dem hessischen Grundsteuermodell für die Ermittlung des Steuermessbetrags im Übrigen nicht von Bedeutung ist, müsste in dem hes- 72

1 Hessische LT-Drucks. 20/6379 S. 18 f.
2 AE HGrStG zu § 6 Abs. 3.
3 AE HGrStG zu § 6 Abs. 4.
4 AE HGrStG zu § 6 Abs. 4.
5 Bock in Grootens, GrStG § 15 Rz. 57 ff.

sischen Modell (nur) für Zwecke der Ermäßigung der Steuermesszahl nach § 6 Abs. 4 HGrStG i.V. mit § 15 Abs. 2–4 GrStG die Grundstücksart ermittelt werden. Von Bedeutung kann dies insbesondere in Fällen mit **gemischt genutzten Grundstücken** i. S. des § 249 Abs. 1 Nr. 7 BewG sein, für die bundesgesetzlich auch bei Vorliegen von gefördertem Wohnraum **keine Ermäßigung** der Steuermesszahl nach § 15 Abs. 2–4 GrStG gewährt werden kann.[1]

73 Die **Ermäßigung** der Steuermesszahl nach § 6 Abs. 4 HGrStG i.V. mit § 15 Abs. 2–4 GrStG wird **auch für die Steuermesszahl für die Fläche des Grund und Bodens** gewährt.[2] Dies korrespondiert mit der bundesgesetzlichen Regelung, wonach die ermäßigte Steuermesszahl auf den gesamten Grundsteuerwert angewendet wird, welcher den Grund und Boden und das Gebäude umfasst. § 15 Abs. 2–4 GrStG unterscheiden bei der Ermäßigung der Steuermesszahl nicht zwischen Flächen des Grund und Bodens und Gebäudeflächen.

74–75 *(Einstweilen frei)*

V. Kumulative Erfüllung mehrerer Ermäßigungstatbestände

76 § 6 HGrStG trifft keine Regelungen für den Fall, dass mehrere **Ermäßigungstatbestände** gleichzeitig zusammentreffen. Die einschlägigen Ermäßigungen sollen in einem solchen Fall **additiv zu gewähren** sein.[3]

77 BEISPIEL:[4] Ein 1.000 m² großes Grundstück ist mit einem denkmalgeschützten Wohngebäude bebaut. Von der Gebäudefläche dienen 120 m² Wohnzwecken und 80 m² anderen Zwecken. Die Voraussetzungen des § 15 Abs. 2 GrStG liegen vor. Der für das Grundstück maßgebliche Bodenrichtwert entspricht dem durchschnittlichen Bodenrichtwert der Gemeinde (Faktor nach § 7 HGrStG = 1).

LÖSUNG: Steuermesszahl für den Grund und Boden:

§ 6 Abs. 1 HGrStG, § 5 Abs. 1 HGrStG	100 %
25%ige Ermäßigung nach § 6 Abs. 4 HGrStG i.V. mit § 15 Abs. 2 GrStG (Wohnraumförderung)	./. 25 %
= Steuermesszahl für den Grund und Boden	75 %
Steuermesszahl für die Wohnzwecken dienenden Flächen:	
§§ 6 Abs. 2, 5 Abs. 2 HGrStG	70 %
25%ige Ermäßigung nach § 6 Abs. 3 HGrStG (Denkmalschutz)	./. 17,5 %
25%ige Ermäßigung nach § 6 Abs. 4 HGrStG i.V. mit § 15 Abs. 2 GrStG (Wohnraumförderung)	./. 17,5 %
= Steuermesszahl für die Wohnzwecken dienenden Flächen	35 %
Steuermesszahl für die anderen Zwecken dienenden Flächen:	
§§ 6 Abs. 1, 5 Abs. 3 HGrStG	100 %
25%ige Ermäßigung nach § 6 Abs. 3 HGrStG (Denkmalschutz)	25 %
25%ige Ermäßigung nach § 6 Abs. 4 i.V. mit § 15 Abs. 2 GrStG (Wohnraumförderung)	25 %
= Steuermesszahl für die anderen Zwecken dienenden Flächen	50 %

1 Siehe Bock in Grootens, GrStG § 15 Rz. 57.
2 AE HGrStG zu § 6 Abs. 4.
3 AE HGrStG zu § 4 Abs. 3, Abs. 4.
4 Vgl. auch das Beispiel in AE HGrStG zu § 4 Abs. 3, Abs. 4.

Ermittlung der Flächenbeträge:	
Fläche Grund und Boden 1.000 m² x Flächenbetrag 0,04 €/m²	40 € (§ 5 Abs. 1 HGrStG)
Wohnflächen 120 m² x Flächenbetrag 0,50 €/m²	60 € (§ 5 Abs. 2 HGrStG)
sonstige Flächen 80 m² x Flächenbetrag 0,50 €/m²	40 € (§ 5 Abs. 3 HGrStG)
Ermittlung des Steuermessbetrags:	
Flächenbetrag Grund und Boden 40 € x Steuermesszahl 75 %	30 €
Flächenbetrag Wohnflächen 60 € x Steuermesszahl 35 %	21 €
Flächenbetrag sonstige Flächen 40 € x Steuermesszahl 50 %	20 €
= Ausgangsbetrag	71 €
x Faktor (§ 7 HGrStG)	1
= Steuermessbetrag (§ 4 Abs. 1 Satz 1 HGrStG)	71 €

§ 7 HGrStG Faktor (ersetzt den § 13 des Grundsteuergesetzes)

(1) ¹Der Faktor ergibt sich nach folgender Formel:

$$\text{Faktor} = \left[\frac{\text{Bodenrichtwert nach Abs. 2}}{\text{durchschnittlicher Bodenrichtwert nach Abs. 3}}\right]^{0,3}$$

²Der Faktor wird auf zwei Nachkommastellen abgerundet.

(2) ¹Der Bodenrichtwert ist der zum jeweiligen Hauptveranlagungszeitpunkt nach § 8 Abs. 1 Satz 2 ermittelte Bodenrichtwert nach § 196 Baugesetzbuch der Bodenrichtwertzone, in der das Grundstück liegt. ²Erstreckt sich das Grundstück über mehr als eine Bodenrichtwertzone, wird für jede in einer Bodenrichtwertzone gelegene Grundstücksteilfläche der jeweilige Bodenrichtwert mit dem Quotienten aus der Grundstücksteilfläche und der Fläche des Grundstücks (jeweils in Quadratmetern) multipliziert; die Summe dieser Produkte ist als Bodenrichtwert der wirtschaftlichen Einheit anzusetzen. ³In deckungsgleichen Bodenrichtwertzonen ist jeweils der niedrigste der Bodenrichtwerte anzusetzen. ⁴Für Zonen ohne festgestellten Bodenrichtwert (symbolischer Bodenrichtwert) oder wenn für das Grundstück zum jeweiligen Hauptveranlagungszeitpunkt kein Bodenrichtwert für baureifes Land vorliegt, wird der durchschnittliche Bodenrichtwert in der Gemeinde nach Abs. 3 angesetzt. ⁵Für bebaute oder bebaubare Grundstücke im Außenbereich nach § 35 Baugesetzbuch werden zehn Prozent des durchschnittlichen Bodenrichtwertes nach Abs. 3 angesetzt.

(3) ¹Der durchschnittliche Bodenrichtwert ist der auf den jeweiligen Hauptveranlagungszeitpunkt nach § 8 Abs. 1 Satz 2 ermittelte durchschnittliche Bodenrichtwert in der Gemeinde. ²Er wird durch die Zentrale Geschäftsstelle der Gutachterausschüsse für Immobilienwerte des Landes Hessen aus den Bodenrichtwerten für baureifes Land in der jeweiligen Gemeinde zum jeweiligen Hauptveranlagungszeitpunkt als flächengewichteter Mittelwert berechnet und auf volle Euro gerundet. ³Bei deckungsgleichen Bodenrichtwertzonen ist jeweils der niedrigste der Bodenrichtwerte in die Ermittlung einzubeziehen. ⁴Bodenrichtwerte im Außenbereich nach § 35 Baugesetzbuch sowie Zonen ohne festgestellten Bodenrichtwert (symbolischer Bodenrichtwert) werden nicht berücksichtigt. ⁵Die für alle Gemeinden berechneten durchschnittlichen Bodenrichtwerte werden im Staatsanzeiger für das Land Hessen veröffentlicht.

Inhaltsübersicht Rz.

VERWALTUNGSANWEISUNGEN

AE HGrStG zu § 7 des Anwendungserlasses zum Hessischen Grundsteuergesetz (AE HGrStG) des Hessischen Ministeriums der Finanzen vom 30.5.2022 (G1030 A-061-II6a/10), Staatsanzeiger für das Land Hessen vom 13.6.2022, S. 649 f.

A. Allgemeine Erläuterungen

I. Normzweck und wirtschaftliche Bedeutung der Vorschrift

1 Vergleichbar mit dem Lage-Faktor im niedersächsischen Grundsteuermodell[1] stellt auch der in § 7 HGrStG geregelte **Faktor** ein Kernelement des hessischen Flächen-Faktor-Verfahrens dar. Mit ihm wird das von der Lage des Grundstücks völlig unabhängige bayerische Flächenmodell um eine Komponente erweitert, welche gleich große, gleich genutzte Grundstücke innerhalb einer Gemeinde anhand ihrer Lage differenziert. Die Steuerpflichtigen müssen zur Bestimmung des Faktors nichts beitragen. Die in Hessen flächendeckend elektronisch verfügbaren Bodenrichtwerte (Zonenwerte) können automatisiert in das Berechnungsverfahren einbezogen werden und müssen in der Erklärung zur Festsetzung des Steuermessbetrags nicht von den Steuerpflichtigen angegeben werden.[2]

2 Im Gesamtgefüge des hessischen Grundsteuermodells kommt dem **Faktor** eine **zentrale Bedeutung** zu. Durch ihn wird der nach dem bayerischen Flächenmodell ermittelte und von der Lage des Grundstücks unabhängige Wert um eine Lagekomponente erweitert, die den Äquivalenzbetrag entweder erhöht oder vermindert. Gegenüber einem reinen (lageunabhängigen) Flächenmodell ist für Grundstücke in unterdurchschnittlich teuren Lagen weniger und für Grundstücke in überdurchschnittlich teuren Lagen mehr Grundsteuer zu zahlen. Durch die Anwendung des Exponenten von 0,3 wird die Erhöhung oder Minderung allerdings gedämpft.

3 Anknüpfungspunkt des Faktors sind die von den Geschäftsstellen der Gutachterausschüsse auf den Hauptveranlagungszeitpunkt 1.1.2022 ermittelten **Bodenrichtwerte** nach § 196 Baugesetzbuch. Diese werden der hessischen Finanzverwaltung flächendeckend elektronisch zur Verfügung gestellt und können automationsgestützt berücksichtigt werden.[3]

4–5 *(Einstweilen frei)*

II. Entstehung und Entwicklung der Vorschrift

6 Die Vorschrift wurde im Jahr 2021 mit dem **Stammgesetz** in das HGrStG aufgenommen.[4]

1 Vgl. hierzu Bock/Lapp in Grootens, NGrStG § 5 Rz. 1 ff.
2 AE HGrStG zu § 7 vor Abs. 1–3; vgl. auch Hessische LT-Drucks. 20/6379 S. 15.
3 AE HGrStG zu § 7 vor Abs. 1–3; vgl. auch Hessische LT-Drucks. 20/6379 S. 15.
4 Hessisches Grundsteuergesetz v. 15.12.2021, Hessisches GVBl 2021 S. 906.

Das **Hessische Ministerium der Finanzen** hat das Bundesmodell früh als zu kompliziert und aufwändig kritisiert und bereits am 11.5.2020 das hessische **Flächen-Faktor-Verfahren** vorgestellt, das gerechter, einfacher, transparenter und verständlicher als das Bundesmodell sein solle.[1] Gleichwohl wurde das Modell in der Folge intensiv geprüft, sodass bis zur Einbringung eines Gesetzentwurfs in den Landtag im September 2021[2] noch über ein Jahr verging. Während dieser Zeit hat Niedersachsen den Faktor als zentrales Element des Flächen-Faktor-Verfahrens in sein eigenes Grundsteuermodell übernommen (§ 5 NGrStG[3]). 7

(Einstweilen frei) 8–10

III. Geltungsbereich

§ 7 HGrStG gilt für in Hessen belegene Grundstücke des Grundvermögens und gilt damit nicht für Betriebe der Land- und Forstwirtschaft.[4] § 7 HGrStG ist mit dem Stammgesetz gem. § 17 HGrStG **am 24.12.2021 in Kraft getreten.**[5] Aus Art. 125b Abs. 3 GG ergibt sich, dass die Gesetzgebungskompetenz den Ländern für ein vom Bundesrecht abweichendes Grundsteuerrecht erst für die Erhebung der **Grundsteuer** ab dem **Kalenderjahr 2025** zusteht. Dem trägt § 8 Abs. 2 Satz 1 HGrStG[6] Rechnung, wonach die in der Hauptveranlagung festgesetzten Steuermessbeträge frühestens vom Kalenderjahr 2025 an gelten. Die Regelungen des HGrStG und damit auch § 7 HGrStG sind daher erst für die Erhebung der **Grundsteuer** ab dem **Kalenderjahr 2025** von Bedeutung. 11

(Einstweilen frei) 12–15

IV. Vereinbarkeit der Vorschrift mit höherrangigem Recht

In der Anknüpfung an den Bodenrichtwert bei dem Faktor könnte eine **nicht folgerichtige Umsetzung** der **Belastungsgrundentscheidung** gesehen werden. Die verfassungsrechtliche Bewertung zum Niedersächsischen Grundsteuergesetz gilt insoweit für das Hessische Grundsteuergesetz entsprechend.[7] Ob der hessische Gesetzgeber mit der Anknüpfung an den Bodenrichtwert seinen Typisierungsspielraum überschritten hat, ist jedenfalls zweifelhaft. 16

§ 7 Abs. 3 Satz 2 HGrStG weist die **Aufgabe der Ermittlung der durchschnittlichen Bodenrichtwerte** der Zentralen Geschäftsstelle der **Gutachterausschüsse** für Immobilienwerte des Landes Hessen zu. Zweifelhaft ist, ob der hessische Landesgesetzgeber insoweit die Gesetzgebungsbefugnis hat. Der Bundesgesetzgeber könnte von der konkurrierenden Gesetzgebungskompetenz nach Art. 74 Abs. 1 Nr. 18 GG durch die Regelungen zu den Gutachterausschüssen in §§ 192 ff. BauGB abschließend Gebrauch gemacht haben, sodass den Ländern eine eigenständige Regelung in derselben Sachmaterie versperrt sein könnte. Der Bundesgesetzgeber sieht lediglich in § 199 Abs. 2 Nr. 3 BauGB eine Ermächtigung an die Landesregierung vor, durch Rechtsverordnung die Aufgaben der Geschäftsstelle der Gutachterausschüsse zu regeln. Das HGrStG ist allerdings ein Gesetz und keine Rechtsverordnung und wird vom hessischen Gesetzgeber erlassen und nicht von der Landesregie- 17

---

1 Pressemitteilung des Hessischen Ministeriums der Finanzen v. 11.5.2020, https://finanzen.hessen.de/node/87 (aufgerufen am 1.12.2024).

2 Hessische LT-Drucks. 20/6379 S. 1.

3 Niedersächsisches Grundsteuergesetz v. 7.7.2021, Nds. GVBl 2021 S. 502 ff., siehe hierzu vertiefend Bock/Lapp in Grootens, NGrStG § 5 Rz. 41 ff.

4 Vgl. hierzu Bock/Lapp in Grootens, HGrStG § 1 Rz. 11.

5 Hessisches GVBl 2021 S. 906.

6 Siehe hierzu vertiefend Bock/Lapp in Grootens, HGrStG § 8 Rz. 36.

7 Siehe vertiefend hierzu Bock/Lapp, NGrStG Vorwort Rz. 46 ff.

rung. Der hessische Gesetzgeber ist auch nicht derjenige Gesetzgeber, der die Ermächtigungsgrundlage für die Rechtsverordnung erlassen hat.[1]

18–20 *(Einstweilen frei)*

V. Verhältnis zu anderen Vorschriften

21 § 7 HGrStG verdrängt als lex posterior **§ 13 GrStG**, der damit in Hessen derzeit **keine Anwendung** findet.

22 Die maßgebliche Fläche des Grundstücks wird mit dem Flächenbetrag nach **§ 5 HGrStG**[2] und mit der Steuermesszahl nach **§ 6 HGrStG**[3] multipliziert und ergibt den Ausgangsbetrag. Dieser wird wiederum mit dem Faktor nach § 7 HGrStG multipliziert, was nach **§ 4 Abs. 1 Satz 2 HGrStG**[4] den Steuermessbetrag ergibt. Auf den Steuermessbetrag ist der Hebesatz nach **§ 25 GrStG** oder ggf. der gesonderte Hebesatz nach **§ 13 HGrStG** anzuwenden, um die zu zahlende Grundsteuer zu erhalten.

23 Für die Ermittlung des Faktors sind nach § 7 Abs. 2 und Abs. 3 HGrStG die Bodenrichtwerte i. S. von **§ 196 BauGB** unter Berücksichtigung der **ImmoWertV** heranzuziehen. Den durchschnittlichen Bodenrichtwert hat der Gutachterausschuss i. S. des **§ 192 BauGB** zu ermitteln. Die Bodenrichtwerte und durchschnittlichen Bodenrichtwerte werden nach § 7 Abs. 2 Satz 1 HGrStG der Hauptveranlagung nach **§ 8 Abs. 1 Satz 1 HGrStG**[5] zugrunde gelegt. Zugrunde zu legen ist der Bodenrichtwert und durchschnittliche Bodenrichtwert, der für den jeweiligen Stichtag nach **§ 8 Abs. 1 Satz 2 HGrStG**[6] (Hauptveranlagungszeitpunkt) maßgeblich ist. Die Koordinierung der Bereitstellung der für die Ermittlung des Faktors erforderlichen Merkmale erfolgt durch das Hessische Ministerium der Finanzen und das Hessische Ministerium für Wirtschaft, Energie, Verkehr und Wohnen, die hierzu von dem hessischen Gesetzgeber in **§ 16 HGrStG** ermächtigt werden.[7]

24–25 *(Einstweilen frei)*

B. Systematische Kommentierung

I. Formel des Faktors, Abrundung (§ 7 Abs. 1 HGrStG)

26 § 7 Abs. 1 HGrStG normiert die **Formel des Faktors** und dessen Abrundung. Die Formel lautet wie folgt:[8]

$$\text{Faktor} = \left[\frac{\text{BRW}}{\text{dBRW}}\right]^{0{,}3}$$

BRW = Bodenrichtwert i. S. von § 7 Abs. 2 HGrStG; siehe hierzu → Rz. 31 ff.

dBRW = durchschnittlicher Bodenrichtwert i. S. von § 7 Abs. 3 HGrStG, siehe hierzu → Rz. 41 ff.

1 Vgl. auch zur entsprechenden Regelung im NGrStG, Bock/Lapp in Grootens, NGrStG § 5 Rz. 30.
2 Siehe hierzu Bock/Lapp in Grootens, HGrStG § 5 Rz. 1 ff.
3 Siehe hierzu Bock/Lapp in Grootens, HGrStG § 6 Rz. 1 ff.
4 Siehe hierzu Bock/Lapp in Grootens, HGrStG § 4 Rz. 26 ff.
5 Siehe hierzu Bock/Lapp in Grootens, HGrStG § 8 Rz. 26.
6 Siehe hierzu Bock/Lapp in Grootens, HGrStG § 8 Rz. 26.
7 Siehe hierzu Bock/Lapp in Grootens, HGrStG § 16 Rz. 1 ff.
8 AE HGrStG zu § 7 Abs. 1.

Der Faktor ist auf zwei Nachkommastellen abzurunden.[1] Er wird auf den Ausgangsbetrag nach § 4 Abs. 1 Satz 2 HGrStG[2] angewendet.[3] Die Vorschrift entspricht § 5 Abs. 1 Satz 2 und 3 NGrStG, sodass insoweit auf die dortige Kommentierung verwiesen wird.[4]

Nach **Auffassung der hessischen Landesregierung** nehme das Flächen-Faktor-Verfahren auf die Gegebenheiten vor Ort Rücksicht. In Gemeinden mit keinen oder nur sehr geringen Unterschieden im Bodenrichtwertniveau führe es zu gleichen oder fast gleichen Ergebnissen wie ein reines Flächenmodell. Weichen jedoch Bodenrichtwerte vom kommunalen Durchschnitt in stärkerem Maße ab, finde dies – bewusst in abgeschwächter Form – Niederschlag in der Bemessungsgrundlage der Grundsteuer.[5] 27

BEISPIEL:[6] Auf einem 500 m² großen Grundstück befindet sich ein Einfamilienhaus mit 150 m² Wohnfläche. Der durchschnittliche Bodenrichtwert der Gemeinde beträgt 150 €/m². Der für das Grundstück maßgebliche Bodenrichtwert beträgt 28

a) 60 € (mäßige Lage)
b) 150 € (mittlere Lage)
c) 490 € (gute Lage)

LÖSUNG: Die Steuermessbeträge im reinen Flächenmodell betragen jeweils 72 €.

Berechnung: (500 m² x 0,04 €/m² x 100%) + (150 m² x 0,50 €/m² x 70%) = 72 €.

Die Faktoren im hessischen Modell betragen (gem. § 7 Abs. 1 Satz 2 HGrStG auf zwei Nachkommastellen abgerundet)

a) $(60 / 150)^{0,3} = 0,75$
b) $(150 / 150)^{0,3} = 1,00$
c) $(490 / 150)^{0,3} = 1,42$

Die Steuermessbeträge (Wert nach dem reinen Flächenmodell x Faktor) betragen damit

a) 72 € x 0,75 = 54 €
b) 72 € x 1,00 = 72 €
c) 72 € x 1,42 = 102 €

Die lagebedingte Spreizung der Steuermessbeträge beträgt 102 €/54 € = rund 1,9. Die Spreizung der Bodenrichtwerte (490 €/60 € = rund 8,2) wirkt sich bewusst nur in abgeschwächter Form auf die Steuermessbeträge aus.

(Einstweilen frei) 29–30

II. Bodenrichtwert; Zähler des Faktors (§ 7 Abs. 2 HGrStG)

Nach § 7 Abs. 2 Satz 1 HGrStG ist als Bodenrichtwert im Zähler des Faktors der zum jeweiligen Hauptveranlagungszeitpunkt nach § 8 Abs. 1 Satz 2 HGrStG[7] ermittelte **Bodenrichtwert nach § 196 Baugesetzbuch** der Bodenrichtwertzone, in der das Grundstück liegt, zugrunde zu legen.[8] Der für eine Bodenrichtwertzone festgestellte Wert kann über https://hvbg.hessen.de/immo- 31

1 AE HGrStG zu § 7 Abs. 1.
2 Siehe hierzu Bock/Lapp in Grootens, HGrStG § 4 Rz. 26 f.
3 AE HGrStG zu § 7 Abs. 1.
4 Bock/Lapp in Grootens, NGrStG § 5 Rz. 41 ff.
5 Hessische LT-Drucks. 20/6379 S. 20.
6 AE HGrStG zu § 7 Abs. 1; vgl. auch Hessische LT-Drucks. 20/6379 S. 20.
7 Siehe hierzu Bock/Lapp in Grootens, HGrStG § 8 Rz. 26.
8 AE HGrStG zu § 7 Abs. 2.

bilienwerte/boris-hessen eingesehen werden.[1] Die Vorschrift entspricht im Ergebnis § 5 Abs. 2 Satz 1 NGrStG, sodass ergänzend auf die dortige Kommentierung verwiesen wird.[2]

31a Da in dem hessischen Flächen-Faktor-Verfahren der Bodenrichtwert ausschließlich als Lageindikator und nicht als Wertkomponente fungieren soll, unterbleiben etwaige (werterhöhende und wertmindernde) **Anpassungen des Bodenrichtwerts,** die bei einer Ermittlung des Verkehrswerts des Grund und Bodens ggf. vorzunehmen wären (z. B. Berücksichtigung einer abweichenden Geschossflächenzahl).[3] In Betracht kommen grundsätzlich alle Bodenrichtwerte, die nach den in Anlage 5 zu § 16 Abs. 3 ImmoWertV genannten Kategorien für baureifes Land, Rohbauland, Bauerwartungsland oder sonstige Flächen festgestellt werden.[4] Da die Bodenrichtwerte für die am Steuerrechtsverhältnis Beteiligten verbindlich und einer finanzgerichtlichen Kontrolle grundsätzlich nicht zugänglich sind, sind die Bodenrichtwerte von der Finanzbehörde ungeprüft zu übernehmen.[5]

32 Erstreckt sich das Grundstück über **mehr als eine Bodenrichtwertzone**, wird gem. § 7 Abs. 2 Satz 2 HGrStG für jede in einer Bodenrichtwertzone gelegene Grundstücksteilfläche der jeweilige Bodenrichtwert mit dem Quotienten aus der Grundstücksteilfläche und der Fläche des Grundstücks (jeweils in Quadratmetern) multipliziert und die Summe dieser Produkte als Bodenrichtwert der wirtschaftlichen Einheit angesetzt.[6] Die Vorschrift entspricht im Ergebnis § 5 Abs. 2 Satz 2 NGrStG, sodass ergänzend auf die dortige Kommentierung verwiesen wird.[7] Eine mit § 5 Abs. 2 Satz 3 NGrStG vergleichbare **Bagatellregelung**, nach welcher die Bodenrichtwerte bestimmter **Kleinstflächen** bei der Ermittlung des Zählers des Faktors nicht berücksichtigt werden,[8] wurde vom hessischen Gesetzgeber **nicht übernommen**.

33 In sich **deckungsgleich überlagernden Bodenrichtwertzonen** ist gem. § 7 Abs. 2 Satz 3 HGrStG jeweils der **niedrigste** der Bodenrichtwerte anzusetzen.[9] Die Vorschrift entspricht im Ergebnis § 5 Abs. 2 Satz 4 NGrStG, sodass ergänzend auf die dortige Kommentierung verwiesen wird.[10]

34 Für Zonen **ohne festgestellten Bodenrichtwert** (sog. symbolischer Bodenrichtwert) oder wenn für das Grundstück zum jeweiligen Hauptveranlagungszeitpunkt kein Bodenrichtwert für baureifes Land vorliegt, wird gem. § 7 Abs. 2 Satz 4 HGrStG der durchschnittliche Bodenrichtwert in der Gemeinde nach § 7 Abs. 3 HGrStG angesetzt, sodass in diesen Fällen **ein Faktor von 1** zugrunde zu legen ist.[11] Die hessische Finanzverwaltung verzichtet darauf, in betroffenen Fällen nach § 196 Abs. 2 BauGB für grundsteuerliche Zwecke rückwirkend auf den Hauptveranlagungszeitpunkt Bodenrichtwerte ermitteln zu lassen.[12] Das hessische Modell weicht insoweit von dem vergleichbaren niedersächsischen Modell ab, in welchem nach § 5 Abs. 2 Satz 5

1 AE HGrStG zu § 7 Abs. 2.
2 Siehe hierzu Bock/Lapp in Grootens, NGrStG § 5 Rz. 51.
3 AE HGrStG zu § 7 Abs. 2; Mandler/Schulze/Zochert, Ubg 2022 S. 351.
4 AE HGrStG zu § 7 Abs. 2.
5 AE HGrStG zu § 7 vor Abs. 1–3; vgl. bspw. auch BFH, Urteil v. 11.5.2005 - II R 21/02, BStBl II 2005 S. 686 NWB YAAAB-60912 zur Grundbesitzbewertung für Zwecke der Erbschaft- und Schenkungsteuer.
6 AE HGrStG zu § 7 Abs. 2.
7 Siehe hierzu Bock/Lapp in Grootens, NGrStG § 5 Rz. 54 f.
8 Siehe hierzu Bock/Lapp in Grootens, NGrStG § 5 Rz. 56 f.
9 AE HGrStG zu § 7 Abs. 2.
10 Siehe hierzu Bock/Lapp in Grootens, NGrStG § 5 Rz. 58.
11 AE HGrStG zu § 7 Abs. 2.
12 AE HGrStG zu § 7 Abs. 2.

NGrStG in Fällen, in denen für Bauflächen kein Bodenrichtwert vorliegt, der Bodenrichtwert für Sonstige Flächen gem. Anlage 5 der ImmoWertV[1] anzusetzen ist.[2]

BEISPIEL:[3] Im Jahr 2026 werden aus einer Ackerfläche Baugrundstücke neu erschlossen. Für diese Grundstücke liegen zum 1.1.2022 keine Bodenrichtwerte für baureifes Land vor. 34/1

LÖSUNG: Im Rahmen der Nachveranlagungen zum 1.1.2027 wird der durchschnittliche Bodenrichtwert zum 1.1.2022 in der Gemeinde nach § 7 Abs. 3 HGrStG als Bodenrichtwert angesetzt. Der anzuwendende Faktor beträgt demzufolge 1.

Für bebaute oder bebaubare Grundstücke des Grundvermögens im **Außenbereich** (z. B. der Wohnteil eines landwirtschaftlichen Betriebs) nach § 35 Baugesetzbuch werden nach § 7 Abs. 2 Satz 5 HGrStG **10 % des durchschnittlichen Bodenrichtwertes** nach § 7 Abs. 3 HGrStG angesetzt. Damit trägt der hessische Gesetzgeber dem Umstand Rechnung, dass es im Außenbereich nach § 35 Baugesetzbuch i. d. R. nur Bodenrichtwerte für land- und forstwirtschaftlich genutzte Flächen, nicht jedoch für Baulandnutzungen gibt.[4] Der Ansatz von 10 % des durchschnittlichen Bodenrichtwerts der Gemeinde führt im Ergebnis zu einem Faktor von 0,50 ($(0{,}1/1)^{0{,}3} = 0{,}50$), also zu einer Minderung des Steuermessbetrags um die Hälfte im Vergleich zu einer durchschnittlichen Lage in der Gemeinde.[5] Die Regelung soll **typisierend** die bei einem Wohngrundstück im Außenbereich gegenüber dem Innenbereich stark **eingeschränkte Erreichbarkeit und Nutzbarkeit** der bereitgestellten kommunalen Infrastruktur berücksichtigen.[6] 35

(Einstweilen frei) 36–40

III. Durchschnittlicher Bodenrichtwert; Nenner des Faktors (§ 7 Abs. 3 HGrStG)

Nach § 7 Abs. 3 Satz 1 HGrStG ist der im Nenner des Faktors zugrunde zu legende durchschnittliche Bodenrichtwert der auf den jeweiligen Hauptveranlagungszeitpunkt nach § 8 Abs. 1 Satz 2 HGrStG[7] ermittelte durchschnittliche Bodenrichtwert in der Gemeinde.[8] Die Vorschrift entspricht im Ergebnis § 5 Abs. 3 Satz 1 NGrStG, sodass ergänzend auf die dortige Kommentierung verwiesen wird.[9] 41

Der durchschnittliche Bodenrichtwert wird gem. § 7 Abs. 3 Satz 2 HGrStG durch die Zentrale Geschäftsstelle der Gutachterausschüsse für Immobilienwerte des Landes Hessen aus den Bodenrichtwerten für baureifes Land in der jeweiligen Gemeinde zum jeweiligen Hauptveranlagungszeitpunkt als **flächengewichteter Mittelwert** berechnet und **auf volle Euro gerundet.**[10] Ein flächengewichteter Mittelwert führt dazu, dass der Bodenrichtwert einer größeren Bodenrichtwertzone für den durchschnittlichen Bodenrichtwert ein stärkeres Gewicht hat als ein Bo- 42

1 Immobilienwertermittlungsverordnung v. 14.7.2021, BGBl 2021 I S. 2805.
2 Siehe hierzu Bock/Lapp in Grootens, NGrStG § 5 Rz. 59.
3 AE HGrStG zu § 7 Abs. 2.
4 AE HGrStG zu § 7 Abs. 2; siehe auch Hessische LT-Drucks. 20/6379 S. 20; vgl. aber auch zur anderen Sachlage in NGrStG Bock/Lapp in Grootens, NGrStG § 5 Rz. 29.
5 AE HGrStG zu § 7 Abs. 2.
6 Hessische LT-Drucks. 20/6379 S. 20.
7 Siehe hierzu Bock/Lapp in Grootens, HGrStG § 8 Rz. 26.
8 AE HGrStG zu § 7 Abs. 3.
9 Siehe hierzu Bock/Lapp in Grootens, NGrStG § 5 Rz. 66.
10 AE HGrStG zu § 7 Abs. 3.

denrichtwert einer kleineren Zone.[1] Das hessische Grundsteuermodell weicht insoweit von dem vergleichbaren niedersächsischen Modell ab. In diesem ist im Nenner des Lage-Faktors gem. § 5 Abs. 3 Satz 3 NGrStG der Median aller in der Gemeinde liegenden Bodenrichtwerte zugrunde zu legen.[2] Mit der vorgesehenen (wohl kaufmännischen) Rundung auf volle Euro[3] weicht der hessische Gesetzgeber auch hinsichtlich der Rundungsregel von der niedersächsischen Regelung ab. Diese sieht in § 5 Abs. 3 Satz 4 NGrStG eine Abrundung auf volle Euro vor.

43 **BEISPIEL:** In einer Gemeinde (43 km²) gibt es drei Bodenrichtwertzonen:

Zone 1 mit einem Bodenrichtwert von 85 €/m² erstreckt sich über eine Fläche von 12 km².

Zone 2 mit einem Bodenrichtwert von 100 €/m² erstreckt sich über eine Fläche von 23 km².

Zone 3 mit einem Bodenrichtwert von 150 €/m² erstreckt sich über eine Fläche von 8 km².

LÖSUNG: Der im Nenner des Faktors zugrunde zu legende durchschnittliche Bodenrichtwert ermittelt sich wie folgt:

$$\frac{\text{Fläche Zone 1}}{\text{Gesamtfläche}} \times \text{BRW Zone 1} + \frac{\text{Fläche Zone 2}}{\text{Gesamtfläche}} \times \text{BRW Zone 2} + \frac{\text{Fläche Zone 3}}{\text{Gesamtfläche}} \times \text{BRW Zone 3}$$

$$\frac{12\ \text{km}^2}{43\ \text{km}^2} \times 85\ \text{€/m}^2 + \frac{23\ \text{km}^2}{43\ \text{km}^2} \times 100\ \text{€/m}^2 + \frac{8\ \text{km}^2}{43\ \text{km}^2} \times 150\ \text{€/m}^2 = \text{rund } 105\ \text{€/m}^2$$

Im niedersächsischen Grundsteuermodell würde in diesem Beispiel gem. § 5 Abs. 3 Satz 3 NGrStG der Median aus den drei Bodenrichtwerten 85 €/m², 100 €/m² und 150 €/m² – also ein Bodenrichtwert von 100 €/m² – im Nenner des niedersächsischen Lage-Faktors berücksichtigt werden.[4]

44 Bei sich **deckungsgleich überlagernden Bodenrichtwertzonen** bestimmt § 7 Abs. 3 Satz 3 HGrStG, dass jeweils der **niedrigste der Bodenrichtwerte** in die Ermittlung des durchschnittlichen Bodenrichtwerts einzubeziehen ist.[5] Die Vorschrift entspricht im Ergebnis § 5 Abs. 3 Satz 6 NGrStG, sodass ergänzend auf die dortige Kommentierung verwiesen wird.[6]

45 Bodenrichtwerte im **Außenbereich** nach § 35 Baugesetzbuch sowie Zonen ohne festgestellten Bodenrichtwert (sog. **symbolischer Bodenrichtwert**) werden gem. § 7 Abs. 3 Satz 4 HGrStG bei der Ermittlung des durchschnittlichen Bodenrichtwerts **nicht berücksichtigt.**[7] Die Vorschrift korrespondiert mit § 7 Abs. 2 Satz 5 HGrStG, wonach für diese Flächen im Zähler des Quotienten typisierend 10 % des durchschnittlichen Bodenrichtwerts der Gemeinde zugrunde gelegt werden sollen (siehe bereits → Rz. 35).

1 AE HGrStG zu § 7 Abs. 3.
2 Zur Kritik an diesem Vorgehen siehe Bock/Lapp in Grootens, NGrStG § 5 Rz. 27 ff.
3 AE HGrStG zu § 7 Abs. 3.
4 Vgl. das Beispiel bei Bock/Lapp in Grootens, NGrStG § 5 Rz. 28.
5 AE HGrStG zu § 7 Abs. 3.
6 Siehe hierzu Bock/Lapp in Grootens, NGrStG § 5 Rz. 70.
7 AE HGrStG zu § 7 Abs. 3.

Nach § 7 Abs. 3 Satz 5 HGrStG wurden die für alle Gemeinden berechneten durchschnittlichen Bodenrichtwerte im **Staatsanzeiger** für das Land Hessen **veröffentlicht.**[1] Die Ausgaben des Staatsanzeigers für das Land Hessen sind öffentlich zugänglich und im Internet unter https://www.staatsanzeiger-hessen.de/ abrufbar. 46

§ 8 HGrStG Hauptveranlagung (ersetzt die §§ 16 und 36 des Grundsteuergesetzes)

(1) [1]Steuermessbeträge werden erstmalig auf den 1. Januar 2022 und danach in Zeitabständen von vierzehn Jahren jeweils auf den 1. Januar allgemein festgesetzt (Hauptveranlagung). [2]Die in Satz 1 bezeichneten Zeitpunkte sind Hauptveranlagungszeitpunkte. [3]Der Zeitraum zwischen zwei Hauptveranlagungszeitpunkten ist der Hauptveranlagungszeitraum. [4]Der Hauptveranlagung werden die Verhältnisse zum Hauptveranlagungszeitpunkt zugrunde gelegt.

(2) [1]Die bei einer Hauptveranlagung festgesetzten Steuermessbeträge gelten vorbehaltlich der §§ 9 und 11 von dem Kalenderjahr an, das ein Jahr nach dem Hauptveranlagungszeitpunkt beginnt, frühestens vom Kalenderjahr 2025 an. [2]Die durch Hauptveranlagung festgesetzten Steuermessbeträge bleiben unbeschadet der §§ 9 und 11 bis zu dem Zeitpunkt maßgebend, von dem an die Steuermessbeträge der nächsten Hauptveranlagung wirksam werden.

(3) Ist die Festsetzungsfrist nach § 169 Abgabenordnung bereits abgelaufen, kann die Hauptveranlagung unter Zugrundelegung der Verhältnisse vom Hauptveranlagungszeitpunkt mit Wirkung für einen späteren Veranlagungszeitpunkt vorgenommen werden, für den diese Frist noch nicht abgelaufen ist.

Inhaltsübersicht **Rz.**

VERWALTUNGSANWEISUNGEN

AE HGrStG zu § 8 des Anwendungserlasses zum Hessischen Grundsteuergesetz (AE HGrStG) des Hessischen Ministeriums der Finanzen vom 30.5.2022 (G1030 A-061-II6a/10), Staatsanzeiger für das Land Hessen vom 13.6.2022, S. 650.

1 Bekanntmachung des Hessischen Landesamts für Bodenmanagement und Geoinformationen (HVBG) – Zentrale Geschäftsstelle der Gutachterausschüsse für Immobilienwerte des Landes Hessen (ZGGH) – v. 30.5.2022, Staatsanzeiger für das Land Hessen Nr. 24 v. 13.6.2022, S. 691.

A. Allgemeine Erläuterungen

I. Normzweck und wirtschaftliche Bedeutung der Vorschrift

1 § 8 HGrStG normiert die **Hauptveranlagung** (§ 8 Abs. 1 Satz 1 HGrStG) der Steuermessbeträge und definiert die **Hauptveranlagungszeitpunkte** (§ 8 Abs. 1 Satz 2 HGrStG) und die **Hauptveranlagungszeiträume** (§ 8 Abs. 1 Satz 3 HGrStG). Geregelt werden außerdem die der Hauptveranlagung zugrunde zu legenden **Verhältnisse** (§ 8 Abs. 1 Satz 4 HGrStG) und die **Geltungsdauer** der Steuermessbeträge (§ 8 Abs. 2 HGrStG). Darüber hinaus trifft die Vorschrift eine Regelung für Fälle, in denen eine Hauptveranlagung wegen **Ablaufs der Festsetzungsfrist** nicht mehr auf den Hauptveranlagungszeitpunkt vorgenommen werden kann (§ 8 Abs. 3 HGrStG).

2–5 *(Einstweilen frei)*

II. Entstehung und Entwicklung der Vorschrift

6 Die Vorschrift wurde im Jahr 2021 mit dem **Stammgesetz** in das HGrStG aufgenommen.[1]

7–10 *(Einstweilen frei)*

III. Geltungsbereich

11 § 8 HGrStG gilt für in Hessen belegene Grundstücke des Grundvermögens und damit nicht für Betriebe der Land- und Forstwirtschaft.[2] § 8 HGrStG ist mit dem Stammgesetz gem. § 17 HGrStG **am 24.12.2021 in Kraft getreten.**[3] Aus Art. 125b Abs. 3 GG ergibt sich, dass die Gesetzgebungskompetenz den Ländern für ein vom Bundesrecht abweichendes Grundsteuerrecht erst für die Erhebung der **Grundsteuer** ab dem **Kalenderjahr 2025** zusteht. Dem trägt § 8 Abs. 2 Satz 1 HGrStG[4] Rechnung, wonach die in der Hauptveranlagung festgesetzten Steuermessbeträge frühestens vom Kalenderjahr 2025 an gelten. Die Regelungen des HGrStG und damit auch die übrigen Regelungen des § 8 HGrStG sind daher erst für die Erhebung der **Grundsteuer** ab dem **Kalenderjahr 2025** von Bedeutung.

12–15 *(Einstweilen frei)*

IV. Vereinbarkeit der Vorschrift mit höherrangigem Recht

16 Die Verlängerung des Hauptveranlagungszeitraums auf 14 Jahre könnte insoweit verfassungsrechtlichen Bedenken begegnen, als die Wertverhältnisse in Bezug auf den Faktor nach § 7 HGrStG[5] über eine zu lange Zeit verfestigt werden und damit jedenfalls wegen Zeitablaufs keine relationsgerechte Bemessungsgrundlage mehr erreicht wird. Die vergleichsweise lange Dauer des Hauptveranlagungszeitraums ist nach Ansicht des hessischen Gesetzgebers **gerechtfertigt**, da es im Flächen-Faktor-Verfahren **weniger Berechnungsparameter** als im Bundesmodell gebe, die einer turnusmäßigen Aktualisierung bedürfen (z. B. keine statistischen Mieten, Herstellungskosten, Baujahre oder Kernsanierungsmaßnahmen). Zudem ist der hessische Gesetzgeber der Auffassung, dass allgemeine **Veränderungen der Bodenrichtwerte** we-

---

1 Hessisches Grundsteuergesetz v. 15.12.2021, Hessisches GVBl Nr. 55/2021 S. 906.
2 Vgl. hierzu Bock/Lapp in Grootens, HGrStG § 1 Rz. 11.
3 Hessisches GVBl Nr. 55/2021 S. 906.
4 Siehe hierzu vertiefend Bock/Lapp in Grootens, HGrStG § 8 Rz. 36.
5 Siehe hierzu Bock/Lapp in Grootens, HGrStG § 7 Rz. 1 ff.

gen des Abstellens auf die Relation der Bodenrichtwerte zum Durchschnittsbodenrichtwert auch über einen längeren Zeitraum hinweg zu **keinen signifikanten Änderungen** der Steuermessbeträge führen würden. Im Übrigen würden Veränderungen am Grundstück innerhalb eines Hauptveranlagungszeitraums infolge von baulichen Maßnahmen oder Nutzungsänderungen durch Neuveranlagungen, Nachveranlagungen oder Aufhebungen anlassbezogen berücksichtigt.[1] Im Übrigen begegnet § 8 HGrStG keinen verfassungsrechtlichen Bedenken.

(Einstweilen frei) 17–20

V. Verhältnis zu anderen Vorschriften

§ 8 HGrStG verdrängt als lex posterior die **§§ 16 und 36 GrStG,**[2] die damit in Hessen derzeit **keine Anwendung** finden. 21

Die Festsetzung der Steuermessbeträge bei der Hauptveranlagung erfolgt gegenüber demjenigen (Inhaltsadressat), dem im Hauptveranlagungszeitpunkt das Grundstück nach **§ 3 Abs. 2 HGrStG**[3] zuzurechnen ist und der nach **§ 3 Abs. 1 HGrStG**[4] Schuldner der Grundsteuer ist.[5] 22

Führen Änderungen der tatsächlichen Verhältnisse im Jahr vor der Hauptveranlagung zu einer Änderung des Steuermessbetrags, wird § 8 Abs. 1 HGrStG **von § 12 Abs. 2 HGrStG**[6] **verdrängt** und anstelle einer Hauptveranlagung auf den 1.1. des Jahres der Hauptveranlagung eine **Neuveranlagung**, **Nachveranlagung** oder **Aufhebung** des Steuermessbetrags durchgeführt (siehe hierzu → Rz. 30). 23

(Einstweilen frei) 24–25

B. Systematische Kommentierung

I. Turnusmäßige Hauptveranlagung (§ 8 Abs. 1 HGrStG)

Nach § 8 Abs. 1 Satz 1 HGrStG werden die Steuermessbeträge **erstmalig auf den 1.1.2022** und danach in **Zeitabständen** von **14 Jahren** jeweils auf den 1.1. allgemein festgesetzt (Hauptveranlagung).[7] § 8 Abs. 1 Satz 2 HGrStG definiert diese Zeitpunkte als **Hauptveranlagungszeitpunkte**, § 8 Abs. 1 Satz 3 HGrStG den Zeitraum zwischen zwei Hauptveranlagungszeitpunkten als **Hauptveranlagungszeitraum**. Der Hauptveranlagung werden gem. § 8 Abs. 1 Satz 4 HGrStG die Verhältnisse zum Hauptveranlagungszeitpunkt (1.1.2022, 1.1.2036 usw.) zugrunde gelegt.[8] Die Regelungen entsprechen im Wesentlichen den Regelungen in §§ 16 und 36 GrStG. Insoweit wird ergänzend auf die dortige Kommentierung verwiesen.[9] 26

1 AE HGrStG zu § 8 Abs. 1; vgl. auch Hessische LT-Drucks. 20/6379 S. 21.
2 Siehe hierzu vertiefend Bock in Grootens, GrStG § 16 Rz. 1 ff. und Lehmann in Grootens, GrStG § 36 Rz. 1 ff.
3 Siehe hierzu Bock/Lapp in Grootens, HGrStG § 3 Rz. 41 ff.
4 Siehe hierzu Bock/Lapp in Grootens, HGrStG § 3 Rz. 31 ff.
5 AE HGrStG zu § 8 Abs. 2.
6 Siehe hierzu vertiefend Bock/Lapp in Grootens, HGrStG § 12 Rz. 36 ff.
7 AE HGrStG zu § 8 Abs. 1.
8 AE HGrStG zu § 8 Abs. 1.
9 Siehe hierzu vertiefend Bock in Grootens, GrStG § 16 Rz. 1 ff. und Lehmann in Grootens, GrStG § 36 Rz. 1 ff.

27 Die Hauptveranlagung erfolgt allgemein für alle in Hessen belegenen **steuerpflichtigen Grundstücke.**[1] Für von der Grundsteuer befreite Grundstücke wird kein Steuermessbetrag ermittelt und festgesetzt (§ 4 Abs. 2 Satz 2 HGrStG).[2]

28 Erster Hauptveranlagungszeitpunkt der Steuermessbeträge ist gem. § 8 Abs. 1 Satz 1 HGrStG der **1.1.2022**. Die Vorschrift weicht damit von § 36 Abs. 1 GrStG ab, welche (bundesgesetzlich) den 1.1.2025 als ersten Hauptveranlagungszeitpunkt der Grundsteuermessbeträge nach dem Bundesmodell vorsieht. Da die auf den 1.1.2022 festgesetzten Steuermessbeträge gem. § 8 Abs. 2 Satz 1 HGrStG frühestens **vom Kalenderjahr 2025 an gelten** (siehe hierzu → Rz. 36), ist hiermit keine Abweichung von den bundesgesetzlichen Regelungen verbunden. Im Übrigen wird auf die Kommentierung zu § 36 Abs. 1 GrStG verwiesen.[3]

29 § 8 Abs. 1 HGrStG greift den in § 16 Abs. 1 GrStG bundesgesetzlich normierten Gedanken einer turnusmäßigen Hauptveranlagung der Grundsteuerwerte zur Vermeidung eines Bewertungsstaus auf. Insoweit wird ergänzend auf die dortige Kommentierung verwiesen.[4] Mit der Regelung soll ein „Erstarren" der stichtagsbezogenen Lageabstufungen mittels Faktoren vermieden werden.[5] Hessen weicht hinsichtlich der Häufigkeit der Hauptveranlagungen entscheidend vom Bundesmodell ab und **erhöht** die Länge des Hauptveranlagungszeitraums im Vergleich zum Bundesmodell deutlich (vgl. § 16 Abs. 2 GrStG[6]).

30 Bei den Hauptveranlagungen werden gem. § 8 Abs. 1 Satz 4 HGrStG die **Verhältnisse zum 1.1.** des jeweiligen Kalenderjahres zugrunde gelegt. Verhältnisse sind die **Wertverhältnisse** und die **tatsächlichen Verhältnisse**. Eine Abweichung von der bundesgesetzlichen Regelung ist hiermit nicht verbunden, die Regelung entspricht im Ergebnis § 221 Abs. 2 BewG. Insoweit wird auf die dortige Kommentierung verwiesen.[7]

31 Eine **Ausnahme** von der turnusmäßigen Hauptveranlagung gibt es, wenn Änderungen der tatsächlichen Verhältnisse im Jahr vor der Hauptveranlagung zu einer Änderung des Steuermessbetrags führen. In diesem Fall wird gem. **§ 12 Abs. 2 HGrStG**[8] anstelle einer Hauptveranlagung auf den 1.1. des Jahres der Hauptveranlagung eine **Neuveranlagung**, **Nachveranlagung** oder **Aufhebung** des Steuermessbetrags durchgeführt.

32–35 *(Einstweilen frei)*

II. Geltungsdauer der Steuermessbeträge (§ 8 Abs. 2 HGrStG)

36 § 8 Abs. 2 Satz 1 HGrStG bestimmt die **Geltungsdauer** der **Steuermessbeträge**. Die bei einer Hauptveranlagung festgesetzten Steuermessbeträge gelten demnach vorbehaltlich der §§ 9 und 11 HGrStG[9] von dem Kalenderjahr an, das ein Jahr nach dem Hauptveranlagungszeitpunkt beginnt, jedoch frühestens vom Kalenderjahr 2025 an.[10] Damit trägt § 8 Abs. 2 Satz 1 HGrStG dem Art. 125b Abs. 3 GG Rechnung, nach dem die Gesetzgebungskompetenz den Län-

1 AE HGrStG zu § 8 Abs. 1; vgl. auch Hessische LT-Drucks. 20/6379 S. 21.
2 Siehe hierzu vertiefend Bock/Lapp in Grootens, HGrStG § 4 Rz. 31 ff.
3 Siehe hierzu vertiefend Lehmann in Grootens, GrStG § 36 Rz. 13 ff.
4 Siehe hierzu vertiefend Bock in Grootens, GrStG § 16 Rz. 33 ff.
5 Hessische LT-Drucks. 20/6379 S. 21.
6 Siehe hierzu vertiefend Kurt in Grootens, GrStG § 16 Rz. 36.
7 Siehe hierzu vertiefend Kurt in Grootens, BewG § 221 Rz. 71 ff.
8 Siehe hierzu vertiefend Bock/Lapp in Grootens, HGrStG § 12 Rz. 36 ff.
9 Siehe hierzu Bock/Lapp in Grootens, HGrStG § 9 Rz 1 ff. und § 11 Rz. 1 ff.
10 AE HGrStG zu § 8 Abs. 2.

dern für ein vom Bundesrecht abweichendes Grundsteuerrecht erst für die Erhebung der Grundsteuer ab dem Kalenderjahr 2025 zusteht (siehe → Rz. 11).

Abweichend von § 16 Abs. 2 Satz 1 GrStG führt der hessische Gesetzgeber damit nicht die bundesgesetzliche zweijährige Aufschubzeit fort. Um den **verwaltungstechnischen Abläufen** Rechnung zu tragen, ist nach Ansicht des hessischen Gesetzgebers eine **einjährige Aufschubzeit** ausreichend. In dieser Zeit (i. d. R. wenige Monate nach dem Hauptveranlagungszeitpunkt) sollen die für die Durchführung der Hauptveranlagung maßgebenden Bodenrichtwerte vorliegen und der Ermittlung der Steuermessbeträge zugrunde gelegt werden können. Mit der Regelung sollen nachträgliche Änderungen der in einem laufenden Jahr bereits erhobenen Grundsteuerzahlungen vermieden werden.[1] Im Übrigen wird auf die Kommentierung zu § 16 Abs. 2 Satz 1 GrStG verwiesen.[2] 37

Gemäß § 8 Abs. 2 Satz 2 HGrStG **bleiben** die durch Hauptveranlagung festgesetzten **Steuermessbeträge** bis zu dem Zeitpunkt **maßgebend**, von dem an die Steuermessbeträge der nächsten Hauptveranlagung wirksam werden, es sei denn, sie wurden nach den §§ 9 oder 11 HGrStG[3] zwischenzeitlich neuveranlagt oder aufgehoben.[4] 38

§ 8 Abs. 2 Satz 2 HGrStG entspricht im Ergebnis **§ 16 Abs. 2 Satz 2 GrStG**. Insoweit wird auf die dortige Kommentierung verwiesen.[5] 39

(Einstweilen frei) 40–45

III. Hauptveranlagung bei abgelaufener Festsetzungsfrist (§ 8 Abs. 3 HGrStG)

§ 8 Abs. 3 HGrStG trifft eine Regelung für den Fall, dass die Festsetzungsfrist nach § 169 AO für die Hauptveranlagung bereits abgelaufen ist. In diesem Fall kann die Hauptveranlagung unter Zugrundelegung der Verhältnisse vom Hauptveranlagungszeitpunkt mit **Wirkung für einen späteren Veranlagungszeitpunkt** vorgenommen werden, für den diese Frist noch nicht abgelaufen ist.[6] 46

Bei der Bestimmung des **nächstmöglichen, noch nicht festsetzungsverjährten Zeitpunktes** für die Nachholung einer Hauptveranlagung ist für den Beginn der Festsetzungsfrist die Anlaufhemmung des § 170 Abs. 2 Satz 1 Nr. 1, Abs. 4, § 184 Abs. 1 Satz 3 AO i.V. mit § 2 Abs. 5 HGrStG wegen der bestehenden Erklärungs- und Anzeigepflichten nach § 2 Abs. 4 HGrStG i.V. mit § 228 BewG zu beachten.[7] 47

Die Vorschrift entspricht § 16 Abs. 3 GrStG. Insoweit wird auf die dortige Kommentierung verwiesen.[8] 48

1 Hessische LT-Drucks. 20/6379 S. 21.
2 Siehe hierzu vertiefend Bock in Grootens, GrStG § 16 Rz. 19 f.
3 Siehe hierzu Bock/Lapp in Grootens, HGrStG § 9 Rz. 1 ff. und § 11 Rz. 1 ff.
4 AE HGrStG zu § 8 Abs. 2.
5 Siehe hierzu vertiefend Bock in Grootens, GrStG § 16 Rz. 36.
6 AE HGrStG zu § 8 Abs. 3.
7 AE HGrStG zu § 8 Abs. 3.
8 Siehe hierzu vertiefend Bock in Grootens, GrStG § 16 Rz. 40 f.

§ 9 HGrStG Neuveranlagung (ersetzt den § 17 des Grundsteuergesetzes)

(1) Der Steuermessbetrag wird neu festgesetzt (Neuveranlagung), wenn

1. während des Hauptveranlagungszeitraumes nach § 8 Abs. 1 Satz 3 Änderungen in den tatsächlichen Verhältnissen eintreten, die sich auf die Höhe des Steuermessbetrages nach § 4 oder auf die Steuerschuldnerschaft nach § 3 auswirken, oder

2. die letzte Veranlagung fehlerhaft ist; § 176 der Abgabenordnung ist hierbei entsprechend anzuwenden; das gilt jedoch nur für Veranlagungszeitpunkte, die vor der Verkündung der maßgeblichen Entscheidung eines obersten Gerichts liegen.

(2) [1]Der Neuveranlagung werden die tatsächlichen Verhältnisse im Neuveranlagungszeitpunkt zugrunde gelegt. [2]Neuveranlagungszeitpunkt ist der Beginn des Kalenderjahres, das auf das Kalenderjahr folgt, in dem die Änderungen eingetreten oder der Fehler dem Finanzamt bekannt geworden ist. [3]Für die Berechnung des Faktors nach § 7 sind die Verhältnisse im Hauptveranlagungszeitpunkt maßgebend.

Inhaltsübersicht **Rz.**

VERWALTUNGSANWEISUNGEN

AE HGrStG zu § 9 des Anwendungserlasses zum Hessischen Grundsteuergesetz (AE HGrStG) des Hessischen Ministeriums der Finanzen vom 30.5.2022 (G1030 A-061-II6a/10), Staatsanzeiger für das Land Hessen vom 13.6.2022, S. 650 f.

A. Allgemeine Erläuterungen

I. Normzweck und wirtschaftliche Bedeutung der Vorschrift

1 § 9 HGrStG regelt abschließend die Fälle, in denen der **Steuermessbetrag neu festgesetzt** wird (Neuveranlagung), bestimmt die für die Neuveranlagung **maßgebenden Verhältnisse** und den **Neuveranlagungszeitpunkt**.

2–5 *(Einstweilen frei)*

II. Entstehung und Entwicklung der Vorschrift

Die Vorschrift wurde im Jahr 2021 mit dem **Stammgesetz** in das HGrStG aufgenommen.[1] 6

(Einstweilen frei) 7–10

III. Geltungsbereich

§ 9 HGrStG gilt für in Hessen belegene Grundstücke des Grundvermögens und nicht für land- und forstwirtschaftliches Vermögen.[2] § 9 HGrStG ist mit dem Stammgesetz gem. § 17 HGrStG **am 24.12.2021 in Kraft getreten.**[3] Aus Art. 125b Abs. 3 GG ergibt sich, dass die Gesetzgebungskompetenz den Ländern für ein vom Bundesrecht abweichendes Grundsteuerrecht erst für die Erhebung der **Grundsteuer** ab dem **Kalenderjahr 2025** zusteht. Dem trägt § 8 Abs. 2 Satz 1 HGrStG[4] Rechnung, wonach die in der Hauptveranlagung festgesetzten Steuermessbeträge frühestens vom Kalenderjahr 2025 an gelten. Die Regelungen des HGrStG und damit auch § 9 HGrStG sind daher erst für die Erhebung der **Grundsteuer** ab dem **Kalenderjahr 2025** von Bedeutung. 11

(Einstweilen frei) 12–15

IV. Vereinbarkeit der Vorschrift mit höherrangigem Recht

§ 9 HGrStG begegnet keinen verfassungsrechtlichen Bedenken. 16

(Einstweilen frei) 17–20

V. Verhältnis zu anderen Vorschriften

§ 9 HGrStG verdrängt als lex posterior **§ 17 GrStG,**[5] der damit in Hessen derzeit **keine Anwendung** findet. Die wesentlichen Inhalte des § 17 GrStG werden aufgegriffen und in § 9 HGrStG landesgesetzlich geregelt, allerdings fehlt eine entsprechende Regelung zu § 17 Abs. 2 Nr. 1 GrStG[6]. Nach dieser wird der Grundsteuermessbetrag neu festgesetzt, wenn Gründe, die im Feststellungsverfahren über den Grundsteuerwert nicht zu berücksichtigen sind, zu einem anderen als dem für den letzten Veranlagungszeitpunkt festgesetzten Steuermessbetrag führen. Da Hessen bei der Ermittlung der Grundsteuer für das Grundvermögen ein zweistufiges Verfahren anwendet und auf die erste Stufe – die gesonderte Feststellung von Grundsteuerwerten, Äquivalenzbeträgen oder Ähnlichem – verzichtet,[7] würde eine solche Regelung ins Leere laufen und ist daher folgerichtig nicht in das HGrStG aufgenommen worden. 21

Der Steuermessbetrag wird u. a. neu festgesetzt, wenn sich Änderungen der tatsächlichen Verhältnisse auf die Höhe des Steuermessbetrags oder die Steuerschuldnerschaft auswirken (siehe hierzu → Rz. 26 ff.). Die Norm wird durch die Anzeigepflicht nach § 19 GrStG[8] ergänzt. Die 22

1 Hessisches Grundsteuergesetz v. 15.12.2021, Hessisches GVBl 2021 S. 906.
2 Vgl. hierzu Bock/Lapp in Grootens, HGrStG § 1 Rz. 11.
3 Hessisches GVBl 2021 S. 906.
4 Siehe hierzu vertiefend Bock/Lapp in Grootens, HGrStG § 8 Rz. 36.
5 Siehe hierzu vertiefend Bock in Grootens, GrStG § 17 Rz. 1 ff.
6 Siehe hierzu vertiefend Bock in Grootens, GrStG § 17 Rz. 31 f.
7 Siehe hierzu vertiefend Bock/Lapp in Grootens, HGrStG Vorwort Rz. 41 ff.
8 Siehe hierzu vertiefend Bock in Grootens, GrStG § 19 Rz. 1 ff.

Höhe des Steuermessbetrags ermittelt sich nach **§ 4 HGrStG,**[1] der Steuerschuldner wird nach **§ 3 HGrStG**[2] bestimmt.

23 Ergänzt wird die Vorschrift um die in **§ 12 HGrStG**[3] enthaltenen gemeinsamen Regelungen zu den Zeitpunkten des Wirksamwerdens und der Erteilung von Messbetragsbescheiden, die für die Neuveranlagung, Nachveranlagung und Aufhebung von Steuermessbeträgen gleichermaßen gelten.

24–25 *(Einstweilen frei)*

B. Systematische Kommentierung

I. Gründe für eine Neuveranlagung des Steuermessbetrags (§ 9 Abs. 1 HGrStG)

1. Änderungen der tatsächlichen Verhältnisse mit Auswirkungen auf den Steuermessbetrag (§ 9 Abs. 1 Nr. 1 Alt. 1 HGrStG)

26 § 9 Abs. 1 Nr. 1 Alt. 1 HGrStG regelt, dass der Steuermessbetrag neu festgesetzt wird, wenn während des Hauptveranlagungszeitraums Änderungen bei den **tatsächlichen Verhältnissen** eintreten, die sich auf die **Höhe des Steuermessbetrags** auswirken.[4]

27 Die Vorschrift greift die Regelung des **§ 222 Abs. 1 BewG**[5] zur Neufeststellung des Grundsteuerwerts (Wertfortschreibung) auf und entspricht im Ergebnis **§ 17 Abs. 1 GrStG**[6] zur Neuveranlagung des Grundsteuermessbetrags.

28 Zu den tatsächlichen Verhältnissen, die zu einer Neufestsetzung des Grundsteuermessbetrags führen können, gehören z. B. Flächenerweiterungen durch **Neubau, Anbau** oder **Ausbau**, Flächenreduzierungen durch **Abriss** sowie **Änderungen der Nutzungsart** von Wohnen zu Nicht-Wohnen oder umgekehrt, der Wegfall oder Eintritt eines Grundes für eine Ermäßigung der Steuermesszahl oder eine Änderung der tatsächlichen Verhältnisse mit Auswirkung auf die (teilweise) Steuerbefreiung eines Grundstücks.[7] Änderungen der tatsächlichen Verhältnisse ohne Auswirkungen auf den Steuermessbetrag führen nicht zu einer Neuveranlagung (Beispiel: auf einem Grundstück mit einem zu Wohnzwecken genutzten Einfamilienhaus wird nachträglich eine Garage errichtet, deren Fläche bei der Ermittlung des Grundsteuermessbetrags nach § 5 Abs. 2 Satz 5 HGrStG[8] außer Ansatz bleibt).[9]

29 Abweichend von der bundesgesetzlichen Regelung zur Neufeststellung des Grundsteuerwerts in § 222 Abs. 1 BewG[10] und der niedersächsischen Regelung zur Neufestsetzung des Grundsteuermessbetrags in § 9 Abs. 2 NGrStG[11] enthält § 9 HGrStG **keine Wertfortschreibungsgren-**

1 Siehe hierzu vertiefend Bock/Lapp in Grootens, HGrStG § 4 Rz. 1 ff.
2 Siehe hierzu vertiefend Bock/Lapp in Grootens, HGrStG § 3 Rz. 1 ff.
3 Siehe hierzu vertiefend Bock/Lapp in Grootens, HGrStG § 12 Rz. 1 ff.
4 AE HGrStG zu § 9.
5 Siehe hierzu vertiefend Kurt in Grootens, BewG § 222 Rz. 71 ff.
6 Siehe hierzu vertiefend Bock in Grootens, GrStG § 17 Rz. 22 ff.
7 AE HGrStG zu § 9; vgl. auch Hessische LT-Drucks. 20/6379 S. 22.
8 Siehe hierzu vertiefend Bock/Lapp in Grootens, HGrStG § 5 Rz. 66 ff.
9 AE HGrStG zu § 9.
10 Siehe hierzu vertiefend Kurt in Grootens, BewG § 222 Rz. 71 ff.
11 Siehe hierzu Bock/Lapp in Grootens, NGrStG § 9 Rz. 41 ff.

zen.[1] Während bundesgesetzlich eine Wertfortschreibung des Grundsteuerwerts erst bei einer Abweichung nach oben oder unten um mehr als 15.000 € von dem bisherigen Wert (§ 222 Abs. 1 BewG) und im niedersächsischen Grundsteuermodell bei einer Neuveranlagung des Grundsteuermessbetrags eine Grenze i. H. von 5 € für Abweichungen zuungunsten des Steuerpflichtigen bezogen auf den Gebäudeanteil des Grundsteuermessbetrags vorgesehen ist, führt in dem hessischen Modell jede Veränderung des Steuermessbetrags (bereits bei einer Abweichung ab 1 €) zu einer Neuveranlagung.[2]

(Einstweilen frei) 30–35

2. Änderungen der tatsächlichen Verhältnisse mit Auswirkungen auf die Steuerschuldnerschaft (§ 9 Abs. 1 Nr. 1 Alt. 2 HGrStG)

§ 9 Abs. 1 Nr. 1 Alt. 2 HGrStG regelt, dass der Steuermessbetrag neu festgesetzt wird, wenn während des Hauptveranlagungszeitraums Änderungen in den **tatsächlichen Verhältnissen** eintreten, die sich auf die **Steuerschuldnerschaft** auswirken (z. B. ein **Eigentumswechsel**).[3] Wer Schuldner der Grundsteuer ist, ergibt sich aus § 3 HGrStG.[4] 36

Nach den **bundesgesetzlichen Regelungen** wird in Fällen, in denen der Grundbesitz einer anderen Person zuzurechnen ist und sich damit die Steuerschuldnerschaft der Grundsteuer ändert (§ 10 Abs. 1 GrStG, § 219 Abs. 2 Nr. 2 BewG), eine Zurechnungsfortschreibung auf den neuen Eigentümer vorgenommen (§ 222 Abs. 2 BewG). Anders als im Bundesmodell wird in dem hessischen Modell in diesen Fällen der Steuermessbetrag nach § 9 Abs. 1 Nr. 2 HGrStG neu festgesetzt. Eine vom Bundesmodell abweichende Regelung ist hiermit im Wesentlichen nicht verbunden. In beiden Grundsteuermodellen wird die Grundsteuer ab dem Kalenderjahr, das dem Eigentumswechsel folgt (siehe hierzu → Rz. 47), zu Lasten des neuen Eigentümers erhoben. Im hessischen Modell dürfte allerdings anders als nach der h. M. im Bundesmodell beim Eigentümerwechsel auch über die Höhe der Steuermessbetragsfestsetzung beim neuen Eigentümer zu entscheiden sein und nicht nur über eine neue Zurechnung.[5] 37

(Einstweilen frei) 38–40

3. Fehlerhafte letzte Veranlagung (§ 9 Abs. 1 Nr. 2 HGrStG)

Nach § 9 Abs. 1 Nr. 2 HGrStG wird der Steuermessbetrag neu festgesetzt, wenn die **letzte Veranlagung fehlerhaft** ist.[6] § 176 AO ist hierbei entsprechend anzuwenden. Das gilt jedoch nur für Veranlagungszeitpunkte, die vor der Verkündung der maßgeblichen Entscheidung eines obersten Gerichts liegen. 41

Die Vorschrift entspricht § 17 Abs. 2 Nr. 2 GrStG, insoweit wird ergänzend auf die dortige Kommentierung verwiesen.[7] 42

(Einstweilen frei) 43–45

1 AE HGrStG zu § 9.
2 AE HGrStG zu § 9.
3 AE HGrStG zu § 9.
4 Siehe hierzu vertiefend Bock/Lapp in Grootens, HGrStG § 3 Rz. 1 ff.
5 Siehe zur Kritik an der h. M. vertiefend Bock in Grootens, GrStG § 13 Rz. 55 f.
6 AE HGrStG zu § 9.
7 Siehe hierzu vertiefend Bock in Grootens, GrStG § 17 Rz. 36 ff.

II. Maßgebende Verhältnisse und Neuveranlagungszeitpunkt (§ 9 Abs. 2 HGrStG)

46 Nach § 9 Abs. 2 Satz 1 HGrStG werden der Neuveranlagung die **tatsächlichen Verhältnisse im Neuveranlagungszeitpunkt** zugrunde gelegt.[1] Die Vorschrift entspricht im Wesentlichen § 222 Abs. 4 Satz 2 BewG zur Neufeststellung des Grundsteuerwerts.[2]

47 Neuveranlagungszeitpunkt ist gem. § 9 Abs. 2 Satz 2 HGrStG der Beginn des Kalenderjahres, das auf das Kalenderjahr folgt, in dem die **Änderung eingetreten** oder der **Fehler** dem Finanzamt **bekannt geworden** ist.[3] Die Vorschrift entspricht § 222 Abs. 4 Satz 3 BewG zum Neufeststellungszeitpunkt des Grundsteuerwerts[4] und im Wesentlichen § 17 Abs. 3 GrStG zum Neuveranlagungszeitpunkt des Grundsteuermessbetrags im Bundesmodell.[5]

48 In § 9 Abs. 2 HGrStG wurde allerdings keine zu § 17 Abs. 3 Nr. 3 Alt. 2 GrStG[6] analoge Regelung aufgenommen. Nach § 17 Abs. 3 Nr. 3 Alt. 2 GrStG ist (bundesgesetzlich) der Neuveranlagungszeitpunkt bei Korrektur einer fehlerhaften Veranlagung bei einer Erhöhung des Steuermessbetrags frühestens der Beginn des Kalenderjahres, in dem der Steuermessbescheid erteilt wird. In Hessen ist abweichend hiervon eine fehlerbeseitigende Neuveranlagung immer auf den Beginn des Kalenderjahres durchzuführen, das auf das Kalenderjahr folgt, in dem der Fehler dem Finanzamt bekannt geworden ist, und zwar sowohl, wenn sich die Korrektur des Fehlers **zugunsten**, als auch wenn sie sich **zuungunsten** des Steuerpflichtigen auswirkt.

49 Für die Ermittlung des Faktors nach § 7 HGrStG[7] gelten bei einer Neuveranlagung des Steuermessbetrags die **Wertverhältnisse der Bodenrichtwerte im Hauptveranlagungszeitpunkt** (§ 9 Abs. 2 Satz 3 HGrStG).[8] Veränderungen des Bodenrichtwerts während des Hauptveranlagungszeitraums führen damit nicht zu einer Neuveranlagung des Grundsteuermessbetrags. Die Regelung entspricht der Zugrundelegung der wirtschaftlichen Verhältnisse im Hauptfeststellungszeitpunkt bei Fortschreibungen und Nachfeststellungen nach § 227 BewG.[9]

50 Treten die Voraussetzungen für eine Neuveranlagung im **Jahr vor einem Hauptveranlagungszeitpunkt** ein, wird die Neuveranlagung anstelle der Hauptveranlagung durchgeführt (§ 12 Abs. 2 Satz 1 HGrStG[10]). Abweichend von § 9 Abs. 2 Satz 3 HGrStG sind in diesem Fall bei der Berechnung des Faktors die **Wertverhältnisse der Bodenrichtwerte dieses Hauptveranlagungszeitpunkts** maßgebend (§ 12 Abs. 2 Satz 2 HGrStG).[11]

---

1 AE HGrStG zu § 9.
2 Siehe hierzu vertiefend Kurt in Grootens, BewG § 222 Rz. 161 ff.
3 AE HGrStG zu § 9.
4 Siehe hierzu vertiefend Kurt in Grootens, BewG § 222 Rz. 171 f.
5 Siehe hierzu vertiefend Bock in Grootens, GrStG § 17 Rz. 47 f.
6 Siehe hierzu vertiefend Bock in Grootens, GrStG § 17 Rz. 48.
7 Siehe hierzu Bock/Lapp in Grootens, HGrStG § 7 Rz. 1 ff.
8 AE HGrStG zu § 9.
9 Siehe hierzu vertiefend Kurt in Grootens, BewG § 227 Rz. 1 ff.; vgl. auch A 227 Abs. 1 und Abs. 3 Satz 2 Nr. 1 AE-BewGrSt, Koordinierte Erlasse der obersten Finanzbehörden der Länder v. 9.11.2021 - S 3017 BStBl 2021 I S. 2334 NWB JAAAI-01156.
10 Siehe hierzu vertiefend Bock/Lapp, HGrStG § 12 Rz. 36 ff.
11 Siehe hierzu vertiefend Bock/Lapp, HGrStG § 12 Rz. 36 ff.

§ 10 HGrStG Nachveranlagung (ersetzt den § 18 des Grundsteuergesetzes)

(1) Der Steuermessbetrag wird nachträglich festgesetzt (Nachveranlagung), wenn

1. eine wirtschaftliche Einheit neu entsteht oder

2. der Grund für eine vollständige Steuerbefreiung des Steuergegenstands weggefallen ist.

(2) [1]Der Nachveranlagung werden die tatsächlichen Verhältnisse im Nachveranlagungszeitpunkt zugrunde gelegt. [2]Nachveranlagungszeitpunkt ist der Beginn des Kalenderjahres, das auf das Kalenderjahr folgt, in dem die wirtschaftliche Einheit neu entstanden oder der Befreiungsgrund weggefallen ist. [3]Für die Berechnung des Faktors nach § 7 sind die Verhältnisse im Hauptveranlagungszeitpunkt maßgebend.

Inhaltsübersicht Rz.

HINWEISE:

AE HGrStG zu § 10 des Anwendungserlasses zum Hessischen Grundsteuergesetz (AE HGrStG) des Hessischen Ministeriums der Finanzen v. 30.5.2022 (G1030 A-061-II6a/10), Staatsanzeiger für das Land Hessen v. 13.6.2022, S. 651.

A. Allgemeine Erläuterungen

I. Normzweck und wirtschaftliche Bedeutung der Vorschrift

§ 10 HGrStG regelt abschließend die Fälle, in denen der **Steuermessbetrag nachträglich festgesetzt** wird (Nachveranlagung), bestimmt die für die Nachveranlagung **maßgebenden Verhältnisse** und den **Nachveranlagungszeitpunkt.** 1

(Einstweilen frei) 2–5

II. Entstehung und Entwicklung der Vorschrift

Die Vorschrift wurde im Jahr 2021 mit dem **Stammgesetz** in das HGrStG aufgenommen.[1] 6

(Einstweilen frei) 7–10

1 Hessisches Grundsteuergesetz v. 15.12.2021, Hessisches GVBl 2021 S. 906.

III. Geltungsbereich

11 § 10 HGrStG gilt für in Hessen belegene Grundstücke des Grundvermögens und nicht für land- und forstwirtschaftliches Vermögen.[1] § 10 HGrStG ist mit dem Stammgesetz gem. § 17 HGrStG **am 24.12.2021 in Kraft getreten.**[2] Aus Art. 125b Abs. 3 GG ergibt sich, dass die Gesetzgebungskompetenz den Ländern für ein vom Bundesrecht abweichendes Grundsteuerrecht erst für die Erhebung der **Grundsteuer** ab dem **Kalenderjahr 2025** zusteht. Dem trägt § 8 Abs. 2 Satz 1 HGrStG[3] Rechnung, wonach die in der Hauptveranlagung festgesetzten Steuermessbeträge frühestens vom Kalenderjahr 2025 an gelten. Die Regelungen des HGrStG und damit auch § 10 HGrStG sind daher erst für die Erhebung der **Grundsteuer** ab dem **Kalenderjahr 2025** von Bedeutung.

12–15 *(Einstweilen frei)*

IV. Vereinbarkeit der Vorschrift mit höherrangigem Recht

16 § 10 HGrStG begegnet keinen verfassungsrechtlichen Bedenken.

17–20 *(Einstweilen frei)*

V. Verhältnis zu anderen Vorschriften

21 § 10 HGrStG verdrängt als lex posterior **§ 18 GrStG,**[4] der damit in Hessen derzeit **keine Anwendung** findet.

22 Ergänzt wird die Vorschrift um die in **§ 12 HGrStG**[5] enthaltenen gemeinsamen Regelungen zu den Zeitpunkten des Wirksamwerdens und der Erteilung von Grundsteuermessbetragsbescheiden, die für die Neuveranlagung, Nachveranlagung und Aufhebung von Steuermessbeträgen gleichermaßen gelten.

23–25 *(Einstweilen frei)*

B. Systematische Kommentierung

I. Gründe für eine Nachveranlagung des Steuermessbetrags (§ 10 Abs. 1 HGrStG)

26 § 10 Abs. 1 HGrStG regelt, dass der Steuermessbetrag nachträglich festgesetzt wird, wenn eine wirtschaftliche Einheit z. B. durch Begründung von Wohnungs- oder Teileigentum oder Erschließung von Baugrundstücken **neu entsteht** (§ 10 Abs. 1 Nr. 1 HGrStG) oder der Grund für eine vollständige **Steuerbefreiung** des Steuergegenstandes **weggefallen** ist (§ 10 Abs. 1 Nr. 2 HGrStG).[6]

---

1 Vgl. hierzu Bock/Lapp in Grootens, HGrStG § 1 Rz. 11.

2 Hessisches GVBl 2021 S. 906.

3 Siehe hierzu vertiefend Bock/Lapp in Grootens, HGrStG § 8 Rz. 36.

4 Siehe hierzu vertiefend Bock in Grootens, GrStG § 18 Rz. 1 ff.

5 Siehe hierzu vertiefend Bock/Lapp in Grootens, HGrStG § 12 Rz. 1 ff.

6 AE HGrStG zu § 10.

27 Die Vorschrift greift die Regelung des **§ 223 Abs. 1 BewG** zur nachträglichen Feststellung (Nachfeststellung) des Grundsteuerwerts[1] auf und entspricht im Ergebnis **§ 18 Abs. 1 und 2 GrStG** zur Nachveranlagung des Grundsteuermessbetrags.[2]

28–30 *(Einstweilen frei)*

II. Maßgebende Verhältnisse und Nachveranlagungszeitpunkt (§ 10 Abs. 2 HGrStG)

31 Nach § 10 Abs. 2 Satz 1 HGrStG werden der Nachveranlagung die **tatsächlichen Verhältnisse im Nachveranlagungszeitpunkt** zugrunde gelegt.[3] Die Vorschrift entspricht § 223 Abs. 2 Satz 1 BewG zur Nachfeststellung des Grundsteuerwerts.[4]

32 **Nachveranlagungszeitpunkt** ist gem. § 10 Abs. 2 Satz 2 HGrStG der Beginn des Kalenderjahres, das auf das Kalenderjahr folgt, in dem die wirtschaftliche Einheit neu entstanden oder der Befreiungsgrund weggefallen ist.[5] Die Vorschrift greift die Regelung des § 223 Abs. 2 Satz 2 BewG zum Nachfeststellungszeitpunkt des Grundsteuerwerts[6] auf und entspricht im Ergebnis § 18 Abs. 3 Satz 2 GrStG zum Nachveranlagungszeitpunkt des Grundsteuermessbetrags im Bundesmodell.[7]

33 Für die Ermittlung des Faktors nach § 7 HGrStG[8] gelten bei einer Nachveranlagung des Steuermessbetrags die **Wertverhältnisse der Bodenrichtwerte im Hauptveranlagungszeitpunkt** (§ 10 Abs. 2 Satz 3 HGrStG).[9] Veränderungen des Bodenrichtwerts während des Hauptveranlagungszeitraums führen damit nicht zu einer Nachveranlagung des Grundsteuermessbetrags. Die Regelung entspricht der Zugrundelegung der wirtschaftlichen Verhältnisse im Hauptfeststellungszeitpunkt bei Fortschreibungen und Nachfeststellungen nach § 227 BewG.[10]

34 Treten die Voraussetzungen für eine Nachveranlagung im **Jahr vor einem Hauptveranlagungszeitpunkt** ein, wird die Nachveranlagung anstelle der Hauptveranlagung durchgeführt (§ 12 Abs. 2 Satz 1 HGrStG)[11]. Abweichend von § 10 Abs. 2 Satz 3 HGrStG sind in diesem Fall bei der Berechnung des Faktors die **Wertverhältnisse der Bodenrichtwerte dieses Hauptveranlagungszeitpunkts** maßgebend (§ 12 Abs. 2 Satz 2 HGrStG).[12]

1 Siehe hierzu vertiefend Kurt in Grootens, BewG § 223 Rz. 61 ff.
2 Siehe hierzu vertiefend Bock in Grootens, GrStG § 18 Rz. 20 ff.
3 AE HGrStG zu § 10.
4 Siehe hierzu vertiefend Kurt in Grootens, BewG § 223 Rz. 91 ff.
5 AE HGrStG zu § 10.
6 Siehe hierzu vertiefend Kurt in Grootens, BewG § 223 Rz. 101 ff.
7 Siehe hierzu vertiefend Bock in Grootens, GrStG § 18 Rz. 33 f.
8 Siehe hierzu Bock/Lapp in Grootens, HGrStG § 7 Rz. 1 ff.
9 AE HGrStG zu § 10.
10 Siehe hierzu vertiefend Kurt in Grootens, BewG § 227 Rz. 1 ff.; vgl. auch A 227 Abs. 1 und Abs. 3 Satz 2 Nr. 1 AE-BewGrSt, Koordinierte Erlasse der obersten Finanzbehörden der Länder v. 9.11.2021 - S 3017 BStBl 2021 I S. 2334 NWB JAAAI-01156.
11 Siehe hierzu Bock/Lapp in Grootens, HGrStG § 12 Rz. 36 ff.
12 Siehe hierzu vertiefend Bock/Lapp, HGrStG § 12 Rz. 38.

§ 11 HGrStG Aufhebung des Steuermessbetrags (ersetzt den § 20 des Grundsteuergesetzes)

(1) Der Steuermessbetrag wird aufgehoben, wenn

1. eine wirtschaftliche Einheit wegfällt oder

2. für den gesamten Steuergegenstand nach § 2 Nr. 2 Grundsteuergesetz in der am 24. Dezember 2021 geltenden Fassung ein Steuerbefreiungsgrund eintritt.

(2) Die Aufhebung erfolgt mit Wirkung vom Beginn des Kalenderjahres, das auf das Kalenderjahr folgt, in dem die wirtschaftliche Einheit weggefallen oder der Befreiungsgrund eingetreten ist.

Inhaltsübersicht **Rz.**

HINWEISE:

AE HGrStG zu § 11 des Anwendungserlasses zum Hessischen Grundsteuergesetz (AE HGrStG) des Hessischen Ministeriums der Finanzen v. 30.5.2022 (G1030 A-061-II6a/10), Staatsanzeiger für das Land Hessen v. 13.6.2022, S. 651.

A. Allgemeine Erläuterungen

I. Normzweck und wirtschaftliche Bedeutung der Vorschrift

1 § 11 HGrStG regelt abschließend die Fälle, in denen der **Steuermessbetrag aufgehoben** wird und bestimmt den maßgeblichen **Aufhebungszeitpunkt**.

2–5 *(Einstweilen frei)*

II. Entstehung und Entwicklung der Vorschrift

6 Die Vorschrift wurde im Jahr 2021 mit dem **Stammgesetz** in das HGrStG aufgenommen.[1]

7–10 *(Einstweilen frei)*

III. Geltungsbereich

11 § 11 HGrStG gilt für in Hessen belegene Grundstücke des Grundvermögens und nicht für land- und forstwirtschaftliches Vermögen.[2] § 11 HGrStG ist mit dem Stammgesetz gem. § 17

1 Hessisches Grundsteuergesetz v. 15.12.2021, Hessisches GVBl 2021 S. 906.

2 Vgl. hierzu Bock/Lapp in Grootens, HGrStG § 1 Rz. 11.

HGrStG **am 24.12.2021 in Kraft getreten.**[1] Aus Art. 125b Abs. 3 GG ergibt sich, dass die Gesetzgebungskompetenz den Ländern für ein vom Bundesrecht abweichendes Grundsteuerrecht erst für die Erhebung der **Grundsteuer** ab dem **Kalenderjahr 2025** zusteht. Dem trägt § 8 Abs. 2 Satz 1 HGrStG[2] Rechnung, wonach die in der Hauptveranlagung festgesetzten Steuermessbeträge frühestens vom Kalenderjahr 2025 an gelten. Die Regelungen des HGrStG und damit auch § 11 HGrStG sind daher erst für die Erhebung der **Grundsteuer** ab dem **Kalenderjahr 2025** von Bedeutung.

(Einstweilen frei) 12–15

IV. Vereinbarkeit der Vorschrift mit höherrangigem Recht

Die Vorschrift begegnet keinen verfassungsrechtlichen Bedenken. 16

(Einstweilen frei) 17–20

V. Verhältnis zu anderen Vorschriften

§ 11 HGrStG verdrängt als lex posterior **§ 20 GrStG,**[3] der damit in Hessen derzeit **keine Anwendung** findet. 21

Ergänzt wird die Vorschrift um die in **§ 12 HGrStG**[4] enthaltenen gemeinsamen Regelungen zu den Zeitpunkten des Wirksamwerdens und der Erteilung von Messbetragsbescheiden, die für die Neuveranlagung, Nachveranlagung und Aufhebung von Steuermessbeträgen gleichermaßen gelten. 22

(Einstweilen frei) 23–25

B. Systematische Kommentierung

I. Gründe für eine Aufhebung des Steuermessbetrags (§ 11 Abs. 1 HGrStG)

§ 11 Abs. 1 HGrStG regelt, dass der Steuermessbetrag aufgehoben wird, wenn die **wirtschaftliche Einheit wegfällt** (§ 11 Abs. 1 Nr. 1 HGrStG) oder wenn für den gesamten Steuergegenstand i. S. von § 2 Nr. 2 GrStG ein **Steuerbefreiungsgrund** eintritt (§ 11 Abs. 1 Nr. 2 HGrStG).[5] 26

Die Vorschrift greift die Regelung des § 224 Abs. 1 BewG[6] zur Aufhebung des Grundsteuerwerts auf und entspricht im Ergebnis § 20 Abs. 1 Nr. 1 GrStG i. V. mit § 224 Abs. 1 BewG und § 20 Abs. 1 Nr. 2 Buchst. a GrStG zur Aufhebung des Grundsteuermessbetrags.[7] Die Aufhebung des Steuermessbetrags, wenn dieser **fehlerhaft festgesetzt** worden ist (§ 20 Abs. 1 Nr. 2 Buchst. b GrStG), wird von der Regelung **nicht aufgegriffen.**[8] Da § 20 GrStG von § 11 HGrStG vollständig verdrängt wird, kann der Steuermessbetrag bei einer fehlerhaften Festsetzung nicht nach § 11 Abs. 1 HGrStG aufgehoben werden, sondern nur nach § 9 Abs. 1 Nr. 2 HGrStG[9] 27

1 Hessisches GVBl 2021 S. 906.
2 Siehe hierzu vertiefend Bock/Lapp in Grootens, HGrStG § 8 Rz. 36.
3 Siehe hierzu Bock in Grootens, GrStG § 20 Rz. 1 ff.
4 Siehe hierzu vertiefend Bock/Lapp in Grootens, HGrStG § 12 Rz. 1 ff.
5 Siehe auch AE HGrStG zu § 11.
6 Siehe hierzu vertiefend Kurt in Grootens, BewG § 224 Rz. 61 ff.
7 Siehe hierzu vertiefend Bock in Grootens, GrStG § 20 Rz. 20 ff.
8 So auch AE HGrStG zu § 11, allerdings unter fälschlicher Inbezugnahme von § 155 Abs. 1 Satz 3 AO.
9 Siehe hierzu vertiefend Bock/Lapp in Grootens, HGrStG § 9 Rz. 41.

neu veranlagt werden.[1] Wenn bei einer fehlerhaften Festsetzung richtigerweise kein Steuermessbetrag festzusetzen wäre, beispielsweise bei einer übersehenen Steuerbefreiung, dürfte eine Neuveranlagung auf 0 € nach § 4 Abs. 2 Satz 2 HGrStG unzulässig sein. Ist eine Aufhebung des Steuermessbetrags nach der AO wegen Ablaufs der Festsetzungsfrist nicht zulässig, ist fraglich, ob dann eine Aufhebung nach § 11 HGrStG analog zum Aufhebungszeitpunkt in Frage kommt.

28–30 *(Einstweilen frei)*

II. Aufhebungszeitpunkt (§ 11 Abs. 2 HGrStG)

31 § 11 Abs. 2 HGrStG bestimmt den **Zeitpunkt**, auf welchen eine **Aufhebung** des Steuermessbetrags vorzunehmen ist. Die Aufhebung erfolgt demnach mit Wirkung vom 1.1. des Kalenderjahres, das dem Kalenderjahr folgt, in dem die wirtschaftliche Einheit weggefallen oder der Befreiungsgrund eingetreten ist.

32 Die Vorschrift greift die **bundesgesetzliche Regelung** des § 224 Abs. 2 BewG[2] zum Aufhebungszeitpunkt des Grundsteuerwerts auf und entspricht im Ergebnis § 20 Abs. 2 Nr. 1 GrStG i.V. mit § 224 Abs. 2 BewG und § 20 Abs. 2 Nr. 2 GrStG.[3] Da § 11 HGrStG die Aufhebung des Steuermessbetrags bei einer fehlerhaften Festsetzung nicht umfasst (siehe bereits → Rz. 27), werden in § 11 Abs. 2 HGrStG folgerichtig keine zu § 20 Abs. 2 Nr. 3 GrStG analogen Ausführungen zum Aufhebungszeitpunkt in diesen Fällen getroffen.

§ 12 HGrStG Gemeinsame Vorschriften zur Neuveranlagung, Nachveranlagung und Aufhebung des Steuermessbetrags (ersetzt die §§ 17 Abs. 4, 18 Abs. 4, 20 Abs. 3 und 21 des Grundsteuergesetzes)

(1) Treten die Voraussetzungen für eine Neuveranlagung, Nachveranlagung oder Aufhebung des Steuermessbetrags während des Zeitraums zwischen dem ersten Hauptveranlagungszeitpunkt nach § 8 Abs. 1 Satz 2, dem 1. Januar 2022, und dem frühesten Zeitpunkt des Wirksamwerdens der Steuermessbeträge nach § 8 Abs. 2, dem 1. Januar 2025, ein, werden die Neuveranlagung, Nachveranlagung oder Aufhebung des Steuermessbetrags auf den Zeitpunkt des Wirksamwerdens der Steuermessbeträge vorgenommen.

(2) [1]Sind zu einem nachfolgenden Hauptveranlagungszeitpunkt nach § 8 Abs. 1 Satz 2 tatsächliche Verhältnisse zu berücksichtigen, welche die Voraussetzungen einer Neuveranlagung, Nachveranlagung oder Aufhebung des Steuermessbetrags erfüllen, ist für den Steuermessbetrag eine Neuveranlagung, Nachveranlagung oder Aufhebung anstelle der Hauptveranlagung durchzuführen. [2]Für die Berechnung des Faktors nach § 7 sind dabei die Verhältnisse in diesem Hauptveranlagungszeitpunkt maßgebend.

(3) [1]Bescheide über die Neuveranlagung, Nachveranlagung oder Aufhebung von Steuermessbeträgen können schon vor dem maßgebenden Veranlagungszeitpunkt erteilt werden. [2]Sie sind zu ändern oder aufzuheben, wenn sich bis zu diesem Zeitpunkt Änderungen ergeben, die zu einer abweichenden Festsetzung führen.

---

1 So auch AE HGrStG zu § 11, allerdings unter fälschlicher Inbezugnahme von § 155 Abs. 1 Satz 3 AO.

2 Siehe hierzu vertiefend Kurt in Grootens, BewG § 224 Rz. 91 ff.

3 Siehe hierzu vertiefend Bock in Grootens, GrStG § 20 Rz. 26 ff.

(4) Ist die Festsetzungsfrist nach § 169 der Abgabenordnung bereits abgelaufen, können die Neuveranlagung, Nachveranlagung oder Aufhebung unter Zugrundelegung der Verhältnisse vom Hauptveranlagungszeitpunkt mit Wirkung für einen späteren Veranlagungszeitpunkt vorgenommen werden, für den diese Frist noch nicht abgelaufen ist.

Inhaltsübersicht **Rz.**

HINWEISE:

AE HGrStG zu § 12 des Anwendungserlasses zum Hessischen Grundsteuergesetz (AE HGrStG) des Hessischen Ministeriums der Finanzen v. 30.5.2022 (G1030 A-061-II6a/10), Staatsanzeiger für das Land Hessen v. 13.6.2022, S. 651.

A. Allgemeine Erläuterungen

I. Normzweck und wirtschaftliche Bedeutung der Vorschrift

§ 12 HGrStG enthält **gemeinsame Regelungen** zu den Zeitpunkten des Wirksamwerdens und der Erteilung von Messbetragsbescheiden für die **Neuveranlagung, Nachveranlagung** und **Aufhebung** von Steuermessbeträgen.[1] Vorschriften, die für die Neuveranlagung, Nachveranlagung und Aufhebung von Steuermessbeträgen gleichermaßen gelten, werden unter § 12 HGrStG zusammengefasst und eine wort- und inhaltsgleiche Wiederholung bei den jeweiligen Einzelvorschriften vermieden. 1

(Einstweilen frei) 2–5

II. Entstehung und Entwicklung der Vorschrift

Die Vorschrift wurde im Jahr 2021 mit dem **Stammgesetz** in das HGrStG aufgenommen.[2] 6

(Einstweilen frei) 7–10

1 AE HGrStG zu § 12 vor Abs. 1–4; siehe auch Hessische LT-Drucks. 20/6379 S. 22.

2 Hessisches Grundsteuergesetz v. 15.12.2021, Hessisches GVBl Nr. 55 /2021 S. 906.

III. Geltungsbereich

11 § 12 HGrStG gilt für in Hessen belegene Grundstücke des Grundvermögens und nicht für land- und forstwirtschaftliches Vermögen.[1] § 12 HGrStG ist mit dem Stammgesetz gem. § 17 HGrStG **am 24.12.2021 in Kraft getreten.**[2] Aus Art. 125b Abs. 3 GG ergibt sich, dass die Gesetzgebungskompetenz den Ländern für ein vom Bundesrecht abweichendes Grundsteuerrecht erst für die Erhebung der **Grundsteuer** ab dem **Kalenderjahr 2025** zusteht. Dem trägt § 8 Abs. 2 Satz 1 HGrStG[3] Rechnung, wonach die in der Hauptveranlagung festgesetzten Steuermessbeträge frühestens vom Kalenderjahr 2025 an gelten. Die Regelungen des HGrStG und damit auch § 12 HGrStG sind daher erst für die Erhebung der **Grundsteuer** ab dem **Kalenderjahr 2025** von Bedeutung.

12–15 *(Einstweilen frei)*

IV. Vereinbarkeit der Vorschrift mit höherrangigem Recht

16 § 12 HGrStG begegnet keinen verfassungsrechtlichen Bedenken.

17–20 *(Einstweilen frei)*

V. Verhältnis zu anderen Vorschriften

21 § 12 HGrStG verdrängt als lex posterior die **§§ 17 Abs. 4,**[4] **18 Abs. 4,**[5] **20 Abs. 3**[6] **und 21 GrStG,**[7] die damit in Hessen derzeit **keine Anwendung** finden.

22 Die Vorschrift **ergänzt** die Regelungen zur Neuveranlagung **(§ 9 HGrStG)**[8], Nachveranlagung **(§ 10 HGrStG)**[9] und Aufhebung **(§ 11 HGrStG)**[10] des Grundsteuermessbetrags. § 12 Abs. 1 HGrStG nimmt den Hauptveranlagungszeitpunkt nach **§ 8 Abs. 1 HGrStG**[11] und den Zeitpunkt des Wirksamwerdens der Steuermessbeträge nach **§ 8 Abs. 2 HGrStG**[12] in Bezug. § 12 Abs. 2 HGrStG verdrängt in den Fällen, in denen anstelle der Hauptveranlagung eine Neuveranlagung, Nachveranlagung oder Aufhebung des Steuermessbetrags vorzunehmen ist, insoweit **§ 8 Abs. 1 HGrStG**[13]. § 12 Abs. 4 HGrStG regelt für den Fall, dass die Festsetzungsfrist nach **§ 169 AO** bereits abgelaufen ist, dass die Neuveranlagung, Nachveranlagung oder Aufhebung unter Zugrundelegung der Verhältnisse vom Hauptveranlagungszeitpunkt mit Wirkung für einen späteren Veranlagungszeitpunkt vorgenommen werden können, für den die Festsetzungsfrist noch nicht abgelaufen ist. Die Regelung entspricht der Regelung zur Nachholung der Hauptveranlagung nach **§ 16 Abs. 3 GrStG.**[14]

23–25 *(Einstweilen frei)*

---

1 Vgl. hierzu Bock/Lapp in Grootens, HGrStG § 1 Rz. 11.
2 Hessisches GVBl Nr. 55 /2021 S. 906.
3 Siehe hierzu vertiefend Bock/Lapp in Grootens, HGrStG § 8 Rz. 36.
4 Siehe hierzu vertiefend Bock in Grootens, GrStG § 17 Rz. 53 f.
5 Siehe hierzu vertiefend Bock in Grootens, GrStG § 18 Rz. 39 f.
6 Siehe hierzu vertiefend Bock in Grootens, GrStG § 20 Rz. 32 f.
7 Siehe hierzu vertiefend Bock in Grootens, GrStG § 21 Rz. 1 ff.
8 Siehe hierzu vertiefend Bock/Lapp in Grootens, HGrStG § 9 Rz. 1 ff.
9 Siehe hierzu vertiefend Bock/Lapp in Grootens, HGrStG § 10 Rz. 1 ff.
10 Siehe hierzu vertiefend Bock/Lapp in Grootens, HGrStG § 11 Rz. 1 ff.
11 Siehe hierzu vertiefend Bock/Lapp in Grootens, HGrStG § 8 Rz. 26 ff.
12 Siehe hierzu vertiefend Bock/Lapp in Grootens, HGrStG § 8 Rz. 36 ff.
13 Siehe hierzu vertiefend Bock/Lapp in Grootens, HGrStG § 8 Rz. 26 ff.
14 Siehe hierzu vertiefend Bock in Grootens, GrStG § 16 Rz. 40 f.

B. Systematische Kommentierung

I. Änderungen vor Wirksamwerden des Steuermessbetrags (§ 12 Abs. 1 HGrStG)

§ 12 Abs. 1 HGrStG bestimmt, dass eine Neuveranlagung, Nachveranlagung oder Aufhebung des Steuermessbetrags auf den Zeitpunkt des Wirksamwerdens der Steuermessbeträge vorgenommen wird, wenn die Voraussetzungen hierfür **zwischen** dem ersten Hauptveranlagungszeitpunkt (**1.1.2022**) und dem frühesten Zeitpunkt des Wirksamwerdens der Steuermessbeträge (**1.1.2025**) eintreten. Die Vorschrift entspricht den Regelungen in §§ 17 Abs. 4,[1] 18 Abs. 4,[2] 20 Abs. 3[3] GrStG und verhindert, dass eine Neuveranlagung, Nachveranlagung oder Aufhebung auf einen Zeitpunkt vorgenommen wird, der vor dem Wirksamwerden der Steuermessbeträge der Hauptveranlagung liegt. Für Zeiträume vor dem Wirksamwerden der Steuermessbeträge haben diese ohnehin keine Relevanz für die nach landesgesetzlichen Regelungen erhobene Grundsteuer (siehe bereits → Rz. 11).[4] Erforderliche Fortschreibungen der noch bis 31.12.2024 für die Grundsteuer maßgeblichen **Einheitswertfeststellungen** bleiben hierdurch **unberührt.**[5] 26

§ 12 Abs. 1 HGrStG erfasst in zeitlicher Hinsicht den Zeitraum zwischen dem ersten Hauptveranlagungszeitpunkt (1.1.2022) und dem frühesten Zeitpunkt des Wirksamwerdens der Steuermessbeträge (1.1.2025). Die Vorschrift findet damit keine Anwendung, wenn die Voraussetzungen für eine Neuveranlagung, Nachveranlagung oder Aufhebung nach dem 1.1.2025 eintreten. In diesen Fällen ist eine Neuveranlagung (§ 9 HGrStG),[6] Nachveranlagung (§ 10 HGrStG)[7] oder Aufhebung (§ 11 HGrStG)[8] nach den allgemeinen Grundsätzen vorzunehmen. **Seit dem 1.1.2025** hat § 12 Abs. 1 HGrStG daher **keine Anwendungsfälle** mehr. 27

BEISPIEL: Abriss eines Gebäudes am 1.7.2023. 28

LÖSUNG: Auf den 1.1.2022 wird im Rahmen der Hauptveranlagung der Grundsteuermessbetrag für das mit dem Gebäude bebaute Grundstück festgesetzt (§ 8 Abs. 1 Satz 1 HGrStG[9]). Der festgesetzte Grundsteuermessbetrag gilt gem. § 8 Abs. 2 Satz 1 Alt. 2 HGrStG[10] frühestens vom Kalenderjahr 2025 an. Durch den Abriss des Gebäudes ändern sich die tatsächlichen Verhältnisse, die sich auf die Höhe des Grundsteuermessbetrags auswirken, sodass gem. § 9 Abs. 1 Nr. 1 HGrStG[11] eine Neuveranlagung durchzuführen ist. Da der Abriss zwischen dem Hauptveranlagungszeitpunkt 1.1.2022 und dem Zeitpunkt des Wirksamwerdens des Grundsteuermessbetrags 1.1.2025 eintritt, ist die Neuveranlagung abweichend von § 9 Abs. 2 Satz 2 HGrStG[12] nicht auf den Beginn des der Änderung folgenden Kalenderjahres (hier: 1.1.2024), sondern auf den Zeitpunkt des Wirksamwerdens des Grundsteuermessbetrags 1.1.2025 vorzunehmen (§12 Abs. 1 HGrStG). Werden die Wertfortschreibungsgrenzen überschritten, ist nach dem bisher geltenden Recht auf den 1.1.2024 eine Wertfortschreibung des Einheitswerts (§ 22

1 Siehe hierzu vertiefend Bock in Grootens, GrStG § 17 Rz. 53 f.
2 Siehe hierzu vertiefend Bock in Grootens, GrStG § 18 Rz. 39 f.
3 Siehe hierzu vertiefend Bock in Grootens, GrStG § 20 Rz. 32 f.
4 Siehe auch AE HGrStG zu § 12 Abs. 1.
5 AE HGrStG zu § 12 Abs. 1; siehe auch Hessische LT-Drucks. 20/6379 S. 22.
6 Siehe hierzu vertiefend Bock/Lapp in Grootens, HGrStG § 9 Rz. 26 ff.
7 Siehe hierzu vertiefend Bock/Lapp in Grootens, HGrStG § 10 Rz. 26 ff.
8 Siehe hierzu vertiefend Bock/Lapp in Grootens, HGrStG § 11 Rz. 26 ff.
9 Siehe hierzu vertiefend Bock/Lapp in Grootens, HGrStG § 8 Rz. 26 ff.
10 Siehe hierzu vertiefend Bock/Lapp in Grootens, HGrStG § 8 Rz. 36 f.
11 Siehe hierzu vertiefend Bock/Lapp in Grootens, HGrStG § 9 Rz. 27 ff.
12 Siehe hierzu vertiefend Bock/Lapp in Grootens, HGrStG § 9 Rz. 47 ff.

Abs. 1 und Abs. 4 Satz 3 Nr. 1 BewG a. F. i.V. mit § 266 Abs. 4 Satz 3 BewG) und eine Neuveranlagung des Grundsteuermessbetrags (§ 17 Abs. 1 und Abs. 3 Satz 2 Nr. 1 GrStG i.V. mit § 37 Abs. 2 GrStG) durchzuführen.

29–35 *(Einstweilen frei)*

II. Ersatz der Hauptveranlagung (§ 12 Abs. 2 HGrStG)

36 Sind zu einem nachfolgenden Hauptveranlagungszeitpunkt nach § 8 Abs. 1 Satz 2 HGrStG[1] tatsächliche Verhältnisse zu berücksichtigen, welche die Voraussetzungen einer Neuveranlagung, Nachveranlagung oder Aufhebung des Steuermessbetrags erfüllen, ist für den Steuermessbetrag gem. § 12 Abs. 2 Satz 1 HGrStG eine **Neuveranlagung, Nachveranlagung oder Aufhebung anstelle der Hauptveranlagung** durchzuführen. § 8 Abs. 1 HGrStG wird insoweit von § 12 Abs. 2 Satz 1 HGrStG verdrängt. Für die Berechnung des Faktors nach § 7 HGrStG[2] sind in einem solchen Fall gem. § 12 Abs. 2 Satz 2 HGrStG die Verhältnisse in diesem Hauptveranlagungszeitpunkt maßgebend.

37 Die Vorschrift regelt Fälle, in denen tatsächliche **Veränderungen** am Grundstück **auf einen nachfolgenden Hauptveranlagungszeitpunkt** (z. B. 1.1.2036) zu berücksichtigen sind.[3] Ohne die Regelung in § 12 Abs. 2 HGrStG wäre in einem solchen Fall nach den allgemeinen Grundsätzen eine Neuveranlagung, Nachveranlagung oder Aufhebung auf den 1.1.2036 vorzunehmen, wobei für die Berechnung des Faktors (§ 7 HGrStG[4]) die Verhältnisse im Hauptveranlagungszeitpunkt (1.1.2022) maßgebend wären. Ebenfalls auf den 1.1.2036 würde sodann eine Hauptveranlagung des Steuermessbetrags durchgeführt werden (§ 8 Abs. 1 HGrStG[5]), wobei insbesondere für die Berechnung des Faktors (§ 7 HGrStG) die Verhältnisse in diesem Hauptveranlagungszeitpunkt (1.1.2036) maßgebend wären. Der im Rahmen der Hauptveranlagung festgesetzte Steuermessbetrag würde ab 1.1.2037 gelten (§ 8 Abs. 2 Satz 1 HGrStG).

38 § 12 Abs. 2 HGrStG bewirkt, dass sich z. B. ein im Jahr 2035 errichtetes Gebäude bereits ab dem Jahr 2036 – und nicht erst ab dem Jahr 2037 – mit den dann aktuellen tatsächlichen Verhältnissen in der Grundsteuer niederschlägt. Bei der Ermittlung des Faktors (§ 7 HGrStG) sind die **Bodenrichtwertverhältnisse im Hauptveranlagungszeitpunkt** 1.1.2036 zu berücksichtigen (§ 12 Abs. 2 Satz 2 HGrStG).[6] Demnach kommen diese bereits für die Grundsteuerfestsetzung des Jahres 2036 (und nicht erst ab 2037) zur Anwendung. Die bei einer Hauptveranlagung vorgesehene einjährige Aufschubzeit zur Anwendung der neuen Messbeträge (§ 8 Abs. 2 Satz 1 HGrStG) kommt nicht zur Anwendung.[7]

39 Dem hessischen Gesetzgeber war bewusst, dass diese verfahrensrechtliche Besonderheit für das Kalenderjahr der Hauptveranlagung – je nach Entwicklung des konkreten Bodenrichtwertes zum durchschnittlichen Bodenrichtwert – sowohl zu einer **temporären Besserstellung** als auch zu einer **temporären Schlechterstellung** gegenüber einer – erst ein Jahr später Wirkung entfaltenden – Hauptveranlagung führen kann. Er hat die Abweichungen jedoch als geringfügig angesehen und diese im Hinblick auf das Ziel einer **Verwaltungsvereinfachung** hin-

1 Siehe hierzu Bock/Lapp in Grootens, HGrStG § 8 Rz. 26 ff.
2 Siehe hierzu Bock/Lapp in Grootens, HGrStG § 7 Rz. 1 ff.
3 AE HGrStG zu § 12 Abs. 2; siehe auch Hessische LT-Drucks. 20/6379 S. 22.
4 Siehe hierzu Bock/Lapp in Grootens, HGrStG § 7 Rz. 1 ff.
5 Siehe hierzu Bock/Lapp in Grootens, HGrStG § 8 Rz. 26 ff.
6 Vgl. auch AE HGrStG zu § 12 Abs. 2.
7 AE HGrStG zu § 12 Abs. 2; siehe auch Hessische LT-Drucks. 20/6379 S. 23.

genommen.[1] Nach Auffassung der hessischen Finanzverwaltung geschieht dies im Interesse der zutreffenden Berücksichtigung der aktuellen tatsächlichen Verhältnisse.[2]

(Einstweilen frei) 40–45

III. Erlass der Bescheide vor dem maßgebenden Veranlagungszeitpunkt (§ 12 Abs. 3 HGrStG)

Nach § 12 Abs. 3 Satz 1 HGrStG können **Bescheide** über die Neuveranlagung, Nachveranlagung oder Aufhebung von Steuermessbeträgen schon **vor dem maßgebenden Veranlagungszeitpunkt** erteilt werden.[3] Sie sind gem. § 12 Abs. 3 Satz 2 HGrStG zu ändern oder aufzuheben, wenn sich bis zu diesem Zeitpunkt Änderungen ergeben, die zu einer abweichenden Festsetzung führen. 46

Die Vorschrift entspricht im Wesentlichen § 21 GrStG[4] und soll der **Verfahrensökonomie** dienen.[5] Abweichend von § 21 Satz 1 GrStG erfasst § 12 Abs. 3 Satz 1 HGrStG auch Aufhebungen, die demzufolge schon vor dem maßgebenden Aufhebungszeitpunkt erteilt werden können. Wird z. B. aufgrund einer Steuerbefreiung ein Aufhebungsbescheid vor dem maßgebenden Aufhebungszeitpunkt erlassen und entfallen die Voraussetzungen für die Steuerbefreiung noch vor dem Aufhebungszeitpunkt, ist der Aufhebungsbescheid nach § 12 Abs. 3 Satz 2 HGrStG seinerseits aufzuheben. Nach den bundesgesetzlichen Regelungen würde in einem solchen Fall eine Nachfeststellung des Grundsteuerwerts (§ 223 Abs. 1 BewG[6]) und eine Nachveranlagung des Grundsteuermessbetrags (§ 18 Abs. 1 GrStG[7]) durchgeführt werden. 47

(Einstweilen frei) 48–50

IV. Abgelaufene Festsetzungsfrist (§ 12 Abs. 4 HGrStG)

Ist die **Festsetzungsfrist** nach § 169 AO bereits **abgelaufen**, ermöglicht § 12 Abs. 4 HGrStG, die Neuveranlagung, Nachveranlagung oder Aufhebung von Steuermessbeträgen unter Zugrundelegung der **Verhältnisse vom Hauptveranlagungszeitpunkt** mit Wirkung für einen späteren Veranlagungszeitpunkt vorzunehmen, für den diese Frist noch nicht abgelaufen ist.[8] 51

Die Vorschrift greift den mit **§ 16 Abs. 3 GrStG** verfolgten Gedanken der Nachholung einer Hauptveranlagung[9] auf, der für Neuveranlagungen, Nachveranlagungen und Aufhebungen gleichfalls Anwendung finden soll. Die Erforderlichkeit einer solchen Regelung kann bezweifelt werden. Folgerichtig hätte jedenfalls auf die Wertverhältnisse im Hauptveranlagungszeitpunkt und die tatsächlichen Verhältnisse im Nachfestsetzungs-, Neufestsetzungs- bzw. Aufhebungszeitpunkt abgestellt werden müssen. 52

1 Hessische LT-Drucks. 20/6379 S. 23.
2 AE HGrStG zu § 12 Abs. 2.
3 Siehe auch AE HGrStG zu § 12 Abs. 3.
4 Siehe vertiefend hierzu Bock in Grootens, GrStG § 21 Rz. 18 ff.
5 Hessische LT-Drucks. 20/6379 S. 23.
6 Siehe hierzu vertiefend Kurt in Grootens, BewG § 222 Rz. 71 ff.
7 Siehe hierzu vertiefend Bock in Grootens, GrStG § 18 Rz. 20 ff.
8 Siehe auch AE HGrStG zu § 12 Abs. 4.
9 Siehe hierzu vertiefend Bock in Grootens, GrStG § 16 Rz. 40 f.

§ 13 HGrStG Hebesatz für baureife Grundstücke (ersetzt den § 25 Abs. 5 des Grundsteuergesetzes)

(1) [1]Die Gemeinde kann aus städtebaulichen Gründen baureife Grundstücke als besondere Grundstücksgruppe innerhalb der unbebauten Grundstücke im Sinne des § 246 des Bewertungsgesetzes in der am 24. Dezember 2021 geltenden Fassung bestimmen und hierfür einen gesonderten Hebesatz festsetzen oder mehrere, nach der Dauer der Baureife der Grundstücke abgestufte, gesonderte Hebesätze festsetzen. [2]Für die Dauer der Baureife bleiben Zeiträume vor dem 24. Dezember 2021 unberücksichtigt.

(2) Als städtebauliche Gründe im Sinne des Abs. 1 Satz 1 kommen insbesondere die Deckung eines erhöhten Bedarfs an Wohn- und Arbeitsstätten sowie Gemeinbedarfs- und Folgeeinrichtungen, die Nachverdichtung bestehender Siedlungsstrukturen oder die Stärkung der Innenentwicklung in Betracht.

(3) [1]Baureife Grundstücke im Sinne des Abs. 1 Satz 1 sind unbebaute Grundstücke nach § 246 des Bewertungsgesetzes in der am 24. Dezember 2021 geltenden Fassung, die nach Lage, Form und Größe und ihrem sonstigen tatsächlichen Zustand sowie nach öffentlich-rechtlichen Vorschriften sofort bebaut werden könnten. [2]Eine erforderliche, aber noch nicht erteilte Baugenehmigung sowie zivilrechtliche Gründe, die einer sofortigen Bebauung entgegenstehen, sind unbeachtlich.

(4) [1]Die Gemeinde hat den gesonderten Hebesatz oder die gesonderten Hebesätze nach Abs. 1 Satz 1 auf einen bestimmten Gemeindeteil zu beschränken, wenn nur für diesen Gemeindeteil die städtebaulichen Gründe vorliegen. [2]Der Gemeindeteil muss mindestens 10 Prozent der Siedlungsfläche des Gemeindegebiets nach der Gemeindestatistik des Hessischen Statistischen Landesamtes umfassen und in ihm müssen mehrere baureife Grundstücke belegen sein.

(5) [1]Die genaue Bezeichnung der baureifen Grundstücke, deren Lage sowie das Gemeindegebiet, auf das sich der gesonderte Hebesatz oder die gesonderten Hebesätze beziehen, sind jeweils nach den Verhältnissen zu Beginn eines Kalenderjahres von der Gemeinde zu bestimmen, in einer Karte nachzuweisen und öffentlich bekannt zu geben. [2]Die städtebaulichen Erwägungen sind nachvollziehbar darzulegen und die Wahl des Gemeindegebiets, auf das sich der gesonderte Hebesatz oder die gesonderten Hebesätze beziehen sollen, ist zu begründen.

(6) [1]Der gesonderte Hebesatz oder die gesonderten Hebesätze nach Abs. 1 Satz 1 müssen höher sein als der einheitliche Hebesatz für die übrigen in der Gemeinde liegenden Grundstücke, dürfen jedoch das Fünffache des einheitlichen Hebesatzes nicht überschreiten. [2]Die Gemeinde kann eine Karenzzeit bestimmen, innerhalb der ein gesonderter Hebesatz nach Abs. 1 Satz 1 noch nicht gilt, sondern stattdessen der einheitliche Hebesatz für die übrigen in der Gemeinde liegenden Grundstücke.

Inhaltsübersicht **Rz.**

HINWEISE:

AE HGrStG zu § 13 des Anwendungserlasses zum Hessischen Grundsteuergesetz (AE HGrStG) des Hessischen Ministeriums der Finanzen v. 30.5.2022 G1030 A-061-II6a/10, Staatsanzeiger für das Land Hessen v. 13.6.2022 S. 651 f.

A. Allgemeine Erläuterungen

I. Normzweck und wirtschaftliche Bedeutung der Vorschrift

1 Mit § 13 HGrStG, der die bundesgesetzliche Regelung des § 25 Abs. 5 GrStG ersetzt, wird die sog. **Grundsteuer C** für baureife Grundstücke in Anlehnung an die Vorschriften des Bundes mit **größerem Entscheidungsspielraum** für die Kommunen in Hessen **landesgesetzlich geregelt.**[1]

2–5 *(Einstweilen frei)*

II. Entstehung und Entwicklung der Vorschrift

6 Die Vorschrift wurde im Jahr 2021 mit dem **Stammgesetz** in das HGrStG aufgenommen.[2]

7 Die Einführung der sog. Grundsteuer C war im politischen Gesetzgebungsverfahren **nicht unumstritten**. Im Rahmen der Anhörung zum Entwurf des HGrStG haben sich mehrere Verbände gegen deren Einführung ausgesprochen. Wie die frühere Grundsteuer C der 1960er-Jahre würde sie ihre Lenkungswirkung verfehlen, Unternehmen bestrafen, die Flächen für Investitionen bereithielten, finanzschwache Eigentümer stärker treffen, Bodenspekulationen eher befeuern als bekämpfen und das Konfliktpotenzial erhöhen.[3] Insbesondere die hessische FDP lehnte die Einführung der Grundsteuer C ab. Der von ihr vorgelegte Gesetzentwurf zur Einführung eines Flächenmodells sah die Möglichkeit der Erhebung eines erhöhten Hebesatzes für baureife, unbebaute Grundstücke ausdrücklich nicht vor, fand jedoch im hessischen Landtag keine Mehrheit.[4]

8–10 *(Einstweilen frei)*

III. Geltungsbereich

11 § 13 HGrStG gilt für in Hessen belegene Grundstücke des Grundvermögens und nicht für land- und forstwirtschaftliches Vermögen.[5] § 13 HGrStG ist mit dem Stammgesetz gem. § 17 HGrStG **am 24.12.2021 in Kraft getreten.**[6] Aus Art. 125b Abs. 3 GG ergibt sich, dass die Gesetzgebungskompetenz den Ländern für ein vom Bundesrecht abweichendes Grundsteuerrecht erst für die Erhebung der **Grundsteuer** ab dem **Kalenderjahr 2025** zusteht. Dem trägt § 8 Abs. 2

1 Hessische LT-Drucks. 20/6379 S. 2.

2 Hessisches Grundsteuergesetz v. 15.12.2021, Hessisches GVBl 2021 S. 906.

3 Vgl. die eingegangenen Stellungnahmen zu der öffentlichen mündlichen Anhörung des Haushaltsausschusses, Ausschussvorlage HHA 20/44: Hessischer Industrie- und Handelskammertag, Ausschussvorlage HHA 20/24 S. 29 f. und 36 f.; Haus und Grund Hessen/Haus und Grund Frankfurt am Main, Ausschussvorlage HHA 20/24 S. 41 f.; Verband Wohneigentum Hessen, Ausschussvorlage HHA 20/24 S. 44; Vereinigung der Hessischen Unternehmerverbände, Ausschussvorlage HHA 20/24 S. 49 u. 52; ZIA Zentraler Immobilien Ausschuss e.V., Ausschussvorlage HHA 20/24 S. 58, 60, 69; Die FAMILIENUNTERNEHMER, Ausschussvorlage HHA 20/24 S. 76 f.

4 Hessische LT-Drucks. Plenarprotokoll 20/92 S. 7528.

5 Vgl. hierzu Bock/Lapp in Grootens, HGrStG § 1 Rz. 11.

6 Hessisches GVBl 2021 S. 906.

Satz 1 HGrStG[1] Rechnung, wonach die in der Hauptveranlagung festgesetzten Steuermessbeträge frühestens vom Kalenderjahr 2025 an gelten. Die Regelungen des HGrStG und damit auch § 13 HGrStG sind daher erst für die Erhebung der **Grundsteuer** ab dem **Kalenderjahr 2025** von Bedeutung.

12–15 *(Einstweilen frei)*

IV. Vereinbarkeit der Vorschrift mit höherrangigem Recht

16 Die Vorschrift begegnet **keinen durchgreifenden verfassungsrechtlichen Bedenken.** Insbesondere bleibt das sich aus Art. 28 Abs. 2 Satz 3 GG ergebende kommunale Hebesatzrecht von § 13 HGrStG unberührt und wird im Vergleich zur bundesgesetzlichen Regelung sogar erweitert. Die tatsächliche Höhe der Steuerbelastung wird in Hessen auch weiterhin durch den kommunalen Hebesatz bestimmt. Da die Gemeinde zur Festsetzung des gesonderten Hebesatzes besondere Grundstücksgruppen bilden muss (§ 13 Abs. 1 Satz 1 HGrStG, siehe hierzu Rz. → 29), ist eine verfassungsrechtlich bedenkliche gesonderte (höhere) Besteuerung eines einzelnen Grundstücks (sog. „Strafsteuer") ausgeschlossen.

17–20 *(Einstweilen frei)*

V. Verhältnis zu anderen Vorschriften

21 § 13 HGrStG verdrängt als lex posterior **§ 25 Abs. 5 GrStG,**[2] der damit in Hessen derzeit **keine Anwendung** findet.

22–25 *(Einstweilen frei)*

B. Systematische Kommentierung

I. Landesgesetzliche Regelung der sog. Grundsteuer C (§ 13 Abs. 1 HGrStG)

26 § 13 Abs. 1 Satz 1 **Alt. 1** HGrStG ermöglicht den Gemeinden aus städtebaulichen Gründen baureife Grundstücke als besondere Grundstücksgruppe innerhalb der unbebauten Grundstücke im Sine des § 246 BewG[3] zu bestimmen und hierfür einen oder mehrere gesonderte Hebesätze festzusetzen.[4] Bemessungsgrundlage ist der für die Gemeinde insoweit verbindlich festgesetzte Steuermessbetrag.[5] Die Norm **entspricht** im Wesentlichen **der bundesgesetzlichen Regelung** in § 25 Abs. 5 GrStG (sog. Grundsteuer C), sodass ergänzend auf die dortige Kommentierung verwiesen wird.[6]

27 § 13 Abs. 1 Satz 1 **Alt. 2** HGrStG soll den Gemeinden einen größeren Entscheidungsspielraum bei der Festsetzung des gesonderten Hebesatzes bieten.[7] Die Vorschrift ermöglicht den Gemeinden abweichend von der bundesgesetzlichen Regelung **mehrere** nach der Dauer der Baureife **abgestufte gesonderte Hebesätze** festzusetzen. Welches Grundstück als baureifes Grundstück im Sinne der Vorschrift gilt, richtet sich nach § 13 Abs. 3 HGrStG (siehe hierzu → Rz. 41).

1 Siehe hierzu vertiefend Bock/Lapp in Grootens, HGrStG § 8 Rz. 36.
2 Siehe hierzu vertiefend Grootens in Grootens, GrStG § 25 Rz. 121 ff.
3 Siehe hierzu Bock in Grootens, BewG § 246 Rz. 17.
4 Siehe auch AE HGrStG zu § 13.
5 AE HGrStG zu § 13.
6 Siehe hierzu vertiefend Grootens in Grootens, GrStG § 25 Rz. 121 ff.
7 Hessische LT-Drucks. 20/6379 S. 2.

Zeiträume vor Inkrafttreten des HGrStG am 24.12.2021 bleiben für die Ermittlung der Dauer der Baureife unberücksichtigt (§ 13 Abs. 1 Satz 2 HGrStG). Die Regelung ist dem **Vertrauensschutz** geschuldet, da Eigentümerinnen und Eigentümer unbebauter, baureifer Grundstücke i. S. des § 13 Abs. 3 HGrStG ihre in der Vergangenheit getroffene Entscheidung zur Nichtbebauung dieser Grundstücke nicht rückwirkend ändern können.[1] 28

Mehrere Grundstücke mit der gleichen Dauer der Baureife sind zu einer **Grundstücksgruppe** innerhalb der unbebauten Grundstücke i. S. des § 246 BewG zusammenzufassen. Die gezielte Belastung eines einzelnen unbebauten baureifen Grundstücks mit einem gesonderten (erhöhten) Hebesatz ist nicht möglich. 29

BEISPIEL: Fünf unbebaute Grundstücke sind seit dem 1.12.2013 (Grundstück 1), 1.1.2024 (Grundstück 2), 1.1.2025 (Grundstück 3), 1.2.2025 (Grundstück 4) und 1.1.2026 (Grundstück 5) baureif im Sinne des § 13 Abs. 3 HGrStG. Eine Gemeinde möchte aus städtebaulichen Gründen zum 1.1.2027 mehrere, nach der Dauer der Baureife abgestufte, gesonderte Hebesätze auf baureife Grundstücke festsetzen. 30

LÖSUNG: Am 1.1.2027 sind die o. g. Grundstücke seit 11, 12, 23, 24 bzw. 36 Monaten baureif i. S. des § 13 Abs. 3 HGrStG. Nach § 13 Abs. 1 Satz 1 Alt. 2 HGrStG könnte die Gemeinde für die Grundstücke differenziert nach der Dauer der Baureife von beispielsweise mind. 12 Monaten und mind. 24 Monaten unterschiedliche gesonderte Hebesätze für baureife Grundstücke festsetzen, da in diesem Fall jeweils mindestens zwei der Grundstücke in eine Grundstücksgruppe fiele. Das Grundstück 1 mit einer Baureife von 11 Monaten unterfiele noch nicht dem erhöhten Hebesatz. Im darauffolgenden Jahr müsste die Gemeinde bei unveränderter Bebauung jedoch den erhöhten Hebesatz für Grundstücke mit einer Dauer der Baureife von mind. 12 Monaten wieder aufheben, da in diese Gruppe dann nur noch ein Grundstück fiele (Grundstück 1; die Grundstücke 2 und 3 würden dann in die Grundstücksgruppe mit einer Baureife von mind. 24 Monaten fallen).

(Einstweilen frei) 31–35

II. Städtebauliche Gründe (§ 13 Abs. 2 HGrStG)

§ 13 Abs. 2 HGrStG nennt Beispiele für **städtebauliche Gründe** i. S. des § 13 Abs. 1 Satz 1 HGrStG, aus denen die Festsetzung eines gesonderten Hebesatzes in Betracht kommen kann. Hierzu gehören die **Deckung eines erhöhten Bedarfs an Wohn- und Arbeitsstätten sowie Gemeinbedarfs- und Folgeeinrichtungen**, die **Nachverdichtung bestehender Siedlungsstrukturen** oder die **Stärkung der Innenentwicklung**. Die Norm entspricht damit § 25 Abs. 5 Satz 4 GrStG, auf dessen Kommentierung ergänzend verwiesen wird.[2] 36

(Einstweilen frei) 37–40

III. Begriff baureife Grundstücke (§ 13 Abs. 3 HGrStG)

§ 13 Abs. 3 HGrStG definiert den Begriff der baureifen Grundstücke i. S. des § 13 Abs. 1 HGrStG. Baureife Grundstücke i. S. des § 13 Abs. 1 Satz 1 HGrStG sind gem. § 13 Abs. 3 Satz 1 HGrStG **unbebaute Grundstücke** nach § 246 BewG,[3] die nach Lage, Form und Größe und ihrem sonstigen tatsächlichen Zustand sowie nach öffentlich-rechtlichen Vorschriften **sofort bebaut werden könnten**. Eine erforderliche, aber noch nicht erteilte Baugenehmigung sowie zivilrechtliche Gründe, die einer sofortigen Bebauung entgegenstehen, sind nach § 13 Abs. 3 Satz 2 41

1 Hessische LT-Drucks. 20/6379 S. 23.

2 Siehe hierzu vertiefend Grootens in Grootens, GrStG § 25 Rz. 161 ff.

3 Siehe dazu vertiefend, Bock in Grootens, BewG § 246 Rz. 17.

HGrStG unbeachtlich. Die Vorschrift entspricht § 25 Abs. 5 Satz 2 und 3 GrStG, auf dessen Kommentierung ergänzend verwiesen wird.[1]

42 Feststellungen über die Grundstücksart – z. B. „unbebautes Grundstück" – sind für die Festsetzung des Grundsteuermessbetrags nach dem zweistufigen hessischen Grundsteuermodell nicht erforderlich, sodass diese von den Finanzämtern nicht vorgenommen werden.[2] Die **Entscheidung** über das Vorliegen eines unbebauten baureifen Grundstücks ist daher grundsätzlich von der **Gemeinde** zu treffen.[3] Ein Anhaltspunkt kann nach Auffassung der hessischen Finanzverwaltung die **Art der wirtschaftlichen Einheit** sein, die den Gemeinden mit den übrigen Daten des Steuermessbescheids nach § 184 Abs. 3 AO elektronisch zum Datenabruf bereitgestellt werden, allerdings insoweit **keine Bindungswirkung** entfalten soll.[4] Zur Bezeichnung der betroffenen Grundstücke siehe → Rz. 51 ff.

43–45 *(Einstweilen frei)*

IV. Reichweite des gesonderten Hebesatzes (§ 13 Abs. 4 HGrStG)

46 Nach § 13 Abs. 4 Satz 1 HGrStG hat die Gemeinde den gesonderten Hebesatz oder die gesonderten Hebesätze auf einen **bestimmten Gemeindeteil** zu **beschränken**, wenn nur für diesen Gemeindeteil die städtebaulichen Gründe vorliegen. Die Vorschrift entspricht im Wesentlichen § 25 Abs. 5 Satz 5 GrStG, auf dessen Kommentierung ergänzend verwiesen wird.[5]

47 Der Gemeindeteil, für den der gesonderte Hebesatz gelten soll, muss nach § 13 Abs. 4 Satz 2 HGrStG mindestens **10 %** der **Siedlungsfläche des Gemeindegebiets** nach der Gemeindestatistik des Hessischen Statistischen Landesamtes umfassen und in ihm müssen mehrere baureife Grundstücke belegen sein. Hier weicht der hessische Landesgesetzgeber punktuell von der bundesgesetzlich geregelten sog. Grundsteuer C ab. Nach § 25 Abs. 5 Satz 6 GrStG[6] muss der Gemeindeteil, für den der gesonderte Hebesatz gelten soll, mindestens 10 % des (gesamten) Gemeindegebiets umfassen. Nach Auffassung der hessischen Landesregierung wäre die bundesgesetzliche Regelung für viele Kommunen nicht umsetzbar, da zum Gemeindegebiet auch Wald- und Ackerbauflächen gehören und bei vielen Kommunen (ausweislich der Gesetzesbegründung[7] bei etwa 60 % der hessischen Kommunen), die gesamte Siedlungsfläche weniger als 10 % des Gemeindegebiets ausmache.[8]

48 Das **Hessische Statistische Landesamt** veröffentlicht jährlich die Hessische Gemeindestatistik,[9] aus der sich u. a. Informationen zur Siedlungsfläche des Gemeindegebiets entnehmen lassen. Zur Ermittlung der Siedlungsfläche wird das Amtliche Liegenschaftskataster-Informationssystem ALKIS® ausgewertet, das von den Vermessungs- und Katasterverwaltungen der Länder geführt wird. Zur Nutzungsart Siedlung gehören insbesondere Wohnbauflächen, Industrie- und Gewerbeflächen, Halden, Bergbaubetriebe, Tagebauten, Gruben, Steinbrüche, Flächen ge-

1 Siehe hierzu vertiefend Grootens in Grootens, GrStG § 25 Rz. 151 ff.
2 Siehe hierzu vertiefend Bock/Lapp in Grootens, HGrStSG § 4 Rz. 26 f.
3 Siehe auch AE HGrStG zu § 13.
4 AE HGrStG zu § 13.
5 Siehe hierzu vertiefend Grootens in Grootens, GrStG § 25 Rz. 171 ff.
6 Siehe hierzu vertiefend Grootens in Grootens, GrStG § 25 Rz. 171 ff.
7 Hessische LT-Drucks. 20/6379 S. 23.
8 Vgl. Reul, Hessische LT-Drucks. Plenarprotokoll 20/83 S. 6658 f.
9 Siehe https://statistik.hessen.de/publikationen/hessische-gemeindestatistik.

mischter Nutzung, Flächen besonderer funktionaler Prägung, Sport-, Freizeit und Erholungsflächen sowie Friedhöfe.[1]

BEISPIEL: Auszug aus der Hessischen Gemeindestatistik 2021:[2] 49

Gebiet	Bodenfläche am 31.12.2020 in Hektar	Flächennutzung nach der Belegenheit 2020 – davon: Siedlung		darunter Wohnbaufläche		Verkehr		Vegetation		darunter Landwirtschaft		Waldfläche		Gewässer		Nachrichtlich: Siedlungs- und Verkehrsfläche[1)]	
		Hektar	%	Hektar	%	Hektar	%	Hektar	%	Hektar	%	Hektar	%	Hektar	%	Hektar	%
	1	2	3	4	5	6	7	8	9	10	11	12	13	14	15	16	17
Land Hessen	2 111 564	198 322	9,4	92 383	4,4	144 053	6,8	1 739 951	82,4	876 284	41,5	840 985	39,8	29 237	1,4	338 070	16,0
Kreisfreie Städte	72 593	24 989	34,4	10 104	13,9	10 796	14,9	35 295	48,6	16 367	22,5	18 243	25,1	1 514	2,1	35 618	49,1
Landkreise	2 038 970	173 333	8,5	82 279	4,0	133 257	6,5	1 704 657	83,6	859 918	42,2	822 741	40,4	27 724	1,4	302 452	14,8
Regierungsbezirk Darmstadt	744 425	95 192	12,8	45 576	6,1	56 115	7,5	580 687	78,0	279 887	37,6	293 214	39,4	12 431	1,7	149 834	20,1
Darmstadt, Wissenschaftsstadt	12 207	3 015	24,7	1 255	10,3	1 280	10,5	7 817	64,0	2 331	19,1	5 418	44,4	96	0,8	4 280	35,1
Frankfurt am Main, Stadt	24 831	9 376	37,8	3 677	14,8	5 160	20,8	9 766	39,3	5 945	23,9	3 658	14,7	529	2,1	14 526	58,5
Offenbach am Main, Stadt	4 488	1 607	35,8	744	16,6	599	13,4	2 163	48,2	631	14,1	1 470	32,7	118	2,6	2 206	49,2
Wiesbaden, Landeshauptstadt	20 387	5 892	28,9	2 259	11,1	2 306	11,3	11 650	57,1	5 955	29,2	5 408	26,5	539	2,6	8 072	39,6
Landkreis Bergstraße	71 947	8 148	11,3	4 190	5,8	4 033	5,6	58 112	80,8	28 720	39,9	28 772	40,0	1 654	2,3	12 027	16,7
Abtsteinach	1 102	102	9,3	56	5,1	41	3,8	957	86,8	452	41,0	500	45,3	2	0,2	137	12,4
Bensheim, Stadt	5 783	1 100	19,0	575	10,0	456	7,9	4 077	70,5	2 478	42,8	1 518	26,2	149	2,6	1 533	26,5
Biblis	4 047	580	14,3	158	3,9	229	5,7	2 869	70,9	2 440	60,3	392	9,7	369	9,1	797	19,7
Birkenau	2 454	285	11,6	190	7,7	128	5,2	2 026	82,6	1 218	49,6	785	32,0	15	0,6	410	16,7
Bürstadt, Stadt	3 446	451	13,1	217	6,3	260	7,5	2 695	78,2	1 744	50,6	941	27,3	40	1,2	704	20,4
Einhausen	2 667	161	6,0	109	4,1	120	4,5	2 356	88,4	777	29,1	1 577	59,1	29	1,1	280	10,5
Fürth	3 841	386	10,0	221	5,8	152	4,0	3 284	85,5	1 889	49,2	1 377	35,9	19	0,5	526	13,7
Gorxheimertal	1 045	101	9,7	78	7,5	45	4,3	896	85,8	376	36,0	511	48,9	2	0,2	146	14,0
Grasellenbach	2 288	170	7,4	90	4,0	78	3,4	2 037	89,0	826	36,1	1 206	52,7	2	0,1	245	10,7
Groß-Rohrheim	1 956	189	9,7	67	3,4	96	4,8	1 549	79,2	1 248	63,8	276	14,1	123	6,3	263	13,4
Heppenheim (Bergstraße), Kreisstadt	5 212	697	13,4	347	6,7	364	7,0	4 056	77,8	2 326	44,6	1 659	31,8	95	1,8	1 033	19,8
Hirschhorn (Neckar), Stadt	3 085	110	3,6	58	1,9	118	3,8	2 771	89,8	238	7,7	2 475	80,2	85	2,8	228	7,4
Lampertheim, Stadt	7 227	954	13,2	438	6,1	471	6,5	5 337	73,9	3 433	47,5	1 829	25,3	464	6,4	1 414	19,6
Lautertal (Odenwald)	3 075	278	9,0	159	5,2	126	4,1	2 663	86,6	1 501	48,8	1 121	36,4	8	0,2	398	13,0
Lindenfels, Stadt	2 109	190	9,0	106	5,0	117	5,5	1 795	85,1	961	45,6	813	38,6	7	0,3	301	14,3
Lorsch, Karolingerstadt	2 524	389	15,4	188	7,5	232	9,2	1 823	72,2	911	36,1	906	35,9	81	3,2	619	24,5
Mörlenbach	2 722	322	11,8	211	7,8	158	5,8	2 223	81,7	1 403	51,5	803	29,5	19	0,7	476	17,5

(Einstweilen frei) 50

V. Bezeichnung der betroffenen Grundstücke (§ 13 Abs. 5 HGrStG)

Nach § 13 Abs. 5 Satz 1 HGrStG ist die **genaue Bezeichnung** der baureifen Grundstücke, deren **Lage** sowie das **Gemeindegebiet**, auf das sich der gesonderte Hebesatz oder die gesonderten Hebesätze beziehen, jeweils nach den Verhältnissen zu Beginn eines Kalenderjahres von der Gemeinde zu **bestimmen**, in einer **Karte** nachzuweisen und **öffentlich bekannt zu geben**. Die städtebaulichen Erwägungen sind gem. § 13 Abs. 5 Satz 2 HGrStG nachvollziehbar darzulegen und die Wahl des Gemeindegebiets, auf das sich der gesonderte Hebesatz oder die gesonderten Hebesätze beziehen sollen, ist zu **begründen**. 51

§ 13 Abs. 5 HGrStG entspricht im Wesentlichen § 25 Abs. 5 Satz 7 und 8 GrStG, auf dessen Kommentierung ergänzend verwiesen wird.[3] Abweichend von der bundesgesetzlichen Regelung macht § 13 Abs. 5 HGrStG **keine Vorgaben zur Form** der öffentlichen Bekanntmachung. Während nach der bundesgesetzlichen Regelung die Bezeichnung der baureifen Grundstücke, deren Lage sowie das betroffene Gemeindegebiet in einer Allgemeinverfügung bekannt zu machen sind, ist nach § 13 Abs. 5 HGrStG eine **formlose öffentliche Bekanntmachung ausreichend**. 52

Eine Allgemeinverfügung ist nach § 118 Satz 2 AO ein Verwaltungsakt, der sich an einen nach allgemeinen Merkmalen bestimmten oder bestimmbaren Personenkreis richtet oder die öffentlich-rechtliche Eigenschaft einer Sache oder ihre Benutzung durch die Allgemeinheit be- 53

1 Vgl. Erläuterungen zur Flächennutzung, Hessische Gemeindestatistik, Ausgabe 2021, Hessisches Statistisches Landesamt, Wiesbaden, 2021, abrufbar unter https://www.statistischebibliothek.de/mir/receive/HEHeft_mods_00011157.

2 Hessische Gemeindestatistik, Ausgabe 2021, Hessisches Statistisches Landesamt, Wiesbaden, 2021, abrufbar unter https://www.statistischebibliothek.de/mir/receive/HEHeft_mods_00011157. Hervorhebungen nur hier.

3 Siehe hierzu vertiefend Grootens in Grootens, GrStG § 25 Rz. 181 ff.

trifft. Als Verwaltungsakt kann die Allgemeinverfügung nach den allgemeinen Grundsätzen mit Rechtsbehelf angefochten werden und eine rechtliche Überprüfung zur Zulässigkeit der Heranziehung eines baureifen Grundstücks zur sog. Grundsteuer C auf Ebene der Gemeinden gewährleistet werden.[1] Verzichtet eine Gemeinde auf den Erlass einer Allgemeinverfügung, etwa, weil sie die betroffenen Grundstücke auf eine andere Art und Weise öffentlich bekannt macht, und fehlt es damit an einem solchen Verwaltungsakt, dürfte gleichwohl das **Rechtsschutzinteresse** betroffener Grundstückseigentümerinnen und -eigentümer **gewahrt** sein. In diesem Fall bleibt die Möglichkeit, Rechtsmittel gegen den Grundsteuerbescheid einzulegen und die Heranziehung des Grundstücks zur sog. Grundsteuer C im diesbezüglichen Rechtsbehelfsverfahren anzufechten.

54–55 *(Einstweilen frei)*

VI. Höhe des gesonderten Hebesatzes (§ 13 Abs. 6 Satz 1 HGrStG)

56 § 13 Abs. 6 Satz 1 HGrStG bestimmt, dass der gesonderte Hebesatz oder die gesonderten Hebesätze **höher** sein müssen **als der einheitliche Hebesatz** für die übrigen in der Gemeinde liegenden Grundstücke. Insoweit entspricht die Regelung der bundesgesetzlichen Norm nach § 25 Abs. 5 GrStG, auf dessen Kommentierung ergänzend verwiesen wird.[2] Abweichend von der bundesgesetzlichen Regelung dürfen die gesonderten Hebesätze zusätzlich **nicht mehr als das Fünffache** des einheitlichen Hebesatzes betragen.

57 Bei der **Bemessung der Obergrenze** ist der hessische Gesetzgeber von der Überlegung ausgegangen, dass die die sog. Grundsteuer C bei Nichtbebauung eines baureifen Grundstücks grundsätzlich nicht höher sein solle als die Grundsteuer B bei einer Bebauung.[3] Damit soll nach dem Willen des hessischen Gesetzgebers einer übermäßigen Besteuerung baureifer Grundstücke durch die sog. Grundsteuer C entgegengewirkt werden.[4] Dass bei einer Bebauung die Grundsteuer grundsätzlich das Fünffache der Grundsteuer im unbebauten Zustand nicht übersteigt, ist statistisch nicht belegt. Gerade im innerstädtischen Bereich ist häufig eine Bebauung mit einem Vielfachen der Grundstücksfläche möglich. Das in der Gesetzesbegründung bemühte fiktive Beispiel,[5] das die Grenze des Fünffachen belegen soll und eine grundsätzliche Bebauung mit der Hälfte der Grundstücksfläche suggeriert, kann die Obergrenze der Höhe nach nicht begründen.

58–60 *(Einstweilen frei)*

VII. Karenzzeit (§ 13 Abs. 6 Satz 2 HGrStG)

61 Nach § 13 Abs. 6 Satz 2 HGrStG kann die Gemeinde eine Karenzzeit bestimmen, innerhalb der ein gesonderter Hebesatz **noch nicht gelten** soll, sondern stattdessen der einheitliche Hebesatz für die übrigen in der Gemeinde liegenden Grundstücke. Hierdurch soll eine Gemeinde die sog. Grundsteuer C besser auf **baurechtliche Vorgaben** hin abstimmen können, z. B. auf eine Bebauungsverpflichtung für neu ausgewiesene Baugrundstücke innerhalb gewisser Fristen.[6]

1 Vgl. auch Grootens in Grootens, GrStG § 25 Rz. 183.
2 Siehe hierzu Grootens in Grootens, GrStG § 25 Rz. 191 f.
3 Hessische LT-Drucks. 20/6379 S. 24.
4 Hessische LT-Drucks. 20/6379 S. 24.
5 Hessische LT-Drucks. 20/6379 S. 24.
6 Hessische LT-Drucks. 20/6379 S. 24.

§ 14 HGrStG Erlass wegen wesentlicher Ertragsminderung

§ 34 des Grundsteuergesetzes in der am 24. Dezember 2021 geltenden Fassung gilt entsprechend mit der Maßgabe, dass

1. **in Abs. 3 Satz 2 an die Stelle des Grundsteuerwerts der Steuermessbetrag und**
2. **in Abs. 4 an die Stelle der Fortschreibung des Grundsteuerwerts die Festsetzung des Steuermessbetrags tritt.**

Inhaltsübersicht **Rz.**

HINWEISE:

AE HGrStG zu § 14 des Anwendungserlasses zum Hessischen Grundsteuergesetz (AE HGrStG) des Hessischen Ministeriums der Finanzen v. 30.5.2022 - G1030 A-061-II6a/10, Staatsanzeiger für das Land Hessen v. 13.6.2022 S. 652.

A. Allgemeine Erläuterungen

I. Normzweck und wirtschaftliche Bedeutung der Vorschrift

§ 14 HGrStG bestimmt, dass die Regelungen des § 34 GrStG[1] zum **Erlass** der Grundsteuer **wegen wesentlicher Ertragsminderung bei bebauten Grundstücken** für im Land Hessen belegene Grundstücke entsprechend anzuwenden sind[2] und an die Stelle des Grundsteuerwerts in § 34 Abs. 3 GrStG[3] der Steuermessbetrag und an die Stelle der Fortschreibung des Grundsteuerwerts in § 34 Abs. 4 GrStG[4] die Festsetzung des Steuermessbetrags tritt. Mit letzterem wird berücksichtigt, dass nach dem HGrStG kein Grundsteuerwert festgestellt wird und dennoch bei teilweiser eigengewerblicher Nutzung des Grundstücks die prozentuale Ertragsminderung einheitlich für den gesamten Steuergegenstand zu bestimmen ist. Dabei bestimmt sich die Ertragsminderung abweichend vom Bundesrecht nicht am Anteil des eigengewerblich genutzten Teils des Grundstücks am Grundsteuerwert, sondern am Anteil des eigengewerblich genutzten Teils des Grundstücks am Grundsteuermessbetrag. 1

Aus § 14 HGrStG ergibt sich zudem, dass **§ 34 Abs. 4 GrStG**[5] ebenfalls Anwendung findet. § 34 Abs. 4 GrStG schließt den Erlass wegen Ertragsminderung aus, wenn die Ertragsminderung für den Erlasszeitraum durch eine **Fortschreibung** oder bei rechtzeitiger Stellung des Antrags auf 2

1 Siehe hierzu vertiefend Lehmann in Grootens, GrStG § 34 Rz. 1 ff.

2 Siehe auch AE HGrStG zu § 14.

3 Siehe hierzu vertiefend Lehmann in Grootens, GrStG § 34 Rz. 226 ff.

4 Siehe hierzu vertiefend Lehmann in Grootens, GrStG § 34 Rz. 235 ff.

5 Siehe hierzu vertiefend Lehmann in Grootens, GrStG § 34 Rz. 235 ff.

Fortschreibung hätte berücksichtigt werden können. § 34 Abs. 4 GrStG setzt voraus, dass eine Ertragsminderung bei der Festsetzung des Grundsteuermessbetrags berücksichtigt werden kann. Dies ist jedoch im hessischen Grundsteuermodell nicht möglich, da der Ertrag eines Grundstücks im hessischen Regelungssystem zur Ermittlung der Grundsteuer B keine maßgebliche Größe ist. Anders als der niedersächsische Gesetzgeber[1] hat der hessische Gesetzgeber im Laufe des Gesetzgebungsverfahrens darauf verzichtet, diesen ins Leere laufenden Verweis zu korrigieren.

3 Die übrigen Erlassvorschriften des GrStG, also der Erlass für Kulturgut und Grünanlagen nach **§ 32 GrStG**[2] sowie wegen wesentlicher Reinertragsminderung bei Betrieben der Land- und Forstwirtschaft nach **§ 33 GrStG,**[3] und die Verfahrensvorschrift **§ 35 GrStG**[4] finden auch für in Hessen belegenen Grundbesitz Anwendung, da insoweit vom HGrStG keine abweichende Regelung getroffen wird.[5]

4–5 *(Einstweilen frei)*

II. Entstehung und Entwicklung der Vorschrift

6 Die Vorschrift wurde im Jahr 2021 mit dem **Stammgesetz** in das HGrStG aufgenommen.[6]

7–10 *(Einstweilen frei)*

III. Geltungsbereich

11 § 14 HGrStG gilt für in Hessen belegene Grundstücke des Grundvermögens und nicht für land- und forstwirtschaftliches Vermögen.[7] § 14 HGrStG ist mit dem Stammgesetz gem. § 17 HGrStG **am 24.12.2021 in Kraft getreten**.[8] Aus Art. 125b Abs. 3 GG ergibt sich, dass die Gesetzgebungskompetenz den Ländern für ein vom Bundesrecht abweichendes Grundsteuerrecht erst für die Erhebung der **Grundsteuer** ab dem **Kalenderjahr 2025** zusteht. Dem trägt § 8 Abs. 2 Satz 1 HGrStG[9] Rechnung, wonach die in der Hauptveranlagung festgesetzten Steuermessbeträge frühestens vom Kalenderjahr 2025 an gelten. Die Regelungen des HGrStG und damit auch § 14 HGrStG sind daher erst für die Erhebung der **Grundsteuer** ab dem **Kalenderjahr 2025** von Bedeutung.

12–15 *(Einstweilen frei)*

IV. Vereinbarkeit der Vorschrift mit höherrangigem Recht

16 Vergleichbar mit dem niedersächsischen Grundsteuermodell, führt die Anwendbarkeit der ertragsbezogenen Erlassregelungen des § 32 GrStG[10] für Kulturgut und Grünanlagen sowie des

1 Vgl. Bock/Lapp in Grootens, NGrStG § 10 Rz. 2 und 7.
2 Siehe hierzu vertiefend Lehmann in Grootens, GrStG § 32 Rz. 1 ff.
3 Siehe hierzu vertiefend Lehmann in Grootens, GrStG § 33 Rz. 1 ff.
4 Siehe hierzu vertiefend Lehmann in Grootens, GrStG § 35 Rz. 1 ff.
5 Siehe auch die tabellarische Übersicht bei Bock/Lapp in Grootens, Anlage zur Kommentierung von § 2 HGrStG.
6 Hessisches Grundsteuergesetz v. 15.12.2021, Hessisches GVBl 2021 S. 906.
7 Siehe hierzu Bock in Grootens, BewG § 246 Rz. 17.
8 Hessisches GVBl 2021 S. 906.
9 Siehe hierzu vertiefend Bock/Lapp in Grootens, HGrStG § 8 Rz. 36.
10 Siehe hierzu vertiefend Lehmann in Grootens, GrStG § 32 Rz. 1 ff.

§ 34 GrStG[1] wegen wesentlicher Ertragsminderung bei bebauten Grundstücken in einem nicht am (Soll-)Ertrag ausgerichteten Äquivalenzmodell wie dem HGrStG zu **Zweifeln an der folgerichtigen Umsetzung der Belastungsgrundentscheidung.**[2]

Der **hessische Gesetzgeber** teilt diese Bedenken nicht. Nach seiner Auffassung steht die Erlassregelung im Einklang mit dem Gedanken des Äquivalenzprinzips, wonach die Grundsteuer einen Beitrag zur Finanzierung der kommunal bereitgestellten Infrastruktur leiste. Die Nutzung dieser Infrastruktur erschließe sich in typisierender Weise durch die Nutzung des Grundstücks. Sei die Grundstücksnutzung jedoch stark eingeschränkt, was sich in einer wesentlichen Ertragsminderung eines bebauten Grundstücks ausdrücke, sei ein Teilerlass der Grundsteuer nach diesem Gedanken gerechtfertigt. Der nicht zu erlassende Teil der Grundsteuer finanziere demnach Infrastrukturkosten, die typischerweise unabhängig von einer Grundstücksnutzung anfallen würden.[3] 17

(Einstweilen frei) 18–20

V. Verhältnis zu anderen Vorschriften

§ 14 HGrStG erklärt **§ 34 GrStG**[4] für entsprechend anwendbar und schließt damit den **ins Leere laufenden § 34 Abs. 4 GrStG**[5] ebenfalls ein. Da § 14 HGrStG keine abweichenden Regelungen trifft, finden **§§ 32, 33, 35 GrStG**[6] uneingeschränkt Anwendung. 21

Die **§§ 32–34 GrStG** sind auch im HGrStG **lex specialis** zu den allgemeinen Erlassvorschriften der Abgabenordnung. Liegen die Voraussetzungen der §§ 32–34 GrStG nicht vor, kann dennoch ein Erlass nach den **§§ 163, 227 AO** in Betracht kommen.[7] 22

(Einstweilen frei) 23–25

B. Systematische Kommentierung

§ 14 HGrStG entspricht im Wesentlichen § 10 NGrStG, sodass auf dessen Kommentierung verwiesen wird.[8] Für den Erlass der Grundsteuer sind in Hessen die Gemeinden zuständig.[9] 26

§ 15 HGrStG Rechtsweg und Revisibilität des Landesrechts

[1]Gegen Entscheidungen der Landesfinanzbehörden nach diesem Gesetz ist der Finanzrechtsweg nach § 4 Abs. 1 des Hessischen Ausführungsgesetzes zur Finanzgerichtsordnung vom 17. Dezember 1965 (GVBl. I S. 347), zuletzt geändert durch Gesetz vom 21. Dezember 1976 (GVBl. I S. 532), eröffnet. [2]Die Vorschriften der Finanzgerichtsordnung sind entsprechend anzuwenden, soweit dieses Gesetz keine abweichende Re-

1 Siehe hierzu vertiefend Lehmann in Grootens, GrStG § 34 Rz. 1 ff.
2 Siehe hierzu Bock/Lapp in Grootens, NGrSt § 10 Rz. 16.
3 Hessische LT-Drucks. 20/6379 S. 24.
4 Siehe hierzu vertiefend Lehmann in Grootens, GrStG § 34 Rz. 1 ff.
5 Siehe hierzu vertiefend Lehmann in Grootens, GrStG § 34 Rz. 235 ff.
6 Siehe hierzu vertiefend die Kommentierungen Lehmann in Grootens, GrStG § 32, § 33 und § 35.
7 Lehmann in Grootens, GrStG § 32 Rz. 11, § 33 Rz. 16, § 34 Rz. 16.
8 Siehe hierzu Bock/Lapp in Grootens, NGrStG § 10 Rz. 26 ff.
9 Siehe auch AE HGrStG zu § 14.

gelung enthält. [3]Die Revision an den Bundesfinanzhof kann auch darauf gestützt werden, dass das angefochtene Urteil des Finanzgerichts auf der Verletzung dieses Gesetzes beruhe.

Inhaltsübersicht **Rz.**

HINWEISE:

AE HGrStG zu § 15 des Anwendungserlasses zum Hessischen Grundsteuergesetz (AE HGrStG) des Hessischen Ministeriums der Finanzen v. 30.5.2022 - G1030 A-061-II6a/10, Staatsanzeiger für das Land Hessen v. 13.6.2022 S. 652.

A. Allgemeine Erläuterungen

I. Normzweck und wirtschaftliche Bedeutung der Vorschrift

1 § 15 Satz 1 HGrStG eröffnet den **Finanzrechtsweg** gegen Entscheidungen der Landesfinanzbehörden nach dem HGrStG.[1] § 15 Satz 2 HGrStG erklärt hierfür die Vorschriften der **Finanzgerichtsordnung** (FGO) für entsprechend anwendbar.

2 § 15 Satz 3 HGrStG ermöglicht zur Überprüfung der Entscheidungen des Finanzgerichts die **Revision vor dem Bundesfinanzhof**.

3–5 *(Einstweilen frei)*

II. Entstehung und Entwicklung der Vorschrift

6 Die Vorschrift wurde im Jahr 2021 mit dem **Stammgesetz** in das HGrStG aufgenommen.[2]

7–10 *(Einstweilen frei)*

III. Geltungsbereich

11 § 15 HGrStG gilt für Entscheidungen der Landesfinanzbehörden in Bezug auf in Hessen belegene Grundstücke des Grundvermögens und damit nicht für Entscheidungen in Bezug auf land- und forstwirtschaftliches Vermögen.[3] § 15 HGrStG ist mit dem Stammgesetz gem. § 17 HGrStG **am 24.12.2021 in Kraft getreten.**[4] Aus Art. 125b Abs. 3 GG ergibt sich, dass die Gesetzgebungskompetenz den Ländern für ein vom Bundesrecht abweichendes Grundsteuerrecht erst für die Erhebung der **Grundsteuer** ab dem **Kalenderjahr 2025** zusteht. Dem trägt § 8 Abs. 2 Satz 1 HGrStG[5] Rechnung, wonach die in der Hauptveranlagung festgesetzten Steuermess-

1 AE HGrStG zu § 15.
2 Hessisches Grundsteuergesetz v. 15.12.2021, Hessisches GVBl Nr. 55/2021 S. 906.
3 Vgl. hierzu Bock/Lapp in Grootens, HGrStG § 1 Rz. 11.
4 Hessisches GVBl Nr. 55/2021 S. 906.
5 Siehe hierzu vertiefend Bock/Lapp in Grootens, HGrStG § 8 Rz. 36.

beträge frühestens vom Kalenderjahr 2025 an gelten. Die Regelungen des HGrStG und damit auch § 15 HGrStG sind daher erst für die Erhebung der **Grundsteuer** ab dem **Kalenderjahr 2025** von Bedeutung.

(Einstweilen frei) 12–15

IV. Vereinbarkeit der Vorschrift mit höherrangigem Recht

Die Vorschrift begegnet keinen verfassungsrechtlichen Bedenken, insbesondere steht die ausschließliche Gesetzgebungsbefugnis des Bundes für das Finanzgerichtsverfahren nach Art. 108 Abs. 6 GG den Regelungen in § 15 HGrStG nicht entgegen. Art. 108 Abs. 6 GG gilt nach h. M. nur für bundesgesetzlich geregelte Steuern und schließt eine Zuweisung durch Landesrecht bei den landesgesetzlich geregelten Steuern nicht aus.[1] Art. 108 Abs. 6 GG steht auch nicht der Zuweisung der letzten Instanz an den BFH durch § 15 Satz 3 HGrStG entgegen. Eine solche Zuweisung ist in Art. 99 Alt. 2 GG i. V. mit Art. 95 Abs. 1 GG sowie einfachgesetzlich in § 118 Abs. 1 Satz 2 FGO i. V. mit § 33 Abs. 1 Nr 4 FGO ausdrücklich vorgesehen.[2] 16

(Einstweilen frei) 17–20

V. Verhältnis zu anderen Vorschriften

§ 15 Satz 2 HGrStG erklärt die Vorschriften der **FGO** für entsprechend anwendbar, soweit das HGrStG keine abweichenden Regelungen enthält. Die Regelung ermöglicht damit insbesondere die Anwendung der **§§ 33 ff. FGO**, welche den Finanzrechtsweg und die diesbezügliche Zuständigkeit regeln. 21

(Einstweilen frei) 22–25

B. Systematische Kommentierung

§ 15 Satz 1 HGrStG eröffnet für die Entscheidungen der Landesfinanzbehörden in Grundsteuerangelegenheiten den **Finanzrechtsweg** nach § 4 Abs. 1 des Hessischen Ausführungsgesetzes zur Finanzgerichtsordnung (HessAGFGO) v. 17.12.1965.[3] Diese Regelung ist erforderlich, da erst durch diese i. V. mit § 33 Abs. 1 Nr. 4 FGO und § 40 Abs. 3 Satz 2 VwGO der Finanzrechtsweg eröffnet wird.[4] Der Finanzrechtsweg wäre andernfalls ausgeschlossen. 26

§ 15 Satz 2 HGrStG erklärt die **Vorschriften der FGO** für entsprechend anwendbar, soweit das HGrStG keine abweichenden Regelungen enthält. In seiner derzeitigen Fassung enthält das HGrStG keine solchen abweichenden Regelungen. 27

Eine **Revision vor dem Bundesfinanzhof** kann gem. § 118 Abs. 1 Satz 1 FGO grundsätzlich nur darauf gestützt werden, dass das angefochtene Urteil auf der Verletzung von Bundesrecht beruhe. Eine auf die Verletzung der landesrechtlich geregelten Grundsteuernormen gestützte Revision wäre damit in Hessen nicht zulässig. Durch die ausdrückliche gesetzliche Regelung in § 15 Satz 3 HGrStG i. V. mit § 118 Abs. 1 Satz 2 FGO und § 33 Abs. 1 Nr. 4 FGO wird für die Über- 28

1 Siehe vertiefend Schwarz in Dürig/Herzog/Scholz, GG Art. 108 Rz. 64 m. w. N.; Heintzen in von Münch/Kunig, GG Art. 108 Rz. 48: krit. Siekmann in Sachs, GG Art. 108 Rz. 81.

2 Siehe vertiefend Schwarz in Dürig/Herzog/Scholz, GG Art. 108 Rz. 66.

3 Hessisches GVBl Nr. 1965 S. 347.

4 Siehe auch AE HGrStG zu § 15.

prüfung der Entscheidungen des Finanzgerichts die Revision vor dem Bundesfinanzhof ermöglicht.[1] Die bloße Eröffnung des Finanzrechtsweg genügt hierfür nicht.[2] Eine solche letztinstanzliche Zuweisung an den BFH durch Landesrecht ist in Art. 99 Alt. 2 GG ausdrücklich vorgesehen (siehe dazu bereits → Rz. 16).

§ 16 HGrStG Ermächtigungen

[1]Das Ministerium der Finanzen und das Ministerium für Wirtschaft, Energie, Verkehr und Wohnen werden ermächtigt, die automatisierte Bereitstellung der für die Ermittlung des Faktors nach § 7 erforderlichen Merkmale auf der Grundlage des § 17 der Ausführungsverordnung zum Baugesetzbuch vom 15. Juni 2018 (GVBl. S. 258), geändert durch Gesetz vom 16. März 2021 (GVBl. S. 195), zu koordinieren. [2]§ 229 Abs. 5 des Bewertungsgesetzes in der am 24. Dezember 2021 geltenden Fassung ist insoweit nicht anzuwenden.

Inhaltsübersicht **Rz.**

HINWEISE:

AE HGrStG zu § 16 des Anwendungserlasses zum Hessischen Grundsteuergesetz (AE HGrStG) des Hessischen Ministeriums der Finanzen v. 30.5.2022 - G1030 A-061-II6a/10, Staatsanzeiger für das Land Hessen v. 13.6.2022 S. 652.

A. Allgemeine Erläuterungen

I. Normzweck und wirtschaftliche Bedeutung der Vorschrift

1 § 16 HGrStG **ermächtigt** das Hessische Ministerium der Finanzen und das Hessische Ministerium für Wirtschaft, Energie, Verkehr und Wohnen, die **automatisierte Bereitstellung** der für die Ermittlung des Faktors erforderlichen Merkmale zu koordinieren. Damit soll erreicht werden, dass diese Merkmale der Finanzverwaltung automatisiert nutzbar zur Verfügung gestellt werden.[3]

2 Die Vorschrift soll der **Steuervereinfachung** und der **Reduzierung des Erfüllungsaufwands** für grundsteuerliche Erklärungspflichten dienen. Mit der automatisierten Bereitstellung der besteuerungsrelevanten Daten soll vermieden werden, dass Steuererklärungspflichtige die Bodenrichtwerte im digitalen Bodenrichtwertinformationssystem (BORIS) abfragen und in die Steuererklärungen eintragen müssen sowie die Finanzverwaltung diese Angaben dem Verifikationsgebot entsprechend in Zweifelsfällen überprüfen muss.[4]

3–5 *(Einstweilen frei)*

1 Siehe auch AE HGrStG zu § 15.

2 BFH, Beschluss v. 10.10.2018 - I B 26/18 NWB CAAAH-07346 =BFH/NV 2019 S. 287.

3 Siehe auch AE HGrStG zu § 16.

4 Hessische LT-Drucks. 20/6379 S. 25.

II. Entstehung und Entwicklung der Vorschrift

Die Vorschrift wurde im Jahr 2021 mit dem **Stammgesetz** in das HGrStG aufgenommen.[1] 6

(Einstweilen frei) 7–10

III. Geltungsbereich

§ 16 HGrStG gilt für in Hessen belegene Grundstücke des Grundvermögens und nicht für land- und forstwirtschaftliches Vermögen.[2] § 16 HGrStG ist mit dem Stammgesetz gem. § 17 HGrStG **am 24.12.2021 in Kraft getreten.**[3] Aus Art. 125b Abs. 3 GG ergibt sich, dass die Gesetzgebungskompetenz den Ländern für ein vom Bundesrecht abweichendes Grundsteuerrecht erst für die Erhebung der **Grundsteuer** ab dem **Kalenderjahr 2025** zusteht. Dem trägt § 8 Abs. 2 Satz 1 HGrStG[4] Rechnung, wonach die in der Hauptveranlagung festgesetzten Steuermessbeträge frühestens vom Kalenderjahr 2025 an gelten. Die Regelungen des HGrStG und damit auch § 16 HGrStG sind daher erst für die Erhebung der **Grundsteuer** ab dem **Kalenderjahr 2025** von Bedeutung. 11

(Einstweilen frei) 12–15

IV. Vereinbarkeit der Vorschrift mit höherrangigem Recht

Die Vorschrift begegnet keinen verfassungsrechtlichen Bedenken. 16

Die Verschneidung soll für jeden individuellen Steuerfall unter Wahrung des **Steuergeheimnisses** (§ 30 AO) und des **Datenschutzes** (insbesondere Datenschutz-Grundverordnung) erfolgen.[5] Angaben des Steuerpflichtigen in der Steuererklärung sollen nicht erforderlich sein.[6] 17

(Einstweilen frei) 18–20

V. Verhältnis zu anderen Vorschriften

Die vom Hessischen Ministerium der Finanzen und dem Hessischen Ministerium für Wirtschaft, Energie, Verkehr und Wohnen zu koordinierenden erforderlichen Merkmale des Faktors ergeben sich aus **§ 7 HGrStG.**[7] Bei den erforderlichen Merkmalen handelt es sich um den auf den jeweiligen Hauptveranlagungszeitpunkt nach § 8 Abs. 1 Satz 2 HGrStG[8] ermittelten Bodenrichtwert nach **§ 196 BauGB** der Bodenrichtwertzone, in der das Grundstück liegt (§ 7 Abs. 1 HGrStG[9]) und um den durchschnittlichen Bodenrichtwert der Gemeinde (§ 7 Abs. 2 HGrStG[10]). 21

Die automatisierte Bereitstellung des Bodenrichtwerts und des durchschnittlichen Bodenrichtwerts erfolgt auf Grundlage des **§ 17 der Ausführungsverordnung zum Baugesetzbuch** v. 22

1 Hessisches Grundsteuergesetz v. 15.12.2021, Hessisches GVBl 2021 S. 906.
2 Vgl. hierzu Bock/Lapp in Grootens, HGrStG § 1 Rz. 11.
3 Hessisches GVBl 2021 S. 906.
4 Siehe hierzu vertiefend Bock/Lapp in Grootens, HGrStG § 8 Rz. 36.
5 AE HGrStG zu § 16; siehe auch Hessische LT-Drucks. 20/6379 S. 25.
6 AE HGrStG zu § 16.
7 Siehe vertiefend hierzu Bock/Lapp in Grootens, HGrStG § 7 Rz. 1 ff.
8 Siehe hierzu Bock/Lapp in Grootens, HGrStG § 8 Rz. 26 ff.
9 Siehe vertiefend hierzu Bock/Lapp in Grootens, HGrStG § 7 Rz. 26 ff.
10 Siehe vertiefend hierzu Bock/Lapp in Grootens, HGrStG § 7 Rz. 31 ff.

15.6.2018 (BauGB-AV[1]), in der zuletzt durch Gesetz v. 16.3.2021[2] geänderten Fassung (siehe hierzu → Rz. 32 f.).

23 Nach § 16 Satz 2 HGrStG ist **§ 229 Abs. 5 BewG**[3] **nicht anwendbar**, soweit das Hessische Ministerium der Finanzen und das Hessische Ministerium für Wirtschaft, Energie, Verkehr und Wohnen die automatisierte Bereitstellung der Bodenrichtwerte und der durchschnittlichen Bodenrichtwerte koordinieren (siehe hierzu → Rz. 34).

24 Die Vorschriften zum **Steuergeheimnis (§ 30 AO)** und zum **Datenschutz** (insbesondere die **Datenschutz-Grundverordnung**) sollen bei der Koordinierung der automatisierten Bereitstellung der für die Ermittlung des Faktors[4] erforderlichen Merkmale gewahrt werden.[5]

25 Die elektronische Bereitstellung der für den Faktor nach § 7 HGrStG[6] erforderlichen Parameter lässt das Recht des Steuerpflichtigen unberührt, gegen die Messbetragsfestsetzung Rechtsmittel (insbesondere **Einspruch, § 357 AO**) einzulegen, wenn nach seiner Auffassung die automatisch zugrunde gelegten Daten fehlerhaft sind.[7]

26–30 *(Einstweilen frei)*

B. Systematische Kommentierung

31 § 16 Satz 1 HGrStG ermächtigt das Hessische Ministerium der Finanzen und das Hessische Ministerium für Wirtschaft, Energie, Verkehr und Wohnen, die automatisierte Bereitstellung der für die Ermittlung des Faktors erforderlichen Merkmale zu koordinieren. Die zur Ermittlung des Faktors erforderlichen Merkmale ergeben sich aus § 7 HGrStG.[8] Bei den erforderlichen Merkmalen handelt es sich um den auf den jeweiligen Hauptveranlagungszeitpunkt nach § 8 Abs. 1 Satz 2 HGrStG[9] ermittelten Bodenrichtwert nach § 196 BauGB der Bodenrichtwertzone, in der das Grundstück liegt (§ 7 Abs. 1 HGrStG)[10] und um den durchschnittlichen Bodenrichtwert der Gemeinde (§ 7 Abs. 2 HGrStG).[11] Bei der Koordinierung der automatisierten Bereitstellung der für die Ermittlung des Faktors erforderlichen Merkmale sollen öffentliche Daten des Liegenschaftskatasters (Lage und Zuschnitt der Flurstücke) mit öffentlichen Daten des digitalen Bodenrichtwertinformationssystems (Bodenrichtwerte) mittels **Verschneidung** für die Finanzverwaltung nutzbar gemacht werden.[12] Die Verschneidung und Bereitstellung des jeweiligen Bodenrichtwerts soll für jeden Steuerfall individuell unter Wahrung des Steuergeheimnisses und Datenschutzrechts erfolgen (siehe bereits →Rz. 17, 24).[13] Angaben in der Steuererklärung von Seiten des Steuerpflichtigen sind nicht erforderlich.[14]

---

1 Hessisches GVBl 2018 S. 258.
2 Hessisches GVBl 2021 S. 195.
3 Siehe vertiefend hierzu Kurt in Grootens, BewG § 229 Rz. 111 f.
4 Siehe hierzu Bock/Lapp in Grootens, HGrStG § 7 Rz. 1 ff.
5 AE HGrStG zu § 16; siehe auch Hessische LT-Drucks. 20/6379 S. 25.
6 Siehe hierzu Bock/Lapp in Grootens, HGrStG § 7 Rz. 1 ff.
7 Hessische LT-Drucks. 20/6379 S. 25.
8 Siehe vertiefend hierzu Bock/Lapp in Grootens, HGrStG § 7 Rz. 1 ff.
9 Siehe vertiefend hierzu Bock/Lapp in Grootens, HGrStG § 8 Rz. 26 ff.
10 Siehe vertiefend hierzu Bock/Lapp in Grootens, HGrStG § 7 Rz. 26 ff.
11 Siehe vertiefend hierzu Bock/Lapp in Grootens, HGrStG § 7 Rz. 31 ff.
12 AE HGrStG zu § 16; siehe auch Hessische LT-Drucks. 20/6379 S. 25.
13 Hessische LT-Drucks. 20/6379 S. 25; siehe auch AE HGrStG zu § 16.
14 AE HGrStG zu § 16.

Die automatisierte Bereitstellung des Bodenrichtwerts und des durchschnittlichen Bodenrichtwerts soll auf Grundlage des **§ 17 der Ausführungsverordnung zum Baugesetzbuch** v. 15.6.2018 (BauGB-AV[1]) erfolgen. § 17 BauGB-AV enthält hauptsächlich Vorgaben zur Bereitstellung des Bodenrichtwerts. Die Vorgaben dürften dann auch entsprechend für die Bereitstellung des durchschnittlichen Bodenrichtwerts gelten. § 17 Abs. 1 BauGB-AV regelt, dass die Bodenrichtwerte landesweit zentral in einem **digitalen Bodenrichtwertinformationssystem** geführt werden. Nach § 17 Abs. 2 BauGB-AV ermittelt der Gutachterausschuss zu Beginn jedes geraden Kalenderjahres die Bodenrichtwerte nach § 196 Abs. 1 Satz 1 des Baugesetzbuches und stellt die Bodenrichtwerte spätestens zwei Monate nach diesem Zeitpunkt der Zentralen Geschäftsstelle zur Fortführung des Bodenrichtwertinformationssystems bereit. § 17 Abs. 3 BauGB-AV in der von § 16 Satz 1 HGrStG in Bezug genommenen, zuletzt durch Gesetz v. 16.3.2021[2] geänderten Fassung, bestimmt, dass die Bodenrichtwerte, die wertbeeinflussenden Merkmale der Bodenrichtwertgrundstücke und die Bodenrichtwertzonen von der Zentralen Geschäftsstelle auf der Grundlage des Liegenschaftskatasters in Form einer **digitalen Bodenrichtwertkarte** über öffentlich zugängliche Netze veröffentlicht werden. Dabei kann die Präsentation der Bodenrichtwertkarte in einer Form geschehen, die eine Weiterverwendung zu kommerziellen Zwecken ausschließt. Die automatisierte Einsichtnahme in die Bodenrichtwertkarte ist **kostenlos**. 32

§ 17 BauGB-AV wurde mittlerweile durch Art. 10 des Gesetzes v. 30.9.2021[3] **geändert**. Während § 17 Abs. 1 und 2 BauGB-AV unverändert blieben, bestimmt § 17 Abs. 3 BauGB-AV in der **ab 1.2.2022** geltenden Fassung, dass die Bodenrichtwerte und zugehörige Metadaten über öffentlich zugängliche Netze zum automatisierten Abruf bereitgestellt werden. Nach dem neu eingefügten § 17 Abs. 4 BauGB-AV ist jede Nutzung der Bodenrichtwerte und der zugehörigen Metadaten ohne Einschränkung oder Bedingung erlaubt. Der Hinweis auf die Kostenfreiheit der Nutzung der Bodenrichtwerte ist in der Neuregelung nicht mehr enthalten. Es bleibt abzuwarten, ob der hessische Gesetzgeber im Hinblick auf diese Änderung tätig wird und in § 16 Satz 1 HGrStG beispielsweise einen dynamischen Verweis auf § 17 BauGB-AV in der jeweils geltenden Fassung aufnimmt. 33

§ 16 Satz 2 HGrStG schränkt **die Anwendbarkeit von § 229 Abs. 5 BewG[4]** ein, soweit das Hessische Ministerium der Finanzen und das Hessische Ministerium für Wirtschaft, Energie, Verkehr und Wohnen die automatisierte Bereitstellung der Bodenrichtwerte und der durchschnittlichen Bodenrichtwerte koordinieren. § 229 Abs. 5 Satz 1 BewG[5] bestimmt, dass die betroffenen Personen vom Inhalt der Mitteilung nach § 229 Abs. 3 und 4 BewG[6] zu unterrichten sind. Dies umfasst insbesondere die Mitteilungen der rechtlichen oder tatsächlichen Umstände, die für die Feststellung des Grundsteuerwerts von Bedeutung sein können, durch die jeweils zuständige Stelle (z. B. die Landes-Katasterverwaltung) oder die Mitteilungen der Grundbuchämter an die Finanzverwaltung (z. B. über die Eintragung eines neuen Eigentümers). Eine Unterrichtung kann gem. § 229 Abs. 5 Satz 2 BewG[7] unterbleiben, soweit den Finanzbehörden Umstände aus dem Grundbuch, den Grundakten oder aus dem Liegenschaftskataster mit- 34

1 Hessisches GVBl 2018 S. 258.
2 Hessisches GVBl 2021 S. 195.
3 Hessisches GVBl 2021 S. 602, ber. S. 701.
4 Siehe hierzu Kurt in Grootens, BewG § 229 Rz. 111 f.
5 Siehe Kurt in Grootens, BewG § 229 Rz. 111.
6 Siehe hierzu Kurt in Grootens, BewG § 229 Rz. 91 ff. und Rz. 101 ff.
7 Siehe hierzu Kurt in Grootens, BewG § 229 Rz. 112.

geteilt werden. Nach Auffassung des hessischen Landesgesetzgebers sei eine solche **Unterrichtung** aufgrund der öffentlichen und leichten Zugänglichkeit der Bodenrichtwerte über das digitale Informationssystem **entbehrlich.**[1]

§ 17 HGrStG Inkrafttreten

Dieses Gesetz tritt am Tag nach der Verkündung in Kraft.

Inhaltsübersicht **Rz.**

HINWEISE:

AE HGrStG zu § 17 des Anwendungserlasses zum Hessischen Grundsteuergesetz (AE HGrStG) des Hessischen Ministeriums der Finanzen v. 30.5.2022 - G1030 A-061-II6a/10, Staatsanzeiger für das Land Hessen v. 13.6.2022 S. 652.

A. Allgemeine Erläuterungen

I. Normzweck und wirtschaftliche Bedeutung der Vorschrift

1 § 17 HGrStG regelt den Zeitpunkt des Inkrafttretens des HGrStG.

II. Entstehung und Entwicklung der Vorschrift

2 Die Vorschrift wurde im Jahr 2021 mit dem **Stammgesetz** in das HGrStG aufgenommen.[2]

III. Geltungsbereich

3 § 17 HGrStG setzt das HGrStG in Kraft, das für die im Gebiet des Landes Hessen belegenen wirtschaftlichen Einheiten des Grundvermögens (Grundstücke) gilt und damit nicht für das land- und forstwirtschaftliche Vermögen.[3] Aus Art. 125b Abs. 3 GG ergibt sich, dass die Gesetzgebungskompetenz den Ländern für ein vom Bundesrecht abweichendes Grundsteuerrecht erst für die Erhebung der **Grundsteuer** ab dem **Kalenderjahr 2025** zusteht. Dem trägt § 8 Abs. 2 Satz 1 HGrStG[4] Rechnung, wonach die in der Hauptveranlagung festgesetzten Steuermessbeträge frühestens vom Kalenderjahr 2025 an gelten. Die Regelungen des HGrStG sind daher trotz des vorherigen Inkrafttretens nach § 17 HGrStG erst für die Erhebung der **Grundsteuer** ab dem **Kalenderjahr 2025** von Bedeutung.

1 Hessische LT-Drucks. 20/6379 S. 25.
2 Hessisches Grundsteuergesetz v. 15.12.2021, Hessisches GVBl 2021 S. 906.
3 Vgl. hierzu Bock/Lapp in Grootens, HGrStG § 1 Rz. 11.
4 Siehe hierzu vertiefend Bock/Lapp in Grootens, HGrStG § 8 Rz. 36.

(Einstweilen frei) 4–5

IV. Vereinbarkeit der Vorschrift mit höherrangigem Recht

§ 17 HGrStG begegnet keinen verfassungsrechtlichen Bedenken. 6

(Einstweilen frei) 7–10

V. Verhältnis zu anderen Vorschriften

§ 17 HGrStG setzt die **§§ 1–16 HGrStG** in Kraft. 11

(Einstweilen frei) 12–15

B. Systematische Kommentierung

§ 17 HGrStG regelt den **Zeitpunkt des Inkrafttretens** des HGrStG[1] und bestimmt, dass das Gesetz **am Tag nach der Verkündung** in Kraft tritt. Das HGrStG wurde am 23.12.2021 im Hessischen Gesetz- und Verordnungsblatt verkündet[2] und ist damit am 24.12.2021 in Kraft getreten.[3] Die Veröffentlichung des Hinweises auf vom Bundesrecht abweichendes Landesrecht im Bundesgesetzblatt erfolgte am 29.12.2021.[4] Nach Art. 125b Abs. 3 GG darf das abweichende Landesrecht der **Erhebung** der Grundsteuer jedoch frühestens für Zeiträume **ab dem 1.1.2025** zugrunde gelegt werden. Dem trägt § 8 Abs. 2 Satz 1 HGrStG[5] Rechnung, wonach die in der Hauptveranlagung festgesetzten Steuermessbeträge frühestens vom Kalenderjahr 2025 an gelten. 16

1 AE HGrStG zu § 17.

2 Hessisches GVBl 2021 S. 906.

3 AE HGrStG zu § 17.

4 BGBl 2021 I S. 5263; siehe auch AE HGrStG zu § 17.

5 Siehe hierzu vertiefend Bock/Lapp in Grootens, HGrStG § 8 Rz. 36.

Abschnitt VII: Niedersachsen

Vorwort zur Kommentierung des Niedersächsischen Grundsteuergesetzes (NGrStG)

Inhaltsübersicht **Rz.**

LITERATUR:

Kirchhoff, Die grundgesetzlichen Grenzen der Grundsteuerreform, DStR 2018 S. 2661; *Seer*, Grundsteuer nach dem Urteil des BVerfG v. 10.4.2018 – Analyse und Folgerungen, DB 2018 S. 1488; *Löhr*, Flächensteuer: Eine Mogelpackung?, BB 2019 S. 2589; *Freund*, Der Belastungsgrund der Grundsteuer – von Leistungsfähigkeit und Äquivalenz, FR 2019 S. 931; *Ronnecker*, Niedersächsisches Flächen-Lage-Modell für die Grundsteuer – Ein Diskussionsbeitrag aus städtischer Sicht, ZKF 2019 S. 265; *Hubert*, Nach ist vor der Grundsteuerreform, StuB 2020 S. 552; *Schmidt*, Verfassungswidrigkeit der Grundsteuer als Flächensteuer, DStR 2020 S. 249; *Grootens*, Umsetzung der Grundsteuerreform in den Ländern – Der Flickenteppich kommt!, ErbStB 2021 S. 80; *Rose*, Neues Recht zur Grundsteuer in Niedersachsen, ZKF 2021 S. 270;*Bräutigam*, Grundsteuerreform – von der künftigen Diversität einer Steuerart, DStR 2021 S. 1330; *Scheffler/Feldner*, Umsetzung der Grundsteuerreform in den Bundesländern – Auswirkungen und verfassungsrechtliche Beurteilung, ifst-Schrift Nr. 542; *Löhr*, Niedersächsisches Grundsteuergesetz: Auf unsicheren Pfaden, BB 2022 S. 87; *Arconada Valbuena/Renner*, Fragliches „Flächen-Lage-Modell" durch Länderöffnungsklausel: Ist das Niedersächsische Grundsteuergesetz am Ende verfassungswidrig?, AStW 2022 S. 400; *Freund*, Die neue Grundsteuer (Teil 2) – Eine Chance für das Äquivalenzprinzip, jM 2022 S. 203; *Arning*, Das Niedersächsische Grundsteuergesetz im Bund-Länder-Vergleich, NdsVBl. 2022 S. 33; *Bräutigam/Kuttig*, Grundsteuerreform 2022: Anmerkungen zu den Ausfüllformularen der Finanzverwaltung, NWB 31/2022 S. 2221 NWB PAAAJ-18541; *Günther*, Grundsteuerreform 2022: Anmerkungen zu den Ausfüllformularen der Finanzverwaltung, ErbStB 2022 S. 324; *Schmid*, Erste Schritte und Erfahrungen bei der Erstellung der Grundsteuererklärung, BC 2022 S. 350; *Marx*, Niedersächsisches Grundsteuergesetz auf dem Prüfstand, DStZ 2023 S. 372; *Blut*, Grundsteuerreform 2025 – Das Niedersächsische GrStG zwischen Wunsch und Wirklichkeit, DStR 2023 S. 2756; *Mandler*, Grundsteuermodelle mit Lageabstufung – Der Wunsch entspricht der Wirklichkeit, DStR 2024 S. 921; siehe ergänzend auch die Literaturangaben beim hessischen Grundsteuergesetz.

HINWEISE:

Niedersächsisches Finanzministerium, Anwendung des Niedersächsischen Grundsteuergesetzes (NGrStG) zur Bewertung des Grundvermögens für die Grundsteuer ab 1.1.2022 (AENGrStG), RdErl. d. MF v. 22.2.2022 - G 1002-6 - 62100.

Aufforderung zur Abgabe der Erklärung zur Feststellung des Grundsteuerwerts (land- und forstwirtschaftliches Vermögen) und Feststellung der Äquivalenzbeträge (Grundvermögen) für den Hauptfeststellungszeitpunkt 1. Januar 2022; Öffentliche Bekanntmachung, Landesamt für Steuern Niedersachsen v. 21.3.2022 - G 1002-6.

Aufforderung zur Abgabe der Erklärung zur Feststellung des Grundsteuerwerts (land- und forstwirtschaftliches Vermögen) und Feststellung der Äquivalenzbeträge (Grundvermögen) für den Hauptfeststellungszeitpunkt 1. Januar 2025, Fristverlängerung bis zum 31. Januar 2023, Landesamt für Steuern Niedersachsen v. 17.10.2022 - G 1002-6, Nds.MBl. Nr. 43/2022 S. 1405.

Allgemeinverfügung betreffend Einsprüche gegen Bescheide über die Grundsteueräquivalenzbeträge – Hauptfeststellung auf den 1. Januar 2022 (Grundlagenbescheid) und damit verbundene Einsprüche gegen Bescheide über den Grundsteuermessbetrag – Hauptveranlagung auf den 1. Januar 2025 (Folgebescheid); Anordnungsruhe nach § 363 Absatz 2 Satz 3 der Abgabenordnung (AO), Landesamt für Steuern Niedersachsen v. 28.8.2024 - S 324-St 284-246/2023-3602/2023/S 0622-St 141-573/2023, Nds.MBl. Nr. 387/2024.

A. Gesetzgebungsverfahren zum NGrStG

1 Die **Niedersächsische Landesregierung** hat bereits kurze Zeit nach Einführung der Öffnungsklausel mit der Erarbeitung eines **eigenen Grundsteuer-Modells** begonnen. Dabei wurde das vom Land Bayern favorisierte reine Flächenmodell hinsichtlich der Belastungsverteilung kritisch gesehen. Es sei ungerecht und schwer vermittelbar, dass Grundstücke gleicher Größe in derselben Gemeinde unabhängig von ihrer Lage stets dieselbe Grundsteuer zahlen müssten.[1] Das niedersächsische Modell sollte diesen Kritikpunkt beseitigen und das bayerische Modell um einen lageabhängigen Faktor erweitern.

2 **Ursprünglich** sah das niedersächsische Modell in einem Arbeitspapier des Finanzministeriums[2] noch vor, dass die jeweiligen Gemeinden in Abhängigkeit der Streuung der Bodenrichtwerte im Verhältnis zum durchschnittlichen Bodenrichtwert der Gemeinde in Lagekategorien eingeteilt werden sollten. Je nachdem, in welcher **Lagekategorie** sich ein Grundstück befindet, sollte der Äquivalenzwert mit einem entsprechenden Faktor in Abhängigkeit der Anzahl der Lagekategorien zwischen 0,4 und 2,0 (später zwischen 0,6 und 1,4) multipliziert werden. Von diesem Modell wurde schließlich Abstand genommen[3] und im Kern das hessische Modell[4] im Niedersächsischen Grundsteuergesetz (im Folgenden: NGrStG) übernommen. Danach wird der Äquivalenzwert mit einem Lage-Faktor multipliziert, der den jeweiligen für das Grundstück maßgeblichen Bodenrichtwert ins Verhältnis zum durchschnittlichen Bodenrichtwert der Gemeinde setzt und um den Wert 0,3 potenziert.

3 Der Gesetzentwurf zum NGrStG wurde von der Niedersächsischen Landesregierung am 14.4.2021 in den Landtag eingebracht.[5] Im laufenden Gesetzgebungsverfahren haben sich insbesondere aufgrund der **Empfehlungen** des **federführenden Ausschusses** für Haushalt und Finanzen[6] die nachfolgend dargestellten wesentlichen inhaltlichen Änderungen ergeben:

- ► Auf die ursprünglich geplante Ermittlung eines Grundsteuerausgangsbetrags als Summe der einzelnen Äquivalenzbeträge wurde verzichtet. Stattdessen wird direkt auf die jeweiligen Äquivalenzbeträge als Bemessungsgrundlage für den Grundsteuermessbetrag abgestellt.[7]

---

1 Niebuhr, Tagungsbericht zum Abendsymposium „Grundsteuerreform – der niedersächsische Weg“ v. 25.2.2020, https://go.nwb.de/p463d; siehe auch Niedersächsische LT-Drucks. 18/8995 S. 2.

2 Das ursprüngliche Arbeitspapier ist nicht mehr abrufbar. Vgl. die Darstellung des Modells bei Ronnecker, ZKF 2019 S. 265. Zu den später angepassten Faktoren vgl. Hüdepohl, Reform des Grundsteuer- und Bewertungsrechts – Plädoyer für das niedersächsische Flächen-Lage-Modell, https://go.nwb.de/u3bnx.

3 Vgl. zur Kritik an diesem Modell Ronnecker, ZKF 2019 S. 265.

4 Vgl. hierzu Bock/Lapp in Grootens, HGrStG, Kommentierung wird in Kürze online gestellt.

5 Siehe Niedersächsische LT-Drucks. 18/8995 S. 1.

6 Niedersächsische LT-Drucks. 18/9632.

7 Vgl. hierzu Bock/Lapp in Grootens, NGrStG, § 2 Rz. 12 und 61 ff., siehe auch Niedersächsische LT-Drucks. 18/9632 S. 6.

- Die im Gesetzentwurf vorgesehenen gesetzlichen Vorgaben, dass die Wohnfläche i. S. der Wohnflächenverordnung und die Nutzfläche nach DIN 277 maßgeblich sei, wurden nicht in das Gesetz aufgenommen.[1]
- Eine Freigrenze, nach welcher Garagen mit einer Nutzfläche bis zu 100 m² außer Ansatz bleiben sollten, wurde durch einen „Garagenfreibetrag" von 50 m² ersetzt. Darüber hinaus wurden die Bagatellgrenzen, bis zu denen (Neben-)gebäude von untergeordneter Bedeutung außer Ansatz bleiben, von ursprünglich 23 m² auf nunmehr 30 m² angehoben.[2]

4 Der **Niedersächsische Landtag** hat das NGrStG in seiner Sitzung am 7.7.2021 verabschiedet.[3] Niedersachsen hat damit im Eiltempo (von der Einbringung des Gesetzentwurfs am 14.4.2021[4] bis zur Verabschiedung des Gesetzes vergingen keine drei Monate) die durch das Gesetz zur Änderung des Grundgesetzes (Art. 72, 105 und 125b) v. 15.11.2019[5] in Art. 72 Abs. 3 Satz 1 Nr. 7 GG geschaffene Möglichkeit, ganz oder zum Teil von den bundesgesetzlichen Regelungen zur Grundsteuer abzuweichen, genutzt. Während Berlin,[6] Bremen,[7] das Saarland[8] und Sachsen[9] lediglich punktuell im Bereich der Steuermesszahlen vom Bundesrecht abweichen, war Niedersachsen nach Baden-Württemberg das zweite Land, welches insbesondere im Bereich der Bewertung des Grundvermögens für Zwecke der Grundsteuer mit einem Flächen-Lage-Modell eigenständige Regelungen eingeführt hat. Mit Art. 5 des Gesetzes zur Änderung des Niedersächsischen Spielbankengesetzes, der Allgemeinen Gebührenordnung und des Niedersächsischen Grundsteuergesetzes vom 17.5.2022[10] erfolgten bereits, insbesondere aufgrund der Überarbeitung der Immobilienwertermittlungsverordnung,[11] erforderliche Änderungen in § 5 NGrStG.[12]

5 In Niedersachsen findet ebenfalls die bundesgesetzliche Regelung des § 25 Abs. 5 GrStG (sog. Grundsteuer C) Anwendung. Die **Einführung der Grundsteuer C** war im politischen Gesetzgebungsverfahren nicht unumstritten. Mit einem Änderungsantrag zum NGrStG bezweckte die oppositionelle FDP[13] die Anwendung der Grundsteuer C in Niedersachsen auszuschließen. Die Grundsteuer C hätte Mehrbelastungen der Bürgerinnen und Bürger zur Folge, anstatt Bautätigkeiten zu fördern. Der Antrag fand im Niedersächsischen Landtag keine Mehrheit.[14] Auch im Rahmen der öffentlichen Anhörung zum NGrStG wurde die Grundsteuer C kritisiert. Wie die frühere Grundsteuer C der 1960er-Jahre würde sie ihre Lenkungswirkung verfehlen und als „Strafsteuer" zu einem ungünstigen Zeitpunkt eingeführt werden, zu dem die Unternehmen

---

1 Vgl. hierzu Bock/Lapp in Grootens, NGrStG, § 3 Rz. 12, siehe auch Niedersächsische LT-Drucks. 18/9632 S. 13.

2 Vgl. hierzu Bock/Lapp in Grootens, NGrStG, § 3 Rz. 13; siehe auch Niedersächsische LT-Drucks. 18/9632 S. 13 ff.

3 Siehe stenografischer Bericht über die 114. Sitzung des Niedersächsischen Landtags v. 7.7.2021 S. 10812.

4 Siehe Niedersächsische LT-Drucks. 18/8995 S. 1.

5 BGBl I 2019 S. 1546.

6 Siehe hierzu vertiefend Grootens in Grootens, BlnGrStMG, § 1 Rz. 22 ff.

7 Siehe hierzu vertiefend Grootens in Grootens, BremGrStMG, § 1 Rz. 22 ff.

8 Siehe hierzu vertiefend Grootens in Grootens, GrStG-Saar, § 1 Rz. 22 ff.

9 Siehe hierzu vertiefend Grootens in Grootens, SächsGrStMG, § 1 Rz. 22 ff.

10 Nds. GVBl Nr. 17 /2022 S. 314.

11 Immobilienwertermittlungsverordnung v. 14.7.2021, BGBl 2021 I S. 2805.

12 Siehe hierzu vertiefend Bock/Lapp in Grootens, NGrStG, § 5 Rz. 14.

13 Niedersächsische LT-Drucks. 18/9641.

14 Vgl. Stenografischer Bericht der 114. Plenarsitzung des Niedersächsischen Landtags am 7.7.2021 S. 10811.

aufgrund der Corona-Pandemie ohnehin bereits geplante Investitionen zurückstellen würden.[1] Den Gemeinden werde die Verantwortung aufgebürdet und das Versprechen der Aufkommensneutralität werde mit der Grundsteuer C gebrochen.[2] Ob und inwieweit Gemeinden von der Möglichkeit der Erhebung der Grundsteuer C Gebrauch machen werden, bleibt – wie auch in Ländern, die bei der Grundsteuer das Bundesmodell anwenden – abzuwarten.

(Einstweilen frei) 6–7

B. Überblick über das NGrStG

I. Bewertung des land- und forstwirtschaftlichen Vermögens

Bei der Grundsteuer für **land- und forstwirtschaftliches Vermögen** (sog. Grundsteuer A) finden in Niedersachen grds. die **Regelungen des Bundesgesetzes** (§§ 232–242 BewG) zur Ermittlung der Bemessungsgrundlage für Zwecke der Grundsteuer Anwendung. Niedersachsen trifft in § 11 NGrStG lediglich punktuell abweichende Regelungen zur Bewertung von Betrieben der Land- und Forstwirtschaft.[3] 8

II. Bewertung des Grundvermögens

Bei der **Grundsteuer für das Grundvermögen** (sog. Grundsteuer B) wurde dagegen abweichend vom Bundesgesetz das sog. **Flächen-Lage-Modell** eingeführt. Dieses basiert – vergleichbar mit dem hessischen Flächen-Faktor-Verfahren[4] – auf dem bayerischen Flächenverfahren,[5] erweitert dieses jedoch um einen zusätzlichen Lage-Faktor, der abhängig von dem Bodenrichtwert des zu bewertenden Grundstücks und dem durchschnittlichen Bodenrichtwert der Gemeinde ist. 9

Ausgangspunkt des Flächen-Lage-Modells ist der nach dem **bayerischen Flächenmodell** ermittelte Wert (Boden- und Gebäudefläche x jeweilige Äquivalenzzahl x jeweilige Steuermesszahl). Hierauf wird ein lageabhängiger Faktor angewendet, der sich aus dem Verhältnis des jeweiligen Zonen-Bodenrichtwerts zum Durchschnittsbodenrichtwert der Gemeinde potenziert mit 0,3 ermittelt. Durch die Einführung dieses Faktors soll die unterschiedliche Lagequalität des zu bewertenden Grundstücks im Verhältnis zu der durchschnittlichen Lage der Gemeinde berücksichtigt werden, wobei die Potenzierung mit 0,3 im Hinblick auf das Verhältnis vom jeweiligen für das Grundstück maßgeblichen Bodenrichtwert zum durchschnittlichen Bodenrichtwert dämpfend wirkt. Im Gegensatz zu dem bayerischen Flächenmodell, in dem die Belegenheit des Grundstücks für die Bewertung keine Rolle spielt, beeinflusst die Lage eines Grundstücks im Flächen-Lage-Verfahren folglich die Bemessungsgrundlage für die Grundsteuer. 10

1 Vgl. Röckendorf, Niederschrift über die 125. – öffentliche – Sitzung des Ausschusses für Haushalt und Finanzen des Niedersächsischen Landtags am 19.5.2021 in Hannover S. 15.

2 Vgl. Röckendorf, Niederschrift über die 125. –öffentliche – Sitzung des Ausschusses für Haushalt und Finanzen des Niedersächsischen Landtags am 19.5.2021 in Hannover S. 15.

3 Siehe hierzu vertiefend Bock/Lapp in Grootens, NGrStG, § 11 Rz. 36 ff.

4 Vgl. hierzu Bock/Lapp in Grootens, HGrStG.

5 Vgl. hierzu Lehmann in Grootens, BayGrStG.

11 Schematisch stellt sich das niedersächsische Flächen-Lage-Modell wie folgt dar:

Fläche des Grund und Bodens § 3 NGrStG	Wohnflächen § 3 NGrStG	Nutzflächen § 3 NGrStG
x	x	x
Äquivalenzzahl Grund und Boden § 4 Abs. 2 Satz 1 NGrStG 0,04 €/m² (ggf. Minderung nach § 4 Abs. 2 Satz 2 NGrStG)	Äquivalenzzahl Gebäude § 4 Abs. 1 NGrStG 0,50 €/m²	Äquivalenzzahl Gebäude § 4 Abs. 1 NGrStG 0,50 €/m²
x	x	x
Lage-Faktor § 5 NGrStG $\left(\frac{\text{Bodenrichtwert}}{\text{durchschn. Bodenrichtwert}}\right)^{0,3}$	Lage-Faktor § 5 NGrStG $\left(\frac{\text{Bodenrichtwert}}{\text{durchschn. Bodenrichtwert}}\right)^{0,3}$	Lage-Faktor § 5 NGrStG $\left(\frac{\text{Bodenrichtwert}}{\text{durchschn. Bodenrichtwert}}\right)^{0,3}$
▼	▼	▼
Äquivalenzbetrag Grund und Boden § 2 Abs. 3 Satz 1 und 3 NGrStG	Äquivalenzbetrag Wohnflächen § 2 Abs. 3 Satz 2 und 3 NGrStG	Äquivalenzbetrag Nutzflächen § 2 Abs. 3 Satz 2 und 3 NGrStG
x	x	x
Grundsteuermesszahl § 6 Abs. 1 Satz 1 NGrStG 100 %	Grundsteuermesszahl § 6 Abs. 1 Satz 2 NGrStG 70 % (ggf. Ermäßigung nach § 6 Abs. 2, 3 und/oder 4 NGrStG)	Grundsteuermesszahl § 6 Abs. 1 Satz 1 NGrStG 100 % (ggf. Ermäßigung nach § 6 Abs. 3 NGrStG)
▼	▼	▼
	Grundsteuermessbetrag § 2 Abs. 2 NGrStG	
	x	
	Hebesatz § 7 NGrStG	
	▼	
	Jahresbetrag der Grundsteuer § 2 Abs. 1 Satz 2 und 3 NGrStG	

12–15 *(Einstweilen frei)*

III. Grundsteuer C

16 Die bundesgesetzlichen Regelungen zum gesonderten Hebesatz für baureife, unbebaute Grundstücke (sog. Grundsteuer C, § 25 Abs. 5 GrStG)[1] finden über § 7 Abs. 3 NGrStG auch in Niedersachsen entsprechend Anwendung. Während die **Grundsteuer C** im bayerischen Modell explizit ausgeschlossen wird[2] und ihr Anwendungsbereich im hessischen Modell durch landesspezifische Regelungen sogar erweitert wird,[3] wendet Niedersachsen die bundesgesetzlichen Regelungen zur Grundsteuer C unverändert an.

1 Siehe vertiefend Grootens in Grootens, GrStG, § 25 Rz. 1 ff.
2 Siehe hierzu Lehmann in Grootens, BayGrStG, Art. 5 Rz. 54,
3 Siehe hierzu Bock/Lapp in Grootens, HGrStG, § 13 Rz. 27,

IV. Steuermesszahlen

Gemäß § 6 Abs. 1 Satz 1 NGrStG beträgt die **Steuermesszahl für den Grund und Boden** und für nicht zu Wohnzwecken genutzte Flächen 100 %. Für zu Wohnzwecken genutzte Flächen beträgt gem. § 6 Abs. 1 Satz 2 NGrStG die Steuermesszahl 70 %, wird also gegenüber der Grundsteuermesszahlen für den Grund und Boden und für Nutzflächen um 30 % ermäßigt. 17

Auf Antrag kann die **Steuermesszahl** nach § 6 Abs. 2, Abs. 3 und/oder Abs. 4 NGrStG bis zu drei Mal um jeweils 25 % auf dann maximal 29,53125 % gesenkt werden. In Betracht kommt eine **Ermäßigung** bei 18

- enger räumlicher Verbindung mit einem Betrieb der Land- und Forstwirtschaft (§ 6 Abs. 2 Satz 1 NGrStG),[1]
- Bebauung mit einem Baudenkmal (§ 6 Abs. 3 NGrStG),[2]
- gefördertem Wohnraum (§ 6 Abs. 4 Nr. 1 NGrStG)[3] und
- dem Grundbesitz bestimmter Rechtsträger (z. B. bestimmter Wohnungsbaugesellschaften; § 6 Abs. 4 Nr. 2 NGrStG i. V. mit § 15 Abs. 4 Satz 1 Nr. 1, 2 oder 3 GrStG).[4]

(Einstweilen frei) 19–22

C. Regelungsziele des NGrStG

Mit der Inanspruchnahme der Öffnungsklausel verfolgte der niedersächsische Gesetzgeber im Wesentlichen folgende **Ziele:**[5] 23

- Unbürokratische und zeitgemäße Fortentwicklung der Grundsteuer für das Grundvermögen (sog. Grundsteuer B) (siehe hierzu → Rz. 24),
- Sicherung der Grundsteuer als konjunkturunabhängige und verlässliche Einnahmequelle der Kommunen (siehe hierzu → Rz. 25),
- einfach nachvollziehbare, weniger streitanfällige und weitgehend automatisiert mögliche Berechnung der Grundsteuer (siehe hierzu → Rz. 26),
- Reduzierung des Bürokratie- und Verwaltungsaufwands (siehe hierzu → Rz. 27),
- Aufkommensneutralität (siehe hierzu → Rz. 28).

Zur unbürokratischen und zeitgemäßen Fortentwicklung der Grundsteuer wird die **Belastungsgrundentscheidung** bei der Bewertung des Grundvermögens in Niedersachsen auf den **Äquivalenzgedanken** gestützt. Dabei orientiert sich das niedersächsische Bewertungsmodell nicht an dem Marktwert des Grundbesitzes, sondern an sog. Äquivalenzzahlen für die Boden- und Gebäudeflächen sowie der Lage.[6] Zu der verfassungsrechtlichen Bewertung des niedersächsischen Modells und der Belastungsgrundentscheidung siehe → Rz. 42 ff. 24

Das sich aus Art. 28 Abs. 2 Satz 3 GG ergebende **kommunale Hebesatzrecht** bleibt vom NGrStG unberührt, die tatsächliche Höhe der Steuerbelastung wird in Niedersachsen auch weiterhin 25

---

1 Siehe vertiefend Bock/Lapp in Grootens, NGrStG, § 6 Rz. 36 ff.
2 Siehe vertiefend Bock/Lapp in Grootens, NGrStG, § 6 Rz. 51 ff.
3 Siehe vertiefend Bock/Lapp in Grootens, NGrStG, § 6 Rz. 61.
4 Siehe hierzu Bock in Grootens, NGrStG, § 15 Rz. 78 ff.
5 Vgl. Niedersächsische LT-Drucks. 18/8995 S. 1.
6 Vgl. Niedersächsische LT-Drucks. 18/8995 S. 1.

durch den kommunalen Hebesatz bestimmt. Das NGrStG zielt darauf ab, den Gemeinden das Aufkommen aus der Grundsteuer (ca. 1,4 Mrd. € im Jahr 2019) zu erhalten.[1]

26 In dem niedersächsischen Modell soll die Bemessungsgrundlage für die Grundsteuer nur **wenige Angaben der Steuerpflichtigen** erfordern. Lediglich zu den Flächen und deren Nutzung sollen Angaben erforderlich sein, die anderen für die Berechnung der Bemessungsgrundlage notwendigen Angaben sollen der niedersächsischen Finanzverwaltung vorliegen.[2] Die Berechnung der Bemessungsgrundlage soll nach Ansicht des Landesgesetzgebers in wenigen Schritten und weitgehend automatisiert erfolgen, einfach nachzuvollziehen und weniger streitanfällig als das Bundesmodell sein.[3]

27 Neben der besseren Nachvollziehbarkeit wurde mit dem NGrStG eine erhebliche **Reduzierung des Bürokratie- und Personalaufwands** im Vergleich zum Bundesgesetz angestrebt. Abweichend von den bundesgesetzlichen Regelungen sind in Niedersachsen zukünftig keine weiteren Hauptfeststellungen, sondern lediglich noch anlassbezogene Betrags- und Flächenfortschreibungen erforderlich. Daneben werden die Lage-Faktoren in Abständen von sieben Jahren automatisiert überprüft, was bei Veränderungen im Einzelfall zu Betragsfortschreibungen führen kann.[4] Im Vergleich zum Bundesmodell schätzte die niedersächsische Landesregierung einen um rund 34 % geringeren Personalbedarf zur Umsetzung der Reform in den Jahren 2021–2024.[5]

28 Wie der Bundesgesetzgeber und andere abweichende Länder strebt auch Niedersachsen eine insgesamt **aufkommensneutrale Reform** der Grundsteuer an.[6] Dabei wurde nicht verkannt, dass es zwischen den einzelnen wirtschaftlichen Einheiten zu Belastungsverschiebungen kommen wird, die Grundsteuer sich also für einige wirtschaftliche Einheiten erhöhen wird, während es bei anderen zu Senkungen kommt.[7] Diese Belastungsverschiebungen sind der Reform allerdings immanent und zwingende Konsequenz der Umsetzung des Bundesverfassungsgerichts-Urteils v. 10.4.2018.[8] Die Landesregierung ist der Ansicht, dass die Belastungsverschiebung nach oben und unten bei dem niedersächsischen Modell mitunter sehr viel geringer seien als bei anderen Modellen.[9] Inwieweit es tatsächlich zu Belastungsverschiebungen kommen wird, kann derzeit noch nicht abgeschätzt werden. Die Einführung eines Exponenten kleiner 1 zur Dämpfung des Lage-Faktors könnte allerdings eine Privilegierung von Grundstücken in teureren Lagen indizieren, da sich der Lage-Faktor verhältnismäßig weniger stark verändert, je stärker der Zonen-Bodenrichtwert vom durchschnittlichen Bodenrichtwert abweicht.[10] Nach Auffassung der Landesregierung habe sich die Prognose bestätigt, dass dem Land durch die Grundsteuerreform ein nennenswerter Mehraufwand gegenüber den vorherigen Vollzugskosten entstanden ist und davon auszugehen ist, dass bis einschließlich 2025 erhebliche zusätzli-

---

1 Niedersächsische LT-Drucks. 18/8995 S. 2.

2 Vgl. Hilbers, Niederschrift über den öffentlichen Teil der 124. Sitzung des Ausschusses für Haushalt und Finanzen im Niedersächsischen Landtag am 5.5.2021 S. 19.

3 Niedersächsische LT-Drucks. 18/8995 S. 1.

4 Siehe hierzu vertiefend Bock/Lapp in Grootens, NGrStG, § 8 Rz. 52.

5 Vgl. Niedersächsische LT-Drucks. 18/8995 S. 3.

6 Niedersächsiche LT-Drucks. 18/8995 S. 2.

7 Vgl. Hilbers, Niederschrift über den öffentlichen Teil der 124. Sitzung des Ausschusses für Haushalt und Finanzen im Niedersächsischen Landtag am 5.5.2021 S. 22.

8 BVerfG, Urteil v. 10.4.2018 - 1 BvL 11/14, 1 BvL 12/14, 1 BvL 1/15, 1 BvR 639/11, 1 BvR 889/12 NWB MAAAG-80435.

9 Hilbers, Niederschrift über den öffentlichen Teil der 124. Sitzung des Ausschusses für Haushalt und Finanzen im Niedersächsischen Landtag am 5.5.2021 S. 22.

10 Vgl. Grafik in der Begründung Niedersächsische LT-Drucks. 18/8995 S. 23.

che personelle Kapazitäten bei den Finanzämtern gebunden werden.[1] Der Personalbedarf für die Hauptfeststellung sei jedoch deutlich geringer ausgefallen, als er ausgefallen wäre, wenn sich Niedersachsen für den Einsatz des Bundesmodells entschieden hätte und werde sich in Zukunft verringern.[2]

Um das Ziel der Aufkommensneutralität zu erreichen, wird an die **Gemeinden** appelliert, die aus der Neuregelung resultierenden Belastungsverschiebungen durch eine **Anpassung des Hebesatzes** so auszugleichen, dass ein konstantes Grundsteueraufkommen gesichert wird.[3] Darüber hinaus wurde in § 7 Abs. 1 NGrStG gesetzlich normiert, dass die jeweilige Gemeinde bei der Hauptveranlagung einen aufkommensneutralen Hebesatz ermitteln muss. Dieser und etwaige Abweichungen hiervon sind auf geeignete Art und Weise zu veröffentlichen.[4] Da die Bemessungsgrundlage beim Äquivalenzmodell mit den vorgesehenen Äquivalenzzahlen erheblich geringer sein dürfte als bei einem marktwertorientierten Modell, ist in Niedersachsen damit zu rechnen, dass die Gemeinden ihre Hebesätze entsprechend erhöhen müssen.[5] Der Lagefaktor dürfte die Bemessungsgrundlage weiter drücken, da sich die Potenz von 0,3 bei Zahlen über 1 verhältnismäßig mehr dämpfend als sie sich bei Zahlen unter 1 hebend auswirkt.[6] 29

(Einstweilen frei) 30–32

D. Verfahrensvorschriften

I. Grundsteuer B: Dreistufiges Verfahren

Das **niedersächsische Grundsteuerrecht** ist auch beim Grundvermögen weiterhin **dreistufig aufgebaut.** Abweichend vom Bundesmodell werden auf der ersten Stufe keine Grundsteuerwerte, sondern Äquivalenzbeträge festgestellt (§§ 2 Abs. 3, 8 Abs. 2 Satz 2, 8 Abs. 3 NGrStG).[7] Hierauf aufbauend wird zur Ermittlung der Grundsteuer ein Grundsteuermessbetrag festgesetzt (§§ 2 Abs. 2, 9 Abs. 1, 9 Abs. 2 NGrStG).[8] Dieser ist die Bemessungsgrundlage, auf welche die jeweilige Gemeinde zur Ermittlung der zu zahlenden Grundsteuer ihren Hebesatz anwendet (§ 2 Abs. 1 Satz 2 NGrStG). 33

(Einstweilen frei) 34–35

---

1 Niedersächsische LT-Drucks. 19/4946 S. 1.

2 Niedersächsische LT-Drucks. 19/4946 S. 1.

3 Niedersächsische LT-Drucks. 18/8995 S. 1.

4 Siehe vertiefend Bock/Lapp in Grootens, NGrStG, § 7 Rz. 41 f.

5 So auch Arning, NdsVBl. 2022 S. 33.

6 Vgl. Grafik in Niedersächsische LT-Drucks. 18/8995 S. 23. Das dort ausgewählte Beispiel zeigt, dass die Dämpfung bei der Hälfte des durchschnittlichen Bodenrichtwerts ca. 30 Prozentpunkte (von Faktor 0,5 zu Faktor 0,8) beträgt, während eine Verdopplung des Bodenrichtwert zu einer Dämpfung um 80 Prozentpunkte (von Faktor 2,0 zu Faktor 1,2) führt.

7 Zur Frage, ob für verfahrensrechtliche Vorschriften eine Gesetzgebungsbefugnis der Länder besteht, siehe Bock/Lapp in Grootens, NGrStG, § 8 Rz. 21.

8 Siehe hierzu vertiefend Bock/Lapp in Grootens, NGrStG, § 2 Rz. 61 f.

II. Erklärungs- und Anzeigepflichten

36 Die in § 228 BewG[1] und § 19 GrStG[2] **bundesgesetzlich geregelten Erklärungs- und Anzeigepflichten** gelten mangels abweichender landesgesetzlicher Regelung grundsätzlich auch in Niedersachsen. Für die Steuerpflichtigen bedeutet dies:

- Zum ersten Hauptfeststellungszeitpunkt auf den 1.1.2022 war eine Erklärung zur Feststellung der Äquivalenzbeträge elektronisch nach amtlich vorgeschriebenem Datensatz an die Finanzbehörde zu übermitteln. Die Abgabe der Erklärung auf einem amtlichen Papiervordruck ist auch im niedersächsischen Modell in Härtefällen möglich. Da Niedersachsen keine weitere Hauptfeststellung durchführt, wird keine weitere Erklärung zur Feststellung der Äquivalenzbeträge in den Folgejahren erforderlich werden.[3]
- Dem Finanzamt müssen jeweils durch elektronische Übermittlung nach amtlich vorgeschriebenem Datensatz, wobei auch hier die Abgabe der Anzeige auf einem amtlichen Papiervordruck in Härtefällen auf Antrag möglich bleibt, folgende Änderungen angezeigt werden:
  - Änderungen der tatsächlichen Verhältnisse, die sich auf die Höhe der Äquivalenzbeträge auswirken oder zu deren Aufhebung oder Nachfeststellung führen können,
  - ein Wechsel des (wirtschaftlichen) Eigentümers bei einem Gebäude auf fremdem Grund und Boden,
  - jede Änderung in der Nutzung oder in den Eigentumsverhältnissen eines ganz oder teilweise von der Grundsteuer befreiten Grundstücks,
  - der Wegfall der Voraussetzungen für eine ermäßigte Steuermesszahl.

37 Das NGrStG trifft hinsichtlich der Erklärungs- und Anzeigepflichten in §§ 8 Abs. 5, 9 Abs. 4 NGrStG[4] lediglich folgende **punktuelle Abweichungen vom Bundesrecht:**

	NGrStG	BewG
Öffentliche Aufforderung zur Erklärungsabgabe mittels Allgemeinverfügung	zwingend durch öffentliche Bekanntmachung durch die für Steuern in Niedersachsen zuständige Mittelbehörde (Landesamt für Steuern Niedersachsen) § 8 Abs. 5 Satz 1 NGrStG[5]	durch öffentliche Bekanntmachung des Bundesministeriums der Finanzen im Einvernehmen mit den obersten Finanzbehörden der Länder möglich § 228 Abs. 1 Satz 3 BewG[6]
Anzeigepflichtige/r bei Eigentumswechsel eines Gebäudes auf fremdem Grund und Boden	(wirtschaftliche/r) Eigentümer/in des Gebäudes § 8 Abs. 5 Satz 4 NGrStG[7]	Eigentümer/in des Grund und Bodens § 228 Abs. 3 Nr. 3 BewG[8]

38–41 *(Einstweilen frei)*

1 Siehe hierzu Kurt in Grootens, BewG, § 228 Rz. 1 ff.
2 Siehe hierzu Bock in Grootens, GrStG, § 19 Rz. 1 ff.
3 Siehe vertiefend Bock/Lapp in Grootens, NGrStG, § 8 Rz. 46 und § 9 Rz. 36.
4 Siehe vertiefend Bock/Lapp in Grootens, NGrStG, § 8 Rz. 71 ff., und NGrStG, § 9 Rz. 56 ff.
5 Siehe vertiefend Bock/Lapp in Grootens, NGrStG, § 8 Rz. 72.
6 Siehe vertiefend Kurt in Grootens, BewG, § 228 Rz. 66 f.
7 Siehe vertiefend Bock/Lapp in Grootens, NGrStG, § 8 Rz. 75.
8 Siehe vertiefend Kurt in Grootens, BewG, § 228 Rz. 152 ff.

E. Verfassungsrechtliche Bewertung

Im Hinblick auf die Gesetzgebungsbefugnis begegnet das NGrStG nach der Änderung des Grundgesetzes[1] keinen durchgreifenden Bedenken. Die Gesetzgebungsbefugnis ergibt sich jedenfalls für die materiell-rechtlichen Regelungen aus Art. 72 Abs. 3 Satz 1 Nr. 7 GG (sog. Ländereröffnungsklausel).[2] Auch das NGrStG muss darüber hinaus die verfassungsrechtlichen Vorgaben, insbesondere aus dem **Urteil des Bundesverfassungsgerichts** vom 10.4.2018[3] zur Verfassungsmäßigkeit der Einheitsbewertung erfüllen. Demzufolge hat der Gesetzgeber bei der Wahl der Bemessungsgrundlage und bei der Ausgestaltung der Bewertungsregeln einer Steuer einen großen Spielraum, solange sie geeignet sind, den Belastungsgrund der Steuer zu erfassen und dabei die Relation der Wirtschaftsgüter zueinander realitätsgerecht abzubilden.[4] 42

Das niedersächsische Grundsteuermodell bemüht wie das bayerische Flächenmodell den Äquivalenzgedanken zur Formulierung der Belastungsgrundentscheidung.[5] Die **Kritik am Äquivalenzgedanken**[6] gilt daher auch für das NGrStG. Insbesondere aus der Aussage, dass mit der Grundsteuer diejenigen Ausgaben der Gemeinde abgedeckt werden sollen, die dem Grundstückseigentümer zugutekommen und nicht über Gebühren und Beiträge gedeckt sind,[7] lässt sich nichts Gewinnbringendes für die konkrete Ausgestaltung der Grundsteuer schlussfolgern. Jede Steuer soll Ausgaben des Staates abdecken, die nicht über Gebühren und Beiträge gedeckt werden. Diese Kritik gilt unabhängig davon, ob man eine Gruppenäquivalenz und keine Individualäquivalenz annimmt und ob man den Äquivalenzgedanken nutzenorientiert oder kostenorientiert interpretiert.[8] 43

Als zwingende Folge aus dem **Äquivalenzgedanken** wird auch im niedersächsischen Grundsteuermodell die Anwendung des **Flächenmodells** geschlussfolgert.[9] Die Kritik am Flächenmodell,[10] insbesondere dass die Fläche kein Indikator für die Möglichkeit der Inanspruchnahme von Gemeindeleistungen ist,[11] die nicht folgerichtige Berücksichtigung von Leerstand, die Inanspruchnahme des Eigentümers statt der Nutzer gilt auch für das NGrStG. 44

Das niedersächsische Grundsteuermodell weicht von dem Bundesmodell beim Grundvermögen ab, wohingegen beim land- und forstwirtschaftlichen Vermögen das Bundesmodell angewendet wird. Das Bundesmodell beruht anders als das niedersächsische Modell auf dem Leistungsfähigkeitsprinzip. Damit stellt das niedersächsische Grundsteuermodell ein **Mischmodell** dar. Ob diese Ungleichbehandlung zwischen den beiden Vermögensarten gerechtfer- 45

1 Gesetz zur Änderung des Grundgesetzes (Art. 72, 105 und 125b) v. 15.11.2019, BGBl I 2019 S. 1546.

2 Zur Frage, ob für verfahrensrechtliche Vorschriften bei der Grundsteuer eine Gesetzgebungsbefugnis der Länder besteht, siehe Bock/Lapp in Grootens, NGrStG, § 8 Rz. 21.

3 BVerfG, Urteil v. 10.4.2018 - 1 BvL 11/14, 1 BvL 12/14, 1 BvL 1/15, 1 BvR 639/11, 1 BvR 889/12, NWB MAAAG-80435.

4 BVerfG, Urteil v. 10.4.2018 - 1 BvL 11/14, 1 BvL 12/14, 1 BvL 1/15, 1 BvR 639/11, 1 BvR 889/12, Rz. 97 f., NWB MAAAG-80435.

5 Vgl. Niedersächsische LT-Drucks. 18/8995 S. 11 f.

6 Vgl. hierzu bereits Bock in Grootens, BewG, § 250 Rz. 40 ff. m. w. N.

7 Vgl. etwa Kirchhoff, DStR 2018 S. 2661 oder Freund, FR 2019 S. 931.

8 Vgl. dazu eingehend Scheffler/Feldner, ifst-Schriften Nr. 542 S. 15 ff.; zur Kritik an der Anknüpfung an die Kostenäquivalenz vgl. Löhr, BB 2022 S. 87 f.

9 Vgl. Niedersächsische LT-Drucks. 18/8995 S. 11 f.

10 Vgl. hierzu bereits Bock in Grootens, BewG, § 250 Rz. 40 ff. m. w. N.

11 Kritisch auch Arning, Niederschrift über die 125. – öffentliche – Sitzung des Ausschusses für Haushalt und Finanzen des Niedersächsischen Landtags am 19.5.2021 in Hannover, S. 6; vgl. auch Scheffler/Feldner, ifst-Schriften Nr. 542 S. 163 f. zum bayerischen Modell; Löhr, BB 2019 S. 2589; Schmidt, DStR 2021 S. 1330; Seer, DB 2018 S. 1488; Krumm/Praeßens, GrStG, Grundlagen Rz. 126; a. A. Bräutigam, DStR 2021 S. 1330; Freund, FR 2019 S. 931; Kirchhof, DStR 2020 S. 1080; Löhr, BB 2022 S. 87 f.; Krumm/Praeßens, GrStG, Grundlagen Rz. 127.

tigt werden kann und ein solches Mischmodell den verfassungsrechtlichen Vorgaben des Bundesverfassungsgerichts genügt, eine einmal getroffene Belastungsgrundentscheidung für eine Steuer folgerichtig umzusetzen, ist zweifelhaft.[1]

46 Neben der Vermischung von verkehrswertabhängigen und verkehrswertunabhängigen Modellen bei den beiden von der Grundsteuer erfassten Vermögensarten, enthält das niedersächsische Modell durch die **Anknüpfung** an den **Bodenrichtwert beim Lage-Faktor** eine weitere Komponente der Verkehrswertermittlung. Hierin könnte ebenfalls eine nicht folgerichtige Umsetzung der Belastungsgrundentscheidung gesehen werden.[2] Die Anknüpfung an den Bodenrichtwert wird vom niedersächsischen Gesetzgeber typisierend damit begründet, dass in teureren Lagen die Quantität und Qualität der gemeindlichen Infrastrukturausgaben höher seien.[3] Die örtliche Infrastruktur ist allerdings nur ein wertbildender Faktor, der Einfluss auf das Wertniveau einer Gegend hat und sich im Bodenrichtwert widerspiegelt.[4] Ein Seegrundstück beispielsweise hat im Vergleich einen höheren Wert, weil es ein Seegrundstück ist und nicht weil die Gemeinde höhere Leistungen erbracht hat. Dass sich die vom niedersächsischen Gesetzgeber angenommenen lagebedingten Gemeindeausgaben zutreffend aus dem Verhältnis von Bodenrichtwert und durchschnittlichem Bodenrichtwert der Gemeinde potenziert um 0,3 ergibt, ist ebenfalls bisher nicht schlüssig begründet worden. Insbesondere die Dämpfung des Lage-Faktors durch den landesweit einheitlichen Exponenten (0,3) könnte dazu führen, dass einfache Lagen verhältnismäßig erheblich höher besteuert werden, während die Besteuerung in guten und sehr guten Lagen verhältnismäßig niedrig ausfällt, was der vom Bundesverfassungsgericht geforderten relations- und realitätsgerechten Bewertung nicht mehr gerecht werden könnte.[5] Ob der niedersächsische Gesetzgeber mit der Anknüpfung an den Bodenrichtwert seinen Typisierungsspielraum überschritten hat, bleibt abzuwarten. Der gutachterliche Nachweis eines niedrigeren Bodenrichtwerts ist systemgerecht im niedersächsischen Modell nicht zugelassen, da der Bodenrichtwert lediglich als Indikator für die Lagequalität im Verhältnis zur durchschnittlichen Lagequalität in der Gemeinde herangezogen wird und es nicht um den konkreten Bodenrichtwert des jeweiligen Grundstücks zur Ermittlung des Bodenwerts geht.[6]

47 Aus der Belastungsgrundentscheidung des Gesetzgebers muss sich das zutreffende **Bewertungsziel** ableiten lassen. Anhand des Bewertungsziels wird überprüft, ob die Bewertungsmethoden folgerichtig ausgestaltet sind. Wenn die Belastungsgrundentscheidung des niedersächsischen Gesetzgebers darin liegen soll, die von der örtlichen Gemeinde erbrachten sonstigen öffentlichen Leistungen und die Intensität der jeweiligen Nutzung der kommunalen Infrastruktur (Aufwandsäquivalenz) sowie die Qualität und Quantität der Nutzungsmöglichkeit

1 Siehe vertiefend Niedersächsische LT-Drucks. 18/9632 S. 29 f. sowie Bock/Lapp in Grootens, NGrStG, § 11 Rz. 21 ff.; vgl. auch Löhr, BB 2020 S. 1687, S. 1692 zum hessischen Grundsteuermodell.

2 So wohl Arning, Niederschrift über die 125. – öffentliche – Sitzung des Ausschusses für Haushalt und Finanzen des Niedersächsischen Landtags am 19.5.2021 in Hannover, S. 6;ders., NdsVBl. 2022 S. 33; Löhr, BB 2020 S. 1687, S. 1692 zum hessischen Grundsteuermodell; siehe auch Niedersächsische LT-Drucks. 18/9632 S. 17; kritisch auch Freund, jM 2022 S. 203 m. w. N.; Blut, DStR 2023 S. 2756; Drüen in Stenger/Loose, GrStG, Grundsteuer und Verfassungsrecht Rz. 38; a. A. Hubert, StuB 2020 S. 552, S. 556; Mandler/Schulze/Zochert, Ubg 2022 S. 351 jeweils zum hessischen Grundsteuermodell; Krause in Stenger/Loose, NGrStG, Vergleich zur bundeseinheitlichen Regelung, Rz. 84; Marx, DStZ 2023 S. 372, 375.

3 Niedersächsische LT-Drucks. 18/8995 S. 12.

4 Kritisch auch Arning, Niederschrift über die 125. – öffentliche – Sitzung des Ausschusses für Haushalt und Finanzen des Niedersächsischen Landtags am 19.5.2021 in Hannover, S. 5 f.

5 Marx, DStZ 2023 S. 372, 379.

6 Wie hier Mandler, DStR 2024 S. 921, 926; a. A. Blut, DStR 2023 S. 2756, 2762 f.

(Nutzenäquivalenz) zu besteuern,[1] muss das Bewertungsziel folgerichtig der Wert dieser sonstigen öffentlichen Leistungen, der Intensität der jeweiligen Nutzung und die Nutzungsmöglichkeit der kommunalen Infrastruktur und Leistungen in Bezug auf das Grundstück sein. Ein solcher Wert existiert in der Realität bezogen auf ein Grundstück jedoch nicht, da diese Leistungen der Gemeinde unabhängig vom Grundstückswert am Markt nicht gehandelt werden.[2] Damit existiert kein tauglicher Vergleichsmaßstab, um das nach dem NGrStG gefundene Bewertungsergebnis im konkreten Einzelfall auf seine Richtigkeit hin überprüfen zu können. Im Bundesmodell können die nach dem Siebenten Abschnitt des Zweiten Teils des BewG ermittelten Bewertungsergebnisse mit dem jeweiligen Verkehrswert des Grundstücks verglichen werden und damit überprüft werden, ob mit den Bewertungsmethoden des Siebenten Abschnitts des Zweiten Teils des BewG das Bewertungsziel erreicht und die Belastungsgrundentscheidung folgerichtig umgesetzt wird. Im niedersächsischen Modell ist dies wegen der Unklarheit im Bewertungsziel nicht möglich.[3]

Erklärungsbedürftig ist zudem, dass in allen Gemeinden der Länder, die auf das Flächenmodell 48
zurückgreifen (Bayern, Hamburg, Hessen und Niedersachsen), die **Äquivalenzzahlen** gleich hoch sind. Dies wird mitunter mit dem Ziel begründet, landesweit ungefähr das bisherige Messbetragsvolumen erzielen zu wollen, so dass die ab dem Jahr 2025 geltenden Hebesätze nicht allzu weit entfernt von den bisherigen liegen.[4] Diese Herangehensweise wäre allerdings nur zulässig, wenn die Äquivalenzzahlen wie die Steuermesszahlen Teil des Steuersatzes wären. In einem Äquivalenzmodell sind die Äquivalenzzahlen jedoch Teil der Bemessungsgrundlage. Die Äquivalenzzahlen wurden nicht aus der Belastungsgrundentscheidung heraus kalkuliert.[5] Dieselben Äquivalenzzahlen in den Ländern Bayern, Hamburg, Hessen und Niedersachsen bedeutet nach dem zugrunde liegenden Äquivalenzgedanken, dass in jeder Gemeinde in diesen Ländern die erbrachten sonstigen öffentlichen Leistungen, die Intensität der jeweiligen Nutzung der kommunalen Infrastruktur sowie die Qualität und Quantität der Nutzungsmöglichkeit bezogen auf einen Quadratmeter Grundstücksfläche und Gebäudefläche identisch sind. Mit dem im niedersächsischen Modell vorgesehenen Lage-Faktor wird dieser Wertungswiderspruch etwas abgemildert, es bleibt allerdings die Grundfrage, ob die Äquivalenzzahlen die korrekten Ausgangswerte zur folgerichtigen Ausgestaltung der Belastungsgrundentscheidung sind.[6]

Erklärungsbedürftig ist auch das **Verhältnis der Äquivalenzzahlen** zueinander: Für Gebäudeflä- 49
chen wird grds. mit 0,50 €/m² das 12,5-fache der für Flächen des Grund und Bodens geltenden Äquivalenzzahl (0,04 €/m²) angesetzt. Dem Äquivalenzgedanken folgend, würde dies bedeuten, dass Gebäudeflächen im Vergleich zu den Flächen des Grund und Bodens ein 12,5-mal höheres kommunales Dienstleistungsangebot in Anspruch nehmen.[7] Wie dieses Verhältnis ermittelt wurde, lässt sich der Gesetzesbegründung nicht entnehmen. Mit der fehlenden Be-

1 Niedersächsische LT-Drucks. 18/8995 S. 12 f.

2 Vgl. bereits Bock in Grootens, BewG, § 250 Rz. 42 und Ronnecker, ZKF 2019 S. 265 zum ursprünglichen niedersächsischen Modell (siehe hierzu Rz. 2); kritisch auch Arning, Niederschrift über die 125. – öffentliche – Sitzung des Ausschusses für Haushalt und Finanzen des Niedersächsischen Landtags am 19.5.2021 in Hannover, S. 5.

3 Siehe auch Löhr, BB 2022 S. 87, S. 93; Löhr, BB 2020 S. 1687, S. 1692 zum hessischen Grundsteuermodell.

4 Mandler, DStR 2024 S. 921, 922.

5 Kritisch auch Arning, Niederschrift über die 125. – öffentliche – Sitzung des Ausschusses für Haushalt und Finanzen des Niedersächsischen Landtags am 19.5.2021 in Hannover, S. 6.; ohne Bedenken Mandler/Schulze/Zochert, Ubg 2022 S. 351; politische Wertentscheidung, die rechnerisch nicht überprüfbar ist.

6 Kritisch auch Löhr, BB 2022 S. 87, S. 90 f. und Marx, DStZ 2023 S. 372, 375.

7 Blut, DStR 2023 S. 2756, 2761.

gründung setzt sich der niedersächsische Landesgesetzgeber dem Risiko aus, dass das Bundesverfassungsgericht die Äquivalenzzahlen für verfassungswidrig erklärt, wenn die Gründe für ihre Höhen und ihr Verhältnis zueinander nicht näher dargelegt werden können und das Gericht die Auffassung, dass es sich um eine **politisch getroffene Belastungsentscheidung** handelt, für die eine empirisch fundierte Bezifferung unterbleiben könne,[1] nicht teilt.

50 Zweifel an der folgerichtigen Ausgestaltung der Äquivalenzzahlen ergeben sich darüber hinaus daraus, dass es **keine nach Wohn- und Nutzflächen differenzierte Äquivalenzzahl** gibt, sondern diese einheitlich 0,50 € pro Quadratmeter Gebäudefläche beträgt. Bei der Ermittlung der Äquivalenzbeträge wird dagegen zwischen Wohn- und Nutzflächen unterschieden und auch bei der Ermittlung der Grundsteuermessbeträge kommen, abhängig davon, ob es sich um Wohn- oder Nutzflächen handelt, unterschiedliche Steuermesszahlen zur Anwendung. In der Literatur wird in der fehlenden Differenzierung der Äquivalenzzahl mitunter ein **Verstoß gegen das Gebot der Folgerichtigkeit** und das Gebot der Rechtsstaatlichkeit gesehen, der zur **Verfassungswidrigkeit** führen könnte.[2]

51 Eine **tragfähige verfassungsrechtliche Begründung** für ein Flächenmodell ließe sich finden, wenn die Belastungsgrundentscheidung in der Inanspruchnahme von Fläche in der Gemeinde erblickt werden würde. In diesem Fall wäre das Bewertungsziel die Fläche selbst. Richtiger Steuerschuldner wäre bei dieser Auslegung der Eigentümer des Grundbesitzes. Die Äquivalenzzahlen wären dann Teil des Steuersatzes und die Festlegung der Höhe der Äquivalenzzahlen liege weitgehend im Ermessen des Gesetzgebers. Es bleibt abzuwarten, ob es vor einem Verfassungsgericht gelingen wird, darzulegen, dass die Bemessungsgrundlage mit dem NGrStG so ausgestaltet ist, dass sie den mit der Steuer verfolgten Belastungsgrund in der Relation der Wirtschaftsgüter zueinander realitätsgerecht abbildet.[3]

52 Bei dem für die Grundsteuer zuständigen 1. Senat des Niedersächsischen Finanzgerichts ist derzeit ein Klageverfahren anhängig, das die Frage der Verfassungsmäßigkeit des Niedersächsischen Grundsteuergesetzes zum Gegenstand hat.[4]

§ 1 NGrStG Regelungszweck

¹Dieses Gesetz trifft für Zwecke der Ermittlung, Festsetzung und Erhebung der Grundsteuer für Zeiträume ab dem Kalenderjahr 2025 von den Bestimmungen des Grundsteuergesetzes (GrStG) und des Bewertungsgesetzes (BewG) abweichende Regelungen für Niedersachsen. ²Die Bestimmungen des Grundsteuergesetzes und des Bewertungsgesetzes sind für Zwecke der Ermittlung, Festsetzung und Erhebung der Grundsteuer für die in Satz 1 genannten Zeiträume nur anzuwenden, soweit sich aus diesem Gesetz nichts anderes ergibt. ³Soweit diese Bestimmungen den Grundsteuerwert betreffen, sind sie für Zwecke der Ermittlung, Festsetzung und Erhebung der Grundsteuer B entsprechend auf die Äquivalenzbeträge nach § 2 Abs. 3 anzuwenden, soweit sich aus diesem Gesetz nichts anderes ergibt.

1 So Mandler, DStR 2024 S. 921, 923.

2 Blut, DStR 2023 S. 2756, 2762; a. A. Mandler, DStR 2024 S. 921, 923 f., der in der fehlenden Differenzierung die verfassungsrechtlich gebotene und folgerichtige Trennung der Bewertungs- von der Verschonungsebene erblickt.

3 So die Vorgabe des BVerfG, Urteil v. 10.4.2018 - 1 BvL 11/14, 1 BvL 12/14, 1 BvL 1/15, 1 BvR 639/11, 1 BvR 889/12, Rz. 97, NWB MAAAG-80435; vgl. auch Arning, Niederschrift über die 125. – öffentliche – Sitzung des Ausschusses für Haushalt und Finanzen des Niedersächsischen Landtags am 19.5.2021 in Hannover, S. 8.

4 Az.: 1 K 38/24; siehe Newsletter 3/2024 des Niedersächsischen FG v. 21.02.2024, abrufbar unter: https://finanzgericht.niedersachsen.de/aktuelles/presseinformationen/newsletter-3-2024-vom-21-februar-2024-229685.html.

Inhaltsübersicht **Rz.**

LITERATUR:

Siehe Vorwort.

HINWEISE:

A 1.1 - A 1.4 des Runderlasses des Niedersächsischen Finanzministeriums, Anwendung des Niedersächsischen Grundsteuergesetzes (NGrStG) zur Bewertung des Grundvermögens für die Grundsteuer ab 1.1.2022 (AENGrStG), RdErl. d. MF v. 22.2.2022 - G 1002-6 - 62100.

A. Allgemeine Erläuterungen

I. Normzweck und wirtschaftliche Bedeutung der Vorschrift

§ 1 NGrStG verdeutlicht einleitend den **Regelungszweck** des Gesetzes und bestimmt das **Verhältnis zu den bundesgesetzlichen Regelungen** zur Bewertung des Grundbesitzes für Zwecke der Grundsteuer ab dem Kalenderjahr 2025. Das einleitende Voranstellen einer den Regelungszweck bestimmenden Norm entspricht dem Vorgehen des niedersächsischen Landesgesetzgebers bei anderen niedersächsischen Gesetzen, bei denen der Landesgesetzgeber von seiner Abweichungskompetenz nach Art. 72 Abs. 3 GG Gebrauch gemacht hat.[1] Zudem wird im niedersächsischen Landesrecht im Rahmen der Abweichungsgesetzgebung üblicherweise im Regelungstext deutlich gemacht, dass und von welcher bundesrechtlichen Regelung insoweit durch Landesgesetz abgewichen wird.[2] § 1 NGrStG ist damit von erheblicher Bedeutung für die Bestimmung und Auslegung der Normen, die für in Niedersachsen belegenen Grundbesitz anzuwenden sind. 1

(Einstweilen frei) 2–3

II. Entstehung und Entwicklung der Vorschrift

Die Vorschrift wurde im Jahr 2021 mit dem **Stammgesetz** in das NGrStG aufgenommen.[3] 4

§ 1 NGrStG in der vorliegenden Fassung war in dem ursprünglichen Gesetzentwurf der Regierungskoalition[4] nicht enthalten und wurde erst im parlamentarischen Verfahren aufgrund einer **Empfehlung des federführenden Ausschusses für Haushalt und Finanzen** zur Klarstellung 5

1 Niedersächsische LT-Drucks. 18/9632 S. 4, vgl. § 1 Abs. 1 des Niedersächsischen Raumordnungsgesetzes (NROG), § 1 Satz 1 des Niedersächsischen Ausführungsgesetzes zum Bundesnaturschutzgesetz (NAGBNatSchG).

2 Vgl. z. B. § 5 Abs. 1 Satz 2, Abs. 2 NROG, § 6 Abs. 1 Satz 1 und 2 NAGBNatSchG, § 18 Abs. 2 Niedersächsisches Jagdgesetz.

3 Niedersächsisches Grundsteuergesetz v. 7.7.2021, Nds. GVBl. Nr. 27/2021 S. 502 ff.

4 Niedersächsische LT-Drucks. 18/8995.

und Präzisierung in das Gesetz aufgenommen.[1] Die Einfügung des § 1 NGrStG führte dazu, dass sich im Verhältnis zum Gesetzentwurf der Koalitionsfraktionen alle Paragraphen bis § 8 NGrStG-E um eine Stelle nach hinten verschoben haben.

6–7 *(Einstweilen frei)*

III. Geltungsbereich

8 § 1 NGrStG gilt für **Grundbesitz**, d. h. sowohl für das **land- und forstwirtschaftliche Vermögen** als auch das **Grundvermögen**, der bzw. das in Niedersachsen belegen ist.

9 § 1 NGrStG ist mit dem Stammgesetz gem. § 15 Abs. 1 NGrStG **am 14.7.2021 in Kraft getreten**. Wie sich aus § 1 Satz 1 NGrStG und § 12 Abs. 1 NGrStG[2] ergibt, sollen die Regelungen des NGrStG und damit auch § 1 NGrStG erst für die Erhebung der **Grundsteuer** ab dem **Kalenderjahr 2025** von Bedeutung sein. Dies entspricht der Vorgabe des Art. 125b Abs. 3 GG, wonach abweichendes Landesrecht der Erhebung der Grundsteuer frühestens für Zeiträume ab dem 1.1.2025 zugrunde gelegt werden darf. Für davor liegende Kalenderjahre gelten die bundesgesetzlichen Regelungen für Zwecke der Grundsteuer, insbesondere die Einheitsbewertung, fort.

10 *(Einstweilen frei)*

IV. Vereinbarkeit der Vorschrift mit höherrangigem Recht

11 § 1 NGrStG begegnet keinen verfassungsrechtlichen Bedenken. Insbesondere besteht eine **Abweichungskompetenz** des Landesgesetzgebers nach Art. 72 Abs. 3 Satz 1 Nr. 7 GG für die Grundsteuer. § 1 Satz 2 und 3 NGrStG bestimmen, inwieweit von der Abweichungsbefugnis Gebrauch gemacht wurde.

12 Ob der jeweilige Landesgesetzgeber über die **bloße Inanspruchnahme** seiner **Abweichungsbefugnis** nach Art. 72 Abs. 3 Satz 1 Nr. 7 GG hinaus im Abweichungsgesetz deutlich machen muss, von welchen Bundesnormen abgewichen wird, ist zweifelhaft. Das Bundesverfassungsgericht hat mit Urteil v. 19.12.2017[3] entschieden, dass im Rahmen der Abweichungskompetenz nach Art. 125b Abs. 1 Satz 3 GG ein besonderer, über die inhaltliche Inanspruchnahme der Abweichungsbefugnis hinausgehender Ausdruck gesetzgeberischen Abweichungswillens oder die Zitierung derjenigen bundesrechtlichen Vorschriften, von denen abgewichen werden soll, verfassungsrechtlich nicht erforderlich ist. Es hat allerdings ausdrücklich offengelassen, ob dies auch für die Abweichungskompetenz nach Art. 72 Abs. 3 GG, auf deren Grundlage das Niedersächsische Grundsteuergesetz erlassen wurde, gilt. Mit § 1 NGrStG sichert der niedersächsische Gesetzgeber vorsorglich die Verfassungsmäßigkeit des NGrStG im Hinblick auf diese Rechtsprechung des BVerfG ab.

13–15 *(Einstweilen frei)*

---

1 Niedersächsische LT-Drucks. 18/8995 S. 4 f.

2 Siehe Bock/Lapp in Grootens, NGrStG § 12 Rz. 31 ff.

3 BVerfG, Urteil v. 19.12.2017 - 1 BvL 3/14, 1 BvL 4/14, Rz. 236, NWB AAAAG-70074.

V. Verhältnis zu anderen Vorschriften

§ 1 Satz 1 NGrStG beruht im Hinblick auf den zeitlichen Anwendungsbereich auf **Art. 125b Abs. 3 GG**, wonach abweichendes Landesrecht der Erhebung der Grundsteuer frühestens für Zeiträume ab dem 1.1.2025 zugrunde gelegt werden darf. Die Gesetzgebungskompetenz des Landesgesetzgebers ergibt sich aus der Abweichungskompetenz nach **Art. 72 Abs. 3 Satz 1 Nr. 7 GG**. 16

§ 1 Satz 2 NGrStG bestimmt, dass das NGrStG insoweit das **Bewertungsgesetz** und das **Grundsteuergesetz** für Zwecke der Ermittlung, Festsetzung und Erhebung der Grundsteuer verdrängt, soweit nicht etwas anderes im NGrStG geregelt ist. Es gilt allerdings der Grundsatz lex posterior derogat legis priori, d. h., dasjenige Landes- oder Bundesrecht geht vor, das später erlassen wurde.[1] 17

§ 1 Satz 3 NGrStG nimmt Regelungen des **Bewertungsgesetzes** und des **Grundsteuergesetzes** für das in Niedersachsen belegene Grundvermögen in Bezug und erklärt diese in Bezug auf den Begriff des Grundsteuerwerts für sinngemäß anwendbar, soweit sich aus dem NGrStG nichts anderes ergibt. Die in § 1 Satz 3 NGrStG angesprochene Grundsteuer B wird in **§ 2 Abs. 1 Satz 1 NGrStG** und die angesprochenen Äquivalenzbeträge in **§ 2 Abs. 3 NGrStG** definiert. 18

Nach § 1 Satz 2 und 3 NGrStG ergibt sich folgendes **Anwendungsverhältnis** der Regelungen des Bewertungsgesetzes und des Grundsteuergesetzes zum NGrStG:[2] 19

Regelung	Anwendung in Niedersachsen	Bemerkung
Siebenter Abschnitt des Zweiten Teils des Bewertungsgesetzes		
A. Allgemeines		
§ 218 Vermögensarten	ja	keine abweichende landesgesetzliche Regelung A 218 AEBewGrSt sinngemäß anwendbar
§ 219 Feststellung von Grundsteuerwerten	sinngemäß	siehe § 1 Satz 3 NGrStG zusätzlich sind Feststellungen über die Fläche von Grund und Boden und Gebäudeflächen sowie ihre Einordnung als Wohnfläche oder Nutzfläche zu treffen, siehe § 8 Abs. 1 Satz 1 NGrStG keine Feststellung der Grundstücksart (§ 219 Abs. 2 Nr. 1 GrStG; Umkehrschluss aus § 8 Abs. 1 Satz 2 NGrStG, siehe auch Landtags-Drucks. 18/8995 S. 27)

1 Missverständlich Krause in Stenger/Loose, NGrStG § 1 Rz. 133; siehe hierzu vertiefend und zur sog. Ping-Pong-Gesetzgebung Uhle in Dürig/Herzog/Scholz, GG Art. 72 Rz. 301 ff.; Dreier in Dreier, GG Art. 31 Rz. 26 und Art. 72 Rz. 32; Kmentin in Jarass/Pieroth, GG Art. 72 Rz. 32.

2 Vgl. auch A 1.2 und A 2 Abs. 6 AENGrStG.

§ 220 Ermittlung der Grundsteuerwerte	teilweise	§ 220 Abs. 1 Satz 2 Halbsatz 1 BewG nein (landesgesetzliche Regelungen im ersten Kapitel des ersten Teils des NGrStG und in § 8 Abs. 2 Satz 4 NGrStG) § 220 Abs. 1 Satz 2 Halbsatz 2 BewG (Übergangsregelungen) grds. ja, aber für nicht erforderlich gehalten (vgl. Begründung zu § 7 Abs. 2 NGrStG-E, Landtags-Drucks. 18/8995 S. 27) § 220 Abs. 2 BewG nur für das land- und forstwirtschaftliche Vermögen
§ 221 Hauptfeststellung	nein	siehe § 8 Abs. 2 NGrStG
§ 222 Fortschreibungen	teilweise	§ 222 Abs. 1 BewG nein (abweichende landesgesetzliche Regelung in § 8 Abs. 3 Satz 1 NGrStG) im Übrigen sinngemäß, siehe § 8 Abs. 4 Satz 1 NGrStG
§ 223 Nachfeststellung	sinngemäß	siehe § 8 Abs. 4 Satz 1 NGrStG
§ 224 Aufhebung des Grundsteuerwerts	sinngemäß	siehe § 8 Abs. 4 Satz 1 NGrStG
§ 225 Änderung von Feststellungsbescheiden	sinngemäß	siehe § 8 Abs. 4 Satz 1 NGrStG
§ 226 Nachholung einer Feststellung	sinngemäß	siehe § 8 Abs. 4 Satz 1 NGrStG
§ 227 Wertverhältnisse bei Fortschreibungen und Nachfeststellungen	sinngemäß	für den Lage-Faktor gilt ergänzend die landesgesetzliche Regelung in § 8 Abs. 4 Satz 2 NGrStG
§ 228 Erklärungs- und Anzeigepflicht	teilweise/ sinngemäß	abweichende landesgesetzliche Regelungen in § 8 Abs. 5 NGrStG - Öffentliche Bekanntmachung erfolgt abweichend von § 228 Abs. 1 Satz 3 BewG durch die für Steuern in Niedersachsen zuständige Mittelbehörde. Erklärungspflicht derjenigen oder desjenigen, der oder dem die wirtschaftliche Einheit zuzurechnen ist, bei Gebäuden auf fremdem Grund und Boden.
§ 229 Auskünfte, Erhebungen und Mitteilungen	ja	keine abweichende landesgesetzliche Regelung zusätzliche Mitteilungspflichten der niedersächsischen Katasterverwaltung in § 5 Abs. 4 NGrStG
§ 230 Abrundung	nein	landesgesetzliche Regelung in § 2 Abs. 2 Satz 2 NGrStG
§ 231 Abgrenzung von in- und ausländischem Vermögen	teilweise	nur für das land- und forstwirtschaftliche Vermögen (vgl. A 1.2 Nr. 4 AENGrStG) für das Grundvermögen landesgesetzliche Regelung in § 2 Abs. 5 NGrStG
B. Land- und forstwirtschaftliches Vermögen		
I. Allgemeines		
§ 232 Begriff des land- und forstwirtschaftlichen Vermögens	grds. ja	aber Regelung in § 11 Abs. 1 NGrStG, welche die Anwendung des § 232 Abs. 4 Nr. 1 BewG einschränkt, und ergänzende Regelungen in § 11 Abs. 24 NGrStG

§ 233 Abgrenzung des land- und forstwirtschaftlichen Vermögens vom Grundvermögen in Sonderfällen	ja	keine abweichende landesgesetzliche Regelung
§ 234 Betrieb der Land- und Forstwirtschaft	grds. ja	siehe aber § 11 Abs. 1 NGrStG, wonach zusätzlich auch bestimmte Hof- und Wirtschaftsgebäudeflächen einschließlich der Nebenflächen, von denen aus keine land- und forstwirtschaftlichen Flächen mehr nachhaltig bewirtschaftet werden, zur Hofstelle gehören
§ 235 Bewertungsstichtag	ja	keine abweichende landesgesetzliche Regelung
§ 236 Bewertungsgrundsätze	ja	keine abweichende landesgesetzliche Regelung
§ 237 Bewertung des Betriebs der Land- und Forstwirtschaft	ja	keine abweichende landesgesetzliche Regelung
§ 238 Zuschläge zum Reinertrag	ja	keine abweichende landesgesetzliche Regelung
§ 239 Grundsteuerwert des Betriebs der Land- und Forstwirtschaft	ja	keine abweichende landesgesetzliche Regelung
§ 240 Kleingartenland und Dauerkleingartenland	ja	keine abweichende landesgesetzliche Regelung
II. Besondere Vorschriften		
§ 241 Tierbestände	ja	keine abweichende landesgesetzliche Regelung
§ 242 Übrige land- und forstwirtschaftliche Nutzungen	ja	keine abweichende landesgesetzliche Regelung
C. Grundvermögen		
I. Allgemeines		
§ 243 Begriff des Grundvermögens	ja	siehe § 2 Abs. 1 Satz 1 NGrStG A 243 AEBewGrSt sinngemäß anwendbar
§ 244 Grundstück	teilweise	siehe § 2 Abs. 1 Satz 1 NGrStG § 244 Abs. 3 Nr. 2 BewG nein, siehe § 2 Abs. 4 Satz 2 NGrStG A 244 Abs. 1 bis 3 AEBewGrSt sinngemäß anwendbar
§ 245 Gebäude, Gebäudeteile und Anlagen für den Zivilschutz	sinngemäß	siehe § 1 Satz 3 NGrStG und Begründung zu § 2 Abs. 1 NGrStG-E (Landtags-Drucks. 18/8995 S. 19) keine abweichende landesgesetzliche Regelung A 245 AEBewGrSt sinngemäß anwendbar
II. Unbebaute Grundstücke		
§ 246 Begriff der unbebauten Grundstücke	grds. ja	siehe aber ergänzende landesrechtliche Regelung in § 3 Abs. 4 NGrStG, wonach ein Grundstück auch als unbebaut gilt, wenn die darauf errichteten Gebäude eine Gesamtgebäudefläche von weniger als 30 m² haben A 246 AEBewGrSt sinngemäß anwendbar

§ 247 Bewertung der unbebauten Grundstücke	nein	abweichende landesgesetzliche Regelungen, siehe §§ 2-6 NGrStG
III. Bebaute Grundstücke		
§ 248 Begriff der bebauten Grundstücke	grds. ja	siehe aber ergänzende landesrechtliche Regelung in § 3 Abs. 4 NGrStG, wonach ein Grundstück auch als unbebaut gilt, wenn die darauf errichteten Gebäude eine Gesamtgebäudefläche von weniger als 30 m² haben A 248 AEBewGrSt sinngemäß anwendbar
§ 249 Grundstücksarten	nein	Abweichende landesgesetzliche Bewertungsmethode im ersten Kapitel des ersten Teils des NGrStG. Die Unterscheidung in verschiedene Grundstücksarten ist nicht erforderlich, da bei allen Grundstücksarten lediglich auf die Fläche des Grund und Bodens sowie die Wohn- und Nutzfläche abgestellt wird (§§ 8, 9 NGrStG).
§ 250 Bewertung der bebauten Grundstücke	nein	abweichende landesgesetzliche Regelungen, siehe §§ 2-6 NGrStG
§ 251 Mindestwert	nein	abweichende landesgesetzliche Regelungen, siehe §§ 2-6 NGrStG
§ 252 Bewertung im Ertragswertverfahren	nein	abweichende landesgesetzliche Regelungen, siehe §§ 2-6 NGrStG
§ 253 Ermittlung des kapitalisierten Reinertrags	nein	abweichende landesgesetzliche Regelungen, siehe §§ 2-6 NGrStG
§ 254 Rohertrag des Grundstücks	nein	abweichende landesgesetzliche Regelungen, siehe §§ 2-6 NGrStG
§ 255 Bewirtschaftungskosten	nein	abweichende landesgesetzliche Regelungen, siehe §§ 2-6 NGrStG
§ 256 Liegenschaftszinssätze	nein	abweichende landesgesetzliche Regelungen, siehe §§ 2-6 NGrStG
§ 257 Ermittlung des abgezinsten Bodenwerts	nein	abweichende landesgesetzliche Regelungen, siehe §§ 2-6 NGrStG
§ 258 Bewertung im Sachwertverfahren	nein	abweichende landesgesetzliche Regelungen, siehe §§ 2-6 NGrStG
§ 259 Ermittlung des Gebäudesachwerts	nein	abweichende landesgesetzliche Regelungen, siehe §§ 2-6 NGrStG
§ 260 Wertzahlen	nein	abweichende landesgesetzliche Regelungen, siehe §§ 2-6 NGrStG
IV. Sonderfälle		
§ 261 Erbbaurecht	ja	siehe § 2 Abs. 4 Satz 3 NGrStG A 261.1 bis 261.4 AEBewGrSt sinngemäß anwendbar
§ 262 Gebäude auf fremdem Grund und Boden	nein	siehe § 2 Abs. 4 Satz 2 NGrStG
V. Ermächtigungen		
§ 263 Ermächtigungen	ja	keine abweichende landesgesetzliche Regelung

Dritter Teil		
Schlussbestimmungen		
§ 264 Bekanntmachung	nein	betrifft nur das Bundesgesetz
§ 265 Anwendungsvorschriften	nein	betrifft nur das Bundesgesetz
§ 266 Erstmalige Anwendung des Siebenten Abschnitts des Zweiten Teils	sinngemäß	unter Berücksichtigung der Übergangsregelungen in § 13 NGrStG A 266.1 und A 266.2 AEBewGrSt sinngemäß anwendbar[1]
Grundsteuergesetz		
Abschnitt I Steuerpflicht		
§ 1 Heberecht	ja	keine abweichende landesgesetzliche Regelung, § 1 Abs. 3 GrStG findet mit der Maßgabe Anwendung, dass das Niedersächsische Finanzministerium Verordnungsgeber ist (siehe § 12 Abs. 3 NGrStG) A 1.1 bis A 1.6 AEGrStG sinngemäß anwendbar
§ 2 Steuergegenstand	ja[2]	keine abweichende landesgesetzliche Regelung
§ 3 Steuerbefreiung für Grundbesitz bestimmter Rechtsträger	ja	keine abweichende landesgesetzliche Regelung A 3.1 bis A 3.11 AEGrStG sinngemäß anwendbar
§ 4 Sonstige Steuerbefreiungen	ja	keine abweichende landesgesetzliche Regelung A 4.1 bis A 4.9 AEGrStG sinngemäß anwendbar
§ 5 Zu Wohnzwecken benutzter Grundbesitz	ja	keine abweichende landesgesetzliche Regelung A 5.1 bis A 5.7 AEGrStG sinngemäß anwendbar
§ 6 Land- und forstwirtschaftlich genutzter Grundbesitz	ja	keine abweichende landesgesetzliche Regelung A 6 AEGrStG sinngemäß anwendbar
§ 7 Unmittelbare Benutzung für einen steuerbegünstigten Zweck	ja	keine abweichende landesgesetzliche Regelung A 7 AEGrStG sinngemäß anwendbar
§ 8 Teilweise Benutzung für einen steuerbegünstigten Zweck	ja	keine abweichende landesgesetzliche Regelung A 8 AEGrStG sinngemäß anwendbar
§ 9 Stichtag für die Festsetzung der Grundsteuer, Entstehung der Steuer	ja	keine abweichende landesgesetzliche Regelung A 9 AEGrStG sinngemäß anwendbar
§ 10 Steuerschuldner	ja	keine abweichende landesgesetzliche Regelung

1 Siehe A 12 Abs. 5 AENGrStG.

2 Ausweislich A 1.3 Nr. 1 AENGrStG soll § 2 Nr. 1 GrStG nicht anzuwenden sein. Da die Vorschrift nur für das land- und forstwirtschaftliche Vermögen gilt, im Runderlass zur Anwendung des NGrStG jedoch nur zu den Vorschriften des NGrStG Stellung genommen wird (A 1.1 Abs. 3 Satz 1 AENGrStG), ist A 1.3 Nr. 1 AENGrStG wohl dahingehend zu verstehen, dass § 2 Nr. 1 GrStG zwar für die Anwendung des NGrStG nicht relevant ist, in Niedersachsen bei der Bewertung des land- und forstwirtschaftlichen Vermögens jedoch gleichwohl Anwendung findet.

§ 11 Persönliche Haftung	ja	keine abweichende landesgesetzliche Regelung
§ 12 Dingliche Haftung	ja	keine abweichende landesgesetzliche Regelung A 12 AEGrStG sinngemäß anwendbar
Abschnitt II Bemessung der Grundsteuer		
§ 13 Steuermesszahl und Steuermessbetrag	teilweise	nur für das land- und forstwirtschaftliche Vermögen (vgl. A 1.3 Nr. 2 AENGrStG) für das Grundvermögen landesgesetzliche Regelung in § 6 NGrStG
§ 14 Steuermesszahl für Betriebe der Land- und Forstwirtschaft	ja	keine abweichende landesgesetzliche Regelung
§ 15 Steuermesszahl für Grundstücke	nein	landesgesetzliche Regelung in § 6 NGrStG (beachte aber Bezug auf die Voraussetzungen des § 15 Abs. 4 Nr. 1, 2 oder 3 GrStG in § 6 Abs. 4 Nr. 2 NGrStG)
§ 16 Hauptveranlagung	teilweise	uneingeschränkt anwendbar für das land- und forstwirtschaftliche Vermögen Grundvermögen: § 16 Abs. 1 GrStG nein (im Ergebnis inhaltsgleiche Regelung in § 9 Abs. 1 NGrStG) § 16 Abs. 2 und 3 GrStG ja A 16 Sätze 1 bis 3, 5 und 6 AEGrStG sinngemäß anwendbar
§ 17 Neuveranlagung	sinngemäß	uneingeschränkt anwendbar für das land- und forstwirtschaftliche Vermögen Grundvermögen: siehe § 9 Abs. 3 NGrStG A 17 AEGrStG sinngemäß anwendbar
§ 18 Nachveranlagung	sinngemäß	uneingeschränkt anwendbar für das land- und forstwirtschaftliche Vermögen Grundvermögen: siehe § 9 Abs. 3 NGrStG
§ 19 Anzeigepflicht	teilweise	§ 19 Abs. 1 und 2 GrStG ja zu § 19 Abs. 3 Satz 2 GrStG inhaltlich gleichlautende landesgestzliche Regelung, siehe § 9 Abs. 4 Satz 4 NGrStG
§ 20 Aufhebung des Steuermessbetrags	sinngemäß	uneingeschränkt anwendbar für das land- und forstwirtschaftliche Vermögen Grundvermögen: siehe § 9 Abs. 3 NGrStG siehe § 9 Abs. 3 NGrStG
§ 21 Änderung von Steuermessbescheiden	sinngemäß	siehe § 9 Abs. 3 NGrStG A 21 AEGrStG sinngemäß anwendbar
§ 22 Zerlegung des Steuermessbetrags	sinngemäß	siehe § 9 Abs. 3 NGrStG A 22 AEGrStG sinngemäß anwendbar
§ 23 Zerlegungsstichtag	sinngemäß	siehe § 9 Abs. 3 NGrStG A 23 AEGrStG sinngemäß anwendbar
§ 24 Ersatz der Zerlegung durch Steuerausgleich	sinngemäß	siehe § 9 Abs. 3 NGrStG § 24 Satz 1 GrStG findet mit der Maßgabe Anwendung, dass das Niedersächsische Finanzministerium Verordnungsgeber ist (siehe § 12 Abs. 3 NGrStG)

Abschnitt III Festsetzung und Entrichtung der Grundsteuer		
§ 25 Festsetzung des Hebesatzes	ja	keine abweichende landesgesetzliche Regelung, siehe ausdrückliche Regelung in § 7 Abs. 3 NGrStG § 7 NGrStG (aufkommensneutraler Hebesatz) ist zu beachten
§ 26 Koppelungsvorschriften und Höchsthebesätze	ja	keine abweichende landesgesetzliche Regelung § 7 NGrStG (aufkommensneutraler Hebesatz) ist zu beachten
§ 27 Festsetzung der Grundsteuer	ja	keine abweichende landesgesetzliche Regelung § 7 NGrStG (aufkommensneutraler Hebesatz) ist zu beachten
§ 28 Fälligkeit	ja	keine abweichende landesgesetzliche Regelung § 7 NGrStG (aufkommensneutraler Hebesatz) ist zu beachten
§ 29 Vorauszahlungen	ja	keine abweichende landesgesetzliche Regelung § 7 NGrStG (aufkommensneutraler Hebesatz) ist zu beachten
§ 30 Abrechnung über die Vorauszahlungen	ja	keine abweichende landesgesetzliche Regelung § 7 NGrStG (aufkommensneutraler Hebesatz) ist zu beachten
§ 31 Nachentrichtung der Steuer	ja	keine abweichende landesgesetzliche Regelung § 7 NGrStG (aufkommensneutraler Hebesatz) ist zu beachten
Abschnitt IV Erlass der Grundsteuer		
§ 32 Erlass für Kulturgut und Grünanlagen	ja	keine abweichende landesgesetzliche Regelung A 32.1 bis 32.3 AEGrStG sinngemäß anwendbar
§ 33 Erlass wegen wesentlicher Reinertragsminderung bei Betrieben der Land- und Forstwirtschaft	ja	keine abweichende landesgesetzliche Regelung A 33 AEGrStG sinngemäß anwendbar
§ 34 Erlass wegen wesentlicher Ertragsminderung bei bebauten Grundstücken	teilweise	§ 34 Abs. 1–3 GrStG ja, siehe § 10 NGrStG § 34 Abs. 4 GrStG nein (vgl. auch Landtags-Drucks. 18/9632 S. 28) A 34.1 bis 34.3 AEGrStG sinngemäß anwendbar
§ 35 Verfahren	ja	keine abweichende landesgesetzliche Regelung A 35 AEGrStG sinngemäß anwendbar
Abschnitt V Übergangs- und Schlussvorschriften		
§ 36 Sondervorschriften für die Hauptveranlagung 2025	teilweise	§ 36 Abs. 1 GrStG nein (inhaltsgleiche landesgesetzliche Regelung in § 9 Abs. 1 NGrStG)

§ 37 Anwendung des Gesetzes	teilweise	§ 37 Abs. 1 GrStG nein, siehe § 1 NGrStG
§ 38 Bekanntmachung	nein	betrifft nur das Bundesgesetz

20-25 *(Einstweilen frei)*

B. Systematische Kommentierung

I. Bestimmung des Regelungszweck des NGrStG (§ 1 Satz 1 NGrStG)

26 § 1 Satz 1 NGrStG bestimmt einleitend und klarstellend den Regelungszweck des Gesetzes und verdeutlicht, dass für Zwecke der **Ermittlung, Festsetzung und Erhebung der Grundsteuer** für Zeiträume ab dem Kalenderjahr 2025 für Niedersachsen vom Bewertungs- und Grundsteuergesetz **abweichende Regelungen** getroffen werden.[1] Die Regelung bezieht sich unausgesprochen auf Grundbesitz, der ausschließlich in Niedersachsen belegen ist. Klargestellt wird des Weiteren, dass in allen Verfahrensabschnitten (Ermittlung, Festsetzung und Erhebung) Abweichungen getroffen werden.

27 Implizit wird mit § 1 Satz 1 NGrStG der **zeitliche Anwendungsbereich** des NGrStG bestimmt. Nach Art. 125b Abs. 3 GG darf auf Grundlage von Art. 72 Abs. 3 Satz 1 Nr. 7 GG abweichendes Landesrecht bei der Grundsteuer der Erhebung der Grundsteuer frühestens für Zeiträume ab dem 1.1.2025 zugrunde gelegt werden. Dem trägt § 1 Satz 1 NGrStG Rechnung.

28-35 *(Einstweilen frei)*

II. Bestimmung des Anwendungsverhältnisses von Bundesrecht zum NGrStG (§ 1 Satz 2 und 3 NGrStG)

36 § 1 Satz 2 NGrStG bestimmt, dass die Regelungen des **Bewertungs- und Grundsteuergesetzes** für Zwecke der Ermittlung, Festsetzung und Erhebung der Grundsteuer für Zeiträume ab dem Kalenderjahr 2025 nur **anzuwenden** sind, soweit sich aus dem NGrStG **nichts anderes ergibt.**[2] Es gilt allerdings der Grundsatz lex posterior derogat legis priori, d. h., dasjenige Landes- oder Bundesrecht geht vor, das später erlassen wurde.[3]

37 Mit § 1 Satz 2 NGrStG wird etwas klausuliert zum Ausdruck gebracht, dass das Bundesrecht weiterhin Anwendung findet, soweit mit dem NGrStG keine abweichenden Regelungen getroffen werden. Anders als Baden-Württemberg nutzt Niedersachsen die Abweichungskompetenz des Art. 72 Abs. 3 Satz 1 Nr. 7 GG nicht zum Erlass eines umfassenden eigenen Gesetzes in Bezug auf die Grundsteuer, sondern beschränkt die Vorschriften im NGrStG auf vom Bewertungs- und Grundsteuergesetz abweichende Regelungen. Insoweit wird nur **punktuell von der Abweichungsbefugnis** des Art. 72 Abs. 3 Satz 1 Nr. 7 GG Gebrauch gemacht.[4] Zu den einzelnen Normen des Bewertungsgesetzes und des Grundsteuergesetzes, von denen mit dem NGrStG abgewichen wird, vgl. → Rz. 19.

1 A 1.1 Abs. 1 AENGrStG.

2 A 1.1 Abs. 2 AENGrStG.

3 Missverständlich Krause in Stenger/Loose, NGrStG § 1 Rz. 133; siehe hierzu vertiefend und zur sog. Ping-Pong-Gesetzgebung Uhle in Dürig/Herzog/Scholz, GG Art. 72 Rz. 301 ff.; Dreier in Dreier, GG Art. 31 Rz. 26 und Art. 72 Rz. 32; Kmentin in Jarass/Pieroth, GG Art. 72 Rz. 32.

4 Krumm/Paeßens, GrStG, § 1 NGrStG Rz. 1; Krause in Stenger/Loose, NGrStG § 1 Rz. 132.

Soweit eine Regelung des Bewertungsgesetzes oder des Grundsteuergesetzes den **Grundsteuerwert** betrifft, bestimmt § 1 Satz 3 NGrStG, dass die Regelung entsprechend auf den **Äquivalenzbetrag** (§ 2 Abs. 3 NGrStG) anzuwenden ist, es sei denn, aus dem NGrStG ergibt sich ausdrücklich etwas anderes. Damit wird durch § 1 Satz 3 NGrStG klargestellt, dass die Ermittlung von Grundsteuerwerten nach dem Bundesrecht einerseits und die Ermittlung von Äquivalenzbeträgen nach dem NGrStG andererseits allein nicht ausreichen, um von einer abweichenden Bestimmung durch das NGrStG auszugehen. Die jeweiligen bundesrechtlichen Normen sind daher auf ihren Sinngehalt hin zu überprüfen, ob sie bei der Ermittlung, der Festsetzung sowie der Erhebung der Grundsteuer die Äquivalenzbeträge **Regelungslücken auffüllend Anwendung finden.**[1] Da eine solche Prüfung häufig nicht zu zweifelsfreien Ergebnissen führt, hat das Niedersächsische Finanzministerium in A 1.2 und A 1.3 AENGrStG die entsprechend anzuwendenden Normen enumerativ genannt. In A 1.4 AENGrStG werden darüber hinaus die aus dem koordinierten Erlass der obersten Finanzbehörden der Länder zur Anwendung des Grundsteuergesetzes ab 1.1.2025 vom 22.6.2022 sinngemäß anwendbaren Regelungen aufgeführt. 38

BEISPIEL: Das NGrStG enthält keine Regelung zur Berücksichtigung von **Gebäuden, Gebäudeteilen und Anlagen für den Zivilschutz**. Damit findet die Regelung des § 245 BewG, wonach Gebäude, Gebäudeteile und Anlagen, die wegen der in § 1 des Zivilschutz- und Katastrophenhilfegesetzes bezeichneten Zwecke geschaffen worden sind und im Frieden nicht oder nur gelegentlich oder geringfügig für andere Zwecke benutzt werden, bei der Ermittlung des Grundsteuerwerts außer Betracht bleiben, mit der Maßgabe auch beim Grundvermögen in Niedersachsen Anwendung, dass die Flächen bei der Ermittlung der Äquivalenzbeträge außer Betracht bleiben. 39

Erster Teil: Grundstücke, Grundsteuer B

Erstes Kapitel: Ermittlung der Grundsteuer

§ 2 NGrStG Steuergegenstand, Berechnungsformel

(1) [1]Steuergegenstand der Grundsteuer B nach diesem Gesetz sind vorbehaltlich des Absatzes 4 Satz 2 die Grundstücke im Sinne des § 2 Nr. 2 GrStG als wirtschaftliche Einheiten des Grundvermögens. [2]Die Grundsteuer B ergibt sich durch eine Multiplikation des Grundsteuermessbetrags des Grundstücks nach Absatz 2 mit dem von der Gemeinde bestimmten jeweiligen Hebesatz. [3]Sie ist ein Jahresbetrag und auf volle Cent nach unten abzurunden.

(2) [1]Der Grundsteuermessbetrag des Grundstücks ist durch Anwendung der jeweiligen Grundsteuermesszahl nach § 6 auf den Äquivalenzbetrag des Grund und Bodens nach Absatz 3 Satz 1 und den jeweiligen Äquivalenzbetrag der Wohnfläche oder der Nutzfläche etwaiger Gebäude des Grundstücks nach Absatz 3 Satz 2 zu ermitteln. [2]Die Summe dieser Ergebnisse ist als Grundsteuermessbetrag des Grundstücks auf volle Cent nach unten abzurunden.

(3) [1]Der Äquivalenzbetrag des Grund und Bodens ergibt sich durch eine Multiplikation der nach § 3 maßgeblichen Fläche des Grund und Bodens mit der jeweiligen nach § 4 Abs. 2 zu ermittelnden Äquivalenzzahl und dem Lage-Faktor nach § 5. [2]Die Äquivalenzbeträge von Wohn- oder Nutzfläche der Gebäude ergeben sich durch eine Multiplikation der jeweiligen nach § 3 maßgeblichen Gebäudeflächen mit der Äquivalenzzahl nach § 4 Abs. 1 und dem Lage-Faktor nach § 5. [3]Der Äquivalenzbetrag des Grund und Bodens sowie

1 Vgl. auch Krumm/Paeßens, GrStG, § 1 NGrStG Rz. 2.

die Äquivalenzbeträge der Wohn- und Nutzfläche der Gebäude werden jeweils auf volle Cent nach unten abgerundet.

(4) [1]Die Zurechnung mehrerer Wirtschaftsgüter zu einer wirtschaftlichen Einheit wird abweichend von § 2 Abs. 2 BewG nicht dadurch ausgeschlossen, dass die Wirtschaftsgüter zum Teil der einen Ehegattin oder Lebenspartnerin oder dem einen Ehegatten oder Lebenspartner, zum Teil der anderen Ehegattin oder Lebenspartnerin oder dem anderen Ehegatten oder Lebenspartner gehören. [2]Bei Gebäuden auf fremdem Grund und Boden sind abweichend von § 244 Abs. 3 Nr. 2 und § 262 BewG der Grund und Boden der Eigentümerin oder dem Eigentümer des Grund und Bodens und die Gebäude der wirtschaftlichen Eigentümerin oder dem wirtschaftlichen Eigentümer der Gebäude zuzurechnen. [3]Bei Erbbaurechten ist § 261 BewG entsprechend anzuwenden.

(5) [1]Erstreckt sich der Steuergegenstand auch auf ein anderes Land oder das Ausland, so ist nur für das im Gebiet des Landes Niedersachsen gelegene Grundvermögen Grundsteuer nach diesem Gesetz zu ermitteln, festzusetzen und zu erheben. [2]Dieses Grundvermögen bildet eine eigenständige wirtschaftliche Einheit.

Inhaltsübersicht **Rz.**

LITERATUR:

Siehe Vorwort.

HINWEISE:

A 2 des Runderlasses des Niedersächsischen Finanzministeriums, Anwendung des Niedersächsischen Grundsteuergesetzes (NGrStG) zur Bewertung des Grundvermögens für die Grundsteuer ab 1.1.2022 (AENGrStG), RdErl. d. MF v. 22.2.2022 - G 1002-6 - 62100.

A. Allgemeine Erläuterungen

I. Normzweck und wirtschaftliche Bedeutung der Vorschrift

§ 2 ist die **Eingangsnorm** zur Berechnung der Grundsteuer für das Grundvermögen im niedersächsischen Grundsteuermodell. § 2 NGrStG definiert insbesondere die Grundstücke (wirtschaftliche Einheiten des Grundvermögens) als Steuergegenstand der sog. Grundsteuer B und gibt für diese einen Überblick über die Berechnungsformel zur Ermittlung der Grundsteuer. Darüber hinaus enthält § 2 NGrStG grundlegende Regelungen z. B. zur Rundung, zur Bildung der wirtschaftlichen Einheiten und zu grenzüberschreitendem Grundvermögen. 1

§ 2 Abs. 1 Satz 1 NGrStG bestimmt die wirtschaftlichen Einheiten des Grundvermögens als den Steuergegenstand der sog. Grundsteuer B. Zugleich wird in § 2 Abs. 1 Satz 1 NGrStG das Grundstück als wirtschaftliche Einheit der Grundsteuer B definiert (siehe → Rz. 42 ff.). **§ 2 Abs. 1 Satz 2 NGrStG** regelt die Ermittlung der Grundsteuer durch Anwendung des Hebesatzes auf den Grundsteuermessbetrag (siehe → Rz. 52 ff.). **§ 2 Abs. 1 Satz 3 NGrStG** bestimmt die Grundsteuer als Jahresbetrag, der auf volle Cent nach unten abzurunden ist (siehe → Rz. 56 ff.). 2

§ 2 Abs. 2 NGrStG regelt die Ermittlung des Grundsteuermessbetrags durch Anwendung der jeweiligen Grundsteuermesszahlen auf die jeweiligen Äquivalenzbeträge. **§ 2 Abs. 3 NGrStG** regelt wiederum die Ermittlung der Äquivalenzbeträge (siehe → Rz. 67 ff.). 3

§ 2 Abs. 4 Satz 1 NGrStG regelt, dass die Zuordnung mehrerer Wirtschaftsgüter zu einer wirtschaftlichen Einheit abweichend von **§ 2 Abs. 2 BewG**, nach dem mehrere Wirtschaftsgüter als eine wirtschaftliche Einheit nur insoweit in Betracht kommen, als sie demselben Eigentümer gehören, nicht dadurch ausgeschlossen wird, dass die Wirtschaftsgüter zum Teil der einen Ehegattin oder Lebenspartnerin oder dem einen Ehegatten oder Lebenspartner, zum Teil der anderen Ehegattin oder Lebenspartnerin oder dem anderen Ehegatten oder Lebenspartner gehören. § 2 Abs. 4 Satz 1 NGrStG übernimmt anders als im Bundesmodell[1] die Regelung aus der Einheitsbewertung nach § 26 BewG a. F. dauerhaft (siehe → Rz. 73 ff.). 4

§ 2 Abs. 4 Satz 2 NGrStG regelt im Vergleich zum Bundesmodell eine abweichende Zurechnung der wirtschaftlichen Einheiten bei Gebäuden auf fremdem Grund und Boden (siehe → Rz. 87 ff.). Der mit einem fremden Gebäude belastete Grund und Boden wird der Eigentümerin oder dem Eigentümer des Grund und Bodens und die Gebäude auf fremdem Grund und Boden der wirtschaftlichen Eigentümerin oder dem wirtschaftlichen Eigentümer der Gebäude zugerechnet. **§ 2 Abs. 4 Satz 3 NGrStG** stellt klar, dass bei Erbbaurechten § 261 BewG,[2] nach dem bei einem mit einem Erbbaurecht belasteten Grundstück für das Erbbaurecht und den Grund und Boden eine wirtschaftliche Einheit zu bilden ist, die dem Erbbauberechtigten zugerechnet wird, im niedersächsischen Grundsteuermodell entsprechend anzuwenden ist (siehe → Rz. 81 ff.). 5

§ 2 Abs. 5 NGrStG bestimmt, dass für Grundvermögen, das sich auf ein anderes Land oder das Ausland erstreckt, Grundsteuer nach dem NGrStG nur für den im Gebiet des Landes Niedersachsen gelegenen Teil zu ermitteln, festzusetzen und zu erheben ist und dass dieser Teil eine eigenständige wirtschaftliche Einheit bildet. 6

---

1 Vgl. § 266 Abs. 5 BewG und vertiefend Grootens in Grootens, BewG, § 266 Rz. 111 ff.

2 Grootens in Grootens, BewG, § 261 Rz. 1 ff.

7 Aus § 2 NGrStG ergibt sich der **dreistufige Aufbau** der Ermittlung der Grundsteuer B im niedersächsischen Grundsteuermodell. Auf der **ersten Stufe** sind zunächst **Äquivalenzbeträge** nach § 2 Abs. 3 NGrStG zu ermitteln und nach § 8 Abs. 2 Satz 2 NGrStG festzustellen. Auf der zweiten Stufe sind nach § 2 Abs. 2 NGrStG die Äquivalenzbeträge mit den Grundsteuermesszahlen zu multiplizieren, so dass sich auf der **zweiten Stufe** die **Grundsteuermessbeträge** ergeben, die nach § 9 Abs. 1 Satz 1 NGrStG festgesetzt werden. Auf die Grundsteuermessbeträge sind in der **dritten Stufe** zur Ermittlung der **konkreten Grundsteuerschuld** nach § 2 Abs. 1 Satz 2 NGrStG die von der jeweiligen Gemeinde festgesetzten Hebesätze anzuwenden.

8–10 *(Einstweilen frei)*

II. Entstehung und Entwicklung der Vorschrift

11 Die Vorschrift wurde im Jahr 2021 mit dem **Stammgesetz** in das NGrStG aufgenommen.[1] Im Gesetzentwurf der Koalitionsfraktionen war die Regelung noch in § 1 NGrStG verortet.[2]

12 In dem ursprünglichen Gesetzentwurf der Regierungskoalition[3] sollte auf der ersten Stufe des dreistufigen Verfahrens aus der Summe der Äquivalenzbeträge für den Grund und Boden, die Wohnflächen und die Nutzflächen zunächst ein **Grundsteuerausgangsbetrag** ermittelt werden, welcher – multipliziert mit einer Steuermesszahl – den Grundsteuermessbetrag ergeben sollte. Aufgrund einer Empfehlung des federführenden Ausschusses für Haushalt und Finanzen wurde auf die Ermittlung des Grundsteuerausgangsbetrags verzichtet, da dieser keine eigenständige inhaltliche Bedeutung habe und als funktionslose Zwischenstufe entbehrlich sei.[4] Stattdessen wird nunmehr unmittelbar auf die jeweiligen Äquivalenzbeträge abgestellt. Damit wurde die Vorschrift auch an den seinerzeitigen Entwurf eines Bayerischen Grundsteuergesetzes[5] angeglichen.

13 Nach dem ursprünglichen Gesetzentwurf der Regierungskoalition[6] sollten die Äquivalenzbeträge des Grund und Bodens auf eine Nachkommastelle nach unten, hingegen die Äquivalenzbeträge von Wohn- und Nutzflächen auf volle Euro nach unten abgerundet werden. An diesen **unterschiedlichen Abrundungsregeln** wurde im parlamentarischen Verfahren nicht festgehalten und in § 2 Abs. 3 Satz 3 NGrStG die Abrundung der Äquivalenzbeträge auf volle Cent nach unten gesetzlich normiert, um die Abrundungsregeln zu vereinheitlichen.[7]

14 § 2 Abs. 4 Satz 2 und 3 NGrStG wurden im parlamentarischen Verfahren in das NGrStG aufgenommen. § 2 Abs. 4 Satz 2 NGrStG regelt abweichend von § 244 Abs. 3 Nr. 2 BewG und § 262 BewG, dass bei einem **Gebäude auf fremdem Grund und Boden,** der Grund und Boden dem Eigentümer sowie das Gebäude dem wirtschaftlichen Eigentümer zugerechnet wird. Beide bilden damit jeweils eine eigene wirtschaftliche Einheit. § 2 Abs. 4 Satz 3 NGrStG dient der Klarstellung, dass bei **Erbbaurechten** die bundesgesetzliche Regelung des § 261 BewG entsprechend anzuwenden ist.

15–20 *(Einstweilen frei)*

1 Niedersächsisches Grundsteuergesetz v. 7.7.2021, Nds. GVBl Nr. 27/2021 S. 502 ff.
2 Vgl. Niedersächsische LT-Drucks. 18/8995 S. 4 f. und S. 17 f.
3 Niedersächsische LT-Drucks. 18/8995.
4 Niedersächsische LT-Drucks. 18/9632 S. 6.
5 Bayerische LT-Drucks. 18/15755 S. 5.
6 Niedersächsische LT-Drucks. 18/8995 S. 18.
7 Niedersächsische LT-Drucks. 18/9632 S. 6 f.

III. Geltungsbereich

§ 2 NGrStG gilt für in Niedersachsen belegene Grundstücke des Grundvermögens. § 2 Abs. 4 NGrStG findet gem. § 11 Abs. 5 NGrStG auf Betriebe der Land- und Forstwirtschaft entsprechend Anwendung.[1] Im Übrigen findet die Norm auf land- und forstwirtschaftliches Vermögen keine Anwendung. § 2 NGrStG ist mit dem Stammgesetz gem. § 15 Abs. 1 NGrStG **am 14.7.2021 in Kraft getreten**. Wie sich aus § 1 Satz 1 NGrStG[2] und § 12 Abs. 1 NGrStG[3] ergibt, sollen die Regelungen des NGrStG und damit auch § 2 NGrStG erst für die Erhebung der **Grundsteuer** ab dem **Kalenderjahr 2025** von Bedeutung sein.[4] 21

(Einstweilen frei) 22–26

IV. Vereinbarkeit der Vorschrift mit höherrangigem Recht

§ 2 NGrStG als Ausgangsnorm für die Berechnung der Grundsteuer für das Grundvermögen unterliegt denselben Bedenken, die gegen das **niedersächsische Grundsteuermodell** vorgebracht werden.[5] Im Übrigen, auch soweit die Regelungen in § 2 NGrStG vom Bundesmodell, wie in § 2 Abs. 4 NGrStG, abweichen, begegnet die Vorschrift keinen verfassungsrechtlichen Bedenken. 27

(Einstweilen frei) 28–30

V. Verhältnis zu anderen Vorschriften

§ 2 Abs. 1 Satz 1 NGrStG bestimmt den Steuergegenstand der sog. Grundsteuer B und ergänzt damit **§ 2 Nr. 2 GrStG.**[6] Zugleich wird in § 2 Abs. 1 Satz 1 NGrStG das Grundstück als wirtschaftliche Einheit der Grundsteuer B definiert und damit als lex posterior **§ 244 Abs. 1 BewG**[7] ersetzt. An der Unterteilung der Vermögensarten (Grundvermögen – land- und forstwirtschaftliches Vermögen, **§ 218 BewG)**[8] und der Definition der wirtschaftlichen Einheit (**§ 2 BewG**) nach den Vorschriften des Bewertungsgesetzes wird grundsätzlich festgehalten. Für wirtschaftliche Einheiten des Betriebsvermögens ist weiterhin nach **§ 99 Abs. 1 BewG**[9] maßgeblich, ob sie losgelöst von ihrer Zugehörigkeit zu einem Betrieb i. S. der **§§ 15, 18 EStG** oder einer in **§ 1 KStG** genannten Körperschaft, Personenvereinigung oder Vermögensmasse zum Grundvermögen oder zum land- und forstwirtschaftlichen Vermögen gehören würden.[10] 31

§ 2 Abs. 1 Satz 2 NGrStG regelt wie **§ 25 Abs. 1 GrStG,**[11] der durch § 2 Abs. 1 Satz 2 NGrStG als lex posterior verdrängt wird, die Ermittlung der Grundsteuer durch Anwendung des Hebesatzes auf den Grundsteuermessbetrag. **§ 7 NGrStG**[12] enthält ergänzende Regelungen zur Bestim- 32

---

1 Vgl. vertiefend Bock/Lapp in Grootens, NGrStG, § 11 Rz. 56 ff.
2 Vgl. vertiefend Bock/Lapp in Grootens, NGrStG, § 1 Rz. 9.
3 Siehe Bock/Lapp in Grootens, NGrStG, § 12 Rz. 31 ff.
4 Niedersächsische LT-Drucks. 18/9603 S. 3 und Niedersächsische LT-Drucks. 18/9632 S. 12.
5 Vgl. hierzu vertiefend Bock/Lapp, NGrStG, Vorwort Rz. 42 ff.
6 Siehe hierzu vertiefend Lange in Grootens, GrStG, § 2 Rz. 57 ff.
7 Siehe hierzu vertiefend Bock in Grootens, BewG, § 244 Rz. 18 ff.
8 Siehe hierzu vertiefend Kurt in Grootens, BewG, § 218 Rz. 61 ff.
9 Siehe hierzu vertiefend Kurt in Grootens, BewG, § 218 Rz. 101 ff.
10 Gesetzentwurf der Koalitionsfraktionen zum Niedersächsischen Grundsteuergesetz, Niedersächsische LT-Drucks. 18/8995 S. 17.
11 Siehe hierzu vertiefend Grootens in Grootens, GrStG, § 25 Rz. 31 ff.
12 Siehe hierzu vertiefend Bock/Lapp, NGrStG, § 7 Rz. 36 ff.

mung des Hebesatzes. § 2 Abs. 1 Satz 3 NGrStG bestimmt die Grundsteuer als Jahresbetrag und verdrängt als lex posterior insoweit teilweise **§ 27 Abs. 1 GrStG,**[1] nach dem die Grundsteuer im Bundesmodell für das Kalenderjahr festgesetzt wird.

33 § 2 Abs. 2 NGrStG regelt die Ermittlung des Grundsteuermessbetrags, der nach **§ 9 Abs. 1 Satz 1 NGrStG**[2] festgesetzt wird, durch Anwendung der Grundsteuermesszahlen auf die Äquivalenzbeträge und verdrängt als lex posterior **§ 13 GrStG.**[3] Die Grundsteuermesszahlen ergeben sich aus **§ 6 NGrStG.**[4]

34 Die Ermittlung der nach **§ 8 Abs. 2 Satz 2 NGrStG**[5] festzustellenden Äquivalenzbeträge regelt wiederum § 2 Abs. 3 NGrStG. Die Äquivalenzbeträge ergeben sich durch Multiplikation der maßgeblichen Fläche des Grund und Bodens und der maßgeblichen Gebäudefläche mit der jeweiligen Äquivalenzzahl und einem Lage-Faktor. Die maßgeblichen Flächen ergeben sich aus **§ 3 NGrStG,**[6] die jeweilige Äquivalenzzahl aus **§ 4 NGrStG**[7] und der Lage-Faktor aus **§ 5 NGrStG.**[8] § 2 Abs. 3 NGrStG verdrängt damit die Bewertungsregelungen für das Grundvermögen nach den **§§ 246 ff. BewG.**[9]

35 § 2 Abs. 4 Satz 1 NGrStG regelt, dass die Zuordnung mehrerer Wirtschaftsgüter zu einer wirtschaftlichen Einheit abweichend von **§ 2 Abs. 2 BewG**, nach dem mehrere Wirtschaftsgüter als eine wirtschaftliche Einheit nur insoweit in Betracht kommen, als sie demselben Eigentümer gehören, nicht dadurch ausgeschlossen wird, dass die Wirtschaftsgüter zum Teil der einen Ehegattin oder Lebenspartnerin oder dem einen Ehegatten oder Lebenspartner, zum Teil der anderen Ehegattin oder Lebenspartnerin oder dem anderen Ehegatten oder Lebenspartner gehören. Eine entsprechende Regelung gab es für die Einheitsbewertung in **§ 26 BewG a. F.** Die Beibehaltung von nach § 26 BewG a. F. gebildeten wirtschaftlichen Einheiten wurde im Bundesmodell für einen Übergangszeitraum nach **§ 266 Abs. 5 BewG**[10] zugelassen. § 2 Abs. 4 Satz 1 NGrStG verdrängt § 266 Abs. 5 BewG und übernimmt die Regelung aus der Einheitsbewertung nach § 26 BewG a. F. dauerhaft.

36 § 2 Abs. 4 Satz 2 NGrStG regelt eine abweichende Zurechnung der wirtschaftlichen Einheiten bei Gebäuden auf fremdem Grund und Boden. Im Bundesmodell wird in diesen Fällen das Gebäude auf fremdem Grund und Boden sowie der mit dem Gebäude bebaute Grund und Boden gem. **§ 244 Abs. 3 Nr. 2 BewG**[11] und **§ 262 BewG**[12] zu einer wirtschaftlichen Einheit zusammengefasst und diese der Grundstückseigentümerin oder dem Grundstückseigentümer zugerechnet. § 2 Abs. 4 Satz 2 NGrStG regelt insoweit abweichend, dass der Grund und Boden der Eigentümerin oder dem Eigentümer des Grund und Bodens und die Gebäude der wirtschaftlichen Eigentümerin oder dem wirtschaftlichen Eigentümer der Gebäude zuzurechnen ist.

1 Siehe hierzu vertiefend Grootens in Grootens, GrStG, § 27 Rz. 36 ff.
2 Siehe hierzu vertiefend Bock/Lapp, NGrStG, § 9 Rz. 36 f.
3 Siehe hierzu vertiefend Bock in Grootens, GrStG, § 13 Rz. 20 ff.
4 Siehe hierzu vertiefend Bock/Lapp in Grootens, NGrStG, § 6 Rz. 1 ff.
5 Siehe hierzu vertiefend Bock/Lapp, NGrStG, § 8 Rz. 46.
6 Siehe hierzu vertiefend Bock/Lapp, NGrStG, § 3 Rz. 41 ff.
7 Siehe hierzu vertiefend Bock/Lapp, NGrStG, § 4 Rz. 24 ff.
8 Siehe hierzu vertiefend Bock/Lapp, NGrStG, § 5 Rz. 41 ff.
9 Siehe hierzu vertiefend die Kommentierungen bei Bock bzw. Grootens in Grootens, BewG, §§ 246–262.
10 Siehe hierzu vertiefend Grootens in Grootens, BewG, § 266 Rz. 111 ff.
11 Siehe hierzu vertiefend Bock in Grootens, BewG, § 244 Rz. 73 ff.
12 Siehe hierzu vertiefend Grootens in Grootens, BewG, § 262 Rz. 31 ff.

§ 2 Abs. 4 Satz 3 NGrStG stellt klar, dass bei Erbbaurechten **§ 261 BewG**[1] im niedersächsischen Grundsteuermodell entsprechend anzuwenden ist. 37

(Einstweilen frei) 38–41

B. Systematische Kommentierung

I. Steuergegenstand und Berechnung der Grundsteuer B (§ 2 Abs. 1 NGrStG)

1. Steuergegenstand der sog. Grundsteuer B und Grundstücksbegriff (§ 2 Abs. 1 Satz 1 NGrStG)

42 § 2 Abs. 1 Satz 1 NGrStG bestimmt den Steuergegenstand für das Grundvermögen. **Steuergegenstand** des Grundvermögens, in § 2 Abs. 1 Satz 1 NGrStG **Grundsteuer B** genannt, sind nach § 2 Abs. 1 Satz 1 NGrStG die **Grundstücke** i. S. des § 2 Nr. 2 GrStG[2] als wirtschaftliche Einheiten des Grundvermögens.[3] Durch den Verweis auf §§ 243, 244 BewG[4] in § 2 Nr. 2 GrStG findet grundsätzlich die bundesgesetzlich geregelte Definition des Grundvermögens und des Grundstücks Anwendung.[5] Nicht Gegenstand der Grundsteuer auf das Grundvermögen sind wie auch im Bundesmodell[6] die Betriebe der Land- und Forstwirtschaft (§ 2 Nr. 1 GrStG,[7] §§ 232 bis 234, 240 BewG).[8] Für diese finden in Niedersachsen grundsätzlich die bundesgesetzlichen Regelungen Anwendung (siehe aber in § 11 NGrStG geregelte punktuelle Abweichungen für Betriebe der Land- und Forstwirtschaft).[9]

43 § 2 Abs. 1 Satz 1 NGrStG übernimmt die **Definition des Grundstücks** als wirtschaftliche Einheit des Grundvermögens nach § 244 Abs. 1 BewG. Beim Begriff des Grundstücks handelt es sich um ein Substitut.[10] Der Begriff des Grundstücks ist nicht gleichbedeutend mit dem bürgerlichrechtlichen Grundstücksbegriff.[11] Zum **Grundvermögen** gehören auch im niedersächsischen Grundsteuermodell der Grund und Boden,[12] die Gebäude,[13] die sonstigen Bestandteile[14] und das Zubehör,[15] das Erbbaurecht,[16] das Wohnungseigentum und das Teileigentum,[17] das Wohnungserbbaurecht und das Teilerbbaurecht.[18] In das Grundvermögen sind nicht die Bodenschätze[19] sowie Betriebsvorrichtungen[20] einzubeziehen.

1 Siehe hierzu vertiefend Grootens in Grootens, BewG, § 261 Rz. 31 ff.
2 Vgl. vertiefend Lange in Grootens, GrStG, § 2 Rz. 57 ff.
3 A 2 Abs. 1 AENGrStG.
4 Siehe vertiefend Bock in Grootens, BewG, §§ 243–244.
5 A 2 Abs. 1 AENGrStG.
6 Vgl. vertiefend Bock in Grootens, BewG, § 243 Rz. 19 ff.
7 Vgl. vertiefend Lange in Grootens, GrStG, § 2 Rz. 24 ff.
8 Vgl. vertiefend hierzu Müller in Grootens, BewG, §§ 232–234.
9 Siehe vertiefend Bock/Lapp in Grootens, NGrStG, § 11 Rz. 1 ff.
10 Vgl. vertiefend Bock in Grootens, BewG, § 244 Rz. 18.
11 Vgl. vertiefend Bock in Grootens, BewG, § 244 Rz. 19.
12 Vgl. vertiefend Bock in Grootens, BewG, § 243 Rz. 23 ff.
13 Vgl. vertiefend Bock in Grootens, BewG, § 243 Rz. 27 ff.
14 Vgl. vertiefend Bock in Grootens, BewG, § 243 Rz. 60 ff.
15 Vgl. vertiefend Bock in Grootens, BewG, § 243 Rz. 67 ff.
16 Vgl. vertiefend Bock in Grootens, BewG, § 243 Rz. 71 ff.
17 Vgl. vertiefend Bock in Grootens, BewG, § 243 Rz. 77 ff.
18 Vgl. vertiefend Bock in Grootens, BewG, § 243 Rz. 81 ff.
19 Vgl. vertiefend Bock in Grootens, BewG, § 243 Rz. 85 ff.
20 Vgl. vertiefend Bock in Grootens, BewG, § 243 Rz. 89 ff.

44 An der **Unterteilung und Abgrenzung der Vermögensarten** (Grundvermögen sowie land- und forstwirtschaftliches Vermögen, § 218 BewG)[1] und der **Definition und Bestimmung der wirtschaftlichen Einheit** des Grundvermögens[2] nach den Vorschriften des Bewertungsgesetzes, insbesondere nach § 2 BewG, wird im NGrStG grundsätzlich festgehalten.[3] Für wirtschaftliche Einheiten des **Betriebsvermögens** ist insbesondere weiterhin nach § 99 Abs. 1 BewG[4] maßgeblich, ob sie losgelöst von ihrer Zugehörigkeit zu einem Betrieb i. S. der §§ 15, 18 EStG oder einer in § 1 KStG genannten Körperschaft, Personenvereinigung oder Vermögensmasse zum Grundvermögen oder zum land- und forstwirtschaftlichen Vermögen gehören würden.[5] Ausnahmen von der Bestimmung der wirtschaftlichen Einheit gelten nach § 2 Abs. 4 NGrStG für Grundstücke von **Ehegatten und Lebenspartnern** und bei **Gebäuden auf fremdem Grund und Boden** (siehe → Rz. 73 ff. bzw. → Rz. 78 ff.). Unklar ist, warum in § 2 Abs. 1 Satz 1 NGrStG lediglich § 2 Abs. 4 Satz 2 NGrStG (abweichende Regelung bei **Gebäude auf fremdem Grund und Boden**) als abweichende Bestimmungsnorm für die wirtschaftliche Einheit in Bezug genommen wurde. Auch in § 2 Abs. 4 Satz 1 NGrStG wird für Wirtschaftsgüter von Ehegatten und Lebenspartnern insoweit eine von den Grundsätzen des Bewertungsgesetzes abweichende Regelung getroffen.

45 Anders als im Bundesmodell nach § 249 BewG[6] ist in dem niedersächsischen Modell keine Unterscheidung nach **Grundstücksarten** und **Wertermittlungsverfahren** (Ertragswertverfahren/ Sachwertverfahren) vorgesehen. Bei dem – wertunabhängigen – äquivalenzbasierten Grundsteuermodell gilt für alle Grundstücksarten ein einheitlicher Rechenweg, so dass eine Unterscheidung nach Grundstücksarten nicht erforderlich ist.[7]

46 Das NGrStG definiert die Grundsteuer auf das Grundvermögen als **Grundsteuer B.** Der Begriff der Grundsteuer B ist kein rechtlich feststehender Begriff. Er wird umgangssprachlich bereits heute für die Grundsteuer auf das Grundvermögen verwendet, wohingegen die Grundsteuer auf das land- und forstwirtschaftliche Vermögen umgangssprachlich als **Grundsteuer A** bezeichnet wird.

47 In § 2 Abs. 1 Satz 1 NGrStG wird nicht geregelt, dass nur **in Niedersachsen belegener Grundbesitz** der Grundsteuer nach dem NGrStG unterliegt. Dies ergibt sich erst aus der systematischen Gesamtschau, etwa aus der Sonderregelung des § 2 Abs. 5 NGrStG für über die niedersächsische Landesgrenze hinausreichende wirtschaftliche Einheiten (siehe → Rz. 88 ff.), sowie der Tatsache, dass das Land Niedersachsen als Gebietskörperschaft verfassungskonform nur Regelungen für Gegenstände treffen kann, die in seinem Hoheitsgebiet liegen.

48–51 *(Einstweilen frei)*

2. Berechnung der Grundsteuer (§ 2 Abs. 1 Satz 2 NGrStG)

52 § 2 Abs. 1 Satz 2 NGrStG enthält die **Berechnungsformel** zur Ermittlung der sog. Grundsteuer B. Für wirtschaftliche Einheiten des Grundvermögens ermittelt sich die **Grundsteuer** durch Multiplikation des Grundsteuermessbetrags (siehe → Rz. 61 ff.) mit dem von der Gemeinde fest-

1 Siehe vertiefend Kurt in Grootens, BewG, § 218 Rz. 61 ff.
2 Vgl. vertiefend Bock in Grootens, BewG, § 244 Rz. 23 ff.
3 A 2 Abs. 1 AENGrStG.
4 Siehe hierzu vertiefend Kurt in Grootens, BewG, § 218 Rz. 101 ff.
5 Niedersächsische LT-Drucks. 18/8995 S. 17.
6 Bock in Grootens, BewG, § 249 Rz. 1 ff.
7 Niedersächsische LT-Drucks. 18/8995 S. 18.

gelegten Hebesatz.[1] Die Ermittlung der Grundsteuer aus Grundsteuermessbetrag multipliziert mit dem Hebesatz entspricht der Berechnung im Bundesmodell nach § 25 Abs. 1 GrStG.[2] Eine mit § 1 NWGrStHsG[3], § 1 SHGrStHsG oder § 1 GrStHsG LSA vergleichbare Regelung, die den Gemeinden die Festsetzung differenzierter Hebesätze für Wohngrundstücke einerseits und Nichtwohngrundstücke/unbebaute Grundstücke andererseits ermöglicht, hat Niedersachsen nicht eingeführt. Auch in Niedersachsen wird die Grundsteuer nach § 27 GrStG[4] durch die Gemeinden festgesetzt.

(Einstweilen frei) 53–55

3. Grundsteuer als Jahresbetrag, Rundung (§ 2 Abs. 1 Satz 3 NGrStG)

§ 2 Abs. 1 Satz 3 NGrStG bestimmt, dass die **Grundsteuer** ein **Jahresbetrag** ist.[5] Die Festsetzung der Grundsteuer als Jahresbetrag entspricht der bundesgesetzlichen Regelung, wonach die Grundsteuer nach § 27 Abs. 1 Satz 1 GrStG[6] für das Kalenderjahr festzusetzen ist. 56

Nach § 2 Abs. 1 Satz 3 NGrStG ist der sich nach dem NGrStG für die Grundsteuer B ergebende Grundsteuerbetrag auf **volle Cent abzurunden**.[7] Eine entsprechende bundesgesetzliche Rundungsvorschrift für die Grundsteuer existiert nicht.[8] In Niedersachsen ist dagegen aufgrund der eindeutigen gesetzlichen Regelung in § 2 Abs. 1 Satz 3 NGrStG der Grundsteuerbetrag bei der Grundsteuer B auf volle Cent abzurunden. Aufgrund der i. d. R. vierteljährlich zu entrichtenden Grundsteuer kann es trotz der Abrundungsregel in § 2 Abs. 1 Satz 3 NGrStG auch in Niedersachsen rechnerisch zu Teil-Centbeträgen kommen. Da Teil-Centbeträge mangels Zahlbarkeit nicht erhoben werden, dürfte die Rundungsregel überflüssig sein. Die Regelung gilt nur für das Grundvermögen. Beim land- und forstwirtschaftlichen Vermögen verbleibt es hinsichtlich der Rundung der Beträge beim Bundesrecht. 57

(Einstweilen frei) 58–60

II. Ermittlung des Grundsteuermessbetrags (§ 2 Abs. 2 NGrStG)

§ 2 Abs. 2 Satz 1 NGrStG enthält die **Berechnungsformel** auf **der zweiten Stufe** zur Ermittlung des Grundsteuermessbetrags im niedersächsischen Grundsteuermodell. Der **Grundsteuermessbetrag** ergibt sich durch die Anwendung einer **Grundsteuermesszahl** auf den sog. **Äquivalenzbetrag**.[9] Die Berechnung des Äquivalenzbetrags ergibt sich aus § 2 Abs. 3 NGrStG und die jeweils anzuwendende Grundsteuermesszahl aus § 6 NGrStG.[10] Zuständig für die Feststellung des Äquivalenzbetrags und die Festsetzung des Grundsteuermessbetrags ist das Lagefinanzamt (§§ 18, 22 AO).[11] 61

---

1 Siehe zu ergänzenden Regelungen zur Festlegung des Hebesatzes in Bock/Lapp in Grootens, NGrStG, § 7 Rz. 1 ff.
2 Siehe vertiefend Grootens in Grootens, GrStG, § 25 Rz. 31 ff.
3 Siehe vertiefend Bock/Lapp in Grootens, NWGrStHsG, § 1 Rz. 36 ff.
4 Siehe vertiefend Grootens in Grootens, GrStG, § 27 Rz. 36 ff.
5 A 2 Abs. 1 AENGrStG.
6 Vgl. vertiefend Grootens in Grootens, GrStG, § 27 Rz. 36 ff.
7 A 2 Abs. 1 AENGrStG.
8 Siehe vertiefend Grootens in Grootens, GrStG, § 27 Rz. 45.
9 A 2 Abs. 2 AENGrStG.
10 Siehe vertiefend Bock/Lapp in Grootens, NGrStG, § 6 Rz. 26 ff.
11 A 2 Abs. 2 AENGrStG.

62 Bei der Ermittlung des Grundsteuermessbetrags für eine wirtschaftliche Einheit ist **getrennt** in Bezug auf den **Grund und Boden** sowie das **Gebäude** vorzugehen. Zunächst ist die sich aus § 6 NGrStG ergebende Grundsteuermesszahl auf den Äquivalenzbetrag für den Grund und Boden, wie er sich aus § 2 Abs. 3 Satz 1 NGrStG ergibt, und anschließend die sich aus § 6 NGrStG ergebende Grundsteuermesszahl auf den Äquivalenzbetrag der Wohnfläche oder Nutzfläche etwaiger Gebäude des Grundstücks, wie er sich aus § 2 Abs. 3 Satz 2 NGrStG ergibt, anzuwenden. Die Ergebnisse dieser Ermittlung sind zu summieren und ergeben nach § 2 Abs. 2 Satz 2 NGrStG auf volle Cent abgerundet den Grundsteuermessbetrag.[1] Die Flächenermittlung richtet sich nach § 3 NGrStG.[2]

63 Danach ergibt sich für die Ermittlung des Grundsteuermessbetrags folgendes **Berechnungsschema**:

	Äquivalenzbetrag des Grund und Bodens (§ 2 Abs. 3 Satz 1 NGrStG; siehe → Rz. 67 f.)	x	Grundsteuermesszahl (§ 6 NGrStG)[3]
+	Ggf. Äquivalenzbetrag der Wohnfläche (§ 2 Abs. 3 Satz 2 NGrStG siehe → Rz. 67 f.)	x	Grundsteuermesszahl (§ 6 NGrStG)[4]
+	Ggf. Äquivalenzbetrag der Nutzfläche (§ 2 Abs. 3 Satz 2 NGrStG siehe → Rz. 67 f.)	x	Grundsteuermesszahl (§ 6 NGrStG)[5]
=	Grundsteuermessbetrag (Abrundung auf volle Cent nach unten gem. § 2 Abs. 2 Satz 2 NGrStG)		

64–66 *(Einstweilen frei)*

III. Ermittlung der Äquivalenzbeträge (§ 2 Abs. 3 NGrStG)

67 § 2 Abs. 3 NGrStG enthält die **Berechnungsformel** zur Ermittlung der **Äquivalenzbeträge**. Dabei sind getrennte Äquivalenzbeträge für den **Grund und Boden** nach § 2 Abs. 3 Satz 1 NGrStG und soweit vorhanden für die **Wohnflächen** einerseits sowie die **Nutzflächen** andererseits der auf dem Grund und Boden befindlichen Gebäude nach § 2 Abs. 3 Satz 2 NGrStG zu ermitteln. Die Äquivalenzbeträge ergeben sich aus den jeweiligen Flächen multipliziert mit den jeweiligen Äquivalenzzahlen nach § 4 NGrStG[6] sowie dem Lage-Faktor nach § 5 NGrStG.[7] Die Ermittlung der Flächen ist in § 3 NGrStG[8] geregelt. Die Äquivalenzbeträge sind gem. § 2 Abs. 2 Satz 3 NGrStG auf volle Cent abzurunden.[9]

1 A 2 Abs. 2 AENGrStG.
2 Siehe hierzu Bock/Lapp in Grootens, NGrStG, § 3 Rz. 42 ff.
3 Siehe Bock/Lapp in Grootens, NGrStG, § 6 Rz. 26 ff.
4 Siehe Bock/Lapp in Grootens, NGrStG, § 6 Rz. 26 ff.
5 Siehe Bock/Lapp in Grootens, NGrStG, § 6 Rz. 26 ff.
6 Siehe zum Lage-Faktor Bock/Lapp in Grootens, NGrStG, § 4 Rz. 31 ff.
7 A 2 Abs. 3 AENGrStG; siehe hierzu Bock/Lapp in Grootens, NGrStG, § 5 Rz. 41 ff.
8 Siehe hierzu Bock/Lapp in Grootens, NGrStG, § 3 Rz. 42 ff.
9 A 2 Abs. 3 AENGrStG.

Danach ergeben sich folgende Berechnungsschemata zur Ermittlung der Äquivalenzbeträge: 68

	Fläche des Grund und Bodens (insbes. § 3 Abs. 5 NGrStG[1])
x	Äquivalenzzahl für den Grund und Boden (§ 4 Abs. 2 NGrStG[2])
x	Lage-Faktor (§ 5 NGrStG[3])
=	Äquivalenzbetrag des Grund und Bodens (Abrundung auf volle Cent nach unten gem. § 2 Abs. 3 Satz 3 NGrStG)

	Wohnflächen der Gebäude (insbes. § 3 Abs. 1 und Abs. 5 NGrStG[4])
x	Äquivalenzzahl für Gebäude (§ 4 Abs. 1 NGrStG[5])
x	Lage-Faktor (§ 5 NGrStG[6])
=	Äquivalenzbetrag der Wohnflächen der Gebäude (Abrundung auf volle Cent nach unten gem. § 2 Abs. 3 Satz 3 NGrStG)

	Nutzfläche der Gebäude (insbes. § 3 Abs. 2, 3 und 5 NGrStG[7])
x	Äquivalenzzahl für Gebäude (§ 4 Abs. 1 NGrStG[8])
x	Lage-Faktor (§ 5 NGrStG[9])
=	Äquivalenzbetrag der Nutzflächen der Gebäude (Abrundung auf volle Cent nach unten gem. § 2 Abs. 3 Satz 3 NGrStG)

(Einstweilen frei) 69–72

IV. Sonderregelungen zur Bildung wirtschaftlicher Einheiten (§ 2 Abs. 4 NGrStG)

1. Wirtschaftliche Einheit bei Ehegatten und Lebenspartnern (§ 2 Abs. 4 Satz 1 NGrStG)

§ 2 Abs. 4 Satz 1 NGrStG greift die Regelung des § 26 BewG a. F. auf, wonach eine Zurechnung mehrerer Wirtschaftsgüter zu einer **wirtschaftlichen Einheit bei Ehegatten und Lebenspartnern** nach dem Lebenspartnerschaftsgesetz ermöglicht wird.[10] § 26 BewG a. F. findet nach dem Gesetz zur Reform des Grundsteuer- und Bewertungsrechts[11] für die Bewertung für Zwecke der Grundsteuer nach dem Siebenten Abschnitt des Zweiten Teils des Bewertungsgesetzes grundsätzlich keine Anwendung mehr. Bundesgesetzlich wurde zwar mit dem Gesetz zur erleichterten Umsetzung der Reform der Grundsteuer und Änderung weiterer steuerrechtlicher Vorschriften[12] in § 266 Abs. 5 BewG eine Übergangsregelung eingeführt, wonach bestehende wirtschaftliche Einheiten, welche für Zwecke der Einheitsbewertung unter Anwendung des § 26 BewG a. F. gebildet wurden, weiterhin für Zwecke der Feststellung von Grundsteuerwerten nach den Regelungen des Siebenten Abschnitts des Zweiten Teils des Bewertungsgesetzes zu- 73

1 Siehe hierzu Bock/Lapp in Grootens, NGrStG, § 3 Rz. 41.
2 Siehe hierzu Bock/Lapp in Grootens, NGrStG, § 4 Rz. 31.
3 Siehe hierzu Bock/Lapp in Grootens, NGrStG, § 5 Rz. 41 ff.
4 Siehe hierzu Bock/Lapp in Grootens, NGrStG, § 3 Rz. 46 ff.
5 Siehe hierzu Bock/Lapp in Grootens, NGrStG, § 4 Rz. 26.
6 Siehe hierzu Bock/Lapp in Grootens, NGrStG, § 5 Rz. 41 ff.
7 Siehe hierzu Bock/Lapp in Grootens, NGrStG, § 3 Rz. 81ff.
8 Siehe hierzu Bock/Lapp in Grootens, NGrStG, § 4 Rz. 26.
9 Siehe hierzu Bock/Lapp in Grootens, NGrStG, § 5 Rz. 41 ff.
10 A 2 Abs. 4 AENGrStG.
11 BGBl 2019 I S. 1794 ff.
12 BGBl 2021 I S. 2931 ff.

grunde gelegt werden können.[1] Hierbei handelt es sich allerdings um eine auslaufende Regelung, welche am 31.12.2028 aufgehoben wird und für die auf den 1.1.2029 durchzuführende Hauptfeststellung keine Anwendung mehr findet.[2] Zudem gilt die Regelung nicht für neu begründete wirtschaftliche Einheiten. In Niedersachsen soll dagegen die mit § 26 BewG a. F. vergleichbare Regelung aufgrund der gesetzlichen Normierung in § 2 Abs. 4 Satz 1 NGrStG **dauerhaft Anwendung** finden.

74 In Zukunft soll über die **Grundstücksdatenbank LANGUSTE** die Ermittlung der Grundsteuer weiter automatisiert werden. Anknüpfungspunkt für die Bildung von wirtschaftlichen Einheiten soll unter Nutzung des Liegenschaftskatasters streng das Eigentümerprinzip sein.[3] Zu diesem Zweck laufen im Bundesmodell diejenigen Regelungen zur Bildung und Zurechnung von wirtschaftlichen Einheiten aus, die dem Eigentümerprinzip widersprechen.[4] In Zukunft wird in Niedersachsen zu prüfen sein, ob an der dem **Automatisierungsziel widersprechenden** Zusammenfassung von Wirtschaftsgütern zu einer wirtschaftlichen Einheit nach § 2 Abs. 4 Satz 1 NGrStG festgehalten werden soll.

75 § 2 Abs. 4 Satz 1 NGrStG geht als **spezielle Zurechnungsnorm** anderen Zurechnungsnormen vor.[5] Dies gilt insbesondere für die Zurechnung bei Gebäuden auf fremdem Grund und Boden[6] sowie bei Erbbaurechten.[7] Dem Eigentümer der wirtschaftlichen Einheit, das ist derjenige, dem die höherwertigeren Wirtschaftsgüter gehören, werden auch die Wirtschaftsgüter des anderen Ehegatten oder Lebenspartners zugerechnet, wenn diese zur wirtschaftlichen Einheit gehören.[8] Für andere nahe Angehörige (z. B. Kinder) findet die Regelung keine Anwendung; sie ist auch nicht analog anzuwenden.[9] Die Norm hat insbesondere beim **land- und forstwirtschaftlichen Vermögen** erhebliche Bedeutung, da dort häufiger Wirtschaftsgüter des einen Ehegatten oder Lebenspartners (beispielsweise ein einzelnes Flurstück) im Betrieb des anderen Ehegatten oder Lebenspartners genutzt werden.[10] § 2 Abs. 4 NGrStG findet gem. § 11 Abs. 5 NGrStG auch auf land- und forstwirtschaftliches Vermögen entsprechende Anwendung (siehe bereits → Rz. 21).[11] Die Zurechnung kann auch erfolgen, wenn der Ehegatte oder Lebenspartner den Betrieb mit einer anderen Person gemeinsam führt.[12] Weitere das Eigentümerprinzip durchbrechende Zurechnungsregelungen bei Betrieben der Land- und Forstwirtschaft sind in § 11 NGrStG geregelt.[13]

76–77 *(Einstweilen frei)*

1 Vgl. BT-Drucks. 19/28902 S. 23 f. sowie vertiefend Grootens in Grootens, BewG, § 266 Rz. 111 ff.
2 Vgl. Art. 2 i.V. mit Art. 7 Abs. 2 Grundsteuerreform-Umsetzungsgesetz, BGBl I 2021 S. 2936 und 2938.
3 Vgl. auch Krumm/Paeßens, GrStG, § 2 NGrStG Rz. 9.
4 BT-Drucks. 19/28902 S. 24.
5 Vgl. Halaczinsky in Rössler/Troll, BewG, § 26 Rz. 5.
6 Vgl. BFH, Urteil v. 13.6.1984 - III R 131/80, BStBl 1984 II S. 816 NWB NAAAA-91992.
7 Vgl. Halaczinsky in Rössler/Troll, BewG, § 26 Rz. 6.
8 Vgl. Halaczinsky in Rössler/Troll, BewG, § 26 Rz. 5.
9 Krumm/Paeßens, GrStG, § 2 NGrStG Rz. 10.
10 Vgl. Krumm/Paeßens, GrStG, § 2 NGrStG Rz. 9; Halaczinsky in Rössler/Troll, BewG, § 26 Rz. 7; Esskandari in Stenger/Loose, BewG, § 26 Rz. 18.
11 Siehe vertiefend Bock/Lapp in Grootens, NGrStG, § 11 Rz. 56 ff.
12 Vgl. Halaczinsky in Rössler/Troll, BewG, § 26 Rz. 7.
13 Siehe vertiefend Bock/Lapp in Grootens, NGrStG, § 11 Rz. 46 ff.

2. Wirtschaftliche Einheit bei Gebäuden auf fremdem Grund und Boden sowie Erbbaurechten (§ 2 Abs. 4 Satz 2 und 3 NGrStG)

§ 2 Abs. 4 Satz 2 NGrStG bestimmt, dass bei Gebäuden auf fremdem Grund und Boden der Grund und Boden der Eigentümerin oder dem Eigentümer des Grund und Bodens und die Gebäude der wirtschaftlichen Eigentümerin oder dem wirtschaftlichen Eigentümer des Gebäudes zuzurechnen sind.[1] Die Äquivalenzbeträge für das Gebäude einerseits und für den Grund und Boden andererseits werden entsprechend aufgeteilt.[2] Im Gegensatz zu den bundesgesetzlichen Regelungen in § 244 Abs. 3 Nr. 2 BewG[3] und § 262 BewG,[4] wonach das Gebäude auf fremdem Grund und Boden gemeinsam mit dem zugehörigen Grund und Boden eine wirtschaftliche Einheit bildet, wird damit im NGrStG die in der Einheitsbewertung geltende Regelung der Bildung separater wirtschaftlicher Einheiten bei Gebäuden auf fremdem Grund und Boden nach § 94 Abs. 1 Satz 1 BewG a. F. beibehalten. 78

Die Bildung von zwei wirtschaftlichen Einheiten bei einem Gebäude auf fremdem Grund und Boden **widerspricht** der angestrebten **Automatisierung** der Grundsteuer durch Anknüpfung an das Liegenschaftskataster (siehe bereits → Rz. 74). Diesem ist i. d. R. nicht zu entnehmen, dass sich auf einem Grundstück ein Gebäude auf fremdem Grund und Boden befindet. Im Bundesrecht wird daher bei Gebäuden auf fremdem Grund und Boden eine wirtschaftliche Einheit gebildet, die nach § 262 BewG dem Grundstückseigentümer zugeordnet wird. 79

Die Formulierung wirtschaftliche Eigentümerin und wirtschaftlicher Eigentümer des Gebäudes in § 2 Abs. 4 Satz 2 NGrStG suggeriert, dass das zivilrechtliche Eigentum am Gebäude einer anderen Person, i. d. R. dem Grundstückseigentümer, zusteht. Es existieren allerdings auch Fälle von Gebäuden auf fremdem Grund und Boden, in denen das zivilrechtliche Eigentum am Gebäude einer anderen Person als dem Eigentümer des Grund und Bodens zuzurechnen ist. Dies ist der Fall, wenn das Gebäude **Scheinbestandteil** des Grundstücks ist.[5] Auch auf diese Fälle findet die Norm Anwendung.[6] 80

§ 2 Abs. 4 Satz 3 NGrStG bestimmt, dass bei **Erbbaurechten** § 261 BewG[7] entsprechend anzuwenden ist. Nach § 261 BewG ist bei Erbbaurechten für das Erbbaurecht und das Erbbaurechtsgrundstück ein Gesamtwert zu ermitteln, der dem Erbbauberechtigten zugerechnet wird und der festzustellen wäre, wenn die Belastung mit dem Erbbaurecht nicht bestünde.[8] Entsprechendes gilt bei Wohnungs- und Teilerbbaurechten. § 2 Abs. 4 Satz 3 NGrStG sieht klarstellend eine nur sinngemäße Anwendung des § 261 BewG vor, weil im NGrStG kein Gesamtwert nach §§ 243–260 BewG zu ermitteln ist, sondern die Äquivalenzbeträge der wirtschaftlichen Einheit insgesamt dem Erbbauberechtigten so zugewiesen werden, als ob die Belastung mit dem Erbbaurecht nicht bestünde.[9] 81

(Einstweilen frei) 82–87

---

1 Siehe auch A 2 Abs. 4 AENGrStG.

2 Krumm/Paeßens, GrStG, § 2 NGrStG Rz. 15

3 Vgl. Bock in Grootens, BewG, § 244 Rz. 73 ff.

4 Vgl. Grootens in Grootens, BewG, § 262 Rz. 31 ff.

5 Vgl. vertiefend Bock in Grootens, BewG, § 244 Rz. 78 sowie vertiefend Bock in Viskorf/Schuck/Wälzholz, BewG, § 195 Rz. 6 ff.

6 Krumm/Paeßens, GrStG, § 2 NGrStG Rz. 14; wohl auch Eisele in Rössler/Troll, BewG, § 2 NGrStG Rz. 14.

7 Siehe hierzu vertiefend Grootens in Grootens, BewG, § 261 Rz. 1 ff.

8 Siehe vertiefend hierzu Grootens in Grootens, BewG, § 261 Rz. 31 ff.

9 Niedersächsische LT-Drucks. 18/9632 S. 12; siehe auch A 2 Abs. 4 AENGrStG; zustimmend Eisele in Rössler/Troll, BewG, § 2 NGrStG Rz. 15.

V. Die niedersächsische Landesgrenze überschreitende wirtschaftliche Einheiten (§ 2 Abs. 5 NGrStG)

88 Das Vorhandensein verschiedener Grundsteuermodelle und die Beschränkung der Regelungsbefugnis der einzelnen Länder auf ihr Hoheitsgebiet macht es insbesondere zur **Vermeidung einer Doppelerfassung** erforderlich, bei grenzüberschreitenden wirtschaftlichen Einheiten zu bestimmen, wie mit diesen wirtschaftlichen Einheiten umzugehen ist. Denkbare Überschneidungen gibt es in Niedersachsen mit Brandenburg, Bremen, Mecklenburg-Vorpommern, Nordrhein-Westfalen, Sachsen-Anhalt, Schleswig-Holstein, Thüringen (alle Bundesmodell, in Bremen,[1] Nordrhein-Westfalen[2] und Schleswig-Holstein[3] mit punktuellen Abweichungen) sowie Hamburg, Hessen (jeweils abweichende Landes-Grundsteuergesetze) und dem Ausland (Niederlande). § 2 Abs. 5 Satz 1 NGrStG bestimmt zu diesem Zweck, dass bei Grundstücken, die sich auch auf ein anderes Land oder das Ausland erstrecken, nur für den im Gebiet des Landes **Niedersachsen belegenen Teil des Grundvermögens** Grundsteuer zu ermitteln, festzusetzen und zu erheben ist. Eine Zerlegung des Steuermessbetrags (§ 22 GrStG[4]) kommt damit für das Grundvermögen nur noch für Grundstücke in Betracht, die sich über mehrere niedersächsische Gemeinden erstrecken.[5] Über die Landesgrenze hinausgehendes Grundvermögen ist demzufolge für Zwecke der niedersächsischen Grundsteuer aufzuteilen.[6] Der im Gebiet des Landes Niedersachsen belegene Teil des jeweiligen Grundstücks bildet eine eigenständige wirtschaftliche Einheit. Die Regelungen des NGrStG, wie beispielsweise die Regelung zu übergroßen Grundstücken nach § 4 Abs. 2 Satz 2 Nr. 1 und 2 NGrStG,[7] finden jeweils nur auf den in Niedersachsen belegenen Teil Anwendung.[8] Eine entsprechende Regelung existiert im Bundesrecht nicht, sodass es rechtlich zu einer doppelten Erfassung des niedersächsischen Teils einer grenzüberschreitenden wirtschaftlichen Einheit kommen könnte. In diesem Fall bleibt nur ein Billigkeitserlass nach §§ 163 und 227 AO bei der Festsetzung der Grundsteuer für den im Bundesmodell erfassten niedersächsischen Teil der wirtschaftlichen Einheit.[9]

89 Systematisch ergibt sich aus § 2 Abs. 5 NGrStG insgesamt für das niedersächsische Grundsteuermodell, dass nur für das auf dem Gebiet des Landes Niedersachsen belegene Grundvermögen die Grundsteuer nach dem NGrStG zu ermitteln, festzusetzen und zu erheben ist (siehe bereits → Rz. 21). Da bei der Bewertung der Betriebe der Land- und Forstwirtschaft die bundesgesetzlichen Regelungen weitgehend Anwendung finden (siehe aber die punktuellen Abweichungen in § 11 NGrStG[10]), beschränkt sich der Anwendungsbereich der Vorschrift auf die Bildung wirtschaftlicher Einheiten des Grundvermögens.[11] Soweit sich ein Betrieb der Land- und

1 Siehe hierzu vertiefend Grootens in Grootens, BremGrStMG, Vorwort Rz. 1.
2 Bock/Lapp in Grootens, NWGrStHsG, Vorwort Rz. 1.
3 Siehe hierzu vertiefend Bock/Lapp in Grootens, SHGrStHsG, Vorwort Rz. 1 ff.
4 Siehe hierzu vertiefend Bock in Grootens, GrStG, § 22 Rz. 24 ff.
5 Krause in Stenger/Loose, BewG, § 2 NGrStG Rz. 180.
6 A 2 Abs. 5 AENGrStG.
7 Siehe hierzu vertiefend Bock/Lapp in Grootens, NGrStG, § 4 Rz. 36 ff.
8 A 2 Abs. 5 AENGrStG.
9 A. A. wohl Eisele in Rössler/Troll, BewG, § 2 NGrStG Rz. 17, der eine Zerlegung nach Bundesmodell vornehmen will; vgl. zur Anwendbarkeit der allgemeinen Erlassregelungen Lehmann in Grootens, GrStG, § 32 Rz. 11; Küpper/Booß in Zugmaier/Nöcker, § 227 AO Rz. 15.
10 Siehe vertiefend Bock/Lapp in Grootens, NGrStG, § 11 Rz. 1 ff.
11 So auch Krumm/Paeßens, GrStG, § 2 NGrStG Rz. 18.

Forstwirtschaft über die Landesgrenze Niedersachsens hinaus erstreckt, finden hierfür weiterhin die bundesgesetzlichen Regelungen zur Bildung der wirtschaftlichen Einheit[1] Anwendung.

Die Norm dürfte nur geringe Bedeutung haben, da es nicht viele Grundstücke geben dürfte, die sich über Landesgrenzen hinweg erstrecken. Zumindest im Hinblick auf Schleswig-Holstein, Mecklenburg-Vorpommern und Brandenburg dürften grenzüberschreitende wirtschaftliche Einheiten aufgrund der Elbe als überwiegende natürliche Landesgrenze kaum vorkommen. 90

§ 3 NGrStG Maßgebliche Flächen

(1) [1]Maßgebliche Gebäudefläche bei Wohnnutzung ist, soweit sich aus den Absätzen 2 und 3 nichts anderes ergibt, die Wohnfläche. [2]Als Wohnnutzung gilt auch ein häusliches Arbeitszimmer. [3]Im Übrigen ist die Nutzfläche des Gebäudes maßgeblich. [4]Nicht genutzte Gebäudeflächen, die zuvor Wohnzwecken gedient haben, gelten bis zu einer Nutzung zu anderen Zwecken weiterhin als zu Wohnzwecken genutzt. [5]Die Vermietung von Wohn- und Schlafräumen zur kurzfristigen Beherbergung von Personen ist kein Wohnzweck.

(2) [1]Nutzflächen von Garagen, die in räumlichem Zusammenhang zur Wohnnutzung stehen, der sie auch rechtlich zuzuordnen sind, bleiben bei der Ermittlung der maßgeblichen Gebäudeflächen bis zu einer Fläche von 50 m² außer Ansatz. [2]Dies gilt unter den Voraussetzungen des Satzes 1 auch für Garagen, die eine eigene wirtschaftliche Einheit bilden.

(3) [1]Im Übrigen bleiben die Nutzflächen von Nebengebäuden, die in räumlichem Zusammenhang zur Wohnnutzung stehen, der sie zu dienen bestimmt sind, bis zu einer Fläche von 30 m² bei der Ermittlung der maßgeblichen Gebäudeflächen außer Ansatz. [2]Dies gilt unter den Voraussetzungen des Satzes 1 auch für Nebengebäude, die eine eigene wirtschaftliche Einheit bilden.

(4) [1]Ein Grundstück gilt als unbebaut, wenn die darauf errichteten Gebäude eine Gesamtgebäudefläche von weniger als 30 m² haben; bei der Berechnung bleiben die Regelungen des Absatzes 2 oder 3 unberücksichtigt. [2]Besteht ein Bauwerk aus mehreren wirtschaftlichen Einheiten, so ist für die Berechnung die Gesamtgebäudefläche des Bauwerks anzusetzen. [3]Die Gebäudefläche bleibt in der Folge außer Ansatz. [4]§ 246 BewG bleibt im Übrigen unberührt.

(5) Die ermittelten Flächen von Grund und Boden und Gebäuden sind als für dieses Gesetz maßgebliche Flächen auf volle Quadratmeter nach unten abzurunden.

Inhaltsübersicht **Rz.**

1 Siehe hierzu Müller in Grootens, BewG, § 232 Rz. 33 ff. und Müller in Grootens, BewG, § 233 Rz. 10 ff.

LITERATUR:

Arconada Valbuena/Renner, Fragliches „Flächen-Lage-Modell" durch Länderöffnungsklausel: Ist das Niedersächsische Grundsteuergesetz am Ende verfassungswidrig?, AStW 2022 S. 400; weitere Literatur siehe Vorwort.

HINWEISE:

A 3 des Runderlasses des Niedersächsischen Finanzministeriums, Anwendung des Niedersächsischen Grundsteuergesetzes (NGrStG) zur Bewertung des Grundvermögens für die Grundsteuer ab 1.1.2022 (AENGrStG), RdErl. d. MF v. 22.2.2022 - G 1002-6 - 62100.

A. Allgemeine Erläuterungen zu § 3 NGrStG

I. Normzweck und wirtschaftliche Bedeutung der Vorschrift

1 § 3 NGrStG trifft Regelungen zur Ermittlung der für die Feststellung der Äquivalenzbeträge notwendigen **Wohn- und Nutzflächen**. Die maßgeblichen Flächen werden mit den Äquivalenzzahlen nach § 4 NGrStG multipliziert und ergeben den Äquivalenzbetrag. Der Äquivalenzbetrag ist Ausgangsgröße zur Ermittlung des Grundsteuermessbetrags. Der Grundsteuermessbetrag ergibt sich durch Multiplikation der Grundsteuermesszahlen mit dem Äquivalenzbetrag. Durch Anwendung des Hebesatzes der jeweiligen Gemeinde auf den Grundsteuermessbetrag ergibt sich die zu zahlende Grundsteuer.

In einem Flächenmodell, wie dem niedersächsischen Grundsteuermodell, kommt der **Flächenbestimmung** eine **ganz erhebliche Bedeutung** zu. Die Fläche ist im niedersächsischen Grundsteuermodell neben dem Lage-Faktor die einzige objektbezogene Größe, die Einfluss auf die Höhe der Grundsteuer nimmt. Die Flächenbestimmung dürfte im niedersächsischen Modell entsprechend streitanfällig sein. Dies gilt aufgrund der unterschiedlich hohen Steuermesszahlen auch für die Abgrenzung von der Wohn- zur Nutzfläche. 2

Der Bedeutung der Flächenbestimmung für das niedersächsische Grundsteuermodell wird § 3 NGrStG nicht gerecht. In § 3 NGrStG werden überwiegend bestimmte Sonderfälle behandelt. **Grundlegende Fragen**, wie die Abgrenzung der Wohn- zur Nutzfläche, die Zugehörigkeit von Neben- und Zubehörräumen sowie die Methode der Flächenermittlung werden **nicht geregelt**. 3

§ 3 Abs. 1 NGrStG bestimmt als maßgebliche Gebäudefläche bei Wohnnutzung die Wohnfläche und im Übrigen die Nutzfläche. Daneben werden in § 3 Abs. 1 NGrStG die Behandlung einiger Spezialfälle geregelt, wie die Behandlung eines häuslichen Arbeitszimmers, der Leerstand sowie die kurzfristige Vermietung von Wohnraum. 4

§ 3 Abs. 2 NGrStG regelt die Behandlung von Garagen, die im Zusammenhang mit der Wohnnutzung stehen. Diese bleiben bis zu einer Fläche von 50 m² außer Ansatz. **§ 3 Abs. 3 NGrStG** regelt die Behandlung von den übrigen Nutzflächen, die im Zusammenhang mit der Wohnnutzung stehen. Diese bleiben bis zu einer Fläche von 30 m² außer Ansatz. 5

§ 3 Abs. 4 NGrStG erweitert die Definition des unbebauten Grundstücks in § 246 BewG. Ein Grundstück gilt im niedersächsischen Grundsteuermodell auch dann als unbebaut und die Gebäudeflächen werden entsprechend nicht angesetzt, wenn die Gesamtgebäudefläche der darauf errichteten Gebäude weniger als 30 m² beträgt. **§ 3 Abs. 5 NGrStG** enthält schließlich eine Abrundungsregel für die Flächenbestimmung. 6

(Einstweilen frei) 7–10

I. Entstehung und Entwicklung der Vorschrift

Die Vorschrift wurde im Jahr 2021 mit dem **Stammgesetz** in das NGrStG aufgenommen.[1] Im Gesetzentwurf der Koalitionsfraktionen war die Regelung noch in § 2 NGrStG verortet.[2] 11

Der ursprüngliche Gesetzentwurf der Regierungskoalition[3] sah in § 3 Abs. 1 Satz 1 NGrStG noch vor, dass die Gebäudefläche bei Wohnnutzung die Wohnfläche i. S. der **Wohnflächenverordnung** (WoFlV) ist und in § 3 Abs. 1 Satz 3 NGrStG, dass die Nutzfläche des Gebäudes nach **DIN 277** zu bestimmen ist. Diese Vorgaben wurden im parlamentarischen Verfahren nach einer Empfehlung des federführenden Ausschusses für Haushalt und Finanzen nicht in das Gesetz aufgenommen, um Eigentümerinnen und Eigentümern zu ermöglichen, zur Ermittlung der jeweiligen Flächen auf vorhandene Unterlagen zurückgreifen zu können, auch wenn die darin verwendeten Berechnungsmethoden nicht genau den Berechnungen nach der WoFlV bzw. DIN 277 entsprechen.[4] Zudem wurde die in § 3 Abs. 2 NGrStG zunächst enthaltene **Freigrenze** von 100 m² für nicht zu berücksichtigende **Garagen** durch 50 m² ersetzt. Nach Ansicht des niedersächsischen Gesetzgebers soll zudem mit der Formulierung ein **Freibetrag** einge- 12

1 Niedersächsisches Grundsteuergesetz v. 7.7.2021, Nds. GVBl Nr. 27/2021 S. 502 ff.
2 Vgl. Niedersächsische LT-Drucks. 18/8995 S. 5 und S. 18 ff.
3 Niedersächsische LT-Drucks. 18/8995.
4 Niedersächsische LT-Drucks. 18/9632 S. 13.

führt worden sein, der die unterschiedlichen Sachverhalte besser abbildet und einen Fallbeileffekt beim Überschreiten der Freigrenze vermeidet.[1]

13 Darüber hinaus wurden in § 3 Abs. 3 und 4 NGrStG die **Bagatellgrenzen,** nach welcher **(Neben-)gebäude** von untergeordneter Bedeutung außer Ansatz bleiben, von ursprünglich 23 m^2 auf nunmehr 30 m^2 angehoben. Damit wurde die Vorschrift an den seinerzeitigen Entwurf eines Bayerischen Grundsteuergesetzes[2] angeglichen, um die Anwendung der Äquivalenzmodelle im Bundesgebiet zu vereinheitlichen.[3] Zudem wurden im Gesetzgebungsverfahren geringfügige sprachliche Anpassungen vorgenommen.[4]

14–20 *(Einstweilen frei)*

III. Geltungsbereich

21 § 3 NGrStG gilt für in Niedersachsen belegenes Grundvermögen und nicht für das land- und forstwirtschaftliche Vermögen. § 3 NGrStG ist mit dem Stammgesetz gem. § 15 Abs. 1 NGrStG **am 14.7.2021 in Kraft getreten**. Wie sich aus § 1 Satz 1 NGrStG[5] und § 12 Abs. 1 NGrStG[6] ergibt, sollen die Regelungen des NGrStG und damit auch § 3 NGrStG erst für die Erhebung der **Grundsteuer** ab dem **Kalenderjahr 2025** von Bedeutung sein.

22–25 *(Einstweilen frei)*

IV. Vereinbarkeit der Vorschrift mit höherrangigem Recht

26 § 3 NGrStG könnte im Hinblick auf die Flächenbestimmung zu unbestimmt sein und gegen den **Bestimmtheitsgrundsatz** und die **Gleichmäßigkeit der Besteuerung** verstoßen.[7] In einem Flächenmodell, wie dem niedersächsischen Grundsteuermodell, ist die Fläche neben dem rechnerisch ermittelten Lage-Faktor die einzige objektbezogene Größe, die Einfluss auf die Höhe der Grundsteuer nimmt. Die Bestimmung der anzusetzenden Fläche, insbesondere die Methodik der Flächenbestimmung und die Abgrenzung von der Wohn- zur Nutzfläche, hat damit eine entscheidende Bedeutung. Sie kann nicht ins Belieben des Steuerpflichtigen gestellt werden.

27 Nach der **Rechtsprechung des BVerfG** müssen steuerrechtliche Normen so bestimmt sein, dass **klare Maßstäbe** bereitgestellt werden, um die Verwaltung zu binden und ihr Verhalten nach Inhalt, Zweck und Ausmaß zu begrenzen.[8] Dies gilt in besonderem Maße, wenn dem Steuerpflichtigen durch das Steuergesetz Erklärungspflichten auferlegt werden (hier: Erklärung der maßgeblichen Fläche). Der Steuerpflichtige muss in die Lage versetzt werden, dass er anhand der gesetzlichen Regelung ggf. i.V. mit Verwaltungsanweisungen die von ihm verlangte Handlung erkennen, sein Verhalten danach ausrichten und der Handlungspflicht rechtssicher nach-

1 Niedersächsische LT-Drucks. 18/9632 S. 13.

2 Bayerische LT-Drucks. 18/15755 S. 6.

3 Niedersächsische LT-Drucks. 18/9632 S. 14.

4 Vgl. Beschlussempfehlung des Ausschusses für Haushalt und Finanzen, Niedersächsische LT-Drucks. 18/9603 S. 3 f. und Niedersächsische LT-Drucks. 18/9632 S. 13 ff.

5 Vgl. vertiefend Bock/Lapp in Grootens, NGrStG, § 1 Rz. 9.

6 Siehe Bock/Lapp in Grootens, NGrStG, § 12 Rz. 31 ff.

7 Ähnlich Valbuena/Renner, AStW 2022 S. 400.

8 Vgl. BVerfG, Beschluss v. 13.6.2007 - 1 BvR 1550/03, 1 BvR 2357/04, 1 BvR 603/05, BStBl 2007 II S. 896 Rz. 95 NWB JAAAC-50763.

kommen kann.[1] Das Bestimmtheitsgebot verbietet nicht von vornherein die Verwendung von unbestimmten Rechtsbegriffen (wie hier der Wohnfläche).[2] Zu fordern ist jedoch, dass sich unbestimmte Rechtsbegriffe durch eine Auslegung der betreffenden Normen **nach den Regeln der juristischen Methodik hinreichend konkretisieren** lassen und verbleibende Ungewissheiten nicht so weit gehen, dass die Vorhersehbarkeit und Justitiabilität des Handelns der durch die Normen ermächtigten staatlichen Stellen gefährdet sind.[3] Indem der niedersächsische Gesetzgeber die Methodenauswahl zur Bestimmung der Fläche weitgehend ins Belieben der Steuerpflichtigen stellen will, bleibt ungewiss, an welchem Maßstab die Flächenermittlung zu messen ist. Hinreichende Anhaltspunkte lassen sich insoweit auch nicht im Gesetz finden.

Die teilweise **Nichtberücksichtigung der Nutzflächen von Garagen und Nebengebäuden** im Zusammenhang mit der Wohnnutzung in § 3 Abs. 2 und 3 NGrStG könnte **gleichheitsrechtlichen Bedenken** unterliegen, indem diese Flächen bei einer anderen Nutzung als Wohnnutzung berücksichtigt werden.[4] Nach der Rechtsprechung des BVerfG muss die erste Ebene der Ermittlung der Bemessungsgrundlage – hier die Flächenbestimmung – bei den einzelnen Nutzungsarten einheitlich erfolgen.[5] Abweichungen hiervon bedürfen der Rechtfertigung. Nach Auffassung des niedersächsischen Gesetzgebers sei diese Ungleichbehandlung sachlich gerechtfertigt, da das Äquivalenzprinzip von einem Zusammenhang zwischen Quadratmeter Fläche und Anzahl der Nutzenden ausgehe. Im Fall der Wohnnutzung lasse ein untergeordnetes Nebengebäude nicht auf weitere Nutzende schließen. Bei anderen Nutzungen könne dieser Schluss aufgrund der vielfältigen Gestaltungen nicht gezogen werden, sodass eine großzügigere Regelung hier nicht gerechtfertigt sei.[6] Dieser Grund überzeugt nicht. Unterstellt er sei richtig, hätte ein Ansatz von Garagen und Nebengebäuden insgesamt nicht erfolgen dürfen. Darüber hinaus ist kein Grund ersichtlich, warum bei anderen Nutzungen die Fläche der Nebengebäude ein tauglicher Indikator für die Anzahl der Nutzenden sein soll. Die Regelungen in § 3 Abs. 2 und 3 NGrStG sollen nach dem an anderer Stelle erklärten Willen des Gesetzgebers vor allem der Verwaltungsvereinfachung dienen.[7] Das Bedürfnis nach Verwaltungsvereinfachung besteht allerdings in gleichem Maße auch bei der Nichtwohnnutzung. 28

Auch die **unterschiedliche Behandlung von Zubehörräumen** unterliegt gleichheitsrechtlichen Bedenken, indem diese bei der Ermittlung der Wohnfläche nicht mit angesetzt werden, bei der Ermittlung der Nutzfläche bei einer anderen als Wohnnutzung hingegen schon.[8] Dies rührt daher, dass die niedersächsische Finanzverwaltung bei der Ermittlung der Wohnfläche die Wohnflächenverordnung (WoFlV), bei der Ermittlung der Nutzfläche hingegen die DIN 277 anwenden will. Dem Sinn und Zweck der WoFlV entsprechend, der nicht mit dem Sinn und Zweck des niedersächsischen Grundsteuerrechts übereinstimmt, werden Zubehörräume bei der Ermittlung nicht mit angesetzt (siehe vertiefend zur Kritik an der Anwendung der WoFlV →Rz. 85). Eine Begründung für diese Ungleichbehandlung ist der Gesetzesbegründung und den niedersächsischen Verwaltungsanweisungen nicht zu entnehmen. Bei der Ermittlung der 29

1 Vgl. BVerfG, Beschluss v. 3.3.2004 - 1 BvF 3/92, BGBl 2004 I S. 543 Rz. 103 NWB EAAAB-85006.

2 Vgl. BVerfG, Beschluss v. 13.6.2007 - 1 BvR 1550/03, 1 BvR 2357/04, 1 BvR 603/05, BStBl 2007 II S. 896 Rz.100 NWB JAAAC-50763.

3 Vgl. BVerfG, Beschluss v. 13.6.2007 -1 BvR 1550/03, 1 BvR 2357/04, 1 BvR 603/05, BStBl 2007 II S. 896 Rz.100 NWB JAAAC-50763.

4 Zweifel auch Krause in Stenger/Loose, NGrStG, Grundaussagen Rz. 41.

5 Vgl. BVerfG, Beschluss v. 7.11.2006 - 1 BvL 10/02, BStBl 2007 II S. 192 NWB GAAAC-36599.

6 Niedersächsische LT-Drucks. 18/9632 S. 14.

7 Niedersächsische LT-Drucks. 18/8995 S. 19.

8 Zweifel auch Blut, DStR 2023 S. 2756, 2761.

maßgeblichen Fläche in einem Flächenmodell ist auch kein Grund ersichtlich, diese Flächen bei einer Wohnnutzung auszunehmen, bei jeder anderen Nutzung jedoch zu erfassen. Wenn die jeweilige Fläche bei der Bestimmung der Nutzfläche dem Äquivalenzgedanken entsprechend insbesondere die Nutzungsmöglichkeit der kommunalen Infrastrukturleistungen abbildet oder ggf. nicht abbildet, wird diese Fläche auch bei der Wohnnutzung dem Äquivalenzgedanken entsprechend die Nutzungsäquivalenz abbilden bzw. nicht abbilden und müsste daher bei allen Nutzungsarten erfasst oder nicht erfasst werden. Sollte ein Ansatz der Zubehörräume nach dem Äquivalenzgedanken sachlich zutreffend sein, wird sich ein Steuerpflichtiger mit einer anderen Nutzung als Wohnnutzung allerdings nicht auf diesen Nichtansatz berufen können, da er von dem dann gleichheitswidrigen Nichtansatz nicht beschwert ist (keine Gleichheit im Unrecht).

30–35 *(Einstweilen frei)*

V. Verhältnis zu anderen Vorschriften

36 Die maßgeblichen Flächen nach § 3 NGrStG sind nach **§ 2 Abs. 3 NGrStG**[1] mit den Äquivalenzzahlen nach **§ 4 NGrStG**[2] zu multiplizieren und ergeben so den Äquivalenzbetrag. Dieser ist Ausgangsgröße nach **§ 2 Abs. 2 NGrStG**[3] für die Ermittlung des Grundsteuermessbetrags durch Multiplikation mit den jeweiligen Grundsteuermesszahlen nach **§ 6 NGrStG**[4]. Der Grundsteuermessbetrag ergibt durch Anwendung des jeweiligen Hebesatzes der Gemeinde **nach § 2 Abs. 1 Satz 2 NGrStG**[5] die Grundsteuerzahllast.

37 Die maßgeblichen Flächen einer wirtschaftlichen Einheit des Grundvermögens werden nach **§ 8 Abs. 1 Satz 1 NGrStG**[6] gesondert festgestellt. Die entsprechende Feststellung kann nach **§§ 347, 352 AO** mit dem Einspruch angefochten werden.

38 § 3 Abs. 4 NGrStG erweitert die Definition eines unbebauten Grundstücks nach **§ 246 BewG,**[7] indem es Gebäude von flächenmäßig untergeordneter Bedeutung für die Frage der Bebauung eines Grundstücks ausnimmt, sodass diese Gebäudeflächen im niedersächsischen Grundsteuermodell nicht angesetzt werden.

39–40 *(Einstweilen frei)*

B. Systematische Kommentierung

I. Abgrenzung und Ermittlung von Wohn- und Nutzflächen (§ 3 Abs. 1 NGrStG)

1. Fläche des Grund und Bodens

41 Eine Regelung, wie die **Fläche des Grund und Bodens** zu ermitteln und anzusetzen ist, fehlt wie auch im Bewertungsgesetz im NGrStG. Die zur Ermittlung des Äquivalenzbetrags anzuset-

1 Vgl. vertiefend Bock/Lapp in Grootens, NGrStG, § 2 Rz. 51 f.
2 Vgl. vertiefend Bock/Lapp in Grootens, NGrStG, § 4 Rz. 26 ff.
3 Vgl. vertiefend Bock/Lapp in Grootens, NGrStG, § 2 Rz. 46 ff.
4 Vgl. vertiefend Bock/Lapp in Grootens, NGrStG, § 6 Rz. 26 ff.
5 Vgl. vertiefend Bock/Lapp in Grootens, NGrStG, § 2 Rz. 36.
6 Vgl. vertiefend Bock/Lapp in Grootens, NGrStG, § 8 Rz. 36 ff.
7 Vgl. hierzu vertiefend Bock in Grootens, BewG, § 246 Rz. 17 ff.

zende maßgebliche Fläche des Grund und Bodens dürfte nach denselben Maßstäben wie im Bundesrecht erfolgen.[1] Maßgeblich ist grundsätzlich das **amtliche Vermessungsergebnis**, das i. d. R. dem Grundbuch oder den Katasterunterlagen entnommen werden kann.[2] Die bebaute Fläche ist nicht abzuziehen.[3] Die amtliche Fläche des Grund und Bodens kann in Niedersachsen mit dem sog. „Grundsteuer-Viewer" im Internet abgerufen werden (https://grundsteuer-viewer.niedersachsen.de/).[4]

Gehören zu einer wirtschaftlichen Einheit mehrere Flurstücke, sind die Flächen zusammenzurechnen.[5] Befindet sich ein Flurstück im Miteigentum mehrerer Eigentümer und ist es mehreren wirtschaftlichen Einheiten dieser Eigentümer anteilig zuzuordnen (z. B. Anteil an einer zu den jeweiligen Eigentumswohnungen eines Wohnhauses gehörende Privatstraße), ist diese Flurstücksfläche anteilig zu berücksichtigen.[6] Wie im Bundesmodell gehören Gebäude oder Gebäudeteile, die innerhalb land- und forstwirtschaftlich genutzter Hofstellen Wohnzwecken oder anderen als land- und forstwirtschaftlichen Zwecken dienen, auch im niedersächsischen Grundsteuermodell zum Grundvermögen.[7] Nur der zum Grundvermögen gehörende Teil des Grund und Bodens unterliegt dem niedersächsischen Äquivalenzmodell.[8] Bei einer hohen Anzahl von zu berücksichtigenden Gebäuden und/oder Gebäudeteilen sowie bei fehlender Datengrundlage kann die dem Grundvermögen zuzurechnende Fläche des Grund und Bodens schwer zu ermitteln sein. In diesen Fällen kann der dem Grundvermögen zugehörige Teil des Grund und Bodens hilfsweise mit dem Dreifachen der Wohn- und Nutzfläche der jeweils zu bewertenden Gebäude und/oder Gebäudeteile angesetzt werden.[9] 42

2. Gebäudeflächen

Das niedersächsische Grundsteuermodell erfasst neben der Fläche für den Grund und Boden die **Gebäudeflächen**. Ein **Gebäude** ist ein Bauwerk, das Menschen oder Sachen durch räumliche Umschließung Schutz gegen Witterungseinflüsse gewährt, den Aufenthalt von Menschen gestattet, fest mit dem Grund und Boden verbunden, von einiger Beständigkeit und ausreichend standfest ist.[10] Im niedersächsischen Grundsteuermodell und so auch in § 3 NGrStG werden die Gebäudeflächen in Wohnflächen und Nutzflächen unterschieden. Für diese gelten unterschiedliche Grundsteuermesszahlen nach § 6 NGrStG. Die Bagatellgrenzen nach § 3 Abs. 2 und 3 NGrStG finden zudem nur auf Nutzflächen im Zusammenhang mit Wohnnutzung Anwendung. 43

(Einstweilen frei) 44–45

1 Siehe hierzu vertiefend Bock in Grootens, BewG, § 247 Rz. 29.

2 A 4 Abs. 3 AENGrStG; vgl. auch Niedersächsische LT-Drucks. 18/8995 S. 20; Krumm/Paeßens, GrStG, § 4 NGrStG Rz. 4; Krause in Stenger/Loose, NGrStG, § 4 Rz. 245.

3 A 4 Abs. 3 AENGrStG; Krause in Stenger/Loose, NGrStG, § 4 Rz. 245.

4 A 4 Abs. 3 AENGrStG.

5 A 4 Abs. 4 AENGrStG; Krause in Stenger/Loose, NGrStG, § 4 Rz. 245.

6 A 4 Abs. 4 AENGrStG; Krause in Stenger/Loose, NGrStG, § 4 Rz. 245.

7 A 5 Abs. 11 AENGrStG.

8 Krause in Stenger/Loose, NGrStG, § 4 Rz. 247.

9 A 5 Abs. 11 AENGrStG; siehe auch für das Bundesmodell A 237.24 Abs. 7 AEBewGrStG und Bock in Grootens, BewG, § 243 Rz. 20.

10 Siehe zum Gebäudebegriff vertiefend Bock in Grootens, BewG, § 243 Rz. 27 ff.

3. Wohnfläche

a) Begriff der Wohnfläche

46 § 3 Abs. 1 Satz 1 NGrStG bestimmt bei Wohnnutzung die Wohnfläche als maßgebliche Gebäudefläche zur Berechnung des Grundsteuermessbetrags.[1] Die Wohnfläche wird nach § 8 Abs. 1 Satz 1 NGrStG gesondert festgestellt und kann damit auch mit einem Rechtsbehelf angefochten werden.

47 **§ 3 Abs. 1 Satz 1 NGrStG** ist aufgrund der Streichung des Zusatzes Wohnfläche im Sinne der Wohnflächenverordnung (siehe bereits → Rz. 12) **inhaltsleer** geworden, da er einen bisher im NGrStG nicht verwendeten und damit unbestimmten Begriff (Wohnnutzung) durch einen zwar im NGrStG verwendeten, aber ebenfalls unbestimmten Rechtsbegriff (Wohnfläche) ersetzt. Es hätte einer Definition des durchgängig verwendeten Begriffs der Wohnfläche bedurft und nicht einer Definition des Begriffs der Wohnnutzung durch den durchgängig verwendeten Begriff der Wohnfläche. Die niedersächsische Finanzverwaltung teilt diese Bedenken mit Verweis auf den Wissenschaftlichen Dienst im Deutschen Bundestag nicht. Der unbestimmte Rechtsbegriff „Wohnfläche" finde in zahlreichen Gesetzen und auch im Steuerrecht häufig Verwendung und der Begriff lege ausreichend fest, dass die Fläche nach den üblichen anerkannten Methoden zu berechnen sei.[2] Ob hiermit der Bedeutung der Wohnflächenberechnung in dem niedersächsischen Grundsteuermodell ausreichend Rechnung getragen wird, kann bezweifelt werden (siehe bereits → Rz. 26 f. und → Rz. 57).

48 Zur Ermittlung der konkret anzusetzenden Wohnfläche wäre in einem **ersten Schritt** zunächst zu bestimmen, welche **Fläche als Wohnfläche** i. S. des NGrStG **einzuordnen** ist (Ansatz dem Grunde nach). Dies dürfte nach Sinn und Zweck der Regelungen zur Wohnfläche im NGrStG jede Gebäudefläche sein, die Wohnzwecken oder Wohnbedürfnissen dient.[3] Alle Flächen, die anderen Zwecken dienen, wie gewerblichen, freiberuflichen, öffentlich-rechtlichen oder sonstigen Zwecken, gehören zu den Nutzflächen (beachte allerdings die Regelung zum häuslichen Arbeitszimmer in § 3 Abs. 1 Satz 2 NGrStG; siehe hierzu → Rz. 76 ff.). Neben- und Zubehörräume, wie Keller, außerhalb der Wohnung befindliche Abstellräume usw., teilen nach hiesiger Auffassung zum Bundesmodell das Schicksal der Haupträume.[4] Dasselbe gilt nach hiesiger Auffassung für Balkone und Loggien (siehe aber → Rz. 68). Nach der Auffassung der niedersächsischen Finanzverwaltung sollen dagegen Flächen weiterer zur Wohnung gehörender Räume wie z. B. Keller-, Abstell-, Heizungsräume oder Waschküchen, die nach § 2 Abs. 3 WoFlV nicht zur Wohnfläche gehören, grundsätzlich weder als Wohn- noch als Nutzfläche zu berücksichtigen sein (siehe hierzu vertiefend → Rz. 66 ff.).[5] Diese Flächen sind nur dann als Nutzflächen zu erfassen, soweit sie nach § 3 Abs. 2 Satz 1 und Abs. 3 Satz 1 NGrStG zur Nutzfläche von Garagen und Nebengebäuden im Zusammenhang mit Wohnnutzung gehören (siehe hierzu → Rz. 111 ff.).[6]

49–55 *(Einstweilen frei)*

---

1 A 3 Abs. 1 AENGrStG.

2 A 3 Abs. 1 AENGrStG; vgl. auch Wissenschaftliche Dienste im Deutschen Bundestag, Rechtsvorschriften zur Berechnung der Wohnfläche im Steuerrecht – WD 4-3000-053/164 – v. 26.4.2016.

3 Vgl. bereits RFH, Urteil v. 14.3.1940 - III 282/38, RStBl 1940 S. 589 zur Einheitsbewertung.

4 Vgl. st. Rspr. BFH, Urteil v. 6.11.1991 - II R 91/87 NWB NAAAB-32265 zur Einheitsbewertung sowie Bock in Grootens, BewG, § 249 Rz. 23 m. w. N.

5 A 3 Abs. 4 AENGrStG.

6 A 3 Abs. 4 AENGrStG.

b) Ermittlung der Wohnfläche

In einem **zweiten Schritt** wäre dann zu bestimmen, inwieweit die zur **Wohnfläche** zählenden Flächen **angesetzt** werden müssen (Ansatz der Höhe nach). Anders als noch im ursprünglichen Gesetzentwurf (siehe hierzu →Rz. 12) enthält das Gesetz keine feste Vorgabe zur Ermittlung der Wohnfläche. Nach der Gesetzesbegründung und der niedersächsischen Verwaltungsauffassung[1] soll die Wohnfläche nach einer sachgerechten und anerkannten Methode ermittelt werden. Vorrangiges geeignetes Mittel ist die Vermessung der Räumlichkeiten und eine daraus abgeleitete Berechnung der Flächengröße.[2] Für die Ermittlung durch Vermessung sollen die Regelungen der Wohnflächenverordnung (WoFlV) herangezogen werden (insbes. § 3 WoFlV; siehe im Einzelnen →Rz. 70 ff.). Ist die Vermessung mit einem unverhältnismäßigen Aufwand verbunden, darf hilfsweise eine ausschließlich mathematische Berechnung der Fläche erfolgen, wenn dies hinreichend geeignet erscheint, wobei Unschärfen in geringfügigen Umfang gestattet sind.[3] Zulässig soll sogar die Umrechnung des Rauminhalts von Kubikmetern in eine Flächengröße in Quadratmetern auf Basis hinreichend gesicherter Erkenntnisse und Methoden sein, solange weiterhin die Fläche als Bezugsgröße zugrunde gelegt werde.[4] Für den Ansatz der Höhe soll grundsätzlich die WoFlV[5] (siehe zur Kritik hieran vertiefend →Rz. 68) oder deren Vorgängerregelungen maßgeblich sein (siehe im Einzelnen →Rz. 70 ff.).[6] Der Steuerpflichtige soll auch auf vorhandene Unterlagen zurückgreifen dürfen, selbst, wenn die dortige Berechnung nicht exakt der Wohnflächenberechnung entspricht.[7] In Betracht kommen zum Beispiel die Bauunterlagen, der Mietvertrag oder eine Nebenkostenabrechnung. 56

Diese **Beliebigkeit** bei der Bestimmung der Wohnfläche ist mit einer **gleichmäßigen Besteuerung** schwer zu vereinbaren (siehe bereits →Rz. 26 f.). Die Fläche ist eine objektive Größe, die durch Nachmessen objektiv sicher bestimmt werden kann. Gerade in einem Flächenmodell, wie dem niedersächsischen Grundsteuermodell, in dem die Fläche neben dem rechnerisch ermittelten Lage-Faktor die einzige und damit maßgebliche objektbezogene Größe zur Bestimmung der Grundsteuerlast ist, muss diese zur Wahrung der Gleichmäßigkeit der Besteuerung möglichst präzise bestimmt werden. Es kann nicht im Belieben des Steuerpflichtigen liegen, welche Methode er zur Bestimmung der Wohnfläche anwendet, um die Steuerlast möglichst gering zu halten.[8] In der Regelung lediglich einen Bestandsschutz für bereits mit vorhandenen Unterlagen belegbare vergangene Ermittlungen der Wohnfläche zu erblicken, gibt der Wortlaut der Norm nicht her.[9] 57

(Einstweilen frei) 58–65

1 A 3 Abs. 1 AENGrStG; siehe auch Niedersächsische LT-Drucks. 18/9632 S. 13.

2 A 3 Abs. 13 AENGrStG; siehe auch Niedersächsische LT-Drucks. 18/8995 S. 19.

3 A 3 Abs. 13 AENGrStG; siehe auch Niedersächsische LT-Drucks. 18/8995 S. 19.

4 A 3 Abs. 13 AENGrStG; siehe auch Niedersächsische LT-Drucks. 18/8995 S. 19.

5 A 3 Abs. 4 und 5 AENGrStG; vgl. auch Krause in Stenger/Loose, NGrStG, § 3 Rz. 190, der ebenfalls die WoFlV zur Ermittlung der Wohnfläche anwenden will.

6 Siehe A 3 Abs. 4 bis 9 AENGrStG, in denen Regelungen der WoFlV zur Ermittlung der Wohnfläche weitgehend wiederholt werden.

7 A 3 Abs. 3 AENGrStG; siehe auch Niedersächsische LT-Drucks. 18/9632 S. 13.

8 Kritisch auch Valbuena/Renner, AStW 2022 S. 400.

9 So aber Krumm/Paeßens, GrStG, § 3 NGrStG Rz. 5 und wohl auch Eisele in Rössler/Troll, BewG, § 3 NGrStG Rz. 4; Krause in Stenger/Loose, NGrStG, § 3 Rz. 190.

c) Berücksichtigung von Neben- und Zubehörräumen bei der Wohnfläche

66 Aus § 3 NGrStG ergibt sich bis auf die Bagatellregelungen in § 3 Abs. 2 und 3 NGrStG (siehe hierzu → Rz. 111 ff. und → Rz. 141 ff.) nicht, ob **Neben- und Zubehörräume**, sofern man sie der Wohnfläche zuordnet (siehe hierzu → Rz. 48), voll anzusetzen sind. Aus Sinn und Zweck der Norm, eine gleichmäßige Ermittlung der Flächen unabhängig von der Nutzungsart zu gewährleisten, müsste gleichheitskonform (siehe hierzu → Rz. 29) wie bei den Nutzflächen (siehe hierzu → Rz. 82) eine vollständige Erfassung dieser Flächen erforderlich sein.

67 Der **niedersächsische Gesetzgeber** und die niedersächsische **Finanzverwaltung**[1] gehen hingegen davon aus, dass eine Ermittlung der Wohnfläche nach der Wohnflächenverordnung (WoFlV) dazu führt, dass die Flächen von **Neben- und Zubehörräumen** (insbesondere von Kellerräumen, Abstellräumen und Kellerersatzräumen außerhalb der Wohnung, Waschküchen, Bodenräumen, Trockenräumen, Heizungsräumen und Garagen; vgl. § 2 Abs. 3 WoFlV) insgesamt **unberücksichtigt bleiben** und demzufolge auch nicht als Nutzfläche zu erfassen sind. Dies führt dazu, dass in einem Gebäude, das sowohl für Wohnzwecke als auch für andere Zwecke verwendet wird, die Zubehörräume unterschiedlich behandelt werden, je nachdem welcher Nutzung sie dienen oder zu dienen bestimmt sind (zur Kritik daran siehe bereits → Rz. 29).[2] Ist eine direkte Zuordnung zu einer Nutzung nicht möglich, dürfte wie nach der Auffassung der hessischen Finanzverwaltung[3] eine Aufteilung anhand des Verhältnisses der übrigen zu Wohnzwecken bzw. nicht zu Wohnzwecken genutzten Flächen zu der gesamten Gebäudefläche erfolgen.

68 Die **Wohnflächenverordnung (WoFlV)** ist nur **bedingt** dazu **geeignet** als taugliche Grundlage für die Ermittlung der Wohnfläche in einem Flächenmodell herangezogen zu werden.[4] In einem Flächenmodell geht es um die gleichmäßige Ermittlung der maßgeblichen Flächen unabhängig von der Nutzungsart. Die Herausnahme bestimmter Flächen erfolgt bei Heranziehung der WoFlV nur bei der Wohnnutzung und nicht bei den sonstigen Nutzflächen (siehe zu den verfassungsrechtlichen Bedenken → Rz. 29).[5] Die WoFlV zielt zudem darauf ab, die Anforderung an eine angemessene den Wohnzwecken entsprechende Wohnungsgröße im Rahmen der sozialen Wohnraumförderung vorzugeben. Dem Sinn und Zweck entsprechend werden nach der WoFlV bestimmte Flächen (Flächen mit einer lichten Höhe unter zwei Metern, Balkone, Loggien, Neben- und Zubehörräume etc.) nicht oder nur teilweise angerechnet, da diese für die Frage nach einer angemessenen Wohnungsgröße nicht erheblich sind bzw. nicht im gleichen Maße beitragen. Bei der Ermittlung der maßgeblichen Fläche in einem Flächenmodell ist kein Grund ersichtlich, diese Flächen bei einer Wohnnutzung auszunehmen, bei jeder anderen Nutzung jedoch zu erfassen. Wenn die jeweilige Fläche bei der Bestimmung der Nutzfläche dem Äquivalenzgedanken entsprechend insbesondere die Nutzungsmöglichkeit der kommunalen Infrastrukturleistungen abbildet, wird diese Fläche auch bei der Wohnnutzung dem Äquivalenzgedanken entsprechend die Nutzungsäquivalenz abbilden und müsste daher erfasst werden. Geeigneter wäre die Nutzfläche eines Gebäudes i. S. der DIN 277 (siehe zum Begriff → Rz. 84) auch bei der Wohnfläche anzusetzen.

---

1 A 3 Abs. 4 und Abs. 10 AENGrStG; vgl. auch Niedersächsische LT-Drucks. 18/9632 S. 13 zu Abs. 2.

2 A 3 Abs. 2 AENGrStG.

3 Vgl. AE HGrStG zu § 5 Abs. 2 Sätze 1–4, Abs. 6.

4 Vgl. zur Kritik, die WoFlV zur Ermittlung der Wohnfläche heranzuziehen beim Bundesmodell Bock in Grootens, BewG, § 249 Rz. 25; ebenfalls kritisch Valbuena/Renner, AStW 2022 S. 400.

5 Ausdrücklich auch die niedersächsische Finanzverwaltung: A 3 Abs. 2 AENGrStG.

(Einstweilen frei) 69

d) Ermittlung der Wohnfläche nach der Wohnflächenverordnung (WoFlV) unter Berücksichtigung der Sonderregelungen in § 3 NGrStG

Die Ermittlung der konkreten Wohnfläche nach der WoFlV erfolgt in drei Stufen. § 2 WoFlV bestimmt zunächst, welche Grundflächen dem Grunde nach zur Wohnfläche gehören (Ansatz dem Grunde nach). § 3 WoFlV bestimmt die Vermessungsmethode zur Ermittlung der Fläche und § 4 WoFlV schließlich die Anrechnung der Flächen (Ansatz der Höhe nach). 70

Nach § 2 Abs. 1 Satz 1 WoFlV umfasst die Wohnfläche einer Wohnung die **Grundflächen der Räume,** die ausschließlich zu dieser Wohnung gehören (welche konkreten Flächen dies sind, siehe Tabelle → Rz. 72).[1] Die Wohnfläche eines **Wohnheims** umfasst nach § 2 Abs. 1 Satz 2 WoFlV dabei auch die Grundflächen der Räume, die zur alleinigen und gemeinschaftlichen Nutzung durch die Bewohner bestimmt sind.[2] Die jeweilige Grundfläche der einzelnen Räume ist gem. § 3 Abs. 1 Satz 1 WoFlV nach den **lichten Maßen zwischen den Bauteilen** zu ermitteln und dabei von der jeweiligen Vorderkante der Bekleidung der Bauteile auszugehen (welche konkreten Flächen von Bauteilen zu berücksichtigen sind, siehe Tabelle → Rz. 72).[3] Fehlen begrenzende Bauteile ist der bauliche Abschluss zu Grunde zu legen (§ 3 Abs. 1 Satz 2 WoFlV). 71

Danach sind die jeweiligen Flächen wie folgt zu berücksichtigen:[4] 72

Flächen von				Ansatz der zur Wohnfläche gehörenden Grundflächen
1	Räumen und Raumteilen, insbesondere:			
	a)	Wohnzimmer		Ja
	b)	Esszimmer		Ja
	c)	Schlafzimmer		Ja
	d)	Kinderzimmer		Ja
	e)	Bad		Ja
	f)	Toilettenräume		Ja
	g)	Küche		Ja
	h)	Flure		Ja
	i)	Nebenräume, innerhalb der Wohnung befindliche wie:		Ja
		aa)	Vorraum	Ja
		bb)	Abstellraum	Ja
		cc)	Hauswirtschaftsraum	Ja
		dd)	Speisekammer	Ja
		ee)	Besenkammer	Ja
		ff)	andere Schrankräume	Ja

1 A 3 Abs. 6 AENGrStG.
2 A 3 Abs. 6 AENGrStG.
3 A 3 Abs. 7 AENGrStG.
4 Vgl. A 3 Abs. 6–10 AENGrStG.

2	Räumen und Raumteilen mit einer lichten Höhe:		
	a)	von mindestens 2 m	Voll
	b)	mindestens 1 m bis weniger als 2 m	1/2
	c)	weniger als 1 m[1]	Nein
3	Wintergärten		
	a)	beheizbar	Ja
	b)	nicht beheizbar	1/2
4	Schwimmbädern		1/2
5	ähnlichen nach allen Seiten geschlossenen Räumen		1/2
6	Balkonen		1/4
7	Loggien		1/4
8	Dachgärten		1/4
9	Terassen		1/4
10	Zubehörräumen, insbesondere:		Nein, i. d. R. (siehe h) und i))
	a)	Kellerraume	Nein
	b)	Abstellräume	Nein
	c)	Kellerersatzräume außerhalb der Wohnung	Nein
	d)	Waschküchen	Nein
	e)	Bodenräume	Nein
	f)	Trockenräume	Nein
	g)	Heizungsräume	Nein
	h)	Garagen (siehe → Rz. 111 ff.)	50 m² übersteigende Fläche[2]
	i)	in Nebengebäuden (siehe → Rz. 141 ff.)	30 m² übersteigende Fläche[3]
11	Räumen, die nicht den an ihre Nutzung zu stellenden Anforderungen des Bauordnungsrechts der Länder genügen (siehe → Rz. 79)[4]		Nein
12	Geschäftsräumen (siehe → Rz. 81 ff.)		Nein
13	Räumen des Zivilschutzes (siehe → Rz. 106 ff.)		Nein
Flächen von			Bei der Ermittlung der Grundfläche einzubeziehen
14	Tür- und Fensterbekleidungen sowie		Ja
15	Tür- und Fensterumrahmungen		Ja
16	Fuß-, Sockel- und Schrammleisten		Ja

1 A 3 Abs. 9 AENGrStG.

2 Gilt nicht für das HGrStG; siehe dazu Bock/Lapp in Grootens, HGrStG, § 3 Rz. 66 ff. und Rz. 81 ff.

3 Gilt nicht für das HGrStG; siehe dazu Bock/Lapp in Grootens, HGrStG, § 3 Rz. 76 ff. und Rz. 81 ff.

4 A 3 Abs. 11 AENGrStG; vgl. aber die andere Beurteilung nach dem HGrStG in AE HGrStG zu § 5 Abs. 2 Sätze 1–4, Abs. 6; dazu Bock/Lapp in Grootens, HGrStG, § 5 Rz. 46.

17	fest eingebauten Gegenständen, wie z. B.:		Ja
	a)	Öfen	Ja
	b)	Heizgeräten	Ja
	c)	Klimageräten	Ja
	d)	Herden	Ja
	e)	Badewannen	Ja
	f)	Duschwannen	Ja
18	freiliegenden Installationen		Ja
19	Einbaumöbeln		Ja
20	nicht ortsgebundenen, versetzbaren Raumteilern		Ja
21	wenn sie eine Höhe von mehr als 1,50 Meter aufweisen und ihre Grundfläche mehr als 0,1 Quadratmeter beträgt:		
	a)	Schornsteinen	Nein
	b)	Vormauerungen	Nein
	c)	Bekleidungen	Nein
	d)	Pfeilern (freistehend)	Nein
	e)	Säulen (freistehend)	Nein
22	Treppen mit über drei Steigungen und deren Treppenabsätze,		Nein
23	Türnischen		Nein
24	wenn sie nicht bis zum Fußboden herunterreichen oder bis zum Fußboden herunterreichen und 0,13 Meter oder weniger tief sind:		
	a)	Fenster	Nein
	b)	Wandnischen	Nein

73 BEISPIEL:[1]

Seitenansicht

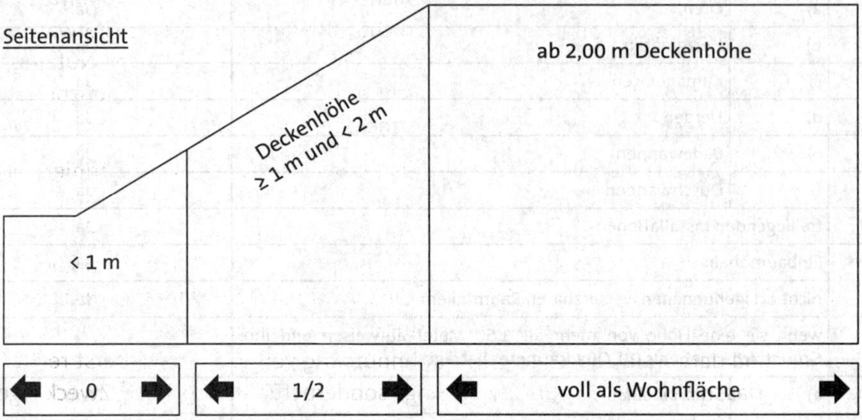

Grundriss Fußboden
4,00 m x 4,00 m = 16 m²

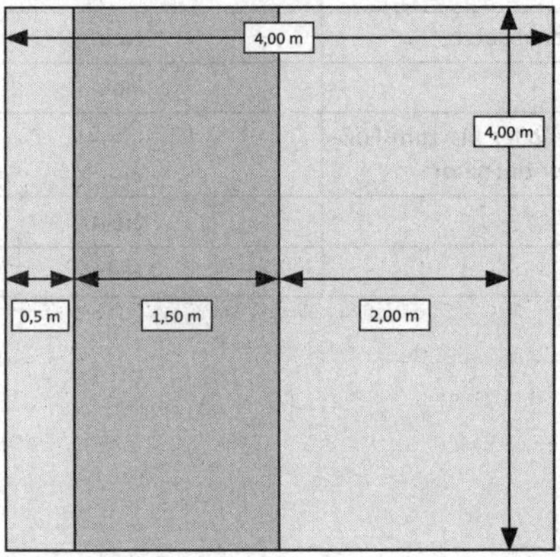

Wohnfläche

0,50 m x 4,00 m =	2,00 m² x 0 =	0,00 m²	: Raumhöhe unter 1 m
1,50 m x 4,00 m =	6,00 m² x ½ =	3,00 m²	: Raumhöhe ab 1 m und kleiner als 2 m
2,00 m x 4,00 m =	8,00 m² x 1 =	8,00 m²	: Raumhöhe ab 2 m
	16,00 m²	11,00 m²	

Quelle: AE HGrStG zu § 5 Abs. 2 Sätze 1–4, Abs. 6.

74–75 *(Einstweilen frei)*

1 Siehe AE HGrStG zu § 5 Abs. 2 Sätze 1–4, Abs. 6.

4. Häusliches Arbeitszimmer (§ 3 Abs. 1 Satz 2 NGrStG)

§ 3 Abs. 1 Satz 2 NGrStG bestimmt, dass ein **häusliches Arbeitszimmer** als **Wohnnutzung** gilt. Eine gesonderte Erfassung als Nutzfläche erfolgt nicht.[1] Die Regelung soll der Verwaltungsvereinfachung dienen,[2] indem klargestellt wird,[3] dass sich eine Änderung der Nutzung eines Raums hin zu einem häuslichen Arbeitszimmer nicht auf die Höhe des Äquivalenzbetrags auswirkt und keine neue Festsetzung des Grundsteuermessbetrags erfolgt. 76

Was ein **häusliches Arbeitszimmer** i. S. der Norm ist, wird im NGrStG **nicht definiert.**[4] Für die Frage, ob ein häusliches Arbeitszimmer vorliegt, kommt es auf die einkommensteuerrechtlich getroffene Entscheidung nicht an.[5] Erfasst werden Räume innerhalb einer abgeschlossenen Wohnung, die zu Zwecken der Einkünfteerzielung genutzt werden. Nach der ständigen Rechtsprechung des BFH[6] zur Einheitsbewertung führt ein zur Einkünfteerzielung genutztes Arbeitszimmer innerhalb einer abgeschlossenen Wohnung nicht dazu, dass dieses seine Einordnung als Wohnraum und damit die Zuordnung zur Wohnnutzung verliert.[7] Das gilt erst recht für ein Arbeitszimmer, das nicht zur Einkünfteerzielung, sondern für rein private Zwecke genutzt wird. Diese Rechtsprechung wollte der niedersächsische Gesetzgeber übernehmen. Ob die Einordnung eines Arbeitszimmers als Wohnnutzung auch noch gilt, wenn das Zimmer einen eigenen, vom Hauptzugang zur Wohnung getrennten Zugang hat, ist hingegen zweifelhaft.[8] 77

(Einstweilen frei) 78

5. Maßgeblichkeit des Bauordnungsrechts

Grundflächen von Räumen, die nicht den Anforderungen des **Bauordnungsrechts** zur Nutzung entsprechen, sollen nicht zur Wohnfläche gehören, selbst wenn sie zu Wohnzwecken genutzt werden.[9] Entsprechende zu Wohnzwecken genutzte, jedoch dem Bauordnungsrecht widersprechende Flächen dürften von der Finanzverwaltung als Nutzflächen angesetzt werden. Zweifelhaft in diesem Zusammenhang ist, welcher **Rechtsstand des Bauordnungsrechts** maßgeblich sein soll. Räume, die unter Beachtung des zum Zeitpunkt der Bebauung maßgeblichen Bauordnungsrechts errichtet worden sind, dürften uneingeschränkt anzusetzen sein, auch wenn sie aufgrund von Rechtsänderungen nach aktuellem Bauordnungsrecht in dieser Bauausführung nicht mehr errichtet werden dürften. 79

(Einstweilen frei) 80

6. Nutzflächen (§ 3 Abs. 1 Satz 3 NGrStG)

§ 3 Abs. 1 Satz 3 NGrStG bestimmt, dass die **Nutzfläche des Gebäudes** maßgeblich ist, soweit diese Fläche nicht der Wohnnutzung zuzuordnen ist (Ansatz dem Grunde nach). Die Ermittlung der Nutzfläche soll nach Vorstellung des **niedersächsischen Gesetzgebers** – vergleichbar 81

---

1 A 3 Abs. 3 AENGrStG.

2 A 3 Abs. 3 AENGrStG; siehe auch Niedersächsische LT-Drucks. 18/8995 S. 18; Krause in Stenger/Loose, NGrStG, § 3 Rz. 192.

3 Krumm/Paeßens, GrStG, § 3 NGrStG Rz. 6.

4 Kritisch Valbuena/Renner, AStW 2022 S. 400.

5 A. A. wohl Valbuena/Renner, AStW 2022 S. 400.

6 BFH, Urteil v. 9.11.1988 - II R 61/87, BStBl 1989 II S. 135 NWB AAAAA-92737.

7 Ähnlich Eisele in Rössler/Troll, BewG, § 3 NGrStG Rz. 6.

8 Zweifelnd auch Eisele in Rössler/Troll, BewG, § 3 NGrStG Rz. 6.

9 A 3 Abs. 11 AENGrStG.

mit der Ermittlung der Wohnfläche – nach einer **sachgerechten und anerkannten Methode** erfolgen (Ansatz der Höhe nach).[1] Hierfür soll die DIN 277 in Betracht kommen, aber auch jede andere geeignete Methode.[2] An der gesetzlich vorgeschriebenen Ermittlung der Nutzfläche nach der DIN 277 wurde im parlamentarischen Verfahren nicht festgehalten (siehe hierzu → Rz. 12). Die Kritik, die Auswahl der Methode zur Ermittlung der Nutzfläche dem Steuerpflichtigen zu überlassen (siehe hierzu → Rz. 57), gilt auch hier.

82 Eine **Definition**, was Nutzfläche i. S. des NGrStG ist, **fehlt** in § 3 NGrStG. Als Nutzfläche dürfte jede Gebäudefläche anzusehen sein, die anderen Zwecken als Wohnzwecken dient. Dient die Fläche mithin **gewerblichen, freiberuflichen, öffentlich-rechtlichen oder sonstigen Zwecken**, die keine Wohnzwecke sind, sind die Flächen als Nutzflächen anzusetzen. Es dürften – so jedenfalls nach der DIN 277 – auch **Neben- und Zubehörräume** als Nutzfläche anzusetzen sein.[3] Als Beispiele für Räume und Flächen, die als Nutzflächen anzusetzen sind, nennt die niedersächsische Finanzverwaltung Verkaufs-, Büro- und Besprechungsräume, Teeküchen, Werkhallen, Labore, Lagerhallen, EDV-Serverräume, Archive/Registraturen, Räume für medizinische Untersuchungen und Behandlungen, Ausstellungs-, Bühnen-, Sport-, Sanitär-, Umkleide- und Abstellräume, Terrassen und Loggien.[4] **Balkone** sollen dagegen bei der Ermittlung der Nutzfläche **nicht zu berücksichtigen** sein.[5] Eine tragfähige Begründung für diese unterschiedliche Behandlung von Terrassen und Loggien einerseits und Balkone andererseits wird von der niedersächsischen Finanzverwaltung nicht gegeben.

83 Nach der DIN 277 bleiben**nicht begehbare** oder für eine dauerhafte Begehung nicht geeignete Flächen, wie Dachböden mit einer lichten Höhe unter 1,25 m, **Kriechkeller** oder abgehängte **Versorgungsdecken** außer Ansatz und sind folglich nicht als Nutzfläche zu berücksichtigen. Soweit Flächen zu **Betriebsvorrichtungen** gehören, sind diese grundsätzlich nach § 243 Abs. 2 Nr. 2 BewG, der über § 2 Abs. 1 Satz 1 NGrStG, § 2 Nr. 2 GrStG auch für die niedersächsische Grundsteuer Anwendung findet, ebenfalls nicht anzusetzen.[6]

84 Sollte die **Nutzungsfläche nach der DIN 277** (2016) angesetzt werden, ist nach Tz. 3.5 der DIN 277 derjenige Anteil der Geschossfläche anzusetzen, der entsprechend der Zweckbestimmung des Gebäudes genutzt wird. Nicht zur Nutzungsfläche gehören die Konstruktions-Grundfläche (z. B. Wände oder Pfeiler), technische Funktionsflächen (z. B. Lagerflächen) und Verkehrsflächen (z. B. Flure, Eingangshallen, Aufzugschächte, Rampen).[7] Wurde die Nutzfläche nach der im Zeitpunkt der Bebauung gültigen DIN 277 ermittelt, lässt die niedersächsische Finanzverwaltung diesen Ansatz zu, auch wenn sich die Ermittlung der Nutzfläche (nunmehr Nutzungsfläche) nach der aktuell gültigen DIN 277 mittlerweile geändert hat.[8]

85 Anzusetzen sind nach der DIN 277 die **lichten Maße zwischen den Baukonstruktionen** in Höhe der Oberseite der Boden- bzw. Deckenbeläge.[9] Konstruktive und gestalterische Vor- und Rücksprünge, Fuß- und Sockelleisten, Schrammborde und Unterschneidungen sowie vorstehende

1 Niedersächsische LT-Drucks. 18/8995 S. 19.

2 Niedersächsische LT-Drucks. 18/8995 S. 19.

3 So auch Niedersächsische LT-Drucks. 18/9632 S. 13 zu § 3 Abs. 2.

4 A 3 Abs. 12 AENGrStG.

5 A 3 Abs. 12 AENGrStG.

6 Vgl. vertiefend Bock in Grootens, BewG § 243 Rz. 89 ff.

7 A 3 Abs. 12 AENGrStG; vgl. auch die klarere Regelung in § 5 Abs. 3 HGrStG und AE HGrStG zu § 5 Abs. 3, Abs. 6; siehe dazu Bock/Lapp in Grootens, HGrStG, § 5 Rz. 86 ff..

8 A 3 Abs. 12 AENGrStG.

9 Vgl. auch AE HGrStG zu § 5 Abs. 3, Abs. 6.

Teile von Fenster- und Türbekleidungen bleiben unberücksichtigt. Grundflächen von **schräg verlaufenden Baukonstruktionen** (zum Beispiel Treppen, Rampen oder Tribünen) sind, soweit sie keine eigene Grundrissebene darstellen und sich dort nicht mit anderen Grundflächen überschneiden, der darüber liegenden Grundrissebene zuzuordnen.[1] Grundflächen unter der jeweils untersten Treppe oder Rampe werden derjenigen Grundrissebene zugerechnet, auf der die Treppe oder die Rampe beginnt.[2] Sie werden ihrer Nutzung entsprechend als Nutzungsfläche (NUF), Technikfläche (TF) oder Verkehrsfläche (VF) ausgewiesen.[3]

Schematische Darstellung nach der DIN 277 (2016):[4] 86

Brutto-Grundfläche (BGF) Gesamtfläche aller Grundrissebenen des Bauwerks			
Konstruktionsgrundfläche (KGF) Grundflächen von Wänden und Pfeilern etc.	**Netto-Raumfläche (NRF)** Teilfläche der BGF, die sämtliche Grundflächen der nutzbaren Räume aller Grundrissebenen des Bauwerks umfasst.		
	Nutzungsfläche (NUF) Teilfläche der NRF, die der wesentlichen Zweckbestimmung des Bauwerks dient.	**Technikfläche (TF)** Flächen, die zur Versorgung und Entsorgung des Gebäudes erforderlich sind (Klimaanlagen, Heizanlagen etc.).	**Verkehrsfläche (VF)** Flächen, die der horizontalen oder vertikalen Verkehrserschließung oder -sicherung dienen (bspw. Flure, Treppen, Rampen, Aufzugsschächte).

(Einstweilen frei) 87–90

7. Leerstehende Gebäudeflächen (§ 3 Abs. 1 Satz 4 NGrStG)

§ 3 Abs. 1 Satz 4 NGrStG bestimmt, dass nicht genutzte **Gebäudeflächen**, die zuvor Wohnzwecken gedient haben, **bis zu einer Nutzung zu anderen Zwecken** weiterhin als zu Wohnzwecken genutzt gelten.[5] Die Regelung dient der Verwaltungsvereinfachung, damit insbesondere in Fällen des Leerstandes einer Mietwohnung keine geänderte Feststellung der Äquivalenzbeträge und/oder Festsetzung des Grundsteuermessbetrags wegen einer Nutzungsartänderung erforderlich wird.[6] Dies dürfte nach dem eindeutigen Wortlaut der Norm auch dann gelten, wenn bereits mit **Umbauarbeiten** zur Herrichtung für eine andere Nutzung als zu Wohnzwecken begonnen wurde. Erst wenn die Nutzung zu anderen Zwecken tatsächlich erfolgt, dürfte eine Einordnung als Nutzfläche zu erfolgen haben. Eine zeitliche Einschränkung trifft § 3 Abs. 1 Satz 4 NGrStG nicht. Die jeweiligen Flächen gelten sowohl bei vorübergehendem als auch bei mehreren Jahren andauerndem Leerstand einer Wohnung weiterhin als zu Wohnzwecken genutzt. 91

Nicht geregelt ist der Fall, dass **Nutzflächen**, die bisher zu anderen als Wohnzwecken genutzt werden, **leer stehen**, aber als Wohnung genutzt werden könnten und in Zukunft auch sollen (beispielsweise bisher als Arztpraxis genutzte Räume sollen zukünftig als Wohnung genutzt werden). Jedenfalls wenn die Nutzung als Wohnung sofort möglich ist und entsprechende 92

1 Vgl. auch AE HGrStG zu § 5 Abs. 3, Abs. 6.
2 Vgl. auch AE HGrStG zu § 5 Abs. 3, Abs. 6.
3 Vgl. auch AE HGrStG zu § 5 Abs. 3, Abs. 6.
4 Vgl. auch AE HGrStG zu § 5 Abs. 3, Abs. 6.
5 A 3 Abs. 14 AENGrStG.
6 A 3 Abs. 14 AENGrStG; siehe auch Niedersächsische LT-Drucks. 18/8995 S. 18.

werbende Maßnahme ergriffen wurden, die Zweckänderungen sich also nach außen manifestiert hat, sollte eine Einordnung als Wohnnutzung möglich sein.[1]

93–95 *(Einstweilen frei)*

8. Vermietete Wohn- und Schlafräume zur kurzfristigen Beherbergung von Personen (§ 3 Abs. 1 Satz 5 NGrStG)

96 § 3 Abs. 1 Satz 5 NGrStG bestimmt, dass die **Vermietung** von Wohn- und Schlafräumen **zur kurzfristigen Beherbergung** von Personen **keinen Wohnzweck** darstellen. Nach der Gesetzesbegründung und der Auffassung der niedersächsischen Finanzverwaltung[2] zielt die Vorschrift auf Hotels und Ferienwohnungen ab.

97 Nach dem Wortlaut des Gesetzes umfasst die Regelung auch Wohnräume, die (z. B. über ein einschlägiges Internetportal[3]) ggf. nur einmalig vorübergehend vermietet werden. Darüber hinaus ergibt sich auch keine Einschränkung hinsichtlich der Anzahl der vermieteten Wohnräume. Die Vermietung einzelner Wohnräume dürfte damit ebenso wie die kurzfristige Vermietung einer ganzen Wohnung oder eines Hauses (als Zusammenfassung mehrerer Wohnräume) als nicht zu Wohnzwecken genutzt gelten. Dieser Lesart folgend, kann eine kurzfristige private Vermietung eine Betragsfortschreibung der Äquivalenzbeträge, eine Flächenfortschreibung der Wohn- und Nutzflächen und eine neue Festsetzung des Grundsteuermessbetrags zur Folge haben.[4] Zumal eine der bundesgesetzlichen Regelung des § 222 Abs. 4 Satz 2 BewG[5] zur Bestimmung des maßgeblichen Zeitpunkts für die zugrunde zu legenden Verhältnisse fehlt. Die Norm hätte damit eine das Verwaltungsverfahren erschwerende Wirkung. Um der Regelung einen sinnvollen Gehalt zu geben, sollte sie nur Anwendung finden, wenn die Vermietung zur kurzfristigen Beherbergung mit dem jeweiligen Wohnraum **dauerhaft an wechselnde Personen** erfolgen soll oder jedenfalls auf Wiederholung angelegt ist.

98 Weder aus dem Gesetzeswortlaut noch aus der Gesetzesbegründung oder den Verwaltungsanweisungen der niedersächsischen Finanzverwaltung ist ersichtlich, welcher Zeitraum als **kurzfristig** i. S. des § 3 Abs. 1 Satz 5 NGrStG gelten soll. Aus Sinn und Zweck der Norm dürfte dies ein Zeitraum sein, für den üblicherweise eine nicht auf Dauer angelegte Übernachtungsmöglichkeit gesucht wird. Die hessische Finanzverwaltung verweist zu dem gleichlautenden § 5 Abs. 2 Satz 3 HGrStG[6] insoweit auf die Rechtsprechung des Bundesfinanzhofs zu § 4 Nr. 12 UStG,[7] wonach bei einer vom Vermieter beabsichtigten Vermietung von **nicht mehr als sechs Monaten** von einer kurzfristigen Vermietung auszugehen ist.[8] Anders als in § 4 Nr. 12 UStG wird in § 3 Abs. 1 Satz 5 NGrStG nicht auf die Beherbergung von **fremden** Personen abgestellt. Zweifelhaft ist daher, ob das Vorhalten eines Gästezimmers und die kurzfristige entgeltliche Unterbringung eines Familienmitglieds oder Bekannten nach § 3 Abs. 1 Satz 5 NGrStG zur Nutzfläche und nicht zur Wohnfläche führt. Nach Sinn und Zweck von § 3 Abs. 1 Satz 5 NGrStG

1 Eisele in Rössler/Troll, BewG, § 3 NGrStG Rz. 11; Krause in Stenger/Loose, NGrStG, § 3 Rz. 193, die erst bei der tatsächlichen Nutzung zu Wohnzwecken eine Zweckänderung annehmen.

2 A 3 Abs. 15 AENGrStG; siehe auch Niedersächsische LT-Drucks. 18/8995 S. 19.

3 Siehe auch A 3 Abs. 15 AENGrStG.

4 Siehe hierzu Bock/Lapp in Grootens, NGrStG, § 8 Rz. 53.

5 Siehe hierzu vertiefend Kurt in Grootens, BewG, § 222 Rz. 161 ff.

6 Siehe hierzu Bock/Lapp in Grootens, HGrStG, § 5 Rz. 56.

7 Vgl. etwa BFH, Urteil v. 13.02.2008 - XI R 51/06, BStBl 2009 II S. 63, NWB UAAAC-89503 m. w. N.

8 AEHGrStG zu § 5 Abs. 2 Sätze 1–4, Abs. 6; Krumm/Paeßens, GrStG, § 3 NGrStG Rz. 4.

gerade auf das Hotelgewerbe und Ferienwohnungen abzuzielen, spricht viel dafür, dass nur die Beherbergung an fremde Personen erfasst wird. Gästezimmer für Familie und Bekannte sind daher als Wohnfläche anzusetzen.

(Einstweilen frei) 99–105

9. Gebäude, Gebäudeteile und Anlagen für den Zivilschutz (§ 245 BewG)

§ 3 NGrStG trifft hinsichtlich der **Nutzflächen** keine Aussagen zu Gebäuden, Gebäudeteilen und Anlagen **für den Zivilschutz.** Über § 1 Satz 2 und 3 NGrStG findet allerdings § 245 BewG entsprechend Anwendung. Gebäude, Gebäudeteile und Anlagen, die wegen der in § 1 des Zivilschutz- und Katastrophenhilfegesetzes bezeichneten Zwecke geschaffen worden sind und im Frieden nicht oder nur gelegentlich oder geringfügig für andere Zwecke benutzt werden, bleiben demzufolge bei der Ermittlung der Äquivalenzbeträge außer Betracht.[1] 106

Auch hier stellt sich die Frage, ob die Nichterfassung dieser Flächen mit dem **Sinn und Zweck** eines **Flächenmodells** vereinbar ist. Wenn die Fläche ein Indikator für die Nutzenäquivalenz ist, gilt dies auch für Flächen, die dem Zivilschutz dienen. In Betracht käme eine Steuerbefreiung für diese Flächen. Diese Steuerbefreiung wäre jedoch im Anschluss an die Flächenermittlung normenklar zu regeln. Im Bundesmodell spiegelt der Nichtansatz dieser Flächen die Ertraglosigkeit wider[2] und stellt damit keine Steuerbefreiung auf Bewertungsebene dar. Dieser Gesichtspunkt kann in einem Flächenmodell jedoch nicht herangezogen werden. 107

(Einstweilen frei) 108–110

II. Garagen im Zusammenhang mit Wohnnutzung (§ 3 Abs. 2 NGrStG)

1. Geringfügigkeitsregel bei Garagen (§ 3 Abs. 2 Satz 1 NGrStG)

a) Allgemeines

Nach § 3 Abs. 2 NGrStG bleiben **Nutzflächen von Garagen**, die in räumlichem Zusammenhang zur Wohnnutzung stehen, der sie rechtlich zuzuordnen sind (siehe hierzu → Rz. 131), bis zu einer Fläche von 50 m² außer Ansatz, auch wenn es sich um eine eigene wirtschaftliche Einheit handeln sollte. Die Geringfügigkeitsregelung soll nach Ansicht des niedersächsischen Gesetzgebers der Verfahrensökonomie dienen.[3] Der niedersächsische Gesetzgeber und die niedersächsische Finanzverwaltung[4] gehen davon aus, dass bei der Ermittlung der Wohnfläche nach der Wohnflächenverordnung (WoFlV) Garagen nicht zum Ansatz kommen (vgl. § 2 Abs. 3 WoFlV). Dies hält er bei großen Garagen für unangemessen, sodass er mit § 3 Abs. 2 NGrStG lediglich Nutzflächen von Garagen bis zu einer Fläche von 50 m² vom Ansatz ausnimmt.[5] Diese Ansicht dürfte allerdings unzutreffend sein. Wenn die Garagenflächen Nutzflächen i. S. von § 3 Abs. 1 Satz 3 NGrStG sind und nicht zu den Wohnflächen zählen, richtet sich der Ansatz der Höhe nach nach der Methode für Nutzflächen. § 3 Abs. 2 NGrStG würde einen Nichtansatz der 111

---

1 A 3 Abs. 16 AENGrStG; vgl. auch Niedersächsische LT-Drucks. 18/8995 S. 19; Krause in Stenger/Loose, NGrStG, § 3 Rz. 197; siehe vertiefend Bock in Grootens, BewG, § 245 Rz. 18 ff.

2 Str., vgl. vertiefend Bock in Grootens, BewG, § 245 Rz. 3; zustimmend Eisele in Rössler/Troll, BewG, § 3 NGrStG Rz. 14.

3 Niedersächsische LT-Drucks. 18/8995 S. 19.

4 Siehe A 3 Abs. 18 AENGrStG.

5 A 3 Abs. 18 AENGrStG; vgl. auch Niedersächsische LT-Drucks. 18/9632 S. 13.

Flächen bis 50 m² dann erst begründen und nicht den generellen Nichtansatz auf Flächen bis zu 50 m² beschränken.

112 Zweifelhaft ist, zu welcher **Nutzungsart** die Flächen über 50 m² zu zählen sind. Nach der hier vertretenen Auffassung teilen Neben- und Zubehörräume das Schicksal der Haupträume, zu denen sie gehören (siehe → Rz. 48). Dies würde auch für Garagenflächen jedenfalls in demselben Gebäude gelten. Die über 50 m² liegenden Flächen der Garage wären dann zur Wohnfläche zu addieren. In § 3 Abs. 2 Satz 1 NGrStG heißt es allerdings Nutzflächen von Garagen, sodass viel dafürspricht, die übersteigende Fläche als **Nutzfläche** i. S. von § 3 Abs. 1 Satz 3 NGrStG einzuordnen. Dies entspricht auch dem Willen des niedersächsischen Gesetzgebers[1] und wird von der niedersächsischen Finanzverwaltung sowie der Literatur ebenfalls so vertreten.[2] Die Fläche der Garage ist dann ebenso wie die Nutzflächen des Gebäudes (siehe hierzu → Rz. 82 f.) zu ermitteln.

113–114 *(Einstweilen frei)*

b) Freibetrag oder Freigrenze

115 Bei der nicht anzusetzenden Fläche von 50 m² handelt es sich aus Sicht des niedersächsischen Gesetzgebers und der niedersächsischen Finanzverwaltung um einen **Freibetrag**, d. h., in die Berechnung des Äquivalenzbetrags der Nutzflächen wird nur die 50 m² übersteigende Fläche einbezogen.[3] Im ursprünglichen Gesetzentwurf sollte die Reglung noch als **Freigrenze** ausgestaltet sein.[4] Auch der jetzige Wortlaut der Norm spricht entgegen der Intention des niedersächsischen Gesetzgebers eher für eine Freigrenze (vgl. etwa den ähnlichen Wortlaut der Freigrenze in § 8 Abs. 2 Satz 11 EStG).[5] Für die Ausgestaltung als Freibetrag hätte rechtsklarer formuliert werden können, dass ein Ansatz von Garagenflächen nur erfolgt, soweit sie eine Fläche von 50 m² übersteigen.

116 Der Freibetrag von 50 m² bezieht sich auf **jede einzelne wirtschaftliche Einheit**, so dass für jede Wohnung einer wirtschaftlichen Einheit bis zu 50 m² Garagenfläche unberücksichtigt bleiben.[6] Die Flächen mehrerer Garagen, die zu einer wirtschaftlichen Einheit gehören (z. B. auch mehrere Tiefgaragenstellplätze, die zu einer Eigentumswohnung gehören), sind zusammenzuzählen.[7]

117 **BEISPIEL**[8]: Auf einem Einfamilienhausgrundstück befindet sich eine 60 m² große Garage.

LÖSUNG: Die Garagenfläche wird bis 50 m² nicht angesetzt. Die übersteigenden 10 m² sind als Nutzfläche anzusetzen.

118–120 *(Einstweilen frei)*

1 So ausdrücklich in Niedersächsische LT-Drucks. 18/9632 S. 13.
2 Siehe Beispiel 1 in A 3 Abs. 18 NGrStG; Krumm/Paeßens, GrStG, § 3 NGrStG Rz. 10.
3 A 3 Abs. 18 AENGrStG; vgl. auch Niedersächsische LT-Drucks. 18/9632 S. 13.
4 Vgl. Niedersächsische LT-Drucks. 18/9632 S. 13.
5 Zustimmend Eisele in Rössler/Troll, BewG, § 3 NGrStG Rz. 15.
6 A 3 Abs. 18 AENGrStG; vgl. auch Niedersächsische LT-Drucks. 18/9632 S. 14.
7 Krumm/Paeßens, NGrStG, § 3 Rz. 10.
8 Siehe auch Beispiel 1 in A 3 Abs. 18 AENGrStG.

c) Begriff der Garage

Garagen sind **Gebäude** (zum Gebäudebegriff siehe → Rz. 43) oder **Gebäudeteile**, die vorrangig dem Schutz von **Kraftfahrzeugen** dienen. Der Begriff der Garage ist ein Typusbegriff und das Vorliegen einer Garage anhand aller Umstände des Einzelfalls zu beurteilen.[1] Die niedersächsische Finanzverwaltung definiert eine Garage als eine meist abschließbare, überdachte und durch feste Wände (mit Garagentor) umschlossene Abstellmöglichkeit für Fahrzeuge.[2] Ob die Garage tatsächlich für ein Kraftfahrzeug genutzt wird, dürfte grundsätzlich genauso unerheblich sein wie eine Mischnutzung der Garage für weitere Zwecke (als Werkstatt oder Abstellfläche).[3] Die Grenze dürfte erst überschritten sein, wenn die Garage baulich so hergerichtet ist, dass sie als vollwertiger (ggf. in die Wohnung integrierter) Wohnraum genutzt werden kann (insbesondere Isolierung, Heizung, eingebaute Sanitäranlagen), auch wenn die Garage ihrer Größe und Ausstattung nach nicht zum dauerhaften Wohnen geeignet ist. Unerheblich ist, ob sich die Garage als selbständiges Gebäude außerhalb der Haupträume befindet oder Teil des Hauptgebäudes ist (beispielsweise integrierte Garage bei einem Einfamilienhaus, Tiefgaragenstellplatz in einem Mehrfamilienhaus). Vom Wortlaut der Vorschrift umfasst sind (nur) Garagen, nicht also Pkw-Stellplätze auf dem Grundstück, Carports[4] u. Ä. Diese erfüllen bereits den Gebäudebegriff nicht (siehe hierzu → Rz. 43) und sind auch nicht Teil eines Gebäudes.[5] 121

(Einstweilen frei) 122–125

d) Räumlicher Zusammenhang mit Wohnnutzung

Die Garage muss **zur Wohnnutzung** in einem **räumlichen Zusammenhang** stehen. Dies ist unzweifelhaft gegeben, wenn sich die Garage auf derselben wirtschaftlichen Einheit befindet. Das Tatbestandsmerkmal dürfte vor allem dann eine Rolle spielen, wenn die Garage eine eigene wirtschaftliche Einheit bildet oder sich auf einer anderen wirtschaftlichen Einheit befindet. Gedacht ist an Garagengrundstücke, die von der wirtschaftlichen Einheit beispielsweise durch eine Straße getrennt sind, bei denen die einzelnen Garagen allerdings im Zusammenhang mit einer Wohnung genutzt werden.[6] 126

(Einstweilen frei) 127–130

e) Rechtliche Zuordnung zur Wohnnutzung

Voraussetzung für die Inanspruchnahme des Garagenfreibetrags ist, dass die Garage der **Wohnnutzung rechtlich zuzuordnen** ist. Eine rechtliche Zuordnung liegt bei einer dinglichen Verknüpfung zwischen Wohnfläche und Garagenfläche vor.[7] Diese ist gegeben, wenn die Garage nach § 97 BGB wesentlicher Bestandteil des Grundstücks wird oder bei Wohnungseigentum ein Sondernutzungsrecht für einen Tiefgaragenstellplatz besteht.[8] In diesen Fällen liegt in aller Regel eine einheitliche wirtschaftliche Einheit vor.[9] Die rechtliche Zuordnung kann auch 131

1 Krumm/Paeßens, GrStG, § 3 NGrStG Rz. 7.
2 A 3 Abs. 18 AENGrStG.
3 Krumm/Paeßens, GrStG, § 3 NGrStG Rz. 7.
4 Siehe ausdrücklich A 3 Abs. 18 AENGrStG.
5 So auch im Ergebnis (kein Ansatz) die niedersächsische Finanzverwaltung, A 3 Abs. 18 AENGrStG.
6 Siehe auch A 3 Abs. 19 AENGrStG, insbesondere Beispiel 2.
7 A 3 Abs. 18 AENGrStG; vgl. auch Niedersächsische LT-Drucks. 18/9632 S. 13.
8 Vgl. Niedersächsische LT-Drucks. 18/9632 S. 13 f.
9 Krumm/Paeßens, GrStG, § 3 NGrStG Rz. 8.

bei einer lediglich vertraglichen Verknüpfung gegeben sein, wenn also die Vermietung der Garagenfläche im Zusammenhang mit der Vermietung der Wohnfläche von demselben Überlassenden erfolgt.[1] Für Garagenflächen, die in keinem rechtlichen Zusammenhang mit einer Wohnnutzung stehen, ist die Norm nicht anwendbar.[2] Diese Flächen sind als Nutzflächen anzusetzen.[3]

132 Von § 3 Abs. 2 NGrStG **nicht erfasst** werden **Garagen eines Mieters,** die dieser auf einem nahegelegenen Garagengrundstück erworben hat, da zwischen Garage und Mietwohnung kein rechtlicher Zusammenhang besteht.

133 Anders als Nebengebäude (siehe hierzu → Rz. 151) ist es **nicht erforderlich,** dass die Garage der **Wohnnutzung zu dienen bestimmt** ist. Der niedersächsische Gesetzgeber vertritt diesbezüglich die Auffassung, dass Garagen zu einer Wohnung üblicherweise nur den Zweck hätten, ein Fahrzeug unterzustellen und damit grundsätzlich mit der Wohnnutzung im Zusammenhang stünden, weswegen insoweit die rechtliche Verknüpfung ausreiche.[4] Sonstige Nebengebäude könnten hingegen auch Nutzungen anderer Art enthalten, die nicht mit der Wohnnutzung im Zusammenhang stünden, wie beispielsweise einen Kiosk.[5] Diese Einschätzung dürfte verfehlt sein. Insbesondere größere Garagen können auch zu anderen Zwecken, beispielsweise als Kfz-Werkstatt, genutzt werden.

134–135 *(Einstweilen frei)*

2. Garage als eigene wirtschaftliche Einheit (§ 3 Abs. 2 Satz 2 NGrStG)

136 Die Garage dürfte i. d. R. mit dem Gebäude und dem zugehörigen Grund und Boden zu einer wirtschaftlichen Einheit gehören (z. B. Einfamilienhaus mit einer darauf befindlichen Garage).[6] Nach § 3 Abs. 2 Satz 2 NGrStG kann der Freibetrag allerdings auch für **Garagen,** die eine **eigene wirtschaftliche Einheit** bilden, aber gleichwohl im räumlichen Zusammenhang zur Wohnnutzung stehen, der sie rechtlich zuzuordnen sind, in Anspruch genommen werden. Praktische Bedeutung dürfte diese Regelung in Fällen haben, in denen ein Garagengrundstück zwar noch in räumlicher Nähe zum Wohngrundstück steht, aber (z. B. durch eine Straße) von diesem getrennt wird (siehe bereits → Rz. 126 und → Rz. 132).[7]

137–140 *(Einstweilen frei)*

III. Nebengebäude im Zusammenhang mit Wohnnutzung (§ 3 Abs. 3 NGrStG)

1. Geringfügigkeitsregel bei Nebengebäuden (§ 3 Abs. 3 Satz 1 NGrStG)

a) Allgemeines

141 § 3 Abs. 3 NGrStG bestimmt in Anlehnung an § 3 Abs. 2 NGrStG, dass **Nutzflächen von Nebengebäuden**, die in räumlichem Zusammenhang zur Wohnnutzung stehen, der sie zu dienen be-

1 A 3 Abs. 18 AENGrStG; vgl. auch Niedersächsische LT-Drucks. 18/9632 S. 13 f.
2 A 3 Abs. 18 AENGrStG; vgl. auch Niedersächsische LT-Drucks. 18/9632 S. 14.
3 A 3 Abs. 18 AENGrStG.
4 Niedersächsische LT-Drucks. 18/9632 S. 14 zu Abs. 3.
5 Vgl. Niedersächsische LT-Drucks. 18/9632 S. 14 zu Abs. 3.
6 Niedersächsische LT-Drucks. 18/9632 S. 13.
7 Siehe auch A 3 Abs. 19 AENGrStG, insbesondere Beispiel 2.

stimmt sind, bis zu einer Fläche von 30 m² außer Ansatz bleiben, auch wenn das Nebengebäude eine eigenständige wirtschaftliche Einheit bilden sollte. Die **Geringfügigkeitsregelung** soll nach Ansicht des niedersächsischen Gesetzgebers der **Verfahrensökonomie** dienen.[1] Der niedersächsische Gesetzgeber und die niedersächsische Finanzverwaltung[2] gehen davon aus, dass bei der Ermittlung der Wohnfläche nach der Wohnflächenverordnung (WoFlV) Grundflächen von Abstellräumen und Kellerersatzräumen außerhalb der Wohnung nicht zum Ansatz kommen (vgl. § 2 Abs. 3 WoFlV). Dies hält er bei großen Nebengebäuden für unangemessen, so dass er mit § 3 Abs. 2 NGrStG eine Begrenzung des Nichtansatzes auf Nutzflächen von Nebengebäuden bis zu einer Fläche von 30 m² für erforderlich hält.[3] Diese Ansicht dürfte allerdings unzutreffend sein. Wenn die Flächen der Nebengebäude Nutzflächen i. S. von § 3 Abs. 1 Satz 3 NGrStG sind und nicht zu den Wohnflächen zählen, richtet sich der Ansatz der Höhe nach nach der Methode für Nutzflächen. § 3 Abs. 2 NGrStG würde dann einen Nichtansatz der Flächen bis 30 m² erst begründen und nicht den generellen Nichtansatz auf Flächen bis zu 30 m² beschränken.

Zweifelhaft ist, zu welcher **Nutzungsart** die Flächen über 30 m² zu zählen sind. Nach der hier vertretenen Auffassung teilen Neben- und Zubehörräume das Schicksal der Haupträume, zu den sie gehören (siehe → Rz. 48). Dies würde auch für Flächen von Nebengebäuden gelten. Die über 30 m² liegenden Flächen der Nebengebäude wären dann zur Wohnfläche zu addieren. In § 3 Abs. 3 Satz 1 NGrStG heißt es allerdings Nutzflächen von Nebengebäuden, so dass viel dafürspricht, die übersteigende Fläche als **Nutzfläche** i. S. von § 3 Abs. 1 Satz 3 NGrStG zuzuordnen. Dies entspricht auch dem Willen des niedersächsischen Gesetzgebers[4] und wird von der niedersächsischen Finanzverwaltung ebenfalls so vertreten.[5] Die Ermittlung der Nutzflächen der Nebengebäude erfolgt ebenso wie die Ermittlung der Nutzflächen des Gebäudes (siehe hierzu → Rz. 82 f.). 142

(Einstweilen frei) 143–145

b) Freibetrag oder Freigrenze

Bei der nicht anzusetzenden Fläche von 30 m² handelt es sich nach Ansicht des niedersächsischen Gesetzgebers und der niedersächsischen Finanzverwaltung um einen **Freibetrag**, d. h., in die Berechnung des Äquivalenzbetrags der Nutzflächen wird nur die 30 m² übersteigende Fläche einbezogen.[6] Im ursprünglichen Gesetzentwurf sollte die Reglung noch als **Freigrenze** ausgestaltet sein.[7] Auch der jetzige Wortlaut der Norm spricht entgegen der Intention des niedersächsischen Gesetzgebers eher für eine Freigrenze (vgl. etwa den ähnlichen Wortlaut der Freigrenze in § 8 Abs. 2 Satz 11 EStG). Für die Ausgestaltung als Freibetrag hätte rechtsklarer formuliert werden können, dass ein Ansatz der Nutzflächen von Nebengebäuden nur erfolgt, soweit sie eine Fläche von 30 m² übersteigen. Der Freibetrag bezieht sich nach dem eindeutigen Wortlaut auf die Nutzflächen von Nebengebäuden. Bei mehreren Nebengebäuden, die die Vo- 146

1 Niedersächsische LT-Drucks. 18/8995 S. 19.
2 Siehe A 3 Abs. 20 AENGrStG.
3 Vgl. Niedersächsische LT-Drucks. 18/9632 S. 14.
4 Vgl. so ausdrücklich in Niedersächsische LT-Drucks. 18/9632 S. 13 zu Abs. 2.
5 Siehe Beispiel 2 in A 3 Abs. 20 AENGrStG.
6 A 3 Abs. 20 AENGrStG; vgl. auch Niedersächsische LT-Drucks. 18/9632 S. 14.
7 Vgl. Niedersächsische LT-Drucks. 18/9632 S. 14.

raussetzungen von § 3 Abs. 3 Satz 1 NGrStG erfüllen, sind die Flächen zusammenzurechnen und der Freibetrag ist einmalig zu gewähren.[1]

147 BEISPIEL[2]: Auf einem Einfamilienhausgrundstück befindet sich ein Geräteschuppen von 20 m² sowie ein Gewächshaus von 15 m². Beide erfüllen den Gebäudebegriff.

LÖSUNG: Die Flächen der Nebengebäude werden bis 30 m² nicht angesetzt. Die übersteigenden 5 m² sind hingegen als Nutzfläche anzusetzen.

148–150 *(Einstweilen frei)*

c) Begriff Nebengebäude

151 Ein **Nebengebäude** ist ein **Gebäude** (zum Gebäudebegriff siehe → Rz. 43), das den **Zwecken des Hauptgebäudes** dient und diesem i. d. R. in Größe und baulicher Ausstattung untergeordnet ist. § 3 Abs. 2 NGrStG erfasst nur Nebengebäude und nicht sonstige Nutzflächen eines Gebäudes, auch wenn sie im Zusammenhang mit einer Wohnnutzung stehen. Keine Nebengebäude sind Gebäude, die baulich so hergerichtet sind (insbesondere Isolierung, Heizung und Sanitäranlagen), dass sie als **vollwertiger Wohnraum** genutzt werden können, auch wenn sie ihrer Größe und Ausstattung nach nicht zum dauerhaften Wohnen geeignet sind (beispielsweise Wohnung in einem Poolhaus oder Gästehaus). Von der Vorschrift sollen insbesondere Schuppen und Gartenhäuschen,[3] aber auch Saunen, Grillhäuser,[4] Gewächshäuser u. Ä erfasst werden.

152–155 *(Einstweilen frei)*

d) Zweckbestimmung des Nebengebäudes

156 Voraussetzung für die Inanspruchnahme des Freibetrags ist, dass das Nebengebäude der **Wohnnutzung zu dienen bestimmt** ist. Nebengebäude können auch Nutzungen anderer Art enthalten, die nicht mit der Wohnnutzung im Zusammenhang stehen, wie beispielsweise einen Kiosk. Solche eigenständigen anderweitigen Nutzungen sollten nach dem Willen des niedersächsischen Gesetzgebers vom Freibetrag nicht erfasst werden. Dies werde durch die Voraussetzung, dass die Nutzflächen der Nebengebäude der Wohnnutzung zu dienen bestimmt sein müssen, sichergestellt.[5]

157 Die Nutzflächen von Nebengebäuden, die nicht der Wohnnutzung zu dienen bestimmt sind (z. B. Kioskhäuschen), sind voll in die Ermittlung des Äquivalenzbetrags der Nutzflächen einzubeziehen. Gleiches gilt, wenn das Nebengebäude zwar dem Hauptgebäude zu dienen bestimmt ist, das Hauptgebäude aber **nicht Wohnzwecken** dient (z. B. Lagergebäude zu einer Werkstatt).

158 In **Mischfällen**, wenn also das Hauptgebäude sowohl zu Wohn- als auch zu anderen Zwecken genutzt wird, ist zu prüfen, ob das Nebengebäude **ausschließlich** der Wohnnutzung oder den anderen Nutzungen des Hauptgebäudes zu dienen bestimmt ist. Zweifelhaft ist, ob § 3 Abs. 2

1 A 3 Abs. 20 AENGrStG; a. A. Eisele in Rössler/Troll, BewG, § 3 NGrStG Rz. 18; Krause in Stenger/Loose, NGrStG, § 3 Rz. 207; Krumm/Paeßens, GrStG, § 3 NGrStG Rz. 13.

2 Siehe auch die Beispiele in A 3 Abs. 20 AENGrStG.

3 A 3 Abs. 20 AENGrStG; siehe auch Niedersächsische LT-Drucks. 18/8995 S. 19.

4 Eisele in Rössler/Troll, BewG, § 3 NGrStG Rz. 18.

5 Niedersächsische LT-Drucks. 18/9632 S. 14.

NGrStG auch in den Fällen Anwendung findet, wenn eine solche eindeutige Zuordnung nicht möglich ist, das Nebengebäude also dem gemischt genutzten Gebäude als Ganzem dient. Eine entsprechende Regelung wie in § 8 Abs. 2 GrStG[1] für den Fall, wenn eine **räumliche Abgrenzung** nicht möglich ist, fehlt im NGrStG jedenfalls. Eine Zuordnung je nachdem, ob das Nebengebäude überwiegend im Zusammenhang zur Wohnnutzung oder zur übrigen Nutzung steht, dürfte daher nicht möglich sein. Möglich wäre eine Aufteilung der Fläche, wenn diese abgrenzbar zum Teil der Wohnfläche und zum Teil den anderen Nutzungen dient. Eine solche Aufteilung könnte sowohl nach Flächen als auch nach Nutzungszeiten erfolgen. Ist eine solche Aufteilung auch nicht möglich, könnte eine Aufteilung entsprechend dem Verhältnis der Wohnflächen zu den Nutzungsflächen des Hauptgebäudes vorgenommen werden.

(Einstweilen frei) 159–160

e) Räumlicher Zusammenhang

Das Nebengebäude muss zur Wohnnutzung in einem **räumlichen Zusammenhang** stehen. 161
Dies ist unzweifelhaft gegeben, wenn sich das Nebengebäude auf derselben wirtschaftlichen Einheit befindet. Das Tatbestandsmerkmal dürfte vor allem dann eine Rolle spielen, wenn das **Nebengebäude** eine **eigene wirtschaftliche Einheit** bildet oder sich auf einer anderen wirtschaftlichen Einheit befindet. Dies ist beispielsweise bei in der Nähe der Wohnung befindlichen Lagergebäuden der Fall, wenn diese den Gebäudebegriff erfüllen und zur Wohnung gehören. Die **praktische Bedeutung** dieses Tatbestandsmerkmals dürfte anders als bei den Garagen allerdings **gering** sein.

(Einstweilen frei) 162–165

2. Nebengebäude als eigene wirtschaftliche Einheit (§ 3 Abs. 3 Satz 2 NGrStG)

Neben- und Hauptgebäude bilden i. d. R. gemeinsam mit dem zugehörigen Grund und Boden 166
eine wirtschaftliche Einheit. Nach § 3 Abs. 3 Satz 2 NGrStG kann der Freibetrag aber auch für Nebengebäude, die eine eigene wirtschaftliche Einheit bilden, aber gleichwohl im räumlichen Zusammenhang zur Wohnnutzung stehen, der sie zu dienen bestimmt sind, in Anspruch genommen werden.[2] Praktische Bedeutung dürfte diese Regelung allemal in Fällen haben, in denen das Nebengebäude zwar noch in räumlicher Nähe zum Wohngrundstück steht, aber (z. B. durch eine Straße) von diesem getrennt wird (siehe auch → Rz. 161).

(Einstweilen frei) 167–170

IV. Grundstücke mit Gebäuden von untergeordneter Bedeutung (§ 3 Abs. 4 NGrStG)

§ 3 Abs. 4 NGrStG erweitert die Definition eines **unbebauten Grundstücks** nach § 246 BewG.[3] 171
§ 3 Abs. 4 Satz 1 Halbsatz 1 NGrStG bestimmt, dass ein Grundstück als unbebaut gilt, wenn die auf dem Grundstück errichteten Gebäude eine **Gesamtgebäudefläche** von **weniger als 30 m²** haben. In diesem Fall bleibt gem. § 3 Abs. 4 Satz 3 NGrStG die Gebäudefläche außer An-

1 Siehe hierzu Lange in Grootens, NGrStG, § 8 Rz. 28 ff.
2 Siehe auch A 3 Abs. 20 AENGrStG.
3 Siehe hierzu Bock in Grootens, BewG, § 246 Rz. 1 ff.

satz und es bleibt beim Ansatz der Fläche des Grund und Bodens. Die Regelung dient der Verwaltungsvereinfachung.[1] Die bundesgesetzlich in § 246 BewG getroffenen Bestimmungen zum Begriff des unbebauten Grundstücks[2] bleiben im Übrigen unberührt (§ 3 Abs. 4 Satz 4 NGrStG).

172 Bei der Prüfung, ob die Gesamtgebäudefläche unter 30 m² liegt, sind alle Wohn- und Nutzflächen zu addieren, auch wenn ein Freibetrag nach § 3 Abs. 2 NGrStG für Garagen oder nach § 3 Abs. 3 NGrStG für Nutzflächen von Nebengebäuden zu gewähren ist (§ 3 Abs. 4 Satz 1 Halbsatz 2 NGrStG).[3] Wenn ein Bauwerk aus mehreren wirtschaftlichen Einheiten besteht (beispielsweise ein Mehrfamilienhaus mit mehreren Eigentumswohnungen), ist zur Prüfung, ob ein Gebäude von untergeordneter Bedeutung vorliegt, nach § 3 Abs. 4 Satz 2 NGrStG die Wohn- und Nutzfläche des gesamten Bauwerks zu ermitteln.

173 **BEISPIEL:** Ein speziell für studentische Bedürfnisse errichtetes Gebäude besteht aus zehn Wohneinheiten zu je 25 m² Wohnfläche, die jeweils Wohnungseigentum i. S. des Wohnungseigentumsgesetzes sind.

LÖSUNG: Die Wohneinheiten als Wohnungseigentum stellen jeweils eine wirtschaftliche Einheit des Grundvermögens und damit ein Grundstück im Sinne des NGrStG dar. Für die Frage, ob die wirtschaftliche Einheit Wohnungseigentum unbebaut ist, sind nicht die einzelnen wirtschaftlichen Einheiten zu betrachten, sondern das gesamte Bauwerk. Das Bauwerk hat eine Gesamtgebäudefläche von weit mehr als 30 m². Die einzelnen wirtschaftlichen Einheiten des Wohnungseigentums gelten daher nicht nach § 3 Abs. 4 NGrStG als unbebaut.

174 Grundstücke, die nach Anwendung des § 3 Abs. 4 Satz 1 NGrStG als unbebaut gelten, fallen nicht in den Anwendungsbereich des – im Übrigen auch in Niedersachsen Anwendung findenden – § 25 Abs. 5 GrStG (sog. **Grundsteuer C**). § 25 Abs. 5 GrStG findet nur Anwendung für bestimmte unbebaute Grundstücke i. S. des § 246 BewG.[4] Die Regelung wirkt als Bagatellgrenze wie eine **Freigrenze.**[5] Sobald die Grenze von 30 m² Wohn- und Nutzfläche überschritten wird, liegt ein bebautes Grundstück vor und die Flächen sind vorbehaltlich der übrigen Regelungen, insbesondere der Freibetragsregelungen nach § 3 Abs. 2 und 3 NGrStG voll anzusetzen.[6] Ein Grundstück, auf dem sich ein benutzbares Gebäude mit einer Gesamtgebäudefläche von bis zu 30 m² befindet, gilt zwar in Niedersachsen nach § 3 Abs. 4 Satz 1 NGrStG als unbebautes Grundstück. Die Gemeinde dürfte hierauf allerdings nicht den erhöhten Hebesatz des § 25 Abs. 5 GrStG (sog. Grundsteuer C) anwenden, da es sich nicht um ein unbebautes Grundstück i. S. des § 246 BewG handelt.

175 *(Einstweilen frei)*

V. Rundungsregel (§ 3 Abs. 5 NGrStG)

176 § 3 Abs. 5 NGrStG enthält eine Rundungsregel, die bestimmt, dass die ermittelten Flächen des Grund und Bodens sowie des Gebäudes als maßgebliche Flächen auf volle Quadratmeter ab-

1 A 3 Abs. 22 AENGrStG; siehe auch Niedersächsische LT-Drucks. 18/8995 S. 19.

2 Siehe hierzu Bock in Grootens, BewG, § 246 Rz. 17 ff.

3 Siehe auch A 3 Abs. 22 AENGrStG.

4 Bock in Grootens, BewG § 246 Rz. 1 ff.; Krause in Stenger/Loose, NGrStG, § 3 Rz. 215; Krumm/Paeßens, GrStG, § 3 NGrStG Rz. 14.

5 Krause in Stenger/Loose, NGrStG, § 3 Rz. 215.

6 Ungenau Krause in Stenger/Loose, NGrStG, § 3 Rz. 216: „soweit".

zurunden sind. Die Norm dient der Verwaltungsvereinfachung.[1] Abzurunden sind jeweils separat die Wohnflächen und Nutzflächen bei einem gemischt genutzten Gebäude.

§ 4 NGrStG Äquivalenzzahlen

(1) Für Gebäudeflächen wird eine Äquivalenzzahl von 0,50 Euro je Quadratmeter angesetzt.

(2) [1]Für die Fläche des Grund und Bodens wird eine Äquivalenzzahl von 0,04 Euro je Quadratmeter angesetzt. [2]Abweichend von Satz 1 gilt:

1. **Übersteigt die Fläche des Grund und Bodens das Zehnfache der Wohnfläche, so wird die Äquivalenzzahl nach Satz 1 für den das Zehnfache der Wohnfläche übersteigenden Teil der Fläche nur zu 50 Prozent angesetzt, wenn die Gebäude mindestens zu 90 Prozent ihrer Fläche der Wohnnutzung dienen und soweit kein Fall der Nummer 2 Halbsatz 1 vorliegt.**

2. **Ist die Fläche des Grund und Bodens zu mindestens 90 Prozent weder bebaut noch befestigt, wird der Äquivalenzbetrag für die 10 000 m² übersteigende Fläche insgesamt wie folgt angesetzt: (übersteigende Fläche des Grund und Bodens in Quadratmetern x 0,04 Euro je Quadratmeter)^{0,7}; in den Fällen der Nummer 1 wird die Äquivalenzzahl für die Fläche des Grund und Bodens bis zum Zehnfachen der Wohnfläche stets zu 100 Prozent angesetzt.**

Inhaltsübersicht **Rz.**

LITERATUR:

Siehe Vorwort.

HINWEISE:

A 4 des Runderlasses des Niedersächsischen Finanzministeriums, Anwendung des Niedersächsischen Grundsteuergesetzes (NGrStG) zur Bewertung des Grundvermögens für die Grundsteuer ab 1.1.2022 (AENGrStG), RdErl. d. MF v. 22.2.2022 - G 1002-6 - 62100.

1 A 3 Abs. 23 AENGrStG.

A. Allgemeine Erläuterungen

I. Normzweck und wirtschaftliche Bedeutung der Vorschrift

1 § 4 NGrStG bestimmt die **Äquivalenzzahlen für Gebäudeflächen** und für **Flächen des Grund und Bodens** und trifft Anpassungsregelungen bei übergroßen Grundstücken. Bei den politisch gegriffenen Äquivalenzzahlen handelt es sich um eine **reine Rechengröße** ohne Wertbezug zur Bestimmung der relativen Lastenverteilung zwischen dem Grund und Boden und den Gebäudeflächen.[1] Die nach § 4 Abs. 2 NGrStG vorzunehmenden Anpassungen bei übergroßen Grundstücken sollen der realitätsgerechten Umsetzung des Äquivalenzgedankens dienen und Missverhältnisse zwischen der Inanspruchnahme gemeindlicher Infrastruktur und der Kostenanlastung gegenüber dem Grundstückseigentümer vermeiden.[2]

2 Mit der Festlegung der Äquivalenzzahlen in § 4 NGrStG wird maßgeblich die Höhe der Grundsteuer bestimmt. § 4 NGrStG hat damit **erhebliche Bedeutung** für die endgültige Grundsteuerbelastung.

3–5 *(Einstweilen frei)*

II. Entstehung und Entwicklung der Vorschrift

6 Die Vorschrift wurde im Jahr 2021 mit dem **Stammgesetz** in das NGrStG aufgenommen.[3] Im Gesetzentwurf war die Regelung noch in § 3 NGrStG verortet.[4] Im Gesetzgebungsverfahren wurden systematische Umstrukturierungen sowie geringfügige sprachliche Anpassungen und Klarstellungen an der Norm vorgenommen.[5]

7–10 *(Einstweilen frei)*

III. Geltungsbereich

11 § 4 NGrStG gilt für in Niedersachsen belegenes Grundvermögen und nicht für land- und forstwirtschaftliches Vermögen. § 4 NGrStG ist mit dem Stammgesetz gem. § 15 Abs. 1 NGrStG **am 14.7.2021 in Kraft getreten**. Wie sich aus § 1 Satz 1 NGrStG[6] und § 12 Abs. 1 NGrStG[7] ergibt, sollen die Regelungen des NGrStG und damit auch § 4 NGrStG erst für die Erhebung der **Grundsteuer** ab dem **Kalenderjahr 2025** von Bedeutung sein.

12–15 *(Einstweilen frei)*

IV. Vereinbarkeit der Vorschrift mit höherrangigem Recht

16 Zu **Zweifeln** hinsichtlich der **verfassungsrechtlichen Rechtfertigung** der Äquivalenzzahlen wird auf die Erläuterungen im Vorwort[8] verwiesen.

---

1 Niedersächsische LT-Drucks. 18/8995 S. 20; Krumm/Paeßens, GrStG, § 4 NGrStG Rz. 1; Krause in Stenger/Loose, NGrStG, § 3 Rz. 235.

2 Niedersächsische LT-Drucks. 18/8995 S. 20; zur Kritik an dem Modell siehe Bock/Lapp in Grootens, NGrStG, Vorwort Rz. 42 ff.

3 Niedersächsisches Grundsteuergesetz v. 7.7.2021, Nds. GVBl Nr. 27/2021 S. 502 ff.

4 Vgl. Niedersächsische LT-Drucks. 18/8995 S. 4 f. und S. 17 ff.

5 Vgl. Niedersächsische LT-Drucks. 18/9603 S. 4 f. und Niedersächsische LT-Drucks. 18/9632 S. 17 ff.

6 Vgl. vertiefend Bock/Lapp in Grootens, NGrStG. § 1 Rz. 9.

7 Siehe Bock/Lapp in Grootens, NGrStG, § 12 Rz. 31 ff.

8 Bock/Lapp in Grootens, NGrStG, Vorwort Rz. 48.

Die **Ungleichbehandlung** zwischen **Wohngrundstücken** und **Nichtwohngrundstücken** bei der Anwendung der geminderten Äquivalenzzahl in **§ 4 Abs. 2 Satz 2 Nr. 1 NGrStG** wird im Wesentlichen damit begründet, dass bei Wohngrundstücken ab einer gewissen Grundstücksgröße im Verhältnis zur Bebauung die Anzahl der Nutzenden (Bewohner und Gäste) nicht mehr proportional steige.[1] Für übergroße Grundstücke anderer Nutzungen hingegen könne typisierend davon ausgegangen werden, dass jeder zusätzliche Quadratmeter auch aus unternehmerischen oder beruflichen Gründen gehalten werde und somit ohne Reduzierung einfließen müsse. Erst im Rahmen des § 4 Abs. 2 Satz 2 Nr. 2 NGrStG unter dem weiteren Tatbestandsmerkmal der zu mind. 90 % fehlenden Befestigung und Bebauung sei auch im gewerblichen und sonstigen Bereich typisierend von weniger weiteren Nutzern auszugehen.[2] Dem dürfte die Überlegung zugrunde liegen, dass jedenfalls bei übergroßen Wohngrundstücken mit steigender Fläche des Grund und Bodens nicht mehr die Anzahl der Nutzer, welche Gemeindeleistungen in Anspruch nehmen, sondern nur noch die Grenzballungskosten des Grundstücks steigen. 17

(Einstweilen frei) 18–20

V. Verhältnis zu anderen Vorschriften

Die nach **§ 3 NGrStG**[3] ermittelten maßgeblichen Flächen werden mit den Äquivalenzzahlen sowie dem Lage-Faktor nach § 4 NGrStG multipliziert und ergeben nach **§ 2 Abs. 2 NGrStG**[4] den Äquivalenzbetrag. Auf den Äquivalenzbetrag werden wiederum die Grundsteuermesszahlen nach **§ 6 NGrStG**[5] angewendet. Das Ergebnis ergibt den Grundsteuermessbetrag, auf den nach **§ 2 Abs. 1 Satz 2 NGrStG**[6] der Hebesatz der jeweiligen Gemeinde angewendet wird. Dies ergibt die konkret zu zahlende Grundsteuer. 21

(Einstweilen frei) 22–25

B. Systematische Kommentierung

I. Äquivalenzzahl für Gebäudeflächen (§ 4 Abs. 1 NGrStG)

§ 4 Abs. 1 NGrStG bestimmt, dass für **Gebäudeflächen** – also sowohl für Wohn- als auch für Nutzflächen – eine Äquivalenzzahl von 0,50 €/m² angesetzt wird.[7] Die Ermittlung der **Wohn- und Nutzflächen** erfolgt nach § 3 NGrStG.[8] 26

(Einstweilen frei) 27–30

1 Niedersächsische LT-Drucks. 18/9632 S. 16; vgl. auch Krumm/Paeßens, GrStG, § 4 NGrStG Rz. 5.
2 Niedersächsische LT-Drucks. 18/9632 S. 16; vgl. auch Krause in Stenger/Loose, NGrStG, § 4 Rz. 253.
3 Siehe hierzu vertiefend Bock/Lapp in Grootens, NGrStG, § 3 Rz. 41 ff.
4 Siehe hierzu vertiefend Bock/Lapp in Grootens, NGrStG, § 2 Rz. 61 ff.
5 Siehe hierzu vertiefend Bock/Lapp in Grootens, NGrStG, § 6 Rz. 26 ff.
6 Siehe hierzu vertiefend Bock/Lapp in Grootens, NGrStG, § 2 Rz. 52.
7 A 4 Abs. 2 AENGrStG; Krumm/Paeßens, GrStG, § 4 NGrStG Rz. 3; Krause in Stenger/Loose, NGrStG, § 4 Rz. 243..
8 A 4 Abs. 2 AENGrStG.

II. Äquivalenzzahl beim Grund und Boden (§ 4 Abs. 2 NGrStG)

1. Äquivalenzzahl für die Fläche des Grund und Bodens (§ 4 Abs. 2 Satz 1 NGrStG)

31 § 4 Abs. 2 Satz 1 NGrStG bestimmt, dass für die Fläche des Grund und Bodens[1] eine Äquivalenzzahl von 0,04 €/m² angesetzt wird.[2]

32–35 *(Einstweilen frei)*

2. Verminderung der Äquivalenzzahl bei übergroßen Grundstücken (§ 4 Abs. 2 Satz 2 NGrStG)

a) Grund und Boden mehr als das Zehnfache der Wohnfläche (§ 4 Abs. 2 Satz 2 Nr. 1 NGrStG)

36 **§ 4 Abs. 2 Satz 2 Nr. 1 NGrStG** trifft von Satz 1 **abweichende Regelungen** für die Ermittlung der **Äquivalenzzahl** bei übergroßen Grundstücken. Beträgt die Fläche des in Niedersachsen belegenen (siehe bereits → Rz. 11)[3] Grund und Bodens **mehr als das Zehnfache** der Wohnfläche, wird die Äquivalenzzahl für die das Zehnfache übersteigende Fläche um die Hälfte ermäßigt.[4] Zur Ungleichbehandlung zwischen Wohngrundstücken und Nichtwohngrundstücken siehe → Rz. 17. § 4 Abs. 2 Satz 2 Nr. 1 NGrStG findet nur Anwendung, soweit nicht § 4 Abs. 2 Satz 2 Nr. 2 NGrStG greift. § 4 Abs. 2 Satz 2 Nr. 2 NGrStG geht daher § 4 Abs. 2 Satz 2 Nr. 1 NGrStG vor und ist vorrangig zu prüfen. Bei Gebäuden auf fremdem Grund und Boden bemisst sich der Äquivalenzbetrag für den Grund und Boden nach den gleichen Grundsätzen, die gelten würden, wenn das Gebäude dem Eigentümer des Grund und Bodens gehören würde.[5]

37 Die Regelung des § 4 Abs. 2 Satz 2 Nr. 1 NGrStG findet Anwendung, wenn

- ► die auf dem Grundstück befindlichen Gebäude mindestens zu 90 % der Gesamtgebäudefläche der Wohnnutzung dienen,
- ► die Fläche des Grund und Bodens das Zehnfache der Wohnfläche übersteigt und
- ► soweit nicht § 4 Abs. 2 Satz 2 Nr. 2 NGrStG vorliegt, also insbesondere soweit die Fläche des Grund und Bodens 10.000 m² nicht übersteigt.[6]

38 Liegen die tatbestandlichen Voraussetzungen von § 4 Abs. 2 Satz 2 Nr. 1 NGrStG vor, wird für die das Zehnfache übersteigende Fläche des Grund und Bodens eine Äquivalenzzahl von 0,02 €/m² angesetzt. Der Äquivalenzbetrag des Grund und Bodens ermittelt sich zusammengefasst in diesen Fällen wie folgt:

	10 x Wohnfläche in m²	x	0,04 €/m²
+	(Fläche des Grund und Bodens - 10 x Wohnfläche in m²)	x	0,02 €/m²
=	Äquivalenzbetrag des Grund und Bodens		

---

1 Zur Ermittlung der Fläche des Grund und Bodens vgl. Bock/Lapp in Grootens, NGrStG, § 3 Rz. 41.

2 A 4 Abs. 3 AENGrStG; zum maßgeblichen Flächenansatz vgl. Bock/Lapp in Grootens, NGrStG, § 3 Rz. 41 f.

3 Flächen außerhalb von Niedersachsen sind nicht zu berücksichtigen; A 4 Abs. 5 AENGrStG; Krause in Stenger/Loose, NGrStG, § 4 Rz. 249.1.

4 A 4 Abs. 6 AENGrStG.

5 A 4 Abs. 5 AENGrStG; Krause in Stenger/Loose, NGrStG, § 4 Rz. 249.2.

6 Der Wortlaut des Gesetzes ist in § 4 Abs. 2 Satz 2 Nr. 1 letzter Halbsatz NGrStG („soweit kein Fall der Nummer 2 Halbsatz 1 vorliegt") nicht ganz eindeutig. Nach Lesart der Beispiele in der Niedersächsischen LT-Drucks. 18/8995 S. 21 f., soll sich der zitierte Verweis auf „Nummer 2 Halbsatz 1" aber wohl auf § 4 Abs. 2 Satz 2 Nr. 2 NGrStG bis einschließlich zum Semikolon (nicht etwa bis „befestigt" oder „angesetzt") beziehen. Nach dem Willen des Gesetzgebers kann § 4 Abs. 2 Satz 2 Nr. 1 NGrStG damit auch Anwendung finden, wenn der Grund und Boden nicht zu mehr als 10 % bebaut oder befestigt ist (vgl. Beispiel in Rz. 39).

BEISPIEL:[1] Ein Grundstück mit einem Wohngebäude weist folgende Flächen auf: 39

Wohnfläche	150 m²
Nutzfläche	0 m²
Grund und Boden	2.000 m²

LÖSUNG: Prüfung der Voraussetzungen des § 4 Abs. 2 Satz 2 Nr. 1 NGrStG:

- Die Fläche des Grund und Bodens (2.000 m²) übersteigt das Zehnfache der Wohnfläche (1.500 m²).
- Das Gebäude dient zu mindestens 90 % seiner Fläche der Wohnnutzung (hier: 100 %).
- Die Fläche des Grund und Bodens übersteigt nicht 10.000 m² (§ 4 Abs. 2 Satz 2 Nr. 2 NGrStG findet keine Anwendung).

Der Grund und Boden wird mit einer Fläche von 1.500 m² und einer Äquivalenzzahl von 0,04 €/m² angesetzt (§ 4 Abs. 2 Satz 1 NGrStG). Die darüber hinaus gehende Fläche von insgesamt noch 500 m² wird nach § 4 Abs. 2 Satz 2 Nr. 1 NGrStG mit einer Äquivalenzzahl von 0,02 €/m² angesetzt. Danach ergibt sich folgender Äquivalenzbetrag für den Grund und Boden:

	10 x 150 m²	x	0,04 €/m²	=	60 €
+	(2.000 m² - 10 x 150 m²)	x	0,02 €/m²	=	10 €
=	Äquivalenzbetrag des Grund und Bodens			=	**70 €**

(Einstweilen frei) 40–45

b) Grund und Boden über 10.000 m² (§ 4 Abs. 2 Satz 2 Nr. 2 NGrStG)

§ 4 Abs. 2 Satz 2 Nr. 2 NGrStG trifft von § 4 Abs. 4 Satz 1 NGrStG abweichende Regelungen für die Ermittlung der Äquivalenzzahl und damit des Äquivalenzbetrags bei **übergroßen**, weitgehend **unbebauten Grundstücken**. Die Regelung findet Anwendung, wenn die in Niedersachsen belegene Fläche des Grund und Bodens (siehe bereits → Rz. 11)[2] zu mindestens 90 % weder bebaut noch befestigt ist und das Grundstück eine Fläche von 10.000 m² übersteigt.[3] Die Äquivalenzzahl wird in diesen Fällen durch Potenzierung mit 0,7 gedämpft (degressive Formel[4]). Eine Rundung des Zwischenergebnisses ist nicht vorgesehen.[5] Nach § 4 Abs. 2 Satz 2 Nr. 2 Halbsatz 2 NGrStG ist in den Fällen des § 4 Abs. 2 Satz 2 Nr. 1 NGrStG die Äquivalenzzahl für die Fläche des Grund und Bodens bis zum Zehnfachen der Wohnfläche stets zu 100 % anzusetzen. 46

Ausweislich der Gesetzesbegründung[6] und nach der niedersächsischen Finanzverwaltung[7] sollen nur solche **besonders flächenextensive Grundstücke** der Regelung unterliegen, bei denen die nicht bebaute und nicht versiegelte Fläche in pauschalierender Weise nahelegt, dass kommunale Leistungen im Vergleich zu einem linearen Ansatz nur in erheblich geringerem Umfang und ggf. nur zeitweise benötigt werden.[8] Eine Fläche soll nach dem Willen des Gesetzgebers entsprechend der Eingliederung der **DIN 277-1: 2016-01,**[9] und nach der Auffassung der 47

1 Vgl. auch das Beispiel in Niedersächsische LT-Drucks. 18/8995 S. 21 f.

2 Flächen außerhalb von Niedersachsen sind nicht zu berücksichtigen; A 4 Abs. 5 AENGrStG; Krause in Stenger/Loose, NGrStG, § 4 Rz. 249.1.

3 A 4 Abs. 7 AENGrStG.

4 A 4 Abs. 7 AENGrStG.

5 Krause in Stenger/Loose, NGrStG, § 4 Rz. 252.

6 Niedersächsische LT-Drucks. 18/8995 S. 20; die niedersächsische Finanzverwaltung hat sich der Begründung des Gesetzgebers in A 4 Abs. 7 AENGrStG angeschlossen.

7 A 4 Abs. 7 AENGrStG.

8 Vgl. auch Krause in Stenger/Loose, NGrStG, § 4 Rz. 253.

9 Niedersächsische LT-Drucks. 18/8995 S. 20.

niedersächsischen Finanzverwaltung entsprechend der **DIN 277-1:2021-08**[1] als bebaut eingeordnet werden. Eine Abkehr der niedersächsischen Finanzverwaltung von dem Willen des Gesetzgebers dürfte hiermit nicht verbunden sein; vielmehr soll der Feststellung der Äquivalenzbeträge in der Regel die jeweils aktuell gültige Fassung der DIN 277 zugrunde gelegt werden.[2] Danach sind Flächen bebaut, die durch Bauwerke oberhalb der Geländeoberfläche überbaut, überdeckt oder durch Bauwerke unterhalb der Geländeoberfläche unterbaut (z. B. Tiefgaragen) sind. Flächen von Kellerlichtschächten, Dachüberständen, Vordächern, Sonnenschutzkonstruktionen sowie nicht mit dem Bauwerk konstruktiv verbundene Konstruktionen wie Außentreppen oder Außenrampen bleiben unberücksichtigt.[3] Nach Ansicht des Gesetzgebungs- und Beratungsdienst in Niedersachsen liegt es nahe, dass sich mangels abweichender gesetzlicher Regelung die Einordnung als bebautes Grundstück vielmehr nach **§ 248 BewG** richtet.[4] Bei § 4 Abs. 2 Satz 2 Nr. 2 NGrStG geht es allerdings nicht um die Einordnung als bebautes Grundstück, sondern um die Bestimmung der bebauten Fläche des Grund und Bodens eines ggf. bebauten Grundstücks. Die Auslegung der niedersächsischen Finanzverwaltung ist daher nachvollziehbar. Als befestigt wird nach der Gesetzesbegründung und Auffassung der niedersächsischen Finanzverwaltung jeder Teil der Grundstücksfläche angenommen, dessen Oberfläche durch Walzen, Stampfen, Rütteln oder Aufbringen von Baustoffen so beschaffen ist, dass Niederschlagswasser vom Boden nicht oder nur unwesentlich aufgenommen werden oder versickern kann.[5] Befestigte Flächen sind bspw. Wege, Straßen, Plätze, Höfe, Stellplätze und Gleisanlagen, deren Grundstücksflächen insbesondere mit Asphaltdeckschichten, Betondecken, bituminösen Decken, Plattenbelägen, Pflasterungen, Rasengittersteinen oder wassergebundenen Decken aus Kies, Splitt, Schotter, Schlacke o. Ä. bedeckt sind.[6]

48 Liegen die tatbestandlichen Voraussetzungen von § 4 Abs. 2 Satz 2 Nr. 2 NGrStG vor, ist der **Äquivalenzbetrag des Grund und Bodens** wie folgt zu ermitteln:[7]

	$10.000\ m^2$	x	$0{,}04$ €/m^2
+	((Fläche des Grund und Bodens – $10.000\ m^2$)	x	$0{,}04$ €/$m^2)^{0{,}7}$
=	Äquivalenzbetrag des Grund und Bodens		

49 **BEISPIEL:**[8] Ein Grundstück mit einem gemischt genutzten Gebäude weist folgende Flächen auf:

Wohnfläche	$100\ m^2$
Nutzfläche	$300\ m^2$
Bebaute Fläche	$200\ m^2$
Befestige Fläche	$100\ m^2$
Grund und Boden	$30.000\ m^2$

1 A 4 Abs. 8 AENGrStG.

2 Siehe aber auch Bock/Lapp in Grootens, NGrStG, § 3 Rz. 84.

3 A 4 Abs. 8 AENGrStG.

4 GBD im Gesetzgebungsverfahren; vgl. Niedersächsische LT-Drucks. 18/8995 S. 20; kritisch auch Krumm/Paeßens, GrStG, § 4 NGrStG Rz. 7; siehe zu § 248 BewG Bock in Grootens, BewG, § 248 Rz. 19 ff.

5 A 4 Abs. 9 AENGrStG; siehe auch Niedersächsische LT-Drucks. 18/8995 S. 20; Krause in Stenger/Loose, NGrStG, § 4 Rz. 254.

6 A 4 Abs. 9 AENGrStG; siehe auch Niedersächsische LT-Drucks. 18/8995 S. 20; Krause in Stenger/Loose, NGrStG, § 4 Rz. 254.

7 A 4 Abs. 10 AENGrStG; siehe auch Gesetzentwurf der Koalitionsfraktionen zum Niedersächsischen Grundsteuergesetz, Niedersächsische LT-Drucks. 18/8995 S. 20.

8 Vgl. auch die Beispiele in A 4 Abs. 10 AENGrStG und in Niedersächsische LT-Drucks. 18/8995 S. 21 f.

LÖSUNG: Prüfung der Voraussetzungen des § 4 Abs. 2 Satz 2 Nr. 1 NGrStG:

- Die Fläche des Grund und Bodens (30.000 m²) übersteigt das Zehnfache der Wohnfläche (1.000 m²).
- Das Gebäude dient nur zu 100 m²/400 m² = 25 %, und damit nicht zu mindestens 90 % seiner Fläche der Wohnnutzung. § 4 Abs. 2 Satz 2 Nr. 1 NGrStG findet aus diesem Grund keine Anwendung.

Prüfung der Voraussetzungen des § 4 Abs. 2 Satz 2 Nr. 2 NGrStG:

- Die Fläche des Grund und Bodens ist zu 99 % (29.700 m²/30.000 m²) unbebaut und unbefestigt.
- Die Fläche des Grund und Bodens übersteigt 10.000 m².

Der Grund und Boden wird mit 10.000 m² nach § 4 Abs. 2 Satz 1 NGrStG und der Äquivalenzzahl von 0,04 €/m² angesetzt. Für die übrigen 20.000 m², die die Grenze von 10.000 m² übersteigen, gilt die nach § 4 Abs. 2 Satz 2 Nr. 2 Halbsatz 1 NGrStG enthaltene Formel.

	10.000 m²	x	0,04 €/m²	=	400 €
+	((30.000 m² - 10.000 m²)	x	0,04 €/m²)^{0,7}	=	107,68 €
=	Äquivalenzbetrag des Grund und Bodens			=	**507,68 €**

(Einstweilen frei) 50–55

c) Kombinationsfälle von § 4 Abs. 2 Satz 2 Nr. 1 und Nr. 2 NGrStG

Liegen sowohl die tatbestandlichen Voraussetzungen von § 4 Abs. 2 Satz 2 Nr. 1 NGrStG als auch von § 4 Abs. 2 Satz 2 Nr. 2 NGrStG vor, wird § 4 Abs. 2 Satz 2 Nr. 1 NGrStG verdrängt, soweit § 4 Abs. 2 Satz 2 Nr. 2 NGrStG Anwendung findet. Nur wenn die Fläche des Grund und Bodens über 10.000 m² liegt und das **Zehnfache der Wohnfläche** die **Grenze von 10.000 m²** nicht überschreitet, kann es zu dem Fall kommen, dass sowohl die Ermäßigung der Äquivalenzzahl nach § 4 Abs. 2 Satz 2 Nr. 1 NGrStG als auch nach § 4 Abs. 2 Satz 2 Nr. 2 NGrStG greift. 56

Liegt das Zehnfache der Wohnfläche über der Grenze von 10.000 m², kann § 4 Abs. 2 Satz 2 Nr. 1 NGrStG nicht greifen, da bis zum Zehnfachen der Wohnfläche stets 0,04 €/m² anzusetzen sind (§ 4 Abs. 2 Satz 2 Nr. 1 NGrStG greift erst ab dem Zehnfachen der Wohnfläche; vgl. auch § 4 Abs. 2 Satz 2 Nr. 2 Halbsatz 2 NGrStG) und über 10.000 m² Fläche des Grund und Bodens bereits § 4 Abs. 2 Satz 2 Nr. 2 NGrStG greift. 57

Übersteigt das Zehnfache der Wohnfläche die Grenze von 10.000 m², ist für die über das Zehnfache der Wohnfläche hinausgehende Fläche des Grund und Bodens die reduzierte Äquivalenzzahl nach § 4 Abs. 2 Satz 2 Nr. 2 Halbsatz 1 NGrStG anzuwenden.[1] Es ergibt sich folgendes Berechnungsschema: 58

	10 x Wohnfläche in m²	x	0,04 €/m²
+	((Fläche des Grund und Bodens – 10 x Wohnfläche in m²)	x	0,04 €/m²)^{0,7}
=	Äquivalenzbetrag des Grund und Bodens		

BEISPIEL:[2] Ein Grundstück mit einem Wohngebäude weist folgende Flächen auf: 59

Wohnfläche	1.500 m²
Nutzfläche:	0 m²
Bebaute Fläche	200 m²
Befestigte Fläche:	100 m²
Grund und Boden	30.000 m²

1 A 4 Abs. 10 AENGrStG; siehe auch Niedersächsische LT-Drucks. 18/8995 S. 20.

2 Vgl. auch die Beispiele A 4 Abs. 10 AENGrStG und in Niedersächsische LT-Drucks. 18/8995 S. 21 f.

LÖSUNG: Prüfung der Voraussetzungen des § 4 Abs. 2 Satz 2 Nr. 2 NGrStG:

- Die Fläche des Grund und Bodens ist zu 29.700 m²/30.000 m², also zu 99 % unbebaut.
- Die Fläche des Grund und Bodens übersteigt 10.000 m².

Prüfung der Voraussetzungen des § 4 Abs. 2 Satz 2 Nr. 1 NGrStG:

- Die Fläche des Grund und Bodens (30.000 m²) übersteigt das Zehnfache der Wohnfläche (1.500 m²).
- Das Gebäude dient zu mindestens 90 % seiner Fläche der Wohnnutzung (hier: 100 %).

Es liegt ein Fall des § 4 Abs. 2 Satz 2 Nr. 2 NGrStG vor. § 4 Abs. 2 Satz 2 Nr. 1 NGrStG wird insoweit verdrängt.

Der Grund und Boden bis zum Zehnfachen der Wohnfläche, also eine Fläche von 15.000 m², wird nach § 4 Abs. 2 Satz 2 Nr. 2 Halbsatz 2 NGrStG mit der Äquivalenzzahl von 0,04 €/m² angesetzt. Der Äquivalenzbetrag für die verbleibende Fläche von 15.000 m² wird anhand der in § 4 Abs. 2 Satz 2 Nr. 2 Halbsatz 1 NGrStG enthaltenen Formel ermittelt, da § 4 Abs. 2 Satz 2 Nr. 1 NGrStG vollständig verdrängt wird.

	10 x 1.500 m²	x	0,04 €/m²	=	600 €
+	((30.000 m² - 10 x 1.500 m²)	x	0,04 €/m²)^{0,7}	=	88,04 €
=	Äquivalenzbetrag des Grund und Bodens				**688,04 €**

60 Übersteigt das Zehnfache der Wohnfläche die **Grenze von 10.000 m²** nicht, wird für die das Zehnfache der Wohnfläche **übersteigende Fläche** des Grund und Bodens bis zur Grenze von 10.000 m² die nach § 4 Abs. 2 Satz 2 Nr. 1 NGrStG reduzierte Äquivalenzzahl von 50 % angesetzt. Für die über 10.000 m² hinausgehende Fläche des Grund und Bodens ist § 4 Abs. 2 Satz 2 Nr. 2 Halbsatz 1 NGrStG anzuwenden.[1] Es ergibt sich folgendes Berechnungsschema:

	10 x Wohnfläche in m²	x	0,04 €/m²
+	10.000 m² -10 x Wohnfläche in m²	x	0,02 €/m²
+	((Fläche des Grund und Bodens - 10.000 m²)	x	0,04 €/m²)^{0,7}
=	Äquivalenzbetrag des Grund und Bodens		

61 **BEISPIEL:**[2] Ein Grundstück mit einem Wohngebäude weist folgende Flächen auf:

Wohnfläche	300 m²
Nutzfläche	0 m²
Bebaute Fläche	200 m²
Befestigte Fläche	100 m²
Grund und Boden	30.000 m²

Prüfung der Voraussetzungen des § 4 Abs. 2 Satz 2 Nr. 2 NGrStG:

- Die Fläche des Grund und Bodens ist zu 99 % (29.700 m²/30.000 m²) unbebaut und unbefestigt.
- Die Fläche des Grund und Bodens übersteigt 10.000 m².

Prüfung der Voraussetzungen des § 4 Abs. 2 Satz 2 Nr. 1 NGrStG:

- Die Fläche des Grund und Bodens (30.000 m²) übersteigt das Zehnfache der Wohnfläche (3.000 m²).
- Das Gebäude dient zu mindestens 90 % seiner Fläche der Wohnnutzung (hier: 100 %).

Es liegt ein Fall des § 4 Abs. 2 Satz 2 Nr. 2 NGrStG vor. § 4 Abs. 2 Satz 2 Nr. 1 NGrStG wird insoweit verdrängt, wie § 4 Abs. 2 Satz 2 Nr. 2 NGrStG greift.

1 A 4 Abs. 10 AENGrStG; siehe auch Niedersächsische LT-Drucks. 18/8995 S. 20.

2 Vgl. auch das Beispiel 5 in A 4 Abs. 10 AENGrStG und in Niedersächsische LT-Drucks. 18/8995 S. 21 f.

LÖSUNG: Der Grund und Boden bis zum Zehnfachen der Wohnfläche, also mit einer Fläche von 3.000 m², wird mit der Äquivalenzzahl von 0,04 €/m² angesetzt (vgl. § 4 Abs. 2 Satz 1 NGrStG). Bis zur Grenze von 10.000 m², also eine weitere Fläche des Grund und Bodens von 7.000 m², wird mit einer Äquivalenzzahl von 0,02 €/m² angesetzt (vgl. § 4 Abs. 2 Satz 2 Nr. 1 NGrStG). Der Äquivalenzbetrag für die über 10.000 m² hinausgehende Fläche von 20.000 m² ergibt sich aus der Formel nach § 4 Abs. 2 Satz 2 Nr. 2 Halbsatz 1 NGrStG. § 4 Abs. 2 Satz 2 Nr. 2 Halbsatz 2 NGrStG hat in diesem Beispiel keinen über § 4 Abs. 2 Satz 1 NGrStG hinausgehenden Regelungsbefehl.

	10 x 300 m²	x	0,04 €/m²	=	120 €
+	10.000 m² -10 x 300 m²	x	0,02 €/m²	=	140 €
+	((30.000 m² - 10.000 m²)	x	0,04 €/m²)^{0,7}	=	107, 68 €
=	Äquivalenzbetrag des Grund und Bodens			=	**367,68 €**

Beträgt die Wohnfläche 1.000 m² und ist damit das Zehnfache der **Wohnfläche genau 10.000 m²**, verbleibt es bei der Anwendung von § 4 Abs. 2 Satz 2 Nr. 2 NGrStG. 62

BEISPIEL:[1] Ein Grundstück mit einem Wohngebäude weist folgende Flächen auf: 63

Wohnfläche	1.000 m²
Nutzfläche	0 m²
Bebaute Fläche	200 m²
Befestigte Fläche	100 m²
Grund und Boden	30.000 m²

LÖSUNG: Prüfung der Voraussetzungen des § 4 Abs. 2 Satz 2 Nr. 2 NGrStG:

- Die Fläche des Grund und Bodens ist zu 99 % (29.700 m²/30.000 m²) unbebaut und unbefestigt.
- Die Fläche des Grund und Bodens übersteigt 10.000 m².

Prüfung der Voraussetzungen des § 4 Abs. 2 Satz 2 Nr. 1 NGrStG:

- Die Fläche des Grund und Bodens (30.000 m²) übersteigt das Zehnfache der Wohnfläche (10.000 m²).
- Das Gebäude dient zu mindestens 90 % seiner Fläche der Wohnnutzung (hier: 100 %).

Es liegt ein Fall des § 4 Abs. 2 Satz 2 Nr. 2 NGrStG vor. § 4 Abs. 2 Satz 2 Nr. 1 NGrStG findet insoweit keine Anwendung.

Der Grund und Boden bis zum Zehnfachen der Wohnfläche, also für 10.000 m², wird mit der Äquivalenzzahl von 0,04 €/m² angesetzt (vgl. § 4 Abs. 2 Nr. 1 und Nr. 2 Halbsatz 2 NGrStG). Die um 50 % ermäßigte Steuermesszahl nach § 4 Abs. 2 Satz 2 Nr. 1 NGrStG ist auf keine Fläche anzuwenden, da das Zehnfache der Wohnfläche bereits 10.000 m² entspricht und ab dieser Grenze § 4 Abs. 2 Satz 2 Nr. 2 NGrStG greift. Der Äquivalenzbetrag für die über 10.000 m² hinausgehenden 20.000 m² wird mit der Äquivalenzzahl nach § 4 Abs. 2 Nr. 2 Halbsatz 1 NGrStG angesetzt:

	10 x 1.000 m²	x	0,04 €/m²	=	400 €
+	((30.000 m² - 10 x 1.000 m²)	x	0,04 €/m²)^{0,7}	=	107,68 €
=	Äquivalenzbetrag des Grund und Bodens				**507,68 €**

Schematisch stellt sich die Ermittlung der Äquivalenzbeträge für den Grund und Boden wie folgt dar:[2] 64

1 Vgl. auch Beispiel 6 in A 4 Abs. 10 AENGrStG und das Beispiel im Gesetzentwurf der Koalitionsfraktionen zum Niedersächsischen Grundsteuergesetz, Niedersächsische LT-Drucks. 18/8995 S. 21 f.

2 Entnommen aus A 4 Abs. 10 AENGrStG.

Äquivalenzbeträge für den Grund und Boden
Prüfschema des § 4 Absatz 2 Satz 2 NGrStG

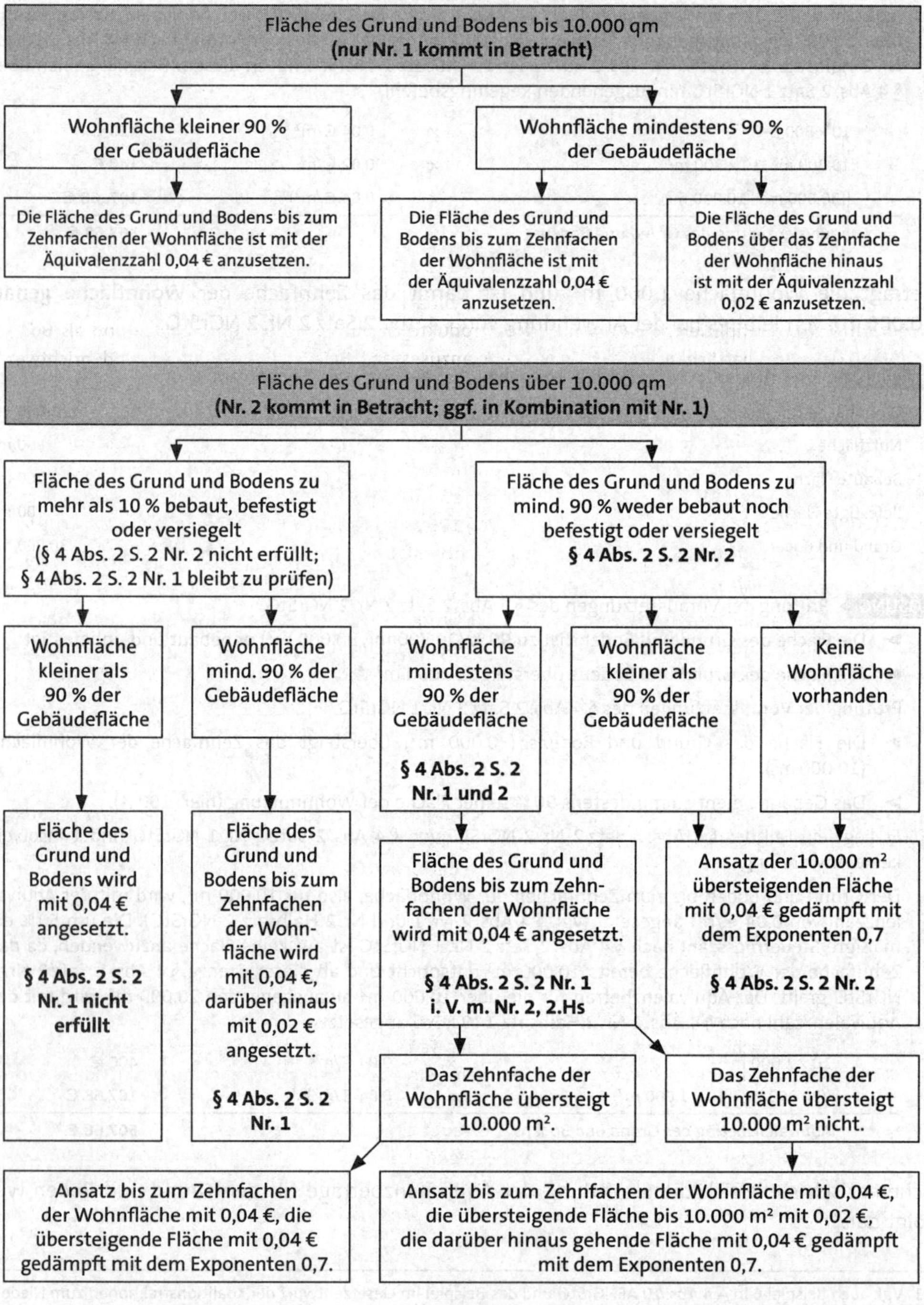

§ 5 NGrStG Lage-Faktor

(1) [1]Zur Ermittlung des Lagefaktors wird der Bodenrichtwert des betreffenden Grundstücks nach Absatz 2 zu dem Durchschnittsbodenwert der Gemeinde nach Absatz 3 ins Verhältnis gesetzt und auf dieses Verhältnis ein Exponent von 0,3 angewendet. [2]Der Lage-Faktor ergibt sich damit aus der folgenden Formel:

Lage-Faktor = $(BRW \div dBRW)^{0,3}$.

[3]Er wird auf zwei Nachkommastellen abgerundet.

(2) [1]Die Größe "BRW" ist der nach Absatz 4 Satz 2 oder nach § 8 Abs. 4 Satz 2 für den jeweiligen Stichtag maßgebliche Bodenrichtwert nach § 196 des Baugesetzbuchs (BauGB) für Bauflächen gemäß Anlage 5 der Immobilienwertermittlungsverordnung (ImmoWertV) vom 14. Juli 2021 (BGBl. I S. 2805) der Bodenrichtwertzone, in der das Grundstück liegt. [2]Erstreckt sich das Grundstück über mehr als eine Bodenrichtwertzone, so wird für jede in einer Bodenrichtwertzone gelegene Grundstücksteilfläche der jeweilige Bodenrichtwert mit dem Quotienten aus der Grundstücksteilfläche und der Fläche des Grundstücks (jeweils in Quadratmetern) multipliziert; die Summe dieser Produkte ist auf volle Euro abzurunden und als Bodenrichtwert der wirtschaftlichen Einheit Grundstück anzusetzen. [3]Bei der Ermittlung des Bodenrichtwerts des Grundstücks nach Satz 2 bleibt jedoch die Bodenrichtwertzone einer dem Grundstück zugehörigen Flurstücksteilfläche, die weniger als fünf Prozent der Gesamtfläche eines Flurstücks ausmacht oder kleiner als 10 m^2 ist, unberücksichtigt; diese Flurstücksteilfläche wird flächengewichtet auf die übrigen Flurstücksteilflächen verteilt. [4]In deckungsgleichen Bodenrichtwertzonen im Sinne des § 15 Abs. 3 ImmoWertV ist der jeweils niedrigste der Bodenrichtwerte anzusetzen. [5]Liegt kein Bodenrichtwert für Bauflächen gemäß Satz 1 vor, so findet der Bodenrichtwert nach § 196 BauGB für Sonstige Flächen gemäß Anlage 5 der Immobilienwertermittlungsverordnung der Bodenrichtwertzone, in der das Grundstück liegt, Anwendung.

(3) [1]Die Größe "dBRW" ist der nach den Sätzen 2 bis 6 ermittelte durchschnittliche Bodenrichtwert in der Gemeinde (Durchschnittsbodenwert für Zwecke der Grundsteuer), der nach Absatz 4 Satz 2 oder nach § 8 Abs. 4 Satz 2 für den jeweiligen Stichtag maßgeblich ist. [2]Zur Ermittlung des Durchschnittsbodenwerts für Zwecke der Grundsteuer wird für jede Gemeinde aus den Bodenrichtwerten nach § 196 BauGB in Verbindung mit Anlage 5 der Immobilienwertermittlungsverordnung für Wohnbauflächen, gewerbliche Bauflächen, gemischte Bauflächen, Sonderbauflächen und Bauflächen für Gemeinbedarf der Gemeinde ein Durchschnittsbodenwert gebildet. [3]Dieser ergibt sich als Median aller dieser in der Gemeinde liegenden Bodenrichtwerte. [4]Er wird auf volle Euro abgerundet. [5]Es wird nur ein Durchschnittsbodenwert über alle Nutzungen hinweg gebildet. [6]Bei deckungsgleichen Bodenrichtwertzonen im Sinne des § 15 Abs. 3 ImmoWertV ist der jeweils niedrigste der Bodenrichtwerte in die Ermittlung einzubeziehen. [7]Die Aufgabe der Ermittlung des Durchschnittsbodenwerts für Zwecke der Grundsteuer wird aufgrund des § 199 Abs. 2 Nr. 3 BauGB den Geschäftsstellen der Gutachterausschüsse zugewiesen.

(4) [1]Die Vermessungs- und Katasterverwaltung stellt die für Zwecke der Grundsteuer erzeugten Geodaten für den Hauptfeststellungszeitpunkt der Finanzverwaltung spätestens bis zum 31. Mai 2022 zur Verfügung. [2]Sie werden der Hauptfeststellung nach § 8 Abs. 2 Satz 2 und der Hauptveranlagung nach § 9 Abs. 1 Satz 1 zugrunde gelegt. [3]Aus diesen Geodaten sind für das jeweilige Flurstück die Bezeichnung des Flurstücks, die amtlichen Flächen und gegebenenfalls Teilflächen sowie die Bodenrichtwerte nach § 196 BauGB für Bauflächen oder für Sonstige Flächen gemäß Anlage 5 der Immobilienwertermittlungsverordnung des Flurstücks oder der Flurstücksteilflächen und der dBRW ersichtlich. [4]Die in Satz 3 genannten Geodaten werden danach jährlich auf den 1. Januar erzeugt und der Finanzverwaltung bis zum 31. Mai des betreffenden Jahres zur Verfügung gestellt, wobei die Bodenrichtwerte nach § 196 BauGB für Bauflächen und für Sonstige Flächen gemäß Anlage 5 der Immobilienwertermittlungsverordnung der Flurstücke oder der Flurstücksteilflächen und der dBRW nur alle sieben Jahre aktualisiert werden. [5]Auf ihrer Grundlage erfolgt jeweils eine Neuberechnung des Lage-Faktors.

(5) [1]Für Zwecke der Grundsteuer stellt die Finanzverwaltung mit einem Grundsteuer-Viewer die für die Steuererklärung erforderlichen Geodaten im Internet kostenfrei über eine Karte zur Verfügung. [2]Aus diesem Grundsteuer-Viewer sind für das jeweilige Grundstück die Bezeichnung der Flurstücke und die amtli-

che Fläche der Flurstücke oder Flurstücksteilflächen sowie zum Zweck der Information der für den jeweiligen Stichtag maßgebliche Bodenrichtwert nach § 196 BauGB für Bauflächen oder für Sonstige Flächen der Flurstücke oder Flurstücksteilflächen, der Durchschnittsbodenwert der Gemeinde für Zwecke der Grundsteuer und der Lage-Faktor ersichtlich.

Inhaltsübersicht **Rz.**

LITERATUR:

Siehe Vorwort.

HINWEISE:

A 5 des Runderlasses des Niedersächsischen Finanzministeriums, Anwendung des Niedersächsischen Grundsteuergesetzes (NGrStG) zur Bewertung des Grundvermögens für die Grundsteuer ab 1.1.2022 (AENGrStG), RdErl. d. MF v. 22.2.2022 - G 1002-6 - 62100.

A. Allgemeine Erläuterungen

I. Normzweck und wirtschaftliche Bedeutung der Vorschrift

1 Der in § 5 NGrStG geregelte **Lage-Faktor** stellt ein **Kernelement** des niedersächsischen Flächen-Lage-Modells dar. Mit ihm wird das von der Lage des Grundstücks unabhängige bayerische Flächenmodell um eine Komponente erweitert, die gleich große, gleich genutzte Grundstücke innerhalb einer Gemeinde anhand ihrer Lage differenziert.[1] Die Steuerpflichtigen müssen zur Bestimmung des Lage-Faktors nichts beitragen.[2] Die Lage-Faktoren werden von der niedersächsischen Finanzverwaltung ermittelt und der Steuererklärung zugesteuert und in den Feststellungsbescheiden separat ausgewiesen.[3]

2 Im Gesamtgefüge des niedersächsischen Grundsteuermodells kommt dem **Lage-Faktor** eine **zentrale Bedeutung** zu. Durch ihn wird der Äquivalenzbetrag lageabhängig entweder erhöht oder vermindert. Gegenüber einem reinen (lageunabhängigen) Flächenmodell ist für Grundstücke in unterdurchschnittlich teuren Lagen weniger und für Grundstücke in überdurchschnittlich teuren Lagen mehr Grundsteuer zu zahlen. Durch die Anwendung des Exponenten von 0,3 wird die Erhöhung oder Minderung allerdings gedämpft.

1 A 5 Abs. 1 AENGrStG.
2 A 5 Abs. 1 AENGrStG.
3 A 5 Abs. 1 AENGrStG; vgl. auch Niedersächsische LT-Drucks. 18/8995 S. 22.

Anknüpfungspunkt des Lage-Faktors sind die von den Geschäftsstellen der Gutachterausschüsse auf den Hauptfeststellungszeitpunkt 1.1.2022 ermittelten **Bodenrichtwerte** nach § 196 BauGB für Wohnbauflächen, gewerbliche Bauflächen, gemischte Bauflächen und Sonderbauflächen für jedes Flurstück.[1] Diese sollen der niedersächsischen Finanzverwaltung nach § 5 Abs. 4 NGrStG (→ Rz. 76 ff.) zur Verfügung gestellt werden. Der Lage-Faktor soll sodann von der niedersächsischen Finanzverwaltung berechnet und bei der Feststellung der Äquivalenzbeträge automationsgestützt berücksichtigt werden.[2] Um die **automationsgestützte Ermittlung** der Lage-Faktoren zu unterstützen, wurde eine Bagatellregelung zur Nichtberücksichtigung des Bodenrichtwerts bestimmter Kleinstflächen eingeführt (§ 5 Abs. 2 Satz 3 NGrStG, siehe hierzu → Rz. 56 f.). 3

§ 5 Abs. 4 NGrStG regelt die Aufgabenverteilung innerhalb der niedersächsischen Landesverwaltung und verpflichtet insbesondere die **Vermessungs- und Katasterverwaltung**, der niedersächsischen Finanzverwaltung die für die Berechnung des Lage-Faktors erforderlichen **Geodaten** zur Verfügung zu stellen (siehe hierzu → Rz. 76 ff.). 4

Die Lage-Faktoren sollen im **Turnus von sieben Jahren** überprüft werden, um ein „Erstarren" der stichtagsbezogenen Lageabstufungen zu vermeiden.[3] Die niedersächsische Landesregierung geht dabei davon aus, dass allgemeine Veränderungen bei den Bodenrichtwerten wegen des Abstellens auf die Relation der Bodenrichtwerte zum Durchschnittsbodenrichtwert auch über einen längeren Zeitraum hinweg nicht zu signifikanten Änderungen der Steuermessbeträge führen.[4] Darüber hinaus würden Veränderungen am Grundstück infolge von baulichen Maßnahmen oder Nutzungsänderungen durch Neu- oder Nachveranlagungen oder Aufhebungen anlassbezogen berücksichtigt, sodass ein 7-Jahres-Zeitraum für eine allgemeine turnusmäßige Aktualisierung als ausreichend angesehen wird.[5] 5

Nach § 5 Abs. 5 NGrStG sollen die Geodaten auch den Steuerpflichtigen mit Hilfe eines sog. **Grundsteuer-Viewers** webbasiert anwenderfreundlich in Form einer Kartendarstellung zugänglich gemacht werden (siehe hierzu → Rz. 86 ff.).[6] 6

(Einstweilen frei) 7–10

II. Entstehung und Entwicklung der Vorschrift

Die Vorschrift wurde im Jahr 2021 mit dem **Stammgesetz** in das NGrStG aufgenommen.[7] Im Gesetzentwurf der Koalitionsfraktionen war die Regelung noch in § 4 NGrStG verortet.[8] 11

Das **niedersächsische Finanzministerium** hat früh Zweifel an der Vermittelbarkeit und Gerechtigkeit des bayerischen Modells geäußert, da in diesem die Grundsteuer für Grundstücke gleicher Größe in derselben Gemeinde stets gleich hoch sei, unabhängig davon, ob sich das Grundstück in einer guten, gehobenen oder sehr guten Wohnlage befinde und bereits am 25.2.2020 die Idee eines Lage-Faktors vorgestellt, welcher im Einklang mit dem Äquivalenz- 12

1 Niedersächsische LT-Drucks. 18/8995 S. 24.
2 Niedersächsische LT-Drucks. 18/8995 S. 24 f.
3 Niedersächsische LT-Drucks. 18/8995 S. 25; A 5 Abs. 17 AENGrStG.
4 Niedersächsische LT-Drucks. 18/8995 S. 25.
5 Niedersächsische LT-Drucks. 18/8995 S. 25; A 5 Abs. 17 AENGrStG.
6 Siehe auch A 5 Abs. 1 und 19 AENGrStG.
7 Niedersächsisches Grundsteuergesetz v. 7.7.2021, Nds. GVBl Nr. 27 /2021 S. 502 ff.
8 Vgl. Niedersächsische LT-Drucks. 18/8995 S. 5 f. und S. 22 ff.

prinzip das kommunale Leistungsangebot typisierend erfassen und abbilden sollte.[1] Nach diesen **ersten Überlegungen** sollten je Gemeinde ein, drei, fünf, sieben oder neun von dem durchschnittlichen (steuerlichen) Bodenrichtwert und der Spreizung aller Bodenrichtwerte abhängige Lage-Faktoren gesetzlich vorgegeben werden.[2] Nachdem Hessen am 11.5.2020 das hessische Flächen-Faktor-Verfahren vorgestellt hatte,[3] wurde dieser Plan nicht weiter verfolgt und der Lage-Faktor aus dem Entwurf für ein Hessisches Grundsteuergesetz in das NGrStG übernommen.[4]

13 Die in **§ 5 Abs. 2 Satz 3 NGrStG** enthaltene **Bagatellregelung**, wonach eine Flurstücksteilfläche, die weniger als fünf Prozent der Gesamtfläche eines Flurstücks ausmacht oder kleiner als zehn Quadratmeter ist, flächengewichtet auf die übrigen Flurstücksteilflächen verteilt wird, war in dem ursprünglichen Gesetzentwurf der Regierungskoalition[5] noch nicht enthalten. Diese Vorgabe wurde erst im parlamentarischen Verfahren nach einer Empfehlung des federführenden Ausschusses für Haushalt und Finanzen in das Gesetz aufgenommen, um klarzustellen, wie die betreffende Kleinstfläche zu berücksichtigen ist (siehe hierzu → Rz. 56 f.).[6] Daneben wurde § 5 NGrStG geringfügig umstrukturiert und umformuliert.[7]

14 § 5 Abs. 2 Satz 1 NGrStG und § 5 Abs. 3 Satz 6 NGrStG nahmen im Stammgesetz noch Bezug auf Anlage 1 der **BRW-RL**[8]. Die wesentlichen Grundsätze u. a. der BRW-RL wurden zwischenzeitlich mit der **ImmoWertV**[9] in eine vollständig überarbeitete Verordnung integriert. Anlage 1 der BRW-RL wurde im Wesentlichen in Anlage 5 der ImmoWertV mit gewissen Abweichungen übernommen.[10] Dies machte bereits eine zeitnahe Anpassung des § 5 NGrStG durch den niedersächsischen Gesetzgeber erforderlich. Die erforderliche Anpassung wurde mit Art. 5 des Gesetzes zur Änderung des Niedersächsischen Spielbankengesetzes, der Allgemeinen Gebührenordnung und des Niedersächsischen Grundsteuergesetzes v. 17.5.2022[11] vorgenommen. Darüber hinaus wurde mit vorgenanntem Gesetz in § 5 Abs. 2 Satz 2 NGrStG eine fehlende Rundungsregelung ergänzt (siehe auch → Rz. 54). Mit der Änderung des § 5 Abs. 3 Satz 6 NGrStG wurde materiell-rechtlich das dörfliche Wohngebiet und das urbane Gebiet zu den gemischten Bauflächen aufgenommen. Da Bauflächen für Gemeinbedarf nach Anlage 5 zu § 16 Abs. 3 ImmoWertV (anders als noch in Anlage 1 der BRW-RL) nicht mehr zu den Sonderbauflächen gehören, sondern diese nunmehr eine eigene Kategorie bilden, wird in § 5 Abs. 3 Satz 2 NGrStG ‚Bauflächen für Gemeinbedarf' gesondert genannt.

15–20 *(Einstweilen frei)*

---

1 Abendsymposium „Grundsteuerreform – der niedersächsische Weg" am 25.2.2020 in Hannover, https://vfs-hannover.de/2020/02/28/abendsymposium-grundsteuerreform/

2 Das ursprüngliche Arbeitspapier ist nicht mehr abrufbar. Vgl. die Darstellung des Modells bei Ronnecker, ZKF 2019 S. 265. Zu den später angepassten Faktoren vgl. Hüdepohl, https://vfs-hannover.de/wp-content/uploads/2020/02/Pr%C3%A4sentation-Fl%C3%A4chen-Lage-Modell-zur-Reform-des-Grundsteuer-und-Bewertungsrechts_Stand-12.2.2020_Langfassu-ng.pptx.

3 Pressemitteilung des Hessischen Ministeriums der Finanzen v. 11.5.2020.

4 Siehe Bock/Lapp in Grootens, HGrStG, Vorwort Rz. 1 ff.

5 Niedersächsische LT-Drucks. 18/8995.

6 Niedersächsische LT-Drucks. 18/9632 S. 19.

7 Vgl. Niedersächsische LT-Drucks. 18/9603 S. 4 f. sowie Niedersächsische LT-Drucks. 18/9632 S. 17 ff.

8 Bodenrichtwert-Richtlinie v. 11.1.2011, BAnz. 2011 S. 597.

9 Immobilienwertermittlungsverordnung v. 14.7.2021, BGBl 2021 I S. 2805.

10 BR-Drucks. 407/21 S. 133 f.

11 Nds. GVBl Nr. 17/2022 S. 314.

III. Geltungsbereich

§ 5 NGrStG gilt für in Niedersachsen belegenes Grundvermögen und nicht für land- und forstwirtschaftliches Vermögen. § 5 NGrStG ist mit dem Stammgesetz gem. § 15 Abs. 1 NGrStG **am 14.7.2021 in Kraft getreten**. Die Änderungen durch Art. 5 des Gesetzes zur Änderung des Niedersächsischen Spielbankengesetzes, der Allgemeinen Gebührenordnung und des Niedersächsischen Grundsteuergesetzes v. 17.5.2022[1] sind gem. Art. 7 Satz 2 Nr. 1 des Gesetzes mit Wirkung v. 1.1.2022 in Kraft getreten. Wie sich aus § 1 Satz 1 NGrStG[2] und § 12 Abs. 1 NGrStG[3] ergibt, sollen die Regelungen des NGrStG und damit auch § 5 NGrStG erst für die Erhebung der **Grundsteuer** ab dem **Kalenderjahr 2025** von Bedeutung sein. 21

(Einstweilen frei) 22–25

IV. Vereinbarkeit der Vorschrift mit höherrangigem Recht

In der Anknüpfung an den Bodenrichtwert beim Lage-Faktor könnte eine **nicht folgerichtige Umsetzung** der **Belastungsgrundentscheidung** gesehen werden. Es erscheint zweifelhaft, ob der Lage-Faktor in einem Flächenmodell geeignet ist, die verfassungsrechtlich gebotene Differenzierung der Wirtschaftsgüter untereinander nach der Belastungsgrundentscheidung realitätsgerecht abzubilden. Diesbezüglich wird auf die Ausführungen im Vorwort verwiesen.[4] 26

Ebenfalls **Zweifel** an einer **folgerichtigen Umsetzung** und einer gleichmäßigen Besteuerung im NGrStG kommen durch die bloße **Medianbildung** aller in einer Gemeinde liegenden Bodenrichtwerte zur Ermittlung des durchschnittlichen Bodenwerts auf.[5] Bei der Bildung des Medians bleibt unberücksichtigt, für welches Gebiet ein Bodenrichtwert flächenmäßig gilt. Ein Bodenrichtwert, der nur auf ein kleines Gebiet in der Gemeinde Anwendung findet, hat dabei denselben Einfluss, wie ein Bodenrichtwert, der für ein wesentlich größeres Gebiet gilt. Bei der Medianbildung bleiben auch die konkreten Werte unberücksichtigt, da der Median nach der Anzahl der Bodenrichtwerte der in der Mitte liegende Bodenrichtwert ist. Die Anzahl der Bodenrichtwertzonen innerhalb einer Gemeinde ist nicht festgeschrieben, sondern hängt davon ab, welche Vorgaben der Gutachterausschuss an die wertbeeinflussenden Faktoren bei der Bildung der Bodenrichtwertzone bestimmt. Darin liegt begründet, warum beispielsweise in Hamburg sehr viele Bodenrichtwertzonen existieren und in anderen Gebieten im Verhältnis sehr wenige. Damit unterliegt das Ergebnis durch Medianbildung einer gewissen Zufälligkeit, die mit einer gleichmäßigen Besteuerung schwer zu vereinbaren ist. Sachgerechter wäre die Ermittlung des durchschnittlichen Bodenrichtwerts als **flächenmäßig gewichtetes arithmetisches Mittel** der in der jeweiligen Gemeinde vorliegenden Bodenrichtwerte. 27

BEISPIEL: In der Gemeinde A (Gesamtfläche: 50 km²) befinden sich drei Bodenrichtwertzonen: 28

- Bodenrichtwertzone 1 auf 10 km² mit einem Bodenrichtwert von 20 €/m²,
- Bodenrichtwertzone 2 auf 35 km² mit einem Bodenrichtwert von 50 €/m² und die
- Bodenrichtwertzone 3 auf 5 km² mit einem Bodenrichtwert von 140 €/m².

---

1 Nds. GVBl Nr. 17/2022 S. 314.

2 Vgl. vertiefend Bock/Lapp in Grootens, NGrStG, § 1 Rz. 9.

3 Siehe Bock/Lapp in Grootens, NGrStG, § 12 Rz. 31 ff.

4 Siehe vertiefend hierzu Bock/Lapp, NGrStG, Vorwort Rz. 46.

5 Vgl. auch Blut, DStR 2023 S. 2756, 2758; a. A. Marx, DStZ 2023 S. 372, 376 f., der den Median grds. für geeignet erachtet, dessen intransparente Ermittlung im Hinblick auf die Nachvollziehbarkeit allerdings kritisch sieht; a. A. Krumm/Paeßens, GrStG, § 5 NGrStG, Rz. 13: vom Gestaltungsspielraum des Gesetzgebers gedeckt.

Der Median ist der Bodenrichtwert 2, und das unabhängig davon, wie hoch der Bodenrichtwert 2 konkret ist, solange der Bodenrichtwert 1 kleiner und der Bodenrichtwert 3 größer ist, da der Bodenrichtwert 2 nach Sortierung der Größe nach in der Mitte liegt. Das arithmetische Mittel aus allen Bodenrichtwerten ist 70 €/m² ((20 €/m² + 50 €/m² + 140 €/m²)/3). Das arithmetische Mittel verändert sich, wenn beispielsweise die Bodenrichtwertzone 3 in zwei Bodenrichtwertzonen zu je 2,5 km² und 140 €/m² aufgeteilt wird, obwohl sich am Bodenwertniveau der Gemeinde nichts ändert. Der nach der Fläche gewichtete Bodenrichtwert ist 53 €/m² ((10 km² x 20 €/km² + 35 km² x 50 €/km² + 5 km² x 140 €/km²)/50 km²).

29 Der niedersächsische Gesetzgeber begründet die Ausrichtung an dem Median damit, dass andernfalls die Bodenrichtwerte der **Außenbereiche** einen zu starken Einfluss auf den durchschnittlichen Bodenrichtwert nehmen würden.[1] Das Argument überzeugt nicht, da für die Bildung des durchschnittlichen Bodenrichtwerts nach § 5 Abs. 3 Satz 2 NGrStG nur die Bodenrichtwerte für Bauland verwendet werden sollen, die es im Außenbereich eigentlich gar nicht gibt. Die niedersächsischen Gutachterausschüsse erstrecken die Bodenrichtwertzonen für baureifes Land allerdings i. d. R. auch auf den Außenbereich, um auf diese Weise sämtliche Baugrundstücke abzudecken. Um den Einfluss dieser Bodenrichtwertzonen abzumildern, hätten diese bei einer flächengewichteten Ermittlung des durchschnittlichen Bodenrichtwerts auch ausgenommen werden können.

30 § 5 Abs. 3 Satz 7 NGrStG weist die **Aufgabe der Ermittlung der durchschnittlichen Bodenrichtwerte** den Geschäftsstellen der **Gutachterausschüsse** zu. Der Gesetzgeber stützt sich hierbei auf § 199 Abs. 2 Nr. 3 BauGB, welcher die Landesregierung ermächtigt, durch Rechtsverordnung die Aufgaben der Geschäftsstelle zu regeln.[2] Es bestehen insofern Zweifel an der Gesetzgebungskompetenz, da das NGrStG ein Gesetz und keine Rechtsverordnung ist und vom niedersächsischen Gesetzgeber erlassen wird und nicht von der Landesregierung. Der niedersächsische Gesetzgeber ist auch nicht derjenige Gesetzgeber, der die Ermächtigungsgrundlage für die Rechtsverordnung erlassen hat.

31 Das rückwirkende Inkrafttreten der Änderungen durch Art. 5 des Gesetzes zur Änderung des Niedersächsischen Spielbankengesetzes, der Allgemeinen Gebührenordnung und des Niedersächsischen Grundsteuergesetzes v. 17.5.2022[3] gem. Art. 7 Satz 2 Nr. 1 des Gesetzes mit Wirkung zum 1.1.2022 begegnet keinen durchgreifenden Bedenken. Zum einen handelt es sich um begünstigende Regelungen, zum anderen kann auf die überholten Verweise auf die BRW-RL kein schützenswertes Vertrauen aufgebaut werden.

32–35 *(Einstweilen frei)*

V. Verhältnis zu anderen Vorschriften

36 Die maßgebliche Fläche des Grundstücks nach **§ 3 NGrStG**[4] wird mit der Äquivalenzzahl nach **§ 4 NGrStG**[5] und dem Lage-Faktor nach § 5 NGrStG multipliziert und ergibt nach **§ 2 Abs. 3 NGrStG**[6] den Äquivalenzbetrag. Dieser wird wiederum mit der Grundsteuermesszahl nach **§ 6**

1 Niedersächsische LT-Drucks. 18/8995 S. 24.
2 Siehe Niedersächsische LT-Drucks. 18/9632 S. 20.
3 Nds. GVBl Nr. 17/2022 S. 314.
4 Siehe hierzu Bock/Lapp in Grootens, GrStG, § 3 Rz. 42 ff.
5 Siehe hierzu Bock/Lapp in Grootens, GrStG, § 4 Rz. 31 ff.
6 Siehe hierzu Bock/Lapp in Grootens, GrStG, § 2 Rz. 67 ff.

NGrStG[1] multipliziert, was nach **§ 2 Abs. 2 Satz 1 NGrStG**[2] den Grundsteuermessbetrag ergibt. Auf den Grundsteuermessbetrag ist der Hebesatz anzuwenden, um die zu zahlende Grundsteuer zu erhalten.

Für die Ermittlung des Lage-Faktors sind nach § 5 Abs. 2 und Abs. 3 NGrStG die Bodenrichtwerte i. S. von **§ 196 BauGB** und unter Berücksichtigung der **ImmoWertV**[3] heranzuziehen. Den durchschnittlichen Bodenrichtwert hat der Gutachterausschuss i. S. des **§ 192 BauGB** zu ermitteln. Die Bodenrichtwerte und durchschnittlichen Bodenrichtwerte werden nach § 5 Abs. 4 Satz 2 NGrStG der Hauptfeststellung nach **§ 8 Abs. 2 Satz 2 NGrStG** und der Hauptveranlagung nach **§ 9 Abs. 1 Satz 1 NGrStG** zugrunde gelegt. Zugrunde zu legen ist der Bodenrichtwert und durchschnittliche Bodenrichtwert, der für den jeweiligen Stichtag nach § 5 Abs. 4 Satz 2 NGrStG (Hauptfeststellung und Hauptveranlagung) oder nach **§ 8 Abs. 4 Satz 2 NGrStG** (Neuberechnung nach § 5 Abs. 4 Satz 5 NGrStG) maßgeblich ist. § 5 Abs. 3 Satz 7 NGrStG weist die Aufgabe der Ermittlung der durchschnittlichen Bodenrichtwerte den Geschäftsstellen der Gutachterausschüsse zu. Der Gesetzgeber stützt sich hierbei auf **§ 199 Abs. 2 Nr. 3 BauGB**, welcher die Landesregierung ermächtigt, durch Rechtsverordnung die Aufgaben der Geschäftsstelle zu regeln (siehe auch → Rz. 30). 37

(Einstweilen frei) 38–40

B. Systematische Kommentierung

I. Formel des Lage-Faktors (§ 5 Abs. 1 NGrStG)

§ 5 Abs. 1 NGrStG bestimmt die **Formel zur Berechnung des Lage-Faktors.** Der Bodenrichtwert des betreffenden Grundstücks wird ins Verhältnis zum Durchschnittsbodenwert der Gemeinde gesetzt und auf den so ermittelten Quotienten ein Exponent von 0,3 angewendet. Das Ergebnis ist gem. § 5 Abs. 1 Satz 3 NGrStG auf zwei Nachkommastellen abzurunden.[4] Der Lage-Faktor lässt sich damit nach folgender Formel berechnen (§ 5 Abs. 1 Satz 2 NGrStG): 41

$$\text{Lage-Faktor} = \left[\frac{\text{BRW}}{\text{dBRW}}\right]^{0,3}$$

BRW = Bodenrichtwert i. S. von § 5 Abs. 2 NGrStG; siehe hierzu → Rz. 51 ff.

dBRW = durchschnittlicher Bodenrichtwert i. S. von § 5 Abs. 3 NGrStG, siehe hierzu → Rz. 66 ff.

Der Anwendung des Exponenten in Höhe von 0,3 liegen folgende Überlegungen des niedersächsischen Gesetzgebers zugrunde:[5] 42

- Ist der Bodenrichtwert gleich dem Durchschnittswert, beträgt der Lage-Faktor 1;
- Ist der Bodenrichtwert doppelt so hoch wie der Durchschnittswert, beträgt der Lage-Faktor rund 1,2 (Erhöhung um 20 %);
- Ist der Bodenrichtwert halb so hoch wie der Durchschnittswert, beträgt der Lage-Faktor rund 0,8 (Minderung um 20 %).

1 Siehe hierzu Bock/Lapp in Grootens, GrStG, § 6 Rz. 26 ff.
2 Siehe hierzu Bock/Lapp in Grootens, GrStG, § 2 Rz. 61 ff.
3 Immobilienwertermittlungsverordnung v. 14.7.2021, BGBl 2021 I S. 2805.
4 A 5 Abs. 4 AENGrStG.
5 Niedersächsische LT-Drucks. 18/8995 S. 22 f.; siehe auch A 5 Abs. 3 AENGrStG.

In einer Gemeinde mit unterschiedlich hohen Bodenrichtwerten ergeben die Faktoren – vom niedrigsten bis zum höchsten – eine nach oben abflachende Kurve.[1] In Lagen mit unterdurchschnittlichen Bodenrichtwerten führt der Lage-Faktor zu weniger Grundsteuer (Minderung) und in Lagen mit überdurchschnittlichen Bodenrichtwerten zu mehr Grundsteuer (Erhöhung).[2] Die Auswirkung auf die Grundsteuerhöhe erfolgt wegen der Potenz in Höhe von 0,3 nicht in vollem Umfang der relativen Veränderung des Bodenrichtwertes, sondern nur in abgeschwächter Form.[3]

43 Da die Bemessungsgrundlage beim Äquivalenzmodell mit den vorgesehenen Äquivalenzzahlen erheblich geringer sein dürfte als bei einem marktwertorientierten Modell, könnte in Niedersachsen damit zu rechnen sein, dass einige Gemeinden ihre Hebesätze entsprechend erhöhen müssen.[4] Andererseits ist zu berücksichtigen, dass die Einheitswerte, die den Ausgangswert für den Vergleichswert der Grundsteuermessbeträge mit den neuen Grundsteuermessbeträgen bilden, ebenfalls ganz erheblich hinter verkehrswertnahen Werten zurückbleiben.[5] Der **Lage-Faktor** dürfte die **Bemessungsgrundlage** weiter **drücken**, da sich die Potenz von 0,3 bei Zahlen über 1 verhältnismäßig mehr dämpfend als sie sich bei Zahlen unter 1 hebend auswirkt.

1 A 5 Abs. 4 AENGrStG; vgl. auch Niedersächsische LT-Drucks. 18/8995 S. 23.

2 A 5 Abs. 4 AENGrStG.

3 A 5 Abs. 4 AENGrStG; Krause in: Stenger/Loose, NGrStG, § 5 Rz. 280 ff.

4 Vgl. etwa die Hebesatzempfehlungen in Hessen für die Gemeinden Langen (1.268,77 %; + 418,77 Prozentpunkte) und Heusenstamm (1.327,57 %; + 377,57 Prozentpunkte): https://finanzamt.hessen.de/grundsteuerreform/hebesatzempfehlungen.

5 Überwiegend wird daher in den hessischen Gemeinden eine Hebesatzsenkung empfohlen: https://finanzamt.hessen.de/grundsteuerreform/hebesatzempfehlungen.

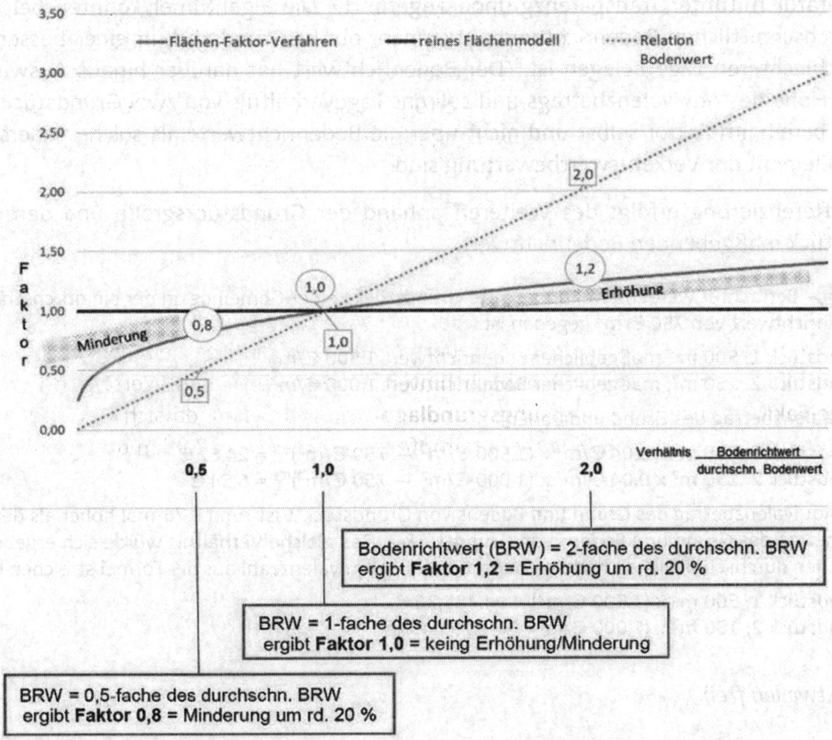

Quelle: A 5 Abs. 4 AENGrStG, siehe auch Gesetzentwurf der Koalitionsfraktionen zum Niedersächsischen Grundsteuergesetz, Niedersächsische LT-Drucks. 18/8995 S. 23.

Die Niedersächsische Landesregierung ist der Ansicht, dass die Belastungsverschiebung zwischen den einzelnen wirtschaftlichen Einheiten des Grundvermögens durch den Lage-Faktor nach oben und unten bei dem niedersächsischen Modell mitunter sehr viel geringer seien als bei anderen Modellen.[1] Inwieweit es tatsächlich zu Belastungsverschiebungen kommen wird, kann derzeit noch nicht abgeschätzt werden, da die Veranlagungsarbeiten zur Festsetzung der Grundsteuermessbeträge noch nicht vollständig abgeschlossen sind.[2] Die Einführung eines Exponenten kleiner 1 zur Dämpfung des Lage-Faktors könnte allerdings eine **Privilegierung** von **Grundstücken in teureren Lagen** indizieren, da sich der Lage-Faktor verhältnismäßig weniger stark verändert, je stärker der Zonen-Bodenrichtwert vom durchschnittlichen Bodenrichtwert abweicht.[3] Der Einfluss des Lage-Faktors dürfte mit der Größe einer Gemeinde und damit einer größeren Bandbreite an Bodenrichtwerten wachsen.[4] 44

Mathematisch betrachtet, hat der im Lage-Faktor enthaltene durchschnittliche Bodenrichtwert keine Auswirkungen auf das Verhältnis der Äquivalenzbeträge zweier Grundstücke einer 45

1 Hilbers, Niederschrift über den öffentlichen Teil der 124. Sitzung des Ausschusses für Haushalt und Finanzen im niedersächsischen Landtag am 5.5.2021 S. 22.

2 Vgl. Niedersächsische LT-Drucks. 19/4946 S. 2.

3 Ebenso Krause in Stenger/Loose, NGrStG, § 5 Rz. 281.1.

4 Zutreffend Eisele in Rössler/Troll, BewG, § 5 NGrStG Rz. 6.

Gemeinde zueinander.[1] Zur Heranziehung des durchschnittlichen Bodenrichtwerts werden in der Literatur mitunter Transparenzgründe angeführt.[2] Die Eigentümer könnten bei Ausweis des durchschnittlichen Bodenrichtwerts erkennen, ob ihr Grundstück in einer besseren oder einer schlechteren Lage belegen ist.[3] Der Bodenrichtwert hat darüber hinaus Auswirkungen auf die Höhe des Äquivalenzbetrags und soll das Lageverhältnis von zwei Grundstücken zueinander bereits im Faktor selbst und nicht über die Bodenrichtwerte als solche widerspiegeln, die ein Element der Verkehrswertbewertung sind.

46 Eine Differenzierung erfolgt des Weiteren anhand der Grundstücksgröße und dem für das Grundstück maßgebenden Bodenrichtwert.

BEISPIEL: Betrachtet werden zwei unbebaute Grundstücke einer Gemeinde, in der ein durchschnittlicher Bodenrichtwert von 750 €/m² gegeben ist.

Grundstück 1: 500 m², maßgeblicher Bodenrichtwert 1.500 €/m²
Grundstück 2: 150 m², maßgeblicher Bodenrichtwert 1.000 €/m²

Äquivalenzbetrag des Grund und Bodens:

Grundstück 1: 500 m² x 0,04 €/m² x $(1.500\,€/m^2 \div 750\,€/m^2)^{0,3}$ = 24,62 €
Grundstück 2: 150 m² x 0,04 €/m² x $(1.000\,€/m^2 \div 750\,€/m^2)^{0,3}$ = 6,54 €

Der Äquivalenzbetrag des Grund und Bodens von Grundstück 1 ist rund 3,76-mal höher als der Äquivalenzbetrag des Grund und Bodens von Grundstück 2. Das gleiche Verhältnis würde sich ergeben, wenn man den durchschnittlichen Bodenrichtwert und die Äquivalenzzahl aus der Formel streichen würde:

Grundstück 1: 500 m² x $(1.500\,€/m^2)^{0,3}$ =4.485,36 €
Grundstück 2: 150 m² x $(1.000\,€/m^2)^{0,3}$ = 1.191,49 €.

47–50 *(Einstweilen frei)*

II. Bodenrichtwert (BRW); Zähler des Lage-Faktors (§ 5 Abs. 2 NGrStG)

51 Grundlage des im **Zähler des Lage-Faktors** zugrunde zu legenden (steuerlichen) Bodenrichtwerts ist gem. § 5 Abs. 2 Satz 1 NGrStG der nach § 196 BauGB vom **Gutachterausschuss ermittelte Bodenrichtwert**, wie er sich für Bauflächen gem. Anlage 5 der ImmoWertV[4] für die Bodenrichtwertzone, in der das Grundstück liegt, ergibt.[5] Zugrunde zu legen ist der Bodenrichtwert, der für den jeweiligen Stichtag nach § 5 Abs. 4 Satz 2 NGrStG (Hauptfeststellung und Hauptveranlagung) oder nach § 8 Abs. 4 Satz 2 NGrStG (Neuberechnung nach § 5 Abs. 4 Satz 5 NGrStG) maßgeblich ist. Dies ist der Bodenrichtwert zum Hauptfeststellungszeitpunkt 1.1.2022 oder zum Zeitpunkt der im Turnus von sieben Jahren erfolgenden Neuberechnung der Lage-Faktoren (1.1.2029, 1.1.2036 usw.).[6]

52 Die **Ermittlung der Bodenrichtwerte** für jedes Flurstück wird den – außerhalb der Finanzverwaltung stehenden – **Geschäftsstellen der Gutachterausschüsse** aufgegeben, da diesen aufgrund ihrer besonderen Sach- und Fachkenntnis und ihrer größeren Ortsnähe sowie der von Beurteilungs- und Ermessenserwägungen abhängigen Wertfindung eine vorgreifliche Kom-

1 Siehe hierzu vertiefend Blut, DStR 2023 S. 2756, 2759 f.
2 Mandler, DStR 2024 S. 921, 924 f.
3 Zur Kritik daran siehe Bock/Lapp in Grootens, NGrStG, Vorwort Rz. 46.
4 Immobilienwertermittlungsverordnung v. 14.7.2021, BGBl 2021 I S. 2805.
5 A 5 Abs. 5 und 6 AENGrStG; vgl. auch Niedersächsische LT-Drucks. 18/8995 S. 24; Krause in Stenger/Loose, NGrStG, § 5 Rz. 294 ff.
6 A 5 Abs. 6 AENGrStG; vgl. auch Niedersächsische LT-Drucks. 18/8995 S. 24.

petenz bei der Feststellung von Bodenrichtwerten zukommt.[1] Es entspricht der ständigen höchstrichterlichen Rechtsprechung,[2] dass die Bodenrichtwerte für die Beteiligten im Steuerrechtsverhältnis verbindlich und einer gerichtlichen Überprüfung grundsätzlich nicht zugänglich sind.[3] Dies gilt auch im niedersächsischen Grundsteuermodell.

Anpassungen des Bodenrichtwerts wie in der Verkehrswertermittlung bei abweichenden wert- 53
bestimmenden Merkmalen des zu bewertenden Grundstücks vom Richtwertgrundstück (beispielsweise bei der Geschossflächenzahl) sind nicht vorzunehmen.[4] Der Bodenrichtwert dient bei der Ermittlung des Lage-Faktors nicht der Wertermittlung, sondern als Indikator für die **Lagequalität** des Grundstücks.[5]

Erstreckt sich das **Grundstück** über **mehrere Bodenrichtwertzonen**, wird bei der Ermittlung des 54
für das Grundstück maßgebenden Bodenrichtwerts nach § 5 Abs. 2 Satz 2 NGrStG jeder Bodenrichtwert flächenanteilig anhand der jeweiligen Teilflächen berücksichtigt.[6] Der im Zähler des Lage-Faktors anzusetzende Bodenrichtwert des Grundstücks ermittelt sich damit nach folgender Formel:

$$\text{BRW 1} \times \frac{\text{Teilfläche 1}}{\text{Gesamtfläche}} + \text{BRW 2} \times \frac{\text{Teilfläche 2}}{\text{Gesamtfläche}} + \ldots + \text{BRW n} \times \frac{\text{Teilfläche n}}{\text{Gesamtfläche}}$$

Die Summe der Produkte ist auf volle Euro abzurunden und als Bodenrichtwert der wirtschaftlichen Einheit Grundstück anzusetzen. Mit der Rundungsregelung wird dem Umstand Rechnung getragen, dass Bodenrichtwerte in der Regel in vollen Euro-Beträgen angegeben werden, jedoch Cent-Beträge bei der Mittelwertbildung entstehen könnten, wenn sich ein Grundstück über mehr als eine Bodenrichtwertzone erstreckt.[7]

BEISPIEL: Ein 500 m² großes Grundstück liegt in zwei Bodenrichtwertzonen. Für die Fläche des Vorder- 55
landes (200 m²) gilt ein Bodenrichtwert von 250,- €/m². Für die Fläche des Hinterlandes (300 m²) gilt ein Bodenrichtwert von 50,- €/m².

LÖSUNG: Der für das Grundstück maßgebende Bodenrichtwert ermittelt sich wie folgt.

$$250\,€/m^2 \times \frac{200\ m^2}{500\ m^2} + 50\,€/m^2 \times \frac{300\ m^2}{500\ m^2} = 130\,€/m^2$$

Erstreckt sich das Grundstück über mehrere Bodenrichtwertzonen und macht eine Flurstücks- 56
teilfläche weniger als fünf Prozent der Gesamtfläche eines Flurstücks aus oder ist kleiner als zehn Quadratmeter, wird diese Teilfläche nach § 5 Abs. 2 Satz 3 NGrStG flächengewichtet auf die übrigen Flurstücksteilflächen verteilt.[8] Diese **Bagatellregelung** soll insbesondere für **Kleinstflächen**, die entstehen, wenn die Grenzen der Bodenrichtwertzonen aus technischen Gründen nicht mit den Flurstücksgrenzen übereinstimmen, Anwendung finden und die auto-

1 A 5 Abs. 5 AENGrStG; siehe auch Niedersächsische LT-Drucks. 18/8995 S. 24 zu Abs. 4.

2 BFH-Urteil v. 26.4.2006 - II R 58/04 u. a. NWB MAAAB-90533.

3 Vgl. vertiefend Bock in Grootens, BewG § 247 Rz. 43 ff.; kritisch Schmitt, Niederschrift über die 125. – öffentliche – Sitzung des Ausschusses für Haushalt und Finanzen des niedersächsischen Landtags am 19.5.2021 in Hannover, S. 12.

4 A 5 Abs. 1 und 6 AENGrStG; siehe auch Niedersächsische LT-Drucks. 18/8995 S. 24; Krause in Stenger/Loose, NGrStG, § 5 Rz. 301; Krumm/Paeßens, GrStG, § 5 NGrStG, Rz. 6; zur daraus resultierenden Belastungsfolge vgl. Bock/Lapp in Grootens, NGrStG, Vorwort, Rz. 46.

5 A 5 Abs. 1 und 6 AENGrStG; vgl. auch Niedersächsische LT-Drucks. 18/8995 S. 24; siehe auch Bock/Lapp in Grootens, NGrStG, Vorwort, Rz. 46.

6 Siehe auch A 5 Abs. 7 und 21 AENGrStG; Krause in Stenger/Loose, NGrStG, § 5 Rz. 302.

7 Niedersächsische LT-Drucks. 18/10075 S. 46.

8 A 5 Abs. 8 AENGrStG.

mationsgestützte Ermittlung der Lage-Faktoren ermöglichen.[1] Die 5 %-Grenze für Kleinstflächen gilt ausnahmslos auch bei sehr großen Flurstücken.[2] Eine nach oben beschränkende absolute Grenze für Kleinstflächen enthält das NGrStG nicht. Die Regelung stellt auf das einzelne Flurstück und nicht auf die gesamte wirtschaftliche Einheit Grundstück ab. Besteht mithin die wirtschaftliche Einheit aus zwei Flurstücken, die jeweils ihrer gesamten Fläche nach vollständig in unterschiedlichen Bodenrichtwertzonen liegen, findet die Bagatellregelung keine Anwendung, auch wenn eines der Flurstücke die Bagatellgrenzen nicht überschreitet.[3] Liegt die Kleinstfläche in einer Bodenrichtwertzone mit einem höheren Bodenrichtwert als die übrigen zum Grundstück gehörenden Teilflächen, wird der höhere Bodenrichtwert der Kleinstfläche zugunsten des Eigentümers bei der Ermittlung des für das Grundstück maßgebenden Bodenrichtwerts nicht berücksichtigt, sodass die Kleinstfläche im Ergebnis mit einem geringeren Bodenrichtwert in die Ermittlung des durchschnittlichen Bodenrichtwerts des Grundstücks einfließt. Dies gilt zulasten des Eigentümers entsprechend, wenn die Kleinstfläche in einer Bodenrichtwertzone mit einem niedrigeren Bodenrichtwert als die übrigen zum Grundstück gehörenden Teilflächen liegt.[4]

57 **BEISPIEL:** Ein 500 m² großes Grundstück liegt in drei Bodenrichtwertzonen. Für die Fläche des Vorderlandes (200 m²) gilt ein Bodenrichtwert von 250 €/m². Für die Fläche des Hinterlandes (280 m²) gilt ein Bodenrichtwert von 50 €/m². Eine Fläche von 20 m² liegt in einer Bodenrichtwertzone mit einem maßgebenden Bodenrichtwert von 75 €/m².

LÖSUNG: Der für das Grundstück maßgebende Bodenrichtwert ermittelt sich wie folgt.

Die Teilfläche von 20 m² übersteigt zwar die Fläche von zehn Quadratmetern, macht mit 4 % jedoch weniger als 5 % der Gesamtfläche des Grundstücks aus. Sie ist also flächengewichtet auf die anderen beiden Teilflächen zu verteilen. Dies erfolgt im Verhältnis der verbleibenden Teilflächen zur Gesamtfläche ohne die Teilfläche von 20 m². Auf die Teilfläche Vorderland entfallen demnach 200 m²/480 m², also 8,33 m². Auf die Teilfläche Hinterland entfallen 280 m²/480 m², also 11,67 m².

Damit ergibt sich für das gesamte Grundstück ein maßgebender Bodenrichtwert von

$$250\,€/m^2 \times \frac{208{,}33\ m^2}{500\ m^2} + 50\,€/m^2 \times \frac{291{,}\ 67\ m^2}{500\ m^2} = 133{,}33\,€/m^2$$

58 Für Fälle mit sich **deckungsgleich überlagernden Bodenrichtwertzonen** bestimmt § 5 Abs. 2 Satz 4 NGrStG, dass der jeweils niedrigste der Bodenrichtwerte anzusetzen ist.[5] Zweck der Regelung ist, dass der Lage-Faktor in diesen Fällen automationsgestützt ermittelt werden kann, ohne den Steuerpflichtigen einzubeziehen.[6] Nach Auffassung der niedersächsischen Landesregierung handelt es sich dabei um einen Ausnahmefall, der nur wenige niedersächsische Bodenrichtwertzonen betreffe (weniger als 50 von ca. 27.000).[7] Die Vereinfachungsregel zugunsten des Steuerpflichtigen bei nur wenigen Fällen begegnet als solche keinen Bedenken.

59 § 5 Abs. 2 Satz 5 NGrStG trifft eine Regelung für die Fälle, in denen **für Bauflächen** (baureifes Land, Rohbauland oder Bauerwartungsland) **kein Bodenrichtwert** vorliegt. In diesen – nach Auffassung der niedersächsischen Landesregierung und der niedersächsischen Finanzverwal-

1 Niedersächsische LT-Drucks. 18/8995 S. 24.
2 A 5 Abs. 22 AENGrStG.
3 Krumm/Paeßens, GrStG, § 5 NGrStG Rz. 10.
4 Kritisch hierzu Krause in Stenger/Loose, NGrStG, § 5 Rz. 303.1 f.
5 Siehe auch A 5 Abs. 12 AENGrStG.
6 Niedersächsische LT-Drucks. 18/8995 S. 24.
7 Niedersächsische LT-Drucks. 18/8995 S. 24.

tung seltenen[1] – Fällen soll der Bodenrichtwert für Sonstige Flächen nach Anlage 5 der ImmoWertV[2] der Bodenrichtwertzone, in der das Grundstück liegt, Anwendung finden. In § 5 NGrStG nicht geregelt werden Fälle, in denen für Flächen, die keine Bauflächen und keine land- und forstwirtschaftlichen Flächen sind, kein Bodenrichtwert vorliegt. Dies dürfte insbesondere die Sonstigen Flächen i. S. von § 3 Abs. 5 ImmoWertV und der Anlage 5 der ImmoWertV betreffen. Ob diese Fälle in Niedersachsen vorkommen, ist nicht bekannt. Nach § 247 Abs. 3 BewG ist im Bundesmodell in diesen Fällen der Wert des unbebauten Grundstücks aus den Werten vergleichbarer Flächen durch die Finanzverwaltung abzuleiten. Durch §§ 3 ff. NGrStG dürfte allerdings der gesamte § 247 BewG verdrängt sein.

(Einstweilen frei) 60–65

III. Durchschnittlicher Bodenrichtwert (dBRW); Nenner des Lage-Faktors (§ 5 Abs. 3 NGrStG)

§ 5 Abs. 3 Satz 1 NGrStG bestimmt die **Bezugsgröße**, zu der der Bodenrichtwert des betroffenen Grundstücks ins Verhältnis gesetzt wird.[3] Dies ist der nach § 5 Abs. 3 Satz 2–6 NGrStG ermittelte **durchschnittliche Bodenrichtwert (dBRW)** der Gemeinde (also der kreisfreien Städte, kreisangehörigen Gemeinden, regionsangehörigen Gemeinden, nicht der Landkreise oder Regionen, vgl. § 14 NKomVG[4]), der auch als Durchschnittsbodenwert für Zwecke der Grundsteuer bezeichnet wird.[5] Zugrunde zu legen ist der durchschnittliche Bodenrichtwert, der für den jeweiligen Stichtag nach § 5 Abs. 4 Satz 2 NGrStG (Hauptfeststellung und Hauptveranlagung) oder nach § 8 Abs. 4 Satz 2 NGrStG (Neuberechnung nach § 5 Abs. 4 Satz 5 NGrStG) maßgeblich ist. Die Gutachterausschüsse ermitteln den durchschnittlichen Bodenrichtwert auf den Hauptfeststellungszeitpunkt (erstmals auf den 1.1.2022) und sodann auf den jeweiligen Zeitpunkt der im Turnus von sieben Jahren erfolgenden Neuberechnung der Lage-Faktoren (1.1.2029, 1.1.2036 usw.).[6] Der durchschnittliche Bodenrichtwert ist im Internet auf der Seite der Gutachterausschüsse für Grundstückswerte in Niedersachsen bei den Grundstücksmarktdaten („Immobilienmarkt.NI"; https://www.gag.niedersachsen.de/startseite/) veröffentlicht und im Grundsteuer-Viewer (https://grundsteuer-viewer.niedersachsen.de/) ersichtlich.[7] 66

Nach § 5 Abs. 3 Satz 2–4 NGrStG ermittelt sich der durchschnittliche Bodenrichtwert aus dem auf volle Euro abgerundeten Median aller in der Gemeinde liegenden Bodenrichtwerte für 67

- Wohnbauflächen
- gewerbliche Bauflächen
- gemischte Bauflächen
- Sonderbauflächen und
- Bauflächen für Gemeinbedarf der Gemeinde.[8]

1 A 5 Abs. 12 AENGrStG; Niedersächsische LT-Drucks. 18/8995 S. 24.
2 Immobilienwertermittlungsverordnung v. 14.7.2021, BGBl 2021 I S. 2805.
3 A 5 Abs. 13 AENGrStG.
4 Niedersächsisches Kommunalverfassungsgesetz v. 17.12.2010, Nds. GVBl 2010 S. 576; vgl. auch Krumm/Paeßens, GrStG, § 5 NGrStG, Rz. 12.
5 Krause in Stenger/Loose, NGrStG, § 5 Rz. 310.
6 A 5 Abs. 13 AENGrStG; siehe auch Niedersächsische LT-Drucks. 18/8995 S. 24.
7 A 5 Abs. 13 AENGrStG; vgl. auch Niedersächsische LT-Drucks. 18/8995 S. 24.
8 A 5 Abs. 13 AENGrStG.

68 Zur Ermittlung des durchschnittlichen Bodenrichtwerts sind mithin sämtliche Bodenrichtwerte der Gemeinde für Bauflächen der Größe nach zu sortieren. Ist die **Anzahl** der Bodenrichtwerte in der Gemeinde **ungerade**, ist der in der Mitte befindliche Bodenrichtwert nach § 5 Abs. 3 Satz 3 NGrStG der Median und damit als durchschnittlicher Bodenrichtwert der Gemeinde festzulegen. Lautet dieser nicht auf volle Euro, ist er gem. § 5 Abs. 3 Satz 4 NGrStG abzurunden. Ist die **Anzahl** der Bodenrichtwerte in der Gemeinde **gerade**, sind die zwei in der Mitte befindlichen Bodenrichtwerte zu addieren und das Ergebnis durch zwei zu teilen (arithmetisches Mittel nur dieser beiden Zahlen).[1] Das Ergebnis ist auf volle Euro nach § 5 Abs. 3 Satz 4 NGrStG abzurunden und nach § 5 Abs. 3 Satz 3 NGrStG als durchschnittlicher Bodenrichtwert der Gemeinde festzulegen. Die Ermittlung des durchschnittlichen Bodenrichtwerts ist anders als die Ermittlung der Bodenrichtwerte selbst voll justiziabel, da den Gutachterausschüssen insofern keine vorgreifliche Kompetenz zukommt (siehe hierzu → Rz. 52).[2] Zur Kritik an dem Vorgehen der Medianbildung siehe → Rz. 27 ff. § 5 Abs. 3 Satz 7 NGrStG weist die **Aufgabe** der Ermittlung des durchschnittlichen Bodenrichtwerts der Gemeinde den **Geschäftsstellen der Gutachterausschüsse** zu, da nur insoweit eine Regelungskompetenz des Landesgesetzgebers besteht (siehe § 199 Abs. 2 Nr. 3 BauGB i.V. mit. Art. 80 Abs. 4 GG).[3]

1 Krumm/Paeßens, GrStG, § 5 NGrStG, Rz. 13.
2 So auch Krumm/Paeßens, GrStG, § 5 NGrStG, Rz. 15.
3 Niedersächsische LT-Drucks. 18/9632 S. 20; Krumm/Paeßens, GrStG, § 5 NGrStG, Rz. 15.

BEISPIEL: Eine Gemeinde in Niedersachsen besteht aus den im folgenden Bild ersichtlichen 14 Bodenrichtwertzonen. 69

Quelle: https://immobilienmarkt.niedersachsen.de/ (BORIS.NI)

LÖSUNG: Der durchschnittliche Bodenrichtwert der Gemeinde ergibt sich durch Bildung des Medians dieser Bodenrichtwerte. Sie sind der Größe nach zu sortieren: 15 €/m², 15 €/m², 20 €/m², 23 €/m², 35 €/m², 55 €/m², **55 €/m², 60 €/m²**, 60 €/m², 60 €/m², 65 €/m², 70 €/m², 75 €/m², 83 €/m². Die Anzahl der Bodenrichtwerte ist gerade, sodass die zwei Beträge der Datenreihe, die sich in der Mitte befinden, zu addieren und durch zwei zu teilen sind. Dies sind hier die fett markierten Bodenrichtwerte 55 €/m² und 60 €/m². Daraus ergibt sich ein Median von 57,50 €/m². Nach § 5 Abs. 3 Satz 4 NGrStG ist dieser auf volle Euro nach unten abzurunden: 57 €/m² ist der durchschnittliche Bodenrichtwert dieser Gemeinde i. S. des § 5 Abs. 2 NGrStG.

Bei der Ermittlung des durchschnittlichen Bodenrichtwerts der Gemeinde spielt es keine Rolle, für welche Nutzungen die jeweiligen Bodenrichtwerte ausgegeben werden.[1] Nach § 5 Abs. 3 Satz 5 NGrStG wird nur ein **Durchschnittsbodenwert über alle Nutzungen hinweg** gebildet.[2] Es werden nicht jeweils separate durchschnittliche Bodenrichtwerte für Wohnbauflächen, gewerbliche Bauflächen usw. gebildet.[3] Wenn sich **Bodenrichtwertzonen deckungsgleich überlagern**, ist 70

1 A 5 Abs. 13 AENGrStG; Krause in Stenger/Loose, NGrStG, § 5 Rz. 315.

2 A 5 Abs. 13 AENGrStG; Krumm/Paeßens, GrStG, § 5 NGrStG Rz. 13.

3 A 5 Abs. 13 AENGrStG.

nach § 5 Abs. 3 Satz 6 NGrStG der niedrigste der Bodenrichtwerte in die Ermittlung des durchschnittlichen Bodenrichtwerts einzubeziehen (siehe insbesondere zur Häufigkeit → Rz. 58).[1]

71 In **Zerlegungsfällen** muss der Lage-Faktor personell berechnet werden.[2] Dazu ist neben dem im Zähler des Lage-Faktors anzusetzenden Bodenrichtwert des Grundstücks (→ Rz. 54) auch der durchschnittliche Bodenrichtwert im Nenner des Lage-Faktors flächengewichtet zu ermitteln.[3]

BEISPIEL:[4] Ein unbebautes Industriegrundstück erstreckt sich über zwei Flurstücke in unterschiedlichen Gemeinden A und B.

Gemeinde A: 10.000 m², Bodenrichtwert 440,00 €/m², durchschnittlicher Bodenrichtwert 150,00 €/m²

Gemeinde B: 5.000 m², Bodenrichtwert 500,00 €/m², durchschnittlicher Bodenrichtwert 250,00 €/m²

LÖSUNG: Bodenrichtwert des Grundstücks, Zähler des Lage-Faktors:

$$440\,€/m^2 \times \frac{10.000\ m^2}{15.000\ m^2} + 500\,€/m^2 \times \frac{5.000\ m^2}{15.000\ m^2} = 460\,€/m^2$$

Durchschnittlicher Bodenrichtwert, Nenner des Lage-Faktors:

$$150\,€/m^2 \times \frac{10.000\ m^2}{15.000\ m^2} + 250\,€/m^2 \times \frac{5.000\ m^2}{15.000\ m^2} = 183\,€/m^2$$

(Abrundung auf volle Euro gem. § 5 Abs. 3 Satz 4 NGrStG)

Lage-Faktor:

$$\left(\frac{460\,€/m^2}{183\,€/m^2}\right)^{0,3} = 1,31$$

(Abrundung auf zwei Nachkommastellen gem. § 5 Abs. 1 Satz 3 NGrStG)

72–75 *(Einstweilen frei)*

IV. Aufgaben der Vermessungs- und Katasterverwaltung (§ 5 Abs. 4 NGrStG)

76 § 5 Abs. 4 Satz 1 NGrStG verpflichtet die Vermessungs- und Katasterverwaltung, also das **Landesamt für Geoinformation und Landesvermessung Niedersachsen** in Hannover, die für Zwecke der Grundsteuerdaten erzeugten Geodaten auf den Hauptfeststellungszeitpunkt 1.1.2022 der niedersächsischen Finanzverwaltung bis spätestens 31.5.2022 zur Verfügung zu stellen. Dies ist der niedersächsischen Finanzverwaltung gelungen.[5] Die Vorschrift beinhaltet grundsätzlich keine Vorgabe, in welcher Form die Daten zur Verfügung gestellt werden müssen. Nach der Gesetzesbegründung[6] soll die Norm die niedersächsische Finanzverwaltung in die Lage versetzen, für jedes Grundstück einen Lage-Faktor zu ermitteln. Da der Lage-Faktor durch die Finanzverwaltung automationsgestützt bei der Berechnung des Äquivalenzbetrags berücksichtigt werden soll,[7] erwartet die Finanzverwaltung[8] eine elektronische Zurverfügungstellung der erforderlichen Daten. Die Übermittlung der Geodaten an die niedersächsische Finanzverwaltung in Form einer Datei durch die Katasterverwaltung erfolgt bereits bereinigt um die Kleinstflächen nach

1 A 5 Abs. 13 AENGrStG.
2 A 5 Abs. 14 AENGrStG; Krause in: Stenger/Loose, NGrStG, § 5 Rz. 345 f.
3 A 5 Abs. 14 AENGrStG.
4 A 5 Abs. 14 AENGrStG.
5 Krause in Stenger/Loose, NGrStG, § 5 Rz. 321.
6 Niedersächsische LT-Drucks. 18/8995 S. 25; siehe auch A 5 Abs. 14 AENGrStG.
7 Niedersächsische LT-Drucks. 18/8995 S. 25.
8 Vgl. A 5 Abs. 9 AENGrStG.

§ 5 Abs. 2 Satz 3 NGrStG (siehe zur Bagatellregelung → Rz. 56).[1] Liegt ein Grundstück in mehreren Bodenrichtwertzonen, erhält die Finanzverwaltung von der Katasterverwaltung für jede dieser Teilflächen die abgestimmte amtliche Fläche (auf volle Quadratmeter) und den jeweiligen Bodenrichtwert.[2] Auf Grundlage der so erstellten Datei von der Kataster- und Vermessungsverwaltung berechnet die niedersächsische Finanzverwaltung den jeweiligen Lage-Faktor,[3] der automationsgestützt bei der Berechnung der Äquivalenzbeträge berücksichtigt wird.[4] Eine personelle Berechnung erfolgt nur in Ausnahmefällen, in denen eine automationsgestützte Berechnung, wie z. B. in Zerlegungsfällen (siehe bereits → Rz. 71), nicht möglich ist.[5] Der im Feststellungsbescheid angegebene Lage-Faktor kann daher von dem im Grundsteuer-Viewer ausgewiesenen Lage-Faktor, den die Finanzverwaltung für nicht verbindlich hält,[6] abweichen.[7]

§ 5 Abs. 4 Satz 2 NGrStG regelt, dass diese Daten der **Hauptfeststellung** der Äquivalenzbeträge auf den 1.1.2022 (§ 8 Abs. 2 Satz 2 NGrStG) und der **Hauptveranlagung** der Grundsteuermessbeträge auf den 1.1.2025 (§ 9 Abs. 1 Satz 1 NGrStG) zugrunde gelegt werden.[8] 77

§ 5 Abs. 4 Satz 3 NGrStG bestimmt den **Inhalt der Geodaten** näher. Hiernach gehören zu den von der Vermessungs- und Katasterverwaltung zur Verfügung zu stellenden Geodaten 78

- die Bezeichnung des Flurstücks,
- die amtlichen Flächen und ggf. Teilflächen,
- die nach § 196 BauGB ermittelten Bodenrichtwerte für Bauflächen oder für Sonstige Flächen der Anlage 5 der ImmoWertV und
- der durchschnittliche Bodenrichtwert in der Gemeinde.

Nach § 5 Abs. 4 Satz 4 NGrStG werden diese Daten jährlich auf den 1.1. des jeweiligen Jahres erzeugt und der niedersächsischen Finanzverwaltung bis zum 31.5. des Jahres zur Verfügung gestellt. Für die im Lage-Faktor nach § 5 Abs. 2 und 3 NGrStG zugrunde zu legenden Bodenrichtwerte gilt die Besonderheit, dass diese nur **alle sieben Jahre aktualisiert** werden.[9] Die in Niedersachsen üblicherweise jährlich erfolgende Ermittlung der Bodenrichtwerte für Bauland sowie land- und forstwirtschaftliche Flächen aus gezahlten Kaufpreisen bleibt hiervon unberührt. Änderungen des Bodenrichtwerts innerhalb des siebenjährigen Zeitraums führen nicht zu einer Neuberechnung des Lage-Faktors. Die Höhe des Lage-Faktors verändert sich auch bei einer Nachfeststellung nicht – in diesem Fall ist der Lage-Faktor nach den Verhältnissen des Hauptfeststellungszeitpunkts oder des jeweils späteren Ermittlungszeitpunkts nach der ersten Hauptfeststellung zugrunde zu legen (§ 8 Abs. 4 Satz 2 NGrStG). Nach der zutreffenden Ansicht der niedersächsischen Finanzverwaltung bleiben auch bei **Gebietsveränderungen** einer Gemeinde, wie **Gemeindefusionen, Eingemeindungen** und **Umgemeindungen** nach der Hauptfeststellung die Bodenrichtwerte und durchschnittlichen Bodenrichtwerte zum Hauptfeststellungsstichtag maßgeblich, sodass sich hieraus keine Änderung des Lage-Faktors ergibt und eine Veränderung der Gemeindestruktur keine Fortschreibung auslöst.[10] 79

---

1 A 5 Abs. 9 AENGrStG.
2 A 5 Abs. 21 AENGrStG.
3 A 5 Abs. 9 AENGrStG.
4 Krause in Stenger/Loose, NGrStG, § 5 Rz. 323.
5 Krause in Stenger/Loose, NGrStG, § 5 Rz. 323, 343 f., 345 f.
6 A 5 Abs. 20 AENGrStG.
7 Krause in Stenger/Loose, NGrStG, § 5 Rz. 343.
8 Niedersächsische LT-Drucks. 18/8995 S. 25.
9 Vgl. auch A 5 Abs. 16 AENGrStG.
10 A 5 Abs. 18 AENGrStG; Krause in Stenger/Loose, NGrStG, § 5 Rz. 332.

80 Die **Neuberechnung des Lage-Faktors** erfolgt gem. § 5 Abs. 4 Satz 5 NGrStG jeweils – also alle sieben Jahre – auf Grundlage der nach § 5 Abs. 4 Satz 4 NGrStG aktualisierten Daten. Führt die turnusmäßige Neuberechnung des Lage-Faktors zu einer Änderung der Äquivalenzbeträge, ist nach § 8 Abs. 3 Satz 2 NGrStG eine Betragsfortschreibung und bei Vorliegen der Voraussetzungen des § 9 Abs. 2 Satz 1 oder 2 NGrStG eine Neufestsetzung des Grundsteuermessbetrags durchzuführen.[1]

81–85 *(Einstweilen frei)*

V. Grundsteuer-Viewer der Finanzverwaltung (§ 5 Abs. 5 NGrStG)

86 § 5 Abs. 5 NGrStG verpflichtet die niedersächsische Finanzverwaltung, einen sog. **Grundsteuer-Viewer** zu entwickeln, über den die Bürgerinnen und Bürger die für die Steuererklärung erforderlichen Daten über das Internet kostenfrei abrufen können.[2] Der Grundsteuer-Viewer wurde letztlich vom Landesamt für Geoinformation und Landesvermessung Niedersachsen, also von der Kaster- und Vermessungsverwaltung, im Auftrag der niedersächsischen Finanzverwaltung webbasiert bereitgestellt.[3] Aus diesem ist

- die Bezeichnung des Flurstücks,
- die amtlichen Flächen und ggf. Teilflächen,
- die nach § 196 BauGB ermittelten Bodenrichtwerte für Bauflächen oder für Sonstige Flächen,
- der durchschnittliche Bodenrichtwert in der Gemeinde und
- der Lage-Faktor

ersichtlich.[4] Die Bereitstellung des Bodenrichtwerts und des durchschnittlichen Bodenrichtwerts der Gemeinde und des Lage-Faktors erfolgt lediglich aus Transparenzgründen zur Information und Kontrolle des Bescheids.[5] Diese Daten müssen von den Bürgerinnen und Bürgern nicht in der Steuererklärung angegeben werden.[6] Der niedersächsische Grundsteuer-Viewer ist über das Internet unter dem Link https://grundsteuer-viewer.niedersachsen.de/ abrufbar. Die jeweiligen Daten zu einem Grundstück sind über die Grundstücks-Adresse oder die Flurstücksnummer abrufbar.[7] Daneben hat die niedersächsische Finanzverwaltung jedem Grundstückseigentümer ein Informationsschreiben zugesendet.[8]

87 Ziele der von der niedersächsischen Finanzverwaltung betriebenen kostenlosen Webanwendung sind:[9]

- Schaffung von Transparenz: Die Steuerpflichtigen sollen alle erforderlichen Geodaten (Adresse, Flurstücksnummer u. a.) für das jeweilige Grundstück finden, die in der Steuererklärung abgefragt werden. Gleichzeitig soll es möglich sein, aus den weiter angezeig-

1 Krause in Stenger/Loose, NGrStG, § 5 Rz. 330 ff.
2 A 5 Abs. 1 und 19 AENGrStG; vgl. auch Krumm/Paeßens, GrStG, § 5 NGrStG, Rz. 17; Krause in Stenger/Loose, NGrStG, § 5 Rz. 339 ff.
3 A 5 Abs. 19 AENGrStG.
4 A 5 Abs. 1 und 19 AENGrStG.
5 A 5 Abs. 19 AENGrStG.
6 Siehe auch A 5 Abs. 19 AENGrStG.
7 A 5 Abs. 1 AENGrStG.
8 Vgl. auch Krause in Stenger/Loose, NGrStG, § 5 Rz. 335 ff.
9 Niedersächsische LT-Drucks. 18/8995 S. 25.

ten Parametern (Bodenrichtwert, durchschnittlicher Bodenrichtwert) einen Lage-Faktor zu ermitteln und ihn mit dem vom Finanzamt angesetzten Wert zu vergleichen (siehe aber → Rz. 88 zu Abweichungen zwischen dem anzusetzenden und dem im Grundsteuer-Viewer ausgewiesenen Lage-Faktor).[1]

- Erhöhung der Qualität der Steuererklärungen,
- Beschränkung von Rückfragen auf besonders gelagerte Einzelfälle,
- Entlastung der Finanzverwaltung,
- Absicherung der Abwicklung der Grundsteuerreform.

Liegt ein Flurstück in mehr als einer Bodenrichtwertzone und gehört dieses nur teilweise zum Grundvermögen, kann der Grundsteuer-Viewer nicht nach den unterschiedlichen Vermögensarten unterscheiden, sodass der im Feststellungsbescheid ausgewiesene von dem im Grundsteuer-Viewer ausgewiesenen Lage-Faktor abweichen kann.[2] 88

BEISPIEL: Ein Betrieb der Land- und Forstwirtschaft liegt auf einem Flurstück, das sich über zwei Bodenrichtwertzonen erstreckt (Bodenrichtwertzone 1 mit einem Bodenrichtwert von 100 €/m², Bodenrichtwertzone 2 mit einem Bodenrichtwert von 90 €/m²). Die als Grundvermögen nach den Vorschriften des NGrStG zu bewertende Hofstelle liegt in der Bodenrichtwertzone 1.

LÖSUNG: Im Zähler des Lage-Faktors ist der Bodenrichtwert der Bodenrichtwertzone auszuweisen, in der die Hofstelle belegen ist (100 €/m²).

Da der Grundsteuer-Viewer nicht zwischen den unterschiedlichen Vermögensarten Grundvermögen sowie land- und forstwirtschaftliches Vermögen unterscheiden kann, wird bei der Berechnung des Lage-Faktors im Zähler des Lage-Faktors ein flächengewichteter Mittelwert der beiden Bodenrichtwertzonen – also ein Wert zwischen 90 €/m² und 100 €/m² – berücksichtigt.[3]

§ 6 NGrStG Grundsteuermesszahlen

(1) ¹Die Grundsteuermesszahl beträgt 100 Prozent. ²Für den Äquivalenzbetrag der Wohnflächen wird die Grundsteuermesszahl auf 70 Prozent ermäßigt.

(2) ¹Die Grundsteuermesszahl für den Äquivalenzbetrag der Wohnflächen nach Absatz 1 Satz 2 wird nochmals um 25 Prozent ermäßigt, soweit eine enge räumliche Verbindung mit dem Betrieb der Land- und Forstwirtschaft des Steuerschuldners besteht. ²Dies gilt nur, soweit die Wohnfläche der Inhaberin oder dem Inhaber des Betriebs der Land- und Forstwirtschaft, den zu ihrem oder seinem Haushalt gehörenden Familienangehörigen und den Altenteilern zu Wohnzwecken dient und mindestens eine Bewohnerin oder ein Bewohner durch eine mehr als nur gelegentliche Tätigkeit in dem Betrieb an ihn gebunden ist. ³Für Flächen, die den Arbeitnehmerinnen und Arbeitnehmern des Betriebs zu Wohnzwecken dienen, gilt Satz 1 entsprechend.

(3) Die Grundsteuermesszahlen für die Äquivalenzbeträge der Gebäudeflächen nach Absatz 1 Satz 1 oder nach Absatz 1 Satz 2, auch in Verbindung mit Absatz 2, werden um 25 Prozent ermäßigt, wenn ein Baudenkmal nach § 3 Abs. 1 bis 3 des Niedersächsischen Denkmalschutzgesetzes vorliegt.

(4) Die Grundsteuermesszahl für den Äquivalenzbetrag der Wohnflächen nach Absatz 1 Satz 2, auch in Verbindung mit Absatz 2 oder 3, wird um 25 Prozent ermäßigt, soweit

1 Niedersächsische LT-Drucks. 18/8995 S. 25.
2 A 5 Abs. 2, 10 und 20 AENGrStG; Krause in Stenger/Loose, NGrStG, § 5 Rz. 288.
3 Siehe auch A 5 Abs. 21 AENGrStG.

1. die Wohnflächen den Bindungen des sozialen Wohnungsbaus aufgrund einer staatlichen oder kommunalen Wohnraumförderung unterliegen oder

2. die Voraussetzungen des § 15 Abs. 4 Satz 1 Nr. 1, 2 oder 3 GrStG in der am 1. Januar 2025 geltenden Fassung vorliegen.

(5) Eine Ermäßigung der Grundsteuermesszahlen nach Absatz 2, 3 oder 4 wird auf Antrag gewährt, wenn die jeweiligen Voraussetzungen zum Veranlagungszeitpunkt vorlagen.

Inhaltsübersicht **Rz.**

LITERATUR:

Siehe Vorwort.

HINWEISE:

A 6 des Runderlasses des Niedersächsischen Finanzministeriums, Anwendung des Niedersächsischen Grundsteuergesetzes (NGrStG) zur Bewertung des Grundvermögens für die Grundsteuer ab 1.1.2022 (AENGrStG), RdErl. d. MF v. 22.2.2022 - G 1002-6 - 62100.

A. Allgemeine Erläuterungen

I. Normzweck und wirtschaftliche Bedeutung der Vorschrift

1 § 6 NGrStG regelt die Höhe der **Grundsteuermesszahlen** einschließlich ihrer **Ermäßigungen.**[1] Insbesondere in den Ermäßigungen der Steuermesszahl kommen **politische Förder- und Lenkungszwecke** zum Ausdruck:

► Die um 30 % ermäßigte Steuermesszahl für Wohnflächen (**§ 6 Abs. 1 Satz 2 NGrStG**) ist sozialpolitisch motiviert und soll der Förderung von Wohnraum dienen. Durch eine Entlastung bei der Grundsteuer soll das Recht auf Wohnen steuerpolitisch unterstützt und dem grundlegenden Bedürfnis am Gut Wohnen angemessen Rechnung getragen werden.[2]

► Die Ermäßigung der Steuermesszahl für den Äquivalenzbetrag der Wohnflächen um 25 % soweit eine enge räumliche Verbindung mit dem Betrieb der Land- und Forstwirt-

1 Siehe auch A 6 Abs. 1 AENGrStG.

2 Niedersächsische LT-Drucks. 18/8995 S. 15 und 26.

schaft des Steuerschuldners besteht (**§ 6 Abs. 2 NGrStG**) privilegiert den bisher dem Betrieb der Land- und Forstwirtschaft zugeordneten Wohnteil und soll ausweislich der Gesetzesbegründung die ländliche Siedlungsstruktur fördern und erhalten.[1]

- Die 25%ige Ermäßigung der Steuermesszahl für die Äquivalenzbeträge der Gebäudeflächen bei Vorliegen eines Baudenkmals (**§ 6 Abs. 3 NGrStG**) dient der Förderung der Kulturlandschaft.[2]
- Mit der Ermäßigung der Steuermesszahl um 25 % für geförderten Wohnraum oder für den Grundbesitz bestimmter Wohnungsunternehmen (**§ 6 Abs. 4 NGrStG**) macht sich die Niedersächsische Landesregierung die Lenkungszwecke des Bundesgesetzgebers zu eigen.[3] Mit der Ermäßigung sollen demnach insbesondere Investitionsanreize zur Schaffung von Wohnraum gesetzt und die Bau- und Wohnungswirtschaft positiv beeinflusst werden.[4]

Der **Äquivalenzbetrag** wird nach § 2 Abs. 2 Satz 1 NGrStG mit der **Grundsteuermesszahl multipliziert** und ergibt den Grundsteuermessbetrag. Auf den Grundsteuermessbetrag wird anschließend gem. § 2 Abs. 1 Satz 2 NGrStG der Hebesatz der jeweiligen Gemeinde angewendet und ergibt die konkret zu zahlende Grundsteuer. Mit der Grundsteuermesszahl wird mithin die Höhe der Grundsteuer beeinflusst. § 6 GrStG hat daher **erhebliche Bedeutung** für die konkrete **Höhe der Grundsteuer** bei der jeweiligen wirtschaftlichen Einheit. 2

(Einstweilen frei) 3–5

II. Entstehung und Entwicklung der Vorschrift

Die Vorschrift wurde im Jahr 2021 mit dem **Stammgesetz** in das NGrStG aufgenommen.[5] Im Gesetzentwurf der Koalitionsfraktionen war die Regelung noch in § 5 NGrStG verortet.[6] 6

Im Gesetzgebungsverfahren wurde der **ursprüngliche Verweis auf § 15 Abs. 2–4 GrStG** durch eine eigene Regelung in **§ 6 Abs. 4 NGrStG** ersetzt. Im Übrigen wurden **geringfügige Änderungen** am Wortlaut der Norm vorgenommen.[7] 7

(Einstweilen frei) 8–10

III. Geltungsbereich

§ 6 NGrStG gilt für in Niedersachsen belegenes Grundvermögen und nicht für land- und forstwirtschaftliches Vermögen. § 6 NGrStG ist mit dem Stammgesetz gem. § 15 Abs. 1 NGrStG **am 14.7.2021 in Kraft getreten**. Wie sich aus § 1 Satz 1 NGrStG[8] und § 12 Abs. 1 NGrStG[9] ergibt, sollen die Regelungen des NGrStG und damit auch § 6 NGrStG erst für die Erhebung der **Grundsteuer** ab dem **Kalenderjahr 2025** von Bedeutung sein. 11

(Einstweilen frei) 12–15

1 Niedersächsische LT-Drucks. 18/8995 S. 26.
2 Niedersächsische LT-Drucks. 18/8995 S. 26.
3 Niedersächsische LT-Drucks. 18/8995 S. 26.
4 BT-Drucks. 19/11085 S. 124.
5 Niedersächsisches Grundsteuergesetz v. 7.7.2021, Nds. GVBl Nr. 27 /2021 S. 502 ff.
6 Vgl. Niedersächsische LT-Drucks. 18/8995 S. 6 f. und S. 26.
7 Vgl. Niedersächsische LT-Drucks. 18/9603 S. 7 f. und Niedersächsische LT-Drucks. 18/9632 S. 22 ff.
8 Vgl. vertiefend Bock/Lapp in Grootens, NGrStG, § 1 Rz. 9.
9 Siehe Bock/Lapp in Grootens, NGrStG, § 12 Rz. 31 ff.

IV. Vereinbarkeit der Vorschrift mit höherrangigem Recht

16 § 6 NGrStG begegnet als solcher **keinen verfassungsrechtlichen Bedenken**. Nach der Rechtsprechung des BVerfG kann der Gesetzgeber bei den weiteren, sich an die Bewertung (hier: Ermittlung des Äquivalenzbetrags) anschließenden Schritten zur Bestimmung der Steuerbelastung auf den so ermittelten Wert aufbauen und Lenkungszwecke, etwa in Form **zielgenauer und normenklarer steuerlicher Verschonungsregelungen**, ausgestalten.[1] Die mit den Ermäßigungen verfolgten Lenkungszwecke der Förderung des Wohnens und des Denkmalschutzes sind legitime Zwecke von ganz erheblicher Bedeutung.[2]

17–20 *(Einstweilen frei)*

V. Verhältnis zu anderen Vorschriften

21 Die Grundsteuermesszahlen werden auf die sich nach **§ 2 Abs. 3 NGrStG**[3] ergebenden Äquivalenzbeträge angewendet und ergeben nach **§ 2 Abs. 2 Satz 1 NGrStG**[4] den Grundsteuermessbetrag. Auf den Grundsteuermessbetrag werden gem. **§ 2 Abs. 1 Satz 2 NGrStG**[5] die Hebesätze der jeweiligen Gemeinde angewendet, um die konkret zu zahlende Grundsteuer zu erhalten. Der Grundsteuermessbetrag wird im Veranlagungsverfahren nach **§ 9 NGrStG**[6] festgesetzt.

22 § 6 Abs. 2 NGrStG hat tatbestandliche Ähnlichkeiten mit **§ 167 Abs. 3 BewG**. § 6 Abs. 3 NGrStG nimmt hinsichtlich des Vorliegens eines Baudenkmals Bezug auf **§ 3 Abs. 1–3 des Niedersächsischen Denkmalschutzgesetzes**. § 6 Abs. 4 Nr. 2 NGrStG nimmt bei der Ermäßigung der Grundsteuermesszahl bei Wohnraumförderung hinsichtlich der erforderlichen Voraussetzungen Bezug auf **§ 15 Abs. 4 Satz 1 Nr. 1, 2 oder 3 GrStG**.[7]

23–25 *(Einstweilen frei)*

B. Systematische Kommentierung

I. Grundsteuermesszahl für das Grundvermögen und Ermäßigung bei Wohnflächen (§ 6 Abs. 1 NGrStG)

26 § 6 Abs. 1 Satz 1 NGrStG regelt die grundsätzliche Höhe der Grundsteuermesszahl. Demzufolge beträgt die Grundsteuermesszahl sowohl für die Flächen des Grund und Bodens als auch die Gebäudeflächen 100 %, wenn sich aus den folgenden Regelungen des § 6 NGrStG nichts anderes ergibt.[8]

27 **BEISPIEL:** Auf einem 2.000 m² großen, ausschließlich gewerblich genutzten Grundstück befindet sich ein Gebäude mit 840 m² Gebäudeflächen.

---

1 Vgl. BVerfG, Beschluss v. 7.11.2006 - 1 BvL 10/02, BStBl 2007 II S. 192.

2 So auch Krumm/Paeßens, GrStG, § 6 NGrStG Rz. 4 für die ermäßigte Steuermesszahl auf Wohnflächen; vgl. auch Gesetzentwurf der Bundesregierung zur Reform des Grundsteuer- und Bewertungsrechts, BT-Drucks. 19/11085 S. 123 f. sowie Bock in Grootens, GrStG, § 15 Rz. 58 und 100 ff.

3 Siehe hierzu Bock/Lapp in Grootens, NGrStG, § 2 Rz. 67 ff.

4 Siehe hierzu Bock/Lapp in Grootens, NGrStG, § 2 Rz. 61 ff.

5 Siehe hierzu Bock/Lapp in Grootens, NGrStG. § 2 Rz. 42 ff.

6 Siehe hierzu Bock/Lapp in Grootens, NGrStG, § 9 Rz. 36 ff.

7 Siehe hierzu vertiefend Bock in Grootens, GrStG, § 15 Rz. 78 ff.

8 A 6 Abs. 1 NGrStG; Krumm/Paeßens, GrStG, § 6 NGrStG Rz. 3.

LÖSUNG: Der Grundsteuermessbetrag ermittelt sich wie folgt:

Äquivalenzbetrag des Grund und Bodens:	2.000 m² x 0,04 €/m²	=	80,00 €
x Grundsteuermesszahl	100 %	=	80,00 €
Äquivalenzbetrag des Gebäudes:	840 m² x 0,50 €/m²	=	420,00 €
x Grundsteuermesszahl	100 %	=	420,00 €
Summe dieser Beträge = Grundsteuermessbetrag			**500,00 €**

Für den **Äquivalenzbetrag der Wohnflächen**[1] wird die Grundsteuermesszahl gem. § 6 Abs. 1 Satz 2 NGrStG auf 70 % ermäßigt.[2] Die Ermäßigung der Steuermesszahl erfolgt von Amts wegen. Ein Antrag ist nicht erforderlich, allerdings müssen die Wohnflächen vom Steuerschuldner auch wegen der Ermäßigung bei der Grundsteuermesszahl gesondert erklärt werden. Der Bescheid über den Äquivalenzbetrag, in dem auch die Wohnfläche gesondert festgestellt wird, ist insoweit Grundlagenbescheid für den Grundsteuermessbescheid und die Anwendung von § 6 NGrStG.[3] Die um 30 % ermäßigte Steuermesszahl für Wohnflächen (§ 6 Abs. 1 Satz 2 NGrStG) ist sozialpolitisch motiviert und soll der Förderung von Wohnraum dienen. Durch eine Entlastung bei der Grundsteuer soll das Recht auf Wohnen steuerpolitisch unterstützt werden und dem grundlegenden Bedürfnis am Gut Wohnen angemessen Rechnung getragen werden.[4] 28

BEISPIEL: Auf einem 2.000 m² großen Grundstück befindet sich ein ausschließlich Wohnzwecken dienendes Gebäude mit 840 m² Gebäudeflächen. 29

LÖSUNG: Der Grundsteuermessbetrag ermittelt sich wie folgt:

Äquivalenzbetrag des Grund und Bodens:	2.000 m² x 0,04 €/m²	=	80,00 €
x Grundsteuermesszahl	100 %	=	80,00 €
Äquivalenzbetrag des Wohnflächen	840 m² x 0,50 €/m²	=	420,00 €
x Grundsteuermesszahl	70 %	=	294,00 €
Summe dieser Beträge = Grundsteuermessbetrag		=	**374,00 €**

(Einstweilen frei) 30–35

II. Ermäßigung der Grundsteuermesszahl bei Wohnflächen mit enger räumlicher Verbindung zu einem Betrieb der Land- und Forstwirtschaft (§ 6 Abs. 2 NGrStG)

§ 6 Abs. 2 NGrStG regelt eine **Ermäßigung der Grundsteuermesszahl** für den Äquivalenzbetrag der Wohnflächen um weitere 25 % auf dann 52,5 % für **Wohnflächen mit einer engen räumlichen Verbindung mit einem Betrieb der Land- und Forstwirtschaft.**[5] Die Ermäßigung der Steuermesszahl für den Äquivalenzbetrag der Wohnflächen um 25 %, soweit eine enge räumliche 36

1 Siehe hierzu Bock/Lapp in Grootens, NGrStG, § 3 Rz. 46 ff.,

2 A 6 Abs. 1 AENGrStG.

3 Krumm/Paeßens, GrStG, § 6 NGrStG Rz. 4; siehe auch Bock/Lapp in Grootens, NGrStG, § 8 Rz. 36.

4 A 6 Abs. 1 AENGrStG; siehe auch Niedersächsische LT-Drucks. 18/8995 S. 15 und S. 26; Krause in Stenger/Loose, NGrStG, § 6 Rz. 348 ff.

5 A 6 Abs. 2 AENGrStG.

Verbindung mit dem Betrieb der Land- und Forstwirtschaft des Steuerschuldners besteht (§ 6 Abs. 2 NGrStG), privilegiert den bisher nach altem Recht dem Betrieb der Land- und Forstwirtschaft zugeordneten Wohnteil und soll die ländliche Siedlungsstruktur fördern und erhalten.[1] Die Rechtsprechung und die Verwaltungsanweisungen zu § 33 BewG a. F. zur Abgrenzung der einer Land- und Forstwirtschaft dienenden Wohnung von einer zum Grundvermögen gehörenden Wohnung kann nicht uneingeschränkt übernommen werden, auch wenn die Tatbestandsmerkmale teilweise diesen entnommen sind.[2] Die dem § 6 Abs. 2 NGrStG unterfallenden Wohnflächen müssen gerade keine wirtschaftliche Einheit mit dem land- und forstwirtschaftlichen Betrieb bilden. Die zu § 33 BewG a. F. ergangene Rechtsprechung und ergangenen Verwaltungsanweisungen sind teils zu weit und teils zu eng. Nämliches gilt für § 160 Abs. 1 Nr. 2 BewG. Ebenfalls nicht uneingeschränkt anwendbar sind die Verwaltungsanweisungen zu § 167 Abs. 3 BewG,[3] da es sich bei § 167 Abs. 3 BewG um eine Bewertungsnorm handelt, mit der die geringere Verkehrsfähigkeit abgegolten werden soll.[4] Die zu den jeweiligen Normen ergangene Rechtsprechung und ergangenen Verwaltungsanweisungen können allerdings Anhaltspunkte für eine Auslegung von § 6 NGrStG geben.

37 Die Ermäßigung wird **nur auf Antrag** gewährt, wenn folgende **Voraussetzungen** erfüllt sind:

- Wohnflächen i. S. von § 3 Abs. 1 NGrStG (siehe hierzu → Rz. 38),
- mit einer engen räumlichen Verbindung zu dem Betrieb der Land- und Forstwirtschaft des Steuerschuldners (siehe hierzu → Rz. 39), die entweder
- gem. § 6 Abs. 2 Satz 2 NGrStG
  - der Inhaberin oder dem Inhaber des Betriebs der Land- und Forstwirtschaft,
  - den zum Haushalt gehörenden Familienangehörigen und
  - den Altenteilern zu Wohnzwecken dienen (siehe hierzu → Rz. 40) oder
- gem. § 6 Abs. 2 Satz 3 NGrStG den Arbeitnehmerinnen und Arbeitnehmern des Betriebs zu Wohnzwecken dienen (siehe hierzu → Rz. 43).

38 Die Ermäßigung wird nach § 6 Abs. 2 Satz 1 NGrStG nur für den **Äquivalenzbetrag der Wohnflächen** nach § 3 Abs. 1 NGrStG[5] gewährt. Eine Ermäßigung der Grundsteuermesszahl auf Nutzflächen innerhalb des Wohnteils des land- und forstwirtschaftlichen Betriebs erfolgt nicht.

39 Die Wohnflächen müssen nach § 6 Abs. 2 Satz 1 NGrStG eine **enge räumliche Verbindung zu dem Betrieb der Land- und Forstwirtschaft** des Steuerschuldners aufweisen.[6] Ausweislich der Gesetzesbegründung soll der im bisherigen Recht der Einheitsbewertung dem Betrieb der Land- und Forstwirtschaft zugeordnete Wohnteil, der im reformierten Bewertungs- und Grundsteuerrecht auch in Niedersachsen dem Grundvermögen zugeordnet wird, ermäßigt

1 A 6 Abs. 2 AENGrStG; siehe auch Niedersächsische LT-Drucks. 18/8995 S. 26; vgl. auch Krumm/Paeßens, GrStG, § 6 NGrStG Rz. 5; Krause in Stenger/Loose, NGrStG, § 6 Rz. 365.

2 So aber Krumm/Paeßens, GrStG, § 6 NGrStG Rz. 5.

3 So aber Krause in Stenger/Loose, NGrStG, § 6 Rz. 368.

4 Krumm/Paeßens, GrStG, § 6 NGrStG Rz. 5; Bruschke in Stenger/Loose, BewG, § 167 Rz. 28.

5 Siehe hierzu Bock/Lapp in Grootens, NGrStG, § 3 Rz. 46 ff.,

6 A 6 Abs. 2 AENGrStG.

werden.[1] Bei enger räumlicher Verbindung mit dem Betrieb wird typisierend unterstellt, dass der Betriebsinhaber und die weiteren begünstigten Personen (siehe →Rz. 40) aufgrund der land- und forstwirtschaftlichen Tätigkeit in der Nähe des Betriebs wohnen müssen.[2] Eine enge räumliche Verbindung ist jedenfalls dann gegeben, wenn sich das Wohngebäude auf demselben Grundstück wie die Hofstelle befindet. Ist dies nicht der Fall, dürfte eine Ermäßigung der Grundsteuermesszahl nach § 6 Abs. 2 NGrStG grds. nicht in Betracht kommen.

Nach § 6 Abs. 2 Satz 2 NGrStG müssen die Wohnflächen der **Inhaberin oder dem Inhaber des Betriebs der Land- und Forstwirtschaft**, ggf. den **zum Haushalt gehörenden Angehörigen** und ggf. den **Altenteilern** zunächst zu Wohnzwecken dienen. Betriebsinhaber i. S. von § 6 Abs. 2 Satz 2 NGrStG ist nicht zwingend gleichbedeutend mit dem Steuerschuldner, dessen Betrieb in § 6 Abs. 2 Satz 1 NGrStG angesprochen ist. Steuerschuldner i. S. von § 6 Abs. 2 Satz 1 NGrStG kann auch eine Personen- oder Kapitalgesellschaft sein, deren Gesellschafter jeweils Betriebsinhaber i. S. des § 6 Abs. 2 Satz 2 NGrStG.[3] Dies ergibt sich jedenfalls aus dem Sinn und Zweck der Norm, die Herauslösung des Wohnteils aus dem land- und forstwirtschaftlichen Vermögen abzumildern und die ländliche Siedlungsstruktur zu fördern (siehe bereits →Rz. 36). Stehen die Wohnflächen leer, ist eine Ermäßigung der Steuermesszahl nach § 6 Abs. 2 NGrStG ausgeschlossen sein, auch wenn die Flächen noch als Wohnfläche i. S. von § 3 Abs. 1 Satz 4 NGrStG gelten. Dienen die Wohnflächen anderen als den o. g. Personen zu Wohnzwecken, wird die Ermäßigung der Grundsteuermesszahl grundsätzlich nicht gewährt (siehe aber auch →Rz. 43 zu Arbeitnehmern des Betriebs). 40

Weitere Voraussetzung für die Ermäßigung der Steuermesszahl ist, dass mindestens eine Bewohnerin oder ein Bewohner durch eine **mehr als nur gelegentliche Tätigkeit** in dem Betrieb an ihn gebunden ist. Ausweislich der Gesetzesbegründung,[4] die hier R B 160.22 Abs. 3 Satz 2 und 3 ErbStR 2019 wiederholt, kann eine mehr als nur gelegentliche Tätigkeit schon bei einem jährlichen Arbeitsaufwand von insgesamt vier Wochen gegeben sein.[5] Zur Beurteilung der Frage, ob eine mehr als nur gelegentliche Tätigkeit ausgeübt wird, soll die Nutzung und die Größe der Betriebsflächen zu berücksichtigen sein.[6] 41

Weder aus der Gesetzesbegründung noch aus den Verwaltungsanweisungen ergeben sich Anhaltspunkte, auf welche Art und Weise und inwieweit diese Berücksichtigung erfolgen soll. Denkbar wäre, dass eine **sehr umfangreiche Tätigkeit** von weniger als vier Wochen in einem großen Betrieb noch als nicht nur gelegentliche Tätigkeit angesehen werden kann, eine **kleinere Aushilfstätigkeit** von mehr als vier Wochen Dauer auf einem kleinen Hof dagegen noch nicht. Bei aktiv als Haupterwerbsquelle vom Betriebsinhaber bewirtschafteten land- und forstwirtschaftlichen mittleren und großen Betrieben ist das Tatbestandsmerkmal ohne Weiteres erfüllt. Schwierigkeiten bereitet die Abgrenzung bei Klein- und Kleinstbetrieben, die insbesondere im Nebenerwerb bewirtschaftet werden.[7] Für die Bindung an den Betrieb aufgrund der mehr als nur gelegentlichen Tätigkeit dürfte insbesondere bei Klein- und Kleinstbetrieben ein 42

1 Niedersächsische LT-Drucks. 18/8995 S. 26.

2 Etwas zu weitgehend Krumm/Paeßens, GrStG, § 6 NGrStG Rz. 5, die aus den Tatbestandsmerkmalen herauslesen, dass der Betrieb und die Wohnung bei Vorliegen der Voraussetzungen eine „unlösbare Einheit" bilden.

3 So für die Personengesellschaft auch Krumm/Paeßens, GrStG, § 6 NGrStG Rz. 7.

4 Niedersächsische LT-Drucks. 18/8995 S. 26; die Begründung wurde in die Verwaltungsanweisungen – A 6 Abs. 2 AENGrStG – übernommen.

5 A 6 Abs. 2 AENGrStG; vgl. auch BFH, Urteil v. 28.3.1990 - II R 125/87, BStBl 1990 II S. 727 NWB ZAAAA-93355.

6 A 6 Abs. 2 AENGrStG; siehe auch Niedersächsische LT-Drucks. 18/8995 S. 26.

7 Krumm/Paeßens, GrStG, § 6 NGrStG Rz. 8.

nicht nur unerheblicher Viehbestand ausschlaggebend sein.[1] Ob die Bindung eine ständige Anwesenheit vor Ort erfordert, kann hingegen bezweifelt werden, wenn bereits vier Wochen Tätigkeit im Jahr genügen sollen.[2]

43 Nach dem Wortlaut des § 6 Abs. 2 Satz 3 NGrStG wird die Ermäßigung der Steuermesszahl auf Antrag für Flächen gewährt, die den **Arbeitnehmerinnen und Arbeitnehmern des Betriebs** zu Wohnzwecken dienen. Zweifelhaft ist, ob die Arbeitnehmerinnen und Arbeitnehmer mehr als nur gelegentlich in dem Betrieb tätig sein müssen.[3] § 6 Abs. 2 Satz 3 NGrStG hatte ursprünglich den Wortlaut: „Für Flächen, die den Arbeitnehmern des Betriebs zu Wohnzwecken dienen, gilt dies entsprechend."[4] Dies hätte – ebenso wie die Gesetzesbegründung zu § 5 Abs. 2 NGrStG-E[5] – darauf hingedeutet, dass für diese Flächen ebenfalls die Voraussetzungen des § 6 Abs. 2 Satz 2 NGrStG (insbesondere mehr als nur gelegentliche Tätigkeit der Arbeitnehmerinnen und Arbeitnehmer für den Betrieb) erfüllt sein müssen. Im parlamentarischen Gesetzgebungsverfahren wurde allerdings das Wort „dies" auf Empfehlung des Ausschusses für Haushalt und Finanzen durch „Satz 1" (und nicht etwa „Sätze 1 und 2") ersetzt. Im Hinblick auf die Begründung der Ersetzung, dass damit sprachlich verdeutlicht werden sollte, was entsprechend gelte,[6] ist davon auszugehen, dass der niedersächsische Gesetzgeber bewusst darauf verzichtet hat, weitere Voraussetzungen für die Ermäßigung der Steuermesszahl für von Arbeitnehmerinnen und Arbeitnehmern zu Wohnzwecken genutzten Flächen zu formulieren. Damit ist der Umfang der Tätigkeit der Arbeitnehmerinnen und Arbeitnehmer für den Betrieb für die Gewährung der Ermäßigung der Steuermesszahl nicht relevant. Insbesondere dürfte ein **Minijob** genügen.

44 **BEISPIEL:** Auf einem 2.000 m² großen Grundstück eines Betriebs der Land- und Forstwirtschaft befindet sich ein dem Betriebsinhaber zu Wohnzwecken dienendes Gebäude mit 840 m² Gebäudeflächen.

LÖSUNG: Der Grundsteuermessbetrag ermittelt sich wie folgt:

Äquivalenzbetrag des Grund und Bodens:	2.000 m² x 0,04 €/m²	=	80,00 €
x Grundsteuermesszahl	100 %	=	80,00 €
Äquivalenzbetrag der Wohnflächen	840 m² x 0,50 €/m²	=	420,00 €
x Grundsteuermesszahl nach § 6 Abs. 1 Satz 2 NGrStG	70 %		
ermäßigt um 25 % nach § 6 Abs. 2 NGrStG	52.5 %	=	220,50 €
Summe dieser Beiträge = Grundsteuermessbetrag		=	**300,50 €.**

45–50 *(Einstweilen frei)*

1 Krumm/Paeßens, GrStG, § 6 NGrStG Rz. 9.
2 Krumm/Paeßens, GrStG, § 6 NGrStG Rz. 9.
3 So wohl die niedersächsische Finanzverwaltung, A 6 Abs. 2 AENGrStG.
4 Vgl. Niedersächsische LT-Drucks. 18/8995 S. 6.
5 Vgl. Niedersächsische LT-Drucks. 18/8995 S. 26.
6 Niedersächsische LT-Drucks. 18/8995 S. 22.

III. Ermäßigung für Baudenkmale (§ 6 Abs. 3 NGrStG)

§ 6 Abs. 3 NGrStG greift die in § 15 Abs. 5 GrStG[1] bundesgesetzlich geregelte Ermäßigung der Steuermesszahl bei einer Bebauung des **Grundstücks mit einem Baudenkmal** auf. Die 25 %ige Ermäßigung der Steuermesszahl für die Äquivalenzbeträge der Gebäudeflächen bei Vorliegen eines Baudenkmals (§ 6 Abs. 3 NGrStG) dient der Förderung der Kulturlandschaft.[2] Anders als beim Bundesmodell wird die Steuermesszahl in Niedersachsen allerdings nicht um 10 %, sondern um 25 % ermäßigt. Im Gegensatz zu § 15 Abs. 5 GrStG trifft § 6 Abs. 3 NGrStG darüber hinaus keine Regelung für Fälle, in denen nur einzelne Gebäude oder Teile eines Gebäudes (z. B. die Außenansicht) unter Denkmalschutz stehen. Einzige Voraussetzung für die Ermäßigung der Steuermesszahl ist das Vorliegen eines Baudenkmals i. S. von § 3 Abs. 1–3 des Niedersächsischen Denkmalschutzgesetzes. Die Ermäßigung ist nach dem Gesetzeswortlaut für Gebäudeflächen zu gewähren, wenn und nicht soweit ein entsprechendes Baudenkmal vorliegt.[3] Ausweislich der Gesetzesbegründung soll dies der Verfahrens- und Vollzugsvereinfachung dienen und erhebliche Sachverhaltsermittlungen und erweiterte Erklärungspflichten vermeiden.[4] Ob daraus wie von der niedersächsischen Finanzverwaltung zu folgern ist, dass eine Ermäßigung der Grundsteuermesszahl nicht zur Anwendung kommt, wenn nur ein Teil eines Gebäudes ein Baudenkmal im Sinne des Niedersächsischen Denkmalschutzgesetzes ist,[5] ist jedenfalls zweifelhaft. Der Wortlaut der Norm lässt auch eine Auslegung zu, wonach bei teilweisem Denkmalschutz des Gebäudes dennoch eine Ermäßigung auf den gesamten Äquivalenzbetrag der Gebäudeflächen zu gewähren ist.[6] 51

Baudenkmale sind nach § 3 Abs. 2 des Niedersächsischen Denkmalschutzgesetzes **bauliche Anlagen** (§ 2 Abs. 1 der Niedersächsischen Bauordnung), Teile baulicher Anlagen, Grünanlagen und Friedhofsanlagen, an deren Erhaltung wegen ihrer **geschichtlichen, künstlerischen, wissenschaftlichen oder städtebaulichen Bedeutung** ein öffentliches Interesse besteht. Nach § 3 Abs. 3 des Niedersächsischen Denkmalschutzgesetzes ist ein Baudenkmal auch eine **Gruppe baulicher Anlagen**, die aus den o. g. genannten Gründen erhaltenswert ist, unabhängig davon, ob die einzelnen baulichen Anlagen für sich Baudenkmale sind (sog. Ensembleschutz). Pflanzen, Frei- und Wasserflächen in der Umgebung eines Baudenkmals und Zubehör eines Baudenkmals gelten dabei als Teile des Baudenkmals, wenn sie mit diesem eine Einheit bilden, die aus den genannten Gründen erhaltenswert ist. 52

In Niedersachsen wird durch das **Landesamt für Denkmalpflege** ein Verzeichnis der Bau- und Kunstdenkmale geführt. Auskünfte hierzu erteilen die regional zuständigen unteren Denkmalschutzbehörden sowie das Landesamt für Denkmalpflege. Die Eintragung des Baudenkmals in das Denkmalverzeichnis hat gem. § 5 Abs. 1 Satz 1 des Niedersächsischen Denkmalschutzgesetzes nur **deklaratorischen Charakter**. Ein Denkmal liegt daher unabhängig von der Eintragung bereits dann vor, wenn es die gesetzlichen Tatbestandsvoraussetzungen erfüllt.[7] Das Niedersächsische Landesamt für Denkmalpflege hat in Kooperation mit anderen Partnern den **Denkmalatlas Niedersachsen**[8] entwickelt und damit ein Verzeichnis der Kulturdenkmale online 53

1 Vgl. hierzu vertiefend Bock in Grootens, GrStG, Rz. 100 ff.
2 A 6 Abs. 3 AENGrStG; siehe auch Niedersächsische LT-Drucks. 18/8995 S. 26.
3 So auch Krumm/Paeßens, GrStG, § 6 NGrStG Rz. 16.
4 Vgl. Niedersächsische LT-Drucks. 18/8995 S. 26.
5 A 6 Abs. 3 AENGrStG.
6 In diesem Sinne auch Krumm/Paeßens, GrStG, § 6 NGrStG Rz. 16; Krause in Stenger/Loose, NGrStG, § 6 Rz. 382.
7 Krumm/Paeßens, GrStG, § 6 NGrStG Rz. 14.
8 Vgl. https://denkmalatlas.niedersachsen.de/viewer/.

veröffentlicht. Der Denkmalatlas enthält die obertägig erhaltenen archäologischen Denkmale, nicht aber die Bodendenkmale und bekannten archäologischen Fundstellen. Das in der Denkmaldatenbank gesammelte Wissen wird sukzessive weiter vertieft sowie durch Kooperationen mit Forschungspartnern ergänzt und mit anderen Wissensbeständen vernetzt.[1]

54 Die Ermäßigung der Steuermesszahl für Baudenkmale wird nach den Ermäßigungen für Wohnflächen nach § 6 Abs. 1 Satz 2 NGrStG und § 6 Abs. 3 NGrStG gewährt. Wurde also die Steuermesszahl nach § 6 Abs. 1 Satz 2 NGrStG um 30 % und nach § 6 Abs. 2 NGrStG um 25 % von 100 % auf 52,5 % gesenkt, erfolgt, sofern ein Baudenkmal i. S. des Niedersächsischen Denkmalschutzgesetzes vorliegt, eine weitere Ermäßigung der Steuermesszahl um 25 % von 52,5 % (13,125 %) auf dann 39,375 %.

55 BEISPIEL: Auf einem 2.000 m^2 großen Grundstück eines Betriebs der Land- und Forstwirtschaft befindet sich ein dem Betriebsinhaber zu Wohnzwecken dienendes, i. S. von § 3 Abs. 1–3 des Niedersächsischen Landesdenkmalschutzgesetzes denkmalgeschütztes Gebäude mit 840 m^2 Gebäudeflächen.

LÖSUNG: Der Grundsteuermessbetrag ermittelt sich wie folgt:

Äquivalenzbetrag des Grund und Bodens:	2.000 m^2 x 0,04 €/m^2	=	80,00 €
x Grundsteuermesszahl	100 %	=	80,00 €
Äquivalenzbetrag der Wohnflächen:	840 m^2 x 0,50 €/m^2	=	420,00 €
x Grundsteuermesszahl nach § 6 Abs. 1 Satz 2 NGrStG:	70 %		
ermäßigt um 25 % nach § 6 Abs. 2 NGrStG	52,5 %		
ermäßigt um 25 % nach § 6 Abs. 3 NGrStG	39,375 %	=	165,38 €
Summe dieser Beträge = Grundsteuermessbetrag		=	**245,38 €.**

56–60 *(Einstweilen frei)*

IV. Ermäßigung für Wohnungen der Wohnraumförderung (§ 6 Abs. 4 NGrStG)

61 § 6 Abs. 4 Nr. 1 NGrStG greift die Gedanken des § 15 Abs. 2 und 3 GrStG[2] auf und gewährt eine **Ermäßigung der Steuermesszahlen** für den Äquivalenzbetrag der Wohnflächen um **25 %**, soweit die Wohnflächen den Bindungen des sozialen Wohnungsbaus aufgrund einer staatlichen oder kommunalen **Wohnraumförderung** unterliegen.[3] Im Gegensatz zur bundesgesetzlichen Regelung in § 15 Abs. 2 Satz 1 Nr. 1 GrStG wird in § 6 Abs. 4 Nr. 1 NGrStG nicht an die Förderzusage für die Gewährung der Ermäßigung angeknüpft. Damit dürfte keine rechtliche Abweichung verbunden sein, da auch in Niedersachsen für das Unterliegen der Wohnraumförderung eine Förderzusage erforderlich ist. Die Ermäßigung der Grundsteuermesszahl wird nur gewährt, soweit die Flächen der Wohnraumförderung unterliegen. Dies entspricht der Regelung des § 15 Abs. 2 Satz 2 GrStG[4] zur anteiligen Gewährung der Ermäßigung bei teilweise der Wohnraumförderung unterliegenden wirtschaftlichen Einheiten.

1 Vgl. https://denkmalatlas.niedersachsen.de/viewer/about/.
2 Siehe hierzu vertiefend Bock in Grootens, GrStG, § 15 Rz. 57 ff.
3 A 6 Abs. 4 AENGrStG.
4 Siehe hierzu vertiefend Bock in Grootens, GrStG, § 15 Rz. 71 ff.

Nach § 6 Abs. 4 Nr. 2 NGrStG wird eine Ermäßigung der Steuermesszahlen für den Äquivalenzbetrag der Wohnflächen um 25 % gewährt, soweit die Voraussetzungen des § 15 Abs. 4 Satz 1 Nr. 1, 2 oder 3 GrStG in der am 1.1.2025 geltenden Fassung[1] vorliegen. Für andere Gebäudeflächen und den Grund und Boden erfolgt keine Ermäßigung.[2] Die Ermäßigungstatbestände des § 15 Abs. 4 Satz 1 Nr. 1 –3 GrStG betreffen bestimmte Eigentümer von Grundstücken. Dies sind **Wohnungsbaugesellschaften von Gebietskörperschaften**, **gemeinnützige Wohnungsbaugesellschaften** i. S. des § 52 AO und **Genossenschaften und Vereine**, die nach § 5 Abs. 1 Nr. 10 KStG von der Körperschaftsteuer befreit sind. § 6 Abs. 4 Nr. 2 GrStG ist insoweit enger, als nur eine Steuermesszahlermäßigung auf Wohnflächen gewährt wird, während § 15 Abs. 4 Satz 1 Nr. 1–3 GrStG die Steuermesszahlermäßigung unabhängig von der Nutzung und auch auf den Grund und Boden gewährt. 62

Die Ermäßigung der Steuermesszahl für der Wohnraumförderung unterliegende Wohnflächen wird nach den Ermäßigungen für Wohnflächen nach § 6 Abs. 1 Satz 2 NGrStG und § 6 Abs. 2 und 3 NGrStG gewährt. Wurde also die Steuermesszahl nach § 6 Abs. 1 Satz 2 NGrStG um 30 %, nach § 6 Abs. 2 NGrStG um 25 % und nach § 6 Abs. 3 um weitere 25 % auf 39,375 % gesenkt, erfolgt für der Wohnraumförderung unterliegende Wohnflächen eine weitere Ermäßigung der Steuermesszahl um 25 % von 39,375 % (um 9,84375 Prozentpunkte) auf dann 29,53125 %. Das Zusammentreffen all dieser Ermäßigungstatbestände dürfte eher theoretischer Natur sein. 63

BEISPIEL: Auf einem 2.000 m² großen Grundstück eines Betriebs der Land- und Forstwirtschaft befindet sich ein den Arbeitnehmern des Betriebs zu Wohnzwecken dienendes, i. S. von § 3 Abs. 1–3 des Niedersächsischen Landesdenkmalschutzgesetzes denkmalgeschütztes Gebäude mit 840 m² Gebäudeflächen. Die Wohnflächen unterliegen den Bindungen des sozialen Wohnungsbaus aufgrund einer kommunalen Wohnraumförderung. 64

LÖSUNG: Der Grundsteuermessbetrag ermittelt sich wie folgt:

Äquivalenzbetrag des Grund und Bodens:	2.000 m² x 0,04 €/m²	=	80,00 €
x Grundsteuermesszahl	100 %	=	80,00 €
Äquivalenzbetrag der Wohnflächen:	840 m² x 0,50 €/m²	=	420,00 €
x Grundsteuermesszahl nach § 6 Abs. 1 Satz 2 NGrStG:	70 %		
ermäßigt um 25 % nach § 6 Abs. 2 NGrStG	52,5 %		
ermäßigt um 25 % nach § 6 Abs. 3 NGrStG	39,375 %	=	165,38 €
ermäßigt um 25 % nach § 6 Abs. 4 Nr. 2 NGrStG	29,53125 %	=	124,03 €
Summe dieser Beträge = Grundsteuermessbetrag		=	**204,03 €.**

(Einstweilen frei) 65–70

1 Siehe vertiefend hierzu Bock in Grootens, GrStG, § 15 Rz. 78 ff.

2 Vgl. auch Krause in Stenger/Loose, NGrStG, § 6 Rz. 390.

V. Antragserfordernis (§ 6 Abs. 5 NGrStG)

71 § 6 Abs. 5 NGrStG bestimmt, dass die Ermäßigung der **Grundsteuermesszahl** nach § 6 Abs. 2, 3 oder 4 NGrStG **nur auf Antrag gewährt** wird.[1] Besondere **Formvorschriften** für den Antrag sieht § 6 Abs. 5 NGrStG nicht vor, sodass der Antrag auch formlos (schriftlich, mündlich, elektronisch per E-Mail u. a.) gestellt werden kann. Bis wann der Antrag gestellt werden muss, wird nicht geregelt. Zulässig dürfte jedenfalls die Antragstellung bis zur Bestandskraft des betreffenden Grundsteuermessbescheids sein. Nach Bestandskraft dürfte eine Antragstellung gem. § 172 Abs. 1 Satz 1 Nr. 2 Buchst. a Halbsatz 2 AO nicht mehr zu berücksichtigen sein. Wird ein Antrag erst nach Bestandskraft des Bescheids oder nach Ablauf der Festsetzungsfrist gestellt, kann die Ermäßigung der Grundsteuermesszahl bei Vorliegen der Voraussetzungen nur noch mit einer Neufestsetzung (§ 9 Abs. 2 Satz 1 NGrStG) oder Neuveranlagung nach § 9 Abs. 3 NGrStG i.V. m. § 17 Abs. 2 Nr. 1 GrStG mit Wirkung ab dem nächsten (nicht festsetzungsverjährten) Stichtag gewährt werden.

72 Weitere Voraussetzung für die Gewährung der Ermäßigung ist, dass die jeweiligen Voraussetzungen zum **Veranlagungszeitpunkt,** also zum Beginn des Erhebungszeitraums (Kalenderjahres), vorliegen.[2] Da im niedersächsischen Grundsteuermodell auf eine weitere Hauptfeststellung verzichtet wird (§ 8 Abs. 2 Satz 1 NGrStG), kann konsequenterweise nicht auf den Hauptveranlagungsstichtag oder den Hauptveranlagungszeitraum wie in § 15 Abs. 4 Satz 2 GrStG abgestellt werden.[3] Veranlagungszeitpunkt für die Hauptveranlagung der Grundsteuermessbeträge ist der 1.1.2025 (§ 9 Abs. 1 NGrStG[4]). Da die Grundsteuermessbescheide bereits vor dem 1.1.2025 erlassen werden konnten, bedurfte es für das Vorliegen der Tatbestandsvoraussetzungen einer Ermäßigung der Steuermesszahl einer Prognoseentscheidung. Ergaben sich bis zum 1.1.2025 Änderungen, die zu einer abweichenden Festsetzung führen, waren die Bescheide gem. § 9 Abs. 3 NGrStG i.V. mit § 36 Abs. 3 GrStG und § 21 Satz 2 GrStG zu ändern oder aufzuheben.

73 Bei späteren **Neufestsetzungen des Grundsteuermessbetrags** ist der Veranlagungszeitpunkt jeweils der 1.1. des Jahres (§ 6 Abs. 3 NGrStG i.V. mit – sinngemäß – § 17 Abs. 1 GrStG[5]). Entfallen die Voraussetzungen für eine Ermäßigung der Steuermesszahl im laufenden Jahr, wird dies durch eine **Neuveranlagung des Grundsteuermessbetrags** auf den 1.1. des Folgejahres berücksichtigt, wenn die Abweichung vom bisherigen Grundsteuermessbetrag mindestens fünf Euro beträgt (§ 9 Abs. 2 Satz 2[6] und Abs. 3 NGrStG[7] i.V. mit – sinngemäß – § 17 Abs. 2 Nr. 1 GrStG[8]). Der **Wegfall der Voraussetzungen** für eine ermäßigte Steuermesszahl ist dem Finanzamt **anzuzeigen** (§ 9 Abs. 4 Satz 2 NGrStG[9]). Treten die Voraussetzungen für eine Ermäßigung der Steuermesszahl erst im laufenden Jahr ein, wird dies nach § 9 Abs. 2 Satz 1 NGrStG[10] – ohne betragliche Begrenzung der Abweichung vom bisherigen Grundsteuermessbetrag – durch eine Neuveranlagung des Grundsteuermessbetrags auf den 1.1. des Folgejahres berücksichtigt.

---

1 A 6 Abs. 6 AENGrStG.
2 A 6 Abs. 5 AENGrStG; Krause in Stenger/Loose, NGrStG, § 6 Rz. 392.
3 A 6 Abs. 5 AENGrStG.
4 Vgl. auch Bock/Lapp in Grootens, NGrStG, § 9 Rz. 41 ff.
5 Siehe hierzu vertiefend Bock in Grootens, GrStG, § 17 Rz. 22 ff.
6 Vgl. auch Bock/Lapp in Grootens, NGrStG, § 9 Rz. 43 ff.
7 Vgl. auch Bock/Lapp in Grootens, NGrStG, § 9 Rz. 51 ff.
8 Siehe hierzu vertiefend Bock in Grootens, GrStG, § 17 Rz. 31 f.
9 Vgl. auch Bock/Lapp in Grootens, NGrStG, § 9 Rz. 57.
10 Vgl. auch Bock/Lapp in Grootens, NGrStG, § 9 Rz. 42.

§ 7 NGrStG Hebesatz

(1) [1]Bei der Hauptveranlagung nach § 9 Abs. 1 Satz 1 ist durch die Gemeinde ein aufkommensneutraler Hebesatz zu ermitteln. [2]Dazu ist das Grundsteueraufkommen der Gemeinde, das aus den Grundsteuermessbeträgen nach den für die Grundsteuer ab dem Kalenderjahr 2025 geltenden Regelungen zu erwarten ist, dem Grundsteueraufkommen gegenüberzustellen, das im Haushaltsplan der Gemeinde für das Kalenderjahr 2024 veranschlagt worden ist. [3]Der aufkommensneutrale Hebesatz ist der Hebesatz, der sich ergäbe, wenn die Höhe des Grundsteueraufkommens gleich bliebe.

(2) Die Gemeinde muss den aufkommensneutralen Hebesatz und die Abweichung des von der Gemeinde bei der Hauptveranlagung bestimmten Hebesatzes von dem aufkommensneutralen Hebesatz in geeigneter Art und Weise veröffentlichen.

(3) § 25 GrStG bleibt unberührt.

Inhaltsübersicht **Rz.**

LITERATUR:

Siehe Vorwort.

HINWEISE:

A 7 des Runderlasses des Niedersächsischen Finanzministeriums, Anwendung des Niedersächsischen Grundsteuergesetzes (NGrStG) zur Bewertung des Grundvermögens für die Grundsteuer ab 1.1.2022 (AENGrStG), RdErl. d. MF v. 22.2.2022 - G 1002-6 - 62100.

A. Allgemeine Erläuterungen

I. Normzweck und wirtschaftliche Bedeutung der Vorschrift

§ 7 NGrStG enthält besondere Regelungen zum **Hebesatzrecht der Gemeinden**. § 7 Abs. 1 NGrStG verpflichtet die Gemeinden, bei der Hauptveranlagung auf den 1.1.2025 anhand des bisherigen und des künftig erwarteten Grundsteueraufkommens aufgrund der neuen Grundsteuermessbeträge einen **aufkommensneutralen Hebesatz** zu ermitteln und diesen nach § 7 Abs. 2 NGrStG zu veröffentlichen.[1] Das Hebesatzrecht der Gemeinden bleibt von dieser Pflicht im Übrigen, wie § 7 Abs. 3 NGrStG klarstellt, unberührt.[2] Es soll insbesondere verhindert werden, dass die Gemeinde die Grundsteuerreform für eine versteckte Steuererhöhung ausnutzen 1

1 A 7 Abs. 2 AENGrStG; vgl. auch Gesetzentwurf der Koalitionsfraktionen zum Niedersächsischen Grundsteuergesetz, Niedersächsische LT-Drucks. 18/8995 S. 27.

2 Siehe auch A 7 Abs. 1 AENGrStG.

kann.[1] Die Vorschrift ermöglicht den Gemeinden darüber hinaus, nach § 7 Abs. 3 NGrStG i.V. mit § 25 Abs. 5 GrStG für **unbebaute, baureife Grundstücke** aus städtebaulichen Gründen einen erhöhten Hebesatz (sog. **Grundsteuer C**) festzusetzen.

2–5 *(Einstweilen frei)*

II. Entstehung und Entwicklung der Vorschrift

6 Die Vorschrift wurde im Jahr 2021 mit dem **Stammgesetz** in das NGrStG aufgenommen.[2] Im Gesetzentwurf der Koalitionsfraktionen war die Regelung noch in § 6 NGrStG verortet.[3]

7 **§ 7 Abs. 3 NGrStG** in der vorliegenden Fassung war in dem ursprünglichen Gesetzentwurf der Regierungskoalition[4] nicht enthalten und wurde erst im parlamentarischen Verfahren aufgrund einer Empfehlung des federführenden Ausschusses für Haushalt und Finanzen in das Gesetz aufgenommen, um klarzustellen, dass das Recht der Gemeinden, den Hebesatz für die Grundsteuer selbst zu bestimmen, unberührt bleibe und der aufkommensneutrale Hebesatz lediglich zur Information und aus Gründen der Transparenz ermittelt und veröffentlicht werden solle.[5] Darüber hinaus wurden geringfügige Änderungen am Wortlaut der Norm vorgenommen.[6]

8–10 *(Einstweilen frei)*

III. Geltungsbereich

11 § 7 NGrStG gilt, wie sich aus der systematischen Verortung im Ersten Teil unter Grundstücke, Grundsteuer B ergibt, für in Niedersachsen belegenes Grundvermögen und nicht für land- und forstwirtschaftliches Vermögen. Dies gilt auch für die Pflicht der Gemeinde, einen aufkommensneutralen Hebesatz nach § 7 Abs. 1 Satz 1 NGrStG zu ermitteln, da § 11 Abs. 5 NGrStG insoweit keine entsprechende Anwendung regelt.[7] § 7 NGrStG ist mit dem Stammgesetz gem. § 15 Abs. 1 NGrStG **am 14.7.2021 in Kraft getreten**. Wie sich aus § 1 Satz 1 NGrStG[8] und § 12 Abs. 1 NGrStG[9] ergibt, sollen die Regelungen des NGrStG und damit auch § 7 NGrStG erst für die Erhebung der **Grundsteuer** ab dem **Kalenderjahr 2025** von Bedeutung sein.

12–15 *(Einstweilen frei)*

IV. Vereinbarkeit der Vorschrift mit höherrangigem Recht

16 § 7 NGrStG begegnet nach hiesiger Auffassung keinen durchgreifenden verfassungsrechtlichen Bedenken. Insbesondere wird das **kommunale Selbstverwaltungsrecht** und das **Hebesatzrecht** der Gemeinden nach **Art. 28 Abs. 2 GG** nicht verletzt.[10] § 7 NGrStG verpflichtet die Gemeinden

1 Krumm/Paeßens, NGrStG, § 7 Rz. 1; Krause in Stenger/Loose, NGrStG, § 7 Rz. 406.
2 Niedersächsisches Grundsteuergesetz v. 7.7.2021, Nds. GVBl Nr. 27/2021 S. 502 ff.
3 Vgl. Niedersächsische LT-Drucks. 18/8995 S. 7 und S. 27.
4 Niedersächsische LT-Drucks. 18/8995.
5 Niedersächsische LT-Drucks. 18/9632 S. 25.
6 Vgl. Niedersächsische LT-Drucks. 18/9603 S. 8 und Niedersächsische LT-Drucks 18/9632 S. 24.
7 Krumm/Paeßens, NGrStG, § 7 Rz. 3.
8 Vgl. vertiefend Bock/Lapp in Grootens, NGrStG, § 1 Rz. 9.
9 Siehe Bock/Lapp in Grootens, NGrStG, § 12 Rz. 31 ff.
10 Krause in Stenger/Loose, NGrStG, § 7 Rz. 408; a. A. Schmidt, Niederschrift über die 125. – öffentliche – Sitzung des Ausschusses für Haushalt und Finanzen des niedersächsischen Landtags am 19.5.2021 in Hannover, S. 6; kritisch auch Arning, NdsVBl. 2022 S. 33.

nicht, einen aufkommensneutralen Hebesatz festzusetzen, sondern nur zu ermitteln. Dies dient der Transparenz und dem Ziel, dass die neue Ermittlung der Bemessungsgrundlage nicht zu einer Erhöhung des Grundsteueraufkommens genutzt werden kann.[1] Die Gemeinden können daher nicht aus Anlass der Neuermittlung im Grunde unbemerkt das Grundsteueraufkommen erhöhen, sondern müssen eine solche Erhöhung wie üblich vor ihren Gemeindebürgern transparent verantworten. Die Pflicht zur Ermittlung eines aufkommensneutralen Hebesatzes stellt damit lediglich eine neue Aufgabenzuweisung dar, für die der Landesgesetzgeber die Regelungsbefugnis hat.[2]

(Einstweilen frei) 17–20

V. Verhältnis zu anderen Vorschriften

Der Hebesatz der jeweiligen Gemeinde wird nach **§ 2 Abs. 1 Satz 2 NGrStG**[3] auf den Grundsteuermessbetrag angewendet. Der Grundsteuermessbetrag ergibt sich nach **§ 2 Abs. 2 Satz 1 NGrStG**[4] durch Anwendung der Grundsteuermesszahlen nach **§ 6 NGrStG**[5] auf die Äquivalenzbeträge, deren Ermittlung sich wiederum aus **§ 2 Abs. 3 NGrStG**[6] ergibt. 21

§ 7 Abs. 1 und 2 NGrStG lässt nach § 7 Abs. 3 NGrStG das in **Art. 28 Abs. 2 GG** verfassungsrechtlich geschützte und in **§ 25 GrStG**[7] konkretisierte Hebesatzrecht der Gemeinden für die Grundsteuer unberührt. 22

Mecklenburg-Vorpommern hat mit § 3 GemGrStZustÜHebG M-V[8] eine dem § 7 NGrStG entsprechende landesgesetzliche Regelung eingeführt. 23

(Einstweilen frei) 24–35

B. Systematische Kommentierung

I. Ermittlung eines aufkommensneutralen Hebesatzes für das Grundvermögen (§ 7 Abs. 1 NGrStG)

§ 7 NGrStG verankert das Ziel des niedersächsischen Gesetzgebers, die **Reform der Grundsteuer aufkommensneutral** durchzuführen. § 7 Abs. 1 Satz 1 NGrStG verpflichtet die Gemeinden, bei der Hauptveranlagung der Grundsteuermessbeträge auf den 1.1.2025 einen **aufkommensneutralen Hebesatz** zu ermitteln.[9] Die Berechnung des aufkommensneutralen Hebesatzes ergibt sich aus § 7 Abs. 1 Satz 2 und 3 NGrStG. Das aus den Steuermessbeträgen nach den ab dem Kalenderjahr 2025 geltenden Regelungen zu erwartende Grundsteueraufkommen ist mit dem Grundsteueraufkommen zu vergleichen, das im Haushaltsplan der Gemeinde für das Ka- 36

1 Krause in Stenger/Loose, NGrStG, § 7 Rz. 406; Krumm/Paeßens, NGrStG, § 7 Rz. 1.

2 Vgl. etwa Burghart in Leibholz/Rinck, GG, Art. 28 Rz. 353 m. w. N.

3 Vgl. vertiefend Bock/Lapp in Grootens, NGrStG, § 2 Rz. 42 ff.

4 Siehe hierzu Bock/Lapp in Grootens, NGrStG, § 2 Rz. 61 ff.

5 Vgl. vertiefend Bock/Lapp in Grootens, NGrStG, § 6 Rz. 26 ff.

6 Siehe hierzu Bock/Lapp in Grootens, NGrStG, § 2 Rz. 67 ff.

7 Siehe hierzu vertiefend Grootens in Grootens, GrStG, § 25 Rz. 31 ff.

8 Gesetz zur Übertragung der Zuständigkeiten der Gemeinden für die Festsetzung und Erhebung der Grundsteuer und zur Ermittlung aufkommensneutraler Hebesätze (GemGrStZustÜHebG M-V) v. 18.12.1995, GVOBl M-V 2024 S. 658, zuletzt geändert durch Art. 4 des Gesetzes zur Anpassung der Finanzbeziehungen zwischen Land und Kommunen in Mecklenburg-Vorpommern v. 18.12.2023, GVOBl M-V 2023 S. 924, 927).

9 A 7 Abs. 2 AENGrStG.

lenderjahr 2024 veranschlagt worden ist.[1] Da zum Zeitpunkt der Ermittlung des aufkommensneutralen Hebesatzes noch nicht sämtliche Grundsteuermessbeträge einer Gemeinde festgesetzt sein konnten, stellt die Norm auf das im Haushaltsplan der Gemeinde für das Jahr 2024 veranschlagte Aufkommen ab.[2] Der aufkommensneutrale Hebesatz ist der Hebesatz, der sich ergäbe, wenn die Höhe des Grundsteueraufkommens gleich bliebe. Nach § 25 Abs. 4 GrStG, der auch im niedersächsischen Grundsteuermodell Anwendung findet, muss der Hebesatz jeweils für die in einer Gemeinde liegenden Grundstücke des Grundvermögens einerseits und die in der Gemeinde liegenden Betriebe der Land- und Forstwirtschaft andererseits einheitlich sein. In den jeweiligen Gemeinden existieren mithin zwei i. d. R. der Höhe nach verschiedene Hebesätze. Die Norm differenziert nicht nach den jeweiligen Vermögensarten, da auf den Hebesatz für das land- und forstwirtschaftliche Vermögen § 7 Abs. 1 NGrStG aufgrund seiner systematischen Stellung im Ersten Teil des NGrStG und der fehlenden Regelung in § 11 Abs. 5 NGrStG keine Anwendung findet (siehe bereits → Rz. 11).

37 **BEISPIEL:**

- Für das Jahr 2024 veranschlagtes Grundsteueraufkommen bei einem Hebesatz von 340 %: 3,4 Mio. € (= Messbetragsvolumen: 1 Mio. €)
- Grundsteueraufkommen nach den ab dem Kalenderjahr 2025 geltenden Regelungen bei gleichbleibendem Hebesatz: 5,1 Mio. € (= Messebetragsvolumen 1,5 Mio. €)
- Aufkommensneutraler Hebesatz: rund 227 %
- Grundsteueraufkommen mit aufkommensneutralem Hebesatz: 3.405.000 €.

38–40 *(Einstweilen frei)*

II. Veröffentlichungspflicht (§ 7 Abs. 2 NGrStG)

41 § 7 Abs. 2 NGrStG verpflichtet die Gemeinden, den **aufkommensneutralen Hebesatz** in geeigneter Art und Weise zu **veröffentlichen**. Der niedersächsische Gesetzgeber hat allerdings keine Möglichkeit, die Gemeinden gesetzlich dazu zu verpflichten, den aufkommensneutralen Hebesatz auch tatsächlich ab dem Kalenderjahr 2025 der Grundsteuererhebung zugrunde zu legen. Dies wäre ein verfassungsrechtlich unzulässiger Eingriff in das kommunale Selbstverwaltungsrecht und ein Verstoß gegen das in Art. 28 Abs. 2 Satz 3 GG verfassungsrechtlich abgesicherte kommunale Hebesatzrecht.[3] Eine geeignete Art und Weise der Veröffentlichung dürfte insbesondere in der Veröffentlichung in einer üblicherweise veröffentlichten Satzung oder in einem **kommunalen Amtsblatt** zu erblicken sein. Die Pflicht beschränkt sich auf den ersten Erhebungszeitraum (Jahr 2025), da in den folgenden Jahren eine Steuererhöhung durch eine Hebesatzerhöhung leicht feststellbar ist.[4]

42 Um das Ziel der **aufkommensneutralen Umsetzung** der Grundsteuerreform zu erreichen, **appelliert** der niedersächsische Gesetzgeber nicht nur **an die Gemeinden**, die Hebesätze der Grundsteuer entsprechend anzupassen,[5] sondern verpflichtet diese in § 7 Abs. 2 NGrStG, auch etwaige **Abweichungen** des **tatsächlich festgesetzten Hebesatzes** vom aufkommensneutralen Hebesatz in geeigneter Art und Weise zu veröffentlichen. Eine Pflicht zur Veröffentlichung be-

1 A 7 Abs. 2 AENGrStG.
2 Krumm/Paeßens, NGrStG, § 7 Rz. 3; Krause in Stenger/Loose, NGrStG, § 7 Rz. 406.
3 So auch Krumm/Paeßens, NGrStG, § 7 Rz. 1.
4 Krumm/Paeßens, NGrStG, § 7 Rz. 4.
5 Niedersächsische LT-Drucks. 18/8995 S. 1 und 11.

steht unabhängig davon, ob der festgesetzte Hebesatz nach oben oder nach unten vom aufkommensneutralen Hebesatz abweicht.[1] Eine etwaige Abweichung vom aufkommensneutralen Hebesatz muss allerdings nach § 7 NGrStG nicht begründet werden, so dass abzuwarten bleibt, inwieweit diese Veröffentlichungspflicht Gemeinden von einer Beibehaltung des bisherigen Hebesatzes abhalten kann. Eine Verletzung der Veröffentlichungspflicht führt nicht zur Rechtswidrigkeit der Hebesatzsatzung.[2]

(Einstweilen frei) 43–45

III. Festsetzung des Hebesatzes nach § 25 GrStG (§ 7 Abs. 3 NGrStG)

§ 7 Abs. 3 NGrStG bestimmt klarstellend, dass die Regelungen in **§ 25 GrStG** zur Festsetzung des Hebesatzes[3] unberührt bleiben.[4] Damit finden in Niedersachsen insbesondere die Regelungen des § 25 Abs. 5 GrStG zur sog. **Grundsteuer C**[5] Anwendung, allerdings nur für die dort genannten unbebauten, baureifen Grundstücke i. S. des § 246 BewG. Grundstücke, die nach Anwendung des § 3 Abs. 4 Satz 1 NGrStG als unbebaut gelten, fallen nicht in den Anwendungsbereich des § 25 Abs. 5 GrStG.[6] 46

Zweites Kapitel: Verfahren

§ 8 NGrStG Feststellungsverfahren

(1) [1]In dem Feststellungsbescheid für Grundstücke sind ergänzend zu § 219 Abs. 2 BewG auch Feststellungen zu treffen über die Fläche von Grund und Boden und die Gebäudeflächen sowie ihre Einordnung als Wohnfläche oder Nutzfläche. [2]Feststellungen erfolgen nur, wenn und soweit sie für die Besteuerung von Bedeutung sind. [3]Der Feststellungsbescheid kann mit dem nachfolgenden Grundsteuermessbescheid verbunden und zusammengefasst bekannt gegeben werden.

(2) [1]Abweichend von § 221 BewG findet keine turnusmäßige Hauptfeststellung statt. [2]Die Äquivalenzbeträge werden auf den 1. Januar 2022 allgemein festgestellt (Hauptfeststellung). [3]Der Hauptfeststellung werden die Verhältnisse zu Beginn des Kalenderjahres (Hauptfeststellungszeitpunkt) zugrunde gelegt. [4]Bei der Ermittlung der jeweiligen Äquivalenzbeträge ist § 163 der Abgabenordnung (AO) nicht anzuwenden.

(3) [1]Neu festgestellt werden die Äquivalenzbeträge (Betragsfortschreibung) oder die Flächen des Grundstücks (Flächenfortschreibung), wenn ein Äquivalenzbetrag oder eine Fläche von der zuletzt getroffenen Feststellung abweicht und es für die Besteuerung von Bedeutung ist. [2]Eine Betragsfortschreibung ist auch durchzuführen, wenn die turnusmäßige Neuberechnung der Lage-Faktoren alle sieben Jahre zu einer Änderung der Äquivalenzbeträge führt. [3]Der Fortschreibungszeitpunkt ist der Beginn des Kalenderjahres, das auf das Jahr der Änderung folgt. [4]Eine Fortschreibung nach Satz 1 findet auch zur Beseitigung eines Fehlers der letzten Feststellung statt.

(4) [1]Für die Äquivalenzbeträge nach diesem Gesetz gelten die Vorschriften des Bewertungsgesetzes über die Fortschreibung, Nachfeststellung, Aufhebung, Änderung und Nachholung der Feststellung im Übrigen sinngemäß. [2]Dabei gilt die Maßgabe, dass der Lage-Faktor zunächst nach den Verhältnissen des Haupt-

1 Krumm/Paeßens, NGrStG, § 7 Rz. 4.
2 Krumm/Paeßens, NGrStG, § 7 Rz. 4.
3 Siehe hierzu Grootens in Grootens, GrStG, § 25 Rz. 31 ff.
4 A 7 Abs. 3 AENGrStG.
5 Siehe dazu vertiefend Grootens in Grootens, GrStG, § 25 Rz. 121 ff.
6 Siehe dazu vertiefend Bock/Lapp in Grootens, NGrStG § 3 Rz. 174.

feststellungszeitpunkts, nach dem Zeitpunkt der ersten Neuberechnung nach § 5 Abs. 4 Satz 5 jedoch nach den Verhältnissen des Zeitpunktes der jeweils letzten Neuberechnung zugrunde gelegt wird.

(5) [1]Die Aufforderung zur Abgabe einer Erklärung mittels Allgemeinverfügung durch öffentliche Bekanntmachung erfolgt abweichend von § 228 Abs. 1 Satz 3 BewG durch die für Steuern in Niedersachsen zuständige Mittelbehörde. [2]Änderungen der tatsächlichen Verhältnisse, die sich auf die Höhe der Äquivalenzbeträge auswirken oder zu einer Nachfeststellung oder der Aufhebung der Äquivalenzbeträge führen können, sind abweichend von § 228 Abs. 2 BewG auf den Beginn des folgenden Kalenderjahres zusammengefasst anzuzeigen. [3]Die Anzeige ist abweichend von § 228 Abs. 2 Satz 3 BewG bis zum 31. März des Jahres abzugeben, das auf das Jahr folgt, in dem sich die tatsächlichen Verhältnisse geändert haben. [4]Bei Gebäuden auf fremdem Grund und Boden sind die Erklärung und die Anzeige von derjenigen oder demjenigen abzugeben, der oder dem die wirtschaftliche Einheit jeweils zuzurechnen ist.

(6) Die Erklärung und die Anzeige nach Absatz 5 sind Steuererklärungen im Sinne der Abgabenordnung, die nach amtlich vorgeschriebenem Datensatz durch Datenfernübertragung zu übermitteln sind; § 228 Abs. 6 Sätze 2 und 3 BewG bleibt unberührt.

Inhaltsübersicht **Rz.**

LITERATUR:

Siehe Vorwort.

HINWEISE:

A 8 des Runderlasses des Niedersächsischen Finanzministeriums, Anwendung des Niedersächsischen Grundsteuergesetzes (NGrStG) zur Bewertung des Grundvermögens für die Grundsteuer ab 1.1.2022 (AENGrStG), RdErl. d. MF v. 22.2.2022 - G 1002-6 - 62100.

Aufforderung zur Abgabe der Erklärung zur Feststellung des Grundsteuerwerts (land- und forstwirtschaftliches Vermögen) und Feststellung der Äquivalenzbeträge (Grundvermögen) für den Hauptfeststellungszeitpunkt 1. Januar 2022; Öffentliche Bekanntmachung, Landesamt für Steuern Niedersachsen v. 21.3.2022 - G 1002-6.

Aufforderung zur Abgabe der Erklärung zur Feststellung des Grundsteuerwerts (land- und forstwirtschaftliches Vermögen) und Feststellung der Äquivalenzbeträge (Grundvermögen) für den Hauptfeststellungszeitpunkt 1. Januar 2025, Fristverlängerung bis zum 31. Januar 2023, Landesamt für Steuern Niedersachsen v. 17.10.2022 - G 1002-6 – Nds.MBl. Nr. 43/2022 S. 1405.

A. Allgemeine Erläuterungen

I. Normzweck und wirtschaftliche Bedeutung der Vorschrift

§ 8 NGrStG trifft ergänzende **verfahrensrechtliche Regelungen** zu den Inhalten des **Feststellungsbescheides** i. S. des sinngemäß anwendbaren § 219 Abs. 2 BewG,[1] zur Durchführung der Hauptfeststellung sowie von Flächen- und Betragsfortschreibungen. Abweichungen und Ergänzungen zum Feststellungsverfahren nach dem Bewertungsgesetz werden aus Gründen der besseren Verständlichkeit und Nachvollziehbarkeit in einer Norm zusammengefasst.[2] Die Vorschrift regelt darüber hinaus die Erklärungs- und Anzeigepflichten der Bürgerinnen und Bürger. 1

§ 8 Abs. 1 NGrStG regelt die auf der ersten Stufe des dreistufigen Verfahrens erfolgende Feststellung der Äquivalenzbeträge.[3] Ergänzend zu der bundesgesetzlichen Regelung in § 219 BewG wird bestimmt, dass die Flächen von Grund und Boden, Gebäuden sowie deren Einordnung als Wohn- oder Nutzfläche durch Feststellungsverwaltungsakt i. S. des § 180 Abs. 1 Nr. 1 AO gesondert festzustellen sind. Verfahrensrechtlich wird gesetzlich sichergestellt, dass der Feststellungsbescheid mit dem nachfolgenden Grundsteuermessbescheid verbunden und zusammengefasst bekannt gegeben werden kann.[4] 2

§ 8 Abs. 2 NGrStG bestimmt, dass die Hauptfeststellung nach den Verhältnissen auf den 1.1.2022 erfolgt. Da das niedersächsische Grundsteuermodell nicht die Ermittlung eines angenäherten Verkehrswerts zum Ziel hat, ist abweichend von § 221 BewG keine weitere turnusmäßige Hauptfeststellung erforderlich, sondern es werden lediglich die Lage-Faktoren im Turnus von sieben Jahren überprüft und ggf. neuberechnet. Die Billigkeitsregel des § 163 AO wird im Rahmen der Ermittlung des Äquivalenzbetrags ausgeschlossen.[5] 3

§ 8 Abs. 3 NGrStG trifft Regelungen zur Neufeststellung der Äquivalenzbeträge oder der Flächen des Grundstücks, wenn sie von der zuletzt getroffenen Feststellung abweichen und es für die Besteuerung von Bedeutung ist. Dabei soll nach dem Willen des Gesetzgebers aus Gründen des Rechtsstaatsprinzips, aber auch mit Blick auf einen bürgerfreundlichen und unbürokratischen Gesetzesvollzug, nach der Auswirkung der Änderung zugunsten oder zulasten des Steuerpflichtigen einerseits und zwischen Tatsachenänderungen bezüglich des Grund und Bodens sowie der Gebäudeflächen andererseits differenziert werden.[6] 4

§ 8 Abs. 4 NGrStG regelt, dass für Grundstücke des Grundvermögens die §§ 222–226 BewG für die Fortschreibung, Nachfeststellung, Aufhebung, Änderung und Nachholung des Äquivalenzbetrags sinngemäß angewendet werden.[7] 5

§ 8 Abs. 5 NGrStG regelt insbesondere die Erklärungs- und Anzeigepflichten der Steuerpflichtigen. 6

§ 8 Abs. 6 NGrStG bestimmt, dass die Erklärungen und Anzeigen nach § 8 Abs. 5 NGrStG Steuererklärungen i. S. der Abgabenordnung sind. Dies hat unter anderem zur Folge, dass bei Nicht- 7

---

1 Kurt in Grootens, BewG, § 219 Rz. 211 ff.
2 Niedersächsische LT-Drucks. 18/8995 S. 27.
3 Siehe auch A 8 Abs. 1 AENGrStG.
4 Niedersächsische LT-Drucks. 18/8995 S. 27.
5 Niedersächsische LT-Drucks. 18/8995 S. 27.
6 Niedersächsische LT-Drucks. 18/8995 S. 27 f.
7 Niedersächsische LT-Drucks. 18/8995 S. 28.

erfüllung oder bei nicht fristgerechter Erfüllung der Erklärungs- und Anzeigepflicht grundsätzlich ein Verspätungszuschlag festgesetzt werden kann (§ 152 Abs. 1 AO). § 8 Abs. 6 NGrStG normiert darüber hinaus die elektronische Übermittlungspflicht der Erklärungen und Anzeigen, wobei die Abgabe einer Erklärung oder Anzeige in Papierform in Härtefällen möglich bleibt (§ 150 Abs. 8 AO).

8–10 *(Einstweilen frei)*

II. Entstehung und Entwicklung der Vorschrift

11 Die Vorschrift wurde im Jahr 2021 mit dem **Stammgesetz** in das NGrStG aufgenommen.[1] Im Gesetzentwurf der Koalitionsfraktionen war die Regelung noch in § 7 NGrStG verortet.[2]

12 Im Gesetzgebungsverfahren wurde neben **geringfügigen Klarstellungen** insbesondere **§ 8 Abs. 4 Satz 2 NGrStG** zum Zeitpunkt der maßgeblichen Verhältnisse beim Lage-Faktor und **§ 8 Abs. 5 Satz 4 NGrStG** zur Anzeigepflicht bei Gebäuden auf fremdem Grund und Boden ergänzt.[3]

13–15 *(Einstweilen frei)*

III. Geltungsbereich

16 § 8 NGrStG gilt, wie sich aus der systematischen Stellung im Ersten Teil unter Grundstücke, Grundsteuer B ergibt, **ganz überwiegend** für in Niedersachsen belegenes **Grundvermögen**. Lediglich § 8 Abs. 5 und 6 NGrStG gelten gem. **§ 11 Abs. 5 NGrStG** auch für in Niedersachsen belegenes **land- und forstwirtschaftliches Vermögen**. § 8 NGrStG ist mit dem Stammgesetz gem. § 15 Abs. 1 NGrStG **am 14.7.2021 in Kraft getreten**. Wie sich aus § 1 Satz 1 NGrStG[4] und § 12 Abs. 1 NGrStG[5] ergibt, sollen die Regelungen des NGrStG und damit auch § 8 NGrStG erst für die Erhebung der **Grundsteuer** ab dem **Kalenderjahr 2025** von Bedeutung sein.

17–20 *(Einstweilen frei)*

IV. Vereinbarkeit der Vorschrift mit höherrangigem Recht

21 Zweifel an der Vereinbarkeit der abweichenden verfahrensrechtlichen Vorschriften von den bundesgesetzlich geregelten verfahrensrechtlichen Vorschriften im Bewertungsgesetz und im Grundsteuergesetz mit dem Grundgesetz könnten aufkommen, da **Art. 108 Abs. 5 Satz 2 GG** dem Bund die **konkurrierende Gesetzgebungsbefugnis**[6] über das von den Landesfinanzbehörden und in den Fällen des Art. 108 Abs. 4 Satz 2 GG von den Gemeinden (Gemeindeverbänden) anzuwendende Verfahren durch Bundesgesetz mit Zustimmung des Bundesrates überträgt, sodass die Regelung von Verfahrensvorschriften für die Länder gesperrt sein könnte. Die Gesetzgebungsbefugnis nach Art. 108 Abs. 5 Satz 2 GG ist umfassend und erfasst auch das Verfahren zur Umsetzung von Landesrecht.[7] Der Wille des Verfassungsgesetzgebers, den Ländern

1 Niedersächsisches Grundsteuergesetz vom 7.7.2021, Nds. GVBl Nr. 27/2021 S. 502 ff.
2 Vgl. Niedersächsische LT-Drucks. 18/8995 S. 7 f. und S. 27 f.
3 Vgl. Niedersächsische LT-Drucks. 18/9603 S. 9 f.; LT-Drucks. 18/9632 S. 25 f.
4 Vgl. vertiefend Bock/Lapp in Grootens, NGrStG, § 1 Rz. 9.
5 Siehe Bock/Lapp in Grootens, NGrStG, § 12 Rz. 31 ff.
6 Kirchhoff in v. Mangold/Klein/Starck, GG Art. 108 Rz. 74.
7 Kienemund in Hömig/Wolff, GG Art. 108 Rz. 13.

eine umfassende Abweichungskompetenz bei der Grundsteuer einzuräumen,[1] spricht dafür, dass Art. 108 Abs. 5 Satz 2 GG gegenüber Art. 72 Abs. 3 Satz 1 Nr. 7 GG subsidiär sein könnte.[2] Denn andernfalls müssten die Länder das abweichende materielle Recht in das vom Bewertungsgesetz und Grundsteuergesetz vorgegebene Verfahrensrecht einbetten, was die Abweichungsbefugnis nach Art. 72 Abs. 3 Satz 1 Nr. 7 GG erheblich einschränken könnte.[3] Zudem hat der Gesetzgeber die verfahrensrechtlichen Regelungen wie bei der AO nicht allgemeingültig vor die Klammer gezogen, sondern in das materielle Recht in den Siebenten Abschnitt des Zweiten Teils Bewertungsgesetzes und in das Grundsteuergesetz integriert. Damit könnte der Gesetzgeber zum Ausdruck gebracht haben, dass die verfahrensrechtlichen Regelungen nur im Zusammenhang mit dem bundesgesetzlich geregelten materiellen Recht gelten sollen. Dass der Bundesgesetzgeber die erst später erlassenen landesrechtlichen Regelungen zudem nicht vorhersehen konnte, spricht dafür, dass er von seiner konkurrierenden Gesetzgebungskompetenz nach Art. 108 Abs. 5 Satz 2 GG im Hinblick auf das Verfahrensrecht bei der Grundsteuer keinen Gebrauch gemacht hat. Im Regierungsentwurf beruft sich der Bundesgesetzgeber trotz weitreichender Ausführungen zur Gesetzgebungskompetenz nicht auf Art. 108 Abs. 5 Satz 2 GG.[4] Die durch den Bundesgesetzgeber zum Grundsteuerrecht erlassenen Regelungen sollten die Landesgesetzgeber nach dem Willen des Bundesgesetzgebers nicht binden. Die bundesgesetzlichen Regelungen lassen sich wegen ihrer ersichtlichen Einbettung in das Bundesrecht auch nicht sinnvoll auf die landesrechtlichen materiellen Regelungen anwenden.

(Einstweilen frei) 22–25

V. Verhältnis zu anderen Vorschriften

§ 8 Abs. 1 NGrStG ergänzt im Hinblick auf den Inhalt des Feststellungsbescheids für das Grundvermögen **§ 219 Abs. 2 BewG**[5] und verdrängt diesen als lex posterior insoweit. Die nach § 8 Abs. 1 Satz 1 NGrStG im Feststellungsbescheid zu treffenden Feststellungen über die Fläche von Grund und Boden, die Gebäudeflächen sowie ihre Einordnung als Wohn- oder Nutzfläche richten sich nach **§ 3 NGrStG.**[6] Die in § 8 Abs. 2–4 NGrStG in Bezug genommenen Äquivalenzbeträge ergeben sich gem. **§ 2 Abs. 3 NGrStG**[7] aus der maßgeblichen Fläche nach **§ 3 NGrStG**, der Äquivalenzzahl nach **§ 4 NGrStG**[8] und dem Lage-Faktor nach **§ 5 NGrStG.**[9] 26

§ 8 Abs. 2 Satz 1 NGrStG legt fest, dass es keine turnusmäßige Hauptfeststellung gibt und verdrängt **§ 221 BewG.**[10] § 8 Abs. 2 Satz 4 NGrStG schließt für die Ermittlung der Äquivalenzbeträge die Anwendung der Billigkeitsregelung des **§ 163 AO** aus. Dies entspricht weitgehend der bundesgesetzlichen Regelung des **§ 220 Abs. 1 Satz 2 BewG.**[11] 27

1 Siehe BT-Drucks. 19/11084 S. 4.
2 So Druen in Stenger/Loose, Bewertungsrecht – BewG/ErbStG/GrStG, 3. Landesabweichungsgesetzgebung als föderaler Konzeptwettbewerb, Rz. 13; zust. Krumm/Paeßens, GrStG, Grundlagen Rz. 77.
3 Siehe zur grundsätzlichen Reichweite einer Abweichungsgesetzgebungsbefugnis nach Art. 72 Abs. 3 GG Uhle, in Dürig/Herzog/Scholz, GG, Stand: 98 EL März 2022, Art. 72 Rz. 270.
4 Vgl. BT-Drucks. 19/11085 S. 88.
5 Kurt in Grootens, BewG, § 219 Rz. 211 ff.
6 Siehe hierzu Bock/Lapp in Grootens, NGrStG, § 3 Rz. 41 ff.
7 Siehe hierzu Bock/Lapp in Grootens, NGrStG, § 2 Rz. 67 ff.
8 Siehe hierzu Bock/Lapp in Grootens, NGrStG, § 4 Rz. 26 ff.
9 Siehe hierzu Bock/Lapp in Grootens, NGrStG, § 5 Rz. 36 ff.
10 Kurt in Grootens, BewG, § 221 Rz. 61 ff.
11 Kurt in Grootens, BewG, § 220 Rz. 61 ff.

28 § 8 Abs. 3 NGrStG regelt die Fortschreibung der Äquivalenzbeträge und verdrängt als lex posterior insoweit **§ 222 BewG.**[1]

29 § 8 Abs. 4 Satz 1 NGrStG bestimmt, dass im Übrigen die **§§ 222–226 BewG**[2] sinngemäß anzuwenden sind. § 8 Abs. 4 Satz 2 NGrStG bestimmt u. a. den Zeitpunkt der maßgeblichen Verhältnisse, die einer Neuberechnung der Äquivalenzbeträge nach **§ 5 Abs. 4 Satz 5 NGrStG**[3] zugrunde zu legen sind.

30 § 8 Abs. 5 und 6 NGrStG treffen abweichende Regelungen zur Erklärungs- und Anzeigepflicht nach **§ 228 BewG**[4] und verdrängen als lex posterior diesen insoweit.

31–35 *(Einstweilen frei)*

B. Systematische Kommentierung

I. Sonderregelungen zum Feststellungsbescheid (§ 8 Abs. 1 NGrStG)

36 § 8 Abs. 1 Satz 1 NGrStG ergänzt § 219 Abs. 2 BewG,[5] welcher im Übrigen in Niedersachsen über § 1 Satz 2 und 3 NGrStG sinngemäß Anwendung findet. Nach § 8 Abs. 1 Satz 1 NGrStG sind in dem Feststellungsbescheid für Grundstücke auch Feststellungen über die Fläche von Grund und Boden, Gebäuden sowie deren Einordnung als Wohn- oder Nutzfläche zu treffen.[6] In Verbindung mit § 219 BewG ergehen damit insgesamt folgende **Feststellungen**:

- Vermögensart
- die Zurechnung der wirtschaftlichen Einheit und bei mehreren Beteiligten über die Höhe ihrer Anteile
- Fläche von Grund und Boden
- Gebäudefläche und
- Einordnung der Gebäudefläche als Wohn- oder Nutzfläche.

1 Kurt in Grootens, BewG, § 222 Rz. 61 ff.
2 Siehe hierzu die Kommentierung Kurt in Grootens, BewG, §§ 221–226.
3 Siehe hierzu Bock/Lapp in Grootens, NGrStG, § 5 Rz. 80.
4 Kurt in Grootens, BewG, § 228 Rz. 61 ff.
5 Kurt in Grootens, BewG, § 219 Rz. 211 ff.
6 A 8 Abs. 1 AENGrStG.

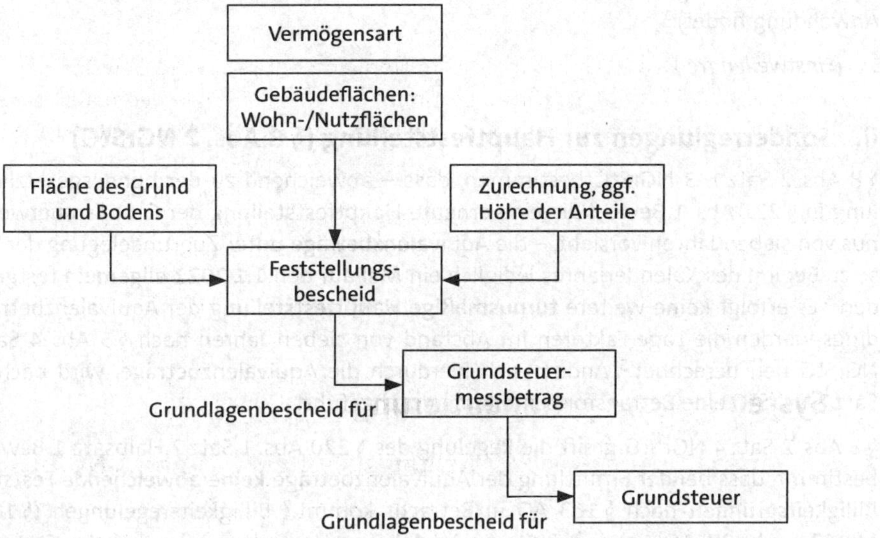

Der Feststellungsbescheid ist wie im Bundesrecht Grundlagenbescheid für den Grundsteuermessbescheid.[1]

Feststellungen erfolgen nach § 8 Abs. 1 Satz 2 NGrStG nur, wenn und soweit sie **für die Besteuerung von Bedeutung** sind. Eine Feststellung kann insbesondere bei einer vollständigen Steuerbefreiung für den Grundbesitz mangels Bedeutung der wirtschaftlichen Einheit für die Besteuerung unterbleiben.[2] Ob eine Bedeutung für die Besteuerung besteht, richtet sich darüber hinaus betragsmäßig nach § 9 Abs. 2 NGrStG.[3] § 8 Abs. 1 Satz 2 NGrStG entspricht fast wortgleich der Regelung des § 219 Abs. 3 BewG. Aus § 8 Abs. 1 Satz 2 NGrStG folgt auch, dass für in Niedersachsen belegenes Grundvermögen keine Feststellungen über die **Grundstücksart** getroffen werden.[4] Nach dem NGrStG werden die Äquivalenzbeträge zur Ermittlung der Bemessungsgrundlage für die Grundsteuer für das Grundvermögen unabhängig von der Grundstücksart lediglich auf Grundlage der Wohn- und Nutzflächen festgestellt. Die Grundstücksart hat damit keine Auswirkung auf die Höhe der Grundsteuer und ist für die Besteuerung ohne Bedeutung. 37

§ 8 Abs. 1 Satz 3 NGrStG bestimmt, dass der **Feststellungsbescheid** mit dem **Grundsteuermessbescheid verbunden** und zusammen bekannt gegeben werden kann.[5] Die Regelung hat als rein wiederholende Regelung nur deklaratorischen Charakter. Auch im Bundesrecht kann der Feststellungsbescheid mit dem Grundsteuermessbescheid verbunden werden.[6] Der Gemeinde wird auch in diesen Fällen nur der Inhalt des Grundsteuermessbescheides elektronisch zum 38

1 A 8 Abs. 1 AENGrStG; Krause in Stenger/Loose, NGrStG, § 8 Rz. 449.

2 Krause in Stenger/Loose, NGrStG, § 8 Rz. 450.

3 A 8 Abs. 4 AENGrStG; siehe auch Niedersächsische LT-Drucks. 18/8995 S. 27 zu Abs. 3.

4 A 8 Abs. 1 AENGrStG; siehe auch Niedersächsische LT-Drucks. 18/8995 S. 27 zu Abs. 1; Krause in Stenger/Loose, NGrStG, § 8 Rz. 451; Krumm/Paeßens, GrStG, § 8 NGrStG Rz. 3.

5 A 8 Abs. 2 AENGrStG.

6 Siehe hierzu Bock in Grootens, GrStG, § 13 Rz. 41.

Datenabruf bereitgestellt (§ 184 Abs. 3 AO, der über § 12 Abs. 2 Satz 1 NGrStG entsprechend Anwendung findet).[1]

39–45 *(Einstweilen frei)*

II. Sonderreglungen zur Hauptfeststellung (§ 8 Abs. 2 NGrStG)

46 § 8 Abs. 2 Satz 1–3 NGrStG bestimmen, dass – abweichend zu der bundesgesetzlichen Regelung in § 221 Abs. 1 BewG,[2] die eine erneute Hauptfeststellung der Grundsteuerwerte im Turnus von sieben Jahren vorsieht, – die **Äquivalenzbeträge** unter Zugrundelegung der Verhältnisse zu Beginn des Kalenderjahres lediglich ein Mal **auf den 1.1.2022 allgemein festgestellt** werden.[3] Es erfolgt **keine** weitere **turnusmäßige Hauptfeststellung** der Äquivalenzbeträge.[4] Allerdings werden die Lage-Faktoren im Abstand von sieben Jahren nach § 5 Abs. 4 Satz 4 und 5 NGrStG neu berechnet.[5] Ändern sich hierdurch die Äquivalenzbeträge, wird nach § 8 Abs. 3 Satz 2 NGrStG eine Betragsfortschreibung durchgeführt.

47 § 8 Abs. 2 Satz 4 NGrStG greift die Regelung des § 220 Abs. 1 Satz 2 Halbsatz 1 BewG[6] auf und bestimmt, dass bei der Ermittlung der Äquivalenzbeträge **keine abweichende Feststellung aus Billigkeitsgründen** nach § 163 AO in Betracht kommt.[7] Billigkeitsregelungen (§ 10 NGrStG[8], §§ 163 und 227 AO) in den weiteren Verfahrensabschnitten, also bei der Festsetzung des Grundsteuermessbetrags und der Grundsteuer, sind hingegen nicht ausgeschlossen.[9] Im Gegensatz zu § 220 Abs. 1 Satz 2 BewG wurde in § 8 Abs. 2 Satz 4 NGrStG nicht bestimmt, Billigkeitsregelungen von der obersten Finanzbehörde Niedersachsens (dem Finanzministerium) im Einvernehmen mit den obersten Finanzbehörden der übrigen Länder in einer Übergangszeit zu treffen. § 220 Abs. 1 Satz 2 BewG wird insoweit verdrängt.[10] Der niedersächsische Gesetzgeber hält solche Billigkeitsregelungen in der Übergangszeit für nicht erforderlich.[11]

48–50 *(Einstweilen frei)*

III. Betrags- und Flächenfortschreibungen (§ 8 Abs. 3 NGrStG)

51 § 8 Abs. 3 Satz 1 NGrStG bestimmt, dass **Äquivalenzbeträge** oder maßgebliche **Flächen des Grundstücks** durch eine Betrags- und/oder Flächenfortschreibung **neu festgestellt** werden, wenn diese von der zuletzt getroffenen Feststellung abweichen und es für die Besteuerung von Bedeutung ist (siehe hierzu → Rz. 37).[12] Eine Abweichung kann sich z. B. daraus ergeben, dass Flächen nachträglich durch einen Anbau hinzukommen oder durch einen Abriss wegfallen.[13]

---

1 A 8 Abs. 2 AENGrStG.
2 Kurt in Grootens, BewG, § 221 Rz. 61 ff.
3 A 8 Abs. 3 AENGrStG; Krause in Stenger/Loose, NGrStG, § 8 Rz. 460.
4 A 8 Abs. 3 AENGrStG; Krumm/Paeßens, GrStG, § 8 NGrStG Rz. 6.
5 A 8 Abs. 3 AENGrStG.
6 Kurt in Grootens, BewG, § 220 Rz. 61 ff.
7 A 8 Abs. 3 AENGrStG.
8 Siehe dazu Bock/Lapp in Grootens, NGrStG, § 10 Rz. 21 ff.
9 Krumm/Paeßens, GrStG, § 8 NGrStG Rz. 8.
10 Eisele in Rössler/Troll, BewG, § 8 NGrStG Rz. 7.
11 A 8 Abs. 3 AENGrStG; vgl. auch Niedersächsische LT-Drucks. 18/8995 S. 27 zu Abs. 2.
12 A 8 Abs. 4 AENGrStG.
13 A 8 Abs. 4 AENGrStG; vgl. auch Niedersächsische LT-Drucks. 18/8995 S. 27 zu Abs. 3; Krause in Stenger/Loose, NGrStG, § 8 Rz. 474.

Nach § 8 Abs. 3 Satz 2 NGrStG ist eine **Betragsfortschreibung** auch dann durchzuführen, wenn der nach § 5 Abs. 4 Satz 4 und 5 NGrStG **neu berechnete Lage-Faktor** zu einer Änderung des Äquivalenzbetrags führt. § 8 Abs. 3 Satz 2 NGrStG dient im Ergebnis lediglich der Klarstellung. Auch bei der turnusmäßigen Neuberechnung des Lage-Faktors erfolgt eine Änderung des Äquivalenzbetrags und es wäre bereits nach § 8 Abs. 3 Satz 1 NGrStG eine Betragsfortschreibung durchzuführen.[1] 52

Die Fortschreibungen werden nach § 8 Abs. 3 Satz 3 NGrStG **auf den Beginn des Kalenderjahres**, das auf das Jahr **der Änderung folgt**, durchgeführt. Dies gilt auch für Fortschreibungen der Äquivalenzbeträge aufgrund der turnusmäßigen Neuberechnung des Lage-Faktors im Rhythmus von sieben Jahren. Soweit also aufgrund der Neuberechnung des Lage-Faktors auf den 1.1.2029 eine Betragsfortschreibung der Äquivalenzbeträge erforderlich wird, wird diese auf den 1.1.2030 durchgeführt. Der Norm fehlt eine Regelung zur Bestimmung welche Verhältnisse für die Fortschreibung maßgeblich sind. Nach der Bundesregelung sind dies die Verhältnisse zum Feststellungszeitpunkt, also zum 1.1. des auf die Änderung folgenden Jahres. 53

§ 8 Abs. 3 Satz 4 NGrStG greift die Regelung des § 222 Abs. 3 Satz 1 BewG[2] auf und ermöglicht der Finanzverwaltung mit einer Flächen- oder Betragsfortschreibung einen **Fehler** der letzten Feststellung zu **korrigieren.**[3] Bundesgesetzlich sieht § 222 Abs. 3 Satz 2 BewG in diesen Fällen die Anwendung des § 176 AO zum Vertrauensschutz vor. Mangels ausdrücklicher abweichender landesgesetzlicher Regelung gilt dies gem. § 8 Abs. 4 Satz 1 NGrStG (siehe hierzu auch → Rz. 61) gleichermaßen in Niedersachsen. Die **Korrekturmöglichkeiten** nach der **Abgabenordnung** (§§ 172 ff. AO) bleiben im Übrigen unberührt (§ 12 Abs. 2 Satz 1 NGrStG[4]). Die Korrektur des Fehlers erfolgt nach § 8 Abs. 4 Satz 1 NGrStG i.V. mit § 222 Abs. 3 und Abs. 4 Nr. 2 BewG auf den Beginn des Kalenderjahres, in dem der Fehler dem Finanzamt bekannt wird, bei einer Erhöhung des Äquivalenzbetrags jedoch frühestens auf den Beginn des Kalenderjahres, in dem der Feststellungsbescheid erteilt wird. 54

Mit § 8 Abs. 3 Satz 1 NGrStG hat der niedersächsische Gesetzgeber eine von § 222 Abs. 1 BewG abweichende landesgesetzliche Regelung getroffen, unter welchen Voraussetzungen eine Fortschreibung des Äquivalenzbetrags erfolgt. Die in § 222 Abs. 1 BewG genannte Wertfortschreibungsgrenze von 15.000 € findet aufgrund der spezielleren landesgesetzlichen Regelung in § 8 Abs. 3 Satz 1 NGrStG in Niedersachsen keine Anwendung. § 8 Abs. 4 NGrStG nimmt keinen Bezug auf § 9 Abs. 2 Satz 2 NGrStG. Zweifelhaft könnte daher sein, ob Äquivalenzbeträge bei Vorliegen der gesetzlichen Voraussetzungen auch dann neu festgestellt und/oder Flächen fortgeschrieben werden, wenn die in **§ 9 Abs. 2 Satz 2 NGrStG**[5] genannte **Betragsgrenze** nicht überschritten sind. Dies wird im Ergebnis zu verneinen sein.[6] Führt eine mögliche Betrags- oder Flächenfortschreibung nicht auch zu einer Neufestsetzung des Grundsteuermessbetrags, ist sie für die Besteuerung nicht von Bedeutung. 55

(Einstweilen frei) 56–60

---

1 Vgl. auch A 8 Abs. 4 AENGrStG.
2 Kurt in Grootens, BewG, § 222 Rz. 121 ff.
3 A 8 Abs. 5 AENGrStG; Krause in Stenger/Loose, NGrStG, § 8 Rz. 479.
4 Siehe hierzu Bock/Lapp in Grootens, NGrStG, § 12 Rz. 37 ff.
5 Siehe hierzu vertiefend Bock/Lapp in Grootens, NGrStG, § 9 Rz. 43 ff.
6 Ähnlich Krause in Stenger/Loose, NGrStG, § 8 Rz. 475 f.; Krumm/Paeßens, GrStG, § 8 NGrStG Rz. 9.

IV. Maßgebende Verhältnisse bei der Feststellung (§ 8 Abs. 4 NGrStG)

61 § 8 Abs. 4 Satz 1 NGrStG bestimmt, dass für die Äquivalenzbeträge die Vorschriften des Bewertungsgesetzes über die **Fortschreibung** (§ 222 BewG[1]), **Nachfeststellung** (§ 223 BewG[2]), **Aufhebung** (§ 224 BewG[3]), **Änderung** (§ 225 BewG[4]) und **Nachholung** (§ 226 BewG[5]) der Feststellung im Übrigen, also soweit in § 8 NGrStG keine abweichenden Regelungen getroffen wurden, sinngemäß gelten.[6]

62 Unabhängig von dem Stichtag, auf den eine Betrags- oder Flächenfortschreibung oder eine Nachfeststellung durchgeführt wird, wird der Lage-Faktor nach § 8 Abs. 4 Satz 2 NGrStG nach den **Verhältnissen zum Hauptfeststellungszeitpunkt** 1.1.2022 und falls erforderlich nach der turnusmäßigen Neuberechnung des Lage-Faktors nach den Verhältnissen zum **Neuberechnungszeitpunkt**, also dem 1.1.2029, 1.1.2036, 1.1.2043 usw. zugrunde gelegt.[7]

63 BEISPIEL: Fertigstellung eines Wohnhauses auf einem zuvor unbebauten Grundstück im Jahr 2028.

LÖSUNG: Auf den Stichtag 1.1.2029 erfolgt eine Betrags- und Flächenfortschreibung der Äquivalenzbeträge nach § 8 Abs. 3 Satz 1 NGrStG, wobei der auf den 1.1.2022 ermittelte Lage-Faktor zugrunde gelegt wird. Auf den 1.1.2029 wird der Lage-Faktor turnusmäßig neu berechnet. Wenn diese Neuberechnung zu einer Änderung der Äquivalenzbeträge führt, wird nach § 8 Abs. 3 Satz 2 NGrStG eine Betragsfortschreibung auf den 1.1.2030 durchgeführt.

64 Soweit der **Äquivalenzbetrag** für die Besteuerung **nicht mehr von Bedeutung** ist, wird dieser nach § 8 Abs. 4 Satz 1 NGrStG i.V. mit § 224 BewG aufgehoben und hierfür keine turnusmäßige Neuberechnung des Lage-Faktors durchgeführt.

65–70 *(Einstweilen frei)*

V. Sonderregelungen zu den Erklärungs- und Anzeigepflichten (§ 8 Abs. 5 und 6 NGrStG)

71 § 8 Abs. 5 NGrStG trifft von § 228 BewG abweichende landesgesetzliche Regelungen zu den **Erklärungs- und Anzeigepflichten** im Rahmen der Ermittlung der erforderlichen Bemessungsgrundlage bei der Grundsteuer. Soweit sich aus § 8 Abs. 5 NGrStG nichts anderes ergibt, sind die Regelungen des § 228 BewG sinngemäß anwendbar (§ 1 Satz 2 und 3 NGrStG). Dies betrifft zum Beispiel die **grundsätzliche Möglichkeit**, durch öffentliche Bekanntmachung mittels Allgemeinverfügung zur Abgabe einer Steuererklärung aufzufordern (§ 228 Abs. 1 Satz 3 BewG; siehe zur Abweichung, wer diese Aufforderung erlässt → Rz. 72).[8]

72 Nach § 8 Abs. 5 Satz 1 NGrStG erfolgt die **Aufforderung zur Abgabe einer Erklärung** mittels Allgemeinverfügung durch öffentliche Bekanntmachung durch die für Steuern in Niedersachsen zuständige Mittelbehörde, also das **Landesamt für Steuern Niedersachsen**. Niedersachsen weicht damit von der bundesgesetzlichen Regelung des § 228 Abs. 1 Satz 3 BewG ab, welche

1 Siehe hierzu ergänzend Kurt in Grootens, BewG, § 222 Rz. 61 ff.
2 Siehe hierzu ergänzend Kurt in Grootens, BewG, § 223 Rz. 61 ff.
3 Siehe hierzu ergänzend Kurt in Grootens, BewG, § 224 Rz. 61 ff.
4 Siehe hierzu ergänzend Kurt in Grootens, BewG, § 225 Rz. 61 ff.
5 Siehe hierzu ergänzend Kurt in Grootens, BewG, § 226 Rz. 61 ff.
6 A 8 Abs. 6 AENGrStG.
7 A 8 Abs. 6 AENGrStG.
8 A 8 Abs. 7 AENGrStG.

die Möglichkeit einer öffentlichen Bekanntmachung der Aufforderung zur Abgabe der Erklärung durch das Bundesministerium der Finanzen im Einvernehmen mit den obersten Finanzbehörden der Länder vorsieht.[1] Die Aufforderung zur Erklärungsabgabe begründet die Steuererklärungspflicht mit allen verfahrensrechtlichen Konsequenzen (z. B. Anlaufhemmung nach § 170 Abs. 2 Satz 1 Nr. 1 AO, Möglichkeit der Festsetzung eines Verspätungszuschlags nach § 152 AO; siehe auch → Rz. 77; Schätzung nach § 162 AO).[2] Das Landesamt für Steuern Niedersachsen hat mit öffentlicher Bekanntmachung vom 21.3.2022 alle Eigentümerinnen und Eigentümer von in Niedersachsen belegenem Grundbesitz zur elektronischen Übermittlung einer Erklärung zur Feststellung des Grundsteuerwerts für Betriebe der Land- und Forstwirtschaft bzw. des Äquivalenzbetrags für das Grundvermögen für den Hauptfeststellungszeitpunkt 1.1.2022 bis zum 31.10.2022 aufgefordert und die Erklärungsvordrucke und Ausfüllanleitungen bekannt gemacht.[3] Im Oktober 2022 haben die Finanzministerinnen und Finanzminister eine Verlängerung der Frist zur Abgabe der Steuererklärungen für Zwecke der Grundsteuer bis **31.1.2023** beschlossen.[4] Das niedersächsische Landesamt für Steuern hat die verlängerte Frist mit öffentlicher Bekanntmachung vom 17.10.2022 bekannt gegeben.[5]

Keine Erklärung zur Feststellung des Grundsteuerwerts bzw. des Äquivalenzbetrags müssen Eigentümerinnen und Eigentümer abgeben, soweit Grundbesitz unverändert **vollständig nach §§ 3 oder 4 GrStG steuerbefreit** ist, wenn der Grundbesitz bisher nicht mit einem Aktenzeichen beim Finanzamt steuerlich erfasst ist.[6] Eine Einzelaufforderung zur Erklärungsabgabe durch das zuständige Finanzamt nach § 149 Abs. 1 Satz 2 AO, der über § 12 Abs. 2 Satz 1 NGrStG auch in Niedersachsen Anwendung findet, bleibt gleichwohl möglich.[7] 73

Vergleichbar mit der bundesgesetzlichen Regelung in § 228 Abs. 2 BewG[8] sind auch in Niedersachsen **Änderungen der tatsächlichen Verhältnisse**, die sich auf die Höhe der Äquivalenzbeträge auswirken oder zu deren Nachfeststellung oder Aufhebung führen können, dem Finanzamt nach § 8 Abs. 5 Satz 2 NGrStG **anzuzeigen**.[9] Unter Änderungen der tatsächlichen Verhältnisse fallen auch Änderungen, die sich auf die Gewährung einer Steuerbefreiung auswirken.[10] Gemäß § 8 Abs. 5 Satz 2 und 3 NGrStG sind alle im Laufe eines Jahres eintretenden Änderungen auf den 1.1. des folgenden Jahres zusammenzufassen (Jahresanzeige) und bis zum 31.3. des folgenden Jahres grundsätzlich auf elektronischem Wege anzuzeigen (vgl. § 8 Abs. 6 74

1 A 8 Abs. 7 AENGrStG; Krause in Stenger/Loose, NGrStG, § 8 Rz. 496; Krumm/Paeßens, GrStG, § 8 NGrStG Rz. 13.

2 Siehe hierzu Kurt in Grootens, BewG, § 228 Rz. 62 und A 8 Abs. 12 AENGrStG.

3 Öffentliche Bekanntmachung des Landesamts für Steuern Niedersachsen – Aufforderung zur Abgabe der Erklärung zur Feststellung des Grundsteuerwerts (land- und forstwirtschaftliches Vermögen) und Feststellung der Äquivalenzbeträge (Grundvermögen) für den Hauptfeststellungszeitpunkt 1. Januar 2025, Bek. d. LStN v. 21.3.2022 – G 1002-6 – Nds.MBl. Nr. 11/2022 S. 342 ff.

4 https://www.mf.niedersachsen.de/startseite/aktuelles/presseinformationen/abgabefrist-fur-die-grundsteuererklarung-wird-bis-31-01-2023-verlangert-216215.html, aufgerufen am 23.10.2022.

5 Öffentliche Bekanntmachung des Landesamts für Steuern Niedersachsen – Aufforderung zur Abgabe der Erklärung zur Feststellung des Grundsteuerwerts (land- und forstwirtschaftliches Vermögen) und Feststellung der Äquivalenzbeträge (Grundvermögen) für den Hauptfeststellungszeitpunkt 1. Januar 2025, Fristverlängerung bis zum 31. Januar 2023, Bek. d. LStN v. 17.10.2022 - G 1002-6 – Nds.MBl. Nr. 43/2022 S. 1405.

6 A 8 Abs. 8 AENGrStG, siehe auch öffentliche Bekanntmachung des Landesamts für Steuern Niedersachsen – Aufforderung zur Abgabe der Erklärung zur Feststellung des Grundsteuerwerts (land- und forstwirtschaftliches Vermögen) und Feststellung der Äquivalenzbeträge (Grundvermögen) für den Hauptfeststellungszeitpunkt 1. Januar 2025, Bek. d. LStN v. 21.3.2022 - G 1002-6, Nds. MBl. Nr. 11/2022, S. 342.

7 A 8 Abs. 8 AENGrStG; Krause in Stenger/Loose, NGrStG, § 8 Rz. 503.

8 Siehe vertiefend hierzu Kurt in Grootens, BewG, § 228 Rz. 111 ff.

9 A 8 Abs. 10 AENGrStG.

10 A 8 Abs. 10 AENGrStG; vgl. auch Niedersächsische LT-Drucks. 18/8995 S. 28 zu Abs. 5.

NGrStG; siehe dazu →Rz. 77).[1] Die Regelung ist vergleichbar mit § 228 Abs. 2 Satz 1 und 3 BewG. Der in § 8 Abs. 5 Satz 2 und 3 NGrStG noch enthaltene Hinweis auf Abweichungen von § 228 Abs. 2 BewG ist darauf zurückzuführen, dass die bundesgesetzlichen Regelungen in § 228 Abs. 2 BewG erst nach Inkrafttreten des NGrStG mit dem Bürokratieentlastungsgesetz IV vom 26.9.2024[2] an die landesgesetzlichen Regelungen angeglichen wurden. Relevante Änderungen, die sich auf die Höhe der Äquivalenzbeträge auswirken oder zu deren Nachfeststellung oder Aufhebung führen können, sind zum Beispiel:

- Aus-, An-, Um- oder Neubauten,
- Nutzungsartänderungen (einschließlich Änderung der Vermögensart),
- Abriss eines Gebäudes oder Gebäudeteils.

75 Von der **Anzeigepflicht** nach § 8 Abs. 5 Satz 2 und 3 NGrStG **nicht umfasst** sind **Eigentümerwechsel**, die zu einer Zurechnungsfortschreibung führen.[3] Hiervon erfährt die Finanzverwaltung aus anderen Quellen, sodass diese auch im niedersächsischen Grundsteuermodell nicht angezeigt werden müssen.[4] Dies gilt nach § 228 Abs. 2 Satz 2 BewG nicht bei dem Eigentümerwechsel eines Gebäudes auf fremdem Grund und Boden, da § 8 Abs. 5 NGrStG keine von § 228 Abs. 2 Satz 2 BewG abweichende Regelung trifft.

76 Nach § 2 Abs. 4 Satz 2 NGrStG wird ein **Gebäude auf fremdem Grund und Boden** – abweichend von der bundesgesetzlichen Regelung in § 262 Satz 2 BewG[5] – der wirtschaftlichen Eigentümerin oder dem wirtschaftlichen Eigentümer des Gebäudes zugerechnet.[6] Infolge dieser abweichenden Regelung wird konsequenterweise in § 8 Abs. 5 Satz 4 NGrStG die Erklärungs- und Anzeigepflicht der- oder demjenigen auferlegt, der oder dem die wirtschaftliche Einheit zuzurechnen ist.[7] Die bundesgesetzliche Regelung in § 228 Abs. 3 Nr. 3 BewG, wonach die Erklärungs- und Anzeigepflicht von der Eigentümerin oder dem Eigentümer des Grund und Bodens unter Mitwirkung der (wirtschaftlichen) Eigentümerin oder des (wirtschaftlichen) Eigentümers des Gebäudes zu erfüllen ist, findet damit in Niedersachsen keine Anwendung.[8]

77 § 8 Abs. 6 Halbsatz 1 NGrStG entspricht im Wesentlichen § 228 Abs. 6 Satz 1 BewG[9] und bestimmt, dass die Erklärungen und Anzeigen nach § 8 Abs. 5 NGrStG Steuererklärungen im Sinne der Abgabenordnung sind (ermöglicht insbesondere die Festsetzung eines Verspätungszuschlags[10]), die nach **amtlich vorgeschriebenem Datensatz** durch Datenfernübertragung zu übermitteln sind.[11] Wie im Bundesrecht (dort über Art. 97 § 8 EGAO) findet für die Hauptfeststellung § 152 Abs. 2 AO (zwingende Festsetzung eines Verspätungszuschlags) infolge der gewährten Fristverlängerung (→ Rz. 72) auch bei Überschreiten der verlängerten Frist keine An-

1 A 8 Abs. 10 AENGrStG; Krumm/Paeßens, GrStG, § 8 NGrStG Rz. 13.
2 BGBl 2024 I Nr. 323.
3 A 8 Abs. 11 AENGrStG.
4 A 8 Abs. 11 AENGrStG; vgl. auch Niedersächsische LT-Drucks. 18/8995 S. 28 zu Abs. 5; Krause in Stenger/Loose, NGrStG, § 8 Rz. 501.
5 Siehe hierzu vertiefend Grootens in Grootens, BewG, § 262 Rz. 41 f.
6 Siehe hierzu vertiefend Bock/Lapp in Grootens, NGrStG, § 2 Rz. 78 ff.
7 Siehe auch A 8 Abs. 9 AENGrStG.
8 Vgl. auch Krause in Stenger/Loose, NGrStG, § 8 Rz. 502.
9 Siehe hierzu Kurt in Grootens, BewG, § 228 Rz. 191 ff.
10 Krause in Stenger/Loose, NGrStG, § 8 Rz. 508.
11 A 8 Abs. 12 AENGrStG.

wendung (§ 152 Abs. 3 Nr. 1 AO).[1] Die Festsetzung eines Verspätungszuschlags nach § 152 Abs. 1 AO (Ermessensentscheidung) bleibt hiervon unberührt möglich. In der bundesgesetzlichen Regelung (§ 228 Abs. 6 Satz 1 BewG) wurden mit dem Jahressteuergesetz 2024 die Wörter „durch Datenfernübertragung" durch die Wörter „über die amtlich bestimmte Schnittstelle elektronisch" ersetzt, wodurch eine Übermittlung von amtlich vorgeschriebenen Datensätzen per E-Mail ausgeschlossen werden sollte.[2] In § 8 Abs. 6 Halbsatz 1 NGrStG wurde diese Änderung bisher nicht nachvollzogen, so dass in Niedersachsen eine Übermittlung des amtlich vorgeschriebenen Datensatzes der Erklärungen und Anzeigen per E-Mail nicht ausgeschlossen sein dürfte.

Die Härtefallregelung des § 228 Abs. 6 Satz 2 und 3 BewG findet nach § 8 Abs. 6 Halbsatz 2 NGrStG auch im niedersächsischen Grundsteuermodell Anwendung. Die niedersächsische Finanzverwaltung deutet die Abgabe einer vollständig ausgefüllten und scanbaren **Papier-Steuererklärung** als **konkludenten Härtefallantrag,** dem ohne weitere Begründung **stillschweigend stattzugeben** ist.[3] Ein solches Vorgehen ist nur schwer mit dem Rechtstaatsprinzip und dem Vorbehalt des Gesetzes zu vereinbaren. Faktisch ersetzt die niedersächsische Finanzverwaltung damit eine gesetzliche Formvorschrift durch eine andere. 78

§ 9 NGrStG Veranlagungsverfahren

(1) ¹Die Grundsteuermessbeträge werden auf den 1. Januar 2025 allgemein festgesetzt (Hauptveranlagung). ²Dieser Zeitpunkt ist der Hauptveranlagungszeitpunkt.

(2) ¹Der Grundsteuermessbetrag wird auch neu festgesetzt, wenn der Grundsteuermessbetrag, der sich für den Beginn eines Kalenderjahres ergibt, von dem entsprechenden Betrag des letzten Veranlagungszeitpunkts nach unten abweicht. ²Dasselbe gilt, wenn sein auf den Grund und Boden entfallender Anteil nach oben abweicht oder wenn sein auf Gebäude entfallender Anteil um mehr als 5 Euro nach oben abweicht. ³Der Grundsteuermessbetrag wird auch dann neu festgesetzt, wenn dem Finanzamt bekannt wird, dass die letzte Veranlagung fehlerhaft ist.

(3) Im Übrigen gelten die Vorschriften des Grundsteuergesetzes über die Neuveranlagung, Nachveranlagung, Aufhebung und Zerlegung des Steuermessbetrags und die Änderung von Steuermessbescheiden sinngemäß.

(4) ¹Änderungen der Nutzung hat diejenige oder derjenige anzuzeigen, der oder dem der Steuergegenstand zuzurechnen ist. ²Satz 1 gilt für den Wegfall der Voraussetzungen für die ermäßigten Grundsteuermesszahlen nach § 6 Abs. 2 bis 4 entsprechend. ³§ 19 Abs. 1 Satz 1 GrStG bleibt unberührt. ⁴Abweichend von § 19 Abs. 1 Satz 2 und Abs. 2 Satz 2 GrStG ist die Anzeige nach den Sätzen 1 bis 3 bis zum 31. März des Jahres zu erstatten, das auf das Jahr folgt, in dem sich die Verhältnisse geändert haben. ⁵§ 8 Abs. 6 gilt entsprechend.

Inhaltsübersicht **Rz.**

1 FG Münster, Urteil v. 10.2.2022 - 9 K 1547/21 U, NWB HAAAI-58384; Haselmann in Koenig, AO, 5. Aufl. 2024, § 152 Rz. 53; Schober in Gosch, AO/FGO, § 152 AO Rz. 50.

2 BT-Drucks. 20/12780 S. 192.

3 A 8 Abs. 12 AENGrStG.

LITERATUR:

Siehe Vorwort.

HINWEISE:

A 9 des Runderlasses des Niedersächsischen Finanzministeriums, Anwendung des Niedersächsischen Grundsteuergesetzes (NGrStG) zur Bewertung des Grundvermögens für die Grundsteuer ab 1.1.2022 (AENGrStG), RdErl. d. MF v. 22.2.2022 - G 1002-6 - 62100.

A. Allgemeine Erläuterungen

I. Normzweck und wirtschaftliche Bedeutung der Vorschrift

1 **§ 9 NGrStG** trifft **verfahrensrechtliche Vorschriften** hinsichtlich der Festsetzung des Grundsteuermessbetrags, dem sog. **Veranlagungsverfahren**, und regelt Anzeigepflichten der Bürgerinnen und Bürger bei Änderungen, die sich auf die Höhe des Grundsteuermessbetrags auswirken können. Abweichungen und Ergänzungen zum Veranlagungsverfahren nach dem Grundsteuergesetz werden zur besseren Verständlichkeit und Nachvollziehbarkeit in einer Norm zusammengefasst.[1]

2 **§ 9 Abs. 1 NGrStG** normiert die **Hauptveranlagung** der Grundsteuermessbeträge auf den 1.1.2025 und bestimmt den 1.1.2025 als **Hauptveranlagungszeitpunkt**.[2]

3 **§ 9 Abs. 2 NGrStG** steht i. V. mit § 8 Abs. 3 NGrStG und regelt die Neuveranlagung des Grundsteuermessbetrags.[3] Mit § 9 Abs. 2 NGrStG wird es verfahrensrechtlich ermöglicht, im Fall der **Fortschreibung des Äquivalenzbetrags** auch eine Neuveranlagung des **Grundsteuermessbetrags** vorzunehmen.[4] Die Norm differenziert bei der Neuveranlagung nach der Flächenart und führt hinsichtlich des auf das Gebäude entfallenden Anteils am Grundsteuermessbetrag eine absolute Wertgrenze bei Veränderungen nach oben ein.

4 **§ 9 Abs. 3 NGrStG** regelt die sinngemäße Anwendung der bundesgesetzlichen Vorschriften zur **Neuveranlagung** (§ 17 GrStG),[5] **Nachveranlagung** (§ 18 GrStG),[6] **Aufhebung** (§ 20 GrStG)[7] und **Änderung des Grundsteuermessbescheids** (§ 21 GrStG)[8] und zur **Zerlegung des Grundsteuermessbetrags** (§§ 22 ff. GrStG).[9]

1 Niedersächsische LT-Drucks. 18/8995 S. 28.
2 A 9 Abs. 1 AENGrStG.
3 A 9 Abs. 2 AENGrStG; siehe auch Niedersächsische LT-Drucks. 18/8995 S. 29.
4 A 9 Abs. 2 AENGrStG; siehe auch Niedersächsische LT-Drucks. 18/8995 S. 29.
5 Siehe vertiefend Bock in Grootens, GrStG, § 17 Rz. 22 ff.
6 Siehe vertiefend Bock in Grootens, GrStG, § 18 Rz. 20 ff.
7 Siehe vertiefend Bock in Grootens, GrStG, § 20 Rz. 20 ff.
8 Siehe vertiefend Bock in Grootens, GrStG, § 21 Rz. 18 ff.
9 Siehe vertiefend die Kommentierungen Bock in Grootens, GrStG, §§ 22–24.

Die Festsetzung des Grundsteuermessbetrags erfolgt grundsätzlich von Amts wegen, so dass hierfür keine gesonderte Steuererklärung eingereicht werden muss.[1] Da bestimmte Nutzungsänderungen aber Auswirkungen auf die zu gewährende Grundsteuermesszahl und damit auf den Grundsteuermessbetrag haben können, sichert **§ 9 Abs. 4 NGrStG** die Neuveranlagung des Grundsteuermessbetrags verfahrensrechtlich durch **Anzeigepflichten** ab.[2] 5

(Einstweilen frei) 6–10

II. Entstehung und Entwicklung der Vorschrift

Die Vorschrift wurde im Jahr 2021 mit dem **Stammgesetz** in das NGrStG aufgenommen.[3] Im Gesetzentwurf der Koalitionsfraktionen war die Regelung noch in § 8 NGrStG verortet.[4] 11

§ 9 Abs. 1 NGrStG in der vorliegenden Fassung war in dem ursprünglichen **Gesetzentwurf** der Regierungskoalition[5] **nicht enthalten** und wurde erst im parlamentarischen Verfahren aufgrund einer Empfehlung des federführenden Ausschusses für Haushalt und Finanzen in das Gesetz aufgenommen. Die Ergänzung soll systematische Gründe gehabt haben, da andernfalls gesetzliche Regelungen zur Hauptveranlagung und zum Hauptveranlagungszeitpunkt gefehlt hätten.[6] 12

Im parlamentarischen Verfahren wurde darüber hinaus eine in dem ursprünglichen Gesetzentwurf der Regierungskoalition[7] bei Änderungen des Anteils am Grundsteuermessbetrag nach oben, der auf die Gebäudefläche entfällt, enthaltene **kombinierte absolute** (mehr als 10 €) und **relative Wertgrenze** (mehr als 5 % und mindestens 5 €) für eine **Neuveranlagung** durch eine rein **absolute Wertgrenze** von 5 €, ersetzt. Dies soll der besseren Transparenz und der Verwaltungsvereinfachung dienen.[8] Darüber hinaus wurden im Gesetzgebungsverfahren geringfügige sprachliche Anpassungen vorgenommen.[9] 13

(Einstweilen frei) 14–15

III. Geltungsbereich

§ 9 NGrStG gilt ganz überwiegend für in Niedersachsen belegenes **Grundvermögen** wie sich aus der systematischen Stellung im Ersten Teil unter Grundstücke, Grundsteuer B ergibt. Lediglich § 9 Abs. 4 Satz 4 NGrStG findet gem. **§ 11 Abs. 5 NGrStG** auch für das in Niedersachsen belegene **land- und forstwirtschaftliche Vermögen** Anwendung. § 9 NGrStG ist mit dem Stammgesetz gem. § 15 Abs. 1 NGrStG **am 14.7.2021 in Kraft getreten**. Wie sich aus § 1 Satz 1 NGrStG[10] und § 12 Abs. 1 NGrStG[11] ergibt, sollen die Regelungen des NGrStG und damit auch § 9 NGrStG erst für die Erhebung der **Grundsteuer** ab dem **Kalenderjahr 2025** von Bedeutung sein. 16

---

1 Niedersächsische LT-Drucks. 18/8995 S. 29.
2 Niedersächsische LT-Drucks. 18/8995 S. 29.
3 Niedersächsisches Grundsteuergesetz v. 7.7.2021, Nds. GVBl Nr. 27/2021 S. 502 ff.
4 Vgl. Niedersächsische LT-Drucks. 18/8995 S. 8 und S. 28.
5 Niedersächsische LT-Drucks. 18/8995.
6 Niedersächsische LT-Drucks. 18/9632 S. 27. § 9 Abs. 1 Satz 1 NGrStG war in dem Gesetzentwurf, Niedersächsische LT-Drucks. 18/8995, als § 13 Abs. 1 NGrStG-E enthalten. Diese Regelung wäre jedoch am 31.12.2029 außer Kraft getreten (§ 15 Abs. 2 NGrStG).
7 Niedersächsische LT-Drucks. 18/8995.
8 Niedersächsische LT-Drucks. 18/9632 S. 27.
9 Vgl. Niedersächsische LT-Drucks. 18/9603 S. 10 f. und Niedersächsische LT-Drucks 18/9632 S. 27.
10 Vgl. vertiefend Bock/Lapp in Grootens, NGrStG, § 1 Rz. 9.
11 Siehe Bock/Lapp in Grootens, NGrStG, § 12 Rz. 31 ff.

17–20 *(Einstweilen frei)*

IV. Vereinbarkeit der Vorschrift mit höherrangigem Recht

21 Zu einer möglicherweise **fehlenden Gesetzgebungsbefugnis** für verfahrensrechtliche Vorschriften aufgrund von Art. 108 Abs. 5 Satz 2 GG siehe die Kommentierung zu § 8 NGrStG.[1]

22–25 *(Einstweilen frei)*

V. Verhältnis zu anderen Vorschriften

26 § 9 Abs. 1 NGrStG fasst die Regelungen des **§ 16 Abs. 1 GrStG**[2] und des **§ 36 GrStG**[3] zusammen, da das niedersächsische Grundsteuermodell lediglich eine Hauptveranlagung zum 1.1.2025 vorsieht.

27 § 9 Abs. 2 NGrStG trifft abweichende Regelungen zur Neuveranlagung des Grundsteuermessbetrags nach **§ 17 GrStG.**[4] Die Änderungsmöglichkeiten nach der AO (**§§ 172 ff. AO**) bestehen neben § 9 Abs. 2 NGrStG und § 17 GrStG.[5]

28 § 9 Abs. 3 NGrStG regelt die sinngemäße Anwendung von **§ 17 GrStG** (Neuveranlagung von Grundsteuermessbeträgen),[6] **§ 18 GrStG** (Nachveranlagung von Grundsteuermessbeträgen),[7] **§ 20 GrStG** (Aufhebung des Grundsteuermessbetrags),[8] **§ 21 GrStG** (Änderung des Grundsteuermessbescheids)[9] und **§§ 22 ff. GrStG** (Zerlegung des Grundsteuermessbetrags).[10]

29 § 9 Abs. 4 NGrStG trifft mit **§ 19 GrStG**[11] vergleichbare Regelungen zur Anzeigepflicht, insbesondere wird die Anzeigefrist wie in der bundesgesetzlichen Regelung in **§ 19 Abs. 3 Satz 2 GrStG**[12] auf den 31.3. des Jahres, das auf das Jahr der Änderung folgt, festgelegt. Nach § 9 Abs. 4 Satz 2 NGrStG sind Änderungen, die zum Wegfall der Voraussetzungen für die ermäßigten Grundsteuermesszahlen nach **§ 6 Abs. 2–4 NGrStG**[13] führen, ebenfalls anzuzeigen. Nach § 9 Abs. 4 Satz 5 NGrStG gelten die Formvorschriften nach **§ 8 Abs. 6 NGrStG**[14] für die Anzeige nach § 9 Abs. 4 Satz 1 und 2 NGrStG entsprechend.

30–35 *(Einstweilen frei)*

---

1 Vgl. vertiefend Bock/Lapp in Grootens, NGrStG, § 8 Rz. 21.
2 Vgl. hierzu vertiefend Bock in Grootens, GrStG, § 16 Rz. 19 ff.
3 Vgl. hierzu vertiefend Lehmann in Grootens, GrStG, § 36 Rz. 13 ff.
4 Siehe vertiefend Bock in Grootens, GrStG, § 17 Rz. 22 ff.
5 Siehe Bock in Grootens, GrStG, § 17 Rz. 18.
6 Siehe vertiefend Bock in Grootens, GrStG, § 17 Rz. 22 ff.
7 Siehe vertiefend Bock in Grootens, GrStG, § 18 Rz. 20 ff.
8 Siehe vertiefend Bock in Grootens, GrStG, § 20 Rz. 20 ff.
9 Siehe vertiefend Bock in Grootens, GrStG, § 21 Rz. 18 ff.
10 Siehe vertiefend die Kommentierungen Bock in Grootens, GrStG, §§ 22–24.
11 Siehe vertiefend Bock in Grootens, GrStG, § 19 Rz. 19 ff.
12 Siehe vertiefend Bock in Grootens, GrStG, § 19 Rz. 39.
13 Vgl. vertiefend Bock/Lapp in Grootens, NGrStG, § 6 Rz. 36 ff.
14 Vgl. vertiefend Bock/Lapp in Grootens, NGrStG, § 8 Rz. 76.

B. Systematische Kommentierung

I. Einmalige Hauptveranlagung auf den 1.1.2025 (§ 9 Abs. 1 NGrStG)

§ 9 Abs. 1 NGrStG fasst im Wesentlichen die Regelungen des § 16 Abs. 1 GrStG[1] und § 36 GrStG[2] zusammen und bestimmt den 1.1.2025 als **Hauptveranlagungszeitpunkt**, auf den (einmalig) Grundsteuermessbeträge festgesetzt werden.[3] Mangels weiterer Hauptfeststellungen (vgl. § 8 Abs. 2 Satz 1 NGrStG[4]) wird in Niedersachsen auch **keine weitere Hauptveranlagung** der Grundsteuermessbeträge mehr durchgeführt.[5] Grundsteuermessbeträge werden lediglich unter Berücksichtigung von § 9 Abs. 2 und 3 NGrStG neu festgesetzt, geändert, aufgehoben oder zerlegt. 36

§ 9 NGrStG enthält keine abweichende landesgesetzliche Regelung zu **§ 36 Abs. 3 Satz 1 GrStG,**[6] so dass Bescheide über die Hauptveranlagung des Grundsteuermessbetrags auch schon vor dem Hauptveranlagungszeitpunkt erteilt werden konnten. 37

(Einstweilen frei) 38–40

II. Neuveranlagung des Grundsteuermessbetrags (§ 9 Abs. 2 NGrStG)

§ 9 Abs. 2 NGrStG regelt neben § 17 GrStG[7] die Fälle, in denen der Grundsteuermessbetrag neu festgesetzt wird (sog. **Neuveranlagung**):[8] 41

- Der **Grundsteuermessbetrag** weicht **nach unten** von dem Grundsteuermessbetrag des letzten Veranlagungszeitpunkts ab (§ 9 Abs. 2 Satz 1 NGrStG; siehe hierzu → Rz. 42).
- Der auf den **Grund und Boden** entfallende Anteil am Grundsteuermessbetrag weicht **nach oben** von dem entsprechenden Anteil des letzten Veranlagungszeitpunkts ab (§ 9 Abs. 2 Satz 1 1. Alt. NGrStG, siehe hierzu → Rz. 43 f.).
- Der auf das **Gebäude** entfallende Anteil am Grundsteuermessbetrag weicht **nach oben** um mehr als 5 € von dem entsprechenden Anteil des letzten Veranlagungszeitpunkts ab (§ 9 Abs. 2 Satz 1 2. Alt. NGrStG, siehe hierzu → Rz. 43, → Rz. 45).
- Dem Finanzamt wird bekannt, dass die letzte **Veranlagung fehlerhaft** ist (§ 9 Abs. 2 Satz 3 NGrStG, siehe hierzu → Rz. 46).

§ 9 Abs. 2 Satz 1 NGrStG bestimmt, dass der Grundsteuermessbetrag **ohne betragliche Begrenzung** in jedem Fall, in dem dieser von der vorherigen Festsetzung **nach unten** abweicht, neu festzusetzen ist.[9] Da der Grundsteuermessbetrag nicht auf volle Euro, sondern auf volle Cent nach unten abgerundet wird (§ 2 Abs. 2 Satz 2 NGrStG),[10] führt bereits eine Abweichung um 0,01 € nach unten im Vergleich zu dem bisherigen Grundsteuermessbetrag zu einer Neuveranlagung. 42

1 Vgl. hierzu vertiefend Bock in Grootens, GrStG, § 16 Rz. 19 ff.
2 Vgl. hierzu vertiefend Lehmann in Grootens, GrStG, § 36 Rz. 13 ff.
3 A 9 Abs. 1 AENGrStG.
4 Vgl. vertiefend Bock/Lapp in Grootens, NGrStG, § 8 Rz. 46 ff.
5 Krause in Stenger/Loose, NGrStG, § 9 Rz. 545.
6 Vgl. hierzu vertiefend Lehmann in Grootens, GrStG, § 36 Rz. 29 f.
7 Siehe vertiefend Bock in Grootens, GrStG, § 17 Rz. 22 ff.
8 A 9 Abs. 2 AENGrStG.
9 A 9 Abs. 3 AENGrStG.
10 Vgl. vertiefend Bock/Lapp in Grootens, NGrStG, § 2 Rz. 62.

43 Weicht der Grundsteuermessbetrag im Vergleich zum zuletzt festgesetzten Grundsteuermessbetrag **nach oben** ab, **differenziert** § 9 Abs. 2 Satz 2 NGrStG nach dem Anteil am Grundsteuermessbetrag, der auf den **Grund und Boden** einerseits und auf das **Gebäude** andererseits entfällt.[1]

44 Weicht der auf den **Grund und Boden** entfallende Anteil – **unabhängig von der Höhe – nach oben** ab, ist in jedem Fall eine Neuveranlagung des Grundsteuermessbetrags vorzunehmen.[2] Dies gilt auch dann, wenn – aus welchen Gründen auch immer – gleichzeitig der auf das Gebäude entfallende Anteil am Grundsteuermessbetrag um weniger als 5 € nach oben abweicht.

45 Weicht der auf das **Gebäude** entfallende Anteil **nach oben** ab, ist eine Neuveranlagung des Grundsteuermessbetrags vorzunehmen, sofern die Abweichung mehr als 5 € beträgt.[3] Für diese Differenzierung zwischen dem Anteil am Grundsteuermessbetrag, der auf den Grund und Boden einerseits und dem Gebäude andererseits entfällt, ist kein vernünftiger Grund ersichtlich.

46 § 9 Abs. 2 Satz 3 NGrStG greift die Regelung des § 17 Abs. 2 Nr. 2 GrStG[4] auf, korrespondiert mit § 8 Abs. 3 Satz 4 NGrStG[5] und ermöglicht dem Finanzamt die Neuveranlagung des Grundsteuermessbetrags in Fällen, in denen die **vorherige Festsetzung fehlerhaft** ist (sog. **fehlerbeseitigende Neuveranlagung**). Bundesgesetzlich sieht § 17 Abs. 2 Nr. 2 GrStG[6] in diesen Fällen die Anwendung des § 176 AO zum Vertrauensschutz vor. Mangels abweichender landesgesetzlicher Regelung gilt dies gleichermaßen in Niedersachsen (vgl. auch § 9 Abs. 3 NGrStG, siehe hierzu → Rz. 51). Zweifelhaft ist, ob die Betragsbegrenzungen in § 9 Abs. 2 Satz 2 NGrStG mangels Bezugnahme auch für eine Neuveranlagung nach § 9 Abs. 2 Satz 3 NGrStG gelten. Die Korrekturmöglichkeiten nach der Abgabenordnung (§§ 172 ff. AO) bleiben von § 9 Abs. 2 NGrStG wie auch von § 17 GrStG[7] unberührt (vgl. auch → Rz. 27 und § 12 Abs. 2 Satz 1 NGrStG).[8] Die Korrektur des Fehlers erfolgt auf den Beginn des Kalenderjahres, in dem der Fehler dem Finanzamt bekannt wird, bei einer Erhöhung des Grundsteuermessbetrags jedoch frühestens auf den Beginn des Kalenderjahres, in dem der Grundsteuermessbescheid erteilt wird (§ 9 Abs. 3 NGrStG i.V. mit § 17 Abs. 2 Nr. 2 und Abs. 3 Satz 2 Nr. 3 GrStG).[9]

47–50 *(Einstweilen frei)*

1 A 9 Abs. 3 AENGrStG.
2 A 9 Abs. 3 AENGrStG.
3 A 9 Abs. 3 AENGrStG.
4 Siehe vertiefend Bock in Grootens, GrStG, § 17 Rz. 36 ff.
5 Vgl. vertiefend Bock/Lapp in Grootens, NGrStG, § 8 Rz. 54.
6 Siehe Bock in Grootens, GrStG, § 17 Rz. 39.
7 Siehe vertiefend Bock in Grootens, GrStG, § 17 Rz. 18.
8 Vgl. vertiefend Bock/Lapp in Grootens, NGrStG, § 12 Rz. 37 ff.
9 Siehe vertiefend Bock in Grootens, GrStG, § 17 Rz. 49.

III. Sinngemäß geltende Vorschriften des Grundsteuergesetzes (§ 9 Abs. 3 NGrStG)

§ 9 Abs. 3 NGrStG stellt klar, dass die Vorschriften des Grundsteuergesetzes über die **Neuveranlagung** (§ 17 GrStG),[1] **Nachveranlagung** (§ 18 GrStG),[2] **Aufhebung** (§ 20 GrStG),[3] **Zerlegung** (§§ 22–24 GrStG)[4] des Grundsteuermessbetrags und die **Änderung von Grundsteuermessbescheiden** (§ 21 GrStG)[5] im Übrigen sinngemäß gelten.[6] Dies umfasst insbesondere die gesetzlichen Vorgaben zu dem jeweils maßgeblichen **Zeitpunkt** und den zugrunde zu legenden **Verhältnissen**. 51

(Einstweilen frei) 52–55

IV. Anzeigepflicht bei Änderungen (§ 9 Abs. 4 NGrStG)

§ 9 Abs. 4 NGrStG ist angelehnt an die in § 19 GrStG[7] geregelten **Anzeigepflichten**. Die Anzeigepflichten sichern eine Anpassung des Grundsteuermessbetrags in bestimmten Fällen ab, da anders als bei der Hauptfeststellung des Äquivalenzbetrags keine besondere Erklärung der oder des Steuerpflichtigen erforderlich ist und die anschließende Festsetzung des Grundsteuermessbetrags von Amts wegen erfolgt.[8] § 9 Abs. 4 Satz 1 NGrStG regelt, dass Änderungen der Nutzung diejenige oder derjenige anzuzeigen hat, der oder dem der Steuergegenstand zuzurechnen ist. Ziel der in § 9 Abs. 4 Satz 1 NGrStG geregelten Anzeigepflicht ist die Erfassung der Fälle, in denen sich die Nutzung in der Weise ändert, dass dies **Auswirkungen auf den Grundsteuermessbetrag**, nicht aber auf den Äquivalenzbetrag hat.[9] Die Anzeigepflicht besteht z. B. bei einer Umwidmung der Gebäudefläche von einer Wohnnutzung in eine gewerbliche/freiberufliche Nutzung oder umgekehrt.[10] § 9 Abs. 4 Satz 1 NGrStG ist vor diesem Hintergrund nicht dahingehend auszulegen, dass pauschal jede Änderung der Nutzung anzeigepflichtig ist.[11] Der Fokus der Regelung liegt wohl auf der Person des Anzeigepflichtigen und nicht auf einer im Vergleich zum Bundesmodell erweiterten Anzeigepflicht sämtlicher Nutzungsänderungen. Eine abweichende Bestimmung des Anzeigepflichtigen – diejenige oder derjenige, der oder dem der Steuergegenstand zuzurechnen ist – von § 19 Abs. 2 GrStG[12] liegt im Ergebnis grundsätzlich nicht vor (Ausnahme beim Gebäude auf fremdem Grund und Boden), da der Steuerschuldner nach § 10 GrStG ebenfalls derjenige ist, dem der Steuergegenstand bei der Feststellung des Grundsteuerwerts zugerechnet wird. 56

1 Siehe vertiefend Bock in Grootens, GrStG, § 17 Rz. 18 ff.
2 Siehe vertiefend Bock in Grootens, GrStG, § 18 Rz. 20 ff.
3 Siehe vertiefend Bock in Grootens, GrStG, § 20 Rz. 20 ff.
4 Siehe vertiefend die Kommentierungen Bock in Grootens, GrStG, §§ 22–24.
5 Siehe vertiefend Bock in Grootens, GrStG, § 21 Rz. 22 ff.
6 A 9 Abs. 4 AENGrStG.
7 Siehe vertiefend Bock in Grootens, GrStG, § 19 Rz. 19 ff.
8 A 9 Abs. 5 AENGrStG.
9 A 9 Abs. 6 AENGrStG; vgl. auch Niedersächsische LT-Drucks. 18/8995 S. 29.
10 A 9 Abs. 6 AENGrStG.
11 A. A. Krumm/Paeßens, GrStG, § 9 NGrStG Rz. 9; Eisele in Rössler/Troll, BewG, § 9 NGrStG Rz. 9.
12 Siehe vertiefend Bock in Grootens, GrStG, § 19 Rz. 19 ff.

57 § 9 Abs. 4 Satz 2 NGrStG regelt eine mit § 19 Abs. 2 GrStG vergleichbare **Anzeigepflicht** für Fälle, in denen die Voraussetzungen für die **Ermäßigung** der Steuermesszahl **entfallen**. Die Norm soll auch dem Umstand Rechnung tragen, dass die Ermäßigungen der Grundsteuermesszahlen nach § 6 Abs. 2–4 NGrStG[1] nicht ausschließlich auf der Nutzungsart beruhen, sondern ggf. weitere Tatbestandsvoraussetzungen vorgesehen sind.[2] Daher löst der Wegfall einer oder mehrerer Voraussetzungen eines Ermäßigungstatbestands der Grundsteuermesszahl ebenfalls eine Anzeigepflicht gem. § 9 Abs. 4 Satz 2 NGrStG aus.[3]

58 § 19 Abs. 1 GrStG[4] – die **Anzeigepflicht bei einer Änderung der Nutzung oder der Eigentumsverhältnisse** eines ganz oder teilweise von der Grundsteuer befreiten Grundstücks – bleibt nach § 9 Abs. 4 Satz 3 NGrStG unberührt.

59 § 9 Abs. 4 Satz 4 NGrStG legt – korrespondierend zu der Anzeigepflicht nach § 8 Abs. 5 Satz 3 NGrStG[5] – fest, dass die **Anzeige bis zum 31.3.** des Jahres zu erstatten ist, das auf das Jahr folgt, in dem sich die Verhältnisse geändert haben. Niedersachsen weicht damit nicht von der bundesgesetzlichen Regelung in § 19 Abs. 3 Satz 2 GrStG[6] ab. Der in § 9 Abs. 4 Satz 4 NGrStG noch enthaltene Hinweis auf Abweichungen von den zwischenzeitlich entfallenen § 19 Abs. 1 Satz 2 und Abs. 2 Satz 2 GrStG ist darauf zurückzuführen, dass die bundesgesetzlichen Regelungen in § 19 Abs. 3 Satz 2 GrStG erst nach Inkrafttreten des NGrStG mit dem Bürokratieentlastungsgesetz IV vom 26.9.2024[7] an die landesgesetzliche Regelung angeglichen wurden.

60 Über § 9 Abs. 4 Satz 5 NGrStG findet § 8 Abs. 6 NGrStG[8] entsprechende Anwendung. Demzufolge sind auch die Änderungsanzeigen nach § 9 Abs. 4 NGrStG **Steuererklärungen** i. S. der Abgabenordnung, die nach **amtlich vorgeschriebenem Datensatz** durch Datenfernübertragung an die Finanzverwaltung zu übermitteln sind. In **Härtefällen** bleibt eine Anzeige mittels Papiervordruck möglich (§§ 9 Abs. 4 Satz 5, 8 Abs. 6 Halbsatz 2 NGrStG, § 228 Abs. 6 Satz 2 und 3 BewG, § 150 Abs. 8 AO).[9] Niedersachsen stellt an entsprechende Änderungsanzeigen damit vergleichbare formale Anforderungen wie bundesgesetzlich in § 19 Abs. 3 Satz 1 GrStG[10] vorgegeben. Während § 19 Abs. 3 Satz 1 GrStG eine elektronische Übermittlung der Anzeige nach amtlich vorgeschriebenem Datensatz über die amtlich bestimmte Schnittstelle vorsieht, genügt in Niedersachsen eine Übermittlung des amtlich vorgeschriebenem Datensatzes durch Datenfernübertragung, was wohl auch dessen Übermittlung per E-Mail einschließt.[11]

1 Vgl. vertiefend Bock/Lapp in Grootens, NGrStG, § 6 Rz. 36 ff.
2 A 9 Abs. 7 AENGrStG; vgl. auch Niedersächsische LT-Drucks. 18/8995 S. 29.
3 A 9 Abs. 7 AENGrStG; vgl. auch Niedersächsische LT-Drucks. 18/8995 S. 29.
4 Siehe vertiefend Bock in Grootens, GrStG § 19 Rz. 19 ff.
5 A 9 Abs. 8 AENGrStG; vgl. vertiefend Bock/Lapp in Grootens, NGrStG, § 8 Rz. 74.
6 Siehe vertiefend Bock in Grootens, GrStG, § 19 Rz. 39.
7 BGBl 2024 I Nr. 323.
8 A 9 Abs. 8 AENGrStG; vgl. vertiefend Bock/Lapp in Grootens, NGrStG, § 8 Rz. 76.
9 Siehe vertiefend Kurt in Grootens, BewG, § 228 Rz. 193 f.
10 Siehe vertiefend Bock in Grootens, GrStG, § 19 Rz. 36 ff.
11 Vgl. auch Bock/Lapp in Grootens, NGrStG, § 8 Rz. 77 und BT-Drucks. 20/12780 S. 192.

§ 10 NGrStG Erlass wegen wesentlicher Ertragsminderung

§ 34 Abs. 1 bis 3 des Grundsteuergesetzes gilt entsprechend mit der Maßgabe, dass in Absatz 3 an die Stelle des Grundsteuerwerts der Grundsteuermessbetrag tritt.

Inhaltsübersicht **Rz.**

LITERATUR:

Siehe Vorwort.

HINWEISE:

A 10 des Runderlasses des Niedersächsischen Finanzministeriums, Anwendung des Niedersächsischen Grundsteuergesetzes (NGrStG) zur Bewertung des Grundvermögens für die Grundsteuer ab 1.1.2022 (AENGrStG), RdErl. d. MF v. 22.2.2022 - G 1002-6 - 62100.

A. Allgemeine Erläuterungen

I. Normzweck und wirtschaftliche Bedeutung der Vorschrift

§ 10 NGrStG bestimmt, dass die Regelungen des § 34 Abs. 1–3 GrStG[1] zum **Erlass** der Grundsteuer **wegen wesentlicher Ertragsminderung bei bebauten Grundstücken** für im Land Niedersachsen belegene Grundstücke entsprechend anzuwenden sind und an die Stelle des Grundsteuerwerts in § 34 Abs. 3 GrStG[2] der Grundsteuermessbetrag tritt.[3] Mit Letzterem wird berücksichtigt, dass nach dem NGrStG kein Grundsteuerwert festgestellt wird und dennoch bei teilweiser eigengewerblicher Nutzung des Grundstücks die prozentuale Ertragsminderung einheitlich für den gesamten Steuergegenstand zu bestimmen ist. Dabei bestimmt sich die Ertragsminderung abweichend vom Bundesrecht nicht am Anteil des eigengewerblich genutzten Teils des Grundstücks am Grundsteuerwert, sondern am Anteil des eigengewerblich genutzten Teils des Grundstücks am Grundsteuermessbetrag. 1

Aus § 10 NGrStG ergibt sich zudem, dass **§ 34 Abs. 4 GrStG**[4] keine Anwendung findet. § 34 Abs. 4 GrStG schließt den Erlass wegen Ertragsminderung aus, wenn die Ertragsminderung für den Erlasszeitraum durch eine **Fortschreibung** oder bei rechtzeitiger Stellung des Antrags auf Fortschreibung hätte berücksichtigt werden können. Da die Erträge aus dem Grundstück im 2

1 Vgl. dazu vertiefend Lehmann in Grootens, GrStG, § 34 Rz. 21 ff.

2 Vgl. vertiefend Lehmann in Grootens, GrStG, § 34 Rz. 226 ff.

3 A 10 Abs. 1 AENGrStG.

4 Vgl. vertiefend Lehmann in Grootens, GrStG, § 34 Rz. 235 ff.

niedersächsischen Modell bei der Ermittlung des Äquivalenzbetrags keine Rolle spielen, kann eine Ertragsminderung nicht bei einer Fortschreibung berücksichtigt werden.

3 Die übrigen Erlassvorschriften des GrStG, also der **Erlass für Kulturgut und Grünanlagen** nach § 32 GrStG[1] sowie wegen wesentlicher **Reinertragsminderung bei Betrieben der Land- und Forstwirtschaft** nach § 33 GrStG,[2] und die Verfahrensvorschrift § 35 GrStG[3] finden auch für in Niedersachsen belegenen Grundbesitz Anwendung, da insoweit vom NGrStG keine abweichende Regelung getroffen wird.[4]

4–5 *(Einstweilen frei)*

II. Entstehung und Entwicklung der Vorschrift

6 Die Vorschrift wurde im Jahr 2021 mit dem **Stammgesetz** in das NGrStG aufgenommen.[5]

7 In § 9 NGrStG-E des ursprünglichen Gesetzentwurfs der Koalitionsfraktionen[6] war zunächst eine weitere Erlassregelung bei Gebäuden auf fremdem Grund und Boden vorgesehen. Diese wurde nicht in das NGrStG aufgenommen, da sie aufgrund der im parlamentarischen Verfahren aufgenommenen Regelung zur Bildung wirtschaftlicher Einheiten bei Gebäuden auf fremdem Grund und Boden in § 2 Abs. 4 Satz 2 NGrStG[7] gegenstandslos geworden ist.[8]

8 § 10 NGrStG in der vorliegenden Fassung wurde im parlamentarischen Verfahren aufgrund einer Empfehlung des federführenden Ausschusses für Haushalt und Finanzen konkretisiert und der **Anwendungsbereich des § 34 GrStG auf die Abs. 1–3 beschränkt.** § 34 Abs. 4 GrStG setzt voraus, dass eine Ertragsminderung bei der Festsetzung des Grundsteuermessbetrags berücksichtigt werden kann. Dies ist im niedersächsischen Grundsteuermodell nicht möglich, da der Ertrag eines Grundstücks im niedersächsischen Regelungssystem zur Ermittlung der Grundsteuer B keine maßgebliche Größe ist (siehe bereits → Rz. 2).[9] Darüber hinaus wurden geringfügige sprachliche Änderungen an der Norm vorgenommen.[10]

9–10 *(Einstweilen frei)*

III. Geltungsbereich

11 § 10 NGrStG gilt für in Niedersachsen belegene Grundstücke des Grundvermögens. § 10 NGrStG ist mit dem Stammgesetz gem. § 15 Abs. 1 NGrStG **am 14.7.2021 in Kraft getreten**. Wie sich aus § 1 Satz 1 NGrStG[11] und § 12 Abs. 1 NGrStG[12] ergibt, sollen die Regelungen des NGrStG und damit auch § 10 NGrStG erst für die Erhebung der **Grundsteuer** ab dem **Kalenderjahr 2025** von Bedeutung sein.

1 Vgl hierzu vertiefend Lehmann in Grootens, GrStG, § 32 Rz. 1 ff.
2 Vgl. hierzu vertiefend Lehmann in Grootens, GrStG, § 33 Rz. 1 ff.
3 Vgl. hierzu vertiefend Lehmann in Grootens, GrStG, § 35 Rz. 1 ff.
4 Siehe auch die tabellarische Übersicht bei Bock/Lapp in Grootens, NGrStG, § 1 Rz. 19.
5 Niedersächsisches Grundsteuergesetz v. 7.7.2021, Nds. GVBl Nr. 27/2021 S. 502 ff.
6 Niedersächsische LT-Drucks. 18/8995 S. 8.
7 Siehe hierzu vertiefend Bock/Lapp in Grootens, NGrstG, § 2 Rz. 14 und 78 ff.
8 Vgl. Niedersächsische LT-Drucks. 18/9632 S. 12 und 27 f.
9 Niedersächsische LT-Drucks. 18/9632 S. 28.
10 Vgl. Niedersächsische LT-Drucks. 18/9603 S. 11 und Niedersächsische LT-Drucks 18/9632 S. 28 ff.
11 Vgl. vertiefend Bock/Lapp in Grootens, NGrStG, § 1 Rz. 9.
12 Siehe Bock/Lapp in Grootens, NGrStG, § 12 Rz. 31 ff.

(Einstweilen frei) 12–15

IV. Vereinbarkeit der Vorschrift mit höherrangigem Recht

Der Einbezug der ertragsbezogenen **Erlassregelungen des § 32 GrStG** für Kulturgut und Grünanlagen sowie des **§ 34 GrStG** wegen wesentlicher Ertragsminderung bei bebauten Grundstücken im NGrStG hat zu **erheblichen Bedenken** geführt. Da sich im Äquivalenzmodell die Bemessungsgrundlage eines Grundstücks nicht am (Soll-)Ertrag ausrichte, sondern anhand der Parameter Fläche und Lage, welche die Möglichkeit der Inanspruchnahme gemeindlicher Infrastruktur und zur Teilhabe an Leistungen der Gemeinde abgelten solle, wirkten die Erlassregelungen nach §§ 32, 34 GrStG im niedersächsischen Grundsteuermodell systemfremd.[1] Mehr noch könnte sich das NGrStG aufgrund der Geltung dieser Normen dem Vorwurf der Verletzung des gleichheitsrechtlichen Gebots der Folgerichtigkeit aussetzen, wonach der Gesetzgeber die einmal getroffene Belastungsgrundentscheidung folgerichtig i. S. der Belastungsgleichheit umzusetzen habe.[2] 16

Nach **Ansicht des niedersächsischen Gesetzgebers** hingegen handele es sich bei der vorliegend betroffenen Ebene um diejenige der Erhebung der Grundsteuer durch die Gemeinden, nicht aber um diejenige der Bewertung der Grundstücke nach dem Belastungsgrund durch die Finanzverwaltung. Es könne daher sachgerecht sein, wenn der Gesetzgeber die Frage des Erlasses an andere Kriterien knüpfe als die der Bewertung. Der Erlass nach § 34 GrStG für Grundstücke, deren Ertrag wesentlich gemindert sei, stehe zudem auch nicht in Widerspruch mit dem Äquivalenzprinzip. In seiner vorliegend als Belastungsgrund gewählten Ausprägung solle die Grundsteuer die Nutzungsmöglichkeit gemeindlicher Infrastruktur abgelten und entsprechend einen Beitrag zur Finanzierung der kommunal bereitgestellten Infrastruktur leisten. Die Nutzung dieser Infrastruktur erschließe sich in typisierender Weise aber durch die Nutzung des Grundstücks. Sei die Grundstücksnutzung jedoch stark eingeschränkt, was sich in einer wesentlichen Ertragsminderung eines bebauten Grundstücks ausdrücke, sei ein Teilerlass der Grundsteuer nach diesem Gedanken gerechtfertigt. Der nicht zu erlassende Teil der Grundsteuer finanziere demnach Infrastrukturkosten, die typischerweise unabhängig von einer Grundstücksnutzung anfielen. § 32 GrStG wiederum gewähre einen Grundsteuererlass für Kulturgüter, Parks, Spiel- und Sportplätze u. Ä.. Im Referenzsystem des Äquivalenzprinzips seien diese Grundstücke typischerweise Teil der gemeindlichen Infrastruktur, des Nutzungsangebots, und nicht Teil der Nachfrageseite (potenzielle Bewohner, Beschäftigte, Kundschaft), die die Grundsteuer tragen solle. Die betreffenden Grundstücke würden lediglich dann nicht (oder nur teilweise) begünstigt, wenn sie – eher untypisch – mehr Erträge abwerfen als Kosten verursachen würden. Nur dann sei es geboten, sie wie andere gewerbliche Nutzungen der Grundsteuer ohne Erlass zu unterwerfen.[3] 17

Die durch § 10 NGrStG angeordnete entsprechende Anwendung von § 34 GrStG dürfte **mit dem Äquivalenzprinzip schwer zu vereinbaren** sein.[4] Im Bundesmodell soll §§ 32 ff. GrStG die in bestimmten Fällen mit der Belastungsgrundentscheidung einhergehende Besteuerung nach 18

1 So GBD (Gesetzgebungs- und Beratungsdienst), Niedersächsische LT-Drucks. 18/9632 S. 28 f.
2 Vgl. zur Folgerichtigkeit Hey in Tipke/Lang, Steuerrecht, Kapitel 3 Rz. 3.118, Rz. 3.122.
3 Vgl. Niedersächsische LT-Drucks. 18/9632 S. 28 f.
4 Kritisch auch Krumm/Paeßens, GrStG, § 10 NGrStG Rz. 1.

Sollertragsgesichtspunkten aus sachlichen Erlassgründen wieder zurücknehmen.[1] In einem Äquivalenzmodell spielt der Sollertrag, den man aus einem Grundstück ziehen kann, jedoch keine Rolle. Den im Bundesmodell vorgesehenen verschuldensabhängigen Erlassnormen wegen Ertragsminderung bedarf es systematisch daher in einem Äquivalenzmodell nicht. Mit dem Äquivalenzprinzip zu vereinbaren wären vielmehr verschuldensunabhängige **Erlassnormen wegen Leerstands**, da in diesem Fall die mit dem Äquivalenzprinzip unterstellte Nutzenäquivalenz nicht gegeben ist.

19–20 *(Einstweilen frei)*

V. Verhältnis zu anderen Vorschriften

21 § 10 NGrStG erklärt **§ 34 Abs. 1–3 GrStG**[2] für entsprechend anwendbar und nimmt damit **§ 34 Abs. 4 GrStG**[3] von der Anwendbarkeit im Rahmen des niedersächsischen Grundsteuermodells aus. Da § 10 NGrStG keine abweichenden Regelungen trifft, finden **§§ 32, 33, 35 GrStG**[4] uneingeschränkt Anwendung.

22 Die §§ 32–34 GrStG sind auch im NGrStG **lex specialis** zu den allgemeinen Erlassvorschriften der Abgabenordnung.[5] Liegen die Voraussetzungen der §§ 32–34 GrStG nicht vor, kann dennoch ein Erlass nach den **§§ 163, 227 AO** in Betracht kommen.[6] Ob ein Erlass wegen drohender Übermaßbesteuerung bei wertlosem Grundbesitz (z. B. Ruine), wegen Leerstandes oder wegen individueller Nichtnutzung von gemeindlichen Leistungen nach § 227 AO in Betracht kommt, ist aufgrund der bewussten gesetzgeberischen Entscheidung, die gemeindlichen Leistungen typisiert anhand der Flächen zu bemessen, zweifelhaft.[7] Unter Umständen kommt in diesen Fällen ein Erlass nach den grundsteuerspezifischen Erlassvorschriften wegen Ertragsminderung in Betracht.

23–25 *(Einstweilen frei)*

B. Systematische Kommentierung

I. Entsprechende Anwendung von § 34 Abs. 1–3 GrStG (§ 10 NGrStG)

26 § 10 NGrStG regelt, dass § 34 Abs. 1–3 GrStG[8] zum **Erlass** der Grundsteuer **wegen wesentlicher Ertragsminderung** bei bebauten Grundstücken mit der Maßgabe gelten, dass an Stelle des Grundsteuerwerts in § 34 Abs. 3 GrStG[9] der Grundsteuermessbetrag tritt (zur Kritik an der entsprechenden Anwendung siehe → Rz. 16 ff.).[10]

1 Vgl. FG Hamburg, Urteil v. 18.2.2014 - 3 K 257/13 NWB GAAAE-69580; VG Kassel, Urteil v. 23.2.2016 - 6 K 19/13.KS, HGZ 2016 S. 286 Rz. 97; VG Wiesbaden, Urteil v. 27.1.2017 - 1 K 684/15.WI, ZKF 2017 S. 96 Rz. 32; Troll/Eisele, GrStG, § 33 Rz. 6.
2 Vgl. dazu vertiefend Lehmann in Grootens, GrStG, § 34 Rz. 21 ff.
3 Vgl. vertiefend Lehmann in Grootens, GrStG, § 34 Rz. 235 ff.
4 Vgl. vertiefend die Kommentierung bei Lehmann in Grootens, GrStG, §§ 32, 33, 35.
5 Krumm/Paeßens, GrStG, § 10 NGrStG Rz. 5.
6 Lehmann in Grootens, GrStG, § 32 Rz. 11, GrStG, § 33 Rz. 16, § 34 Rz. 16.
7 Verneinend Krumm/Paeßens, GrStG, § 10 NGrStG Rz. 6 f.
8 Vgl. dazu vertiefend Lehmann in Grootens, GrStG, § 34 Rz. 21 ff.
9 Vgl. vertiefend Lehmann in Grootens, GrStG, § 34 Rz. 226 ff.
10 A 10 Abs. 1 AENGrStG.

Nach **§ 34 Abs. 1 GrStG,**[1] der nach § 10 NGrStG entsprechend anzuwenden ist, wird die Grundsteuer i. H. von 25 % erlassen, wenn **bei bebauten Grundstücken** der normale Rohertrag des Steuergegenstandes um mehr als 50 % gemindert ist und der Steuerschuldner die **Minderung des normalen Rohertrags** nicht zu vertreten hat sowie um 50 % erlassen, wenn die vom Steuerschuldner nicht zu vertretende Minderung des normalen Rohertrags 100 % beträgt. 27

Nach **§ 34 Abs. 2 GrStG,**[2] der nach § 10 NGrStG entsprechend anzuwenden ist, wird bei **eigengewerblich genutzten bebauten Grundstücken** die Grundsteuer der Höhe nach unter den nämlichen Voraussetzungen erlassen, wobei als Minderung des normalen Rohertrags die Minderung der Ausnutzung des Grundstücks gilt. Hinzutritt, dass in den Fällen der eigengewerblichen Nutzung der Erlass nach § 34 Abs. 2 Satz 2 GrStG nur gewährt wird, wenn die Einziehung der Grundsteuer nach den wirtschaftlichen Verhältnissen des Betriebs unbillig wäre. 28

Nach **§ 34 Abs. 3 Satz 1 GrStG,**[3] der nach § 10 NGrStG entsprechend anzuwenden ist, wird bei **teilweise eigengewerblich** genutzten bebauten Grundstücken die Ertragsminderung für den eigengewerblich genutzten Teil nach § 34 Abs. 2 GrStG und für den übrigen Teil nach § 34 Abs. 1 GrStG bestimmt. Nach **§ 34 Abs. 3 Satz 2 GrStG**, der nach § 10 NGrStG mit der Maßgabe entsprechend anzuwenden ist, dass anstelle des Grundsteuerwerts der Grundsteuermessbetrag tritt, ist in diesen Fällen für den **ganzen Steuergegenstand ein einheitlicher Prozentsatz** der Ertragsminderung nach dem Anteil der einzelnen Teile am Grundsteuerwert (NGrStG: am Grundsteuermessbetrag) des Grundstücks zu ermitteln. 29

BEISPIEL:[4] Auf einem gemischt genutzten Grundstück befindet sich ein Gebäude mit drei baugleichen Wohnungen (Anteil am Grundsteuermessbetrag: 75 %) und ein vom Eigentümer gewerblich selbstgenutzter Geschäftsraum (Anteil am Grundsteuermessbetrag: 25 %). 30

Im Erlasszeitraum konnten zwei Wohnungen unverschuldet nicht vermietet werden, so dass sich eine Minderung des normalen Rohertrages um 66 % ergibt. Für den eigengewerblich genutzten Geschäftsraum ergibt sich wegen Krankheit des Eigentümers eine Minderung der normalen Ausnutzung um 40 %.

LÖSUNG: Bezogen auf das gesamte gemischt genutzte Grundstück ergibt sich eine Ertragsminderung in Höhe von:

66 % x 75/100 + 40 % x 25/100 = 49,5 % + 10 % = 59,5 %.

Die Ertragsminderung beträgt über 50 %, so dass die Grundsteuer für das gemischt genutzte Grundstück um 25 % erlassen wird.

Durch die Bezugnahme nur auf § 34 Abs. 1–3 GrStG ergibt sich, dass § 34 Abs. 4 GrStG keine Anwendung findet. Nach **§ 34 Abs. 4 GrStG** ist eine Ertragsminderung kein Erlassgrund, wenn sie für den Erlasszeitraum durch Fortschreibung oder bei rechtzeitiger Stellung des Antrags auf Fortschreibung hätte berücksichtigt werden können. Da die Erträge aus dem Grundstück im niedersächsischen Grundsteuermodell bei der Ermittlung des Äquivalenzbetrags keine Rolle spielen, kann eine Ertragsminderung nicht bei einer **Fortschreibung** berücksichtigt werden. Betrags- oder Flächenfortschreibungen werden im niedersächsischen Grundsteuermodell nur vorgenommen, wenn ein Äquivalenzbetrag oder eine Fläche von der zuletzt getroffenen Fest- 31

1 Siehe vertiefend Lehmann in Grootens, GrStG, § 34 Rz. 21 ff.
2 Siehe vertiefend Lehmann in Grootens, GrStG, § 34 Rz. 173 ff.
3 Siehe vertiefend Lehmann in Grootens, GrStG, § 34 Rz. 226 ff.
4 Vgl. auch das Beispiel bei Roscher, GrStG-Reform, Erstkommentierung 2020, § 34 GrStG Rz. 59.

stellung abweicht und es für die Besteuerung von Bedeutung ist (§ 8 Abs. 3 NGrStG). § 34 Abs. 4 GrStG würde daher ins Leere gehen.

32–36 *(Einstweilen frei)*

II. Anwendung von §§ 32, 33, 35 GrStG

37 Da im NGrStG insoweit keine abweichenden Regelungen getroffen werden, finden die **§§ 32, 33, 35 GrStG**[1] ebenfalls Anwendung.

38 Nach **§ 32 Abs. 1 GrStG,**[2] der auch für die niedersächsische Grundsteuer Anwendung findet, wird die Grundsteuer für bestimmten Grundbesitz oder Teile davon, dessen Erhalt im öffentlichen Interesse liegt, erlassen. Von § 32 GrStG werden öffentliche **Grünanlagen, Spiel- und Sportplätze sowie für Kunst, Geschichte, Wissenschaft oder Naturschutz** bedeutender Grundbesitz erfasst. Voraussetzung für den Erlass ist, dass die jährlichen Kosten für den Grundbesitz den jährlichen Rohertrag, also die mit ihm erzielten Einnahmen und sonstigen Vorteile, übersteigen.

39 Nach **§ 32 Abs. 2 GrStG,**[3] der auch für die niedersächsische Grundsteuer Anwendung findet, wird die Grundsteuer für Grundbesitz, der **Gegenstände von wissenschaftlicher, künstlerischer oder geschichtlicher Bedeutung** enthält (insbesondere **Sammlungen** oder **Bibliotheken**), die dem Zweck der Forschung oder Volksbildung nutzbar gemacht sind, insoweit prozentual erlassen, als der Rohertrag durch die Benutzung zu den genannten Zwecken nachhaltig gemindert ist. Voraussetzung ist die Anerkennung der wissenschaftlichen, künstlerischen oder geschichtlichen Bedeutung der untergebrachten Gegenstände durch die Landesregierung oder die von ihr beauftragte Stelle.

40 Nach **§ 33 GrStG,**[4] der auch für die niedersächsische Grundsteuer Anwendung findet, wird die Grundsteuer i. H. von 25 % erlassen, wenn bei **Betrieben der Land- und Forstwirtschaft** der tatsächliche Reinertrag des Steuergegenstandes um mehr als 50 % gemindert ist sowie um 50 %, wenn der tatsächliche Reinertrag um 100 % gemindert ist. Voraussetzung ist, dass der Steuerschuldner die **Minderung des tatsächlichen Reinertrags** nicht zu vertreten hat und die Einziehung der Grundsteuer nach den wirtschaftlichen Verhältnissen des Betriebs unbillig wäre. Eine Ertragsminderung ist kein Erlassgrund, wenn sie für den Erlasszeitraum durch Fortschreibung des Grundsteuerwerts berücksichtigt werden kann oder bei rechtzeitiger Stellung des Antrags auf Fortschreibung hätte berücksichtigt werden können. Die Anwendung von § 33 GrStG im Rahmen des niedersächsischen Grundsteuermodell ist konsequent, da für das land- und forstwirtschaftliche Vermögen ganz überwiegend die bundesgesetzlichen Regelungen nach den §§ 232 ff. BewG gelten.

41 **§ 35 GrStG,**[5] der auch für die niedersächsische Grundsteuer Anwendung findet, regelt das **Erlassverfahren**. Danach wird der Erlass jeweils nach Ablauf eines Kalenderjahres für die Grundsteuer ausgesprochen, die für das Kalenderjahr festgesetzt worden ist. Dies ist der sog. Erlasszeitraum. Der Erlass wird nur auf Antrag, der bis zu dem auf den Erlasszeitraum folgenden 31.3. zu stellen ist, gewährt. In den Fällen des § 32 GrStG bedarf es keiner jährlichen Wieder-

1 Vgl. vertiefend die Kommentierung bei Lehmann in Grootens, GrStG, §§ 32, 33, 35.
2 Siehe vertiefend Lehmann in Grootens, GrStG, § 32 Rz. 15 ff.
3 Siehe vertiefend Lehmann in Grootens, GrStG, § 32 Rz. 65 ff.
4 Siehe vertiefend Lehmann in Grootens, GrStG, § 33 Rz. 21 ff.
5 Siehe vertiefend Lehmann in Grootens, GrStG, § 35 Rz. 15 ff.

holung des Antrags (§ 35 Abs. 3 Satz 1 GrStG). Der Steuerschuldner ist verpflichtet, eine Änderung der maßgeblichen Verhältnisse der Gemeinde binnen drei Monaten nach Eintritt der Änderung anzuzeigen (§ 35 Abs. 3 Satz 2 GrStG).

Zweiter Teil: Betriebe der Land- und Forstwirtschaft, Grundsteuer A

§ 11 NGrStG Abweichende Regelungen

(1) Abweichend von § 234 Abs. 6 BewG gehören zur Hofstelle auch Hof- und Wirtschaftsgebäudeflächen einschließlich der Nebenflächen, von denen aus keine land- und forstwirtschaftlichen Flächen mehr nachhaltig bewirtschaftet werden, soweit sie keine Zweckbestimmung erhalten haben, die zu einer zwingenden Zuordnung zum Grundvermögen führt.

(2) In den Betrieb sind abweichend von § 2 Abs. 2 BewG auch der Eigentümerin oder dem Eigentümer des Grund und Bodens nicht gehörende Gebäude, die auf dem Grund und Boden des Betriebs stehen, und der Eigentümerin oder dem Eigentümer des Grund und Bodens nicht gehörende Betriebsmittel, die der Bewirtschaftung des Betriebs dienen, einzubeziehen.

(3) Ein Anteil der Eigentümerin oder des Eigentümers eines Betriebs der Land- und Forstwirtschaft an einem Wirtschaftsgut ist in den Betrieb einzubeziehen, wenn es mit dem Betrieb zusammen genutzt wird.

(4) In einen Betrieb der Land- und Forstwirtschaft, der von einer Gesellschaft oder Gemeinschaft des bürgerlichen Rechts betrieben wird, sind abweichend von § 2 Abs. 2 BewG auch die Wirtschaftsgüter einzubeziehen, die einer oder einem oder mehreren Beteiligten gehören und dem Betrieb zu dienen bestimmt sind.

(5) § 2 Abs. 4, § 8 Abs. 5 und 6 sowie § 9 Abs. 4 Satz 4 gelten für Betriebe der Land- und Forstwirtschaft entsprechend.

Inhaltsübersicht **Rz.**

LITERATUR:

Siehe Vorwort.

HINWEISE:

A 11 des Runderlasses des Niedersächsischen Finanzministeriums, Anwendung des Niedersächsischen Grundsteuergesetzes (NGrStG) zur Bewertung des Grundvermögens für die Grundsteuer ab 1.1.2022 (AENGrStG), RdErl. d. MF v. 22.2.2022 - G 1002-6 - 62100.

A. Allgemeine Erläuterungen

I. Normzweck und wirtschaftliche Bedeutung der Vorschrift

1 Niedersachsen wendet bei der **Bewertung der Betriebe der Land- und Forstwirtschaft** grundsätzlich die **bundesgesetzlichen Regelungen** der §§ 232–242 BewG an.[1] In § 11 NGrStG werden hiervon lediglich **punktuelle Abweichungen** geregelt.[2] Insbesondere bei der Bildung der wirtschaftlichen Einheit des Betriebs der Land- und Forstwirtschaft wird es künftig zu Abweichungen im Vergleich zu Ländern kommen, welche die bundesgesetzlichen Regelungen anwenden (siehe hierzu → Rz. 57).

2 Nach der Gesetzesbegründung[3] bezweckt die Regelung des § 11 Abs. 1 NGrStG (siehe hierzu → Rz. 36 ff.), dass sich der **Lastenverteilungsmaßstab** insbesondere in Fällen der Betriebsverpachtung auch weiterhin nach der **Ertragskraft des Betriebs der Land- und Forstwirtschaft** richten soll.[4]

3 § 11 Abs. 2–4 NGrStG (siehe hierzu → Rz. 46 ff.) führen den Regelungsinhalt von **§ 34 Abs. 4–6 BewG a. F.** bei der Bildung von wirtschaftlichen Einheiten beim land- und forstwirtschaftlichen Vermögen fort. § 11 Abs. 2–4 NGrStG, wie auch § 34 Abs. 4–6 BewG a. F., durchbrechen das strenge Eigentümerprinzip nach § 2 Abs. 2 BewG. Mit § 11 Abs. 2–4 NGrStG will der niedersächsische Gesetzgeber Verwaltungsaufwand bei der Bildung der wirtschaftlichen Einheiten vermeiden und sicherstellen, dass die Wirtschaftsgüter, die bisher im Rahmen der Bewertung des land- und forstwirtschaftlichen Betriebs insbesondere bei **Gesellschaften und Gemeinschaften** mit einbezogen worden sind, weiterhin als zu dieser wirtschaftlichen Einheit gehörig betrachtet werden.[5] Damit soll gewährleistet werden, dass i. S. des Ertragswertverfahrens bei der Bewertung alle Wirtschaftsgüter, die wirtschaftlich zusammengehören und somit gemeinsam den Ertrag des Betriebes beeinflussen, der wirtschaftlichen Einheit zugerechnet werden.[6]

4 § 11 Abs. 5 NGrStG (siehe hierzu → Rz. 56 ff.) bewirkt einen Gleichlauf bei der **Bildung einer wirtschaftlichen Einheit** bei der Grundsteuer auf land- und forstwirtschaftliches Vermögen (sog. Grundsteuer A) und der Grundsteuer auf Grundvermögen (sog. Grundsteuer B), indem § 2 Abs. 4 NGrStG für entsprechend anwendbar erklärt wird und damit auch bei der Grundsteuer A die Zusammenfassung von mehreren Wirtschaftsgütern zu einer wirtschaftlichen Einheit nicht dadurch ausgeschlossen wird, dass die Wirtschaftsgüter teilweise dem einen und teilweise dem anderen **Ehegatten oder Lebenspartner** gehören. Darüber hinaus sind nach § 11 Abs. 5 NGrStG die Regelungen zur Aufforderung zur Erklärungsabgabe durch eine öffentlich bekannt zu machende Allgemeinverfügung (§ 8 Abs. 5 und 6 NGrStG) und die Regelungen zur Anzeigepflicht (§ 9 Abs. 4 Satz 4 NGrStG) für Betriebe der Land- und Forstwirtschaft entsprechend anwendbar.[7]

5–10 *(Einstweilen frei)*

---

1 A 11 Abs. 1 AENGrStG; Krause in Stenger/Loose, NGrStG, § 11 Rz. 587 ff.
2 A 11 Abs. 1 AENGrStG.
3 Niedersächsische LT-Drucks. 18/8995 S. 30.
4 A 11 Abs. 3 AENGrStG.
5 Niedersächsische LT-Drucks. 18/8995 S. 30.
6 Niedersächsische LT-Drucks. 18/8995 S. 30.
7 Niedersächsische LT-Drucks. 18/8995 S. 30 f.

II. Entstehung und Entwicklung der Vorschrift

Die Vorschrift wurde im Jahr 2021 mit dem **Stammgesetz** in das NGrStG aufgenommen.[1] 11

Die entsprechende Geltung des **§ 9 Abs. 4 Satz 4 NGrStG** war in § 11 Abs. 5 NGrStG des ursprünglichen Gesetzentwurfs[2] wohl versehentlich nicht enthalten und wurde erst im parlamentarischen Verfahren aufgrund einer Empfehlung des federführenden Ausschusses für Haushalt und Finanzen auf Anregung des Niedersächsischen Finanzministeriums in das Gesetz aufgenommen.[3] Darüber hinaus wurden im Gesetzgebungsverfahren **geringfügige sprachliche Anpassungen** vorgenommen.[4] 12

(Einstweilen frei) 13–15

III. Geltungsbereich

§ 11 NGrStG gilt für in Niedersachsen belegenes **land- und forstwirtschaftliches Vermögen**. § 11 NGrStG findet **nicht** auf in Niedersachsen belegenes **Grundvermögen** Anwendung. § 11 NGrStG ist mit dem Stammgesetz gem. § 15 Abs. 1 NGrStG **am 14.7.2021 in Kraft getreten**. Wie sich aus § 1 Satz 1 NGrStG[5] und § 12 Abs. 1 NGrStG[6] ergibt, sollen die Regelungen des NGrStG und damit auch § 11 NGrStG erst für die Erhebung der **Grundsteuer** ab dem **Kalenderjahr 2025** von Bedeutung sein. 16

(Einstweilen frei) 17–20

IV. Vereinbarkeit der Vorschrift mit höherrangigem Recht

Im niedersächsischen Grundsteuermodell werden in Abhängigkeit der Vermögensart verschiedene Belastungsgründe herangezogen. Niedersachsen wendet die bundesgesetzlichen Regelungen der §§ 232–242 BewG grundsätzlich uneingeschränkt an und trifft in § 11 NGrStG lediglich punktuelle Abweichungen bei der Bildung der wirtschaftlichen Einheiten von Betrieben der Land- und Forstwirtschaft. Aus diesem Umstand folgt, dass sich im niedersächsischen Grundsteuermodell bei der Grundsteuer für das **Grundvermögen** ein **anderer Belastungsgrund** ergibt **als** bei der Grundsteuer für das **land- und forstwirtschaftliche Vermögen**. Bei der Bewertung des Grundvermögens wird der Belastungsgrund im niedersächsischen Grundsteuermodell auf das Äquivalenzprinzip gestützt,[7] bei der Bewertung des land- und forstwirtschaftlichen Vermögens liegt hingegen die bundesgesetzliche Belastungsentscheidung zugrunde, die sich auf die aus der Ertragsfähigkeit des Grund und Bodens vermittelte objektive Leistungsfähigkeit[8] stützt. 21

Ein solches **Mischmodell** könnte gegen die Vorgaben des Bundesverfassungsgerichts an eine **gleichmäßige Besteuerung** nach **Art. 3 GG** verstoßen.[9] Das Bundesverfassungsgericht führt in 22

1 Niedersächsisches Grundsteuergesetz v. 7.7.2021, Nds. GVBl Nr. 27/2021 S. 502 ff.
2 Niedersächsische LT-Drucks. 18/8995.
3 Niedersächsische LT-Drucks. 18/9632 S. 30.
4 Vgl. Niedersächsische LT-Drucks. 18/9603 S. 11 f. und Niedersächsische LT-Drucks. 18/9632 S. 30.
5 Vgl. vertiefend Bock/Lapp in Grootens, NGrStG, § 1 Rz. 9.
6 Siehe Bock/Lapp in Grootens, NGrStG, § 12 Rz. 31 ff.
7 Siehe zu den verfassungsrechtlichen Bedenken hierzu vertiefend Bock/Lapp in Grootens, NGrStG, Vorwort Rz. 42 ff.
8 Siehe zur verfassungsrechtlichen Bewertung des Bundesmodells Bock in Grootens, BewG, § 250 Rz. 29 ff. und Grootens in Grootens, BewG, § 252 Rz. 126 ff.
9 Siehe bereits Bock/Lapp in Grootens, NGrStG, Vorwort Rz. 45.

seinem Urteil v. 10.4.2018 aus, dass Abweichungen von der mit der Wahl des Steuergegenstandes einmal getroffenen **Belastungsentscheidung** sich ihrerseits am Gleichheitssatz messen lassen müssen (Gebot der **folgerichtigen Ausgestaltung** des steuerrechtlichen Ausgangstatbestands) und demgemäß eines besonderen sachlichen Grundes bedürften, der die Ungleichbehandlung zu rechtfertigen vermöge.[1] Dabei steigen die Anforderungen an den Rechtfertigungsgrund mit dem Ausmaß der Abweichung und ihrer Bedeutung für die Verteilung der Steuerlast insgesamt.[2]

23 Im parlamentarischen Gesetzgebungsverfahren hat sich auch der **Gesetzgebungs- und Beratungsdienst (GBD)** im niedersächsischen Landtag kritisch zu den unterschiedlichen Belastungsgründen bei der Bewertung des Grundvermögens einerseits und des land- und forstwirtschaftlichen Vermögens andererseits geäußert.[3] Der Wechsel des Belastungsgrundes innerhalb einer Steuerart bewirke eine Ungleichbehandlung des Steuergegenstandes inländischer Grundbesitz i. S.von § 2 GrStG, könne im Fall einer verfassungsrechtlichen Überprüfung als problematisch angesehen und müsse gerechtfertigt werden.

24 Das **Finanzministerium Niedersachsen** hat die Bedenken des GBD im Gesetzgebungsverfahren nicht geteilt.[4] Die Grundsteuer auf das land- und forstwirtschaftliche Vermögen würde sich traditionell deutlich von der Grundsteuer auf das Grundvermögen unterscheiden. Gegenstand und wirtschaftliche Einheit der Grundsteuer auf das land- und forstwirtschaftliche Vermögen sei der land- und forstwirtschaftliche Betrieb, nicht das Grundstück. Maßgeblich für das Verhältnis der Gemeinde zu den land- und forstwirtschaftlichen Betrieben sei dabei nicht die potenzielle Nutzung der Infrastruktur, sondern die Ertragskraft des Bodens als prägendes Element der land- und forstwirtschaftlichen Nutzung. Das Festhalten an der tradierten, nicht auf dem Äquivalenzprinzip beruhenden Bemessung der Grundsteuer auf das land- und forstwirtschaftliche Vermögen sei daher gerechtfertigt. Das Urteil des BVerfG fordere keine Anpassung der Grundsteuer auf das land- und forstwirtschaftliche Vermögen, sie solle daher weder vom Prinzip noch von der Belastungshöhe grundsätzlich verändert werden.

25 Soweit ersichtlich musste das Bundesverfassungsgericht noch nicht über eine Steuer befinden, deren Steuergegenständen bewusst **zwei unterschiedliche Belastungsentscheidungen** zugrunde liegen. Nach der Rechtsprechung des Bundesverfassungsgerichts hat der Gesetzgeber bei der Wahl der Bemessungsgrundlage und bei der Ausgestaltung der Bewertungsregeln einer Steuer einen großen Spielraum, solange sie geeignet sind, **den Belastungsgrund** der Steuer zu erfassen und dabei die Relation der Wirtschaftsgüter zueinander realitätsgerecht abzubilden. Die Rechtsprechung des Bundesverfassungsgerichts, dass bei der Ausgestaltung des steuerrechtlichen Ausgangstatbestands der Gesetzgeber die **einmal getroffene Belastungsentscheidung** folgerichtig i. S. dieser Belastungsgleichheit umzusetzen hat,[5] spricht sehr dafür, dass die Belastungsentscheidung innerhalb eines Steuergesetzes **nicht zweimal** getroffen werden kann. Anhand der **Belastungsentscheidung** soll die **gleichmäßige Besteuerung** der der jeweiligen Steuer unterworfenen Steuergegenstände überprüfbar werden. Diese Prüfung kann anhand unterschiedlicher Belastungsentscheidungen der einzelnen Steuergegenstände und entsprechend unterschiedlichen Regeln folgenden Bemessungsgrundlagen nicht sinnvoll durch-

1 BVerfG, Urteil v. 10.4.2018 - 1 BvL 11/14, 1 BvL 12/14, 1 BvL 1/15, 1 BvR 639/11, 1 BvR 889/12 NWB MAAAG-80435.
2 BVerfG, Urteil v. 10.4.2018 - 1 BvL 11/14, 1 BvL 12/14, 1 BvL 1/15, 1 BvR 639/11, 1 BvR 889/12 NWB MAAAG-80435.
3 Vgl. Niedersächsische LT-Drucks. 18/9632 S. 29 f.
4 Vgl. Niedersächsische LT-Drucks. 18/9632 S. 29.
5 BVerfG, Beschluss v. 7.11.2006 - 1 BvL 10/02, BStBl 2007 II S. 192 Rz. 97 m. w. N.

geführt werden. Erst im Anschluss an die getroffene Belastungsentscheidung und der sich daraus ergebenden folgerichtigen Umsetzung, bedürfen Ausnahmen von einer solchen folgerichtigen Umsetzung eines besonderen sachlichen Grundes.[1]

(Einstweilen frei) 26–30

V. Verhältnis zu anderen Vorschriften

§ 11 Abs. 1 NGrStG regelt abweichend von **§ 234 Abs. 6 BewG,**[2] welche Wirtschaftsgüter zur Hofstelle gehören. § 234 Abs. 6 BewG wird insoweit als lex posterior verdrängt. 31

§ 11 Abs. 2–4 NGrStG treffen vom strengen Eigentümerprinzip nach **§ 2 Abs. 2 BewG** abweichende Regelungen zur Bildung der wirtschaftlichen Einheit beim land- und forstwirtschaftlichen Vermögen. § 2 Abs. 2 BewG wird insoweit als lex posterior verdrängt. Die Regelungen entsprechen den in der Einheitsbewertung geltenden **§ 34 Abs. 4–6 BewG a. F.**. Nach **§ 266 Abs. 5 BewG**[3] finden § 34 Abs. 4–6 BewG a. F. für bereits gebildete wirtschaftliche Einheiten in einer Übergangszeit weiter Anwendung. Im niedersächsischen Grundsteuermodell sind die Regelungen dauerhaft implementiert. 32

Nach § 11 Abs. 5 NGrStG finden die Regelungen des **§ 2 Abs. 4 NGrStG,**[4] **§ 8 Abs. 5 und 6 NGrStG**[5] sowie **§ 9 Abs. 4 Satz 4 NGrStG**[6] auf land- und forstwirtschaftliches Vermögen entsprechend Anwendung. 33

(Einstweilen frei) 34–35

B. Systematische Kommentierung

I. Erweiterung des Begriffs der Hofstelle (§ 11 Abs. 1 NGrStG)

§ 11 Abs. 1 NGrStG bestimmt, dass zur Hofstelle auch **Hof- und Wirtschaftsgebäudeflächen** einschließlich der **Nebenflächen** gehören, von denen aus **keine land- und forstwirtschaftlichen Flächen** mehr **nachhaltig bewirtschaftet** werden, soweit sie keine Zweckbestimmung erhalten haben, die zu einer zwingenden Zuordnung zum Grundvermögen führt.[7] Demzufolge gehören Wirtschaftsgebäude, die vorübergehend oder dauernd teilweise oder ganz leer stehen, weiterhin zur Hofstelle, solange sie keine andere Zweckbestimmung erhalten haben.[8] Die Norm soll insbesondere, beispielsweise aufgrund von Betriebsverpachtung, nicht mehr bewirtschaftete Gebäudeflächen erfassen und diese weiterhin dem land- und forstwirtschaftlichen Vermögen zuordnen.[9] Diese Sichtweise wird ohne besondere gesetzliche Regelung auch für das Bundes- 36

1 BVerfG, Beschluss v. 7.11.2006 - 1 BvL 10/02, BStBl 2007 II S. 192, Rz. 97.
2 Müller in Grootens, BewG, § 234 Rz. 83 ff.
3 Grootens in Grootens, BewG, § 266 Rz. 111 ff.
4 Siehe hierzu vertiefend Bock/Lapp in Grootens, NGrStG, § 2 Rz. 73 ff.
5 Siehe hierzu vertiefend Bock/Lapp in Grootens, NGrStG, § 8 Rz. 71 ff.
6 Siehe hierzu vertiefend Bock/Lapp in Grootens, NGrStG, § 9 Rz. 59.
7 A 11 Abs. 2 AENGrStG.
8 A 11 Abs. 2 AENGrStG.
9 Niedersächsische LT-Drucks. 18/8995 S. 30.

modell im Auslegungswege vertreten.[1] Die Norm ist nach der hier vertretenen Auffassung allerdings verfehlt. Es wäre sachgerechter und würde zu weniger rechtlichen Abgrenzungsschwierigkeiten führen, diese Flächen dem Grundvermögen zuzuordnen. Werden von der Hofstelle aus keine land- und forstwirtschaftlichen Flächen nachhaltig mehr bewirtschaftet (Voraussetzung für eine Hofstelle nach § 234 Abs. 6 BewG[2]), verlieren die entsprechenden Gebäudeflächen ihren Funktionszusammenhang mit einem land- und forstwirtschaftlichen Betrieb, können diesem nicht mehr dienen und sind aus Sicht des Eigentümers nichts anderes als leerstehende Nebengebäude eines Ein- oder ggf. Zweifamilienhauses. Zu prüfen bliebe, ob für diese Flächen ein Erlass nach § 34 GrStG in Betracht käme.

37 Anders als die einleitenden Worte („Abweichend von § 234 Abs. 6 ...") vermuten lassen, erfolgt von § 11 Abs. 1 NGrStG **keine vollständige Verdrängung** der Regelung **des § 234 Abs. 6 BewG**, wonach zur Hofstelle alle Hof- und Wirtschaftsgebäudeflächen einschließlich der Nebenflächen gehören, wenn von dort land- und forstwirtschaftliche Flächen nachhaltig bewirtschaftet werden. Nach der Gesetzesbegründung[3] ist die Regelung vielmehr als Ergänzung des § 234 Abs. 6 BewG zu verstehen. Insoweit erscheint der Wortlaut in § 11 Abs. 1 NGrStG etwas missglückt.

38 § 11 Abs. 1 NGrStG trifft **keine zeitliche Einschränkung**, sondern bestimmt, dass eine Fläche so lange einem Betrieb der Land- und Forstwirtschaft zugeordnet wird, bis sie aufgrund von §§ 232, 243 BewG[4] dem Grundvermögen zuzuordnen ist. Unerheblich ist daher, ob die fehlende nachhaltige Bewirtschaftung auf bestimmte oder unbestimmte Zeit erfolgt.[5]

39 Die Zuordnung zum land- und forstwirtschaftlichen Vermögen dürfte nach § 232 Abs. 4 Nr. 1 BewG auch im niedersächsischen Grundsteuermodell in dem Zeitpunkt enden, in dem die betreffenden Gebäudeflächen eine **andere Zweckbestimmung** erhalten. Daraus folgt, dass eine Zuordnung zum land- und forstwirtschaftlichen Vermögen nur bei Leerstand der betreffenden Gebäudeteile erfolgen kann. Ob eine andere Zweckbestimmung für die Gebäudeflächen dauerhaft sein muss oder eine vorübergehende andere Nutzung bereits zur Zuordnung zum Grundvermögen führt, ist zweifelhaft.

40–45 *(Einstweilen frei)*

II. Fortführung der Regelungen des § 34 Abs. 4–6 BewG a. F. (§ 11 Abs. 2–4 NGrStG)

46 § 11 Abs. 2–4 NGrStG regeln die **Bildung von wirtschaftlichen Einheiten** unter **Durchbrechung** des strengen **Eigentümerprinzips** nach § 2 Abs. 2 BewG bei land- und forstwirtschaftlichem Vermögen. Die Durchbrechung des Eigentümerprinzips ist nach Auffassung der niedersächsischen Finanzverwaltung folgerichtig. Da sich der Lastenverteilungsmaßstab nach der Ertragskraft des Betriebs richte (siehe bereits → Rz. 2), sei die Ausgliederung z. B. bestimmter, einem

1 AEBewGrStG A 232.1 Abs. 4; Müller in Grootens, BewG, § 232 Rz. 55 und § 234 Rz. 85 f.; Krumm/Paeßens, GrStG, § 11 NGrStG Rz. 3 und § 231 BewG Rz. 24; vgl. auch die Rspr. zur Einheitsbewertung BFH, Urteil v. 9.4.2008 - II R 24/06, BStBl 2008 II S. 951, die jedoch wegen des anderen Wortlauts von § 232 Abs. 4 Nr. 1 BewG nicht ohne Weiteres übertragbar sein dürfte; a. A. wohl Krause in Stenger/Loose, NGrStG, § 11 Rz. 596, der die niedersächsische Regelung für großzügiger hält. Siehe dazu Müller in Grootens, BewG, § 234 Rz. 85 f.

2 Siehe dazu Müller in Grootens, BewG, § 234 Rz. 85 f.

3 Niedersächsische LT-Drucks. 18/8995 S. 30, siehe hierzu → Rz. 5.

4 Siehe hierzu vertiefend Müller in Grootens, BewG, § 232 Rz. 15 ff. und Bock in Grootens, BewG, § 243 Rz. 19 ff.

5 Niedersächsische LT-Drucks. 18/8995 S. 30.

Beteiligten gehörender, aber dem land- und forstwirtschaftlichen Betrieb zu dienen bestimmter Grundstücke nicht gerechtfertigt.[1] § 11 Abs. 2–4 NGrStG greifen daherdie Regelung der **§ 34 Abs. 4–6 BewG** aus der Einheitsbewertung auf, die nach dem Gesetz zur Reform des Grundsteuer- und Bewertungsrechts[2] für die Bewertung für Zwecke der Grundsteuer nach dem Siebenten Abschnitt des Zweiten Teils des Bewertungsgesetzes nicht übernommen wurden. **Bundesgesetzlich** wurde lediglich mit dem Gesetz zur erleichterten Umsetzung der Reform der Grundsteuer und Änderung weiterer steuerrechtlicher Vorschriften[3] in § 266 Abs. 5 BewG[4] eine **Übergangsregelung** eingeführt, wonach bestehende wirtschaftliche Einheiten, die für Zwecke der Einheitsbewertung unter Anwendung der § 34 Abs. 4–6 BewG a. F. gebildet wurden, weiterhin für Zwecke der Feststellung von Grundsteuerwerten nach den Regelungen des Siebenten Abschnitts des Zweiten Teils des Bewertungsgesetzes zugrunde gelegt werden können. Die bundesgesetzliche Regelung gilt nicht für neu zu bildende wirtschaftliche Einheiten und tritt am 31.12.2028 wieder außer Kraft.[5] In Niedersachsen finden dagegen die mit § 34 Abs. 4–6 BewG a. F. vergleichbaren Regelungen aufgrund der gesetzlichen Normierung in § 11 Abs. 2–4 NGrStG dauerhaft Anwendung.

47 In Zukunft soll über die **Grundstücksdatenbank LANGUSTE** die Ermittlung der Grundsteuer weiter automatisiert werden. Anknüpfungspunkt für die Bildung von wirtschaftlichen Einheiten soll unter Nutzung des Liegenschaftskatasters streng das Eigentümerprinzip sein. Zu diesem Zweck laufen im Bundesmodell diejenigen Regelungen zur Bildung und Zurechnung von wirtschaftlichen Einheiten aus, die dem Eigentümerprinzip widersprechen.[6] In Zukunft wird in Niedersachsen zu prüfen sein, ob an der dem **Automatisierungsziel widersprechenden** Zusammenfassung von Wirtschaftsgütern zu einer wirtschaftlichen Einheit nach § 11 Abs. 2–4 NGrStG festgehalten werden soll.

48 Nach § 11 Abs. 2 NGrStG sind in den Betrieb abweichend von § 2 Abs. 2 BewG auch dem **Eigentümer des Grund und Bodens nicht gehörende Gebäude**, die auf dem Grund und Boden des Betriebs stehen, und ihm **nicht gehörende Betriebsmittel**, die der Bewirtschaftung des Betriebs dienen, **einzubeziehen.**[7] Die Norm hat nur in Bezug auf die Gebäude, die andernfalls Gebäude auf fremdem Grund und Boden darstellen würden, Auswirkungen auf den Wert des Betriebs der Land- und Forstwirtschaft, indem sie diesem zugeordnet werden und dort mit der Bruttogrundfläche werterhöhend anzusetzen sind (nur bei der Hofstelle,[8] Weinbau[9] und den Sondernutzungen[10] der Fall[11]). Die Betriebsmittel sind mit Ausnahme der Tierbestände nach §§ 241, 242 Abs. 2 BewG mit dem nach §§ 232 ff. BewG angesetzten Grundsteuerwert abgegolten.[12] Die **praktische Bedeutung** der Norm dürfte mit Ausnahme der Zurechnung von Tierbeständen

---

1 Vgl. A 11 Abs. 3, 5 und 6 AENGrStG.
2 BGBl 2019 I Nr. 43 S. 1794 ff.
3 BGBl 2021I Nr. 46 S. 2931 ff.
4 Siehe hierzu Grootens in Grootens, BewG, § 266 Rz. 111 ff.
5 Vgl. Art. 2 i.V. mit Art. 7 Abs. 2 Grundsteuerreform-Umsetzungsgesetz, BGBl 2021 I S. 2936 und S. 2938.
6 BT-Drucks. 19/28902 S. 24.
7 Siehe auch A 11 Abs. 4 AENGrStG.
8 Siehe A 237.24 Abs. 1 Satz 1 AEBewGrSt.
9 Siehe A 237.4 Abs. 3 Satz 3 AEBewGrSt.
10 Siehe § 237 Abs. 6 Satz 3 BewG.
11 Vgl. beispielsweise auch A 237.3 Abs. 3 Satz 6 AEBewGrSt; so auch Krumm/Paeßens, GrStG, § 11 NGrStG Rz. 6.
12 Siehe A 237.1 Abs. 2 Satz 2 AEBewGrSt.

des Pächters auf den Verpächter[1] daher **gering** sein.[2] Etwas anderes dürfte darüber hinaus beim Nachweis des niedrigeren gemeinen Werts nach § 220 Abs. 2 BewG gelten. Hier sind diese Wirtschaftsgüter im niedersächsischen Modell bei der Wertfindung mit einzubeziehen.

49 Nach § 11 Abs. 3 NGrStG ist ein Anteil des Eigentümers eines Betriebs der Land- und Forstwirtschaft an einem **Wirtschaftsgut** in den Betrieb **einzubeziehen**, wenn es **mit dem Betrieb zusammen genutzt** wird.[3] Voraussetzung ist, dass das Wirtschaftsgut unmittelbar im Rahmen des Betriebs der Land- und Forstwirtschaft genutzt wird, also nicht auf Rechnung der Miteigentümergemeinschaft.[4] Die Norm kommt beispielsweise bei Gemeinschaftsweiden der Almwirtschaft zur Anwendung.[5] Anwendungsfälle sind auch Anteile an Gebäuden oder Maschinen, die einer Gesellschaft oder Gemeinschaft gehören, wie gemeinschaftliche Gefrier- oder Trocknungsanlagen, Lagerhäuser, Mähdrescher und dergleichen, die von den einzelnen Landwirten genutzt werden (zur geringen Auswirkung des Einbezugs auf den Grundsteuerwert siehe → Rz. 48).[6] Ob es sich bei dem einzubeziehenden Anteil des Eigentümers um Bruchteilseigentum oder einen Anteil am Gemeinschaftseigentum handelt, ist unbeachtlich.[7] Die Norm erfordert auch nicht, dass alle Eigentümer Land- oder Forstwirte sind.[8]

50 Nach § 11 Abs. 4 NGrStG sind abweichend von § 2 Abs. 2 BewG in einen Betrieb der Land- und Forstwirtschaft, der von einer **Gesellschaft** oder **Gemeinschaft des bürgerlichen Rechts** betrieben wird, auch die **Wirtschaftsgüter einzubeziehen**, die einer oder einem oder mehreren Beteiligten gehören und **dem Betrieb zu dienen bestimmt sind.**[9] Ertragsteuerrechtlich wird es sich in der Regel (allerdings nicht ausschließlich) um **Sonderbetriebsvermögen** handeln. Die tatsächliche Auswirkung der Norm dürfte gering sein. Handelt es sich bei den Wirtschaftsgütern um land- und forstwirtschaftliche Flächen, führt die Norm dazu, dass diese Flächen dem Betrieb der Gesellschaft oder Gemeinschaft zugeordnet werden und dort den Grundsteuerwert erhöhen. Im Bundesmodell würden diese Flächen als land- und forstwirtschaftliches Vermögen nach dem Eigentümerprinzip dem jeweiligen Eigentümer oder den jeweiligen Eigentümern zugerechnet. Handelt es sich um Gebäude, erhöht sich dadurch der Grundsteuerwert des land- und forstwirtschaftlichen Vermögens, wenn die Bruttogrundfläche dieser Gebäude werterhöhend angesetzt werden muss (nur bei der Hofstelle,[10] Weinbau[11] und bei den Sondernutzungen[12] der Fall[13]). Handelt es sich hingegen um Betriebsmittel, hat die Zuordnung zum Betrieb der Land- und Forstwirtschaft der Gesellschaft oder der Gemeinschaft keine werterhöhende Auswirkung, da Betriebsmittel mit Ausnahme des Tierbestandes nach §§ 240, 241 Abs. 2 BewG mit dem Grundsteuerwert abgegolten sind.[14] Etwas anderes dürfte beim Nachweis des nied-

1 Vgl. dazu Krumm/Paeßens, GrStG, § 11 NGrStG Rz. 8.
2 A. A. wohl Krause in Stenger/Loose, NGrStG, § 11 Rz. 604 ff.
3 A 11 Abs. 5 AENGrStG.
4 Wiegand in Rössler/Troll, BewG, § 34 Rz. 49.
5 Wiegand in Rössler/Troll, BewG, § 34 Rz. 49.
6 A 11 Abs. 5 AENGrStG; Krause in Stenger/Loose, NGrStG, § 11 Rz. 612; siehe auch Wiegand in Rössler/Troll, BewG, § 34 Rz. 50.
7 A 11 Abs. 5 AENGrStG; Krumm/Paeßens, GrStG, § 11 NGrStG Rz. 9.
8 Krumm/Paeßens, GrStG, § 11 NGrStG Rz. 9; vgl. auch Wiegand in Rössler/Troll, BewG, § 34 Rz. 50.
9 Siehe auch A 11 Abs. 6 AENGrStG.
10 Siehe A 237.24 Abs. 1 Satz 1 AEBewGrSt.
11 Siehe A 237.4 Abs. 3 Satz 3 AEBewGrSt.
12 Siehe § 237 Abs. 6 Satz 3 BewG.
13 Vgl. beispielsweise auch A 237.3 Abs. 3 Satz 6 AEBewGrSt.
14 A 237.1 Abs. 2 Satz 2 AEBewGrSt.

rigeren gemeinen Werts nach § 220 Abs. 2 BewG gelten. Hier sind diese Wirtschaftsgüter im niedersächsischen Modell bei der Wertfindung mit einzubeziehen.

(Einstweilen frei) 51–55

III. Entsprechend geltende Regelungen des NGrStG zum Grundvermögen (§ 11 Abs. 5 NGrStG)

§ 11 Abs. 5 NGrStG bestimmt, welche Vorschriften des Ersten Teils des NGrStG bei der Bewertung von **Betrieben der Land- und Forstwirtschaft** entsprechend gelten. Im Einzelnen sind dies:[1] 56

- § 2 Abs. 4 NGrStG[2] zur Zurechnung von Wirtschaftsgütern zu einer **wirtschaftlichen Einheit** bei **Ehegatten und Lebenspartnern,**
- § 8 Abs. 5 und 6 NGrStG[3] zur **Aufforderung zur Erklärungsabgabe** und zu den **Erklärungs- und Anzeigepflichten im Feststellungsverfahren,**
- § 9 Abs. 4 Satz 4 NGrStG[4] zur **Anzeigepflicht** im **Veranlagungsverfahren.**

§ 2 Abs. 4 NGrStG bestimmt, dass die Zurechnung mehrerer Wirtschaftsgüter zu einer **wirtschaftlichen Einheit** abweichend von § 2 Abs. 2 BewG nicht dadurch ausgeschlossen wird, dass die Wirtschaftsgüter **zum Teil dem einen Ehegatten oder Lebenspartner, zum Teil dem anderen** Ehegatten oder Lebenspartner gehören.[5] Die Anwendbarkeit des § 2 Abs. 4 NGrStG, der die Regelungen des § 26 BewG a. F. fortführt, wird aufgrund der auslaufenden analogen bundesgesetzlichen Regelung in § 266 Abs. 5 BewG[6] perspektivisch zu unterschiedlichen Umfängen eines Betriebs der Land- und Forstwirtschaft führen, abhängig davon, ob der Betrieb der Land- und Forstwirtschaft in Niedersachsen oder in einem Land, welches das Bundesmodell anwendet, belegen ist. 57

BEISPIEL 1: In einem Betrieb der Land- und Forstwirtschaft werden drei Flächen bewirtschaftet, eine steht im Eigentum des Ehemanns, eine im Eigentum der Ehefrau und eine im Miteigentum beider Eheleute. 58

LÖSUNG:
Nach § 11 Abs. 5 NGrStG i.V. mit § 2 Abs. 4 NGrStG können alle Flächen zu einer wirtschaftlichen Einheit zusammengefasst werden. Bundesgesetzlich sind spätestens für die kommende Hauptfeststellung am 1.1.2029 aufgrund des Wegfalls von §§ 26, 266 Abs. 5 BewG mindestens drei gesonderte wirtschaftliche Einheiten zu bilden, soweit dies noch nicht erfolgt ist (§ 266 Abs. 5 BewG findet nur für bereits bestehende wirtschaftliche Einheiten Anwendung).

BEISPIEL 2: Fortführung des Beispiels 1: Im Jahr 2024 erwirbt die Ehefrau landwirtschaftliche Flächen zum Betrieb des Ehemannes hinzu. 59

LÖSUNG: Sind die neu hinzuerworbenen Flächen im Land Niedersachsen belegen, werden sie dem bereits bestehenden Betrieb der Land- und Forstwirtschaft zugerechnet. Ggf. ist eine Wertfortschreibung des Grundsteuerwerts durchzuführen. Sind die hinzuerworbenen Flächen in einem anderen Land belegen, richtete sich die Zuordnung nach dem jeweiligen dort geltenden Recht. Wendet das Land auch in

1 Siehe auch A 11 Abs. 7 und 8 AENGrStG.

2 Siehe hierzu vertiefend Bock/Lapp in Grootens, NGrStG, § 2 Rz. 73 ff.

3 Siehe hierzu vertiefend Bock/Lapp in Grootens, NGrStG, § 8 Rz. 71 ff.

4 Siehe hierzu vertiefend Bock/Lapp in Grootens, NGrStG, § 9 Rz. 59.

5 A 11 Abs. 7 AENGrStG.

6 Vgl. Art. 2 i.V. mit Art. 7 Abs. 2 Grundsteuerreform-Umsetzungsgesetz, BGBl 2021 I S. 2936 und S. 2938; siehe vertiefend Grootens in Grootens, BewG, § 266 Rz. 111.

diesem Punkt das Bundesmodell an, ist hierfür nach den bundesgesetzlichen Regelungen eine eigene wirtschaftliche Einheit zu bilden, da § 266 Abs. 5 BewG nur für bereits bestehende wirtschaftliche Einheiten Anwendung findet. Es wäre je nach Sachverhaltslage entweder eine Zurechnungsfortschreibung nach § 222 Abs. 2 BewG oder eine Nachfeststellung des Grundsteuerwerts nach § 223 Abs. 1 Nr. 1 BewG durchzuführen.

60 Es fehlt in § 11 NGrStG an einer entsprechenden Regelung i. S. des § 2 Abs. 5 NGrStG für **grenzüberschreitende land- und forstwirtschaftliche Betriebe**, soweit in § 11 Abs. 2–4 NGrStG von der Bildung der wirtschaftlichen Einheit nach dem Bundesmodell abgewichen wird. Insoweit könnte es zu Doppelerfassungen von Teilen land- und forstwirtschaftlicher Betriebe in verschiedenen Ländern kommen. Gegebenenfalls kommt eine analoge Anwendung von § 231 Abs. 2 BewG in Betracht.[1] Denkbar wäre auch ein Erlass der Grundsteuer aus sachlichen Billigkeitsgründen nach § 227 AO, soweit sie auf die von Niedersachsen doppelt erfassten Teile außerhalb seines Hoheitsgebiets entfällt. In den anderen Fällen der grenzüberschreitenden Betriebe innerhalb Deutschlands ohne Abweichung vom Bundesmodell bei der Bildung der wirtschaftlichen Einheit dürfte § 231 Abs. 2 BewG ohne Weiteres greifen.

Dritter Teil: Übergangs- und Schlussvorschriften

§ 12 NGrStG Anwendung von Bundesrecht

(1) Die Ermittlung, Festsetzung und Erhebung der Grundsteuer für Zeiträume der Kalenderjahre bis einschließlich 2024 bemisst sich ausschließlich nach den Bestimmungen des Grundsteuergesetzes und des Bewertungsgesetzes.

(2) [1]Die Vorschriften der Abgabenordnung sind entsprechend anzuwenden, soweit in diesem Gesetz nichts anderes bestimmt ist. [2]§ 32h AO gilt mit der Maßgabe, dass der oder die Landesbeauftragte für den Datenschutz zuständig ist und hinsichtlich ihrer oder seiner Rechte und Pflichten, Aufgaben und Befugnisse und ihres oder seines Tätigkeitsberichts die Bestimmungen des Niedersächsischen Datenschutzgesetzes einschlägig sind.

(3) Die im Grundsteuergesetz enthaltenen Verordnungsermächtigungen finden in Bezug auf die in diesem Gesetz geregelten Sachverhalte mit der Maßgabe Anwendung, dass für den Erlass der entsprechenden Verordnungen das für Finanzen zuständige Ministerium zuständig ist.

Inhaltsübersicht **Rz.**

1 So Krumm/Paeßens, GrStG, § 11 NGrStG Rz. 15.

LITERATUR:

Morsch, Verfahrensrechtliche Szenarien im Grundsteuerstreit – Eine Nagelprobe für den (Steuer-)Föderalismus, DStR 2024 S. 1972; weitere Literatur siehe Vorwort.

HINWEISE:

A 12 des Runderlasses des Niedersächsischen Finanzministeriums, Anwendung des Niedersächsischen Grundsteuergesetzes (NGrStG) zur Bewertung des Grundvermögens für die Grundsteuer ab 1.1.2022 (AENGrStG), RdErl. d. MF v. 22.2.2022 - G 1002-6 - 62100.

A. Allgemeine Erläuterungen

I. Normzweck und wirtschaftliche Bedeutung der Vorschrift

§ 12 NGrStG trifft Regelungen zum **Verhältnis** des **NGrStG** zu bestimmten **bundesgesetzlichen Regelungen**. 1

§ 12 Abs. 1 NGrStG stellt klar, dass die **Grundsteuer bis einschließlich dem Kalenderjahr 2024** nach den Vorschriften des **Bewertungs- und Grundsteuergesetzes** ermittelt, festgesetzt und erhoben wird. Die Vorschrift entspricht damit den Vorgaben nach **Art. 125b Abs. 3 GG**, wonach auf dem Gebiet des Art. 72 Abs. 3 Satz 1 Nr. 7 GG (Grundsteuer) abweichendes Landesrecht der Erhebung der Grundsteuer frühestens für Zeiträume ab dem 1.1.2025 zugrunde gelegt werden darf. 2

§ 12 Abs. 2 Satz 1 NGrStG erklärt die Abgabenordnung für anwendbar, soweit im NGrStG nichts anderes bestimmt wird. Für die Anwendbarkeit von § 32h AO wurde in **§ 12 Abs. 2 Satz 2 NGrStG** eine spezielle landesgesetzliche Regelung aufgenommen, um die Zuständigkeit des Landesbeauftragten für Datenschutz und die Geltung des Niedersächsischen Datenschutzgesetzes sowohl für das finanzbehördliche Feststellungs- und Veranlagungsverfahren als auch für das kommunale Verfahren zur Festsetzung der Grundsteuer festzuschreiben. 3

Darüber hinaus regelt **§ 12 Abs. 3 NGrStG**, dass die Verordnungsermächtigungen des Grundsteuergesetzes mit der Maßgabe Anwendung finden, dass der Verordnungsgeber für Niedersachsen das Niedersächsische Finanzministerium ist. 4

(Einstweilen frei) 5–10

II. Entstehung und Entwicklung der Vorschrift

Die Vorschrift wurde im Jahr 2021 mit dem **Stammgesetz** in das NGrStG aufgenommen.[1] 11

Die Vorschrift hat im Laufe des **Gesetzgebungsverfahrens geringfügige** sprachliche **Anpassungen** und Ergänzungen erfahren.[2] 12

(Einstweilen frei) 13–15

III. Geltungsbereich

§ 12 NGrStG gilt sowohl für in Niedersachsen belegenes land- und forstwirtschaftliches Vermögen als auch für in Niedersachsen belegenes Grundvermögen. § 12 NGrStG ist mit dem 16

1 Niedersächsisches Grundsteuergesetz v. 7.7.2021, Nds. GVBl Nr. 27/2021 S. 502 ff.

2 Vgl. Niedersächsische LT-Drucks. 18/9603 S. 12 und LT-Drucks. 18/9632 S. 31.

Stammgesetz gem. § 15 Abs. 1 NGrStG **am 14.7.2021 in Kraft getreten**. Wie sich aus § 1 Satz 1 NGrStG[1] ergibt, sollen die Regelungen des NGrStG und damit grundsätzlich auch § 12 NGrStG mit Ausnahme von § 12 Abs. 1 NGrStG erst für die Erhebung der **Grundsteuer** ab dem **Kalenderjahr 2025** von Bedeutung sein. § 12 Abs. 1 NGrStG trifft eine Regelung für die Grundsteuer der **Kalenderjahre bis einschließlich 2024.**

17–20 *(Einstweilen frei)*

IV. Vereinbarkeit der Vorschrift mit höherrangigem Recht

21 Die Vorschrift begegnet weitgehend **keinen verfassungsrechtlichen Bedenken**, insbesondere § 12 Abs. 1 NGrStG entspricht den Vorgaben des **Art. 125b Abs. 3 GG,** wonach auf dem Gebiet des Art. 72 Abs. 3 Satz 1 Nr. 7 GG (Grundsteuer) abweichendes Landesrecht der Erhebung der Grundsteuer frühestens für Zeiträume ab dem 1.1.2025 zugrunde gelegt werden darf. Zu einer möglicherweise fehlenden Gesetzgebungsbefugnis für verfahrensrechtliche Vorschriften aufgrund von Art. 108 Abs. 5 Satz 2 GG siehe die Kommentierung zu § 8 NGrStG.[2]

22–25 *(Einstweilen frei)*

V. Verhältnis zu anderen Vorschriften

26 § 12 Abs. 1 NGrStG beruht auf den Vorgaben des **Art. 125b Abs. 3 GG** (siehe bereits → Rz. 2 und → Rz. 21). § 12 Abs. 2 Satz 1 NGrStG erklärt die Vorschriften der **Abgabenordnung** für anwendbar und nimmt damit Bezug auf **§ 1 Abs. 1 AO**, nach dem die Abgabenordnung nur für durch Bundesrecht oder Recht der Europäischen Union geregelte Steuern gilt. § 12 Abs. 2 Satz 2 NGrStG passt **§ 32h AO** auf das niedersächsische Datenschutzrecht an. § 12 Abs. 3 NGrStG nimmt Bezug auf die Verordnungsermächtigungen des Grundsteuergesetzes nach **§ 1 Abs. 3 GrStG**[3] und nach **§ 24 Satz 1 GrStG.**[4]

27–30 *(Einstweilen frei)*

B. Systematische Kommentierung

I. Ermittlung der Grundsteuer bis zum Kalenderjahr 2024 nach Bundesrecht (§ 12 Abs. 1 NGrStG)

31 § 12 Abs. 1 NGrStG dient – auch i.V. mit § 1 Satz 1 NGrStG – der **Umsetzung** der sich aus Art. 125b Abs. 3 GG ergebenden **verfassungsrechtlichen zeitlichen Anwendungsvoraussetzungen** für ein nach Art. 72 Abs. 3 Satz 1 Nr. 7 GG von der bundesgesetzlich geregelten Grundsteuer einschließlich der zu diesem Zwecke ergangenen Bewertungsregelungen abweichendes Landesrecht.[5] Art. 125b Abs. 3 GG bestimmt, dass auf dem Gebiet des Art. 72 Abs. 3 Satz 1 Nr. 7 GG (Grundsteuer) abweichendes Landesrecht der Erhebung der Grundsteuer frühestens für Zeiträume ab dem 1.1.2025 zugrunde gelegt werden darf. § 12 Abs. 1 NGrStG normiert entsprechend, dass sich die Ermittlung, Festsetzung und Erhebung der Grundsteuer bis einschließ-

1 Vgl. vertiefend Bock/Lapp in Grootens, NGrStG, § 1 Rz. 9.
2 Bock/Lapp in Grootens, NGrStG, § 8 Rz. 21.
3 Siehe hierzu vertiefend Lange in Grootens, GrStG, § 1 Rz. 42 ff.
4 Siehe hierzu vertiefend Bock in Grootens, GrStG, § 24 Rz. 18 ff.
5 Siehe auch A 12 Abs. 1 AENGrStG.

lich dem Kalenderjahr 2024 nach den Bestimmungen des Grundsteuergesetzes und des Bewertungsgesetzes richtet.[1]

Die zum zeitlichen Anwendungsbereich getroffenen einfachgesetzlichen Regelungen im Bewertungsgesetz und Grundsteuergesetz greifen ebenfalls lückenlos ineinander über: 32

- ► Nach § 266 Abs. 4 Satz 3 BewG ist für die Bewertung des inländischen Grundbesitzes (§ 19 Abs. 1 BewG i. d. Fassung v. 31.12.2024) für Zwecke der Grundsteuer bis einschließlich zum Kalenderjahr 2024 das Bewertungsgesetz i. d. F. v. 1.2.1991,[2] das zuletzt durch Art. 2 des Gesetzes v. 4.11.2016[3] geändert worden ist, weiter anzuwenden. Damit werden die Regelungen zur Einheitsbewertung für die Grundsteuer für Zeiträume bis einschließlich 31.12.2024 weiter angewandt.[4]
- ► Gemäß § 37 Abs. 2 GrStG findet für die Grundsteuer bis einschließlich zum Kalenderjahr 2024 das Grundsteuergesetz i. d. F. v. 7.8.1973,[5] das zuletzt durch Art. 38 des Gesetzes v. 19.12.2008[6] geändert worden ist, weiter Anwendung.

(Einstweilen frei) 33–35

II. Anwendung der Abgabenordnung, Finanzrechtsweg (§ 12 Abs. 2 NGrStG)

§ 12 Abs. 2 Satz 1 NGrStG erklärt die Vorschriften der **Abgabenordnung** für anwendbar, soweit 36
sich aus dem NGrStG nichts anderes ergibt.[7] Die einschränkende Anwendung der Abgabenordnung nach § 1 Abs. 2 AO, soweit bei den Realsteuern die Verwaltung – wie hier die Festsetzung und Erhebung der Grundsteuer nach § 1 RStErhG[8] –den Gemeinden übertragen worden ist, gilt ebenfalls uneingeschränkt.[9] Den Anwendungsbefehl für die Abgabenordnung hat der niedersächsische Gesetzgeber für erforderlich gehalten, da nach § 1 Abs. 1 AO die Abgabenordnung nur für Steuern gilt, die durch Bundesrecht oder Recht der Europäischen Union geregelt sind.[10] Diese Erforderlichkeit ist jedoch zweifelhaft, da Niedersachsen mit dem NGrStG lediglich partiell vom Bundesrecht abweicht. Soweit das NGrStG nicht vom Bundesrecht abweicht, gilt dieses fort, so dass die Grundsteuer in Niedersachsen i. S. von § 1 Abs. 1 AO auch durch Bundesrecht geregelt ist.[11] Die Regelung ginge damit weitgehend ins Leere, da sie lediglich Bundesrecht wiederholt. Soweit abweichende Regelungen getroffen werden, hat sie konstitutiven Charakter.[12] Ob den Ländern in Ansehung der konkurrierenden Gesetzgebungskompetenz des Bundes für steuerrechtliche Verfahrensvorschriften nach Art. 108 Abs. 5 Satz 2 GG überhaupt eine Gesetzgebungskompetenz für diese zusteht, ist ebenfalls zweifelhaft (siehe hierzu die Kommentierung bei § 8 NGrStG[13]).

1 Siehe auch A 12 Abs. 1 AENGrStG.
2 BGBl I S. 230.
3 BGBl I S. 2464.
4 Verfassungsrechtlich zulässig, vgl. BVerfG-Urteil v. 10.4.2018 - 1 BvL 11/14 u. a., Rz. 177 NWB IAAAH-44170.
5 BGBl I S. 965.
6 BGBl I S. 2794.
7 Kritisch Valbuena/Renner, AStW 2022 S. 400.
8 Gesetz zur Übertragung der Festsetzung und Erhebung der Realsteuern auf die hebeberechtigten Gemeinden (Realsteuer-Erhebungsgesetz) v. 22.12.1981, Nds. GVBl 1981 S. 423.
9 Zutreffend Krumm/Paeßens, GrStG, § 4 NGrStG Rz. 7.
10 A 12 Abs. 2 AENGrStG; zustimmend Krause in Stenger/Loose, NGrStG, § 12 Rz. 654.
11 Siehe ausführlich Krumm/Paeßens, GrStG, Grundlagen Rz. 77 und § 12 NGrStG Rz. 6; Krumm in Tipke/Kruse, AO/FGO, § 1 AO Rz. 17a.
12 Im Ergebnis auch Krumm/Paeßens, GrStG, § 12 NGrStG Rz. 6.
13 Siehe hierzu ausführlich Bock/Lapp in Grootens, NGrStG, § 8 Rz. 21.

37 Die Vorschrift entspricht im Wesentlichen § 2 LGrStG BW,[1] wenngleich – abweichend von § 2 LGrStG BW – die Vorschriften des **Finanzverwaltungsgesetzes** und der **Finanzgerichtsordnung** nicht explizit für anwendbar erklärt werden. Nach der Gesetzesbegründung sei aufgrund der Verweisung in § 12 Abs. 2 NGrStG und i.V. mit § 5 Satz 1 Nr. 1 des Gesetzes zur Ausführung der Finanzgerichtsordnung (AGFGO) der Finanzgerichtsweg über den Äquivalenzbetrag und den Grundsteuermessbetrag im entsprechenden Umfang wie bisher eröffnet.[2] In Niedersachsen gibt es allerdings keine AGFGO mehr.[3] Möglicherweise wurde hier die Begründung zum bayerischen Grundsteuergesetz ungeprüft übernommen.[4] Mit § 91 Satz 1 des Niedersächsischen Justizgesetzes (NJG) v. 16.12.2014[5] gibt es allerdings eine mit Art. 5 Satz 1 Nr. 1 AGFGO-BY vergleichbare Regelung. Ob § 91 Satz 1 NJG[6] oder § 33 Abs. 1 Nr. 1 FGO[7] Anwendung findet, ist zwar zweifelhaft, nicht jedoch, dass über den Äquivalenzbetrag und den Grundsteuermessbetrag in Niedersachsen der Finanzrechtsweg eröffnet ist.[8] Gegen den Grundsteuerbescheid ist in Niedersachsen hingegen der Verwaltungsrechtsweg eröffnet.[9] Eine Revisibilität der Normen des NGrStG besteht hingegen nicht, da keine niedersächsische Regelung existiert, welche die Letztinstanz dem BFH zuweist (vgl. Art. 99 GG und § 118 Abs. 1 Satz 2 FGO).[10] Dies gilt auch für die verfahrensrechtlichen Regelungen, auch wenn diese das Bundesrecht durch den nahezu ganzheitlichen Verweis nur wiederholen.[11] Eine Entscheidung des niedersächsischen FG ist jedoch insoweit reversibel, soweit das FG das GrStG oder das BewG anwendet und soweit es aus dem irreversiblen Landesrecht – dem NGrStG – Schlussfolgerungen auf das Bundesrecht – das GrStG oder das BewG – zieht.[12]

38 § 12 Abs. 2 Satz 2 NGrStG bestimmt, dass die Regelungen in **§ 32h AO** zur **datenschutzrechtlichen Aufsicht** und zur Datenschutz-Folgenabschätzung mit der Maßgabe gelten, dass der oder die Landesbeauftragte für den Datenschutz zuständig ist und hinsichtlich ihrer oder seiner Rechte und Pflichten, Aufgaben und Befugnisse und ihres oder seines Tätigkeitsberichts die Bestimmungen des Niedersächsischen Datenschutzgesetzes einschlägig sind.[13] Nach dem Willen des Landesgesetzgebers ist die Regelung dahingehend zu verstehen, dass statt der in § 32h Abs. 1 Satz 2 AO[14] aufgeführten §§ 13–16 Bundesdatenschutzgesetz die entsprechenden Regelungen des **Niedersächsischen Datenschutzgesetzes** gelten sollen. Soweit in anderen Vorschriften der Abgabenordnung, die nach § 12 Abs. 2 Satz 1 NGrStG für anwendbar erklärt werden, die Anwendung des Bundesdatenschutzgesetzes angeordnet wird, solle hiervon nicht abgewichen werden. Die Regelung ist nicht dahingehend zu verstehen, dass die oder der nieder-

1 Siehe hierzu Schmidt in Grootens, LGrStG BW, § 2 Rz. 16 ff.
2 Niedersächsische LT-Drucks. 18/8995 S. 31.
3 Aufgehoben mit Wirkung vom 31.12.2014 durch Art. 13 Nr. 4 des Gesetzes v. 16.12.2014, Nds. GVBl 2014 S. 436.
4 Siehe Bayrische LT-Drucks. 18/15755 S. 41.
5 Nds. GVBl 2014 S. 436.
6 So A 12 Abs. 2 AENGrStG; Krause in Stenger/Loose, NGrStG, § 12 Rz. 654.
7 So Krumm/Paeßens, GrStG, § 12 NGrStG Rz. 8: Nach Art. 105 Abs. 2 Satz 1 GG unterliegt die Grundsteuer der Gesetzgebung des Bundes. Die Länder haben lediglich eine Abweichungskompetenz.
8 Morsch, DStR 2024 S. 1972, spricht von einem rein akademischen Streit.
9 Krumm/Paeßens, GrStG, Grundlagen Rz. 64.
10 Vgl. BFH, Urteil v. 26.06.1996 - II R 1/95, BStBl 1996 II S. 535; Werth in Gosch, AO/FGO, § 118 FGO Rz. 18; kritisch Krumm/Paeßens, GrStG, § 12 NGrStG Rz. 9; Morsch, DStR 2024 S. 1972.
11 So auch Krumm/Paeßens, GrStG, § 12 NGrStG Rz. 9; vgl. auch allgemein Werth in Gosch, AO/FGO, § 118 FGO Rz. 20, m. w. N.
12 BFH, Beschluss v. 19.12.2019 - XI B 115/18 NWB RAAAH-43195; Werth in Gosch, AO/FGO, § 118 FGO Rz. 20.
13 A 12 Abs. 3 AENGrStG.
14 Zu den verfassungsrechtlichen Zweifeln zu § 32h Abs. 1 Satz 1 AO siehe Krumm/Paeßens, GrStG, § 12 NGrStG Rz. 11.

sächsische Landesbeauftragte für Datenschutz ihrer oder seiner Tätigkeit insgesamt die Regelungen des Niedersächsischen Datenschutzgesetzes zugrunde legen soll.[1] § 12 Abs. 2 Satz 2 NGrStG gilt sowohl für das Feststellungsverfahren der Äquivalenzbeträge und das Veranlagungsverfahren der Grundsteuermessbeträge der Finanzbehörde als auch für das kommunale Verfahren zur Grundsteuerfestsetzung.[2]

(Einstweilen frei) 39–45

III. Verordnungsgeber bei den Verordnungsermächtigungen des Grundsteuergesetzes (§ 12 Abs. 3 NGrStG)

Nach § 12 Abs. 3 NGrStG finden die im Grundsteuergesetz enthaltenen Verordnungsermächtigungen mit der Maßgabe Anwendung, dass das Finanzministerium Niedersachsen Verordnungsgeber ist.[3] Die Vorschrift beschränkt sich ausdrücklich auf die Verordnungsermächtigungen des Grundsteuergesetzes. Abweichende Regelungen zu den Verordnungsermächtigungen des Bewertungsgesetzes (insbesondere § 263 BewG) werden in § 12 NGrStG nicht getroffen.[4] 46

Im Grundsteuergesetz finden sich derzeit zwei Verordnungsermächtigungen der Landesregierungen: 47

- Gemäß § 1 Abs. 3 GrStG[5] bestimmt die Landesregierung für den in gemeindefreien Gebieten liegenden Grundbesitz durch Rechtsverordnung, wer die den Gemeinden nach dem GrStG zustehenden Befugnisse ausübt.
- Gemäß § 24 Satz 1 GrStG[6] kann die Landesregierung durch Rechtsverordnung bestimmen, dass bei Betrieben der Land- und Forstwirtschaft, die sich über mehrere Gemeinden erstrecken, aus Vereinfachungsgründen an Stelle der Zerlegung ein Steuerausgleich stattfindet.

In Niedersachsen befinden sich derzeit **23 unbewohnte gemeindefreie Gebiete** sowie weitere **zwei bewohnte** gemeindefreie Bezirke (Lohheide und Osterheide) mit einer Einwohnerzahl von ca. 2870.[7] In der Vergangenheit hat die niedersächsische Landesregierung mit der Verordnung über die Erhebung der Gewerbe- und der Grundsteuer in gemeindefreien Gebieten v. 2.10.2008[8] von der Verordnungsermächtigung in § 1 Abs. 3 GrStG Gebrauch gemacht. Die Gültigkeit dieser Verordnung dürfte von § 12 Abs. 3 NGrStG unberührt bleiben. Die Verordnungsermächtigung geht zukünftig auf das Niedersächsische Finanzministerium über. 48

Von der Verordnungsermächtigung in § 24 Satz 1 GrStG hat bislang noch keine Landesregierung Gebrauch gemacht.[9] 49

1 Niedersächsische LT-Drucks. 18/9632 S. 31; vgl auch Krumm/Paeßens, GrStG, § 12 NGrStG Rz. 11: das materiell-rechtliche Datenverarbeitungsrecht der AO (§§ 2a, 29b ff., 32a ff. AO) findet Anwendung.

2 A 12 Abs. 3 AENGrStG.

3 A 12 Abs. 4 AENGrStG.

4 Krumm/Paeßens, GrStG, § 12 NGrStG Rz. 13.

5 Siehe vertiefend Lange in Grootens, GrStG, § 1 Rz. 42 ff.

6 Siehe vertiefend Bock in Grootens, GrStG, § 24 Rz. 18.

7 Landesamt für Statistik Niedersachsen, https://www.statistik.niedersachsen.de/startseite/themen/gebiet_flachennutzung/gebiet_niedersachsens/gebiet-niedersachsens-191889.html; siehe auch Lange in Grootens, GrStG, § 1 Rz. 42.

8 Nds. GVBl 2008 S. 304.

9 Bock in Grootens, GrStG, § 24 Rz. 2.

§ 13 NGrStG Übergangsregelungen

Für die Anwendung des § 8 Abs. 1 Satz 2 und Abs. 3 Satz 1 dieses Gesetzes sowie des § 223 Abs. 1 Nr. 2 und des § 224 Abs. 1 Nr. 2 BewG ist für Feststellungszeitpunkte zwischen dem 1. Januar 2022 und dem 31. Dezember 2024 zu unterstellen, dass die Feststellungen für die Besteuerung nach diesem Gesetz von Bedeutung sind und die wirtschaftlichen Einheiten zur Besteuerung nach diesem Gesetz herangezogen oder nicht mehr herangezogen werden.

Inhaltsübersicht Rz.

LITERATUR:

Siehe Vorwort.

HINWEISE:

A 13 des Runderlasses des Niedersächsischen Finanzministeriums, Anwendung des Niedersächsischen Grundsteuergesetzes (NGrStG) zur Bewertung des Grundvermögens für die Grundsteuer ab 1.1.2022 (AENGrStG), RdErl. d. MF v. 22.2.2022 - G 1002-6 - 62100.

A. Allgemeine Erläuterungen

I. Normzweck und wirtschaftliche Bedeutung der Vorschrift

1 Die Vorschrift trifft **Übergangsregelungen** für **Feststellungszeitpunkte** zwischen dem 1.1.2022 und dem 31.12.2024.

2–5 *(Einstweilen frei)*

II. Entstehung und Entwicklung der Vorschrift

6 Die Vorschrift wurde im Jahr 2021 mit dem **Stammgesetz** in das NGrStG aufgenommen.[1] Der ursprünglich im Gesetzentwurf noch enthaltene § 13 Abs. 1 Satz 1 NGrStG wurde in **§ 8 Abs. 2 Satz 2 NGrStG** und § 13 Abs. 1 Satz 2 NGrStG wurde in **§ 9 Abs. 1 Satz 1 NGrStG** überführt.[2]

7–10 *(Einstweilen frei)*

III. Geltungsbereich

11 § 13 NGrStG betrifft Feststellungen für in Niedersachsen belegenes land- und forstwirtschaftliches Vermögen sowie in Niedersachsen belegenes Grundvermögen. § 13 NGrStG ist mit dem Stammgesetz gem. § 15 Abs. 1 NGrStG **am 14.7.2021 in Kraft getreten.** Wie sich aus § 1 Satz 1

1 Niedersächsisches Grundsteuergesetz v. 7.7.2021, Nds. GVBl Nr. 27/2021 S. 502 ff.

2 Vgl. Niedersächsische LT-Drucks. 18/9632 S. 31.

NGrStG[1] und § 12 Abs. 1 NGrStG[2] ergibt, sollen die Regelungen des NGrStG und damit auch § 13 NGrStG erst für die Erhebung der **Grundsteuer** ab dem **Kalenderjahr 2025** von Bedeutung sein. § 13 NGrStG **tritt** gem. § 15 Abs. 2 NGrStG **am 31.12.2029** wieder **außer Kraft.**

(Einstweilen frei) 12–15

IV. Vereinbarkeit der Vorschrift mit höherrangigem Recht

Zu einer möglicherweise fehlenden Gesetzgebungsbefugnis für verfahrensrechtliche Vorschriften aufgrund von Art. 108 Abs. 5 Satz 2 GG siehe die Kommentierung zu § 8 NGrStG.[3] 16

(Einstweilen frei) 17–20

V. Verhältnis zu anderen Vorschriften

§ 13 NGrStG nimmt die Normen **§ 8 Abs. 1 Satz 2 NGrStG,**[4] **§ 8 Abs. 3 Satz 1 NGrStG,**[5] **§ 223 Abs. 1 Nr. 2 BewG**[6] und **§ 224 Abs. 1 Nr. 2 BewG**[7] in Bezug, nach denen Feststellungen nur zu treffen sind, wenn sie für die Besteuerung von Bedeutung sind. **§ 15 Abs. 2 NGrStG**[8] bestimmt, dass § 13 NGrStG am 31.12.2029 wieder außer Kraft tritt. Da die Grundsteuer bis einschließlich dem Kalenderjahr 2024 nach den Vorschriften des Bewertungs- und Grundsteuergesetzes ermittelt, festgesetzt und erhoben wird, sind daneben die in **§ 266 BewG** bundesgesetzlich geregelten Übergangsregelungen bei der Einheitsbewertung auch in Niedersachsen zu beachten.[9] 21

(Einstweilen frei) 22–25

B. Systematische Kommentierung

§ 13 NGrStG entspricht seiner Intention nach § 266 Abs. 2 BewG und trifft **Regelungen** für die **Übergangszeit** von der Einheitsbewertung für Zwecke der Grundsteuer hin zum niedersächsischen Grundsteuermodell.[10] Diese sind erforderlich, da im Zeitraum v. 1.1.2022–31.12.2024 die Bewertung nach **altem und neuem Recht parallel** gelten.[11] Feststellungen nach dem NGrStG hatten für die Grundsteuer der Kalenderjahre 2022–2024 keine Bedeutung, da diese weiterhin auf Einheitswerten nach Bundesrecht basieren.[12] Feststellungen sind nach § 8 Abs. 1 Satz 2 NGrStG, § 8 Abs. 3 Satz 1 NGrStG, § 223 Abs. 1 Nr. 2 BewG und § 224 Abs. 1 Nr. 2 BewG jedoch nur zu treffen, soweit sie für die Steuer von Bedeutung sind. Aus diesem Grund wird in § 13 NGrStG fingiert, dass die wirtschaftlichen Einheiten und die Feststellungen nach dem 26

1 Vgl. vertiefend Bock/Lapp in Grootens, NGrStG, § 1 Rz. 9.
2 Siehe Bock/Lapp in Grootens, NGrStG, § 12 Rz. 31 ff.
3 Siehe hierzu Bock/Lapp in Grootens, NGrStG, § 8 Rz. 21.
4 Siehe hierzu vertiefend Bock/Lapp in Grootens, NGrStG, § 8 Rz. 46.
5 Siehe hierzu vertiefend Bock/Lapp in Grootens, NGrStG, § 8 Rz. 51.
6 Siehe hierzu vertiefend Kurt in Grootens, BewG, § 223 Rz. 81 ff.
7 Siehe hierzu vertiefend Kurt in Grootens, BewG, § 224 Rz. 81 ff.
8 Siehe hierzu vertiefend Bock/Lapp in Grootens, NGrStG, § 15 Rz. 31.
9 Siehe auch A 13 Abs. 1 AENGrStG.
10 Krumm/Paeßens, GrStG, § 13 NGrStG Rz. 1; Krause in Stenger/Loose, NGrStG, § 13 Rz. 671; siehe zu § 266 BewG Grootens in Grootens, BewG, § 266 Rz. 56 ff.
11 Siehe auch A 13 Abs. 1 AENGrStG.
12 A 13 Abs. 2 AENGrStG.

NGrStG für Feststellungszeitpunkte zwischen dem 1.1.2022 und dem 31.12.2024 bereits in diesem Zeitraum von Bedeutung sind.[1]

27 Damit sollten auch **Veränderungen zwischen dem 1.1.2022 und dem 31.12.2024** bereits vor dem 1.1.2025 durch Nachfeststellungen, Fortschreibungen oder Aufhebungen der Grundsteuermessbeträge nachvollzogen werden können. Ohne eine vergleichbare Regelung wäre es nach Ansicht des niedersächsischen Gesetzgebers erforderlich gewesen, eine Vielzahl der im Wege der Hauptfeststellung ermittelten Grundsteuermessbeträge auf den 1.1.2025 erneut auf ihre Aktualität hin überprüfen zu müssen.[2]

28 **Abweichend** von der **bundesgesetzlichen Übergangsregelung** in § 266 Abs. 2 Satz 1 BewG fingiert § 13 NGrStG die Bedeutung der nach dem NGrStG ermittelten Grundsteuermessbeträge ausdrücklich nur für Feststellungszeitpunkte zwischen dem 1.1.2022 und dem 31.12.2024. Erfasst werden mithin Feststellungszeitpunkte v. 2.1.2022, 0:00 Uhr bis zum 30.12.2024, 24:00 Uhr. Die Zeitpunkte 1.1.2022 und 31.12.2024 liegen nicht zwischen dem 1.1.2022 und dem 31.12.2024. Dieses gesetzgeberische Versehen dürfte allerdings unschädlich sein, da Flächen- oder Betragsfortschreibungen nach dem NGrStG stets auf den 1.1. eines Jahres und frühestens auf den Stichtag 1.1.2023 durchgeführt werden können (§ 8 Abs. 4 Satz 1 NGrStG i.V. mit §§ 222–226 BewG). Auf den Feststellungszeitpunkt 1.1.2022 werden ausschließlich Hauptfeststellungen der Äquivalenzbeträge durchgeführt (§ 8 Abs. 2 Satz 2 NGrStG).

§ 14 NGrStG Evaluation

Nach Abschluss der Hauptfeststellung evaluiert das für Finanzen zuständige Ministerium die Belastungsverteilung der Grundsteuer nach diesem Gesetz zum 31. Dezember 2027.

Inhaltsübersicht **Rz.**

LITERATUR:

Siehe Vorwort.

HINWEISE:

A 14 des Runderlasses des Niedersächsischen Finanzministeriums, Anwendung des Niedersächsischen Grundsteuergesetzes (NGrStG) zur Bewertung des Grundvermögens für die Grundsteuer ab 1.1.2022 (AENGrStG), RdErl. d. MF v. 22.2.2022 - G 1002-6 - 62100.

1 A 13 Abs. 2 AENGrStG; Krause in Stenger/Loose, NGrStG, § 13 Rz. 667 f.

2 Niedersächsische LT-Drucks. 18/8995 S. 31 f.

A. Allgemeine Erläuterungen

I. Normzweck und wirtschaftliche Bedeutung der Vorschrift

§ 14 NGrStG verpflichtet das Niedersächsische Finanzministerium, die **Belastungsverteilung** der nach dem NGrStG ermittelten Grundsteuer zum 31.12.2027 zu **evaluieren**. Dabei sollen ausschließlich die Belastungsauswirkungen durch das NGrStG berücksichtigt und keine Vergleiche mit dem bisherigen, als verfassungswidrig eingestuften Verfahren vorgenommen werden.[1] Entsprechende Einschränkungen enthält der Gesetzestext allerdings nicht.[2] 1

(Einstweilen frei) 2–5

II. Entstehung und Entwicklung der Vorschrift

Die Vorschrift wurde im Jahr 2021 mit dem **Stammgesetz** in das NGrStG aufgenommen.[3] Im Gesetzgebungsverfahren wurden **geringfügige Änderungen** am Wortlaut der Norm vorgenommen.[4] 6

(Einstweilen frei) 7–10

III. Geltungsbereich

Die Evaluation soll sowohl für die Grundsteuer auf das in Niedersachsen belegene Grundvermögen als auch für das in Niedersachsen belegene land- und forstwirtschaftliche Vermögen erfolgen. § 14 NGrStG ist mit dem Stammgesetz gem. § 15 Abs. 1 NGrStG **am 14.7.2021 in Kraft getreten**. Wie sich aus § 1 Satz 1 NGrStG[5] und § 12 Abs. 1 NGrStG[6] ergibt, sollen die Regelungen des NGrStG erst für die Erhebung der **Grundsteuer** ab dem **Kalenderjahr 2025** von Bedeutung sein und damit die Evaluierung nach § 14 NGrStG die nach dem NGrStG erhobene Grundsteuer ab dem Kalenderjahr 2025 betrachten. 11

(Einstweilen frei) 12–15

IV. Vereinbarkeit der Vorschrift mit höherrangigem Recht

Die Vorschrift ist **mit höherrangigem Recht vereinbar** und begegnet insbesondere keinen verfassungsrechtlichen Bedenken. 16

(Einstweilen frei) 17–20

V. Verhältnis zu anderen Vorschriften

Die Evaluierung bezieht sich auf die Belastungsverschiebung durch die nach den **§§ 1–13 NGrStG**[7] ermittelte Grundsteuer. 21

(Einstweilen frei) 22–25

1 Niedersächsische LT-Drucks. 18/8995 S. 32.

2 Eisele in Rössler/Troll, BewG, § 14 NGrStG Rz. 3.

3 Niedersächsisches Grundsteuergesetz v. 7.7.2021, Nds. GVBl Nr. 27/2021 S. 502 ff.

4 Vgl. Niedersächsische LT-Drucks. 18/9603 S. 13 und Niedersächsische LT-Drucks. 18/9632 S. 32.

5 Vgl. vertiefend Bock/Lapp in Grootens, NGrStG, § 1 Rz. 9.

6 Siehe Bock/Lapp in Grootens, NGrStG, § 12 Rz. 31 ff.

7 Siehe hierzu die Kommentierungen bei Bock/Lapp in Grootens, NGrStG, §§ 1–13.

B. Systematische Kommentierung

26 § 14 NGrStG verpflichtet das in Niedersachsen für Finanzen zuständige Ministerium, nach Abschluss der Hauptfeststellung die Belastungsverteilung der Grundsteuer nach dem NGrStG zum 31.12.2027 zu evaluieren.[1] Das niedersächsische Grundsteuermodell bemüht wie das bayerische Flächenmodell den **Äquivalenzgedanken** zur Formulierung der **Belastungsgrundentscheidung**.[2] Inwieweit es tatsächlich konkret zu Belastungsverschiebungen kommen wird, kann derzeit noch nicht abgeschätzt werden.[3] Eine Evaluation der Belastungsverschiebungen ist zur Abschätzung der Auswirkung der Grundsteuerreform daher sinnvoll. **Belastungsverschiebungen** sind der **Reform immanent** und zwingende Konsequenz der Umsetzung des Bundesverfassungsgerichtsurteils v. 10.4.2018.[4]

27 Bei der Evaluation wird das Niedersächsische Finanzministerium die im Gesetzentwurf des NGrStG der Fraktionen der SPD und der CDU[5] zur Belastungsentscheidung getroffenen Aussagen und Annahmen zu überprüfen haben, insbesondere:

- Die Grundsteuer stelle auch im niedersächsischen Modell eine Objektsteuer dar, die ohne Berücksichtigung der persönlichen Verhältnisse und der subjektiven Leistungsfähigkeit des Steuerschuldners am Grundbesitz anknüpfe und der Finanzierung des allgemeinen kommunalen Finanzbedarfs diene.
- Das NGrStG verfolge bei der Besteuerung von Grundstücken des Grundvermögens den Äquivalenzgedanken. Dabei seien sowohl Aufwands- als auch Nutzenäquivalenz zu berücksichtigen.
- Aufwandsäquivalenz:
  - Bei einer an den Grundbesitz anknüpfenden kommunalen Steuer bestehe zwischen den öffentlichen Leistungen der Gemeinden und dem Steueraufkommen ein enger Zusammenhang, wobei bestimmte Leistungen der Gemeinde den jeweiligen Begünstigten direkt und individuell zugeordnet und durch Gebühren und Beiträge abgegolten werden könnten, andere Verbesserungen der kommunalen Infrastruktur jedoch allen Grundstücken zugutekämen.
  - Mit der Grundsteuer B sollen diejenigen Ausgaben der Gemeinde abgedeckt werden, die allen Grundstückseigentümern zugutekommen und nicht über Gebühren und Beiträge gedeckt sind.
  - Die Fläche bilde einen geeigneten Anknüpfungspunkt, da solche Leistungen dem Grund und Boden zugutekämen, aber auch gebäude- und personenbezogen erbracht würden. Nach dem Äquivalenzgedanken sei dem Grundstück mehr Aufwand für bestimmte lokale öffentliche Leistungen zuordenbar, je größer die Flächen (Grund und Boden einschließlich Gebäude) seien. Als Beispiele nennt die niedersächsische Landesregierung den Schutz des Privateigentums durch Brandschutz oder Räumungsdienste, Infrastrukturausgaben, Ausgaben für Kinderbetreuung und Spielplätze, Aufwand für kulturelle Einrichtungen oder zugunsten der Wirtschaftsförderung.

1 Siehe auch A 14 AENGrStG.
2 Vgl. Niedersächsische LT-Drucks. 18/8995 S. 11 f.
3 Zu möglichen Belastungsverschiebungen siehe Bock/Lapp in Grootens, NGrStG, Vorwort Rz. 28.
4 BVerfG, Urteil v. 10.4.2018 - 1 BvL 11/14, 1 BvL 12/14, 1 BvL 1/15, 1 BvR 639/11, 1 BvR 889/12, NWB MAAAG-80435.
5 Niedersächsische LT-Drucks. 18/8995 S. 12 f.

► Nutzenäquivalenz:

– Die Lage des Grundstücks sei ein Indikator für die Qualität und Quantität des kommunalen Nutzungsangebots. Diese werde durch den Lage-Faktor sachgerecht berücksichtigt.

– Dem Lage-Faktor liegt der Gedanke zugrunde, dass sich das kommunale Infrastrukturangebot typischerweise zu einem gewissen Grad in den Grundstückspreisen und folglich in den daraus abgeleiteten Bodenrichtwerten niederschlage. Bei einem über dem kommunalen Durchschnitt liegenden Wert erfordere eine lastengleiche Besteuerung daher eine Erhöhung, bei einem darunterliegenden Wert eine Minderung des Ergebnisses des reinen Flächenmodells.

– Mit der Wertrelation des Bodenrichtwerts des einzelnen Grundstücks im Vergleich zum durchschnittlichen Bodenrichtwert der Gemeinde werde die Lagequalität in geeigneter Weise typisierend abgebildet. Das Abstellen auf die Relation zum kommunalen Durchschnitt und nicht auf die absolute Höhe des Bodenrichtwerts zeige, dass es sich beim Flächen-Lage-Modell nicht etwa um ein Äquivalenzmodell mit einer gesonderten Wertkomponente (sogenanntes Mischmodell), sondern um ein reines Äquivalenzmodell handele. Es stelle dem Flächenmodell ein weiteres sachgerechtes Indiz für das Ausmaß der möglichen Inanspruchnahme kommunaler Leistungen zur Seite.

– Weil nicht alle Wertdifferenzen auf Infrastrukturleistungen der Kommunen zurückzuführen seien, sondern auch andere Umstände eine Rolle spielen, folge die Anpassung der Bemessungsgrundlage nicht in vollem Umfang den Bodenrichtwertunterschieden, sondern lediglich gedämpft.

Ob und inwieweit das **Belastungsziel** des NGrStG erreicht werden konnte, welche **Belastungsverschiebungen** sich ergeben haben und ob **ggf. gesetzgeberischer Nachbesserungsbedarf** durch den Landesgesetzgeber besteht, bleibt der **Evaluation** des zuständigen Finanzministeriums Niedersachsen nach § 14 NGrStG nach Abschluss der Hauptfeststellung zum 31.12.2027 vorbehalten.[1] 28

§ 15 NGrStG Inkrafttreten, Außerkrafttreten

(1) Dieses Gesetz tritt am Tag nach seiner Verkündung in Kraft.

(2) § 13 tritt am 31. Dezember 2029 außer Kraft.

Inhaltsübersicht **Rz.**

1 Siehe auch A 14 AENGrStG.

LITERATUR:

Siehe Vorwort.

HINWEISE:

A 15 des Runderlasses des Niedersächsischen Finanzministeriums, Anwendung des Niedersächsischen Grundsteuergesetzes (NGrStG) zur Bewertung des Grundvermögens für die Grundsteuer ab 1.1.2022 (AENGrStG), RdErl. d. MF v. 22.2.2022 - G 1002-6 - 62100.

A. Allgemeine Erläuterungen

I. Normzweck und wirtschaftliche Bedeutung der Vorschrift

1 § 15 Abs. 1 NGrStG regelt den Zeitpunkt des Inkrafttretens des Gesetzes und § 15 Abs. 2 NGrStG das Außerkrafttreten von § 13 NGrStG.

2–5 *(Einstweilen frei)*

II. Entstehung und Entwicklung der Vorschrift

6 Die Vorschrift wurde im Jahr 2021 mit dem **Stammgesetz** in das NGrStG aufgenommen.[1]

7 Auf Anregung des Finanzministeriums Niedersachsen wurde das Inkrafttreten des NGrStG im parlamentarischen Verfahren nicht auf einen bestimmten Zeitpunkt, sondern auf den Tag nach der Verkündung des Gesetzes festgelegt.[2]

8–10 *(Einstweilen frei)*

III. Geltungsbereich

11 Das NGrStG trifft überwiegend für **in Niedersachsen belegenes Grundvermögen** abweichende Regelungen zum Grundvermögen und vor allem in § 11 NGrStG punktuell vom Bundesrecht abweichende Regelungen für in Niedersachsen belegenes **land- und forstwirtschaftliches Vermögen**. § 15 NGrStG bestimmt, wann diese Regelungen in Kraft treten und wann § 13 NGrStG außer Kraft tritt. Wie sich aus § 1 Satz 1 NGrStG[3] und § 12 Abs. 1 NGrStG[4] ergibt, sollen die Regelungen des NGrStG allerdings erst für die Erhebung der **Grundsteuer** ab dem **Kalenderjahr 2025** von Bedeutung sein.

12–15 *(Einstweilen frei)*

IV. Vereinbarkeit der Vorschrift mit höherrangigem Recht

16 Die Norm begegnet als solche keinen verfassungsrechtlichen Bedenken. Soweit mit ihr Normen in Kraft gesetzt werden, die ihrerseits verfassungsrechtlichen Bedenken unterliegen, wird auf die Kommentierung der jeweiligen Normen verwiesen.[5]

17–20 *(Einstweilen frei)*

1 Niedersächsisches Grundsteuergesetz v. 7.7.2021, Nds. GVBl Nr. 27/2021 S. 502 ff.
2 Niedersächsische LT-Drucks. 18/9632 S. 32.
3 Vgl. vertiefend Bock/Lapp in Grootens, NGrStG, § 1 Rz. 9.
4 Siehe Bock/Lapp in Grootens, NGrStG, § 12 Rz. 31 ff.
5 Siehe allgemein zum Äquivalenzmodell Bock/Lapp in Grootens, NGrStG, Vorwort Rz. 42 ff.

V. Verhältnis zu anderen Vorschriften

§ 15 Abs. 1 NGrStG setzt die **§§ 1–14 NGrStG**[1] am Tag nach der Verkündung in Kraft. § 15 Abs. 2 NGrStG setzt die Übergangsregelungen des **§ 13 NGrStG** am 31.12.2029 außer Kraft. 21

(Einstweilen frei) 22–25

B. Systematische Kommentierung

I. Inkrafttreten des NGrStG (§ 15 Abs. 1 NGrStG)

§ 15 Abs. 1 NGrStG regelt, dass das NGrStG **am Tag nach seiner Verkündung in Kraft tritt.**[2] Das NGrStG wurde am 7.7.2021 vom Niedersächsischen Landtag beschlossen[3] und am 13.7.2021 im Niedersächsischen Gesetz- und Verordnungsblatt verkündet.[4] Es ist damit am 14.7.2021 in Kraft getreten. Wie sich aus § 1 Satz 1 NGrStG[5] und § 12 Abs. 1 NGrStG[6] ergibt, sollen die Regelungen des NGrStG allerdings erst für die Erhebung der **Grundsteuer** ab dem **Kalenderjahr 2025** von Bedeutung sein. 26

(Einstweilen frei) 27–30

II. Außerkrafttreten des § 13 NGrStG (§ 15 Abs. 2 NGrStG)

§ 15 Abs. 2 NGrStG regelt, dass **§ 13 NGrStG** am 31.12.2029 **außer Kraft tritt.**[7] § 13 NGrStG trifft Übergangsregelungen in Bezug auf den Wechsel von der Einheitsbewertung für Zwecke der Grundsteuer hin zum niedersächsischen Grundsteuermodell. Dabei ist nach § 13 NGrStG für die Anwendung bestimmter Vorschriften zu unterstellen, dass die zu treffenden Feststellungen nach dem NGrStG bereits vor dem 1.1.2025 von Bedeutung sind. Nach Auslaufen der Einheitsbewertung zum 1.1.2025 hätte auch auf die Übergangsregelung verzichtet werden können. Ein Außerkrafttreten des § 13 NGrStG mit Auslaufen der Einheitsbewertung bereits zum 1.1.2025 wäre damit wohl unschädlich gewesen. Der niedersächsische Gesetzgeber hält einen weitergehenden Bestand der Regelung wegen des späteren vollständigen Abschlusses der Systemumstellung, insbesondere aufgrund möglicher langjähriger verfassungsrechtlicher Überprüfungen für erforderlich.[8] Zudem dürfte mit Ablauf des 31.12.2029 in Bezug auf die Grundsteuerbescheide des Jahres 2025 die übliche Feststellungsverjährung eingetreten sein. 31

1 Siehe hierzu die Kommentierungen bei Bock/Lapp in Grootens, NGrStG, §§ 1–14.
2 Siehe auch A 15 Abs. 1 AENGrStG.
3 Siehe stenografischer Bericht über die 114. Sitzung des niedersächsischen Landtags v. 7.7.2021 S. 10812.
4 Nds. GVBl Nr. 27/2021, ausgegeben am 13.7.2021 S. 502 ff.
5 Vgl. vertiefend Bock/Lapp in Grootens, NGrStG, § 1 Rz. 9.
6 Siehe Bock/Lapp in Grootens, NGrStG, § 12 Rz. 31 ff.
7 Siehe auch A 15 Abs. 2 AENGrStG.
8 Vgl. Niedersächsische LT-Drucks. 18/9632 S. 32; Krause in Stenger/Loose, NGrStG, § 5 Rz. 689..

Abschnitt VIII: Nordrhein-Westfalen

Vorwort zur Kommentierung des Nordrhein-Westfälischen Grundsteuerhebesatzgesetzes (NWGrStHsG)

Inhaltsübersicht **Rz.**

LITERATUR:

Drüen/Krumm, Rechtsgutachten zur optionalen Einführung differenzierter Grundsteuerhebesätze durch die Gemeinden in Nordrhein-Westfalen, 2024, https://www.finanzverwaltung.nrw.de/system/files/media/document/file/drueen-krumm_gutachten_grundsteuerhebesatzdifferenzierung_16-8-2024.pdf; *Eisele*, Reform der Grundsteuer: Aktuelle Landesgrundsteuergesetze in Berlin und Nordrhein-Westfalen, NWB 39/2024 S. 2696, NWB FAAAJ-75532; *Lampert/Hummel*, Rechtsgutachterliche Stellungnahme für den Städtetag Nordrhein-Westfalen betreffend verfassungsrechtliche Risiken nordrhein-westfälischer Gemeinden im Falle der Festsetzung differenzierender Grundsteuer-Hebesätze, 2024, https://www.staedtetag-nrw.de/files/nrw/docs/Presse/2024/Staedtetag-NRW-Gutachten-Hebesatzdifferenzierung.pdf.

A. Gesetzgebungsverfahren zum NWGrStHsG

1 Nachdem die Finanzämter bundesweit ab dem 1.7.2022 mit der Bearbeitung der Erklärung zur Feststellung des Grundsteuerwerts begonnen hatten, zeichnete sich infolge der fortgeschrittenen Veranlagungsarbeiten in Nordrhein-Westfalen im März 2024 eine stärkere **Verschiebung des Grundsteuermessbetragsvolumens zulasten der Wohngrundstücke** ab.[1] Am 20.3.2024 hat sich daher der Landtag des Landes Nordrhein-Westfalen mit reformbedingten Belastungsverschiebungen zwischen Wohn- und Nichtwohngrundstücken befasst und neben dem kommunalen Vorschlag einer Messzahlenanpassung auch ein nach Grundstücksarten differenziertes Hebesatzrecht diskutiert.[2]

1 Nordrhein-westfälische LT-Drucks. 18/8523, S. 1.
2 Nordrhein-westfälische LT-Drucks. PlBPr 18/58, S. 7 ff.

Die nordrhein-westfälischen Regierungsfraktionen brachten daraufhin am 14.5.2024, nachdem der Bund eine bundesgesetzliche Öffnung des kommunalen Hebesatzrechts abgelehnt hatte,[1] den Entwurf des **nordrhein-westfälischen Grundsteuerhebesatzgesetzes** in den Landtag ein.[2] Mit dem Gesetz sollte den Gemeinden das Recht eingeräumt werden, die **Hebesätze innerhalb des Grundvermögens** (sog. Grundsteuer B) **stärker zu differenzieren**, nämlich nach der Gruppe aus Nichtwohngrundstücken und unbebauten Grundstücken einerseits und der Gruppe der Wohngrundstücke andererseits (Näheres zu den Regelungszielen siehe → Rz. 36). 2

Im laufenden Gesetzgebungsverfahren wurde § 2 NWGrStHsG – die Möglichkeit des **Nachweises eines niedrigeren gemeinen Werts** – neu in den Gesetzentwurf aufgenommen. Damit reagierte der Landesgesetzgeber auf die zwischenzeitlich erfolgte **Rechtsprechung des Bundesfinanzhofs**. Dieser hatte mit Beschlüssen vom 27.5.2024 entschieden, dass die Bewertungsvorschriften der §§ 218 ff. BewG bei summarischer Prüfung möglicherweise im Hauptsacheverfahren verfassungskonform dahingehend auszulegen seien, dass auf der Ebene der Grundsteuerwertfeststellung im Einzelfall der Nachweis eines niedrigeren (gemeinen) Werts zu ermöglichen sei. Hierfür könne regelmäßig der Nachweis erforderlich sein, dass der Wert der wirtschaftlichen Einheit den festgestellten Grundsteuerwert über das normale Maß hinausgehend unterschreitet.[3] Die landesgesetzliche Vorschrift ist spätestens durch den mit dem Jahressteuergesetz 2024[4] eingeführten § 220 Abs. 2 BewG und dem damit einhergehenden Vorrang der bundesgesetzlichen Regelung (Art. 72 Abs. 3 Satz 3 GG) gegenstandslos geworden (lex posterior derogat legi priori).[5] 3

Nordrhein-Westfalens Grundsteuerhebesatzgesetz war im politischen Gesetzgebungsverfahren **nicht unumstritten**. Kritisiert wurde bereits die Einbringung aus der Mitte des Landtags, obwohl der Gesetzentwurf von der Landesregierung erarbeitet wurde.[6] Infolgedessen fanden **§ 58 Abs. 1 NRWGOLT**[7] sowie **§ 6 Abs. 1 Satz 1, Abs. 3 Mittelstandsförderungsgesetz**[8] keine Anwendung, die bestimmte Beteiligungserfordernisse der Gemeinden und Wirtschaftsverbände vorsehen. Zweifel an der Rechtmäßigkeit des NWGrStHsG werden hierdurch nicht begründet, da eine zwingende Anhörung von Verbänden verfassungsrechtlich nicht vorgesehen ist.[9] Zudem erhielten die Gemeinden und Verbände im Rahmen des Gesetzgebungsverfahrens Gelegenheit zur Stellungnahme.[10] 4

Ein Entschließungsantrag, mit dem insbesondere die **Einführung eines einfachen Flächenmodells** und eine landesgesetzliche **Anpassung der Steuermesszahlen** gefordert wurde,[11] fand im nordrhein-westfälischen Landtag **keine Mehrheit**.[12] 5

---

1 Vorlage des Ministeriums der Finanzen des Landes Nordrhein-Westfalen an den Haushalts- und Finanzausschuss des Landtags Nordrhein-Westfalen, Vorlage 18/2589, S. 1.

2 Nordrhein-westfälische LT-Drucks. 18/9242.

3 BFH, Beschluss v. 27.5.2024 - II B 78/23 (AdV), BStBl 2024 II S. 543 und BFH, Beschluss v. 27.5.2024 - II B 79/23 (AdV), BStBl 2024 II S. 546, m. Anm. Bock, HFR 2024 S. 826.

4 JStG 2024 v. 2.12.2024, BGBl 2024 I Nr. 387.

5 Näheres siehe Bock/Lapp in Grootens, NWGrStHsG, § 2 Rz. 13 und 28.

6 Handwerk NRW, nordrhein-westfälische LT-Stellungnahme 18/1561, S. 1.

7 Geschäftsordnung des Landtags Nordrhein-Westfalen v. 18.12.2019, GV. NRW 2020 S. 40.

8 Gesetz zur Förderung des Mittelstandes in Nordrhein-Westfalen v. 18.12.2012, GV. NRW. S. 673; geändert durch Gesetz v. 6.12.2016 (GV. NRW. S. 1067), in Kraft getreten am 15.12.2016; Gesetz v. 25.3.2022 (GV. NRW. S. 419), in Kraft getreten am 15.4.2022.

9 Vgl. BVerfG, Beschluss v. 24.3.2021 - 1 BvR 2656/18, 1 BvR 78/20, 1 BvR 96/20, 1 BvR 288/20, NWB KAAAH-77460, Rz. 241 m. w. N.

10 Ausschussprotokoll Nordrhein-Westfalen APr 18/604.

11 Entschließungsantrag der Fraktion der FDP v. 4.7.2024, nordrhein-westfälische LT-Drucks. 18/9840, S. 9 f.

12 Nordrhein-westfälisches LT-Drucks. Plenarprotokoll 18/70, S. 6.

6 Die **Wirtschaftsverbände** äußerten **Zweifel** hinsichtlich der Umsetzbarkeit,[1] lehnten das sog. Bundesmodell an sich ab[2] oder schlugen die vollständige **Abschaffung der Grundsteuer** vor.[3] Von den **Städten und Gemeinden** wurde der Gesetzentwurf unter anderem aus folgenden Gründen kritisiert:[4]

- Es bestünden **verfassungsrechtliche Risiken** (siehe hierzu die verfassungsrechtliche Bewertung in → Rz. 46 ff.).[5]
- Es drohe eine **Widerspruchs- und Klagewelle.**[6]
- Das Gesetz würde die Kommunen aufgrund seiner Kurzfristigkeit inmitten der laufenden Vorbereitungsarbeiten zur Erhebung der reformierten Grundsteuer vor **bisher nicht geplante Herausforderungen** stellen[7] und zu einer **neuen Daueraufgabe** führen.[8]
- Die **technische Umsetzbarkeit** des Gesetzes ab dem 1.1.2025 sei zweifelhaft.[9]
- Die **Notwendigkeit** der Öffnung des kommunalen Hebesatzrechts sei **zweifelhaft** (siehe hierzu → Rz. 75 f.).[10]
- Es ergäben sich **Folgeprobleme im kommunalen Finanzausgleich.**[11]
- **Haushaltsrechtlich** stelle sich die Frage, ob die Gemeinde verpflichtet sein könnte, bei Klagen **Rückstellungen für etwaige Steuerrückzahlungen** zu bilden.[12]

7 Ungeachtet dieser Kritik hat der nordrhein-westfälische Landtag das **NWGrStHsG am 4.7.2024 verabschiedet**[13] und damit die durch das Gesetz zur Änderung des Grundgesetzes (Art. 72, 105 und 125b) vom 15.11.2019[14] in Art. 72 Abs. 3 Satz 1 Nr. 7 GG geschaffene Möglichkeit genutzt, zum Teil (punktuell) von dem Bundesgesetz zur Grundsteuer abzuweichen. Während Berlin,[15]

---

1 Bund der Steuerzahler Nordrhein-Westfalen e.V., nordrhein-westfälische LT-Stellungnahme 18/1559, S. 3.

2 Haus & Grund Rheinland Westfalen, nordrhein-westfälische LT-Stellungnahme 18/1560, S. 3.

3 Bund der Steuerzahler Nordrhein-Westfalen e.V., nordrhein-westfälische LT-Stellungnahme 18/1559, S. 7; Landesverband DStG Nordrhein-Westfalen, nordrhein-westfälische LT-Stellungnahme 18/1549, S. 3.

4 Nordrhein-westfälische LT-Stellungnahmen 18/1481, 18/1515, 18/1557, 18/1561, 18/1562, 18/1572, 18/1574, 18/1576, 18/1579, 18/1581, 18/1583.

5 Siehe hierzu vertiefend Lampert/Hummel, Rechtsgutachterliche Stellungnahme für den Städtetag Nordrhein-Westfalen betreffend verfassungsrechtliche Risiken nordrhein-westfälischer Gemeinden im Falle der Festsetzung differenzierender Grundsteuer-Hebesätze, 2024, https://www.staedtetag-nrw.de/files/nrw/docs/Presse/2024/Staedtetag-NRW-Gutachten-Hebesatzdifferenzierung.pdf.

6 Arbeitsgemeinschaft der kommunalen Spitzenverbände Nordrhein-Westfalen, nordrhein-westfälische LT-Stellungnahme 18/1369, S. 4; Kollegiale Gemeinschaft der Bürgermeister/innen im Kreis Euskirchen, nordrhein-westfälische LT-Stellungnahme 18/1562, S. 3; Kollegenkonferenz des Rhein-Sieg-Kreises, nordrhein-westfälische LT-Stellungnahme 18/1583, S. 1.

7 Stadtverwaltung Rhede, nordrhein-westfälische LT-Stellungnahme 18/1515, S. 3.

8 Stadtverwaltung Rhede, nordrhein-westfälische LT-Stellungnahme 18/1515, S. 4.

9 Städte Dormagen, Grevenbroich, Jüchen, Kaarst, Korschenbroich, Meerbusch, Neuss und Rommerskirchen, nordrhein-westfälische LT-Stellungnahme 18/1481, S. 1 f.; Arbeitsgemeinschaft der kommunalen Spitzenverbände Nordrhein-Westfalen, nordrhein-westfälische LT-Stellungnahme 18/1369, S. 2 und 18/1557, S. 4; Kollegiale Gemeinschaft der Bürgermeister/innen im Kreis Euskirchen, nordrhein-westfälische LT-Stellungnahme 18/1562, S. 3; Stadt Brühl, nordrhein-westfälische LT-Stellungnahme 18/1576, S. 1.

10 Siehe hierzu vertiefend Bock/Lapp in Grootens, NWGrStHsG, § 1 Rz. 59 f.

11 Siehe hierzu vertiefend Bock/Lapp in Grootens, NWGrStHsG, § 1 Rz. 29.

12 Arbeitsgemeinschaft der kommunalen Spitzenverbände Nordrhein-Westfalen, nordrhein-westfälische LT-Stellungnahme 18/1557, S. 5; Stadt Brühl, nordrhein-westfälische LT-Stellungnahme 18/1576, S. 1.

13 Nordrhein-westfälische LT-Drucks. PlBPr 18/70, S. 6.

14 BGBl 2019 I S. 1546.

15 Siehe hierzu vertiefend Grootens in Grootens, BlnGrStMG, Vorwort Rz. 1.

Bremen,[1] das Saarland[2] und Sachsen[3] diese Möglichkeit zu einer punktuellen Abweichung vom Bundesrecht insbesondere im Bereich der Steuermesszahlen genutzt haben, öffnet Nordrhein-Westfalen als erstes Bundesland das kommunale Hebesatzrecht und ermöglicht die Festsetzung unterschiedlicher Hebesätze für die Gruppe der Nichtwohngrundstücke und unbebauten Grundstücke einerseits und der Wohngrundstücke andererseits. Diesen Weg sind mittlerweile weitere Länder gegangen (Schleswig-Holstein[4] und Sachsen-Anhalt[5]) oder beabsichtigen diesen Weg zu gehen (Rheinland-Pfalz[6]).

(Einstweilen frei) 8–15

B. Überblick über das NWGrStHsG

I. NWGrStHsG als partielles Abweichungsgesetz

Das NWGrStHsG ist als **partielles Abweichungsgesetz** ausgestaltet. Nordrhein-Westfalen weicht bei den Differenzierungsmöglichkeiten der Grundsteuer-Hebesätze von den bundesgesetzlichen Vorschriften (§ 25 Abs. 4 GrStG) ab, wendet diese aber im Übrigen, insbesondere hinsichtlich der Bewertung des Grundbesitzes für Zwecke der Grundsteuer und hinsichtlich der maßgeblichen Steuermesszahlen, uneingeschränkt an. § 1 NWGrStHsG modifiziert § 25 Abs. 4 GrStG und § 2 Satz 1 NWGrStHsG ergänzt § 220 BewG. 16

(Einstweilen frei) 17–20

II. Öffnung des kommunalen Hebesatzrechts (§ 1 Abs. 1 NWGrStHsG)

§ 1 Abs. 1 NWGrStHsG bildet das „Herzstück" des nordrhein-westfälischen Grundsteuerhebesatzgesetzes und weist den Kommunen das Recht zu, abweichend von der bundesgesetzlichen Regelung (§ 25 Abs. 4 Satz 1 GrStG) **unterschiedliche Hebesätze** für die Gruppe der **Nichtwohngrundstücke und unbebauten Grundstücke** einerseits und der **Wohngrundstücke** andererseits festzusetzen (§ 1 Abs. 1 Satz 1 NWGrStHsG), wobei sie für diese beiden Gruppen auch einen **einheitlichen, zusammengefassten Hebesatz** festsetzen können (§ 1 Abs. 1 Satz 3 NWGrStHsG). Der Hebesatz für die Nichtwohngrundstücke und unbebauten Grundstücke darf allerdings nicht niedriger sein als der Hebesatz für die Wohngrundstücke (§ 1 Abs. 1 Satz 2 NWGrStHsG). Werden Gemeindegebiete geändert, so kann die Landesregierung oder die von ihr bestimmte Stelle für die von der Änderung betroffenen Gebietsteile für eine bestimmte Zeit verschiedene Hebesätze zulassen (§ 1 Abs. 1 Satz 4 NWGrStHsG). 21

(Einstweilen frei) 22–25

---

1 Siehe hierzu vertiefend Grootens in Grootens, BremGrStMG, Vorwort Rz. 1.

2 Siehe hierzu vertiefend Grootens in Grootens, GrStG-Saar, Vorwort Rz. 1.

3 Siehe hierzu vertiefend Grootens in Grootens, SächsGrStMG, Vorwort Rz. 1.

4 Schleswig-Holsteinischen Grundsteuerhebesatzgesetzes v. 15.10.2024, GVBl. SH 2024 S. 748; siehe vertiefend Bock/Lapp in Grootens, SHGrStHsG, Vorwort Rz. 1 ff.

5 Grundsteuerhebesatzgesetzes Sachsen-Anhalt v. 1.11.2024, GVBl. LSA 2024 S. 312; siehe vertiefend Bock/Lapp in Grootens, GrStHsG LSA, Vorwort Rz. 1 ff.

6 Siehe Entwurf eines eines Gesetzes über die Einführung einer optionalen Festlegung differenzierender Hebesätze im Rahmen des Grundvermögens bei der Grundsteuer Rheinland Pfalz (Grundsteuerhebesatzgesetz Rheinland-Pfalz – RPGrStHsG), Rheinland-Pfälzische LT-Drucks. 18/11049.

III. Verhältnis zur sog. Grundsteuer C (§ 1 Abs. 2 NWGrStHsG)

26 § 1 Abs. 2 NWGrStHsG regelt das Verhältnis zur sog. Grundsteuer C (§ 25 Abs. 5 GrStG). Bundesgesetzlich bestimmt § 25 Abs. 5 Satz 9 GrStG,[1] dass der Hebesatz für unbebaute, baureife Grundstücke einheitlich und höher als der einheitliche Hebesatz für die übrigen in der Gemeinde liegenden Grundstücke sein muss. Diese Vorgabe musste infolge der nach § 1 Abs. 1 Satz 1 NWGrStHsG möglichen Differenzierbarkeit innerhalb der Grundstücke des Grundvermögens präzisiert werden, da andernfalls nicht ersichtlich wäre, welchen der differenzierten Hebesätze der Hebesatz zur sog. Grundsteuer C übersteigen müsste. Dem trägt § 1 Abs. 2 NWGrStHsG Rechnung, indem gesetzlich festgeschrieben wird, dass der Hebesatz für unbebaute, baureife Grundstücke (sog. Grundsteuer C) einheitlich und höher sein muss als beide Hebesätze, nämlich sowohl der für Wohngrundstücke als auch der für Nichtwohngrundstücke und unbebaute Grundstücke.[2]

27–30 *(Einstweilen frei)*

IV. Nachweismöglichkeit des niedrigeren gemeinen Werts (§ 2 NWGrStHsG)

31 Mit seinen Beschlüssen vom 27.5.2024 hat der Bundesfinanzhof entschieden, dass die Bewertungsvorschriften der §§ 218 ff. BewG bei summarischer Prüfung möglicherweise im Hauptsacheverfahren verfassungskonform dahingehend auszulegen sind, dass auf der Ebene der Grundsteuerwertfeststellung im Einzelfall der Nachweis eines niedrigeren gemeinen Werts zu ermöglichen ist. Hierfür könne regelmäßig der Nachweis erforderlich sein, dass der Wert der wirtschaftlichen Einheit den festgestellten Grundsteuerwert über das normale Maß hinausgehend unterschreitet.[3]

32 Der nordrhein-westfälische Landesgesetzgeber hat diese Rechtsprechung des Bundesfinanzhofs aufgegriffen und landesgesetzlich in § 2 NWGrStHsG festgeschrieben. Er ist damit der mit dem Jahressteuergesetz 2024[4] erfolgten bundesgesetzlichen Anpassung des § 220 BewG zuvorgekommen.

33 § 2 NWGrStHsG ist durch den mit dem Jahressteuergesetz 2024[5] eingeführten § 220 Abs. 2 BewG und dem damit einhergehenden Vorrang der bundesgesetzlichen Regelung (Art. 72 Abs. 3 Satz 3 GG) **gegenstandslos** geworden (lex posterior derogat legi priori).[6]

34–35 *(Einstweilen frei)*

C. Regelungsziele des NWGrStHsG

36 Mit der **Inanspruchnahme** der **Öffnungsklausel** und der damit einhergehenden **Öffnung des kommunalen Hebesatzrechts** beabsichtigt der nordrhein-westfälische Gesetzgeber, das kom-

1 Siehe dazu Grootens in Grootens, GrStG, § 25 Rz. 191 f.

2 Näheres siehe Bock/Lapp in Grootens, NWGrStHsG, § 1 Rz. 71 ff.

3 BFH, Beschluss v. 27.5.2024 - II B 78/23 (AdV), BStBl 2024 II S. 543 und BFH, Beschluss v. 27.5.2024 - II B 79/23 (AdV), BStBl 2024 II S. 546 m. Anm. Bock, HFR 2024 S. 826.

4 JStG 2024 v. 2.12.2024, BGBl 2024 I Nr. 387.

5 JStG 2024 v. 2.12.2024, BGBl. 2024 I Nr. 387.

6 Näheres siehe Bock/Lapp in Grootens, NWGrStHsG, § 2 Rz. 13 und 28.

munale Selbstverwaltungsrecht zu stärken.[1] Er verfolgt dabei im Wesentlichen folgende **Ziele**:[2]

- Den Kommunen soll die Möglichkeit eingeräumt werden, **räumlich-strukturellen Besonderheiten** Rechnung zu tragen.
- **Regionale Mehrbelastungen** einer Grundstücksart sollen bei Bedarf **abgemildert** werden können.
- Belastungen zwischen Wohngrundstücken und Nichtwohngrundstücken sollen regionalverantwortlich gesteuert werden können.
- Die Kommunen sollen die Möglichkeit erhalten, **politische Lenkungsziele festzulegen** (z. B. Förderung des Wohnens oder Steigerung der Attraktivität als Wirtschaftsstandort).

Das sich aus Art. 28 Abs. 2 Satz 3 GG ergebende **kommunale Hebesatzrecht** soll vom NWGrStHsG unberührt bleiben und sogar erweitert werden (siehe zur Einschränkung bereits → Rz. 21). Die tatsächliche Höhe der Steuerbelastung soll in Nordrhein-Westfalen auch weiterhin durch den kommunalen Hebesatz bestimmt werden. 37

Das NWGrStHsG zielt darauf ab, den Kommunen das Aufkommen aus der Grundsteuer (ca. 4 Mrd. € im Jahr 2022) zu erhalten.[3] Wie der Bundesgesetzgeber und andere abweichende Länder strebt auch Nordrhein-Westfalen eine insgesamt **aufkommensneutrale Reform** der Grundsteuer an.[4] Nach der Auffassung des nordrhein-westfälischen Landesgesetzgebers könne die Aufkommensneutralität nach dem sog. Bundesmodell zwar rechnerisch erreicht werden, dieses trage jedoch nicht den räumlich-strukturellen Gegebenheiten in den Kommunen ausreichend Rechnung und bedürfe daher einer Erweiterung, mit der den Kommunen (optional) ein gesondertes Hebesatzrecht für Wohn- und Nichtwohngrundstücke eingeräumt werde, um mögliche Belastungsverschiebungen abzumildern.[5] Der Landesgesetzgeber erhebt dabei den Anspruch, mit der Öffnung des kommunalen Hebesatzrechts die **Gleichmäßigkeit der Besteuerung** zu ermöglichen.[6] 38

Um das Ziel der Aufkommensneutralität zu erreichen, können die Gemeinden die aus der Neubewertung des Grundbesitzes resultierenden Belastungsverschiebungen durch **Anpassungen der Hebesätze** oder die erstmalige **Festsetzung differenzierter Hebesätze** innerhalb des Grundvermögens so ausgleichen, dass ein konstantes Grundsteueraufkommen gesichert wird. Die nordrhein-westfälische Finanzverwaltung unterstützt die Städte und Gemeinden bei der Findung der aufkommensneutralen Hebesätze, indem sie die zur Aufkommensneutralität führenden **Hebesätze ermittelt und im Internet veröffentlicht** hat.[7] 39

(Einstweilen frei) 40–45

D. Verfassungsrechtliche Bewertung

Das NWGrStHsG begegnet keinen durchgreifenden verfassungsrechtlichen Bedenken. Die Nachweismöglichkeit eines niedrigeren gemeinen Werts ist verfassungsrechtlich zur Vermei- 46

1 Nordrhein-westfälische LT-Drucks. 18/9242, S. 4.
2 Nordrhein-westfälische LT-Drucks. 18/9242, S. 2 f.
3 Nordrhein-westfälische LT-Drucks. 18/9242, S. 4.
4 Nordrhein-westfälische LT-Drucks. 18/9242, S. 4.
5 Nordrhein-westfälische LT-Drucks. 18/9242, S. 2.
6 Nordrhein-westfälische LT-Drucks. 18/9242, S. 2.
7 Abrufbar unter: https://www.finanzverwaltung.nrw.de/aufkommensneutrale-hebesaetze.

dung einer Übermaßbesteuerung geboten.[1] Die Verfassungsmäßigkeit der Öffnung des kommunalen Hebesatzrechts (§ 1 NWGrStHsG) wird hingegen von Teilen der Literatur und wurde im Laufe des Gesetzgebungsverfahrens von Teilen der nordrhein-westfälischen Gemeinden sowie Verbänden in Zweifel gezogen:[2]

- Einschränkung des kommunalen Hebesatzrechts nach Art. 106 Abs. 6 Satz 2 i.V. mit Art. 28 Abs. 2 Satz 3 GG, weil der Hebesatz für Nichtwohngrundstücke und unbebaute Grundstücke höher sein muss als für Wohngrundstücke,[3]
- Zweifel an der Eignung der Regelung in Bezug auf Mieter von Wohnungen in gemischt genutzten Grundstücken[4] und in Bezug auf das Ziel der Wirtschaftsförderung.[5]
- Zweifel an der Erforderlichkeit der Regelung könnten sich im Hinblick auf die ebenfalls denkbare landesgesetzliche Anpassung der Steuermesszahl ergeben.[6]
- Möglicher Verstoß gegen den Gleichheitsgrundsatz (Art. 3 GG), weil Mieter in gemischt genutzten Grundstücken nicht von möglichen niedrigeren Hebesätzen für Wohngrundstücke profitieren.[7]
- Unverhältnismäßige Mehrfachprivilegierung von Wohngrundstücken.[8]

Diese Bedenken greifen nach hier vertretener Auffassung nicht durch (siehe → Rz. 56 ff.).[9]

---

1 Siehe BFH, Beschluss v. 27.5.2024 - II B 78/23 (AdV), BStBl 2024 II S. 543 und BFH, Beschluss v. 27.5.2024 - II B 79/23 (AdV), BStBl 2024 II S. 546 m. Anm. Bock, HFR 2024 S. 826.

2 Vgl. Nordrhein-westfälische LT-Stellungnahmen 18/1481, 18/1515, 18/1557, 18/1561, 18/1562, 18/1572, 18/1574, 18/1576, 18/1579, 18/1581, 18/1583; zu verfassungsrechtlichen Risiken siehe vertiefend Lampert/Hummel, Rechtsgutachterliche Stellungnahme für den Städtetag Nordrhein-Westfalen betreffend verfassungsrechtliche Risiken nordrhein-westfälischer Gemeinden im Falle der Festsetzung differenzierender Grundsteuer-Hebesätze, 2024, https://www.staedtetag-nrw.de/files/nrw/docs/Presse/2024/Staedtetag-NRW-Gutachten-Hebesatzdifferenzierung.pdf.

3 Lampert/Hummel, Rechtsgutachterliche Stellungnahme für den Städtetag Nordrhein-Westfalen betreffend verfassungsrechtliche Risiken nordrhein-westfälischer Gemeinden im Falle der Festsetzung differenzierender Grundsteuer-Hebesätze, 2024, https://www.staedtetag-nrw.de/files/nrw/docs/Presse/2024/Staedtetag-NRW-Gutachten-Hebesatzdifferenzierung.pdf, S. 39, werfen in diesem Zusammenhang die Frage auf, ob der Landesgesetzgeber aus verfassungsrechtlichen Gründen trennschärfer hätte differenzieren müssen.

4 Handwerk NRW, nordrhein-westfälische LT-Stellungnahme 18/1561, S. 5; Kollegiale Gemeinschaft der Bürgermeister/innen im Kreis Euskirchen, nordrhein-westfälische LT-Stellungnahme 18/1562, S. 2 und Stadt Brühl, nordrhein-westfälische LT-Stellungnahme 18/1576, S. 1.

5 Handwerks NRW, nordrhein-westfälische LT-Stellungnahme 18/1561, S. 3; IHK NRW, nordrhein-westfälische LT-Stellungnahme 18/1572, S. 3; BFW Landesverbands Nordrhein-Westfalen e.V., nordrhein-westfälische LT-Stellungnahme 18/1581, S. 2; Kollegenkonferenz des Rhein-Sieg-Kreises, nordrhein-westfälische LT-Stellungnahme 18/1583, S. 1

6 Diese Möglichkeit hat die nordrhein-westfälische Landesregierung stets verneint, siehe hierzu vertiefend Nordrhein-westfälische LT-Drucks. Plenarprotokoll 18/58, S. 9 und nordrhein-westfälische LT-Drucks. 18/9506, S. 2. Im Ergebnis ebenso Lampert/Hummel, Rechtsgutachterliche Stellungnahme für den Städtetag Nordrhein-Westfalen betreffend verfassungsrechtliche Risiken nordrhein-westfälischer Gemeinden im Falle der Festsetzung differenzierender Grundsteuer-Hebesätze, 2024, https://www.staedtetag-nrw.de/files/nrw/docs/Presse/2024/Staedtetag-NRW-Gutachten-Hebesatzdifferenzierung.pdf, S. 28; siehe auch → Rz. 71.

7 Zur Gleichbehandlung aller Wohngrundstücke und einer möglichen Ungleichbehandlung gegenüber Nichtwohngrundstücken siehe auch Lampert/Hummel, Rechtsgutachterliche Stellungnahme für den Städtetag Nordrhein-Westfalen betreffend verfassungsrechtliche Risiken nordrhein-westfälischer Gemeinden im Falle der Festsetzung differenzierender Grundsteuer-Hebesätze, 2024, https://www.staedtetag-nrw.de/files/nrw/docs/Presse/2024/Staedtetag-NRW-Gutachten-Hebesatzdifferenzierung.pdf, S. 39.

8 Lampert/Hummel, Rechtsgutachterliche Stellungnahme für den Städtetag Nordrhein-Westfalen betreffend verfassungsrechtliche Risiken nordrhein-westfälischer Gemeinden im Falle der Festsetzung differenzierender Grundsteuer-Hebesätze, 2024, https://www.staedtetag-nrw.de/files/nrw/docs/Presse/2024/Staedtetag-NRW-Gutachten-Hebesatzdifferenzierung.pdf, S. 41.

9 Ebenso Drüen/Krumm, Rechtsgutachten zur optionalen Einführung differenzierter Grundsteuerhebesätze durch die Gemeinden in Nordrhein-Westfalen, 2024, https://www.finanzverwaltung.nrw.de/system/files/media/document/file/drueen-krumm_gutachten_grundsteuerhebesatzdifferenzierung_16-8-2024.pdf.

(Einstweilen frei) 47–50

1. Gesetzgebungskompetenz

Die Gesetzgebungskompetenz des Landes Nordrhein-Westfalen ergibt sich aus Art. 72 Abs. 3 Satz 1 Nr. 7 GG. Nach dieser **Abweichungskompetenz** (sog. „Öffnungsklausel") können die Länder vom Bundesgesetz abweichende landesgesetzliche Regelungen über die Grundsteuer treffen. Die Abweichungskompetenz ist umfassend, beinhaltet mithin sowohl die von Nordrhein-Westfalen wahrgenommene Möglichkeit der Öffnung des kommunalen Hebesatzrechts als auch die Einführung einer Nachweismöglichkeit des niedrigeren gemeinen Werts.[1] 51

(Einstweilen frei) 52–55

2. Gewährleistung des kommunalen Hebesatzrechts (Art. 106 Abs. 6 Satz 2 GG i. V. mit Art. 28 Abs. 2 Satz 3 GG)

Das sich aus Art. 106 Abs. 6 Satz 2 i. V. mit Art. 28 Abs. 2 Satz 3 GG ergebende kommunale Hebesatzrecht bleibt von § 1 NWGrStHsG unberührt.[2] Bei der **Öffnung des kommunalen Hebesatzrechts** handelt es sich, worauf auch der nordrhein-westfälische Landesgesetzgeber bereits im Gesetzestitel hinweist,[3] um eine reine **Option** für die jeweilige Gemeinde. Die jeweilige Gemeinde ist frei in ihrer Entscheidung, ob sie von der Möglichkeit der Differenzierung des Hebesatzes Gebrauch macht. Das NWGrStHsG verpflichtet die Kommunen nicht, innerhalb des Grundvermögens differenzierende Hebesätze festzusetzen und stellt in § 1 Abs. 1 Satz 3 NWGrStHsG klar, dass die jeweilige Kommune für Wohn- und Nichtwohngrundstücke auch einen **zusammengefassten Hebesatz in identischer Höhe** festlegen kann. Auch die im Internet veröffentlichten Hebesätze, die nach der Berechnung der Finanzverwaltung des Landes Nordrhein-Westfalen zur Aufkommensneutralität führen sollen,[4] begründen keine Verpflichtung der Kommune, den Hebesatz in genau dieser ermittelten Höhe festzusetzen. Ein **gewisser politischer Druck** zur Festsetzung der von der Finanzverwaltung rechnerisch ermittelten Hebesätze wird freilich nicht vollständig von der Hand zu weisen sein, da die jeweilige Gemeinde etwaige Abweichungen gegenüber den Bürgerinnen und Bürgern wird begründen und rechtfertigen müssen. Dass die Gemeinden auf diese transparente Weise ihre politischen Entscheidungen zu verantworten haben, ist allerdings verfassungsrechtlich nicht zu beanstanden. 56

Soweit der Landesgesetzgeber eine Beschränkung des kommunalen Hebesatzrechts vornimmt, indem er bestimmt, dass der Hebesatz für Nichtwohngrundstücke und unbebaute Grundstücke nicht höher sein darf als der Hebesatz für Wohngrundstücke, ist hierin ebenfalls kein Verstoß gegen Art. 106 Abs. 6 Satz 2 GG zu sehen. Diese Einschränkung wurde im laufenden Gesetzgebungsverfahren teils kritisch als inkonsequente Umsetzung der Option betrachtet, da 57

---

1 Kritisch hierzu Lampert/Hummel, Rechtsgutachterliche Stellungnahme für den Städtetag Nordrhein-Westfalen betreffend verfassungsrechtliche Risiken nordrhein-westfälischer Gemeinden im Falle der Festsetzung differenzierender Grundsteuer-Hebesätze, 2024, https://www.staedtetag-nrw.de/files/nrw/docs/Presse/2024/Staedtetag-NRW-Gutachten-Hebesatzdifferenzierung.pdf, S. 31, die in landesgesetzlichen Regelungen zum Hebesatz ein „Überschreiben" der zweiten Stufe (Festsetzung des Grundsteuer-Messbetrags) sehen wollen.

2 Siehe hierzu vertiefend Drüen/Krumm, Rechtsgutachten zur optionalen Einführung differenzierter Grundsteuerhebesätze durch die Gemeinden in Nordrhein-Westfalen, 2024, https://www.finanzverwaltung.nrw.de/system/files/media/document/file/drueen-krumm_gutachten_grundsteuerhebesatzdifferenzierung_16-8-2024.pdf, S. 16 ff.

3 Gesetz über die Einführung einer optionalen Festlegung differenzierender Hebesätze im Rahmen des Grundvermögens bei der Grundsteuer Nordrhein-Westfalen.

4 Abrufbar unter: https://www.finanzverwaltung.nrw.de/aufkommensneutrale-hebesaetze.

den Gemeinden hiermit ein **Teil ihres Handlungsspielraums wieder genommen** werde.[1] Aus Art. 106 Abs. 6 Satz 2 GG ergibt sich jedoch lediglich, dass den Gemeinden das Recht einzuräumen ist, die **Hebesätze der Grundsteuer „im Rahmen der Gesetze“** festzusetzen. Diesen Rahmen gibt der nordrhein-westfälische Landesgesetzgeber mit § 1 NWGrStHsG vor. Zumal die Einschränkung nichts daran ändert, dass der Handlungsspielraum der Gemeinden mit der Möglichkeit, differenzierende Hebesätze einzuführen, erweitert wird.

58–60 *(Einstweilen frei)*

3. Gewährleistung des Gleichheitssatzes, insbesondere der Gleichmäßigkeit der Besteuerung (Art. 3 Abs. 1 GG)

61 Die Einführung eines weiteren Differenzierungsgrades bei der Hebesatzfestsetzung der Gemeinden verstößt unabhängig davon, ob ein strenger Verhältnismäßigkeits- oder ein reiner Willkürmaßstab anzulegen ist, auch nicht gegen den Gleichheitsgrundsatz nach Art. 3 GG. Mit der Vorschrift verfolgt der Landesgesetzgeber **legitime Ziele** (→ Rz. 62). Der Grundsatz der Verhältnismäßigkeit, wonach etwaige Ungleichbehandlungen **geeignet** (→ Rz. 66 f.), **erforderlich** (→ Rz. 71) und **angemessen** (→ Rz. 76) sein müssen, wird gewahrt.[2]

a) Verfolgung legitimer Ziele

62 § 1 NWGrStHsG verfolgt **legitime Ziele**, indem insbesondere die Belastungsrelation zwischen Wohngrundstücken und Nichtwohngrundstücken regionalverantwortlich von der Gemeinde als Letztverantwortliche für die steuerliche Belastung gesteuert werden können soll.[3] Auch die Förderung des Wohnens oder die Steigerung der Attraktivität als Wirtschaftsstandort sind unzweifelhaft legitime Ziele.

63 In gewisser Weise will der nordrhein-westfälische Landesgesetzgeber mit der weiteren Differenzierung der Hebesätze die Belastungsverschiebungen, die wegen der verfassungsrechtlich erforderlichen Reform entstanden sind, grundstücksgruppenspezifisch wieder nivellieren. Die etwaigen Belastungsverschiebungen auch zwischen den einzelnen Grundstücksgruppen sind das Ergebnis der **jahrzehntelangen Aussetzung weiterer Hauptfeststellungen**. Die vom Bundesverfassungsgericht in seinem Urteil vom 10.4.2018[4] beanstandeten Wertverzerrungen wollte der Bundesgesetzgeber mit dem Gesetz zur Reform des Grundsteuer- und Bewertungsrechts[5] beseitigen. Landesgesetzliche Regelungen, die das Ziel verfolgen, das vor der Reform herrschende Belastungsverhältnis wiederherzustellen, würden der Intention des Bundesverfassungsgerichts und des Bundesgesetzgebers zuwiderlaufen. Allerdings dürfte es dennoch zulässig sein, dass der Gesetzgeber mit dem Steuersatz, zu dem der Hebesatz gehört, unterschiedliche Belastungsentscheidungen in Bezug auf bestimmte Grundstücksgruppen trifft, insbesondere mit dem Ziel, Wohnen nicht erheblich zu verteuern.[6]

---

1 Landesvereinigung der Unternehmensverbände Nordrhein-Westfalen e.V., nordrhein-westfälische LT-Stellungnahme 18/1579, S. 3.

2 Siehe hierzu vertiefend Drüen/Krumm, Rechtsgutachten zur optionalen Einführung differenzierter Grundsteuerhebesätze durch die Gemeinden in Nordrhein-Westfalen, 2024, https://www.finanzverwaltung.nrw.de/system/files/media/document/file/drueen-krumm_gutachten_grundsteuerhebesatzdifferenzierung_16-8-2024.pdf, S. 44 ff.

3 Siehe hierzu Bock/Lapp in Grootens, NWGrStHsG, § 1 Rz. 1.

4 BVerfG, Urteil v. 10.4.2018 - 1 BvL 11/14, 1 BvL 12/14, 1 BvL 1/15, 1 BvR 639/11, 1 BvR 889/12, NWB MAAAG-80435.

5 BGBl 2019 I S. 1794.

6 Vgl. Krumm/Paeßens, GrStG, Grundlagen Rz. 115; a. A. Desens in Stenger/Loose, SächsGrStModG, § 1 Rz. 8.

(Einstweilen frei) 64–65

b) Geeignetheit der Regelung

Die Öffnung des kommunalen Hebesatzrechts ist auch grds. **geeignet**, die Ziele des nordrhein-westfälischen Landesgesetzgebers zu erreichen. Durch die Festsetzung unterschiedlicher Hebesätze für Wohngrundstücke und Nichtwohngrundstücke kann die Kommune politisch nicht gewünschte **Belastungsverschiebungen** zulasten der Wohngrundstücke **ausgleichen**. Die Gemeinden erhalten – wie vom Landesgesetzgeber beabsichtigt – die Möglichkeit, **politische Lenkungsziele** festzulegen. Die im Gesetzgebungsverfahren zu § 1 NWGrStHsG vorgebrachte Kritik, **Mieter in gemischt genutzten Grundstücken** könnten zukünftig bei der Grundsteuer **zweckwidrig stärker belastet** werden als Mieter in Wohngrundstücken (oder Gewerbetreibende in Mietwohngrundstücken könnten zukünftig von einem niedrigeren Hebesatz für Wohngrundstücke profitieren), stellt die Eignung der Vorschrift zur Erreichung des gewünschten Ziels nicht infrage.[1] Das verfassungsrechtliche Geeignetheitsgebot verlangt keine vollständige Zielerreichung durch die infrage stehende Regelung, sondern lediglich eine Eignung zur Förderung des Ziels.[2] Daher bestehen auch **keine Zweifel an der Geeignetheit** der Regelung des § 1 Abs. 1 NWGrStHsG, weil diese flächendeckend für alle nordrhein-westfälischen Kommunen gilt und z. B. nicht nur auf Gebiete mit besonders großen Belastungsverschiebungen oder Gebiete mit angespanntem Wohnungsmarkt beschränkt wurde. 66

Fragwürdig erscheint allerdings die Geeignetheit der Regelung im Hinblick auf das Ziel, die Attraktivität einer Gemeinde als **Wirtschaftsstandort** steigern zu wollen.[3] Ein niedrigerer Hebesatz für Nichtwohngrundstücke, also insbesondere Gewerbegrundstücke, wird von der Regelung gerade ausgeschlossen. Selbst wenn die Regelung im Hinblick auf die Wirtschaftsförderung ungeeignet sein sollte (der Gesetzgeber hat insoweit eine Einschätzungsprärogative[4]), führt dies nicht zur Verfassungswidrigkeit der Norm, da die Regelung jedenfalls im Hinblick auf die weiteren Ziele geeignet ist. 67

(Einstweilen frei) 68–70

c) Erforderlichkeit der Regelung

Verfassungsrechtliche Zweifel an der **Erforderlichkeit** der Regelung, da die Ziele des Landesgesetzgebers ggf. auch mit einer **landesgesetzlichen Anpassung der Steuermesszahlen** hätten erreicht werden können, bestehen ebenfalls nicht. Ob die Erforderlichkeit im Falle selbstkoordinierter Gesetzgebung der Länder entfällt, ist zwar umstritten,[5] allerdings fehlt es bei einer Differenzierung der Steuermesszahlen auf Landesebene an der gleichen Wirksamkeit einer solchen Regelung im Vergleich zu einer Differenzierung der Steuermesszahlen auf Gemeinde- 71

1 Im Ergebnis ebenso Drüen/Krumm, Rechtsgutachten zur optionalen Einführung differenzierter Grundsteuerhebesätze durch die Gemeinden in Nordrhein-Westfalen, 2024, https://www.finanzverwaltung.nrw.de/system/files/media/document/file/drueen-krumm_gutachten_grundsteuerhebesatzdifferenzierung_16-8-2024.pdf, S. 80, die in der landesgesetzlichen Differenzierung zwischen Wohn- und Nichtwohngrundstücken eine zulässige Typisierung sehen.

2 BVerfG, Beschluss v. 8.7.2021 - 1 BvR 2237/14, 1 BvR 2422/17, NWB TAAAH-87096, Rz. 131; BVerfG, Urteil v. 16.3.1971 - 1 BvR 52/66, BVerfGE 30 S. 292.

3 Ebenso Handwerks NRW, nordrhein-westfälische LT-Stellungnahme 18/1561, S. 3; IHK NRW, nordrhein-westfälische LT-Stellungnahme 18/1572, S. 3; BFW Landesverbands Nordrhein-Westfalen e.V., nordrhein-westfälische LT-Stellungnahme 18/1581, S. 2; Kollegenkonferenz des Rhein-Sieg-Kreises, nordrhein-westfälische LT-Stellungnahme 18/1583, S. 1.

4 BVerfG, Beschluss v. 8.7.2021 - 1 BvR 2237/14, 1 BvR 2422/17, NWB TAAAH-87096, Rz. 131.

5 Uhle in Dürig/Herzog/Scholz, 103. EL Januar 2024, GG, Art. 72 Rz. 170 ff. m. w. N.

ebene, da mit differenzierenden Hebesätzen auf Gemeindeebene den regionalen Unterschieden wesentlich zielgenauer Rechnung getragen werden kann, als dies bei bundes- oder landesweit gültigen Steuermesszahlen der Fall ist. Erforderlich ist eine Regelung, wenn es sich bei ihr um das **mildeste, gleich wirksame Mittel** zur Erreichung des beabsichtigten Ziels handelt.[1] Zudem darf nicht übersehen werden, dass das Land in den weit überwiegenden Fällen bereits Grundsteuermessbescheide erlassen hatte, die es in den betroffenen Fällen wieder hätte ändern müssen.[2]

72–75 *(Einstweilen frei)*

d) Angemessenheit der Regelung (Verhältnismäßigkeit i. e. S.)

76 Es bestehen dem Grunde nach auch keine Bedenken, dass die Norm angemessen, also verhältnismäßig im engeren Sinne ist. Aufgrund der noch fehlenden Belastungswirkung der Norm kann es nur der jeweiligen Gemeinde obliegen, bei der konkreten Festsetzung des Hebesatzes den Verhältnismäßigkeitsgrundsatz zu wahren. Dabei wird auch eine Rolle spielen, ob das Wohnen im Vergleich zum Nichtwohnen aufgrund der Summe der existenten Privilegierungen (niedrigere Steuermesszahl als für Nichtwohngrundstücke und ermäßigte Steuermesszahl in bestimmten Fällen) mit einem zusätzlich niedrigeren Hebesatz im Vergleich zum Nichtwohnen unverhältnismäßig privilegiert wird.[3] Das Darlegen der Gründe, die eine solche Mehrfachprivilegierung verfassungsrechtlich rechtfertigen, ist Aufgabe der jeweiligen Gemeinde.[4] Ein solcher Grund könnte z. B. die politisch gewünschte **Förderung des Wohnens** sein, wenn die bereits **bestehenden Privilegierungen** für Wohngrundstücke als **nicht ausreichend** erachtet werden.[5]

77–80 *(Einstweilen frei)*

4. Wahrung der Freiheitsgrundrechte

81 Eine ggf. erhöhte Besteuerung von Nichtwohngrundstücken im Vergleich zu Wohngrundstücken berührt wie jede Steuer die von Art. 14 Abs. 1 GG geschützte **Eigentumsfreiheit** und die sich aus Art. 2 Abs. 1 GG ergebende **Handlungsfreiheit**.[6] Ein möglicher Eingriff in die Freiheitsrechte ist jedenfalls zum Zwecke der Staatsfinanzierung in aller Regel gerechtfertigt. Ein verfassungsrechtlich unzulässiger Eingriff kommt nur in Betracht, wenn der Eigentümer durch die Höhe der Steuerbelastung **faktisch dazu gezwungen** werden würde, sein grundrechtlich

1 Greszick in Dürig/Herzog/Scholz, Grundgesetz, 103. Erg.-Lfg. 2024, Art. 20 Rz. 115.

2 Nordrhein-westfälische LT-Drucks. Plenarprotokoll 18/58, S. 9 und nordrhein-westfälische LT-Drucks. 18/9506, S. 2.

3 Drüen/Krumm, Rechtsgutachten zur optionalen Einführung differenzierter Grundsteuerhebesätze durch die Gemeinden in Nordrhein-Westfalen, 2024, https://www.finanzverwaltung.nrw.de/system/files/media/document/file/drueen-krumm_gutachten_grundsteuerhebesatzdifferenzierung_16-8-2024.pdf, S. 51 und 80, halten jedenfalls einen Belastungsunterschied von 50 % unter bestimmten Voraussetzungen für verfassungsrechtlich unbedenklich.

4 Nordrhein-westfälische LT-Drucks. 18/9242, S. 3.

5 Drüen/Krumm, Rechtsgutachten zur optionalen Einführung differenzierter Grundsteuerhebesätze durch die Gemeinden in Nordrhein-Westfalen, 2024, https://www.finanzverwaltung.nrw.de/system/files/media/document/file/drueen-krumm_gutachten_grundsteuerhebesatzdifferenzierung_16-8-2024.pdf, S. 51, nennen etwa den sozial- und gesellschaftspolitischen Zweck einer Wohnnebenkostenstabilisierung bzw. -reduzierung.

6 Zur Betroffenheit der Freiheitsgrundrechte siehe vertiefend Drüen/Krumm, Rechtsgutachten zur optionalen Einführung differenzierter Grundsteuerhebesätze durch die Gemeinden in Nordrhein-Westfalen, 2024, https://www.finanzverwaltung.nrw.de/system/files/media/document/file/drueen-krumm_gutachten_grundsteuerhebesatzdifferenzierung_16-8-2024.pdf, S. 29 ff.

geschütztes Verhalten – hier das Innehaben von **Eigentum – aufzugeben.**[1] Die Eingriffsschwelle wird dabei erst überschritten, wenn die Steuer eine **erdrosselnde Wirkung** entfaltet, nicht jedoch, wenn – wie in dem NWGrStHsG – an das Innehaben von Eigentum (hier: Wohngrundstück oder Nichtwohngrundstück/unbebautes Grundstück) nur angeknüpft wird. Eine erdrosselnde Wirkung dürfte bei der Erhebung der Grundsteuer nahezu ausgeschlossen sein.

§ 1 NWGrStHsG Festsetzung des Hebesatzes

(1) Abweichend von § 25 Absatz 4 des Grundsteuergesetzes vom 7. August 1973 (BGBl. I S. 965), das zuletzt durch Artikel 21 des Jahressteuergesetzes 2022 vom 16. Dezember 2022 (BGBl. I S. 2294) geändert worden ist, muss der Hebesatz vorbehaltlich des § 25 Absatz 5 des Grundsteuergesetzes jeweils einheitlich sein

1. **für die in einer Gemeinde liegenden Betriebe der Land- und Forstwirtschaft,**
2. **für die in einer Gemeinde liegenden unbebauten Grundstücke (§ 247 des Bewertungsgesetzes) und bebauten Grundstücke, die gemäß § 250 Absatz 3 des Bewertungsgesetzes im Sachwertverfahren zu bewerten sind (Nichtwohngrundstücke) und**
3. **für die in einer Gemeinde liegenden bebauten Grundstücke, die gemäß § 250 Absatz 2 des Bewertungsgesetzes im Ertragswertverfahren zu bewerten sind (Wohngrundstücke).**

Der einheitliche Hebesatz für die unter Satz 1 Nummer 2 fallenden Grundstücke darf nicht niedriger sein als der einheitliche Hebesatz für die unter Satz 1 Nummer 3 fallenden Grundstücke. Die Gemeinde kann für die in Satz 1 Nummer 2 und 3 genannten Grundstücke einen zusammengefassten Hebesatz in identischer Höhe festlegen. Werden Gemeindegebiete geändert, so kann die Landesregierung oder die von ihr bestimmte Stelle für die von der Änderung betroffenen Gebietsteile für eine bestimmte Zeit verschiedene Hebesätze zulassen.

(2) Abweichend vom Grundsteuergesetz vom 7. August 1973 (BGBl. I S. 965), das zuletzt durch Artikel 21 des Jahressteuergesetzes 2022 vom 16. Dezember 2022 (BGBl. I S. 2294) geändert worden ist, wird der § 25 Absatz 5 Satz 9 des Grundsteuergesetzes für Nordrhein-Westfalen wie folgt geändert:

Hat eine Gemeinde die Grundstücksgruppe baureifer Grundstücke bestimmt und für die Grundstücksgruppe der baureifen Grundstücke einen gesonderten Hebesatz festgesetzt, muss dieser Hebesatz für alle in der Gemeinde oder dem Gemeindeteil liegenden baureifen Grundstücke einheitlich und höher als die Hebesätze für die in einer Gemeinde liegenden Nichtwohn- und Wohngrundstücke sein.

Inhaltsübersicht **Rz.**

1 Vgl. etwa BVerfG, Beschluss v. 30.6.2022 - 2 BvR 737/20, NWB VAAAJ-18620; Wernsmann in Hübschmann/Hepp/Spitaler, AO/FGO, 280. Erg.-Lfg. 2024, § 4 AO Rz. 548 ff. m. w. N. und Rz. 572.

LITERATUR:

Siehe Vorwort.

A. Allgemeine Erläuterungen

I. Normzweck und wirtschaftliche Bedeutung der Vorschrift

1 § 1 Abs. 1 NWGrStHsG öffnet das kommunale Hebesatzrecht, indem den Kommunen das Recht eingeräumt wird, jeweils unterschiedliche Hebesätze für die in einer Gemeinde liegenden

- Betriebe der Land- und Forstwirtschaft,
- Nichtwohngrundstücke und unbebauten Grundstücke und
- Wohngrundstücke

festzusetzen. Nordrhein-Westfalen weicht mit dieser Regelung von der (engeren) bundesgesetzlichen Regelung (§ 25 Abs. 4 GrStG) ab. Der Landesgesetzgeber verfolgte damit das Ziel, das **kommunale Selbstverwaltungsrecht** zu **stärken**, indem den Kommunen die Möglichkeit eingeräumt wird, räumlich-strukturellen Besonderheiten Rechnung zu tragen, regionale **Mehrbelastungen** einer Grundstücksart bei Bedarf **abzumildern** und Belastungen zwischen Wohngrundstücken und Nichtwohngrundstücken **regionalverantwortlich steuern** zu können.[1]

2 Den nordrhein-westfälischen Kommunen wird infolge dieser Regelung eine größere Verantwortung zugewiesen, insbesondere hinsichtlich der verfassungsrechtlich tragfähigen Begründung der Festsetzung differenzierter Hebesätze.[2] Befürchtet wird ein erhöhtes Prozessrisiko und mehr Widerspruchsverfahren,[3] einhergehend mit einer neuen Daueraufgabe der jährlichen Überprüfung der differenzierten Hebesätze.[4] Auch technisch stellt die Vorschrift die Kommunen vor Herausforderungen, da eine stärkere Differenzierung der Hebesätze bisher nicht vorgesehen war und die rechtzeitige technische Umsetzung zum Haushaltsjahr 2025 im Hinblick auf das späte Inkrafttreten des NWGrStHsG fraglich erschien.[5]

3 Sofern eine Kommune von der Möglichkeit der Festsetzung differenzierter Hebesätze Gebrauch macht, geht dies aufgrund der Regelung in § 1 Abs. 1 Satz 2 NWGrStHsG, wonach der Hebesatz für die Gruppe der Nichtwohngrundstücke und der unbebauten Grundstücke nicht

1 Nordrhein-westfälische LT-Drucks. 18/9242, S. 2 f.; siehe hierzu auch vertiefend Bock/Lapp in Grootens, NWGrStHsG, Vorwort Rz. 36 ff.

2 Siehe hierzu vertiefend Bock/Lapp in Grootens, NWGrStHsG, Vorwort Rz. 61 f.

3 Arbeitsgemeinschaft der kommunalen Spitzenverbände Nordrhein-Westfalen, nordrhein-westfälische LT-Stellungnahme 18/1369, S. 4; Kollegialen Gemeinschaft der Bürgermeister/innen im Kreis Euskirchen, nordrhein-westfälische LT-Stellungnahme 18/1562, S. 3; Kollegenkonferenz des Rhein-Sieg-Kreises, nordrhein-westfälische LT-Stellungnahme 18/1583, S. 1.

4 Stadtverwaltung Rhede, nordrhein-westfälische LT-Stellungnahme 18/1515, S. 4.

5 Städte Dormagen, Grevenbroich, Jüchen, Kaarst, Korschenbroich, Meerbusch, Neuss und Rommerskirchen, nordrhein-westfälische LT-Stellungnahme 18/1481, S. 1 f.; Arbeitsgemeinschaft der kommunalen Spitzenverbände Nordrhein-Westfalen, nordrhein-westfälische LT-Stellungnahme 18/1369, S. 2 und 18/1557, S. 4; Kollegialen Gemeinschaft der Bürgermeister/innen im Kreis Euskirchen, nordrhein-westfälische LT-Stellungnahme 18/1562, S. 3; Stadt Brühl, nordrhein-westfälische LT-Stellungnahme 18/1576, S. 1.

niedriger sein darf als der Hebesatz für Wohngrundstücke (→ Rz. 46) mit einer verhältnismäßig **stärkeren Grundsteuerbelastung der Nichtwohngrundstücke und der unbebauten Grundstücke** einher. Im Gesetzgebungsverfahren war in diesem Zusammenhang mitunter die Rede von einer „zusätzlichen Gewerbesteuer", die schädlich für den Wirtschaftsstandort Nordrhein-Westfalen sein könne.[1]

§ 1 Abs. 2 NWGrStHsG trifft eine notwendige **Folgeänderung** in Bezug auf die sog. **Grundsteuer C** (→ Rz. 71 ff.). 4

(Einstweilen frei) 5–10

II. Entstehung und Entwicklung der Vorschrift

Die Vorschrift wurde im Jahr 2024 in das NWGrStHsG aufgenommen.[2] § 1 Abs. 1 Satz 3 NWGrStHsG war im Gesetzentwurf der Koalitionsfraktionen[3] noch nicht enthalten und wurde erst im laufenden Gesetzgebungsverfahren in das NWGrStHsG aufgenommen.[4] Mit der Ergänzung wurde einem Petitum der kommunalen Spitzenverbände Rechnung getragen, die darauf hingewiesen hatten, dass die Gemeinden ohne eine derartige Regelung die Hebesätze für Wohn- und Nichtwohngrundstücke zwar gleich hoch ansetzen, aber nicht mehr über das „Ob" der Differenzierung an sich entscheiden könnten. Damit würde sich ein Steuerbescheid, der nur einen einheitlichen Hebesatz für die sog. Grundsteuer B ausweise, dem Vorwurf fehlender Bestimmtheit aussetzen.[5] 11

(Einstweilen frei) 12–15

III. Geltungsbereich

§ 1 NWGrStHsG gilt für **in Nordrhein-Westfalen belegene wirtschaftliche Einheiten**, d. h. sowohl für das **land- und forstwirtschaftliche Vermögen** als auch für das **Grundvermögen**. 16

§ 1 NWGrStHsG ist gem. § 4 NWGrStHsG am 10.8.2024 in Kraft getreten. Wie sich aus § 3 NWGrStHsG ergibt, sind die Regelungen des NWGrStHsG **erstmals** auf den **1.1.2025** anzuwenden. Dies entspricht der Vorgabe des Art. 125b Abs. 3 GG, wonach abweichendes Landesrecht der Erhebung der Grundsteuer frühestens für Zeiträume ab dem 1.1.2025 zugrunde gelegt werden darf. Für vorherige Kalenderjahre gelten die bundesgesetzlichen Regelungen für Zwecke der Grundsteuer fort, insbesondere die Beschränkung des kommunalen Hebesatzrechts auf die Festsetzung einheitlicher Hebesätze (nur) für wirtschaftliche Einheiten des Grundvermögens einerseits und wirtschaftliche Einheiten des land- und forstwirtschaftlichen Vermögens andererseits. 17

(Einstweilen frei) 18–20

---

1 Handwerk NRW, nordrhein-westfälische LT-Stellungnahme 18/1561, S. 3; IHK NRW, nordrhein-westfälische LT-Stellungnahme 18/1572, S. 3; BFW Landesverbands Nordrhein-Westfalen e.V., nordrhein-westfälische LT-Stellungnahme 18/1581, S. 2; Kollegenkonferenz des Rhein-Sieg-Kreises, nordrhein-westfälische LT-Stellungnahme 18/1583, S. 1.

2 Gesetz über die Einführung einer optionalen Festlegung differenzierender Hebesätze im Rahmen des Grundvermögens bei der Grundsteuer Nordrhein-Westfalen v. 5.7.2024, GVBl 2024 S. 490.

3 Nordrhein-westfälische LT-Drucks. 18/9242, S. 7.

4 Vgl. nordrhein-westfälische LT-Drucks. 18/9800, S. 1.

5 Kommunale Spitzenverbände, nordrhein-westfälische LT-Stellungnahme 18/1557, S. 4.

IV. Vereinbarkeit der Vorschrift mit höherrangigem Recht

21 Die Vorschrift begegnet keinen durchgreifenden verfassungsrechtlichen Bedenken. Auf die Ausführungen im Vorwort wird verwiesen.[1]

22–25 *(Einstweilen frei)*

V. Verhältnis zu anderen Vorschriften

26 Die Gesetzgebungskompetenz des Landesgesetzgebers ergibt sich aus der Abweichungskompetenz nach **Art. 72 Abs. 3 Satz 1 Nr. 7 GG.**

27 § 1 Abs. 1 Satz 1 NWGrStHsG ermöglicht den Kommunen, für in Nordrhein-Westfalen belegene wirtschaftliche Einheiten abweichend von den bundesgesetzlichen Regelungen (**§ 25 Abs. 4 GrStG**[2]) innerhalb des Grundvermögens differenzierte Hebesätze für die Gruppe der Wohngrundstücke (**§ 249 Abs. 1 Nr. 1–4 BewG**[3]) einerseits und die Gruppe der unbebauten Grundstücke (**§ 246 BewG**[4]) und der Nichtwohngrundstücke (**§ 249 Abs. 1 Nr. 5–8 BewG**[5]) andererseits festzusetzen. Die Vorschrift nimmt hierfür Bezug auf die im Sachwertverfahren (**§ 250 Abs. 3 BewG**[6]) und im Ertragswertverfahren (**§ 250 Abs. 2 BewG**[7]) zu bewertenden Grundstücke.

28 Die Öffnung des kommunalen Hebesatzrechts erfordert in der Folge eine klarstellende Abweichung von der bundesgesetzlichen Regelung zur sog. Grundsteuer C (**§ 25 Abs. 5 Satz 9 GrStG**, siehe hierzu → Rz. 71 ff.).

29 Zur Berechnung der den Gemeinden zustehenden Schlüsselzuweisungen im **kommunalen Finanzausgleich** wird insbesondere das **Ist-Aufkommen** der sog. Grundsteuer B und der **tatsächlich festgesetzte Hebesatz** herangezogen (**§ 9 Abs. 2 Nr. 3 Gemeindefinanzierungsgesetz 2024**). Fraglich ist, wie der tatsächlich festgesetzte Hebesatz zur Ermittlung der Steuerkraftzahl zukünftig ermittelt werden soll, wenn Gemeinden Gebrauch von der nach § 1 NWGrStHsG vorgesehenen Möglichkeit der Festsetzung differenzierter Hebesätze gemacht haben. Während des laufenden Gesetzgebungsverfahrens wurde bereits darauf hingewiesen, dass für Zwecke des Finanzausgleichs eine fiktive Grundsteuerkraft dann nicht mehr ermittelbar sei.[8] Das **Gemeindefinanzierungsgesetz 2025** (GFG 2025)[9] des Landes Nordrhein-Westfalen sieht vor, dass das Ist-Aufkommen der Realsteuern (Grundsteuer A und B sowie Gewerbesteuer) mit **fiktiven Hebesätzen** normiert und entsprechend bei der Steuerkraft berücksichtigt wird. Mit den fikti-

1 Bock/Lapp in Grootens, NWGrStHsG, Vorwort Rz. 36 ff; siehe vertiefend auch Drüen/Krumm, Rechtsgutachten zur optionalen Einführung differenzierter Grundsteuerhebesätze durch die Gemeinden in Nordrhein-Westfalen, 2024, https://www.finanzverwaltung.nrw.de/system/files/media/document/file/drueen-krumm_gutachten_grundsteuer hebesatzdifferenzierung_16-8-2024.pdf; Lampert/Hummel, Rechtsgutachterliche Stellungnahme für den Städtetag Nordrhein-Westfalen betreffend verfassungsrechtliche Risiken nordrhein-westfälischer Gemeinden im Falle der Festsetzung differenzierender Grundsteuer-Hebesätze, 2024, https://www.staedtetag-nrw.de/files/nrw/docs/Presse/2024/Staedtetag-NRW-Gutachten-Hebesatzdifferenzierung.pdf.

2 Vgl. vertiefend Grootens in Grootens, GrStG, § 25 Rz. 101 ff.

3 Vgl. vertiefend Bock in Grootens, BewG, § 249 Rz. 29 ff.

4 Vgl. vertiefend Bock in Grootens, BewG, § 246 Rz. 17 ff.

5 Vgl. vertiefend Bock in Grootens, BewG, § 249 Rz. 60 ff.

6 Vgl. vertiefend Bock in Grootens, BewG, § 250 Rz. 25 ff.

7 Vgl. vertiefend Bock in Grootens, BewG, § 250 Rz. 21 ff.

8 Vgl. auch Arbeitsgemeinschaft der kommunalen Spitzenverbände Nordrhein-Westfalen, nordrhein-westfälische LT-Stellungnahme 18/1557, S. 5 und Stadt Brühl, nordrhein-westfälische LT-Stellungnahme 18/1576, S. 1.

9 Gesetz zur Regelung der Zuweisungen des Landes Nordrhein-Westfalen an die Gemeinden und Gemeindeverbände im Haushaltsjahr 2025 (Gemeindefinanzierungsgesetz 2025 – GFG 2025) v. 19.12.2024, GVBl 2024 S. 1219.

ven Hebesätzen soll u. a. verhindert werden, dass Gemeinden durch strategisches Verhalten hinsichtlich der tatsächlichen Ausschöpfung ihrer Finanzierungsquellen die Höhe der staatlichen Zuweisungen beeinflussen können.[1]

(Einstweilen frei) 30–35

B. Systematische Kommentierung

I. Öffnung des kommunalen Hebesatzrechts (§ 1 Abs. 1 NWGrStHsG)

1. Hebesatzeinheitlichkeit für Betriebe der Land- und Forstwirtschaft, für unbebaute Grundstücke/Nichtwohngrundstücke und für Wohngrundstücke (§ 1 Abs. 1 Satz 1 NWGrStHsG)

Nach **§ 1 Abs. 1 Satz 1 NWGrStHsG** muss der Hebesatz vorbehaltlich des § 25 Abs. 5 GrStG für die in einer Gemeinde liegenden 36

- ► Betriebe der Land- und Forstwirtschaft,
- ► unbebauten Grundstücke und bebauten Grundstücke, die im Sachwertverfahren zu bewerten sind (Nichtwohngrundstücke) und
- ► bebauten Grundstücke, die im Ertragswertverfahren zu bewerten sind (Wohngrundstücke)

jeweils einheitlich sein.

Die Vorschrift greift die bundesgesetzliche Regelung unterschiedlicher Hebesätze für das land- und forstwirtschaftliche Vermögen (sog. Grundsteuer A) und für das Grundvermögen (sog. Grundsteuer B) auf, schafft allerdings im Vergleich zu dieser (§ 25 Abs. 4 GrStG) eine zusätzliche Differenzierungsmöglichkeit zur Festsetzung unterschiedlicher Hebesätze innerhalb des Grundvermögens, nämlich für Wohngrundstücke einerseits und für die Gruppe aus Nichtwohngrundstücken und unbebauten Grundstücken andererseits. Eine weitere Differenzierung der Hebesätze durch die Gemeinde ist nicht möglich. Die Regelung entspricht im Übrigen dem Grundsatz der Hebesatzeinheitlichkeit innerhalb des Gemeindegebiets.[2] 37

Durch den in der Vorschrift enthaltenen **Vorbehalt des § 25 Abs. 5 GrStG** wird gewährleistet, dass auch in Nordrhein-Westfalen die bundesgesetzlich geregelte Möglichkeit der Gemeinden, aus städtebaulichen Gründen einen erhöhten Hebesatz für unbebaute, baureife Grundstücke festzusetzen (sog. Grundsteuer C), erhalten bleibt. Die mit § 1 Abs. 2 NWGrStHsG erfolgende landesgesetzliche Abweichung von § 25 Abs. 5 Satz 9 GrStG ist zu beachten (→ Rz. 71 ff.). 38

Der Landesgesetzgeber hat sich bewusst dafür entschieden, **Nichtwohngrundstücke** und **unbebaute Grundstücke** zu einer Gruppe **zusammenzufassen** und dies u. a. mit der für beide Grundstücksarten geltenden identischen Steuermesszahl begründet (0,34 ‰, vgl. § 15 Abs. 1 Nr. 1 und Nr. 2 Buchst. b GrStG).[3] Diese Begründung verkennt, dass die identischen Messzahlen auf einer Prognoseentscheidung des Bundesgesetzgebers für das gesamte Bundesgebiet beruhen und auch unterschiedlich hätten ausfallen können.[4] Darüber hinaus argumentiert der Landes- 39

1 Nordrhein-westfälische LT-Drucks. 18/2784, S. 12 f. (Eckpunkte S. 10 f.).
2 Vgl. auch Grootens in Grootens, GrStG, § 25 Rz. 101 ff.
3 Nordrhein-westfälische LT-Drucks. 18/9242, S. 10 f.
4 Kritisch auch Eisele, NWB 39/2024 S. 2696, 2703, NWB FAAAJ-75532.

gesetzgeber, Grundstücksarten, bei denen das **Wohnen nicht im Vordergrund** stehe oder die den **Bereich des Wohnens nicht abdeckten**, würden unter dem Begriff „Nichtwohngrundstücke" zusammengefasst, um das Ziel des Gesetzes zu betonen, den Kommunen die Möglichkeit zu verschaffen, mögliche Mehrbelastungen für Wohngrundstücke abzumildern und das hohe soziale Gut des Wohnens zu fördern.[1] Dieser Argumentation folgend, hätten allerdings auch Betriebe der Land- und Forstwirtschaft unter die Definition der „Nichtwohngrundstücke" gefasst werden können.

40 Nach Auffassung des Landesgesetzgebers solle für unbebaute Grundstücke keine Option für einen gesonderten Hebesatz eingeführt werden, weil nach den bundesgesetzlichen Vorschriften bereits eine Option für baureife Grundstücke ab dem Jahr 2025 vorgesehen sei und die nach den bundesgesetzlichen Vorschriften mögliche Festsetzung eines gesonderten (höheren) Hebesatzes für unbebaute, baureife Grundstücke (sog. Grundsteuer C) nicht ausgehebelt werden solle.[2] Bei dieser Argumentation verkennt der Landesgesetzgeber, dass **nicht jedes unbebaute Grundstück** i. S. des § 246 BewG **ein unbebautes, baureifes Grundstück** i. S. des § 25 Abs. 5 Satz 1 GrStG sein muss. Der Landesgesetzgeber hätte also den Gemeinden auch die Festsetzung eines gesonderten Hebesatzes für unbebaute Grundstücke ermöglichen können, ohne hierbei die Regelung des § 25 Abs. 5 GrStG zu konterkarieren.[3]

41–45 *(Einstweilen frei)*

2. Begrenzung des Hebesatzes für Nichtwohngrundstücke und unbebaute Grundstücke (§ 1 Abs. 1 Satz 2 NWGrStHsG)

46 § 1 Abs. 1 Satz 2 NWGrStHsG bestimmt, dass der einheitliche Hebesatz für die Nichtwohngrundstücke und unbebauten Grundstücke nicht niedriger sein darf als der einheitliche Hebesatz für die Wohngrundstücke. Macht eine Gemeinde folglich von der Differenzierungsmöglichkeit Gebrauch, werden in dieser die **unbebauten Grundstücke** und die **Nichtwohngrundstücke** (Teileigentum, Geschäftsgrundstücke, gemischt genutzte Grundstücke, sonstige bebaute Grundstücke) **verhältnismäßig stärker mit Grundsteuer belastet** als die Wohngrundstücke (Ein- und Zweifamilienhäuser, Mietwohngrundstücke, Wohnungseigentum).

47 Infolge dieser Differenzierungsmöglichkeit kommt der **Artfortschreibung** der Grundstücksart in Nordrhein-Westfalen eine **höhere Bedeutung** zu. Sofern die Gemeinde von der Möglichkeit der Festsetzung differenzierter Hebesätze Gebrauch gemacht hat und mit der Artfortschreibung ein Wechsel des Bewertungsverfahrens vom Ertrags- zum Sachwertverfahren oder umgekehrt verbunden ist, kommt auch ein anderer Hebesatz zur Anwendung. Nach der bundesgesetzlichen Regelung haben Veränderungen der Grundstücksart innerhalb des Grundvermögens – vorbehaltlich der sog. Grundsteuer C – dagegen keine Auswirkungen auf den anzuwendenden Hebesatz.

48 Legt man die von der Finanzverwaltung des Landes Nordrhein-Westfalen ermittelten Hebesätze, die rechnerisch zur Aufkommensneutralität führen sollen,[4] zugrunde, kann die Entschei-

1 Nordrhein-westfälische LT-Drucks. 18/9242, S. 11.

2 Nordrhein-westfälische LT-Drucks. 18/9242, S. 10 f.

3 Vgl. auch Eisele, NWB 39/2024 S. 2696, 2703, NWB FAAAJ-75532; vgl. auch den Entwurf eines Gesetzes über die Einführung einer optionalen Festlegung differenzierender Hebesätze im Rahmen des Grundvermögens bei der Grundsteuer Rheinland Pfalz (Grundsteuerhebesatzgesetz Rheinland-Pfalz –RPGrStHsG), https://www.spdfraktion-rlp.de/fileadmin/user_upload/Dateien/Entwurf_Landesgesetz_GrSt.pdf.

4 Abrufbar unter: https://www.finanzverwaltung.nrw.de/aufkommensneutrale-hebesaetze.

dung der Gemeinde für oder gegen die Festsetzung differenzierter Hebesätze im Einzelfall mitunter zu **signifikanten Unterschieden** führen:

BEISPIEL 1: Eigentumswohnung in der Stadt Mönchengladbach 49

Grundsteuerwert:	200.000 €
Grundsteuermessbetrag (keine Ermäßigung nach § 15 Abs. 2–5 GrStG):	
200.000 € x 0,31 ‰ =	62,00 €
Hebesatz bei Inanspruchnahme der Differenzierungsmöglichkeit:	641 %,
d. h. Grundsteuer:	397,42 €
Hebesatz ohne Inanspruchnahme der Differenzierungsmöglichkeit:	792 %,
d. h. Grundsteuer:	494,04 €
Differenz:	**96,59 €**

Zum Vergleich:
Gemischt genutztes Grundstück in der Stadt Mönchengladbach mit gleich hohem Grundsteuerwert

Grundsteuerwert:	200.000 €
Grundsteuermessbetrag	
200.000 € x 0,34 ‰ =	68,00 €
Hebesatz bei Inanspruchnahme der Differenzierungsmöglichkeit:	1207 %,
d. h. Grundsteuer:	820,76 €
Hebesatz ohne Inanspruchnahme der Differenzierungsmöglichkeit:	792 %,
d. h. Grundsteuer:	538,56 €
Differenz:	**282,20 €**

BEISPIEL 2: Einfamilienhaus in der Stadt Dortmund 50

Grundsteuerwert:	500.000 €
Grundsteuermessbetrag (keine Ermäßigung nach § 15 Abs. 2–5 GrStG):	
500.000 € x 0,31 ‰ =	155,00 €
Hebesatz bei Inanspruchnahme der Differenzierungsmöglichkeit:	621 %,
d. h. Grundsteuer:	962,55 €
Hebesatz ohne Inanspruchnahme der Differenzierungsmöglichkeit:	795 %,
d. h. Grundsteuer:	1.232,25 €
Differenz:	**269,70 €**

Zum Vergleich:
Gemischt genutztes Grundstück in der Stadt Dortmund mit gleich hohem Grundsteuerwert

Grundsteuerwert:	500.000 €
Grundsteuermessbetrag	
500.000 € x 0,34 ‰ =	170,00 €
Hebesatz bei Inanspruchnahme der Differenzierungsmöglichkeit:	1252 %,
d. h. Grundsteuer:	2.128,40 €
Hebesatz ohne Inanspruchnahme der Differenzierungsmöglichkeit:	795 %,
d. h. Grundsteuer:	1.351,50 €
Differenz:	776,90 €

(Einstweilen frei) 51–55

3. Zusammengefasster Hebesatz für Nichtwohngrundstücke/unbebaute Grundstücke und Wohngrundstücke (§ 1 Abs. 1 Satz 3 NWGrStHsG)

56 Eigentümerinnen und Eigentümer haben **keinen Anspruch auf Anwendung des** für sie **jeweils günstigeren Hebesatzes**. Das verfassungsrechtlich garantierte kommunale Hebesatzrecht bleibt von den Veröffentlichungen der Finanzverwaltung des Landes Nordrhein-Westfalen unberührt.[1] Die Gemeinde kann frei entscheiden, ob sie innerhalb des Grundvermögens differenzierte Hebesätze oder – wie bisher – einen einheitlichen Hebesatz für alle Grundstücke des Grundvermögens festsetzt.

57 Dieses Wahlrecht findet in **§ 1 Abs. 1 Satz 3 NWGrStHsG** seinen Ausdruck, wonach gesetzlich klargestellt wird, dass die Gemeinde für unbebaute Grundstücke, Nichtwohngrundstücke und Wohngrundstücke einen **zusammengefassten Hebesatz in identischer Höhe** festlegen kann. Dieser erst im laufenden Gesetzgebungsverfahren aufgenommene Satz (→ Rz. 11) trägt einerseits möglichen technischen Umstellungsschwierigkeiten im Zusammenhang mit dem Ausweis differenzierter Hebesätze Rechnung, andererseits stellt die Regelung klar, dass keine Differenzierung innerhalb des Grundvermögens erfolgen muss, wenn diese Unterscheidung von der Gemeinde nicht für erforderlich gehalten wird.

58 **BEISPIEL 3:** Nach den Berechnungen der Finanzverwaltung des Landes Nordrhein-Westfalen[2] führt in der Gemeinde Heimbach ein Hebesatz i. H. von 876 % für das Grundvermögen ohne Inanspruchnahme der Differenzierungsmöglichkeit rechnerisch zur Aufkommensneutralität. Möchte die Gemeinde Heimbach die Differenzierungsmöglichkeit nutzen, müsste sie nach den Berechnungen der Finanzverwaltung des Landes Nordrhein-Westfalen, um Aufkommensneutralität zu erreichen, sowohl für Wohngrundstücke als auch für Nichtwohngrundstücke/unbebaute Grundstücke ebenfalls einen Hebesatz i. H. von jeweils 876 % festsetzen. Da der zur Aufkommensneutralität führende zusammengefasste Hebesatz dem differenzierten Hebesatz entspricht, besteht zur Erreichung von Aufkommensneutralität keine Notwendigkeit zur Festsetzung differenzierter Hebesätze. Für die Gemeinde Heimbach wäre daher ein zusammengefasster Hebesatz für den Fall, dass sie Aufkommensneutralität anstrebt, ausreichend. Gehindert, auch betragsmäßig differenzierte Hebesätze einzuführen, ist die Gemeinde Heimbach durch die Berechnungen der Finanzverwaltung des Landes Nordrhein-Westfalen zur Aufkommensneutralität nicht.

59–65 *(Einstweilen frei)*

4. Durchbrechung der Hebesatzeinheitlichkeit bei Änderungen des Gemeindegebiets (§ 1 Abs. 1 Satz 4 NWGrStHsG)

66 Werden Gemeindegebiete geändert, so bestimmt **§ 1 Abs. 1 Satz 4 NWGrStHsG**, dass die Landesregierung oder die von ihr bestimmte Stelle für die von der Änderung betroffenen Gebietsteile für eine bestimmte Zeit verschiedene Hebesätze zulassen kann. Die Vorschrift **entspricht § 25 Abs. 4 Satz 2 GrStG**. Insoweit wird auf die dortige Kommentierung verwiesen.[3]

67–70 *(Einstweilen frei)*

III. Auswirkungen auf die sog. Grundsteuer C (§ 1 Abs. 2 NWGrStHsG)

71 Die bundesgesetzliche Regelung zur Erhebung der sog. Grundsteuer C (§ 25 Abs. 5 GrStG) findet grds. auch für in Nordrhein-Westfalen belegene Grundstücke Anwendung (siehe bereits → Rz. 38). Hat eine Gemeinde zur Erhebung der sog. Grundsteuer C eine Grundstücksgruppe

1 Siehe hierzu vertiefend Bock/Lapp in Grootens, NWGrStHsG, Vorwort Rz. 66 f.

2 Abrufbar unter: https://www.finanzverwaltung.nrw.de/aufkommensneutrale-hebesaetze.

3 Grootens in Grootens, GrStG, § 25 Rz. 111 ff.

baureifer Grundstücke bestimmt und für diese einen gesonderten Hebesatz festgesetzt, so bestimmt § 1 Abs. 2 NWGrStHsG, dass dieser Hebesatz für alle in der Gemeinde oder dem Gemeindeteil liegenden baureifen Grundstücke einheitlich und **höher als die Hebesätze für** die in einer Gemeinde liegenden **Nichtwohn- und Wohngrundstücke** sein muss.

Mit § 1 Abs. 2 NWGrStHsG weicht Nordrhein-Westfalen von § 25 Abs. 5 Satz 9 des „Grundsteuergesetz[es] vom 7. August 1973 (BGBl. I S. 965), das zuletzt durch Artikel 21 des Jahressteuergesetzes 2022 vom 16. Dezember 2022 (BGBl I S. 2294) geändert worden ist" ab. Diese Fassung des Grundsteuergesetzes enthält noch keinen § 25 Abs. 5 GrStG, da dieser nach dem Gesetz zur Änderung des Grundsteuergesetzes zur Mobilisierung von baureifen Grundstücken für die Bebauung vom 30.11.2019[1] erst zum 1.1.2025 in Kraft getreten ist. Allerdings ist die Norm bereits rechtlich existent, da ihre Verkündung im Bundesgesetzblatt erfolgt ist.[2] Die Zitierung einer früheren Gesetzesfassung ist daher unbedenklich. 72

§ 25 Abs. 5 Satz 9 GrStG nimmt aufgrund der bundesgesetzlich fehlenden Differenzierungsmöglichkeit bei den Hebesätzen innerhalb des Grundvermögens (nur) Bezug auf den für die Grundstücke (unbebaute Grundstücke, Wohn- und Nichtwohngrundstücke) festgesetzten Hebesatz und bestimmt, dass bei der Erhebung der sog. Grundsteuer C der Hebesatz für unbebaute, baureife Grundstücke höher als für die sonstigen Grundstücke sein muss. Bei unmittelbarer Anwendung der bundesgesetzlichen Regelung wäre nicht hinreichend deutlich gewesen, welchen der differenzierten Hebesätze der Hebesatz für die sog. Grundsteuer C hätte übersteigen müssen. § 1 Abs. 2 NWGrStHsG beseitigt diese Unklarheit. Der für die Erhebung der sog. **Grundsteuer C** maßgebende Hebesatz muss im Ergebnis **höher sein als beide differenzierenden Hebesätze** für die Gruppe der Wohngrundstücke sowie der Nichtwohngrundstücke und sonstigen unbebauten Grundstücke. 73

§ 2 NWGrStHsG Nachweis des niedrigeren gemeinen Werts

In Ergänzung zu § 220 des Bewertungsgesetzes in der Fassung der Bekanntmachung vom 1. Februar 1991 (BGBl. I S. 230), das zuletzt durch Artikel 31 des Gesetzes vom 22. Dezember 2023 (BGBl. 2023 I Nr. 411) geändert worden ist, ist der niedrigere gemeine Wert anzusetzen, wenn die steuerpflichtige Person oder Personenvereinigung nachweist, dass der nach den Vorschriften des Siebenten Abschnitts des Zweiten Teils des Bewertungsgesetzes ermittelte Grundsteuerwert erheblich von dem gemeinen Wert der wirtschaftlichen Einheit im Feststellungszeitpunkt abweicht. Davon ist auszugehen, wenn der Grundsteuerwert den nachgewiesenen gemeinen Wert um mindestens 40 Prozent übersteigt. § 198 Absatz 1 Satz 2, Absatz 2 und 3 des Bewertungsgesetzes gilt entsprechend. § 227 des Bewertungsgesetzes bleibt unberührt.

Inhaltsübersicht **Rz.**

1 BGBl 2019 I S. 1875.

2 Vgl. BVerfG, Beschluss v. 7.7.2010 - 2 BvL 14/02, 2 BvL 2/04, 2 BvL 13/05, NWB LAAAD-48925, Rz. 56.

LITERATUR:

Siehe Vorwort.

HINWEISE:

Koordinierte Erlasse der obersten Finanzbehörden der Länder v. 24.6.2024 zum Ansatz eines niedrigeren gemeinen Werts bei der Bewertung des Grundvermögens für Zwecke der Grundsteuer ab 1. Januar 2025; Aussetzung der Vollziehung (§ 361 AO) von Bescheiden über die Feststellung des Grundsteuerwerts, BStBl 2024 I S. 1073

A. Allgemeine Erläuterungen

I. Normzweck und wirtschaftliche Bedeutung der Vorschrift

1 § 2 NWGrStHsG sollte in Reaktion auf die Rechtsprechung des Bundesfinanzhofs[1] den Steuerpflichtigen die Möglichkeit einräumen, einen niedrigeren gemeinen Wert ihres Grundstücks nachzuweisen. Die Vorschrift ist durch die mit dem Jahressteuergesetz 2024[2] erfolgte Änderung des § 220 BewG infolge des Anwendungsvorrangs des späteren Gesetzes (lex posterior derogat legi priori, Art. 72 Abs. 3 Satz 3 GG) **gegenstandslos** geworden.

2–5 *(Einstweilen frei)*

II. Entstehung und Entwicklung der Vorschrift

6 Die Vorschrift wurde im Jahr 2024 in das **NWGrStHsG** aufgenommen.[3] Die Regelung war im ursprünglichen Gesetzentwurf der Koalitionsfraktionen[4] noch nicht enthalten und wurde erst im laufenden Gesetzgebungsverfahren nach Annahme eines entsprechenden Änderungsantrags[5] in das NWGrStHsG aufgenommen.[6] Eine in der beschlossenen Gesetzesfassung[7] noch enthaltene redaktionelle Ungenauigkeit („Zweiten Teils des Siebenten Abschnitts“ statt zutreffend „Siebenten Abschnitt des Zweiten Teils“) wurde mit Verkündung des Gesetzes korrigiert.[8]

7 Mit **Beschlüssen vom 27.5.2024**[9] hat der **Bundesfinanzhof** in zwei Verfahren des einstweiligen Rechtschutzes entschieden, dass bei einer summarischen Prüfung nicht ausgeschlossen ist, dass bei verfassungskonformer Auslegung zur Vermeidung einer Übermaßbesteuerung Steuerpflichtige in bestimmten Fällen die Möglichkeit haben müssen, einen niedrigeren gemeinen Wert ihres Grundstücks nachzuweisen. Der Zeitpunkt der Beschlüsse fiel in das zu dieser Zeit laufende Gesetzgebungsverfahren zum NWGrStHsG, weswegen der nordrhein-westfälische Landesgesetzgeber kurzfristig tätig wurde und die Möglichkeit des Nachweises eines niedrigeren gemeinen Werts gesetzlich in § 2 NWGrStHsG verankerte.[10]

8–10 *(Einstweilen frei)*

1 Siehe BFH, Beschluss v. 27.5.2024 - II B 78/23 (AdV), BStBl 2024 II S. 543 und BFH, Beschluss v. 27.5.2024 - II B 79/23 (AdV), BStBl 2024 II S. 546.

2 JStG v. 2.12.2024, BGBl 2024 I Nr. 387.

3 Gesetz über die Einführung einer optionalen Festlegung differenzierender Hebesätze im Rahmen des Grundvermögens bei der Grundsteuer Nordrhein-Westfalen v. 5.7.2024, GVBl 2024 S. 490.

4 Gesetzentwurf der Koalitionsfraktionen über die Einführung einer optionalen Festlegung differenzierender Hebesätze im Rahmen des Grundvermögens bei der Grundsteuer Nordrhein-Westfalen, LT-Drucks. 18/9242, S. 7.

5 Nordrhein-westfälische LT-Drucks. 18/9800.

6 Nordrhein-westfälische LT-Drucks. 18/9818.

7 Nordrhein-westfälische LT-Drucks. 18/85 (Vorabdruck), S. 2.

8 GVBl 2024 S. 490.

9 BFH, Beschluss v. 27.5.2024 - II B 78/23 (AdV), BStBl 2024 II S. 543 und BFH, Beschluss v. 27.5.2024 - II B 79/23 (AdV), BStBl 2024 II S. 546.

10 Nordrhein-westfälische LT-Drucks. 18/9800.

III. Geltungsbereich

§ 2 NWGrStHsG hätte für **in Nordrhein-Westfalen belegene wirtschaftliche Einheiten**, d. h. sowohl für das **land- und forstwirtschaftliche Vermögen** als auch das **Grundvermögen**, gegolten. 11

§ 2 NWGrStG ist zunächst gem. § 4 NWGrStHsG am 10.8.2024 in Kraft getreten. Wie sich aus § 3 NWGrStHsG ergibt, sind die Regelungen des NWGrStHsG **erstmals** auf den **1.1.2025** anzuwenden. Dies entspricht der Vorgabe des Art. 125b Abs. 3 GG, wonach abweichendes Landesrecht der Erhebung der Grundsteuer frühestens für Zeiträume ab dem 1.1.2025 zugrunde gelegt werden darf. Für davor liegende Kalenderjahre gelten die bundesgesetzlichen Regelungen für Zwecke der Grundsteuer fort. Wäre die Vorschrift nicht zwischenzeitlich gegenstandslos geworden (→ Rz. 1), hätte ihre erstmalige Anwendbarkeit auf den 1.1.2025 bedeutet, dass sie in der weit überwiegenden Anzahl der Fälle, in denen der Grundsteuerwert im Rahmen der Hauptfeststellung auf den 1.1.2022 festgestellt wurde, nicht anwendbar gewesen wäre (→ Rz. 31). 12

(Einstweilen frei) 13–15

IV. Vereinbarkeit der Vorschrift mit höherrangigem Recht

§ 2 NWGrStHsG begegnet **keinen verfassungsrechtlichen Bedenken.** 16

(Einstweilen frei) 17–20

V. Verhältnis zu anderen Vorschriften

Die Gesetzgebungskompetenz des Landesgesetzgebers ergibt sich aus der Abweichungskompetenz nach **Art. 72 Abs. 3 Satz 1 Nr. 7 GG.** 21

Der Wortlaut des § 2 NWGrStHsG ist vergleichbar mit dem später am 6.12.2024 durch das Jahressteuergesetz 2024 in Kraft getretenen **§ 220 Abs. 2 BewG.**[1] § 220 Abs. 2 BewG verdrängt daher als späteres Gesetz § 2 NWGrStHsG (lex posterior derogat legis priori, Art. 72 Abs. 3 Satz 3 GG); letzterer ist damit gegenstandslos geworden. Da der nordrhein-westfälische Landesgesetzgeber § 2 NWGrStHsG auch zwischenzeitlich nicht neu erlassen hat, findet in Nordrhein-Westfalen vollumfänglich die bundesgesetzliche Regelung des § 220 Abs. 2 BewG Anwendung. Insoweit wird auf die dortige Kommentierung verwiesen.[2] 22

Der gemeine Wert einer wirtschaftlichen Einheit wird nach den Grundsätzen des **§ 9 BewG** ermittelt. Bei der Ermittlung des gemeinen Werts von Grundbesitz sind die Vorschriften der **Immobilienwertermittlungsverordnung** und die hierzu ergangenen Muster-Anwendungshinweise zu beachten.[3] 23

(Einstweilen frei) 24–25

B. Systematische Kommentierung

§ 2 NWGrStHsG kam wegen der zwischenzeitlich am Tag nach ihrer Verkündung in Kraft getretenen bundesgesetzlichen Regelung in § 220 Abs. 2 BewG nie zur Anwendung. Gemäß Art. 72 Abs. 3 Satz 3 GG geht bei der Grundsteuer im Verhältnis von Bundes- und Landesrecht das jeweils spätere Gesetz vor. Infolge der (jüngeren) bundesgesetzlichen Regelung wird **§ 2** 26

---

1 Siehe hierzu vertiefend Kurt in Grootens, BewG, § 220, Rz. 91 ff.

2 Kurt in Grootens, BewG, § 220, Rz. 91 ff.

3 Vgl. zum entsprechenden Nachweis eines niedrigeren gemeinen Werts bei der Erbschaft- und Schenkungsteuer auch Bock in Viskorf/Schuck/Wälzholz, BewG, § 198 Rz. 1 ff.

NWGrStHsG daher **keine Anwendung finden**, solange der nordrhein-westfälische Landesgesetzgeber § 2 NWGrStHsG nicht neu erlässt (lex posterior derogat legi priori).

27 Von einem etwaigen Neuerlass des § 2 NWGrStHsG dürfte der nordrhein-westfälische Landesgesetzgeber wohl absehen oder bei einem etwaigen Neuerlass vermutlich die bundesgesetzliche Regelung übernehmen. Beim Vergleich der bundesgesetzlichen mit der landesgesetzlichen Regelung fällt auf, dass die landesgesetzliche Regelung mitunter Unschärfen aufweist, die durch die bundesgesetzliche Regelung auch für in Nordrhein-Westfalen belegenen Grundbesitz beseitigt wurden. Hierzu gehören

- die Präzisierung der Nachweismöglichkeit des niedrigeren gemeinen Werts mittels Kaufpreises (→ Rz. 28),
- die Nichtberücksichtigung bestimmter Nutzungsrechte (→ Rz. 29),
- die Beachtung der Grundsätze zur Ermittlung der wirtschaftlichen Einheit bei Erbbaurechten und Gebäuden auf fremdem Grund und Boden (→ Rz. 30),
- die Möglichkeit der Anwendung der Vorschrift auf alle offenen Fälle (→ Rz. 31).

28 Der nordrhein-westfälische Landesgesetzgeber beschränkt sich in § 2 Satz 3 NWGrStHsG darauf, durch einen Verweis auf § 198 Abs. 3 BewG, der entsprechend gelten soll, die Möglichkeit des **Nachweises eines niedrigeren gemeinen Werts mittels Kaufpreises** zu ermöglichen. Bundesgesetzlich wurde dagegen eine mit § 198 Abs. 3 BewG vergleichbare Regelung direkt in § 220 Abs. 2 Satz 4 BewG aufgenommen. Die Verortung der Regelung in § 220 Abs. 2 BewG ist folgerichtig. Der Feststellung von Grundsteuerwerten sind stets – mithin auch beim Nachweis des niedrigeren gemeinen Werts – die **Wertverhältnisse im Hauptfeststellungszeitpunkt** zugrunde zu legen (§ 227 BewG). Diese Wertverhältnisse bilden am ehesten Kaufpreise ab, die rund um den Hauptfeststellungszeitpunkt (+/- ein Jahr) zustande gekommen sind. Durch den reinen Verweis auf § 198 Abs. 3 BewG, der Bezug auf den Bewertungsstichtag und bei dessen entsprechender Anwendung auf den (auf jeden) Feststellungszeitpunkt nimmt, könnte ungeachtet § 2 Satz 4 NWGrStHsG suggeriert werden, dass auch Kaufpreise außerhalb dieses Zeitraums zum Nachweis des niedrigeren gemeinen Werts herangezogen werden könnten.

29 Nutzungsrechte (z. B. **Nießbrauchs- und Wohnrechte**) gehören nicht zum Grundvermögen, da sie nach Inhalt und Entstehung nicht mit der Beschaffenheit des Grundstücks zusammenhängen.[1] Der Bundesgesetzgeber hat daher in § 220 Abs. 2 Satz 5 BewG explizit geregelt, dass dies auch beim Nachweis des niedrigeren gemeinen Werts gilt und Nutzungsrechte und weitere grundstücksbezogene Rechte und Belastungen bei der Ermittlung des niedrigeren gemeinen Werts **nur zu berücksichtigen** sind, soweit sie nach Inhalt und Entstehung **mit der Beschaffenheit der wirtschaftlichen Einheit zusammenhängen**. Eine vergleichbare Regelung fehlt in § 2 NWGrStHsG. Dies hätte zur Folge haben können, dass sich Nutzungsrechte entgegen der Verwaltungsauffassung bei dem Nachweis des niedrigeren gemeinen Werts mittels Verkehrswertgutachtens wertmindernd hätten auswirken können.

30 § 220 Abs. 2 Satz 6 BewG bestimmt, dass die §§ 261 und 262 BewG unberührt bleiben und damit auch bei der Ermittlung des niedrigeren gemeinen Werts bei **Erbbaurechten** für das Erbbaurecht und das Erbbaurechtsgrundstück ein **Gesamtwert** zu ermitteln ist, der festzustellen wäre, wenn die Belastung mit dem Erbbaurecht nicht bestünde (§ 261 Satz 1 BewG). Bei **Gebäuden auf fremdem Grund und Boden** ist auch bei dem Nachweis des niedrigeren gemeinen Werts für den Grund und Boden sowie für das Gebäude auf fremdem Grund und Boden ein **Gesamtwert** zu ermitteln

1 A 243 Abs. 4 Satz 10 AEBewGrSt.

(§ 262 Satz 1 BewG). Eine vergleichbare Regelung fehlt in § 2 NWGrStHsG. Da die Finanzverwaltung mit den speziellen Regelungen in §§ 261 und 262 BewG von den Wertermittlungsvorschriften nach der Immobilienwertermittlungsverordnung (§§ 48 ff. ImmoWertV) abweicht, hätte der in § 2 NWGrStHsG fehlende Verweis auf die Anwendbarkeit der §§ 261 und 262 BewG z. B. zur Folge haben können, dass bei dem Nachweis eines niedrigeren gemeinen Werts für ein mit einem Erbbaurecht belasteten Grundstück mittels Verkehrswertgutachtens eine getrennte Wertermittlung des Erbbaurechts und des mit dem Erbbaurecht belasteten Grundstücks hätte erfolgen können.

Auch unabhängig von der Regelung in § 220 Abs. 2 BewG wäre die Anwendbarkeit von § 2 NWGrStHsG zweifelhaft. Wie sich aus § 3 NWGrStHsG ergibt, sind die Regelungen des NWGrStHsG **erstmals auf den 1.1.2025** anzuwenden. Dies gilt auch für § 2 NWGrStHsG, wobei die Vorschrift aufgrund der Formulierung „auf den 1.1.2025" für Hauptfeststellungen des Grundsteuerwerts **auf den 1.1.2022** und Wertfortschreibungen des Grundsteuerwerts **auf den 1.1.2023 oder 1.1.2024 keine Anwendung** gefunden hätte. § 2 NWGrStHsG wäre erstmals für Feststellungen des Grundsteuerwerts auf den 1.1.2025 anzuwenden gewesen. Die Möglichkeit des Nachweises eines niedrigeren gemeinen Werts hätte für die Feststellungszeitpunkte 1.1.2022, 1.1.2023 und 1.1.2024 nicht auf gesetzlicher Grundlage, sondern allein durch summarische Auslegung der Bewertungsvorschriften[1] und unter Anwendung der koordinierten Ländererlasse vom 24.6.2024 zum Ansatz eines niedrigeren gemeinen Werts bei der Bewertung des Grundvermögens für Zwecke der Grundsteuer ab 1.1.2025[2] bestanden.[3] Die bundesgesetzliche Regelung findet hingegen ohne zeitliche Einschränkung in allen offenen Fällen auch für in Nordrhein-Westfalen belegenen Grundbesitz Anwendung. 31

Da zum Nachweis des niedrigeren gemeinen Werts für Zwecke der Grundsteuer in Nordrhein-Westfalen uneingeschränkt § 220 Abs. 2 BewG Anwendung findet, wird im Übrigen auf die dortige Kommentierung verwiesen.[4] 32

§ 3 NWGrStHsG Erstmalige Anwendung

Dieses Gesetz ist für die in Nordrhein-Westfalen belegenen wirtschaftlichen Einheiten erstmals auf den 1. Januar 2025 anzuwenden.

Inhaltsübersicht **Rz.**

LITERATUR:

Siehe Vorwort.

1 So BFH, Beschluss v. 27.5.2024 - II B 78/23 (AdV), BStBl 2024 II S. 543 und BFH, Beschluss v. 27.5.2024 - II B 79/23 (AdV), BStBl 2024 II S. 546.

2 BStBl 2024 I S. 1073.

3 Ebenso wohl auch Eisele, NWB 39/2024 S. 2696, 2707, NWB FAAAJ-75532.

4 Kurt in Grootens, BewG, § 220 Rz. 91 ff.

A. Allgemeine Erläuterungen

I. Normzweck und wirtschaftliche Bedeutung der Vorschrift

1 § 3 NWGrStHsG regelt den sachlichen und zeitlichen Anwendungsbereich des NWGrStHsG und bestimmt, dass für im Land Nordrhein-Westfalen belegene wirtschaftliche Einheiten erstmals auf den 1.1.2025 von bundesgesetzlichen Regelungen über die Grundsteuer abgewichen wird. Mit § 3 NWGrStHsG soll Art. 125b Abs. 3 GG Rechnung getragen werden, wonach abweichendes Landesrecht der Erhebung der Grundsteuer frühestens für Zeiträume ab dem 1.1.2025 zugrunde gelegt werden darf.

2–5 *(Einstweilen frei)*

II. Entstehung und Entwicklung der Vorschrift

6 Die Vorschrift wurde im Jahr 2024 in das NWGrStHsG aufgenommen.[1] Im Gesetzentwurf der Koalitionsfraktionen war die Regelung wegen der nachträglich eingeführten Regelung zur Nachweismöglichkeit eines niedrigeren gemeinen Werts noch in § 2 NWGrStHsG verortet.[2]

7–10 *(Einstweilen frei)*

III. Geltungsbereich

11 § 3 NWGrStHsG gilt für **in Nordrhein-Westfalen belegene wirtschaftliche Einheiten**, d. h. sowohl für das **land- und forstwirtschaftliche Vermögen** als auch das **Grundvermögen**.

12 § 3 NWGrStHsG ist gem. § 4 NWGrStHsG am 10.8.2024 in Kraft getreten und regelt selbst den sachlichen und zeitlichen Geltungsbereich des NWGrStHsG, wonach die Regelungen des NWGrStHsG **erstmals** auf den **1.1.2025** anzuwenden sind. Dies entspricht der Vorgabe des Art. 125b Abs. 3 GG, wonach abweichendes Landesrecht der **Erhebung der Grundsteuer** frühestens für Zeiträume ab dem 1.1.2025 zugrunde gelegt werden darf. Für vorherige Kalenderjahre gelten die bundesgesetzlichen Regelungen für Zwecke der Grundsteuer fort, insbesondere die Beschränkung des kommunalen Hebesatzrechts auf die Festsetzung einheitlicher Hebesätze (nur) für wirtschaftliche Einheiten des Grundvermögens einerseits und wirtschaftliche Einheiten des land- und forstwirtschaftlichen Vermögens andererseits.

13–15 *(Einstweilen frei)*

IV. Vereinbarkeit der Vorschrift mit höherrangigem Recht

16 § 3 NWGrStHsG begegnet für sich betrachtet **keinen verfassungsrechtlichen Bedenken**. Soweit mit ihr die Anwendung von Normen geregelt werden, die ihrerseits verfassungsrechtlichen Bedenken unterliegen, wird auf die Kommentierung im Vorwort verwiesen.[3]

17–20 *(Einstweilen frei)*

---

1 Gesetz über die Einführung einer optionalen Festlegung differenzierender Hebesätze im Rahmen des Grundvermögens bei der Grundsteuer Nordrhein-Westfalen v. 5.7.2024, GVBl 2024 S. 490.

2 Gesetzentwurf der Koalitionsfraktionen über die Einführung einer optionalen Festlegung differenzierender Hebesätze im Rahmen des Grundvermögens bei der Grundsteuer Nordrhein-Westfalen, LT-Drucks. 18/9242, S. 7.

3 Siehe Bock/Lapp in Grootens, NWGrStHsG, Vorwort Rz. 46 ff.

V. Verhältnis zu anderen Vorschriften

Die Gesetzgebungskompetenz des Landesgesetzgebers ergibt sich aus der Abweichungskompetenz nach **Art. 72 Abs. 3 Satz 1 Nr. 7 GG**. Mit der Norm soll der Vorgabe aus **Art. 125b Abs. 3 GG** Genüge getan werden, wonach abweichendes Landesrecht der Erhebung der Grundsteuer frühestens für Zeiträume ab dem 1.1.2025 zugrunde gelegt werden darf. 21

§ 3 NWGrStHsG nimmt Bezug auf die Definition der wirtschaftlichen Einheit des Grundvermögens in den **§§ 2, 218 Satz 1 Nr. 2 und Satz 3 BewG i.V. mit § 99 Abs. 1 Nr. 1 BewG**[1] sowie **§§ 243 und 244 BewG**[2] und die Definition der wirtschaftlichen Einheit des land- und forstwirtschaftlichen Vermögens in den **§§ 232–234 und 240 BewG**.[3] Die Vorschrift bestimmt, dass für diese das NWGrStHsG gilt. 22

§ 3 NWGrStHsG ist eine reine Anwendungsnorm und regelt nicht das Inkrafttreten des Gesetzes. Dieses wird in **§ 4 NWGrStHsG** geregelt. 23

(Einstweilen frei) 24–25

B. Systematische Kommentierung

§ 3 NWGrStHsG bestimmt, dass das Gesetz für die in Nordrhein-Westfalen belegenen wirtschaftlichen Einheiten **erstmals auf den 1.1.2025 anzuwenden** ist. Zum Begriff der wirtschaftlichen Einheit wird auf die Kommentierung der §§ 232, 233, 234, 240, 243 und 244 BewG verwiesen.[4] 26

Der Wortlaut der Formulierung „auf den 1. Januar 2025" bewirkt, dass das NWGrStHsG **keine Anwendung** auf Feststellungen **auf die Feststellungszeitpunkte 1.1.2022, 1.1.2023 und 1.1.2024** findet.[5] Der Ausschluss dieser Feststellungszeitpunkte ist im Hinblick auf die Nachweismöglichkeit des niedrigeren gemeinen Werts (§ 2 NWGrStHsG) unglücklich und entspricht wohl nicht dem Willen des Landesgesetzgebers. Aus der Gesetzesbegründung[6] ergibt sich nicht, dass die Feststellungszeitpunkte 1.1.2022, 1.1.2023 und 1.1.2024 bei der Nachweismöglichkeit des niedrigeren gemeinen Werts unberücksichtigt bleiben sollten. Da § 2 NWGrStHsG erst im Laufe des Gesetzgebungsverfahrens in das NWGrStHsG eingefügt wurde,[7] wurde vermutlich versehentlich versäumt, die Formulierung „auf den 1. Januar 2025" in § 3 NWGrStHsG redaktionell anzupassen. Dieses gesetzgeberische Versehen bleibt jedoch ohne Auswirkungen und die Formulierung „auf den 1. Januar 2025" ist im Ergebnis unschädlich: § 1 NWGrStHsG betrifft ausschließlich die Festsetzung der Grundsteuer durch die Gemeinden, die nach reformiertem Bewertungs- und Grundsteuerrecht infolge § 36 Abs. 1 GrStG ohnehin erst ab 1.1.2025 erfolgt. Die landesgesetzliche Vorschrift zum Nachweis des niedrigeren gemeinen Werts – § 2 NWGrStHsG – findet infolge des mit dem Jahressteuergesetz 2024[8] neu eingefügten § 220 Abs. 2 BewG keine Anwendung.[9] 27

1 Siehe hierzu vertiefend Kurt in Grootens, BewG, § 218 Rz. 111 ff.
2 Siehe hierzu vertiefend Bock in Grootens, BewG, § 243 und 244.
3 Siehe hierzu vertiefend Müller in Grootens, BewG, §§ 232–234 und 240.
4 Bock in Grootens, BewG, § 243 und 244; Müller in Grootens, BewG, §§ 232–234 und 240.
5 Ebenso wohl auch Eisele, NWB 39/2024 S. 2696, 2707, NWB FAAAJ-75532.
6 Nordrhein-westfälische LT-Drucks. 18/9800, S. 2 f.
7 Bock/Lapp in Grootens, NWGrStHsG, § 2 Rz. 6.
8 JStG 2024 v. 2.12.2024, BGBl 2024 I Nr. 387.
9 Siehe hierzu vertiefend Bock/Lapp in Grootens, NWGrStHsG, § 2 Rz. 26.

28 Während des laufenden Gesetzgebungsverfahrens zum NWGrStHsG wurden mehrfach **Zweifel** daran geäußert, ob die Gemeinden tatsächlich in der Lage sein werden, die Möglichkeit der Festsetzung differenzierter Hebesätze **bereits zum Haushaltsjahr 2025** in Anspruch nehmen zu können.[1] Zwar kann der Beschluss über die Festsetzung des Hebesatzes für das Jahr 2025 bis zum 30.6.2025 mit Wirkung vom Beginn des Jahres 2025 gefasst werden (§ 25 Abs. 3 Satz 1 GrStG), **technische und organisatorische Umsetzungsschwierigkeiten** und damit einhergehende Verzögerungen könnten jedoch praktisch dazu führen, dass die Gemeinden erst in späteren Haushaltsjahren Gebrauch von der Differenzierungsmöglichkeit machen werden.

§ 4 NWGrStHsG Inkrafttreten

Dieses Gesetz tritt am Tage nach der Verkündung in Kraft.

Inhaltsübersicht **Rz.**

LITERATUR:

Siehe Vorwort.

A. Allgemeine Erläuterungen

I. Normzweck und wirtschaftliche Bedeutung der Vorschrift

1 § 4 NWGrStHsG regelt den Zeitpunkt des Inkrafttretens des Gesetzes.

2–5 *(Einstweilen frei)*

II. Entstehung und Entwicklung der Vorschrift

6 Die Vorschrift wurde im Jahr 2024 in das **NWGrStHsG** aufgenommen.[2] Im Gesetzentwurf der Koalitionsfraktionen war die Regelung wegen der nachträglich eingeführten Regelung zur Nachweismöglichkeit eines niedrigeren gemeinen Werts noch in § 3 NWGrStHsG verortet.[3]

7–10 *(Einstweilen frei)*

1 Städte Dormagen, Grevenbroich, Jüchen, Kaarst, Korschenbroich, Meerbusch, Neuss und Rommerskirchen, nordrhein-westfälische LT-Stellungnahme 18/1481, S. 1 f.; Arbeitsgemeinschaft der kommunalen Spitzenverbände Nordrhein-Westfalen, nordrhein-westfälische LT-Stellungnahme 18/1369, S. 2 und 18/1557, S. 4; Kollegialen Gemeinschaft der Bürgermeister/innen im Kreis Euskirchen, nordrhein-westfälische LT-Stellungnahme 18/1562, S. 3; Stadt Brühl, nordrhein-westfälische LT-Stellungnahme 18/1576, S. 1.

2 Gesetz über die Einführung einer optionalen Festlegung differenzierender Hebesätze im Rahmen des Grundvermögens bei der Grundsteuer Nordrhein-Westfalen v. 5.7.2024, GVBl 2024 S. 490.

3 Nordrhein-westfälische LT-Drucks. 18/9242, S. 7.

III. Geltungsbereich

§ 4 NWGrStHsG bestimmt, wann die Regelungen des nordrhein-westfälischen Grundsteuerhebesatzgesetzes in Kraft treten. Wie sich aus § 3 NWGrStHsG[1] ergibt, sind die Regelungen des NWGrStHsG **erstmals** auf den **1.1.2025** anzuwenden. 11

(Einstweilen frei) 12–15

IV. Vereinbarkeit der Vorschrift mit höherrangigem Recht

Die Norm begegnet als solche keinen verfassungsrechtlichen Bedenken. Soweit mit ihr Normen in Kraft gesetzt werden, die ihrerseits verfassungsrechtlichen Bedenken unterliegen, wird auf die Kommentierung im Vorwort verwiesen.[2] 16

(Einstweilen frei) 17–20

V. Verhältnis zu anderen Vorschriften

§ 4 NWGrStHsG setzt die **§§ 1–3 NWGrStHsG**[3] am Tag nach der Verkündung in Kraft. 21

(Einstweilen frei) 22–25

B. Systematische Kommentierung

§ 4 NWGrStHsG regelt, dass das NWGrStHsG **am Tag nach seiner Verkündung in Kraft tritt**. Das NWGrStHsG wurde am 4.7.2024 vom Landtag des Landes Nordrhein-Westfalen beschlossen,[4] am 5.7.2024 ausgefertigt und am 9.8.2024 im Gesetz- und Verordnungsblatt des Landes Nordrhein-Westfalen verkündet.[5] Es ist damit am 10.8.2024 in Kraft getreten. Wie sich aus § 3 NWGrStHsG[6] ergibt, sind die Regelungen des NWGrStHsG jedoch **erstmals** auf den **1.1.2025** anzuwenden. 26

Abschnitt IX: Rheinland-Pfalz

Referentenentwurf[7]

der Fraktionen der SPD, BÜNDNIS 90/DIE GRÜNEN und FDP

Entwurf eines Gesetzes über die Einführung einer optionalen Festlegung differenzierender Hebesätze im Rahmen des Grundvermögens bei der Grundsteuer Rheinland-Pfalz (Grundsteuerhebesatzgesetz Rheinland-Pfalz – RPGrStHsG)[8]

---

1 Vgl. vertiefend Bock/Lapp in Grootens, NWGrStHsG, § 3 Rz. 26 ff.

2 Siehe Bock/Lapp in Grootens, NWGrStHsG, Vorwort Rz. 46 ff.

3 Siehe hierzu die Kommentierungen von Bock/Lapp in Grootens, NWGrStHsG, §§ 1–3.

4 Nordrhein-westfälische LT-Drucks. Plenarprotokoll 18/70, S. 109.

5 GVBl 2024 S. 490.

6 Vgl. vertiefend Bock/Lapp in Grootens, NWGrStHsG, § 3 Rz. 26 ff.

7 Anm. des Lektorats: Das Grundsteuerhebesatzgesetz Rheinland-Pfalz (RPGrStHsG) soll Anfang 2025 verabschiedet werden und rückwirkend zum 1.1.2025 in Kraft treten. Die entsprechende Kommentierung wird zeitnah nach dessen Verabschiedung in der Online-Version des Kommentars abrufbar sein. Bis dahin wird ergänzend auf die Kommentierung der im Wesentlichen ähnlichen NWGrStHsG, SHGrStHsG und GrStHsG LSA verwiesen. Anders als bei diesen sieht der Referentenentwurf allerdings vor, dass bis zu drei differenzierende Hebesätze beim Grundvermögen möglich sind (unbebaute Grundstücke, Wohngrundstücke und Nichtwohngrundstücke).

8 Inhaltsverzeichnis aus redaktionellen Gründen ergänzt – kein Bestandteil des Gesetzentwurfs.

Inhaltsübersicht Rz.

A. Problem

1 Mit dem Urteil vom 10. April 2018 – 1 BvL 11/14, 1 BvL 12/14, 1 BvL 1/15, 1 BvR 639/11, 1 BvR 889/12 – hatte das Bundesverfassungsgericht die §§ 19, 20, 21, 22, 23, 27, 76, 79 Absatz 5 sowie § 93 Absatz 1 Satz 2 des Bewertungsgesetzes (BewG) in Verbindung mit Artikel 2 Absatz 1 Satz 1 und Satz 3 des Gesetzes zur Änderung des Bewertungsgesetzes in der Fassung des Artikels 2 des Gesetzes vom 22. Juli 1970 (BGBl. 1970 I S. 1118), soweit sie bebaute Grundstücke außerhalb des Bereichs der Land- und Forstwirtschaft und außerhalb des in Artikel 3 des Einigungsvertrags genannten Gebiets betreffen, jedenfalls seit dem 1. Januar 2002 für unvereinbar mit Artikel 3 Absatz 1 des Grundgesetzes (GG) erklärt. Dem Gesetzgeber hatte das Bundesverfassungsgericht eine Frist zur Neuregelung spätestens bis zum 31. Dezember 2019 gesetzt. Bis zu diesem Zeitpunkt durften die als unvereinbar mit Artikel 3 Absatz 1 GG festgestellten Regeln über die Einheitsbewertung weiter angewandt werden. Nach Verkündung einer Neuregelung durften die beanstandeten Regelungen für weitere fünf Jahre ab der Verkündung, längstens aber bis zum 31. Dezember 2024 angewandt werden. Der Bundesgesetzgeber hat mit dem Gesetz zur Reform des Grundsteuer- und Bewertungsrechts (Grundsteuer-Reformgesetz) vom 26. November 2019 (BGBl. 2019 I S. 1794) das sog. Bundesmodell eingeführt und dabei grundsätzlich an das bestehende Bewertungs- und Grundsteuersystem angeknüpft, wobei die verfassungswidrige Ausgestaltung der bisherigen Bemessungsgrundlage – Einheitswerte nach den Wertverhältnissen zum 1. Januar 1964 – durch eine dem Gleichheitssatz entsprechende Bemessungsgrundlage ersetzt wurde. Außerdem wurde eine Länderöffnungsklausel in Artikel 72 Absatz 3 Satz 1 Nummer 7 GG eingefügt, die es den Bundesländern ermöglicht, vom Bundesmodell abweichende Regelungen für die Grundsteuer festzulegen.

2 Das Bundesmodell zielt auf eine verfassungskonforme, rechtssichere und zeitgemäße Fortentwicklung der Grundsteuer und der damit verbundenen Bewertung der Grundsteuerobjekte, um die Grundsteuer als verlässliche Einnahmequelle der Gemeinden zu erhalten.

3 Diesem Anliegen wird durch die Hauptfeststellung der Grundsteuerwerte zum 1. Januar 2022 Rechnung getragen, die eine Gesamtinventur des Grundbesitzbestandes darstellt und die tatsächlichen und wertmäßigen Verhältnisse zu diesem Stichtag berücksichtigt.

4 Die mit der Reform einhergehende Wertaktualisierung kann sich bei den wirtschaftlichen Einheiten (Betriebe der Land- und Forstwirtschaft, Grundstücke) je nach Einzelfall und gemeindeindividuell in unterschiedlichem Umfang auswirken. Die im Rahmen der besagten „aktuellen Wertermittlung zu Tage tretenden Wertverzerrungen, die auf der Ebene der Grundsteuer als Belastungsverschiebungen wahrgenommen werden, sind das Ergebnis einer jahrzehntelangen Aussetzung der Hauptfeststellung" (vgl. BT-Drucksache 19/11085, Begründung des Grundsteuer-Reformgesetzes Teil A. Allgemeiner Teil III. Folgerungen für die Erreichung des Gesetzesziels

und Konzeption der Bewertungsregelungen für Zwecke der Grundsteuer). Vor diesem Hintergrund kann sich der Ergebnisbeitrag der verschiedenen Grundstücksarten (hier: bebaute Grundstücke) zum Grundsteuermessbetragsvolumen nach reformiertem Recht unter Umständen signifikant ändern. Darüber hinaus können infolge der durch das Grundsteuer-Reformgesetz vorgenommenen Differenzierung der einzelnen Grundstücksarten sowie der darauf beruhenden normativen Zuordnung zu einem Bewertungsverfahren weitere Veränderungen zwischen den Ergebnisbeiträgen der verschiedenen Grundstücksarten resultieren.

Nach § 249 Absatz 1 BewG sind bei den bebauten Grundstücken acht Grundstücksarten vorgesehen: Einfamilienhäuser, Zweifamilienhäuser, Mietwohngrundstücke, Wohnungseigentum, Teileigentum, Geschäftsgrundstücke, gemischt genutzte Grundstücke, sonstige bebaute Grundstücke. Der Reformgesetzgeber hat diese Grundstücksarten – abweichend von der Verfahrensweise im Einheitswert-Recht – ausschließlich und damit zwingend einem der beiden Bewertungsverfahren (Ertragswertverfahren/Sachwertverfahren) zugeordnet. Demnach sind Einfamilienhäuser, Zweifamilienhäuser, Mietwohngrundstücke sowie das Wohnungseigentum (sog. Wohngrundstücke) unter Rückgriff auf durchschnittliche Nettokaltmieten aus dem Mikrozensus im Ertragswertverfahren zu bewerten, vgl. § 250 Absatz 2 BewG in Verbindung mit §§ 252 bis 257 BewG. Hingegen sind das Teileigentum, Geschäftsgrundstücke, gemischt genutzte Grundstücke sowie sonstige bebaute Grundstücke (sog. Nichtwohngrundstücke) unter Rückgriff auf die Bruttogrundfläche im Sachwertverfahren zu bewerten, vgl. § 250 Absatz 3 BewG in Verbindung mit §§ 258 bis 260 BewG. 5

Im (verfassungswidrigen) Einheitswert-Recht, das noch bis einschließlich Stichtag 1. Januar 2024 und somit für die Grundsteuer des Jahres 2024 anzuwenden ist, umfasst der Grundstücksartenkatalog bei den bebauten Grundstücken nach § 75 Absatz 1 BewG lediglich sechs Grundstücksarten: Mietwohngrundstücke, Geschäftsgrundstücke, gemischt genutzte Grundstücke, Einfamilienhäuser, Zweifamilienhäuser, sonstige bebaute Grundstücke. Für die Bewertung von bebauten Grundstücken stehen im Einheitswert-Recht zwei Bewertungsverfahren zur Verfügung: das Ertragswertverfahren (§§ 78 bis 82 BewG) sowie das Sachwertverfahren (§§ 83 bis 90 BewG). Ausweislich § 76 Absatz 1 BewG ist das Ertragswertverfahren, das auf die Jahresrohmiete oder die übliche Miete zurückgreift, grundsätzlich anzuwenden für Mietwohngrundstücke, Geschäftsgrundstücke, gemischt genutzte Grundstücke, Einfamilienhäuser und Zweifamilienhäuser. Das Ertragswertverfahren fungiert als Regelbewertungsverfahren. Neben den sonstigen bebauten Grundstücken (§ 76 Absatz 2 BewG) sind im Sachwertverfahren, das auf die Kubatur (umbauter Raum) zurückgreift, abweichend vom Regelfall solche Einfamilienhäuser und Zweifamilienhäuser zu bewerten, die sich durch besondere Gestaltung oder Ausstattung wesentlich von den nach § 76 Absatz 1 BewG zu bewertenden Einfamilienhäusern und Zweifamilienhäusern unterscheiden (§ 76 Absatz 3 Nr. 1 BewG). 6

Darüber hinaus ist das Sachwertverfahren u. a. anzuwenden bei solchen Gruppen von Geschäftsgrundstücken und in solchen Einzelfällen bebauter Grundstücke (namentlich bei Mietwohngrundstücken, Geschäftsgrundstücken, gemischt genutzte Grundstücken), für die weder eine Jahresrohmiete ermittelt noch die übliche Miete nach § 79 Absatz 2 BewG geschätzt werden kann (§ 76 Absatz 3 Nr. 2 BewG). Im Ergebnis bedeutet die Rechtslage bei der (grundsteuerlichen) Einheitsbewertung, dass z. B. Ein- und Zweifamilienhäuser je nach Konstellation im Einzelfall im Ertragswert- oder Sachwertverfahren zu bewerten sind. Entsprechendes gilt auch für Geschäftsgrundstücke. 7

8 In Abweichung vom bisherigen Einheitswert-Recht sind land- und forstwirtschaftliche Wohngebäude im reformierten Recht nicht mehr beim Betrieb der Land- und Forstwirtschaft (sog. Wohnungswert, § 47 BewG) zu erfassen, vielmehr dem Grundvermögen zuzuordnen (§ 232 Absatz 4 Nr. 1 BewG), mit der Folge, dass diesbezüglich ein zusätzlicher Beitrag zum Grundsteuermessbetragsvolumen für Zwecke der Grundsteuer B beigesteuert wird.

B. Lösung

9 Künftig wird den rheinland-pfälzischen Gemeinden – optional – ein wesentlich stärker differenziertes Hebesatzrecht eingeräumt. Rheinland-Pfalz macht damit von der mit Artikel 72 Absatz 3 Satz 1 Nr. 7 GG in Verbindung mit Artikel 125b GG eingeräumten Befugnis zur Schaffung abweichender landesrechtlicher Regelungen im Bereich der Grundsteuer ab dem 1. Januar 2025 Gebrauch (Länderöffnungsklausel). Da die Abweichungsbefugnis auch die Ausgestaltung der Erhebungsmöglichkeiten umfasst, wird dem punktuell mit diesem Gesetz durch Schaffung einer Option zur Festsetzung differenzierender Hebesätze für die Steuergegenstände (wirtschaftliche Einheiten) des Grundvermögens Rechnung getragen.

10 Abweichend von § 25 Absatz 4 des Grundsteuergesetzes (GrStG) wird den rheinland-pfälzischen Gemeinden die Möglichkeit der Differenzierung der Hebesätze für die in einer Gemeinde liegenden Grundstücke eröffnet, und zwar für unbebaute Grundstücke (§ 246 BewG), bebaute Grundstücke im Sinne des § 249 Absatz 1 Nr. 1 bis 4 BewG (sog. Wohngrundstücke) sowie bebaute Grundstücke im Sinne des § 249 Absatz 1 Nr. 5 bis 8 BewG (sog. Nichtwohngrundstücke). Der separate Ausweis der unbebauten Grundstücke als eigenständige Kategorie einer Hebesatzdifferenzierung ist geboten, da § 25 Absatz 5 GrStG lediglich unbebaute baureife Grundstücke zum Regelungsgegenstand einer optionalen Grundsteuer C zwecks Baulandmobilisierung hat, nicht jedoch unbebaute nicht baureife Grundstücke.

11 Die optionale Differenzierung der Hebesätze im Bereich des Grundvermögens folgt steuersystematisch der dreiteiligen, auch sachlich gebotenen strukturellen Unterscheidung der Grundsteuermesszahlen im Bundesrecht; vgl. hierzu § 15 Absatz 1 Nr. 1, Nr. 2 Buchst. a und Nr. 2 Buchst. b GrStG. Eine Verpflichtung der Gemeinden, unterschiedliche Hebesätze festzulegen, besteht dabei nicht. Macht die Gemeinde von der Möglichkeit einer Hebesatzdifferenzierung Gebrauch, muss sie dies begründen.

12 Mit der landesgesetzlich eingeräumten Möglichkeit einer Differenzierung der Hebesätze für die in einer Gemeinde liegenden Grundstücke wird die im Grundgesetz verortete Selbstverwaltungsgarantie zugunsten der Gemeinden gestärkt. Die Gemeinden können durch Ausübung der Option im Sinne einer Feinsteuerung eigenverantwortlich die grundsteuerlichen Auswirkungen in Abhängigkeit der räumlich-strukturellen Verhältnisse vor Ort (Verhältnis Wohnbebauung zur Nichtwohnbebauung z. B. mit Gewerbe- und Industriegrundstücken) unter Berücksichtigung kommunalpolitischer Zielsetzungen festlegen. Eine solche Feinsteuerung kann mit Steuermesszahlen, die landesweit im Sinne einer Grobsteuerung wirken würden, nicht realisiert werden.

13 Bei Ausübung der Option einer Hebesatzdifferenzierung obliegt es den Gemeinden, hinreichende verfassungsrechtliche Rechtfertigungsgründe darzulegen. Bei der Ausgestaltung des differenzierenden Hebesatzrechts müssen sich die Gemeinden innerhalb verfassungsrechtlicher Grenzen bewegen und dürfen die Eigentümerinnen und Eigentümer einer Grundstücksart nicht unverhältnismäßig stark belasten (Beachtung des Verhältnismäßigkeitsgrundsatzes).

Nutzt eine Gemeinde die Option, muss sie die Gründe für die von ihr gewählte Differenzierung darlegen, um verfassungsrechtlich abzusichern, dass die Grenzen des Gleichbehandlungsgebots (Artikel 3 GG) trotz der differenziert getroffenen Belastungsentscheidung nicht überschritten werden. 14

C. Alternativen

Keine. 15

D. Kosten

Da den Gemeinden lediglich die Option eröffnet wird, differenzierte Hebesätze festzusetzen, ist nicht absehbar, wie viele Gemeinden von dieser Option Gebrauch machen werden. Insofern lassen sich die Kosten nicht beziffern. 16

Hebesätze werden als Steuersätze gemäß § 95 Abs. 2 Nr. 3 der Gemeindeordnung regelmäßig im Rahmen der Haushaltssatzung festgesetzt. Insoweit ist bei Gebrauch der Option der zusätzliche Aufwand marginal, weil statt einem Hebesatz der Grundsteuer B nunmehr mehrere Hebesätze in der Haushaltssatzung aufgeführt werden müssen. Das Land wird die Mustersatzungen entsprechend anpassen; dieser Anpassungsaufwand ist zu vernachlässigen. 17

Sofern eine Gemeinde von der Option Gebrauch macht, muss das von ihr verwandte elektronische Steuerveranlagungsprogramm eine Unterscheidung der Grundstückskategorien (unbebaute Grundstücke, Wohngrundstücke, Nichtwohngrundstücke) mit jeweils eigenem Hebesatz je Grundstückskategorie ermöglichen. Eventuell müssen die von den Gemeindeverwaltungen eingesetzten EDV-Programme von deren Herstellern einmalig an die neue Rechtslage angepasst werden. Welche Kosten die Hersteller dafür kalkulieren oder in Rechnung stellen werden, lässt sich nicht beziffern. 18

Im Bereich der Haushaltsplanung und -rechnung bietet es sich an, für die unterschiedlichen Grundstückskategorien auch unterschiedliche Konten zu führen. Aufgrund der Freiwilligkeit der Hebesatzdifferenzierung ist das Konnexitätsprinzip nicht tangiert. 19

Gleichzeitig bietet es sich an, dass das Statistische Landesamt zukünftig die Daten landesintern entsprechend der erweiterten Kontierung erhebt. Das Land wird den Musterkontenplan entsprechend anpassen. Die Anpassungsaufwände sind zu vernachlässigen und wären vom Land zu tragen. Ob auch das Statistische Bundesamt zukünftig nach Grundstückskategorien differenzierte Daten erheben wird, ist derzeit nicht absehbar. 20

E. Gesetzestext[1]

Entwurf eines Gesetzes über die Einführung einer optionalen Festlegung differenzierender Hebesätze im Rahmen des Grundvermögens bei der Grundsteuer Rheinland-Pfalz (Grundsteuerhebesatzgesetz Rheinland-Pfalz – RPGrStHsG)

1 Gliederungspunkt aus redaktionellen Gründen ergänzt - kein Bestandteil des Gesetzentwurfs.

§ 1

Festsetzung des Hebesatzes

21 (1) Abweichend von § 25 Absatz 4 des Grundsteuergesetzes vom 7. August 1973 (BGBl. I S. 965), das zuletzt durch Artikel 34 des Vierten Bürokratieentlastungsgesetzes vom 23. Oktober 2024 (BGBl 2024 I Nr. 323 S. 1) geändert worden ist, muss der Hebesatz vorbehaltlich der Sätze 2 und 3 jeweils einheitlich sein

1. für die in einer Gemeinde liegenden Betriebe der Land- und Forstwirtschaft sowie
2. für die in einer Gemeinde liegenden Grundstücke.

22 In den Fällen des Satzes 1 Nummer 2 kann die Gemeinde jeweils unterschiedliche Hebesätze vorsehen für unbebaute Grundstücke im Sinne des § 246 des Bewertungsgesetzes, für bebaute Grundstücke im Sinne des § 249 Absatz 1 Nummer 1 bis 4 des Bewertungsgesetzes (Wohngrundstücke) sowie für bebaute Grundstücke im Sinne des § 249 Absatz 1 Nummer 5 bis 8 des Bewertungsgesetzes (Nichtwohngrundstücke).

23 Die Gründe für unterschiedliche Hebesätze im Sinne des Satzes 2 sind in der Satzung über die Festsetzung der Hebesätze nachvollziehbar darzulegen.

24 Werden Gemeindegebiete geändert, so kann die Landesregierung oder die von ihr bestimmte Stelle für die von der Änderung betroffenen Gebietsteile für eine bestimmte Zeit verschiedene Hebesätze zulassen.

25 (2) Abweichend von § 25 Absatz 4 des Grundsteuergesetzes vom 7. August 1973 (BGBl. I S. 965), das zuletzt durch Artikel 34 des Vierten Bürokratieentlastungsgesetzes vom 23. Oktober 2024 (BGBl 2024 I Nr. 323 S. 1) geändert worden ist, wird § 25 Absatz 5 Satz 9 des Grundsteuergesetzes für Rheinland-Pfalz wie folgt geändert:

26 Hat eine Gemeinde die Grundstücksgruppe baureifer Grundstücke bestimmt und für die Grundstücksgruppe der baureifen Grundstücke einen gesonderten Hebesatz festgesetzt, muss dieser Hebesatz für alle in dieser Gemeinde oder dem Gemeindeteil liegenden baureifen Grundstücke einheitlich und höher als die Hebesätze für die übrigen in der Gemeinde liegenden Grundstücke sein.

§ 2

Erstmalige Anwendung

27 Dieses Gesetz ist für die in Rheinland-Pfalz belegenen Grundstücke erstmals auf den 1. Januar 2025 anzuwenden.

§ 3

Inkrafttreten

28 Dieses Gesetz tritt am Tage nach der Verkündung in Kraft.

F. Begründung[1]

I. Allgemeiner Teil

Mit dem Gesetz über die Einführung einer optionalen Festlegung differenzierender Hebesätze im Rahmen des Grundvermögens bei der Grundsteuer Rheinland-Pfalz wird von der den Ländern infolge der Änderung von Artikel 105 Absatz 2 GG sowie Artikel 72 Absatz 3 Satz 1 Nummer 7 GG und Artikel 125b GG eingeräumten Abweichungsgesetzgebungskompetenz für Zwecke der Grundsteuer auf Grundvermögen ab dem 1. Januar 2025 Gebrauch gemacht. Die Befugnis schließt auch die Ausgestaltung der Erhebungsmöglichkeiten mit ein. Die Möglichkeit, landesrechtliche Regelungen für die Grundsteuer erlassen zu dürfen, wird punktuell durch die Schaffung einer Option zu differenzierenden Hebesätzen im Grundvermögen, abweichend von § 25 Absatz 4 GrStG genutzt. Durch die vorgesehene Änderung bleibt das Bewertungs- und Grundsteuergesetz in seiner Grundstruktur erhalten. Beim Grundvermögen wird lediglich die Bildung verschiedener Hebesätze zugelassen. Die Gemeinden erlangen die Möglichkeit der Differenzierung der Hebesätze zwischen unbebauten Grundstücken, Wohngrundstücken und Nichtwohngrundstücken. Eine Verpflichtung der Gemeinden, unterschiedliche Hebesätze festzulegen, besteht dabei nicht. Vielmehr können die Gemeinden in Abhängigkeit von den räumlich-strukturellen Verhältnissen in ihrem Gemeindegebiet auch einen einheitlichen Hebesatz festlegen und damit das bisherige Recht unverändert fortführen. Mit dem Gesetz über die Einführung einer optionalen Festlegung differenzierender Hebesätze im Rahmen des Grundvermögens bei der Grundsteuer Rheinland-Pfalz wird für die Gemeinden die Möglichkeit geschaffen, im Wege der Feinjustierung über die grundsteuerliche Belastung in den Kategorien „unbebaute Grundstücke", „Wohngrundstücke" und „Nichtwohngrundstücke" eigenverantwortlich zu befinden. 29

Durch die ergänzende Neuregelung wird das Selbstverwaltungsrecht der Gemeinden, wozu gerade auch die Ausgestaltung der Steuerquellen gehört, gestärkt. Die Hebesätze für die Grundsteuer werden von den Gemeinden selbst festgelegt. Das Land hat insoweit keine Einwirkungsmöglichkeit auf einzelne Gemeinden. Die Gründe, aus denen eine Hebesatzanpassung erfolgt, können verschiedener Natur sein und müssen nicht zwingend nur eine Folge der Grundsteuerreform sein. 30

Macht die Gemeinde von der Möglichkeit der Hebesatzdifferenzierung Gebrauch, sind die Gründe für unterschiedliche Hebesätze in der Satzung über die Festsetzung der Hebesätze von der Gemeinde nachvollziehbar darzulegen. Der Begründungszwang trägt dem Umstand Rechnung, dass die Abweichung vom Grundsatz der Hebesatzeinheitlichkeit zu einer Ungleichbehandlung verschiedener Grundstückskategorien (unbebaute Grundstücke, Wohngrundstücke, Nichtwohngrundstücke) und damit zu einer Belastungsungleichheit führt, die in Ansehung des Prinzips der finanziellen Leistungsfähigkeit sowie des verfassungsrechtlichen Willkürverbots zu rechtfertigen sind. Sachlicher Grund für differenzierende Hebesatzansätze kann zum Beispiel die Verwirklichung kommunalpolitischer Ziele (Förderung des Wohnraumangebots in der Gemeinde) sein. 31

Die Rechtfertigungsgründe müssen umso deutlicher dargelegt werden, je größer die Abweichung der Hebesätze voneinander ist. Unabhängig vom Rechtfertigungsgrund darf die Abweichung zwischen den Hebesätzen jedoch nicht unverhältnismäßig groß sein. Die Gemeinden 32

1 Gliederungsnummer aus redaktionellen Gründen ergänzt – kein Bestandteil des Gesetzentwurfs.

haben darauf zu achten, dass der Hebesatz für eine Gruppe von Grundstücksarten nicht zu Lasten einer anderen besonders unverhältnismäßig hoch festgelegt wird, damit die Eigentümerinnen und Eigentümer der anderen Grundstücksarten nicht über Gebühr stark entlastet werden. Die Grundsteuerbelastung darf zudem für keine der Eigentümerinnen und Eigentümer einer Grundstücksart eine erdrosselnde Wirkung haben. Die Grundsteuer ist eine kommunale Steuer. Sie wird durch die Gemeinde erhoben und verbleibt in der Gemeinde. Sie ist damit ein zentraler Baustein der kommunalen Selbstverwaltung.

33 Die Möglichkeit, optional differenzierende Hebesätze in der Gemeinde festlegen zu können, ist auch im Lichte des § 25 Absatz 5 GrStG zu sehen. Diese Regelung kann seitens der Gemeinde zwecks Baulandmobilisierung erstmalig mit Wirkung ab 1. Januar 2025 greifen und bedeutet im Ergebnis nichts anderes als eine Modifikation der Grundsteuer B bisheriger Lesart, da sich der Anwendungsbereich auf unbebaute baureife Grundstücke, mithin Grundvermögen, bezieht.

34 Mit der neu eingeführten Möglichkeit zur Differenzierung der Hebesätze erhalten die Gemeinden das Instrument, mit dem den räumlich-strukturell unterschiedlichen Verhältnissen im Gemeindegebiet Rechnung getragen werden kann. Vor diesem Hintergrund stellt sich das dreistufige Ermittlungsverfahren zur Grundsteuer wie folgt dar:

1. Stufe

35 Auf der ersten Stufe sind in Rheinland-Pfalz nach Maßgabe des Bundesmodells wertabhängige Bemessungsgrundlagen mittels Grundsteuerwertbescheid förmlich festzustellen. Diese Grundlagen bilden die Relationen der Grundstücke zueinander zutreffend ab, wobei dem Gesetzgeber nach der verfassungsrechtlichen Vorgabe bei der Grundsteuer eine umfangreiche Typisierungsbefugnis zugestanden wurde.

2. Stufe

36 Auf der zweiten Stufe erfolgt eine Multiplikation des Grundsteuerwerts mit der jeweiligen Grundsteuermesszahl. Mit der Festlegung der Grundsteuermesszahlen erfolgt im Vorgriff auf die spätere Grundsteuerfestsetzung bereits eine Grobsteuerung der Belastungswirkungen hinsichtlich der Kategorien „unbebaute Grundstücke“, „Wohngrundstücke“ und „Nichtwohngrundstücke“. Die Grundsteuermesszahlen wirken dabei nur landeseinheitlich, mithin ist eine Differenzierung der Grundsteuermesszahlen nach den räumlich-strukturellen Verhältnissen in den Gemeinden nicht möglich.

3. Stufe

37 Auf der dritten Stufe entscheidet die Gemeinde durch die Festlegung der Hebesätze über die endgültige Steuerbelastung in ihrem Gemeindegebiet. Abweichend vom bisherigen Grundsatz der Hebesatzeinheitlichkeit im Bundesrecht, kann mit der optionalen Öffnung der Hebesatzregelung räumlich-strukturellen Verhältnissen vor Ort Rechnung getragen werden, die auch die Belastungsentscheidung der Gemeinde in Abhängigkeit von objektiven Kriterien zum Ausdruck bringen.

II. Besonderer Teil[1]

Zu § 1 Absatz 1 Satz 1 (Festlegung des Hebesatzes):

Die Norm entspricht im Wesentlichen der Regelung in § 25 Absatz 4 Satz 1 GrStG n. F. 38

Zu § 1 Absatz 1 Satz 2 (Festlegung des Hebesatzes):

Die Vorschrift eröffnet den Gemeinden die Möglichkeit der Differenzierung der Hebesätze für die in einer Gemeinde liegenden Grundstücke, und zwar für 39

- ► unbebaute Grundstücke im Sinne des § 246 BewG,
- ► bebaute Grundstücke im Sinne des § 249 Absatz 1 Nummer 1 bis 4 BewG (Wohngrundstücke) sowie
- ► bebaute Grundstücke im Sinne des § 249 Absatz 1 Nummer 5 bis 8 BewG (Nichtwohngrundstücke).

Die insoweit vorgesehene Option zur Differenzierung der Hebesätze im Bereich des Grundvermögens folgt steuersystematisch der Unterscheidung der Grundsteuermesszahlen im Bundesrecht, nämlich 40

- ► § 15 Absatz 1 Nummer 1 GrStG für unbebaute Grundstücke im Sinne des § 246 BewG,
- ► § 15 Absatz 1 Nummer 2 Buchstabe a GrStG für bebaute Grundstücke im Sinne des § 249 Absatz 1 Nummer 1 bis 4 BewG (Wohngrundstücke) sowie
- ► § 15 Absatz 1 Nummer 2 Buchstabe b GrStG für bebaute Grundstücke im Sinne des § 249 Absatz 1 Nummer 5 bis 8 BewG (Nichtwohngrundstücke).

Zu § 1 Absatz 1 Satz 3

In § 1 Absatz 1 Satz 1 RPGrStHsG ist der Grundsatz der Hebesatzeinheitlichkeit niedergelegt. Macht die Gemeinde von der Möglichkeit der Hebesatzdifferenzierung nach Maßgabe des § 1 Absatz 1 Satz 2 RPGrStHsG Gebrauch, sind die Gründe für unterschiedliche Hebesätze in der Satzung über die Festsetzung der Hebesätze von der Gemeinde nachvollziehbar darzulegen. Der Begründungszwang trägt dem Umstand Rechnung, dass die Abweichung vom Grundsatz der Hebesatzeinheitlichkeit zu einer Ungleichbehandlung verschiedener Grundstückskategorien (unbebaute Grundstücke, Wohngrundstücke, Nichtwohngrundstücke) und damit zu einer Belastungsungleichheit führt, die in Ansehung des Prinzips der finanziellen Leistungsfähigkeit sowie des verfassungsrechtlichen Willkürverbots zu rechtfertigen sind. Sachlicher Grund für differenzierende Hebesatzansätze kann zum Beispiel die Verwirklichung kommunalpolitischer Ziele (Förderung des Wohnraumangebots in der Gemeinde) sein. 41

Zu § 1 Absatz 1 Satz 4

Diese Vorschrift entspricht der Regelung im § 25 Absatz 4 Satz 2 GrStG in der ab 1. Januar 2025 geltenden Fassung für den Fall, dass Gemeindegebiete geändert werden. 42

Zu § 1 Absatz 2

Mit § 25 Absatz 5 GrStG wird den Gemeinden ab 2025 die Möglichkeit eingeräumt, erstmals mit steuerlicher Wirkung ab 1. Januar 2025 für unbebaute, aber baureife Grundstücke zwecks Baulandmobilisierung einen gesonderten Hebesatz (sog. Grundsteuer C) festzusetzen. Da die bundesrechtliche Regelung an der Hebesatzeinheitlichkeit (vgl. § 25 Absatz 4 GrStG) ausgerich- 43

1 Gliederungsnummer aus redaktionellen Gründen ergänzt - kein Bestandteil des Gesetzentwurfs.

tet ist, muss § 25 Absatz 5 Satz 9 GrStG für Rheinland-Pfalz dergestalt inhaltlich angepasst werden, dass die Norm auch in den Fällen greift, in denen sich eine Gemeinde für die Differenzierung der Hebesätze nach Maßgabe des § 1 Absatz 1 Satz 2 RPGrStHsG entscheidet.

Zu § 2 (Erstmalige Anwendung)

44 Die Vorschrift regelt den Anwendungszeitpunkt des Gesetzes für die in Rheinland-Pfalz belegenen Grundstücke. Die erstmalige Anwendung erfolgt zum 1. Januar 2025 und damit zeitgleich mit dem Wirksamwerden des Grundsteuergesetzes in der Fassung des Grundsteuerreformgesetzes vom 26. November 2019 (BGBl. 2019 I S. 1794) mit späteren Änderungen.

Zu § 3 (Inkrafttreten)

45 Die Vorschrift regelt das Inkrafttreten des Gesetzes über die Einführung einer optionalen Festlegung differenzierender Hebesätze im Rahmen des Grundvermögens bei der Grundsteuer Rheinland-Pfalz.

46 Für die Fraktion der SPD:

Für die Fraktion BÜNDNIS 90/DIE GRÜNEN:

Für die Fraktion der FDP:

Abschnitt X: Saarland

Vorwort zur Kommentierung des Saarländischen Grundsteuergesetzes (GrStrG-Saar)

Inhaltsübersicht Rz.

A. Besonderheiten der Landesregelung in Abgrenzung zur Bundesregelung

I. Öffnungsklausel für abweichendes Landesrecht

1 Durch das „Gesetz zur Änderung des Grundgesetzes“ v. 15.11.2019 ist es den Bundesländern nach Art. 72 Abs. 3 Satz 1 Nr. 7 GG möglich, ganz oder zum Teil von einem Bundesgesetz zur Grundsteuer abzuweichen. Diese Möglichkeit hat das Saarland genutzt und abweichendes Grundsteuerrecht geschaffen. Hierzu hat der Landtag des Saarlandes in seiner Sitzung am 15.9.2021 das **Gesetz zur Einführung einer Landesgrundsteuer (Saarländisches Grundsteu-**

ergesetz, GrStG-Saar)[1] verabschiedet. Das Gesetz ist am 29.10.2021 in Kraft getreten. Es gilt ausschließlich für die ca. 580.000 im Saarland belegenen wirtschaftlichen Einheiten.

Mit dem GrStG-Saar wird punktuell die in Art. 105 Abs. 2 GG i.V. mit Art. 72 Abs. 3 Satz 1 Nr. 7 GG eingeräumte **Befugnis zur Schaffung landesrechtlicher Regelungen** für die Grundsteuer wahrgenommen. Der Erhebung der Grundsteuer werden die Werte entsprechend Art. 125b Abs. 3 GG **ab dem 1.1.2025** zugrunde gelegt. 2

(Einstweilen frei) 3

II. Ziele der landesrechtlichen Sonderregelung

Ziel des GrStG-Saar ist es, den **regionalen Besonderheiten im Saarland** durch eine zwischen den Grundstücksarten differenzierende Festlegung von Steuermesszahlen Rechnung zu tragen. Eine durch das Bundesmodell zu erwartende starke Belastung von wohnlich genutzten Grundstücken im Saarland werde damit abgemildert.[2] 4

Das Recht auf menschenwürdiges Wohnen ist in der Bundesrepublik Deutschland ein allgemein anerkanntes existenzielles Grundbedürfnis (Art. 1 und Art. 20 GG, Art. 1 und Art. 60 der Verfassung des Saarlandes), welches auch international verankert ist. Bei der **Schaffung und Verfügbarmachung von ausreichendem Wohnraum** handelt es sich um einen bedeutenden **Gemeinwohlbelang**. Dieser werde durch die **steuerliche Privilegierung** unterstützt.[3] 5

Durch das GrStG-Saar wird **keine strukturelle Erhöhung des Grundsteueraufkommens** verfolgt. An die Gemeinden wird im Rahmen ihrer kommunalen Selbstverwaltungshoheit appelliert, das aus der Neubewertung des Grundbesitzes resultierende Grundsteueraufkommen zu evaluieren und unter dem Ziel der **Aufkommensneutralität der Grundsteuerreform** die Festlegung der kommunalen Hebesätze zu prüfen.[4] 6

Ungeachtet der Etablierung landesspezifischer Steuermesszahlen wird das **Bundesmodell dem Grunde nach unverändert** umgesetzt. Dadurch werde ein Gleichlauf mit vielen anderen Ländern, wie beispielsweise dem benachbarten Bundesland Rheinland-Pfalz, hergestellt und eine intensive Zusammenarbeit im Bereich der Fortbildung, der Entwicklung und Nutzung von Programmen und der organisatorischen und fachlichen Arbeit, gewährleistet.[5] Die partielle Inanspruchnahme der Länderöffnungsklausel sichere die **Berücksichtigung lokaler Gegebenheiten** bei gleichzeitig geringer Abweichung vom Bundesmodell. Es bleibt insbesondere bei der im Bundesrecht vorgesehenen wertorientierten Besteuerung des Grundbesitzes. 7

§ 1 Abs. 2 GrStG-Saar dient der gesetzlichen Klarstellung, dass **Bezugsgröße für die bundesgesetzlichen Ermäßigungstatbestände in § 15 Abs. 2–5 GrStG** die landesspezifischen Messzahlen sind. Damit wird sichergestellt, dass die bundesgesetzliche Förderung im gleichen Verhältnis auch im Saarland gilt.[6] 8

(Einstweilen frei) 9–10

---

1 Amtsblatt des Saarlandes I 2021 S. 2372.

2 Vgl. Drucks. 16/1653 des Saarländischen Landtags, S. 6.

3 Vgl. Drucks. 16/1653 des Saarländischen Landtags, S. 6.

4 Vgl. Drucks. 16/1653 des Saarländischen Landtags, S. 6.

5 Vgl. Drucks. 16/1653 des Saarländischen Landtags, S. 2.

6 Vgl. Drucks. 16/1653 des Saarländischen Landtags, S. 7.

III. Festlegung der abweichenden Messzahlen

11 Die **Steuermesszahl** beträgt abweichend von § 15 Abs. 1 Nr. 1 und 2 GrStG für im Saarland belegene

1. **unbebaute Grundstücke** i. S. des **§ 246 BewG 0,64 Promille,**
2. **bebaute Grundstücke** i. S. des **§ 249 Absatz 1 Nr. 1 bis 4 BewG** (Wohngrundstücke) **0,34 Promille** und
3. **bebaute Grundstücke** i. S. des **§ 249 Absatz 1 Nr. 5 bis 8 BewG** (Nichtwohngrundstücke) **0,64 Promille.**

Im Gegensatz zur Regelung des Landes **Sachsen** (SächsGrStMG) bezieht der **saarländische Gesetzgeber** die **unbebauten Grundstücke nicht** in die Festlegung einer gegenüber den Nichtwohngrundstücken abgesenkten Messzahl ein (vgl. zur Festlegung der Messzahlen für die einzelnen Grundstücksgruppen in Sachsen Grootens in Grootens, Vorwort SächsGrStMG Rz. 9). Für die wirtschaftlichen Einheiten des land- und forstwirtschaftlichen Vermögens bleibt es im Saarland bei der Messzahl gem. § 14 GrStG des Bundes.

12 Im Ergebnis erfolgt im Saarland gegenüber dem Bundesmodell eine deutliche **Abweichung** bei der Festlegung **der Höhe der Steuermesszahl für unbebaute Grundstücke und für nicht überwiegend wohnlich genutzte Grundstücke** des Grundvermögens. Die Messzahl für die Wohngrundstücke entspricht der Höhe der Messzahl des § 15 Abs. 1 Nr. 2a GrStG i. d. F. des GrStRefG.[1] Damit wird die – im Bundesrecht bereits angelegte – Möglichkeit **abweichender Messzahlen differenziert nach Grundstücksarten** im Landesrecht zur Förderung des Wohnraums genutzt. Im Bereich der Land- und Forstwirtschaft wird kein Bedarf für eine abweichende Steuermesszahl gesehen.[2]

13 Mit der Festlegung einer gegenüber den anderen Messzahlen geringeren Messzahl für sog. **Wohngrundstücke** werden diese **zielgerichtet geringer** als im Bundesmodell **belastet.** Um eine deutliche Anhebung der Hebesätze der Kommunen zu vermeiden, wird der Weg über eine Erhöhung der Messzahlen für unbebaute Grundstücke und im Sachwertverfahren zu bewertende Nichtwohngrundstücke gewählt.[3]

14 Mit dem GrStRefUG[4] wurde in der bundesgesetzlichen Regelung die Steuermesszahl für die im Ertragswertverfahren bewerteten Wohngrundstücke von 0,34 Promille auf 0,31 Promille abgesenkt (§ 15 Abs. 1 Nr. 2a GrStG i. d. F. des GrStRefUG). Die Anpassung war notwendig geworden, weil mit dem GrStRefUG gleichzeitig die Anlage 39 zum BewG (Ermittlung des Rohertrages) an die Ergebnisse des Mikrozensus 2018 angepasst wurde und damit eine Erhöhung der dem Bewertungsverfahren zu Grunde zu legenden Mietansätze einherging (vgl. zur Anhebung der Mietansätze durch das GrStRefUG und der kompensierenden Absenkung der Messzahl für die Wohngrundstücke vertiefend Grootens in Grootens, BewG § 254 Rz. 34). Eine gesonderte Reaktion des saarländischen Gesetzgebers auf die auch für das Saarland angehobenen Mietansätze erfolgte (bisher) nicht. Es ist aus der Gesetzesbegründung zum GrStG-Saar nicht erkennbar, ob der saarländische Gesetzgeber diese Anpassung der Anlage 39 bereits bei seiner Messzahlenfestlegung antizipiert hat. Da in der Gesetzesbegründung[5] noch die Messzahl von 0,34 Promil-

1 Vgl. zur zwischenzeitlichen Anpassung des § 15 GrStG durch das GrStRefUG Rz. 14.
2 Vgl. Drucks. 16/1653 des Saarländischen Landtags, S. 3.
3 Vgl. Drucks. 16/1653 des Saarländischen Landtags, S. 3.
4 GrStRefUG v. 16.7.2021, BGBl 2021 I S. 2931.
5 Vgl. Drucks. 16/1653 des Saarländischen Landtags, S. 2.

le für Wohngrundstücke als Referenz angeführt wird, ist davon wohl nicht auszugehen. In diesem Fall wäre ein Teil der berechneten Entlastungswirkung aufgrund der niedrigeren Messzahl durch die angehobenen Mietansätze in der Anlage 39 zum BewG wieder aufgehoben worden.

(Einstweilen frei) 15–20

IV. Folgen der Reform für die Grundstückeigentümer

Die Grundsteuerreform soll im Grundsatz **aufkommensneutral** durchgeführt werden. Dabei wird nicht auf die Änderungen beim einzelnen Steuerpflichtigen, sondern auf das jeweilige **kommunale Gesamtaufkommen** der Grundsteuer abgestellt. 21

Durch die Festlegung der abweichenden Messzahlen wird im Saarland eine **Verschiebung des Messbetragsvolumens** von den Wohngrundstücken hin zu den Nichtwohngrundstücken und den unbebauten Grundstücken erzielt. Passt die jeweilige Gemeinde ihren Hebesatz entsprechend der durch die Reform verursachten Veränderungen im Gesamtmessbetragsvolumen an, wird dadurch eine **Verschiebung des Grundsteueraufkommens zulasten der Nichtwohngrundstücke und der unbebauten Grundstücke** erreicht. Dies ist das erklärte Ziel des Gesetzgebers.[1] 22

(Einstweilen frei) 23–30

B. Verfassungsrechtliche Überlegungen

I. Formelle Verfassungsmäßigkeit

Aus **formeller Sicht** ist die abweichende Regelung des Saarlands verfassungsrechtlich nicht zu beanstanden. Das Land hat von seiner in Art 72 Abs. 3 Nr. 7 GG normierten **Gesetzgebungskompetenz** zulässigerweise Gebrauch gemacht. Die Änderung wird zusammen mit den übrigen Vorschriften des GrStG **ab dem 1.1.2025** wirksam, so dass auch der in Art. 125b Abs. 3 GG normierten **„Anlaufhemmung“** bezüglich der eingeräumten Gesetzgebungskompetenz Rechnung getragen wurde. 31

(Einstweilen frei) 32–35

II. Materielle Verfassungsmäßigkeit

Aus **materieller Sicht** stellt sich die Frage nach der **Folgerichtigkeit** der Regelung und der ausreichenden Begründung für das gewünschte **Lenkungsziel**. Das Recht auf menschenwürdiges **Wohnen** ist in der Bundesrepublik Deutschland ein allgemein **anerkanntes existenzielles Grundbedürfnis** (Art. 1 und Art. 20 GG, Art. 1 und Art. 60 der Verfassung des Saarlandes), welches auch international verankert ist. Bei der Schaffung und Verfügbarmachung von ausreichendem Wohnraum handelt es sich um einen bedeutenden **Gemeinwohlbelang.** 36

Der **Bedarf der Förderung von Wohnraum**, der über die Ermäßigungstatbestände in § 15 Abs. 2–4 GrStG hinausgeht, wurde im Saarland im Rahmen von **Probeberechnungen** anhand des Bundesmodells festgestellt.[2] Aus den Beispielsrechnungen kristallisierte sich ein Absinken des **Anteils** der im **Sachwertverfahren bewerteten Grundstücke am Gesamtmessbetragsvolumen** auf tendenziell nur noch rund die **Hälfte des bisherigen Anteils** heraus. Dies hätte zur 37

---

1 Vgl. →Rz. 4 ff.

2 Vgl. Drucks. 16/1653 des Saarländischen Landtags, S. 3.

Folge, dass insbesondere Kommunen, deren Grundsteueraufkommen von umfangreichen Industrie- und Geschäftsgrundstücken dominiert wird, ihre Grundsteuerhebesätze deutlich anheben müssten, um ihr bisheriges Grundsteueraufkommen beizubehalten. Durch die Anhebung der Hebesätze würde eine **Mehrbelastung der Grundstücke**, die im **Ertragswertverfahren** bewertet werden, erfolgen. Als letzte Konsequenz würden die im Saarland besonders stark vertretenen Eigentümer von Ein- und Zweifamilienhäusern diese Belastung tragen müssen. Diese Mehrbelastung der wohnlichen Nutzung ist ein nicht gewünschter Effekt, dem gezielt durch eine niedrigere Messzahl entgegengewirkt wird.

38 Zum LGrStG-Saar liegt bisher **keine Gerichtsentscheidung** vor. Gewisse indizielle Wirkung kann aber dem **Urteil des Sächsischen FG** v. 24.10.2023 beigemessen werden.[1] Demnach ist es verfassungsrechtlich nicht zu beanstanden, dass der Freistaat Sachsen abweichend von § 15 Abs. 1 Nr. 2a GrStG für die Steuermesszahl geregelt hat, dass bei Einfamilienhäusern statt 0,31 Promille ein Wert von 0,36 Promille anzuwenden ist. Die konkrete Ausgestaltung des Gesetzes sei geeignet, das Lenkungsziel der Förderung von Wohnraum zu erreichen. Da das LGrStG-Saar in ähnlichem Umfang und in ähnlicher Weise dasselbe Lenkungsziel verfolgt, können die Überlegungen der Entscheidung des Sächsischen FG m. E. **auf das GrStG-Saar übertragen** werden.

39–45 *(Einstweilen frei)*

III. Zusammenfassung

46 Das GrStG-Saar ist aus **verfassungsrechtlicher Sicht** m. E. **nicht zu beanstanden**. Klarheit darüber, ob die nun getroffenen gesetzlichen Regelungen der verfassungsrechtlichen Prüfung in allen Punkten standhalten, wird es erst nach einer erneuten gerichtlichen Überprüfung geben.

§ 1 GrStG-Saar Steuermesszahlen für Grundstücke des Grundvermögens

(1) Die Steuermesszahlen für im Saarland belegene Grundstücke des Grundvermögens betragen abweichend von § 15 Absatz 1 des Grundsteuergesetzes in der Fassung der Bekanntmachung vom 7. August 1973 (BGBl I S. 965), zuletzt geändert durch Artikel 3 des Gesetzes vom 16. Juli 2021 (BGBl I S. 2931),

1. **0,64 Promille für unbebaute Grundstücke im Sinne des § 246 des Bewertungsgesetzes in der Fassung der Bekanntmachung vom 1. Februar 1991 (BGBl I S. 230), zuletzt geändert durch Artikel 1 und 2 des Gesetzes vom 16. Juli 2021 (BGBl I S. 2931),**
2. **0,34 Promille für bebaute Grundstücke im Sinne des § 249 Absatz 1 Nummer 1 bis 4 des Bewertungsgesetzes und**
3. **0,64 Promille für bebaute Grundstücke im Sinne des § 249 Absatz 1 Nummer 5 bis 8 des Bewertungsgesetzes.**

(2) Für § 15 Absatz 2 bis Absatz 5 des Grundsteuergesetzes sind die Steuermesszahlen nach § 1 Absatz 1 maßgeblich.

1 Sächsisches FG, Urteil v. 24.10.2023 - 2 K 574/23.

Inhaltsübersicht **Rz.**

LITERATUR:

Hubert, Nach ist vor der Grundsteuerreform, StuB 2020 S. 552; *Grootens*, Umsetzung der Grundsteuerreform in den Ländern – Der Flickenteppich kommt!, ErbStB 2021 S. 80; *Bräutigam*, Grundsteuerreform – von der künftigen Diversität einer Steuerart, DStR 2021 S. 1330; *Scheffler/Feldner*, Umsetzung der Grundsteuerreform in den Bundesländern – Auswirkungen und verfassungsrechtliche Beurteilung, ifst-Schrift Nr. 542.

A. Allgemeine Erläuterungen zum GrStG-Saar

I. Normzweck und wirtschaftliche Bedeutung der Vorschrift

§ 15 GrStG bestimmt zunächst bundeseinheitlich die **Steuermesszahlen** für die Grundstücksarten **des Grundvermögens**. Die Steuermesszahl wird auf den festgestellten Grundsteuerwert für das jeweilige Grundstück angewendet und ergibt den Grundsteuermessbetrag der jeweiligen wirtschaftlichen Einheit des Grundvermögens. Dabei differenziert § 15 Abs. 1 GrStG dem Grunde nach zwischen den unbebauten Grundstücken und den Grundstücksarten der Wohngrundstücke und der Nichtwohngrundstücke einschließlich der gemischt genutzten Grundstücke. Der Höhe nach beträgt die Steuermesszahl nach Bundesrecht **0,34 Promille** für die Nichtwohngrundstücke und die unbebauten Grundstücke und **0,31 Promille** für Wohngrundstücke.[1] Auf den Steuermessbetrag findet der jeweilige Hebesatz der Gemeinde für das Grundvermögen Anwendung (sog. **Grundsteuer B**) und ergibt die Grundsteuer für das jeweilige Grundstück. 1

Nach Art. 72 Abs. 3 Nr. 7 GG können die **Länder** von der bundesgesetzlich geregelten Grundsteuer **abweichende Regelungen** treffen. Dies gilt auch für die Steuermesszahlen. Die Länder können daher auch nur abweichende Steuermesszahlen festlegen und im Übrigen das Bundesmodell anwenden. Auf diese Weise können die Länder ein **aufkommensneutrales Steuermessbetragsvolumen** beispielsweise in Bezug auf das Grundvermögen auf Landesebene herstellen. 2

1 Vgl. zu den Messzahlen im Bundesrecht Bock in Grootens, GrStG § 15 Rz. 1 ff.

3 Das Saarland hat diese Möglichkeit genutzt und abweichende Grundsteuermesszahlen für das Saarland festgelegt.[1] Hierzu hat der Landtag des Saarlands in seiner Sitzung am 15.9.2021 das **Gesetz zur Einführung einer Landesgrundsteuer (Saarländisches Grundsteuergesetz, GrStG-Saar)**[2] verabschiedet.

4–6 *(Einstweilen frei)*

II. Entstehung und Entwicklung der Vorschrift

7 Das **GrStG-Saar**[3] wurde am 15.9.2021 vom Saarländischen Landtag verabschiedet. Es tritt nach § 2 GrStG-Saar am Tag nach der Verkündung in Kraft, mithin am **29.10.2021**. Die abweichenden Messzahlen des GrStG-Saar sind somit bereits für die erste **Hauptveranlagung der Grundsteuermessbeträge auf den 1.1.2025** anzuwenden.[4]

8–11 *(Einstweilen frei)*

III. Geltungsbereich

12 Das GrStG-Saar[5] legt für alle im Gebiet des Saarlands belegene wirtschaftliche Einheiten des **Grundvermögens** (Grundstücke und diesen gleichgestellte Betriebsgrundstücke) vom Bundesrecht **abweichende Messzahlen** fest. Das GrStG-Saar gilt hingegen **nicht für das land- und forstwirtschaftliche Vermögen**, da die Steuermesszahl für das land- und forstwirtschaftliche Vermögen in § 14 GrStG geregelt wird. Da die Wohngebäude eines land- und forstwirtschaftlichen Betriebs nunmehr dem Grundvermögen zugeordnet werden, findet das GrStG-Saar auf diese uneingeschränkte Anwendung.

13 Das **GrStG-Saar** findet gem. § 2 GrStG-Saar i.V. mit § 37 Abs. 1 GrStG für die Grundsteuer **ab dem Kalenderjahr 2025** Anwendung. **§ 15 GrStG i. d. F. des Grundsteuerreformgesetzes v. 7.8.1973** mit der letzten Änderung durch Art. 38 des Gesetzes v. 19.12.2008 (BGBl I S. 2794) findet nach § 37 Abs. 2 GrStG für die Grundsteuer **bis einschließlich des Kalenderjahres 2024** Anwendung.

14–16 *(Einstweilen frei)*

IV. Verhältnis zu anderen Vorschriften

17 Die Steuermesszahl für das Grundvermögen ist nach **§ 13 Satz 2 GrStG** auf den nach **§ 219 Abs. 1 BewG** festgestellten Grundsteuerwert der jeweiligen wirtschaftlichen Einheit des Grundvermögens anzuwenden und ergibt den Steuermessbetrag. Die Ermittlung des Grundsteuerwerts des jeweiligen Grundstücks richtet sich nach **§§ 243 ff. BewG**. Das GrStG-Saar differenziert zwischen den unbebauten Grundstücken nach **§ 246 BewG** und innerhalb der bebauten Grundstücke zwischen den Wohngrundstücken nach **§ 249 Abs. 1 Nr. 1–4 BewG** und den Nichtwohngrundstücken einschließlich der gemischt genutzten Grundstücke nach **§ 249 Abs. 1 Nr. 5–8 BewG**. Die Einordnung in eine der Grundstücksarten ergibt sich aus **§ 249 Abs. 2–10 BewG**.

1 Vgl. hierzu auch ausführlich Grootens in Grootens, Vorwort GrStG-Saar Rz. 1 ff.

2 Saarländisches Grundsteuergesetz (GrStG-Saar) v. 15.9.2021, Amtsblatt des Saarlandes I 2021 S. 2372.

3 Saarländisches Grundsteuergesetz (GrStG-Saar) v. 15.9.2021, Amtsblatt des Saarlandes I 2021 S. 2372.

4 Vgl. § 16 GrStG i.V. mit § 36 GrStG.

5 Saarländisches Grundsteuergesetz (GrStG-Saar) v. 15.9.2021, Amtsblatt des Saarlandes I 2021 S. 2372.

18 **§ 25 Abs. 5 GrStG** i. d. F. des Gesetzes zur Mobilisierung baureifer Grundstücke für die Bebauung sieht ab dem 1.1.2025 zudem die Möglichkeit für die Gemeinden vor, für baureife unbebaute Grundstücke i. S. von § 15 Abs. 1 Nr. 1 GrStG einen erhöhten Hebesatz festzulegen (sog. **Grundsteuer C**).[1]

19–21 *(Einstweilen frei)*

B. Systematische Kommentierung

I. Steuermesszahl für Grundstücke (§ 1 Abs. 1 GrStG-Saar)

1. Steuermesszahl für unbebaute Grundstücke (§ 1 Abs. 1 Nr. 1 GrStG-Saar)

22 Die in § 15 Abs. 1 Nr. 1 GrStG bundesgesetzlich geregelte **Steuermesszahl** für unbebaute Grundstücke beträgt nach § 15 Abs. 1 Nr. 1 GrStG einheitlich **0,34 Promille**. Wann ein unbebautes Grundstück vorliegt, richtet sich nach § 246 BewG.[2] Zur Ermittlung des Steuermessbetrags ist die Steuermesszahl mit dem festgestellten Grundsteuerwert des jeweiligen unbebauten Grundstücks zu multiplizieren.[3]

23 Durch **§ 1 Abs. 1 Nr. 1 GrStG-Saar** wird die Messzahl für im Saarland belegene unbebaute Grundstücke i. S. des § 246 BewG **abweichend von der bundesgesetzlichen Regelung auf 0,64 Promille** festgelegt. Damit werden **unbebaute Grundstücke** im Saarland ebenso wie die Nichtwohngrundstücke (vgl. → Rz. 32) gegenüber den Wohngrundstücken (Messzahl 0,34 Promille, vgl. → Rz. 28) **höher mit Grundsteuer belastet** (vgl. zur Intention des Gesetzgebers ausführlich Grootens in Grootens, Vorwort GrStG-Saar Rz. 4 ff. und zur Auswirkung der abweichenden Messzahlenfestlegung Grootens in Grootens, Vorwort GrStG-Saar Rz. 21 f.).

24 Die im Rahmen des GrStG-Saar vorgenommene **Regelung für unbebaute Grundstücke** bewirkt, dass bei unbebauten Grundstücken dieselbe Steuermesszahl wie bei Nichtwohngrundstücken zur Anwendung kommt. Damit sollen unbebaute Grundstücke ungeachtet ihrer möglichen Nutzbarkeit für Wohnbebauung höher belastet werden.[4]

25–26 *(Einstweilen frei)*

2. Steuermesszahl für bebaute Grundstücke (§ 1 Abs. 1 Nr. 2 und 3 GrStG-Saar)

a) Steuermesszahl für die Wohngrundstücke (§ 1 Abs. 1 Nr. 2 GrStG-Saar)

27 Die bundesgesetzlich geregelte **Steuermesszahl** für die Wohngrundstücke i. S. des § 249 Abs. 1 Nr. 1–4 BewG beträgt nach § 15 Abs. 1 Nr. 1 GrStG i. d. F. des GrStRefUG[5] einheitlich **0,31 Promille**. Wohngrundstücke i. S. des § 249 Abs. 1 Nr. 1–4 BewG sind Ein- und Zweifamilienhäuser, Mietwohngrundstücke und das Wohnungseigentum. Die Einordnung in eine dieser Grundstücksarten richtet sich nach § 246 Abs. 2–5 und Abs. 10 BewG.[6] Zur Ermittlung des Steuer-

1 Siehe hierzu vertiefend Grootens in Grootens, GrStG § 25 Rz. 121 ff.

2 Siehe dazu vertiefend Bock in Grootens, BewG § 246 Rz. 17 ff.

3 Vgl. vertiefend dazu Bock in Grootens, GrStG § 15 Rz. 22.

4 Vgl. Drucks. 16/1653 des Saarländischen Landtags, S. 3.

5 GrStRefUG v. 16.7.2021, BGBl 2021 I S. 2931.

6 Siehe dazu vertiefend Bock in Grootens, BewG § 249 Rz. 19 ff.

messbetrags ist der festgestellte Grundsteuerwert des jeweiligen bebauten Grundstücks i. S. des § 249 Abs. 1 Nr. 1–4 BewG mit der Steuermesszahl zu multiplizieren.[1]

28 Durch **§ 1 Abs. 1 Nr. 2 GrStG-Saar** wird die Messzahl für im Saarland belegene **Wohngrundstücke** i. S. des § 249 Abs. 1 Nr. 1–4 BewG **abweichend von der bundesgesetzlichen Regelung auf 0,34 Promille** festgelegt. Damit werden **Wohngrundstücke** im Saarland gegenüber den Nichtwohngrundstücken (Messzahl 0,64 Promille, vgl. → Rz. 32) und den unbebauten Grundstücken (Messzahl 0,64 Promille, vgl. →Rz.22) **geringer mit Grundsteuer belastet** (vgl. zur Intention des Gesetzgebers ausführlich Grootens in Grootens, Vorwort GrStG-Saar Rz. 4 ff. und zur Auswirkung der abweichenden Messzahlenfestlegung Grootens in Grootens, Vorwort GrStG-Saar Rz. 21 f.). Auf die Absenkung der Messzahl für die Wohngrundstücke in § 15 Abs. 1 Nr. 2a GrStG von 0,34 Promille auf 0,31 Promille durch GrStRefUG[2] hat der saarländische Gesetzgeber soweit erkennbar nicht durch eine entsprechende Absenkung der Messzahlen für die Wohngrundstücke im GrStG-Saar reagiert (vgl. zur Änderung der Messzahlen durch das GrStRefUG und dem Einfluss auf die Festlegung der Messzahlen im Saarland Grootens in Grootens, Vorwort GrStG-Saar Rz. 14).

29–30 *(Einstweilen frei)*

b) Steuermesszahl für die Nichtwohngrundstücke und gemischt genutzten Grundstücke (§ 1 Abs. 1 Nr. 3 GrStG-Saar)

31 Die bundesgesetzlich geregelte **Steuermesszahl** für die Nichtwohngrundstücke und gemischt genutzten bebauten Grundstücke i. S. des § 249 Abs. 1 Nr. 5–8 BewG beträgt nach § 15 Abs. 1 Nr. 1 GrStG einheitlich **0,34 Promille**. Nichtwohngrundstücke i. S. des § 249 Abs. 1 Nr. 5, Nr. 6 und Nr. 8 BewG sind Teileigentum, die Geschäftsgrundstücke und sonstige bebaute Grundstücke. Die Einordnung in eine dieser Grundstücksarten richtet sich nach § 246 Abs. 6–9 BewG.[3] Zur Ermittlung des Steuermessbetrags ist der festgestellte Grundsteuerwert des jeweiligen bebauten Grundstücks i. S. des § 249 Abs. 1 Nr. 5–8 BewG zu multiplizieren.[4]

32 Durch § 1 Abs. 1 Nr. 3 GrStG-Saar wird die Messzahl für im Saarland belegene **Nichtwohngrundstücke** und gemischt genutzte bebaute Grundstücke i. S. des § 249 Abs. 1 Nr. 5–8 BewG **abweichend von der bundesgesetzlichen Regelung auf 0,64 Promille** festgelegt. Damit werden **Nichtwohngrundstücke** und unbebaute Grundstücke (vgl. →Rz. 22) im Saarland gegenüber den Wohngrundstücken (Messzahl 0,34 Promille) **höher mit Grundsteuer belastet.** Dies entspricht der gesetzgeberischen Intention (vgl. zur Intention des Gesetzgebers ausführlich Grootens in Grootens, Vorwort GrStG-Saar Rz. 4 ff. und zur Auswirkung der abweichenden Messzahlenfestlegung Grootens in Grootens, Vorwort GrStG-Saar Rz. 21 f.).

33–35 *(Einstweilen frei)*

1 Vgl. Bock in Grootens, GrStG § 15 Rz. 23.
2 GrStRefUG v. 16.7.2021, BGBl 2021 I S. 2931.
3 Siehe dazu vertiefend Bock in Grootens, BewG § 249 Rz. 64 ff.
4 Vgl. Bock in Grootens, GrStG § 15 Rz. 23.

II. Bemessungsgrundlage für die Ermäßigung der Messzahlen (§ 1 Abs. 2 GrStG-Saar)

§ 1 Abs. 2 GrStG-Saar dient der gesetzlichen Klarstellung, dass die **landesspezifischen Messzahlen Bezugsgröße für die bundesgesetzlichen Ermäßigungstatbestände in § 15 Abs. 2–5 GrStG** sind. Damit wird sichergestellt, dass die bundesgesetzliche Förderung im gleichen Verhältnis auch im Saarland gilt.[1] Die Norm dient somit allein der Rechtsklarheit und -eindeutigkeit. Im Sächsischen GrStMG[2] wurde auf eine derartige Klarstellung verzichtet, ohne dass sich in Sachsen daraus eine andere Rechtslage gegenüber dem Saarland ergibt. 36

Abschnitt XI: Sachsen-Anhalt

Vorwort zur Kommentierung des Grundsteuerhebesatzgesetz Sachsen-Anhalt (GrStHsG LSA)

Drüen/Krumm, Rechtsgutachten zur optionalen Einführung differenzierter Grundsteuerhebesätze durch die Gemeinden in Nordrhein-Westfalen, https://www.finanzverwaltung.nrw.de/system/files/media/document/file/drueen-krumm_gutachten_grundsteuerhebesatzdifferenzierung_16-8-2024.pdf; *Eisele*, Reform der Grundsteuer: Aktuelle Landesgrundsteuergesetze in Berlin und Nordrhein-Westfalen, NWB 39/2024 S. 2696 NWB FAAAJ-75532; *Lampert/Hummel*, Rechtsgutachterliche Stellungnahme für den Städtetag Nordrhein-Westfalen betreffend verfassungsrechtliche Risiken nordrhein-westfälischer Gemeinden im Falle der Festsetzung differenzierender Grundsteuer-Hebesätze, https://www.staedtetag-nrw.de/files/nrw/docs/Presse/2024/Staedtetag-NRW-Gutachten-Hebesatzdifferenzierung.pdf.

Inhaltsübersicht **Rz.**

A. Gesetzgebungsverfahren zum GrStHsG LSA

Ähnlich wie in Nordrhein-Westfalen und Schleswig-Holstein waren auch in Sachsen-Anhalt etwa ab August 2024 infolge der Grundsteuerreform und nach erfolgter Auswertung von an die Kommunen gelieferten Echtdaten **Belastungsverschiebungen von der Gruppe der Nichtwohngrundstücke zu den Wohngrundstücken** absehbar, wobei das Phänomen regional unterschiedlich stark ausgeprägt sei.[3] Zu diesem Zeitpunkt hatten Nordrhein-Westfalen[4] und 1

1 Siehe zu den Messzahlenermäßigungen ausführlich Bock in Grootens, GrStG § 15 Rz. 57 ff.

2 Sächsisches Grundsteuermesszahlengesetz v. 3.2.2021, SächsGVBl 2021 S. 242.

3 Sachsen-Anhaltinische LT-Drucks. Stenografischer Bericht 8/73, S. 82 f.

4 Siehe hierzu vertiefend Bock/Lapp in Grootens, NWGrStHsG, Vorwort Rz. 1 ff.

Schleswig-Holstein[1] bereits landesgesetzliche Maßnahmen zur Öffnung des kommunalen Hebesatzrechts in Kraft gesetzt bzw. auf den Weg gebracht.

2 Die Regierungsfraktionen des Landtags des Landes Sachsen-Anhalt brachten daraufhin am 12.9.2024 den Entwurf des **Grundsteuerhebesatzgesetzes Sachsen-Anhalt** in den Landtag ein.[2] Mit dem Gesetz sollte den Gemeinden das Recht eingeräumt werden, die **Hebesätze innerhalb des Grundvermögens** (sog. Grundsteuer B) **stärker zu differenzieren**, namentlich nach der Gruppe der Nichtwohngrundstücke und unbebauten Grundstücke einerseits und der Gruppe der Wohngrundstücke andererseits (Näheres zu den Regelungszielen siehe → Rz. 26).

3 Anders als der nordrhein-westfälische Landesgesetzgeber und ebenso wie der schleswig-holsteinische Landesgesetzgeber hat der sachsen-anhaltinische Landesgesetzgeber im laufenden Gesetzgebungsverfahren wohl im Hinblick auf die seinerzeit absehbare bundesgesetzliche Einführung des § 220 Abs. 2 BewG durch das Jahressteuergesetz 2024[3] keine landesgesetzliche Regelung zum **Nachweis eines niedrigeren gemeinen Werts** in das Gesetz aufgenommen.

4 **Kritik** am Grundsteuerhebesatzgesetz Sachsen-Anhalt war im politischen Gesetzgebungsverfahren **kaum zu vernehmen**, was wohl auch darauf zurückzuführen ist, dass zu dem Gesetzentwurf keine öffentliche Anhörung durchgeführt wurde. Lediglich Stellungnahmen des Landkreistags Sachsen-Anhalt und des Städte- und Gemeindebunds Sachsen-Anhalt waren Gegenstand der Beratungen des federführenden Finanzausschusses.[4]

5 Der Landtag des Landes Sachsen-Anhalt hat das **GrStHsG LSA am 23.10.2024 verabschiedet.**[5] Damit hat Sachsen-Anhalt im Eiltempo (von der Einbringung des Gesetzentwurfs bis zu dessen Verabschiedung vergingen keine sechs Wochen) die durch das Gesetz zur Änderung des Grundgesetzes (Art. 72, 105 und 125b) vom 15.11.2019[6] in Art. 72 Abs. 3 Satz 1 Nr. 7 GG geschaffene Möglichkeit genutzt, zum Teil (punktuell) von dem Bundesgesetz zur Grundsteuer abzuweichen. Während Berlin,[7] Bremen,[8] das Saarland[9] und Sachsen[10] diese Möglichkeit zu einer punktuellen Abweichung vom Bundesrecht insbesondere im Bereich der Steuermesszahlen genutzt haben, öffnet Sachsen-Anhalt nach Nordrhein-Westfalen und Schleswig-Holstein als drittes Bundesland das kommunale Hebesatzrecht und ermöglicht die Festsetzung unterschiedlicher Hebesätze für die Gruppe der Nichtwohngrundstücke und unbebauten Grundstücke einerseits und der Wohngrundstücke andererseits.

6–10 *(Einstweilen frei)*

---

1 Siehe hierzu vertiefend Bock/Lapp in Grootens, SHGrStHsG, Vorwort Rz. 1 ff.
2 Sachsen-Anhaltinische LT-Drucks. 8/4588.
3 JStG v. 2.12.2024, BGBl 2024 I Nr. 387.
4 Sachsen-Anhaltinische LT-Drucks. Vorlagen 08/4588v2, 08/4588v3, 08/4588v5.
5 Sachsen-Anhaltinische LT-Drucks. Stenografischer Bericht 8/74, S. 65.
6 BGBl 2019 I S. 1546.
7 Siehe hierzu vertiefend Grootens in Grootens, BlnGrStMG, Vorwort Rz. 1.
8 Siehe hierzu vertiefend Grootens in Grootens, BremGrStMG, Vorwort Rz. 1.
9 Siehe hierzu vertiefend Grootens in Grootens, GrStG-Saar, Vorwort Rz. 1.
10 Siehe hierzu vertiefend Grootens in Grootens, SächsGrStMG, Vorwort Rz. 1.

B. Überblick über das GrStHsG LSA

I. GrStHsG LSA als partielles Abweichungsgesetz

Das GrStHsG LSA ist als **partielles Abweichungsgesetz** ausgestaltet. Sachsen-Anhalt weicht bei den Differenzierungsmöglichkeiten der Grundsteuer-Hebesätze von den bundesgesetzlichen Vorschriften (§ 25 Abs. 4 GrStG) ab, wendet diese aber im Übrigen, insbesondere hinsichtlich der Bewertung des Grundbesitzes für Zwecke der Grundsteuer und hinsichtlich der maßgeblichen Steuermesszahlen, uneingeschränkt an. § 1 GrStHsG LSA modifiziert § 25 Abs. 4 GrStG.[1] 11

(Einstweilen frei) 12–15

II. Öffnung des kommunalen Hebesatzrechts (§ 1 Abs. 1 GrStHsG LSA)

§ 1 Abs. 1 GrStHsG LSA weist den Kommunen das Recht zu, abweichend von der bundesgesetzlichen Regelung (§ 25 Abs. 4 Satz 1 GrStG), **unterschiedliche Hebesätze** für die Gruppe der **Nichtwohngrundstücke und unbebauten Grundstücke** einerseits und der **Wohngrundstücke** andererseits festzusetzen (§ 1 Abs. 1 Satz 1 GrStHsG LSA), wobei sie für diese beiden Gruppen auch einen **einheitlichen, zusammengefassten Hebesatz** festsetzen dürfen (§ 1 Abs. 1 Satz 3 GrStHsG LSA). Der Hebesatz für die Nichtwohngrundstücke und unbebauten Grundstücke darf allerdings nicht niedriger sein als der Hebesatz für die Wohngrundstücke (§ 1 Abs. 1 Satz 2 GrStHsG LSA). Werden Gemeindegebiete geändert, so kann die Landesregierung oder die von ihr bestimmte Stelle für die von der Änderung betroffenen Gebietsteile für eine bestimmte Zeit verschiedene Hebesätze zulassen (§ 1 Abs. 1 Satz 4 GrStHsG LSA). 16

(Einstweilen frei) 17–20

III. Verhältnis zur sog. Grundsteuer C (§ 1 Abs. 2 GrStHsG LSA)

§ 1 Abs. 2 GrStHsG LSA regelt das Verhältnis zur sog. Grundsteuer C (§ 25 Abs. 5 GrStG). Bundesgesetzlich bestimmt § 25 Abs. 5 Satz 9 GrStG,[2] dass der Hebesatz für unbebaute, baureife Grundstücke einheitlich und höher als der einheitliche Hebesatz für die übrigen in der Gemeinde liegenden Grundstücke sein muss. Diese Vorgabe musste infolge der nach § 1 Abs. 1 Satz 1 GrStHsG LSA möglichen Differenzierung innerhalb der Grundstücke des Grundvermögens präzisiert werden, da andernfalls nicht ersichtlich wäre, welchen der differenzierten Hebesätze der Hebesatz zur sog. Grundsteuer C übersteigen müsste. Dem trägt § 1 Abs. 2 GrStHsG LSA Rechnung, indem gesetzlich festgeschrieben wird, dass der Hebesatz für unbebaute, baureife Grundstücke (sog. Grundsteuer C) einheitlich und höher sein muss als beide Hebesätze, also sowohl der für Wohngrundstücke als auch der für Nichtwohngrundstücke und unbebaute Grundstücke.[3] 21

(Einstweilen frei) 22–25

C. Regelungsziele des GrStHsG LSA

Mit der **Inanspruchnahme** der **Öffnungsklausel** und der damit einhergehenden **Öffnung des kommunalen Hebesatzrechts** beabsichtigt der Gesetzgeber des Landes Sachsen-Anhalt, das 26

1 Siehe dazu Grootens in Grootens, GrStG, § 25 Rz. 101 ff.
2 Siehe dazu Grootens in Grootens, GrStG, § 25 Rz. 191 f.
3 Näheres siehe Bock/Lapp in Grootens, NWGrStHsG, § 1 Rz. 71 ff.

kommunale Selbstverwaltungsrecht zu stärken.[1] Er verfolgt dabei – vergleichbar mit dem nordrhein-westfälischen[2] und dem schleswig-holsteinischen[3] Gesetzgeber – im Wesentlichen folgende **Ziele**:[4]

- Den Kommunen soll die Möglichkeit eingeräumt werden, **räumlich-strukturellen Besonderheiten** Rechnung zu tragen.
- **Mögliche Mehrbelastungen** von Wohngrundstücken sollen bei Bedarf **abgemildert** werden können.
- Die Verteilung der Steuerlast zwischen Wohngrundstücken und Nichtwohngrundstücken soll regionalverantwortlich individuell gesteuert werden können.
- Die Kommunen sollen die Möglichkeit erhalten, **politische Lenkungsziele festzulegen** (z. B. Förderung des Wohnens).

27 Im GrStHsG LSA nicht explizit als Regelungsziel erwähnt, allerdings politisch unstrittig ist, dass Sachsen-Anhalt wie der Bundesgesetzgeber und andere abweichende Länder eine insgesamt **aufkommensneutrale Reform** der Grundsteuer anstrebt.[5] Um das Ziel der Aufkommensneutralität zu erreichen, müssen die Gemeinden die aus der Neubewertung des Grundbesitzes resultierenden Belastungsverschiebungen durch **Anpassungen der Hebesätze** oder die erstmalige **Festsetzung differenzierter Hebesätze** innerhalb des Grundvermögens so ausgleichen, dass ein konstantes Grundsteueraufkommen gesichert wird. Anders als etwa Hessen[6] oder Nordrhein-Westfalen[7] hat Sachsen-Anhalt bisher weder die rechnerisch zur Aufkommensneutralität führenden Hebesätze ermittelt und veröffentlicht noch (wie etwa Schleswig-Holstein[8]) ein Transparenzregister eingerichtet. Ein entsprechender Antrag der oppositionellen AfD, ein vom Ministerium der Finanzen des Landes Sachsen-Anhalt geführtes **Transparenzregister** für aufkommensneutrale Hebesätze bei der Grundsteuer der Städte und Gemeinden in Sachsen-Anhalt einzurichten und öffentlich zugänglich zu machen,[9] wurde im laufenden Gesetzgebungsverfahren **abgelehnt**.[10] Die Landesregierung teilt hierzu die Bedenken des Städte- und Gemeindebunds Sachsen-Anhalt, der sich gegen die Ermittlung und Veröffentlichung von aufkommensneutralen Hebesätzen bei der Grundsteuer mittels eines Transparenzregisters ausgesprochen und Bedenken hinsichtlich der Belastbarkeit vorgetragen habe.[11] So könne ein Transparenzregister nicht zur Sicherstellung der Aufkommensneutralität bei der Grundsteuer beitragen, da die Kommunen aufgrund ihrer in Art. 28 Abs. 2 GG verbrieften **Hebesatzautonomie** nicht an ein solches Transparenzregister gebunden seien und es demnach bloßen **Empfehlungscharakter** hätte. Etwaige Unschärfen in einem Transparenzregister könnten Irritationen bei den kommunalen Entscheidungsträgern und den Bürgern auslösen und die Landesregierung angreifbar

1 Sachsen-Anhaltische LT-Drucks. 20/2221, S. 4.
2 Siehe hierzu vertiefend Bock/Lapp in Grootens, NWGrStHsG, Vorwort Rz. 36.
3 Siehe hierzu vertiefend Bock/Lapp in Grootens, SHGrStHsG, Vorwort Rz. 26 f.
4 Sachsen-Anhaltinische LT-Drucks. 8/4588, S. 5 ff.
5 Vgl. z. B. Sachsen-Anhaltische LT-Drucks. Plenarprotokoll 8/74, S. 56.
6 Siehe hierzu Bock/Lapp in Grootens, HGrStG, Vorwort Rz. 38.
7 Siehe hierzu Bock/Lapp in Grootens, NWGrStHsG, Vorwort Rz. 39.
8 Siehe hierzu Bock/Lapp in Grootens, SHGrStHsG, Vorwort Rz. 27.
9 Sachsen-Anhaltinische LT-Drucks. 8/4682.
10 Sachsen-Anhaltische LT-Drucks. Plenarprotokoll 8/74, S. 65.
11 Sachsen-Anhaltische LT-Drucks. Plenarprotokoll 8/74, S. 56.

machen, was nicht zur Stärkung des Vertrauens in die Steuerpolitik des Landes beitragen würde.[1]

Das GrStHsG LSA soll **nach zwei Kalenderjahren** hinsichtlich der beabsichtigten Wirkung, einer Belastungsverschiebung der Grundsteuer zulasten von Wohnraum entgegenzuwirken und der kommunalen Anwendbarkeit des Gesetzes dazu, **evaluiert** werden.[2] Die Ergebnisse dieser Evaluation bleiben abzuwarten. 28

(Einstweilen frei) 29–30

D. Verfassungsrechtliche Bewertung

Das GrStHsG LSA begegnet wie das weitgehend gleichlautende NWGrStHsG keinen durchgreifenden verfassungsrechtlichen Bedenken. Auf die Ausführungen im Vorwort zum NWGrStHsG wird verwiesen.[3] 31

§ 1 GrStHsG LSA Festsetzung des Hebesatzes

(1) Abweichend von § 25 Abs. 4 des Grundsteuergesetzes in der am 1. Januar 2025 geltenden Fassung muss der Hebesatz vorbehaltlich des § 25 Abs. 5 des Grundsteuergesetzes in der am 1. Januar 2025 geltenden Fassung jeweils einheitlich sein

1. **für die in einer Gemeinde liegenden Betriebe der Land- und Forstwirtschaft,**
2. **für die in einer Gemeinde liegenden unbebauten Grundstücke nach § 247 des Bewertungsgesetzes und für die in einer Gemeinde liegenden bebauten Grundstücke, die gemäß § 250 Abs. 3 des Bewertungsgesetzes im Sachwertverfahren zu bewerten sind (Nichtwohngrundstücke) sowie**
3. **für die in einer Gemeinde liegenden bebauten Grundstücke, die gemäß § 250 Abs. 2 des Bewertungsgesetzes im Ertragswertverfahren zu bewerten sind (Wohngrundstücke).**

Der einheitliche Hebesatz für die unter Satz 1 Nr. 2 fallenden Grundstücke darf nicht niedriger sein als der einheitliche Hebesatz für die unter Satz 1 Nr. 3 fallenden Grundstücke. Die Gemeinde kann für die in Satz 1 Nrn. 2 und 3 genannten Grundstücke einen zusammengefassten Hebesatz in identischer Höhe festsetzen. Werden Gemeindegebiete geändert, so kann die Landesregierung oder die von ihr bestimmte Stelle für die von der Änderung betroffenen Gebietsteile für eine bestimmte Zeit verschiedene Hebesätze zulassen.

(2) Hat eine Gemeinde die Grundstücksgruppe baureifer Grundstücke bestimmt und für die Grundstücksgruppe der baureifen Grundstücke einen gesonderten Hebesatz festgesetzt, muss dieser Hebesatz für alle in der Gemeinde oder dem Gemeindeteil liegenden baureifen Grundstücke einheitlich und abweichend von § 25 Abs. 5 Satz 9 des Grundsteuergesetzes in der am 1. Januar 2025 geltenden Fassung höher als die Hebesätze für die in einer Gemeinde liegenden Nichtwohn- und Wohngrundstücke sein.

1 Sachsen-Anhaltische LT-Drucks. Plenarprotokoll 8/74, S. 56 f.

2 Sachsen-Anhaltinische LT-Drucks. 8/4727.

3 Bock/Lapp in Grootens, NWGrStHsG, Vorwort Rz. 36 ff.; siehe vertiefend auch Drüen/Krumm, Rechtsgutachten zur optionalen Einführung differenzierter Grundsteuerhebesätze durch die Gemeinden in Nordrhein-Westfalen, abrufbar unter: https://www.finanzverwaltung.nrw.de/system/files/media/document/file/drueen-krumm_gutachten_grundsteuerhebesatzdifferenzierung_16-8-2024.pdf; Lampert/Hummel, Verfassungsrechtliche Risiken nordrhein-westfälischer Gemeinden im Falle der Festsetzung differenzierender Grundsteuer-Hebesätze, abrufbar unter: https://www.staedtetag-nrw.de/files/nrw/docs/Presse/2024/Staedtetag-NRW-Gutachten-Hebesatzdifferenzierung.pdf.

Inhaltsübersicht Rz.

LITERATUR:

Siehe Vorwort.

A. Allgemeine Erläuterungen

I. Normzweck und wirtschaftliche Bedeutung der Vorschrift

1 § 1 Abs. 1 GrStHsG LSA öffnet das kommunale Hebesatzrecht, indem den Kommunen das Recht eingeräumt wird, jeweils unterschiedliche Hebesätze für die in einer Gemeinde liegenden

- ► Betriebe der Land- und Forstwirtschaft,
- ► Nichtwohngrundstücke und unbebauten Grundstücke und
- ► Wohngrundstücke

festzusetzen. Sachsen-Anhalt weicht mit dieser Regelung ebenso wie Nordrhein-Westfalen (§ 1 NWGrStHsG) und Schleswig-Holstein (§ 1 SHGrStHsG) von der (engeren) bundesgesetzlichen Regelung (§ 25 Abs. 4 GrStG) ab. Wie Nordrhein-Westfalen verfolgte auch der sachsen-anhaltische Landesgesetzgeber damit das Ziel, das **kommunale Selbstverwaltungsrecht** zu **stärken**, indem den Kommunen die Möglichkeit eingeräumt wird, räumlich-strukturellen Besonderheiten Rechnung zu tragen, regionale **Mehrbelastungen** einer Grundstücksart bei Bedarf **abzumildern** und Belastungen zwischen Wohngrundstücken und Nichtwohngrundstücken **regionalverantwortlich steuern** zu können.[1] Ergänzend wird auf die Kommentierung des weitgehend gleichlautenden § 1 NWGrStHsG verwiesen.[2]

2 § 1 Abs. 2 GrStHsG LSA trifft eine notwendige **Folgeänderung** in Bezug auf die sog. **Grundsteuer C** (vgl. → Rz. 28 und → Rz. 46).

3–10 *(Einstweilen frei)*

II. Entstehung und Entwicklung der Vorschrift

11 Die Vorschrift wurde im Jahr 2024 in das GrStHsG LSA aufgenommen.[3]

12–15 *(Einstweilen frei)*

1 Sachsen-Anhaltinische LT-Drucks. 8/4588, S. 5 f.
2 Bock/Lapp in Grootens, NWGrStHsG, § 1 Rz. 1 ff.
3 Gesetz über die Einführung einer optionalen Festsetzung differenzierender Hebesätze im Rahmen des Grundvermögens bei der Grundsteuer des Landes Sachsen-Anhalt v. 1.11.2024, GVBl 2024 S. 312.

III. Geltungsbereich

§ 1 GrStHsG LSA gilt für **in Sachsen-Anhalt belegene wirtschaftliche Einheiten**, d. h. sowohl für das **land- und forstwirtschaftliche Vermögen** als auch für das **Grundvermögen**. 16

§ 1 GrStHsG LSA ist gem. § 3 GrStHsG LSA am 8.11.2024 in Kraft getreten. Wie sich aus § 2 GrStHsG LSA ergibt, sind die Regelungen des GrStHsG LSA **erstmals** ab dem **1.1.2025** anzuwenden. Dies entspricht der Vorgabe des Art. 125b Abs. 3 GG, wonach abweichendes Landesrecht der Erhebung der Grundsteuer frühestens für Zeiträume ab dem 1.1.2025 zugrunde gelegt werden darf. Für davor liegende Kalenderjahre gelten die bundesgesetzlichen Regelungen für Zwecke der Grundsteuer fort, insbesondere die Beschränkung des kommunalen Hebesatzrechts auf die Festsetzung einheitlicher Hebesätze (nur) für wirtschaftliche Einheiten des Grundvermögens einerseits und wirtschaftliche Einheiten des land- und forstwirtschaftlichen Vermögens andererseits. 17

(Einstweilen frei) 18–20

IV. Vereinbarkeit der Vorschrift mit höherrangigem Recht

Die Vorschrift begegnet wie die weitgehend gleichlautende Vorschrift des § 1 NWGrStHsG keinen durchgreifenden verfassungsrechtlichen Bedenken. Auf die Ausführungen im Vorwort zum NWGrStHsG wird verwiesen.[1] 21

(Einstweilen frei) 22–25

V. Verhältnis zu anderen Vorschriften

Die Gesetzgebungskompetenz des Landesgesetzgebers ergibt sich aus der Abweichungskompetenz nach **Art. 72 Abs. 3 Satz 1 Nr. 7 GG**. 26

§ 1 Abs. 1 Satz 1 GrStHsG LSA ermöglicht den Kommunen, für in Sachsen-Anhalt belegene wirtschaftliche Einheiten abweichend von den bundesgesetzlichen Regelungen (**§ 25 Abs. 4 GrStG**[2]) innerhalb des Grundvermögens differenzierte Hebesätze für die Gruppe der Wohngrundstücke (**§ 249 Abs. 1 Nr. 1–4 BewG**[3]) einerseits und die Gruppe der unbebauten Grundstücke (**§ 246 BewG**[4]) und der Nichtwohngrundstücke (**§ 249 Abs. 1 Nr. 5–8 BewG**[5]) andererseits festzusetzen. Die Vorschrift nimmt hierfür Bezug auf die im Sachwertverfahren (**§ 250 Abs. 3 BewG**[6]) und im Ertragswertverfahren (**§ 250 Abs. 2 BewG**[7]) zu bewertenden Grundstücke. 27

1 Bock/Lapp in Grootens, GrStG, Vorwort Rz. 36 ff; siehe vertiefend auch Drüen/Krumm, Rechtsgutachten zur optionalen Einführung differenzierter Grundsteuerhebesätze durch die Gemeinden in Nordrhein-Westfalen, abrufbar unter: https://www.finanzverwaltung.nrw.de/system/files/media/document/file/drueen-krumm_gutachten_grundsteuer hebesatzdifferenzierung_16-8-2024.pdf; Lampert/Hummel, Verfassungsrechtliche Risiken nordrhein-westfälischer Gemeinden im Falle der Festsetzung differenzierender Grundsteuer-Hebesätze, abrufbar unter: https://www.staedtetag-nrw.de/files/nrw/docs/Presse/2024/Staedtetag-NRW-Gutachten-Hebesatzdifferenzierung.pdf.

2 Vgl. vertiefend Grootens in Grootens, GrStG, § 25 Rz. 101 ff.

3 Vgl. vertiefend Bock in Grootens, BewG, § 249 Rz. 29 ff.

4 Vgl. vertiefend Bock in Grootens, BewG, § 246 Rz. 17 ff.

5 Vgl. vertiefend Bock in Grootens, BewG, § 249 Rz. 60 ff.

6 Vgl. vertiefend Bock in Grootens, BewG, § 250 Rz. 25 ff.

7 Vgl. vertiefend Bock in Grootens, BewG, § 250 Rz. 21 ff.

28 Die Öffnung des kommunalen Hebesatzrechts erfordert eine Folgeänderung zur sog. Grundsteuer C (**§ 25 Abs. 5 Satz 9 GrStG**, siehe hierzu die Kommentierung zum weitgehend gleichlautenden § 1 Abs. 2 NWGrStHsG).[1]

29–35 *(Einstweilen frei)*

B. Systematische Kommentierung

I. Öffnung des kommunalen Hebesatzrechts (§ 1 Abs. 1 GrStHsG LSA)

36 Der Wortlaut der Vorschrift ist weitgehend identisch mit dem Wortlaut des § 1 NWGrStHsG. Insoweit wird auf die dortige Kommentierung verwiesen.[2]

37 Im Gegensatz zu § 1 Abs. 1 Satz 1 NWGrStHsG bestimmt § 1 Abs. 1 Satz 1 GrStHsG LSA einleitend, dass von der am 1.1.2025 geltenden Fassung des § 25 Abs. 4 GrStG abgewichen wird. Mit diesem **statischen Verweis** auf eine bestimmte Fassung des Grundsteuergesetzes dürfte etwaigen bundesgesetzlichen Änderungen der betroffenen Vorschrift vorgebeugt und vermieden werden, dass der Gesetzgeber des Landes Sachsen-Anhalt in diesem Fall ebenfalls tätig werden müsste.[3]

38–45 *(Einstweilen frei)*

II. Auswirkungen auf die sog. Grundsteuer C (§ 1 Abs. 2 GrStHsG LSA)

46 § 1 Abs. 2 GrStHsG LSA trifft eine notwendige Folgeänderung in Bezug auf die sog. Grundsteuer C. Der Wortlaut der Vorschrift entspricht weitgehend § 1 Abs. 2 NWGrStHsG. Insoweit wird auf die dortige Kommentierung verwiesen.[4]

§ 2 GrStHsG LSA Anwendungsvorschrift

Dieses Gesetz ist erstmals ab dem 1. Januar 2025 anzuwenden.

Inhaltsübersicht **Rz.**

LITERATUR:

Siehe Vorwort.

1 Bock/Lapp in Grootens, NWGrStHsG, § 1 Rz. 71 ff.
2 Bock/Lapp in Grootens, NWGrStHsG, § 1 Rz. 36 ff.
3 Ähnlich Wiegand in Rössler/Troll, BewG, § 2 HGrStG Rz. 4 zur dortigen statischen Verweisung.
4 Bock/Lapp in Grootens, NWGrStHsG, § 1 Rz. 71 ff.

A. Allgemeine Erläuterungen

I. Normzweck und wirtschaftliche Bedeutung der Vorschrift

§ 2 GrStHsG LSA regelt den **zeitlichen Anwendungsbereich** des GrStHsG LSA und bestimmt, dass erstmals ab dem 1.1.2025 von bundesgesetzlichen Regelungen über die Grundsteuer abgewichen wird. Mit § 2 GrStHsG LSA soll Art. 125b Abs. 3 GG Rechnung getragen werden, wonach abweichendes Landesrecht der Erhebung der Grundsteuer frühestens für Zeiträume ab dem 1.1.2025 zugrunde gelegt werden darf. 1

Anders als in den Anwendungsvorschriften der Länder Nordrhein-Westfalen (§ 3 NWGrStHsG[1]) und Schleswig-Holstein (§ 2 SHGrStHsG[2]) regelt § 2 GrStHsG LSA nicht explizit den **sachlichen Anwendungsbereich** des GrStHsG LSA und bestimmt nicht, dass das GrStHsG LSA nur auf in Sachsen-Anhalt belegenen Grundbesitz anzuwenden ist. Dies ergibt sich allerdings daraus, dass das Land Sachsen-Anhalt als Gebietskörperschaft von Verfassungs wegen nur Regelungen für Gegenstände treffen kann, die in seinem Hoheitsgebiet liegen. 2

(Einstweilen frei) 3–5

II. Entstehung und Entwicklung der Vorschrift

Die Vorschrift wurde im Jahr 2024 in das GrStHsG LSA aufgenommen.[3] 6

(Einstweilen frei) 7–10

III. Geltungsbereich

§ 2 GrStHsG LSA gilt für **in Sachsen-Anhalt belegene wirtschaftliche Einheiten**, d. h. sowohl für das **land- und forstwirtschaftliche Vermögen** als auch das **Grundvermögen**. 11

§ 2 GrStHsG LSA ist gem. § 3 GrStHsG LSA am 8.11.2024 in Kraft getreten und regelt den zeitlichen Anwendungsbereich des GrStHsG LSA, wonach die Regelungen des GrStHsG LSA **erstmals** ab dem **1.1.2025** anzuwenden sind. Dies entspricht der Vorgabe des Art. 125b Abs. 3 GG, wonach abweichendes Landesrecht der **Erhebung der Grundsteuer** frühestens für Zeiträume ab dem 1.1.2025 zugrunde gelegt werden darf. Für davor liegende Kalenderjahre gelten die bundesgesetzlichen Regelungen für Zwecke der Grundsteuer fort, insbesondere die Beschränkung des kommunalen Hebesatzrechts auf die Festsetzung einheitlicher Hebesätze (nur) für die Gruppe der wirtschaftlichen Einheiten des Grundvermögens einerseits und wirtschaftlichen Einheiten des land- und forstwirtschaftlichen Vermögens andererseits. 12

(Einstweilen frei) 13–15

IV. Vereinbarkeit der Vorschrift mit höherrangigem Recht

§ 2 GrStHsG LSA begegnet für sich betrachtet **keinen verfassungsrechtlichen Bedenken**. Soweit mit ihr die Anwendung der Vorschriften des § 1 GrStHsG LSA geregelt wird, wird auf die verfas- 16

1 Siehe hierzu vertiefend Bock/Lapp in Grootens, NWGrStHsG, § 3 Rz. 26 ff.

2 Siehe hierzu vertiefend Bock/Lapp in Grootens, SHGrStHsG, § 2 Rz. 26 ff.

3 Gesetz über die Einführung einer optionalen Festsetzung differenzierender Hebesätze im Rahmen des Grundvermögens bei der Grundsteuer des Landes Sachsen-Anhalt v. 1.11.2024, GVBl 2024 S. 312.

sungsrechtliche Bewertung des weitgehend gleichlautenden § 1 NWGrStHsG im Vorwort zum NWGrStHsG verwiesen.[1]

17–20 *(Einstweilen frei)*

V. Verhältnis zu anderen Vorschriften

21 Die Gesetzgebungskompetenz des Landesgesetzgebers ergibt sich aus der Abweichungskompetenz nach **Art. 72 Abs. 3 Satz 1 Nr. 7 GG**. Mit der Norm soll der Vorgabe aus **Art. 125b Abs. 3 GG** Genüge getan werden, wonach abweichendes Landesrecht der Erhebung der Grundsteuer frühestens für Zeiträume ab dem 1.1.2025 zugrunde gelegt werden darf.

22 § 2 GrStHsG LSA ist eine reine Anwendungsnorm und regelt nicht das Inkrafttreten des Gesetzes. Dieses wird in **§ 3 GrStHsG LSA** geregelt.

23–25 *(Einstweilen frei)*

B. Systematische Kommentierung

26 § 2 GrStHsG LSA bestimmt, dass das Gesetz **erstmals ab dem 1.1.2025 anzuwenden** ist. Sachlich gilt das Gesetz nur für die in Sachsen-Anhalt belegenen wirtschaftlichen Einheiten (vgl. → Rz. 2). Zum Begriff der wirtschaftlichen Einheit wird auf die Kommentierung der §§ 232, 233, 234, 240, 243 und 244 BewG verwiesen.[2]

27 Das GrStHsG LSA findet **keine Anwendung** für Feststellungen **auf die Feststellungszeitpunkte 1.1.2022, 1.1.2023 und 1.1.2024**. Dies ist im Ergebnis folgerichtig: § 1 GrStHsG LSA betrifft ausschließlich die Festsetzung der Grundsteuer durch die Gemeinden, die nach reformiertem Bewertungs- und Grundsteuerrecht infolge § 36 Abs. 1 GrStG ohnehin erst ab 1.1.2025 erfolgt.

§ 3 GrStHsG LSA Inkrafttreten

Dieses Gesetz tritt am Tag nach der Verkündung in Kraft.

Inhaltsübersicht Rz.

LITERATUR:

Siehe Vorwort.

1 Siehe Bock/Lapp in Grootens, NWGrStHsG, Vorwort Rz. 46 ff.

2 Bock in Grootens, BewG, §§ 243 und 244; Müller in Grootens, BewG, §§ 232–234 und 240.

A. Allgemeine Erläuterungen

I. Normzweck und wirtschaftliche Bedeutung der Vorschrift

§ 3 GrStHsG LSA regelt den Zeitpunkt des Inkrafttretens des Gesetzes. 1

(Einstweilen frei) 2–5

II. Entstehung und Entwicklung der Vorschrift

Die Vorschrift wurde im Jahr 2024 in das **GrStHsG LSA** aufgenommen.[1] 6

(Einstweilen frei) 7–10

III. Geltungsbereich

§ 3 GrStHsG LSA bestimmt, wann die Regelungen des Grundsteuerhebesatzgesetzes Sachsen-Anhalt in Kraft treten. Wie sich aus § 2 GrStHsG LSA[2] ergibt, sind die Regelungen des GrStHsG LSA **erstmals** ab dem **1.1.2025** anzuwenden. 11

(Einstweilen frei) 12–15

IV. Vereinbarkeit der Vorschrift mit höherrangigem Recht

Die Norm begegnet als solche keinen verfassungsrechtlichen Bedenken. Soweit mit ihr die Vorschriften des § 1 GrStHsG LSA in Kraft gesetzt werden, wird auf die verfassungsrechtliche Bewertung des gleichlautenden § 1 NWGrStHsG im Vorwort zum NWGrStHsG verwiesen.[3] 16

(Einstweilen frei) 17–20

V. Verhältnis zu anderen Vorschriften

§ 3 GrStHsG LSA setzt die **§§ 1–2 GrStHsG LSA**[4] am Tag nach der Verkündung in Kraft. 21

(Einstweilen frei) 22–25

B. Systematische Kommentierung

§ 3 GrStHsG LSA regelt, dass das GrStHsG LSA **am Tag nach seiner Verkündung in Kraft tritt.** Das GrStHsG LSA wurde am 23.10.2024 vom Landtag des Landes Sachsen-Anhalt beschlossen[5], am 1.11.2024 ausgefertigt und am 7.11.2024 im Gesetz- und Verordnungsblatt des Landes Sachsen-Anhalt verkündet.[6] Es ist damit am 8.11.2024 in Kraft getreten. Wie sich aus § 2 GrStHsG LSA[7] ergibt, sind die Regelungen des GrStHsG LSA **erstmals** ab dem **1.1.2025** anzuwenden. 26

1 Gesetz über die Einführung einer optionalen Festsetzung differenzierender Hebesätze im Rahmen des Grundvermögens bei der Grundsteuer des Landes Sachsen-Anhalt v. 1.11.2024, GVBl 2024 S. 312.

2 Vgl. vertiefend Bock/Lapp in Grootens, GrStHsG LSA, § 2 Rz. 26 ff.

3 Siehe Bock/Lapp in Grootens, NWGrStHsG, Vorwort Rz. 46 ff.

4 Siehe hierzu Bock/Lapp in Grootens, GrStHsG LSA, §§ 1–2.

5 Sachsen-Anhaltinische LT-Drucks. Stenografischer Bericht 8/74, S. 65.

6 GVBl 2024 S. 312.

7 Vgl. vertiefend Bock/Lapp in Grootens, GrStHsG LSA, § 2 Rz. 26 ff.

Abschnitt XII: Sachsen

Vorwort zur Kommentierung des Sächsischen Gesetzes über die Festsetzung der Steuermesszahlen bei der Grundsteuer (SächsGrStMG)

Inhaltsübersicht **Rz.**

A. Besonderheiten der Landesregelung in Abgrenzung zur Bundesregelung

I. Öffnungsklausel für abweichendes Landesrecht

1 Durch das „Gesetz zur Änderung des Grundgesetzes“[1] v. 15.11.2019 ist es den Bundesländern nach Art. 72 Abs. 3 Satz 1 Nr. 7 GG möglich, ganz oder zum Teil von einem Bundesgesetz zur Grundsteuer abzuweichen. Als zweites Bundesland hat Sachsen diese Möglichkeit genutzt und abweichendes Grundsteuerrecht geschaffen. Hierzu hat der Landtag von Sachsen in seiner Sitzung am **3.2.2021** das **Sächsische Gesetz zur Umsetzung der Grundsteuerreform verabschiedet.**[2] Kern dieses Gesetzes war die Einführung eines Sächsischen Gesetzes über die Festsetzung der Steuermesszahlen bei der Grundsteuer (Sächsisches Grundsteuermesszahlengesetz – **SächsGrStMG**).

2 Mit dem „Gesetz zur Bestätigung des Grundsteuermesszahlengesetzes und zur redaktionellen Anpassung des Gesetzes zur Finanzierung des Ausbildungsverkehrs im Öffentlichen Personennahverkehr“[3] v. 21.12.2021 wurde das SächsGrStMG nochmals bestätigt. Es handelt sich um eine **gesetzestechnisch erforderliche Bestätigung des bisherigen Rechtszustandes,** die keine inhaltlichen Änderungen mit sich bringt. Nach Art. 72 Abs. 3 Satz 3 GG gilt das zuletzt beschlossene Gesetz (Grundsatz lex posterior derogat legi priori). Durch das GrStRefUG[4] v. 16.7.2021 hatte der Bundesgesetzgeber die Messzahlen in § 15 GrStG angepasst und damit die abweichenden Messzahlen des SächsGrStMG v. 3.2.2021 überschrieben. Es bedurfte deshalb der erneuten Verabschiedung des Sächsischen Grundsteuermesszahlengesetzes, um den vom sächsischen Gesetzgeber bereits verabschiedeten Grundsteuermesszahlen (erneut) vorrangige Geltung zu verschaffen.[5] Eine in-

1 Gesetz zur Änderung des Grundgesetzes (Art. 72, 105 und 125b) v. 15.11.2019, BGBl 2019 I S. 1546.
2 Sächsisches Gesetz zur Umsetzung der Grundsteuerreform v. 3.2.2021, SächsGVBl 2021 S. 242.
3 Gesetz zur Bestätigung des Grundsteuermesszahlengesetzes und zur redaktionellen Anpassung des Gesetzes zur Finanzierung des Ausbildungsverkehrs im Öffentlichen Personennahverkehr, SächsGVBl 2022 S. 9.
4 GrStRefUG v. 16.7.2021, BGBl 2021 I S. 2931.
5 Vgl. Drucks. 7/7820 des Sächsischen Landtags S. 2.

haltliche Anpassung der sächsischen Messzahlen auf die ebenfalls mit dem GrStRefUG durchgeführte Aktualisierung der Anlage 39 zum BewG (vgl. →Rz. 12) erfolgte in diesem Zuge nicht. Das SächsGrStMG tritt in bestätigter Fassung am Tag nach der Verkündung des Gesetzes am 5.1.2022 in Kraft. Gleichzeitig tritt das SächsGrStMG vom 3.2.2021 außer Kraft.

(Einstweilen frei) 3

II. Ziele der landesrechtlichen Sonderregelung

Ziel des SächsGrStMG ist es, bei der Bewertung des Grundvermögens den **regionalen Besonderheiten** in Sachsen hinreichend Rechnung zu tragen.[1] Um diesen regionalen Besonderheiten in Sachsen bei der Bewertung des Grundvermögens angemessen zu berücksichtigten, sollen anstelle der einheitlichen Grundsteuermesszahlen von 0,34 Promille in § 15 Abs. 1 GrStG sowohl für die Wohn- als auch für die Geschäftsgrundstücke **unterschiedliche Messzahlen** normiert werden. Die bei Anwendung der bundesgesetzlich geregelten Steuermesszahlen erwartete starke Belastung der Wohnnutzung, insbesondere in den Ballungszentren, soll so deutlich abgemildert werden. Mit der **niedrigeren Steuermesszahl für die Wohnnutzung** wird diese gegenüber der geschäftlichen Nutzung gezielt geringer belastet. Diese Belastungsentscheidung gründet auf einer angestrebten **Förderung von Wohnraum.** 4

Für das **land- und forstwirtschaftliche Vermögen** werden keine eigenständigen sächsischen Regelungen normiert. Hierfür verbleibt es bei der Anwendung des Bundesrechts. Darüber hinaus ist mit dem sächsischen Gesetz zur Umsetzung der Grundsteuerreform eine **Aktualisierung des Sächsischen Vermessungs- und Katastergesetzes** durchgeführt worden, um perspektivisch dem Steuerpflichtigen weitere Angaben zu seinem Grundbesitz automatisiert zur Verfügung stellen zu können. 5

(Einstweilen frei) 6–8

III. Festlegung der abweichenden Messzahlen

Die Steuermesszahl beträgt, abweichend von § 15 Abs. 1 Nr. 1 und 2 GrStG für im Freistaat Sachsen belegene 9

1. **unbebaute Grundstücke** i. S. des **§ 246 BewG 0,36 Promille**,
2. **bebaute Grundstücke** i. S. des **§ 249 Abs. 1 Nr. 1–4 BewG 0,36 Promille** und
3. **bebaute Grundstücke** i. S. des **§ 249 Abs. 1 Nr. 5–8 BewG 0,72 Promille.**

Diese Regelung ersetzt gem. Art. 125b Abs. 3 GG in seinem Geltungsbereich § 15 Abs. 1 Nr. 2 des GrStG.

Im ursprünglichen Gesetzentwurf der Landesregierung waren nur für bebaute Grundstücke (aufgeteilt in Wohngrundstücke und Nichtwohngrundstücke) abweichende Messzahlen festgelegt.[2] Die im Rahmen des Gesetzgebungsverfahren vorgenommene **Ergänzung der Regelung für unbebaute Grundstücke** bewirkt, dass bei unbebauten Grundstücken dieselbe Steuermesszahl wie bei Wohngrundstücken zur Anwendung kommt. Damit sollen unbebaute Grundstücke ungeachtet ihres Nutzungszwecks geringer belastet werden, um auch insoweit den regionalen, sächsischen Besonderheiten hinreichend Rechnung zu tragen. 10

1 Vgl. Drucks. 7/4095 des Sächsischen Landtags, S. 2.
2 Vgl. Drucks. 7/4095 des Sächsischen Landtags, S. 7.

11 Diese Belastungsentscheidung gründet nach der Begründung des Landesgesetzgebers zum einen darauf, dass unbebaute Grundstücke – insbesondere im Vergleich zu geschäftlich genutzten Grundstücken – **Infrastrukturleistungen** einer Gemeinde **in einem deutlich geringeren Maß** in Anspruch nehmen bzw. erforderlich machen.[1] Zum anderen leiste das Vorhandensein unbebauter Grundstücke z. B. durch die **Nutzung als Grün- bzw. Freiflächen** oder für **Gemeinschaftsgärten** einen wertvollen Beitrag zur Verbesserung der Lebens- und Luftqualität sowohl im innerstädtischen als auch im ländlichen Bereich und trage dazu bei, negativen Folgewirkungen, die durch **Flächenversiegelung** entstehen können, entgegenzuwirken bzw. diese abzumildern. Gleichzeitig bleibe den Kommunen das deutlich zielgenauere Instrument der **Grundsteuer C** erhalten, wonach diese aus städtebaulichen Gründen einen besonderen Hebesatz für **baureife Grundstücke** in bestimmten Gemeindeteilen festlegen können (§ 25 Abs. 5 GrStG), um erforderlichenfalls Bebauungsanreize zu setzen, ohne dass eine konfiskatorische Besteuerung befürchtet werden müsste.

12 Mit dem **GrStRefUG**[2] wurde in der bundesgesetzlichen Regelung die Steuermesszahl für die im Ertragswertverfahren bewerteten Wohngrundstücke von 0,34 Promille auf 0,31 Promille abgesenkt.[3] Die Anpassung war nötig, weil mit dem GrStRefUG gleichzeitig die Anlage 39 zum BewG (Ermittlung des Rohertrages) an die Ergebnisse des **Mikrozensus 2018** angepasst wurde und damit eine Erhöhung der dem Bewertungsverfahren zu Grunde zu legenden Mietansätze einherging (vgl. zur Anhebung der Mietansätze durch das GrStRefUG und der kompensierenden Absenkung der Messzahl für die Wohngrundstücke vertiefend Grootens in Grootens, § 254 GrStG Rz. 34). Eine gesonderte Reaktion des sächsischen Gesetzgebers auf die Anhebung der auch für das Land Sachsen angehobenen Mietansätze erfolgte (bisher) nicht. Auch im Rahmen des Gesetzes zur Bestätigung des Grundsteuermesszahlengesetzes und zur redaktionellen Anpassung des Gesetzes zur Finanzierung des Ausbildungsverkehrs im Öffentlichen Personennahverkehr“[4] v. 21.12.2021 (vgl. → Rz. 2) wurde **keine Anpassung der Messzahlen** vorgenommen. Es ist aus der Gesetzesbegründung zum SächsGrStMG nicht erkennbar, ob der sächsische Gesetzgeber diese Anpassung der Anlage 39 bereits bei seiner Messzahlenfestlegung antizipiert hat. Da in der Gesetzesbegründung[5] noch die Messzahl von 0,34 Promille für Wohngrundstücke als Referenz angeführt wird, ist davon wohl nicht auszugehen. In diesem Fall wäre ein Teil der berechneten Entlastungswirkung aufgrund der niedrigeren Messzahl durch die angehobenen Mietansätze in der Anlage 39 zum BewG wieder aufgehoben worden.

13–20 *(Einstweilen frei)*

IV. Folgen der Reform für die Grundstückeigentümer

21 Die Grundsteuerreform soll im Grundsatz **aufkommensneutral** durchgeführt werden. Dabei wird nicht auf die Änderungen beim einzelnen Steuerpflichtigen, sondern auf das kommunale Gesamtaufkommen der Grundsteuer abgestellt.[6] Bei gemieteten und vermieteten Immobilien

1 Vgl. Drucks. 7/5395 des Sächsischen Landtags, S. 2.
2 GrStRefUG v. 16.7.2021, BGBl 2021 I S. 2931.
3 § 15 Abs. 1 Nr. 2 a GrStG i. d. F. des GrStRefUG.
4 Gesetz zur Bestätigung des Grundsteuermesszahlengesetzes und zur redaktionellen Anpassung des Gesetzes zur Finanzierung des Ausbildungsverkehrs im Öffentlichen Personennahverkehr, SächsGVBl 2022 S. 9.
5 Vgl. Drucks. 7/4095 des Sächsischen Landtags S. 9.
6 Vgl. Drucks. 7/4095 des Sächsischen Landtags, S. 3.

können zu zahlende Mieten bzw. Mieteinnahmen (aufgrund der Umlagefähigkeit der Grundsteuer auf die Miete nach der Betriebskostenverordnung) von der bisherigen Höhe abweichen.

Durch die Festlegung der abweichenden Messzahlen wird in Sachsen eine **Verschiebung des Messbetragsvolumens** von den Wohngrundstücken und unbebauten Grundstücken hin zu den Nichtwohngrundstücken erzielt. Passt die jeweilige Gemeinde ihren Hebesatz entsprechend der durch die Reform verursachten Veränderungen im Gesamtmessbetragsvolumen an, wird dadurch eine **Verschiebung des Grundsteueraufkommens zulasten der Nichtwohngrundstücke** erreicht. Dies ist erklärtes Ziel des Gesetzgebers (vgl. → Rz. 4). 22

(Einstweilen frei) 23–30

B. Verfassungsrechtliche Überlegungen

I. Formelle Verfassungsmäßigkeit

Aus **formeller Sicht** ist die abweichende Regelung des Landes Sachsen verfassungsrechtlich nicht zu beanstanden. Das Land hat von seiner in Art. 72 Abs. 3 Nr. 7 GG normierten **Gesetzgebungskompetenz** zulässigerweise Gebrauch gemacht. Die Änderung wird zusammen mit den übrigen Vorschriften des GrStG **ab dem 1.1.2025** wirksam, so dass auch der in Art. 125b Abs. 3 GG normierten **„Anlaufhemmung"** bezüglich der eingeräumten Gesetzgebungskompetenz Rechnung getragen wurde. 31

(Einstweilen frei) 32–35

II. Materielle Verfassungsmäßigkeit

Aus **materieller Sicht** stellt sich die Frage nach der **Folgerichtigkeit** der Regelung und der ausreichenden Begründung für das gewünschte **Lenkungsziel**. Menschenwürdiges Wohnen ist ein allgemeines Gut, das international verankert ist. Auch das Grundgesetz (Art. 1, Art. 20 GG) sowie die Verfassung des Freistaats Sachsen (Art. 7 SächsVerf) sichert dies und damit letztlich **bezahlbaren Wohnraum** ab. 36

Das Wohnen, sei es in Eigentum oder zur Miete, ist im Verlauf der letzten Jahre in begehrten Gebieten wie Großstädten zu einem immer knapperen und teureren Gut geworden, während in weniger nachgefragten, meist ländlichen Gegenden vermehrt Leerstände oder Preisverfall zu verzeichnen sind. In beiden Situationen ist eine **Entlastung bei der Grundsteuer** ein Beitrag zur **Förderung des Gemeinwohls.** Um diese Staatszielbestimmungen auch steuerpolitisch zu unterstützen, wird daher die Steuermesszahl für Wohnnutzung gegenüber der Nicht-Wohnnutzung geringer belastet.[1] Das Lenkungsziel der abweichenden Regelung ist damit nach Auffassung des Gesetzgebers klar umrissen und sachlich begründet. Überzeugende Gegenargumente zu dieser Auffassung sind nicht ersichtlich. 37

Dieser Auffassung hat sich auch das **Sächsische FG** mit **Urteil vom 24.10.2023** angeschlossen.[2] Es sei **verfassungsrechtlich nicht zu beanstanden**, dass der Freistaat Sachsen in Ziffer 2 des Sächsischen Grundsteuermesszahlengesetzes (SächsGrStMG) abweichend von § 15 Abs. 1 Nr. 2 Buchst. a GrStG für die Steuermesszahl geregelt hat, dass bei Einfamilienhäusern (§ 249 Abs. 1 Nr. 1 BewG) **statt 0,31 Promille ein Wert von 0,36 Promille** anzuwenden ist. Vorliegend wolle 37/1

1 Vgl. Drucks. 7/4095 des Sächsischen Landtags, S. 9.
2 Sächsisches FG, Urteil v. 24.10.2023 - 2 K 574/23.

der Sächsische Gesetzgeber den Wohnraum fördern, worin er ein Ziel verfolgt, dass das **Gemeinwohl** fördert. Die konkrete **Ausgestaltung** sei geeignet. Mit der Steuermesszahl von 0,36 % für Wohngrundstücke und von 0,72 % für Nichtwohngrundstücke könne eine Verteilung erreicht werden, nach der der Anteil wieder ca. 50 % des Grundsteueraufkommens (wie vor der Grundsteuerreform) betrage und es bei entsprechenden Hebesätzen der Gemeinden nicht zu einer höheren, gegebenenfalls sogar geringeren Belastung komme.

38 Die Einbeziehung der **unbebauten Grundstücke** (vgl. zur Begründung des Gesetzgebers →Rz. 11) in die gegenüber den Nichtwohngrundstücken niedrigere Messzahl ist deutlich schwächer begründet. Ein Baulandgrundstück im Industriegebiet wird die in der Gesetzesbegründung angeführten positiven Effekte wohl kaum bzw. nur sehr geringfügig erreichen. Gleichzeitig sind die meisten Infrastrukturaufwendungen Einmalaufwendungen (insbesondere Erschließungskosten und Bereitstellung von Versorgungskapazitäten), die ungeachtet einer vorhandenen Bebauung anfallen. Insofern wäre es m. E. sachgerechter und folgerichtig gewesen, zwischen **Bauland für Wohnzwecke und Nichtwohnzwecke** zu unterscheiden und nur für erstere die niedrigere Messzahl zu gewähren. Zu diesem Ergebnis kommt auch Desens, der in der Begünstigung unbebauter Grundstücke gegenüber den Nichtwohngrundstücken einen **Verstoß gegen den allgemeinen Gleichheitssatz** sieht und daher insoweit von einer Verfassungswidrigkeit ausgeht.[1] Das **Sächsische FG** hatte aufgrund der im Urteilsfall vorliegenden wirtschaftlichen Einheit „Einfamilienhaus" nur die Begünstigung der Wohngrundstücke zu prüfen, so dass in diesem Urteil **keine Aussagen zur Verfassungsmäßigkeit der Messzahl für unbebaute Grundstücke** getroffen wurden.[2]

39–45 *(Einstweilen frei)*

III. Zusammenfassung

46 Das SächsGrStMG ist aus **verfassungsrechtlicher Sicht** grundsätzlich **nicht zu beanstanden**. Allenfalls im Bereich der **unbebauten Grundstücke** ergeben sich m. E. **Schwächen in der Begründung** des Lenkungsziels. Klarheit darüber, ob die nun getroffenen gesetzlichen Regelungen der verfassungsrechtlichen Prüfung in allen Punkten standhalten, wird es erst nach einer erneuten gerichtlichen Überprüfung geben.

§ 1 SächsGrStMG[3]

Die Steuermesszahl beträgt, abweichend von § 15 Absatz 1 Nummer 1 und 2 des Grundsteuergesetzes vom 7. August 1973 (BGBl I S. 965), das zuletzt durch Artikel 3 des Gesetzes vom 16. Juli 2021 (BGBl I S. 2931) geändert worden ist, für im Freistaat Sachsen belegene

1. unbebaute Grundstücke im Sinne des § 246 des Bewertungsgesetzes in der Fassung der Bekanntmachung vom 1. Februar 1991 (BGBl I S. 230), das zuletzt durch Artikel 2 des Gesetzes vom 16. Juli 2021 (BGBl I S. 2931) geändert worden ist, 0,36 Promille,

1 Vgl. Desens in Stenger/Loose, Bewertungsrecht – BewG/ErbStG/GrStG, Landesgrundsteuergesetz Sachsen Rz. 58.

2 Sächsisches FG, Urteil v. 24.10.2023 - 2 K 574/23.

3 **Anm. d. Red.:** Paragrafenzählung von der Redaktion hinzugefügt; die amtliche Fassung des Gesetzes ist ohne Paragrafenzählung verkündet worden.

2. **bebaute Grundstücke im Sinne des § 249 Absatz 1 Nummer 1 bis 4 des Bewertungsgesetzes 0,36 Promille und**

3. **bebaute Grundstücke im Sinne des § 249 Absatz 1 Nummer 5 bis 8 des Bewertungsgesetzes 0,72 Promille.**

Inhaltsübersicht **Rz.**

LITERATUR:

Hubert, Nach ist vor der Grundsteuerreform, StuB 2020 S. 552; *Grootens*, Umsetzung der Grundsteuerreform in den Ländern – Der Flickenteppich kommt!, ErbStB 2021 S. 80; *Bräutigam*, Grundsteuerreform – von der künftigen Diversität einer Steuerart, DStR 2021 S. 1330; *Scheffler/Feldner*, Umsetzung der Grundsteuerreform in den Bundesländern – Auswirkungen und verfassungsrechtliche Beurteilung, ifst-Schrift Nr. 542.

ARBEITSHILFEN UND GRUNDLAGEN ONLINE:

Grundsteuer: Grundbesitzbewertung ab 2022/2025 (Sach- und Ertragswertverfahren) – Checkliste mit Berechnungen, NWB NAAAH-93792.

A. Allgemeine Erläuterungen zum SächsGrStMG

I. Normzweck und wirtschaftliche Bedeutung der Vorschrift

1 § 15 GrStG bestimmt zunächst bundeseinheitlich die **Steuermesszahlen** für die Grundstücksarten **des Grundvermögens**. Die Steuermesszahl wird auf den festgestellten Grundsteuerwert für das jeweilige Grundstück angewendet und ergibt den Grundsteuermessbetrag der jeweiligen wirtschaftlichen Einheit des Grundvermögens. Dabei differenziert § 15 Abs. 1 GrStG dem Grunde nach zwischen den unbebauten Grundstücken und den Grundstücksarten der Wohngrundstücke und der Nichtwohngrundstücke einschließlich der gemischt genutzten Grundstücke. Der Höhe nach beträgt die Steuermesszahl nach Bundesrecht **0,34 Promille** für die Nichtwohngrundstücke und die unbebauten Grundstücke und **0,31 Promille** für Wohngrundstücke.[1] Auf den Steuermessbetrag findet der jeweilige Hebesatz der Gemeinde für das Grundvermögen Anwendung (sog. **Grundsteuer B**) und ergibt die Grundsteuer für das jeweilige Grundstück.

1 Vgl. zu den Messzahlen im Bundesrecht Bock in Grootens, GrStG § 15 Rz. 1 ff.

2 Nach Art. 72 Abs. 3 Nr. 7 GG können die **Länder** von der bundesgesetzlich geregelten Grundsteuer **abweichende Regelungen** treffen. Dies gilt auch für die Steuermesszahlen. Die Länder können daher auch nur abweichende Steuermesszahlen festlegen und im Übrigen das Bundesmodell anwenden. Auf diese Weise können die Länder ein **aufkommensneutrales Steuermessbetragsvolumen** beispielsweise in Bezug auf das Grundvermögen auf Landesebene herstellen.

3 Sachsen hat diese Möglichkeit genutzt und abweichende Grundsteuermesszahlen festgelegt.[1] Hierzu hat der Landtag von Sachsen in seiner Sitzung am 3.2.2021 das **Sächsische Gesetz zur Umsetzung der Grundsteuerreform**[2] verabschiedet. Kern dieses Gesetzes war die Einführung eines Sächsischen Gesetzes über die Festsetzung der Steuermesszahlen bei der Grundsteuer (**Sächsisches Grundsteuermesszahlengesetz** – SächsGrStMG[3]).

4–6 *(Einstweilen frei)*

II. Entstehung und Entwicklung der Vorschrift

7 Das **Sächsische Gesetz zur Umsetzung der Grundsteuerreform**[4] wurde am 3.2.2021 vom Landtag des Freistaates Sachsen verabschiedet. Es tritt nach Art. 3 des Gesetzes am Tag nach der Verkündung in Kraft, mithin am **27.2.2021**. Die abweichenden Messzahlen des Sächsischen Grundsteuermesszahlengesetzes (**SächsGrStMG**)[5] sind somit bereits für die erste **Hauptveranlagung der Grundsteuermessbeträge auf den 1.1.2025** anzuwenden.[6] Mit dem „Gesetz zur Bestätigung des Grundsteuermesszahlengesetzes und zur redaktionellen Anpassung des Gesetzes zur Finanzierung des Ausbildungsverkehrs im Öffentlichen Personennahverkehr"[7] v. 21.12.2021 wurde das SächsGrStMG nochmals bestätigt. Es handelt sich um eine gesetzestechnisch erforderliche Bestätigung des bisherigen Rechtszustandes, die keine inhaltlichen Änderungen mit sich bringt.[8]

8–11 *(Einstweilen frei)*

III. Geltungsbereich

12 Das Sächsische Grundsteuermesszahlengesetz (**SächsGrStMG**)[9] legt für alle im Gebiet des Freistaates Sachsen belegene wirtschaftliche Einheiten des **Grundvermögens** (Grundstücke und diesen gleichgestellte Betriebsgrundstücke) vom Bundesrecht **abweichende Messzahlen** fest. Das SächsGrStMG gilt hingegen **nicht für das land- und forstwirtschaftliche Vermögen**, da die Steuermesszahl für das land- und forstwirtschaftliche Vermögen in § 14 GrStG geregelt wird. Da die Wohngebäude eines land- und forstwirtschaftlichen Betriebs nunmehr dem Grundvermögen zugeordnet werden, findet das SächsGrStMG auf diese uneingeschränkte Anwendung.

---

1 Vgl. hierzu auch ausführlich Grootens in Grootens, Vorwort SächsGrStMG Rz. 1 ff.

2 Sächsisches Gesetz zur Umsetzung der Grundsteuerreform v. 3.2.2021, SächsGVBl 2021 S. 242.

3 Sächsisches Grundsteuermesszahlengesetz v. 3.2.2021, SächsGVBl 2021 S. 242.

4 Sächsisches Gesetz zur Umsetzung der Grundsteuerreform v. 3.2.2021, SächsGVBl 2021 S. 242.

5 Sächsisches Grundsteuermesszahlengesetz v. 3.2.2021, SächsGVBl 2021 S. 242.

6 Vgl. § 16 GrStG i.V. mit § 36 GrStG.

7 Gesetz zur Bestätigung des Grundsteuermesszahlengesetzes und zur redaktionellen Anpassung des Gesetzes zur Finanzierung des Ausbildungsverkehrs im Öffentlichen Personennahverkehr, SächsGVBl 2022 S. 9. GrStRefUG v. 16.7.2021, BGBl 2021 I S. 2931.

8 Vgl. vertiefend Grootens in Grootens, Vorwort zum SächsGrStMG Rz. 2.

9 Sächsisches Grundsteuermesszahlengesetz v. 3.2.2021, SächsGVBl 2021 S. 242.

Das **SächsGrStMG** findet gem. Art. 3 des Sächsischen Gesetzes zur Umsetzung der Grundsteuerreform[1] i. V. mit § 37 Abs. 1 GrStG für die Grundsteuer **ab dem Kalenderjahr 2025** Anwendung. **§ 15 GrStG i. d. F. des Grundsteuerreformgesetzes v. 7.8.1973** mit der letzten Änderung durch Art. 38 des Gesetzes v. 19.12.2008 (BGBl I S. 2794) findet nach § 37 Abs. 2 GrStG für die Grundsteuer **bis einschließlich des Kalenderjahres 2024** Anwendung. 13

(Einstweilen frei) 14–16

IV. Verhältnis zu anderen Vorschriften

Die Steuermesszahl für das Grundvermögen ist nach **§ 13 Satz 2 GrStG** auf den nach **§ 219 Abs. 1 BewG** festgestellten Grundsteuerwert der jeweiligen wirtschaftlichen Einheit des Grundvermögens anzuwenden und ergibt den Steuermessbetrag. Die Ermittlung des Grundsteuerwerts des jeweiligen Grundstücks richtet sich nach **§§ 243 ff. BewG**. Das SächsGrStMG differenziert zwischen den unbebauten Grundstücken nach **§ 246 BewG** und innerhalb der bebauten Grundstücke zwischen den Wohngrundstücken nach **§ 249 Abs. 1 Nr. 1–4 BewG** und den Nichtwohngrundstücken einschließlich der gemischt genutzten Grundstücke nach **§ 249 Abs. 1 Nr. 5–8 BewG**. Die Einordnung in eine der Grundstücksarten ergibt sich aus **§ 249 Abs. 2–10 BewG**. 17

§ 25 Abs. 5 GrStG i. d. F. des Gesetzes zur Mobilisierung baureifer Grundstücke für die Bebauung sieht ab dem 1.1.2025 zudem die Möglichkeit für die Gemeinden vor, für baureife unbebaute Grundstücke i. S. von § 15 Abs. 1 Nr. 1 GrStG einen erhöhten Hebesatz festzulegen (sog. **Grundsteuer C**).[2] 18

(Einstweilen frei) 19–21

B. Systematische Kommentierung

I. Steuermesszahl für Grundstücke

1. Steuermesszahl für unbebaute Grundstücke

Die in § 15 Abs. 1 Nr. 1 GrStG bundesgesetzlich geregelte **Steuermesszahl** für unbebaute Grundstücke beträgt nach § 15 Abs. 1 Nr. 1 GrStG einheitlich **0,34 Promille**. Wann ein unbebautes Grundstück vorliegt, richtet sich nach § 246 BewG.[3] Mit ihr ist zur Ermittlung des Steuermessbetrags der festgestellte Grundsteuerwert des jeweiligen unbebauten Grundstücks zu multiplizieren,[4] 22

Durch das **SächsGrStMG** wird die Messzahl für im Freistaat Sachsen belegene **unbebaute Grundstücke** i. S. des § 246 BewG **abweichend von der bundesgesetzlichen Regelung auf 0,36 Promille** festgelegt. Damit werden **unbebaute Grundstücke** in Sachsen ebenso wie die Wohngrundstücke (vgl. → Rz. 28) gegenüber den Nichtwohngrundstücken (Messzahl 0,72 Promille, vgl. → Rz. 32) **geringer mit Grundsteuer belastet** (vgl. zur Intention des Gesetzgebers ausführlich Grootens in Grootens, Vorwort SächsGrStMG Rz. 4 ff. und zur Auswirkung der abweichenden Messzahlenfestlegung Grootens in Grootens, Vorwort SächsGrStMG Rz. 21 f.). 23

---

1 Sächsisches Gesetz zur Umsetzung der Grundsteuerreform v. 3.2.2021, SächsGVBl 2021 S. 242.

2 Siehe hierzu vertiefend Grootens in Grootens, GrStG § 25 Rz. 121 ff.

3 Siehe dazu vertiefend Bock in Grootens, BewG § 246 Rz. 17 ff.

4 Vgl. vertiefend dazu Bock in Grootens, GrStG § 15 Rz. 22.

24 Im ursprünglichen Gesetzentwurf der Landesregierung waren nur für bebaute Grundstücke (aufgeteilt in Wohngrundstücke und Nichtwohngrundstücke) abweichende Messzahlen festgelegt.[1] Die im Rahmen des Gesetzgebungsverfahren vorgenommene **Ergänzung der Regelung für unbebaute Grundstücke** bewirkt, dass bei unbebauten Grundstücken dieselbe Steuermesszahl wie bei Wohngrundstücken zur Anwendung kommt. Damit sollen unbebaute Grundstücke ungeachtet ihres Nutzungszwecks geringer belastet werden, um auch insoweit den regionalen, sächsischen Besonderheiten hinreichend Rechnung zu tragen.[2]

25–26 *(Einstweilen frei)*

2. Steuermesszahl für bebaute Grundstücke

a) Steuermesszahl für die Wohngrundstücke

27 Die bundesgesetzlich geregelte **Steuermesszahl** für die Wohngrundstücke i. S. des § 249 Abs. 1 Nr. 1–4 BewG beträgt nach § 15 Abs. 1 Nr. 1 GrStG i. d. F. des GrStRefUG[3] einheitlich **0,31 Promille**. Wohngrundstücke i. S. des § 249 Abs. 1 Nr. 1–4 BewG sind Ein- und Zweifamilienhäuser, Mietwohngrundstücke und das Wohnungseigentum. Die Einordnung in eine dieser Grundstücksarten richtet sich nach § 246 Abs. 2–5 BewG und § 246 Abs. 10 BewG.[4] Mit der Steuermesszahl ist zur Ermittlung des Steuermessbetrags der festgestellte Grundsteuerwert des jeweiligen bebauten Grundstücks i. S. des § 249 Abs. 1 Nr. 1–4 BewG zu multiplizieren.[5]

28 Durch das **SächsGrStMG** wird die Messzahl für im Freistaat Sachsen belegene **Wohngrundstücke** i. S. des § 249 Abs. 1 Nr. 1–4 BewG **abweichend von der bundesgesetzlichen Regelung auf 0,36 Promille** festgelegt. Damit werden **Wohngrundstücke** in Sachsen ebenso wie die unbebauten Grundstücke (vgl. → Rz. 22) gegenüber den Nichtwohngrundstücken (Messzahl 0,72 Promille, vgl. → Rz. 32) **geringer mit Grundsteuer belastet** (vgl. zur Intention des Gesetzgebers ausführlich Grootens in Grootens, Vorwort SächsGrStMG Rz. 4 ff. und zur Auswirkung der abweichenden Messzahlenfestlegung Grootens in Grootens, Vorwort SächsGrStMG Rz. 21 f.). Auf die Absenkung der Messzahl für die Wohngrundstücke in § 15 Abs. 1 Nr. 2a GrStG von 0,34 Promille auf 0,31 Promille durch GrStRefUG hat der sächsische Gesetzgeber soweit erkennbar nicht durch eine entsprechende Absenkung der Messzahlen für die Wohngrundstücke im SächsGrStMG reagiert (vgl. zur Änderung der Messzahlen durch das GrStRefUG und dem Einfluss auf die Festlegung der Messzahlen in Sachsen Grootens in Grootens, Vorwort SächsGrStMG Rz. 12).

29–30 *(Einstweilen frei)*

b) Steuermesszahl für die Nichtwohngrundstücke und gemischt genutzten Grundstücke

31 Die bundesgesetzlich geregelte **Steuermesszahl** für die Nichtwohngrundstücke und gemischt genutzten bebauten Grundstücke i. S. des § 249 Abs. 1 Nr. 5–8 BewG beträgt nach § 15 Abs. 1 Nr. 1 GrStG einheitlich **0,34 Promille**. Nichtwohngrundstücke i. S. des § 249 Abs. 1 Nr. 5, Nr. 6 und Nr. 8 BewG sind Teileigentum, die Geschäftsgrundstücke und sonstige bebaute Grundstü-

1 Vgl. Drucks. 7/4095 des Sächsischen Landtags S. 7.

2 Vgl. zur Belastungsentscheidung des Gesetzgebers Grootens in Grootens, Vorwort SächsGrStMG Rz. 11 und Rz. 38.

3 GrStRefUG v. 16.7.2021, BGBl 2021 I S. 2931.

4 Siehe dazu vertiefend Bock in Grootens, BewG § 249 Rz. 19 ff.

5 Vgl. Bock in Grootens, GrStG § 15 Rz. 23.

cke. Die Einordnung in eine dieser Grundstücksarten richtet sich nach § 246 Abs. 6–9 BewG.[1] Mit der Steuermesszahl ist zur Ermittlung des Steuermessbetrags der festgestellte Grundsteuerwert des jeweiligen bebauten Grundstücks i. S. des § 249 Abs. 1 Nr. 5–8 BewG zu multiplizieren.[2]

Durch das **SächsGrStMG** wird die Messzahl für im Freistaat Sachsen belegene **Nichtwohngrundstücke** und gemischt genutzte bebaute Grundstücke i. S. des § 249 Abs. 1 Nr. 5–8 BewG **abweichend von der bundesgesetzlichen Regelung auf 0,72 Promille** festgelegt. Damit werden **Nichtwohngrundstücke** in Sachsen gegenüber den Wohngrundstücken (Messzahl 0,36 Promille) und den unbebauten Grundstücken (Messzahl 0,36 Promille) **höher mit Grundsteuer belastet.** Dies entspricht der gesetzgeberischen Intention (vgl. zur Intention des Gesetzgebers ausführlich Grootens in Grootens, Vorwort SächsGrStMG Rz. 4 ff. und zur Auswirkung der abweichenden Messzahlenfestlegung Grootens in Grootens, Vorwort SächsGrStMG Rz. 21 f.). 32

(Einstweilen frei) 33–36

II. Bemessungsgrundlage für die Ermäßigung der Messzahlen

Anders als in § 1 Abs. 2 GrStG-Saar fehlt im Sächsischen GrStMG die gesetzliche Klarstellung, dass die **landesspezifischen Messzahlen Bezugsgröße für die bundesgesetzlichen Ermäßigungstatbestände in § 15 Abs. 2–5 GrStG** sind. Daraus ergibt sich in Sachsen gleichwohl **keine andere Rechtslage** gegenüber dem Saarland, da das Sächsische GrStMG nur punktuell § 15 Abs. 1 GrStG des Bundes überschreibt, nicht aber die folgenden Absätze des § 15 GrStG des Bundes. Siehe zu den **Messzahlenermäßigungen** ausführlich Bock in Grootens, GrStG § 15 Rz. 57 ff. 37

Abschnitt XIII: Schleswig-Holstein

Vorwort zur Kommentierung des Schleswig-Holsteinischen Grundsteuerhebesatzgesetzes (SHGrStHsG)

Drüen/Krumm, Rechtsgutachten zur optionalen Einführung differenzierter Grundsteuerhebesätze durch die Gemeinden in Nordrhein-Westfalen, https://www.finanzverwaltung.nrw.de/system/files/media/document/file/drueen-krumm_gutachten_grundsteuerhebesatzdifferenzierung_16-8-2024.pdf; *Eisele*, Reform der Grundsteuer: Aktuelle Landesgrundsteuergesetze in Berlin und Nordrhein-Westfalen, NWB 39/2024 S. 2696 NWB FAAAJ-75532; *Lampert/Hummel*, Rechtsgutachterliche Stellungnahme für den Städtetag Nordrhein-Westfalen betreffend verfassungsrechtliche Risiken nordrhein-westfälischer Gemeinden im Falle der Festsetzung differenzierender Grundsteuer-Hebesätze, https://www.staedtetag-nrw.de/files/nrw/docs/Presse/2024/Staedtetag-NRW-Gutachten-Hebesatzdifferenzierung.pdf.

1 Siehe dazu vertiefend Bock in Grootens, BewG § 249 Rz. 64 ff.
2 Vgl. Bock in Grootens, GrStG § 15 Rz. 23.

Inhaltsübersicht Rz.

A. Gesetzgebungsverfahren zum SHGrStHsG

1 Als sich in Schleswig-Holstein der Eindruck konkretisierte, dass infolge der Reform der Grundsteuer **Belastungsverschiebungen** im Bereich der sog. Grundsteuer B zwischen der Gruppe der Wohngrundstücke einerseits und der Gruppe der Nichtwohngrundstücke andererseits entstehen würden, hat sich die Landesregierung mit den kommunalen Landesverbänden und den anderen Bundesländern zu der Thematik ausgetauscht.[1] So gehörte Schleswig-Holstein neben Nordrhein-Westfalen[2] zu den Ländern, die im Hinblick auf mögliche Belastungsverschiebungen zunächst für eine bundesgesetzliche Öffnung des kommunalen Hebesatzrechts warben.[3] Eine derartige bundesgesetzliche Änderung lehnte der Bund jedoch ab.[4]

2 Die **kommunalen Landesverbände** hatten sich dafür ausgesprochen, für die Kommunen entsprechend der für Nordrhein-Westfalen vorgesehenen Regelungen die Möglichkeit zu schaffen, differenzierte Hebesätze für Wohn- und Nichtwohngrundstücke festlegen zu können.[5] Die schleswig-holsteinischen Regierungsfraktionen brachten daraufhin am 6.6.2024 den Entwurf des **Schleswig-Holsteinischen Grundsteuerhebesatzgesetzes** in den Landtag ein.[6] Mit dem Gesetz sollte den Gemeinden das Recht eingeräumt werden, die **Hebesätze innerhalb des Grundvermögens** (sog. Grundsteuer B) **stärker zu differenzieren**, nämlich nach der Gruppe aus Nichtwohngrundstücken und unbebauten Grundstücken einerseits und der Gruppe der Wohngrundstücke andererseits (Näheres zu den Regelungszielen siehe → Rz. 26).

3 Anders als der nordrhein-westfälische Landesgesetzgeber hat der schleswig-holsteinische Landesgesetzgeber im laufenden Gesetzgebungsverfahren die Aufnahme einer landesgesetzlichen Regelung zum **Nachweis eines niedrigeren gemeinen Werts** im Hinblick auf die seinerzeit absehbare bundesgesetzliche Einführung des § 220 Abs. 2 BewG durch das Jahressteuergesetz 2024[7] nicht für erforderlich gehalten.[8]

4 Das schleswig-holsteinische Grundsteuerhebesatzgesetz war im politischen Gesetzgebungsverfahren **nicht unumstritten**,[9] wenngleich die Kritik hieran weniger scharf ausfiel als zu dem

1 Vgl. Schleswig-Holsteinische LT-Drucks. Plenarprotokoll 20/66, S. 5011.

2 Siehe hierzu vertiefend Bock/Lapp in Grootens, NWGrStHsG, Vorwort Rz. 1 ff.

3 Vgl. Schleswig-Holsteinischen LT-Drucks. Plenarprotokoll 20/66, S. 5011.

4 Vgl. Nordrhein-Westfälische LT-Drucks. Vorlage 18/2589, S. 1.

5 Schleswig-Holsteinischer LT-Umdruck 20/3647, S. 5.

6 Schleswig-Holsteinische LT-Drucks. 20/2221.

7 JStG 2024 v. 2.12.2024, BGBl 2024 I Nr. 387.

8 Niederschrift Finanzausschuss Schleswig-Holstein v. 5.9.2024, S. 4 f. und Niederschrift Finanzausschuss Schleswig-Holstein v. 4.7.2024, S. 16.

9 Vgl. vertiefend die zur Anhörung des SHGrStHsG eingereichten Stellungnahmen, Schleswig-Holsteinische LT-Umdrucke 20/3472, 20/3529, 20/3530, 20/3531, 20/3532, 20/3533, 20/3534, 20/3593, 20/3634.

vergleichbaren NWGrStHsG.[1] Vergleichbar mit der Kritik am NWGrStHsG[2] wurden **organisatorische Umsetzungsschwierigkeiten,**[3] eine **höhere Steuerbelastung für Gewerbetreibende**[4] und eine steigende Zahl von **Widerspruchs- und Klageverfahren**[5] befürchtet. Mehrfach wurde das Bundesmodell an sich abgelehnt und die **Einführung eines Flächenmodells** gefordert.[6]

Ungeachtet dieser Kritik hat der schleswig-holsteinische Landtag das **SHGrStHsG am 25.9.2024 verabschiedet**[7] und damit die durch das Gesetz zur Änderung des Grundgesetzes (Art. 72, 105 und 125b) vom 15.11.2019[8] in Art. 72 Abs. 3 Satz 1 Nr. 7 GG geschaffene Möglichkeit genutzt, zum Teil (punktuell) von dem Bundesgesetz zur Grundsteuer abzuweichen. Während Berlin,[9] Bremen,[10] das Saarland[11] und Sachsen[12] diese Möglichkeit zu einer punktuellen Abweichung vom Bundesrecht insbesondere im Bereich der Steuermesszahlen genutzt haben, öffnet Schleswig-Holstein nach Nordrhein-Westfalen als zweites Bundesland das kommunale Hebesatzrecht und ermöglicht die Festsetzung unterschiedlicher Hebesätze für die Gruppe der Nichtwohngrundstücke und unbebauten Grundstücke einerseits und der Wohngrundstücke andererseits. 5

(Einstweilen frei) 6–10

B. Überblick über das SHGrStHsG

I. SHGrStHsG als partielles Abweichungsgesetz

Das SHGrStHsG ist als **partielles Abweichungsgesetz** ausgestaltet. Schleswig-Holstein weicht bei den Differenzierungsmöglichkeiten der Grundsteuer-Hebesätze von den bundesgesetzlichen Vorschriften (§ 25 Abs. 4 GrStG) ab, wendet diese aber im Übrigen, insbesondere hinsichtlich der Bewertung des Grundbesitzes für Zwecke der Grundsteuer und hinsichtlich der maßgeblichen Steuermesszahlen, uneingeschränkt an. § 1 SHGrStHsG modifiziert § 25 Abs. 4 GrStG.[13] 11

(Einstweilen frei) 12–15

II. Öffnung des kommunalen Hebesatzrechts (§ 1 Abs. 1 SHGrStHsG)

§ 1 Abs. 1 SHGrStHsG weist den Kommunen das Recht zu, abweichend von der bundesgesetzlichen Regelung (§ 25 Abs. 4 Satz 1 GrStG) **unterschiedliche Hebesätze** für die Gruppe der **Nichtwohngrundstücke und unbebauten Grundstücke** einerseits und der **Wohngrundstücke** andererseits festzusetzen (§ 1 Abs. 1 Satz 1 SHGrStHsG). Der Hebesatz für die Nichtwohngrundstücke und unbebauten Grundstücke darf allerdings nicht niedriger sein als der Hebesatz für die 16

1 Siehe hierzu Bock/Lapp in Grootens, NWGrStHsG, Vorwort Rz. 4 ff.
2 Siehe hierzu vertiefend Bock/Lapp in Grootens, NWGrStHsG, Vorwort, Rz. 4 ff.
3 Vgl. Schleswig-Holsteinische LT-Umdrucke 20/3531 und 20/3534.
4 Vgl. Schleswig-Holsteinische LT-Umdrucke 20/3532 und 20/3593.
5 Vgl. Schleswig-Holsteinischer LT-Umdruck 20/3531.
6 Vgl. Schleswig-Holsteinische LT-Umdrucke 20/3472, 20/3532 und 20/3533.
7 Schleswig-Holsteinische LT-Drucks. Plenarprotokoll 20/66, S. 5013.
8 BGBl 2019 I S. 1546.
9 Siehe hierzu vertiefend Grootens in Grootens, BlnGrStMG, Vorwort Rz. 1.
10 Siehe hierzu vertiefend Grootens in Grootens, BremGrStMG, Vorwort Rz. 1.
11 Siehe hierzu vertiefend Grootens in Grootens, GrStG-Saar, Vorwort Rz. 1.
12 Siehe hierzu vertiefend Grootens in Grootens, SächsGrStMG, Vorwort Rz. 1.
13 Siehe dazu Grootens in Grootens, GrStG, § 25 Rz. 101 ff.

Wohngrundstücke (§ 1 Abs. 1 Satz 2 SHGrStHsG). Werden Gemeindegebiete geändert, so kann die Landesregierung oder die von ihr bestimmte Stelle für die von der Änderung betroffenen Gebietsteile für eine bestimmte Zeit verschiedene Hebesätze zulassen (§ 1 Abs. 1 Satz 3 SHGrStHsG).

17–20 *(Einstweilen frei)*

III. Verhältnis zur sog. Grundsteuer C (§ 1 Abs. 2 SHGrStHsG)

21 § 1 Abs. 2 SHGrStHsG regelt das Verhältnis zur sog. Grundsteuer C (§ 25 Abs. 5 GrStG[1]). Bundesgesetzlich bestimmt § 25 Abs. 5 Satz 9 GrStG[2], dass der Hebesatz für unbebaute, baureife Grundstücke einheitlich und höher als der einheitliche Hebesatz für die übrigen in der Gemeinde liegenden Grundstücke sein muss. Diese Vorgabe musste infolge der nach § 1 Abs. 1 Satz 1 SHGrStHsG möglichen Differenzierung innerhalb der Grundstücke des Grundvermögens präzisiert werden, da andernfalls nicht ersichtlich wäre, welchen der differenzierten Hebesätze der Hebesatz zur sog. Grundsteuer C übersteigen müsste. Dem trägt § 1 Abs. 2 SHGrStHsG Rechnung, indem gesetzlich festgeschrieben wird, dass der Hebesatz für unbebaute, baureife Grundstücke (sog. Grundsteuer C) einheitlich und höher sein muss als beide Hebesätze, also sowohl der für Wohngrundstücke als auch der für Nichtwohngrundstücke und unbebaute Grundstücke.[3]

22–25 *(Einstweilen frei)*

C. Regelungsziele des SHGrStHsG

26 Mit der **Inanspruchnahme** der **Öffnungsklausel** und der damit einhergehenden **Öffnung des kommunalen Hebesatzrechts** beabsichtigt der schleswig-holsteinische Gesetzgeber, das kommunale Selbstverwaltungsrecht zu stärken.[4] Er verfolgt dabei – vergleichbar mit dem nordrhein-westfälischen Gesetzgeber[5] – im Wesentlichen folgende **Ziele**:[6]

- Den Kommunen soll die Möglichkeit eingeräumt werden, **räumlich-strukturellen Besonderheiten** Rechnung zu tragen.
- **Mögliche Mehrbelastungen** von Wohngrundstücken sollen bei Bedarf **abgemildert** werden können.
- Die Verteilung der Steuerlast zwischen Wohngrundstücken und Nichtwohngrundstücken soll regionalverantwortlich individuell gesteuert werden können.
- Die Kommunen sollen die Möglichkeit erhalten, **politische Lenkungsziele festzulegen** (z. B. Förderung des Wohnens).

27 Im SHGrStHsG nicht explizit als Regelungsziel erwähnt, allerdings politisch unstrittig ist, dass Schleswig-Holstein wie der Bundesgesetzgeber und andere abweichende Länder eine insgesamt **aufkommensneutrale Reform** der Grundsteuer anstrebt.[7] Um das Ziel der Aufkommensneutralität zu erreichen, müssen die Gemeinden die aus der Neubewertung des Grund-

1 Siehe dazu Grootens in Grootens, GrStG, § 25 Rz. 121 ff.
2 Siehe dazu Grootens in Grootens, GrStG, § 25 Rz. 191 f.
3 Näheres siehe Bock/Lapp in Grootens, SHGrStHsG, § 1 Rz. 71 ff.
4 Schleswig-Holsteinische LT-Drucks. 20/2221, S. 4.
5 Siehe hierzu vertiefend Bock/Lapp in Grootens, NWGrStHsG, Vorwort zum NWGrStHsG Rz. 36.
6 Schleswig-Holsteinische LT-Drucks. 20/2221, S. 4 ff.
7 Vgl. z. B. Schleswig-Holsteinische LT-Drucks. 20/1907, S. 1.

besitzes resultierenden Belastungsverschiebungen durch **Anpassungen der Hebesätze** oder die erstmalige **Festsetzung differenzierter Hebesätze** innerhalb des Grundvermögens so ausgleichen, dass ein konstantes Grundsteueraufkommen gesichert wird. Um die Städte und Gemeinden bei der Findung der aufkommensneutralen Hebesätze zu unterstützen, hat das Finanzministerium des Landes Schleswig-Holstein die zur Aufkommensneutralität führenden **Hebesätze ermittelt** und am 9.9.2024 in einem **Transparenzregister im Internet veröffentlicht.**[1] Aufgrund der kommunalen Strukturen im Land Schleswig-Holstein sei es allerdings nicht möglich gewesen, in dem Transparenzregister bereits die zur Aufkommensneutralität führenden differenzierten Hebesätze zu veröffentlichen.[2]

(Einstweilen frei) 28–30

D. Verfassungsrechtliche Bewertung

Das SHGrStHsG begegnet wie das weitgehend gleichlautende NWGrStHsG keinen durchgreifenden verfassungsrechtlichen Bedenken. Auf die Ausführungen im Vorwort zum NWGrStHsG wird verwiesen.[3] 31

§ 1 SHGrStHsG Festsetzung des Hebesatzes

(1) Abweichend von § 25 Absatz 4 des Grundsteuergesetzes vom 7. August 1973 (BGBl. I S. 965), das zuletzt durch Artikel 21 des Jahressteuergesetzes 2022 vom 16. Dezember 2022 (BGBl I S. 2294) geändert worden ist, muss der Hebesatz vorbehaltlich des § 25 Absatz 5 des Grundsteuergesetzes jeweils einheitlich sein

1. **für die in einer Gemeinde liegenden Betriebe der Land- und Forstwirtschaft,**
2. **für die in einer Gemeinde liegenden unbebauten Grundstücke (§ 247 des Bewertungsgesetzes in der Fassung der Bekanntmachung vom 01. Februar 1991 (BGBl. I S. 230), das zuletzt durch Artikel 31 des Gesetzes vom 22. Dezember 2023 (BGBl. 2023 I Nr. 411) geändert worden ist) und bebauten Grundstücke, die gemäß § 250 Absatz 3 des Bewertungsgesetzes in der Fassung der Bekanntmachung vom 01. Februar 1991 (BGBl. I S. 230), das zuletzt durch Artikel 31 des Gesetzes vom 22. Dezember 2023 (BGBl. 2023 I Nr. 411) geändert worden ist, im Sachwertverfahren zu bewerten sind (Nichtwohngrundstücke) und**
3. **für die in einer Gemeinde liegenden bebauten Grundstücke, die gemäß § 250 Absatz 2 des Bewertungsgesetzes in der Fassung der Bekanntmachung vom 01. Februar 1991 (BGBl. I S. 230), das zuletzt durch Artikel 31 des Gesetzes vom 22. Dezember 2023 (BGBl. 2023 I Nr. 411) geändert worden ist, im Ertragswertverfahren zu bewerten sind (Wohngrundstücke).**

Der einheitliche Hebesatz für die unter Satz 1 Nummer 2 fallenden Grundstücke darf nicht niedriger sein als der einheitliche Hebesatz für die unter Satz 1 Nummer 3 fallenden Grundstücke. Werden Gemeindegebiete geändert, so kann die Landesregierung oder die von ihr bestimmte Stelle für die von der Änderung betroffenen Gebietsteile für eine bestimmte Zeit verschiedene Hebesätze zulassen.

---

1 Siehe https://www.schleswig-holstein.de/DE/landesregierung/themen/finanzen/grundsteuerreform/hebesatzprognose, abgerufen am 18.10.2024.

2 Vgl. Schleswig-Holsteinische LT-Drucks. Plenarprotokoll 20/66, S. 5013.

3 Bock/Lapp in Grootens, NWGrStHsG, Vorwort Rz. 36 ff.; siehe vertiefend auch Drüen/Krumm, Rechtsgutachten zur optionalen Einführung differenzierter Grundsteuerhebesätze durch die Gemeinden in Nordrhein-Westfalen, abrufbar unter: https://www.finanzverwaltung.nrw.de/system/files/media/document/file/drueen-krumm_gutachten_grundsteuer hebesatzdifferenzierung_16-8-2024.pdf; Lampert/Hummel, Verfassungsrechtliche Risiken nordrhein-westfälischer Gemeinden im Falle der Festsetzung differenzierender Grundsteuer-Hebesätze, abrufbar unter: https://www.staedtetag-nrw.de/files/nrw/docs/Presse/2024/Staedtetag-NRW-Gutachten-Hebesatzdifferenzierung.pdf.

(2) Abweichend von § 25 Absatz 5 Satz 9 des Grundsteuergesetzes vom 7. August 1973 (BGBl. I S. 965), das zuletzt durch Artikel 21 des Jahressteuergesetzes 2022 vom 16. Dezember 2022 (BGBl I S. 2294) geändert worden ist, gilt für Schleswig-Holstein:

Hat eine Gemeinde die Grundstücksgruppe baureifer Grundstücke bestimmt und für die Grundstücksgruppe der baureifen Grundstücke einen gesonderten Hebesatz festgesetzt, muss dieser Hebesatz für alle in der Gemeinde oder dem Gemeindeteil liegenden baureifen Grundstücke einheitlich und höher als die Hebesätze für die in einer Gemeinde liegenden Nichtwohn- und Wohngrundstücke sein.

Inhaltsübersicht **Rz.**

LITERATUR:

Siehe Vorwort.

A. Allgemeine Erläuterungen

I. Normzweck und wirtschaftliche Bedeutung der Vorschrift

1 § 1 Abs. 1 SHGrStHsG öffnet das kommunale Hebesatzrecht, indem den Kommunen das Recht eingeräumt wird, jeweils unterschiedliche Hebesätze für die in einer Gemeinde liegenden

- Betriebe der Land- und Forstwirtschaft,
- Nichtwohngrundstücke und unbebauten Grundstücke und
- Wohngrundstücke

festzusetzen. Schleswig-Holstein weicht mit dieser Regelung ebenso wie Nordrhein-Westfalen (§ 1 NWGrStHsG) und Sachsen-Anhalt (§ 1 GrStHsG LSA) von der (engeren) bundesgesetzlichen Regelung (§ 25 Abs. 4 GrStG) ab. Wie Nordrhein-Westfalen verfolgte auch der schleswig-holsteinische Landesgesetzgeber damit das Ziel, das **kommunale Selbstverwaltungsrecht** zu **stärken**, indem den Kommunen die Möglichkeit eingeräumt wird, räumlich-strukturellen Besonderheiten Rechnung zu tragen, regionale **Mehrbelastungen** einer Grundstücksart bei Bedarf **abzumildern** und Belastungen zwischen Wohngrundstücken und Nichtwohngrundstücken **regionalverantwortlich steuern** zu können.[1] Ergänzend wird auf die Kommentierung des weitgehend gleichlautenden § 1 NWGrStHsG verwiesen.[2]

2 § 1 Abs. 2 SHGrStHsG trifft eine notwendige **Folgeänderung** in Bezug auf die sog. **Grundsteuer C** (vgl. → Rz. 28 und 46 f.).

3–10 *(Einstweilen frei)*

1 Schleswig-holsteinische LT-Drucks. 20/2221, S. 4 ff.

2 Bock/Lapp in Grootens, NWGrStHsG, § 1 Rz. 1 ff.

II. Entstehung und Entwicklung der Vorschrift

Die Vorschrift wurde im Jahr 2024 in das SHGrStHsG aufgenommen.[1] Eine mit § 1 Abs. 1 Satz 3 NWGrStHsG vergleichbare Regelung, wonach die Gemeinde für unbebaute Grundstücke, Nichtwohngrundstücke und Wohngrundstücke einen zusammengefassten Hebesatz in identischer Höhe festlegen kann, wurde nicht in das SHGrStHsG aufgenommen (siehe hierzu → Rz. 38 f.). 11

(Einstweilen frei) 12–15

III. Geltungsbereich

§ 1 SHGrStHsG gilt für **in Schleswig-Holstein belegene wirtschaftliche Einheiten**, d. h. sowohl für das **land- und forstwirtschaftliche Vermögen** als auch für das **Grundvermögen**. 16

§ 1 SHGrStHsG ist gem. § 3 SHGrStHsG am 2.11.2024 in Kraft getreten. Wie sich aus § 2 SHGrStHsG ergibt, sind die Regelungen des SHGrStHsG **erstmals** auf den **1.1.2025** anzuwenden. Dies entspricht der Vorgabe des Art. 125b Abs. 3 GG, wonach abweichendes Landesrecht der Erhebung der Grundsteuer frühestens für Zeiträume ab dem 1.1.2025 zugrunde gelegt werden darf. Für davor liegende Kalenderjahre gelten die bundesgesetzlichen Regelungen für Zwecke der Grundsteuer fort, insbesondere die Beschränkung des kommunalen Hebesatzrechts auf die Festsetzung einheitlicher Hebesätze (nur) für wirtschaftliche Einheiten des Grundvermögens einerseits und wirtschaftliche Einheiten des land- und forstwirtschaftlichen Vermögens andererseits. 17

(Einstweilen frei) 18–20

IV. Vereinbarkeit der Vorschrift mit höherrangigem Recht

Die Vorschrift begegnet wie die weitgehend gleichlautende Vorschrift des § 1 NWGrStHsG keinen durchgreifenden verfassungsrechtlichen Bedenken. Auf die Ausführungen im Vorwort zum NWGrStHsG wird verwiesen.[2] 21

(Einstweilen frei) 22–25

V. Verhältnis zu anderen Vorschriften

Die Gesetzgebungskompetenz des Landesgesetzgebers ergibt sich aus der Abweichungskompetenz nach **Art. 72 Abs. 3 Satz 1 Nr. 7 GG**. 26

§ 1 Abs. 1 Satz 1 SHGrStHsG ermöglicht den Kommunen, für in Schleswig-Holstein belegene wirtschaftliche Einheiten abweichend von den bundesgesetzlichen Regelungen (**§ 25 Abs. 4 GrStG**[3]) innerhalb des Grundvermögens differenzierte Hebesätze für die Gruppe der Wohn- 27

1 Gesetz über die Einführung einer optionalen Festlegung differenzierender Hebesätze im Rahmen des Grundvermögens bei der Grundsteuer Schleswig-Holstein v. 15.10.2024, GVBl 2024 S. 748.

2 Bock/Lapp in Grootens, SHGrStHsG, Vorwort Rz. 36 ff; siehe vertiefend auch Drüen/Krumm, Rechtgutachten zur optionalen Einführung differenzierter Grundsteuerhebesätze durch die Gemeinden in Nordrhein-Westfalen, abrufbar unter: https://www.finanzverwaltung.nrw.de/system/files/media/document/file/drueen-krumm_gutachten_grundsteuerhebesatzdifferenzierung_16-8-2024.pdf; Lampert/Hummel, Verfassungsrechtliche Risiken nordrhein-westfälischer Gemeinden im Falle der Festsetzung differenzierender Grundsteuer-Hebesätze, abrufbar unter: https://www.staedtetag-nrw.de/files/nrw/docs/Presse/2024/Staedtetag-NRW-Gutachten-Hebesatzdifferenzierung.pdf.

3 Vgl. vertiefend Grootens in Grootens, GrStG, § 25 Rz. 101 ff.

grundstücke (**§ 249 Abs. 1 Nr. 1–4 BewG**[1]) einerseits und die Gruppe der unbebauten Grundstücke (**§ 246 BewG**[2]) und der Nichtwohngrundstücke (**§ 249 Abs. 1 Nr. 5–8 BewG**[3]) andererseits festzusetzen. Die Vorschrift nimmt hierfür Bezug auf die im Sachwertverfahren (**§ 250 Abs. 3 BewG**[4]) und im Ertragswertverfahren (**§ 250 Abs. 2 BewG**[5]) zu bewertenden Grundstücke.

28 Die Öffnung des kommunalen Hebesatzrechts erfordert eine Folgeänderung zur sog. Grundsteuer C (**§ 25 Abs. 5 Satz 9 GrStG**, siehe hierzu die Kommentierung zum weitgehend gleichlautenden § 1 Abs. 2 NWGrStHsG).[6]

29–35 *(Einstweilen frei)*

B. Systematische Kommentierung

I. Öffnung des kommunalen Hebesatzrechts (§ 1 Abs. 1 SHGrStHsG)

36 Der Wortlaut der Vorschrift ist weitgehend identisch mit dem Wortlaut des § 1 NWGrStHsG. Insoweit wird auf die dortige Kommentierung verwiesen.

37 Im Gegensatz zu § 1 Abs. 1 Satz 1 NWGrStHsG verweist § 1 Abs. 1 Satz 1 SHGrStHsG zur Definition der unbebauten Grundstücke, Nichtwohngrundstücke und Wohngrundstücke jeweils statisch auf die jeweiligen Vorschriften des Bewertungsgesetzes. Mit diesem **statischen Verweis** auf eine bestimmte Fassung des Bewertungsgesetzes dürfte etwaigen bundesgesetzlichen Änderungen der betroffenen Vorschriften vorgebeugt und vermieden werden, dass der schleswig-holsteinische Landesgesetzgeber ebenfalls tätig werden müsste.[7]

38 § 1 Abs. 1 SHGrStHsG enthält keine mit § 1 Abs. 1 Satz 3 NWGrStHsG vergleichbare Regelung, nach der die Gemeinde für unbebaute Grundstücke, Nichtwohngrundstücke und Wohngrundstücke einen **zusammengefassten Hebesatz in identischer Höhe** festlegen kann. Diese Regelung wurde in Nordrhein-Westfalen erst im laufenden Gesetzgebungsverfahren zum NWGrStHsG aufgenommen, um klarzustellen, dass keine Differenzierung innerhalb der der sog. Grundsteuer B unterliegenden Grundstücke erfolgen muss, wenn diese Unterscheidung von der Gemeinde nicht für erforderlich gehalten wird.[8]

39 Der schleswig-holsteinische Landesgesetzgeber sieht diese Möglichkeit auch ohne explizite gesetzliche Klarstellung als gegeben an.[9] Die im Gesetzgebungsverfahren zu § 1 Abs. 1 NWGrStHsG vorgetragenen Bedenken, dass ein Steuerbescheid, der nur einen einheitlichen Hebesatz für die sog. Grundsteuer B ausweist, sich dem Vorwurf fehlender Bestimmtheit aussetzen könnte,[10] teilt er offenbar zurecht nicht.

40–45 *(Einstweilen frei)*

1 Vgl. vertiefend Bock in Grootens, BewG, § 249 Rz. 29 ff.
2 Vgl. vertiefend Bock in Grootens, BewG, § 246 Rz. 17 ff.
3 Vgl. vertiefend Bock in Grootens, BewG, § 249 Rz. 60 ff.
4 Vgl. vertiefend Bock in Grootens, BewG, § 250 Rz. 25 ff.
5 Vgl. vertiefend Bock in Grootens, BewG, § 250 Rz. 21 ff.
6 Bock/Lapp in Grootens, NWGrStHsG, § 1 Rz. 71 ff.
7 Ähnlich Wiegand in Rössler/Troll, BewG, § 2 HGrStG Rz. 4 zur dortigen statischen Verweisung.
8 Siehe hierzu vertiefend Bock/Lapp in Grootens, NWGrStHsG, § 1 Rz. 11 und 56 ff.
9 Schleswig-holsteinische LT-Drucks. 20/2221, S. 4.
10 Nordrhein-westfälische LT-Stellungnahme 18/1557, S. 4.

II. Auswirkungen auf die sog. Grundsteuer C (§ 1 Abs. 2 SHGrStHsG)

§ 1 Abs. 2 SHGrStHsG trifft eine notwendige Folgeänderung in Bezug auf die sog. Grundsteuer C. Der Wortlaut der Vorschrift entspricht weitgehend § 1 Abs. 2 NWGrStHsG. Insoweit wird auf die dortige Kommentierung verwiesen.[1] 46

Der gelungenere Wortlaut in § 1 Abs. 2 Satz 1 SHGrStHsG weicht geringfügig vom Wortlaut des § 1 Abs. 2 Satz 1 NWGrStHsG ab, ohne dass dies materiell-rechtliche Auswirkungen hätte. 47

§ 2 SHGrStHsG Erstmalige Anwendung

Dieses Gesetz ist für die in Schleswig-Holstein belegenen wirtschaftlichen Einheiten erstmals auf den 1. Januar 2025 anzuwenden.

Inhaltsübersicht **Rz.**

LITERATUR:

Siehe Vorwort.

A. Allgemeine Erläuterungen

I. Normzweck und wirtschaftliche Bedeutung der Vorschrift

§ 2 SHGrStHsG regelt den sachlichen und zeitlichen Anwendungsbereich des SHGrStHsG und bestimmt, dass für im Land Schleswig-Holstein belegene wirtschaftliche Einheiten erstmals ab dem 1.1.2025 von bundesgesetzlichen Regelungen über die Grundsteuer abgewichen wird. Mit § 2 SHGrStHsG soll Art. 125b Abs. 3 GG Rechnung getragen werden, wonach abweichendes Landesrecht der Erhebung der Grundsteuer frühestens für Zeiträume ab dem 1.1.2025 zugrunde gelegt werden darf. 1

(Einstweilen frei) 2–5

II. Entstehung und Entwicklung der Vorschrift

Die Vorschrift wurde im Jahr 2024 in das SHGrStHsG aufgenommen.[2] 6

(Einstweilen frei) 7–10

1 Bock/Lapp in Grootens, NWGrStHsG, § 1 Rz. 71 ff.

2 Gesetz über die Einführung einer optionalen Festlegung differenzierender Hebesätze im Rahmen des Grundvermögens bei der Grundsteuer Schleswig-Holstein v. 15.10.2024, GVBl 2024 S. 748.

III. Geltungsbereich

11 § 2 SHGrStHsG gilt für **in Schleswig-Holstein belegene wirtschaftliche Einheiten**, d. h. sowohl für das **land- und forstwirtschaftliche Vermögen** als auch das **Grundvermögen**.

12 § 2 SHGrStHsG ist gem. § 3 SHGrStHsG am 2.11.2024 in Kraft getreten und regelt selbst den sachlichen und zeitlichen Geltungsbereich des SHGrStHsG, wonach die Regelungen des SHGrStHsG **erstmals** auf den **1.1.2025** anzuwenden sind. Dies entspricht der Vorgabe des Art. 125b Abs. 3 GG, wonach abweichendes Landesrecht der **Erhebung der Grundsteuer** frühestens für Zeiträume ab dem 1.1.2025 zugrunde gelegt werden darf. Für davor liegende Kalenderjahre gelten die bundesgesetzlichen Regelungen für Zwecke der Grundsteuer fort, insbesondere die Beschränkung des kommunalen Hebesatzrechts auf die Festsetzung einheitlicher Hebesätze (nur) für wirtschaftliche Einheiten des Grundvermögens einerseits und wirtschaftliche Einheiten des land- und forstwirtschaftlichen Vermögens andererseits.

13–15 *(Einstweilen frei)*

IV. Vereinbarkeit der Vorschrift mit höherrangigem Recht

16 § 2 SHGrStHsG begegnet für sich betrachtet **keinen verfassungsrechtlichen Bedenken**. Soweit mit ihr die Anwendung der Vorschriften des § 1 SHGrStHsG geregelt wird, wird auf die verfassungsrechtliche Bewertung des weitgehend gleichlautenden § 1 NWGrStHsG im Vorwort zum NWGrStHsG verwiesen.[1]

17–20 *(Einstweilen frei)*

V. Verhältnis zu anderen Vorschriften

21 Die Gesetzgebungskompetenz des Landesgesetzgebers ergibt sich aus der Abweichungskompetenz nach **Art. 72 Abs. 3 Satz 1 Nr. 7 GG**. Mit der Norm soll der Vorgabe aus **Art. 125b Abs. 3 GG** Genüge getan werden, wonach abweichendes Landesrecht der Erhebung der Grundsteuer frühestens für Zeiträume ab dem 1.1.2025 zugrunde gelegt werden darf.

22 § 2 SHGrStHsG nimmt Bezug auf die Definition der wirtschaftlichen Einheit des Grundvermögens in den **§§ 2, 218 Satz 1 Nr. 2 und Satz 3 BewG i. V. mit § 99 Abs. 1 Nr. 1 BewG**[2] sowie **§§ 243, 244 BewG**[3] und die Definition der wirtschaftlichen Einheit des land- und forstwirtschaftlichen Vermögens in den **§§ 232–234, 240 BewG**.[4] Die Vorschrift bestimmt, dass für diese das SHGrStHsG gilt.

23 § 2 SHGrStHsG ist eine reine Anwendungsnorm und regelt nicht das Inkrafttreten des Gesetzes. Dieses wird in **§ 3 SHGrStHsG** geregelt.

24–25 *(Einstweilen frei)*

B. Systematische Kommentierung

26 § 2 SHGrStHsG bestimmt, dass das Gesetz für die in Schleswig-Holstein belegenen wirtschaftlichen Einheiten **erstmals auf den 1.1.2025 anzuwenden** ist. Zum Begriff der wirt-

1 Siehe Bock/Lapp in Grootens, NWGrStHsG, Vorwort Rz. 46 ff.
2 Siehe hierzu vertiefend Kurt in Grootens, BewG, § 218 Rz. 111 ff.
3 Siehe hierzu vertiefend Bock in Grootens, BewG, §§ 243 und 244.
4 Siehe hierzu vertiefend Müller in Grootens, BewG, §§ 232–234 und 240.

schaftlichen Einheit wird auf die Kommentierung der §§ 232, 233, 234, 240, 243 und 244 BewG verwiesen.[1]

Der Wortlaut der Formulierung „auf den 1. Januar 2025" bewirkt, dass das SHGrStHsG **keine Anwendung** für Feststellungen **auf die Feststellungszeitpunkte 1.1.2022, 1.1.2023 und 1.1.2024** findet.[2] Die Formulierung ist im Ergebnis folgerichtig: § 1 SHGrStHsG betrifft ausschließlich die Festsetzung der Grundsteuer durch die Gemeinden, die nach reformiertem Bewertungs- und Grundsteuerrecht infolge § 36 Abs. 1 GrStG ohnehin erst ab 1.1.2025 erfolgt. 27

Ähnlich wie im Gesetzgebungsverfahren zum NWGrStHsG[3] wurden auch während des laufenden Gesetzgebungsverfahrens zum SHGrStHsG **Zweifel** daran geäußert, ob die Gemeinden tatsächlich in der Lage sein werden, die Möglichkeit der Festsetzung differenzierter Hebesätze **bereits zum Haushaltsjahr 2025** in Anspruch nehmen zu können.[4] Zwar kann der Beschluss über die Festsetzung des Hebesatzes für das Jahr 2025 bis zum 30.6.2025 mit Wirkung vom Beginn des Jahres 2025 gefasst werden (§ 25 Abs. 3 Satz 1 GrStG), **technische und organisatorische Umsetzungsschwierigkeiten** und damit einhergehende Verzögerungen könnten jedoch praktisch dazu führen, dass die Gemeinden erst in späteren Haushaltsjahren Gebrauch von der Differenzierungsmöglichkeit machen werden. 28

§ 3 SHGrStHsG Inkrafttreten

Dieses Gesetz tritt am Tage nach der Verkündung in Kraft.

Inhaltsübersicht **Rz.**

LITERATUR:

Siehe Vorwort.

A. Allgemeine Erläuterungen

I. Normzweck und wirtschaftliche Bedeutung der Vorschrift

§ 3 SHGrStHsG regelt den Zeitpunkt des Inkrafttretens des Gesetzes. 1

(Einstweilen frei) 2–5

1 Bock in Grootens, BewG, §§ 243 und 244, Müller in Grootens, BewG, §§ 232–234 und 240.
2 Ebenso wohl auch Eisele, NWB 39/2024 S. 2696, 2707 NWB FAAAJ-75532.
3 Siehe hierzu vertiefend Bock/Lapp in Grootens, NWGrStHsG, Vorwort, Rz. 6.
4 So z. B. Landeshauptstadt Kiel, schleswig-holsteinischer LT-Umdruck 20/3531, S. 4.

II. Entstehung und Entwicklung der Vorschrift

6 Die Vorschrift wurde im Jahr 2024 in das **SHGrStHsG** aufgenommen.[1]

7–10 *(Einstweilen frei)*

III. Geltungsbereich

11 § 3 SHGrStHsG bestimmt, wann die Regelungen des schleswig-holsteinischen Grundsteuerhebesatzgesetzes in Kraft treten. Wie sich aus § 2 SHGrStHsG[2] ergibt, sind die Regelungen des SHGrStHsG **erstmals** auf den **1.1.2025** anzuwenden.

12–15 *(Einstweilen frei)*

IV. Vereinbarkeit der Vorschrift mit höherrangigem Recht

16 Die Norm begegnet als solche keinen verfassungsrechtlichen Bedenken. Soweit mit ihr die Vorschriften des § 1 SHGrStHsG in Kraft gesetzt werden, wird auf die verfassungsrechtliche Bewertung des weitgehend gleichlautenden § 1 NWGrStHsG im Vorwort zum NWGrStHsG verwiesen.[3]

17–20 *(Einstweilen frei)*

V. Verhältnis zu anderen Vorschriften

21 § 3 SHGrStHsG setzt die **§§ 1–2 SHGrStHsG**[4] am Tag nach der Verkündung in Kraft.

22–25 *(Einstweilen frei)*

B. Systematische Kommentierung

26 § 3 SHGrStHsG regelt, dass das SHGrStHsG **am Tag nach seiner Verkündung in Kraft tritt**. Das SHGrStHsG wurde am 25.9.2024 vom Landtag des Landes Schleswig-Holstein beschlossen[5], am 15.10.2024 ausgefertigt und am 1.11.2024 im Gesetz- und Verordnungsblatt des Landes Schleswig-Holstein verkündet.[6] Es ist damit am 2.11.2024 in Kraft getreten. Wie sich aus § 2 SHGrStHsG[7] ergibt, sind die Regelungen des SHGrStHsG **erstmals** auf den **1.1.2025** anzuwenden.

---

1 Gesetz über die Einführung einer optionalen Festlegung differenzierender Hebesätze im Rahmen des Grundvermögens bei der Grundsteuer Schleswig-Holstein v. 15.10.2024, GVBl 2024 S. 748.

2 Vgl. vertiefend Bock/Lapp in Grootens, SHGrStHsG, § 2 Rz. 26 ff.

3 Siehe Bock/Lapp in Grootens, NWGrStHsG, Vorwort Rz. 46 ff.

4 Siehe hierzu Bock/Lapp in Grootens, SHGrStHsG, §§ 1–2.

5 Schleswig-Holsteinische LT-Drucks. PlBPr 20/66, S. 5013.

6 GVBl 2024 S. 748.

7 Vgl. vertiefend Bock/Lapp in Grootens, SHGrStHsG, § 2 Rz. 26 ff.

D. Kommentierung der Vordrucke

Die Erklärungsvordrucke für das Bundesmodell

Inhaltsübersicht **Rz.**

LITERATUR:

Bräutigam/Kuttig, Grundsteuerreform 2022: Anmerkungen zu den Ausfüllformularen der Finanzverwaltung, NWB 31/2022 S. 2221 NWB PAAAJ-18541; *Schmid*, Erste Schritte und Erfahrungen bei der Erstellung der Grundsteuererklärung, BC 2022 S. 350; *Duscha*, Grundsteuerreform 2022: Grundsätzliches zur Erstellung der Feststellungserklärung, NWB 25/2022 S. 7 EAAAJ-15743; *Dönmez*, Die Erstellung der Feststellungserklärung mit „GrundsteuerDigital", NWB 35/2022 S. 2489 XAAAJ-21015; *Stöckel*, Hauptfeststellung der Grundsteuerwerte auf den 1.1.2022, NWB 13/2022 S. 931 SAAAI-58256.

A. Allgemeines zur Steuererklärungspflicht und zu den Erklärungsvordrucken

Bereits im Zeitpunkt der Vorlage des Gesetzentwurfs für ein Grundsteuerreformgesetz stand fest, dass eine umfassende Datenerhebung mittels einer **elektronischen Steuererklärung durch die Bürgerinnen und Bürger** erforderlich werden würde.[1] Für den ersten Hauptfeststellungszeitpunkt 1.1.2022 waren Erklärungen zur Feststellung des Grundsteuerwerts abzugeben und die für Zwecke der Feststellung des Grundsteuerwerts und der Festsetzung des Grundsteuermessbetrags erforderlichen Angaben bei den Grundstückseigentümerinnen und -eigentümern zu erheben. Hierfür wurden von Grund auf neue Steuererklärungsvordrucke und weitgehend korrespondierende elektronische Formulare im Portal „Mein ELSTER" entwickelt. Das Bundesministerium der Finanzen hat die Vordrucke und Ausfüllanleitungen der Erklärung zur Feststellung des Grundsteuerwerts im Dezember 2021 im Bundessteuerblatt veröffentlicht.[2] 1

1 BT-Drucks. 19/11085 S. 2.

2 BMF, Schreiben v. 1.12.2021 - IV C 7 - S 3001/19/10003 :011, BStBl 2021 I S. 2391. Im Februar 2022 wurde eine Korrektur der Anlage Feststellungsbeteiligte (GW-1A) veröffentlicht, BMF, Schreiben v. 1.2.2022 - IV C 7 - S 3001/19/10003 :011, BStBl 2022 I S. 138. Im Oktober 2022 wurde eine Korrektur des Einlageblatts zur Anlage Grundstück (GW-2A) veröffentlicht, BMF, Schreiben v. 19.10.2022, BStBl 2022 I S. 1443.

2 Die Eigentümerinnen und Eigentümer von Grundbesitz in den Ländern, die bei der Grundsteuer das Bundesmodell anwenden, wurden am 30.3.2022 mit einer **öffentlichen Bekanntmachung** des Bundesministeriums der Finanzen zur Abgabe der Erklärung zur Feststellung des Grundsteuerwerts für den Hauptfeststellungszeitpunkt 1.1.2022 aufgefordert.[1] Die Länder, die bei der Grundsteuer von der Öffnungsklausel Gebrauch machen, haben vergleichbare Aufforderungen veröffentlicht. Hiernach begann die Annahme der elektronischen Erklärungen für die Grundsteuer modellunabhängig am 1.7.2022. Die **Frist** zur Erklärungsabgabe **sollte ursprünglich** bundesweit einheitlich **am 31.10.2022 enden**. Nach Beratungen der Länderfinanzministerinnen und -minister wurde die Frist im Oktober 2022 **bis 31.1.2023 verlängert**.[2] Aufgrund der Aufforderung zur Erklärungsabgabe mittels öffentlicher Bekanntmachung werden grds. **keine Einzelaufforderungen** mehr durch die Finanzämter versendet. Die Verpflichtung zur Abgabe einer Erklärung zur Feststellung des Grundsteuerwerts trifft **auch** Eigentümerinnen und Eigentümer von **steuerbefreitem Grundbesitz**, wenngleich manche Länder für diese Fälle Vereinfachungsmöglichkeiten vorgesehen hatten. So muss bspw. für im Land Nordrhein-Westfalen belegener steuerbefreiter Grundbesitz zunächst keine Steuererklärung abgegeben werden.[3] Das Land Berlin hat die Abgabefrist für Grundstücke, die vollständig oder zu mehr als 80 % steuerbefreit sind, **bis 30.6.2023** verlängert.[4]

3 **Für jede wirtschaftliche Einheit** des Grundvermögens[5] und für jede wirtschaftliche Einheit des land- und forstwirtschaftlichen Vermögens[6] ist **jeweils eine eigene Erklärung** zur Feststellung des Grundsteuerwerts auszufüllen und mit **jeweils einem eigenen Hauptvordruck** (GW-1) beim Finanzamt einzureichen.

4 Die Erklärung zur Feststellung des Grundsteuerwerts umfasst

- ► in jedem Fall den **Hauptvordruck (GW-1)**: Hier sind insbesondere allgemeine Angaben zur Lage des Grundstücks oder Betriebs der Land- und Forstwirtschaft sowie Eigentümerdaten einzutragen, eine Empfangsvollmacht kann erteilt werden usw.,
- ► entweder die **Anlage Grundstück (GW-2)**, wenn der Grundsteuerwert für ein bebautes oder unbebautes Grundstück des Grundvermögens festzustellen ist,
- ► oder die **Anlage Land- und Forstwirtschaft (GW-3)**, wenn der Grundsteuerwert für einen Betrieb der Land- und Forstwirtschaft festzustellen ist,
- ► ggf. die **Anlage Tierbestand (GW-3A)**, wenn bei der Feststellung des Grundsteuerwerts für einen Betrieb der Land- und Forstwirtschaft Angaben zu gehaltenen und erzeugten Tieren zu machen sind,
- ► ggf. die **Anlage Grundsteuerbefreiung/-vergünstigung (GW-4)**, wenn die Voraussetzungen für eine Grundsteuerbefreiung oder für eine Ermäßigung der Steuermesszahl vorliegen (z. B. Denkmalschutz oder geförderter Wohnraum).

1 BStBl 2022 I S. 205.
2 Öffentliche Bekanntmachung des Bundesministeriums der Finanzen vom 4.11.2022, BStBl 2022 I S. 1448.
3 Information des Ministeriums der Finanzen des Landes Nordrhein-Westfalen, Information zur Grundsteuerreform – Steuerbefreite Grundstücke, https://www.finanzverwaltung.nrw.de/system/files/media/document/file/informationen_steuerbefreiter_Grundbesitz.pdf, aufgerufen am 29.7.2022.
4 https://www.berlin.de/grundsteuer/berlin/artikel.1182343.php#headline_1_6, aufgerufen am 29.7.2022.
5 Siehe hierzu vertiefend Bock in Grootens, BewG, § 243 Rz. 19 ff.
6 Siehe hierzu vertiefend Müller in Grootens, BewG, § 232 Rz. 15 ff.

5 Wenn der Platz auf einem Vordruck nicht ausreicht, können weitere Angaben auf ergänzenden Anlagen vorgenommen worden. So können

- weitere Eigentümerinnen und Eigentümer oder Beteiligte auf der **Anlage Feststellungsbeteiligte (GW-1A)** eingetragen und
- Angaben zu weiteren Gebäuden und Bauteilen auf einem **Einlageblatt zur Anlage Grundstück (GW-2A)** vorgenommen werden.

6 Im Portal „Mein ELSTER" gibt es diese ergänzenden Anlagen nicht; hier kann man weitere Eigentümerinnen und Eigentümer mit Hilfe entsprechender Schaltflächen direkt im Hauptvordruck (GW-1) bzw. weitere Gebäude und Bauteile direkt in der Anlage Grundstück (GW-2) hinzufügen. Auch auf die Anlage Grundsteuerbefreiung/-vergünstigung (GW-4) wurde im Portal „Mein ELSTER" verzichtet. Angaben zu Grundsteuerbefreiungen oder -vergünstigungen können in „Mein ELSTER" stattdessen direkt in der Anlage Grundstück (GW-2) bzw. der Anlage Land- und Forstwirtschaft (GW-3) vorgenommen werden.

7 Um den strukturellen Vollzug des Bewertungs- und Grundsteuerrechts zu gewährleisten,[1] wurden mit dem Gesetz zur Reform des Grundsteuer- und Bewertungsrechts[2] in § 228 Abs. 2 BewG und § 19 GrStG umfassende Anzeigepflichten bei Änderungen, die Auswirkungen auf die Höhe der Grundsteuer haben können, neu eingeführt. Die Anzeigepflichten können innerhalb der Anzeigefrist auch durch Abgabe einer vollständig ausgefüllten Erklärung zur Feststellung des Grundsteuerwerts erfüllt werden.[3] Alternativ stellt die Finanzverwaltung hierfür den Vordruck Grundsteuer-Änderungsanzeige (GW-5) zur Verfügung. Die **Grundsteuer-Änderungsanzeige (GW-5)** ist grundsätzlich und ohne dass es einer gesonderten Aufforderung durch das Finanzamt bedarf elektronisch an die Finanzverwaltung zu übermitteln. Sie ist einzureichen, wenn mindestens einer der nachstehenden Änderungsgründe eingetreten ist:[4]

- Der Grundsteuerwert ändert sich,
- die Vermögensart ändert sich,
- die Grundstücksart ändert sich,
- es haben sich Tatsachen ergeben, die zu einer erstmaligen Feststellung führen können, z. B. der Wegfall einer Steuerbefreiung oder die Teilung eines Grundstücks,
- es haben sich Tatsachen ergeben, die zu einer Aufhebung des Grundsteuerwerts führen können, z. B. bei nachträglicher Begründung von Wohnungs- oder Teileigentum an einem Gebäude,
- das Eigentum eines auf fremdem Grund und Boden errichteten Gebäudes ist übergegangen,
- die Nutzungen oder die Eigentumsverhältnisse eines ganz oder teilweise von der Grundsteuer befreiten Steuergegenstandes ändern sich und dies kann zu einer Änderung oder zum Wegfall der Steuerbefreiung führen oder
- die Voraussetzungen für eine Ermäßigung der Steuermesszahl sind wegfallen.

1 BT-Drs. 19/11085 S. 82.
2 BGBl 2019 S. 1794.
3 A 228 Abs. 4 Satz 5 AEBewGrSt, A 19 Abs. 1 Satz 2 AEGrStG.
4 Ausfüllanleitung zur Grundsteuer-Änderungsanzeige (GW-5), Anlage 2 zu BStBl I 2023 S. 1536.

B. Elektronische Übermittlungspflicht und Bereitstellung der Formulare im Internet

8 Die Erklärung zur Feststellung des Grundsteuerwerts und die Grundsteuer-Änderungsanzeigen nach § 228 Abs. 2 BewG und § 19 GrStG sind grds. gem. § 228 Abs. 6 Satz 1 BewG bzw. § 19 Abs. 3 GrStG **elektronisch** nach amtlich vorgeschriebenem Datensatz über die amtlich bestimmte Schnittstelle an die Finanzverwaltung zu übermitteln. Gemäß § 228 Abs. 6 Satz 2 BewG[1] bzw. § 19 Abs. 3 Satz 3 GrStG[2] kann die Finanzbehörde auf Antrag zur Vermeidung unbilliger Härten auf eine Übermittlung über die amtlich bestimmte Schnittstelle verzichten. Für die Entscheidung über den Antrag gilt § 150 Abs. 8 AO (§ 228 Abs. 6 Satz 3 BewG bzw. § 19 Abs. 3 Satz 4 GrStG).[3]

9 Die **Papier-Erklärungsvordrucke** der Erklärung zur Feststellung des Grundsteuerwerts und der Grundsteuer-Änderungsanzeige wurden zur Information **im Bundessteuerblatt veröffentlicht.**[4] Die veröffentlichten Papier-Erklärungsvordrucke der Erklärung zur Feststellung des Grundsteuerwerts sind lt. ausdrücklichem Hinweis im Bundessteuerblatt **nicht für die Erklärungsabgabe** zu verwenden. Hintergrund dürfte im Hinblick auf das Ziel, die Grundsteuerreform weitgehend automationsgestützt durchzuführen, die mangelnde Scanbarkeit der entsprechenden Bundessteuerblatt-Seiten sein.

10 Trotz der bestehenden elektronischen Übermittlungspflicht bieten die meisten Länder auf ihren Informations-Webseiten zur Grundsteuerreform für sogenannte Härtefälle auch **am PC ausfüllbare und ausdruckbare Papier-Vordrucke** der Erklärung zur Feststellung des Grundsteuerwerts an:

- Brandenburg: https://finanzamt.brandenburg.de/fa/de/themen/grundsteuer/formulare-und-publikationen/
- Bremen:https://www.finanzen.bremen.de/grundsteuerwerterklaerung-108662
- Mecklenburg-Vorpommern: https://www.steuerportal-mv.de/Steuerrecht/Rund-ums-Grundst%C3%BCck/Grundsteuerreform/
- Rheinland-Pfalz verweist unter https://lfst.rlp.de/service/grund-und-boden/grundsteuer-reform/faqs-grundsteuerreform auf Thüringen
- Saarland: https://www.saarland.de/mfw/DE/portale/steuernundfinanzaemter/Grundsteuerreform/_documents/grundsteuer-antraege
- Sachsen: https://www.finanzamt.sachsen.de/abgabe-der-feststellungserklaerung-11766.html
- Sachsen-Anhalt: https://mf.sachsen-anhalt.de/steuern/grundsteuer
- Schleswig-Holstein verweist unter https://www.schleswig-holstein.de/DE/landesregierung/themen/finanzen/grundsteuerreform/service/_documents/fi_grundsteuerlotse?nn=806d357c-c12d-4312-b0a2-971de89f2cc4 auf Thüringen
- Thüringen: https://thformular.thueringen.de/buerger?r=Grundsteuer#forms

1 Siehe hierzu vertiefend A 228 AEBewGrSt und Kurt in Grootens, § 228 BewG Rz. 61 ff.
2 Siehe hierzu vertiefend Bock in Grootens, GrStG, § 19 GrStG Rz. 38.
3 Zur Anwendung der Härtefallregelung siehe vertiefend Kurt in Grootens, § 228 BewG Rz. 193 ff.
4 BMF, Schreiben vom 1.12.2021 - IV C 7 - S 3001/19/10003 :011, BStBl 2021 I S. 2391 NWB BAAAI-05155 und BMF, Schreiben v. 24.7.2023 - IV D 4 - S 3243/22/10002 :002, BStBl 2021 I S. 1536.

C. Geltung der Vordrucke und Verwendungsmöglichkeiten

11 Die im Folgenden beschriebenen Erklärungsvordrucke gelten nur für Grundbesitz, der in Ländern belegen ist, die bei der Grundsteuer das sogenannte Bundesmodell anwenden. Dies sind (teilweise mit lediglich punktuellen Änderungen):

- Berlin,
- Brandenburg,
- Bremen,
- Mecklenburg-Vorpommern,
- Nordrhein-Westfalen
- Rheinland-Pfalz,
- Saarland,
- Sachsen,
- Sachsen-Anhalt,
- Schleswig-Holstein und
- Thüringen.

12 Die Länder Berlin, Bremen, Saarland und Sachsen weichen vom Bundesmodell nur punktuell insbesondere im Bereich der Steuermesszahlen ab, nicht jedoch bei den Bewertungsverfahren. Gleiches gilt für die Länder Nordrhein-Westfalen, Sachsen-Anhalt und Schleswig-Holstein, die landesgesetzlich eine Öffnung des kommunalen Hebesatzrechts geregelt haben. In diesen Ländern sind für die Feststellung des Grundsteuerwerts die gleichen Angaben erforderlich wie in den anderen Bundesmodell-Ländern, sodass die Erklärungsvordrucke für das Bundesmodell auch in diesen Ländern verwendet werden. In den Ländern, die bei der Grundsteuer umfassend Gebrauch von der Öffnungsklausel gemacht und **eigene Grundsteuer-Modelle** eingeführt haben (Baden-Württemberg, Bayern, Hamburg, Hessen, Niedersachsen) sind zur Feststellung und Festsetzung der Besteuerungsgrundlagen für Zwecke der Grundsteuer teilweise andere Angaben erforderlich, sodass in diesen Ländern **eigene Erklärungsvordrucke** eingesetzt werden.

13 Die Erklärung zur Feststellung des Grundsteuerwerts ist in den Bundesmodell-Ländern nach amtlich vorgeschriebenem Datensatz über die amtlich bestimmte Schnittstelle elektronisch zu übermitteln (§ 228 Abs. 6 Satz 1 BewG).[1] Wird in einem Bundesmodell-Land ein Erklärungsvordruck der vom Bundesmodell abweichenden Länder eingereicht, ist der Erklärungspflicht nicht Genüge getan, zumal in den meisten Fällen auch erforderliche Angaben zur Feststellung des Grundsteuerwerts fehlen dürften.

14 Die Erklärungsvordrucke können nicht nur für die auf den 1.1.2022 vorzunehmende Hauptfeststellung der Grundsteuerwerte verwendet werden, sondern auch für die **Änderungsanzeigen nach § 228 Abs. 2 BewG und § 19 GrStG**.[2] Der Hauptvordruck bietet hierfür die zusätzlichen Auswahlmöglichkeiten **„Nachfeststellung“**,[3] **„Artfortschreibung“**,[4] **„Wertfortschreibung“**[5] **und „Art- und Wertfortschreibung“** an. Wurde die Erklärung zur Hauptfeststellung des Grundsteu-

1 Siehe hierzu vertiefend A 228 AEBewGrSt und Kurt in Grootens, § 228 BewG Rz. 61 ff.

2 A 228 Abs. 5 Satz 5 AEBewGrSt, A 19 Abs. 1 Satz 2 AEGrStG.

3 Siehe hierzu vertiefend Kurt in Grootens, BewG, § 223 Rz. 61 ff.

4 Siehe hierzu vertiefend Kurt in Grootens, BewG, § 222 Rz. 91 ff.

5 Siehe hierzu vertiefend Kurt in Grootens, BewG, § 222 Rz. 71 ff.

erwerts auf den 1.1.2022 etwa über das Portal der Finanzverwaltung („Mein ELSTER“) elektronisch übermittelt, bietet ELSTER die Möglichkeit der **Datenübernahme** aus der vorherigen Erklärungsabgabe an. Bei einer Änderung der tatsächlichen Verhältnisse, die z. B. zu einer Änderung des Grundsteuerwerts führt (z. B. ein Anbau), können so alle Daten aus der vorherigen Erklärung übernommen werden und die Eintragungen müssen nur punktuell – soweit sich Änderungen ergeben haben (z. B. bei der Wohnfläche) oder soweit das Finanzamt bei der Veranlagung von den Angaben in der Erklärung abgewichen ist – angepasst werden.

D. Hilfestellungen der Länder

15 Bereits vor Beginn der Erklärungsannahme am 1.7.2022 haben zahlreiche Länder die Eigentümerinnen und Eigentümer von Grundbesitz auf unterschiedlichen Wegen über die anstehende Verpflichtung zur Abgabe der Erklärung zur Feststellung des Grundsteuerwerts informiert. So haben die meisten Bundesmodell-Länder den Eigentümerinnen und Eigentümern ein **Informationsschreiben** übersandt. Diesem war teilweise auch ein **Datenstammblatt** beigefügt, aus dem sich weitere Informationen, z. B. die in die Erklärung zu übernehmenden Daten ergeben (so etwa in Nordrhein-Westfalen, Rheinland-Pfalz, Saarland, Thüringen). Die Eigentümerinnen und Eigentümer sollen diese Daten auf Richtigkeit prüfen und können sie relativ einfach in ihre Steuererklärung übernehmen. Eine **vorausgefüllte Steuererklärung**, also die elektronische Bereitstellung der Daten und automatische Übernahme in die elektronische Steuererklärung, wie man es z. B. von den Daten der Lohnsteuerbescheinigung oder von Krankenversicherungsbeiträgen bei der Einkommensteuererklärung kennt, konnte seitens der Finanzverwaltung zum Hauptfeststellungszeitpunkt 1.1.2022 **noch nicht realisiert** werden.

16 Die für die Erklärung zur Feststellung des Grundsteuerwerts erforderlichen Angaben findet man abseits der von den Ländern versandten Informationsschreiben meist in **Geoportalen** im Internet, im **Grundbuchauszug**, ggf. in der **Teilungserklärung** bei Wohnungseigentum, in den **Bauunterlagen** oder z. B. im **Kauf- oder Schenkungsvertrag**.

17 Insbesondere im Internet findet man zahlreiche weitere Informationen zur Grundsteuerreform, wie man sich auf die Erklärungsabgabe vorbereiten kann und wo man die für die Erklärung erforderlichen Daten findet. So haben manche Länder z. B. auch beispielhafte **Musterfälle** angelegt und **Klickanleitungen** oder **Erklärvideos** für die elektronischen Formulare im Portal „Mein ELSTER“ veröffentlicht.[1]

18 Die Finanzverwaltungen der Länder und des Bundes haben darüber hinaus eine zentrale Internetseite www.grundsteuerreform.de eingerichtet, welche auf die jeweiligen Informationsseiten der Länder und des Bundes verweist. Fragen zur Grundsteuerreform und zur Erklärungsabgabe soll außerdem der **Steuerchatbot** der Finanzverwaltung beantworten.[2]

19 Abhängig von dem Land, in welchem der Grundbesitz belegen ist, werden im Internet unterschiedliche Hilfestellungen angeboten:

1 Z. B. Nordrhein-Westfalen unter https://www.finanzverwaltung.nrw.de/einfach-erklaert-abgabe-der-feststellungserklaerung-mit-elster, aufgerufen am 10.11.2024.

2 https://www.steuerchatbot.de/konsens.html.

I. Berlin

Allgemeine Informationen:https://www.berlin.de/grundsteuer/

Angaben zum Bodenrichtwert: BORIS-Portal

Angaben zum Grundstück: Geoportal (FIS Broker)

II. Brandenburg

Allgemeine Informationen: https://grundsteuer.brandenburg.de

Angaben zum Grundstück: Geoviewer Brandenburg

III. Bremen

Allgemeine Informationen: https://grundsteuer.bremen.de

Angaben zum Grundstück: Flurstücksviewer Bremen

Angaben zum Bodenrichtwert: Immobilienmarkt Niedersachsen

IV. Mecklenburg-Vorpommern

Allgemeine Informationen:https://www.steuerportal-mv.de/Steuerrecht/Rund-ums-Grundstück/Grundsteuerreform/

Angaben zum Grundstück: Grundsteuerdaten Mecklenburg-Vorpommern

V. Nordrhein-Westfalen

Allgemeine Informationen: https://grundsteuer.nrw.de

Angaben zum Grundstück: Grundsteuerportal (Geodatenportal)

VI. Rheinland-Pfalz

Allgemeine Informationen: https://lfst.rlp.de/service/grund-und-boden/grundsteuerreform

Angaben zum Bodenrichtwert: Geo Basis Viewer

VII. Saarland

Allgemeine Informationen: https://www.saarland.de/mfw/DE/portale/steuernundfinanzaemter/Grundsteuerreform/Grundsteuerreform.html

Angaben zum Grundstück: Grundsteuerviewer Saarland

VIII. Sachsen

Allgemeine Informationen: https://grundsteuer.sachsen.de

Angaben zum Grundstück und dem Bodenrichtwert: Grundsteuerportal Sachsen

IX. Sachsen-Anhalt

Allgemeine Informationen: https://mf.sachsen-anhalt.de/steuern/grundsteuer/

Angaben zum Grundstück: Grundsteuer-Viewer Sachsen-Anhalt

X. Schleswig-Holstein

Allgemeine Informationen: https://schleswig-holstein.de/grundsteuer

Angaben zum Grundstück: Grundsteuerportal Schleswig-Holstein

XI. Thüringen

Allgemeine Informationen: https://grundsteuer.thueringen.de

Angaben zum Grundstück: Grundsteuer-Viewer Thüringen

20–21 *(Einstweilen frei)*

E. Hauptvordruck (GW-1)

22 Im Hauptvordruck (GW-1) sind insbesondere **allgemeine Angaben** zur **Lage** des Grundstücks oder Betriebs der Land- und Forstwirtschaft sowie **Eigentümerdaten** einzutragen, eine **Empfangsvollmacht** kann erteilt werden usw.

I. Zeilen 1 bis 3

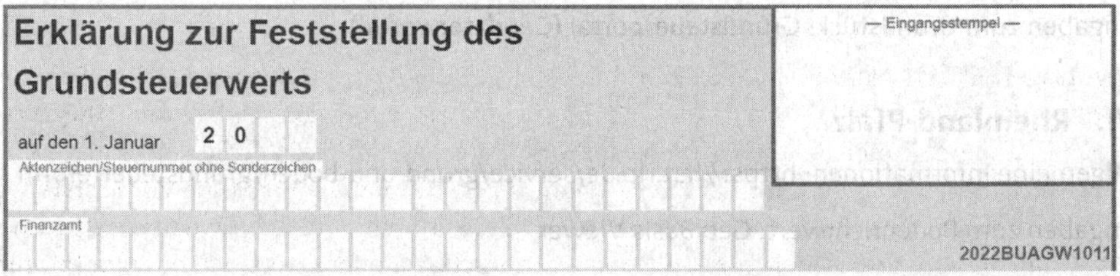

Erklärung zur Feststellung des Grundsteuerwerts

— Eingangsstempel —

1 auf den 1. Januar 2 0

Aktenzeichen/Steuernummer ohne Sonderzeichen

2

Finanzamt

3

2022BUAGW1011

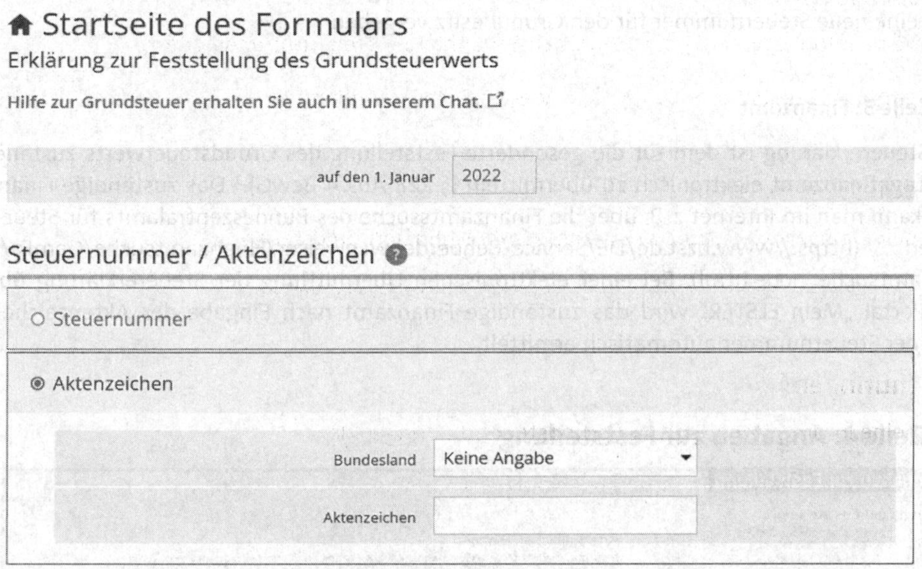
Startseite des Formulars
Erklärung zur Feststellung des Grundsteuerwerts
Hilfe zur Grundsteuer erhalten Sie auch in unserem Chat.
auf den 1. Januar 2022
Steuernummer / Aktenzeichen
○ Steuernummer
◉ Aktenzeichen
Bundesland Keine Angabe
Aktenzeichen

1. Zeile 1: Feststellungszeitpunkt

Als Feststellungszeitpunkt ist bei der Erklärung zur Hauptfeststellung der Grundsteuerwerts 23
stets das Jahr 2022 einzutragen.[1] Da der Erklärungsvordruck auch zur Anzeige von Änderungen, die sich auf die Höhe des Grundsteuerwerts oder die Festsetzung des Grundsteuermessbetrags auswirken können, verwendet werden kann (siehe Zeile 4), können in Zeile 1 für diese Feststellungen auch andere Jahre eingetragen werden.[2]

2. Zeile 2: Aktenzeichen/Steuernummer ohne Sonderzeichen

Einzutragen ist das Aktenzeichen (für Grundbesitz in Brandenburg, Rheinland-Pfalz, Saarland, 24
Sachsen, Sachsen-Anhalt, Mecklenburg-Vorpommern, Nordrhein-Westfalen und Thüringen) oder die Steuernummer (für Grundbesitz in Berlin, Bremen und Schleswig-Holstein). Das Aktenzeichen bzw. die Steuernummer des Grundbesitzes, für den die Erklärung zur Feststellung des Grundsteuerwerts abgegeben wird, findet man z. B. auf dem letzten **Einheitswertbescheid** oder **Grundsteuerwertbescheid**, ggf. auf **Gebührenbescheiden** der Gemeinde oder im **Informationsschreiben** der Finanzverwaltung, sofern ein solches versendet worden ist.

Die Eintragung soll **ohne Sonderzeichen** („/", „-", „." u. ä.) erfolgen.

Für bestimmte wirtschaftliche Einheiten liegt ggf. noch **kein Aktenzeichen** oder **keine Steuernummer** vor, z. B., falls der Grundbesitz vollständig **von der Grundsteuer befreit** ist und aus diesem Grund bisher **kein Einheitswert** festgestellt worden ist (§ 19 Abs. 4 BewG a. F.) oder in Fällen, in denen bisher die **Ersatzbemessungsgrundlage** nach § 42 GrStG a. F. zur Anwendung

1 Zum Hauptfeststellungszeitpunkt siehe Kurt in Grootens, BewG, § 221 Rz. 63.

2 Siehe zu den Zeitpunkten, auf welche die Feststellungen vorgenommen werden, vertiefend Kurt in Grootens, BewG, § 222 Rz. 171 ff. und § 223 Rz. 101 ff.

gekommen ist. In diesen Fällen muss das Finanzamt tätig werden und ein neues Aktenzeichen bzw. eine neue Steuernummer für den Grundbesitz vergeben.

3. Zeile 3: Finanzamt

25 Die Steuererklärung ist dem für die gesonderte Feststellung des Grundsteuerwerts zuständigen **Lagefinanzamt** elektronisch zu übermitteln (§ 228 Abs. 4 BewG).[1] Das zuständige Finanzamt kann man im Internet z. B. über die Finanzamtssuche des Bundeszentralamts für Steuern finden (https://www.bzst.de/DE/Service/Behoerdenwegweiser/Finanzamtsuche/GemFa/finanzamtsuche_node.html). Bei einer elektronischen Übermittlung der Steuererklärung über das Portal „Mein ELSTER" wird das zuständige Finanzamt nach Eingabe des Aktenzeichens oder der Steuernummer automatisch ermittelt.

II. Zeile 4: Angaben zur Feststellung

Angaben zur Feststellung 13

Grund der Feststellung

4 11 ☐ 1 = Hauptfeststellung
2 = Nachfeststellung
3 = Artfortschreibung
4 = Wertfortschreibung
5 = Art- und Wertfortschreibung

Art der wirtschaftlichen Einheit

10 ☐ 1 = unbebautes Grundstück (wirtschaftliche Einheit des Grundvermögens)
2 = bebautes Grundstück (wirtschaftliche Einheit des Grundvermögens)
3 = Betrieb der Land- und Forstwirtschaft

1 - Angaben zur Feststellung

4 **Grund der Feststellung** 11

- ◉ Hauptfeststellung
- ○ Nachfeststellung
- ○ Artfortschreibung
- ○ Wertfortschreibung
- ○ Art- und Wertfortschreibung

4 **Art der wirtschaftlichen Einheit** 10

- ◉ Keine Angabe
- ○ unbebautes Grundstück (wirtschaftliche Einheit des Grundvermögens)
- ○ bebautes Grundstück (wirtschaftliche Einheit des Grundvermögens)
- ○ Betrieb der Land- und Forstwirtschaft

26 Bei den Angaben zur Art der Feststellung in **Zeile 4** ist der **Grund der Feststellung** und die **Art der wirtschaftlichen Einheit** anzugeben.

1 Siehe hierzu vertiefend Kurt in Grootens, BewG, § 228 Rz. 171 ff.

Als Grund der Feststellung können

- die Hauptfeststellung,[1]
- die Nachfeststellung,[2]
- die Artfortschreibung,[3]
- die Wertfortschreibung[4] und
- eine kombinierte Art- und Wertfortschreibung

ausgewählt werden.

Als Art der wirtschaftlichen Einheit können

- unbebautes Grundstück (wirtschaftliche Einheit des Grundvermögens),[5]
- bebautes Grundstück (wirtschaftliche Einheit des Grundvermögens)[6] oder
- Betrieb der Land- und Forstwirtschaft[7]

ausgewählt werden.

III. Zeilen 5 bis 8: Lage des Grundstücks/Betriebs der Land- und Forstwirtschaft

Lage des Grundstücks/Betriebs der Land- und Forstwirtschaft 11

Straße/Lagebezeichnung
5 24

Hausnummer Hausnummerzusatz Zusatzangaben
6 25 26 31

Postleitzahl Ort
7 21 22

8 **Erstreckt sich das Grundstück oder der Betrieb der Land- und Forstwirtschaft über mehrere hebeberechtigte Gemeinden?** 90 1 = Ja

1 Siehe hierzu vertiefend Kurt in Grootens, BewG, § 221 Rz. 61 ff.
2 Siehe hierzu vertiefend Kurt in Grootens, BewG, § 223 Rz. 61 ff.
3 Siehe hierzu vertiefend Kurt in Grootens, BewG, § 222 Rz. 91 ff.
4 Siehe hierzu vertiefend Kurt in Grootens, BewG, § 222 Rz. 71 ff.
5 Siehe hierzu vertiefend Bock in Grootens, BewG, § 246 Rz. 17 ff.
6 Siehe hierzu vertiefend Bock in Grootens, BewG, § 248 Rz. 19 ff.
7 Siehe hierzu vertiefend Grootens in Grootens, BewG, § 232 Rz. 15 ff.

2 - Lage des Grundstücks/Betriebs der Land- und Forstwirtschaft

5	Straße/Lagebezeichnung	24
6	Hausnummer, Hausnummerzusatz, Zusatzangaben	25 / 26 / 31
7	Postleitzahl, Ort	21 / 22

Mehrere hebeberechtigte Gemeinden

8 ☐ Das Grundstück oder der Betrieb der Land- und Forstwirtschaft erstreckt sich über mehrere hebeberechtigte Gemeinden. 90

---

1. Zeile 5: Straße/Lagebezeichnung

27 In **Zeile 5** kann die Straße des Grundstücks oder in Fällen, in denen es keinen Straßennamen gibt (insbesondere bei Betrieben der Land- und Forstwirtschaft oder unerschlossenen Grundstücken), die sonst übliche Lagebezeichnung eingetragen werden. Bei Grundstücken mit einer Anbindung an mehrere Straßen, bspw. bei **Eckgrundstücken,** ist üblicherweise die **Postanschrift** anzugeben.

2. Zeile 6: Hausnummer, Hausnummerzusatz, Zusatzangaben

28 Neben der Hausnummer und einem Hausnummerzusatz (a, b usw.) können weitere Zusatzangaben zur zweifelsfreien Bestimmung der wirtschaftlichen Einheit eingetragen werden, insbesondere bei Eigentumswohnungen die jeweilige Wohnungsnummer des Objekts (z. B. Wohnung Nr. 8, 3. OG rechts, Hinterhaus, u. Ä.).

3. Zeile 7: Postleitzahl, Ort

29 Einzutragen sind die Postleitzahl und der Ort des Grundstücks. Für die Hauptfeststellung der Grundsteuerwerte sind die Verhältnisse vom 1.1.2022 maßgebend. Kommt es nach dem 1.1.2022 zu **Umstrukturierungen im Gemeindegebiet**, Eingemeindungen, Gebietstauschen o. Ä. und ändert sich hierdurch die Postleitzahl und/oder die Ortsbezeichnung, ist gleichwohl die **bisherige Postleitzahl** und der **bisherige Ortsname** einzutragen.

4. Zeile 8: mehrere hebeberechtigte Gemeinden

30 In **Zeile 8** ist kenntlich zu machen, wenn sich das Grundstück oder der Betrieb der Land- und Forstwirtschaft über **mehrere hebeberechtigte Gemeinden** erstreckt, die Grundsteuer für dieses Grundstück also mehreren unterschiedlichen Gemeinden zusteht. In diesen Fällen führt

das Finanzamt eine **Zerlegung des Grundsteuermessbetrags** durch (§ 22 Abs. 1 GrStG).[1] Nicht gemeint ist der Fall, wenn sich ein Grundstück über mehrere Ortsteile einer Gemeinde oder über mehrere Bezirke einer Stadt erstreckt.

IV. Zeilen 9 bis 21: Gemarkung(en) und Flurstücke des Grundvermögens

In den Zeilen 9 bis 21 werden Angaben zu den Flurstücken des Grundvermögens erhoben. Auf dem Papiervordruck können insgesamt vier Flurstücke eingetragen werden, weitere können auf einem gesonderten Blatt formlos mitgeteilt werden. 31

In diesem Abschnitt sind keine Eintragungen zu den Gemarkungen und Flurstücken eines Betriebs der Land- und Forstwirtschaft vorzunehmen. Diese werden in der Anlage Land- und Forstwirtschaft (GW-3) erfasst.

Bei den einzutragenden Informationen handelt es sich überwiegend um Begriffe aus dem **Liegenschaftskataster**, die auch meist dem **Grundbuchblatt** oder einem **amtlichen Liegenschaftskatasterinformationssystem** (ALKIS®) entnommen werden können.

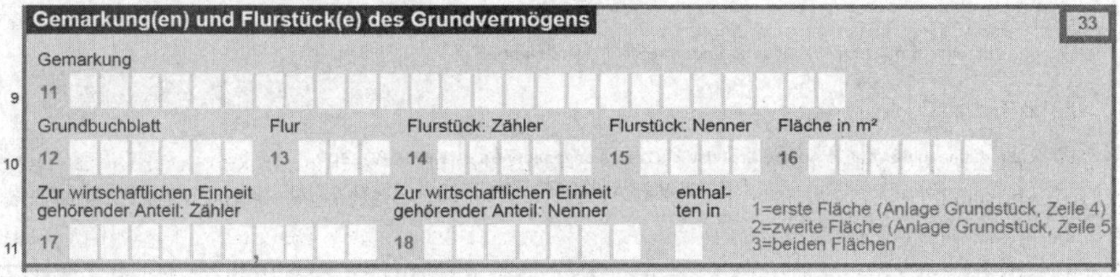
Gemarkung(en) und Flurstück(e) des Grundvermögens 33
Gemarkung
9 11
Grundbuchblatt | Flur | Flurstück: Zähler | Flurstück: Nenner | Fläche in m²
10 12 | 13 | 14 | 15 | 16
Zur wirtschaftlichen Einheit gehörender Anteil: Zähler | Zur wirtschaftlichen Einheit gehörender Anteil: Nenner | enthalten in
11 17 | 18 |
1=erste Fläche (Anlage Grundstück, Zeile 4)
2=zweite Fläche (Anlage Grundstück, Zeile 5)
3=beiden Flächen

1 Siehe hierzu vertiefend Bock in Grootens, BewG, § 22 Rz. 24 ff.

Gemarkung beziehungsweise Flurstück ?

1. Eintrag

Zeile	Feld	Eingabe
9	Gemarkung	11
10	Grundbuchblatt	12
10	Flur	13
10	Flurstück: Zähler, Nenner	14 / 15
10	Fläche	m² 16
11	Zur wirtschaftlichen Einheit gehörender Anteil: Zähler, Nenner	17 ? / 18
11	Enthalten in der/den in Anlage Grundstück, Zeile 4 angegebenen Fläche(n) des (Teil-)Grundstücks:	Keine Angabe 19 ?

1. Zeile 9: Gemarkung

32 Eine **Gemarkung** besteht aus mehreren i. d. R. zusammenhängenden Fluren und Flurstücken. Die Grenze und der Name einer Gemarkung entspricht meist auch der Grenze der jeweiligen Verwaltungseinheit (Gemeinde, Stadtbezirk, Stadt- oder Ortsteil). Auf dem Grundbuchblatt findet man den Namen der Gemarkung in der Mitte des Deckblatts sowie am oberen Rand des Bestandsverzeichnisses.

2. Zeile 10: Grundbuchblatt, Flur, Flurstück (Zähler/Nenner), Fläche

33 Die **Nummer des Grundbuchblatts** findet man auf dem Deckblatt des Grundbuchauszugs oder am oberen Rand einer laufenden Seite.

Eine Gemarkung besteht aus mehreren Fluren. Die Nummer der **Flur** ist im Bestandsverzeichnis des Grundbuchblatts in der Spalte „Flur" angegeben. In manchen Bundesländern gibt es keine Flur; in diesen Fällen kann das entsprechende Feld in der Steuererklärung leer gelassen werden.

Eine Flur besteht aus mehreren Flurstücken. Das **Flurstück** wird im Grundbuch meist im Format Zähler – Schrägstrich („/") – Nenner angegeben, z. B. „2/31", also Zähler = 2 und Nenner = 31. Nicht in jedem Bundesland hat die Flurstücksbezeichnung einen Nenner. In diesem Fall kann das entsprechende Feld in der Steuererklärung leer gelassen werden.

Die **Fläche** wird am rechten Rand im Bestandsverzeichnis des Grundbuchs ausgewiesen. Sie wird entweder in Hektar, Ar, Quadratmetern oder direkt in Quadratmetern angegeben. Im Erklärungsvordruck ist die **gesamte Fläche des Flurstücks** – und zwar auch dann, wenn nur ein Miteigentumsanteil am Flurstück besteht – in Quadratmetern einzutragen.

Wer den Grundbuchauszug für sein Grundstück nicht zur Hand hat und nicht (ggf. kostenpflichtig) anfordern möchte, kann die einzutragenden Daten auch meist aus den elektronischen Liegenschaftskatasterinformationssystemen oder speziell eingerichteten Grundsteuer-Internetportalen der Länder entnehmen:

- Berlin: Geoportal (FIS Broker)
- Brandenburg: Geoviewer Brandenburg
- Bremen: Flurstücksviewer Bremen
- Mecklenburg-Vorpommern: Grundsteuerdaten Mecklenburg-Vorpommern
- Nordrhein-Westfalen: Grundsteuerportal (Geodatenportal)
- Rheinland-Pfalz: Geo Basis Viewer
- Saarland: Grundsteuerviewer Saarland
- Sachsen: Grundsteuerportal Sachsen
- Sachsen-Anhalt: Grundsteuer-Viewer Sachsen-Anhalt
- Schleswig-Holstein: Grundsteuerportal Schleswig-Holstein
- Thüringen: Grundsteuer-Viewer Thüringen

3. Zeile 11: zur wirtschaftlichen Einheit gehörender Anteil (Zähler/Nenner)

In Zeile 11 ist anzugeben, zu welchem Anteil das Flurstück zur wirtschaftlichen Einheit des 34
Grundvermögens gehört. Bei Ein- und Zweifamilienhäusern dürfte regelmäßig das gesamte Flurstück zur wirtschaftlichen Einheit „Einfamilienhaus" bzw. „Zweifamilienhaus" gehören (Eintragung also Nenner: 1/Zähler: 1). Bei einer Eigentumswohnung ist an dieser Stelle der **Miteigentumsanteil** an dem Grundstück einzutragen.

Gehört nach § 244 Abs. 2 BewG zur wirtschaftlichen Einheit ein Anteil des Eigentümers an anderem Grundvermögen z. B. auch eine **Garage** auf einem anderen Flurstück,[1] ist der Miteigentumsanteil an diesem Flurstück einzutragen.

Mit dem Feld **„enthalten in"** wird eine Verknüpfung zu der in der Anlage Grundstück (GW-2) erklärten Fläche hergestellt. Während im Hauptvordruck (GW-1) die gesamte Fläche des Flurstücks eingetragen wird, wird in den Zeilen 4 und 5 der Anlage Grundstück (GW-2) nur der zur wirtschaftlichen Einheit gehörende Anteil des Flurstücks und der maßgebliche Bodenrichtwert eingetragen. Mit der Verknüpfung kann nachvollzogen werden, für welches Flurstück welche Bodenrichtwertzone maßgeblich ist. Einzutragen ist

- eine „1", wenn das Grundstück in **einer Bodenrichtwertzone** liegt oder wenn das Grundstück in zwei Bodenrichtwertzonen liegt, für das Flurstück aber der in Zeile 4 der Anlage Grundstück (GW-2) eingetragene Bodenrichtwert maßgebend ist

1 Zur Einbeziehung der Garage in die wirtschaftliche Einheit siehe vertiefend A 244 Abs. 3 AEBewGrSt und Bock in Grootens, BewG, § 244 Rz. 40 ff.

- ► eine „2“, wenn das Grundstück in **zwei Bodenrichtwertzonen** liegt und für das Flurstück der in Zeile 5 der Anlage Grundstück (GW-2) eingetragene Bodenrichtwert maßgebend ist
- ► eine „3“, wenn die **Bodenrichtwertzone das Flurstück „durchschneidet“** und für dieses zwei unterschiedliche Bodenrichtwerte maßgebend sind.

4. Zeile 21: weitere Flurstücke

35 Erstreckt sich ein Grundstück des Grundvermögens über mehr als vier Flurstücke, können weitere Flurstücke dem Finanzamt formlos auf einem weiteren Blatt mitgeteilt werden. Im Portal „Mein ELSTER“ können weitere Flurstücke mit der Schaltfläche „Gemarkung und Flurstück hinzufügen“ ergänzt werden.

V. Zeilen 22 bis 29: Empfangsvollmacht

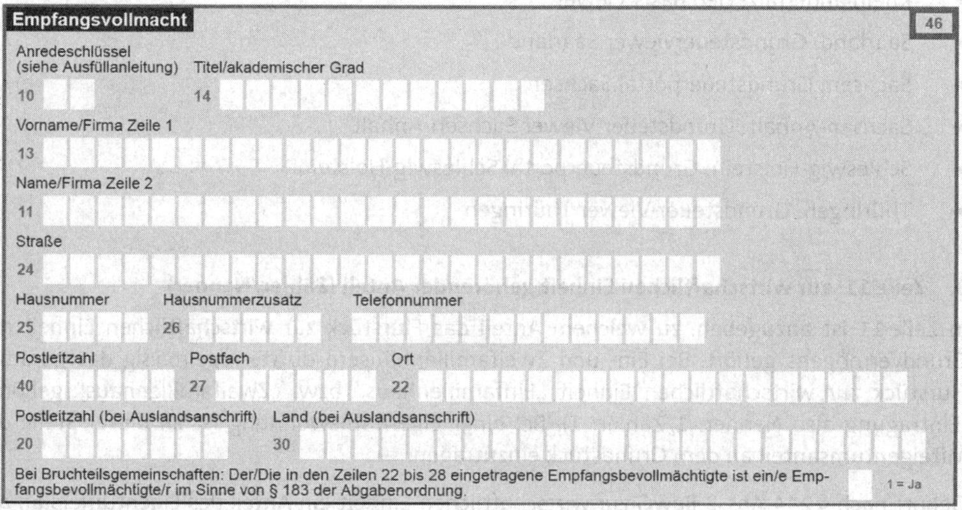

Empfangsvollmacht 46

22 Anredeschlüssel (siehe Ausfüllanleitung) 10 Titel/akademischer Grad 14

23 Vorname/Firma Zeile 1 13

24 Name/Firma Zeile 2 11

25 Straße 24

26 Hausnummer 25 Hausnummerzusatz 26 Telefonnummer

27 Postleitzahl 40 Postfach 27 Ort 22

28 Postleitzahl (bei Auslandsanschrift) 20 Land (bei Auslandsanschrift) 30

29 Bei Bruchteilsgemeinschaften: Der/Die in den Zeilen 22 bis 28 eingetragene Empfangsbevollmächtigte ist ein/e Empfangsbevollmächtigte/r im Sinne von § 183 der Abgabenordnung. 1 = Ja

7 - Empfangsvollmacht

22	Anredeschlüssel	Keine Angabe (10)	
22	Titel/akademischer Grad	(14)	
22	Telefonnummer		
23	Vorname/Firma Zeile 1	(13)	
24	Name/Firma Zeile 2	(11)	
25	Straße	(24)	
26	Hausnummer, Hausnummerzusatz	(25)	(26)
27	Postfach	(27)	
27	Postleitzahl, Ort	(40)	(22)
28	Postleitzahl (Ausland)	(20)	
28	Land (bei Auslandsanschrift)	Keine Angabe (30)	
29	☐ Bei Bruchteilsgemeinschaften: Der/Die in den Zeilen 22 bis 28 eingetragene Empfangsbevollmächtigte ist ein/e Empfangsbevollmächtigte/r im Sinne von § 183 der Abgabenordnung.		

In den **Zeilen 22 bis 28** können Name, Anschrift und ggf. eine Telefonnummer einer empfangsbevollmächtigten Person eingetragen werden (z. B. Steuerberaterinnen oder Steuerberater).[1] Die Finanzverwaltung weist darauf hin, dass die Abgabe der Erklärung zur Feststellung des Grundsteuerwerts unter dem bisherigen Aktenzeichen erfolge, eine Übermittlung von Vollmachten über die **Vollmachtsdatenbank** für die bisherigen Einheitswert-Aktenzeichen jedoch **nicht möglich** sei. Programmtechnisch könnten die bisher dem Finanzamt gegenüber angezeigten Vertretungs- und Bekanntgabevollmachten nicht übernommen werden. Empfangs- 36

1 Zur Befugnis der Hilfeleistung bezüglich der Erklärung zur Feststellung des Grundsteuerwerts siehe vertiefend „Umsetzung der Grundsteuerreform – Abgabe einer Erklärung" im Monatsbericht des Bundesministeriums der Finanzen Juni 2022, S. 6 f., abrufbar unter https://www.bundesfinanzministerium.de/Monatsberichte/2022/06/Inhalte/Kapitel-3-Analysen/3-1-erklaerung-grundsteuerreform.html.

bevollmächtigte für die Feststellung von Grundsteuerwerten nach neuer Rechtslage werden gebeten, bestehende Empfangsvollmachten in der Erklärung zur Feststellung des Grundsteuerwertes anzuzeigen.[1]

Bilden mehrere Feststellungsbeteiligte keine rechtsfähige Personenvereinigung, so sollen sie gem. § 183a Abs. 1 Satz 1 AO einen **gemeinsamen Empfangsbevollmächtigten** bestellen, der ermächtigt ist, für sie alle Verwaltungsakte und Mitteilungen in Empfang zu nehmen, die mit der gesonderten und einheitlichen Feststellung der Grundsteuerwerte zusammenhängen. Dieser Fall ist in **Zeile 29** kenntlich zu machen. Aus diesem Grund sieht der Hauptvordruck bei mehreren Feststellungsbeteiligten keine Möglichkeit vor, unterschiedliche empfangsbevollmächtigte Personen für verschiedene Feststellungsbeteiligte zu benennen.

VI. Zeile 30: Ergänzende Angaben zur Feststellungserklärung

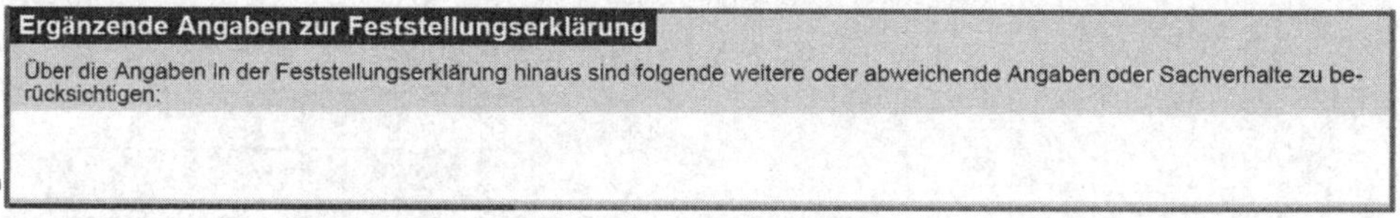

Ergänzende Angaben zur Feststellungserklärung

Über die Angaben in der Feststellungserklärung hinaus sind folgende weitere oder abweichende Angaben oder Sachverhalte zu berücksichtigen:

30

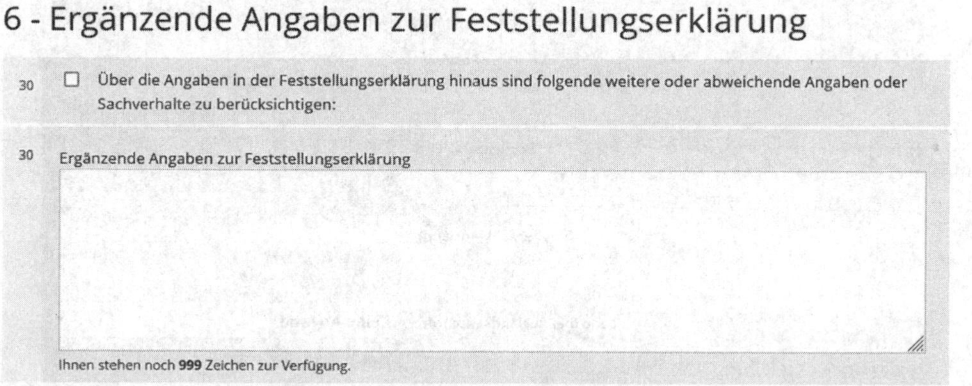

6 - Ergänzende Angaben zur Feststellungserklärung

30 ☐ Über die Angaben in der Feststellungserklärung hinaus sind folgende weitere oder abweichende Angaben oder Sachverhalte zu berücksichtigen:

30 Ergänzende Angaben zur Feststellungserklärung

Ihnen stehen noch **999** Zeichen zur Verfügung.

37 **Zeile 30** des Hauptvordrucks beruht auf einer **gesetzlichen Vorgabe** in § 150 Abs. 7 Satz 1 AO. Hiernach ist es dem Steuerpflichtigen zu ermöglichen, Angaben, die nach seiner Auffassung Anlass für eine Bearbeitung durch einen Finanzbeamten sind, in einem dafür vorgesehenen Abschnitt oder Datenfeld der Steuererklärung zu machen, wenn Steuererklärungen wie z. B. die Erklärung zur Feststellung des Grundsteuerwerts, die nach amtlich vorgeschriebenem Vordruck abgegeben oder nach amtlich vorgeschriebenem Datensatz über die amtlich bestimmte Schnittstelle elektronisch übermittelt werden, nach § 155 Abs. 4 Satz 1 AO zu einer ausschließlich automationsgestützten Steuerfestsetzung führen können.

Anwendungsfälle für das Freitextfeld sind Sachverhalte, die von den Erklärungsvordrucken nicht umfasst werden. Denkbar wäre z. B. ein Grundstück, das sich über **mehr als zwei Boden-**

1 Z. B. Finanzministerium Thüringen, https://finanzen.thueringen.de/themen/steuern/grundsteuer/steuerberater, aufgerufen am 25.7.2022.

richtwertzonen erstreckt: Da in der Anlage Grundstück (GW-2) nur zwei Flächen mit unterschiedlichen Bodenrichtwerten eingetragen werden können, können weitere Flächen mit anderen Bodenrichtwerten unter den „Ergänzenden Angaben" erklärt werden.

VII. Zeile 31: Grundsteuerbefreiung/-vergünstigung

Grundsteuerbefreiung/-vergünstigung

31 Der Grundbesitz wird ganz oder teilweise von einem begünstigten Rechtsträger oder für steuerbegünstigte Zwecke verwendet oder es liegen die Voraussetzungen für eine Ermäßigung der Steuermesszahl vor. Die Anlage Grundsteuerbefreiung/-vergünstigung ist zusätzlich zu der Anlage Grundstück oder der Anlage Land- und Forstwirtschaft beigefügt. ☐ 1 = Ja

5 - Grundsteuerbefreiung/-vergünstigung

31 ☐ Der Grundbesitz wird ganz oder teilweise von einem begünstigten Rechtsträger oder für steuerbegünstigte Zwecke verwendet oder es liegen die Voraussetzungen für eine Ermäßigung der Steuermesszahl vor. Die Anlage Grundstück beziehungsweise Land- und Forstwirtschaft ist beigefügt und es liegen Angaben zur Grundsteuerbefreiung/-vergünstigung vor.

38 In **Zeile 31** ist kenntlich zu machen, ob der Grundbesitz ganz oder teilweise **grundsteuerbefreit** ist oder die Voraussetzungen für eine **Ermäßigung der Steuermesszahl** vorliegen (z. B. aufgrund von **Denkmalschutz** oder **gefördertem Wohnraum**).

Wird dies bejaht, ist dem Papiervordruck zusätzlich die Anlage Grundsteuerbefreiung/-vergünstigung (GW-4) beizufügen. Im Portal „Mein ELSTER" werden die Angaben zur Grundsteuerbefreiung oder Ermäßigung der Steuermesszahl direkt in der Anlage Grundstück (GW-2) bzw. Anlage Land- und Forstwirtschaft (GW-3) vorgenommen.

39 HINWEIS:

Im Rahmen der Hauptfeststellung auf den 1.1.2022 sind grds. alle – **auch steuerbefreite – Flächen vollständig** in der Erklärung zur Feststellung des Grundsteuerwerts **aufzuführen**. Teilweise sehen Länder in steuerfreien Fällen **Erleichterungen bei der Erklärungsabgabe** oder **Fristverlängerungen** zur Abgabe der Erklärung zur Feststellung des Grundsteuerwerts vor.[1]

VIII. Zeile 32: Eigentumsverhältnisse

Eigentumsverhältnisse 13

32 Eigentumsverhältnisse 40 ☐

0 = Alleineigentum einer natürlichen Person
1 = Alleineigentum einer Körperschaft des öffentlichen Rechts
2 = Alleineigentum einer unternehmerisch tätigen juristischen Person
3 = Alleineigentum einer nicht unternehmerisch tätigen juristischen Person
4 = Ehegatten/Lebenspartner
5 = Erbengemeinschaft
6 = Bruchteilsgemeinschaft
7 = Grundstücksgemeinschaft ausschl. von natürlichen Personen
8 = Grundstücksgemeinschaft ausschl. von juristischen Personen
9 = andere Grundstücksgemeinschaft

1 Vgl. z. B. Information des Ministeriums der Finanzen des Landes Nordrhein-Westfalen, Information zur Grundsteuerreform – Steuerbefreite Grundstücke, https://www.finanzverwaltung.nrw.de/system/files/media/document/file/Info_steuerbefreiter_Grundbesitz.pdf, aufgerufen am 10.11.2024.

4 - Angaben zu Eigentümer(innen) / Beteiligten

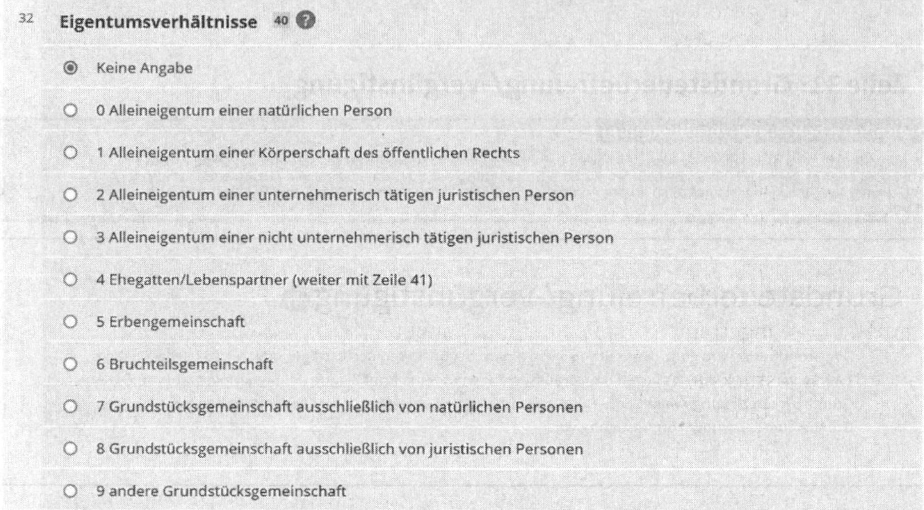

32 **Eigentumsverhältnisse** 40

- ◉ Keine Angabe
- ○ 0 Alleineigentum einer natürlichen Person
- ○ 1 Alleineigentum einer Körperschaft des öffentlichen Rechts
- ○ 2 Alleineigentum einer unternehmerisch tätigen juristischen Person
- ○ 3 Alleineigentum einer nicht unternehmerisch tätigen juristischen Person
- ○ 4 Ehegatten/Lebenspartner (weiter mit Zeile 41)
- ○ 5 Erbengemeinschaft
- ○ 6 Bruchteilsgemeinschaft
- ○ 7 Grundstücksgemeinschaft ausschließlich von natürlichen Personen
- ○ 8 Grundstücksgemeinschaft ausschließlich von juristischen Personen
- ○ 9 andere Grundstücksgemeinschaft

---

40 **Zeile 32** des Hauptvordrucks beruht auf einer gesetzlichen Vorgabe in § 2 des Gesetzes über Steuerstatistiken (StStatG). Mit Art. 14 des Gesetzes zur Reform des Grundsteuer- und Bewertungsrechts vom 26.11.2019 (Grundsteuer-Reformgesetz – GrStRefG)[1] wurde in § 2 Abs. 5 Nr. 1 Buchst. b und Nr. 2 Buchst. b StStatG geregelt, dass für die Statistiken der Grundsteuerwerte sowohl für das Grundvermögen als auch für das land- und forstwirtschaftliche Vermögen jeweils auch die Rechtsform des Eigentümers erfasst werden.

Folgende Auswahlmöglichkeiten stehen zur Auswahl:

- ► Alleineigentum einer natürlichen Person
- ► Alleineigentum einer Körperschaft des öffentlichen Rechts:
  Hierzu gehören Bund, Länder, Landkreise, Gemeinden, Gemeindeverbände, Industrie- und Handelskammern und Universitäten.
- ► Alleineigentum einer unternehmerisch tätigen juristischen Person:
  Hierzu gehören Genossenschaften, Aktiengesellschaften, Gesellschaften mit beschränkter Haftung, eingetragene Vereine oder Stiftungen, die in Bezug auf den Grundbesitz nicht vermögensverwaltend tätig sind (Regelfall).
- ► Alleineigentum einer nicht unternehmerisch tätigen juristischen Person:
  Hierzu gehören Genossenschaften, Aktiengesellschaften, Gesellschaften mit beschränkter Haftung, eingetragene Vereine oder Stiftungen, die in Bezug auf den Grundbesitz ausschließlich vermögensverwaltend tätig sind. Der Grundbesitz wird also vermietet oder verpachtet, ohne dass sich dies als nachhaltige gewerbliche Tätigkeit mit Gewinnerzielungsabsicht darstellt.
- ► Ehegatten/Lebenspartner

---

1 BGBl 2019 S. 1812.

- Erbengemeinschaft
- Bruchteilsgemeinschaft:
  In diesem Fall gehört der Grundbesitz mehreren Personen, deren Miteigentumsanteile im Grundbuch eingetragen sind. Jeder Miteigentümer kann frei über seinen Anteil verfügen.
- Grundstücksgemeinschaft ausschließlich von natürlichen Personen:
  Hierzu gehören Personengesellschaften (Offene Handelsgesellschaft, Kommanditgesellschaft, Gesellschaft bürgerlichen Rechts), die selbst Eigentümer des Grundbesitzes sind, nicht die an der Gesellschaft beteiligten Personen.
- Grundstücksgemeinschaft ausschließlich von juristischen Personen:
  Hierzu gehören Genossenschaften, Aktiengesellschaften, Gesellschaften mit beschränkter Haftung, eingetragene Vereine oder Stiftungen.
- andere Grundstücksgemeinschaft:
  Auffangtatbestand, für den Fall, dass der Grundbesitz sowohl natürlichen als auch juristischen Personen gehört.

Welches Eigentumsverhältnis in dem jeweiligen Einzelfall einzutragen ist, erläutert die Finanzverwaltung detailliert in der **Ausfüllanleitung** zum Hauptvordruck (GW-1).[1]

IX. Zeilen 33 bis 40: Angaben zu Erbengemeinschaften, Bruchteilsgemeinschaften und Gemeinschaften ohne geschäftsüblichen Namen

Angaben zu Erbengemeinschaften, Bruchteilsgemeinschaften und Gemeinschaften ohne geschäftsüblichen Namen 45

Bei Eigentumsverhältnis 0-4 oder 7-9 mit geschäftsüblichem Namen (zum Beispiel OHG oder KG) weiter mit Zeile 41.

Bei Eigentumsverhältnis 5 und 6 oder 7-9 ohne geschäftsüblichen Namen bitte Zeilen 33 bis 40 und zusätzlich die Zeilen 41 ff. ausfüllen.

33 Anredeschlüssel (siehe Ausfüllanleitung) 10

Name der Gemeinschaft Zeile 1

34 91

Name der Gemeinschaft Zeile 2

35 92

Straße

36 24

Hausnummer / Hausnummerzusatz

37 25 / 26

Postleitzahl / Postfach / Ort

38 40 / 27 / 22

Postleitzahl (bei Auslandsanschrift) / Land (bei Auslandsanschrift)

39 20 / 30

40 Für weitere, im Hauptvordruck nicht angegebene Eigentümer(innen)/Beteiligte ist die Anlage Feststellungsbeteiligte beigefügt. 1 = Ja

1 Anlage 15 zu BStBl I 2021 S. 2391.

Angaben zu Erbengemeinschaften, Bruchteilsgemeinschaften und Gemeinschaften ohne geschäftsüblichen Namen

Zeile	Feld	Eingabe	Kennzahl
33	Anredeschlüssel	Keine Angabe	10
34	Name der Gemeinschaft Zeile 1		91
35	Name der Gemeinschaft Zeile 2		92
36	Straße		24
37	Hausnummer, Hausnummerzusatz		25 / 26
38	Postfach		27
38	Postleitzahl, Ort		40 / 22
39	Postleitzahl (Ausland)		20
39	Land (bei Auslandsanschrift)	Keine Angabe	30

41 In **Zeilen 33 bis 39** sind nur Angaben zu machen, wenn es sich um eine Erbengemeinschaft, Bruchteilsgemeinschaft oder eine Gemeinschaft ohne geschäftsüblichen Namen handelt. Zusätzlich sind in den Zeilen 41 ff. die einzelnen Beteiligten aufzuführen.

42 Hat das Grundstück oder der Betrieb der Land- und Forstwirtschaft mehr als drei Eigentümer oder Beteiligte, können weitere Personen in der **Anlage Feststellungsbeteiligte** (GW-1A) eingetragen werden. In **Zeile 40** ist kenntlich zu machen, dass der Erklärung die Anlage Feststellungsbeteiligte beigefügt ist. Im Portal „Mein ELSTER“ gibt es diese Anlage nicht; hier können weitere Personen mit der Schaltfläche „Eigentümer(in)/Beteiligte(n) hinzufügen“ ergänzt werden.

X. Zeilen 41 bis 58: Eigentümer(innen)/Beteiligte

Eigentümer(innen)/Beteiligte 45 / 46

41 Laufende Nummer des Eigentümers/der Eigentümerin oder des/der Beteiligten

Anredeschlüssel (siehe Ausfüllanleitung) | Titel/akademischer Grad | Geburtsdatum

42 10 | 14 | 18 T T M M J J J J

Vorname/Firma Zeile 1

43 13

Name/Firma Zeile 2

44 11

Straße

45 24

Hausnummer | Hausnummerzusatz | Telefonnummer

46 25 | 26 |

Postleitzahl | Postfach | Ort

47 40 | 27 | 22

Postleitzahl (bei Auslandsanschrift) | Land (bei Auslandsanschrift)

48 20 | 30

Wohnsitz-/Betriebsstätten-Finanzamt

49 74

Steuernummer | Identifikationsnummer

50 73 | 19

Anteil am Grundstück/Betrieb der Land- und Forstwirtschaft

Zähler | Nenner

51 70 | 71

gegebenenfalls gesetzlich vertreten durch:

Anredeschlüssel (siehe Ausfüllanleitung) | Titel/akademischer Grad

52 10 | 14

Vorname/Firma Zeile 1

53 13

Name/Firma Zeile 2

54 11

Straße

55 24

Hausnummer | Hausnummerzusatz | Telefonnummer

56 25 | 26 |

Postleitzahl | Postfach | Ort

57 40 | 27 | 22

Postleitzahl (bei Auslandsanschrift) | Land (bei Auslandsanschrift)

58 20 | 30

Eigentümer(innen)/Beteiligte

1. Eintrag

42	Anredeschlüssel	Keine Angabe	10
42	Titel/akademischer Grad		14
42	Geburtsdatum	TT.MM.JJJJ	18
43	Vorname/Firma Zeile 1		13
44	Name/Firma Zeile 2		11
45	Straße		24
46	Hausnummer, Hausnummerzusatz		25, 26
46	Telefonnummer		
47	Postfach		27
47	Postleitzahl, Ort		40, 22
48	Postleitzahl (Ausland)		20
48	Land (bei Auslandsanschrift)	Keine Angabe	30
49	Wohnsitz-/Betriebsstätten-Finanzamt		74

Steuernummer / Identifikationsnummer

50	Land	Bitte Land auswählen
50	Steuernummer	*Bitte Land auswählen* Wo ist meine Steuernummer
50	Finanzamt	**Wird automatisch ermittelt**
50	Identifikationsnummer	19

Anteil am Grundstück/Betrieb der Land- und Forstwirtschaft

51	Zähler, Nenner	70	71

gegebenenfalls gesetzlich vertreten durch:

Zeile	Feld	Eingabe	Kennzahl
52	Anredeschlüssel	Keine Angabe	10
52	Titel/akademischer Grad		14
53	Vorname/Firma Zeile 1		13
54	Name/Firma Zeile 2		11
55	Straße		24
56	Hausnummer, Hausnummerzusatz		25, 26
56	Telefonnummer		
57	Postfach		27
57	Postleitzahl, Ort		40, 22
58	Postleitzahl (Ausland)		20
58	Land (bei Auslandsanschrift)	Keine Angabe	30

43 In den **Zeilen 41 bis 48** sind die **Personendaten** des Eigentümers (insbesondere Name, Anschrift, Geburtsdatum, ggf. eine Telefonnummer) einzutragen. Auf dem Papiervordruck sollen die Eigentümer/Beteiligten fortlaufend nummeriert werden; im Portal „Mein ELSTER" erfolgt dies automatisiert.

In **Zeile 49** soll das für die Besteuerung vom Einkommen und Ertrag zuständige Finanzamt (bei natürlichen Personen regelmäßig das **Wohnsitzfinanzamt,** § 19 AO) eingetragen werden. Zusätzlich ist in **Zeile 50** die (Einkommen-/Körperschaft-)**Steuernummer** oder bei natürlichen Personen die steuerliche **Identifikationsnummer** nach § 139b AO anzugeben. Steuer- und Identifikationsnummer findet man z. B. auf dem letzten Einkommensteuerbescheid.

In **Zeile 51** ist der **Anteil** der jeweiligen Person am Grundstück oder dem Betrieb der Land- und Forstwirtschaft als Bruch im Format Zähler/Nenner anzugeben.

Bei **Eigentumswohnungen** ist mit dem in Zeile 51 anzugebende Anteil regelmäßig **nicht der Miteigentumsanteil** am gesamten Grundstück gemeint.

BEISPIEL: Zwei Personen sind je zur Hälfte Miteigentümer einer Eigentumswohnung und haben gemeinsam einen Miteigentumsanteil von 3.450/10.000 am gesamten Grundstück. Die Personen sind je zu 50 % Eigentümer der Eigentumswohnung, also ist in Zeile 51 jeweils $^1/_2$ (Zähler: 1, Nenner: 2) einzutragen. 44

In den **Zeilen 52 bis 58** besteht die Möglichkeit für jeden Eigentümer, den **gesetzlichen Vertreter** anzugeben. Hier sind bspw. Eintragungen erforderlich, wenn die Eigentümerin oder der Eigentümer ein minderjähriges Kind ist. Die Angabe der gesetzlichen Vertretung (in diesem Fall regelmäßig die Eltern) ist erforderlich, um die zutreffende Bekanntgabe des Bescheids über den Grundsteuerwert sicherzustellen.

XI. Zeilen 95 bis 97: Datenschutzhinweis und Unterschrift

Unterschrift

Datenschutzhinweis:
Die mit der Feststellungserklärung angeforderten Daten werden aufgrund der §§ 149, 150 und 181 Absatz 2 der Abgabenordnung sowie § 228 des Bewertungsgesetzes erhoben. Die Angabe der Telefonnummer ist freiwillig. Informationen über die Verarbeitung personenbezogener Daten in der Steuerverwaltung und über Ihre Rechte nach der Datenschutz-Grundverordnung sowie über Ihre Ansprechpartner in Datenschutzfragen entnehmen Sie bitte dem allgemeinen Informationsschreiben der Finanzverwaltung. Dieses Informationsschreiben finden Sie unter www.finanzamt.de (unter der Rubrik „Datenschutz") oder erhalten Sie bei Ihrem Finanzamt.

Bei Bruchteilsgemeinschaften und Empfangsbevollmächtigung im Sinne von § 183 der Abgabenordnung:
Ich wurde von den Beteiligten bevollmächtigt, diese bei der Erstellung und Unterzeichnung der Feststellungserklärung zu vertreten. Der/Die in den Zeilen 22 bis 28 benannte Bevollmächtigte wurde von sämtlichen Feststellungsbeteiligten bestellt. Ich habe alle Feststellungsbeteiligten davon in Kenntnis gesetzt, dass – soweit kein/e vertretungsberechtigte/r Geschäftsführer/in vorhanden ist – der/dem in den Zeilen 22 bis 28 benannten Bevollmächtigten im Feststellungsverfahren grundsätzlich die ausschließliche Einspruchs- und Klagebefugnis zusteht.

	Datum, eigenhändige Unterschrift der Person, die für die Erstellung der Erklärung zur Feststellung des Grundsteuerwerts verantwortlich ist:	Bei der Anfertigung dieser Feststellungserklärung hat mitgewirkt:
95		
96		
97		

Der Abschnitt „Unterschrift" am Ende des Hauptvordrucks GW-1 enthält den in der Finanzverwaltung auch in anderen Schreiben der Finanzverwaltung üblicherweise verwendeten **Datenschutzhinweis**, insbesondere den Hinweis auf das **Informationsschreiben** zur Umsetzung der datenschutzrechtlichen Vorgaben der Art. 12 bis 14 der **Datenschutz-Grundverordnung** in der Steuerverwaltung.[1] 45

Gehört der Grundbesitz einer **Bruchteilsgemeinschaft** und wurde eine gemeinsamer **Empfangsbevollmächtigter** bestellt, wird mit der Unterschrift bestätigt, dass die empfangsbevollmächtigte Person

- von allen Beteiligten bevollmächtigt wurde, diese bei der Erstellung und Unterzeichnung der Erklärung zur Feststellung des Grundsteuerwerts zu vertreten,
- von allen Beteiligten bestellt wurde,
- alle Beteiligte davon in Kenntnis gesetzt hat, dass ihr grds. die ausschließliche Einspruchs- und Klagebefugnis zusteht.

1 https://www.bzst.de/SharedDocs/Downloads/DE/Informationen_zum_Datenschutz/allg_informationen_zum_Datenschutz.pdf?__blob=publicationFile&v=4, aufgerufen am 25.7.2022.

Im linken unteren Bereich des Hauptvordrucks ist die Erklärung zur Feststellung des Grundsteuerwerts eigenhändig zu unterschreiben (§ 228 Abs. 5 BewG).[1] Bei der elektronischen Übermittlung der Steuererklärung ersetzt die Authentifizierung die Unterschrift.

Im rechten unteren Bereich des Hauptvordrucks können Personen, die an der Erstellung der Erklärung mitgewirkt haben, angegeben werden (z. B. Stempel einer Steuerberaterkanzlei o. Ä.).[2]

F. Anlage Grundstück (GW-2)

46 Die Anlage Grundstück (GW-2) ist einzureichen, wenn der Grundsteuerwert für ein bebautes oder unbebautes Grundstück des **Grundvermögens** festzustellen ist. Erhoben werden insbesondere die Angaben, die für die Ermittlung des Grundsteuerwerts im **Ertragswertverfahren**[3] oder im **Sachwertverfahren**[4] erforderlich sind.

Die Anlage Grundstück ist für **jede wirtschaftliche Einheit des Grundvermögens**[5] auszufüllen und mit **jeweils einem eigenen Hauptvordruck** (GW-1) beim Finanzamt einzureichen.

I. Zeilen 1 und 2

Aktenzeichen/Steuernummer ohne Sonderzeichen
1
Finanzamt
2
zur Erklärung zur Feststellung des Grundsteuerwerts
Anlage Grundstück
auf den 1. Januar 2 0
2022BUAGW2031

47 In **Zeilen 1 und 2** sind das **Aktenzeichen** oder in den Stadtstaaten und in Schleswig-Holstein die **Steuernummer** des Grundstücks, das zuständige **Finanzamt** und das Jahr des **Feststellungszeitpunkts** einzutragen. Die Angaben müssen mit den entsprechenden Eintragungen in Zeilen 1 bis 3 des Hauptvordrucks (GW-1) übereinstimmen. Insoweit wird auf die dortigen Ausführungen verwiesen (→ Rz. 23 ff.). Im Portal „Mein ELSTER“ werden diese Angaben automatisch übernommen.

1 Siehe hierzu vertiefend Kurt in Grootens, BewG, § 228 Rz. 183 f.

2 Zur Befugnis der Hilfeleistung bezüglich der Erklärung zur Feststellung des Grundsteuerwerts siehe vertiefend „Umsetzung der Grundsteuerreform – Abgabe einer Erklärung“ im Monatsbericht des Bundesministeriums der Finanzen Juni 2022, S. 6 f., abrufbar unter https://www.bundesfinanzministerium.de/Monatsberichte/2022/06/Inhalte/Kapitel-3-Analysen/3-1-erklaerung-grundsteuerreform.html.

3 Siehe hierzu vertiefend Grootens in Grootens, BewG, § 252 Rz. 36 ff.

4 Siehe hierzu vertiefend Grootens in Grootens, BewG, § 258 Rz. 36 ff.

5 Siehe hierzu vertiefend Bock in Grootens, BewG, § 243 Rz. 19 ff.

II. Zeile 3: Angaben zur Grundstücksart

Angaben zur Grundstücksart		13
3 Art des Grundstücks 22		
unbebautes Grundstück	**Wohngrundstück**	**Nichtwohngrundstück**
1 = unbebautes Grundstück	2 = Einfamilienhaus	6 = Teileigentum
	3 = Zweifamilienhaus	7 = Geschäftsgrundstück
	4 = Mietwohngrundstück	8 = gemischt genutztes Grundstück
	5 = Wohnungseigentum	9 = sonstiges bebautes Grundstück

1 - Angaben zur Grundstücksart

3 **Art des Grundstücks** 22 ?

- ◉ Keine Angabe
- ○ unbebautes Grundstück
- ○ Einfamilienhaus
- ○ Zweifamilienhaus
- ○ Mietwohngrundstück
- ○ Wohnungseigentum
- ○ Teileigentum
- ○ Geschäftsgrundstück
- ○ gemischt genutztes Grundstück
- ○ sonstiges bebautes Grundstück

Die in **Zeile 3** vorzunehmende Angabe zur **Grundstücksart**[1] bestimmt, welches **Bewertungsverfahren** zur Ermittlung des Grundsteuerwerts zur Anwendung kommt (Fläche multipliziert mit dem Bodenrichtwert für unbebaute Grundstücke,[2] Ertragswertverfahren für Wohngrundstücke,[3] Sachwertverfahren für Nichtwohngrundstücke).[4] 48

Abhängig von der Grundstücksart sind **unterschiedliche Angaben** zur Ermittlung des Grundsteuerwerts erforderlich und daher im Folgenden jeweils **nur bestimmte Abschnitte** der Anlage Grundstück auszufüllen:

► Bei unbebauten Grundstücken ist i. d. R. lediglich die Zeile 4 auszufüllen, bei mehreren Bodenrichtwerten, Bauerwartungsland und/oder Rohbauland noch die Zeilen 5 und 6. Weitere Angaben sind bei unbebauten Grundstücken nicht erforderlich.

1 Siehe zu den unterschiedlichen Grundstücksarten vertiefend Bock in Grootens, BewG § 249 Rz. 19 ff.

2 Zur Wertermittlung bei unbebauten Grundstücken siehe vertiefend Bock in Grootens, BewG § 247 Rz. 19 ff.

3 Zur Wertermittlung bei Wohngrundstücken im Ertragswertverfahren siehe vertiefend Bock in Grootens, BewG § 252 Rz. 36 ff.

4 Zur Wertermittlung bei Nichtwohngrundstücken im Sachwertverfahren siehe vertiefend Grootens in Grootens, BewG § 258 Rz. 36 ff.

- Bei Wohngrundstücken sind zusätzlich zu den Angaben in den Zeilen 4 und ggf. 5 und 6 Angaben in den Zeilen 7 bis 19 vorzunehmen. In den Zeilen 20 bis 34 sind keine Eintragungen vorzunehmen.
- Bei Nichtwohngrundstücken sind zusätzlich zu den Angaben in den Zeilen 4 und ggf. 5 und 6 Angaben in den Zeilen 20 bis 34 vorzunehmen. In den Zeilen 7 bis 19 sind keine Eintragungen vorzunehmen.

III. Zeilen 4 bis 6: Angaben zum Grund und Boden

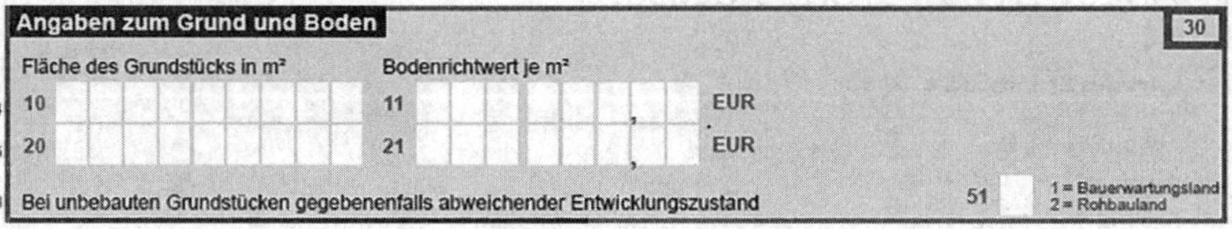
Angaben zum Grund und Boden 30
Fläche des Grundstücks in m² | Bodenrichtwert je m²
4 10 | 11 , EUR
5 20 | 21 , EUR
6 Bei unbebauten Grundstücken gegebenenfalls abweichender Entwicklungszustand 51 1 = Bauerwartungsland 2 = Rohbauland

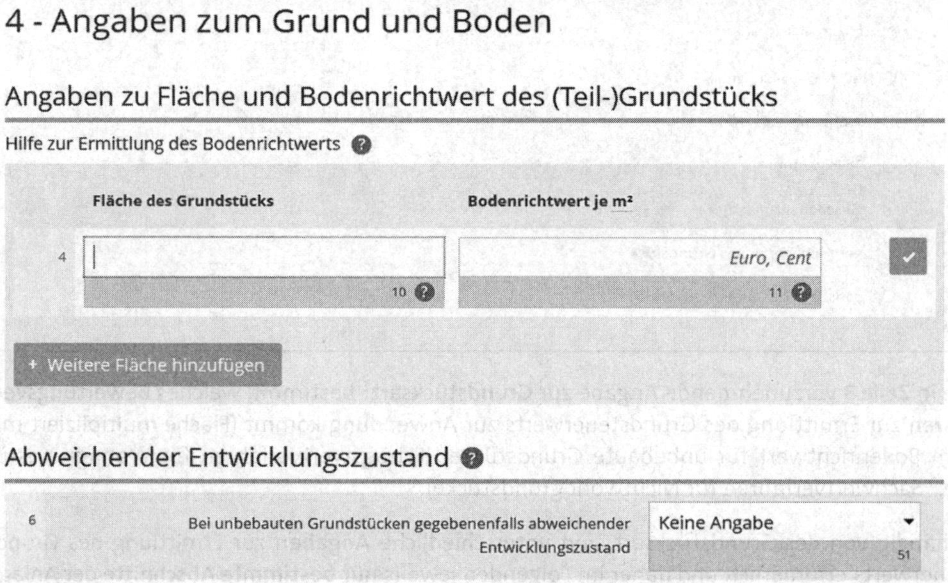
4 - Angaben zum Grund und Boden
Angaben zu Fläche und Bodenrichtwert des (Teil-)Grundstücks
Hilfe zur Ermittlung des Bodenrichtwerts
Fläche des Grundstücks | Bodenrichtwert je m²
4 | 10 | Euro, Cent 11
+ Weitere Fläche hinzufügen
Abweichender Entwicklungszustand
6 Bei unbebauten Grundstücken gegebenenfalls abweichender Entwicklungszustand | Keine Angabe 51

49 In **Zeile 4** ist **in jedem Fall** sowohl für bebaute als auch für unbebaute Grundstücke des Grundvermögens die (ggf. anteilige) **Grundstücksfläche**[1] und der maßgebliche **Bodenrichtwert**[2] anzugeben.

50 Während in Zeile 10 des Hauptvordrucks (GW-1) die gesamte Fläche des Flurstücks anzugeben ist, ist in Zeile 4 der Anlage Grundstück (GW-2) nur der zur wirtschaftlichen Einheit gehörende Teil des Grund und Bodens einzutragen. Insbesondere Eigentümerinnen und Eigentümer von Eigentumswohnungen müssen ihren **Anteil** am gemeinschaftlichen Grund und Boden zunächst **ermitteln** (Fläche des Flurstücks multipliziert mit dem Miteigentumsanteil).

1 Zum Begriff der Grundstücksfläche siehe vertiefend Bock in Grootens, BewG § 247 Rz. 47.
2 Zur Ermittlung des Bodenrichtwerts siehe vertiefend Bock in Grootens, BewG § 247 Rz. 48.

Bei dem als Grundvermögen zu bewertenden **Wohnteil eines Betriebs der Land- und Forstwirtschaft** kann als **Fläche des Grund und Bodens** in Fällen mit einer hohen Anzahl von zu berücksichtigenden Gebäuden und/oder Gebäudeteilen, bei Gebäuden mit mehreren Geschossen sowie bei fehlender Datengrundlage der dem Grundvermögen zugehörige Grund und Boden hilfsweise mit dem **Dreifachen der Wohn- und Nutzfläche** der jeweils zu bewertenden Gebäude und/oder Gebäudeteile angesetzt werden.[1] 51

Eine etwaige **selbständig nutzbare Teilfläche** (§ 257 Abs. 3 BewG)[2] ist gesondert in **Zeile 5** einzutragen, auch, wenn diese Fläche in derselben Bodenrichtwertzone wie das übrige Grundstück belegen ist. 52

Der maßgebliche **Bodenrichtwert** für den Grundbesitz kann kostenfrei im **Internet** über entsprechende **Portale der Bundesländer** ermittelt werden. Im Portal „Mein ELSTER" werden in einem Hilfetext entsprechende Verweise auf die jeweiligen Portale angeboten: 53

- Berlin: https://fbinter.stadt-berlin.de/boris/
- Brandenburg: https://informationsportal-grundstuecksdaten.brandenburg.de/
- Bremen: https://immobilienmarkt.niedersachsen.de/bodenrichtwerte
- Mecklenburg-Vorpommern: https://www.geodaten-mv.de/grundsteuerdaten/Karten/Grundvermoegen
- Nordrhein-Westfalen: https://grundsteuer-geodaten.nrw.de/
- Rheinland-Pfalz: https://maps.rlp.de/portal/GeoBasisViewer/
- Saarland: https://geoportal.saarland.de/Grundsteuer/
- Sachsen: https://www.finanzamt.sachsen.de/grundsteuerportal-sachsen-2022-11796.html
- Sachsen-Anhalt: https://www.grundsteuerdaten.sachsen-anhalt.de/mapapps/resources/apps/grundsteuerviewer/
- Schleswig-Holstein: https://danord.gdi-sh.de/viewer/resources/apps/bodenrichtwertefuergrundsteuerzweckesh
- Thüringen: https://thueringenviewer.thueringen.de/thviewer/grundsteuer.html

Bei sich **deckungsgleich überlagernden Bodenrichtwertzonen** ist nach § 247 Abs. 1 Satz 2 BewG der Bodenrichtwert für dasjenige Bodenrichtwertgrundstück heranzuziehen, dessen Art der Nutzung am ehesten der des zu bewertenden Grundstücks entspricht.[3] 54

Liegt das Grundstück in **zwei Bodenrichtwertzonen**, ist jede Teilfläche mit dem jeweiligen Bodenrichtwert einzutragen. 55

Eintragungsmöglichkeiten für Grundbesitz, der sich über **mehr als zwei Bodenrichtwertzonen** erstreckt, werden sowohl im Papiervordruck als auch im elektronischen Formular in „Mein ELSTER" **nicht angeboten**. In diesem Fall sollte zur Abgabe einer inhaltlich zutreffenden Erklärung ein entsprechender Hinweis im Feld **„Ergänzende Angaben zur Feststellungserklärung"** im Hauptvordruck (GW-1) aufgenommen werden. 56

Anpassungen des Bodenrichtwerts (z. B. aufgrund besonderer wertbeeinflussender Merkmale wie z. B. Ecklage, besonderem Zuschnitt des Grundstücks, der Oberflächenbeschaffenheit, Be- 57

1 A 237.24 Abs. 7 Satz 4 AEBewGrSt, siehe vertiefend Müller in Grootens, BewG § 237 Rz. 78 ff.
2 Zum Begriff der selbstständig nutzbaren Teilfläche siehe vertiefend Grootens in Grootens, BewG § 257 Rz. 81 ff.
3 A 247.2 Abs. 7 Satz 2 AEBewGrSt, siehe hierzu vertiefend Bock in Grootens, BewG § 247 Rz. 76 ff.

schaffenheit des Baugrunds, Lärm-, Staub- oder Geruchsbelästigung, Altlasten oder Außenanlagen) sind **nicht vorzunehmen.**[1] Es ist grds. der auf das Bodenrichtwertgrundstück bezogene Bodenrichtwert einzutragen.[2]

58 Handelt es sich bei dem Grund und Boden um **Bauerwartungsland** oder **Rohbauland**, ist dies in **Zeile 6** kenntlich zu machen.[3]

IV. Zeilen 7 bis 19: Angaben bei Wohngrundstücken zum Ertragswert

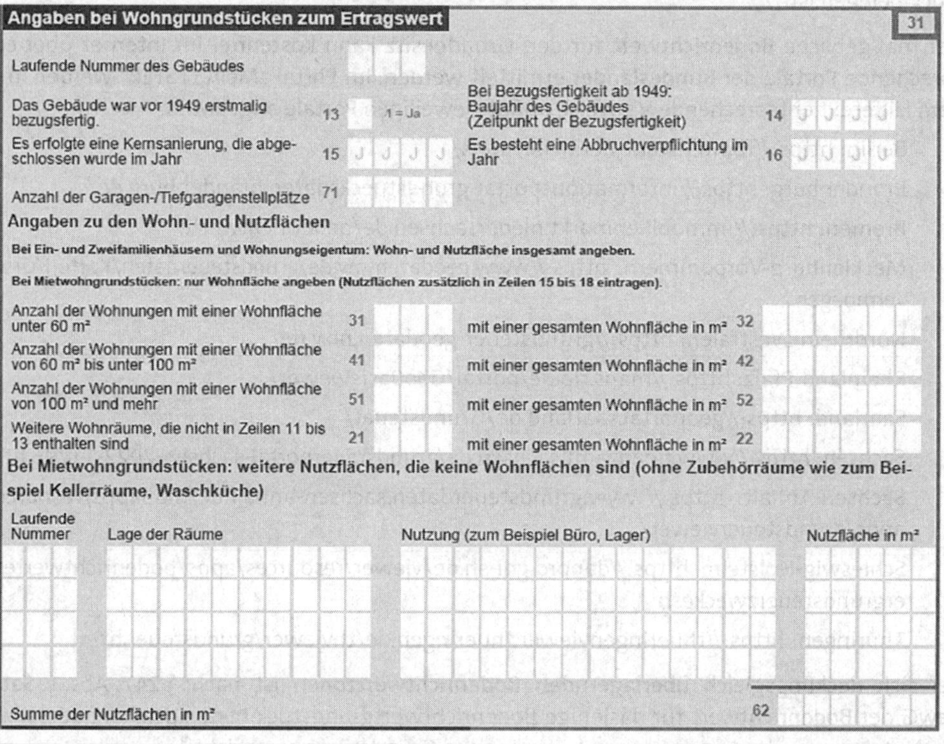
Angaben bei Wohngrundstücken zum Ertragswert 31

Zeile				
7	Laufende Nummer des Gebäudes			
8	Das Gebäude war vor 1949 erstmalig bezugsfertig.	13 1 = Ja	Bei Bezugsfertigkeit ab 1949: Baujahr des Gebäudes (Zeitpunkt der Bezugsfertigkeit)	14 J J J J
9	Es erfolgte eine Kernsanierung, die abgeschlossen wurde im Jahr	15 J J J J	Es besteht eine Abbruchverpflichtung im Jahr	16 J J J J
10	Anzahl der Garagen-/Tiefgaragenstellplätze	71		

Angaben zu den Wohn- und Nutzflächen

Bei Ein- und Zweifamilienhäusern und Wohnungseigentum: Wohn- und Nutzfläche insgesamt angeben.

Bei Mietwohngrundstücken: nur Wohnfläche angeben (Nutzflächen zusätzlich in Zeilen 15 bis 18 eintragen).

Zeile				
11	Anzahl der Wohnungen mit einer Wohnfläche unter 60 m²	31	mit einer gesamten Wohnfläche in m²	32
12	Anzahl der Wohnungen mit einer Wohnfläche von 60 m² bis unter 100 m²	41	mit einer gesamten Wohnfläche in m²	42
13	Anzahl der Wohnungen mit einer Wohnfläche von 100 m² und mehr	51	mit einer gesamten Wohnfläche in m²	52
14	Weitere Wohnräume, die nicht in Zeilen 11 bis 13 enthalten sind	21	mit einer gesamten Wohnfläche in m²	22

Bei Mietwohngrundstücken: weitere Nutzflächen, die keine Wohnflächen sind (ohne Zubehörräume wie zum Beispiel Kellerräume, Waschküche)

Zeile	Laufende Nummer	Lage der Räume	Nutzung (zum Beispiel Büro, Lager)	Nutzfläche in m²
15				
16				
17				
18				
19	Summe der Nutzflächen in m²			62

1 A 247.2 Abs. 8 AEBewGrSt

2 A 247.2 Abs. 1 Satz 1 AEBewGrSt

3 Zu Begriff und Bewertung von Bauerwartungsland und Rohbauland siehe vertiefend A 247.2 Abs. 3 und 4, A 247.3 Abs. 1 Satz 2 AEBewGrSt und Bock in Grootens, BewG § 247 Rz. 69 f. und 117.

1 - Allgemeine Angaben

8	☐ Das Gebäude war vor 1949 erstmalig bezugsfertig. 13	?
8	Bei Bezugsfertigkeit ab 1949: Baujahr des Gebäudes (Zeitpunkt der Bezugsfertigkeit)	JJJJ ? 14
9	Es erfolgte eine Kernsanierung, die abgeschlossen wurde im Jahr	JJJJ ? 15
9	Es besteht eine Abbruchverpflichtung im Jahr	JJJJ ? 16

2 - Garagen- und Tiefgaragenstellplätze ?

10	Anzahl der Garagen-/Tiefgaragenstellplätze	71

3 - Angaben zu den Wohn- und Nutzflächen

Bei Ein- und Zweifamilienhäusern und bei Wohnungseigentum: Tragen Sie die Wohn- und Nutzfläche insgesamt ein.

Bei Mietwohngrundstücken: Geben Sie bitte nur die Wohnfläche an und tragen die Nutzflächen zusätzlich im Abschnitt "Bei Mietwohngrundstücken: weitere Nutzflächen, die keine Wohnflächen sind" ein.

Wohnungen mit einer Wohnfläche unter 60 m²

11 Anzahl der Wohnungen mit einer Wohnfläche unter 60 m² [ ] 31

11 mit einer gesamten Wohnfläche [m²] 32

Steuerbefreiungen

Lage der Räume / Bezeichnung	Steuerfreie Fläche	Nutzungsart:
Keine Einträge vorhanden		

+ Steuerbefreiung hinzufügen

Steuervergünstigungen

Lage der Räume / Bezeichnung	Vergünstigte Fläche	Art der Vergünstigung:
Keine Einträge vorhanden		

+ Steuervergünstigung hinzufügen

Wohnungen mit einer Wohnfläche von 60 m² bis unter 100 m²

12 Anzahl der Wohnungen mit einer Wohnfläche von 60 m² bis unter 100 m² [ ] 41

...

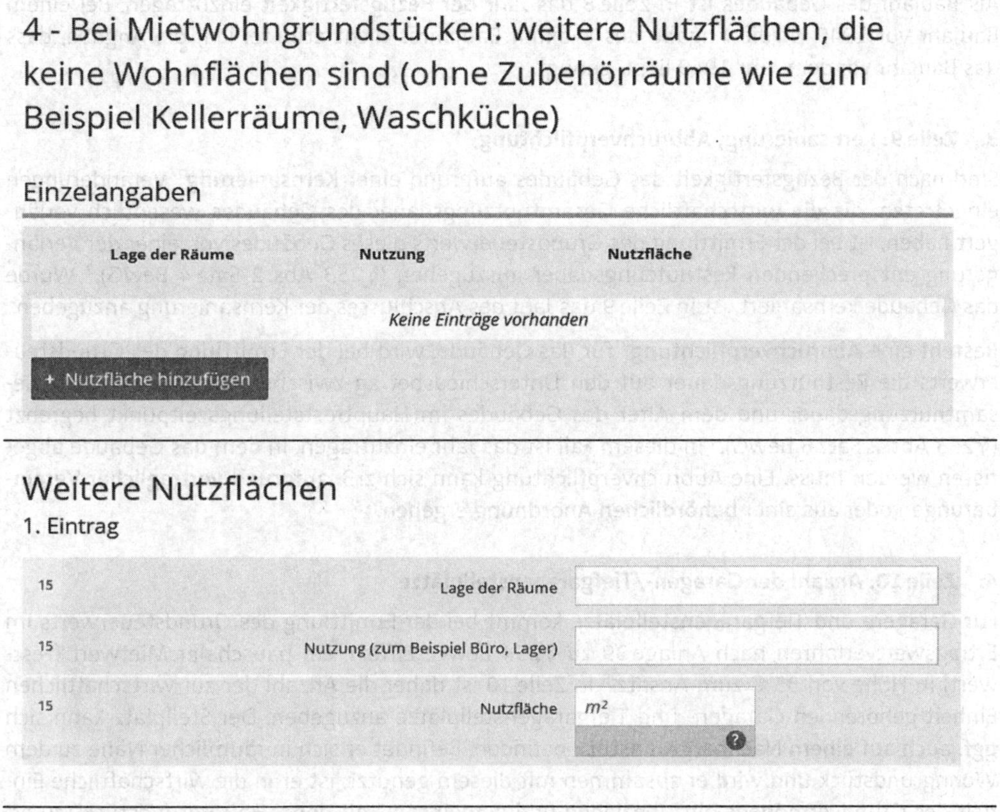

4 - Bei Mietwohngrundstücken: weitere Nutzflächen, die keine Wohnflächen sind (ohne Zubehörräume wie zum Beispiel Kellerräume, Waschküche)

Einzelangaben

Lage der Räume	Nutzung	Nutzfläche
	Keine Einträge vorhanden	

+ Nutzfläche hinzufügen

Weitere Nutzflächen

1. Eintrag

15 Lage der Räume

15 Nutzung (zum Beispiel Büro, Lager)

15 Nutzfläche m^2

?

1. Zeile 7: laufende Nummer

Die zu bewertenden Gebäude sind fortlaufend zu nummerieren. Gehören zu einem Wohngrundstück mehrere Gebäude,[1] können weitere Gebäude auf dem **Einlageblatt** zur Anlage Grundstück (GW-2A) erklärt werden. Im Portal „Mein ELSTER" können weitere Gebäude mit Hilfe der Schaltfläche „Gebäude hinzufügen" hinzugefügt werden. Die Eingabe einer laufenden Nummer ist hier nicht erforderlich. 59

2. Zeile 8: Baujahr

Das Baujahr des Gebäudes ist neben dem Land, der Gebäudeart und der Wohnfläche ein maßgebendes Kriterium zur Ermittlung des jährlichen Rohertrags des Grundstücks im Ertragswertverfahren (§ 254 BewG, Anlage 39 zu § 254 BewG).[2] Zudem ist es zur Ermittlung der Restnutzungsdauer des Gebäudes für die Bestimmung des kapitalisierten Reinertrags erforderlich (§ 253 BewG). 60

1 Siehe zum Begriff des Gebäudes A 243 Abs. 3 AEBewGrSt und zur Benutzbarkeit A 246 Abs. 2 bis 4 AEBewGrSt und vertiefend Bock in Grootens, BewG, § 247 Rz. 27 ff.

2 Siehe hierzu vertiefend Bock in Grootens, BewG, § 254 Rz. 31 ff.

Als Baujahr des Gebäudes ist in Zeile 8 das **Jahr der Bezugsfertigkeit** einzutragen. Bei einem Baujahr vor 1949 ist die Angabe des exakten Baujahres nicht erforderlich; die Angabe, dass das Baujahr vor dem Jahr 1949 liegt, genügt.

3. Zeile 9: Kernsanierung, Abbruchverpflichtung

61 Sind nach der Bezugsfertigkeit des Gebäudes aufgrund einer **Kernsanierung**[1] Veränderungen eingetreten, die die wirtschaftliche Gesamtnutzungsdauer des Gebäudes wesentlich verlängert haben, ist bei der Ermittlung des Grundsteuerwerts dieses Gebäudes von einer der Verlängerung entsprechenden Restnutzungsdauer auszugehen (§ 253 Abs. 2 Satz 4 BewG).[2] Wurde das Gebäude kernsaniert, ist in Zeile 9 das Jahr des Abschlusses der Kernsanierung anzugeben.

Besteht eine **Abbruchverpflichtung**[3] für das Gebäude, wird bei der Ermittlung des Grundsteuerwerts die Restnutzungsdauer auf den Unterschiedsbetrag zwischen der tatsächlichen Gesamtnutzungsdauer und dem Alter des Gebäudes im Hauptfeststellungszeitpunkt begrenzt (§ 253 Abs. 2 Satz 6 BewG).[4] In diesem Fall ist das Jahr einzutragen, in dem das Gebäude abgerissen werden muss. Eine Abbruchverpflichtung kann sich z. B. aufgrund **vertraglicher Vereinbarungen** oder aus einer **behördlichen Anordnung** ergeben.

4. Zeile 10: Anzahl der Garagen-/Tiefgaragenstellplätze

62 Für Garagen- und Tiefgaragenstellplätze kommt bei der Ermittlung des Grundsteuerwerts im Ertragswertverfahren nach Anlage 39 zu § 254 BewG, Ziffer I. ein pauschaler Mietwert (Festwert) in Höhe von 35 € zum Ansatz.[5] In Zeile 10 ist daher die Anzahl der zur wirtschaftlichen Einheit gehörenden Garagen- und Tiefgaragenstellplätze anzugeben. Der Stellplatz kann sich **ggf. auch auf einem Nachbargrundstück** befinden. Befindet er sich in räumlicher Nähe zu dem Wohngrundstück und wird er zusammen mit diesem genutzt, ist er in die wirtschaftliche Einheit des Grundvermögens einzubeziehen und gemeinsam mit dem „Hauptgrundstück" zu erklären.[6]

5. Zeilen 11 bis 19: Angaben zu den Wohn- und Nutzflächen

63 Die Wohnfläche des Gebäudes ist neben dem Land, der Gebäudeart und dem Baujahr ein maßgebendes Kriterium zur Ermittlung des jährlichen Rohertrags des Grundstücks im Ertragswertverfahren (§ 254 BewG, Anlage 39 zu § 254 BewG).[7] Die hierbei zugrunde zu legenden typisierten Nettokaltmieten sind in drei Wohnflächengruppen unterteilt, für die bei der Bewertung jeweils andere Mietwerte angesetzt werden:

- bis unter 60 m²
- 60 bis unter 100 m²
- ab 100 m²

---

1 Zum Begriff der Kernsanierung siehe vertiefend A 253.1 Abs. 3 AEBewGrSt und Grootens in Grootens, BewG, § 253 Rz. 72 ff.

2 Siehe hierzu vertiefend Grootens in Grootens, BewG, § 253 Rz. 71 ff.

3 Zur Abbruchverpflichtung siehe vertiefend A 253.1 Abs. 5 AEBewGrSt und Grootens in Grootens, BewG, § 253 Rz. 71 ff.

4 Siehe hierzu vertiefend Grootens in Grootens, BewG, § 253 Rz. 101 ff.

5 Siehe hierzu vertiefend Grootens in Grootens, BewG, § 254 Rz. 49.

6 Siehe hierzu vertiefend A 244 Abs. 3 AEBewGrSt und Bock in Grootens, BewG, § 244 Rz. 40 ff.

7 Siehe hierzu vertiefend Grootens in Grootens, BewG, § 254 Rz. 31 ff.

Flächen, die zu anderen als Wohnzwecken genutzt werden, gelten als Wohnfläche. Für diese Flächen wird bei Mietwohngrundstücken die für Wohnungen mit einer Fläche unter 60 m² geltende monatliche Nettokaltmiete in Euro je Quadratmeter Nutzfläche (ohne Zubehörräume) angesetzt. Bei Ein- und Zweifamilienhäusern sind diese Flächen zu der jeweiligen Wohnfläche zu addieren.[1] 64

Im Erklärungsvordruck müssen daher bei Ein- und Zweifamilienhäusern und Eigentumswohnungen Wohn- und Nutzflächen addiert werden und in den Zeilen 11 bis 14 eingetragen werden. Bei Mietwohngrundstücken wird in Zeilen 11 bis 14 nur die Wohnfläche erfasst und die Nutzflächen zusätzlich in den Zeilen 15 bis 18 eingetragen. In Zeile 19 wird die Summe der Nutzflächen gebildet. 65

Für die Einordnung einer Wohnung in eine der drei Wohnflächengruppen ist bei Ein- und Zweifamilienhäusern und Wohnungseigentum die Summe aus Wohn- und Nutzfläche zugrunde zu legen. 66

BEISPIEL: Bei einem Einfamilienhaus mit einer Wohnfläche von 90 m² und einer Nutzfläche von 20 m² ist eine Wohnung mit einer Wohnfläche von 100 m² und mehr mit 110 m² in Zeile 13 einzutragen. 67

Lässt sich bei einem Zweifamilienhaus die Nutzfläche nicht eindeutig einer Wohnung zuordnen, bestehen seitens der Finanzverwaltung keine Bedenken, die Flächen zu der Wohnung mit dem niedrigeren Mietwert zu addieren.[2]

In Zeile 14 kann die Anzahl und die Wohnfläche von **Wohnräumen** erfasst werden. Hierbei handelt es sich um Räume, die Wohnzwecken dienen, aber den Wohnungsbegriff des § 249 Abs. 10 BewG[3] nicht erfüllen (z. B. Wohnräume in einem Studentenwohnheim in Gestalt eines Appartementhauses). 68

Die Wohnfläche ergibt sich z. B. aus der Wohnflächenberechnung nach der **Wohnflächenverordnung**. Ist die Wohnfläche bis zum 31.12.2003 nach der **Zweiten Berechnungsverordnung** ermittelt worden, kann auch diese für die Berechnung verwendet werden.[4] Die Flächen von **Zubehörräumen** wie z. B. Kellerräumen, Abstellräumen und Kellerersatzräumen außerhalb der Wohnung, Waschküchen und Trockenräumen, Bodenräumen und Heizungsräumen bleiben außer Ansatz und sind **nicht einzutragen**.[5] 69

In der Regel kann die Wohnfläche den **Bauunterlagen** oder z. B. einem **Kauf-, Schenkungs- oder Mietvertrag** entnommen werden. 70

In den Zeilen 7 bis 19 gibt es **keine Eintragungsmöglichkeit** zur Angabe von **Flächen für den Zivilschutz**. § 245 BewG, wonach Gebäude, Gebäudeteile und Anlagen, die wegen der in § 1 des Zivilschutz- und Katastrophenhilfegesetzes bezeichneten Zwecke geschaffen worden sind und im Frieden nicht oder nur gelegentlich oder geringfügig für andere Zwecke benutzt werden, bei der Ermittlung des Grundsteuerwerts außer Betracht bleiben, gilt jedoch gleichermaßen für Wohngrundstücke und für Nichtwohngrundstücke. Sofern in einem Einzelfall bei einem Ein- oder Zweifamilienhaus, einem Mietwohngrundstück oder einer Eigentumswohnung Flächen für den Zivilschutz bei der Ermittlung des Grundsteuerwerts außer Betracht zu lassen 71

1 Anlage 39 zu § 254 BewG, Ziffer I.

2 A 254 Abs. 3 Satz 4 AEBewGrSt.

3 Siehe hierzu vertiefend A 249.10 AEBewGrSt und Bock in Grootens, BewG § 249 Rz. 76 ff.

4 Grootens in Grootens, BewG § 254 Rz. 31 ff.

5 A 254 Abs. 3 Satz 5 AEBewGrSt.

sein sollten, müsste dies im Feld **„Ergänzende Angaben zur Feststellungserklärung"** erläutert und die jeweilige Fläche dort angegeben werden.

72 V. Zeilen 20 bis 34: Angaben bei Nichtwohngrundstücken zum Sachwert

Angaben bei Nichtwohngrundstücken zum Sachwert 32

20 Laufende Nummer des Gebäudes/Gebäudeteils

(Lageplan-)Nummer	Gebäudeart (siehe Ausfüllanleitung)	Baujahr	Es erfolgte eine Kernsanierung, die abgeschlossen wurde im Jahr	Es besteht eine Abbruchverpflichtung im Jahr
21 10	12	20 J J J J	21 J J J J	22 J J J J
Bruttogrundfläche in m²	davon für den Zivilschutz in m²			
22 30	41			

Nichtwohngrundstücke zum Sachwert ?

1. Eintrag

21 (Lageplan-)Nummer ? 10

21 **Gebäudeart** 12 ?

- ◉ Keine Angabe
- ○ Gemischt genutzte Grundstücke (Wohnhäuser mit Mischnutzung)
- ○ Banken und ähnliche Geschäftshäuser
- ○ Bürogebäude, Verwaltungsgebäude
- ○ Gemeindezentren, Vereinsheime, Saalbauten, Veranstaltungsgebäude
- ○ Kindergärten (Kindertagesstätten), allgemeinbildende Schulen, berufsbildende Schulen, Hochschulen, Sonderschulen
- ○ Wohnheime, Internate, Alten- oder Pflegeheime

...

21	Baujahr	JJJJ	20
21	Es erfolgte eine Kernsanierung, die abgeschlossen wurde im Jahr	JJJJ	21
21	Es besteht eine Abbruchverpflichtung im Jahr	JJJJ	22
22	Bruttogrundfläche	m²	30
22	davon für den Zivilschutz	m²	41

1. Zeile 20: laufende Nummer

Die zu bewertenden Gebäude(-teile) sind fortlaufend zu nummerieren. Gehören zu einem Nichtwohngrundstück mehrere Gebäude(-teile),[1] können weitere Gebäude(-teile) auf dem **Einlageblatt** zur Anlage Grundstück (GW-2A) erklärt werden. Im Portal „Mein ELSTER" können weitere Gebäude(-teile) mit Hilfe der Schaltfläche „Gebäude hinzufügen" hinzugefügt werden. Die Eingabe einer laufenden Nummer ist hier nicht erforderlich. 73

2. Zeile 21: (Lageplan-)Nummer, Gebäudeart, Baujahr, Kernsanierung, Abbruchverpflichtung

In Zeile 21 kann eine **Nummer** oder eine **Lageplan-Nummer** des zu bewertenden Gebäudes oder Gebäudeteils eingetragen werden, um die später im Bescheid über die Feststellung des Grundsteuerwerts dargestellte Berechnung nachvollziehen zu können. Die Lageplan-Nummer findet man z. B. in **Bauzeichnungen** oder **Verträgen.** 74

Bei der Ermittlung des Grundsteuerwerts für Nichtwohngrundstücke im Sachwertverfahren ist der Gebäudesachwert getrennt vom Bodenwert zu ermitteln (§ 258 Abs. 1 BewG).[2] Dabei ist von den Normalherstellungskosten des Gebäudes auszugehen und zunächst der Gebäudenormalherstellungswert zu ermitteln (§ 259 Abs. 1 BewG).[3] Die zugrunde zu legenden Normalherstellungskosten wurden in Anlage 42 zu § 259 Abs. 1 BewG typisierend gesetzlich festgelegt und richten sich nach der **Gebäudeart**. Die zutreffende Gebäudeart ist im Portal „Mein ELSTER" aus einer Liste auszuwählen. Auf dem Papiervordruck ist – dem Automatisierungsziel folgend – keine personelle Beschreibung des Gebäudes erforderlich, sondern eine Ziffer der jeweiligen Gebäudeart anzugeben. Dabei wurde jeder in Anlage 42 zu § 259 Abs. 1 BewG genannten Gebäudeart eine Ziffer zugeordnet. Wird eine Gebäudeart nicht in der Liste aufgeführt, soll die Ziffer einer vergleichbaren Gebäudeart eingetragen werden. Als Beispiele für nicht aufgeführte 75

1 Siehe zum Begriff des Gebäudes A 243 Abs. 3 AEBewGrSt und zur Benutzbarkeit A 246 Abs. 2 bis 4 AEBewGrSt und vertiefend Bock in Grootens, BewG, § 247 Rz. 27 ff.

2 Siehe hierzu vertiefend Grootens in Grootens, BewG § 258 Rz. 36 ff.

3 Siehe hierzu vertiefend Grootens in Grootens, BewG § 259 Rz. 31 ff.

Gebäudearten und mit welcher Gebäudeart diese vergleichbar sind, nennt die Finanzverwaltung:[1]

76

Nicht aufgeführte Gebäudeart	Vergleichbar mit Gebäudeart	Gebäudeart
Abfertigungsgebäude, Terminal, Bahnhofshalle	Betriebs- und Werkstätten, mehrgeschossig, hoher Hallenanteil; industrielle Produktionsgebäude, überwiegend Skelettbauweise	11.2
Apotheke, Boutique, Laden	Kauf- und Warenhäuser	10.2
Bar, Tanzbar, Nachtclub	Beherbergungsstätten, Hotels, Verpflegungseinrichtungen	8
Baumarkt, Discountermarkt, Gartenzentrum	Verbrauchermärkte	10.1
Bürgerhaus	Gemeindezentren, Saalbauten, Veranstaltungsgebäude, Vereinsheime	4
Einkaufszentrum (Shopping-Center, Shopping-Mall)	Kauf- und Warenhäuser	10.2
Gewerblich genutzte freistehende Überdachung	Lagergebäude ohne Mischnutzung, Kaltlager	12.1
Großraumdisco, Kino, Konzertsaalbau	Gemeindezentren, Saalbauten, Veranstaltungsgebäude, Vereinsheime	4
Indoor-Spielplatz, Kletter-, Kart-, Skihalle	Sporthallen	9.1
Jugendheim, Tagesstätte	Wohnheime, Internate, Alten- und Pflegeheime	6
Logistikzentrum (Lagerung, Verwaltung, Kommissionierung, Verteilung und Umschlag), soweit keine Abgrenzung eigener Gebäudeteile möglich ist	Lagergebäude	12.1, 12.2 oder 12.3
Markthalle, Großmarkthalle	Verbrauchermärkte	10.1
Mehrfamilienhaus, Wohnhaus auf gemischt genutzten Grundstücken (vgl. Beispiel 3, A 259.6 Absatz 1 AEBewGrSt)	Gemischt genutzte Grundstücke (Wohnhäuser mit Mischnutzung)	1
Möbelhaus, eingeschossig	Verbrauchermärkte	10.1
Möbelhaus, mehrgeschossig	Kauf- und Warenhäuser	10.2
Parkhaus	Hochgaragen, Tiefgaragen und Nutzfahrzeuggaragen	16
Pferdestall	Gesamtnutzungsdauer: Reithallen, ehemalige landwirtschaftliche Mehrzweckhallen, Scheunen und Ähnliches, NHK: Stallbauten	15
Restaurant	Beherbergungsstätten, Hotels, Verpflegungseinrichtungen	8
Therme, Saunalandschaft	Freizeitbäder, Kur- und Heilbäder	9,3
Waschstraße	Betriebs- und Werkstätten, Industrie- und Produktionsgebäude, eingeschossig oder mehrgeschossig, ohne Hallenanteil; industrielle Produktionsgebäude, Massivbauweise	11.1
Wochenendhaus im Sinne von A 249.9 Satz 4 AEBewGrSt (kein Fall des A 249.2 Satz 7 AEBewGrSt)	Gemischt genutzte Grundstücke (Wohnhäuser mit Mischnutzung)	1

1 A 259.2 Abs. 2 AEBewGrSt.

Vom Gebäudenormalherstellungswert ist gem. § 259 Abs. 4 Satz 1 BewG[1] eine Alterswertminderung abzuziehen. Deren Höhe ist abhängig vom Alter des Gebäudes im Hauptfeststellungszeitpunkt und der wirtschaftlichen Gesamtnutzungsdauer. Aus diesem Grund ist in Zeile 21 auch das **Baujahr** des Gebäudes oder Gebäudeteils anzugeben. 77

Sind nach Bezugsfertigkeit des Gebäudes aufgrund einer **Kernsanierung** Veränderungen eingetreten, die die wirtschaftliche Gesamtnutzungsdauer des Gebäudes wesentlich verlängert haben, ist gem. § 259 Abs. 4 Satz 3 BewG[2] von einem der Verlängerung entsprechenden späteren Baujahr auszugehen. In diesem Fall ist das Jahr des Abschlusses der Kernsanierung anzugeben. 78

Bei einer bestehenden **Abbruchverpflichtung** für das Gebäude ist das Jahr anzugeben, in dem das Gebäude abgerissen werden muss. In diesem Fall ist die Alterswertminderung auf das Verhältnis des Alters des Gebäudes im Hauptfeststellungszeitpunkt zur tatsächlichen Gesamtnutzungsdauer begrenzt (§ 259 Abs. 4 Satz 5 BewG).[3] Eine Abbruchverpflichtung kann sich z. B. aufgrund **vertraglicher Vereinbarungen** oder aus einer **behördlichen Anordnung** ergeben. 79

3. Zeile 22: Bruttogrundfläche, Zivilschutz

Die Bruttogrundfläche ist die Summe der nutzbaren Grundflächen aller Grundrissebenen eines Bauwerks und der Grundflächen der äußeren Maße der Bauteile.[4] Sie wird mit den typisierten Normalherstellungskosten nach Anlage 42 zu § 259 Abs. 1 BewG multipliziert und ergibt so den Gebäudenormalherstellungswert (§ 259 Abs. 2 BewG).[5] 80

Die Finanzverwaltung stellt die Ermittlung der Bruttogrundfläche in den **Verwaltungsvorschriften** und in der **Ausfüllanleitung** zur Anlage Grundstück (GW-2) ausführlich dar.[6] In der bisherigen Einheitsbewertung ist die Bruttogrundfläche keine relevante Größe. Soweit sie sich nicht z. B. aus etwaigen **Bauunterlagen** ergibt, müsste sie durch **personelles Nachmessen** ermittelt werden. **Vereinfachungsregelungen** zur Ableitung der Bruttogrundfläche etwa aus der Wohnfläche mit Hilfe von Umrechnungskoeffizienten[7] hat die Finanzverwaltung für die Ermittlung des Grundsteuerwerts **bisher nicht getroffen**. 81

Gebäude, Gebäudeteile und Anlagen, die wegen der in § 1 des Zivilschutz- und Katastrophenhilfegesetzes bezeichneten Zwecke geschaffen worden sind und im Frieden nicht oder nur gelegentlich oder geringfügig für andere Zwecke benutzt werden, bleiben bei der Ermittlung des Grundsteuerwerts außer Betracht (§ 245 BewG).[8] In Zeile 22 ist daher die Bruttogrundfläche entsprechender Gebäude, Gebäudeteile oder Anlagen anzugeben. 82

§ 245 BewG gilt gleichermaßen für Wohngrundstücke und für Nichtwohngrundstücke. Eine entsprechende Eintragungsmöglichkeit in den Zeilen 7 bis 19 zur Ermittlung des Grundsteuerwerts im Ertragswertverfahren fehlt jedoch. Sofern in einem Einzelfall bei einem Ein- oder Zweifamilienhaus, einem Mietwohngrundstück oder einer Eigentumswohnung Flächen für den Zivilschutz bei der Ermittlung des Grundsteuerwerts außer Betracht zu lassen sein sollten, 83

1 Siehe hierzu vertiefend Grootens in Grootens, BewG § 259 Rz. 86 ff.
2 Siehe hierzu vertiefend Grootens in Grootens, BewG § 259 Rz. 101 ff.
3 Siehe hierzu vertiefend Grootens in Grootens, BewG § 259 Rz. 121 ff.
4 Anlage 42 zu § 259 Abs. 1 BewG, Ziffer I.
5 Siehe hierzu vertiefend Grootens in Grootens, BewG § 259 Rz. 51 ff.
6 Siehe hierzu vertiefend A 259.4 AEBewGrSt und Grootens in Grootens, BewG § 259 Rz. 53 ff.
7 Zur Grundbesitzbewertung für Zwecke der Erbschaft- und Schenkungsteuer und Grunderwerbsteuer siehe OFD Nordrhein-Westfalen, Vfg. v. 24.4.2014 - S 3015-2014/0001-St 251, Rz. 8.3 NWB AAAAF-09220.
8 Siehe hierzu vertiefend A 245 AEBewGrSt und Bock in Grootens, BewG § 245 Rz. 18 ff.

müsste dies im Feld „Ergänzende Angaben zur Feststellungserklärung" erläutert und die jeweilige Fläche dort angegeben werden.

VI. Zeile 35: Weitere Gebäude/Gebäudeteile

Weitere Gebäude/Gebäudeteile

35 Weitere Gebäude/Gebäudeteile siehe Einlageblatt zur Anlage Grundstück. 1 = Ja

84 In Zeile 35 ist kenntlich zu machen, wenn zur Angabe weiterer Gebäude oder Gebäudeteile das **Einlageblatt zur Anlage Grundstück (GW-2A)** beigefügt ist. Das Einlageblatt gibt es **nur in Papierform**. Im Portal „Mein ELSTER" ist diese Angabe nicht erforderlich; hier können weitere Gebäude oder Gebäudeteile mit Hilfe entsprechend bezeichneter Schaltflächen hinzugefügt werden.

VII. Zeile 36: Zusätzliche Angaben bei Wohnungs-/Teileigentum

Zusätzliche Angabe bei Wohnungs-/Teileigentum 13

36 Bei neu begründetem Wohnungs- oder Teileigentum: Antrag auf Neueintragung wurde beim Grundbuchamt eingereicht am 25 T T M M J J J J

7 - Zusätzliche Angabe bei Wohnungs-/Teileigentum

36 Bei neu begründetem Wohnungs- oder Teileigentum: Antrag auf Neueintragung wurde beim Grundbuchamt eingereicht am TT.MM.JJJJ

85 Bewertungsrechtlich gilt Wohnungs- und Teileigentum bereits dann als entstanden, wenn die **Teilungserklärung beurkundet** ist und der **Eintragungsantrag** beim Grundbuchamt **eingegangen** ist.[1] Daher ist in Zeile 36 für neu begründetes Wohnungs- und Teileigentum das Datum, an welchem der Antrag auf Neueintragung des Wohnungs- oder Teileigentums beim Grundbuchamt eingereicht wurde, einzutragen. Die Einschränkung auf neu begründetes Wohnungs- und Teileigentum dürfte darin begründet sein, dass die Finanzverwaltung bereits Kenntnis über bestehendes Wohnungs- und Teileigentum hat und lediglich bei neu begründetem Wohnungs- oder Teileigentum neue Aktenzeichen vergeben und Grundsteuerwerte nachfeststellen muss.

Ist der oder dem Erklärungspflichtigen das Datum des Eintragungsantrags **nicht mehr bekannt**, kann dieses ggf. beim **Grundbuchamt** erfragt werden.

1 A 249.5 Abs. 2 Satz 2 und A 249.6 Satz 5 AEBewGrSt.

VIII. Zeilen 37 bis 44: Erbbaurecht/Gebäude auf fremdem Grund und Boden

Erbbaurecht/Gebäude auf fremdem Grund und Boden

37 Es wurde ein Erbbaurecht bestellt. 23 1 = Ja

38 Es sind Gebäude auf fremdem Grund und Boden errichtet worden. 24 1 = Ja

In Fällen der Zeilen 37 und 38: Name und Anschrift des/der Erbbauverpflichteten oder des (wirtschaftlichen) Eigentümers/der (wirtschaftlichen) Eigentümerin des Gebäudes auf fremdem Grund und Boden

Vorname

39

Name/Firma

40

Straße

41

Hausnummer Hausnummerzusatz Adressergänzung

42

Postleitzahl Postfach Ort

43

Postleitzahl (bei Auslandsanschrift) Land (bei Auslandsanschrift)

44

8 - Erbbaurecht/Gebäude auf fremdem Grund und Boden

37 ☐ Es wurde ein Erbbaurecht bestellt. 23

38 ☐ Es sind Gebäude auf fremdem Grund und Boden errichtet worden. 24

˅ In Fällen der Zeilen 37 und 38: Name und Anschrift des/der Erbbauverpflichteten beziehungsweise des (wirtschaftlichen) Eigentümers/der (wirtschaftlichen) Eigentümerin des Gebäudes auf fremdem Grund und Boden

39 Vorname

40 Name/Firma

41 Straße

42 Hausnummer, Hausnummerzusatz

42 Adressergänzung

43 Postfach

43 Postleitzahl, Ort

44 Postleitzahl (Ausland)

44 Land (bei Auslandsanschrift) Keine Angabe

86 Bei **Erbbaurechten** ist abweichend von der bisherigen Einheitsbewertung für das Erbbaurecht und das Erbbaurechtsgrundstück ein Gesamtwert zu ermitteln, der festzustellen wäre, wenn die Belastung mit dem Erbbaurecht nicht bestünde; der ermittelte Wert ist **dem Erbbauberechtigten zuzurechnen** (§ 261 Satz 1 und 2 BewG).[1] Die Erklärung zur Feststellung des Grundsteuerwerts ist von dem Erbbauberechtigten unter Mitwirkung des Erbbauverpflichteten abzugeben (§ 228 Abs. 3 Nr. 2 BewG).[2]

87 Bei einem **Gebäude auf fremdem Grund und Boden** ist abweichend von der bisherigen Einheitsbewertung für den Grund und Boden sowie für das Gebäude auf fremdem Grund und Boden ein Gesamtwert zu ermitteln; der ermittelte Wert ist dem Eigentümer des Grund und Bodens zuzurechnen (§ 262 BewG).[3] Die Erklärung zur Feststellung des Grundsteuerwerts ist vom Eigentümer des Grund und Bodens unter Mitwirkung des Eigentümers oder des wirtschaftlichen Eigentümers des Gebäudes abzugeben (§ 228 Abs. 3 Nr. 3 BewG).[4]

88 In den Zeilen 37 und 38 ist kenntlich zu machen, ob ein Erbbaurecht besteht oder ob ein Gebäude auf fremdem Grund und Boden vorliegt. Die Kontaktdaten der mitwirkungspflichtigen Person (Erbbauverpflichteter bzw. (wirtschaftlicher) Eigentümer des Gebäudes) sind in den Zeilen 39 bis 44 anzugeben.

89 Sowohl auf dem Papiervordruck als auch im elektronischen Formular im Portal „Mein ELSTER" kann **nur eine mitwirkungspflichtige Person** eingetragen werden. Die Angabe weiterer Erbbauverpflichteter bzw. weiterer (wirtschaftlicher) Eigentümer der Gebäude auf fremdem Grund und Boden ist nicht möglich. Verweigert die mitwirkungspflichtige Person seine Mitwirkung, muss die erklärungspflichtige Person die erforderlichen Angaben **ggf. schätzen**.

G. Anlage Land- und Forstwirtschaft (GW-3)

90 Die Anlage Land- und Forstwirtschaft (GW-3) ist einzureichen, wenn der Grundsteuerwert für einen **Betrieb der Land- und Forstwirtschaft** festzustellen ist. Erhoben werden insbesondere die für die Feststellung des Grundsteuerwerts erforderlichen Daten zu den **Flurstücken** und deren **Nutzungen**.

91 Die Anlage Land- und Forstwirtschaft ist für **jede wirtschaftliche Einheit des land- und forstwirtschaftlichen Vermögens** auszufüllen und mit **jeweils einem eigenen Hauptvordruck** (GW-1) beim Finanzamt einzureichen.

92 Nicht zu einem Betrieb der Land- und Forstwirtschaft gehören Wohngebäude, nicht land- und forstwirtschaftlich genutzter Grund und Boden und nicht land- und forstwirtschaftlich genutzte Gebäude und Gebäudeteile (§ 232 Abs. 4 Nr. 1 BewG).[5] Bei solchem Grundbesitz handelt es sich um Grundvermögen, für das eine eigene Erklärung zur Feststellung des Grundsteuerwerts abzugeben und das in dieser in der Anlage Grundstück (GW-2) zu erklären ist.

1 Siehe hierzu vertiefend A 261.2 AEBewGrSt und Grootens in Grootens, BewG § 261 Rz. 31 ff.
2 Siehe hierzu vertiefend A 228 Abs. 3 Satz 2 und 3 AEBewGrSt und Kurt in Grootens, BewG § 228 Rz. 152.
3 Siehe hierzu vertiefend A 262 AEBewGrSt und Grootens in Grootens, BewG § 262 Rz. 31 ff.
4 Siehe hierzu vertiefend A 228 Abs. 3 Satz 4 und 5 AEBewGrSt und Kurt in Grootens, BewG § 228 Rz. 152.
5 Siehe hierzu vertiefend Müller in Grootens, BewG, § 232 Rz. 15 ff.

I. Zeilen 1 bis 4

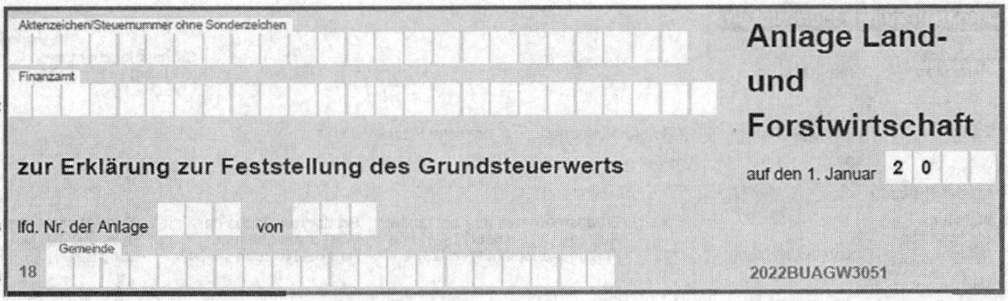
Aktenzeichen/Steuernummer ohne Sonderzeichen
Finanzamt
Anlage Land- und Forstwirtschaft
zur Erklärung zur Feststellung des Grundsteuerwerts
auf den 1. Januar 2 0
lfd. Nr. der Anlage von
Gemeinde
18
2022BUAGW3051

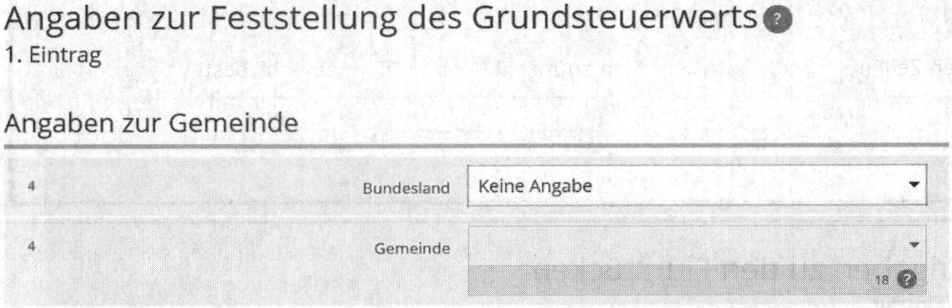
Angaben zur Feststellung des Grundsteuerwerts
1. Eintrag
Angaben zur Gemeinde
4 Bundesland Keine Angabe
4 Gemeinde
18

In **Zeilen 1 und 2** sind das Aktenzeichen oder in den Stadtstaaten und in Schleswig-Holstein 93
die Steuernummer des Grundstücks, das zuständige Finanzamt und das Jahr des Feststellungs-
zeitpunkts einzutragen. Die Angaben müssen mit den entsprechenden Eintragungen in Zeilen
1 bis 3 des Hauptvordrucks (GW-1) übereinstimmen. Insoweit wird auf die dortigen Ausfüh-
rungen verwiesen (→ Rz. 23 ff.). Im Portal „Mein ELSTER" werden diese Angaben automatisch
übernommen.

Die Flurstücke des land- und forstwirtschaftlichen Vermögens sind nach Gemeinden zu glie- 94
dern. Für **jede Gemeinde** ist mindestens eine **eigene Anlage** Land- und Forstwirtschaft abzuge-
ben, wobei eine Anlage jeweils Platz zur Angabe von fünf Flurstücken bietet. Die Anlagen sind
zu nummerieren (**Zeile 3**) und der Name der jeweiligen Gemeinde ist in **Zeile 4** anzugeben.

II. Zeilen 5 bis 54: Angaben zu den Flurstücken

Angaben zu den Flurstücken 21

Zeile	lfd. Nr. des Flurstücks	Gemarkung	Gemarkungsnummer (6-stellig)
5		19	11

Zeile	Flur	Flurstück: Zähler	Flurstück: Nenner	amtliche Fläche
6	12	13	14	15 H A A R Q M

Art der Nutzung

Zeile	Nutzung (s. Ausfüllanleitung)	Fläche der Nutzung	Ertragsmesszahl (nur bei landw. Nutzung [1], Saatzucht [21] und Kurzumtriebsplantagen [23])	Bruttogrundfläche der Wirtschaftsgebäude (nur bei Nutzung 29-34)	Durchflussmenge in l/s (nur bei Nutzung 20)
7	21	22 H A A R Q M	23	24 H A A R Q M	25
8	31	32 H A A R Q M	33	34 H A A R Q M	35
9	41	42 H A A R Q M	43	44 H A A R Q M	45
10	51	52 H A A R Q M	53	54 H A A R Q M	55
11	61	62 H A A R Q M	63	64 H A A R Q M	65
12	71	72 H A A R Q M	73	74 H A A R Q M	75
13	81	82 H A A R Q M	83	84 H A A R Q M	85
14	91	92 H A A R Q M	93	94 H A A R Q M	95

Angaben zu den Flurstücken

1. Eintrag

Flurstück

5	Gemarkung, Gemarkungsnummer	19	11
6	Flur	12	
6	Flurstück: Zähler, Nenner	13	14
6	Amtliche Fläche	m^2 15	

Art der Nutzung

Nutzung:	Fläche der Nutzung
Keine Einträge vorhanden	

+ Nutzung hinzufügen

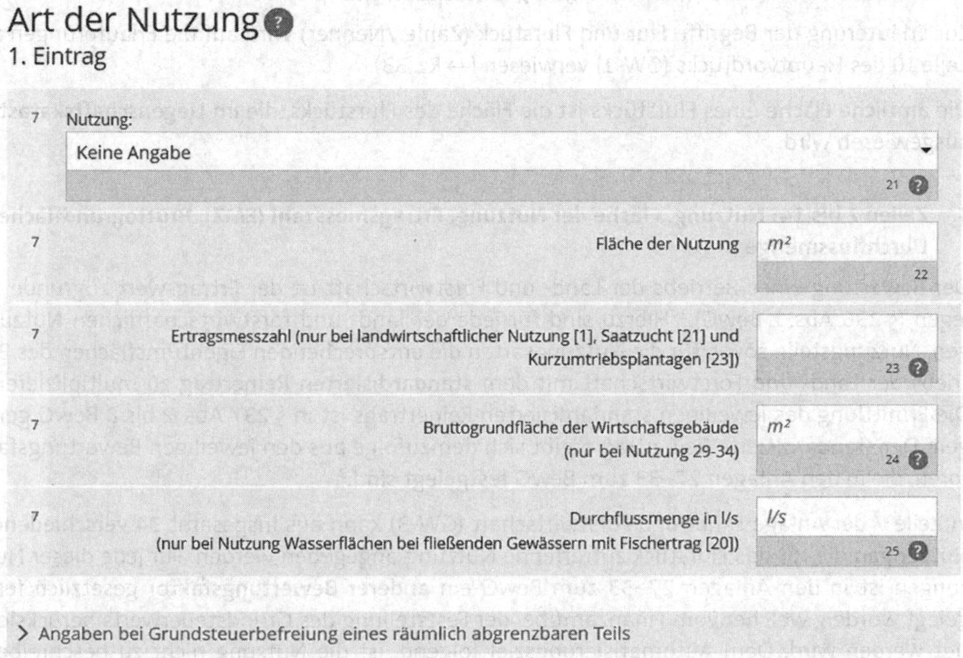

Art der Nutzung

1. Eintrag

7 Nutzung:

Keine Angabe

21

7 Fläche der Nutzung m²

22

7 Ertragsmesszahl (nur bei landwirtschaftlicher Nutzung [1], Saatzucht [21] und Kurzumtriebsplantagen [23])

23

7 Bruttogrundfläche der Wirtschaftsgebäude (nur bei Nutzung 29-34) m²

24

7 Durchflussmenge in l/s (nur bei Nutzung Wasserflächen bei fließenden Gewässern mit Fischertrag [20]) l/s

25

> Angaben bei Grundsteuerbefreiung eines räumlich abgrenzbaren Teils

1. Zeile 5: lfd. Nr., Gemarkung, Gemarkungsnummer

Die zu bewertenden Flurstücke sind **fortlaufend zu nummerieren**. Gehören zu einer Gemeinde mehr als fünf Flurstücke, können weitere Flurstücke auf einer weiteren Anlage Land- und Forstwirtschaft (GW-3) erklärt werden. Im Portal „Mein ELSTER" können weitere Flurstücke mit Hilfe der Schaltfläche „Flurstück hinzufügen" hinzugefügt werden. Die Eingabe einer laufenden Nummer ist hier nicht erforderlich. 95

Eine **Gemarkung** besteht aus mehreren i. d. R. zusammenhängenden Fluren und Flurstücken. Die Grenze und der Name einer Gemarkung entspricht meist auch der Grenze der jeweiligen Verwaltungseinheit (Gemeinde, Stadtbezirk, Stadt- oder Ortsteil). Auf dem Grundbuchblatt findet man den Namen der Gemarkung in der Mitte des Deckblatts sowie am oberen Rand des Bestandsverzeichnisses. 96

Jede Gemarkung hat eine eindeutige **Gemarkungsnummer**, die sechsstellig in den Vordruck einzutragen ist. Die ersten beiden Stellen sind die Länderkennung (01: Schleswig-Holstein; 02: Hamburg; 03: Niedersachsen; 04: Bremen; 05: Nordrhein-Westfalen; 06: Hessen; 07: Rheinland-Pfalz; 08: Baden-Württemberg; 09: Bayern; 10: Saarland; 11: Berlin; 12: Brandenburg; 13: Mecklenburg-Vorpommern; 14: Sachsen; 15: Sachsen-Anhalt; 16: Thüringen). Die Nummer endet mit einer vierstelligen länderspezifischen Gemarkungsnummer. Die Gemarkungsnummer wird regelmäßig in den Liegenschaftskatasterinformationssystemen der Länder (**Geoportale** u. ä.) ausgewiesen. Im Portal „Mein ELSTER" wird diese nach Auswahl des Klarnamens der Gemarkung regelmäßig automatisch bereitgestellt. 97

2. Zeile 6: Flur, Flurstück (Zähler/Nenner), amtliche Fläche

98 Zur Erläuterung der Begriffe **Flur** und **Flurstück** (Zähler/Nenner) wird auf die Erläuterungen zu Zeile 10 des Hauptvordrucks (GW-1) verwiesen (→ Rz. 33).

99 Die **amtliche Fläche** eines Flurstücks ist die Fläche des Flurstücks, die im **Liegenschaftskataster** ausgewiesen wird.

3. Zeilen 7 bis 14: Nutzung, Fläche der Nutzung, Ertragsmesszahl (EMZ), Bruttogrundfläche, Durchflussmenge

100 Der Bewertung eines Betriebs der Land- und Forstwirtschaft ist der **Ertragswert** zugrunde zu legen (§ 236 Abs. 1 BewG).[1] Hierzu sind für jede der land- und forstwirtschaftlichen Nutzungen, Nutzungsteile sowie für die Nutzungsarten die entsprechenden Eigentumsflächen des Betriebs der Land- und Forstwirtschaft mit dem **standardisierten Reinertrag** zu multiplizieren.[2] Die Ermittlung des jeweiligen standardisierten Reinertrags ist in § 237 Abs. 2 bis 8 BewG geregelt. Der standardisierte Reinertrag ergibt sich demzufolge aus den jeweiligen Bewertungsfaktoren, die in den Anlagen 27–33 zum BewG festgelegt sind.[3]

101 In Zeile 7 der Anlage Land- und Forstwirtschaft (GW-3) kann aus insgesamt **34 verschiedenen Nutzungen** die für das Flurstück zutreffende Nutzung angegeben werden. Für jede dieser Nutzungen ist in den Anlagen 27–33 zum BewG ein **anderer Bewertungsfaktor** gesetzlich festgelegt worden, welcher vom Finanzamt bei der Feststellung des Grundsteuerwerts berücksichtigt werden wird. Dem Automatisierungsziel folgend, ist die Nutzung nicht zu beschreiben, sondern in Form einer Ziffer in den Vordruck einzutragen.

102 Je Flurstück können zunächst acht unterschiedliche Nutzungen eingetragen werden; hat ein Flurstück mehr als acht unterschiedliche Nutzungen, sind die Angaben zu diesem Flurstück (Gemarkung, Gemarkungsnummer, Flur, Zähler/Nenner, amtliche Fläche) im nächsten Abschnitt zu wiederholen und die weiteren Nutzungen hierunter einzutragen.

103 Der standardisierte Reinertrag einer Nutzung ergibt sich regelmäßig durch Multiplikation der Fläche mit dem jeweiligen Bewertungsfaktor der Anlagen 27–33 zum BewG.[4] Zur zutreffenden Ermittlung des standardisierten Reinertrags ist daher zusätzlich die **Fläche der jeweiligen Nutzung** anzugeben.

104 Im Einzelnen können folgende Nutzungsarten angegeben werden:[5]

a) Ziffer 1: Landwirtschaftliche Nutzung

105 Hierzu gehören alle Flächen, die als **Acker oder Grünland** genutzt werden, aber auch z. B. Flächen einer **Streuobstwiese** oder eines **Streuobstackers**. Auch für brachliegende Acker- und Grünlandflächen ist „landwirtschaftliche Nutzung“ anzugeben, es sei denn, die Brachflächen sind vorrangig einer anderen der untenstehenden Nutzungen zuzuordnen. Bei landwirtschaftlicher Nutzung ist **zusätzlich die Ertragsmesszahl (EMZ)** anzugeben. Die EMZ ist das Ergebnis der Bodenschätzung nach dem Bodenschätzungsgesetz für das Flurstück bzw. für dessen Teil-

1 Siehe hierzu vertiefend Müller in Grootens, BewG § 236 Rz. 13 ff.
2 Müller in Grootens, BewG § 237 Rz. 23.
3 Müller in Grootens, BewG § 237 Rz. 23.
4 Zur Ermittlung des jeweiligen standardisierten Reinertrags siehe vertiefend Müller in Grootens, BewG, § 237 Rz. 31 ff.
5 Ausfüllanleitung zur Anlage Land- und Forstwirtschaft (GW-3), Anlage 17 zu BStBl I 2021 S. 2391.

fläche. Die EMZ ergibt sich regelmäßig aus dem **Katasterauszug**. In manchen Ländern ist die Ertragsmesszahl auch in den den Eigentümerinnen und Eigentümern übersandten **Informationsschreiben** enthalten oder sie wird in den **landeseigenen Geoportalen** ausgewiesen oder im Internet veröffentlicht.[1] Haben sich nach Ermittlung der EMZ die Nutzungsverhältnisse geändert, dürfte nichts dagegensprechen die EMZ auf die entsprechende Teilfläche verhältnismäßig umzurechnen.

b) Ziffer 2: Forstwirtschaftliche Nutzung

Hierzu gehören alle Flächen, die zur **Erzeugung von Rohholz** genutzt werden. Dazu gehören **Holzbodenflächen** (bestockte Flächen, Waldeinteilungs- und Sicherungsstreifen bis zu fünf Metern Breite einschließlich Gräben und vorübergehend nicht bestockte Flächen) und **Nichtholzbodenflächen** (z. B. ständige Holzlagerplätze). 106

c) Ziffer 3: Bewirtschaftungsbeschränkung Forstwirtschaft

Hierzu gehören **nur** die Flächen der forstwirtschaftlichen Nutzung, die eine Bewirtschaftungsbeschränkung als **Nationalpark der Zone I** haben. Nicht dazu gehören die Flächen sogenannter FFH-Gebiete (Flora-Fauna-Habitat-Gebiete), Wasserschutzgebiete, Windkraftanlagengebiete sowie Zonen II und III der Nationalparke. Die Finanzverwaltung weist darauf hin, dass ein **Nachweis in Form eines Katasterauszugs** vorliegen muss.[2] Dieser muss wohl nicht mit der Erklärung zur Feststellung des Grundsteuerwerts eingereicht, sondern **nur auf Anforderung** des Finanzamts vorgelegt werden.[3] 107

d) Ziffer 4: Weinbauliche Nutzung

Hierzu gehören Flächen, die zur **Erzeugung von Trauben** sowie zur Gewinnung von **Maische, Most und Wein** aus diesen dienen (insbesondere Rebanlagen aber auch vorübergehend nicht bestockte Flächen und die noch nicht ertragsfähigen Jungfelder). Die Flächen der Wirtschaftsgebäude, die zur Traubenerzeugung zur Gewinnung von Maische und Most oder z. B. zum Ausbau, der Lagerung und der Vermarktung des Weines genutzt werden, zählen nicht zur weinbaulichen Nutzung und sind als Hofstelle (Ziffer 28) zu erklären. 108

e) Ziffern 5 bis 12: Gärtnerische Nutzung

Hierzu gehören Flächen, die zum Anbau von 109

- **Gemüse** (z. B. auch Tee, Gewürz- und Heilkräuter, Zuckermais; Ziffern 5 und 6),
- **Blumen und Zierpflanzen** (z. B. Schnittblumen, Zimmerpflanzen, Beet- und Balkonpflanzen, auch Vermehrung von Blumensamen und -zwiebeln oder Produktion von Rollrasen; Ziffern 7 und 8),
- **Obst** (z. B. Baumobst, Strauchbeerenobst, Erdbeeren; Ziffern 9 und 10 – nicht jedoch Streuobstwiesen, siehe landwirtschaftliche Nutzung; Ziffer 1) oder

1 Z. B. Grundsteuer-Viewer Sachsen-Anhalt:https://www.grundsteuerdaten.sachsen-anhalt.de/mapapps/resources/apps/grundsteuerviewer/oder Liste der EMZ des Landes Rheinland-Pfalz: https://lfst.rlp.de/fileadmin/lfst.rlp.de/Service/Grund_und_Boden/Gemarkungsverzeichnis_RLP_und_EMZ_durchschittlich.pdf.

2 Ausfüllanleitung zur Anlage Land- und Forstwirtschaft (GW-3), Anlage 17 zu BStBl I 2021 S. 2391.

3 Ausfüllanleitung zur Erklärung zur Feststellung des Grundsteuerwerts (GW-1), Anlage 15 zu BStBl I 2021 S. 2391.

- **Baumschulerzeugnissen** (z. B. Nadel-, Laub- oder Obstgehölze; Ziffern 11 und 12 – nicht jedoch Weihnachtsbäume, siehe Weihnachtsbaumkulturen; Ziffer 22)

genutzt werden.

110 Bei der gärtnerischen Nutzung ist jeweils zu unterscheiden, ob es sich bei den Flächen um

- **Freilandflächen** oder
- **Flächen unter Glas oder Kunststoff** (z. B. Gewächshäuser oder Folientunnel)

handelt. „Unter Glas und Kunststoff" ist auch dann anzugeben, wenn z. B. ein Gewächshaus nicht nur der Erzeugung, sondern auch der Lagerung oder dem Vertrieb der Erzeugnisse dient.[1]

111 Die **Anzucht von Rosen** ist als „Blumen- und Zierpflanzenbau" (Ziffer 7 oder 8) zu erklären, wenn die Rosen nach Eintritt der Ertragsreife für die Dauer von mindestens sechs Jahren wiederkehrende Erträge durch ihre zum Verkauf bestimmten Blüten, Früchte oder anderen Pflanzenteile liefern. Ist das nicht der Fall, ist die Nutzung „Baumschulen" (Ziffer 11 oder 12) zu erklären.

f) Ziffer 13: Kleingarten- und Dauerkleingartenland

112 Hierzu gehören nur Flächen im Sinne des **Bundeskleingartengesetzes (BKleingG)**, die ohne Erwerbsabsicht genutzt werden. Die Flächen dienen insbesondere der **Erholung** oder der Gewinnung von **Gartenbauerzeugnissen für den Eigenbedarf**. Ein Kleingarten soll **nicht größer als 400 m²** sein (§ 3 Abs. 1 Satz 1 BKleingG). Eine nicht zum dauernden Wohnen geeignete **Laube** in einfacher Ausführung mit höchstens 24 m² Grundfläche einschließlich überdachtem Freisitz ist zulässig (§ 3 Abs. 2 BKleingG), allerdings sind Ausnahmen möglich (§ 18 BKleingG, § 20a Nr. 7 und 8 BKleingG oder § 3 Abs. 2 Satz 1 2. Hs. BKleingG i. V. m. § 31 Abs. 1 und 2 BauGB). Nach den Vorgaben der Finanzverwaltung sind nur Gartenlauben mit einer Bruttogrundfläche[2] über 30 m² gesondert zu erklären (siehe Ziffer 14). Ist die **Gartenlaube kleiner als 30 m²**, ist die **gesamte Fläche** als **Kleingarten- oder Dauerkleingartenland** zu erklären.

113 BEISPIEL:[3]

In einer 10.000 m² großen Kleingartenanlage befinden sich 100 Gartenparzellen, jeweils mit einer Gartenlaube. 50 Gartenlauben sind kleiner als 30 m², 50 Gartenlauben haben eine Fläche von 35 m².

114 LÖSUNG: Ist die Gartenlaube kleiner als 30 m², ist diese nicht gesondert zu erklären. Die 35 m² großen Gartenlauben sind in einer Summe zu erklären (50 x 35 m² = 1.750 m²). Die verbleibenden Flächen sind als Kleingartenland zu erklären (10.000m² - 1.750 m² = 8.250 m²).

Kleingärten, die nicht unter das BKleingG fallen, sind als Grundvermögen zu erklären; hierzu ist der Hauptvordruck (GW-1) gemeinsam mit der Anlage Grundstück (GW-2) auszufüllen. Erfüllt z. B. eine Gartenlaube in diesem Fall den Wohnungsbegriff, sind als Grundstücksart z. B. „Einfamilienhaus" und die weiteren zur Feststellung des Grundsteuerwerts erforderlichen Angaben (insbesondere Wohnfläche und Baujahr) anzugeben.

---

1 § 238 Abs. 1 Nr. 2 BewG, siehe hierzu vertiefend Müller in Grootens, BewG, § 238 Rz. 22 ff.

2 Zur Ermittlung der Bruttogrundfläche siehe Anlage 42 zu § 259 Abs. 1 BewG, Ziffer I.

3 Siehe auch das Merkblatt für Pächter in Kleingartenanlagen des Finanzministeriums Mecklenburg-Vorpommern, https://www.steuerportal-mv.de/static/Regierungsportal/Finanzministerium/Steuerportal/Inhalte/Merkblatt%20f%C3%BCr%20P%C3%A4chter%20von%20Kleing%C3%A4rten.pdf.

g) Ziffer 14: Gartenlaube größer 30 m²

Der Begriff „Gartenlaube“ wird weder gesetzlich noch in der Ausfüllanleitung definiert. Im allgemeinen Sprachgebrauch handelt es sich bei einer Gartenlaube um ein **einfaches Gartenhäuschen**, das hauptsächlich der Lagerung von Werkzeug, Gartengeräten oder Vorräten aus eigener Ernte dient oder auch zur Freizeitgestaltung oder als Ferieneinrichtung genutzt wird.[1] 115

Gartenlauben mit einer Bruttogrundfläche[2] über 30 m² gelten gem. § 240 Abs. 3 BewG als Wirtschaftsgebäude und sind als Hofstelle gem. § 237 Abs. 8 Satz 1 und 2 BewG mit dem dreifachen Bewertungsfaktor gem. Anlage 32 zum BewG zu bewerten.[3] Zur Nutzung Gartenlaube zählen alle **Stand- und Nebenflächen** einschließlich des **überdachten Freisitzes** (A 240 Abs. 2 AEBewGrSt). 116

h) Ziffer 15: Hopfen

Hierzu gehören mit Gerüstanlagen versehene **Ertrags- und Junghopfenflächen** sowie die dazugehörenden **Randflächen**, nicht jedoch Althopfenflächen, die vor der nächsten Ernte gerodet werden. Letztere sind als landwirtschaftliche Fläche (Ziffer 1) zu erklären. 117

i) Ziffer 16: Spargel

Hierzu gehören neben den **Ertragsflächen** auch die noch nicht im Ertrag stehenden **Jungspargelflächen**. 118

j) Ziffern 17 bis 20: Binnenfischerei, Teichwirtschaft und Fischzucht für Binnenfischerei und Teichwirtschaft

Hierzu gehören sowohl genutzte als auch ungenutzte Wasserflächen. Es wird zwischen stehenden und fließenden Gewässern sowie zwischen der Nutzungsintensität, dem Fischertrag und der Durchflussmenge unterschieden: 119

- Als **Wasserflächen ohne oder mit geringer Nutzung** sind stehende oder fließende Gewässer mit einem Fischertrag von weniger als 1 kg/Ar (entspricht weniger als 1 kg je 100 m²) anzugeben (z. B. Binnenfischerei; Ziffer 17).
- Bei **Wasserflächen bei stehenden Gewässern** mit einem Fischertrag von mehr als 1 kg/Ar (1 kg/100 m²) ist anzugeben, ob der Fischertrag zwischen 1 kg/Ar und 4 kg/Ar liegt (Ziffer 18) oder 4 kg/Ar übersteigt (Ziffer 19).
- Bei **Wasserflächen bei fließendem Gewässer** mit Fischertrag (z. B. Wasserteiche für die Forellenzucht) ist die Durchflussmenge in Litern/Sekunde anzugeben. Diese ergibt sich durch Multiplikation der Querschnittsfläche des Bachs oder Flusses mit der Fließgeschwindigkeit.

1 Vgl. https://de.wikipedia.org/wiki/Gartenlaube, aufgerufen am 16.10.2022 und „Gartenlaube“, bereitgestellt durch das Digitale Wörterbuch der deutschen Sprache, https://www.dwds.de/wb/Gartenlaube, abgerufen am 16.10.2022.

2 Zur Ermittlung der Bruttogrundfläche siehe Anlage 42 zu § 259 Abs. 1 BewG, Ziffer I.

3 Wiegand, Bewertung des land- und forstwirtschaftlichen Vermögens für Zwecke der reformierten Grundsteuer, NWB 8 /2022 S. 537 NWB IAAAI-04399.

k) Ziffer 21: Saatzucht

120 Hierzu gehören alle Flächen zur Erzeugung von Zuchtsaatgut (Samen, Pflanzgut, Pflanzenteile), unabhängig davon, ob das Saatgut der Erzeugung von Nutzpflanzen oder anderer Kulturpflanzen dienen soll. Bei der Nutzung Saatzucht ist **zusätzlich die EMZ** (vgl. → Rz. 105) anzugeben.

l) Ziffer 22: Weihnachtsbaumkulturen

121 Hierzu gehören die Flächen zum **Anbau** von Weihnachtsbäumen sowie **Lagerplätze** und **Fahrschneisen**.

m) Ziffer 23: Kurzumtriebsplantagen

122 Hierzu gehören alle Flächen zum Anbau schnell wachsender Baumarten im Kurzumtrieb (Schwachholz im zwei- bis zwanzigjährigen Umtrieb, welches vorrangig als Brennstoff oder Industrieholz verwendet wird). Bei der Nutzung Kurzumtriebsplantagen ist **zusätzlich die EMZ** (vgl. → Rz. 105) anzugeben.

n) Ziffer 24: Abbauland

123 Hierzu gehören z. B. die Flächen von **Sand- oder Kiesgruben** oder **Steinbrüchen**, deren Bodensubstanz abgebaut und für den Betrieb der Land- und Forstwirtschaft nutzbar gemacht wird.

o) Ziffer 25: Geringstland

124 Hierzu gehören **Heideflächen**, **Moorflächen** oder **ehemals landwirtschaftlich genutzte Flächen** und **ehemalige Weinbauflächen**, deren Kulturzustand sich infolge langjähriger Nichtnutzung so verschlechtert hat, dass der Rekultivierungsaufwand den zu erwartenden Ertrag übersteigt.

p) Ziffer 26: Unland

125 Hierzu gehören Flächen, die auch bei geordneter Wirtschaftsweise **keinen Ertrag** abwerfen können.

q) Ziffer 27: Windenergie

126 Hierzu gehören Windenergieanlagen, die durch Windkraft Energie erzeugen und deren Standortflächen von Flächen umgriffen werden, die einem Betrieb der Land- und Forstwirtschaft dienen. Die Standortfläche besteht aus

- der **Standfläche des Turms** einschließlich der **Betriebsvorrichtungen** (Transformatorhaus) mit Umgriff, sofern dort tatsächlich keine landwirtschaftliche Nutzung mehr erfolgt,
- der **befestigten Betriebsfläche** einschließlich Umgriff wie **Böschungen** und
- der **befestigten Zuwegung**, sofern diese vorrangig dem Betrieb der Windenergieanlage dient.

Windenergieanlagen, die nicht von land- und forstwirtschaftlich genutzten Flächen umgriffen werden, sondern z. B. in einem **Gewerbegebiet** liegen, sind dem **Grundvermögen** zuzuordnen. In diesem Fall ist der Hauptvordruck der Erklärung zur Feststellung des Grundsteuerwerts (GW-1) gemeinsam mit der Anlage Grundstück (GW-2) abzugeben.

r) Ziffer 28: Hofstelle

Hierzu gehören die Hofflächen, von denen aus land- und forstwirtschaftliche Flächen nachhaltig bewirtschaftet werden und von denen aus sonstige land- und forstwirtschaftliche Nutzungen (Imkerei, Wanderschäferei, Pilzanbau und Produktion von Nützlingen) erfolgen. Dazu zählen insbesondere 127

- die **Grundflächen aller Wirtschaftsgebäude** (Haupt- und/oder Nebengebäude)
- die **Hofflächen**
- die **Nebenflächen** (z. B. Wirtschaftswege, Gräben, Hecken und Grenzraine, Bewässerungsteiche, Dämme, Uferstreifen u. ä., sofern diese nicht in einer anderen Nutzung enthalten sind).

s) Ziffern 29 bis 34: Wirtschaftsgebäude

Hierzu gehören die Flächen, die mit Gebäuden und Gebäudeteilen bebaut sind, die ausschließlich zur unmittelbaren Bewirtschaftung des Betriebs genutzt werden. Nicht zu den Wirtschaftsgebäuden zählen zu Wohnzwecken (Wohngebäude) oder gewerblichen Zwecken dienende Gebäude(teile). Diese sind als wirtschaftliche Einheit des Grundvermögens zu erklären und zu bewerten; hierfür ist der Hauptvordruck der Erklärung zur Feststellung des Grundsteuerwerts (GW-1) gemeinsam mit der Anlage Grundstück (GW-2) einzureichen und die zur Feststellung des Grundsteuerwerts erforderlichen Angaben zum Wohnhaus zu machen (insbesondere Baujahr und Wohnfläche bei Wohngrundstücken bzw. Bruttogrundfläche bei Nichtwohngrundstücken). 128

Bei den Eintragungsmöglichkeiten wird unterschieden zwischen Wirtschaftsgebäuden 129

- der **Fass- und Flaschenweinerzeugung** (Ziffer 29),
- der **Imkerei** (Ziffer 30),
- der **Wanderschäferei** (Ziffer 31),
- des **Pilzanbaus** (Ziffer 32),
- der **Produktion von Nützlingen** (Ziffer 33) und
- **sonstiger Nebenbetriebe** (z. B. Brennereien, Räuchereien, Sägewerke, Mühlen, Kompostierungen oder die Erzeugung von Winzersekt; Ziffer 34).

Anzugeben ist die **Bruttogrundfläche**[1] der Wirtschaftsgebäude, nicht die Fläche der Nutzung.

H. Anlage Tierbestand (GW-3A)

Die Anlage Tierbestand (GW-3A) ist einzureichen, wenn bei der Feststellung des Grundsteuerwerts für einen Betrieb der Land- und Forstwirtschaft **Angaben zu gehaltenen und erzeugten Tieren** zu machen sind. Die Anlage GW-3A ist daher zweigeteilt in „Tierarten nach dem Durchschnittsbestand“ und „Tierarten nach der Erzeugung“. 130

Die Anlage Tierbestand ist für **jede wirtschaftliche Einheit des land- und forstwirtschaftlichen Vermögens** auszufüllen und mit **jeweils einem eigenen Hauptvordruck** (GW-1) beim Finanzamt einzureichen.

1 Zur Ermittlung der Bruttogrundfläche siehe Anlage 42 zu § 259 Abs. 1 BewG, Ziffer I.

I. Zeilen 1 und 2

1	Aktenzeichen/Steuernummer ohne Sonderzeichen	**Anlage Tierbestand**
2	Finanzamt	
	zur Erklärung zur Feststellung des Grundsteuerwerts	auf den 1. Januar 2 0 2022BUAGW3A061

131 In **Zeilen 1 und 2** sind das Aktenzeichen oder in den Stadtstaaten und in Schleswig-Holstein die Steuernummer des Grundstücks, das zuständige Finanzamt und das Jahr des Feststellungszeitpunkts einzutragen. Die Angaben müssen mit den entsprechenden Eintragungen in Zeilen 1 bis 3 des Hauptvordrucks (GW-1) übereinstimmen. Insoweit wird auf die dortigen Ausführungen verwiesen (→ Rz. 23). Im Portal „Mein ELSTER" werden diese Angaben automatisch übernommen.

II. Zeilen 3 bis 6: Landwirtschaftliche Nutzung

	Landwirtschaftliche Nutzung		22
3	Eigentumsflächen	11	HA A R QM
4	abzüglich verpachtete Flächen	12	HA A R QM
5	zuzüglich zugepachtete Flächen	13	HA A R QM
6	= selbstbewirtschaftete Flächen	14	HA A R QM

1 - Landwirtschaftliche Nutzung ?

3	Eigentumsflächen	m²	11
4	abzüglich verpachtete Flächen	– m²	12
5	zuzüglich zugepachtete Flächen	+ m²	13
6	= selbstbewirtschaftete Flächen	= m²	14

132 **Tierbestände** gehören gem. § 241 Abs. 1 Satz 1 BewG nur dann in vollem Umfang zum land- und forstwirtschaftlichen Vermögen, wenn im Wirtschaftsjahr nicht mehr als die gesetzlich festgelegte Anzahl an Tieren (umgerechnet in Vieheinheiten) je Hektar der vom Inhaber des Betriebs **selbst bewirtschafteten Fläche** der landwirtschaftlichen Nutzung erzeugt oder gehalten werden.[1] Übersteigt die Zahl der Vieheinheiten nachhaltig den für die maßgebende Fläche

1 Müller in Grootens, BewG § 241 Rz. 14.

in § 241 Abs. 1 BewG angegebenen Höchstsatz, gehört der darüberhinausgehende Tierbestand zur **gewerblichen Tierzucht und Tierhaltung.**[1]

Zur selbst bewirtschafteten Fläche zählen gem. § 241 Abs. 1 Satz 2 BewG die Eigentumsflächen und die zur Nutzung überlassenen Flächen.

Zur **Ermittlung** der selbst bewirtschafteten Fläche sind Angaben in den Zeilen 3 bis 6 erforderlich. Die selbst bewirtschafteten Flächen ergeben sich hiernach, indem von den Eigentumsflächen die verpachteten Flächen subtrahiert und die hinzugepachteten Flächen addiert werden.

III. Zeilen 7 bis 28: Tierarten nach dem Durchschnittsbestand

Tierarten nach dem Durchschnittsbestand

			Durchschnittsbestand der letzten drei Wirtschaftsjahre in Stück
7	Alpakas	21	
8	Damtiere unter 1 Jahr	22	
9	Damtiere 1 Jahr und älter	23	
10	Legehennen (einschließlich einer normalen Aufzucht zur Ergänzung des Bestandes)	24	
11	Legehennen aus zugekauften Junghennen	25	
12	Zuchtputen, -enten, -gänse	26	
13	Zucht- und Angorakaninchen	27	
14	Lamas	28	
15	Pferde unter 3 Jahren und Kleinpferde	29	
16	Pferde 3 Jahre und älter	30	
17	Kälber und Jungvieh unter 1 Jahr (einschließlich Mastkälber, Starterkälber und Fresser)	31	
18	Jungvieh 1 bis 2 Jahre alt	32	
19	Färsen (älter als 2 Jahre)	33	
20	Rindvieh - Masttiere (Mastdauer weniger als 1 Jahr)	34	
21	Kühe (einschließlich Mutter- und Ammenkühe mit den dazugehörigen Saugkälbern)	35	
22	Zuchtbullen, Zugochsen	36	
23	Schafe unter 1 Jahr (einschließlich Mastlämmer)	37	
24	Schafe 1 Jahr und älter	38	
25	Zuchtschweine (einschließlich Jungzuchtschweine über etwa 90 kg)	39	
26	Strauße (Zuchttiere 14 Monate und älter)	40	
27	Strauße (Jungtiere/Masttiere unter 14 Monate)	41	
28	Ziegen	42	

1 Siehe hierzu vertiefend Müller in Grootens, BewG § 241 Rz. 36 f.

2 - Tierarten nach dem Durchschnittsbestand

Durchschnittsbestand der letzten drei Wirtschaftsjahre in Stück

7	Alpakas	21
8	Damtiere unter 1 Jahr	22
9	Damtiere 1 Jahr und älter	23
10	Legehennen (einschließlich einer normalen Aufzucht zur Ergänzung des Bestandes)	24
11	Legehennen aus zugekauften Junghennen	25
12	Zuchtputen, -enten, -gänse	26
13	Zucht- und Angorakaninchen	27
14	Lamas	28

Zeile	Tierart	Kennzahl
15	Pferde unter 3 Jahren und Kleinpferde	29
16	Pferde 3 Jahre und älter	30
17	Kälber und Jungvieh unter 1 Jahr (einschließlich Mastkälber, Starterkälber und Fresser)	31 ?
18	Jungvieh 1 bis 2 Jahre alt	32
19	Färsen (älter als 2 Jahre)	33
20	Rindvieh - Masttiere (Mastdauer weniger als 1 Jahr)	34 ?
21	Kühe (einschließlich Mutter- und Ammenkühe mit den dazugehörigen Saugkälbern)	35
22	Zuchtbullen, Zugochsen	36
23	Schafe unter 1 Jahr (einschließlich Mastlämmer)	37
24	Schafe 1 Jahr und älter	38
25	Zuchtschweine (einschließlich Jungzuchtschweine über etwa 90 kg)	39 ?
26	Strauße (Zuchttiere 14 Monate und älter)	40
27	Strauße (Jungtiere/Masttiere unter 14 Monate)	41
28	Ziegen	42

< Vorherige Seite

Nächste Seite >

In den **Zeilen 7 bis 28** ist die Anzahl der Tiere für diejenigen Tierarten anzugeben, die nach dem Durchschnittsbestand ermittelt werden. 133

Die **Umrechnung** der durchschnittlichen **Tierbestände in Vieheinheiten** ist in § 241 Abs. 5 BewG und Anlagen 34 und 35 zu § 241 Abs. 5 BewG geregelt.[1] Ein Tier der in Anlage 34 zu § 241 Abs. 5 BewG genannten Tiere entspricht einer gesetzlich festgelegten Anzahl an Vieheinheiten. Die **Berechnung der Vieheinheiten** wird **vom Finanzamt** vorgenommen; in den Zeilen 7 bis 28 sind lediglich die Durchschnittsbestände der letzten drei Wirtschaftsjahre der aufgelisteten Tiere einzutragen.

Ermittlung des Durchschnittsbestands: Der Durchschnittsbestand ist i. d. R. ein Dreizehntel der Summe aus dem Anfangsbestand des Wirtschaftsjahres und den zwölf Monatsendbeständen. Bei Tieren, die kürzer als ein Jahr gehalten werden, kann der Durchschnittsbestand ermittelt werden, indem die Zahl der erzeugten Tiere mit der Haltungsdauer in Wochen multipliziert und das Ergebnis durch 52 Wochen geteilt wird.

IV. Zeilen 29 bis 47: Tierarten nach der Erzeugung

	Tierarten nach der Erzeugung		Erzeugung in Stück im Durchschnitt der letzten drei Wirtschaftsjahre
29	Jungmasthühner (bis zu 6 Durchgänge je Jahr - schwere Tiere)	51	
30	Jungmasthühner (mehr als 6 Durchgänge je Jahr - leichte Tiere)	52	
31	Junghennen	53	
32	Mastenten	54	
33	Mastenten in der Aufzuchtphase	55	
34	Mastenten in der Mastphase	56	
35	Mastputen aus selbst erzeugten Jungputen	57	
36	Mastputen aus zugekauften Jungputen	58	
37	Jungputen (bis etwa 8 Wochen)	59	
38	Mastgänse	60	
39	Mastkaninchen	61	
40	Rindvieh - Masttiere (Mastdauer 1 Jahr und mehr)	71	
41	Leichte Ferkel (bis etwa 12 kg)	72	
42	Ferkel (über etwa 12 bis etwa 20 kg)	73	
43	Schwere Ferkel und leichte Läufer (über etwa 20 bis etwa 30 kg)	74	
44	Läufer (über etwa 30 bis etwa 45 kg)	75	
45	Schwere Läufer (über etwa 45 bis etwa 60 kg)	76	
46	Mastschweine	77	
47	Jungzuchtschweine bis etwa 90 kg	78	

1 Siehe hierzu Müller in Grootens, BewG § 241 Rz. 55.

3 - Tierarten nach der Erzeugung

Erzeugung in Stück im Durchschnitt der letzten drei Wirtschaftsjahre

29	Jungmasthühner (bis zu 6 Durchgänge je Jahr - schwere Tiere)	51
30	Jungmasthühner (mehr als 6 Durchgänge je Jahr - leichte Tiere)	52
31	Junghennen	53
32	Mastenten	54
33	Mastenten in der Aufzuchtphase	55
34	Mastenten in der Mastphase	56
35	Mastputen aus selbst erzeugten Jungputen	57

36	Mastputen aus zugekauften Jungputen	58
37	Jungputen (bis etwa 8 Wochen)	59
38	Mastgänse	60
39	Mastkaninchen	61
40	Rindvieh - Masttiere (Mastdauer 1 Jahr und mehr)	71 ?
41	Leichte Ferkel (bis etwa 12 kg)	72
42	Ferkel (über etwa 12 bis etwa 20 kg)	73
43	Schwere Ferkel und leichte Läufer (über etwa 20 bis etwa 30 kg)	74
44	Läufer (über etwa 30 bis etwa 45 kg)	75
45	Schwere Läufer (über etwa 45 bis etwa 60 kg)	76
46	Mastschweine	77
47	Jungzuchtschweine bis etwa 90 kg	78 ?

< Vorherige Seite Nächste Seite >

134 In den **Zeilen 29 bis 47** sind die Anzahl der Tiere für diejenigen Tierarten anzugeben, die nach der Erzeugung ermittelt werden.

Ein Zweig des Tierbestands gehört immer nur im Ganzen zur landwirtschaftlichen oder gewerblichen Tierzucht und Tierhaltung. Hat ein Betrieb einen Tierbestand mit mehreren Zweigen, richtet sich deren Zuordnung nach ihrer Flächenabhängigkeit gem. Anlage 35 zum BewG. Der gewerblichen Tierzucht und Tierhaltung sind zunächst die weniger flächenabhängigen Zweige des Tierbestandes zuzurechnen. **Weniger flächenabhängig** ist die Erzeugung und Haltung von **Schweinen und Geflügel**, **mehr flächenabhängig** die Erzeugung und Haltung von **Pferden, Rindvieh und Schafen.**[1]

Um die Zuordnung zur land- und forstwirtschaftlichen oder gewerblichen Tierzucht und Tierhaltung vornehmen zu können, sind in den Zeilen 29 bis 47 die erzeugten Tiere in Stück anzugeben, die im Durchschnitt in den letzten **drei Wirtschaftsjahren verkauft oder verbraucht** worden sind.

V. Zeilen 48 bis 52: Zukäufe

Die in Zeile 42 bis 47 angegebenen Tiere wurden zugekauft als			Zukäufe in Stück im Durchschnitt der letzten drei Wirtschaftsjahre
48	Leichte Ferkel (bis etwa 12 kg)	81	
49	Ferkel (über etwa 12 bis etwa 20 kg)	82	
50	Schwere Ferkel und leichte Läufer (über etwa 20 bis etwa 30 kg)	83	
51	Läufer (über etwa 30 bis etwa 45 kg)	84	
52	Schwere Läufer (über etwa 45 bis etwa 60 kg)	85	

4 - Die in Zeile 42 bis 47 angegebenen Tiere wurden zugekauft als ?

Zukäufe in Stück im Durchschnitt der letzten drei Wirtschaftsjahre

48	Leichte Ferkel (bis etwa 12 kg)		81
49	Ferkel (über etwa 12 bis etwa 20 kg)		82
50	Schwere Ferkel und leichte Läufer (über etwa 20 bis etwa 30 kg)		83
51	Läufer (über etwa 30 bis etwa 45 kg)		84
52	Schwere Läufer (über etwa 45 bis etwa 60 kg)		85

135 In den **Zeilen 48 bis 52** ist die Stückzahl der in Zeilen 42 bis 47 eingetragenen Tiere anzugeben, die im Durchschnitt in den letzten drei Wirtschaftsjahren **zugekauft** wurden. Die Zahl der zugekauften Tiere aus den Zeilen 48 bis 52 wird **vom Finanzamt** von der Zahl der erzeugten Tiere in den Zeilen 42 bis 47 **abgezogen**.

1 Anlage 35 zu § 241 Abs. 5 BewG, A 241 Abs. 2 AEBewGrSt.

I. Anlage Grundsteuerbefreiung/-vergünstigung (GW-4)

136 Die Anlage Grundsteuerbefreiung/-vergünstigung (GW-4) ist einzureichen, wenn die Voraussetzungen für eine **Grundsteuerbefreiung** nach den §§ 3–8 GrStG[1] oder für eine **Ermäßigung der Steuermesszahl** nach § 15 Abs. 2–5 GrStG[2] vorliegen (z. B. für **geförderten Wohnraum** nach § 15 Abs. 2 oder 3 GrStG[3] oder für **Denkmalschutz** nach § 15 Abs. 5 GrStG[4]).

137 Die Anlage Grundsteuerbefreiung/-vergünstigung gibt es **nur in Papierform**. Bei den in **„Mein ELSTER"** bereitgestellten elektronischen Formularen der Erklärung zur Feststellung des Grundsteuerwerts wurden die Angaben in die elektronische Anlage Grundstück (GW-2) und Land- und Forstwirtschaft (GW-3) **integriert**.

138 Wenn die Voraussetzungen für eine Grundsteuerbefreiung oder für eine Ermäßigung der Steuermesszahl vorliegen, ist die Anlage Grundsteuerbefreiung/-vergünstigung für **jede wirtschaftliche Einheit** auszufüllen und

- gemeinsam mit **jeweils einem eigenen Hauptvordruck** (GW-1) **und**
- entweder
  - der **Anlage Grundstück** (GW-2) für wirtschaftliche Einheiten des Grundvermögens **oder**
  - der **Anlage Land- und Forstwirtschaft** (GW-3) **und ggf.** der **Anlage Tierbestand** (GW-3A) für wirtschaftliche Einheiten des land- und forstwirtschaftlichen Vermögens

beim Finanzamt einzureichen.

139 Die Anlage Grundsteuerbefreiung/-vergünstigung ist in zwei Abschnitte untergliedert:

- In den Zeilen 3 bis 12 können Angaben zum steuerbefreiten Grundbesitz gemacht werden.
- In den Zeilen 13 bis 22 können Angaben zu Ermäßigungen der Steuermesszahl gemacht werden.

Beide Abschnitte bilden ihrerseits wiederum unterschiedliche Sachverhaltskonstellationen ab.

- Angaben zu Steuerbefreiungen:
  - Fall 1: Steuerbefreiung für den gesamten Grundbesitz (Zeile 3),
  - Fall 2: Steuerbefreiung für einen bestimmten, räumlich abgrenzbaren Teil des Grundbesitzes (Zeilen 4 bis 11)
  - Fall 3: Steuerbefreiung für einen nicht räumlich abgrenzbaren Teil des Grundbesitzes, wobei die Nutzung zu steuerbegünstigten Zwecken überwiegen muss (Zeile 12).
- Angaben zu Steuervergünstigungen:
  - Fall 1: Vergünstigung des gesamten Grundbesitzes (Zeilen 13 und 14)
  - Fall 2: Vergünstigung von Teilen des Grundbesitzes (Zeilen 15 bis 22)

---

1 Vgl. hierzu vertiefend Steffen in Grootens, GrStG § 3 Rz. 31 ff.
2 Vgl. hierzu vertiefend Bock in Grootens, GrStG § 15 Rz. 57 ff.
3 Vgl. hierzu vertiefend Bock in Grootens, GrStG § 15 Rz. 57 ff.
4 Vgl. hierzu vertiefend Bock in Grootens, GrStG § 15 Rz. 100 ff.

I. Zeilen 1 und 2

Aktenzeichen/Steuernummer ohne Sonderzeichen

1

Finanzamt

2

zur Erklärung zur Feststellung des Grundsteuerwerts

Anlage Grundsteuerbefreiung/ -vergünstigung

auf den 1. Januar 2 0

2022BUAGW4071

In **Zeilen 1 und 2** sind das **Aktenzeichen** oder in den Stadtstaaten und in Schleswig-Holstein die **Steuernummer** des Grundstücks, das zuständige **Finanzamt** und das Jahr des **Feststellungszeitpunkts** einzutragen. Die Angaben müssen mit den entsprechenden Eintragungen in Zeilen 1 bis 3 des Hauptvordrucks (GW-1) übereinstimmen. Insoweit wird auf die dortigen Ausführungen verwiesen (→ Rz. 23). 140

II. Zeilen 3 bis 12: Angaben zu Grundsteuerbefreiungen

1. Zeile 3: Fall 1: Verwendung des gesamten Grundbesitzes für steuerbegünstigte Zwecke

Angaben zu Grundsteuerbefreiungen 13

Verwendung des gesamten Grundbesitzes für steuerbegünstigte Zwecke

Der gesamte Grundbesitz wird für steuerbegünstigte Zwecke verwendet.

3 Nummer der Nutzungsart (siehe Ausfüllanleitung): 62

Anlage Grundstück (GW2)

zur Erklärung zur Feststellung des Grundsteuerwerts

Zu den Teilseiten

- 1 - Angaben zur Grundstücksart
- 2 - Angaben zu vollständigen Grundsteuerbefreiungen
- 3 - Angaben zu vollständiger Grundsteuervergünstigungen
- 4 - Angaben zum Grund und Boden
- 5 - Angaben bei Wohngrundstücken zum Ertragswert
- 6 - Angaben bei Nichtwohngrundstücken zum Sachwert
- 7 - Zusätzliche Angabe bei Wohnungs-/Teileigentum
- 8 - Erbbaurecht/Gebäude auf fremdem Grund und Boden

Anlage Land- und Forstwirtschaft (GW3)

zur Erklärung zur Feststellung des Grundsteuerwerts

Zu den Teilseiten

- 1 - Angaben zur Feststellung des Grundsteuerwerts
- 2 - Angaben zu Grundsteuerbefreiungen

141 In **Zeile 3** ist die **Nutzungsart** anzugeben, wenn der gesamte Grundbesitz **vollständig von der Grundsteuer befreit** ist. Dem Automatisierungsziel folgend, ist keine personelle Beschreibung der Nutzung vorgesehen, sondern die zutreffende Nutzung muss im Portal „Mein ELSTER" aus einer vorgegebenen Liste ausgewählt werden. Auf dem Papiervordruck ist eine Ziffer einzutragen, wobei jede Ziffer für eine andere Steuerbefreiungsvorschrift steht.[1] Die zutreffende Ziffer kann der **Ausfüllanleitung** zur Anlage Grundsteuerbefreiung/-vergünstigung (GW-4) entnommen werden.[2] In dieser wird die Nutzungsart des Grundbesitzes beschrieben und die jeweilige gesetzliche Vorschrift angegeben.

HINWEIS:

Im Portal „Mein ELSTER" wird an verschiedenen Stellen nach der maßgeblichen Nutzung bei einer bestehenden Steuerbefreiung gefragt. Ist der Grundbesitz vollständig von der Grundsteuer befreit, genügt eine Eintragung auf der Teilseite 2 der Anlage Grundstück (GW-2) bzw. der Anlage Land- und Forstwirtschaft (GW-3). Bei den einzelnen Gebäuden, Wohnungen oder Flurstücken ist dann keine (wiederholende) Eintragung erforderlich.

2. Zeilen 4 bis 11: Fall 2: Verwendung eines räumlich abgrenzbaren Teils des Grundbesitzes für steuerbegünstigte Zwecke

Verwendung eines räumlich abgrenzbaren Teils des Grundbesitzes für steuerbegünstigte Zwecke

Ein räumlich abgrenzbarer Teil des Grundbesitzes wird für steuerbegünstigte Zwecke verwendet.

	Gebäude Nr./ Flurstück Nr.	Lage der Räume / Bezeichnung	begünstigte Fläche in m²	Nummer der Nutzungsart (s. Ausfüllanleitung):	enth. in Vordruck GW-2 oder GW-3, Zeile:
4					
5					
6					
7					
8					
9					
10					
11					

1 Zu den Steuerbefreiungsvorschriften siehe im Einzelnen Steffen in Grootens, GrStG § 3 Rz. 31 ff. und § 4 Rz. 18 ff.

2 Anlage 19 zu BStBl I 2021 S. 2391.

Wohnungen mit einer Wohnfläche unter 60 m²

11	Anzahl der Wohnungen mit einer Wohnfläche unter 60 m²	31
11	mit einer gesamten Wohnfläche	m² 32

Steuerbefreiungen

Lage der Räume / Bezeichnung	Steuerfreie Fläche	Nutzungsart:
	Keine Einträge vorhanden	

+ Steuerbefreiung hinzufügen

Steuervergünstigungen

Lage der Räume / Bezeichnung	Vergünstigte Fläche	Art der Vergünstigung:
	Keine Einträge vorhanden	

+ Steuervergünstigung hinzufügen

Wird nicht der gesamte Grundbesitz, sondern nur ein bestimmter, räumlich abgrenzbarer Teil für steuerbegünstigte Zwecke verwendet, ist **nur dieser Teil** des Grundbesitzes von der Grundsteuer **befreit** (§ 8 Abs. 1 GrStG).[1] In diesem Fall können die befreiten Gebäude(-teile) oder Flurstücke mit ihrer jeweiligen Nutzungsart in den Zeilen 4 bis 11 eingetragen werden. Um kenntlich zu machen, welches Gebäude, welcher Gebäudeteil oder welches Flurstück von der Grundsteuer befreit ist, ist die in der Anlage Grundstück (GW-2) anzugebende Gebäudenummer einzutragen und anzugeben, in welcher Zeile der Anlage Grundstück (GW-2) der befreite Teil des Grundbesitzes enthalten ist. Bei einer teilweisen Steuerbefreiung eines Betriebs der Land- und Forstwirtschaft ist korrespondierend die in der Anlage Land- und Forstwirtschaft (GW-3) angegebene Nummer des Flurstücks (nicht das Flurstückskennzeichen mit Zähler/Nenner) einzutragen und anzugeben, in welcher Zeile der Anlage Land- und Forstwirtschaft (GW-3) das von der Grundsteuer befreite Flurstück enthalten ist. 142

Im Portal „Mein ELSTER" sind diese auf andere Vordrucke verweisenden Eintragungen nicht erforderlich. Hier können die Angaben zur Steuerbefreiung bei wirtschaftlichen Einheiten des Grundvermögens direkt bei dem Gebäude oder bei wirtschaftlichen Einheiten des land- und forstwirtschaftlichen Vermögens direkt bei dem Flurstück getätigt werden. 143

1 Siehe hierzu vertiefend Lange in Grootens, GrStG § 8 Rz. 15 ff.

144 Ein zu einer grds. steuerpflichtigen wirtschaftlichen Einheit (z. B. zu einer Eigentumswohnung) gehörender Anteil an einer steuerbegünstigten **Verkehrsfläche** kann auf dem Papiervordruck erklärt werden, indem die Verkehrsfläche in der Anlage Grundsteuerbefreiung/-vergünstigung (GW-4) z. B. in Zeile 4 erklärt und auf die Anlage Grundstück, Zeile(n) 4 und/oder 5 (Angaben zum Grund und Boden) verwiesen wird.

145 Die Fläche eines von der Grundsteuer befreiten **Stellplatzes** ist unabhängig von der tatsächlichen Größe des Stellplatzes mit **15 m²** anzugeben.[1]

146 HINWEIS:

Im Portal „Mein ELSTER" wird an verschiedenen Stellen nach der maßgeblichen Nutzung bei einer bestehenden Steuerbefreiung gefragt. Sind nur bestimmte abgrenzbare Teile des Grundbesitzes von der Grundsteuer befreit, darf keine Eintragung auf der Teilseite 2 der Anlage Grundstück (GW-2) oder der Anlage Land- und Forstwirtschaft (GW-3) erfolgen, da diese für den Fall einer vollständigen Befreiung des gesamten Grundbesitzes vorgesehen sind. Stattdessen wird die Nutzung zu steuerbegünstigten Zwecken direkt bei dem begünstigten Gebäude bzw. dem begünstigten Flurstück eingetragen.

3. Zeile 12: Fall 3: Verwendung eines räumlich nicht abgrenzbaren Teils des Grundbesitzes für steuerbegünstigte Zwecke

Verwendung eines räumlich nicht abgrenzbaren Teils des Grundbesitzes für steuerbegünstigte Zwecke

Ein räumlich nicht abgrenzbarer Teil des Grundbesitzes wird für steuerbegünstigte Zwecke verwendet; die Nutzung zu steuerbegünstigten Zwecken überwiegt.

12 Nummer der Nutzungsart (siehe Ausfüllanleitung): 64

1 A 15.5 Satz 2 AEGrStG.

2 - Angaben zu vollständigen Grundsteuerbefreiungen

> Verwendung des gesamten Grundbesitzes für steuerbegünstigte Zwecke

∨ Verwendung eines räumlich nicht abgrenzbaren Teils des Grundbesitzes für steuerbegünstigte Zwecke

Ein räumlich nicht abgrenzbarer Teil des Grundbesitzes wird für steuerbegünstigte Zwecke verwendet; die Nutzung zu steuerbegünstigten Zwecken überwiegt.

11 **Nutzungsart:** 64

- ◉ Keine Angabe
- ○ 1 Grundbesitz, der von einer inländischen juristischen Person des öffentlichen Rechts für einen öffentlichen Dienst oder Gebrauch benutzt wird (§ 3 Absatz 1 Nummer 1 GrStG)
- ○ 2 Grundbesitz, der vom Bundeseisenbahnvermögen für Verwaltungszwecke benutzt wird (§ 3 Absatz 1 Nummer 2 GrStG)
- ○ 3 Grundbesitz, der von einer inländischen juristischen Person des öffentlichen Rechts oder einer inländischen Körperschaft, Personenvereinigung oder Vermögensmasse, die nach der Satzung, dem Stiftungsgeschäft oder der sonstigen Verfassung und nach ihrer tatsächlichen Geschäftsführung ausschließlich und unmittelbar gemeinnützigen oder mildtätigen Zwecken dient, für gemeinnützige oder mildtätige Zwecke benutzt wird (§ 3 Absatz 1 Nummer 3 GrStG)
- ○ 4 Grundbesitz, der von einer Religionsgesellschaft, die Körperschaft des öffentlichen Rechts ist, einem ihrer Orden, einer ihrer religiösen Genossenschaften oder einem ihrer Verbände oder von einer jüdischen Kultusgemeinde, die keine Körperschaft des öffentlichen Rechts ist, für Zwecke der religiösen Unterweisung, der Wissenschaft, des Unterrichts, der Erziehung oder für Zwecke der eigenen Verwaltung benutzt wird (§ 3 Absatz 1 Nummer 4 GrStG)

Dient der Grundbesitz sowohl steuerbegünstigten Zwecken als auch anderen Zwecken, ohne dass eine räumliche Abgrenzung für die verschiedenen Zwecke möglich ist, so ist der Grundbesitz oder der Teil des Grundbesitzes nur befreit, wenn die **steuerbegünstigten Zwecke überwiegen** (§ 8 Abs. 2 GrStG).[1] Die Befreiung gilt in diesem Fall für den gesamten Grundbesitz oder den gesamten Teil des Grundbesitzes (Beispiel: gemischt genutzte Stadthalle). Es ist daher ausreichend, in Zeile 12 die **Ziffer der überwiegenden Nutzungsart** anzugeben. 147

Ändert sich die Nutzung, sodass die Nutzung zu steuerbegünstigten Zwecken nicht mehr überwiegt, ist dem Finanzamt die **Nutzungsänderung anzuzeigen** (§ 19 Abs. 1 GrStG).[2]

III. Zeilen 13 bis 22: Angaben bei Grundsteuervergünstigungen

1. Zeilen 13 und 14: Fall 1: Vergünstigung des gesamten Grundbesitzes

Angaben bei Grundsteuervergünstigungen

Vergünstigung des gesamten Grundbesitzes

Für den gesamten Grundbesitz liegen die Voraussetzungen für eine Ermäßigung der Steuermesszahl vor.

13	Nummer der Vergünstigung (siehe Ausfüllanleitung):	63	
14	Auf dem Grundstück befindet sich ein Gebäude, das ein Baudenkmal im Sinne des jeweiligen Landesdenkmalschutzgesetzes ist.	65	1 = Ja

---

1 Siehe hierzu vertiefend Lange in Grootens, GrStG § 8 Rz. 28 ff.

2 Siehe hierzu vertiefend Bock in Grootens, GrStG § 19 Rz. 19 ff.

3 - Angaben zu vollständiger Grundsteuervergünstigungen

⌄ Vergünstigung des gesamten Grundbesitzes

Für den gesamten Grundbesitz liegen die Voraussetzungen für eine Ermäßigung der Steuermesszahl vor.

10 **Art der Vergünstigung:** 63

- ◉ Keine Angabe
- ○ 1 Für das Grundstück wurde eine Förderzusage nach § 13 Absatz 3 des Wohnraumförderungsgesetzes erteilt und die sich aus der Förderzusage ergebenden Bindungen bestehen im Hauptveranlagungszeitraum (§ 15 Absatz 2 GrStG).
- ○ 2 Für das Grundstück wurde eine Förderzusage nach dem Ersten oder Zweiten Wohnungsbaugesetz oder nach einem Wohnraumförderungsgesetz eines Landes erteilt und die sich aus der Förderzusage ergebenden Bindungen bestehen im Hauptveranlagungszeitraum (§ 15 Absatz 3 GrStG).
- ○ 3 Das jeweilige Grundstück wird einer Wohnungsbaugesellschaft zugerechnet, deren Anteile mehrheitlich von einer oder mehreren Gebietskörperschaft(en) gehalten werden und zwischen der Wohnungsbaugesellschaft und der Gebietskörperschaft oder den Gebietskörperschaften besteht ein Gewinnabführungsvertrag (§ 15 Absatz 4 Satz 1 Nummer 1 GrStG).
- ○ 4 Das jeweilige Grundstück wird einer Wohnungsbaugesellschaft zugerechnet, die als gemeinnützig im Sinne des § 52 der Abgabenordnung anerkannt ist (§ 15 Absatz 4 Satz 1 Nummer 2 GrStG).
- ○ 5 Das jeweilige Grundstück wird einer Genossenschaft oder einem Verein zugerechnet, für deren oder dessen Tätigkeit eine Steuerbefreiung nach § 5 Absatz 1 Nummer 10 des Körperschaftsteuergesetzes besteht und der Grundbesitz ist der begünstigten Tätigkeit zuzuordnen (§ 15 Absatz 4 Satz 1 Nummer 3 GrStG).

10 ☐ Auf dem Grundstück befindet sich ein Gebäude, das ein Baudenkmal im Sinne des jeweiligen Landesdenkmalschutzgesetzes ist. 65

148 In **Zeile 13** ist die **Art der Vergünstigung** anzugeben, wenn für den gesamten Grundbesitz die Voraussetzungen für eine Ermäßigung der Steuermesszahl vorliegen. Dem Automatisierungsziel folgend, ist keine personelle Beschreibung der Art der Vergünstigung vorgesehen, sondern der zutreffende Eintrag muss im Portal „Mein ELSTER" aus einer vorgegebenen Liste ausgewählt werden. Auf dem Papiervordruck ist eine Ziffer einzutragen, wobei jede Ziffer für eine andere Ermäßigungsvorschrift steht.[1] Die zutreffende Ziffer kann der **Ausfüllanleitung** zur Anlage Grundsteuerbefreiung/-vergünstigung (GW-4) entnommen werden. In dieser wird die Art der Vergünstigung des Grundbesitzes beschrieben und die jeweilige gesetzliche Vorschrift angegeben.

Da die Ermäßigung der Steuermesszahl bei der Bebauung des Grundbesitzes mit einem Baudenkmal (§ 15 Abs. 5 GrStG[2]) zu einer der Ermäßigungen der § 15 Abs. 2 bis 4 GrStG hinzutreten kann, ist dies bei Vorliegen der Voraussetzungen in **Zeile 14** gesondert kenntlich zu machen.

1 Zu den Ermäßigungsvorschriften der Steuermesszahl siehe im Einzelnen Bock in Grootens, GrStG § 15 Rz. 57 ff.
2 Siehe hierzu vertiefend Bock in Grootens, GrStG § 15 Rz. 100 ff.

HINWEIS: 149

Im Portal „Mein ELSTER“ wird an verschiedenen Stellen nach der maßgeblichen Art der Vergünstigung gefragt. Liegen die Voraussetzungen für eine Ermäßigung der Steuermesszahl für den gesamten Grundbesitz vor, genügt eine Eintragung auf der Teilseite 3 der Anlage Grundstück (GW-2). Bei den einzelnen Gebäuden, Gebäudeteilen oder Wohnungen ist dann keine (wiederholende) Eintragung erforderlich.

2. Zeilen 15 bis 22: Fall 2: Vergünstigung von Teilen des Grundbesitzes

Vergünstigung von Teilen des Grundbesitzes

Für Teile des steuerpflichtigen Grundbesitzes liegen die Voraussetzungen für eine Ermäßigung der Steuermesszahl vor.

	Gebäude Nr.	Lage der Räume / Bezeichnung	vergünstigte Fläche in m²	Nummer der Vergünstigung (s. Ausfüllanleitung):	enthalten in Vordruck GW-2, Zeile:
15					
16					
17					
18					
19					
20					
21					
22					

Liegen die Voraussetzungen für eine Ermäßigung der Steuermesszahl nicht für den gesamten Grundbesitz, sondern nur für einen bestimmten Teil des Grundbesitzes vor, sind die **Ermäßigungen nach § 15 Abs. 2, 3 und 5 GrStG** entsprechend **anteilig zu gewähren** (§ 15 Abs. 2 Satz 2 GrStG, § 15 Abs. 5 Satz 2 GrStG).[1] In diesem Fall können die vergünstigten Gebäude(-teile) mit ihrer jeweiligen Art der Vergünstigung in den **Zeilen 15 bis 22** eingetragen werden. Um kenntlich zu machen, welches Gebäude oder welcher Gebäudeteil die Voraussetzungen für eine Ermäßigung der Steuermesszahl erfüllt, ist die in der Anlage Grundstück (GW-2) anzugebende Gebäudenummer einzutragen und anzugeben, in welcher Zeile der Anlage Grundstück (GW-2) der vergünstigte Teil des Grundbesitzes enthalten ist. 150

Im Portal „Mein ELSTER“ sind diese auf die Anlage Grundstück (GW-2) verweisenden Eintragungen nicht erforderlich. Hier können die Angaben zur Ermäßigung der Steuermesszahl direkt bei dem Gebäude getätigt werden.

Eine **Ermäßigung** der Steuermesszahl für Teile eines Betriebs der **Land- und Forstwirtschaft** ist **gesetzlich nicht vorgesehen**, sodass sich hierfür in der Anlage Grundsteuerbefreiung/-vergünstigung (GW-4) keine Eintragungsmöglichkeit findet.

1 A 15.6 AEGrStG.

J. Grundsteuer-Änderungsanzeige (GW-5)

I. Zeilen 1 und 2

Grundsteuer-Änderungsanzeige
— Eingangsstempel —
1 auf den 1. Januar 2 0 J J
Aktenzeichen/Steuernummer (ohne Sonderzeichen)
2
Finanzamt
3

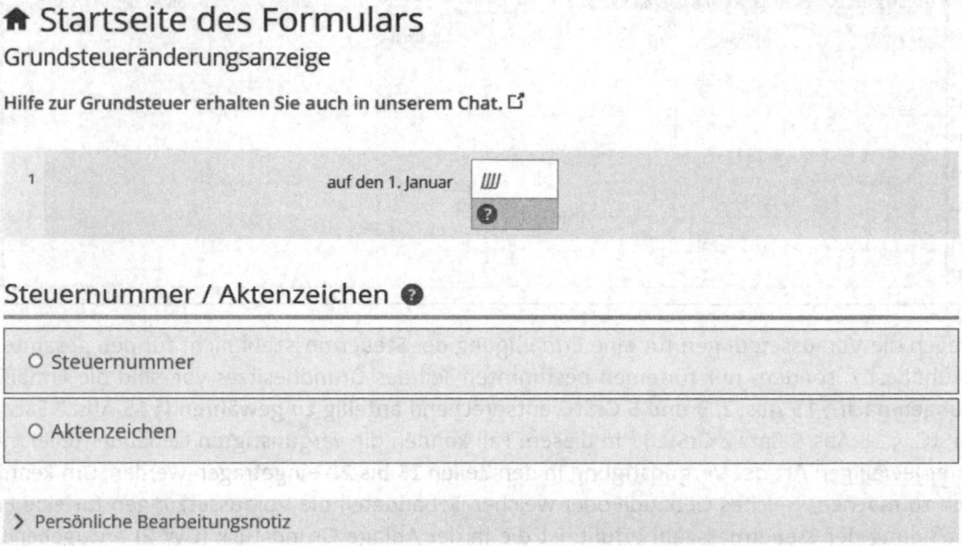
Startseite des Formulars
Grundsteueränderungsanzeige
Hilfe zur Grundsteuer erhalten Sie auch in unserem Chat.
1 auf den 1. Januar JJJJ
Steuernummer / Aktenzeichen
○ Steuernummer
○ Aktenzeichen
› Persönliche Bearbeitungsnotiz

151 In **Zeilen 1 und 2** sind das **Aktenzeichen** oder in den Stadtstaaten und in Schleswig-Holstein die **Steuernummer** des Grundstücks, das zuständige **Finanzamt** und das Jahr des Feststellungszeitpunkts einzutragen. Die Angaben entsprechen den erforderlichen Eintragungen in Zeilen 1 bis 3 des Hauptvordrucks (GW-1). Insoweit wird auf die dortigen Ausführungen verwiesen (→ Rz. 23).

II. Zeilen 4 bis 11: Anzeigepflichtige/r

Anzeigepflichtige/r

4 Anredeschlüssel (siehe Ausfüllanleitung) | Titel/akademischer Grad | Geburtstag T T M M J J J J

5 Vorname/Firma Zeile 1

6 Name/Firma Zeile 2

7 Straße

8 Hausnummer | Hausnummerzusatz | Telefonnummer

9 Postleitzahl | Postfach | Ort und gegebenenfalls Ortsteil

10 Postleitzahl (bei Auslandsanschrift) | Land (bei Auslandsanschrift)

11 Die oben genannte Person/Gesellschaft/Gemeinschaft ist

1 = (Mit)Eigentümer/in des Grundbesitzes
2 = Erbbauberechtigte/r
3 = Eigentümer/in des mit einem fremdem Gebäude bebauten Grund und Bodens

1 - Anzeigepflichtige/r ?

Zeile	Feld	Eingabe
5	Anrede	Keine Angabe ▾
5	Titel/akademischer Grad	
6	Vorname/Firma Zeile 1	
7	Name/Firma Zeile 2	
7	Geburtsdatum	TT.MM.JJJJ
8	Straße, Hausnummer	
9	Hausnummerzusatz	
10	Postleitzahl, Ort und gegebenenfalls Ortsteil	
10	Postfach	
11	Postleitzahl (bei Auslandsanschrift)	
11	Land (bei Auslandsanschrift)	Keine Angabe ▾

Identifikationsnummer

Zeile	Feld	Eingabe
7	Steuer-Identifikationsnummer	
7	Wirtschafts-Identifikationsnummer (ohne Unterscheidungsmerkmal)	
11	Telefonnummer	
12	Die oben genannte Person /Gesellschaft / Gemeinschaft ist	Keine Angabe ▾

‹ Zur Startseite   Nächste Seite ›

152 In den **Zeilen 4 bis 10** sind die Personendaten der anzeigepflichtigen Person einzutragen (insbesondere Name, Anschrift, Geburtsdatum, ggf. eine Telefonnummer).

Anzeigepflichtige Personen[1] sind 153

- Eigentümerinnen oder Eigentümer eines Grundstücks.
- Eigentümerinnen oder Eigentümer (ggf. Erbbauverpflichtete/r) eines Betriebs der Land- und Forstwirtschaft.
- Bei Grundstücken des Grundvermögens, die mit einem Erbbaurecht belastet sind: Erbbauberechtigte unter Mitwirkung der Eigentümerin oder des Eigentümers des Grundstücks (Erbbauverpflichtete).
- Bei Grundstücken mit Gebäuden auf fremdem Grund und Boden: Eigentümerinnen oder Eigentümer des Grund und Bodens unter Mitwirkung der Eigentümerin oder des Eigentümers des Gebäudes.

In welcher Eigenschaft die anzeigepflichtige Person die Grundsteuer-Änderungsanzeige abgibt, ist in **Zeile 11** anzugeben.

Gehört der Grundbesitz mehreren Personen (z. B. Ehegatten), ist es ausreichend, wenn eine Person die Änderungsanzeige abgibt. Die anderen Personen sind dann von ihrer Anzeigepflicht befreit.[2] 154

III. Zeilen 12 bis 14: Lage des Grundstücks/Betriebs der Land- und Forstwirtschaft

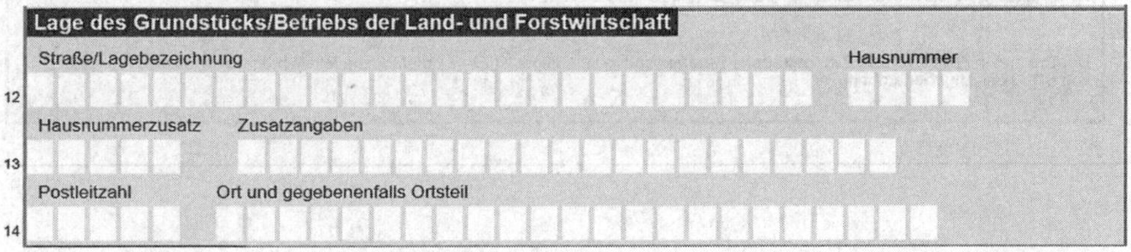
Lage des Grundstücks/Betriebs der Land- und Forstwirtschaft
Straße/Lagebezeichnung
Hausnummer
12
Hausnummerzusatz
Zusatzangaben
13
Postleitzahl
Ort und gegebenenfalls Ortsteil
14

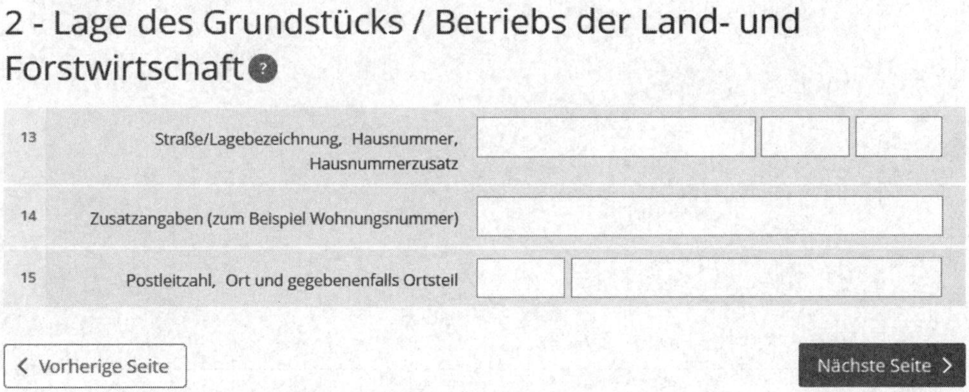
2 - Lage des Grundstücks / Betriebs der Land- und Forstwirtschaft
13 Straße/Lagebezeichnung, Hausnummer, Hausnummerzusatz
14 Zusatzangaben (zum Beispiel Wohnungsnummer)
15 Postleitzahl, Ort und gegebenenfalls Ortsteil
< Vorherige Seite
Nächste Seite >

1 Siehe hierzu vertiefend die Kommentierungen von Kurt in Grootens, BewG § 228 Rz. 151 ff. und Bock in Grootens, GrStG § 19 Rz. 19 ff.

2 Ausfüllanleitung zur Grundsteuer-Änderungsanzeige, Anlage 2 zu BStBl I 2023 S. 1536.

155 In den **Zeilen 12 bis 14** sind Eintragungen zur **Lage** des Grundstücks bzw. des Betriebs der Land- und Forstwirtschaft vorzunehmen. Die vorzunehmenden Eintragungen entsprechen den Eintragungen in den Zeilen 5 bis 8 des Hauptvordrucks (GW-1). Insoweit wird auf die dortige Kommentierung verwiesen (→ Rz. 27).

IV. Zeilen 15 bis 23: Empfangsvollmacht

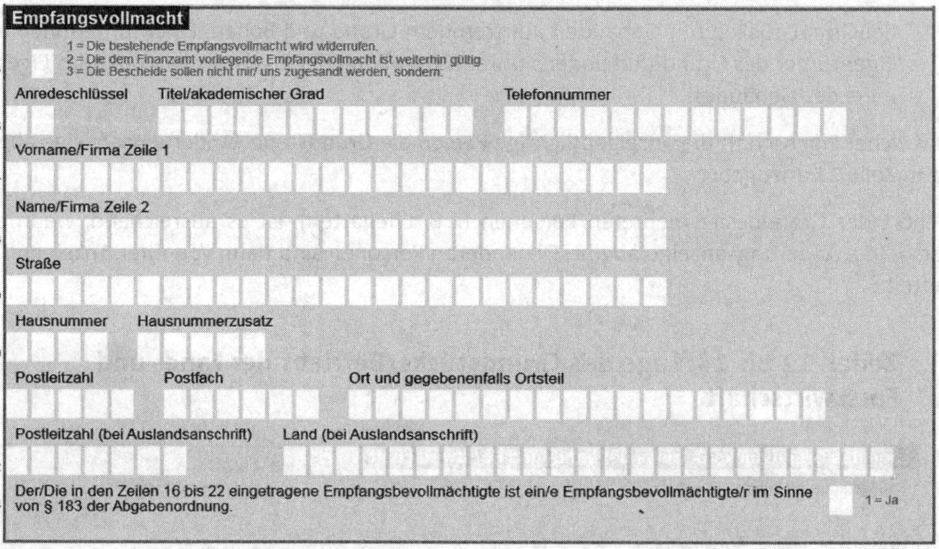
Empfangsvollmacht

15 1 = Die bestehende Empfangsvollmacht wird widerrufen.
2 = Die dem Finanzamt vorliegende Empfangsvollmacht ist weiterhin gültig.
3 = Die Bescheide sollen nicht mir/ uns zugesandt werden, sondern:

16 Anredeschlüssel | Titel/akademischer Grad | Telefonnummer

17 Vorname/Firma Zeile 1

18 Name/Firma Zeile 2

19 Straße

20 Hausnummer | Hausnummerzusatz

21 Postleitzahl | Postfach | Ort und gegebenenfalls Ortsteil

22 Postleitzahl (bei Auslandsanschrift) | Land (bei Auslandsanschrift)

23 Der/Die in den Zeilen 16 bis 22 eingetragene Empfangsbevollmächtigte ist ein/e Empfangsbevollmächtigte/r im Sinne von § 183 der Abgabenordnung. 1 = Ja

3 - Empfangsvollmacht

16	**Für die Empfangsvollmacht bzw. die Bescheide gilt:**
	◉ Keine Angabe
	○ Die bestehende Empfangsvollmacht wird widerrufen.
	○ Die dem Finanzamt vorliegende Empfangsvollmacht ist weiterhin gültig.
	○ Die Bescheide sollen nicht mir / uns zugesandt werden, sondern:
17	Anrede: Keine Angabe
17	Titel/akademischer Grad
18	Vorname/Firma Zeile 1
19	Name/Firma Zeile 2
20	Straße, Hausnummer
20	Hausnummerzusatz
21	Postleitzahl, Ort und gegebenenfalls Ortsteil
21	Postfach
22	Postleitzahl (bei Auslandsanschrift)
22	Land (bei Auslandsanschrift): Keine Angabe
22	Telefonnummer

Gemeinsamer Empfangsbevollmächtigter

23	☐ Der/Die in den Zeilen 17 bis 22 eingetragene Empfangsbevollmächtigte ist ein/e Empfangsbevollmächtigte/r im Sinne von § 183a der Abgabenordnung.

‹ Vorherige Seite | Nächste Seite ›

In den **Zeilen 15 bis 23** können Angaben zu einer etwaigen **empfangsbevollmächtigten Person** 156
gemacht werden. Die vorzunehmenden Eintragungen entsprechen den Eintragungen in den Zeilen 22 bis 29 des Hauptvordrucks (GW-1). Insoweit wird auf die dortige Kommentierung verwiesen (→ Rz. 36).

V. Zeilen 24 bis 48: Art der Änderung

157 Der Abschnitt „Art der Änderung“ greift die in § 228 Abs. 2 BewG, § 19 GrStG gesetzlich geregelten Anzeigepflichten auf und listet verschiedene Fallkonstellationen auf, die die Anzeigepflicht auslösen können.

1. Zeilen 24 bis 26: Erstmalige Feststellung eines Grundsteuerwerts

Erstmalige Feststellung eines Grundsteuerwerts

24	X	Das Grundstück wurde geteilt/parzelliert.
25	X	Die Steuerbefreiung ist weggefallen, für den Grundbesitz wird erstmalig Grundsteuer erhoben.
26	X	Es wurde Wohnungs- oder Teileigentum gebildet.

4 - Art der Änderung ?

Wählen Sie bitte alle eingetretenen Änderungen aus und beschreiben Sie diese auf der Teilseite 5 "Beschreibung der Änderung / Mitteilung an das Finanzamt" näher.

Erstmalige Feststellung eines Grundsteuerwerts ?

24	☐	Das Grundstück wurde geteilt/parzelliert.
25	☐	Die Steuerbefreiung ist weggefallen, für den Grundbesitz wird erstmalig Grundsteuer erhoben.
26	☐	Es wurde Wohnungs- oder Teileigentum gebildet.

158 Die Pflicht zur Anzeige einer Änderung der tatsächlichen Verhältnisse, die zu einer erstmaligen Feststellung des Grundsteuerwerts führen kann, ergibt sich aus § 228 Abs. 2 Satz 1 BewG.[1] Sie besteht, wie sich aus den **Zeilen 24 bis 26** ergibt, etwa, wenn das Grundstück geteilt oder parzelliert wurde, eine Steuerbefreiung weggefallen ist und für den Grundbesitz erstmalig Grundsteuer erhoben wird oder wenn Wohnungs- oder Teileigentum gebildet wurde.

159 *Einstweilen frei*

2. Zeilen 27 bis 29: Änderung der Vermögensart

Änderung der Vermögensart

27	X	Bei dem Grundbesitz handelt es sich nicht mehr um land- und forstwirtschaftliches Vermögen, sondern um Bauerwartungsland oder Rohbauland.
28	X	Der Grundbesitz gehört nunmehr zum land- und forstwirtschaftlichen Vermögen.
29	X	Der Grundbesitz gehört nunmehr zum Grundvermögen.

1 Siehe hierzu vertiefend Kurt in Grootens, BewG § 228 Rz. 111 ff.

Änderung der Vermögensart

- 27 ☐ Bei dem Grundbesitz handelt es sich nicht mehr um land- und forstwirtschaftliches Vermögen, sondern um Bauerwartungsland oder Rohbauland.
- 28 ☐ Der Grundbesitz gehört nunmehr zum land- und forstwirtschaftlichen Vermögen.
- 29 ☐ Der Grundbesitz gehört nunmehr zum Grundvermögen.

Die Pflicht zur Anzeige einer Änderung der tatsächlichen Verhältnisse, die sich auf die Vermögensart auswirken kann, ergibt sich aus § 228 Abs. 2 Satz 1 BewG.[1] Sie besteht, wie sich aus den **Zeilen 27 bis 29** ergibt, etwa, wenn es sich bei dem Grundbesitz nicht mehr um land- und forstwirtschaftliches Vermögen, sondern um Bauerwartungsland oder Rohbauland handelt oder wenn der Grundbesitz nunmehr zum land- und forstwirtschaftlichen Vermögen oder zum Grundvermögen gehört. 160

Einstweilen frei 161

3. Zeilen 30 bis 39: Änderungen bei Grundstücken des Grundvermögens

Änderungen bei Grundstücken des Grundvermögens

- 30 X Die Grundstücksgröße hat sich geändert.
- 31 X Der Entwicklungszustand (baureifes Land, Bauerwartungsland oder Rohbauland) hat sich geändert (zum Beispiel aufgrund eines Bebauungsplans).
- 32 X Es wurden Bau- oder ähnliche Maßnahmen durchgeführt, zum Beispiel Neu-, An-, Um- oder Ausbauten sowie Kernsanierungen oder Abrisse.
- 33 X Das Grundstück wird anders genutzt.
- 34 X Ein Gebäude wurde zerstört oder ist dem Verfall preisgegeben.
- 35 X **Nur bei Wohngrundstücken:** Die Anzahl der Garagen-/Tiefgaragenstellplätze hat sich geändert.
- 36 X **Nur bei Wohngrundstücken:** Die Wohn- oder Nutzfläche hat sich geändert.
- 37 X **Nur bei Nichtwohngrundstücken:** Die Bruttogrundfläche hat sich geändert.
- 38 X Für ein Gebäude besteht erstmals eine Abbruchverpflichtung.
- 39 X Ein Gebäude wird erstmals ganz oder teilweise oder nicht mehr für den Zivilschutz verwendet.

1 Siehe hierzu vertiefend Kurt in Grootens, BewG § 228 Rz. 111 ff.

	Änderungen bei Grundstücken des Grundvermögens	
30	☐ Die Grundstücksgröße hat sich geändert.	?
31	☐ Der Entwicklungszustand (baureifes Land, Bauerwartungsland oder Rohbauland) hat sich geändert (zum Beispiel aufgrund eines Bebauungsplans).	?
32	☐ Es wurden Bau- oder ähnliche Maßnahmen durchgeführt, zum Beispiel Neu-, An-, Um- oder Ausbauten sowie Kernsanierungen oder Abrisse.	?
33	☐ Das Grundstück wird anders genutzt.	?
34	☐ Ein Gebäude wurde zerstört oder ist dem Verfall preisgegeben.	?
35	☐ Nur bei Wohngrundstücken: Die Anzahl der Garagen-/Tiefgaragenstellplätze hat sich geändert.	?
36	☐ Nur bei Wohngrundstücken: Die Wohn- oder Nutzfläche hat sich geändert.	?
37	☐ Nur bei Nichtwohngrundstücken: Die Bruttogrundfläche hat sich geändert.	?
38	☐ Für ein Gebäude besteht erstmals eine Abbruchverpflichtung.	?
39	☐ Ein Gebäude wird erstmals ganz oder teilweise oder nicht mehr für den Zivilschutz verwendet.	?

162 Die Pflicht zur Anzeige einer Änderung der tatsächlichen Verhältnisse, die sich auf die Höhe des Grundsteuerwerts auswirken kann, ergibt sich aus § 228 Abs. 2 Satz 1 BewG.[1] Sie besteht, wie sich aus den **Zeilen 30 bis 39** ergibt, etwa, wenn sich die Grundstücksgröße oder der Entwicklungszustand geändert hat, Neu-, An-, Um- oder Ausbauten durchgeführt wurden, das Grundstück anders genutzt wird, ein Gebäude zerstört wurde oder dem Verfall preisgegeben ist, sich die Anzahl der Garagen-/Tiefgaragenstellplätze geändert hat, sich die Wohn- oder Nutzfläche bzw. die Bruttogrundfläche geändert hat, für ein Gebäude erstmals eine Abbruchverpflichtung besteht oder ein Gebäude erstmals ganz oder teilweise oder nicht mehr für den Zivilschutz verwendet wird.

163 Nicht anzeigepflichtig sind folgende Änderungen:[2]

- ► Ermittlung von Bodenrichtwerten durch die Gutachterausschüsse auf einen Stichtag nach dem Hauptfeststellungszeitpunkt 1.1.2022 (Ausnahme ggf. Änderung des Entwicklungszustandes).
- ► Alterung des Gebäudes.
- ► Einfache Modernisierungsmaßnahmen, die nicht zu einer Kernsanierung führen.
- ► Errichtung von freistehenden Carports bei Ein- und Zweifamilienhäusern, Wohnungseigentum oder Mietwohngrundstücken.

164 *Einstweilen frei*

1 Siehe hierzu vertiefend Kurt in Grootens, BewG § 228 Rz. 111 ff.
2 Vgl. Ausfüllanleitung zur Grundsteuer-Änderungsanzeige (GW-5), Anlage 2 zu BStBl I 2023 S. 1536.

4. Zeilen 40 und 41: Änderungen beim land- und forstwirtschaftlichen Vermögen

Änderungen beim land- und forstwirtschaftlichen Vermögen

40 X Die tatsächlichen Verhältnisse, die den Wert beeinflussen, haben sich geändert. Dazu zählen

- Flächenveränderungen
- Änderungen bei den Nutzungen
- Änderungen bei den Nutzungsteilen
- Änderungen bei Nutzungsarten
- Änderungen der Bruttogrundfläche
- Änderungen der Ertragsmesszahl

41 X Der Tierbestand und/oder die Flächengrundlage (Eigentumsfläche, selbstbewirtschaftete Fläche) haben sich geändert.

Änderungen beim land- und forstwirtschaftlichen Vermögen

40 ☐ Die tatsächlichen Verhältnisse, die den Wert beeinflussen, haben sich geändert. Dazu zählen Flächenveränderungen, Änderungen bei den Nutzungen, Nutzungsteilen oder Nutzungsarten sowie Änderungen der Bruttogrundfläche oder der Ertragsmesszahl.

41 ☐ Der Tierbestand und/oder die Flächengrundlage (Eigentumsfläche, selbstbewirtschaftete Fläche) haben sich geändert.

Die Pflicht zur Anzeige einer Änderung der tatsächlichen Verhältnisse, die sich auf die Höhe des Grundsteuerwerts auswirken kann, ergibt sich auch für das land- und forstwirtschaftliche Vermögen aus § 228 Abs. 2 Satz 1 BewG.[1] Sie besteht, wie sich aus den **Zeilen 40 und 41** ergibt, etwa, wenn sich die tatsächlichen Verhältnisse, die den Wert beeinflussen oder der Tierbestand und/oder die Flächengrundlage geändert haben. 165

Einstweilen frei 166

5. Zeile 42: Änderungen bei Gebäude auf fremdem Grund und Boden

Änderungen bei Gebäude auf fremdem Grund und Boden

42 X Das (wirtschaftliche) Eigentum bei dem auf dem Grundstück errichteten Gebäude auf fremdem Grund und Boden ist übergegangen. Bitte geben Sie in den Zeilen 49 ff. den neuen (wirtschaftlichen) Eigentümer oder die neue (wirtschaftliche) Eigentümerin an.

Änderungen bei Gebäude auf fremdem Grund und Boden

42 ☐ Das (wirtschaftliche) Eigentum bei dem auf dem Grundstück errichteten Gebäude auf fremdem Grund und Boden ist übergegangen. Bitte geben Sie in der Zeile 49 den neuen (wirtschaftlichen) Eigentümer oder die neue (wirtschaftliche) Eigentümerin an.

Die Pflicht zur Anzeige des Übergangs des (wirtschaftlichen) Eigentums an einem Gebäude auf fremdem Grund und Boden ergibt sich aus § 228 Abs. 2 Satz 2 BewG. Insoweit wird auf die dortige Kommentierung verwiesen.[2] 167

Einstweilen frei 168

---

1 Siehe hierzu vertiefend Kurt in Grootens, BewG § 228 Rz. 111 ff.

2 Siehe hierzu vertiefend Kurt in Grootens, BewG § 228 Rz. 111 ff.

6. Zeilen 43 bis 45: Änderungen bei Steuerbefreiungen

Änderungen bei Steuerbefreiungen

43 X Der Grundbesitz ist ganz oder teilweise von der Grundsteuer befreit.

44 X Der Grundbesitz ist nicht mehr ganz oder teilweise von der Grundsteuer befreit.

45 X Der Grundbesitz ist ganz oder teilweise steuerbefreit und die Eigentumsverhältnisse haben sich geändert.

Änderungen bei Steuerbefreiungen

43 ☐ Der Grundbesitz ist ganz oder teilweise von der Grundsteuer befreit.

44 ☐ Der Grundbesitz ist nicht mehr ganz oder teilweise von der Grundsteuer befreit.

45 ☐ Der Grundbesitz ist ganz oder teilweise steuerbefreit und die Eigentumsverhältnisse haben sich geändert.

---

169 **Zeile 43** bietet zunächst die Möglichkeit, dem Finanzamt mitzuteilen, dass für bisher nicht steuerbefreiten Grundbesitz nunmehr (ganz oder teilweise) die Voraussetzungen für die Gewährung einer Steuerbefreiung (§§ 3, 4 GrStG[1]) vorliegen. Ist der Grundbesitz bereits (ganz oder teilweise) von der Steuer befreit und ergeben sich Änderungen in der Nutzung oder in den Eigentumsverhältnissen, die zum Wegfall der Steuerbefreiung führen können, ist dies dem Finanzamt gem. § 19 Abs. 1 GrStG anzuzeigen.[2] Diese Anzeigepflicht kann durch Ankreuzen der **Zeile 44 oder 45** erfüllt werden.

170 *Einstweilen frei*

7. Zeilen 46 und 47: Änderungen bei Ermäßigungen der Steuermesszahl

Änderungen bei Ermäßigungen der Steuermesszahl

46 X Ich möchte einen Antrag auf Ermäßigung der Steuermesszahl stellen.

47 X Die Voraussetzungen für eine Ermäßigung der Steuermesszahl sind (gegebenenfalls teilweise) weggefallen.

Änderungen bei Ermäßigungen der Steuermesszahl

46 ☐ Ich möchte einen Antrag auf Ermäßigung der Steuermesszahl stellen.

47 ☐ Die Voraussetzungen für eine Ermäßigung der Steuermesszahl sind (gegebenenfalls teilweise) weggefallen.

---

171 Eine Ermäßigung der Steuermesszahl (etwa für Denkmalschutz oder geförderten Wohnraum) wird gem. § 15 Abs. 6 Satz 1 GrStG[3] nur auf Antrag gewährt. Ein entsprechender Antrag kann durch Ankreuzen der **Zeile 46** gestellt werden. Fallen die Voraussetzungen für eine bereits ge-

---

1 Siehe hierzu vertiefend die Kommentierungen von Steffen in Grootens, GrStG §§ 3, 4.

2 Siehe hierzu vertiefend Bock in Grootens, GrStG § 19 Rz. 19 ff.

3 Siehe hierzu vertiefend Bock in Grootens, GrStG § 15 Rz. 136.

währte Ermäßigung der Steuermesszahl weg, ist dies dem Finanzamt gem. § 19 Abs. 2 GrStG anzuzeigen.[1] Diese Anzeigepflicht kann durch Ankreuzen der **Zeile 47** erfüllt werden.

Einstweilen frei 172

8. Zeile 48: Sonstige Änderungen

Sonstige Änderungen

48 X Es liegen sonstige Änderungen vor, die über die bisher aufgeführten Änderungsarten hinausgehen.

Sonstige Änderungen

48 ☐ Es liegen sonstige Änderungen vor, die über die bisher aufgeführten Änderungsarten hinausgehen.

Das Ankreuzfeld in **Zeile 48** dient als „Auffangtatbestand" für sämtliche Änderungen, die nicht unter die zuvor beschriebenen Änderungen fallen, sich aber gleichwohl auf die Höhe der zu erhebenden Grundsteuer auswirken könnten. 173

VI. Zeilen 49 bis 57: Beschreibung der Änderungen/Mitteilung an das Finanzamt

Beschreibung der Änderungen/Mitteilung an das Finanzamt

Hinweis: Beschreiben Sie die Änderungen bitte möglichst detailliert, um Rückfragen des Finanzamts zu vermeiden. Geben Sie insbesondere an, wann die jeweilige Änderung eingetreten ist.

49

50

51

---

1 Siehe hierzu vertiefend Bock in Grootens, GrStG § 19 Rz. 27 ff.

5 - Beschreibung der Änderung / Mitteilung an das Finanzamt

Hinweis: Beschreiben Sie die Änderungen bitte möglichst detailliert, um Rückfragen des Finanzamts zu vermeiden. Geben Sie insbesondere an, wann die jeweilige Änderung eingetreten ist.

49 Genaue Beschreibung der Änderungen mit Angabe des Zeitpunkts

Ihnen stehen noch **15000** Zeichen zur Verfügung.

< Vorherige Seite | Nächste Seite >

174 Die Freitextfelder in den **Zeilen 49 bis 57** dienen dazu, die zuvor angekreuzte Art der Änderung näher zu beschreiben. Damit sollen etwaige Rückfragen des Finanzamts vermieden werden.

VII. Zeilen 58 bis 60: Datenschutzhinweis und Unterschrift

Unterschrift

	Datum, Unterschrift der Person, die für die Erstellung der Anzeige verantwortlich ist:	Bei der Anfertigung der Anzeige hat mitgewirkt:
58		
59		
60		

Datenschutzhinweis:

Die mit der Anzeige angeforderten Daten werden aufgrund der §§ 149, 150 und 181 Absatz 2 der Abgabenordnung sowie § 228 des Bewertungsgesetzes bzw. § 19 des Grundsteuergesetzes erhoben. Die Angaben der Telefonnummer ist freiwillig.

Informationen über die Verarbeitung personenbezogener Daten in der Steuerverwaltung und über Ihre Rechte nach der Datenschutz-Grundverordnung sowie über Ihre Ansprechpartner in Datenschutzfragen entnehmen Sie bitte dem allgemeinen Informationsschreiben der Finanzverwaltung. Dieses Informationsschreiben finden Sie unter www.finanzamt.de (unter der Rubrik „Datenschutz") oder erhalten Sie bei Ihrem Finanzamt.

Bei Bruchteilsgemeinschaften und Empfangsbevollmächtigung im Sinne von § 183 der Abgabenordnung: Ich wurde von den Beteiligten bevollmächtigt, diese bei der Erstellung und Unterzeichnung der Anzeige zu vertreten. Der/Die in den Zeilen 16 bis 22 benannte Bevollmächtigte wurde von sämtlichen Feststellungsbeteiligten bestellt. Ich habe alle Feststellungsbeteiligten davon in Kenntnis gesetzt, dass – soweit kein/e vertretungsberechtigte/r Geschäftsführer/in vorhanden ist – der/dem in den Zeilen 16 bis 22 benannten Bevollmächtigten im Feststellungsverfahren grundsätzlich die ausschließliche Einspruchs- und Klagebefugnis zusteht.

Bei der Anfertigung dieser Grundsteueränderungsanzeige hat mitgewirkt:

Vorname	
Name	
Straße und Hausnummer	
Postleitzahl und Ort (und gegebenenfalls Ortsteil)	
Telefonnummer	
Bearbeiterkennzeichen	
Mandantennummer	
Zusätzliche Angaben	

☐ Die Grundsteueränderungsanzeige wurde unter Mitwirkung einer selbständig und eigenverantwortlich tätigen und zur Hilfeleistung in Steuersachen nach den §§ 3 und 4 des Steuerberatungsgesetzes befugten Person oder Vereinigung angefertigt.

(Feld wird nicht gedruckt) Ihr Zeichen/gegebenenfalls Zuordnungskriterium für Bescheiddatenübermittlung	

‹ Vorherige Seite   Nächste Seite ›

Der Abschnitt „Unterschrift" am Ende der Grundsteuer-Änderungsanzeige (GW-5) entspricht weitgehend dem entsprechenden Abschnitt im Hauptvordrucks GW-1 (**Zeilen 95 bis 97**). Insoweit wird auf die dortige Kommentierung verwiesen (→ Rz. 45). 175

Die Erklärungsvordrucke für das niedersächsische Grundsteuermodell

Inhaltsübersicht **Rz.**

LITERATUR:

Bräutigam/Kuttig, Grundsteuerreform 2022: Anmerkungen zu den Ausfüllformularen der Finanzverwaltung, NWB 31/2022 S. 2221 NWB PAAAJ-18541; *Schmid*, Erste Schritte und Erfahrungen bei der Erstellung der Grundsteuererklärung, BC 2022 S. 350; *Duscha*, Grundsteuerreform 2022: Grundsätzliches zur Erstellung der Feststellungserklärung, NWB 25/2022 S. 7 NWB EAAAJ-15743; *Dönmez*, Die Erstellung der Feststellungserklärung mit „GrundsteuerDigital", NWB 35/2022 S. 2489 NWB XAAAJ-21015; *Stöckel*, Hauptfeststellung der Grundsteuerwerte auf den 1.1.2022, NWB 13/2022 S. 931 NWB SAAAI-58256.

A. Allgemeines zur Steuererklärungspflicht und zu den Erklärungsvordrucken

1 Die Inanspruchnahme der Öffnungsklausel und insbesondere die Einführung landeseigener Regelungen zur Bewertung des Grundvermögens für Zwecke der Grundsteuer erforderte in Niedersachsen wie auch in allen anderen Ländern eine Erhebung der erforderlichen Daten mittels

einer **elektronischen Steuererklärung durch die Bürgerinnen und Bürger**. Niedersachsen hat zu diesem Zweck landeseigene Erklärungsvordrucke veröffentlicht, mit welchen die zur Feststellung der Grundsteuerwerte (für das land- und forstwirtschaftliche Vermögen) oder der Äquivalenzbeträge (für das Grundvermögen) und die zur Festsetzung der Steuermessbeträge erforderlichen Angaben bei den Grundstückseigentümerinnen und -eigentümern erhoben werden. Hierbei hat sich die niedersächsische Finanzverwaltung an den Erklärungsvordrucken für das Bundesmodell orientiert und diese hauptsächlich hinsichtlich der Angaben zu Grundstücken des Grundvermögens an die landesgesetzlichen Regelungen zur Grundsteuer angepasst. Im Portal „Mein ELSTER" wurden weitgehend korrespondierende elektronische Formulare bereitgestellt.

Das Landesamt für Steuern Niedersachsen hat die Vordrucke und Ausfüllanleitungen der Erklärungen zur Feststellung des Grundsteuerwerts bzw. des Äquivalenzbetrags (im Folgenden entsprechend der in Niedersachsen verwendeten Sprachregelung „Grundsteuererklärung" genannt) im März 2022 im Niedersächsischen Ministerialblatt veröffentlicht.[1] 2

Die Eigentümerinnen und Eigentümer von Grundbesitz in Niedersachsen wurden am 21.3.2022 mit einer **öffentlichen Bekanntmachung** des Landesamts für Steuern Niedersachsen zur Abgabe der Grundsteuererklärung für den Hauptfeststellungszeitpunkt 1.1.2022 aufgefordert.[2] Wie in den Ländern, die bei der Grundsteuer das Bundesmodell anwenden, begann die Annahme der elektronischen Erklärungen für die Grundsteuer am 1.7.2022. Die **Frist** zur Erklärungsabgabe sollte **ursprünglich** bundesweit einheitlich **am 31.10.2022 enden**. Im Oktober 2022 haben die Finanzministerinnen und Finanzminister eine **Verlängerung der Frist** zur Abgabe der Steuererklärungen für Zwecke der Grundsteuer bis **31.1.2023** beschlossen.[3] Das niedersächsische Landesamt für Steuern hat die verlängerte Frist mit öffentlicher Bekanntmachung vom 17.10.2022 bekannt gegeben.[4] 3

Aufgrund der Aufforderung zur Erklärungsabgabe mittels öffentlicher Bekanntmachung werden grundsätzlich **keine Einzelaufforderungen** mehr durch die Finanzämter versendet. Eigentümerinnen und Eigentümer von **steuerbefreitem Grundbesitz** sind **nicht verpflichtet**, eine Grundsteuererklärung abzugeben, soweit der Grundbesitz **unverändert vollständig** nach §§ 3 oder 4 GrStG **steuerbefreit** ist, wenn dieser Grundbesitz bisher **nicht** mit einem Aktenzeichen beim Finanzamt **steuerlich erfasst** ist.[5] Eine Einzelaufforderung zur Erklärungsabgabe durch das zuständige Finanzamt nach § 149 Abs. 1 Satz 2 AO, der über § 12 Abs. 2 Satz 1 NGrStG auch in Niedersachsen Anwendung findet, bleibt gleichwohl möglich.[6] 4

1 Anlage zum Nds. MBl. Nr. 11/2022 v. 21.3.2022.

2 Nds. MBl. Nr. 11/2022, S. 342.

3 https://www.mf.niedersachsen.de/startseite/aktuelles/presseinformationen/abgabefrist-fur-die-grundsteuererklarung-wird-bis-31-01-2023-verlangert-216215.html, aufgerufen am 23.10.2022.

4 Öffentliche Bekanntmachung des Landesamts für Steuern Niedersachsen – Aufforderung zur Abgabe der Erklärung zur Feststellung des Grundsteuerwerts (land- und forstwirtschaftliches Vermögen) und Feststellung der Äquivalenzbeträge (Grundvermögen) für den Hauptfeststellungszeitpunkt 1. Januar 2025, Fristverlängerung bis zum 31. Januar 2023, Bek. d. LStN v. 17.10.2022 – G 1002-6 – Nds.MBl. Nr. 43/2022 S. 1405.

5 Öffentliche Bekanntmachung des Landesamts für Steuern Niedersachsen – Aufforderung zur Abgabe der Erklärung zur Feststellung des Grundsteuerwerts (land- und forstwirtschaftliches Vermögen) und Feststellung der Äquivalenzbeträge (Grundvermögen) für den Hauptfeststellungszeitpunkt 1. Januar 2022, Bek. d. LStN v. 21.3.2022 – G 1002-6 – Nds.MBl. Nr. 11/2022 S. 342.

6 A 8 Abs. 8 AENGrStG.

5 Die Grundsteuererklärung umfasst

- in jedem Fall den **Vordruck Grundsteuererklärung (NIGrSt 1)**: Dieser Vordruck ist vergleichbar mit dem Hauptvordruck in den Ländern, die bei der Grundsteuer das Bundesmodell anwenden. Hier sind insbesondere allgemeine Angaben zur Lage des Grundstücks oder Betriebs der Land- und Forstwirtschaft sowie Eigentümerdaten einzutragen, eine Empfangsvollmacht kann erteilt werden usw.,
- entweder die **Anlage Grundstück (NIGrSt 2)**, wenn der Äquivalenzbetrag für ein bebautes oder unbebautes Grundstück des Grundvermögens festzustellen ist,
- oder die **Anlage Land- und Forstwirtschaft (NIGrSt 3)**, wenn der Grundsteuerwert für einen Betrieb der Land- und Forstwirtschaft festzustellen ist,
- ggf. die **Anlage Tierbestand (NIGrSt 3A)**, wenn bei der Feststellung des Grundsteuerwerts für einen Betrieb der Land- und Forstwirtschaft Angaben zu gehaltenen und erzeugten Tieren zu machen sind,
- ggf. die **Anlage Grundsteuerbefreiung/-ermäßigung (NIGrSt 4)**, wenn die Voraussetzungen für eine Grundsteuerbefreiung oder für eine Ermäßigung der Steuermesszahl vorliegen (z. B. Denkmalschutz oder geförderter Wohnraum).

6 Wenn der Platz zur Angabe aller Eigentümerinnen und Eigentümer in dem Vordruck Grundsteuererklärung (NIGrSt 1) nicht ausreicht, können weitere Eigentümerinnen und Eigentümer oder Beteiligte auf der **Anlage Miteigentümer/innen (NIGrSt 1A)** eingetragen werden. Im Portal „Mein ELSTER" gibt es diese ergänzende Anlage nicht; hier kann man weitere Eigentümerinnen und Eigentümer mit Hilfe entsprechender Schaltflächen direkt im Vordruck Grundsteuererklärung (NIGrSt 1) hinzufügen.

7 Auch auf die Anlage Grundsteuerbefreiung/-ermäßigung (NIGrSt 4) wurde im Portal „Mein ELSTER" verzichtet. Angaben zu Grundsteuerbefreiungen oder -vergünstigungen können in „Mein ELSTER" stattdessen direkt in der Anlage Grundstück (NIGrS 2) bzw. der Anlage Land- und Forstwirtschaft (NIGrSt 3) vorgenommen werden.

8 Angaben zu weiteren Gebäuden und Bauteilen des Grundvermögens sollen abweichend von den Vordrucken für das Bundesmodell nicht auf einem Einlageblatt zur Anlage Grundstück, sondern auf einer **weiteren Anlage Grundstück (NIGrSt 2)** vorgenommen werden.

8/1 Das Bundesministerium der Finanzen hat mit Schreiben vom 27.6.2023 den Erklärungsvordruck GW-5 (Grundsteuer-Änderungsanzeige) nebst Ausfüllanleitung veröffentlicht.[1] Ein entsprechender niedersächsischer Vordruck für eine Grundsteuer-Änderungsanzeige wurde bisher nicht veröffentlicht. Das Landesamt für Steuern Niedersachsen weist darauf hin, dass bis zur technischen Umsetzung im Portal „Mein ELSTER" Änderungen bis auf Weiteres formlos (z. B. schriftlich, per E-Mail oder auch telefonisch) beim Finanzamt angezeigt oder alternativ die Änderungen mit einer „sonstigen Nachricht" über das Portal „Mein ELSTER" mitgeteilt werden können.[2]

---

1 BMF, Schreiben v. 24.7.2023 - IV D 4 - S 3243/22/10002 :002, BStBl 2021 I S. 1536.

2 https://lstn.niedersachsen.de/steuer/grundsteuer/nachgefragt-frequently-asked-questions-faq-210516.html, aufgerufen am 27.10.2024; zur Kritik hieran vgl. Bock/Lapp in Grootens, § 8 NGrStG Rz. 78.

B. Elektronische Übermittlungspflicht und Bereitstellung der Formulare im Internet

Die Grundsteuererklärung ist gem. § 8 Abs. 6 NGrStG[1] **zwingend elektronisch** nach amtlich vorgeschriebenem Datensatz durch Datenfernübertragung an die Finanzverwaltung zu übermitteln. Gemäß § 8 Abs. 6 NGrStG i.V. mit § 228 Abs. 6 Satz 2 BewG[2] kann die Finanzbehörde auf Antrag zur Vermeidung unbilliger Härten auf eine Übermittlung durch Datenfernübertragung verzichten. Für die Entscheidung über den Antrag gilt § 150 Abs. 8 AO (§ 8 Abs. 6 NGrStG i.V. mit § 228 Abs. 6 Satz 3 BewG).[3] 9

Die **Papier-Erklärungsvordrucke** der Erklärung zur Feststellung des Grundsteuerwerts wurden zur Information **im Niedersächsischen Ministerialblatt veröffentlicht.**[4] Wie die Vordrucke für das Bundesmodell[5] dürften diese aus technischen Gründen **nicht für die Erklärungsabgabe** zu verwenden sein. 10

Trotz der bestehenden elektronischen Übermittlungspflicht hat das Landesamt für Steuern Niedersachsen **am PC ausfüllbare und ausdruckbare Papier-Vordrucke** der Grundsteuererklärung nebst Ausfüllanleitungen im Internet unter https://lstn.niedersachsen.de/startseite/steuer/steuervordrucke/grundsteuer/grundsteuer-211736.html veröffentlicht. 11

C. Geltung der Vordrucke und Verwendungsmöglichkeiten

In den Ländern, die bei der Grundsteuer umfassend Gebrauch von der Öffnungsklausel gemacht und **eigene Grundsteuer-Modelle** eingeführt haben (Baden-Württemberg, Bayern, Hamburg, Hessen, Niedersachsen) sind zur Feststellung der Besteuerungsgrundlagen für Zwecke der Grundsteuer teilweise andere Angaben erforderlich als im Bundesmodell, sodass in diesen Ländern **eigene Erklärungsvordrucke** eingesetzt werden. Die oben genannten Vordrucke NIGrSt 1, NIGrSt 1A, NIGrSt 2, NIGrSt 3, NIGrSt 3A und NIGrSt 4 gelten daher ausschließlich für im Land Niedersachsen belegenen Grundbesitz. 12

Die Erklärungsvordrucke können nicht nur für die auf den 1.1.2022 vorzunehmende Hauptfeststellung der Äquivalenzbeträge bzw. Grundsteuerwerte verwendet werden, sondern auch für die **Änderungsanzeigen nach § 8 Abs. 5 Satz 2 NGrStG und § 9 Abs. 4 NGrStG.**[6] Der Vordruck Grundsteuererklärung (NIGrSt 1) bietet hierfür die zusätzlichen Auswahlmöglichkeiten **„Nachfeststellung“,**[7] **„Fortschreibung(en)“**[8] **und „Aufhebung“**[9] an. Wurde die Grundsteuererklärung auf den 1.1.2022 etwa über das Portal der Finanzverwaltung („Mein ELSTER“) elektronisch übermittelt, bietet ELSTER die Möglichkeit der **Datenübernahme** aus der vorherigen Erklärungsabgabe an. Bei einer Änderung der tatsächlichen Verhältnisse, die z. B. zu einer Änderung des Äquivalenzbetrags führt (z. B. ein Anbau), können so alle Daten aus der vorherigen Erklärung übernommen werden und die Eintragungen müssen nur punktuell – soweit sich Ände- 13

1 Siehe hierzu vertiefend Bock/Lapp in Grootens, § 8 NGrStG Rz. 77.
2 Siehe hierzu vertiefend A 228 AEBewGrSt und Kurt in Grootens, § 228 BewG Rz. 61 ff.
3 Zur Anwendung der Härtefallregelung siehe vertiefend Kurt in Grootens, § 228 BewG Rz. 193 ff.
4 Anlage zu Nds. MBl. Nr. 11/2022 v. 21.3.2022.
5 Vgl. hierzu Lapp in Grootens, Grundsteuer: Die Erklärungsvordrucke für das Bundesmodell.
6 Für die Anzeigepflicht nach § 8 Abs. 5 Satz 2 NGrStG ergibt sich dies aus A 8 Abs. 13 Nr. 10 AENGrStG i.V. mit A 228 Abs. 5 Satz 5 AEBewGrSt, für die Anzeigepflicht nach § 9 Abs. 4 NGrStG wohl mittelbar aus A 9 Abs. 8 AENGrStG.
7 Siehe hierzu vertiefend Bock/Lapp in Grootens, NGrStG, § 8 Rz. 61 ff.
8 Siehe hierzu vertiefend Bock/Lapp in Grootens, NGrStG, § 8 Rz. 61 ff.
9 Siehe hierzu vertiefend Bock/Lapp in Grootens, NGrStG, § 8 Rz. 61 ff.

rungen ergeben haben (z. B. bei der Wohnfläche) oder soweit das Finanzamt bei der Veranlagung von den Angaben in der Erklärung abgewichen ist – angepasst werden.

14 Wird in Niedersachsen ein Erklärungsvordruck eines anderen Landes eingereicht, dürfte die Erklärungspflicht mit den entsprechenden steuerverfahrensrechtlichen Folgen als nicht erfüllt anzusehen sein, da nicht der amtlich vorgeschriebene Vordruck verwendet wurde. In den meisten Fällen dürften auch erforderliche Angaben zur Feststellung des Äquivalenzbetrags aufgrund des falschen Vordrucks fehlen.

D. Hilfestellungen der niedersächsischen Finanzverwaltung

15 Die Eigentümerinnen und Eigentümer von im Land Niedersachsen belegenen Grundbesitz wurden von der niedersächsischen Finanzverwaltung mittels eines **Informationsschreibens** über die Grundsteuerreform und die damit verbundene Erklärungsabgabe informiert.[1]

16 Das Landesamt für Steuern Niedersachsen hat darüber hinaus im Internet unter https://lstn.niedersachsen.de/steuer/grundsteuer/grundsteuerreform-in-niedersachsen-215354.html sowie im Portal „Mein ELSTER" unter Formulare und Leistungen > Alle Formulare > Grundsteuer > Grundsteuer für Niedersachen umfangreiche Hilfestellungen zum Ausfüllen der Grundsteuererklärung veröffentlicht. Unter anderem findet man dort

- eine **Schritt-für-Schritt-Anleitung** zur Registrierung und zum Ausfüllen der Erklärung bei „Mein ELSTER",
- eine beispielhafte **Video-Ausfüllanleitung** oder beispielhafte **Klickanleitungen** für bestimmte, häufig auftretende Sachverhalte (z. B. Eigentumswohnung mit Tiefgaragenstellplatz) und
- **Checklisten** der erforderlichen Angaben und an welchen Stellen man diese findet.

17 Die niedersächsische Finanzverwaltung hat zudem gem. § 5 Abs. 5 NGrStG[2] für Zwecke der Grundsteuer mit einem **Grundsteuer-Viewer** die für die Steuererklärung erforderlichen Geodaten im Internet kostenfrei über eine Karte zur Verfügung gestellt (https://grundsteuer-viewer.niedersachsen.de/). Es handelt sich um eine Ausfüllhilfe für die Grundsteuererklärung, aus welcher für das jeweilige Grundstück die **Bezeichnung der Flurstücke** und die **amtliche Fläche** der Flurstücke oder Flurstücksteilflächen ersichtlich sind. Der Grundsteuer-Viewer dient gleichzeitig als Erläuterungshilfe, um den Lage-Faktor im Feststellungsbescheid nachzuvollziehen. Hierfür wird der für den jeweiligen Stichtag maßgebliche **Bodenrichtwert**, der **Durchschnittsbodenwert** der Gemeinde und der **Lage-Faktor** dargestellt.

18 Für die der sog. Grundsteuer A unterliegenden Grundstücke im land- und forstwirtschaftlichen Vermögen kann der Grundsteuer-Viewer nicht verwendet werden.

E. Vordruck Grundsteuererklärung (NIGrSt 1)

19 Im Vordruck Grundsteuererklärung (NlGrSt 1) sind insbesondere **allgemeine Angaben** zur **Lage** des Grundstücks oder Betriebs der Land- und Forstwirtschaft sowie **Eigentümerdaten** einzutragen, eine **Empfangsvollmacht** kann erteilt werden usw.

---

1 Vgl. Muster-Informationsschreiben für Grundstückseigentümerinnen und Grundstückseigentümer, veröffentlicht unter https://lstn.niedersachsen.de/download/182813 und Muster-Informationsschreiben für Betriebe der Land- und Forstwirtschaft, veröffentlicht unter https://lstn.niedersachsen.de/download/182814.

2 Siehe hierzu vertiefend Bock/Lapp in Grootens, NGrStG, § 5 Rz. 86 ff.

I. Zeilen 1 bis 3

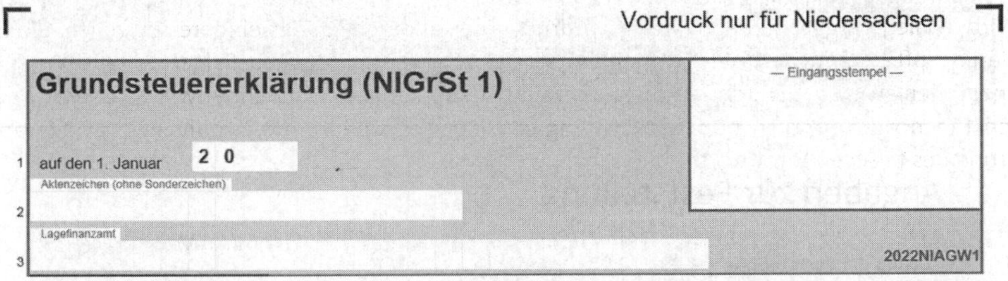
Vordruck nur für Niedersachsen

Grundsteuererklärung (NIGrSt 1)

— Eingangsstempel —

1 auf den 1. Januar 2 0

Aktenzeichen (ohne Sonderzeichen)

2

Lagefinanzamt

3

2022NIAGW1

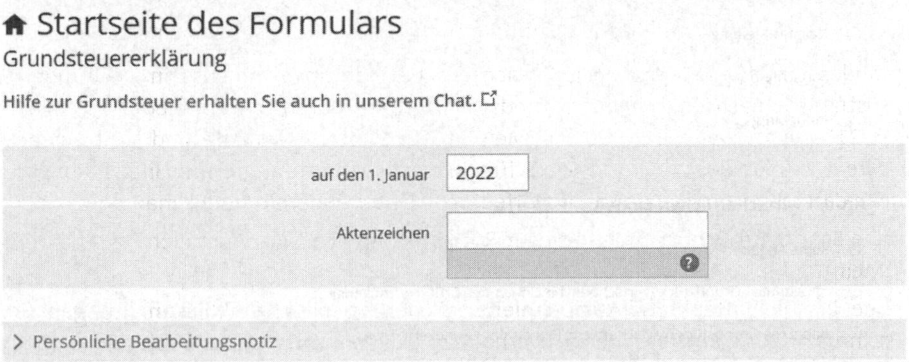
Startseite des Formulars

Grundsteuererklärung

Hilfe zur Grundsteuer erhalten Sie auch in unserem Chat.

auf den 1. Januar 2022

Aktenzeichen

Persönliche Bearbeitungsnotiz

Zeilen 1 bis 3 entsprechen im Wesentlichen den Zeilen 1 bis 3 des Hauptvordrucks der Erklä- 20
rung zur Feststellung des Grundsteuerwerts nach dem Bundesmodell (GW-1), weswegen ergänzend auf die dortige Kommentierung verwiesen wird.[1]

Abweichend zum Hauptvordruck GW-1 wird in der Kopfzeile des Erklärungsvordrucks aus- 21
drücklich darauf hingewiesen, dass dieser **nur für Niedersachsen** zu verwenden ist. Anstelle der etwas sperrigen Bezeichnung „Erklärung zur Feststellung des Äquivalenzbetrags bzw. des Grundsteuerwerts“ verwendet Niedersachsen den in der Öffentlichkeit mittlerweile gängigen Begriff **„Grundsteuererklärung“** für die Erklärung zur Feststellung der Besteuerungsgrundlagen für Zwecke der Grundsteuer. Da in Niedersachsen belegener Grundbesitz in der niedersächsischen Finanzverwaltung stets unter einem Aktenzeichen geführt wird, konnte die Bezeichnung „Steuernummer“ entfallen. Das Feld zur Eintragung des zuständigen Finanzamts wurde gegenüber dem Hauptvordruck der Erklärung zur Feststellung des Grundsteuerwerts nach dem Bundesmodell (GW-1) präziser bezeichnet und verdeutlicht, dass die Grundsteuererklärung beim **Lagefinanzamt** einzureichen ist.

Als Feststellungsstichtag ist bei der Grundsteuererklärung stets das Jahr 2022 einzutragen.[2] 22
Das Aktenzeichen und das zuständige Lagefinanzamt ergeben sich aus dem von der niedersächsischen Finanzverwaltung übersandten **Informationsschreiben.**

1 Lapp in Grootens, Die Erklärungsvordrucke für das Bundesmodell, Rz. 23 ff.

2 Zum Hauptfeststellungszeitpunkt siehe Bock/Lapp in Grootens, NGrStG, § 8 Rz. 46.

II. Zeile 4: Angaben zur Feststellung

Angaben zur Feststellung 13

4 Grund der Feststellung
13 1 = Hauptfeststellung
2 = Nachfeststellung
3 = Fortschreibung(en)
4 = Aufhebung

Art der wirtschaftlichen Einheit
10 1 = unbebautes Grundstück (wirtschaftliche Einheit des Grundvermögens)
2 = bebautes Grundstück (wirtschaftliche Einheit des Grundvermögens)
3 = Betrieb der Land- und Forstwirtschaft

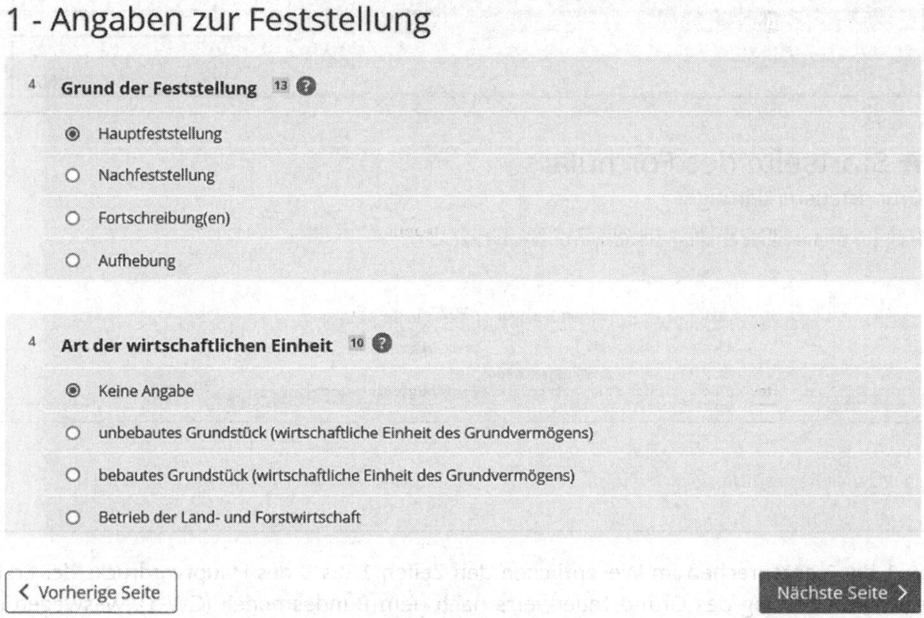

1 - Angaben zur Feststellung

4 **Grund der Feststellung** 13 ?

◉ Hauptfeststellung
○ Nachfeststellung
○ Fortschreibung(en)
○ Aufhebung

4 **Art der wirtschaftlichen Einheit** 10 ?

◉ Keine Angabe
○ unbebautes Grundstück (wirtschaftliche Einheit des Grundvermögens)
○ bebautes Grundstück (wirtschaftliche Einheit des Grundvermögens)
○ Betrieb der Land- und Forstwirtschaft

‹ Vorherige Seite — Nächste Seite ›

23 Zeile 4 entspricht im Wesentlichen der Zeile 4 des Hauptvordrucks der Erklärung zur Feststellung des Grundsteuerwerts nach dem Bundesmodell (GW-1), weswegen ergänzend auf die dortige Kommentierung verwiesen wird.[1]

24 Abweichend von dem Hauptvordruck für das Bundesmodell bietet der Vordruck die Auswahlmöglichkeiten „Artfortschreibung“, „Wertfortschreibung“ oder „Art- und Wertfortschreibung“ nicht an. Nach dem niedersächsischen Grundsteuermodell spielt die Grundstücksart für die Ermittlung der Äquivalenzbeträge keine Rolle, sodass folgerichtig keine Angaben zur Änderung der Grundstücksart erforderlich sind. Die nach dem Niedersächsischen Grundsteuergesetz denkbaren **Flächen- oder Betragsfortschreibungen** (§ 8 Abs. 3 NGrStG[2]) können mit dem Grund der Feststellung „Fortschreibung(en)“ (Ziffer 3) in Zeile 4 angezeigt werden.

25 Abweichend von dem Hauptvordruck der Erklärung zur Feststellung des Grundsteuerwerts für das Bundesmodell (GW-1) kann mit dem Vordruck Grundsteuererklärung (NIGrSt 1) auch eine **Aufhebung** des Äquivalenzbetrags oder des Grundsteuerwerts beantragt werden. In diesem Fall ist nur der Vordruck Grundsteuererklärung (NIGrSt 1) ggf. gemeinsam mit der Anlage Miteigentümer/innen (NIGrSt 1A) einzureichen. Angaben auf weiteren Vordrucken sind nicht er-

1 Lapp in Grootens, Die Erklärungsvordrucke für das Bundesmodell, Rz. 26
2 Siehe hierzu vertiefend Bock/Lapp in Grootens, NGrStG, § 8 Rz. 51 ff.

forderlich, zur Vermeidung von Rückfragen des Finanzamts bietet es sich jedoch an, den Grund der Aufhebung bei den „Ergänzenden Angaben zur Grundsteuererklärung" (siehe Zeile 59 des Vordrucks Grundsteuererklärung, → Rz. 36) zu erläutern.

III. Zeilen 5 bis 10: Lage des Grundstücks/Betriebs der Land- und Forstwirtschaft

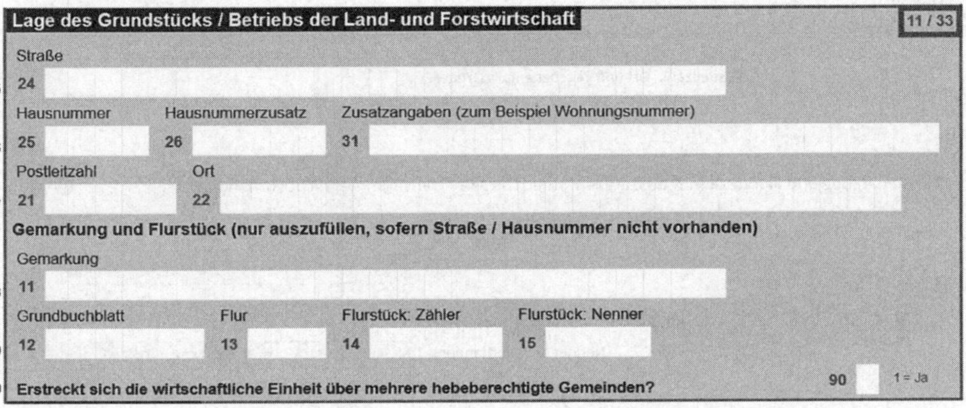

Lage des Grundstücks / Betriebs der Land- und Forstwirtschaft 11 / 33

5 Straße 24

6 Hausnummer 25 | Hausnummerzusatz 26 | Zusatzangaben (zum Beispiel Wohnungsnummer) 31

7 Postleitzahl 21 | Ort 22

Gemarkung und Flurstück (nur auszufüllen, sofern Straße / Hausnummer nicht vorhanden)

8 Gemarkung 11

9 Grundbuchblatt 12 | Flur 13 | Flurstück: Zähler 14 | Flurstück: Nenner 15

10 **Erstreckt sich die wirtschaftliche Einheit über mehrere hebeberechtigte Gemeinden?** 90 1 = Ja

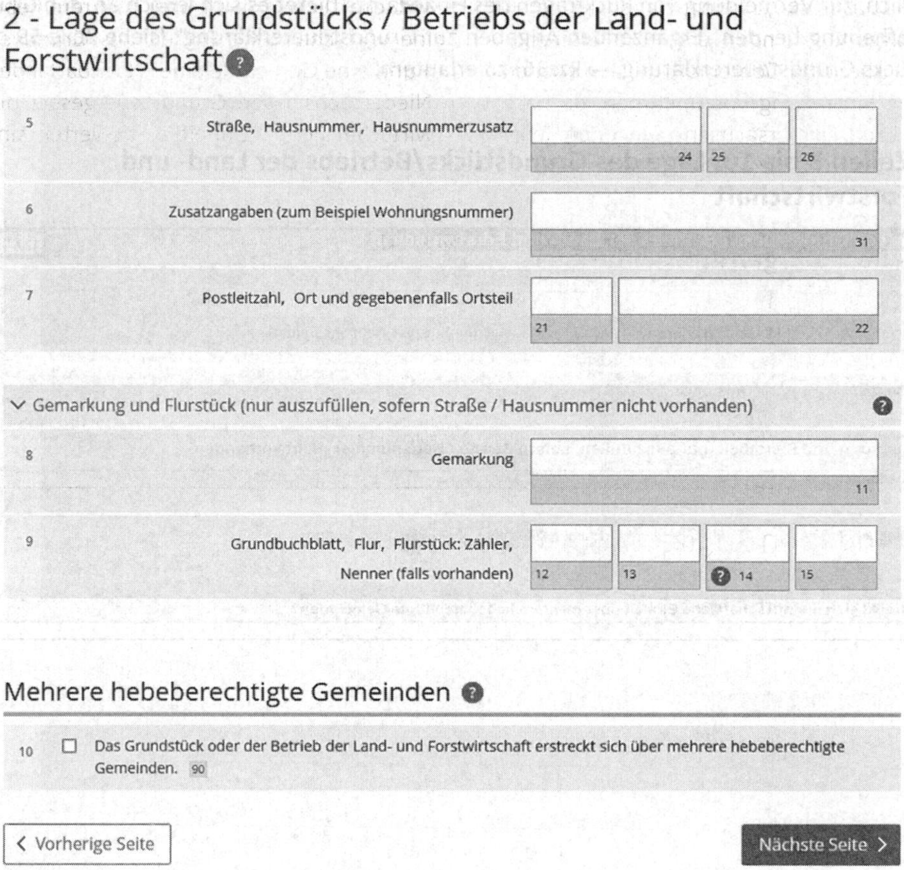

26 Dieser Abschnitt entspricht inhaltlich im Wesentlichen den Abschnitten „Lage des Grundstücks/Betriebs der Land- und Forstwirtschaft“ (Zeilen 5 bis 8) und „Gemarkung(en) und Flurstücke des Grundvermögens (Zeilen 9 bis 21) des Hauptvordrucks der Erklärung zur Feststellung des Grundsteuerwerts nach dem Bundesmodell (GW-1). Insoweit wird ergänzend auf die dortigen Kommentierungen verwiesen.[1]

27 Die in diesem Abschnitt vorzunehmenden Eintragungen ergeben sich zum Beispiel aus dem **Liegenschaftskataster**, dem **Grundbuch** oder dem **Notarvertrag** oder können über den **Grundsteuer-Viewer** der niedersächsischen Finanzverwaltung (https://grundsteuer-viewer.niedersachsen.de/) kostenfrei abgerufen werden. Die Nummer des Grundbuchblatts ist z. B. auch aus der **Urkunde über die Finanzierungsgrundschuld**, aus grundbuchamtlichen **Eintragungsbekanntmachungen** oder grundbuchamtlichen **Kostenrechnungen** ersichtlich. Die Angabe des Grundbuchblatts ist nicht verpflichtend; die niedersächsische Finanzverwaltung weist darauf hin, dass das Feld auch frei gelassen werden kann, sofern Erklärungspflichtige die Nummer des Grundbuchblatts nicht finden.[2]

1 Lapp in Grootens, Die Erklärungsvordrucke für das Bundesmodell, Rz. 27 ff.
2 Ausfüllanleitung zum Vordruck Grundsteuererklärung (NIGrSt 1), Anlage zum Nds. MBl. Nr. 11/2022 v. 21.3.2022.

In Zeile 10 ist eine „1“ einzutragen, wenn sich die wirtschaftliche Einheit über **mehrere hebeberechtigte Gemeinden** erstreckt. Erstreckt sich eine wirtschaftliche Einheit des Grundvermögens über eine Gemeinde im Land Niedersachsen und eine Gemeinde eines Nachbarlandes, ist keine Eintragung vorzunehmen, da nach dem Niedersächsischen Grundsteuergesetz nur die im Land Niedersachsen belegenen Teile einer wirtschaftlichen Einheit zu bewerten sind (§ 2 Abs. 5 NGrStG[1]).[2] 28

IV. Zeile 11: Eigentumsverhältnis

Eigentumsverhältnis 13

11 Eigentumsverhältnis 40

0 = Alleineigentum einer natürlichen Person
1 = Alleineigentum einer Körperschaft des öffentlichen Rechts
2 = Alleineigentum einer unternehmerisch tätigen juristischen Person
3 = Alleineigentum einer nicht unternehmerisch tätigen juristischen Person
4 = Ehegatten / eingetragene Lebenspartner (weiter mit Zeile19)
5 = Erbengemeinschaft (ohne Nummer 4)
6 = Bruchteilsgemeinschaft (ohne Nummer 4)
7 = Grundstücksgemeinschaft ausschl. von natürlichen Personen
8 = Grundstücksgemeinschaft ausschl. von juristischen Personen
9 = andere Grundstücksgemeinschaft

---

3 - Angaben zu Eigentümer/innen

11 **Eigentumsverhältnis** 40

- (●) Keine Angabe
- ( ) 0 Alleineigentum einer natürlichen Person
- ( ) 1 Alleineigentum einer Körperschaft des öffentlichen Rechts
- ( ) 2 Alleineigentum einer unternehmerisch tätigen juristischen Person
- ( ) 3 Alleineigentum einer nicht unternehmerisch tätigen juristischen Person
- ( ) 4 Ehegatten / eingetragene Lebenspartner
- ( ) 5 Erbengemeinschaft
- ( ) 6 Bruchteilsgemeinschaft
- ( ) 7 Grundstücksgemeinschaft ausschließlich von natürlichen Personen
- ( ) 8 Grundstücksgemeinschaft ausschließlich von juristischen Personen
- ( ) 9 andere Grundstücksgemeinschaft

Bei Eigentumsverhältnis 0 bis 4 oder 7 bis 9 mit geschäftsüblichem Namen (zum Beispiel OHG oder KG) bitte unten Angaben zu Eigentümer/innen bzw. Miteigentümer/innen machen.

Bei Eigentumsverhältnis 5 und 6 oder 7 bis 9 ohne geschäftsüblichen Namen bitte unten Angaben zur Erbengemeinschaft, Bruchteilsgemeinschaft oder Gemeinschaft ohne geschäftsüblichen Namen und zusätzlich Angaben zu Eigentümer/innen bzw. Miteigentümer/innen machen.

---

1 Siehe hierzu vertiefend Bock/Lapp in Grootens, NGrStG, § 2 Rz. 88 ff.

2 Ausfüllanleitung zum Vordruck Grundsteuererklärung (NIGrSt 1), Anlage zum Nds. MBl. Nr. 11/2022 v. 21.3.2022.

29 Dieser Abschnitt entspricht inhaltlich dem Abschnitt „Eigentumsverhältnisse“ (Zeile 32) des Hauptvordrucks der Erklärung zur Feststellung des Grundsteuerwerts nach dem Bundesmodell (GW-1). Insoweit wird auf die dortige Kommentierung verwiesen.[1]

V. Zeilen 12 bis 18: Angaben zu Erbengemeinschaften, Bruchteilsgemeinschaften und Gemeinschaften ohne geschäftsüblichen Namen

Angaben zu Erbengemeinschaften, Bruchteilsgemeinschaften und Gemeinschaften ohne geschäftsüblichen Namen 45

- Bei Eigentumsverhältnis 0-4 weiter mit Zeile 19.
- Bei Eigentumsverhältnis 7 bis 9 mit geschäftsüblichem Namen im Rechtsverkehr (zum Beispiel OHG oder KG) weiter mit Zeile 19.
- Bei Eigentumsverhältnis 5 und 6 sowie bei 7 bis 9 ohne geschäftsüblichen Namen weiter mit Zeile 12 und ab Zeile 19.

Anredeschlüssel (siehe Anleitung)
12 10

Name der Gemeinschaft
13 91

Name der Gemeinschaft Fortsetzung
14 92

Straße
15 24

Hausnummer / Hausnummerzusatz
16 25 / 26

Postleitzahl / Postfach / Ort
17 40 / 27 / 22

Postleitzahl (Ausland) / Land (bei Auslandsanschrift)
18 20 / 30

1 Lapp in Grootens, Die Erklärungsvordrucke für das Bundesmodell, Rz. 40.

Angaben zu Erbengemeinschaften, Bruchteilsgemeinschaften und Gemeinschaften ohne geschäftsüblichen Namen

12	Anredeschlüssel	Keine Angabe (10)
13	Name der Gemeinschaft	(91)
14	Name der Gemeinschaft Fortsetzung	(92)
15	Straße, Hausnummer, Hausnummerzusatz	(24) (25) (26)
17	Postleitzahl, Ort und gegebenenfalls Ortsteil	(40) (22)
17	Postfach	(27)
18	Postleitzahl (Ausland)	(20)
18	Land (bei Auslandsanschrift)	Keine Angabe (30)

Dieser Abschnitt entspricht inhaltlich dem gleichlautenden Abschnitt in Zeilen 33 bis 40 des Hauptvordrucks der Erklärung zur Feststellung des Grundsteuerwerts nach dem Bundesmodell (GW-1). Insoweit wird auf die dortige Kommentierung verwiesen.[1] 30

1 Lapp in Grootens, Die Erklärungsvordrucke für das Bundesmodell, Rz. 41 f.

VI. Zeilen 19 bis 56: Eigentümer(innen)/Miteigentümer(innen)/Erbbauberechtigte/Beteiligte

Eigentümer(innen) / Miteigentümer(innen) / Erbbauberechtigte / Beteiligte 45 / 46

19 Laufende Nummer

Anredeschlüssel (siehe Anleitung) | Titel / akademischer Grad | Telefonnummer

20 10 | 14

Vorname / Firma / geschäftsüblicher Name im Rechtsverkehr

21 13

Name / Firma / geschäftsüblicher Name im Rechtsverkehr Fortsetzung

22 11

Geburtsdatum | Identifikationsnummer

23 18 | 19

Straße

24 24

Hausnummer | Hausnummerzusatz

25 25 | 26

Postleitzahl | Postfach | Ort

26 40 | 27 | 22

Postleitzahl (Ausland) | Land (bei Auslandsanschrift)

27 20 | 30

Wohnsitz-/ Betriebsstätten-Finanzamt

28 74

Steuernummer

29 73

Anteil an der wirtschaftlichen Einheit (Grundstück / Betrieb der Land- und Forstwirtschaft)

Zähler | Nenner

30 70 | 71

gegebenenfalls gesetzlich vertreten durch:

Anredeschlüssel (siehe Anleitung) | Titel / akademischer Grad | Telefonnummer

31 10 | 14

Vorname / Firma

32 13

Name / Firma Fortsetzung

33 11

Straße

34 24

Hausnummer | Hausnummerzusatz

35 25 | 26

Postleitzahl | Postfach | Ort

36 40 | 27 | 22

Postleitzahl (Ausland) | Land (bei Auslandsanschrift)

37 20 | 30

Eigentümer/innen bzw. Miteigentümer/innen

1. Eintrag

20	Anredeschlüssel	Keine Angabe (10)
20	Titel / akademischer Grad	(14)
21	Vorname / Firma / geschäftsüblicher Name im Rechtsverkehr	(13)
22	Name / Firma / geschäftsüblicher Name im Rechtsverkehr Fortsetzung	(11)
23	Geburtsdatum	TT.MM.JJJJ (18)
24	Straße, Hausnummer, Hausnummerzusatz	(24) (25) (26)
26	Postleitzahl, Ort und gegebenenfalls Ortsteil	(40) (22)
26	Postfach	(27)
27	Postleitzahl (Ausland)	(20)

27	Land (bei Auslandsanschrift)	Keine Angabe (30)
20	Telefonnummer	
28	Wohnsitz-/ Betriebsstätten-Finanzamt	(74)

Steuernummer / Identifikationsnummer

29	Land	Bitte Land auswählen
29	Steuernummer	*Bitte Land auswählen* Wo ist meine Steuernummer
29	Finanzamt	**Wird automatisch ermittelt**
23	Identifikationsnummer	(19)

Anteil an der wirtschaftlichen Einheit (Grundstück / Betrieb der Land- und Forstwirtschaft)

30	Zähler, Nenner	(70)	(71)

˅ gegebenenfalls gesetzlich vertreten durch: ?

Zeile	Feld	Eingabe / Kennzahl
31	Anredeschlüssel, Titel / akademischer Grad	Keine Angabe ▾ (10) / (14)
32	Vorname / Firma	(13)
33	Name / Firma Fortsetzung	(11)
34	Straße, Hausnummer, Hausnummerzusatz	(24) / (25) / (26)
36	Postleitzahl, Ort und gegebenenfalls Ortsteil	(40) / (22)
36	Postfach	(27)
37	Postleitzahl (Ausland)	(20)
37	Land (bei Auslandsanschrift)	Keine Angabe ▾ (30)
31	Telefonnummer	

Eigentümer/in bzw. Miteigentümer/in übernehmen ›

Dieser Abschnitt entspricht inhaltlich dem Abschnitt „Eigentümer(innen)/Beteiligte (Zeilen 41 bis 58) des Hauptvordrucks der Erklärung zur Feststellung des Grundsteuerwerts nach dem Bundesmodell (GW-1). Insoweit wird auf die dortige Kommentierung verwiesen.[1] 31

VII. Zeile 57: weitere Miteigentümer/innen

Weitere Miteigentümer/innen		
57	Für weitere Miteigentümer/innen ist eine / sind zusätzliche Anlage(n) Miteigentümer/innen (NIGrSt 1A) beigefügt.	1 = Ja

1 Lapp in Grootens, Die Erklärungsvordrucke für das Bundesmodell, Rz. 43 f.

Eigentümer/innen bzw. Miteigentümer/innen

Tragen Sie bitte zu jeder Eigentümerin bzw. jedem Eigentümer oder jeder Miteigentümerin bzw. jedem Miteigentümer die erforderlichen Daten ein.

Vorname / Firma / geschäftsüblicher Name im Rechtsverkehr	Name / Firma / geschäftsüblicher Name im Rechtsverkehr Fortsetzung
Keine Einträge vorhanden	

+ Eigentümer/in bzw. Miteigentümer/in hinzufügen

32 Hat das Grundstück oder der Betrieb der Land- und Forstwirtschaft mehr als zwei Eigentümer oder Beteiligte, können weitere Personen in der **Anlage Miteigentümer/innen** (NIGrSt 1A) eingetragen werden. Im Portal „Mein ELSTER" gibt es diese Anlage nicht; hier können weitere Personen mit der Schaltfläche „+ Eigentümer/in bzw. Miteigentümer/in hinzufügen" ergänzt werden.

VIII. Zeile 58: Grundsteuerbefreiung/-ermäßigung

Grundsteuerbefreiung/ -ermäßigung

58 Für den gesamten oder teilweisen Grundbesitz liegen die Voraussetzungen für eine Steuerbefreiung und/oder die Voraussetzungen für eine Ermäßigung der Grundsteuermesszahl vor.
Die **Anlage Grundsteuerbefreiung/ -ermäßigung** (NIGrSt 4) ist zusätzlich zu der/den Anlage(n) Grundstück (NIGrSt 2) bzw. zu der Anlage Land- und Forstwirtschaft (NiGrSt 3) beigefügt. 1 = Ja

4 - Grundsteuerbefreiung/ -ermäßigung

58 ☐ Es liegen die Voraussetzungen für eine Steuerbefreiung des gesamten oder teilweisen Grundbesitzes und / oder die Voraussetzungen für eine Ermäßigung der Grundsteuermesszahl vor.
Die Anlage Grundstück beziehungsweise Land- und Forstwirtschaft ist beigefügt und es liegen Angaben zur Grundsteuerbefreiung/-vergünstigung vor.

< Vorherige Seite Nächste Seite >

33 In **Zeile 58** ist kenntlich zu machen, ob der Grundbesitz ganz oder teilweise **grundsteuerbefreit** ist oder die Voraussetzungen für eine **Ermäßigung der Steuermesszahl** vorliegen (z. B. aufgrund von **Denkmalschutz** oder **gefördertem Wohnraum**).

34 Wird dies bejaht, ist dem Papiervordruck zusätzlich die Anlage Grundsteuerbefreiung/-ermäßigung (NIGrSt 4) beizufügen. Im Portal „Mein ELSTER" werden die Angaben zur Grundsteuerbefreiung oder Ermäßigung der Steuermesszahl direkt in der Anlage Grundstück (NIGrSt 2) bzw. Anlage Land- und Forstwirtschaft (NIGrSt 3) vorgenommen.

35 HINWEIS:

Im Rahmen der Hauptfeststellung auf den 1.1.2022 sind insbesondere bei teilweise steuerbefreitem Grundbesitz alle – **auch steuerbefreite – Flächen vollständig** in der Grundsteuererklärung **aufzuführen**. Eigentümerinnen und Eigentümer von **steuerbefreitem Grundbesitz** in Niedersachsen sind dann **nicht verpflichtet**, eine Grundsteuererklärung abzugeben, soweit der Grundbesitz **unverändert vollständig** nach §§ 3 oder 4 GrStG **steuerbefreit** ist und dieser Grundbesitz bisher **nicht** mit einem Aktenzeichen beim Finanzamt **steuerlich erfasst** ist.[1]

IX. Zeile 59: Ergänzende Angaben zur Grundsteuererklärung

Ergänzende Angaben zur Grundsteuererklärung

Über die Angaben in der Grundsteuererklärung hinaus sind weitere oder abweichende Angaben oder Sachverhalte zu berücksichtigen oder bei den erklärten Angaben wurde bewusst eine von der Verwaltungsauffassung abweichende Rechtsauffassung zugrunde gelegt. Hierfür ist eine Anlage mit der Überschrift **"Ergänzende Angaben zur Grundsteuererklärung"** beigefügt.
59 Falls Sie zur Grundsteuererklärung lediglich Belege und Aufstellungen einreichen, ist **keine** Eintragung vorzunehmen. 1 = Ja

5 - Ergänzende Angaben zur Grundsteuererklärung ?

59 ☐ Über die Angaben in der Grundsteuererklärung hinaus sind weitere oder abweichende Angaben oder Sachverhalte zu berücksichtigen oder bei den erklärten Angaben wurde bewusst eine von der Verwaltungsauffassung abweichende Rechtsauffassung zugrunde gelegt.
Falls Sie zur Grundsteuererklärung lediglich Belege und Aufstellungen einreichen, ist keine Eintragung vorzunehmen.

59 Ergänzende Angaben zur Feststellungserklärung

Ihnen stehen noch **999** Zeichen zur Verfügung.

< Vorherige Seite Nächste Seite >

Zeile 59 des Vordrucks Grundsteuererklärung (NIGrSt 1) beruht auf einer **gesetzlichen Vorgabe** 36
in § 150 Abs. 7 Satz 1 AO, die über § 12 Abs. 2 Satz 1 NGrStG[2] entsprechend Anwendung findet. Hiernach ist es Steuerpflichtigen zu ermöglichen, Angaben, die nach seiner Auffassung Anlass für eine Bearbeitung durch einen Finanzbeamten sind, in einem dafür vorgesehenen Abschnitt oder Datenfeld der Steuererklärung zu machen, wenn Steuererklärungen wie z. B. die Grundsteuererklärung, die nach amtlich vorgeschriebenem Vordruck abgegeben oder nach amtlich vorgeschriebenem Datensatz durch Datenfernübertragung übermittelt werden, nach § 155 Abs. 4 Satz 1 AO zu einer ausschließlich automationsgestützten Steuerfestsetzung führen können.

Anwendungsfälle für die „ergänzenden Angaben" sind **Sachverhalte**, die von den Erklärungs- 37
vordrucken **nicht umfasst** werden oder in denen die erklärungspflichtige Person eine von der Auffassung der Finanzverwaltung **abweichende Rechtsauffassung** vertritt. In diesen Fällen sol-

1 Öffentliche Bekanntmachung des Landesamts für Steuern Niedersachsen – Aufforderung zur Abgabe der Erklärung zur Feststellung des Grundsteuerwerts (land- und forstwirtschaftliches Vermögen) und Feststellung der Äquivalenzbeträge (Grundvermögen) für den Hauptfeststellungszeitpunkt 1. Januar 2022, Bek. d. LStN v. 21.3.2022 – G 1002-6 – Nds.MBl. Nr. 11/2022 S. 342.

2 Siehe hierzu vertiefend Bock/Lapp in Grootens, NGrStG, § 12 Rz. 36 ff.

len die ergänzenden Angaben auf einer **gesonderten Anlage** mit der Überschrift „Ergänzende Angaben zur Grundsteuererklärung“ beigefügt werden.

X. Zeilen 60 bis 67: Empfangsvollmacht

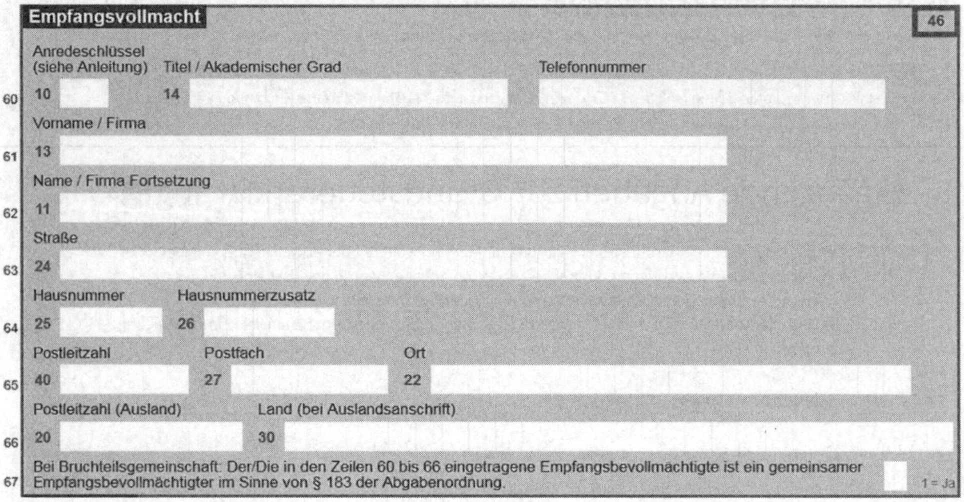
Empfangsvollmacht 46

Anredeschlüssel (siehe Anleitung) | Titel / Akademischer Grad | Telefonnummer
60 10 | 14

Vorname / Firma
61 13

Name / Firma Fortsetzung
62 11

Straße
63 24

Hausnummer | Hausnummerzusatz
64 25 | 26

Postleitzahl | Postfach | Ort
65 40 | 27 | 22

Postleitzahl (Ausland) | Land (bei Auslandsanschrift)
66 20 | 30

67 Bei Bruchteilsgemeinschaft: Der/Die in den Zeilen 60 bis 66 eingetragene Empfangsbevollmächtigte ist ein gemeinsamer Empfangsbevollmächtigter im Sinne von § 183 der Abgabenordnung. 1 = Ja

6 - Empfangsvollmacht ?

Zeile	Feld	Eingabe / Kennzahl
60	Anredeschlüssel	Keine Angabe ▾ (10)
60	Titel / Akademischer Grad	(14)
61	Vorname / Firma	(13)
62	Name / Firma Fortsetzung	(11)
63	Straße, Hausnummer, Hausnummerzusatz	(24) (25) (26)
65	Postleitzahl, Ort und gegebenenfalls Ortsteil	(40) (22)
65	Postfach	(27)
66	Postleitzahl (Ausland)	(20)
66	Land (bei Auslandsanschrift)	Keine Angabe ▾ (30)
60	Telefonnummer	

67 ☐ Bei Bruchteilsgemeinschaft: Der/Die in den Zeilen 60 bis 66 eingetragene Empfangsbevollmächtigte ist ein/e gemeinsame/r Empfangsbevollmächtigte/r im Sinne von § 183 der Abgabenordnung. ?

‹ Vorherige Seite | Nächste Seite ›

Dieser Abschnitt entspricht inhaltlich dem gleichlautenden Abschnitt in Zeilen 22 bis 29 des Hauptvordrucks der Erklärung zur Feststellung des Grundsteuerwerts nach dem Bundesmodell (GW-1). Insoweit wird auf die dortige Kommentierung verwiesen.[1] 38

1 Lapp in Grootens, Die Erklärungsvordrucke für das Bundesmodell, Rz. 36.

XI. Zeilen 68 bis 70: Datenschutzhinweis und Unterschrift

Unterschrift

Datenschutzhinweis:
Die mit der Grundsteuererklärung angeforderten Daten werden aufgrund der §§ 149, 150 und 181 Absatz 2 der Abgabenordnung sowie § 228 des Bewertungsgesetzes und § 8 Absatz 5 und 6 des Niedersächsischen Grundsteuergesetzes erhoben. Die Angabe der Telefonnummer ist freiwillig. Informationen über die Verarbeitung personenbezogener Daten in der Steuerverwaltung und über Ihre Rechte nach der Datenschutz-Grundverordnung sowie über Ihre Ansprechpartner in Datenschutzfragen entnehmen Sie bitte dem allgemeinen Informationsschreiben der Finanzverwaltung. Dieses Informationsschreiben finden Sie unter www.finanzamt.de (unter der Rubrik „Datenschutz") oder erhalten Sie bei Ihrem Finanzamt.

Bei Bruchteilsgemeinschaft und Empfangsbevollmächtigung im Sinne von § 183 der Abgabenordnung:
Ich wurde von den Beteiligten bevollmächtigt, diese bei der Erstellung und Unterzeichnung der Grundsteuererklärung zu vertreten. Der in den Zeilen 60 bis 66 benannte Bevollmächtigte wurde von sämtlichen Beteiligten bestellt. Ich habe alle Beteiligten davon in Kenntnis gesetzt, dass – soweit keine vertretungsberechtigte Geschäftsführung vorhanden ist – dem in den Zeilen 60 bis 66 benannten Bevollmächtigten im Feststellungsverfahren grundsätzlich die ausschließliche Einspruchs- und Klagebefugnis zusteht.

	Datum; eigenhändige Unterschrift der Person, die für die Erstellung der Grundsteuererklärung verantwortlich ist.	Bei der Anfertigung dieser Grundsteuererklärung hat mitgewirkt:
68		
69		
70		

7 - Mitwirkung

> Vorbelegen aus "Mein Profil"

69	Vorname	
70	Name	
71	Straße und Hausnummer	
72	Postleitzahl und Ort (und gegebenenfalls Ortsteil)	
73	Telefonnummer	
74	Mandantennummer	
75	Bearbeiterkennzeichen	

< Vorherige Seite Nächste Anlage >

39 Dieser Abschnitt entspricht inhaltlich dem Abschnitt „Unterschrift" in Zeilen 95 bis 97 des Hauptvordrucks der Erklärung zur Feststellung des Grundsteuerwerts nach dem Bundesmodell (GW-1). Insoweit wird auf die dortige Kommentierung verwiesen.[1]

1 Lapp in Grootens, Die Erklärungsvordrucke für das Bundesmodell, Rz. 45.

F. Anlage Grundstück (NIGrSt 2)

40 Die Anlage Grundstück (NIGrSt 2) ist einzureichen, wenn der Äquivalenzbetrag für ein bebautes oder unbebautes Grundstück des **Grundvermögens** festzustellen ist. Erhoben werden insbesondere die Angaben, die für die Ermittlung des Äquivalenzbetrags nach dem niedersächsischen Grundsteuermodell erforderlich sind.

41 Die Anlage Grundstück ist für **jede wirtschaftliche Einheit des Grundvermögens** auszufüllen und mit **jeweils einem eigenen Vordruck Grundsteuererklärung** (NIGrSt 1) beim Finanzamt einzureichen.

I. Zeilen 1 bis 3

Vordruck nur für Niedersachsen

1	Aktenzeichen (ohne Sonderzeichen)	**Anlage Grundstück (NIGrSt 2)**
2	Lagefinanzamt	
	zur Grundsteuererklärung	auf den 1. Januar 2 0
3	laufende Nummer der Anlage ___ von ___	2022NIAGW2

42 In **Zeilen 1 und 2** sind das **Aktenzeichen** des Grundstücks, das zuständige **Lagefinanzamt** und das Jahr des **Feststellungszeitpunkts** einzutragen. Die Angaben müssen mit den entsprechenden Eintragungen in Zeilen 1 und 2 des Vordrucks Grundsteuererklärung (NIGrSt 1) übereinstimmen. Insoweit wird auf die dortigen Ausführungen verwiesen (→ Rz. 20 ff.). Im Portal „Mein ELSTER" werden diese Angaben automatisch übernommen.

43 Da in Niedersachsen für weitere Gebäude, Gebäudeteile oder Flurstücke eine zusätzliche Anlage Grundstück (NIGrSt 2) ausgefüllt werden muss, ist die Anlage in Zeile 3 fortlaufend zu **nummerieren.**

II. Zeilen 4 bis 19: Angaben zum Grund und Boden

Angaben zum Grund und Boden 35

Gemarkung(en) und Flurstück(e) des Grundvermögens

4	Gemeinde 10			
5	Gemarkung 11			
6	Flur 13	Flurstück: Zähler 14	Flurstück: Nenner 15	Fläche in m² 16
7	Grundbuchblatt 12	Zur wirtschaftlichen Einheit gehörender Anteil: Zähler 17		Zur wirtschaftlichen Einheit gehörender Anteil: Nenner 18

1 - Angaben zum Grund und Boden ?

Gemeindebezogene Aufstellung der Gemarkungen und Flurstück(e) des Grundvermögens

Gemeinde	Summe der Flurstücksfläche(n)
Keine Einträge vorhanden	

+ Gemeindebezogene Aufstellung hinzufügen

Gesamtsumme der Grund und Bodenfläche

7 Gesamtsumme der Flurstücksfläche(n) in m² (Dies ist die Summe der gesamten Fläche(n) aller angegebenen Flurstücke. Der "Zur wirtschaftlichen Einheit gehörende Anteil" ist hierbei nicht berücksichtigt. Bei der Feststellung wird durch das Finanzamt nur der "Zur wirtschaftlichen Einheit gehörende Anteil" berücksichtigt.) *(m²)* — *m²* ?

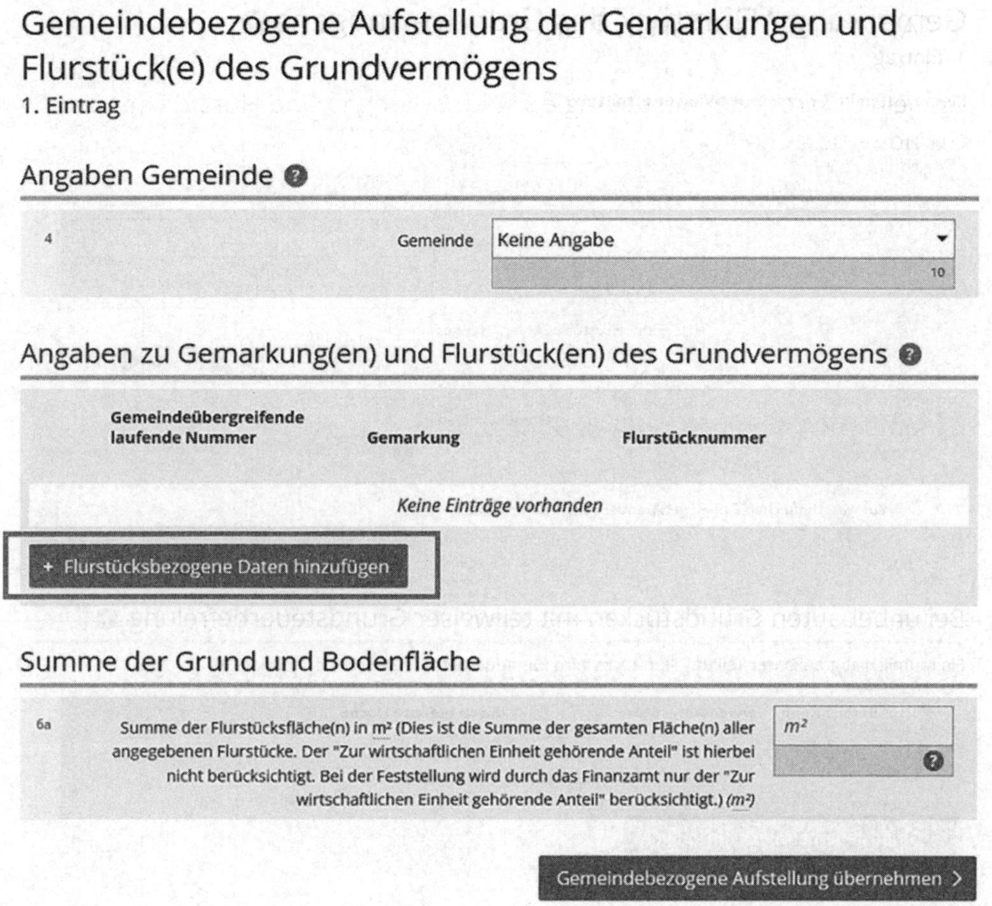

Gemeindebezogene Aufstellung der Gemarkungen und Flurstück(e) des Grundvermögens

1. Eintrag

Angaben Gemeinde

4	Gemeinde	Keine Angabe 10

Angaben zu Gemarkung(en) und Flurstück(en) des Grundvermögens

Gemeindeübergreifende laufende Nummer	Gemarkung	Flurstücknummer
	Keine Einträge vorhanden	

+ Flurstücksbezogene Daten hinzufügen

Summe der Grund und Bodenfläche

6a	Summe der Flurstücksfläche(n) in m² (Dies ist die Summe der gesamten Fläche(n) aller angegebenen Flurstücke. Der "Zur wirtschaftlichen Einheit gehörende Anteil" ist hierbei nicht berücksichtigt. Bei der Feststellung wird durch das Finanzamt nur der "Zur wirtschaftlichen Einheit gehörende Anteil" berücksichtigt.) (m²)	m²

Gemeindebezogene Aufstellung übernehmen >

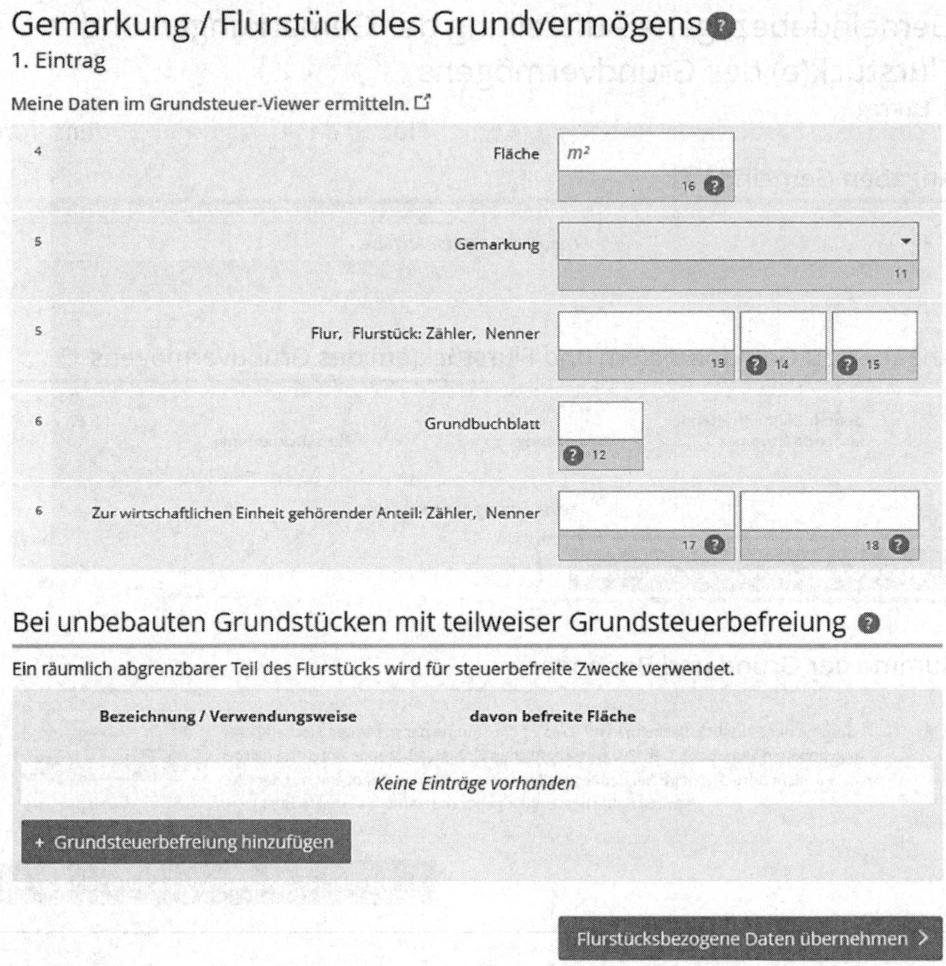

Gemarkung / Flurstück des Grundvermögens

1. Eintrag

Meine Daten im Grundsteuer-Viewer ermitteln.

4	Fläche	m² (16)
5	Gemarkung	(11)
5	Flur, Flurstück: Zähler, Nenner	(13) (14) (15)
6	Grundbuchblatt	(12)
6	Zur wirtschaftlichen Einheit gehörender Anteil: Zähler, Nenner	(17) (18)

Bei unbebauten Grundstücken mit teilweiser Grundsteuerbefreiung

Ein räumlich abgrenzbarer Teil des Flurstücks wird für steuerbefreite Zwecke verwendet.

Bezeichnung / Verwendungsweise	**davon befreite Fläche**
Keine Einträge vorhanden	

+ Grundsteuerbefreiung hinzufügen

Flurstücksbezogene Daten übernehmen >

44 Dieser Abschnitt entspricht inhaltlich weitgehend dem Abschnitt „Gemarkung(en) und Flurstücke des Grundvermögens" in Zeilen 9 bis 21 des Hauptvordrucks der Erklärung zur Feststellung des Grundsteuerwerts nach dem Bundesmodell (GW-1). Insoweit wird auf die dortige Kommentierung verwiesen.[1] Ergänzend zum Hauptvordruck für das Bundesmodell ist zusätzlich der Name der **Gemeinde** anzugeben.

45 Die in diesem Abschnitt vorzunehmenden Eintragungen ergeben sich zum Beispiel aus dem **Liegenschaftskataster**, dem **Grundbuch** oder dem **Notarvertrag** oder können über den **Grundsteuer-Viewer** der niedersächsischen Finanzverwaltung (https://grundsteuer-viewer.niedersachsen.de/) kostenfrei abgerufen werden. Die Nummer des Grundbuchblatts ist z. B. auch aus der **Urkunde über die Finanzierungsgrundschuld**, aus grundbuchamtlichen **Eintragungsbekanntmachungen** oder grundbuchamtlichen **Kostenrechnungen** ersichtlich. Die Angabe des Grundbuchblatts ist nicht verpflichtend; die niedersächsische Finanzverwaltung weist darauf

1 Lapp in Grootens, Die Erklärungsvordrucke für das Bundesmodell, Rz. 32 ff.

hin, dass das Feld auch frei gelassen werden kann, sofern Erklärungspflichtige die Nummer des Grundbuchblatts nicht finden.[1]

III. Zeile 20: Zusätzliche Angabe bei einer Fläche des Grund und Bodens von mehr als 10.000 m²

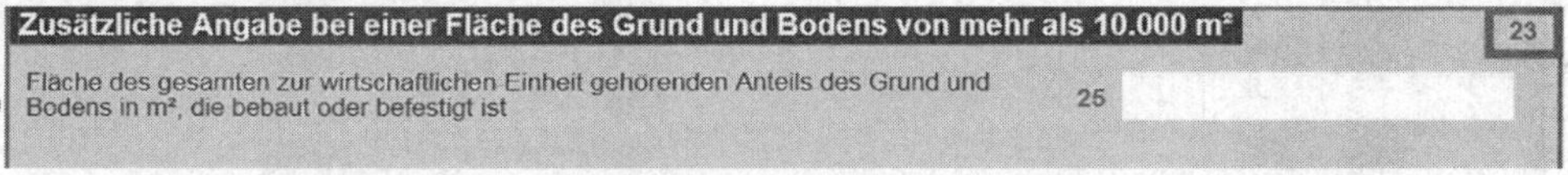
Zusätzliche Angabe bei einer Fläche des Grund und Bodens von mehr als 10.000 m² 23

20 Fläche des gesamten zur wirtschaftlichen Einheit gehörenden Anteils des Grund und Bodens in m², die bebaut oder befestigt ist 25

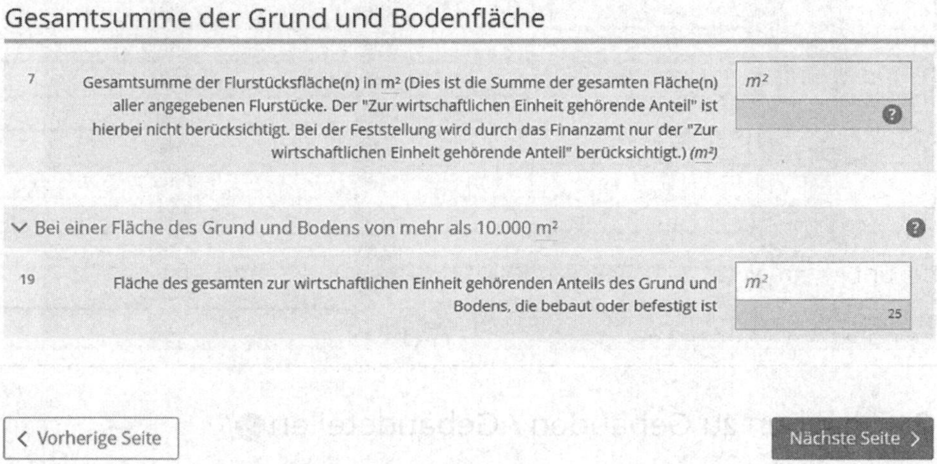
Gesamtsumme der Grund und Bodenfläche

7 Gesamtsumme der Flurstücksfläche(n) in m² (Dies ist die Summe der gesamten Fläche(n) aller angegebenen Flurstücke. Der "Zur wirtschaftlichen Einheit gehörende Anteil" ist hierbei nicht berücksichtigt. Bei der Feststellung wird durch das Finanzamt nur der "Zur wirtschaftlichen Einheit gehörende Anteil" berücksichtigt.) *(m²)* m²

Bei einer Fläche des Grund und Bodens von mehr als 10.000 m²

19 Fläche des gesamten zur wirtschaftlichen Einheit gehörenden Anteils des Grund und Bodens, die bebaut oder befestigt ist m² 25

< Vorherige Seite Nächste Seite >

Übersteigt die Fläche des Grund und Bodens 10.000 m², kommt gem. § 4 Abs. 2 Satz 2 Nr. 2 (ggf. in Kombination mit Nr. 1) NGrStG[2] der Ansatz einer von § 4 Abs. 2 Satz 1 NGrStG abweichenden Äquivalenzzahl des Grund und Bodens in Betracht. 46

In Zeile 20 ist daher die **gesamte bebaute und befestigte Grundstücksfläche** einzutragen, wenn die Summe aller Flurstücksflächen der wirtschaftlichen Einheit 10.000 m² übersteigt. Werden der Grundsteuererklärung mehrere Anlagen Grundstück (NIGrSt 2) beigefügt, soll die Angabe nur auf der ersten Anlage Grundstück (NIGrSt 2) vorgenommen werden. 47

Die **Ermittlung** der zutreffenden **Äquivalenzzahlen** des Grund und Bodens erfolgt auf Grundlage dieser Eintragung **von Amts wegen.** 48

1 Ausfüllanleitung zur Anlage Grundstück (NIGrSt 2), Anlage zum Nds. MBl. Nr. 11/2022 v. 21.3.2022.

2 Siehe hierzu die Übersicht in A 4 Abs. 10 AENGrStG, Nds. MBl. Nr. 11/2022, S. 333. Siehe auch vertiefend Bock/Lapp in Grootens, NGrStG, § 4 Rz. 36 ff.

IV. Zeilen 21 bis 36: Angaben zu Gebäuden/Gebäudeteilen

Angaben zu Gebäuden / Gebäudeteilen 36

	lfd. Nr. des Gebäudes / Gebäudeteils	Bezeichnung	Wohnfläche in m²	Nutzfläche in m²
21		11	15	16
22		11	15	16
23		11	15	16
24		11	15	16
25		11	15	16
26		11	15	16
27		11	15	16
28		11	15	16
29		11	15	16
30		11	15	16
31		11	15	16
32		11	15	16
33		11	15	16
34		11	15	16
35		11	15	16
36	Summe der Wohn- bzw. Nutzfläche in m²			

2 - Angaben zu Gebäuden / Gebäudeteilen ?

Gebäude / Gebäudeteil

Bezeichnung

Keine Einträge vorhanden

+ Gebäude / Gebäudeteil hinzufügen

Summe der Wohn- beziehungsweise Nutzfläche aller Gebäude / Gebäudeteile

35 Summe der Wohn- beziehungsweise Nutzfläche (m²) m²

< Vorherige Seite Nächste Seite >

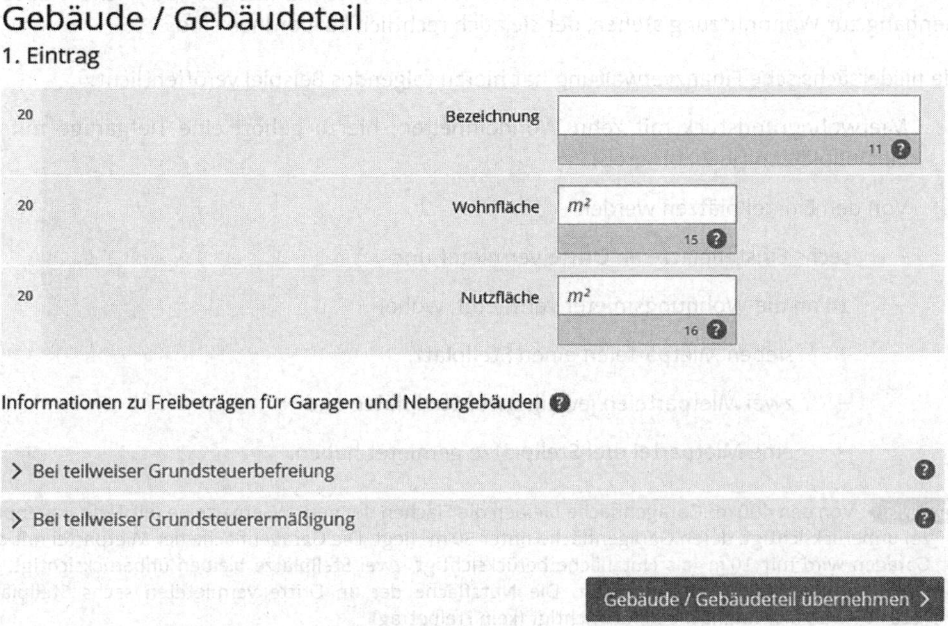
Gebäude / Gebäudeteil

1. Eintrag

20	Bezeichnung		11 ?
20	Wohnfläche	m²	15 ?
20	Nutzfläche	m²	16 ?

Informationen zu Freibeträgen für Garagen und Nebengebäuden ?

> Bei teilweiser Grundsteuerbefreiung ?

> Bei teilweiser Grundsteuerermäßigung ?

Gebäude / Gebäudeteil übernehmen >

In dem niedersächsischen Grundsteuermodell ist die Fläche neben dem Lage-Faktor die einzige objektbezogene Größe, die Einfluss auf die Höhe der Grundsteuer nimmt. Da der Lage-Faktor von der niedersächsischen Finanzverwaltung von Amts wegen ermittelt wird, sind von den Bürgerinnen und Bürgern in diesem Abschnitt **lediglich Angaben zu den Wohn- und Nutzflächen**[1] vorzunehmen. 49

Die Wohnfläche ergibt sich aus der Wohnflächenberechnung nach der **Wohnflächenverordnung**; die Nutzfläche ist vorrangig nach der **DIN 277** zu ermitteln.[2] Wohn- und Nutzfläche können in der Regel den **Bauunterlagen**, dem **Mietvertrag** oder der **Nebenkostenabrechnung** entnommen werden. Ist die Wohnfläche bis zum 31.12.2003 nach der Zweiten Berechnungsverordnung ermittelt worden, kann auch diese für die Berechnung verwendet werden.[3] Ist die Ermittlung der Nutzfläche nach der DIN 277 mit einem unverhältnismäßigen Aufwand verbunden, darf sie z. B. auch aus den Kubikmetern für den umbauten Raum errechnet oder anhand der Bruttogrundfläche oder Wohnfläche abgeleitet werden.[4] 50

Besonderes Augenmerk ist aufgrund der Geringfügigkeitsregelung in § 3 Abs. 2 NGrStG auf die zutreffende Eintragung der Gebäudeflächen von **(Tief-)Garagen und Stellplätzen** zu legen. Deren Nutzflächen bleiben gem. § 3 Abs. 2 Satz 1 NGrStG bei der Ermittlung der maßgeblichen 51

1 Zur Abgrenzung und Ermittlung von Wohn- und Nutzflächen im niedersächsischen Grundsteuermodell siehe vertiefend Bock/Lapp in Grootens, NGrStG, § 3 Rz. 43 ff.

2 Ausfüllanleitung zur Anlage Grundstück (NIGrSt 2), Anlage zum Nds. MBl. Nr. 11/2022 v. 21.3.2022.

3 Ausfüllanleitung zur Anlage Grundstück (NIGrSt 2), Anlage zum Nds. MBl. Nr. 11/2022 v. 21.3.2022; zur Kritik an diesem Vorgehen siehe Bock/Lapp in Grootens, NGrStG, § 3 Rz. 57.

4 Ausfüllanleitung zur Anlage Grundstück (NIGrSt 2), Anlage zum Nds. MBl. Nr. 11/2022 v. 21.3.2022.

Gebäudeflächen bis zu einer Fläche von 50 m² außer Ansatz, wenn sie in räumlichem Zusammenhang zur Wohnnutzung stehen, der sie auch rechtlich zuzuordnen sind.[1]

52 Die niedersächsische Finanzverwaltung hat hierzu folgendes Beispiel veröffentlicht:[2]

- Mietwohngrundstück mit zehn Wohneinheiten; hierzu gehört eine Tiefgarage mit 20 Einstellplätzen (je 20 m² groß).
- Von den Einstellplätzen werden
  - sechs Einstellplätze an Dritte vermietet und
  - 14 an die Wohnungsmieter vermietet, wobei
    - sieben Mietparteien einen Stellplatz,
    - zwei Mietparteien jeweils zwei Stellplätze und
    - eine Mietpartei drei Stellplätze gemietet haben.

53 **LÖSUNG:** Von den 400 m² Garagenfläche bleiben die Flächen der neun Mietparteien (elf Tiefgaragenplätze) unberücksichtigt, deren Garagenfläche unter 50 m² liegt. Die Garagenfläche der Mietpartei mit drei Garagen wird mit 10 m² als Nutzfläche berücksichtigt, zwei Stellplätze bleiben unberücksichtigt, ein Stellplatz wird mit 10 m² angesetzt. Die Nutzfläche der an Dritte vermieteten sechs Stellplätze (120 m²) wird als Nutzfläche berücksichtigt (kein Freibetrag).

an Dritte vermietet 20 m² - steuerpflichtig	an Dritte vermietet 20 m² - steuerpflichtig
an Dritte vermietet 20 m² - steuerpflichtig	an Dritte vermietet 20 m² - steuerpflichtig
an Dritte vermietet 20 m² - steuerpflichtig	an Dritte vermietet 20 m² - steuerpflichtig
Mieter 1 20 m² - außer Ansatz	Mieter 2 20 m² - außer Ansatz
Mieter 3 20 m² - außer Ansatz	Mieter 4 20 m² - außer Ansatz
Mieter 5 20 m² - außer Ansatz	Mieter 6 20 m² - außer Ansatz
Mieter 7 20 m² - außer Ansatz	Mieter 8 20 m² - außer Ansatz
Mieter 8 20 m² - außer Ansatz	Mieter 8 20 m² - davon 10 m² außer Ansatz
Mieter 9 20 m² - außer Ansatz	Mieter 9 20 m² - außer Ansatz
Mieter 10 20 m² - außer Ansatz	Mieter 10 20 m² - außer Ansatz

54 Eintragung in der Steuererklärung: In der Steuererklärung ist die Nutzfläche für nicht begünstigte Garagen mit insgesamt 130 m² (10 m² + 120 m²) anzugeben.

1 Siehe hierzu vertiefend Bock/Lapp in Grootens, NGrStG, § 3 Rz. 111 ff.

2 Ausfüllanleitung zur Anlage Grundstück (NIGrSt 2), Anlage zum Nds. MBl. Nr. 11/2022 v. 21.3.2022.

Angaben zu Gebäuden / Gebäudeteilen 36

	lfd. Nr. des Gebäudes / Gebäudeteils	Bezeichnung	Wohnfläche in m²	Nutzfläche in m²
21	1	11 8 Wohnungen	15 640	16
22	2	11 13 Tiefgaragen	15	16 0
23	3	11 1 Tiefgarage	15	16 10
24	4	11 6 Tiefgaragen	15	16 120
25		11	15	16

V. Zeile 37: Zivilschutz

Zivilschutz 23

37 Gebäudeflächen in m², die dem Zivilschutz dienen 26

7 - Zivilschutz ?

36 Gebäudeflächen, die dem Zivilschutz dienen m² 26

‹ Vorherige Seite Nächste Seite ›

Gebäude, Gebäudeteile und Anlagen, die wegen der in § 1 des Zivilschutz- und Katastrophenhilfegesetzes bezeichneten Zwecke geschaffen worden sind und im Frieden nicht oder nur gelegentlich oder geringfügig für andere Zwecke benutzt werden, bleiben bei der Ermittlung der Äquivalenzbeträge außer Betracht (§ 1 Satz 2 und 3 NGrStG i.V. mit § 245 BewG).[1] In Zeile 37 ist daher die Fläche entsprechender Gebäude, Gebäudeteile oder Anlagen anzugeben. 55

VI. Zeile 38: Zusätzliche Angaben bei neuem Wohnungs-/Teileigentum

Zusätzliche Angabe bei neuem Wohnungs-/ Teileigentum 13

38 Bei neu begründetem Wohnungs- oder Teileigentum: Antrag auf Neueintragung wurde beim Grundbuchamt eingereicht am 26

1 Siehe hierzu vertiefend A 245 AEBewGrSt und Bock in Grootens, BewG § 245 Rz. 18 ff.

8 - Zusätzliche Angabe bei neuem Wohnungs- / Teileigentum

?

37 Bei neu begründetem Wohnungs- oder Teileigentum: Antrag auf Neueintragung wurde beim Grundbuchamt eingereicht am | TT.MM.JJJJ | 26

< Vorherige Seite | Nächste Seite >

56 Dieser Abschnitt entspricht inhaltlich dem Abschnitt „Zusätzliche Angaben bei Wohnungs-/Teileigentum" in Zeile 36 der Anlage Grundstück der Erklärung zur Feststellung des Grundsteuerwerts nach dem Bundesmodell (GW-2). Insoweit wird auf die dortige Kommentierung verwiesen.[1]

VII. Zeilen 39 bis 48: Gebäude auf fremdem Grund und Boden/Erbbaurecht

Gebäude auf fremdem Grund und Boden / Erbbaurecht

39 Ihr(e) Gebäude wurde(n) auf fremden Grund und Boden errichtet. 24 1 = Ja

40 Auf Ihrem Grund und Boden wurde ein fremdes / wurden fremde Gebäude errichtet. 25 1 = Ja

41 Sie sind Erbbauberechtigte/r. 23 1 = Ja

In Fällen der Zeilen 40 und 41: Name und Anschrift des/der (wirtschaftlichen) Eigentümers/in der/des Gebäude/s auf fremdem Grund und Boden bzw. des/der Erbbauverpflichteten

42 Anredeschlüssel (siehe Anleitung) | Titel / akademischer Grad | Telefonnummer

43 Vorname / Firma

44 Name / Firma Fortsetzung

45 Straße

46 Hausnummer | Hausnummerzusatz

47 Postleitzahl | Postfach | Ort

48 Postleitzahl (Ausland) | Land (bei Auslandsanschrift)

1 Lapp in Grootens, Die Erklärungsvordrucke für das Bundesmodell, Rz. 85.

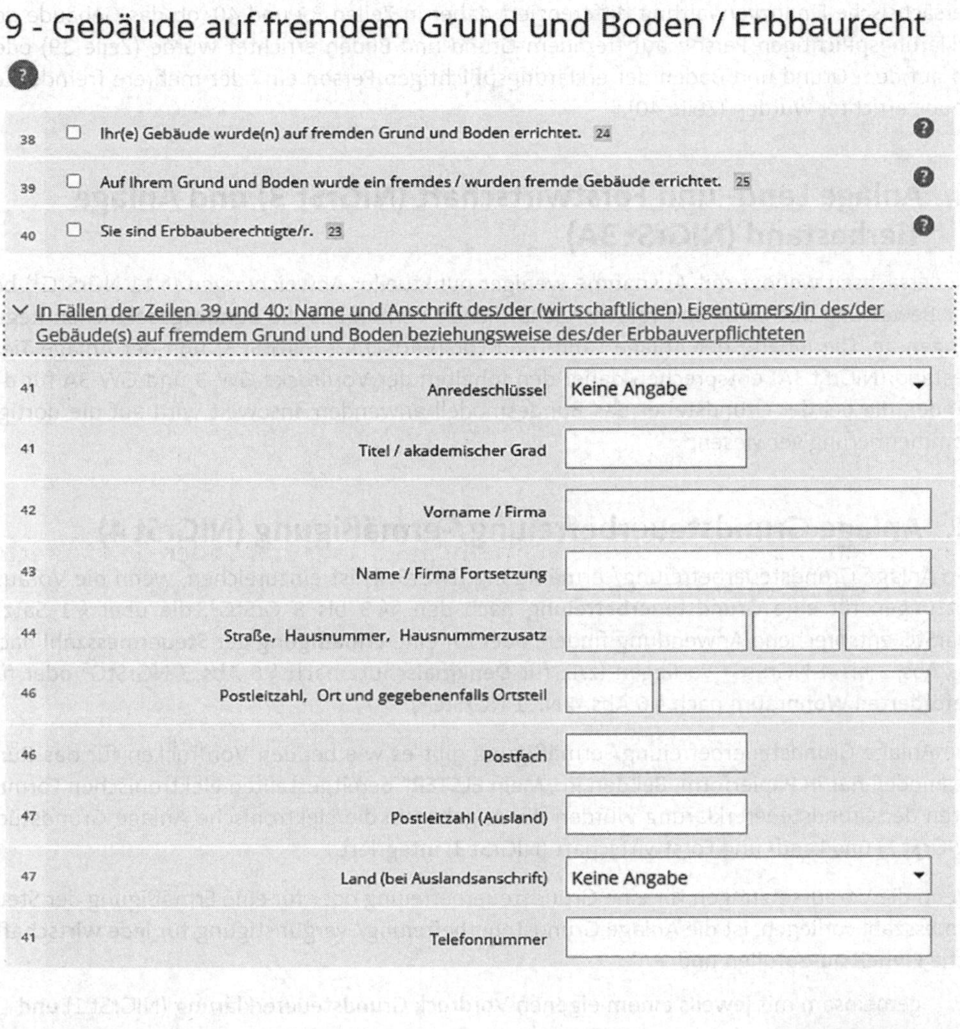

9 - Gebäude auf fremdem Grund und Boden / Erbbaurecht

38 ☐ Ihr(e) Gebäude wurde(n) auf fremden Grund und Boden errichtet. 24

39 ☐ Auf Ihrem Grund und Boden wurde ein fremdes / wurden fremde Gebäude errichtet. 25

40 ☐ Sie sind Erbbauberechtigte/r. 23

In Fällen der Zeilen 39 und 40: Name und Anschrift des/der (wirtschaftlichen) Eigentümers/in des/der Gebäude(s) auf fremdem Grund und Boden beziehungsweise des/der Erbbauverpflichteten

41	Anredeschlüssel	Keine Angabe
41	Titel / akademischer Grad	
42	Vorname / Firma	
43	Name / Firma Fortsetzung	
44	Straße, Hausnummer, Hausnummerzusatz	
46	Postleitzahl, Ort und gegebenenfalls Ortsteil	
46	Postfach	
47	Postleitzahl (Ausland)	
47	Land (bei Auslandsanschrift)	Keine Angabe
41	Telefonnummer	

< Vorherige Seite

Nächste Anlage >

Dieser Abschnitt entspricht inhaltlich im Wesentlichen dem Abschnitt „Erbbaurecht/Gebäude auf fremdem Grund und Boden“ in Zeilen 37 bis 44 der Anlage Grundstück der Erklärung zur Feststellung des Grundsteuerwerts nach dem Bundesmodell (GW-2). Insoweit wird auf die dortige Kommentierung verwiesen.[1] 57

Gemäß § 2 Abs. 4 Satz 2 NGrStG[2] sind bei Gebäuden auf fremdem Grund und Boden abweichend vom Bundesmodell (§ 244 Abs. 3 Nr. 2 BewG und § 262 BewG) der Grund und Boden der Eigentümerin oder dem Eigentümer des Grund und Bodens und die Gebäude der wirtschaftlichen Eigentümerin oder dem wirtschaftlichen Eigentümer der Gebäude zuzurechnen. Die nie- 58

1 Lapp in Grootens, Die Erklärungsvordrucke für das Bundesmodell, Rz. 86 ff.

2 Siehe hierzu vertiefend Bock/Lapp in Grootens, NGrStG, § 2 Rz. 78 ff.

dersächsische Finanzverwaltung differenziert daher in Zeilen 39 und 40, ob das Gebäude der erklärungspflichtigen Person auf fremdem Grund und Boden errichtet wurde (Zeile 39) oder ob auf dem Grund und Boden der erklärungspflichtigen Person ein oder mehrere fremde Gebäude errichtet wurden (Zeile 40).

G. Anlage Land- und Forstwirtschaft (NIGrSt 3) und Anlage Tierbestand (NIGrSt 3A)

59 Niedersachsen wendet mit Ausnahme weniger punktueller Abweichungen (§ 11 NGrStG[1]) bei der Bewertung des land- und forstwirtschaftlichen Vermögens die **bundesgesetzlichen Regelungen** an. Die Inhalte der Anlage Land- und Forstwirtschaft (NIGrSt 3) und der Anlage Tierbestand (NIGrSt 3A) entsprechen daher den Inhalten der Vordrucke GW-3 und GW-3A für die Länder, die bei der Grundsteuer das Bundesmodell anwenden. Insoweit wird auf die dortige Kommentierung verwiesen.[2]

H. Anlage Grundsteuerbefreiung/-ermäßigung (NIGrSt 4)

60 Die Anlage Grundsteuerbefreiung/-ermäßigung (NIGrSt 4) ist einzureichen, wenn die Voraussetzungen für eine **Grundsteuerbefreiung** nach den §§ 3 bis 8 GrStG[3], die über § 1 Satz 2 NGrStG entsprechend Anwendung finden, oder für eine **Ermäßigung der Steuermesszahl** nach § 6 Abs. 2 bis 4 NGrStG[4] vorliegen (z. B. für **Denkmalschutz** nach § 6 Abs. 3 NGrStG[5] oder für **geförderten Wohnraum** nach § 6 Abs. 4 Nr. 1 NGrStG[6]).

61 Die Anlage Grundsteuerbefreiung/-ermäßigung gibt es wie bei den Vordrucken für das Bundesmodell **nur in Papierform**. Bei den in **„Mein ELSTER"** bereitgestellten elektronischen Formularen der Grundsteuererklärung wurden die Angaben in die elektronische Anlage Grundstück (NIGrSt 2) und Land- und Forstwirtschaft (NIGrSt 3) **integriert**.

62 Wenn die Voraussetzungen für eine Grundsteuerbefreiung oder für eine Ermäßigung der Steuermesszahl vorliegen, ist die Anlage Grundsteuerbefreiung/-vergünstigung für **jede wirtschaftliche Einheit** auszufüllen und

- gemeinsam mit **jeweils einem eigenen Vordruck Grundsteuererklärung** (NIGrSt 1) **und**
- entweder
  - der **Anlage Grundstück** (NIGrSt 2) für wirtschaftliche Einheiten des Grundvermögens **oder**
  - der **Anlage Land- und Forstwirtschaft** (NIGrSt 3) **und ggf.** der **Anlage Tierbestand** (NIGrSt 3A) für wirtschaftliche Einheiten des land- und forstwirtschaftlichen Vermögens

beim Finanzamt einzureichen.

---

1 Siehe hierzu vertiefend Bock/Lapp in Grootens, NGrStG, § 11 Rz. 36 ff.
2 Lapp in Grootens, Die Vordrucke für das Bundesmodell, Rz. 90 ff.
3 Vgl. hierzu vertiefend Steffen in Grootens, GrStG § 3 Rz. 31 ff.
4 Vgl. hierzu vertiefend Bock/Lapp in Grootens, NGrStG § 6 Rz. 36 ff.
5 Vgl. hierzu vertiefend Bock/Lapp in Grootens, NGrStG § 6 Rz. 51 ff.
6 Vgl. hierzu vertiefend Bock/Lapp in Grootens, NGrStG § 6 Rz. 61.

Die Anlage Grundsteuerbefreiung/-ermäßigung ist in vier Abschnitte untergliedert: 63

- In den Zeilen 3 bis 16 können Angaben zum steuerbefreiten Grundbesitz gemacht werden.
- In den Zeilen 17 und 18 sind ergänzende Angaben zu steuerbefreitem Grundbesitz vorzunehmen, wenn dieser für steuerbefreite Zwecke hergerichtet wird.
- In den Zeilen 19 bis 34 können Angaben zu Ermäßigungen der Steuermesszahl gemacht werden.
- In den Zeilen 35 bis 37 sind ergänzende Angaben zur Ermäßigung der Steuermesszahl vorzunehmen.

Die Abschnitte zu Grundsteuerbefreiungen und Ermäßigungen der Steuermesszahl bilden ihrerseits wiederum unterschiedliche Sachverhaltskonstellationen ab. 64

- Angaben zu Steuerbefreiungen:
  - Fall 1: Steuerbefreiung für den gesamten Grundbesitz (Zeile 4),
  - Fall 2: Steuerbefreiung für einen bestimmten, räumlich abgrenzbaren Teil des Grundbesitzes (Zeilen 5 bis 15)
  - Fall 3: Steuerbefreiung für einen nicht räumlich abgrenzbaren Teil des Grundbesitzes, wobei die Nutzung zu steuerbegünstigten Zwecken überwiegen muss (Zeile 16).
- Angaben zu Steuerermäßigungen:
  - Fall 1: einheitliche Ermäßigung aller steuerpflichtigen Gebäude/Gebäudeteile (Zeile 19)
  - Fall 2: nicht einheitliche Ermäßigung von steuerpflichtigen Gebäuden/Gebäudeteilen (Zeilen 20 bis 34)

I. Zeilen 1 bis 3

Vordruck nur für Niedersachsen

1 Aktenzeichen (ohne Sonderzeichen)

2 Lagefinanzamt

zur Grundsteuererklärung

Anlage Grundsteuerbefreiung/-ermäßigung (NIGrSt 4)

auf den 1. Januar 2 0

3 laufende Nummer der Anlage von

2022NIAGW4

In **Zeilen 1 und 2** sind das **Aktenzeichen** des Grundstücks, das zuständige **Lagefinanzamt** und das Jahr des **Feststellungszeitpunkts** einzutragen. Die Angaben müssen mit den entsprechen- 65 den Eintragungen in Zeilen 1 bis 3 des Vordrucks Grundsteuererklärung (NIGrSt 1) übereinstimmen. Insoweit wird auf die dortigen Ausführungen verwiesen (→ Rz. 20 ff.). Im Portal „Mein ELSTER" werden diese Angaben automatisch übernommen.

66 Da in Niedersachsen für weitere Grundsteuerbefreiungen oder Ermäßigungen der Steuermesszahl eine zusätzliche Anlage Grundsteuerbefreiung/-ermäßigung (NIGrSt 4) ausgefüllt werden muss, ist die Anlage in **Zeile 3** fortlaufend zu **nummerieren.**

II. Zeilen 4 bis 18: Angaben zu Grundsteuerbefreiungen

1. Zeile 4: Fall 1: Verwendung des gesamten Grundbesitzes für steuerbegünstigte Zwecke

Angaben zu Grundsteuerbefreiungen 13

Verwendung des gesamten Grundbesitzes für steuerbefreite Zwecke

Der gesamte Grundbesitz wird für steuerbefreite Zwecke verwendet.

4 Nummer der Steuerbefreiung (siehe Anleitung) 62

67 In **Zeile 4** ist die **Nummer der Steuerbefreiung** anzugeben, wenn der gesamte Grundbesitz **vollständig von der Grundsteuer befreit** ist. Dem Automatisierungsziel folgend, ist keine personelle Beschreibung der Nutzung vorgesehen, sondern die einschlägige Steuerbefreiungsvorschrift muss im Portal „Mein ELSTER" aus einer vorgegebenen Liste ausgewählt werden. Auf dem Papiervordruck ist eine Ziffer einzutragen, wobei jede Ziffer für eine andere Steuerbefreiungsvorschrift steht.[1] Die zutreffende Ziffer kann der **Ausfüllanleitung** zur Anlage Grundsteuerbefreiung/-ermäßigung (NIGrSt 4) entnommen werden.[2] In dieser wird die Nutzungsart des Grundbesitzes beschrieben und die jeweilige gesetzliche Vorschrift angegeben:

Nummer	Steuerbefreiung
Der folgende Grundbesitz **bestimmter Rechtsträger** ist von der Grundsteuer befreit (§ 3 GrStG):	
01	§ 3 Abs. 1 Satz 1 Nr. 1 GrStG: Grundbesitz, der von einer inländischen juristischen Person des öffentlichen Rechts für einen öffentlichen Dienst oder Gebrauch genutzt wird. Das gilt nicht für Grundbesitz, der von Berufsvertretungen und Berufsverbänden sowie von Kassenärztlichen Vereinigungen und Kassenärztlichen Bundesvereinigungen benutzt wird.
02	§ 3 Abs. 1 Satz 1 Nr. 2 GrStG: Grundbesitz, der vom Bundeseisenbahnvermögen für Verwaltungszwecke benutzt wird.
03	§ 3 Abs. 1 Satz 1 Nr. 3 GrStG: Grundbesitz, der von einer inländischen ► juristischen Person des öffentlichen Rechts oder ► Körperschaft oder ► Personenvereinigung oder ► Vermögensmasse für gemeinnützige oder mildtätige Zwecke benutzt wird. Die Körperschaft, Personenvereinigung oder Vermögensmasse muss nach ihrer Satzung, ihrem Stiftungsgeschäft oder ihrer sonstigen Verfassung und nach ihrer tatsächlichen Geschäftsführung ausschließlich und unmittelbar gemeinnützigen oder mildtätigen Zwecken dienen.

1 Zu den Steuerbefreiungsvorschriften siehe im Einzelnen Steffen in Grootens, GrStG § 3 Rz. 31 ff. und § 4 Rz. 18 ff.

2 Anlage zum Nds. MBl. Nr. 11/2022 v. 21.3.2022.

04	§ 3 Abs. 1 Satz 1 Nr. 4 GrStG: Grundbesitz, der von ► einer Religionsgesellschaft, die Körperschaft des öffentlichen Rechts ist, oder ► einem ihrer Orden oder ► einer ihrer religiösen Genossenschaften oder ► einem ihrer Verbände oder ► einer jüdischen Kultusgemeinde für Zwecke der ► religiösen Unterweisung, ► Wissenschaft, ► Unterricht, ► Erziehung oder ► eigenen Verwaltung benutzt wird.
05	§ 3 Abs. 1 Satz 1 Nr. 5 GrStG: Dienstwohnungen der Geistlichen und Kirchendiener der ► Religionsgesellschaften, die Körperschaften des öffentlichen Rechts sind, oder ► jüdischen Kultusgemeinden. Die Regelung des § 5 GrStG, dass Wohnungen immer steuerpflichtig sind, ist insoweit nicht anzuwenden.
06	§ 3 Abs. 1 Satz 1 Nr. 6 GrStG: Grundbesitz der ► Religionsgesellschaften, die Körperschaften des öffentlichen Rechts sind, oder ► jüdischen Kultusgemeinden gehört. Der Grundbesitz muss am 1. Januar 1987 und zum Veranlagungszeitpunkt zu einem nach Kirchenrecht gesonderten Vermögen, insbesondere einem Stellenfonds, gehören. Die Erträge aus dem gesonderten Vermögen dürfen ausschließlich für die Besoldung und Versorgung der Geistlichen und Kirchendiener sowie ihrer Hinterbliebenen bestimmt sein. Die Regelungen des § 5 GrStG, dass Wohnungen immer steuerpflichtig sind, bzw. des § 6 GrStG zu land- und forstwirtschaftlich genutztem Grundbesitz sind insoweit nicht anzuwenden.
Darüber hinaus ist folgender Grundbesitz von der Grundsteuer befreit (§ 4 GrStG):	
07	§ 4 Nr. 1 GrStG: Grundbesitz, der dem Gottesdienst einer ► Religionsgesellschaft, die Körperschaft des öffentlichen Rechts ist, oder ► jüdischen Kultusgemeinde gewidmet ist.
08	§ 4 Nr. 2 GrStG: Bestattungsplätze
09	§ 4 Nr. 3 Buchstabe a GrStG: Dem öffentlichen Verkehr dienende ► Straßen, ► Wege, ► Plätze, ► Wasserstraßen, ► Häfen und ► Schienenwege. Grundflächen, die mit Bauwerken und Einrichtungen bebaut sind, die unmittelbar dem öffentlichen Verkehr dienen, z. B. Brücken, Stellwerke, etc..
10	§ 4 Nr. 3 Buchstabe b GrStG: Alle Flächen auf Verkehrsflughäfen und Verkehrslandeplätzen, die unmittelbar zur Gewährleistung eines ordnungsgemäßen Flugbetriebes notwendig sind und von Hochbauten und sonstigen Luftfahrthindernissen freigehalten werden müssen. Grundflächen, die mit Bauwerken und Einrichtungen bebaut sind, die unmittelbar dem Betrieb auf Verkehrsflughäfen und Verkehrslandeplätzen dienen. Grundflächen ortsfester Flugsicherungsanlagen einschließlich der Flächen, die für einen einwandfreien Betrieb dieser Anlagen erforderlich sind.

11	§ 4 Nr. 3 Buchstabe c GrStG: Fließende Gewässer und die ihren Abfluss regelnden Sammelbecken
12	§ 4 Nr. 4 GrStG: Grundflächen, die mit Einrichtungen der öffentlich-rechtlichen Wasser- und Bodenverbände bebaut sind. Die Einrichtungen müssen dem Interesse der Ordnung und Verbesserung der Wasser- und Bodenverhältnisse dienen.
13	§ 4 Nr. 5 GrStG: Grundbesitz, der für Zwecke ► der Wissenschaft, ► des Unterrichts oder ► der Erziehung benutzt wird. Die Landesregierung oder die von ihr beauftragte Stelle muss anerkannt haben, dass der Nutzungszweck im Rahmen der öffentlichen Aufgaben liegt. Außerdem muss der Grundbesitz ausschließlich demjenigen, der ihn nutzt, oder einer juristischen Person des öffentlichen Rechts zuzurechnen sein.
14	§ 4 Nr. 6 GrStG: Grundbesitz, der für die Zwecke eines Krankenhauses benutzt wird. Das Krankenhaus muss im Kalenderjahr vor dem Veranlagungszeitpunkt die Voraussetzungen des § 67 Abs. 1 oder 2 der AO erfüllt haben. Außerdem muss der Grundbesitz ausschließlich demjenigen, der ihn nutzt, oder einer juristischen Person des öffentlichen Rechts zuzurechnen sein.
Der folgende Grundbesitz **ausländischer Staaten** ist von der Grundsteuer befreit:	
15	Grundbesitz ausländischer Staaten, ► der für diplomatische Zwecke genutzt wird (Wiener Übereinkommen über diplomatische Beziehungen - WÜD - vom 18. April 1961 (Bundesgesetzblatt - BGBl. 1964 II S. 959)) und ► der unter der gleichen Voraussetzung konsularischen Zwecken dient (Wiener Übereinkommen über konsularische Beziehungen - WÜK - vom 24. April 1963 (BGBl. 1969 II S. 1587)).
Der folgende Grundbesitz mit **land- und forstwirtschaftlicher Nutzung** ist von der Grundsteuer befreit (§ 6 GrStG):	
16	§ 6 Nr. 1 GrStG: Grundbesitz, der Lehr- oder Versuchszwecken dient.
17	§ 6 Nr. 2 GrStG: Grundbesitz, ► der von der Bundeswehr, ► den ausländischen Streitkräften, ► den internationalen militärischen Hauptquartieren, ► der Bundespolizei, ► der Polizei oder ► des sonstigen Schutzdienstes des Bundes und der Gebietskörperschaften sowie ihrer Zusammenschlüsse als Übungsplatz oder Flugplatz benutzt wird.
18	§ 6 Nr. 3 GrStG: Grundbesitz, der unter § 4 Nr. 1 bis 4 GrStG (Nummern 7 bis 12 der Tabelle) fällt.

HINWEIS:

Im Portal „Mein ELSTER" wird an verschiedenen Stellen nach der maßgeblichen Vorschrift bei einer bestehenden Steuerbefreiung gefragt. Ist der Grundbesitz vollständig von der Grundsteuer befreit, genügt eine Eintragung auf der Teilseite 3 der Anlage Grundstück (NIGrSt 2) bzw. Teilseite 2 der Anlage Land- und Forstwirtschaft (NIGrSt 3). Bei den einzelnen Gebäuden, Wohnungen oder Flurstücken ist dann keine (wiederholende) Eintragung erforderlich.

2. Zeilen 5 bis 15: Fall 2: Steuerbefreiung für einen bestimmten, räumlich abgrenzbaren Teil des Grundbesitzes

Verwendung eines räumlich abgrenzbaren Teils des Grundbesitzes für steuerbefreite Zwecke

Ein räumlich abgrenzbarer Teil des Grundbesitzes wird für steuerbefreite Zwecke verwendet.

unbebautes Grundstück (wirtschaftliche Einheit des Grundvermögens)

Zeile	Bezeichnung / Verwendungsweise	steuerbefreite Fläche in m²	Nummer der Befreiung (s. Ausfüll-anleitung)
5			
6			
7			

bebautes Grundstück (wirtschaftliche Einheit des Grundvermögens)

Zeile	lfd. Nr. des Gebäudes / Gebäudeteils aus Vordruck NIGrSt 2	Bezeichnung / Verwendungsweise	steuerbefreite Wohnfläche in m²	steuerbefreite Nutzfläche in m²	Nummer der Befreiung (siehe Anleitung)
8					
9					
10					
11					
12					

Betrieb der Land- und Forstwirtschaft

Zeile	lfd. Nr. des Flurstücks aus Vordruck NIGrSt 3	Bezeichnung / Verwendungsweise	steuerbefreite Fläche in m²	enth. in Vordruck NIGrSt 3, Zeile	Nummer der Befreiung (siehe Anleitung)
13					
14					
15					

Wird nicht der gesamte Grundbesitz, sondern nur ein bestimmter, räumlich abgrenzbarer Teil für steuerbegünstigte Zwecke verwendet, ist **nur dieser Teil** des Grundbesitzes von der Grundsteuer **befreit** (§ 8 Abs. 1 GrStG, der über § 1 Satz 2 NGrStG in Niedersachsen entsprechend Anwendung findet).[1] In diesem Fall können die befreiten Gebäude(-teile) oder Flurstücke mit ihrer jeweiligen Nutzungsart unter Angabe der steuerbefreiten Wohn- und/oder Nutzfläche in den Zeilen 5 bis 15 eingetragen werden. Um kenntlich zu machen, welches Gebäude, welcher Gebäudeteil oder welches Flurstück von der Grundsteuer befreit ist, ist die in der Anlage Grundstück (NIGrSt 2) anzugebende Gebäudenummer einzutragen. Bei einer teilweisen Steuerbefreiung eines Betriebs der Land- und Forstwirtschaft ist korrespondierend die in der Anlage Land- und Forstwirtschaft (NIGrSt 3) angegebene Nummer des Flurstücks (nicht das Flurstückskennzeichen mit Zähler/Nenner) einzutragen und anzugeben, in welcher Zeile der Anlage Land- und Forstwirtschaft (NIGrSt 3) das von der Grundsteuer befreite Flurstück enthalten ist. 68

Im Portal „Mein ELSTER" sind diese auf andere Vordrucke verweisenden Eintragungen nicht erforderlich. Hier können die Angaben zur Steuerbefreiung bei wirtschaftlichen Einheiten des 69

1 Siehe hierzu vertiefend Lange in Grootens, GrStG § 8 Rz. 15 ff.

Grundvermögens direkt bei dem Gebäude oder bei wirtschaftlichen Einheiten des land- und forstwirtschaftlichen Vermögens direkt bei dem Flurstück getätigt werden.

HINWEIS:

Im Portal „Mein ELSTER" wird an verschiedenen Stellen nach der maßgeblichen Nutzung bei einer bestehenden Steuerbefreiung gefragt. Sind nur bestimmte abgrenzbare Teile des Grundbesitzes von der Grundsteuer befreit, darf keine Eintragung auf der Teilseite 3 der Anlage Grundstück (NIGrSt 2) oder Teilseite 2 der Anlage Land- und Forstwirtschaft (NIGrSt 3) erfolgen, da diese für den Fall einer vollständigen Befreiung des gesamten Grundbesitzes vorgesehen sind. Stattdessen wird die Nutzung zu steuerbegünstigten Zwecken direkt bei dem begünstigten Gebäude bzw. dem begünstigten Flurstück eingetragen.

3. Zeile 16: Fall 3: Steuerbefreiung für einen nicht räumlich abgrenzbaren Teil des Grundbesitzes

Verwendung eines räumlich nicht abgrenzbaren Teils des Grundbesitzes für steuerbefreite Zwecke

Ein räumlich nicht abgrenzbarer Teil des Grundbesitzes wird für steuerbefreite Zwecke verwendet, wobei die Nutzung zu steuerbefreiten Zwecken überwiegt.

16	Nummer der Steuerbefreiung (siehe Ausfüllanleitung)	64	

70 Dient der Grundbesitz sowohl steuerbegünstigten Zwecken als auch anderen Zwecken, ohne dass eine räumliche Abgrenzung für die verschiedenen Zwecke möglich ist, so ist der Grundbesitz oder der Teil des Grundbesitzes nur befreit, wenn die **steuerbegünstigten Zwecke überwiegen** (§ 8 Abs. 2 GrStG, der über § 1 Satz 2 NGrStG entsprechend Anwendung findet).[1] Die Befreiung gilt in diesem Fall für den gesamten Grundbesitz oder den gesamten Teil des Grundbesitzes (Beispiel: gemischt genutzte Stadthalle). Es ist daher ausreichend, in Zeile 16 die **Nummer der einschlägigen Steuerbefreiungsvorschrift** anzugeben.

71 Ändert sich die Nutzung, sodass die Nutzung zu steuerbegünstigten Zwecken nicht mehr überwiegt, ist dem Finanzamt die **Nutzungsänderung anzuzeigen** (§ 19 Abs. 1 GrStG, der über § 9 Abs. 4 Satz 3 NGrStG entsprechend Anwendung findet).[2]

4. Zeilen 17 bis 18: Herrichtung für steuerbefreite Zwecke

Herrichtung für steuerbefreite Zwecke 23

Der Grundbesitz wird zur vollständigen oder teilweisen Verwendung für steuerbefreite Zwecke hergerichtet.

17	Voraussichtliche Verwendung für steuerbefreite Zwecke in %	77		%
18	Nummer der Steuerbefreiung (siehe Anleitung)	76		

72 Mit dem Abschnitt „Herrichtung für steuerbefreite Zwecke" trägt die niedersächsische Finanzverwaltung § 7 GrStG Rechnung, der über § 1 Satz 2 NGrStG entsprechend Anwendung findet. Danach tritt die Steuerbefreiung nach den §§ 3 und 4 GrStG nur ein, wenn der Steuergegenstand für den steuerbegünstigten Zweck unmittelbar benutzt wird (§ 7 Satz 1 GrStG). Unmittelbare Benutzung liegt gem. § 7 Satz 2 GrStG vor, sobald der Steuergegenstand **für den steuerbegünstigten Zweck hergerichtet** wird.

73 Anzugeben ist der voraussichtliche prozentuale Anteil der Verwendung für steuerbegünstigte Zwecke (Zeile 17) sowie die Nummer der Steuerbefreiungsvorschrift (Zeile 18).

1 Siehe hierzu vertiefend Lange in Grootens, GrStG § 8 Rz. 28 ff.

2 Siehe hierzu vertiefend Bock/Lapp in Grootens, NGrStG § 9 Rz. 56 ff. und Bock in Grootens, GrStG § 19 Rz. 19 ff.

III. Zeilen 19 bis 37: Angaben zu Grundsteuerermäßigungen

1. Zeile 19: Fall 1: einheitliche Ermäßigung von allen steuerpflichtigen Gebäuden/Gebäudeteilen

Angaben zu Grundsteuerermäßigungen 13

Einheitliche Ermäßigung von allen steuerpflichtigen Gebäuden / Gebäudeteilen

Für alle steuerpflichtigen Gebäude / Gebäudeteile liegen die Voraussetzungen für eine Ermäßigung der Grundsteuermesszahl einheitlich vor.

19 Nummer der Ermäßigung (siehe Anleitung) 66

---

4 - Angaben bei einheitlicher und vollständiger Grundsteuerermäßigung

Einheitliche Ermäßigung von allen steuerflichtigen Gebäuden / Gebäudeteilen

Für alle steuerpflichtigen Gebäude / Gebäudeteile liegen die Voraussetzungen für eine Ermäßigung der Grundsteuermesszahl einheitlich vor.

19 **Ermäßigung** 66

- (●) Keine Angabe
- ( ) 1 Das Grundstück dient dem Betriebsinhaber, den zu seinem Haushalt gehörenden Familienangehörigen, den Altenteilern oder den Angestellten des Betriebs der Land- und Forstwirtschaft zu Wohnzwecken und steht in enger räumlicher Verbindung mit dem Betrieb der Land- und Forstwirtschaft und der Betriebsinhaber oder ein zu seinem Haushalt gehörender Familienangehöriger ist durch eine mehr als nur gelegentliche Tätigkeit in dem Betrieb an ihn gebunden (§ 6 Abs. 2 NGrStG)
- ( ) 2 Auf dem Grundstück befindet sich ein Baudenkmal nach § 3 Abs. 1 bis 3 des Niedersächsischen Denkmalschutzgesetzes. Ob es sich bei einem Gebäude um ein Baudenkmal handelt, kann regelmäßig dem Niedersächsischen Denkmalatlas entnommen werden (http://www.denkmalatlas.niedersachsen.de). (§ 6 Abs. 3 NGrStG)
- ( ) 3 Die Wohnflächen unterliegen aufgrund einer staatlichen oder kommunalen Wohnraumförderung den Bindungen des sozialen Wohnungsbaus (§ 6 Abs. 4 Nr. 1 NGrStG)
- ( ) 4 Das Grundstück wird einer Wohnungsbaugesellschaft zugerechnet, die Anteile der Wohnungsbaugesellschaft werden mehrheitlich von einer oder mehreren Gebietskörperschaften gehalten und zwischen der Wohnungsbaugesellschaft und der Gebietskörperschaft beziehungsweise den Gebietskörperschaften besteht ein Gewinnabführungsvertrag (§ 6 Abs. 4 Nr. 2 NGrStG i. V. m. § 15 Absatz 4 Satz 1 Nummer 1 Grundsteuergesetz)
- ( ) 5 Das Grundstück wird einer Wohnungsbaugesellschaft zugerechnet, die als gemeinnützig im Sinne des § 52 Abgabenordnung anerkannt ist (§ 6 Abs. 4 Nr. 2 NGrStG i. V. m. § 15 Absatz 4 Satz 1 Nummer 2 Grundsteuergesetz)

○ 6 Das Grundstück wird einer Genossenschaft oder einem Verein zugerechnet, die ihre bzw. der seine Geschäftstätigkeit auf Bereiche, die in § 5 Absatz 1 Nummer 10 Buchstabe a und b Körperschafsteuergesetz genannt sind, beschränkt und von der Körperschaftsteuer befreit ist (§ 6 Abs. 4 Nr. 2 NGrStG i. V. m. § 15 Absatz 4 Satz 1 Nummer 3 Grundsteuergesetz)

○ 7 Die Voraussetzungen der Nummern 1 (Wohnteil LuF) und 2 (Denkmalschutz) dieser Liste liegen gleichzeitig vor (§ 6 Abs. 2 NGrStG und § 6 Abs. 3 NGrStG)

○ 8 Die Voraussetzungen der Nummern 1 (Wohnteil LuF) und 3 (Wohnraumförderung) dieser Liste liegen gleichzeitig vor (§ 6 Abs. 2 NGrStG und § 6 Abs. 4 Nr.1 NGrStG)

○ 9 Die Voraussetzungen der Nummern 1 (Wohnteil LuF) und 4 (Wohnungsbaugesellschaft) dieser Liste liegen gleichzeitig vor (§ 6 Abs. 2 NGrStG und § 6 Abs. 4 Nr.2 NGrStG i. V. m. § 15 Absatz 4 Satz 1 Nummer 1 Grundsteuergesetz)

○ 10 Die Voraussetzungen der Nummern 1 (Wohnteil LuF) und 5 (gemeinnützige Wohnungsbaugesellschaft) dieser Liste liegen gleichzeitig vor (§ 6 Abs. 2 NGrStG und § 6 Abs. 4 Nr.2 NGrStG i. V. m. § 15 Absatz 4 Satz 1 Nummer 2 Grundsteuergesetz)

○ 11 Die Voraussetzungen der Nummern 1 (Wohnteil LuF) und 6 (körperschaftsteuerbefreite Genossenschaft oder Verein § 5 Absatz 1 Satz 1 Nummer 10 Körperschaftsteuergesetz) dieser Liste liegen gleichzeitig vor (§ 6 Abs. 2 NGrStG und § 6 Abs. 4 Nr.2 NGrStG i. V. m. § 15 Absatz 4 Satz 1 Nummer 3 Grundsteuergesetz)

○ 12 Die Voraussetzungen der Nummern 2 (Denkmalschutz) und 3 (Wohnraumförderung) dieser Liste liegen gleichzeitig vor (§ 6 Abs. 3 NGrSt und § 6 Abs. 4 Nr.1 NGrStG)

○ 13 Die Voraussetzungen der Nummern 2 (Denkmalschutz) und 4 (Wohnungsbaugesellschaf) dieser Liste liegen gleichzeitig vor (§ 6 Abs. 3 NGrSt und § 6 Abs. 4 Nr.2 NGrStG i. V. m. § 15 Absatz 4 Satz 1 Nummer 1 Grundsteuergesetz)

○ 14 Die Voraussetzungen der Nummern 2 (Denkmalschutz) und 5 (gemeinnützige Wohnungsbaugesellschaft) dieser Liste liegen gleichzeitig vor (§ 6 Abs. 3 NGrSt und § 6 Abs. 4 Nr.2 NGrStG i. V. m. § 15 Absatz 4 Satz 1 Nummer 2 Grundsteuergesetz)

○ 15 Die Voraussetzungen der Nummern 2 (Denkmalschutz) und 6 (körperschaftsteuerbefreite Genossenschaft oder Verein § 5 Absatz 1 Satz 1 Nummer 10 Körperschaftsteuergesetz) dieser Liste liegen gleichzeitig vor (§ 6 Abs. 3 NGrSt und § 6 Abs. 4 Nr.2 NGrStG i. V. m. § 15 Absatz 4 Satz 1 Nummer 3 Grundsteuergesetz)

○ 16 Die Voraussetzungen der Nummern 1 (Wohnteil LuF), 2 (Denkmalschutz) und 3 (Wohnraumförderung) dieser Liste liegen gleichzeitig vor (§ 6 Abs.2 NGrStG und § 6 Abs. 3 NGrSt und § 6 Abs. 4 Nr.1 NGrStG)

○ 17 Die Voraussetzungen der Nummern 1 (Wohnteil LuF), 2 (Denkmalschutz) und 4 (Wohnungsbaugesellschaft) dieser Liste liegen gleichzeitig vor (§ 6 Abs.2 NGrStG und § 6 Abs. 3 NGrSt und § 6 Abs. 4 Nr.2 NGrStGi. V. m. § 15 Absatz 4 Satz 1 Nummer 1 Grundsteuergesetz)

○ 18 Die Voraussetzungen der Nummern 1 (Wohnteil LuF), 2 (Denkmalschutz) und 5 (gemeinnützige Wohnungsbaugesellschaft) dieser Liste liegen gleichzeitig vor (§6 Abs.2 NGrStG und § 6 Abs. 3 NGrSt und § 6 Abs. 4 Nr.2 NGrStGi. V. m. § 15 Absatz 4 Satz 1 Nummer 2 Grundsteuergesetz)

○ 19 Die Voraussetzungen der Nummern 1 (Wohnteil LuF), 2 (Denkmalschutz) und 6 (Körperschaftsteuerbefreite Genossenschaft oder Verein § 5 Absatz 1 Satz 1 Nummer 10 Körperschaftsteuergesetz) dieser Liste liegen gleichzeitig vor (§ 6 Abs.2 NGrStG und § 6 Abs. 3 NGrSt und § 6 Abs. 4 Nr.2 NGrStGi. V. m. § 15 Absatz 4 Satz 1 Nummer 3 Grundsteuergesetz)

In **Zeile 19** ist die **Nummer der Ermäßigung** anzugeben, wenn für den gesamten Grundbesitz die Voraussetzungen für eine Ermäßigung der Steuermesszahl vorliegen. Dem Automatisierungsziel folgend, ist keine personelle Beschreibung der Art der Vergünstigung vorgesehen, sondern der zutreffende Eintrag muss im Portal „Mein ELSTER" aus einer vorgegebenen Liste ausgewählt werden. Auf dem Papiervordruck ist eine Ziffer einzutragen, wobei jede Ziffer für eine andere Ermäßigungsvorschrift steht.[1] Die zutreffende Ziffer kann der **Ausfüllanleitung** zur Anlage Grundsteuerbefreiung/-ermäßigung (NIGrSt 4)[2] oder dem oben abgedruckten Auszug aus „Mein ELSTER" entnommen werden. In dieser wird die Art der Ermäßigung beschrieben und die jeweilige gesetzliche Vorschrift angegeben. 74

HINWEIS:

Im Portal „Mein ELSTER" wird an verschiedenen Stellen nach der maßgeblichen Art der Ermäßigung gefragt. Liegen die Voraussetzungen für eine Ermäßigung der Steuermesszahl für den gesamten Grundbesitz einheitlich vor, genügt eine Eintragung auf der Teilseite 4 der Anlage Grundstück (NIGrSt 2). Bei den einzelnen Gebäuden, Gebäudeteilen oder Wohnungen ist dann keine (wiederholende) Eintragung erforderlich.

2. Zeilen 20 bis 34: Fall 2: nicht einheitliche Ermäßigung von steuerpflichtigen Gebäuden/Gebäudeteilen

Nicht einheitliche Ermäßigung von steuerpflichtigen Gebäuden / Gebäudeteilen

Für einen Teil der steuerpflichtigen Gebäude / Gebäudeteile bzw. sowohl für Teile als auch für alle steuerpflichtigen Gebäude /Gebäudeteile liegen die Voraussetzungen für eine Ermäßigung der Grundsteuermesszahl vor.

	lfd. Nr. des Gebäudes / Gebäudeteils aus Vordruck NIGrSt 2	Bezeichnung / Verwendungsweise	ermäßigte Wohnfläche in m²	ermäßigte Nutzfläche in m²	Nummer der Ermäßigung (siehe Anleitung)
20					
21					
22					
23					
24					
25					
26					
27					
28					
29					
30					
31					
32					
33					
34					

Liegen die Voraussetzungen für eine Ermäßigung der Steuermesszahl nicht für den gesamten Grundbesitz, sondern nur für einen bestimmten Teil des Grundbesitzes vor, sind die vergünstigten Gebäude(-teile) mit ihrer jeweiligen Art der Vergünstigung und der vergünstigten 75

1 Zu den Ermäßigungsvorschriften der Steuermesszahl siehe im Einzelnen Bock in Grootens, GrStG § 15 Rz. 57 ff.

2 Anlage zum Nds. MBl. Nr. 11/2022 v. 21.3.2022.

Wohn- und/oder Nutzfläche in den **Zeilen 20 bis 34** einzutragen. Um kenntlich zu machen, welches Gebäude oder welcher Gebäudeteil die Voraussetzungen für eine Ermäßigung der Steuermesszahl erfüllt, ist die in der Anlage Grundstück (NIGrSt 2) anzugebende Gebäudenummer einzutragen.

76 Im Portal „Mein ELSTER“ sind diese auf die Anlage Grundstück (NIGrSt 2) verweisenden Eintragungen nicht erforderlich. Hier können die Angaben zur Ermäßigung der Steuermesszahl direkt bei dem Gebäude getätigt werden.

77 Eine **Ermäßigung** der Steuermesszahl für Teile eines Betriebs der **Land- und Forstwirtschaft** ist **gesetzlich nicht vorgesehen**, sodass sich hierfür in der Anlage Grundsteuerbefreiung/-ermäßigung (NIGrSt 4) keine Eintragungsmöglichkeit findet.

3. Zeilen 35 bis 37: zusätzliche Angaben bei Grundsteuerermäßigungen

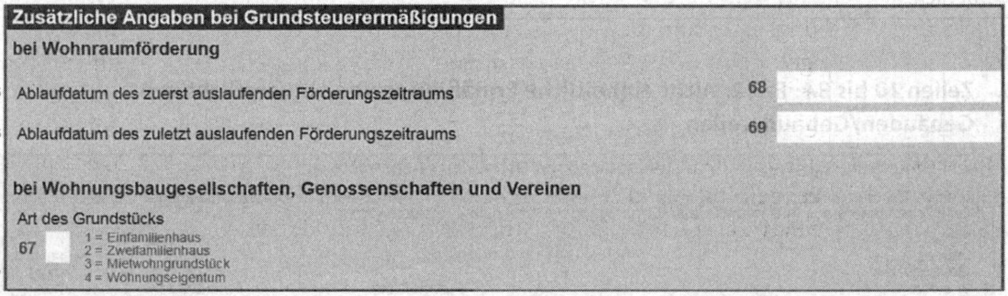
Zusätzliche Angaben bei Grundsteuerermäßigungen

bei Wohnraumförderung

35 Ablaufdatum des zuerst auslaufenden Förderungszeitraums 68

36 Ablaufdatum des zuletzt auslaufenden Förderungszeitraums 69

bei Wohnungsbaugesellschaften, Genossenschaften und Vereinen

37 Art des Grundstücks 67
1 = Einfamilienhaus
2 = Zweifamilienhaus
3 = Mietwohngrundstück
4 = Wohnungseigentum

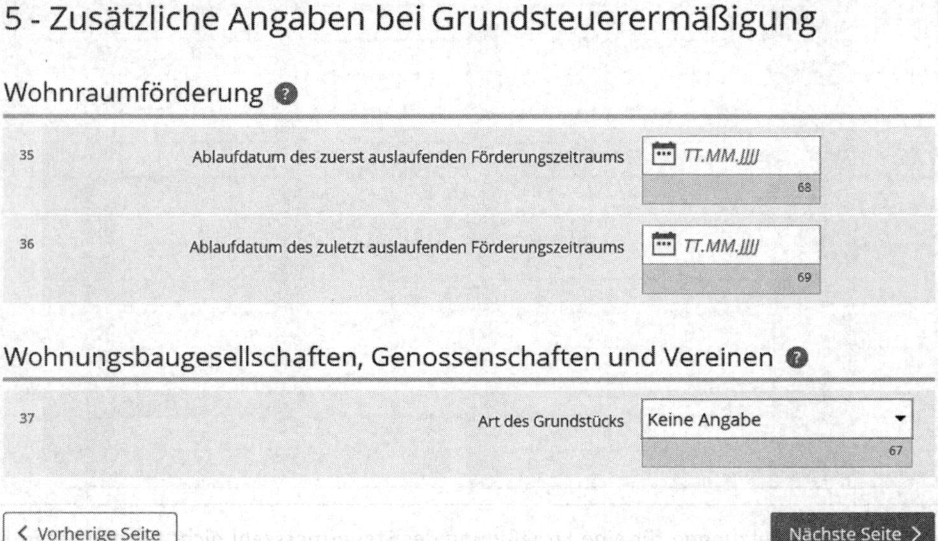
5 - Zusätzliche Angaben bei Grundsteuerermäßigung

Wohnraumförderung

35 Ablaufdatum des zuerst auslaufenden Förderungszeitraums TT.MM.JJJJ 68

36 Ablaufdatum des zuletzt auslaufenden Förderungszeitraums TT.MM.JJJJ 69

Wohnungsbaugesellschaften, Genossenschaften und Vereinen

37 Art des Grundstücks Keine Angabe 67

< Vorherige Seite   Nächste Seite >

78 Die Grundsteuermesszahl für den Äquivalenzbetrag der Wohnflächen wird gem. § 6 Abs. 1 Satz 1 Nr. 1 NGrStG um 25 Prozent ermäßigt, soweit die Wohnflächen den Bindungen des sozialen Wohnungsbaus aufgrund einer staatlichen oder kommunalen Wohnraumförderung un-

terliegen. Dies entspricht der Regelung des § 15 Abs. 2 Satz 2 GrStG[1] zur anteiligen Gewährung der Ermäßigung bei teilweise der Wohnraumförderung unterliegenden wirtschaftlichen Einheiten. Die Ermäßigung ist zudem **zeitlich anteilig** zu gewähren, wenn die Förderzusage endet. Entfallen die Voraussetzungen für eine Ermäßigung der Steuermesszahl im laufenden Jahr, wird dies durch eine **Neuveranlagung des Grundsteuermessbetrags** auf den 1.1. des Folgejahres berücksichtigt, wenn die Abweichung vom bisherigen Grundsteuermessbetrag mindestens fünf Euro beträgt (§ 9 Abs. 2 Satz 2[2] und Abs. 3 NGrStG[3] i.V. mit – sinngemäß – § 17 Abs. 2 Nr. 1 GrStG[4]).[5] Aus diesem Grund ist in Zeile 35 das **Ablaufdatum des zuerst auslaufenden Förderzeitraums** einzutragen. Bestehen mehrere Wohnraumförderungen, ist in Zeile 36 das Ablaufdatum des **zuletzt auslaufenden Förderungszeitraums** einzutragen. Das Ablaufdatum ergibt sich regelmäßig aus der **Förderzusage** im Sinne des § 13 Abs. 2 Wohnraumförderungsgesetz.

Die **Ermäßigung** der Steuermesszahl nach § 6 Abs. 4 Nr. 2 NGrStG i.V. mit § 15 Abs. 4 Satz 1 79
Nr. 1 bis 3 GrStG für Wohnungsbaugesellschaften, Genossenschaften und Vereine wird bundesgesetzlich **nur für Wohngrundstücke**, also Ein- und Zweifamilienhäuser, Mietwohngrundstücke und Wohnungseigentum, gewährt. Der niedersächsische Gesetzgeber hat hiervon keine abweichenden Regelungen erlassen, sodass diese Regelung in Niedersachsen entsprechend Anwendung findet. Aus diesem Grund ist in Zeile 37 die – im Übrigen für die Ermittlung der Äquivalenzbeträge nach dem Niedersächsischen Grundsteuergesetz nicht relevante – Art des Grundstücks anzugeben. Da die Ermäßigung für **Nichtwohngrundstücke** (Teileigentum, Geschäftsgrundstücke, gemischt genutzte Grundstücke, sonstige bebaute Grundstücke) nicht gewährt wird, ist die **Eintragung** dieser Grundstücksarten **nicht möglich**.

1 Siehe hierzu vertiefend Bock in Grootens, GrStG § 15 Rz. 71 ff.
2 Vgl. auch Bock/Lapp in Grootens, NGrStG § 9 Rz. 43 ff.
3 Vgl. auch Bock/Lapp in Grootens, NGrStG § 9 Rz. 51 ff.
4 Siehe hierzu vertiefend Bock in Grootens, GrStG § 17 Rz. 31 f.
5 Siehe hierzu vertiefend Bock/Lapp in Grootens, NGrStG § 6 Rz. 73.

STICHWORTVERZEICHNIS

Die Verweise beziehen sich auf das GrStG, abweichende Länderregelungen (LGrStG BW, BayGrStG, BlnGrStMG, BremGrStMG, HGrStG, HmbGrStG, NGrStG, NWGrStHsG, GrStG-Saar, GrStHsG LSA, SächsGrStMG, SHGrStHsG) und das BewG; die Ziffern bezeichnen die Paragraphen, in Klammern gesetzt die Randziffern der Kommentierung.
Beispiel: BewG 232 (49) = Hinweis auf § 232 BewG Rz. 49.

A

F

G

H

O

P

V

Z